COLLECTION

DES

AUTEURS LATINS

AVEC LA TRADUCTION EN FRANÇAIS

PUBLIÉE SOUS LA DIRECTION

DE M. NISARD

DE L'ACADÉMIE FRANÇAISE
INSPECTEUR GÉNÉRAL DE L'ENSEIGNEMENT SUPÉRIEUR

PÉTRONE
APULÉE, AULU-GELLE

ŒUVRES COMPLÈTES

PARIS. — TYPOGRAPHIE DE FIRMIN DIDOT FRÈRES, FILS ET CIE, RUE JACOB, 56

PÉTRONE

APULÉE, AULU-GELLE

ŒUVRES COMPLÈTES

AVEC LA TRADUCTION EN FRANÇAIS

PUBLIÉES SOUS LA DIRECTION

DE M. NISARD

DE L'ACADÉMIE FRANÇAISE
INSPECTEUR GÉNÉRAL DE L'ENSEIGNEMENT SUPÉRIEUR

PARIS

CHEZ FIRMIN DIDOT FRÈRES, FILS ET Cⁱᵉ, LIBRAIRES

IMPRIMEURS DE L'INSTITUT DE FRANCE

RUE JACOB, 56

M DCCC LXV

AVERTISSEMENT

DES ÉDITEURS.

Il est à peine nécessaire de justifier la composition de ce volume. Les trois auteurs dont il est formé offrent de si nombreuses analogies, que l'idée de les réunir en un recueil se présentait naturellement. La principale de ces analogies regarde les mœurs romaines ; Pétrone en a tracé la peinture au premier siècle, et Apulée au deuxième. Quant à Aulu-Gelle, grammairien, archéologue, philosophe, il en cite des particularités à toutes les époques de l'histoire de la ville éternelle. En cherchant, soit l'origine d'un mot inusité, soit les diverses acceptions d'un mot encore en usage, il rencontre des anecdotes qui peignent d'autant plus au vif les mœurs de Rome, que cette peinture est inattendue, et que les traits recueillis par Aulu-Gelle appartiennent à cette partie de la physionomie des personnages laissée dans l'ombre par l'histoire générale.

Le *Satyricon* de Pétrone, et la *Métamorphose*, vulgairement appelée l'*Ane d'Or*, d'Apulée, sont les deux seuls romans que la littérature latine nous ait laissés. Il est curieux de comparer ces deux monuments, soit, au point de vue historique, dans les diversités qu'offrent les mœurs romaines aux deux époques qui les ont inspirés, soit, au point de vue littéraire, dans les altérations qu'a subies la belle langue du siècle d'Auguste, déjà si corrompue dans Pétrone, trop loué peut-être comme écrivain, et si fortement marquée, dans la *Métamorphose*, de ce défaut particulier à toutes les littératures en décadence, qui consiste à porter toute l'imagination et toute l'invention dans les mots, et à matérialiser toutes les pensées. Comme romans, c'est à savoir comme appartenant à ce genre d'ouvrages où des aventures imaginaires sont mêlées à des détails de mœurs contemporaines, et où la fable n'est que le cadre de la réalité, l'intérêt du récit en rend la lecture amusante, malgré quelques détails trop immondes pour être dangereux, et qui prouvent qu'à certaines époques la corruption nourrit la corruption, et que l'écrivain s'est condamné à caresser les vices pour avoir des lecteurs.

Apulée est moins connu que Pétrone, et c'est à tort. Outre le charmant épisode des amours de Psyché, dont la Fontaine et Molière ont si fort embelli le fond par la richesse et les grâces des accessoires, qui sont de leur invention, la Métamorphose est pleine de récits piquants, dont plusieurs ont pu inspirer, et dont quelques-uns rappellent l'auteur de Gil-Blas. Ceux de nos lecteurs que pourrait décourager la bizarrerie du style d'Apulée, son obscurité laborieuse, cette recherche du pittoresque, qui oublie de faire sentir la pensée à force de la vouloir faire voir, ne seront pas peu surpris, en lisant la traduction que nous en donnons, de trouver qu'un roman de mœurs de l'ancienne Rome est presque plus intéressant et plus neuf que certains romans contemporains, et que bon nombre d'inventions de nos jours datent du deuxième siècle de l'ère chrétienne.

Nous devons à la philologie allemande les textes de nos trois auteurs, et nous les avons reproduits, en nous réservant, dans quelques passages où les manuscrits varient, le droit de choisir, entre des leçons également motivées, celles qui nous ont paru l'être le mieux.

PÉTRONE.

NOTICE SUR PÉTRONE
ET SUR LE SATYRICON.

« [1] Pétrone donnait le jour au sommeil, la nuit « aux devoirs de la société et aux plaisirs. Il se fit « une réputation par la paresse, comme d'autres à « force de travail. A la différence de tous les dissi- « pateurs, qui se font un renom de désordre et de « débauche, Pétrone ne passait que pour un habile « voluptueux. Il n'y avait pas jusqu'à cette négli- « gence dans ses discours et dans ses actions, qui, « annonçant je ne sais quel abandon de lui-même, « l'aidait à plaire davantage par un air de fran- « chise. Cependant, lorsqu'il fut proconsul de Bi- « thynie, et ensuite consul, il montra de l'énergie « et de la capacité pour les affaires. Puis, se lais- « sant retomber dans le vice, ou par penchant ou « par politique, il fut admis dans l'intimité de Né- « ron. Il était l'arbitre du bon goût; rien n'était « élégant, délicat ou magnifique, s'il n'avait l'ap- « probation de Pétrone; ce qui excita la jalousie de « Tigellinus. Un homme qui le surpassait dans l'art « des voluptés lui parut un rival dangereux. Trop « instruit que les capricieuses affections de Néron « ne tenaient jamais contre ses barbares défiances, « il éveilla sa cruauté par les soupçons qu'il jetait « sur les liaisons de Pétrone avec Scévinus. Il avait « gagné, à prix d'argent, un de ses esclaves pour « être son délateur, et il avait précipité dans les « prisons presque tous les autres, afin de lui ôter « ses moyens de défense.

« Dans ce moment, Néron était allé en Campa- « nie; Pétrone, qui s'était avancé jusqu'à Cumes, « eut défense de passer outre. Il ne voulut pas « porter plus loin ce poids de crainte et d'espé- « rance, ni, toutefois, trancher brusquement sa « vie. Il se coupa les veines, les referma, les rou- « vrit à volonté; il entretenait ses amis, non sur « l'immortalité de l'âme, non sur les opinions des « philosophes, ne voulant rien de sérieux, rien qui « annonçât des prétentions de courage; il se faisait « réciter des poésies badines et des vers gracieux. « Il récompensa quelques esclaves, en fit châtier « d'autres; il se promena, il dormit, afin que sa « mort, quoique violente, eût l'air d'une mort na- « turelle; et, dans son testament même, il ne mit « point, comme tant d'autres, des adulations pour « Néron, pour Tigellinus, ni pour aucune des puis- « sances du temps. Il écrivit l'histoire des débau- « ches du prince, en en détaillant les plus mons- « trueuses recherches, sous les noms d'hommes « débauchés et de femmes perdues. Il l'envoya ca- « chetée à Néron, et brisa le cachet, de peur qu'on « ne s'en servît ensuite pour perdre des innocents.

« Néron, ne sachant comment le secret de ses « nuits avait pu être pénétré, laissa tomber ses « soupçons sur Silia, qui, par son mariage avec « un sénateur, n'était pas sans quelque considéra- « tion. Il s'était livré aux dernières débauches avec « cette femme, l'amie intime de Pétrone. Il l'exila, « dans la persuasion que c'était elle qui avait di- « vulgué des excès dont elle avait été le témoin et « la victime. » (TACIT., Annal., l. XVI, c. 18-20.)

Pline, Hist. Nat., l. XXXVII, c. 2, dit aussi que Pétrone, condamné à mourir par la jalousie de Néron, brisa, pour en déshériter la table impériale, une coupe murrhine du prix de 300 grands sesterces (600,000 fr. environ).

Il était né au centre de la *Gaule narbonnaise*, à Marseille, colonie romaine; c'est ce que nous apprend Sidoine Apollinaire :

* Arbitre du bon goût, joyeux fils de Marseille,
  Des fleurs de ses jardins tu couronnais ton front;
  Tu fus chantre et rival du dieu de l'Hellespont.

Ce Pétrone, mort l'an 67 après J. C., est-il l'auteur du *Satyricon*, et doit-on voir dans cet ouvrage l'écrit testamentaire dont parle Tacite? Ces deux questions, longtemps et vivement controversées, peuvent aujourd'hui passer pour résolues. L'homme consulaire, le favori de Néron, l'*arbitre du bon goût* à sa cour, est généralement reconnu pour être ce *Petronius Arbiter*, dont le livre, tout parsemé de *poésies badines et de vers gracieux*, rappelle si bien, par son style de bonne compagnie et sa morale épicurienne, la mort voluptueuse et résignée d'un courtisan qui connaissait son maître, et s'était dit, comme Trimalchion : *Vivamus, dum licet esse!* Pour nous du moins, ce point de discussion ne laisse plus de doute. Cette satire serait-elle le testament d'ironie et de haine envoyé par la victime à son bourreau? Ici, nous répondrons que non; et à notre conviction personnelle pourraient se joindre les autorités les plus décisives. Nous

---

[1] Traduct. de *Dureau de la Malle*, p. 266 du *Tacite* de cette collection.

* Et te Massiliensium per hortos
  Sacri stipitis Arbiter colonum,
  Hellespontiaco parem Priapo.

nous bornerons à quelques réflexions. Selon Tacite, Pétrone s'était déjà fait ouvrir les veines, quand il retraça les débauches de Néron dans son testament; son écrit devait donc être fort court; et l'ouvrage qui nous reste, déjà trop considérable pour un mourant, était dans l'origine bien plus étendu, puisqu'il paraît démontré, par des intitulés de manuscrits, que près des neuf dixièmes sont perdus ; ensuite, Pétrone avait borné son récit aux débauches secrètes de Néron, sans autre voile que des noms supposés (*sub nominibus exoletorum*). Enfin, le caractère si varié de ce livre répugne à l'interprétation qui voudrait en faire un libelle, une diatribe personnelle et presque nominative. Sans prétendre, comme Voltaire, qu'il y ait plus loin de Trimalchion à Néron que de Gilles à Louis XIV, on doit dire que la cour spirituelle et polie de l'élève de Sénèque offrait fort peu de ressemblance avec les grossiers convives du vieux Turcaret gréco-romain. Trimalchion serait bien plutôt la caricature de l'empereur Claude, qu'il était de bon ton de ridiculiser sous son successeur Néron. Au reste, Macrobe constate suffisamment l'existence distincte du *Satyricon*, quand il dit : *Pétrone, au moyen d'aventures fictives, écrivit des histoires d'amour et de petits contes* (In Somn. Scip., l. I).

Le narrateur et le héros du roman est une sorte de Gusman d'Alfarache, un jeune libertin perdu de dettes, sans fortune, sans famille, et réduit, avec tous ses talents, à vivre d'expédients plus ou moins périlleux. A la verve énergique et vraie de ses tableaux, qui changent et se succèdent sans plan, presque sans transition, comme dans la vie réelle, nous sommes bien tenté de croire que Pétrone a peint en grande partie les phases mêmes de son existence de parvenu, qui s'approprie avec un rare bonheur le persiflage et l'esprit d'observation ironique d'un homme haut placé. Il prend avec la même aisance les tons les plus opposés : vers et prose, préceptes d'éloquence ou de morale, scènes de volupté, description comique d'un festin ridiculement fastueux, anecdotes supérieurement contées, entre autres cette matrone d'Éphèse si connue, épopée même, lettres et propos d'amour raffiné et presque chevaleresque, tel est ce drame passionné, moqueur, fanfaron, tragique et burlesque, où le haut style et la narration la plus élégante succèdent au patois provincial et aux dictons populaires. L'étymologiste est donc libre d'y voir soit un roman satirique, soit un assemblage de mets divers, *satura lanx*, pot-pourri, comme *satura lex*, dans le droit romain, loi qui renferme des titres variés, comme ces pièces de théâtre dont parle Tite-Live, l. VII., c. 1 (*saturæ*), mélanges de musique, de paroles et de danses, opéras-comiques de l'ancienne Rome.

L'œuvre de Pétrone appartient au genre de ces satires Ménippées que Varron avait composées à l'instar du Grec Ménippe. Telle est encore l'*Apokoloquintose* de Sénèque, rival de cour de Pétrone, qui l'a imité quelquefois, comme il a fait de Lucain, tout en critiquant ce dernier avec un grand sens ; tels ont été en France, au XVIᵉ siècle, le *Catholicon d'Espagne*, nommé aussi *Satire Ménippée*, et jusqu'à nos jours une foule de compositions ou mordantes ou simplement gaies, toutes mi-parties de prose et de vers.

Au jugement des critiques les plus accrédités des deux derniers siècles, Huet, Rollin, Rapin, Bayle, etc., le style du *Satyricon* est riche, animé, vigoureux, pétillant d'esprit ; souvent obscur par l'étrangeté des termes et l'altération trop fréquente du texte ; semé çà et là de calembours et de jeux de mots ; d'un pittoresque parfois emphatique et un peu fardé : il offre aussi grand nombre de mots grecs latinisés et d'hellénismes. Mais l'auteur, décrivant les mœurs de Naples, ville gréco-romaine, devait introduire ces locutions dans son langage, comme un élément essentiel de vérité locale. Comme Naples, à titre de cité grecque, était le séjour de prédilection de Néron (Tacit., *Annal.*, l. XV, c. 33), Pétrone, en l'y accompagnant, eut toute liberté d'étudier cette ville, et son roman dut probablement égayer plus d'une fois les loisirs du prince.

Soit l'effet d'une civilisation plus polie, soit par une délicatesse de tact toute personnelle ou acquise par l'usage de la cour, il est à remarquer que Pétrone, jusque dans les pages les plus érotiques, s'interdit constamment les gravelures et crudités de mots si familières à Catulle, à Martial, et même à Horace. Sous ce rapport surtout, outre l'élégance du style, il mérite qu'on l'appelle *auctor purissimæ impuritatis*, comme ont dit les doctes. Les petites pièces de vers qui suivent le *Satyricon* présentent à un haut degré ce caractère de finesse et de galanterie, pour ainsi dire française, qui a fait surnommer Pétrone le Crébillon latin (Palissot *Corresp.*) On peut du moins y reconnaître l'influence de cette Gaule méridionale qui fut sa patrie, et qui, peu après, devait produire les trouvères. Ce serait donc aussi comme compatriote qu'il aurait droit de nous intéresser. Une autre observation à faire, c'est qu'un valet, dans Plaute ou Térence, s'exprime en termes d'aussi bon choix que ceux de son maître, tandis que, chez Pétrone, les gens de la lie du peuple parlent franchement la langue du peuple. Il faut croire que les deux mérites que nous venons de citer n'ont pas été pour peu de chose dans l'enthousiasme que manifestèrent pour cet auteur nombre de savants et gens du grand monde au siècle de Louis XIV, entre autres Bussy-Rabutin, Saint-Évremond, et le grand Condé, qui pensionnait un lecteur chargé exclusivement de lui lire, et probablement de lui expliquer Pétrone.

Le *Satyricon* n'a été découvert et publié que par fragments successifs, et n'est à présent même qu'une série de fragments séparés par maintes lacunes. Le plus considérable de tous, comprenant le souper de Trimalchion, fut trouvé à Trau, en Dalmatie, l'an 1663. Quelques savants en contestèrent l'authenticité, qui, toute frappante d'évidence, est aujourd'hui unanimement reconnue. Le manuscrit est à la Bibliothèque royale : nous y avons puisé des variantes qui corrigent heureusement les textes antérieurs au nôtre. Un nommé Nodot, spéculant sur le vif intérêt qu'avait excité cette découverte, prétendit avoir acquis un manuscrit complet de Pétrone, trouvé à Belgrade en 1688, et publia à Paris, en 1694, un texte et une traduction sans lacunes, avec l'épigraphe ridicule *Nodi solvuntur a Nodot*. Cette fraude littéraire eut peu de succès. Elle abusa toutefois le directeur de l'Académie française, Charpentier, et les Académies d'Arles et de Nîmes, en dépit des gallicismes, des solécismes même dont fourmillent ces interpolations. Le seul mérite qu'on y puisse trouver, c'est qu'elles remplissent assez ingénieusement les lacunes du récit ; aussi avons-nous cru devoir en donner la traduction, laquelle est enfermée entre crochets et imprimée en caractères plus petits, et çà et là élaguée, principalement en certains endroits où elle est inutilement cynique. Le texte même de notre auteur a été purgé de ces restaurations maladroites qui, dans une autre édition, mettent le latin de Pétrone en assez mauvaise compagnie. Quant aux fragments poétiques laissés par Nodot, nous les avons remis en leur place ; ils y reprennent un mérite d'à-propos et de nouveauté qu'ils avaient perdu. Nous avons traduit en vers tous les passages en vers du *Satyricon*. Le genre, la forme particulière du livre nous a paru l'exiger. Nous avons fait de même pour les petites pièces de vers, véritable anthologie latine, qui suivent le *Satyricon*, et qui en faisaient partie quand l'ouvrage était intact.

A l'exception d'un certain nombre de leçons différentes, mais toujours déduites ou appuyées d'autorités manuscrites, nous avons suivi, pour le texte latin, l'excellente édition allemande de Conr. Gottlob Anton (Leipsick, 1 vol. in-8°, 1781), que les plus récents traducteurs français ne paraissent pas avoir connue, et qui résume, en y ajoutant de nouvelles lumières, les commentaires de la dernière édition Burmann (2 vol. in-4°, Amsterdam, 1743).

LE SATYRICON

DE

T. PETRONE, DIT ARBITER,

CHEVALIER ROMAIN.

I. [Je vous ai depuis si longtemps promis le récit de mes aventures, que j'ai résolu de tenir aujourd'hui parole, puisque nous voici à propos réunis pour mêler aux sciences qui nous occupent des entretiens enjoués, des histoires plaisantes et récréatives. Fabricius Veïento nous parlait tout à l'heure avec sagacité des préjugés de la superstition; il démasquait la fourberie des prêtres, leur manie de prophétiser et de débiter effrontément des mystères qu'eux-mêmes souvent ne comprennent point.] Ne sont-ils pas travaillés d'une frénésie du même genre les déclamateurs qui s'écrient : « Ces blessures, c'est pour votre liberté à tous que je les ai reçues; cet œil, c'est pour vous que je l'ai perdu. Donnez-moi un guide qui me ramène à mes enfants, car mes jarrets mutilés ne me soutiennent plus. » Encore ces amplifications seraient-elles tolérables, si elles frayaient la route aux disciples de l'éloquence; mais à ces thèmes ambitieux, à ces sentences vides et retentissantes, tout ce qu'ils gagnent c'est, lorsqu'ils débutent au barreau, de se croire tombés dans un autre monde. Et les jeunes gens, je m'imagine, ne deviennent si absurdes dans les écoles que parce que rien des faits usuels de la vie n'y frappe leurs yeux ni leurs oreilles : ce ne sont que pirates embusqués avec des chaînes sur le rivage; que tyrans traçant des édits qui prescrivent aux fils de trancher la tête à leurs pères; que réponses d'oracles pour chasser la peste en immolant, soit trois vierges, soit plus; là se pétrissent de jolies périodes emmiellées : paroles et faits, tout est comme saupoudré de sésame et de pavot.

II. Avec une telle nourriture, il n'est pas plus possible d'acquérir du goût, qu'une bonne odeur quand on habite les cuisines. Maîtres! ne vous en déplaise, vous tous les premiers vous avez tué l'éloquence. Oui : vos puérils cliquetis de mots, vos jeux de phrase artificiels ont eu pour effet d'énerver ce corps vigoureux, et de l'abattre. On n'enchaînait pas encore la jeunesse à des déclamations, au temps où Sophocle et Euripide trouvaient les paroles et la langue qu'il leur fallait. Jamais poudreux rhéteur n'avait encore perdu les intelligences, quand Pindare, quand les neuf lyriques craignirent de chanter sur le même rhythme qu'Homère. Et sans même citer les poètes en témoignage, certes je ne vois point que Platon ou Démosthène aient essayé de ce genre d'exercice. La noblesse et, si je puis dire, la pudeur du discours n'admettent ni fard ni bouffissure : sa seule beauté naturelle fait son élévation. C'est depuis peu que ce déluge de phrases ronflantes et hyperboliques a de l'Asie débordé dans Athènes, et que les jeunes esprits,

TITI PETRONII ARBITRI,

EQUITIS ROMANI,

SATYRICON.

I..... Num alio genere furiarum declamatores inquietantur? qui clamant : Hæc vulnera pro libertate publica excepi, hunc oculum pro vobis impendi : date mihi ducem, qui me ducat ad liberos meos, nam succisi poplites membra non sustinent. Hæc ipsa tolerabilia essent, si ad eloquentiam ituris viam facerent : nunc, et rerum tumore, et sententiarum vanissimo strepitu, hoc tantum proficiunt, ut, cum in forum venerint, putent se in alium terrarum orbem delatos. Et ideo ego adolescentulos existimo in scholis stultissimos fieri, quia nihil ex iis, quæ in usu habemus, aut audiunt, aut vident; sed piratas cum catenis in littore stantes; sed tyrannos edicta scribentes, quibus imperent filiis, ut patrum suorum capita præcidant; sed responsa in pestilentiam data, ut virgines tres aut plures immolentur; sed mellitos verborum globulos, et omnia dicta, factaque quasi papavere et sesamo sparsa.

II. Qui inter hæc nutriuntur, non magis sapere possunt, quam bene olere, qui in culina habitant. Pace vestra liceat dixisse, primi omnium eloquentiam perdidistis. Levibus enim atque inanibus sonis ludibria quædam excitando effecistis, ut corpus orationis enervaretur, et caderet. Nondum juvenes declamationibus continebantur, cum Sophocles atque Euripides invenerunt verba, quibus deberent loqui. Nondum umbraticus doctor ingenia deleverat, cum Pindarus, novemque lyrici Homericis versibus canere timuerunt. Et ne poëtas quidem ad testimonium citem, certe neque Platona, neque Demosthenem ad hoc genus exercitationis accessisse video. Grandis, et, ut ita dicam, pudica oratio non est maculosa, nec turgida, sed naturali pulchritudine exsurgit. Nuper ventosa isthæc et enormis loquacitas Athenas ex Asia commigravit, animosque juvenum ad magna surgentes, veluti pestilenti quodam sidere, adflavit, simulque corrupta eloquentiæ regula stetit, et obmutuit. Quis postea ad summam Thucydidis, quis

dont l'élan se portait au beau, ont été comme glacés par l'influence d'un astre malfaisant. Paralysé du même coup, le génie oratoire s'arrêta et se tut. Qui vit-on depuis approcher de la hauteur de Thucydide, de la gloire d'Hypéride? Pour la poésie même, plus de coloris pur et frais; tout, comme repu du même venin, mourut avant d'être couronné par le temps. La peinture aussi ne fit pas meilleure fin, depuis que la présomptueuse Égypte imagina pour un si grand art ses méthodes expéditives. [Ces réflexions et d'autres pareilles, je les faisais un jour en présence d'un nombreux auditoire, lorsque Agamemnon s'approcha de nous, curieux d'examiner qui l'on écoutait si attentivement.]

III. Il ne put souffrir de m'entendre pérorer sous le portique plus longtemps que lui-même ne s'était époumonné dans l'école. — Jeune homme, me dit-il, comme votre langage ne respire pas le goût dominant, et que vous êtes, chose bien rare, ami du sens commun, je ne vous tairai pas le secret du métier. Il n'y a nullement dans ces exercices de la faute des maîtres, obligés qu'ils sont d'extravaguer avec des fous. S'ils ne disaient en effet de ces choses qu'un peuple imberbe doit applaudir, *ils professeraient*, comme dit Cicéron, *dans le désert*. De même que les souples flatteurs qui quêtent des soupers chez les riches se préoccupent avant tout de ce qu'ils pensent devoir le mieux plaire à leur auditoire, car ils n'attraperont ce qu'ils convoitent qu'au moyen de quelque piége tendu aux oreilles; ainsi le maître d'éloquence, le pêcheur d'écoliers, qui n'a point garni ses hameçons de l'appât dont il faut savoir que le petit poisson est friand, perd l'espoir de rien prendre, et se morfond sur son rocher.

IV. A qui donc la faute? C'est aux parents que le blâme est dû de ne pas vouloir le progrès de leurs fils sous un sévère enseignement. D'abord, comme tout le reste, ces chères espérances sont immolées par eux à l'ambition; puis, dans l'impatience de leurs vœux, ils poussent au barreau des intelligences qui n'ont rien digéré; et cette robe d'orateur, pour laquelle ils avouent qu'il n'est point de taille trop haute, ils en affublent des enfants qui achèvent de naître. S'ils les laissaient dans leurs travaux avancer pas à pas, et que la jeunesse studieuse pût mûrir par de solides lectures l'âpreté de sa sève, régler son cœur sur les préceptes de la philosophie, épurer ses phrases au stylet d'une critique incisive, écouter longtemps ce qu'elle voudrait imiter, ne s'éblouir d'aucun des faux brillants qui captivent cet âge, bientôt notre noble éloquence reprendrait sa majestueuse autorité. Mais l'adolescent ne voit qu'un jeu dans les écoles; jeune homme, on le siffle au barreau, et, chose plus honteuse que tout cela, ces études faites à contre-sens, vieux il ne veut pas en convenir. Toutefois, pour que vous ne pensiez pas que je condamne l'impromptu satirique à la façon de Lucilius, je vais, comme lui, esquisser en vers mes idées :

V. Veux-tu nous rendre, ami d'un art sévère,
Ses grands effets et sa mâle beauté?
De nos aïeux garde la règle austère,
Chéris leurs mœurs et leur frugalité.
Fuis loin des cours où ton front s'humilie;
Crains de t'asseoir à la table des grands;
Crains de Bacchus les dangereux présents,
Il flétrit l'âme, il éteint le génie;
Et ne va pas aux suppôts de Thalie
Prostituer tes applaudissements.
Mais soit qu'Athène, ou soit qu'aux champs de l'Hespérie
Naples, fille de Sparte, avant tout te sourie,
Près des Muses d'abord, qui doivent t'élever,
Cours du divin Homère à longs traits t'abreuver.
De Socrate à son tour que la raison t'éclaire;

Hyperidis ad famam processit? Ac ne carmen quidem sani coloris enituit : sed omnia, quasi eodem cibo pasta, non potuerunt usque ad senectutem canescere. Pictura quoque non alium exitum fecit, postquam Ægyptiorum audacia tam magnæ artis compendiariam invenit........

III. Non est passus Agamemnon, me diutius declamare in porticu, quam ipse in schola sudaverat : sed, Adolescens, inquit, quoniam sermonem habes non publici saporis, et, quod rarissimum est, amas bonam mentem, non fraudabo te arte secreta. Minimum in his exercitationibus doctores peccant, qui necesse habent cum insanientibus furere. Nam ni dixerint, quæ adolescentuli probent, ut ait Cicero, SOLI IN SCHOLIS RELINQUENTUR. Sicut ficti adulatores, cum cœnas divitum captant, nihil prius meditantur, quam id, quod putant gratissimum auditoribus fore, (nec enim aliter impetrabunt quod petunt, nisi quasdam insidias auribus fecerint :) sic eloquentiæ magister, nisi, tanquam piscator, cam imposuerit hamis escam, quam scierit appetituros esse pisciculos, sine spe prædæ moratur in scopulo.

IV. Quid ergo est? Parentes objurgatione digni sunt, qui nolunt liberos suos severa lege proficere. Primum enim, sicut omnia, spes quoque suas ambitioni donant : deinde, cum ad vota properant, cruda adhuc studia in forum impellunt, et eloquentiam, qua nihil esse majus confitentur, pueris induunt adhuc nascentibus. Quod si paterentur laborum gradus fieri, ut studiosi juvenes lectione severa mitigarentur, ut sapientiæ præceptis animos componerent, ut verba atroci stylo effoderent, ut, quod vellent imitari, diu audirent: sibi nihil esset magnificum, quod pueris placeret; jam illa grandis oratio haberet majestatis suæ pondus. Nunc pueri in scholis ludunt, juvenes ridentur in foro ; et, quod utroque turpius est, quod quisque perperam didicit, in senectute confiteri non vult. Sed ne me putes improbasse schedium Lucilianæ improbitatis, quod sentio, et ipse carmine effingam :

V. Artis severæ si quis hamat effectus,
Mentemque magnis applicat, prius — more
Frugalitatis lege polleat exacta.
Nec curet alto regiam trucem vultu,
Cliensve cœnas impotentium captet ;
Nec perditis addictus obruat vino
Mentia calorem, neve plausor in scena.
Se det redemtis histrioniæ addictus.

A ton libre génie ouvre ainsi la carrière
Ose de Démosthène emprunter les accents,
Et tente de brandir ses foudres tout-puissants.
Quitte les Grecs alors : que notre Melpomène
Parfois t'inspire aux jeux de la tragique scène,
Courts moments dérobés aux soucis du barreau.
Lis des fastes guerriers l'énergique tableau,
Et ce grand Tullius dont la voix indomptée,
Poursuit la trahison, qui fuit épouvantée.
Puise à tous ces trésors ; et, poète-orateur,
Ton discours va jaillir comme un torrent vainqueur.

VI. J'écoutais fort attentivement, sans m'apercevoir qu'Ascylte avait fui ; et je marchais dans les jardins plein du feu de la conversation, lorsqu'une bande nombreuse d'étudiants vint sous le portique. Selon toute apparence, ils sortaient d'entendre je ne sais quel improvisateur qui avait réfuté le plaidoyer d'Agamemnon. Je les laisse rire des sentences et saper le plan de tout le discours, et, saisissant l'instant de m'évader, je cours à la poursuite d'Ascylte. Mais je ne savais pas bien quelle route tenir, ni où était notre logement. Partout où je venais de passer, j'y repassais encore ; las enfin de courir, et déjà baigné de sueur, j'aborde une petite vieille qui vendait de grossiers légumes.

VII. — Dites-moi, la mère, ne sauriez-vous pas où je loge ? — Charmée d'une gentillesse si naïve : — Pourquoi non ? répondit-elle. — Et aussitôt elle se lève, et marche devant moi. Je la prenais pour une devineresse ; peu après, arrivée dans une ruelle assez reculée, l'obligeante vieille écarta le rideau d'une porte, et me dit : c'est là que vous devez loger. — Comme j'affirmais ne pas connaître la maison, j'aperçus, entre deux rangs de cellules à écriteaux et au milieu de courtisanes nues, certains promeneurs mystérieux. Bien tard alors, et quand il n'était plus temps, je reconnus qu'on m'avait mené dans un lieu de prostitution. Pestant contre la traîtresse, je me couvre la tête d'un pan de ma robe, je m'enfuis au travers du séjour maudit jusqu'à l'issue opposée, et voilà que sur le seuil même s'offre à moi Ascylte aussi exténué, aussi mourant que je l'étais : on eût cru qu'il avait suivi la même conductrice. Je lui tire en riant ma révérence, et lui demande ce qu'il fait dans un lieu si infâme.

VIII. Il essuie à deux mains la sueur qui couvrait son front ; puis : — Si tu savais, me dit-il, ce qui m'est arrivé ? — Hé quoi donc ? — Il reprit d'une voix défaillante : J'errais par toute la ville, sans découvrir où j'avais laissé notre logement, quand je fus abordé par un homme à mine respectable, qui s'offrit très-civilement à me montrer le chemin. Il m'engagea dans de petites rues étroites et fort obscures, et me conduisit jusqu'ici, où, *la pièce à la main*, il sollicita de moi la courtoisie. Déjà la loueuse avait perçu le prix de la chambre, déjà cet homme venait de me saisir ; et si je n'eusse été le plus fort, il m'en aurait cuit. [Je me sauvai à toutes jambes, craignant, à chaque promeneur que je rencontrais, de retomber dans le même péril,] tant il me semblait que tous les gens de ce lieu-là étaient ivres de satyrion. — [Poursuivant donc notre retraite Ascylte et moi, nous fûmes encore obsédés par son persécuteur ;] mais nous unîmes nos forces, et nous pûmes braver ses attaques. [Ascylte, après cela, me laissa seul, et se dirigea précipitamment je ne sais où ; moi je ne songeai plus qu'à trouver notre logement.]

IX. Je finis par découvrir comme à travers

Sed sive armigeræ rident Tritonidis arces,
Seu Lacedæmonio tellus habitata colono,   10
Sirenumque domus, det primos versibus annos,
Mæoniumque bibat felici pectore fontem ;
Mox, et Socratico plenus grege mittat habenas
Liber, et ingentis quatiat Demosthenis arma.
Hinc Romana manus circumfluat, et modo Graio   15
Exonerata sono, mutet suffusa saporem.
Interdum subducta foro det pagina cursum,
Et cortina sonet celeri distincta meatu.
Dent epulas et bella truci memorata canore :
Grandiaque indomiti Ciceronis verba minentur. 20
His animum succinge bonis, sic flumine largo
Plenus, Pierio defundes pectore verba.

VI. Dum hæc diligentius audio, non notavi mihi Ascylti fugam : et dum in hoc dictorum æstu in hortis incedo, ingens scolasticorum turba in porticum venit, ut apparebat, ab extemporali declamatione nescio cujus, qui Agamemnonis suasoriam exceperat. Dum ergo juvenes sententias rident, ordinemque totius dictionis infamant, opportune subduxi me, et cursim Ascylton persequi cœpi. Sed nec viam diligenter tenebam, nec, quo loco stabulum esset, sciebam. Itaque quocumque ieram, eodem revertebar, donec et cursu fatigatus, et sudore jam madens, accedo aniculam quamdam, quæ agreste olus vendebat.

VII. Te rogo, inquam, mater, numquid scis, ubi ego habitem ? Delectata illa urbanitate tam stulta, et, Quidni sciam ? inquit ; consurrexitque, et cœpit me præcedere. Divinam ego putabam : at subinde, ut in locum secretiorem venimus, centonem anus urbana rejecit : et, Hic, inquit, debes habitare. Cum ego negarem me cognoscere domum, video quosdam, inter titulos nudasque meretrices furtim conspatiantes. Tarde, imo jam sero, intellexi, me in fornicem esse deductum : exsecratus itaque aniculæ insidias, operui caput, et per medium lupanar fugere cœpi in aliam partem : cum ecce in ipso aditu occurrit mihi æque lassus, ac moriens Ascyltos, putares ab eadem anicula esse deductum. Itaque ut ridens eum consalutavi, quid in loco tam deformi faceret ? quæsivi.

VIII. Sudorem ille manibus detersit, et, Si scires, inquit, quæ mihi acciderunt. Quid novi ? inquam ego. At ille deficiens, Cum errarem, inquit, per totam civitatem, nec invenirem, quo loco stabulum reliquissem, accessit ad me paterfamilias, et ducem se itineris humanissime promisit. Per anfractus deinde obscurissimos egressus, in hunc locum me perduxit, prolatoque peculio cœpit rogare stuprum. Jam pro cella meretrix assem exegerat, jam ille mihi injecerat manum ; et, nisi valentior fuissem, pœnas dedissem..... Adeo ubique omnes mihi videbantur satyrion bibisse.... Junctis viribus molestum contempsimus....

IX. Quasi per caliginem vidi Gitona in crepidine semi-

un brouillard Giton, debout au coin d'une ruelle [sur la porte de notre hôtellerie,] et je m'élançai dans la maison. Je lui demande s'il nous a préparé quelque chose pour dîner. Le pauvre enfant s'assied sur son lit, et essuie de son pouce les larmes qui lui coulent des yeux. Tout troublé de l'état où je le voyais, je voulus savoir quel malheur était survenu. Ce ne fut qu'après une longue répugnance, après que j'eus mêlé aux prières les menaces, qu'il me dit : — Votre camarade de lit, ou compagnon que voilà, est venu ici tout courant peu avant vous, et s'est mis en devoir de me faire violence. J'ai crié, il a tiré un poignard en disant : Si tu fais la Lucrèce, tu as trouvé un Tarquin. — A cette révélation, portant les poings sous les yeux d'Ascylte : Qu'as-tu à répondre? lui dis-je, Ganymède plus complaisant qu'une courtisane, et chez qui la bouche même n'est pas plus pure que le reste ? — Ascylte feignit l'indignation, et, copiant mon geste avec plus d'énergie, cria plus fort encore que moi : Te tairas-tu, toi que l'adultère a fait gladiateur, [qui as tué ton hôte,] toi l'échappé d'un amphithéâtre écroulé? Te tairas-tu, nocturne assassin, qui même aux jours de ta vigueur ne fus jamais aux prises avec une femme pure des horreurs que tu me reproches? toi qui dans un verger m'as souillé jadis comme tu souilles aujourd'hui cet enfant dans une taverne? — Pourquoi t'être esquivé, interrompis-je, lorsque je causais avec Agamemnon?

X. — Imbécile que tu es, que devais-je faire, quand je mourais de faim? Ecouter des sentences, n'est-ce pas, qui me font l'effet de verres en éclats et d'interprétations de songes? Tu es bien plus vil que moi, par Hercule ! Pour souper en ville, tu as flagorné un poëte. — Alors aux ignobles querelles succède un fou rire, notre ton se calme, et nous passons à autre chose. Mais l'attentat de mon rival me revenant toujours à l'esprit : — Ascylte, lui dis-je, je vois que nous ne pouvons nous convenir ; ainsi, partageons notre petite communauté, et tâchons par nos profits séparés de chasser le besoin qui nous assiége. Vous êtes lettré, moi aussi : pour ne pas vous faire concurrence, je prendrai quelque autre enseigne ; autrement, mille sujets nous mettraient tous les jours en lutte, et nous perdraient de réputation dans toute la ville. — Ascylte ne s'y refusa point : — Aujourd'hui, dit-il, comme nous avons, en qualité de gens d'écoles, pris un engagement à souper, il ne faut pas perdre notre nuit ; mais demain, puisque vous le voulez, je me pourvoirai d'un logement et d'un camarade de lit. — Il en coûte trop, répliquai-je, de remettre un projet qui plaît. — Ce qui me faisait précipiter la séparation, c'est qu'en proie au feu du désir, dès longtemps j'aspirais à écarter un surveillant jaloux, pour renouer d'anciens rapports avec mon cher Giton. [Ascylte, blessé au vif, sort impétueusement sans mot dire. Un si brusque départ était de mauvais augure : je connaissais son caractère emporté et la violence de ses passions. Je le suivis, dans sa retraite pour éclairer ses démarches et en prévenir l'effet ; mais je le perdis de vue, et fus longtemps à le chercher en vain.]

XI. Quand j'eus parcouru du regard toute la ville, je revins dans ma chambrette ; et, après maint baiser qu'à bon escient je savoure enfin, j'enlace mon jeune ami des plus étroits embrassements, mes vœux se réalisent, et mon bonheur devient digne d'envie. Le mystère n'était point encore accompli, lorsqu'Ascylte, s'approchant à petit bruit de la porte, dont il enfonce violemment la clôture, me trouve fraternisant

---

tæ... stantem, et in eundem locum me conjeci. Cum quærerem, num quid nobis in prandium frater parasset ? consedit puer super lectum, et manantes lacrimas pollice extersit. Perturbatus ego habitu fratris, quid accidisset? quæsivi. At ille tarde quidem et invitus, sed postquam precibus et iracundiam miscui : Tuus, inquit, iste frater, seu comes, paulo ante in conductum accucurrit, cœpitque mihi velle pudorem extorquere. Cum ego proclamarem, gladium strinxit ; et, Si Lucretia es, inquit, Tarquinium invenisti. Quibus ego auditis, intentavi in oculos Ascylti manus : et, Quid dicis, inquam, muliebris patientiæ scortum, cujus ne spiritus purus est? Inhorrescere se, finxit Ascyltos ; mox, sublatis fortius manibus, longe majore nisu clamavit : Non taces, inquit, gladiator obscœne, quem...... de ruina arena dimisit? Non taces, nocturne percussor, qui, ne tum quidem, quum fortiter faceres, cum pura muliere pugnasti? Cujus eadem ratione in viridario frater fui, qua nunc in deversorio puer est? Subduxisti te, inquam, a præceptoris colloquio?

X. Quid ego, homo stultissime, facere debui, quum fame morerer? an videlicet audirem sententias, id est, vitrea fracta, et somniorum interpretamenta? Multo me turpior es tu, Hercule, qui, ut foris cœnares, poetam laudasti. Itaque ex turpissima lite in risum diffusi, pacatins ad reliqua secessimus. Rursus in memoriam revocatus injuriæ, Ascylte, inquam, intelligo nobis convenire non posse ; itaque communes sarcinulas partiamur, ac paupertatem nostram privatis quæstibus tentemus expellere. Et tu litteras scis, et ego ; ne quæstibus tuis obstem, aliquid aliud promittam : alioqui mille caussæ nos quotidie collident, et per totam urbem rumoribus different. Non recusavit Ascyltos, et, Hodie, inquit, quia tanquam scholastici ad cœnam promisimus, non perdamus noctem : cras autem, quia hoc libet, et habitationem mihi prospiciam, et aliquem fratrem. Tardum est, inquam, differre, quod placet. Hanc tam præcipitem divisionem libido faciebat. Jamdudum enim cupiebam amoliri custodem molestum, ut veterem cum Gitone meo rationem deducerem....

XI. Postquam lustravi oculis totam urbem, in cellulam redii, osculisque tandem bona fide exactis, alligo arctissimis complexibus puerum, fruorque votis usque ad invidiam felicibus. Nec adhuc quidem omnia erant facta, cum Ascyltos furtim se foribus admovit, discussisque fortissime claustris, invenit me cum fratre ludentem : risu itaque plausuque cellulam implevit, opertum me amiculo evol-

avec Giton. Ses éclats de rire, ses battements de mains ébranlent la cellule. Il écarte le manteau qui nous enveloppe, et s'écrie : Que faisiez-vous, saint homme? Quoi ! logés à deux sous le même vêtement ! — Et il ne s'en tint pas aux simples paroles ; il détacha la courroie de sa valise, et me flagella, mais non pas de main morte, assaisonnant ses coups d'obscènes équivoques : — Entrer de la sorte en partage de communauté ! Ne t'en avise pas ! —

[Feignant de prendre la chose en plaisanterie, j'apaisai Ascylte et le fis même sourire. — Hé quoi ! Encolpe, me dit-il, plongé comme tu l'es dans les plaisirs, tu ne réfléchis pas que l'argent nous manque, et qu'il ne nous reste que des objets de nulle valeur. Allons chez nos amis. — J'approuvai son idée ; la nécessité m'y forçait, comme de dévorer mon ressentiment. Giton se charge de notre mince bagage, nous sortons de la ville, et prenons le chemin de la maison de plaisance de Lycurgue, chevalier romain. En mémoire de son ancienne confraternité avec Ascylte, il nous fit très-bon accueil ; et nous vîmes là Tryphène, femme d'une rare beauté, venue avec Lycas, propriétaire d'un vaisseau et de quelques domaines dans le voisinage de la mer.

Déjà régnait l'automne, et la nuit plus obscure
Fraîchissait ; à l'aspect de la triste froidure,
Phébus amortissait le feu de ses rayons ;
Et le pampre émondé, courant dans les vallons,
Laissait voir de Bacchus les nombreuses richesses ;
Et Pomone de Flore acquittait les promesses.

Il faut vous dire qu'à peine arrivés nous formâmes tous d'amoureux engagements. La belle Tryphène me plut, et se rendit volontiers à mes vœux. Mais à peine fut-elle à moi que Lycas, dépité de se voir voler sa maîtresse, prétendit que personnellement je l'indemnisasse de la perte de ses anciennes amours. Il m'attaqua donc gaillardement ; mon refus redoubla son ardeur. Il trouva sans doute que la maison de Lycurgue n'était pas propice à ses desseins, car il voulut me persuader de venir m'établir chez lui. Se voyant remercié, il eut recours à l'entremise de Tryphène, qui me pria d'autant plus volontiers de consentir à la demande de Lycas, qu'elle espérait jouir chez lui d'une plus grande liberté. Je fis ce que voulut ma chère Tryphène ; mais Lycurgue avait renoué d'anciens rapports avec Ascylte, et ne souffrit pas qu'il partît. Il fut donc accordé qu'il resterait, et que nous irions sans lui chez Lycas. Celui-ci avait si bien disposé les choses, que pendant la route il se trouva placé près de moi, et Tryphène aux côtés de Giton. Il avait dressé son plan d'après la connaissance qu'il avait de l'humeur changeante de la coquette, qui, en effet, se passionna soudain pour l'aimable enfant, ce dont je m'aperçus sans peine. Voici sur quel pied nous étions chez Lycas. Tryphène se mourait d'amour pour Giton ; Giton était tout à Tryphène : double infidélité que je ne voyais pas de très bon œil. Lycas, soigneux de me plaire, inventait chaque jour de nouvelles parties de plaisir auxquelles son épouse, la belle Doris, contribuait de la meilleure grâce. Cette aimable personne eut bientôt chassé Tryphène de mon cœur. L'expression de mes yeux instruisit Doris de mes sentiments ; ses yeux passionnés me répondirent de la même façon, et ce langage muet, devançant nos paroles, nous apprit à la dérobée ce qu'un seul moment nous avait fait éprouver l'un pour l'autre. Le caractère jaloux de Lycas, déjà connu de moi, nous imposait cette réserve, et la passion toute seule avait découvert à la femme les vues de son mari sur moi. Dans le premier tête-à-tête que nous pûmes nous ménager, elle me fit part de sa découverte. Je lui avouai franchement la vérité, et lui dis avec quelle froideur je l'avais toujours reçu. La rusée me répondit qu'il nous fallait un peu de politique : je la compris, et, suivant son conseil, j'écoutai le mari pour posséder la femme. Dans l'un de ces intervalles où Giton réparait sa vigueur épuisée par Tryphène, celle-ci voulut revenir à moi et fut repoussée ; son amour alors se changea en rage. Elle s'acharna à ma poursuite, et mes relations avec les deux époux ne lui échappèrent point. Comme le penchant du mari pour moi ne lui faisait à elle aucun tort, elle ne s'y arrêta pas : toute sa fureur tomba sur Doris et sur nos furtifs rendez-vous. Elle en informe Lycas, qui, moins amoureux que jaloux, médite une vengeance éclatante. Mais Doris, avertie par une des femmes de sa rivale, détourna l'orage en rompant le cours de nos tête-à-tête. Moi, voyant tout cela, et la perfidie de Thryphène et l'ingratitude de Lycas, je pris, tout en maugréant, le parti de quitter la place. La veille, par un heureux hasard, un vaisseau chargé de riches offrandes pour la fête d'Isis venait d'échouer sur des rochers voisins. M'étant donc consulté avec Giton, il consentit de grand cœur à me suivre, vu que Tryphène, après l'avoir exténué, faisait mine de le négliger. Nous gagnâmes de grand matin le rivage et montâmes à bord du navire, d'autant plus facilement que les gardiens, tous valets de Lycas, nous connaissaient. Mais comme, par considération pour nous, ils nous accompagnaient toujours et nous empêchaient par là de faire notre main, je laisse Giton avec eux, je m'éclipse à propos, je me glisse vers la poupe, où était la statue de la déesse, que je débarrasse de sa riche robe et de son sistre d'argent ; j'enlève encore d'autres objets précieux de la cabine du pilote, et me laisse furtivement couler le long d'un câble, sans être aperçu que du seul Giton. Il parvient à s'évader lui-même et à me suivre. Dès que je le vis, je lui montrai ma proie, et nous nous décidâmes à rejoindre Ascylte au plus vite. Nous n'arrivâmes que le lendemain chez Lycurgue. Là j'abordai Ascylte, et lui racontai en peu de mots et

---

vit, et Quid agebas, inquit, frater sanctissime? quid? Vesticontubernium facis? Nec se solum intra verba continuit, sed lorum de pera solvit, et me cœpit non perfunctorie verberare, adjectis etiam petulantibus dictis : Sic dividere cum fratre nolito. —

Jam nunc ardentes autumnus fregerat umbras,
Atque hiemem tepidis spectabat Phœbus habenis :
Jam platanus jactare comas, jam cœperat uvas
Annumerare suas, desecto palmite, vitis :
Ante oculos stabat, quidquid promiserat annus......

notre heureuse équipée et nos disgrâces amoureuses. Il nous conseilla de prévenir Lycurgue en notre faveur, et de lui donner pour motif de notre évasion précipitée quelque nouvelle sottise de Lycas. Lycurgue prêta l'oreille à nos raisons, et jura de nous protéger désormais contre tous nos ennemis. Notre disparition ne fut connue chez Lycas qu'après que les deux belles furent levées : car, galants scrupuleux, nous assistions tous les jours à leur toilette du matin. Cette absence si insolite bien constatée, Lycas envoya explorer les environs, et principalement les bords de la mer. Il apprit que nous avions visité le vaisseau ; mais du vol, nulles nouvelles : on ne le connaissait point encore, parce que la poupe était tournée vers la mer, et que le pilote n'était pas encore remonté sur le bâtiment. Notre départ se trouvant enfin incontestable, Lycas, qu'il n'accommodait guère, s'emporta fort contre Doris, qu'il soupçonnait d'en être la cause. Je ne dirai rien des injures grossières ni des voies de fait auxquelles il se porta, j'en ignore les détails ; ce que je sais, c'est que Tryphène, l'auteur même de tout ce bouleversement, conseilla à Lycas d'aller réclamer les fugitifs chez Lycurgue, où apparemment ils devaient se trouver : elle voulut être de la partie, pour nous accabler d'outrages que nous méritions si bien. Le lendemain on part, on arrive au château. Nous étions absents : Lycurgue nous avait conduits aux fêtes d'Hercule, qui se célébraient dans un bourg voisin. Ils l'apprennent, courent au-devant de nous, et nous trouvent sous le portique du temple. Leur subite apparition nous jeta dans un trouble extrême : Lycas se plaignit vivement à Lycurgue de notre escapade ; mais on l'accueillit d'un air si sévère et avec un dédain si marqué, que, sentant renaître mon courage, je le couvris de confusion, en publiant hautement ses infâmes tentatives sur moi tant chez Lycurgue que chez lui-même. Tryphène eut beau faire, elle eut aussi son compte. Je dévoilai sa turpitude au peuple qu'avaient assemblé nos cris ; et, pour preuve de ce que j'avançais, je montrai à quel état d'épuisement nous avait réduits, Giton et moi, la luxure de cette prostituée. Les rires de l'assemblée coupèrent la parole à nos accusateurs, qui se retirèrent confus et méditant des projets de vengeance. S'étant bien aperçus que nous avions prévenu l'esprit de Lycurgue, ils voulurent l'attendre chez lui pour le désabuser. La fête avait fini tard : nous ne pûmes nous rendre au château. Lycurgue nous conduisit dans une *villa* qu'il avait à moitié chemin. Le lendemain, il nous laissa encore endormis, pour aller au château, où l'appelaient ses affaires. Il y trouva Lycas et Tryphène qui l'attendaient, et qui surent si bien le circonvenir qu'ils se déterminèrent à nous livrer entre leurs mains. Lycurgue d'ailleurs, méchant de caractère et ne sachant ce que c'est que garder sa parole, réfléchit aux moyens de nous livrer, et dit à Lycas d'aller chercher main-forte, tandis que lui-même nous tiendrait consignés dans sa *villa*. Il y vint en personne, et nous fit aussi mauvais visage que Lycas nous l'aurait pu faire. Il nous reprocha, en serrant convulsivement ses mains l'une contre l'autre, nos calomnies envers Lycurgue, et nous fit enfermer, à l'exception d'Ascylte, dans notre chambre à coucher, sans vouloir même écouter ce dernier, qui tentait de nous justifier. Il l'emmena au château, et établit des gardes pour nous surveiller jusqu'à son retour. Pendant la route Ascylte s'efforça, mais en vain, d'ébranler la résolution de Lycurgue : prières, larmes, caresses, rien ne put l'émouvoir. Ce fut alors qu'il conçut le projet de nous faire évader. Irrité de l'entêtement de Lycurgue, il refusa de partager sa couche, ce qui facilita l'exécution de son dessein. Comme tous les habitants du château étaient dans le premier sommeil, Ascylte charge nos effets sur ses épaules, s'échappe par une brèche qu'il a remarquée à la muraille, et arrive au point du jour à la *villa*. Il y pénètre sans obstacle, et gagne notre chambre, que nos surveillants avaient eu soin de fermer. Mais il la trouva facile à ouvrir : le ressort de la serrure, qui était de bois, céda à l'introduction d'un morceau de fer, et la chute du verrou nous réveilla, car nous ronflions en dépit du sort. Fatigués d'une longue veille, nos gardes étaient ensevelis dans un profond sommeil : nous fûmes donc les seuls réveillés. Ascylte entre, et nous dit en peu de mots ce qu'il a fait pour nous. Nous ne demandâmes pas de plus longs détails ; et comme nous nous habillions à la hâte, il me vint dans l'idée de tuer nos gardes et de mettre la maison au pillage. Je consultai Ascylte : le pillage lui sourit, et il nous fournit, sans effusion de sang, tous les moyens de succès. Il connaissait les êtres du logis : il nous mena droit au garde-meuble, qu'il ouvrit, et dont nous enlevâmes les objets les plus précieux. Du plus grand matin nous décampâmes, et, évitant les routes fréquentées, nous ne fîmes halte qu'au moment où nous nous crûmes en sûreté. Alors Ascylte, après avoir repris haleine, nous peignit vivement la joie qu'il venait d'éprouver à piller Lycurgue, le plus avare des hommes, et dont la parcimonie l'indignait avec raison ; car toutes les nuits qu'il lui consacrait n'avaient eu d'autre loyer qu'un maigre et méchant ordinaire, à peine suffisant pour le soutenir. Telle était la lésine du personnage, qu'avec ses immenses richesses il se refusait jusqu'au nécessaire.

Tantale au sein d'un fleuve essaye en vain de boire ;
L'onde échappe à sa bouche, et les fruits à sa main.
De l'avare opulent c'est la fidèle histoire :
Dans son abondance illusoire,
Toujours il mâche à vide ; il ne sent que la faim.

Ascylte voulait arriver à Naples le même jour ; mais je représentai qu'il serait peu sage de s'y rendre ; que, selon toute apparence, on nous y chercherait. — Courons quelque temps la campagne, disais-je ; nous avons de quoi bien passer le temps. — Mon avis est approuvé ; et nous prenons le chemin d'un hameau embelli de riantes maisons de plaisance, où nombre de nos amis goûtaient les charmes de la belle saison. Mais nous étions à peine à mi-chemin, qu'un

.....Nec bibit inter aquas, nec poma patentia carpit,
Tantalus infelix, quem sua vota premunt.
Divitis hæc magni facies erit, omnia late
Qui tenet, et sicco concoquit ore famem......

nuage vint à crever sur nos têtes, et à faire pleuvoir l'eau par torrents. Nous nous sauvons au plus prochain village, dans une auberge où une foule de monde était venue chercher un abri. On ne pouvait nous observer au milieu de la cohue, et nous en avions plus de facilité pour guetter des yeux quelque butin à faire. Tout à coup, sans être vu, Ascylte ramasse de terre un petit sac où il trouve plusieurs pièces d'or. Cette heureuse aubaine nous comble de joie; mais, de peur des réclamations, nous nous éclipsons par une porte de derrière. Tout en fuyant nous apercevons un esclave qui selle des chevaux, et qui, ayant oublié quelque chose, les quitte pour rentrer à la maison. Je mets à profit sa disparition pour délier les courroies d'une selle, d'où j'enlève un superbe manteau; puis nous nous glissons le long des bâtiments, et nous voilà dans le bois voisin. Arrivés dans un endroit écarté du taillis où nous étions plus en sûreté, il fut longtemps question des moyens de cacher notre or, afin qu'on ne pût nous accuser de vol, ni nous voler à notre tour. Nous résolûmes de le coudre dans la doublure d'une vieille tunique que je mis sur mes épaules. Ascylte se charge du manteau et nous prenons des chemins détournés pour gagner la ville. Quand nous fûmes à la lisière du bois, nous entendîmes crier à notre gauche : — Ils n'échapperont pas; ils sont entrés dans le bois : séparons-nous pour les chercher et les prendre plus facilement! — Ces paroles nous jettent dans une frayeur extrême. Ascylte et Giton se sauvent le long des buissons jusqu'à la ville. Et moi, je rentre dans le bois si précipitamment, que, sans m'en apercevoir, je laisse tomber la précieuse tunique. Après avoir couru longtemps, harassé et n'en pouvant plus, je me couche au pied d'un arbre et là seulement je vois quelle perte j'ai faite. Le désespoir me rend des forces; je me lève, et de tous côtés je cherche longtemps et en vain mon trésor. Je me rencontrai face à face avec un villageois. Ce fut alors que j'eus besoin de toute ma présence d'esprit : elle ne m'abandonna pas. J'aborde effrontément mon homme : je lui demande le chemin de la ville, en me plaignant d'être égaré depuis longtemps dans la forêt. Il eut pitié de l'état où il me vit : j'étais en effet plus pâle que la mort, et crotté des pieds à la tête. Il me demanda si j'avais vu quelqu'un dans le bois; je lui répondis que non, et il eut la bonté de me conduire sur la grande route. Là il rencontra deux de ses amis qui lui dirent qu'après avoir battu jusqu'aux moindres sentiers, ils n'avaient trouvé qu'une tunique, qu'ils lui montrèrent. Mon audace n'alla pas jusqu'à la réclamer, comme bien vous pensez, quoique sa valeur me fût trop connue. J'arrivai tard à la ville. A mon entrée dans la première auberge, je trouvai Ascylte demi-mort et étendu sur un grabat : je me laissai tomber sur un autre lit, sans pouvoir dire un mot. Ascylte, troublé de ne pas voir la tunique qui m'avait été confiée, me la demanda précipitamment. J'étais dans un état d'épuisement tel, que je ne pus lui répondre; au défaut de ma voix, mes regards abattus lui en dirent assez. Cependant, ayant retrouvé peu à peu quelque force, je lui racontai ma disgrâce. Il s'imagina que je plaisantais, et enfin refusa absolument de me croire, se figurant sans doute que je voulais retenir sa part des pièces d'or. Après mille plaintes et mille reproches de sa part aussi peu fondés qu'inutiles, n'ayant plus d'argent, il nous fallut déloger plus tôt que nous ne l'avions décidé, et vendre de notre butin pour subvenir à nos besoins.]

XII. Nous arrivions au marché quand déjà le jour finissait. Là nous remarquâmes une foule d'objets à vendre qui certes n'avaient pas grand prix, mais dont le colportage suspect trouvait dans l'obscurité du soir une facile protection. Comme nous avions, nous aussi, apporté le manteau capturé, nous profitâmes de suite d'une occasion si propice, et, postés dans un coin, nous secouâmes un pan de l'étoffe, dont à tout hasard l'éclat pouvait attirer quelque amateur. Nous n'attendîmes pas trop : certain villageois, dont les traits ne m'étaient pas inconnus, et qu'une petite femme accompagnait, s'approcha, et se mit à examiner le manteau avec un soin particulier. De son côté Ascylte fixe un œil attentif sur les épaules du rustique acheteur, et soudain la respiration et la voix lui manquent. Moi, à mon tour, ce ne fut pas sans quelque émotion que j'envisageai cet individu : il me semblait que c'était là l'homme qui avait trouvé ma tunique dans le fourré; et en effet c'était bien lui. Mais Ascylte n'osait s'en rapporter à ses yeux : afin de ne rien donner au hasard, il s'approcha d'abord, comme pour acheter lui-même, un peu plus près, et tira à lui la bordure, qu'il palpa soigneusement.

XIII. O coup de fortune! ô miracle! jusque-là le villageois n'avait pas eu la curiosité de tâter les coutures : on eût dit une défroque de mendiant qu'il dédaignait presque de vous proposer. Ascylte voyant notre dépôt intact, et que le vendeur était de mince considération, me tira un

XII. Veniebamus in forum, deficiente jam die, in quo notavimus frequentiam rerum venalium, non quidem pretiosarum, sed tamen, quarum fidem male ambulantem obscuritas temporis facillime tegeret. Cum ergo et ipsi raptum latrocinio pallium detulissemus, uti occasione opportunissima coepimus, atque in quodam angulo laciniam extremam concutere, si quem forte emtorem splendida vestis posset adducere. Nec diu moratus rusticus quidam, familiaris oculis meis, cum muliercula comite propius accessit, ac diligentius considerare pallium cœpit. Invicem Ascyltos injecit contemplationem super humeros rustici emtoris, ac subito exanimatus conticuit. Ac ne ipse quidem sine aliquo motu hominem conspexi : nam videbatur ille mihi esse, qui tuniculam in solitudine invenerat; plane is ipse erat. Sed cum Ascyltos timeret fidem oculorum, ne quid temere faceret, prius tanquam emtor propius accessit, detraxitque humeris laciniam, et diligentius tenuit.

XIII. O lusum Fortunæ mirabilem! Nam adhuc nec suturæ quidem attulerat rusticus curiosas manus, sed tanquam mendici spolium etiam fastidiose venditabat. Ascyltos, postquam depositum esse inviolatum vidit,

peu à l'écart, et me dit : — Sais-tu, camarade, qu'il nous est revenu, le trésor dont je pleurais la perte? Ceci est notre tunique, encore garnie, à ce qu'il paraît, de toutes ses pièces d'or. Comment donc faire? à quel titre revendiquer notre bien? — Moi, enchanté, non-seulement de revoir notre butin, mais de ce que le hasard venait de m'absoudre du plus honteux soupçon, je soutins que, sans agir par voie détournée, il fallait franchement combattre avec les armes du droit, et, si notre homme ne voulait pas rendre ce qui ne lui appartenait pas, le citer en justice.

XIV. Ascylte, lui, craignait les voies légales : — De qui, disait-il, sommes-nous connus ici? Qui nous croira sur parole? Je suis tout à fait d'avis qu'on achète, bien qu'il soit à nous, l'objet que voilà retrouvé, et qu'on recupère un trésor au prix de quelques as, plutôt que de s'embarquer dans un procès chanceux.

Que ferait la Justice, où l'argent seul est roi,
Où le pauvre toujours a tort devant la loi?
Nos cyniques si purs, nos héros d'abstinence
Trop souvent à prix d'or vendent leur éloquence ;
Et Thémis, marchandée à la face des cieux,
S'abandonne au client qui l'achète le mieux.

— Mais, hormis deux pièces de grosse monnaie destinées à l'achat de pois chiches et de lupins, nous n'avions pas d'argent comptant. En conséquence, et pour ne pas laisser partir notre proie, fallût-il livrer à plus bas prix le manteau, nous nous y résignâmes ; la valeur bien plus grande de l'une rendait comparativement légère la perte qu'on ferait sur l'autre. A peine donc avions-nous déployé notre marchandise, que la femme voilée qui se tenait devant nous avec le villageois, s'étant bien assurée de ce qui la lui faisait reconnaître, jeta ses deux mains sur l'étoffe, en criant à tue-tête : Je tiens mes voleurs ! Tout étourdis de l'incident, mais ne voulant pas être en reste, nous saisissons à notre tour les sales lambeaux de la tunique, et, usant de récrimination, nous protestons que ce sont nos dépouilles qu'ils ont entre leurs mains. Mais la partie n'était nullement égale ; et les groupes que nos clameurs avaient amassés riaient, comme de raison, de nos prétentions à nous, en voyant d'une part revendiquer un vêtement des plus riches, de l'autre une tunique déchirée qui ne valait pas même de bons morceaux pour la rapiécer. Ascylte sut partir de là pour faire cesser les rires ; et quand le silence s'établit :

XV. — Nous voyons, dit-il, par le fait, que, chacun tient fort à ce qui est à lui : qu'ils nous rendent notre tunique, et ils reprendront leur manteau. — En dépit du villageois et de la femme, qui acceptaient l'échange, des gens de loi, ressemblant presque à des voleurs de nuit, et qui voulaient faire profit du manteau, réclamaient le dépôt des deux vêtements entre leurs mains. — Demain, disaient-ils, le magistrat connaîtra du différend. Il ne s'agit pas seulement d'une enquête sur les objets qui paraissent en litige ; il s'agit de bien mieux, savoir sur laquelle des parties le soupçon de vol incombera. — Déjà on était pour le séquestre, quand du milieu des groupes s'avance un quidam au crâne chauve et tout bossué de protubérances, qui par état et dans l'occasion était solliciteur de procès. Il s'empare du manteau, et promet de le représenter le lendemain. Mais évidemment il ne s'agissait d'autre chose, le vêtement une fois déposé aux mains des pillards, que de l'escamoter ; et nous, par peur d'être ac-

---

et personam vendentis contemptam, seduxit me paullulum a turba : et Scis, inquit, frater, rediisse ad nos thesaurum, de quo querebar? Illa est tunicula adhuc, ut apparet, intactis aureis plena. Quid igitur facimus ; aut quo jure rem nostram vindicamus? Exhilaratus ego, non tantum quia praedam videbam, sed etiam, quod fortuna me a turpissima suspicione dimiserat, negavi circuitu agendum, sed plane jure civili dimicandum, ut, si nollet alienam rem domino reddere, ad interdictum veniret.

XIV. Contra Ascyltos leges timebat : et, Quis, aiebat, hoc loco nos novit? aut quis habebit dicentibus fidem? Mihi plane placet emere, quamvis nostrum sit, quod agnoscimus, et parvo aere recuperare potius thesaurum, quam in ambiguam litem descendere.

Quid faciant leges, ubi sola pecunia regnat,
Aut ubi paupertas vincere nulla potest?
Ipsi, qui cynica traducunt tempora cœna,
Nonnumquam nummis vendere verba solent.
Ergo judicium nihil est, nisi publica merces,
Atque eques, in caussa qui sedet, emta probat.

Sed praeter unum dupondium, quo cicer lupinosque destinaveramus mercari, nihil ad manum erat. Itaque ne interim praeda discederet, vel minoris pallium addicere placuit, ut pretium majoris compendii leviorem faceret jacturam. Cum primum ergo explicuimus mercem, mulier operto capite, quae cum rustico steterat, inspectis diligentius signis, injecit utramque laciniae manum, magnaque vociferatione latrones tenere clamavit. Contra, nos perturbati, ne videremur nihil agere, et ipsi scissam et sordidam tenere coepimus tunicam, atque eadem invidia proclamare, nostra esse spolia, quae illi possiderent. Sed nullo genere par erat caussa nostra, et conciones, quae ad clamorem confluxerant, nostram, scilicet de more, ridebant invidiam ; quod pro illa parte vindicabant pretiosissimam vestem, pro hac pecuniam ne centonibus quidem bonis dignam. Hinc Ascyltos bene risum discussit, qui, silentio facto :

XV. Videmus, inquit, suam cuique rem esse carissimam, reddant nobis tunicam nostram, et pallium suum recipiant. Etsi rustico mulierique placebat permutatio, advocati tamen, jam paene nocturni, qui volebant pallium lucrifacere, flagitabant, uti apud se utraque deponerentur, ac postero die judex querelam inspiceret. Neque enim res tantum, quae viderentur in controversiam esse, sed longe aliud quaeri, in utra parte scilicet latrocinii suspicio haberetur. Jam sequestri placebant, et nescio quis ex concionibus, calvus, tuberosissimae frontis, qui solebat aliquando et caussas agere, invaserat pallium, exhibiturumque crastino die, affirmabat. Ceterum apparebat nihil

cusés, nous n'oserions point comparaître. Telle était bien aussi notre intention. Or le hasard seconda le vœu des deux parties. Le villageois, outré de nous voir exiger la représentation d'une guenille, jette la tunique au nez d'Ascylte, et nous somme, désintéressés que nous voilà sur ce point, de déposer en main tierce le manteau, qui seul offrait matière à procès. Rentrés ainsi, nous en étions sûrs, dans la possession de notre trésor, nous retournons bien vite à l'hôtellerie. Là nous pûmes rire à huis-clos et de notre subtil auditoire, et de nos accusateurs qui avaient eu la merveilleuse adresse de nous rendre nos écus.

Tant il n'est rien qui parfois n'ait son prix !
Ce que j'ai dédaigné peut m'ouvrir un asile.
D'un vaisseau qui se perd tout l'or est bien stérile,
Et ne vaut pas une rame, un débris.
Quand le glaive est tiré, quand la trompette sonne,
Les haillons bravent tout, et le riche frissonne.

[Comme nous voulions éviter les rues fréquentées, nous prîmes par les quartiers déserts; et vers le soir, dans un endroit écarté, nous fîmes rencontre de deux femmes voilées, d'assez bonne tournure, que nous suivîmes en ralentissant le pas jusqu'à une chapelle où elles entrèrent. De là sortait, comme du fond d'un antre, un bruit extraordinaire pareil à celui d'une multitude de voix. La curiosité nous poussa jusque dans l'intérieur, et nous distinguâmes grand nombre de femmes, vraies bacchantes, armées de phallus monstrueux. Nous n'en pûmes voir davantage; car dès qu'elles nous aperçurent, elles poussèrent un si grand cri que la voûte de l'édifice en trembla. Elles eussent bien voulu nous saisir; mais nous nous échappâmes à temps, et regagnâmes notre hôtellerie.]

XVI. A peine nous étions-nous restaurés avec le souper préparé par les soins de Giton, qu'on vint heurter à notre porte pour ainsi dire en maître, et fort bruyamment. Pâles de frayeur, nous demandons qui est là : — Ouvrez, répond-on, vous l'allez savoir. — Durant ce dialogue, la barre sort d'elle-même de sa gâche et tombe, et la porte brusquement ouverte laisse entrer une femme. Elle était voilée : c'était celle justement qui tout à l'heure accompagnait le villageois. — Pensiez-vous donc, dit-elle, vous être joués de moi? Je suis l'une des femmes de Quartilla, dont vous venez de troubler les mystères aux portes de la grotte. La voici qui vient en personne à l'hôtellerie, pour vous parler tout à son aise : ne vous alarmez pas; elle n'entend point vous faire un crime d'une méprise, ni vous en punir; elle est au contraire enchantée que le ciel ait conduit dans son voisinage des jeunes gens aussi bien élevés. —

XVII. Nous gardions encore le silence, et ne savions dans quel sens tourner notre réponse, lorsque nous vîmes la dame entrer, accompagnée seulement d'une petite fille, s'asseoir sur mon lit et pleurer longtemps. Nous, toujours sans mot dire, nous restons là, témoins stupéfaits de ces larmes, étalage d'une douleur factice. Or, après que le magnifique orage eût fait explosion, le capuchon qui couvrait cette tête impérieuse se haussa; et la dame, tordant ses mains jointes à en faire craquer les articulations : — Comment qualifier, s'écria-t-elle, une pareille audace? Qui vous a instruits à des brigandages qui dépasseraient ceux même de nos fables? J'ai en vérité pitié de vous, car nul n'a vu impunément ce qu'il lui était interdit de voir. Et, au fait, notre pays offre une telle *assistance* de divinités, qu'un dieu peut s'y rencontrer plus facilement qu'un homme. Mais ne croyez pas que ce soit la vengeance qui m'amène : votre jeunesse me touche plus que mon offense. C'est par étourderie, du moins je le crois, que vous avez commis un attentat inex-

---

aliud quæri, nisi ut semel deposita vestis inter prædones strangularetur, et nos metu criminis non veniremus ad constitutum. Idem plane et nos volebamus. Itaque utriusque partis votum casus adjuvit. Indignatus enim rusticus, quod nos centonem exhibendum postularemus, misit in faciem Ascylti tunicam, et liberatos querela jussit pallium deponere, quod solum litem faciebat. Ergo recuperato, ut putabamus, thesauro, in deversorium præcipites abimus, præclusisque foribus, ridere acumen non minus concionum, quam calumniantium, cœpimus, quod nobis ingenti calliditate pecuniam reddidissent.

Nam nihil est quod non mortalibus afferat usum.
Rebus in adversis, quæ jacuere, juvant.
Sic, rate demersa, fulvum depondérat aurum;
Remorum levitas naufraga membra vehit.
Cum sonuere tubæ, jugulo stat divite ferrum; 5
Barbara contemptu prælia pannus habet......

XVI. Sed ut primum beneficio Gitonis præparata nos implevimus cœna, ostiium satis audaci strepitu impulsum exsonuit. Cum ipsi ergo pallidi rogaremus, Quis esset : Aperi, inquit, jam scies. Dumque loquimur, sera sua sponte delapsa cecidit, remissæque subito fores admiserunt intrantem. Mulier autem erat operto capite, illa scilicet, quæ paullo ante cum rustico steterat, et, Me derisisse, inquit, vos putabatis? Ego sum ancilla Quartillæ, cujus vos sacra ante cryptam turbastis. Ecce ipsa venit ad stabulum, petitque, ut vobiscum liceat loqui : nolite perturbari; nec accusat errorem vestrum, nec punit : imo potius miratur, quis Deus juvenes tam urbanos in suam regionem detulerit?

XVII. Tacentibus adhuc nobis, et ad neutram partem assentationem flectentibus, intravit ipsa una comitata virgine, sedensque super torum meum, diu flevit. Ac ne tunc quidem nos ullum adjecimus verbum, sed attoniti exspectavimus lacrymas ad ostentationem doloris paratas. Ut ergo tam ambitiosus detonuit imber, retexit superbum pallio caput, et manibus inter se usque ad articulorum strepitum constrictis, Quænam est, inquit, hæc audacia? aut ubi fabulas etiam antecessura latrocinia didicistis? Misereor, me Dius Fidius, vestri : neque enim impune quisquam, quod non licuit, adspexit. Utique nostra regio tam præsentibus plena est Numinibus, ut facilius possis Deum,

piable. Moi qui vous parle, cette nuit m'a bouleversée : il m'a pris un frisson glacial si dangereux, que j'eus peur vraiment d'un accès de fièvre tierce. Je demandai aux inspirations du sommeil un remède; et il me fut prescrit de me mettre à votre recherche, pour opposer à l'invasion du mal certaine recette révélée comme calmant. Mais tel n'est pas le soin qui me travaille le plus : non, une plus grande inquiétude me ronge le cœur, et, quoi que j'y fasse, me conduit au tombeau. Je crains, voyez-vous, que par entraînement, par indiscrétion de jeunesse, ce que vous avez vu dans la chapelle de Priape ne soit divulgué par vous, et les secrets de la divinité livrés au vulgaire. Me voici donc à vos genoux, je tends vers vous mes mains suppliantes, et vous conjure avec instance de ne pas faire de nos nocturnes cérémonies un jeu et une risée, de ne pas traduire au grand jour les mystères de tant de siècles, qu'à peine tous leurs initiés connurent-ils. —

XVIII. Ces supplications sont suivies d'un nouveau torrent de larmes ; elle éclate en violents sanglots, et tombe sur mon lit, qu'elle presse de son visage et de sa poitrine. Ému tout à la fois de compassion et de crainte, je lui dis de se rassurer, et à l'égard de nous deux d'être bien tranquille. Aucun ne divulguerait ses mystères; et de plus, si le Dieu lui avait indiqué quelque autre remède pour sa fièvre, nous seconderions la divine providence, dût-il y avoir danger pour nous. Toute joyeuse après cette promesse, voilà une femme qui me crible de baisers, qui tout d'un bond passe des larmes au rire ; et, s'amusant à diviser entre ses doigts les cheveux qui flottent derrière mon oreille : — La trêve, dit-elle, est conclue entre nous, et je vous tiens quitte de l'accusation que j'avais dressée. Si vous n'aviez consenti à m'administrer ce que je demande, j'avais main-forte toute prête pour demain, et mon injure eût été vengée dignement.

Le mépris est affreux ; commander est sublime.
J'aime à voir en tous lieux le respect que j'imprime.
Car le dédain du sage écrase l'offenseur ;
Qui triomphe et pardonne est doublement vainqueur.

Puis battant des mains, elle poussa tout à coup des éclats de rire tels qu'elle nous effraya. Ainsi fit de son côté la suivante, qui était venue la première ; ainsi fit la petite fille entrée avec la dame.

XIX. Toute la maison retentissait de ces rires de comédie ; et nous, ignorant d'où venait un si brusque changement d'humeur, nous nous entre-regardions, nous regardions ces femmes alternativement. [Enfin Quartilla nous dit :] — Mes ordres sont qu'aujourd'hui âme qui vive ne soit admise dans cette auberge, afin que je reçoive de vous le fébrifuge sans être dérangée. — A ces paroles, Ascylte resta quelque temps interdit; je devins plus froid qu'un hiver des Gaules, et ne pus proférer un seul mot. Cependant qu'avions-nous de si fâcheux à craindre? nous étions en force. Trois femmelettes, si elles tentaient quelque chose, étaient bien faibles contre nous, qui, même à défaut de mieux, eussions eu notre vigueur d'hommes. Et certes nous étions tout prêts à la défensive : j'avais même assigné à chacun son antagoniste ; en cas d'attaque, j'aurais tenu tête à Quartilla, Ascylte à la suivante, et Giton à la petite fille. [Quartilla s'approche de moi pour être médicamentée. Trompée dans son attente, elle sort furieuse, revient peu après, et par son ordre des inconnus nous saisissent et nous

---

quam hominem invenire. Ac ne me putetis ultionis caussa huc venisse, ætate magis vestra commoveor, quam injuria mea. Imprudentes enim, ut adhuc puto, admisistis inexpiabile scelus. Ipsa quidem illa nocte vexata, tam periculoso inhorrui frigore, ut tertianæ etiam impetum timerem : et ideo medicinam somno petii, jussaque sum vos perquirere, atque impetum morbi, monstrata subtilitate, lenire. Sed de remedio non tam valde laboro ; major enim in præcordiis dolor sævit, qui me usque ad necessitatem mortis deducit : ne scilicet juvenili impulsi licentia, quod in sacello Priapi vidistis, vulgetis, Deorumque consilia proferatis in populum. Protendo igitur ad genua vestra supinas manus, petoque et oro, ne nocturnas religiones jocum risumque faciatis, neve traducere velitis tot annorum secreta, quæ mystæ vix omnes noverunt.

XVIII. Secundum hanc deprecationem lacrymas rursus effudit, gemitibusque largis concussa, tota facie ac pectore torum meum pressit. Ego eodem tempore et misericordia turbatus, et metu, bonum animum habere eam jussi, et de utroque securam. Nam neque sacra quemquam vulgaturum et, si quod præterea aliud remedium ad tertianam Deus illi monstrasset, adjuvaturos nos divinam providentiam, vel periculo nostro. Hilarior post hanc pollicitationem facta mulier, basiavit me spissius, et ex lacrymis in risum mota, descendentes ab aure capillos meos dentata manu duxit : et, Facio, inquit, inducias vobiscum, et a constituta lite dimitto. Quod si non annuissetis, de hac medicina, quam peto, jam parata erat in crastinum turba, quæ et injuriam meam vindicaret, et dignitatem.

Contemni turpe est ; legem donare, superbum ;
Hoc amo, quod possum qua libet ire via.
Nam sane et sapiens contemptu jurgia flectit :
Et, qui non jugulat, victor abire solet.

Complosis deinde manibus in tantum repente risum effusa est, ut timeremus. Idem ex altera parte et ancilla fecit, quæ prior venerat. Idem virguncula, quæ una intraverat.

XIX. Omnia mimico risu exsonuerant : cum interim nos, quæ tam repentina esset mutatio animorum facta, ignoraremus, ac modo nosmet ipsos, modo mulieres, intueremur.... Ideo vetui, hodie in hoc deversorio quemquam mortalium admitti, ut remedium tertianæ, sine interpellatione, a vobis acciperem. Ut hæc dixit Quartilla, Ascyltos quidem paullisper obstupuit : ego autem frigidior hieme Gallica factus, nullum potui verbum emittere. Sed ne quid tristius exspectarem, comitatus faciebat. Tres enim erant mulierculæ, si quid vellent conari, infirmissimæ, scilicet contra nos, quibus, si nihil aliud, virilis sexus esset. Et præcincti certe altius eramus : imo ego sic jam paria composueram,

transportent dans un palais des plus somptueux.] Ce dernier coup fit évanouir toute notre constance, et nous attéra, et une mort qui semblait certaine voilait déjà de son ombre nos yeux éperdus.

XX. — De grâce! m'écriai-je, madame, si c'est notre vie qu'il vous faut, achevez-nous sur l'heure. Nous n'avons pas commis d'assez grand crime pour devoir périr au sein des tortures. — Cependant Psyché (c'était le nom de la suivante) a couvert soigneusement le parquet d'un tapis, et veut ressusciter en moi un organe que mille morts avaient glacé. Ascylte s'était voilé la tête de son manteau, convaincu qu'il était du danger qu'on court à intervenir dans les secrets d'autrui. Psyché alors tira de son sein deux rubans, et de l'un nous lia les pieds, de l'autre les mains. [Quand elle m'eut bien garrotté, je lui dis que ce n'était pas de cette manière que sa maîtresse verrait ses désirs satisfaits. — Il est vrai, répliqua-t-elle; mais j'ai sous la main d'autres spécifiques plus efficaces. — Et elle apporta un vase rempli de satyrion, et fit tant par les plaisanteries et les folies qu'elle me débita, que j'avalai presque toute la liqueur. Pour se venger du mépris qu'Ascylte venait de faire de ses avances, elle lui arrosa le dos, sans qu'il s'en aperçût, du reste de la boisson.] Comme le tissu de ses fadaises s'épuisait : — Et moi donc, dit Ascylte, est-ce que je ne mérite pas de boire? — Psyché, trahie par mon sourire, se met à battre des mains : — Je vous en ai donné, jeune homme ; à vous seul vraiment vous avez pris jusqu'à la dernière goutte. — Est-ce possible? dit Quartilla; tout ce qu'il y avait de satyrion, n'est-ce pas Encolpe qui l'a bu? — Et elle riait à se tenir les côtes, ce qui ne lui allait pas mal. Giton lui-même à la fin ne put garder son sérieux, surtout quand la petite fille se jetant à son cou vint lui donner mille baisers dont il ne se défendait guère.

XXI. Nous eussions voulu, dans notre détresse, crier à l'aide, mais nul secours n'était à portée; et d'ailleurs Psyché, armée d'une aiguille à friser, si je faisais mine d'invoquer l'assistance des citoyens, me piquait les joues, tandis que la petite fille, avec un pinceau trempé de satyrion, obsédait cruellement Ascylte. Pour dernier trait, un danseur cynique se présenta, vêtu d'une robe couleur de myrthe et relevée jusqu'à la ceinture, lequel tantôt nous éreinta de ses violents assauts, tantôt nous souilla de ses baisers infects; tant qu'enfin Quartilla, une baguette de baleine à la main, et la robe également relevée, fit signe heureusement qu'on nous donnât quartier. Ascylte et moi nous jurons, dans les termes les plus solennels, que tout ce mystère d'infamie mourra entre nous. Alors parut une troupe de lutteurs qui nous frottèrent d'huile à dose convenable, et nous ranimèrent. Délivrés donc ou à peu près de nos fatigues, nous prîmes des habits de table, et l'on nous fit passer dans une pièce voisine, où trois lits se trouvaient dressés, avec l'appareil complet d'un repas splendidement ordonné. Invités, nous prenons place : une entrée magnifique ouvre le banquet, et l'on nous abreuve à longs traits de vrai falerne, ma foi! On nous fit aussi l'honneur de maint autre service, après quoi le sommeil nous gagnait. — Comment! s'écria Quartilla, songeriez-vous bien à dormir, quand vous savez que cette nuit est due tout entière au culte de Priape? —

XXII. Comme Ascylte, excédé de persécutions, se laissait aller à l'assoupissement, Psyché, qu'il avait injurieusement rebutée, lui barbouilla tout le visage avec de la suie, et, sans qu'il le sentît,

---

ut, si depugnandum foret, ipse cum Quartilla consisterem, Ascyltos cum ancilla, Giton cum virgine..... Tunc vero excidit omnis constantia attonitis, et mors non dubia miserorum oculos cœpit obducere.

XX. Rogo, inquam, Domina, si quid tristius paras, celerius confice: neque enim tam magnum facinus admisimus, ut debeamus tosti perire. Ancilla, quæ Psyche vocabatur, lodiculam in pavimento diligenter extendit. Sollicitavit inguina mea, mille jam mortibus frigida. Operuerat Ascyltos pallio caput, admonitus scilicet, periculosum esse alienis intervenire secretis. Duas institas ancilla protulit de sinu : alteraque pedes nostros alligavit, altera manus.... Ascyltos, jam deficiente fabularum contextu, Quid ergo? inquit, non sum dignus, qui bibam? Ancilla risu meo prodita, complosit manus, et, Apposui quidem, inquit, adolescens : solus tamen medicamentum ebibisti. Itane est, inquit Quartilla, quidquid satyrii fuit, Encolpius ebibit? non indecenti risu latera commovit. Ac ne Giton quidem ultimo risum tenuit, utique postquam virguncula cervicem ejus invasit, et non repugnanti puero innumerabilia oscula dedit.

XXI. Volebamus miseri exclamare, sed nec in auxilio erat quisquam, et hinc Psyche acu comatoria, cupienti mihi invocare Quiritum fidem, malas pungebat; illinc puella penicillo, quod et ipsum satyrio tinxerat, Ascylton opprimebat. Ultimo cinædus supervenit, myrtea suburnatus gausapina, cinguloque succinctus, modo extortis nos clunibus cecidit, modo basiis olidissimis inquinavit; donec Quartilla balenatam tenens virgam, alteque succincta, jussit infelicibus dari missionem. Uterque nostrum religiosissimis juravit verbis, inter nos periturum esse tam horribile secretum. Intraverunt palæstritæ quam plures, et nos legitimo perfusos oleo refecerunt. Utcumque igitur lassitudine abjecta, cœnatoria repetimus, et in proximam cellam ducti sumus; in qua tres lecti strati erant, et reliquus lautitiarum apparatus splendidissime expositus. Jussi ergo discubuimus, et gustatione mirifica initiati, vino etiam falerno inundamur. Excepti etiam pluribus ferculis cum laberemur in somnum, Itane est? inquit Quartilla, etiam dormire vobis in mente est, cum sciatis Priapi genio pervigilium deberi?

XXII. Cum Ascyltos gravatus tot malis in somnum laberetur, illa, quæ injuria depulsa fuerat, ancilla totam faciem ejus fuligine longa perfricuit, et non sentientis labra

lui charbonna les lèvres et les épaules. Moi-même, aussi accablé que lui, je savourais comme un avant-goût des douceurs du repos ; toute la valetaille, dans la salle comme au dehors, en faisait autant, les uns gisant çà et là aux pieds des convives, d'autres adossés aux murailles ; quelques-uns, sur le seuil même de la porte, s'assoupissaient tête contre tête. Les lampes, comme les gens, étaient épuisées, et ne jetaient plus qu'une faible et mourante lueur, quand deux valets syriens, qui voulaient voler une bouteille, entrèrent dans la salle. Tandis qu'ils se la disputent avidement au milieu de l'argenterie, et que chacun tire à lui, elle se casse ; la table tombe avec la vaisselle, une servante, qui sommeillait sur le lit d'un convive, reçoit une coupe lancée probablement plus fort que le reste, et en a la tête toute brisée. La violence du choc lui arrache un cri, qui du même temps trahit les voleurs et réveille une partie de nos ivrognes. Les Syriens, venus pour faire leur coup qu'ils voient éventé, se laissent tous deux ensemble tomber le long d'un lit, à faire croire que le hasard seul les avait rapprochés, et se mettent à ronfler comme s'ils dormaient là depuis longtemps. Le chef de service, réveillé en sursaut, vient verser de l'huile dans les lampes qui s'éteignaient ; les esclaves, après s'être un peu frotté les yeux, retournent à leurs fonctions ; et l'entrée d'une joueuse de cymbales avec sa bruyante musique achève de nous réveiller tous.

XXIII. Voilà donc le festin qui recommence, et Quartilla qui de plus belle nous provoque à boire, stimulée elle-même à une gaieté toute bachique par le son des cymbales. [Elle me promet à moi ce qu'elle nomme un Embasicète ; celui-là devait faire circuler la joie.] Arrive alors un baladin, personnage des plus insipides, et digue en tout d'une telle maison ; il bat des mains pour préluder, puis entonne de la sorte son récitatif à

Venez, courez, volez, folle jeunesse,
Ganymèdes au teint de lis,
A la croupe mobile, aux membres assouplis ;
Et vous qui du plaisir éternisez l'ivresse,
Eunuques indomptés, vétérans de Cypris.

Le couplet débité, il me cracha le plus immonde baiser sur la face, se campa jusque sur mon lit, et, employant toute sa vigueur, releva malgré nous nos tuniques. Il me broya longtemps et à mainte reprise, toujours au-dessous de son but. Sur son front baigné de sueur coulaient des ruisseaux de fard, et dans les rides de ses joues il y avait une telle épaisseur de craie, qu'on eût dit un mur décrépi que sillonne la pluie.

XXIV. Je ne pus retenir plus longtemps mes larmes ; j'étais réduit au désespoir : — De grâce ! m'écriai-je, madame, est-ce bien là l'Embasicète que vous m'aviez promis ? — Elle applaudit avec un air de douce moquerie : — O l'habile homme ! la bonne tête à espiègleries ! Quoi ! tu n'as pas compris qu'Embasicète veut dire un incube ? — Pour lors, ne voulant pas que mon camarade passât son temps mieux que moi : — Mais il y a conscience ! dis-je ; Ascylte sera-t-il ici le seul à chômer ? — Va pour Ascylte, répliqua-t-elle ; à son tour maintenant. — A ce mot l'infâme change de monture, et passe à mon voisin, qui se sent moulu de ses étreintes et de ses accolades. Debout au milieu de cette scène, Giton riait à se tordre les entrailles. Quartilla le remarque : A qui est ce garçon ? demanda-t-elle avec une vive cu-

humerosque sopitis titionibus pinxit. Jam ego etiam tot malis fatigatus, minimum veluti gustum hauseram somni : idem et tota intra forisque familia fecerat : atque alii circa pedes discumbentium sparsi jacebant, alii parietibus appliciti, quidam in ipso limine conjunctis marcebant capitibus. Lucernæ quoque humore defectæ, tenue et extremum lumen spargebant, cum duo Syri, expilaturi lagenam, triclinium intraverunt : dumque inter argentum avidius rixantur, diductam fregerunt lagenam. Cecidit etiam mensa cum argento, et ancillæ, super torum marcentis, excussum forte altius poculum caput fregit : ad quem ictum exclamavit illa, pariterque et fures prodidit, et partem ebriorum excitavit. Syri illi, qui venerant ad prædam, postquam se deprehensos intellexerunt, pariter secundum lectum conciderunt, ut putares hoc convenisse, et stertere, tanquam olim dormientes, coeperunt. Jam et tricliniarches expertectus lucernis occidentibus oleum infuderat, et pueri, detersis paullisper oculis, redierant ad ministerium, cum intrans Cymbalistria, et concrepans æra, omnes excitavit.

XXIII. Refectum igitur est convivium, et rursus Quartilla ad bibendum revocavit. Adjuvit hilaritatem commissantis Cymbalistria..... Intrat Cinædus, homo omnium insulsissimus, et plane illa domo dignus, qui ut infractis manibus congemuit, ejusmodi carmina effudit :

Huc, huc convenite nunc, Spatalocinædi,
Pede tendite, cursum addite, convolate planta,
Femore facili, clune agili, et manu procaces,
Molles, veteres, Deliaci manu recisi.

Consumtis versibus suis, immundissimo me basio conspuit : mox et super lectum venit, atque omni vi detexit recusantes. Super inguina mea diu multumque frustra moluit. Perfluebant per frontem sudantis acaciæ rivi, et inter rugas malarum tantum erat cretæ, ut putares detectum parietem nimbo laborare.

*XXIV. Non tenui ego diutius lacrymas : sed ad ultimam perluctus tristitiam, Quæso, inquam, Domina, certe Embasicetam jusseras dari. Complosit illa teneris manus, et, O, inquit, hominem acutum, atque urbanitatis vernulæ fontem ! Quid ? tu non intellexeras cinædum Embasicætam vocari ? Deinde, ne contubernali meo melius succederet : Per fidem, inquam, vestram, Ascyltos in hoc triclinio solus ferias agit ? Ita ? inquit Quartilla, et Ascylto Embasicoetas detur. Ab hac voce equum cinædus mutavit, transituque ad comitem meum facto, clunibus eum basiisque distrivit. Stabat inter hæc Giton, et risu dissolvebat ilia sua. Itaque, conspicata eum Quartilla, cujus esset puer ? diligentissima sciscitatione quæsivit. Cum ego fratrem meum esse dixissem, Quare ergo, inquit, me non

riosité. Quand j'eus dit que c'était mon favori : — Pourquoi donc, reprit-elle, ne m'a-t-il pas embrassée ? — Et elle l'appelle, et colle ses lèvres sur les siennes. Elle lui glisse même une main sous la robe, et mettant au jour certain objet fort novice : — Ceci, dit-elle, sera charmant demain comme avant-goût de nos plaisirs, et pour s'escrimer ; aujourd'hui que j'ai tâté d'un service plus solide, ce mince ordinaire n'est point mon fait. —

XXV. Elle en était là, quand Psyché s'approcha d'elle en riant, et lui dit à l'oreille je ne sais quoi : — Bravo ! bravo ! s'écria la maîtresse ; la bonne idée que tu me donnes ! Pourquoi non ? L'occasion est superbe : débarrassons de son pucelage cette chère Pannychis. — De suite on introduisit une petite fille assez gentille, qui ne paraissait pas avoir plus de sept ans, celle-là même qui déjà était venue dans notre logis avec Quartilla. Et ce fut à la demande et aux applaudissements universels que ces enfants se prirent pour époux. Moi, j'étais stupéfait, et j'alléguais que ni Giton, vu son extrême pudeur, ne se prêterait à l'œuvre obscène, ni Pannychis n'était d'âge à subir la loi que l'hymen impose à son sexe. — Bah ! dit Quartilla, est-elle plus jeune que je n'étais quand je me vis pour la première fois dans les bras d'un homme ? Que mon bon génie me confonde, si je me souviens d'avoir jamais été pucelle ! Tout enfant, j'ai polissonné avec des garçons de mon âge ; et insensiblement, selon le progrès des années, je me suis mesurée avec de plus grands, jusqu'à l'époque où je suis parvenue. C'est même de là, je crois, qu'est né le proverbe :

Qui l'a pu porter veau
Peut le porter taureau.

— Craignant donc qu'il n'arrivât pis à mon cher Giton hors de ma présence, je me levai aussi pour prendre part à la cérémonie.

XXVI. Déjà Psyché avait couvert la tête de la petite du voile des mariées ; l'Embasicète ouvrant la marche portait le flambeau ; une longue haie de femmes ivres battait des mains, et la couche nuptiale venait d'être ornée par elles de son tapis. Alors Quartilla, qu'enflamme encore cette lubrique parodie, se lève à son tour, et saisit Giton, qu'elle entraîne vers la chambre à coucher. C'est qu'en vérité il ne faisait point résistance ; et Pannychis, sans alarme aucune, n'avait point pâli au mot de mariage. Les voilà donc clos et dans le même lit ; tout le monde se tient sur le seuil de la porte, et en première ligne Quartilla, près d'une ouverture perfidement pratiquée, où, appliquant son œil indiscret, elle contemple avec une lascive curiosité l'enfantillage des deux acteurs. Pour me faire, moi aussi, jouir du même spectacle, elle me tira doucement par la main ; or, dans cette position nos visages se touchaient, nos yeux seuls étaient occupés : elle, alors, avançait obliquement les lèvres, et comme à la dérobée becquetait les miennes par intervalles.

[Durant ce manège un grand bruit se fait entendre à la porte de la maison. On s'étonne, on se demande ce que nous annonce ce fracas inattendu. C'était un des soldats de la garde nocturne, qui, l'épée nue et suivi d'une troupe de jeunes gens, paraît au milieu de la salle. Il promène autour de lui des regards farouches, accompagnés de gestes menaçants, et enfin apostrophe Quartilla : — Qu'est ceci, impudente coquine ? Tu as faussé ta parole, et tu te joues de moi en me volant la nuit que tu m'as promise. Mais tu n'en es pas quitte ; toi et ton galant je vous ferai voir que je suis un homme. — Dociles à son ordre, ses compagnons nous saisissent Quartilla et moi, et nous lient des plus étroitement bouche contre bouche, poitrine contre poitrine, et ainsi du reste, non sans rire aux éclats. Puis en outre, à pareil signal, le cavalier incube s'en vint me souiller encore de ses méphitiques et repoussantes embrassades, que je ne pouvais fuir ni parer aucunement. Il arriva cette fois au but ; il assouvit plei-

---

basiavit ? Vocatumque ad se in osculum applicuit. Mox manum etiam demisit in sinum, et protracto vasculo tam rudi, Hoc, inquit, belle cras in promulside libidinis nostræ militabit : hodie enim post asellum diaria non sumo.

XXV. Cum hæc diceret, ad aurem ejus Psyche ridens accessit, et cum dixisset nescio quid, Ita, ita, inquit Quartilla, bene admonuisti : cur non, quia bellissima occasio est, devirginetur Pannychis nostra? Continuoque producta est puella, satis bella, et quæ non plus quam septem annos habere videbatur, et ea ipsa, quæ primum cum Quartilla in cellam venerat nostram. Plaudentibus ergo universis, et postulantibus, nuptias fecerunt. Obstupui ego, et, nec Gitona, verecundissimum puerum, sufficere huic petulantiæ, affirmavi ; nec puellam ejus ætatis esse, ut muliebris patientiæ legem possit accipere. Ita? inquit Quartilla, minor est ista, quam ego fui, cum primum virum passa sum ? Junonem meam iratam habeam, si unquam me meminerim virginem fuisse. Nam et infans cum paribus inquinata sum, et subinde prodeuntibus annis, majoribus me pueris applicui, donec ad hanc ætatem perveni. Hinc etiam puto proverbium natum illud, ut dicatur POSSE TAURUM TOLLERE, QUÆ VITULUM SUSTULERIT. Igitur ne majorem injuriam in secreto frater acciperet, consurrexi ad officium nuptiale.

XXVI. Jam Psyche puellæ caput involverat flammeo ; jam Embasicœtas præferebat facem ; jam ebriæ mulieres longum agmen plaudentes fecerant, thalamumque ingesta exornaverant veste. Tum Quartilla, jocantique quoque libidine accensa, et ipsa surrexit, correptumque Gitona in cubiculum traxit. Sine dubio non repugnaverat puer, ac ne puella quidem tristis expaverat nuptiarum nomen. Itaque, cum inclusi jacerent, consedimus ante limen thalami, et in primis Quartilla, per rimam improbe diductam, applicaverat oculum curiosum, lusumque puerilem libidinosa speculabatur diligentia. Me quoque ad idem spectaculum lenta manu traxit : et quia considerantium hæserant vultus, quidquid a spectaculo vacabat, commovebat valgiter labra, et me tanquam furtivis subinde osculis verberabat.

nement sa brutale passion. En ce moment Pannychis, peu mûre encore pour être sacrifiée à Vénus, pousse un cri aigu, qui réveille soudain l'attention du soldat. Et en effet la pauvre enfant devenait femme, et Giton vainqueur avait remporté le sanglant trophée. Tout ému de cette découverte, le soldat s'élance brusquement, et court enlacer de ses bras nerveux tantôt l'épousée, tantôt l'époux, tantôt l'un et l'autre à la fois. La petite se prend à pleurer : elle objecte son âge, elle crie merci. Inutile prière! Le bourreau s'obstinait, quand tout à coup une vieille, celle-là même qui m'avait joué un si vilain tour le jour où je ne pouvais trouver mon logement, arrive comme envoyée du ciel au secours de la malheureuse Pannychis. Cette femme se précipite avec de grands cris dans la salle : elle annonce que des voleurs rôdent partout dans le voisinage. — Les citoyens, dit-elle, ont beau crier à l'aide; la garde, endormie ou occupée à boire, ne se présente pas. — Notre soldat tout troublé détale au plus vite, ses amis le suivent; Pannychis est délivrée du plus pressant des dangers, et nous tous de nos craintes personnelles. Pour lors Ascylte, Giton et moi, trouvant à la faveur du tumulte l'occasion de nous enfuir, nous nous saisissons avec empressement, et volons à notre hôtellerie, où,] jetés chacun sur notre couchette, nous passons tranquillement le reste de la nuit. Le lendemain, l'heure était venue de certain souper d'affranchissement que nous attendions depuis trois jours; mais, criblés de tant d'atteintes, nous étions plus tentés de déguerpir que de rester en ville. Fort tristement donc nous tenions conseil sur les moyens d'éviter l'orage qui grondait encore, lorsqu'un valet d'Agamemnon vint faire diversion à nos perplexités :— Comment! nous dit-il, ne savez-vous pas chez qui l'on soupe aujourd'hui? C'est chez Trimalchion le magnifique, qui a dans sa salle à manger une horloge, et un trompette gagé pour lui apprendre à chaque instant quelle portion il vient de perdre de son existence. — Pour le coup, nous faisons toilette avec soin, nous oublions toutes nos disgrâces; et Giton, qui très volontiers remplissait jusqu'alors l'office de serviteur, reçoit l'ordre de nous suivre au bain.

XXVII. Avec notre costume de table nous marchions un peu au hasard, ou plutôt ne faisions que muser et nous approcher des cercles de joueurs, quand tout à coup nous aperçûmes un vieillard chauve, en tunique aurore, jouant à la paume avec de jeunes esclaves aux longs cheveux. Cette belle jeunesse, quoiqu'elle en valût bien la peine, attirait moins notre curiosité que le maître lui-même, barbon qui jouait en sandales, avec des balles vertes; et il ne voulait plus de celles qui touchaient terre : un esclave en avait un sac plein, qui fournissait à la consommation. Nous vîmes là encore d'autres nouveautés: deux eunuques stationnaient en face l'un de l'autre dans le champ-clos; le premier tenait un pot de chambre d'argent, le second comptait les balles, non pas celles qui selon le jeu volaient d'une main vers l'autre, chassées à tour de bras, mais celles qui tombaient par terre. Comme nous admirions ces raffinements, arrive Ménélas, qui nous dit : — C'est là l'homme chez qui vous vous attablerez; et pardieu! vous voyez là le prélude du souper. — Il allait poursuivre, quand Trimalchion fait claquer ses doigts, auquel signal l'eunuque lui présente le vase au milieu du jeu. Le maître soulage sa vessie, demande de l'eau pour ses mains, et se mouille légèrement les doigts, qu'il essuie aux cheveux d'un esclave.

XXVIII. Noter chaque détail eût été trop long; nous prîmes le parti d'entrer dans le bain, et, trempés de sueur au caldarium, le moment d'après nous passâmes au rafraîchissoir. Déjà Trimalchion, ruisselant de parfums, s'y faisait essuyer, en guise de linge, avec des couvertures du plus doux molleton. Trois garçons baigneurs sablaient le falerne en sa présence; et comme ils

---

......Abjecti in lectis sine metu reliquam exegimus noctem. Venerat jam tertius dies, id est, exspectatio liberæ cœnæ : sed tot vulneribus confossis fuga magis placebat, quam quies. Itaque cum mœsti deliberaremus, quonam genere præsentem evitaremus procellam, unus servus Agamemnonis interpellavit trepidantes : et, Quid? vos, inquit, nescitis, hodie apud quem fiat? Trimalchio, lautissimus homo, horologium in triclinio, et buccinatorem habet subornatum, uti subinde sciat, quantum de vita perdiderit. Amicimur ergo diligenter, obliti omnium malorum, et Gitona, libentissime servile officium tuentem usque hoc, jubemus in balneo sequi.

XXVII. Nos interim vestiti errare cœpimus, imo jocari magis, et circulis ludentum accedere; cum subito videmus senem calvum, tunica vestitum russea, inter pueros capillatos ludentem pila. Nec tam pueri nos, quamquam id erat operæ pretium, ad spectaculum duxerant, quam ipse paterfamiliæ, qui soleatus pila prasina exercebatur : nec eam amplius repetebat, quæ terram contigerat, sed follem plenum habebat servus, sufficiebatque ludentibus. Notavimus etiam res novas. Nam duo spadones in diversa parte circuli stabant, quorum alter matellam tenebat argenteam, alter numerabat pilas : non quidem eas, quæ inter manus lusu expellente vibrabant; sed eas, quæ in terram decidebant. Cum has miraremur lautitias, accurrit Menelaus : et, Hic est, inquit, apud quem cubitum ponetis; et quid? jam principium cœnæ videtis? Etiamnum loquebatur Menelaus, cum Trimalchio digitos concrepuit : ad quod signum matellam spado ludenti subjecit. Exonerata ille vesica, aquam poposcit ad manus, digitosque paullulum aspersos in capite pueri tersit.

XXVIII. Longum erat, singula excipere : itaque intravimus balneum, et sudore calefacti, momento temporis ad frigidam eximus. Jam Trimalchio unguento perfusus tergebatur, non linteis, sed palliis, ex mollissima lana factis. Tres interim iatraliptæ in conspectu ejus Falernum potabant : et cum plurimum rixantes effunderent, Trimalchio hoc suum propinasse, dicebat. Hinc, involutus coccina

répandaient en se le disputant la plus grande partie du breuvage, Trimalchion de dire que c'étaient des libations en son honneur. Ensuite, enveloppé d'une peluche écarlate, on le plaça sur une litière précédée de quatre valets de pied richement chamarrés, et d'une chaise à roues qui voiturait ses amours, un vieux mignon chassieux, plus laid encore que son maître. Tandis qu'on emportait Trimalchion, un musicien s'approcha de lui avec une petite flûte, et, penché à son oreille comme s'il lui eût dit quelque secret, tout le long du chemin il ne cessa de jouer. Nous suivîmes déjà rassasiés d'admiration, et arrivâmes avec Agamemnon à la porte du palais, sur le fronton duquel était fixé un écriteau ainsi conçu :

TOUT ESCLAVE
QUI SANS ORDRE DU MAÎTRE FRANCHIRA CETTE
PORTE RECEVRA CENT COUPS DE FOUET.

Sous le vestibule même se tenait le portier, habillé de vert, ceint d'une écharpe cerise : il écossait des pois dans un plat d'argent. Au-dessus du seuil était suspendue une cage d'or renfermant une pie au plumage bigarré, qui donnait le bonjour à ceux qui entraient.

XXIX. Or, comme je regardais toutes ces choses avec ébahissement, je faillis tomber à la renverse et me casser les jambes; voici pourquoi. A la gauche de l'entrée, non loin de la loge du portier, un énorme dogue enchaîné était peint sur le mur, et au-dessus, en lettres capitales, on avait écrit : *Gare, gare le chien!* Ma frayeur fit rire mes compagnons. Pour moi, quand j'eus recueilli mes esprits, je me remis à examiner toutes les fresques de la muraille. On y voyait un marché d'esclaves leurs écriteaux au cou, et Trimal-

chion lui-même, en chevelure flottante, un caducée à la main, et conduit par Minerve, faisait son entrée dans Rome. On y voyait comme quoi il avait appris à tenir les livres, puis était devenu trésorier : le peintre avait eu soin, en homme exact, de tout expliquer au moyen de légendes. A l'extrémité de la galerie, Mercure enlevait le héros par le menton, et le déposait sur le siége le plus élevé d'un tribunal. Près de lui s'empressait la Fortune, avec une immense corne d'abondance; et les trois Parques filaient ses destins de fils d'or. Je remarquai sous cette même galerie une troupe de valets de pied qui avec leur maître s'exerçaient à la course; puis dans un angle une vaste armoire, et dans cette armoire une châsse où étaient déposés des Lares d'argent, une Vénus de marbre, et une boîte d'or, non des plus petites, où l'on disait qu'était gardée la première barbe de Trimalchion. Je demandai au concierge quelles étaient les peintures qui occupaient le centre du portique : — L'Iliade et l'Odyssée, dit-il, avec le combat de gladiateurs donné sous Lænas. —

XXX. Je n'eus pas le loisir de considérer cet entassement de merveilles. Nous étions arrivés à la salle du festin. Dans l'antichambre était l'intendant qui recevait des comptes; mais ce que je vis de plus singulier, c'étaient des faisceaux avec leurs haches plaqués aux jambages de la porte, et finissant comme en éperon de galère, sur l'airain duquel on avait gravé :

A GAÏUS POMPEÏUS
TRIMALCHION SÉVIR AUGUSTAL,
CINNAMUS SON TRÉSORIER.

Au-dessous de cette inscription descendait de la voûte une lampe à deux branches, et se lisaient

gausapa, lecticæ imposita est, præcedentibus phaleratis cursoribus quatuor, et chiramaxio, in quo deliciæ ejus vehebantur, puer vetulus, lippus, domino Trimalchione deformior. Cum ergo auferretur, ad caput ejus cum minimis symphoniacus tibiis accessit, et tanquam in aurem aliquid secreto diceret, toto itinere cantavit. Sequimur nos jam admiratione saturi, et cum Agamemnone ad januam pervenimus, in cujus poste libellus erat, cum hac inscriptione fixus :

QUISQUIS. SERVUS. SINE. DOMINICO. JUSSU. FORAS. EXIERIT.
ACCIPIET. PLAGAS. CENTUM.

In aditu autem ipso stabat ostiarius prasinatus, cerasino succinctus cingulo, atque in lance argentea pisum purgabat. Super limen autem cavea pendebat aurea, in qua pica varia intrantes salutabat.

XXIX. Ceterum ego, dum omnia stupeo, pæne resupinatus crura mea fregi. Ad sinistram enim intrantibus, non longe ab ostiarii cella, canis ingens, catena vinctus, in pariete erat pictus, superque quadrata littera scriptum, CAVE. CAVE. CANEM. Et collegæ quidem mei riserunt. Ego autem, collecto spiritu, non destiti totum parietem persequi. Erat autem venalitium titulis pictum, et ipse Trimalchio capillatus caduceum tenebat, Minervaque ducente, Romam intra-

bat. Hinc quemadmodum ratiocinari didicisset; dein dispensator factus esset, omnia diligenter curiosus pictor cum inscriptione reddiderat. In deficiente vero jam porticu, levatum mento in tribunal excelsum Mercurius rapiebat. Præsto erat Fortuna, cornu abundanti copiosa, et tres Parcæ, aurea pensa torquentes. Notavi etiam in porticu gregem cursorum cum magistro se exercentem. Præterea grande armarium in angulo vidi, in cujus ædicula erant Lares argentei positi, Venerisque signum marmoreum, et pixis aurea non pusilla, in qua barbam ipsius conditam esse dicebant. Interrogare ego atriensem cæpi : quas in medio picturas haberent? Iliada et Odysseam, inquit, ac Lænatis gladiatorium munus.

XXX. Non licebat multas jam considerare. Nos jam ad triclinium perveneramus, in cujus parte prima procurator rationes accipiebat : et, quod præcipue miratus sum, in postibus triclinii fasces erant cum securibus fixi, quorum imam partem quasi embolum navis æneum finiebat, in quo erat scriptum :

C. POMPEIO. TRIMALCHIONI. VI. VIRO. AUGUSTALI.
CINNAMUS. DISPENSATOR.

Sub eodem titulo, etiam lucerna bilychnis de camara

deux écriteaux à demeure, un pour chaque côté; le premier, si j'ai bonne mémoire, portait ces mots :

LE III, ET LA VEILLE DES CALENDES DE JANVIER, GAÏUS NOTRE MAÎTRE SOUPE EN VILLE.

L'autre figurait le cours de la lune, les sept planètes, et les bons ainsi que les mauvais jours, marqués par deux sortes de clous à tête ronde. Lorsque, bien repus de ces enchantements, nous nous disposions à entrer dans la salle, un valet, préposé pour cet office, nous cria : — Du pied droit! — A vrai dire nous tressaillîmes un instant, de peur que l'un de nous ne violât le cérémonial en passant le seuil. Ce n'est pas tout : alors que tous ensemble nous partions du pied droit, un esclave dépouillé de ses vêtements tombe à nos pieds, et nous conjure de le sauver des étrivières. C'était si peu de chose que sa faute pour la peine qui le menaçait! Il s'était laissé voler au bain des habits du trésorier, qui valaient à peine dix sesterces! — Faisant donc volte-face, toujours du pied droit, nous allons vers le trésorier qui comptait de l'or à son bureau, et sollicitons pour son esclave remise de la peine. Lui, relevant fièrement la tête, répondit : — C'est moins la perte qui me fâche que la négligence de ce vaurien. Il m'a perdu une robe de table dont un de mes clients m'avait fait hommage à l'anniversaire de ma naissance. Elle était de pourpre tyrienne, oui-dà! mais elle avait déjà vu l'eau une fois. Quoi qu'il en soit, pour vous je lui fais grâce.

XXXI. Grandement obligés par tant de bonté, nous étions entrés dans la salle, quand ce même esclave pour lequel nous venions d'intercéder accourut, et nous accabla d'une étourdissante grêle de baisers, nous remerciant de notre humanité. — Au reste, ajouta-t-il, vous saurez tout à l'heure à qui vous avez rendu service. Le vin du maître est la reconnaissance du sommelier.

Enfin pourtant nous prenons place; de jeunes esclaves, d'Alexandrie, épanchent sur nos mains de l'eau à la neige; d'autres leur succèdent pour le service des pieds, dont ils nettoient les ongles avec une dextérité singulière; et, tout en s'acquittant d'une aussi déplaisante fonction, ils ne cessaient de chanter. Je voulus m'assurer si tous les gens de la maison étaient chanteurs, et je demandai à boire. Un valet accourt, et, comme les autres, me régale d'un aigre fausset; à chaque demande, même façon de servir. C'était à se croire au milieu d'un chœur de pantomimes, plutôt qu'à la table d'un maître de maison.

On apporte un premier service des plus somptueux; car déjà tous les convives étaient accoudés, excepté un, Trimalchion, à qui, par un usage tout nouveau, on réservait la place d'honneur. Sur un plateau de hors-d'œuvre était en métal de Corinthe un esturgeon, ou asellus, représenté avec un bât, lequel portait des olives, d'un côté les blanches, de l'autre les noires : le tout couronné de deux plats d'argent, au rebord desquels étaient gravés le nom de Trimalchion et le poids du métal. Des arceaux en forme de ponts supportaient des loirs saupoudrés de miel et de pavot. Il y avait aussi des cervelas placés brûlants encore sur un gril d'argent; et par-dessous, en guise de charbons, des prunes de Syrie et des grains de grenades.

XXXII. Nous en étions à ces magnificences, lorsque Trimalchion lui-même fut apporté au

---

pendebat, et duæ tabulæ in utroque poste defixæ; quarum altera, si bene memini, hoc habebat inscriptum :

III. ET. PRIDIE. KAL. JAN.
C. NOSTER. FORAS. CŒNAT.

altera Lunæ cursum, Stellarumque septem imagines pictas; et, qui dies boni, quique incommodi essent, distinguente bulla, notabantur. His repleti voluptatibus, cum conaremur in triclinium intrare, exclamavit unus ex pueris, qui super hoc officium erat positus : DEXTRO PEDE. Sine dubio paullisper trepidavimus, ne contra præceptum aliquis nostrum transiret. Ceterum, ut pariter movimus dextros gressus, servus nobis despoliatus procubuit ante pedes, et rogare cœpit, ut se pœnæ eriperemus : nec magnum esse peccatum suum, propter quod periclitaretur. Subducta enim sibi vestimenta dispensatoris in balneo, quæ vix fuisset x HS. Retulinus ergo dextros pedes, dispensatoremque in precario aureos numerantem deprecati sumus, ut servo remitteret pœnam. Superbus ille sustulit vultum, et, Non tam jactura me movet, inquit, quam negligentia nequissimi servi. Vestimenta mea cubitoria perdidit, quæ mihi natali meo cliens quidam donaverat, Tyria sine dubio, sed jam semel lota. Quid ergo est? dono vobis reum.

XXXI. Obligati tam grandi beneficio, cum intrassemus triclinium, occurrit nobis ille idem servus, pro quo rogaveramus, et spississima basia stupentibus impegit, gratias agens humanitati nostræ. Ad summam, statim scietis, ait, cui dederitis beneficium. Vinum dominicum ministratoris gratia est. Tandem ergo discubuimus, pueris Alexandrinis aquam in manus nivatam infundentibus, aliisque insequentibus ad pedes, ac paronychia cum ingenti subtilitate tollentibus. Ac ne in hoc quidem tam molesto tacebant officio; sed obiter cantabant. Ego experiri volui, an tota familia cantaret? Itaque potionem poposci : paratissimus puer non minus me acido cantico excepit : et quisquis aliquid rogatus erat, ut daret. Pantomimi chorum, non patrisfamiliæ triclinium crederes. Allata est tum gustatio valde lauta : nam omnes jam discubuerant præter unum Trimalchionem, cui locus, novo more, primus servabatur. Ceterum in promulsidari asellus erat Corinthius cum bisaccio positus, qui habebat olivas, in altera parte albas, in altera nigras. Tegebant asellum duæ lances, in quarum marginibus nomen Trimalchionis inscriptum erat, et argenti pondus. Ponticuli etiam ferruminati sustinebant glires, melle et papavere sparsos. Fuerunt et tomacula ferventia supra craticulam argenteam posita, et infra craticulam Syriaca pruna cum granis Punici mali.

XXXII. In his eramus lautitiis, cum ipse Trimalchio

bruit d'une symphonie, et déposé sur un amas de petits coussinets. Quelques étourdis éclatèrent de rire. Figurez-vous un capuchon de pourpre d'où s'échappait une tête rase, et autour d'un cou empaqueté une serviette jetée en laticlave, franges pendantes deçà et delà. Il avait aussi au petit doigt de la main gauche une énorme bague dorée, et à la dernière phalange du doigt voisin une plus petite, et, à ce qu'il me parut, tout en or, mais constellée d'acier. Non content d'étaler ces richesses, il mit à nu son bras droit, orné d'un bracelet d'or dont un cercle d'ivoire coupait les lames éblouissantes.

XXXIII. Puis, après s'être fouillé la mâchoire avec un cure-dent d'argent : — Mes amis, nous dit-il, je ne me sentais pas encore en goût de vous rejoindre ; mais mon absence vous eût fait languir, et j'ai coupé court à tout amusement. Vous permettez pourtant que je finisse ma partie? — A deux pas était un esclave avec un damier de bois de térébinthe et des dés de cristal ; et je vis la chose du monde qui annonçait le meilleur goût : au lieu de dames blanches et noires, il avait des deniers d'or et des deniers d'argent. Tandis qu'en jouant il épuisait le vocabulaire des artisans de la dernière classe, et que le premier service nous occupait encore, un plateau fut apporté avec une corbeille où était une poule de bois sculpté, dont les ailes s'étendaient en cercle, à l'instar des poules couveuses. Aussitôt deux esclaves s'avancent, et au son des instruments se mettent à fureter dans la paille : ils en tirent un à un des œufs de paon qu'ils distribuent aux convives. A ce petit jeu de scène, Trimalchion se retourne : — Mes amis! ce sont des œufs de paon que j'ai fait mettre sous cette poule. Et, pardieu! je crains qu'ils ne soient déjà couvis : essayons pourtant s'ils se laissent encore avaler. — Chacun reçoit une cuiller qui ne pesait pas moins qu'une demi-livre, et nous brisons ces œufs figurés en pâtisserie. Pour mon compte, je faillis jeter le mien, pensant déjà y voir le poussin formé. Puis comme j'ouïs dire à un vieux parasite : « Il doit y avoir là-dedans quelque bonne chose! » j'achevai de casser la coquille, et je trouvai un succulent bec-figue, enveloppé d'une farce de jaunes d'œufs poivrés.

XXXIV. Trimalchion, interrompant son jeu, venait de demander sa part de chaque chose ; il autorisait à haute voix les amateurs à retourner au vin miellé, lorsqu'au brusque signal d'une nouvelle symphonie un chœur de chanteurs enlève en cadence le premier service. Durant cette tumultueuse besogne, il arrive qu'un plat d'argent tombe, et qu'un esclave le ramasse. Il est aperçu par Trimalchion qui le fait souffleter, et commande qu'on rejette le plat à terre. Et de suite un valet de chambre le vint balayer avec les autres ordures.

Tout aussitôt entrèrent deux Éthiopiens à longue chevelure, chargés de petites outres de la forme des arrosoirs qui rafraîchissent le sable de l'amphithéâtre. Ils nous versèrent du vin sur les mains ; car pour de l'eau, il ne s'en offrait pas. Après les compliments que valut cette galanterie au patron : — Un contre un! s'écria-t-il, cela plaît à Mars. — En conséquence il veut que chacun ait sa table à lui seul ; et par parenthèse il ajoute : — Cette puante valetaille, n'étant plus entassée sur le même point, nous suffoquera moins. — A ce moment on apporte des amphores de

---

ad symphoniam allatus est, positusque inter cervicalia minutissima, expressit imprudentibus risum. Pallio enim coccineo adrasum excluserat caput, circaque oneratas veste cervices laticlaviam immiserat mappam, fimbriis hinc atque illinc pendentibus. Habebat etiam in minimo digito sinistræ manus annulum grandem subauratum ; extremo vero articulo digiti sequentis minorem, ut mihi videbatur, totum aureum, sed plane ferreis veluti stellis ferruminatum. Et, ne has tantum ostenderet divitias, dextrum nudavit lacertum, armilla aurea cultum, et eboreo circulo lamina splendente connexum.

XXXIII. Ut deinde spina argentea dentes perfodit, Amici, inquit, nondum mihi suave erat in triclinium venire, sed ne absentivus moræ vobis essem, omnem voluptatem mihi negavi. Permittitis tamen finiri lusum? Sequebatur puer cum tabula terebinthina, et crystallinis tesseris : notavique rem omnium delicatissimam. Pro calculis enim albis ac nigris, aureos argenteosque habebat denarios. Interim dum ille omnium textorum dicta inter lusum consumit, gustantibus adhuc nobis, repositorium allatum est cum corbe, in qua gallina erat lignea patentibus in orbem alis, quales esse solent, quæ incubant ova. Accessere continuo duo servi, et, symphonia strepente, scrutari paleam cœperunt ; crutaque subinde pavonina ova divisere convivis. Convertit ad hanc scenam Trimalchio vultum : et, Amici, ait, pavonis ova gallinæ jussi supponi. Et, me Hercules, timeo, ne jam concepti sint : tentemus tamen, si adhuc sorbilia sunt. Accipimus nos cochlearia non minus selibras pendentia, ovaque ex farina pingui figurata pertundimus. Ego quidem pæne projeci partem meam : nam videbatur mihi jam in pullum coisse. Deinde ut audivi veterem convivam : hic nescio quid boni debet esse! persecutus putamen manu, pinguissimam ficedulam inveni, piperato vitello circumdatam.

XXXIV. Jam Trimalchio eadem omnia, lusu intermisso, poposcerat ; feceratque potestatem, clara voce, si quis nostrum iterum vellet mulsum sumere : cum subito signum symphonia datur, et gustatoria pariter a choro cantante rapiuntur. Ceterum inter tumultum, cum forte parapsis excidisset, et puer jacentem sustulisset, animadvertit Trimalchio, colaphisque objurgari puerum, ac projicere rursus parapsidem jussit. Insecutus est lecticarius, argentumque inter reliqua purgamenta scopis cœpit verrere. Subinde intraverunt duo Æthiopes capillati, cum pusillis utribus, quales solent esse, qui arenam in amphitheatro spargunt, vinumque dedere in manus ; aquam enim nemo porrexit. Laudatus propter elegantias dominus, Æquum, inquit, Mars amat : itaque jussit suam cuique mensam assignari ; obiter ait : Pædidissimi servi minorem nobis æstum, sublata frequentia, facient. Statim allatæ sunt amphoræ vitreæ diligenter gypsatæ, quarum in cervicibus pittacia erant adfixa cum hoc titulo :

verre soigneusement cachetées, sur le cou desquelles sont fixées des étiquettes ainsi conçues :

FALERNE DU CONSULAT D'OPIMIUS, AGÉ DE CENT ANS.

Comme nous déchiffrions ces étiquettes, Trimalchion frappa ses mains l'une contre l'autre : — Hélas! hélas! s'écria-t-il, le vin vit donc plus longtemps que nous autres chétifs! Eh bien, qu'il arrose nos poumons : le vin, c'est la vie. Je vous le garantis véritable Opimien ; hier je n'en ai pas servi de si bon, et j'avais certes meilleure compagnie à souper. — Et l'on boit, et l'on s'extasie tout au long sur ses munificences. Et un esclave apporte un squelette d'argent si bien exécuté, que les articulations et les vertèbres en étaient flexibles et se tournaient dans tous les sens. Quand il l'eut bien placé et replacé sur la table, et figuré différentes postures au moyen de ses souples ressorts, Trimalchion dit son mot :

O misère! ô pitié! que tout l'homme n'est rien!
Qu'elle est fragile, hélas! la trame de sa vie!
Tel sera chez Pluton votre état et le mien :
Vivons donc, tant que l'âge à jouir nous convie.

XXXV. A l'élégie succéda le second service, dont en vérité la splendeur ne fut pas selon notre attente. Sa nouveauté pourtant attira tous les regards. C'était un surtout en forme de globe, représentant les douze signes du Zodiaque rangés en cercle. Par-dessus chaque signe le maître d'hôtel avait placé le mets analogue et correspondant : sur le Bélier, des pois chiches cornus ; sur le Taureau, une pièce de bœuf ; sur les Gémeaux, des testicules et des rognons ; sur l'Écrevisse, une couronne ; sur le Lion, des figues d'Afrique ; sur la Vierge, une matrice de jeune truie ; sur la Balance, deux bassins couverts, l'un d'une tourte, l'autre d'un gâteau ; sur le Scorpion, un petit poisson de mer de ce nom ; sur le Sagittaire, un lièvre ; sur le Capricorne, une langouste ; sur le Verseau, une oie ; sur les Poissons, deux surmulets. Au centre, une touffe de gazon ciselée se couronnait d'un rayon de miel. Un esclave égyptien portait à la ronde du pain dans un petit four d'argent, en tirant de son rauque gosier un hymne en l'honneur de je ne sais quelle infusion de laser et de vin. Comme nous abordions assez tristement de si pauvres mets : — Croyez-moi, dit Trimalchion, faisons honneur au souper : c'est là *le fin* de notre affaire. —

XXXVI. Dès qu'il eut dit, nouvelle symphonie : quatre danseurs accourent, et la partie supérieure du globe est enlevée par eux. Cela fait, nous vîmes au-dessous, à savoir comme nouveau service, des volailles grasses, des tétines de truie, et un lièvre au milieu, décoré d'une paire d'ailes pour figurer Pégase. Nous remarquâmes aux angles du surtout quatre satyres. De leurs cornemuses jaillissait une sauce de *garum* poivré, sur des poissons qui nageaient dans cet autre Euripe. Tout éclate en applaudissements, à commencer par les valets, et l'on attaque gaîment des mets d'un choix aussi exquis. Trimalchion ne fut pas moins charmé que nous de la surprise : — Coupez! s'écria-t-il. — Aussitôt s'avance l'écuyer tranchant ; et, mesurant ses gestes sur l'orchestre, il va déchiquetant les morceaux de telle sorte, qu'on eût dit un conducteur de chars qui court dans la lice aux sons de l'orgue hydraulique. Cependant Trimalchion disait toujours en radoucissant sa voix : — Coupez! coupez! — Me doutant bien que quelque gentil-

FALERNUM. OPIMIANUM. ANNORUM. CENTUM.

Dum titulos perlegimus, complosit Trimalchio manus, et, Heu, heu, inquit, ergo diutius vivit vinum, quam homuncio! Quare tengo menas faciamus ; vita vinum est. Verum Opimianum præsto : heri non tam bonum posui, et multo honestiores cœnabant. Potantibus ergo, et accuratissime nobis lautitias mirantibus, larvam argenteam attulit servus, sic aptam, ut articuli ejus vertebræque laxatæ in omnem partem flecterentur. Hanc cum super mensam semel iterumque abjecisset, et catenatio mobilis aliquot figuras exprimeret, Trimalchio adjecit :

Heu, heu nos miseros, quam totus homuncio nil est
Quam fragilis tenero stamine vita cadit !
Sic erimus cuncti, postquam nos auferet Orcus.
Ergo vivamus, dum licet esse bene.

XXXV. Laudationem ferculum est insecutum, plane non pro exspectatione magnum. Novitas tamen omnium convertit oculos. Repositorium enim rotundum duodecim habebat signa in orbe disposita, super quæ proprium, convenientemque materiæ, Structor imposuerat cibum. Super Arietem, cicer arietinum : super Taurum, bubulæ frustum : super Geminos, testiculos, ac renes : super Cancrum, coronam : super Leonem, ficum africanam : super Virginem, stericulam ; super Libram, stateram, in cujus altera parte scriblita erat, in altera placenta : super Scorpionem, pisciculum marinum : super Sagittarium, otopetam : super Capricornum, locustam marinam : super Aquarium, anserem : super Pisces, duos mullos. In medio autem cespes cum herbis excisus favum sustinebat. Circumferebat Ægyptius puer clibano argenteo panem, atque ipse etiam teterrima voce, de laserpitiario vino canticum extorquet. Nos ut tristiores ad tam viles accessimus cibos, Suadeo, inquit Trimalchio, cœnemus ; hoc est jus cœnæ.

XXXVI. Hæc ut dixit, ad symphoniam quatuor tripudiantes procurrerunt, superioremque partem repositorii abstulerunt. Quo facto, videmus infra, scilicet in altero ferculo, altilia, et sumina, leporemque in medio pennis subornatum, ut Pegasus videretur. Notavimus etiam circa angulos repositorii Marsyas quatuor ex quorum utriculis garum piperatum currebat super pisces, qui in Euripo natabant. Damus omnes plausum a familia inceptum, et res electissimas ridentes aggredimur. Non minus et Trimalchio ejusmodi methodo lætus, Carpe, inquit. Processit statim scissor, et ad symphoniam ita gesticulatus lacerevit obsonium, ut putares essedarium hydraule cantante pugnare. Ingerebat nihilominus Trimalchio lentissima voce : Carpe! carpe! Ego suspicatus, ad aliquam urbanitatem toties iteratam vocem pertinere, non erubui eum, qui su-

Jesse se cachait sous ce mot si souvent répété, je pris la liberté de questionner là-dessus le voisin qui me primait immédiatement. Celui-ci, comme s'étant maintefois trouvé à pareilles scènes, me dit : — Voyez-vous cet homme qui découpe ? Il se nomme *Coupez*. Ainsi chaque fois que le patron dit : *Coupez*, il appelle et commande d'un seul mot. —

XXXVII. Pour le coup, je n'eus plus la force de toucher à rien ; mais, me tournant tout à fait du côté de mon voisin pour en recueillir le plus de renseignements possibles, je fis remonter fort haut mes questions, et lui demandai quelle était cette femme qui allait et venait avec tant d'activité. — C'est, me dit-il, la femme de Trimalchion, Fortunata, comme on l'appelle, qui mesure les écus au boisseau. — Et avant son mariage qu'était-elle ? — Votre bon génie me le pardonne, vous n'auriez pas voulu prendre du pain de sa main. Aujourd'hui, on ne sait pourquoi ni comment, elle est au haut de la roue ; c'est enfin l'âme de Trimalchion. Pour tout dire, si en plein midi elle lui soutenait qu'il fait nuit, il le croirait. Lui-même ne sait pas ce qu'il possède, tant il est *richissime;* mais cette digne ménagère a l'œil à tout, et se trouve où on ne la devinerait pas. Frugale, sobre, de bon conseil, elle est pourtant mauvaise langue, vraie pie de chevet ; quand elle aime, elle aime bien, quand elle n'aime pas, c'est aussi tout de bon. Pour le mari, il a des terres... à lasser le vol d'un milan ; et les intérêts des intérêts ! Il y a plus d'argent qui chôme dans la loge de son portier que qui que ce soit n'en a pour tout vaillant. Et de l'or ! tout autant. Quant à ses esclaves, bah ! non, par Hercule ! je le crois, pas un sur dix qui connaisse son maître. Que vous dirai-je ? chacun de ces pauvres gens se cacherait, à un mot de lui, sous une feuille de rue.

XXXVIII. N'allez pas croire qu'il achète rien : tout croît dans ses domaines, laine, cires, poivre ; du lait de poule, si vous en demandiez, on vous en trouverait. Par exemple, ses laines n'étaient pas des meilleures : il fit acheter des béliers à Tarente pour renouveler ses troupeaux. Pour avoir du miel attique de son cru, il a fait venir d'Athènes des abeilles, vu que celles du pays doivent gagner un peu au croisement de la race grecque. Tenez : ces jours derniers il a écrit dans l'Inde qu'on lui fît passer de la graine de champignons ; bref, il n'a pas une seule mule qui ne soit née d'un onagre. Vous voyez tous ces lits : pas un qui n'ait sa bourre de laine pourpre ou écarlate. Dieux ! l'heureux mortel !

Quant aux autres, ses coaffranchis, gardez-vous de les mépriser. Ils sont des plus cossus. Celui-là, voyez-vous, le dernier du dernier lit, il a aujourd'hui ses 800 mille sesterces ; parti de rien, il a prospéré ; son métier était il n'y a pas longtemps de porter du bois sur son cou. Mais, à ce que content les gens (moi je ne sais rien, je l'ai ouï dire), ayant dernièrement attrapé à un incube son chapeau, il a trouvé un trésor. Je ne suis jaloux de personne, quand on le tient d'un dieu n'importe comment : il n'en est pas moins sous le coup du soufflet ; au surplus, il ne se veut pas de mal ; et, à preuve, ces jours passés, il a fait afficher sur sa porte :

C. POMPÉIUS DIOGENÈS,
A DATER DES CALENDES DE JUILLET,
MET SA CHAMBRE A LOUER, AYANT LUI-MÊME
ACHETÉ LA MAISON.

— Et cet autre, qui tient une place d'affran-

---

pra me accumbebat, hoc ipsum interrogare. At ille, qui sæpius ejusmodi ludos spectaverat, Vides, inquit, illum, qui obsonium carpit? Carpus vocatur. Itaque quotiescunque dicit: Carpe! eodem verbo et vocat, et imperat.

XXXVII. Non potui amplius quidquam gustare; sed conversus ad eum, ut quam plurima exciperem, longe arcessere fabulas cœpi, sciscitarique, quæ esset illa mulier, quæ huc atque illuc discurreret? Uxor, inquit, Trimalchionis, Fortunata appellatur, quæ nummos modio metitur. — Et modo quid fuit? — Ignoscet mihi Genius tuus, noluisses de manu illius panem accipere. Nunc nec quid, nec quare, in cœlum abiit, et Trimalchionis tapanta est. Ad summam, mero meridie si dixerit illi, tenebras esse, credet. Ipse nescit quid habeat? adeo zaplutus est; sed hæc eupatria providet omnia, et, ubi non putes, est. Sicca, sobria, bonorum consiliorum : est tamen malæ linguæ, pica pulvinaris : quem amat, amat; quem non amat, non amat. Ipse Trimalchio fundos habet, quam milvi volant, et nummorum nummos : argentum in ostiarii illius cella plus jacet, quam quisquam in fortunis habet. Tantum auri vides. Familia vero babæ! babæ! non me Hercules! puto decumam partem esse, quæ dominum suum novit. Ad summam, quemvis ex istis babacculis in rutæ folium conjiciet.

XXXVIII. Nec est quod putes illum quidquam emere; omnia domi nascuntur: lana, ceræ, piper, lacte gallinaceum, si quæsieris, invenies. Ad summam, parum illi bona lana nascebatur, arietes a Tarento emit; et eos curavit in gregem. Mel Atticum ut domi nasceretur, apes ab Athenis jussit afferri (obiter et, vernaculæ quæ sunt, meliusculæ a Græculis fient). Ecce intra hos dies scripsit, ut illi ex India semen boletorum mitteretur; nam mulam quidem nullam habet, quæ non ex onagro nata sit. Vides tot culcitas? Nulla non aut conchyliatum, aut coccineum tomentum habet. Tanta est animi beatitudo! Reliquos autem collibertos ejus, cave contemnas. Valde succosi sunt. Vides illum, qui in imo imus recumbit? hodie sua octingenta possidet; de nihilo crevit : solebat collo modo suo ligna portare. Sed quomodo dicunt, (ego nihil scio, sed audivi,) quum modo Incuboni pileum rapuisset, thesaurum invenit. Ego nemini invideo, si qua Deus dedit; est tamen sub alapa, et non vult sibi male. Itaque proxime cum hoc titulo proscripsit :

C. POMPEIUS. DIOGENES. EX. CALENDIS. JULIIS. COENACULUM.
LOCAT. IPSE. ENIM. DOMUM. EMIT.

— Quid ille, qui libertini loco jacet? quam bene se habuit

chi, quelles bonnes affaires a-t-il faites? — Je ne lui en fais pas reproche : il s'est vu à la tête d'un million de sesterces; mais il a mal mené sa barque. Il n'a, je crois, pas un cheveu libre d'hypothèque; et, par Hercule! ce n'est pas sa faute, car il n'y a pas plus brave homme que lui ; mais ses scélérats d'affranchis ont tout tiré à eux. Or, voyez-vous, quand la marmite du camarade ne bout plus, et qu'une fois la chance tourne mal, les amis décampent. — Et quel honnête commerce exerçait-il pour être tombé de la sorte? — Voici : une entreprise de funérailles. Son ordinaire était celui d'un roi : sangliers rôtis dans leurs soies, pièces de four, oiseaux rares, cerfs; ses cuisiniers-pâtissiers répandaient plus de vin sous leur table que tel autre n'en a dans son cellier. — C'est là un rêve, plutôt qu'une vie d'homme! — Et même, ses affaires venant à chanceler, comme il craignait que ses créanciers ne le crussent en déconfiture, il fit afficher cet avis :

JULIUS PROCULUS
FERA UN ENCAN DU SUPERFLU DE SON MOBILIER.

XXXIX. Trimalchion interrompit l'intéressant narrateur. Déjà on avait enlevé le service, et chaque convive en gaieté ne songeait plus qu'à boire et qu'à parler pour tout l'auditoire à la fois. Le patron donc s'accoude fièrement, et dit : — Il faut égayer notre vin; il faut que nos poissons puissent nager. A propos : croyez-vous que je me contente de ces mets que vous venez de voir enfermés comme dans un étui? *Est-ce ainsi que vous jugez Ulysse?* Que dites-vous du mot? Il faut bien même à table savoir sa Philologie. C'est mon patron (ses os reposent en paix!) qui a voulu faire de moi ce qui s'appelle un homme. Aussi ne peut-on rien me présenter qui me soit inconnu, non plus qu'à Ulysse qui, tant soit peu farouche, eut pourtant du savoir-faire. Ce ciel, où habite une douzaine de Dieux, se métamorphose en autant de figures; par exemple, il devient Bélier : c'est pourquoi quiconque naît sous ce signe a beaucoup de troupeaux, beaucoup de laine, la tête dure par-dessus le marché, le front déhonté, la corne pointue. Cette constellation produit la plupart des gens d'école et de chicane. — Nous applaudissons à cette politesse de l'astrologue, et il continue : — Ensuite tout le ciel se fait petit Taureau. Pour lors naissent les récalcitrants, les bouviers, et ceux qui ne songent qu'à se repaître eux-mêmes. Sous les Gémeaux naît tout ce qui va par couples : les bœufs, ceux qui ont le plus de ce que n'ont pas les eunuques, ceux qui en amour tournent volontiers le feuillet. Quant à l'Écrevisse, c'est mon signe : aussi ai-je force pieds pour me tenir, et sur mer et sur terre force possessions; car l'écrevisse va sur les deux exactement : c'est pourquoi j'ai été longtemps à ne rien placer sur ce signe, de peur d'étouffer mon horoscope. Sous le Lion naissent les gros mangeurs et les despotes; sous la Vierge, les femmes, les poltrons et les esclaves; sous la Balance, les bouchers, les parfumeurs, et tous ceux qui vendent au poids; sous le Scorpion, les empoisonneurs et les coupe-jarrets; sous le Sagittaire, ces drôles à l'œil louche qui ont l'air de regarder les légumes et qui décrochent le lard; sous le Capricorne, les crocheteurs, à qui leurs fatigues durcissent la peau comme de la corne; sous le Verseau, les cabaretiers et les têtes de citrouille; sous les Poissons,

— Non improperro illi. Sestertium suum vidit decies; sed male vacillavit. Non puto illum capillos liberos habere; nec, me Hercules! sua culpa, ipso enim homo melior non est; sed liberti scelerati, qui omnia ad se fecerunt. Scito autem, socio cum olla male fervet, et ubi semel res inclinata est : amici de medio. — Et quam honestam negotiationem exercuit, quod illum sic vides? — Ecce, Libitinarius fuit. Solebat sic cœnare, quomodo Rex : apros gausapatos, opera pistoria, aves, cervos; pistores plus vini sub mensam effundebant, quam aliquis in cella habet. — Phantasia, non homo. — Inclinatis quoque rebus suis, cum timeret, ne creditores illum conturbare existimarent, hoc titulo auctionem proscripsit :

IULIUS. PROCULUS. AUCTIONEM. FACIET. RERUM. SUPERVACUA-
RUM.

XXXIX. Interpellavit tam dulces fabulas Trimalchio; nam jam sublatum erat ferculum, hilaresque convivæ vino, sermonibusque publicatis operam cœperunt dare. Is ergo reclinatus in cubitum, Hoc vinum, inquit, vos oportet suave faciatis : pisces natare oportet. Rogo, vos putatis illa cœna esse contentum, quam in theca repositorii videratis? *sic notus Ulyxes?* Quid ergo est? oportet etiam inter cœnandum Philologiam nosse. Patrono meo ossa bene quiescant! qui me hominem inter homines voluit esse. Nam mihi nihil novi potest afferri : sicut ille fericulus tamen habuit praxim. Cœlus hic, in quo duodecim Dii habitant, in totidem se figuras convertit, et modo fit Aries. Itaque quisquis nascitur illo signo, multa pecora habet, multum lanæ : caput præterea durum, frontem expudoratam, cornum acutum. Plurimi hoc signo scholastici nascuntur, et arietilli. Laudamus urbanitatem Mathematici; itaque adjecit : deinde totus cœlus Taurulus fit. Itaque tunc calcitrosi nascuntur, et bubulci, et qui se ipsi pascunt. In Geminis autem nascuntur bigæ, et boves, et colei, et qui utrosque parietes linunt. In Cancro ego natus sum; ideo multis pedibus sto, et in mari, et in terra multa possideo. Nam cancer, et hoc, et illoc quadrat; et ideo jam dudum nihil super illum posui, ne genesim meam premerem. In Leone cataphagæ nascuntur, et imperiosi. In Virgine mulieres, et fugitivi, et compediti. In Libra lantones, et unguentarii, et quicunque aliquid expendunt. In Scorpione venenarii, et percussores. In Sagittario strabones, qui olera spectant, lardum tollunt. In Capricorno ærumnosi, quibus præ mole sua cornua nascuntur. In Aquario caupones, et cucurbitæ. In Piscibus obsonatores, et rhetores. Sic orbis vertitur, tanquam mola ; et semper aliquid mali facit, ut homines aut nascantur, aut pereant.

les cuisiniers et les rhéteurs. Ainsi tourne le monde, comme une meule, et toujours pour notre malheur, soit qu'on y vienne, soit qu'on en parte. Si vous voyez ce gazon au milieu, et sur le gazon un rayon de miel, rien n'est fait là sans intention. C'est la terre, notre mère à tous, qui est au centre, ronde comme un œuf, et qui renferme en soi tous les biens, comme ce rayon de miel. —

XL. Bravo! s'écrie-t-on tout d'une voix; et, les bras levés vers le plafond, nous jurons qu'Hipparque et Aratus n'étaient pas comparables à notre hôte. Cela dura jusqu'à l'arrivée des officiers de table, qui étendirent sur nos lits des tapis où étaient figurés en broderie des filets, et des piqueurs armés d'épieux, et tout l'équipage d'une chasse. Nous ne savions encore où porter nos conjectures, lorsqu'en dehors de la salle de grands cris s'élèvent, et tout à coup des chiens de Laconie s'en viennent courir autour de la table. Ils étaient suivis d'un plateau où gisait un sanglier de première grandeur, coiffé du bonnet d'affranchi, et portant accrochées à ses défenses deux petites corbeilles tissues de feuilles de palmier, l'une remplie de dattes de Syrie, l'autre de dattes de la Thébaïde. Il était entouré de marcassins en pâte cuite qui semblaient chercher la mamelle et dire : Prenez que ceci est une laie; les convives qui les eurent purent les emporter. Du reste, pour dépecer cette pièce, ce ne fut point *Coupez*, l'écuyer tranchant des volailles, qui fut appelé, mais une espèce de géant barbu, ceint d'un tablier qui lui allait aux genoux, affublé du costume bariolé et muni du couteau de chasseur. Il tire son arme, en donne un coup furieux dans le flanc de l'animal; et de la plaie qu'il ouvre part un essaim de grives. Des oiseleurs, apostés avec leurs baguettes, les épient dans leur vol autour de la salle, et en un moment les rattrapent. Puis, en ayant fait remettre une à chacun de nous, Trimalchion ajouta : — Maintenant voyez si ce porc sauvage a mangé tout le gland. — Aussitôt les valets s'approchent des corbeilles suspendues aux défenses, et les deux espèces de dattes sont en nombre égal distribuées aux convives.

XLI. Moi cependant, placé que j'étais un peu à l'écart, je me torturais l'esprit en cent façons pour m'expliquer cette entrée du sanglier avec un bonnet. Quand j'eus épuisé la série des suppositions les plus saugrenues, je pris sur moi d'interroger encore mon interprète sur le point qui me tracassait. — En vérité, me dit-il, votre esclave même pourrait vous l'apprendre; il n'y a pas là d'énigme : la chose est toute claire. Ce sanglier, ayant eu hier à bon droit les honneurs du festin, reçut son congé des convives; et aujourd'hui c'est comme affranchi qu'il fait sa rentrée dans cette salle. — Je maudis ma stupidité, et ne fis plus d'autre question, pour n'avoir pas l'air de ne m'être jamais trouvé à la table de gens comme il faut. Pendant notre colloque, un jeune et bel esclave, couronné de pampre et de lierre, se faisant appeler tantôt Bromius, tantôt Lyæus, ou Évius, portait une corbeille de raisins à la ronde, et déclamait les poésies de son maître d'un ton de fausset des plus aigus. A cette voix Trimalchion se tourne, et dit : — Bacchus, je te fais libre. — L'enfant décoiffe le sanglier, et se met le bonnet sur la tête. Alors son maître reprend : —

Quod autem in medio cespitem videtis, et super cespitem favum : nihil sine ratione facto. Terra mater est in medio, quasi ovum, corrotundata : et omnia bona in se habet, tanquam favus.

XL. Sophos universi clamamus, et sublatis manibus ad cameram, juramus, Hipparchum Aratumque comparandos illi homines non fuisse; donec advenerunt ministri, ac toralia proposuerunt toris, in quibus retia erant picta, subsessoresque cum venabulis, et totus venationis apparatus. Necdum sciebamus, quo mitteremus suspiciones nostras, cum extra triclinium clamor sublatus est ingens : et ecce canes Laconici etiam circa mensam discurrere cœperunt. Secutum est hos repositorium, in quo positus erat primæ magnitudinis aper, et quidem pileatus, e cujus dentibus sportellæ dependebant duæ, palmulis textæ, altera caryotis, altera Thebaicis repleta. Circa autem, minores porcelli, ex coptoplacentis facti, quasi uberibus imminerent, scropham esse positam, significabant : et hi quidem apophoreta fuerunt. Ceterum ad scindendum aprum, non ille Carpus accessit, qui altilia laceraverat; sed barbatus, ingens, fasciis cruralibus alligatus, et alicula subornatus polymita, strictoque venatorio cultro latus apri vehementer percussit, ex cujus plaga turdi evolaverunt. Parati Aucupes cum arundinibus fuerunt, et eos, circa triclinium volitantes, momento exceperunt. Inde, cum suum cuique jussisset referri Trimalchio, adjecit : Etiam videte, quam porcus ille sylvaticus totam comederit glandem. Statim pueri ad sportellas accesserunt, quæ pendebant e dentibus, Thebaicasque, et caryotas ad numerum divisere cœnantibus.

XLI. Interim ego, qui privatum habebam secessum, in multas cogitationes diductus sum, quare aper pileatus intrasset? Postquam itaque omnes bacelogias consumsi, duravi interrogare illum interpretem meum, quid me torqueret? At ille : Plane etiam hoc servus tuus indicare potest : non enim ænigma est, sed res aperta. Hic aper, cum heri summum cœnam vindicasset, a convivis dimissus : itaque hodie tanquam libertus in convivium revertitur. Damnavi ego stuporem meum, et nihil amplius interrogavi, ne viderer nunquam inter honestos cœnasse. Dum hæc loquimur, puer speciosus, vitibus hederisque redimitus, modo Bromium, interdum Lyæum, Eviumque confessus, calathisco uvas circumtulit, et poemata domini sui acutissima voce traduxit. Ad quem sonum conversus Trimalchio : Dionyse, inquit, LIBER ESTO! Puer detraxit pileum apro, capitique suo imposuit. Tum Trimalchio rursus adjecit : Non negabitis, me, inquit, habere Liberum patrem. Laudavimus dictum Trimalchionis, et circumeuntem puerum sane perbasiamus. Ab hoc ferculo Trimalchio ad lasanum surrexit. Nos libertatem sine tyranno nacti,

Vous ne nierez pas que je n'aie sous mes ordres le père de la liberté, moi qui la lui donne. — On applaudit au jeu de mots ; et chacun embrasse à son tour de bien bon cœur le beau Bacchus. A la fin du service, le patron se leva pour aller à la garde-robe. Et nous, devenus libres par l'absence du despote, nous nous mîmes à agacer la loquacité des convives. Alors commence un nommé Primus, après avoir demandé du raisin au père de la liberté : — Le jour n'est, ma foi, rien : à peine s'est-on retourné qu'il est nuit. On n'a donc rien de mieux à faire que d'aller droit du lit à la table. Et quel joli froid nous avons eu ! A peine le bain m'a-t-il réchauffé ; c'est bien boire qui tient chaud, voilà mon manteau à moi. J'ai tant filé de ce coton rouge que j'en suis tout bête : le vin m'est monté au cerveau.

XLII. Séleucus reprit le thème inachevé : — Ni moi non plus, je ne vais pas tous les jours au bain ; c'est là un métier de foulon. L'eau a des dents : le cœur se fond dans l'eau petit à petit ; mais quand je me suis cuirassé l'estomac avec de bon vin, je dis au froid : *Va te promener.* D'ailleurs je ne pouvais me baigner aujourd'hui : j'ai été à un enterrement. Un charmant homme, ce bon Chrysante, vient de cracher son âme ; il n'y a qu'un instant, qu'un instant, qu'il m'appelait encore ; il me semble que je lui parle. Hélas ! que sommes-nous ? des outres gonflées qui vont sur deux pieds ; moins que des mouches ; encore les mouches ont-elles quelque vertu : nous, nous ne valons pas plus que des bulles d'eau. Et s'il n'avait pas fait diète ? Depuis cinq jours pas une goutte d'eau n'est entrée dans sa bouche, pas une miette de pain : il est parti tout de même. C'est le grand nombre de médecins qui l'a tué, ou plutôt sa mauvaise étoile ; car le médecin n'est bon à rien, qu'à tranquilliser le moral. Au reste, l'enterrement a été bien. Il était sur son lit de table avec de bonnes couvertures ; les pleureuses ont fait merveille ; il a affranchi quelques esclaves : eh bien, sa femme ne l'a pleuré que d'un œil. Qu'aurait-elle fait, s'il ne l'avait pas si bien traitée ? Mais la femme ! qu'est-ce que la femme ? Race de milan ; il ne faut pas lui faire le moindre bien : c'est exactement comme si on le jetait dans un puits ; et un vieil attachement est une vraie prison. —

XLIII. A mon grand regret Philéros lui coupa la parole : — Songeons aux vivants, s'écria-t-il. Celui-ci a reçu son compte : il a vécu honorablement, on l'a enterré de même ; qu'a-t-il à se plaindre ? Il a commencé par un denier ; et il était homme à ramasser avec les dents une obole sur un fumier. Aussi s'est-il arrondi, tant qu'il a pu s'arrondir, comme un rayon de miel. Je crois, par Hercule ! qu'il a laissé cent mille grands sesterces ; et il avait tout en numéraire. Mais je vous conterai la chose au vrai, moi qui ai, comme on dit, mangé de la langue de chien. Il était fort en gueule, chicaneur, la discorde en personne. Son frère était un homme de cœur, aimant qui l'aimait, la main libérale, et bonne table ; lui aussi dans le principe a plumé l'oiseau de mauvais augure ; mais sa première vendange lui a redressé la taille, car il a vendu son vin tout ce qu'il a voulu ; et ce qui lui a fait encore relever le menton, c'est un héritage dont il a su s'approprier plus qu'il ne lui revenait. Puis voilà ma bûche qui, brouillé avec son frère, lègue son avoir à je ne sais quel homme de rien. On va loin quand on fuit les siens. Des valets, qu'il écoutait comme des oracles, l'ont poussé à sa perte. Jamais on n'opérera que de travers si on se livre trop vite, surtout dans le commerce : toujours est-il vrai qu'il a joui tant qu'il a vécu, pour

cœpimus invitare convivarum sermones. Clamat itaque Primus, cum patera acina poposcisset, Dies, inquit, nihil est ; dum versas te, nox fit : itaque nihil est melius, quam de cubiculo recta in triclinium ire. Et mundum frigus habuimus, vix me balneus calfecit ; tamen calda potio vestiarius est. Staminatas duxi, et plane matus sum ; vinus mihi in cerebrum abiit.

XLII. Excepit Seleucus fabulæ partem : Et ego, inquit, non cotidie lavor ; Baliscus enim Fullo est. Aqua dentes habet, et cor nostrum cotidie liquescit ; sed, cum mulsi pultarium obduxi, frigori læcasin dico. Nec sane lavare potui, fui enim hodie in funus. Homo bellus, tam bonus Chrysanthus animam ebulliit : modo, modo me appellavit : videor mihi cum illo loqui. Heu ! Utres inflati ambulamus, minoris quam muscæ sumus ; quæ tamen aliquam virtutem habent : nos non pluris sumus, quam bullæ. Et quid ? si non abstinax fuisset ? quinque dies aquam in os suum non conjecit, non micam panis ; tamen abiit. At plures Medici illum perdiderunt, imo magis malus fatus ; Medicus enim nihil aliud est, quam animi consolatio. Tamen bene elatus est, vitali lecto, stragulis bonis ; planctus est optime : manumisit aliquot, etiamsi maligne illum ploravit uxor. Quid ? si non illam optime accepisset ? sed mulier, quæ mulier, milvinum genus : Feminis nihil boni facere oportet, æque est enim, ac si in puteum conjicias ; et antiquus amor carcer est.

XLIII. Molestus fuit Phileros, qui proclamavit : Vivorum meminerimus : ille habet, quod sibi debebatur : honeste vixit, honeste obiit. Quid habet, quod queratur ? ab asse crevit, et paratus fuit quadrantem de stercore mordicus tollere. Itaque crevit, quidquid crevit, tanquam favus. Puto, me Hercules ! illum reliquisse solida centum ; et omnia in nummis habuit. De re tamen ego verum dicam, qui linguam caninam comedi. Duræ buccæ fuit, linguosus, discordia, non homo. Frater ejus fortis fuit, amicus amico, manu uncta, plena mensa ; et inter initia malum parram pilavit ; sed recorrexit costas illius prima vindemia : vendidit enim vinum, quantum ipse voluit : et, quod illius mentum sustulit, hæreditatem accepit, ex qua plus involavit, quam illi relictum est. Et ille stips, dum fratri suo irascitur, nescio cui terræ filio patrimonium elegavit. Longe fugit, quisquis suos fugit. Habuit autem oracularios ser-

avoir touché plus qu'il ne lui était destiné. Enfant gâté de la fortune, sous sa main le plomb se changeait en or. Et l'on a bien aisé quand tout vient cadrer selon vos vues. Mais savez-vous quelle somme d'années il enterre avec lui? Soixante-dix et plus. Aussi avait-il une santé de fer, portant bien son âge, et noir de poil comme corbeau. Je l'ai dans le temps connu mignon, et vieux il était encore fier gaillard : non, par Hercule! il n'aurait, je crois, pas respecté le chien de la maison. Il aimait aussi la fillette, et faisait flèche de tout bois; non que je l'en blâme, car c'est tout ce qu'il emporte de ce monde. —

XLIV. Ici s'arrêta Philéros; Ganymède reprit : — Vous contez là des choses qui n'intéressent ni ciel ni terre; et personne ne songe à la disette qui nous ronge. Non, pardieu! aujourd'hui je n'ai pas pu me procurer une bouchée de pain. Comment cela? c'est que la sécheresse continue : voilà un an que je n'ai rompu le jeûne. C'est que les édiles (mais malheur à eux!) s'entendent avec les boulangers : soutiens-moi, je te soutiendrai. Et le pauvre peuple pâtit, tandis que ces mâchoires privilégiées font tous les jours Saturnales. Oh! si nous avions ces lurons que j'ai trouvés ici à mon arrivée d'Asie! On vivait alors! on était comme en pleine Sicile; et ces masques d'édiles on les souffletait si bien, que Jupiter n'était plus leur ami. Ah! je me rappelle Safinius, qui logeait, dans mon enfance, auprès du vieil arc de triomphe : c'était un salpêtre, ce n'était pas un homme. Il brûlait le pavé sous ses pas : cœur droit, cœur loyal, aimant qui l'aimait : vous auriez hardiment joué avec lui à la mourre sans y voir. Et au forum donc! Il vous pilait ses adversaires comme dans un mortier; il ne parlait point par figures : il nommait tout par son nom, comme à un enrôlement. Sa voix en plaidant résonnait comme une trompette, sans jamais suer ni cracher. Je pense, au fait, qu'il avait quelque chose d'asiatique. Et qu'il était affable! nous rendant nos saluts sans oublier le nom de personne, comme eût fait notre égal. Aussi, dans ce temps-là, le vivre était pour rien. Un pain que vous achetiez un sou, deux hommes affamés n'auraient pas pu le manger : à présent vous l'avez moins gros que l'œil d'un bœuf. Hélas! hélas! c'est tous les jours pis. La Colonie s'en va comme la queue d'un veau, en rétrécissant. Comment ça ne serait-il pas, avec un édile qui ne vaut pas trois figues, et qui aime mieux un sou dans sa poche que notre vie à tous? Aussi fait-il bombance chez lui : il touche en un jour plus d'écus que tel riche n'en a pour tout vaillant. Je sais de bonne part d'où il a reçu mille deniers d'or; mais, si nous avions du sang sous les ongles, il ne ferait pas tant le fier. Mais voilà le peuple : vrai lion chez lui, et dehors poltron comme renard. Pour mon compte, j'ai déjà mangé mes nippes; et si la cherté ne cesse pas, je vendrai ma baraque. Car enfin que deviendra-t-on, si ni dieux ni hommes n'ont pitié de la Colonie? Le ciel me sauve moi et les miens, comme je suis sûr que tout ceci nous vient de là-haut! Pourquoi? C'est que personne ne croit que les dieux soient des dieux; personne n'observe le jeûne, et ne fait cas de Jupiter plus que d'un poil de barbe : chacun, aveugle sur tout le reste, ne songe qu'à compter son or. Autrefois les matrones allaient nu-pieds sur la montagne, les cheveux épars et

vos, qui illum pessum dederunt. Nunquam autem recte faciet, qui cito credit; utique homo negotians : tamen verum, quod fruitus est, quamdiu vixit, cui datum est, non cui destinatum. Plane Fortunæ filius, in manu illius plumbum aurum fiebat. Facile est autem, ubi omnia quadrata currunt. Et quot putas illum annos secum tulisse? septuaginta, et supra; sed corneolus fuit, ætatem bene ferebat, niger, tanquam corvus. Noveram hominem olim molliorem, et adhuc salax erat; non me Hercules! illum puto in domo canem reliquisse. Imo etiam puellarius erat; omnis Minervæ homo : nec improbo : hoc enim solum secum tulit.

XLIV. Hæc Phileros dixit; ista Ganymedes : Narratis, quod nec ad cœlum, nec ad terram pertinet; cum interim nemo curat, quid annonam mordet. Non, me Hercules! hodie buccam panis invenire potui. Et quomodo? siccitas perseverat; jam annum esurio fui. Ædiles (male eveniat!) qui cum pistoribus colludunt : serva me, servabo te. Itaque populus minutus laborat; nam isti majores maxillæ semper Saturnalia agunt. O si haberemus illos leones, quos ego hic inveni, cum primum ex Asia veni! Illud erat vivere. Similia Siciliæ interioris; et larvas sic istos percolapabant, ut illis Jupiter iratus esset. Sed memini Safinium; tunc habitabat ad arcum veterem, me puero, piper, non homo. Is, quacumque ibat, terram adurebat; sed rectus, sed certus, amicus amico, cum quo audacter posses in tenebris micare. In curia autem quomodo? singulos vel pilo pertractabat: nec schemas loquebatur, sed dilectum ceu ageret. Porro, in foro sic illius vox crescebat, tanquam tuba; nec sudavit unquam, nec exspuit. Puto enim, nescio quid asiades habuisse. Et quam benignus? resalutare, nomina omnium reddere, tanquam unus de nobis. Itaque illo tempore annona pro luto erat. Asse panem quem emisses, non potuisses cum altero devorare; nunc oculum bubulum vidi majorem. Heu, heu, quotidie pejus : hæc Colonia retroversus crescit, tanquam coda vituli! Sed quare non? habemus Ædilem trium cauneàrum: qui sibi mavult assem, quam vitam nostram. Itaque domi gaudet : plus in die nummorum accipit, quam alter patrimonium habet. Jam scio, unde acceperit denarios mille aureos; sed, si nos coleos haberemus, non tantum sibi placeret. Nunc populus est, domi leones, foras vulpes. Quod ad me attinet, jam pannos meos comedi, et, si perseverat hæc annona, casulas meas vendam. Quid enim futurum est, si nec Dii, nec homines, ejus coloniæ miserentur? Ita meos fruniscar, ut ego puto omnia illa a cœlitibus fieri. Nemo enim cœlum cœlum putat, nemo jejunium servat, nemo Jovem pili facit; sed omnes, opertis oculis, bona sua computant. Antea stolatæ ibant, nudis pedibus, in clivum, passis capillis, mentibus puris, et Jo-

l'âme pure, demander de la pluie à Jupiter, et tout de suite il pleuvait à seaux ou ce jour-là, ou jamais; et tous riaient de se voir mouillés comme des rats d'eau. Aujourd'hui les dieux ont les pieds liés pour venir à notre secours : on n'a plus de religion, et la campagne est perdue.

XLV. — Je vous en prie, dit Échion le ravaudeur, tenez de meilleurs propos. Tout n'est qu'heur et malheur, disait ce paysan qui avait perdu son porc bigarré. Aujourd'hui une chose, demain l'autre : c'est le train de la vie. On ne peut, ma foi, pas dire que le pays en irait mieux s'il avait des hommes à sa tête; mais il pâtit pour le moment et ne se ressemble plus. Ne soyons pas trop difficiles : on est partout sous le milieu du ciel. Si vous étiez ailleurs, vous diriez qu'ici les cochons se promènent tout rôtis dans les rues. Et voyez : n'allons-nous pas avoir un combat de première qualité dans trois jours, le jour de la fête? Point de gladiateurs du commun : des affranchis en masse. Et Titus, mon maître, a le cœur grand, la tête chaude : de façon ou d'autre on verra des siennes; et je le connais bien : je suis de sa maison. Avec lui point de quartier; le fer sera de bonne trempe; pas moyen de lâcher pied; les viandes à distribuer au peuple seront au centre, pour que l'amphithéâtre voie : et le patron a de quoi. Il a recueilli trente millions de sesterces; son père vient de mourir. Il en jetterait quatre, cent mille par les fenêtres que sa fortune ne s'en ressentirait pas : on parlera éternellement de celui-là. Il a déjà quelques petits chevaux barbes, une conductrice de chars à la gauloise, et le trésorier de Glycon qui fut surpris comme il fêtait la femme de son maître. Vous rirez de voir le public prendre parti, ceux-ci pour les jaloux, ceux-là pour les favoris. Donc ce Glycon, qui ne vaut pas un sesterce, a condamné aux bêtes son trésorier. C'est ce qui s'appelle afficher sa honte. En quoi a-t-il manqué, cet esclave? Il a été forcé de faire la chose. C'est elle plutôt, la vilaine, qui méritait d'être encornée par le taureau; mais qui ne peut frapper l'âne frappe le bât. Et puis Glycon pensait-il qu'une mauvaise graine, la fille à Hermogène, donnerait jamais rien de bon? Cet Hermogène vous eût rogné au vol les serres d'un milan. Couleuvre n'engendre pas d'anguille. Glycon! Glycon! tu t'es puni toi-même : aussi toute ta vie en porteras-tu le stigmate, et tu ne l'effaceras que dans l'autre monde. Mais les sottises regardent ceux qui les font.

Je flaire déjà d'ici le festin que va nous donner Mammea : deux deniers d'or à moi et aux miens. S'il fait cela, ma foi qu'il supplante tout à fait Norbanus dans la faveur publique; je réponds qu'il voguera pour lors à pleines voiles. Et, au fond, qu'est-ce que ce Norbanus a fait de bien pour nous? Il nous a donné des gladiateurs à un sesterce pièce, tout décrépits, que d'un souffle on eût jetés bas; j'en ai vu de meilleurs mangés par les bêtes aux flambeaux; enfin on eût dit un combat de coqs. L'un était lourd à ne se pouvoir traîner; l'autre avait des jambes de basset; le troisième, qui était mort d'avance, eut les jarrets coupés. Le seul qui eût un peu de mine était un Thrace : encore ne se battait-il que quand on lui criait de se battre. Tous, en fin de compte, furent passés aux lanières, tant ils s'étaient montrés de purs rebuts de pacotille, de vrais fuyards, là. — Je t'ai pourtant donné un spectacle, me dit notre homme. — Et moi mes applaudissements. Comptez bien : je te donne mieux que je n'ai reçu. Une main lave l'autre.

XLVI. Vous m'avez l'air, Agamemnon, de

vem aquam exorabant; itaque statim urceatim pluebat, aut tunc, aut nunquam : et omnes ridebant, udi, tanquam mures. Itaque Dii pedes lanatos habent. Quia nos religiosi non sumus, agri jacent.

XLV. Oro te, inquit Echion Centonarius, melius loquere. Modo sic, modo sic, inquit Rusticus; (varium porcum perdiderat.) Quod hodie non est, cras erit : sic vita truditur. Non, me Hercules! patria melior dici posset, si homines haberet : sed laborat hoc tempore; nec hæc sua : non debemus delicati esse : ubique medius cœlus est. Tu, si alibi fueris, dices hic porcos coctos ambulare. Et ecce habituri sumus munus excellente in triduo, die festa, familia non lanistitia, sed plurimi liberti. Et Titus noster magnum animum habet, et est calidi cerebri, aut hoc, aut illud erit : notus utique : nam illi domesticus sum. Non est mittix : ferrum optimum daturus est, sine fuga; carnarium in medio, ut amphitheatrum videat : et habet unde. Relictum est illi sestertium tricenties, (decessit illius pater.) Male ut quadringenta impendat : non sentiet patrimonium illius, et sempiterno nominabitur. Jam mannos aliquot uabet, et mulierem essedariam, et Dispensatorem Glyconis, qui deprehensus est, cum dominam suam delectaretur. Videbis populi rixam inter zelotypos, et amasiunculos. Glyco autem, Sestertiarius homo, Dispensatorem ad bestias dedit. Hoc est, se ipsum traducere. Quid servus peccavit, qui coactus est facere? magis illa matella digna fuit, quam taurus jactaret. Sed qui asinum non potest, stratum cædit. Quid autem Glyco putabat, Hermogenis filicem unquam bonum exitum facturam? Ille milvo volanti poterat ungues resecare. Colubra restem non parit. Glyco, Glyco dedit suas : itaque, quamdiu vixerit, habebit stigmam, nec illam nisi Orcus delebit : sed sibi quisque peccat.

Sed subolfacio, quod nobis epulum daturus est Mammea, binos denarios mihi, et meis. Quod si hoc fecerit, eripiat Norbano totum favorem : scias oportet plenis velis hunc vecturum. Et revera, quid ille nobis boni fecit? Dedit gladiatores sestertiarios, jam decrepitos; quos si sufflasses, cecidissent : jam meliores bestiarios vidi occidi de lucerna; et quidem putares eos gallos gallinaceos. Alter gurdus, atta, alter loripes : tertiarius mortuus pro mortuo, qui habuit nervia præcisa. Unus alicujus staturæ fuit Thræx, qui et ipse ad dictata pugnavit; ad summam, omnes postea secti sunt, adeo de magna turba ac hebete accesserant, plane fugæ meræ. Munus tamen, inquit, tibi dedi : et ego tibi plodo. Computa : et tibi plus do, quam accepi. Manus manum lavat.

dire : A quel propos ce bavard nous assourdit-il ? C'est que vous, qui pourriez parler, n'ouvrez pas la bouche. Vous ne logez pas à notre enseigne ; et ce que disent les pauvres gens vous fait rire. Nous savons que vous êtes bouffi de... littérature : eh bien ! après ? L'un de ces jours je vous déciderai à venir à la campagne voir nos petits pénates ; nous trouverons de quoi manger : un poulet, des œufs. Nous serons gentiment, quoique cette année, vu les intempéries de la saison, la campagne soit tout en deuil. Oui, oui, nous trouverons à nous rassasier. Je vous élève aussi un disciple, mon petit Cicaro, qui dit déjà les quatre divisions de l'as ; s'il vit, vous aurez là un petit serviteur toujours à vos côtés. C'est que, dès qu'il a un moment, il ne lève pas la tête de dessus ses tablettes. Il a des moyens, et bon cœur : mais il aime les oiseaux, c'est sa maladie. Je lui ai déjà tué trois chardonnerets, que je lui ai dit que la belette avait mangés : eh bien, il en a trouvé d'autres, apprivoisés. Il a aussi beaucoup de plaisir à peindre. Au reste, il a déjà envoyé promener le grec, et il ne mord pas mal au latin, quoique son maître soit un pédant. Il ne se fixe à rien ; il vient me dire : Donne-moi des livres ; puis il ne veut plus travailler. Il a un second maître, pas fort savant, mais fort zélé, qui enseigne même ce qu'il ne sait pas. Les jours de fête il vient à la maison, et, si peu qu'on lui donne, il est content. Je viens d'acheter à l'enfant quelques livres de chicane, parce que je veux, pour le besoin de mes affaires, qu'il tâte un peu du droit (c'est un gagne-pain cela) ; car de littérature il en est assez barbouillé. S'il regimbe, mon parti est pris : je lui fais apprendre une bonne profession ou de barbier, ou de crieur public, ou au moins d'avocat, qu'il ne puisse perdre qu'à la mort. Aussi je lui crie chaque jour : « Mon aîné, crois-moi bien, tout ce que tu apprends c'est pour toi. Vois Philéros l'avocat : s'il n'avait pas étudié, il aurait les dents longues aujourd'hui. Il n'y a qu'un instant, qu'un instant, qu'il portait la balle sur le dos ; à présent il va jusqu'à tenir tête à Norbanus. La science est un trésor, et le talent ne meurt jamais de faim. » —

XLVII. Ainsi se décochaient fadaises sur fadaises, lorsque Trimalchion rentra. Il s'essuya le front, se lava les mains avec du parfum, et après une légère pause : — Excusez-moi, dit-il, mes amis ; depuis plusieurs jours mon ventre ne m'obéit point, et les médecins ne s'y reconnaissent plus : pourtant je me suis bien trouvé d'une décoction d'écorce de grenade et de sapin au vinaigre, et j'espère que ce méchant valet a déjà honte de sa paresse : autrement, ce sont dans la région de l'estomac des mugissements comme ceux d'un taureau. En conséquence, si quelqu'un de vous désire se procurer quelque soulagement, il peut le faire sans en être *confusionné*. Nous ne sommes pas de fer. Pour moi, je n'imagine pas de supplice comme de se retenir. C'est la seule chose dont Jupiter même ne soit pas maître. Tu ris, Fortunata, toi qui sur cet article-là m'empêches la nuit de fermer l'œil ! Au reste, à ma table je n'ai interdit à personne de se mettre tout à fait à l'aise : et les médecins ne défendent-ils pas de se contraindre ? Si même quelque chose de plus sérieux vous presse, vous avez tout sous la main à deux pas de la porte, l'eau, la chaise, et autres menues pro-

---

XLVI. Videris mihi, Agamemnon, dicere : Quid iste argutat molestus ? Quia tu, qui potes loquere, non loquis. Non es nostræ fasciæ, et ideo pauperum verba derides. Scimus, te præ litteris fatuum esse. Quid ergo est ? Aliqua die te persuadeam, ut ad villam venias, et videas casulas nostras ; inveniemus quod manducemus : pullum, ova. Belle erit ; etiamsi omnia hoc anno tempestas dispare pulavit. Inveniemus ergo, unde saturi fiamus. Etiam tibi discipulus crescit Cicaro meus, jam quatuor partes dicit ; si vixerit, habebis ad latus servulum. Nam, quidquid illi vacat, caput de tabula non tollit : ingeniosus est, et bono filo, etiamsi in aves morbosus est. Ego illi jam tres carduelles occidi, et dixi, quod mustela comedit ; invenit tamen alias vernas ; et libentissime pingit. Ceterum jam Græculis calcem impingit. Et Latinas cœpit non male appetere, etiamsi magister ejus sibi placens sit. Nec uno loco consistit, sed venit, dem litteras ; sed non vult laborare. Est et alter, non quidem doctus, sed curiosus, qui plus docet, quam scit. Itaque feriatis diebus solet domum venire, et, quidquid dederis, contentus est. Emi ergo nunc puero aliquot libra rubricata, quia volo, illum, ad domus usionem, aliquid de jure gustare, (habet hæc res panem,) nam litteris satis inquinatus est. Quod si resilierit, destinavi illum artificium docere aut tonstrinum, aut præconem, aut certe caussidicum, quod illi auferre non possit, nisi Orcus. Ideo illi quotidie clamo : Primigeni, crede mihi, quidquid discis, tibi discis. Vides Phileronem caussidicum, si non didicisset, hodie famem a labris non abigeret. Modo, modo collo suo circumferebat onera venalia : nunc etiam adversus Norbanum se extendit. Litteræ thesaurum est, et artificium nunquam moritur.

XLVII. Ejusmodi fabulæ vibrabant, cum Trimalchio intravit, et, detersa fronte, unguento manus lavit, spatioque minimo interposito : Ignoscite mihi, (inquit,) amici, multis jam diebus venter mihi non respondit : nec Medici se inveniunt ; profuit mihi tamen malicorium, et tæda ex aceto. Spero tamen, jam ventrem pudorem sibi imponere ; alioquin circa stomachum mihi sonat, putes taurum. Itaque, si quis vestrum voluerit suæ rei caussa facere, non est, quod illum pudeat. Nemo nostrum solide natus est. Ego nullum puto tam magnum tormentum esse, quam continere. Hoc solum vetare ne Jovis potest. Rides, Fortunata ? quæ soles me nocte desomnem facere. Nec tamen in triclinio ullum vetui facere, quod se juvet : et medici vetant continere ; vel, si quid plus venit, omnia foras parata sunt : aqua, lasanum, et cetera minutalia. Credite mihi, anathymiasis in cerebrum it, in toto corpore fluctum facit. Multos scio sic periisse, dum nolunt sibi verum dicere. Gratias agimus liberalitati, indulgentiæque ejus, et subinde castigamus crebris potiunculis risum. Nec adhuc

prêtés. Croyez-moi : ces vapeurs gastriques, quand elles montent au cerveau, refluent sur tout le reste du corps. Beaucoup sont morts, à ma connaissance, faute de s'être ainsi parlé franc. — Nous lui rendons grâce de tant d'honnêteté et de courtoisie, et buvons coup sur coup à petites gorgées, pour étouffer nos rires.

Mais nous ne savions pas encore que dans ce pays de merveilles nous n'étions, comme on dit, qu'à mi-côte. En effet, nos tables desservies au son des instruments, trois cochons blancs sont amenés dans la salle, ornés de jolies muselières et de grelots. — Le premier a deux ans, nous dit leur introducteur ; le second, trois ; le dernier est déjà vieux. — Moi je pensais que c'étaient des porcs acrobates, et que ces animaux, comme on en voit aux cirques, allaient faire quelques tours surprenants. Trimalchion mit fin à notre attente : — Lequel voulez-vous, nous dit-il, qu'on vous apprête sur-le-champ ? Un malappris vous servira un coq, un faisan, quelques misères pareilles : mes cuisiniers à moi font cuire des veaux entiers dans leurs chaudières. — Et il fait de suite appeler un cuisinier, et, sans attendre notre choix, il lui ordonne de tuer le plus vieux de ces porcs. Puis, haussant la voix : — De quelle décurie es-tu ? — De la quarantième, dit l'esclave. — Es-tu né chez moi, ou acheté ? — Ni l'un ni l'autre. Je vous ai été légué par le testament de Pansa. — Vois donc à nous servir bien vite ; sinon, je te fais reléguer dans la décurie des valets de ferme. — Et l'autre, à cet avertissement souverain, se sauve dans la cuisine où sa bête le conduit.

XLVIII. Trimalchion, radoucissant pour nous son visage, dit alors : — Si vous n'êtes pas contents du vin, je le changerai ; mais non, rendez-le bon, en y faisant honneur. Grâce aux Dieux, je ne l'achète pas ; et tout ce qui à ma table fait venir l'eau à la bouche est le produit d'un bien que j'ai près de la ville, et que je ne connais pas encore. On le dit limitrophe de Terracine et de Tarente. A présent je veux joindre la Sicile à mes petites possessions, pour que, si l'envie me prend de voir l'Afrique, la traversée se fasse par mes domaines.

Mais contez-moi, Agamemnon, quelle controverse vous avez déclamée aujourd'hui. Moi, voyez-vous, si je ne plaide pas de causes, je n'en ai pas moins fait mes études dans la division du discours ; non, ne croyez pas que j'aie dédaigné la littérature : j'ai trois bibliothèques, une grecque, l'autre, latine. Allons, faites-moi l'amitié de me dire l'argument de votre déclamation. — Agamemnon ayant commencé : — Un pauvre et un riche étaient ennemis... — Trimalchion demanda : — Qu'est-ce qu'un pauvre ? — Ah ! charmant ! reprit l'orateur ; et il développe je ne sais quelle controverse. De suite Trimalchion conclut : « Si le fait existe, il n'y a pas de controverse ; s'il n'existe pas, il n'y a rien. » Voyant ce dilemme et le reste accueilli par un torrent d'acclamations, il poursuit : — De grâce, Agamemnon, mon cher ami, les douze travaux d'Hercule, les savez-vous ? et l'aventure d'Ulysse, comme quoi le Cyclope lui enleva sa maîtresse changée en pourceau ? J'ai si souvent lu cela dans Homère quand j'étais petit ! Et la Sibylle donc ! A Cumes je l'ai moi-même vue, de mes propres yeux, suspendue dans une fiole ; et quand les enfants lui disaient : Sibylle, que veux-tu ? Elle répondait : Je veux mourir. —

XLIX. Il n'avait pas craché toutes ses sottises, lorsqu'un plateau chargé d'un énorme porc parut sur la table envahie. Chacun d'admirer tant de

---

sciebamus, nos in medio lautitiarum, quod aiunt, clivo laborare. Nam, commundatis ad symphoniam mensis, tres albi sues in triclinium adducti sunt, capistris et tintinnabulis culti, quorum unum bimum Nomenculator esse dicebat, alterum trimum, tertium vero jam senem. Ego putabam, petauristarios intrasse, et porcos, sicut in circulis mos est, portenta aliqua facturos. Sed Trimalchio, exspectatione discussa, Quem, inquit, ex eis vultis in cœnam statim fieri? Gallum enim gallinaceum, phasiacum, et ejusmodi nænias Rustici faciunt : mei Coci etiam vitulos, æno coctos, solent facere. Continuoque Cocum vocari jussit, et, non expectata electione nostra, maximum natu jussit occidi : et clara voce : Ex quota decuria es? cum ille : ex quadragesima : respondisset — Emtitius, an, inquit, domi natus es? Neutrum, inquit Cocus, sed testamento Pansæ tibi relictus sum. Vide ergo, ait, ut diligenter ponas ; si non, te jubebo in decuriam villicorum conjici. Et quidem Cocum, potentiæ admonitum, in culinam obsonium duxit.

XLVIII. Trimalchio autem miti ad nos vultu respexit : Et vinum, inquit, si non placet, mutabo ; vos illud, oportet, bonum faciatis. Deorum beneficio non emo, sed nunc, quidquid ad salivam facit, in suburbano nascitur meo, quod ego adhuc non novi. Dicitur confine esse Tarracinensibus, et Tarentinis. Nunc conjungere agellis Siciliam volo, ut, cum Africam libuerit ire, per meos fines navigem. Sed narra tu mihi, Agamemnon : quam controversiam hodie declamasti ? (Ego autem si causas non ago in divisione, tamen litteras didici ; et, ne me putes studia fastiditum : tres bibliothecas habeo, unam Græcam, alteram Latinam,) Dic ergo, si me amas, peristasim declamationis tuæ. Cum dixisset Agamemnon : Pauper, et dives inimici erant : ait Trimalchio, Quid est pauper? Urbane, inquit Agamemnon, et nescio quam controversiam exposuit. Statim Trimalchio : Hoc, inquit, si factum est, controversia non est ; si factum non est, nihil est. Hæc aliaque cum effusissimis prosequeremur laudationibus, Rogo, inquit, Agamemnon, mihi carissime, numquid duodecim ærumnas Herculis tenes, aut de Ulyxe fabulam, quemadmodum illi Cyclops pellicem porcino extorsit? Solebam hæc ego puer apud Homerum legere. Nam Sibyllam quidem, Cumis ego ipse oculis meis vidi, in ampulla pendere ; et cum illi pueri dicerent, Σίβυλλα, τί θέλεις ; respondebat illa, ἀποθανεῖν θέλω.

XLIX. Nondum efflaverat omnia, cum repositorium cum sue ingenti mensam occupavit. Mirari nos celeritatem cœpimus, et jurare, ne gallum quidem gallinaceum tam

diligence, et de jurer qu'un poulet n'aurait pu être sitôt cuit; d'autant mieux que le porc nous paraissait bien plus gros que tout à l'heure le sanglier. Cependant Trimalchion, qui l'examinait de plus en plus attentivement, s'écria : — Comment! comment! ce porc n'est pas vidé? Non, par Hercule! il ne l'est pas. Faites, faites comparaître le cuisinier. — Et voilà l'esclave debout devant la table et penaud, qui dit qu'il a oublié. — Comment! oublié! Ne dirait-on pas qu'il n'y manque que le poivre ou le cumin? Dépouillez-moi ce maraud. — Aussitôt fait que dit : on met tout nu le cuisinier, qui se tient d'un air piteux entre ses deux exécuteurs. L'assemblée intercède : — C'est une faute ordinaire; nous vous en prions, faites-lui grâce; s'il y retombe, aucun de nous ne sollicitera pour lui. — J'étais, moi, d'une sévérité implacable; je n'y tenais plus, et, me penchant vers l'oreille d'Agamemnon : — Certes, lui dis-je, il faut que ce valet soit un fier vaurien : est-ce qu'on oublie de vider un porc? Non, pardieu! je ne lui ferais pas grâce, ne s'agît-il que d'un poisson. — Trimalchion ne pensa pas de même; et, déridant son visage tout épanoui de gaieté : — Eh bien, puisque tu as si mauvaise mémoire, vide-le devant nous. — Le cuisinier remet sa tunique, saisit un coutelas, entame parci par-là d'une main circonspecte le ventre de l'animal; et soudain, par les ouvertures élargies sous le poids qui les presse, boudins et saucisses s'échappent par monceaux.

L. A ce coup de théâtre toute la valetaille applaudit, et cria en chœur : Vive Gaïus! Le cuisinier fut gratifié d'une rasade, voire d'une couronne d'argent; et la coupe où il but était sur soucoupe corinthienne. Comme Agamemnon la considérait de près, Trimalchion dit : — Je suis le seul qui possède de véritables corinthes. — Je m'attendais qu'il allait dire, avec son impertinence ordinaire, qu'on lui apportait sa vaisselle de Corinthe même. Il fit mieux : — Et peut-être voulez-vous savoir, ajouta-t-il, comment je suis seul possesseur du vrai corinthe? C'est que le fabricant qui me fournit s'appelle Corinthe; or qu'y a-t-il de plus corinthien que d'avoir Corinthe à ses ordres? Et n'allez pas me prendre pour un ignorant : je sais parfaitement bien l'origine première de ce métal. A la prise de Troie, Annibal, fin matois et maître fripon, fit jeter toutes les statues d'airain, d'or et d'argent sur un seul bûcher, et y mit le feu. Il s'opéra un alliage où l'airain dominait. Et de cette masse les fabricants prirent pour faire des plats, des bassins, des statuettes. De là le corinthe, métal unique né de trois métaux, qui n'est pas plus l'un que l'autre. Vous me permettrez de vous dire que pour mon compte j'aime mieux le verre : beaucoup n'en veulent point. S'il ne se cassait pas, je le préférerais à l'or; tel qu'il est, il n'a pas de valeur.

LI. Il y eut pourtant un ouvrier qui fabriqua une fiole de verre laquelle ne se cassait point. Il fut admis à en faire hommage à César; après quoi, l'ayant reprise des mains de l'empereur, il la lança sur le pavé. Le prince effrayé comme on ne peut l'être davantage, l'ouvrier ramasse sa fiole : elle était bossuée, tout comme un vase d'airain. Cet homme alors tire un petit marteau de sa ceinture, et tranquillement et fort joliment remet la fiole en état. Cela fait, il pensait déjà

cito percoqui potuisse; tanto quidem magis, quod longe major nobis porcus videbatur esse, quam paullo ante aper fuerat. Deinde magis magisque Trimalchio intuens eum : Quid? quid? inquit, porcus hic non est exenteratus? Non, me Hercules! est. Voca, voca Cocum in medio. Cum constituisset ad mensam Cocus tristis, et diceret, se oblitum esse exenterare : Quid oblitus? Trimalchio exclamat: Putes illum piper et cuminum non conjecisse? despolia. Non fit mora : despoliatur Cocus, atque inter duos tortores mœstus consistit. Deprecari tamen omnes cœperunt, et dicere : Solet fieri, rogamus, mittas; si forte fecerit, nemo nostrum pro illo rogabit. Ego, crudelissimæ severitatis, non potui me tenere, sed inclinatus ad aurem Agamemnonis : Plane, inquam, hic debet servus esse nequissimus; aliquis oblivisceretur porcum exenterare? non, me Hercules! illi ignoscerem, si piscem præterisset. At non Trimalchio, qui relaxato in hilaritatem vultu : Ergo, inquit, quia tam malæ memoriæ es, palam nobis illum exentera. Recepta Cocus tunica, cultrum arripuit, porcique ventrem hinc, atque illinc, timida manu secuit. Nec mora, ex plagis, ponderis inclinatione crescentibus, tomacula cum botulis effusa sunt.

L. Plausum post hoc automatum familia dedit, et Gaio, feliciter! conclamavit : nec non Cocus potione oneratus est, etiam argentea corona, poculumque in lance accepit Corinthia. Quam cum Agamemnon propius consideraret, ait Trimalchio : Solus sum, qui vera Corinthia habeam. Exspectabam, ut pro reliqua insolentia diceret, sibi vasa Corintho afferri. Sed ille melius : Et forsitan, inquit, quæris, quare solus Corinthia vera possideam? Quia scilicet ærarius, a quo emo, Corinthus vocatur; quid est autem Corinthium, nisi quis Corinthum habeat? Et, ne me putetis nesapium esse : valde bene scio, unde primum Corinthia nata sint. Cum Ilium captum est, Annibal, homo vafer, et magnus scelio, omnes statuas æneas, et aureas, et argenteas in unum rogum congessit, et eas incendit; facta sunt in unum æra miscellanea. Ita ex hac massa fabri sustulerunt, et fecerunt catilla et parapsides statuncula. Sic Corinthia nata sunt, ex omnibus unum, nec hoc, nec illud. Ignoscetis mihi, quod dixero : ego malo mihi vitrea; certi nolunt. Quod si non frangerentur, mallem mihi, quam aurum; nunc autem vilia sunt.

LI. Fuit tamen faber, qui fecit fialam vitream, quæ non frangebatur. Admissus ergo Cæsarem est cum suo munere; deinde fecit reporrigere Cæsarem, et illam in pavimentum projecit. Cæsar non pote validius, quam expaverit; at ille sustulit fialam de terra : collisa erat, tanquam vasum æneum. Deinde martiolum de sinu protulit; et fialam otio belle correxit. Hoc facto, putabat se cœlum Jovis tenere; utique, postquam ill. dixit : Numquid

tenir Jupiter par les pieds, surtout quand l'empereur lui demanda : — Quelque autre que toi a-t-il le secret de cette composition? Pèse bien ta réponse. — Sur sa négative, César lui fit trancher la tête; car enfin, si ce secret eût été connu, on ne ferait pas plus de cas de l'or que de la boue.

LII. L'argenterie, voilà ma passion. J'ai des gobelets qui tiennent une urne, un peu plus, un peu moins. On y voit comment Cassandre égorgea ses fils; et leurs cadavres sont si bien jetés qu'on les croirait vivants. J'ai une aiguière que m'a laissée le premier des patrons, qui est le mien, où Dédale enferme Niobé dans le cheval de Troie. J'ai aussi les combats d'Herméros et de Pétracte ciselés sur des coupes : tout cela d'un beau poids ; et ce que mon goût pour les arts me procure, je ne le vends à aucun prix. — Comme il en était là, un valet laisse tomber un vase à boire; Trimalchion se retourne : — Vite! punis-toi toi-même, étourdi que tu es. — Et le valet de marmotter entre ses lèvres une supplication. Mais l'autre : — Que me veux-tu? Est-ce que je suis tracassier avec toi? Je t'invite à prendre sur toi de ne plus faire l'étourdi. — A la fin, imploré par nous, il lui pardonne. L'esclave gracié se met à courir autour de la table, en criant : « Expulsez l'eau, faites place au vin. » On releva le trait de savoir-vivre et d'imagination; surtout Agamemnon, qui savait comment se gagnait une invitation nouvelle. Trimalchion, qui s'entend louer, rit et boit de plus belle; le voilà ivre ou peu s'en faut : — Comment! dit-il, aucun de vous ne prie ma Fortunata de danser! Je vous assure qu'elle exécute la cordace on ne peut mieux. — Et lui-même élève ses mains par-dessus son front pour contrefaire le baladin Syrus, et tout son chœur de valets chante: « *Par Jupiter! j'en meurs, j'en meurs de rire.* » Il eût gambadé au milieu de la salle, si Fortunata ne fût venue lui parler à l'oreille, et, je pense, l'avertir qu'il compromettait sa gravité par ces plates bouffonneries. Rien de plus inégal que cet homme : tantôt l'ascendant de sa femme l'arrêtait, tantôt sa nature était la plus forte.

LIII. Mais ce qui fit complète diversion à cette rage de danse, ce fut l'archiviste, qui, du même ton que s'il s'agissait du journal des actes de Rome, vint nous lire : — Le sept des calendes de sextilis, dans le domaine de Cumes, appartenant à Trimalchion, sont nés trente garçons et quarante filles. On a porté des granges dans les greniers cinq cent mille boisseaux de froment; on a accouplé cinq cents bœufs. Dudit jour : mise en croix de l'esclave Mithridate, pour avoir maudit le génie de notre doux maître. Dudit jour : report dans la caisse de ce qui n'a pu être placé, cent mille sesterces. Dudit jour : incendie dans les jardins de Pompée; le feu a pris naissance chez Nasta, le fermier. — Comment! demanda Trimalchion; quand m'a-t-on acheté les jardins de Pompée? — L'an dernier, répond l'annaliste : c'est pourquoi ils ne sont pas encore portés en compte. — Trimalchion, bouillant de colère, s'écrie : — Quels que soient les biens que l'on m'achètera, si dans les six mois je n'en ai pas avis, je défends qu'on me les porte en compte. — Ensuite on lut des ordonnances d'édiles, des testaments de maîtres des forêts qui s'excusaient de ne pas faire Trimalchion leur héritier; puis des rôles de fermiers; et la répudiation par le surveillant d'une affranchie surprise avec un gar-

---

alius scit hanc condituram vitreorum? Vide modo. Postquam negavit, jussit illum Cæsar decollari; quia enim, si scitum esset, aurum pro luto haberemus.

LII. In argento plane studiosus sum. Habeo scyphos urnales plus minus. Quemadmodum Cassandra occidit filios suos! et pueri mortui jacent sic, uti vivere putes. Habeo capidem, quam reliquit patronorum meus, ubi Dædalus Nioben in equum Trojanum includit. Nam Hermerotis pugnas et Petractis in poculis habeo : omnia ponderosa ; meum enim intelligere nulla pecunia vendo. Hæc dum refert, puer calicem projecit; ad quem respiciens Trimalchio : Cito, inquit; te ipsum cæde, quia nugax es. Statim puer, demisso labro, orare. At ille, Quid me, inquit, rogas? tanquam ego tibi molestus sim : suadeo a te impetres ne sis nugax. Tandem ergo, exoratus a nobis, missionem dedit puero. Ille dimissus circa mensam percucurrit, et, Aquam foras! vinum intro! clamavit. Excipimus urbanitatem jocantis, et ante omnes Agamemnon, qui sciebat, quibus meritis revocaretur ad cœnam. Ceterum laudatus Trimalchio hilarius bibit. Etiam ebrio proximus, Nemo, inquit, vestrum rogat Fortunatam meam, ut saltet? credite mihi, cordacem nemo melius ducit. Atque ipse, erectis supra frontem manibus, Syrum histrionem exhibebat, concinente tota familia : Μα Δία peri, μα Δία. Et prodisset in medium, nisi Fortunata ad aurem accessisset : et, credo, dixerit, non decere gravitatem ejus tam humiles ineptias. Nihil autem tam inæquale erat : nam modo Fortunatam suam reverebatur, modo ad naturam.

LIII. Et plane interpellavit saltationis libidinem Actuarius, qui tanquam Urbis acta recitavit. VII. Kal. Sextiles in prædio Cumano, quod est Trimalchionis, nati sunt pueri XXX. puellæ XL. sublata in horreum, ex area, tritici millia modium quingenta : boves domiti quingenti. Eodem die Mithridates servus in crucem actus est, quia Gaii nostri genio maledixerat. Eodem die in arcam relatum est, quod collocari non potuit, sestertium centies. Eodem die incendium factum est in hortis Pompeianis, ortum ex ædibus Nastæ, villici. Quid? inquit Trimalchio : Quando mihi Pompeiani horti emti sunt? Anno priore, inquit Actuarius; et ideo in rationem nondum venerunt. Excandit Trimalchio, et : Quicumque, inquit, mihi fundi emti fuerint, nisi intra sextum mensem sciero, in rationes meas inferri veto. Jam etiam edicta Ædilium recitabantur : et Saltuariorum testamenta, quibus Trimalchio cum elogio exheredabatur. Jam nomina villicorum : et repudiata a Circumitore liberta, in Balneatoris contubernio deprehensa : Atriensis Baias relegatus : jam reus factus Dispensator : et

çon de bains; la rélégation du valet de chambre à Baïes; la mise en accusation de l'économe, et le jugement intervenu entre les valets de chambre.

Mais les danseurs de corde sont enfin arrivés: un bouffon des plus insipides se campe avec une échelle au milieu de nous; un bambin, à sa voix, grimpe d'échelon en échelon jusqu'au dernier, chantant, dansant tout à la fois; il passe à travers des cerceaux enflammés; il tient une amphore en équilibre sur ses dents. Trimalchion tout seul était dans l'admiration; il déplorait l'ingratitude du métier, et ajoutait: — Il n'y a que deux choses au monde qui me fassent grand plaisir à voir: les danseurs de corde et les corneilles; les autres bêtes, chanteurs ou acteurs, sont vraiment des attrape-nigauds. Par exemple, j'avais acheté aussi des comédiens: eh bien, j'ai préféré leur faire représenter des farces atellanes, et j'ai donné ordre à mon chef d'orchestre de ne jouer que des airs latins.

LIV. Il était en verve l'auguste patron, quand le bambin s'en vint lui tomber sur le bras. Ce ne fut qu'un cri dans toute la valetaille, aussi bien que chez les convives: non par amour de ce dégoûtant individu (tous lui auraient vu rompre le cou avec plaisir), mais par la crainte d'une fin tragique de banquet, qui les obligerait à pleurer un mort étranger. Cependant Trimalchion pousse de profonds gémissements, et se penche sur son bras, comme grièvement blessé; les médecins accourent, et Fortunata la première, cheveux épars, une potion à la main, criant fort haut qu'elle est bien à plaindre et bien malheureuse. Le malencontreux enfant allait à la ronde se jetant à nos pieds et implorant son pardon. Moi je pestais, dans l'appréhension que ce suppliant en détresse n'amenât quelque autre changement à vue. Je me rappelais trop bien ce cuisinier qui avait oublié de vider le porc. Et je promenais mes regards tout autour de la salle, craignant de voir sortir de la muraille une nouvelle machine; surtout lorsque je vis fustiger un esclave pour avoir bandé le bras du maître, le bras malade, avec de la laine blanche, au lieu d'en prendre qui fût pourpre. Je n'avais pas erré de beaucoup dans mon pronostic; car en place de condamnation intervint un arrêt de Trimalchion qui déclarait le bambin libre, pour qu'il ne fût pas dit qu'un tel personnage avait été *contusionné* par un esclave.

LV. Ce trait ravit tous nos suffrages; on se récrie sur la fragilité des choses humaines, chacun à sa mode, et l'on ne tarit point. — Voyons, dit Trimalchion, il ne faut pas qu'un pareil accident passe sans un impromptu. — Et vite il demande ses tablettes, et, sans s'être longtemps torturé l'imagination, il nous débite ceci:

Quand on le craint moins que jamais,
Le mal accourt sans dire gare;
Ainsi le veut là-haut la Fortune bizarre.
Eh bien donc! du falerne, esclave, et buvons frais.

Ensuite de ce petit morceau, la conversation tomba sur les poëtes, et longtemps la palme resta à je ne sais quel Mopsus de Thrace. Enfin Trimalchion prenant la parole: — Maître, dit-il à Agamemnon, quelle différence mettez-vous entre Cicéron et Publius? Cicéron, je pense, est plus beau phraseur; Publius a meilleur ton. Que peut-on, par exemple, dire de mieux que ces vers?

Le luxe a des Romains gangrené la vertu.
De son plumage d'or vainement revêtu,
Le paon, morne captif, s'engraisse pour nos tables;
La poule numidique abandonne ses sables,
Et s'en vient rencontrer chez nos Apicius
Les chapons, de la Gaule envoyés en tributs.

---

judicium inter Cubicularios actum. Petauristarii autem tandem venerunt: Baro insulsissimus cum scalis constitit, puerumque jussit per gradus, et in summa parte, odaria saltare, circulos deinde ardentes transire, et dentibus amphoram sustinere. Mirabatur hæc solus Trimalchio, dicebatque, ingratum artificium esse. Ceterum duo esse in rebus humanis, quæ libentissime spectaret, Petauristarios et cornices; reliqua animalia, acroamata, tricas meras esse. Nam et Comœdos, inquit, emeram, et malui illos Atellam facere, et Choraulem meum jussi Latine cantare.

LIV. Cum maxime hæc dicente Gaio, puer in ejus brachium delapsus est. Conclamavit familia, nec minus convivæ, non propter hominem tam putidum, cujus etiam cervices fractas libenter vidissent, sed propter malum exitum cœnæ, ne necesse haberent, alienum mortuum plorare. Ipse Trimalchio cum graviter ingemuisset, superque brachium tanquam læsum incubuisset, concurrere Medici, et inter primos Fortunata, crinibus passis, cum scypho, miseramque se, atque infelicem, proclamavit. Nam puer quidem, qui ceciderat, circumibat jam dudum pedes nostros, et missionem rogabat. Pessime mihi erat, ne his precibus periculo aliquid catastrophæ quæreretur. Nec enim adhuc exciderat cœus ille, qui oblitus fuerat porcum exenterare. Itaque totum circumspicere triclinium cœpi, ne per parietem automaton aliquod exiret; utique, postquam servus verberari cœpit, qui brachium domini contusum alba potius, quam conchyliata, involverat lana. Nec longe aberravit suspicio mea; in vicem enim pœnæ venit decretum Trimalchionis, quo puerum jussit liberum esse, ne quis posset dicere, tantum virum esse a servo lividatum.

LV. Comprobamus nos factum; et quam in præcipiti res humanæ essent, vario sermone garrimus. Ita, inquit Trimalchio, non oportet hunc casum sine inscriptione transire; statimque codicillos poposcit, et, non diu cogitatione distorta, hæc recitavit:

Quod non exspectes, ex transverso fit,
Et suprà nos Fortuna negotia curat.
Quare da nobis vina Falerna, puer.

Sub hoc epigrammate cœpit Poëtarum esse mentio, diuque summa carminis penes Mopsum, Thracem, commorata est, donec Trimalchio: Rogo: inquit, Magister, quid putes inter Ciceronem et Publium interesse? Ego alterum puto disertiorem fuisse, alterum honestiorem. Quid enim his melius dici potest?

Luxuriæ rictu Martis marcent mœnia.
Tuo palato clausus pavo pascitur,

Quoi! de ses vieux parents nourrice généreuse,
La cigogne, qui fuit la saison rigoureuse,
Et du haut de nos toits annonce les beaux jours,
Y couve pour tes plats le fruit de ses amours?
Quand ta noble moitié suspend à ses oreilles
Ces perles sur trois rangs, ces coûteuses merveilles,
Tout ce luxe indien est-il fait pour l'époux?
Ne va-t-il pas plutôt, loin de ton œil jaloux,
La jeter effrénée aux bras de l'adultère?
Que lui sert des rubis la splendeur étrangère,
Le vert de l'émeraude aux reflets si charmants?
Les mœurs et la vertu, voilà ses diamants!
Maudits soient ces tissus vaporeux, diaphanes,
Ces nuages de lin, plaisir des yeux profanes,
Dont les plis onduleux marquent ses nudités,
Et montrent au grand jour ses appas effrontés.

LVI. Mais, poursuivit-il, quel est, ce nous semble, après celui des lettres, le plus difficile des métiers? Celui du médecin, je pense, et du changeur : car les médecins savent ce qui se passe dans notre pauvre machine, et quand la fièvre doit venir; ce qui ne m'empêche pas de les haïr à la mort, parce qu'ils me réduisent trop souvent à la boisson des canards. Et le changeur, qui voit le cuivre à travers l'argent! Parmi les bêtes non parlantes les plus laborieuses sont les bœufs et les brebis : les bœufs, auxquels nous sommes redevables du pain que nous mangeons; et les brebis, qui nous habillent de cette laine dont nous sommes si fiers. O comble de l'ingratitude! on ose manger l'innocente brebis, et l'on tient d'elle sa tunique! Pour les abeilles, je les crois des bêtes célestes, car elles crachent le miel, bien qu'on dise que c'est Jupiter qui nous l'apporte; et si elles piquent, c'est qu'il n'est point de douceur qu'on ne trouve mêlée d'amertume. — Il allait laisser bien loin de lui les philosophes, quand l'urne de loterie commença à circuler. Un jeune esclave, préposé pour cet emploi, lut à haute voix les billets gagnants : *Scélérat d'argent!* Et l'on apporta un jambon (σχέλος) sur lequel était un huilier du susdit métal; *Cravate*, et ce fut une corde de potence; *Fruits de garde et Mortification (contumelia)*, ce qui signifiait fraises sauvages confites, et un croc avec une pomme (*contus* μῆλον); *Porreaux* à longues tiges et *Pêches (persica)* reçut des verges et un couteau de Perse; pour *Passereaux* et *Chasse-mouches*, un raisin sec (*passam*) et du miel attique; pour *Robe de table* et *Robe de forum*, un gâteau et des tablettes. *Canal* et *Pied à mesurer*, (un lièvre (*canem alens*) et une pantoufle); *Murène* et *Bêta grec* (rat d'eau attaché à une grenouille (*mus-rana*), et paquet de bettes) provoquèrent de longs rires. Il y eut mille choses de même force, dont j'ai certes perdu le souvenir.

LVII. Cependant Ascylte ne pouvait contenir sa pétulante gaieté; rien n'échappait à ses moqueries; il agitait ses bras en l'air et riait aux larmes, ce qui fâcha tout rouge un des coaffranchis de Trimalchion, celui-là même qu'on avait colloqué au-dessus de moi : — Qu'as-tu à rire, lui cria-t-il, face de mouton? Les magnificences de mon maître ne sont pas de ton goût? Tu es plus riche apparemment, et tu tiens meilleure table? Que les Lares du patron me pardonnent! si j'étais près de toi, il y a longtemps que je t'aurais empêché de bêler. Le bel avorton, pour ridiculiser les autres! un je ne sais quoi sans feu ni lieu, un rôdeur de nuit, qui ne vaut pas l'eau qu'il rend. Au fait, je n'aurais qu'à pisser autour de lui, il ne saurait où se fourrer. Je n'ai, pardieu! pas la tête trop près du bonnet; mais en chair

Plumato amictus aureo Babylonico;
Gallina tibi Numidica, tibi gallus spado,
Ciconia etiam grata, peregrina, hospita,
Pietaticultrix, gracilipes, crotalistria,
Avis, exsul hiemis, titulus tepidi temporis,
Nequitiæ nidum in cacabo fecit meo.
Quo margarita cara, tribacca, ac Indica?
An ut matrona, ornata phaleris pelagiis,
Tollat pedes indomita in strato extraneo?
Smaragdum ad quam rem viridem, pretiosum vitrum?
Quo Carchedonios optas ignes lapideos,
Nisi ut scintillent? Probitas est carbunculus.
Æquum est, induere nuptam ventum textilem?
Palam prostare nudam in nebula linea?

LVI. Quod autem, inquit, putamus secundum litteras difficillimum esse artificium? Ego puto Medicum, et Nummularium. Medicus, qui scit, quid homunciones intra præcordia sua habeant, et quando febris veniat. Etiamsi illos odi pessime, quia mihi inter argentem sæpe anatinam parari. Nummularius, qui per argentum æs videt. Nam mutæ bestiæ laboriosissimæ, boves, et oves : boves, quorum beneficio panem manducamus : oves, quod lana illæ nos gloriosos faciunt. O facinus indignum! aliquis ovillam est, et tunicam habet. Apes enim ego divinas bestias puto, quæ mel vomunt : etiamsi dicitur illud a Jove afferri; ideo autem pungunt, quia, ubicunque dulce est, ibi et acidum invenies. Jam etiam Philosophos de negotio dejiciebat, cum pittacia in scypho circumferri cœperunt. Puerque, super hoc positus officium, apophoreta recitavit : Argentum sceleratum! allata est perna, supra quam acetabula erant posita; cervical! offla collaris allata est; serisapia, et contumelia! agriofragulæ datæ sunt, et contus cum malo. Porri, et persica! flagellum, et cultrum accepit; passeres et muscarium! uvam passam, et mel Atticum; cœnatoria, et forensia! offlam, et tabulas accepit. Canalem, et pedalem (lepus et solea est adlata;) muræam, et litteram, murem cum rana alligatum, fascemque betæ diu risimus. Sexcenta hujusmodi fuerunt, quæ jam ceciderunt memoriæ meæ.

LVII. Ceterum Ascyltos, intemperantis licentiæ, cum omnia sublatis manibus eluderet, et usque ad lacrymas rideret : unus ex conlibertis Trimalchionis excanduit, is ipse, qui supra me discumbebat : et, Quid rides, inquit, berbex? An tibi non placent lautitiæ domini mei? tu enim beatior es; et convivare melius soles? Ita tutelam hujus loci habeam propitiam, ut ego, si secundum illum discumberem, jam illi balatu interdixissem. Bellum pomum, qui rideatur lepus et solea est adlata;) qui non valet lotium suum. Ad summam, si circumminxero illum, nesciet, qua fugiat. Non, me Hercule! soleo cito fervere, sed in molli carne vermes nascuntur. Ridet : quid habet, quod rideat? Numquid pater fœtum emit

moile les vers se mettent. Il rit : qu'a-t-il à rire? Ton père ne t'a-t-il pas acheté pour un peu de laine? Es-tu chevalier romain? Moi je suis fils de roi. Tu veux savoir pourquoi j'ai été en service? Parce que j'ai bien voulu m'y mettre, et que j'ai mieux aimé être citoyen romain que roi tributaire; et aujourd'hui, j'espère, je tiens mon rang de façon à ce que personne ne se gausse de moi. Libre à l'égal des hommes libres, je marche tête levée, sans devoir un as à qui que ce soit. De ma vie je n'ai reçu d'assignation; jamais on ne m'est venu dire en justice : Paye ce que tu dois. J'ai acheté quelques petits bouts de terre, et mis de côté quelques petits lingots; je nourris vingt bouches et mon chien. J'ai racheté ma camarade de lit, pour que sa gorge ne servît plus d'essuie-main à personne : son rachat m'a coûté mille deniers d'or; le titre de sévir, je l'ai eu gratis; et j'espère mourir de manière à ne pas rougir quand je serai mort. Mais toi, tu as de si mauvaises affaires que tu n'oses pas regarder derrière toi. Tu vois un pou sur ton voisin, et tu ne vois pas sur toi un scorpion. Il n'y a que toi qui nous trouves ridicules. Vois ton précepteur, un homme d'âge : nous lui plaisons à lui; toi, morveux, tu n'articules ni *mu* ni *ma*. Cruche fêlée, cuir mouillé, pour être plus souple tu n'en es pas meilleur. Es-tu plus riche que nous? dîne et soupe deux fois. Moi j'estime ma parole plus que de l'or en barre. Au fait, me suis-je jamais fait tirer l'oreille? J'ai servi quarante ans; et avec cela âme qui vive ne sait si j'étais esclave ou libre. J'étais bien jeune avec ma longue chevelure à mon arrivée dans la colonie : la basilique n'était pas encore bâtie. Mais je fis si bien que je satisfis mon maître, homme *de conséquence* et de dignité, qui valait mieux dans son petit doigt que toi dans toute ta personne. J'avais bien dans la maison tel et tel qui me voulaient supplanter; mais, grâce à mon bon génie, j'ai surnagé. Il est sûr et certain que naître de parents libres est aussi facile que de faire le chemin que j'ai fait. Hein! Te voilà aussi sot qu'un bouc dans un champ de cicérole! —

LVIII. A ce dernier trait Giton, qui se tenait debout à mes pieds, et qui depuis longtemps comprimait son rire, éclate d'une manière assez immodeste. Il attire l'attention du harangueur qui tourne contre lui ses énergiques apostrophes : — Toi aussi, tu te mêles de rire, tête d'oignon roussi! Quelles Saturnales est-ce donc? Dis-moi, sommes-nous en décembre? Quand as-tu payé ton vingtième? — Qu'attendre de ce gibier de potence, de cette chair à corbeaux? Je veux que Jupiter te confonde, toi et ce benêt qui ne t'impose pas silence! Que je sois sûr de manger du pain tout mon soûl, comme c'est par respect pour mon hôte, mon coaffranchi, que je t'épargne! Sans lui tu me l'aurais payé vite et comptant. Nous nous trouvons traités à merveille, nous; mais non pas ces goinfres qui te laissent faire. Et voilà : tel maître, tel valet. C'est à peine si je me possède; et je suis vif de mon naturel, et du pays des Cicéréiens : quand je m'y mets, ma mère est moins pour moi qu'une obole. C'est bien : je te reverrai dans la rue, ver de terre, mauvais champignon. Que je ne m'étende ni en long ni en large, si je ne réduis ton maître à se cacher dans une touffe d'orties, et si tu ne trouves en moi à qui parler, quand, ma foi, tu appellerais Jupiter Olympien à ton secours! Je te débarrasserai de ta perruque qui vaut bien deux as, et de ton maître qui ne vaut pas plus. C'est bien : tu tomberas sous ma dent; ou je ne me connais pas,

lana? Eques Romanus es? et ego Regis filius. Quare ergo servivisti? quia ipse me dedi in servitutem; et malui civis Romanus esse, quam tributarius : et nunc spero, sic vivere, ut nemini jocus sim. Homo inter homines suos, capite aperto ambulo : assem ærarium nemini debeo : Constitutum habui numquam : nemo mihi in foro dixit : Redde quod debes. Glebulas emi, lamellulas paravi : viginti ventres pasco, et canem : contubernalem meam redemi, ne quis sinu illius manus tergeret : mille denarios pro capite solvi : Sevir gratis factus sum : sic moriar, ut mortuus non erubescam. Tu autem tam laboriosus es, ut post te non respicias? in alio pediculum vides, in te ricinum non vides? tibi soli ridiculi videmur? Ecce magister tuus, homo major natus; placemus illi : tu lacticulosus, nec mu, nec ma argutas? vasus fictilis, imo lorus in aqua, lentior, non melior. Tu beatior es? bis prande, bis cœna. Ego fidem meam malo, quam thesauros. Ad summam; quisquam me bis poposcit? Annis quadraginta servivi; nemo tamen scit, utrum servus essem, an liber : et puer capillatus in hanc coloniam veni : adhuc Basilica non erat facta. Dedi tamen operam, ut domino satisfacerem, homini malisto et dignitoso, cujus pluris erat unguis, quam tu totus es : et habebam in domo, qui mihi pedem opponerent hac, illac : tamen, (Genio gratias!) enatavi. Hæc est vera athla : nam in, ingenuum nasci, tam facile est, quam accede istoc. Quid nunc stupes, tanquam hircus in ervilia?

LVIII. Post hoc dictum Giton, qui ad pedes stabat, risum, jam diu compressum, etiam indecenter effudit; quod quum animadvertisset adversarius Ascylti, flexit convicium in puerum : et, Tu autem, inquit, etiam tu rides, cepa pyrrhiata? O Saturnalia! Rogo, mensis December est? Quando vicesimam numerasti? Quid faciat crucis offla? corvorum cibaria. Curabo, jam tibi Jovis iratus sit, et isti, qui tibi non imperat. Ita satur pane fiam : ut ego istud conliberto meo dono; alioquin jam tibi de præsentiarum reddidissem. Bene nos habemus; haud isti geugæ, qui tibi non imperant. Plane, qualis dominus, talis et servus. Vix me teneo; et sum natura caldus, cicereius, cum cœpi, matrem meam dupondii non facio. Recte; videbo te in publicum, mus, imo terræ tuber. Nec sursum, nec deorsum non cresco, nisi dominum tuum in rutæ folium non conjecero, nec tibi par ero, licet, me Hercules ! Jovem Olympium clames : curabo longe tibi sit comula ista bessalis, et dominus dupondiarius. Recte, venies sub dentem; aut ego non me novi, aut non deridebis, licet

ou tu ne te moqueras plus, tout menton doré que tu sois. Je te recommanderai à Minerve, et à moi qui t'ai redressé le premier. Je n'ai pas étudié les géométries, les critiques, et autres chansons à bercer les enfants; mais je sais la langue lapidaire, la division par centièmes, selon le métal, le poids, la monnaie. Tiens, veux-tu, donne aussi ton petit gage : avance, je te laisse le choix du sujet. Tu vas voir que ton père a payé des maîtres pour toi en pure perte, quoique tu saches la rhétorique. Va, on n'est jamais trop loin de moi; j'ai le bras long. Défie-moi : je te dirai qui de nous deux bat le plus de pays sans bouger de place; qui s'enfle bien fort et se retrouve bien plat. Tu te démènes, tu trottes tout ahuri comme une souris dans un pot de chambre. Que cela t'apprenne à te taire, ou à ne pas molester ceux qui valent mieux que toi, qui ne savent seulement pas que tu sois au monde. Tu te figures peut-être que je fais grand cas de ces bagues de buis que tu as volées à ta maîtresse? Mercure nous soit en aide! viens avec moi sur la place, et empruntons de l'argent : tu verras que ma bague de fer a du crédit. Ah! le joli objet que ce renard mouillé! Je veux perdre tout ce que je possède, et finir si mal que le peuple jure par ma mort, si je ne te pourchasse à outrance jusqu'au bout du monde. Le joli objet aussi que celui qui t'apprend si bien à vivre! C'est un débaucheur, ce n'est pas un maître. Nous avons étudié, va; à preuve que le maître nous faisait répéter : Votre santé est-elle bonne? — Allez droit chez vous, nous disait-il, sans regarder ni par-ci ni par-là; n'insultez pas les grandes personnes; ne vous amusez pas à compter les échoppes. — Pas un de mes camarades n'est sorti de la misère. Moi, que tu vois en belle passe, je le dois à mon savoir-faire, dont je rends grâce aux Dieux. —

LIX. Ascylte commençait à riposter; mais Trimalchion, qu'avait charmé l'éloquence de son coaffranchi, leur dit : — Mettez les gros mots de côté; soyons plutôt de belle humeur. Et toi, Herméros, ménage le petit jeune homme : le sang bout à cet âge; sois le plus raisonnable.

Qui cède en pareil cas a toujours l'avantage.

Quand tu venais d'être chaponné, et qu'on te criait : *Coco, coco*, tu n'avais pas le cœur si haut. Allons, cela vaut mieux, montrons-nous de bonne composition, soyons gais, et attendons les homéristes. — A l'instant même entra toute la bande, frappant de leurs piques sur leurs boucliers. Trimalchion s'assied sur un carreau, et tandis que les homéristes discouraient entre eux en vers grecs, selon leurs us et contre tout usage, lui, d'un ton musical, se met à lire un livre latin. Puis soudain, commandant le silence : — Savez-vous quelle scène ils représentent là? Diomède et Ganymède étaient deux frères, lesquels avaient pour sœur Hélène. Agamemnon l'enleva, et à la place de Diane il mit une biche. Ainsi Homère raconte ici la guerre des Troyens et des Parentins. Il se trouve qu'il est vainqueur, et qu'il donne Iphigénie sa fille en mariage à Achille, ce qui fait qu'Ajax devient fou : dans la minute l'argument va vous l'expliquer. — Dès qu'il eut dit, les homéristes poussèrent une acclamation; puis, fendant la presse des valets qui s'agitent pour faire place, un veau sur un grandissime plat est apporté bouilli, et, qui mieux est, le casque en tête. Il est suivi d'Ajax, qui, brandissant son glaive en furieux, tranche sans pitié, joue d'estoc et de

---

barbam auream habeas. Athana tibi irata sit, curabo, et qui te primus de curvo refeci : non didici geometrias, critica et alogias manias, sed lapidarias litteras scio, partes centum dico, ad æs, ad pondus, ad nummum. Ad summam, si quid vis : ergo et da sponsiunculam; exi! defero lemma. Jam scies, patrem tuum mercedes perdidisse; quamvis et Rhetoricam scis. Ecce quidem nobis longe nemo : late venio. Solve me : dicam tibi, qui de nobis currit, et de loco non movetur : qui de nobis crescit, et minor fit. Curris, stupes, satagis, tanquam mus in matella. Ergo aut tace, aut meliorem noli molestare, qui te natum non putat; nisi, si me judicas annulos buxeos curare, quos amicæ tuæ involasti. Occuponem propitium! eamus in forum, et pecunias mutuemur. Jam scies, hoc ferrum fidem habere. Vah! bella res est, volpis uda. Ita lucrum faciam; et ita bene moriar, aut populus per exitum meum juret, nisi te, toga ubique perversa, fuero persecutus. Bella res, et iste, qui te hæc docet, mufrius, non Magister. Didicimus; (dicebat enim magister :) sunt vestra salva? recta domum, cave circumspicias, cave majorem maledicas, haud numera mapalia. Nemo dupondium evadit. Ego, quod me sic vides, propter artificium meum Diis gratias ago.

LIX. Cœperat Ascyltos respondere convicio, sed Trimalchio, delectatus Conliberti eloquentia : Agite, inquit, scordalias de medio; suaviter sit potius; et tu, Hermeros, parce adolescentulo : sanguen illi fervet, tu melior esto. SEMPER IN HAC RE QUI VINCITUR, VINCIT. Et tu, cum esses capo : coco, coco, æque cor non habebas. Simus ergo, quod melius est, apprime mites, hilares, et Homeristas speremus. Intravit factio statim, hastisque scuta concrepuit : ipse Trimalchio in pulvino consedit, et cum Homeristæ Græcis versibus colloquerentur, ut insolenter solent : ille canora voce Latine legebat librum. Mox, silentio facto : Scitis, inquit, quam fabulam agant? Diomedes, et Ganymedes duo fratres fuerunt : horum soror erat Helena. Agamemnon illam rapuit, et Dianæ cervam subjecit. Ita nunc Homerus dicit, quemadmodum inter se pugnent Trojani, et Parentini. Vicit scilicet, et Iphigeniam, filiam suam, Achilli dedit uxorem; ob eam rem Ajax insanit, et statim argumentum explicabit. Hæc ut dixit Trimalchio, clamorem Homeristæ sustulerunt, interque familiam discurrentem vitulus, in lance denaria elixus, allatus est, et quidem galeatus. Secutus est Ajax, strictoque gladio, tanquam insanirete, concidit, ac modo versa, modo supina gesticulatus, mucrone frustra collegit, mirantibusque vitulum partitus est.

LX. Nec diu mirari licuit tam elegantes strophas; nam

taille, et ramasse à la pointe du sabre les morceaux qu'il présente aux convives ébahis.

LX. Nous n'eûmes pas le loisir d'admirer longtemps des tours de force de si bon goût, car tout à coup le plafond se mit à craquer, et la salle entière trembla. Tout alarmé je me lève; la peur me prend que quelque funambule ne descende par le toit; et comme moi les autres convives lèvent en l'air des yeux étonnés, attendant de voir quel message nous était dépêché du ciel. Or voilà que du lambris entr'ouvert un cercle aussi vaste que la coupole dont il se détachait s'abaisse sur nos têtes, et offre dans tout son contour des couronnes d'or suspendues, et des vases d'albâtre remplis de parfums. C'étaient les présents d'usage. Comme on nous invite à les prendre, nous reportons nos yeux sur la table : elle était déjà couverte d'un plateau chargé de quelques pièces de four. Au centre s'élevait Priape, en pâtisserie, qui dans son giron assez ample présentait des fruits de toute espèce et des raisins, selon la coutume. Nos mains se portèrent avidement sur ce bel étalage, et un brusque et nouvel intermède ranima tout à fait la gaieté. Pas un gâteau, pas un fruit qui ne fît jaillir à la moindre pression une liqueur safranée dont l'incommode rosée arrivait jusqu'à nous. Persuadés qu'il y avait quelque chose de sacré dans cette aspersion traîtreusement solennelle, nous nous levâmes le plus droit que nous pûmes, et nous criâmes : *A Augustus César, père de la patrie, longue prospérité!* Quelques-uns cependant, même après l'acte religieux, continuant à piller les fruits, nous en remplîmes aussi nos serviettes, moi surtout, qui ne croyais jamais Giton assez abondamment chargé. Sur ces entrefaites trois esclaves, vêtus de tuniques blanches, entrent dans la salle : deux d'entre eux posent sur la table les Lares du logis avec leurs bulles d'or; le troisième, tenant une patère de vin, fait le tour de la table en criant : *Soyez nos Dieux propices!* Or, disait-il, ces Lares s'appelaient, le premier, *Industrie;* le second, *Bonheur;* le troisième, *Profit.* Puis vint le buste authentique de Trimalchion lui-même; et comme chacun le baisait à la ronde, nous aurions eu honte de nous en dispenser.

LXI. Quand tout le monde se fût souhaité réciproquement la santé de l'âme et du corps, Trimalchion se tourna vers Nicéros. — Je t'ai toujours vu, lui dit-il, si divertissant à table! Je ne sais pourquoi aujourd'hui tu te tais, tu ne dis mot. Je t'en prie, tu me feras bien plaisir, raconte-nous quelqu'une de tes aventures. Nicéros, ravi du ton de bonté de son noble ami, lui répond : — Que tout profit me passe devant le nez, s'il n'est pas vrai que depuis longtemps je me gaudis, je pétille d'aise de te voir si heureux! De la gaieté donc et rien autre, malgré que j'aie peur de ces gens d'école et de leurs moqueries. Libre à eux : je vais toujours dire mon histoire; ils ne m'ôtent rien de la poche ceux qui se moquent. Mieux vaut laisser rire de soi que de rire des autres.

Dès qu'il eut dit ces mots.....

il commença son récit de la sorte : — J'étais encore en service; nous habitions une rue étroite, la maison de Gaville aujourd'hui. Là, les Dieux voulurent que je devinsse amoureux de la femme du cabaretier Térentius; vous savez, Melissa la Tarentine, le plus friand nid de baisers! Mais, pardieu! non ce n'était pas charnellement ni pour la bagatelle que je la cultivais : c'était plutôt pour

repente lacunaria sonare cœperunt, totumque triclinium intremuit. Consternatus ego exsurrexi, et timui ne per tectum Petauristarius aliquis descenderet : nec minus reliqui conviva mirantes erexere vultus, exspectantes, quid novi de cœlo nunciaretur. Ecce autem diductis lacunaribus subito circulus ingens, de cupa videlicet grandi excussus, demittitur, cujus per totum orbem coronæ aureæ, cum alabastris unguenti, pendebant. Dum hæc apophoreta jubemur sumere, respicimus ad mensam : jam illic repositorium, cum placentis aliquot, erat positum, quod medium Priapus, a pistore factus, tenebat, gremioque satis amplo omnis generis poma, et uvas sustinebat, more vulgato. Avidius ad pompam manus porreximus, et repente nova ludorum remissio hilaritatem hic refecit. Omnes enim placentæ, omniaque poma, etiam minima vexatione contacta, cœperunt effundere crocum, et usque ad nos molestus humor accedere. Rati ergo, sacrum esse periculum tam religioso apparatu perfusum, consurreximus altius, et Augusto, patri patriæ, Feliciter! diximus : quibusdam tamen, etiam post hanc venerationem, poma rapientibus, et ipsi iis mappas implevimus; ego præcipue, qui nullo satis amplo munere putabam me onerare Gitonis sinum. Inter hæc tres pueri, candidas succincti tunicas, intraverunt : quorum duo Lares bullatos super mensam posue-runt; unus pateram vini circumferens, Dii propitii! clamabat. Aiebat autem, unum Cerdonem, alterum Felicionem, tertium Lucronem vocari. Nos etiam veram imaginem ipsius Trimalchionis, cum jam omnes basiarent, erubuimus præterire.

LXI. Postquam ergo omnes bonam mentem, bonamque valetudinem sibi optarunt, Trimalchio ad Nicerotem respexit : et, Solebas, inquit, suavius esse in convictu; nescio, quid nunc taces, nec mutis? Oro te, sic felicem me videas, narra illud, quod tibi usu venit. Niceros delectatus affabilitate amici : Omne me, inquit, lucrum transeat, nisi jam dudum gaudimonio dissilio, quod te talem video. Itaque hilaria mera sint, et si timeo istos Scholasticos, ne me derideant : viderint. Narrabo tamen, quid enim mihi aufert, qui ridet? Satius est rideri, quam deridere.

Hæc ubi dicta dedit.....

talem fabulam exorsus est. Cum adhuc servirem : habitabamus in vico angusto, (nunc Gavillæ domus est,) ibi, quomodo Dii volunt, amare cœpi uxorem Terentii cauponis : noveratis Melissam Tarentinam, pulcherrimum basiobullum. Sed ego non, me Hercules! corporaliter, aut propter res venerarias curavi, sed magis, quod bene morata fuit. Si quid ab illa petii : nunquam mihi negatum;

sa sagesse. Dans tout ce que je lui demandais, jamais je n'étais refusé : si elle faisait un sou, j'en avais moitié ; je déposais tout dans sa bourse, et jamais je n'ai été trompé. Le mari qui était avec elle à la campagne vient à rendre le dernier soupir. Je m'escrime alors d'estoc et de taille pour me rendre auprès de sa veuve : comme de raison, c'est dans la détresse qu'on connaît les amis.

LXII. Par bonheur mon maître était allé à Capoue vendre quelques nippes qui étaient de défaite. Saisissant l'occasion, je détermine notre hôte à m'accompagner l'espace de cinq milles. Il était soldat, intrépide comme Pluton. Nous nous mettons à arpenter vers le chant du coq ; il faisait clair de lune comme en plein midi. En passant par un cimetière, le camarade commence à converser avec les astres ; moi je vais toujours, chantonnant et comptant les étoiles. Ensuite m'étant retourné vers lui, je le vis se déshabiller, et poser toutes ses hardes sur le bord du chemin. Oh ! je ne respire plus, mon nez s'allonge ! je reste là, roide comme un mort. Que fait l'autre ? Il se met à pisser autour de ses habits, et crac ! il est changé en loup. N'allez pas croire que je plaisante : je ne mentirais pas pour la plus belle fortune du monde. Mais où en suis-je ? Ah ! comme je vous disais donc, après que le voilà devenu loup, il se met à hurler, et se sauve dans les bois. D'abord je ne savais où j'étais ; ensuite je m'approchai pour ramasser ses habits : ils étaient changés en pierres. Qui dut mourir de peur, si ce n'est moi ? A tout hasard je tire mon épée, et (mais c'était peine perdue) je pourfends les malins esprits durant tout le chemin jusqu'au logis de ma maîtresse. Dès que j'eus passé le seuil, je faillis rendre l'âme : l'entre-deux de mes cuisses n'était qu'une gouttière de sueur ; j'avais les yeux éteints ; je fus un temps infini à me remettre. Ma chère Mélissa s'étonna de me voir courir les champs à une heure aussi indue : — Si du moins, dit-elle, tu étais venu plus tôt, tu nous aurais donné un coup de main : un loup est entré dans la bergerie ; et toutes nos bêtes, non, un boucher ne les aurait pas mieux saignées. Mais il ne s'est pas ri de nous, quoiqu'il se soit sauvé ; car notre esclave lui a donné d'une lance au travers du cou. — Quand j'eus appris cela, il ne me fut plus possible de fermer l'œil ; et au grand jour je m'enfuis chez le camarade, plus leste qu'un marchand détroussé. Arrivé à l'endroit de la métamorphose des habits en pierres, je ne trouve rien que du sang. J'entre dans la maison, et je vois mon soldat étendu sur un lit, comme un bœuf, et à son cou un médecin qui le pansait. Je compris qu'il était loup-garou ; et depuis lors je n'ai pu manger une bouchée de pain avec lui, non, quand vous m'auriez tué. Libre à ceux qui auraient là-dessus opiné autrement ; moi, si je mens, que vos bons génies me confondent ! —

LXIII. Tout l'auditoire demeurait frappé, ébahi : — Sans te démentir, dit Trimalchion, est-il possible ? Les cheveux m'en ont dressé sur la tête. Car je sais que Nicéros ne conte jamais de faribolles ; il est au contraire véridique, et point du tout hâbleur. Eh bien, à mon tour je vais vous narrer une chose aussi effroyable qu'un âne perché sur un toit. Du temps que je portais longue chevelure (car dès mon enfance j'ai mené la vie de sybarite), Iphis, mignon de notre maître, vint à trépasser ; une vraie perle, ma foi ! beau comme une image, ayant tout pour lui. Et comme sa pauvre petite mère sanglottait sur lui, et que nous étions plusieurs auprès d'elle en lamentations, tout d'un coup les Stryges commencent leur

fecit assem : semissem habui ; in illius sinum demandavi ; nec unquam fefellit usum. Hujus contubernalis ad villam supremum diem obiit. Itaque per scutum, per ocream ecraginavi, quemadmodum ad illam pervenirem : attamen in angustiis amici apparent.

LXII. Forte dominus Capuæ exierat ad scruta scita expedienda. Nactus ego occasionem, persuadeo hospitem nostrum, ut mecum ad quintum milliarium veniat : erat autem miles fortis, tanquam Orcus. Apoculamus nos circa gallicinia, (Luna lucebat, tanquam meridie) venimus inter monimenta. Homo meus cœpit ad stellas facere ; sed eo cantabundus, et stellas numero. Deinde ut respexi ad comitem : ille exuit se, et omnia vestimenta secundum viam posuit. Mihi en ! anima in naso esse : stabam, tanquam mortuus. At ille circumminxit vestimenta sua, et subito lupus factus est. Nolite me jocari putare ; ut mentiar, nullius patrimonium tanti facio. Sed quid ? quod cœperam dicere, postquam lupus factus est, ululare cœpit, et in silvas fugit. Ego primitus nesciebam, ubi essem : deinde accessi, ut vestimenta ejus tollerem : illa autem lapidea facta sunt. Qui mori timore, nisi ego ? Gladium tamen strinxi, et mataiotatos umbras cecidi, donec ad villam amicæ meæ pervenirem. In laurum intravi ; pæne animam ebullivi : sudor mihi per bifurcum volabat : oculi mortui : vix unquam refectus sum. Melissa mea mirari cœpit, quod tam sero ambularem : et, Si ante, inquit, venisses, saltem nobis adjutasses ; lupus enim villam intravit, et omnia pecora : tanquam Lanius sanguinem illis misit. Nec tamen derisit, etiamsi fugit ; servus enim noster lancea collum ejus trajecit. Hæc ut audivi : operire oculos amplius non potui, sed luce clara hinc nostri domum fugi, tanquam copo compilatus : et, postquam veni in illum locum, in quo lapidea vestimenta erant facta, nihil inveni, nisi sanguinem. Ut vero domum veni, jacebat miles meus in lecto, tanquam bovis, et collum illius Medicus curabat. Intellexi, illum versipellem esse, nec postea cum illo panem gustare potui ; non, si me occidisses. Viderint, qui hoc de aliter exopinassent : ego, si mentior, Genios vestros iratos habeam.

LXIII. Attonitis admiratione universis : Salvo, inquit, tuo sermone, Trimalchio, si qua fides est, ut mihi pili inhorruerunt ; quia scio, Nicerotem nihil nugarum narrare. Imo certus est, et minime linguosus ; nam et ipse vobis rem horribilem narrabo. Asinus in tegulis. Cum adhuc capillatus essem, (nam a puero vitam Chiam gessi) Iphis nostri delicatus decessit, me Hercules ! margaritum, coritus, et omnium numerum. Cum ergo illum mater misella,

vacarme : on eût dit des chiens qui pourchassent un lièvre. Nous avions avec nous un gaillard de la Cappadoce, grand, fièrement hardi, même trop, et qui vous eût détrôné Jupiter foudroyant. Mon brave tire son épée, s'élance hors de la chambre, le manteau roulé autour du bras gauche avec précaution, attrape une des sorcières, et, comme qui dirait ici, (le ciel préserve ce que je touche!) la transperce par le milieu du corps. Nous entendîmes un cri; mais là, sans mentir, les sorcières, nous ne les vîmes point! Cependant notre sabreur revient, et se jette sur un lit. Il avait le corps tout livide, comme si on l'eût battu de verges : c'est, voyez-vous, qu'une mauvaise main l'avait touché. Nous fermons la porte, et retournons à notre office de consolateurs ; mais, comme la mère veut serrer dans ses bras le corps de son fils, elle ne touche et ne voit plus qu'un mannequin de paille, qui n'a ni cœur, ni boyaux, ni rien ; les sorcières, voilà, avaient déjà escamoté l'enfant et mis à la place un paquet d'ordures. Qu'en dites-vous? Il faut croire qu'elles en savent long ces femelles, ces harpies nocturnes qui mettent la nature sens dessus dessous! Au reste le grand sabreur, depuis cette aventure, ne recouvra jamais sa couleur naturelle ; et même, peu de jours après, il mourut enragé.

LXIV. Chacun de s'émerveiller et de croire, et de baiser la table, en priant ces oiseaux sinistres de se tenir dans leurs trous pendant que nous reviendrions du festin. Or, ma foi, déjà les lampes me semblaient multiplier leurs lumières, et la salle se renverser toute, quand Trimalchion dit à Plocrimus : — C'est à toi que j'en veux ; tu ne racontes rien, tu ne nous divertis plus. Tu étais toujours si aimable ! Que tes récitatifs étaient jolis en dialogues, mêlés de couplets ! Hélas ! vous voilà parties, douces friandises de nos desserts ! — Ah ! répond Plocrimus, j'ai dû enrayer mon char, du moment où la goutte m'est venue. C'était autre chose dans ma belle jeunesse : je chantais à me rendre poitrinaire. Et la danse? et les comédies? et la pantomime du barbier? Qui avais-je pour rival? Personne qu'Apellète. — Puis, appliquant ses doigts sur sa bouche, il pousse je ne sais quel sifflement sauvage qu'il nous affirme ensuite être une gentillesse grecque. Par le même procédé Trimalchion à son tour imite le son des trompettes, et se penche vers son mignon, qu'il appelait Crésus. Ce petit monstre chassieux, qui avait les dents d'un sale à faire peur, emmaillottait d'une écharpe verte une petite chienne noire, dégoûtante d'embonpoint, et mettait sur son lit un pain d'une demi-livre dont il empâtait cette bête, qui, n'en pouvant mais, rendait les morceaux. Ce manége inspire à notre hôte l'idée de faire venir Scylax, le gardien du logis et de ses habitants. A l'instant on amène un chien d'énorme taille qu'on tient par la chaîne : un coup de pied du portier l'avertit de se coucher, et il s'étend devant la table. Trimalchion lui jette un pain blanc, et dit : — Personne dans ma maison ne m'aime plus tendrement que cet animal. — Le mignon, piqué de l'éloge excessif qu'on faisait de Scylax, met sa petite chienne à terre, et l'agace vivement contre lui. Scylax, obéissant comme de raison à l'instinct de sa race, remplit la salle d'horribles aboiements, et peu s'en faut que le précieux roquet ne soit mis en pièces. Le désordre ne se borna pas au bruit : un candélabre aussi

plangeret, et nos tum plures in tristimonio essemus : subito strigæ cœperunt; putares canem leporem persequi. Habebamus tunc hominem Cappadocem, longum, valde audaculum, et qui valebat Jovem iratum tollere. Hic audacter, stricto gladio, extra ostium præcucurrit, involuta manu sinistra curiose, et mulierem, tanquam hoc loco, (salvum sit, quod tango) mediam trajecit. Audimus gemitum; et, (plane non mentiar,) ipsas non vidimus. Baro autem noster intro versus se projecit in lectum, et corpus totum lividum habebat, quasi flagellis cæsus, quod scilicet illum tetigerat mala manus. Nos, clauso ostio, redimus iterum ad officium; sed, dum mater amplexaret corpus filii sui, tangit, et videt manuciolum de stramentis factum : non cor habebat : non intestina : non quicquam : scilicet jam strigæ puerum involuerant, et supposuerant stramentitium vavatonem. Rogo vos, oportet credatis, sunt mulieres plus sciæ, sunt nocturnæ, et quod sursum est, deorsum faciunt. Ceterum Baro ille longus, post hoc factum, nunquam coloris sui fuit ; imo post paucos dies phreneticus periit.

LXIV. Miramur nos, et pariter credimus, osculatique mensam, rogamus nocturnas, ut suis se teneant, dum redimus à cœna. Et sane jam lucernæ mihi plures videbantur ardere, totumque triclinium esse mutatum; cum Trimalchio : Tibi dico, inquit, Plocrime, nihil narras? nihil nos delectaris? et solebas suavis esse, canturire belle diverbia, adjicere melicam. Heu, heu! abistis dulces caricæ. Jam, inquit ille, quadrigæ meæ decucurrerunt, ex quo pedagricus factus sum : alioquin, cum essem adolescentulus, cantando pæne phthisicus factus sum. Quid saltare? quid diverbia? quid tonstrinum? quem parem habui, nisi unum Apelletem? Appositaque ad os manum, nescio quid tetrum exsibilavit, quod postea Græcum esse, affirmabat : nec non Trimalchio ipse, cum tubicines esset imitatus, ad delicias suas respexit, quem Cræsum appellabat. Puer autem lippus, sordidissimus dentibus, catellam nigram atque indecenter pinguem prasina involvebat fascia, panemque semissem ponebat supra torum, atque hac, nausea recusantem, saginabat. Quo admonitus officio Trimalchio, Scylacem jussit adduci, præsidium domus, familiæque. Nec mora, ingentis formæ adductus est canis, catena vinctus ; admonitusque ostiarii calce, ut cubaret, ante mensam se posuit. Tum Trimalchio, jactans candidum panem : Nemo, inquit, in domo mea me plus amat. Indignatus puer, quod Scylacem tam effuse laudaret, catellam in terram deposuit, hortatusque, ut ad rixam properaret : Scylax, canino scilicet usus ingenio, teterrimo latratu triclinium implevit, margaritamque Crœsi pæne laceravit. Nec intra rixam tumultus constitit, sed candelabrum etiam supra mensam eversum, et vasa omnia crys-

fut renversé sur la table, tout le service de crystal fracassé, et plusieurs d'entre nous arrosés d'huile brûlante. Trimalchion, pour ne pas paraître sensible au dommage, baise son Crésus, et lui dit de grimper sur son dos. Sans se faire prier, celui-ci enfourche sa monture, et à poing fermé lui frappe les omoplates coup sur coup, riant, et criant aux convives : — Gloutons! gloutons! combien de tapes là-dedans? — Après s'être fait chevaucher quelque temps, Trimalchion donna l'ordre de remplir de vin une gamelle énorme, et de le partager par rations à tous les esclaves assis à nos pieds : — J'y mets une condition, dit-il : celui qui refusera de boire, qu'on lui en arrose la tête. De jour, soyons sévères; à cette heure il faut rire. —

LXV. Après cet acte de philanthropie, on servit les mattées, dont le seul souvenir, foi d'honnête homme, me soulève le cœur. Figurez-vous, une pour chacun, des poules de basse-cour, au lieu de grives, qu'on vous donne avec un œuf d'oie chaperonné. — Mangez, je vous prie, disait Trimalchion avec importance ; on a désossé ces volailles. — En ce moment un licteur frappa à la porte, et, vêtu d'une robe blanche et suivi d'un nombreux cortége, un nouveau convive entra dans la salle. Effrayé de cet imposant appareil, je crus que c'était le préteur qui venait. J'essayai donc de me lever, et, quoique nupieds, de descendre sur le carreau. Agamemnon rit de mon agitation : — Tiens-toi tranquille, me dit-il, sot que tu es. C'est Habinnas le Sevir, marbrier par-dessus le marché, qui, à ce qu'il paraît, excelle à fabriquer des tombeaux. — Rassuré par ce peu de mots, je laissai retomber ma tête sur mon coude, et contemplai avec ébahissement l'entrée du personnage. Celui-ci, déjà ivre, s'avançait les mains appuyées sur les épaules de sa femme ; et, la tête surchargée de couronnes, les parfums lui coulant du front sur les yeux, il s'alla mettre à la place du préteur, et de suite demanda du vin et de l'eau chaude. Enchanté de cette façon joviale, notre hôte à son tour demande une coupe plus profonde, et s'enquiert auprès du Sévir comment on l'a traité dans la maison d'où il vient. — Rien n'y manquait que ta présence, répondit l'autre : car la prunelle de mes yeux était ici ; et, par Hercule! tout a été bien. Scissa fêtait la neuvaine du décès de son esclave Misellus, dont il avait affranchi le cadavre ; et, je pense, il partage là une bonne aubaine avec les percepteurs du vingtième ; car ceux-ci estiment le mort cinquante mille grands sesterces. Au reste, nous fûmes gentiment régalés ; seulement je regrette qu'il nous ait fallu jeter la moitié de notre vin sur les os du défunt.

LXVI. — Mais enfin, reprit Trimalchion, que t'a-t-on servi pour soupé? — Je vais te le dire, si je puis : car j'ai si bonne mémoire qu'il m'arrive souvent d'oublier mon nom. Voici pourtant : En premier, un porc couronné d'un vase à boire ; autour de délicieux petits gâteaux blancs, des gésiers excellemment faits, et... oui, de la poirée ; puis de ce pain bis de ménage que je préfère au blanc, vu qu'il fortifie, et qu'avec ce régime, quand je fais mes affaires c'est sans douleur. Le second service fut une tarte froide, arrosée d'un miel chaud, première qualité d'Espagne : aussi n'ai-je pas touché à la tarte le moins du monde ; du miel, j'en ai pris à m'en barbouiller la moustache. A l'entour pois chiches et lupins, noix à

---

tallina comminuit, et oleo ferventi aliquot convivas respersit. Trimalchio, ne videretur jactura motus, basiavit puerum, ac jussit supra dorsum ascendere suum. Non moratur ille, usus equo, manuque plena scapulas ejus subinde verberavit, interque risum proclamavit : Buccæ! buccæ! quot sunt hic? Repressus ergo aliquandiu Trimalchio camellam grandem jussit misceri, et potiones dividi omnibus servis, qui ad pedes sedebant, adjecta exceptione : Si quis, inquit, noluerit accipere, caput illi perfunde. Interdiu severa, nunc hilaria.

LXV. Hanc humanitatem insecutæ sunt matteæ, quarum etiam recordatio me, si qua est dicenti fides, offendit. Singulæ enim gallinæ altiles pro turdis circumlatæ sunt, et ova anserina pileata, quæ ut comessemus, ambitiosissime a nobis Trimalchio petiit, dicens, exossatas esse gallinas. Inter hæc triclinii valvas Lictor percussit, amictusque veste alba, cum ingenti frequentia comissator intravit. Ego, majestate conterritus, Prætorem putabam venisse. Itaque tentavi assurgere, et nudos pedes in terram deferre. Risit hanc trepidationem Agamemnon, et : Contine te, inquit, homo stultissime. Habinnas Sevir est, idemque lapidarius, qui videtur monumenta optime facere. Recreatus hoc sermone, reposui cubitum, Habinnamque intrantem cum admiratione ingenti spectabam.

Ille autem, jam ebrius, uxoris suæ humeris imposuerat manus, oneratusque aliquot coronis, et unguento per frontem in oculos fluente, Prætorio loco se posuit, continuoque vinum et caldam poposcit. Delectatus hac Trimalchio hilaritate, et ipse capaciorem poposcit scyphum, quæsivitque, quomodo acceptus esset? Omnia, inquit, habuimus præter te, oculi enim mei hic erant : et, me Hercules! bene fuit. Scissa lautam novendiales servo suo Misello faciebat, quem mortuum manumiserat : et, puto, cum vicesimariis magnam mantissam habet. Quinquaginta enim millibus æstimant mortuum. Sed tamen suaviter fuit, etiamsi coacti sumus dimidias potiones super ossicula ejus effundere.

LXVI. Tamen, inquit Trimalchio, quid habuistis in cœnam? Dicam, inquit, si potuero : nam tam bonæ memoriæ sum, ut frequenter nomen meum obliviscar. Habuimus tamen in primo porcum, poculo coronatum, et circa lucanicam, et gigeria optime facta, et certe betam, et pane autopyrum de suo sibi, quem ego malo, quam candidum, et vires facit, et, cum meæ rei caussa facio, non ploro. Sequens ferculum fuit scriblita frigida, et supra mel caldum infusum excellente Hispanum : itaque de scriblita quidem non minimum edi ; de melle me usque tetigi. Circa cicer et lupinum, calvæ arbitratu, et mala sin-

discrétion, et une pomme par tête : j'en ai cependant pris deux que voici, nouées dans ma serviette ; car si je ne rapportais quelque petite chose à mon esclave favori, j'aurais des sottises. Ah ! tu fais bien de me le rappeler, ma reine : nous avions devant nous un morceau d'oursin ; et Scintilla, en ayant goûté sans savoir ce que c'était, a failli vomir ses entrailles. Moi, j'en ai avalé plus d'une livre : car il avait le vrai fumet de sanglier. Et puis, me disais-je, si les ours mangent les hommes, à plus forte raison les hommes doivent-ils manger les ours. Sur la fin nous avons eu un fromage mou, du vin cuit, un escargot pour chacun, et des tripes hachées, et des foies en boîtes, et des œufs chaperonnés, et des raves, et de la moutarde, et la tasse de six septiers, de l'invention de Palamède, à qui les dieux fassent paix ! On fit aussi circuler dans une petite nacelle des olives marinées, dont quelques grossiers convives nous défendirent l'approche à coups de poings; quant au jambon, nous lui fîmes grâce.

LXVII. Mais dites-moi, Gaïus, je vous prie, pourquoi Fortunata n'est-elle pas des nôtres ? — Comment ? Vous la connaissez : tant qu'elle n'aura point serré l'argenterie et partagé la desserte aux esclaves, elle n'avalera pas une goutte d'eau. — Eh bien, si elle ne prend place, moi je décampe. — Et il se levait déjà, si, au signal donné, les domestiques n'eussent crié tous ensemble : Fortunata ! quatre fois et plus. Elle arriva donc, la robe retroussée par une ceinture verte, de manière à laisser voir en dessous sa tunique cerise, ses jarretières en torsade d'or, et ses mules dorées. S'essuyant les mains au mouchoir qu'elle portait au cou, elle se campe sur le lit de la femme d'Habinnas, Scintilla, qui bat des mains et qu'elle embrasse : — Est-ce bien toi ? Quel bonheur ! — Et les familiarités vont leur train, et Fortunata détache les bracelets qui entourent ses énormes bras, et les livre à l'admiration de son amie. Elle finit par dénouer même ses jarretières et sa coiffe de réseau, qu'elle assure être de l'or le plus fin. Trimalchion, qui les observe, se fait apporter le tout. — Voyez, disait-il, l'attirail d'une femme ! Qu'y faire ? Et nous, pauvres sots, elles nous ruinent. Six livres de poids et la demie, c'est ce que le bracelet doit avoir ; et moi, nonobstant ce, j'en ai un de dix livres, que j'ai fait faire avec les millièmes de Mercure. — Et enfin, pour prouver qu'il n'en imposait pas, il fit apporter une balance, et chacun dut vérifier le poids. Non moins impertinente, Scintilla ôta de son cou une petite boîte d'or qu'elle appelait son porte-bonheur, et en tira deux pendants d'oreilles qu'elle donna à examiner l'un après l'autre à Fortunata. — C'est un cadeau de mon mari, dit-elle ; on n'en a pas de plus beaux. — Oui ! réplique Habinnas, tu m'as tourmenté comme un remède pour me faire acheter ces fèves de verre. Vraiment, si j'avais une fille, je lui couperais net les oreilles. S'il n'y avait pas de femmes au monde, nous regarderions tout cela comme de la boue. Mais payer si cher pour si peu, c'est pisser chaud et boire froid. — Cependant les deux femmes, quoique piquées, ne font que rire entre elles et confondre leurs baisers avinés ; et Scintilla proclame son amie la ménagère par excellence, et l'autre se plaint des mignons et de l'insouciance maritale. Tandis qu'elles s'étreignent de la sorte, Habinnas se lève en tapinois, saisit Fortunata par les pieds qu'elle tient étendus, et la culbute sur le lit. — Ah ! ah ! s'écrie-t-elle, en sentant sa tunique glisser par-dessus ses

---

gula ; ego tamen duo sustuli, et ecce in mappa adligata habeo : nam, si aliquid muneris meo vernulæ non tulero, habebo convicium. Bene me admonet domina mea. In prospectu habuimus ursinæ frustum, de quo cum imprudens Scintilla gustasset, pæne intestina sua vomuit. Ego contra plus libram comedi, nam ipsum aprum sapiebat. Et si, inquam, ursus homuncionem comest, quanto magis homuncio debet ursum comesse ? In summo habuimus caseum mollem, et sapam, et cochleas singulas, et chordæ frusta, et hepatia in catillis, et ova pileata, et rapam, et sinapi, et catillum congiarium, pax Palamedes ! etiam in alveo circumlata sunt oxycomina, unde quidam etiam improbiter nos pugno sustulerunt : nam pernæ missionem dedimus.

LXVII. Sed narra mihi, Gai, rogo, Fortunata quare non recumbit ? Quomodo ? nosti illam, inquit Trimalchio, nisi argentum composuerit, nisi reliquias pueris diviserit, aquam in os suum non conjiciet. Atqui, respondit Habinnas, nisi illa discumbit, ego me apoculo. Et cœperat surgere, nisi, signo dato, Fortunata quater amplius a tota familia esset vocata. Venit ergo galbino succincta cingillo, ita, ut infra cerasina appareret tunica, et periscelides tortæ, phæcasiaque inaurata. Tunc sudario manus tergens, quod in collo habebat, applicat se illi toro, in quo Scintilla, Habinnæ discumbebat uxor, osculataque plaudentem : Est te, inquit, videre ? Eo deinde perventum est, ut Fortunata armillas suas crassissimis detraheret lacertis, Scintillæque miranti ostenderet. Ultimo et periscelidas resolvit, et reticulum aureum, quem ex obrussa esse dicebat. Notavit hæc Trimalchio, jussitque afferri omnia : et, Videtis, inquit, mulieris compedes ? Sit. Nos baceli despoliamur. Sex pondo et selibram debet habere, et ipse nihilominus habeo decem pondo armillam, ex millesimis Mercurii factam. Ultimo etiam, ne mentiri videretur, stateram jussit afferri, et circulatim approbari pondus. Nec melior Scintilla ; quæ de cervice sua capsellam detraxit aureolam, quam Felicionem appellabat ; inde duo crotalia protulit, et Fortunatæ in vicem consideranda dedit : et, Domini, inquit, mei beneficio nemo habet meliora. Quid ? inquit Habinnas, excatarassasti me, ut tibi emerem fabam vitream. Plane, si filiam haberem, auriculas illi præciderem. Mulieres si non essent, omnia pro luto haberemus ; nunc hoc est caldum mejere, et frigidum potare. Interim mulieres sauciæ inter se riserunt, ebriæque junxerunt oscula : dum altera diligentiam matrisfamiliæ jactat ; altera delicias et indiligentiam viri. Dumque sic cohærent, Habinnas furtim consurrexit, pedesque Fortunatæ correctos super lectum immisit. Au, au ! illa proclamavit, aberrante

genoux; et se rajustant vite, elle se cache dans le sein de son amie, et couvre de son mouchoir un visage que le rouge de la honte enlaidit encore.

LXVIII. Après une pause de quelques instants, Trimalchion demande le dessert. Les premières tables sont toutes enlevées et remplacées par d'autres, et les valets sèment sur le plancher une sciure de bois teinte en safran et en vermillon, (puis ce que je n'avais jamais vu) de la pierre spéculaire pulvérisée. Alors Trimalchion : — Je pouvais, nous dit-il, m'en tenir à ces planches pour dessert : car vos secondes tables les voilà ; mais, si l'on a quelque chose de décent, qu'on l'apporte. — En ce moment un valet égyptien, qui servait de l'eau chaude, se mit à contrefaire le rossignol; Trimalchion de temps en temps criait : Un autre! après quoi la scène changea. Un esclave, assis aux pieds d'Habinnas, averti, je crois, par son maître, déclame brusquement d'une voix glapissante :

Cependant le héros, loin des murs de Didon,
Voguait, sûr de lui-même......

Jamais son plus aigre n'avait écorché mes oreilles ; car, outre que le barbare faisait des longues et des brèves à contretemps, il entremêlait le tout de lambeaux de farces Atellanes, si bien que pour la première fois Virgile lui-même me fut déplaisant. La lassitude l'ayant obligé enfin de cesser, Habinnas dit pour réflexion : — Et le gaillard n'a jamais fait d'études! Seulement je l'envoyais quelquefois aux bateleurs, où il s'est formé; aussi n'a-t-il pas son pareil pour contrefaire à volonté les muletiers ou les bateleurs. C'est dans les cas désespérés que brille son savoir-faire : il est à la fois cordonnier, cuisinier,

pâtissier, favori de toutes les Muses. Il a pourtant deux petits défauts, sans quoi il serait accompli : il est circoncis, et il ronfle : quant à ce qu'il louche, je ne m'en inquiète pas, c'est le regard de Vénus; voilà pourquoi il ne sait rien taire; l'œil vif presque toujours. Je l'ai acheté trois cents deniers. —

LXIX. Scintilla interrompit le discoureur. — Bah! dit-elle, tu ne racontes pas tous les défauts du mauvais sujet : c'est un mignon; mais je ferai si bien qu'il portera les stigmates. — Trimalchion se prit à rire, et dit : — Je reconnais là le Cappadocien : il ne se sèvre de rien ; et, par Hercule! je lui en fais mon compliment, car à sa mort on ne lui en tiendrait pas compte. Et toi, Scintilla, point de jalousie. Croyez-moi, nous vous connaissons aussi, mesdames. Puissiez-vous m'avoir sain et sauf, comme il est vrai que je m'escrimais souvent avec Mammea, oui, la femme de mon maître; au point que celui-ci en eut vent, et me relégua dans une de ses métairies. Mais tais-toi, ma langue, tu auras du gâteau. — Prenant cela pour un éloge, ce vaurien d'esclave tira de sa robe une lanterne d'argile où pendant plus d'une demi-heure il souffla et trompeta, accompagné par Habinnas, qui pressait sous ses doigts sa lèvre inférieure. Pour dernier trait, l'esclave s'avance au milieu de la salle, et tantôt avec des roseaux fendus il parodie les chefs de chœurs, tantôt en casaque et le fouet en main il joue une scène de muletiers. Enfin Habinnas l'appelle à lui, le baise, et lui présente à boire : — A merveille! Massa; je te fais cadeau d'une paire de bottines. — Toutes ces pauvretés n'eussent jamais fini, sans l'arrivée, comme service de clôture, d'une tourte de grives, farcie de raisins

---

tunica super genua. Composita ergo, in gremio Scintillæ, indecentissimam rubore faciem sudario abscondit.

LXVIII. Interposito deinde spatio, cum secundas mensas Trimalchio jussisset afferri, sustulerunt servi omnes mensas, et alias attulerunt, scobemque, croco et minio tinctam, sparserunt, et, quod nunquam ante videram, ex lapide speculari pulverem tritum. Statim Trimalchio : Poteram quidem, inquit, hoc ferculo esse contentus : secundas enim habetis mensas; si quid belli habes, affer. Interim puer Alexandrinus, qui caldam ministrabat, luscinias cœpit imitari, clamante Trimalchione subinde, Muta! Ecce alius ludus! Servus, qui ad pedes Habinnæ sedebat, jussus, credo, a domino suo, proclamavit subito, canora voce :

Interea medium Æneas jam classe tenebat,
Certus iter... .

Nullus sonus unquam acidior percussit aures meas : nam, præter errantis barbarie aut adjectum, aut diminutum clamorem, miscebat Atellanicos versus; ut tunc primum me et Virgilius offenderit. Lassus tamen cum aliquando desisset, adjecit Habinnas : Et num quid didicit? Sed modo ad circulatores eum mittendo erudiebatur : ita que parem non habet, sive muliones volet, sive circulatores imitari. Desperatus valde ingeniosus est : idem sutor

est, idem cocus, idem pistor, omnis Musæ mancipium. Duo tamen vitia habet, quæ si non haberet, esset omnium nummorum : recutitus est, et stertit; nam quod strabonus est, non curo. Sicut Venus spectat; ideo nihil tacet, vix oculo mortuo unquam : illum emi trecentis denariis.

LXIX. Interpellavit loquentem Scintilla, et : Plane, inquit, non omnia artificia servi nequam narras : agaga est ; at curabo stigmam habeat. Risit Trimalchio, et, Adcognosco, inquit Cappadocem : nihil sibi defraudat, et, me Hercules! laudo illum, hoc enim nemo parentat : tu autem, Scintilla, noli zelotypa esse. Crede mihi, et vos novimus. Sic me salvum habeatis, ut ego sic solebam ipsam Mammeam debatuere, ut etiam dominus suspicaretur, et ideo me in villicationem relegarit. Sed tace, lingua, dabo panem. Tanquam laudatus esset nequissimus servus, lucernam de sinu fictilem protulit, et amplius semihora tubicines imitatus est, succinente Habinna, et inferius labrum manu deprimente. Ultimo, in medium processit, et modo arundinibus quassis choraulas imitatus est, modo lacernatus cum flagello mulionum fata egit; donec vocavit ad se Habinnas basiavit, potionemque illi porrexit, et : Tanto melior, inquit, Massa, dono tibi caligas. Nec ullus tot malorum finis fuisset, nisi epidipnis esset allata,

secs et de noix. Vinrent ensuite des coings lardés de clous de girofle, pour figurer des hérissons. Tout cela était encore supportable, sans un autre mets tellement repoussant, que nous fussions plutôt morts de faim que d'y toucher. Au premier aspect nous le prîmes pour une oie grasse entourée de poissons et de toutes sortes d'oiseaux, jusqu'à ce que Trimalchion nous dit : — Tout ce que vous voyez dans ce plat est fait d'une seule pièce. — Moi, comme on sait, connaisseur des plus fins, j'imaginai tout de suite ce que c'était ; et me tournant vers Agamemnon : — Je suis bien surpris, dis-je, si tout cela n'est composé d'excréments, ou tout au moins de boue : j'ai vu à Rome, pendant les Saturnales, des festins entiers imités de la même manière. —

LXX. Je n'avais pas fini de parler, quand notre hôte reprit : — Je voudrais m'arrondir en fortune, je ne dis pas en embonpoint, comme il est sûr que mon cuisinier a fait tout ceci avec du porc. On ne saurait voir d'homme plus précieux. On n'a qu'à vouloir : d'une vulve de truie il fait un poisson ; du lard, un ramier ; du jambon, une tourterelle ; de l'épaule, une poule. Son talent lui a valu un nom fort joli de mon invention : on l'appelle Dédale. Et comme il est brave garçon, je lui ai apporté de Rome en cadeau des couteaux d'acier de Noricie. — Et sur-le-champ il fait venir ces couteaux, les considère, les admire, et veut bien même nous permettre d'en éprouver le fil sur nos joues. Tout à coup entrèrent deux valets qui paraissaient s'être pris de dispute à la fontaine : du moins ils portaient encore les cruches à leur cou. Comme Trimalchion prononçait sur le point litigieux, ni l'un ni l'autre n'obtempéraient à la sentence, ils se cassèrent chacun leur cruche à coups de bâton. Stupéfaits de l'insolence de ces ivrognes, nous contemplions de tous nos yeux la bataille, quand nous vîmes tomber, avec les tessons, des huîtres et des pétoncles qu'un esclave recueillit sur un plat et nous offrit à la ronde. Avec non moins de galanterie l'ingénieux cuisinier apporta sur un gril d'argent des escargots, tout en chantant d'une voix chevrotante et effroyablement rauque. Je rougis de raconter la suite. Chose en effet inouïe dans nos mœurs, de jeunes esclaves à longue chevelure apportèrent des parfums dans un bassin d'argent, et en frottèrent les pieds des convives, après leur avoir entrelacé de guirlandes de fleurs les jambes, les pieds et les talons. Puis ils versèrent de ces mêmes parfums liquéfiés dans le vase où se puisait le vin, et dans les lampes. Cependant Fortunata était en humeur de danser, et Scintilla faisait plus de bruit des mains que de la langue, lorsque Trimalchion dit : — Philargyre, et toi Carrion, tout fameux champion que tu es de la livrée verte, je vous permets de vous mettre à table ; Minophile, dis à ta compagne d'en faire autant. — Bref, peu s'en fallut que nous ne fussions tous débusqués de nos lits, tant la salle se trouva soudain envahie par la valetaille. Pour mon compte, je vis posté au-dessus de moi ce Dédale qui d'un porc avait fait une oie ; il sentait la saumure et les sauces à vous empester. Et, non content de se voir à table, le voilà qui se met à imiter Éphésus le tragédien ; après quoi il veut gager contre son maître qu'aux prochaines courses du cirque la faction verte remportera...

LXXI. — Mes amis ! s'écrie Trimalchion épa-

turdi siligine, uvis passis, nucibusque farsi. Insecuta sunt Cydonia etiam mala, spinis confixa, ut echinos efficerent ; et hæc quidem tolerabilia erant, si non fericulum longe monstruosius effecisset, ut vel fame perire mallemus. Nam cum positus esset, ut nos putabamus, anser altilis, circaque pisces, et omnium genera avium, inquit Trimalchio : Quidquid videtis hic positum, de uno corpore est factum. Ego, scilicet homo prudentissimus, statim intellexi quid esset ; et respiciens Agamemnonem : Miraber, inquam, nisi omnia ista de ejecto sunt, aut certe de luto : vidi Romæ Saturnalibus ejusmodi cœnarum imaginem fieri.

LXX. Nec dum finieram sermonem, cum Trimalchio ait : Ita crescam patrimonio, non corpore, ut ista cocus meus de porco fecit. Non potest esse pretiosior homo. Volueris : de bulba faciet piscem, de lardo palumbum, de perna turturem, de colo suis gallinam ; et ideo, ingenio meo, impositum est illi nomen bellissimum : nam Dædalus vocatur. Et quia bonam mentem habet, attuli illi Roma munus cultros Norico ferro ; quos statim jussit afferri, inspectosque miratus est, etiam nobis potestatem fecit, ut mucronem ad buccam probaremus. Subito intraverunt duo servi, tanquam qui rixam ad lacum fecissent ; certe in collo adhuc amphoras habebant. Cum ergo Trimalchio jus inter litigantes diceret : neuter sententiam tulit decernentis ; sed alter alterius amphoram fuste percussit. Consternati nos insolentia ebriorum, intentavimus oculos in præliantes, notavimusque ostrea, pectinesque e gastris labentia, quæ collecta puer lance circumtulit. Has lautitias æquavit ingeniosus cocus : in craticula enim argentea cochleas attulit, et tremula, teterrimaque voce cantavit. Pudet referre quæ sequuntur : inaudito enim more, pueri capillati attulerunt unguentum in argentea pelvi, pedesque recumbentium unxerunt, cum ante crura, pedesque, talosque corollis vinxissent. Hinc ex eodem unguento in vinarium, atque lucernam liquatum est infusum. Jam cœperat Fortunata velle saltare : jam Scintilla frequentius plaudebat, quam loquebatur, cum Trimalchio : Permitto, inquit, Philargyre, et Carrio, etsi prasianus es famosus, dic et Minophile, contubernali tuæ, discumbat. Quid multa ? pæne de lectis dejecti sumus, adeo totum triclinium familia occupaverat. Certe ego notavi super me positum cocum, qui de porco anserem fecerat, muria, condimendisque fœtentem. Nec contentus fuit recumbere, sed continuo Ephesum tragœdum cœpit imitari, et subinde dominum suum sponsione provocaret. Si prasinus proximis Circensibus primam palmam......

LXXI. Diffusus hac contentione Trimalchio : Amici, inquit, et servi homines sunt, et æque unum lactem biberunt, etiamsi illos malus fatus oppresserit : tamen, me

noui de joie à ce défi, les esclaves aussi sont des hommes ; ils ont sucé le même lait que nous, quoiqu'un mauvais destin ait pesé sur eux. Mais de mon vivant, et bientôt, ils boiront l'eau des hommes libres. En un mot, je les affranchis tous dans mon testament. Je lègue en outre à Philargyre un fonds de terre et sa femme ; à Carrion, un pâté de maisons avec le vingtième du produit, et un coucher complet. Quant à ma Fortunata, je la fais mon héritière universelle, et je la recommande à tous mes amis. Et tout ceci je le fais à savoir, afin d'être aimé de toute ma maison dès à présent comme si j'étais mort. — Chacun s'épuise en remerciements envers un si bon maître ; et lui, ne songeant plus à rire, ordonne que la minute de son testament soit apportée, et la lit d'un bout à l'autre, au milieu des gémissements de toute sa maison. Puis, se tournant vers Habinnas : — Qu'en dis-tu, mon cher ami? t'occupes-tu à bâtir mon tombeau sur le plan que je t'ai prescrit? Je te prie instamment d'y représenter aux pieds de ma statue ma petite chienne, avec des couronnes, et des parfums, et tous les combats du gladiateur Pétracte, afin que, grâce à ton ciseau, j'aie le bonheur de vivre après ma mort. Outre cela, qu'il ait cent pieds de face, et deux cents sur la campagne. Car je veux des arbres fruitiers de toute espèce autour de ma cendre, et force vignes. Il serait du dernier absurde d'avoir pendant sa vie des maisons magnifiquement tenues, et de négliger celles où l'on doit loger si longtemps. Aussi je prétends avant tout qu'on y grave :

CE MONUMENT NE PASSERA POINT A MON HÉRITIER.

De plus j'aurai soin, dans mon testament, d'empêcher que ma dépouille mortelle n'essuie aucune injure. Je préposerai un de mes affranchis à la garde de mon tombeau, pour que la canaille ne coure pas y faire ses saletés. Je te recommande aussi d'y sculpter des vaisseaux cinglant à pleines voiles, et moi-même siégeant sur un tribunal, en robe prétexte, ayant aux doigts cinq anneaux d'or et versant au peuple un sac d'écus ; car tu sais que j'ai donné un festin public et deux deniers d'or à chaque convive. Représente, si bon te semble, les salles à manger, et tout le peuple qui s'en donne à cœur-joie. Place à ma droite la statue de Fortunata tenant une tourterelle, et menant en lesse une petite chienne ; et puis mon cher Cicaron, et puis des amphores bien larges, bien cachetées, de peur que le vin n'échappe : tu en sculpteras une cassée, et un enfant qui pleure sur les débris ; au centre un cadran, en sorte que le passant, curieux de savoir l'heure bon gré mal gré, lise mon nom. Quant à l'épitaphe, vois, examine bien si ceci te paraît convenable :

C. POMPEIUS TRIMALCHION, NOUVEAU MÉCÈNE,
REPOSE ICI.
LE TITRE DE SÉVIR LUI FUT DÉCERNÉ
EN SON ABSENCE ;
AYANT PU ÊTRE DE TOUTES LES DÉCURIES,
A ROME,
IL NE LE VOULUT PAS.
PIEUX, BRAVE, LOYAL,
PARTI DE RIEN, IL PROSPÉRA,
LAISSA TRENTE MILLIONS DE SESTERCES,
ET N'ASSISTA JAMAIS AUX LEÇONS DES
PHILOSOPHES.
PASSANT, IL TE SOUHAITE PAREILLE CHANCE.

LXXII. Quand il eut dit, il se mit à verser un

---

salvo, cito aquam liberam gustabunt. Ad summam, omnes illos in testamento meo manumitto. Philargyro etiam fundum lego, et contubernalem suam. Carrioni quoque insulam, et vicesimam, et lectum stratum. Nam Fortunatam meum heredem facio, et commendo illam omnibus amicis meis : et hæc omnia publico ideo, ut familia mea jam nunc sic me amet, tanquam mortuum. Gratias agere omnes indulgentiæ cœperant domini, cum ille, oblitus nugarum, exemplar testamenti jussit afferri, et totum a primo ad ultimum, ingemiscente familia, recitavit. Respiciens deinde Habinnam : Quid dicis, inquit, amice carissime? ædificas monumentum meum, quemadmodum te jussi? Valde te rogo, ut secundum pedes statuæ meæ catellam pingas, et coronas, et unguenta, et Petractis omnes pugnas, ut mihi contingat, tuo beneficio post mortem vivere. Præterea, ut sint in fronte pedes centum : in agrum pedes ducenti. Omne genus enim pomorum, volo, sint circa cineres meos, et vinearum largiter. Valde enim falsum est, vivo quidem domos cultas esse : non curari eas, ubi diutius nobis habitandum est, et ideo ante omnia adjici volo :

HOC. MONUMENTUM. HEREDEM. NON. SEQUATUR.

Ceterum erit mihi curæ, ut testamento caveam, ne mortuus injuriam accipiam : præponam enim unum ex libertis sepulchro meo, custodiæ caussa, ne in monumentum meum populus cacatum currat. Te rogo, ut naves etiam monumenti mei facias, plenis velis euntes : et me in tribunali sedentem prætextatum, cum annulis aureis quinque, et nummus in publico de sacculo effundentem ; scis enim, quod epulum dedi, binos denarios. Faciatur, si tibi videtur, et triclinia : facies et totum populum, sibi suaviter facientem. Ad dexteram meam ponas statuam Fortunatæ meæ, columbam tenentem : et catellam, cingulo alligatam, ducat : et Cicaronem meum : et amphoras copiosas, gypsatas, ne effluant vinum : et unam, licet fractam, sculpas, et super eam puerum plorantem : horologium in medio, ut, quisquis horas inspiciet, velit, nolit, nomen meum legat. Inscriptio quoque, vide diligenter, si hæc idonea tibi videtur :

C. POMPEIUS. TRIMALCHIO. MAECENATIANUS. HIC.
REQUIESCIT.
HUIC. SEVIRATUS. ABSENTI. DECRETUS. EST.
CUM. POSSET. IN. OMNIBUS. DECURIIS. ROMAE.
ESSE. TAMEN. NOLUIT.
PIUS. FORTIS. FIDELIS.
EX. PARVO. CREVIT.
SESTERTIUM. RELIQUIT. TRECENTIES. NEC. UNQUAM.
PHILOSOPHUM. AUDIVIT.
VALE. ET. TU.

déluge de larmes : Fortunata pleurait, Habinnas pleurait ; tous les valets enfin, comme conviés à de vraies obsèques, remplissaient la salle de lamentations. Moi-même je me surprenais à larmoyer, quand notre homme s'écria : — Eh bien ! puisque nous savons qu'il faut mourir, que ne jouissons-nous de la vie ? Pour que la fête soit complète, courons nous jeter dans le bain ! je prends sur moi le risque : vous ne vous en repentirez pas, il y fait chaud comme dans un four. — Vraiment ! vraiment ! dit Habinnas, d'une journée en faire deux, je ne demande pas mieux. — Et, se levant tout déchaussé, il se mit à suivre Trimalchion enchanté. Je regardai Ascylte : — Qu'en penses-tu ? lui dis-je ; pour moi, la vue seule du bain va m'asphyxier à l'instant. — Soyons de leur avis, répondit Ascylte ; et, tandis qu'ils se rendent au bain, esquivons-nous dans la foule. — J'approuve son idée : Giton nous guide par la galerie jusqu'à la porte, où Scylax enchaîné nous accueille par de si terribles aboîs, qu'Ascylte va tomber de peur dans un vivier. Moi, qui n'avais pas la tête trop libre, et qu'un dogue en peinture avait effrayé, comme je tends la main au pauvre nageur, je suis entraîné dans le même gouffre. Nous fûmes sauvés heureusement par le concierge, dont l'intervention fit taire le chien, et qui nous tira tout transis sur le bord. Giton avait trouvé un moyen fort ingénieux pour se racheter de l'ennemi : tout ce que nous lui avions donné du festin, il l'avait semé devant l'aboyeur. L'animal, distrait par cette pâture, avait fait trêve à son courroux. Cependant, grelottants de froid, nous priâmes le concierge de nous ouvrir la porte de la rue : — Vous êtes dans l'erreur, nous dit-il, si vous comptez vous en aller par où vous êtes venus. Chez nous jamais convive n'a repassé par la même porte : ou entre par un côté, ou sort par un autre. —

LXXIII. Que ferons-nous, malheureuses victimes, prisonniers d'un labyrinthe de nouvelle espèce, et réduits à souhaiter le bain après souper ? Bien volontiers donc nous demandons à cet homme de nous conduire où l'on se baigne ; et jetant bas nos vêtements, que Giton fait sécher à l'entrée, nous pénétrons dans une étuve fort étroite, pareille à une citerne de rafraîchissement. Trimalchion s'y tenait tout debout ; et en outre, sans même nous faire grâce de ses rots empestés, il disait : « Je ne sais rien de mieux que de se baigner sans cohue ; » et il contait qu'à cette même place il y avait eu une boulangerie. Enfin la lassitude l'ayant forcé de s'asseoir, séduit par la beauté de l'écho, il ouvrit jusqu'au plafond sa bouche d'ivrogne, et se mit à écorcher des airs de Ménécrate, au dire de ceux qui comprenaient son jargon. Le reste des convives courait autour de sa baignoire, se tenant par la main, se chatouillant, et poussant des cris à nous étourdir ; ceux-ci, les mains liées, s'efforçaient d'enlever de terre des anneaux ; ceux-là, tombant sur leurs genoux, renversaient leur tête en arrière, et baisaient l'extrémité de leurs orteils. Nous, laissant tous ces exclus se distraire comme ils peuvent, nous descendons dans la cuve qu'on préparait pour Trimalchion. Après quoi, les fumées du vin dissipées, on nous fit passer dans une seconde salle à manger, où Fortunata avait à sa façon disposé un splendide repas. Au-dessus de nos têtes pendaient des lustres avec figurines de pêcheurs en bronze ; les tables étaient d'argent massif, les coupes à l'entour d'argile

LXXII. Hæc ut dixit Trimalchio, flere cœpit ubertim ; flebat et Fortunata ; flebat et Habinnas ; tota denique familia, tanquam in funus rogata, lamentatione triclinium implevit. Imo jam cœperam et ego plorare, cum Trimalchio : Ergo, inquit, cum sciamus nos morituros esse, quare non vivamus ? Sic vos felices videam, conjiciamus nos in balneum, meo periculo, non pœnitebit. Sit calet, tanquam furnus. Vero, vero, inquit Habinnas, de una die duas facere, nihil malo ; nudisque consurrexit pedibus, et Trimalchionem gaudentem subsequi. Ego respiciens ad Ascylton : Quid cogitas ? inquam ; ego enim, si videro balneum, statim exspirabo. Assentiemur, ait ille, et, dum illi balneum petunt, nos in turba exeamus. Cum hæc placuissent, ducente per porticum Gitone, ad januam venimus : ubi canis catenarius tanto nos tumultu excepit, ut Ascyltos etiam in piscinam ceciderit. Nec non ego quoque ebrius, qui etiam pictum timueram canem, dum natanti opem fero, in eundem gurgitem tractus sum. Servavit nos tamen Atriensis, qui, interventu suo, et canem placavit, et nos trementes extraxit in siccum. Et Giton quidem, jam dudum se ratione acutissima redemerat a cane ; quidquid enim a nobis acceperat de cœna, latranti sparserat. At ille, avocatus cibo, furorem suppresserat. Ceterum, cum algentes utique petissemus ab Atriense, ut nos extra januam emitteret : Erras, inquit, si putas te exire hac posse, qua venisti. Nemo unquam convivarum per eandem januam emissus est ; alia intrant, alia exeunt.

LXXIII. Quid faciamus ? homines miserrimi, et novi generis labyrintho inclusi, quibus lavari jam cœperat votum esse. Ultro ergo rogavimus, ut nos ad balneum duceret : projectisque vestimentis, quæ Giton in aditu siccare cœpit, balneum intravimus, angustum scilicet, et cisternæ frigidariæ simile, in qua Trimalchio rectus stabat, ac ne sic quidem putidissimam eructationem licuit effugere : nam nihil melius esse dicebat, quam sine turba lavari ; et eo loco ipso aliquando pistrinum fuisse. Deinde, ut lassatus consedit, invitatus balnei sono, diduxit usque ad camaram os ebrium, et cœpit Menecratis cantica lacerare, sicut illi dicebant qui linguam ejus intelligebant. Ceteri convivæ circa labrum, manibus nexis, currebant, gingilipho et ingenti clamore exsonabant : alii autem, aut, restrictis manibus, annulos de pavimento conabantur tollere, aut, posito genu, cervices suas retro terga flectere, et pedum extremos pollices tangere. Nos, dum alii sibi ludos faciunt, in solio, quod Trimalchioni parabatur, descendimus. Ergo, ebrietate discussa, in aliud triclinium deducti sumus, ubi Fortunata disposuerat lautitias suas, ita ut supra, lucernas æneosque piscatores notaverim : et mensas totas argenteas,

dorée, et sous nos yeux une outre laissait couler des flots de vin. Alors Trimalchion : — Mes amis ! c'est aujourd'hui le jour de première barbe de mon esclave favori, honnête garçon, soit dit sans offenser personne, et que j'aime beaucoup. Arrosons-nous donc les poumons ; et que le jour nous trouve encore à souper. —

LXXIV. Comme il parlait, un coq vint à chanter. Tout déconcerté par l'augure, Trimalchion ordonne une libation de vin sous la table et jusque dans les lampes ; il fait plus, il passe son anneau de la main gauche à la droite, et dit : Ce n'est pas sans raison que ce trompette-là sonne l'alarme : il y aura incendie certainement, ou quelque voisin de ce coq va rendre l'âme. Loin de nous le présage ! Quiconque m'apportera ce prophète de malheur recevra une gratification. — En un clin d'œil un coq est apporté du voisinage ; Trimalchion le condamne à être fricassé. Le voilà donc coupé en morceaux par ce cuisinier si habile qui venait de nous faire et des oiseaux et des poissons, puis il est jeté dans la casserole ; et, tandis que Dédale l'arrose d'eau bouillante, Fortunata broie le poivre dans un égrugeoir de buis. Quand ce mets délicat fut expédié, notre hôte s'adressant aux esclaves : — Comment ! leur dit-il, vous n'avez pas encore soupé ? Allez, que d'autres viennent vous relayer. En conséquence parut une seconde troupe ; et les partants criaient : Adieu, Gaïus ! — les arrivants : Bonjour, Gaïus ! — Or ici commença le trouble-fête. Il se trouvait parmi les nouveaux-venus un esclave d'une figure assez avenante : Trimalchion lui saute au cou et le baise mille fois. Fortunata, qui de son côté avait des droits incontestables à faire valoir, accabla son mari d'invectives, criant qu'il était bien ordurier, bien infâme de ne pas contenir sa vilaine passion. Elle finit même par l'appeler chien. L'époux confus, exaspéré de l'avanie, envoie sa coupe à la tête de Fortunata, qui crie comme si elle eût eu l'œil crevé, et qui porte ses mains tremblantes à son visage. Toute consternée aussi, Scintilla attire sur son sein l'amie éperdue qu'elle protége, tandis qu'un officieux valet approche de la joue meurtrie un petit vase d'eau fraîche, sur lequel Fortunata s'incline avec explosion de sanglots et de larmes. Et Trimalchion disait : — Comment donc ! cette coureuse ne me passe rien, à moi qui l'ai prise au marché où l'on vend ses pareilles, pour faire d'elle une femme comme il faut. Mais elle s'enfle comme la grenouille ; c'est sur elle-même qu'elle crache : vraie bûche, pas autre chose. Chez moi, quand on est né sur un fumier, on ne rêve point palais. Mon bon génie me soit propice ! je saurai mater cette Cassandre qui prétend chausser mes bottines. Et moi, avec deux sous vaillant, j'ai pu épouser dix millions de sesterces ! Tu sais, toi, que je ne mens pas. Agathon le parfumeur, hier, pas plus tard, me prit à part, et me dit : — Je vous conseille de ne pas laisser votre race s'éteindre. — Et voilà que, voulant agir en homme bien né et ne pas paraître changeant, je me donne moi-même de la cognée dans les jambes. C'est bien : je prétends que de regret tu me déterres avec tes ongles ; et pour que tu sentes dès à présent quel tort tu t'es fait, Habinnas, je vous défends de mettre sa statue sur mon tombeau ; je ne veux point de querelles après ma mort. Enfin, pour te prévenir que je pourrais lui donner du mal, je lui défends de m'embrasser quand je ne serai plus. —

calicesque circa fictiles inauratos : et vinum in conspectu sacco defluens. Tum Trimalchio : Amici, inquit, hodie servus meus barbatoriam fecit, homo, præfiscini, frugi et mi carus. Itaque tengo menas faciamus, et usque in lucem cœnemus.

LXXIV. Hæc dicente eo, gallus gallinaceus cantavit, qua voce confusus Trimalchio vinum sub mensa jussit effundi, lucernamque et mero spargi ; imo annulum trajecit in dexteram manum, et : Non sine caussa, inquit, hic buccinus signum dedit : nam, aut incendium oportet fiat, aut aliquis in vicinia animam abjiciet. Longe a nobis ! Itaque, quisquis hunc indicem attulerit, corollarium accipiet. Dicto citius de vicinia gallus allatus est, quem Trimalchio jussit, ut æno coctus fieret. Laceratus igitur ab illo doctissimo coco, qui paullo ante aves piscesque fecerat, in cacabum est conjectus ; dumque Dædalus potionem ferventissimam haurit, Fortunata mola buxea piper trivit. Sumptis igitur matteis, respiciens ad familiam Trimalchio : Quid vos, inquit, adhuc non cœnastis ? abite, ut alii veniant ad officium. Subiit igitur alia classis, et illi quidem exclamavere : Vale Gai ! hi autem, Ave Gai ! Hinc primum hilaritas nostra turbata est ; nam, cum puer non inspeciosus inter novos intrasset ministros, invasit eum Trimalchio, et osculari diutius cœpit. Itaque Fortunata, ut ex æquo jus firmum approbaret, maledicere Trimalchionem cœpit, et purgamentum, dedecusque prædicare, qui non contineret libidinem suam. Ultimo etiam adjecit, Canis ! Trimalchio contra confusus, offensus convicio, calicem in faciem Fortunatæ immisit. Illa, tanquam oculum perdidisset, exclamavit, manusque trementes ad faciem suam admovit. Consternata est etiam Scintilla, trepidantemque sinu suo texit : imo puer quoque officiosus urceolum frigidum ad malam ejus admovit, super quem incumbens Fortunata gemere, ac flere cœpit. Contra Trimalchio : Quid enim ? inquit, ambubaja non me misit ? Sed e machina illam sustuli : hominem inter homines feci ; at inflat se, tanquam rana, et in sinum suum conspuit, codex, non mulier. Sed hic, qui in pergula natus est, ædes non somniatur. Ita Genium meum propitium habeam, curabo domata sit Cassandra caligaria. Et ego, homo dupondiarius, sestertium centies accipere potui. Scis tu, me non mentiri. Agatho unguentarius here proxime seduxit me, et, Suadeo, inquit, non patiaris genus tuum interire. At ego, dum bene natus ago, et nolo videri levis, ipse mihi asciam in crus impegi. Recte ; curabo me unguibus quæras : et ut de præsentibus intelligas, quid tibi feceris ; Habinna, nolo statuam ejus in monumento meo ponas ; ne mortuus quidem lites habeam ; imo, ut sciat me posse malum dare, nolo me mortuum basiet.

LXXV. Quand il eut ainsi fulminé, Habinnas intercéda, le conjura de se calmer : — Il n'y a personne qui ne fasse des sottises ; nous ne sommes pas des dieux, mais des hommes. — Scintilla tenait en pleurant le même langage ; et par son bon génie, et l'appelant Gaïus, elle le suppliait de se laisser fléchir. Trimalchion pour lors ne put retenir ses larmes : — Je t'en prie, Habinnas, et que ton pécule fructifie d'autant ! si j'ai quelque tort, crache-moi au visage. J'ai baisé le garçon le plus sage du monde, non pour sa beauté, mais pour sa sagesse. Il sait les dix parties de l'oraison ; il lit à livre ouvert ; il s'est fait de quoi se racheter sur ses gains journaliers ; il s'est procuré de ses deniers une huche et deux tasses. Ne mérite-t-il pas que je l'aime comme la prunelle de mes yeux ? Mais madame s'y oppose ! Ah ! tu l'entends comme ça, mauvaise bancroche ! Je te le conseille, ronge tranquillement ton os, femelle de milan, et ne me fais pas grincer les dents, mon petit cœur, ou tu sentiras à quelle cervelle tu as affaire. Tu me connais ; ce que je me suis une fois mis en tête y tient comme un clou dans une poutre. Mais songeons aux vivants. Je vous en prie, mes amis, tenez-vous en joie ; j'ai été aussi gueux que vous l'êtes, et mon mérite m'a conduit où vous voyez. C'est le cœur qui fait l'homme ; tout le reste est moins que rien. J'achète bien, je vends bien ; d'autres vous diront d'autres choses, moi je crève de prospérité. Et toi, marmotte, tu es encore à pleurnicher ? J'aurai soin que dans peu tu pleures pour tout de bon. Or, comme je vous disais, cette fortune, c'est ma bonne conduite qui m'y a élevé. J'arrivai d'Asie pas plus haut que ce chandelier. Chaque jour je me mesurais auprès ; et, pour perdre plus vite le nom de blanc-bec, je me frottais les lèvres avec l'huile des lampes. Pourtant j'ai été, tel que vous me voyez, la petite femme de mon maître quatorze ans durant ; et il n'y a pas d'affront quand c'est au maître qu'on obéit, ce qui ne m'empêchait pas de rendre mes devoirs à madame. Vous savez ce que je veux dire ; chut : je ne suis pas de ceux qui se vantent.

LXXVI. Enfin, la volonté des dieux aidant, je me vois maître dans la maison, et, ma foi, je vis pour lors à ma fantaisie. Bref, mon patron me fait cohéritier de l'empereur, et je recueille un vrai patrimoine de sénateur. Mais l'homme n'a jamais assez : la manie du négoce me prit. Pour abréger, vous saurez que je fis construire cinq vaisseaux. Je les charge de vin : c'était de l'or à cette époque ; j'expédie à Rome. Mais, comme si je le leur avais recommandé, ils firent tous naufrage. C'est un fait, je ne vous en conte pas : en un jour Neptune m'a dévoré trente millions de sesterces. Vous croyez que je perdis courage ? Non, par Hercule ! Cet échec ne fit que m'aiguiser l'appétit ; et, comme si de rien n'était, je construisis d'autres navires plus grands, plus solides, qui furent plus heureux, si bien que chacun me surnommait l'Intrépide. Vous savez que plus un bâtiment est grand, mieux il résiste. J'y chargeai encore du vin, du lard, des fèves, des parfums de Capoue, des esclaves. En cette occasion Fortunata fit une œuvre méritoire : ses bijoux d'or, sa garde-robe, elle vendit tout, et me mit dans la main cent écus d'or : ce fut là le levain de ma petite fortune. Tout va vite, quand les dieux s'en mêlent. Une seule course me valut dix millions de sesterces bien ronds. De suite je rachète toutes les terres qui avaient appartenu à mon maître,

LXXV. Post hoc fulmen Habinnas rogare cœpit, ut jam desineret irasci : et, Nemo, inquit, non nostrum peccat. Homines sumus, non Dei. Idem et Scintilla flens dixit ; ac per Genium ejus, Gaium appellando, rogare cœpit, ut se frangeret. Non tenuit ultra lacrymas Trimalchio et : Rogo, inquit, Habinna, sic peculium tuum fruniscaris, si quid perperam feci, in faciem meam inspue. Puerum basiavi frugalissimum, non propter formam, sed quia frugi est ; decem partes dicit : librum ab oculo legit : pretium sibi de diariis fecit : artiselium de suo paravit, et duas trullas. Non est dignus, quem in oculis feram ? sed Fortunata vetat. Ita tibi videtur, fulcipedia ? Suadeo, bonum tuum concoquas, milva, et me non facies ringentem, amasiuncula ; aliquando experieris cerebrum meum. Nosti me : quod semel destinavi, clavo tabulari fixum est. Sed vivorum meminerimus. Vos rogo, amici, ut vobis suaviter sit ; nam ego quoque tam fui, quam vos estis ; sed virtute mea ad hoc perveni. Corcillum est, quod homines facit, cetera quisquilia omnia. Bene emo, bene vendo : alius alia vobis dicet ; felicitate dissilio. Tu autem, sterteia, etiamnum ploras ? jam curabo, fatum tuum plores. Sed, ut cœperam dicere, ad hanc me fortunam frugalitas mea perduxit. Tam magnus ex Asia veni, quam hic candelabrus est ad summa. Quotidie me solebam ad illum metiri, et, ut celerius rostrum barbatum haberem, labra de lucerna ungebam. Tamen ad delicias femina ipse mei Domini annos quatuordecim fui ; nec turpe est, quod Dominus jubet. Ego tamen, et ipsi meæ Dominæ satisfaciebam. Scitis, quid dicam. Taceo, quia non sum de gloriosis.

LXXVI. Ceterum, quemadmodum Di volunt, dominus in domo factus sum ; et, ecce ! cepi ipsi mi cerebellum. Quid multa ? coheredem me Cæsari fecit, et accepi patrimonium laticlavium. Nemini tamen nihil satis est : concupivi negotiari. Ne multis vos morer, quinque naves ædificavi : oneravi vinum, et tunc erat contra aurum : misi Romam. Putares, me hoc jussisse : omnes naves naufragarunt. Factum, non fabula : una die Neptunus trecenties sestertium devoravit. Putatis me defecisse ? non, me Hercules ! mi hæc jactura gusti fuit ; tanquam nihil facti : alteras feci majores, et meliores, et feliciores ; ut nemo non me virum fortem diceret. Scis, magna navis magnam fortitudinem habet. Oneravi rursus vinum, lardum, fabam, seplasium, mancipia. Hoc loco Fortunata rem piam fecit ; omne enim aurum suum, omnia vestimenta vendidit, et mi centum aureos in manu posuit : hoc fuit peculii mei fermentum. Cito fit quod Dii volunt. Uno cursu centies sestertium corrotundavi. Statim redemi fundos

je m'élève un palais ; j'achète des bêtes de somme pour les revendre : tout sous ma main croît à vue d'œil comme un rayon de miel. Quand je me vis plus de bien que n'en a tout le pays ensemble, adieu le comptoir! je me retirai du commerce pour prêter aux affranchis. Décidément je ne voulais plus du négoce ; ce qui m'y fit rester ce fut un astrologue venu par hasard dans cette colonie, un petit Grec, nommé Sérapa, qui avait entrée au conseil des dieux. Il me rappela même des choses que j'avais oubliées, et de fil en aiguille me remémora tout ; cet homme lisait jusque dans mon ventre, et peu s'en fallait qu'il ne me dît ce que j'avais soupé la veille. Vous eussiez cru qu'il avait passé sa vie avec moi.

LXXVII. Et ceci, Habinnas ; tu étais là, je crois : « A quoi vous ont servi ces biens? à vous imposer une maîtresse. Vous n'êtes pas heureux en amis : jamais personne ne vous a payé de retour ; vous possédez beaucoup en fonds de terre ; vous nourrissez une vipère dans votre sein. » Enfin, mes amis, pourquoi vous tairai-je qu'il me reste encore à vivre trente ans, quatre mois et deux jours? De plus, je recueillerai sous peu une succession. Voilà ce que me dit mon étoile ; et si j'ai le bonheur de réunir l'Apulie à mes domaines, j'aurai en ce monde fait un assez beau chemin. En attendant, grâce à Mercure qui veillait à mes intérêts, j'ai bâti ce palais-ci : c'était, vous savez, un taudis ; c'est un temple à présent. Il renferme quatre salles à manger, vingt chambres à coucher, deux galeries de marbre, et dans l'étage supérieur un autre appartement, ma chambre à moi où je couche, celle où cette vipère fait son gîte, une loge de concierge parfaitement commode : et du logement à loger tous mes hôtes. Et tenez : Scaurus, quand il vint dans ce pays, aima mieux descendre chez moi que partout ailleurs, quoiqu'il ait au bord de la mer un logement chez son père. J'ai encore beaucoup d'autres pièces que tout à l'heure je vous montrerai. Croyez-moi : *un as vous avez, un as vous valez ; avoir considérable, homme considéré.* Voilà comme votre ami, *grenouille autrefois, est riche comme un roi.* A propos, Stichus, apporte ici les vêtements dans lesquels je veux sortir de cette vie ; apporte aussi les parfums, et un échantillon du vin dont j'exige qu'on fasse prendre un bain à mes os. —

LXXVIII. Sans se faire attendre, Stichus apporta dans la salle une couverture blanche et une prétexte, que notre hôte nous pria de manier pour voir si elles étaient de bonne laine. Puis se mettant à sourire : — Prends bien garde, Stichus, que les rats ou les vers n'y touchent ; sinon, je te fais brûler vif avec moi. Je veux être enterré dans toute ma gloire, et que tout le peuple me comble de bénédictions. — Et il débouche une fiole de nard, et nous en frotte le dessous du nez à tous, disant : — J'espère en éprouver, quand je ne serai plus, autant de plaisir que de mon vivant. — Quant au vin, il le fit verser dans l'urne commune, et ajouta : — Figurez-vous que vous êtes invités au banquet de mes funérailles! — Notre dégoût ne pouvait guère aller plus loin, quand Trimalchion, appesanti par son ignoble ivresse, voulut un concert d'espèce nouvelle, des donneurs de cor, qu'il fit venir dans la salle. Alors, soutenu par une pile d'oreillers, et s'étalant comme sur un lit de parade : — Supposez, dit-il, que je suis mort : jouez-moi quelque chose

---

omnes, qui patroni mei fuerant ; ædifico domum. Venalitia coemo jumenta ; quidquid tangebam, crescebat tanquam favus. Postquam cœpi plus habere, quam tota patria mea habet, manum de tabula, sustuli me de negotiatione, et cœpi libertos fœnerare. Et sane nolente me negotium meum agere, exoravit Mathematicus, qui venerat forte in coloniam nostram, Græculio, Serapa nomine, consiliator Deorum. Hic mihi dixit etiam ea, quæ oblitus eram, ab acia et acu mi omnia exposuit : intestinas meas noverat, tantumque non dixerat, quid pridie cœnaveram. Putasses illum semper mecum habitasse.

LXXVII. Rogo, Habinna, (puto, interfuisti :) « Tu domi- « nam tuam de rebus illis fecisti : tu parum felix in amicos « es : nemo unquam tibi parem gratiam refert : tu latifundia « possides : tu viperam sub ala nutricas. » Et quid? vobis non dixerim, et nunc mi restare vitæ annos triginta, et menses quatuor, et dies duos? Præterea cito accipiam hereditatem. Hoc mihi dicit Fatus meus. Quod si contigerit fundos Apuliæ jungere, satis vivus pervenero. Interim dum Mercurius vigilat, ædificavi hanc domum : ut scitis, casula erat, nunc templum est ; habet quatuor cœnationes, cubicula viginti, porticus marmoratus duas, susum cellationem, cubiculum in quo ipse dormio, viperæ hujus sessorium, ostiarii cellam perbonam, hospitium hospites capit. Ad summa, Scaurus, cum huc venit, nusquam maluit hospitari, et habet ad mare paternum hospitium : et multa alia sunt, quæ statim vobis ostendam. Credite mihi : assem habeas, assem valeas : habes, habeberis. Sic amicus vester, qui fuit rana, nunc est rex. Interim, Stiche, profer vitalia, in quibus volo me efferri. Profer et unguentum, et ex illa amphora gustum, ex qua jubeo lavari ossa mea.

LXXVIII. Non est moratus Stichus, sed et stragulam albam, et prætextam in triclinium attulit, jussitque nos tentare, an bonis lanis essent confectæ? Tum subridens : Vide tu, inquit, Stiche, ne ista mures tangant, aut tineæ ; alioquin te vivum comburam. Ego gloriosus volo efferri, ut totus mihi populus bene imprecetur. Statim ampullam nardi aperuit, omnesque nos unxit ; et : Spero, inquit, futurum, ut æque me mortuum juvet, tanquam vivum. Nam vinum quidem in vinarium jussit infundi : et, Putate vos, ait, ad parentalia mea invitatos esse. Ibat res ad summam nauseam, cum Trimalchio, ebrietate turpissima gravis, novum acroama, cornicines, in triclinium jussit adduci, fultusque cervicalibus multis, extendit se supra torum extremum : et, Fingite, me, inquit, mortuum esse ; dicite aliquid belli. Consonuere cornicines funebri strepitu. Unus præcipue servus libitinarii illius,

de gentil. — Les noirs musiciens commencent leur funèbre symphonie, et par-dessus tous le valet du croque-mort (de toute la bande le croque-mort était ce qu'il y avait de mieux) se met à corner d'une telle force qu'il réveille en sursaut tout le voisinage. La garde du quartier, pensant que le feu est au palais de Trimalchion, enfonce la porte brusquement, et, munie de seaux d'eau et de haches, use de son privilége pour faire grand vacarme. Nous, à qui l'occasion se présentait si favorable, nous plantons là Agamemnon, et fuyons précipitamment comme d'un véritable incendie.

LXXIX. Nous n'avions pas la ressource du moindre flambeau, et le silence de la nuit au milieu de son cours ne permettait plus de compter sur la lumière des passants. Joignez à cela les fumées du vin et l'ignorance des lieux, qui en plein midi vous aveugle. Après donc nous être traînés près d'une heure entière sur tous les gravois, et sur les pointes de cailloux brisés qui nous mettaient les pieds en sang, nous fûmes enfin tirés d'affaire par l'ingénieuse prévoyance de Giton. La veille en effet, comme il craignait même de jour de se fourvoyer, il avait marqué de craie tous les pilastres et toutes les colonnes; et ces raies blanchâtres, en dépit de la plus épaisse des nuits, nous montrèrent distinctement la voie que nous perdions. Toutefois un embarras non moindre nous attendait à notre arrivée au logis. La vieille hôtesse, à son tour, s'était tellement gorgée de boisson avec ses locataires, qu'on lui eût mis le feu au derrière sans la réveiller; et peut-être eussions-nous passé la nuit sur le seuil, si un commissionnaire de Trimalchion n'était survenu, fier de son train de dix chariots. Sans perdre le temps à faire tapage, il enfonça la porte de l'hôtellerie, et nous fit comme lui entrer par la brèche.

Dieux, quelle nuit! que de plaisir!
Quel lit propice aux étreintes brûlantes
Qui mêlaient nos baisers et nos âmes errantes!
Adieu soucis, plus de noir souvenir :
A force de bonheur je me sentais mourir.

Mais j'ai tort de me féliciter. Au moment où, affaissé par l'ivresse, je n'avais plus de mains pour retenir Giton, Ascylte, artisan de toute iniquité, se glissa dans l'ombre, me l'enleva, et le transporta dans son lit. Là, après s'être livré tout à l'aise à ses adultères ébats, sans que la fourbe fût aperçue ou qu'on parût s'en apercevoir, il s'endormit dans ces bras qui ne devaient pas s'ouvrir pour lui, il foula aux pieds tout droit humain. A mon réveil je promenai mes mains sur une couche veuve de mes délices; et, par tout ce que l'amour a de plus saint, j'hésitai si je devais percer les deux coupables et les faire passer du sommeil à la mort. Toutefois prenant un parti plus sûr, je frappai Giton pour le réveiller; puis lançant à l'autre un regard terrible : — Scélérat! puisque tu as forfait à l'honneur et à notre commune amitié, enlève sur-le-champ tes effets, et cherche un autre théâtre à tes infamies. — Ascylte ne s'y refusa pas; mais quand nous eûmes le plus loyalement possible partagé notre butin : — Voyons, dit-il, il s'agit de partager aussi Giton. —

LXXX. Je croyais qu'il voulait plaisanter une dernière fois; mais lui, tirant son épée d'une main fratricide, s'écria : — Tu ne jouiras pas de cette proie que tu prétends couver seul. J'en veux ma part; dussé-je me la faire par le tran-

qui inter hos honestissimus erat, tam valde intonuit, ut totam concitaret viciniam. Itaque vigiles, qui custodiebant vicinam regionem, rati ardere Trimalchionis domum, effregerunt januam subito, et cum aqua, securibusque tumultuari suo jure cœperunt. Nos, occasionem opportunissimam nacti, Agamemnoni verba dedimus, raptimque tam plane quam ex incendio fugimus.

LXXIX. Neque fax ulla in præsidio erat, quæ iter aperiret errantibus, nec silentium noctis jam mediæ promittebat occurrentium lumen. Accedebat huc ebrietas, et imprudentia locorum, etiam interdiu obscura. Itaque cum hora pene tota, per omnes scrupos, gastrorumque eminentium fragmenta, traxissemus cruentos pedes, tandem expliciti acumine Gitonis sumus. Prudens enim pridie, cum luce etiam clara timeret errorem, omnes pilas columnasque notaverat creta, quæ lineamenta evicerant spississimam noctem, et notabili candore ostenderunt errantibus viam. Quamvis non minus sudoris habuimus, etiam postquam ad stabulum pervenimus. Anus enim ipsa, inter deversitores diutius ingurgitata, ne ignem quidem admotum sensisset : et forsitan pernoctassemus in limine, ni tabellarius Trimalchionis intervenisset, decem vehiculis dives. Non diu ergo tumultuatus, stabuli januam effregit, et nos per eandem fenestram admisit.

Qualis nox fuit illa, Di, Deæque!
Quam mollis torus! hæsimus calentes,
Et transfudimus hinc et hinc labellis
Errantes animas. Valete curæ
Mortales! ego sic perire cœpi.

Sine caussa gratulor mihi. Nam cum, solutus mero, amisissem ebrias manus, Ascyltos, omnis injuriæ inventor, subduxit mihi nocte puerum, et in lectum transtulit suum; volutatusque liberius cum fratre, non suo, sive non sentiente injuriam, sive dissimulante, indormivit alienis amplexibus, oblitus juris humani. Itaque ego expertus, pertractavi gaudio despoliatum torum; et si qua est amantibus fides, ego dubitavi, an utrumque trajicerem gladio, somnumque morti jungerem. Tutius demum secutus consilium, Gitona quidem verberibus excitavi; Ascylton autem truci intuens vultu : Quoniam, inquam, fidem scelere violasti, et communem amicitiam; res tuas ocius tolle, et alium locum, quem polluas, quære. Non repugnavit ille, sed postquam optima fide partiti manubias sumus : Age, inquit, nunc et puerum dividamus.

LXXX. Jocari putabam discedentem; at ille gladium parricidali manu strinxit, et, Non frueris, inquit, hac præda, super quam solus incumbis. Partem meam necesse est, vel hoc gladio contentus, abscindam. Idem

chant du glaive, je serai content. — De mon coté j'imite son action ; j'entortille mon bras de mon manteau, et je me mets en posture de combat. Désolé de cette déplorable furie, l'enfant se jette entre nous deux, embrasse nos genoux en pleurant, et nous conjure avec supplication de ne pas renouveler dans cette taverne le spectacle des deux frères Thébains, de ne pas souiller de notre sang une amitié si sainte et si renommée. — Que si malgré tout il vous faut un crime, s'écriait-il, voici ma gorge : portez-y vos mains meurtrières, plongez-y vos glaives. C'est moi qui dois périr, moi qui ai rompu le pacte sacré de l'amitié. — A cette prière nos épées rentrent dans le fourreau ; et Ascylte, prenant l'initiative : — Je vais, dit-il, terminer le différend : que Giton suive qui bon lui semblera, et qu'il soit libre du moins de se choisir impunément un ami. Je pensais, moi, que ma vieille intimité avec Giton était une garantie, une seconde parenté, et sans rien craindre je saisis la proposition avec un vif empressement ; je le laissai juge du procès. Il ne délibéra même point ; c'eût été paraître hésiter : mais soudain, au dernier mot de ma réponse, il se lève, et choisit pour ami Ascylte. Foudroyé par un tel arrêt, n'ayant plus mon arme, je tombai sur mon lit, et j'aurais porté sur moi-même une main désespérée, sans la jalousie que me laissait le triomphe d'un rival. Il sort, tout fier de sa conquête ; et moi, tout à l'heure son plus cher camarade, rapproché de lui en outre par la même fortune, il m'abandonne dans un pays étranger avec le dernier mépris.

Adieu le nom d'ami dès qu'il n'est plus utile !
Voyez d'un roi d'échecs le bataillon mobile :

Tel l'ami qu'après soi la fortune conduit
Nous sourit avec elle, avec elle nous fuit.
L'histrion, sur la scène où tant de vertu brille,
Est riche, libéral, père ou fils de famille ;
Mais lorsque du souffleur le cahier s'est fermé,
L'homme vil reparaît, le rôle est déclamé.

LXXXI. Je ne me laissai pas longtemps aller à mes larmes ; mais, dans la crainte que Ménélas notre répétiteur ne vînt, pour surcroît d'infortune, à me trouver seul dans l'hôtellerie, je réunis le peu de nippes que j'avais, et m'en fus tristement louer un logement écarté, près de la mer. Là, enfermé trois jours, l'esprit obsédé de mon isolement, de mon humiliation, je frappais ma poitrine déchirée de sanglots, et poussais du fond de l'âme des gémissements sans fin, coupés par mainte exclamation : — La terre n'a donc pu m'engloutir et se refermer sur moi ! ni la mer non plus, si terrible même à l'innocent ! J'ai échappé à la justice, je me suis sauvé de l'arène, j'ai tué mon hôte, pour rien, avec audace et scandale, mendier le pain de l'exil, et me voir délaissé dans une cité grecque au fond d'une taverne. Et par qui cet abandon m'est-il infligé ? Par un jeune homme que toutes les débauches ont souillé, qui de son propre aveu mérite le bannissement ; affranchi par la prostitution, citoyen par elle ; dont la possession se tirait au sort, et qui se louait pour fille à ceux même qui le croyaient homme. Et cet autre, ô dieux ! qui en guise de toge virile prit la robe de femme ; qui crut, dès le berceau devoir n'être point de son sexe ; qui fit œuvre de prostituée dans un bouge d'esclaves ; qui, dépositaire infidèle et déserteur de ma tendresse, abjure ce nom d'ami qu'il porta si longtemps, et, infamie ! comme fe-

ego ex altera parte feci, et, intorto circà brachium pallio, composui ad præliandum gradum. Inter hanc miserorum dementiam infelicissimus puer tangebat utriusque genua cum fletu, petebatque suppliciter, ne Thebanum par humilis taberna spectaret, neve sanguine mutuo pollueremus familiaritatis clarissimæ sacra. Quod si utique, proclamabat, facinore opus est, nudo, ecce! jugulum, convertite huc manus; imprimite mucrones! Ego mori debeo, qui amicitiæ sacramentum delevi? Inhibuimus ferrum post has preces : et prior Ascyltos, Ego, inquit, finem discordiæ imponam. Puer ipse, quem vult, sequatur, ut sit illi saltem in eligendo fratre salva libertas. Ego vetustissimam consuetudinem putabam in sanguinis pignus transiisse, nihil timui, imo conditionem præcipiti festinatione rapui, commisique judici litem : qui ne deliberavit quidem, ut videretur cunctatus, verum statim, ab extrema parte verbi consurrexit, fratrem Ascylton elegit. Fulminatus hac pronunciatione, sicut eram sine gladio, in lectulum decidi, et attulissem mihi damnatas manus, si non inimici victoriæ invidissem. Egreditur superbus cum præmio Ascyltos, et paullo ante carissimum sibi commilitonem, fortunæque etiam similitudine parem, in loco peregrino destituit abjectum.

Nomen amicitiæ, si quatenus expedit, hæret.

Calculus in tabula mobile ducit opus.
Cum Fortuna manet, vultum servatis, amici :
Cum cedit, turpi vertitis ora fuga.
Grex agit in scena mimum, Pater ille vocatur,
Filius hic, nomen Divitis ille tenet.
Mox ubi ridendas inclusit pagina partes;
Vera redit facies, assimulata perit.

LXXXI. Nec diu tum lacrymis indulsi, sed veritus, ne Menelaus etiam Antescholanus, inter cetera mala, solum me in deversorio inveniret, collegi sarcinulas, locumque secretum, et proximum littori, mœstus conduxi. Ibi triduo inclusus, redeunte in animum solitudine, atque contentu, verberabam ægrum planctibus pectus, et inter tot altissimos gemitus frequenter etiam proclamabam : Ergo me non ruina terra potuit haurire? non iratum etiam innocentibus mare? Effugi judicium, arenæ imposui, hospitem occidi, ut inter audaciæ nomina mendicus, exul, in deversorio Græcæ urbis jacerem desertus? Et quis hanc mihi solitudinem imposuit? Adolescens omni libidine impurus, et sua quoque confessione dignus exilio : stupro liber, stupro ingenuus , cujus anni ad tesseram venierunt, quem tanquam puellam conduxit etiam qui virum putavit. Quid ille alter ? o Dii ! qui, tanquam togam virilem, stolam sumsit ; qui, ne vir esset, a matre persuasus est; qui opus muliebre in ergastulo fecit; qui, postquam contur-

rait une vile coureuse, s'est, en une seule nuit d'attentats, vendu corps et âme. Ils passent, ces dignes amants, des nuits entières dans les bras l'un de l'autre, et peut-être, épuisés de leurs mutuelles jouissances, ils rient de mon affreuse solitude. Mais ce ne sera pas impunément : non, je ne suis pas homme et homme libre, ou je laverai mon affront dans le sang des coupables. —

LXXXII. Ce disant, je ceins mon épée; et pour que le manque de forces ne trahisse pas mon ardeur guerrière, je les ranime par une nourriture copieuse ; puis je m'élance dans la rue, et parcours en furieux tous les portiques. Tandis que, l'air égaré, l'œil farouche, je ne respire que meurtre et que sang, portant à chaque instant la main au fer chargé de ma vengeance, je fus remarqué par un soldat, un escroc peut-être, ou un détrousseur nocturne. — Holà, camarade, fit-il, de quelle légion es-tu? de quelle centurie? — Je mentis sur ces deux points avec un front imperturbable. — Alors dis-moi, reprit-il, dans ton corps d'armée on porte donc des chaussures à la grecque? — Pour le coup, la couleur de mon visage et mon agitation trahirent l'imposture. Il m'enjoignit de mettre bas les armes et de prendre garde à moi. Dépouillé de la sorte, et les voies de la vengeance m'étant si brusquement coupées, je rétrogradai vers mon logis, peu à peu mes idées belliqueuses tombèrent, et je finis par savoir gré à mon détrousseur de sa hardiesse.

LXXXIII. Sur mon chemin se trouvait une galerie où la peinture étalait ses merveilles en tout genre. Là je vis le pinceau de Zeuxis triomphant encore de l'injure des ans, les esquisses de Protogène qui disputaient de vérité avec la nature elle-même, et que je ne touchai qu'avec une sorte de frissonnement. Les *Monochromes* d'Apelle, comme disent les Grecs, m'émurent aussi d'un saint respect. Les lignes saillantes des figures y étaient tracées avec un fini de ressemblance et de précision tel, qu'on eût cru que l'âme aussi avait trouvé son peintre. Ici un aigle emportait dans l'Olympe le céleste échanson; là l'innocent Hylas repoussait une lascive Naïade ; plus loin Apollon maudissait sa main meurtrière, et avec la fleur qui venait de naître il couronnait religieusement sa lyre détendue. Environné de ces peintures, qui, elles aussi, ne respiraient qu'amour, je m'écriai, comme si j'eusse été seul : — Les dieux sont donc blessés des mêmes traits que nous ! Jupiter ne trouva pas dans sa cour d'objet qui méritât son choix ; mais l'infidèle, venu sur la terre, ne vola du moins son Ganymède à personne. La Nymphe qui ravit Hylas aurait maîtrisé sa passion, si elle eût pensé qu'Hercule devait accourir le lui disputer. Apollon fit revivre en une fleur l'ombre d'Hyacinthe ; et l'histoire de nos dieux offre partout l'amour heureux et sans rival. Mais moi, j'ai reçu comme hôte et comme ami un traître plus cruel que Lycurgue. —

Or, tandis que je contais aux vents mes griefs, il entra dans la galerie un vieillard au front chenu, aux traits mobiles et tourmentés, et qui semblait annoncer je ne sais quoi de grandiose : d'une mise au reste peu brillante, à faire aisément deviner qu'il était de cette classe de littérateurs dont les riches d'ordinaire ne sont pas amis. Il s'arrêta à mes côtés : — Je suis poëte,

---

bavit, et libidinis suæ solum vertit, reliquit veteris amicitiæ nomen, et, proh pudor! tanquam mulier secutuleia, unius noctis tactu omnia vendidit? Jacent nunc amatores obligati noctibus totis, et forsitan mutuis libidinibus attriti, derident solitudinem meam; sed non impune. Nam aut vir ego, liberque non sum, aut noxio sanguine parentum injuriæ meæ.

LXXXII. Hæc locutus, gladio latus cingor, et, ne infirmitas militiam perderet, largioribus cibis excito vires, mox in publicum prosilio, furentisque more omnes circumeo porticus. — Sed, dum attonito vultu efferatoque nil aliud, quam cædem et sanguinem cogito, frequentiusque manum ad capulum, quem devoveram, refero : notavit me miles, sive ille planus fuit, sive nocturnus grassator : et, Quid tu, inquit, Commilito, ex qua legione es, aut cujus centuriæ? Cum constantissime et Centurionem, et legionem essem ementitus : Age ergo, inquit ille, in exercitu vestro phæcasiati milites ambulant? Cum deinde vultu, atque ipsa trepidatione mendacium prodidissem, ponere jussit arma, et malo cavere. Despoliatus ergo, imo præcisa ultione, retro ad deversorium tendo, paullatimque, temeritate laxata, cœpi grassatoris audaciæ gratias agere.

LXXXIII. In pinacothecam perveni, vario genere tabularum mirabilem ; nam et Zeuxidos manus vidi, nondum vetustatis injuria victas : et Protogenis rudimenta, cum ipsius naturæ veritate certantia, non sine quodam horrore tractavi. Jam vero Apellis, quam Græci Monochromon appellant, etiam adoravi. Tanta enim subtilitate extremitates imaginum erant ad similitudinem præcisæ, ut crederes etiam animorum esse picturam. Hinc aquila ferebat cœlo sublimis Deum. Illinc candidus Hylas repellebat improbam Naïda. Damnabat Apollo noxias manus, lyramque resolutam modo nato flore honorabat. Inter quos etiam pictorum amantium vultus, tanquam in solitudine exclamavi : Ergo amor etiam Deos tangit? Jupiter in cœlo suo non invenit quod eligeret, et peccaturus in terris, nemini tamen injuriam fecit. Hylam Nympha prædata, imperasset amori suo, si venturum ad interdictum Herculem credidisset. Apollo pueri umbram revocavit in florem, et omnes fabulæ quoque habuerunt sine æmulo complexus. At ego in societatem recepi hospitem, Lycurgo crudeliorem.

Ecce autem, ego dum cum ventis litigo, intravit pinacothecam senex canus, exercitati vultus, et qui videretur nescio quid magnum promittere ; sed cultu non proinde speciosus, ut facile appareret, eum ex hac nota litteratorum esse, quos odisse divites solent. Is ergo, ut ad latus constitit meum : Ego, inquit, poëta sum, et, ut spero, non humillimi spiritus, si modo coronis aliquid credendum

me dit-il, et, je l'espère, poëte à inspirations peu communes ; s'il faut du moins ajouter quelque foi aux couronnes, que souvent aussi la faveur décerne à la sottise. Et pourquoi, m'allez-vous dire, êtes-vous si mal vêtu ? Pour cela même : la passion de l'art n'a jamais mené personne à l'opulence.

Le marchand s'enrichit des tributs de Neptune ;
Le guerrier dans les camps rencontre la fortune ;
Le vil flatteur, au sein des banquets somptueux,
Sur la pourpre et sur l'or repose son ivresse ;
On paye au séducteur sa vénale tendresse :
Mais le génie !.. hélas ! sous des lambeaux affreux
Il se morfond, s'épuise, et sa voix solitaire
Des beaux-arts délaissés invoque en vain le père.

LXXXIV. C'est vraiment comme cela ; et quiconque, ennemi de tout ce qui est vice, entreprend de suivre le droit chemin, d'abord se fait haïr par le contraste seul de ses principes ; (car peut-on approuver des mœurs qui condamnent les nôtres ?) et ensuite ceux qui n'ont souci que de se bâtir une fortune ne veulent pas qu'aux yeux du monde il y ait rien de meilleur que ce qu'eux-mêmes possèdent. On berne donc, de toutes les façons possibles, les amis des lettres, pour faire croire qu'eux aussi ont un mérite inférieur aux écus.

Eh ! n'est-ce point assez qu'une indigne mollesse
Ait perdu sans retour notre noble jeunesse ?
Faut-il qu'un affranchi, d'or et de vin gorgé,
Dans le bourbier natal encore tout plongé,
Dévore en un repas les tributs d'un royaume,
Et qu'en palais changé, le sale abri de chaume
D'un captif, qu'en nos murs la victoire a conduit,
Nargue de Romulus le modeste réduit !
Le juste a contre soi les vents et les étoiles ;
L'iniquité prospère et vogue à pleines voiles.

— Je ne sais, répondis-je, par quelle fatalité le bel esprit a pour sœur la misère : [et comme en même temps je soupirais : — Vous avez bien raison, reprit-il, de gémir sur notre condition. — Ce n'est point là, dis-je, ce qui me fait gémir ; j'ai pour m'affliger un motif bien autre et bien plus poignant. — Puis, par ce penchant naturel qui porte l'homme à confier à l'homme le récit de ses peines, je lui exposai mon infortune, je lui peignis surtout le perfide Ascylte des plus noires couleurs, et je m'écriais, au milieu de mes sanglots :] — Ah ! si mon ennemi n'était pas si coupable de ma continence forcée ! si on pouvait le fléchir ! Mais c'est un vétéran du crime, plus retors que tous les courtiers de débauche. [Touché par mon ton de franchise, le vieillard tâcha de me consoler ; et, pour faire diversion à mon chagrin, il me conta cette histoire d'une bonne fortune qu'il avait eue jadis.]

LXXXV. — C'était en Asie, où j'avais suivi les drapeaux de notre questeur ; je me trouvais cantonné à Pergame. Ce qui me plaisait dans ce séjour, c'était non-seulement l'élégance de mon petit logement, mais encore la beauté rare du fils de mon hôte ; et voici quel plan je formai pour ne pas être, aux yeux du père, suspect de séduction. Toutes les fois qu'à table l'entretien tombait sur l'amour des jolis garçons, j'affectais une indignation si vive, je m'opposais avec un sérieux si austère à ce qu'on blessât mon oreille de ces obscènes propos, qu'auprès de la mère surtout je passais pour l'un des sept sages. Déjà donc je commençais à conduire l'adolescent au gymnase : c'était moi qui réglais ses études ; j'étais son gouverneur et son précepteur en même temps, pour fermer l'accès de la maison à tout ravisseur d'un si cher trésor. Une fois, dans le triclinium où nous restâmes couchés (car il était fête, la leçon avait fini tôt, et paresseux de faire retraite, nous subissions l'influence des joies prolongées du festin), je m'aperçus vers le milieu de la nuit que mon élève ne dormait pas. Alors d'une voix bien timide je murmurai cette prière : — O ma souveraine, ô Vénus !

---

est, quas etiam ad imperitos deferre gratia solet. Quare ergo, inquis, tam male vestitus es ? Propter hoc ipsum : amor ingenii neminem unquam divitem fecit.

Qui pelago credit, magno se fœnore tollit ;
Qui pugnas et castra petit, præcingitur auro ;
Vilis adulator picto jacet ebrius ostro ;
Et qui sollicitat nuptas, ad præmia peccat :
Sola pruinosis horret Facundia pannis, 5
Atque inopi lingua desertas invocat artes.

LXXXIV. Non dubie ita est ; sed qui, vitiorum omnium inimicus, rectum iter vitæ cœpit insistere, primum propter morum differentiam odium habet : (quis enim potest probare diversa ?) Deinde, qui solas exstruere divitias curant, nihil volunt inter homines melius credi, quam quod ipsi tenent. Jactantur itaque, quacumque ratione possunt, litterarum amatores, ut videantur illi quoque infra pecuniam positi.

Non satis est quod nos mergis, furiosa Juventus ?
Transversosque rapit fama sepulta probris :
Anne etiam famuli cognata fœce sepulti,
In testa mersas luxuriantur opes ?
Vilis servus habet regni bona : cellaque capti 5
Derideat festram, Romuleamque casam.
Idcirco virtus medio jacet obruta cœno ;
Nequitiæ classes candida vela ferunt.

Nescio quo modo bonæ mentis soror est paupertas... Vellem, tam innocens esset frugalitatis meæ hostis, ut deliniri posset. Nunc veteranus est latro, et ipsis lenonibus doctior...

LXXXV. In Asiam cum a Quæstore essem stipendio eductus, hospitium Pergami accepi : ubi cum libenter habitarem, non solum propter cultum ædicularum, sed etiam propter hospitis formosissimum filium, excogitavi rationem, qua non essem patrifamiliæ suspectus amator. Quotiescumque enim in convivio de usu formosorum mentio facta est, tam vehementer excandui, tam severa tristitia violari aures meas obsceno sermone nolui, ut me, mater præcipue, tanquam unum ex Philosophis intueretur. Jam ego cœperam ephebum in gymnasium deducere, ego studia ejus ordinare, ego docere, ac præcipere, ne quis prædator corporis admitteretur in domum. Forte cum in triclinio jaceremus, quia dies solemnis ludum arctaverat, pigritiamque recedendi imposuerat hilaritas longior : fere circa mediam noctem intellexi, puerum vigilare. Itaque timidissimo murmure votum feci ; et, Domina, inquam, Venus, si ego hunc puerum basiavero, ita, ut ille non sentiat, cras illi par columbarum donabo.

si j'obtiens de baiser cet enfant, sans toutefois qu'il le sente, demain je lui ferai présent d'une paire de tourterelles. — Voyant de quel salaire je payerais cette faveur, il se met vite à ronfler. Je m'approche donc du petit rusé, et mes entreprises se bornent à quelques baisers furtifs. Satisfait de ce prélude, je me levai de bon matin ; je lui rapportai, comme il l'attendait, une paire de tourterelles choisies, et me libéral de mon vœu.

LXXXVI. La nuit suivante, trouvant la même facilité, je fis un souhait différent : — Si je puis, disais-je, promener sur lui une main libertine, et qu'il ne le sente pas, deux coqs, deux chefs de basse-cour des plus belliqueux, seront le prix de son silence. — A cette promesse, le voilà qui de lui-même se rapproche, craignant déjà, je crois, de me trouver endormi. D'amoureuses étreintes le tirèrent d'inquiétude ; et toute sa personne, sauf le suprême plaisir, me fut livrée à discrétion. En conséquence, le jour venu, tout ce que j'avais promis fut apporté et joyeusement reçu. La troisième nuit, maître d'oser encore, je me penchai vers l'oreille du faux dormeur, et je dis : — Dieux immortels ! si dans son sommeil il me laisse cueillir à souhait les délices d'une pleine jouissance, en échange de tant de bonheur il recevra demain un excellent andalous croisé de race macédonienne, à condition pourtant qu'il ne se doute de rien. Jamais ce cher enfant n'avait dormi d'un plus profond somme. Mes mains s'emparent d'abord de sa blanche poitrine, puis mes lèvres se collent aux siennes, puis enfin s'accomplit le vœu qui résume en soi tous les autres. Le lendemain matin il se tint assis dans sa chambre, comptant, comme d'habitude, sur mon cadeau. Vous savez combien il est plus facile d'acheter une paire de tourterelles ou de coqs qu'un andalous croisé de race macédonienne ; outre cela je craignais que l'importance du présent ne rendît suspecte ma libéralité. Donc, après quelques heures de promenade, je rentrai chez mon hôte, et le fils ne reçut de moi qu'un baiser. Il regarda de tous côtés, puis, passant ses bras autour de mon cou : — Maître, me dit-il, où donc est l'andalous ? —

LXXXVII. Bien que ce manque de foi m'eût fermé l'accès que je m'étais ouvert, je risquai une nouvelle tentative. A peu de jours d'intervalle, un hasard tout pareil ayant ramené pour nous la même occasion, sitôt que j'entendis ronfler le père, je priai mon jeune ami de se réconcilier avec moi, c'est-à-dire de se laisser faire plaisir à lui-même ; je dis enfin tout ce que le désir le plus intense peut suggérer. Lui, franchement irrité, ne faisait d'autre réponse que celle-ci : — Dormez, ou je vais le dire à mon père. — Mais est-il rien de si difficile que n'arrache la persévérance ? Tandis qu'il répète, J'éveillerai mon père, je me glissais toujours, et après une molle résistance mon triomphe fut délicieux. Or ce trait d'audace l'avait si peu désobligé, qu'après s'être longuement plaint que je l'avais trompé et joué, et fait moquer de ses camarades auxquels il avait vanté mes largesses : — Voyez pourtant, ajouta-t-il, je ne veux pas vous ressembler ; si vous voulez encore quelque chose, recommencez. — Dès lors, toute rancune oubliée, je rentrai en grâce, et profitai de sa complaisance ; après quoi je me laissai aller au sommeil. Mais cette double épreuve n'avait pas satisfait chez mon néophyte, mûr pour le rôle passif, l'ardeur exigeante de son âge. Il me tire donc de mon assoupissement, et : — Ne souhaitez-vous plus rien ? dit-il. — L'offre n'était pas tout à fait déplaisante ; et tant bien que

Audito voluptatis pretio, puer stertere cœpit. Itaque aggressus simulantem aliquot basiolis invasi. Contentus hoc principio, bene mane surrexi, electumque par columbarum attuli exspectanti, ac me voto exsolvi.

LXXXVI. Proxima nocte, cum idem liceret, mutavi optionem : et, Si hunc, inquam, tractavero improba manu, et ille non senserit, gallos gallinaceos pugnacissimos duos donabo patienti. Ad hoc votum Ephebus ultro se admovit, et, puto, vereri cœpit, ne ego obdormissem. Indulsi ergo sollicito, totoque corpore citra summam voluptatem me ingurgitavi. Deinde, ut dies venit, attuli gaudenti quidquid promiseram. Ut tertia nox licentiam dedit, consurrexi ad aurem male dormientis : Dii, inquam, immortales ! si ego huic dormienti abstulero coitum plenum et optabilem, pro hac felicitate cras puero asturconem Macedonicum optimum donabo, cum hac tamen exceptione, si ille non senserit. Nunquam altiore somno Ephebus obdormivit. Itaque primum implevi lactentibus papillis manus, mox basio inhæsi, deinde in unum omnia vota conjunxi. Mane sedere in cubiculo cœpit, atque exspectare consuetudinem meam. Scis, quanto facilius sit, columbas, gallosque gallinaceos emere, quam asturconem ; et præter hoc etiam timebam, ne tam grande munus suspectam faceret humanitatem meam. Ergo aliquot horis spatiatus, in hospitium reverti, nihilque aliud, quam puerum basiavi. At ille circumspiciens, ut cervicem meam junxit amplexui : Rogo, inquit, Domine, ubi est asturco ?

LXXXVII. Cum ob hanc offensam præclusissem mihi aditum, quem feceram, iterum ad licentiam redii. Interpositis enim paucis diebus, cum similis nos casus in eamdem fortunam retulisset, ut intellexi stertere patrem, rogare cœpi Ephebum, ut reverteretur in gratiam mecum, id est, ut pateretur satisfieri sibi, et cetera, quæ libido distenta dictat. At ille, plane iratus, nihil aliud dicebat, nisi hoc : Aut dormi, aut ego jam dicam patri. Nihil est tam arduum, quod non improbitas extorqueat. Dum dicit, Patrem excitabo, irrepsi tamen, et male repugnanti gaudium extorsi. At ille, non indelectata nequitia mea, postquam diu questus est, deceptum se, et derisum, traductumque inter condiscipulos, quibus jactasset censum meum : Videris tamen, inquit, non ero tui similis. Si quid vis, fac iterum. Ego vero, deposita omni offensa, cum puero in gratiam redii, ususque beneficio ejus, in somnum delapsus sum. Sed non fuit contentus iteratione Ephebus plenæ maturitatis, et annis ad patiendum gestientibus. Itaque excitavit me sopitum ; et, Numquid vis ? inquit. Et non plane

mal, comme moi hors d'haleine, baigné de sueur et brisé, il obtint ce qu'il demandait; puis je me rendormis dans l'épuisement du plaisir. Moins d'une heure après le voilà qui me pince doucement, et me dit : — Pourquoi ne le faisons-nous plus? — Moi alors, las d'être tant de fois réveillé, je me fâchai tout à fait sérieusement, et je lui rendis sa réponse : — Dormez, ou je vais le dire à votre père. —

LXXXVIII. Tiré de mon abattement par ce joyeux récit, je me mis à questionner le vieillard, plus connaisseur que moi, sur l'âge de certains tableaux et sur les sujets que je ne comprenais pas. Je lui demandai ensuite d'où venait l'insouciance du siècle et la mort des beaux-arts, entre autres de la peinture, qui n'avait pas laissé la moindre trace d'elle-même. — La passion de l'argent, répondit-il, a opéré cette révolution. Du temps de nos aïeux, où le mérite indigent était encore apprécié, les arts libéraux florissaient, et il y avait grande émulation entre les hommes pour que toute découverte dont profiterait l'avenir fût sauvée de l'oubli. Alors, n'est-il pas vrai, Démocrite parvenait à extraire les sucs de toutes les herbes; et, pour qu'aucune propriété du minéral ou de la plante ne lui échappât, il consuma sa vie en expériences. Eudoxe vieillit sur le sommet d'une haute montagne, pour mieux saisir les mouvements des planètes et du ciel; et Chrysippe, afin de suffire à sa tâche d'inventer et d'avoir la pensée plus nette, prit jusqu'à trois fois de l'ellébore. Mais revenons à l'art plastique : Lysippe, aux pieds mêmes d'une statue qu'il s'attachait à perfectionner, s'éteignit faute de nourriture; et Myron, qui semble avoir enfermé dans le bronze des âmes d'hommes et de bêtes, ne put trouver un héritier. Pour nous, ensevelis dans le vin et les femmes, nous n'avons pas même le courage d'étudier des arts dont les modèles sont là : dépréciateurs de l'antiquité, le vice est la seule chose dont on prenne et donne des leçons. Qu'est devenue la Dialectique? et l'Astronomie? et la Philosophie, dont les oracles étaient si courus? Qui voit-on, dites-moi, venir dans un temple, et vouer un sacrifice pour atteindre à l'éloquence ou découvrir les sources de la sagesse? On n'y demande même pas la santé du corps; mais avant tout, avant d'effleurer le seuil du Capitole, l'un promet une offrande s'il enterre un riche parent; l'autre, s'il trouve un trésor; l'autre, s'il arrive, sans être inquiété, à son trentième million de sesterces. Le sénat lui-même, ce précepteur de justice et de vertu, a coutume de voter mille marcs d'or au dieu du Capitole; et, pour ôter à la cupidité ses scrupules, il n'est pas jusqu'à Jupiter dont il ne marchande la faveur. Ne vous étonnez plus que la peinture se meure, lorsqu'aux yeux de tous, dieux ou hommes, un lingot d'or est une plus belle chose que tout ce qu'Apelle et Phidias, petits Grecs à tête folle, ont pu faire.

LXXXIX. Mais je vous vois tout absorbé par ce tableau où la ruine de Troie est représentée : je vais donc essayer en vers une démonstration du sujet.

> Les Grecs assiégeaient Troie, et le dixième été
> S'ouvrait plein de terreurs pour la morne cité.
> Mais Calchas n'obtenait qu'une foi chancelante.
> Un dieu seul peut hâter la victoire trop lente :
> Phébus parle, et l'Ida voit tomber ses sapins
> Aux chênes enlacés par de savantes mains,
> Qui bientôt font surgir de cet amas énorme
> D'un cheval monstrueux la gigantesque forme.

jam molestum erat munus. Utcumque igitur, inter anhelitus sudoresque tritus, quod voluerat, accepit, rursusque in somnum decidi, gaudio lassus. Interposita minus hora, pungere me manu cœpit, et dicere : Quare non facimus? Tum ego, toties excitatus, plane vehementer excandui, et reddidi illi voces suas : Aut dormi, aut ego jam patri dicam.

LXXXVIII. Erectus his sermonibus, consulere prudentiorem cœpi, ætates tabularum, et quædam argumenta, mihi obscura, simulque caussam desidiæ præsentis excutere, quum pulcherrimæ artes periissent, inter quas Pictura ne minimum quidem sui vestigium reliquisset. Tum ille : Pecuniæ, inquit, cupiditas hæc tropica instituit. Priscis enim temporibus, cum adhuc nuda virtus placeret, vigebant artes ingenuæ, summumque certamen inter homines erat, ne quid profuturum seculis diu lateret. Itaque, Hercules! herbarum omnium succos Democritus expressit : et, ne lapidum virgultorumque vis lateret, ætatem inter experimenta consumsit. Eudoxus quidem in cacumine excelsissimi montis consenuit, ut astrorum cœlique motus deprehenderet : et Chrysippus, ut ad inventionem sufficeret, ter helleboro animum detersit. Verum, ut ad plastas convertar, Lysippum, statuæ unius lineamentis inhærentem, inopia extinxit : et Myron, qui pæne hominum animas, ferarumque, ære comprehendit, non invenit hæredem. At nos, vino scortisque demersi, ne paratas qui-

dem artes audemus cognoscere; sed, accusatores antiquitatis, vitia tantum docemus, et discimus. Ubi est Dialectica? ubi Astronomia? ubi Sapientiæ consultissima via? Quis, inquam, venit in templum, et votum fecit, si ad Eloquentiam pervenisset? Quis, si Philosophiæ fontem attigisset? Ac ne bonam quidem valetudinem petunt : sed statim, antequam limen Capitolii tangant, alius donum promittit, si propinquum divitem extulerit : alius, si thesaurum effoderit : alius, si ad trecenties HS salvus pervenerit. Ipse Senatus, recti bonique præceptor, mille pondo auri Capitolio promittere solet : et, ne quis dubitet pecuniam concupiscere, Jovem quoque peculio exorat. Noli ergo mirari, si Pictura deficit, cum omnibus Diis hominibusque, formosior videatur massa auri, quam quidquid Apelles Phidiasve, Græculi delirantes, fecerunt.

LXXXIX. Sed video te totum in illa hærere tabula, quæ Trojæ halosin ostendit : itaque conabor opus versibus pandere.

> Jam decima mœstos, inter ancipites metus,
> Phrygas obsidebat messis, et vatis fides
> Calchantis atro dubia pendebat metu :
> Cum, Delio profante, cæsi vertices
> Idæ trahuntur, scissaque in molem cadunt
> Robora, minacem quæ figurarent equum.
> Operitur ingens claustrum, et obducti spe...us,

Des bataillons entiers vont cacher dans ses flancs
D'un courage ulcéré les longs ressentiments.
C'est un vœu, disait-on, pour un retour prospère :
Sinon vient l'attester d'une voix mensongère.
O patrie! et tu crois sur leurs mille vaisseaux
Que Mars avec les Grecs remporte ses fléaux,
Et les vers lus au flanc du colosse perfide
Confirment de Sinon l'imposture homicide.
Le sol enfin est libre, et nos vœux exaucés.
Le Troyen hors des murs s'élance à flots pressés :
Qu'il est heureux ! Pour lui plus d'assauts, plus d'alar-
La joie, après la peur, a de si douces larmes ! [mes :
Mais, les cheveux épars et de cendre couverts,
Accourt Laocoon, prêtre du dieu des mers;
Il s'écrie, il brandit sa lourde javeline :
Lui seul il va frapper la sinistre machine;
La main d'un dieu l'arrête, et le fer repoussé
Le long du bois muet glisse, et tombe émoussé.
Sinon triomphe : en vain une arme plus propice,
La hache vient sonder l'immobile édifice,.
Et de tous ces captifs qui vont nous conquérir
Le sourd frémissement en vain s'est fait ouïr;
Le peuple, devant eux abattant ses murailles,
Perd en un jour le fruit de dix ans de batailles.
Écoutez : ô prodige! aux bords où Ténédos
Voit mourir à ses pieds le vain courroux des flots
(Tous les vents sommeillaient), soudain la mer frissonne,
S'ouvre, et le noir abîme en tournoyant bouillonne.
Dans le calme des nuits, ainsi quand l'aviron
Fend la plaine d'azur d'un rapide sillon,
Sous la nef qui s'avance elle courbe ses ondes,
Et Neptune a gémi dans ses grottes profondes.
On regarde, on s'étonne : ainsi que deux vaisseaux
Qui de leur noir poitrail domineraient les eaux,
Deux monstres, deux serpents d'une sanglante écume
Ont fait rougir le flot qui jaillit et qui fume ;
Leurs crêtes, leurs regards lancent d'affreux éclairs,
Et leurs longs sifflements épouvantent les mers.
Tous les cœurs ont frémi : debout sur le rivage,
Tes fils, Laocoon, au printemps de leur âge,
Portaient les saints bandeaux et le lin révéré.

Le couple dévorant, de leur sang altéré,
Les a ceints tout entiers de son étreinte horrible.
Hélas! près d'expirer, pour soi-même insensible,
Chacun songe à son frère, et d'un pieux effort
Voudrait, même en mourant, l'arracher à la mort.
Le père infortuné, vainement magnanime,
Court offrir au trépas sa troisième victime :
Les monstres l'ont saisi ; frappé du coup mortel,
Le prêtre en holocauste est tombé sur l'autel;
Et la terre tressaille à ce signal funeste
Des malheurs de Pergame et du courroux céleste.
Déjà Phébé, montant sur son trône argenté,
Des astres de sa cour éclipsait la clarté;
Les paisibles Troyens dormaient dans le silence :
Le vin et le sommeil les livraient sans défense.
Le colosse aussitôt de ses flancs meurtriers
A vomi dans nos murs ses armes, ses guerriers.
Tels qu'un coursier farouche, enfant de Thessalie,
Tout à coup délivré du joug qui l'humilie,
Court, ses longs crins épars, se mêler aux combats;
Les Grecs, l'épée au poing, le bouclier au bras,
Tandis que l'incendie autour d'eux se déploie,
Contre Troie invoquaient les dieux mêmes de Troie.
Pour les fils d'Ilion il n'est plus de réveil,
Et ce sommeil sera leur éternel sommeil.

XC. Ici des promeneurs de la galerie assaillirent de pierres mon improvisateur Eumolpe. Lui, dont la muse était faite à de tels suffrages, se couvrit la tête de sa robe, laissa là le temple des arts, et s'enfuit. J'eus peur, moi aussi, que le titre de poëte ne me fût appliqué. Suivant donc le fugitif jusqu'au bord de la mer, dès qu'arrivés hors de portée nous pûmes faire halte : — De grâce, lui dis-je, que prétendez-vous avec cette maudite maladie? Il n'y a pas deux heures que nous sommes ensemble, et vous m'avez parlé plus souvent en poëte qu'en homme. Je ne m'étonne pas

---

Qui castra caperent. Huc decenni prælio
Irata virtus abditur : stipant graves
Equi recessus Danai, et in voto latent.   10
O Patria ! pulsas mille credidimus rates,
Solumque bello liberum : hoc titulus fero
Incisus, hoc ad fata compositus Sinon
Firmabat, et mendacium in damnum potens:
Jam turba portis libera, ac bello carens   15
In vota properant : fletibus manant genæ,
Mentisque pavidæ gaudium lacrymas habet,
Quas metus abegit : namque Neptuno sacer,
Crinem solutus, omne Laocoon replet
Clamore vulgus; mox reducta cuspide   20
Uterum notavit : fata sed tardant manus ;
Ictusque resilit, et dolis addit fidem.
Iterum tamen confirmat invalidam manum,
Altaque bipenni latera pertentat. Fremit
Captiva pubes intus, et, dum murmurat   25
Roborea moles spirat alieno metu.
Ibat juventus capta, dum Trojam capit,
Bellumque totum fraude ducebat nova.
Ecce alia monstra! Celsa qua Tenedos mare
Dorso repellit, tumida consurgunt freta,   30
Undaque resultat scissa tranquillo minor,
Qualis silenti nocte remorum sonus
Longe refertur, cum premunt classes mare,
Pulsumque marmor, abiete imposita, gemit.
Respicimus, angues orbibus geminis ferunt   35
Ad saxa fluctus : tumida quorum pectora,
Rates ut altæ, lateribus spumas agunt :
Dat cauda sonitum : liberæ pontum jubæ
Consentiunt luminibus fulmineum jubar

Incendit æquor, sibilisque undæ tremunt :   40
Stupuere mentes. Infulis stabant Sacri
Phrygioque cultu, gemina nati pignora
Laocoonte, quos repente tergoribus ligant
Angues corusci : parvulas illi manus
Ad ora referunt : neuter auxilio sibi,   45
Uterque fratri ; transtulit pietas vices,
Morsque ipsa miseros mutuo perdit metu.
Accumulat, ecce! liberum funus parens,
Infirmus auxiliator; invadunt virum,
Jam morte pasti, membraque ad terram trahunt   50
Jacet sacerdos, inter aras victima,
Terramque plangit. Sic profanatis sacris,
Peritura Troja perdidit primum Deos.
Jam plena Phœbe candidum extulerat jubar,
Minora ducens astra radianti face,   55
Cum inter sepultos Priamidas poste et mero,
Danai relaxant claustra, et effundunt viros.
Tentant in armis se duces, ceu, ubi solet
Nodo remissus Thessali quadrupes jugi
Cervicem, et altas quatere ad excursum jubas. 60
Gladios retractant, commovent orbes manus,
Bellumque sumunt. Hic graves alius mero
Obtruncat, et continuat in mortem ultimam
Somnos : ab aris alius accendit faces;
Contraque Troas invocat Trojæ sacra.   65

XC. Ex his, qui in porticibus spatiabantur, lapides in Eumolpum recitantem miserunt. At ille, qui plausum ingenii sui noverat, operuit caput, extraque templum profugit. Timui ego, ne me Poetam vocarent. Itaque subsecutus fugientem, ad littus perveni : et, ut primum extra

4.

si les gens vous poursuivent à coups de pierres. Moi-même j'en chargerai mes poches, et, au premier accès de poésie qui vous prendra, je vous rafraîchirai le cerveau d'une saignée. — Il secoua les oreilles, et répondit : — Ah! mon enfant, je n'en suis pas aujourd'hui à mon premier début ; au théâtre même, chaque fois que je m'y présente pour réciter un morceau, tel est l'accueil dont la foule me salue habituellement. Comme au surplus, avec vous du moins, je ne veux point passer tout le jour en querelle, je ferai abstinence de vers. — Eh bien, répliquai-je, si vous abjurez pour aujourd'hui cette frénésie, je vous fais souper avec moi. — Puis je confiai à la gardienne de mon chétif logis le soin de mon chétif repas ; et de suite nous allâmes au bain].

XCI. Là j'aperçus Giton, linges et frottoirs en main, debout contre la muraille, l'air morne et tout confus. On voyait qu'il servait à contre-cœur. Pour que le témoignage de mes yeux fût complet, il tourna vers moi son visage tout épanoui de joie, et me dit : — Ayez pitié de moi, cher maître! où je n'ai plus d'armes à craindre, je puis parler. Sauvez-moi d'un brigand, d'un bourreau ; et imposez au repentir de votre juge quelle expiation vous voudrez. Ce me sera dans mon malheur une assez grande consolation de ne périr que par votre arrêt. — Je lui dis de cesser ses plaintes, pour que personne ne surprenne nos intentions ; et laissant là Eumolpe (il déclamait des vers aux baigneurs), j'emmène Giton par une issue obscure et fort sale, et en toute hâte je vole à mon logis. Avant tout j'en ferme la porte, puis je serre mon jeune ami contre mon sein, et sur son visage baigné de larmes j'imprime convulsivement mes lèvres. Longtemps nous restâmes sans voix l'un et l'autre, car cette chère poitrine aussi était toute brisée de sanglots. — O faiblesse indigne! m'écriai-je ; je t'aime après que tu m'as délaissé ; et mon cœur, blessé si cruellement, ne garde même plus de cicatrice! Comment justifies-tu ton acquiescement à d'adultères amours? Méritais-je un pareil outrage? — Lui, se sentant toujours aimé, releva un peu plus fièrement la tête....

Mais quereller quand l'amour nous entraîne,
Qui le pourrait? Hercule y suffirait à peine.
Tous les procès d'amour, l'amour seul les finit....

Et pourtant, continuai-je, le droit de choisir qui tu voudrais aimer, je ne l'ai point remis au jugement d'un tiers ; mais je ne me plains plus de rien, je ne me souviens de rien, si c'est un loyal repentir qui te ramène. — J'accompagnais ces paroles de soupirs et de larmes. Giton, m'essuyant le visage avec son manteau, me répondit : — De grâce, Encolpe, j'en appelle à tes propres souvenirs : est-ce moi qui t'ai abandonné, ou toi qui m'as livré à l'ennemi? Oui, je l'avoue, et ce sera mon excuse, en vous voyant armés tous deux, je me suis sauvé vers le plus fort. — J'embrassai cette tête douée de tant de prudence ; et, lui jetant les bras au cou, pour lui prouver clairement que je lui rendais mes bonnes grâces, et que ma tendresse renaissait pour lui plus sincère que jamais, je le serrai étroitement contre ma poitrine.

XCII. Il était nuit close, et la femme avait apprêté le repas commandé, quand Eumolpe vint frapper à notre porte. Je lui crie : « Combien êtes-« vous? » et vite, par une fente de la porte

---

teli conjectum licuit consistere : Rogo, inquam, quid tibi vis cum isto morbo? Minus quam duabus horis mecum moraris, et sæpius poelice, quam humane, locutus es. Itaque non miror, si te populus lapidibus prosequitur. Ego quoque sinum meum saxis onerabo, ut, quotiescumque coperis a te exire, sanguinem tibi a capite mittam. Movit ille vultum, et, O mi, inquit, adolescens, non hodie primum auspicatus sum : imo quoties theatrum, ut recitarem aliquid, intravi, hac me adventitia excipere frequentia solet. Ceterum, ne et tecum quoque habeam rixandum toto die, me ab hoc cibo abstinebo. Imo, inquam ego, si ejuras hodiernam bilem, una cœnabimus : mando ædicularum custodi cœnulæ officium...

XCI. Video Gitona, cum linteis et strigilibus parieti applicitum, tristem confusumque. Scires, non libenter servire. Itaque, ut experimentum oculorum caperem, convertit ille solutum gaudio vultum, et, Miserere, inquit, frater : ubi arma mihi sunt, libere loquor. Eripe me latroni cruento, et qualibet sævitia pœnitentiam judicis tui puni. Satis magnum erit misero solatium, tua voluntate cecidisse. Supprimere ego querelam jubeo, ne quis consilia deprehenderet : relictoque Eumolpo, (nam in balneo carmen recitabat,) per tenebrosum et sordidum egressum extraho Gitona, raptimque in hospitium meum pervolo. Præclusis deinde foribus, invado pectus amplexibus, et perfusum os lacrymis vultu meo contero. Diu vocem neuter invenit ; nam puer etiam singultibus crebris amabile pectus quassaverat. O facinus, inquam, indignum! quod amo te, quamvis relictus ; et in hoc pectore, cum vulnus ingens fuerit, cicatrix non est. Quid dicis, peregrini amoris concessio? Dignus hac injuria fui? Postquam se amari sensit, supercilium altius sustulit....

Accusare et amare tempore uno,
Ipsi vix fuit Herculi ferendum.
Dividias mentis conficit omnis amor...

Nec amoris arbitrium ad alium judicem tuli ; sed nihil jam queror ; nihil jam memini, si bona fide pœnitentiam emendas. Hæc cum inter gemitus lacrymasque fudissem, detersit ille pallio vultum, et, Quæso, inquit, Encolpi, fidem memoriæ tuæ appello : Ego te reliqui, an tu prodidisti? Equidem fateor, et præ me fero, cum duos armatos viderem, ad fortiorem confugi. Exosculatus pectus sapientia plenum, injeci cervicibus manus : et, ut facile intelligeret, rediisse me in gratiam, et optima fide reviviscentem amicitiam, toto pectore adstrinxi.

XCII. Et jam plena nox erat, mulierque cœnæ mandata curaverat, cum Eumolpus ostium pulsat. Interrogo ego : Quot estis? obiterque per rimam foris speculari diligentissime cœpi, num Ascyltos una venisset. Demum, ut so-

j'examine avec soin si Ascylte n'est pas avec lui. N'apercevant qu'une seule personne, je me hâte de faire entrer. Eumolpe se laisse aller sur mon grabat ; et, à la vue de mon échanson, il fait certain signe de tête, et dit : — Honneur à Ganymède ! Il faut qu'aujourd'hui la fête soit complète. — Je fus loin de goûter un début aussi indiscret, et j'eus peur d'avoir ouvert ma porte à un second Ascylte. Il poursuit de plus belle ; et comme Giton lui versait à boire : — Tiens, lui dit-il, je t'aime mieux que tout ce que j'ai vu au bain ; — puis vidant d'un trait sa coupe : — Jamais je n'ai subi vexation plus grande. Figurez-vous qu'à peine entré dans l'eau, je faillis être chargé de coups pour avoir essayé de débiter des vers aux gens assis autour du bassin. C'était comme au théâtre ; on me poussa dehors, et j'allai parcourant tous les coins de la salle, et apelant Encolpe à cor et à cri. A l'autre bout un jeune homme tout nu, qui avait perdu ses vêtements, criait non moins haut que moi, et ne cessait de réclamer avec colère un nommé Giton. Quant à moi, des valets, qui me prenaient pour un fou, me contrefaisaient avec l'insolence la plus dérisoire. Mais le jeune homme ! nombre de curieux faisaient cercle autour de lui, battant des mains et dans l'admiration la plus respectueuse. Il étalait en effet un tel volume de virilité, que vous eussiez pris l'homme lui-même pour l'appendice de la partie. O quel athlète infatigable ! Je crois qu'à commencer la veille, il ne finirait que le lendemain. Aussi fut-il bientôt tiré d'affaire : je ne sais quel chevalier romain, décrié, disait-on, pour ses mœurs, vint au secours de sa détresse, lui jeta son manteau sur les épaules, et l'emmena chez lui, pour jouir seul, je pense, d'une si riche aubaine. Et moi, je n'aurais pas même tiré mes habits des mains de l'*Officieux*[1] qui les gardait, si je n'avais produit un répondant. Tant il vaut mieux, pour se faire des amis, développer un bel engin qu'un beau génie ! —

Le récit d'Eumolpe m'avait fait changer à tout instant de visage : mon front s'éclaircissait au désappointement de mon rival, et se rembrunissait à sa bonne fortune. Faisant toutefois comme si je ne connaissais pas le sujet de l'histoire, je me tus, et me mis à ranger les plats sur la table.

[Mon nouvel hôte reprit la parole, et, pour vanter la simplicité de notre repas, il nous dit :]

XCIII. Le dieu qui devant nous, prodigue de ses soins,
Sema de quoi calmer le cri de nos besoins,
Partout offre à ma bouche ou la mûre sanglante,
Ou le chou plébéien, ou le fruit d'Atalante.
J'ai soif, le fleuve est près : sot qui n'y boirait pas !
Un bon feu brille ici : moquons-nous des frimas.
Le fer de la loi veille au seuil d'une adultère ;
La vierge dort en paix sous l'aile de sa mère.
Quand tous nos vœux sont purs, la nature y répond.
Que sont les vœux du luxe ? Un abîme sans fond.

Mais on fait fi des choses permises ; et l'imagination, que le faux goût a blasée, se passionne pour l'illicite......

D'un bien trop prompt j'hésite à me saisir :
Vaincre aisément, c'est vaincre sans plaisir.
Si le faisan, si la poule d'Afrique
Nous semble un mets d'une saveur unique,
C'est qu'il est rare ; et l'oison argenté,
Et le canard au riche et frais plumage,
Sentent le peuple et la rusticité.
Mais le sarget, le moindre coquillage
Que l'ouragan roule vers nos climats,
Flattent bien mieux les palais délicats.

[1] Officieux, l'un des gardiens du vestiaire.

lum hospitem vidi, momento recepi. Ille, se ut in grabatum rejecit, viditque Gitona in conspectu ministrantem, movit caput, et, Laudo, inquit, Ganymedem : oportet, hodie bene sit. Non delectavit me tam curiosum principium, timuique, ne in contubernium recepissem Ascylti parem. Instat Eumolpus, et, cum puer illi potionem dedisset, Malo te, inquit, quam balneum totum : siccatoque avide poculo, negat sibi umquam acidius fuisse : Nam et, dum lavor, ait, pæne vapulavi, quia conatus sum circa solium sedentibus carmen recitare : et, postquam de balneo, tanquam de theatro, ejectus sum ; circuire omnes angulos cœpi, et clara voce Encolpon clamitare. Ex altera parte juvenis nudus, qui vestimenta perdiderat, non minore clamoris indignatione Gitona flagitabat. Et me quidem pueri, tanquam insanum, imitatione petulantissima deriserunt : illum autem frequentia ingens circumvenit cum plausu et admiratione timidissima. Habebat enim inguinum pondus tam grande, ut ipsum hominem laciniam fascini crederes. O juvenem laboriosum ! puto illum pridie incipere, postero die finire. Itaque statim invenit auxilium, nescio quis enim Eques Romanus, ut aiebant, infamis, sua veste errantem circumdedit, ac domum abduxit : credo, ut tam magna fortuna solus uteretur. At ego ne mea quidem vestimenta ab Officioso recepissem, nisi Notorem dedissem. Tanto magis impedit inguina quam ingenia fricare. Hæc Eumolpo dicente, mutabam ego frequentissime vultum : injuriis scilicet inimici nostri hilaris, commodis tristis. Utcumque tamen, tanquam non agnoscerem fabulam, tacui, et cœnæ ordinem explicui....

XCIII. Omnia, quæ miseras possunt finire querelas,
In promptu voluit candidus esse Deus.
Vile olus, et duris hærentia mora rubetis,
Pugnantis stomachi composuere famem.
Flumine vicino stultus sitit, et riget Euro, 5
Cum calidus tepido consonat igne rogus.
Lex armata sedet circum fera limina nuptæ,
Nil metuit licito fusa puella toro.
Quod satiare potest, dives natura ministrat,
Quod docet infrenis gloria, fine caret. 10

Vile est quod licet, et animus, errore lentus, injurias diligit...

Nolo, quod cupio, statim tenere,
Nec victoria mi placet parata.
Ales Phasiacis petita Colchis,
Atque Afræ volucres placent palato,
Quod non sunt faciles : at albus anser, 5
Et pictis anas enovata pennis,
Plebeium sapit. Ultimis ab oris
Attractus Scarus, atque arata Syrtis
Si quid naufragio dedit, probatur ;

Le surmulet n'obtient plus leur suffrage;
Las d'une épouse, on veut d'autres appas.
Le cinnamome a détrôné la rose :
L'obstacle en tout fait le prix de la chose.

— Est-ce là, dis-je à Eumolpe, ce que vous m'aviez promis, de ne pas faire un vers de toute la journée? Vous l'avez juré; faites-nous grâce, à nous du moins qui ne vous avons jamais lapidé. Car si quelqu'un de ceux qui sont à boire sous ce même toit vient à flairer le nom seul de poëte, il fera insurger tout le voisinage, et nous serons tous assommés comme complices. Ayez pitié de nous, et souvenez-vous des scènes de la galerie et du bain. — Cette apostrophe m'attira le blâme de Giton, qui était la douceur même. — Il est mal à vous, me dit-il, de persifler un vieillard; vous oubliez votre devoir d'hôte : la table que votre obligeance lui dressait, vous la renversez par l'insulte... — Et il ajouta maint autre conseil de modération et de convenance merveilleusement placé dans une si belle bouche.

XCIV. — Heureuse ta mère, s'écria Eumolpe, d'avoir mis au jour un fils tel que toi! Courage, enfant! Elle est si rare l'alliance de la beauté avec la sagesse! Va, ne crois pas que tant de nobles paroles soient perdues : tu as trouvé en moi un ami passionné. Je veux remplir mes vers de tes louanges. Je serai ton précepteur, ton gardien : sans même que tu l'ordonnes, je te suivrai partout; et Encolpe n'en recevra pas de préjudice : il aime ailleurs. — Bien lui prit à son tour à cet Eumolpe que le soldat m'eût enlevé mon épée; autrement le même courroux que j'avais conçu contre Ascylte, je l'assouvissais dans le sang du poëte. Cela ne put échapper à Giton. Il quitta la chambre comme pour aller chercher de l'eau, et cette prudente disparition fit tomber le feu de ma colère. Elle s'attiédit donc quelque peu, de furibonde qu'elle était. — Eumolpe, dis-je, j'aime encore mieux que vous me parliez en vers que de vous entendre élever de pareilles prétentions. Je suis violent, et vous libertin : voyez combien nos caractères se conviennent peu. Figurez-vous donc que vous avez affaire à un furieux : cédez à un homme qui ne se possède pas, ou, pour mieux dire, sortez au plus vite. — Étourdi de la sommation, Eumolpe ne me demanda pas mes motifs; mais de suite franchissant le seuil, il tire brusquement la porte après lui, m'enferme quand je m'y attends le moins, arrache la clef précipitamment, et court à la recherche de Giton. Demeuré captif, je résolus de me pendre, d'en finir avec la vie. J'avais déjà dressé le bois du lit contre le mur, j'avais attaché ma ceinture au châssis du matelas, et j'adaptais à mon cou le nœud fatal, quand la porte s'ouvrit. C'était Eumolpe avec Giton : il me rappelle des bords du tombeau à la lumière. Mais Giton surtout, que sa douleur exaspère jusqu'au délire, jette un cri perçant, et me poussant de ses deux mains me fait tomber sur le lit. — Encolpe, disait-il, quelle est votre erreur? Croyez-vous qu'il vous soit possible de mourir avant moi? Je vous avais devancé; j'avais chez Ascylte cherché une épée; et, si je ne vous eusse retrouvé, j'allais périr au fond d'un précipice. Apprenez que la mort n'est pas loin pour qui l'appelle, et soyez à votre tour témoin du spectacle que vous vouliez me donner. — Cela dit, il arrache au mercenaire d'Eumolpe un rasoir dont il se frappe jusqu'à deux fois sur la nuque; puis il tombe sans force à nos pieds. Je m'écrie tout épouvanté, et, tombant comme lui sur le plancher, j'essaye de me donner la mort avec le même

Mullus jam gravis est. Amica vincit
Uxorem. Rosa cinnamum veretur.
Quidquid quæritur, optimum videtur.

Hoc est, inquam, quod promiseras, ne quem hodie versum faceres? Per fidem, saltem nobis parce, qui te nunquam lapidavimus. Nam si aliquis ex his, qui in eodem synœcio potant, nomen Poetæ olfecerit, totam concitabit viciniam, et nos omnes sub eadem causa obruet. Miserere, et, aut pinacothecam, aut balneum cogita. Sic me loquentem objurgavit Giton, mitissimus puer, et negavit recte facere, quod seniori conviciarer : simulque oblitus officii, mensam, quam humanitate posuissem, contumelia tollerem; multaque alia moderationis verecundiæque verba, quæ formam ejus egregie decebant.

XCIV. O felicem, inquit, matrem tuam, quæ te talem peperit! Macte virtute esto! Raram facit misturam cum sapientia forma. Itaque, ne putes te tot verba perdidisse, amatorem invenisti. Ego laudes tuas carminibus implebo. Ego pædagogus, et custos, etiam quo non jusseris, sequar : nec injuriam Encolpius accipit, alium amat. Profuit etiam Eumolpo miles ille, qui mihi abstulit gladium; alioquin, quem animum adversus Ascylton sumseram, eum in Eumolpi sanguinem exercuissem. Nec fefellit hoc Gitona. Itaque extra cellam processit, tanquam aquam peteret, iramque meam prudenti absentia extinxit. Paullulum ergo intepescente sævitia, Eumolpe, inquam, jam malo, vel carminibus loquaris, quam ejusmodi tibi vota proponas : et ego iracundus sum, et tu libidinosus; vide, quam non conveniat his moribus. Putas igitur, me furiosum esse? cede insaniæ, id est, ocius foras exi. Confusus hac denunciatione Eumolpus, non quæsiit iracundiæ caussam, sed, continuo limen egressus, adduxit repente ostium cellæ, meque, nihil tale exspectantem, inclusit, exemitque raptim clavem, et ad Gitona investigandum cucurrit. Inclusus ego, suspendio vitam finire constitui : et jam semicinctio stanti ad parietem spondæ me junxeram, cervicesque nodo condebam; cum reseratis foribus intrat Eumolpus cum Gitone, meque a fatali jam meta revocat ad lucem. Giton præcipue, ex dolore in rabiem efferatus, tollit clamorem, me, utraque manu impulsum, præcipitat super lectum. Erras, inquit, Encolpi, si putas contingere posse, ut ante moriaris. Prior cœpi, in Ascylti hospitio gladium quæsivi. Ego, si te non invenissem, per iturus per præcipitia fui : et, ut scias, non longe esse quærentibus mortem, specta invicem, quod me spectare voluisti. Hæc locutus, mercenario Eumolpi novaculam rapit, et, semel iterumque cervice percussa, ante pedes collabitur nostros. Exclamo ego attonitus, secutusque

fer. Mais Giton n'avait pas même l'ombre d'une égratignure, et moi je n'éprouvais aucune douleur. C'était en effet l'une de ces lames sans tranchant, que l'on émousse pour servir aux apprentis-raseurs et leur faire contracter l'assurance du maître. Bien mieux, elle était dans sa gaine. Aussi le valet se l'était-il laissé prendre sans frayeur, et Eumolpe n'avait point mis obstacle à cette parodie de suicide.

XCV. Au milieu de ce drame joué par l'amour survient l'aubergiste, achevant un reste de soupé; et comme il nous voit tous deux rouler bien peu noblement sur la poussière : — Seriez-vous ivres par hasard, nous dit-il, ou prêts à déserter? ou est-ce l'un et l'autre? Qui a dressé ce lit contre le mur? Pourquoi ce remue-ménage à mon insu? Oui, par Hercule! pour ne pas payer le loyer de ma chambre, vous vouliez décamper cette nuit : mais ce ne sera pas impunément. Je vais vous faire voir que ce n'est pas ici la maison d'une femmelette, mais celle de Marcus Manicius. — Ah! s'écrie Eumolpe, à l'insulte tu joins la menace! — Et il détache à notre homme le soufflet le plus vigoureux. L'autre, qui devait son courage aux nombreuses rasades bues avec ses hôtes, lui lance une petite cruche de terre à la tête, le blesse au front, puis se sauve en le laissant crier. Eumolpe, indigné de l'outrage, saisit un chandelier de bois, poursuit le fuyard, et venge par une grêle de coups l'honneur de son sourcil. Toute la valetaille accourt avec la foule des ivrognes du logis. Moi, trouvant l'occasion d'une revanche, je laisse mon Eumolpe à la porte, la pareille est rendue à l'impudent, et je me vois sans rival, maître de ma chambre et de ma nuit. Cependant et marmitons et locataires houspillent le banni : l'un, armé d'une broche chargée de rôtis frémissants, menace de lui crever les yeux; un autre, saisissant un croc à suspendre les viandes, se met en posture de combat; et, mieux que tout cela, une vieille aux yeux chassieux, affublée du plus sale tablier, et montée sur deux sandales de bois inégales, s'en vient traînant par la chaîne un énorme dogue qu'elle agace contre Eumolpe. Mais lui, avec son chandelier, parait toutes les attaques.

XCVI. Nous pouvions tout voir par un trou que laissait à la porte le marteau récemment arraché, et j'applaudissais à la détresse du poëte. Giton, toujours compatissant, était d'avis de lui ouvrir, et de venir en aide à l'infortuné. Mais mon ressentiment durait encore : je ne pus me contenir, et je frappai d'une sèche et ferme chiquenaude l'oreille de l'obligeant défenseur. Il alla s'asseoir sur le lit en pleurant; et j'appliquai au trou de la porte tantôt un œil, tantôt l'autre, encourageant les assaillants; et c'était pour moi chose friande à savourer. En ce moment le chef-commissaire du quartier, Bargatès, qu'on a dérangé de son soupé, arrive au beau milieu de la lutte sur sa litière à deux porteurs : le malheureux était podagre. Après qu'il eut en beuglant et d'une voix barbare péroré contre les ivrognes et les locataires déserteurs, ses yeux s'étant portés sur Eumolpe : — Oh! s'écria-t-il, la fleur de nos poëtes, c'était vous? Et cette canaille de valets ne s'éloigne pas bien vite, et leurs mains insolentes ne vous respectent pas! — [Puis il se penche à l'oreille d'Eumolpe, et lui dit à mi-voix :] — Ma camarade de lit fait la bégueule avec moi.

---

labentem, eodem ferramento ad mortem viam quæro. Sed neque Giton ulla erat suspicione vulneris læsus, neque ego ullum sentiebam dolorem. Rudis enim novacula, et in hoc retusa, ut pueris discentibus audaciam tonsoris daret, instruxerat thecam. Ideoque nec mercenarius ad raptum ferramentum expaverat, nec Eumolpus interpellaverat mortem mimicam.

XCV. Dum hæc fabula inter amantes luditur, Deversitor cum parte cœnulæ intervenit, contemplatusque fœdissimam jacentium volutationem : Rogo, inquit, ebrii estis, an fugitivi, an utrumque? quis autem grabatum illum erexit? aut quid sibi vult tam furtiva molitio? Sane, me Hercules! ne mercedem cellæ daretis, fugere nocte in publicum voluistis; sed non impune. Jam enim faxo sciatis, non viduæ hanc insulam esse, sed M. Manicii. Exclamat Eumolpus, Etiam minaris? simulque os hominis palma excussissima pulsat. Ille, tot hospitum potionibus liber, urceolum fictilem in Eumolpi caput jaculatus est, solvitque clamantis frontem, et de cella se proripuit. Eumolpus, contumeliæ impatiens, rapit ligneum candelabrum, sequiturque abeuntem, et creberrimis ictibus supercilium suum vindicat. Fit concursus familiæ, hospitumque ebriorum frequentia. Ego autem, nactus occasionem vindictæ, Eumolpum excludo, redditaque scordalo vice, sine æmulo scilicet, et cella utor, et nocte. Interim coctores, insularuque mulcant exclusum : et alius veru, extis stridentibus plenum, in oculos ejus intentat : alius, furca de carnario rapta, statum prœliantis componit : anus præcipue lippa, sordidissimo præcincta linteo, soleis ligneis imparibus imposita, canem ingentis magnitudinis catena trahit, instigatque in Eumolpum. Sed ille candelabro se ab omni periculo vindicabat.

XCVI. Videbamus nos omnia per foramen valvæ, quod paullo ante ansa ostioli rupta laxaverat, favebamque ego vapulanti. Giton autem, non oblitus misericordiæ suæ, reserandum ostium, succurrendumque periclitanti censebat. Ego, durante adhuc iracundia, non continui manum, sed caput miserantis stricto acutoque articulo percussi. Et ille flens quidem consedit in lecto : ego autem alternos opponebam foramini oculos, injuriæque Eumolpi advocationem commodabam, et veluti quodam cibo me replebam : cum Procurator insulæ, Bargates, a cœna excitatus, a duobus lecticariis in mediam rixam perfertur : nam erat etiam pedibus æger. Is, ut rabiosa barbaraque voce in ebrios fugitivosque diu peroravit, respiciens ad Eumolpum : O Poëtarum, inquit, disertissime, tu eras? et non discedunt ocius nequissimi servi, manusque continent a rixa?... Contubernalis mea, mihi fastum facit. Ita, si me amas, maledic illam versibus, ut habeat pudorem.

XCVII. Dum Eumolpus cum Bargate in secreto loqui-

Hein! si vous m'aimez, chantez-lui pouille dans vos vers, pour qu'elle ait honte de sa conduite. —

XCVII. Tandis qu'Eumolpe s'entretient à l'écart avec Bargatès, il entre dans l'auberge un crieur, suivi d'un valet de police et d'une foule assez considérable. Agitant une torche qui donnait plus de fumée que de lumière, il proclame le ban que voici :

Un adolescent vient de s'égarer au bain public, âgé d'environ seize ans, chevelure frisante, mignon de son état, jolie figure, se nommant Giton. Celui qui voudra bien le rendre, ou faire savoir où il est, recevra mille sesterces.

Non loin du crieur se tenait Ascylte en robe bariolée, portant devant lui sur un bassin d'argent le signalement et la somme promise. J'ordonne à Giton de se glisser vite sous le lit, de se cramponner des pieds et des mains aux sangles du cadre qui portait les couchages; et, comme autrefois Ulysse collé au ventre d'un bélier, de s'allonger sous le grabat pour échapper aux mains qui le chercheraient. Giton n'hésite pas : il obéit, et en un clin d'œil il a passé ses mains sous les sangles : Ulysse est vaincu en souplesse par son imitateur. Moi, pour ne laisser nulle prise au soupçon, je couvre le lit de vêtements, et j'y figure l'enfoncement d'une seule personne de ma grandeur. Cependant Ascylte, qui avait fait sa ronde dans toutes les cellules avec le valet de police, arrive à la mienne, et conçoit un espoir d'autant plus fondé qu'il en trouve la porte soigneusement verrouillée. Le valet pour lors insinuant sa hache dans les jointures, le battant, quoique solide, céda. Je me précipite aux genoux de mon rival, et par le souvenir de notre amitié, par notre association de misères, je le conjure de me laisser du moins voir Giton; de plus, et pour mieux faire croire à mes feintes prières : — Ascylte, continuai-je, je sais que vous venez m'arracher la vie; car pourquoi ces haches qui vous accompagnent? Eh bien! assouvissez votre courroux; tenez, voici ma tête : que mon sang coule; vos perquisitions ne sont qu'un prétexte, vous voulez mon sang. — Ascylte repousse l'odieux que je lui prête; il répond qu'il ne cherche autre chose que son déserteur; qu'il ne veut pas la mort d'un homme, d'un suppliant, de celui surtout qui depuis notre fatal démêlé était encore son plus cher ami.

XCVIII. Le valet de police, lui, ne procédait pas si mollement : il prit une canne des mains de l'aubergiste, la promena sous le lit, et sonda jusqu'aux moindres trous des murailles. Giton esquivait la rencontre du bâton : il retenait, tout transi de peur, son haleine, et les punaises même étaient en contact avec son visage. [Les deux inquisiteurs à peine sortis,] Eumolpe se précipite dans la chambre, la porte fracturée n'interdisant plus l'entrée à personne, et il s'écrie d'un air effaré : — Les mille sesterces sont à moi; oui, je vais courir après le crieur; je lui ferai voir que Giton est à sa disposition : vous méritez bien, traître, que je vous dénonce. — J'embrasse les genoux d'Eumolpe, il tient ferme : — Ne donnez pas le coup de grâce à des mourants! vous seriez en droit d'éclater, disais-je, si en le dénonçant vous pouviez représenter Giton. A l'heure qu'il est, il se

tur, intrat stabulum præco cum servo publico, aliaque sane non modica frequentia, facemque fumosam magis quam lucidam quassans, hæc proclamavit :

PUER IN BALNEO PAULLO ANTE ABERRAVIT, ANNORUM CIRCA XVI.
CRISPUS, MOLLIS, FORMOSUS, NOMINE GITON
SI QUIS EUM REDDERE, AUT COMMONSTRARE VOLUERIT,
ACCIPIET NUMMOS MILLE.

Nec longe a præcone Ascyltos stabat, amictus discoloria veste, atque in lance argentea indicium, et fidem præferebat. Imperavi Gitoni, ut raptim grabatum subiret, annecteretque pedes et manus institis, quibus sponda culcitam ferebat : ac, sicut olim Ulyxes utero arietis adhæsisset, extentus infra grabatum, scrutantium eluderet manus. Non est moratus Giton imperium, momentoque temporis inseruit vinculo manus, et Ulyxem astu simillimo vicit. Ego, ne suspicioni relinquerem locum, lectulum vestimentis implevi, unius hominis vestigium ad corporis mei mensuram figuravi. Interim Ascyltos, ut pererravit omnes cum Viatore cellas, venit ad meam : et hoc quidem pleniorem spem concepit, quo diligentius oppessulatas invenit fores. Publicus vero servus, insertans commissuris secures, claustrorum firmitatem laxavit. Ego ad genua Ascylto procubui, et per memoriam amicitiæ, perque societatem miseriarum, petii, ut saltem ostenderet fratrem; imo, ut fidem haberent fictæ preces: scio, te, inquam, Ascylte, ad occidendum me venisse : quo enim secures attulisti? Itaque satia iracundiam tuam : præbeo, ecce! cervicem, funde sanguinem, quem sub prætextu quæstionis petiisti. Amolitur Ascyltos invidiam; et, Se vero nihil aliud, quam fugitivum suum, dixit, quærere; mortem nec hominis concupisse, nec supplicis; utique ejus, quem post fatalem rixam habuit carissimum.

XCVIII. At non servus publicus tam languide agit, sed raptam Cauponi arundinem subter lectum mittit, omniaque etiam foramina parietum scrutatur. Subducebat Giton ab ictu corpus, et, reducto timidissime spiritu, ipsos cimices ore lambebat..... Eumolpus autem, quia effracto ostium cellæ neminem poterat excludere, irrumpit perturbatus, et, Mille, inquit, nummos inveni : jam enim persequar abeuntem Præconem, et in potestate sua esse Gitonem, meritissima proditione monstrabo. Genua ego perseverantis amplector, ne morientes vellet occidere : et, Merito, inquam, excandesceres, si posses proditum ostendere. Nunc inter turbam puer fugit, nec, quo abierit, suspicari possum. Per fidem, Eumolpe, reduc puerum, et vel Ascylto redde. Dum hæc ego jam credenti persuadeo, Giton, collectione spiritus plenus, ter continuo ita sternutavit, ut grabatum concuteret. Ad quem motum Eumolpus conversus, salvere Gitona jubet. Remota etiam culcita, videt Ulyxem, cui vel esuriens Cyclops potuisset

sauve dans la foule, sans que je puisse imaginer quelle direction il a prise. Au nom du ciel, Eumolpe, ramenez-le, et rendez-le... même à Ascylte. — Il allait me croire, et je le persuadais, lorsque Giton, qu'une respiration longtemps comprimée suffoquait, éternua trois fois de suite à ébranler toute la couche. A cette secousse Eumolpe se retourne et fait à Giton le souhait d'usage. Puis écartant jusqu'à la paillasse, il vit notre Ulysse, dont le Cyclope même à jeun eût pu avoir pitié. Ce fut moi qu'il apostropha : — Qu'est cela, maître fripon? Lors même qu'on te démasque, tu ne peux prendre sur toi de dire la vérité. Enfin, si quelque divinité, arbitre des choses humaines, n'avait arraché à ce petit malheureux l'indice de son étrange position, je serais ta dupe, et j'irais courant de taverne en taverne. — Giton alors, bien plus insinuant que moi, commence par étendre une compresse de toiles d'araignées, imbibées d'huile, sur la plaie faite au sourcil d'Eumolpe; il échange son petit manteau contre la robe lacérée du poëte; puis le voyant radouci, l'embrasse, et lui prodigue le baume insidieux de ses baisers. — Cher papa, lui dit-il, nous nous plaçons, nous sommes sous votre sauvegarde. Si vous aimez votre Giton, daignez avant tout le sauver. Que ne suis-je moi seul englouti par les feux ennemis du Vésuve! que la mer avec ses tempêtes ne vient-elle fondre sur moi! C'est moi qui suis l'objet, qui suis la cause de tous les attentats. Ma mort réconcilierait deux ennemis. — [Eumolpe fut touché de mon triste état et de celui de Giton; les caresses de Giton surtout avaient fait leur impression : — Je vous trouve bien fous, dit-il, en vérité! doués de talents comme vous l'êtes, vous pourriez être heureux; et vous menez une misérable vie, et chaque jour vous vous torturez volontairement par de nouveaux chagrins.]

XCIX. Pour moi, tel fut toujours et partout mon plan d'existence : jouir du jour présent comme ne devant plus revenir, [c'est-à-dire vivre sans souci. Faites comme moi, bannissez toute pensée chagrine. Ascylte ici vous persécute : fuyez; suivez-moi dans un voyage que je dois faire en pays étranger.]

Ami, brave le sort! aux rives étrangères
S'en vont luire pour toi des destins plus prospères.
Que le sol qui voit naître ou mourir le soleil,
Que les frimas du nord, que l'orient vermeil,
Ou le paisible Nil, le Danube sauvage,
En toi d'un autre Ulysse admirent le courage.

[Je suis passager sur un vaisseau qui part cette nuit peut-être; on m'y connaît beaucoup, et nous serons fort bien accueillis. Ce conseil me parut sage et bon à suivre : je ne pus résister à tant de bonté; désespéré de mes mauvais procédés envers Eumolpe, j'eus regret de ma jalousie, et] tout baigné de larmes je le priai, je le conjurai de me rendre à moi aussi ses bonnes grâces. — Quand on aime, disais-je, on n'est pas maître de ses transports jaloux : je mettrai toutefois mes soins à ne rien dire ou faire désormais qui vous puisse offenser. Seulement bannissez tout souvenir irritant, vous qui professez de si nobles arts; effacez-en jusqu'aux cicatrices. Sur d'incultes et âpres régions les frimas séjournent longtemps; mais sitôt que la charrue vient dompter le sol aplani, en un moment le peu de neige qui reste a disparu. Ainsi la colère se fond au cœur de l'homme : tenace dans un naturel grossier, elle effleure les âmes éclairées. — Pour te prouver, répliqua Eumolpe, combien tu dis vrai, voici le baiser qui met fin à nos ressentiments. Eh bien donc, espérons bonne chance : tenez prêts vos petits bagages et suivez-moi, ou, si vous l'aimez mieux, soyez mes guides. — Il n'avait pas fini de parler, quand la porte fut poussée en dedans avec fracas; et nous vîmes s'arrêter sur le seuil un matelot à barbe effroyable. — Que tardez-vous donc, dit-il à Eumolpe; ne voyez-vous pas qu'il est presque jour? — Sans plus de délai, nous nous levons tous; Eumolpe réveille son mercenaire qui dormait depuis long-

parcere. Mox conversus ad me, Quid est, inquit, Latro? Ne deprehensus quidem ausus es mihi verum dicere? Imo, ni Deus quidam, humanarum rerum arbiter, pendenti puero excussisset indicium, elusus circa popinas errarem. Giton longe blandior, quam ego, primum araneis oleo madentibus vulnus, quod in supercilio factum erat, coarctavit; mox palliolo suo laceratam mutavit vestem, amplexusque jam mitigatum, osculis, tanquam fomentis, aggressus est : et, in tua, inquit, pater carissime, in tua sumus custodia. Si Gitona tuum amas, incipe velle servare. Utinam me solum inimicus ignis hauriret! utinam hibernum invaderet mare! Ego enim omnium scelerum materia : ego caussa sum. Si perirem, conveniret inimicis......

XCIX. Ego sic semper et ubique vixi, ut ultimam quamque lucem, tanquam non redituram, consumerem.....

Linque tuas sedes, alienaque littora quære,
O juvenis! major rerum tibi nascitur ordo.
Ne succumbe malis : te noverit ultimus Ister,

Te Boreas gelidus, securaque regna Canopi,
Quique renascentem Phœbum, cernuntque cadentem. 5
Major in externas Ithacus descendat arenas......

Profusis ego lacrymis rogo, quæsoque, ut mecum quoque redeat in gratiam : neque enim in amantium esse potestate furiosam æmulationem : daturum tamen operam, ne aut dicam, aut faciam amplius, quo possit offendi. Tantum omnem scabitudinem animo, tanquam bonarum artium magister, deleret sine cicatrice. Incultis asperisque regionibus diutius nives hærent : ast, ubi ex aratro domefacta tellus nitet, dum loqueris, levis pruina dilabitur. Similiter in pectoribus ira considit : feras quidem mentes obsidet, eruditas prælabitur. Ut scias, inquit Eumolpus, verum esse quod dicis, ecce! etiam osculo iram finio. Itaque, quod bene eveniat! expedite sarcinulas, et vel sequimini me, vel, si mavultis, ducite. Adhuc loquebatur, cum crepuit ostium impulsum, stetitque in limine barbis horrentibus nauta : et, Moraris, inquit, Eumolpe, tanquam prope diem ignores? Haud mora, omnes consurgimus, et Eumolpus qui-

temps, et le fait sortir chargé de ses effets. Aidé de Giton, j'entasse en un paquet tout ce que nous pouvions avoir, je fais ma prière aux astres, et j'entre dans le navire. [Mais il nous fallut attendre encore qu'Eumolpe eût improvisé sur le rivage même l'invocation suivante :]

Toi qui ceins l'univers des replis de ton onde,
Océan, roi des eaux, modérateur du monde,
Si, borné par toi seul, ce globe suit ta loi ;
Si les sources, les lacs, les mers naissent de toi,
Et si tout fleuve enfin salue en toi son père;
Si tu nourris la nue et fécondes la terre ;
Si, de tes flancs d'azur touchant l'azur des cieux,
Tu reçois de Phébus les coursiers radieux,
Et de ton large sein leur livres la pâture,
Cet éternel foyer des feux de la nature ;
Si partout ton pouvoir s'étend illimité,
Moi, faible atôme aussi dans cette immensité,
Je t'invoque à mon tour. Sur la plaine orageuse
Où s'embarque aujourd'hui ma Muse voyageuse,
Dût le sort me jeter aux bords les plus lointains,
Daigne, ô dieu tout-puissant, protéger mes destins!
Que du profond abîme où couve la menace,
Seul un frisson léger crispe au loin la surface :
Que la voile, où frémit le souffle d'un vent frais,
Jusqu'au dernier moment laisse la rame en paix ;
Que les flots, assez forts pour chasser le navire,
Et se puissent compter, et nous viennent sourire,
Et de notre manœuvre équilibrent le cours.
Oui, mon père, appuyés de ton divin secours,
Mes compagnons et moi, si sur ce bois fragile
Du port tant désiré nous atteignons l'asile,
En retour de mes vœux pleinement exaucés,
Tes autels recevront mes tributs empressés.

[Moi qui savais la pauvreté du poëte, et que le dieu risquait fort de le trouver insolvable, j'aurais pu concevoir de l'inquiétude et en tirer un mauvais présage. Mais j'avais bien un autre souci :]

C. — Ce qui me tracasse, [pensais-je], c'est qu'Eumolpe soit épris de Giton. Eh bien quoi? n'a-t-on pas en commun ce que la nature a créé de plus parfait? Le soleil luit pour tous. La lune, et les astres sans nombre qui forment sa cour, guident la brute elle-même à sa pâture. Est-il une plus belle chose que l'eau? Elle coule aussi pour tous les êtres. L'amour seul sera donc un bien qui se vole, plutôt qu'un prix à disputer? Non, non, je ne veux rien avoir à moi que la foule n'ait droit de m'envier. Un rival unique, un vieillard n'est pas fort à craindre : voulût-il même prendre quelque liberté, il échouera faute d'haleine. — Je mis donc ce soupçon sous mes pieds, je m'étourdis sur mes idées de méfiance, et me livrai, la tête enfoncée dans mon capuchon, à un sommeil peu franc. Mais tout à coup, comme si le sort eût résolu d'abattre ma constance, j'entendis sur le tillac une voix chagrine qui disait : — Il m'a donc joué ! — C'était une voix d'homme, presque familière à mon oreille : mon cœur en palpita de saisissement. Ce n'est pas tout : une femme indignée aussi, mais que ses poignants souvenirs courrouçaient davantage, s'écria : — Si quelque dieu faisait tomber Giton dans mes mains, comme ce petit vagabond serait bien reçu ! — Giton et moi, atterrés par le son de ces paroles si inattendues, nous n'avions plus de sang dans les veines. Moi surtout, il me semblait qu'un fiévreux cauchemar m'enveloppait de son linceul ; je fus longtemps à retrouver la parole. Enfin d'une main tremblante tirant Eumolpe, que le sommeil gagnait, par le pan de sa robe : — En conscience, lui dis-je, mon père, à qui est ce vaisseau? par qui est-il monté? Pouvez-vous nous le dire? — Interrompu dans son somme, il s'impatienta :

dem mercenarium suum, jam olim dormientem, exire cum sarcinis jubet. Ego cum Gitone, quidquid erat, in altum compono, et adoratis sideribus, intro navigium.....

Undarum rector, genitor maris, arbiter orbis,
Oceane, o placidis complectens omnia motu;
Tu legem terris moderato limite signas,
Tu pelagus quodcumque facis, fontesque, lacusque,
Flumina quin etiam te norunt omnia patrem,   5
Te potant nubes, ut reddant frugibus imbres;
Cyaneoque sinu cœli tu diceris oras
Partibus et cunctis immenso cingere nexu.
Tu fessos Phœbi recipis si gurgite currus,
Exhaustisque die radiis alimenta ministras,   10
Gentibus ut clarum referat lux aurea Solem :
Si mare, si terras, cœlum, mundumque gubernas,
Me quoque cunctorum partem, venerabilis, audi.
Alme parens rerum, supplex precor : ergo carinam
Conserves, ubicumque tuo committere cursus   15
Hanc animam, transire fretum, discurrere cursus
Æquoris horrisoni sortis fera jussa jubebunt.
Tende favens glaucum per lævia dorsa profundum;
Ac tantum tremulo crispentur cærula motu,
Quantum vela ferant, quantum sinat otia remis. 20
Sint fluctus, celerem valeant qui pellere puppim,
Quos numerare libens possim, quos cernere lætus.
Servet inoffensam laterum jus linea libram,
Et sulcante viam rostro submurmuret unda.
Da, pater ut tute liceat transmittere cursum ; 25

Perfer ad optatos securo in littore portus
Me, comitesque eos; quod quum permiseris esse,
Reddam, quas potero, pleno pro munere grates.

C.... Molestum, quod puer hospiti placet. Quid autem, non commune est, quod natura optimum fecit? Sol omnibus lucet. Luna, innumerabilibus comitata sideribus, etiam feras ducit ad pabulum. Quid aquis dici formosius potest? in publico tamen manant. Solus ergo Amor furtum potius, quam præmium, erit? Imo vero nolo habere bona, nisi quibus populus inviderit. Unus, et senex, non erit gravis: etiam cum voluerit aliquid sumere, opus anhelitu perdet. Hoc ut infra fiduciam posui, decepique animum diffidentem, cœpi somnum, obruto tunicula capite, mentiri. Sed repente, quasi destruente Fortuna constantiam meam, ejusmodi vox super constratum puppis congemuit : Ergo me derisit? At hæc quidem virilis, et pæne auribus meis familiaris, animum palpitantem percussit. Ceterum eadem indignatione mulier lacerata ulterius excanduit : et, Si quis Deus manibus meis, inquit, Gitona imponeret, quam bene exulem exciperem! Uterque nostrum, tam inexpectato ictus sono, amiserat sanguinem. Ego præcipue, quasi somnio quodam turbulento circumamictus, diu vocem collegi, tremulisque manibus Eumolpi, jam in soporem labentis, laciniam duxi, et, Per fidem, inquam, Pater, cujus hæc navis est? aut quos vehat, dicere potes? Inquietatus ille, moleste tulit; et, Hoc erat, inquit, quod pla-

Voilà donc pourquoi il vous a plu de nous faire occuper l'endroit le plus écarté du tillac! pour ne pas nous laisser reposer? Que vous importe quand je vous aurai dit que Lycas le Tarentin commande ce navire, qui mène à Tarente l'aventurière Thryphène? —

CI. Tout mon être frémit à ce coup de foudre écrasant; je tendis la gorge et m'écriai : — Enfin donc, ô Fortune! ton triomphe est complet. — Giton, renversé sur mon sein, avait perdu connaissance. Toutefois une abondante sueur nous rappelle à la vie; j'embrasse les genoux d'Eumolpe : — Ayez pitié, lui dis-je, de deux mourants; oui, au nom de notre fraternité littéraire, achevez-nous. Notre heure est venue; et, à moins que vous ne nous le refusiez, ce peut être un bienfait pour nous. — Suffoqué de mon odieux soupçon, Eumolpe jure par tous les dieux qu'il ne sait quel malheur est arrivé; que pas le moindre mauvais dessein n'est entré dans son esprit; que c'est le plus innocemment du monde et en toute bonne foi qu'il nous a fait monter avec lui sur ce navire, où lui-même depuis longtemps devait s'embarquer. — Mais quel piége y a-t-il donc ici? quel Annibal avons-nous à bord? Lycas le Tarentin, fort galant homme, outre ce vaisseau dont il est propriétaire et capitaine, possède plusieurs fonds de terre, une maison de commerce; il a frété son bâtiment pour un transport de marchandises : voilà le Cyclope, l'archipirate à qui nous devons le prix de la traversée. Avec lui est Tryphène, la plus belle des femmes, qui vogue de côté et d'autre pour son agrément. — Voilà justement, reprend Giton, ceux que nous fuyons. — Et il expose rapidement à Eumolpe effrayé les motifs de leur haine et l'imminence du danger. Le vieillard, interdit et ne sachant que résoudre, nous demande à chacun notre avis : — Figurons-nous que nous voici dans l'antre du Cyclope. Il faut chercher le moyen d'en sortir, si nous n'aimons mieux nous jeter à la mer, et nous mettre ainsi hors de tout péril. — Eh bien, dit Giton, engagez le pilote à relâcher dans quelque port, moyennant gratification, bien entendu; donnez-lui pour raison que vous avez un frère que le mal de mer met à l'extrémité. Vous pouvez colorer cette fable d'un air d'affliction et de quelques larmes, si bien que la pitié le détermine à vous complaire. — Impossible! répond Eumolpe; les grands navires n'entrent dans les ports qu'après de pénibles manœuvres : et puis que ce frère soit tout à coup tombé si bas, voilà une chose peu vraisemblable. Ajoutez que peut-être Lycas, par bienséance, croira devoir faire visite au malade. Voyez quelle visite opportune que celle de ce capitaine que vous voulez fuir! Mais supposez que le navire puisse se détourner de la route qu'il suit à pleines voiles, et que Lycas ne fasse pas tout au moins la ronde de ses malades, comment débarquer sans être vus de tout l'équipage? Serons-nous encapuchonnés, ou tête nue? Dans le premier cas, chacun voudra présenter la main aux valétudinaires; aller tête nue, serait-ce autre chose que nous livrer nous-mêmes? —

CII. Que n'avons-nous plutôt recours à l'audace? dis-je à mon tour; glissons-nous le long d'un câble dans l'esquif dont nous couperons l'amarre, et laissons faire à la fortune. Je ne prétends pas associer Eumolpe à nos périls. Pourquoi

cuerat tibi, ut super constratum navis, occuparemus secretissimum locum, ne nos patereris requiescere? Quid porro ad rem pertinet, si dixero, Lycam Tarentinum esse dominum hujusce navigii, qui Tryphænam exulem Tarentum ferat?

CI. Intremui post hoc fulmen attonitus, juguloque detecto : Aliquando, inquam, totum me, Fortuna, vicisti. Nam Giton quidem, super meum pectus positus, animam egit. Deinde, ut effusus sudor utriusque spiritum revocavit, comprehendi Eumolpi genua : Miserere, inquam, morientium, id est, pro consortio studiorum commoda manum. Mors venit, quæ, nisi per te non licet, potest esse pro munere. Inundatus hac Eumolpus invidia, jurat per Deos Deasque, se neque scire quid acciderit; nec ullum dolum malum consilio adhibuisse, sed mente simplicissima, et vera fide in navigium comites induxisse, quo ipse jam pridem fuerit usurus. Quæ autem hic insidiæ sunt? inquit, aut quis nobis Hannibal navigat? Lycas Tarentinus, homo verecundissimus, et non tantum hujus navigii dominus, quod regit, sed fundorum etiam aliquot, et familiæ negotiantis, onus deferendum ad mercatum conduxit. Hic est Cyclops ille, et archipirata, cui vecturam debemus : et præter hunc Tryphæna, omnium feminarum formosissima; quæ voluptatis caussa huc atque illuc vectatur. Hi sunt, inquit Giton, quos fugimus : simulque raptim caussas odiorum, et instans periculum trepidanti Eumolpo exponit. Confusus ille, et consilii egens, jubet quemque suam sententiam proponere : et, Fingite, inquit, nos antrum Cyclopis intrasse. Quærendum est aliquod effugium, nisi naufragium ponimus, et omni nos periculo liberamus. Imo, inquit Giton, persuade gubernatori ut in aliquem portum navem deducat, non sine præmio scilicet; et affirma ei, impatientem maris fratrem tuum in ultimis esse. Poteris hanc simulationem et lacrymis, et vultus confusione obumbrare, ut misericordia permotus gubernator indulgeat tibi. Negavit hoc Eumolpus fieri posse; quia magna navigia portibus se gravatim insinuant, nec tam cito fratrem defecisse verisimile erit. Accedit his, quod forsitan Lycas, officii caussa, visere languentem desiderabit. Vides, quam valde nobis expediat, ultro dominum ad fugientes accedere. Sed finge, navem ab ingenti posse cursu deflecti, et Lycam non utique circumiturum ægrorum cubilia : quomodo possumus egredi nave, ut non conspiciamur a cunctis? opertis capitibus, an nudis? Opertis? et quis non dare manum languentibus volet? Nudis? Et quid erit aliud, quam se ipsos proscribere?

CII. Quin potius, inquam ego, ad temeritatem confugimus, et per funem lapsi descendimus in scapham, præcisoque vinculo reliqua Fortunæ committimus? Nec ego

embarquer l'innocent dans le même risque que les coupables? Tout ce que je souhaite, c'est que le sort favorise notre descente dans l'esquif.— L'idée ne serait pas mauvaise, reprit Eumolpe, si elle était praticable. Mais vos mouvements n'échapperont à personne. Ils n'échapperont pas au pilote, qui la nuit, toujours éveillé, observe tout, jusqu'au cours des astres. Peut-être aurait-on, pour le tromper, la chance d'un instant de sommeil, si c'était par l'extrémité opposée du vaisseau qu'on tentât l'évasion ; mais c'est par la poupe, par le gouvernail même, qu'il faut se glisser : car c'est là qu'est attachée l'amarre de l'esquif. Outre cela je m'étonne, mon cher, que vous n'ayez pas réfléchi qu'un matelot stationne continuellement, la nuit comme le jour, dans l'esquif, et qu'on ne peut le chasser de son poste qu'en le tuant, ou le jetant de vive force à la mer. Vous en sentez-vous capables? Interrogez votre courage. Pour ce qui est de vous accompagner, je ne me refuse à aucun péril qui offrirait un espoir de salut. Car hasarder sa vie sans motif et comme chose de néant, c'est une idée que même en ce cas-ci je ne vous suppose pas. Voyez si celle-ci vous convient. Je vais vous rouler dans deux porte-manteaux ; et, serrés par les courroies pêle-mêle avec mes hardes, vous serez censés en faire partie ; j'y ménagerai, bien entendu, quelques ouvertures par où vous puissiez et respirer et manger. Je crierai bien haut, après cela, que cette nuit mes esclaves, de peur d'un châtiment trop grave, se sont précipités à l'eau ; puis, arrivé au port sans qu'on se doute de rien, je vous débarquerai comme mes autres bagages. — Oui-da! répondis-je, vous nous emballerez comme des corps massifs qui ne sont pas sujets à d'incommodes besoins ; ou comme des gens qui n'éternuent ni ne ronflent jamais. Est-ce parce que l'expédient m'a une première fois si bien réussi? Supposez que pour un jour seulement on puisse tenir ainsi garrottés ; et si nous sommes quelque temps arrêtés par un calme ou des vents contraires, que deviendrons-nous? Les étoffes même trop longtemps empaquetées se coupent dans leurs plis ; les caractères des manuscrits se dénaturent sous une forte pression. Et nous, jeunes encore, si peu faits à la fatigue, nous resterions patiemment, en vrais simulacres, emmaillotés et ficelés? Cherchons encore : c'est une autre voie de salut qu'il nous faut. Examinez ce que moi j'ai conçu. Eumolpe, en qualité de littérateur, doit être muni d'encre. Servons-nous de cette préparation, et noircissons-nous de la tête aux pieds. Alors, soi-disant esclaves éthiopiens, nous serons à vos ordres, sans corrections humiliantes, avec notre gaieté d'hommes libres ; et notre teint factice en imposera à nos ennemis. — Que ne nous circoncis-tu aussi, dit Giton ; et nous passerons pour Juifs. Perce-nous les oreilles ; nous ressemblerons à des Arabes. Blanchis-nous la face, et la Gaule nous prendra pour ses fils. Comme si la couleur seule pouvait changer tout l'aspect d'un visage! comme si une foule de choses ne devaient pas concourir à la fois pour compléter et soutenir l'illusion! Mais je veux que ce dégoûtant vernis puisse tenir assez longtemps sur la figure, qu'aucune goutte d'eau ne vienne faire tache sur quelque partie de notre corps, que l'encre ne se colle pas à nos vêtements, ce qui a souvent lieu, même sans mélange de gomme ; voyons : pouvons-nous aussi gonfler nos lèvres en bourrelets bien noirs ; nous rendre avec un fer les cheveux crépus ; nous tail-

---

in hoc periculum Eumolpum arcesso. Quid enim attinet, innocentem alieno periculo imponere? Contentus sum, si nos descendentes adjuverit casus. Non imprudens consilium, inquit Eumolpus, si aditum haberet. Quis enim non euntes notabit? Utique gubernator, qui pervigil nocte siderum quoque motus custodit. Et utcumque imponi vel dormienti posset, si per aliam partem navis fuga quæreretur : nunc per puppim, per ipsa gubernacula delabendum est, a quorum regione funis descendit, qui scaphæ custodiam tenet. Præterea illud miror, Encolpi, tibi non succurrisse, unum nautam stationis perpetuæ, interdiu noctuque, jacere in scapha, nec posse inde custodem, nisi aut cæde expelli, aut præcipitari viribus. Quod an fieri possit? interrogate audaciam vestram. Nam, quod ad meum quidem comitatum attinet, nullum recuso periculum, quod salutis spem ostendit. Nam sine caussa quidem spiritum, tanquam rem vacuam, impendere, nec vos quidem existimo velle. Videte, numquid hoc placeat? Ego vos in duas jam pelles conjiciam, vinctosque loris inter vestimenta pro sarcinis habebo, apertis scilicet aliquatenus labris, quibus et spiritum recipere possitis, et cibum. Conclamabo deinde, nocte servos, pœnam graviorem timentes, præcipitasse se in mare : deinde, cum ventum fuerit in portum, sine ulla suspicione, pro sarcinis vos efferam. Ita vero, inquam ego, tanquam solidos alligaturus, quibus non soleat venter injuriam facere ; an tanquam eos, qui sternutare non soleamus, nec stertere? an quia hoc genus furti semel mihi feliciter cessit? Sed finge, una die vinctos posse durare : quid ergo? si diutius aut tranquillitas nos tenuerit, aut adversa tempestas, quid facturi sumus? Vestes quoque, diutius vinctas, ruga consumit, et cartæ alligatæ mutant figuram. Juvenes adhuc laboris expertes, statuarum ritu patiemur pannos et vincula? Adhuc aliquod iter salutis quærendum est. Inspicite, quod ego inveni. Eumolpus, tanquam litterarum studiosus, utique atramentum habet. Hoc ergo remedio, mutemus colores, a capillis usque ad ungues. Ita, tanquam servi Æthiopes, et præsto tibi erimus, sine tormentorum injuria hilares, et, permutato colore, imponemus inimicis. Quin tu, inquit Giton, et circumcide nos, ut Judæi videamur ; et pertunde aures, ut imitemur Arabes ; et increta facies, ut suos Gallia cives putet : tanquam hic solus color figuram possit pervertere, et non multa una oporteat consentiant, ut omni ratione mendacium constet. Puta, infectam medicamine faciem diutius durare posse : finge, nec aquæ asperginem impositam aliquam corpori maculam, nec vestem atramento adhæsuram, quod frequenter, etiam non accersito ferrumine, infigitur : age, numquid et labra possumus tumore teterrimo implere? numquid et crines

lader, nous tatouer le front; contourner nos jambes en cercle, marcher sur les talons, et figurer sur nos mentons des barbes à la mode d'Afrique? Un teint artificiel salit le corps et ne le métamorphose pas. Écoutez ce que le désespoir m'inspire : nouons nos robes autour de nos têtes, et ensevelissons-nous dans l'abime.

CIII. — Que ni dieux ni hommes ne permettent pareille chose! s'écrie Eumolpe; cette ignomineuse fin ne sera pas la vôtre. Suivez plutôt ce conseil-ci : mon mercenaire, vous le savez par l'aventure du rasoir, est barbier; il va vous raser à tous deux les cheveux et jusqu'aux sourcils; moi ensuite je dessinerai adroitement sur vos fronts une inscription qui fera croire qu'on vous a infligé les stigmates. Ainsi tout à la fois ces marques détourneront les soupçons de ceux qui vous cherchent, et déguiseront vos traits sous le masque du châtiment. — Le stratagème est mis en œuvre sans délai : nous gagnons furtivement le bord du navire; et là cheveux et sourcils sont livrés au tranchant du rasoir. Eumolpe nous couvre tout le front d'énormes caractères, et sa main libérale imprime à grands traits sur nos figures le signalement ordinaire des valets déserteurs. Par malheur un des passagers, penché sur le flanc du vaisseau, soulageait son estomac travaillé du mal de mer : il avise au clair de la lune le barbier qui exerçait fort intempestivement son ministère; et, maudissant un augure qui rappelle trop l'offrande dernière des marins en détresse, il se rejette dans son lit. Nous feignîmes de ne pas entendre l'imprécation de l'homme aux nausées; mais nous retombâmes dans le labyrinthe de nos perplexités, et, gardant un silence circonspect, nous passâmes le reste de la nuit dans un demi-assoupissement.

[Le lendemain, sitôt qu'Eumolpe put croire Tryphène levée, il entra chez Lycas. Là, après quelques mots sur l'heureuse traversée que promettait un ciel serein, Lycas adressa ainsi la parole à Tryphène :]

CIV. — Il m'est apparu pendant mon sommeil le dieu Priape, qui me disait : Cet Encolpe que tu cherches, apprends qu'il est sur ton navire, où je l'ai conduit. — Tryphène tressaillit : — On dirait, s'écria-t-elle, que nous avons dormi sur le même chevet; car la statue de Neptune, où j'avais marqué trois fois au stylet [le sacrifice que je lui offris] à Baïes, m'est aussi apparue, et m'a dit : C'est sur le vaisseau de Lycas que tu trouveras Giton. — A propos de rêves, interrompit Eumolpe, savez-vous qu'Épicure est un homme divin, qui fait justice de ces sortes de chimères d'une façon très-piquante?

Les songes, vain amas de formes voltigeantes,
De nos esprits troublés illusions changeantes,
Ne sont point à la terre envoyés par les cieux :
C'est ton œuvre, ô mortel! et non celle des dieux;
C'est du sommeil des sens l'âme qui se dégage,
Et des scènes du jour ressuscite l'image.
Celui qui, des cités farouche destructeur,
Fit courir devant lui la flamme et la terreur,
Rêve ennemis vaincus, rois morts ou dans les chaînes,
Et de fleuves de sang voit regorger les plaines;
L'orateur, en dormant, redit son plaidoyer,
Et, pâle, attend l'arrêt qui le va foudroyer;
Le pilote en péril se croit sauvé, puis l'onde
Engloutit le navire où son espoir se fonde,
L'avare ensevelit, trouve ou perd un trésor;
Le chasseur court les bois aux sons perçants du cor,
Et son chien près de lui, bruyant auxiliaire,
Poursuit d'un lièvre absent la trace imaginaire;
La courtisane écrit à son amant jaloux;
La vieille, l'or en main, marchande un rendez-vous :
A chacun sa misère, à chacun sa blessure,
Qui jusqu'au sein des nuits se r'ouvre et le torture.

Quoi qu'il en fût, Lycas fit pour le rêve de

---

calamistro convertere? numquid et frontes cicatricibus scindere? numquid et crura in orbem pandere? numquid et talos ad terram deducere? numquid barbam peregrina ratione figurare? Color, arte compositus, inquinat corpus, non mutat. Audite, quid dementi succurrerit. Præligemus vestibus capita, et nos in profundum mergamus.

CIII. Nec istud Dii hominesque patiantur, Eumolpus exclamat, ut vos tam turpi exitu vitam finiatis. Imo potius facite, quod jubeo : Mercenarius meus, ut ex novacula comperistis, tonsor est : hic continuo radat utriusque non solum capita, sed etiam supercilia. Sequar ego, frontesque nolans inscriptione sollerti, ut videamini stigmate esse puniti. Ita eædem litteræ, et suspicionem declinabunt quærentium, et vultus umbra supplicii tegent. Non est dilata fallacia; sed ad latus navigii furtim processimus, capitaque cum superciliis denudanda tonsori præbuimus. Implevit Eumolpus frontes utriusque ingentibus litteris, et notum fugitivorum epigramma per totam faciem liberali manu duxit. Unus forte ex vectoribus, qui, adclinatus lateri navis, exonerabat stomachum, nausea gravem, notavit sibi ad lunam tonsorem, intempestivo inhærentem ministerio, exsecratusque omen, quod imitaretur naufragorum ultimum votum, in cubile rejectus est. Nos, dissimulata nauseantis devotione, ad ordinem tristitiæ redimus, silentioque

composito, reliquas noctis horas male soporati consumsimus.....

CIV. Videbatur mihi secundum quietem, Priapus dicere : Encolpion, quem quæris, scito, a me in navem tuam esse perductum. Exhorruit Tryphæna : et, Putes, inquit, una nos dormiisse : nam et mihi simulachrum Neptuni, quod Baiis... ter stylo notaveram, videbatur dicere : in navi Lycæ Gitona invenies. Hinc scies, inquit Eumolpus, Epicurum hominem esse divinum, qui ejusmodi ludibria facetissima ratione condemnat.

Somnia, quæ mentes ludunt volitantibus umbris,
Non delubra Deum, nec ab æthere numina mittunt;
Sed sibi quisque facit. Nam, cum prostrata sopore
Urget membra quies, et mens sine pondere ludit :
Quidquid luce fuit, tenebris agit. Oppida bello   5
Qui quatit, et flammis miserandas sævit in urbes;
Tela videt, versasque acies, et funera regum,
Atque exundantes profuso sanguine campos.
Qui caussas orare solent, legesque forumque,
Et pavido cernunt inclusum corde tribunal.   10
Condit avarus opes, defossumque invenit aurum.
Venator saltus canibus quatit. Eripit undis,
Aut premit eversam periturus navita puppim.
Scribit amatori meretrix. Dat adultera munus.
Et canis in somnis leporis vestigia latrat.   15
In noctis spatio miserorum vulnera durant.

Tryphène une ablution expiatoire, et dit : — Qui nous empêche de visiter le bâtiment? N'ayons pas l'air de mépriser ce qu'une révélation céleste a fait pour nous. — Ici l'homme qui nous avait si déplorablement surpris dans notre opération nocturne, un nommé Hésus, éleva tout à coup la voix : — Mais quels sont donc ceux qui cette nuit se faisaient raser au clair de la lune? Détestable augure, par ma foi! car je me suis laissé dire qu'en mer il n'est permis à âme qui vive de se couper cheveux ni ongles, à moins que le vent ne soit en colère contre les flots.

CV. Lycas devient pâle de fureur; ces paroles l'ont bouleversé : — Est-il possible, dit-il, qu'on se soit coupé les cheveux à mon bord, et par la plus belle nuit du monde? Qu'on m'amène sur-le-champ les coupables, et sachons quelle tête doit tomber pour purifier mon vaisseau. — La chose s'est faite par mon ordre, dit Eumolpe : il est vrai qu'étant l'un des passagers, l'augure est aussi contre moi; mais mes coquins de valets avaient les cheveux longs et en désordre : je ne voulais pas faire d'un navire un cachot d'esclaves, et j'ai désiré les voir un peu décrassés, afin qu'en même temps les stigmates dont ils sont flétris, n'étant plus masqués par la chevelure, pussent se déchiffrer bien en plein. Entre autres tours qu'ils m'ont joués, n'ont-ils pas été manger mon argent chez une maîtresse commune, d'où je les ai arrachés la nuit d'avant-hier, ruisselants de vin et de parfums? Bref, ils sont encore à cuver le reste de mes écus. — Sur ce, comme expiation due à la patronne du vaisseau, on décida que quarante coups de corde nous seraient infligés à tous deux. Et, sans plus attendre, de fanatiques matelots tombent sur nous armés de cordes, et s'évertuent à apaiser leur dieu tutélaire par l'effusion d'un sang abject. Pour mon compte, je digérai les trois premiers coups avec une dignité de Spartiate; mais Giton, au premier qu'il reçut, poussa un cri si perçant, qu'elle alla vibrer, cette voix trop connue, jusqu'aux oreilles de Tryphène. Non-seulement chez Tryphène l'émotion fut vive; mais toutes ses femmes, à cet accent familier pour elles, accoururent vers le fustigé. Déjà sa merveilleuse beauté avait désarmé les matelots : c'était là une prière muette qui agissait sur ces bourreaux, quand les femmes de Tryphène s'écrient toutes à la fois : — C'est Giton! c'est Giton! Arrêtez, barbares que vous êtes! C'est Giton! Madame, au secours! — Tryphène prête l'oreille; Tryphène, déjà trop portée à le croire, vole et se précipite. Lycas, qui me connaissait si bien, accourt aussi, comme s'il eût ouï ma voix; et ce ne furent ni mes mains ni mon visage qu'il considéra, mais tout d'abord baissant les yeux vers les mâles attributs que lui distinguaient, il me fit un geste des plus galants, et dit : — Salut à Encolpe! — Qu'on s'étonne maintenant que la nourrice du roi d'Ithaque ait après vingt ans reconnu la cicatrice qui révélait son maître, lorsqu'en homme expérimenté, quand tous mes traits, toute ma personne sont déguisés et confondus, un Lycas arrive si habilement au seul indice qui puisse trahir son fugitif! Tryphène pleurait, trompée par nos stigmates, de voir imprimé sur nos fronts ce qu'elle prenait pour des signes réels de servitude; et elle demandait à demi-voix dans quel cachot d'esclaves avaient pu tomber ces coureurs? quelle main assez barbare s'était acharnée sur eux à un tel supplice? Ils méritaient sans doute une leçon,

Ceterum Lycas, ut Tryphænæ somnium expiavit, Quis, inquit, prohibet navigium scrutari, ne videamur divinæ mentis opera damnare? Is, qui nocte miserorum furtum deprehenderat, Hesus nomine, subito proclamat : Ergo illi, qui sunt, qui nocte ad lunam radebantur: pessimo, me Dius Fidius, exemplo. Audio enim, non licere cuiquam mortalium in nave neque ungues, neque capillos deponere, nisi cum pelago ventus irascitur.

CV. Excanduit Lycas, hoc sermone turbatus; et, Itane, inquit, capillos aliquis in nave præcidit, et hoc nocte intempesta? attrahite ocius nocentes in medium, ut sciam, quorum capitibus debeat navigium lustrari. Ego, inquit Eumolpus, hoc jussi, nec non eodem futurus navigio, auspicium mihi feci : et quia nocentes horridos longosque habebant capillos, ne viderer de nave carcerem facere, jussi squaloris damnatis auferri : simul ut notæ quoque litterarum, non adumbratæ comarum præsidio, totæ ad oculos legentium accederent. Inter cetera apud communem amicam consumserunt pecuniam meam, a qua illos proxima nocte extraxi, mero unguentisque perfusos. Ad summam, adhuc patrimonii mei reliquias olent. Itaque, ut Tutela navis expiaretur, placuit, quadragenas utrisque plagas imponi. Nulla ergo fit mora. Aggrediuntur nos furentes nautæ cum funibus, tentantque vilissimo sanguine Tutelam placare. Et ego quidem tres plagas Spartana nobilitate concoxi. Ceterum Giton, semel ictus, tam valde exclamavit, ut Tryphænæ aures notissima voce repleret. Non solum ergo turbata est, sed ancillæ quoque omnes, familiari sono inductæ, ad vapulantem decurrunt. Jam Giton mirabili forma exarmaverat nautas, cœperatque etiam sine voce sævientes rogare, cum ancillæ pariter proclamant : Giton est, Giton! inhibete crudelissimas manus; Giton est, Domina succurre! Deflectit aures Tryphæna, jam sua sponte credentes, raptimque ad puerum devolat. Lycas, qui me optime noverat, tanquam et ipse vocem audisset, accurrit : et, nec manus, nec faciem meam consideravit, sed continuo ad inguina mea luminibus deflexis, movit officiosam manum : et, Salve, inquit, Encolpi. Miretur nunc aliquis, Ulyxis nutricem post vicesimum annum cicatricem invenisse, originis indicem, cum homo prudentissimus, confusis omnibus corporis indiciorumque lineamentis, ad unicum fugitivi argumentum tam docte pervenerit. Tryphæna lacrymas effudit, decepta supplicio : vera enim stigmata credebat captivorum frontibus impressa, sciscitarique submissius cœpit : Quod ergastulum intercepisset errantes? aut cujus tam crudeles manus in hoc supplicium durassent? Meruisse quidem contumeliam aliquam fugitivos, quibus in odium bona sua venissent.

exemplaire les fugitifs dont ses bontés n'avaient fait que des ennemis ! —

CVI. Lycas bondit de colère : — Simple que vous êtes, dit-il à Tryphène, de croire à ces plaies où, à l'aide d'un fer chaud, des lettres se seraient empreintes! Plût au ciel qu'ils se fussent appliqué sur le front de vraies flétrissures! Ce serait pour nous, si légère qu'elle fût, une satisfaction. Mais c'est une comédie, un piège qu'on nous tend : ils ont simulé ces stigmates pour nous jouer. — Tryphène inclinait à l'indulgence, voyant que tout n'était pas perdu pour le plaisir; mais Lycas avait toujours sur le cœur sa femme séduite, et les humiliations qu'il avait reçues sous le portique d'Hercule ; il s'écria, les traits de plus en plus décomposés : — Les dieux immortels prennent soin des choses d'ici-bas, n'est-ce pas? Vous le voyez, Tryphène : ils ont conduit ces misérables à leur insu jusque sur mon bord ; et ce service, ils nous l'ont annoncé par l'exacte conformité de nos songes. Jugez s'il conviendrait de pardonner à des coupables que la divinité livre elle-même à notre justice. Moi personnellement je ne suis pas cruel; mais je craindrais de porter la peine dont je les aurais tenus quittes. — Ce langage de superstitieux changea les dispositions de Tryphène : elle dit qu'elle ne s'opposait plus à notre punition; que même elle s'associait à une vengeance bien légitime, et qu'elle avait reçu un outrage aussi sanglant que Lycas, un si galant homme, dont l'honneur avait été publiquement immolé.

La crainte a fait les dieux. Quand frappés par la foudre
On vit l'Athos en feu, des remparts mis en poudre;
Le soleil, désertant son humide prison,
Monter inattendu sur l'obscur horizon,
Nous mesurer les jours, et les mois, et l'année;
La lune, de sa cour marcher environnée,
Et, brillant dans les nuits d'une douce lueur,
De son disque amoindri réparer la splendeur,
L'erreur vint commander les premiers sacrifices.
Des nouvelles moissons Cérès eut les prémices;
De pampre et de raisins Bacchus fut couronné;
L'empire des troupeaux à Palès fut donné;
Dans son manoir liquide on relégua Neptune,
Et sur sa roue ailée on vit fuir la Fortune.
Tout succès vint des dieux; et tout législateur
Fit descendre du ciel son pouvoir imposteur.

[Eumolpe alors prit une attitude d'orateur, déclara qu'il allait plaider, et parla ainsi :]

CVII. — Comme je ne suis pas inconnu de vous, les accusés m'ont choisi pour leur avocat, et m'ont prié de les réconcilier avec ceux qui jadis étaient leurs meilleurs amis. Pouvez-vous croire en effet que le hasard ait fait tomber ces jeunes gens dans le piège, comme si le premier soin de tout passager n'était pas de s'enquérir à quel capitaine il va se confier? Laissez-vous donc fléchir et apaiser par cette démarche satisfactoire, et souffrez que des hommes libres arrivent sans mauvais traitements à leur destination. Les maîtres même les plus durs, les plus implacables, suspendent leur rigueur, si leurs esclaves fugitifs sont ramenés par le repentir; et l'ennemi qui se rend obtient grâce. Qu'exigez-vous de plus? que voulez-vous? Là, sous vos yeux, en posture suppliante, sont de jeunes citoyens de famille honnête, et, ce qui l'emporte sur ces deux titres, vos intimes amis d'autrefois. Oui, j'ose l'affirmer, s'ils avaient détourné à leur profit votre argent, violé traîtreusement leur foi, vous vous croiriez assez vengés par l'horrible état où vous les voyez. L'esclavage, regardez! est écrit sur leurs fronts, et ces visages d'hommes libres portent volontairement le sceau légal de l'ignominie. — Lycas interrompt cette remontrance tout humble : —

CVI. Concitatus iracundia, prosiliit Lycas, et, O te, inquit, feminam simplicem! tanquam vulnera, ferro præparata, litteras biberint. Utinam quidem hac se inscriptione frontis maculassent! haberemus nos extremum solatium. Nunc mimicis artibus petiti sumus, et adumbrata inscriptione derisi. Volebat Tryphæna misereri, quia non totam voluptatem perdiderat : sed Lycas, memor adhuc uxoris corruptæ, contumeliarumque, quas in Herculis porticu acceperat, turbato vehementius vultu proclamat : Deos immortales rerum humanarum agere curam, puto, intellexisti, o Tryphæna! nam imprudentes noxios in nostrum induxere navigium, et, quid fecissent, admonuerunt pari somniorum consensu. Ita vide, ut prosit illis ignosci, quos ad pœnam ipse Deus deduxit. Quod ad me attinet, non sum crudelis, sed vereor ne, quod remisero, patiar. Tam superstitiosa oratione Tryphæna mutata, negat se interpellare supplicium, imo accedere etiam justissimæ ultioni : nec se minus grandi vexatam injuria, quam Lycam, cujus pudoris dignitas in concione proscripta sit.

Primus in orbe deos fecit timor : ardua cœlo
Fulmina cum caderent, discussaque mœnia flammis,
Atque ictu flagraret Athos : mox Phœbus ad ortus,
Lustrata dejectus humo : Lunæque senectus,
Et reparatus honos : hinc signa effusa per orbem,
Et permutatis disjunctus mensibus annus
Projecit vitium hoc : atque error jussit inanis
Agricolam primos Cereri dare messis honores :
Palmitibus plenis Bacchum vincire : Palemque
Pastorum gaudere manu. Natat obrutus, omni
Neptunus demersus aqua : Pallasque lucernas
Vindicat. Et voti reus, et qui condidit urbem,
Jam sibi quisque Deos avido certamine fingit.

CVII... Me, utpote hominem non ignotum, elegerunt ad hoc officium, petieruntque, ut se reconciliarem aliquando amicissimis. Nisi forte putatis, juvenes casu in has plagas incidisse, cum omnis vector nihil prius quærat, quam, cujus se diligentiæ credat. Flectite ergo mentes, satisfactione lenitas, et patimini, liberos homines ire sine injuria, quo destinant. Sævi quoque, implacabilesque domini crudelitatem suam impediunt, si quando pœnitentia fugitivos reduxit; et dedititiis hostibus parcimus. Quid ultra petitis? aut quid vultis? In conspectu vestro supplices jacent juvenes, ingenui, honesti, et, quod utroque potentius est, familiaritate vobis aliquando conjuncti. Si, me Hercules! intervortissent pecuniam vestram, si fidem proditione læsissent; satiari tamen potuissetis hac pœna, quam videtis. Servitia, ecce! in frontibus cernitis, et vultus ingenuos voluntaria pœnarum lege proscriptos. Inter-

N'embrouillez pas, dit-il, la question ; mais donnez à chaque chose son sens précis. Et avant tout, s'ils sont volontairement venus, pourquoi se faire raser la tête? Car changer ainsi sa figure, annonce qu'on veut tromper, et non donner satisfaction. En second lieu, si rentrer en grâce par intercesseur était leur projet, d'où vient que vous avez tout fait pour tenir cachés vos clients? Il est évident que le hasard seul a fait tomber ces criminels dans nos filets, et que vous avez cherché un subterfuge pour les soustraire à l'explosion de nos ressentiments. Quant à l'odieux que vous appelez sur nous en faisant sonner haut les mots d'hommes libres et bien nés, prenez garde que cette prétention ne rende plus mauvaise votre cause. Que doivent faire des offensés, quand les offenseurs courent au châtiment tête baissée? — Mais ils furent nos amis! — Ils n'en sont que plus punissables. S'attaquer à des inconnus s'appelle brigandage ; à des amis, c'est presque un parricide. — Eumolpe voulut réfuter cette réplique si passionnée : — Je le conçois, reprit-il, ce qui charge le plus ces malheureux jeunes gens, c'est qu'ils se sont fait couper les cheveux pendant la nuit ; cela semble prouver qu'ils sont venus sur ce navire par hasard, et non pas d'eux-mêmes. Je souhaite que mon explication vous paraisse aussi franche que le fait a été simple! Ils voulaient, avant de s'embarquer, se débarrasser d'un volume de cheveux inutile et gênant ; mais le vent, s'étant levé trop vite, fit remettre à plus tard cette mesure de propreté. Ils n'ont pas cru toutefois que l'endroit fît rien à la chose, puisqu'elle était résolue d'avance ; d'ailleurs les augures et statuts des gens de mer leur étaient inconnus. — Mais, dit Lycas, à quoi bon, comme suppliants, se raser le crâne? Une tête chauve serait-elle par hasard plus intéressante qu'une autre? Au reste, qu'ai-je affaire d'interprète pour découvrir la vérité? Qu'as-tu à dire, toi, brigand? quelle salamandre t'a rongé les sourcils? à quel dieu as-tu voué ta crinière? Charlatan, réponds donc. —

CVIII. Je demeurais stupide, terrifié par la crainte du supplice : trop évidemment convaincu pour trouver à répondre, confus de ma laideur, avec ma tête ignoblement dépouillée et des sourcils en outre aussi chauves que mon front, que pouvais-je faire ou dire de convenable? Mais lorsque Lycas, sans s'arrêter à mes pleurs, eut avec une éponge humide essuyé mon visage, et que, détrempée sur toute ma face, l'encre eut entièrement confondu mes traits sous un nuage couleur de suie, sa colère devint de la rage. Eumolpe proteste qu'il ne souffrira pas que personne, au mépris des lois divines et humaines, attente à notre dignité d'hommes libres ; il repousse les menaces de nos bourreaux non-seulement de la voix, mais de toute l'énergie du geste. Le mercenaire secondait le dévouement de son maître, ainsi que deux passagers des plus chétifs, appuis consolants pour notre cause plutôt qu'auxiliaires de combat. Moi, loin de supplier pour mon compte, je porte le poing sous les yeux de Tryphène, je m'écrie d'une voix haute et délibérée que je ferai contre elle usage de mes forces, si Giton n'est pas respecté par cette maudite femme, qui de tout l'équipage méritait seule les étrivières. Mon audace allume encore plus la fureur de Lycas, indigné qu'abandonnant ma propre cause je ne réclame que pour autrui. Tryphène insultée se déchaîne avec non moins de violence, et divise

---

pellavit deprecationem supplicis Lycas, et, Noli, inquit, caussam confundere, sed impone singulis modum. Ac primum omnium, si ultro venerunt, cur nudavere crinibus capita? vultum enim qui permutat, fraudem parat, non satisfactionem. Deinde, si gratiam a legato moliebantur, quid ita omnia fecisti, ut, quos tuebaris, absconderes? Ex quo apparet, casu incidisse noxios in plagas, et te artem quæsisse, qua nostræ animadversionis impetum eluderes. Nam, quod invidiam facis nobis, ingenuos, honestosque clamando, vide, ne deteriorem facias confidentia caussam. Quid debent læsi facere, ubi rei ad pœnam confugiunt? At enim amici fuerunt nostri? eo majora meruerunt supplicia. Nam, qui ignotos lædit, latro appellatur : qui amicos, paullo minus quam parricida. Resolvit Eumolpus tam iniquam declamationem, et, intelligo, inquit, nihil magis obesse juvenibus miseris, quam quod nocte deposuerunt capillos : hoc argumento incidisse in navem videntur, non venisse. Quod velim tam candide ad vestras aures perveniat, quam simpliciter gestum est. Voluerunt enim, antequam conscenderent, exonerare capita molesto et supervacuo pondere, sed celerior ventus distulit curationis propositum. Nec tamen putaverunt ad rem pertinere, ubi inciperent quod placuerat, ut fieret : quia nec omen, nec legem navigantium noverant. Quid, inquit Lycas, attinuit supplices radere? nisi forte miserabiliores calvi solent esse. Quanquam quid attinet, veritatem per interpretem quærere? Quid dicis tu, latro? quæ Salamandra supercilia excussit tua? Cui Deo crinem vovisti? Pharmace, responde.

CVIII. Obstupueram ego, supplicii metu pavidus, nec, quid in re manifestissima dicerem inveniebam, turbatus, et deformis, præter spoliati capitis dedecus, superciliorum etiam æquali cum fronte calvitie, ut nihil nec facere deceret, nec dicere. Ut vero spongia uda facies plorantis detersa est, et liquefactum per totum os atramentum omnia scilicet lineamenta fuliginea nube confudit, in odium se ira convertit. Negat Eumolpus, passurum se, ut quisquam ingenuos contra fas legemque contaminet, interpellatque sævientium minas, non solum voce, sed et manibus. Aderat interpellanti mercenarius comes, et unus, alterque infirmissimus vector, solatia magis litis, quam virium auxilia. Nec quidquam pro me deprecabar, sed, intentans in oculos Tryphænæ manus, usurum me viribus meis, clara liberaque voce clamavi, ni abstineret a Gitone mulier damnata, et in toto navigio sola verberanda. Accenditur audacia mea iratior Lycas, indignatusque, quod ego, relicta mea caussa, tantum pro alio clamo. Nec mi nus Tryphæna contumelia sævit accensa, totiusque navigii

tous les gens du navire en deux camps. D'un côté le barbier d'Eumolpe, armé lui-même, nous distribue les armes de son métier ; de l'autre la valetaille de Tryphène s'est retroussé les manches. Il n'y eut pas jusqu'aux suivantes qui n'apportassent le renfort de leurs cris. Seul resté neutre, le pilote déclare qu'il abandonnera le gouvernail, si l'on ne cesse de s'acharner à propos de misérables libertins. Et néaumoins on persévère, la mêlée est aussi ardente : nos ennemis se battent pour la vengeance, nous pour notre vie. Déjà de chaque côté plus d'un champion tombe et fait le mort ; beaucoup avec des plaies saignantes se retirent comme d'un vrai champ de bataille ; et pourtant chez aucun la colère n'est prête à céder. Alors l'intrépide Giton, approchant de ses parties sexuelles le rasoir fatal, jure qu'il va trancher la racine de tant de calamités : Tryphène s'oppose à l'énorme attentat, et sans façon demande grâce pour l'objet en péril. Moi aussi à plusieurs reprises je portai le fer à ma gorge, sans avoir plus envie de me tuer que Giton de réaliser sa menace. Celui-ci toutefois jouait la tragédie avec plus d'assurance que moi ; il savait bien qu'il tenait le même rasoir dont il s'était déjà coupé le cou. Or les deux partis restant en présence, et l'affaire semblant devoir devenir sérieuse, le pilote, non sans peine, obtint que Tryphène, comme parlementaire, négociât une trêve. En conséquence, la parole donnée et reçue de part et d'autre selon l'antique usage, Tryphène s'annonce par une branche d'olivier prise à la déesse tutélaire du vaisseau ; et osant dès lors entrer en conférence,

« Elle s'écrie : Au milieu de la paix
Quelle fureur vous fait courir aux armes ?
D'une autre Hélène a-t-on ravi les charmes ?
Pourquoi la guerre, et quels sont nos forfaits ?
Voit-on ici Médée, et pour combattre un père
S'arme-t-elle en fuyant des membres de son frère ?
Non : l'Amour a tout fait ; l'Amour, ce dieu jaloux,
Joint au péril des flots nos homicides coups.
Ah ! d'un double trépas redoutons l'infortune :
Pourquoi de notre sang grossir encor Neptune ? »

CIX. Cette déclamation débitée d'un ton pathétique fut suivie d'un moment d'arrêt, et l'appel pacifique suspendit les hostilités. Profitant de ce retour à des dispositions meilleures, notre général Eumolpe commence par admonester vertement Lycas, puis il imprime son sceau sur les tablettes d'un traité dont voici la teneur :

« Sur votre honneur et votre conscience, vous, Tryphène, vous ne vous plaindrez pas d'avoir été offensée par Giton ; à dater de ce jour, quoi qui se soit passé, tous reproches, représailles ou tracasseries quelconques vous sont interdits ; vous n'exigerez rien de l'enfant par voie de contrainte, ni caresse, ni baiser, ni rapprochement de nature plus intime, sous peine, auxdits cas, de payer comptant cent deniers. Vous, Lycas, sur votre honneur et votre conscience, vous ne poursuivrez Encolpe ni de paroles ni de mines insultantes, et ne chercherez point à savoir où il couche ; ou, si vous le faites, pour chaque infraction vous payerez deux cents deniers comptant. »

Les termes de la convention ainsi réglés, on met bas les armes ; et, pour qu'il ne reste dans les âmes après le serment aucun levain d'animosité, on veut que tout le passé s'efface par des embrassades. A la sollicitation générale, les cœurs se dégonflent de leurs haines ; et la table appor-

---

turbam diducit in partes. Hinc mercenarius tonsor ferramenta sua nobis, et ipse armatus, distribuit : illinc Tryphænæ familia nudas expedit manus. Ac ne ancillarum quidem clamor aciem destituit, uno tantum gubernatore, relicturum se navis ministerium, denunciante, si non desinat rabies, libidine perditorum collecta. Nihilominus tamen perseverat dimicantium furor ; illis pro ultione, nobis pro vita pugnantibus. Multi ergo utrinque sine morte labuntur, plures cruenti vulneribus referunt, veluti ex prælio, pedem : nec tamen cujusquam ira laxatur. Tunc fortissimus Giton ad virilia sua admovit novaculam infestam, minatus, se abscissurum tot miserarum causam : inhibuitque Tryphæna tam grande facinus, non dissimulata missione. Sæpius ego cultrum tonsorium super jugulum meum posui, non magis me occisurus, quam Giton, quod minabatur, facturus. Audacius ille tamen tragœdiam implebat, quia sciebat se illam habere novaculam, qua jam sibi cervicem præciderat. Stante ergo utraque acie, cum appareret, futurum non tralatitium bellum, ægre expugnavit gubernator, ut, caduceatoris more, Tryphæna inducias faceret. Data ergo acceptaque, patrio more, fide, protendit ramum oleæ, a Tutela navigii raptum, atque in colloquium venire ausa :

Quis furor, exclamat, pacem convertit in arma ?
Quid nostræ meruere manus ? Non Troius hostis

Hac in classe vehit decepti pignus Atridæ ;
Nec Medea furens fraterno sanguine pugnat :
Sed contemtus Amor vires habet ; et mihi fata
Hos inter fluctus quis raptis evocat armis ;
Cui non est mors una satis ? Ne vincite pontum,
Gurgitibusque feris alios imponite fluctus.

CIX. Hæc ut turbato clamore mulier effudit, hæsit paullisper acies, revocatæque ad pacem manus intermisere bellum. Utitur pœnitentiæ occasione dux Eumolpus, et, castigato ante vehementissime Lyca, tabulas fœderis signat, queis hæc formula erat. Ex tui animi sententia, ut tu, Tryphæna, neque injuriam tibi factam a Gitone quereris, neque, si quid ante hunc diem factum est, objicies, vindicabisve, aut ullo alio genere persequendum curabis : ut tu imperasti puero repugnanti, non amplexum, non osculum, non coitum Venere constrictum, nisi pro qua re præsentes numeraveris denarios centum. Item, Lyca, ex tui animi sententia, ut tu Encolpion nec verbo contumelioso insequeris, nec vultu ; neque quæres, ubi nocte dormiat ? aut si quæsieris, pro singulis injuriis numerabis præsentes denarios ducentos. In hæc verba fœderibus compositis, arma deponimus : et, ne residua in animis etiam post jusjurandum ira remaneret, præterita aboleri osculis placet. Exhortantibus universis, odia detumescunt ; epulæque, ad certamen prolatæ, conciliant hilaritate convivium. Exsonat ergo cantibus totum navi-

tée sur le champ de bataille égaye et complète la réconciliation. Tout le navire ne retentit plus que de chants; et un calme subit étant venu interrompre la marche du bâtiment, tel cherche à frapper du harpon les poissons bondissant sur l'onde; tel autre, armé d'insidieux hameçons, enlève une proie qui se débat en vain. Voici même des oiseaux de mer qui s'abattent sur les antennes, et qu'un subtil oiseleur touche de ses baguettes de roseaux tressés. Empêtrés dans la glu dont elles sont couvertes, ils s'en viennent tomber dans nos mains. Leur duvet voltige enlevé par la brise, et les plumes tournoient sur la légère écume des flots. Déjà Lycas commençait à me rendre ses bonnes grâces, déjà Tryphène arrosait Giton des dernières gouttes restées dans sa coupe, lorsqu'Eumolpe, émancipé aussi par le vin, voulut décocher quelques traits sur les tondus et les stigmatisés. Il finit, ses froides gentillesses épuisées, par revenir à ses vers favoris, et improvisa sur nos chevelures ce bout d'élégie :

> Ils sont tombés ces beaux cheveux
> Qui si bien décoraient vos têtes!
> Sur le printemps l'hiver a soufflé ses tempêtes;
> Et ce front hier si joyeux,
> Aujourd'hui sans ombrage, et pleurant sa couronne,
> Au plus léger zéphyr s'humilie et frissonne.
> Ainsi leurs premiers dons, trésors fallacieux,
> Sont toujours les premiers que reprennent les dieux.
> Toi qui naguère éclipsais par ta grâce
> Phébé la blonde et son frère Apollon,
> De ton front ras la luisante surface
> Semble arrondie en triste champignon.
> Tu fuis, tu crains les mots piquants des belles :
> Crois-moi, la mort étend sur toi ses ailes ;
> Tes beaux cheveux sont déjà chez Pluton.

CX. Il allait, je pense, poursuivre sa pointe, et enchérir sur ces impertinences; mais une suivante de Tryphène emmena Giton sous l'entrepont du vaisseau, pour ajuster à sa tête une chevelure postiche de sa maîtresse. En outre elle tira de la boîte à toilette une paire de sourcils, qui, artistement appliqués sur la ligne primitive, rendirent à l'enfant toute sa beauté. Tryphène reconnut le véritable Giton; elle en fut émue jusqu'aux larmes, et cette fois le baisa de tout son cœur. Moi, bien que satisfait de voir Giton recouvrer ses premiers attraits, je me cachais à tout instant le visage, car je me sentais défiguré d'une façon trop hideusement bizarre, puisque Lycas ne daignait même pas m'adresser la parole. L'officieuse suivante vint m'arracher à mon abattement; elle me tira à l'écart, et me mit sur la tête une perruque non moins élégante, qui fit d'autant mieux ressortir l'éclat de ma figure que les cheveux en étaient blonds. Cependant Eumolpe, le défenseur des opprimés et le médiateur de la paix actuelle, ne voulant pas d'une gaieté silencieuse et sans historiettes, se mit à lancer mille sarcasmes sur la légèreté des femmes, leur facilité à s'amouracher, leur promptitude à oublier jusqu'à leurs fils pour leurs amants. — Il n'en est point, disait-il, si réservée qu'elle soit, qu'une passion illégitime ne puisse jeter dans les écarts les plus extravagants; et, sans recourir aux anciennes tragédies, ou à des noms fameux dans le passé, c'est d'un souvenir contemporain que je vais vous entretenir, si vous voulez m'entendre. — Ayant par là concentré sur lui les yeux et l'attention de tous, il commença de la sorte :

CXI. Il y avait à Éphèse une dame en si grand

gium, et, quia repentina tranquillitas intermiserat cursum, alius exultantes quærebat fuscina pisces; alius hamis blandientibus convellebat prædam repugnantem. Ecce ! etiam per antennam pelagiæ consederant volucres , quas textis arundinibus peritus artifex tetigit. Illæ, viscatis illigatæ viminibus, deferebantur ad manus. Tollebat plumas aura volitantes, pennasque per maria inani spuma torquebat. Jam Lycas redire mecum in gratiam cœperat; jam Tryphæna Gitona extrema parte potionis spargebat, cum Eumolpus, et ipse vino solutus, dicta voluit in calvos stigmososque jaculari : donec, consumta frigidissima urbanitate, rediit ad carmina sua, cœpitque capillorum elegidarion dicere.

> Quod solum formæ decus est, cecidere capilli :
> Vernantesque comas tristis abegit hiems.
> Nunc umbra nudata sua, jam tempora mœrent,
> Areaque attritis horret adusta pilis.
> O fallax natura Deum ! quæ prima dedisti   5
> Ætati nostræ gaudia, prima rapis.
> Infelix , modo crinibus nitebas,
> Phœbo pulchrior, et sorore Phœbi :
> At nunc lævior ære, vel rotundo
> Horti tubere, quod creavit unda,   10
> Ridentes fugis, et times puellas.
> Ut mortem citius venire credas,
> Scito jam capitis perisse partem.

CX. Plura volebat proferre, credo, et ineptiora præteritis; cum ancilla Tryphænæ Gitona in partem navis inferiorem ducit, corymbioque dominæ pueri adornat caput. Imo supercilia etiam profert de pyxide, sciteque jacturæ lineamenta secuta, totam illi formam suam reddidit. Agnovit Tryphæna verum Gitona : lacrymisque turbata, tunc primum bona fide puero basium dedit. Ego, etiamsi repositum in pristinum decorem puerum, gaudebam, abscondebam tamen frequentius vultum, intelligebamque me non tralatitia deformitate esse insignitum, quem alloquio dignum nec Lycas quidem crederet. Sed huic tristitiæ eadem illa succurrit ancilla, sevocatumque me non minus decoro exornavit capillamento : imo commendatior vultus enituit, quia flavicomum corymbion erat. Ceterum Eumolpus, et periclitantium advocatus, et præsentis concordiæ auctor, ne sileret sine fabulis hilaritas, multa in muliebrem levitatem cœpit jactare : Quam facile adamarent; Quam cito etiam filiorum obliviscerentur; Nullamque esse feminam tam pudicam, quæ non peregrina libidine usque ad furorem averteretur; Nec se tragœdias veteres curare, aut nomina seculis nota; sed rem, sua memoria factam, expositurum se esse, si vellemus audire. Conversis igitur omnium in se vultibus, auribusque, sic exorsus est :

CXI. Matrona quædam Ephesi tam notæ erat pudicitiæ, ut vicinarum quoque gentium feminas ad sui spectacu-

renom de sagesse, que les femmes même des pays voisins la venaient voir comme une merveille. Or cette dame, ayant perdu son mari, ne se contenta pas, selon la mode vulgaire, de suivre le convoi les cheveux épars, de se découvrir et frapper la poitrine à la vue de tout le monde ; elle accompagna le défunt jusqu'en son dernier gîte ; et, le corps déposé dans l'hypogæum à la manière grecque, elle s'en fit la gardienne, elle passa des jours et des nuits dans les larmes. Ainsi désespérée et résolue à mourir de faim, ni son père, ni sa mère, ni ses proches n'avaient pu la dissuader. Les magistrats eux-mêmes, rebutés par elle, s'en étaient retournés ; et tout Éphèse pleurait cette femme exemplaire et incomparable que déjà la cinquième aurore voyait languir sans nourriture. Compagne de sa douleur, une fidèle suivante lui prêtait le concours de ses larmes, comme aussi, chaque fois que s'éteignait la lampe du sépulcre, elle la rallumait. Par toute la ville donc il n'était bruit que de la veuve, seul vrai modèle de tendresse et de vertu qui eût jamais étonné le monde : les hommes de toute classe en tombaient d'accord. En ce même temps le gouverneur de la province fit mettre en croix quelques bandits, non loin du caveau où notre matrone pleurait sur la dépouille récente de son mari. La nuit d'après l'exécution, un soldat qui gardait les croix, de peur qu'on n'enlevât les corps pour les ensevelir, avisa dans l'intervalle des tombes une assez vive lumière et entendit des gémissements plaintifs. La maudite curiosité humaine le pousse à voir qui est là, ou ce qui s'y passe. Il descend donc dans la triste demeure ; et, à l'aspect d'une femme merveilleusement belle, il croit d'abord à du surnaturel, à une apparition de mânes, et

dans son trouble il reste immobile. Mais peu après, ayant reconnu un cadavre, distingué des larmes et un visage que le désespoir a meurtri, il en conclut, comme de raison, que c'est quelque veuve inconsolable dans ses regrets. Il apporte au caveau son modeste souper, il exhorte l'affligée à ne point s'obstiner dans une douleur superflue, ni se briser la poitrine de sanglots qui ne remédient à rien ; que si notre fin à tous est la même, tous aussi nous avons notre place sur terre ; en un mot, ce qu'on peut dire pour rappeler à la raison les âmes ulcérées par le chagrin. Mais elle, à ces consolations qu'elle méconnaît et qui l'outragent, se déchire le sein de plus belle, et s'arrache des touffes de cheveux qu'elle dépose sur le corps de son époux. Le soldat ne se rebute point ; il redouble d'instances pour faire prendre à cette femme quelque nourriture, tant qu'enfin la suivante, séduite, à coup sûr, par le fumet du vin, tendit au charitable auteur de l'invitation une main résignée ; puis, réconfortée par la boisson et la nourriture, elle entreprit de fléchir l'opiniâtreté de sa maîtresse. — Que vous servira, disait-elle, de vous laisser consumer par la faim, de vous enterrer vive, et, avant que le sort vous y condamne, de rendre à la nature ce qu'elle ne vous redemande point ?

Pensez-vous que, du sein de la nuit éternelle,
Une ombre exige encor que vous mouriez pour elle ?

Ah ! revenez à la vie ; secouez ce préjugé de femme, et goûtez, le plus longtemps possible, les douceurs de l'existence. Ce corps même qui gît sous vos yeux doit vous avertir de vous conserver. — Ce n'est jamais à contre-cœur qu'on écoute l'ami qui nous presse de manger, de ne pas mourir. Ainsi la veuve, que plusieurs

lum evocaret. Hæc ergo, cum virum extulisset, non contenta, vulgari more, funus sparsis prosequi crinibus, aut nudatum pectus in conspectu frequentiæ plangere, in conditorium etiam prosecuta est defunctum, positumque in hypogeo, Græco more, corpus custodire, ac flere totis noctibus diebusque cœpit. Sic afflictantem se, ac mortem inedia persequentem, non parentes potuerunt abducere, non propinqui. Magistratus ultimo repulsi abierunt : comploratæque ab omnibus singularis exempli femina, quintum jam diem sine alimento trahebat. Assidebat ægræ fidissima ancilla, simulque et lacrymas commodabat lugenti, et, quoties defecerat positum in monumento lumen, renovabat. Una igitur in tota civitate fabula erat ; et solum illud affulsisse verum pudicitiæ amorisque exemplum, omnis ordinis homines confitebantur. Cum interim Imperator provinciæ latrones jussit crucibus affigi, secundum illam casulam, in qua recens cadaver matrona deflebat. Proxima ergo nocte, cum miles, qui cruces servabat, ne quis ad sepulturam corpora detraheret, notasset sibi et lumen, inter monumenta clarius fulgens, et gemitum lugentis audisset, vitio gentis humanæ, concupiit scire, quis, aut quid faceret. Descendit igitur in conditorium ; visaque pulcherrima muliere, primo, quasi quodam monstro, infernisque imaginibus turbatus, substitit. Deinde, ut et

corpus jacentis conspexit, et lacrymas consideravit, facienique unguibus sectam, ratus scilicet, id quod erat, desiderium extincti non posse feminam pati, attulit in monumentum cœnulam suam, cœpitque hortari lugentem, ne perseveraret in dolore supervacuo, et nihil profuturo gemitu pectus diduceret : omnium eumdem exitum esse, sed et idem domicilium ; et cetera, quibus exulceratæ mentes ad sanitatem revocantur. At illa, ignota consolatione percussa, laceravit vehementius pectus, ruptosque crines super pectus jacentis imposuit. Nec recessit tamen miles, sed eadem exhortatione tentavit dare mulierculæ cibum, donec ancilla, vini, certum habeo, odore corrupta, primum ipsa porrexit ad humanitatem invitantis victam manum ; deinde refecta potione et cibo, expugnare dominæ pertinaciam cœpit. Et, Quid proderit, inquit, hoc tibi, si soluta inedia fueris ? si te vivam sepelieris ? si, antequam fata poscant, indemnatum spiritum effuderis ?

Id cinerem aut manes credis curare sepultos ?

Vis tu reviviscere ? vis tu, discusso muliebri errore, quamdiu licuerit, lucis commodis frui ? ipsum te jacentis corpus commonere debet, ut vivas. Nemo invitus audit, cum cogitur aut cibum sumere, aut vivere. Itaque mulier, aliquot dierum abstinentia sicca, passa est frangi pertinaciam

5.

jours d'abstinence avaient exténuée, laissa vaincre son obstination, et satisfit sa faim aussi avidement que la suivante, qui s'était rendue la première.

CXII. Or vous savez à quelles tentations est sujet presque tout mortel qui a bien soupé. Les mêmes séductions qui avaient obtenu de la matrone qu'elle consentirait à vivre furent mises en œuvre par le soldat pour attaquer sa sagesse. Il n'est pas mal, ni sans esprit, ce jeune homme, pensait notre prude; et la suivante s'entremettait pour lui, et revenait toujours à dire :

Combattrez-vous encore un penchant qui vous plaît ?
Et ne songez-vous plus dans quel pays vous êtes ?

Bref, sur l'article même de l'appétit charnel l'abstinence fut rompue, et le soldat eut une seconde fois le bonheur de persuader. Ils passèrent ensemble la nuit du nouvel hyménée; ils y passèrent le lendemain, le surlendemain encore, porte bien close, comme vous pensez, pour faire croire aux gens de connaissance ou autres, qui pouvaient venir, que l'épouse avait expiré sur le corps de l'époux, en vraie victime de sa fidélité. Cependant le soldat, charmé d'une si belle conquête et du mystère, achetait toutes les douceurs que lui permettaient ses moyens, et, sitôt la nuit tombante, il les portait au mausolée. Pour lors les parents de l'un des suppliciés, ayant remarqué du relâchement dans la surveillance, détachèrent nuitamment le pendu, et lui rendirent les derniers devoirs. Quand le soldat, dupe de ses longues absences, voit le lendemain l'une de ses croix sans cadavre, il a peur du supplice; il court exposer à son amie ce qui vient d'arriver. — Et il n'attendra point la sentence du juge; et son propre glaive fera justice de sa négligence; qu'elle lui octroie seulement, à lui qui va mourir, un coin du caveau, et que le fatal monument réunisse l'amant au mari. Mais la veuve, dont le bon cœur valait bien la vertu : — Aux dieux ne plaise que l'un après l'autre et coup sur coup je voie périr deux hommes que j'ai tant chéris! J'aime mieux *sacrifier* le mort que *crucifier* le vivant. — Conformément à ce beau discours, elle veut que l'époux soit tiré de sa bière et cloué à la croix vacante. Le soldat ne se refusa point à l'expédient d'une femme si bien inspirée; et le lendemain les gens de se demander par quel miracle le défunt était monté à la place du pendu.

Livre ta barque aux vents, jamais ton cœur aux belles :
Car les vents et les flots sont moins perfides qu'elles.
Il n'en est point de bonne; ou, s'il en fut jamais,
Comment le mal en bien tourna-t-il? Je ne sais.

CXIII. Les rires des matelots accueillirent cette histoire : elle fit rougir beaucoup Tryphène, dont le visage se penchait amoureusement sur le cou de Giton. Mais Lycas était loin de rire; et secouant la tête d'un air indigné : — Si le gouverneur, dit-il, avait fait son devoir, le corps du défunt eût été reporté dans son sépulcre, et la femme clouée à la croix. — Sans doute l'injure faite à sa couche lui revenait à l'esprit, ainsi que les joyeux émigrants qui avaient pillé son vaisseau. Mais les clauses du traité lui défendaient de s'en souvenir, et la gaieté qui s'était emparée des esprits ne laissait point place au ressentiment. Cependant Tryphène, assise sur les genoux de Giton, tantôt lui couvrait la poitrine de baisers,

suam : nec minus avide se replevit cibo, quam ancilla, quæ prior victa est.

CXII. Ceterum scitis, quid tentare plerumque soleat humanam satietatem? Quibus blanditiis impetraverat miles, ut matrona vivere vellet, iisdem etiam pudicitiam ejus aggressus est. Nec deformis, aut infacundus juvenis castæ videbatur, conciliante gratiam ancilla, ac subinde dicente :

Placitone etiam pugnabis amori?
Nec venit in mentem, quorum consederis arvis?

Quid diutius moror? ne hanc quidem partem corporis mulier abstinuit, victorque miles utrumque persuasit. Jacuerunt ergo una, non tantum illa nocte, qua nuptias fecerunt, sed postero etiam ac tertio die, præclusis videlicet conditorii foribus, ut, si quis ex notis ignotisque ad monumentum venisset, putasset expirasse super corpus viri pudicissimam uxorem. Ceterum delectatus miles et forma mulieris et secreto, quidquid boni per facultates poterat, coemebat; et prima statim nocte in monumentum ferebat. Itaque cruciarii unius parentes, ut viderunt laxatam custodiam, detraxerunt nocte pendentem, supremoque mandaverunt officio. At miles, circumscriptus dum resedit, ut postero die vidit unam sine cadavere crucem, veritus supplicium, mulieri quid accidisset exponit : nec se exspectaturum judicis sententiam, sed gladio jus dicturum ignaviæ suæ : commodaret modo illa perituro locum, et fatale conditorium familiari ac viro faceret. Mulier non minus misericors, quam pudica, Nec istud, inquit, Dii sinant, ut eodem tempore duorum mihi carissimorum hominum duo funera spectem : malo mortuum impendere, quam vivum occidere. Secundum hanc orationem jubet corpus mariti sui tolli ex arca, atque illi, quæ vacabat, cruci affigi. Usus est miles ingenio prudentissimæ feminæ; posteroque die populus miratus est, qua ratione mortuus isset in crucem.

Crede ratem ventis, animum ne crede puellis;
Namque est feminea tutior unda fide.
Femina nulla bona est; vel, si bona contigit ulla,
Nescio quo fato res mala facta bona est.

CXIII. Risu excepere fabulam nautæ, et erubescente non mediocriter Tryphæna, vultum suum super cervicem Gitonis amabiliter posuit. At non Lycas risit, sed iratum commoveus caput, Si justus, inquit, Imperator fuisset, debuit patrisfamiliæ corpus in monumentum referre, mulierem affigere cruci. Non dubie redierat in animum cubile, expilatamque libinosa migratione navigium. Sed nec fœderis verba permittebant meminisse : nec hilaritas, quæ præoccupaverat mentes, dabat iracundiæ locum. Ceterum Tryphæna, in gremio Gitonis posita, modo implebat osculis pectus, modo concinnabat spoliatum crini-

tantôt s'occupait à rajuster sur ce front dépouillé la chevelure d'emprunt. Quant à moi, triste et impatient du nouveau traité, je ne pouvais ni manger ni boire, et je lançais obliquement des regards furieux au couple perfide. Tous leurs baisers me perçaient le cœur, tout, jusqu'aux moindres agaceries que cette femme impudique imaginait ; et pourtant je ne savais encore auquel en vouloir le plus, à l'ami qui me volait une maîtresse, ou à la maîtresse qui me débauchait un ami. Tous deux offensaient cruellement mes regards : ma captivité d'autrefois avait été moins affreuse. Ajoutez que le ton de Tryphène avec moi n'était plus celui de l'intimité que m'avaient valu des soins jadis si bien venus d'elle, et que Giton ne daignait pas seulement boire à ma santé, ou pour le moins m'adresser la parole comme à tout le monde, craignant, je pense, aux premiers moments de sa rentrée en grâce, de rouvrir chez elle une cicatrice à peine fermée. J'inondai mon sein de larmes provoquées par le dépit, et mes gémissements, que j'étouffais en soupirs, faillirent me suffoquer.

   Le noir vautour qui de sa proie
   Fouille le flanc et dévore le foie,
  N'est point celui que nous chanta l'erreur
  Non : c'est la jalousie et le chagrin rongeur.

[A la fin cependant, soit coquetterie, soit pitié, Tryphène me regarda d'un œil plus doux. Lycas vit avec chagrin ce changement ;] il essayait de se faire admettre en tiers de nos plaisirs, et n'affectait plus l'air sourcilleux du maître : c'était une complaisance d'ami qu'il sollicitait. [Je le repoussai ; il menaça, et certes ce n'était pas en vain : je lui répondis avec plus d'audace que je n'avais de force à lui opposer, lorsqu'arriva Tryphène, qui protesta que, fût-elle réduite à elle seule, elle saurait le punir de la violation du traité. Comme ils s'interpellaient tous deux bruyamment, une des suivantes de Tryphène, avec laquelle j'avais été fort bien, vint me tirer à l'écart, et se prit à pleurer à chaudes larmes. Tout ému, je lui demandai la cause de son affliction ;] elle hésita, puis laissa échapper ces paroles : — Si vous avez quelque délicatesse dans l'âme, vous ne ferez pas plus de cas de cette femme que d'une prostituée ; si vous êtes un homme, vous n'irez pas avec cette vilaine. — Tout cela me tenait en grande perplexité ; mais rien ne m'humiliait plus que la pensée qu'Eumolpe pourrait tout découvrir, et que l'impitoyable railleur se vengerait par de nouveaux vers de ce qu'il regarderait comme une infraction au traité. [Et justement nos éclats de voix inaccoutumés lui donnent l'éveil, et le voici qui, devinant le mystère, signifie que ni lui, ni les dieux vengeurs, ne laisseront impunies les lubriques tentatives de Lycas, et les amours de Tryphène et de Giton, qu'il voyait dès longtemps du plus mauvais œil.] Il le jure dans les termes les plus solennels.

CXIV. Durant tous ces pourparlers, la mer est devenue houleuse, et des nuages amassés de tous les points ont noyé le soleil dans les ténèbres. Les matelots courent à leurs postes avec l'activité de la peur, et dérobent les voiles à la tempête. Mais le vent ne donnait pas d'impulsion fixe ; le pilote ne savait où diriger le gouvernail. Tantôt nous étions poussés vers la Sicile ; plus souvent l'Aquilon, qui règne en souverain sur les côtes d'Italie, chassait en zigzag le navire tout à sa merci ; et, chose plus dangereuse que les plus fortes bourasques, une obscurité si épaisse avait absorbé soudain toute clarté, que le pilote ne pouvait voir jusqu'à l'extrémité de la proue. Alors, faut-il le dire ? la tempête étant à son plus haut point de violence, Lycas tout tremblant tend vers moi ses mains suppliantes : — C'est à vous, Encolpe, dit-il, à venir au secours de notre détresse ; vous me comprenez : rendez la robe sacrée et le sis-

---

bus vultum. Ego mœstus, et impatiens fœderis novi, non cibum, non potionem capiebam, sed obliquis trucibusque oculis utrumque spectabam. Omnia me oscula vulnerabant, omnes blanditiæ, quascumque mulier libidinosa fingebat ; nec tamen adhuc sciebam, utrum magis puero irascerer, quod amicam mihi auferret, an amicæ, quod puerum corrumperet. Utraque inimicissima oculis meis, et captivitate præterita tristiora. Accedebat huc, quod neque Tryphæna me alloquebatur, tanquam familiarem, et aliquando gratum sibi amatorem, nec Giton me aut tralatitia propinatione dignum judicabat, aut, quod minimum est, sermone communi vocabat : credo, veritus, ne inter initia cœuntis gratiæ recentem cicatricem rescinderet. Inundavere pectus lacrymæ dolore paratæ, gemitusque, suspirio tectus, animam pæne submovit.

   Qui vultur jecor intimum pererrat,
   Et pectus trahit, intimasque fibras,
   Non est quem lepidi vocant poetæ ;
   Sed cordis mala, livor atque luctus.

...... In partem voluptatis tentabat admitti, nec Domini supercilium induebat, sed amici quærebat obsequium....... Dum ancilla restitans in hæc erupit : Si quid ingenui sanguinis habes, non pluris illam facies, quam scortum : si vir fueris, non ibis ad spurcam. Hæc animi pendentem angebant. Sed me nihil magis pudebat, quam ne Eumolpus sensisset, quidquid illud fuerat, et homo dicacissimus carminibus vindicaret creditam noxiam... jurat Eumolpus verbis conceptissimis.

CXIV. Dum hæc taliaque jactamus, inhorruit mare, nubesque undique adductæ obruere tenebris diem. Discurrunt nautæ ad officia trepidantes, velaque tempestati subducunt. Sed nec certos fluctus ventus impulerat : nec, quo destinaret cursum, gubernator sciebat. Siciliam modo ventus dabat, sæpissime Italici littoris Aquilo possessor convertebat huc illuc obnoxiam ratem : et, quod omnibus procellis periculosius erat, tam spissæ repente tenebræ lucem suppresserant, ut ne proram quidem totam gubernator videret. Itaque, Hercules ! postquam tempestas convaluit, Lycas trepidans ad me supinas porrigit manus : et, Tu, inquit, Encolpi, succurre periclitantibus, id est : vestem illam divinam, sistrumque redde navigio. Per fidem, miserere, quemadmodum quidem soles. Et illum,

tre à la patronne du vaisseau. En conscience, ayez pitié de nous; vous avez toujours eu bon cœur. — Et comme il criait de toute sa force, un coup de vent le jette dans la mer; il est assailli par la vague furieuse, tournoie un instant sur l'abîme, et s'engloutit. Tryphène, elle, enlevée en toute hâte par ses esclaves dévoués, est placée dans l'esquif avec la majeure partie de son bagage, et sauvée d'une mort infaillible. Moi, collé pour ainsi dire à Giton, je m'écriais en pleurant : — Tout ce que nous avions mérité des dieux, c'était que la mort seule nous unit; et la cruelle fortune nous le refuse. Voici le flot qui va submerger notre navire; voici la mer irritée qui vient rompre les embrassements de l'amitié. Eh bien, si tu as réellement aimé ton Encolpe, couvre-le de baisers tant que tu le peux encore : ravissons cette dernière jouissance aux destins impatients. — A cette prière, Giton se dépouille de sa robe, s'enveloppe dans ma tunique, d'où sa tête sort pour me baiser; et pour que l'onde jalouse ne puisse rompre de si douces étreintes, il serre autour de nous deux sa ceinture, et dit : — Si toute autre chance est perdue, du moins flotterons-nous plus longtemps unis dans la mort; et si la mer veut bien, par pitié, nous jeter sur le même rivage, le passant, comme l'exige la plus commune humanité, nous couvrira de quelques pierres; ou bien, ce que ne refuse même pas Neptune en courroux, le sable selon son caprice nous ensevelira. — Cette ceinture, ce lien suprême, je l'accepte; et, comme arrangé sur ma couche funèbre, j'attends un trépas qui ne m'effraye plus. Cependant, prompte exécutrice des arrêts du sort, la tempête emporte jusqu'aux derniers agrès du navire. Plus de mât, de gouvernail, de cordage, ni de rame : il semble voir des matériaux bruts et informes qui roulent au gré de la tourmente. Arrivent alors des pêcheurs lestement équipés et en nacelles, dans des intentions de pillage; mais voyant quelques-uns de nous prêts à défendre leur bien, ils changèrent leurs projets d'attaque en offres de service.

CXV. Nous entendîmes en ce moment un bruit étrange partant de dessous la chambre du pilote : on eût dit les hurlements d'une bête féroce qui veut sortir de sa loge. Suivant donc la direction de ce bruit, nous trouvons, quoi? Eumolpe assis devant un immense parchemin qu'il couvrait de ses vers. Stupéfaits qu'un homme ait l'esprit assez libre en face de la mort pour versifier, nous le tirons de là en dépit de ses clameurs, et l'invitons à rentrer dans le bon sens. Mais lui, furieux d'être interrompu, criait : Laissez-moi compléter ma pensée; je suis en travail du dénouement. — Je m'empare du frénétique, et prie Giton de me venir en aide pour traîner jusqu'au rivage le poëte mugissant. Ce travail enfin terminé, non sans peine, nous entrâmes sous la hutte d'un pêcheur, l'abattement dans l'âme. Là, restaurés comme nous pûmes de vivres avariés, nous passâmes la plus triste des nuits, [ne cessant de nous entretenir de notre catastrophe; sur quoi Eumolpe improvisa de la sorte :]

Le passager transi, qu'a dépouillé Neptune,
A d'autres naufragés conte son infortune;
Celui qui vit ses blés par la grêle abattus,
Et périr en un jour les travaux d'une année,
Pleure avec ses voisins sa triste destinée;
Deux pères désolés, dont les fils ne sont plus,
Rapprochés par la mort, confondent leurs misères
Et gémissant ensemble : un moment les rend frères.
Prions de même : on dit que pour fléchir les dieux
La prière en commun monte plus forte aux cieux.

quidem vociferantem in mare ventus excussit, repetitumque infesto gurgite procella circumegit, atque hausit. Tryphænam autem properejam fidelissimi rapuerunt servi, scaphæque impositam, cum maxima sarcinarum parte, abduxere certissimæ morti. Ego, Gitoni applicitus, cum clamore flevi : et, Hoc, inquam, a Diis meruimus, ut nos sola morte conjungerent; sed non crudelis Fortuna concedit. Ecce! jam ratem fluctus evertet. Ecce! jam amplexus amantium iratum dividet mare. Igitur, si vere Encolpion dilexisti, da oscula, dum licet, et ultimum hoc gaudium fatis properantibus rape. Hæc ut ego dixi, Giton vestem deposuit, meaque tunica contectus, exseruit ad osculum caput; et, ne sic cohærentes malignior fluctus distraheret, utrumque zona circumvenienti præcinxit : et, Si nihil aliud, certe diutius, inquit, juncta nos mors feret; vel, si voluerit, misericors, ad idem littus expellere, aut prætereiens aliquis tralatitia humanitate lapidabit, aut, quod ultimum est, iratis etiam fluctibus, imprudens arena componet. Patior ego vinculum extremum, et, veluti lecto funebri aptatus, exspecto mortem jam non molestam. Peragit interim tempestas mandata fatorum, omnesque reliquias navis expugnat. Non arbor erat relicta, non gubernacula, non funis, aut remus : sed quasi rudis atque infecta materies ibat cum fluctibus. Procurrere piscatores, parvulis expediti navigiis, ad prædam rapiendam : deinde, ut aliquos viderunt, qui suas opes defenderent, mutaverunt crudelitatem in auxilium.

CXV. Audimus murmur insolitum, et sub diæta magistri, quasi cupientis exire belluæ gemitum. Persecuti igitur sonum, invenimus Eumolpum sedentem, membranæque ingenti versus ingerentem. Mirati ergo, quod illi vacaret in vicinia mortis, poema facere, extraximus clamantem, jubemusque bonam habere mentem. At ille interpellatus excanduit, et, Sinite me, inquit, sententiam explere; laborat carmen in fine. Injicio ego phrenetico manum, jubeoque Gitona accedere, et in terram trahere Poetam mugientem. Hoc opere tandem elaborato, casam piscatoriam subimus mœrentes, cibisque, naufragio corruptis, utcumque curati, tristissimam exegimus noctem.....

Naufragus, ejecta nudus rate, quærit eodem
  Percussum telo, cui sua fata legat.
Grandine qui segetes et totum perdidit annum,
  In simili deflet tristia fata sinu.
Funera conciliant miseros, orbique parentes
  Conjungunt gemitus, et facit hora pares.
Nos quoque confusis feriemus sidera verbis,
  Et fama est junctas fortius ire preces.

Postero die, cum poneremus consilium, cui nos regioni

Le lendemain, comme nous nous consultions pour savoir où nous hasarderions nos pas, tout à coup j'aperçus un corps humain que la lame faisait légèrement tournoyer en le poussant vers la côte. Je m'arrête frappé de tristesse, et j'interroge d'un œil humide le perfide élément. — Cet homme peut-être, m'écriai-je, est attendu sur quelque coin du globe par une épouse pleine de sécurité, par un fils qui ignore même s'il y a eu une tempête; peut-être enfin a-t-il quitté un père en lui donnant le baiser du départ. Voilà les projets des humains, les vœux démesurés de leurs ambitions; voilà comment l'homme dompte les flots. — Jusque-là je croyais ne m'apitoyer que sur un inconnu, quand, la vague retournant vers moi un visage dont rien n'avait altéré les traits, je reconnus celui qui me faisait trembler peu auparavant, l'implacable Lycas jeté pour ainsi dire à mes pieds. Oh! alors je ne pus retenir mes larmes, et je me frappai plusieurs fois la poitrine : — Qu'est devenue, disais-je, ton humeur emportée? qu'est devenu ton despotisme? Te voilà livré aux monstres de la mer et aux bêtes féroces; et toi qui tout à l'heure faisais sonner si haut les prérogatives de ton pouvoir, de ton immense vaisseau tu n'as pas même la planche du naufragé. Allez maintenant, mortels, gonflez vos cœurs de vastes espérances! allez avec vos ruses; et ces fortunes conquises par la fraude, arrangez-les pour mille ans de vie! Hélas! oui, hier encore il vérifiait l'état de son patrimoine; oui, et il rêvait dans sa pensée le jour précis où il reverrait sa patrie. Dieux puissants, qu'il est loin du but auquel il tendait! Mais ce n'est pas seulement la mer qui tient ses promesses de la sorte : le combattant est trahi par ses armes; tel qui offre un sacrifice aux dieux est enseveli sous la ruine de ses pénates; celui-ci glisse de son char, et rend subitement le dernier soupir; l'un s'étouffe de gloutonnerie, un autre meurt d'abstinence. Calculez bien, partout est le naufrage. — Mais l'homme que la mer engloutit n'obtient pas de sépulture. — Eh! qu'importe à ses périssables restes quelle force les consume, le feu, l'onde, ou le temps? Quoi qu'on fasse, chacun de ces moyens aboutit à même fin. — Si pourtant les bêtes déchirent ce cadavre? — Le feu du bûcher le traitera-t-il mieux, le feu, supplice le plus cruel qu'imagine un maître irrité contre son esclave? Quelle folie est-ce donc de tout faire pour que rien de nous ne demeure après les obsèques, puisque bon gré mal gré les destins en ordonnent ainsi? — Mais déjà la flamme enveloppait Lycas; et c'était la main de ses ennemis qui avait pièce à pièce élevé son bûcher. Eumolpe, qui de son côté faisait au mort une épitaphe, plongeait son regard dans l'espace pour appeler l'inspiration, [et ses lèvres par intervalles abandonnaient aux vents quelques vers dont je ne pus saisir que ceci :]

L'inflexible destin ici l'a fait descendre.
Mais le marbre ni l'or ne couvrent son tombeau;
Et cinq pieds seulement mesurent le caveau
Où doit dormir sa noble cendre.

CXVI. Ce devoir pieusement accompli, nous prenons la route dont nous avions fait choix, et bientôt nous arrivons tout en sueur au haut d'une montagne, d'où nous découvrons une ville forte, assise sur une éminence prochaine. Nous ignorions quelle était cette ville, tant nous marchions à l'aventure : un campagnard nous apprit que c'était Crotone, cité des plus anciennes,

crederemus, repente video corpus humanum, circumactum levi vortice, ad littus deferri. Substiti ergo tristis, cœpique uventibus oculis maris fidem inspicere. Et, Hunc forsitan, proclamo, in aliqua parte terrarum secura exspectat uxor; forsitan ignarus tempestatis filius : aut patrem utique reliquit aliquem, cui proficiscens osculum dedit. Hæc sunt consilia mortalium; En! homo quemadmodum natat? Adhuc tanquam ignotum deflebam, cum inviolatum os fluctus convertit in terram, agnovique terribilem paullo ante, et implacabilem Lycam, pedibus meis pæne subjectum. Non tenui igitur diutius lacrymas, imo percussi semel iterumque manu pectus; et, Ubi nunc est, inquam, iracundia tua? Ubi impotentia tua? Nempe piscibus belluisque expositus es, et, qui paullo ante jactabas vires imperii tui, de tam magna nave ne tabulam quidem naufragus habes. Ite nunc mortales, et magnis cogitationibus pectora implete. Ite cauti, et opes, fraudibus captas, per mille annos disponite. Nempe hic proxima luce patrimonii sui rationes inspexit; nempe diem etiam, quo venturus esset in patriam, animo suo finxit. Dii Deæque, quam longe a destinatione sua jacet! Sed non sola mortalibus maria hanc fidem præstant. Illum bellantem arma decipiunt : illum, Diis vota reddentem, Penatum suorum ruina sepelit : ille, vehiculo lapsus, properantem spiritum excussit. Cibus avidum strangulavit, abstinentem frugalitas. Si bene calculum ponas : ubique naufragium est. At enim fluctibus obruto non contingit sepultura. Tanquam intersit, periturum corpus quæ ratio consumat, ignis, an fluctus, an mora? Quidquid feceris, omnia hæc eodem ventura sunt. Feræ tamen corpus lacerabunt. Tanquam melius ignis accipiat; imo hanc pœnam gravissimam credimus, ubi servis irascimur. Quæ ergo dementia est, omnia facere, ne quid e nobis relinquat sepultura, quando etiam ita de invitis fata statuant? Et Lycam quidem rogus, inimicis collatus manibus, adolebat; Eumolpus autem dum epigramma mortuo facit, oculos ad arcessendos sensus longius mittit......

— Ineluctabile fatum.
At non exciso defossa est marmore petra.
Quinque pedum fabricata domus, qua nobile corpus
Exigua requievit humo.

CXVI. Hoc peracto libenter officio, destinatum carpimus iter, ac momento temporis in montem sudantes conscendimus, ex quo haud procul imposita arce sublimi oppidum cernimus. Nec, quid esset, sciebamus errantes,

et jadis la première de l'Italie. Nous nous informâmes curieusement quelle sorte de gens habitaient cette noble contrée, et quel genre de commerce y était le plus en vogue, après les guerres continuelles qui l'avaient appauvrie. — Mes braves étrangers, nous répondit-il, si votre état est le négoce, changez vos plans, et cherchez pour vivre d'autres moyens. Mais si vous êtes de cette classe mieux civilisée qui a le courage et l'habitude du mensonge, vous courez droit à la fortune. A Crotone, ce n'est pas la culture des lettres qui est en crédit : il n'y a point place pour l'éloquence ; la frugalité, la pureté des mœurs n'y arrivent point par l'estime au profit ; mais tout ce que vous y verrez d'hommes, sachez-le bien, se divise en deux catégories : les courtisés et les courtisans. A Crotone, personne n'élève de famille : car quiconque a des héritiers naturels se voit exclu et des soupers et des spectacles ; tous les avantages de la société lui sont interdits, il reste perdu dans la canaille. Ceux au contraire qui n'ont jamais pris femme, ou qu'aucune proche parenté ne lie, parviennent aux plus hautes dignités : c'est-à-dire qu'ils ont seuls les talents militaires, qu'ils sont seuls braves, seuls innocents devant la justice. Vous verrez, ajouta-t-il, une ville pareille à ces champs où la peste n'a plus laissé que cadavres à demi dévorés et corbeaux dévorants. —

CXVII. Plus inventif que nous, Eumolpe réfléchit sur l'étrangeté de la chose, et avoua que cette façon de s'enrichir ne lui déplaisait pas. Je prenais cela pour une plaisanterie, une boutade du vieux poëte ; mais lui : — Oh ! si je pouvais me présenter sous des dehors plus larges, je veux dire en costume plus honnête, pour donner à mon stratagème de la vraisemblance ! non, par Hercule ! je ne porterais plus besace, je vous mènerais de ce pas à l'opulence. — Pour mon compte, je promets de souscrire à tout, s'il trouve à son gré le costume auxiliaire de nos expéditions, et tout ce que la maison de Lycurgue nous avait procuré de butin. Quant à l'argent qu'il faudrait pour le moment, la mère des dieux aurait la conscience d'y pourvoir. — Eh bien donc ! dit Eumolpe, que tardons-nous ? Fabriquons notre drame. Faites-moi votre maître, si l'affaire vous sourit. — Nul ne s'avisa d'improuver une fiction qui ne nous ôtait rien de notre droit. En conséquence, pour que l'artifice se soutînt sans risque de trahison d'aucun de nous, selon la formule d'usage prononcée par Eumolpe nous jurâmes de souffrir le feu, les chaînes, les étrivières, la mort, tout ce qu'il ordonnerait de nous ; et, en gladiateurs volontaires, nous nous engageâmes à lui corps et âme de la manière la plus solennelle. Ensuite de la prestation du serment, esclaves de comédie nous saluons en chœur notre maître : Eumolpe (telle est la leçon apprise en commun) a enterré un fils, jeune homme de beaucoup d'éloquence et d'avenir, et l'infortuné vieillard s'est expatrié, ne voulant plus voir les clients ni les amis de ce fils, ni son tombeau, qui chaque jour renouvelait ses larmes. Pour surcroît d'affliction, il vient d'essuyer un naufrage où il a perdu plus de deux millions de sesterces : non que cette perte le touche, mais, privé de tout son domestique, rien ne lui rappelle la dignité de son rang. Il possède encore en Afrique trente millions de sesterces en terres

donec a villico quodam, Crotona esse, cognovimus, urbem antiquissimam, et aliquando Italiæ primam. Cum deinde diligentius exploraremus, qui homines inhabitarent nobile solum, quodve genus negotiationis præcipue probarent, post attritas bellis frequentibus opes. O mi, inquit, hospites, si negotiatores estis, mutate propositum, aliudque vitæ præsidium quærite. Sin autem, urbanioris notæ homines, sustinetis semper mentiri, recta ad lucrum curritis. In hac enim urbe non litterarum studia celebrantur, non eloquentia locum habet, non frugalitas sanctique mores laudibus ad fructum perveniunt, sed, quoscumque homines in hac urbe videritis, scitote, in duas partes esse divisos. Nam aut captantur, aut captant. In hac urbe nemo liberos tollit : quia, quisquis suos heredes habet, nec ad cœnas, nec ad spectacula admittitur ; sed omnibus prohibetur commodis, inter ignominiosos latitat. Qui vero nec uxores unquam duxerunt, nec proximas necessitudines habent, ad summos honores perveniunt, id est, soli militares, soli fortissimi, atque etiam innocentes habentur. Videbitis, inquit, oppidum, tanquam in pestilentia campos, in quibus nihil aliud est, nisi cadavera quæ lacerantur, aut corvi qui lacerant.

CXVII. Prudentior Eumolpus convertit ad novitatem rei mentem, genusque divitationis sibi non displicere, confessus est. Jocari ego senem poëtica levitate credebam, cum ille : Utinam quidem sufficeret largior schema, id est, vestis humanior, quæ præberet mendacio fidem. Non, me Hercules ! peram istam differrem, sed continuo vos ad magnas opes ducerem. Atqui promitto quidquid exigeret, dummodo placeret vestis, rapinæ comes, et quidquid Lycurgi villa grassantibus præbuisset. Nam nummos in præsentem usum Deûm matrem pro fide sua redditurum. Quid ergo, inquit Eumolpus, cessamus mimum componere ? Facite ergo me dominum, si negotiatio placet. Nemo ausus est artem damnare, nihil auferentem. Itaque, ut duraret inter omnes tutum mendacium, in verba Eumolpi sacramentum juravimus, uri, vinciri, verberari, ferroque necari, et quidquid aliud Eumolpus jussisset, tanquam legitimi gladiatores, domino corpora animasque religiosissime addicimus. Post peractum sacramentum serviliter ficti, dominum consalutamus, elatumque ab Eumolpo filium pariter condiscimus, juvenem ingentis eloquentiæ, et spei : ideoque ab urbe miserrimum senem exiisse, ne aut clientes sodalesque filii sui, aut sepulcrum, quotidie caussam lacrymarum, cerneret. Accessisse huic tristitiæ proximum naufragium, quo amplius vicies sestertium amiserit. Nec illum jactura moveri, sed destitutum ministerio, non agnoscere dignitatem suam. Præterea habere in Africa trecenties sestertium fundis, nominibusque depositum. Nam familiam quidem tam

et argent placé. Pour des esclaves, il en a une telle foule disséminée dans ses domaines de Numidie, qu'avec eux il pourrait prendre Carthage. Conformément à cette donnée, nous recommandons à Eumolpe de tousser fréquemment; d'avoir pour le moins l'estomac délabré, de ne s'accommoder, devant le monde, d'aucune espèce de mets; de ne parler que d'or et d'argent, du peu de fond à faire sur les métairies, et de la perpétuelle stérilité des terres. Qu'on le voie en outre assis journellement devant ses registres; qu'à chaque nouveau-venu il retouche son testament; qu'enfin, pour compléter la mise en scène, chaque fois qu'il voudra appeler l'un de nous il prenne un nom pour un autre, et naturellement on croira que c'est qu'il n'oublie toujours point ceux de ses gens qui ne sont plus là. Les choses ainsi réglées, et après avoir demandé aux dieux bonne chance et succès, on se remet en route. Mais Giton ne pouvait tenir sous une charge insolite pour lui, et le mercenaire Corax, serviteur récalcitrant, déposait à chaque instant la sienne, et pestait contre la vitesse de notre marche, protestant qu'il allait tout jeter à terre, ou s'enfuir avec nos effets. — Comment donc! disait-il, me prenez-vous pour une bête de somme, ou pour un vaisseau de transport? Je me suis loué comme homme, non comme cheval. Je suis citoyen comme vous, quoique mon père m'ait laissé sans fortune. — Puis, non content de ces impertinences, par intervalles il levait la jambe, et le bruit et l'odeur les plus incongrus nous poursuivaient sur toute la route. Giton riait du dépit de Corax, et à chaque détonation faisait entendre un long bruit de bouche imitatif.

CXVIII. — Mes enfants, dit tout à coup Eumolpe, que de fausses vocations en poésie! Le premier venu, dès qu'il a fait tenir un vers sur ses pieds, et enchâssé dans un cercle de mots une idée plus ou moins délicate, croit avoir de plein saut escaladé l'Hélicon. Ainsi, las des luttes du barreau, maint praticien se réfugie dans le calme des Muses, comme en un port plus accessible, se figurant qu'une épopée est moins difficile à construire qu'un plaidoyer enluminé de petites sentences scintillantes. Mais un génie quelque peu élevé n'aime point ces colifichets; et l'imagination ne peut ni recevoir de germe ni porter de fruit, si une vaste littérature, si tout un fleuve n'est venu l'inonder. Il faut fuir dans les termes tout ce que j'appellerai bassesse, prendre ses expressions autre part que la foule, et savoir dire :

Loin de moi, profane vulgaire!

En outre, il faut s'interdire ces sentences qui se détachent du corps de l'ouvrage et qui font saillie; qu'elles se fondent dans la trame du poëme, et brillent du même coloris. Voyez Homère, les Lyriques, et chez nous Virgile, et Horace si heureux, si savant dans ses hardiesses. Tous les autres ou n'ont pas vu la route qui mène à la poésie, ou leur muse a craint de s'y engager. Et tenez : la Pharsale, œuvre immense, quiconque l'abordera sans un grand fonds d'études trébuchera sous le fardeau. Car il ne s'agit point de rédiger en vers une série de faits, les historiens s'en acquittent bien mieux que nous : il faut qu'à travers mille détours, et des interventions divines, et le merveilleux des machines et des conceptions, se précipite l'essor de notre enthousiasme, si bien qu'on reconnaisse plutôt le délire prophétique du poëte que la scrupuleuse véracité du narrateur, qui a ses garants. Telle serait, si vous l'approuvez, cette rapide esquisse, bien

magnam per agros Numidiæ esse sparsam, ut possit vel Carthaginem capere. Secundum hanc formulam imperamus Eumolpo, ut plurimum tussiat, ut sit modo solutioris stomachi, cibosque omnes palam damnet; loquatur aurum et argentum, fundosque mendaces, et perpetuam terrarum sterilitatem. Sedeat præterea quotidie ad rationes, tabulasque testamenti omnibus renovet; et, ne quid scenæ deesset, quotiescumque aliquem nostrum vocare tentasset, alium pro alio vocaret, ut facile appareret, dominum etiam eorum meminisse, qui præsentes non essent. His ita ordinatis, quod bene feliciterque eveniret! precati Deos, viam ingredimur. Sed neque Giton sub insolito fasce durabat, et mercenarius Corax, detrectator ministerii, posita frequentius sarcina, maledicebat properantibus, affirmabatque, se aut projecturum sarcinas, aut cum onere fugiturum. Quid vos, inquit, me jumentum putatis esse, aut lapidariam navem? hominis operas locavi, non caballi; nec minus liber sum quam vos, etsi pauperem pater me reliquit. Nec contentus maledictis, tollebat subinde altius pedem, et strepitu obsceno simul atque odore viam implebat. Ridebat contumaciam Giton, et singulos strepitus ejus pari clamore prosequebatur.

CXVIII. Multos, inquit Eumolpus, o juvenes, carmen decepit : nam, ut quisque versum pedibus instruxit, sensumque teneriorem verborum ambitu intexuit : putavit se continuo in Heliconem venisse. Sic forensibus ministeriis exercitati, frequenter ad carminis tranquillitatem, tanquam ad portum faciliorem, refugerunt, credentes facilius poëma exstrui posse, quam controversiam, vibrantibus sententiolis pictam. Ceterum neque generosior spiritus vanitatem amat, neque concipere, aut edere partum mens potest, nisi ingenti flumine litterarum inundata. Effugiendum est ab omni verborum, ut ita dicam, vilitate, et sumendæ voces a plebe submotæ, ut fiat,

Odi profanum vulgus, et arceo.

Præterea curandum est, ne sententiæ emineant extra corpus orationis expressæ : sed intexto versibus colore niteant. Homerus testis, et Lyrici, Romanusque Virgilius, et Horatii curiosa felicitas. Ceteri enim aut non viderunt viam, qua iretur ad carmen, aut versu timuerunt calcare. Ecce! belli civilis ingens opus quisquis attigerit, nisi plenus litteris, sub onere labetur. Non enim res gestæ versibus comprehendendæ sunt, quod longe melius historici faciunt; sed per ambages, Deorumque ministeria, et fabulosum sententiarum tormentum, præcipitandus est liber spiritus, ut potius furentis animi vaticinatio appareat, quam reli-

qu'elle n'ait pas reçu encore la dernière main.

LA GUERRE CIVILE, POEME.

CXIX. Sur la terre et les flots le Romain triomphant
Possédait l'univers de l'aurore au couchant,
Et, loin d'être assouvi, de rivage en rivage
Ses vaisseaux vont encor promener le pillage.
L'or germe-t-il aux flancs de quelque sol lointain,
Guerre au pays de l'or! on lui ravit soudain
Ce funeste aliment des discordes civiles.
La mollesse a proscrit les plaisirs trop faciles;
Le luxe a remplacé l'indigente vertu.
De la pourpre des rois le soldat revêtu,
Étale avec orgueil le rubis et l'opale;
On appelle à grands frais la soie orientale,
Du Numide insoumis les tissus précieux,
L'encens que l'Arabie enfanta pour les dieux.
Des spectacles sanglants nous charment plus encore :
Le tigre est entraîné loin du rivage maure;
Dans un palais splendide il a franchi les mers,
Et, devant la cité transportant les déserts,
Le monstre convié pour les plaisirs de Rome
Court, applaudi de tous, boire le sang de l'homme.
O honte! ô de la paix sinistres passe-temps!
Pour prolonger la fleur de son trop court printemps,
Le fer dégrade l'homme, et la débauche impie
Ose tarir en lui les sources de la vie;
La nature se cherche, et ne se trouve pas.
Ce vénal Adonis, aux féminins appas,
Sourit à ses amants, et de sa robe impure
Fait flotter avec art l'étrangère parure.
Voyez cet arbre, enfant des déserts africains,
En table façonné par de savantes mains,
Le cîtrc aux veines d'or! A travers les tempêtes
Il vient mêler son luxe à l'éclat de nos fêtes.
Sur ce vil bois, qu'entoure un cercle admirateur,
Abruti par l'ivresse un indigne préteur
Entasse impunément les dépouilles du monde.

Le sarget, arraché des abîmes de l'onde,
Arrive encor vivant; des rives du Lucrin
L'huître va du convive aiguillonner la faim;
Et le Phase, attristé sous ses muets ombrages,
N'entend plus les oiseaux qui peuplaient ses bocages.
Entrez au champ de Mars : l'or de nos corrupteurs,
Entraînant et le peuple et jusqu'aux sénateurs,
L'or, le seul souverain de ces âmes flétries,
Marchande sans pudeur les voix des centuries;
A ce suprême dieu tout succombe immolé,
La liberté n'est plus; par l'intrigue accablé,
Caton perd les faisceaux, mais en gardant sa gloire,
Et le peuple effrayé rougit de sa victoire :
Car repousser Caton, c'était proscrire en lui
Les mœurs, l'honneur public dont il restait l'appui.
Ainsi, vendue à tous, Rome désespérée
Par ses propres enfants périssait déchirée.
Traîné loin des foyers que sa main a bâtis,
Loin des champs paternels par l'usure engloutis,
Le débiteur aux fers, esclave sans patrie,
Pour venger sa ruine appelle l'anarchie :
Qui n'a plus rien à perdre est au-dessus des lois.
Telle, dans tous nos sens envahis à la fois,
La fièvre accroît, nourrit ses ardeurs dévorantes,
Et mine sourdement nos entrailles brûlantes.
CXX. Quand de maux si honteux l'empire était souillé,
De son fatal sommeil qui l'aurait éveillé?
Rien, que la soif du sang et les cris de Bellone.
Trois héros nous restaient, et la mort les moissonne :
Le Parthe de Crassus a tranché les destins;
Sur la mer libyenne, aux poignards africains
Pompée a vu livrer sa généreuse vie;
César périt dans Rome, immolé par l'envie;
Et, craignant de fléchir sous ces nobles fardeaux,
La terre a séparé leur chute et leurs tombeaux.
Dans le creux d'un vallon arrosé par l'Averne,
Entre Naple et Pouzzole, une sombre caverne
S'ouvre, et vomit dans l'air d'homicides poisons,

giosæ orationis sub testibus fides; tamquam si placet hic impetus, etiamsi nondum recepit ultimam manum.

CARMEN DE BELLO CIVILI.

CXIX. Orbem jam totum victor Romanus habebat,
Qua mare, qua terræ, qua sidus currit utrumque,
Nec satiatus erat. Gravidis freta pressa carinis
Jam peragebantur; si quis sinus abditus ultra,
Si qua foret tellus, quæ fulvum mitteret aurum,   5
Hostis erat : fatisque in tristia bella paratis,
Quærebantur opes; non vulgo nota placebant
Gaudia; non usu plebeio trita voluptas.
Assyria concham laudabat miles; in Inda
Quæsitus tellure nitor certav erat ostro;   10
Hinc Numidæ adtulerant, illinc nova vellera Seres;
Atque Arabum populus sua despoliaverat arva.
Ecce aliæ clades, et læsæ vulnera pacis!
Quæritur in sylvis Mauro fera, et ultimus Ammon
Afrorum excutitur; ne desit bellua, dente   15
Ad mortes pretiosa : fames premit advena classes,
Tigris et aurata gradiens vectatur in aula,
Ut bibat humanum, populo plaudente, cruorem.
Heu! pudet effari, perituraque prodere fata!
Persarum ritu, male pubescentibus annis,   20
Subripuere viros, exsectaque viscera ferro
In Venerem fregere; ut auf fuga mobilis ævi
Circumscripta mora properantes differat annos :
Quærit se natura, nec invenit; omnibusque ideo
Scorta placent, fractique enervi corpore gressus,   25
Et laxi crines, et tot nova nomina vestis,
Quæque virum quærunt. Ecce! Afris eruta terris
Ponitur, ac maculis imitatur vilibus aurum
Citrea mensa, greges servorum, ostrumque renidens!
Quæ turbant censum; hostile ac male nobile lignum   30

Turba sepulta mero circumvenit : omniaque orbis
Præmia, correptis miles vagus exstruit armis.
Ingeniosa gula est. Siculo scarus æquore mersus
Ad mensam vivus perducitur; atque Lucrinis
Eruta littoribus condunt conchylia cœnas,   35
Ut renovent per damna famem. Jam Phasidos unda
Orbata est avibus : mutoque in littore tantum
Solæ desertis aspirant frondibus auræ.
Nec minor in Campo furor est, emitque Quirites
Ad prædam strepitumque lucri suffragia vertunt;   40
Venalis populus, venalis curia Patrum.
Est favor in pretio. Senibus quoque libera virtus
Exciderat, sparsisque opibus conversa potestas,
Ipsaque majestas, auro corrupta, jacebat.
Pellitur a populo victus Cato : tristior ille est   45
Qui vicit, fascesque pudet rapuisse Catoni.
Namque hoc dedecori est populo; morumque ruina.
Non homo pulsus erat : sed in uno victa potestas,
Romanumque decus. Quare tam perdita Roma
Ipsa sui merces erat, et sine vindice præda.   50
Præterea gemino deprensam gurgite pridem
Fœnoris ingluvies, ususque exciderat æris.
Nulla est certa domus, nullum sine pignore corpus :
Sed veluti tabes, tacitis concepta medullis,
Intra membra furens curis latrantibus errat.   55
Arma placent miseris, detritaque commoda luxu
Vulneribus reparantur. Inops audacia tuta est.
CXX. Hoc mersam cœno Romam, somnoque jacentem
Quæ poterant artes sana ratione movere,
Ni furor, et bellum, ferroque excita libido?   60
Tres tulerat Fortuna duces, quos obruit omnes
Armorum strue diversa feralis Erinnys.
Crassum Parthus habet, Libyco jacet æquore Magnus;
Julius ingratam perfudit sanguine Romam;
Et, quasi non posset tot tellus ferre sepulcra,   65

De son lac bouillonnant noires exhalaisons.
Là jamais du printemps la riante verdure
Ne charma les regards ; jamais de son murmure
L'harmonieux zéphyr n'éveilla les ormeaux ;
Mais sur un sol informe, image du Chaos,
Parmi des rocs affreux le cyprès solitaire
Balance tristement son ombre funéraire.
 Couvert de cendre un jour, et le front pâlissant,
Pluton de ces rochers s'élance menaçant :
— O Fortune ! dit-il, viens venger mon outrage.
Des mortels et des dieux souveraine volage,
Déesse qu'importune un bonheur trop constant,
Qui répands au hasard tes faveurs d'un instant,
Eh quoi ! Rome triomphe, et son orgueil te brave?
Iras-tu sous son joug courber ta tête esclave ?
Ah ! plutôt foule aux pieds ce colosse abattu.
Quand le Romain dément son antique vertu,
Quel bras de sa grandeur soutiendra l'édifice?
Qui t'arrête? Il est temps que l'abîme engloutisse
Ces fiers spoliateurs et leur faste odieux.
Vois leurs palais dorés se perdre dans les cieux ;
Au sein de leurs bosquets vois la mer enfermée
Quitter en frémissant sa rive accoutumée ;
Vois la nature enfin qu'attaquent leurs efforts,
Et moi-même tremblant pour l'empire des morts.
Oui, pour ravir le marbre au centre de la terre,
De l'éternelle nuit ils percent la barrière,
Ils forcent mon royaume ; et du fond de ma cour
Mon peuple ose espérer de voir encor le jour.
C'en est trop : punis-les d'un coupable délire,
Et des morts que j'attends enrichis mon empire.
Ma Tisiphone a soif, et trop longtemps ses sœurs
N'ont pu de sang romain rougir leurs bras vengeurs,
Du jour où de Sylla l'implacable courage
Couvrait le sol d'épis engraissés de carnage. —
CXXI. Il dit, marche vers elle, et vient presser sa main,
Et le roc s'est brisé pour lui faire un chemin.
La Fortune répond : — O roi du sombre empire,
Au livre des destins s'il m'est permis de lire,
Tes vœux s'accompliront. Oui, comme toi je hais
Et l'orgueil des Romains et mes lâches bienfaits.
La main qui l'éleva brisera leur puissance,
Et ma colère aussi veut servir ta vengeance.
Déjà je vois leurs chefs à Philippe expirants,
La Thessalie, en deuil et ses bûchers fumants ;
L'Espagnol s'est armé, l'Africain s'épouvante ;
Le Nil au sein des mers roule une onde sanglante ;
Et sous le vaste choc de deux puissants rivaux
D'Actium effrayé j'entends mugir les flots.
Va, retourne à ta cour ; ouvre tes noirs abîmes :
J'y vais précipiter des peuples de victimes,
Et bientôt, pour franchir le fleuve du trépas,
La barque de Caron ne leur suffira pas.
Toi, pâle Tisiphone, à la rage altérée
Je puis enfin promettre une immense curée :
L'univers en lambeaux va descendre aux enfers. —
CXXII. A peine elle achevait, d'éblouissants éclairs
Ont du ciel tout à coup percé la nuit profonde.
Pluton pâlit au bruit de la foudre qui gronde ;
Il reconnaît son frère, et, craignant son courroux,
Sous la terre en tremblant se dérobe à ses coups.
 Pareils aux bruits lointains, précurseurs des orages,
Éclatèrent bientôt d'effroyables présages.
Phébé voile son front ; le soleil irrité
Aux coupables mortels retire sa clarté ;
Le Nil même refuse à l'Égypte éplorée
L'ordinaire tribut de son onde sacrée ;
Aux accents du clairon, organe des combats,
Se heurtent dans les airs d'invisibles soldats ;
L'Etna tonne, élargi sous sa croulante cime ;
Des spectres sans tombeaux, échappés de l'abîme,
Hurlent à notre oreille, épouvantent nos yeux ;
La pluie en flots de sang tombe du haut des cieux,
Et d'astres inconnus leur voûte au loin peuplée
Voit la comète en feu courir échevelée.
 Ainsi parlaient les dieux : docile à cette voix,

Divisit cineres. Hos gloria reddit honores.
Est locus, exciso penitus demersus hiatu,
Parthenopen inter magnæque Dicarchidos arva,
Cocyta perfusus aqua : nam spiritus extra
Qui furit, effusus funesto spargitur æstu.   70
Non farra aut ulmo tellus viret, aut alit herbas
Cespite lætus ager : non verno persona cantu
Mollia discordi strepitu virgulta loquuntur :
Sed chaos, et nigro squallentia pumice saxa
Gaudent ferali circum tumulata cupressu.   75
Has inter sedes Ditis pater extulit ora
Bustorum flammis, et cana sparsa favilla :
Ac tali volucrem Fortunam voce lacessit :
Rerum humanarum, divinarumque potestas,
Fors, cui nulla placet nimium secura potestas,   80
Quæ nova semper amas, et mox possessa relinquis,
Ecquid Romano sentis te pondere victam?
Nec posse ulterius perituram extollere molem?
Ipsa suas vires odit Romana juventus,
Et, quas struxit opes, male sustinet. Adspice late   85
Luxuriam spoliorum, et censum in damna furentem.
Ædificant auro, sedesque ad sidera mittunt.
Expelluntur aquæ saxis, mare nascitur arvis ;
Et permutata rerum statione rebellant.
En ! etiam mea regna petunt. Perfossa dehiscit   90
Molibus insanis tellus ; jam montibus haustis
Antra gemunt ; et, dum varius lapis invenit usum :
Inferni manes cœlum sperare jubentur.
Quare age, Fors, muta pacatum in prælia vultum,
Romanosque cie, ac nostris da funera regnis.   95
Jam pridem nullo perfundimus ora cruore,
Nec mea Tisiphone sitientes perluit artus,
Ex quo Syllanus bibit ensis, et horrida tellus
Extulit in lucem nutritas sanguine fruges.
CXXI. Hæc ubi dicta dedit ; dextræ conjungere dextram   100
Conatus, rupto tellurem solvit hiatu.
Tum Fortuna levi defudit pectore voces :
O genitor, cui Cocyti penetralia parent,
Si modo vera mihi fas est impune profari,
Vota tibi cedent : nec enim minor ira rebellat   105
Pectore in hoc, leviorve exurit flamma medullas.
Omnia, quæ tribui Romanis arcibus, odi ;
Muneribusque meis irascor : destruat istas
Idem, qui posuit, moles Deus. Est mihi cordi
Quippe armare viros, et sanguine pascere luxum.   110
Cerno equidem gemina jam tristes morte Philippos,
Thessaliæque rogos, et funera gentis Iberæ.
Jam fragor armorum trepidantes personat aures ;
Et Lybiæ cerno, et tua, Nile, gementia claustra,
Actiacosque sinus, et Apollinis arma timentes.   115
Pande, age, terrarum sitientia regna tuarum,
Atque animas arcesse novas. Vix navita Porthmeus
Sufficiet simulacra virum traducere cymba ;
Classe opus est. Tuque ingenti satiare ruina,
Pallida Tisiphone, concisaque vulnera mande :   120
Ad Stygios manes laceratus ducitur orbis.
CXXII. Vix dum finierat, cum fulgure rupta corusco
Intremuit nubes, elisosque abscidit ignes.
Subsedit pater umbrarum, gremioque reducto
Telluris, pavitans fraternos palluit ictus.   125
Continuo clades hominum venturaque damna
Auspiciis patuere Deum ; namque ore cruento,
Deformes Titan vultus caligine texit :
Civiles acies jam tum spirare putares.
Parte alia plenos exstinxit Cynthia vultus,   130
Et lucem sceleri subduxit. Rupta tonabant,
Verticibus lapsis, montis juga, nec vaga passim
Flumina per notas ibant morientia ripas.
Armorum strepitu cælum furit, et tuba martem
Sideribus transacta ciet : jamque Ætna voratur   135
Ignibus insolitis, et in æthera fulmina mittit.
Ecce inter tumulos atque ossa carentia bustis,

César, pour nous combattre oubliant les Gaulois,
Et guidé désormais par la seule vengeance,
L'impatient César vers les Alpes s'élance.
Sur ces monts, hérissés de frimas éternels,
Qu'Alcide le premier vint ouvrir aux mortels,
Le dieu reçoit encor leurs vœux et leurs hommages.
L'hiver fixe son trône en ces climats sauvages
Que le soleil jamais n'adoucit de ses feux.
Le ciel semble s'asseoir sur ces rocs orgueilleux,
Et, sans être ébranlés dans leur base profonde,
Sans ployer sous le faix, ils porteraient le monde.
Là va camper César; là, ses yeux attristés
De l'Hespérie au loin contemplant les cités,
Il lève au ciel les mains, il soupire, il s'écrie :
— Grand Jupiter! et vous, ô champs de ma patrie!
Vous qu'on vit applaudir à mes premiers succès,
Jadis fiers de mon nom, riches de mes bienfaits,
J'en jure ici par vous : une juste défense
Arme à regret César, qu'un peuple ingrat offense.
Dieux, tandis que mon bras teint du sang des Germains
Soumet le Rhin parjure à l'aigle des Romains ;
Quand, des Alpes chassés, vos Brennus que j'immole
Vengent par leurs affronts l'honneur du Capitole,
Le triomphe est pour moi le chemin de l'exil ;
Le triomphe est coupable! Eh! quel cœur assez vil
Prétendrait m'infliger cet étrange salaire?
Qui donc craint mes lauriers? qui décrète la guerre?
Quelques tribuns vendus, dans l'opprobre vieillis,
Qu'en me répudiant Rome adopte pour fils.
Ils expieront bientôt leur puissance usurpée:
J'en atteste le ciel, mon nom et mon épée!
Compagnons de César, vengez-moi, vengez-vous ;
Que le glaive décide, et qu'il parle pour nous.
D'un insolent décret innocente victime,
Je n'ai pas vaincu seul : ma gloire est votre crime.
Le sort en est jeté, sa loi va s'accomplir :
La victoire avec vous n'oserait me trahir.

— Il dit, et du succès promis à leur courage
Un corbeau dans son vol apporte le présage ;
De la profonde horreur des rochers et des bois
Sortent des feux subits, de prophétiques voix ;
Et sur l'azur des cieux, où son disque étincelle,
Phébus s'est couronné d'une clarté nouvelle.
CXXIII. César n'hésite plus : fort de l'appui des dieux,
Plus fort de sa valeur, sur le roc périlleux
Intrépide il s'élance, et la glace immobile
Ouvre à ses premiers pas une route facile.
Mais bientôt, sous l'effort des hommes, des coursiers,
Le fragile cristal qui revêt ces sentiers
Gémit, se brise, éclate ; et l'onde prisonnière
Par bonds précipités a franchi sa barrière.
Le flot court en grondant... puis soudain, étonné,
D'une main invisible il s'arrête enchaîné.
La hache attaque en vain cette voûte rebelle.
Alors vous eussiez vu, sur ce sol infidèle,
Armes, soldats, coursiers, ensemble renversés,
Rouler du haut des monts l'un sur l'autre entassés.
C'est peu : voilant le jour sous un nuage immense
L'ouragan à son tour et mugit et s'élance,
Des neiges, de la grêle appelle les torrents,
Et des pâles Romains bouleverse les rangs.
Le ciel a disparu ; brisé par la tempête,
Le roc fuit sous leurs pieds ou menace leur tête,
D'une mer de frimas les mouvants tourbillons
De leur choc furieux fouettent les bataillons.
Contre tant de fléaux nul espoir, nul asile ;
Tout frémit d'épouvante, et César est tranquille.
Superbe, le front calme, une lance à la main,
A travers les écueils César s'ouvre un chemin.
Du Caucase effrayé tel descendit Alcide ;
Tel l'Olympe admira son monarque intrépide,
Quand sous leurs monts brûlants il vit du haut des airs
Les Titans foudroyés rouler dans les enfers.
Mais déja, devançant César et son armée,

Umbrarum facies diro stridore minantur.
Fax, stellis comitata novis, incendia ducit ;
Sanguineoque rubens descendit Jupiter imbre. 140
Hæc ostenta brevi solvit Deus. Exuit omnes
Quippe moras Cæsar, vindictæque actus amore
Gallica projecit, civilia sustulit arma.
Alpibus aeriis, ubi Graio numine pulsæ,
Descendunt rupes, et se patiuntur adiri, 145
Est locus, Herculeis aris sacer ; hunc nive dura
Claudit hiems, canoque ad sidera vertice tollit.
Cœlum illic sedisse putes ; non solis adulti
Mansuescit radiis, non verni temporis aura :
Sed glacie concreta algens, hiemisque pruinis 150
Totum ferre potest humeris minitantibus orbem.
Hæc ubi calcavit Cæsar juga, milite læto,
Optavitque locum, summo de vertice montis
Hesperiæ campos late prospexit, et ambas
Intentans cum voce manus ad sidera, dixit : 155
Jupiter omnipotens, et tu, Saturnia Tellus,
Armis læta meis, olimque onerata triumphis :
Testor, ad has acies invitum accersere Martem,
Invitas me ferre manus, sed vulnere cogor,
Pulsus ab urbe mea, dum Rhenum sanguine tingo, 160
Dum Gallos, iterum Capitolia nostra petentes,
Alpibus excludo : vincendo certior exsul
Sanguine Germano ; sexagintaque triumphis
Esse nocens cœpi. Quamquam quos gloria terret?
Aut qui sunt, qui bella jubent? mercedibus emtæ 165
Ac viles operæ! quorum est mea Roma noverca,
Ut reor, haud impune ; nec hanc sine vindice dextram
Vinciet ignavus. Victores ite furentes,
Ite mei comites, et causam dicite ferro ;
Namque omnes unum crimen vocat, omnibus una 170
Impendet clades. Reddenda est gratia vobis :
Non solus vici. Quare, quia pœna tropæis
Imminet, et sordes meruit victoria nostra,

Judice Fortuna, cadat alea. Sumite bellum,
Et tentate manus. Certe mea causa peracta est. 175
Inter tot fortes armatus nescio vinci.
Hæc ubi personuit : de cælo Delphicus ales
Omina læta dedit, pepulitque meatibus auras.
Nec non horrendi nemoris de parte sinistra
Insolitæ voces flamma sonuere frequenti. 180
Ipse nitor Phœbi, vulgato latior orbe,
Crevit, et aurato præcinxit fulgore vultus.
CXXIII. Fortior ominibus, movit Mavortia signa
Cæsar, et insolito gressus prior occupat ausu.
Prima quidem glacies, et cana cincta pruina 185
Non pugnavit humus, mitique horrore quievit.
Sed postquam turmæ nimbos fregere ligatos,
Et pavidus quadrupes undarum vincula rupit :
Incaluere nives ; mox flumina montibus altis
Undabant modo nata ; sed hæc quoque (jussa putares,)
Stabant, et vincta fluctus stupuere ruina, 191
Et paulo ante lues jam concidenda jacebat.
Tum vero maleſida prius vestigia lusit,
Decepitque pedes, passim turmæque, virique,
Armaque, congesta strue, deplorata jacebant. 195
Ecce! etiam rigido concussæ flumine nubes
Exonerabantur, nec rupto turbine venti
Deerant, ac tumida confractum grandine cœlum
Ipsæ jam nubes ruptæ super arma cadebant,
Et concreta gelu, ponti velut, unda ruebat. 200
Victa erat ingenti Tellus nive, victaque cœli
Sidera, victa suis hærentia flumina ripis ;
Nondum Cæsar erat : sed magnum nixus in hastam,
Horrida securis frangebat gressibus arva.
Qualis Caucasea decurrens arduus arce 205
Amphitryoniades, aut torvo Jupiter ore,
Cum se verticibus magni demisit Olympi,
Et periturorum dejecit tela Gigantum,
Dum Cæsar tumidas iratus deprimit arces ;

Sur le mont Palatin l'agile Renommée
Vient abattre son vol : là sa terrible voix
Du vainqueur des Germains proclame les exploits :
Elle a vu du héros la foudre qui s'apprête,
Des Alpes en triomphe il a franchi le faîte,
Et la mer a blanchi sous ses nombreux vaisseaux.
 Rome à ces mots croit voir la guerre, les assauts
Et le fer et le feu jusque dans ses entrailles
Porter l'embrasement, semer les funérailles
Tout tremble, tout s'enfuit. Tel cherche sur les flots
Quelque lointain abri qu'habite le repos,
Et les flots sont pour lui plus sûrs que la patrie;
Tel a saisi son glaive... Inutile furie!
Vieillards, femmes, enfants, guerriers, de toutes parts
De Rome par torrents désertent les remparts;
Et l'empire, agité d'un vertige funeste,
Se débat vainement sous la haine céleste.
L'ami, loin d'un ami privé de ses adieux,
S'exile avec ses fils, et sa mère, et ses dieux,
Regarde en frémissant sa maison délaissée,
Et du sang de César enivre sa pensée.
L'épouse désolée embrasse son époux;
Pieusement courbé sous un fardeau si doux,
Le fils, nouvel Énée, emporte son vieux père;
L'avare quitte en vain une infidèle terre;
Au vainqueur qu'il croit fuir il conduit ses trésors.
Ainsi, quand l'Aquilon redoublant ses efforts
Soulève au sein des mers la vague mugissante,
L'art du pilote est vain, la rame est impuissante :
L'un dérobe la voile au souffle des autans;
L'autre cherche un rivage où sommeillent les vents;
L'autre, las de braver la tempête ennemie,
Abandonne au destin et sa barque et sa vie.
 Mais que vois-je? Un héros de l'Hydaspe vainqueur,
Et des tyrans des mers heureux triomphateur,
Qui, trois fois dans nos murs fêté par la Victoire,
Fit pâlir Jupiter alarmé de sa gloire,
Qui dompta le Bosphore, enchaîna l'Orient,
Et du maître des eaux disputa le trident,

Le rival de César, désertant son armée,
O honte! a pu trahir sa belle renommée;
Et, pour mieux assurer tes projets inhumains,
Fortune, tu vis fuir le plus grand des Romains.
CXXIV. Les dieux ont des mortels partagé l'épouvante :
De ces hôtes sacrés la troupe bienfaisante,
Loin de nos bords maudits, au crime abandonnés,
Délaisse en gémissant ses autels profanés.
La Paix, la blanche Paix, qui s'envole effrayée,
Voile sous l'olivier sa tête humiliée;
Et la Foi, la Concorde et la Justice en pleurs
Aux champs élysiens vont cacher leurs douleurs.
L'enfer s'entr'ouvre alors, et vomit sur la terre
De ses divinités la horde sanguinaire.
Érinnys, et Mégère avec ses noirs flambeaux,
De l'affreuse Bellone escortent les drapeaux.
La pâle Mort les suit, la Terreur les devance;
La Rage impitoyable à leurs côtés s'élance.
Sous un casque de fer son regard furieux,
Son front sanglant menace et la terre et les cieux;
Un vaste bouclier charge sa main puissante
De l'autre elle brandit sa torche dévorante.
Déjà l'horrible essaim partout s'est répandu.
Ici-bas à son tour l'Olympe descendu
Ébranle au loin le monde, et les astres sans guide
Roulent désordonnés dans les plaines du vide.
Vénus s'arme, en faveur du premier des Césars,
Des conseils de Minerve et du glaive de Mars;
Mais Diane et son frère, et l'enfant de Cyllène,
S'unissent pour Pompée au vaillant fils d'Alcmène.
 Hideuse, échevelée, aux appels du clairon
La Discorde accourait des bords de l'Achéron.
Un sang noir, épaissi dans sa bouche cruelle,
Souille ses dents d'airain; sa sinistre prunelle
De loin brille dans l'ombre et lance mille feux;
Pour robe des lambeaux, des serpents pour cheveux,
C'est elle; elle s'élance, elle apporte la guerre,
Et, la flamme à la main, court ravager la terre.
 Du haut de l'Apennin planant sur l'univers,

Interea volucer, motis conterrita pennis, 210
Fama volat, summique petit juga celsa Palati :
Atque hoc Romanos tonitru ferit : omnia signa,
Jam classes fluitare mari, totasque per Alpes
Fervere Germano perfusas sanguine turmas.
Arma, cruor, cædes, incendia, totaque bella 215
Ante oculos volitant : ergo pulsata tumultu
Pectora, perque duas scinduntur territa caussas.
Huic fuga per terras, illi magis unda probatur;
Et patria est pontus jam tutior. Est, magis arma
Qui tentata velit; fatisque jubentibus actus, 220
Quantum quisque timet, tanto fugit ocior. Ipse
Hos inter motus populus, (miserabile visu!)
Quo mens icta jubet, deserta ducitur urbe.
Gaudet Roma fuga, debellatique Quirites
Rumoris sonitu mœrentia tecta relinquunt. 225
Ille manu trepida natos tenet : ille Penates
Occultat gremio, deploratumque relinquit
Limen, et absentem votis interficit hostem.
Sunt, qui conjugibus mœrentia pectora jungant;
Grandævosque patres oneris non gnara juventus, 230
Et pro quo metuit, tantum trahit. Omnia secum
Hic vehit imprudens, prædamque in prælia ducit.
Ac velut ex alto cum magnus inhorruit Auster,
Et pulsas evertit aquas, non arma ministris,
Non regimen prodest : ligat alter pondera pinus, 235
Alter tua sinu, tranquillaque littora quærit :
Hic dat vela fugæ, Fortunæque omnia credit.
Quid tam parva queror? Gemino cum Consule Magnus,
Ille tremor Ponti, sævusque repertor Hydaspis,
Et piratarum scopulus : modo quem ter ovantem 240
Jupiter horruerat, quem fracto gurgite Pontus,
Et veneratus erat submissa Bosporus unda,
Proh pudor! Imperii deserto nomine, fugit,

Ut, Fortuna levis, Magni quoque terga videres.
CXXIV. Ergo tanta lues Divum quoque numina vidit? 245
Consensitque fugæ cœli timor? Ecce! per orbem
Mitis turba Deum, terras exosa furentes
Deserit, atque hominum damnatum avertitur agmen.
Pax prima ante alias niveos pulsata lacertos, 250
Abscondit olea vinctum caput, atque relicto
Orbe fugax, Ditis petit implacabile regnum.
Huic comes it submissa Fides, et, crine soluto,
Justitia, ac mœrens lacera Concordia palla.
At contra, sedes Erebi qua rupta dehiscit,
Emergit late Ditis chorus, horrida Erinnys, 255
Et Bellona minax, facibusque armata Megæra,
Letumque, Insidiæque, et lurida Mortis imago.
Quas inter Furor, abruptis ceu liber habenis,
Sanguineum late tollit caput, oraque mille
Vulneribus confossa cruenta casside velat. 260
Hæret detritis lævæ Mavortius umbo,
Innumerabilibus telis gravis : atque flagranti
Stipite dextra minax terris incendia portat.
Sentit terra Deos, mutataque sidera pondus
Quæsivere suum : namque omnis Regia cœli 265
In partes diducta ruit : primumque Dione
Cæsaris acta sui ducit. Comes additur illi
Pallas, et ingentem quatiens Mavortius hastam.
Magnum cum Phœbo Soror, et Cyllenia proles
Excipit, ac totis similis Tirynthius actis. 270
Infremuere tubæ, ac scisso Discordia crine
Extulit ad superos Stygium caput. Hujus in ore
Concretus sanguis, contusaque lumina flebant :
Stabant ærati scabra rubigine dentes.
Tabo lingua fluens, obsessa draconibus ora, 275
Atque inter torto lacerans in pectore vestem,
Sanguineam tremula quatiebat lampada dextra.

D'un regard elle embrasse au loin les vastes mers,
Et tous ces bataillons qui couvrent leurs rivages,
Pareils aux flots roulants poussés par les orages.
— Aux armes, nations! Courez de toutes parts
Embraser les cités, foudroyer les remparts.
Malheur à qui veut fuir! La vieillesse, l'enfance,
Que tout s'arme, se lève, et marche à la vengeance.
Marcellus! du sénat fais respecter les lois;
Poursuis, ô Lentulus! tes rapides exploits,
Du Romain assoupi réveille le courage,
Curion! Toi, César! achève ton ouvrage;
Viens, renverse ces murs : à tes heureux efforts
D'une ingrate cité je livre les trésors.
Et toi, Pompée, et toi, l'espoir de l'Italie,
Tu fuis! Ah! cours du moins aux champs de Thessalie
Combattre ton rival et défendre tes droits.
— La Discorde a parlé : tout s'embrase à sa voix.

Eumolpe ayant ainsi largement exhalé sa bile, nous entrâmes enfin à Crotone, où nous nous restaurâmes dans une chétive auberge. Le lendemain, comme nous cherchions un hôtel de plus riche apparence, nous tombâmes au milieu d'une bande de quêteurs d'héritages, lesquels nous demandèrent qui nous étions et d'où nous venions. Selon le plan arrêté en commun, nous satisfîmes à leur double question avec une intarissable volubilité de paroles, et nous obtînmes pleine croyance. A l'instant même ce fut à qui jetterait sa fortune à la tête d'Eumolpe : tous à l'envi sollicitèrent sa bienveillance à force de présents.

CXXV. Depuis longtemps nous menions cette vie à Crotone, et Eumolpe, ivre de prospérité, oubliait la misère de son premier état au point de se vanter aux siens que nul ne pouvait résister à son crédit, et que l'impunité, s'ils commettaient quelque délit dans la ville, leur était assurée par la protection de ses amis. Moi cependant, qui au sein d'une abondance toujours croissante gagnais journellement en embonpoint, et qui pensais que le Sort avait détourné de moi ses yeux d'Argus, je ne laissais pas de réfléchir maintefois tant à ma condition nouvelle qu'à son origine. — Et que devenir, me disais-je, si, plus fin que les autres, un de nos coureurs de testament envoyait aux informations en Afrique, et découvrait notre imposture? Et si le valet d'Eumolpe, las de son bonheur présent, donnait l'éveil à ses camarades; si, traîtreusement jaloux, il démasquait toute l'intrigue? Il faudra donc fuir de nouveau, et cette misère dont nous avions enfin triomphé, la subir encore et tendre la main? Grands dieux! qu'on est mal à l'aise quand on vit en dehors des lois! La peine qu'on a méritée, on l'attend sans cesse. Mais quoi! tout le monde presque ne joue-t-il pas, à ce qu'il semble, la comédie? — [Tout plein de ces idées, je me trouvais un jour sur la promenade publique, quand je vis venir à moi une jeune fille assez pimpante qui m'appela Polyénos, nom de théâtre que j'avais pris le jour de notre travestissement. Elle m'annonça que sa maîtresse désirait pouvoir me parler.] — Vous vous méprenez, lui dis-je avec trouble, je suis un esclave étranger, et fort peu digne d'une telle faveur. — C'est à vous-même que l'on m'envoie, reprit-elle.]

CXXVI. Connaissant vos moyens de plaire, vous en concevez de l'orgueil et mettez à prix vos tendresses, au lieu d'en faire un échange. Car pourquoi cette chevelure que le peigne a si bien bouclée? pourquoi ce teint tout pétri de fard, et ces œillades d'une langueur si provocante? Que veut dire cette démarche prudemment calculée, et ce pas qui ne s'écarte jamais de la mesure qu'il

Hæc ut Cocyti tenebras, et Tartara liquit,
Alta petit gradiens juga nobilis Apennini,
Unde omnes terras, atque omnia littora posset   280
Aspicere, ac toto fluitantes orbe catervas :
Atque has erupit furibundo pectore voces :
Sumite nunc gentes, accensis mentibus, arma;
Sumite, et in medias inmittite lampadas urbes!
Vincetur, quicumque latet; non femina cesset,   285
Non puer, aut ævo jam desolata senectus.
Ipsa tremat Tellus, laceratæque tecta rebellent.
Tu legem, Marcelle, tene : Tu concute plebem,
Curio : Tu fortem neu supprime, Lentule, Martem.
Quid porro Tu, Dive, tuis cunctaris in armis?   290
Non frangis portas? non muris oppida solvis?
Thesaurosque rapis? Nescis tu, Magne, tueri
Romanas arces? Epidauria mœnia quære,
Thessalicosque sinus humano sanguine tinge.
Factum est in terris, quidquid Discordia jussit.   295

Cum hæc Eumolpus ingenti bile effudisset, tandem Crotona intravimus : ubi quidem parvo deversorio refecti, postero die amplioris fortunæ domum quærentes, incidimus in turbam heredipetarum sciscitantium, quod genus hominum, aut unde veniremus? Ex præscripto ergo consilii communis, exaggerata verborum volubilitate, unde? aut qui essemus? haud dubie credentibus indicavimus. Qui statim opes suas summo cum certamine in Eumolpum congesserunt. Certatim omnes ejus gratiam muneribus sollicitant.

CXXV. Dum hæc magno tempore Crotone aguntur, et Eumolpus felicitate plenus, prioris fortunæ esset oblitus statum, adeo ut suis jactaret, neminem gratiæ suæ ibi posse resistere, impuneque suos, si quid deliquissent in ea urbe, beneficio amicorum laturos. Ceterum ego, etsi quotidie magis magisque superfluentibus bonis saginatum corpus impleveram, putabamque, a custodia mei removisse vultum Fortunam : tamen sæpius tam consuetudinem meam cogitabam, quam caussam. Et quid, si callidus Captator exploratorem in Africam miserit, mendaciumque deprehenderit nostrum? Quid, si etiam mercenarius, præsenti felicitate lassus, indicium ad amicos detulerit, totamque fallaciam invidiosa proditione detexerit? Nempe rursus fugiendum erit, et tandem expugnata paupertas nova mendicitate revocanda. Dii, Deæque, quam male est extra legem viventibus! Quidquid meruerunt, semper exspectant. Totus fere mundus mimum videtur implere....

CXXVI.... Quia nosti venerem tuam, superbiam captas, vendisque amplexus, non commodas. Quo enim spectant flexæ pectine comæ? quo facies medicamine attrita, et oculorum quoque mollis petulantia? Quo incessus tute compositus, et ne vestigia quidem pedum extra mensuram

s'est faite, sinon que vous affichez votre bonne mine, qu'elle est à vendre? Regardez-moi bien : je n'entends rien aux augures, et nos astrologues ni leur ciel ne m'occupent guère; néanmoins je lis sur la physionomie des gens leurs habitudes : je n'ai qu'à vous voir marcher, et votre pensée je la sais. Voyons : si vous vendez ce que je vous demande, l'acheteur est tout prêt; si, ce qui est plus galant, vous le prêtez, qu'un bon procédé fasse de moi votre redevable. Nous dire, Je suis esclave, je ne suis rien, c'est enflammer plus encore celle qui brûle pour vous. Eh! oui : il y a des femmes qui prennent leurs amours dans la fange, et dont les sens ne s'éveillent qu'à la vue d'un esclave, d'un valet de pied à robe retroussée. D'autres raffolent d'un gladiateur, d'un muletier poudreux, d'un histrion qui étale publiquement ses grâces sur la scène. Ma maîtresse est de ce nombre-là : elle franchit les gradins du sénat, les quatorze bancs des chevaliers, et va chercher au plus haut de l'amphithéâtre l'objet de ses feux plébéiens. — Cette déclaration toute charmante me combla de joie : — De grâce, dis-je à la jeune fille, cette personne qui m'aime, n'est-ce point vous? — Elle rit beaucoup d'une si gauche apostrophe. — Non, reprit-elle, ne vous flattez pas à ce point : jusqu'ici jamais esclave ne m'a *subjuguée;* et aux dieux ne plaise que mes embrassements s'adressent à qui peut demain monter sur une croix! Libre aux matrones qui baisent amoureusement la marque des étrivières; moi, simple suivante, je ne *fraye* qu'avec des chevaliers.

Les goûts sont différents, le caprice en dispose;
Et j'ai vu pour l'épine abandonner la rose.

— Je m'étonnai d'une telle opposition d'humeurs, et dus noter comme un phénomène qu'une servante eût les prétentions d'une dame comme il faut, et celle-ci les humbles inclinations d'une servante. Comme cet entretien plaisant se prolongeait, je priai mon officieuse d'amener sa maîtresse dans l'allée des platanes. Elle approuva la proposition, et, relevant lestement sa robe, elle disparut dans un bosquet de lauriers qui tenait à la promenade. Après une courte absence, elle ressortit avec sa dame du mystérieux feuillage, et fit asseoir à mes côtés une beauté plus parfaite que tous les chefs-d'œuvre de l'art. Il n'y a pas d'expression pour décrire tant de charmes : tout ce que je pourrais dire serait trop au-dessous. Ses cheveux, qui frisaient d'eux-mêmes, inondaient entièrement ses épaules; son front, d'une exquise petitesse, repoussait en arrière les touffes qui l'ombrageaient; ses sourcils, dont la courbe fuyait jusqu'où se dessinent les joues, se confondaient presque au point opposé, en se rapprochant de ses yeux, de ses yeux plus brillants que les étoiles en l'absence de Phébé. Elle avait le nez légèrement aquilin, la bouche mignonne, et telle que Praxitèle l'imagina pour Diane. Un menton, un cou, des mains, des pieds d'albâtre qu'emprisonnaient les souples liens d'or de sa chaussure, tout cela eût effacé le marbre de Paros. Oh! alors pour la première fois Doris, mon ancienne passion, ne fut plus rien pour moi. —

Quoi! Jupiter sans foudre, hélas et sans amour,
Tu dors, muette idole au milieu de la cour!
Viens, d'un beau cygne encore emprunte la figure,
Ou d'un jeune taureau l'agaçante encolure;
Vois : Danaé t'appelle; ivre de tant d'appas,
Sous le feu du désir tu vas fondre en ses bras. —

CXXVII. Elle fut enchantée, et sourit si délicieusement que je crus voir la reine des nuits,

aberrantia, nisi quod formam prostituis, ut vendas? Vides me? nec auguria novi, nec Mathematicorum cœlum curare soleo : ex vultibus tamen hominum mores colligo; et, cum spatiantem vidi, quid cogites, scio. Sive ergo nobis vendis, quod peto; mercator paratus est : sive, quod humanius est, commodas, effice ut beneficium debeam. Nam, quod servum te et humilem fateris, accendis desiderium æstuantis. Quædam enim feminæ sordibus calent, nec libidinem concitant, nisi aut servos viderint, aut Statores altius cinctos. Arenarius aliquas accendit, aut perfusus pulvere Mulio, aut Histrio, scenæ ostentatione traductus. Ex hac nota Domina est mea : usque ab orchestra quatuordecim transilit, et in extrema plebe quærit, quod diligat. Itaque oratione blandissima plenus, Rogo, inquam, numquid illa, quæ me amat, tu es? Multum risit ancilla post tam frigidum schema, et, Nolo, inquit, tibi tam valde placeas : ego adhuc servo nunquam succubui, nec hoc Dii sinant, ut amplexus meos in crucem mittam. Viderint Matronæ, quæ flagellorum vestigia osculantur : ego, etiamsi ancilla sum, nunquam tamen, nisi in Equestribus sedeo.

Invenias quod quisque velit. Non omnibus unum est
Quod placet : hic spinas colligit, ille rosas.

Mirari equidem tam discordem libidinem cœpi, atque inter monstra numerare, quod ancilla haberet Matronæ superbiam, et Matrona ancillæ humilitatem. Procedentibus deinde longius jocis, rogavi ancillam, ut in platanona duceret Dominam. Placuit puellæ consilium : itaque collegit altius tunicam, flexitque se in eum daphnona, qui ambulationi hærebat. Nec diu morata, Dominam producit e latebris, laterique applicat meo mulierem, omnibus simulacris emendatiorem. Nulla vox est, quæ formam ejus possit comprehendere : nam, quidquid dixero, minus erit. Crines, ingenio suo flexi, per totos sese humeros effuderant : frons minima, et quæ apices capillorum retroflexerat : supercilia usque ad malarum scripturam currentia, et rursus confinio luminum pæne permixta. Oculi clariores stellis, extra Lunam fulgentibus : nares paullulum inflexæ : et osculum, quale Praxiteles habere Dianam credidit. Jam mentum, jam cervix, jam manus, jam pedum candor, intra auri gracile vinculum positus, Parium marmor exstinxerat. Itaque tunc primum Dorida vetus amator contemsi.

Quid factum est, quod tu, projectis, Jupiter, armis,
Inter cœlicolas fabula muta taces?
Nunc erat a torva submittere cornua fronte;
Nunc pluma canos dissimulare tuos.
Hæc vera est Danae : tenta modo tangere corpus;
Jam tua flammifero membra calore fluent.

CXXVII. Delectata illa risit tam blandum, ut videretur

perçant les nuages, dévoiler sa face radieuse. Puis avec cette pantomime de doigts qui semble guider les paroles : — Si vous ne dédaignez pas, dit-elle, une femme d'un certain rang, qui l'année dernière était vierge encore, accueillez-la, jeune homme, comme *sœur et favorite*. Vous avez déjà un *frère-favori*; j'ai pris soin de m'en assurer : mais qui vous empêche d'adopter aussi une sœur? C'est au même titre que je me présente : daignez seulement, quand tel sera votre désir, éprouver si j'aime aussi bien que lui. — Ah! m'écriai-je, c'est moi qui vous conjure par vos beautés de ne pas dédaigner d'admettre un pauvre étranger parmi vos adorateurs : vous trouverez en lui un zèle fervent, si vous souffrez l'hommage de son culte. Et ne croyez pas que j'aborde gratuitement vos autels : je vous sacrifie mon frère. — Quoi! votre frère! celui sans qui vous ne sauriez vivre, aux baisers duquel votre existence est suspendue, pour qui vous avez l'affection que je voudrais vous voir pour moi? — Tandis qu'elle parlait, un tel prestige venait se joindre aux accents de sa voix, une si douce harmonie vibrait dans l'air, qu'on eût dit ouïr à travers l'espace chanter le chœur des Sirènes. Et dans mon extase, ébloui de je ne sais quelle clarté plus vive que toutes celles de l'Olympe, je voulus savoir de quel nom ma divinité s'appelait. — Comment! fît-elle, ma suivante ne vous a pas dit que Circé est mon nom? Je ne suis pas, il est vrai, la fille du Soleil, et ma mère ne suspendait point à son gré le cours des révolutions célestes; je me croirai néanmoins privilégiée du ciel, si les destins nous unissent l'un à l'autre. Oh! oui, sans que je la puisse définir, la mystérieuse volonté d'un dieu agit sur nous. Il y a une raison pour que Circé aime Polyénos : le même astre brille entre ces deux noms. Soyez donc heureux, si vous voulez l'être. Vous n'avez pas de jaloux à craindre : votre frère est loin d'ici. — Elle dit; et m'enlaçant dans ses bras plus moelleux que le duvet, elle m'entraîna sur une pelouse toute parsemée de fleurs diverses.

> Quand sur le mont Ida le souverain des dieux
> S'embrasa pour Junon de légitimes feux,
> Fleurs du myrte et du lis, violettes et roses
> Entouraient l'heureux couple et naissaient tout écloses ;
> Ainsi, d'un doux gazon nous prêtant le secours,
> La terre autour de nous fleurissait embaumée,
> Et d'un jour plus vermeil la nature charmée
> Semblait sourire à nos amours.

Sur cette pelouse, dans les bras l'un de l'autre, nous préludions par mille baisers, avant-coureurs d'un plaisir plus solide; [mais, saisi d'une faiblesse subite, je trompai l'attente de Circé.]

CXXVIII. — D'où vient ceci ? dit-elle. Est-ce que mes caresses vous repoussent? Mon haleine, à jeun, serait-elle moins fraîche? Quelque négligence de toilette choque-t-elle en moi votre odorat? S'il n'est rien de tout cela, est-ce de Giton que vous avez peur? — L'extrême rougeur de mon visage me trahit; le peu de forces qui pouvaient me rester m'abandonna : c'était comme un relâchement de tout mon être. — Ma reine, dis-je à Circé, je vous en conjure, n'insultez pas à ma détresse. Je suis frappé de sortilège. — [Cette excuse ne réussissant point j'essayai pour gagner du temps, mon seul espoir de salut, d'obtenir d'elle qu'elle me radoucît; je tentai de prolonger encore ces caresses enflammées qui devaient vaincre l'envieux destin. J'osai même lui dire :]

> Qu'est le bonheur des sens? Grossière volupté,
> Court moment, qui, trop tôt goûté,
> Rassasie et lasse aussi vite.

---

mihi plenum os extra nubem Luna proferre. Mox, digitis gubernantibus vocem, Si non fastidis, inquit, feminam ornatam, et hoc primum anno virum expertam, concilio tibi, o juvenis, sororem. Habes tu quidem et fratrem, neque enim me piguit quærere : sed quid prohibet et sororem adoptare? Eodem gradu venio : tu tamen dignare et meum osculum, cum libuerit, cognoscere. Imo, inquam ego, per formam tuam te rogo, ne fastidias hominem peregrinum inter cultores admittere : invenies religiosum, si te adorari permiseris. Ac ne judices ad hoc templum Amoris gratis accedere, dono tibi fratrem meum. Quidni? inquit illa, donas mihi eum, sine quo non potes vivere? ex cujus osculo pendes? quem sic tu amas, quemadmodum ego te volo? Hæc ipsa cum diceret, tanta gratia conciliabat vocem loquentis, tam dulcis sonus pertentabat aera, ut putares inter auras canere Sirenum concordiam. Itaque miranti, et toto mihi clarius cœlo, nescio quid relucente, libuit Deæ nomen quærere. Ita, inquit, non dixit tibi ancilla mea, Circen me vocari? Non sum quidem Solis progenies; nec mea mater, dum placuit, labentis mundi cursum detinuit : habebo tamen quod cœlo imputem, si nos fata conjunxerint. Imo jam nescio quid tacitis cogitationibus Deus agit. Nec sine caussa Polyænon Circe amat. Sed inter hæc nomina fax surgit. Sume ergo amplexum, si placet. Neque est, quod curiosum aliquem extimescas : longe ab hoc loco frater est. Dixit hæc Circe, implicitumque me brachiis mollioribus pluma, deduxit in terram, vario gramine indutam.

> Ideo quales fudit de vertice flores
> Terra parens, cum se confesso junxit amori
> Jupiter; et toto concepit pectore flammas :
> Emicuere rosæ, violæque, et molle cyperon,
> Albaque de viridi riserunt lilia prato : 5
> Talis humus Venerem molles clamavit in herbas,
> Candidiorque dies secreto favit amori.

In hoc gramine pariter compositi, mille osculis lusimus, quærentes voluptatem robustam......

CXXVIII. Quid est, inquit, numquid te osculum meum offendit? numquid spiritus jejunio marcet? numquid alarum negligens, sudore puteo? Si hæc non sunt : numquid Gitona times? Perfusus ego rubore manifesto, etiam, si quid habueram virium, perdidi; totoque corpore velut laxato, Quæso, inquam, Regina; noli suggillare miserias. Veneficio contactus sum...

> Fœda est in coitu et brevis voluptas,
> Et tædet Veneris statim peractæ.
> Non ergo, ut pecudes libidinosæ,

Comme la brute, aux aveugles désirs,
Ne forçons point d'une attaque subite
Le sanctuaire des plaisirs :
Un tel amour est un éclair qui passe.
Mais laisse-moi, laisse-moi sur ton cœur
Lentement mériter ma grâce,
Et de tes longs baisers savourer la douceur.
Craindrais-tu d'en être prodigue?
Dans un baiser nulle fatigue;
Un baiser ne fait pas rougir,
Et quand il est cueilli, peut encor se cueillir :
Inépuisable jouissance
Qui jamais ne finit et toujours recommence.

[Elle détourna dédaigneusement les yeux, et s'adressant à sa suivante :] — Dis-moi, Chrysis, mais dis vrai : je ne suis donc pas bien ainsi? Ma toilette est sans goût? ou quelque défaut naturel fait ombre à ma beauté? Ne trompe pas ta maîtresse : j'ai des torts sans doute, mais lesquels? — Chrysis se taisait ; Circé lui prend vivement des mains un miroir ; et, après avoir essayé toutes les mines, qui entre amants s'échangent avec une si douce gaieté, elle secoue sa robe qu'a froissée le gazon, puis gagne brusquement un temple de Vénus, voisin de la promenade. Et moi maudit, frissonnant comme au sortir de quelque vision, je me demande si en conscience ce n'est pas un rêve que ce bonheur qui vient de m'échapper.

Ainsi la nuit, heureux en songe,
Je crois déterrer un trésor,
Et ma main qu'à l'instant j'y plonge,
Ma main avide s'emplit d'or.
Tournant et retournant ma proie,
Je goûte une coupable joie
Qui bientôt cède à la frayeur :
L'homme au trésor sur mon passage
M'attend peut-être?.. Et la sueur
Inonde à longs flots mon visage.
Je me réveille : tout a fui;
Adieu l'espoir qui m'avait lui.
Mon esprit d'une erreur si chère
Se détache, en la regrettant,

Et caresse encor la chimère
Qui fit sa joie et son tourment.

[Je m'en fus de là droit à la maison, où je me jetai sur mon lit. Peu après Giton entra dans ma chambre ; et se voyant accueilli assez froidement et par un seul baiser, désappointé dans son attente, il me dit qu'il avait remarqué dès longtemps et d'une manière non équivoque que je portais ailleurs le tribut de mes feux. — Que dis-tu, mon ami? lui répondis-je ; mes sentiments ont toujours été les mêmes à ton égard : mais la raison pour aujourd'hui l'emporte sur l'amour, et arrête la fougue de mes sens.] — Aussi ai-je mille grâces à vous rendre, me dit-il, d'être aimé de vous avec un désintéressement socratique. Alcibiade n'était pas plus respecté quand il partageait la couche de son précepteur.

CXXIX. Crois-moi bien, frère, lui répondis-je, je ne me reconnais plus homme, je ne me sens plus. Elle est morte, cette partie de mon être qui faisait de moi un Achille.

Tu sais : parfois de la machine humaine
Un froid de glace engourdit les ressorts :
Cet air captif, qui veut fuir au dehors,
Torture l'homme et court de veine en veine ;
Un long frisson glisse jusqu'en nos os.
Il faut suer : alors finit la gêne ;
On redevient souple, frais et dispos. —

— Giton, qui craignait d'ailleurs, s'il était surpris seul avec moi, de donner prise aux caquets, s'esquiva au plus vite, et s'enfuit dans l'intérieur de la maison. Comme il sortait, Chrysis entra, et me remit de la part de sa dame des tablettes écrites, dont voici la teneur : —

CIRCÉ A POLYÉNOS, SALUT.

Si j'étais femme à tempérament, je me plaindrais d'avoir été déçue ; loin de là, je rends grâce à votre défaillance : elle a prolongé l'illusion de plaisir où

Cæci protinus irruamus illuc :
Nam languescit amor, peritque flamma :   5
Sed sic, sic sine fine feriati,
Et tecum jaceamus osculantes ;
Hic nullus labor est, ruborque nullus ;
Hoc juvit, juvat et diu juvabit ;
Hoc non deficit, incipitque semper.   10

... Dic Chrysis, sed verum : numquid indecens sum? numquid incompta? numquid ab aliquo naturali vitio formam meam exc co? noli decipere Dominam tuam : nescio quid peccavimus. Rapuit deinde tacenti speculum, et, postquam omnes vultus tentavit, quos solet inter amantes risus frangere, excussit vexatam solo vestem, raptimque ædem Veneris intravit. Ego contra damnatus, et quasi quodam visu in horrorem perductus, interrogare animum meum cœpi, an vera voluptate fraudatus essem?

Nocte soporifera veluti quum somnia ludunt
Errantes oculos, effossaque protulit aurum
In lucem tellus, versat manus improba furtum,
Thesaurosque rapit, sudor quoque perluit ora.
Et mentem timor altus habet, ne forte gravatum   5
Excutiat gremium secreti conscius auri.
Mox ubi fugerunt elusam gaudia mentem,

Veraque forma redit, animus quod perdidit optat,
Atque in præterita se totus imagine versat.

.... Itaque, hoc nomine tibi gratias ago, quod me Socratica fide diligis. Non tam intactus Alcibiades in præceptoris sui lectulo jacuit.
CXXIX. Crede mihi, frater, non intelligo me virum esse, non sentio. Funerata est pars illa corporis, qua quondam Achilles eram.

Sic et membra solent auras includere venis,
Quæ penitus mersæ, cum rursus abire laborant,
Verberibus rimantur iter ; nec desinit ante
Frigidus, adstrictis qui regnat in ossibus, horror,
Quam tepidus laxo manavit corpore sudor.

Veritus puer ne, in secreto deprehensus, daret sermonibus locum, proripuit se, et in partem ædium interiorem fugit. Cubiculum autem meum intravit Chrysis, codicillosque mihi Dominæ reddidit, in queis erant scripta :

CIRCE POLYÆNO SALUTEM.

Si libidinosa essem, quererer decepta : nunc etiam languori tuo gratias ago. In umbra voluptatis diutius lusi. Quid tamen agas, quæro, et, an tuis pedibus perveneris

je me berçais. Mais qu'êtes-vous devenu? Je voudrais le savoir, et si vos jambes vous ont ramené chez vous; car les médecins prétendent que sans muscles on ne peut avancer. C'est moi qui vous le dis, jeune homme, gare la paralysie! Je n'ai jamais vu malade en si grand péril. D'honneur! vous êtes *en partie* un homme mort. Si la léthargie a gagné les genoux et les mains, vous pouvez mander les pleureuses. Mais voyons : bien que j'aie reçu un cruel affront, dans votre misérable état je ne vous refuserai pas un remède. Désirez-vous guérir? priez Giton de le vouloir bien; oui, vigueur vous sera rendue, si durant trois nuits vous faites lit à part. Pour mon compte, je ne crains pas de trouver de plus tièdes serviteurs que vous. Ni mon miroir ni ma renommée ne m'en font accroire.

Portez-vous bien, si vous pouvez. —

Quand Chrysis s'aperçut que j'avais fini de lire tout ce persiflage : — Votre accident, me dit-elle, est fort commun, surtout en ce pays, où nos magiciennes font descendre la lune du ciel. Eh bien, on verra aussi à *soigner cette affaire*. Tâchez seulement d'adoucir madame, et par une lettre franche et polie remettez-la en belle humeur. Car il faut vous dire vrai : depuis l'affront qu'elle a reçu, elle n'est plus à elle. J'obéis de grand cœur à la messagère, et je traçai sur les tablettes cette réponse :

CXXX. POLYÉNOS A CIRCÉ, SALUT.

J'en conviens, madame, j'ai souvent failli; car je suis homme, et jeune encore : jamais pourtant jusqu'à ce jour la mort du délinquant n'avait dû suivre. Vous avez, n'est-ce pas, l'aveu du coupable? Quoi que vous m'infligiez, je le mérite. J'ai commis une trahison, un homicide; j'ai profané le sanctuaire : contre tous ces forfaits cherchez un supplice. Est-ce mon trépas que vous voulez? Mon glaive est là, je vous l'apporte. Si la peine du fouet vous suffit, me voici dépouillé aux pieds de ma souveraine. Seulement rappelez-vous que ce n'est pas moi, que ce sont mes organes qui ont failli. Soldat prêt à bien faire, mes armes m'ont manqué. Qui me les a dérobées? Je l'ignore. Peut-être l'imagination a devancé la nature trop lente; peut-être l'excès même du désir a fait trop vite évaporer mes feux. Je ne puis comprendre ce qui s'est passé. Et vous me faites craindre une paralysie! comme s'il m'en pouvait arriver une pire que celle qui m'ôta les moyens de vous voir toute à moi! Je résume du reste ma défense en deux mots : je serai digne de vous, si vous m'admettez à réparer ma faute. Adieu. —

Chrysis congédiée avec ces belles promesses, je pris un soin tout spécial de mon coupable corps; et, m'abstenant du bain, je me bornai à une légère friction; je pris une nourriture plus stimulante, telle que des oignons, des têtes d'escargots sans leur jus, et une dose de vin modérée. Puis avant le sommeil une courte promenade rafraîchit mes sens, et je me mis au lit sans Giton. Je tenais tant à n'être point troublé, que j'appréhendais jusqu'au moindre contact de mon ami.

Pour nous mieux préparer au calme heureux des nuits,
D'un vin bu sobrement égayons nos ennuis.
Tout excès, ô Morphée, amoindrit ton domaine;
Des sottises du jour la nuit porte la peine :
La nuit par la douleur tient tout l'homme éveillé,
Lorsque d'impurs ébats le jour s'est vu souillé.

CXXXI. Le lendemain je me lève, aussi frais

---

domum? negant enim Medici sine nervis posse ire. Narrabo tibi, adolescens, paralysin cave. Nunquam ego ægrum tam magno periculo vidi. Medius Fidius! jam peristi. Quod si idem frigus genua manusque tentaverit tuas, licet ad Tubicines mittas. Quid ergo est? etiamsi gravem injuriam accepi, homini tamen misero non invideo medicinam. Si vis sanus esse, Gitonem roga; recipies, inquam, nervos tuos, si triduo istud a fratre dormieris. Nam, quod ad me attinet, non timeo ne quis inveniatur cui minus placeam. Nec speculum mihi, nec fama mentitur. [Vale, si potes.] Ut intellexit Chrysis, me perlegisse totum convicium : Solent, inquit, hæc fieri, et præcipue in hac civitate, in qua mulieres etiam Lunam deducunt. Itaque hujus quoque rei cura agetur : rescribe modo blandius Dominæ, animumque ejus candida humanitate restitue. Verum enim fatendum est : ex qua hora injuriam accepit, apud se non est. Libenter quidem parti ancillæ, verbaque codicillis talia imposui.

CXXX. POLYÆNOS CIRCÆ SALUTEM.

Fateor me, Domina, sæpe peccasse; nam et homo sum, et adhuc juvenis. Nunquam tamen ante hunc diem usque ad mortem deliqui. Habes, inquam, confitentem reum. Quidquid jusseris, merui. Proditionem feci, hominem occidi, templum violavi. In hæc facinora quære supplicium. Sive occidere placet : ferro meo venio; sive verberibus contenta es; curro nudus ad Dominam. Id tantum memento, non me, sed instrumenta peccasse. Paratus miles arma non habui. Quis hæc turbaverit, nescio. Forsitan animus antecessit corporis moram; forsitan, dum omnia concupisco, voluptatem tempore consumsi. Non invenio quod feci. Paralysin tamen cavere jubes; lanquam major fieri possit, quæ abstulit mihi, per quod etiam te habere potui. Summa tamen excusationis meæ hæc est : Placebo tibi, si me culpam emendare permiseris. Vale. Dimissa cum ejusmodi pollicitatione Chryside, curavi diligentius noxiosissimum corpus, balneoque præterito, modica unctione usus, mox cibis validioribus pastus, id est, bulbis, cochlearumque sine jure cervicibus, hausi parcius merum. Hinc ante somnum levissima ambulatione compositus, sine Gitone cubiculum intravi. Tanta erat placandi cura, ut timerem ne latus meum frater convelleret.

Ut placidus noctu tibi Morpheus adsit, oportet
Ut faciant lætum sobria vina diem.
Qui læsere diem, læsere tyrannida somni :
Hic furias, quo se vindicet ultor, habet.
Casta placent somno; mala sunt insomnia præsto,
Ebria lux fœdis cum fuit acta jocis.

de corps que d'esprit ; je me rends dans la même allée de platanes, bien qu'un lieu de si triste augure m'effrayât, et me voilà sous les arbres, attendant Chrysis, qui sera mon guide. Après avoir fait quelques pas, je m'étais assis au même endroit que le jour précédent, lorsqu'elle parut, en compagnie d'une petite vieille qu'elle traînait après elle. Et dès qu'elles m'eurent toutes deux salué : — Eh bien! dit-elle, dégoûté personnage, êtes-vous un peu *en veine* à présent? — Chrysis n'avait pas achevé, que tout à coup

> Cette vieille au teint aviné,
> Le corps sec et ratatiné,
> La tête et les lèvres tremblantes,

porte hardiment la main sur moi. Elle tire de son sein un réseau tout bigarré, de fils retors, qu'elle attache autour de mon cou. Ensuite elle pétrit avec sa salive de la poussière qu'elle prend sur le doigt du milieu, et malgré ma répugnance mon front en est stigmatisé.

> — Tant que tu vis, espère ; et toi, dieu des jardins,
> Viens nous favoriser de tes talents divins!

— Son invocation terminée, elle m'ordonne de cracher trois fois, de jeter par trois fois dans mon sein de petits cailloux qu'elle a magiquement préparés et enveloppés de pourpre ; puis ses mains viennent interroger la vigueur de mes facultés amoureuses. Plus prompt que la parole, le nerf priapique obéit à l'appel, et remplit les mains de la vieille de son énorme soubresaut. Elle alors, tressaillant de joie : — Tu vois, ma chère, tu vois ; mais c'est pour d'autres que j'ai fait lever le lièvre.

> Tiens, mon travail m'a valu gerbe pleine.

[Le charme avait réussi. Prosélénos me remet aux mains de Chrysis, toute ravie d'avoir recouvré le trésor que sa maîtresse avait perdu. Elle m'emmène donc chez elle au plus vite, et m'introduit au fond d'un riant bosquet où la nature étale aux yeux toutes ses grâces.]

> Contre les feux brûlants du jour
> Le platane y prête à l'amour
> Le frais de son mobile ombrage ;
> Cyprès et lauriers sont autour ;
> Les pins couronnent le bocage.
> Sur un sable d'or se jouant,
> Un ruisseau porte à l'aventure
> Ses longs détours, son onde pure,
> Et son plaintif gazouillement.
> Vénus, c'est là ton digne asile :
> Là vient Philomèle au doux chant ;
> Là Progné de son vol agile
> Effleure le gazon naissant.

Circé, mollement étendue sur des coussins à franges d'or où s'appuyait son cou d'albâtre, agitait en guise d'éventail une branche de myrte fleuri. Dès qu'elle me vit, elle rougit légèrement : l'injure de la veille, on peut le croire, n'était pas oubliée ; ensuite, lorsqu'elle eut fait retirer toutes ses femmes, et qu'invité par elle je me fus assis à ses côtés, elle me couvrit les yeux de sa branche de myrte ; et dès lors, enhardie comme si un mur nous eût séparés : — Eh bien! dit-elle, paralytique, êtes-vous venu aujourd'hui tout entier ? — Vous le demandez! répondis-je, quand la preuve est sous votre main. — Et me précipitant dans ses bras qui ne me repoussaient point, quelles délices n'épuisai-je pas sur cette bouche enivrante!

CXXXII. Les charmes seuls de son beau corps m'appelaient d'eux-mêmes au plaisir. Déjà du choc répété de nos lèvres s'échappaient des baisers sonores ; déjà mes mains entreprenantes avaient imaginé tous les genres d'agacerie amoureuse ; déjà une mutuelle étreinte unissait nos

---

CXXXI. Postero die, cum sine offensa corporis animique consurrexissem : in eumdem platanona descendi, etiamsi locum inauspicatum timebam ; cœpique inter arbores ducem itineris exspectare Chrysidem. Nec diu spatiatus, consederam ubi hesterno die fueram, cum illa intervenit, comitem aniculam trahens. Atque, ut me consalutavit, Quid est, inquit, fastose, ecquid bonam mentem habere coepisti?

> Anus recocta vino,
> Trementibus labellis·

de sinu licium protulit varii coloris, filis intortum, cervicemque vinxit meam. Mox turbatum sputo pulverem medio sustulit digito, frontemque repugnantis signat.

> Dum vivis, sperare licet : tu rustice custos,
> Huc ades, et nervis tente Priape, fave.

Hoc peracto carmine, ter me jussit exspuere, terque lapillos conjicere in sinum, quos ipsa præcantatos purpura involverat, admotisque manibus tentare cœpit inguinum vires. Dicto citius nervi paruerunt imperio, manusque aniculæ ingenti motu repleverunt. At illa, gaudio exsultans, Vides, inquit, Chrysis mea, vides, quod aliis leporem excitavi?

> Juverunt segetes meum laborem.....

> Mobilis æstivas platanus diffuderat umbras,
> Et baccis redimita Daphne, tremulæque cupressus,
> Et circumtensæ trepidanti vertice pinus.
> Has inter ludebat, aquis errantibus, amnis
> Spumeus, et querulo versabat rore lapillos. 5
> Dignus amore locus, testis sylvestris Aedon,
> Atque urbana Progne : quæ circum gramina fusæ,
> Et molles violas, cantu sua rura colebant.

Premebat illa resoluta marmoreis cervicibus aureum torum, myrtoque florenti quietum verberabat. Itaque, ut me vidit, paullulum erubuit, hesternæ scilicet injuriæ memor : deinde ut, remotis omnibus, secundum invitantem consedi, ramum super oculos meos posuit, et, quasi pariete interjecto, audacior facta : Quid est, inquit, paralytice, ecquid hodie totus venisti? Rogas, inquam ego, potius, quam tentas? totoque corpore in amplexum ejus immissus non deprecantis, usque ad satietatem osculis fruor.

CXXXII. Ipsa corporis pulchritudine me ad se vocante trahebat ad Venerem. Jam pluribus osculis collisa labra crepitabant ; jam implicitæ manus omne genus amoris invenerant ; jam alligata mutuo ambitu corpora, animarum quoque mixturam fecerant..... Manifestis Matrona contumeliis verberata, tandem ad ultionem decurrit, vocatque cubi-

corps et jusqu'à nos âmes confondues; [mais, au milieu de si doux préliminaires, survint un second et subit anéantissement qui m'empêcha d'atteindre à la suprême félicité.] Deux affronts de suite, si flagrants, exaspèrent la fière matrone : elle court enfin à la vengeance, elle appelle ses valets de chambre, et donne ordre qu'on me fustige. Puis, non contente d'un si cruel traitement, elle convoque en masse les plus viles servantes, la plus sale valetaille; elle leur enjoint de me cracher au visage. Je porte mes mains à mes yeux, et, sans me répandre aucunement en supplications (je savais trop tout ce que je méritais), moulu de coups et couvert de crachats, je suis jeté à la porte. On chasse même Prosélénos, Chrysis est battue, et tous les domestiques affligés murmurent entre eux, et se demandent ce qui a si fort altéré la gaieté de madame. Cette compensation de disgrâces me remit un peu : je cachai adroitement les marques du bâton, de peur d'égayer Eumolpe par ma déconvenue, ou d'attrister Giton. Je ne pouvais, pour sauver l'amour-propre, que prétexter une indisposition; je le fis, et, m'étant plongé dans mon lit, je tournai exclusivement l'ardeur de mon courroux contre l'auteur de toutes mes infortunes.

> Trois fois ma main se saisit d'un couteau ;
> Mais lui, plus mou, plus rampant qu'un roseau,
> Il m'arracha trois fois l'arme terrible.
> Moi qui voulais... tout me fut impossible.
> Sous mille plis demi-mort et glacé,
> Jusqu'en mon sein par la peur enfoncé,
> Le traître aux coups a dérobé sa tête ;
> Et, n'osant plus, le fer trompé s'arrête.
> A ma vengeance il reste un seul recours,
> Et je l'exhale en foudroyants discours.

Appuyé sur le coude, j'apostrophe le contumace à peu près en ces termes : — Qu'as-tu à dire, opprobre des hommes et des dieux? Car enfin, rien que te nommer parmi les choses sérieuses est une inconvenance. Avais-je mérité de toi d'être précipité des délices du ciel aux enfers; et que tu flétrisses ma jeunesse dans l'éclat de sa première vigueur, pour faire peser sur moi l'épuisement de la caducité? Eh bien donc, délivre-moi mon brevet d'invalide. — Ainsi éclatait mon ressentiment :

> Mais immobile, et l'œil attaché sur la terre,
> Il est sourd aux accents de ma juste colère :
> Tel, brûlé par Phébus, tombe un pavot naissant ;
> Tel le saule pleureur penche un front languissant.

Néanmoins, cette ignoble sortie achevée, le regret me prit de ce que j'avais pu dire, et je rougis intérieurement d'avoir oublié le respect de moi-même, pour me compromettre de paroles avec cette partie du corps humain que les hommes d'une morale quelque peu sévère n'admettent même pas au droit d'intervention. Puis quand je me fus bien frotté le front : — Après tout, me dis-je, quel mal ai-je fait en soulageant mon dépit par des reproches si naturels ? Pourquoi enfin, entre autres parties de soi-même, maudit-on son estomac, sa bouche ou sa tête, quand on y souffre trop souvent? Et Ulysse, ne fait-il pas le procès à son cœur? Et les héros tragiques ne gourmandent-ils pas leurs yeux, comme s'ils en étaient entendus? Le goutteux peste, soit contre ses jambes, soit contre ses mains; le chassieux maudit ses yeux ; souvent même l'homme qui se blesse aux doigts d'une main s'en prend à ses pieds de toute la douleur qu'il éprouve.

> Tristes Catons, pourquoi ce front sévère?
> Pourquoi flétrir un langage sincère?

culariōs, et me jubet catomidiare. Nec contenta mulier tam gravi injuria mea, convocat omnes quasillarias, familiæque sordidissimam partem, ac me conspui jubet. Oppono ego manus oculis meis, nullisque precibus effusis, quia sciebam quid meruissem, verberibus sputisque extra januam ejectus sum. Ejicitur et Proselenos, Chrysis vapulat, totaque familia tristis inter se mussat, quæritque, quis Dominæ hilaritatem confuderit. Itaque pensatis vicibus animosior, verberum notas arte contexi, ne aut Eumolpus contumelia mea hilarior fieret, aut tristior Giton. Quod solum igitur, salvo pudore, poteram confingere, languorem simulavi, conditusque lectulo, totum ignem furoris in eam converti, quæ mihi omnium malorum causa fuerat.

> Ter corripui terribilem manu bipennem,
> Ter languidior coliculi repente thyrso,
> Ferrum timui, quod trepido male dabat usum.
> Nec jam poteram, quod modo conficere libebat.
> Namque illa metu frigidior rigente bruma,
> Confugerat in viscera mille operta rugis.
> Ita non potui supplicio caput aperire :
> Sed furciferæ mortifero timore lusus,
> Ad vetera, magis quæ poterant nocere, fugi.

Erectus igitur in cubitum, hac fere oratione contumacem vexavi : Quid dicis, inquam, omnium hominum Deorumque pudor? nam nec nominare quidem te inter res serias, fas est. Hoc de te merui; ut me in cœlo positum ad inferos traheres, ut traduceres annos primo florentes vigore, senectæque ultimæ mihi lassitudinem imponeres? Rogo te, mihi apodixin defunctoriam redde. Hæc ut iratus effudi,

> Illa solo fixos oculos aversa tenebat,
> Nec magis incepto vultus sermone movetur,
> Quam lentæ salices, lassove papavera collo.

Nec minus ego, tam fœda objurgatione finita, pœnitentiam agere sermonis mei cœpi, secretoque rubore perfundi, quod, oblitus verecundiæ meæ, cum ea parte corporis verba contulerim, quam ne ad cognitionem quidem admittere severioris notæ homines solent. Mox perfricata diutius fronte, Quid autem ego, inquam, mali feci, si dolorem meum naturali convicio exoneravi? aut quid est, quod in corpore humano ventri maledicere solemus, aut gulæ, capitique etiam, cum sæpius dolet? quid? non et Ulyxes, cum corde litigat suo? Et quidem Tragici oculos suos, tamquam audientes, castigant. Podagrici pedibus suis maledicunt, chiragrici manibus, lippi oculis ; et, qui offenderunt sæpe digitos, quidquid doloris habent, in pedes deferunt.

> Quid me spectatis constricta fronte, Catones,

A la morale, aux sérieux discours
Je prends peu goût, et des mœurs de nos jours
Je peins au vrai l'histoire familière.
Qui ne connaît Vénus et ses plaisirs?
Qu'un lit propice éveille les désirs,
Et qu'on y cède, est ce un grand mal, un crime?
Non; l'inventeur de toute vérité,
Épicure l'a dit : Dans leur repos sublime,
Les dieux, tout comme nous, fêtent la volupté.

Rien n'est plus faux que les sots préjugés du monde; rien n'est plus sot qu'une sévérité hypocrite.

CXXXIII. Cette déclamation terminée, j'appelai Giton, et lui parlai ainsi : — Dis-moi, mon ami, mais en conscience, cette nuit où Ascylte te vint dérober de mes bras, a-t-il été, dans sa coupable veille, jusqu'au dernier outrage? ou s'est-il contenté d'une nuit chaste et pure? — L'enfant jura, la main sur ses yeux, et du ton le plus solennel, qu'Ascylte ne lui avait fait aucune violence. [Cette réponse équivoque, je n'osai trop l'approfondir; je ne savais plus, comme on dit, à quel dieu me vouer. A la fin pourtant j'eus l'idée d'aller au temple de Priape; et] à tout hasard, feignant l'espoir sur mon visage, et m'agenouillant sur le seuil, j'adressai au dieu l'hymne suivant, où je n'épargnais pas les titres :

Compagnon de Bacchus et des Nymphes volages,
Fils de Vénus, protecteur de Lesbos,
Toi qui donnes des lois à la verte Thasos;
Toi qui, roi de nos frais bocages,
Dans Hypèpe reçois l'encens des Lydiens,]
Entends ma voix, Priape, viens
Exaucer mon humble prière.
Je ne suis point souillé du sang d'un père,
Ni des autels maudit profanateur;
Mais, sans arme et sans force, au combat de Cythère
Si j'ai faibli, ce n'est point par le cœur.
Qui pèche ainsi n'est-il pas moins coupable?

Pardonne à ma prière une faute excusable.
Si Vénus, grâce à toi, me sourit de nouveau
Pour fêter cette heure prospère,
Je veux qu'à tes autels tombe sous le couteau
Un bouc bien encorné, père et chef du troupeau,
Et les fils d'une laie aussi blancs que leur mère.
Le vin de l'an dernier rougira ta patère;
Et trois fois les buveurs des hameaux d'alentour
De ton temple en dansant viendront faire le tour.

Comme j'achevais mon hymne, épiant d'un œil attentif la partie défunte, je vis entrer Prosélénos les cheveux en désordre, habillée de noir, toute hideuse. Elle mit la main sur moi, elle m'entraîna hors du vestibule, et je m'attendis à tout.

CXXXIV. — Quels vampires, me dit-elle, ont pu te ronger de la sorte? Sur quelle ordure de carrefour, sur quel cadavre as-tu marché la nuit? Tu n'as pas même pu soutenir ton honneur auprès de Giton; mais, mou, débile, essoufflé comme une rosse qui grimpe une côte, ta peine et tes sueurs ont été perdues. Non content de ta propre honte, tu as attiré sur moi la colère des dieux, et je ne te le ferais pas payer! — Puis me ressaisissant, elle m'emmena sans nulle résistance dans la cellule de la prêtresse, me poussa sur un lit, s'empara du bâton de derrière la porte, et m'en frappa. Je ne soufflais mot; et si le bâton ne se fût brisé au premier coup et n'eût ralenti la fureur de l'impitoyable vieille, elle m'aurait peut-être cassé bras et tête. Je gémis profondément, surtout quand je me sentis provoqué par sa dégoûtante main; des ruisseaux de larmes coulèrent de mes yeux, et je me penchai sur le chevet du lit, voilant de mes mains mon visage. Elle aussi, pleurante et toujours plus laide, s'assit à l'autre bout de la couche, et se plaignit, d'une

Damnatisque novæ simplicitatis opus?
Sermonis puri non tristis gratia ridet,
Quodque facit populus, candida lingua refert;
Nam quis concubitus, Veneris quis gaudia nescit?   5
Quid vetat in tepido membra calere toro?
Ipse pater veri doctos Epicurus in arte
Jussit, et hanc vitam dixit habere Deos.

Nihil est hominum inepta persuasione falsius, nec ficta severitate ineptius.

CXXXIII. Hac declamatione finita, Gitona voco, et, Narra mihi, inquam, frater, sed tua fide : ea nocte, qua te mihi Ascyltos subduxit, usque in injuriam vigilavit, an contentus fuit vidua pudicaque nocte? Tetigit puer oculos suos, conceptaque juravit verbis, sibi ab Ascylto nullam vim factam...

Ut ut res haberet, spem vultu simulavi, positoque in limine genu, sic deprecatus sum Numina versu :

Nympharum, Bacchique comes, quem pulchra Dione
Divitibus sylvis numen dedit, inclita paret
Cui Lesbos, viridisque Thasos, quem Lydus adorat
Vestifluus, templumque tuis imponit Hypæpis.
Huc ades, o Bacchi tutor, Dryadumque voluptas,   5
Et timidas admitte preces : non sanguine tristi
Perfusus venio; non templis impius hostis
Admovi dextram, sed inops, et rebus egenus
Attritis, facinus non toto corpore feci.
Quisquis peccat inops, minor est reus. Hac prece quæso, 10

Exonera mentem, culpæque ignosce minori.
Et, quandoque mihi Fortunæ arriserit hora,
Non sine honore tuum patiar decus : ibit ad aras,
Sancte, tuus hircus, pecoris pater, ibit ad aras
Corniger, et querulæ fœtus suis, hostia lactens;   15
Spumabit pateris hornus liquor : et ter ovantem
Circa delubrum gressum feret ebria pubes.

Dum hæc ago, solertique cura deposito meo caveo; intravit delubrum anus laceratis crinibus, atraque veste deformis; extraque vestibulum me injecta manu duxit cuncta timentem :

CXXXIV. Quæ striges comederunt nervos tuos? aut quod purgamentum nocte calcasti in trivio, aut cadaver? Nec à puero quidem te vindicasti : sed mollis, debilis, lassus, tanquam caballus in clivo, et operam et sudorem perdidisti: nec contentus ipse peccare, mihi Deos iratos excitasti, ac pœnas mihi nullas dabis? Ac me iterum in cellam Sacerdotis nihil recusantem perduxit, impulitque super lectum, et arundinem ab ostio rapuit, iterumque nihil respondentem mulcavit. Ac, nisi primo ictu arundo quassata impetum verberantis minuisset, forsitan etiam brachia mea caputque fregisset. Ingemui ego, utique propter masturprationem, lacrymisque ubertim manantibus, obscuratum dextra caput super pulvinar inclinavi. Nec minus illa, fletu confusa, altera parte lectuli sedit, ætatisque longæ moram tremulis vocibus cœpit accusare,

voix chevrotante, d'avoir trop longtemps vécu. A la fin parut la prêtresse : — Que venez-vous faire ici? dit-elle; vous croyez-vous en face d'un bûcher? Et cela par un jour de fête, où l'on voit rire la tristesse même! — O Énothée, reprit l'autre, ce jeune homme que vous voyez est né sous une fâcheuse étoile : ni garçon ni fille ne peuvent rien conclure avec lui. Vous n'avez jamais trouvé d'être aussi disgracié; c'est un cuir détrempé, ce n'est plus un homme. Enfin, que pensez-vous d'un malheureux qui sort des bras de Circé sans avoir connu le plaisir? — A ces mots Énothée s'assit entre nous deux, et, branlant la tête à plusieurs reprises : — Cette maladie-là, dit-elle, il n'y a que moi qui la sache guérir. Et, pour vous faire voir que je ne biaise point, je demande que le jeune homme couche une nuit avec moi, si je ne parviens à le lui rendre aussi dur qu'une corne.

L'univers m'est soumis. Je parle, et la nature
Voit sécher tout à coup sa brillante parure,
Ou verse à pleines mains ses plus riches présents;
Des arides rochers jaillissent des torrents;
Charmé par moi, le tigre a suspendu sa course;
Les fleuves étonnés remontent vers leur source;
Les mers courbent sous moi leurs flots humiliés,
Et l'aquilon muet vient mourir à mes pieds.
Mais que dis-je? A ma voix sur la terre tremblante
Descend du ciel désert la lune obéissante;
Je fais pâlir Phébus : son char épouvanté
Recule, et fuit sans guide au hasard emporté,
Tant mon art est puissant! C'est par lui qu'une femme
Dompta ces fiers taureaux qui vomissaient la flamme,
Par lui que de Circé les filtres souverains
De leur forme à son choix dépouillaient les humains.
Moi, j'enverrais les monts des mers combler l'abîme,
Ou les mers à leur tour des monts noyer la cime.

CXXXV. Je frissonnai de terreur au merveil-
leux de ces promesses, et me mis à considérer cette vieille avec plus d'attention. — Il est temps! se dit-elle à voix haute; Énothée, prépare tes puissants mystères. — Et, s'étant lavé soigneusement les mains, elle se penche sur le lit, et me baise une et deux fois. Ensuite elle place au centre de l'autel une table usée par l'âge, qu'elle couvre de charbons ardents; là, les débris d'une écuelle, *autre injure des ans*, sont rajustés au moyen de poix liquéfiée. Puis le clou qui avait suivi sa main décrochant l'écuelle de bois, est restitué à la muraille enfumée; et, les flancs ceints d'un tablier carré, elle présente au foyer un énorme coquemar. A l'aide d'une fourchette elle tire du garde-manger un lambeau d'étoffe où était serrée sa provision de fèves, avec un vieux reste de bajoue de porc percé de mille trous. Elle délie ce sac; et une partie du légume ayant roulé sur la table, je reçois l'ordre d'éplucher cela minutieusement. J'obéis à l'injonction, et, grain par grain, tous ceux dont l'enveloppe est moisie sont scrupuleusement mis de côté. Mais elle, gourmandant ma lenteur, s'empare de ce que je mettais au rebut, et avec ses dents en détache habilement les peaux, qu'elle crache à terre aussi drues que mouches. Merveilleux génie de la pauvreté, et dans les détails de la vie quel savoir-faire tout spécial!

L'ivoire incrusté d'or, le marbre en mosaïque
N'avaient point décoré cet asile rustique.
Pour meuble, un vil grabat de jonc entrelacé,
Couvert d'un peu de paille en un coin ramassé;
Un seau d'où fuit toujours l'onde en vain prisonnière;
Des corbeilles d'osier, et ces vases de terre
Que façonne sans art une grossière main;
Un vieux flacon rougi par la trace du vin,

donec intervenit Sacerdos, et, Quid vos, inquit, in cellam meam, tanquam ante recens bustum, venistis? utique die feriarum, quo etiam lugentes rident. O, inquit, cum Œnothea! hunc adolescentem, quem vides, malo astro natus est : nam neque puero, neque puellæ, bona sua vendere potest. Numquam tu hominem tam infelicem vidisti. Lorum in aqua, non inguina habet. Ad summam, qualem putas esse, qui de Circes toro sine voluptate surrexit? His auditis, Œnothea inter utrumque consedit, motoque diutius capite : Istum, inquit, morbum sola sum, quæ emendare scio. Et, ne putetis perplexe agere, rogo ut adolescentulus mecum nocte dormiat, nisi illud tam rigidum reddidero, quam cornu.

Quidquid in orbe vides, paret mihi. Florida tellus,
Cum volo, siccatis arescit languida succis,
Cum volo, fundit opes scopulis; atque horrida saxa
Niliacas jaculantur aquas. Mihi pontus inertes
Submittit fluctus, Zephyrique tacentia ponunt   5
Ante meos sua flabra pedes. Mihi flumina parent;
Hircanæque tygres, et jussi stare dracones.
Quid leviora loquor? Lunæ descendit imago,
Carminibus deducta meis : trepidusque furentes
Flectere Phœbus equos revoluto cogitur orbe.   10
Tantum dicta valent! Taurorum flamma quiescit,
Virgineis extincta sacris; Phœbeia Circe
Carminibus magicis socios mutavit Ulyxis :
Proteus esse solet, quidquid libet. His ego callens,

Artibus Idæos frutices in gurgite sistam,   15
Et rursus fluvios in summo vertice ponam

CXXXV. Inhorrui ego, tam fabulosa pollicitatione conterritus, animumque inspicere diligentius cœpi. Ergo, exclamat, o Œnothea! imperio para te : detersisque curiose manibus, inclinavit se in lectulum, ac me semel iterumque basiavit. Œnothea mensam veterem posuit in medio altari, quam vivis implevit carbonibus, et camellam, etiam vetustate ruptam, pice temperata reficit. Tum clavum, qui detrahentem secutus cum camella lignea fuerat, fumoso parieti reddidit : mox incincta quadrato pallio, cucumam ingentem foco apposuit, simulque pannum de carnario detulit furca, in quo faba erat ad usum reposita, et sincipitis vetustissima particula mille plagis dolata. Ut solvit ergo licio pannum, partem leguminis super mensam effudit, jussitque me diligenter purgare. Servio ego imperio, granaque, sordidissimis putaminibus vestita, curiosa manu segrego. At illa, inertiam meam accusans, tollit, dentibusque folliculos perite spoliat, atque in terram, veluti muscarum imagines, despuit. Mirabile quidem paupertatis ingenium, singularumque rerum quædam artes.

Non Indum fulgebat ebur, quod inhæserat auro,
Nec jam calcato radiabat marmore terra,
Muneribus delusa suis : sed crate saligna
Impositum Cereris vacuæ nemus, et nova terræ

C'était tout : de limon et de chaume formée
Plus d'un clou hérissait la muraille enfumée,
Et sur ces clous errant, le magique bâton
Marquait le jour fatal où nous attend Pluton.
Puis au lambris poudreux s'enlaçaient en couronne
La sorbe, les raisins, humbles dons de Pomone,
La sarriette odorante, aux secrètes vertus.
Telle, et plus pauvre encor, par le fils de Battus,
Digne Hécalès, tu vis presque divinisée
La hutte hospitalière où tu reçus Thésée.

CXXXVI. Ensuite Énothée se mit à ronger un peu de la chair du crâne : puis elle allait avec sa fourchette remettre dans le garde-manger ce reste de tête qui datait d'aussi loin qu'elle, quand l'escabeau vermoulu qui servait à la hausser se brise, et l'envoie, entraînée par le poids de son corps, tomber sur le foyer. La voilà qui casse le haut du coquemar, étouffe la flamme naissante, se brûle le coude sur un tison, et fait voler un nuage de cendre, dont toute sa face est barbouillée. Je me lève tout ému et remets en pied la vieille, non sans rire. Au même instant, afin que rien ne retarde ses opérations, elle court dans le voisinage pour rétablir son feu. Comme alors je m'avançais sur la porte de la cellule, tout à coup trois oies sacrées, qui venaient, je pense, à l'heure accoutumée de midi, demander leur pitance à la vieille, font irruption sur moi, et avec leurs ignobles cris, leurs voix stridentes et quasi enragées, m'assiégent à me faire bondir d'impatience. L'une met en pièces ma tunique; l'autre dénoue et tiraille les cordons de ma chaussure; le troisième assaillant, chef et directeur de l'expédition, a l'audace de me déchirer la jambe avec la scie dont son bec est armé. Ne songeant plus pour lors à plaisanter, j'arrache à la table un de ses pieds, dont j'assomme le belliqueux animal; et, non content d'un faible et premier coup, la mort de l'oie complète ma vengeance.

Je me figure Alcide, au bruit de la timbale
Chassant de leurs marais les monstres du Stymphale;
Ainsi de Céléno l'immonde et noir essaim,
Qui du fils d'Agénor profanait le festin,
Fuit devant Calaïs, et de ses cris funestes
Fit monter la terreur jusqu'aux voûtes célestes.

Je la laissai gisante et inanimée; les autres avaient pillé une à une les fèves qui venaient de rouler sur tout le plancher. Démoralisées, j'imagine, par la perte de leur chef, elles étaient rentrées dans le temple. Pour moi, satisfait tout ensemble de ma proie et de ma vengeance, je jette derrière le lit mon ennemi sans vie, et baigne de vinaigre la blessure peu profonde de ma jambe. Puis, redoutant des imprécations, je prends la résolution de m'éloigner, je ramasse mon manteau, et me mets en devoir de sortir. Je n'avais pas effleuré le seuil, que j'avisai ma prêtresse qui revenait avec un tesson chargé de feu. Je rebroussai tout court, et, jetant bas le manteau, je feignis d'attendre avec impatience, et me tins sur la porte. Énothée fit un amas de charbons sur des roseaux secs qu'elle couronna de plusieurs bûchettes, en s'excusant d'avoir tant tardé : son amie ne l'avait pas laissée partir qu'elle n'eût bu les trois coups obligés. — Mais à propos ! qu'avez-vous fait en mon absence? Et où sont mes fèves? — Moi, qui croyais avoir fait une œuvre au fond méritoire, je lui exposai

Pocula, quæ facili vilis rota finxerat actu.   5
Hinc mollis stillæ lacus, et de caudice lento
Vimineæ lances, maculataque testa Lyæo :
Et paries circa palea satiatus inani,
Fortuitoque luto; clavus numerabat et annos;
Et viridi junco gracilis pendebat arundo.   10
Præterea quas, fumoso suspensa tigillo,
Conservabat opes, humilis casa, mitia sorba
Inter odoratas pendebant texta coronas,
Et thymbræ veteres, et passis uva racemis.
Qualis in Actæa quondam fuit hospita terra,   15
Digna sacris Hecales, quam Musa loquentibus annis,
Battiades veteri mirandam tradidit ævo.

CXXXVI. Tum illa carnis etiam paullulum delibat : et dum coæquale natalium suorum sinciput in carnarium furca reponit, fracta est putris sella, quæ staturæ altitudinem adjecerat, anumque suo pondere dejectam, super focum mittit. Frangitur ergo cervix cucumæ, ignemque modo convalescentem extinguit : vexat cubitum ipsa stipite ardente, faciemque totam excitato cinere perfudit. Consurrexi equidem turbatus, anumque non sine risu erexi : statimque, ne res aliqua sacrificium moraretur, ad reficiendum ignem in vicinia cucurrit. Itaque ad casæ ostiolum processi, et ecce ! tres anseres sacri, qui, ut puto, medio die solebant ab anu diaria exigere, impetum in me faciunt, fœdoque ac veluti rabioso stridore circumsistunt trepidantem : atque alius tunicam meam lacerat, alius vincula calceamentorum resolvit, ac trahit : unus etiam, dux ac magister sævitiæ, non dubitavit crus meum serrato vexare morsu. Oblitus itaque nugarum, pedem mensulæ extorsi, cœpique pugnacissimum animal armata elidere manu; nec satiatus defunctorio ictu, morte me anseris vindicavi.

Tales Herculea Stymphalidas arte coactas
Ad cœlum fugisse reor, sanieque fluentes
Harpyias, cum Phineo maduere veneno
Fallaces epulæ. Tremuit perterritus æther
Planctibus insolitis, confusaque regia cœli   5
Visa suas moto transcurrere cardine metas.

Jam reliqui resolutam, passimque per totum effusam pavimentum collegerant fabam, orbataque, ut existimo, duce, redierant in templum, cum ego præda simul, atque hac vindicta gaudens, post lectum occisum anserem mitto, vulnusque cruris haud altum aceto diluo. Deinde convicium verens, abeundi formavi consilium : collectoque cultu meo, ire extra casam cœpi. Nec dum libaveram cellulæ limen, cum animadverto Œnotheam, cum testo ignis pleno venientem. Reduxi igitur gradum, projectaque veste, tanquam exspectarem morantem, in aditu steti. Collocavit illa ignem, cassis arundinibus collectum, ingestisque super pluribus lignis, excusare cœpit moram, quod amica se non dimisisset, tribus nisi potionibus e lege siccatis. Quid porro tu, inquit, me absente, fecisti? aut ubi est faba? Ego, qui putaveram me rem laude etiam dignam fecisse, ordine illi totum prælium exposui ; et, ne diutius tristis esset, jacturæ pensionem anserem obtuli. Quem

en détail toute l'histoire du combat, et, pour couper court à son chagrin, je lui promis une oie en place de celle qu'elle venait de perdre. Mais à l'aspect de la victime, elle poussa un cri si perçant et si imitatif, qu'on eût dit qu'une seconde bande d'oies avait franchi le seuil. Étourdi de ce vacarme, et stupéfait de la nouveauté de mon crime, je demandai qui l'exaspérait tant, et pourquoi elle avait plus pitié de cette bête que de moi —.

CXXXVII. Elle, alors frappant des mains : — Maudit que tu es! s'écria-t-elle, tu oses parler! Tu ne sais pas quel énorme attentat tu as commis! Tu viens de tuer le favori de Priape, l'oiseau le mieux reçu de toutes nos dames. Ah! ne va pas croire que tu n'as rien fait : si les magistrats l'apprennent, c'est la croix qui t'attend. Tu as souillé d'un meurtre mon domicile jusqu'ici pur et sans tache; et par ton fait, celui de mes ennemis qui le voudra me fera chasser du sacerdoce. — Elle dit, et en même temps

De sa tête blanchie arrache ses cheveux,
Se meurtrit le visage, et des pleurs de ses yeux
Roulent comme un torrent qu'à travers les vallées
Grossissent les glaçons, les neiges écoulées,
Lorsqu'aux premiers beaux jours, le souffle du midi
Fait fondre les frimas sur le sol attiédi.
Ainsi coule à pleins bords le fleuve de ses larmes,
Et rien ne peut calmer ses bruyantes alarmes.

— Tout beau! lui dis-je, n'allez pas crier : en place de votre oie, je vous donnerai une autruche. — Elle demeurait assise sur le lit, moi toujours étonné; et comme elle déplorait la fin tragique de son oie, Prosélénos arrive avec le matériel du sacrifice. Elle voit l'animal sanglant, demande la cause de tout ce chagrin, se met elle-même à pleurer bien plus fort, et me plaint comme si j'avais tué mon père, au lieu d'une de ces volailles qui courent les rues. A la fin ennuyé, excédé : — De grâce, leur dis-je, ne puis-je expier mon crime à prix d'argent, vous eussé-je même violées, eussé-je commis un homicide? Tenez : voici deux pièces d'or : avec cela vous pourrez acheter et des dieux et des oies. — A la vue de l'or : — Ah! pardon, mon enfant, s'écrie Énothée. Je n'étais inquiète que pour vous : c'était une preuve d'affection, et non de mauvais vouloir. Aussi aurons-nous soin que pas une âme ne le sache. Quant à vous, priez seulement les dieux qu'ils vous pardonnent. —

Quiconque a des écus, sur la foi des zéphyrs
Peut voguer, peut régler les destins à sa guise;
Danaé cède à ses désirs;
Pour Ganymède il aurait même Acrise;
Poëte, il porte au front un laurier toujours vert :
Il peut braver mètre et cadence;
Avocat triomphant, jurisconsulte expert,
Nul ne sait mieux dire : *Il appert* :
Servius, Labéon, il vous prime en science.
On n'a qu'à souhaiter, dès qu'on a l'or en main.
Qu'un coffre-fort est un meuble divin!
C'est Jupiter armé de sa toute-puissance.

Cependant l'active prêtresse place sous mes mains une gamelle remplie de vin, me fait écarter tous les doigts également, et les purifie en les frottant de poireaux et de persil; elle jette des avelines dans le vase, en marmottant quelques mots mystiques; et, selon qu'elles surnagent ou s'enfoncent, elle en tire ses pronostics. Mais il ne m'échappait pas qu'à coup sûr les noisettes creuses, et remplies d'air au lieu d'amandes, restaient à la surface, et que les pleines, celles dont le fruit était intact, devaient tomber au fond. Ce fut ensuite le tour de l'oie : elle l'éventra, et en tira un énorme foie

anus ut vidit, tam magnum æque clamorem sustulit, ut putares iterum anseres limen intrasse. Confusus itaque, et novitate facinoris attonitus, quærebam, quid excanduisset, aut quare anseris potius, quam mei misereretur?

CXXXVII. At illa, complosis manibus, Scelerate, inquit, et loqueris? Nescis quam magnum flagitium admiseris. Occidisti Priapi delicias, anserem omnibus matronis acceptissimum. Itaque, ne te putes nihil egisse, si Magistratus hoc scierint, ibis in crucem. Polluisti sanguine domicilium meum, ante hunc diem inviolatum; fecistique, ut me, quisquis voluerit inimicus, sacerdotio pellat.

Hæc ait, et tremulo deduxit vertice canos,
Consecutæque genas, oculis nec defuit imber;
Sed qualis rapitur per valles improbus amnis,
Cum gelidæ periere nives, et languidus Auster
Non patitur glaciem: resoluta vivere terra :   5
Gurgite sic pleno facies manavit, et alto
Insonuit gemitu turbatum murmure pectus.

Tum, ego, Rogo, inquam, noli clamare : ego tibi pro ansere struthiocamelum reddam. Dum hæc, me stupente, in lectulo sedet, anserisque fatum comploret, interim Proselenos cum impensa sacrificii venit, visoque ansere occiso, sciscitata caussam tristitiæ, et ipsa flere vehementius cœpit, meique misereri, tanquam patrem meum, non publicum anserem, occidissem. Itaque tædio fatigatus, Rogo, inquam, expiare manus pretio licet, si vos provocassem, etiam si homicidium fecissem? Ecce! duos aureos pono, unde possitis et Deos, et anseres emere. Quos ut vidit Œnothea, Ignosce, inquit, adolescens, sollicita sum tua caussa : amoris est hoc argumentum, non malignitatis. Itaque dabimus operam ne quis hoc sciat. Tu modo Deos roga, ut illi facto tuo ignoscant.

Quisquis habet nummos, secura naviget aura,
Fortunamque suo temperet arbitrio.
Uxorem ducat Danaen, ipsumque licebit
Acrisium jubeat credere, quod Danaen.
Carmina componat, declamet, concrepet, omnes   5
Et peragat caussas, sitque Catone prior.
Jurisconsultus, PARET, NON PARET, habeto,
Atque esto quidquid Servius et Labeo.
Multa loquor; quidvis, nummis præsentibus, opta :
Et veniet. Clausum possidet arca Jovem.   10

Interea hæc satagens, infra manus meas camellam vini posuit, et, cum digitos pariter extensos porris apioque lustrasset, avellanas nuces cum precatione mersit in vinum : et, sive in summum redierant, sive subsederant, ex hoc conjecturam ducebat. Nec me fallebat, inanes scilicet, ac sine medulla ventosos, nuces in summo humore

sur lequel elle me prédit l'avenir. Enfin, pour qu'il ne reste plus trace de mon crime, elle découpe toute la volatile par tranches qu'elle embroche, et s'apprête à m'en faire un délicat festin, à moi que tout à l'heure elle vouait elle-même à la mort. En même temps les rasades de vin pur vont leur train.

CXXXVIII. Alors elle me fait voir un phallus de cuir dont elle frotte le contour d'huile, de poivre en poudre, de graine d'ortie pilée, et elle me l'insinue par le revers de la partie peccante. Son impitoyable main me graisse aussi le dedans des cuisses de la même drogue. Elle mêle du suc de cresson avec de l'aurone dont elle enduit mon viril appareil; puis, prenant un bouquet d'orties vertes, elle m'en fouette doucement tout le bas-ventre jusqu'au nombril. Sentant les orties me cuire, je me sauve : les deux vieilles essoufflées me poursuivent. Quoique étourdies d'ivresse et de luxure, elles se risquent dans la même direction, et enfilent quelques rues sans quitter ma trace. — Arrêtez le voleur! criaient-elles. — J'échappai toutefois, non sans m'être mis les pieds tout en sang dans ma course précipitée.

[A mon retour, Giton m'annonce un nouveau sujet de perplexité.] — Chrysis, me dit-il, qui d'abord faisait fi de ta condition, prétend, même au péril de sa tête, s'associer à toutes tes chances. —

[Que me veut-elle donc, me disais-je, avec ses poursuites obstinées? Elle m'aurait séduit par sa beauté; sa présomption m'a glacé pour toujours.]

Ce n'est pas assez d'être belle;
Il est un don plus précieux :
Car de charmer ses propres yeux,
La mode en est vulgaire, et surtout peu nouvelle.
Mots heureux, gai sourire, affable et doux regard,
Font plus qu'un beau visage, une froide peinture.
Pour lui donner la vie il faut quelque peu d'art :
Un cœur aimant, voilà le seul charme qui dure.

[D'ailleurs je suis tout à Circé; ce qui n'est pas elle ne m'est rien.]

Ariadne ou Léda eurent-elles rien de comparable à tant de charmes? Que serait auprès d'elle une Hélène, une Vénus? Oui, si Pâris, que trois déesses eurent la fantaisie de prendre pour juge, avait, durant son examen, vu l'éblouissant éclat de ses yeux, il lui eût sacrifié et son Hélène et les trois déesses. Si du moins il m'était permis de baiser cette bouche, de presser sur mon sein les formes célestes de ma divinité, mes facultés reprendraient peut-être leur énergie, et je verrais se réveiller ce qu'un sortilége tient, je crois, assoupi. Aucune humiliation ne me rebute. Si l'on m'a battu, je n'en sais plus rien; si l'on m'a chassé, je veux croire que ce fut un jeu : qu'on me laisse seulement mériter ma grâce.

Astres qui brillez dans ses yeux,
Cou de lis parsemé de roses,
Or flottant de ses blonds cheveux,
Lèvres de pourpre demi-closes,
Globes voluptueux, dont un sang jeune et pur
Court nuancer l'albâtre en longs filets d'azur,
Non, vous n'annoncez point une simple mortelle;
Les Grâces volent sur ses pas,
Vénus même est moins belle,
Et cède à tant d'appas.
Ta blanche main, Circé, quand ton art se déploie
Sur ces riches tissus où tu vas te jouant,
Combien j'aime à la voir mêler l'or à la soie!
Mais pourrais-tu, dis-moi, fouler impunément
Des cailloux du chemin l'inégale surface?
Quel crime, s'il osait blesser ton pied mignon,
Ce pied qui, s'il le veut, sans y marquer sa trace,
Des lis courbés à peine effleure la moisson!
Va, laisse à la beauté vulgaire
Ses colliers et ses diamants;

---

consistere, graves autem et plenas integro fructu ad ima deferri. Tum ad anserem appellens sese, recluso pectore extraxit fortissimum jecur, et inde mihi futura prædixit. Imo, ne quod vestigium sceleris superesset, totum anserem laceratum verubus confixit, epulasque etiam lautas, paullo ante, ut ipsa dicebat, perituro paravit. Volabant inter hæc potiones meracæ.

CXXXVIII. Profert Œnothea scorteum fascinum, quod, ut oleo et minuto pipere, atque urticæ trito circumdedit semine, coepit inserere ano meo. Hoc crudelissima anus spargit subinde humore femina mea. Nasturcii succum cum abrotono miscet, perfusisque inguinibus meis, viridis urticæ fascem comprehendit, omniaque infra umbilicum coepit lenta manu cædere. Urticiis ustum, fuga subductum, exæstuantes consectantur aniculæ. Quamvis solutæ mero ac libidine essent, eandem viam tentant, et per aliquos vicos secutæ fugientem, Prehende furem! clamant. Evasi tamen, omnibus digitis inter præcipitem decursum cruentatis......

Chrysis, quæ priorem fortunam tuam oderat, hanc vel cum periculo capitis persequi destinat....

Non est forma satis; nec, quæ vult bella videri,
Debet vulgari more placere sibi.
Dicta, sales, lusus, sermonis gratia, risus,
Vincunt naturæ candidioris opus.
Condit enim formam, quidquid consumitur artis,   5
Et, nisi velle subest, gratia tota perit.

....Quid huic formæ aut Ariadne habuit, aut Leda simile? Quid contra hanc Helene, quid Venus posset? Ipse Paris, Dearum libidinantium judex, si hanc in comparatione vidisset tam petulantibus oculis, et Helenen huic donasset, et Deas. Saltem, si permitteretur osculum capere, si illud cœleste ac divinum pectus amplecti, forsitan rediret hoc corpus ad vires, et resipiscerent partes veneficio, credo, sopitæ. Nec me contumeliæ lassant. Quod verberatus sum, nescio; quod ejectus sum, lusum puto; modo redire in gratiam liceat.

Candida sidereis ardescunt lumina flammis,
Fundunt colla rosas, et cedit crinibus aurum;
Mellea purpureum depromunt ora ruborem,
Lacteaque admixtus sublimat pectora sanguis,
Ac totus tibi servit honor, formæque Dearum   5
Fulges, et Venerem cœlesti corpore vincis.
Argento stat facta manus, digitisque tenellis
Serica fila trahens, pretioso stamine ludis.
Planta decens modicos nescit calcare lapillos,
Et dura lædi scelus est vestigia terra :   10
Ipsa tuos cum ferre velis per lilia gressus,
Nulli sternuntur leviori pondere flores.

A force d'art elle veut plaire,
Toi seule plais sans ornements.
Rien, dit-on, n'est parfait : ah! qui l'ose prétendre
N'a jamais pu te voir, n'a jamais pu t'entendre.
Tu chantes, tout se tait, les Sirènes tes sœurs,
   La lyre même de Thalie ;
Et le miel de ta voix, sa suave harmonie,
Sont les traits dont l'amour pénètre tous les cœurs.
   Le mien saigne d'une blessure
   Que le fer ne saurait guérir :
Ton baiser seul, recette bien plus sûre,
En chasserait le mal qu'il s'obstine à nourrir,
Du sort qui m'a brisé réparerait l'injure,
Et ta victime alors n'aurait plus à mourir.
Car je me meurs : déjà la chaleur m'est ravie ;
Un baiser seulement ! ou, pour toute faveur,
Qu'à mon cou tes beaux bras s'enlacent, et la vie
Va reparaître en moi brillante de vigueur.

CXXXIX. Et je fatiguais ma couche de mes transports multipliés, et j'embrassais dans mon délire une Circé imaginaire.

Mais quoi! suis-je le seul qu'un dieu, que le destin
   Ait poursuivi de sa vengeance ?
Bien d'autres ont plié sous la fatale main :
Alcide, qui des cieux porta la voûte immense ;
Et Télèphe son fils, dont l'inique trépas
De deux divinités assouvit la rancune ;
Le roi Laomédon, l'infâme Pélias ;
Et cet Ulysse enfin qui, jouet de Neptune,
Pâle, voyait surgir la mort à chaque pas.
Ainsi, Priape, ainsi sur les flots, sur la terre,
Tu m'accables partout du poids de ta colère.

[J'appelai Giton dans ma chambre,] et le priai de me dire si personne ne m'avait demandé. — Non ; pas aujourd'hui, me dit-il : mais dans la journée d'hier une femme assez bien mise est entrée chez nous. Après un long entretien et d'indiscrètes questions dont elle m'excéda, elle finit par m'annoncer que vous aviez mérité une punition, et que vous subiriez le châtiment des esclaves, si la personne lésée donnait suite à sa plainte. [Cette nouvelle me mit au désespoir, et je m'emportai de nouveau contre la fortune.]

Je n'étais pas au bout de mes invectives, lorsque Chrysis survint, et m'embrassant avec l'effusion la plus étouffante : — Enfin je te tiens tel que je t'avais espéré, toi mon seul désir, mes délices : jamais tu n'éteindras ma flamme qu'avec le plus pur de ton sang. — En même temps un des nouveaux valets d'Eumolpe accourut, et m'assura que le maître était furieux de ce que depuis deux jours j'avais manqué à mon service ; qu'en conséquence je ferais sagement de tenir prêt quelque motif d'excuse valable. Car il était presque impossible que cette furieuse colère se dissipât sans bastonnade.

[Je fus beaucoup moins inquiet de ces menaces, dont je savais bien tout le mensonge, que satisfait de me voir délivré par l'arrivée de l'esclave des obsessions de Chrysis. Je me hâtai donc de me rendre auprès d'Eumolpe, où je trouvai certaine visiteuse qui donna à mes idées un autre cours.]

CXL. Une matrone des plus respectées, nommée Philumène, qui, grâce aux complaisances de sa jeunesse, avait escroqué plus d'un testament, après que l'âge eut flétri ses charmes prodiguait son fils et sa fille aux vieillards sans postérité, et soutenait par ces successeurs l'honneur de son premier métier. Cette femme donc s'en vint chez Eumolpe ; et la voilà qui invoque pour ses enfants sa sage tutelle, et qui s'abandonne à sa bienveillance, elle, et ses espérances les plus chères : il était le seul homme au monde qui pût par des préceptes journaliers inculquer à cet âge avant toute chose une saine morale ; enfin elle

Guttura nunc aliæ magnisve monilibus ornent,
Aut gemmas aptent capiti : tu sola placere,
Vel spoliata, potes. Nulli laudabile totum,
In te cuncta probat, si quisquam cernere possit.   15
Strenuin cantus, et dulcia plectra Thaliæ
Ad vocem tacuisse reor, quæ mella propagas
Dulcia, et in miseros telum jacularis amoris.
Cor grave vulnus alit, nullo sanabile ferro,   20
Sed tua labra meo sævum de corde dolorem
Depellant, morbumque animæ medcaminis hujus
Cura fuget, nec tanta putres violentia nervos
Dissecet, atque tuæ moriar pro crimine caussæ.
Sed, si hoc grande putas, saltem concede precanti,   25
Ut jam defunctum niveis ambire lacertis
Digneris, vitamque mihi post fata reducas.

CXXXIX. Torum frequenti tractatione vexavi, amoris mei quasi quamdam imaginem... Sic pervicax

Non solum me Numen, et implacabile Fatum
Persequitur ; prius Inachia Tirynthius ira
Exagitatus, onus cœli tulit : ante profanus
Junonem Pelias sensit : tulit insclus arma
Laomedon : gemini satiavit Numinis iram   5
Telephus : et regnum Neptuni pavit Ulyxes.
Me quoque per terras, per cani Nereos æquor
Hellespontiaci sequitur gravis ira Priapi.

Quærere a Gitone meo corpi, num aliquis me quæsisset ?

Nemo, inquit hodie : sed hesterno die mulier quædam haud inculta januam intravit : cumque diu mecum esset locuta, et me arcessito sermone lassasset, ultimo cœpit dicere, te noxam meruisse, daturumque servilis pœnas, si læsus in querela perseverasset.....

Nondum querelam finieram, cum Chrysis intervenit, amplexuque effusissimo me invasit, et, Teneo te, inquit, qualem speraveram : tu desiderium meum, tu voluptas mea, nunquam finies hunc ignem, nisi sanguine extinxeris. Unus ex novitiis servulis subito accucurrit, et, nihil dominum iratissimum esse, affirmavit, quod biduo jam officio defuissem ; recte ergo me facturum, si excusationem aliquam idoneam præparassem. Vix enim posse fieri, ut rabies irascentis sine verbere considat.....

CXL. Matrona inter primas honesta, Philumene nomine, quæ multas sæpe hereditates officio ætatis extorserat, tum anus et floris extincti, filium filiamque ingerebat orbis senibus, et per hanc successionem artem suam perseverabat extendere. Ea ergo ad Eumolpum venit, et commendare liberos suos ejus prudentiæ, bonitatique credere se et vota sua. Illum esse solum in toto orbe terrarum, qui præceptis etiam salubribus instruere juvenes quotidie posset. Ad summum, relinquere se pueros in domo Eumolpi, ut illum loquentem audirent, quæ sola posset hereditas juvenibus dari. Nec aliter fecit, ac dixerat, filiamque spe-

laissait ses enfants dans la maison d'Eumolpe, pour qu'ils écoutassent ses leçons, seul héritage qu'elle pût léguer à cette jeunesse. Elle le fit comme elle le disait : la fille, très-jolie, et le fils, bel adolescent, restèrent dans la chambre du vieillard ; la mère alla soi-disant au temple demander au ciel d'exaucer ses vœux. Eumolpe, ce chaste personnage, qui malgré ma barbe m'eût pris encore pour un Ganymède, sans balancer invita la petite à sacrifier à Vénus Callipyge. Mais il avait dit à tout le monde qu'il était goutteux et perclus des reins ; et, s'il ne soutenait complètement l'illusion, tout l'échafaudage du drame, pour ainsi dire, risquait de s'écrouler. Afin donc de conserver à la fable sa vraisemblance, il prie l'ingénue de venir s'asseoir sur cette bienveillance invoquée tout à l'heure, puis commande à Corax de se glisser sous le lit où lui-même est couché, et de s'appuyer des mains sur le parquet, pour soulever son maître avec ses reins. L'ordre est d'aller doucement : il obéit, et répond par des mouvements égaux à ceux de l'habile écolière. Cependant l'exercice touche à sa fin, Eumolpe crie au mercenaire de presser la mesure; et, ainsi balancé entre la nymphe et Corax, il semble jouer à l'escarpolette. Eumolpe avait fourni une et deux fois la carrière au milieu de nos fous rires, que lui-même partageait. Comme à mon tour je craignais que l'inaction n'achevât de me rouiller, tandis que le frère admire à travers la cloison la souple gymnastique de sa sœur, je m'approchai pour voir s'il souffrirait quelque hardiesse. Il ne repoussait pas mes caresses, en garçon bien appris qu'il était ; mais lui aussi fit l'expérience de la rancune que me gardait Priape. [Cette impuissance toutefois ne dura pas tant que les autres ; car tôt après je redevins ce que j'avais cessé d'être, et, fier de ma vigueur nouvelle, je m'écriai tout d'un coup :] — C'est à des dieux d'un ordre supérieur que je dois ma résurrection complète. Oui, Mercure, qui emmène les âmes et qui les ramène, a eu l'obligeance de me rendre ce qu'une main ennemie m'avait retranché. Voyez : ne suis-je pas mieux gratifié que Protésilas ou tout autre héros antique ? — Ce disant, je lève ma tunique, et me fais voir à Eumolpe dans toute ma gloire. D'abord il recula de surprise; ensuite, pour se convaincre davantage, il vint palper des deux mains le gage de la faveur divine.

O piété ! qu'à bon droit l'on te nomme
La plus belle vertu, le bouclier de l'homme !

[Il y eut pour lors un instant de gaieté, après lequel revenant au sérieux, et saisissant l'occasion de raisonner sur l'état présent de nos affaires, je représentai à Eumolpe combien était chanceuse notre situation, et qu'à défaut d'autre péril, la moindre indiscrétion du moindre de ses valets pouvait nous perdre.]

On tiendrait un charbon dans sa bouche allumé,
Plutôt que dans son âme un secret enfermé.
Est-il au sein des cours quelque honteux mystère
Qui ne perce les murs, et par toute la terre
N'aille de ville en ville ameuter les censeurs ?
Puis vient la calomnie aux savantes noirceurs,
Chargeant de son venin le trait qui déshonore.
Le plus muet roseau prend une voix sonore,
Et, d'un autre barbier confident indiscret,
Du malheureux Midas livre à tous le secret.

[Toutes nos actions, ajoutai-je, doivent être réglées sur la prudence.] Socrate, que les Dieux et les hommes jugèrent le plus sage des mortels, se glorifiait souvent de n'avoir jamais permis à ses regards de s'arrêter sur de riches boutiques, ni sur les grandes réunions d'hommes : tant il n'est rien de plus sûr que d'avoir toujours la sagesse pour conseil ! Tout cela est incontestable ; et nul ne doit tomber plus vite dans l'infortune que ceux

---

ciosissimam cum fratre ephebo in cubiculo reliquit, simulavitque se in templum ire ad vota nuncupanda. Eumolpus, qui tam frugi erat, ut illi etiam ego puer viderer, non distulit puellam invitare ad Pygisiaca sacra. Sed et podagricum se esse, lumborumque solutorum, omnibus dixerat, et, si non servasset integram simulationem, periclitabatur totam pæne tragœdiam evertere. Itaque, ut constaret mendacio fides, puellam quidem exoravit, ut sederet supra commendatam bonitatem, Coraci autem imperavit ut lectum, in quo ipse jacebat, subiret, positisque in pavimento manibus, dominum lumbis suis commoveret. Ille lento parebat imperio, puellæque artificium pari motu remunerabat. Cum ergo res ad effectum spectaret, clara Eumolpus voce exhortabatur Coraca, ut spissaret officium. Sic inter mercenarium amicamque positus senex, veluti oscillatione ludebat. Hoc semel iterumque ingenti risu, etiam suo, Eumolpus fecerat. Itaque ego quoque, ne desidia consuetudinem perderem, dum frater sororis suæ automata per clostellum miratur, accessi, tentaturus, an pateretur injuriam. Nec se rejiciebat a blanditiis doctissimus puer, sed numen inimicum ibi quoque invenit....

Dii majores sunt, qui me restituerunt in integrum. Mercurius enim, qui animas ducere et reducere solet, suis beneficiis reddidit mihi, quod manus irata præciderat ; ut scias me gratiosiorem esse quam Protesilaum, aut quemquam alium antiquorum. Hæc locutus, sustuli tunicam, Eumolpoque me totum adprobavi. At ille primo exhorruit : deinde, ut plurimum crederet, utraque manu Deorum beneficia tractat.

. . . . O maxima rerum,
Et merito pietas homini tutissima virtus !
. . . .
Nam citius flammas mortales ore tenebunt,
Quam secreta tegant. Quidquid dimittis in aula,
Effluit, et subitis rumoribus oppida pulsat.
Nec satis est, vulgasse fidem : simulatius exit
Proditionis opus, famamque onerare laborat.
Sic commissa verens avidusque referre minister,
Fodit humum, regisque latentes prodidit aures.
Concepit nam terra sonos, calamique loquentes
Insonuere Midam, qualem narraverat index.

....Socrates, Deorum hominumque judicio sapientissimus, gloriari solebat, quod nunquam neque in tabernam conspexerat, nec ullius turbæ frequentioris concilio oculos suos crediderat. Adeo nihil est commodius, quam semper cum sapientia loqui. Omnia ista vera sunt : nec ulli enim celerius homines incidere debent in malam fortunam,

qui visent à dépouiller autrui. Et puis de quoi les charlatans, de quoi les courtiers de débauche vivraient-ils, s'ils n'avaient de petites bourses, de petits sacs d'argent bien sonnants, pour jeter comme hameçons à la multitude? Comme au plus stupide animal il faut un appât qui l'allèche; de même les hommes ne se laisseraient point prendre à l'espérance, s'ils ne trouvaient quelque chose à mordre.

CXLI Le vaisseau d'Afrique, qui, selon vos promesses, doit apporter et vos trésors et vos esclaves, n'arrive pas. Vos héritiers en expectative s'épuisent, et ont rabattu de leur libéralité. Ou je me trompe fort, ou la fortune, cette banale maîtresse, commence à se repentir encore de ses faveurs. — Il ne faut pas, répondit Eumolpe, se fier beaucoup à la prudence humaine; la Fortune aussi a sa sagesse. [D'ailleurs, j'ai imaginé un stratagème qui va bien mettre dans l'embarras nos solliciteurs. — Et il tira d'une valise des tablettes où il nous lut, entre autres choses, cette disposition] : — Tous ceux qui ont des legs sur mon testament, sauf mes affranchis, ne recueilleront qu'à une condition ce que je leur donne : c'est qu'ils couperont mon corps par morceaux, et en feront publiquement un repas. Pour qu'ils ne s'effarouchent pas plus que de raison, je leur rappelle que chez certaines nations une loi qui s'observe encore veut que les défunts soient mangés par leurs proches; si bien même qu'on reproche souvent aux malades de faire perdre à leur chair de sa qualité. J'avertis par là ceux qui m'aiment de ne pas se refuser à mes volontés; du même cœur qu'ils maudiront mon âme, ils n'auront qu'à dévorer mon corps. — [Comme il lisait les premiers articles, quelques-uns des prétendants les plus assidus entrèrent, et, lui voyant en main les tablettes de son testament, le prièrent de leur en donner aussi lecture. Il les prit au mot, et leur lut tout d'un bout à l'autre.

Quand ceux-ci virent qu'il s'agissait de manger un cadavre, ils accueillirent par une triste grimace cette extraordinaire proposition.] Mais la renommée des immenses richesses d'Eumolpe aveuglait, étourdissait ces misérables. L'un d'eux, Gorgias, était prêt à exécuter la clause, [pourvu qu'on ne le fît pas trop attendre.] — Oh! toi, dit Eumolpe, la répugnance de ton estomac n'est pas ce qui m'inquiète; il t'obéira docilement, si tu lui fais entrevoir, rien que pour une heure de dégoût, des monceaux d'or en compensation. Tu n'as qu'à fermer les yeux, et te figurer qu'au lieu des entrailles d'un homme c'est un million de sesterces que tu avales. Ajoute aussi que nous trouverons quelques assaisonnements pour relever la fadeur du mets. Car enfin aucune chair n'a de goût par elle-même; il faut que l'art l'altère d'une certaine façon, et la fasse accepter aux antipathies de l'estomac. Que si tu veux des exemples pour autoriser ma proposition, les Sagontins, mis aux abois par Annibal, mangèrent de leurs compatriotes; et ils n'avaient pas un héritage en perspective. Les Pérusiens firent de même, dans une extrême disette; et ils ne cherchaient, par ce genre de repas, qu'à ne pas trop souffrir de la faim. Lorsque Scipion prit Numance, on trouva des mères qui tenaient dans leurs bras le corps à demi rongé de leurs enfants. [Tu vois par là que la volonté de l'homme peut l'emporter sur ses instincts même les plus naturels, qui d'ailleurs trop souvent nous abusent.]

L'œil est menteur, les sens nous en imposent :
Eux seuls pourtant de la raison disposent.
Vers cette tour j'avance, elle grandit;
Plus près encor, je la trouve carrée :
L'angle s'efface et la tour s'arrondit,
Par le lointain presque défigurée.
Le miel est fade au sortir d'un repas,
Et les parfums toujours ne plaisent pas.
Si de nos sens les rapports infidèles
N'entretenaient leurs luttes éternelles,

---

quam qui alienum concupiscunt. Unde plani autem, unde lenatores viverent, nisi aut locellos, aut sonantes aere sacellos pro hamis mitterent? Sicut muta animalia cibo inescantur, sic homines non caperentur spe, nisi aliquid morderent.

CXLI. Ex Africa navis, ut promiseras, cum pecunia tua, et familia tua non venit. Captatores jam exhausti liberalitatem imminuerunt. Itaque aut fallor, aut Fortuna communis cœpit redire ad pœnitentiam suam.... Non multum oportet consilio credere, quia suam habet Fortuna rationem..... Omnes, qui in testamento meo legata habent, præter libertos meos, hac conditione percipient, quæ dedi, si corpus meum in partes conciderint, et, adstante populo, comederint. Ne plus æquo exhorrescant, apud quasdam gentes scimus adhuc legem servari, ut a propinquis suis consumantur defuncti, adeo quidem, ut objurgentur ægri frequenter, quod carnem suam faciant pejorem. Illis admoneo amicos meos, ne recusent quæ juheo, sed, quibus animis devoveant spiritum meum, eisdem etiam corpus consumant..... Excæcabat ingens fama oculos, animosque miserorum; Gorgias paratus erat exsequi..... De stomachi tui

recusatione non habeo quod timeam : sequetur imperium, si promiseris illi, pro unius horæ fastidio, multorum bonorum pensationem. Operi modo oculos, et finge, te non humana viscera, sed centies sestertium comesse. Accedet huc, quod aliqua inveniemus blandimenta, quibus saporem mutemus. Neque enim ulla caro per se placet, sed arte quadam corrumpitur, et stomacho conciliatur averso. Quod si exemplis vis quoque probari consilium, Sagontini oppressi ab Annibale, humanas edere carnes : nec hereditatem exspectabant. Perusii idem fecerunt in ultima fame, nec quidquam aliud in hac epulatione captabant, nisi tantum ne esurirent. Cum esset Numantia a Scipione capta, inventæ sunt matres, quæ liberorum suorum tenerent semesa in sinu corpora......

Fallunt nos oculi, vagique sensus,
Oppressa ratione, mentiuntur.
Nam turris, prope quæ quadrata surgit,
Attritis procul angulis rotatur.
Hyblæum refugit safur liquorem,
Et naris casiam frequenter odit.
Hoc illo magis, aut minus, placere

Jamais mortel ne changerait de goût,
N'aimerait moins, ou plus, ou point du tout.

— [Nos gens se retirèrent sans mot dire; et leurs méfiances, éveillées depuis longtemps, s'accrurent chaque jour de plus en plus. Peu après, j'ignore par quelle voie toute notre ruse fut découverte; et, avertis par Chrysis, Giton et moi nous nous sauvâmes à Rome, où nous voici au milieu de vous, paisibles narrateurs de nos dernières infortunes. Nous ne pûmes emmener Eumolpe, qui, malheureusement pour lui, était absent. Il fut sur-le-champ cité en justice pour fait de *dol* et de *dommage*. En vain voulut-il prétendre qu'il n'avait fait que suivre la route commune; que] le monde presque tout entier se compose de comédiens; [en vain prodigua-t-il les séductions de sa poésie : les oreilles étaient sourdes; à la fin il essaya de cette dialectique :] — Qu'est-ce que le *dol*, citoyens juges? Un acte,

Non posset, nisi, lite destinata,
Pugnarent dubio tenore sensus.

....Totus fere mundus exerceat histrioniam...
Quid est, judices, dolus? Nimirum, ubi aliquid factum est, quod legi dolet. Habetis dolum, accipite nunc malum....

n'est-il pas vrai, que la loi voit avec *douleur*. Voilà le dol. Veut-on savoir ce qu'on appelle *dommage?* — [Tu nous l'as fait savoir de reste à nos dépens, interrompit l'un des accusateurs au milieu des rires universels. Et Eumolpe interdit s'arrêta tout court. Que vous dirai-je? Condamné tout d'une voix, il fut traité à la mode de Marseille.] A Marseille, chaque fois qu'on était affligé de la peste, un pauvre se dévouait, à condition que la ville le nourrît une année entière des mets les plus délicats. L'année révolue, couronné de verveine et revêtu d'habits consacrés, on le promenait dans toute l'enceinte de la cité, on le chargeait d'imprécations, pour faire retomber sur sa tête les fléaux publics; et on le précipitait ainsi du haut d'un rocher.

Massilienses quoties pestilentia laborabant, unus se ex pauperibus offerebat, alendus anno integro publicis et purioribus cibis. Hic postea, ornatus verbenis et vestibus sacris, circumducebatur per totam civitatem cum execrationibus, ut in ipsum reciderent mala civitatis : et sic de rupe projiciebatur.

PIÈCES DE VERS DÉTACHÉES.

Ta femme, c'est ton bien : tu lui dois tes amours.
— Eh! qui peut de son bien se contenter toujours?

De parfum, de mets, de bouteille,
De tout, ami, j'aime à changer.
Le taureau de nos prés, l'industrieuse abeille
De la plaine aux forêts aiment à voyager;
Tout change dans le monde, et de l'aube nouvelle
Si le doux éclat nous séduit,
C'est qu'elle succède à la nuit,
Et que le jour vient après elle.

Vois la lune au front radieux
Croître, s'emplir, décroître encore,

FRAGMENTA POETICA.

Uxor legitimus debet quasi census amari.
— Nec censum vellem semper amare meum.

Nolo ego semper idem capiti suffundere costum,
Nec noto stomachum conciliare mero.
Taurus amat gramen mutata carpere valle;
Et fera mutatis sustinet ora cibis.
Ipsa dies ideo nos grato perluit haustu,
Quod permutatis mane recurrit equis.

Triplici vides ut ortu
Triviæ rotetur ignis,

Et Phébus lancer dans les cieux
Son char, que devance l'Aurore....

Ainsi, comme oubliant les lois de la nature,
Le corbeau niche encor quand la moisson est mûre,
Ainsi grandit l'oursin par sa mère léché;
Ainsi, sans que l'amour de ses feux l'ait touché,
Le poisson isolé fraye et se perpétue,
Et le soleil fait seul éclore la tortue.
L'abeille vierge, ainsi, mère de fils nombreux,
Pousse hors de son camp leur vol aventureux;
Et dans ses changements la nature infinie
Par le contraste même entretient l'harmonie.

Volucrique Phœbus axe
Rapidum pererret orbem....

Sic, contra rerum naturæ munera nota,
Corvus maturis frugibus ova refert;
Sic format lingua fœtum, quum protulit, ursa,
Et piscis, nullo junctus amore, parit.
Sic Phœbeia chelys, vinclo resoluta parentis,
Lucinæ tepidis naribus ora fovet.
Sic sine concubitu textis apis excita ceris
Fervet, et audaci milite castra replet.
Non uno contenta valet natura tenore,
Sed permutatas gaudet habere vices.

Aux oreilles de l'âne, à ses rauques accents,
Au porc, son dieu, le Juif prodigue en vain l'encens;
S'il n'a de son prépuce offert le sacrifice,
Et de l'organe impur dégagé l'orifice,
Honni des siens, vers Naple il se voit rejeté,
Et du sabbat sans lui le grand jeûne est fêté.
Mais il est noble et pur, dès lors qu'il se décide
A porter sur lui-même une main intrépide.

  Jadis errante et voyageuse,
  Jouet des vents, jouet des flots,
Délos allait fuyant sur la plaine orageuse,
  Sans jamais trouver le repos.

  A la fin, l'île de Latone
  S'arrêta, fixe au sein des mers :
Car une main divine à Gyare, à Mycone,
  L'unit par d'invincibles fers.

  Enfant, aux autels il amène
  Le chœur des vierges de Memphis.
  La Nuit, dont il semble le fils,
  De son front envierait l'ébène.
  Ses mains, sa danse vont parler.....

Églé se farde en vain pour déguiser son âge :
Églé perd à la fois son fard et son visage.

  Ici dort l'aimable Sylvie,
  Elle dont le pied gracieux
  Vient de glisser aux sombres lieux
Dès ses premiers pas dans la vie.

A peine au huitième printemps,

  Sa naissante coquetterie
  Des coups d'œil, des airs agaçants
  Essayait la friponnerie.
  Ah ! si l'inflexible trépas
  N'avait clos ta jeune paupière,
  Jamais l'Amour n'eût ici-bas
  Formé plus habile écolière.
  Ton ombre encor doit nous charmer,
  Et sur la tombe où tu reposes,
  Comme fleurs de toi-même écloses,
  Les ris, les grâces vont germer.

On m'apporte en ton nom, ô maîtresse adorée,
La châtaigne épineuse et la pomme dorée;
Et ces dons, Martia, me font bien des jaloux ;
Mais par toi-même offerts qu'ils me seraient plus doux!
Offerte de ta main, la pomme encore acide
Serait le miel d'Hymette à mon palais avide.
Reviens : quitte un moment tes fleurs, tes orangers;
Ou que leurs beaux fruits d'or m'apportent tes baisers.

Tout le jour je t'appelle, et durant mon sommeil
Sur le duvet désert j'embrasse ton image ;
Je l'embrasse, elle fuit. Viens toi-même, ô volage !
Mieux qu'un rêve menteur viens charmer mon réveil.

Quel bruit mystérieux résonne à mon oreille ?
De cette faible voix qui chaque nuit m'éveille
Je n'ai pu retenir les fugitifs accents.
— Mais quoi! ce bruit si doux, cette voix qui t'appelle,
Quelle autre que Délia... — Ah ! nul doute, c'est elle.
De ce souffle léger que les sons frémissants

Judæus licet et porcinum numen adoret,
Et cilli summas advocet auriculas,
Ni tamen et ferro succiderit inguinis oram,
Et nisi nudatum solverit arte caput,
Exemtus populo, Gruiam migrabit ad urbem,
Et non jejuna sabbatha lege premet.
Una est nobilitas, argumentumque coloris
Ingenui, timidas non habuisse manus.

  Delos, jam stabili revincta terra,
  Olim purpureo mari natabat,
  Et moto levis hinc et inde vento,
  Ibat fluctibus inquieta summis.
  Mox illam geminis deus catenis
  Hac alta Gyaro ligavit, illac
  Constanti Mycono dedit tenendam.

   Memphitides puellæ,
   Sacris Deum paratæ ;
   Tinctus colore noctis,
   Manu puer loquaci,
   Ægyptias choreas...

 * Dum sumit cretam in faciem Sertoria, cretam
  Perdidit illa, simul perdidit et faciem.

Hic jacet exutis Dyonisia flebilis annis,

 † Ainsi traduit par Boufflers :
  D'une blanche teinture Iris en vain se teint ;
  Elle perd à la fois sa teinture et son teint.

Extremum tenui quæ pede rupit iter,
Cujus in octava lascivia surgere mense
Cœperat, et dulces fingere nequitias.
Quod si longa tuæ mansissent tempora vitæ,
Doctior in terris nulla puella foret.
Si fructus proprio subdit de germine tellus,
Si reparat sparsis debita seminibus,
Nascentur tumulo formæ, nova messis, honores,
Et lepor, et suavis gramina nequitiæ.

Aurea mala mihi, dulcis mea Martia, mittis,
Mittis et hirsutæ munera castaneæ.
Omnia grata putem : sed si magis ipsa venires,
Ornares donum, pulchra puella, tuum.
Tu licet adportes stringentia mala palatum,
Tristis mandenti est melleus ore sapor.
At si dissimules multum, mihi cara, venire,
Oscula cum pomis mitte, vorabo lubens.

Te vigilans oculis, animo te nocte requiro,
Victa jacent solo cum mea membra toro.
Vidi ego me tecum falsa sub imagine somni :
Somnia tu vinces, si mihi vera venis.

Garrula quid totis resonas mihi noctibus auris?
Nescio quem dicis nunc meminisse mei.
— Hic quis sit quæris? Resonant tibi noctibus aures,
Et resonant totis? Delia te loquitur.
— Non dubie loquitur me Delia : mollior aura

Viennent avec mollesse agiter tous mes sens!
Délie ainsi parfois, d'une bouche timide,
Interrompait des nuits le silence discret;
Ainsi, pressant mon front contre sa lèvre humide,
Délie entre mes bras vers mon oreille avide,
Craintive, de ses feux épanchait le secret.
C'est sa voix! Un amant pourrait-il s'y méprendre?
Accents délicieux pour qui sait vous comprendre,
Ah! que par vous mon cœur soit toujours caressé!
A toute heure, en tous lieux je voudrais vous entendre;
Et déjà je me plains que vous ayez cessé.

Le silence et la nuit descendaient sur la terre,
Et le sommeil à peine avait clos ma paupière,
Soudain un dieu cruel m'arrache au doux repos.
J'ai reconnu la voix de l'enfant de Paphos :
— Eh quoi! mille beautés à l'envi t'ont su plaire,
Et sur un lit oiseux tu t'endors solitaire!
Est-ce ainsi qu'à mes lois mon esclave obéit? —
De ma couche à ces mots je m'élance interdit.
Nu-pieds, demi-vêtu, je cours... par quelle route?
Je ne sais. Je veux fuir, je m'arrête, j'écoute :
Tout dort dans les cités, tout se tait dans les bois;
Du dogue vigilant je n'entends plus la voix ;
Moi seul je veille encore : à ta loi souveraine
Je m'abandonne, Amour, et je porte ta chaîne.

Aux fureurs de Bellone incessamment livrée,
Et par ses propres mains à la fin déchirée,
Cédant, faible victime, à son destin cruel,
La Grèce a vu sa tombe érigée en autel,
Monument triste et vain d'une si belle histoire,
Et n'a plus rien de grand que le bruit de sa gloire.
Toi dont l'œil reconnaît sur ces bords désolés
Des remparts de Cécrops les débris écroulés,
Est-ce là, diras-tu, cette cité sacrée
Que remplissait des dieux la présence adorée?
Tu diras, à l'aspect des murs d'Agamemnon :
Vainqueurs comme vaincus n'ont gardé que leur nom;
Et cette noble Grèce, aujourd'hui dépeuplée,
De tout ce qu'elle fut n'est que le mausolée.

Non, le bonheur n'est point, veuillez m'en croire,
   De voir briller à ses doigts maint rubis,
   De posséder une couche d'ivoire,
   Foulez en roi ces fastueux tapis,
Tissus moelleux qu'a façonnés l'Asie ;
Buvez dans l'or; sur la pourpre accoudé,
Des plus doux mets savourez l'ambrosie,
Et qu'à vous seul les dieux aient accordé
Tous les trésors qu'on moissonne en Libye,
Vous n'aurez point le bonheur. Mais du sort
Braver les coups; mais fuir du rang suprême
   L'honneur si vain, le périlleux abord;
   Mais sans pâlir envisager la mort,
   D'un noble cœur c'est là l'heureux effort,
   C'est détrôner la fortune elle-même.

Ces murs que Babylone exhaussa follement,
Et ces palais, de marbre énorme entassement;
Ce Mausolée, hélas! où la main d'une épouse
Crut disputer sa proie à la Parque jalouse ;
Ces tombeaux du désert, géants audacieux,
Qui de leurs fronts aigus s'en vont toucher aux cieux.

Venit, et exili murmure dulce fremit.
Delia non aliter secreta silentia noctis
   Submissa ac tenui rumpere voce solet;
Non aliter, teneris collum complexa lacertis,
   Auribus admotis condita verba dare.
Agnovi, veræ venit mihi vocis imago,
   Blandior arguta tinnit in aure sonus.
Ne cessate, precor, longos gestare susurros ;
   Dum loquor hæc, jam vos obticuisse queror.

Lecto compositus vix prima silentia noctis
   Carpebam, et somno lumina victa dabam,
Quum me sævus Amor prensum sursumque capillis
   Excitat, et lacrum pervigilare jubet.
Tu famulus meus, inquit, ames cum mille puellas,
   Solus, iò, solus, dure, jacere potes?
Exsilio, et pedibus nudis tunicaque soluta,
   Omne iter impedio, nullum iter expedio.
Nunc propero, nunc ire piget, rursumque redire
   Pænitet, et pudor est stare via media.
Ecce tacent voces hominum, strepitusque viarum,
   Et volucrum cantus, turbaque fida canum.
Solus ego ex cunctis careo somnoque toroque;
   Et sequor imperium, magne Cupido, tuum.

Græcia bellorum longa concussa ruina
   Concidit, immodice viribus usa suis.
Fama manet, fortuna perit : cinis ipse jacentis
   Visitur, et tumulo nunc quoque sacra suo.
Exigua ingentis retinet vestigia famæ,
Et magnum, infelix! nil nisi nomen habet.
Quisquis Cecropias hospes cognoscis Athenas,
   Quæ veteris famæ vix tibi signa dabunt :
Has-ne Dii, dices, cœlo petiere relicto?
Regnaque partitis hæc fuit una Deis?
Idem Agamemnonias, dices, quum videris arces :
Heu! victrix victa vastior urbe jaces!
Hæ sunt, quas merito quondam est mirata vetustas.
   Magnarum rerum magna sepulchra vides.

   Non est, falleris, hæc beata non est
   Quam vos creditis esse vita, non est
   Fulgentes manibus videre gemmas,
   Aut testudineo jacere lecto,
   Aut pluma latus abdidisse molli,
   Aut auro bibere, et cubare cocco,
   Regales dapibus gravare mensas,
   Et quidquid Libyco secatur arvo
   Non una positum tenere cella;
   Sed nullos trepidum timere casus,
   Nec vano populi favore tangi,
   Et stricto nihil æstuare ferro :
   Hoc quisquis poterit, licebit illi
   Fortunam moveat loco superbus.

Hæc, urbem circa, stulti monumenta laboris,
   Quasque vides moles, Appia, marmoreas;
Et Mausolæum, miseræ solatia mortis,
   Intulit æternum quo Cleopatra virum;
Pyramidasque ausas vicinum attingere cœlum,

Seront poussière un jour : plus leur orgueil domine,
Plus le temps qu'ils bravaient les entame et les mine.
Le poëte lui seul ne subit point sa loi :
Homère, l'avenir n'épargnera que toi !

Rappelons-nous longtemps cette nuit fortunée
 Où dans mes bras, pour la première fois,
  En rougissant tu tombas enchaînée,
  Où d'un amant tu m'accordas les droits.
Rappelons-nous ce tendre et doux murmure,
Ces silences plus doux, ces renaissants désirs,
Et ce lit si discret, foulé par nos plaisirs :
A tes serments d'alors ne deviens point parjure.
Nos amours avec nous peuvent encor vieillir,
Peuvent charmer encore une trop courte vie ;
 Ne faisons point dire à l'envie :
Ce qu'un jour a vu naître, un jour l'a vu mourir.

C'est Anna qui broda ces bouquets si jolis
Qu'autour d'un sein charmant sa jeune main dispose ;
Et je la vois sourire à deux festons de rose
  Embrassant deux globes de lis.

Pour orner dignement ses célestes appas,
Anna va de sa main se faire une parure.
Ah ! sans doute Minerve après tant de combats
Veut avec Cythérée oublier son injure,
 Puisque Vénus, pour broder sa ceinture,
  A pris l'aiguille de Pallas.

LA ROSE A ASPASIE.

A la pourpre de Tyr mariant mes couleurs,
Je brille à ta ceinture, ô divine Aspasie !

Pyramidas, medio quas fugit umbra die,
Concutiet sternetque dies ; quoque altius extat
Quodque opus, hoc illud carpet edetque magis.
Carmina sola carent fato, mortemque repellunt :
Carminibus vives semper, Homere, tuis.

Sit nox illa diu nobis dilecta, Nealce,
 Quæ te prima meo pectore composuit ;
Sit torus, et lecti genius, secretaque lingua
 Queis tenera in nostrum veneris arbitrium.
Ergo age, duremus, quamvis adoleverit ætas,
 Utamurque annis quos mora parva tenet.
Fas et jura sinunt veteres extendere amores ;
 Fac cito quod cœptum est non cito desinere.

Hoc sibi lusit opus de stamine floricolore
 Hesperie, teretes officiosa manus ;
Et pulchro pulchras strophio producta papillas,
 Gaudet utrumque sui pectoris esse decus.

Hesperie lateri redimicula nectit eburno
 Facta suis manibus pectore digna suo.
Jam veteres iras Venus et Tritonia ponunt,
 Pectora nam Veneris Palladis ambit opus.

DE ROSA AD HESPERIEM.

Intertexta rosa Tyrii subtemine fuci
 Involvit quoties mobile zona latus,

Là, près d'un double mont parfumé d'ambrosie,
Plus que jamais je suis reine des fleurs.

Les bains, le vin, Vénus, détruisent la santé :
Sans tout cela pourtant, adieu vie et gaieté.

 Qu'elle est belle, mais qu'elle est sage
 Que de froideur, mais aussi que d'appas !
  De Vénus elle a le visage,
  Et veut avoir la vertu de Pallas.
Ah ! si tu crains, Phyllis, de te voir enchaînée
A l'un des mille amants qui composent ta cour,
 Si tu fuis le dieu d'hyménée,
 Ne saurais-tu souffrir l'Amour ?

A UN NEPTUNE QUI ÉPANCHAIT LES EAUX D'UNE FONTAINE.

Ton urne vaut bien mieux que le trident des mers ;
Et l'eau douce a du charme après les flots amers.

SUR UN CUPIDON PLACÉ AU HAUT D'UNE FONTAINE.

L'enfant qui de ses feux brûle et charme le monde
Dépose ici sa torche, et nous verse cette onde.

SUR UNE FONTAINE CREUSÉE AU SOMMET D'UN MONT.

 Si du flanc pierreux des montagnes
 L'art fait jaillir l'eau dans les airs,
Qui ne croirait qu'un jour le sable des déserts
Aura ses frais ruisseaux et ses vertes campagnes ?

De sa propre beauté Narcisse est amoureux,

Ambrosium gemino potabit ab ubere rorem,
 Et vere roseo fiet odore rosa.

Balnea, vina, Venus corrumpunt corpora sana ;
 Et vitam faciunt balnea, vina, Venus.

Pulchrior et nivei cum sit tibi forma coloris,
 Cuncta pudicitiæ jura tenere cupis.
Mirandum est quali naturam lege gubernes,
 Moribus ut Pallas, corpore Cypris eas.
Te neque conjugii libet excepisse levamen,
 Sæpius exoptans nolle videre mares.
Hæc tamen est animo quamvis exosa voluptas,
 Numquid non mulier, cum paris, esse potes ?

DE NEPTUNO MARMOREO AQUAS FUNDENTE.

Quam melior, Neptune, tuo sors ista tridente !
Post pelagus dulces hic tibi dantur aquæ.

DE SIGILLO CUPIDINIS AQUAS FUNDENTIS.

Igne salutifero Veneris puer omnia flammans,
 Pro facibus proprias arte ministrat aquas.

DE PUTEO EXCAVATO IN MONTIS JUGO.

Hunc quis non ipsis credat dare Syrtibus amnes,
 Qui dedit ignotas visere montis aquas ?

Invenit propriis Narcissus fontibus ignes ;

Et c'est de son miroir que partent tous ses feux.

Qui donc égale Homère, ou s'en est approché ?
Apollon l'a bien dit, sans avoir tant cherché :
Si j'ai pu naître un jour, moi qui fus ton seul maître,
Quelque jour ton rival, Homère, pourra naître.

A UN BEL ADOLESCENT.

O visage divin, où rayonnent des traits
Dignes du blond Phébus et du fils de Sémèle !
Quel œil impunément pourrait voir tant d'attraits ?
Ne trahissez-vous point quelque jeune immortelle,
Doigts de pourpre et de lis, contours légers et frais,
Doux trésors dont mon âme, hélas! est idolâtre?
Heureuse la beauté qui sur ce cou d'albâtre
Imprime de sa dent l'innocente fureur ;
Qui sur son cœur ému sent palpiter ton cœur,
Qui t'apprend du baiser la douceur savoureuse
Et, du choc répété de sa langue amoureuse
Embarrassant la tienne, expire de bonheur !

Si tu veux me fixer, Élise,
Écoute : le nœud qui nous joint,
S'il est trop serré, je le brise ;
Trop lâche, il ne m'arrête point.
Doux et fort, car c'est là le point,
Que sous les fleurs il se déguise.

Non : d'un si grand forfait je n'étais point capable :
Un pouvoir invisible a rompu mes serments.
Le destin a tout fait : de mes égarements
Quelque dieu fut l'auteur, lui seul est le coupable,
O Délie ! ou plutôt par un triste retour

L'amour seul a défait l'ouvrage de l'amour.

Dans son casque un soldat trouva deux blancs ramiers
  Avec leur couvée endormie ;
  On voit que du dieu des guerriers
  Vénus est la constante amie.

SUR DES ORANGES.

Pour elles Atalante eût cessé de courir,
Et Pâris à Vénus aurait pu les offrir.
Voyez ce jaune vif, ces teintes naturelles :
L'or le plus éclatant pâlirait devant elles.

LES FUNAMBULES.

Sur quatre pieux croisés une corde est tendue :
Entre le ciel et nous hardiment suspendue,
Là monte une danseuse au signal des concerts ;
Là, rival de l'oiseau, l'homme court dans les airs.
De ses bras qu'il balance, appuyé sur le vide,
Il règle, il affermit son essor intrépide.
Dédale, nous dit-on, loin d'un geôlier cruel,
Franchit d'un vol heureux les campagnes du ciel ;
De tels danseurs du moins feraient croire au prodige :
La corde les soutient, le zéphyr les dirige.

LE PANTOMIME.

Homme ou femme à son gré, sur sa mâle poitrine
Un sein de jeune fille à nos yeux se dessine.
Il approche, il salue, et son geste expressif
Sans effort sait tout dire au regard attentif ;
Que le chœur chante, ému de crainte ou d'espérance,
Ce que chante le chœur, il le peint par sa danse.

Et sua deceptum torret imago virum.

Mæonio vati qui par aut proximus esset
  Consultus Pæan risit, et hæc cecinit :
Si potuit nasci quem tu sequereris, Homere,
  Nascetur qui te possit, Homere, sequi.

AD FORMOSUM ADOLESCENTEM.

O sacros vultus, Baccho vel Apolline dignos,
  Quos vir, quos tuto femina nulla videt !
O digitos, quales pueri, vel virginis esse,
  Vel potius credas virginis esse deæ !
Felix si qua tuum conrodit femina collum :
  Felix quæ labris livida labra facit ! *
Quæque puella tuo cum pectore pectora ponit,
  Et linguam tenero lassat in ore suam !

Sic me custodi, Cosconia, neve ligata
  Vincula sint nimium, neve soluta nimis.
Effugiam laxata nimis, nimis aspera rumpam ;
  Sed neutrum faciam, commoda si fueris.

Nescio quo stimulante malo pia fœdera rupi :
  Non capiunt vires crimina tanta meæ.
Institit, et stimulis ardentibus impulit actum,
  Sive fuit fatum, seu fuit ille Deus.
Arguimus quid vana Deos ? vis, Delia, verum ?
  Qui tibi me dederat, me tibi ademit amor.

Militis in galea nidum fecere columbæ :
  Apparet Marti quam sit amica Venus.

DE MALIS MATIANIS.

Hæc poterant celeres pretio tardare puellas,
  Hæc fuerant Veneri judice danda Phryge.
Nam sic ingenuo flavescunt mala colore
  Ut superent auro vera metalla suo.

DE FUNAMBULIS.

Stupea suppositis tenduntur vincula lignis,
  Quæ fido ascendit docta puella gradu ;
Quæ super aerius prætendit crura viator,
  Vixque avibus facili tramite currit homo.
Brachia distendens gressum per inane gubernat,
  Ne lapsa e facili planta rudente cadat.
Dædalus astruitur terras mutasse volatu,
  Et medium pennis prosecuisse diem ;
Præsenti exemplo firmatur fabula mendax :
  Ecce hominis cursus funis et aura ferunt.

DE PANTOMIMO.

Mascula femineo derivans pectora flexu,
  Atque aptans lentum sexum ad utrumque latus,
Ingressus scenam populum saltator adorat,
  Solertique parat prodere verba manu.
Nam quum grata chorus diffundit cantica dulcis,
  Quæ resonat cantor, motibus ipse probat.
Pugnat, ludit, amat, bacchatur, vertitur, adstat ;

Il joue, aime, combat, tourne, vole, s'enfuit;
Plus beau que le vrai même, il effraye et séduit.
Tout est voix dans cet homme, admirable interprète
Qui nous parle du corps quand sa bouche est muette.

LE PERROQUET.

L'Inde fut mon berceau, bords sacrés que l'aurore
De ses rayons de pourpre illumine et colore,
Où partout l'encens croît et fume pour les dieux.
Du langage romain les sons mélodieux
M'ont d'un chant étranger désappris la rudesse;
Et vos cygnes chéris, doux échos du Permesse,
De louer Apollon me vont céder l'emploi :
Car vos cygnes chéris ne sont rien devant moi.

SUR LE SOCLE D'UNE STATUE DE CUPIDON.

Le soleil brûle de ma flamme;
De ma flamme en ses eaux Neptune est tourmenté;
J'ai fait filer Alcide aux genoux d'une femme;
J'ai mis aux fers Bacchus, dieu de la liberté.

Sœur d'Apollon, si tu l'es, à ton frère
Porte, Diane, et transmets ma prière :
De beau marbre, ô Phébus, j'ai décoré tes murs;
Tes roseaux t'ont redit mes vœux simples et purs.
Entends-moi, si tu peux, grand devin, sois mon guide :
Où trouver des écus quand notre bourse est vide?

ÉPITAPHE D'UNE JEUNE FEMME.

Je meurs dans mon printemps; joignez, destins plus doux
Les jours qui m'étaient dus aux jours de mon époux.

Je vous semble fou, mes amis,
Et certes ne m'en défends guère;
Mais voyons pourquoi je le suis?
— L'amour est ton unique affaire;
Tu n'eus jamais d'autres soucis.
— Bons dieux! si c'est là ma folie,
Laissez-la-moi toute ma vie.

Oui, je vous semble fou : dans mes vers il n'est rien
Qui puisse dérider un front patricien;
Ajax, qui vit sa cause à l'intrigue immolée,
Ne s'y rencontre pas plus que Penthésilée,
Pas plus que l'âge d'or du naissant univers,
Pélops, son char, Hercule et ses travaux divers;
Ni sous les coups d'Achille Ilion qui chancelle,
Près de mourir, Hector, de ta chute mortelle.
Vents et mer en courroux, vous brave qui voudra;
Sur de paisibles lacs mon esquif glissera.

Adieu sagesse! adieu trop chaste muse!
Je vais conter les doux larcins d'amour,
Ses jeux lascifs, et la blonde Aréthuse,
Tantôt parée et tantôt sans atour,
Toujours charmante; et cet obscur détour
Par où, la nuit, mon intrépide amante
A pas muets visite mon séjour.
Que je la voie à mon cou languissante
S'entrelacer, et de ses charmes nus,
Dont l'attitude à chaque instant varie,
Me retracer la lubrique série
Des doux tableaux tant chéris par Vénus.
Qu'elle ose tout, et de rien ne rougisse :
Mieux que moi-même experte en volupté,
Aux chocs d'amour que ma souple beauté
Sous le plaisir et s'agite et bondisse.

Illustrat verum, cuncta decore replet.
Tot linguæ quot membra viro. Mirabilis ars est
Quæ facit articulos ore silente, loqui.

PSITTACUS.

Indica purpureo genuit me littore tellus,
Candidus accenso qua redit orbe dies.
Hic ego divinos inter generatus odores
Mutavi Latio barbara verba sono.
Jam dimitte tuos, Pæan o Delphice, cycnos :
Dignior hæc vox est quæ tua templa colat.

SUB STATUA CUPIDINIS.

Sol calet igne meo; flagrat Neptunus in undis;
Pensa dedi Alcidæ; Bacchum servire coëgi,
Quamvis Liber erat....

Si Phœbi soror es, mando tibi, Delia, causam,
Scilicet ut fratri quæ peto verba feras :
Marmore Sicanio struxi tibi, Delphice, templum,
Et levibus calamis candida verba dedi.
Nunc si nos audis atque es divinus Apollo,
Dic mihi, qui nummos non habet, unde petat.

MULIERCULÆ EPITAPHIUM.

Immatura peri : sed tu felicior annos
Vive tuos, conjux optime, vive meos.

Insanus vobis videor, nec deprecor ipse
Quo minus hoc videar. Cur tamen hoc videor
Dicite nunc : — Quod semper amas, quod semper amasti.
— Hic furor? hic Superi, sit mihi perpetuus!

Esse tibi videor demens quod carmina nolim
Scribere Patricio digna supercilio;
Quod Telamoniaden non æquo judice victum
Prætereram, et pugnas, Penthesilea, tuas;
Quod non aut magni scribam primordia mundi,
Aut Pelopis currus, aut Diomedis equos;
Aut ut Achilleis infelix Troja lacertis
Quassata, Hectoreo vulnere conciderit.
Vos mare tentetis, vos detis lintea vento :
Me vehat in tutos parva carina lacus.

Jam libet ad lusus lascivaque furta reverti :
Ludere, Musa, juvat; Musa severa, vale.
Nunc mihi narretur rutilis Arethusa capillis,
Nunc adstricta comas, nunc resoluta comas;
Et modo nocturno pulsans mea limina signo,
Intrepidos tenebris ponere docta pedes;
Nunc, collo molles circum diffusa lacertos,
Et flectat niveum semisupina latus,
Inque modos omnes, dulces imitata tabellas,
Transeat, et lecto pendeat illa meo.
Nec pudeat quidquam : sed me quoque nequior ipsa,
Exsultet toto non requieta toro.

FRAGMENTS POÉTIQUES.

D'autres diront Troie et son dernier jour,
Hector vaincu... Moi je chante Aréthuse.
Adieu sagesse! adieu, trop chaste muse!
Je vais conter les doux larcins d'amour.

Viens, ma Lydie, oh! viens, ma bien-aimée,
Toi qui des lis effaces la blancheur,
Et près de qui la rose parfumée
Verrait pâlir sa vermeille fraîcheur!
Viens! à loisir laisse ma main folâtre
Suivre en jouant l'or de ces blonds cheveux,
Qui vont baiser un cou voluptueux
Et caresser deux épaules d'albâtre.
Longtemps sur moi daigne arrêter ces yeux
Plus éclatants que les flambeaux des cieux,
Ces yeux si bien couronnés par l'ébène.
O doux regards! délicieuse haleine!
Approche encor, Lydie, au nom des dieux!
Plus près de moi, colombe langoureuse,
Imprime enfin sur ma bouche amoureuse
De tes baisers l'enivrante saveur;
Et nos ramiers envieront mon bonheur.
Mais quoi! je sens sous tes lèvres de flamme
Fondre mon être et s'échapper mon âme;
Tu bois mon sang, tu m'arraches le cœur,
Acre baiser, foudroyante caresse.
Suspens, Lydie, ah! suspens mon ivresse:
Ces frais boutons, ces deux pommes d'amour
Au doux parfum qui dans l'air s'évapore,
Cache-les-moi : leur riche et blanc contour
Me fait trop mal, me brûle, me dévore...
Mais non : reviens plutôt, demeure encore,
Cruelle! Arcas te provoque à son tour;

Non deerit Priamum qui defleat, Hectora narret.
Ludere, Musa, juvat; Musa severa, vale

Lydia, bella puella, candida
Quæ bene superas lac et lilium,
Albamque simul rosam rubidam,
Aut expolitum ebur Indicum;
Pande, puella, pande capillulos
Flavos, lucentes ut aurum nitidum.
Pande, puella, collum candidum,
Productum bene candidis humeris.
Pande, puella, stellatos oculos,
Flexaque super nigra cilia.
Pande, puella, genas roseas,
Perfusas rubro purpuræ Tyriæ.
Porrige labra, labra corallina;
Da columbatim mitia basia :
Sugis amentis partem animi,
Cor mihi penetrant hæc tua basia :
Quid mihi sugis vivum sanguinem?
Conde papillas, conde gemipomas
Compressi lactis quæ modo pullulant.
Sinus expansa profert cinnama :
Undique surgunt ex te deliciæ.
Conde papillas quæ me sauciant
Candore et luxu nivei pectoris.
Sæva, non cernis quod ego langueo?
Sic me destituis jam semi-mortuum?

Oui, rends la vie à l'amant qui t'implore.
Si je ne t'ai longtemps priée et prévenue,
Si je n'arrive au jour, à l'heure convenue,
   Tu ne peux te livrer à moi.
Ah! le brûlant désir n'accepte point ta loi.
Plaisir qu'un froid billet à jour fixe autorise
   Vaut-il jamais plaisir qui s'improvise?

Quoi! toujours en toilette et toujours élégante,
Toujours tes blonds cheveux bouclés coquettement;
Toujours fard et pommade, et maint ajustement
Qu'un art profond combine et pour toi seule invente!
Ah! je hais tout cela! Je veux une beauté
Qui brille d'abandon et de simplicité.
Ses cheveux n'ont point peur du souffle de Zéphyre;
Elle offre, au lieu de fard, le miel de son sourire.
Tes apprêts, tes calculs font injure à l'amour;
Et l'on plaît d'autant mieux que l'on plaît sans atour.

Veuve à seize ans d'un jeune et vigoureux mari,
A vingt j'épouse Hylas, vieux, usé, rabougri.
Le désir dans mes sens n'aurait su trouver place,
Hymen, quand tu m'offrais tes plaisirs les plus doux.
Maintenant je désire, et tu n'es plus que glace :
Rends-moi mon premier âge, ou mon premier époux.

SUR UN BEL ADOLESCENT.

Joli garçon, fille jolie,
   Lequel était-ce? Je ne sais.
C'était lui, c'était elle : à sa marche, à ses traits,
D'un sexe à l'autre errant, j'affirme et puis je nie.
Dans mon doute forcé j'admire, et je me tais;

Ante dies multos nisi te, Basilissa, rogavi,
   Et nisi præmonui, te dare posse negas.
Ut subito crevere, solent ex tempore natæ,
   Quam scriptæ, melius cedere deliciæ.

Semper munditias, semper, Basilissa, decores,
   Semper compositas arte decente comas,
Et comptos semper cultus unguentaque semper,
   Omnia sollicita compta videre manu
Non amo : neglectim mihi quæ se comit amica,
   Hæc et inornata simplicitate valet.
Vincula ne cures capitis discussa soluti,
   Nec ceram in faciem : mel habet illa suum.
Fingere se semper non est confidere amori.
   Quid, quod sæpe decor, quum prohibetur, adest?

Impubes nupsi valido, nunc firmior annis
   Exsucco et vetulo sum sociata viro.
Ille fatigavit teneram, hic ætate valentem
   Intactam tota nocte jacere sinit.
Dum nollem, licuit; nunc, dum volo, non licet uti.
   O Hymen! aut annos, aut mihi redde virum.

DE FORMOSO PUERO.

Seu puerum vidi formosum, sive puellam
   Formosam, sit uter sexus enim dubito.
Inter utrumque decus formæ dubitare coactus,
   Contra grammaticos ne faciam vereor.

De nos grammairiens je crains trop le purisme :
  Si par malheur je me trompais,
On pourrait t'accuser, muse, de solécisme.

———

Nymphe de ce vallon d'où mon onde s'élance,
Son murmure sacré me caresse et m'endort;
Du sonore bassin toi qui tentes l'abord,
Respecte mon sommeil, et te baigne en silence.

SUR UNE GALATÉE GRAVÉE AU MILIEU D'UN PLAT.

Distraits par les beautés de ce corps trop charmant,
Voyez-vous s'allumer les regards des convives?
Arrosez-nous ce mets bien vite et largement;
  Cachez-nous ces formes lascives.

———

AUTRE, SUR LA MÊME.

Sur ta table, Cosmus, comme en un lac d'argent,
La Nymphe semble encor se jouer en nageant;
Plus de mets, le plat seul! Servez-moi le plat vide,
Et j'oublierai ma faim, tant mon œil est avide.

———

Je saluais le jour qu'Apollon faisait naître,
Quand je vis Roscius comme un astre apparaître.
O puissances du ciel, pardonnez cet aveu :
Le mortel me sembla plus charmant que le dieu.

———

De deux beaux yeux le vif et doux langage
Va droit au cœur, et séduit le plus sage;
Oui, c'est là que Vénus et le volage Amour,
Et la volupté même, ont fixé leur séjour.

———

LE SATYRE ET L'ENFANT.

Du regard, de la main, un satyre effronté
Caresse un bel enfant qui fuit épouvanté.
Qui ne serait ému par ce groupe de pierre
  Tout palpitant de désirs, de terreurs !
  On croit ouïr l'amoureuse prière;
  On voit presque jaillir des pleurs.

———

A DEUX SŒURS, CORINNE ET LYCORIS.

Couple enchanteur qui savez tout charmer,
Vous que Vénus et le dieu d'harmonie
Également se plurent à former;
Je voudrais bien, épuisant mon génie,
Vous souhaiter un mérite nouveau,
S'il en est un que chez vous l'on ignore.
J'ai beau creuser mon stérile cerveau :
Vous avez tout; que trouverais-je encoré?

———

A UNE JEUNE FILLE SACHANT BIEN PEINDRE
ET BIEN SE CONTREFAIRE.

  On dit que ton heureux pinceau
  Rivalise avec la nature;
  Eh quoi! ta céleste figure
  N'est-elle aussi qu'un vain tableau,
  Et tes beaux yeux qu'une peinture?

———

A CHLOÉ, SUR SA BELLE VOIX.

Oui, jusqu'ici du dieu de l'harmonie
J'ai peu compris les trop savants accords;
Mais tes chants ont séduit mon oreille ennemie,
Et je vois bien qu'Orphée a pu charmer les morts.

———

Sin pulcher, seu pulchra mihi dicatur et errem,
  Musa solœcismi nostra futura rea est

Hujus Nympha loci, sacri custodia fontis
  Dormio, dum blandæ sentio murmur aquæ.
Parce meum, quisquis tangis cava marmora somnum
  Rumpere; sive bibas, sive lavere, tace.

DE GALATEA IN VASE SCULPTA.

Fulget, et in patinis ludit pulcherrima Naïs,
  Prandentum inflammans ora decore suo.
Congrua non tardus diffundat jura minister,
  Ut lateat positis tecta libido cibis.

DE EADEM.

Ludere sueta vadis privato Nympha natatu,
  Exornat mensas membra venusta movens;
Cosme, has nolo dapes : vacuum mihi pone boletar :
  Quod placet aspiciam, renuo quod saturat.

Constiteram, exorientem Auroram forte salutans,
  Cum subito a læva Roscius exoritur.
Pace mihi liceat, Cœlestes, dicere vestra :
  Mortalis visu'st pulchrior esse Deo.

    O blandos oculos et inquietos,
    Et quadam propria nota loquaces!
    Illic et Venus et leves Amores,

Atque ipsa in medio sedet voluptas.

SATYRUS ET PUER.

Blanditur puero satyrus vultuque manuque :
  Nolenti similis rettrahit ora puer.
Quem non commoveant quamvis de marmore? Fundit
  Pene preces satyrus, pene puer lacrymas.

AD CORINNAM ET LYCORIN SORORES.

Germanæ Charites, facile quibus omnia cedunt
  Corda, Venus ditat quas, et Apollo docet;
Vellem equidem ingenio depromere quæ nova possint
  In vos tam mites fundere dona Dii.
Deficit ingenium; sterili nil fronte repertum est :
  Quod vestrum non sit jam nihil invenio.

AD PUELLAM PINGENDI PERITAM ET SIMULANDI.

Arte tua cum vis naturam imitarier, ecce
  Natura, ut perhibent, vincitur arte tua.
Sic, mihi cœlestes quoties das cernere vultus,
  Num pictos oculos oraque falsa putem?

AD CHLOEN PULCHRE CANTANTEM.

Phœbeo voluit quisquis me tangere cantu,
  Et cithara vanos duxit et ore sonos;
At tibi voce datum est aurem mulcere rebellem :
  Orphea nunc Manes quis recreasse neget?

A UN ZOÏLE SUR SES ÉLOGES OUTRÉS ET MALADROITS.

Toujours le fiel qui te dévore
De ton cœur passe en tes écrits;
Tu mords si bien quand tu médis, [core.
Qu'il semble en nous louant que tu veux mordre en-

Toute femme en soi cache un venin corrupteur :
Le miel est sur sa lèvre, et le fiel dans son cœur.

De tes soucis que Bacchus te délivre :
Comme un nuage vain chasse tous tes regrets.
Les chagrins que le jour lui livre,
La nuit les alimente et double leurs effets.
Enivre-les, voilà le plus sûr des secrets.

Consuls et proconsuls, de l'urne de la loi
Ces noms-là sortent chaque année;

IN ZOILUM MALE ET NIMIS LAUDANTEM.

Tanta bile tibi fervet jecur et stylus, ut nec
Cum laudare velis, carpere didiceris.

Omnis mulier intra pectus celat virus pestilens.
Dulce de labris loquuntur, corde vivunt noxio.

Vince mero curas, et quidquid forte remordet
Comprime, deque animo nubila pelle tuo.
Nox, curam si prendit, alit : male creditur illi
Cura, nisi multo marcida facta mero.

Consules fiunt quotannis et novi proconsules :
Solus aut rex aut poeta non quotannis nascitur.

Plus rare est la naissance, autre est la destinée
D'un grand poëte ou d'un grand roi.

Fi des gens d'outre-mer, hâbleurs, fourbes, pirates!
Le Romain seul est franc, intègre, de bon ton ;
Et j'aime mieux un Caton
Que deux ou trois cents Socrates.

Quand je plantai ce pommier jeune encore,
J'y gravai le doux nom de celle que j'adore.
Dès lors n'a plus cessé mon amoureux ennui :
L'arbre croît tous les jours, et ma flamme avec lui.

Apollon et Bacchus au feu doivent naissance,
Et du feu créateur ils conservent l'essence :
L'un par ses rayons d'or, l'autre avec son doux fruit,
Du ciel et de nos cœurs viennent chasser la nuit.

Sperne mores transmarinos : mille habent offucias.
Cive Romano per orbem nemo vivit rectius.
Quippe malim unum Catonem quam trecentos Socratas.

Quando ponebam novellas arbores mali et piri,
Cortici summæ notavi nomen ardoris mei :
Nulla fit exinde finis vel quies cupidinis.
Crescit arbor, gliscit ardor, ramus implet litteras.

Sic Apollo, deinde Liber sic videtur ignifer.
Ambo sunt flammis creati, prosatique ex ignibus ;
Ambo de comis calorem vitæ et radio conserunt :
Noctis hic rumpit tenebras, hic tenebras pectoris.

NOTES
SUR LE SATYRICON.

I. *Succisi poplites.* On coupait les jarrets aux prisonniers de guerre pour les empêcher de servir plus tard.

II. *Pudica oratio.* Ainsi imité par Marmontel, Disc. sur l'éloq :

> On prétend la réduire au manége de l'art !
> Chaste fille du ciel, Uranie est sans fard :
> Laissez-lui sa candeur. Quoi! des fleurs et des voiles
> A celle dont le front est couronné d'étoiles !
> Qu'elle soit toujours nue et belle innocemment,
> Et que sa majesté soit son seul vêtement.

Compendiariam. Passage obscur et jusqu'ici mal expliqué. Nous croyons que Pétrone entend par là une méthode abrégée d'étudier et de pratiquer l'art, qui évitait des études longues et pénibles. On sait que les statuaires égyptiens ne travaillaient guère que les masses, sans s'attacher aux détails.

III. *Rarissimum est bonam mentem.*

En dépit de son nom le sens commun est rare.
(ANDRIEUX.)

Cum insanientibus furere. Lopez de Véga, traduit par Voltaire, se plaint presque dans les mêmes termes du faux goût de son temps :

> L'abus règne, l'art tombe, et la raison s'enfuit.
> Qui veut écrire avec décence,
> Avec art, avec goût, n'en recueille aucun fruit;
> Il vit dans le mépris et meurt dans l'indigence.
> Je me vois obligé de servir l'ignorance,
> D'enfermer sous quatre verrous
> Sophocle, Euripide et Térence.
> J'écris en insensé, mais j'écris pour des fous.

VII. *Titulos.* Écriteaux indiquant le nom et le prix des courtisanes. Le traducteur italien nous apprend que cet usage existe encore dans son pays.

VIII. *Prolatoque peculio.* Jeu de mots, double sens, comme on en verra beaucoup dans le reste de l'ouvrage. *Peculium* veut dire *mentula* et *pecunia*.

Satyrion bibisse. Les Grecs, pour désigner en général un aphrodisiaque quelconque, se servent du mot satyrion. (Plin. l. XXVI. c. 63.) *Satirione* est le nom d'un philtre connu en Italie; voy. *Clizia*, coméd. de Machiavel.

IX. *Arena dimisit.* On condamnait souvent les adultères et les homicides à la condition de gladiateurs. Ceux-là devaient se battre jusqu'à la mort. Du reste, tout ceci fait allusion à des faits qui se trouvaient sans doute dans l'œuvre complète de Pétrone, et que Nodot, dans ses interpolations apocryphes, a oublié d'expliquer.

Frater fui. Terme pris dans un sens analogue à celui de *soror* au ch. 127. V. aussi *passim*.

XVI. *Sera delapsa.* Sera ne signifiait pas ce que nous entendons par serrure : c'était une barre de bois ou de fer, soit à demeure, soit portative, qui s'ajustait dans une gâche de bois ou dans un anneau.

XVII. *Tam præsentibus plena numinibus.* Calembour ironique, roulant sur la double signification de *præsentibus*.

Facilius deum quam hominem.

Empereurs, favoris, Antinoüs lui-même,
Par décret du sénat entreront dans les cieux,
Et les hommes seront plus rares que les dieux.
(Louis RACINE, *la Relig*., c. III.)

XXIV. *Embasicœtam.* Sorte de coupe faite pour circuler à la ronde, ou bien encore (ce qui donne lieu au quiproquo volontaire) un débauché *qui passe de lit en lit*.

Post asellum. Nouvelle équivoque. *Asellus* veut dire *piscis delicatus* et *homo benevasatus*, *asini instar*.

XXV. *Virginem fuisse.* Voy. *l'Alix* de Marot, liv. VI. des Épigr. C'est une imitation de Pétrone, renforcée de gravelures.

XXVI. *Osculis verberabat.* Ici, au lieu du remplissage de Nodot, nous avons comblé la lacune de notre auteur par le spirituel fragment publié en 1800 à Strasbourg par Marchena, plaisanterie qui fut prise au sérieux par plusieurs savants, jusqu'à ce que l'inventeur eût lui-même avoué que sa découverte était supposée.

Liberæ cœnæ. Ces mots veulent dire ou un festin dans lequel on n'élit point de roi, ou un festin sans gêne, ou que toutes sortes de gens y sont admis, ou que les affranchis y dominent, ou que l'on doit y affranchir, ou enfin que les esclaves même sont *libres* d'y prendre place. Ces divers sens peuvent se justifier d'après le récit qui va suivre. Peut-être que l'Amphytrion du souper, suivant ses habitudes de langage, avait choisi à dessein cette dénomination de *liberæ cœnæ* comme une équivoque et une surprise de plus ajoutée à celles dont il régalera ses convives.

Trimalchio. C'est-à-dire triplement voluptueux, comme *Trissotin* trois fois sot.

Horologium. Cette horloge, qu'il ne faut pas confondre avec la clepsydre ni avec le cadran solaire, est une machine hydraulique inventée par Ctésibius, l'an 613 de Rome, et qui marquait par ses mouvements les différentes heures du jour; elle était fort en vogue, mais très-chère.

XXVII. *Soleatus.* Les sandales n'étaient en usage que dans les bains. Selon Aulu-Gelle, il était indécent de se montrer en public avec une telle chaussure.

XXVIII. *Ad frigidam.* C'était manquer, par raffinement, à l'usage ordinaire. On ne devait aller de l'étuve au *frigidarium* qu'après avoir passé par le *tepidarium*.

XXX. *Gaius noster.* Nom de tendresse, de joie et de flatterie, dit Valérius le grammairien. C'est le nom qu'on avait donné à Jules César.

XXXI. *Asellus cum bisaccio.* Un esturgeon, *asellus*, qui veut dire aussi *ânon*, avec un bât. Trimalchion fait ainsi un calembour en action.

Glires. Des loirs. Mets encore estimé de nos jours en Italie.

XXXIV. *Æquum Mars amat.* Dicton à forme équivoque, selon que l'on entend *æquum* ou *equum*.

Quam totus homuncio nil est ! Ce bel hémistiche rappelle l'exclamation de Bossuet : « Ah! que nous ne sommes rien! »

XXXV. *Hoc est jus cœnæ.* Calembour qui signifie à la fois *le droit*, et *la sauce*, ou la partie la plus exquise des mets.

XXXVI. *Hydraule cantante.* L'orgue hydraulique, instrument de musique mû par l'eau, encore en usage chez les Italiens, se plaçait dans les grandes enceintes, au cirque, pour animer les athlètes par la puissance de ses sons; au théâtre, où il accompagnait et réglait le jeu des pantomimes.

XXXVII. *In rutæ folium conjiciet.* Dans le langage des fleurs, la rue est chez les Turcs l'emblème de l'indignation et du mépris. C'était chez les anciens une plante de mauvais augure. La phrase de l'auteur indique l'extrême terreur qu'inspirait Trimalchion à ses esclaves.

XXXVIII. *Lac gallinaceum.* Pour dire ce qu'il y a de plus rare, de plus introuvable. C'est un proverbe italien : *vi troveresti il latte di gallina, se tu il volessi*.

Incuboni pileum rapuisset. Un incube était un lutin qui gardait les trésors cachés. En lui prenant son chapeau, on le forçait à indiquer où ils étaient.

XL. *Latus apri percussit.* Cela s'appelait *sanglier à la Troyenne*, par allusion au cheval de Troie, qui portait des guerriers dans ses flancs. On y cachait souvent un jeune chevreuil, dans le chevreuil un lièvre, dans le lièvre une perdrix, et enfin un rossignol, qui était le morceau d'honneur.

XLII. *Cum mulsi pullarium obduxi.* Ainsi Molière a dit :

Et, pour fermer chez vous l'entrée à la douleur,
De vingt verres de vin entourez votre cœur.
Sganarelle. Act. II. sc. I.

XLIV. *Piper, non homo.* Locution encore toute napolitaine : *è tutto pepe*.

Ita meos fruniscar. Les Napolitains disent de même : *mal n'aggia l'anima de morti tui !* que l'âme de vos morts ne soit pas malheureuse! ou *ben' abbia l'anima...* heureuse soit...

XLVIII. *Quid est pauper?* Chamfort, dans son éloge de Molière, cite ce trait comme étant du plus haut comique.

Vinum bonum faciatis. C'est dans le même sens que Boileau a dit :

Et fait, en bien mangeant, l'éloge des morceaux.
Vinum tu facies bonum bibendo. Martial, l. v, ép. 79.

LI. *Fuit tamen faber...* Conte populaire et absurde, rapporté sérieusement par Pline, Dion Cassius et Isidore de Séville. La science a prouvé que la nature du verre répugne à la malléabilité. Peut-être que ce verre flexible et malléable dont il est question était de la lune cornée, qui quelquefois prend l'œil d'un beau verre jaunâtre, et peut se travailler au marteau.

LII. *Aquam foras, vinum intro.* C'est probablement un dicton à double sens, *urbanitatem jocantis*, un jeu de mots d'ivrogne : *aquam* pour *urinam*.

LIII. *Urbis acta*, autrement dits *acta diurna*, ou

diaria, comme aujourd'hui *Diario di Roma*, journaux. Il est constant qu'il a existé chez les Romains diverses sortes de journaux, au moins depuis le premier consulat de César, l'an de Rome 694. Voy. le Mém. de M. Vict. le Clerc sur les Journ. chez les anc. Romains.

Ventum textilem... nudam in nebula linea. C'est ce que Varron appelait *vitreas togas*. On peut rendre ainsi ces deux derniers vers d'une manière plus concise :

Un nuage de lin, une vapeur tissue
Doit-elle en la couvrant la laisser toujours nue?

Ce morceau de Syrus été imité par Sénèque, *de Benef.* l, VII, c. 9 ; et par A. Chénier, *Art d'aimer* :

Ce tissu transparent, ce réseau de Vulcain,
Qui, perfide et propice à l'amant incertain,
Lui semble *un voile d'air, un nuage liquide*,
Où Vénus se dérobe et fuit son œil avide.

LVII. *Si circumminxero illum.* Suivant les circonstances, les anciens attribuaient différents effets magiques à un cercle tracé en urinant. Voy. plus bas, chap. LXII.

Bis prande, bis cœna. C'est le proverbe français : *Si tu es riche, mange deux miches*.

LVIII. *Terræ tuber.* Terme de mépris. A Naples, dit le traducteur italien, on se sert du mot *tartufo*, truffe.

Quando vicesimam numerasti ? C'est-à-dire, depuis quand t'es-tu racheté d'esclavage? L'esclave qui s'affranchissait au moyen de son pécule payait au préteur le vingtième du prix qu'il avait coûté à son maître.

LIX. *In hac re qui vincitur, vincit.* Belle pensée qui se retrouve dans Sénèque, *de Ira*, II, 34.

Le vainqueur doit rougir en ce combat honteux,
Et les premiers vaincus sont les plus généreux,
(RACINE, *les Frères ennemis*, act. IV, SC. 3.)

LXV. *Matteæ.* De μάσσω ou μάττω, je pétris. Les mattées étaient un mélange des viandes les plus délicates, mises en hachis sous diverses formes, et relevées de force assaisonnements pour ranimer l'appétit déjà fatigué.

Ova pileata. Œufs chaperonnés, c'est-à-dire fendus vers l'un des bouts, de manière que le jaune et le blanc ressortissent mélangés en forme de *crète* ou *pileus*. Expression répétée au c. LXVI.

Amictus veste alba. Il y avait une grossière inconvenance à se présenter vêtu de blanc à un festin. L'ami de Trimalchion ne pouvait pas être moins impertinent que lui.

Nudos pedes. On ôtait sa chaussure de table avant de s'accouder sur les lits, pour ne pas les salir.

LXVII. *Ex millesimis Mercurii.* C'est-à-dire du millième de mes bénéfices. On le consacrait ordinairement à Mercure ; mais Trimalchion avoue impudemment qu'il en a fait banqueroute au dieu.

Fabam vitream. On a trouvé à Herculanum une boucle d'oreille qui avait la forme d'une fève ; les Napolitaines des environs de Portici portent encore aujourd'hui de semblables boucles d'oreilles. (*Antiquit.* de Caylus.) Si nous rappelons ces détails et d'autres de ce genre, c'est pour corroborer l'opinion, qui fut contestée, que le lieu de la scène choisi par Pétrone est la ville de Naples.

LXVIII. *Ex lapide speculari.* La pierre spéculaire, ou sélénite transparente, qui remplaçait le verre, très-rare aux fenêtres chez les anciens, fait partie des sulfates de chaux. Les rognures même en sont utiles, dit Pline, et l'on en sème le grand cirque à l'époque des jeux, ce qui le rend d'une blancheur éblouissante. (Hist. N. l. XXXVI, c. 45.)

Secundas habetis mensas. Secondes tables et dessert étaient synonymes. On n'avait apporté encore que les tables ; et Trimalchion joue platement sur le mot, pour faire craindre aux convives d'être privés de la chose.

LXXI. *Et servi homines sunt.* De toute la littérature romaine, ce beau passage, et un autre de Sénèque tout analogue, sont les seuls qui respirent pleinement et annoncent la charité, la fraternité chrétiennes. *Etiam si illos malus fatus oppressit*, ajoute Pétrone. Ainsi Sénèque, ép. 47 : « Ce sont des esclaves ! non, ce sont des hommes. Des esclaves ! dis plutôt *des amis malheureux...* Songe donc que cet homme que tu dis ton esclave est né du même limon que toi, qu'il jouit du même ciel, qu'il respire le même air, qu'il vit et meurt comme toi. Tu peux le voir libre, il peut te voir esclave ! » Il fallait que ces idées d'égalité fussent bien répandues dès lors, pour que l'impérieux Trimalchion (voy. c. 37 et 48) lui-même les proclamât si haut devant ses esclaves, et en même temps les appliquât par le fait.

Aquam liberam gustabunt. C'est-à-dire le vin, boisson des hommes libres, par opposition à ce qu'on appelait *servam aquam*, l'eau, boisson des esclaves.

LXXIII. *Cantica Menecratis.* Les valets baigneurs avaient, dit Athénée, une chanson particulière ; mais il n'était point honnête à ceux qui se baignaient de chanter ; et Théophraste, dans son portrait de l'homme grossier, le représente chantant dans le bain.

LXXIV. *Gallus cantavit.* Le chant du coq, entendu de trop bonne heure, était de mauvais augure.

LXXV. *Amasiuncula, experieris cerebrum meum.* Ainsi, dans *le Médecin malgré lui*, Sganarelle dit à sa femme : « Ma mie, votre peau vous démange à votre ordinaire ; ma chère moitié, vous avez envie de me dérober quelque chose ; doux objet de mes vœux, je vous frotterai les oreilles. »

LXXVII. *Assem habeas, assem valeas ; habes, habeberis.* Qui n'a pas, n'est pas, disent les Italiens. *Chi non hà, non è.*

Profer vitalia. Par euphémisme, pour *funebria vestimenta.* De même on disait *fuit, vixit*, au lieu de *mortuus est.* Le superstitieux Trimalchion va plus loin : ses habits de mort, il les nomme ses habits de vie. *Pourveu que ce soit vie*, aurait observé Montaigne, *soit-elle passée, ils se consolent.*

LXXIX. *Cruentos pedes.* C'est qu'ils n'avaient que leur chaussure de table, qui ne protégeait les pieds qu'imparfaitement, *soleas*.

Ego sic perire cœpi. A force de bonheur je me sentais mourir. Voltaire, qui trouve ces vers heureux et qui les a traduits, blâme néanmoins la pensée finale, faute de l'avoir comprise. Voici sa traduction :

Quelle nuit! ô transports! ô voluptés *touchantes!*
Nos corps entrelacés et *nos âmes* errantes
Se confondaient ensemble, et *mouraient* de plaisir.
C'est ainsi qu'un mortel commença de périr.
(*Volum. de Poés. div.*)

« Le dernier vers, dit-il, (Pyrrhon. de l'hist., c. XIV) traduit mot à mot, incohérent, ridicule ; il ternit toutes les grâces des précédents ; il présente l'idée funeste d'une mort véritable. » Cela est vrai dans sa version, mais non dans l'original.

LXXX. *Vera redit facies, assimulata perit.*

Le masque tombe, l'homme reste,
Et le héros s'évanouit. (J.-B. Rouss., *Odes.*)

Ces deux comparaisons des échecs et du théâtre sont employées par Cervantes, *Don Quichotte*, deuxième partie, c. x.

LXXXII. *Ponere jussit arma.* Sous les empereurs, il était défendu aux citoyens de sortir avec des armes. On peut comparer avec ce chap. et la fin du précédent ce passage de Molière :

SGANARELLE.
Ma colère à présent est en état d'agir ;
Dessus ses grands chevaux est monté mon courage,
Et si je le rencontre on verra du carnage.
Oui, j'ai juré sa mort, rien ne peut l'empêcher :
Ou je le trouverai, je veux le dépêcher.
Au beau milieu du corps il faut que je lui donne...
LÉLIE.
A qui donc en veut-on ?
SGANARELLE.
Je n'en veux à personne.
LÉLIE.
Pourquoi ces armes-là ?
SGANARELLE.
C'est un habillement
Que j'ai pris pour la pluie. (*A part.*) Ah ! poltron ! dont
Lâche ! vrai cœur de poule... [J'enrage ;

LXXXIII. *Apellis Monochromon.* Peinture d'une seule couleur rouge, ou cinabre indien. (Plin. l. xxxiii, c. 7.) On voit à Naples un tableau monochrome de Thésée tuant le Minotaure, regardé comme ce que l'antiquité nous a laissé de plus parfait en peinture. Le statuaire Canova l'a imité. Ces sortes de camaïeux se composaient aussi de noir sur un fond blanc, ou de blanc sur un fond noir. Telles sont les Nymphes si gracieuses trouvées à Herculanum.

Animorum esse picturam.

L'art ne se montrait pas ; c'est la nature même,
La nature embellie ; et, par de doux accords,
L'âme était sur la toile aussi bien que le corps.
(VOLT., *les trois Manières,* conte.)

Ego, inquit, poeta sum. Noris nos, inquit, docti sumus. Horat. l. II, s. 9. Voy. aussi Regnier, sat. II.

LXXXIV. *Romuleamque casam.* La hutte de paille sous laquelle avait été élevée Romulus fut toujours réparée et conservée religieusement jusqu'au temps de Néron. Nouvelle preuve que le *Satyricon* n'est pas postérieur à ce prince.

LXXXIX. *Jacet sacerdos inter aras victima.* Le prêtre en holocauste est tombé sur l'autel. Ainsi Racine : (*Iphigén.*) Et le prêtre sera la première victime.

XCII. *Hominem laciniam fascini crederes.* Trait qui rappelle le mot de Cicéron : *Qui est-ce qui a attaché mon gendre à cette épée ?*

XCIII. *Nec victoria mi placet parata.* « C'est le combat qui nous plaît, et non pas la victoire. On aime à voir les combats des animaux, non le vainqueur acharné sur le vaincu. Que voulait-on voir, sinon la fin de la victoire ? Et dès qu'elle est arrivée, on en est soûl... Nous ne cherchons jamais les choses, mais la recherche des choses. » (PASCAL, *Pensées.*)

XCV. *Soleis ligneis.* La classe indigente avait des chaussures de bois ou des sabots, que portaient aussi les condamnés pour crime de parricide. (*Auc. ad Herenn.* I, c. 13; *De Invent.* l. II, 50.)

XCVIII. *Salvere Gitona jubet.* La formule du salut chez les Grecs, quand on éternuait, était Ζεῦ σῶσον, ce qui répond tout à fait à notre *Dieu vous bénisse !* Or nous sommes dans une cité grecque par les usages, à Naples.

CII. *Præligemus vestibus capita.* Les Romains se voilaient la tête en signe de désespoir, en présence d'un péril de mort, ou au moment de se précipiter dans les flots. (Horat. l. II, sat. 3; Tit. Liv. IV, 12.) C'est ce que fit César, assassiné dans le sénat; Pompée, lors de sa fin tragique en Égypte, etc.

CIII. *Stigmate puniti.* Les esclaves fugitifs, ou voleurs, étaient marqués au front au moyen d'un fer chaud. *Inexpiabilem litterarum nota per summam oris contumeliam inustus.* (Val. Max. VI, 9, 7.)

CIV. *Somnia quæ mentes ludunt.* Ce morceau, l'un des plus connus de Pétrone, est imité de Lucrèce l. IV, et l'a été par Claudien. (VI, consulat Honor.)

CVI. *Primus in orbe Deos fecit timor.* Hémistiche célèbre, que Stace a emprunté depuis à Pétrone, *Theb.* l. III, v. 661.

Et par ses désirs et ses craintes
L'homme aveugle compta ses dieux.
(LA MOTTE, *le Fanatisme.*)
La crainte fit les dieux, l'audace a fait les rois.
(CRÉBILLON, *Xerxès,* act. I.)

Bailly l'astronome a dit, avec plus de vérité peut-être, *Le premier autel fut érigé par la reconnaissance.*

CVII. *Quæ salamandra...* Le sang de salamandre, dit Dioscoride, fait tomber les poils et les cheveux.

Cui Deo crinem vovisti ? On sacrifiait sa chevelure aux morts, en signe de deuil. (Voy. plus bas, c. CXI.) Et quelquefois on l'offrait aux dieux, notamment à Apollon Delphien, à Esculape, à Bacchus.

CIX. *Jam capitis perisse partem.* Allusion au cheveu fatal que devait couper Proserpine au moment de la mort : *Nondum illi flavum Proserpina vertice crinem abstulerat.* (VIRG.)

CXI. *Matrona quædam Ephesi.* Ce conte célèbre de la matrone d'Éphèse, si bien imité par la Fontaine, faisait partie de ces fables Milésiennes qui ont couru le monde. Le plus piquant des *Contes chinois* traduits par Abel Rémusat n'est qu'une reproduction de cette anecdote. On la retrouve dans nos anciens fabliaux, dans Brantôme (*Dames galantes,* disc. 4), dans les nouvelles Fables attribuées à Phèdre, dans les contes de Musæus, etc. On en a fait plusieurs imitations au théâtre.

CXII. *Scitis quid tentare soleat humanam satietatem.* Ceci rappelle les jolis vers de Voltaire :

Un bon dîner fait couler dans vos veines
Des passions les semences soudaines... etc.

Malo mortuum impendere, quam vivum occidere. Il y a une réserve d'expression et une finesse de prude dans ce mot latin des anciens, *impendere.* Selon qu'on fait brève l'avant-dernière syllabe, ou qu'on la fait longue, il signifie *livrer* ou *pendre.* Nous croyons avoir rendu dans notre version l'intention de l'auteur, au moyen de l'allitération.

Fœminea tutior unda fide. Ainsi imité par Malherbe :
La femme est une mer en naufrages fatale ;
Rien ne peut aplanir son humeur inégale ;
Ses flammes d'aujourd'hui seront glaces demain.
Et s'il s'en rencontre une à qui cela n'advienne,
Fais compte, cher esprit, qu'elle a, comme la tienne,
Quelque chose de plus qu'humain.
(*Aux ombres de Damon*).

CXVIII. *Multos carmen decepit... ut quisque versum instruxit...* Ce morceau, très-souvent cité, était sans doute présent à la pensée de Boileau, quand il disait :

N'allez pas sur des vers sans fruit vous consumer,
Ni prendre pour génie une ardeur de rimer.
Souvent l'auteur altier de quelque chansonnette
Au même instant prend droit de se croire poëte...

Forensibus ministeriis exercitati. Allusion à Lucain dont ce chap. fait la critique, et à Silius Italicus, qui, n'ayant pas réussi au barreau, s'étaient faits poëtes de profession.

Horatii curiosa felicitas.
Voyez Horace......
D'un mode à l'autre il s'élève, il s'abaisse,
Vrai dans sa fougue, et sage en son ivresse.
(MARMONTEL, *Ép. aux Poëtes.*)

Per ambages et fabulosum sententiarum....
D'un air plus grand encor la poésie épique,
Dans le vaste récit d'une longue action,
Se soutient par la fable, et vit de fiction.
(BOILEAU, *Art poét.,* c. III.)

CXIX. *Ut bibat humanum populo plaudente cruorem.* Vers aussi beau de style et plus louable dans la bouche d'un païen, que celui de Prudence, bien postérieur :

... *Pectusque jacentis*
Virgo modesta jubet converso pollice rumpi.

Quærit se natura, nec invenit.
Maintenant je me cherche, et ne me trouve plus.
(RACINE, *Phèdre.*)

Citrea mensa. Le *citrus* ou *citrum* n'a aucun rapport avec le *citronnier* des modernes. Il abondait sur le mont Atlas, et acquérait, d'après Pline, au delà de quatre pieds de diamètre. On pense que c'est le *thuya articulata*. Peut-être encore est-ce le cèdre, certains MSS. portant *cedrus* là où d'autres donnent *citrus*.

CXXI. *Vix... Sufficiet... cymba; Classe opus est.* Exagération poétique, outrée encore par Lucain :

Præparat innumeras puppes Acherontis avari
Portitor... L. III, v. 16.

et répétée par Lucien, XVIIe dial. des morts.

CXXIII. *Qualis Jupiter.* Comparaison qui se retrouve dans le poëme de Fontenoi, de Voltaire.

CXXVI. *Histrio scenæ ostentatione traductus.* C'est ce que rend fort bien la Bruyère, chap. des Femmes : « Je vous plains, Lélie, si vous avez pris par contagion ce nouveau goût qu'ont tant de femmes romaines pour ce qu'on appelle des hommes publics, et exposés par leur condition à la vue des autres. »

Ab orchestra. A Rome, les places les plus voisines de la scène, *l'orchestra*, étaient pour les sénateurs; puis venaient les quatorze bancs des chevaliers; le peuple occupait le reste des gradins de l'amphithéâtre; et les plus élevés, comme étant les moins commodes, étaient réservés à la populace.

In equestribus sedeo. Mot à mot : je ne m'asseois qu'au banc des chevaliers. Mais, d'après le *succubui* qui précède, je soupçonne ici un sens pareil à celui du vers de Martial : *Hectoreo quoties sederat uxor equo.* Id est, viro inequitaverat.

Frons minima. Les anciens raffolaient des petits fronts. *Insignem tenui fronte Lycorida.* (HOR.) Les médailles de Sapho la représentent avec un petit front, et le galant Ovide l'appelle *fronte brevis*.

.... L'opinion, changeante et vagabonde,
Soumet la beauté même, autre reine du monde.
Croirons-nous qu'autrefois un petit front serré,
Un front aux cheveux d'or, fût à Rome adoré.
(RULHIÈRES, *les Disputes.*)

CXXVII. *Invenies religiosum, si te adorari permiseris.* Parmi les traits de galanterie vraiment française qui abondent dans Pétrone plus que chez tout autre ancien, et qui l'ont fait nommer par Palissot le *Crébillon romain*, celui-ci est un des plus remarquables. Racine, dans une des lettres de sa jeunesse, raconte qu'il était tenté d'adresser cette prière amoureuse à chacune des beautés qu'il rencontrait dans une certaine foire du midi de la France.

Nec sine caussa Polyænon Circe amat. Allusion au vers d'Homère, *Odyss.* XII, 184, où les Sirènes surnomment Ulysse πολύαινος. On sait d'ailleurs qu'Ulysse aima Circé.

Nescio quid... Deus agit... Inter hæc nomina fax surgit. Ce passage semble avoir inspiré Montaigne, parlant de son ami la Boétie : « Il y a au delà de tout mon discours *je ne sçay quelle force inexplicable et fatale*, mediatrice de ceste union. Nous nous cherchions avant que de nous estre veus; je croy, *par quelque ordonnance du ciel*. *Nous nous embrassions par nos noms*.

De l'Amitié, l. I, c. 27.

Riserunt lilia prato... talis humus.

Durant que son bel œil ces lieux embellissoit,
L'agréable printemps sous ses pieds florissoit,
Tout rioit auprès d'elle, et la terre parée
Etoit enamourée. (RÉGNIER.)

CXXVIII. *Inter amantes risus frangere.* Telle est la vraie leçon, et non pas *nisus* ni *fingere*. Ainsi André Chénier :

Enfin tous ces détours dont le charme ingénu
Force un rire amoureux, vainement retenu.
(FRAGM. *Art d'aimer.*)

Intactus Alcibiades. On aime à voir Pétrone, plus équitable que Juvénal et Boileau, justifier Socrate du seul reproche qu'on ait osé lui faire.

CXXIX. *Circe Polyæno salutem.* Cette lettre et la réponse ont été imitées en vers par Regnier (IVe élégie, et traduites ou imitées par Bussy-Rabutin et Chaulieu.)

Hujus rei cura agetur. Cura, cure médicale, et souci. Il y a double sens.

Myrtoque florenti quietum verberabat. Passage non compris jusqu'ici. Après *quietum* est sous-entendu *aera*, et non pas *torum* : ainsi on dit, sans substantif, *sudum, serenum*.

CXXXII. *Quid dicis, inquam...* L'analogue de ces étranges scènes se trouve dans Ovide, *Amor.* III, él. 7, et surtout dans l'élég. 5 de Gallus.

Ulysses cum corde litigat suo. Voy. *Odyss.* l. XX, v. 13.

Tragici oculos suos castigant. Entre autres Sophocle dans son *Œdipe*, et Sénèque dans plus d'une de ses tragédies, où il abuse, en déclamateur, de cette sorte d'apostrophe. Il y a ici une intention maligne contre Sénèque, dont Pétrone était ennemi, surtout comme courtisan, bien qu'il l'ait visiblement imité en maint endroit de son livre.

Sermonis puri non tristis gratia ridet.

Une morale nue apporte de l'ennui.
(LA FONTAINE, l. VI, f. I.)

CXXXIII. *Spumabit... hornus liquor.* Le vin le plus récemment fait, le vin de l'année, dont on faisait spécialement hommage aux dieux.

De patera novum fundens liquorem.
(HOR. ad Apollod., *od.* 31.)
Vina novum fundam calathis Arvisia nectar.
(VIRG., *Eglog.*)

Deposito meo caveo. Ceci pourrait signifier *offrande déposée sur l'autel*; mais, outre qu'il n'a pas été précédemment question d'offrande de la part d'un indévot comme Encolpe, nous croyons devoir prendre ce mot *depositus* pour *in ultimo positus, desperatæ salutis*, à l'article de la mort, désespéré. Ovid., *Trist.* III, 3, 40, et *Pont.* II, 2, 47, appuie ce dernier sens.

CXXXIV. *Arundinem ab ostio rapuit.* Les portiers tenaient un bâton à la main, comme signe extérieur de leurs fonctions, et pour écarter les chiens et les importuns.

CXXXVII. *Priapi delicias, anserem matronis acceptissimum.* L'oie, dont la vigilance avait sauvé le Capitole, méritait à ce seul titre d'être le favori du dieu qui nuit et jour était la sentinelle des jardins. Ce rapprochement nous hasardons pour expliquer le *Priapi delicias*. Mais pourquoi *matronis acceptissimum?* L'oie était consacrée à Isis : et l'on sait ce qu'étaient les mystères de la Bonne Déesse. L'oiseau y jouait sans doute un rôle analogue à celui du cygne de Léda, qui, selon Pausanias, ne fut autre chose qu'une oie. L'auteur du *Ciris* dit aussi : *Formosior ansere Ledæ.* D'après Buffon, l'oie est au cygne ce que l'âne est au cheval, une espèce seconde, dégénérée, mais digne de notre intérêt par son intelligence qui dément le proverbe, et par le singulier attachement dont elle est susceptible. Le mâle, ajoute-t-il, est tellement pourvu de l'organe générateur, que les anciens avaient consacré l'oie à Priape. Enfin Procope dit de l'impératrice Théodora, « Cum nuda in scenam prodiret, *servi, quorum hoc erat negotium, inguinibus ejus hordei grana superinjiciebant, quæ anseres ad id parati rostri singulatim excerpentes comederent.*

Duos aureos, quibus possitis et Deos et anseres emere. Plaisanterie voltairienne pour le fond, et qui pour la forme rappelle ces vers de la *Pucelle* :

L'enfant malin qui tient sous son empire
Le genre humain, les ânes et les dieux...

Antiphane, auteur comique, dit dans Athénée : « Au moyen d'un léger sacrifice de quelques oboles, j'achète la bienveillance de la cour céleste; et avec dix bonnes drachmes je ne puis me procurer une anguille! »

Quisquis habet nummos... Ne dirait-on pas que ces vers pleins de sel ont fourni à Boileau les principaux traits du passage si connu :

Quiconque est riche est tout : sans sagesse il est sage, etc.

CXL. *Protesilaum.* Laodamie aimait Protésilas : elle obtint, dit Lucien, sa résurrection pour trois jours.

Socrates nunquam in tabernam conspexerat. Que de choses dont je n'ai pas besoin! disait-il en passant devant une boutique pleine de riches inutilités.

CXLI. *Suam habet Fortuna rationem.* « Tant c'est chose vaine et frivole que l'humaine prudence! et au travers de tous nos projects, conseils et precautions, la Fortune maintient tousjours la possession des evenements. » (Montaigne, l. I, c. 23.)

Quid est dolus? quod legi dolet. Cette étymologie nous semble plus subtile que vraie. Saint Augustin, se souvenant sans doute de ce passage, en donne une moins exacte encore : « Le véritable Israélite est celui dans lequel il n'y a point de dol; *dol* n'est pas *douleur; dol* s'est dit de la *duplicité* du cœur. » (*Tract. in Joann.* 5.) Isidore, l. v, *Etymolog.* c. 27, dit avec plus de vraisemblance : *Dolus* est mentis calliditas, ab eo quod *deludat.* Aliud enim agit, et aliud simulat. Petronius aliter existimat...

Nolo ego semper idem... Pag. 93. Ainsi imité par Amadis Jamin, contemporain de Ronsard :

La nature se plaist en cent nouvelles choses;
Tantôt elle produit violettes et roses,
Tantôt jaunes épis, belle en diversité.
Qui ne veut point faillir doit suivre la nature :
On ne se paist tousjours d'une mesme pasture;
Rien ne donne plaisir comme la nouveauté.

V. aussi Collin d'Harleville, *l'Inconstant*, act. II, sc. 9.

Judæus... porcinum numen adoret. Les anciens, dans leur ignorant mépris pour les Juifs, ont cru que ceux-ci ne s'abstenaient de la chair du porc que parce qu'ils l'adoraient comme un de leurs dieux.

Et cilli... advocet auriculas. On ne sait trop pourquoi ce culte de l'âne était attribué aux Juifs. Brottier prétend que la malignité des Égyptiens voulait désigner par cet emblème l'ignorance de ce peuple. Ou bien cela tenait-il à des souvenirs bibliques mal interprétés? Tertullien, *Apol.* 16, dit que les chrétiens, que l'on confondait alors avec les Juifs, étaient appelés injurieusement *asinarii*, et leur dieu ὀνοκοίτης. Minucius Félix réfute énergiquement ces calomnies. (V. les conject. des sav. Mém. de l'Acad. des inscr, t. II, p. 366.)

Non est... hæc beata, non est... Pag. 95. Réminiscence de ce chœur de Sénèque le tragique :

Regem non faciunt opes,
Non vestis Tyriæ color,
Non frontis nota regiæ...
Rex est qui posuit metus...

(*Thyest.*, act. II, v. 345.)

Seu puerum... sive puellam... Page 99. Cette jolie épigramme a pu donner à Ausone l'idée de son charmant distique :

Dum dubitat Natura marem, faceret-ne puellam,
Factus es, o pulcher, pene puella, puer.

Ovide avait dit, avant Pétrone :

Talis erat cultu facies, quam dicere vere
Virgineam in puero, puerilem in virgine posses.

(*Métam.* VIII, 322.)

Et Anacréon, Fragm. 63:

Ω παῖ παρθένιον βλέπων...
O puer puellariter intuens..

APULÉE.

NOTICE SUR APULÉE.

Les seuls détails biographiques que nous possédions sur Apulée sont tirés de ses ouvrages; car les écrivains de son temps ne font pas mention de lui, et les Pères de l'Église ont seulement combattu ses doctrines. Ce silence des contemporains et quelques passages de son Apologie ont donné lieu aux conjectures les plus singulières, à des interprétations qu'une saine critique ne saurait adopter.

Lucius Apulée naquit à Mandaure, petite ville d'Afrique, en l'an 114 de J.-C., sous le règne de Trajan. Son origine est assez illustre : Thésée, son père, était duumvir, ou premier magistrat de la cité; sa mère était la nièce de Plutarque.

Nous ne savons rien de ses premières années, si ce n'est qu'il avait un goût ardent pour les lettres et les beaux-arts, goût qui se développa avec l'âge.

Il quitta bientôt sa patrie; et, après avoir parcouru l'Égypte et la Grèce, il s'arrêta en Italie : il avait étudié les doctrines des nouveaux platoniciens, et suivi les écoles des sophistes d'Athènes; il écouta les leçons des rhéteurs de Rome. Le jeune voyageur se passionna pour cette éloquence déclamatoire qui n'était jamais en défaut, et qui embrassait toutes les sciences et tous les sujets. Quoique son patrimoine fût épuisé, il ne se découragea point; il vendit jusqu'à ses vêtements. Il apprit seul la langue latine, et se donna à l'étude du droit et de la rhétorique.

Apulée revint en Afrique en 148 : devancé par sa réputation, il fut accueilli avec empressement par les Carthaginois, et s'établit dans leur ville où ses harangues publiques le rendirent bientôt célèbre.

Il parle dans son *Apologie* de l'enthousiasme qu'il inspirait, des statues qui lui furent décernées, et de la faveur dont il jouissait auprès du sénat et des grands. Il rappelle avec complaisance ses talents divers, son étonnante facilité, qui lui suscita tant de rivaux ou plutôt tant d'ennemis.

Son union avec une riche veuve nommée Pudentilla servit de prétexte aux envieux. Ils l'accusèrent d'avoir employé la magie pour se faire aimer d'une femme beaucoup plus âgée que lui. Pontianus, fils de Pudentilla, le traduisit devant le tribunal du proconsul Claudius Maximus. C'est alors qu'Apulée prononça son *Apologie;* le sentiment du danger que couraient son honneur et sa vie lui inspira de véritables traits d'éloquence. Il fut acquitté, mais le surnom de magicien lui est demeuré.

Ici finissent les documents qu'Apulée nous a laissés sur lui-même; le reste de sa vie n'est pas connu. On sait seulement qu'il mourut en 184, sous le règne d'Antonin.

Apulée avait recueilli pour la postérité les fleurs de son éloquence : ses panégyriques en vers et en prose, ses romans, ses hymnes en l'honneur des héros et ses divers traités de philosophie. Les œuvres poétiques ne sont pas parvenues jusques à nous; il ne reste de cet auteur que ses fragments appelés Florides, son Apologie, ses Métamorphoses, et deux traités sur les opinions du Portique et de l'Académie.

Les *Métamorphoses*, ou vulgairement l'*Ane d'or*, furent durant longues années le seul ouvrage d'Apulée que l'on connût, et c'est peut-être encore le seul que l'on lise.

« L'*Ane d'or*, dit Schœll, dans l'histoire de la littérature latine, est un roman satirique dans lequel Apulée se moque, avec beaucoup d'esprit et d'originalité, des ridicules et des vices qui dominaient dans son siècle, de la superstition qui était générale, du penchant pour le merveilleux et la magie, de la fourberie des prêtres du paganisme, de la mauvaise police qui régnait dans l'empire romain, et qui permettait aux voleurs d'exercer impunément toutes sortes de brigandages.

« Le héros du roman, puni de sa curiosité et de sa lubricité en se voyant changer en âne, éprouve des aventures qui le mettent en rapport avec diverses classes d'individus, et lui font connaître ce qui se passe dans l'intérieur des maisons et des sociétés les plus secrètes. Les abominations qu'on couvrait sous le voile des mystères sacrés sont peintes sous de vives couleurs. Le roman se termine par une belle description des mystères d'Isis, où le héros est initié, où il est épuré de ses faiblesses, et, pour ainsi dire, régénéré. »

Le meilleur morceau de ce roman, l'épisode de Psyché, écrit avec facilité et agrément, a eu la gloire d'inspirer la Fontaine.

Les *Florides* sont un recueil d'extraits de divers mémoires et discours. Le style de ces fragments est ampoulé, sans variété et sans naturel. A l'exemple de ses maîtres de Rome, Apulée faisait ordinairement des harangues banales, dont le seul objet était son propre panégyrique ou celui de ses auditeurs. Heureusement il y mêlait quelques digressions; et c'est à ces hors-d'œuvre que l'on doit quelques détails curieux sur les usages du temps, sur les coutumes religieuses du polythéisme.

Les œuvres philosophiques comprennent : 1° un traité du *Dogme de Platon*, qui se divise en trois livres : la philosophie naturelle, la philosophie morale tirée de la République et des Lois de Platon, et la logique, qui contient les principes d'Aristote et des stoïciens; 2° le traité du *Monde*, qui reproduit littéralement la doctrine cosmogonique d'Aristote; 3° le traité du *Dieu de Socrate*, dans lequel Apulée, admettant la réalité du génie de Socrate, examine à quelle classe de démons il appartient.

Ce livre a été longuement réfuté par saint Augustin. Le grand docteur accuse Apulée d'un commerce secret avec le démon; saint Jérôme le regarde comme l'Antechrist, et proscrit, dans les termes les plus énergiques, ses œuvres, dictées par l'esprit du mal. Le philosophe de Mandaure ne méritait guère les honneurs de la persécution. C'était un adepte de l'Académie; et si c'est là son crime, tous les saints Pères furent ses complices : tous, comme lui, s'étaient passionnés pour le spiritualisme grec; ils avaient même cherché à concilier les mythes poétiques du disciple de Socrate avec la sublime morale du Christ, et à réunir ainsi le monde ancien au monde nouveau.

Apulée ne se donna point une tâche si difficile; et c'est peut-être parce qu'il n'eut ni la force ni la pensée de démontrer que les doctrines platoniciennes étaient comme le pressentiment de la grande réforme humaine consommée par le christianisme, qu'il encourut l'anathème.

Dans les traités philosophiques qui nous restent de lui, Apulée n'est autre chose qu'un traducteur : il ne crée point un système nouveau, il expose le système du maître. A peine s'il hasarde quelques développements au texte qu'il traduit, et s'il ajoute de rares commentaires à la sèche exposition des théories du philosophe divin.

Il ne fatigua point son imagination dans la recherche de vérités nouvelles, ni dans l'examen de vérités reconnues : il s'ingénia au contraire à reproduire laborieusement la même idée sous des formes différentes; il fouilla dans les débris de l'ancienne langue latine, il créa de nouveaux mots pour déguiser des idées vulgaires; enfin il fut écrivain comme il était orateur. C'est sans doute ce style barbare et insolite qui trompa ses pieux adversaires; ils lui attribuèrent ce qui appartenait à Platon. Ils n'avaient pas reconnu l'aimable philosophe sous ce costume presque barbare, et ne retrouvaient, dans ce latin d'Afrique, aucune trace de cette diction grecque si pure et si parfaite, aucun trait de ce langage enchanteur qui est le propre du disciple bien-aimé de Socrate.

APULÉE.
LES FLORIDES.

I. D'ordinaire les voyageurs pieux qui trouvent sur leur route quelque bois sacré ou quelque lieu saint, réclament l'assistance céleste, offrent des vœux, s'arrêtent un instant : et moi comme eux, à mon entrée dans cette ville, la plus sainte des villes, tout pressé que je suis, je dois avant tout implorer l'indulgence, prononcer un discours, ralentir le pas. Rien de plus digne en effet de suspendre la marche du voyageur recueilli : ni autel que des fleurs décorent, ni grotte que des feuillages ombragent, ni chêne que des cornes surmontent, ni hêtre que des peaux couronnent, ni même tertre consacré par une enceinte, ni tronc que la doloire a sculpté, ni gazon pénétré de la fumée des libations, ni pierre imprégnée de parfums; car de tels signes sont peu de chose : un petit nombre s'en informe et les adore : la foule les ignore, et passe.

II. Ce n'est pas ce que pensait notre maître Socrate. Un jour, remarquant un beau jeune homme qui gardait un silence trop prudent : « Parle, lui dit-il, afin que je te voie. » — Ainsi, pour Socrate, se taire, c'était ne pas se faire voir : c'est-à-dire qu'il pensait que l'on doit considérer les hommes non pas avec les yeux du corps, mais avec le regard de l'intelligence et la vue de l'âme : et, sur ce point, il n'était pas d'accord avec le soldat de Plaute, qui dit :

Mieux vaut un porteur d'yeux que dix porteurs d'oreilles.

Le philosophe, pour examiner l'homme, retournait ce vers :

Mieux que dix porteurs d'yeux vaut un porteur d'oreilles.

Au reste, si les jugements des yeux l'emportaient sur ceux de l'intelligence, la sagesse de l'aigle serait bien supérieure à la nôtre. Nous autres hommes, nous ne pouvons distinguer les objets ni un peu trop distants, ni un peu trop rapprochés ; nous sommes en quelque sorte tous aveugles ; et, si on nous réduit à ces yeux du corps faibles et clignotants, certes un poëte fameux a eu raison de dire « qu'une espèce de nuage est répandue sur nos yeux, et que nous ne pouvons voir au delà d'un jet de fronde. » Mais l'aigle, lorsque d'un vol sublime il s'élance jusques aux nues ; lorsqu'il monte dans la région des pluies et des neiges, dans ces immensités où expirent la foudre et l'éclair, et qui forment, pour ainsi dire, la base de l'éther et le couronnement de la tempête ; lors, dis-je, que l'aigle s'est élevé à cette hauteur, et que, se balançant avec mollesse à droite ou à gauche, il glisse de toute la masse de son corps, tournant à son gré ses ailes comme des voiles, s'aidant de sa queue comme d'un mince gouvernail, de ses plumes comme des rames infatigables, alors il voit tout : un instant irrésolu, il suspend son vol presque sur un point ; il contemple tout ce qui l'entoure ; il cherche, il choisit la proie sur laquelle il va tomber d'en haut comme la

APULEII
FLORIDES.

I. Ut ferme religiosis viantium moris est, quum aliqui lucus, aut aliqui locus sanctus in via oblatus sit, veniam postulare, votum adponere, paulisper adsidere : ita mihi, ingresso sanctissimam istam civitatem, quanquam oppido festinem, præfanda venia, et habenda oratio, et inhibenda properatio est. Neque enim justius religiosam moram viatori objecerit, aut ara floribus redimita, aut spelunca frondibus inumbrata, aut quercus cornibus onerata, aut fagus pellibus coronata, vel etiam colliculus sepimine consecratus, vel truncus dolamine effigiatus, vel cespes libamine fumigatus, vel lapis unguine delibutus. Parva hæc quippe, et quamquam paucis percontantibus adorata, tamen ignorantibus transcursa.

II. At non itidem major meus Socrates ; qui, quum decorum adolescentem, et diutule tacentem conspicatus foret, Ut te videam, inquit, aliquid eloquere. Scilicet Socrates tacentem hominem non videbat; etenim arbitrabatur, homines non oculorum, sed mentis acie et animi obtutu considerandos. Nec ista re cum Plautino milite congruebat, qui ita ait :

Pluris est oculatus testis unus, quam auriti decem.

Immo enimvero hunc versum ille ad examinandum homines converterat :

Pluris est auritus testis unus, quam oculati decem.

Ceterum, si magis pollerent oculorum, quam animi, judicia ; profecto de sapientia foret aquilæ concedendum. Homines enim neque longule dissita, neque proxime adsita possumus cernere : verum omnes quodammodo cæcutimus; ac si ad oculos et obtutum istum terrenum redigas et hebetem, profecto verissime poeta egregius dixit, velut nebulam nobis ob oculos offusam; nec cernere nos, nisi intra lapidis jactum, valere. Aquila enimvero, quum se nubium tenus altissime sublimavit, evecta alis, totum istud spatium, qua pluitur et ningitur, ultra quod cacumen nec fulmini nec fulguri locus est, in ipso, ut ita dixerim, solo ætheris et fastigio hiemis : quum igitur eo sese aquila extulit, nutu clementi lævorsum vel dextrorsum tota mole corporis labitur, velificatas alas quo libuit advertens, modico caudæ gubernaculo, inde cuncta despiciens, ibidem pinnarum eminus indefesso remigio, ac paulisper cuncta

foudre : des sommets du ciel qui dérobe sa présence, il distingue et les troupeaux dans les plaines, et les bêtes fauves sur les montagnes, et les hommes au sein des villes ; il les menace de l'œil et de la serre, et de là il s'apprête à percer de son bec, à déchirer de ses ongles ou l'agneau nonchalant, ou le lièvre craintif, ou toute autre victime que le hasard présente à sa faim ou à ses instincts cruels.

III. Hyagnis, selon la tradition, fut le père et le maître du joueur de flûte Marsyas ; et seul dans ces siècles grossiers, plus que tout autre, il possédait le fin de la musique. Ce n'est pas qu'il connût la flûte à plusieurs trous, avec son harmonie flexible et ses modulations variées, puisque cet art, de récente invention, était encore dans l'enfance : rien dès le principe n'est parfait, et des éléments riches d'espoir précèdent toujours les résultats de l'expérience. Enfin, avant Hyagnis, la plupart, comme le pasteur ou le bouvier de Virgile, ne savaient que

« Perdre des airs chétifs sur un aigre pipeau. »

Ceux même qui passaient pour avoir pénétré un peu plus avant dans l'art se bornaient à tirer des sons d'une seule flûte, comme on fait d'une trompette. Le premier, Hyagnis décolla ses mains en jouant ; le premier, il anima deux flûtes d'un souffle unique ; le premier, au moyen de trous placés à gauche et à droite, il produisit l'accord musical par le mélange des sons aigus et des notes ronflantes. Marsyas son fils, héritier de la flûte et du talent paternel, était du reste un Phrygien, un barbare hideux, repoussant, une barbe sale (1),

(1) Madame de Sévigné se sert de cette expression en parlant d'un premier président de Nantes : « Vous croyez, dit-elle, que c'est une barbe sale et un vieux fleuve. Point du tout : c'est un jeune homme de vingt-sept ans, fort joli, qui, moyennant quarante mille livres, a acheté toute l'expérience nécessaire pour être à la tête d'une compagnie supérieure. »

hérissée de piquants en guise de poils : et cependant on rapporte (audace inouïe !) qu'il voulut rivaliser avec Apollon : c'était Thersite aux prises avec Nérée, un lourdaud avec un érudit, une brute avec un dieu. Minerve et les Muses feignirent de se constituer juges, pour se moquer de la fanfaronnade barbare de ce monstre, et aussi pour le punir de sa stupidité. Mais Marsyas, (ce qui est le trait saillant de sa sottise) ne comprenant pas qu'il servait de risée, se mit, avant de souffler dans la flûte, à débiter de grossières impertinences sur lui-même et sur Apollon. Il se savait bon gré de sa chevelure jetée en arrière, de sa barbe malpropre, de sa poitrine velue, de ce que l'art l'avait fait musicien, et la fortune gueux. Et, chose ridicule, il reprochait à Apollon les qualités contraires : Apollon n'avait-il pas longue chevelure, visage gracieux, peau douce, talents variés, brillante fortune ? « Et d'abord, dit-il, ses cheveux arrangés en boucles mignonnes et en gracieux anneaux tombent des deux côtés de son front ; son corps est tout charmant ; ses membres sont d'une éclatante blancheur ; sa bouche prophétique peut s'exprimer avec une égale facilité en prose et en vers. Belle chose qu'un vêtement d'un fin tissu, d'une étoffe moelleuse, teint de pourpre éblouissante ! Belle chose qu'une lyre où brille l'éclat de l'or, la blancheur de l'ivoire, la broderie des diamants ! Belle chose enfin que de fredonner doctement quelques petits airs coquets !.... Toutes ces babioles ne sont pas des titres de vertu, mais des marques de mollesse. » Et en disant cela, il déployait les avantages personnels et spécifiques de son individu. Les Muses éclatèrent de rire, en entendant adresser à Apollon des reproches qu'un homme sage voudrait mériter. Le joueur de flûte fut vaincu dans cette lice, et elles le laissèrent comme un ours à deux pieds,

---

bundo volatu pæne eodem loco pendula circumtuetur ; et quærit, quorsus potissimum in prædam superne sese proruat, fulminis vice : de cœlo improvisa simul campis pecua, simul montibus feras, simul urbibus homines, uno obtutu sub oculo impetu cernens ; unde rostro transfodiat, unde unguibus inuncet, vel agnum incuriosum, vel leporem meticulosum, vel quodcunque esui animatum, vel laniatui fors obtulit.

III. Hyagnis fuit, ut fando accepimus, Marsyæ tibicinis pater et magister, rudibus adhuc musicæ seculis, solus ante alios catus canere : nondum quidem tam inflexæ animæ sono, nec tam pluriformi modo, nec tam multiforatili tibia ; quippe adhuc ars ista reperta novo commodum oriebatur. Nec quidquam omnium est, quod possit in primordio sui perfici : sed in omnibus ferme ante est spei rudimentum, quam rei experimentum. Prorsus igitur ante Hyagnim nihil aliud plerique callebant, quam Virgilianus upilio seu bubsequa,

Stridenti miserum stipula disperdere carmen.

Quod si quis videbatur paulo largius in arte promovisse, ei quoque tamen mos fuit una tibia, velut una tuba, per-

sonare. Primus Hyagnis in canendo manus discapedinavit : primus duas tibias uno spiritu animavit ; primus lævis et dextris foraminibus, acuto tinnitu et gravi bombo concentum musicum miscuit.

Eo genitus Marsyas, quum in artificio patrissaret tibicinii, Phryx cetera et Barbarus, vultu ferino trux, hispidus, illutibarbus, spinis et pilis obsitus, fertur (proh nefas!) cum Apolline certasse, Thersites cum decoro, agrestis cum erudito, bellua cum deo. Musæ cum Minerva dissimulamenti gratia judices adstitere, ad deridendam scilicet monstri illius barbariem, nec minus ad stoliditatem puniendam. Sed Marsyas, quod stultitiæ maximum specimen est, non intelligens se deridiculo haberi, priusquam tibias occiperet inflare, prius de se et Apolline quædam deliramenta barbare effutivit : laudans sese, quod erat et coma relicinus, et barba squalidus, et pectore hirsutus, et arte tibicen, et fortuna egenus ; contra Apollinem, ridiculum dictu, adversis virtutibus culpabat : quod Apollo esset et coma intonsus, et genis gratus, et corpore glabellus, et arte multiscius, et fortuna opulentus. Jam primum, inquit, crines ejus remulsis antiis, et promulsis capronis anteven-

le cuir découpé, et les entrailles nues et pantelantes. Ainsi fut puni Marsyas pour son défi et pour sa défaite : pour Apollon, une victoire si obscure lui fit honte.

IV. Antigénidas était un joueur de flûte qui savait cadencer doux comme miel tous les accords et produire tous les modes que l'on voulait : le modeste éolien, l'iase varié, le lydien plaintif, le religieux phrygien et le dorien belliqueux. Rien n'affligeait plus cet homme éminent dans son art; rien, disait-il, ne faisait plus souffrir son âme et son esprit, que d'entendre appeler les joueurs de flûte, musiciens d'enterrement. Mais certes il aurait supporté ce rapprochement de mots, s'il eût vu les mimes (là en effet les uns président, les autres reçoivent des coups, et tous sont habillés d'une pourpre à peu près semblable), s'il eût assisté à nos jeux, où de même un homme préside, un homme combat; ou bien encore s'il eût vu prendre la toge pour un sacrifice comme pour des funérailles, et le pallium servir d'enveloppe aux cadavres et de vêtement aux philosophes.

V. Un empressement favorable vous rassemble ici, vous qui savez que le lieu ne peut diminuer l'autorité de l'orateur, et qu'il faut tout d'abord se demander ce que l'on trouvera au théâtre; car si c'est un mime, vous rirez; si un danseur de corde, vous admirerez; si un comédien, vous applaudirez; si un philosophe, vous vous instruirez.

VI. L'Inde, contrée qui pullule d'habitants et qui s'étend à l'infini, est située loin de nous, à l'orient, dans ces lieux où l'Océan forme un golfe, où le soleil se lève; voisine des premiers astres et limite du monde, elle se trouve au delà des Égyptiens savants, des Juifs superstitieux, des Nabathéens mercantiles, des Arsacides aux habits traînants, des Ituréens pauvres en fruits, et des Arabes riches en parfums. Pour moi, je n'admire pas ces Indiens pour leurs masses d'ivoire, leurs moissons de poivre, leur commerce de cinname, la trempe de leurs fers, leurs mines d'argent et leurs rivières d'or. Eh! que m'importe qu'ils aient le plus grand des fleuves, ce Gange,

> Roi des eaux d'Orient qui forme cent rivières,
> Qui, parmi cent vallons roulant ses ondes fières,
> Par cent bouches se mêle aux flots de l'Océan?

Que m'importe que ces peuples, situés aux lieux où naît le jour, montrent sur leurs corps la couleur de la nuit; et que chez eux des serpents immenses livrent à des éléphants monstrueux un combat où les dangers sont égaux et la mort commune? car ces reptiles enchaînent les éléphants dans leurs replis tortueux; et ceux-ci ne pouvant ni dégager leurs pieds, ni échapper à l'étreinte furieuse des serpents, à ces écailleuses entraves, sont réduits à chercher une vengeance dans la pesanteur de leur chute, et à écraser de leur masse les ennemis qui les retiennent. Il y a chez les Indiens une grande variété dans les races; car j'aime mieux raconter les prodiges de l'homme que ceux de la nature. L'une d'elles ne sait que

tuli et propenduli : corpus totum gratissimum, membra nitida; lingua fatidica, seu tute oratione, seu versibus malis, utrobique facundia æquipari. Quid? quod et vestis textu tenuis, tactu mollis, purpura radians? Quid? quod et lyra ejus auro fulgurat, ebore candicat, gemmis variegat? Quid? quod et doctissime et gratissime cantillat? Hæc omnia, inquit, blandimenta nequaquam virtuti decora, sed luxuriæ accommodata; contra corporis sui qualitatem per se maximam speciem ostentare. Risere Musæ, quum audirent hoc genus crimina, sapienti exoptanda, Apollini objectata : et tibicinem illum certamine superatum, velut ursum bipedem, corio exsecto, nudis et laceris visceribus reliquerunt. Ita Marsyas in pœnam cecinit, et cecidit. Enimvero Apollinem tam humilis victoriæ puduit est.

IV. Tibicen quidam fuit Antigenidas, omnis voculæ melleus modulator, et idem omnibus modis peritus modificator; seu tu velles æolium simplex, seu iasium varium, seu lydium querulum, seu phrygium religiosum, seu dorium bellicosum. Is igitur quum esset in tibicinio apprime nobilis, nihil æque se laborare, et animo angi et mente, dicebat, quam quod monumentarii ceraulæ tibicines dicerentur. Sed ferret æquo animo hanc nominum communionem, si mimos spectavisset. Animadverteret illic pæne simili purpura alios præsidere, alios vapulare; itidem si munera nostra spectaret : nam illic quoque videret hominem præsidere, hominem depugnare : togam quoque parari et voto et funeri : item pallio cadavera operiri, et philosophos amiciri.

V. Bono enim studio in theatrum convenistis, ut qui sciatis, non locum auctoritatem derogare oratori, sed cum primis hoc spectandum esse, quid in theatro deprehendas. Nam si mimus est, riseris : si funerepus, timueris : si comœdus est, faveris : si philosophus, didiceris.

VI. Indi, gens populosa cultoribus, et finibus maxima, procul a nobis ad Orientem siti, prope Oceani reflexus, et solis exortus, primis sideribus, ultimis terris, super Ægyptios eruditos, et Judæos superstitiosos, et Nabathæos mercatores, et fluxos vestium Arsacidas, et frugum pauperes Ituræos, et odorum divites Arabas. Eorum igitur Indorum non æque miror eboris strues, et piperis messes, et cinnami merces, et ferri temperacula, et argenti metalla, et auri fluenta; nec, quod Ganges apud eos unus omnium amnium maximus,

> Eois regnator aquis in flumina centum
> Discurrit, centum valles illi, oraque centum,
> Oceanique fretis centeno jungitur amni.

nec quod iisdem Indis ibidem sitis ad nascentem diem, tamen in corpore color noctis est : nec, quod apud illos immensi dracones cum immanibus elephantis pari periculo in mutuam perniciem concertant : quippe lubrico volumine indepti revinciunt, et illis expedire gressum nequientibus, vel omnino abrumpere tenacissimorum serpentium squameas pedicas, necesse fit ultionem a ruina molis suæ petere, ac retentores suos toto corpore oblidere. Sunt apud illos et varia colentium genera. Lubentius ego de miraculis hominum, quam naturæ disseruerim. Est apud illos ge-

faire paître les bœufs; de là ce surnom de Bouviers qu'on leur a donné. D'autres se distinguent par leur habileté dans l'échange des marchandises, ou par leur bravoure à la guerre : de loin, ils combattent avec la flèche; de près, avec l'épée. Il existe en outre une classe prééminente qu'on appelle les gymnosophistes. Ce sont eux que j'admire; et pourquoi? parce qu'ils sont habiles non à propager la vigne, à greffer les arbres, à labourer la terre : ils ne savent ni cultiver les champs, ni couler le vin, ni dompter un coursier, ni soumettre un taureau, ni tondre ou faire paître la brebis et la chèvre. Et quoi donc? Ils savent ce qui tient lieu de tout, ils cultivent la sagesse, tous, vieux maîtres et jeunes disciples. Il n'est rien dont je les loue tant que de haïr la torpeur de l'esprit et l'oisiveté. C'est pourquoi, lorsque la table est dressée, avant que les mets soient apportés, tous les jeunes gens, quittant leurs travaux et leurs demeures, se rassemblent pour le repas; les maîtres leur demandent ce qu'ils ont fait de bien depuis le lever du soleil jusqu'à cette heure du jour. L'un rapporte que, choisi pour arbitre entre deux hommes, il a su calmer leur haine, rapprocher leurs cœurs, dissiper leurs soupçons, et les rendre amis d'ennemis qu'ils étaient; un autre dit qu'il a obéi à tous les ordres de ses parents; et un autre, qu'il est arrivé par ses méditations à quelque découverte, ou qu'il l'a apprise par la démonstration d'autrui : enfin tous rappellent ce qu'ils ont fait. Celui qui n'a rien à dire pour mériter son dîner est mis dehors, et renvoyé au travail l'estomac vide.

VII. Alexandre, le plus illustre de tous les rois par ses actions et ses conquêtes, mérita le titre de Grand qui lui fut donné, afin que l'homme qui avait acquis une gloire sans seconde ne fût jamais nommé sans éloge. Seul, depuis que le monde a pris naissance et que la tradition existe, cet homme, dont le bras invincible avait soumis l'univers, fut plus grand que sa fortune; ses plus magnifiques succès, il les provoqua par son courage, il les égala par son mérite, il les surpassa par sa grandeur d'âme; seul aussi il brilla sans rivaux; à ce point que nul n'oserait ou espérer sa vertu, ou désirer sa fortune. Ces actions sublimes qui remplissent la vie d'Alexandre, ces traits éclatants qui lassent l'admiration, cette audace dans la guerre et cette prévoyance dans le gouvernement, un poëte profond et gracieux, mon Clément, a entrepris de les raconter dans un merveilleux poëme. Mais voici un trait remarquable entre tous : Alexandre, voulant que son image fût transmise fidèlement à la postérité, et craignant qu'elle ne fût gâtée par le commun des artistes, défendit dans tout son univers de reproduire sa royale effigie sur le bronze, sur la toile et par la gravure. Seul, Polyclète fut chargé de la représenter sur l'airain, Apelle de l'exprimer par le pinceau, Pyrgotélès de la rendre par le burin. Excepté ces trois artistes, supérieurs chacun dans leur art, quiconque eût osé approcher les mains de cette sainte image devait être puni comme sacrilège. Grâce à cette crainte générale, le seul Alexandre fut lui dans tous ses portraits. Sur toutes les statues, sur tous les tableaux, sur tous les vases, apparaissaient également et la mâle

---

nus, qui nihil amplius quam bubulcitare novere : ideoque cognomen illis Bubulcis inditum. Sunt et mutandis mercibus callidi, et obeundis prœliis strenui, vel sagittis eminus, vel ensibus cominus. Est præterea genus apud illos præstabile : gymnosophistæ vocantur. Hos ego maxime admiror : quod homines sunt periti, non propagandœ vitis, nec inoculandæ arboris, nec proscindendi soli; non illi norunt arvum colere, vel uvam colare, vel equum domare, vel taurum subigere, vel ovem vel capram tondere vel pascere. Quid igitur est? Unum pro his omnibus norunt. Sapientiam percolunt, tam magistri senes, quam discipuli minores. Nec quidquam apud illos æque laudo, quam quod torporem animi et otium oderunt. Igitur ubi, mensa posita, priusquam edulia adponantur, omnes adolescentes ex diversis locis et officiis ad dapem conveniunt, magistri perrogant, quod factum a lucis ortu ad illud diei bonum fecerit. Hic alius se commemorat inter duos arbitrum delectum, sanata simultate, reconciliata gratia, purgata suspicione, amicos ex infensis reddidisse : inde alius, sese parentibus quidpiam imperantibus obedisse : et alius, aliquid meditatione sua reperisse, vel alterius demonstratione didicisse. Denique ceteri commemorant. Qui nihil habet afferre cur prandeat, inpransus ad opus foras extruditur.

VII. Alexandro illi, longe omnium excellentissimo regi, cui ex rebus actis et auctis cognomentum Magno inditum est, ne vir, uti unicam gloriam adeptus, sine laude unquam nominaretur; nam solus a condito ævo, quantum hominum memoria exstat, inexsuperabili imperio orbis auctus, fortuna sua major fuit : successusque ejus amplissimos et provocavit ut strenuus, et æquiparavit ut meritus, et superavit ut melior, solusque sine æmulo clarus; adeo ut nemo audeat ejus vel sperare virtutem, vel optare fortunam. Ejus igitur Alexandri multa sublimia facinora, et præclara edita fatigaberis admirando, vel belli ausa, vel domi provisa; quæ omnia aggressus est meus Clemens, eruditissimus et suavissimus poetarum, pulcherrimo carmine illustrare.

Sed cumprimis Alexandri illud præclarum, quod imaginem suam, quo certior posteris proderetur, noluit a multis artificibus vulgo contaminari, sed edixit universo orbi suo, ne quis effigiem regis temere assimilaret ære, colore, cælamine : quippeni solus eam Polycletus ære duceret, solus Apelles coloribus delinearet, solus Pyrgoteles cælamine excuderet. Præter hos tres, multo nobilissimos in suis artificiis, si quis uspiam reperiretur alius sanctissimæ imagini regis manus admoliturus, haud secus in eum, quam in sacrilegum, vindicaturus. Eo igitur omnium metu factum, solus Alexander ut ubique imaginum suus esset : utque omnibus statuis, et tabulis, et toreumatis idem vi-

vigueur du guerrier audacieux, et l'immense génie du héros, et la fleur de sa belle jeunesse, et le charme de son front olympien.

Oh! si la philosophie pouvait, comme Alexandre, interdire au vulgaire de reproduire son image! Un petit nombre d'hommes de bien, véritablement instruits, se donnerait à cette étude qui comprend tout, à l'étude de la sagesse; cette tourbe grossière, ignorante, inculte, n'imiterait pas les philosophes jusqu'au manteau : et la reine des sciences, qui n'enseigne pas moins à bien dire qu'à bien vivre, ils ne la déshonoreraient point par un mauvais langage et par une conduite à l'avenant. Hélas! ce double écart est trop facile : quoi de plus commun que la violence du langage unie à la bassesse des mœurs? toutes deux naissent du mépris qu'on a des autres et de soi; car faire bon marché de la morale, c'est se mépriser soi-même; attaquer grossièrement les autres, c'est outrager l'auditeur. Et n'est-ce pas vous faire le dernier outrage, que de vous croire intérieurement ravi des insultes adressées aux plus hommes de bien, que de supposer que vous ne comprenez pas le sens des paroles honteuses et déshonnêtes, ou que si vous les comprenez, elles vous plaisent? quel est le lourdaud, le porte-faix, le cabaretier, qui n'aura pas plus de verve que vous pour insulter, s'il veut prendre le pallium?

VIII. Il doit plus à sa personne qu'à sa dignité, quoique cette dignité il ne la partage pas avec tout l'univers. Car sur un nombre infini d'hommes, peu sont sénateurs; parmi les sénateurs, peu sont nobles de naissance; et de ces consulaires, peu sont vertueux; et enfin, parmi ces gens vertueux, peu sont instruits. Mais pour parler de l'honneur seul, les insignes de cette place, vêtement et chaussure, ne sont pas au premier occupant.

IX. Si par hasard, dans cette illustre assemblée, il se trouve quelqu'un de mes envieux, car dans une grande cité il y a toujours des hommes qui préfèrent décrier un mérite supérieur que de l'imiter, et qui, désespérant de l'égaler, affectent de le haïr; hommes dont le nom est obscur, et qui voudraient se faire connaître aux dépens du mien; si donc quelqu'un de ces êtres bilieux s'est mêlé, comme une tache, à ce brillant auditoire; je veux qu'il promène un peu ses yeux sur ce concours immense, et que, regardant cette affluence telle qu'aucun philosophe n'en vit jamais autour de sa chaire, il suppute en lui-même tout ce qu'il y a de chances à courir pour un homme en possession de l'estime, et peu habitué au mépris. Combien c'est une rude et pénible tâche que de remplir l'attente, si médiocre qu'elle soit, d'un petit nombre d'auditeurs, surtout pour moi, à qui ma renommée et une prévention favorable ne permettent aucune négligence, aucune expression lâchée! Et qui de vous en effet me passerait un solécisme? qui me pardonnerait une seule syllabe prononcée avec un accent barbare? Qui me permettrait de balbutier des termes incorrects et vicieux, comme ceux qui naissent dans le délire de la fièvre? — Cependant vous permettez tout cela aux autres, et vous avez grand'raison. Mais chacune de mes paroles, vous l'examinez, vous la pesez soigneusement, vous la soumettez au contrôle de la lime et du cordeau, vous en rapportez le tour aux exigences du cothurne. On est aussi indul-

---

gor acerrimi bellatoris, idem ingenium maximi herois, eadem forma viridis juventæ, eadem gratia relicinæ frontis cerneretur.

Quod utinam pari exemplo philosophiæ edictum valeret, ne qui imaginem ejus temere assimilaret : uti pauci boni artifices, iidem probe eruditi, omnifariam sapientiæ studium contemplarent; nec rudes, sordidi, imperiti, pallio tenus philosophos imitarentur, et disciplinam regalem, tam ad bene dicendum, quam ad bene vivendum repertam, male dicendo et similiter vivendo contaminarent! Quod utrumque scilicet perfacile est. Quæ enim facilior res, quam linguæ rabies, et vilitas morum : altera ex aliorum contemtu, altera ex sui? Nam viliter semetipsum colere, sui contemtus est : barbare alios insectari, audientium contumelia est. An non summam contumeliam vobis imponit, qui vos arbitratur maledictis optimi cujusque gaudere, qui vos existimat mala et vitiosa verba non intelligere; aut, si intelligatis, boni consulere? Quis ex rupiconibus, bajulis, tabernariis tam infans est, ut, si pallium accipere velit, disertius maledicat?

VIII. Hic enim plus sibi debet, quam dignitati : quamquam nec hæc illi sit cum aliis promiscua. Nam ex innumeris hominibus pauci senatores, ex senatoribus pauci nobiles genere, et ex his consularibus pauci boni, et adhuc ex bonis pauci eruditi. Sed, ut loquar de solo honore, non licet insignia ejus vestitu vel calceatu temere usurpare.

IX. Si qui forte in hoc pulcherrimo cœtu ex illis invisoribus meis malignus sedet; quoniam, ut in magna civitate, hoc quoque genus invenitur, qui meliores obtrectare malint, quam imitari, et quorum similitudinem desperent, eorum affectent simultatem : scilicet ut, qui suo nomine obscuri sunt, meo innotescant : si qui igitur ex illis lividineis splendidissimo huic auditorio velut quædam macula sese immiscuit; velim, velim paulisper suos oculos per hunc incredibilem consessum circumferat : contemplatusque frequentiæ tantam, quanta ante me in auditorio philosophi nunquam visitata est, reputet cum animo suo, quantum periculi conservandæ existimationis hic adeat, qui contemni non consuevit; quum sit arduum et oppido difficile, vel modicæ paucorum exspectationi satisfacere : præsertim mihi, cui et ante parta existimatio, et vestra de me benigna præsumtio, nihil quidquam sinit negligenter ac de summo pectore hiscere. Quis enim vestrum unum mihi solœcismum ignoverit? quis vel unam syllabam barbare pronuntiatam donaverit? quis incondita et vitiosa verba temere, quasi delirantibus, oborientia, permiserit blaterare? Quæ tamen aliis facile, et sane meritissimo ignoscitis. Meum vero unumquodque dictum acriter examinatis, sedulo pensiculatis, ad limam et li-

gent pour la médiocrité que sévère pour le mérite. Je reconnais donc la difficulté de ma situation, et je ne vous demande pas des dispositions différentes. Mais ne vous laissez pas tromper par une légère et fausse ressemblance ; car, je l'ai dit souvent, les mendiants en pallium courent les rues. Le crieur public monte au tribunal avec le proconsul ; il est, lui aussi, couvert de la toge. Tantôt il reste longtemps debout, tantôt il marche ; mais il crie ordinairement tout du haut de sa tête. Le proconsul reste assis, il parle rarement, ou s'il parle, c'est à voix posée ; et le plus souvent il lit sur ses tablettes. Or le crieur à la voix perçante est un valet ; le proconsul, qui lit dans ses tablettes, est un juge. Et, son jugement une fois rendu, on ne peut y ajouter ni en retrancher une seule lettre : tel qu'il est prononcé, il est inscrit dans le greffe de la province.

Je suis à peu près, comme homme de lettres, dans une position analogue, toute proportion gardée. Ce que je dis devant vous est retenu et lu sur-le-champ ; je ne puis rien retirer, rien changer, rien corriger : c'est ce qui doit rendre ma parole plus réservée dans mes différentes compositions. Car il y a plus d'œuvres dans ma galerie, qu'il n'y en avait dans la fabrique d'Hippias. Quoi qu'il en soit, soyez attentifs, et je parlerai avec plus de soin et de méthode.

Cet Hippias, le premier des sophistes par la variété de ses talents et la facilité de son élocution, était contemporain de Socrate : l'Élide fut sa patrie ; on ignore son origine ; il avait une grande réputation, une fortune médiocre, une mémoire excellente, des connaissances variées, et de nombreux rivaux. Il vint une fois aux jeux olympiques, à Pise ; son costume n'était pas moins brillant que la main-d'œuvre en était étrange ; il n'avait rien acheté de ce qu'il avait sur lui : mais il avait tout confectionné de ses mains, et les étoffes dont il était couvert, et les chaussures qu'il portait aux pieds, et les ornements que l'on remarquait sur lui. Il avait sur le corps une tunique étroite, d'un tissu très-fin à trois fils, de pourpre deux fois teinte ; il l'avait tissue lui-même. Sa ceinture était un baudrier orné de broderies babyloniennes, bigarré de couleurs éclatantes ; et personne ne l'avait aidé dans ce travail. Il était couvert d'un pallium blanc, qu'il jetait par-dessus l'épaule comme une draperie : ce pallium passait aussi pour être son ouvrage ; il en était de même des pantoufles qui lui servaient de chaussures. Il montrait avec ostentation à sa main gauche un anneau d'or, dont le cachet était artistement travaillé ; c'était lui qui en avait arrondi le cercle, scellé le chaton et gravé la pierre. Je n'ai pas encore énuméré tous ses ouvrages ; car je ne dois pas avoir honte de rapporter ce qu'il ne rougissait pas lui-même d'étaler vaniteusement. Il raconta dans une assemblée nombreuse qu'il avait fabriqué le flacon à huile qu'il portait ; c'était un vase de forme lenticulaire, et mollement arrondi sur les contours ; et, comme pendant, il montrait une jolie petite étrille dont le manche était droit et les pointes en forme de tuyaux, de sorte que le manche servait à la maintenir et les tuyaux à faire écouler la sueur.

neam certam redigitis, cum torno et cothurno iterum comparatis. Tantum habet vilitas excusationis, quantum dignitas difficultatis. Agnosco igitur difficultatem meam, nec deprecor, quin sic existimetis. Nec tamen vos parva quædam et prava similitudo falsos animi habeat : quoniam quædam, ut sæpe dixi, palliata mendicabula obambulant. Præco cum proconsule, et ipse tribunal ascendit, et ipse togatus illic videtur ; et quidem perdiu stat, aut ambulat, aut plerumque contentissime clamitat ; enimvero ipse proconsul moderata voce rarenter, et sedens loquitur, et plerumque de tabella legit. Quippe præconis vox garrula, ministerium est ; proconsulis autem tabella, sententia est ; quæ semel lecta, neque angeri littera una, neque autem minui potest : sed utcunque recitata est, ita provinciæ instrumento refertur. Patior et ipse in meis studiis aliquam, pro meo captu, similitudinem. Nam quodcunque ad vos protuli, exceptum illico et lectum est : nec revocare illud, nec autem mutare, nec emendare mihi inde quidquam licet. Quo major religio dicendi habenda est : et quidem non in uno genere studiorum. Plura enim mea exstant in Camœnis, quam Hippiæ in opificiis, opera. Quid istud sit, animo attendatis ; diligentius et accuratius disputabo.

Is Hippias e numero sophistarum est, artium multitudine prior omnibus, eloquentia nulli secundus ; ætas illi cum Socrate : patria Elis : genus ignoratur ; gloria vero magna ; fortuna modica : sed ingenium nobile, memoria excellens, studia varia, æmuli multi. Venit Hippias iste quondam certamine olympio Pisam, non minus cultu visendus, quam elaborato mirandus. Omnia, secum quæ habebat, nihil eorum emerat, sed suis sibi manibus confecerat : et indumenta, quibus indutus, et calceamenta, quibus erat inductus, et gestamina, quibus erat conspicuus. Habebat indutui ad corpus tunicam interulam tenuissimo textu, triplici licio, purpura duplici ; ipse eam sibi solus domi texuerat. Habebat cinctui balteum : quod genus pictura babylonica, miris coloribus variegatum ; nec in hac eum opera quisquam adjuverat. Habebat amictui pallium candidum, quod superne circumjecerat ; id quoque pallium comperitur ipsius, laborem fuisse. Etiam pedum tegumenta crepidas sibimet compegerat, et annulum in læva aureum faberrimo signaculo, quem ostentabat ; ipse ejus annuli et orbiculum circumlaverat, et palam clauserat, et gemmam insculpserat. Nondum ejus omnia commemoravi. Enim non pigebit me commemorare, quod illum non puditum est ostentare ; qui magno in cœtu prædicavit, fabricatam sibimet ampullam quoque oleariam, quam gestabat, lenticulari forma, tereti ambitu, pressula rotunditate : juxtaque honestam strigileculam, recta fastigatione clausulæ, flexa tabulatione ligulæ ; ut et ipsa in manu capulo moraretur, et sudor ex ea rivulo laberetur.

Qui ne louerait un homme docteur en un si grand nombre d'arts, un savant à trente-six carats, le Dédale des passementiers? Certes moi aussi je loue Hippias; mais je préfère égaler sa fécondité par mon instruction, que par mon talent à fabriquer toute sorte d'ustensiles. J'en fais l'aveu, je lui suis inférieur dans les arts mécaniques; j'achète mes habits chez le tailleur; je tire mes chaussures de chez le cordonnier; je ne porte point d'anneau, et je prise l'or et les pierreries à l'égal du plomb et des cailloux : l'étrille, l'huilier, et les autres objets de bain, je les prends au marché. Enfin pourquoi le nier? je ne sais me servir ni de l'équerre, ni de l'alène, ni de la lime, ni du tour, ni d'outils semblables. A tous ces instruments, je l'avoue, je préfère une plume à écrire, qui me sert à composer toute sorte de poëmes dignes de la cithare, de la lyre, du cothurne ou du brodequin : enfin satires, logogriphes, histoires diverses, discours admirés par les gens diserts, dialogues admirés par les philosophes, j'embrasse tous les genres, et les exprime en grec et en latin par une double vocation, avec le même goût et le même style.

Tous ces tributs littéraires, que ne puis-je te les offrir, illustre proconsul, non en parties détachées, et par échantillon, mais dans leur ensemble et dans leur unité, et mériter ton glorieux témoignage par l'universalité de mes talents! Ce n'est pas, certes, faute de louanges, car ma gloire toujours intacte, toujours florissante, est parvenue jusqu'à toi par l'entremise de tous tes prédécesseurs; mais je désire avant tous les autres suffrages celui de l'homme que j'estime le plus : car il est naturel d'aimer ceux que l'on estime, et de rechercher les éloges de ceux que l'on aime. Or, je professe la plus vive amitié pour toi; car si rien ne m'oblige envers l'homme privé, mon affection est acquise tout entière au magistrat. Or, si je n'ai rien obtenu de ta faveur, c'est que je n'ai rien demandé. D'ailleurs la philosophie m'a appris à aimer non-seulement mes bienfaiteurs, mais encore mes ennemis; à écouter la voix de la justice plutôt que les conseils de l'intérêt, à préférer l'utilité générale à la mienne propre. Ainsi, tandis que la plupart aiment les effets de ta bienveillance, moi j'aime ton ardeur pour le bien. Je me suis attaché à toi en voyant ton zèle pour les affaires de la province, zèle qui doit te faire aimer passionnément de tous : des obligés, à cause du bienfait; des autres, à cause de l'exemple : car les bienfaits ont été utiles à un grand nombre, l'exemple a été salutaire à tous. En effet, qui n'aimerait à apprendre de toi par quelle modération on acquiert cette gravité aimable, cette douce austérité, cette assurance calme, cette aménité qui n'exclut pas l'énergie? Aucun proconsul, que je sache, n'inspira à l'Afrique plus de respect et moins de crainte; et jamais, avant ton année, on n'avait vu la honte plus forte que l'intimidation pour la répression du crime. Aucun autre, avec un pouvoir égal, ne répandit à la fois tant de bienfaits et moins de terreur; aucun n'amena un fils qui lui ressemblât davantage par ses vertus; aucun autre n'est resté plus longtemps proconsul à Carthage : car lorsque tu parcourais la province, Honorinus nous restait; et si nos re-

---

Quis autem non laudabit hominem tam numerosa arte multiscium? totjugi scientia magnificum? tot utensilium peritia Daedalum? Quin et ipse Hippiam laudo; sed ingenii ejus fecunditatem malo doctrina, quam supellectilis multiformi instrumento æmulari; fateorque, me sellularias quidem artes minus callere : vestem de textrina emere; baxeas istas de sutrina præstinare : eninvero annulum nec gestare; gemmam et aurum juxta ac plumbum et lapillos nulli æstimare: strigilem et ampullam, ceteraque balnei utensilia nundinis mercari. Prorsum nec in eo infitias, nec radio, nec subula, nec lima, nec torno, nec id genus ferramentis uti nosse : sed pro his præoptare me fateor, uno chartario calamo me reficere poemata omne genus, apta virgæ, lyræ, socco, cothurno : item satyras, ac griphos : item historias varias rerum : nec non orationes laudatas disertis, nec non dialogos laudatos philosophis, atque hæc et alia ejusdem modi tam græca, quam latina, gemino voto, pari studio, simili stilo.

Quæ utinam possem equidem non singillatim ac discretim, sed cunctim et coacervatim tibi, proconsul, vir optime, offerre; ac prædicabili testimonio tuo ad omnem nostram Camœnam frui! non hercule penuria laudis, quæ mihi dudum integra et florens per omnes antecessores tuos ad te reservata est; sed quoniam nulli me probatiorem volo: quam quem ipse ante omnes merito probo. Enim sic natura comparatum est, ut eum, quem laudes, etiam ames : porro quem ames, etiam laudari te ab illo velis. Atque ego me dilectorem tuum profiteor : nulla tibi privatim, sed omni publicitus gratia obstrictus. Nihil quippe a te impetravi, quia nec postulavi. Sed philosophia me docuit non tantum beneficium amare, sed etiam maleficium : magisque judicio impartire, quam commodo inservire : et quod in commune expedit malle, quam quod mihi. Igitur bonitatis tuæ diligunt plerique fructum, ego studium. Id quod facere adorsus sum, dum modo rationem tuam in provincialium negotiis contemplor, qua efficiunt amare te debeant, experti, propter beneficium; expertes, propter exemplum. Nam et beneficio multis commodasti, et exemplo omnibus profuisti. Quis enim a te non amet discere, quanam moderatione obtineri queat tua ista gravitas jucunda, mitis austeritas, placida constantia, blandusque vigor animi? Neminem proconsulum, quod sciam, provincia Africa magis reverita sit, minus verita; nullo, nisi tuo anno, ad coercenda peccata plus pudor quam timor valuit. Nemo te alius pari potestate sæpius profuit, rarius terruit; nemo similiorem virtute filium adduxit. Igitur nemo Carthagini proconsulum diutius fuit. Nam etiam eo tempore, quo provinciam circumibas, manente nobis Honorino, minus sensimus absentiam tuam, quamquam te magis desideraremus. Paterna in filio æquitas, senilis in juvene prudentia, consularis in

grets furent plus amers, ton absence fut moins sentie. Dans le fils se retrouvait l'équité du père, dans le jeune homme la prudence du vieillard, dans le lieutenant l'autorité du consul. Enfin il retrace, il représente si fidèlement toutes tes vertus, que, d'honneur, on t'admirerait plus dans ton fils que dans toi-même, si ce fils n'était pas un de tes dons. Et plût au ciel que nous en jouissions toujours! A quoi bon ces changements de proconsuls? années trop courtes, mois trop vite écoulés! Oh! qu'il est fugitif le passage des hommes vertueux! Oh! que les bons gouvernants fournissent rapidement leur carrière! Déjà, Sévérianus, les regrets de toute la province t'accompagnent; mais Honorinus est appelé par son rang à la préture; la faveur des Césars le prépare au consulat; il possède maintenant notre amour, c'est lui que l'espoir de Carthage se promet pour l'avenir. Unique consolation que ton exemple nous donne! il est envoyé comme lieutenant, il nous reviendra bientôt proconsul.

X. Citons d'abord le Soleil,

Dont le char, poursuivant sa course éblouissante,
Inonde l'univers d'une flamme éclatante;

et la Lune, qui réfléchit docilement sa lumière; et les cinq autres planètes: le bienfaisant Jupiter, la voluptueuse Vénus, le rapide Mercure, le dévorant Saturne, Mars l'incendiaire. Il y a encore d'autres divinités intermédiaires dont nous sentons l'influence, mais dont la vue nous est interdite; comme l'Amour et tous ses adhérents, dont la forme est invisible, la force connue. C'est cette force qui, selon les desseins de la Providence, a élevé ici les crêtes sourcilleuses des monts; là, étendu à leurs pieds le niveau des campagnes, diversifié

partout le cours des fleuves, le vert des prairies: c'est elle qui a dit à l'oiseau, Vole; au serpent, Rampe; aux bêtes sauvages, Courez; à l'homme, Marche.

XI. Voyez ces malheureux qui cultivent un héritage stérile, un champ rocailleux, tout en pierrailles, tout en broussailles; ne récoltant aucun fruit dans leurs landes, ne trouvant pour moisson

Que l'ivraie infertile et l'inféconde avoine.

Comme ils n'ont point de fruits à eux, ils dérobent ceux d'autrui, et cueillent les fleurs du voisin pour les mêler à leurs chardons : il en va de même des hommes stériles en vertus.

XII. Le perroquet est un oiseau de l'Inde; il est, à fort peu de chose près, de la grosseur d'une colombe, mais sa couleur est différente: ce n'est pas cette blancheur de lait, ou cette nuance jaunâtre, ou le mélange de ces deux teintes avec le gris cendré. La robe du perroquet est verte depuis la naissance des plumes jusques au bout des ailes; le cou seul tranche sur le reste. Il est entouré d'un cercle de vermillon qui, semblable à un collier d'or, se répète autour de la tête en forme de couronne éclatante. Le bec est d'une dureté sans égale. Lorsque le perroquet se précipite sur un rocher de toute la hauteur, de toute l'impétuosité de son vol, son bec est comme une ancre qui le reçoit. La tête a la même dureté: aussi quand on le force à imiter notre langage, on le frappe sur la tête avec une raquette de fer, pour lui faire entendre les commandements : c'est la férule de l'écolier.

Il peut être instruit depuis qu'il est éclos jus-

---

legato auctoritas. Prorsus omnes virtutes tuas ita effingit ac repraesentat, ut medius fidius admirabilior esset in juvene, quam in te patre laus : nisi unum tu talem dedisses : quo utinam perpetuo liceret frui! Quid nobis cum istis proconsulum vicibus? quid cum annis brevibus, et festinantibus mensibus? O celeres bonorum hominum dies! O praesidum optimorum citata curricula! Jam te, Severiane, tota provincia desideramus. Enimvero Honorinum et honos suus ad praeturam vocat, et favor Caesarum ad consulatum format, et amor noster inpraesentiarum tenet, et spes Carthaginis in futurum spondet : uno solatio freta exempli tui, quod qui legatus mittitur, proconsul ad nos cito reversurus sit.

X. Sol qui micantem candido curru atque equis
Flammam citatis fervido ardori explicas;

itemque luminis ejus Luna discipula, nec non quinque ceterae vagantium potestates : Jovis benefica, Veneris voluptifica, pernix Mercurii, perniciosa Saturni, Martis ignita. Sunt et aliae media deum potestates, quas licet sentire, non datur cernere : ut Amoris, ceterorumque id genus, quorum forma invisitata, vis cognita. Quae item in terris, utcumque providentiae ratio poscebat, alibi montium vertices arduos extulit; alibi camporum supinam planitiem coaequavit : item quas ubique distinxit amnium

fluores, pratorum virores; item dedit volatus avibus, volutus serpentibus, cursus feris, gressus hominibus.

XI. Pariter enim, quod qui herediolum sterile, et agrum scrupulosum, meras rupinas et senticeta miseri colunt : quoniam nullus in tesquis suis fructus est, nec ullam illic aliam frugem vident, sed

Infelix lolium et steriles dominantur avenae :

suis frugibus indigent, aliena furatum eunt, et vicinorum flores decerpunt; scilicet ut eos flores carduis suis misceant; ad eumdem modum, qui suae virtutis sterilis est.

XII. Psittacus Indiae avis est, instar illi minimo minus quam columbarum, sed nec color columbarum; non enim lacteus ille, vel lividus, vel utrumque sublatens, aut sparsus est : sed color psittaco viridis, et intimis plumulis, et extimis palmulis; nisi quod sola cervice distinguitur. Enimvero cervicula ejus circulo mineo, velut aurea torqui, pari fulgoris ambitione cingitur et coronatur. Rostri prima duritia : quum in petram quampiam concitus altissimo volatu praecipitat, rostro se, velut ancora, excipit. Sed et capitis eadem duritia, quae rostri. Quum sermonem nostrum cogitur aemulari, ferrea clavicula caput tunditur, imperium magistri ut persentiscat; haec ferula discenti est.

Discit autem statim pullus usque ad duos aetatis suae

ques à l'âge de deux ans; car alors son gosier se prête facilement à tous les exercices, sa langue à toutes les évolutions. Mais pris vieux, il est indocile et sujet à oublier. Le perroquet qui se plie le mieux à reproduire le langage humain est celui qui se nourrit de glands, et qui compte aux pattes autant de doigts que l'homme. C'est ce qui le distingue des autres espèces. Mais ce qui leur est commun à tous, c'est que leur langue étant plus forte que celle des autres oiseaux, ils articulent plus facilement la parole humaine, parce qu'ils ont le palais et le larynx plus développés. Il chante ou plutôt il parle ce qu'il a appris avec une si fidèle imitation, qu'à l'entendre on croirait que c'est un homme; mais à le voir, on reconnaît que sa parole n'est qu'un effort. Au reste, le perroquet, comme le corbeau, ne prononce que les sons qu'il a appris. Enseignez-lui de gros mots, il dira de gros mots, et vous étourdira jour et nuit de ses blasphèmes : c'est sa poésie, c'est sa chanson. Quand il a épuisé tout son répertoire, il recommence la même cantilène. Le seul moyen d'arrêter sa verve ordurière, c'est de lui couper la langue, ou de le renvoyer au plus tôt dans ses forêts.

XIII. La philosophie ne m'a pas donné une parole dans le genre du chant court et intermittent que la nature a prêté à certains oiseaux. L'hirondelle se fait entendre le matin; la cigale, au milieu du jour; la chauve-souris, au coucher du soleil; le chat-huant, le soir; le hibou, pendant la nuit; le coq, avant le lever de l'aurore. Tous ces animaux semblent se relayer, si l'on considère les variétés de temps et de modes qui déterminent l'heure et le ton de leurs chants. Le coq pousse le cri d'éveil, le hibou gémit, le chat-huant se plaint, la chauve-souris roule sa voix, la cigale bourdonne, l'hirondelle gazouille. Mais la raison comme la parole des philosophes sont de tous les moments; et cela par leur caractère imposant d'autorité, d'utilité, d'universalité.

XIV. Cratès entendant Diogène répéter ces maximes et d'autres semblables, se montant d'ailleurs l'esprit à lui-même, fit si bien qu'un jour il s'élance sur la place publique, jette là tout son patrimoine, comme un vil fardeau plus embarrassant qu'utile; puis, au milieu de la foule qui l'entoure, il s'écrie : « Cratès affranchit Cratès. » Dès ce moment, seul, nu, libre de tout, tant qu'il vécut, il vécut en vrai béat. Il était recherché avec tant d'empressement, qu'une jeune fille d'une naissance noble, dédaignant tous ses prétendus jeunes et riches, désira d'elle-même s'unir à lui. Cratès découvrit ses épaules, qui vers leur centre étaient ornées d'une bosse, posa à terre sa besace, son bâton et son manteau, et lui déclara que c'était tout son bien; que ses agréments, elle les voyait; qu'elle eût donc à se consulter sérieusement, pour n'avoir pas de regrets plus tard. Nonobstant, Hipparque ne marchanda point, et lui répondit qu'elle avait assez réfléchi, assez délibéré; qu'elle ne saurait trouver nulle part un mari plus riche et plus aimable, et qu'il pouvait la conduire où il voudrait. Le cynique la conduisit sous le portique : là, dans le lieu le plus fréquenté, devant tous, en plein jour, il se coucha près d'elle; et, devant tous aussi, il eût défloré la jeune fille, qui s'y prêtait avec une constance égale, si Zé-

---

annos; dum facile os uti conformetur, dum tenera lingua uti convibretur. Senex autem captus, et indocilis est et obliviosus. Verum ad disciplinam humani sermonis facilior est psittacus, glande qui vescitur : et cujus in pedibus, ut hominis, quini digituli numerantur; non enim omnibus psittacis id insigne; sed illud omnibus proprium, quo eis lingua latior quam ceteris avibus, eo facilius verba hominum articulant, patentiore plectro et palato. Is vero, quod didicit, ita similiter nobis canit, vel potius eloquitur, ut vocem si audias, hominem putes : nam quidem si videas, idem conari, non eloqui. Verum enimvero et corvus et psittacus nihil aliud, quam quod didicerunt, pronuntiant. Si convicia docueris, conviciabitur, diebus ac noctibus perstrepens maledictis : hoc illi carmen est, hanc putat cantionem. Ubi omnia, quæ didicit, maledicta percensuit, denuo repetit eamdem cantilenam. Si carere convicio velis, lingua excidenda est, aut quamprimum in silvas suas remittendus.

XIII. Non enim mihi philosophia id genus orationem largita est, ut natura quibusdam avibus brevem et temporarium cantum commodavit : hirundinibus matutinum, cicadis meridianum, noctuis serum, ululis vespertinum, bubonibus nocturnum, gallis antelucanum. Quippe hæc animalia inter se, vario tempore et vario modo, occinunt et occipiunt carmine : scilicet galli expergifico, bubones gemulo, ululæ querulo, noctuæ intorto, cicadæ obstrepero, hirundines peraguto. Sed enim philosophi ratio et oratio tempore jugis est, et auditu venerabilis, et intellectu utilis, et modo omnicana.

XIV. Hæc atque hoc genus alia partim quum audiret a Diogene Crates, alias sibimet ipse suggereret; denique in forum exsilit, rem familiarem abjicit, velut onus stercoris, magis labori quam usui. Dein cœtu facto, maximum exclamat : Crates, inquit, Cratetem manumittit. Exinde non modo solus, verum nudus et liber omnium, quoad vixit, beate vixit. Adeoque usque cupiebatur, ut virgo nobilis, spretis junioribus ac ditioribus procis, ultro cum sibi optaverit. Quumque interscapulum Crates retexisset, quod erat aucto gibbere, peramque cum baculo et pallium humi, posuisset, eamque supellectilem sibi esse puellæ profiteretur, eamque formam, quam videret : proinde sedulo consuleret, nec post querelæ causam caperet : enimvero Hipparche conditionem accipit. Jamdudum sibi provisum satis, et satis consultum respondit : neque ditiorem maritum, neque formosiorem uspiam gentium posse invenire; proinde duceret, quo liberet. Duxit Cynicus in porticum; ibidem, in loco celebri, coram, luce clarissima accubuit; coramque virginem imminuisset, pa-

nui ne les eût couverts de son manteau, pour dérober son maître aux regards de la foule qui faisait cercle à l'entour.

XV. Samos est une petite île de la mer Icarienne, située en face et à l'occident de Milet, dont elle est séparée par un bras de mer. Lorsque le vent est favorable, on peut faire le trajet de l'une à l'autre en deux jours. Le sol, peu fertile en blé, rebelle à la charrue, mais plus propice à l'olive, ne saurait produire ni vignes ni légumes. La culture consiste tout entière à planter et à tailler l'olivier, dont le produit est plus fructueux pour l'île que les autres récoltes. Du reste, Samos est très-peuplée, et très-fréquentée par les étrangers. La ville ne répond pas à l'illustration de la contrée; les débris des remparts indiquent seulement qu'elle fut une grande cité.

Cependant on y trouve un temple de Junon, très-célèbre dans l'antiquité. Ce temple, si je m'en souviens bien, est à vingt stades de la ville, en côtoyant le rivage. L'autel de la déesse est très-riche; une grande quantité d'or et d'argent a été employée à faire des plats, des miroirs, des coupes, et les autres objets qui servent d'ornements. Il y a aussi beaucoup de statues d'airain, représentant diverses figures, travail ancien et fort remarquable. Je citerai celle de Bathylle qui se trouve devant l'autel, et qui fut dédiée par le tyran Polycrate. Je ne connais pas de travail plus achevé. Quelques-uns pensent, mais à tort, que c'est la statue de Pythagore.

Elle représente un adolescent d'une admirable beauté: ses cheveux, partagés également, sont retirés sur les tempes: ils tombent par derrière en longues boucles, qui forment sur ses épaules une ombre où se détache un cou de lis; le cou est plein de mollesse, les tempes gracieuses, les joues arrondies; une petite fossette se dessine au milieu du menton. Il a la pose d'un joueur de cithare; il regarde la déesse: on dirait qu'il chante. Sa tunique, parsemée de broderie et attachée par une ceinture grecque, tombe sur ses pieds; une chlamyde couvre ses deux bras jusques au poignet; le bas flotte en plis élégants. Sa cithare est suspendue à un baudrier d'un travail parfait; ses mains sont délicates, effilées: la gauche touche les cordes en séparant les doigts, la droite approche l'archet de la cithare, comme si elle attendait pour frapper que la voix ait interrompu son chant; et ce chant semble couler de sa bouche arrondie, et de ses lèvres doucement entr'ouvertes. J'admets que cette statue soit celle de quelque favori de Polycrate, qui, pour lui plaire, module une chanson anacréontique; mais il s'en faut de beaucoup qu'elle soit l'image de Pythagore: il est vrai que ce dernier était né à Samos, qu'il possédait une beauté merveilleuse, et un talent supérieur à jouer de toute espèce d'instruments de musique; qu'il vint à peu près dans le temps où Polycrate dominait à Samos: mais le philosophe ne fut jamais aimé du tyran; car lorsque celui-ci s'empara du pouvoir, Pythagore s'enfuit secrètement de l'île. Il venait de perdre son père Mnésarque, habile graveur sur pierres, qui, dans l'art de les travailler, préférait, dit-on, la gloire au profit. Il en est qui prétendent que Pythagore était au nombre des captifs du roi Cambyse; qu'il fut emmené en Égypte, où il eut pour maîtres les mages persans, et surtout Zoroastre, le grand fondateur de leur religion;

---

ratam pari constantia, ni Zeno procinctu palliastri a circumstantis coronæ obtutu magistrum in secreto defendisset.

XV. Samos Icario in mari modica insula est, exadversum Mileto, ad Occidentem ejus sita, nec ab ea multo pelagi dispescitur. Utrumvis clementer navigantem dies alter in portu sistit. Ager frumento piger, aratro irritus, fœcundior oliveto, nec vinitori, nec olitori scalpitur. Ruratio omnis in sarculo et surculo: quorum proventu magis fructuosa insula est, quam frugifera. Ceterum et incolis frequens, et hospitibus celebrata. Oppidum habet nequaquam pro gloria: sed quod fuisse amplum, semiruta mœnium multifariam indicant.

Enimvero fanum Junonis antiquitus famigeratum; id fanum secundo litore, si recte recordor, viginti haud amplius stadiis ab oppido abest. Ibi donarium deæ perquam opulentum: plurima auri et argenti ratio, in lancibus, speculis, poculis, et cujuscemodi utensilibus. Magna etiam vis æris, vario effigiatu, veterrimo et spectabili opere. Vel inde ante aram Bathylli statua a Polycrate tyranno dicata, qua nihil videor effectius cognovisse; quidam Pythagoræ eam falso existimant.

Adolescens est visenda pulchritudine, crinibus fronte parili separatu per malas remulsis; pone autem coma prolixior interlucentem cervicem scapularum finibus obumbrat. Cervix suci plena, malæ uberes, genæ teretes, ac medio mento lacuna, eique prorsus citharœdicus status; deam conspiciens, canenti similis, tunicam picturis variegatam deorsus ad pedes dejectus ipsos, græcanico cingulo; chlamyda velat utrumque brachium adusque articulos palmarum; cetera decoris in striis dependent. Cithara baltheo cælato apta, strictim sustinetur; manus ejus teneræ, proceruæ; læva distantibus digitis nervos molitur; dextera psallentis gestu pulsabulum citharæ admovet, cen parata percutere, quum vox in cantico interquievit: quod interim canticum videtur ore tereti semihiantibus in conatu labellis eliquare. Verum haec quidem statua esto cujuspiam puberum, qui, Polycrati tyranno dilectus, Anacreonteum amicitiæ gratia cantillat; ceterum multum abest Pythagoræ philosophi statuam esse, etsi natu Samius, et pulchritudine apprime insignis, et psallendi musicæque omnis multo doctissimus, ac ferme id ævi, quo Polycrates Samon potiebatur. Sed haudquaquam philosophus tyranno dilectus est. Quippe eo commodum dominari orso, profugit ex insula clanculo Pythagoras, patre Mnesarcho nuper amisso: quem comperio insuper sellularios artifices, gemmis faberrime sculpendis laudem magis quam opem quæsisse. Sunt, qui Pythagoram aiant eo tempore inter captivos Cambysæ regis, Ægyptum quum adveheretur, doctores habuisse Persarum Magos, ac præcipue Zo-

qu'ensuite il fut racheté par un certain Gillus, prince des Crotoniates. Mais la tradition la plus accréditée, c'est qu'il alla volontairement étudier les doctrines égyptiennes, et que les prêtres lui enseignèrent l'incroyable et mystérieuse puissance de leurs cérémonies, l'admirable combinaison des nombres, et les formules si rigoureuses de la géométrie. Leur science ne le satisfit point : il visita les Chaldéens, et plus tard les brachmanes et leurs gymnosophistes. Les Chaldéens lui révélèrent la science des astres, les révolutions précises des planètes, et leur influence sur la naissance des hommes. Ils lui donnèrent des remèdes pour guérir les maladies; remèdes acquis à grands frais, cherchés sur la terre, au ciel, dans le sein des mers. Il emprunta aux brachmanes la plupart des principes de sa philosophie : l'art d'éclairer l'intelligence, de fortifier le corps; les différentes parties de l'âme, les transformations de la vie, les peines et les récompenses accordées par les dieux mânes à chaque mortel selon son mérite. Il eut aussi pour maître Phérécyde de Scyros, qui le premier secoua le joug des vers, et se servit d'un langage libre, dégagé des entraves poétiques : et lorsque Phérécyde, réduit en putréfaction par des insectes horribles qui le rongeaient, succomba à cette effroyable maladie, Pythagore ensevelit religieusement son maître. On dit en outre qu'il étudia la philosophie naturelle sous Anaximandre de Milet, qu'il suivit l'école du Crétois Épiménide, augure et poëte illustre, ainsi que les leçons de Léodamas, disciple de Créophyle. Ce dernier passe pour avoir été l'hôte et le rival d'Homère.

Cet homme instruit par tant de maîtres, cet homme qui avait parcouru l'univers pour puiser les doctrines à leur source; cet éminent génie, dont l'intelligence franchit les bornes imposées à l'homme ; ce fondateur, ce créateur de la philosophie, la première chose qu'il enseigna à ses disciples fut le silence. D'après lui, la première étude de celui qui voulait devenir un sage, c'était de retenir entièrement sa langue, de refréner ces paroles que les poëtes appellent *volantes*, de leur couper les ailes, de les enfermer dans cette forteresse d'ivoire que forment les dents. Le premier élément de la sagesse, c'était d'apprendre à réfléchir, de désapprendre à pérorer. L'usage de la parole n'était pas interdit pour toute la vie, et tous les disciples n'étaient pas condamnés à un mutisme d'égale durée : pour les hommes graves, le maître réduisait à un court espace de temps le bail du silence; mais pour les plus loquaces, il étendait presque à cinq ans cette sorte d'exil de la parole. Or notre Platon, qui a été fidèle à qui a peu dérogé aux lois de cette secte, pythagorise presque partout. Et moi qui ai été adopté en son nom par mes maîtres, je dois à mes méditations académiques le double avantage de savoir parler bravement, lorsqu'il le faut, et me taire volontiers dans l'occasion. C'est grâce à cette modération que j'ai obtenu près de tes prédécesseurs l'honorable réputation d'un homme qui sait à propos garder le silence, et prendre la parole quand il le faut.

XVI. Je veux, nobles chefs de l'Afrique, avant de vous rendre grâces de cette statue que vous m'avez fait l'honneur de demander pour moi,

---

roastren, omnis divini arcani antistitem : posteaque eum a quodam Gillo Crotoniensium principe reciperatum. Verum enimvero celebrior fama obtinet, sponte eum petisse ægyptias disciplinas, atque ibi a sacerdotibus, cærimoniarum incredundas potentia, numerorum admiranda vices, geometriæ sollertissimas formulas didicisse : sed nec his artibus animi expletum, mox Chaldæos, atque inde brachmanas : eorum ergo brachmanum gymnosophistas adisse. Chaldæi sideralem scientiam, numinum vagantium statos ambitus, eorumque varios effectus in genituris hominum ostendere : nec non medendi remedia mortalibus, latis pecuniis, terra cœloque et mari conquisita. Brachmanæ autem pleraque philosophiæ ejus contulerunt : quæ mentium documenta, quæ corporum exercitamenta, quot partes animi, quot vices vitæ, quæ diis manibus pro merito suo cuique tormenta vel præmia. Quin etiam Pherecydes Scyro ex insula oriundus, qui primus versuum nexu repudiato, conscribere ausus est passis verbis, soluto locutu, libera oratione, eum quoque Pythagoras magistrum coluit, et infandi morbi putredine in serpentium scabiem solutum, religiose humavit. Fertur et penes Anaximandrum Milesium naturabilia commentatus : nec non et Cretensem Epimenidem, inclytum fatiloquum et poetam, disciplinæ gratia sectatus : itemque Leodamantem, Creophyli discipulum : qui Creophylus memoratur poetæ Homeri hospes et æmulator canendi fuisse.

Tot ille doctoribus eruditus, tot tamque multijugis fontibus disciplinarum toto orbe haustis, vir præsertim ingenio ingenti, ac profecto supra captum hominis animi angustior, primus philosophiæ nuncupator et conditor, nihil prius discipulos suos docuit, quam tacere : primaque apud eum meditatio, sapienti futuro, linguam omnem coercere; verbaque, quæ volantia poetæ appellant, ea verba, detractis pinnis, intra murum candentium dentium premere. Prorsus, inquam, hoc erat primum sapientiæ rudimentum, meditari condiscere, loquitari dediscere. Non in totum ævum tamen vocem desuescebant, nec omnes pari tempore elingues magistrum sectabantur; sed gravioribus viris brevi spatio satis videbatur taciturnitas modificata ; loquaciores enimvero ferme in quinquennium velut exsilio vocis puniebantur. Porro noster Plato, nihil ab hac secta vel paululum devius, pythagorissat in plurimis. Æque et ipse in nomen ejus a magistris meis adoptatus, utrumque meditationibus academicis didici : et quum dicto opus est, impigre dicere ; et quum tacito opus est, libenter tacere. Qua moderatione videor ab omnibus tuis antecessoribus haud minus opportuni silentii laudem, quam tempestivæ vocis testimonium consecutus.

XVI. Priusquam vobis occipiam, principes Africæ viri, gratias agere, ob statuam, quam mihi præsenti honeste postulastis, et absenti benigne decrevistis; prius volo causam vobis allegare, cur aliquammultos dies a conspectu

lorsque j'étais parmi vous, et la faveur de me décerner pendant mon absence; je veux vous expliquer pourquoi j'ai manqué plusieurs jours à mon auditoire, et suis allé aux eaux Persiennes, ce lieu de délicieux ébats pour les gens en santé, de salut pour les malades : car j'ai résolu de vous rendre compte de tous les instants d'une vie qui vous est consacrée pour toujours, et, quoi que je fasse d'important ou de frivole, de tout soumettre à votre connaissance et à votre jugement. Quant au motif soudain qui m'a privé de votre illustre présence, il a quelque rapport avec le fait que je vais vous raconter : il s'agit de Philémon le comique.

Vous connaissez probablement son génie : écoutez quelques détails sur sa mort. Mais quoi ! vous en voulez aussi sur son talent? Sachez donc que ce Philémon était un poëte de la moyenne comédie : contemporain de Ménandre, il lutta avec lui, et s'il ne l'égala pas, il fut du moins son rival; et même, j'ai honte de le dire, il fut souvent son vainqueur. On trouve dans ses pièces une fine raillerie, des intrigues ingénieuses, des reconnaissances d'enfants très-clairement expliquées; les actions et le langage de ses personnages sont d'accord avec leur situation; sa plaisanterie n'est jamais triviale, sa gravité jamais tragique. Ses pièces sont rarement licencieuses; et s'il y parle de l'amour, il le traite comme un égarement. Mais il ne laisse pas de mettre en scène le marchand d'esclaves sans foi, et l'amant hors de soi, et le valet adroit, et la maîtresse décevante, et l'épouse arrogante, et la mère indulgente, et l'oncle sermoneur, et l'ami entremetteur, et le soldat tapageur, et même les parasites gourmands, les pères regardants, les courtisanes au verbe insolent.

Philémon, grâce à ces mérites, était devenu célèbre dans l'art comique : un jour qu'il récitait en public une nouvelle pièce de sa composition, voilà qu'au troisième acte, au moment où presque toujours l'intérêt de la comédie est le plus vivement excité, une pluie soudaine, comme cela m'est arrivé tout récemment, le força d'interrompre sa lecture et d'ajourner son auditoire; mais il promit, à la demande générale, d'achever le reste le jour suivant.

Le lendemain donc, une foule immense accourt; chacun se met le plus près possible; le dernier venu fait signe à ses amis, qui se pressent pour lui ménager une place; les spectateurs des extrémités se plaignent d'être poussés hors de leurs sièges; le théâtre est comble, tout le monde est entassé, et les causeries commencent. Ceux qui n'étaient pas présents la veille demandent ce qui a été dit; ceux qui assistaient à la pièce se rappellent ce qu'ils ont entendu; enfin tous savent ce qui précède, ils attendent la suite. Cependant le jour s'avance, et Philémon n'est pas venu au rendez-vous : les uns murmurent de son retard, la plupart défendent le poëte : mais comme, après une attente raisonnable, Philémon n'a pas encore paru, on dépêche les plus empressés à la découverte, et ils le trouvent... mort sur son lit : il venait de rendre le dernier soupir; il était étendu sur sa couche; on eût dit qu'il méditait: ses doigts étaient encore passés dans le volume; sa bouche était encore attachée au livre ouvert; mais l'âme était partie, le livre oublié, l'auditoire fort rassurant désormais. Ceux qui étaient entrés restèrent un instant immobiles, frappés d'un événement si imprévu, d'une mort si merveilleuse et si belle. Ensuite ils revinrent annoncer au peuple que le poëte Philémon, qu'on attendait pour

---

auditorii abfuerim, contulerimque me ad Persianas aquas, gratissima prorsus et sanis natabula, et ægris medicabula. Quippe ita institui omne vitæ meæ tempus vobis probare, quibus me in perpetuum firmiter dedicavi : nihil tantum, nihil tantulum faciam, quin ejus vos et gnaros et judices habeam. Quid igitur de repentino ab hoc splendidissimo conspectu vestro distulerim, exemplum ejus rei paulo secus simillimum memorabo, de Philemone comico.

De ingenio ejus qui satis nostis, de interitu paucis cognoscite. An etiam de ingenio pauca vultis? Poeta fuit hic Philemon, mediæ comœdiæ scriptor; fabulas cum Menandro in scenam dictavit, certavitque cum eo : fortasse impar, certe æmulus. Namque cum etiam vicisse sæpenumero, pudet dicere. Reperias tamen apud ipsum multos sales, argumenta lepide inflexa, agnatos lucide explicatos, personas rebus competentes, sententias vitæ congruentes : joca non infra soccum, seria non usque ad cothurnum. Raræ apud illum corruptelæ : et, uti errores, concessi amores. Nec eo minus et leno perjurus, et amator servidus, et servulus callidus, et amica illudens, et uxor inhibens, et mater indulgens, et patruus objurgator, et sodalis opitulator, et miles proeliator : sed et parasiti edaces, et parentes tenaces, et meretrices procaces.

Hisce laudibus diu in arte comœdica nobilis, forte recitabat partem fabulæ, quam recens fecerat. Quumque jam in tertio actu, quod genus in comœdia fieri amat, jucundiores affectus moveret; imber repentino coortus, ita ut mihi ad vos venit usus nuperrime, differri auditorii cœtum et auditionis cœptum coegit : reliquum autem, variis postulantibus, sine intermissione deincipe die perlecturum. Postridie igitur maximo studio ingens hominum frequentia convenere; sese quisque exadversum quam proxime collocant. Serus adveniens amicis annuit : locum sessui impertiunt; extimus quisque excuneati queruntur; farto toto theatro, ingens stipatio; occipiunt inter se queri. Qui non affuerant, percontari ante dicta : qui affuerant, recordari audita, cunctisque jam prioribus gnaris, sequentia exspectare.

Interim dies ire, neque Philemon ad condictum venire; quidam tarditatem poetæ murmurari, plures defendere. Sed ubi diutius æquo sedetur, nec Philemon uspiam comparet; missi ex promptioribus, qui accirent, atque eum in suo sibi lectulo mortuum offendunt. Commodum ille anima edita obriguerat : jacebatque incumbens toro, similis cogitanti; adhuc manus volumini implexa, adhuc os recto libro impressum : sed enim jam animæ vacuus, li-

achever au théâtre une pièce composée sur un sujet imaginaire, venait de terminer chez lui le véritable drame ; qu'il avait dit pour la dernière fois aux choses humaines le *valete et plaudite !* à ses amis, le *dolete et plangite ;* que cette pluie de la veille présageait des larmes ; que sa comédie en était venue à la torche funèbre avant d'arriver à la torche nuptiale ; et que, puisque cet illustre poëte avait quitté le théâtre de la vie, son auditoire devait accompagner sa dépouille et recueillir d'abord ses os, plus tard ses vers.

Il y a longtemps que je savais cette histoire, et je m'en suis souvenu à mon dam. Car vous n'avez pas oublié que mon dernier discours fut interrompu par la pluie, et que je remis, à votre demande, la suite au lendemain ; et ma foi, j'ai failli ressembler jusqu'au bout à Philémon : le même jour, je me tordis si violemment le talon dans la palestre, que peu s'en fallut que je n'eusse l'articulation de la jambe brisée. Enfin elle se remit en place, et depuis cette luxation elle est encore enflée. Mais pendant que je la guérissais à grand renfort de bandages, et que la sueur coulait sur moi à torrents, l'action d'un froid trop prolongé m'a saisi. De là une douleur aiguë dans les entrailles, laquelle ne s'est calmée que juste avant l'instant où sa violence allait me tuer. Il m'eût fallu, comme à Philémon, faire mon paquet avant mon entrée, ma révérence au monde avant de le faire au public, terminer ma vie avant mon histoire. Mais, grâce aux eaux Persiennes, à leur douce température, à leurs douches salutaires, j'ai retrouvé la faculté de marcher ; et, quoique mal affermi encore sur mes jambes, dans l'illusion de mon empressement, je venais acquitter la dette que j'avais contractée, lorsque votre bienfait, non-seulement a remis le boiteux sur pied, mais encore lui a donné des ailes.

Et ne devais-je pas me hâter, puisqu'il s'agissait d'un honneur qui m'imposait d'autant plus de reconnaissance qu'il ne m'avait point coûté de prières ? Ce n'est pas que la glorieuse Carthage ne mérite de faire payer ses honneurs d'une prière, même à un philosophe ; mais pour que votre bienfait ne perdît rien de sa grâce et de son prix, il fallait qu'une demande ne vînt point en altérer le lustre, c'est-à-dire, qu'il fût gratuit. En effet, ce n'est pas avoir pour rien que d'obtenir par prières ; de même ce n'est pas donner pour rien que de céder à des instances. Aussi préfère-t-on acheter tous ses ustensiles, que de les demander. Selon moi, c'est particulièrement, en matière d'honneurs que ce principe est de mise : car celui qui les a laborieusement arrachés n'en doit de l'obligation qu'à lui-même ; mais celui qui les a obtenus sans importunités doit une double reconnaissance à ses bienfaiteurs : il n'a pas demandé, et il a reçu. Je vous dois donc une double reconnaissance, ou pour mieux dire elle est immense, et je la proclamerai toujours et partout.

Quant à présent, c'est ce discours, composé à propos d'un tel honneur, qui sera, comme de coutume, l'expression publique de ma reconnaissance. En effet, le philosophe a un moyen assuré de remercier ceux qui lui décernent une statue : je m'en écarterai très-peu dans ce discours que

bri oblitus, et auditorii securus. Stetere paulisper, qui introierant, perculsi tam inopinatæ rei, tam formosæ mortis miraculo. Deinde regressi ad populum renuntiavere, Philemonem poetam, qui exspectaretur, qui in theatro fictum argumentum finiret, jam domi veram fabulam consummasse. Enimvero jam dixisse rebus humanis VALERE ET PLAUDERE : suis vero familiaribus, dolere et plangere ; hesternum illi imbrem lacrymas auspicasse : comœdiam ejus prius ad funebrem facem, quam ad nuptialem venisse. Proin quoniam poeta optimus personam vitæ deposuerit, recta de auditorio ejus exsequias eundum ; legenda ejus esse nunc ossa, mox carmina.

Hæc ego ita facta, ut commemoravi, olim didiceram ; sed haud sine meo periculo recordatus. Nam, ut meministis profecto, quum impedita esset imbri recitatio, in propinquum diem, vobis volentibus, protuli : et quidem Philemonis exemplo penissime ; quippe eodem die in palæstra adeo vehementer talum offendi, ut minimum abfuerim, quin articulum etiam a crure defregerim ; tamen articulus loco concessit, exque eo luxu adhuc fluxus est : et jam, dum eum ingenti plaga reconcilio, jamjam sudoro affatim corpore, diutine obrigui. Inde acerbus dolor intestinorum coortus, modico ante sedatus est, quam me denique violentus exanimaret, et Philemonis ritu compelleret ante letum abire, quam lectum ; potius implere fata, quam fanda ; consummare potius animam, quam historian. Quum primum igitur apud Persianas aquas, leni temperie, nec minus utique blando fomento gressum reciperavi ; nondum quidem ad innitendum idonee, sed quantum ad vos festinanti satis videbatur, veniebam redditum, quod pepigeram : quum interim vos mihi beneficio vestro non tantum claudicatatem demsistis, verum etiam pernicitatem addidistis.

An non properandum mihi erat, ut pro eo honore vobis multas gratias dicerem, pro quo nullas preces dixeram ? Non quin magnitudo Carthaginis mereatur etiam precem a philosopho pro honore ; sed ut integrum et intemeratum vestrum esset beneficium, si nihil ex gratia ejus petitio mea defregisset, id est, ut usquequaque esset gratuitum. Neque enim aut vili mercede emit, qui precatur ; aut parum pretium accipit, qui rogatur : adeo ut omnia utensilia emere velis, quam rogare. Id ego arbitror præcipue in honore observandum : quem qui laboriose exoraverit, sibi debet quam gratiam, quod impetrarit ; qui vero sine molestia ambitus adeptus est, duplam gratiam præbentibus debet : et quod non petierit, et quod acceperit.

Duplam ergo gratiam vobis debeo : immo enimvero multijugam ; quam ubique equidem et semper prædicabo. Sed quum impræsentiarum libro isto ad hunc honorem mihi conscripto, ita ut soleo, publice protestabor. Certa est enim ratio, qua debeat philosophus ob decretam sibi publice statuam gratias agere ; a qua paululum demutabit liber, quem Strabonis Æmiliani excellentissimus honor flagitat ; quem librum sperabo me commode posse cons...

réclame l'éminente dignité d'Émilianus Strabon. Ce morceau aura, je l'espère, quelque succès, s'il veut joindre, en ce jour, son approbation à la vôtre; car telle est sa supériorité littéraire, qu'il doit plus d'illustration à son propre génie qu'à son titre de patricien et de consul.

De quels termes, Émilianus Strabon, toi le premier de tous les mortels qui ont existé, ou qui vivent aujourd'hui, ou qui vivront dans l'avenir, toi le plus illustre des hommes vertueux, le plus vertueux des hommes illustres, des uns et des autres le plus savant; de quels termes me servirai-je pour rendre à la bienveillance dont tu m'honores de solennelles actions de grâce? Comment célébrer dignement un si glorieux patronage? comment reconnaître, égaler par de faibles paroles une si brillante faveur? Je suis encore à en chercher les moyens. Mais je les trouverai; du moins j'emploierai tout mon zèle, tous mes efforts,

Tant qu'un souffle de vie animera mon être.

En ce moment, je l'avoue, la joie arrête mes paroles, le plaisir suspend ma pensée, et mon âme ravie aime mieux savourer que célébrer ses transports. Que faire? Je veux montrer ma gratitude, et, dans mon enivrement, je ne trouve pas de mots qui l'expriment. Personne, non personne, même parmi les plus malveillants, ne saurait me blâmer de ce que, en présence d'un pareil honneur, je n'éprouve pas moins de saisissement que d'allégresse; de ce que, venant du plus noble et du plus savant des hommes, un si magnifique témoignage m'exalte. Et en effet, où l'ai-je reçu? Au milieu du sénat de Carthage, ce corps aussi illustre que bienveillant, et de la part d'un consulaire!... Être connu de lui serait déjà un honneur insigne; et c'est lui encore qui s'est constitué mon panégyriste devant les premiers magistrats de la province! Car, je l'ai appris, c'est lui qui a présenté une requête, il y a trois jours, pour obtenir l'érection de ma statue sur une place publique : il a invoqué d'abord les droits de notre amitié, commencée honorablement par une communauté d'études sous les mêmes maîtres. Puis il a rappelé les vœux dont je l'ai salué à toutes les phases de sa grandeur : son premier bienfait, c'est qu'il s'est souvenu de nos études communes; l'autre bienfait, c'est qu'il s'est vanté, lui, si grand, de mon affection, comme de celle d'un égal. Bien plus, il a énuméré les peuples, les pays qui m'ont, eux aussi, décerné des statues, et d'autres honneurs encore. Que peut-on ajouter à ce panégyrique fait par un illustre consulaire? Il a même montré qu'en vertu du sacerdoce que j'exerce, je possède à Carthage une éminente dignité; et couronnant cet éloge par un bienfait, le plus grand de tous, il m'a recommandé, ce glorieux répondant, de toute la puissance de son suffrage. Enfin il a promis de me faire élever, à ses propres frais, une statue à Carthage, lui à qui toutes les provinces sont heureuses d'offrir des quadriges et des attelages à six coursiers.

Que faut-il de plus pour me combler de gloire, pour donner le sceau à ma réputation? que faut-il de plus? Émilianus Strabo, un consulaire que les vœux de tous appellent au proconsulat, a fait dans le sénat de Carthage une motion relative aux honneurs qu'il veut me faire décerner, et tous ont applaudi à sa pensée. Cet assentiment ne vous paraît-il pas un sénatus-consulte? Je dirai plus

cribere, si is enim hodie vobiscum probarit. Est enim in studiis tantus, ut præ nobilior sit proprio ingenio, quam patricio consulatu.

Quibusnam verbis tibi, Æmiliane Strabo, vir omnium qui unquam fuerunt, aut sunt, aut etiam erunt, inter optimos clarissime, et inter clarissimos optime, inter utrosque doctissime; quibus tandem verbis, pro hoc tuo erga me animo, gratias habitum et commemoratum eam, qua digna ratione tam honorificam benignitatem tuam celebrem, qua remuneratione dicendi gloriam tui facti æquiparem, nondum hercle reperio. Sed quæram sedulo, et connitar,

Dum memor ipse mei, dum spiritus hos reget artus.

Nam nunc inpræsentiarum (neque enim diffitebor) lætitia facundiæ obstrepit : et cogitatio voluptate impeditur, ac meus occupata delectatione, mavult inpræsentiarum gaudere, quam prædicare. Quid faciam? Cupio gratus videri: sed præ gaudio nondum mihi vacat gratias agere. Nemo me, nemo ex illis tristioribus velit in isto vituperare, quod honorem meum non minus vereor, quam intelligo : quod clarissimi et eruditissimi viri tanto testimonio exsulto; quippe testimonium mihi perhibuit in curia Carthaginiensium, non minus splendidissima quam benignissima, vir consularis : cui etiam notum esse tantummodo, summus honor est; is etiam laudator mihi apud principes Africæ viros quodammodo adstitit.

Nam, ut comperior, nudiustertius libello misso, per quem postulabat locum celebrem statuæ meæ, quumprimis commemoravit inter nos jura amicitiæ a commilitio studiorum eisdem magistris inchoata honeste : nunc postea vota omnia mea secundum dignitatis suæ gradus recognovit. Jam illud primum beneficium, quod condiscipulum se meminit. Ecce et hoc alterum beneficium, quod tantus diligi se pari prædicat. Quin etiam commemoravit, et alibi gentium et civitatum honores mihi statuarios et alios decretos. Quid addi potest ad hoc præconium viri consularis? Immo etiam docuit argumento suscepti sacerdotii, summum mihi honorem Carthaginis adesse. Jam hoc præcipuum beneficium ac longe ante ceteros excellens, quod me vobis locupletissimus testis suo etiam suffragio commendat. Ad summum pollicitus est, se mihi Carthagini de suo statuam positurum : vir, cui omnes provinciæ quadrijuges et sejuges currus ubique gentium ponere gratulantur.

Quid ergo superest ad honoris mei tribunal et columen, ad laudis meæ cumulum? Immo enimvero quid superest? Æmilianus Strabo, vir consularis, brevi votis omnium

encore : tous les Carthaginois présents à cette auguste assemblée n'ont décrété avec tant d'empressement la place où serait érigée la statue, et n'ont remis, je pense, à la prochaine réunion le vote d'une seconde statue, que par déférence, que par respect pour leur consulaire : ils voulaient paraître l'imiter, et non rivaliser avec lui; ils voulaient qu'une journée tout entière fût consacrée à l'expression des sentiments publics. Ces excellents magistrats, ces chefs bienveillants se rappelaient d'ailleurs, Émilianus, que ta motion était d'accord avec leur propre volonté.

Et je feindrais d'ignorer tout cela! et je garderais le silence! Je serais un ingrat. Oh! souffrez que, pour répondre aux honneurs éclatants dont j'ai été l'objet de la part de votre ordre tout entier, je vous rende et vous offre tous les hommages que je puis mettre à vos pieds, vous qui m'avez salué de vos glorieuses acclamations dans ce lieu où il est si honorable d'être seulement nommé. Oui, ce qu'il était difficile, ce qu'il me semblait complétement impossible d'allier, les sympathies du peuple, l'agrément du sénat, l'approbation des magistrats et des chefs de l'État, je le dis sans orgueil, cette gloire a en quelque sorte été mon partage. Que manque-t-il donc à cet insigne honneur, si ce n'est l'achat de l'airain et le travail de l'artiste? Certes, les deux choses qui ne m'ont pas manqué dans les plus petites cités ne me manqueront pas à Carthage où, l'ordre le plus illustre, même lorsqu'il s'agit des intérêts les plus grands, décrète, et ne calcule pas. Du reste, lorsque votre faveur sera plus complète, ma gratitude sera plus entière. Nobles sénateurs, citoyens illustres, et vous, mes glorieux amis, lorsque viendra la dédicace de ma statue, je vous dédierai à mon tour un livre de ma main, où ma reconnaissance sera plus vivement exprimée; et ce livre se répandra dans toutes les provinces, dans tout l'univers, dans tous les siècles à venir, pour immortaliser chez tous les peuples la gloire de votre bienfait.

XVII. Liberté pleine à ceux qui ont pour maxime de harceler le loisir des proconsuls, qui cherchent à recommander leur esprit par l'intempérance de leur langue, et qui se parent avec affectation du manteau de votre amitié. J'évite avec soin ces deux travers; car, si médiocre que soit mon mérite, il s'est assez fait connaître à chacun dans sa mesure pour n'avoir pas besoin d'une nouvelle recommandation; et, d'un autre côté, ta faveur, Scipion Orfitus, celle de ceux qui te ressemblent, est plus douce à mon cœur qu'à ma vanité. Une amitié si haute, j'en suis plus jaloux que glorieux; car on ne peut la désirer sans savoir au juste ce qu'elle vaut, tandis que le premier venu peut faussement s'en faire honneur. En outre, dès mon enfance telle a été ma passion pour les arts libéraux; et cet amour des bonnes mœurs et des études, qui m'a suivi dans votre province, m'avait mis à Rome en si grande estime auprès de tes amis, comme tu peux m'en servir toi-même d'irrécusable témoin, que vous devez, ô Carthaginois, recevoir mon amitié avec autant d'empressement que j'en mets à rechercher la vôtre.

Aussi bien les difficultés que vous faites à souscrire à mes rares absences prouvent que vous té-

---

futurus proconsul, sententiam de honoribus meis in curia Carthaginiensium dixit; omnes ejus auctoritatem secuti sunt. Nonne videtur hoc vobis senatusconsultum esse? Quid? quod et Carthaginienses omnes, qui in illa sanctissima curia aderant, tam libenter decreverunt locum statuæ, ut illos scires idcirco alteram statuam, quantum spero, in sequentem curiam protulisse, ut salva veneratione, salva reverentia consularis sui, viderentur factum ejus non æmulati, sed secuti : id est, ut integro die beneficium ad me publicum perveniret. Ceterum meminerant optimi magistratus et benevolentissimi principes, mandatum sibi a vobis, quod volebant.

Id ego nescirem ac prædicarem? ingratus essem. Quin etiam universo ordini vestro pro amplissimis erga me meritis, quantas maximas possum, gratias ago atque habeo, qui me in illa curia honestissimis acclamationibus decoravere, in qua curia vel nominari tantummodo summus honor est. Igitur, quod difficile factu erat, quodque revera arduum nobis existimabam, gratum esse populo, placere ordini, probari magistratibus et principibus : id (præfiscine dixerim) jam quodammodo mihi obtigit. Quid igitur superest ad statuæ meæ honorem, nisi æris pretium, artificis ministerium? quæ mihi ne in mediocribus quidem civitatibus unquam defuere; ne ut Carthagini desint, ubi splendidissimus ordo etiam de rebus majoribus judicare potius solet, quam computare. Sed de hoc tum ego perfectius, quum vos effectius. Quin etiam tibi, nobilitas senatorum, claritudo civium, dignitas amicorum, mox ad dedicationem statuæ meæ, plenius etiam conscripto, gratias canam, itemque libro mandabo, uti per omnes provincias eat, totoque abhinc orbe, totoque abhinc tempore, laudes benefacti tui ubique gentium semper annorum repræsentet.

XVII. Viderint, quibus mos est oggerere semet otiosis præsidibus, ut impatientia linguæ commendationem ingenii quærant, et affectata amicitiæ vestræ specie glorientur. Utrumque enim a me, Scipio Orfite, longe abest. Nam et quantulumcunque ingenium meum jampridem pro captu suo hominibus notius est, quam ut indigeat novæ commendationis. Et gratiam tuam tuorumque similium malo, quam jacto : magisque sum tantæ amicitiæ cupitor, quam gloriator : quoniam cupere nemo, nisi vere putet, potest; potest autem quivis falso gloriari. Ad hoc ita semper ab ineunte ævo bonas artes sedulo colui; eamque existimationem morum ac studiorum quum in provincia vestra, tum etiam Romæ penes amicos tuos quæsisse me, tute ipse locupletissimus testis es : ut non minus vobis amicitia mea capessenda sit, quam mihi vestra est concupiscenda.

Quippe non promte veniam impertire rarenter adeundi, assiduitatem ejus requirentis est : summumque argumentum amoris, frequentibus delectari, cessantibus obirasci,

nez à m'entendre assidûment. Et, dites-moi, se plaire à fréquenter les gens, s'irriter de leurs inexactitudes, se réjouir de leur constance, accuser leurs infidélités ; tous ces sentiments que l'on éprouve pour celui dont l'absence nous est pénible, ne sont-ils pas la plus grande preuve d'amour ? D'autre part, la parole, condamnée à un éternel silence, ne serait pas d'un autre usage que l'odorat émoussé par un rhume, que les oreilles étourdies par le vent, que les yeux couverts d'une taie ! Allez donc enfermer les mains dans des menottes, resserrer les pieds dans des entraves ! Et l'âme, cette reine du corps, plongez-la dans le sommeil, noyez-la dans le vin, ensevelissez-la dans la maladie ! De même que l'épée brille par l'usage et se rouille dans le repos, ainsi la voix enfermée dans la gêne du silence, une longue torpeur l'engourdit. Partout la désuétude enfante la paresse ; la paresse enfante la léthargie. Les tragédiens perdraient l'éclat de leur voix, s'ils ne déclamaient tous les jours ; et c'est en criant qu'ils se développent le gosier.

Pourtant la vocalise humaine est un labeur superflu, un exercice en pure perte, auprès d'une foule de résultats supérieurs. Qu'est-ce que la voix de l'homme, comparée à l'âpre vigueur du clairon, à l'harmonie variée de la lyre, à la plainte ravissante de la flûte, au murmure enchanteur du chalumeau, à l'écho prolongé de la trompette? Je ne parle pas d'une foule d'animaux dont les accents naturels, par leurs propriétés spéciales, nous remplissent d'admiration : le grave mugissement des taureaux, le hurlement lugubre des loups, le cri douloureux de l'éléphant, le hennissement joyeux du cheval, et les cris perçants des oiseaux, et le rugissement farouche du lion, et les autres voix des animaux, voix terribles ou pleines de douceur, selon qu'elles expriment la rage cruelle ou l'aimable volupté. En revanche, Dieu a donné à l'homme une voix moins étendue, mais plus utile à l'intelligence qu'agréable aux oreilles. Aussi ne pourrait-on trouver une meilleure occasion de l'exercer et de s'en servir, que devant une assemblée présidée par un si grand homme, devant la réunion éminente d'une foule d'auditeurs instruits et bienveillants.

Si j'avais une grande supériorité sur la lyre, je ne voudrais jouer que devant de nombreux auditoires. C'est dans la solitude que chantonnaient

Orphée au sein des bois, Arion sur les flots.

Car, si l'on ajoute foi aux fables, Orphée cacha sa douleur dans l'exil, Arion se jeta du haut d'un vaisseau : l'un adoucissait les bêtes féroces, l'autre charmait les monstres de la mer. Chantres malheureux ! leurs accords n'étaient point inspirés par l'amour de la gloire, mais bien par la nécessité de leur salut. Je les admirerais plus volontiers s'ils avaient charmé les hommes et non les animaux. Cette solitude est plutôt le partage des oiseaux, des merles, des rossignols et des cygnes : le merle siffle dans les landes écartées ; le rossignol égaye les déserts de l'Afrique de ses jeunes chansons ; le cygne, sur le bord des fleuves solitaires, médite le chant de la vieillesse. Mais celui qui peut chanter des vers utiles aux enfants, aux jeunes gens, aux vieillards, doit chanter au milieu de tous : c'est dans ce but que ma poésie est consacrée aux vertus d'Orphitus ; hymne tardif peut-être, mais sérieux, et non moins agréable qu'utile aux Carthaginois de tout âge ; car tous ont éprouvé les bontés spéciales du pro-

perseverantem celebrare, desinentem desiderare : quoniam necesse est ejusdem esse, cujus angat absentia. Ceterum vox cohibita silentii perpeti usu non magis juverit, quam nares gravedine oppletæ, aures spiritu obseratæ, oculi albugine obducti. Quid si manus manicis restringantur? quid si pedes pedicis coarctentur? jam rector nostri animus aut somno solvatur, aut vino mergatur, aut morbo sepeliatur? Profecto, ut gladius usu splendescit, situ rubiginat, ita vox in vagina silentii condita, diutino torpore hebetatur. Desuetudo omnibus pigritiam, pigritia veternum parit. Tragœdi adeo ni quotidie proclament, claritudo arteriis obolescit. Igitur identidem boando purgant ravim.

Ceterum ipsius vocis hominis exercendi cassus labor supervacaneo studio plurifariam superatur. Siquidem voce hominis et tuba rudore torvior, et lyra concentu variatior, et tibia questu delectabillor, et fistula susurru jucundior, et buccina significatu longinquior. Mitto dicere multorum animalium immeditatos sonores, distinctis proprietatibus admirandos : ut est taurorum gravis mugitus, luporum acutus ululatus, elephantorum tristis barritus, equorum hilaris hinnitus ; nec non avium instigati clangores, nec non leonum indignati fremores, ceteræque id genus voces animalium truces ac liquidæ, quas infesta rabies vel propitia voluptas ciant. Pro quibus homini vox divinitus data, angustior quidem ; sed majorem habet utilitatem mentibus, quam auribus delectationem. Quo magis celebrari debet frequentius usurpata, et quidem non nisi in auditorio, tanto viro præsidente, in hac excellenti celebritate multorum eruditorum, multorum benignorum.

Equidem etsi fidibus apprime callerem, non nisi confertos homines consectarer. In solitudine cantillavit

Orpheus in silvis, inter delphinas Arion ;

quippe, si fides fabulis, Orpheus exsilio desolatus, Arion navigio præcipitatus. Ille immanium bestiarum delinitor; hic misericordium belluarum oblectator ; ambo miserrimi cantores, quia non sponte ad laudem, sed necessario ad salutem nitebantur. Eos ego impensius admirarer, si hominibus potius, quam bestiis placuissent. Avibus hæc secretaria utique magis congruerint merulis, et lusciniis, et oloribus. Et merulæ in remotis tesquis fringultiunt ; lusciniæ in solitudine africana canticum adolescentiæ garriunt ; olores apud avios fluvios carmen senectæ meditantur. Enimvero qui pueris, adolescentibus, et senibus utile carmen promturus est, is in mediis millibus hominum canat ; ita ut hoc meum de virtutibus Orfiti carmen est, serum quidem fortasse, sed serium ; nec minus gratum, quam utile Carthaginiensium pueris, juvenibus et seni-

consul : c'est lui qui, tempérant les désirs par des ménagements salutaires, a su inspirer aux enfants la modération, aux jeunes gens l'allégresse, aux vieillards la sécurité.

Maintenant, ô Scipion, que j'en suis venu à parler de ton noble caractère, je crains d'être arrêté ou par ta généreuse modestie, ou par le sentiment d'une naïve pudeur. Cependant je ne puis passer sous silence toutes les qualités que nous admirons à si juste titre dans ta personne : je vais en retracer quelques-unes dans le nombre; et vous, citoyens qu'il sauva, reconnaissez-les avec moi.

XVIII. En face d'une si prodigieuse affluence d'auditeurs, je dois plutôt féliciter Carthage de posséder dans son sein tant d'amis de la science, que justifier un philosophe qui vient se poser devant le public. Du reste, cette nombreuse assemblée est en raison de la grandeur de la ville, et le choix du lieu s'explique par cet immense concours. En outre, dans un tel auditoire, on ne doit considérer ni le marbre des parvis, ni le plancher du théâtre, ni les colonnades de la scène, non plus que l'élévation des combles, l'éclat des lambris, la circonférence des gradins; oubliez qu'ici même, en d'autres moments, un mime se déhanche, un comédien devise, un tragédien déclame, un danseur de corde fait ses sauts périlleux, un escamoteur ses tours d'adresse, un histrion ses gambades; enfin oubliez qu'ici tous les autres baladins étalent aux yeux du peuple leurs talents divers ; laissez toutes ces idées de côté, ne songez qu'à la gravité de l'assemblée, qu'au langage de l'orateur. C'est pourquoi, à l'exemple des poètes, qui d'ordinaire supposent ici même différentes cités, et comme le tragique qui fait dire sur le théâtre :

Toi qui du Cithéron hantes l'étroit sommet;

ou comme ce comique :

Plaute, dans votre ville aux murailles hautaines,
Vous demande, messieurs, ce modeste réduit,
    Afin d'y transporter Athènes
    Sans architectes et sans bruit;

ainsi qu'il me soit permis, non pas de vous transporter dans une ville lointaine et d'outre-mer, mais dans le sénat ou dans la bibliothèque de Carthage. Supposez, si mon discours est digne du sénat, que vous m'entendez dans le sénat ; s'il est savant, que nous sommes dans la bibliothèque.

Oh! je voudrais que la fécondité de ma parole répondît à la grandeur de cet auditoire, et qu'elle ne me fît pas défaut là surtout où je voudrais déployer le plus d'éloquence ! Mais rien n'est plus vrai que ce dicton : Le ciel n'accorde à l'homme aucun bonheur qui ne soit mêlé de quelque contrariété ; et, dans la joie la plus grande, il se trouve toujours quelque amertume. Tout miel a du fiel : l'abondance tourne à l'excès. Je sens mieux que jamais cette vérité; car plus je parais avoir de droits à vos suffrages, plus mon respect pour vous m'inspire d'embarras à parler. Moi, qui souvent au milieu d'étrangers ai fait preuve d'une élocution facile, j'hésite au milieu de mes concitoyens. Chose étonnante! vos louanges m'arrêtent, vos applaudissements m'intimident, votre bienveillance enchaîne ma parole. Cependant tout ne devrait-il pas m'encourager ? Nos pénates sont communs; j'ai vécu parmi vous depuis mon enfance, j'ai suivi vos maîtres, vous êtes initiés à ma doctrine, ma voix vous est connue, vous avez ap-

bus; quos indulgentia præcipuus omnium proconsul sublevavit, temperatoque desiderio et moderato remedio dedit pueris saturitatem, juvenibus hilaritatem, senibus securitatem.

Metuo quidem, Scipio, quoniam laudes tuas attigi, ne me inpræsentiarum refrenet vel tua generosa modestia, vel mea ingenua verecundia. Sed nequeo, quin ex plurimis, quæ in te meritissimo admiramur, ex his plurimis quin vel paucissima attingam. Vos ea mecum, cives ab eo servati, recognoscite.

XVIII. Tanta multitudo ad audiendum convenistis, ut potius gratulari Carthagini debeam, quod tam multos eruditionis amicos habet, quam excusare, quod philosophus non recusaverim dissertare. Nam et pro amplitudine civitatis frequentia collecta, et pro magnitudine frequentiæ locus delectus est. Præterea in auditorio hoc genus spectari debet, non pavimenti marmoratio, nec proscenii contabulatio, nec scenæ columnatio : sed nec culminum eminentia, nec lacunarium refulgentia, nec sedilium circumferentia : nec quod hic alias mimus hallucinatur, comœdus sermocinatur, tragœdus vociferatur, funerepus periclitatur, præstigiator furatur, histrio gesticulatur, ceterique omnes ludiones ostentant populo, quod cujusque artis est; sed istis omnibus supersessis, nihil amplius spectari debet, quam convenientium ratio, et dicentis oratio. Quapropter, ut poetæ solent, hic ibidem varias civitates substituere; ut ille Tragicus, qui in theatro dici facit :

Liber, qui augusta hæc loca Cythæronis colis;

item ille comicus, qui :

Quam parvam partem postulat Plautus loci
De vostris magnis atque amœnis mœnibus,
Athenas quo sine architectis conferam;

non secus et mihi liceat nullam longinquam et transmarinam civitatem hic, sed enim ipsius Carthaginis vel curiam vel bibliothecam substituere. Igitur proinde habetote, si curia digna protulero, ut si in ipsa curia me audiatis : si erudita fuerint, ut si in bibliotheca legantur. Quod utinam mihi pro amplitudine auditorii prolixa oratio suppeteret, ac non hic maxime clauderet, ubi me facundissimum cuperem! Sed verum verbum est profecto, quod aiunt : Nihil quidquam homini tam prosperum divinitus datum, quin ei tamen admixtum sit aliquid difficultatis; ut etiam in amplissima quaque lætitia subsit quæpiam vel parva quærimonia, conjugatione quadam mellis et fellis. Ubi uber, ibi tuber. Id ego quum ante alias, tum etiam nunc in præsentiarum usu experior. Nam quanto videor plura apud vos habere ad commendationem suffragia, tanto sum ad dicendum nimia reverentia vestri cunctatior. Et qui

prouvé mes ouvrages. Ma patrie est dans la juridiction de l'Afrique; j'ai passé mes jeunes années près de vous, j'ai écouté vos leçons; et si j'ai complété mes études à Athènes, c'est ici que je les ai commencées. Voici bientôt six ans que vous êtes accoutumés à m'entendre parler dans les deux langues. Quant à mes livres, ce qui leur donne surtout leur lustre et leur prix, c'est l'approbation dont vous les consacrez. Eh bien! ces mille points communs qui vous disposent à m'écouter favorablement, arrêtent ma parole. Je saurais plus facilement célébrer vos louanges en tout autre endroit qu'au milieu de vous. C'est que, parmi les siens, chacun est retenu par la modestie : la vérité n'est libre que chez les étrangers. Aussi toujours et partout je vous célèbre comme mes parents et mes premiers maîtres, je vous paye mon tribut : non pas à la façon de Protagoras le sophiste, qui fixa son salaire et ne l'obtint pas; mais comme Thalès le sage, qui ne le fixa pas et le reçut. Mais je vois ce que vous demandez; je vais vous raconter cette double histoire.

Protagoras, sophiste très-instruit, l'un des premiers et des plus éloquents inventeurs de la rhétorique, était du même âge et de la même cité que le naturaliste Démocrite, dont il étudia même les doctrines. On rapporte que Protagoras avait stipulé avec Euathlus, son disciple, un salaire très-élevé, avec cette condition imprudente que celui-ci ne payerait que s'il gagnait sa première cause. Euathlus apprit facilement tous les moyens de désarmer les juges, les ruses de la défense et les artifices de la partie adverse, d'autant que c'était un esprit souple et retors. Content de savoir ce qu'il avait désiré, il imagina d'éluder sa promesse : il renvoya son maître de délai en délai, et passa longtemps sans vouloir ni plaider ni payer. Enfin Protagoras l'appelle en jugement, expose à quelles conditions il avait entrepris de l'instruire, et se sert de cet argument à deux points : « Ou je gagnerai, et tu devras me payer le prix convenu, puisque tu seras condamné; ou tu gagneras, et alors tu devras me payer aussi, selon nos conditions, puisque tu auras gagné la première cause. De la sorte si tu gagnes, tu tombes sous le coup de nos conventions; si tu perds, sous le coup du jugement. Réponds à cela. » Les juges trouvaient cette conclusion puissante et invincible. Mais Euathlus, digne élève de son maître, rétorqua l'argument bicéphale de cette manière : « Eh bien! s'il en est ainsi, des deux côtés je ne dois pas ce que tu demandes. Si je gagne, le jugement me décharge de ma dette; si je perds, je suis délivré par nos conditions, lesquelles établissent que je ne dois rien si je perds ma première cause. Ainsi de tous côtés je suis dégagé : si je perds, par nos conditions; si je gagne, par le jugement. » Ces arguments des deux sophistes ne vous semblent-ils pas s'enchevêtrer comme des épines que le vent aurait confondues? Des deux parts, mêmes aiguillons, même adresse, mêmes blessures. Laissons donc aux plaideurs et aux avares le salaire de Protagoras avec ses aspérités et ses épines.

Oh! que j'aime bien mieux cet autre salaire

---

penes extrarios sæpenumero promtissime disceptavi, idem nunc penes meos hæsito : ac, mirum dictu, ipsis illecebris deterreor, et stimulis refrenor, et incitamentis cohibeor. An non multa mihi apud vos adhortamina suppetunt, qui sum vobis nec Lare alienus, nec pueritia invisitatus, nec magistris peregrinus, nec secta incognitus, nec voce inauditus, nec libris illectus improbatusve? Ita mihi et patria in concilio Africæ, enimvero et pueritia apud vos, et magistri vos. Et secta, licet Athenis Atticis confirmata, tamen hic inchoata est : et vox mea utraque lingua jam vestris auribus ante proximum sexennium probe cognita. Quin et libri mei non alia ubique laude carius censentur, quam quod judicio vestro comprobantur. Hæc tanta ac tot juga invitamenta communia non minus vos ad audiendum prolectant, quam me ad dicendum retardant : faciliusque laudes vestras alibi gentium, quam apud vos prædicarim : ita apud suos cuique modestia obnoxia est; apud extrarios autem veritas libera. Semper adeo et ubique vos, quippe ut parentes ac primos magistros meos, celebro, mercedemque vobis rependo : non illam, quam Protagoras sophista pepigit, nec accepit; sed quam Thales sapiens nec pepigit, et accepit. Video, quid postuletis; utramque narrabo.

Protagoras qui sophista fuit longe multiscius, et cum primis Rhetoricæ repertoribus perfacundus, Democriti physici civis æquævus : inde ei suppedita doctrina est. Eum Protagoram aiunt cum suo sibi discipulo Euathlo mercedem nimis uberem conditione temeraria pepigisse, ut sibi tum demum id argenti daret, si primo tirocinio agendi penes judices vicisset. Igitur Euathlus, postquam cuncta illa exorabula judicantium, et decipula adversantium, et artificia dicentium, versutus alioquin et ingeniatus ad astutiam, facile perdidicit; contentus scire, quod concupierat, cœpit nolle quod pepigerat, sed callide nectundis moris frustrari magistrum, diutuleque nec disserere velle, nec reddere; usque dum Protagoras eum ad judices provocavit, expositaque conditione, qua docendum receperat, anceps argumentum ambifariam proposuit. Nam, sive ego vicero, inquit, solvere mercedem debebis, ut condemnatus : seu tu viceris, nihilominus reddere debebis, ut pactus; quippe qui hanc primam causam penes judices viceris. Ita si vincis, in conditionem incidisti : si vinceris, in damnationem. Quid quæris? Ratio conclusa judicibus acriter et invincibiliter videbatur. Enimvero Euathlus, utpote tanti veteratoris perfectissimus discipulus, biceps illud argumentum retorsit. Nam, Si ita est, inquit, neutro modo, quod petis, debeo. Aut enim vinco, et judicio dimittor : aut vincor, et pacto absolvor; ex quo non debeo mercedem, si hanc primam causam fuero penes judices victus. Ita me omni modo liberat, si vincor, conditio; si vinco, sententia. Nonne vobis videntur hæc sophistarum argumenta observa invicem vice spinarum, quas ventus convolverit, inter se cohærere, paribus utrinque aculeis, simili penetratione, mutuo vulnere? Atque ideo merces Protagoræ tam aspera, tam senticosa, versutis et avaris relinquenda est.

Cui scilicet multo tanto præstat illa altera merces, quam Thalem memorant suasisse. Thales Milesius ex

que demandait Thalès ! Il était l'un des sept sages, et certainement le plus illustre d'entre eux. Inventeur de la géométrie chez les Grecs, il étudia le premier avec exactitude la nature des choses, et fit les plus grandes découvertes à l'aide de petites lignes : la révolution des temps, le souffle des vents, le cours des étoiles, la retentissante merveille du tonnerre, la direction oblique des éclairs, le retour annuel du soleil, les périodes diverses de la lune, qui naît et s'accroît, vieillit et s'altère, heurte un obstacle et s'évanouit. Dans un âge avancé, il donna la véritable explication du système solaire, explication que j'ai apprise et vérifiée par l'expérience. C'est encore lui qui a mesuré le cercle que le soleil dans son tour immense décrit sur lui-même. On rapporte que Thalès venait de faire cette découverte, lorsqu'il l'enseigna à Mandrayte de Priène : celui-ci, émerveillé d'un système si neuf et si inattendu, laisse à son choix la récompense qu'il voulait pour cette précieuse communication. « Je serai assez récompensé, répondit le sage Thalès, si, lorsque tu démontreras à quelqu'un ce que je viens de t'apprendre, tu ne t'attribues pas cette découverte, mais si tu m'en déclares l'auteur préférablement à tout autre. » Récompense admirable et digne de ce grand homme ! salaire immortel ! car aujourd'hui et toujours nous le lui payerons, nous tous qui avons reconnu la vérité de ses observations astronomiques.

Tel est le salaire que je vous paye, ô Carthaginois, partout où je vais, pour les enseignements que vous m'avez donnés pendant mon enfance. Partout je me vante d'être votre élève, je vous donne toute sorte d'éloges. Vos doctrines sont celles que je cultive avec le plus de soin ; votre puissance, celle que je célèbre le plus haut ; vos divinités, celles que j'honore avec le plus de dévotion.

Et maintenant je ne crois pas pouvoir trouver un exorde plus agréable à vos oreilles qu'en invoquant le nom d'Esculape, ce dieu qui protége avec une prédilection visible la citadelle de votre Carthage. Je vous réciterai un hymne que j'ai composé en latin et en grec en l'honneur de ce dieu. Je ne suis pas pour lui un adorateur inconnu, un nouvel initié, ni un pontife ingrat : déjà en prose et en vers j'ai célébré sa divinité ; c'est au point que je l'ai chanté dans les deux langues ; et à cet hymne j'ai joint un dialogue-prologue en grec et en latin. Dans ce dialogue parleront Sabidius Sévérus et Julius Persius, ces deux illustres amis que vous chérissez également pour leurs services, leur éloquence et leur patriotisme, et l'on ne saurait dire s'ils se distinguent plus par leur modération pleine de calme, ou par l'activité de leur zèle, ou par l'éclat de leurs honneurs. Unis par une étroite amitié, ils ne luttent, ils ne rivalisent entre eux que sur un seul point, leur amour pour Carthage : en cela tous deux épuisent tout ce qu'ils ont d'énergie, et la victoire reste à tous deux. Je suis persuadé que la lecture de ce dialogue ne vous sera pas moins agréable que je n'ai eu de plaisir à le composer, et que j'en ai à vous en faire un pieux hommage. Au commencement du livre j'introduis un de ceux qui étudiaient avec moi à Athènes : il demande en grec à Persius de lui raconter les paroles que j'ai prononcées la veille dans le temple d'Esculape : vient ensuite Sévérianus, qui rem-

---

septem illis sapientia memoratis viris facile praecipuus fuit ; enim geometricae penes Graios primus repertor, et naturae rerum certissimus contemplator, maximas res parvis lineis reperit : temporum ambitus, ventorum flatus, stellarum meatus, tonitruum sonora miracula, fulgurum obliqua curricula, solis annua reverticula : idem lunae vel nascentis incrementa, vel senescentis dispendia, vel delinquentis obstacula. Idem sane jam proclivi senectute divinam rationem de sole commentus est ; quam equidem non didici modo, verum etiam experiundo comprobavi : quoties sol magnitudine sua circulum, quem permeat, metiatur. Id a se recens inventum Thales memoratur edocuisse Mandraytum Prienensem ; qui nova et inopinata cognitione impendio delectatus, optare jussit, quantam vellet mercedem sibi pro tanto documento rependi. Satis, inquit, mihi fuerit mercedis, Thales sapiens, si id, quod a me didicisti, quum proferre ad quospiam coeperis, tibi non adsciveris, sed ejus inventi me potius, quam alium, repertorem praedicaveris. Pulchra merces prorsum, ac tali viro digna, et perpetua. Nam et in hodiernum, ac dehinc semper, Thali ea merces persolvetur ab omnibus nobis, qui ejus coelestia studia vere cognovimus.

Hanc ego vobis mercedem, Carthaginienses, ubique gentium dependo, pro disciplinis, quas in pueritia sum apud vos adeptus. Ubique enim me vestrae civitatis alumnum fero, ubique vos omnimodis laudibus celebro ; vestras disciplinas studiosius percolo, vestras opes gloriosius praedico, vestros etiam deos religiosius veneror.

Nunc quoque igitur principium mihi apud vestras aures auspicatissimum ab Aesculapio deo capiam, qui arcem vestrae Carthaginis indubitabili numine propitius respicit. Ejus dei hymnum graeco et latino carmine vobis heic canam, jam illi a me dicatum. Sum enim non ignotus illi sacricola, nec recens cultor, nec ingratus antistes : ac jam et prosa et vorsa facundia veneratus sum ; ita ut etiam nunc hymnum ejus utraque lingua canam ; cui dialogum similiter graecum et latinum praetexui : in quo sermocinabuntur Sabidius Severus et Julius Persius, viri et inter se mutuo, et vobis, et utilitatibus publicis merito amicissimi, doctrina et eloquentia et benevolentia paribus : incertum modestia quietiores, an industria promtiores, an honoribus clariores. Quibus quum sit summa concordia, tamen haec sola aemulatio, et in hoc unum certamen est, uter eorum magis Carthaginem diligat : atque summis medullitus viribus contendunt ambo ; vincitur neuter. Eorum ego sermonem ratus et vobis auditu gratissimum, et mihi compositu congruentem, et dedicatu religiosum ; in principio libri facio quemdam ex his, qui mihi Athenis condidicere, percontari a Persio graece, quae ego pridie in templo Aesculapii disseruerim : paulatimque illis Severum adjungo ; cui interim romanae linguae partes dedi. Nam et

plit le rôle d'interlocuteur latin. Car, bien que Persius puisse fort bien parler en langue latine, il voudra bien, à notre considération, emprunter aujourd'hui le vocabulaire d'Athènes.

XIX. Asclépiade, l'un des plus illustres médecins, et, si l'on excepte Hippocrate, le plus grand de tous, est le premier qui ait appliqué le vin au soulagement des malades; mais, bien entendu, il l'employait à propos. Pour cela l'observation lui servait de règle infaillible, attendu qu'il étudiait avec un soin extrême les pulsations irrégulières ou satisfaisantes du pouls. Un jour qu'il rentrait en ville et qu'il revenait de sa campagne du faubourg, il aperçut un immense bûcher dressé au milieu des boulevards de la ville: une grande multitude, venue pour les funérailles, se tenait à l'entour, debout, en vêtements de deuil, plongée dans la tristesse, avec l'extérieur du deuil le plus profond. Il s'avance pour apprendre (par un mouvement naturel de curiosité) quel était le défunt; car personne n'avait répondu à ses questions, et peut-être aussi espérait-il faire quelques remarques utiles à la science. Ce qu'il y a de sûr, c'est que cet homme gisant et presque inhumé lui dut la vie. Asclépiade regardait ce malheureux, dont les membres étaient déjà couverts d'aromates, le visage enduit d'essences, par la main des embaumeurs, et dont le repas funèbre était préparé; il remarqua avec attention certains signes, et, tâtant le corps à plusieurs reprises, il reconnut qu'il recélait encore un principe de vie: « Cet homme vit, s'écria-t-il; éloignez ces torches, éteignez ce feu, détruisez ce bûcher, portez ce repas dans la salle du festin. » Un murmure s'élève: les uns disent qu'il faut croire aux médecins; les autres se moquent de la médecine. Enfin, en dépit des parents eux-mêmes qui déjà saluaient l'héritage, ou qui n'avaient pas foi à ses paroles, Asclépiade obtint, mais à grand'peine, un court sursis pour le mort. Il rapporta dans sa maison, en vertu d'un droit de retour de nouvelle espèce, ce malheureux arraché des mains des fossoyeurs comme de l'enfer, lui rendit le souffle; et bientôt la vie, qui se dérobait dans les plus secrets replis du corps, fut rappelée, grâce à de certains remèdes.

XX. Voici une célèbre parole d'un sage sur les plaisirs de la table: « La première coupe est pour la soif, la seconde pour la gaieté, la troisième pour la volupté, la quatrième pour la démence. » La coupe des Muses, au contraire, plus elle est remplie d'une liqueur sans mélange, plus elle est propice à la santé de l'âme. La première coupe, celle des éléments, dissipe l'ignorance; la deuxième, celle de la grammaire, enseigne les règles; la troisième, celle de la rhétorique, fournit l'arme de l'éloquence. La plupart s'arrêtent à celle-ci. Pour moi, étant à Athènes, j'ai bu encore à d'autres coupes: j'ai goûté la poésie et ses épices, la géométrie et son eau claire, la musique et ses douceurs, la dialectique et sa piquante âpreté; enfin la philosophie générale et son délicieux nectar. Jugez-en: Empédocle compose des vers, Platon des dialogues, Socrate des hymnes, Épicharme des refrains, Xénophon des histoires, Xénocrate des satires: votre Apulée embrasse tous ces genres; il cultive les neuf Muses avec un zèle égal, et sans doute avec plus de bonne volonté que de talent. C'est pour cela qu'il mérite peut-être plus d'éloges; car dans toutes les choses belles le mérite est dans les efforts, le résultat est chose

---

Persius, quamvis et ipse optime latine possit, tamen hodie nobis ac vobis Atticissabit.

XIX. Asclepiades ille, inter præcipuos medicorum, si unum Hippocratem excipias, ceteris princeps, primus etiam vino opitulari ægris reperit; sed dando scilicet in tempore; cujus rei observationem probe callebat, ut qui diligentissime animadverteret venarum pulsus inconditos, vel præclaros. Is igitur quum forte in civitatem sese reciperet, et rure suo suburbano rediret, aspexit in pomœriis civitatis funus ingens locatum, plurimos homines ingenti multitudine, qui exsequias venerant, circumstare omnes tristissimos et obsoletissimos vestitu. Propius accessit, ut etiam cognosceret, more ingenii humani, quisnam esset; quoniam percontanti nemo responderat; an vero ut ipse aliquid in illo ex arte deprehenderet. Certe quidem jacenti homini, ac prope deposito fatum abstulit. Jam miseri illius membra omnia aromatis perspersa, jam os ipsius unguine odoro delibutum, jam cum pollinctum, jam cœnæ paratum contemplatus, quum diligentissime quibusdam signis animadvertit et etiam atque etiam pertractavit corpus hominis, invenit in illo vitam latentem. Confestim exclamavit, vivere hominem; procul ergo faces abigerent, procul ignes amolirentur, rogum demolirentur, cœnam feralem a tumulo ad mensam referrent. Murmur interea exortum; partim medico credendum dicere, partim etiam irridere medicinam. Postremo, propinquis etiam hominibus invitis, quodne jam ipsi hereditatem avebant, an quod adhuc illi fidem non habebant, ægre tamen ac difficulter Asclepiades impetravit brevem mortuo dilationem. Atque ita vispillonum manibus extortum, velut ab inferis, postliminio domum retulit, confestimque spiritum recreavit: confestimque animam in corporis latibulis delitescentem quibusdam medicamentis provocavit.

XX. Sapientis viri super mensam celebre dictum est. Prima, inquit, cratera ad sitim pertinet, secunda ad hilaritatem, tertia ad voluptatem, quarta ad insaniam. Verum enimvero Musarum cratera, versa vice, quanto crebrior quantoque meracior, tanto propior ad animi sanitatem. Prima cratera litteratoris, ruditatem eximit: secunda grammatici, doctrina instruit: tertia rhetoris, eloquentia armat. Hactenus a plerisque potatur. Ego et alias crateras Athenis bibi: poeticæ commixtam, geometricæ limpidam, musicæ dulcem, dialecticæ austeram, enimvero universæ philosophiæ, inexplebilem scilicet, nectaream. Canit enim Empedocles carmina, Plato dialogos, Socrates hymnos, Epicharmus modos, Xenophon historias, Xenocrates satyras: Apuleius vester hæc omnia; novemque Musas pari studio colit, majore scilicet voluntate, quam facultate, eoque propensius fortassis laudandus est, quod omnibus bonis in rebus conatus in

éventuelle. De même, en fait de crime, l'intention non suivie de l'effet est frappée par la loi ; car l'âme est tachée si la main est pure. Par conséquent, si l'intention de mal faire suffit pour être puni, il suffit pour la gloire de tenter des choses louables. Et comment s'assurer des louanges plus éclatantes, plus certaines qu'en célébrant Carthage, cette cité dont tous les citoyens se distinguent par leur instruction, où l'on voit tous les genres de connaissances étudiés par les enfants, déployés par les jeunes hommes, enseignés par les vieillards ; Carthage cette vénérable institutrice de notre province, Carthage cette muse céleste de l'Afrique, Carthage à qui la toge emprunte ses inspirations ?

XXI. Quelquefois, même au milieu d'une précipitation nécessaire, surviennent d'honorables empêchements qui font que l'on s'applaudit d'une suspension de volonté. Supposons des hommes pressés de faire un voyage : ils ont mieux aimé se jucher sur un cheval que de s'asseoir sur un char ; et cela à cause de l'embarras des bagages, de la pesanteur des voitures, des roues embourbées, des ornières glissantes, sans compter les pierres en monceau, les souches en relief, les campagnes dans l'eau, les collines en talus. Voulant donc éviter tous ces retards, ils ont choisi, pour monter, un cheval aussi solide que vigoureux, aussi fort que rapide,

Qui franchit d'un seul trait les champs et les collines,

comme dit Lucilius. Mais pendant que sur leur coursier ardent ils brûlent la route, s'ils voient un homme éminent par sa dignité et sa noblesse, un homme bien considéré, bien connu alors, quelle que soit leur impatience, ils suspendent leur course en son honneur, ils ralentissent leur pas, retardent leur cheval, et tout d'abord ils sont sur pied ; la baguette dont ils frappaient leur coursier, ils la font passer dans leur main gauche, et, de leur main droite devenue libre, ils l'accueillent, le saluent. Tout autant que le personnage a de questions à leur faire, tout autant de pas ils font avec lui, en devisant : enfin, quel que soit le retard, ils le sacrifient volontiers à l'accomplissement d'un devoir.

XXII. Cratès, disciple de Diogène, était honoré dans Athènes par ses contemporains comme un génie domestique. Aucune maison ne lui fut jamais fermée ; aucun père de famille n'eut de secret si caché que Cratès n'y fût initié tout aussitôt ; car il était l'arbitre, le médiateur de toutes les querelles, de toutes les divisions entre parents. Ce que les poëtes racontent d'Hercule, qu'il soumit autrefois par sa valeur tant de monstres terribles, hommes et bêtes, et qu'il en purgea le monde, on peut le dire de la colère, de l'envie, de l'avarice, de la luxure, de tous les monstres et de tous les fléaux de l'âme humaine, dont ce philosophe fut l'Hercule. Il les arracha de toutes les âmes, en purgea les familles, dompta la perversité. Comme Hercule, il était à moitié nu ; il portait une massue. Il était né à Thèbes, où, selon la tradition, Hercule naquit. Avant d'être devenu tout à fait Cratès, il était un des principaux Thébains : on citait la noblesse de son origine, le nombre de ses serviteurs, l'éclat du vestibule de sa maison ; lui-même il était bien vêtu, bien en fonds.

laude, effectus in casu est ; ita ut contra in maleficiis etiam cogitata scelera, non perfecta adhuc, vindicantur, cruenta mente, pura manu. Ergo sicut ad pœnam sufficit meditari punienda, sic et ad laudem satis est, conari prædicanda. Quæ autem major laus, aut certior, quam Carthagini benedicere, ubi tota civitas eruditissimi estis, penes quos omnem disciplinam pueri discunt, juvenes ostentant, senes docent? Carthago provinciæ nostræ magistra venerabilis, Carthago Africæ musa cœlestis, Carthago camœna togatorum.

XXI. Habet interdum et necessaria festinatio honestas moras, sæpe uti malis interpellatam voluntatem. Quippe et illis, quibus curriculo confecta via opus est, adeo uti præoptent pendere equo, quam carpento sedere, propter molestias sarcinarum, et pondera vehiculorum, et moras orbium, et salebras orbitarum, adde et lapidum globos, et caudicum toros, et camporum rivos, et collium clivos. Hisce igitur moramentis omnibus qui volunt devitari, advectorem sibimet equum deligunt, diutinæ fortitudinis, vivacis pernicitatis : item et ferre validum, et ire rapidum :

Qui campos collesque gradu perlabitur uno,

ut ait Lucilius ; tamen quum eo equo per viam concito pervolant ; si quem interea conspicantur ex principalibus viris nobilem hominem, bene consultum, bene cognitum ; quamquam oppido festinent, tamen honoris ejus gratia cohibent cursum, relevant gradum, retardant equum : et illico in pedes desiliunt ; fruticem, quem verberando equo gestant, eam virgam in lævam manum transferunt. Itaque expedita dextra adeunt, ac salutant : et, si diutule ille quippiam percontetur, ambulant diutule, et fabulantur ; denique quantumvis moræ in officio libenter insumunt.

XXII. Crates ille, Diogenis sector, qui ut Lar familiaris apud homines ætatis suæ Athenis cultus est ; nulla domus ei unquam clausa erat : nec erat patris familias tam absconditum secretum, quin eo tempestive Crates interveniret, litium omnium et jurgiorum inter propinquos disceptator atque arbiter. Quod Herculem olim poetæ memorant monstra illa immania hominum ac ferarum virtute subegisse orbemque terræ purgasse ; similiter adversum Iracundiam et Invidiam, Avaritiam atque Libidinem, ceteraque animi humani monstra et flagitia, philosophus iste Hercules fuit. Eas omneis pestes mentibus exegit, familias purgavit, malitiam perdomuit : seminudus et ipse, et clava insignis : etiam Thebis oriundus, unde Herculem fuisse memoria exstat. Igitur priusquam plane Crates factus, inter proceres Thebanos numeratus est : lectum genus, frequens famulitium, domus amplo ornata vestibulo : ipse bene vestitus, bene prædiatus. Post ubi intellexit nullum sibi in re familiari præsidium legatum, quo fretus ætatem agat, omnia fluxa infirmaque esse : quidquid

9.

Mais plus tard il reconnut que dans toute cette fortune il n'y avait rien de solide, aucune règle de conduite; il vit que tout est éphémère et frivole, que tout ce qu'il y a de richesses sous les cieux ne saurait faire le bonheur.

Un vaisseau, pensait-il, est bon, habilement construit, bien conditionné au dedans, élégamment décoré; au dehors orné d'un gouvernail mobile, d'un mât élevé, de voiles brillantes, en un mot, de tout ce qui est nécessaire à l'armement, de tout ce qui peut charmer la vue : mais si ce vaisseau n'a pas de pilote pour le diriger, ou si la tempête est son pilote, comme il ira bientôt avec son équipement magnifique s'engloutir dans les profondeurs de la mer, ou se briser contre les écueils! Que des médecins visitent un malade, nul d'entre eux, parce qu'il voit la maison ornée de galeries superbes et de lambris dorés, parce qu'un troupeau d'esclaves et d'adolescents d'une rare beauté se tiennent debout autour du lit, nul d'entre eux ne dit pour cela au malade : Prenez courage! Mais il s'assied près de lui, il prend sa main, il la tâte, il observe les pulsations du pouls et leur intervalle; et s'il trouve quelque altération, quelque trouble, il annonce au patient que son mal est dangereux. Toute nourriture est interdite à ce Crésus. De tout le jour, cette maison si opulente n'a pas un morceau de pain pour lui, cependant que ses serviteurs se livrent à la joie et aux festins. En cela sa condition et rien sont la même chose.

XXIII. Vous qui avez voulu que je parlasse d'abondance, acceptez cet essai; plus tard je l'achèverai. Je ne cours aucun risque, si je ne me trompe, en osant improviser devant vous, puisque déjà vous avez applaudi à mes discours préparés. Je ne crains pas de déplaire en des choses frivoles, vous ayant satisfait en des matières plus graves. Il faut que vous me connaissiez sous tous les rapports. Dans cette ébauche informe, comme dit Lucillius, vous pourrez juger si je suis le même dans mes improvisations et dans mes sujets préparés; si toutefois quelques-uns d'entre vous ne me connaissent pas cette faculté de parler impromptu.

Vos oreilles, j'espère, ne seront pas plus sévères que ma plume : par contre, vous aurez plus d'indulgence encore pour l'ouvrage que l'auteur lui-même. Du reste, c'est l'usage des hommes de goût; ils montrent autant de sévérité et de défiance pour les ouvrages longuement élaborés, que de bienveillance pour les œuvres spontanées. Juges rigoureux, critiques sévères sans restriction pour les ouvrages écrits, vous n'aimez à connaître les improvisations que pour n'en pas connaître. C'est justice : nos écrits restent tels, même quand nous avons fini de les lire; mais ce que nous disons d'abondance, et ce que nous partageons en quelque sorte avec vous, ne peut avoir de prix que par l'accueil que vous lui faites. Aujourd'hui, plus je mettrai de sans façon dans mon style, plus je m'élèverai à vos yeux.

Mais déjà je vois que vous m'écoutez avec plaisir : mon sort est entre vos mains; c'est à vous de déployer et de faire flotter nos voiles, à vous d'empêcher qu'elles ne tombent languissantes, ou qu'elles ne restent crispées sur la vergue. Pour moi, j'appliquerai le mot d'Aristippe, le chef de l'école cyrénaïque, ou mieux, en lui donnant le nom qu'il préférait, le disciple de Socrate. Un tyran lui ayant demandé à quoi lui avait servi cette étude si longue et si pénible de la phi-

---

sub cœlo divitiarum est, eas omneis ad bene vivendum nequidquam esse;

Sicuti navem bonam, fabre factam, bene intrinsecus compactam, extrinsecus eleganter depictam, mobili clavo, firmis rudentibus, procero malo, insigni carchesio, splendentibus velis, postremo omnibus armamentis idoneis ad usum, et honestis ad contemplationem; eam navem si aut gubernator non agat, aut tempestas agat, ut facile cum illis egregiis instrumentis aut profunda hauserint, aut scopuli comminuerint! Sed et medici quum intraverint ad ægrum, uti visant, nemo eorum, quod tabulina perpulchra in ædibus cernant, et lacunaria auro oblita, et gregatim pueros ac juvenes eximia forma in cubiculo circa lectum stantes, ægrum jubet uti sit animo bono : sed ubi juxtim consedit, manum hominis prehendit, eam pertractat, venarum pulsum et momenta capiat : si quid illic turbatum atque inconditum offenderit, illi renuntiat, male morbo haberi. Dives ille cibo interdicitur, ea die in sua sibi copiosa domo panem non accipit : quum interea totum ejus servitium hilares sunt atque epulantur. Nec in ea re quidquam efficit conditione.

XXIII. Qui me voluistis dicere ex tempore, accipite rudimentum, post experimentum. Quippe, prout mea opinio est, bono periculo periculum faciam, postquam re probata meditata sum dicturus incogitata. Neque enim metuo, ne in frivolis displiceam, qui in gravioribus placui. Sed ut me omnifariam noveritis : etiam in isto, ut ait Lucilius, schedio incondito experimini, an idem sim repentinus, qui et præparatus; si qui tamen vestrum nondum subitaria ista nostra cognostis.

Quæ scilicet audietis, pari labore, quo scribimus, venia propensiore, quam legimus. Sic enim ferme assolet apud prudentes viros esse in operibus elaboratis judicatio restrictior, in rebus subitariis venia prolixior. Scripta enim pensiculatis et examinatis : repentina autem noscitis simul et ignoscitis. Nec injuria; illa enim, quæ scripta legimus, etiam tacentibus nobis talia erunt, qualia illata sunt : hæc vero, quæ inpræsentiarum, et quasi vobiscum partienda sunt, talia erunt, qualia vos illa favendo feceritis. Quanto enim exinde orationi modificabor, tanto a vobis in majus tolletur.

Vos enim adverto libenter audire. Proinde in vestra manu situm est vela nostra sinuare et immittere, ne pendula et flaccida, neve restricta et caperata sint. At ego, quod Aristippus dixit, experiar : Aristippus ille cyrenaicæ sectæ repertor, quodque malebat ipse, Socratis discipulus. Eum quidam tyrannus rogavit, Quid illi philosophiæ studium tam impensum tamque diutinum profuisset? Aris-

losophie, Aristippe lui répondit : « A pouvoir parler à tous les hommes sans crainte et sans embarras. » Dans ce sujet improvisé l'expression sera spontanée ; c'est ainsi que, dans une muraille construite à la hâte, on est contraint de placer les pierres au hasard et sans symétrie ; on ne les appuie pas sur une base solide, on ne les aligne pas sur un plan régulier, on ne les mesure pas d'après des lois géométriques. Bâtisse de paroles, les pierres que j'apporterai de ma montagne ne seront pas taillées à angles droits, parfaitement égales sur toutes leurs faces, polies à l'ongle sur les plus exactes proportions. J'accommoderai les matériaux à l'œuvre ; tantôt j'emploierai des pierres inégales et raboteuses, tantôt des pierres polies et brillantes ; les unes seront anguleuses et à vives arêtes, les autres rondes et à bords effacés : nulle part l'alignement du cordeau, ni la régularité de l'équerre, ni la rectitude du niveau. Dans une même chose la célérité et la correction sont impossibles ; il n'y a rien qui ait à la fois le mérite de la promptitude et la beauté de la perfection. Je me suis prêté au désir de quelques personnes qui voulaient absolument que mon discours fût improvisé ; mais je crains qu'il ne m'arrive ce qui arriva, selon Ésope, au corbeau de la fable, c'est-à-dire qu'en recherchant une gloire nouvelle, je ne perde le peu de mérite qu'on m'accordait auparavant. Mais vous êtes curieux de connaître cet apologue, et moi je ne serai pas fâché de vous le réciter.

Le corbeau et le renard, ayant aperçu tous deux une proie, s'élancèrent pour la saisir avec même ardeur, mais non avec même vitesse ; car le renard courait, et le corbeau volait. Aussi l'oiseau a bientôt devancé son rival : les ailes déployées, il franchit les airs d'un vol, rapide, s'abat sur le morceau, s'en empare, et, fier de sa proie et de sa victoire, reprend son vol et vient se percher en sûreté sur la cime d'un chêne voisin. Alors le renard, à qui les pieds font défaut, fait appel à la ruse ; et s'arrêtant au-dessous du corbeau tout glorieux de sa conquête, il se met à le louer hypocritement. « N'étais-je pas bien fou de vouloir rivaliser avec l'oiseau d'Apollon ! Vit-on jamais corps plus gracieux ? ni trop petit, ni trop grand, tout y est pour l'utile et l'agréable : plumage lustré, tête élégante, bec solide. Quels regards perçants ! quels ongles vigoureux ! Et que dire de la couleur ? Il n'y avait que deux maîtresses couleurs, le noir et le blanc, qui sont entre elles ce que le jour est à la nuit : Apollon les a données toutes deux à ses oiseaux chéris : le blanc au cygne, le noir au corbeau. Mais, en accordant le chant au cygne, pourquoi ne donna-t-il pas la voix à ce dernier ? Ce bel oiseau, ce phénix des hôtes de la forêt, ce favori de l'harmonieux Apollon, ne serait pas réduit à vivre muet et silencieux. » A ces mots le corbeau, voulant montrer qu'il n'est pas seul privé de cet avantage, veut pousser un grand éclat de voix, pour montrer qu'il ne le cède en rien au cygne. Oubliant sa proie, qu'il tenait serrée, il ouvre un large bec : il perdit ainsi par son chant ce qu'il devait à son vol, et le renard regagna par la ruse ce qu'il avait perdu à la course. Résumons cette fable en peu de mots, si c'est possible. Le corbeau, pour montrer sa belle voix, seul mérite qui lui man-

tippus respondit : Ut cum omnibus, inquit, hominibus secure et intrepide fabularer. Verbo subito sumta est sententia, quia de repentino oborta est; quasi velut in maceria lapides temerario interjectu poni necesse est : neque interjecto intrinsecus pondere, neque collineato pro fronte situ, neque conniventibus ad regulam lineis. Quippe qui structor orationis hujus egomet, non e meo monte lapidem directim cæsum afferam, probe omnifariam complanatum, læviter ex optimis oris ad unguem coæquatum ; sed cuique operi accommodem, vel inæqualitate aspera, vel lævitate lubrica, vel angulis eminula, vel rotunditate volubilia, sine angulare correctione, et mensuræ paritilate, et perpendiculi solertia. Nulla enim res potest esse eadem festinata simul et examinata : nec esse quidquam omnium quod habeat et laudem diligentiæ simul et gratiam celeritatis. Præbui me quorumdam voluntati, qui oppido voluerunt, quæ a me desiderabantur, ut dicerem ex tempore. Et est, hercule, formido, ne id mihi evenerit, quod corvo suo evenisse Æsopus fabularur. Id erit, ne, dum laudem hanc novam capto, parvam illam, quam ante peperi, cogar amittere. Sed de apologo quæritis, non pigebit aliquid fabulari.

Corvus et vulpis unam offulam simul viderant, eamque raptam festinabant pari studio, impari celeritate : vulpis cursu, corvus volatu. Igitur ales bestiam prævenit, et secundo flatu, propassis utrimque pennis prælabitur, et antticipat, atque ita præda simul et victoria lætus, sublime evectus, in quadam proxima quercu, in summo ejus cacumine tutus sedit. Eo tum vulpis, quia illuc pedem nequibat, dolum jecit : namque eamdem arborem successit : et subsistens, quum superne raptorem prædam ovantem videret, laudare astu adorsa est : Næ ego inscita, quæ cum alite Apollinis frustra certaverim ; quippe cui jampridem corpus tam concinnum est, ut neque oppido parvum, neque nimis grande sit, sed quantum satis ad usum decoremque : pluma mollis, caput argutum, rostrum validum. Jam ipse oculis persequax, unguibus pertinax. Nam. de colore quid dicam ? Nam quum duo colores præstabiles forent, piceus et niveus, quibus inter se nox cum die differunt ; utrumque colorem Apollo suis alitibus condonavit : candidum olori, nigrum corvo. Quod utinam sicuti cygno cantum indulsit, ita huic quoque vocem tribuisset ! ne tam pulchra ales, quæ ex omni avitio longe præcellit, voce viduata, deliciæ facundi dei, muta viveret et elinguis. Id vero ubi corvus audit, hoc solum sibi præ ceteris deesse, dum vult clarissime clangere, ut ne isthoc saltem olori concederet ; oblitus offulæ, quam mordicus retinebat, toto rictu hiavit ; atque ita, quod volatu peperat, cantu amisit ; enimvero vulpis, quod cursu amiserat, astu reciperavit. Eamdem istam fabulam in pauca cogamus, quantum potest fieri cohibiliter. Corvus ut se vocalem probaret, quod solum deesse tantæ ejus formæ

quât, au dire trompeur du renard, se mit à croasser, et la proie qu'il tenait devint le prix du flatteur.

XXIV. Je sais d'avance ce que signifient ces démonstrations; vous demandez que je dise en latin le reste de mon discours : car je m'en souviens, au commencement les avis étant partagés, je vous ai promis que nul d'entre vous, qu'il inclinât pour l'une ou l'autre langue, ne se retirerait sans avoir entendu celle qu'il préférait. C'est pourquoi, si vous le voulez, nous laisserons maintenant le langage de l'Attique. Il est temps de quitter la Grèce pour le Latium. Nous sommes à peu près à la moitié de notre sujet; et, autant que j'en puis juger, cette dernière partie n'est pas inférieure à celle qui a été traitée en grec, ni par la vigueur des arguments, ni par l'abondance des pensées, ni par la richesse des exemples, ni par l'élégance de l'expression.

vulpis simulaverat, crocire adorsus, prædæ, quam ore gestabat, inductricem compotivit.

XXIV. Jamdudum scio, quid hoc significatu flagitetis, ut cetera latinæ materiæ persequamur. Nam et in principio vobis diversa tendentibus, ita memini polliceri, ut neutra pars vestrum, nec qui græce, nec qui latine petebatis, dictionis hujus expertes abieretis. Quapropter, si ita videtur, satis oratio nostra atticissaverit. Tempus est in Latium demigrare de Græcia. Nam et quæstionis hujus ferme media tenemus : et, quantum mea opinio est, pars ista posterior præ illa græca, quæ antevertit, nec argumentis fit effætior, nec sententiis rarior, nec exemplis pauperior, nec oratione defectior.

NOTES DES FLORIDES.

Les Florides, dans presque toutes les éditions, sont partagées en quatre livres : mais cette division est arbitraire. Aucun plan n'ayant présidé à la composition de ces fragments, toute classification est arbitraire. Nous nous sommes conformés sur ce point à l'édition *ad usum Delphini*.

Florid. 1re. *Ingresso sanctissimam civitatem.* L'auteur veut sans doute parler de Carthage.

Florid. 2e. *Pluris est oculatus, etc.* Ce vers est tiré du *Brutal* de Plaute.

Profecto verissime poeta egregius dixit velut nebulam nobis ob oculos effusam. Il s'agit ici d'Homère. Voir l'Iliade, liv. III.

Florid. 3e. Pour les détails sur la flûte, voir l'Art poétique d'Horace.

Florid. 7e. *Quæ omnia aggressus est meus Clemens.* Ce poëte est inconnu. Cependant on trouve dans les poésies d'Ausone l'éloge d'un certain Clément.

Florid. 9e. *Is Hippias e numero sophistarum.* C'est le même Hippias dont Platon parle souvent dans ses dialogues.

Item satyras ac griphos. Le griphe était une sorte de logogriphe.

Cæsarum favor. C'étaient les césars Marc-Aurèle et Lucius Vérus.

Florid. 10. *Sunt et aliæ mediæ deum potestates.* C'est le résumé fidèle de la théorie du dieu de Socrate.

Florid. 12e. *Psittacus Indiæ avis est.* Ces détails sont empruntés textuellement à Pline l'ancien.

Florid. 15e. *Samos Icario in mari* Samos. est la patrie de Junon; c'est dans cette île qu'elle épousa Jupiter.

Vel inde ante aram Bathylli statua. C'est le même Bathylle qu'Anacréon a célébré dans ses vers.

Quin etiam Pherecydes Scyro ex insula. Pour les détails sur la mort de ce philosophe, voir Élien.

Verbaque, quæ volantia poetæ appellant. Voici les expressions d'Homère : ἔπεα πτερόεντα ἕρκος ὀδόντων.

Florid. 16e. *Contulerimque ad persianas aquas.* Ces eaux sont inconnues.

De Philemone comico. Voir le jugement de Quintilien sur ce poëte.

Dum memor. Virgile, Énéide, liv. IV.

Florid. 23e. *Eum quidem Tyrannus.* C'était Denys.

TRAITÉ
DU DIEU DE SOCRATE.

ARGUMENT.

Les dieux suprêmes habitant les hauteurs du monde, n'ont aucun contact avec les animaux qui vivent sur la terre. Mais il y a des puissances intermédiaires, placées entre l'homme et la Divinité.

Les génies ou démons sont à la fois les interprètes de nos vœux et les messagers des bienfaits célestes. Ils participent d'une double nature : passionnés comme nous, ils sont immortels comme les dieux. Ils occupent cet intervalle aérien qui se trouve entre le ciel et la terre. Leur corps est plus léger que celui des animaux terrestres, et moins subtil que celui des êtres supérieurs. Ils sont visibles ou invisibles, selon leur volonté, ou plutôt selon leurs diverses attributions.

Il faut compter parmi eux les mânes, les laves, tous les génies de la famille, et d'autres encore d'une essence supérieure, comme le Sommeil et l'Amour. Tous ont un culte particulier, tous se laissent fléchir par des offrandes, et s'irritent de l'indifférence ou du mépris.

Cependant chaque homme a un démon qu'il doit honorer plus particulièrement, un génie dont il doit écouter les conseils et suivre les inspirations. La sagesse est le culte de ce dieu. Socrate ne fut le plus sage des hommes que par son obéissance aux commandements de son génie : il écoutait avec respect la voix divine qui lui parlait en toutes circonstances. C'est de ce démon qu'il apprit à distinguer les vrais biens des biens étrangers, à mépriser les faveurs de la fortune, à ne rechercher que la vertu. Imitons Socrate, laissons de côté les choses extérieures, cultivons notre génie, ne soyons désireux que des biens véritables, et nous serons heureux, et nous mériterons, comme Ulysse, des éloges qui ne s'adressent qu'à notre vertu.

Platon, examinant la nature de toutes les choses, et principalement celle des êtres animés, les a divisés en trois classes : il a cru qu'il y avait des dieux supérieurs, des dieux intermédiaires, et des dieux inférieurs. Il les a distingués entre eux non-seulement par leurs demeures, mais encore par la perfection de leur nature; et il fonde cette différence non sur un ou deux aperçus, mais sur de nombreuses considérations.

Il établit d'abord, pour plus de clarté, la distinction des lieux; et, comme le demande leur majesté, il assigna le ciel aux dieux immortels.

Parmi ces dieux célestes, les uns se montrent à nos regards; les autres sont découverts par notre intelligence. Ainsi nous vous voyons avec les yeux,

. . . . . . Vous, astres éclatants,
Qui réglez dans les cieux la course des années.

Mais nos yeux ne voient pas seulement ces astres principaux : le soleil, créateur du jour; la lune, rivale du soleil, splendeur de la nuit, qui tantôt forme un croissant, tantôt ne se montre qu'à moitié et tantôt apparaît dans son plein, flambeau variable, brillant d'un éclat plus vif à proportion qu'il s'éloigne du soleil, mesurant les mois dans ses périodes régulières, périodes qui se composent d'accroissements et de décroissements égaux. La lune, comme le pensent les Chaldéens, brille-t-elle d'un éclat qui lui est propre, et, lumineuse d'un côté, obscure de l'autre, doit-elle à la révolution de son globe les changements de sa couleur, de sa forme et de son étendue? ou, corps dense et manquant par lui-même de toute lumière, absorbe-t-elle, comme un miroir, les rayons obliques ou opposés du soleil? et, pour me servir des expressions de Lucrèce, la lumière

Qui jaillit de ce corps n'est-elle que d'emprunt?

Nous examinerons plus tard laquelle de ces

APULEII
DE DEO SOCRATIS LIBER.

Plato omnem naturam rerum, quod ejus ad animalia præcipue pertineat, trifariam divisit : censuitque, esse deos secundum summum, medium, et infimum. Fac intelligas non modo loci disclusione, verum etiam naturæ dignitate : quæ et ipsa neque uno, neque gemino modo, sed pluribus cernit.

Ordiri tamen manifestius fuit a loci dispositione. Nam proinde ut majestas postulabat, diis immortalibus cœlum dicavit.

Quos quidem deos cœlites partim visu usurpamus; alios intellectu vestigamus. Ac visu quidem cernimus

. . . . . . Vos, o clarissima mundi
Lumina, labentem cœlo quæ ducitis annum.

Nec modo ista præcipua : solem diei opificem, lunamque solis æmulam, noctis decus : seu corniculata, seu dividua, seu protumida, seu plena sit : varia ignium face : quanto longius facessat a sole, tanto longius collustrata : pari incremento itineris et luminis, mensem suis auctibus, ac dehinc paribus dispendiis æstimans : sive illa proprio, seu perpeti candore, ut Chaldæi arbitrantur, parte luminis compos, parte altera cassa fulgoris, pro circumversione oris discolor, multijuga, pollens speciem sui variat : seu tota proprii candoris expers, alienæ lucis indiga, censeo corpore seu lævi, ceu quodam speculo radios solis obstiti vel adversi usurpat, et, ut verbis utar Lucretii,

. . . . . Notham jactat de corpore lucem.

deux opinions est la véritable ; mais il est certain que ni Grec ni Barbare n'a révoqué en doute la divinité du soleil et de la lune.

Ces astres, comme je l'ai dit, ne sont pas les seuls dieux supérieurs; il y a encore les cinq étoiles que le vulgaire ignorant appelle errantes, quoiqu'elles suivent invariablement une marche éternelle, régulière et certaine : si elles ont des routes différentes, elles conservent toujours une vitesse égale et semblable, une progression, un retour admirablement déterminés par leur situation et par l'obliquité de leur courbe; cet ordre merveilleux n'a pas échappé à ceux qui ont étudié le lever et le coucher des astres.

Les partisans du système de Platon doivent aussi mettre au nombre des dieux visibles, « l'Arcture, les pluvieuses Hyades et les deux Ourses, » ainsi que les autres constellations lumineuses ; admirable chœur que nous voyons, par un ciel pur, briller d'un sévère éclat; majestueuses beautés de la nuit parsemée d'étoiles, lumières éblouissantes qui reflètent, comme dit Ennius, une multitude de figures sur ce magnifique bouclier du monde.

Il y a aussi une autre espèce de dieux que la nature a refusés à nos regards, mais que nous apercevons dans les contemplations de l'intelligence, lorsque nous les considérons attentivement avec les yeux de l'esprit. Parmi eux se trouvent les douze suivants, dont Ennius a rassemblé les noms dans deux vers :

Junon, Vesta, Minerve, Cérès, Diane, Vénus, Mars,
Mercure, Jupiter, Neptune, Vulcain, Apollon.

Et les autres de la même nature, dont les noms depuis longtemps sont familiers à nos oreilles, et dont notre esprit comprend la puissance par les différents bienfaits qu'ils nous prodiguent dans la vie, selon leurs diverses attributions.

Mais le vulgaire profane, ignorant la philosophie et les choses saintes, privé de raison et de croyances, étranger à la vérité, le vulgaire crédule ou insolent méconnaît les dieux par un culte ridicule ou par ses insolents dédains; les uns sont superstitieux, les autres méprisants; ceux-là par faiblesse, ceux-ci par orgueil. En effet, le plus grand nombre révère tous ces dieux qui habitent les hautes régions de l'air, et qui sont fort éloignés des faiblesses humaines; mais les honneurs qu'il leur défère sont indignes d'eux. Tout le monde craint les dieux, mais sans en savoir la raison; peu les nient, et c'est par impiété.

Ces dieux, d'après Platon, sont des natures incorporelles, animées, sans fin comme sans commencement, éternelles dans l'avenir et dans le passé, n'ayant aucun contact avec les corps, parfaites et destinées à la béatitude suprême, bonnes par elles-mêmes, ne participant d'aucun bien extérieur, et atteignant l'objet de leur désir par un mouvement facile, simple, libre et sans entraves.

Parlerai-je du père des dieux, de celui qui crée et gouverne toutes choses, qui n'est astreint à aucune action, à aucun devoir particulier? Que dirais-je de lui, lorsque Platon, ce philosophe doué d'une éloquence divine, d'une pénétration égale à celle des Immortels, a souvent répété que

Utra harum vera sententia est, nam hoc postea videro, tamen neque de luna, neque de sole quisquam Græcus aut Barbarus facile cunctaverit, deos esse.

Nec modo istos, ut dixi, verum etiam quinque stellas, quæ vulgo vagæ ab imperitis nuncupantur : quæ tamen indeflexo et certo et stato cursu meatus longe ordinatissimos diutinis vicibus æternos efficiunt, varia quippe curriculi sui specie, sed una semper et æquabili pernicitate, tunc progressus, tum vero regressus mirabili vicissitudine assimilant pro situ et flexu, et obstitu circulorum, quos probe callet qui signorum ortus et obitus comperit.

In eodem visibilium deorum numero, cetera quoque sidera, qui cum Platone sentis, locato.

Arcturum, pluviasque Hyadas, geminosque Triones, aliosque itidem radiantes deos, quibus cœli chorum comtum et coronatum suda tempestate visimus, pictis noctibus severa gratia, torvo decore : suspicientes in hoc perfectissimo mundi, ut ait Ennius, clypeo, miris fulgoribus variata cælamina.

Est aliud genus deorum, quod natura visibus nostris denegavit : nec non tamen intellectu eos rimabundi contemplamur, acie mentis acrius contemplantes. Quorum in numero sunt illi duodecim, numeroso situ nominum in duos versus ab Ennio coartati :

Juno, Vesta, Minerva, Ceres, Diana, Venus, Mars,
Mercurius, Jovi, Neptunus, Vulcanus, Apollo;

ceterique id genus, quorum nomina quidem sunt nostris auribus jam diu cognita : potentiæ vero animis conjectatæ, per varias utilitates in vita agenda animadversæ in iis rebus, quibus eorum singuli curant.

Ceterum profana philosophiæ turba imperitorum, vana sanctitudinis, priva veræ rationis, inops religionis, impos veritatis, scrupulosissimo cultu, insolentissimo spretu deos negligit ; pars in superstitione, pars in contemtu, timida vel tumida. Hos namque cunctos deos, in sublimi ætheris vertice locatos, ab humana contagione procul discretos, plurimi, sed non rite, venerantur; omnes, sed inscie, metuunt; pauci, sed impie, diffitentur.

Quos deos Plato existimat naturas incorporales, animales, neque fine ullo, neque exordio, sed prorsus ac retro ævilernas, corporis contagione suapte natura remotas, ingenio ad summam beatitudinem perfecto, nullius extrarii boni participatione, sed ex sese bonas, et ad omnia competentia sibi promtu facili, simplici, libero et absoluto.

Quorum parentem, qui omnium rerum dominator atque auctor est, solutum ab omnibus nexibus patiendi aliquid gerendive, nulla vice ad alicujus rei munia obstrictum, cur ego nunc dicere exordiar? quum Plato cœlesti facundia præditus, æquiparabilia diis immortalibus disserens, frequentissime prædicet, hunc solum majestatis incredibili quadam nimietate et ineffabili, non posse, penuria sermonis humani, quavis oratione vel modice comprehendi; vix sapientibus viris, quum se vigore animi, quantum licuit

la majesté de cet être, seul et infini, était au-dessus des termes et des expressions, et que nulle parole humaine ne pouvait donner la moindre idée de sa perfection ; que les sages eux-mêmes, après s'être élevés, autant qu'ils ont pu, au-dessus de la portée des sens, arrivent à peine à l'intelligence de ce dieu ; et que leur illumination d'ordinaire ressemble à l'éclair qui brille dans une épaisse obscurité ?

Je ne m'arrêterai donc pas à cet endroit ; la force me manquerait, puisque mon maître, Platon lui-même, n'a trouvé aucune expression digne d'un si grand sujet : en présence d'une matière qui excède la portée de mon faible génie, je suis contraint de battre en retraite, et du ciel je vais ramener mon discours sur la terre, où l'homme est le premier des animaux. A la vérité la plupart des hommes, dépravés par leur insouciance de toute morale, abandonnés aux erreurs et aux crimes, de doux qu'ils étaient naturellement sont devenus tellement féroces, que l'homme pourrait être regardé comme le dernier des animaux de la terre. Mais en ce moment il s'agit moins de disputer sur ses égarements, que de mettre en lumière la division de la nature.

Les hommes sont doués de la raison et de la parole ; leur âme est immortelle, leur corps périssable ; leur esprit léger, inquiet ; leurs sens grossiers et faillibles : ils diffèrent entre eux par leurs mœurs, et se ressemblent par leurs égarements, par leur audace, par l'opiniâtreté de leurs espérances, par leurs vains labeurs, par leur fragile fortune : chaque homme isolé est mortel, mais le genre humain existe, se reproduit et se renouvelle perpétuellement : leur vie est rapide, leur sagesse tardive, leur mort prompte ; et la terre est la demeure où ils passent leur existence douloureuse.

Vous avez ainsi deux sortes d'êtres animés, les hommes et les dieux : mais ceux-ci diffèrent des hommes, dans leurs hautes sphères, par la perpétuité de leur vie, par la perfection de leur nature ; ils n'ont rien de commun avec nous, puisque l'immensité sépare leurs demeures des nôtres, puisqu'ils ont une jeunesse éternelle, inaltérable, et que notre vie est fragile et rapide : outre qu'ils sont destinés à la béatitude, tandis que nous sommes courbés sous le poids des misères.

Quoi ! la nature n'est donc unie à elle-même par aucun lien ; mais, divisée en partie divine et en partie humaine, elle s'est rendue impuissante par cette scission ? Car, ainsi que Platon l'a dit, aucun dieu n'est mêlé aux hommes, et la marque la plus évidente de leur sublimité c'est que jamais ils ne se souillent de notre contact.

Quelques-uns seulement, comme les astres, apparaissent à notre débile vue, et encore ne sommes-nous pas d'accord sur leur grandeur et leur couleur : les autres ne sont compris que par les efforts de notre intelligence. Il ne faut point s'étonner si les dieux immortels échappent à notre vue, puisque, même parmi les hommes, celui que la fortune a élevé au trône, siége mouvant et fragile, se retire loin de tous, et, fuyant l'approche du vulgaire, se cache, pour ainsi dire, dans sa dignité : car la familiarité fait naître le mépris, et la rareté des rapports inspire une respectueuse admiration.

Cependant, dira-t-on, que faire d'après cette opinion sublime peut-être, mais presque inhumaine ? que faire, si les hommes, repoussés loin

---

a corpore semoverunt, intellectum hujus dei (id quoque interdum, velut in artissimis tenebris, rapidissimo coruscamine lumen candidum), intermicare.

Missum igitur hunc locum faciam, in quo non mihi quidem tantum, sed ne Platoni quidem meo quiverunt ulla verba pro amplitudine rei suppetere : ac jam in rebus mediocritatem meam et quidem longe superantibus, receptui canam, tandemque orationem de cœlo in terram devocabo ; in qua præcipuum animal homines sumus ; quamquam plerique se, incuria disciplinæ, ita depravarint, omnibus erroribus ac piacularibus sceleribus imbuerint, et prope exosa mansuetudine generis sui immane efferarint, ut possit videri nullum animal in terris homine postremius. Sed nunc non de errorum disputatione, sed de naturæ distributione disserimus.

Igitur homines ratione plaudentes, oratione pollentes, immortalibus animis, moribundis membris, levibus et anxiis mentibus, brutis et obnoxiis corporibus, dissimillimis moribus, simillimis erroribus, pervicaci audacia, pertinaci spe, casso labore, fortuna caduca, singillatim mortales, cunctim tamen universo genere perpetui, vicissim sufficienda prole mutabiles, volucri tempore, tarda sapientia, cita morte, querula vita terras incolunt.

Habetis interim bina animalia : deos ab hominibus plurimum differentes, loci sublimitate, vitæ perpetuitate, naturæ perfectione, nullo inter se propinquo communicatu ; quum et habitacula summa ab infimis tanta intercapedo fastigii dispescat, et vivacitas illic æterna et indefecta sit ; hic caduca et succidua : et ingenia illa ad beatitudinem sublimata sint ; hæc ad miserias infimata.

Quid igitur ? nullone connexu natura se vinxit, sed in divinam et humanam partem sectam se et interruptam, et veluti debilem passa est ? Nam, ut idem Plato ait, nullus deus miscetur hominibus ; sed hoc præcipuum eorum sublimitatis specimen est, quod nulla adtrectatione nostra contaminantur. Pars eorum tantummodo obtutu hebeti visuntur ; ut sidera : de quorum adhuc et magnitudine et coloribus homines ambigunt ; ceteri autem solo intellectu, neque prompto, noscuntur. Quod quidem mirari super diis immortalibus nequaquam congruerit ; quum alioquin et inter homines, qui fortunæ munere opulenti elatus est, usque ad regni mutabilem suggestum et pendulum tribunal evectus est, raro aditus, longe remotis arbitris, in quibusdam dignitatis suæ penetralibus degens. Parit enim conversatio contemtum, raritas conciliat admirationem.

Quid igitur, oro te (objecerit aliqui), post istam, cœ-

des Immortels, relégués dans le Tartare de cette vie, privés de toute communication avec les dieux, n'ont aucune divinité qui veille sur eux, comme un pasteur sur ses brebis, comme un écuyer sur ses coursiers, comme un bouvier sur ses troupeaux ; si nulle puissance céleste ne modère la fureur des méchants, ne guérit les malades, ne soulage les indigents ? Vous dites qu'aucun dieu ne s'occupe des choses humaines : à qui donc dois-je adresser mes prières ? à qui offrirai-je mes vœux ? à qui immolerai-je des victimes ? qui pourrai-je invoquer comme le protecteur des malheureux, le défenseur des innocents, l'ennemi des pervers ? qui appellerai-je enfin comme le juge de mes serments ? Dirai-je, comme l'Ascagne de Virgile :

« Je jure sur cette tête, sur laquelle mon père faisait ses serments ? »

Sans doute, Jule, ton père pouvait invoquer ce gage sacré parmi les Troyens, qui étaient issus de la même race que lui, et peut-être encore parmi les Grecs, qui l'avaient connu dans les combats ; mais parmi les Rutules, que tu viens de connaître tout récemment, si personne ne veut se fier à cette tête, quel dieu répondra pour toi ? En appelleras-tu, comme le féroce Mézence, à ton bras et à ton javelot ? car ce tyran n'avait de respect que pour ses armes :

Mon dieu, c'est cette main, c'est ce trait que je lance.

Écartez ces dieux si cruels, cette main fatiguée de meurtres, ce javelot rouillé par le sang : ni l'un ni l'autre n'a rien en soi qui mérite qu'on les invoque ou qu'on jure par eux ; cet honneur n'appartient qu'au maître des dieux : car le serment, comme le dit Ennius, c'est le jurement de Jupiter.

Et que faire ? Faut-il jurer par le Jupiter en pierre, selon l'ancienne coutume des Romains ? Mais, si l'opinion de Platon est vraie, si les dieux n'ont aucune communication avec les hommes, la pierre m'entendra-t-elle plus facilement que Jupiter ? Non, vous répondra Platon par ma bouche, non, les dieux ne sont pas tellement distincts et séparés des hommes, qu'ils ne puissent entendre nos vœux. Ils sont, il est vrai, étrangers au contact, mais non au soin des choses humaines. Il y a des divinités intermédiaires qui habitent entre les hauteurs du ciel et l'élément terrestre, dans ce milieu qu'occupe l'air, et qui transmettent aux dieux nos désirs et les mérites de nos actions : les Grecs les appellent *démons*.

Messagers de prières et de bienfaits entre les hommes et les dieux, ces démons portent et reportent des uns aux autres, d'un côté les demandes, de l'autre les secours ; interprètes auprès des uns, génies secourables auprès des autres, comme le pense Platon dans son *Banquet*, ils président aussi aux révélations, aux enchantements des magiciens, à tous les présages.

Chacun d'eux a ses attributions particulières. Ils composent les songes, découpent les victimes, règlent le vol et le chant des oiseaux, inspirent les devins, lancent la foudre, font briller les éclairs, et s'occupent enfin de tout ce qui nous révèle l'avenir : toutes choses que nous devons croire

---

lestem quidem, sed pæne inhumanam tuam sententiam faciam? si omnino homines a diis immortalibus procul repelluntur, atque ita in hæc terræ Tartara relegantur, ut omnis sit illis adversus cœlestes deos communio denegata; nec quisquam eos e cœlitum numero velut pastor, vel equiso, vel bubsequa seu balantium, vel hinnientium, vel mugientium greges intervisat, qui ferocibus moderetur, morbidis medeatur, egenis opituletur? Nullus, inquis, deus humanis rebus intervenit. Cui igitur preces allegabo? cui vota nuncupabo? cui victimam cædam? quem miseris auxiliatorem, quem bonis fautorem, quem adversatorem malis in omni vita ciebo? quem denique (quod frequentissimum est) jurijurando arbitrum adhibebo? an ut Virgilianus Ascanius,

Per caput hoc juro, per quod pater ante solebat?

At enim, o Iule, pater tuus hoc jurejurando uti poterat inter Trojanos stirpe cognatos, et fortassean inter Græcos prœlio cognitos : at enim inter Rutulos recens cognitos, si nemo huic capiti crediderit, quis pro te deus fidem dicet? An, ut ferocissimo Mezentio, dextra et telum? quippe hæc sola advenerat, quibus propugnabat,

Dextra mihi deus, et telum, quod missile libro.

Apagesis tam cruentos deos, dexteram cædibus fessam, telumque sanguine rubiginosum; utrumque idoneum non est, propter quod adjures; ne ut per ista juretur, quum sit summi deorum hic honor proprius. Nam et jusjurandum Jovis jurandum dicitur, ut ait Ennius.

Quid igitur censes? Jurabo per Jovem lapidem, romano vetustissimo ritu? Atqui, si Platonis vera sententia est, nunquam se deum cum homine communicare, facilius me audierit lapis, quam Jupiter. Non usque adeo (responderit enim Plato pro sententia sua, mea voce), non usque adeo, inquit, sejunctos et alienatos a nobis deos prædico, ut ne vota quidem nostra ad illos arbitrer pervenire. Neque enim ipsos cura rerum humanarum, sed contrectatione sola removi. Ceterum sunt quædam divinæ mediæ potestates, inter summum æthera et infimas terras, in isto intersitæ aeris spatio, per quas et desideria nostra et merita ad deos commeant; hos Græci nomine δαίμονας nuncupant. Inter terricolas cœlicolasque vectores, hinc precum, inde donorum; qui ultro citro portant, hinc petitiones, inde suppetias, ceu quidam utriusque interpretes et salutigeri. Per hos eosdem, ut Plato in Symposio autumat, cuncta denuntiata, et magorum varia miracula, omnesque præsagiorum species reguntur. Eorum quippe de numero prædili curant singula, proinde est eorum cuique tributa provincia : vel somniis conformandis, vel extis fissiculandis, vel præpetibus gubernandis, vel oscinibus erudiendis, vel vatibus inspirandis, vel fulminibus jaculandis, vel nubibus coruscandis, ceterisque adeo, per quæ futura dinoscimus. Quæ cuncta cœlestium voluntate et numine et auctoritate. sed dæmonum obsequio et opera et mi-

commandées par la volonté, la providence et les ordres des dieux, et accomplies par le soin, l'obéissance et le ministère des démons.

C'est par eux, par leur entremise, qu'Annibal est menacé en songe de la perte d'un œil; que Flaminius, à la vue des entrailles de la victime, craint une défaite; que les augures découvrent à Navius Attus la propriété merveilleuse de la pierre à aiguiser; que quelques hommes voient briller des signes précurseurs de la royauté qui les attend; qu'un aigle couronne Tarquin l'Ancien, qu'une flamme illumine la tête de Servius Tullius; enfin, ce sont ces divinités intermédiaires entre les hommes et les dieux qui inspirent les présages des augures, les sacrifices toscans, les vers des Sibylles, et qui indiquent les lieux frappés de la foudre. Ce sont là tout autant d'attributions de ces puissances intermédiaires entre les hommes et les dieux. Certes il ne conviendrait pas à la majesté des dieux suprêmes qu'aucun d'eux présentât un songe à Annibal, ou déchirât la victime de Flaminius, ou fît voler un oiseau près d'Attus Navius, ou mît en vers les prédictions de la Sibylle, ou enlevât le bonnet de Tarquin pour le lui rendre, ou fît paraître tout en feu la tête de Servius sans le brûler.

Les divinités du ciel ne sauraient descendre à ces détails : c'est l'emploi de ces puissances intermédiaires dont la demeure est cet espace de l'air contigu à la terre et aux cieux, et qui y habitent, ainsi que chaque espèce animée dans l'élément qui lui est propre, dans l'air tout ce qui vole, sur la terre tout ce qui marche.

Et comme il y a quatre éléments bien connus, qui sont, pour ainsi dire, les quatre grandes divisions de la nature; de sorte que la terre, l'eau et le feu ont chacun leurs animaux (Aristote prétend que dans les fournaises ardentes il se trouve certains animaux ailés qui voltigent et passent leur vie dans le feu, qui naissent et s'éteignent avec lui); comme tant d'astres brillants roulent, ainsi que je l'ai dit plus haut, dans l'éther, où est la plus vive et la plus pure source du feu : pourquoi l'air, ce quatrième élément, qui occupe tant d'espace, serait-il vide de toutes choses, et seul condamné par la nature à n'avoir pas d'habitants? pourquoi ne ferait-elle pas naître dans l'air des animaux aériens, comme elle en produit d'enflammés dans le feu, de fluides dans l'eau, de terrestres sur la terre? Car ceux qui assignent l'air pour demeure aux oiseaux commettent une erreur évidente : d'abord aucun oiseau ne s'élève au-dessus de l'Olympe, le mont le plus élevé du globe, et dont la hauteur, selon la mesure des géomètres, n'atteint pas dix stades : de plus, à partir de ce mont, s'étend un immense espace d'air jusques au premier cercle de la lune, où commence véritablement l'éther. Que direz-vous donc de cette grande étendue d'air qui se trouve entre le sommet de l'Olympe et le cercle le plus rapproché de la lune? Sera-t-elle vide d'animaux qui lui soient propres, et cette partie de la nature serait-elle morte et impuissante? Car observez que l'oiseau est plutôt un animal terrestre qu'aérien; sa nourriture est sur la terre; c'est là seulement qu'il prend sa vie, c'est là qu'il repose; et quand il vole, il ne traverse que l'air le plus proche de la terre; enfin, lorsque les ailes qui lui servent de rames sont fatiguées, la terre le reçoit comme un port.

Puisque la force du raisonnement veut que l'on admette l'existence d'animaux propres à l'air, il reste à traiter de leur nature et de leurs propriétés. Ils ne seront pas terrestres, autrement leur

---

nisterio fieri arbitrandum est. Horum enim munus et opera atque cura est, ut Annibali somnia orbitatem oculi comminentur, Flaminio extispicia periculum cladis prædicant, Atto Navio auguria miraculum cotis addicant; item ut nonnullis regni futuri signa præcurrant, ut Tarquinius Priscus aquila obumbretur ab apice, Servius Tullius flamma colluminetur a capite; postremo cuncta ariolum præsagia, Tuscorum piacula, fulguratorum bidentalia, carmina Sibyllarum : quæ omnia, ut dixi, mediæ quæpiam potestates inter homines ac deos obeunt. Neque enim pro majestate deum cœlestium fuerit, ut eorum quisquam vel Annibali somnium pingat, vel Flaminio hostiam corrodat, vel Atto Navio avem velificet, vel Sibyllæ fatiloquia versificet, vel Tarquinio velit apicem rapere, sed reddere, Servio vero inflammare verticem, nec exurere. Non est operæ diis superis ad hæc descendere. Mediorum divorum ista sortitio est, qui in aeris plagis terræ contiguis, nec minus confinibus cœlo, perinde versantur, ut in quacunque parte naturæ propria animalia, in æthere volantia, in terra gradientia.

Nam quum quatuor sint elementa notissima, veluti quadrifariam natura magnis partibus disterminata, sintque propria animalia terræ, aquæ, flammarumque (siquidem Aristoteles auctor est, in fornacibus flagrantibus quædam propria animalia pennulis apta volitare, totumque ævum suum in igni diversari, cum eo exoriri, cumque eo exstingui); præterea, quum tot juga sidera, ut jam prius dictum est, sursum in æthere, hoc est, in ipso liquidissimo ignis ardore compareant; cur hoc solum quartum elementum aeris, quod tanto spatio intersitum est, cassum ab omnibus, desertumque a cultoribus suis natura paterertur? quin in eo quoque aere animalia gignerentur, ut in igni flammida, in unda fluxa, in terra glebulenta? Nam quidem qui aves aeri attribuat, falsum sententiæ meritissimo dixeris : quippe nulla earum ultra Olympi verticem sublimatur; qui quum excellentissimus omnium perhibeatur, tamen altitudinem perpendiculo si metiare, ut geometræ autumant, stadia decem altitudo fastigii non æquiparat; quum sit aeris agmen immensum usque ad citimam lunæ helicem, quæ porro ætheris sursum versus exordium est.

Quid igitur tanta vis aeris, quæ ab humillimis lunæ anfractibus, usque ad summum Olympi verticem interjacet? quid tandem? vacabitne animalibus suis, atque erit ista naturæ pars mortua ac debilis? Immo enim, si sedulo advertas, ipsæ quoque aves terrestre animal, non

poids les emporterait; ils ne seront pas formés du feu, car ils seraient enlevés hors de leur sphère par la force de la chaleur : il faut donc combiner une nature intermédiaire, comme le lieu où elle se trouve, afin que la constitution des habitants soit en harmonie avec la région qu'ils occupent. Formons par la pensée, créons une espèce d'animaux ainsi faits qu'ils ne soient ni aussi lourds que ceux de la terre, ni aussi légers que ceux de l'éther; qui diffèrent des uns et des autres par quelques propriétés, ou qui tiennent de tous les deux, soit qu'on admette ou qu'on écarte la participation des deux natures; remarquons toutefois que la formation qui admet le mélange est plus intelligible que celle qui l'exclut. Ainsi donc le corps de ces démons aura quelque pesanteur pour qu'ils ne soient pas enlevés aux régions supérieures, et quelque légèreté pour qu'ils ne soient pas précipités en bas. D'abord, pour que vous ne m'accusiez pas de vous présenter des créations incroyables, comme font les poëtes, je vais vous donner un exemple de cet équilibre : les nuées ont dans leur formation quelques rapports avec les corps dont je vous parle : si elles étaient aussi légères que les choses qui manquent de pesanteur, jamais elles ne s'abaisseraient, ainsi que nous l'avons souvent remarqué, au-dessous du sommet des montagnes qu'elles semblent couronner. Et si, d'autre part, elles étaient tellement lourdes, tellement denses, qu'aucun principe léger ne les soulevât, elles tomberaient de leur propre poids, comme une masse de plomb ou comme une pierre, et viendraient se briser contre la terre. Mais elles sont suspendues et mobiles, elles courent çà et là dans l'océan des airs, comme un vaisseau gouverné par les vents; elles changent de forme, selon qu'elles s'éloignent ou se rapprochent de la terre : lorsqu'elles sont grosses des eaux célestes, elles s'abaissent comme pour enfanter; et plus leur fardeau est pesant, plus elles descendent, noires et menaçantes, et plus lente est leur marche : au contraire, lorsqu'elles sont moins chargées, elles s'élèvent dans l'espace plus rapides et plus transparentes, et s'enfuient pareilles aux toisons d'une laine légère.

N'entendez-vous pas les admirables vers de Lucrèce sur le tonnerre :

« Quand le tonnerre ébranle le sommet des
« cieux, c'est que les nuages aériens s'élancent
« dans les airs, et s'entrechoquent, poussés par
« des vents qui se combattent. »

Si donc les nuées qui se forment entièrement de la terre, et qui y retombent ensuite, s'élèvent en haut, que pensez-vous des corps de ces démons dont la combinaison est bien plus subtile? Ils ne sont point, comme elles, formés de ces vapeurs épaisses, de ces brouillards impurs, mais bien de l'élément le plus pur, de la sérénité même de l'air : c'est à cause de cela qu'ils n'apparaissent pas facilement aux mortels; et s'ils deviennent visibles, c'est par la volonté des dieux. Car ils n'ont point cette solidité terrestre qui intercepte la lumière, qui retient le regard et qui concentre nécessairement la vue; mais les tissus de leur corps sont rares, brillants, et déliés; de sorte que leur éclat échappe à notre œil, éblouit et trompe nos regards.

Il faut mettre dans cette catégorie la Minerve

---

aerium, rectius perhibeantur. Enim semper illis victus omnis in terra, ibidem pabulum, ibidem cubile, tantum quod aëra proximum terræ volitando transverberant. Ceterum, quum illis fessa sunt remigia pennarum, terra ceu portus est.

Quod si manifestum flagitat ratio, debere propria etiam animalia in aere intelligi; superest, ut, quæ tandem et cujusmodi sint, disseramus. Igitur terrena nequaquam, devergant enim pondere; sed ne flammida, ne sursum versus calore rapiantur. Temperanda ergo nobis pro loci mediretate media natura, ut ex regionis ingenio sit etiam cultoribus ejus ingenium. Cedo igitur mente formemus, et gignamus animo id genus corporum texta, quæ neque tam bruta quam terrea, neque tam levia quam ætherea, sed quodammodo utrimque sejugata, vel enim utrimque commixta sint, sive amolita, seu modificata utriusque rei participatione. Sed facilius ex utroque, quam ex neutro, intelligentur.

Habeant igitur hæc dæmonum corpora et modicum ponderis, ne ad superna incedant; et aliquid levitatis, ne ad inferna præcipitentur. Quod ne vobis videar poetico ritu incredibilia confingere, dabo primum exemplum hujus libratæ medietatis. Neque enim procul ab hac corporis subtilitate nubes concretas videmus, quæ si usque adeo leves forent, ut ea, quæ omnino carent pondere, nunquam infra juga, ut sæpenumero animadvertimus, gravatæ, caput editi montis ceu quibusdam curvis torquibus coronarent. Porro, si suapte natura tam spissæ ac graves forent, ut nulla illas vegetioris levitatis admixtio sublevaret, profecto non secus quam plumbi rodus, et lapis, suopte nisu caducæ, terris illiderentur. Nunc enimvero pendulæ et mobiles huc atque illuc vice navium in aeris pelago ventis gubernantur, paululum immutantes proximitate et longinquitate. Quippe si aquæ humore fœcundæ sunt, veluti ad fœtum edendum, deorsum degrassantur. Atque ideo humectiores humilius meant, aquilo agmine, tractu segniore : sudis vero sublimior cursus, et tum lanarum velleribus similes aguntur, cano agmine, volatu perniciore. Nonne audis, quid super tonitru Lucretius facundissime disserat :

Principio tonitru quatiuntur cærula cœli,
Propterea quia concurrunt sublime volantes
Æthereæ nubes, contra pugnantibu' ventis.

Quod si nubes sublime volitant, quibus omnis et exortus est terrenus, et retro defluxus in terras est; quid tandem censes dæmonum corpora, quæ sunt concretu multo tanto subtiliori? Non enim sunt ex hac fæculenta nubecula, tumida caligine conglobata, sicuti nubium genus est; sed ex illo purissimo aeris liquido et sereno elemento coalita, eoque nemini hominum temere visibilia, nisi divinitus speciem sui offerant, quod nulla in illis terrena soliditas locum luminis occuparit, quæ nostris oculis possit obsistere, qua soliditate necessario offensa acies immoretur;

d'Homère, lorsqu'elle vient au milieu des Grecs pour apaiser Achille.

Οἴῳ φαινομένη, τῶν δ' ἄλλων οὔτις ὁρᾶτο,

Essayons un peu de traduire ce vers... m'y voici : Minerve donc, disions-nous, vient, par l'ordre de Junon, pour modérer Achille :

Visible pour lui seul, nul autre ne la voit.

Il faut y mettre aussi la Juturne de Virgile, quand elle s'avance au milieu des rangs de l'armée pour secourir son frère :

Et, mêlée aux soldats, elle reste invisible.

Elle n'est pas comme ce soldat de Plaute, qui se vante de son bouclier,

Dont l'éclat éblouit les yeux des ennemis.

Mais pour ne pas aller plus loin, c'est dans cette espèce de démons que les poëtes, sans s'écarter beaucoup de la vérité, prennent ordinairement les dieux qu'ils supposent amis ou ennemis de certains hommes, appliqués à élever et à soutenir les uns, à persécuter et à affliger les autres; de sorte qu'ils éprouvent toutes les passions humaines, la compassion, la haine, la joie, la douleur; et, comme nous, ils sont agités par les mouvements du cœur et les pensées tumultueuses de l'esprit.

Mais les dieux suprêmes vivent tranquilles, étrangers à tous ces troubles, à toutes ces tempêtes : ces habitants du ciel jouissent d'une égalité d'âme et d'un calme éternels : pour eux point de douleur, point de volupté qui les transportent hors d'eux-mêmes; point de changements subits, point de violence étrangère, car rien n'est plus puissant qu'un dieu; point de changement spontané, car rien n'est plus parfait qu'un dieu. Comment croire que celui-là soit parfait, qui passe de son premier état à un état plus régulier? nul ne change, s'il ne se repent de sa première position; et changer, c'est condamner l'état qui a précédé. Ainsi donc un dieu ne doit ressentir aucune affection temporelle, ni l'amour, ni la haine : il est inaccessible à la colère, à la pitié, aux angoisses de la douleur, aux transports du plaisir : pour lui pas de passions, pas de tristesse, pas de joie, pas de volontés subites ou contradictoires. Tous ces mouvements et beaucoup d'autres conviennent à la nature moyenne des démons, qui, par le lieu qu'ils habitent et par la nature de leur esprit, tiennent le milieu entre les dieux et les hommes, ayant l'immortalité des uns et les passions des autres.

En effet, de même que nous ils éprouvent tout ce qui excite les âmes ou qui les adoucit : ils sont irrités par la colère, touchés par la pitié, séduits par les dons, apaisés par les prières, exaspérés par les injures, charmés par les honneurs : enfin, semblables aux hommes, ils sont soumis à la diversité des passions.

On peut les définir ainsi : les démons sont des êtres animés, raisonnables et sensibles, dont le corps est aérien et la vie éternelle : de ces cinq attributs, les trois premiers leur sont communs avec les hommes, le quatrième leur est propre; ils partagent le dernier avec les dieux immortels, dont ils ne diffèrent que par la sensibilité. Je les

---

sed fila corporum possident rara, et splendida, et tenuia, usque adeo ut radios omnis nostri tuoris et raritate transmittant, et splendore reverberent, et subtilitate frustrentur. Hinc est illa Minerva Homerica, quæ mediis cœtibus Graium cohibendo Achilli intervenit. Versum græcum,

Οἴῳ φαινομένη, τῶν δ' ἄλλων οὔτις ὁρᾶτο,

si paullisper operiamini, latine enuntiabo : atque adeo hic sit inpræsentiarum. Minerva igitur, ut dixi, Achilli moderando jussu Junonis advenit.

Soli perspicua est, aliorum nemo tuetur.

Hinc et illa Virgiliana Juturna, quæ mediis millibus auxiliabunda fratri conversatur,

Misceturque viris, neque cernitur ulli :

potius quam quod Plautinus miles super clypeo suo gloriatur,

Præstringens oculorum aciem hostibus.

Ac ne ceteros longius persequar, ex hoc ferme dæmonum numero poetæ solent, haudquaquam procul a veritate, osores et amatores quorumdam hominum deos fingere, hos evehere et secundare, illos adversari et affligere : igitur et misereri, et indignari, et angi, et lætari, omnemque humani animi faciem pati, ac simili motu cordis et salo mentis ad omnes cogitationum æstus fluctuare.

Quæ omnes turbelæque tempestatesque procul a deorum cœlestium tranquillitate exsulant. Cuncti enim cœlites, semper eodem statu mentis, æterna æquabilitate potiuntur, quia nunquam illis nec ad dolorem versus, nec ad voluptatem finibus suis pellitur, nec quoquam a sua perpetua secta ad quempiam subitum habitum dimovetur, nec alterius vi; nam nihil est deo potentius : neque suapte sponte ; nam nihil est deo perfectius. Porro autem qui potest videri perfectus fuisse, qui a priore statu ad alium rectiorem statum migrat? quum præsertim nemo sponte capessat nova, nisi quem pœnituit priorum. Non enim potest subsequi illa mutata ratio, sine præcedentium infirmatione.

Quapropter debet deus nullam perpeti vel odii, vel amoris temporalem perfunctionem ; et idcirco nec indignatione, nec misericordia contingi, nullo angore contrahi, nulla alacritate gestire ; sed ab omnibus animi passionibus liber, nec dolere unquam, nec aliquando lætari, nec aliquid repentinum velle vel nolle.

Sed et hæc cuncta, et id genus cetera, dæmonum mediocritati rite congruunt. Sunt enim inter nos ac deos, ut loco regionis, ita ingenio mentis intersiti, habentes communem cum Superis immortalitatem, cum inferis passionem. Nam, proinde ut nos, pati possunt omnia animorum placamenta vel incitamenta : ut et ira incitentur, et misericordia flectantur, et donis invitentur, et precibus leniantur, et contumeliis exasperentur, et honoribus mulceantur, aliisque omnibus ad similem nobis modum varientur. Quippe, ut fine comprehendam, dæmones sunt genere animalia, ingenio rationabilia, animo passiva, corpore aeria, tempore æterna. Ex his quinque, quæ commemoravi, tria a principio eadem nobiscum, quartum proprium,

appelle sensibles, non sans raison, puisque leur âme est soumise aux mêmes agitations que la nôtre. C'est pourquoi nous devons ajouter foi aux diverses cérémonies des religions, et aux différentes supplications usitées dans les sacrifices. Quelques-uns de ces démons aiment les cérémonies qu'on célèbre la nuit, et d'autres, celles qu'on célèbre le jour; ceux-ci veulent un culte public, et ceux-là un culte particulier; les uns demandent que la joie, les autres que la tristesse préside aux sacrifices et aux solennités qu'on leur consacre : ainsi les dieux de l'Égypte sont presque toujours honorés par des gémissements; ceux de la Grèce, par des danses; ceux des barbares, par le bruit des cymbales, des tambours et des flûtes. On observe la même différence, selon les coutumes de chaque pays, dans la marche des cérémonies, dans le silence des mystères, dans les fonctions des prêtres, dans les rites des sacrificateurs, et même dans les statues des dieux, dans les dépouilles qui leur sont offertes, dans la consécration des temples et dans le lieu où ils sont bâtis, dans la couleur et le sacrifice des victimes. Tous ces usages sont établis solennellement, selon les divers pays; et souvent nous reconnaissons dans les songes, dans les présages et les oracles, que les dieux sont indignés, si par ignorance ou par orgueil on a négligé quelque détail de leur culte.

Je pourrais citer une foule d'exemples de ce genre; mais ils sont tellement connus et en si grand nombre, que celui qui voudrait les énumérer en oublierait beaucoup plus qu'il n'en citerait. Je n'entreprendrai donc point de rappeler ces faits, auxquels certains esprits peuvent ne point ajouter foi, mais qui sont du moins universellement connus. Il vaut mieux discourir des différentes espèces de génies cités par les philosophes, afin que vous puissiez clairement connaître quel était le pressentiment de Socrate, et quel était le dieu qu'il avait pour ami.

Car, dans une certaine signification, l'âme humaine, même enfermée dans le corps, est appelé démon :

Cette ardeur nous vient-elle, Euryale, des dieux?
Ou divinisons-nous nos désirs furieux?

Ainsi un bon désir de l'âme, c'est un dieu bienfaisant. De là vient que plusieurs, comme il a été dit, appellent εὐδαίμων (heureux) celui dont le démon est bon, c'est-à-dire, dont l'âme est formée par la vertu.

Dans notre langue, on peut nommer ce démon, génie; je ne sais si l'expression est parfaitement juste, mais je hasarde ce terme, parce que le dieu qu'il représente est l'âme de chaque homme: dieu immortel, et qui cependant naît (*gignitur*, en quelque sorte avec l'homme; aussi les prières, dans lesquelles nous invoquons le *génie* et *Génita*, me semblent expliquer la formation et le nœud de notre être, lorsqu'elles désignent, sous deux noms, l'âme et le corps, dont l'assemblage constitue l'homme.

Dans un autre sens, on appelle encor démon l'âme humaine qui, après avoir payé son tribut à la vie, se dégage du corps; je trouve que, dans l'ancienne langue des Latins, on la nommait *Lémure*. Parmi ces Lémures il en est qui, divinités paisibles et bienfaisantes de la famille, sont chargés du soin de leur postérité; ils portent le nom de *Lares domestiques*.

D'autres au contraire, privés d'un séjour heu-

---

postremum commune cum diis immortalibus habent; sed differunt ab his passione. Quae propterea passiva non absurde, ut arbitror, nominavi, quod sunt iisdem, quibus nos, perturbationibus mentis obnoxii. Unde etiam religionum diversis observationibus, et sacrorum variis suppliciis fides impertienda est. Et sunt nonnulli ex hoc divorum numero, qui nocturnis vel diurnis, promtis vel occultis, laetioribus vel tristioribus hostiis, vel caerimoniis, vel ritibus gaudeant : uti aegyptia numina ferme plangoribus, graeca plerumque choreis, barbara autem strepitu cymbalistarum et tympanistarum et choralarum. Itidem pro regionibus et cetera in sacris differunt longa varietate : pomparum agmina, mysteriorum silentia, sacerdotum officia, sacrificantium obsequia : item deorum effigies et exuviae, templorum religiones et regiones, hostiarum cruores et colores. Quae omnia pro cujusque more loci solemnia et rata sunt, ut plerumque somniis et vaticinationibus et oraculis comperimus saepenumero indignata numina, si quid in sacris socordia vel superbia negligatur.

Cujus generis mihi exempla affatim suppetunt ; sed adeo celebrata et frequentata sunt, ut nemo ea commemorare adortus sit, quin multo plura omiserit, quam recensuerit. Idcirco supersedebo inpraesentiarum in his rebus orationem occupare; quae si non apud omnes certam fidem, at certe penes cunctos notitiam promiscuam possideat. Id potius praestiterit latine dissertare, varias species daemonum a philosophis perhiberi, quo liquidius et plenius de praesagio Socratis, deque ejus amico numine cognoscatis.

Nam quodam significatu et animus humanus, etiam nunc in corpore situs, δαίμων nuncupatur.

..... Diine hunc ardorem mentibus addunt,
Euryale? an sua cuique deus fit dira cupido?

Igitur et bona cupido animi, bonus deus est. Unde nonnulli arbitrantur, ut jam prius dictum est, εὐδαίμονας dici beatos, quorum daemon bonus, id est, animus virtute perfectus est. Eum nostra lingua, ut ego interpretor, haud sciam an bono, certe quidem meo periculo, poteris Genium vocare; quod is deus, qui est animus sui cuique, quamquam sit immortalis, tamen quodammodo cum homine gignitur : ut eae preces, quibus Genium et Genitam precamur, conjunctionem nostram nexumque videantur mihi obtestari, corpus atque animum duobus nominibus comprehendentes, quorum communio et copulatio sumus.

Est et secundo significatu species daemonum, animus humanus emeritis stipendiis vitae corpori suo abjurans; hunc vetere latina lingua reperio Lemurem dictitatum. Ex hisce ergo Lemuribus, qui posterorum suorum curam sortitus, placato et quieto numine domum possidet, Lar dicitur familiaris; qui vero ob adversa vitae merita, nullis

reux, expient les crimes de leur vie dans une sorte d'exil; et, vain effroi des bons, fléaux des méchants, ils errent au hasard : on les désigne généralement sous le nom de *Larves*.

Mais quand on n'est pas assuré du sort des uns ou des autres, ni si un génie est lare ou larve, on le nomme *dieu Mâne*. Ce titre de dieu n'est qu'une marque de respect; car on n'appelle véritablement dieux que ceux dont la vie fut réglée selon les lois de la justice et de la vertu, et qui, divinisés ensuite par les hommes, reçurent des temples et des hommages; comme Amphiaraüs en Béotie, Mopsus en Afrique, Osiris en Égypte, tel autre chez une autre nation, Esculape partout.

Cette division des démons ne regarde que ceux qui vécurent dans un corps humain; mais il y a une autre espèce de démons non moins nombreux, supérieurs en puissance, d'une nature plus auguste et plus élevée, qui ne furent jamais soumis aux liens et aux chaînes du corps, et qui ont un pouvoir certain et déterminé. De ce nombre sont le Sommeil et l'Amour, qui exercent une influence opposée; l'Amour, qui fait veiller; le Sommeil, qui fait dormir.

C'est dans cet ordre plus élevé que Platon met ces arbitres et ces témoins de nos actions, ces gardiens invisibles à tous, toujours présents, toujours instruits de nos actes et de nos pensées. Lorsque nous quittons la vie, ce génie qui a été donné à chacun de nous saisit l'homme confié à sa garde, et l'entraîne devant le tribunal suprême; là il l'assiste dans sa défense, il rétorque ses mensonges, il confirme ses paroles, s'il dit vrai; enfin c'est sur son témoignage que la sentence est portée.

Ainsi donc, vous tous qui écoutez cette divine sentence que Platon prononce par ma bouche, réglez sur ce principe vos passions, vos actes et vos pensées, et n'oubliez pas que, pour ces gardiens, il n'est aucun secret au dedans ou au dehors de notre cœur; que votre génie assiste à toute votre vie, qu'il voit tout, qu'il comprend tout, et, comme la conscience, pénètre dans les replis les plus cachés du cœur.

Ce génie, c'est une sentinelle, un guide personnel, un censeur intime, un curateur particulier, un observateur assidu, un témoin inséparable, un juge familier qui improuve le mal, qui applaudit au bien; qui doit être étudié, connu, honoré avec un soin religieux; à qui nous devons, comme Socrate, l'hommage de notre justice et de notre innocence. Car, dans l'incertitude des événements, il prévoit pour nous; dans le doute, il nous conseille; dans le danger, il nous protége; dans la misère, il vient à notre secours : il peut, tantôt par des songes, tantôt par des signes, quelquefois par sa présence visible, lorsqu'elle est nécessaire, il peut éloigner le malheur, appeler le succès, nous relever ou affermir notre fortune, éclaircir les nuages de la vie, nous guider dans le bonheur ou corriger l'adversité.

Et maintenant qui s'étonnera si Socrate, cet homme éminemment parfait, sage au dire d'Apollon lui-même, connut et honora son dieu, son gardien, son lare familier (je puis l'appeler ainsi) qui écartait de lui tout ce qu'il fallait écarter, qui le protégeait contre tous les dangers, qui

---

bonis sedibus, incerta vagatione, ceu quodam exsilio, punitur, inane terriculamentum bonis hominibus, ceterum noxium malis, id genus plerique Larvas perhibent. Quum vero incertum est, quæ cuique eorum sortitio evenerit, utrum Lar sit, an Larva; nomine Manem deum nuncupant; scilicet honoris gratia dei vocabulum additum est. Quippe tantum eos deos appellant, qui ex eodem numero juste ac prudenter vitæ curriculo gubernato, pro numine postea ab hominibus proditi, fanis et cærimoniis vulgo celebrantur : ut in Bœotia Amphiaraus, in Africa Mopsus, in Ægypto Osiris, alius alinbi gentium, Æsculapius ubique.

Verum hæc omnis distributio eorum dæmonum fuit, qui quondam in corpore humano fuere. Sunt autem non posteriore numero, præstantiori longe dignitate, superius aliud augustiusque genus dæmonum, qui semper a corporis compedibus et nexibus liberi, certis potestatibus curant. Quorum e numero Somnus atque Amor, diversam inter se vim possident : Amor vigilandi, Somnus soporandi.

Ex hac ergo subliniori dæmonum copia Plato autumat, singulis hominibus in vita agenda testes et custodes singulos additos, qui nemini conspicui, semper adsint, arbitri omnium non modo actorum, verum etiam cogitatorum. At ubi vita edita remeandum est, eumdem illum, qui nobis præditus fuit, raptare illico et trahere veluti custodiam suam ad judicium, atque illic in causa dicunda assistere : si qua commentiatur, redarguere : si qua vera dicat, asseverare : prorsus illius testimonio ferri sententiam.

Proinde vos omnes, qui hanc Platonis divinam sententiam, me interprete, auscultatis, ita animos vestros ad quæcunque vel agenda, vel meditanda formate, ut sciatis, nihil homini præ istis custodibus, nec intra animum, nec foris, esse secreti, quin omnia curiose ille participet, omnia visat, omnia intelligat, in ipsis penitissimis mentibus vice conscientiæ deversetur.

Hic, quem dico, prorsus custos, singularis præfectus, domesticus speculator, proprius curator, intimus cognitor, assiduus observator, individuus arbiter, inseparabilis testis, malorum improbator, bonorum probator, si rite animadvertatur, sedulo cognoscatur, religiose colatur, ita ut a Socrate justitia et innocentia cultus est; in rebus incertis prospector, dubiis præmonitor, periculosis tutator, egenis opitulator; qui tibi queat tum in somniis, tum in signis, tum etiam fortasse coram, quum usus postulat, mala averruncare, bona prosperare, humilia sublimare, nutantia fulcire, obscura clarare, secunda regere, adversa corrigere.

Igitur quid mirum, si Socrates, vir apprime perfectus, et Apollinis quoque testimonio sapiens, hunc deum suum cognovit et coluit, ac propterea ejus custos, et prope dicam, Lar contubernio familioris, cuncta, quæ arcenda sunt, arcuit; quæ cavenda, præcavit; et præmonenda præ-

lui donnait tous les conseils nécessaires? Et, alors que sa sagesse défaillait, que ses avis étaient impuissants, qu'il fallait des présages, c'était lui encore qui chassait le doute du cœur de Socrate par une révélation divine. En effet, il y a dans la vie bien des circonstances où les sages eux-mêmes sont forcés de recourir aux oracles et aux devins.

Ne voyez-vous pas dans Homère, comme dans un grand miroir, cette distinction nettement posée entre les conseils de la sagesse et les avertissements du ciel? Lorsque les deux colonnes de l'armée, Agamemnon, le roi puissant, et Achille, le guerrier formidable, se séparent, on sent le besoin d'un homme sage et éloquent, qui vienne fléchir l'orgueil d'Atride et l'ardeur du fils de Pélée, qui les domine par son autorité, les instruise par ses exemples, les calme par son discours. Qui se lèvera à cette heure? qui prendra la parole? C'est l'orateur de Pylos, ce respectable vieillard dont la voix est si douce et la sagesse si persuasive : tous le savent, son corps est affaibli par l'âge, mais son âme est pleine de sagesse et de vigueur, et ses paroles coulent comme le miel. Mais dans les revers de la guerre, lorsqu'il faut envoyer des émissaires qui pénétreront dans le camp des ennemis, au milieu de la nuit, qui choisira-t-on? Ulysse et Diomède : ils représentent la prudence et la force, l'esprit et la main, la pensée et le glaive.

Maintenant si les Grecs sont arrêtés en Aulide par des vents contraires, s'ils sont las d'attendre et de lutter contre les obstacles; si, pour obtenir une mer calme, une traversée heureuse, il faut interroger les entrailles des victimes, et le vol des oiseaux, et la nourriture des serpents; alors les deux sages de la Grèce, Ulysse et Nestor, restent silencieux : et Calchas, le plus habile des devins, jette un regard sur les oiseaux et sur l'autel; et soudain le prophète a calmé les tempêtes, lancé les vaisseaux à la mer, et prédit un siége de dix ans.

Pareillement, dans l'armée troyenne, lorsqu'il faut recourir aux augures, ce sénat si sage reste muet : nul n'ose parler, ni Hicétaon, ni Lampo, ni Clytius; tous attendent en silence ou les terribles prédictions d'Hélénus, ou les prophéties de Cassandre, condamnée à n'être jamais crue. Et c'est ainsi que Socrate, dans les cas où les conseils de la sagesse étaient en défaut, suivait les présages de son démon, et par son obéissance respectueuse se rendait plus agréable à son dieu.

Si le génie retenait presque toujours Socrate au moment d'agir, s'il ne l'excitait jamais, c'est par une raison que nous avons déjà dite; c'est que Socrate, homme éminemment parfait, accomplissant tous ses devoirs avec ardeur, n'avait pas besoin d'être excité, mais seulement d'être retenu, lorsque ses actions pouvaient amener quelque danger; et ces avertissements l'engageaient à différer pour le moment des entreprises qu'il reprendrait plus tard ou par d'autres moyens.

Dans ces sortes d'occasions il disait entendre *une certaine voix divine* (c'est l'expression de Platon); et il ne faut pas croire qu'il eût accepté les présages sortis de la bouche du premier venu. Un jour qu'il était hors de l'enceinte de la ville, seul avec Phèdre, sous l'ombre d'un arbre touffu, il entendit cette voix qui l'avertissait de ne pas franchir la petite rivière de l'Ilissus avant d'a-

---

monuit? sicubi tamen interfectis sapientiæ officiis, non consilio, sed præsagio indigebat; ut ubi dubitatione clauderet, ibi divinatione consisteret. Multa sunt enim, multa, de quibus etiam sapientes viri ad ariolos et oracula cursitent.

An non apud Homerum, ut in quodam ingenti speculo, clarius cernis hæc duo distributa, seorsus divinationis, seorsus sapientiæ officia? Nam quum duo columina totius exercitus dissident, Agamemnon regno pollens, et Achilles bello potens, desideraturque vir facundia laudatus, et peritia memoratus, qui Atridæ superbiam sedet, Pelidæ ferociam compescat, atque eos auctoritate advertat, exemplis moneat, oratione permulceat : quis igitur tali in tempore ad dicendum exortus est? Nempe Pylius orator, eloquio comis, experimentis catus, senecta venerabilis; cui omnes sciebant corpus annis hebere, animum prudentia vigere, verba dulcedine affluere. Itidem quum rebus creperis et afflictis speculatores deligendi sunt, qui nocte intempesta castra hostium penetrent; nonne Ulixes cum Diomede deliguntur? velut consilium et auxilium, mens et manus, animus et gladius. Enimvero quum Aulide desidibus, et obsessis ab ventis, eo tædio abnuentibus difficultati belli, et facultas itineris, et tranquillitas maris, et clementia ventorum, per librarum motas, et alitum vias, et serpentium escas exploranda: tacent nempe mutuo duo illa sapientiæ graiæ summa cacumina, Ithacensis et Pylius. Calchas autem longe præstabilis ariolari, simul alites et altaria et arborem contemplatus est, actutum sua divinatione et tempestates flexit, et classem deduxit, et decennium prædixit.

Non secus etiam in trojano exercitu, quum divinatione res indigent, tacet ille sapiens senatus, nec audet aliquid pronuntiare vel Hicetaon, vel Lampo, vel Clytius : sed omnes silentio auscultant aut ingrata auguria Heleni, aut incredita vaticinia Cassandræ.

Ad eumdem modum Socrates quoque, sicubi locorum aliena sapientiæ officiis consultatio ingruerat, ibi vi dæmonis præsaga regebatur, ejus monitis sedulo obediebat, eoque erat deo suo longe acceptior. Quod autem incepta Socrati quæpiam dæmon ille ferme prohibitum ibat, nunquam adhortatum, quodammodo ratio prædicta est. Enim Socrates, utpote vir apprime perfectus ex sese, et ad omnia congruentia sibi officia promptus, nullo adhortatore unquam indigebat; at vero prohibitore nonnunquam, si quibus forte conatibus ejus periculum suberat, ut monitus præcaveret, omitteret cœpta inpræsentiarum, quæ tutius vel postea capesseret, vel alia via adoriretur.

In hujuscemodi rebus, vocem quampiam divinitus exortam dicebat se audire; ita enim est apud Platonem, ne quispiam arbitretur, omina eum vulgo loquentium capti-

voir calmé par une rétractation l'Amour, qu'il avait offensé. D'ailleurs s'il avait observé les présages, il en aurait trouvé qui l'eussent excité à agir ; comme il arrive souvent à ces hommes superstitieux qui se laissent guider non par leur cœur, mais par la parole d'autrui, qui s'en vont par les rues recueillant les conseils de tout le monde, et qui pensent, pour ainsi dire, non avec leur esprit, mais avec leurs oreilles. Enfin, quoi qu'il en soit, ceux qui écoutent la parole des interprètes, parole qu'ils ont souvent entendue, ne peuvent douter qu'elle ne sorte d'une bouche humaine. Mais Socrate ne dit pas simplement qu'*une voix* l'est venu frapper, il dit *une certaine voix* : cette addition démontre que ce n'est pas une voix ordinaire, une voix humaine, car alors il aurait inutilement ajouté *certaine*; il eût mieux valu dire *une voix* ou *la voix de quelqu'un*, comme la courtisane de Térence :

N'ai-je pas entendu la voix de mon soldat?

Mais quand on dit *une certaine voix*, on ignore d'où elle vient, on doute même si elle existe; on fait entendre qu'elle a quelque chose d'extraordinaire et de mystérieux, comme celle qui, au rapport de Socrate, lui parlait d'une manière divine et si à propos.

Je crois aussi qu'il ne connaissait pas seulement son génie par l'audition, mais encore par des signes visibles ; car souvent il disait qu'un signe divin, et non une voix, s'était offert à lui : ce signe, c'était peut-être la figure du démon lui-même que Socrate voyait seul, comme, dans Homère, Achille voit Minerve.

Je suis persuadé que la plupart d'entre vous hésitent à croire ce que je viens de dire, et s'étonnent que la forme d'un démon ait apparu à Socrate. Mais Aristote rapporte (et c'est un témoignage imposant) que les pythagoriciens trouvaient fort étrange, lorsque quelqu'un disait n'avoir jamais vu de démons. Si donc chacun peut voir leur divine image, pourquoi cela ne serait-il pas arrivé à Socrate, à lui que la sagesse avait élevé au rang des dieux suprêmes? Car ce qu'il y a de plus semblable et de plus agréable à un dieu, c'est un homme d'une parfaite vertu, un homme qui l'emporte autant sur les autres mortels qu'il est lui-même inférieur aux dieux immortels.

Que ne sommes-nous plutôt stimulés par l'exemple et le souvenir de Socrate? Pourquoi la crainte de ces dieux ne nous porte-t-elle pas à l'étude de la même philosophie? Je ne sais ce qui nous empêche; et je m'étonne surtout que, désirant tous le bonheur, et sachant qu'il ne réside que dans l'âme, et que, pour vivre heureux, il faut cultiver notre âme, je m'étonne que nous ne la cultivions pas. Celui qui veut avoir la vue perçante doit soigner ses yeux, au moyen desquels il voit; celui qui veut courir avec rapidité doit soigner ses pieds, qui lui servent à courir ; et celui qui veut lutter au pugilat doit fortifier ses bras, au moyen desquels il lutte : enfin tous

---

tasse. Quippe etiam semotis arbitris, una cum Phædro extra pomœrium, sub quodam arboris opacæ umbraculo, signum illud adnuntium sensit, ne prius transcenderet Ilissi amnis modicum fluentum, quam increpitu indignatum Amorem recinendo placasset : quum præterea, si omina observitaret, aliquando eorum nonnulla etiam hortamenta haberet, ut videmus plerisque usu venire, qui nimia ominum superstitione, non suopte corde, sed alterius verbo, reguntur : ac per angiporta reptantes, consilia ex alienis vocibus colligunt, et, si ita dixerim, non animo, sed auribus, cogitant. Verum enimvero utut ista sunt, certe qui ominum arioli, vocem audiunt sæpenumero auribus suis usurpatam, de qua nihil cunctentur ex ore humano profectam. At enim Socrates non *vocem* sibi, sed *vocem quampiam*, dixit oblatam : quo additamento profecto intelligas, non usitatam vocem, nec humanam significari; quæ si foret, frustra *quæpiam*, quin potius aut *vox*, aut certe *cujuspiam vox* diceretur; ut ait illa Terentiana meretrix :

Audire vocem visa sum modo militis.

Qui vero vocem dicat *quampiam* audivisse, aut nescit, unde ea exorta sit, aut in ipsa aliquid addubitat, aut eam quiddam insolitum et arcanum demonstrat habuisse, ita ut Socrates eam, quam sibi ac divinitus editam tempestive aiebat. Quod equidem arbitror non modo auribus eum, verum etiam oculis signa dæmonis sui usurpasse. Nam frequentius non vocem, sed signum divinum sibi oblatum præ se ferebat. Id signum potest et ipsius dæmonis species fuisse, quam solus Socrates cerneret, ita ut Homericus Achilles Minervam.

Credo, plerosque vestrum hoc, quod modo dixi, cunctantius credere, et impendio mirari, formam dæmonis Socrati visitatam. At enim Pythagoricos mirari oppido solitos, si quis se negaret unquam vidisse dæmonem, satis, ut reor, idoneus auctor est Aristoteles. Quod si cuivis potest evenire facultas contemplandi divinam effigiem, cur non apprime potuerit Socrati obtingere, quem cuivis amplissimo numini sapientiæ dignitas coæquarat? Nihil enim est deo similius et gratius, quam vir animo perfecte bonus, qui tam hominibus ceteris antecellit, quam ipse a diis immortalibus distat.

Quin potius nos quoque Socratis exemplo et commemoratione erigimur? ac nos secundo studio philosophiæ paris, similium numinum caventes, permittimus? de quo quidem nescio qua ratione dirapimur. Et nihil æque miror, quam quum omnes et cupiant optime vivere, et sciant non alio re quam animo vivi, nec fieri posse quin, ut optime vivas, animus colendus sit; tamen animum suum non colant. At si qui velit acriter cernere, oculi curandi sunt, quibus cernitur : si velis perniciter currere, pedes curandi sunt, quibus curritur : itidem si pugillare valide velis, brachia vegetanda sunt, quibus pugillatur. Similiter in omnibus ceteris membris, sua cuique cura pro studio est. Quod quum omnes facile perspiciant, nequeo satis mecum reputare, et, proinde ut res est, admirari, cur non etiam animum suum ratione excolant. Quod quidem ratio vivendi omnibus æque necessaria est; non ratio pingendi, nec ratio psallendi; quas quivis bonus vir sine ulla animi vituperatione, sine turpitudine, sine labe contemserit. Nescio, ut scivit Ismenias, tibiis canere; sed non pudet me tibici-

les autres membres demandent un soin conforme à leurs fonctions. Cela est clair pour tout le monde; aussi ne puis-je assez m'étonner et ne puis-je comprendre que l'homme ne cultive pas son âme à l'aide de sa raison. Car enfin il est nécessaire pour tous de savoir vivre. Il n'en est pas de même de la peinture ou de la musique : un honnête homme peut ignorer ces deux arts sans encourir le blâme ou l'infamie. Je ne sais pas jouer de la flûte comme Isménias, et je n'en suis pas honteux ; je ne sais pas peindre comme Apelle ou sculpter comme Lysippe, et je n'en rougis point : pour tout dire enfin, il est permis d'ignorer sans honte tous les talents de ce genre. Mais dites, si vous l'osez : Je ne sais pas vivre comme Socrate, comme Platon, comme Pythagore, et je n'en rougis point. Vous n'oseriez jamais le dire.

Et, chose étrange! ce qu'on ne veut pas paraître ignorer, on néglige de l'apprendre ; on recule à la fois devant l'étude et devant l'ignorance de cet art! Faites le compte des dépenses de chaque jour, vous en trouverez beaucoup de trop fortes et d'inutiles, et vous ne trouverez rien d'employé pour vous, c'est-à-dire, pour le culte de votre démon, culte qui n'est autre chose que la sainte pratique de la philosophie. Les hommes bâtissent de magnifiques maisons de campagne ; ils ornent splendidement leurs palais, ils grossissent le nombre de leurs esclaves ; mais dans tout cela, dans cette abondance, il y a quelque chose qui fait honte : c'est le maître lui-même. Et ce n'est pas à tort : ils rassemblent des richesses, et leur vouent un culte ; et eux-mêmes restent ignorants, grossiers et sans culture.

Voyez ces édifices dans lesquels ils ont dépensé tout leur patrimoine : rien n'est plus riant, plus splendide ; ce sont des villas aussi grandes que des cités, des maisons ornées comme des temples, des valets nombreux et coiffés avec recherche, des meubles superbes, un luxe éblouissant ; tout est somptueux, tout est magnifique, excepté le maître lui-même. Lui seul, comme Tantale, est pauvre : au milieu de ses richesses, il manque de tout ; il n'a pas envie d'un fruit qui lui échappe, ou soif d'une eau trompeuse ; mais il est altéré, il a faim du vrai bonheur, c'est-à-dire d'une vie calme et d'une heureuse sagesse. Il ne sait pas que l'on examine les riches comme les chevaux que l'on veut acheter. Alors on ne considère pas le harnois du cheval, ni la selle, ni les ornements qui brillent à sa tête, ni les rênes parsemées d'or, d'argent et de pierreries, ni la richesse et l'art des objets qui entourent son cou, ni la ciselure de son frein, ni l'éclat et la dorure de ses sangles : mais on écarte tout cela, c'est le cheval nu que l'on regarde ; on examine son corps, son ardeur, la noblesse de sa marche, la rapidité de sa course et la force de ses reins. On regarde d'abord si, avant tout,

Il a le ventre court, l'encolure hardie,
Une tête effilée, une croupe arrondie,
Si l'on voit son poitrail de muscles se gonfler.

Ensuite, si l'épine dorsale est double ; car nous voulons qu'il ait le mouvement rapide et doux.

Pareillement, dans l'appréciation de l'homme, écartez tout ce qui lui est étranger ; examinez l'homme seul, réduit à lui-même, pauvre, comme mon Socrate. Au reste, j'appelle étranger à l'homme ce qu'il doit à ses parents et à la fortune ; car tout cela n'entre pas dans mon admiration pour Socrate. La noblesse, les aïeux, la généalogie,

---

nem non esse : nescio, ut Apelles, coloribus pingere, ut Lysippus fingere ; sed non pudet me non esse significem : et idem in ceteris artibus, ne omnes persequar, licet tibi nescire, nec pudet. At enimvero dic sodes, nescio bene vivere, ut Socrates, ut Plato, ut Pythagoras vixerunt ; nec pudet me nescire bene vivere ; nunquam hoc dicere audebis.

Sed quumprimis mirandum est, quod ea, quæ minime videri volunt nescire, discere tamen negligunt, et ejusdem artis disciplinam simul et ignorantiam detrectant. Igitur quotidiana eorum æra dispungas ; invenies in rationibus multa prodige profusa, et in semet nihil : in sui dico dæmonis cultum ; qui cultus nihil aliud quam philosophiæ sacramentum est. Plane quidem villas opipare exstruunt, et domos ditissime exornant, et familias numerosissime comparant ; sed in istis omnibus, in tanta affluentia rerum, nihil est præterquam ipse dominus pudendum : nec injuria ; cumulata enim habent, quæ sedulo percolunt, ipsi autem horridi, indocti, incultique circumeunt.

Igitur illa spectes, in quæ patrimonia sua profuderunt, amœnissima et exstructissima deprehendas : villas æmulas urbium conditas, domos vice templorum exornatas, familias numerosissimas et calamistratas, opiparam supellectilem, omnia affluentia, omnia opulentia, omnia ornata, præter ipsum dominum ; qui solus, Tantali vice, in suis divitiis inops, egens, pauper, non quidem fructum illum fugitivum captat, et fallacis undæ sitit, sed veræ beatitudinis, id est, secundæ vitæ et prudentiæ fortunatissimæ esurit et sitit. Quippe non intelligit, æque divites spectari solere, ut equos mercamur. Neque enim in emendis equis phaleras consideramus, et baltei polimina inspicimus, et ornatissimæ cervicis divitias contemplamur, si ex argento et auro et gemmis monilia variæ gazæ dependent, si plena artis ornamenta capiti et collo circumjacent, si frena cælata, si ephippia fucata, si cingula aurata sint : sed istis omnibus vi amolitis, equum ipsum nudum, et solum corpus ejus et animum contemplamur, ut sit ad speciem honestus, et ad cursuram vegetus, et ad vecturam validus. Jam primum in corpore si sit

Argutumque caput, brevis alvus, obesaque terga,
Luxurietque toris animosum pectus honestis.

Præterea, si duplex agitur per lumbos spina : volo enim non modo perniciter, verum etiam molliter pervehat.

Similiter igitur et in hominibus contemplandis, noli illa aliena existimare, sed ipsum hominem penitus considera : ipsum, ut meum Socratem, pauperem specta. Aliena autem voco, quæ parentes pepererunt, et quæ fortuna largita est, quorum nihil laudibus Socratis mei admisceo :

DU DIEU DE SOCRATE.

les richesses enviées, tout cela, je le répète, est étranger. Cette gloire de la naissance vient d'un aïeul qui fut tel que son petit-fils n'eût pas à rougir de lui. Il en est de même des autres avantages que vous pourriez énumérer. Cet homme est noble; vous louez ses parents. Il est riche; je ne crois pas à la fortune. Je ne fais pas plus de cas du reste. Il est vigoureux; la maladie peut l'épuiser. Il est leste; il deviendra vieux. Il est beau; attendez un peu, et Il ne le sera plus. Mais si vous dites, il a étudié les beaux-arts, il est très-instruit, il est aussi sage qu'un homme peut l'être, il est prudent; voilà qu'enfin vous louez l'homme lui-même. Tout cela n'est point un héritage de ses pères, ni un présent du hasard, ni le résultat éphémère d'un suffrage, ni quelque chose qui s'altère avec le corps ou qui change avec l'âge: ce sont les seuls avantages de mon Socrate, et c'est pour cela qu'il dédaignait la possession des autres.

Que cela ne vous excite-t-il à l'étude de la sagesse! Vous n'entendriez plus mêler à vos louanges rien qui vous fût étranger; et celui qui voudrait vous louer serait forcé de dire de vous ce qu'Accius, au commencement de son *Philoctète*, a dit d'Ulysse:

« Héros glorieux, sorti d'une patrie obscure;
« toi dont le nom est célèbre et l'âme pleine de
« sagesse; toi qui guidas les Grecs, et sus les ven-
« ger d'Ilion; fils de Laërte..... »

Il ne parle de son père qu'en dernier lieu; vous n'avez entendu que des louanges qui lui soient personnelles; aucune d'elles ne revient à Laërte, ni à Anticlée, ni à Arcésius: l'éloge tout entier appartient à Ulysse. Homère, parlant de ce héros, n'en dit pas autre chose; il lui donne pour compagne la prudence, désignée, selon la coutume des poëtes, sous le nom de Minerve. C'est avec elle qu'il surmonte tous les obstacles et tous les dangers; il pénètre dans l'antre du Cyclope, mais il en sort; il voit les bœufs du Soleil, mais il n'y touche pas; il descend dans les enfers, mais il remonte sur la terre: c'est encore avec la sagesse qu'il franchit Scylla sans être entraîné; qu'il tourne dans le gouffre de Charybde sans être englouti; qu'il boit la coupe de Circé sans être métamorphosé; qu'il aborde chez les Lotophages sans y rester; qu'il entend les Sirènes sans les approcher.

---

nullam generositatem, nullam prosapiam, nullos longos natales, nullas invidiosas divitias. Hæc enim cuncta, ut dico, aliena sunt. Sata e Protaonio gloria est, qui talis fuit, ut nepotem ejus non puderet. Igitur omnia similiter aliena numeres licebit. Generosus est; parentes laudas. Dives est; non credo fortunæ. Nec magis ista dinumero. Validus est; ægritudine fatigabitur. Pernix est; abibit in senectutem. Formosus est; exspecta paulisper, et non erit. At enim bonis artibus doctus et apprime est eruditus, et, quantum licet homini, sapiens, et boni consultus; tandem aliquando ipsum virum laudas. Hoc enim nec a patre hereditarium est, nec casu pendulum, nec a suffragio anniculum, nec a corpore caducum, nec ab ætate mutabile. Hæc omnia meus Socrates habuit, et ideo cetera habere contemsit.

Quin ergo et tu ad studium sapientiæ te ingeris vel propere? saltem ut nihil alienum in laudibus tuis audias: sed ut, qui te volet nobilitare, æque laudet, ut Accius Ulixen laudavit in Philocteta suo, in ejus tragœdiæ principio:

Inclyte, parva prodite patria,
Nomine celebri, claroque potens
Pectore, Achivis classibus auctor,
Gravis Dardanis gentibus ultor,
Laertiade.

Novissime patrem memorat. Ceterum omnes laudes ejus viri audistis. Nihil inde nec Laertes sibi, nec Anticlea, nec Arcesius vindicat. Hæc tota, ut vides, laudis hujus propria Ulixi possessio est. Nec aliud te in eodem Ulixe Homerus docet, qui semper ei comitem voluit esse prudentiam: quam poetico ritu Minervam nuncupavit. Igitur, hac eadem comitante, omnia horrenda subiit, omnia adversa superavit. Quippe, ea adjutrice, Cyclopis specus introivit, sed egressus est: Solis boves vidit, sed abstinuit: ad inferos demeavit, sed adscendit. Eadem sapientia comitante, Scyllam præternavigavit, nec ereptus est: Charybdi conseptus est, nec retentus est: Circæ poculum bibit, nec mutatus est: ad Lotophagos accessit, nec remansit: Sirenas audiit, nec accessit.

DE LA DOCTRINE DE PLATON.

ARGUMENTS

DES TROIS LIVRES DE LA DOCTRINE DE PLATON.

LIVRE PREMIER.

Quelques détails sur la vie de Platon. — Sa doctrine a trois parties, exposées dans ces trois livres. La première est la PHILOSOPHIE NATURELLE. — De la nature, et des trois principes des choses, Dieu, la matière, la forme ou le type. — De Dieu. — De la matière, et des quatre éléments. — De l'éternité du monde et des deux sortes d'âmes. — Des trois classes de dieux et de l'homme. — Du corps et de l'âme, et des trois parties de l'âme. — De l'union du corps et de l'âme, et d'où dépend la conservation de l'homme.

LIVRE DEUXIÈME.

DE LA PHILOSOPHIE MORALE. — De ce qui constitue la vie heureuse. — Des biens, de leur nature et de leur essence. — De trois sortes de naturels dans l'homme. — De la vertu. — De diverses sortes de vertus, supérieures et moyennes, parfaites et imparfaites. — De la justice, et de ses rapports avec la rhétorique et la politique. — Des vertus qui viennent de l'étude, et de celles qui viennent de la pratique et de l'expérience. — Des maux, et en particulier des vices. — Que ce qui est honteux ne peut être un bien. — De l'amitié. — De l'amour, et des diverses espèces d'amour. — De quatre catégories de coupables, et comment aux passions dont ils sont affectés répondent l'oligarchie, la démagogie, et la tyrannie. — De l'athéisme. — Que les âmes sont originairement bonnes. — Image de celle du juge. — D'une cité modèle, et à quoi elle doit ressembler.

LIVRE TROISIÈME.

DE LA LOGIQUE. — La logique est la science du raisonnement. Le discours se présente sous diverses formes, et c'est l'habile emploi de ces formes qui caractérise le grand orateur. Il y a une forme principale, diversement appelée, mais plus connue sous le nom de proposition. Ce livre est l'exposé des différentes combinaisons que peuvent subir les propositions, et des formules à l'aide desquelles on peut raisonner et conclure.

LIVRE PREMIER.

DE LA PHILOSOPHIE NATURELLE.

Platon fut ainsi nommé à cause de la conformation de son corps; car il s'appelait d'abord Aristoclès. Ariston passe pour son père, et Périctione, fille de Glaucus, fut sa mère. Des deux côtés sa naissance est assez illustre : Ariston tirait par Codrus son origine de Neptune lui-même; et Périctione descendait du sage Solon, le législateur de l'Attique. Quelques-uns même lui donnent une origine plus auguste; ils prétendent qu'Apollon, sous la forme d'un homme, s'unit à Périctione. On dit en outre qu'il naquit dans le mois que les Athéniens appellent Thargélion, le jour où, selon la tradition, Latone enfanta Apollon et Diane à Délos. Nous savons que Socrate naquit la veille de ce jour. On rapporte aussi un songe merveilleux de Socrate : il lui sembla voir s'envoler, de l'autel consacré à Cupidon, dans l'Académie, un petit cygne qui vint se réfugier dans son sein, et qui s'élança ensuite vers les cieux, charmant les dieux et les hommes

APULEII

DE DOGMATE PLATONIS

LIBER I,

SIVE

PHILOSOPHIA NATURALIS.

Platoni habitudo corporis cognomentum dedit. Namque Aristocles prius est nominatus. Ariston ei fuisse pater dictus est. Ceterum Perictione, Glauci filia, mater fuit; et de utroque nobilitas satis clara. Nam Ariston pater, per Codrum, ab ipso Neptuno originem duxit : ab Solone sapientissimo, qui legum atticarum fundator fuit, maternus derivatus est sanguis. Sunt, qui Platonem augustiore conceptu prosatum dicant, quum quædam Apollinis figuratio Perictionæ se miscuisset. Mense etiam, qui apud Atticos Thargelion dicitur, natus est : die, qua apud Delon Latona fertur Apollinem Dianamque peperisse. Pridie Socraten genitum accepimus. Somnium etiam Socratis scitum ferunt. Nam vidisse sibi visus est, cycni pullum ex altari, quod in Academia Cupidini consecratum est, volasse, et in ejus gremio residisse : et postea olorem illum pennis

par une suave mélodie. Socrate racontait cette vision au milieu d'une assemblée, lorsque Ariston vint présenter le jeune Platon au philosophe, son maître. A la vue de l'enfant, Socrate devina sur sa figure un admirable génie : Mes amis, s'écria-t-il, c'était le cygne du Cupidon de l'Académie.

Comme le promettaient sa naissance et ces premiers présages, Platon surpassa les héros en vertu, et devint l'égal des dieux en puissance. Speusippe, qui avait recueilli sur la jeunesse de Platon des détails de famille, vante son étonnante intelligence et sa rare modestie ; il retrace ses dispositions précoces et son amour pour l'étude, vertus qui, dit-il, se développèrent en l'homme fait, ainsi que toutes les autres. L'union de ses parents lui donna deux frères, Glaucus et Adimante. Denys lui enseigna les premiers éléments littéraires ; Ariston d'Argos lui montra les exercices de la lutte, dans lesquels il fit tant de progrès qu'il disputa le prix aux jeux Pythiens et aux jeux Isthmiques. Il ne négligea pas la peinture ; il apprit même à composer des tragédies et des dithyrambes ; et, plein de confiance dans ses vers, il voulait disputer le prix de poésie, lorsque Socrate sut le guérir de cette misérable ambition, et lui inspirer l'amour de la vraie gloire. On lui avait inculqué d'abord les principes de la doctrine d'Héraclite ; mais, quand il se fut donné à Socrate, il surpassa les autres socratiques en science et en génie : outre que, par son travail et l'élégance de son esprit, il donna un nouveau lustre à la sagesse que lui avait enseignée son maître : par son travail, il s'efforça de la répandre dans les esprits ; par l'élégance de son esprit, il sut la parer de tous les charmes et de toute la pompe du style.

Lorsque Socrate eut quitté les hommes, Platon chercha où il pourrait encore s'instruire, et s'appliqua à la doctrine de Pythagore. Mais quoiqu'il reconnût en elle une raison sévère et profonde, il s'efforça principalement d'imiter ses formes chastes et réservées ; et, sentant que le génie des pythagoriciens se fortifiait par d'autres sciences, il alla à Cyrène près de Théodore pour apprendre la géométrie. Il s'avança jusqu'en Égypte, où il étudia l'astrologie et la religion des prêtres ; ensuite il revint en Italie, et suivit les leçons d'Euryte de Tarente et du vieil Archytas, tous deux pythagoriciens. Il se proposait de visiter les Indiens et les mages, si les guerres qui se faisaient alors en Asie ne l'eussent arrêté. A cette époque, il s'adonna plus profondément à l'étude des découvertes de Parménide et de Zénon, si bien qu'il a rempli ses ouvrages des vérités admirables éparses dans chacun d'eux. Le premier il a réuni en un seul corps la philosophie divine, jusque-là en trois parties sans lien ; il a prouvé que ces parties sont nécessaires les unes aux autres, qu'elles ne sont point opposées entre elles, mais qu'elles se donnent un mutuel secours. De ces membres de la philosophie pris à différentes écoles, de la physique d'Héraclite, de la philosophie intellectuelle de Pythagore, de la morale de Socrate, il composa un seul corps qui semblait être sa propre création. Il donna plus de rigueur et de clarté aux doctrines ébauchées et confuses des chefs de ces trois écoles ; il en fit des doctrines parfaites et admira-

---

cœlum petisse, canore musico auditus hominum deorumque mulcentem. Quum hoc Socrates in conventu hominum referret, Ariston Platonem puerum oblaturus Socrati magistro, commodum prosequebatur. Quem ubi adspexit ille, ingeniumque intimum de exteriore conspicatus est facie : Hic ille erat, amici, inquit, de Academia Cupidinis cycnus.

Talis igitur, ac de talibus Plato, non solum heroum virtutibus præstitit, verum etiam æquiparavit divum potestatibus. Nam Speusippus, domesticis instructus documentis, et pueri ejus acre in percipiundo ingenium, et admirandæ verecundiæ indolem laudat : et pubescentis primitias labore atque amore studendi imbutas refert : et in viro harum incrementa virtutum et ceterarum convenisse testatur. Ex iisdem genitoribus Glaucus et Adimantus ei fratres fuerunt. Doctores habuit in prima litteratura Dionysium : at in palæstra Aristonem Argis oriundum, tantosque progressus exercitatio ei contulit, ut Pythia et Isthmia de lucta certaverit. Picturæ non aspernatus artem. Tragœdus et dithyrambis se utilem finxit. Jamque carminum confidentia elatus, se profiteri cupiebat, nisi Socrates humilitatem cupidinis ex ejus mentibus expulisset, et veræ laudis gloriam in ejus animum inscrere curasset. Et antea quidem Heracliti secta fuerat imbutus. Verum quum se Socrati dedisset, non solum ingenio atque doctrina ceteros socraticos vicit, verum etiam labore et elegantia illustravit sapientiam ab eo sibi traditam : labore, quo eam adserere nisus est : elegantia, per quam venustate et majestate verborum plurimum ei adhibuit dignitatis.

Sed posteaquam Socrates homines reliquit, quæsivit unde proficeret, et ad Pythagoræ disciplinam se contulit. Quam etsi ratione diligenti et magnifica instructam videbat, rerum tamen continentiam et castitatem magis cupiebat imitari. Et, quod pythagoreorum ingenium adjutum aliis disciplinis sentiebat, ad Theodorum Cyrenas, ut geometriam disceret, est profectus : et astrologiam adusque Ægyptum ivit petitum, ut inde prophetarum etiam ritus addisceret. Et ad Italiam iterum venit, et pythagoreos, Eurytum Tarentinum, et seniorem Archytam sectatus. Atque ad Indos et Magos intendisset animum, nisi eum bella tunc vetuissent asiatica. Quapropter inventa Parmenidæ ac Zenonis studiosius exsecutus, ita omnibus, quæ admirationi sunt singula, suos libros explevit, ut primus tripartitam philosophiam copularit, sibique invicem necessarias partes, neque pugnare inter se tantummodo, sed etiam mutuis adjuvare auxiliis ostenderit. Nam quamvis de diversis officinis hæc ei essent philosophiæ membra suscepta, naturalis ab Heracliteis, intellectualis a Pythagoreis, moralis ex ipso Socratis fonte : unum tamen ex omnibus, et quasi proprii partus corpus effecit. Et quum principes harum familiarum impolitas sententias et inchoatas auditoribus tradidissent, eas hic, quum ratione li-

bles, qu'il exposa dans un langage magnifique.

Un grand nombre de ses auditeurs de l'un et l'autre sexe se distinguèrent dans la philosophie. Il laissa pour héritage un petit jardin qui touchait à l'Académie, deux esclaves, une coupe avec laquelle il faisait des libations en l'honneur des dieux, et une somme d'or égale au poids de la boucle d'oreille que porte un enfant de famille noble. Quant à ses trois voyages en Sicile, les malveillants, par leurs calomnies, ont accrédité différentes suppositions : mais la vérité est qu'il fit le premier pour étudier la nature et les éruptions de l'Etna; qu'il entreprit le second aux instances de Denys, qui l'appelait pour servir les Syracusains et leur donner des institutions; que, dans le troisième enfin, il obtint de Denys la grâce de Dion et rendit l'exilé à sa patrie.

Nous allons exposer les doctrines, ou mieux, suivant l'expression grecque, les dogmes qu'il a formulés dans l'intérêt de l'humanité, pour lui enseigner les secrets et les règles de la morale, de la physique et de la dialectique; car c'est lui le premier, nous l'avons déjà dit, qui a coordonné entre elles les trois parties de la philosophie. Nous parlerons séparément de chacune d'elles, en commençant par la philosophie de la nature.

Platon pense que les choses ont trois principes : Dieu, la matière, et les formes des choses qu'il appelle aussi idées; formes qui sont imparfaites, ébauchées, et qui n'ont aucune détermination positive, ni qualités distinctes. Dieu, selon lui, est incorporel; seul il est sans mesure, il crée tout, il orne tout, il possède et donne la félicité, il est excellent, il ne manque de rien, et répand tous les biens. Dieu est l'être céleste, ineffable, sans nom, et comme il le nomme lui-même ἄρρητον, ἀκατονόμαστον. Platon ajoute qu'il est difficile d'en découvrir la nature, et que si l'on parvient à la découvrir, il est impossible de la révéler à la multitude. Voici ses propres expressions : Θεὸν εὑρεῖν τε ἔργον, εὑρόντα δὲ εἰς πολλοὺς ἐκφέρειν ἀδύνατον. »

Quant à la matière, il déclare qu'elle est increable, incorruptible; qu'elle n'est ni le feu, ni l'eau, ni aucun principe ou élément simple : elle est le premier sujet auquel toutes les figures peuvent s'appliquer, qui peut revêtir toutes les modifications; et Dieu est l'artiste qui donne une configuration à l'universalité de cette masse grossière, et primitivement vide de toute forme. Elle est infinie, parce que sa grandeur est illimitée; car ce qui est infini n'a pas de grandeur déterminée; et comme elle est dépourvue de bornes, on peut la regarder comme infinie. Mais il n'accorde pas qu'elle soit corporelle ou qu'elle soit incorporelle. Il ne pense pas qu'elle soit un corps, car tout corps a certaines qualités déterminées. Il ne peut pas dire qu'elle soit sans corps, puisque rien d'incorporel ne donne naissance au corps : c'est en quelque façon par la force des choses et en vertu d'une déduction logique qu'il est obligé d'en reconnaître l'existence; car une telle nature n'est ni évidente en fait, ni intelligible en principe. En effet, les corps se montrant avec une évidence toute particulière, nous les connaissons avec une certitude conforme à cette évidence; mais ce qui n'a pas une substance corporelle, nous le voyons clairement par la pensée. Ce n'est donc ni par la pensée ni par les sens que l'on peut saisir la nature ambiguë de cette matière, mais en quelque sorte par une façon de juger bâtarde.

---

mando, tum ad orationis augustæ honestissimam speciem induendo, perfectas atque etiam admirabiles fecit.

Multi auditorum ejus utriusque sexus in philosophia floruerunt. Patrimonium in hortulo, qui Academiæ junctus fuit, et in duobus ministris; et in patera, qua diis supplicabat, reliquit. Auri tantum, quantum puer nobilitatis insigne in auricula gestavit. Ceterum tres ejus ad Siciliam adventus mali quidam carpunt, diversis opinionibus disserentes. Sed ille primo historiæ gratia, ut naturam Ætnæ et incendia concavi montis intelligeret : secundo, petitu Dionysii, ut Syracusanis assisteret, profectus est, et ut municipales leges ejus provinciæ addisceret. Tertius ejus adventus fugientem Dionem, impetrata a Dionysio venia, patriæ suæ reddidit.

Quæ autem consulta, quæ δόγματα græce licet dici, ad utilitatem hominum, vivendique et intelligendi et loquendi rationem extulerit, hinc ordiemur. Nam quoniam tres partes philosophiæ congruere inter se primus obtinuit, nos quoque separatim dicemus de singulis, a naturali philosophia facientes exordium.

Initia rerum esse tria arbitratur Plato : Deum, et materiam, rerumque formas, quas ἰδέας idem vocat, inabsolutas, informes, nulla specie nec qualitatis significatione distinctas. Sed hæc de Deo sentit, quod sit incorporeus. Is unus, ait, ἀπερίμετρος, rerumque genitor, rerumque omnium exornator, beatus et beatificus, optimus, nihil indigens, ipse conferens cuncta. Quem quidem cœlestem pronunciat, indictum, innominabilem, et ut ait ipse, ἄρρητον, ἀκατονόμαστον : cujus naturam invenire difficile est; si inventa sit, in multos eam enunciari non posse. Platonis hæc verba sunt: Θεὸν εὑρεῖν τε ἔργον, εὑρόντα δὲ εἰς πολλοὺς ἐκφέρειν ἀδύνατον.

Materiam vero improcreabilem incorruptamque commemorat, non ignem, neque aquam, nec aliud de principiis et absolutis elementis esse : sed ex omnibus primam figurarum capacem, factionique subjectam : adhuc rudem, et figurationis qualitate viduatam, Deus artifex conformat universam. Infinitam vero idcirco, quod ei sit interminata magnitudo. Nam quod infinitum est, indistinctam magnitudinis habet finem; atque ideo, quum viduata sit fine, infinibilis recte videri potest.

Sed neque corpoream, neque sane incorpoream esse concedit. Ideo autem non putat corpus, quod omne corpus specie qualicumque non careat. Sine corpore vero esse, non potest dicere, quia nihil incorporale corpus exhibeat : sed vi et ratione sibi eam videri corpoream, atque ideo nec actu solo, neque tamen sola opinione cogitationis intelligi. Namque corpora, propter insignem evidentiam sui, simili judicio cognosci. Sed quæ substantiam non habent corpoream, cogitationibus ea videri; unde adulterata opi-

Quant aux *Idées*, les types de toutes choses, elles sont simples, éternelles et incorporelles. C'est d'elles que Dieu a tiré les modèles de ce qui est ou sera ; ces modèles ne présentent qu'un seul exemplaire pour chaque espèce, et tout ce qui naît, semblable à la cire, reçoit d'elle sa forme et sa figure.

Il y a deux essences, qu'il nomme Οὐσίας, par l'union desquelles toutes choses et le monde lui-même est engendré. L'une est conçue seulement par la pensée, l'autre peut être saisie par les sens. Celle que la pensée comprend est toujours une, semblable, égale à elle-même, ayant l'existence véritable. L'autre, perçue par des moyens sensibles et irrationnels, a une naissance et une mort ; et de même que la première est dite exister véritablement, on peut dire que celle-ci n'a pas l'existence véritable.

Dieu, la matière, les modèles des choses et l'âme participent à la première substance ; la seconde comprend tout ce qui est formé, tout ce qui est engendré, tout ce qui tire son origine des types de l'essence supérieure, tout ce qui est soumis aux changements et aux transformations, tout ce qui s'écoule comme les fleuves. De plus, cette substance intelligible dont j'ai parlé ayant, pour ainsi dire, un fondement inébranlable, se fait connaître avec une certitude parfaite, et les discours qui ont une telle substance pour objet doivent inspirer une confiance entière ; mais cette autre substance, qui n'est, pour ainsi dire, que l'ombre et l'image de la première, ne peut donner lieu qu'à des opinions peu solides et à des discours d'une autorité contestable.

La matière est le principe de tous les corps ; elle est figurée par l'empreinte des types. De là viennent les premiers éléments, l'eau, le feu, la terre et l'air. S'ils sont des éléments, ils doivent être simples, et non point composés eux-mêmes d'autres éléments, comme les syllabes des mots. Cette combinaison n'a lieu que pour les substances composées, lesquelles n'existent que par la réunion de plusieurs principes. Les éléments étaient primitivement sans ordre et dans une entière confusion ; c'est Dieu, cet architecte du monde, qui les réduisit en ordre sous l'empire des nombres et de la mesure. Plusieurs éléments ont un seul et même principe : le feu, l'air et l'eau tirent leur origine commune du triangle droit, dont tous les côtés sont inégaux ; et la terre, du triangle droit isocèle. Du premier triangle on forme naturellement trois figures : la pyramide, l'octogone, l'icosaèdre. La sphère et la pyramide représentent le feu, l'octogone l'air, l'icosaèdre l'eau. Pareillement le triangle rectangle isocèle forme le carré ; le carré forme le cube : cette dernière figure est proprement l'élément terrestre. La forme mobile de la pyramide a été attribuée au feu, parce que cette mobilité de la pyramide paraît semblable à l'agitation de cet élément. L'octaèdre, étant moins mobile, a été attribué à l'air, qui est immédiatement inférieur au feu en vitesse et en légèreté. L'icosaèdre vient en troisième lieu, parce que sa forme ovale et fluide se rapproche de celle de l'eau. Reste la forme cubique, qui par son immobilité reproduit fidèlement la stabilité de la terre.

On pourrait peut-être découvrir d'autres éléments qui ne sont connus que du créateur, ou de ceux que les dieux chérissent. Mais ces premiers

---

nione, ambiguam materiæ hujus intelligi qualitatem.

Ἰδέας vero, id est, formas omnium simplices et æternas esse, nec corporales tamen : esse autem ex iis, quæ Deus sumpserit, exempla rerum, quæ sunt, eruntve : nec posse amplius, quam singularum specierum singulas imagines in exemplaribus inveniri : gignentiumque omnium, ad instar ceræ, formas et figurationes ex illa exemplorum impressione signari.

Οὐσίας, quas essentias dicimus, duas esse, ait : per quas cuncta gignantur, mundusque ipse ; quarum una, cogitatione sola concipitur : altera, sensibus subjici potest. Sed illa, quæ mentis oculis comprehenditur, semper et eodem modo, et sui par ac similis invenitur, et quæ vere sit. At enim altera opinione sensibili et irrationabili æstimanda est, quam nasci et interire ait. Et, sicut superior vere esse memoratur, hanc non esse vere, possumus dicere.

Et primæ quidem substantiæ vel essentiæ primum Deum esse, et materiam, formasque rerum, et animam : secundæ substantiæ, omnia quæ informantur, quæque gignuntur, et quæ ab substantiæ superioris exemplo originem ducunt ; quæ mutari et converti possunt, labentia, et ad instar fluminum profuga ; ad hoc illa, quam dixi, intelligendi substantia quoniam constanti nititur robore, etiam quæ de illa disputantur, ratione stabili et fide plena sunt. At hujus, quæ veluti umbra et imago est superioris, rationes quoque et verba, quæ de ea disputantur, inconstanti sunt disciplina.

Initium omnium corporum materiam esse memoravit ; hanc et signari impressione formarum. Hinc prima elementa esse progenita, ignem et aquam, terram et aera. Quæ si elementa sunt, simplicia esse debent, neque ad instar syllabarum nexu mutuo copulari. Quod istis evenit, quarum substantia multimoda potestatum coitione conficitur. Quæ quum inordinata, permixtaque essent, ab illo ædificatore mundi Deo ad ordinem numeris et mensuris in ambitum deducta sunt. Hæc e plurimis elementis ad unum redacta esse ; et ignem quidem et aera, et aquam habere originem atque principium ex trigono, qui fit trianguli recti non paribus angulis. Terram vero directis quidem angulis, trigonis, et vestigiis paribus esse. Et prioris quidem formæ tres species exsistere, pyramidem, octangulam, et vigintiangulam. Sphæram et pyramidem figuram ignis in se habere, octangulam vero aeris, angulatam vicies sphæram aquæ dicatam esse : æquipedum vero trigonum efficere ex sese quadratum, quadratum vero cubum, quæ terræ sit propria. Quapropter mobilem pyramidis formam igni dedit, quod ejus celeritas agitationi hujus elementi esse consimilis. Secundæ velocitatis octangula sphæra est ; hanc aeri detulit, qui levitate et pernicitate post ignem se-

éléments, le feu, l'eau et les autres, constituent particulièrement les corps animés ou inanimés. Le monde est composé de toute l'eau, de tout le feu, de tout l'air et de toute la terre qui existent; et non-seulement aucune partie de ces éléments ne subsiste en dehors de l'univers, mais leurs effets ne s'y manifestent en aucune façon. Ils sont adhérents les uns aux autres et unis par des rapports naturels. C'est pourquoi le feu, la terre, l'eau et l'air occupent des positions déterminées; et de même que le feu et l'air se rapprochent par leur conformité, ainsi des liens d'affinité unissent la terre et l'eau. De là vient l'unité du monde : il embrasse tout; il ne laisse pas d'espace ni d'éléments pour constituer un autre univers. Le monde est perpétuellement jeune, et doué d'une vigueur inaltérable; c'est pourquoi il n'existe rien en dehors de lui qui puisse altérer sa constitution : et restât-il quelque chose, il n'en serait point altéré; car il est composé et organisé de telle sorte que des principes opposés, quelque hostiles qu'ils fussent, ne pourraient nuire à sa nature et porter atteinte à l'ordre de ses fonctions. C'est pour cela que Dieu, en édifiant le monde si beau et si parfait, à l'image de la sphère belle et parfaite, a voulu qu'il ne manquât de rien, qu'il recouvrît et contînt toutes choses, et que, dans son admirable beauté, il fût de tous points semblable et correspondît à lui-même. Et comme les corps peuvent se mouvoir suivant sept directions différentes, en avant, en arrière, à droite, à gauche, en haut, en bas, et enfin circulairement et par un mouvement de révolution, les six premiers mouvements ont été écartés, et le dernier seul, qui caractérise la prudence et la sagesse, a été imprimé au monde, pour que sa révolution fût conforme à la raison.

Platon dit tantôt que le monde n'a pas eu de commencement, tantôt qu'il a une origine, une naissance. Il n'a pas de commencement ni d'origine, parce qu'il a toujours été : mais il semble avoir une naissance, parce qu'il tire sa substance et sa nature des choses qui sont nées. De là vient qu'il est tangible, visible, qu'il tombe sous les sens corporels; mais comme c'est de Dieu qu'il tire son origine, il aura une durée éternelle.

L'âme de tous les animaux est incorporelle, elle ne périra point, lorsqu'elle sera séparée du corps; elle est antérieure à tout ce qui a été créé ; aussi elle commande et gouverne ce qui a été soumis à ses soins et à son activité; elle se meut éternellement et d'elle-même; elle donne le mouvement à ce qui est d'une nature inerte et immobile. Il y a aussi une âme céleste, source de toutes les âmes, d'une bonté et d'une sagesse parfaites; vertu génératrice, soumise à Dieu, et préparée pour toutes les œuvres du créateur. La substance de cette âme est composée de nombres, de modes, d'accroissements réunis et multipliés, soit par sa propre vertu, soit par une influence extérieure : de là vient que le monde accomplit sa révolution suivant les lois de l'harmonie et avec un bruit mélodieux.

Les choses se divisent naturellement en deux ordres : les unes sont visibles à l'œil et tangi-

---

cundus esset. Vicenalis sphæra est loco tertio; hujus forma fluida et volubilis aquæ similior est visa. Restat tesserarum figura : quæ quum sit immobilis, terræ constantiam non absurde sortita est.

Et alia initia inveniri forsitan posse, quæ aut Deo nota sunt, vel ei, qui sit diis amicus. Sed de primis elementis igni et aqua, ceterisque, et illa constare particulatim animalium et inanimantium corpora. Mundumque omnem ex omni aqua, totoque igni, et aeris universitate, cunctaque terra esse factum : et non solum nullam horum partem extra orbem relinqui, sed vim quidem ejus extrinsecus inveniri. Hæc autem invicem ex si intra se apta et connexa esse. Idcircoque in igne, terra, aqua, et aere sunt situs. Et, sicut ignis aeri cognatione conjungitur, ita humor affinitati terrenæ jungatur. Hinc unum esse mundum, in eoque omnia : nec relictum locum, in quo alius, neque elementa superesse, ex quibus alterius mundi corpus possit esse. Ad hæc attributa est ei perpetua juventas, et inviolata valetudo. Eoque nihil præterea extrinsecus est relictum, quod corrumpere posset ejus ingenium; et si superesset, non huic læderet, quum ita apud se ex omni parte compositus atque ordinatus foret, ut adversantia et contraria naturæ disciplinæque ejus officere non possent.

Idcirco autem perfectissimo et pulcherrimo mundo instar pulchræ et perfectæ sphæræ a fabricatore Deo quæsitum est, ut sit nihil indigens : sed operiens omnia coercensque contineat, pulcher et admirabilis, sui similis, si-bique respondens. Quumque illi septem motus locorum habeantur: processus et retrocessus, dexterioris ac sinistri, sursum etiam deorsumque nitentium, et quæ in gyrum circuitumque torquentur, sex superioribus remotis, hæc una mundo relicta est sapientiæ et prudentiæ propria, ut rationabiliter volveretur.

Et hunc quidem mundum nunc sine initio esse dicit : alias originem habere, naturamque esse : nullum autem ejus exordium atque initium esse, quod semper fuerit : nativum vero videri, quod ex his rebus totius substantia ejus et natura constet, quæ nascendi sortita sunt qualitatem. Hinc et tangitur, et videtur, sensibusque corporeis est obvius. Sed quo ei nascendi causam Deus præstitit, ideo immortali perseverantia est semper futurus.

Animam vero animantium omnium non corpoream esse, nec sane perituram, quum corpore fuerit absoluta, omniumque gignentium esse seniorem, atque ideo et imperitare et regere ea, quorum curam fuerit diligentiamque sortita, ipsamque semper et per se moveri, agitatricem aliorum, quæ natura sui immota sunt atque pigra. Sed illam cœlestem animam, fontem animarum omnium, optimam et sapientissimam, virtutem esse genetricem, subservire etiam fabricatori Deo, et præsto esse ad omnia inventa ejus, pronunciat. Verum substantiam mentis hujus numeris et modis confici congeminatis ac multiplicatis augmentis, incrementisque per se et extrinsecus partis : et hinc fieri, ut musice mundus et canore moveatur.

bles à la main : Platon déclare qu'elles sont conçues par l'*opinion*; les autres, perçues par la raison, saisies par la pensée, se nomment *intelligibles*. (Que l'on me pardonne de faire de ces expressions un emploi nouveau; j'y suis contraint par l'obscurité du sujet.) La première de ces essences est variable et facile à voir; l'autre, qui est découverte par le regard de l'intelligence et perçue par la pensée, est incorruptible, immuable, toujours la même, éternelle. De là résultent deux méthodes et deux modes de démonstration; car l'essence visible est saisie par une opinion qui tient beaucoup du hasard et n'a rien de solide, tandis que l'essence intelligible est démontrée par des raisonnements vrais, invariables, éternels.

Le temps est l'image de l'éternité; mais le temps se meut, tandis que l'éternité reste fixe et immobile. Le temps s'avance vers elle; il pourrait s'engloutir et se perdre dans son immensité, si le créateur de l'univers l'ordonnait. Le temps mesure les révolutions du monde, ainsi que celles des globes du soleil, de la lune, et des autres étoiles qu'à tort nous appelons errantes et vagabondes; car nos opinions et nos théories contradictoires sur la course des étoiles ne sont peut-être que le résultat et le signe de nos erreurs.

Du reste, ce grand ordonnateur de l'univers a si bien réglé les mouvements des planètes, leur lever, leur coucher, leur marche rétrograde, leur retard, leur progrès, qu'il n'y a pas lieu à la moindre erreur. Les jours avec les nuits complètent la durée des mois; à leur tour les mois roulent dans le cercle des années. Avant que ces astres ne fussent allumés dans la voûte céleste, on ne pouvait calculer les diverses périodes du temps; on aurait même perdu les observations sur lesquelles se fondent ces calculs, si dans les âges passés ce chœur des planètes avait été une seule fois interrompu. Les feux du soleil sont allumés pour faire connaître la mesure et la marche des temps, pour faire voir les révolutions du globe terrestre; et l'ombre de la nuit succède au jour, pour donner un repos désiré aux êtres animés. Les mois sont accomplis, lorsque la lune, ayant fini son cours, est revenu à son point de départ. L'année est achevée, lorsque le soleil, ayant accompli les quatre saisons, revient au même signe du zodiaque.

Platon a découvert par le raisonnement et la pensée le nombre des astres qui reviennent sur eux-mêmes, pour repartir ensuite. Les étoiles ont aussi une marche certaine, et suivent sans interruption une route régulière, difficilement comprise par l'esprit humain. C'est cette course ordonnée des étoiles qui nous permet de comprendre ce qu'on appelle *la Grande Année*, dont la durée est accomplie lorsque le cortége mouvant des étoiles est parvenu tout entier au terme de sa course, et, se retrouvant dans sa position primitive, recommence une nouvelle route dans les voies du monde.

Tous les globes célestes, unis par une sympathie et une influence réciproques, ont pour maître souverain celui qui ne s'égare jamais dans sa marche; il les embrasse tous : au premier rang se trouvent les astres *non errants*; au second, Saturne; au troisième, Jupiter; au qua-

---

Naturasque rerum binas esse : et earum alteram esse, quæ videri oculis et attingi manu possit, quam quidem δοξαστὴν, opinabilem appellat ille : et alteram, quæ veniat in mentem, διανοητικὴν, cogitabilem et intelligibilem; detur enim venia novitati verborum, rerum obscuritatibus servienti. Et superiorem quidem partem mutabilem esse, ac facilem contuenti : hanc autem, quæ mentis acie videtur, et penetrabili cogitatione percipitur atque concipitur, incorruptam, immutabilem, constantem, eamdemque, et semper esse. Hinc et duplicem rationem interpretationemque dicit. Namque illa visibilis, fortuita et non ita perseveranti suspicione colligitur : at hæc intelligibilis, vera, perenni et constanti ratione probatur esse.

Tempus vero ævi esse imaginem; siquidem tempus movetur, perennitatis fixa et immota est natura; et ire in eam tempus, et in ejus magnitudinem finiri ac dissolvi posse : si quando hoc decreverit fabricator mundi Deus. Ejusdem temporis spatiis mensuras mundanæ conversionis intelligi. Solis quippe et lunæ globum hoc agere, ceterasque stellas, quas nos non recte erroneas et vagas dicimus; nostræ enim super earum cursibus opiniones disputationesque possunt errorem intellectus inducere.

Ceterum ille rerum ordinator ita reversiones earum, ortus, obitus, recessus, moras, progressusque constituit, ut ne modico quidem errori locus esset. Dies quippe cum noctibus mensium spatia complere, menses vicissim an- norum orbes involvere : nec prius, quam signa hæc in luce siderea ardere cœperunt, iniri potuisse temporum numeros. Perituram quoque esse observationem computationis hujus, si hic olim chorus antiquus steterit. Namque ut mensuræ et reversiones temporum noscerentur, circuitusque mundi videretur, Solis incensa sunt lumina : et vicissim, ut quies desiderata proveniret animantibus, opacitas est inventa noctis; mensesque effici, quum Luna, circuli sui completo curriculo, ad eumdem locum, a quo discesserit, revertatur. Anni vero spatia concludi, quum Sol quadrinas temporum contigerit vices, et ad idem signum fuerit invectus. Horum enumerationem in se revertentium, et a se proficiscentium, intellectu cogitationis invenit.

Esse autem stellarum nihilominus certos ambitus, legitimis curriculis perpetuo servatos, quos vix hominum sollertia comprehendit. Unde fit, ut et Magnus ille vocitatus annus facile noscatur : cujus tempus implebitur, quum vagantium stellarum comitatus ad eumdem pervenerit finem, novumque sibi exordium et itinera per vias mundi reparaverit.

Globorum vero cœlestium inter se nexorum per vices mutuas, omnium supremum esse eum, qui inerrabili meatu censetur : ejus amplexu ceteros coerceri. Et esse ἀπλανέσι primum ordinem, secundum Saturno datum, Jovi tertium, Martem quartum tenere, quintum Mercurio dari, sextum

trième, Mars; au cinquième, Mercure; au sixième, Vénus; au septième, le Soleil avec ses feux ardents; au huitième, la Lune. Ensuite l'espace est occupé par les éléments et les principes : le feu est au-dessus des autres; près de lui se place l'air; l'eau vient après; au centre le globe de la terre se tient immobile. Ces astres de feu, fixés aux sphères célestes, se meuvent d'un cours perpétuel et infatigable : ce sont, dit Platon, des dieux animés. C'est le feu qui compose la substance des sphères.

Les animaux sont divisés en quatre espèces : la première tient de la nature du feu; tels sont le soleil, la lune et les autres étoiles; une autre tient de l'air, c'est, selon Platon, l'espèce des démons; la troisième se compose de terre et d'eau, et comprend le genre des corps mortels; ceux-ci se divisent en corps formés par la terre et en corps terrestres : les premiers sont les arbres et les autres productions qui vivent fixées à la terre; les corps terrestres sont ceux que la terre nourrit et soutient. Il y a trois espèces de dieux : à la première appartient uniquement cet être tout-puissant, incorporel, qui est hors du monde, et dont nous avons dit qu'il est le père et l'architecte de ce divin univers. La deuxième espèce comprend les astres, et les autres puissances que nous appelons divinités célestes. Au dernier rang se trouvent ceux que les anciens Romains nommaient *Médioximes*, parce qu'ils sont inférieurs aux grands dieux par leur essence, leur puissance et le lieu qu'ils occupent, mais tout à fait supérieurs à la nature des hommes.

Tous les événements, soumis aux lois de la nature et par conséquent à des lois régulières, s'accomplissent sous la conduite et le contrôle de la Providence. Dieu ne peut être regardé comme l'auteur d'aucun mal. Rien n'est plus faux, comme on le voit, que de rapporter tout à la fatalité. Voici la distinction que Platon établit : « La Providence est la pensée divine veillant au bonheur des êtres qui lui ont inspiré une telle sollicitude. Le destin, c'est la loi divine selon laquelle s'accomplissent les inévitables desseins et les œuvres de Dieu. » Donc, les desseins providentiels s'accomplissent par le destin; de sorte que la Providence a réellement commencé et déterminé ce que le destin exécute. La Providence souveraine appartient en principe au plus puissant de tous les dieux, à celui qui a non-seulement établi la hiérarchie des divinités célestes, dispersées par lui dans toutes les parties du monde pour le protéger et pour l'orner; mais qui encore a créé pour un temps des divinités mortelles, supérieures aux autres créatures terrestres. Ainsi, après avoir établi les lois universelles, il a chargé les autres dieux de veiller à l'arrangement et au maintien de ce qui devait s'accomplir chaque jour.

Ces dieux remplissent avec tant de soins les fonctions de la providence secondaire qu'ils ont reçue, que toutes les choses célestes, qui frappent le regard des mortels conservent immuablement l'ordre établi par la main du Dieu suprême.

Les démons, que nous pouvons aussi appeler Génies et Lares, sont les ministres des dieux, les gardiens et les interprètes des hommes, lorsque ceux-ci veulent quelque chose des dieux. Platon est loin de penser que les événements se doi-

---

Veneris esse, septimum Solis itineribus incendi, octavum metiri Lunam. Exinde elementis omnia ac principiis occupari. Ignem ante alia superiorem esse, mox aeris locum : hinc aquæ proximum : et tunc globum terræ in medio situm æqualem loco, ac figura immobilem stare. Hos astrorum ignes sphæris adfixos, perpetuis atque indefessis cursibus labi : et hos animales deos dicit esse. Sphærarum vero ingenium ex igni coalitum et fabricatum.

Jam ipsa animantium genera in quatuor species dividuntur : quarum una est ex natura ignis ejusmodi, qualem Solem et Lunam videmus, ceterasque siderum stellas : alterum ex aeria qualitate; hanc etiam dæmonum esse : tertium ex aqua terraque coalescere, et mortale genus corporum ex eo dividi terrenum atque terrestre; sic enim χοϊκά et χερσαῖα censuit nuncupanda. Terrenumque esse arborum, ceterarumque frugum, quæ humi fixæ vitam trahunt : terrestria vero, quæ alit ac sustinet tellus.

Deorum trinas nuncupat species : quarum est prima unus et solus summus ille, ultramundanus, incorporeus : quem patrem et architectum hujus divini orbis superius ostendimus. Aliud genus est, quale astra habent, ceteraque numina, quos cœlicolas vocamus. Tertium habent, quos Medioxumos Romani veteres appellant, quod et sui ratione, et loco, et potestate diis summis sunt minores, hominum natura profecto majores.

Sed omnia quæ naturaliter, et propterea recte feruntur, providentiæ custodia gubernantur : nec ullius mali causa Deo poterit adscribi. Quare nec omnia ad fati sortem arbitratur esse referenda. Ita enim definit : Providentiam esse divinam sententiam, conservatricem prosperitatis ejus, cujus causa tale suscepit officium : divinam legem esse fatum, per quod inevitabiles cogitationes Dei atque incepta complentur. Unde si quid providentia geritur, id agitur etiam fato : et quod fato terminatur, providentia debet susceptum videri. Et primam quidem providentiam esse summi exsuperantissimique deorum putat, qui non solum deos cœlicolas ordinavit, quos ad tutelam et decus per omnia mundi membra dispersit; sed natura etiam mortales deos, qui præstarent sapientia ceteris terrenis animantibus, ad ævitatem temporis edidit : fundatisque legibus reliquarum dispositionis ac tutelam rerum, quas quotidie fieri necesse est, diis ceteris tradidit. Unde susceptam providentiam dii secundæ providentiæ ita gnaviter retinent, ut omnia etiam, quæ cœlitus mortalibus exhibentur, immutabilem ordinationis paternæ statum teneant. Dæmonas vero, quos Genios et Lares possumus nuncupare, ministros deorum arbitratur, custodesque hominum et interpretes, si quid a diis velint. Nec sane omnia referenda ad vim fati putat : sed esse aliquid in nobis, et in fortuna esse nonnihil; et fortunæ quidem improvidos casus ignorari a nobis,

vent rapporter à la fatalité : il y a, selon lui, quelque chose qui est en notre pouvoir, et quelque chose aussi qui dépend de la fortune; mais il avoue que nous ne pouvons prévoir les coups inattendus de la fortune : un je ne sais quoi de soudain et d'imprévu vient entraver nos projets et nos plans, et ne permet pas qu'ils arrivent à leur fin. Alors que ces empêchements nous sont utiles, nous disons que c'est du bonheur; s'ils sont nuisibles, nous disons que c'est du malheur.

Mais de tout ce que la Providence a mis sur la terre, rien n'est supérieur à l'homme. C'est que dans l'homme, ainsi que l'a dit admirablement notre philosophe, l'âme commande au corps. L'âme, ajoute-t-il, se compose de trois parties : l'une, siège de la raison, qui est la plus excellente, est renfermée dans la tête, d'où elle domine l'homme; la seconde, principe irascible, est éloignée de la raison et réside dans le cœur; elle doit obéir et se soumettre à la sagesse; la dernière, foyer des passions et des appétits animaux, occupe la région inférieure de l'abdomen, espèce de taverne et de sentine, siège de la corruption et de la luxure. Cette partie semble avoir été reléguée loin de la sagesse, de peur que la raison, conservatrice de l'ensemble, ne fût troublée, au milieu de ses utiles réflexions, par cet importun voisinage.

L'homme tout entier est dans la tête et dans le visage; car la sagesse et tous les organes de la pensée ne se trouvent que dans cette partie du corps. Les autres membres, serviteurs et sujets de la tête, pourvoient à sa nourriture et à ses autres besoins. Le chef est placé en haut, comme un maître, comme un gouverneur dont la prévoyance éloigne tous les dangers. En outre, les organes au moyen desquels les sens peuvent percevoir et juger les quantités et les qualités, se trouvent pareillement dans cette royale demeure de la tête; ils aident la raison à former ses connaissances et ses jugements.

Les sens eux-mêmes sont parfaitement disposés par la nature pour saisir les objets sensibles; et ils ont avec eux une analogie secrète qui facilite la perception. D'abord les yeux, dont le double globe est brillant, et comme étincelant d'une lumière intérieure, sont chargés de nous faire connaître la lumière répandue au dehors. L'ouïe, qui participe de la nature de l'air, perçoit les sons par des messagers aériens. Le sens du goût est plus délicat, et plus apte à saisir les substances humides ou aqueuses. Le tact terrestre et corporel perçoit les objets solides que l'on peut atteindre et heurter. Il y a aussi une perception particulière pour les objets qui changent par la corruption. La nature a placé au milieu du visage des narines, qui, par un double conduit, donnent accès aux odeurs qui pénètrent avec l'air qu'on respire. La sensibilité de l'odorat est provoquée par les changements et les altérations des corps qui sont ou corrompus, ou brûlés, ou macérés, ou moisis; les transformations produisent des exhalaisons de vapeur, ou un certain fumet qui dénote l'odeur à notre perception. Lorsque les corps sont intacts et l'air parfaitement pur, il n'y a ni exhalaisons ni senteurs.

Ces sens nous sont communs avec les autres animaux; mais, par un bienfait divin, l'intelligence et l'habileté de l'homme sont plus déve-

---

fatetur. Instabile enim quiddam et incurrens intercedere solere, quæ consilio fuerint et meditatione suscepta, quod non patiatur meditata ad finem venire. Et tunc quidem, quum impedimentum istud utiliter provenerit, res illa felicitas nominatur : at ubi repugnationes istæ nocivæ erunt, infelicitas dicitur.

Omnium vero terrenorum nihil homine præstabilius providentia dedit. Quare idem bene pronunciat, hominis animam esse corporis dominam. At enim quum tres partes animæ dicat esse : rationabilitatem, id est, mentis optimam portionem, hanc ait capitis arcem tenere : irascentiam vero procul a ratione, ad domicilium cordis deductam esse, obsequique eam, et in loco respondere sapientiæ : cupidinem atque appetitus, postremam mentis portionem, infernas abdominis sedes tenere, ut popinas quasdam et latrinarum latebras, diversoria nequitiæ atque luxuriæ. Relegatam vero idcirco longius a sapientia hanc partem videri, ne importuna vicinitate ratio consultans desuper cunctorum saluti, in ipsa cogitationum utilitate turbaretur.

Totum vero hominem in capite vultuque esse. Nam prudentiam, sensusque omnes, non alias quam illa parte corporis contineri. Cetera enim membra ancillari et subservire capiti, cibos et alia subministrare. Verticem etiam sublime positum, ut dominum atque rectorem, providentiaque ejus a periculis vindicari. Sed et machinamenta, quibus ad sentiendas dijudicandasque quantitates et qualitates sensus instructi sunt, ibidem erga regiam capitis felicitata esse, in conspectu rationis, ut intelligendi ac persentiscendi veritas adjuvetur.

Sensus vero ipsi ad ea, quæ sunt sensibilia, apte compositi a natura, intelligentiam cognatam tenent. Et primo oculorum acies gemellas perlucidas esse, et quadam luce visionis illustres, noscendi luminis officium tenere : auditionem vero aeriæ naturæ participem, aeriis nunciis percipere sonores. Jam gustatus solutiores esse sensus, ideoque humidioribus potius et aquosis commodatos. Tactum etiam terrenum atque corporeum, solidiora, quæque contingi offendique possunt, sentire. Eorum etiam, quæ corrupta mutantur, separata intelligentia est. In media namque regione oris nares natura constituit, quarum bifori via odor cum spiritu commeat. Conversiones autem mutationesque odoratus causas dare, easque de corruptis vel adustis, vel mucescentibus, vel madefactis sentiri, quum quidem ex eis vertuntur, vapore vel fumo exhalato, odoris in his judicium sensusque succedunt. Nam si res sint integræ et aer purus, nunquam ejusmodi auras inficiunt.

Et sensus quidem ipsi nobis communes sunt cum cete-

loppées et plus étendues, parce que son ouïe et sa vue ont plus de perfection. L'homme avec ses yeux mesure le ciel, la marche des astres, leur lever et leur coucher; il embrasse l'espace qu'ils parcourent, il comprend l'influence qu'ils exercent, et ces connaissances deviennent pour lui une source admirable et féconde de philosophie. L'ouïe n'est-elle pas le plus magnifique don qui pût être fait à l'homme? Il doit à ce sens le bonheur d'apprendre la sagesse et la vertu, de mesurer le nombre du discours, de former les cadences, et de devenir lui-même entièrement conforme aux lois de l'harmonie qui remplit surtout son être. Joignez-y la langue, et ces dents qui forment un rempart naturel, et ces lèvres aux doux baisers; tout cela n'a été donné aux autres animaux que pour satisfaire leur appétit et pour introduire la nourriture dans leur estomac. Mais chez l'homme, c'est plutôt l'organe de la saine raison, l'instrument de cette voix si agréable qui exprime par la parole ce que le cœur a pensé.

Parmi les membres de formes diverses qui composent le corps, les uns sont d'une nature plus élevée, les autres d'une condition inférieure. Ceux-ci, gouvernés par les premiers, sont chargés du ministère de l'alimentation : tous, des pieds jusqu'aux épaules, obéissent à la tête. Les sourcils forment une haie qui protége les yeux, qui s'oppose à ce que rien ne vienne, en tombant, troubler l'organe fragile et délicat de la vue. Les poumons, par leur position et leur nature, sont très-utiles au cœur dans les transports de colère qui l'enflamment; et lorsque ses battements précipités font jaillir un flux de sang à son sommet, le cœur est secouru par les poumons, qui reçoivent et rafraîchissent le sang. La rate, utilement placée près du foie, le soulage de sa plénitude par des absorptions réciproques; c'est par elle qu'il est purifié et garanti de toute lésion ; ce qui est d'une extrême utilité pour notre organisation. Dans le ventre se trouvent les intestins, qui forment des replis divers et séparés par des nœuds, pour que les aliments solides et les aliments liquides ne se confondent pas ensemble, et restent assez longtemps dans le corps pour y faire sentir leur présence réparatrice : autrement, si l'évacuation des aliments, précipités par leur poids, était trop prompte, l'homme, tourmenté par une faim continuelle, passerait le jour et la nuit à la satisfaire.

Les os sont recouverts par des viscères et attachés par des nerfs ; toutefois les viscères qui recouvrent les organes de la sensation sont tels qu'ils ne puissent par leur épaisseur émousser la perception. Et les parties osseuses qui sont attachées par des jointures et des filaments n'ont, pour la facilité du mouvement, qu'un petit nombre de viscères. Enfin remarquez le sommet de la tête : il est couvert d'une peau délicate, et garanti par des cheveux épais contre le froid et le chaud. Les parties qui travaillent le plus, comme les cuisses à l'endroit où l'on s'assied, sont les plus charnues. Parlerai-je de la nourriture? Distribuée en des canaux qui partent du ventre et qui sont joints au foie par des fibres, elle vient se perdre et se transformer dans la masse du sang, et de là elle circule dans tous les membres, où elle est portée par la sage économie de la nature. De la région du cœur partent les veines, qui

---

ris animantibus. At enim hominum solertia ejusmodi beneficio divino instructior auctiorque, quod auditus illis est visusque præstantior. Oculis namque metitus est cœlum, siderumque circuitus, et astrorum obitus atque ortus, eorumque cum significatibus spatia comprehendit; ex quo pulcherrimus et uberrimus fons ille philosophiæ profluxit. Auditu vero quid homini magnificentius potuit evenire? per quem prudentiam sapientiamque condisceret, numerosque orationis metiretur, ac modos faceret, fieretque et ipse totus modulatus ac musicus. Huc lingua, et dentium vallum, et ipsius osculi venustas accessit; quod quidem aliis animantibus ad explendam victus necessitatem, inferendasque ventri copias comparatum est : sed homini promptuarium potius rectæ rationis et suavissimæ orationis hoc datum est ; ut quæ prudentia corde conceperit, ea sensa promat oratio.

Sed et totius corporis habitus et figura membrorum alia conditione sunt optima, alia longe pejora. Inferiora reguntur optimatium præstantia, et ipsa ministerium suggerunt victuale. Pedes denique humerorum tenus capiti obediunt. At superciliorum sepes præmuniunt oculos; ne desuper proruat, quod teneras visiones mollesque perturbet. Pulmones loco, ac sut genere, cordi plurimum consulunt. Quum exardescit ira, trepidansque celerioribus motibus vertex cordis ipsius madens sanguine, pulmonum excipitur mollitia, siti, frigore. Lienem vero jecinori, nec frustra, esse finitimum, ut ejus redundantiam participatis haustibus relevet, abstergeatque ea, quæ sordium fuerint, purumque ac sincerum præstet; quod maxime fibris est commodum. Ventrem hiris intestinorum circumplexum, et nexibus impeditum esse, ne esculenta et poculenta sese penetrarent, sed ut retenta paulisper utilitatem sui accessu animantibus exhiberent, ne exhaustis et labentibus iis quæ inferuntur, momentis omnibus appetendi cibi necessitas immineret, et ad hoc unum occupari nobis dies noctesque esset necesse.

Visceribus ossa sunt tecta; eadem revincta sunt nervis. Et tamen ea, quæ sunt internuntia sentiendi, sic sunt operta visceribus, ne crassitudine sensus hebetentur. Illa etiam, quæ juncturis et copulis nexa sunt, ad celeritatem facilius se movendi haud multis impedita sunt visceribus.

Denique ipsius capitis verticem specta : contectum tenui cute, capillisque hirsutum videbis, adversus vim frigoris et caloris. At enim illæ opimæ sunt partes, quas labor subigit : ut femina ipsa, qua sessitandi regio est. Quid de cibatu ipso loquar? quem itinera ex utero manantia fibris jecoris adjuncta dispertiunt, in cruoris habitudinem versum, ut eum ex eo loco per omnes artus natura solers derivari faciat. Sed e regione cordis venarum meatus oriuntur, per pulmonum spiracula vivacitatem transferentes,

transportent par le canal des poumons le principe vivifiant qu'elles ont reçu du cœur : là, elles se divisent et se répandent dans toutes les parties du corps; elles leur portent une animation nouvelle : de là aussi viennent les alternatives de la respiration, qui s'exhale et se renouvelle d'une manière différente, pour que les souffles opposés ne se contrarient pas. Comme les veines ont différentes fonctions, il en est qui servent à la procréation : partant de la région du cerveau, elles passent par la moelle des reins et s'arrêtent aux aines; et c'est de ces veines que sort la semence génitale qui propage l'humanité.

Des substances différentes concourent à la formation du corps entier : la première se compose du feu, de l'eau, et des autres éléments; la seconde, de parties semblables, des viscères, des os, du sang, et des autres principes; la troisième, de membres divers et opposés, c'est-à-dire de la tête, du ventre, et d'organes fort dissemblables ; en sorte que la substance composée d'éléments simples entretient la vigueur et le tempérament naturel du corps, pourvu qu'elle reçoive, comme il convient à chacun de ses éléments, les aliments qui lui sont nécessaires : les substances composées de parties semblables augmentent la force de notre organisation, et celles qui sont dissemblables en conservent la beauté.

Ainsi cet équilibre du sec et de l'humide, du froid et du chaud, entretient la santé, les forces, la grâce ; le mélange inégal et désordonné de ces principes vicie les parties et l'ensemble du corps, et amène bientôt la mort de l'animal.

L'âme est aussi divisée en trois parties : la première est rationnelle ; la deuxième, incandescente ou irritable; la troisième est le siége des appétits, nous pouvons ajouter des passions. L'être animé possède la santé, les forces, la beauté, lorsque la raison gouverne son âme entière, lorsque les deux parties inférieures, la colère et la volupté, s'accordant entre elles, ne désirent, ne recherchent que ce qui est jugé utile par la raison. Toutes les parties de l'âme étant ainsi ordonnées, le corps ne sera agité par aucune perturbation. Mais il y aura maladie, faiblesse et désordre, lorsque ces parties de l'âme seront mal disposées entre elles, lorsque la volupté aura soumis la colère et la raison, ou même lorsque, la passion restant paisible et soumise, la colère aura subjugué la raison, cette maîtresse, cette reine naturelle de l'âme.

La maladie de l'âme, que Platon nomme la sottise, se divise, suivant lui, en deux espèces : l'une s'appelle impéritie; l'autre, folie. On est malade d'impéritie, lorsque, par une vaine jactance, on prétend connaître et posséder parfaitement ce qu'on ignore ; la folie provient ordinairement d'une habitude vicieuse ou d'une vie dissolue.

On appelle aussi folie cette maladie qui naît d'une difformité corporelle, comme la trop grande compression du cerveau, lequel est le siége de la raison.

L'homme est parfait, lorsque l'âme et le corps s'unissent, se conviennent et s'accordent ensemble, de telle sorte que l'énergie de la raison n'est pas vaincue par les forces de la matière ; lorsque le corps se développe conformément à sa nature et ne détruit pas sa santé par des travaux immodérés,

-quam de corde susceperint : et rursus ex illo loco divisæ per membra totum hominem juvant spiritu. Hinc illæ anhelandi vices haustæ, redditæque alterno modo, ne mutuis impediantur occursibus. Venarum diversæ sunt qualitates, quas ad procreandum e regione cervicum, per medullas renum commeare, et suscipi inguinum loco certum est : et rursus venarum genitale seminium humanitatis exire.

At quum totius corporis diversas dicat esse substantias : primam vult videri ex igni et aqua, et cæteris elementis; aliam ex consimilibus partibus viscerum, ossiculorum, cruoris, et ceterorum; tertiam de discrepantibus diversisque membris, id est, capite, utero, et articulis disparibus. Unde et substantia, quæ de simplicibus constat elementis, si id quod necessitate victus extrinsecus adrogatur, quomodo congruit et generi singulorum, qualitatem corporis temperiemque custodit : at illis, quæ de consimilibus, robur auget, his, quæ inter se disparia supra diximus, pulchritudinem nutrit : et simul æqualitas ista sicci, humidi, ferventis ac frigidi, sanitatem, vires, speciemque largitur : sicut illa intemperans atque immoderata permixtio, singulis universisque vitiatis, animal celeri exitio corrumpit.

Tripartitam animam idem dicit; primam ejus rationabilem esse partem : aliam excandescentiam, vel irritabilitatem : tertiam appetitum; eamdem cupiditatem possumus nuncupare. Sed tunc animanti sanitatem adesse, vires, et pulchritudinem, quum ratio totam regit, parentesque ei inferiores duæ partes, concordantesque inter se, iracundia et voluptas, nihil appetunt, nihil commovent, quod inutile esse duxerit ratio. Ejusmodi ad æqualitatem partibus animæ temperatis, corpus nulla perturbatione frangitur. Alioquin invenit ægritudinem atque invalentiam et fœditatem : quum incompositæ et inæquales inter se erunt : quum irascentiam et consilium subegerit, sibique subjecerit cupiditas : aut quum dominatam illam reginamque rationem, obsequente licet et pacata cupidine, ira flagrantior vicerit.

Sed ægritudinem mentis stultitiam dicit esse, eamque in partes duas dividit. Harum unam imperitiam nominat, aliam insaniam vocat ; et imperitiæ morbum ex gloriosa jactatione contingere, quum eorum, quorum ignarus est, doctrinam aliquis scientiamque mentitur : furorem vero, pessima consuetudine et libidinosa vita solere evenire. Hancque insaniam nominari, quam vitiosa qualitas corporis prodit, quum ea, quæ sunt rationi parata in ipso vertice, importunis angustiis coarctantur.

At enim tunc hominem esse perfectum, quum anima et corpus æqualiter copulantur, et inter se conveniunt, sibi-

ou par une surabondance d'aliments immodérément entassés dans l'estomac, et mal distribués dans tout le corps. Alors, en effet, les membres et les articulations conservent la vigueur et les forces nécessaires, le corps est dans un équilibre si parfait que tout ce qui pénètre en lui pour servir à sa conservation est distribué entre toutes ses parties avec une égalité et une convenance parfaites. Mais lorsque le désordre s'introduit, la destruction du corps s'ensuit nécessairement.

LIVRE II.

DE LA PHILOSOPHIE MORALE.

L'objet principal de la philosophie morale, mon fils Faustin, c'est de connaître les moyens de vivre heureux. Or, je vais démontrer que rien ne saurait mieux conduire au bonheur et au souverain bien que l'enseignement de Platon.

Les premiers et les plus excellents de tous les biens, selon lui, sont ceux qui existent par eux-mêmes; les autres ne sont que les résultats d'une perception. Les premiers sont le Dieu suprême, et cette intelligence que Platon appelle νοῦν. Les autres découlent des premiers; ce sont les vertus de l'âme, la prudence, la justice, la pudeur, le courage. Parmi ces vertus, la prudence occupe le premier rang, la continence se place au second, ensuite vient la justice, en dernier lieu, le courage. Platon établit entre les biens cette différence : Les uns, dit-il, sont divins, existant par eux-mêmes, simples et supérieurs; les autres sont humains et diversement appréciés. Les biens simples et divins sont les vertus de l'âme; les biens humains, qui n'appartiennent qu'à un petit nombre et qui se rattachent aux avantages du corps, sont ceux que nous appelons extérieurs : biens qui méritent véritablement ce titre quand ils appartiennent aux sages, aux hommes modérés et prudents; mais qui deviennent infailliblement des maux dans les mains des insensés et de ceux qui ne savent pas s'en servir. Le premier des biens, c'est le bien vrai, divin, excellent, parfaitement aimable et souhaitable, dont la beauté attire et enflamme naturellement les âmes raisonnables d'un amour instinctif. Mais comme tous ne peuvent l'atteindre, comme tous ne peuvent arriver à ce bien divin, on se laisse entraîner aux biens inférieurs qui tiennent de l'humanité.

Le second bien n'est pas commun à tous et n'est pas également un bien pour tous; car l'appétit et l'activité sont excités ou par le véritable bien ou par ce qui paraît tel : il existe donc une affinité naturelle entre les biens et cette partie de l'âme qui est soumise à la raison.

Les biens accidentels sont ceux qui concernent le corps ou dépendent des circonstances extérieures. Platon estime que celui qui recherche naturellement le vrai bien n'est pas né seulement pour lui-même, mais encore pour tous les hommes, quoiqu'il ne se doive pas également à tous. Chacun naît d'abord pour sa patrie, ensuite

---

que respondeat : ut firmitas mentis prævalentibus corporis viribus non sit inferior. Corpus vero tunc nativis incrementis augetur, quum valetudinis portio procurata salubriter modum necessarii victus nescit excedere : nec valetudo obteritur magnitudine externorum laborum, nec pabuli sarcina immoderatius invecti, vel non ut oportet digesti distributique per corpus. Tunc enim artus ac membra vigoris debiti modum et vires retinent, quum id, quod infertur ad totius corporis conservationem, veluti singillatim exæquatum, cunctis partibus dividitur. Verum enimvero quum id minime fit, tunc sequi exitium corporis.

LIBER II,
SIVE
PHILOSOPHIA MORALIS.

Moralis philosophiæ caput est, Faustine fili, ut scias, quibus ad beatam vitam perveniri rationibus possit. Verum ad beatitudinem, bonorum finem, ante alia contingere ostendam, quæ de hoc Plato senserit.

Bonorum igitur alia eximia ac prima per se ducebat esse : per perceptionem cætera fieri bona existimabat. Prima bona esse Deum summum, mentemque illam, quam νοῦν idem vocat; secundum ea, quæ ex priorum fonte profluerent, esse animi virtutes, prudentiam, justitiam, pudicitiam, fortitudinem. Sed his omnibus præstare prudentiam. Secundam numero ac potestate continentiam posuit. Has justitiam sequi. Fortitudinem quartam esse. Differentiam hanc bonorum esse constituit : partim divina per se et prima, simplicia duci bona; alia hominum; nec eadem omnium existimari. Divina quapropter esse atque simplicia, virtutes animi; humana autem bona ea, quæ quorumdam essent, quæ cum corporis commodis congruunt, et illa, quæ nominamus externa; quæ sapientibus et cum ratione ac modo viventibus sunt sane bona; stolidis et eorum usum ignorantibus oportet esse mala. Bonum primum esse verum, et divinum illud optimum, et amabile, et concupiscendum, cujus pulchritudinem rationabiles appetunt mentes, natura duce, instinctæ eadem ad ejus ardorem. Et quod non omnes id adipisci queunt, neque primi boni adipiscendi facultatem possunt habere, ad id feruntur, quod hominum est. Secundum, nec commune multis est, nec quidem omnibus similiter bonum. Namque appetitus, et agendi aliquid cupido, aut vero bono incitatur, aut eo, quod videatur bonum; unde natura duce cognatio quædam est cum bonis ei animæ portioni, quæ rationi consentit. Accidens autem bonum esse putat, quod corpori, rebusque venientibus extrinsecus copulatur.

Et illum quidem, qui natura imbutus est ad sequendum bonum, non modo sibimet ipsi natum putat, sed omnibus etiam hominibus; nec pari aut simili modo, verum patriæ unumquemque conceptum esse, dehinc proximis, et mox cæteris, qui familiari usu vel notitia junguntur.

pour ses proches, enfin pour tous ceux avec qui il contracte amitié ou forme des relations.

L'homme, à sa naissance, n'est absolument ni bon ni mauvais ; mais, par sa nature, il est porté également au bien et au mal. Il a, en venant au monde, les germes des vertus et des vices, germes qui doivent se développer, selon son éducation, dans un sens ou dans un autre. Il faut donc que ceux qui instruisent les enfants s'attachent particulièrement à leur inspirer l'amour de toutes les vertus, à leur enseigner, à leur inculquer ce principe : Que la justice est la règle souveraine à laquelle doivent se plier tous les hommes, maître et sujet ; à leur faire connaître avant tout ce qu'on doit faire ou éviter, ce qui est honnête ou honteux, ce qui est à la fois glorieux et agréable, ce qui est infâme et déshonorant ; à leur persuader enfin que l'homme doit rechercher hardiment les biens qui portent le cachet de l'honnêteté.

Platon reconnaît trois espèces de naturels : l'un est excellent, l'autre tout à fait vicieux et dépravé, le troisième tient de ces deux extrêmes et prend le nom de moyen. Ce naturel intermédiaire est le partage tant de l'enfant docile que de l'homme disposé à la modération, et dont le caractère est à la fois aimable et serviable.

Il existe pareillement un milieu entre la vertu et le vice, une sorte de moyen terme d'où résultent des actions méritoires ou coupables. Entre la vraie science et l'ignorance, il y a l'esprit vide et plein de jactance : entre la prudence et la débauche, il y a l'abstinence et l'intempérance : entre le courage et la crainte, il y a la honte et la lâcheté. Ces natures médiocres n'ont pas de vertus parfaites ni de vices excessifs ou démesurés ; elles ne sont qu'un mélange adouci de deux natures opposées. Mais le pire de tous les vices, c'est la méchanceté. Elle provient de ce que la plus noble partie de l'homme, la raison, obéit, au lieu de commander aux autres. La colère et la luxure, ces mères des mauvaises passions, ont vaincu la raison et la dominent. La méchanceté résulte aussi de deux principes contraires, du défaut et de l'excès ; elle n'est pas seulement inégale, mais encore dissemblable ; car ce qui se combat soi-même à tel point, ce qui est inégal et désordonné, ne saurait avoir aucune analogie avec le bien.

Ainsi les trois parties de l'âme sont attaquées par trois vices : à la sagesse s'oppose l'indocilité, qui, sans détruire la science, s'oppose à la discipline de l'esprit ; ce vice se présente sous deux formes, l'impéritie et la fatuité. La première est l'ennemie de la sagesse, la seconde est l'adversaire de la science. Le principe irascible a pour adversaire l'audace suivie de l'indignation et de l'insensibilité, appelée en grec ἀοργησία. Cette insensibilité n'arrête pas entièrement l'élan de la colère, mais elle glace les sens par une stupeur immobile. Aux passions s'attaque la luxure, c'est-à-dire l'appétit des voluptés et des plaisirs, soif inextinguible de sensations et de jouissances. De là viennent l'avarice et la débauche : l'une éteint toute générosité, l'autre s'épuise en de folles dissipations. La vertu est le plus noble et le meilleur état de l'âme. Elle donne, à l'homme qui la possède dans son cœur, la constance, le calme, la conséquence non-seulement dans ses

---

Hominem ab stirpe ipsa neque absolute bonum, nec malum nasci : sed ad utrumque proclive ingenium ejus esse. Habere quidem semina quædam utrarumque rerum cum nascendi origine copulata, quæ educationis disciplina in partem alteram debeant emicare ; doctoresque puerorum nihil antiquius curare oportere, quam ut amatores virtutum velint esse ; vel moribus et institutis eos ad id prorsus imbuere, ut regere et regi discant magistra justitia. Quare præter cetera induci ad hoc eos oportere, ut sciant, quæ sequenda fugiendaque sint, honesta esse, ac turpia : illa voluptatis ac laudis ; hæc vero dedecoris ac turpitudinis. Honesta eadem quæ sunt bona, confidenter optare nos oportere.

Tria genera ingeniorum ab eo sunt comprehensa, quorum præstans et egregium appellat unum : alterum, teterrimum pessimumque : tertium ex utroque modice temperatum, medium nuncupavit. Mediocritatis hujus vult esse participes puerum docilem, et virum progredientem ad modestiam, eumdemque commodum ac venustum. Ejusmodi quippe medietates inter virtutes et vitia intercedere dicebat, tertium quiddam : ex quo alia laudanda, alia culpanda essent. Inter scientiam validam, alteram falsam, pervicaciæ vanitate jactatam : inter pudicitiam libidinosamque vitam, abstinentiam et intemperantiam posuit : fortitudini ac timori medios pudorem et ignaviam fecit. Horum quippe quos mediocres vult videri, neque sinceras esse virtutes ; nec vitia tamen mera et intemperata, sed hinc atque inde permixta esse. Malitiam vero deterrimam et omnibus vitiis imbuti hominis dicebat esse : quod accidere censebat, quum optima et rationabilis portio, et quæ etiam imperitare ceteris debeat, servit aliis ; illæ vero vitiorum ductrices, iracundia et libido, ratione sub jugum missa, dominantur. Eamdem malitiam de diversis constare, abundantia, inopiaque. Nec solum eam inæqualitatis vitio claudicare arbitratur, sed etiam, incumbere dissimilitudinem. Neque enim posset cum bonitate congruere, quæ a semetipsa tot modis discrepet ; et non solum disparilitatem, sed et inconcinnitatem præ se gerat.

Tres quapropter partes animæ tribus dicit vitiis urgeri. Prudentiam indocilitas impugnat : quæ non abolitionem infert scientiæ, sed contraria est disciplinæ discendi. Hujus duas ab eo species accepimus, imperitiam et fatuitatem : quarum imperitia sapientiæ, fatuitas prudentiæ inveniuntur inimicæ. Iracundiam, audacia ; ejus comitatum sequuntur indignatio et incommobilitas, dicta græce ἀοργησία : ita enim dixerim, quæ non exstinguit incitamenta irarum, sed ea stupore defigit immobili. Cupiditatibus applicat luxuriam, id est, appetitus voluptatum et desideriorum, ad fruendum potiendumque haustus inexplebiles. Ex hac manat avaritia atque lascivia : quarum altera liberalitatem coercet, altera immoderatius fundendo patrimonia prodigit facultates.

paroles, mais encore dans ses actions et dans ses rapports avec ce qui l'entoure : qualités plus facilement obtenues, lorsque la raison, fermement établie sur son trône, dompte et tient sous son sceptre les passions et le cœur ; et lorsque ces deux principes obéissants et soumis accomplissent paisiblement leurs fonctions. La vertu est une ; car ce qui est bon de sa nature n'a pas besoin d'auxiliaire, et ce qui est parfait, n'a rien à désirer hors de soi. Ce qui distingue la vertu, ce n'est pas seulement sa nature excellente, c'est encore son admirable régularité : toutes ses parties sont dans un rapport si parfait, que tout en elle est harmonie, accord, intime correspondance. Platon reconnaît encore des vertus moyennes et des vertus supérieures, parce que d'un côté l'homme échappe à l'excès et au défaut, et que de l'autre il est placé comme sur la limite des vices. Ainsi le courage se trouve entre l'audace et la timidité ; l'audace est une confiance excessive, la peur est un manque absolu d'audace.

Les vertus sont parfaites ou imparfaites : imparfaites, quand elles ne sont qu'un don naturel, ou un résultat de l'étude, ou une conquête de la raison ; parfaites, lorsqu'elles viennent à la fois de tous les principes. Les vertus imparfaites ne s'accompagnent point mutuellement ; les vertus parfaites sont indivises et nécessairement unies. Ce qui justifie surtout cette opinion, c'est qu'un excellent naturel développé par le travail, les nobles habitudes, discipliné et guidé par une haute raison, ne trouve rien dont sa vertu ne puisse facilement triompher.

Toutes les vertus correspondent aux diverses parties de l'âme, la vertu, qui s'appuie sur la raison, qui voit et juge toutes choses, s'appelle prudence ou sagesse. En tant que sagesse, c'est la science des choses divines et humaines ; en tant que prudence, c'est l'art de discerner les biens et les maux, et les divers intermédiaires qui se trouvent entre deux. Dans le cœur réside le courage, la force d'âme, ce nerf qui nous est nécessaire pour accomplir les sévères commandements des lois. La troisième partie de l'âme où se trouve le foyer des passions et des désirs est le lieu naturel de la tempérance, cette gardienne de la mesure qui doit être introduite dans les divers penchants de l'homme, bons et mauvais. La passion entraîne l'homme aux plaisirs et bientôt le dégrade ; la tempérance arrête et retient son élan vers la volupté.

Il existe une quatrième vertu, qui exerce également son influence sur ces trois parties de l'âme : c'est la justice, dont l'effet est de mettre chacune de nos puissances dans un ordre plus parfait, et dans l'état où elle remplit le mieux ses fonctions. Cette vertu, notre sublime maître, s'appelle tantôt justice, tantôt simplement et excellemment vertu ; quelquefois fidélité. Si l'on considère en elle l'utilité qu'elle procure à son possesseur, c'est la bienveillance ; quand elle s'applique à autrui, quand elle recherche avec application l'intérêt de nos semblables, c'est proprement la justice.

Il est aussi une autre justice qui occupe le quatrième rang dans la division vulgaire des vertus ; elle a un grand rapport avec la piété (ὁσιότητι).

Sed virtutem Plato habitum esse dicit mentis optime et nobiliter figuratum, quæ concordem sibi et quietum, constantem etiam facit eum, cui fuerit fideliter intimata, non verbis modo, sed etiam factis secum et cum ceteris congruentem. Hoc vero proclivius, si ratio in regni sui solio constituta, appetitus et iracundias semper domitas et in frenis habet : ipsique ita obediunt, ut tranquillo ministerio fungantur.

Unimodam vero esse virtutem, quod bonum suapte natura adminiculo non indiget ; perfectum autem quod sit, solitudine debet esse contentum. Nec solum qualitas, verum etiam similitudo cum virtutis ingenio conjungitur ; ita enim secum ex omni parte congruit, ut ex se apta sit, sibique respondeat. Hinc et medietates, easdemque virtutes ac summitates vocat : non solum quod careant redundantia et egestate, sed quod in meditullio quodam vitiorum sint sitæ. Fortitudo quippe circumsistitur, hinc audacia, inde timiditate. Audacia quidem confidentiæ fit abundantia ; metus vero vitio deficientis audaciæ. Virtutum perfectæ quædam sunt, imperfectæ aliæ. Et imperfectæ sunt illæ, quæ in omnibus beneficio solo naturæ proveniunt, vel quæ solis disciplinis traduntur, et magistra ratione discuntur. Eas igitur, quæ ex omnibus constant, dicimus esse perfectas. Imperfectas virtutes semet comitari negat. Eas vero, quæ perfectæ sunt, individuas sibi, et inter se connexas esse, ideo maxime arbitratur, quod ei, cui sit egregium ingenium, si accedat industria, usus etiam et disciplina, quam dux rerum ratio fundaverit, nihil relinquetur, quod non virtus administret.

Virtutes omnes cum animæ partibus dividit : et illam virtutem, quæ ratione sit nixa, et est spectatrix dijudicatrixque omnium rerum, prudentiam dicit, atque sapientiam : quarum sapientiam disciplinam vult videri divinarum humanarumque rerum ; prudentiam vero, scientiam esse intelligendorum bonorum et malorum, eorum etiam, quæ media dicuntur. In ea vero parte, quæ iracundior habeatur, fortitudinis sedes esse et vires animæ, nervosque ad ea implenda, quæ nobis severius agenda legum imponuntur imperio. Tertia pars mentis est cupidinum et desideriorum, cui necessario abstinentia comes est : quam vult esse servatricem convenientiæ eorum, quæ natura recta pravaque sunt in homine. Ad placentiam ac mediocritatem libido flectitur, actusque voluptarios ratione hujus dicit ac modestia coerceri. Per has tres animæ partes quartam virtutem justitiam æqualiter dividentem se, scientiamque ejus causam esse dicit, ut unaquæque potiori rationi ac modo ad fungendum munus obediat. Hanc ille heros justitiam modo nominat, nunc universæ virtutis nuncupatione complectitur, et item fidelitatis vocabulo nuncupat : sed quum ei, a quo possidetur, est utilis, benevolentia est ; at quum foras spectat, et est fida speculatrix utilitatis alienæ, justitia nominatur.

Est et illa justitia, quæ quartum vulgata divisione virtutum locum possidet, quæ cum religiositate, id est, ὁσιό-

Toutefois la piété a plus particulièrement pour objet les cérémonies religieuses et le culte des dieux; tandis que la justice, vulgairement entendue, conserve ou rétablit l'union et la société parmi les hommes.

La justice, qui préside aux intérêts humains, doit être préoccupée d'un double soin : d'abord elle ordonne l'observance des comptes, l'égalité des partages, la garantie symbolique du contrat, la fixité des poids et mesures, la répartition équitable des revenus publics. En second lieu, elle veut que l'on distribue les terres suivant le mérite et la raison, que les bons en aient davantage et de meilleures, et que les méchants soient plus maltraités; elle veut aussi que tout homme, supérieur par ses dispositions naturelles ou par son travail, soit choisi de préférence pour les charges et les honneurs; et que les mauvais citoyens ne soient point élevés à l'éclat d'une haute position. Le véritable moyen de distribuer les honneurs avec équité, d'élever les bons et de dompter les méchants, c'est de faire toujours triompher dans l'État l'intérêt public, et de ne laisser aux mauvaises actions et à ceux qui les commettent que l'abjection et l'impuissance. Pour mieux entendre tout ceci, que l'on se propose ces deux types : d'un côté une nature divine, calme, heureuse; de l'autre, une nature impie, inhumaine, odieuse : celui qui s'éloigne de la droite justice et de la vertu ressemble à cet affreux modèle; celui qui est bon ressemble à cette première nature divine et céleste.

C'est de là que, suivant Platon, la rhétorique se divise en deux parties : la première est la science du bien, l'amour ardent de la justice, qualités nécessaires à celui qui veut gouverner les hommes; l'autre est la science de l'adulation, qui cherche seulement le vraisemblable; métier qui ne doit rien à la raison. C'est ainsi qu'il appelle ἄλογον τριβήν, cet effort d'un esprit qui veut persuader ce qu'il ne saurait enseigner. Platon définit une telle rhétorique *le pouvoir de persuader sans enseigner;* il la nomme aussi l'ombre ou l'image d'une faible partie de la politique.

Mais la politique, ainsi qu'il l'appelle, doit être regardée comme une vertu; car, selon lui, elle ne s'occupe pas seulement de l'administration des affaires; elle embrasse, elle comprend tout. Elle ne prévoit pas seulement ce qui concerne les intérêts civils; elle travaille perpétuellement à rendre la cité heureuse : c'est là l'objet vers lequel toutes ses pensées se dirigent. Elle sert les intérêts moraux de deux manières : en constituant l'autorité de la loi et l'autorité de la justice. La première manière ressemble à cet exercice qui donne à l'âme sa force et sa beauté, ou à celui qui procure au corps la grâce et la santé; la seconde ressemble à la médecine, car elle guérit les maladies de l'âme comme la médecine guérit celles du corps.

Ce sont là, suivant Platon, deux sciences dont l'application est pour l'homme une source de bienfaits; deux métiers les imitent, ceux du cuisinier et du parfumeur, ou, pour parler plus exactement, la sophistique, et cette jurisprudence complaisante et servile, artifices indignes qui couvrent de honte ceux qui les enseignent et qui sont inutiles à tous. La sophistique correspond à la cuisine; car celle-ci se vante de ses procédés et séduit les ignorants, en leur persuadant que ses recettes guérissent les malades; et la sophistique affecte une haute connaissance des lois,

---

τητι copulatur : quarum religiositas deum honori ac suppliciis divinæ rei mancipata est; illa vero hominum societatis et concordiæ remedium atque medicina est.

Duabus autem æqualibus de causis utilitatem hominum justitia regit : quarum est prima, numerorum observantia, et divisionum æqualitas, et eorum quæ pacta sunt symbolum; ad hæc ponderum mensurarumque custos, et communicatio opum publicarum ; et veniens ex æquitate partitio, ut singulis in agros dominatus congruens deferatur, ac servetur bonis potior, minor non bonis. Ad hoc, bonus quisque natura et industria in honoribus et officiis præferatur : pessimi cives sine luce careant dignitatis. Sed ille justus in deferendo honore, ac servando, modus est ei, qui est suffragator bonorum, et malorum subjugator : ut semper in civitate emineant, quæ sunt omnibus profutura, jaceant et subjecta sint cum suis auctoribus vitia. Quod facilius obtinebitur, si duobus exemplis instruamur: unius, divini, et tranquilli, et beati; alterius, irreligiosi et inhumani, ac merito intestabilis; ut pessimo quidem alienus et aversus a recta vivendi ratione facultates suas, divino illi ac cœlesti bonus similiores esse velit.

Hinc rhetoricæ duæ sunt apud eum partes; quarum una est disciplina contemplatrix bonorum, justi tenax, apta et conveniens cum secta ejus, qui politicus vult videri : alia vero adulandi scientia est, captatrix verisimilium, usus nulla ratione collectus. Sic enim ἄλογον τριβήν elocuti sumus, quæ persuasum velit, quod docere non valeat. Hanc δύναμιν τοῦ πείθειν, ἄνευ τοῦ διδάσκειν definivit Plato : quam civilis particulæ umbram, id est, imaginem nominavit.

Civilitatem vero, quam πολιτικὴν vocat, ita vult a nobis intelligi, ut eam esse ex virtutum numero sentiamus : nec solum agentem, atque in ipsis administrationibus rerum, spectari ab ea universa atque discerni. Nec solum providentiam prodesse civilibus rebus, sed omnem sensum ejus atque propositum, fortunatum et beatum statum facere civitatis. Hæc eadem utilitati animæ procurat duobus modis. Altera namque legalis est, juridicialis altera. Sed prior consimilis est exercitationi, per quam pulchritudo, animæ et robur acquiritur : sicut exercitatione valetudo corporis gratiaque retinetur. Juridicialis illa medicinæ par est; nam morbis animæ medetur, sicut illa corporis. Has disciplinas vocat, plurimumque earum curationem commoditatis afferre profitetur. Harum imitatrices esse coquinam ut unguentariam. Sed et artem sophisticam, professionemque juris blandam, et assentationum illecebras turpes profitentibus, inutiles cunctis; quarum sophisticen coquinæ conjungit. Nam ut illa medicinæ professione interdum opinionem imprudentium captat, quasi ea, quæ

fait croire aux sots qu'elle s'applique à la justice, tandis qu'elle favorise notoirement l'iniquité. D'un autre côté, ces complaisants juristes imitent assez bien les parfumeurs. Ceux-ci affirment que leurs compositions conservent la grâce et la santé du corps; et dans le fait elles diminuent les forces, elles altèrent la constitution, elles flétrissent l'éclat de la carnation en retardant le cours du sang. Pareillement ceux qui se vantent de leur fausse science des lois, loin de fortifier la vertu de l'âme, énervent celle qu'elle possédait naturellement.

Les vertus qui peuvent être étudiées et enseignées sont celles qui tiennent à la raison, c'est-à-dire la sagesse et la prudence. A la raison se rattachent aussi celles qui servent de remède pour résister aux penchants vicieux, c'est-à-dire le courage et la continence. Les premières de ces vertus sont regardées par notre philosophe comme des sciences; il n'appelle les autres des vertus que lorsqu'elles sont parfaites; imparfaites, elles ne méritent pas même le nom de sciences, quoiqu'elles ne soient pas entièrement étrangères à la science. Quant à la justice, répandue dans les trois parties de l'âme, elle est l'art de vivre; elle prend le nom de science, et résulte tantôt de l'enseignement, tantôt de la pratique et de l'expérience.

Il y a des biens désirables pour eux-mêmes, comme le bonheur, comme le plaisir honnête; et des biens que l'on ne doit pas désirer pour eux-mêmes, comme la médecine. Il en est enfin de désirables pour ces deux motifs, comme la prudence et les autres vertus que nous recherchons d'abord pour elles mêmes, parce qu'elles sont excellentes et honnêtes, et ensuite pour le bien qu'elles procurent, je veux dire le bonheur, ce fruit de la vertu si ardemment souhaité. De même il y a certains maux que l'on doit éviter pour eux-mêmes, et d'autres, par des motifs étrangers; et la plupart, par cette double raison, comme la sottise et les autres vices du même genre, que l'on doit éviter et pour eux-mêmes et pour les conséquences qui en découlent, c'est-à-dire la misère et l'infortune.

Parmi les choses désirables, il en est que nous nommons absolument des biens parce qu'elles sont utiles en tout temps et en toutes circonstances, comme les vertus dont le résultat est le bonheur; il en est d'autres qui ne sont des biens que pour quelques-uns et que dans certaines circonstances, comme les forces, la santé, les richesses, et tous les avantages du corps et de la fortune. En même raison, parmi les choses qu'il faut éviter, les unes sont toujours des maux quand l'homme en est atteint, comme les vices et les infortunes; les autres, ne nuisant qu'à quelques personnes, ne sont véritablement des maux que dans certaines circonstances, comme la misère, la maladie, les calamités vulgaires.

La vertu dépend de nous; elle est en notre pouvoir, c'est notre volonté qui nous la donne. Les vices ne dépendent pas moins de nous et de notre libre arbitre, et cependant ils ne sont pas contractés par notre volonté. Car celui qui s'est appliqué à connaître la vertu, qui sait combien elle est excellente, combien elle est supérieure aux autres choses et désirable pour elle-même,

---

agit, cum morborum medela conveniant : sic sophistice imitata juridicialem statum, dat opinionem stultis, quasi justitiæ studeat, quam iniquitati favere constat. Unguentariam vero professores juris imitantur; nam sicut illa remedio vult esse, per quod species corporibus ac valetudo serventur, et non modo utilitatem corporum minuit, sed robur etiam viresque frangit, et verum colorem ad desidiam sanguinis mutat: sic hæc scientiam imitata juris, simulat quidem virtutem se animis augere, enervat autem quod in illis nativæ fuerit industriæ.

Virtutes eas doceri et studeri posse arbitratur, quæ ad rationabilem animam pertinent, id est, sapientiam et prudentiam : et illas, quæ vitiosis partibus pro remedio resistunt, id est, fortitudinem et continentiam, rationabiles quidem esse. Superiores autem virtutes pro disciplinis haberi. Ceteras, si perfectæ sunt, virtutes appellat : si semiperfectæ sunt, non illas quidem disciplinas vocandas esse censet; sed nec in totum existimat disciplinis alienas. Justitiam vero, quod trinis animæ regionibus sparsa sit, artem vivendi, ac disciplinam putat: et nunc docilem esse, nunc usu et experiendo provenire.

Bonorum autem quædam sui gratia asserit appetenda, ut beatitudinem, ut bonum gaudium : alia non sui, ut medicinam : alia et sui et alterius, ut providentiam, cæterasque virtutes, quas et sui causa expetimus, ut præstantes per se et honestas; et alterius, id est, beatitudinis, qui est virtutum exoptatissimus fructus. Hoc pacto etiam mala quædam sui causa fugienda sunt, alia ceterorum, pleraque et sui et aliorum : ut stultitia, et ejusmodi vitia, quæ et sui causa vitanda sunt, et eorum quæ accidere ex his possunt, id est, miseriæ atque infelicitatis. Eorum quæ appetenda sunt, quædam absolute bona dicimus, quæ semper atque omnibus, quum adsunt, inveniunt commoda; ut virtutes, quarum beatitas fructus est : alia quibusdam, nec cunctis, vel perpetuo bona; ut vires, valetudo, divitiæ, et quæcunque corporis ac fortunæ sunt. Pari pacto, et eorum quæ declinanda sunt, quædam omnibus ac semper videri mala, quando nocent atque obsunt; ut sunt vitia et infortunia : quædam aliis, nec eo semper nocere; ut ægritudinem, egestatem, et cetera.

Sed virtutem liberam, et in nobis sitam, nobisque voluntate appetendam : peccata vero esse non minus libera, et in nobis sita, non tamen ea suscipi voluntate. Namque ille virtutis spectator, quum eam penitus intellexit bonam esse, et benignitate præstare, eam affectandam profecto, et sectandam existimabit sui causa. At item ille qui senserit vitia non solum turpitudinem existimationi invehere, sed nocere alio pacto, fraudique esse, qui potest sponte se ad eorum consortium jungere? Sed, si ad ejusmodi mala pergit, ac sibi usuram eorum utilem credit;

celui-là sait aussi que les vices sont non-seulement honteux, non-seulement nuisibles à l'estime personnelle, mais qu'ils produisent encore d'autres malheurs. Et comment donc peut-il s'unir spontanément à eux ? c'est qu'il s'engage dans le mal, croyant y trouver son profit : il est trompé, il est attiré par je ne sais quelle apparence du bien, et il se jette dans le vice sans le connaître. Car ce serait n'avoir pas le sens commun que de méconnaître la différence qui existe entre la pauvreté et les richesses; et, ayant à opter entre une pauvreté peu honorable et une fortune qui n'aurait rien de honteux, ce serait être insensé de préférer la misère à la possession des choses nécessaires à la vie. Il serait encore plus absurde de dédaigner la santé pour choisir les maladies. Mais c'est le comble de la folie que de voir avec les yeux de l'âme la beauté de la vertu, d'en sentir l'utilité par l'expérience et la raison, de savoir tout ce qu'il y a d'infâme et de désastreux dans les souillures du vice, et de se vouer cependant au vice.

La santé du corps, les forces, l'exemption des souffrances et les autres biens extérieurs, comme les richesses et les faveurs de la fortune, ne sauraient être appelés des biens dans le sens absolu. Car si on les possède sans en user, ils sont inutiles; si on les applique à un mauvais usage, ils sont même nuisibles. Celui qui en abuse tombe dans le vice; et comme la possession de ces biens est incompatible avec le vice, il faut reconnaître qu'ils ne sont pas absolus. De même les maladies, la pauvreté et les autres souffrances ne sont pas des maux absolus. Celui qui est dans la médiocrité, s'il sait modérer ses dépenses, n'éprouve aucune privation. Celui qui, dans la pauvreté, sait se régler, non-seulement n'est pas malheureux, mais il devient plus fort, plus capable de supporter les autres infortunes. Si donc être pauvre et suivre les lois de la raison ne sont pas deux choses incompatibles, la pauvreté par elle-même n'est point un mal.

La volupté n'est, dans le sens absolu, ni un bien ni un mal. Ce qu'il faut en dire, c'est qu'on ne doit pas fuir celle qui est honnête ou qui résulte de choses honorables et glorieuses; mais seulement celle que la nature réprouve, et qui est le fruit de quelque licence honteuse. Les soucis et le travail, lorsqu'ils sont conformes à notre nature bien entendue, lorsqu'ils découlent de la vertu même ou de quelque belle entreprise, sont, au dire de Platon, parfaitement désirables; mais s'ils n'ont d'autre occasion que des entreprises honteuses, s'ils sont contraires à la nature, il faut les regarder comme mauvais et détestables. Notre volonté ne produit pas seulement les vices qui corrompent l'âme et le corps, elle engendre aussi un certain état moyen où nous n'éprouvons ni tristesse ni joie.

La vertu est donc le premier des biens qui se trouvent en nous. Pour celui qui s'y applique, c'est le bien le plus effectif. C'est pourquoi il faut l'appeler l'honnête, car cela seul est un bien qui est honnête, comme tout ce qui est honteux est un mal ; et c'est avec raison que l'on juge que ce qui est honteux ne peut être un bien.

L'amitié, suivant Platon, est une union fondée sur la sympathie : bien réciproque, douce communauté de joie et d'amour, c'est elle qui fait que l'on désire le bonheur pour son ami comme pour soi-même. Un tel sentiment a pour condition une se-

---

deceptus errore, et imagine boni sollicitatus quidem, sciens vero ad mala præcipitatur. Discrepes quippe a communi sententia, si non quidem ignores, quid inter pauperiem ac divitias intersit : et quum hæc in proclivi sita sint, nec pauperies honestatem, vel turpitudinem divitiæ allaturæ sint, si egestatem rerum victui necessariarum copiis præferas, ineptire videaris : et adhuc illud absurdius, si qui sanitatem corporis spernat, eligens morbos. Sed illud postremæ dementiæ est, quum, qui virtutis pulchritudinem oculis animæ viderit, utilitatemque ejus usu et ratione perspexerit, non ignarus quantum dedecoris atque incommodi adipiscatur ex participatione vitiorum; tamen addictum se velit vitiis.

Corporum sanitatem, vires, indolentiam, ceteraque ejusmodi bona extraria, ut divitias, et cetera quæ fortunæ commoda ducimus, ea non simpliciter bona nuncupanda esse. Nam, si quis ea possidens, usu se abdicet, ea illi inutilia erunt : si quis autem eorum usum converterit ad malas artes, ea illi etiam noxia videbuntur. Si quis autem iis abutitur, obnoxius erit vitiis : qui ea possidet, habere hæc etiam, quum obit, non potest. Unde colligitur, bona hæc simpliciter dici non oportere : nec etiam ea quæ sunt morbosa, ut pauperiem, ceteraque, existimari mala oportet. Nam qui tenuis est si modificetur in sumptibus, nullam noxam ex eo sentiet : et qui recte pauperie sua utitur, non solum nihil capiet incommodi, verum ad toleranda cetera melior atque præstantior fiet. Si igitur nec habere pauperiem, neque eam ratione regere contrarium est; paupertas per se malum non est. Voluptatem vero neque bonum esse absolute, neque simpliciter malum; et eam, quæ sit honesta, nec pudendis rebus, sed gloriosis actibus veniat, non esse fugiendam : illam vero, quam aspernatur natura ipsa, turpi delectatione quæsitam, vitari oportere censebat.

Sollicitudinem ac laborem, si naturabiles essent, et ab ipsa virtute descenderent, et essent pro aliqua præclara administratione susceptæ, adpetibiles ducebat esse : sed, si adversum naturam turpissimarum rerum causa gignerentur, malas in testabilesque esse. Non sola vitia voluntate accitere animis, et venire corporibus, sed esse medium quemdam statum : qualis est, quum abest tristitia, nec tamen lætitiam adesse sentimus. Ex his quæ in nobis sunt, primum bonum atque laudabile est virtus, bonum studenti. Adeo honestum appellari oportet; solum quippe, quod honestum est, bonum dicimus : ut et malum, turpe; ac merito, quod turpe est, bonum non potest esse.

Amicitiam ait sociam, eamque consensu consistere : reciprocamque esse, ac delectationis vicem reddere, quando

crête conformité où se fonde une mutuelle tendresse. Car si les caractères semblables s'unissent par des liens indissolubles, les humeurs opposées se séparent et ne sauraient s'unir. Les inimitiés naissent de la malveillance qu'excitent la différence des mœurs, l'inégalité des rangs, la diversité des opinions et des esprits. Il y a encore d'autres genres d'amitiés : les unes formées par le plaisir, les autres par la nature. C'est une loi nécessaire qui nous fait aimer nos proches et nos enfants. Mais cet autre sentiment emporté et farouche, appelé vulgairement l'amour, n'est autre chose qu'un désir ardent, qu'une passion désordonnée, ressentie par ceux qui voient l'homme tout entier dans le corps. A ces fléaux de l'âme Platon refuse même le nom d'amitié, parce qu'il ne se trouve en eux ni réciprocité, ni amour mutuel (puisque celui qui aime ne saurait se faire aimer), ni constance ni durée, et qu'ils se terminent par le dégoût et la honte.

Platon compte trois espèces d'amour : l'un divin, incorruptible, appuyé sur la vertu et la raison, n'apportant après lui aucun remords ; l'autre ne se trouvant que dans les âmes dégénérées, avides d'un plaisir corrompu ; le troisième tenant des deux précédents, comprenant à la fois quelques aspirations de l'âme et quelques désirs corporels. Les âmes les plus impures sont poussées par cette ardeur charnelle qui ne cherche qu'à s'assouvir dans les voluptés et les jouissances désordonnées du corps : celles, au contraire, qui sont nobles et pures, aiment les âmes des gens de bien, éprouvent un véritable zèle pour leurs intérêts, cherchent à leur ouvrir le plus possible le trésor des bonnes doctrines, et à leur donner toute l'excellence et la perfection dont elles sont capables. Les âmes intermédiaires ont quelques traits de ressemblance avec les unes et les autres ; elles ne se privent pas des plaisirs des sens, mais elles savent apprécier le doux commerce de l'intelligence. L'amour impur et honteux n'est pas donné à l'homme par la nature, c'est une maladie, une infirmité du corps. L'amour divin, ce bienfait, ce présent des dieux, semble naître dans le cœur de l'homme par une inspiration céleste. L'amour intermédiaire, formé de l'amour divin et de l'amour terrestre, uni à tous deux par un lien semblable de parenté, participe de la raison comme le premier, et, comme le second, reçoit le joug des passions terrestres.

Il y a quatre sortes d'hommes coupables : les ambitieux, les hommes avides de richesses, les démagogues et les tyrans. Le premier de ces vices, l'ambition, ne se développe dans l'âme que lorsque la raison est affaiblie et vaincue par cette partie de l'âme où règne la colère. Le second vice, qui est en quelque sorte le principe de l'oligarchie, n'arrive que par la mauvaise nourriture donnée à cette partie de l'âme où résident les passions, alors que les appétits coupables ont subjugué la raison et le cœur, et mis en mouvement tous les ressorts impurs et factices de notre nature. Platon appelle cet état amour du gain, fureur de l'argent.

Le troisième vice, la démagogie, existe, lorsque les passions, traitées avec trop d'indulgence, em-

---

æqualiter redamat. Hoc amicitiæ commodo provenit, quum amicus eum quem diligit, pariter ac se cupit prosperis rebus potiri. Æqualitas ista non aliter provenit, nisi similitudo in utroque parili caritate conveniat. Nam ut pares paribus irresolubili nexu junguntur : ita discrepantes, et inter se disjuncti sunt, nec aliorum amici. Inimicitiarum autem vitia gignuntur ex malevolentia per morum dissimilitudinem, et distantiam vitæ, et sectas, atque ingenia contraria.

Alia etiam amicitiæ genera dicit esse : quarum pars voluptatis gignitur causa, pars necessitatis. Necessitudinum et liberorum amor naturæ congruus est : ille alius abhorrens ab humanitatis clementia, qui vulgo amor dicitur, est adpetitus ardens, cujus instinctu per libidinem capti amatores corporum, in eo, quod viderint, totum hominem putant. Ejusmodi calamitates animarum, amicitias idem appellari vetat, quod nec mutuæ sunt, nec reciprocari queant, ut ament, quæ redamantur; nec constantia illis adsit, et diuturnitas desit, amoresque ejusmodi satietate ac pœnitentia terminentur. Plato tres amores hoc genere dinumerat; quod sit unus divinus, quum incorrupta mente et virtutis ratione conveniens, non pœnitendus : alter ex generis animi, et corruptissimæ voluptatis : tertius ex utroque permixtus, mediocris ingenii, et cupidinis modicæ. Animas vero fusciores impelli cupidine corporum, unumque illis propositum esse, ut eorum usura potiantur, atque ejusmodi voluptate et delectatione ardorem suum mul-

ceant. Illæ vero facetæ et urbanæ sunt. Animas bonorum deamare, et studere illis, factumque velle uti quam plurimum potiantur bonis artibus, et meliores præstantioresque reddantur. Medias ex utroque constare : nec delectationibus corporum prorsus carere, et lepidis animarum ingeniis capi posse. Ut igitur ille amor teterrimus, ac inhumanissimus, atque turpis, non ex rerum natura, sed ægritudine corporali morboque colligitur : sic ille divinus, deorum munere beneficioque concessus, adspirante cœlesti cupidine in animos hominum credatur venire. Est amoris tertia species, quam diximus mediam. Divini atque terreni proximitate collectus, nexuque et consortio parili copulatus, et rationi propinquus est, ut divinus ille ; ut terrenus ille cupidini junctus est voluptatis.

Culpabilium autem virorum quatuor formæ sunt : quarum prima honoripetarum est, sequens abstemiorum, tertia popularis, tyrannicæ dominationis ultima. Evenit quapropter primum illud mentibus vitium, quum vigor rationis elanguerit, superiorque et robustior fuerit animæ portio, in qua ira dominatur. At quæ ὀλιγαρχία dicitur, ea sic nascitur, quum propter pessimum pastum ejus partis animæ, quæ ex cupiditatibus constat, non solum rationabilis et irascentiæ loca possidentur, sed ejus etiam, quæ non necessarias cupidines acuunt. Hunc talem Plato lucri cupidinem, atque accipitrem pecuniæ nominavit. Qualitas popularis exsistit, quum indulgentia cupidines laboratæ, non solum justis desideriis exardescunt, sed his etiam quasi

portées au delà des désirs légitimes, se créant en quelque sorte de nouveaux et d'étranges besoins, mettent la raison, cette sage conseillère, le cœur lui-même et sa fierté, sous leur domination. Enfin la tyrannie est une vie pleine de débauches et de déréglements, où l'âme est dominée et dégradée par une infinité de jouissances coupables. Mais le pire de tous les hommes, c'est le contempteur des dieux, cet être vil, redoutable, inhumain, que rien ne modère, qui passe sa vie non-seulement hors de la société, mais encore en défiance de ses proches et de lui-même, qui se hait comme les autres, qui ne saurait être l'ami des gens de bien, ni de personne, ni de lui-même : dernier degré de la perversité, au delà duquel l'on ne peut rien imaginer.

Un pareil homme est toujours embarrassé dans la vie, et par son inhabileté et par l'ignorance où il est de lui-même; d'ailleurs le trouble que la dépravation, apporte dans tous les esprits nuit à leurs entreprises et déconcerte tous leurs projets. L'infâme dont nous parlons n'est pas seulement abominable par les vices qu'il tient de sa nature particulière, comme l'envie et la joie du malheur des autres, mais encore par les sentiments que la nature ne désavoue pas, comme la volupté, la douleur, le désir, l'amour, la compassion, la crainte, la honte et la colère. C'est que toutes ses passions sont tellement déréglées qu'il ne sait garder aucune mesure, et qu'il tombe toujours dans l'excès ou dans l'insuffisance. Et toujours aussi son amour est corrompu par des désirs effrénés, par une soif inextinguible de toutes les voluptés, par un jugement faux qui lui

fait priser avant tout la beauté du corps, beauté efféminée, sans vigueur et sans durée; il ignore la vraie beauté, il dédaigne ces corps brunis au soleil, fortifiés par l'exercice ; il aime ces formes épaissies dans l'ombre et l'inaction, qui ne doivent leur embonpoint qu'à des soins excessifs.

Il est bien prouvé que la méchanceté ne se développe pas spontanément; car l'injustice étant une passion désordonnée, une maladie de l'âme, manifestement les hommes n'y sont pas portés d'eux-mêmes. Où trouver un être assez enclin au mal pour appeler sciemment le crime et la honte dans la meilleure partie de son âme? Ainsi donc, puisqu'on se laisse véritablement surprendre par le mal, on est forcé, sans le savoir, d'en subir l'influence et les effets. Aussi le pire n'est pas de recevoir le mal, c'est de le faire; car le dommage que nous éprouvons tombe en réalité sur des choses de peu de valeur, sur les biens du corps et de la fortune, qui peuvent être altérés, détruits même par la méchanceté des hommes, sans que la moindre atteinte soit portée aux biens plus relevés qui tiennent à l'âme. Faire le mal, c'est donc ce qu'il y a de pire. Tout cela montre que le vice seul flétrit les âmes, et que celui qui s'efforce de nuire à un autre se nuit encore plus à lui-même : il est la première victime de ses machinations.

Mais si le plus grand des maux est de nuire aux autres, il en est un plus funeste encore, c'est l'impunité du coupable. Il y a quelque chose de plus terrible et de plus cruel que tous les supplices, c'est de demeurer impuni quand on est souillé

---

obviæ atque occursantes, et illam consiliariam, et illam alteram iratiorem animam conditionibus suis presserunt. Τύραννις est luxuriosa et plena libidinis vita; quæ, ex infinitis et diversis et illicitis voluptatibus conflata, mente tota dominatur. Qui sit autem pessimus, eum non solum turpem, et damnosum, et contemptorem deorum, et immoderatam, et inhumanam, atque insociabilem vitam ait vivere, sed nec cum proximis serumve congruere, atque ideo non modo a ceteris, verum etiam a se discrepare : nec aliis tantum, sed etiam sibi inimicum esse, et idcirco hunc talem neque bonis, nec omnino cuiquam, nec sibi quidem amicum esse; sed eum pessimum videri, quem nulla malignitatis superlatio possit excedere. Hunc talem nunquam in agendis rebus expedire se posse, non solum propter inscientiam, sed quod ipse etiam sibimet sit ignotus, et quod perfecta malitia seditionem mentibus pariat, impediens incepta ejus atque meditata consilia, nec permittens quidquam eorum, quæ volet. Pessimo quapropter deterrimoque non ea tantum vitia, quæ secundum naturam sunt, pariunt exsecrabilitatem, ut est invidentia, ut est de alienis incommodis gaudium : sed etiam quæ natura non respuit, voluptatem dico, atque ægritudinem, desiderium, amorem, misericordiam, metum, pudorem, iracundiam. Idcirco autem hoc evenit, quod immoderatum ingenium, in quæcumque proruerit, modum non habet, atque ideo semper ei aut deest aliquid, aut redundat.

Hinc ejusmodi hominis amor omni tenore est corruptus, quod non solum effrenatis cupiditatibus et inexplebili siti haurire avet omnia genera voluptatis, sed quod etiam formæ judicio, irrationabili errore distrahitur, ignorans veram pulchritudinem, et corporis effrætam, et enervem, et fluxam cutem deamans; nec saltem coloratos sole, aut exercitatione solidatos, sed opacos umbra, vel molles desidia, sed cura nimia medullatos artus magni facit.

Non sponte grassari malitiam, multis modis constat. Namque injuriam, inordinatam passionem et ægritudinem mentis esse ait; unde liquido ad eam arbitratur homines non sponte ferri. Quis enim tantum mali voluntate susciperet, ut in optima mentis suæ parte scelus et flagitium sciens veheret? Quum ergo possessio mali ab imprudentibus capitur, usum ejus et actiones oportet ab ignorantibus sustineri. Idcircoque pejus est nocere, quam noceri : quod enim his rebus nocetur, quæ sunt viliores, corporis scilicet et externis (ista enim vel immunui possunt, vel fraudibus interire, illæsis potioribus, quæ ad ipsam attinent animam. Sed nocere longe pejus esse.

Ex quo intelligi potest, quod animis bonis eo vitio pernicies infertur : plusque sibi obest, qui alium cupit perditum, quam illi nocet, adversum quem talia machinatur: et quum nocere alteri malorum omnium maximum sit; multo gravius est, si, qui nocet, abeat impune : gravisque et acerbius est omni supplicio, si noxio impunitas defera-

d'un crime, et d'échapper à la vindicte des hommes ; de même que le pire état dans les maladies dangereuses, c'est de manquer de remèdes, de tromper les médecins, de ne pas être débarrassé par le fer ou le feu de ces parties dont la perte douloureuse serait nécessaire au salut des autres. Mais, à l'exemple des meilleurs médecins qui ne donnent pas de remèdes aux maladies désespérées ou incurables, de peur de prolonger seulement les douleurs du malade ; mieux vaut souhaiter la mort à ceux dont les âmes corrompues par les vices ne peuvent être amendées par la sagesse. Celui que, ni la nature ni la discipline ne peuvent engager à la vertu, celui-là, dit Platon, est désormais indigne de la vie. S'il tient encore à l'existence, qu'il se livre aux sages, dont les doctrines pourront peut-être le ramener dans la bonne voie. Il est bien préférable qu'un tel homme soit gouverné, que non pas qu'il ait le pouvoir de gouverner les autres ; il ne doit pas dominer, mais se soumettre : impuissant pour diriger, il est destiné à obéir et non à commander.

Le méchant n'est pas seulement inférieur aux autres hommes par le désordre et la multiplicité de ses vices ; mais plus ses désirs s'accroissent, plus il devient pauvre à ses propres yeux et à ceux des autres. Ce n'est qu'après de douloureuses attentes qu'il voit s'accomplir quelques-unes de ses espérances : elles sont bientôt suivies par des ardeurs brûlantes, par des transports furieux. Il est tourmenté non-seulement par le pressentiment des maux à venir, mais encore par le souvenir des maux passés, et la mort seule peut mettre un terme à ses souffrances.

Mais les hommes parfaitement vertueux, comme les méchants tout à fait dépravés, sont en si petit nombre, que, selon l'expression de Platon, on pourrait les compter. Le grand nombre se compose de ceux qui ne sont ni complétement bons ni constamment pervers, ou qui tiennent le milieu. En général, les bons ne suivent pas toujours le droit sentier, et les méchants ne sont pas toujours dans le mal. Les vices de ces derniers ne sont ni excessifs ni démesurés, ils naissent de quelques excès, ou d'une certaine insuffisance de leur nature. Quant à ces hommes que l'on ne peut estimer qu'avec restriction, et qui en quelque façon côtoient tour à tour la louange et le blâme, ils n'ont aucun principe de conduite arrêté ; ils se laissent tantôt aller à la voix du bien et de la raison, tantôt aux sollicitations d'un vil intérêt et d'une honteuse volupté : ils sont incapables d'amitiés constantes, d'amours toujours chastes, ou de passions toujours criminelles.

L'homme, dit Platon, ne saurait être parfaitement sage, s'il n'est supérieur aux autres en génie, en talents, en prudence ; s'il n'a été, dès son enfance, formé à de nobles habitudes que tout en lui, paroles et actions, a sans cesse fortifiées ; si son âme n'est pure de toutes pensées voluptueuses ; si son esprit n'a point pratiqué énergiquement l'abstinence et la patience, et ne s'est pas épris de zèle pour les saines doctrines de la raison et de l'éloquence. Oh ! s'il marche confiant et tranquille dans le sentier de la vertu, il acquiert la vraie sagesse, il touche bientôt à la perfection, il atteint à la fois les deux limites extrêmes du passé et de l'avenir, et plane en quel-

tur, nec hominum interim animadversione plectatur : sicut gravius est, acerbissimorum morborum carere medicina, medentes fallere, nec uri aut secari eas partes, quarum dolore incolumitati residuarum partium consulatur. Quare, ut optimi medici conclamatis desperatisque corporibus non adhibent medentes manus, ne nihil profutura curatio doloribus spatia promulget : ita eos, quorum animæ vitiis imbutæ sunt, nec curari queunt medicina sapientiæ, emori præstat. Namque eum cui non a natura, nec ex industria, recte vivendi studium conciliari potest, vita existimat Plato esse pellendum : vel si cupido vitæ eum teneat, oportere sapientibus tradi, quorum arte quadam ad rectiora flectatur. Et est sane melius talem regi, nec ipsum regendi alios habere potestatem : nec dominari, sed servire servitium, impotem ipsum aliorum addici potestati, parendi potius quam jubendi officia sortitum.

Virum pessimum non solum deteriorem etiam dicebat esse, quod distrahatur semper editione vitiorum, et desideriorum æstibus differatur : qui quanto plurium cupidior sit, tanto egentior sibimet, et propterea aliis videri potest. Sperata quippeatque exoptata vix pauca, et cum maxima ærumna proveniunt ; iisque flagrantiores cupidinum furores succedunt : nec futuris modo angitur malis, verum etiam præteritis transactisque torquetur. Quos omne morte sola ab ejusmodi malis deduci posse manifestum est.

Sed apprime bonos, et sine mediocritate deterrimos, paucos admodum rariosque, et, ut ipse ait, numerabiles esse : eos autem qui nec plane optimi, nec oppido deterrimi sint, sed quasi medie morati, plures esse. Sed neque superiores obtinere recta omnia, æque culpabiles in omnibus labi. Horum vitia nec gravata nec intempestiva sunt, aut nimium criminosa ; quorum substantia est ex redundantia, vel defectu. Quibus est approbationis integritas et modus est, et qui inter laudem vituperationemque mediam viam vadunt, usque rerum capessendarum ejusmodi studio excitantur, ut nunc boni atque honesti eos ratione invitent, nunc inhonesta lucra et turpes illiciant voluptates. Talibus viris nec amicitiarum fides perseverat et amores non semper improbi, nec honesti tamen, eorum animos incurrunt.

Perfecte sapientem esse non posse dicit Plato, nisi ceteris ingenio præstet, artibus et prudentiæ partibus absolutus, atque iis jam tum a puero imbutus, factis congruentibus et dictis assuetus : purgata et effæcata animi voluptate, electis ex animo hinc abstinentia atque patientia, atque doctrinis ex rerum scientia eloquentiaque venientibus. Eum qui per hæc profectus fidenti et securo gradu virtutis via graderetur, adeptum solidam vivendi rationem, repente fieri perfectum, hoc est, repente præteriti futurique ævi ultimas partes attingere, et esse quodammodo

que sorte au-dessus de l'immensité du temps.

Le vrai sage, après avoir banni les vices de son âme et appelé tout ce qui fait le bonheur de la vie, sait qu'il ne dépend point des autres, qu'il n'a rien à recevoir d'eux, que tout pour lui est situé en lui-même. Aussi il ne s'enorgueillit pas dans la prospérité et n'est point abattu dans l'infortune ; il sent qu'il a en lui des richesses que nulle violence ne peut lui ôter.

Il ne devra ni faire ni rendre le mal ; car il ne regardera pas comme outrageantes les injures des méchants, ni toutes celles auxquelles il peut opposer une stoïque patience. Cette loi de la nature est gravée dans son âme, qu'aucun des maux redoutés par le commun des hommes ne peut porter atteinte au bonheur du sage et à sa conscience. Calme, constant, il accepte tous les événements de la vie, tous les accidents ; il se reporte à une raison excellente pour souffrir tout avec égalité d'âme ; il est persuadé que les vrais intérêts sont dans les mains des dieux immortels. Il attend le jour de la mort sans tristesse, sans douleurs ; il a foi à l'immortalité de l'âme ; il sait que l'âme du sage, délivrée de ses liens, retourne vers les dieux, et que, pour prix d'une vie chaste et pure, passée ici-bas, il obtiendra une félicité céleste.

Le vrai sage se distingue encore par sa bonté et sa prudence : toutes ses idées et ses actions sont d'accord, car elles ont pour commun principe la justice absolue. Il est d'un courage exemplaire ; car son âme vigoureuse est prête à tout souffrir. Ce qui fait dire à Platon que le courage est le nerf, et, si l'on peut s'exprimer ainsi, la moelle de l'âme, comme la lâcheté en est l'infirmité.

Le sage seul est riche, car il possède des richesses plus précieuses que tous les trésors : ce sont les vertus. Et comme seul il sait faire des biens du monde l'emploi convenable, il doit paraître le plus riche des hommes. Les autres, quelques richesses qu'ils aient, soit qu'ils ne sachent pas s'en servir, soit qu'ils en fassent un mauvais usage, paraissent toujours pauvres.

Ce n'est pas l'absence de l'or qui fait la pauvreté, c'est la présence de désirs immodérés. Le philosophe, s'il veut ne manquer de rien, doit savoir tout souffrir ; supérieur à ce que les hommes estiment des maux intolérables, il doit avoir pour étude constante d'affranchir son âme des biens du corps, et regarder la philosophie comme la recherche, ou plutôt comme l'apprentissage de la mort.

Que tous les hommes vertueux soient amis, même quand ils se connaîtraient peu ; car ceux qui se rapprochent par les mœurs et les principes doivent être amis. Il ne peut y avoir de répulsion mutuelle entre des semblables. Aussi l'amitié fidèle et constante ne se trouve que parmi les gens de bien.

La sagesse inspire au jeune homme l'amour du bien, mais à celui-là seulement qui, par le libre mouvement d'un heureux naturel, est déjà enclin à la vertu. Il n'y a point de difformité corporelle qui puisse arrêter et détourner ces nobles penchants ; lorsque l'âme est aimée, l'homme tout entier est aimé ; si le corps seul est désiré, c'est la partie la moins noble de l'homme qui inspire l'amour.

On doit donc penser que le bien est recher-

---

intemporalem. Tum post hoc vitiis exclusis, insertisque et immissis omnibus quæ ad beatam vitam ferunt, non ex ullis pendere, nec ab aliis deferri sibi posse, sed in sua manu esse, sapiens recte putat. Quare nec in secundis rebus effertur, nec contrahitur in adversis : quum se ornamentis suis ita instructum sciat, ut ab iis nulla vi segregetur.

Hunc talem non solum inferre, sed ne referre quidem oportet injuriam. Non enim eam contumeliam putat, quam improbus faciat : sed eam non putat, quam patientia firmiter toleret. Qua quidem naturæ lege in animo ejus sculptum sit, quod nihil horum possit nocere sapienti, quæ opinantur ceteri mala esse. Equidem sapientem illum, conscientia sua fretum, securum et confidentem in omni vita dicit futurum, et quod omnia accidentia reputet, ad meliores rationes trahens, et quod nihil morose vel difficulter excipiat, sibique persuadeat, pertinere res suas ad immortales deos. Idem ille diem mortis suæ propitius, nec invitus exspectat, quod de animæ immortalitate confidat. Nam vinculis liberata corporeis sapientis anima remigrat ad deos, et pro merito vitæ purius castiusve transactæ, hoc ipso usu deorum se conditioni conciliat.

Eumdem sapientem optimum nominat, ac bonum, ac prudentem recte arbitratur : cujus sane consilia cum factis rectissimis congruant, et cui principia profecta sunt a justi ratione. At hunc sapientem et fortissimum dicit esse,

ut qui vigore mentis ad omnia perpetienda sit paratus. Inde est, quod fortitudinem nervos animi, ipsasque cervices ait : ut ignaviam animæ dicit imbecillitati esse finitimam.

Divitem hunc solum quidem recte putat : quippe quum thesauris omnibus pretiosiores solus videatur possidere virtutum opes ; etiam quia solus sapiens potest in usibus necessariis regere, videri ditissimus debet. Nam ceteri, quamvis sint opibus affluentes, tamen quod vel usum earum nesciant, vel deducant eas ad pessimas partes, inopes videntur. Egestatem namque non absentia pecuniæ, sed præsentia immoderatarum cupidinum gignit.

Philosophum oportet, si nihil indigens erit, et omnium contumax, et superior iis quæ homines acerba tolerantu arbitrantur, nihil sic agere, quam ut semper studeat animam corporis consortio separare : et ideo existimandam philosophiam esse mortis affectum, consuetudinemque moriendi.

Bonos omnes inter se oportet amicos esse, etsi sint minus noti : et, potestate ipsa qua mores eorum sectæque conveniunt, amici sunt habendi ; paria quippe a similibus non abhorrent. Unde inter solos bonos fidem amicitiæ esse constat.

Sapientia boni amatorem adolescentem facit, sed eum qui probitate ingenii sit ad artes bonas promptior. Nec deformitas corporis talem poterit abigere appetitum. Nam

ché par celui qui le connaît ; et que, pour s'enflammer d'une noble passion pour le bien, il faut l'avoir vu avec les yeux de l'âme; c'est même là en quoi consiste précisément la sagesse. Ignorer le vrai bien c'est le haïr, c'est être par conséquent l'ennemi de la vertu, et, par une suite naturelle, l'ami des plaisirs honteux. Le sage n'agira pas en vue d'un plaisir, quelque grand qu'il soit, s'il ne se trouve déterminé par les nobles encouragements de la vertu; il vivra en goûtant ces pures jouissances, honnête, admiré, entouré de gloire et d'éloges, l'emportant sur les autres hommes par ces avantages, et connaissant seul la joie et la paix véritables. Frappé dans ses plus chères affections, il ne se livrera pas au désespoir, parce qu'il tire de lui-même tout ce qui fait réellement son bonheur, parce que la raison lui interdit de pareilles douleurs. S'il s'affligeait de cette perte, ce serait ou à cause de celui qui est mort, parce que ce dernier serait dans un état misérable, ou à cause de lui-même, parce qu'il s'affligerait d'avoir perdu l'objet d'une si douce affection. Mais d'abord on ne doit point concevoir d'affliction à cause du mort, puisque nous savons qu'il ne souffre aucun mal, et que, s'il a vécu avec des intentions honnêtes, il est uni à des êtres plus parfaits ; ensuite on ne doit point en concevoir à cause de soi-même, car le sage a placé tout en soi, et l'absence de qui que ce soit ne peut le priver de la vertu dont la possession est éternelle. Ainsi le sage ne sera pas triste.

Le but du sage étant de s'élever jusqu'à Dieu, il doit travailler dans toutes ses actions à être parfait comme les divinités : perfection qu'il atteindra, s'il est toujours juste, pieux et prudent. Ce n'est pas seulement par la sagesse de ses doctrines, mais encore par celle de ses actes, qu'il sera digne de l'approbation des dieux et des hommes. En effet, le souverain des dieux n'embrasse pas seulement tout l'univers par sa pensée, mais il en parcourt, en quelque façon, toutes les parties ; il touche à la fois le commencement, le milieu et la fin des choses ; il les connaît intimement, et il préside avec une merveilleuse providence à la durée et à l'harmonie de l'ensemble.

Aux yeux de tous, l'homme heureux est celui qui possède les biens et qui sait comment éviter les vices. Nous jouissons du premier bonheur, lorsque l'activité d'un esprit habile préside à toutes nos actions, et de l'autre, lorsque nous avons tout ce qui fait la perfection de la vie, et que nous sommes satisfaits de la contemplation. Cette double félicité dérive de la vertu, et, pour orner ce temple intérieur où réside la vertu, il n'est pas besoin de tous ces secours extérieurs que l'on regarde comme des biens. Cependant la culture du corps, les soins extérieurs, sont nécessaires aux usages de la vie commune, pourvu que nous les ennoblissions par la vertu, dont le concours peut seul assurer le bonheur, et nous faire regarder ces avantages fortuits comme des biens. Il est certain que la vertu seule donne la félicité parfaite, puisque hors d'elle tous les éléments de prospérité ne la procurent pas.

Le sage, selon notre pensée, est celui qui

quum ipsa anima complacita est, homo totus adamatur. quum corpus expetitur, pars ejus deterior est cordi. Jure igitur putandum est, eum qui sit gnarus bonorum, cupidum quoque ejusmodi rerum esse. Is enim solus bonis desideriis accenditur, qui bonum illud oculis animi videt: hoc est esse sapientem. Istud vero quoniam qui est ignarus, osor quoque nec amicus virtutum sit necesse est. Nec frustra hic talis amator est turpium voluptatum. Sapiens non modo meræ voluptatis quidem alicujus gratia veniet ad agendum, nisi præsto fuerint honesta emolumenta virtutis. Hunc eumdem cum hujusmodi voluptate oportet vitam vivere honestam, et admirabilem, plenamque laudis et gloria : neque harum modo rerum causa ceteris omnibus præferri, verum etiam jucunditate et securitate solum et semper frui. Nec angetur carissimis orbatus affectibus : vel quod ex se omnia sunt apta, quæ ad beatitudinem pergunt, vel quod decreto et lege rectæ rationis interdicitur ejusmodi afflictatio; et quod si de tali se causa discruciet, vel illam ægritudinem propter eum qui est emortuus, suscipiat, quasi in pejore sit parte; aut sua gratia, quod tali necessitudine doleat se privatum esse. Sed neque obiti causa lamentationes suscipi oportet, si sciamus illum neque aliquid mali passum : ac si fuerit bonæ voluntatis, etiam melioribus aggregatum ; neque sui gratia, ut qui in se reponit omnia, nec cujusquam absentia, virtutis esse indigens potest, cujus perpetuam possessionem sibi vindicat. Igitur sapiens non erit tristis. Sapientiæ finis est, ut ad Dei meritum sapiens provehatur hanc namque futuram ejus operam, ut æmulatione vitæ ad deorum actus accedat. Verum hoc ei poterit provenire, si virum perfecte justum, pium, prudentem se præbeat. Unde non solum in prospectandi cognitione, verum etiam agendi opera sequi cum convenit, quæ diis atque hominibus sint probata. Quippe quum summus deorum cuncta hæc non solum cogitationum ratione consideret, sed prima, media et ultima obeat, compertaque intime, providæ ordinationis universitate et constantia regat.

Verum enimvero illud omnibus beatum videri, cui et bona suppetunt, et quemadmodum carere vitiis debeat, callet. Una quidem beatitudo est, quum ingenii nostri præsentia tutamur, quæ perficimus : alia, quum ad perfectionem vitæ nihil deest, atque ipsa sumus contemplatione contenti. Utrarumque autem felicitatum origo ex virtute manat; et ad ornamentum quidem genialis loci, vel virtutis, nullis extrinsecus eorum quæ bona ducimus, adminiculis indigemus. Ad usum autem vitæ communis, corporis cura, et eorum quæ extrinsecus veniunt, præsidiis opus est : ita tamen, ut hæc eadem fiant virtute meliora, ejusque suffragio beatitudinis commodis copulentur, sine qua hæc in bonis minime sunt habenda. Nec frustra est, quod sola virtus fortunatissimos potest facere; quum absque hac ex aliis prosperis non possit felicitas inveniri. Sapientem quippe pedissequum et imitatorem Dei dicimus, et sequi arbitramur Deum. Id est enim ἕπου Θεῷ.

Non solum autem oportet, dum vitam colit, digna diis dicere, nec ea agere, quæ eorum majestati displiceant,

marche sur les traces de Dieu, qui imite et suit Dieu, c'est-à-dire qui observe le précepte ἕπου Θεῷ.

Ce n'est pas seulement dans le cours de sa vie que le sage doit plaire aux dieux par ses paroles et par ses actions, il doit toujours se soumettre à leur majesté, et particulièrement lorsque l'âme quitte le corps, ce qu'elle ne fait jamais que par la volonté de l'Être suprême. Quoiqu'il ait dans ses mains le pouvoir de se donner la mort, quoiqu'il sache qu'en abandonnant la terre il trouvera un monde meilleur, il ne hâtera le terme de sa vie que si la loi divine l'ordonne.

Honoré par la sainteté de sa vie passée, il doit persister dans la vertu jusqu'au moment où, tranquille sur l'avenir de sa postérité, son âme immortelle ira, pour récompense de sa vie pieuse, habiter la demeure des bienheureux, et se mêler au chœur des dieux et des demi-dieux.

Quant à la constitution des États et au mode de gouvernement, voici les théories de Platon : d'abord la cité, selon sa définition, est la réunion de plusieurs hommes, parmi lesquels les uns commandent, les autres obéissent; et tous sont unis par la concorde, tous se portent secours, se protégent mutuellement, et ont des rapports et des devoirs déterminés par des lois communes et équitables. La cité, quoique renfermée dans l'enceinte des mêmes murs, n'est réellement une que si les habitants sont accoutumés à vouloir et à ne pas vouloir les mêmes choses. Aussi doit-on persuader aux fondateurs des républiques de ne pas étendre les bornes des États au point où les citoyens ne pourraient être tous connus du même chef, et mutuellement les uns des autres ; il faut que ces rapports intimes subsistent, pour que tous soient d'accord, et veuillent que la justice leur soit également rendue. Ce qui fait une grande cité, ce n'est ni la multitude de ses citoyens, ni l'importance de leurs ressources. Les forces matérielles, les richesses rassemblées pour la domination d'un grand nombre, n'ont aucune valeur réelle, lorsque l'État est livré au désordre et à l'ambition. Elles n'ont d'importance que si les hommes distingués par leurs talents, et les autres citoyens, obéissent en commun aux mêmes lois. Les républiques qui ne seraient pas établies sur ce principe ne peuvent durer ; ce sont des États corrompus et rongés par d'incurables maux. Au contraire, les républiques qui s'appuient sur la raison sont réglées comme les âmes ; de sorte que la partie la meilleure, la plus sage, la plus prudente, commande à la multitude; et de même que l'âme gouverne tout le corps, ainsi des chefs prudents doivent veiller aux intérêts de la cité entière.

Le courage, cette seconde partie de la vertu, n'est pas seulement destiné à châtier et à réprimer les mauvaises passions dans l'intérieur de l'âme; il faut encore qu'il veille au salut de l'État; il faut que la jeunesse, comme une sentinelle, soit prête à combattre pour l'utilité de tous, et que la raison plus éclairée de l'âge mûr, dirigeant les bras des guerriers, contienne, arrête et détruise même, s'il est nécessaire, l'esprit indompté et turbulent des mauvais citoyens.

Il y a une troisième condition aussi désirable pour le peuple et les agriculteurs que salutaire à tous les citoyens : c'est que celui qui commande dans une république ait l'amour de la sagesse, ou encore que le commandement ne soit déféré qu'à celui qui est reconnu pour le plus sage. Enfin la cité doit avoir de telles mœurs et un tel esprit,

---

verum et tunc, quum corpus relinquit; quod non faciet invito Deo. Nam etsi in ejus manu est mortis facultas, quamvis sciat, se terrenis relictis consecuturum esse meliora; nisi necessario perpetiendum esse istud lex divina decreverit, arcessire sibi tamen eum mortem non debere; et si antéactæ vitæ ornamenta cohonestant, honestiorem tamen et rumoris secundi oportet esse, quum securus de posteritatis suæ statu, ad immortalitatem animam ire permittit, et eam, quod pie vixerit, præcipit fortunatorum habituram loca, deorum choreis semideumque permixtam.

De civitatum vero constitutione et de observatione regendarum rerumpublicarum, ita jubet Plato. Jam principio civitatis definit formam ad hunc modum : civitatem esse conjunctionem inter se hominum plurimorum, in quibus sunt regentes, alii citeriores, conjuncti inter se concordia, et invicem sibi opem atque auxilium deferentes, iisdem legibus, rectis tamen, officia sua temperantes; unamque civitatem, iisdem mœnibus illam futuram et, si eadem velle atque eadem nolle incolarum mentes assueverint. Quare suadendum est fundatoribus rerumpublicarum, ut usque ad id locorum plebes suas taliter augeant, ut eidem rectori noti omnes esse possint, nec sibimet incogniti; sic enim fiet, ut omnes una mente sint, æquumque sibi factum velint. Magnam sane civitatem non habitantium multitudine, eorumque magnis viribus niti oportet. Vires enim non corporis, nec pecuniæ, collectas dominationi multorum, æstimandas putat, quum vecordia impotentiaque, sed quum decreto communi virtutibus omnibus ornati viri et omnes incolæ fundati legibus obsequuntur. Ceteras vero, quæ non ad hunc modum forent constitutæ, non arbitrabatur sanas civitates, sed tetras et morbis tumentes respublicas. Eas demum fundatas ratione dicebat esse, quæ ordinatæ ad instar animarum forent : ut pars optima, quæ sapientia prudentiaque præcellit, imperitet multitudini; et, ut illa totius habet curam corporis, ita prudentiæ dilectus tueatur universæ commoda civitatis.

Fortitudo etiam, pars virtutis secunda, ut via sua appetentiam castigat et reprimit; ita in civitate vigilet. Bellatorum loco quidem militet juventus pro utilitate cunctorum; sed inquietos et indomitos, ac propterea pessimos cives refrenet, contineat, ac, si necesse est, frangat potioris consilii disciplina.

Illam vero desideriorum tertiam partem plebi et agricolis parem ducit, quam existimat moderatis utilitatibus sustinendam. At enim rempublicam negat posse consistere,

que ceux à la garde et à la justice desquels est confiée la république soient entièrement inaccessibles à l'amour de l'or et de l'argent ; qu'ils n'éprouvent jamais le désir de s'enrichir sous le prétexte de l'utilité publique, que leur hospitalité ne s'exerce pas en faveur de quelques privilégiés seulement; et qu'enfin ils règlent de telle sorte leur vie et leurs repas, que le salaire donné par les gouvernés soit dépensé en banquets publics.

Le mariage ne sera pas une affaire privée, mais un acte public; les sages de la cité, les magistrats, et d'autres citoyens désignés par le sort, choisiront et uniront publiquement les époux. Ils veilleront surtout à ce qu'il n'y ait ni disproportion ni antipathie entre ceux qu'ils allient. Ensuite, par une mesure utile et nécessaire, l'éducation sera, dès le principe, commune à tous les enfants ; de sorte qu'il deviendra difficile aux parents de reconnaître leurs propres enfants, et que, ne les reconnaissant pas, ils regarderont comme tels tous ceux du même âge : ils seront les pères d'une famille commune. Il faut même observer, pour le mariage, certaines conjonctures propices qui toutes, suivant Platon, peuvent assurer la stabilité de l'union conjugale ; par exemple, le nombre des jours doit correspondre à certaines proportions de l'harmonie musicale. Ceux qui naîtront de ces unions auront une conformité de goût, s'instruiront aux meilleures doctrines sous les mêmes maîtres, tous pareillement sans distinction de sexe. Car Platon veut que les femmes soient formées aux mêmes exercices que les hommes, voire même au métier de la guerre; car les deux

sexes ayant même nature doivent avoir même vertu. Une cité ainsi organisée n'ira pas chercher au loin des lois étrangères. La prudence du souverain, soutenue par les mœurs et les institutions dont nous avons parlé, n'aura pas besoin d'autres lois. Du reste, il ne présente cette république qu'il a ainsi conçue que comme un exemple ou comme une image idéale de la vérité.

Il y a aussi une autre république excellente, basée sur la justice et sur l'équité : ce n'est plus une conception un peu chimérique comme la première; mais elle a quelque réalité. Dans celle-là le philosophe ne parle plus en son nom seulement, il ne règle pas l'ordre et les intérêts de la cité selon les principes et les fondements que son génie a conçus; mais il se demande comment un lieu et des habitants étant supposés, et en tenant compte de la nature des hommes et des choses, comment le législateur devra s'y prendre pour établir une cité où régneront de bonnes lois et de bonnes mœurs. Dans cette nouvelle cité les enfants seront encore nourris et élevés en commun ; mais quant au mariage, à la famille, aux patrimoines, aux intérêts privés, Platon s'écarte de son premier plan.

Le mariage devient un acte privé et personnel, dépendant des époux seuls. Toutefois, en laissant la liberté du mariage à chacun, il prescrit aux chefs de la cité de veiller sur les intérêts communs. Il n'empêche plus les unions entre les riches et les pauvres, et réciproquement. Et, selon lui, les proportions de la fortune fussent-elles conservées, il n'en faudra pas moins mélanger

---

nisi is qui imperitet, habeat sapientiæ studium; aut is ad imperandum deligatur, quem esse inter omnes sapientissimum constet.

Moribus etiam hujuscemodi cunctos cives imbuendos esse dicit, ut iis, in quorum tutelam atque fidem respublica illa credatur, auri atque argenti habendi cupido nulla sit ; nec specie communi privatas opes appetant : nec hujusmodi hospitia succedant, ut ceteris janua non reclusa : cibos victumque ita sibi curent, ut acceptam mercedem ab his quos protegunt, communibus epulis insumant.

Matrimonia quoque non privatim maritanda esse, sed fieri communia, despondentibus ipsis ejusmodi nuptias publice civitatis sapientibus et magistratibus, et sorte quadam ei negotio præditis ; idque præcipue curantibus, ne dispares sui, vel inter se dissimiles copulentur. His annectitur utilis necessariaque confusio, ut permixta nutrimenta puerorum ignotorum adhuc, agnitionis parentibus afferant difficultatem; ut, dum suos liberos nesciunt, omnes quos viderint ejus ætatis, suos credant, et veluti communium liberorum omnes omnium sint parentes. Hæc ipsorum connubiorum quæritur tempestiva conjunctio, cujus futuram stabilem fidem credit, si cum harmonia musicæ dierum consonent numeri : et qui de talibus nuptiis erunt orti, studiis congruentibus imbuentur, et optimis disciplinis communi præceptorum magisterio docebuntur, non virile secus modo, verum etiam feminarum; quas vult Plato omnibus artibus, quæ proprie virorum putantur,

conjungendas esse, bellicis etiam; quippe utrisque quum natura una sit, eamdem esse virtutem. Ejusmodi civitatem nullis extrinsecus latis legibus indigere; regia quippe prudentia et ejusmodi institutis ac moribus, quibus dictum est, fundata, ceteras leges non requirat. Et hanc quidem, ut figmentum aliquod veritatis, exempli causa per se compositam vult esse rempublicam.

Est et alia optima quidem, et satis justa, et ipsa quidem specie et dicis causa civitas fabricata, non ut superior sine evidentia, sed jam cum aliqua substantia. In hac non suo nomine, de statu et de commodis civitatis, requirens originis ejus principia et fundamenta, disponit; sed eo tendit, quemadmodum civilis gubernator ejusmodi locum conventusque multitudinum nactus, juxta naturam præsentium rerum et convenarum debeat facere civitatem plenam bonarum legum et morum bonorum. In hac equidem easdem puerorum nutricationes, easdem vult esse artium disciplinas. Sed in connubiis, et partubus, et patrimoniis ac domibus descivit a prioris observatione reipublicæ.

Matrimonia privata et singularia faciens, procorumque ipsorum. Et si in contrahendo matrimonio consulere ex voluntate sua debeant, universæ tamen civitatis principibus, ut communis commodi causam decernit spectandam esse. Quare et dites inferiores nuptias non recusent, et locupletum consortium inopes consequantur et, si vires opum congruunt, ingenia tamen diversa miscenda esse; ut

les caractères. Qu'un homme colère soit uni à une femme douce; qu'une femme vive épouse un homme d'un caractère froid. Ce tempérament ainsi appliqué, ces oppositions d'esprit et d'humeur ainsi mêlées et fondues, les races nouvelles s'amélioreront certainement, le bonheur de la république croîtra sans cesse. Les enfants, nés de parents d'humeurs opposées, tout en ressemblant à l'un et à l'autre, ne manqueront ni de vigueur pour agir, ni de sagesse pour délibérer. Les parents dirigeront, selon leurs vues, l'éducation de leurs enfants. Les maisons et les propriétés seront particulières; mais nul ne pourra les agrandir immodérément par avarice, ou les dissiper par prodigalité, ou les abandonner par incurie. Toutes les lois de la cité, toutes les mesures prises par le législateur, devront engager à la vertu.

Le mode de gouvernement le plus utile est celui qui présente le tempérament des trois pouvoirs. Ni l'aristocratie, ni même la démocratie, prises seules et isolées, ne sauraient établir un gouvernement sage et durable.

Les fautes des gouvernants ne resteront pas impunies; ils rendront un compte d'autant plus sévère qu'ils sont placés plus haut.

Platon ne doute pas qu'on ne puisse imaginer d'autres formes de gouvernements également constitués sur les bonnes mœurs; mais pour la république qu'il veut amender et relever, il ordonne au chef de l'État de combler d'abord les lacunes de la législation, d'en corriger les imperfections, ensuite d'améliorer les mœurs, et de redresser les institutions qui nuisent aux intérêts communs. Et toutefois, si la sagesse et la persuasion ne peuvent changer une multitude dépravée, il faut la réformer par la force et les remèdes violents.

Mais il démontre que, dans une cité active, tous les hommes se laissent guider par la justice et la bonté, tous aiment leurs proches, vénèrent leurs magistrats, évitent l'intempérance, punissent l'ingratitude, honorent la pudeur, et les autres vertus qui ennoblissent la vie. Ce ne sera pas en un jour qu'une multitude rassemblée se rangera sous les lois de cette république; il faudra qu'au milieu se soit élevé un certain nombre d'hommes formés par les meilleures lois, nourris dans les habitudes les plus parfaites, et que de tels hommes s'accordent ensemble, et soient modérés à l'égard des autres.

Les citoyens coupables se divisent en quatre classes : les hommes revêtus des plus hautes dignités forment la première, la seconde comprend les membres d'un gouvernement oligarchique, la troisième se compose des démocrates, la quatrième des tyrans.

Les premiers apparaissent, lorsque, les hommes sages étant bannis de la cité par des magistrats séditieux, le pouvoir est déféré à ceux qui n'ont que la force brutale, lorsque ceux qui pourraient gouverner par la persuasion sont écartés, et font place aux hommes violents et amis du trouble.

L'oligarchie s'établit, lorsqu'une foule d'hommes indigents et dépravés se soumettent ou se donnent à quelques riches dont ils deviennent les instruments; alors l'empire n'est plus le partage des hommes vertueux, mais d'un petit nombre de parvenus opulents.

La démocratie domine, lorsque la multitude,

---

iracundo tranquilla jungatur; et sedato homini incitatior mulier applicetur; ut talibus observationum remediis et proventibus soboles natura discrepante confecta, morum proventu meliore coalescat, et ita compositarum domorum opibus civitas augeatur. Puerperia quoque ipsa morum dissimili seminio concepta, quum utriusque instar similitudinis traxerint, neque illis vigorem in rebus gerendis, neque tamen in spectandis consilium defuturum.

Instituendos vero eos esse, utcunque parentes censuerint. Domos vero et possessiones habeant privatas, ut queunt singuli, quæ quidem nec immensum augeri per avaritiam, nec prodigi per luxuriam, aut deseri per negligentiam sinit. Legesque civitati huic promulgari jubet, et legum moderatorem, quum aliquid tale concipiet, ad contemplandas virtutes hortatur.

Imperitandi autem modum eum esse utilem censet, qui ex tribus fuerit temperatus. Nec enim vel optimatium, vel etiam popularis imperii solos et meros status utiles arbitratur.

Nec impunitas rectorum culpas relinquit : sed magis censet his debere constare rationem, qui sint potiores potestate.

Et alii publicarum rerum status definiri ab eo putantur, nitentes ad bonos mores; et super republica, quam vult emendatione constare, rectori mandat, ut prius residuas leges compleat, aut vitiosas leges correctas velit, deinde mores perniciosos, et disciplinas corrumpentes commoda civitatis ad meliora converterit; a quibus si consilio et suadela depravata multitudo deflecti non poterit, abducenda est tamen ab incepto vi et ingratis. In actuosa vero civitate describit, quemadmodum simul omnis hominum multitudo bonitate et justitia conducta habeatur. Hi tales complectentur proximos, honores custodient, intemperantiam arcebunt, injuriam refrenabunt, pudicitiæ ornamentisque ceteris vitæ honores maximos deferentes. Nec temere multitudo convolet ad ejusmodi rerumpublicarum status, nisi qui optimis legibus et egregiis institutis fuerint educati, moderati erga ceteros, inter se congruentes.

Quatuor culpabilium civium genera esse : unum eorum qui sunt honore præcipui : alterum paucorum, penes quos rerum est potestas : tertium omnium : ultimum dominationis tyrannicæ.

Et primum quidem confieri, quum prudentiores viri per magistratus seditiosos civitate pelluntur, defertufque potestas ad illos, qui sunt manu tantummodo strenui : nec ii, qui blandiore consilio agere res possint, adipiscuntur imperii facultatem, sed qui turbidi violentique sunt.

Paucorum vero status obtinetur, quum inopes criminosi multi simul paucorum divitum impotentiæ subji-

pauvre, mais forte, triomphe des riches, et que le peuple a pu faire proclamer cette loi : « Tous les citoyens ont chances égales d'arriver aux honneurs. »

La tyrannie surgit, lorsqu'un homme, brisant audacieusement les lois établies, s'empare avec violence d'un empire qui désormais n'a plus de règles, et, posant en principe que tous les citoyens doivent obéir à ses désirs, à ses caprices, à ses passions effrénées, ne met point de bornes à sa licence.

LIVRE III.

DE LA PHILOSOPHIE MORALE.

L'étude de la sagesse, que nous appelons philosophie, est généralement divisée en trois parties : la philosophie naturelle, la morale, et la logique. Cette dernière, dont je vais parler maintenant, comprend l'art de raisonner.

Le discours se présente sous différentes formes : il commande ou transmet le commandement; il raconte, il exprime la colère, le désir, les vœux, la haine, le courroux, l'envie, la faveur, la compassion, l'admiration, le mépris, le reproche, le repentir, la douleur; tantôt il apporte le plaisir, tantôt il frappe de crainte. Dans tous les sujets, l'orateur excellent sait renfermer les grandes pensées en termes précis, et développer celles qui ont peu d'étendue. Il rehausse les choses vulgaires; il donne aux idées nouvelles une expression connue, aux idées communes une forme nouvelle; il affaiblit les idées trop fortes; il tire des moindres parties les plus beaux effets : c'est en cela et en quelques autres secrets du même genre que consiste son art.

Parmi toutes les formes du discours, il en est une fort remarquable; on l'appelle *énonciative*; elle comprend un sens déterminé et complet, et c'est en elle seule qu'on peut saisir la vérité ou l'erreur. Sergius la nomme *effatum* (déclaration); Varron, idée première; Cicéron, *énoncé*; les Grecs, *protase* ou *axiome*; ce que l'on peut littéralement traduire par les termes de *protension*, *question*; mais il vaut mieux employer le terme plus usité de *proposition*.

Il y a deux espèces de propositions, et partant de conclusions : les unes sont positives et en même temps simples, comme quand on dit : *Celui qui règne est heureux*; les autres, subordonnées ou conditionnelles et en même temps composées, comme : *Celui qui règne, s'il est sage, est heureux*; ici l'on met une condition, *s'il n'est sage, il n'est pas heureux*.

Nous parlerons d'abord de la proposition positive qui de sa nature est la première, et que l'on peut regarder comme l'élément de la proposition conditionnelle. Il y a aussi d'autres différences qui tiennent à la quantité et à la qualité. Relativement à la quantité, il existe des propositions universelles, comme : *tout ce qui respire est vivant*; d'autres particulières, comme : *certains animaux ne respirent pas*; d'autres, indéfinies, comme : *l'animal respire*; car on ne détermine pas si c'est toute sorte d'animaux ou certain

---

centes, dederint se atque permiserint : omnemque regendi potestatem non mores boni, sed opulentia fuerit consecuta.

Popularis factio roboratur, quum inops multitudo viribus obtinuerit adversus divitum facultates, lexque ejus jussu populi fuerit promulgata, ut ex æquo liceat omnibus honores capessere.

Ad hæc tyrannidis illius singulare caput tunc oritur, quum is, qui leges contumacia sua ruperit, simili illegum conjuratione adoptatus imperium invaserit : constituens deinceps, ut omnis civium multitudo, desideriis ejus et cupiditatibus parens, obsequium suum tali fine moderetur.

LIBER III,
SIVE
PHILOSOPHIA RATIONALIS.

Studium sapientiæ, quam philosophiam vocamus, plerisque videtur tres species seu partes habere : naturalem, moralem, et, de qua nunc dicere proposui, rationalem, qua continetur ars disserendi.

Sed quum disseramus de oratione, cujus variæ species sunt, ut imperandi, vel mandandi, narrandi, succensendi, optandi, vovendi, irascendi, odiendi, invidendi, favendi, miserandi, admirandi, contemnendi, objurgandi, pœnitendi, deplorandi, tum voluptatem afferendi, tum metum incutiendi; in quibus oratoris excellentis est, lata anguste, angusta late, vulgata decenter, nova usitate, usitata nove proferre, extenuare magna, maxima e minimis posse efficere, aliaque id genus plurima.

Est una inter has ad propositum potissima, quæ pronuntiabilis appellatur, absolutam sententiam comprehendens, sola ex omnibus veritati aut falsitati obnoxia; quam vocat Sergius effatum, Varro proloquium, Cicero enuntiatum, Græci protasin, tum axioma; ego verbum e verbo, tum protensionem, tum rogamentum; familiarius tamen dicetur propositio.

Propositionum igitur, perinde ut ipsarum conclusionum, duæ species sunt : altera prædicativa, quæ etiam simplex est; ut si dicamus, *Qui regnat, beatus est*: altera substitutiva, vel conditionalis, quæ etiam composita est; ut si aias : *Qui regnat, si sapit, beatus est*. Substituis enim conditionem, qua, nisi sapiens est, non sit beatus. Nos nunc de prædicativa dicemus, quæ natura prior est, ac velut elementum substitutivæ. Sunt aliæ differentiæ, quan-

animal. Cependant cette dernière espèce de proposition est toujours regardée comme particulière, parce que, dans le doute, il est plus sûr de conclure à ce qui a le moins d'extension.

Quant à la *qualité* des propositions, les unes sont attributives, parce qu'elles assignent certain attribut à certain sujet, comme : *La vertu est un bien;* on déclare en effet que la qualité d'être un bien est inhérente à la vertu; les autres sont négatives, parce qu'elles nient l'existence de certain attribut dans certain sujet, comme : *La volupté n'est pas un bien;* on nie que le bien soit l'attribut de la volupté. Mais les stoïciens regardent cette espèce de proposition comme affirmative, lorsqu'ils disent : *Il arrive à certaine volupté de n'être pas un bien;* puisqu'en affirmant ce qui arrive à la volupté on affirme ce qu'elle est. Donc, disent-ils, cette proposition est attributive, parce qu'en niant qu'une qualité se trouve dans un sujet, elle attribue positivement à ce sujet la négation de cette qualité. Enfin ils n'appellent négatives que les propositions précédées de la particule négative. Mais ils sont réfutés sur ce point, comme sur beaucoup d'autres; car, si l'on pose que « ce qui n'a aucune substance n'existe pas, » ils seront, d'après leur principe, forcés d'avouer que ce qui n'est pas existe, par cela même qu'il a la négation de la substance.

Du reste, la proposition, comme dit Platon dans le *Théétète,* se réduit rigoureusement à deux seules parties du discours, le nom et le verbe : comme *Apulée disserte;* ce qui est vrai ou faux, et par conséquent forme une proposition. D'où quelques-uns ont pensé que c'étaient là les deux seules parties du discours, parce que seules elles peuvent composer un discours parfait, c'est-à-dire exprimer un sens complet. Ils ont ajouté que les adverbes, les pronoms, les participes, les conjonctions, et les autres termes énumérés par les grammairiens, ne sont pas plus des parties du discours que les ornements ne sont des parties du navire, ou les poils des parties de l'homme : si l'on compare l'ensemble du discours à un vaisseau, tous ces termes secondaires y font l'office de clous, de poix et de goudron. Or, des deux parties énoncées ci-dessus, l'une s'appelle sujet, parce qu'elle est subordonnée, comme *Apulée;* l'autre se nomme attribut, *disserte ou ne disserte pas,* car elle attribue tel ou tel fait à *Apulée.* On peut, tout en conservant la même valeur à chacun de ces deux termes, les étendre en plusieurs mots; ainsi, au lieu d'*Apulée,* on dira : *Le philosophe platonicien de Madaure;* et au lieu de *disserte, se sert du discours.* Presque toujours le sujet a moins d'extension que l'attribut, car l'application de celui-ci n'est pas bornée à un seul sujet, mais on peut l'étendre à une foule d'autres : ce n'est pas Apulée seul qui disserte, mais d'autres hommes auxquels ce fait peut être attribué. Cependant l'attribut peut être une qualité propre au sujet dont on parle, comme lorsqu'on dit : *Ce qui est cheval a la propriété de hennir.* Hennir est une propriété particulière au cheval : dans ce cas le sujet et l'attribut ont la même extension; l'attribut ne saurait en avoir plus. De sorte que l'on peut changer les termes, et faire de l'attribut le sujet et réciproquement; on peut dire : *Tout être qui hennit est cheval :*

---

titatis et qualitatis. Quantitatis quidem, quod aliæ universales sunt, ut, *Omne spirans vivit;* aliæ particulares, ut, *Quædam animalia non spirant;* aliæ indefinitæ, ut : *Animal spirat;* non enim definit, utrum omne, an aliquod; sed tamen pro particulari semper valet, quia tutius est, id ex incerto accipere, quod minus est. Qualitatis autem, quod aliæ *dedicativæ* sunt, quod *dedicant* aliquid de quopiam; ut, *Virtus bonum est;* dedicat enim, virtuti inesse bonitatem; aliæ *abdicativæ,* quæ abdicant aliquid de quopiam; ut, *Voluptas non est bonum;* abdicat enim, voluptati inesse bonitatem. At stoici hanc quoque dedicativam putant, quum inquiunt : *Evenit cuidam voluptati bonum non esse;* ergo dedicat, quid evenerit ei id est, quid sit. Idcirco dedicativa, inquiunt, est, quia, ei, in quo negavit esse, dedicat id, quod non videtur esse. Solum autem abdicativum vocant, cui negativa particula præponitur. Verum hi quidem quum in aliis, tum in hac re vincuntur; si qui ita rogaverit : *Quod nullam substantiam habet, non est;* cogentur enim secundum quod dicunt, confiteri esse quod non est, quod nullam substantiam habet.

Ceterum est propositio, ut ait in Theæteto Plato, duabus paucissimis orationis partibus constans, nomine et verbo : ut, *Apuleius disserit;* quod aut verum, aut falsum est : et ideo propositio est. Unde quidam rati sunt, has duas solas orationis partes esse, quod ex iis solis fieri possit perfecta oratio, id est, quod abunde sententiam comprehendant. Adverbia autem, et pronomina, et participia, et conjunctiones, et id genus cetera, quæ grammatici numerant, non magis partes orationis esse, quam navium aplustria, et hominum pilos, aut certe in universa compage orationis vice clavorum, et picis, et glutinis deputanda. Porro ex duabus prædictis partibus altera subjectiva nominatur, velut subdita; ut *Apuleius :* altera declarativa; ut, *disserit,* vel *non disserit;* declarat enim, quid faciat Apuleius. Licet autem, eadem vi manente, utramvis partem in plura verba protendere; ut si pro *Apuleio,* dicas *Philosophum Platonicum Madaurensem;* item, pro *disserendo,* dicas eum *uti oratione.* Plerumque autem subjectiva minor est, declarativa major : et non hanc modo, sed alias quoque subjectivas comprehendens. Non enim solum Apuleius disserit, sed et alii plurimi, qui sub eadem declaratione possunt contineri; nisi forte proprium cujuspiam de eo declaretur : ut si dicas : *Qui equus est, hinnibile est;* at proprium est equi, hinnire. Et idcirco in his propriis par est declarativa, par subdita; ac non, ut in ceteris, major : quippe quum eadem possit, mutata vice, subdita fieri, et quam prius habuerit subditam, nunc habere sui declarativam, ut si, verso ordine, ita dicas : *Quod hinnibile est, equus est.* At non itidem,

inversion impossible, lorsque l'extension des deux termes est inégale. Car s'il est vrai que *tout homme soit un animal*, il ne s'ensuit pas que l'inversion soit vraie, et que *tout animal soit un homme*; parce que si le hennissement est un attribut propre au cheval, la qualité d'être animal n'est pas le partage exclusif de l'homme : il y a en dehors de son espèce une quantité innombrable d'animaux. On reconnaît donc l'attribut à plusieurs caractères, même lorsque les termes de la proposition sont intervertis; d'abord parce que l'attribut peut avoir plus d'extension que le sujet; ensuite, parce qu'il n'est jamais indiqué par un nom, mais toujours par un verbe. Ce dernier caractère suffirait pour distinguer l'attribut du sujet, lors même que leur extension serait égale. D'un autre côté, ils ont entre eux cette ressemblance, que les propositions étant définies ou indéfinies, les sujets et les attributs sont tantôt définis, comme *l'homme*, *l'animal;* tantôt indéfinis, comme *ce qui n'est pas homme, ce qui n'est pas animal;* car alors on ne détermine pas ce qu'est le sujet ou l'attribut en disant ce qu'il n'est pas, mais on indique qu'il est autre chose que ce qu'on nomme.

Nous avons maintenant à dire les rapports réciproques de ces quatre propositions, et il ne sera pas inutile de les considérer dans une figure à quatre parties. Sur une ligne supérieure mettons une proposition générale attributive, et une proposition générale négative, comme : *Toute volupté est un bien, nulle volupté n'est un bien* : appelons les deux propositions, propositions contraires. Pareillement sur une ligne inférieure, sous chaque proposition générale, mettons des propositions particulières, comme : *Certaine volupté est un bien, certaine volupté n'est pas un bien;* et disons les propositions sous-contraires. Menons ensuite deux lignes obliques qui se coupent, l'une allant de la proposition générale attributive à la particulière négative; l'autre, de la particulière attributive à la générale négative. Nous établissons ainsi un rapport entre des propositions opposées par leur extension et leur qualité, et qui doivent porter le nom de contradictoires; car il est nécessaire que l'une ou l'autre soit vraie, ce qui implique la contradiction parfaite; mais entre les propositions sous-contraires et les propositions contraires, la contradiction est douteuse; car si les contraires ne sont jamais vraies ensemble, elles se trouvent quelquefois fausses simultanément, tandis que, par une propriété inverse, les propositions sous-contraires qui ne sont jamais fausses ensemble sont quelquefois vraies toutes deux ; par conséquent réfuter l'une c'est établir l'autre; mais, par contre, établir l'une n'est pas détruire l'autre. Quant aux propositions contraires, démontrer l'une c'est ruiner l'autre; mais non pas réciproquement, car on n'établit pas la seconde en réfutant la première. A l'égard des propositions contradictoires, la démonstration de l'une entraîne toujours la réfutation de l'autre. Enfin chaque proposition générale démontre ou établit la proposition particulière qu'elle renferme; mais la réfutation de la proposition générale ne détruit pas la particulière. Dans l'ordre contraire, chaque proposition particulière réfutée infirme la générale qui lui correspond, et prouvée, elle ne l'établit pas. La vérité de tous ces principes apparaîtra facilement.

---

ubi impares partes sunt, convertere vices possis. Non enim quia verum est : *Omnem hominem animal esse;* idcirco, si convertas, verum erit : *Omne animal hominem esse.* Neque enim ut proprium est equi, hinnibile, ita proprium est homini, animal esse; quum sint animalia alia innumera. Agnoscitur hinc de pluribus declarativa, licet converso ordine rogamentum proponatur : primo, quod plura comprehendere potest declarativa, quam subditd; dehinc, quod nunquam vocabulo, sed semper verbo terminatur; quo præcipue etiam in illis proprietatibus a pari subjectiva discernitur. Id etiam pro similitudine tenendum est, quia ut sunt propositiones definitæ et indefinitæ, ita etiam constat, particulas tam subjectivas, quam declarativas partim definitas esse, ut, *homo*, *animal;* partim indefinitas, ut *non homo*, *non animal*. Non enim definiunt, quid sit, quum hoc non sit, sed tantum ostendunt, aliud præter hoc esse.

Nunc dicendum est, quemadmodum quatuor illæ propositiones inter se affectæ sint : quas non ab re est in quadrata formula spectare. Sint igitur in superiore linea, ut infra scriptum est, universalis dedicativa et abdicativa : ut *Omnis voluptas bonum est, nulla voluptas est bonum;* dicanturque hæ inter se incongruæ. Item in inferiori linea sub utraque particulares subnotentur : *Quædam voluptas bonum est, quædam non est bonum :* dicanturque hæ inter se subpares. Deinde ducantur obliquæ lineæ angulares : altera pertinens ab universali dedicativa ad particularem abdicativam; altera a particulari dedicativa ad universalem abdicativam : quæ inter se, et quantitate et qualitate contrariæ, alterutræ nominentur, quod jam necesse est alterutram veram esse, quæ dicitur perfecta pugna et integra. At inter subpares et incongruas, pugna dividua est; quod incongruæ nunquam quidem fiant simul veræ, interdum tamen simul mentiuntur; subpares autem, mutata vice, nunquam quidem simul mentiuntur, interdum tamen fiunt simul veræ; et ideo utriusvis harum revictio confirmat alteram, non tamen et utriusvis confirmatio revincit alteram. De incongruis qui utramvis posuit, utique alteram tollit : non tamen, mutata vice, qui utramvis tollit, utique alteram ponit. Enimvero de alterutris qui utramvis comprobat, nunquam alteram refutat : et qui alteram refutat, utique alteram comprobat. Ceterum universalis utravis particularem suam comprobata utique confirmat : revicta non utique infirmat. Particularis autem, versa vice, universalem suam revicta utique infirmat : probata non utique firmat. Hæc omnia ita esse, ut dicimus, ex ipsis propositionibus facile ostendunt infra scripta.

lement dans le tableau des propositions que nous présentons ci-dessous :

Toute volupté est un bien.   Contraires.   Nulle volupté n'est un bien.

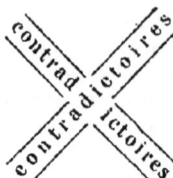

Certaine volupté est un bien.   Sub-contraires.   Certaine volupté n'est pas un bien.

On connaît certainement ce qu'accorde celui qui énonce une proposition.

Chacune des propositions générales est détruite de trois manières : si l'on démontre que la proposition particulière est fausse ou que la contraire est vraie, ou que la sous-contraire est vraie. Mais on n'établit pas la proposition générale que d'une seule manière, en démontrant que sa contradictoire est fausse : de même on ne détruit la proposition particulière que d'une seule manière, en démontrant la vérité de sa contradictoire. On l'établit de trois manières : en démontrant que la proposition générale correspondante est vraie, ou que l'une des deux autres est fausse, soit celle qui lui est sous-contraire. Nous devons signaler les mêmes lois pour les propositions équivalentes.

On appelle équivalentes celles qui énoncées différemment ont la même valeur, et qui ensemble sont vraies ou fausses, s'établissant ou se ruinant l'une l'autre, comme la proposition indéfinie et la proposition particulière. Remarquons en outre que toute proposition, lorsqu'elle prend la particule négative, devient l'équivalente de sa contradictoire ; ainsi cette générale affirmative : *toute volupté est un bien*, si elle est précédée d'une négation, se change en celle-ci : *toute volupté n'est pas un bien*, proposition équivalente à celle qui était contradictoire de la première : *certaine volupté n'est pas un bien*. Cette loi se vérifie par les trois autres sortes de propositions.

Parlons maintenant de la conversion. Les propositions que l'on peut convertir sont la proposition générale négative et sa contradictoire la proposition particulière affirmative ; c'est que leurs deux termes, le sujet et l'attribut, peuvent toujours changer de place entre eux, sans altérer la vérité ou la fausseté du sens. En effet, si cette proposition est vraie : *nul homme prudent n'est impie*, elle l'est encore, quand vous changez les termes : *nul homme impie n'est prudent*. Si cette autre proposition est fausse : *nul homme n'est animal*; elle l'est pareillement après la conversion : *nul animal n'est homme*. Par la même raison la particulière affirmative se convertit : *certain grammairien est homme*, et, *certain homme est grammairien*. Ce qui ne peut pas toujours arriver dans les deux autres ordres de propositions, quoique la conversion puisse quelquefois leur être appliquée ; mais on ne saurait les appeler conversibles, car ce qui peut induire en erreur est répudié comme incertain. Il faut donc rechercher toutes les signification.

Omnis voluptas bonum est.   Incongruæ.   Nulla voluptas bonum est.

Quædam voluptas bonum est.   Subpares.   Quædam voluptas non est bonum.

Certum est enim, quid concedat, qui aliquid proposuerit.

Destruitur autem utravis universalis trifariam : dum aut particularis ejus falsa ostenditur, aut utravis ex duabus ceteris vera, sive incongrua, sive subneutra. Instruitur autem uno modo, si alterutra ejus falsa ostenditur. Contra, particularis uno quidem modo destructur, si alterutra vera ostenditur. Instruitur autem trifariam : si aut universalis ejus vera est, aut utravis ex duabus cæteris falsa, sive subpar ejus, sive alterutra. Eadem servabimus etiam in æquipollentibus propositionibus. Æquipollentes autem dicuntur, quæ alia enunciatione tantumdem possunt, et simul veræ fiunt, aut simul falsæ : altera ob alteram scilicet, sicut indefinita et particularis. Item omnis propositio, si assumat in principio negativam particulam, fit alterutra ejus æquipollens ; ut quum sit universalis dedicativa : *Omnis voluptas bonum* : si ei negatio præponatur, fiet : *Non omnis voluptas bonum*; tantumdem valens, quantum valebat alterutra ejus : *Quædam voluptas non est bonum*. Hoc in ceteris tribus propositionibus intelligendum est.

Deinde de conversione. Convertibiles propositiones dicuntur universalis abdicativa, et alterutra ejus, id est, particularis dedicativa : eo quod particulæ earum, subjectiva et declarativa, possunt semper servare inter se vices, permanente conditione veritatis aut falsitatis. Nam ut versa est hæc propositio, *Nullus prudens est impius*; ita, si convertas partium vices, verum erit, *Nullus impius prudens*. Item, ut falsum est : *Nullus homo est animal*; ita, si convertas, falsa erit : *Nullum animal homo*. Pari ratione et particularis dedicativa convertitur : *Quidam grammaticus, homo est*; et, *Quidam homo, grammaticus est*. Quod duæ ceteræ propositiones semper facere non possunt, quamquam interdum convertantur : nec tamen idcirco convertibiles dicuntur ; nam quod alicubi fallit, incertum repudiatur. Ergo unaquæque propositio per omnes significationes reperienda est, an etiam conversa congruat.

Nec innumeræ sunt istæ, sed quinque solæ ; aut enim proprietas declaratur alicujus, aut genus, aut differentia, aut finis, aut accidens : nec præter hæc unquam quidquam

d'une proposition, pour voir si elle conserve le même sens après la conversion des termes.

Il n'y a qu'un petit nombre de propositions qui ne se puissent convertir : elles se réduisent à cinq. En effet, on énonce toujours d'un sujet ou ce qu'il a de propre, ou son genre, ou sa différence, ou son but, ou son accident. Hors de là il n'est plus de proposition possible. Par exemple si le sujet est l'homme, on vous indique une propriété qui lui est particulière, comme sa faculté de rire, ou son genre, comme *animal*, ou sa *différence*, comme *raisonnable*, ou sa définition, comme *animal raisonnable mortel*, ou l'un de ses accidents, comme *orateur*.

Tout attribut peut à son tour devenir sujet, ou ne le peut pas. S'il le peut, il désigne ce qu'est l'objet, c'est une définition; ou il ne le désigne pas, et c'est une propriété : s'il ne le peut pas, ou il se trouve être l'une des parties essentielles de la définition, c'est-à-dire le genre ou la différence, ou il n'entre pas dans la définition, et alors il désigne l'accident. En étudiant ces distinctions on reconnaîtra l'impossibilité de convertir la proposition particulière négative.

La proposition générale affirmative elle-même n'est pas conversible, à moins qu'elle ne prenne la forme d'une proposition particulière. Par exemple : *tout homme est un animal;* voilà une proposition qu'on ne pourrait convertir ainsi : *tout animal est homme;* mais si on en fait une proposition : *certain animal est homme*, la conversion est possible; toutefois cela n'a lieu que pour la conversion la plus simple, celle qu'on appelle *réflexion* en logique. En effet, il y a une autre sorte de conversion qui change non-seulement l'ordre, mais encore la valeur des parties de la proposition; de telle manière que les termes définis deviennent indéfinis et réciproquement. Les deux ordres de propositions qui nous restent admettent cette conversion; ce sont la générale affirmative et la particulière négative, comme : *tout homme est animal; tout ce qui n'est pas animal n'est pas homme;* ou bien : *certain animal n'est pas raisonnable, certain être raisonnable est animal.* Il en est toujours ainsi, comme on peut le voir, pour les cinq espèces d'attributs citées plus haut.

On appelle suite de propositions celles qui sont unies entre elles par un terme commun et qui tendent à une même conclusion. Le terme commun doit nécessairement être le sujet ou l'attribut des deux propositions, ou le sujet dans l'une et l'attribut dans l'autre. D'où résultent trois figures : la première a lieu, lorsque le terme commun est sujet d'une proposition et attribut de l'autre. La primauté de cette figure n'est pas établie seulement par convention, mais surtout par l'importance des conclusions qu'elle présente. La troisième figure est placée la dernière, parce qu'elle ne donne que des conclusions particulières. La seconde prend son rang avant celle-ci, parce qu'elle donne des conclusions générales, quoique négatives. Ce qui fait la supériorité de la première, c'est qu'elle aboutit à des conclusions de toute espèce. Je nomme conclusion ou proposition déduite celle qui s'infère, et ce qui résulte des concessions. Or, une concession est une proposition accordée par le contradicteur; par exemple, si l'on dit : *toute chose honnête est elle un bien?* C'est une proposition; et si l'adversaire répond affirmativement, c'est une concession, la forme interrogative disparaît, il ne reste qu'une proposition générale : *toute chose honnête est un bien.* Joignez-y une autre proposition pareillement avancée et accordée : *tout bien est utile.* De ce rapprochement, ainsi que nous le

---

inveniri potest in ulla propositione; ut si *hominem* substituas, quidquid de eo dixeris, aut proprium ejus significaveris, ut *cachinnabile*; aut genus, ut *animal*; aut differentiam, ut *rationale*; aut definitionem, ut *animal rationale mortale*; aut accidens, ut *orator*. Quippe omne declarativum alicujus, aut potest ejus vicissim fieri subjectivum, aut non potest. Sed si potest; aut significat quid sit, et est definitio; aut non significat, et est proprium. Sin autem non potest; aut id est, quod in definitione poni debeat, atque est genus, vel differentia; aut quod non debeat, et est accidens. Igitur per hæc agnoscetur particularis abdicativa non esse convertibilis.

Universalis autem dedicativa et ipsa quidem non est convertibilis, sed particulariter tamen potest converti : ut, quum sit : *Omnis homo animal*, non potest ita converti, ut sit : *Omne animal homo*; sed particulariter potest : *Quoddam animal homo*. Verum hoc in simplici conversione, quæ in conclusionum illationibus reflexio nominatur. Est enim et altera propositionum conversio, quæ non tantum ordinem, sed etiam ipsas particulas in contrarium perducit : ut quæ definita est, indefinita fiat; et contra, quæ indefinita est, definita. Hanc conversionem vicissim reliquæ duæ admittunt, universalis dedicativa, et particularis abdicativa : ut, *Omnis homo animal; omne non animal, non homo*, item : *Quoddam*, *animal non est rationale; Quoddam non rationale, animal.* Id ita esse perpetuo, ut dicimus, per illas quinque prædictas species explorabis.

Conjugatio autem propositionum, dicitur ipsa connexio earum per aliam communem particulam, quæ inter se copulantur; ita enim possunt ad unam conclusionem consentire; quæ particula communis necesse est aut in utraque propositione subjecta sit, aut in utraque declarans : aut in altera subjecta, in altera declarans. Tres igitur formulæ fiunt; quarum prima dicatur, quum illa communis particula in altera subjecta, in altera declarans est; qui ordo non tantum enumeratione, sed conclusionum dignitate contentus est. Quippe ultima est formula tertia, quia nihil in ea nisi particulare concluditur. Hac superior est secunda, quæ habet conclusiones universales, sed tamen abdicativas tantum. Et ideo sic prima pollet, quia in omne genus illationum concluditur.

Dico autem illationem vel illativum rogamentum, quod

montrerons bientôt, résulte un premier mode de conclusion; générale, si la conséquence est directe : *donc toute chose honnête est utile;* particulière, si elle est indirecte: *donc certaine chose utile est honnête;* car on ne peut convertir la proposition générale affirmative qu'en une proposition particulière. Or, je dis qu'il y a conséquence directe quand le même terme est sujet dans les propositions accordées et dans la conclusion; et par suite le même terme attribut dans les uns et dans l'autre. Il y a conséquence indirecte dans le cas contraire.

Du reste, tout ce raisonnement, qui consiste en propositions accordées et en une conséquence, s'appelle conclusion ou syllogisme. Voici, d'après Aristote, la meilleure définition qu'on en puisse donner : *C'est un discours dans lequel certaines concessions étant faites, il en résulte nécessairement quelque conséquence qui vient s'ajouter à ces concessions, mais qui en dérive.* Cette définition ne comprend qu'une seule forme de discours, la forme énonciative, qui, ainsi que nous l'avons déjà dit, est seule vraie ou fausse. Dans ces mots, *certaines concessions,* il y a pluralité, parce qu'une seule concession ne suffirait pas pour conclure (1). De plus, comme nous voulons obtenir pour conséquence non ce qui nous

(1) Cependant le stoïcien Antipater, contre l'opinion générale, voit un syllogisme complet dans ces mots : *Tu vois, donc tu vis;* tandis qu'il n'est complet que de cette manière : *Si tu vois, tu vis; or tu vois, donc tu vis.*

est accordé, mais bien ce qu'on ne nous accorde pas, la définition porte : *Il en résulte nécessairement quelque conséquence qui vient s'ajouter à ces concessions* (1).

Il y a une différence importante entre affirmer une chose qui existe actuellement, ou une chose qui n'arrivera qu'à certaines conditions. La définition dit *nécessairement* pour distinguer la rigueur du syllogisme de la probabilité d'une induction fondée sur des analogies; car il existe aussi dans l'induction certaines choses accordées, comme : *l'homme remue la mâchoire inférieure, le cheval remue la mâchoire inférieure; il en est de même pour le bœuf et le chien.*

De toutes ces concessions on arrive à cette induction : *donc tout animal remue la mâchoire inférieure.* Or, comme cela n'est pas vrai quant au crocodile, on peut, tout en accordant les prémisses, nier la conclusion, ce qu'on ne pour-

(1) Les formes des stoïciens, qui tendent diversement à différentes conclusions, sont superflues; comme : *Il fait jour, ou il fait nuit; or il fait jour;* ou qui doublent les termes : *S'il fait jour, il fait jour; donc il fait jour.* Leur conclusion est inutile, puisqu'elle n'est pas controversée. Il serait plus raisonnable de dire : *S'il fait jour, il fait clair; or il fait jour, donc il fait clair.* Ici ce n'est plus conclure par une prémisse, et cependant le terme *il fait clair* qui était dans la prémisse se retrouve dans la conclusion. Nous réfuterons encore ce dernier raisonnement en disant que *il fait clair* dans la conclusion signifie qu'il fait clair maintenant; mais la prémisse n'indique pas qu'il fasse clair maintenant; c'est seulement une conséquence que s'il fait jour, il fait clair.

---

ex acceptionibus colligitur et infertur. Porro acceptio est propositio, quæ conceditur a respondente; ut, si quis ita proponat, *Estne omne honestum bonum ?* propositio est; et, si assentire se dicet, fit acceptio, remota interrogatione : quæ et ipsa tamen communiter appellatur propositio; *Omne honestum bonum est.* Huic junge alteram acceptionem similiter propositam et concessam, *Omne bonum utile est.* Ex hac conjugatione, ut mox ostendemus, primi modi fit illativum : si directim, universale, *Omne igitur honestum, utile est;* si reflexim, particulare, *Quoddam igitur utile, est honestum,* quia particulariter tantum in reflexionibus converti potest universalis dedicativa. Directim autem dico inferri, quum eadem particula subjecta est tam in conjugatione, quam in ipsa illatione : itemque declarans sae eadem, quum est utrobique : reflexim vero, quum hoc fit versa vice.

Ceterum tota ratiocinatio ista, quæ acceptionibus et illatione constat, collectio vel conclusio nominetur. Secundum Aristotelem commodissime potest ita definiri : *Oratio, in qua, concessis aliquibus, aliud quiddam præter illa, quæ concessa sunt, necessario evenit, sed per illa ipsa concessa.* In qua definitione et orationis species non alia, quam pronuntiabilis intelligenda est, quæ, ut supra diximus, sola aut vera est aut falsa. Et, *concessis aliquibus,* pluraliter ideo dictum est, quia ex una acceptione non fit collectio*. Item, quia concludere volumus; non quod con-

* Licet Antipatro stoico contra omnium sententiam videatur plena conclusio esse, *Vides, vivis igitur :* quum sit illo modo plena, *Si vides, vivis : atqui vides, vivis igitur.*

(APUL.)

cessum est nobis, sed quod negatum : idcirco in definitione *aliud quiddam, præter illa, quæ concessa sunt, necessario evenire*.* Multum autem refert, itane nunc affirmes aliquid esse, an tantum solere esse, quum aliud quiddam præcesserit : item illud, quod in eadem definitione necessitas comprehensa est, factum est, ut conclusionis vis a similitudine inductionis distingueretur. Nam et in inductione quædam conceduntur : ut puta, *Homo inferiorem malam movet; equus inferiorem malam movet; item bos et canis.* Ex istis acceptionibus in conclusione aliud quid infertur : *Ergo et omne animal inferiorem malam movet;* quod quum sit in crocodilo falsum, potes, superioribus concessis, illationem ipsam non recipere, quam tibi in conclusione non licuisset recusare : quippe cujus illatio in ipsis acceptionibus continetur, et ideo in ea additum est, *necessario evenire.* Ne ultima quidem pars definitionis vacat, sed ostendit per ipsa, quæ concesserit, evenire debere illationem, ceterum ratam non fore. Ac de his quidem satis dictum.

* Quapropter supervacanei sunt moduli stoicorum, non idem differenter peragentes : ut, *Dies est, aut nox : atqui dies est.* Item idem geminantes, *Si dies est, dies est: dies igitur est.* Frustra enim colliguut, quod sine controversia ultro conceditur. Illud potius verisimile est, quum dico, *Si dies est, lucet :* atqui *dies est, igitur et lucet :* non male colligere præter quod accepi. Nam quod est in conclusione *lucet,* fuerat et in propositione; hoc tamen ita refutabimus, aliter dici in conclusione, *igitur lucet,* ut ostendatur nunc lucere : aliter in propositione acceptum, in qua non est dictum, nunc lucere; sed tantum consequens esse, ut, si dies sit, atque et luceat.

(APUL.)

rait faire dans le syllogisme dont la conséquence est véritablement renfermée dans les propositions accordées; c'est pourquoi Aristote a écrit ces mots : *il résulte nécessairement*. Enfin la dernière partie de la définition n'est pas inutile, car elle montre que la conséquence doit résulter des concessions, et qu'autrement elle n'a aucune valeur. Mais c'est assez parlé de cette matière. Exposons maintenant les formes, les combinaisons et le nombre des propositions énonciatives, à l'aide desquelles on arrive à des conclusions véritables.

Dans la première figure on trouve seulement neuf formes, dont six sont concluantes; dans la deuxième, quatre formes, dont trois sont concluantes; dans la troisième, six formes, dont cinq sont concluantes. J'expliquerai successivement chacune de ces formes; mais je dois dire d'abord que les propositions particulières seules ou les négatives seules ne donnent pas de conclusion valable, parce qu'elles peuvent souvent conduire à de fausses conséquences. D'un autre côté, quel que soit le nombre des propositions affirmatives, si elles sont unies à une proposition négative, la conclusion est négative : tellement une seule négative l'emporte sur les autres. L'influence des propositions particulières est semblable; que l'une d'elles soit mêlée aux propositions générales, la conclusion sera toujours particulière.

Dans la première figure, la première forme est celle qui, de deux propositions générales affirmatives, tire directement une conséquence générale affirmative, comme :

Tout ce qui est juste et honnête;
Tout ce qui est honnête est un bien;
Donc tout ce qui est juste est un bien.

Mais si l'on conclut indirectement, on aura :

Donc certain bien est une chose juste.

De cette combinaison résulte la cinquième forme; car j'ai montré plus haut qu'une générale affirmative ne pouvait être convertie que de cette manière. La seconde forme conclut directement, de deux propositions générales dont l'une est affirmative et l'autre négative, à une générale négative, comme :

Tout ce qui est juste est honnête;
Rien d'honnête n'est honteux;
Donc rien de juste n'est honteux.

Mais par conversion on aura :

Donc rien de honteux n'est juste.

C'est de cette façon qu'on obtient la sixième forme; car, ainsi que nous l'avons dit, la proposition générale négative se convertit simplement. Mais rappelons-nous surtout que, dans la seconde forme, le sujet de la conclusion doit être tiré de l'affirmative : aussi faut-il regarder celle-ci comme la première, lors même que la négative serait énoncée avant elle.

Pareillement dans les autres formes, la proposition la plus importante doit être regardée comme la majeure. Dans la sixième forme, le sujet est tiré d'une proposition négative; c'est la seule différence qui distingue la dernière de la sixième forme.

La troisième forme, de deux propositions affirmatives, l'une générale et l'autre particulière, conclut directement à une affirmative particulière; ainsi :

Certaine chose juste est honnête;
Tout ce qui est honnête est utile;
Donc certaine chose juste est utile.

Nunc tradendum est, quibus modis et conjugationibus fiant intra certum numerum prædicativi generis veræ conclusiones : quippe in prima formula novem soli moduli, sex autem conjugationes reperiuntur : in secunda quatuor moduli, tres conjugationes : in tertia sex moduli, quinque conjugationes. De quibus hic jam suo ordine demonstrabo : præfatus, neque ex particularibus solis, neque abdicativis solis ratam fieri conclusionem, quia sæpe possunt et falsa conducere. Item quamlibet multis dedicativis, si utravis abdicativa jungatur, non dedicativam, sed abdicativam fieri illationem; tantum vel una mixta ceteris prævalet. Similis etiam particularium vis est. Utravis enim mixta universalibus, particularem facit illationem.

Igitur in prima formula modus primus est, qui conducit ex universalibus dedicativis dedicativum universale directim : ut,

Omne justum honestum ;
Omne honestum bonum ;
Omne igitur justum, bonum est.

At si reflexim inferas,

Quoddam igitur bonum, justum,

fit ex eadem conjugatione quintus modus; nam sic tantum reflecti posse universalem dedicativam, supra docui. Secundus modus est, qui conducit ex universalibus dedicativa et abdicativa abdicativum universale directim : ut,

Omne justum, honestum ;
Nullum honestum, turpe ;
Nullum igitur justum, turpe.

At si reflexim inferas,

Nullum igitur turpe, justum,

sextum modum effeceris; nam, ut dictum est, reflectitur in se universalis abdicativa. Tantum meminisse debemus, subjectum ex dedicativa trahendum ad illationem in secundo modo, atque ideo eam priorem æstimandam, licet ante abdicativa enuntietur. Similiter et in ceteris quæ prior est potestate, prior intelligatur. In sexto autem modo trahitur subjectiva ex abdicativa; hæc sola differentia eorum. Item tertius modus, qui conducit ex dedicativis particulari et universali dedicativum particulare directim : ut,

Quoddam justum, honestum ;

Et par conversion, on aura :

Donc certaine chose utile est juste;

et le syllogisme appartiendra à la septième forme; car une particulière affirmative se convertit d'elle-même, comme nous l'avons dit. La quatrième forme, d'une particulière affirmative et d'une générale négative, conclut directement à une proposition particulière négative, comme :

Certaine chose juste est honnête;
Rien d'honnête n'est honteux;
Donc certaine chose juste n'est pas honteuse.

Cette forme a des propriétés opposées à celles des formes précédentes. La huitième et la neuvième formes conservent la conclusion sans la convertir, comme il arrive pour les autres formes. Elles remplacent seulement les prémisses par des propositions équivalentes et en intervertissent l'ordre, de sorte que la négative est la première. Ainsi ces deux formes consistent à conclure par le changement des combinaisons. Convertissez la générale négative de la quatrième forme, mettez près d'elle la générale affirmative provenant de la conversion de la particulière affirmative, et vous obtiendrez la huitième forme, qui de deux propositions générales, l'une négative, l'autre affirmative, conclut par conversion à une particulière négative, comme :

Rien de honteux n'est honnête;
Tout ce qui est honnête est juste;
Donc certaine chose juste n'est pas honnête.

La neuvième forme, par une conversion semblable, d'une générale négative et d'une particulière affirmative, conclut indirectement à une particulière négative, comme :

Rien de honteux n'est honnête;
Certaine chose honnête est juste;
Donc certaine chose honnête n'est pas honteuse.

Mais pourquoi la quatrième forme en a-t-elle produit deux autres, tandis que chacune des autres formes n'en produit qu'une seule? En voici la raison : c'est que, dans la première forme, si l'on convertit les deux prémisses, il y aura une combinaison des deux propositions particulières qui n'autorisera aucune conclusion; si l'on n'en convertit qu'une, on obtiendra la deuxième ou la troisième figure. De même, si, dans la seconde forme, on convertit les deux prémisses, on obtiendra la neuvième forme, laquelle est produite aussi, comme nous l'avons dit, par la quatrième, puisque la générale affirmative de la deuxième forme ne peut se convertir qu'en une particulière; et si l'on ne convertit qu'une prémisse, on obtiendra la deuxième ou la quatrième forme.

Parmi ces neuf formes de la première figure, les quatre premières sont appelées *indémontrables*, non qu'elles ne puissent être démontrées, ainsi qu'Ariston le pense de toutes, ou qu'elles ne l'aient pas été jusqu'ici, comme la quadrature du cercle; mais parce qu'elles sont si simples, si manifestes, qu'elles n'ont pas besoin de démonstration, à tel point qu'elles donnent naissance aux autres formes, et qu'elles leur communiquent leur caractère d'évidence.

Exposons maintenant les formes de la

Omne honestum, utile;
Quoddam igitur justum, utile.

Sed si reflexim inferas,

Quoddam igitur utile, justum,

septimum modum effeceris; nam, ut dictum est, reflectitur in se particularis dedicativa. Quartus modus est, qui conducit ex particulari dedicativa et universali abdicativa abdicativum particulare directim : ut,

Quoddam justum, honestum est;
Nullum honestum, turpe;
Quoddam igitur justum, non est turpe.

Ex hoc modo contrariæ vices inveniuntur prioribus. Octavus et nonus quippe servant ejus illationem : non ut illi reflexam. Conjugationem ipsam tantum reflectunt propositionibus æquipollentibus, mutatoque ordine, ut prior fiat abdicativa; atque ideo conducere dicuntur ambo per conjugationis conversionem.

Nam et si abdicativam universalem quarti convertas, et subjicias ei universalem dedicativam, quam converterit particularis dedicativa, fiet octavus modus, qui conducit ex universalibus abdicativa et dedicativa particulare abdicativum reflexim : velut,

Nullum turpe, honestum;

Omne honestum, justum;
Quoddam igitur justum, non est turpe.

Nonus quoque modus per similem conversionem ex universali abdicativa et particulari dedicativa abdicativum particulare conducit reflexim :

Nullum turpe, honestum;
Quoddam honestum, justum;
Quoddam igitur justum, non est turpe.

Cur autem solus quartus modus duos genuerit, cæteri singulos, illa ratio est, quia primi modi si utramque propositionem convertamus, fiet conjugatio irrita duarum particularium : sin alteram tantum, fiet aut secunda formula, aut tertia. Ita secundi modi si utramque conversas, fiet conjugatio noni, quam jam ostendimus ex quarto gigni, quia universalis dedicativa secundi modi non nisi particulariter converti potest : sin alteram tantum, fiet secunda formula aut quarta.

Ex hisce igitur in prima formula modis novem, primi quatuor indemonstrabiles nominantur : non quod demonstrari nequeant, ut universim Aristo æstimat, aut quod nondum demonstratum ei sit ut circuli quadratura; sed quod tam simplices tamque manifesti sunt, ut demonstratione non egeant; adeo ut ipsi ceteros gignant, fidemque illis ex se impertiant.

Nunc formulæ modos trademus secundæ. Primus modus

deuxième figure. La première forme de cette figure est celle qui, de deux propositions générales, dont l'une est affirmative et l'autre négative, conclut directement à une proposition générale négative, comme :

Tout ce qui est juste est honnête ;
Rien de honteux n'est honnête ;
Donc le juste n'est pas honteux.

Cette forme, si l'on convertit la deuxième proposition, se ramène à la seconde forme indémontrable. La seconde forme, de deux propositions générales, l'une négative, l'autre affirmative, conclut directement à une générale négative, comme :

Rien de honteux n'est honnête ;
Tout ce qui est juste est honnête ;
Donc rien de honteux n'est juste.

Cette combinaison diffère de la précédente en ce que le sujet de la conclusion est celui de la première négative, et que l'ordre des prémisses a été interverti, ce qui ne peut avoir lieu dans la première figure.

La troisième forme, d'une particulière affirmative et d'une générale négative, conclut directement à une particulière négative, comme :

Certaine chose juste est honnête ;
Rien de honteux n'est honnête ;
Donc certaine chose juste n'est pas honteuse.

En convertissant dans cette forme la générale négative, on obtient la quatrième forme indémontrable, de laquelle naît celle-ci. La quatrième forme de la seconde figure, d'une particulière négative et d'une générale affirmative, conclut directement à une particulière négative, comme :

Certaine chose juste n'est pas honteuse ;
Tout ce qui est un mal est honteux ;
Donc certaine chose juste n'est pas un mal.

Cette forme est la seule qui se démontre par l'impossible, démonstration que nous ferons connaître après avoir parlé des formes de la troisième figure.

Dans la troisième figure, la première forme, de deux propositions générales affirmatives, conclut directement et indirectement à une proposition particulière affirmative, comme :

Tout ce qui est juste est honnête ;
Tout ce qui est juste est un bien ;
Donc quelque chose d'honnête est un bien ;

ou bien ainsi :

Donc certain bien est honnête.

Car il importe peu que vous tiriez le sujet de la conclusion de l'une ou de l'autre prémisse; peu importe en effet vous énonciez l'un ou l'autre des attributs le premier (1). La deuxième forme, d'une particulière affirmative et d'une générale affirmative, conclut directement à une proposition particulière affirmative, comme :

Certaine chose juste est honnête ;
Tout ce qui est juste est un bien ;
Donc certaine chose honnête est un bien.

La troisième forme, d'une générale et d'une

(1) C'est donc à tort que Théophraste conclut de cette latitude qu'il y a là non pas une forme, mais deux.

---

in secunda formula est, qui conducit ex universalibus dedicativa et abdicativa abdicativum universale directim : velut,

Omne justum, honestum ;
Nullum turpe, honestum ;
Non igitur justum turpe.

Hæc redigitur in secundum indemonstrabilem, conversa ejus secunda propositione. Secundus modus est, qui conducit ex universalibus abdicativa et dedicativa abdicativum universale directim : velut,

Nullum turpe, honestum ;
Omne justum, honestum ;
Nullum igitur turpe, justum.

Hic conjugatione non differt a priore, nisi quod subjectivam particulam ex abdicativo trahit ad illationem : quoniam ita variatus est enunciationis ordo, quod in prima formula fieri non potest. Tertius modus est, qui conducit ex particulari dedicativa et universali abdicativa abdicativum particulare directim : velut,

Quoddam justum, honestum ;
Nullum turpe, honestum ;
Quoddam igitur justum, non est turpe.

Hujus si convertamus universalem abdicativam, fit indemonstrabilis quartus, ex quo hic nascitur. Quartus modus est, qui conducit ex particulari abdicativa et universali dedicativa abdicativum particulare directim : ut,

Quoddam justum, non est turpe ;
Omne malum, turpe ;
Quoddam igitur justum, non est malum.

Hic solus modus tantum per impossibile approbatur; de qua propositione dicemus, expositis modis formulæ tertiæ. In tertia formula primus modus est, qui conducit ex dedicativis universalibus dedicativum particulare tam directim, quam reflexim : ut,

Omne justum, honestum ;
Omne justum, bonum ;
Quoddam igitur honestum, bonum ;

vel sic,

Quoddam igitur bonum, honestum.

Quippe non interest, quam ex utraque propositione facias particulam subjectivam : quoniam non interest, utram prius enuncies *. Secundus modus est, qui conducit ex dedicativis particulari et universali dedicativum particulare directim : ut,

Quoddam justum, honestum ;
Omne justum, bonum ;
Quoddam igitur honestum, bonum.

* Ideo non recte arbitratus est Theophrastus propter hoc non unum modum hunc, sed duos esse. (APUL.)

particulière affirmatives, conclut directement à une proposition particulière affirmative, comme :

Tout ce qui est juste est honnête;
Certaine chose juste est un bien;
Donc certain bien est honnête.

La quatrième forme, de deux propositions générales, l'une affirmative, l'autre négative, conclut directement à une particulière négative, comme :

Tout ce qui est juste est honnête;
Rien de juste n'est un mal;
Donc certaine chose honnête n'est pas un mal.

La cinquième forme, d'une particulière affirmative et d'une générale négative, conclut directement à une particulière négative, comme :

Certaine chose juste est honnête;
Rien de juste n'est un mal;
Donc certaine chose honnête n'est pas un mal.

La sixième forme, d'une générale affirmative et d'une particulière négative, conclut directement à une particulière négative, comme :

Tout ce qui est juste est honnête;
Certaine chose juste n'est pas un mal;
Donc certaine chose honnête n'est pas un mal.

Parmi les six formes, les trois premières se ramènent à la troisième des indémontrables, si l'on convertit la majeure de la première et de la deuxième; la troisième forme présente la même combinaison que la deuxième, avec cette différence qu'elle tire le sujet de la conclusion de la proposition générale : elle se ramène donc à la troisième forme des indémontrables, par la conversion non-seulement de l'une des prémisses, mais même de la conséquence. Pareillement la quatrième et la cinquième formes sont produites par la quatrième des indémontrables, si l'on convertit leur première prémisse. La sixième forme ne saurait, par la conversion de ses prémisses, être ramenée à quelqu'une des indémontrables; elle se prouve seulement par l'impossible, ainsi que la quatrième forme de la deuxième figure ; ce qui les fait placer toutes deux au dernier rang.

Pour les autres formes, dans toutes les figures, elles sont rangées selon l'importance de leurs combinaisons et de leurs conséquences; car l'affirmation l'emporte logiquement sur la négation, et l'universel sur le particulier; c'est pourquoi les propositions générales sont placées avant les propositions particulières, et les propositions affirmatives, prémisses ou conséquences, prennent rang avant les négatives. On doit mettre avant toutes les autres la forme qui se ramène le plus facilement à l'indémontrable, c'est-à-dire qui s'y réduit par une simple conversion, seule preuve de certitude pour la conclusion. Il y a encore une autre preuve commune à toutes les formes, même aux indémontrables, c'est celle dite par l'impossible, que les stoïciens appellent *première constitution* ou *premier exposé*, et qu'ils définissent ainsi : « *Si de deux prémisses, « on tire une conclusion, chacune d'elles, com- « binée avec le contraire de la conclusion « donnera le contraire de l'autre.* » Voici la définition des anciens : « *Dans tout syllogisme, « si l'on nie la conséquence, et que l'on affir- « me en même temps l'une des prémisses, « on nie l'autre prémisse.* »

On a formulé cette règle contre ceux qui, tout

Tertius modus est, qui conducit ex dedicativis universali et particulari dedicativum particulare directim : ut,

Omne justum, honestum;
Quoddam justum, bonum;
Quoddam igitur bonum, honestum.

Quartus modus est, qui conducit ex universalibus dedicativa et abdicativa abdicativum particulare directim : ut,

Omne justum, honestum;
Nullum justum, malum;
Quoddam igitur honestum, non est malum.

Quintus modus est, qui conducit ex dedicativa particulari et abdicativa universali abdicativum particulare directim : ut,

Quoddam justum, honestum;
Nullum justum, malum;
Quoddam igitur honestum, non est malum.

Sextus modus est, qui conducit ex dedicativa universali et abdicativa particulari abdicativum particulare directim : ut,

Omne justum, honestum;
Quoddam justum, non est malum;
Quoddam honestum, non est malum.

Ex his sex modis primi tres rediguntur ad tertium indemonstrabilem, conversa priore propositione primi et secundi; tertius enim secundo eamdem conjugationem habet : hoc uno differens, quod ex universali trahit particulam subjectivam : propter quod non tantum propositionis, verum etiam illationis conversione redigitur ad tertium. Item quartus et quintus nascuntur ex indemonstrabili quarto, conversis prioribus propositionibus eorum. Sextus autem modus nec utraque nec altera redigi conversa ad indemonstrabilem aliquem potest, sed per impossibile tantum approbatur : sicuti quartus in secunda formula, et ideo utrique novissimi numerantur. Ceterorum autem in omnibus formulis ordinatio facta est pro differentia conjugationum et illationum. Nam quia prius sit dicere, quam negare, potentiusque est universale, quam particulare : priores sunt universales particularibus, et utrisque dedicatio et illatio similes sunt; et is præponitur modus, qui celerius ad indemonstrabilem redigitur, id est, una conversione, quæ una probatio est certos eos ad eludendum modos esse.

Est et altera probatio communis omnium, etiam indemonstrabilium, quæ dicitur per impossibile, appellaturque ab stoicis prima constitutio, vel primum expositum; quod sic definiunt : *Si ex duobus tertium quid colligitur, alterum cum eorum contrario illationis colligit contrarium relicti.* Veteres autem sic definierunt : *Omnis conclusionis si sublata sit illatio, assumpta alterutra pro-*

en accordant les prémisses, nient impudemment la conséquence qui en découle ; car cette règle les réduit à l'absurde, puisque de ce qu'ils nient on tire une conséquence opposée à ce qu'ils accordent. Or, il est impossible que deux propositions soient en même temps contraires et vraies ; ils sont donc forcés par l'impossible d'admettre la conclusion. Les dialecticiens ont dit avec raison que cette forme est celle dans laquelle le contraire de la conclusion combinée avec l'une des prémisses détruit l'autre. Mais les stoïciens prétendent qu'une conséquence ou une prémisse n'est détruite qu'au moyen d'une particule négative, comme : *tout est, tout n'est pas ; certaine chose est, certaine chose n'est pas.*

Il se forme donc contre toute conséquence huit conclusions contraires, puisque chaque prémisse est détruite de deux manières ; et l'on construit huit syllogismes opposés, tantôt en mettant devant la conséquence une particule négative, tantôt en admettant la contradictoire de la conséquence. Voici pour exemple la première des formes indémontrables :

Tout ce qui est juste est honnête ;
Tout ce qui est honnête est un bien ;
Donc tout ce qui est juste est un bien.

Si l'on nie cette conséquence, après avoir accepté les prémisses, il faut dire nécessairement :

Certaine chose juste n'est pas un bien.

Mais si, avant cette proposition, vous mettez une des prémisses accordées :

Tout ce qui est juste est honnête,

vous conclurez selon la sixième forme de la troisième figure :

Donc certaine chose honnête n'est pas un bien ;
ce qui est en opposition avec la deuxième proposition accordée :

Tout ce qui est honnête est un bien.

La conclusion est pareillement opposée, si, les prémisses restant les mêmes, nous en tirons l'équivalente, comme :

Donc tout ce qui est honnête n'est pas bien.

Il y aura aussi deux autres conclusions, si nous prenons la deuxième proposition, comme nous avons pris la première :

Certaine chose juste n'est pas un bien ;
Tout ce qui est honnête est un bien ;

On tire de là une double conclusion qui appartient à la quatrième forme de la seconde figure :

Donc tout ce qui est juste n'est pas honnête ;
ou,
Donc certaine chose juste n'est pas honnête.

Chacune de ces conclusions est opposée à la première proposition accordée,

Tout ce qui est juste est honnête.

Mais les quatre conclusions restant, une prémisse seule étant changée, et, au lieu de cette proposition :

Certaine chose juste n'est pas un bien ;
énonçant celle-ci :

Tout ce qui est juste n'est pas un bien ;
de manière à ce que la conséquence soit double-

---

positione tolli reliquam. Quæ res inventa est adversus eos qui, concessis acceptionibus, id, quod ex illis colligitur, impudenter recusant ; per hoc enim compelluntur ad impossibilia ; dum ex eo, quod negant, contrarium aliquid invenitur ei, quod ante concesserant. Porro contraria simul esse vera, impossibile est. Ergo per impossibile compelluntur ad conclusionem. Nec frustra constituerunt dialectici, eam verum modum esse, cujus adversum illationis cum altera acceptione tollit reliquam.

At stoici quidem tantum negativa particula præposita putant illationem recusari, vel ex propositionibus alteram tolli : utpote, *Omnis, non omnis ; quidam, non quidam.* Fiunt igitur adversus unamquamque conclusionem contrariæ, quæ opponantur, octo, quoniam utraque acceptio bifariam tollitur : fiuntque conclusiones bis quaternæ, modo negativa particula præposita illationi, modo alterutra illationis accepta. Exemplo sit primus indemonstrabilis :

Omne justum, honestum ;
Omne honestum, bonum ;
Omne igitur justum, bonum.

Qui hanc illationem concessis propositionibus negat, necesse est dicat,

Quoddam justum non est bonum.

Huic si proponas priorem ex duabus concessis,

Omne justum, honestum ;
fit illatio secundum sextum modum in tertia formula,

Quoddam igitur honestum, non est bonum ;
quod repugnat secundæ propositioni, quæ concesserat :

Omne honestum, bonum.

Hæc item omnino opposita conclusio est, si iisdem manentibus, æquipollentem ejus inferas : ut,

Non igitur omne honestum, bonum.

Similiter et alteræ fiant duæ conclusiones, si ut nunc proposuimus priorem propositionem, sic assumamus posteriorem,

Quoddam justum non est bonum ;
Omne honestum, bonum ;
fit illatio quarti modi secundæ formulæ duplex,

Non igitur omne justum, honestum ;
vel,

Quoddam igitur justum, honestum non est.

Quarum utravis æque priori propositioni repugnat, quæ concesserat,

Omne justum, honestum.

His quatuor conclusionibus manentibus, tantum propositione mutata, et pro eo, quod erat,

Quoddam justum non est bonum,
si facias,

Non omne justum, bonum
ut bifariam sit sublata illatio ; erunt alteræ quatuor con-

ment niée : avec ces mêmes changements on obtiendra quatre autres conclusions. De même, si vous énoncez encore cette autre prémisse :

Rien de juste n'est un bien,

de manière à ce que la conséquence soit triplement niée ; il y aura trois fois quatre conclusions, mais seulement dans les formes qui admettent une conclusion générale ; car cette conclusion peut seule être réfutée de trois manières. Quant aux autres formes de syllogismes, elles n'admettent que huit réfutations. On pourra, si l'on veut, formuler chacune de ces réfutations d'après le procédé que nous avons indiqué ou d'après la méthode hypothétique, qui consiste à marquer par des lettres le changement de l'ordre des propositions et des termes. Dans l'ordre d'importance se présente la première forme indémontrable :

A est affirmé de tout B ;
B est affirmé de tout C ;
Donc A est affirmé de tout C.

On commence par l'attribut et conséquemment par la deuxième proposition. Si l'on change les termes de cette formule par le même procédé, on aura :

Tout C est B ;
Tout B est A ;
Donc tout C est A.

Les stoïciens, au lieu de lettres, emploient des nombres ; par exemple :

Si le premier a lieu, le second a lieu :
Or le premier a lieu ;
Donc le second a lieu.

Aristote prétend qu'il n'y a que quatre formes indémontrables dans la première figure. Théophraste et les autres en comptent cinq. C'est qu'ils font entrer dans cette figure la proposition indéfinie, et par conséquent aussi la conclusion. Il est inutile de parler de cette dernière forme, puisque l'indéfinie est prise pour une particulière, et que toutes deux ont les mêmes formes. Nous avons montré qu'il y a quatre formes dans la première figure ; mais on peut les doubler, en prenant la proposition indéfinie pour la particulière, et en déduisant une conclusion indéfinie : alors on aura en tout vingt-neuf formes.

Ariston d'Alexandrie et quelques péripatéticiens modernes reconnaissent encore cinq autres formes de syllogisme comprenant des conclusions générales : trois dans la première figure ; deux dans la seconde ; en substituant ici des propositions particulières. Mais il est absurde de conclure le moins, lorsque le plus est accordé. Il est donc prouvé que les formes certaines, dans les trois figures, ne s'élèvent pas au delà des dix-neuf que nous avons énumérées.

Il y a quatre sortes de propositions, deux particulières et deux générales. Chacune d'elles, comme dit Aristote, peut être suivie d'une proposition du même genre et des trois autres ; elle se combine donc de quatre manières : il y a par conséquent seize combinaisons dans chaque figure. Six d'entre elles sont également nulles dans toutes les figures : deux lorsqu'une négative précède une autre négative ; quatre lorsqu'une proposition, quelle qu'elle soit, ou précède ou suit une proposition particulière. On ne peut rien conclure de deux particulières ou de deux négatives. Dix

---

clusiones iisdem mutationibus. Item si pro eodem facias,

Nullum justum, bonum,

ut trifariam sit sublata illatio ; erunt tertiæ quatuor conclusiones duntaxat in his, quæ habebunt universalem illationem. Ea enim potest sola trifariam tolli ; at in ceteris solæ octo.

Quas si quis velit singillatim sub unoquoque, per omnes formulas poterit suggerere ad exemplum, quod proposuimus ; ut etiam hypotheticorum more, per litteras ordine propositionum et partium commutato, sed vi manente sit primus indemonstrabilis :

A de omni B ;
Et B de omni C :
Igitur A de omni C.

Incipiunt a declarante, atque ideo et a secunda propositione. Hic adeo modus secundum hos perfectus, retro talis est :

Omne C B ;
Omne B A ;
Omne igitur C A.

Stoici porro pro litteris numeros usurpant : ut,

Si primum, secundum ;
Atqui primum ;
Secundum igitur.

Verum Aristoteles in prima formula quatuor solos indemonstrabiles prodit : Theophrastus et ceteri quinque enumerant. Nam propositionem jungentes indefinitam, colligunt quoque illationem indefinitam. Hoc supervacaneum est tradere, quum indefinita pro particulari accipiatur, et iidem futuri sint modi, qui sunt ex particulari. Item jam ostendimus in prima formula quatuor ; quos si quis velit geminare, indefinitam pro particulari accipiens, indefinitamque subjiciens illationem ; erunt omnes novem et viginti. Aristo autem Alexandrinus, et nonnulli peripatetici juniores quinque alios modos præterea suggerunt universalis illationis : in prima formula tres, in secunda duos, pro quibus illi particulares inferunt ; quod perquam ineptum est, cui plus concessum est, minus concludere. Omnes autem modos in tribus eorum formulis certos non nisi unde viginti esse, quos supra ostendimus, comprobatur.

Quatuor sunt propositiones : duæ particulares, duæ universales. Harum unaquæque, ut ait Aristoteles, ut sit subjecta sibi, et aliis tribus præponatur, quaterne scilicet conjungitur ; atque ita senæ denæ conjugationes in singulis formulis erunt. Harum sex æqualiter in omnibus non valent ; duæ quidem, quum ex abdicativis utravis alteram præcedit ; quatuor autem, quum ex particularibus utravis aut semet præcedit, aut alteri subditur. Nihil enim

combinaisons restent donc dans chaque figure; mais de ces dix, deux sont nulles, tant dans la première que dans la seconde figure, lorsqu'une générale affirmative précède une particulière.

Il faut pareillement, dans la première et dans la troisième figure, retrancher deux combinaisons, celles qui présentent une particulière négative précédant une affirmative quelconque. De sorte qu'il ne reste à la première figure que six combinaisons pour les neuf formes; les deux autres figures comptent encore huit combinaisons.

Parmi ces huit, l'une ne se peut prouver ni dans l'une ni dans l'autre figure : à savoir celle où une générale négative précède une particulière affirmative. Des sept qui restent, il en est quatre fausses dans la seconde figure, c'est quand une générale affirmative est jointe à une autre affirmative quelconque, et quel que soit l'ordre des termes. Dans la troisième figure, il y a également deux combinaisons fausses, lorsqu'une négative quelconque précède une générale affirmative.

Les combinaisons certaines qui restent sont au nombre de trois pour la seconde figure et de cinq pour la troisième, comme nous l'avons montré plus haut, quand nous les avons ramenées aux six combinaisons de la première figure.

Ainsi donc des quarante-huit combinaisons, quatorze seulement restent valables : les trente-quatre autres ci-dessus énumérées sont rejetées avec raison, puisque, d'un principe vrai, elles peuvent aboutir à une fausse conclusion. Ce que l'on peut facilement vérifier par les cinq attributs que nous avons énoncés, le genre, le propre, etc. Ajoutons que des quatorze combinaisons admises on ne peut tirer que les formes indiquées, comme le démontrent les conclusions directes ou converties autant que la vérité le permet. C'est pourquoi le nombre de ces formes ne peut être augmenté.

concludi potest, ubicunque aut duæ particulares sunt, aut duæ abdicativæ. Igitur remanent singulis formulis denæ conjugationes. Porro ex his tam in prima quam in secunda formula duæ non valent, quum universalis dedicativa particulari præponitur. Similiter et in prima et tertia formula duæ recidantur, quibus particularis abdicativa utramvis dedicativam antecedit. Quo fit, ut remaneant primæ formulæ sex conjugationes jam in novem modis : reliquis duabus formulis adhuc octonæ; ex quibus una in neutra probatur; quum universalis abdicativa præcedit particularem dedicativam; ex his septenis quæ supersunt, jam propriæ sunt in secunda formula quatuor falsæ : quum universalis dedicativa vel sibimet ipsa, vel particulari suæ utrovis loco jungitur : vel quum præcedit altera. Item propriæ in tertia formula duæ non valent, quum utravis abdicativa universali dedicativæ præponitur; reliquas certas esse tres in secunda, quinque in tertia formula, supra ostendimus, quum eas ad sex conjugationes primæ formulæ redigeremus.

Igitur ex quadraginta octo conjugationibus, quatuordecim solæ probantur. Ceteræ triginta quatuor, quas enumeravi, merito repudiantur, quia possunt ex veris falsa concludere; quod cuivis facile est experiri per illas quinque supradictas significationes generis, proprietatis, etc. At ex illis quatuordecim, quas probavimus, non plures, quam prædictum est, modos fieri, docent ipsæ illationes; ut tum directim sumantur, tum reflexim, quousque ipsa veritas passa est; propterea eorum non potest numerus augeri.

NOTES DE LA DOCTRINE DE PLATON.

Les trois livres de la doctrine de Platon comprennent, comme l'a dit notre auteur, la nature, la logique, la morale. On doit remarquer, dans ces divers traités, la tendance particulière à la philosophie ancienne : elle embrasse tout : psychologie, logique, théodicée, médecine, physique, astronomie, histoire naturelle.

LIVRE PREMIER.

I. *Idemque Aristocles.* Voir, pour les détails sur la vie, Platon, Diogène, Laërce.

III. *Mense qui apud Atticos Thargelion dicitur.* Le Thargélion correspond à notre mois d'avril.

IV. *Nam Speusippus...* Speusippe était le neveu de Platon.

V. *Nisi eum bella tum vetuissent asiatica.* C'était la guerre du jeune Cyrus contre son frère Artaxerce.

VI. *Sed vi et ratione sibi eam videri corpoream.* Nous n'avons pas traduit l'expression *corpoream*, qui, selon nous, s'est glissée dans les manuscrits par une inadvertance de copiste. La pensée de Platon n'est pas qu'il est obligé par la force des choses de reconnaître que la matière est corporelle, puisqu'il déclare partout qu'elle ne l'est pas. Mais, comme on le voit dans le Timée, un raisonnement en quelque façon bâtard le conduit à déclarer que la matière existe, avec une indétermination absolue. Apulée n'a certainement pas été assez infidèle en ce point pour écrire l'expression *corpoream*, qui est démentie d'ailleurs par les phrases suivantes.

LIVRE SECOND.

VI. *Hinc medietates.* Voir, pour éclaircir ce passage, le 2ᵉ livre de la morale d'Aristote.

LIVRE TROISIEME.

VII. *Hinc rhetoricæ duæ sunt.* Voir le Gorgias de Platon.

VIII. *Licet Antipatro stoico.* Diogène Laërce parle souvent d'Antipater; il était disciple de Zénon, le chef des stoïciens. Le biographe expose longuement la dialectique de cette école.

TRAITÉ DU MONDE[(1)].

Il m'a toujours semblé, ô Faustin, que la philosophie, à la considérer et à l'examiner avec attention, avait pour objet la recherche de la vertu, la poursuite des vices, et la participation aux choses divines ; et cela surtout lorsqu'elle s'applique à l'interprétation de la nature, et à la découverte des vérités cachées à nos regards. Les autres sciences, effrayées de la grandeur de cette entreprise, regardèrent un travail si ardu et si profond comme au-dessus de leurs forces ; la philosophie seule eut foi en son propre génie, et ne se jugea pas indigne de se voir révéler les choses divines et humaines. Elle crut qu'un but si élevé, qu'une recherche de ce genre convenait à sa noble mission, et qu'une telle entreprise s'accorderait avec ses travaux et ses habitudes. Les hommes ne pouvaient se transporter dans toutes les parties de l'univers pour les connaître, et c'est de leur séjour terrestre seulement qu'ils pouvaient apercevoir les célestes régions. Lorsqu'ils trouvèrent la philosophie, elle leur servit de guide, elle les éclaira de ses découvertes. Ils osèrent alors voyager en esprit dans les plages du ciel, et parcourir ces routes qu'ils voyaient avec la lumière de la sagesse et le regard seul de la réflexion. Ainsi, lorsque la nature nous avait séparés par un intervalle immense de ce monde lointain, la pensée, franchissant les distances dans son essor rapide, s'est élevée jusqu'à lui. L'âme, avec son coup d'œil divin, a facilement reconnu et compris les principes auxquels tout ce monde doit son origine ; elle en a transmis la connaissance à d'autres ; elle a fait comme ces prophètes qui, remplis de la majesté divine, révèlent au reste des hommes ce qu'un bienfait céleste leur permet de voir seuls. C'est pourquoi les hommes lisent avec empressement les livres qui nous décrivent le site et la nature d'un lieu, les murs d'une ville, ou le cours d'un fleuve, ou l'élévation d'une montagne, et toutes les particularités de ce genre. Ils sont émerveillés des crêtes du Nysa, des profondeurs du Corycus, des hauteurs sacrées de l'Olympe, des pics de l'Ossa, et des autres beautés de la nature. Pour moi, j'ai pitié de ces hommes qui se prennent d'une telle admiration pour des choses d'une si médiocre importance. Cependant il ne faut pas s'étonner de ce qui leur arrive, puisqu'ils n'ont rien soupçonné de plus grand, de plus digne d'une haute contemplation. Oh ! s'ils avaient pu contempler tout le globe de la terre et l'ensemble du monde, ils en loueraient moins quelques parcelles, ayant l'intelligence du tout.

C'est pourquoi nous dirons, en suivant les traces d'Aristote, le plus sage et le plus docte des philosophes, et celles de Théophraste ; nous dirons, autant qu'il nous sera possible, quel est le système de cet univers. Nous expliquerons la nature, les fonctions de toutes ces sphères, et les lois qui président à leurs mouvements.

Le monde entier est composé des deux substan-

---

(1) Ce traité est une paraphrase de celui d'Aristote.

APULEII
DE MUNDO
LIBER.

Consideranti mihi et diligentius intuenti, et sæpe alias, Faustine, mihi virtutis indagatrix, expultrixque vitiorum, divinarum particeps rerum philosophia videbatur : et nunc maxime, quum naturæ interpretationem, et remotarum ab oculis rerum investigationem sibi vindicet. Nam quum ceteri magnitudine rei territi, ejusmodi laborem arduum et profundum existimarent, sola philosophia suum non despexit ingenium, nec indignam se existimavit, cui divinarum et humanarum rerum disceptatio deferatur ; sed conducere ac decere tam bonas artes et ejusmodi operam ingenuitati professionis suæ credidit, et istius modi curam congruere talibus studiis et moribus. Nam quum homines mundum ejusque penetralia corpore adire non possent, et e terreno domicilio illas regiones inspicerent ; philosophiam ducem nacti, ejusque inventis imbuti, animo peregrinari ausi sunt per cœli plagas, his itineribus, quæ explorationes acuminis sui, pervia sapientiæ, solis cogitationibus viderant : ut, quum ipsius intervalli conditione a mundi vicinia natura nos secretos esse voluisset, immensitati tamen ejus volucri curriculo cogitationum nostrarum nos pernicitas intimaret ; facillimeque ea, de quibus origo ejus est, anima divinis oculis suis aspexit et agnovit, aliis etiam ejus scientiam tradidit, veluti prophetæ quidam deorum majestate completi effarunt ceteris, quæ divino beneficio soli vident. Quare et eos, qui nobis unius loci ingenia qualitatesque describunt, aut mœnia urbis, aut alicujus amnis fluenta, aut amœnitates et magnitudines montium, alia multa descripta ab aliis plerique studiose legunt. Nysæ juga, et penetralia Coryci, et Olympi sacra, et Ossæ ardua, et alia hujusmodi sola duntaxat et singula extollunt. Quorum miseret me, quum tanto opere nec magnis et oppido paucis inexplebili admiratione capiuntur. Hoc illis evenire adeo non est mirabile, quum nihil majus suspexerint, neque ad aliquid intenderint, quod majore diligentia contemplandum esset. Cæterum, si terrarum orbem, omnemque mundum contemplari pariter aliquando potuissent, minus exiguas ejus et singulas partes dignas laudibus credidissent, quibus esset universitas comprehensa. Quare nos Aristotelem prudentissimum et doctissimum philosophorum, et Theophrastum auctorem secuti, quantum possumus cogitatione contingere, dicemus de

ces du ciel et de la terre, et de tout ce qui participe à leur double nature. On peut dire encore que le monde est un ordre magnifique, établi par la prudence divine, conservé par le soin vigilant des dieux, ayant pour pivot (je traduis le mot χέντρον) solide et immobile cette terre, où se produisent et vivent toutes sortes d'animaux. La partie supérieure, ainsi qu'on peut le voir, est entourée et couverte d'un air fluide qui lui sert de dôme. Au delà se trouve la demeure des dieux, que nous appelons le ciel : il apparaît à nos yeux resplendissant des corps divins, des magnifiques flambeaux de la lune, du soleil, et des autres astres; il tourne avec eux, en accomplissant cette révolution qui nous dispense les jours et les nuits. Il conduit ce chœur d'étoiles, dont la course ne doit jamais prendre fin.

Mais pour que le ciel entier roule comme une sphère, il faut qu'il soit appuyé sur quelques points fixes : l'ouvrier divin l'a placé sur deux pivots (c'est ainsi que l'artisan saisit et retourne avec ses pinces l'ouvrage qu'il veut arrondir); ce sont ces pivots que nous appelons pôles. De chacun d'eux, comme point fixe, part une ligne droite dite axe, qui sépare et détermine les diverses parties du monde, en attachant le globe terrestre au milieu. Ces deux pôles, immobiles, comme nous l'avons dit, sont situés de telle sorte que l'un apparaît au nord au-dessus de nos têtes, et prend le nom de pôle septentrional ; et l'autre, placé sous la terre, entouré des humides vapeurs du midi, s'appelle pôle antarctique. Le ciel lui-même, les étoiles qui sont attachées au ciel, et tout le système des astres, se nomment l'éther : non pas, comme quelques-uns le pensent, parce qu'il est brûlant et enflammé, mais parce qu'il est toujours soumis à une rotation rapide. L'éther n'est pas un des éléments que tout le monde connaît, il en est tout à fait distinct ; et si, par l'énumération qu'on en fait, il est le cinquième ; par son rang, par sa nature divine et inaltérable, il est le premier.

Parmi ces astres innombrables, les uns roulent avec cette région mobile de l'univers qu'entoure le zodiaque aux obliques contours, qu'illuminent douze signes brillants. Les autres sont des étoiles errantes qui n'ont pas le mouvement des premiers astres, et qui n'ont entre elles ni similitude ni égalité : attachées à divers globes, elles n'observent, pour ainsi dire, qu'un ordre désordonné. En deçà et au delà se trouvent d'autres étoiles qui, grâce à leur nature distinctive, passent pour n'être sujettes à aucun errement ; conductrices d'un nombre infini d'astres resplendissants, elles forment un chœur admirable, et couronnent la voûte si pure des cieux d'une lumière douce et sacrée. Il y a encore sept étoiles portant les noms glorieux d'autant de divinités attachées à sept sphères différentes, et graduellement superposées, de telle sorte que la plus élevée est plus grande que son inférieure. Elles sont unies entre elles par des attractions réciproques, et appartiennent au système général du monde qui est, comme on le dit, si parfaitement ordonné.

Ici se trouve le globe de Phénon, que nous appelons Saturne; au second rang, le globe de Phaéton, que nous nommons Jupiter ; au troisième, le globe de Pyroéis, que les uns appellent étoile d'Hercule, et les autres, étoile de Mars;

---

omni hac cœlesti ratione, naturasque et officia complexi, et cur, et quemadmodum moveantur, explicabimus.

Mundus omnis societate cœli et terræ constat, et eorum naturis quæ utriusque sunt. Vel sic : mundus est ornata ordinatio, Dei munere, deorum recta custodia, cujus cardinem (sic enim dixerim χέντρον) robustum et immobilem, genetrix atque altrix animantium omnium habet tellus : supernis omnibus, ut videri potest, aeris liquiditate, ad modum tegminis, septis et opertis. Ultra deorum domus est, quod vocamus cœlum : quod quidem divinis corporibus onustum videtur, ignibus pulcherrimis et perlucidis solis et lunæ, et reliquorum siderum, cum quibus fertur per orbem dierum noctiumque curriculis, agens stellarum choros intermino lapsu, finem nulla ævi defectione factura. Sed quum omne cœlum ita revolvatur ut sphæra, eam tamen radicibus oportet teneri, quas divina machinatio verticibus affixit, ut in tornando artifex solet forcipe materiam comprehensam reciproco volumine rotundare; eos polos dicimus : a quibus, velut a cardinibus, directio quædam profecta, axis est dictus, divisor et disterminator mundi, orbem terræ in medietate constituens. Verum hi vertices, quos immobiles diximus, ita sunt, ut supra caput alter appareat ex parte Boreæ, qui septemtrionalis vocatur : alter antarcticus humo tegitur, humidus et austrinis vaporibus mollis. Sed cœlum ipsum, stellæque cœligenæ, omnisque siderea compago, æther vocatur : non, ut quidam putant, quod ignitus sit et incensus : sed quod cursibus rapidis semper rotetur. Elementum, non unum ex quatuor quæ nota sunt cunctis, sed longe aliud, numero quintum, ordine primum, genere divinum et inviolabile.

Jam astrorum innumerabilis multitudo partim labitur cum orbis inerrantis regione, quam circulo suo ambit signifer, obliqua complexione circumdatus, et signis duodecim illuminatus : partim errantibus stellis, quæ neque priorum motus habent, nec sane inter se similes et æquales ; sed affixæ diversis globis, inordinatum, ut sic dixerim, ordinem servant : aliæque ultra sunt, aliæ citra stellæ, quæ propter naturam ejusmodi nullis creduntur erroribus vagæ, et infinitos numero greges ducunt, et simplex ætheris dorsum alma et sacrata amœnitate lucis coronant. Septem vero deorum nominibus illustres, totidem orbibus affixæ sunt, et gradatim sibimet superlatæ, ut superior inferiore sit major, ac vicissim mutuis adhæsionibus nexæ, complexu illius orbis, qui inerrabilis dicitur, continentur. Hic Phaenonis globus, quem appellamus Saturnum; post quem Phaethontis secundus est, quem Jovem dicimus : et loco tertio Pyroeis, quam multi Herculis, plures Martis

vient ensuite Stilbon, nommé par les uns Apollon, et par d'autres, Mercure; au cinquième rang se place Phosphore, regardé tantôt comme l'étoile de Junon, tantôt comme celle de Vénus; le Soleil vient après; et au dernier rang est la Lune, qui détermine en quelque façon l'horizon des espaces éthérés, nourrit l'ardeur immortelle des feux divins, et, dans sa marche et ses phases réglées, s'épuise et se reproduit tour à tour.

Après cette partie du monde, qui est enfermée dans les saintes limites de l'éther, et dont nous avons déterminé l'espace et la mesure, il y a une région naturellement immuable, mais déjà mortelle et presque terrestre. Les premières parties de cette région sont plus légères et plus vaporeuses, parce qu'elles sont exposées à l'ardeur de l'éther voisin, autant que les matières inertes et d'un moindre volume peuvent être modifiées par les éléments actifs et d'un volume plus grand. Mais dans la partie qui est brûlée par les ardeurs du soleil, certaines flammes apparaissent à nos yeux, brillant d'un vif éclat, lançant des étincelles fugitives : ces flammes, que les Grecs appellent Comètes, Docides et Bothynes, arrivent à nos regards, passagères, mobiles, s'illuminant soudain, et s'éteignant plus vite encore.

Il y a ensuite l'air inférieur, plus dense, contenant un froid de glace; mais sa partie supérieure, éclaircie par un air plus lumineux et plus chaud, brille quelquefois d'un pur éclat. Cet air, en raison de sa nature, est soumis à de nombreux changements, car il est essentiellement corruptible; c'est lui qui forme les nuages, les tourbillons, les orages qui éclatent avec bruit, les neiges et les glaces qui se hérissent, la grêle rapide qui fouette les airs : et de ces tourbillons, de ces vents furieux, de ces souffles déchaînés, résultent les tempêtes, les coups terribles de la foudre, les traits flamboyants lancés par les immortels.

L'air se trouve en contact avec la terre, qui contient les mers dans son sein : elle est peuplée d'animaux, recouverte de forêts verdoyantes, ravivée par des fontaines qui coulent toujours; elle contient les courants des fleuves qui la rafraîchissent, qui tantôt se replient et se perdent en elle, et tantôt se précipitent dans les mers. Elle est admirablement variée par les fleurs aux mille nuances, par les hautes montagnes, par les plaines immenses, par les bois touffus : elle se recourbe en rivages sinueux, elle est parsemée d'îles, et comme rayonnante de cités et de villages que l'industrieux génie des hommes a élevés en réunissant les efforts et les bras.

Je sais que presque tous les écrivains ont divisé le globe terrestre en îles et en continents. Ils ignoraient que cette immensité des terres est entourée de l'océan Atlantique, et ne forme avec toutes ses îles qu'une seule île; car l'Océan enveloppe d'autres terres aussi grandes ou plus petites que la nôtre, mais elles nous sont nécessairement inconnues, à nous qui ne pouvons pas même parcourir entièrement celle que nous habitons. De même que nous sommes séparés des îles qui sont dans notre mer, de même ces grandes îles sont séparées par de plus grands espaces dans l'immense Océan.

Les éléments sont unis par des liens mutuels; il y a comme cinq nœuds qui les attachent tous; et tel est l'ordre qui préside à leur affinité, que l'élément le plus lourd se combine même avec le

---

stellam vocant. Hanc sequitur Stilbon, cui quidam Apollinis, ceteri Mercurii nomen dederunt. Quintus Phosphorus, Junonia, immo Veneris stella censetur. Deinde Solis est orbis : et ultima omnium, Luna, altitudinis æthereæ principia distinxuans, quæ divinas et immortales vivacitates ignium pascens, ordinatis ac semper æqualibus invectionibus solvitur atque reparatur. Post eam vero partem, quæ sancti ætheris finibus coercetur, cujus mensa appensaque distinximus, est et natura immutabilis regio, et mortalis, ac jam pæne terrena : cujus primæ sunt partes tenuiores et vaporatæ; quippe quum finitimis ætheris attingantur ardoribus, quantum maximis parva, et quantum rapidis possunt pigriora contingi. Sed ex ea parte, quæ curriculis finitimis inuritur Solis, se jaculari atque emicare et scintillare flammæ quædam ostensæ oculis nostris videntur, quas Græci Cometas, et Docidas, et Bothynos appellant, quasque labi et fluere frequenter videmus, lucere facile faciliusque restingui. Exin inferioris aeris qualitas turbidior infunditur, cui permixtus est glacialis rigor; sed superioris vicinia claritatis et propinqui caloris afflatu nitescit, ac sinceriore interdum luce vestitur. Hujus sæpe mutabilis convertitur species : quum sit natura vitiabili, et in nubes cogitur, et reciprocis flabris aperitur, et nimbis vehementibus rumpitur, nivibus etiam et glacie inhorrescit, et præcipiti grandine desuper verberatur : turbine, flatibus, Typhonumque conflictu fit procellosa : sed telis fulminum, et missilium cœlestium jaculis ignescit.

Aeri terra conjungitur, eaque in se suscipit maria. Hæc frequentatur animantibus, hæc silvarum viriditate vestitur, hæc fontium perennitate recreatur, hæc fluminum frigidos lapsus, nunc erroribus terrenis velit, modo profundo in mari confundit : eadem infinitis coloribus florum, altitudine montium, camporum æquore, nemorum opacitate variatur : sinuosis inflexa littoribus, distincta insulis, villulis urbibusque collucens, quas sapiens genus homo communibus usibus fabricatur.

Nec sum nescius, plerosque hujus operis auctores terrarum orbem ita divisisse : partem ejus insulas esse, partem vero continentem vocari : nescii, omnem hanc terrenam immensitatem Atlantici maris ambitu coerceri, insulamque hanc unam esse cum insulis suis omnibus. Nam similes huic alias et alias minores circumfundit Oceanus, quæ tamen merito videntur ignotæ : quum ne hanc quidem, cujus cultores sumus, omnem peragrare possimus. Nam sicut hæ insulæ interfluuntur, quæ sunt in nostro mari : ita illæ in universo salo fretis latioribus ambiuntur.

Elementorum inter se mutui nexus artis affinitatibus implicantur, et quinque conjuges copulæ his ordinatæ vicibus attinentur, ut adhæreant etiam gravioribus leviora,

plus léger. La terre contient l'eau dans son sein, et l'eau, selon quelques-uns, porte la terre. L'air est produit par l'eau; le feu se forme de l'air condensé. L'éther et ses feux sont enflammés par le souffle du dieu immortel; illuminés par ce foyer divin, ils éclairent la voûte de l'univers de leurs flambeaux resplendissants. C'est pourquoi les dieux supérieurs occupent ces régions supérieures; les diverses espèces d'animaux terrestres habitent les régions inférieures; c'est là que serpentent, s'élancent, se précipitent les fleuves, les fontaines et les mers qui trouvent dans les flancs de la terre leur origine, leur cours, et les cavités où ils se plongent.

Parmi les îles qui sont dans notre mer, les plus importantes sont la Trinacrie, l'Eubée, Chypre et la Sardaigne, la Crète, le Péloponnèse, Lesbos. Il en est de moins grandes, qui sont semées comme de petits points sur les immenses plaines de l'Océan. Il y a aussi les Cyclades, qui sont enveloppées de flots plus nombreux. Les plus grandes mers sont l'Océan et l'Atlantique, qui bornent les contours de notre terre. Mais à l'occident, la mer, resserrée au milieu des terres, forme de petits golfes : pressée de nouveau aux colonnes d'Hercule, elle s'étend ensuite dans un lit immense : souvent encore elle est comprimée par le rapprochement des terres, comme par un détroit, jusqu'à ce que, les terres s'écartant, elle reprenne sa vaste étendue.

Ainsi donc, à la droite du navigateur qui se rend aux colonnes, se présentent deux grands golfes : le premier a deux syrtes; l'autre, sinueux et inégal se divise en plusieurs mers. L'une d'elles est dite mer des Gaules, l'autre est la mer d'Afrique (Aristote a préféré l'appeler mer de Sardaigne), la troisième est la mer Adriatique. A ces mers se joignent celles de Sicile, celle de Crète, et les mers de Pamphylie, de Syrie et d'Égypte, qui sont sans limites déterminées. Mais avant se présentent les mers d'Égée et de Myrtos. Tout près de celles-ci est le Pont, le plus vaste golfe de notre mer, à l'extrémité duquel est le Méotis, et dont l'origine se trouve dans les eaux de l'Hellespont; il a en quelque façon pour vestibule la Propontide.

A l'orient est l'Océan, qui comprend les mers de Perse et de l'Inde : c'est de ce côté que se déploie la mer Rouge, qui, en traversant des détroits et des gorges resserrées, va se jeter dans la mer d'Hyrcanie et dans la mer Caspienne, au delà desquelles s'étendent, dit-on, des mers d'une profondeur incalculable. A peu de distance sont les mers de Scythie et d'Hibérie ; et l'on rencontre de nouveau cet Océan qui s'étend du golfe des Gaules aux colonnes de Gadès, et qui borne de tous côtés notre terre. Dans l'autre partie du globe se rencontrent plusieurs groupes de grandes îles : les deux Bretagnes, Albion et l'Hibernie, îles plus vastes que celles que nous avons déjà citées. Elles sont situées sur les frontières des Celtes. Mais au delà des Indes, Taprobane et Phébol ne sont pas moins considérables. Beaucoup d'autres îles sont éparses autour de notre grande île, c'est-à-dire, de notre globe terrestre; elles lui servent d'ornement, et l'entourent en quelque sorte d'une immense guirlande.

La largeur de la terre que nous habitons est de quarante mille stades, et sa longueur de soixante-dix mille.

Dans la division du globe nous comprenons l'Asie, l'Europe et même l'Afrique, comme

---

Aquam in se habet tellus : et aqua, ut alii putant, vehit terram : aer ex aqua gignitur : ignis aeria densitate conflatur. Æther vicissim, ignesque illi immortalis Dei vivacitate flammantur. Hujus divini ignis origine incensi, per totius mundi convexa illustribus facibus ignescunt. Superna quapropter dii superi sedes habent, inferna ceterorum animantium terrena possident genera, per quæ serpunt, et erumpunt, et scatent flumina, fontes et maria, quæ meatus et lacunas et origines habent in gremio terrarum.

Ipsarum vero insularum, quæ sunt in nostro mari, digna memoratu Trinacria est, Eubœa, Cyprus atque Sardinia, Creta, Peloponnesos, Lesbos : minores autem aliæ, ut nævuli quidam, per apertas ponti sunt sparsæ regiones : aliæ Cyclades dictæ, quæ frequentioribus motibus alluuntur. Maria majora sunt Oceanus et Atlanticum, quibus orbis nostri terminantur anfractus. Sed occiduarum partium mare per angustias oris artatum, in artissimos sinus funditur : et rursus a columnis Herculis refusum, in immensum latitudinem panditur, sæpiusque coeuntibus terris, veluti quibusdam fretorum cervicibus, premitur, et idem rursus cedentibus terris, est immensum. Primum igitur columnis navigantibus dextrum latus duobus sinibus maximis cingitur, quorum primus duas syrtes habet, alter imparibus quidem sinuatur figuris, sed in maxima divisus est maria : quorum unum Gallicum dicitur, alterum Africum, quod quidem Aristoteles Sardiniense maluit dicere ; tertium, Adriaticum pelagus. His jungitur Siculum, et post Creticum, et indiscretis finibus, Pamphylium, Syrium, Ægyptium. Sed ante Ægea et Myrtoa sunt maria. His sane vicinus est Pontus, sinus amplissimus maris nostri, cujus extremus recessus in Mæotin senescit, et ex Hellesponti fontibus concipitur, vestibulumque ejus Propontis vocatur. Ab ortu solis Oceanus est, Indicum et Persicum mare conferens. Hinc patescunt finitima Rubri maris, quæ per angustias longinquasque fauces in Hyrcanium et Caspium flectuntur simul : ultra quæ profundæ vastitatis esse maria creduntur. Deinde paulatim Scythicum et Hiberum freta, et rursum mare, per quod Gallicum sinum atque Gaditanas columnas circumvectus Oceanus, orbis nostri metas includit. Sed in altera parte orbis jacent insularum aggeres maximarum : Britanniæ duæ, Albion et Hibernia, iis, quas supra diximus, majores. Verum hæ in Celtarum finibus sitæ. Non minores vero ultra Indos, Taprobana, et Phebol : multæque aliæ orbis ad modum sparsæ hanc nostram insulam (id est, hunc terrarum orbem), quam maximam diximus, ornamentis suis pingunt, et continuatione, ut quibusdam sertis coronant.

At enim hujus terræ, quam nos colimus, latitudo qua-

plusieurs l'ont fait. L'Europe a pour bornes les colonnes d'Hercule, la mer, de Pont, la mer d'Hyrcanie et le fleuve Tanaïs. L'Asie s'étend des mêmes limites jusqu'au détroit qui sépare le golfe Arabique et la mer Intérieure : elle est entourée par l'Océan et par notre mer qui sert de limite commune entre elle et nous. D'autres ont adopté une autre division : ils soutiennent que l'Asie s'étend des sources du Tanaïs aux embouchures du Nil, et que l'Afrique est comprise entre l'isthme de la mer Rouge ou les sources mêmes du Nil et le détroit de Gadès. Quelques-uns joignent l'Égypte à l'Asie; mais le plus grand nombre la comprend dans l'Afrique. Quant à la situation des îles, les uns les réunissent aux pays qu'elles avoisinent, les autres en font l'objet d'une division particulière.

C'est assez parlé de la mer. Voici comment ont lieu les phénomènes terrestres. Les physiciens disent qu'il y a deux sortes d'exhalaisons subtiles, fréquentes, à peine visibles, et qui tendent vers les régions supérieures ; que du sein de la terre s'échappent des brouillards formés par la vapeur des fleuves et des fontaines, et plus épais au lever du jour. L'une de ces exhalaisons est sèche et semblable à la fumée, elle s'élève du sol ; l'autre, humide, fraîche, est attirée du sein des eaux, par l'affinité qu'elle a avec l'air supérieur. De celle-ci sont formés les brouillards, les rosées, les frimas, les nuées, les pluies, la neige et la grêle. La première, qui est sèche, ainsi que nous l'avons dit, produit les vents, les souffles, les flammes, la foudre, et une foule d'autres traits enflammés. Le brouillard résulte de petits nuages, ou des flo-

cons qui en restent; c'est une exhalaison vaporeuse, privée d'humidité, plus dense que l'air, moins épaisse que la nue, et qui se dissipe quand l'air est serein. La sérénité n'est autre chose qu'un air pur et sans nuages. La rosée est une vapeur de la nuit, et que l'air serein disperse en petites gouttes. La glace est une vapeur condensée par le froid d'un air pur. La gelée blanche lui ressemble parfaitement, c'est la rosée blanchie par le froid du matin. L'air, s'élevant dans les nues, forme les nuages, masses épaissies par la vapeur qui s'exhale sans cesse de l'eau. La pluie s'échappe, lorsque les nuages se rencontrent; et la diversité des pluies s'explique par la diversité de la formation des nuages. Si les nuages sont clair-semés, il ne tombe que des gouttes d'eau; s'ils sont agglomérés, ils répandent des eaux plus épaisses, que nous appelons pluies. Ne confondons pas les averses avec les pluies : la pluie peut durer longtemps; mais plus une averse est soudaine et violente, plus elle est instantanée et près de cesser. Il est certain que la neige est le résultat du choc des nuages : ceux-ci quelquefois, avant de se résoudre en eau, se brisent, se déchirent, et forment dans leur rencontre violente une écume qui, bientôt gelée par le froid de l'air, se fait jour à travers les nuages qui la retiennent, et tombe en abondance sur la terre : c'est ce que nous appelons la neige. Nous disons qu'il tombe de la grêle, lorsque l'eau, fendant violemment les nuages, s'échappe avec le poids et la rapidité d'une pierre; sa pesanteur accroît sa célérité; elle se fait place à travers les airs, qui résistent mollement, et vient se précipiter sur le

---

draginta, prolixitas septuaginta millia stadiorum tenet. Sed in divisione terrarum orbis, Asiam et Europam, et cum his, vel sicut plures præterea, Africam accepimus. Europa ab Herculis columna usque Ponticum et Hyrcanium mare, ac flumen Tanaim fines habet : Asia ab iisdem angustiis usque ad angustias, quæ inter Arabicum sinum et Interioris ambitum pelagi, jacet; constringiturque Oceani cingulo et societate nostri maris. Sed alii alio modo, ut quidam ab exordio Tanais usque ad ora Nili, Asiæ terminos metiuntur. Africam vero ab isthmo Rubri maris, vel ab ipsis fontibus Nili oriri putant, ejusque in Gaditanis locis fines esse. Sed ipsam Ægyptum plerique Asiæ, plures Africæ adjungunt : ut insularum situm, sunt qui eum finitimis locis comprehendunt : et sunt, qui in alia divisione eas habendas putent.

De mari satis dictum. Terreni vero casus ita se habent. Exhalationes duas physici esse dicunt, tenues et frequentes, vixque visibiles ad superiora minari; ex gremio telluris nebularum agmina halitu amnium fontiumque constare, matutinis temporibus crassiora. Harum altera arida est, atque fumo consimilis, quæ terrenis eructationibus surgit : altera humida, et egelida; hanc ex fluentis superioris vaporis natura ad se trahit. Et ex hac quidem nebulæ, rores, pruinæ, nubila, imbres, nix grando generantur : de illa superiore, quam diximus siccam, venti, animæ, flammæ et fulmina, atque aliæ ignitorum telorum gignuntur pluri-

mæ species. Nebula constat aut ex ortu nubeculæ, aut ex ejus reliquiis. Est autem exhalatio vaporata et humore viduata, aere crassior, nube subtilior, cui serenitas abolitionem infert. Nec aliud est serenitas, quam aer purgatus caligine, et perspicue sincerus. Ros vero nocturnus humor est, quem serenitas tenuiter spargit. Glaciem dicimus humorem, sereno rigore concretum. Huic est pruina consimilis, si mollitia roris matutinis frigoribus incanuit. Ergo aer actus in nubem nubium denset, et ea crassitudo aquarum fœtu se gravidat. Imber exprimitur, quum, inter se urgentur nubium densitates, totque diversitatibus pluviæ cadunt, quot modis aer nubilis conditionibus cogitur ; raritas enim nubium stillicidia dispergit : quæ, concretæ vehementius, effundunt agmina largiora et eas aquas, quas imbres vocamus; a quibus hoc differunt nimbi, quod pluvia jugis est : nimbus autem quanto repentinus est, tanto vehementior : et quanto improvisior præcipitatio ejus est, tanto breviore casu restringitur. Nives autem colligi jactatione densarum nubium constat : nam priusquam in aquam defluant, fractæ ac discissæ spumas agitationibus suis faciunt, et mox gelatus humor rigore frigoris inhorrescit. Hæc, victis nubibus, crebrior ad terram venit. Eam tempestatem nos ningorem vocamus. Grandinare vero tunc dicis, quum aqua nubem lapidoso pondere et festinante perrumpit : eademque vi et ad pernicitatem incita, et, cedente aeris mollitie, præcipitata, indignatione vehe-

sol avec une sorte de fureur. En voilà assez sur les phénomènes produits par les éléments humides.

Il est d'autres phénomènes qui se produisent lorsque l'action d'un air froid engendre les vents. Le vent n'est autre chose qu'un grand et violent courant d'air rassemblé dans un lieu. Nous l'appelons souffle, quoique ce nom appartienne aussi à ce principe excellent et fécond qui donne et conserve la vie à tous les animaux. Les souffles secs qui sont dans les régions supérieures s'appellent vents (*venti*); les souffles humides se nomment haleines (*auræ*). Il y a deux sortes de vents, ceux qui sont formés par les exhalaisons de la terre, et que l'on appelle *Terrigènes*; et ceux qui s'élèvent des golfes, et que l'on nomme en grec *Encolpiens*. On doit regarder comme semblables à ces derniers les vents formés par les émanations des fleuves, des lacs, des étangs, ou par le choc des nuages. Dans ce dernier cas, ils se répandent dans les airs, et, se condensant de nouveau, forment des nuages; on appelle ces vents *Ecnéphies*. Il y en a d'autres qui naissent à la suite des pluies, et qui prennent, dans la langue attique, le nom d'*Exhydries*.

Énumérons maintenant les vents et les régions qu'ils occupent : Eurus souffle à l'orient, Borée au septentrion, Zéphyr à l'occident, Auster au midi. Entre ces quatre vents il faut en placer une foule d'autres. L'Eurus, vent d'orient, prend le nom de Cécias quand il souffle au sud-est; celui d'Apéliotès, quand il souffle du côté du midi; il n'est proprement l'Eurus que quand il souffle du côté du nord-est. Zéphyr, appelé en latin Favonius, prend le nom d'Iapyx quand il souffle au sud-ouest. Aux plages équinoxiales, souffle le Notus; et dans la région des sept étoiles, l'Aquilon : près de ce dernier, l'Aparctias, qui se dirige pareillement vers le midi. Le Thrascias et l'Argestes soufflent vers l'Inde. Voici les divers noms de l'Auster : vient-il directement du midi, c'est le Notus; s'il souffle entre l'Eurus et le Notus, c'est l'Euronotus; de l'autre côté est le Libonotus, formé aussi de deux vents. On appelle coureurs les vents qui soufflent en ligne droite; réciproques, ceux dont la direction est brisée : on regarde le Cécias comme étant de cette dernière classe. Il y a des vents d'hiver, comme le Notus. Les Étésiens sont plus fréquents en été; ils sont modérés par le souffle du Septentrion et du Zéphyr. Les vents du printemps sont les Ornithiens; ils appartiennent à la classe des Aquilons, mais ils ont moins de violence et de continuité. On appelle Catégis ce vent orageux qui part des régions supérieures, et vient agiter la terre de son souffle terrible et destructeur. La trombe est une irruption soudaine qui porte le ravage partout; le tourbillon, δίνη, comme l'appellent les Grecs, fait tournoyer le sable, et le lance dans les airs. Il y a certains souffles, que les Grecs nomment ἀναφυσήματα, qui, du sein ou des ouvertures de la terre, font explosion pour arriver à la surface. Lorsqu'ils sont poussés plus violemment, c'est alors une tempête terrestre, que les Grecs nomment πρηστήρ; quand cette tourmente continue, elle chasse les nuages épais et gonflés, et les fait craquer entre eux : alors un grand bruit se fait entendre, les cieux en retentissent; on dirait que c'est une mer irritée, dont les flots viennent en grondant se briser sur le rivage.

Je vais parler maintenant des phénomènes merveilleux qui se découvrent dans les nues

Lorsqu'une nuée en se déchirant découvre le ciel, l'air le plus subtil s'enflamme, une lueur éclatante jaillit, c'est ce qu'on appelle un éclair; mais dans l'ordre véritable, c'est le tonnerre qui précède; l'éclair brille ensuite. En effet, le feu qui jaillit de la rencontre des nuages, comme celui qui s'échappe du choc de deux cailloux, frappe d'abord la vue de son éclat, et le son n'arrive que plus tard à l'ouïe, qui d'ailleurs est un sens plus paresseux. C'est ce qui fait croire que l'éclair précède le coup de tonnerre. D'ailleurs le feu, plus rapide que la parole, vient soudainement luire à notre vue, tandis que le son frappe l'air et ne se fait sentir qu'à travers ce milieu : quelquefois cette flamme formée du choc des nuages se propage en un violent incendie, et s'élance impétueuse et terrible sur la terre : alors elle prend le nom de foudre. Nous appelons *Presters* les flammes moins intenses. Le *Typhon* a lieu, lorsqu'il n'y a pas de flamme. Enfin on donne le nom général de *Sceptos* à tout ce qui tombe des nues.

Exposons rapidement tous les phénomènes du même genre. Parmi les prestiges qui frappent nos regards, les uns nous présentent seulement l'apparence d'un spectacle, les autres ne nous trompent point dans ce qu'ils nous montrent. L'Iris, l'arc-en-ciel et les autres images semblables ne sont qu'illusoires; mais l'éclair, la comète et d'autres phénomènes semblables sont parfaitement réels.

L'Iris, ou vulgairement l'arc-en-ciel, a lieu lorsque l'image du soleil ou de la lune se reproduit en lumineux demi-cercle sur un nuage humide et transparent, comme sur un miroir. Le Rhabdos est un phénomène semblable, avec cette différence que la nuée est colorée en long, et forme comme une bande directe. L'Halysis est une chaîne de lumière plus éclatante qui forme un cercle autour du soleil. Ce qui la distingue de l'Iris, c'est que celle-ci est diversement colorée, figurée en demi-cercle, et qu'elle paraît loin du soleil et de la lune, tandis que l'Halysis, plus brillante et d'une seule couleur, entoure le soleil d'une circonférence entière. Les Grecs appellent Sélas une traînée d'air enflammé. On croit que parmi ces météores, les uns sont lancés, les autres glissent et tombent, d'autres enfin restent immobiles. Il y a projection de météores, lorsque le feu, engendré par le choc et le déplacement de l'air, se dégage subitement dans une course rapide. Le Stérigmon, comme les Grecs l'appellent, est une lumière stationnaire, n'obéissant point à un mouvement perpétuel; c'est une lumière prolongée, une sorte de flamme liquide qui, en se développant, prend le nom de comète. La plupart de ces clartés, qui brillent soudain, frappent le regard et disparaissent aussitôt. Quelques-unes au contraire se montrent et restent plus longtemps. Il est encore d'autres images de ce genre que les Grecs appellent torches, poutres, tonneaux, fosses, à cause de leur ressemblance avec ces objets. Les plus communes apparaissent au couchant; d'autres, plus rares, se produisent au septentrion ou au midi; mais toutes different entre elles par leur durée et leur position.

Voilà tout ce que nous avions à dire sur les phénomènes de l'air.

La terre ne contient pas seulement des sources

---

nubes præ se agit, coactasque collidit, fit sonitus, et intonat cœlum : non secus ac si commotus ventis mare cum ingenti fragore undas littoribus impingat.

Nunc de nubium præstigiis referam. Quando perfracta nubeculâ patefecerit cœlum, ignescunt penetrabiles spiritus, emicatque lux clara; hoc dicitur coruscare : et ordine quidem prius tonare oportet, postea coruscare. Quippe ubi nubes afflictu ignem, ut ignifera saxa attrita inter se, dant, obtutus velocius illustriora contingit : auditus dum ad aures venit, seriore sensu concipitur; ita et prius coruscare cœlum creditur, et mox tonare; tum quia ignes pernicitate sui claricantes, dicto citius nostræ visioni convibrant, sonus, aere verberato, alterius indicio sentitur. Flamma vero illa, quam nubium afflictus excussit, si robustiore fuerit incendio, impetu devehitur in terras, et fulminis habet nomen, atque formidinem. Presteras vero nominamus, quum flammarum in illis minus fuerit. Sed si ignitum non fuerit fulmen, Typhon vocatur. Sceptos generale omnibus, quæ de nubibus cadunt, nomen est.

Atque ut breviter comprehendam cuncta generis ejusdem; eorum, quæ ejusmodi præstigias meras inferunt oculis, alia sunt, quæ speciem tantum spectaculi pariunt; alia, quæ nihil ab eo, quod ostenderunt, mentiuntur. Fallunt imagine irides et arcus, et talia : vere videntur cometæ, fulgores, et similia pleraque. Irin vulgo arcum esse aiunt, quando imago solis vel lunæ humidam et cavam nubem densamque ad instar speculi colorat, et medietatem orbis ejus secat. Rhabdos autem generis ejusdem, ad virgæ rigorem per longum colorata nubecula dicitur. Halysis est catena quædam luminis clarioris, per solis ambitum in se revertens. Hanc et irida illud interest, quod iris multicolora est, et semicirculo figurata procul que a sole et luna : catena clarior est, astrumque ambit orbe incolumi, corona non discolori. Selas autem Græci vocant, incensi aeris lucem. Horum pleraque jaculari credas, alia labi, stare alia. Jaculatur igitur tunc fieri putatur, quum aeris meatu atque impulsu generatus ignis celeritatem sui cursumque rapidæ festinationis ostendit. Stativa lux est, quam sterigmon illi vocant, sine cursu jugi, sed prolixa lux, stellæque fluor ignitusque liquor; qui, quum latius quatitur, cometes vocatur. Sed plerumque luces istæ repentino ortæ, visæ statim occidunt : et item ut se ostenderint, aliquantisper manent. Sunt et alia ejusmodi imaginum genera, quas Græci faces, et docidas, et pithos, et bothynos, ad eorum similitudinem, unde dicta sunt, nominant; et quædam vespertina sunt notiora; raro de septemtrione vel meridie videas; nihil horum quippe loci vel temporis in nascendo idem potuit obtingere. De aere tantum habuimus, quod diceremus.

d'eau ; elle est encore remplie de souffles et de feux. Sous le sol de certaines contrées, il y a des souffles dont les exhalaisons intermittentes allument des incendies, comme Lipari, l'Etna, et notre Vésuve. Ces feux, contenus dans les entrailles de la terre, vaporisent les eaux qui coulent au dessus d'eux, et trahissent l'influence de leur foyer par la chaleur qu'ils communiquent aux sources et aux courants qui les entourent. Les eaux sont comme brûlées par le foyer qu'elles avoisinent : témoin le fleuve Phlégéton, que les poëtes supposent dans leur enfer imaginaire. Mais ne devons-nous pas quelque admiration à ces souffles qui communiquent un délire religieux à quelques hommes, de sorte que les uns vivent sans prendre d'aliments, et les autres prédisent l'avenir? Nous pourrions en citer pour exemple l'oracle de Delphes et tous les autres. J'ai vu moi-même près d'Hiéropolis, en Phrygie, sur le flanc d'une montagne peu élevée, une ouverture formée par la nature, et entourée d'un rebord d'une élévation et d'une épaisseur médiocre. Ces gouffres sont-ils, comme le prétendent les poëtes, les soupiraux de l'enfer? ou plutôt n'est-il pas raisonnable de croire qu'il en sort des exhalaisons mortelles? Car tous les animaux qui en approchent, qui se penchent vers ces gouffres ou qui y sont précipités, sont saisis par les émanations de ce souffle empoisonné, et périssent dans ces abîmes qui les attirent. Les prêtres eunuques osent seuls en approcher ; mais ils tiennent leur visage élevé, tant ils craignent l'influence de ce souffle pernicieux qui s'échappe du gouffre en vapeur dense et impure, et qui peut même atteindre et frapper ces hommes inférieurs aux autres. Il est arrivé souvent que les courants d'air naturels, errant dans les profondeurs de la terre, secouaient les couches solides de notre globe; plus souvent encore, ces courants d'air, devenus plus violents, s'étant engagés dans les défilés du sol et ne trouvant pas d'issue, ont remué violemment la terre. Ces bouleversements prennent différents noms, selon leurs différentes formes. Ceux dont les secousses ont lieu obliquement, et qui se meuvent par angles aigus, s'appellent en grec *épiclintes*. Ceux qui s'élancent, renversant, replaçant les masses, et se mouvant par angles droits, se nomment *brastes*. Ceux qui causent des éboulements s'appellent *chasmaties*, et ceux qui déchirent le sol, *rhectes*. Ajoutons que certaines contrées lancent des exhalaisons, que d'autres vomissent des rochers, quelques-unes du limon. Il en est qui font jaillir soudainement des sources que l'on ne connaissait pas, et qui tracent de nouvelles routes à des fleuves étrangers.

Les *ostes* sont des mouvements qui ébranlent le sol ; les *palmaties* sont des tremblements qui l'agitent, mais sans le faire incliner, sans péril, sans que les corps perdent leur position naturelle. Les *mycéties* sont des bruits sourds qui grondent sous la terre. On entend des mugissements, des soupirs intérieurs, lorsque le courant d'air, trop faible pour ébranler le sol, s'élance à la surface par diverses routes. Sur la mer, on entend des bruits semblables, quand les flots viennent se briser sur le rivage, et sont renvoyés violemment jusque dans les golfes les plus écartés. Du reste, le secret rapport du ciel et de la terre se manifeste dans cet accord des périodes mensuelles.

Mais je vais exposer rapidement mes idées sur

Sed non aquarum modo tellus in se fontes habet, verum spiritu et igni fœcunda est. Nam quibusdam sub terris occulti sunt spiritus, et flantes incendia inhidem suspirant : ut Lipare, ut Ætna, ut Vesuvius etiam noster solet. Illi etiam ignes, qui terræ secretariis continentur, prætereuntes aquas vaporant, et produnt longinquitatem flammæ, quum tepidiores aquas reddunt, vicinia ferventiores. Opposito incendio aquæ uruntur : ut Phlegethontis amnis, quem poetæ sciunt in fabulis Inferorum. At enim illos quis non admirandos spiritus arbitretur, quum ex his animadvertat accidere, ut eorum religione lymphantes, alii sine cibo potuque sint, quædam vero præsagis effantes futura? Quod in oraculis delphicis ceterisque est. Vidi et ipse apud Hierapolin Phrygiæ, non adeo ardui montis vicinum latus nativi oris hiatu reseratum, et tenuis neque editæ marginis ambitu circumdatum ; sive illa, ut poetæ volunt, Ditis spiracula dicenda sunt, seu mortiferos anhelitus eos credi prior ratio est. Proxima quæque animalia, et in alvum prona atque projecta, venenati spiritus contagione corripiunt, et vertice circumacta interimunt. Antistites denique ipsos semiviros esse, qui audeant propius accedere, ad superna semper sua ora tollentes. Adeo illis cognita est vis mali ad inferiora, aeris noxii crassitate densa, inferiores quoque facilius adire atque percellere.

Sæpe accidit, ut nativi spiritus per terræ concavas partes errantes concuterent solida terrarum; sæpius, ut spiritus, crescente violentia, et insinuantes se telluris angustiis, nec invenientes exitum, terram moverent. Horum motuum tam varia sunt nomina, quam diversi esse videntur. Namque obliquis lateribus proxima quæque jactantes, et acutis angulis mobiles, epiclintæ græce appellantur ; sed qui subsiliunt, excutientes onera et recuperantes, directis angulis mobiles, brastæ vocitantur ; illi autem, qui abstrudere videntur, chasmatiæ dicti ; quorum impulsu dissilit tellus, rhectæ sunt nominati. His passionibus contingit, ut quædam aras exspirent halitus, aliæ vomant saxa, nonnullæ cœnum ; sunt, quæ fontes pariunt insolentius locis, peregrinorum fluminum sulcantes vias. Ostæ sunt motus, quibus solum quatitur : palmatiæ vero appellantur, quorum pavitatione illa, quæ trepidant, sine inclinationis periculo nutabunt, quum directi tamen rigoris statum retinent. Mycetias vocatur tetri rudoris inquietudo terrena. Audiuntur mugitus, interioribus gemitibus expressi, quum spiritus invalidus ad terram movendam per aperta telluris inventis itineribus discurrit. His talibus marina sunt paria, quum fluctuum currentium mole nunc progressibus littora, nunc recursibus sinus cæsi quatiuntur. Sentitur etiam cœli marisque cognato, quum menstruis cursibus

l'ensemble de l'univers. Il y a une si grande harmonie entre tous les éléments, l'air, la mer et la terre, qu'en mettant de côté les accidents favorables ou contraires, les créations ou les destructions particulières, il faut reconnaître que le monde dans son ensemble ne pourra jamais finir, tout comme il est impossible qu'il ait jamais commencé. Certains esprits, en voyant la diversité et l'opposition des éléments qui constituent la nature du monde, comme le sec et l'humide, le froid et le chaud, s'étonnent que cet univers n'ait pas encore été détruit par l'opposition de ses éléments. Il suffira de leur répondre par cette comparaison : Dans une ville on trouve aussi l'assemblage d'éléments contraires et opposées, et cependant il y a unité Dans ces principes si divers. On y trouve mêlés ensemble les riches et les pauvres, les jeunes gens et les vieillards, les lâches et les courageux, les méchants et les bons. Cependant on avouera que c'est une chose admirable qu'une ville habilement administrée; l'unité s'y montre manifestement au milieu de la pluralité; elle est parfaitement homogène, quoique formée de parties dissemblables, renfermant dans son sein tant d'êtres qui marchent à un but différent, tant d'individus qui tendent à des fins et à des destinations diverses. Toutes ces oppositions se fondent en un même ensemble; de toutes ces dissonances résulte une même harmonie. C'est par cette loi d'harmonie que le mâle et la femelle s'accouplent, et que de deux sexes contraires naît un être qui leur ressemble à tous deux. Les arts eux-mêmes, imitant la nature, d'éléments dissemblables font des œuvres harmonieuses : la peinture, de couleurs opposées, d'un mélange habile de teintes noires, blanches, jaunes, écarlates, sait tirer la reproduction fidèle des objets qu'elle imite : la musique, composée de brèves et de longues, de sons aigus et de sons graves, de voix si diverses et si discordantes, forme un concert harmonieux. Examinez la combinaison de l'écriture : elle est composée de lettres diverses, de consonnes, de demi-consonnes, de voyelles; et le concours de ces lettres, se secondant les unes les autres, forme les syllabes, et les syllabes forment les mots. C'est ce qu'Héraclite a exprimé en ces termes, avec son obscurité ordinaire : « Combinez ce qui est pur « et ce qui est impur, ce qui est concordant, et ce « qui est discordant, ce qui est égal et ce qui est « inégal, et vous trouverez chaque chose dans « tout, et tout dans chaque chose. » C'est ainsi que les éléments dissemblables du monde se sont réunis, et que, de ce concours et ce secret accord, la nature a formé une sorte d'harmonie universelle. Elle a combiné l'humide avec le sec, le chaud avec le froid, l'inerte avec l'actif, le droit avec l'oblique : elle a formé, comme dit Héraclite, une seule chose avec tout, et tout avec une seule chose. A la terre elle a donné l'eau; au ciel, les globes du soleil et de la lune, et ces magnifiques flambeaux des astres qui se lèvent et se couchent. Ensuite, dans toute chose elle a placé un principe animateur dont l'influence est sentie par l'univers entier; de sorte que toutes les substances, tous les éléments dont cette sphère est formée, le feu, l'eau, l'air, la terre, quoique doués de qualités différentes, sont soumis à

---

¹ unæ decrementa et accessus fretorum atque æstuum deprehenduntur.

Verum enimvero, ut possum, de universitate quod sentio, breviter absolvam : elementorum inter se tanta concordia est, aeris, maris, atque terræ, ut admirari minus deceat, si illis eadem incommoda soleant ac secunda contingere, particulatim quidem rebus ortus atque obitus afferens, universitatem vero a fine atque initio vindicans. Et quibusdam mirum videri solet, quod, quum ex diversis atque inter se pugnantibus elementis mundi natura conflata sit, aridis atque fluxis, glacialibus et ignitis; tanto rerum divortio nondum sit ejus mortalitas dissoluta. Quibus illud simile satisfaciet, quum in urbe ex diversis et contrariis corporata rerum inæqualium multitudo concordat. Sunt enim pariter dites et egentes, adolescens ætas permixta senioribus, ignavi cum fortibus, pessimi optimis congregati. Aut profecto quod res est fateantur, hanc esse civilis rationis admirandam temperantiam, quum quidem de pluribus una sit facta, et similis sui tota, quum dissimilia membra sint, imago, receptrixque naturarum ad diversa tendentium; et fortunarum per varias fines exitusque pergentium, et, ut res est, contrariorum per se natura flectitur, et ex dissonis fit unus idemque consensus. Sic mare et femineum secus junguntur, ac diversus utriusque sexus ex dissimilibus simile animal facit : artes denique ipsæ, naturam imitantes, ex imparibus paria faciunt. Pictura namque ex discordibus pigmentorum coloribus, atris, albis, luteis et puniceis, confusione modica temperatis, imagines iis, quæ imitatur, similes facit. Ipsa etiam musica, quæ de longis et brevibus, acutis et gravioribus sonis constat, tamque diversis et dissonis vocibus, harmoniam consonam reddit. Grammaticorum artes vide, quæso, ut ex diversis collectæ sint litteris : ex quibus aliæ sunt insonæ, semisonantes aliæ, pars sonantes; et tamen mutuis se auxiliis adjuvantes syllabas pariunt, et de syllabis voces. Hoc Heraclitus sententiarum suarum nubilis ad hunc modum est prosecutus : Συνάψειας οὖλα καὶ οὐχὶ οὖλα, συμφερόμενον καὶ διαφερόμενον, συνᾷδον καὶ διᾷδον, καὶ ἐκ πάντων ἕν, καὶ ἐξ ἑνὸς πάντα. Sic totius mundi suorum instantia initiorum inter se impares conventus, pari nec discordante consensu natura, veluti musicam, temperavit. Namque humidis arida, glacialibus flammida, velocibus pigra, directis obliqua confudit, unumque ex omnibus, et ex uno omnia, juxta Heraclitum, constituit : terramque humore, et cœlum solis orbe et lunæ globo, ceterisque orientium et conditorum siderum facibus ornavit, una illa parte mixta, quam quidem cunctis constat implicatam, dum inconfusa, dum libera elementorum substantia, ignis, aquæ, aeris, terræ, ex quibus hujus sphæræ convexa, et disparibus qualitatibus naturæ conflata, adacta est fateri concordiam, et ex ea salutem operi machinatam. Principiorum igitur

l'harmonie qui préside à la conservation de l'œuvre. Ainsi donc ce concours des principes a engendré l'harmonie; et la durée de cet accord est due à l'égale répartition des éléments entre eux; ils sont ainsi distribués, que nul ne peut l'emporter sur les autres par sa puissance et faire prévaloir la qualité qui lui est propre. Ce partage d'éléments lourds, légers, brûlants, glacés, fait par la nature avec tant d'égalité et de sagesse, a produit malgré tant de dissemblances l'harmonie qui résulte de l'égalité. Et cette harmonie est le principe de la beauté et de la durée éternelle de ce monde, où toute chose a pris naissance.

En effet, quoi de plus beau que le monde? Louez l'objet que vous voudrez, et vous louerez une partie du monde : admirez en quelque lieu l'ordre, l'harmonie, la beauté; vous louerez encore le monde, car ce que vous aurez admiré se trouve en lui. Qu'y a-t-il, je vous prie, qui puisse paraître harmonieux et bien réglé, s'il n'a été fait à l'image du monde? De là vient le nom d'ornement (κόσμος) que les Grecs lui ont donné.

Le soleil, la lune et les autres astres, accomplissant leur cours en des époques et des routes déterminées, sans erreurs et sans interruption, marquent la mesure et la révolution du temps. Qu'il est admirable et fécond le renouvellement des heures, qui ramène tour à tour les chaudes haleines de l'été et les brumes de l'hiver! De la succession réglée des jours et des nuits naissent les mois; des mois naissent les années, et les années accomplissent la série des siècles.

Le monde lui-même n'est-il pas digne d'admiration, avec son étendue immense, ses révolutions rapides, son merveilleux éclat, sa vigueur inaltérable et sa jeunesse éternelle? C'est le monde qui engendre les animaux aquatiques, terrestres, ailés; c'est lui qui les distingue en races, en espèces diverses, qui leur donne des lois particulières, auxquelles leur vie et leur mort sont soumises; c'est de lui que les êtres animés tirent le souffle de la vie; c'est dans ses plus secrètes dispositions que se trouve le principe de ces événements qui, à des époques déterminées, nous remplissent d'admiration : tels que les combats que se livrent les vents, la foudre lancée dans les cieux et qui déchire les nuages; cette lutte entre la sérénité de l'air et les violences de l'orage, ces feux étincelants, ces pluies qui tombent par torrents; et par opposition le calme rétabli, l'univers retrouvant sa parure et sa tranquillité pleine de charme.

Regardez, la terre a pour chevelure les feuillages verts; elle verse ses sources d'eau vive; elle entretient le courant des fleuves; elle produit toujours; elle n'est point fatiguée par les révolutions ou vieillie par les siècles. Ni les irruptions lentes ou soudaines qui la remuent jusqu'aux entrailles, ni les nombreux débordements des eaux, ni les flammes qui la dévorent en partie, rien ne saurait dangereusement l'altérer. Ces bouleversements partiels qui semblent si funestes sont, au contraire, salutaires à la conservation et au raffermissement de son équilibre général.

Les tremblements de terre servent à dégager ces souffles qui, renfermés dans son sein, cherchaient tumultueusement une issue. Les pluies qui l'inondent sont utiles à la nourriture de ses fruits et au dégagement des exhalaisons contagieuses; les vents violents chassent et purifient les masses d'air trop denses et les souffles impurs; les chaleurs adoucissent les rigueurs du froid, et

---

consensus sibi concordiam peperit : perseverantiam vero amicitiæ inter se elementis dedit specierum ipsarum æqua partitio, et dum in nullo alia ab alia vincitur, modo vel potestate. Æqualis quippe omnium diversitas, gravissimorum, levissimorum, ferventium, frigidorum, docente ratione naturæ, diversis licet rebus, æqualitatem deferre concordiam, concordiam omniparentis mundi amœnitatem æternitatemque reperisse.

Quid enim mundo præstantius? Lauda, quam potes, speciem ; portio a te laudabitur mundi : admirare, quam voles, temperantiam, ordinationem, figuram; hic, et per hunc illud quodcumque est inveletur esse laudandum. Nam quid, oro te, ornatum atque ordinatum videri potest, quod non ab ipsius exemplo imitatura sit ratio? unde κόσμος græce nomen accepit. Euntibus sole atque luna ceteraque luce siderea per easdem vias, custoditis temporum vicibus, nec ullius erroris interjectione confusis, digeruntur tempora, et rursus incipiunt. Quam pulchræque et fœcundæ horæ procreantur, nunc æstivos vapores revolventes, nunc pruinas hiemis circumferentes! Dierum etiam noctiumque curriculis ordiuntur menses, menses texunt annos, anni seriem conficiunt seculorum. Et hic quidem mundus magnitudine immensus, cursibus rapidus, splendore perlucidus, valenti habitudine, pubertate juvenali. Hic animalium causa. Nantium atque terrestrium, pennigerarumque cunctarum distinxit genera, species separavit, fixitque leges vivendi atque moriendi. Ex hoc animantia vitales spiritus ducunt. Illinc statis cursibus temporum eventus, qui admirationi esse solent, quum vel inter se ventorum prœlia ciuntur, vel dissectis nubibus fulminat cœlum, et tempestates inter se serenæ hibernæque confligunt, micant ignes, imbres rumpuntur : et rursus, placatis omnibus, amœna lætitia mundi reseratur. Videas inter viridantibus comis cæsariatam esse terram, et scatebris fontium manantem, et aquarum agminibus concipientem, parientem atque educantem, nec occasibus fatigari, nec seculis anilitari, excussam erumpentibus semper tam pigris quam moventibus fæcibus, aquarum sæpe alluvionibus mersam, flammarum per partes voracitate consumptam; quæ tamen illi quum regionaliter videantur esse pestifera, ad omnem salutaria sunt, et ad redintegrationem ejus valent; et quum movetur, profecto spirat illos spiritus : quibus clausis, et effugia quærentibus, movebatur. Imbribus etiam madefacta, non solum ad educandos fœtus suos opimatur, verum etiam pestifera a contagione proluitur. Flabris autem, spirantium aurarum graviores et minus puri aeris spiritus digeruntur atque purgantur. Tepores frigus glaciale mitificant, et brumalia

la brume de l'hiver tempère le feu intérieur de la terre. Parmi les animaux les uns naissent, les autres se développent, ceux-ci meurent, ceux-là surgissent sur les débris d'une génération qui s'éteint : ceux qui disparaissent font place à ceux qui voient le jour.

Il nous reste à parler du principal objet de ce traité, c'est-à-dire de celui qui gouverne le monde; **car ce discours manquerait de quelque chose d'essentiel, si**, en décrivant le monde, avec peu de talent peut-être, mais du moins aussi exactement qu'il nous est possible, nous ne disions rien du grand être.

Or, contrairement à ce que dit Platon, je pense qu'il vaut mieux parler de Dieu, même d'une manière imparfaite, que de n'en point parler. C'est une fort ancienne opinion, profondément gravée dans le cœur des hommes, qu'il y a un Dieu qui a présidé à la naissance de toutes choses, un Dieu qui veille à la conservation et au renouvellement de tout ce qu'il a créé; et que nulle chose n'est si fortement organisée qu'elle puisse vivre d'elle-même et sans le secours de Dieu. Imbus de cette opinion, les poètes sont allés jusques à dire que tout est plein de Jupiter, et que sa présence ne se révèle pas seulement à la pensée, mais encore aux yeux, aux oreilles, à tout ce qui est capable de sentir. Ce qui est parfaitement dit si l'on veut faire connaître la puissance divine, mais non pas si l'on parle de l'essence même de Dieu. Sans doute Dieu est l'auteur et le conservateur de tous les êtres nés et formés pour peupler le monde; mais il n'a pas construit cet univers, comme un ouvrier, avec un travail corporel. Son infatigable providence, placée loin de notre contact, embrasse le soin du monde entier, malgré l'immense intervalle qui l'en sépare. Qui pourrait en douter? Il habite, sans aucun doute, un séjour magnifique et sublime, ce Dieu dont le nom chanté par les poètes est plus illustre que celui des consuls et des rois : son trône est scellé au sommet de l'univers.

Ceux qui habitent le plus près de lui obtiennent une plus grande communication de sa puissance; plus les corps célestes sont rapprochés de Dieu, plus ils participent à sa grandeur; plus ils sont éloignés, moindre est leur participation. Il en est ainsi graduellement jusqu'aux habitants de la terre, qui ne reçoivent les bienfaits de l'être suprême qu'à un intervalle immense. Si l'on admet que Dieu est répandu dans tout l'univers, et que sa puissance, comme son nom, s'étend jusques à nous et au delà, il faut conclure que son influence bienfaisante s'exerce plus ou moins efficacement sur les objets, selon qu'ils sont plus ou moins rapprochés de lui. Il est donc plus raisonnable et plus respectueux de penser que cet être souverain, habitant le sanctuaire du ciel, fait sentir son influence protectrice à ceux qui sont éloignés comme à ceux qui sont près de lui; que sa volonté est une, mais qu'elle s'accomplit par lui ou par d'autres, sans qu'il se communique à chaque chose en particulier, sans qu'il abaisse sa majesté au soin matériel de tout. Car même parmi les hommes, tant d'humilité et des fonctions si peu relevées ne conviendraient pas à celui qui se sent quelque noblesse dans l'âme : les chefs de l'armée, les princes du sénat, les administrateurs des villes et des provinces ne voudraient jamais exécuter de leurs mains tous les détails légers et indignes; il ne sied aucunement aux maîtres de remplir la tâche de leurs esclaves.

---

austeritas terrestrium viscerum venas remittit : et pars gignentium, alia adolescentium, cetera occidentium vices sustinent : sorsque nascentium obitorum loco pullulat, et occidentium numerus nascentium locum pandit.

Restat, quod caput est sermonis hujus, ut super mundi rectore verba faciamus; indigens quippe orationis hujus videbatur ratio, nisi de mundo disputantes, etsi minus curiose, at quoquo modo possemus, de eo diceremus. De rectore quippe omnium, non, ut ait ille, silere melius est, sed vel parum dicere. Vetus opinio est, atque cogitationes omnium hominum penitus insedit, Deum esse, originis et haberi auctorem, Deumque ipsum salutem esse et perseverantiam earum, quas effecerit, rerum. Neque ulla res est tam præstantibus viribus, quæ viduata Dei auxilio, sui natura contenta sit. Hanc opinionem vates seculi, profiteri ausi sunt, omnia Jove plena esse; cujus præsentiam non jam cogitatio sola, sed oculi et aures et sensibilis substantia comprehendit. Ut hæc composita est potestati Dei, non autem essentiæ conveniens oratio. Sospitator quidem ille et genitor est omnium, qui ad complendum mundum nati factique sunt : non tamen ut corporei laboris officio orbem istum manibus suis instruxerit, sed qui quadam infatigabili providentia, et procul posita cuncta contingat, et maximis intervallis disjuncta circumplectatur. Nec ambigitur, eum præstantem atque sublimem sedem tenere, et poetarum laudibus nomen ejus consulum ac regum nuncupationibus prædicari, et in arduis arcibus habere solium consecratum. Denique propiores quosque de potestate ejus amplius trahere; corpora illa cœlestia, quanto finitima sunt ei, tanto amplius de Deo capere : multoque minus, quæ ab illis sunt secunda et ad hæc usque terrena, pro intervallorum modo indulgentiarum Dei ad nos usque beneficia pervenire. Sed quum credamus, Deum per omnia permeare, et ad nos, et ultra potestatem sui nominis tendere; quantum abest vel imminet, tantum existimandum est eum amplius minusve rebus utilitatis dare. Quam rem rectius est atque honestius sic arbitrari, summam illam potestatem, sacratam cœli penetralibus, et illis qui longissime separentur, et proximis, una et eadem ratione, et per se et per alios opem salutis afferre, neque penetrantem atque adeuntem specialiter singula, nec indecore attrectantem cominus cuncta. Talis quippe humilitas dejecti et minus sublimis officii, ne in homine quidem convenit ei, qui sit paululum conscientiæ celsioris. Militiæ principes, et curiæ proceres, et urbium ac domorum rectores, dico nunquam commissuros esse, ut

Un exemple vous fera comprendre ma pensée. Cambyse, Xerxès, Darius furent des rois très-puissants; car leur puissance était fondée sur d'immenses richesses et rehaussée par la splendeur de leur vie. L'un de ces rois vivait à Suse et à Ecbatane, retiré comme dans un sanctuaire, semblable à un dieu invisible; il était renfermé dans un magnifique palais dont les toits resplendissaient de la blancheur de l'ivoire, de l'éclat de l'argent, des flammes de l'or et du brillant de l'acier. Les entrées se succédaient les unes aux autres; les portes intérieures étaient fortifiées par des portes extérieures, et par de premiers remparts de fer d'une solidité égale à celle du diamant. A l'entrée se tenaient les gardes de la personne royale, hommes courageux que le sort appelait tour à tour à cet emploi. Tous avaient des fonctions diverses : les uns accompagnaient le roi comme écuyers; d'autres, selon les lieux, servaient de gardes, de portiers, d'introducteurs. Il y en avait même qu'on nommait les oreilles du roi, les yeux du prince. Au moyen de ces différents serviteurs, le monarque passait pour un dieu aux yeux de ses sujets : il savait tout par le rapport de ses émissaires. Il avait des payeurs, des receveurs, des collecteurs d'impôts. Ses agents étaient répandus dans toutes les villes. Les uns présidaient aux chasses de la province, les autres, à la distribution des dons et des récompenses. D'autres encore, dont la charge importante exigeait des soins continuels, surveillaient et observaient tout. Dans le royaume d'Asie, borné à l'occident par l'Hellespont, et par les Indes à l'orient, il y avait des satrapes et des généraux ; on trouvait en tout lieu des esclaves royaux. Ils exerçaient diverses fonctions : ceux-ci étaient coureurs de jour, ceux-là espions de nuit; les uns messagers, les autres éclaireurs, et portaient des torches : ces clartés, dispersées sur tous les points élevés du royaume, permettaient à l'empereur de connaître en un seul jour tout ce qu'il était important qu'il sût.

C'est à ce royaume qu'il faut comparer l'empire du monde, s'il est permis de comparer le plus grand et le plus puissant des dieux à un homme lâche et corrompu. Or, s'il est inconvenant pour un mortel, pour un roi, d'accomplir tous les actes qui sont utiles, combien cela ne serait-il pas plus inconvenant pour un dieu? Ainsi donc, croyons-le, Dieu conserve sa majesté; il réside sur les hauteurs du monde, mais il a répandu dans toutes les parties de l'univers des puissances intermédiaires. Ces ministres de la divinité habitent le soleil et la lune, et sont répandus dans tout le ciel. Ils veillent au salut des habitants de la terre, mais ils n'ont pas besoin d'un grand nombre de serviteurs; il ne leur faut point, comme à notre race misérable, le concours de plusieurs pour accomplir leurs travaux. Voyez le procédé des mécaniciens : à l'aide d'un seul mouvement, ils dirigent plusieurs machines différentes. Voyez encore ceux qui représentent avec des figures de bois les gestes des hommes : ils tirent certain fil correspondant au membre qu'ils veulent mouvoir, la tête fait un signe, les yeux tournent, les mains accomplissent l'acte voulu, et l'ensemble figure assez bien un être vivant.

---

id suis manibus factum velint, quod sit curæ levioris fusciorisque. Nihilo enim sequius possunt facere dominorum imperia ministeria servulorum.

Exemplo, quale sit istud, intellige. Cambyses, et Xerxes, et Darius, potentissimi reges fuerunt; horum præpotentiam, quam ex opibus collegerant, lenocinium vitæ effecerat celsiorem, quum eorum alter apud Susam et Ecbatanas, ut in fano quodam sacratus, nulli temere notitiam oris sui panderet; sed circumseptus admirabili regia, cujus tecta fulgerent eboris nive, argenti luce, flammis ex auro, vel electri claritate : limina vero alia præ aliis erant; interiores fores exteriores januæ muniebant, portæque ferratæ, et muri adamantina firmitate. Ante fores viri fortes stipatoresque regalium laterum tutelam pervigili custodia per vices sortium sustinebant. Erant inter eos et diversa officia; in comitatu regio armigeri quidam, at extrinsecus singuli custodes locorum erant, et janitores, et atrienses. Sed inter eos aures regiæ, et imperatoris oculi quidam homines vocabantur. Per quæ officiorum genera rex ille ab hominibus deus esse credebatur : quum omnia, quæcumque ibi gererentur, ille Otacustarum relatione discebat. Dispensatores pecuniæ, quæstores vectigalium, tribunos ærarios habebat. Alios et alios præfecerat ceteris urbibus. Alii venatibus agendis provinciam nacti, pars donis et muneribus præfecti putabantur, et ceteri perpetuis magnisque curis, observationi singularum rerum oppositi erant. Sed per omne Asiaticum regnum, quod ab occidente Hellespontus terminabat, ab ortu gens inchoabat Indorum, duces ac satrapæ ubique dispositi, et permixta locis omnibus mancipia regalia. Ex eo numero erant excursores diurni, atque nocturni exploratores, ac nuncii et specularum incensores assidui. Tum horum per vices incensæ faces, ab omnibus regni sublimibus locis, in uno die imperatori significabant, quod erat scitu opus.

Igitur regnum illud ita componi oportet cum mundi aula, ut inter se compararatur summus atque exsuperantissimus divum, et homo ignavus et pessimus. Quod si cui viro, vel cuilibet regi indecorum est per semetipsum procurare omnia quæ proficiant; multo magis Deo inconveniens erit. Quare sic putandum est, eum maxime majestatem retinere, si ipse in alto residens, eas potestates per omnes partes mundi orbisque dispendat, quæ sint penes solem ac lunam, cunctumque cœlum. Horum enim cura salutem terrenorum omnium gubernari. Nec multis ei opus est, nec partitis hominum conservitiis : quibus, propter ignaviam, appositum est pluribus indigere. An non ejusmodi compendio machinatores fabricarum, astutia unius conversionis multa et varia pariter administrant? en! etiam illi, qui in ligneolis hominum figuris gestus movent, quando filum membri, quod agitare volent, traxerint, torquebitur cervix, nutabit caput, oculi vibrabunt, manus ad omne ministerium præsto erunt, nec invenuste totus videbitur vivere. Haud secus etiam cœlestis potestas, quum initium sciente et salutifera opera moverit; ab imo

Il en est de même pour l'action de la puissance céleste : elle met d'abord en mouvement un premier ressort ; l'impulsion se communique de proche en proche jusques à la dernière pièce, chaque rouage en entraîne un autre, et bientôt tout l'ensemble est en jeu. Une partie est mue par une autre, et le mouvement arrive à une troisième ; c'est ainsi que l'harmonie du monde est établie non d'une seule manière, mais à l'aide de moyens et de principes opposés. Et le premier élan étant donné, toute chose se meut, comme nous l'avons dit, par une action mutuelle. Que l'on jette ensemble, sur un plan incliné, une sphère, un cube, un cylindre et d'autres solides ; tous se précipiteront en bas, mais avec des mouvements différents.

Voici encore une comparaison qui me semble assez juste : Si l'on laissait échapper d'un lieu où ils seraient enfermés ensemble, des oiseaux, des poissons et des animaux terrestres ; chacun d'eux, suivant son instinct naturel, se dirigerait vers l'élément qui lui est propre : les uns regagneraient les eaux ; les autres, obéissant à leurs habitudes et à leurs lois, se rangeraient parmi les animaux domestiques ou parmi les animaux sauvages ; d'autres enfin, doués de la faculté de voler, s'élanceraient dans les airs ; et cependant tous auraient été lâchés du même endroit. La nature du monde est ainsi organisée : le ciel avec sa rotation fort simple, avec ses alternatives de nuit et de jour, ses divisions et ses mesures très-nettement déterminées, le ciel, dans sa sphère immense, embrasse tout.

La lune, par ses accroissements et ses diminutions, marque les périodes des mois ; le soleil, dans sa révolution annuelle, éclaire les plaines du ciel, ainsi que ses deux satellites, l'agréable Lucifer et l'étoile de Mercure. Pyroïs, l'astre de Mars, opère sa révolution en deux années : l'éclatant Jupiter met six fois plus de temps pour achever la sienne ; et Saturne, attaché à la sphère la plus élevée, n'accomplit sa course qu'en trente années. Cependant, au milieu de toutes ces inégalités, il n'y a qu'un mouvement unique, qu'une révolution générale pour l'ensemble de l'univers ; il y a concert dans ce chœur des étoiles qui se lèvent et se couchent en des régions diverses ; enfin le monde présente, suivant l'expression grecque, un ordre admirable, une précieuse parure.

De même que, dans les chœurs, le chef d'orchestre entonne l'hymne, et la multitude des hommes et des femmes, avec leurs voix graves ou perçantes, composent une harmonie complète ; de même la raison divine établit l'harmonie au milieu de tant de variétés. Pendant que le ciel, parsemé d'étoiles enflammées et rayonnantes, est emporté dans sa course régulière, et que les astres se lèvent successivement aux points opposés du ciel, le soleil, embrassant tout de son regard, donne le jour par sa présence, et ramène la nuit en se dérobant. Son éloignement ou son rapprochement des différentes parties du globe partage l'année en quatre saisons : de là viennent les pluies qui fécondent, les vents qui fertilisent, et les aliments de tous les êtres que Dieu a placés dans les diverses contrées du monde. Il faut y joindre la course des fleuves, le torrent des eaux, l'ombrage des forêts, la maturité des fruits, la naissance et la mort de tous les êtres.

Or, le roi et le père de toutes choses, que nous ne voyons que par l'œil de l'intelligence et de la

---

ad secundum, et deinceps ad proximum, et usque ad supremum, attactu continuo vim suæ majestatis insinuat : et aliud alio commovetur, motusque unius alteri movendi se originem tradit. Mundo equidem consentiunt, non una, sed diversa via, et plerumque contraria. Et prima remissione ad motum data, simplicique inchoato principio, impulsibus mutuis, ut supra dictum est, moventur quidem omnia ; sed ita, ut, si quis sphæram et quadratum et cylindrum et alias figuras per proclive simul jaciat, deferentur quidem omnia, sed non eodem genere movebuntur.

Nec illud dissimile exemplum videri oportet, si quis pariter patefacto gremio, animales simul abire patiatur, volucrum, natatilium, atque terrestrium greges ; enimvero ad suum locum quæque, duce natura, properabunt : pars aquam repetent ; illæ inter cicures atque agrestes legibus et institutis suis naturali lege aggregabuntur ; ibunt per aeris vias præpetes, quibus hoc natura largita est. Atque ab uno sinu abeundi facultas concessa omnibus fuerat. Sic natura mundi est constituta. Nam quum cœlum omne simplici circumactu volvatur, nocte dieque distinctum, diversis mensurarum æqualitatibus separatum, quamvis una sphæra omnia concluserit ; incrementis tamen globi sui, decisionique luminis menstrua tempora luna significat, et cœli spatium sol annua reversione collustrat, ejus-que comites amœnus Lucifer, et communis Cyllenius stella. Etenim Pyrois Mavortium sidus circuli sui biennio conficit spatia : Jovis clarum fulgensque, sexies eadem multiplicat cursibus suis tempora, quæ Saturnus sublimior triginta spatiis annorum circumerrat. Verum inter hæc una mundi conversio unusque reversionis est orbis, et unus concentus, atque unus stellarum chorus ex diversis occasibus ortibusque. Hoc ornamentum et monile rectissime κόσμος græca lingua significatur.

At enim ut in choris, quum dux carminis hymno præcinit, concinentium vulgus virorum et feminarum mixtis gravibus et acutis clamoribus unam harmoniam resonant : sic divina mens mundanas varietates, ad instar unius concentionis, revelat. Nam quum cœlum conflixum vaporatis et radiantibus stellis, inerranti cursu feratur, et reciprocis itineribus astra consurgant : sol quidem omnituens ortu suo diem pandit, occasu noctem reducit, conditusque vel relatus per plagas mundi, quatuor temporum vices mutat ; hinc tempestivi imbres, et spiritus haud infecundi ; hinc alimenta rebus iis, quas accidere Deus his mundi partibus voluit. His appositi sunt torrentium cursus, et tumores undarum, emicationesque silvarum, frugalia maturitas, fœtus animalium, educationes etiam atque obitus singulorum.

méditation, a établi des lois fixes pour l'univers entier : il lui a donné les astres pour flambeaux, il l'a peuplé d'espèces de toutes sortes, les unes visibles, les autres cachées ; et d'une seule impulsion il l'a fait mouvoir.

On pourrait comparer cette action universelle à celle d'un combat. Lorsque la trompette guerrière retentit, les soldats sont enflammés par ses accents; l'un prend son glaive, l'autre son bouclier; celui-ci se revêt de sa cuirasse, celui-là couvre sa tête d'un casque ou ses jambes de cuissards; cet autre met un frein à son coursier ou dispose ses rênes : chacun alors se livre aux soins qui lui sont propres. Les vélites organisent l'attaque, les chefs forment les rangs, les cavaliers se placent en tête de chaque aile, les autres se dirigent vers le poste qui leur a été confié. Cependant cette armée tout entière obéit aux ordres d'un seul chef, qui marche à la tête et qui exerce le commandement souverain. Il en est de même pour l'organisation des choses divines et humaines; toutes obéissent à un seul maître, chacune d'elles a ses lois particulières, et la Providence, qui veille sur l'ensemble, est cachée à tous les regards, excepté à ceux de l'intelligence. Ce mystère dont le Tout-Tuissant est entouré ne l'empêche pas plus d'agir qu'il ne nous empêche de le concevoir. Pour entendre ce principe, voici une comparaison qui nous servira d'exemple, quelque imparfaite qu'elle soit : L'âme humaine n'est pas visible, et cependant on est forcé d'avouer qu'elle préside aux actes les plus remarquables de l'homme. La forme et la substance de l'âme ne tombent pas sous nos regards, mais nous comprenons, par l'importance de son action, quelle est sa nature et de quelle puissance elle est douée. C'est elle dont le génie pourvoit à tous les besoins de l'homme ; c'est elle qui lui enseigne l'agriculture, l'usage des fruits, l'utilité des arts et des métiers, les commodités de la vie. Parlerai-je de ces lois destinées à adoucir les hommes, de ces institutions politiques et morales qui donnent aux peuples les douceurs de la paix, qui remplacent les fureurs de la guerre par un calme heureux?

Il faudrait être bien injuste dans l'appréciation des faits, pour nier qu'une puissance analogue à celle de l'âme n'appartienne à Dieu, cet être suprême dont l'essence est sublime et la vie immortelle, ce père des vertus, et la vertu même!

Eh! quoi d'étonnant que son essence échappe à nos regards mortels, puisqu'il se révèle à nous par la manifestation évidente de ses œuvres divines? C'est Dieu qui est la cause de ces phénomènes qui s'opèrent dans les cieux, sur la terre et dans les eaux ; c'est lui qui conserve et protége le monde, c'est de lui qu'Empédocle a eu raison de dire :

« Tout ce qui a été, tout ce qui est, tout ce qui
« sera, arbres, hommes, femmes, bêtes sauva-
« ges, oiseaux, poissons des mers, ce principe
« de vie a tout produit. »

J'ai vu, sur le bouclier de la Minerve qui préside à la citadelle d'Athènes, ce Phidias que la tradition nous présente comme un habile sculpteur; il s'est figuré de telle sorte, que si l'on voulait retrancher son image du bouclier, l'ensemble serait détruit, et l'œuvre entièrement perdue.

Quum igitur rex omnium et pater, quem tantummodo animæ oculis nostræ cogitationes vident, machinam omnem jugiter per circuitum suis legibus terminatam, claram et sideribus relucentem, speciesque innumeras modo propalam, sæpe contectas, ab uno, ut supra dixi, principio agitari jubet; simile istuc esse bellicis rebus hinc liceat arbitrari. Nam quum tuba bellicum cecinit, milites clangore incensi, alius accingitur gladio, alius clypeum capit; ille lorica se induit; hic galea caput, vel crura ocreis involvit; ille equum temperat frenis, et loris jugales ad concordiam copulat; et protinus unusquisque competens capessit officium. Velites excursionem adornant, ordinibus principes curant, equites cornibus præsunt, ceteri negotia, quæ nacti sunt, agitant : quum interea unius ducis imperio tantus exercitus paret, quem præfecerit, penes quem est summa rerum. Non aliter divinarum et humanarum rerum status regitur, quando uno moderamine contenta omnia, pensum sui operis agnoscunt; curaque omnibus occulta, vis nullis oculis obvia, nisi quibus mens suæ lucis aciem intendit.

Nec tamen hoc vel illi ad moliendum, vel nobis ad intelligendum obest. De inferiore licet imagine capiamus exempla. Anima in homine non videtur : et tamen fateantur omnes necesse est, hujus opera omnia, quæ per hominem præclara fiunt, provenire; neque animæ ipsius qualitatem ac figuram oculis occurrere, sed momentis ab ea gestarum rerum intelligi, qualis et quanta sit. Omne quippe humanæ vitæ præsidium ingenio ejus est paratum : cultus agrorum, usus frugum, artificum solertia, proventus artium, commoditates vitæ humanæ. Quid de legibus dicam, quæ ad mansuefaciendos homines sunt inventæ? quid de civilibus institutis ac moribus, qui nunc populorum otiosis conventibus frequentantur; et, asperitate bellorum pacata, mitigantur quiete? Nisi forte tam injustus rerum æstimator potest esse, qui hæc eadem de Deo neget, quem videat esse viribus exsuperantissimum, augustissima specie, immortalis ævi, genitorem virtutum, ipsamque virtutem.

Unde nihil mirum est, si mortales oculi ejus non capiunt aspectum, quando divinorum operum vestigiis sit perspicuus atque manifestus. Ceterum ea, quæ vel cœlo accidere oculis advertimus, et in terra fieri et in aqua; etiam illa fieri a Deo credenda sunt, cujus tutela mundi hujus et cura est; de quo Empedocles prudenter his verbis sensit :

Πάνθ' ὅσατ' ἦν, ὅσατ' ἐστὶν, ἰδ' ὅσσα τε ἔσται ὀπίσσω
Δένδρεά τ' ἐβλάστησε καὶ ἀνέρες, ἠδὲ γυναῖκες,
Θῆρες τ', οἰωνοί τε, καὶ ὑδατοθρέμμονες ἰχθῦς.

Phidian illum, quem fictorem probum fuisse tradit memoria, vidi ipse in clypeo Minervæ, quæ arcibus Atheniensibus præsidet, oris sui similitudinem colligasse; ita,

C'est ainsi que Dieu veille au salut du monde, en rattachant par sa force divine les parties entre elles. Quel est son séjour? il n'habite point près des régions de la terre, ni au milieu des airs mobiles; il occupe le sommet du monde, que les Grecs appellent avec raison le ciel (οὐρανὸς), parce qu'il est le dernier période de toute hauteur; par la même raison ils le nomment Olympe, parce qu'il est à l'abri de toutes les tempêtes et de tous les bouleversements. En effet, l'Olympe fut-il jamais obscurci par les nuages, attristé par les frimas et les neiges, agité par les vents ou sillonné par les pluies? C'est ce qui a fait dire à un poëte :

« L'Olympe, séjour immortel que les dieux
» habitent, n'est jamais agité par les vents, ni
« mouillé par la pluie, ni couvert par les neiges :
» il n'est pas de nuages qui obscurcissent son air
« toujours pur. »

C'est une opinion commune parmi les hommes et confirmée par une multitude d'observations, que Dieu occupe les hauteurs de l'univers. Aussi dans nos prières nous élevons toujours nos mains vers le ciel, comme dit un poëte romain : « Re- « garde cette lumière sublime que tous les hom- « mes invoquent en disant : Jupiter ! »

C'est pourquoi tout ce qui paraît de plus magnifique à nos yeux, les astres célestes, les flambeaux du monde occupent ces régions élevées, conservant un ordre éternel, obéissant ainsi, à ces lois immuables qui ont déterminé leurs routes, les espaces qu'ils doivent parcourir, le temps de leurs révolutions.

Toutes les choses de la terre changent, se transforment, et périssent ensuite. Nous le savons, d'épouvantables tremblements agitèrent souvent le globe; des villes furent englouties avec des peuples; des régions entières furent noyées par des torrents de pluie; des continents furent changés en îles par l'envahissement des flots étrangers; d'autres terres, abandonnées par la mer, devinrent accessibles à l'homme. Écoutez la tradition : des cités furent renversées par les vents et les tempêtes, des incendies éclatèrent dans les nues, lorsque les contrées de l'Orient furent embrasées par la chute de Phaéthon, comme disent les poëtes; l'Occident fut ravagé par des tourbillons de flammes qui l'inondèrent; l'Etna, brisant ses fournaises, vomit naguère des fleuves bouillonnants, semblables à des fleuves célestes qui se précipitaient comme un torrent sur les flancs de la montagne. Nous avons même gardé le souvenir des admirables traits d'héroïsme qui signalèrent ces horribles catastrophes. Il y eut des fils qui, dans l'épouvante causée par l'irruption, conservèrent cependant le sentiment de l'amour et de la piété, et emportèrent sur leurs épaules leurs vieux parents arrachés à ces laves brûlantes; et les ondes enflammées, se séparant comme à la voix d'un dieu, formaient pour ainsi dire deux fleuves sortis d'une même source, et semblaient se vouloir contenter d'assiéger innocemment la place où marchaient ces vertueux portefaix, chargés de leur pieux fardeau.

Enfin ce qu'est le pilote sur un vaisseau, le guide sur un char, le coryphée dans les chœurs, la loi dans la cité, le chef dans l'armée, Dieu

---

ut si quis olim artificis voluisset exinde imaginem separare, soluta compage, simulacri totius incolumitas interiret. Ad hoc instar mundi salutem tuetur Deus, aptam et revinctam sui numinis potestate.

Hujus locum quærimus; qui neque finitimus est terræ contagionibus, neque tamen medius in aere turbido, verum in mundano fastigio, quem Græci οὐρανὸν recte vocant, ut qui sit altitudinis finis; etiam iidem illa ratione ὄλυμπον nominant; quem ab omni fuscitate ac perturbatione vident liberum. Neque enim caliginem nubium recipit, vel pruinas vel nives sustinet, nec pulsatur ventis, nec imbribus cæditur. Hæc enim nec Olympo, qui est celsitudinis summæ, contingere, poeta his verbis cecinit :

Οὔλυμπον δ' ὅθι φασὶ θεῶν ἕδος ἀσφαλὲς αἰεὶ
Ἔμμεναι, οὔτ' ἀνέμοισι τινάσσεται, οὔτε ποτ' ὄμβρῳ
Δεύεται, οὔτε χιὼν ἐπιπίλναται, ἀλλὰ μάλ' αἴθρη
Πέπταται ἀνέφελος, λευκὴ δ' ἀναδέδρομεν αἴγλη.

Hanc opinionem communis mos et hominum observationes secutæ, affirmant, superiora esse Deo tradita. Namque habitus orantium sic est, ut manibus extensis in cœlum precemur. Romanus etiam poeta sic sensit :

Aspice hoc sublime candens, quem invocant omnes Jovem.

Unde illa, quæ videntur, suntque omnibus præstantiora, easdem sublimitates regionum tenent, astra cœlestia, et mundi lumina; ac merito illis licet ordine perpetuo frui, nec diversis etsi spatiis temporibusve observantissimam legem suorum aliquando itinerum mentiuntur.

Terrena omnia mutationes et conversiones, postremo interitus habent. Namque immodicis tremoribus terrarum dissiluisse humum, et interceptas urbes cum populis, sæpe cognovimus. Audivimus etiam, abruptis imbribus prolutas esse totas regiones. Illas etiam, quæ prius fuerint continentes, hospitibus atque advenis fluctibus insulatas; alias, desidia maris, pedestri accessu pervias factas. Quid? qui ventis et procellis civitates eversas esse meminerunt? quid? quum incendia de nubibus emicarunt, quum Orientis regiones Phaethontis ruina, ut quidam putant, conflagratæ perierunt? In Occidentis plagis scaturigines ignis quædam ac proluviones easdem strages dederunt. Sic ex Ætnæ verticibus quondam effusis crateribus, per declivia, incendio divino, torrentis vice, flammarum flumina cucurrerunt. In quo periculi vertice egregium pietatis meritum fuisse cognovimus. Namque eos, qui principio fragoris territi, sensum tamen clementiæ misericordiæque retinebant, et grandævos parentes ereptos voluerі clade suis cervicibus sustinebant; illa flammarum fluenta divino separata discidio, quasi duo flumina ex uno fonte manantia, locum illum ambire maluerunt obsidione innocenti, in quo inerant boni bajuli, religiosis sarcinis occupati.

Postremo, quod est in triremi gubernator, in curru rector, præcentor in choris, lex in urbe, dux in exercitu, hoc est in mundo Deus : nisi quod ceteris ærumnosum, et multi-

l'est dans le monde; si ce n'est que parmi les hommes les fatigues, les travaux multiples, les soins innombrables sont le partage de celui qui a en main le commandement : mais pour Dieu il n'existe ni tristesse, ni sollicitude, ni obstacles dans le gouvernement de son œuvre. Il dispose autour de nous, il dirige toutes formes, toutes natures; il les meut en différents lieux. Il est comme la loi de la cité : une fois promulguée, elle doit être sanctionnée par une observance perpétuelle; elle reste immuable, elle agit sur les citoyens, les courbe sous son empire, et leur impose ses prescriptions. C'est pour se conformer à ses décrets que les magistrats se rendent à leurs tribunaux, que les soldats reçoivent les ordres du général, que les préteurs veillent sur les jugements, que les décurions et tous ceux qui ont le droit de rendre la justice vont siéger dans les assemblées publiques. L'un vient à la porte Minutia faire provision de blé, les autres sont assignés à certains jours, l'accusé pour se défendre, l'accusateur pour l'attaquer; celui-ci, condamné à mort, est conduit au lieu du supplice; celui-là, à peine sorti du festin de la veille, se rend aux noces du lendemain; ici on prépare des repas publics et des lits en l'honneur des dieux; là, ce sont des fêtes, des jeux scéniques, les combats du cirque, un sacrifice aux divinités, une supplication aux génies, une libation aux morts; tous enfin se livrent à diverses occupations, et tous obéissent aux ordres de la loi et de leurs chefs communs.

Voyez, dans la même ville on respire les parfums de l'Arabie et l'odeur infecte des ordures; on entend des hymnes, des vers et des cantiques, en même temps que des lamentations et des sanglots. C'est ainsi, selon nous, que se passent les choses dans l'ensemble du monde.

Dieu est cette loi qui maintient l'équité, et qui n'a besoin d'aucune réforme, ni d'aucun changement. De même que le monde entier est dirigé par la providence immuable de son auteur, et vivifié par ce principe qui anime toutes les natures, toutes les espèces et tous les genres; de même les rejetons flexibles de la vigne se développent, le palmier s'élève, la pêche se colore, le suc de la pomme s'adoucit, la figue mûrit; tout croît, même ces plantes appelées par nous malheureuses, parce qu'elles ne produisent pas de fruits, plantes utiles d'une autre manière : le platane, qui, comme dit le poëte, prête son ombrage au buveur, le pin élevé, le buis gracieux, le laurier odorant, le cyprès plus odorant encore. Enfin tous les animaux, domestiques ou sauvages, ailés, terrestres, aquatiques, tous, dans leur reproduction, dans leur vie et dans leur mort, obéissent aux décrets des cieux; comme le dit Héraclite, tout être rampant se nourrit de la terre.

Il n'y a qu'un seul Dieu, mais il est appelé de plusieurs noms, à cause de ses nombreux attributs qui semblent le multiplier : comme Protecteur, il prend le nom de Jupiter (du mot *juvare*); comme principe de vie, les Grecs l'appellent avec raison Ζεύς; ils le nomment aussi Saturne, comme fils du Temps, c'est-à-dire comme être sans commencement et sans fin. C'est encore le dieu du tonnerre, de l'éclair, de la foudre, de la pluie, de la sérénité; d'autres le nomment le dieu qui fertilise, le gardien de la cité, le dieu

---

plex, et curarum innumerabilium videtur esse hoc ipsum, alicujus officii principem fieri; Deo vero nec tristis, nec onerosa est imperii sui cura. Namque nobis circumfert et regit cunctas formas naturasque, quas diversis regionibus commovet, ut est lex civitatis semel promulgata, perpetuis observationum rationibus fixa, ipsa quidem immutabilis, at ejus arbitrio parentium mentes agitantur, nutuque ejus et dominatione flectuntur : et scitis ejus magistratus tribunalia, principia milites frequentabunt, recuperatores judiciis præsidebunt : decuriones, et quibus est jus dicendæ sententiæ, ad consessum publicum commeabunt : et alius ad Minutiam frumentatum venit : et aliis in judiciis dies dicitur : reus purgandi se necessitate, insectandi studio accusator venit : ille moriturus ad supplicii locum ducitur : hic ad convivii repotia et vespertinus comessator adventat. Sunt et publicarum epularum apparatus, et lectisternia deorum, et dies festi, ludi scenici, ludique circenses. Diis sacrificatur, geniis ministratur, obitis libatione profunditur, aliusque alio fungitur munere : parentque omnes jussis legum et communis imperii. Videasque illam civitatem pariter spirantem Panchais odoribus, et graveolentibus cœnis : resonantem hymnis et carminibus et canticis, eamdem etiam lamentis et ploratibus ejulantem. Ad hunc modum res agi et in mundo æstimemus.

Lex illa vergens ad æquitatis tenorem sit Deus, nulla indigens correctione mutabili. Quippe sicut mundi universitas regitur, dum speculatur ad omnia rector ejus, atque immutabiliter incumbit, spargiturque vis illa seminibus inclusa per naturas omnium speciesque et genera digesta : sic faciles vitium lapsus, et palmarum ardua, persicorum rubor, levitas mali gignitur, et dulcitas fici, et quæ infelicia propter infœcunditatem vocamus, tamen utilia sunt alio pacto : platani, ut ait poeta, umbras potantibus ministrantes, et acuta pinus, et rasiles buxi, et odora laurus cupressorum odoratius lignum. Tandem omnium animalium agrestium, et cicurum, pinnatarum, et pedestrium, et aquatilium natura gignitur, nutritur, absumitur, parens cœlestibus institutis; πᾶν γὰρ ἑρπετὸν τὴν γῆν νέμεται, ut Heraclitus ait.

Et quum sit unus, pluribus nominibus cietur, propter specierum multitudinem, quarum diversitate sit multiformis; videlicet a juvando Jupiter dicitur, Δία quem et Ζῆνα Græci, quod vitæ nostræ auctor sit, rectissime appellant; Saturnium etiam, filium Κρόνου, quasi χρόνου, id est, quemdam incœpta ab origine, interminum ad finem. Dicitur et Fulgurator, et Tonitrualis, et Fulminator, etiam Imbricitor, et item Serenator; et plures nomen Frugiferum vocant, multi Urbis custodem, alii Hospitalem, Amicalemque; et omnium officiorum nominibus appellant. Est et

Hospitalier, le dieu Ami. On lui donne enfin le nom de toutes les nobles fonctions. Il est tantôt le dieu des combats, tantôt le Triomphateur, le Conquérant, le Porte-Trophée. On trouve dans le vieux langage romain, et dans celui des haruspices, une foule d'autres appellations analogues à celles-là.

Orphée voulant dépeindre le grand être s'exprime ainsi :

« Jupiter était avant tout, Jupiter sera après tout; Jupiter est la tête, Jupiter est le milieu, tout vient de Jupiter;

« Jupiter est le fondement de la terre et du ciel étoilé;

« Jupiter est l'homme, Jupiter est la vierge pure;

« Jupiter est le souffle, Jupiter est le feu immortel;

« Jupiter est la source des mers, Jupiter est le soleil et la lune;

« Jupiter est roi, Jupiter est le principe et le maître de tout;

« Il cache tout et donne le jour à tout;

« De sa tête sacrée s'échappent tous les germes. »

Les Grecs appellent le destin du nom de décret (εἱμαρμένην) parce que c'est une série de causes étroitement liées entre elles : ils l'appellent encore πεπρωμένην (déterminé), parce que toutes les choses de ce monde sont exactement déterminées; ils lui donnent aussi le nom de μοῖρα (parties), parce que tout est composé de parties; le nom de Némésis (distribution), parce que chacun a sa destinée particulière; d'Adrastée ou Puissance vengeresse, parce qu'on ne peut éviter ses coups.

Il y a trois Parques, et ce nombre s'accorde avec la division du temps; car il y a analogie entre leurs attributions et les périodes du temps. Ce qui est filé sur le fuseau est l'image du passé; ce qui tourne dans les doigts indique le présent; ce qui n'a pas encore été tiré du fuseau représente l'avenir, et le temps qui n'est pas encore accompli. Chacune des Parques a un nom qui désigne ses fonctions : Atropos préside au passé, qui est irrévocable pour Dieu lui-même; Lachésis dirige l'avenir; elle doit son nom à cette fin que Dieu a fixée pour les temps futurs; Clotho a le soin du présent; son emploi est de veiller assidûment sur toutes choses. Quant à Dieu, il parcourt sans cesse l'univers, comme on peut s'en convaincre en écoutant ces paroles de Platon......

Dieu, comme le dit une vieille sentence et comme l'affirme la raison, Dieu est le principe, la fin et le milieu de tout. Il pénètre et illumine tout, et, dans son vol rapide, il plane sur l'univers. A ses côtés marche la Nécessité vengeresse; elle punit ceux qui s'écartent de la loi sacrée, mais elle s'adoucit pour celui qui, dès sa plus tendre enfance, dès le berceau, a compris Dieu, l'a révéré, et s'est donné tout entier à lui.

Militaris, et Triumphator, et Propagator, et Tropæophorus; et multo plura ejusmodi apud aruspices et Romanos veteres inveniés. Orpheus vero, hanc effari potestatem volens, his de eo verbis canit :

Ζεὺς πρῶτος γένετο, Ζεὺς ὕστατος ἀργικέραυνος,
Ζεὺς κεφαλή, Ζεὺς μέσσα· Διὸς δ' ἐκ πάντα τέτυκται.
Ζεὺς πυθμὴν γαίης τε καὶ οὐρανοῦ ἀστερόεντος.
Ζεὺς ἄρσην γένετο, Ζεὺς ἄμβροτος ἔπλετο νύμφη.
Ζεὺς πνοιὴ πάντων, Ζεὺς ἀκαμάτου πυρὸς ὁρμή,
Ζεὺς πόντου ῥίζα, Ζεὺς ἥλιος ἠδὲ σελήνη.
Ζεὺς βασιλεύς, Ζεὺς ἀρχὸς ἁπάντων, ἀργιγένεθλος,
Πάντας γὰρ κρύψας αὖτις φάος ἐς πολυγηθές
Ἐξ ἱερῆς κραδίης ἀνενέγκατο μέρμερα ῥέζων.

Fatum autem Græci εἱμαρμένην, a tractu quodam causarum invicem se continentium, volunt dici decretum; idem πεπρωμένην dicunt, quod omnia in hoc statu rerum definita sint, nec sit in hoc mundo aliquid interminatum; idem fatum μοῖραν vocant, quod ex partibus constet; hinc νέμεσιν, quod unicuique attributio sua sit adscripta. Adrastea, eademque ineffugibilis necessitas ultionis.

Sed tria fata sunt : numerus cum ratione temporis faciens, si potestatem earum ad ejusdem similitudinem temporis referas. Nam quod in fuso perfectum est, præteriti temporis habet speciem, et quod torquetur in digitis, momenti præsentis indicat spatia, et quod nondum ex colo tractum est, subactamque cura digitorum, id futuri et consequentis seculi posteriora videtur ostendere. Hæc illis conditio ex nominum eorumdem proprietate contingit; ut sit Atropos præteriti temporis fatum, quod ne Deus quidem faciet infectum : futuri temporis Lachesis a fine cognominata, quod etiam illis, quæ futura sunt, finem suum Deus dederit. Clotho præsentis temporis habet curam, ut ipsis actionibus suadeat, ne cura solers rebus omnibus desit. Deum vero ire per omnes terrasque, non frustra arbitrabitur, qui audiet Platonis hæc verba. * * *

Deus namque, sicut vetus inquit sermo, et vera continet ratio, principia, et fines, et media rerum omnium penetrat atque illustrat, et curru volucri superfertur. Eumdem Deum ultrix Necessitas semper et ubique comitatur, eorum, qui a sacra lege discesserint, vindex futura; quam faciet ille mitificam, qui statim a tenero et ipsis incunabulis intellexit, extimuit, eique se totum dedit atque permisit.

APOLOGIE.

M. Claudius, et vous, ses assesseurs, je savais d'avance et j'étais bien convaincu que Sicinius Émilianus, ce vieillard d'une imprudence notoire, en portant contre moi devant votre tribunal une accusation à laquelle il n'a point réfléchi, n'aurait, à défaut de griefs véritables, d'autres armes que les outrages de la calomnie. Mais si l'innocent peut se voir accusé, le coupable seul peut être convaincu : c'est là surtout ce qui me rassure, et je me félicite de trouver ici l'occasion et les moyens de disculper la philosophie aux yeux de l'ignorance, et de me justifier moi-même.

Je l'avoue cependant, ces calomnies sont graves au premier aspect, et leur soudaineté même fait de la défense une tâche d'autant plus difficile; car, vous vous rappelez, il y a cinq ou six jours, j'avais entrepris de plaider la cause de ma femme Pudentilla contre les Granius; quand tout à coup, de propos délibéré, sans que je m'y attendisse, les avocats de cet Émilianus se mirent à me charger d'outrages, à me reprocher des maléfices, enfin à m'accuser de la mort de mon beau-fils Pontianus. Mais, comme je reconnaissais là moins une accusation en règle que l'intention de faire du scandale, je les sommai moi-même à plusieurs reprises d'articuler leur plainte. Alors Émilianus, voyant que vous-même vous aviez pris l'alarme, et que ses paroles étaient devenues un fait, commence à craindre les suites de son inconséquence et à chercher le moyen d'y échapper. Lui qui criait partout que j'étais le meurtrier de son neveu Pontianus, quand il se voit forcé de signer une pareille accusation, le voilà qui oublie aussitôt la mort de son jeune parent, et qui se tait au moment de s'expliquer sur un aussi grave attentat; cependant, pour ne pas paraître se désister entièrement, il se rejette sur la magie, ce crime qu'il est plus facile d'imputer que de prouver : encore n'ose-t-il intenter en face cette accusation ; mais le lendemain il produit un mémoire sous le nom d'un enfant, de mon beau-fils Sicinius Pudens, et déclare au bas de ce mémoire qu'il se présente pour l'assister : nouvelle manière de poursuivre par un tiers ; mais il voulait se mettre à couvert derrière cet enfant, pour éviter lui-même la peine d'une fausse accusation. Votre sagesse a su le comprendre, M. Claudius; vous avez enfin voulu qu'il soutînt en son propre nom la plainte qu'il avait portée : il promit de le faire. Mais alors même on ne peut le forcer à une lutte ouverte et franche; déjà il vous harcelle, de loin, des traits de ses calomnies; lâche combattant, il fuit devant le rôle périlleux d'accusateur, et persiste à vouloir assister son neveu.

Aussi, même avant les plaidoiries, a-t-il été

APULEII
APOLOGIA.

Certus equidem eram, proque vero obtinebam, Maxime Claudi, quique in consilio estis, Sicinium Æmilianum, senem notissimæ temeritatis, accusationem mei, prius apud te cœptam, quam apud se cogitatam, penuria criminum, solis conviciis impleturum. Quippe insimulari quivis innocens potest : revinci, nisi nocens, non potest. Quo ego uno præcipue confisus, gratulor medius fidius, quod mihi copia et facultas, te judice, obtigit, purgandæ apud imperitos philosophiæ, et probandi mei.

Quamquam istæ calumniæ, ut prima specie graves, ita ad difficultatem defensionis repentinæ fuere. Nam, ut meministi, dies abhinc quintus an sextus est, quum me causam pro uxore mea Pudentilla adversus Granios agere aggressum, nec opinantem, nec opinato, patroni ejus incessere maledictis, et insimulare magicorum maleficiorum, ac denique necis Pontiani privigni mei, cœpere. Quæ ego quum intelligerem, non tam crimina judicio, quam objectamenta jurgio prolata, ultro eos ad accusandum crebris flagitationibus provocavi. Ibi vero Æmilianus, quum te quoque acrius motum, et ex verbis rem factam videret, quærere occepit ex diffidentia latibulum aliquod temeritati. Igitur, Pontianum fratris sui filium qui paulo prius occisum a me clamitarat, postquam ad subscribendum compellitur, illico oblitus est de morte cognati adolescentis, subito tacens tanti criminis descriptionem. Tamen ne omnino desistere videretur, calumniam magiæ, quæ facilius infamatur, quam probatur, eam solum sibi delegit ad accusandum. Ac ne id quidem de professo audet; verum postera die dat libellum, nomine privigni mei Sicinii Pudentis, admodum pueri : et adscribit se ei adsistere, novo more per alium lacessendi; scilicet ut, obtentu ejus ætatulæ, ipse insimulationis falsæ non plecteretur. Quod tu quum solertissime animadvertisses, et idcirco eum denuo jussisses proprio nomine accusationem delatam sustinere; pollicitus ita facturum, ne sic quidem quitus est, ut cominus ageret, percelli; sed jam adversum te contumaciter eminus calomniis velitatur. Ita toties ab accusandi periculo profugus, in assistendi venia perseveravit.

Igitur et priusquam causa ageretur, facile intellectu cuivis fuit, qualisnam accusatio futura esset, cujus qui fuerat auctor et machinator, idem fieri professor timeret : ac

facile de comprendre ce que serait une accusation dont l'auteur craignait d'accepter lui-même la responsabilité, surtout quand on sut que l'accusateur était Sicinius Émilianus! Ah! s'il avait découvert quelque chose de vrai contre moi, il n'aurait point hésité à produire contre un étranger de si graves accusations, lui qui osa taxer de faux le testament de son oncle, dont il connaissait l'authenticité : et cela avec tant d'acharnement, que quand Lollius Urbicus, consulaire, eut prononcé, sur l'avis d'autres consulaires, que le testament semblait véritable et devait être maintenu, il jura, dans sa frénésie, à l'encontre de cette voix illustre, que ce testament était supposé; si bien que la modération de Lollius Urbicus put seule le sauver de sa perte. Fort de votre équité et de mon innocence, j'espère que cette même voix éclatera, retentira encore dans ce jugement.

C'est sciemment qu'il calomnie un innocent; mais il hésite d'autant moins à le faire, que déjà, comme je l'ai dit, dans une cause importante, devant le préfet de la ville, il a été convaincu de mensonge. Or, si une première faute inspire plus de réserve à l'homme de bien, le méchant y voit, au contraire, une raison pour persévérer dans le mal avec plus de confiance, et son audace croît avec le nombre de ses crimes. L'honneur, en effet, est comme un vêtement que l'on ménage d'autant moins qu'il est plus usé. Aussi, dans l'intérêt même de mon honneur, je crois nécessaire, avant d'arriver au fond de la cause, de réfuter toutes ces calomnies; car ce n'est pas moi seul que j'ai à justifier, j'ai aussi à défendre la philosophie, dont la susceptibilité repousse avec mépris le moindre soupçon qui l'effleure, aussi bien que les plus graves accusations.

Il y a peu de temps, les avocats d'Émilianus, dans leur loquacité mercenaire, ont vomi contre moi-même mille calomnies, et contre les philosophes en général ces attaques si ordinaires à l'ignorance. Sans doute, on le sait, c'est purement pour eux une affaire d'intérêt. Ce débordement de paroles et cette impudence sont aux gages du premier venu, et je compare en quelque sorte ces misérables criailleurs aux bêtes sauvages, dont le sort est de prêter à la haine d'autrui les poisons de leur langue. Cependant ne fût-ce que pour moi-même, je veux leur répondre en peu de mots : autrement, malgré le soin avec lequel j'évite la moindre tache, le moindre déshonneur, peut-être en laissant passer quelques-unes de ces accusations frivoles, paraîtrais-je les reconnaître plutôt que les mépriser. Je crois d'ailleurs que la susceptibilité d'une âme qui se respecte doit s'offenser même d'un blâme injuste et faux. Quoi! ceux même qui ont la conscience de quelque faute s'émeuvent et s'arrêtent, si on les attaque; et cependant l'habitude de mal faire a dû les accoutumer à entendre mal parler d'eux : à défaut d'autre voix, leurs remords les avertissent qu'ils peuvent être justement accusés. A plus forte raison l'homme innocent et juste, dont l'oreille n'est point faite aux reproches malveillants, et qui est plus habitué à l'éloge qu'aux outrages, se sent péniblement affecté quand on vient sans motif dire de lui ce qu'il pourrait si justement reprocher aux autres. Si donc je semble ici vouloir repousser d'absurdes et frivoles calomnies, c'est la faute de mes accusateurs; c'est sur eux que doit retomber la honte de l'attaque : à moi est réservé l'honneur de la repousser victorieusement.

Eh bien! tu l'as entendu il y a peu de temps,

præsertim Sicinius Æmilianus; qui, si quippiam veri in me explorasset, nunquam profecto tam cunctanter hominem extraneum tot tantorumque criminum postulasset; qui avunculi sui testamentum, quod verum sciebat, pro falso infamarit, tanta quidem pervicacia, ut quum Lollius Urbicus V. C. *verum videri, et ratum esse debere*, de consilio consularium virorum pronunciasset, contra clarissimam vocem juraverit vecordissimus iste tamen, illud testamentum fictum esse : adeo ut ægre lollius Urbicus ab ejus pernicie temperarit. Quam quidem vocem, et tua æquitate et mea innocentia fretus, spero in hoc quoque judicio erupturam.

Quippe qui sciens innocentem criminatur : eo sane facilius, quod jam, ut dixi, mentiens apud præfectum urbi in amplissima causa convictus est. Namque peccatum semel, ut bonus quisque postea sollicitius cavet, ita qui ingenio malus est, confidentius integrat; ac jam de cetero, quo sæpius, eo apertius delinquit. Pudor enim, veluti vestis, quanto obsoletior est, tanto incuriosius habetur. Et ideo necessarium arbitror, pro integritate pudoris mei, priusquam ad rem aggrediar, maledicta omnia refutare. Sustineo enim non modo meam, verum etiam philosophiæ defensionem, cujus magnitudo vel minimam reprehensionem pro maximo crimine adspernatur.

Propter quod paulo prius patroni Æmiliani multa in me proprie conficta, et alia communiter in philosophos sueta ab imperitis, mercenaria loquacitate effutierunt. Quæ etsi possunt, ab his utiliter blatterata ob mercedem, et auctoramento impudentiæ depensa haberi, jam concesso quodam more rabulis id genus, quo ferinæ solent linguæ suæ virus alieno dolori locare; tamen vel mea causa paucis refellenda sunt, ne is, qui sedulo laboro, ut ne quid maculæ aut inhonestamenti in me admittam, videar cuipiam, si quid ex frivolis præteriero, id agnovisse potius, quam contempsisse. Est enim pudentis animi et verecundi, ut mea opinio fert, vel falsas vituperationes gravari : quum etiam hi, qui sibi delicti alicujus conscii sunt, tamen quum male audiunt; impendio commoveantur, et obirascantur; quamquam, exinde ut malefacere cœperunt, consueverint male audire. Quod si a ceteris silentium est, tamen ipsi sibimet conscii sunt, posse se merito increpari. Enimvero bonus et innoxius quisque rudes et imperitas aures ad male audiendum habens, et laudis assuetudine contumeliæ insolens, multo tanto ex animo laborat, ea sibi immerito dici, quæ ipse possit aliis vere objectare. Quod si forte inepta videbor et oppido frivola velle defendere, illis debet ea res vitio verti, quibus turpe est etiam hæc objectasse : non mihi culpæ dari, cui honestum erit etiam hæc diluisse.

l'accusation commençait par ces mots : Nous accusons devant toi un philosophe qui a pour lui la beauté et l'éloquence (ô crime!) tant en grec qu'en latin. Tel était, si je ne me trompe, le début de Tannonius Pudens, qui certes, il faut le dire, commet peu le crime d'éloquence. Plût au ciel que ces accusations si graves et d'éloquence et de beauté, il me les eût intentées justement! Ma réponse eût été facile; c'était celle que le Pâris d'Homère fait à Hector :

Ne rejetons jamais les dons des immortels,
Ne les a pas qui veut.

Voilà ce que j'eusse répondu pour la beauté; j'aurais ajouté qu'il est permis même aux philosophes d'avoir une figure distinguée; que Pythagore, qui le premier prit le nom de philosophe, fut l'homme le plus beau de son siècle; que l'antique Zénon originaire de Vélia, qui le premier de tous, par un artifice ingénieux, divisa l'art oratoire en deux branches distinctes, oui, que Zénon était, au dire de Platon, d'une admirable beauté; enfin que le nom de beaucoup d'autres philosophes est passé à la postérité avec cette réputation de beauté, et qu'ils rehaussaient la grâce du corps par la beauté de l'âme. Mais une pareille défense, comme je l'ai dit, ne saurait me convenir : bien médiocre est ma beauté; d'ailleurs l'assiduité des travaux littéraires enlève au corps ses agréments : l'extérieur s'appauvrit, le suc s'évapore, la couleur s'altère, la vigueur s'évanouit. Ma chevelure elle-même, que je laisse, disent-ils par un impudent mensonge, flotter pour relever les charmes de ma figure, voyez-la! quelle beauté, quelle recherche de délicatesse! hérissée, entrelacée au hasard, on dirait un inextricable écheveau d'étoupe, ramas confus de poils qui se dressent, se nouent et s'enchevêtrent. Il serait impossible, tant j'y ai mis de négligence, je ne dis pas de la parer, mais de la peigner, de la séparer sur mon front. C'est assez, je le pense, réfuter cette accusation de cheveux, dont ils me font un crime capital.

Pour l'éloquence, supposons que j'en aie quelque peu : faudrait-il donc en faire un sujet d'étonnement et de blâme, si depuis le commencement de ma vie je me suis voué tout entier à l'étude des belles-lettres, si jusqu'à ce jour j'ai dédaigné tous les autres plaisirs, si, par un travail peut-être plus qu'humain, opiniâtrément poursuivi le jour et la nuit, par le sacrifice de mes forces, aux dépens de ma santé, j'ai tout fait pour la conquérir? Mais qu'ils ne craignent rien de cette éloquence : malgré tous mes efforts, c'est plutôt une espérance qu'un bien que je possède. Et cependant, si elle est vraie, cette pensée qui se trouve, dit-on, dans les poëmes de Statius Cécilius, que *l'innocence est de l'éloquence;* alors, j'ose le dire et je l'affirme ici, il n'est personne au monde à qui je cède cette palme de l'éloquence. A ce compte, quel homme sur la terre est plus éloquent que moi? car jamais je n'ai conçu dans mon âme une pensée que je n'oserais exprimer hautement. Je le proclame donc, je suis un grand orateur, puisqu'une mauvaise action a toujours été un crime à mes yeux : oui, je suis un homme éloquent, car il n'est pas dans ma vie un seul mot, un seul acte que je ne puisse soutenir devant tous.

Aussi vais-je parler ici de quelques vers dont

Audisti ergo paulo prius, in principio accusationis ita dici : *Accusamus apud te philosophum formosum, et tam græce, quam latine* (proh nefas!) *disertissimum.* Nisi fallor enim, his ipsis verbis accusationem mei ingressus est Tannonius Pudens, homo vere ille quidem non disertissimus. Quod utinam tam gravia formæ et facundiæ crimina vere mihi opprobrasset! non difficile ei respondissem, quod Homericus Alexander Hectori :

Οὔτοι ἀπόβλητ' ἐστὶ θεῶν ἐρικυδέα δῶρα,
Ὅσσα κεν αὐτοὶ δῶσιν, ἑκὼν δ' οὐκ ἄν τις ἕλοιτο.

Hæc ego de forma respondissem : præterea, licere etiam philosophis, esse vultu liberali : Pythagoram, qui primum sese philosophum nuncuparit, eum sui sæculi excellentissima forma fuisse : item Zenonem illum antiquum Velia oriundum, qui primus omnium dictionem solertissimo artificio ambifariam dissolverit, eum quoque Zenonem longe decorissimum fuisse, ut Plato autumat. Itemque multos philosophos ab ore honestissimos memoriæ prodi, qui gratiam corporis morum honestamentis ornaverunt. Sed hæc defensio, ut dixi, aliquammultum a me remota est : cui, præter formæ mediocritatem, continuatio etiam litterati laboris omnem gratiam corpore deterget, habitudinem tenuat, succum exsorbet, colorem obliterat, vigorem debilitat. Capillus ipse, quem isti aperto mendacio ad lenocinium decoris proximum dixere, vides, quam sit amœnus ac delicatus, horrore implexus atque impeditus, stuppeo tomento adsimilis, et inæqualiter hirtus, et globosus, et congestus; prorsus inenodabilis diutina incuria, non modo comendi, sed saltem expediendi et discriminandi. Satis, ut puto, crinium crimen, quod illi quasi capitale intenderunt, refutatum est.

De eloquentia vero, si qua mihi fuisset, neque mirum, neque invidiosum deberet videri, si ab ineunte ævo unis studiis litterarum ex summis viribus deditus, omnibus aliis spretis voluptatibus, ad hoc ævi, haud sciam, anne super omnes homines impenso labore, diuque noctuque, cum despectu et dispendio bonæ valetudinis, eam quæsissem. Sed nihil ab eloquentia metuant, quam ego, si quid omnino promovi, potius spero, quam præsto. Sane quidem, si verum est, quod Statium Cæcilium in suis poematibus scripsisse dicunt, innocentiam eloquentiam esse; ego vero profiteor ista ratione, ac præ me fero, nemini omnium de eloquentia concessurum. Quis enim me hoc quidem pacto eloquentior vivat? quippe qui nihil unquam cogitavi, quod eloqui non auderem. Eumdem me aio facundissimum esse : nam omne peccatum semper nefas habui; eumdem disertissimum : quod nullum meum factum vel dictum exstet, de quo disserere publice non possim.

je suis l'auteur, et qu'ils m'ont opposés comme une honte ; déjà même vous n'avez pu sans sourire voir mon indignation, quand d'une voix discordante et grossière ils les prononçaient devant nous. D'abord ils ont choisi dans mes poésies badines une petite épître sur une poudre dentifrice, vers légers adressés à un certain Calpurnianus, qui du reste, en produisant cette pièce contre moi, n'a pas vu, dans sa rage de me nuire, que s'il y a là un crime, il en avait commis la moitié. N'était-ce pas lui qui m'avait demandé une poudre pour nettoyer les dents, comme ces vers l'attestent :

> Salut en quelques vers, ami. Selon tes vœux
> La voilà cette poudre aux secrets merveilleux,
> Baume pur, doux présent que nous fait l'Arabie.

Peut-être, en effet, ai-je mérité le blâme, pour avoir envoyé à Calpurnianus une poudre extraite des plantes de l'Arabie ; peut-être eût-il été plus convenable pour lui de suivre le dégoûtant usage des Hibériens et de prendre comme eux, suivant Catulle :

> Son urine pour nettoyer
> Son noir et sale ratelier.

Mais continuons à citer mes vers.

> Source de propreté ! blanche et noble poussière !
> Par elle vois soudain la gencive guérir,
> L'enflure disparaître, et la bouche s'ouvrir
> Sans montrer à nos yeux, toujours pure et vermeille,
> Les restes dégoûtants du repas de la veille.

Je le demande : y a-t-il donc dans ces vers quelque chose dont il faille rougir ? quelque chose qu'un philosophe n'ose avouer comme son œuvre ? J'ai vu quelques personnes retenir à peine un sourire, quand cet orateur se répandait en violentes accusations contre tout ce qui purifie la bouche, et prononçait le nom de poudre dentifrice avec plus d'indignation qu'on en mit jamais à prononcer le mot de poison. Mais, après tout, un philosophe peut accepter l'accusation de ne rien souffrir d'immonde et de fétide dans aucune partie apparente de son corps, et cela surtout pour sa bouche, cet organe dont l'homme fait un si fréquent usage aux regards et à la vue de tous, soit qu'il donne un baiser, soit qu'il se livre à quelque entretien, soit qu'il parle devant un auditoire, ou qu'il récite des prières dans un temple. La parole, en effet, préside à tout acte de l'homme ; et la parole, comme le dit un grand poëte, sort du rempart des dents. Donnez-moi même un homme comme cet orateur faiseur de grandes phrases : il vous dirait à sa manière, surtout s'il avait quelque habitude de la parole, que de toutes les parties du corps nulle n'exige plus de soin que la bouche, qu'elle est le vestibule de l'âme, la porte du discours, et le portique de la pensée. Moi, selon ma portée, je dirai que rien n'est moins convenable pour un homme libre et libéral que la malpropreté de la bouche : noble partie de l'homme, qui, par la place élevée qu'elle occupe, est toujours exposée aux regards, et remplit le plus de fonctions. Dans les bêtes sauvages et les animaux domestiques, la bouche reste inclinée vers la terre, et s'abaisse vers leurs pieds ; elle se rapproche des traces de leurs pas et de leur pâture ; on ne l'aperçoit guère que lorsqu'ils sont morts, ou qu'ils sont en colère et qu'ils veulent mordre ; mais, dans l'homme, c'est là ce qu'on remarque avant tout quand il se tait, et le plus souvent quand il parle. Je voudrais bien que

Ita ut jam de versibus dissertabo, quos a me factos quasi pudendos protulerunt ; quum quidem me animadvertisti cum risu illis succensentem, quod eos absone et indocte pronunciarent. Primo igitur legerunt e Ludicris meis epistolium de dentifricio, versibus scriptum ad quemdam Calpurnianum : qui, quum adversum me eas litteras promeret, invidit profecto cupiditate lædendi, si quid mihi ex illis fieret criminosum, id mihi secum esse commune. Nam petisse eum a me aliquid tersui dentium, versus testantur :

> Calpurniane, salve properis versibus.
> Misi, ut petisti, mundicinas dentium,
> Nitelas oris ex arabicis frugibus,

(Nisi forte in eo reprehendendus sum, quod Calpurniano pulvisculum ex arabicis frugibus miserim : quem multo æquius erat, spurcissimo ritu Hiberorum, ut ait Catullus,

> .... sua sibi urina
> Dentem atque russam pumicare gingivam.)

> Tenuem, candidicum, nobilem pulvisculum,
> Complanatorem tumidulæ gingivæ,
> Converritorem pridianæ reliquiæ ;
> Ne quæ visatur tetra labes sordium,
> Restrictis forte si labellis riseris.

Quæso quid habent isti versus re aut verbo pudendum ? quid omnino, quod philosophus suum nolit videri ? Vidi ego dudum vix risum quosdam tenentes, quum munditias oris videlicet orator ille aspere accusaret, et dentifricium tanta indignatione pronunciaret, quanta nemo quisquam venenum. Quidni ? crimen haud contemnendum philosopho, nihil in se sordidum sinere, nihil uspiam corporis apertum immundum pati ac fœtulentum ; præsertim os, cujus in propatulo et conspicuo usus homini creberrimus : sive ille cuipiam osculum ferat, seu cum quiquam sermocinetur, sive in auditorio dissertet, sive in templo preces alleget. Omnem quippe hominis actum sermo præit : qui, ut ait poeta præcipuus, e dentium muro proficiscitur. Dares nunc aliquem similiter grandiloquum : diceret suo more, cum primis cui ulla fandi cura sit, impensius cetero corpore os colendum ; quod esset animi vestibulum, et orationis janua, et cogitationum comitium. Ego certe pro meo captu dixerim, nihil minus, quam oris illuviem, libero et liberali viro competere. Est enim ea pars hominis loco celsa, visu prompta, usu fœcunda. Nam quidem feris et pecudibus os humile, et deorsum ad pedes dejectum, vestigio et pabulo proximum, nunquam ferme nisi mortuis, aut ad morsum exasperatis, conspicitur : hominis vero nihil prius tacentis, nihil sæpius loquentis, contem-

mon censeur Émilianus me répondît si c'est son habitude de se laver jamais les pieds; et si par hasard il me dit oui, prétendra-t-il que la propreté des pieds demande plus de soin que celle de la bouche? Ah! j'en conviens, Émilianus, c'est vrai pour celui qui, comme toi, n'ouvrirait jamais ses lèvres que pour la médisance et la calomnie; oui, pour un tel homme nul besoin de soigner sa bouche, de nettoyer ses dents avec une poudre exotique, lui qui ferait mieux, pour les frotter, de prendre un charbon aux cendres des bûchers; nul besoin même de les laver simplement avec de l'eau. Que sa langue coupable, interprète de mensonges et d'amertumes, croupisse à jamais dans ses malpropretés et ses souillures! Est-il juste, en effet, que le méchant ait la langue pure et sans tache, la voix ordurière, infecte et corrompue? Est-il juste, en effet, que, comme chez la vipère, des dents d'ivoire distillent un noir venin? Non : mais si jamais on sait qu'on doit émettre des pensées utiles ou faites pour plaire, on a raison alors de laver d'avance sa bouche, comme on lave le vase qui doit recevoir une bonne liqueur. Mais pourquoi parler si longuement de la créature humaine? Le crocodile, ce monstre horrible qu'enfante le Nil, ouvre, m'a-t-on dit, une gueule inoffensive pour se faire nettoyer les dents : dans cette gueule immense, sans langue, et plongée le plus souvent dans l'eau, mille insectes s'embarrassent entre ses dents; le crocodile alors sort sur le rivage du fleuve, la gueule béante; et là un oiseau du fleuve (oiseau favorable et fidèle!), sans courir nul péril, introduit, pour les nettoyer, son bec dans les interstices de ses dents.

Mais laissons ce sujet.

J'en viens aux autres vers, aux vers amoureux, comme ils les appellent, et que cependant leur débit rustique et grossier rendrait bien plutôt haïssables. Mais quel rapport y a-t-il entre les coupables sortiléges de la magie, et les poésies que j'ai faites à la louange des fils de mon ami Scribonius Létus? Suis-je donc magicien, parce que je suis poëte? a-t-on jamais entendu parler d'un soupçon si juste et si conséquent, d'une conjecture si ingénieuse, d'un si judicieux rapprochement? Apulée a fait des vers : mauvais? c'est un tort; mais cependant c'est le tort du poëte et non du philosophe. Bons? pourquoi donc alors les accuser? Mais ce sont des vers légers, des vers amoureux : est-ce donc là l'accusation qui m'est intentée? Vous vous trompez de mot, vous qui m'avez dénoncé comme coupable de magie. D'autres aussi ont fait de pareils vers : si vous l'ignorez, il y eut chez les Grecs un habitant de Téos, un de Lacédémone, un de Chios, et une foule innombrable d'autres : il y eut même une femme de Lesbos dont les vers lascifs et passionnés avaient tant de grâce, que la douceur de la poésie fit pardonner la hardiesse inouïe de son langage. Chez nous je trouve Édituus, et Portius, et Catulle, et avec eux mille autres noms encore. — Mais ce n'étaient pas des philosophes. — Eh bien! nierez-vous que Solon ait été un homme sérieux, un philosophe? pourtant il a fait ce vers si lascif;

Sa douce cuisse et sa bouche enivrante.

Comparez mes vers avec celui-là seul, qu'ont-ils donc de si désordonné? sans parler encore des écrits de Diogène le Cynique et de Zénon, le fondateur de la secte stoïcienne, et de tant d'autres de ce genre. Je veux réciter de nouveau mes

plere. Velim igitur censor meus Æmilianus respondeat, unquamne ipse soleat pedes lavare? vel, si id non negat, contendat majorem curam munditiarum pedibus, quam dentibus impertiendam. Plane quidem, si quis, ita ut tu, Æmiliane, nunquam ferme os suum, nisi maledictis et calumniis, aperiat : censeo, ne ulla cura os percolat; neque ille exotico pulvere dentes emaculet, quos justius carbone de rogo obteruerit; neque saltem communi aqua perluat. Quin, ei nocens lingua, mendaciorum et amaritudinum præministra, semper in fœtutinis et olenticetis suis jaceat. Nam quæ, malum, ratio est, linguam mundam et lotam, vocem quam spurcam et tetram possidere? viperæ ritu, niveo denticulo, atrum venenum inspirare? Ceterum qui sese sciat rationem prompturum neque inutilem, neque injucundam, ejus merito os , ut bono potui poculum, prælavitur. Et quid ego de homine nato diutius? Bellua immanis crocodilus ille, qui in Nilo gignitur, ea quoque, uti comperior, purgandis sibi dentes innoxio hiatu præbet. Nam, quod est ore amplo, sed elingui, et plerumque in aqua recluso, multæ hirudines dentibus implectuntur : eas illi, quum egressus in præripia fluminis hiavit, una ex avibus fluvialibus, — amica avis! — injecto rostro sine noxæ periculo exsculpit. Mitto hæc.

Venio ad ceteros versus, ut illi vocant, amatorios :

quos tamen tam dure et rustice legere, ut odium moverent. Sed quid ad magica maleficia, quod ego pueros Scribonii Læti, amici mei, carmine laudavi? An ideo magus, quia poeta? Quis unquam fando audivit tam similem suspicionem? tam aptam conjecturam? tam proximum argumentum? Fecit versus Apuleius : si malos, crimen est; nec tamen id philosophi, sed poetæ : si bonos, quid accusas? At enim ludicros et amatorios fecit. Num ergo hæc sunt crimina mea, et nomine erratis, qui me magiæ detulistis?

Fecere tamen et alii talia : et, si vos ignoratis, apud Græcos Teius quidam, et Lacedæmonius, et Cius, cum aliis innumeris; etiam mulier Lesbia, lascive illa quidem, tantaque gratia, ut nobis insolentiam linguæ suæ dulcedine carminum commendet : apud nos vero, Ædituus, et Portius, et Catullus, isti quoque cum aliis innumeris. At philosophi non fuere. Num igitur etiam, Solonem fuisse serium virum atque philosophum, negabis? cujus ille lascivissimus versus est :

Μηρῶν ἱμείρων καὶ γλυκεροῦ στόματος.

Et quid tam petulans habent omnes versus mei, si cum isto uno contendantur? ut taceam scripta Diogenis Cynici,

vers, pour qu'ils sachent que je ne les désavoue pas :

Oui, j'aime Critias ; mais, Charinus, mon âme,
Tu conserves ta place en ce cœur trop aimant.
Ne crains rien : que ce feu me brûle librement,
Heureux, je puis suffire à cette double flamme !
Comme vous vous aimez, aimez-moi tous les deux,
Et vous me serez chers comme le sont deux yeux..

J'en récite encore d'autres, qu'ils ont lus en dernier lieu, comme le comble de la licence :

Des fleurs, du miel, des vers, voilà tous mes présents !
Les vers à Critias, les fleurs à ton génie ;
Oui ! les vers, pour chanter ce beau jour où ta vie
Touche, ô mon Critias ! à ses dix-sept printemps :
Les fleurs, pour que le Temps, dans sa course fleurie,
Epargne ta couronne et la fleur de tes ans.
Mais surpasse mes dons par tes dons, ô mon ange !
Critias, donne-moi, juste et charmant échange !
Pour mes fleurs ton printemps, pour mes vers un baiser.
Enlaçons-nous ainsi qu'on les voit s'enlacer ;
Mais que seront mes vers, mes dons et ma couronne,
Auprès de ton baiser, si ta bouche le donne ?

Voilà mon crime, Maximus ; des vers et des fleurs, voilà, suivant eux, l'œuvre d'un infâme débauché.

Vous l'avez encore remarqué, on me reproche d'avoir appelé ces enfants Charinus et Critias, tandis qu'ils portent d'autres noms : que n'accusent-ils donc Catulle, pour avoir nommé Lesbie pour Clodia ! que n'accusent-ils Ticidas, pour avoir donné le nom de Périlla à celle qui était Métella ; Properce, pour avoir sous le nom de Cynthia caché celui d'Hostie ; et Tibulle, pour avoir mis Délia dans ses vers, tandis que Plania était seule dans son cœur ! Pour moi, je blâmerais plutôt C. Lucilius, quoique poëte iambique, pour avoir dans ses vers, sous leur véritable nom, fait figurer le jeune Gentilis et le jeune Macédo. Combien je préfère la réserve du poëte de Mantoue ! voyez, dans ses chants bucoliques, ses vers en l'honneur du fils de Pollion son ami : il s'abstient aussi des noms véritables ; il prend lui-même le nom de Corydon, et désigne l'enfant sous celui d'Alexis ; mais Émilianus est un homme dont la rudesse laisse bien loin derrière elle les bouviers et les pâtres de Virgile ; rustre, barbare et grossier, mais se croyant plus austère que les Serranus, les Curius et les Fabricius, il vient soutenir ici que des vers de ce genre ne conviennent pas à un philosophe de l'école de Platon.

Que diras-tu, Émilianus, si je t'apprends que je les ai faits à l'exemple de Platon lui-même ? Les seuls vers qui restent de lui sont des élégies amoureuses ; car pour les autres, sans doute parce qu'ils n'étaient pas aussi gracieux, il les a livrés aux flammes. Apprends donc ici les vers de Platon, le philosophe, sur le jeune Aster, si toutefois, à ton âge, tu peux encore apprendre à lire.

Vois les astres, Aster ; ah ! fussé-je les cieux,
Pour te mieux contempler avec des milliers d'yeux !
. . . .
Aster, chez les vivants brillait astre du jour ;
Il brille, astre du soir, au fond du noir séjour.

Voici encore des vers du même Platon, consacrés à la fois au jeune Alexis et au jeune Phédrus :

---

et Zenonis stoicæ sectæ conditoris, id genus plurima. Recitem denuo, ut sciant, me eorum non pigere :

Et Critias mea delicies sit : salva, Charine,
Pars in amore meo, vita, tibi remanet.
Ne metuas : nam me ignis et ignis torreat, ut vult ;
Hasce duas flammas, dum potior, patiar.
Hoc modo sim vobis, unus sibi quisque quod ipse est :
Hoc mihi vos eritis, quod duo sunt oculi.

Recitem nunc et alios, quos illi, quasi intemperantissimos, postremum legere :

Florea serta, meum mel, et hæc tibi carmina dono.
Carmina dono tibi, serta tuo genio ;
Carmina, uti, Critia, lux hæc optata canatur,
Quæ bis septeno vere tibi remeat ;
Serta autem, ut læto tibi tempore tempora vernent,
Ætatis florem floribus ut decores.
Tu mihi da contra pro vero flore tuum ver,
Ut nostra exsuperes munera muneribus.
Pro implexis sertis, complexum corpore redde :
Proque rosis, oris savia purpurei.
Quod si animam inspires, dona et jam carmina nostra
Cedent victa tuo dulciloquo calamo.

Habes crimen meum, Maxime, quasi improbi comissatoris, de sertis et canticis compositum.

Hic illud etiam reprehendi animadvertisti, quod quum aliis nominibus pueri vocentur, ego eos Charinum et Critiam appellitarim. Eadem igitur opera accusent C. Catullum, quod Lesbiam pro Clodia nominarit ; et Ticidam similiter, quod quæ Metella erat, Perillam scripserit : et Propertium, qui Cynthiam dicat, Hostiam dissimulet : et Tibullum, quod ei sit Plania in animo, Delia in versu : equidem C. Lucilium, quamquam sit iambicus, tamen improbarim, quod Gentilem et Macedonem pueros directis nominibus carmine suo prostituerit. Quanto modestius tandem Mantuanus poeta, qui itidem, ut ego, puerum amici sui Pollionis bucolico ludicro laudans, et abstinens nominum, sese quidem Corydonem, puerum vero Alexin vocat ? Sed Æmilianus, vir ultra Virgilianos upiliones et bubsequas rusticanus, agrestis quidem semper et barbarus, verum longe austerior, ut putat, Serranis et Curiis et Fabriciis, negat id genus versus Platonico philosopho competere.

Etiamne, Æmiliane, si Platonis ipsius exemplo doceo factos ? cujus nulla carmina exstant, nisi amoris elegia : nam cetera omnia, credo quod tam lepida non erant, igni deussit. Disce igitur versus Platonis philosophi in puerum Astera, si tamen tantus natu potes litteras discere :

Ἀστέρας εἰσαθρεῖς, ἀστὴρ ἐμός· εἴθε γενοίμην
Οὐρανός, ὡς πολλοῖς ὄμμασιν εἰς σὲ βλέπω.

[Astra vides, utinam fiam, mi sidus, Olympus,
Ut multis sic te luminibus videam.]

Ἀστὴρ πρὶν μὲν ἔλαμπες ἐνὶ ζωοῖσιν ἑῷος,
Νῦν δὲ θανὼν λάμπεις ἕσπερος ἐν φθιμένοις.

[Lucifer ante meus rutilans mortalibus Aster,
Hesperus a fato Manibus ecce nites.]

Item ejusdem Platonis in Alexin Phædrumque pueros, conjuncto carmine :

Rien n'est beau qu'Alexis, mais ne le disons plus;
On le voit, et chacun cherche à le voir encore;
C'est là jeter un os au chien qui le dévore :
Un jour n'ai-je donc pas ainsi perdu Phédrus?

Et, pour ne pas multiplier les citations, je finirai par les vers qu'il fit sur Dion de Syracuse :

Tu reposes au sein de ta belle patrie.
Où vit, dans tous les cœurs ta mémoire chérie,
Dion, toi que j'aimai d'un amour insensé.

Mais de quel côté la faute? Suis-je un insensé, pour citer ces vers même devant les juges? ou plutôt n'êtes-vous pas des calomniateurs, pour les avoir cités même dans l'accusation; comme si, dans ces jeux poétiques, se trouvait un indice certain des mœurs et du caractère? Avez-vous lu la réponse que Catulle fait à la malveillance?

Au poète, des mœurs chastes, pures, austères,
Pour ses vers, rien de tel. . . . .

Le divin Adrien, pour honorer le tombeau du poëte Voconius son ami, a dit :

Ton vers était lascif, mais ton âme était pure.

Il n'aurait jamais écrit ces mots, si des vers légers et badins étaient une preuve d'impureté. Je me souviens d'avoir lu du même empereur beaucoup de poésies de ce genre. Oseras-tu donc, Émilianus, dire que c'est un crime de faire ce qu'un empereur, un censeur, le divin Adrien, a fait et transmis au souvenir de la postérité?

Du reste, penses-tu que Maximus condamne jamais ce que j'ai fait, il le sait, à l'exemple de Platon? Les vers que j'ai cités de ce grand homme sont d'autant plus clairs qu'ils sont plus chastes, d'autant plus pudiques qu'ils sont écrits avec plus de franchise; car, dans les poésies de ce genre, tout envelopper de mots obscurs est d'un coupable; s'exprimer sans détour et sans feinte, c'est faire un simple badinage : naturellement l'innocence parle sans détour, le crime garde le silence.

Je ne veux pas non plus citer ces pensées profondes et divines de Platon, qui, connues de quelques âmes d'élite, ne le sont point des profanes. Il y a, dit-il, deux Vénus, ayant chacune un amour et leurs adorateurs : l'une est la Vénus vulgaire, qui préside à l'amour de la populace; elle ne commande pas seulement à l'âme des hommes, son empire s'étend sur l'âme des animaux et des bêtes sauvages; c'est elle qui enchaîne dans les brutales étreintes d'une grossière union les corps des êtres qu'elle asservit et qu'elle domine. L'autre Vénus est fille des Cieux, elle préside au noble amour, elle veille sur les hommes seuls, et seulement sur un petit nombre d'entre eux; jamais par de basses séductions elle ne pousse ses sectateurs à de honteux penchants; jamais, dans son amour, n'entre la pensée des lascifs plaisirs; il est sérieux et sans apprêt; il n'inspire de passion que pour la beauté de la vertu; et si quelquefois il s'attache à la beauté du corps, c'est pour la défendre de toute souillure. Ce qu'il faut aimer dans la beauté du corps, c'est ce qui représente aux âmes divines cette beauté qu'elles ont entrevue dans toute sa pureté première au

---

Νῦν ὅτε μηδὲν Ἄλεξις ὅσον μόνον εἴφ' ὅτι καλός,
Ὅπται, καὶ πάντη πᾶς τις ἐπιστρέφεται.
Θυμέ, τί μηνύεις κυσὶν ὀστέον; εἶτ' ἀνιήσεις
Ὕστερον, οὐχ οὕτω Φαίδρον ἀπωλέσαμεν,

[Dixerit hic tantum quum nil nisi pulcher Alexis
Exstitit, et vertunt quilibet in te oculos.
Cur, anime, os canibus monstras, aficisque dolore
Postmodo? non Phædrum sic prius amisimus?]

Et, ne plures commemorem, novissimum versum ejus de Dione Syracusano si dixero, finem faciam :

Κεῖσαι δ' εὐρυχόρῳ ἐν πατρίδι, τιμιὸς ἀστοῖς,
Ὦ ἐμὸν ἐκμήνας θυμὸν ἔρωτι Δίων.

[Civibus ingenti in patria laudate jaces nunc,
Qui insanum me animi reddis amore, Dion.]

Sed sumne ego ineptus, qui hæc etiam in judicio? an vos potius calumniosi, qui etiam hæc in accusatione? quasi ullum specimen morum sit, versibus ludere. Catullum ita respondentem malevolis non legistis?

Nam castum esse decet pium poetam
Ipsum, versiculos nihil necesse est.

Divus Hadrianus, quum Voconii amici sui poetæ tumulum versibus veneraretur, ita scripsit :

Lascivus versu, mente pudicus eras.

Quod nunquam ita dixisset, si forent lepidiora carmina argumentum impudicitiæ habenda. Ipsius etiam divi Hadriani multa id genus legere me memini. Audesis igitur, Æmiliane, dicere, male id fieri, quod imperator et censor divus Hadrianus fecit, et factum memoriæ reliquit.

Ceterum Maximum quidquam putas culpaturum, quod sciat Platonis exemplo a me factum? Cujus versus, quos nunc percensui, tanto sanctiores sunt, quanto apertiores, tanto pudicius compositi, quanto simplicius professi. Namque hæc et id genus omnia dissimulare et occultare, peccantis; profiteri et promulgare, ludentis est. Quippe natura vox innocentiæ, silentium maleficio distributa.

Mitto enim dicere alta illa et divina Platonica, rarissimo cuique piorum gnara, ceterum omnibus profanis incognita : geminam esse Venerem deam, proprio quamque amore et diversis amatoribus pollentes. Earum alteram vulgariam, quæ sit prædita populari amori, non modo humanis animis, verum etiam pecuinis et ferinis ad libidinem imperitare, ut immodico trucique perculsorum animalium serva corpora complexu vincientem : alteram vero cœlitem Venerem, præditam optimati amori, solis hominibus, et eorum paucis curare, nullis ad turpitudinem stimulis vel illecebris sectatores suos percellentem. Quippe ejus amorem non amœnum et lascivum, sed contra incomptum et serium, pulchritudinem honestatis [virtutis] amatoribus suis conciliare, et, si quando decora corpora commendet, a contumelia eorum procul absterrere. Neque enim quidquam aliud in corporum forma diligendum, quam quod admoneat divinos animos ejus pulchritudinis, quam prius veram et sinceram inter deos videre. Quaprop-

séjour des immortels : aussi Afranius nous a-t-il laissé ce vers, élégant comme tous ceux qu'il a faits :

L'amour au sage; aux autres le désir.

Émilianus, si tu veux savoir la vérité, si jamais tu peux comprendre de pareilles pensées, apprends-le, l'amour du sage est moins de la passion que du souvenir. Pardonne donc au philosophe Platon ses vers sur l'amour, et ne me force pas, contrairement à l'avis de Néoptolemus Ennianus, à me livrer à de longues dissertations philosophiques : ou, si tu n'y veux pas consentir, je me laisserai facilement accuser d'un crime dans lequel j'aurai Platon pour complice.

Pour vous, Maximus, croyez à ma vive reconnaissance, pour l'attention si bienveillante que vous avez prêtée à toutes ces digressions de ma défense; digressions nécessaires, puisqu'elles viennent en réponse aux attaques de mes adversaires. Je n'implore de vous qu'une dernière faveur, c'est d'écouter avec le même soin et la même bienveillance ce qui me reste à dire, avant d'aborder le chef de l'accusation.

En effet, vient maintenant cette longue et violente sortie contre un miroir : voyez l'atrocité du crime! Pudens a failli en crever, quand il s'écriait de toute la force de ses poumons : « Un philosophe posséder un miroir! un miroir à un philosophe! » Oui, sans doute, je l'avoue, je possède un miroir : peut-être croirais-tu m'avoir fait une objection serieuse, si je disais non : mais il n'en faut pas nécessairement conclure que j'aie l'habitude de me parer devant ce miroir. Que serait-ce donc si je possédais les parures diverses des comédiens? Prétendrais-tu pour cela que je prends tour à tour la robe traînante du tragédien, l'habit jaune de l'histrion, ou la casaque que le mime revêt aux fêtes triennales de Bacchus? Je ne le pense pas, et réciproquement il est des choses dont je fais usage sans en avoir la propriété : si donc la propriété ne prouve pas plus l'usage d'une chose que l'usage n'en prouve la propriété, enfin si l'on attaque ici moins la possession du miroir que l'habitude de s'y mirer, une chose reste à prouver encore : quand et en présence de qui me suis-je regardé dans ce miroir? car, à ton jugement (et c'est la vérité), un philosophe serait une fois plus coupable de posséder un miroir, qu'un profane de voir les trésors secrets de Cérès.

Maintenant, je te le demande, si j'avoue m'y être regardé, quel est donc le crime de connaître son image, de ne pas l'enfermer en un seul lieu, mais de l'avoir sous la main, dans un petit miroir, de la transporter où l'on veut? Ignores-tu donc que rien n'est plus digne des regards de la créature humaine que sa propre image? Le plus cher de nos enfants n'est-il pas celui qui reproduit nos traits? et les cités n'accordent-elles pas au citoyen, pour prix de ses services, le privilége de voir ses traits reproduits par la statue qui le représente? Sans cela, que signifient ces statues, ces portraits, ouvrages de l'art? Quoi! ce qui semble louable en sortant des mains de l'artiste sera-t-il blâmable quand la nature nous l'offrira? la nature si prompte à reproduire l'image, si admirable par la fidélité de la ressemblance! Toutes les copies que fait la main des hommes exigent un long travail, et cependant l'exactitude est loin d'être celle d'un miroir : l'argile, la pierre, la peinture, peuvent-elles donner cette vie, cette couleur, cette fermeté et surtout ce mouvement qui constituent le mérite de la ressemblance? Mais quand apparaît

---

ter, ut semper, eleganter Afranius hoc scriptum reliquit :
    Amabit sapiens, cupient ceteri.

Tamen si verum velis, Æmiliane, vel si hæc intelligere unquam potes; non tam amat sapiens, quam recordatur. Da igitur veniam Platoni philosopho versuum ejus de amore, ne ego necesse habeam, contra sententiam Neoptolemi Enniani, pluribus philosophari : vel; si tu id non facis, ego me facile patiar in hujuscemodi versibus culpari cum Platone.

Tibi autem, Maxime, habeo gratiam propensam, quum has quoque appendices defensionis meæ, idcirco necessarias, quia accusationi rependuntur, tam attente audis : et ideo hoc etiam peto, quod mihi ante ipsa crimina superest, audias, ut adhuc fecisti, libenter et diligenter.

Sequitur enim de speculo longa illa et censoria oratio, de quo, pro rei atrocitate pæne diruptus est Pudens, clamitans : Habet speculum philosophus, possidet speculum philosophus. Ut igitur habere concedam, ne aliquid objecisse te credas, si negaro : non tamen ex eo accipi me necesse est exornari quoque ad speculum solere. Quid enim si choragium thymelicum possiderem ; num ex eo argumentarere etiam, uti me consuesse tragœdi syrmate, histrionis crocota [vel ad trieterica orgia], mimi centunculo? Non opinor. Nam et contra plurimis rebus possessu careo, usu fruor. Quod si neque habere utendi argumentum est, neque non utendi non habere; et speculi non tam possessio culpatur, quam inspectio : illud etiam doceas necesse est, quando et quibus præsentibus in speculum inspexerim; quoniam, ut res est, majus piaculum decernis, speculum philosopho, quam Cereris mundum profano videre.

Cedo nunc, etsi inspexisse me fateor, quod tandem crimen est imaginem suam nosse, eamque non uno loco conditam, sed, quoquo velis, parvo speculo promptam gestare? An tu ignoras, nihil esse aspectabilius homini nato, quam formam suam? Equidem scio, et filiorum cariores esse, qui similes videntur; et publicitus simulacrum suum cuique, quod videat, pro meritis præmio tribui. Aut quid sibi statuæ et imagines variis artibus effigiatæ volunt? nisi forte quod artificio elaboratum laudabile habetur, hoc natura oblatum culpabile judicandum est; quum sit in ea vel magis miranda et facilitas, et similitudo? Quippe in omnibus manu faciundis imaginibus opera diutino sumitur, neque tamen similitudo æque ut in speculis comparet : deest enim et luto vigor, et saxo color, et picturæ rigor, et motus omnibus, qui præcipua fide similitudinem repræsentat. Quum in eo visitur imago mire relata, ut similis, ita mobilis, et ad omnem nutum hominis sui morigera; eadem semper contemplantibus æquæva est, ab

dans le miroir la merveilleuse reproduction de notre image, là est la ressemblance et le mouvement, là le geste répond au geste de l'homme. Toujours le portrait a l'âge de celui qui se contemple, depuis les premiers jours de l'enfance jusqu'aux derniers instants de la vieillesse; il suit toutes les phases de l'existence, prend toutes les attitudes, imite toutes les expressions de la physionomie, la tristesse ou la joie. Au contraire, voyez une statue d'argile, d'airain, de pierre ou de cire, un portrait peint sur la toile, ou toute autre représentation obtenue par l'art : un peu de temps, et la ressemblance disparaît; semblable au cadavre, elle n'a qu'une seule face, toujours la même et toujours immobile. Combien, pour rendre les traits de l'homme, l'emporte sur l'art le poli, l'éclat de ce miroir, ingénieux artiste, créateur de la ressemblance! Il faut donc se ranger de l'avis d'Agésilas de Lacédémone, qui, seul de tous les hommes, par défiance de sa propre figure, défendit qu'un peintre ou qu'un statuaire reproduisît ses traits; ou s'il faut rester de l'opinion universellement adoptée, et ne proscrire ni les statues, ni les portraits, pourquoi donc, à ton avis, devrait-on plutôt contempler son image sur la pierre que sur l'argent, dans un tableau que dans un miroir? Regardes-tu comme une honte de chercher à contempler assidûment son propre visage? Mais Socrate le philosophe n'était-il pas, dit-on, le premier à conseiller à ses disciples cette utile contemplation? Il voulait que celui qui se complaisait dans sa propre beauté veillât attentivement à ne pas flétrir les charmes de son corps par la dépravation de ses mœurs, et que celui qui se croyait moins favorisé sous le rapport de l'extérieur s'appliquât à cacher sa laideur par la beauté de sa vertu. C'est ainsi que le plus sage des hommes trouvait dans un miroir une leçon de sagesse.

Citerai-je Démosthène, ce prince de l'éloquence? Qui ne sait qu'il méditait ses causes devant son miroir, comme devant un maître? Ce grand orateur avait appris l'éloquence à l'école du philosophe Platon, à celle du dialecticien Eubulide l'art de l'argumentation, et il venait en dernier lieu demander à son miroir le parfait accord du débit et du geste. Réponds-moi, Émilianus; en prononçant un discours, lequel doit rechercher avec plus de soin la décence de l'action, l'orateur dans les invectives du barreau, ou le philosophe dans les dissertations de l'école? l'homme qui discute quelques instants devant des juges désignés par le sort, ou l'homme qui toujours parle devant tous? celui enfin qui plaide sur les limites d'un champ, ou celui dont la parole enseigne les limites du bien et du mal?

Je vais plus loin : il est d'autres raisons encore pour un philosophe de contempler son miroir. Il y doit considérer non pas seulement sa ressemblance, mais aussi la raison de cette ressemblance. Est-il vrai, comme le dit Épicure, que des images partent de nous, comme des émanations qui s'échappent continuellement des corps, et que, rencontrant une surface solide et polie, elles s'y brisent, s'y réfléchissent de telle sorte, qu'elles répondent à l'image par une image en sens inverse? Ou bien, suivant l'opinion d'autres philosophes, ces rayons qui sortent de nos yeux vont-ils se mêler, s'unir à la lumière extérieure, ainsi que le pense Platon? ou partent-ils seulement des yeux et sans aucun secours du dehors, selon l'opinion d'Archytas? ou sont-ils

---

ineunte pueritia, ad obeuntem senectam : tot ætatis vices induit, tam varias habitudines corporis participat, tot vultus ejusdem lætantis vel dolentis imitatur. Enimvero quod luto fictum, vel ære infusum, vel lapide incusum, vel cera inustum, vel pigmento illitum, vel alio quopiam humano artificio adsimulatum est, non multa intercapedine temporis dissimile redditur : et, ritu cadaveris, unum vultum et immobilem possidet. Tantum præstat artibus, ad imaginis similitudinem referundam, lævitas illa speculi fabra, et splendor opifex. Aut igitur unius Agesilai Lacedæmonii sententia nobis sequenda est, qui se neque pingi, neque fingi unquam, diffidens formæ suæ, passus est : aut si mos omnium ceterorum hominum retinendus videtur, in statuis et imaginibus non repudiandis, cur existimes imaginem suam cuique visendam potius in lapide, quam in argento? magis in tabula quam in speculo?

An turpe arbitraris, formam suam spectaculo assiduo explorare? An non Socrates philosophus ultro etiam suasisse fertur discipulis suis, crebro ut semet in speculo contemplarentur? uti qui eorum foret pulchritudine sibi complacitus, impendio procuraret, ne dignitatem corporis malis moribus dedecoraret; qui vero minus se commendabilem forma putaret, sedulo operam daret, ut virtutis laude turpitudinem tegeret. Adeo vir omnium sapientissimus speculo etiam ad disciplinam morum utebatur. Demosthenem vero, primarium dicendi artificem, quis est, qui non sciat, semper ante speculum, quasi ante magistrum, causas meditatum? ita ille summus orator, quum a Platone philosopho facundiam hausisset, ab Eubulide dialectico argumentationes edidicisset, novissimam pronunciandi congruentiam ab speculo petivit. Utrum igitur putas majorem curam decoris in asseveranda oratione suscipiendam rhetori jurganti, an philosopho objurganti? apud judices sorte ductos paulisper disceptanti, an apud omnes homines semper disserenti? de finibus agrorum litiganti, an de finibus bonorum et malorum docenti?

Quid? quod nec ob hæc debet tantummodo philosophus speculum invisere. Nam sæpe oportet non modo similitudinem suam, verum etiam similitudinis ipsius rationem considerare : Num, ut ait Epicurus, profectæ a nobis imagines, velut quædam exuviæ, jugi fluore a corporibus manantes, quum læve aliquid et solidum offenderunt, illisæ reflectantur, et retro expressæ contra versum respondeant : an, uti alii philosophi disputant, radii nostri, seu mediis oculis proliquati, et lumini extrario misti atque inuniti, uti Plato arbitratur; seu tantum oculis profecti, sine ullo foris adminiculo, ut Archytas putat; seu

14.

brisés par la résistance de l'air, comme l'affirment les stoïciens? Enfin, quand ils vont frapper un corps solide, brillant et poli, par un angle de réflexion égal à l'angle d'incidence, reviennent-ils vers l'image d'où ils sont partis, de manière à reproduire dans l'intérieur du miroir ce qu'ils ont touché et rencontré au dehors? Les philosophes ne vous semblent-ils pas devoir poursuivre ces mystères, approfondir ces questions, et en demander le secret à tous les miroirs et solides et liquides?

Outre ces problèmes, il en est d'autres encore que doit nécessairement chercher la raison du philosophe. Pourquoi, dans les miroirs planes, l'image apparaît-elle vis-à-vis, avec une parité presque complète? Pourquoi, dans les miroirs à la surface arrondie et convexe, voit-on tout se rapetisser; et tout s'agrandir, au contraire, dans les miroirs concaves? Dans quels cas, pour quelles causes la gauche se trouve-t-elle transposée à droite? Dans quel cas l'image se forme-t-elle derrière le même miroir, ou se reproduit-elle en avant? Pourquoi les miroirs concaves, si on les tient en face des rayons du soleil, enflamment-ils le foyer placé près d'eux? Comment se fait-il enfin que dans les nuages apparaissent des arcs différents de couleur, deux soleils, rivaux dans leur ressemblance? et bien d'autres questions semblables qu'aborde dans un immense traité le Syracusain Archimède, génie d'une admirable subtilité pour toute la science de la géométrie, mais dont peut-être le premier titre à la célébrité est d'avoir étudié assidûment et soigneusement son miroir.

Si tu connaissais ce livre, Émilianus, si tu avais cultivé autre chose que les champs et la terre, si tu avais pris quelquefois la planche et le sable fin du mathématicien, crois-moi, quoique ta face hideuse diffère peu du masque tragique de Thyeste, cependant, dans le désir de t'instruire, tu irais visiter quelquefois ton miroir, et quelque fois tu laisserais la charrue pour contempler les rides qui sillonnent ta figure.

Je ne m'étonnerais pas que tu aimasses mieux m'entendre parler de ton visage, malgré toute sa laideur, que de tes mœurs, bien plus révoltantes encore. Mais le fait est que par caractère je connais peu les injures; et jusqu'à ces derniers jours je me suis plu à ignorer si tu es blanc ou noir, et même encore à présent je ne saurais trop le décider. La cause en est simple : au milieu de tes champs, tu restes dans l'obscurité; moi, je vis dans l'activité de l'étude : ainsi, pour toi, l'ombre de ta basse et obscure position empêche qu'on ne puisse t'observer; et pour moi, ma pensée n'a jamais été de connaître les méfaits de qui que ce fût; j'ai toujours cru qu'il valait mieux cacher mes fautes que scruter celles des autres. Aussi m'est-il arrivé à ton égard ce qui arriverait à celui qui, placé dans un lieu très éclairé, serait regardé par une personne cachée dans les ténèbres. Pendant que j'agis à la face de tous, au grand jour, toi, tu peux facilement me voir du milieu de ton obscurité; tandis que, caché par ta bassesse et loin de la lumière, tu échappes à ma vue. As-tu des esclaves pour cultiver tes champs, ou toi-même échanges-tu avec tes voisins des journées de travail? Je ne le sais, et ne veux le savoir.

Mais toi, tu sais fort bien qu'en un seul jour j'ai affranchi trois esclaves à Œa. Parmi les griefs que tu lui as fournis, ton avocat n'a pas oublié celui-là; cependant il venait de dire que j'étais arrivé à Œa, suivi d'un seul esclave. Mais réponds-moi,

intentu aeris fracti, ut stoici rentur; quum alicui corpori incidere spisso et splendido et laevi, paribus angulis, quibus inciderant, resultent ad faciem suam reduces, atque ita quod extra tangunt ac visant, id intra speculum imaginentur. Videnturne vobis debere philosophi haec omnia vestigare et inquirere, et cuncta specula vel uda vel suda soli videre?

Quibus praeter ista, quae dixi, etiam illa ratiocinatio necessaria est, cur in planis quidem speculis ferme pares obtutus et imagines videantur; in tumidis vero et globosis omnia defectiora; at contra in cavis auctiora : ubi, et cur laeva cum dexteris permutentur : quando se imago eodem speculo tum recondat penitus, tum foras exserat : cur cava specula, si exadversum soli retineantur, appositum fomitem accendunt : qui fiat, uti arcus in nubibus varie, duo soles aemula similitudine visantur. Alia praeterea ejusdem modi plurima, quae tractat volumine ingenti Archimedes Syracusanus, vir in omni quidem geometria multum ante alios admirabili subtilitate; sed haud sciam an propter hoc vel maxime memorandus, quod inspexerat speculum saepe ac diligenter?

Quem tu librum, Aemiliane, si nosses, ac non modo campo et glebis, verum etiam abaco et pulvisculo te dedisses : mihi istud crede, quamquam teterrimum os tuum minimum a Thyesta tragico demutet, tamen profecto discendi cupidine, speculum invisseres : et aliquando, relicto aratro, mirarere tot in facie tua sulcos rugarum. At ego non mirer, si boni consulis me de isto distortissimo vultu tuo dicere, de moribus tuis multo truculentioribus reticere. Ea res est : praeter quod non sum jurgiosus, etiam libenter te, nuper usque, albus an ater esses, ignoravi; et adhuc, hercule, non satis novi. Id adeo factum, quod et tu rusticando obscurus es, et ego discendo occupatus. Ita et tibi umbra ignobilitatis a probatore obstitit : et ego nunquam studui malefacta cujusquam cognoscere, sed semper potius duxi mea peccata tegere quam aliena indagare. Igitur hoc mihi adversum te usu venit, quod qui forte constitit in loco lumine collustrato, atque eum alter e tenebris prospectat. Nam ad eumdem modum tu quidem, quid ego in propatulo et celebri agam, facile e tenebris tuis arbitraris : quum ipse, humilitate abditus et lucifuga, non sis mihi mutuo conspicuus. Ego adeo, servosne an habeas ad agrum colendum, an ipse mutuarias operas cum vicinis tuis cambies, neque scio, neque laboro.

At tu me scis eadem die tris Œae manumisisse; idque mihi patronus tuus inter cetera a te sibi edita objicit :

je t'en prie : sur un esclave, comment donc en affranchir trois, à moins que ce ne soit encore là une œuvre de la magie? Incroyable mensonge! est-ce aveuglement, est-ce habitude? Apulée est venu à Œa avec un seul esclave : puis, quelques mots plus loin : A Œa, en un jour, Apulée a affranchi trois esclaves. Eh! quand même je serais venu suivi de trois esclaves, il serait peu vraisemblable que je leur eusse à tous donné la liberté. Mais l'eussé-je fait, pourquoi verrais-tu plutôt dans trois esclaves une preuve d'indigence, que, dans trois affranchis, une preuve de richesse?

Certainement, Émilianus, tu oublies que c'est un philosophe que tu accuses, toi qui lui reproches le petit nombre de ses serviteurs; car, dans l'intérêt même de ma gloire, j'aurais dû accréditer cette erreur. Ne sais-je pas que, non-seulement les philosophes dont je me déclare le disciple, mais les généraux du peuple romain, se sont glorifiés de n'avoir qu'un petit nombre de serviteurs? Tes avocats n'ont-ils donc pas lu qu'un consulaire, Antoine, n'avait chez lui que huit esclaves? que le fameux Carbon, qui fut le maître de l'État, en avait un de moins? que Manius Curius, illustré par tant de récompenses militaires, puisqu'il entra trois fois en triomphateur par la même porte, oui, que Manius Curius n'avait dans les camps que deux valets d'armée pour le servir? Ainsi cet homme qui avait triomphé des Sabins, des Samnites et de Pyrrhus, comptait moins d'esclaves que de triomphes. M. Caton, sans attendre les éloges des autres, a écrit, dans un de ses discours, qu'en partant pour l'Espagne en qualité de consul, il n'emmena avec lui de Rome que deux esclaves Arrivé à la villa Publica, il lui sembla que c'était trop peu pour son service, et il en fit acheter deux autres, qu'il paya de ses deniers par les mains de son banquier; il en emmena donc cinq en Espagne. Si Pudens avait lu ces détails, il aurait, je le crois, ajourné ses amers reproches; et, dans cette suite de trois esclaves pour un philosophe, il aurait sans doute trouvé à blâmer trop de prodigalité plutôt que trop d'économie.

En même temps il m'a reproché ma pauvreté : accusation flatteuse pour un philosophe, et qu'il doit avouer volontiers devant tous. La pauvreté! mais elle a été de tout temps la compagne de la philosophie, toujours sobre, économe, satisfaite de peu, amie du bien, inaccessible aux richesses, calme en son maintien, simple dans sa parure, féconde en bons conseils; jamais elle n'a inspiré à l'homme l'orgueil qui l'enivre, la passion qui le déprave, la tyrannie qui le rend farouche. Les délices des festins et des voluptés, elle ne veut et ne peut les connaître : ces désordres, et tous les autres, sont le partage ordinaire des enfants de la richesse. Passe en revue les plus grands crimes dont l'humanité ait gardé la mémoire, tu ne rencontreras aucun pauvre parmi les coupables; au contraire, prends les hommes illustres, rarement dans le nombre trouveras-tu des riches : ceux qui par quelque gloire commandent notre admiration ont été dès le berceau nourris par la pauvreté. Oui, la pauvreté! dans les siècles anciens, on l'a vue fonder les cités, inventer les arts, s'éloigner du vice, prodiguer la gloire, mériter les éloges de tous les peuples : on l'a vue, en Grèce, devenir tour à tour justice dans Aristide, bonté dans

quamquam modico prius dixerat, me uno servo comite Œam venisse. Quod quidem velim mihi respondeas, qui potuerim ex uno tris manumittere, nisi si et hoc magicum est? Tantamne esse mentiendi, cæcitatem dicam an consuetudinem? Venit Apuleius Œam cum uno servo; dein, pauculis verbis intergarritis : Apuleius Œæ una die tris manumisit. Ne illud quidem credibile fuisset, cum tribus venisse, omnes liberasse : quod tamen si ita fecissem, cur potius tris servos inopiæ signum putares, quam tris libertos opulentiæ?

Nescis profecto, nescis, Æmiliane, philosophum accusare, qui famulitii paucitatem opprobraris : quam ego gloriæ causa ementiri debuissem; quippe qui scirem, non modo philosophos, quorum me sectatorem fero, verum etiam imperatores populi romani, paucitate servorum gloriatos. Itane tandem ne hæc quidem legere patroni tui? M. Antonium consularem solos octo servos domi habuisse? Carbonem vero illum, qui rebus potitus est, uno minus? At enim Manio Curio, tot adoreis longe inclito, quippe qui ter triumphum una porta egerit : ei igitur Manio Curio duos solos in castris calones fuisse? Ita ille vir de Sabinis, deque Samnitibus, deque Pyrrho triumphator, pauciores servos habuit quam triumphos. M. autem Cato nihil oppertus ut alii de se prædicarent, ipse in oratione sua scriptum reliquit, quum in Hispaniam consul proficisceretur, tris servos solos ex Urbe duxisse. Quoniam ad villam publicam venerat, parum visum qui uteretur : jussisse duos pueros in foro de mensa emi : eos quinque in Hispaniam duxisse. Hæc Pudens si legisset, ut mea opinio est, aut omnino huic maledicto supersedisset, aut in tribus servis multitudinem comitum philosophi, quam paucitatem, reprehendere maluisset.

Idem mihi etiam paupertatem opprobravit, acceptum philosopho crimen, et ultro profitendum. Enim paupertas olim philosophiæ vernacula est, frugi, sobria, parvo potens, æmula laudis, adversum divitias possessa, habitu secura, cultu simplex, consilio benesuada : neminem unquam superbia inflavit, neminem impotentia depravavit, neminem tyrannide efferavit : delicias ventris et inguinum neque vult ullas, neque potest. Quippe hæc et alia flagitia, divitiarum alumni solent. Maxima quæque scelera, si ex omni memoria hominum percenseas, nullum in illis pauperem reperies : uti contra, haud temere inter illustres viros, divites comparent; sed quemcunque in aliqua laude miramur, eum paupertas ab incunabulis nutricata est. Paupertas, inquam, prisca apud secula omnium civitatum conditrix, omnium artium repertrix, omnium peccatorum inops, omnis gloriæ munifica, cunctis laudibus apud omnes nationes perfuncta. Eadem enim est paupertas apud Græcos in Aristide justa, in Phocione benigna, in Epami-

Phocion, courage dans Épaminondas, sagesse dans Socrate, éloquence dans Homère : à Rome, c'est elle qui assiste à l'origine de l'empire romain ; et pour cela, aujourd'hui même encore, Rome sacrifie aux dieux immortels dans des coupes et des vases d'argile.

Si, pour un instant, ce tribunal était occupé par C. Fabricius, Cn. Scipion, Manius Curius, dont les filles, dans leur indigence, dotées sur le trésor public, apportèrent à leurs époux la gloire de leur maison et les deniers de l'État ; si Publicola, qui bannit les rois, si Agrippa qui réconcilia le sénat et le peuple, ces deux citoyens dont les funérailles eurent pour parure l'aumône volontaire du peuple romain, tant ils étaient pauvres ; si Attilius Régulus, pauvre comme eux, et dont le champ fut cultivé aux frais du peuple ; si enfin toutes ces vieilles gloires de la république, censeurs, consuls, triomphateurs, revenaient à la vie et à la lumière, et étaient là pour entendre et juger cette cause, oserais-tu, devant tant de consuls qui furent pauvres eux-mêmes, reprocher à un philosophe sa pauvreté ? Peut-être as-tu pensé faire écouter favorablement de Maximus tes moqueuses sorties sur la pauvreté, parce que le sort lui a donné un riche et puissant patrimoine. Quelle erreur, Émilianus, et que tu comprends mal cette grande âme, si tu la juges d'après les principes relâchés de la fortune, et non d'après les jugements sévères de la philosophie ; si cet homme si austère dans sa morale, et blanchi dans les camps, ne te semble pas l'ami d'une sage médiocrité, plutôt que d'une molle opulence! Il en est pour lui de la fortune comme d'une tunique : on l'aime quand elle est bien proportionnée, et non quand elle est trop longue ; car alors, si on ne la porte,

si on ne la traîne avec soin, elle ressemble à des haillons en lambeaux, qui pendent dans nos jambes et nous empêchent de marcher. Dans les objets d'usage journalier, tout ce qui dépasse une juste mesure est plutôt embarrassant qu'utile. Les richesses exagérées sont donc comme un gouvernail d'une grandeur demesurée et ridicule, fait pour submerger le vaisseau plutôt que pour le diriger ; car l'abondance en est inutile, et l'excès en est nuisible. Bien plus, parmi les riches, les éloges et l'estime vont chercher ceux qui vivent sans bruit, sans vain étalage, avec une modestie qui cache leur opulence ; ou qui administrent une immense fortune sans ostentation, sans orgueil, et qui se rapprochent des pauvres par la simplicité de leurs manières.

Si les riches eux-mêmes, afin de prouver leur modestie, cherchent les apparences et les dehors de la pauvreté, pourquoi en aurions-nous honte, nous qui, placés dans une condition plus humble, la pratiquons, non par affectation, mais en réalité ? Je pourrais encore raisonner contre toi sur les mots ; je pourrais dire que l'on n'est point pauvre quand on ne veut pas le superflu et qu'on peut avoir le nécessaire, qui se réduit naturellement à peu de chose. Le plus riche sera celui qui aura le moins de désirs ; car on aura autant qu'on voudra, quand on voudra le moins possible : aussi convient-il d'estimer les richesses d'un homme non d'après ses propriétés et ses revenus, mais d'après son esprit. Si c'est l'avarice qui fait naître ses besoins, si sa cupidité est insatiable, des montagnes d'or ne pourront l'assouvir ; il mendiera toujours pour ajouter à ce qu'il possède. Or, c'est là le véritable caractère de la pauvreté ; car tout désir d'acquérir vient de l'idée d'un besoin, quel

---

nonda strenua, in Socrate sapiens, in Homero diserta. Eadem paupertas etiam populo romano imperium a primordio fundavit : proque eo in hodiernum diis immortalibus simpulo et catino fictili sacrificat.

Quod si modo judices de causa ista sederent C. Fabricius, Cn. Scipio, Manius Curius, quorum filiæ ob paupertatem de publico dotibus donatæ ad maritos ierunt, portantes gloriam domesticam, pecuniam publicam : si Publicola regum exactor, et Agrippa populi reconciliator, quorum funus ob tenues opes a populo romano collatis sextantibus adornatum est; si Attilius Regulus, cujus agellus ob similem penuriam publica pecunia cultus est ; si denique omnes illæ veteres prosapiæ consulares et censoriæ et triumphales, brevi usura lucis ad judicium istud remissæ, audirent : auderesne paupertatem philosopho exprobrare apud tot consules pauperes ? An tibi Claudius Maximus idoneus auditor videtur ad irridendam paupertatem, quod ipse uberem et prolixam rem familiarem sortitus est? Erras, Æmiliane, et longe hujus animi frustra es, si eum ex fortunæ indulgentia, non ex philosophiæ censura metiris : si virum tam austeræ sectæ, tamque diutinæ militiæ, non putas amiciorem esse coercitæ mediocritati, quam delicatæ opulentiæ : fortunam, velut tunicam, magis concinnam, quam longam probare. Quippe etiam ea si non gestetur, et trahatur, nihilo minus quam lacinia præpendens impedit et præcipitat. Etenim in omnibus ad vitæ munia utendis, quidquid aptam moderationem supergreditur, oneri potius quam usui exuberat. Igitur et immodicæ divitiæ, velut ingentia et enormia gubernacula, facilius mergunt, quam regunt : quod habent irritam copiam, noxiam nimietatem. Quin ex ipsis opulentioribus eos potissimum video laudari, qui nullo strepitu, modico cultu, dissimulatis facultatibus agunt, et divitias magnas administrant sine ostentatione, sine superbia, specie mediocritatis pauperum similes.

Quod si etiam ditibus ad argumentum modestiæ quæritur imago quæpiam et color paupertatis, cur ejus pudeat tenuiores, qui eam non simulatam, sed vere fungimur? Possum equidem tibi et ipsius nominis controversiam facere : neminem nostrum pauperem esse, qui supervacanea nolit, possit necessaria, quæ natura oppido pauca sunt. Namque is plurimum habebit, qui minimum desiderabit. Habebit enim quantum volet, qui volet minimum. Et idcirco divitiæ non melius in fundis et in fœnore, quam in ipso hominis æstimantur animo ; qui si est avaritia egenus, et ad omne lucrum inexplebilis ; nec montibus auri satiabitur, sed semper aliquid, ante parta ut augeat, mendicabit. Quæ quidem vera confessio est paupertatis.

que soit d'ailleurs le degré d'importance de ce besoin. Philus n'avait pas autant de patrimoine que Lélius, Lélius que Scipion, Scipion que le riche Crassus, et le riche Crassus n'avait pas autant de biens qu'il en voulait. Au-dessus de tous par son opulence, il était lui-même surpassé par sa cupidité. Il paraissait riche aux autres plutôt qu'à lui-même. Tout au contraire, les philosophes que j'ai nommés, ne désirant rien au delà de ce qui était possible et proportionnant leurs désirs à leurs moyens, ont pu être appelés à juste titre riches et heureux. On est pauvre quand on désire quelque chose, puisqu'un désir est un besoin; on est riche quand on n'éprouve pas de besoin, puisqu'alors on est satisfait : en un mot, le désir est la marque de l'indigence; la satiété, la marque de la richesse. Ainsi, Émilianus, si tu veux me faire passer pour pauvre, il faut d'abord prouver ma cupidité. Si rien ne me manque du côté de l'âme, peu m'importe ce qui peut me manquer des biens extérieurs : car ce n'est pas plus un mérite de les posséder, qu'une honte d'en être privé.

Mais supposons qu'il en soit autrement, et que ma pauvreté tienne à des revers de fortune; que mes biens, comme il arrive ordinairement, aient été dévorés par un tuteur, ou ravis par un ennemi, ou que mon père ne m'ait rien laissé : peut-on reprocher à un homme ce dont on ne pourrait faire un crime à aucun animal, à l'aigle, au taureau ou au lion? Si un cheval se distingue par les qualités qui sont propres à son espèce, si son allure est bien égale, sa course rapide, personne n'ira lui reprocher de n'avoir pas de quoi manger; et toi, tu viendrais me faire un crime, non pas de quelque parole méchante ou de quelque mauvaise action, mais de la modestie de mon intérieur, du petit nombre de mes gens, de la sobriété de mes repas, de la simplicité de mes vêtements, de la frugalité de ma table? Eh bien! quelque mesquin que tout cela te paraisse, je trouve, moi, qu'il y a encore trop de luxe et de prodigalité; et je voudrais restreindre encore mon train de maison, persuadé que je serai d'autant plus heureux que je vivrai plus étroitement. Ce qui constitue la santé de l'âme aussi bien que celle du corps, c'est la liberté : quand il y a embarras, il y a faiblesse; et un signe certain de malaise, c'est d'avoir besoin de beaucoup de choses. Pour vivre comme pour nager, l'avantage est à celui qui est le plus dégagé de tout fardeau. Dans cet océan orageux de la vie humaine, ce qui est léger surnage, ce qui est lourd s'engloutit. Je me suis convaincu que ce qui fait la supériorité des dieux sur l'homme, c'est qu'ils n'ont aucun besoin; par conséquent l'homme qui a le moins de besoins est celui qui se rapproche le plus de la Divinité.

Aussi ai-je été très-flatté quand vous avez dit, dans l'intention de m'outrager, que je n'avais pour patrimoine qu'une besace et un bâton. Plût au ciel que j'eusse assez de force d'âme pour me contenter de ces objets, et pour les porter aussi dignement que Cratès, qui les préféra à toutes ses richesses! Oui, Émilianus, ce Cratès, renommé parmi les premiers citoyens de Thèbes par sa fortune et sa noblesse, s'éprit de passion pour ce simple mobilier que tu me reproches, et fit don au peuple de son vaste et riche patrimoine. Il se débarrassa de ses nombreux esclaves, et aima mieux vivre dans l'isolement : il préféra un seul bâton à tous ses arbres fruitiers. Il échangea contre une besace les plus magnifiques maisons de campa-

---

Omnis enim cupido acquirendi ex opinione inopiæ venit. Nec refert, quam magnum sit, quod tibi minus est. Non habuit tantam rem familiarem Philus, quantam Lælius : nec Lælius, quantam Scipio : nec Scipio, quantam Crassus dives : at enim nec Crassus dives quantam volebat. Ita quum omnis superaret, a suamet avaritia superatus est : omnibusque potius dives visus est, quam sibi. At contra hi philosophi, quos commemoravi, non ultra volentes quam poterant, sed congruentibus desideriis et facultatibus, jure meritoque dites et beati fuerunt. Pauper enim fis appetendi egestate, dives non egendi satietate : quippini, inopia desiderio, opulentia fastidio cernuntur. Igitur, Æmiliane, si pauperem me haberi vis, prius avarum esse doceas necesse est. Quod si nihil in animo deest, de rebus extrariis quantum desit non laboro : quarum neque laus in copia, neque culpa in penuria consistit.

Sed finge hæc aliter esse; ac me ideo pauperem, quia mihi fortuna divitias invidit; easque, ut ferme evenit, aut tutor imminuit, aut inimicus eripuit, aut pater non reliquit : hoccine homini opprobrari, quod nulli ex animalibus vitio datur, non aquilæ, non tauro, non leoni? Equus si virtutibus suis polleat, ut si æquabilis vector, et cursor pernix; nemo ei penuriam pabuli exprobrat : tu mihi vitio dabis, non facti vel dicti alicujus pra- vitatem, sed quod vivo gracili Lare, quod pauciores habeo, parcius pasco, levius vestio, minus obsono? Atqui ego contra, quantulacumque tibi hæc videntur, multa etiam, et nimia arbitror, et cupio ad pauciora me coercere : tanto beatior futurus, quanto collectior. Namque animi, ita ut corporis, sanitas expedita, imbecillitas lacrimosa est : certumque signum est infirmitatis, pluribus indigere. Prorsus ad vivendum, velut ad natandum; is melior, qui onere liberior. Sunt enim similiter etiam in ista vitæ humanæ tempestate levia sustentatui, gravia demersui. Equidem didici, ea re præcedere maxime deos hominibus, quod nulla re ad usum sui indigeant. Igitur ex nobis, cui quam minimis opus sit cum esse Deo similiorem.

Proinde gratum habui quum ad contumeliam diceretis, rem familiarem mihi peram et baculum fuisse. Quod utinam tantus animi forem, ut præter eam supellectilem nihil quidquam requirerem, sed eumdem ornatum digne gestarem, quem Crates ultro divitiis abjectis appetivit! Crates, inquam, si quid credis, Æmiliane, vir domi inter Thebanos proceres dives et nobilis, amore hujus habitus, quem mihi objectas, rem familiarem largam et uberem populo donavit : multis servis a sese remotis, solitatem delegit : arbores plurimas et frugiferas præ uno baculo sprevit : villas ornatissimas una perula mutavit : quas

gne; et quand plus tard il eut apprécié toute l'utilité de cette besace, il en fit l'éloge dans des vers imités du passage où Homère célèbre l'île de Crète. J'en citerai le début, pour que tu ne croies pas que j'aie inventé ces choses dans l'intérêt de ma défense :

Au milieu de ce luxe et de ces monceaux d'or,
Ma besace est ma ville, et mon plus cher trésor.

Le reste n'est pas moins beau ; et si tu avais lu ces vers, tu n'aurais pas plus envié ma besace que mon mariage avec Pudentilla.

Quoi ! tu reproches aux philosophes leur besace et leur bâton ! Mais reproche donc aussi aux cavaliers leurs harnais, aux fantassins leurs boucliers, aux porte-drapeaux leurs étendards, aux triomphateurs leurs chars attelés de chevaux blancs, et leurs toges à palmes. Ce ne sont point là, il est vrai, les insignes de la secte de Platon, mais ce sont ceux de la secte cynique. La besace et le bâton étaient pour Diogène et Antisthène ce que le diadème est pour les rois, la cotte d'armes pour les généraux, la tiare pour les pontifes, le bâton recourbé pour les augures. Diogène le Cynique rivalisait avec Alexandre le Grand sur la réalité du pouvoir royal, et était aussi fier de son bâton que d'un sceptre. Je sais que tu méprises tous ces récits comme autant de chimères. Je te citerai encore cependant l'exemple de l'invincible Hercule. Oui, cet Hercule qui parcourait l'univers en le délivrant des monstres, ce conquérant, ce dieu, n'avait pourtant, avant que ses vertus lui eussent ouvert le ciel, d'autre vêtement qu'une peau de lion, d'autre équipage qu'un bâton.

Si tu fais peu de cas de ces exemples, et si tu m'as fait citer ici moins pour me forcer à plaider ma cause que pour inventorier mon revenu, je veux t'apprendre quelles sont mes ressources, au cas que tu les ignores. Sache donc que mon père nous a laissé, à mon frère et à moi, à peu près 20,000 sesterces, et que, malgré de longs voyages, des études assidues et des libéralités continuelles, ma part de patrimoine a été peu diminuée. Et cependant j'ai assisté beaucoup d'amis, j'ai donné des marques de ma reconnaissance à plusieurs de mes maîtres, et doté les filles de quelques-uns d'entre eux ; et je n'aurais pas hésité à faire le sacrifice de tout mon patrimoine pour acquérir ce qui me semble bien plus important, le mépris de mon patrimoine. Mais toi, Émilianus, et les hommes de ton espèce, gens grossiers et vulgaires, vous ne valez réellement qu'autant que vous possédez ; comme ces arbres inféconds et stériles qui ne produisent aucun fruit, et qui n'ont d'autre valeur que le bois qu'ils fournissent.

Toutefois, Émilianus, tu devrais un peu moins reprocher aux autres leur pauvreté, toi qui, tout récemment encore, ne possédais qu'un petit champ à Zarath, unique héritage de ton père, que tu pouvais avec un seul âne labourer dans l'espace de trois jours, par un temps de pluie ; car il n'y a pas longtemps que la perte de plusieurs de tes parents, morts coup sur coup, t'a enrichi d'héritages que tu ne méritais pas. C'est à cette circonstance plus encore, qu'à ton hideux visage, que tu dois le surnom de Charon.

Quant à ma patrie, tu as rappelé qu'elle était située sur les confins de la Numidie et de la Gétulie, et tu t'es appuyé des paroles dont je me

---

postea, comperta utilitate, etiam carmine laudavit, flexis ad hoc Homericis versibus, quibus ille Cretam insulam nobilitat. Principium dicam, ne me hæc ad defensionem putes confinxisse :

Ἥρη τις πόλις ἐστὶ μέσῳ ἐνὶ οἴνοπι τύρῳ
Καλὴ καὶ πίειρα.

Jam cetera tam mirifica : quæ si tu legisses, magis mihi peram, quam nuptias Pudentillæ invidisses.

Peram et baculum tu philosophis exprobrare? igitur et equitibus phaleras, et peditibus clypeos, et signiferis vexilla, et denique triumphantibus quadrigas albas et togam palmatam. Non sunt quidem ista platonicæ sectæ gestamina, sed cynicæ insignia familiæ. Verumtamen hoc Diogeni et Antistheni pera et baculus, quod regibus diadema, quod imperatoribus paludamentum, quod pontificibus galerum, quod lituus auguribus. Diogenes quidem Cynicus, cum Alexandro Magno de veritate regni certabundus, bacula vice sceptri gloriabatur. Ipse denique Hercules invictus (quoniam hæc tibi, ut quædam mendicabula, animi sordent), ipse, inquam, Hercules lustrator orbis, purgator ferarum, gentium domitor ; is tamen deus quum terras peragraret, paulo prius quam in cœlum ob virtutes ascitus est, neque una pelle vestitior fuit, neque uno baculo comitatior.

Quod si hæc exempla nihili putas, ac me non ad causam agendam, verum ad censum disserundum vocasti; ne quid tu rerum mearum nescias, si tamen nescis, profiteor mihi ac fratri meo relictum a patre HS. vicies, paulo secus : idque a me longa peregrinatione, et diutinis studiis, et crebris liberalitatibus modice imminutum. Nam et amicorum plerisque opem tuli, et magistris plurimis gratiam retuli, quorumdam etiam filias dote auxi : neque enim dubitassem equidem vel universum patrimonium impendere, ut acquirerem mihi, quod majus est, contemptum patrimonii. Tu vero, Æmiliane, et id genus homines, uti tu es, inculti et agrestes, tanti revera estis, quantum habetis : ut arbor infecunda et infelix, quæ nullum fructum ex sese gignit, tanti est in pretio, quanti lignum ejus in trunco.

Attamen parce postea, Æmiliane, paupertatem cuipiam objectare, qui nuper usque agellum Zarathensem, quem tibi unicum pater tuus reliquerat, solus uno asello, ad tempestivum imbrem, triduo exarabas. Neque enim diu est, quum te crebræ mortes propinquorum immeritis-hereditatibus fulserunt : unde tibi potius, quam ob istam teterrimam faciem, Charon nomen est.

De patria mea vero, quod eam sitam Numidiæ et Getuliæ in ipso confinio, meis scriptis ostendisti, quibus memet professus sum, quum Lolliano Avito C. V. præ-

suis servi moi-même, lorsque j'ai dit, en parlant publiquement devant Lollianus Avitus, que j'étais moitié Numide et moitié Gétule. Je ne vois point qu'il y ait là pour moi de quoi rougir, pas plus que Cyrus le Grand n'avait à rougir d'être d'une race mixte, à demi-Mède et à demi-Perse. Ce qu'il importe de savoir, ce n'est pas en quel lieu on est né, mais comment on a vécu; ce n'est point le pays, c'est la vie d'un homme qu'il faut considérer. Qu'un jardinier, qu'un cabaretier recommandent leurs légumes et leurs vins par la qualité du terroir; qu'ils vantent, l'un ses vins de Thasos, l'autre ses légumes de Phliasie; c'est tout simple. En effet, ces productions de la terre tirent une nouvelle saveur de la fertilité du sol, de l'humidité du climat, de la douceur des vents, de la bonne exposition du terrain, et des sucs de la végétation. Mais pour l'âme humaine, qui n'est en quelque sorte qu'un hôte pour le corps, que peut-il y avoir dans ces circonstances qui ajoute ou retranche à ses mérites ou à ses démérites? Toutes les nations n'ont-elles pas produit des génies distingués dans tous les genres, bien que quelques-unes d'entre elles soient plus ou moins remarquées que d'autres pour le partage des dons de l'esprit? C'est chez les Scythes, ce peuple si grossier, qu'est né le sage Anacharsis; c'est Athènes, cette ville si renommée pour sa finesse, qui a donné le jour au stupide fils de Mélitus. Et je ne dis point cela avec la pensée de rougir de ma patrie, fût-elle encore sous la domination de Syphax; mais, après la défaite de ce prince, notre province fut donnée par le peuple romain au roi Massinissa, et, repeuplée plus tard par une émigration de vétérans, elle devint une colonie très-florissante.

Dans cette colonie, mon père a exercé le duumvirat, la première des dignités, et a passé par tous les honneurs. Et moi-même, depuis que j'ai été initié aux charges publiques, j'ai conservé son rang dans l'État, sans rien perdre, je l'espère, de l'estime et de la considération qui l'entourait.

Si j'ai rappelé ces faits, Émilianus, c'est afin que tu sois désormais moins irrité contre moi; ou plutôt c'est pour obtenir ton pardon, si, par négligence peut-être, je n'ai pas choisi pour lieu de ma naissance l'Attique et ta Zarath. Et vous, n'avez-vous pas eu honte, en présence d'un tel juge, de me faire de semblables reproches, de mêler et de diriger contre moi les accusations les plus frivoles et les plus opposées entre elles? Voyez quelle contradiction! ma besace et mon bâton me font taxer d'austérité; mes vers et mon miroir, de relâchement de mœurs! Je n'ai qu'un esclave, donc je suis avare; j'ai trois affranchis, donc je suis prodigue! J'ai l'éloquence d'un Grec, mais je suis d'origine barbare. Réveillez-vous donc enfin, et songez que vous parlez devant Claudius Maximus, devant un personnage grave, sur qui reposent les intérêts de toute une province. Épargnez-lui ces vaines invectives, et produisez les attentats énormes, les maléfices sacriléges, les manœuvres criminelles dont vous m'avez accusé. Pourquoi si peu de preuves et tant de bruit?

Je passe maintenant à l'accusation même de magie, accusation soulevée contre moi avec grand fracas, et qui s'est perdue, contre l'attente de tous, au milieu de je ne sais quels contes de vieilles femmes. Avez-vous jamais vu, Maximus, ces feux de paille qui petillent avec bruit, qui répandent de larges flammes et croissent rapi-

---

sente publice dissererem, Seminumidam et Semigetulum: non video, quid mihi sit in ea re pudendum; haud minus, quam Cyro majori, quod genere mixto fuit, Semimedus ac Semipersa. Non enim ubi prognatus; sed uti moratus quisque sit, spectandum est. Olitori et cauponi merito est concessum, olus et vinum ex nobilitate soli commendare: vinum Thasium, olus Phliasium. Quippe illa terrae alumna multum ad meliorem saporem juverit, et regio fœcunda, et cœlum pluvium, et ventus clemens, et sol apricus, et solum succidum. Enimvero animo hominis extrinsecus in hospitium corporis immigranti, quid ex istis addi vel minui ad virtutem vel malitiam potest? Quando non in omnibus gentibus varia ingenia provenere; quamquam videantur quædam stultitia vel sollertia insigniores. Apud socordissimos Scythas, Anacharsis sapiens natus est: apud Athenienses catos, Melitides fatuus. Neque hoc eo dixi, quo me patriæ meæ pœniteret, etsi adhuc Syphacis oppidum essemus. Quo tamen victo, ad Massinissam regem munere populi concessimus, ac deinceps, veteranorum militum novo conditu, splendidissima colonia sumus. In qua colonia patrem habui loco principe duumviralem, cunctis honoribus perfunctum:

cujus ego locum in illa republica, exinde ut participare curiam cœpi, nequaquam degener, pari spero honore et existimatione, tueor.

Cur ergo illa protuli? ut mihi tu, Æmiliane, minus posthac succenseas: potiusque ut veniam impertias, si per negligentiam forte non elegi illud tuum Atticum Zarath, ut in eo nascerer. Nonne vos puditum est, hæc crimina, tali viro audiente, tam adseveranter objectare? frivola et inter se repugnantia simul promere? et utraque tamen reprehendere? Utcumque contraria accusastis; peram et baculum, ob auctoritatem: carmina et speculum, ob hilaritatem: unum servum, ut deparci: tris libertos, ut profusi: præterea eloquentiam græcam, patriam barbaram? Quin igitur tandem expergiscimini, ac vos cogitatis apud Claudium Maximum dicere, apud virum severum, et totius provinciæ negotiis occupatum? Quin, inquam, vana hæc convicia aufertis? quin ostenditis, quod insimulavistis, scelera immania, et inconcessa maleficia, et artes nefandas? Cur vestra oratio rebus flaccet, strepitu viget?

Aggredior enim jam ad ipsum crimen magiæ, quod ingenti tumultu, ad invidiam mei, accensum, frustrata expectatione omnium, per nescio quas aniles fabulas, deflagravit. Ecquandone vidisti, Maxime, flammam stipula

dement, mais dont l'aliment est si peu de chose, qu'après un court embrasement il n'en reste plus rien? Telle est cette accusation, commencée par des invectives, grossie par des paroles, dénuée de preuves, et qui ne laissera, après votre sentence, aucune trace de sa calomnie. Émilianus l'a fait porter tout entière sur ce seul point, C'est que je suis un magicien. Or, je veux demander à ses savants avocats ce que c'est qu'un magicien : car si, comme je l'ai lu dans beaucoup d'auteurs, mage signifie, dans la langue persane, ce que prêtre signifie dans la nôtre, quel crime est-ce donc, après tout, d'être prêtre, d'avoir appris, de savoir et de connaître à fond les lois des cérémonies religieuses, les règles des sacrifices, les usages du culte? En effet, la magie est ce que Platon appelle *le service des dieux*, lorsqu'il expose les principes d'éducation donnés par les Perses au jeune héritier du trône. Je me rappelle les paroles mêmes de ce divin génie, et vous les reconnaîtrez avec moi, Maximus : « A quatorze ans, « dit-il, le jeune prince est remis aux soins de « ceux qu'on appelle instituteurs des rois. Ceux « qui remplissent ces fonctions sont les plus re- « nommés par leur mérite parmi les Perses; ils « sont au nombre de quatre : le plus sage, le plus « juste, le plus prudent, le plus brave. L'un « d'entre eux lui enseigne la magie de Zoroastre, « fils d'Oromaze, c'est-à-dire le service des « dieux; il lui explique aussi les devoirs de la « royauté. » Vous l'entendez, vous qui accusez si légèrement la magie; c'est une science agréable aux dieux immortels, qui enseigne à les honorer et à les respecter, science de piété et de divination : illustre depuis Zoroastre et Oromaze, ses fondateurs, son origine est vraiment

céleste. C'est une des premières qu'on enseigne aux rois, et, en Perse, on ne permet pas plus aisément d'être mage que d'être roi. Le même Platon, dans une autre dissertation sur un certain Zalmoxis, originaire de Thrace, mais adonné à cette science, a écrit ces mots : « Mon ami, il « faut traiter les maladies de votre âme par cer- « tains enchantements, et ces enchantements sont « les bons principes. » S'il en est ainsi, pourquoi ne me serait-il pas permis de connaître les bons principes de Zalmoxis ou le rituel de Zoroastre?

Mais si, suivant l'opinion vulgaire, mes accusateurs entendent par magicien celui qui doit à ses communications avec les dieux le pouvoir de faire, par la force incroyable de ses enchantements, tout ce qu'il veut, je m'étonne qu'ils n'aient pas craint d'accuser un homme auquel ils attribuent tant de puissance. En effet, on ne peut se garantir contre les effets d'un pouvoir si occulte et si divin, comme contre un danger ordinaire. Quand on cite en justice un assassin, on vient avec une escorte; quand on accuse un empoisonneur, on regarde de plus près à ce qu'on mange; quand on dénonce un voleur, on veille sur son bien; mais quand on intente une accusation capitale à un magicien, comme ils le prétendent, avec quelles escortes, par quelles précautions, par quelle surveillance pourrait-on se préserver d'une perte cachée et inévitable? Il n'y aurait aucun moyen d'échapper; aussi n'accuserait-on pas d'un tel crime celui que l'on en croirait coupable. Et pourtant c'est là un de ces griefs que l'ignorance intente communément aux philosophes. Ceux d'entre eux qui recherchent les causes pures et simples de l'existence des corps sont taxés d'irréligion et d'athéisme, comme, par exemple,

---

exortam, claro crepitu, largo fulgore, cito incremento, sed enim materia levi, caduco incendio, nullis reliquiis? En tibi illa accusatio, jurgiis inita, verbis aucta, argumentis defecta, nullis post sententiam tuam reliquiis calumniæ permansura. Quæ quidem omnis Æmiliano fuit in isto uno destinata, me magum esse : et ideo mihi libet quærere ab eruditissimis ei advocatis, quid sit magus? Nam si (quod ego apud plurimos lego) Persarum lingua magus est, qui nostra sacerdos : quod tandem est crimen, sacerdotem esse? et rite nosse, atque scire, atque callere, leges cærimoniarum, fas sacrorum, jus religionum, si quidem magia id est, quod Plato interpretatur θεῶν θεραπείαν, quum commemorat quibusnam disciplinis puerum regno adolescentem Persæ imbuant. Verba ipsa divini viri memini, quæ tu mecum, Maxime, recognosce : Δὶς ἑπτὰ δὲ γενομένων ἐτῶν τὸν παῖδα παραλαμβάνουσιν, οὓς ἐκείνοι βασιλείους παιδαγωγοὺς ὀνομάζουσιν· εἰσὶ δὲ ἐξειλεγμένοι Περσῶν οἱ ἄριστοι δόξαντες ἐν ἡλικίᾳ τέτταρες· ὅ τε σοφώτατος καὶ ὁ δικαιότατος, καὶ ὁ σωφρονέστατος, καὶ ὁ ἀνδρειότατος· ὧν ὁ μὲν μαγείαν τε διδάσκει τὴν Ζωροάστρου, τοῦ Ὡρομάζου ἐστὶ δὲ τοῦτο θεῶν θεραπεία· διδάσκει δὲ καὶ τὰ βασιλικά. Auditisne, magiam, qui eam temere accusatis, artem esse diis immortalibus acceptam, colendi eos ac venerandi pernagam, piam scilicet, et diviniscientem, jam

inde a Zoroastre et Oromaze, auctoribus suis, nobilem, cœlitum antistitam? quippe inter prima regalia docetur : nec ulli temere inter Persas concessum est magum esse, haud magis quam regnare. Idem Plato in alia sermocinatione de Zalmoxi quodam, Thraci generis, sed ejusdem artis viro, ita scriptum reliquit : Θεραπεύεσθαι δὲ τὴν ψυχήν, ἔφη, ὦ μακάριε, ἐπωδαῖς τισι· τὰς δὲ ἐπῳδὰς τοὺς λόγους εἶναι τοὺς καλούς. Quod si ita est, cur mihi nosse non liceat vel Zalmoxi bona verba, vel Zoroastri sacerdotia?

Sin vero, more vulgari, eum isti proprie magum existimant, qui communione loquendi cum diis immortalibus ad omnia, quæ velit, incredibili quadam vi cantaminum, polleat : oppido miror cur accusare non timuerint; quem posse tantum fatentur. Neque enim tam occulta et divina potentia caveri potest, itidem ut cetera. Sicarium qui in judicium vocat, comitatus venit; qui venenarium accusat, scrupulosius cibatur; qui furem arguit, sua custodit. Enimvero qui magum, qualem isti dicunt, in discrimen capitis deducit, quibus comitibus, quibus scrupulis, quibus custodibus perniciem cæcam et inevitabilem prohibeat? nullis scilicet : et ideo id genus crimen non est ejus accusare, qui credit. Verum hæc ferme communi quodam errore imperitorum philosophis objectantur : ut partim eorum, qui corporum causas meras et simplices rimantur,

Anaxagore, Leucippe, Démocrite, Épicure, et tous les autres qui ont étudié la nature. Ceux qui prennent pour objet de leurs investigations la providence qui dirige le monde, et qui se plaisent à célébrer les dieux, sont traités de magiciens, comme s'ils savaient eux-mêmes feindre les choses dont ils constatent l'existence. Tels furent jadis Épiménide, Orphée, Pythagore et Ostanes; et plus tard on reprocha également à Empédocle sa Catharmé, à Socrate son Démon, à Platon son Souverain Bien. Aussi je me félicite d'être compté au nombre de tous ces grands hommes.

Du reste, les raisons présentées à l'appui de cette accusation sont vaines, frivoles et ridicules, et je crains que vous n'y trouviez d'autre grief que l'allégation qu'on en fait. Pourquoi, dit-il, avez-vous recherché certaines espèces de poissons? comme s'il n'était pas permis à un philosophe de faire pour s'instruire ce qu'on passe au glouton qui ne veut que contenter sa gourmandise! Pourquoi une femme de condition libre vous a-t-elle épousé après quatorze ans de veuvage? comme s'il n'était pas plus étonnant qu'elle fût restée tant d'années sans se remarier! Pourquoi, avant de vous épouser, a-t-elle écrit dans une lettre je ne sais quoi qui lui venait à l'esprit? comme si l'on devait rendre compte des motifs de la pensée d'autrui! Mais, dit-on, une femme plus âgée a consenti à épouser un jeune homme. C'est justement la preuve qu'il n'y a pas eu besoin de magie pour qu'une femme voulût se marier à un jeune homme, une veuve à un célibataire, une personne plus âgée à une plus jeune.

Les autres arguments sont de la même nature. Apulée a chez lui quelque chose qu'il adore en secret : ne serait-ce pas plutôt un crime de ne rien avoir à adorer? Un enfant est tombé en présence d'Apulée : qu'eussiez-vous dit, si c'eût été un jeune homme ou un vieillard qui fût tombé devant moi, soit par l'effet d'une indisposition, soit par suite d'un faux pas sur un sol glissant? Sont-ce là des preuves de magie, la chute d'un enfant, le mariage d'une femme, un achat de poissons? Je pourrais en vérité sans inconvénient borner là ma défense; mais puisque, grâce à la longueur de l'accusation, il me reste encore bien du temps pour parler, j'y consens, si on veut, examinons chaque grief en détail.

D'abord je ne nierai rien de ce qu'on me reproche, que ce soit vrai ou faux. J'avouerai tout, comme si tout était vrai. Je veux que toute cette multitude, qui est venue de toutes parts pour assister à cette audience, reconnaisse clairement que non-seulement on ne saurait rien dire contre les philosophes qui ait quelque fondement, mais même qu'on ne saurait inventer aucun grief qu'ils ne puissent repousser par la seule force de leur innocence, et sans avoir besoin de la désavouer. Je commencerai donc par réfuter leurs arguments, et prouver que tous ces faits n'ont rien de commun avec la magie; je leur montrerai ensuite que, fussé-je un grand magicien, je ne leur ai donné aucun motif, aucune occasion de me convaincre de maléfice : je parlerai alors des mensonges que leur a dictés la jalousie, des lettres de ma femme, qu'ils ont lues dans de si mauvaises intentions et interprétées d'une manière encore plus odieuse; je parlerai de mon mariage avec Pudentilla, et je démontrerai que c'est par obligeance et non par intérêt que j'ai contracté cette

---

irreligiosos putent, eoque aiant deos abnuere; ut Anaxagoram, et Leucippum, et Democritum, et Epicurum, ceterosque rerum naturæ patronos : partim autem, qui providentiam mundi curiosius vestigant, et impensius deos celebrant, eos vero vulgo magos nominent : quasi facere etiam sciant, quæ sciant fieri : ut olim fuere Epimenides, et Orpheus, et Pythagoras, et Ostanes. Ac dein similiter suspectata, Empedocli Catharmœ, Socrati Dæmonion, Platonis τὸ ἀγαθόν. Gratulor igitur mihi, quum et ego tot ac tantis viris adnumeror.

Ceterum, quæ ab illis ad ostendendum crimen objecta sunt, vana et inepta et simplicia, vereor, ne ideo tantum crimina putes, quod objecta sunt. Cur, inquit, piscium quædam genera quæsisti? quasi id cognitionis gratia philosopho facere non liceat, quod luxurioso gulæ causa liceret? Cur mulier libera tibi nupsit post annos quatuordecim viduitatis? quasi non magis mirandum sit, quod tot annis non nupserit. Cur prius, quam tibi nuberet, scripsit nescio quid in epistola, quod sibi videbatur? quasi quisquam debeat causas alienæ sententiæ reddere. At enim maior natu non est juvenem adspernata. Igitur hoc ipsum argumentum est nihil opus magia fuisse, ut nubere vellet mulier viro, vidua cælibi, major minori.

Jam et illa similia. Habet quiddam Apuleius domi, quod secreto colit. Quasi non id potius crimen sit, quod colas non habere. Cecidit præsente Apuleio puer. Quid enim si juvenis, quid si etiam senex adsistente me corruisset, vel morbo corporis impeditus, vel lubrico soli prolapsus, Hiscine argumentis magiam probatis? casu pueruli, et matrimonio mulieris, et obsonio piscium? Possem equidem, bono periculo, vel his dictis contentus perorare. Quoniam tamen mihi pro accusationis longitudine largiter aquæ superest, cedo, si videtur, singula considerebus.

Atque ego omnia objecta, seu vera, seu falsa sint, non negabo : sed perinde, atque si facta sint, fatebor; ut omnis ista multitudo, quæ plurima undique ad audiendum convenit, aperte intelligat, nihil in philosophos non modo vere dici, sed ne falso quidem posse confingi, quod non ex innocentiæ fiducia, quamvis liceat negare, tamen habeant potius defendere. Primum igitur argumenta eorum convincam, ac refutabo, nihil ea ad magiam pertinere : deinde, etsi maxime magus forem, tamen ostendam, neque causam ullam, neque occasionem fuisse, ut me in aliquo maleficio experirentur. Ibi etiam de falso invidia, deque epistolis mulieris perperam lectis, et nequius interpretatis, deque matrimonio meo ac Pudentillæ disputabo; idque a me susceptum officii gratia, quam lucri causa, docebo. Quod quidem matrimonium nostrum Æmiliano huic immane quanto angori quantæque invidiæ fuit,

union. Ce mariage a causé, il est vrai, à Émilianus un déplaisir et un ressentiment extrêmes. De là cette accusation furibonde et forcenée, de là cet acte de délire. Quand j'aurai rendu tout cela clair jusqu'à l'évidence, je vous prouverai, Claudius Maximus, à vous et à toute l'assistance, que ce jeune Sicinius Pudens, mon beau-fils, qui prête à l'accusation de son oncle l'appui de son assentiment et de sa volonté, a été récemment ravi à ma tutelle depuis la mort de Pontianus, son frère aîné, qui valait mieux que lui ; qu'on l'a excité criminellement contre sa mère et contre moi ; qu'il a, sans qu'il y eût de ma faute, abandonné l'étude des lettres et secoué le joug de toute discipline, préludant par cet entraînement coupable à cette accusation, et promettant de ressembler à son oncle Émilianus plutôt qu'à son frère Pontianus.

Je vais maintenant, comme je l'ai résolu, passer en revue toutes les folles accusations d'Émilianus, en commençant par celle qui concerne le soupçon de magie ; car vous avez remarqué que le grief qu'il m'impute, tout d'abord, comme un des plus graves, c'est d'avoir acheté à certains pêcheurs certaines espèces de poissons. Laquelle de ces deux circonstances peut donner lieu de me suspecter de magie ? Est-ce parce que des pêcheurs m'ont fourni du poisson ? Fallait-il donc charger de cette commission des brodeurs ou des charpentiers ? Fallait-il, pour éviter vos calomnies, intervertir les professions ? Fallait-il faire pêcher le poisson par un charpentier, faire polir le bois par un pêcheur ? Le maléfice tient-il, selon vous, à ce que j'ai eu ces poissons pour l'argent ? Sans doute, si je les eusse destinés à ma table, je les aurais eus pour rien ! Pourquoi donc ne pas m'accuser de mille autres choses encore ? car bien souvent j'ai acheté du vin, des légumes, des fruits et du pain. Avec ce système vous feriez mourir de faim tous les marchands de comestibles; car qui osera rien leur acheter, s'il est établi en principe que toutes les provisions de bouche qu'on se procure à prix d'argent sont destinées non à la table, mais à la magie ? S'il ne reste plus rien de suspect, ni dans la demande très-ordinaire faite à des pêcheurs de prendre du poisson (et remarquez qu'on n'a produit comme témoin aucun de ces hommes, vu qu'ils n'existent pas), ni dans le prix même de la marchandise (remarquez encore qu'ils n'ont précisé aucune somme, de peur qu'on n'y vît qu'un grief futile, si elle était trop peu élevée, ou qu'on n'y crût pas, si elle était trop considérable) ; si, dis-je, il n'y a plus rien de suspect en tout cela, qu'Émilianus me dise sur quelles conjectures vraisemblables il a fondé son accusation de magie. Vous achetez des poissons, dit-il ; je n'en disconviens pas. Mais, je vous le demande, est-on magicien parce qu'on achète des poissons ? Pas plus, je pense, que si l'on achète des lièvres, des sangliers ou des volailles. Y a-t-il dans les poissons seuls quelque propriété occulte, que connaissent les magiciens ? Si tu le sais, c'est toi assurément qui es magicien ; sinon, il faut reconnaître que tu m'accuses de choses que tu ne connais pas.

Êtes-vous donc assez ignorant, assez étranger même aux contes qui se débitent parmi le peuple, pour ne pouvoir donner quelque vraisemblance à ces inventions ? Car quelle vertu propre à enflammer l'amour peut exister dans un poisson brut et froid, ou dans un être quel-

---

Inde omnis hujusce accusationis obeundæ ira et rabies, et denique insania exorta est. Quæ si omnia palam et dilucide ostendero, tunc denique te, Claudi Maxime, et omnes qui adsunt, contestabor, puerum illum Sicinium Pudentem, privignum meum, cujus obtentu et voluntate a patruo ejus accusor, nuperrime curæ meæ ereptum, postquam frater ejus Pontianus, et natu major, et moribus melior, diem suum obiit : atque ita in me ac matrem suam nefarie efferatum, non mea culpa, desertis liberalibus studiis, ac repudiata omni disciplina, scelestis accusationis hujus rudimentis, quam fratri Pontiano, similem futurum.

Nunc, ut institui, proficiscar ad omnia Æmiliani hujusce deliramenta, orsus ab eo, quod ad suspicionem magiæ, quasi validissimum in principio dici animadvertisti, nonnulla me piscium genera per quosdam piscatores pretio quæsisse. Utrum igitur horum ad suspectandam magiam valet? (quodne piscatores mihi piscem quæsierunt? scilicet ergo phrygionibus aut fabris negotium istud dandum fuisse : atque ita opera cujusque artis permutanda, si vellem calumniis vestris vitare ; ut faber mihi piscem everreret, ut piscator mutuo lignum dedolaret? An ex eo intellexistis, maleficio quæri pisciculos, quod pretio quærebantur? Credo, si convivio vellem, gratis quæsissem.

Quin igitur etiam ex aliis plerisque me arguitis? Nam sæpenumero et vinum, et olus, et pomum, et panem pretio mutavi. Eo pacto cupedinariis omnibus famem decernis. Quis enim ab illis obsonare audebit, siquidem statuitur, omnia edulia, quæ depenso parantur, non cœnæ, sed magiæ, desiderari. Quod si nihil remanet suspicionis, neque in piscatoribus mercede invitatis ad quod solent, ad piscem capiendum ; quos tamen nullos ad testimonium produxere, quippe qui nulli fuerunt : neque in ipso pretio rei venalis, cujus tamen quantitatem nullam taxavere, ne, si mediocre pretium dixissent, contemneretur ; si plurimum, non crederetur : si in his, ut dico, nulla suspicio est, respondeat mihi Æmilianus, quo proximo signo ad accusationem magiæ sit inductus. Pisces, inquit, quæris. Nolo negare. Sed oro te, qui pisces quærit, magus est? Equidem non magis arbitror, quam si lepores quæreret, vel apros, vel altilia. An soli pisces habent aliquid occultum aliis, sed magis cognitum ? Hoc si scis quid sit, magus es profecto ; sin nescis, confitearis necesse est, id te accusare, quod nescis.

Tam rudis vos esse omnium litterarum, omnium denique vulgi fabularum, ut ne fingere quidem possitis ista verisimiliter? Quid enim competit ad amoris ardorem accendendum, piscis brutus et frigidus, aut omnino res pela-

conque tiré de la mer? à moins que vous n'ayez pris pour base de votre mensonge la tradition qui fait naître Vénus du sein des eaux. Apprends, Tannonius Pudens, quelle a été ton ignorance d'avoir cru pouvoir trouver des preuves de magie dans un achat de poissons. Si tu avais lu Virgile, tu aurais su que c'est à d'autres objets qu'on a recours pour cela. Ce poëte, autant qu'il m'en souvient, parle à ce sujet de molles bandelettes, de grasse verveine, d'encens mâle, de fils de diverses couleurs : il cite aussi le laurier fragile, l'argile qui se durcit, la cire qui se fond ; enfin il a dit encore, dans son grand poëme :

. . . . La prêtresse soudain
Exprime un lait impur d'une herbe empoisonnée,
Au flambeau de la nuit par l'airain moissonnée.
Enfin, pour rendre encor le charme plus puissant,
Elle y joint la tumeur que le coursier naissant
Apporte sur son front, et que, pour ce mystère,
On enlève aussitôt à son avide mère.

Mais toi, qui m'accuses à propos de poissons, tu attribues aux magiciens de tout autres instruments : ce ne sont point des fronts encore tendres à dégarnir, mais des dos hérissés d'écailles à râcler; ce sont des objets qu'il faut non pas arracher de la terre, mais tirer de la mer; non pas moissonner avec la faux, mais accrocher avec l'hameçon. Virgile recommande le poison pour les maléfices ; toi, les mets délicats. Il recommande les herbes et les bourgeons; toi, les écailles et les os. Il dépouille les prairies; toi, tu fouilles les flots. J'aurais pu rappeler ici des passages semblables de Théocrite, d'Homère et d'Orphée, et des fragments de comédies, de tragédies et d'histoires grecques, si je ne savais déjà depuis longtemps que tu n'as pu lire une lettre écrite en grec par Pudentilla. Je me contenterai de citer un seul poëte latin ; ceux qui ont lu Lévius reconnaîtront ces vers :

De toutes parts des philtres on déterre :
Noire antipathe et petits roitelets,
Rognures d'ongle, herbe au suc délétère,
Vers longs et plats, racines et rejets,
Tumeur au front des poulains arrachée,
Lézards enfin, à la queue enchantée.

Voilà ce que tu aurais pu avec plus de vraisemblance me blâmer de rechercher, si tu avais eu la moindre érudition ; ces fables, répandues dans le vulgaire, auraient peut-être eu quelque crédit. Mais à quoi peut servir un poisson qu'on a pris, si ce n'est à être cuit et mangé? Je crois d'ailleurs que jamais poisson n'a été employé pour des opérations magiques; et voici à quoi tient mon opinion à cet égard. Pythagore, qui passe généralement pour avoir été disciple de Zoroastre et versé comme lui dans l'art de la magie, se trouvant un jour, dit-on, près de Métaponte, sur les rivages de l'Italie, qu'il avait adoptée pour sa patrie et dont il avait fait comme une succursale de la Grèce, aperçut des pêcheurs qui tiraient de l'eau un filet, et leur acheta tout ce qu'ils amèneraient du coup : après les avoir payés, il leur ordonna de relâcher tous les poissons qui avaient été pris, et de les rejeter dans la mer. Or, il ne les aurait pas ainsi laissés échapper, s'il avait cru trouver en eux quelque chose d'utile à la magie. Mais cet homme d'un savoir si éminent, ardent imitateur des anciens, se souvenait qu'Homère, ce poëte qui savait tout, ou plutôt qui savait si bien toutes choses, avait écrit que les substances magiques

go quæsita? Nisi forte hoc vos ad mendacium induxit, quod Venus dicitur pelago exorta. Audi sis, Tannoni Pudens, quam multa nescieris, qui de piscibus argumentum magiæ recepisti. At si Virgilium legisses, profecto scisses, alia quæri ad hanc rem solere. Ille enim, quantum scio, enumerat vittas mollis, et verbenas pinguis, et tura mascula, et licia discolora : præterea laurum fragilem, limum durabilem, ceram liquabilem : nec minus, quæ jam in opere serio scripsit,

Falcibus et messæ ad lunam quæruntur ahenis
Pubentes herbæ, nigri cum lacte veneni;
Quæritur et nascentis equi de fronte revolsus,
Et matri præreptus amor.

At tu piscium insimulator, longe diversa instrumenta magis attribuis : non frontibus teneris detergenda, sed dorsis squallentibus excidenda : nec fundo revellenda, sed profundo extrahenda : nec falcibus metenda, sed hamis inuncanda. Postremo, in maleficio ille venenum nominat, tu pulmentum : ille herbas et surculos, tu squamas et ossa : ille pratum decerpit, tu fluctum scrutaris. Memorassem tibi etiam Theocriti paria, et alia Homeri, et Orphei plurima, et ex comœdiis et tragœdiis græcis, et ex historiis multa repetissem, ni te dudum animadvertissem græcam Pudentillæ epistolam legere nequivisse. Igitur unum etiam poë-tam latinum attingam ; versus ipsos, quos agnoscent, qui Lævium legere :

Philtra omnia undique eruunt.
Antipathes illud quæritur.
Trochilisci, ungues, tæniæ,
Radiculæ, herbæ, surculi,
Sauri, inlices bicodulæ,
Hinnientium dulcedines.

Hæc et alia quæsisse me potius, quam pisces, longe verisimilius confinxisses (his etenim fortasse per famam pervulgatam fides fuisset), si tibi ulla eruditio affuisset Enimvero piscis ad quam rem faciat captus, nisi ad epulas coctus? ceterum ad magiam nihil quicquam videtur mihi adjutare. Dicam unde id conjectem. Pythagoram plerique Zoroastri sectatorem, similiterque magiæ peritum arbitrati, eum memoria prodiderunt, quum animadvertisset proxime Metapontum, in littore Italiæ suæ, quam subsicivam Græciam fecerat, a quibusdam piscatoribus everriculum trahi, fortunam jactus ejus emisse : et pretio dato, jussisse illico pisces eos, qui capti tenebantur, solvi retibus, et reddi profundo. Quos scilicet eum de manibus amissurum non fuisse, si quid in his utile ad magiam comperisset. Sed enim vir egregie doctus, et veterum æmulator, meminerat, Homerum poetam multiscium, vel potius cunctarum rerum apprime peritum, vim om-

tiraient leur vertu de la terre, et non de la mer.
Voici ce qu'il dit en parlant d'une magicienne :

Hélène possédait ce philtre précieux,
Qui, de Polydamna présent mystérieux
Vint d'Égypte, où fleurit, plus qu'en nulle autre terre,
Toute plante aux humains mortelle ou salutaire.

Et ailleurs, dans le même sens :

Ainsi parle Mercure; et du sein de la terre
Il arrache la plante au charme salutaire.

Enfin, dans ce poëte, jamais aucun de ses personnages n'emprunte les substances magiques à la mer ou aux poissons, ni Protée pour ses métamorphoses, ni Ulysse pour sa fosse, ni Éole pour son antre, ni Hélène pour sa coupe, ni Circé pour ses breuvages, ni Vénus pour sa ceinture. Vous êtes, de mémoire d'homme, les seuls qui, par une sorte de bouleversement de la nature, fassiez descendre des montagnes la vertu des herbes, des racines, des bourgeons et des pierres, pour la transférer à la mer et l'introduire dans le ventre des poissons. Ainsi donc, si l'on a invoqué jusqu'à ce jour, pour les opérations de la magie, Mercure qui fournit les charmes, Vénus qui séduit les cœurs, la Lune qui est la confidente des mystères de la Nuit, et Diane qui règne sur les ombres; maintenant, grâce à vous, ce sera Neptune, Salacia, Portune, et tout le chœur des Néréides, qui, au lieu d'exciter les fureurs de la mer, exciteront les fureurs de l'amour.

J'ai dit pourquoi je pense qu'il n'y a rien de commun entre les magiciens et les poissons. Maintenant supposons, selon l'opinion d'Émilianus, que les poissons servent pour les opérations magiques : est-ce à dire pour cela que quiconque achète un poisson est magicien? A ce compte, il suffira d'avoir acheté un vaisseau pour être un pirate; un levier, pour être un enfonceur de portes; une épée, pour être un assassin. En toutes choses, vous ne trouverez rien de si inoffensif qui ne soit nuisible par quelque endroit, rien de si agréable qui n'ait son côté fâcheux. Et cependant on n'envisage point pour cela toutes choses sous leur mauvais aspect. Crois-tu qu'on achète l'encens, la cannelle, la myrrhe, et les autres parfums semblables, que pour les cérémonies funèbres? Tous savent bien qu'on les achète aussi pour des médicaments ou pour des sacrifices. Du reste, avec cet argument de poissons, il faudra croire aussi que les compagnons de Ménélas étaient des magiciens, puisque le premier des poëtes dit que, dans l'île de Pharos, ils apaisèrent leur faim à l'aide de hameçons. Tu rangeras aussi dans cette catégorie les plongeons, les dauphins et les chiens de mer; tous les gourmands qui achètent aux pêcheurs leurs marchandises, les pêcheurs eux-mêmes, qui, par profession, vont à la recherche de toute espèce de poissons. — Pourquoi donc toi-même en achètes-tu? — Je ne veux pas te le dire, et cela ne me paraît pas nécessaire. Mais accuse-moi de ton chef, si tu le peux, de les avoir achetés comme j'aurais acheté de l'ellébore, de la ciguë ou du suc de pavot. De même, pour avoir acheté d'autres substances semblables, dont l'usage modéré est salutaire et dont le mélange, ou la trop grande quantité est nuisible, pourrait-on sans indignation se voir accuser d'empoisonnement, parce que ces substances peuvent donner la mort? Voyons cependant quelles ont été ces espèces de poissons si nécessaires à avoir, si rares à trouver,

nem medicaminum non maris, sed terræ, scripsisse, quum de quadam saga ad hunc modum memoravit :

Τοῖα Διὸς θυγάτηρ ἔχε φάρμακα μητιόεντα,
Ἐσθλά, τὰ οἱ Πολύδαμνα πόρεν Θῶνος παράκοιτις
Αἰγυπτίη, τῇ πλεῖστα φέρει ζείδωρος ἄρουρα
Φάρμακα, πολλὰ μὲν ἐσθλὰ μεμιγμένα, πολλὰ δὲ λυγρά.

Itemque alibi carminum similiter :

Ὡς ἄρα φωνήσας, πόρε φάρμακον Ἀργειφόντης·
Ἐκ γαίης ἐρύσας.

Quum tamen nunquam apud eum marino aliquo et pisculento medicavit nec Protheus faciem, nec Ulixes scrobem, nec Æolus follem, nec Helena crateram, nec Circe poculum, nec Venus cingulum.

At vos soli reperti estis ex omni memoria, qui vim herbarum, et radicum, et surculorum, et lapillorum, quasi quadam colluvione naturæ, de summis montibus in mare transferatis, et penitus piscium ventribus insuatis. Igitur ut solebat ad magorum cærimonias advocari Mercurius carminum vector, et illex animi Venus, et luna noctium conscia, et manium potens Trivia : vobis auctoribus, posthac Neptunus cum Salacia, et Portuno, et omni choro Nereidum, ab æstibus fretorum ad æstus amorum transferentur.

Dixi, cur non arbitrer, quidquam negotii esse magis et piscibus. Nunc, si videtur, credamus Æmiliano, solere pisces etiam ad magicas potestates adjuvare. Num ergo propterea, quicumque quærit piscem, magus est? Eo quidem pacto, et qui myoparonem quæsierit, pirata erit : et qui vectem, perfossor : et qui gladium, sicarius. Nihil in rebus omnibus tam innoxium dices, quin id possit aliquid aliqua obesse : nec tam lætum, quod non possit ad tristitudinem intelligi. Nec tamen idcirco omnia ad nequiorem suspicionem trahuntur : ut tus, et casiam, et myrrham, ceterosque id genus odores funeri tantum emptos arbitreris; quum et medicamento parentur, et sacrificio. Ceterum eodem piscium argumento, etiam Menelai socios putabis magos fuisse, quos ait poeta præcipuus, flexis hamulis apud Pharum insulam famem propulsasse : etiam mergos, et delphinos, et scyllas, tu eodem referes; etiam gulones omnes, qui impendio a piscatoribus mercantur; etiam ipsos piscatores, qui omnium generum pisces arte anquirunt. Cur ergo et tu quæris? Nolo equidem, nec necessarium habeo tibi dicere : sed per te, si potes, ad hoc quæsisse me argue, ut si helleborum, vel cicutam, vel succum papaveris emissem. Item alia ejusdem modi, quorum moderatus usus salutaris, sed commixtio vel quantitas noxia est; quis æquo animo pateretur, si me per hoc veneficii accessisse, quod ex illis potest homo occidi?

Videamus tamen, quæ fuerint piscium genera, tam neces-

qu'on ait fixé d'avance une somme d'argent pour les obtenir. On en a nommé trois en tout, et encore on s'est trompé pour l'un, et l'on a menti pour les deux autres. On s'est trompé, car on a appelé lièvre marin ce qui était un tout autre poisson. C'est mon esclave Thémison, assez versé dans la médecine, qui, comme il vous l'a dit ici, me l'a apporté de lui-même pour le soumettre à mon examen; car il n'a pas encore trouvé de lièvre marin. Mais j'avoue que j'en cherche d'autres, et que j'ai chargé non-seulement des pêcheurs, mais encore mes amis, dans le cas où ils rencontreraient un poisson d'une espèce inconnue, de m'en donner la description, et de me l'apporter vivant ou mort, s'il ne se peut autrement. Je dirai bientôt dans quel but.

Mes accusateurs, si habiles qu'ils se vantent d'avoir été dans ce cas, ont menti, quand ils ont calomnieusement inventé que j'avais qualifié deux objets marins en termes obscènes. Tannonius y voulait voir les parties génitales des deux sexes; mais, après de vains efforts pour forcer sa langue à exprimer sa pensée, après de longues explications, ce grand avocat a nommé en termes sales et impropres, à l'aide de je ne sais quelles circonlocutions, les parties génitales d'un poisson mâle: quant à celles de la femelle, ne pouvant les nommer tant soit peu pudiquement, il a recouru de souvenir à un passage de mes écrits, où il est dit « qu'elle cache ses parties sexuelles soit avec sa main, soit en croisant ses jambes. » Et ce grave personnage me faisait un crime d'avoir exprimé en termes honnêtes des choses honteuses. Mais je lui reprocherai, moi, avec bien plus de raison, à cet orateur qui se pique d'en remontrer à autrui, de balbutier malhonnêtement des choses honnêtes à dire, et de bégayer ou se taire tout à fait aux explications les plus faciles : car si je n'avais pas eu à parler de la statue de Vénus, et que je n'eusse pas employé le mot *interfeminium*, en quels termes m'aurais-tu intenté cette accusation qui va aussi bien à ta sottise qu'à ta langue? Quoi de plus sot, en effet, que de conclure de la ressemblance des noms à la similitude des choses? Et peut-être croyez-vous avoir fait là une ingénieuse découverte.

Vous auriez pu aussi bien me reprocher d'avoir employé pour mes opérations magiques deux objets marins, une pinne-marine et un pucelage. Apprends donc, Émilianus, les termes latins consacrés : je les ai variés tout exprès, pour que, mieux appris, tu pusses renouveler ton accusation. Souviens-toi toutefois qu'il n'est pas moins ridicule de dire qu'un homme se soit servi pour un acte amoureux des parties génitales d'un poisson, que si l'on prétendait que, pour arranger ses cheveux, il a pris le peigne marin; pour attraper des oiseaux, le poisson volant; pour chasser les sangliers des bois, le petit sanglier de mer; pour faire sortir les morts de leur tombe, des crânes marins.

Je réponds donc à ce grief, que c'est un conte aussi ridicule qu'absurde, et que je ne me suis procuré ces bagatelles de mer, ces petites trouvailles de rivage, ni à prix d'argent, ni gratis. Je réponds en outre que vous n'avez pas su vous-même ce que vous avez imaginé que m'étais procuré; car tous ces riens que vous avez nommés, on les trouve par monceaux sur tous les ri-

---

saria ad habendum, tamque rara ad reperiendum, ut merito statuto præmio quærerentur. Tria omnino nominaverunt : unum falsi, duo mentiti. Falsi, quod leporem marinum fuisse dixerunt, qui alius omnino piscis fuit, quem mihi Themison servus noster medicinæ non ignarus, ut ex ipso audisti, ultro attulit ad inspiciundum. Nam quidem leporem nondum etiam invenit. Sed profiteor, me quærere et cetera, non piscatoribus modo, verum etiam amicis meis negotio dato, quicunque minus cogniti generis piscis inciderit, ut ejus mihi aut formam commemorent, aut ipsum vivum, si id nequiverint, vel mortuum ostendant. Quamobrem id faciam, mox docebo.

Mentiti autem sunt callidissimi accusatores mei, ut sibi videntur, quum me ad finem calumniæ confinxerunt; duas res marinas, impudicis vocabulis quæsisse ; quas Tannonius ille, quum utriusque sexus genitalia intelligi vellet, sed eloqui propter infantiam causidicus summus nequiret, multum ac diu hæsitato, tandem virile marinum, nescio qua circumlocutione male ac sordide nominavit. Sed enim feminal nullo pacto reperiens munditer dicere, ad mea scripta confugit : et, quia e quodam meo libro legit : « Interfeminium tegat, et femoris objectu, et palmæ velamento; » hic etiam pro sua gravitate vitio mihi vortebat, quod me nec sordidiora dicere honeste pigeret. At ego illi contra justius exprobraverim, quod qui eloquentiæ patrocinium vulgo profiteatur, etiam honesta dictu sordide blatteret, ac sæpe in rebus nequaquam difficilibus fringiltiat, vel omnino obmutescat. Cedo enim, si ego de Veneris statua nihil dixissem, neque interfeminium nominassem; quibus tandem verbis accusasses crimen illud, tam stultitiæ, quam linguæ tuæ congruens? An quidquam stultius, quam ex nominum propinquitate vim similem rerum conjectari? Et fortasse an peracute reperisse vobis videbamini.

At quæsisse me fingeretis ad illecebras magicas duo hæc marina, veretillam et virginal, disce omnium nomina rerum latina, quæ propterea varie nominavi, ut denuo instructus accuses. Memento tamen, tam ridiculum argumentum fore, desiderata ad res venereas marina obscœna, quam si dicas, marinum pectinem comendo capillo quæsitum, vel aucupandis volantibus piscem accipitrem, aut venandis apris piscem apriculum, aut eliciendis mortuis marina calvaria.

Respondeo igitur ad hunc vestrum locum, non minus insulse quam absurde commentum, me hasce nugas marinas et quisquilias litorales neque pretio, neque gratis quæsisse. Illud etiam præterea respondeo, nescisse vos, quid a me quæsitum fingeretis. Hæc enim frivola, quæ nominastis, pleraque in litoribus omnibus congestim et acervatim jacent, et sine ullius opera, quam libet leviter

vages, et sans qu'on y prenne la moindre peine; le plus léger mouvement des flots les fait rouler à vos pieds. Que ne dites-vous donc qu'en même temps à prix d'argent j'ai fait pêcher sur le rivage des coquilles cannelées et rondes, des cailloux polis; quoi encore? des pinces de crabes, des enveloppes d'oursins, des plumes de calmars, enfin des copeaux, des brins de paille, des bouts de ficelle, ou bien encore de la mousse, de l'algue et d'autres déjections marines, toutes choses que les vents chassent sur tous les rivages, que la mer vomit, qui, reprises par le gros temps, sont laissées sur place par le calme! car de tout ce que je viens d'énumérer, on pourrait, en raison du nom, faire une matière à conjectures. Vous prétendez, d'après une ressemblance de noms, que des parties sexuelles de poissons portent à l'acte amoureux : comment ne dirait-on pas de même qu'il n'y a rien de plus efficace pour la vessie que les petits cailloux, les testacées pour les testaments, les cancres pour les cancers, l'algue pour le frisson? En vérité, Claudius Maximus, vous êtes trop patient (j'allais dire trop bon) de supporter si longtemps l'étrange logique de mes adversaires. Pour mon compte, quand ils nous donnaient ces faits comme d'une gravité sans réplique, je riais de leur sottise, et j'admirais votre indulgence.

Au reste, je vais apprendre à Émilianus, puisqu'il prend tant d'intérêt à ce qui me touche, pourquoi je connais déjà beaucoup d'espèces de poissons, et pourquoi il en est d'autres encore que je ne voudrais pas ne pas connaître. Quoiqu'il soit sur le déclin de l'âge, et que sa vieillesse touche au terme, il est bon qu'il acquière des connaissances tardives, et en quelque façon posthumes. Qu'il lise donc les écrits des anciens philosophes, pour reconnaître que je ne suis pas le premier qui ait fait ces recherches, que j'y ai des devanciers, Aristote, Théophraste, Eudème, Lycon, et les autres disciples de Platon; qu'ils ont laissé de nombreux travaux sur la génération des animaux, sur leur manière de vivre, sur leur structure intime, sur leurs variétés.

Il est heureux, Maximus, que la cause se plaide devant un homme tel que vous, qui, à coup sûr, avez dû lire les nombreux traités d'Aristote sur *la reproduction des animaux*, sur *l'anatomie des animaux*, sur *l'histoire des animaux*, et qui savez qu'en outre il existe de lui une foule de problèmes; que les autres écrivains de la même école ont fait divers traités sur cette matière. Ces recherches, recueillies avec tant de soin, s'il a été honorable et glorieux pour eux de les consigner par écrit, comment serait-ce pour moi une honte d'en vérifier l'exactitude? surtout avec le soin que je prends, soit en latin, soit en grec, d'en parler avec plus d'ordre et de concision, de suppléer aux lacunes, de réparer les omissions. Permettez, si vous le jugez nécessaire, qu'on lise quelques-uns des fruits de ma magie : il faut prouver à Émilianus que mes recherches et mes explorations vont au delà de ce qu'il pense. Greffier, mes écrits en grec sont sans doute aux mains de mes amis ou de quelque amateur d'histoire naturelle : passez-m'en un ; celui, par exemple, où je traite des poissons.

Pendant cette recherche, je citerai un exemple qui se rapporte à la chose. Le poëte Sophocle, le rival d'Euripide, et qui lui survécut, car il atteignit une extrême vieillesse, était accusé par son propre fils d'être tombé en démence, par

---

motis flucticulis, ultro foras evolvuntur. Quin ergo dicitis, me eadem opera pretio impenso per plurimos piscatores quæsisse de litore conchulam striatam, testam hebetem, calculum teretem? præterea cancrorum furcas, echinorum caliculos, lolliginum ligulas : postremo assulas, festucas, resticulas, et ostrea Pergami vermiculata [et cetera teredine vermiculata]: denique muscum, et algam, et cetera maris ejectamenta, quæ ubique litorum ventis expelluntur, salo exspuuntur, tempestate reciprocantur, tranquillo deseruntur. Neque enim minus istis, quæ commemoravi, accommodari possunt similiter ex vocabulo suspiciones. Posse dicitis ad res venereas sumpta de mari spuria et fascina, propter nominum similitudinem. Qui minus possit ex eodem litore calculus ad vesicam, testa ad testamentum, cancer ad ulcera, alga ad quercerum? Næ tu, Claudi Maxime, nimis patiens vir es, et oppido proxima humanitate, qui hasce eorum argumentationes in hercle perpessus sis. Equidem quum hæc ab illis quasi gravia et invincibilia dicerentur, illorum stultitiam ridebam, tuam patientiam mirabar.

Ceterum, quamobrem plurimos jam pisces cognoverim, quorumdam adhuc nescius esse nolim, discat Æmilianus, quoniam usque adeo rebus meis curat. Quamquam est jam præcipiti ævo, et occidua senectute, tamen, si videtur, suscipiat doctrinam, seram plane, et posthumam : legat veterum philosophorum monumenta, tandem ut intelligat, non me primum hæc requisisse, sed jampridem majores meos, Aristotelem dico, et Theophrastum, et Eudemum, et Lyconem, ceterosque Platonis minores : qui plurimos libros de genitu animalium, deque victu, deque particulis, deque omni differentia reliquerunt.

Bene quod apud te, Maxime, causa agitur, qui pro tua eruditione legisti profecto Aristotelis περὶ ζῴων γενέσεως, περὶ ζῴων ἀνατομῆς, περὶ ζῴων ἱστορίας, multijuga volumina; præterea problemata innumera ejusdem, tum ex eadem secta ceterorum, in quibus id varia tractantur. Quam tanta cura conquisita, si honestum et gloriosum fuit illis scribere, cur turpe sit nobis experiri? præsertim quum ordinatius et cohibilius eadem græce et latine admitar conscribere, et in omnibus aut omissa anquirere, aut defecta supplere? Permittite, si opera est, quædam legi de magicis meis; ut sciat me Æmilianus plura, quam putat, quærere et sedulo explorare. Prome tu librum ex Græcis meis, quos forte hic amici habuere, sedulo naturalium quæstionum : atque eum maxime, in quo plura de piscium genere tractata sunt.

Interea dum hic quærit, ego exemplum rei competens dixero. Sophocles poeta Euripidi æmulus et superstes,

l'effet des années : il présenta, dit-on, son *Œdipe à Colone*, la plus belle de ses tragédies, qu'il composait dans ce même temps, et la lut à ses juges, n'ajoutant à sa défense que ces quelques mots : « Qu'on le déclarât en démence, si ces « vers de sa vieillesse n'étaient point goûtés. » L'histoire rapporte qu'à ce moment tous les juges se levèrent devant un si grand poëte, et le louèrent avec transport de la beauté du sujet et de l'éloquence des détails : et peu s'en fallut que la déclaration de démence ne fût rejetée sur l'accusateur.

Greffier, avez-vous trouvé le volume? — J'en suis charmé. Voyons si mes écrits peuvent m'être utiles devant un tribunal. Lisez quelques passages du commencement ; puis, passez aux poissons. Pendant que le greffier va lire, vous, arrêtez la clepsydre.

(Ici manque un passage des livres d'Apulée sur l'histoire naturelle.)

Ce que vous venez d'entendre, Maximus, vous l'avez déjà lu en grande partie dans les auteurs anciens; et n'oubliez pas que ces volumes ne traitent que des poissons. J'y passe en revue ceux qui sont produits par le coït et ceux qui naissent de la vase; je détermine combien de fois et à quelles époques de l'année les femelles de chaque espèce s'unissent aux mâles, par quelles dispositions des membres et pour quelles causes la nature a distingué parmi les poissons les *ovipares* des *vivipares*; car c'est ainsi que je traduis les mots grecs ζωοτόκα καὶ ὠοτόκα. Et, pour ne point nous fatiguer de détails sur toute l'échelle des êtres, sur les différences de leur organisation, leurs habitudes, leur structure, leur âge, et beaucoup d'autres points non moins importants en eux-mêmes qu'ils sont étrangers à la cause, je ne demanderai que la lecture d'un petit nombre de passages tirés de mes ouvrages latins, et qui se rapportent à cet ordre de connaissances. Vous y remarquerez, entre autres raretés dignes d'être connues, des noms inusités chez les Romains, et qui n'ont pas été, que je sache, employés jusqu'à nos jours : c'est qu'à force de travail et d'étude, j'ai fait, de ces emprunts à la langue grecque, des monnaies frappées au coin de la latinité : car je défie bien tes avocats, Émilianus, de me dire où ils ont lu ces significations en latin. Je ne parlerai que des animaux aquatiques, et je ne toucherai aux autres que pour montrer dans quels points communs ils offrent des différences. Écoute donc, Émilianus! tu vas t'écrier que ce sont là des mots magiques prononcés en égyptien ou en chaldéen : Σελάχεια, μαλάχια, μαλακόστρακα, χονδράκανθα, ὀστρακόδερμα, καρχαρόδοντα, ἀμφίβια, λεπιδωτά, φολιδωτά, δερμόπτερα, πεζά, νέποδα, μονήρη, συναγελαστικά. Je pourrais continuer, mais il n'est pas besoin de perdre le temps à cette nomenclature : je veux qu'il m'en reste pour aborder les autres griefs. Vous, cependant, greffier, lisez ces noms grecs que j'ai latinisés.

(Ici manquent les noms grecs latinisés par l'auteur.)

Crois-tu, Emilianus, que pour un philosophe, non de l'école grossière, ignorante et téméraire des cyniques, mais qui se souvient d'avoir été disciple de Platon, ce soit une honte de connaître plutôt que d'ignorer cette science, de la né-

---

vixit enim ad extremam senectam : quum igitur accusaretur a filio suomet dementiæ, quasi jam per ætatem desiperet, protulisse dicitur Coloneum suam, peregrinam tragœdiarum, quam forte tum in eo tempore conscribebat, eam judicibus legisse, nec quidquam amplius pro defensione sua addidisse, nisi ut audaciter dementiæ condemnarent, si earmina senis displicerent. Ibi ego comperior, omnes judices tanto poetæ assurrexisse, miris laudibus eum tulisse, ob argumenti solertiam, et cothurnum facundiæ; nec ita multum omnes abfuisse, quin accusatorem potius dementiæ condemnarent.

Invenisti tu librum? heasti. Cedo enim experiamur, an et mihi possint in judicio litteræ meæ prodesse. Lege pauca in principio, dein quædam de piscibus. At tu, interea dum legit, aquam sustine.

(Deest locus ex Apuleii libris physicis.)

Audisti, Maxime, quorum pleraque scilicet legeras apud antiquos philosophorum, et memento, de solis piscibus hæc volumina a me conscripta : qui eorum coitu progignantur, qui ex limo coalescant : quoties et quid anni cujusque eorum generis feminæ subent, mares suriant; quibus membris et causis discreverit natura viviparos eorum et oviparos; ita enim appello, quæ Græci ζωοτόκα καὶ ὠοτόκα. Et ne operose per omnes animalium genitus pergam, deinde de differentia, et victu, et membris, et ætatibus, ceterisque plurimis, scitu quidem necessariis, sed in judicio alienis, pauca etiam de latinis scriptis meis, ad eamdem peritiam pertinentibus, legi jubebo; in quibus animadvertes, quum res cognita raras, tum nomina etiam Romanis inusitata, et in hodiernum, quod sciam, infecta; ea tamen nomina labore meo et studio ita de Græcis provenire, ut tamen latina moneta percussa sint. Vel dicant nobis, Æmiliane, patroni tui, ubi legerint latine hæc pronunciata vocabula. De solis aquatilibus dicam, nec ceteras animales, nisi in communibus differentes, attingam. Ausculta igitur, quæ dicam. Jam me clamabis magica nomina Ægyptio vel Babylonico ritu percensere : Σελάχεια, μαλάχια, μαλακόστρακα, χονδράκανθα, ὀστρακόδερμα, καρχαρόδοντα, ἀμφίβια, λεπιδωτά, φολιδωτά, δερμόπτερα, πεζά, νέποδα, μονήρη, συναγελαστικά. Possum etiam pergere, sed non est operæ in istis diem terere, ut sit mihi tempus aggredi ad cetera. Hæc interim, quæ dixi pauca, recita, latine a me enunciata.

(Desunt latina vocabula e superioribus græcis versa.)

Utrum igitur putas philosopho, non secundum cynicam temeritatem rudi et indocta, sed qui se Platonicæ scholæ meminerit, utrum ei putas turpe, scire ista, an nescire? negligere, an curare? nosse, quanta sit etiam in istis pro-

gliger plutôt que de l'approfondir, de savoir combien, même dans ces détails, le dessein de la Providence est profond, plutôt que de s'en rapporter à son père et à sa mère sur ce qu'il faut croire des dieux immortels? Ennius, dans son poëme intitulé *Hédypathetica*, énumère une quantité considérable de poissons qu'il avait étudiés avec soin; voici quelques vers que j'en ai retenus.

« La mustelle marine, comme le clupéa, l'emporte sur tous les autres poissons. Les raspecons sont à Énia; à Abydos, les huîtres rugueuses en abondance; à Mytilène, le peigne; à Ambracie, le crabe. Le sargue est bon à Brindes : achetez-l'y quand il est grand. Sachez que le premier des sangliers de mer est à Tarente. Prenez l'élop à Sorrente, le squale bleu à Cumes. Mais quoi! j'oublie le scarus, le scarus, presque un mets des Dieux et qu'on prend très-grand et de bon goût dans la patrie de Nestor; j'oublie la mélanure, la grive, le merle et l'ombre de mer, les polypes de Corcyre, les gras caviars d'Atarné, les pourpres, les jeunes tortues, les murex et les savoureux, oursins. »

Il en décrit d'autres encore, et en grand nombre; il indique où se trouve chaque espèce; s'ils sont meilleurs rôtis ou à la sauce; et toutefois les gens instruits ne l'attaquent point : pourquoi donc m'attaquerait-on, moi qui naturalise dans un latin exact et élégant des choses connues de très-peu de gens, même en grec? Je devrais n'en pas dire plus; j'ajouterai pourtant quelques mots : Si je ne suis ni ignorant ni sans quelque habileté en médecine, qui vous dit que je ne recherche pas des remèdes dans des poissons, et que la nature, dont la bienfaisante main en a mêlé et répandu dans toutes les substances, n'en a pas déposé un certain nombre dans les poissons? La connaissance et la recherche des remèdes est-elle plutôt le propre d'un magicien que d'un médecin ou d'un philosophe? que d'un homme qui s'en sert pour secourir les autres, et non pour son profit? Les antiques médecins connaissaient les enchantements qui pouvaient guérir les blessures; témoin Homère, l'auteur le plus véridique en fait d'antiquités, lequel nous montre le sang d'Ulysse s'arrêtant par la vertu d'un charme : car rien de ce qui se fait pour sauver la vie des hommes ne saurait être coupable.

Mais, me dira-t-on, pour quel usage, sinon pour le mal, avez-vous dépiécé le poisson que Thémison, votre esclave, vous avait apporté? N'ai-je donc pas dit, il n'y a qu'un moment, que je traitais de l'anatomie de tous les animaux, de la place des organes, de leur nombre, de leurs fonctions, et que j'étudiais, pour y ajouter mes propres observations, les ouvrages d'anatomie d'Aristote? Je ne m'étonne même pas peu que vous ne connaissiez que ce seul poisson qui ait été observé par moi, quand j'en ai disséqué un grand nombre partout où j'en ai rencontré; quand, loin de faire quoi que ce soit en cachette, je fais toutes choses au grand jour; que j'agis en présence de n'importe qui, même d'un étranger, obéissant en cela aux usages et aux principes de mes maîtres, lesquels disent qu'un homme libre et généreux doit, s'il le peut, porter son âme sur son front. Ce petit poisson que vous appelez un lièvre marin, je le fis voir à plusieurs spectateurs, et je ne puis, avant d'avoir poussé plus loin mes recherches, déterminer de quel nom l'appeler : je n'en trouve

videntiæ ratio, an de diis immortalibus matri et patri credere? Q. Ennius, Hedypathetica qui versibus scripsit, innumerabilia piscium genera enumerat, quæ scilicet curioso cognoverat. Paucos versus memini, eos dicam :

Omnibus ut clypea præstat mustela marina.
Mures sunt Ænid, aspra ostrea plurima Abydi,
Mitylenæ est pecten, charadrumque apud Ambraciat.
Brundisii sargus bonus est : hunc, magnus erit si,
Sume. Apriculum piscem scito primum esse Tarenti.
Surrentí elopem fuce emas. Glaucum ad Cumas. Quid
Scarum præterii, cerebrum Jovi' pæne supremi?
(Nestoris ad patriam hic capitur magnusque bonusque)
Melanurum, turdum, merulamque umbramque marinam?
Polypu' Corcyræ, calvaria pinguia Atarnæ,
Purpura, muriculi, murex, dulces quoque echini.

Alios etiam multis versibus decoravit, et, ubi gentium quisque eorum inveniatur, ostendit; qualiter assus aut jussulentus optime sapiat; nec tamen ab eruditis reprehenditur : ne ego reprehendar, qui res paucissimis cognitas græce, latine propriis et elegantibus vocabulis conscribo.

Quum hoc satis dixi, tum aliud accipe. Quid enim tandem, si medicinæ neque instudiosus, neque imperitus, quæpiam remedia ex piscibus quæro : ut sane sunt plurima, quum in aliis omnibus rebus eodem naturæ munere interspersa atque interseminata, tum etiam nonnulla in piscibus? An remedia nosse, et ea conquirere, magi potius esse, quam medici, quam denique philosophi putas? qui illis non ad quæstum, sed ad suppetias usurus est. Veteres quidem medici, etiam carmina, remedia vulnerum norant, ut omnis vetustatis certissimus auctor Homerus docet, qui facit Ulixi de vulnere sanguinem profluentem sisti cantamine. Nihil enim, quod salutis ferendæ gratia fit, criminosum est.

At enim, inquit, piscem cui rei, nisi malæ, proscidisti, quem tibi Themison servus attulit? Quasi vero non paulo prius dixerim, me de particulis omnium animalium, de situ earum, deque numero, deque causa conscribere, ac libros ἀνατομῶν Aristoteli, et explorare studio et augere. Atque adeo summe miror, quod unum a me pisciculum inspectum scias, quum jam plurimos, qui ubicunque locorum oblati sunt, æque inspexerim : præsertim quod ego nihil clanculo, sed omnia in propatulo ago; ac quivis, vel extrarius, arbiter adsistat : more hoc et instituto magistrorum meorum, qui aiunt, hominem liberum et magnificum debere, si queat, in primori fronte animum gestare. Hunc adeo pisciculum, quem vos leporem marinum nominatis, plurimis, qui aderant, ostendi, necdum etiam decerno, quid vocent, nisi quæram sane accuratius : quod nec apud veteres philosophos proprietatem ejus piscis reperio; quamquam

les propriétés décrites dans aucun philosophe ancien, quoique cette espèce soit la plus rare de toutes, et assurément la plus digne de remarque; car, si je m'y connais, c'est la seule qui, sans os d'ailleurs, est formée de douze pièces osseuses, qui s'unissent et s'enchaînent dans son ventre comme des osselets de porc. Si Aristote l'eût connue, il n'eût pas manqué de la décrire, lui qui a indiqué comme une rareté le merlus, parce qu'il a seul le cœur au milieu du ventre.

Vous avez disséqué un poisson, dit Émilianus : mais qui donc souffrira qu'on reproche à un philosophe ce dont on a absout un boucher ou un cuisinier? Vous avez disséqué un poisson : est-ce parce qu'il était cru, qu'il y a crime? Il n'y en aurait donc pas si je l'eusse fait cuire avant de lui fouiller le ventre, de lui percer le foie, comme apprend à le faire chez toi, aux poissons qu'on lui sert à table, le petit Sicinius Pudens? Et cependant, pour un philosophe, le crime serait plus grand de manger des poissons que d'en observer. Des devins auront le droit d'examiner des foies d'animaux, et cet examen ne sera pas permis à un philosophe, lui qui se reconnaît l'aruspice de tous les animaux, le prêtre de tous les dieux? Tu me fais un crime de ce que, Maximus et moi, nous admirons dans Aristote; mais si tu n'as fait disparaître ses livres de toutes les bibliothèques, si tu ne les as arrachés de toutes les mains studieuses, tu ne peux pas m'accuser.

J'en ai presque dit sur ce point plus que je ne devais. Voyez maintenant comment ils se contredisent eux-mêmes. J'ai, selon eux, séduit une femme par des artifices magiques, par des enchantements marins : à quelle époque? alors que, de leur aveu même, j'étais dans les montagnes du centre de la Gétulie, où l'on n'eût trouvé des poissons qu'au temps du déluge de Deucalion. Ils ignorent, et je m'en félicite, que j'ai lu le traité de Théophraste sur *les morsures et sur les dards des animaux*, ainsi que le traité de Nicandre sur les *poissons*. Ils ne manqueraient pas de faire de moi un empoisonneur, car c'est la lecture d'Aristote, et l'émulation qui m'en est restée, qui m'a donné le goût de ces études; outre le conseil de Platon mon maître, lequel dit que se livrer à ces recherches, c'est approfondir la vérité dans les choses immortelles et divines.

Maintenant qu'on sait à quoi s'en tenir sur leurs poissons, apprenez un autre chef d'accusation aussi sottement imaginé, quoique plus vain encore et plus méchamment ourdi. Ils savaient eux-mêmes que cet échafaudage des poissons était puéril et serait sans effet; que la nouveauté même de l'argument le rendait ridicule : car qui a jamais ouï parler de poissons dont on a enlevé les écailles et le dos pour des maléfices magiques? Il fallait donc imaginer un fait qui se rattachât à des choses plus connues et plus vraisemblables. Eh bien! ils ont approprié aux opinions reçues une fable dans laquelle on me fait opérer des enchantements sur je ne sais quel enfant. La scène se passe loin du monde, dans un lieu écarté; il y a un petit autel et une lanterne, quelques complices seulement pour témoins. Aussitôt enchanté, l'enfant serait tombé par terre; puis, sans avoir sa connaissance, il se serait relevé. Ils n'ont pas osé pousser plus loin ce mensonge.

Cependant, pour achever le conte, ils devaient ajouter que ce même enfant avait prédit une foule de choses; car telle est, dans l'opinion reçue, la fin des enchantements, outre que c'est

---

sit omnium rarissima, et hercule memoranda. Quippe solus ille, quantum sciam, quum sit cetera exossis, duodecim numero ossa, ad similitudinem talorum suillorum, in ventre ejus connexa et catenata sunt. Quod Aristoteles si scisset, nunquam profecto omisisset scripto prodere : qui aselli piscis solius omnium in media alvo corculum situm pro maximo memoravit.

Piscem, inquit, proscidisti. Hoc quis ferat philosopho crimen esse, quod lanio vel coquo non fuisset? Piscem proscidisti; quod crudum : id accusas? si cocto ventrem rusparer, hepatia suffoderem, ita ut apud te puerulus ille Sicinius Pudens suomet obsonio discit, eam rem non putares accusandam? Atqui majus crimen est philosopho comesse pisces, quam inspicere. An hariolis licet jocinora rimari, philosopho contemplari non licebit, qui se sciat omnium animalium haruspicem, omnium deum sacerdotem? Hoc in me accusas, quod ego et Maximus in Aristotele miramur! cujus nisi libros bibliothecis exegeris, et studiosorum manibus extorseris, accusare me non potes.

Sed de hoc pæne plura, quam debui. Nunc præterea vide, quam ipsi sese revincant. Ajunt, mulierem magicis artibus, marinis illecebris, a me petitam eo in tempore, quo me non negabunt in Gætuliæ mediterraneis montibus fuisse, ubi pisces per Deucalionis diluvia reperiantur. Quod ego gratulor, nescire istos, legisse me Theophrasti quoque περὶ δακετῶν ζώων καὶ βλητικῶν, et Nicandri Θηριακά. Ceterum me etiam veneficii reum postularent, ut qui hoc negotium ex lectione et æmulatione Aristoteli nactus sim, nonnihil et Platone meo adhortante, qui ait, eum, qui ista vestiget, φρονεῖν ἀθάνατα καὶ θεῖα ἄνπερ ἀληθείας ἐφάπτηται.

Nunc quoniam pisces horum satis patuerunt, accipe aliud, pari quidem stultitia, sed multo tanto vanius et nequius excogitatum. Scierunt et ipsi, argumentum piscarium futile et nihili futurum; præterea novitatem ejus ridiculam. Quis enim fando audivit, ad magica maleficia desquammari et exdorsuari pisces solere? Potius aliquid de rebus pervulgatioribus et jam creditis fingendum esset. Igitur ad præscriptum opinionis et famæ confinxere, puerum quempiam carmine cantatum, remotis arbitris, secreto loco, arula et lucerna : et paucis consciis testibus, ubi incantatus sit, corruisse, postea nescientem sui, excitatum. Nec ultra isti quidem progredi mendacio ausi.

Sed enim fabula ut impleretur, addendum etiam illud fuit, puerum eumdem multa præsagio prædixisse : quippe hoc emolumentum canticis accipimus [præsagium, et

un fait confirmé non-seulement par les croyances populaires, mais par l'autorité des plus savants personnages, que cette faculté merveilleuse chez les enfants. Je me souviens d'avoir lu en Varron le philosophe, érudit de bon aloi, entre autres phénomènes analogues, celui que je vais raconter. Les Tralliens, voulant connaître le résultat de la guerre de Mithridate, s'adressèrent à la magie. Un enfant vit dans l'eau une image de Mercure, et prédit en cent soixante vers ce qui arriverait. Varron rapporte encore que Fabius, ayant perdu cinq cents deniers, vint consulter Nigidius; qu'il sut, par des enfants que celui-ci avait ensorcelés, l'endroit où était enfouie la bourse avec une partie de la somme; comment l'autre partie avait été dispersée; comment une des pièces était entre les mains de M. Caton le philosophe, lequel avoua en effet l'avoir reçue d'un de ses gens pour une offrande à Apollon. Ces faits et d'autres encore, je les ai lus dans maints traités sur les enfants magiciens; mais j'hésite, s'il s'agit d'affirmer ou de nier qu'ils soient possibles. Je crois avec Platon qu'entre les dieux et les hommes il y a certaines puissances intermédiaires, différentes de nature et de séjour, et que ces êtres président aux opérations de la magie; de plus, j'admets volontiers qu'une âme humaine, surtout l'âme simple d'un enfant, peut, évoquée par des charmes ou enivrée par des parfums, tomber dans un assoupissement qui la ravisse à la perception des choses de ce monde, oublier peu à peu les sensations de la matière, et, rendue à sa nature propre, immortelle, comme on sait, et divine, prédire, du sein d'une espèce de sommeil, les choses à venir. Mais, quoi qu'il en soit, et pour peu que ces phénomènes exigent de croyance, il faut que l'enfant prophète, comme je l'entends, soit, d'où qu'il vienne d'ailleurs, beau et sans infirmité aucune, ingénieux, facile à s'exprimer; qu'il soit comme un sanctuaire où réside la divine puissance; si toutefois le corps d'un enfant est digne de la recevoir, ou que, par l'effet de la surexcitation de son âme, il perçoive rapidement la faculté divinatrice, et que celle-ci, dégagée de souvenirs qui l'offusquent ou qui l'altèrent, s'empare de lui tout à coup et sans effort; car, disait Pythagore, on ne fait pas des Mercures de tout bois.

Or, s'il en est ainsi, dites donc quel est cet enfant, ni malade, ni infirme, beau, spirituel, que j'ai daigné initier à mes enchantements. Thallus, que vous avez nommé, a plutôt besoin d'un médecin que d'un magicien. Le malheureux est en effet tellement épileptique, que, souvent trois ou quatre fois par jour, sans aucun enchantement, il tombe et s'estropie dans ses chutes. Il a la face rongée d'ulcères, le front et l'occiput contusionnés, le regard hébété, les narines crevassées, la démarche chancelante. Le plus habile de tous les magiciens serait celui en présence duquel Thallus resterait longtemps sur ses jambes, tant la force du mal sous lequel il succombe, comme à un sommeil léthargique, l'empêche de garder l'équilibre. Le voilà pourtant, celui que mes charmes ont soi-disant renversé, et cela parce qu'il est tombé devant moi une fois, par hasard!

Il y a ici nombre de ses compagnons d'esclavage que vous avez assignés : tous peuvent dire s'ils se gênent de cracher sur Thallus, et si aucun

---

divinationem]. Nec modo vulgi opinione, verum etiam doctorum virorum auctoritate, hoc miraculum de pueris confirmatur. Memini, me apud Varronem philosophum, virum accuratissime doctum atque eruditum, quum alia hujusmodi, tum hoc etiam legere : Trallibus de eventu Mithridatici belli magica percontatione consulentibus, puerum in aqua simulacrum Mercurii contemplantem, quæ futura erant centum sexaginta versibus cecinisse. Itemque Fabium, quum quingentos denarios perdidisset, ad Nigidium consultum venisse : ab eo pueros carmine instinctos indicasse, ubi locorum defossa esset crumena, cum parte eorum : ceteri ut forent distributi : unum etiam denarium ex eo numero habere M. Catonem philosophum; quem se a pedissequo in stipe Apollinis accepisse Cato confessus est. Hæc et alia apud plerosque de magicis pueris lego equidem : sed dubius sententiæ sum, dicamne fieri posse, an negem. Quamquam Platoni credam, inter deos atque homines, natura et loco medias quasdam divorum potestates intersitas, easque divinationes cunctas et magorum miracula gubernare. Quin et illud mecum reputo, posse animum humanum, præsertim puerilem et simplicem, seu carminum avocamento, sive odorum delenimento, soporari, et ad oblivionem præsentium externari : et paulisper remota corporis memoria, redigi ac redire ad naturam suam, quæ est immortalis scilicet et divina; atque ita, veluti quodam sopore, futura rerum præsagire.

Verum enimvero, ut ista sese habent, si qua fides hisce rebus impertienda est, debet ille nescio qui puer providus, quantum ego audio, et corpore decorus atque integer deligi, et animo sollers, et ore facundus : ut in eo aut divina potestas, quasi bonis ædibus, deversetur, si digne tamen ea pueri corpore includitur ; aut ipse animus expergitus, cito ad divinationem suam redigatur : quæ ei prompte insita, et nulla oblivione saucia et hebes, facile resumatur. Non enim ex omni ligno, ut Pythagoras dicebat, debet Mercurius exsculpi.

Quod si ita est, nominate, quis ille fuerit puer, sanus, incolumis, ingeniosus, decorus, quem ego carmine dignatus sim initiare. Ceterum Thallus, quem nominastis, medico potius quam mago, indiget. Est enim miser morbo comitiali ita confectus, ut ter aut quater die sæpenumero, sine ullis cantaminibus corruat, omniaque membra conflictationibus debilitet : facie ulcerosus, fronte et occipitio conquassatus, oculis hebes, naribus hiulcus, pedibus caducus. Maximus omnium magus est, quo præsente Thallus diu steterit: ita plerumque morbo ceu somno vergens inclinatur. Eum tamen vos carminibus meis subversum dixistis, quod forte me coram semel decidit.

Conservi ejus plerique adsunt, quos exhiberi denun-

d'eux ose manger dans la même gamelle, boire dans le même gobelet que lui. Que dis-je, des esclaves? vous, vous-mêmes, niez, si vous l'osez, que, bien avant mon arrivée à Œa, Thallus tombait habituellement du haut mal, et avait été maintes fois présenté à des médecins! Ses camarades, j'entends ceux qui sont à votre service, ne le nieraient pas. Je passerai condamnation sur tous les points, s'il n'est pas vrai qu'il soit depuis longtemps relégué à la campagne, dans les terres les plus éloignées, pour sauver de la contagion les autres esclaves. Cette circonstance, ils ne peuvent pas la nier; autrement, que ne nous montrent-ils le sujet? Toute l'accusation est donc aussi téméraire qu'elle fut précipitée. Il y a trois jours qu'Émilianus nous sommait de faire citer quinze esclaves; nous en avons quatorze, présents dans cette ville : Thallus seul n'y est pas; Thallus, j'insiste sur ce fait, séquestré à la campagne, caché à tous les yeux, et à près de cent bornes d'ici (1). Mais nous avons envoyé un exprès pour le ramener immédiatement en voiture. Demandez, Maximus, aux quatorze esclaves que nous produisons, où est le jeune Thallus, quelle espèce d'être il est? Interrogez les esclaves de nos accusateurs. Ils ne nieront pas qu'il ne soit laid à faire peur, malsain, malingre, languissant; un barbare, un rustre enfin.

En vérité, vous avez choisi là un joli poupon, pour le faire figurer dans un sacrifice, lui toucher la tête, le voiler d'un fin tissu de lin, et en attendre des révélations! Par Hercule, que n'est-il ici! je te l'aurais donné à tenir, Émilianus, à

(1) Environ trente lieues.

interroger. Au milieu de ces débats, ici, à la face du tribunal, il eût tourné contre toi des yeux hagards, craché, écumé jusque sur ta figure; il eût contracté ses mains, secoué sa tête; il fût enfin tombé sur toi. Tu as demandé quatorze esclaves, les voici : pourquoi ne pas marquer leurs témoignages? Il en est un autre, un enfant, un épileptique; tu sais aussi bien que moi qu'il est absent : c'est celui-là qu'il te faut! Peut-on calomnier plus grossièrement? Sur tes réquisitions, quatorze esclaves comparaissent, et tu ne les vois pas; un seul, un pauvre petit diable manque, et tu te récries.

Mais enfin que veux-tu? Suppose que Thallus est ici : veux-tu prouver qu'il est tombé, moi présent? je te l'accorde : que cette chute est le résultat d'un charme? l'enfant n'en sait rien; moi, je le nie. Maintenant, oseras-tu dire que Thallus ne tombe pas du haut mal? Pourquoi donc attribuer la chute de tout à l'heure à mes enchantements plutôt qu'à son infirmité? Ne pouvait-il arriver qu'il eût une attaque en ma présence, comme il en a eu devant mille autres? Si j'avais tenu essentiellement à faire tomber celui qui tombe ainsi de lui-même, qu'avais-je besoin d'enchantements, quand il suffit d'un morceau de jayet échauffé, comme on le lit dans les naturalistes, pour explorer facilement, sûrement cette maladie? C'est même avec l'odeur de cette pierre que, dans les marchés, on s'assure de la santé ou de la maladie des esclaves. J'ajoute que la roue d'un potier affecte très-aisément, dès qu'elle est en branle, les gens atteints de ce mal; le mouvement de rotation brise le

---

ciastis. Possunt dicere omnes, quid in Thallo despuant : cur nemo audeat cum eo ex eodem catino coenare, eodem poculo bibere. Et quid ego de servis? vos ipsi, si audetis, negate, Thallum multo prius, quam ego Œam venirem, corruere eo morbo solitum, medicis sæpenumero ostensum. Negent hoc conservi ejus, qui sunt in ministerio vestro. Omnium rerum convictum me fatebor, nisi rus de omnium consensu diu ablegatus est; in longinquos agros, ne familiam contaminaret. Quod ita factum nec ab illis negari potest. Eo nec potuit hodie a nobis exhiberi. Nam ut omnis ista accusatio temeraria et repentina fuit, nudiustertius nobis Æmilianus denuntiavit, ut servos numero quindecim apud te exhiberemus. Adsunt quatuordecim, qui in oppido erant. Thallus solus rus ablegatus, ut dixi, et quidem ferme ad centesimum lapidem, longe ex oculis; Thallus solus abest : sed misimus, qui eum curriculo advehat. Interroga, Maxime, quatuordecim servos, quos exhibemus, Thallus puer ubi sit, et quam salve agat : interroga servos accusatorum meorum. Non negabunt, turpissimum puerum corpore putri et morbido caducum, barbarum, rusticanum.

Bellum vero puerum elegistis, quem quis sacrificio adhibeat, cujus caput contingat, quem puro pallio amiciat, a quo responsum speret! Vellem hercule adesset : tibi eum, Æmiliane, permisissem, ut teneres ipse, ut interrogares. Jam in media quæstione, hic ibidem pro tribunali oculos truces in te invertisset, faciem tuam spumabundus conspuisset, manus contraxisset, caput succussiaset, postremo in sinu tuo corruisset. Quatuordecim servos, quos postulasti, exhibeo : cur illis ad quæstionem nihil uteris? Unum puerum, atque eum caducum, requiris, quem olim abesse pariter mecum scis. Quæ alia est evidentior calumnia? Quatuordecim servi petitu tuo adsunt, eos dissimulas : unus puerulus abest, eum insimulas.

Postremo quid vis? puta Thallum adesse. Vis probare, eum præsente me concidisse? Ultro confiteor. Carmine id factum dicis? hoc puer nescit : ego, non factum, revinco. Nunc, caducum esse puerum, nec tu audebis negare. Cur ergo carmini potius, quam morbo, attribuatur ejus ruina? An evenire non potuit, ut forte præsente me idem pateretur, quod sæpe alias multis præsentibus? Quod si magnum putarem, caducum dejicere, quid opus carmine fuit? quum incensus gagates lapis, ut apud physicos lego, pulchre et facile hunc morbum exploret : cujus odore etiam in venalitiis vulgo sanitatem aut morbum venalium experiantur. Etiam orbis a figulo circumactus, non difficile ejusdem valetudinis hominem vertigine sui corripit : Ita spectaculum rotationis ejus animum saucium debilitat; ac multo plus ad caducos consternendos figulus valet, quam magus.

Tu frustra postulasti ut servos exhiberem : ego non de-

peu d'énergie qui soutenait jusque-là leur moral. D'où je conclus qu'un potier est plus propre qu'un magicien à faire tomber les épileptiques.

Ce n'était pas la peine d'exiger la comparution des esclaves. Ai-je exigé, moi, que tu nommasses les témoins de la cérémonie expiatoire où Thallus est tombé sous l'influence de mes enchantements? Tu en nommes un seul, le petit Sicinius Pudens, sous le nom de qui tu m'accuses. Il soutient, en effet, qu'il était présent; mais quand son âge ne déciderait pas contre la validité de son témoignage, son rôle d'accusateur en infirmerait la bonne foi. Il eût été plus simple, Émilianus, comme aussi plus sérieux, de dire: « J'y étais moi-même, » et de commencer ton accusation insensée par cette scène de magie, que de donner à un enfant, en guise de joujou, tout ce procès. Un enfant est tombé, un autre enfant l'a vu; n'est-ce pas aussi un enfant qui a opéré le charme?

Ici Tannonius Pudens a agi un peu en double fripon. Voyant qu'on accueillait froidement son mensonge, que les visages, les murmures de tous en étaient la condamnation manifeste, il a voulu par des promesses rassurer les plus soupçonneux, et s'est fait fort de produire d'autres enfants que j'aurais pareillement enchantés. De cette manière il a transporté l'accusation sur un autre terrain. J'aurais pu ne rien dire de cet incident; mais, comme pour tous les autres, j'en réclame l'explication. Oui, je veux voir ces esclaves qu'on a engagés à mentir en leur promettant la liberté; je veux, dis-je, les voir, et rien de plus. Je te demande, Tannonius Pudens, je te somme de remplir ta promesse. Voyons ces enfants en qui on a tant de confiance; produis-les, nomme-les; je te donne pour cela tout le temps de ma clepsydre. Allons, Tannonius, parle... Tu te tais, tu hésites, tu regardes derrière toi. S'il ne sait ce qu'il doit dire, s'il a oublié les noms, approche, Émilianus; dis-nous ce que tu as chargé ton avocat de nous apprendre; montre ces enfants. Mais d'où vient cette pâleur, ce silence? est-ce là la contenance d'un accusateur, du dénonciateur d'un crime si énorme? S'acharner à me calomnier ainsi, n'est-ce pas se jouer de Claudius Maximus, d'un si grand magistrat?

Que si par hasard ton défenseur s'est trop avancé; si tu n'as pas d'enfants à produire, tire du moins quelque parti de mes quatorze esclaves. Ou alors pourquoi vouloir réunir ici toute cette séquelle? Tu m'accuses de magie, et c'est quinze esclaves qu'il te faut pour appuyer ton accusation! combien donc t'en faudrait-il, si tu m'accusais de violence? Mais ces quinze esclaves savent le fait, et, selon toi, il est occulte? S'il ne l'est pas, où donc est la magie? De deux choses l'une, et tu seras forcé d'en convenir: ou le fait n'a rien d'illicite, puisque je ne crains pas d'y admettre tant de témoins; ou il était illicite, et tant de témoins n'auraient pas dû le connaître. La magie, si je ne me trompe, est un acte condamné par les lois; de temps immémorial, les Douze Tables l'ont interdite, à cause des effets prodigieux qu'elle obtient de la vertu des plantes. Aussi cette science n'est-elle pas moins occulte que terrible et cruelle. Elle s'exerce pendant la nuit, au milieu des ténèbres, dans une solitude presque absolue, au murmure de certaines paroles. Non-seulement elle admet peu d'esclaves, mais encore peu d'hommes libres. Et pourtant que dis-tu? que j'ai opéré devant

---

nihilo postulo, ut nomines, quinam testes huic piaculari sacro affuerint, quum ego ruentem Thallum impellerem. Unum omnino nominas puerulum illum Sicinium Pudentem, cujus me nomine accusas: is enim affuisse se dicit; cujus pueritia etsi nihil ad religionem refragaretur, tamen accusatio fidem derogaret. Facilius fuit, Æmiliane, ac multo gravius, tete ut ipsum diceres interfuisse, et ex eo sacro cœpisse dementire potius, quam totum negotium quasi ludicrum pueris donares. Puer cecidit, puer vidit; num etiam puer aliquis incantavit?

Hic satis veteratorie Tannonius Pudens, quum hoc quoque mendacium frigere, ac prope jam omnium vultu et murmure explosum videret, ut vel suspiciones quorumdam spe moraretur, ait pueros alios producturum, qui sint æque a me incantati; atque ita ad aliam speciem argumenti transgressus est. Quod quamquam dissimulare potui, tamen ut omnia, ita hoc quoque ultro provoco. Cupio enim produci eos pueros, quos spe libertatis audio confirmatos ad mentiendum. Sed nihil amplius dico, quam ut producant. Postulo igitur et flagito, Tannoni Pudens, ut impleas, quod es pollicitus. Cedo pueros istos, quibus confiditis, produc, nomina quæ sint; mea aqua licet ad hoc utare. Dic, inquam, Tannoni; quid taces? quid cunctaris? quid respectas? Quod si hic nescit, quid dixerit, aut nomina oblitus est, at tu, Æmiliane, cede huc: dic, quid advocato tuo mandaveris: exhibe pueros. Quid expalluisti? quid taces? hoccine accusare est? hoccine tantum crimen deferre? an Claudium Maximum, tantum virum, ludibrio habere, me calumnia insectari?

Quod si forte patronus tuus verbo prolapsus est, et nullos pueros habes, quos producas: saltem quatuordecim servis, quos exhibui, ad aliquid utere: aut cur sisti postulabas tantam familiam? Magiæ accusans de quindecim servis denunciasti; quod si de vi accusares, quot tandem servos postulares? Sciunt ergo aliquid quindecim servi, et occultum est? an occultum non est, et magicum est? Alterum horum fatearis necesse est: aut illicitum non fuisse, in quo tot consciis non timuerim; aut si illicitum fuit, scire tot conscios non debuisse. Magia ista, quantum ego audio, res est legibus delegata, jam inde antiquitus duodecim Tabulis propter incredundas frugum illecebras interdicta. Igitur et occulta non minus, quam tetra et horribilis, plerumque noctibus vigilata, et tenebris abstrusa, et arbitris solitaria, et carminibus murmurata: cui non modo servorum, verum etiam liberorum pauci adhibentur. Et tu quindecim servos vis interfuisse?

quinze esclaves? C'était donc une noce, quelque fête solennelle, un repas de circonstance? Quinze esclaves participent à une opération magique, comme des quindécemvirs nommés pour veiller aux sacrifices! Pouvais-je en appeler tant, quand c'est trop déjà pour garder un secret? Quinze hommes libres, c'est tout un peuple; autant d'esclaves, c'est toute une maison; autant d'enchaînés, c'est tout un bagne. Était-ce comme acolytes que j'avais besoin d'eux pour tenir longtemps les victimes lustrales? Mais, en fait de victimes, vous ne citez que des poulets. Était-ce pour compter les grains d'encens? pour terrasser Thallus?

Vous dites encore qu'on amena chez moi une femme de condition libre, sujette aux mêmes accès que Thallus; que je promis de la guérir, que je l'enchantai et la fis tomber. C'est, je le vois, un lutteur que vous accusez, non un magicien; car, suivant vous, j'aurais terrassé tous ceux qui se sont présentés. Cependant, Maximus, quand vous interrogeâtes Thémison le médecin, qui m'avait amené cette femme pour l'examiner, il déclara que je ne lui avais fait autre chose que de lui demander si elle avait des bourdonnements dans les oreilles, et laquelle bourdonnait le plus; et quand elle m'eut dit que c'était la droite, elle se retira aussitôt.

Ici, Maximus, quelque discrétion que je mette à faire votre éloge, et bien que dans toute cette plaidoirie je ne sache pas vous avoir flatté encore, je ne puis m'empêcher de louer la manière habile dont vous avez formulé vos questions. Mes accusateurs soutenaient que j'avais ensorcelé la femme; le médecin, qui était présent, disait le contraire; là-dessus, des débats interminables. « — A quoi, demandâtes-vous adroitement, voulait-il en venir? — A la faire tomber. — Et après? est-elle morte, dites-vous? — Non. — Que dites-vous donc? Quel intérêt avait Apulée à ce qu'elle tombât? » Trois fois donc vous insistâtes finement sur cette question, sachant bien qu'on ne peut examiner trop scrupuleusement la raison des faits, trop souvent interroger les causes, même en concédant les résultats; et que les avocats des accusés sont nommés *causiditi*, parce qu'ils *expliquent les causes* de telle ou telle action. Car enfin, nier un fait est chose facile, et pour laquelle on n'a pas besoin d'avocat; démontrer que ce fait est bien ou qu'il est mal, voilà le difficile; et c'est perdre son temps de le démontrer, quand la cause dont il est l'effet n'est pas mauvaise. Voilà pourquoi un juge éclairé n'applique pas la question à l'homme prévenu d'un délit, si cet homme n'a eu aucun intérêt à le commettre.

Maintenant qu'ils n'ont pu prouver que cette femme ait été ensorcelée, ni jetée par terre, et que je ne nie pas l'avoir visitée, à la requête d'un médecin, je vous dirai, Maximus, pourquoi je l'interrogeai sur ce bourdonnement d'oreilles; non pas tant pour me justifier, puisque vous avez déjà préjugé mon innocence, que pour ne rien celer de ce qui mérite d'être entendu d'un homme de votre intelligence et de votre savoir. Je serai le plus bref possible; car je ne veux rien vous apprendre, mais vous rappeler seulement ce que vous savez.

Le philosophe Platon, dans son magnifique

Nuptiæne illæ fuerunt, an aliud celebratum officium, an convivium tempestivum? Quindecim servi sacrum magicum participant, quasi quindecimviri sacris faciundis creati. Cui tamen tot numero adhibuissem, si conscientiæ nimis multi sunt? Quindecim liberi homines, populus est : totidem servi, familia : totidem vincti, ergastulum. An adjutorio multitudo eorum necessaria fuit, qui diutine hostias lustrales tenerent? At nullas hostias, nisi gallinas, nominastis. An ut grana turis numerarent, an ut Thallum prosternerent?

Mulierem etiam liberam perductam ad me domum dixistis, ejusdem Thalli valetudinis; quam ego pollicitus sim curaturum : eam quoque incantatam a me corruisse. Ut video, vos palæstritam, non magum, accusatum venistis · ita omnes, qui me accesserint, dicitis cecidisse. Negavit tamen, quærente te, Maxime, Themison medicus, a quo mulier ad inspiciendum perducta est, quidquam ultra passam, nisi quæsisse me, ecquid illi aures obtinnirent, et utra earum magis : ubi responderit, dextram sibi aurem nimis inquietam, confestim discessisse.

Hic ego, Maxime, quamquam sedulo inpræsentiarum a laudibus tuis tempero, necubi tibi ob causam istam videar blanditus, tamen sollertiam tuam in percontando nequeo quin laudem. Dudum enim quum agitarentur hæc, et illi incantatam mulierem dicerent, medicus, qui affuerat, abnueret; quæsisti tu nimis quam prudenter, quod mihi emolumentum fuerit incantandi? responderunt, ut mulier rueret. Quid deinde? mortua est? inquis : negarunt. Quid ergo dicitis? quod Apuleii commodum, si ruisset? ita enim pulchre ac perseveranter tertio quæsisti, ut scires omnium factorum rationes diligentius examinandas, ac sæpius causas quæri, facta concedi : eoque etiam patronos litigatorum causidicos nominari, quod cur quæque facta sint, expediant. Ceterum negare factum, facilis res est, et nullo patrono indiget : recte factum, vel perperam, docere, id vero multo arduum et difficile est. Frustra igitur, an factum sit, anquiritur, quod nullam malam causam habuit ut fieret. Ita facti reus apud bonum judicem scrupulo quæstionis liberatur, si nulla fuit ei ratio peccandi.

Nunc, quoniam neque incantatam, neque prostratam mulierem probaverunt, et ego non nego, petitu medici a me inspectam; dicam tibi, Maxime, cur illud de aurium tinnitu quæsierim, non tam purgandi mei gratia in ea re, quam tu jam præjudicasti neque culpæ neque crimini confinem, quam ut ne quid dignum auribus tuis et doctrinæ tuæ congruens reticuerim. Dicam igitur quam brevissime potero; etenim admonendus es mihi, non docendus.

Plato philosophus in illo præclarissimo Timæo cœlesti quadam facundia universum mundum molitus, postquam

traité du Timée, où le monde entier semble, pour ainsi dire, se constituer à sa parole divine, après avoir disserté ingénieusement des trois facultés de notre âme, et habilement démontré les fonctions départies par la Providence à chacun de nos membres, attribue toutes les maladies à une triple cause. La première, aux dieux créateurs de notre essence corporelle, quand les qualités simples, l'humide et le froid, ou le sec et le chaud, y entrant en proportions inégales, amènent l'excès ou le déplacement de ses éléments constitutifs; la seconde, aux vices qui affectent les produits mêmes de ces premiers éléments combinés ensemble et représentés sous une forme distincte, comme le sang, les viscères, les os, la moelle, et toutes les parties qui en dépendent; la troisième enfin, à la concrétion de la bile et du fiel, au trouble des esprits animaux, à l'épaississement de la lymphe. De cette dernière cause un des effets principaux est l'épilepsie. J'en ai parlé tout à l'heure. Alors, minée par un feu dévorant, la chair se résout en un liquide épais et écumeux; des émanations s'en échappent, une humeur corrompue coule à flots blanchâtres de ce foyer infect et comprimé. Tant que cette humeur fait éruption au dehors, elle est plus dégoûtante que nuisible; seul, l'épiderme de la poitrine en est maculé de toutes parts et sous toutes les formes; après quoi l'individu, délivré des atteintes de l'épilepsie, échange le plus terrible des fléaux de l'intelligence contre une légère difformité physique. Si, au contraire, ces ramollissements dangereux restent à l'intérieur et se mêlent à la bile noire, le mal s'envenime, et envahit toutes les veines; bientôt il se fraye un chemin jusqu'au sommet de la tête; il répand dans le cerveau son poison dévastateur; il frappe d'impuissance cette noble partie des facultés intellectuelles, dont la raison est l'attribut, et qui siége dans la tête de l'homme comme sur un trône et dans un palais; il porte enfin le trouble et la confusion dans ces voies divines, dans cet admirable labyrinthe. Son action, pendant le sommeil, est moins pernicieuse; elle s'annonce, quand le malade a bien bu et bien mangé, par une légère suffocation. Mais si elle se prolonge jusqu'à ce qu'elle ait gagné la tête du malade éveillé, soudain elle obscurcit sa raison, elle le plonge dans un état de stupeur; le patient tombe ensuite, inanimé et sans connaissance. Les Latins appellent à bon droit cette maladie non-seulement haut-mal, mal comitial, mais encore mal divin, comme les Grecs, ἱερὰν νόσον, parce qu'elle attaque la raison, c'est-à-dire la partie la plus sainte de notre être. Vous devez reconnaître, Maximus, les doctrines de Platon: je viens de les exposer aussi clairement que possible en si peu de temps.

Pour moi, qui pense avec Platon que la cause de l'épilepsie tient à ce que le mal monte au cerveau, j'avais donc raison de demander à cette femme si elle avait la tête lourde, le cerveau embarrassé, des battements aux tempes, des bourdonnements dans les oreilles. Et de ce qu'elle m'avoua que l'oreille droite lui tintait plus que la gauche, je conclus que la maladie était profondément enracinée. En effet, ce qui, dans le corps, est à droite est ce qui a le plus de force, et le mal qui s'y loge est d'autant moins facile à guérir. Aristote, dans son livre des Pro-

---

de nostri quoque animi trinis potestatibus sollertissime disseruit, et cur quæque membra nobis divina providentia fabricata sint, aptissime demonstravit, causam morborum omnium trifariam percenset. Primam causam primo diis corporis attribuit: si ipsæ elementorum qualitates, humida et frigida, et his duæ adversæ, non congruant; id adeo evenit, quum quæpiam earum modum excessit, aut loco demigravit. Sequens causa morborum inest in eorum vitio, quæ jam concreta ex simplicibus elementis, una tamen specie coaluerunt, ut est sanguinis species, et visceris, et ossi, et medullæ: porro illa, quæ ex hisce singularibus mixta sunt. Tertio, in corpore concrementa varii fellis, et turbidi spiritus, et pinguis humoris, novissima ægritudinum incitamenta sunt. Quorum e numero præcipua sit materia morbi comitialis, de quo dicere exorsus sum, quum caro in humorem crassum et spumidum inimico igni colliquescit, et, spiritu indidem parto, ex candore compressi aeris albida et tumida tabes fluit. Ea namque tabes, si foras corporis prospiravit, majore dedecore, quam noxa, diffunditur. Pectoris enim primorem cutim vitiligine insignit, et omnimodis maculationibus convariat: sed cui hoc usu venerit, nunquam postea comitiali morbo attentabit. Ita ægritudinem animi gravissimam, levi turpitudine corporis compensat. Enimvero si perniciosa illa dulcedo intus cohibita, et bili atræ sociata, venis omnibus furens pervasit; deinde ad summum caput viam molita, dirum fluxum cerebro immiscuit: illico regalem partem animi debilitat, quæ ratione pollens, verticem hominis velut arcem et regiam insedit. Ejus quippe divinas vias et sapientes meatus obruit et obturbat: quod facit minore pernicie per soporem; quum potu et cibo plenos comitialis morbi prænuncia strangulatione modice angit. Sed si usque adeo aucta est, ut etiam vigilantium capiti offundatur, tum vero repentino mentis nubilo obtorpescunt, et moribundo corpore cessante animo cadunt. Eum nostri non modo majorem et comitialem, verum etiam divinum morbum, it ut Græci ἱερὰν νόσον, vere nuncuparunt: videlicet quod animi partem rationalem, quæ longe sanctissima est, eam violet. Agnoscis, Maxime, rationem Platonis, quantum potui pro tempore, perspicue explicatam.

Cui ego fidem arbitratus, causam divini morbi esse, quum illa pestis in caput redundavit, haudquaquam videor de nihilo percontatus, an esset mulieri illi caput grave, cervix torpens, tempora pulsata, aures sonoræ. Ceterum, quod dextræ auris crebriores tinnitus fatebatur, signum erat morbi penitus adacti. Nam dextera corporis validiora sunt, eoque minus spei sanitatem relinquunt, quum et

blèmes, dit que, de deux épileptiques, le plus difficile à sauver est celui qui est pris par le côté droit.

J'irais trop loin, si je voulais aussi reproduire l'opinion de Théophraste sur cette maladie; car il a fait un livre excellent sur les *Épileptiques*. Je dirai pourtant que, dans un autre livre sur les jalousies des animaux, il indique pour remède à l'épilepsie, la peau du lézard, quand ce reptile, de la même manière que les autres serpents, la dépose, à des époques fixes, comme la livrée de la vieillesse. Mais si l'on ne s'en empare à l'instant, alors, soit par une intention maligne, soit par appétence de nature, elle transforme ses propriétés bienfaisantes en un incendie dévorant.

Si j'ai emprunté avec soin mes citations aux plus illustres philosophes, à ceux de leurs ouvrages où ils les ont consignées, plutôt qu'aux médecins et aux poëtes, c'est afin que ces derniers ne s'étonnent plus que la connaissance des maladies et de leurs remèdes soit aussi du domaine de la philosophie. Lors donc qu'on m'eut amené une femme malade pour l'examiner et la guérir (et le médecin qui me l'a présentée en est convenu), je ne suis pas sorti, avouez-le, des limites de mes attributions; à moins d'établir qu'il y a magie et maléfice à guérir des maladies, ou, si vous n'avez cette audace, à moins de reconnaître que cette affaire d'enfant et de femme tombés est de votre part une accusation calomnieuse qui tombe d'elle-même. Soyons vrais, Émilianus, si quelqu'un est tombé dans tout ceci, c'est toi, toi déjà tant de fois victime de tes propres calomnies. Or, il n'est pas plus dangereux de choir au physique qu'au moral, de manquer d'équilibre que de cœur, d'être souillé de bave dans sa chambre que maudit dans une aussi imposante assemblée.

Peut-être te crois-tu sain, parce qu'on ne t'enferme pas, et que tu suis ton mal partout où il te conduit : mais si tu compares tes accès avec ceux de Thallus, tu trouveras qu'ils n'en diffèrent pas de beaucoup, si ce n'est que Thallus seul souffre des siens, et que tous nous pâtissons des tiens. Du reste, il tord ses yeux, toi, la vérité; il crispe ses nerfs, toi, tes avocats; il se casse la tête sur le pavé, toi, le nez contre le tribunal. Tout ce qu'il fait enfin, il le fait quand le mal le tient; il faillit par ignorance; toi, malheureux, tu pèches sciemment et avec préméditation. Telle est la violence de ta maladie, que ce qui est vrai, tu le supposes faux; ce qui n'est pas encore, tu l'accuses d'être; l'homme dont l'innocence est constatée, tu l'inculpes. Bien plus (j'allais l'oublier), il y a telles choses que tu étais convenu ne pas savoir, et dont ensuite tu m'as fait un crime comme si tu les savais.

Par exemple, tu dis qu'étant chez Pontianus, j'avais quelque chose d'enveloppé dans un mouchoir. Quel était cet objet, quelle sa forme; tu avoues n'en rien savoir, et que personne ne l'a vu. Cependant tu soutiens que c'était quelque instrument de magie. On ne te fera pas compliment, Émilianus; pour un accusateur, ce n'est ni de l'adresse, ni même de l'impudence; ne t'en flattes pas. Qu'est-ce donc? c'est l'inspiration malheureuse d'un esprit malade, la pitoyable folie d'une vieillesse prématurée; car voici à peu près les termes dont tu t'es servi devant un juge

ipsa ægritudini succumbunt. Aristoteles adeo in problematis scriptum reliquit, quibus æque caducis a dextero morbus occipiat, eorum esse difficiliorem medelam.

Longum est, si velim Theophrasti quoque sententiam de eodem morbo recensere; est enim etiam ejus egregius liber de Caducis. Quibus tamen in alio libro, quem de invidentibus animalibus conscripsit, remedio esse ait exuvias stellionum, quas velut senium, more ceterorum serpentium, temporibus statis exuant. Sed nisi confestim eripias, malignone præsagio, an naturali appetentia, illico convertuntur, et devorant.

Hæc idcirco commemoravi, nobilium philosophorum disputata simul et libros sedulo nominavi, nec ullum ex medicis aut poetis volui attingere, ut isti desinant mirari, si philosophi suapte doctrina causas morborum et remedia noverunt. Igitur quum ad inspiciendum mulier ægra, curationis gratia, ad me perducta sit, atque hoc, et medici confessione qui adduxit, ad meam ratiocinationem recte factum esse conveniat : aut constituant, magi et malefici hominis esse, morbis mederi; aut, si hoc dicere non audent, fateantur, se in puero et muliere caducis vanas et prorsus caducas calumnias intendisse. Immo enim, si verum velis, Æmiliane, tu potius caducus, qui jam tot calumniis cecidisti. Neque enim gravius est corpore, quam corde, collabi : pede potius, quam mente, corruere : in cubiculo despui, quam in isto splendidissimo cœtu detestari.

At tu fortasse te putas sanum, quod non domi contineris, sed insaniam tuam, quoquo te duxerit, sequeris. Atque si contenderis furorem tuum cum Thalli furore, invenies, non permultum interesse : nisi quod Thallus sibi, tu etiam aliis furis. Ceterum Thallus oculos torquet, tu veritatem : Thallus manus contrahit, tu patronos : Thallus pavimentis illiditur, tu tribunalibus. Postremo ille, quidquid agit, in ægritudine facit, ignorans peccat : at tu miser, prudens et sciens delinquis. Tanta vis morbi te instigat! falsum pro vero insimulas, infectum pro facto criminaris : quem innocentem liquido scis, tamen accusas ut nocentem. Quin etiam, quod prætertii, sunt, quæ fatearis nescire : et eadem rursus, quasi scias, criminaris.

Ais enim, me habuisse quædam sudariolo involuta apud Lares Pontiani. Ea involuta quæ et cujusmodi fuerint, nescisse te confiteris : neque præterea quemquam esse, qui viderit; tamen illa contendis instrumenta magiæ fuisse. Nemo tibi blandiatur, Æmiliane. Non est in accusando versutia, ac ne impudentia quidem, ne tu arbitreris. Quid igitur? furor infelix acerbi animi, et misera insania crudæ

aussi grave et aussi clairvoyant : « Apulée avait chez Pontianus quelque chose enveloppé d'un linge; ne sachant pas ce que c'était, j'en conclus que c'était un instrument de magie : croyez donc ce que je dis ; car ce que je dis, je l'ignore. » Argument sans réplique, et qui prouve victorieusement le crime ! Telle chose est, parce que j'ignore ce qu'elle est. Il n'y a que toi au monde, Émilianus, pour savoir ainsi ce que tu ne sais pas. Voilà une bêtise qui vous élève singulièrement au-dessus de tous les autres hommes. Les philosophes les plus ingénieux, les plus pénétrants disent que nous ne devons pas même croire ce que nous voyons ; mais toi, tu affirmes ce que tu n'as jamais ni vu ni entendu. Si Pontianus vivait, et que tu lui demandasses ce qu'il y avait dans ce linge, il répondrait qu'il n'en sait rien. L'affranchi même qui a gardé jusqu'ici les clefs de l'appartement, et qui est dans tes intérêts, déclare ne l'avoir jamais vu, quoique, conservateur des livres qui y étaient serrés, il l'ouvrît et le fermât presque tous les jours ; il entrait souvent avec nous, beaucoup plus souvent seul, et voyait ce linge posé sur une table, sans être scellé ni ficelé. Pourquoi non ? Il y avait de la magie là-dessous ; aussi m'en inquiétais-je médiocrement. Mieux que cela ; je l'exposais, imprudent ! aux regards scrutateurs de quiconque eût même voulu l'emporter ; je le confiais à la garde d'autrui, je le mettais à la discrétion d'un étranger.

Mais ici, comment veux-tu qu'on te croie ? Ce que Pontianus ne sut pas, lui, mon compagnon inséparable, tu le sais, toi que je n'ai jamais vu, si ce n'est à ce tribunal ? Ce qu'un affranchi vigilant, ayant toute facilité de l'examiner, ce que cet affranchi n'a pas vu, toi qui n'as jamais approché de cette chambre, tu l'as vu ? enfin, ce que tu n'as pas vu, tu prétends dire ce que c'est ? Mais, pauvre sot, si aujourd'hui tu m'avais soustrait ce mouchoir, quoi que tu en pusses tirer, je nierais que ce fût magique. Je veux même que tu l'aies soustrait ; imagine donc, rappelle-toi, trouve là quelque chose qui semble appartenir à la magie ; j'accepte le débat sur ce terrain, et je dis ou qu'il y a eu substitution, ou que c'est un remède, ou un objet sacré, ou un soporifique. Il y a mille autres objections tirées de l'usage le plus commun, des habitudes les plus vulgaires, à l'aide desquelles je pourrais te réfuter. Maintenant ce même objet, qui ne pourrait, l'eusses-tu entre tes mains, me nuire près d'un juge éclairé, toi qui ne l'as pas vu, qui te bornes à le conjecturer, veux-tu qu'il me fasse condamner ?

Peut-être vas-tu dire encore, selon ton habitude : « Mais enfin qu'enveloppait-il, ce linge que vous déposiez précisément dans le sanctuaire des dieux lares ? » Quoi ! Émilianus, est-ce ainsi que tu accuses, demandant tout au prévenu, n'alléguant contre lui aucun fait évident ? « Pourquoi vouliez-vous des poissons ? pourquoi visitiez-vous une femme malade ? qu'aviez-vous dans ce linge ? » Es-tu ici pour accuser, ou pour interroger ? Si pour accuser, dis donc ce que tu as à dire ; si pour interroger, ne conclus pas encore, puisque c'est parce que tu ne sais rien, que tu interroges. A ce compte, on mettrait tous les hommes en jugement, s'il ne fallait pas administrer des preuves contre celui qu'on dénonce ;

---

senectutis. His enim pæne verbis cum tam gravi et perspicaci judice egisti. Habuit Apuleius quæpiam linteolo involuta apud Lares Pontiani ; hæc quoniam ignoro quæ fuerint, idcirco magica fuisse contendo ; crede igitur mihi quod dico, quia id dico, quod nescio. O pulchra argumenta, et apertæ crimen revincentia ! Hoc fuit, quoniam quid fuerit ignoro. Solus repertus es, Æmiliane, qui scias etiam illa, quæ nescis. Tantum super omnes stultitia evectus es : quippe qui sollertissimi et acerrimi philosophorum, ne iis quidem confidendum esse aiunt, quæ videmus. At tu de illis quoque affirmas, quæ neque conspexisti unquam, neque audisti. Pontianus si viveret, atque eum interrogares, quæ fuerint in illo involucro, nescire se responderet. Libertus etiam ille, qui claves ejus loci in hodiernum habet, et a vobis stat, nunquam se ait inspexisse : quamquam ipse aperiret (utpote promus librorum, qui illic erant conditi) pæne quotidie, et clauderet ; sæpe nobiscum, multo sæpius solus intraret, linteum in mensa positum cerneret, sine ullo sigillo, sine vinculo. Quidni enim ? magicæ res in eo occultabantur, eo negligentius adservabam. Sed enim libere scrutandum et inspiciendum, si liberet, etiam auferendum, temere exponebam, alienæ custodiæ commendabam, alieno arbitrio permittebam.

Quid igitur impræsentiarum vis tibi credi ? quodne Pontianus nescierit, qui individuo contubernio mecum vixit, id te scire, quem nunquam videris, nisi pro tribunali ? an quod libertus assiduus, cui omnis facultas inspiciendi fuit, quod is libertus non viderit, te, qui nunquam eo accesseris, vidisse ? denique ut, quod non vidisti, id tale fuerit, quale dicis ? Atqui stulte, si hodie illud sudariolum tu intercepisses, quidquid ex eo promeres, ego magicum negarem. Tibi adeo permitto ; finge quidvis, reminiscere, excogita, quod possit magicum videri : tamen de eo tecum decertarem ; aut ego subjectum dicerem, aut remedio acceptum, aut sacro traditum, aut somnio imperatum. Mille alia sunt, quibus possem more communi et vulgatissima observationum consuetudine vere refutare. Nunc id postulas, ut, quod deprehensum et detentum, tamen nihil me apud bonum judicem læderet, id inani suspicione incertum et incognitum condemnet.

Haud sciam, an rursus, ut soles, dicas : Quid ergo illud fuit, quod linteo tectum apud Lares potissimum deposuisti ? Itane est, Æmiliane ? sic accusas, ut omnia a reo percontere, nihil ipse afferas cognitum. Quam ob rem pisces quæris ? cur ægram mulierem inspexisti ? quid in sudario habuisti ? Utrum tu accusatum, an interrogatum venisti ? Si accusatum, tute argue, quæ dicis : si interrogatum, noli præjudicare, quid fuerit, quod ideo te necesse est interrogare,

et qu'au contraire on eût toute facilité pour l'interroger. En effet, qu'il s'agisse, comme dans l'espèce, d'une affaire de magie, pas un acte qu'on ne rattache à la magie. « Vous avez collé un ex-voto à la jambe d'une statue : magie; ou alors pourquoi l'avez-vous fait? Vous avez prié tout bas dans le temple : magie; ou bien que demandiez-vous aux dieux? » Réciproquement : « Vous n'avez pas prié dans le temple : magie; ou bien pourquoi prier? » Pareillement, si vous avez disposé quelque offrande, fait un sacrifice, pris de la verveine. Le jour ne suffirait pas, si je voulais passer en revue tous les actes dont un calomniateur demanderait ainsi le pourquoi et le comment. En vertu de ce système, serait surtout réputé magique tout objet qu'on garderait chez soi sous le sceau ou la clef ; puis, tiré de l'armoire, serait produit devant un tribunal et soumis à un jugement.

Les conséquences de ce système, leur gravité; quel vaste champ Émilianus ouvre par là à ses calomnies, que de sueur, à propos d'un mouchoir, il a fait répandre à des innocents, tel est le sujet, Maximus, que je pourrais discuter au long : mais je continue. J'avouerai donc ce qu'il n'est pas nécessaire d'avouer ; interrogé par Émilianus, je réponds. Tu veux savoir, Émilianus, ce qu'il y avait dans ce mouchoir. Bien que je puisse dire qu'il n'y eut jamais de mouchoir à moi dans la bibliothèque de Pontianus, j'accorde pleinement le fait; qu'il n'y avait rien d'enveloppé, car nul témoignage, nul argument ne prouve le contraire, puisque personne n'y a touché, et que, de ton aveu, un seul affranchi l'a vu; néanmoins il ne tiendra pas à moi qu'il ne fût plein et très-plein. Libre à toi d'ailleurs d'être dupe comme les compagnons d'Ulysse, qui crurent avoir découvert un trésor quand ils n'avaient volé que des outres gonflées de vent. Mais tu veux savoir quels étaient les objets enveloppés dans ce linge et confiés à la garde de Pontianus; on va te satisfaire.

J'ai été, en Grèce, initié à presque toutes les sectes religieuses. Leurs monuments, leurs symboles m'ont été confiés par leurs prêtres, et je les conserve précieusement. Je ne dis là rien d'insolite, rien d'extraordinaire. Vous autres, que je vois dans cette assemblée et qui êtes simplement initiés aux mystères de Bacchus, vous savez ce qui est tenu caché dans votre demeure ; vous le vénérez en silence et sans témoins. Mais moi, comme je l'ai dit, l'amour de la vérité, la piété envers les dieux m'ont fait apprendre une foule de religions, de pratiques mystérieuses, de cérémonies saintes ; et je m'explique franchement, sans égard pour la circonstance. Il y a environ trois ans, dès les premiers jours de mon arrivée dans la ville d'OEa, parlant en public sur la divinité d'Esculape, j'ai donné les mêmes détails; j'ai énuméré toutes les religions dont j'étais instruit. Mon discours fit alors beaucoup de bruit; on le lit encore aujourd'hui, et il est dans les mains de tout le monde, moins à cause de mon éloquence que parce que le sujet le recommandait aux personnes pieuses de la ville. Qu'un de vous, s'il s'en souvient, récite l'exorde.... Entendez-vous, Maximus, que de bouches me répondent? Tenez, on vous offre le livre. Je demande

---

quia nescis. Ceterum hoc quidem pacto omnes homines rei constituentur, si ei, qui nomen cujuspiam detulerit, nulla necessitas sit probandi, omnis contra facultas percontandi. Quippe omnibus, sicut forte negotium magiæ facessitur, quidquid omnino egerint, objicietur. Votum in alicujus statuæ femore adsignasti ; igitur magus es : aut cur signasti? Tacitas preces in templo deis allegasti ; igitur magus es ; aut quid optasti? Contra, nihil in templo precatus es; igitur magus es : aut cur deos non rogasti? Similiter si posueris donum aliquod, si sacrificaveris, si verbenam sumpseris. Dies me deficiet, si omnia velim persequi, quorum rationem similiter calumniator flagitabit; præsertim quod conditum cumque, quod obsignatum, quod inclusum domi adservatur, id omne eodem argumento magicum dicetur, aut e cella promptuaria in forum atque in judicium proferetur.

Hæc quanta sint, et cujuscemodi, Maxime, quantusque campus calumniis hoc Æmiliani tramite aperiatur, quantique sudores innocentibus hoc uno sudariolo afferantur, possum equidem pluribus disputare : sed faciam, quod institui; etiam quod non necesse est, confitebor; et interrogatus ab Æmiliano respondebo. Interrogas, Æmiliane, quid in sudario habuerim. At ego, quamquam omnino positum ullum sudarium meum in bibliotheca Pontiani possim negare; ac maxime fuisse, concedam : quum habeam dicere, nihil in eo involutum fuisse. Quæ si dicam, neque testimonio aliquo, neque argumento revincar. Nemo est enim, qui attigerit : unus libertus, ut ais, qui viderit ; tamen, inquam, per me licet fuerit refertissimum; sic enim, si vis, arbitrare, ut olim Ulixi socii thesaurum reperisse arbitrati sunt, quum utrem ventosissimum manticularentur. Vin' dicam, cujusmodi illas res in sudario obvolutas, Laribus Pontiani commendarim? Mos tibi geretur.

Sacrorum pleraque initia in Græcia participavi. Eorum quædam signa et monumenta tradita mihi a sacerdotibus sedulo conservo. Nihil insolitum, nihil incognitum dico : vel unius Liberi patris symmystæ, qui adestis, scitis, quid domi conditum celetis, et absque omnibus profanis tacite veneremini. At ego, ut dixi, multijuga sacra, et plurimos ritus, et varias cærimonias, studio veri et officio erga deos didici. Nec hoc ad tempus compono : sed abhinc ferme triennium est, quum primis diebus, quibus Œam veneram, publice disserens de Æsculapii majestate, eadem ista præ me tuli, et, quot sacra nossem, percensui. Ea disputatio celebratissima est; vulgo legitur; in omnium manibus versatur ; non tam facundia mea, quam mentione Æsculapii religiosis OEensibus commendata. Dicite aliqui, si qui forte meminit, hujus loci principium. Audisne, Maxime, multos suggerentes? immo ecce etiam liber offertur; recitari ipsa hæc jubebo : quoniam ostens-

donc qu'on vous en lise quelque chose, car je juge à votre air de bonté que cette lecture ne vous importunera pas.

(*Ici manque le fragment de ce discours d'Apulée aux habitants d'Œa.*)

Peut-on encore, si l'on a quelque érudition en matières religieuses, s'étonner qu'un homme initié à tant de sacrés mystères en conserve chez soi certains emblèmes, qu'il les enveloppe dans une étoffe de lin, le plus pur des tissus pour des objets divins? En effet, la laine, dépouille impure d'un lâche et vil bétail, est déclarée profane par les rituels d'Orphée et de Pythagore. Le lin, au contraire, croît vierge de toute malpropreté; il est une des meilleures plantes de la terre; et non-seulement il sert à vêtir de la tête aux pieds les prêtres de l'Égypte, mais aussi à couvrir les choses sacrées.

Je sais que beaucoup de gens et entre autres notre Émilianus, se plaisent à tourner en dérision les choses saintes. A en croire même une partie des habitants d'Œa qui le connaissent, il n'a encore, à son âge, prié aucun dieu; il n'a mis le pied dans aucun temple. Passe-t-il devant quelque édifice consacré, il s'estimerait criminel d'approcher seulement sa main de ses lèvres en signe d'adoration. Aux dieux des champs, qui le nourrissent et qui l'habillent, il n'offre jamais les prémices de ses moissons, de ses vignes, de ses troupeaux; dans sa villa, il n'y a pas une seule chapelle, pas un lieu, pas un bois consacrés. Et que parlé-je de bois et de chapelle? Nul de ceux qui sont allés chez lui ne dit y avoir vu, même sur les limites, une pierre arrosée d'huile, un rameau couronné. Aussi lui a-t-on appliqué deux sobriquets : Charon, comme je l'ai déjà dit, à cause de sa figure, de son humeur farouche; Mézence, celui qu'il entend plus volontiers, à cause de son mépris pour les dieux. C'est pourquoi je comprends avec peine que tout ce détail de mystères lui semble une niaiserie; peut-être même son opiniâtre incrédulité lui fait-elle mettre en doute la sincérité de mes paroles, et ce zèle pieux avec lequel je conserve tant de symboles et d'emblèmes religieux. Mais que Mézence pense de moi ce qu'il voudra, peu m'importe : quant aux autres, je le déclare à haute voix, s'il est ici quelque initié aux mêmes mystères que moi, qu'il fasse un signe, et il saura ce que je tiens renfermé; car de révéler aux profanes ce que j'ai reçu sous le sceau du secret, c'est à quoi nul péril au monde ne pourrait me contraindre.

Si je ne me trompe, Maximus, il me semble avoir convaincu suffisamment les esprits les plus prévenus; et, pour ce qui est de ce linge, en avoir enlevé toute souillure criminelle. Échappé désormais à ce danger, je passe des imputations d'Émilianus à certaine déposition de Crassus qu'on vous a présentée comme bien autrement grave.

Vous avez entendu la déposition écrite de je ne sais quel pique-assiette, goinfre éhonté, de Junius Crassus, relative à de prétendus sacrifices nocturnes auxquels je me serais livré dans sa propre maison avec Appius Quintianus, mon ami et son locataire. Bien qu'il fût alors à Alexandrie, notre homme dit avoir reconnu le fait aux plumes des oiseaux et à la fumée des torches. Sans doute que, lorsqu'il faisait ripaille à Alexandrie (et il est de force à se traîner la

---

iis humanissimo vultu, auditione te ista non gravari.

(*Deest locus ex oratione Apuleii Œæ habita.*)

Etiamne cuiquam mirum videri potest, cui sit ulla memoria religionis, hominem tot mysteriis deum conscium, quædam sacrorum crepundia domi asservare : atque ea lineo texto involvere, quod purissimum est rebus divinis velamentum? Quippe lana, seguissimi corporis excrementum, pecori detracta, jam inde Orphei et Pythagoræ scitis, profanus vestitus est. Sed enim mundissima lini seges, inter optimas fruges terra exorta, non modo inductui et amictui sanctissimis Ægyptiorum sacerdotibus, sed opertui quoque rebus sacris usurpatur.

Atque ego scio, nonnullos, et cum primis Æmilianum istum, faceciæ sibi habere, res divinas deridere. Nam ut audio partim Œensium, qui istum novere, nulli deo ad hoc ævi supplicavit, nullum templum frequentavit : si fanum aliquod prætereat, nefas habet, adorandi gratia manum labris admovere. Iste vero nec diis ruralibus, qui eum pascunt ac vestiunt, segetis ullas, aut vitis, aut gregis primitias impartit; nullum in villa ejus delubrum situm; nullus locus aut lucus consecratus. Et quid ego de luco et delubro loquor? negant vidisse se, qui fuere, unum saltem in finibus ejus aut lapidem unctum, aut ramum coronatum. Igitur agnomenta ei duo indita : Charon, ut jam dixi, ob oris et animi diritatem : sed alterum, quod libentius audit, ob deorum contemptum, Mezentius. Quapropter facile intelligo, hasce ei tot initiorum enumerationes nugas videri; et forsan ne ob hanc divini contumaciam non inducat animum, verum esse quod dixi, me sanctissime tot sacrorum signa et memoracula custodire. Sed ego, quid de me Mezentius sentiat, manum non verterim. Ceteris autem clarissima voce profitor, si qui forte adest eorumdem solemnium mihi particeps, signum dato, et audiat licet, quæ ego adservem. Nam equidem nullo unquam periculo compellar, quæ reticenda accepi, hæc ad profanos enunciare.

Ut puto, Maxime, satis videor cuivis vel iniquissimo animum explesse, et, quod ad sudarium pertineat, omnem criminis maculam detersisse : ac bono jam periculo ad testimonium illud Crassi, quod post ista quasi gravissimum legerunt, a suspicionibus Æmiliani transcensurus.

Testimonium ex libello legi audisti gumiæ cujusdam, et desperati lurconis, Junii Crassi, me in ejus domo nocturna sacra cum Appio Quintiano amico meo factitasse, qui ibi mercede deversabatur. Idque se ait Crassus, quamquam in eo tempore vel Alexandriæ fuerit, tamen taedaceo fumo et avium plumis comperisse. Scilicet eum, quum Alexandriæ symposia obiret (est enim Crassus iste,

journée entière dans les cabarets), il a, du sein des vapeurs de quelque taverne, tiré son augure des plumes qui lui sont arrivées de chez lui, et reconnu la fumée de sa maison, de toute la distance qui le séparait du toit d'où elle s'élançait. S'il l'a vu, en effet, de ses yeux, il les a autrement perçants qu'Ulysse, qui le souhaitait jadis si passionnément. Pendant bien des années, Ulysse, portant du rivage ses regards sur l'immensité des mers, chercha vainement la fumée qui s'élevait de sa patrie : Crassus, dans le peu de mois qu'il a été absent, a vu cette fumée sans fatigue, de la table de son cabaret. Si d'ailleurs il a flairé de même l'odeur de ses lares domestiques, il n'est chiens ni vautours qui l'égalent pour la finesse de l'odorat. En effet, quel chien, quel vautour du pays d'Alexandrie sentirait quelque chose de là aux frontières d'Œa? Crassus est un gourmand renforcé, un habile connaisseur en fait de fumets ; mais boire est toute son étude, son talent avoué ; et ce serait l'odeur du vin plutôt que de la fumée qui lui arriverait à Alexandrie.

Lui-même a compris qu'on ne le croirait pas ; car on dit que c'est avant la deuxième heure du jour, quand il n'avait encore ni mangé ni bu, qu'il a vendu son témoignage. Voici donc comment il a fait sa découverte. A son retour d'Alexandrie, il est allé dans sa maison d'où Quintianus était déménagé ; et là, dans le vestibule, il a vu beaucoup de plumes d'oiseaux, et en outre les murs noircis de fumée. Un esclave qu'il avait laissé à Œa, interpellé à ce sujet, a répondu que c'étaient là les reliefs des sacrifices nocturnes accomplis par Quintianus et moi.

Comme tout cela est ingénieusement trouvé! comme c'est ourdi! comme c'est vraisemblable! Si j'eusse voulu faire quelque chose de ce genre, ne le pouvais-je pas plutôt dans mon propre logis? Et Quintianus, ici présent à mes côtés (et je me fais honneur et gloire de le nommer, tant à cause de l'étroite amitié qui nous lie qu'à cause de son rare savoir et de la perfection de son éloquence), Quintianus, dis-je, s'il eût soupé de quelque oiseau, ou si, comme on le prétend, il en eût tué pour une opération magique, n'avait-il pas un seul esclave qui en balayât les plumes et les jetât dehors? Et la fumée, comment eût-elle été assez épaisse pour rendre les murs tout noirs, et comment Quintianus aurait-il souffert cette malpropreté dans sa maison tant qu'il l'habita? Tu te tais, Émilianus; c'est que tu ne dirais rien qui vaille, à moins d'avouer que Crassus, au lieu d'entrer, au débotté, dans l'appartement, est allé, selon sa coutume, droit à la cuisine.

Mais d'où l'esclave de Crassus a-t-il conclu que c'était précisément la nuit que les murs avaient été salis? de la couleur de la fumée? Sans doute que celle de nuit est plus noire que celle de jour, et s'en distingue par conséquent. Pourquoi encore ce serviteur soupçonneux et si diligent a-t-il souffert que Quintianus déménageât, avant d'avoir rendu la maison propre? Pourquoi ces plumes, comme si elles eussent été de plomb, restèrent-elles là si longtemps jusqu'au retour de Crassus? Pourquoi Crassus n'en accuserait-il pas l'esclave? Mais lui-même a inventé cette suie et ces plumes ; car il faut que ses témoignages sentent toujours un peu la cuisine. Pourquoi ensuite présenter une déposition écrite? Où donc est Crassus? Est-il

qui non invitus de die in ganeas correpat), in illo caupo- nio nidore pinnas de Penatibus suis advectas aucupatum, fumum domus suæ agnovisse, patrio culmine longe exor- tum. Quem si oculis vidit, ultra Ulixi vota et desideria hic quidem est oculatus. Ulixes fumum terra sua emergentem, compluribus annis e littore prospectans, frustra captavit : Crassus in paucis, quibus abfuit, mensibus, eumdem fu- mum, sine labore, in taberna vinaria sedens, conspexit. Sin vero naribus nidorem domesticum præsensit, vincit idem sagacitate odorandi canes et vulturios. Cui enim ca- ni, cui vulturio Alexandrini cœli, quidquam abusque Œen- sium finibus, oboleat? Est quidem Crassus iste summus helluo, et omnis fumi non imperitus : sed profecto pro studio bibendi, quo solo censetur, facilius ad eum Alexan- driam vini aura, quam fumi, perveniret.

Intellexit hoc et ipse incredibile futurum. Nam dicitur ante horam diei secundam jejunus adhuc et abstemius, testimonium istud vendidisse. Igitur scripsit, hæc se ad hunc modum comperisse. Postquam Alexandria revenerit, domum suam recta contendisse, qua jam Quintianus mi- grarat : ibi in vestibulo multas avium pinnas offendisse, præterea parietes fuligine deformatos. Quæsisse causas ex servo suo, quem Œæ reliquerit, eumque sibi de meis et Quintiani nocturnis sacris indicasse.

Quam vero subtiliter compositum, et verisimiliter com- mentum, me, si quid ejus facere vellem, non domi meæ potius facturum fuisse? Quintianum istum, qui mihi ad- sistit (quem ego pro amicitia, quæ mihi cum eo artissima est, proque ejus egregia eruditione et perfectissima elo- quentia, honoris et laudis gratia nomino) : hunc igi- tur Quintianum, si quas aves in cœna habuisset, aut, quod aiunt, magiæ causa interemisset, puerum nullum habuisse, qui pinnas converreret et foras abjiceret? præ- terea fumi tantam vim fuisse, ut parietes atros redderet : eamque deformitatem, quoad habitavit, passum in cubi- culo suo Quintianum? Nihil dicis, Æmiliane; non est veri- simile ; nisi forte Crassus non in cubiculum reversus per- rexit, sed suo more recta ad focum.

Unde autem servus Crassi suspicatus est, noctu potis- simum parietes fumigatos? an ex fumi colore? videlicet fumus nocturnus nigrior est, eoque diurno fumo differt? Cur autem suspicax servus ac tam diligens passus est Quintianum migrare prius, quam mundam domum red- deret? Cur illæ plumæ, quasi plumbeæ, tam diu, usque ad adventum Crassi manserunt? Non insimulet Crassus servum suum? sed ipse hæc potius de fuligine et pinnis mentitus est, dum non potest nec in testimonio dando discedere longius a culina. Cur autem testimonium ex li-

retourné à Alexandrie, dégoûté de sa maison? ou, ce qui est plus vrai, n'a-t-il pas encore retrouvé sa raison, perdue dans l'orgie de la veille? Oui, moi-même hier, dans Sabrata, je l'ai vu, en plein forum, répondre d'une façon assez remarquable à tes hoquets, Émilianus. Demandez, Maximus, à vos nomenclateurs, bien que le personnage en soit moins connu que des cabaretiers; demandez-leur, dis-je, s'ils n'ont pas vu dans le même endroit Junius Crassus d'Œa? Ils ne diront pas non. Qu'Émilianus produise ce très-honnête jeune homme, dont il exploite le témoignage. Vous voyez quelle heure il est: eh bien! je prétends que Crassus ivre dort encore, ou qu'il en est à son second bain, prêt à se rendre, lorsqu'il y aura bien lavé toutes ses émanations vineuses, à un lendemain de noces.

Oui, il est on ne peut plus présent, quoiqu'il dépose par écrit. Ce n'est pas, au moins, qu'il se tienne éloigné par pudeur; car sous vos yeux mêmes il mentirait sans rougir aucunement: mais peut-être cet ivrogne n'a-t-il pas eu la force d'attendre jusqu'à cette heure-ci sans boire; ou plutôt c'est qu'Émilianus a jugé prudent de ne pas le faire paraître à votre imposant tribunal, de peur que sa mâchoire de travers et son ignoble aspect ne vous donnassent aussitôt de ce monstre une opinion défavorable: il a craint l'effet de cette tête dégarnie, quoique jeune, de barbe et de cheveux, de ces yeux humides, de ces paupières gonflées, de cette bouche et de ces lèvres inondées de salive, de cette voix rauque, de ces mains tremblantes. Il y a longtemps qu'il a englouti tout son patrimoine, et il ne lui reste plus des biens de son père qu'une maison, sur laquelle il emprunte à la condition de calomnier, et dont la location ne lui a jamais plus rapporté que ce faux témoignage.

En effet, il a vendu sa calomnie d'ivrogne 3,000 sesterces (1) à Émilianus, et c'est ce que personne n'ignore dans Œa. Nous connaissions tout ce marché avant qu'il ne se conclût, et j'aurais pu l'empêcher en le dénonçant, si je n'avais été persuadé qu'un aussi absurde mensonge nuirait plutôt à Émilianus, qui en serait pour son argent, qu'à moi, qui le méprisais avec raison. J'ai voulu que, dans ce sale trafic, il y eût dommage pour Émilianus et affront pour Crassus. Il y a trois jours que le marché a été passé, sans le moindre secret, dans la maison d'un certain Rufinus, dont je parlerai bientôt, et par l'entremise de ce même Rufinus et de Calpurnianus. Le premier s'y est employé avec d'autant plus de zèle qu'il était certain qu'une bonne partie du prix reviendrait, par les générosités de Crassus, à sa femme, dont il feint d'ignorer les débauches. Quant à vous, Maximus, j'ai vu que votre sagesse vous faisait soupçonner cette ligue et cette conjuration formée contre moi; et dès qu'on vous a présenté la déposition écrite, l'horreur d'une telle infamie s'est peinte sur votre visage. Aussi, malgré toute leur audace, malgré leur effroyable impudence, ils n'ont osé ni lire eux-mêmes ni invoquer ce témoignage de Crassus, reconnaissant qu'il sentait le vin. C'est moi qui en ai parlé: non que j'aie eu peur de ces plumes et de ces taches de suie, surtout devant un juge comme vous; mais pour qu'il ne fût pas dit que

(1) 600 fr.

bello legistis? Crassus ipse ubi gentium est? an Alexandriam tædio domus remeavit? an parietes suos detergit? an, quod verius est, ex crapula heluco attentatur? Nam equidem hic Sabratæ cum hesterna die animadverti satis notabiliter in medio foro tibi, Æmiliane, obructantem. Quære a nomenclatoribus tuis, Maxime, quamquam est ille cauponibus, quam nomenclatoribus, notior: tamen, inquam, interroga, an hic Junium Crassum Œensem viderint? non negabunt. Exhibeat nobis Æmilianus juvenem honestissimum, cujus testimonio utitur. Quid sit diei, vides. Dico Crassum jamdudum ebrium stertere, aut secundo lavacro, ad repotia cœnæ obeunda, vinolentum sudorem in balneo desudare.

Iste, quum maxime præsens, per libellum loquitur. Non quin adeo sit alienatus omni pudore, ut etiam sub oculis tuis si foret, sine rubore ullo mentiretur: sed fortasse nec tantulum potuit ebrius sibi temperare, ut hanc horam sobrie exspectaret; aut potius Æmilianus de consilio fecit, ne eum sub tam severis oculis tuis constitueret, ne tu bellum istius illam vulsis maxillis, fœdo aspectu, de specie improbares: quum animadvertisses caput juvenis barba et capillo populatum, madentes oculos, cilia turgentia, rictum salivosaque labia, vocem absonam, manuum tremorem [ructu spinam]. Patrimonium omne jampridem abligurivit; nec quidquam ei de bonis paternis superest, nisi una domus ad calumniam venditandam, quam tamen nunquam carius, quam in hoc testimonio, locavit.

Nam temulentum istud mendacium tribus millibus nummis Æmiliano huic vendidit, idque Œæ nemini ignoratur. Omnes hoc, antequam fieret, cognovimus: et potui denuntiatione impedire, nisi scirem, mendacium tam stultum potius Æmiliano, qui frustra redimebat, quam mihi, qui merito contemnebam, obfuturum. Volui et Æmilianum damno affici, et Crassum testimonii sui dedecore prostitui. Ceterum nudiustertius haudquaquam occulta res acta est in Rufini cujusdam domo, de quo mox dicam, intercessoribus et deprecatoribus ipso Rufino et Calpurniano. Quod eo libentius Rufinus perfecit, quod erat certus, ad uxorem suam, cujus stupra sciens dissimulat, non minimam partem præmii ejus Crassum relaturum. Vidi te quoque, Maxime, coitionem adversum me et conjurationem eorum pro tua sapientia suspicantem, simul libellus ille prolatus est, totam rem vultu aspernantem. Denique quamquam sunt soluta audacia et importuna impudentia præditi; tamen testimonium Crassi, cujus obolnisse fæcem videbant, nec ipsi ausi sunt legere, nec quidquam eo niti. Verum ego ista propterea commemoravi, non quod pinnarum formidines et fuliginis maculam, te præsertim judice, timerem: sed, ut ne impunitum Crasso foret, quod Æmiliano homini rustico fumum vendidit.

Crassus eût vendu impunément de la fumée au campagnard Émilianus.

On m'impute un autre crime : on m'accuse, en lisant mes lettres à Pudentilla, d'avoir fait fabriquer mystérieusement, et avec un bois très-rare, un certain cachet destiné à des opérations de magie ; et l'on prétend qu'il représente la hideuse image d'un squelette, dont je fais mon idole sous le nom grec de *basileus* (roi). Voilà, si je ne me trompe, suivre pas à pas la marche de l'accusation, en reprendre un à un tous les détails, et reconstruire ce tissu de calomnies. Comment la fabrication de ce cachet peut-elle, comme vous le dites, avoir été mystérieuse ? Vous connaissez si bien l'ouvrier qui l'a fait, que vous l'avez assigné à comparaître. Il est ici : c'est Cornélius Saturninus, artiste d'une habileté rare, d'une moralité reconnue, et qui, dans un long interrogatoire, subi dernièrement devant vous, Maximus, a expliqué toute cette affaire avec une franchise et une vérité parfaites. Il vous a dit que j'avais vu chez lui beaucoup de figures géométriques en buis, du travail le plus délicat, et que, charmé de son talent, je le priai de me faire, en ce genre, l'image d'un dieu quelconque, à qui, selon ma coutume, j'adresserais mes hommages ; et je le laissai maître de choisir la matière, à la seule condition que ce serait du bois. Il commença d'abord par du buis. A ce moment j'étais à la campagne : mon beau-fils Sicinius Pontianus, voulant m'être agréable, obtint de Capitolina, femme d'une haute vertu, un petit meuble en ébène, qu'il courut porter à Saturninus, en le priant d'employer de préférence cette matière plus rare et plus durable ; et il ajouta que ce présent me ferait un grand plaisir. L'artiste exécuta ce qu'on lui avait dit, autant que le permettait ce petit meuble ; et, par son adresse à en combiner tous les morceaux, il réussit à faire un petit Mercure.

Ce que je dis, vous le savez déjà ; vous l'avez, en outre, appris du fils de Capitolina, jeune homme plein d'honneur, qui a déposé devant vous et qui est présent. C'est Pontianus qui a demandé le meuble, Pontianus qui l'a porté à l'artiste Saturninus. On ne nie même pas que c'est Pontianus qui reçut de lui le cachet terminé, et qui ensuite m'en fit présent. Tous ces faits étant clairement prouvés, en reste-t-il un seul auquel on puisse rattacher le moindre soupçon de magie ? Bien plus, en est-il un seul qui ne vous convainque d'un mensonge manifeste ? Ce que vous prétendez avoir été fabriqué secrètement, Pontianus, chevalier du plus rare mérite, l'avait commandé ; Saturninus, homme grave, et honorablement connu dans son art, l'a exécuté dans son atelier, en vue de tout le monde ; la matière en a été généreusement fournie par une femme de la plus grande distinction ; nombre d'esclaves, nombre d'amis qui venaient chez moi, savaient que cet objet devait se faire, et surent qu'il était fait. Et vous n'avez pas eu honte d'avancer que j'avais cherché ce bois dans toute la ville, quand vous savez que durant ce temps-là je n'y habitais pas, et quand il a été prouvé que j'avais laissé à l'artiste le choix de la matière !

J'arrive à votre troisième mensonge. Vous parlez d'une image toute décharnée, d'un affreux cadavre, d'un horrible et hideux fantôme. Si vous êtes persuadés que c'est évidemment un em-

---

Unum etiam crimen ab illis, quum Pudentillæ litteras legerent, de cujusdam sigilli fabricatione prolatum est, quod me aiunt ad magica maleficia, occulta fabrica, ligno exquisitissimo comparasse : et quum sit sceleti forma turpe et horribile, tamen impendio colere, et græco vocabulo nuncupare βασιλέα. Nisi fallor, ordine eorum vestigia persequor, et singillatim apprehendens, omnem calumniæ textum retexo. Occulta fuisse fabricatio sigilli, quod dicitis, qui potest ? cujus vos adeo artificem non ignorastis, ut ei, uti præsto esset, denuntiaveritis ? En, adest Cornelius Saturninus artifex, vir inter suos et arte laudatus, et moribus comprobatus, qui tibi, Maxime, paulo ante diligenter sciscitanti omnem ordinem gestæ rei summa cum fide et veritate percensuit : me, quum apud eum multas geometricas formas e buxo vidissem subtiliter et affabre factas, invitatum ejus artificio, quædam mechanica ut mihi elaborasset, petisse : simul et aliquod simulacrum cujuscunque vellet dei, cui ex more neo supplicassem, quacunque materia, dummodo lignea, exsculperet. Igitur primo buxeam tentasse. Interim dum ego ruri ago, Sicinium Pontianum privignum meum, qui mihi factum volebat, impetratos hebeni loculos a muliere honestissima Capitolina ad se attulisse : ex illa potius materie rariore et durabiliore uti faceret, adhortatum : id munus quumprimis gratum mihi fore. Secundum ea se fecisse, proinde ut loculi suppetebant. Ita minutatim ex tabellis compacta crassitudine Mercuriolum expediri potuisse.

Hæc, ut dico, omnia audisti. Præterea a filio Capitolinæ probissimo adolescente, qui præsens est, sciscitante te, eadem dicta sunt : Pontianum loculos petisse, Pontianum Saturnino artifici detulisse. Etiam illud non negatur, Pontianum a Saturnino perfectum sigillum recepisse, et postea dono mihi dedisse. His omnibus palam atque aperte probatis, quid omnino superest, in quo suspicio aliqua magiæ delitescat ? immo quid omnino est, quod vos manifesti mendacii non revincat ? Occulte fabricatum esse dixistis, quod Pontianus splendidissimus eques fieri curavit : quod Saturninus vir gravis, et probe inter suos cognitus, in tabernula sua sedens propalam exsculpsit : quod ornatissima matrona munere suo adjuvit : quod et futurum, et factum, multi quum servorum, tum amicorum, qui ad me ventitabant, scierunt. Lignum a me toto oppido, et quidem oppido quæsitum, non piguit vos commentiri : quem abfuisse in eo tempore scitis, quem jussisse fieri qualicunque materia probatum est ?

Tertium mendacium vestrum fuit, macilentam, vel omnino evisceratam formam diri cadaveris fabricatam, prorsus horribilem et larvalem. Quod si compertum habebatis tam evidens signum magiæ, cur mihi, ut exhibe-

blème magique, pourquoi ne m'avez-vous pas sommé de le produire? Est-ce pour mentir librement sur un objet qu'on n'aurait pas sous les yeux? Mais, grâce à une de mes habitudes, cette faculté de mentir vous est aujourd'hui enlevée; car j'ai pour usage de porter avec mes papiers, partout où je vais, le simulacre de quelque dieu, afin de le prier aux jours de fête, avec de l'encens, du vin pur, et quelquefois des victimes. Aussi dès que j'ai entendu dire que, par le plus impudent mensonge, on parlait d'un squelette, j'ai chargé quelqu'un d'aller en toute hâte à mon hôtellerie, et de m'apporter le petit Mercure que Saturninus a fait pour moi à Œa. Donnez; qu'ils le voient, qu'ils le tiennent, qu'ils le considèrent. Voilà donc ce que ce misérable appelle un squelette. Entendez-vous les assistants se récrier? entendez-vous la condamnation de votre mensonge? N'avez-vous pas enfin honte de tant de calomnies? Est-ce là un squelette? est-ce là un spectre? Est-ce là ce que vous affectiez de nommer un symbole infernal? Est-ce un emblème de magie, ou tout simplement l'image bien connue d'une divinité? Prenez-la, je vous prie, Maximus, et veuillez la contempler : on peut confier à vos mains si pures et si pieuses un objet consacré. Voyez comme cette image est noble, et pleine de la vigueur que donne la lutte! Quelle sérénité dans les traits du dieu! quelle grâce dans la barbe naissante qui ombrage ses joues, dans ces boucles de cheveux qui s'échappent des coins de sa coiffure! quelle élégance dans ces deux petites ailes qui ressortent au-dessus des tempes! quelle aisance dans ce manteau qui s'attache autour des épaules! Osez dire que c'est là un squelette :

c'est, à coup sûr, c'est n'avoir jamais vu l'image d'aucun dieu, ou les mépriser toutes. Prendre celle-ci pour un spectre, c'est en être un soi-même. Puisse un tel mensonge attirer sur toi, Émilianus, le courroux de ce dieu, messager de ceux du ciel et de ceux des enfers! puisse Mercure exciter contre toi tous ces dieux ensemble, et présenter sans cesse à tes yeux tout ce qu'il y a, dans la nature, d'ombres, de spectres, de mânes, de fantômes, toutes ces visions qui font l'horreur des nuits, l'effroi des bûchers, la terreur des sépulcres! Mais heureusement ton âge va te les faire bientôt connaître.

Quant à nous, disciples de Platon, nos doctrines ne nous inspirent que des idées de fête et de bonheur; et tout y est sacré, céleste, divin. Dans nos études sublimes, nous nous élevons même au-dessus du ciel, et vivons à la surface du monde extérieur. Vous savez que je dis vrai, Maximus, vous qui, en lisant le Phèdre, avez noté cette expression : « L'espace qui s'étend au delà du ciel, sur sa convexité. » Vous savez encore mieux que personne, pour répondre aussi à cette chicane de mots, quel est le dieu appelé non par moi le premier, mais par Platon, du nom de *basileus*; c'est la cause première, la raison, l'origine essentielle de toute chose; c'est le père souverain des intelligences, le conservateur éternel des êtres, l'infatigable ouvrier du monde : mais personne ne voit le travail de cet artisan, la sollicitude de ce conservateur, l'œuvre mystérieuse de ce générateur, qui n'est assujetti ni aux lieux, ni aux temps, ni à aucune vicissitude; qui n'est concevable que pour peu de mortels, et pour tous ineffable. Tu vois, Émilianus, que, de moi-même,

---

rem, non denuntiastis? An ut possetis in rem absentem libere mentiri? Cujus tamen falsi facultas opportunitate quadam meæ consuetudinis vobis adempta est. Nam morem mihi habeo, quoquo eam, simulacrum alicujus dei inter libellos conditum gestare, eique diebus festis ture et mero, et aliquando victimis supplicare. Dudum ergo quum audirem, sceletum perquam impudenti mendacio dictitari, jussi curriculo iret aliquis, et ex hospitio meo Mercuriolum afferret, quem mihi Saturninus iste Œæ fabricatus est. Cedo tu, eum videant, teneant, considerent. En vobis, quem scelestus ille sceletum nominabat. Auditisne reclamationem omnium, qui adsunt? auditisne mendacii vestri damnationem? Non vos tot calumniarum tandem dispudet? hiccine est sceletus? hæccine est larva? hoccine est, quod appellitabatis dæmonium? magicumne istud, an solemne et commune simulacrum est? Accipe quæso, Maxime, et contemplare : bene tam puris et tam piis manibus tuis traditur res consecrata. En vide, quam facies ejus decora et succi palæstrici plena sit, quam hilaris dei vultus, decenter utrinque lanugo malis deserpat, ut in capite crispatus capillus sub imo pilei umbraculo appareat, quam lepide super tempora pares pinnulæ emineant, quam autem festive circa humeros vestis constricta sit. Hunc qui sceletum audet dicere, profecto ille simulacra deorum nulla videt, aut omnia negligit. Hunc denique qui larvam putat, ipse est larvatus. At tibi, Æmiliane, pro isto mendacio duat Deus iste, superum et inferum commeator, utrorumque deorum malam gratiam, semperque obvias species mortuorum, quidquid umbrarum est usquam, quidquid lemurum, quidquid manium, quidquid larvarum, oculis tuis oggerat; omnia noctium occursacula, omnia bustorum formidamina, omnia sepulcrorum terriculamenta : a quibus tamen ævo et merito haud longe abes.

Ceterum Platonica familia nihil novimus nisi festum et lætum, et solemne, et superum, et cœleste. Quin altitudinis studio secta ista etiam cœlo ipso sublimiora quæpiam vestigavit, et in extimo mundi tergo degit. Scit, me vera dicere, Maximus, qui τὸν ὑπερουράνιον τόπον ἐπὶ τοῦ οὐρανοῦ νώτῳ legit in Phædro diligenter. Idem Maximus optime intelligit, ut de nomine etiam vobis respondeam, quisnam sit ille, non a me primo, sed a Platone nuncupatus βασιλεύς, totius rerum naturæ causa, et ratio, et origo initialis, summus animi genitor, æternus animantium sospitator, assiduus mundi sui opifex. Sed enim sine opera opifex, sine cura sospitator, sine propagatione genitor, neque loco, neque tempore, nec vice ulla comprehensus, eoque paucis cogitabilis, nemini effabilis. En, ultro augeo magiæ suspicionem. Non respondeo tibi, Æmiliane, quem colam βασιλέα. Quin si ipse proconsul interroget, quid sit deus

je confirme contre moi le soupçon de magie : je ne réponds pas à ta question ; je ne te dis pas quel est ce roi, objet de mon culte. Si le proconsul lui-même m'interroge pour savoir quel est ce dieu, je me tairai. En voilà assez sur cette question de mots.

Il me reste à éclaircir un point qui, je le sais, excite la curiosité de quelques assistants. Pourquoi ai-je voulu que cette image, au lieu d'être en argent ou en or, fût en bois? Et d'abord j'expliquerai cette curiosité des assistants plutôt par le désir de s'instruire que par celui de me trouver innocent ; car ils ne doivent plus conserver de doute, après la complète réfutation de toutes ces calomnies. Je réclame donc l'attention de ceux qui aiment à apprendre ; je réclame d'eux le plus vif intérêt, ayant à leur citer des passages du dernier livre des Lois, ouvrage de la vieillesse de Platon : « L'homme modéré dans sa conduite doit l'être aussi dans les offrandes qu'il fait aux dieux. Ainsi la terre étant le foyer des domiciles est sous l'invocation de tous les dieux ; elle n'a donc pas besoin de leur être une seconde fois consacrée. » Ces mots défendent la consécration d'un temple privé ; car Platon pensait que les temples publics suffisent aux citoyens pour immoler des victimes. Il ajoute ensuite : « Dans les autres villes, l'or et l'argent est, dans les temples saints comme chez les particuliers, un objet d'envie ; l'ivoire, en ce qu'il provient d'un corps qui fut animé, n'est pas une offrande convenable ; le fer et l'airain sont des instruments de guerre ; le bois seul peut servir à toutes les offrandes particulières, et la pierre à tous les temples. » L'assentiment général me prouve, Maximus, et vous ses assesseurs, l'effet de ce passage de Platon, qui, mon guide dans la vie, devient encore mon avocat dans cette cause, et dont vous voyez que j'exécute toutes les lois.

Il est temps de passer maintenant à ma correspondance avec Pudentilla ; mais je reprendrai les choses d'un peu plus haut, afin qu'il soit bien démontré pour tout le monde que, loin d'avoir envahi par cupidité, comme on le prétend, la maison de Pudentilla, j'aurais dû, si j'avais songé à mes intérêts, fuir toujours cette maison ; que, sous les autres rapports, ce mariage était bien loin de m'être avantageux, et que les vertus de ma femme compensant ces désavantages l'ont seules empêché de me devenir fatal. Il est, si j'en excepte une vaine jalousie, l'unique base sur laquelle on ait pu fonder cette accusation, et les calomnies sans nombre dont on m'a poursuivi. Car enfin quel motif eût excité la haine d'Émilianus, quand il aurait vu véritablement en moi un magicien, lui qui ne peut me reprocher aucun fait, ni même le moindre mot, capable de l'avoir blessé, et de justifier sa vengeance? Ce n'est pas non plus dans l'intérêt de sa renommée qu'il m'a intenté cette accusation, comme M. Antoine en suscita une à Cn. Carbon, C. Mutius à A. Albutius, P. Sulpitius à Cn. Norbanus, C. Furius à M. Aquilius, C. Curion à Q. Métellus. C'était pour acquérir de la gloire que ces studieux jeunes gens débutaient ainsi au barreau, une cause célèbre devant les faire aussitôt connaître de leurs concitoyens. Cette habitude, permise chez nos pères aux jeunes gens qui voulaient illustrer les prémices de leur talent, est depuis longtemps perdue, et, fût-elle encore en vigueur, Émilianus eût été loin de s'y conformer : car il ne convient guère à un rustre et à un ignorant de faire parade d'éloquence, à un grossier campagnard de viser à la gloire, à

meus, tacebo. De nomine, ut inpræsentiarum, satis dixi.

Quod superest, nec ipse sum nescius, quosdam circumstantium cupere audire, cur non argento vel auro, sed potissimum ex ligno, simulacrum fieri voluerim ; idque eos arbitror, non tam ignoscendi, quam cognoscendi causa, desiderare : ut hoc etiam scrupulo liberentur, quum viderint omnem suspicionem criminis abunde confutatam. Audi igitur, cui cura cognoscere est : sed animo, quantum potes, erecto et attento, quasi verba ipsa Platonis jam senis de novissimo Legum libro auditurus : θεοῖσι δὲ ἀναθήματα χρεών ἔμμετρα τὸν μέτριον ἄνδρα ἀνατιθέντα δωρεῖσθαι· γῇ μὲν οὖν ἑστία τε οἰκήσεως, ἱερὰ πᾶσι πάντων θεῶν· μηδεὶς οὖν δευτέρως ἱερὰ καθιερούτω θεοῖς. Hoc eo prohibet, ut delubra nemo audeat privatim constituere. Censet etenim, satis esse civibus ad immolandas victimas templa publica. Deinde subnectit : χρυσὸς δὲ καὶ ἄργυρος ἐν ἄλλαις πόλεσιν ἰδίᾳ δὲ καὶ ἐν ἱεροῖς ἐστιν ἐπίφθονον κτῆμα· ἔλεφας δὲ ἀπολελοιπότος ψυχὴν σώματος οὐκ εὐαγὲς ἀνάθημα· σίδηρος δὲ καὶ χαλκὸς, πολέμων ὄργανα· ξύλου δὲ μονόξυλον ὅ, τι ἂν ἐθέλῃ τις ἀνατιθέτω, καὶ λίθου ὡσαύτως πρὸς τὰ κοινὰ ἱερά. Ut omnium adsensus declaravit, Maxime, quique in consilio estis, competentissime videor usus Platone, ut vitæ magistro, ita causæ patrono, cujus legibus obedientem me videtis.

Nunc tempus est ad epistolas Pudentillæ præverti, vel adeo totius rei ordinem paulo altius petere ; ut omnibus manifestissime pateat, me, quem lucri cupiditate invasisse Pudentillæ domum dictitant, si ullum lucrum cogitarem, fugere semper a domo ista debuisse : quin et in ceteris causis minime prosperum matrimonium ; et, nisi ipsa mulier tot incommoda virtutibus suis repensaret, inimicum Neque enim ulla alia causa, præter cassam invidiam, reperiri potest, quæ judicium istud mihi et multa antea pericula vitæ conflaverit. Ceterum, cur Æmilianus commoveretur, etsi vere me magum comperisset ; qui non modo ullo facto, sed ne tantulo quidem dicto meo læsus est, ut videretur se merito ultum ire? Neque autem gloriæ causa me accusat, ut M. Antonius Cn. Carbonem, C. Mutius A. Albutium, P. Sulpitius Cn. Norbanum, C. Furius M. Aquilium, C. Curio Q. Metellum. Quippe hi omnes eruditissimi juvenes laudis gratia primum hoc rudimentum forensis operæ subibant, ut aliquo insigni judicio civibus suis noscerentur. Qui mos incipientibus adolescentulis ad illustrandum ingenii florem apud antiquos concessus, jam dudum exolevit ; quod si nunc quoque frequens esset, tamen ab hoc procul abfuisset. Nam neque facundiæ ostentatio rudi et indocto, neque gloriæ cupido rustico et barbaro, neque inceptio patrociniorum capulari seni con-

un vieillard décrépit de débuter au barreau. A moins que l'austère Émilianus ait voulu donner l'exemple, et qu'indigné de mes maléfices, il ait suivi, en dressant cette accusation, les saintes inspirations de sa conscience. Mais je l'aurais à peine pensé d'Émilianus; non de celui-ci, mais d'Émilianus Scipion l'Africain, le Numantin, le Censeur : aurais-je donc pu le croire de cette bûche, aussi incapable de détester que de comprendre ce genre de crime? Ainsi donc il est clairement démontré que c'est l'envie seule qui a poussé Émilianus et son instigateur Hérennius Rufinius, dont je parlerai bientôt, à ourdir cette calomnieuse accusation de magie.

Il y a donc cinq points qu'il me faut discuter; car, si j'ai bonne mémoire, voici les griefs que l'on m'impute à l'égard de Pudentilla : le premier, que, n'ayant jamais voulu se remarier depuis la mort de son premier époux, elle n'y fut contrainte que par mes enchantements; le second, que plusieurs de ses lettres contiennent l'aveu de mes maléfices; le troisième, qu'elle s'est mariée à soixante ans par débauche; le quatrième, que c'est dans une campagne et non dans une ville qu'ont été faites les publications du mariage; enfin, le dernier et le plus perfide porte sur la dot. C'est sur ce texte qu'ils ont exhalé tout leur venin; c'est là ce qui les tourmentait le plus. Ils ont prétendu que, dès le commencement de notre union, j'avais profité de l'amour de ma femme pour lui arracher, à la campagne et sans témoins, une donation considérable. Je prouverai facilement, et en rendant toute réplique impossible, que rien n'est plus faux, plus chimérique, plus absurde; et j'aurais plutôt à craindre, ô Maximus, et vous, ses assesseurs, que vous ne me crussiez capable d'avoir suborné contre moi-même un accusateur complaisant, pour me ménager une occasion de me justifier en public. Croyez-moi, et la suite le fera bien voir, il me sera plus difficile de prouver que ce n'est pas moi qui ai imaginé adroitement une accusation aussi frivole, que de vous convaincre de l'absurdité de mes ennemis. Maintenant je vais suivre rapidement l'ordre des faits, et je forcerai Émilianus d'avouer qu'il a été complètement induit en erreur, et animé contre moi d'une haine sans motif. Veuillez donc, comme vous l'avez fait jusqu'ici, et avec plus de bienveillance encore s'il est possible, me prêter votre attention. Vous allez connaître entièrement la source et le fondement de toute cette accusation.

Émilia Pudentilla, maintenant mon épouse, a eu d'un certain Sicinius Amicus, son premier mari, deux fils, Pontianus et Pudens. Restée avec ces enfants, qui passèrent sous la puissance de leur aïeul paternel (car Amicus était mort avant son père), elle leur prodigua pendant environ quatorze ans les soins de la plus vive tendresse. Ce n'était pourtant pas volontairement qu'à la fleur de l'âge elle restait si longtemps veuve; mais le grand-père de ses enfants voulait la donner malgré elle à son autre fils, Sicinius Clarus; et il écartait les autres prétendants, la menaçant, si elle prenait un mari dans une autre famille, de déshériter par testament les deux fils des biens de leur père. Voyant que c'était une résolution fermement arrêtée, elle se montra femme d'esprit et bonne mère. Pour ne pas faire tort à ses en-

---

gruisset; nisi forte Æmilianus, pro sua severitate, exemplum dedit, et ipsis maleficiis infensus accusationem istam, pro morum integritate, suscepit. At hoc ego Æmiliano, non huic Afro, sed illi Africano et Numantino, et praeterea Censorio vix credidissem, ne huic frutici credam non modo odium peccatorum, sed saltem intellectum inesse. Quid igitur est? Cuivis clare dilucet, aliam rem invidia nullam esse, quæ hunc, et Herennium Rufinum impulsorem hujus, de quo mox dicam, ceterosque inimicos meos, ad nectendas magiæ calumnias provocarit.

Quinque igitur res sunt, quas me oportet disputare. Nam si probe memini, quod ad Pudentillam attinet, hæc objecere. Una res est, quod nunquam eam voluisse nubere post priorem maritum, sed meis carminibus coactam dixere; altera res est de epistolis ejus, quam confessionem magiæ putant : deinde sexagesimo anno aetatis ad libidinem nupsisse, et quod in villa, ac non in oppido, tabulæ nuptiales sint consignatæ, tertio et quarto loco objecere. Novissima, et eadem invidiosissima criminatio, de dote fuit. Ibi omne virus totis viribus adnixi effudere : ibi maxime angebantur. Atque ita dixere : me grandem dotem mox in principio conjunctionis nostræ mulieri amanti, remotis arbitris, in villa extorsisse. Quæ omnia tam falsa, tam nihili, tam inania ostendam, adeoque facile et sine ulla controversia refutabo, ut medius fidius verear, Maxime, quique in consilio estis, ne demissum et subornatum a me accusatorem putetis, ut invidiam meam reperta occasione palam restinguerem. Mihi credite, quod reapse intelligetur, oppido quam mihi laborandum est, ne am frivolam accusationem me potius callide excogitasse, quam illos stulte suscepisse, existimetis. Nunc dum ordinem rei breviter persequor, et efficio, ut ipse Æmilianus recognoscat, falso se ad invidiam meam inductum, et longe a vero aberrasse necesse habeat confiteri, quæso, uti adhuc fecistis, vel si quo magis etiam potestis; ipsum fontem et fundamentum judicii hujusce diligentissime cognoscatis.

Æmilia Pudentilla, quæ nunc mihi uxor est, ex quodam Sicinio Amico, quicum antea nupta fuerat, Pontianum et Pudentem filios genuit : eosque pupillos relictos in potestate paterni avi (nam superstite patre Amicus decesserat) per annos ferme quatuordecim memorabili pietate sedulo aluit. Non tamen libenter in ipso aetatis suæ flore tam diu vidua : sed puerorum avus invitam eam conciliare studebat alteri filio suo Sicinio Claro; eoque ceteros procos abstertebat : et præterea minabatur, si extrario nupsisset, nihil se filiis ejus ex paternis eorum bonis testamento relicturum. Quam conditionem quum obstinate propositam videret mulier sapiens et egregie pia; ne quid filiis suis eo nomine incommodaret, facit quidem tabulas nuptiales, cum quo jubebatur, cum Sicinio Claro : verum enimvero vanis frustrationibus nuptias eludit, eo

fants, elle fit faire un projet d'acte de mariage avec Sicinius Clarus, qu'on lui imposait; mais elle sut imaginer mille prétextes pour en éluder l'exécution, si bien que quand le grand-père de ses enfants mourut, il les laissa ses héritiers, et Pontianus, qui était l'aîné, devint tuteur de son frère.

Délivrée de cette crainte, Pudentilla, que les hommes les plus distingués recherchaient en mariage, résolut de ne pas vivre plus longtemps dans le veuvage; non qu'elle ne pût en supporter la solitude, mais elle voulait réparer sa santé. Pudentilla était une femme d'une sagesse exemplaire, qui, pendant tant d'années de veuvage, n'avait pas commis une seule faute, ni donné prise au moindre propos; et, ainsi privée du commerce conjugal, elle avait souffert de cette longue continence; il y avait eu un dépérissement jusque dans les organes de la génération, et souvent elle était saisie de douleurs qui mettaient sa vie en danger. Les médecins, d'accord avec les sages-femmes, attribuaient sa mauvaise santé à la privation d'un mari; disaient que ce mal augmentait tous les jours, qu'il prenait un caractère alarmant, et que, profitant des années qui lui restaient, elle devait chercher dans le mariage un remède à cette maladie. Ce conseil, approuvé par tout le monde, le fut surtout par Émilianus, lui qui, tout à l'heure, soutenait avec une impudence sans égale que Pudentilla n'avait jamais songé au mariage avant d'y avoir été forcée par mes maléfices, et que j'avais seul osé flétrir, par mes charmes et mes poisons, cette fleur de veuvage et cette espèce de virginité. J'ai souvent entendu dire qu'il faut qu'un menteur ait bonne mémoire. Tu ne te souviens donc pas, Émilianus, qu'avant mon arrivée à Œa, voulant qu'elle se mariât, tu écrivis à son fils Pontianus, alors adulte, et qui se trouvait à Rome? Huissier, prenez cette lettre, ou plutôt donnez-la-lui; qu'il la lise lui-même, et se condamne par ses propres paroles.

(Ici le commencement de la lettre d'Émilianus.)

Cette lettre est-elle bien de toi? Pourquoi pâlir ainsi? car tu ne peux même pas rougir. Est-ce bien là ta signature? Lis plus haut, je te prie, afin que tout le monde sache combien ta langue diffère de ta main, et comme elle est plus en contradiction avec toi-même qu'avec moi.

(Fin de la lettre.)

Est-ce bien toi, Émilianus, qui as écrit ce qu'on vient d'entendre? « Je sais qu'elle veut se marier, qu'elle le doit; mais j'ignore qui elle choisira. » Tu disais vrai; tu ne le savais pas; car Pudentilla, parfaitement informée de ta malveillance, ne te parlait que de son intention, mais ne te disait rien de celui qui recherchait sa main; et toi, persuadé qu'elle épouserait ton frère Clarus, et te berçant de ce fol espoir, tu engageas son fils Pontianus à y consentir aussi. Si donc elle se fût mariée à Clarus, vieillard décrépit et grossier, tu dirais maintenant que, sans y être poussée par la magie, elle avait depuis longtemps résolu de se marier; et parce qu'elle a fait choix d'un jeune homme, elle y a été nécessairement contrainte, ayant toujours eu, dis-tu, le mariage en horreur. Tu ne savais donc pas, misérable, qu'on possédait une lettre de toi sur ce sujet! tu ne savais pas qu'on pouvait te convaincre par ton propre témoignage ! Pudentilla, te connaissant aussi léger, aussi capricieux

---

ad, dum puerorum avus fato concessit, relictis filiis ejus heredibus : ita ut Pontianus, qui major natu erat, fratri suo tutor esset.

Eo scrupulo liberata quum a principibus viris in matrimonium peteretur, decrevit, sibi diutius in viduitate non permanendum ; quippe ut solitudinis tædium perpeti posset, tamen ægritudinem corporis ferre non poterat. Mulier sancte pudica, tot annis viduitatis sine culpa, sine fabula, assuetudine conjugis torpens, et diutino situ viscerum saucia, vitiatis intimis uteri, sæpe ad extremum vitæ discrimen doloribus obortis exanimabatur. Medici cum obstetricibus consentiebant, penuria matrimonii morbum quæsitum, malum in dies augeri, ægritudinem ingravescere : dum ætatis aliquid supersit, nuptiis valetudinem medicandum. Consilium istud quum alii approbabant, tum maxime Æmilianus iste, qui paulo prius confidentissimo mendacio adseverabat, nunquam de nuptiis Pudentillam cogitasse, priusquam foret magicis maleficiis a me coacta, me solum repertum, qui viduitatis florem ejus velut quamdam virginitatem carminibus et venenis violarem. Sæpe audivi non de nihilo dici, mendacem memorem esse oportere. At tibi, Æmiliane, non venit in mentem, priusquam ego Œam veni-rem, te litteras etiam, uti nuberet, scripsisse ad filium ejus Pontianum, qui tum adultus Romæ agebat? Cedo tu epistolam, vel potius da ipsi : legat sua sibi voce, suisque verbis sese revincat.

(Initium epistolæ Æmiliani.)

Estne hæc tua epistola? quid palluisti? nam erubescere tu quidem non potes. Estne tua ista subscriptio? Recita, quæso, clarius, ut omnes intelligant, quantum lingua ejus manu discrepet, quantumque minor illi sit mecum, quam secum, dissensio.

(Reliquum epistolæ.)

Scripsistine hæc, Æmiliane, quæ lecta sunt? « Nubere illam velle et debere, scio ; sed, quem eligat, nescio. » Recte tu quidem, nesciebas. Pudentilla enim tibi, cujus infestam malignitatem probe norat, de ipsa re tantum, ceterum de petitore nihil fatebatur. At tu, dum eam putas etiam nunc Claro fratri tuo denupturam, falsa spe inductus, filio quoque ejus Pontiano auctor adsentiendi fuisti. Igitur si Claro nupsisset, homini rusticano et decrepito seni, sponte eam diceres, sine ulla magia, jam olim nupturisse : quoniam juvenem talem, qualem dicitis, elegit, coactam fecisse, ais ? ceterum semper nuptias asper-

16.

que menteur, et menteur impudent, se garda bien de se dessaisir de cette lettre, où tes sentiments se révèlent clairement. Du reste, elle écrivit de son côté, à Rome, à son fils Pontianus, et lui expliqua longuement les motifs de sa résolution. Elle lui dit tout ce qui avait rapport à sa santé ; qu'aucune considération d'ailleurs ne l'engageait à tarder plus longtemps ; que, pour assurer à ses enfants l'héritage de leur aïeul, elle s'était, au mépris de sa santé, imposé un long veuvage ; que son activité avait augmenté cette fortune ; que Pontianus étant, grâce au ciel, en âge de se marier, et son frère de prendre la toge virile, ils devaient l'approuver de vouloir mettre un terme à son isolement et à ses souffrances ; qu'ils n'eussent aucun doute sur sa tendresse et sur ses dernières volontés ; que, telle qu'elle était pour eux pendant son veuvage, telle elle serait après s'être remariée. Je réclamerai la lecture de cette lettre adressée par Pudentilla à son fils.

(*Ici la lettre de Pudentilla à son fils Pontianus.*)

Ces lettres prouvent, je pense, assez clairement que ce ne sont pas mes enchantements qui ont fait renoncer Pudentilla à ce veuvage obstiné, mais que depuis longtemps elle n'était pas éloignée d'un nouveau mariage. Peut-être me préféra-t-elle aux autres ; mais lorsqu'il s'agit d'un choix si important pour une femme, je ne vois pas pourquoi cette préférence me serait plutôt imputée à crime qu'à honneur ; je ne vois pas non plus pourquoi Émilianus et Rufinus se montreraient plus jaloux du choix de Pudentilla que les autres prétendants, lesquels se sont sagement résignés.

Dans ce choix, d'ailleurs, elle a écouté son fils plus encore que son inclination. C'est ce qu'Émilianus ne pourra nier. En effet, Pontianus, après avoir reçu la lettre de sa mère, accourut de Rome sans perdre un instant, dans la crainte que, si elle épousait un homme cupide, elle ne fît passer tous ses biens, comme on le voit souvent, dans la maison de son mari. Cette inquiétude ne le tourmentait pas médiocrement. Toutes ses espérances, ainsi que celles de son frère, reposaient sur la fortune maternelle. Leur aïeul ne leur avait laissé que peu de chose, et leur mère possédait quatre millions de sesterces. (815,166 fr. 68 cent.) Sur cette somme, elle en devait un à ses fils, en vertu, non d'un engagement par écrit, mais d'une simple promesse de bonne foi, comme cela devait être. Du reste, Pontianus exprimait tout bas ses craintes ; il n'osait s'opposer ouvertement à ce projet, pour ne pas sembler défiant.

Les choses en étaient là pour les projets de la mère et les craintes du fils, lorsque le hasard ou la destinée me conduisit à Œa, comme je me rendais à Alexandrie. Je dirais, si ce n'était par considération pour ma femme, que je voudrais n'y être jamais allé. C'était l'hiver. La fatigue du voyage m'avait rendu malade, et je passai plusieurs jours chez d'illustres amis, les Appius, que je nomme ici par honneur et par attachement. Pontianus vint m'y voir ; car nous nous étions liés à Athènes peu d'années auparavant, par l'entremise d'amis communs, et nous avions ensuite vécu ensemble dans une étroite amitié. Il me prodigua l'expression d'une honorable déférence, d'une vive sollicitude pour ma santé ;

natam. Nescisti, improbe, epistolam tuam de ista re teneri : nescisti, te tuomet testimonio convictum iri. Quam tamen epistolam Pudentilla, testem et indicem tuæ voluntatis (ut quæ te levem et mutabilem, nec minus mendacem et impudentem sciret), maluit retinere, quam mittere. Ceterum ipsa de ea re Pontiano suo Romam scripsit, etiam causas consilii sui plene allegavit. Dixit illa omnia de valetudine : nihil præterea esse, cur amplius deberet obdurare : hereditatem avitam longa viduitate cum despectu salutis suæ quæsisse : eamdem summa industria auxisse. Jam deum voluntate, ipsum uxori, fratrem ejus virili togæ idoneos esse. Tandem aliquando se quoque paterentur solitudini suæ et ægritudini subvenire. Ceterum de pietate sua et supremo judicio nihil metuerent : qualis vidua eis fuerit, talem nuptam futuram. Recitari jubeo exemplum epistolæ hujus ad filium missæ.

(*Epistola Pudentillæ ad Pontianum F.*)

Satis puto ex istis posse cuivis liquere, Pudentillam non meis carminibus ab obstinata viduitate compulsam, sed olim sua sponte a nubendo non alienam, me fortasse præ ceteris maluisse. Quæ electio tam gravis feminæ cur mihi crimini potius, quam honori, danda sit, non reperio. Nisi tamen miror, quod Æmilianus et Rufinus id judicium mulieris ægre ferant : quum ii, qui Pudentillam in matrimonium petiverunt, æquo animo patiantur me sibi prælatum.

Quod quidem illa ut faceret, filio suo potius, quam animo, obsecuta est. Ita factum nec Æmilianus poterit negare. Nam Pontianus, acceptis litteris matris, confestim Roma advolavit : metuens, ne si quem avarum virum nacta esset, omnia, ut sæpe fit, in mariti domum conferret. Ea sollicitudo non mediocriter animum angebat. Omnes illi fratrique divitiarum spes in facultatibus matris sitæ erant. Avus modicum reliquerat, mater H.S. quadragies possidebat. Ex quo sane aliquantam pecuniam nullis tabulis, sed, ut æquum erat, mera fide acceptam, filiis debebat. Hunc ille timorem mussitabat ; adversari propalam non audebat, ne videretur diffidere.

Quum in hoc statu res esset inter procationem matris et metum filii, forsitan an fato ego advenio, pergens Alexandriam. Dixissem, hercule, quod utinam nunquam evenisset, ni me uxoris meæ respectus prohiberet. Hiems anni erat. Ego ex fatigatione itineris affectus, apud Appios, scitos amicos meos (quos honoris et amoris gratia nomino), aliquam multis diebus decumbo. Eo venit ad me Pontianus : nam fuerat mihi non ita ante multos annos Athenis per quosdam communes amicos conciliatus, et arto postea contubernio intime junctus. Facit omnia

enfin les attentions les plus ingénieuses. Il pensait avoir trouvé pour sa mère le mari qui lui convenait le mieux, et entre les mains duquel il verrait sans inquiétude toute cette fortune. Il commença par sonder indirectement mes intentions ; et me voyant décidé à voyager et non à me marier, il me pria de retarder quelque peu mon départ, me disant qu'il voulait m'accompagner ; que, pour éviter les chaleurs des syrtes et les bêtes féroces, il valait mieux remettre mon voyage à l'hiver prochain, puisque la maladie m'avait empêché de profiter de celui-ci. Enfin, à force de prières, il m'enlève de chez mes amis les Appius, pour me transporter dans la maison de sa mère, où je devais, disait-il, trouver un air plus sain, et d'où je pourrais mieux jouir du spectacle de la mer, que j'aime tant à voir. Ses instances me persuadent. Il me recommande sa mère et son jeune frère, ici présent ; je les aide de mes conseils pour leurs études communes. Notre intimité ne fit que s'accroître.

Cependant j'allais mieux, et, à la prière de mes amis, j'avais prononcé une dissertation publique. Une foule nombreuse avait rempli la basilique où j'avais parlé ; et entre autres marques de satisfaction que je recueillis de toutes les bouches, on m'avait supplié de me fixer dans la ville et de devenir citoyen d'OEa. La séance levée, Pontianus prend occasion de là pour s'ouvrir à moi : « Ce témoignage unanime de la voix publique est pour lui, me dit-il, un avertissement céleste ; il a le dessein, si je ne m'y refuse pas, de me marier à sa mère, dont plusieurs prétendants se disputent la main, parce que je suis le seul auquel il puisse, en toute sûreté, s'en fier pour toutes choses. Si je veux me dérober à cette charge, parce qu'au lieu d'une belle pupille, on m'offre une femme d'une beauté médiocre et mère de deux enfants ; si de pareilles considérations me font chercher ailleurs plus de charmes ou plus de richesses, il ne verra en moi ni un ami ni un philosophe. » J'en dirais trop si je voulais reproduire mes objections, nos fréquents et longs combats, ses nombreuses et pressantes sollicitations ; il ne me quitta point qu'il ne l'eût emporté.

Ce n'était pas que je n'eusse apprécié Pudentilla, depuis un an et plus que je vivais dans l'intimité de cette famille : j'avais reconnu toutes ses qualités, mais ma passion pour les voyages m'avait d'abord fait reculer devant les embarras d'un mariage. Bientôt pourtant je désirai aussi vivement l'avoir pour femme que si j'y avais pensé de moi-même. Pontianus avait aussi persuadé à sa mère de me préférer à tous les autres, et il aspirait, avec une incroyable ardeur, à conclure cette union. C'est à peine si nous obtenons de lui un délai de quelques jours, suffisant pour qu'il se marie lui-même le premier, et pour que son frère prenne solennellement la robe virile. Notre union ne devait avoir lieu qu'après ces deux cérémonies.

Pourquoi ne puis-je, hélas! sans nuire à ma cause, passer ce qui me reste à dire? on ne m'accuserait pas de reprocher aujourd'hui à Pontianus sa légèreté, que je lui ai pardonnée sincèrement, à sa prière. Je conviendrai donc, avec mes accusateurs, que quand il fut marié, il abjura tous ses bons sentiments ; ses dispositions changèrent soudain, et le même zèle qu'il avait

circa honorem meum observanter, circa salutem sollicite, circa amorem callide. Quippe etenim videbatur sibi peridoneum maritum matri reperisse, cui bono periculo totam domus fortunam concrederet. Ac primo quidem voluntatem meam verbis inversis periclitabundus, quoniam me viæ cupidum et conversum ab uxoria re videbat, orat saltem paulisper manerem : velle se mecum proficisci : hiemem alteram propter Syrtis æstus et bestias opperiendam , quod illam mihi infirmitas exemisset. Multis etiam precibus ab amicis meis Appius aufert, ut ad sese in domum matris suæ transferar, salubriorem mihi habitationem futuram ; præterea prospectum maris, qui mihi gratissimus est, liberius me ex ea fruiturum. Hæc omnia, adnixus impenso studio, persuadet : matrem suam suumque fratrem puerum istum mihi commendat : nonnihil a me in communibus studiis adjuvantur. Augetur oppido familiaritas.

Interim revalesco : dissero aliquid postulantibus amicis publice : omnes, qui aderant, ingenti celebritate basilicam (qui locus auditorii erat) complentes, inter alia pleraque congruentissima voce insigniter acclamant, petentes, ut remanerem, fieremque civis OEensium. Mox auditorio misso, Pontianus eo principio me adortus, consensum publicæ vocis pro divino auspicio interpretatur : aperitque, consilium sibi esse, si ego non nolim, matrem suam, cui plurimi inhient, mecum conjungere : quoniam mihi soli (ait) rerum omnium confidere sese, et credere. Ni id onus recipiam, quoniam non formosa pupilla, sed mediocri facie mater liberorum mihi offeratur ; sin hæc reputans, formæ aut divitiarum gratia me ad aliam conditionem reservarem : neque pro amico, neque pro philosopho facturum. Nimis multa oratio est, si velim memorare, quæ ego contra responderim, quamdiu et quoties inter nos verbigeratum sit, quot ai qualibus precibus me aggressus , haud prius omiserit, quam denique impetrarit.

Non quin ego Pudentillam jam anno perpetim adsiduo convictu probe spectassem, et virtutum ejus dotes explorassem : sed utpote peregrinationis cupiens, impedimentum matrimonii aliquantisper recusaveram. Mox tamen talem feminam nihilo segnius volui, quam si ultro appetissem. Persuascrat idem Pontianus matri suæ, ut me aliis omnibus mallet : et quamprimum hoc perficere incredibili studio avebat. Vix ab eo tantulam moram impetramus, dum prius ipse uxorem duceret : frater ejus virilis togæ usum auspicaretur : tunc deinde ut nos conjungeremur.

Utinam hercule possem, quæ deinde dicenda sunt, sine maximo causæ dispendio transgredi ! ne Pontiani, cui errorem suum deprecanti simpliciter ignovi, videar nunc levitatem exprobrare. Confiteor enim, quod mihi objectum

ruis auparavant à hâter notre mariage, il l'employa pour l'empêcher. Enfin, plutôt que de le voir se consommer, il se montra prêt à tout supporter, à tout faire. Cette coupable versatilité, cette animosité contre sa mère, ce n'était pas à lui qu'il fallait en attribuer le tort, mais à son beau-père, à cet Hérennius Rufinus, le plus vil, le plus fourbe, le plus dépravé de tous les hommes. Je me vois forcé de faire ici, en peu de mots et dans les termes les plus modérés qu'il me sera possible, le portrait de cet homme, parce que n'en rien dire, ce ne serait pas le payer de toute la peine et de toutes les fatigues que lui a coûté cette machination.

C'est lui, en effet, qui a excité cet enfant, monté l'accusation, dirigé les avocats, payé les témoins; c'est la fournaise de toute cette calomnie, c'est la torche et le fouet d'Émilianus; et il se glorifie sans pudeur auprès de tout le monde d'avoir machiné toute cette affaire. Il y a là, en vérité, de quoi mériter des applaudissements. Personne ne sait mieux embrouiller les causes, inventer des mensonges, imaginer des contes et semer le mal. C'est la sentine, le cloaque, l'égout de toutes sortes de vices et de débauches. A peine né, il était déjà connu au loin pour ses infamies; jadis, dans son enfance, avant que la perte de ses cheveux l'eût tout à fait enlaidi, il se prêtait à tous les ignobles caprices de ses amants; dans sa jeunesse, on le vit danser, parmi les pantomimes, la danse d'un homme sans os ni nerfs, une danse flasque, sans grâce et sans goût; car on prétend qu'il n'eut rien de l'histrion, si ce n'est l'impudicité. A l'âge même où il est maintenant (que les dieux le confondent, pour tous les préambules que réclame l'intérêt de la pudeur publique!), sa maison est un vaste tripot; tous ses esclaves sont souillés; lui-même se fait entremetteur; sa femme est une prostituée; les fils ressemblent au père. Jour et nuit, la jeunesse y prend ses ébats; ce ne sont que coups de pieds dans les portes, que chansons aux fenêtres, que querelles de buveurs, que lits dressés pour l'adultère; car tout le monde y peut entrer sans crainte, si toutefois l'on paye une redevance au mari: c'est là le prix du déshonneur de sa couche. Il livrait autrefois son corps, c'est celui de sa femme qu'il livre aujourd'hui. C'est avec lui-même, oui, avec lui-même, je ne mens pas, que les habitués s'arrangent pour les nuits de sa femme. On sait depuis longtemps comment ils s'arrangent, elle et lui: a-t-on donné à la femme une bonne somme, personne ne vous a vu; vous sortez quand il vous plaît. Êtes-vous venu la bourse trop plate, on saute sur vous, à un signal donné, en criant à l'adultère; et, comme dans les écoles, vous ne pouvez sortir sans laisser quelques lignes d'écriture.

Quelle ressource aurait, en effet, ce malheureux, qui a dévoré la fortune assez ronde qu'il devait aux escroqueries de son père? Celui-ci, ayant de forts intérêts à servir à nombre de créanciers, préféra leur argent à son honneur. Comme de tous côtés on le sommait de s'acquitter, et que, dans la rue, tout le monde l'arrêtait comme on fait un aliéné: « Trêve de persécutions, dit-il à la fin; je ne puis payer; je vous abandonne mes anneaux d'or et tous les insignes

est, eum, postquam uxorem duxerit, a conspecta fide descivisse, ac derepente animi mutatum, quod antea nimio studio festinarat, pari pertinacia prohibitum isse: denique matrimonium nostrum ne coalesceret, quidvis pati, quidvis facere paratum fuisse. Quamquam omnis illa tum animi fœda mutatio, et suscepta contra matrem simultas, non ipsi vitio vortenda sit, sed socero ejus eccili Herennio Rufino: qui unum neminem in terris viliorem se, aut improbiorem, aut inquinatiorem reliquit. Perpaucis hominem, quam modestissime potero, necessario demonstrabo: ne si omnino de eo reticuero, operam perdiderit, quod negotium istud mihi ex summis viribus conflavit.

Hic enim est puerili hujus instigator, hic accusationis auctor, hic advocatorum conductor, hic testium coemptor, hic totius calumniæ fornacula, hic Æmiliani hujus fax et flagellum; idque apud omnes intemperantissime gloriátur, me suo machinatu reum postulatum. Et sane habet in istis, quod sibi plaudat. Est enim omnium litium depector, omnium falsorum commentator, omnium simulationum architectus, omnium malorum seminarium: nec non idem libidinum ganearumque locus, lustrum, lupanar: jam inde ab ineunte ævo cunctis probris palam notus: olim in pueritia, priusquam isto calvitio deformaretur, emasculatoribus suis ad omnia infanda morigerus; mox in juventute saltandis fabulis exossis plane et enervis, sed, ut audio, indocta et rudi mollitia. Negatur enim quidquam histrionis habuisse, præter impudicitiam. In hac etiam ætate, qua nunc est, — qui istum di perduint, — multus honos auribus præfandus est, — domus ejus tota lenonia, tota familia contaminata, ipse propudiosus, uxor lupa, filii similes prorsus: diebus ac noctibus ludibrio juventutis, janua calcibus propulsata, fenestræ canticis circumstrepitæ, triclinium comissatoribus inquietum, cubiculum adulteris pervium; neque enim ulli ad introeundum metus est, nisi qui pretium marito non attulit. Ita ei lecti sui contumelia vectigalis est. Olim solens suo, nunc conjugis corpore vulgo meret. Cum ipso plerique, nec mentior, cum ipso, inquam, de uxoris noctibus paciscuntur. Hinc jam illa inter virum et uxorem nota collusio. Qui amplam stipem mulieri detulerunt, nemo eos observat, suo arbitratu discedunt. Qui inaniores venere, signo dato pro adulteris deprehenduntur: et quasi ad discendum venerint, non prius abeunt, quam aliquid scripserint.

Quid enim faciat homo miser, ampliuscula fortuna devolutus, quam tamen fraude patris ex inopinato invenerat? Pater ejus plurimis creditoribus defœneratus, maluit pecuniam, quam pudorem. Nam quum undique versum tabulis flagitaretur, et quasi insanus ab omnibus obviis teneretur, Pax, inquit: negat posse dissolvere: annulos aureos et omnia insignia dignitatis abjicit: cum creditoribus depaciscitur. Pleraque tamen rei familiaris in nomen

de ma dignité. » Et il transigea ainsi avec ses créanciers. Cependant il avait pris l'habile précaution de faire passer la plus grande partie de ses biens sur la tête de sa femme. Réduit à l'indigence, à la nudité, mais couvert de son infamie, il laissa ainsi à ce Rufinus, je ne mens pas, trois millions de sesterces à dévorer; car de sa mère il lui était revenu tout ce bien-là, sans compter ce que lui rapportait journellement le talent de sa femme. Et pourtant on le vit, en peu d'années, tout engloutir avec un vorace empressement, tout dilapider en débauches de tout genre; on eût dit qu'il ne voulait rien conserver de la honteuse fortune de son père. Homme plein de justice et de moralité, il voulait que ce bien mal acquis fût dissipé de même. Ainsi, d'une grande fortune, il ne lui restait plus rien qu'un misérable esprit d'intrigue et une gloutonnerie insatiable; et, d'un autre côté, il fallut que sa femme, déjà vieille et usée, renonçât enfin à son ignoble trafic.

Il offrit donc sa fille, d'après le conseil de la mère, aux jeunes gens les plus riches; mais en vain : il la prêta même à l'essai à quelques prétendants; et si elle ne fût tombée sur un homme aussi accommodant que Pontianus, il est probable que, veuve avant d'avoir été mariée, elle serait encore aujourd'hui dans la maison paternelle. Pontianus lui souscrivit, malgré nos représentations, une promesse de mariage, à coup sûr bien illusoire, puisqu'il savait que sa fiancée, avant qu'il l'épousât, avait été abandonnée par un jeune homme de noble famille, à qui on l'avait promise et qui s'en était lassé. Pontianus l'épouse, et aussitôt elle vient chez lui, sans remords, d'un air décidé, sa pudeur perdue, sa fleur fanée, son voile flétri; redevenue vierge après une répudiation récente, elle y apportait le nom de jeune fille, sans en avoir la pureté. Elle venait dans une litière à huit porteurs. Vous tous qui l'avez vue, vous savez avec quelle assurance elle regardait les jeunes gens, avec quelle effronterie elle cherchait à attirer les regards. Qui n'eût pas reconnu les leçons de la mère au visage fardé de la fille, au vermillon de ses joues, au jeu agaçant de ses prunelles?

La veille même, un créancier avait saisi les trois quarts de sa dot, qui, du reste, n'était guère en proportion avec la ruine de cette famille et le nombre des enfants. Mais Rufinus, aussi pauvre d'argent que riche d'espérances, aussi avide que ruiné, dévore déjà en idée toute la fortune de Pudentilla. Il essaye d'abord de m'écarter, afin d'exploiter plus facilement la faiblesse de Pontianus et l'isolement de Pudentilla. Il reproche ensuite à son gendre de m'avoir promis sa mère; il l'engage à sortir au plus tôt de cette situation dangereuse, tandis qu'on le peut encore, et à veiller lui-même sur la fortune de sa mère, plutôt que de la laisser passer aux mains d'un étranger. Ce vieil intrigant donne l'alarme au jeune amoureux, et le menace, en cas de refus, d'emmener sa fille. Bref, ce jeune homme sans expérience, et qui était sous l'empire des charmes de sa nouvelle épouse, consent à tout ce qu'on en exige. Il va trouver sa mère, et répète la leçon que lui a faite Rufinus. Mais il cherche vainement à dissuader Pudentilla, qui le reprend elle-même de son inconstance et de sa légèreté. Il revient mécontent chez son beau-père :

uxoris callidissima fraude confert : ipse egens, nudus, sed ignominia sua tectus, reliquit Rufino huic, non mentior, H-S. tricies devorandum. Tantum enim ad eum de bonis matris liberum venit, præter quod ei uxor sua quotidianis dotibus quæsivit. Quæ tamen omnia in paucis annis ita hic deglutor studiose in ventrem condidit, et omnimodis colluvionibus dilapidavit, ut crederes metuere, ne quid habere ex fraude paterna diceretur. Homo justus et morum dedit operam, quod male partum erat, ut male periret; nec quidquam ei relictum est ex largiore fortuna, præter ambitionem miseram, et profundam gulam. Ceterum uxor jam propemodum vetula et effœta, nunc demum contumeliis ab..uit.

Filia autem per adolescentulos ditiores, invitamento matris suæ nequidquam circumlata, quibusdam etiam procis ad experiendum permissa, nisi in facilitatem Pontiani incidisset, fortasse an adhuc vidua, antequam nupta, domi sedisset. Pontianus ei, multum quidem dehortantibus nobis, nuptiarum titulum falsum et imaginarium donavit : non nescius, eam, paulo ante quam duceret, a quodam honestissimo juvene, cui prius pacta fuerat, post satietatem derelictam. Venit igitur ad eum nova nupta, secura et intrepida, pudore dispolito, flore exoleto, flammeo obsoleto, virgo rursum post recens repudium, nomen potius afferens puellæ, quam integritatem.

Vectabatur octophoro. Vidistis profecto, qui affuistis, quam improba juvenum circumspectatrix, quam immodica sui ostentatrix. Quis non disciplinam matris agnovit, quum in puella videret immedicatum os, et purpurissatas genas, et illices oculos?

Dos erat a creditore omnis ad teruncium pridie sumta, et quidem grandior, quam domus exhausta et plena liberis postulabat. Sed enim iste, ut est rei modicus, spei immodicus, pari avaritia et egestate, totum Pudentillæ quadragies præsumptione cassa devorarat; eoque me amoliendum ratus, quo facilius Pontiani facilitatem, Pudentillæ solitudinem circumveniret; infit generum suum objurgare, quod matrem suam mihi despondèrat; suadet, quamprimum ex tanto periculo, dum licet, pedem referat; res matris ipse potius habeat, quam homini extrario sciens transmittat; ni ita faciat, injicit scrupulum amanti adolescentulo, veterator : minatur, se filiam abducturum. Quid multis? juvenem simplicem, præterea novæ nuptæ illecebris offrenatum, suo arbitratu de via deflectit. It ille ad matrem, verborum Rufini gerulus. Sed nequidquam tentata ejus gravitate, ultro ipse levitatis et inconstantiæ increpitus, reportat a socerum haud mollia : Matri suæ, præter ingenium placidissimum et immobile, iram quoque sua expostulatione accessisse, non mediocre pertinaciæ adjumentum. Respondisse eam denique, non clam se

sa mère, dont l'humeur est naturellement très-égale et très-douce, s'est emportée contre lui à une telle proposition, et n'en persiste que plus obstinément dans ses projets : « Je n'ignore pas, a-t-elle répondu, que vous avez cédé aux instigations de Rufinus; mais c'est pour moi une raison de plus de chercher l'appui d'un mari contre son infâme cupidité. » A ces mots, qu'on lui rapporte, ce complaisant de sa femme devient si furieux, est saisi d'une telle rage, qu'il exhale contre la plus pudique et la plus chaste des femmes, en présence de son fils, des injures dignes de son tripot; il nous traite, devant une foule de personnes que je pourrais nommer, elle, de débauchée, moi de magicien et d'empoisonneur : il crie à tue-tête que je périrai de sa main. En vérité, j'ai peine à maîtriser ma colère : une immense indignation est près de m'échapper. Toi, créature efféminée, toi menacer un homme de lui donner la mort! et avec quelle main? celle de Philomèle? de Médée? de Clytemnestre? Mais quand tu danses ces rôles, telle est ta lâcheté, telle est ta frayeur, que tu danses sans l'inoffensif poignard de théâtre.

Mais je m'arrête au milieu de cette digression. Pudentilla, voyant son fils ainsi égaré, lui écrit, de la campagne où elle était allée, cette fameuse lettre de reproches, dans laquelle, à les entendre, elle avoue que mes enchantements avaient allumé sa passion. En présence du greffier du tribunal et de notre adversaire Émilianus, nous avons pris avant hier, par votre ordre, une copie authentique de cette lettre; et tout y dément ce qu'on a avancé contre moi. En admettant même que Pudentilla m'y traite de magicien, ne se peut-il pas que, pour s'excuser auprès de son fils, elle ait tout attribué à mon empire plutôt qu'à sa passion? Phèdre est-elle la seule qui ait écrit un faux billet dans l'intérêt de son amour? N'est-ce pas un artifice commun à toutes les femmes, de se donner les apparences de la contrainte quand elles ont conçu un désir de ce genre? Eût-elle cru de bonne foi que j'étais un magicien? le serai-je donc, parce que Pudentilla l'aura écrit? Vous, qui accumulez les arguments, les témoins, les paroles, vous ne pouvez pas prouver que je suis un magicien, et d'un mot elle le prouverait! Un acte d'accusation est en définitive plus grave qu'une simple lettre. Que ne parvenez-vous à me convaincre par mes actions, et non par les paroles d'un autre? Car enfin, à ce compte-là, bien des hommes seront traînés devant les tribunaux sous l'accusation de maléfice, puisqu'il suffira de voir une preuve dans tel ou tel passage d'une lettre dictée par la haine ou par l'amour. — Pudentilla écrit que vous êtes magicien, donc vous êtes magicien. — Quoi! si elle eût écrit que je suis consul, je serais consul? si elle eût écrit que je suis peintre ou médecin, que je suis innocent, le croiriez-vous par la seule raison qu'elle l'aurait dit? non, sans doute. Or, il est souverainement injuste d'accepter pour l'accusation un témoignage que l'on récuserait pour la justification ; et si une lettre peut perdre quelqu'un, elle doit pouvoir aussi le sauver. — Mais elle avait l'esprit troublé ; l'amour l'avait rendue folle. — Je l'accorde pour un moment. Mais alors tous les hommes qui sont aimés seront donc magiciens, parce que celles qui les aiment l'auront écrit? D'ailleurs, à ce moment, Pudentilla ne m'aimait pas, puisqu'elle écrivait une lettre qui devait me

esse, Rufini exhortatione secum expostulari; eo vel magis sibi auxilium mariti adversum ejus desperatam avaritiam comparandum. Hisce auditis exacerbatus aquariolus iste uxoris suæ, ita ira extumuit, ita exarsit furore, ut in feminam sanctissimam et pudicissimam, præsente filio ejus, digna cubiculo suo diceret : amatricem eam, me magum et veneficum clamitaret, multis audientibus : quos, si voles, nominabo ; se nihil sua manu mortem allaturum. Vix hercule possum iræ moderari. Ingens indignatio animo oboritur. Tune, effeminatissime, tua manu cuiquam viro mortem minitaris? At qua tandem manu? Philomelæ? an Medeæ? an Clytemnestræ? quas tamen quum saltas, tanta mollitia animi, tanta formido ferri est, sine cludine saltas.

Sed ne longius ab ordine digrediar, Pudentilla, postquam filium videt præter opinionem, contra suam esse sententiam depravatum, rus profecta, scripsit ad eum objurgandi gratia illas famosissimas litteras, quibus, ut isti aiebant, confessa est, sese mea magia in amorem inductam dementire. Quas tamen litteras, tabulario publico præsente, et contrascribente Æmiliano, nudiustertius tuo jussu, Maxime, testato descripsimus; in quibus omnia contra prædicationem istorum pro me reperiuntur. Quamquam etsi destrictius magum me dixisset, posset videri excusabunda se filio, vim meam, quam voluntatem suam, causari maluisse. An sola Phædra falsum epistolium de amore commenta est? An non omnibus mulieribus hæc ars usitata est, ut, quum aliquid ejusmodi velle cœperunt, malint coactæ videri? Quod si animo etiam ita putavit, me magum esse, idcircone magus habear, quia hoc scripsit Pudentilla? Vos tot argumentis, tot testibus, tanta oratione, magum me non probatis : illa uno verbo probaret? Et quanto tandem gravius habendum est, quod in judicio subscribitur, quam quod in epistola scribitur? Quin tu me meismet factis, non alienis verbis, revincis? Ceterum eadem via multi rei cujusvis maleficii postulabuntur, si ratum futurum est, quod quisque in epistola sua vel amore, vel odio cujuspiam, scripserit. Magum te scripsit Pudentilla, igitur magus es. Quid si consulem me scripsisset, consul essem? Quid enim si pictorem, si medicum? quid denique si innocentem? num aliquid horum putares, idcirco quod illa dixisset? Nihil scilicet. Atqui perinjurium est, ei fidem in pejoribus habere, cui in melioribus non haberes, : posse litteras ejus ad perniciem, non posse ad salutem. Sed inquieti animi fuit : efflictim te amabat. Concedo interim. Num tamen omnes, qui amantur, magi sunt, si hoc forte qui amat scripserit? Cedo nunc, quod Pudentilla me in eo tempore non amabat; siquidem id foras scripsit, quod palam erat mihi obfuturum. Postremo quid vis, sanam an insanam fuisse,

APOLOGIE.

nuire évidemment. Enfin, que prétends-tu? avait-elle son bon sens ou était-elle folle, quand elle écrivait cette lettre? Si elle avait son bon sens, elle n'avait donc rien éprouvé de l'influence de la magie; si elle était folle, elle ne savait ce qu'elle écrivait, et ne mérite par conséquent aucune confiance. J'irai plus loin : si elle eût été folle, elle n'eût pas su qu'elle l'était; car si c'est un trait de folie de dire qu'on taira une chose, et en même temps de l'écrire, de manière à se donner un démenti par le fait même, à plus forte raison répugne-t-il de supposer qu'une personne dise : « Je n'ai pas mon bon sens; » ce qui est faux, dès qu'elle le dit en connaissance de cause. C'est avoir son bon sens que de dire qu'on ne l'a pas, attendu que la démence ne peut pas plus se connaître elle-même que la cécité ne peut se voir. Pudentilla avait donc sa raison, puisqu'elle croyait l'avoir perdue. Je pourrais insister sur ce point; mais laissons là cette dialectique.

Je lirai la lettre même. Pudentilla y tient un tout autre langage, et on dirait qu'elle l'a imaginée et écrite pour le procès. Prenez, greffier, et lisez jusqu'à ce que je vous interrompe.

(*On lit la lettre de Pudentilla.*)

Suspendez un instant cette lecture : c'est ici que la divergence commence. Jusqu'ici, en effet, si j'ai bien écouté, Pudentilla n'a pas prononcé le mot de magie; mais elle a suivi l'ordre que j'ai marqué tout à l'heure ; son long veuvage, le remède exigé par sa santé, sa résolution de se marier, l'éloge que Pontianus lui avait fait de moi, ses instances pour qu'elle préférât ma main ; voilà ce qu'on vient de lire. Reste la fin de la lettre, qui m'est aussi favorable que le commencement, et que l'on cherche pourtant à retourner contre moi. Pudentilla l'écrivait positivement pour me disculper du crime de magie ; et, grâce à l'incomparable habileté de Rufinus, elle change de destination et doit servir à confirmer l'opinion malveillante de quelques habitants d'OEa, qui me tiennent pour un magicien. Vos conversations, vos lectures, votre expérience, vous ont appris beaucoup de choses, Maximus; mais vous avouerez n'avoir jamais vu machination aussi profondément ourdie, perversité aussi admirablement soutenue. Les Palamède, les Sisyphe, les Eurybate, les Phrynondas, auraient-ils jamais mieux inventé? Tous ces personnages que je viens de nommer, et tous ceux que leurs ruses ont pu rendre célèbres, ne sont, en comparaison du seul Rufinus, que des niais et des lourdauds.

Admirable fourberie! subtilité digne de la prison et de la potence! Comment croire qu'une lettre qui me justifie puisse devenir, sans qu'on y change un mot, une lettre qui m'accuse? Le fait est, en vérité, incroyable. Mais je montrerai comment ce fait incroyable a eu lieu. La mère faisait des reproches à son fils de ce qu'après lui avoir parlé de moi comme d'un homme aussi recommandable, il me traitait tout à coup de magicien, d'après la leçon de Rufinus. Voici le passage qu'on produisait : « Apulée est un magicien; il m'a ensorcelée. Oui, je l'aime; venez donc me trouver, tandis que je n'ai pas encore tout à fait perdu la raison. » Rufinus a isolé cette phrase, l'a séparée du reste de la lettre, et il l'a colportée comme un aveu de Pudentilla, la montrant à tout venant, tandis qu'il conduisait dans le forum

---

dum scriberet? Sanam dices? nihil ergo erat magicis artibus passa. Insanam respondebis? nesciit ergo, quid scripserit, eoque ei fides non habenda est. Immo etiam si fuisset insana, insanam se esse nescisset. Nam ut absurde facit, qui tacere se dicit, quod ibidem dicendo tacere sese, tacet, et ipsa professione, quod profitetur, infirmat : ita vel magis hoc repugnat, « Ego insanio; » quod verum non est, nisi sciens dicit. Porro sanus est, qui scit, quid sit insania. Quippe insania scire non potest, non magis, quam cæcitas se videre. Igitur Pudentilla compos mentis fuit, si compotem mentis se non putabat. Possum, si velim, pluribus; sed mitto dialectica.

Ipsas litteras longe aliud clamantis, et quasi dedita opera ad judicium istud præparatas et accommodatas, recitabo. Accipe tu, et lege usque dum ego interloquar.

(Litteræ Pudentillæ.)

Sustine paulisper, quæ sequuntur : nam ad deverticulum rei ventum est. Adhuc enim, Maxime, quantum equidem animadverti, nusquam mulier magiam nominavit : sed ordinem repetivit eumdem, quem ego paulo prius, de longa viduitate, de remedio valetudinis, de voluntate nubendi, de meis laudibus, quas ex Pontiano cognoverat, de suasu ipsius, ut mihi potissimum nuberet. Hæc usque adhuc lecta sunt. Superest ea pars epistolæ, quæ similiter pro me scripta, in memetipsum vertit cornua; ad expellendum a me crimen magiæ sedulo dimissa, memorabili laude Rufini, vicem mutavit, et ultro contrariam mihi opinionem quorumdam OEensium, quasi mago, quæsivit. Multa fando, Maxime, audisti, etiam plura legendo didicisti, non pauca experiendo comperisti : sed enim versutiam tam insidiosam, tam admirabili scelere conflatam, negabis te unquam cognovisse. Quis Palamedes, quis Sisyphus, quis denique Eurybates aut Phrynondas talem excogitasset? Omnes isti, quos nominavi, et si qui præterea fuerunt dolo memorandi, si cum hac una Rufini fallacia contendantur, macci prorsus et buccones videbuntur.

O mirum commentum! o subtilitas digna carcere et robore! Quis credat effici potuisse, ut quæ defensio fuerat, eadem, manentibus eisdem litteris, in accusationem transverteretur? Est hercule incredibile. Sed hoc incredibile qui sit factum, probabo. Objurgatio erat matris ad filium, quod me talem virum, qualem sibi prædicasset, nunc de Rufini sententia manum dictitaret. Verba ipsa ad hunc modum se habebant : Ἀπουλήϊος μάγος, καὶ ἐγὼ ὑπ' αὐτοῦ μεμάγευμαι· ναὶ ἐρῶ· ἔλθετε νῦν πρὸς ἐμέ, ἕως ἔτι σωφρονῶ. Hæc ipsa verba Rufinus [quæ græce interposuit], sola excerpta, et ab ordine suo sejugata, quasi con-

Pontianus tout en pleurs. De cette lettre, il ne faisait lire que ce seul endroit; ce qui précédait et ce qui suivait, il avait grand soin de le cacher, sous prétexte que c'étaient des turpitudes à ne pas montrer, et qu'il lui suffisait de faire connaître l'aveu de Pudentilla sur le fait de la magie. Que voulez-vous? tout le monde le crut. Des lignes qui devaient me justifier me condamnèrent dans l'opinion des personnes crédules. Cet impur accusateur vociférait dans le forum, et s'y démenait comme un furieux; il ouvrait à chaque instant la lettre en réclamant justice : « Apulée est magicien, disait-il; voici l'aveu de celle-là même qui souffre de ses maléfices. Que vous faut-il de plus? » Personne ne prenait ma défense et ne lui répondait : il faut voir toute la lettre. Permets que je la lise depuis le commencement jusqu'à la fin. Une imputation n'est souvent défavorable que parce qu'on la produit isolément. Il n'y a pas de discours qui ne puisse être incriminé, si l'on en détruit l'enchaînement, si l'on en retranche le début, si l'on en supprime arbitrairement telle ou telle phrase, et si le passage ainsi dénaturé est lu avec l'accent de la conviction plutôt encore que du blâme.

Je ne saurais mieux prouver la justesse avec laquelle ces distinctions s'appliquent ici, qu'en reprenant la lettre de plus haut. Lis, Émilianus, la copie que tu as entre les mains, et atteste si je dis vrai : « Voulant, pour les raisons que j'ai dites, prendre un mari, toi-même tu m'as conseillé de le préférer à tous, m'en parlant en termes admiratifs, et t'employant à le faire entrer par moi dans notre famille. Mais depuis que de mauvaises gens ont tourné votre esprit, voilà que vous faites tout à coup d'Apulée un magicien, et de moi une femme qu'il a ensorcelée. Oui, je l'aime; venez donc à moi pendant que je suis encore dans mon sens. » En vérité, Maximus, si les lettres qu'on appelle *voyelles* avaient en effet une voix; si, comme le disent les poëtes, les mots étaient *empennés*, pensez-vous qu'alors que Rufus morcelait ainsi cette lettre, n'en lisant que la moindre partie, et en omettant sciemment la plus grande et les passages les plus favorables, pensez-vous que les autres lettres ne se fussent pas écriées qu'une main criminelle les retenait? Les mots supprimés ne se fussent-ils pas envolés des mains de Rufus, pour aller jeter le désordre dans le forum? N'auraient-ils pas dit qu'ils avaient été envoyés par Pudentilla pour faire connaître toute sa pensée; que cet homme est un traître et un faussaire, qui veut accréditer un mensonge par de faux témoignages; qu'on n'eût aucune foi en lui; mais bien plutôt qu'on sût, à leur témoignage, qu'Apulée, loin d'avoir été accusé de magie par Pudentilla, avait été justifié par elle de l'accusation de Rufinus? Quoique ces mots n'aient point parlé, toutefois à cette heure, où ils me sont si utiles, ils apparaissent plus clairs que la lumière même. Tes artifices se découvrent, Rufinus, tes fraudes se démasquent, ton mensonge éclate au grand jour. La vérité, jusqu'ici méconnue, se montre à tous les yeux, et sort comme de ce bourbier de calomnies. Armé de la lettre de Pudentilla, tu me défiais; c'est par cette lettre que je triomphe : car entends-en la dernière partie, et je n'ai plus rien à envier. Dis donc comment finit la lettre de cette ensorcelée, de cette furieuse, de

---

fessionem mulieris circumferens, et Pontianum flentem per forum ductans, vulgo ostendebat. Ipsas mulieris litteras illatenus, qua dixi, legendas præbebat : cetera supra et infra scripta occultabat; turpiora esse, quam ut ostenderentur, dictitabat; satis esse, confessionem mulieris de magia cognosci. Quid quæris? verisimile omnibus visum. Quæ purgandi mei gratia scripta erant, eadem mihi immanem invidiam apud imperitos concivere. Turbabat impurus hic, in medio foro bacchabundus : epistolam sæpe aperiens proquiritabat : Apuleius magus : dicit ipsa, quæ sentit et patitur; quid vultis amplius? Nemo erat, qui pro me ferret, ac sic responderet. Totam sodes epistolam cedo. Sine, omnia inspiciam, principio ad finem perlegam. Multa sunt, quæ sola prolata calumniam possint videri obnoxia. Cujavis oratio insimulari potest, si ea, quæ ex prioribus nexa sunt, principio sui defraudentur : si quædam ex ordine scriptorum ad libidinem supprimantur : si, quæ simulationis causa dicta sunt, adseverantis pronunciatione, quam exprobrantis legantur.

Hæc, et id genus ea, quam merito tunc dici potuerint, ipse ordo epistolæ ostendat. At tu, Æmiliane, recognosce, an et hæc mecum testato descripseris : Βουλομένην γάρ με δι' ἃς εἶπον αἰτίας γαμηθῆναι, αὐτὸς τοῦτον ἐπείσας ἀντὶ πάντων αἱρεῖσθαι, θαυμάζων τὸν ἄνδρα, καὶ σπουδάζων αὐτὸν οἰκεῖον ἡμῖν δι' ἐμοῦ ποιῆσαι· νῦν δὲ ὡς μοχθηροὶ ὑμᾶς κακοήθεις τε ἀναπείθουσιν, αἰφνίδιον ἐγένετο Ἀπυλήϊος μάγος, καὶ ἐγὼ μεμάγευμαι ὑπ' αὐτοῦ· ναὶ ἐρῶ, καὶ ἔλθετε νῦν πρὸς ἐμέ, ἕως ἔτι σωφρονῶ. Oro te, Maxime, si litteræ, ita ut partim vocales dicuntur, etiam propriam vocem usurparent; si verba, ita ut poetæ aiunt, pinnis apta vere volarent : nonne quum primum epistolam istam Rufinus mala fide excerperet, pauca legeret, multa et meliora sciens reticeret; nonne tunc ceteræ litteræ sceleste se detineri proclamassent? verba suppressa de Rufini manibus foras evolassent? totum forum tumultu complessent? se quoque a Pudentilla missas, sibi etiam quæ dicerent mandata? improbo ac nefario homini per alienas litteras falsum facere tentanti ne auscultarent, sibi potius audirent : Apuleium magiæ non accusatum a Pudentilla, sed accusante Rufino absolutum? quæ omnia etsi tum dicta non sunt, tamen nunc, quum magis prosunt, luce illustrius apparent. Patent artes tuæ, Rufine, fraudes hiant, detectum mendacium est. Veritas olim interversa, nunc se effert, et velut alto barathro calumniæ se emergit. Ad litteras Pudentillæ provocastis : litteris vinco; quarum si vultis extremam quoque clausulam audire, non invidebo. Dic tu, quibus verbis epistolam finierit muller obcantata, vecors, amens, amans : Ἐγὼ οὔτι μεμάγευμαι· ὅτι δ' ἐρῶ

cette folle par amour : « Non, je ne suis point ensorcelée : j'aime ; la faute en est à ma destinée. » Que voulez-vous de plus ? Pudentilla vous désavoue ; elle venge de vos calomnies l'intégrité de sa raison. Les motifs raisonnables ou la nécessité de son mariage, elle les attribue au destin : c'est bien loin de la magie, ou plutôt c'est l'absence même de toute magie. Quelle puissance en effet reste-t-il aux enchantements et aux maléfices, si la fatalité de chaque événement, comme un torrent qui a rompu ses digues, ne peut être ni retenue ni précipitée ? Grâce à cette parole de Pudentilla, non-seulement je ne suis pas un magicien, mais il n'existe pas de magie.

Il est heureux que Pontianus ait gardé entière la lettre de sa mère ; il est heureux que, dans votre ardeur inconsidérée, vous ayez suscité ce procès, puisque vous vous êtes ôté le temps de rien altérer dans cette pièce. Le bienfait vous en est dû surtout, Maximus, à vous qui, soupçonnant la calomnie, en avez hâté l'explosion avant qu'elle se fût fortifiée, et qui l'avez ruinée en ne lui laissant aucun délai.

Supposez maintenant que cette mère, par une confiance assez ordinaire, eût avoué secrètement son amour à son fils ; était-il juste, je ne dis pas religieux, mais humain, de publier cette lettre ? était-ce surtout d'un fils ? Mais que vais-je dire ? que tu épargnes la pudeur d'autrui, toi qui as perdu la tienne ? Et pourquoi me plaindre du passé, quand le présent n'est guère moins amer ? A quel point avez-vous donc dépravé ce malheureux enfant, qu'il ose lire des lettres de sa mère, qu'il croit lettres d'amour, devant le tribunal du proconsul, en présence d'un Claudius Maximus, le plus irréprochable des hommes, devant les statues de l'empereur Pius ; et que ce soit en pareil lieu qu'un fils reproche à sa mère de honteux désordres et de coupables amours ! Quel est le caractère assez doux qui ne s'en aigrirait ? Oses-tu bien, créature infime, scruter dans ces lettres les sentiments secrets de ta mère, observer ses regards, compter ses soupirs, interroger ses mouvements intérieurs ? que dis-je ? intercepter ses lettres et publier ses amours ? Vas-tu espionner dans son appartement une femme, quand ce ne serait pas ta mère, laquelle tu accuses d'un fol amour ? N'y aurait-il donc rien en elle qui méritât ton respect, à défaut même du titre de mère ? Malheureuses sont vos entrailles, Pudentilla ! Combien la stérilité ne vaut-elle pas mieux que de tels enfants ! malheur aux dix mois de votre grossesse ! Malheur aux quatorze années de votre veuvage ! J'entends dire que la vipère dévore le sein de sa mère pour venir ramper au jour, et qu'ainsi elle naît du parricide ; mais vous, voici un fils déjà adulte qui vous porte, à vous vivante et qui le voyez, des morsures plus cruelles. Il déchire votre silence, il lacère votre honneur, il fouille dans votre cœur, il arrache et disperse vos entrailles. Sont-ce là les actions de grâces dont un fils pieux paye à sa mère le bienfait de la vie, l'acquisition laborieuse d'un héritage, quinze années d'un entretien si coûteux ? Telle a donc été l'éducation que t'a donnée ton oncle, que si tu croyais avoir des fils semblables à toi, tu ne voudrais pas te marier ?

Un poëte a écrit ce vers bien connu :

Je hais tous ces marmots au précoce savoir ;

mais qui ne haïrait davantage un enfant d'une

αἰτία ἡ εἱμαρμένη ἔφυ. Etiamne amplius? Reclamat vobis Pudentilla, et sanitatem suam a vestris calumniis quodam præconio vindicat. Nubendi autem seu rationem, seu necessitatem, fato adscribit, a quo multum magia remota est, vel potius omnino sublata. Quæ enim relinquitur vis cantaminibus et veneficiis, si fatum rei cujusque, veluti violentissimus torrens, neque retineri potest, neque impelli? Igitur hac sententia sua Pudentilla non modo me magum, sed omnino esse magiam negavit.

Bene, quod integras epistolas matris Pontianus ex more adservavit : bene, quod vos festinatio judicii antevortit, ne quid in istis litteris ex otio novaretis. Tuum hoc, Maxime, tuæque providentiæ beneficium est, quod a principio intellectas calumnias, ne corroborarentur tempore, præcipitasti, et nulla impertita mora subnervasti.

Finge nunc, aliquid matrem filio secretis litteris de amore, uti adsolet, confessam. Hoccine verum fuit, Rufine, hoc non dico pium, sed saltem humanum, promulgari eas litteras, et potissimum filii præconio publicari? Sed sum ego inscitus, qui postulo, ut alienum pudorem conserves, qui tuum perdideris. Cur autem præterita conqueror, quum non sint minus acerba præsentia? Hucusque a vobis miserum istum puerum depravatum, ut matris suæ epistolas, quas putat amatorias, pro tribunali proconsuli recitet, apud virum sanctissimum Claudium Maximum, ante has imperatoris Pii statuas, filius matri suæ pudenda exprobret stupra, et amores objectet? Quis tam est mitis, quin exacerbescat? Tune, ultime, parentis tuæ animum in istis scrutaris? oculos observas? suspiritus numeras? affectiones exploras? tabulas intercipis? amorem revincis? Tune, quid in cubiculo agat, perquiris, ne mater tua amatrix, sed omnino femina? estne ut in ea cogites, nisi unam parentis religionem? O infelix uterum tuum, Pudentilla! o sterilitas liberis potior! o infausti decem menses! o ingrati quatuordecim anni viduitatis ! Vipera, ut audio, exeso matris utero in lucem proserpit, atque ita parricidio gignitur. At enim tibi a filio jam adulto acerbiores morsus viventi et videnti offeruntur. Silentium tuum laniatur, pudor tuus carpitur, pectus tuum foditur, viscera intima protrahuntur. Hascine gratias bonus filius matri rependis, ob datam vitam? ob acquisitam hereditatem? ob quatuordecim annorum longas alimonias? Hiscine te patruus disciplinis erudivit, ut si compertum habeas, filios tibi similes futuros, non audeas ducere uxorem?

Est ille poetæ versus non ignotus :

Odi puerulos præcoci sapientia.

dépravation précoce? une sorte de monstre, viril par le crime avant de l'être par les années, qui fait le mal avant de le pouvoir, verte enfance, méchanceté chenue ! monstre d'autant plus nuisible qu'il l'est impunément, et que mûr pour l'injustice il ne l'est pas encore pour le châtiment; que dis-je, pour l'injustice? pour un crime contre sa mère, abominable, qui ne peut être ni exprimé ni châtié.

Les Athéniens montrèrent plus de respect pour le droit commun de tous les hommes. La correspondance de Philippe de Macédoine, leur ennemi, étant tombée entre leurs mains, on excepta de la lecture qui en fut faite en public, une lettre écrite par ce prince à sa femme Olympias. Ils aimèrent mieux ménager un ennemi que de violer le secret conjugal, et firent passer le droit commun avant le soin de leur vengeance. Voici comme des ennemis en agissaient avec un ennemi; et toi, quel fils te montres-tu pour ta mère? Vois-tu où j'en veux venir par ce rapprochement? Oui, toi, son fils, tu lis des lettres de ta mère, lettres d'amour, dis-tu, dans une assemblée où, t'ordonnât-on de lire quelques passages d'un poëte trop lascif, tu n'oserais, empêché par la honte : mais tu n'aurais jamais touché aux lettres de ta mère, si tu avais touché à quelque lettre que ce fût.

Que dire maintenant d'une épître de ta façon que tu as osé donner à lire toi-même, écrite au sujet de ta mère, pleine d'outrages et de turpitudes, et secrètement adressée par toi à Pontianus, alors même qu'elle te nourrissait encore dans son sein? Apparemment tu as eu peur de n'être qu'une fois criminel, et de faire perdre de vue ta bonne action. Malheureux ! ne vois-tu pas que, si ton oncle t'a laissé faire, c'était pour se justifier, étant bien constant par tes propres lettres qu'avant même de te retirer près de lui, et dans le moment que tu prodiguais des caresses à ta mère, tu étais déjà un hypocrite et un impie? Car je ne puis me mettre dans l'esprit qu'Émilianus soit assez stupide pour me croire sérieusement chargé par les lettres d'un enfant, qui est aussi mon accusateur.

Il est encore question d'une lettre controuvée, ni écrite de ma main, ni vraisemblable, où l'on a voulu voir que je cherchais à séduire Pudentilla. Pourquoi ces séductions, si je m'en fiais à la magie ? Et d'où leur est venue cette lettre que sans doute j'avais envoyée à Pudentilla par quelque main fidèle, comme il est d'usage en pareil cas? Pourquoi me serais-je servi de termes vicieux, de locutions barbares, moi qu'ils reconnaissent n'être pas inhabile dans la langue grecque? Pourquoi l'aurais-je exaltée par de sales et absurdes propos de taverne, moi qu'ils disent me connaître assez en poésie érotique? L'épître est donc fausse, cela est manifeste : et lui, qui ne pouvait pas déchiffrer une lettre de Pudentilla, d'un bien meilleur grec, a lu et a fait valoir celle-ci le mieux du monde, comme si elle eût été de sa façon !

Un mot encore, et j'en aurai assez dit sur ces lettres. Quand Pudentilla eut écrit celle où se trouvait cette phrase ironique et railleuse : « Venez, pendant que je suis encore dans mon sens », elle appela près d'elle ses fils et sa bru, et ils vécurent ensemble environ deux mois. Qu'il dise donc, cet excellent fils, si durant ce temps-là il

---

Sed enim malitia præcoci puerum quis non aversetur, atque oderit? quum videat velut monstrum quoddam, prius robustum scelere, quam tempore, ante nocentem, quam potentem, viridi pueritia, cana malitia? vel potius hoc magis noxium, quod cum venia perniciosus est : et nondum pœnæ, jam injuriæ sufficit. Injuriæ dico ? immo enim sceleri adversum parentem nefando, immani, impetibili.

Athenienses quidem propter commune jus humanitatis, ex captivis epistolis Philippi Macedonis hostis sui unam epistolam, quum singulæ publice legerentur, recitari prohibuerunt, quæ erat ad uxorem Olympiadem conscripta. Hosti potius pepercerunt, ne maritale secretum divulgarent : præferendum rati fas commune propriæ ultioni. Tales hostes, adversus hostem : tu qualis filius adversus matrem? Vides, quam similia contendam ? Tu tamen filius matris epistolas, de amore, ut ais, scriptas, in isto cœtu legis, in quo si aliquem poetam lasciviorem jubereris legere, profecto non auderes, pudore quum aliquo impedirere : immo enim nunquam matris tuæ litteras attigisses, si ullas litteras attigisses.

At quam ausus es tuam ipsius epistolam legendam dare, quam nimis irreverenter, nimis contumeliose et turpiter de matre tua scriptam, quum adhuc in ejus sinu aleretur, miseras clanculo ad Pontianum : scilicet ne semel peccasses, ac tam bonum tuum factum obtutu capesseretur. Miser non intelligis, idcirco patruum tuum hoc fieri passum, quo se hominibus purgaret; si ex litteris tuis nosceretur, te etiam prius, quam ad eum commigrasses, etiam quum matri blandirere, tamen jam tum vulpionem et impium fuisse. Ceterum nequeo in animum inducere, tam stultum Æmilianum esse, ut arbitretur mihi litteras pueri, et ejusdem accusatoris mei, obfuturas.

Fuit et illa commentitia epistola, neque mea manu scripta, neque verisimiliter conficta, qua videri volebant blanditiis a me mulierem sollicitatam. Cur ego blandirer, si magiæ confidebam ? Qua autem via ad istos pervenit epistola, ad Pudentillam scilicet per aliquem fidelem missa, ut in re tali actitari solet? Cur præterea tam vitiosis verbis, tam barbaro sermone ego scriberem, quem iidem dicunt nequaquam græcæ linguæ imperitum ? Cur autem tam absurdis tamque tabernariis blanditiis subagitarem, quem iidem aiunt versibus amatoriis satis scite lascivire? Sic est profecto; cuivis palam est; hic, qui epistolam Pudentillæ græcariorem legere non poterat, hanc et suam facilius legit, et aptius commendavit,

Sed jam de epistolis satis dictum habebo, si hoc unum addidero : Pudentillam, quæ scripserat dissimulamenti causa et deridiculi, ἔλθετε ἕως ἔτι σωφρονῶ, post hasce litteras evocasse ad se filios et nurum : eum his ferme

a vu sa mère agir ou parler en femme n'ayant pas sa raison; qu'il nie qu'elle vérifia elle-même avec une exactitude parfaite les comptes de ses fermiers, de ses bouviers, de ses palefreniers; qu'il nie qu'elle ait très-sérieusement averti son frère Pontianus de se garder des embûches de Rufinus; qu'il nie les justes reproches qu'il en reçut pour avoir colporté et lu d'une manière perfide une lettre qu'elle lui avait adressée; qu'il nie enfin que ce soit après tout cela que j'ai épousé sa mère dans une maison de campagne, dont nous étions depuis longtemps convenus!

En effet, nous avions préféré nous marier à la campagne, pour éviter une seconde fois l'affluence de la sportule, Pudentilla ayant peu auparavant distribué à la foule cinquante mille sesterces le jour où Pontianus s'était marié, et où cet enfant-ci avait pris la robe virile : nous voulions de plus échapper au nombre et à l'incommodité des festins que l'usage fait subir aux nouveaux époux. Voilà, Émilianus, tout le motif de cette signature du contrat qui n'a pas eu lieu à la ville, mais à la campagne : Pudentilla et moi nous ne voulions pas faire une seconde fois la dépense de cinquante mille sesterces, ni dîner avec toi ou chez toi. N'est-ce pas là une assez bonne raison? Mais je m'étonne que, vivant presque toujours aux champs, tu aies tant d'aversion pour la campagne. La loi Julia, qui règle les mariages entre les différents ordres, ne contient pas, que je sache, cette interdiction: *Ne vous mariez pas à la campagne*. Veux-tu savoir le vrai? Une femme épousée à la campagne fait espérer plus d'enfants que si elle l'est à la ville, sur un sol fertile que dans un lieu aride, sur le gazon d'un pré que sur le pavé d'une place. Oui, que celle qui doit devenir mère se marie dans le sein même de notre mère commune, en pleine moisson mûre, sur de fertiles sillons; qu'elle reçoive son époux sous un ormeau, là où la terre fait acte de mère, parmi les plantes, et au milieu de ce travail même qui fait pousser les vignes et germer les arbres. C'est le lieu d'appliquer ce vers si connu de la comédie :

L'enfant qui naît aux champs est de belle venue.

Dans l'antique Rome, c'est aux champs qu'on venait offrir aux Quintius, aux Serranus et à tant d'autres de ce renom, non-seulement des épouses, mais encore des consulats et des dictatures. Je me retiens d'en dire plus sur un sujet si fécond, pour ne pas te faire ma cour en faisant l'éloge des champs.

Quant à l'âge de Pudentilla, dont tu as dit, poussant le mensonge jusqu'à l'impudence, qu'elle s'était mariée à soixante ans, j'ai à te faire une courte réponse; disputer longuement étant superflu dans une question si claire. Le père de Pudentilla, suivant l'usage, déclara la naissance de sa fille, et l'acte dressé à cet effet se trouve tant dans les registres publics que dans les papiers de famille. On te le met sous les yeux. Passez cet acte à Émilianus; qu'il en considère le lin, qu'il en reconnaisse les cachets, qu'il y lise les noms des consuls, qu'il compte les années. Il donnait soixante ans à Pudentilla; qu'il en prouve seulement cinquante : ce serait déjà mentir d'un lustre. Mais c'est peu; j'en veux user plus libéralement; il a gratifié Pudentilla de bon nombre d'années : je veux les lui rendre. Ce Mé-

---

duobus mensibus conversatam. Dicat hic pius filius, quid in eo tempore sequius agentem vel loquentem matrem suam propter insaniam viderit. Neget, eam rationibus villicorum, et colonum, et equisonum sollertissime subscripsisse : neget, fratrem suum Pontianum graviter ab ea monitum, ut sibi ab insidiis Rufini caveret : neget vere objurgatum, quod litteras, quas ad eum miserat, vulgo circumtulisset nec tamen bona fide legisset : neget post ista, quae dixi, matrem suam mihi apud villam jampridem condicto loco nupsisse.

Quippe ita placuerat in suburbana villa potius ut conjungeremur, ne cives denuo ad sportulas convolarent : quum haud pridem Pudentilla de suo quinquaginta millia nummum in populum expunxisset ea die, qua Pontianus uxorem duxit, et hic puerulus toga est involutus. Praeterea ut conviviis multis ac molestis supersederemus, quae ferme ex more novis maritis obeunda sunt. Habes, Æmiliane, causam totam cur tabulae nuptiales inter me ac Pudentillam non in oppido sint, sed in villa suburbana, consignatae : ne quinquaginta millia nummum denuo profundenda essent, nec tecum aut apud te coenandum. Estne causa idonea? Miror tamen, quod tu a villa tantopere abhorreas, qui plerumque rure versere. Lex quidem Julia de maritandis ordinibus, nunquam scilicet ac hunc modum interdicit : *Uxorem in villa ne ducito*. Immo si verum velis, uxor ad prolem multo auspicatius in villa, quam in oppido, ducitur : in solo uberi, quam in loco sterili : in agri caespite, quam in fori silice. Mater futura in ipso materno sinu nubat, in segete adulta, super foecundam glebam : vel enim sub ulmo marita cubet, in ipso gremio terrae matris, inter soboles herbarum et propagines vitium et arborum germina. Ibi et ille celeberrimus in comoediis versus de proximo congruit :

Παίδων ἐπ' ἀγρῶν γνησίων εἰσὶ σπόροι.

Romanorum etiam majoribus, Quintiis et Serranis, et multis aliis similibus, non modo uxores, verum etiam consulatus et dictaturae, in agris offerebantur. Cohibebo me in tam prolixo loco, ne tibi gratum faciam, si villam laudavero.

De aetate vero Pudentillae, de qua post ista satis confidenter mentitus es, ut etiam sexaginta annos natam diceres nupsisse, de ea paucis tibi respondebo. Nam in re tam perspicua non est necesse pluribus disputare. Pater ejus natam sibi filiam more ceterorum professus est. Tabulae ejus partim tabulario publico, partim domo adservantur : quae tibi ob os objiciuntur. Porrige Æmiliano tabulas istas. Linum consideret, signa, quae impressa sunt, recognoscat, consules legat, annos computet. Quos sexaginta mulieri adsignabat, probet quinque et quinquaginta. Lustro mentitus est. Parum hoc est : liberalius agam. Nam et ipse Pudentillae multos annos largitus est : redonabo

zence a fait, comme Ulysse, erreur de dix ans : qu'il prouve seulement que Pudentilla est âgée de cinquante ans : puis, comme j'ai affaire à un homme expert en multiplications, j'irai jusqu'aux vingt ans, et je les retrancherai. Ordonnez, Maximus, qu'on suppute les consuls : si je ne me trompe, vous trouverez que Pudentilla n'a pas beaucoup plus de quarante ans. O mensonge aussi audacieux qu'exorbitant, et qui devrait être puni d'un exil de vingt ans! Oses-tu bien, Émilianus, grossir le véritable chiffre de moitié, puis d'un tiers? Disant trente pour dix, on eût pu croire que l'erreur venait d'un geste mal exprimé, de tes doigts que tu aurais tenus ouverts, au lieu de les montrer courbés. Mais quarante, c'est le nombre le plus aisé à indiquer, car il s'exprime par la main ouverte ; et quand tu l'augmentes de moitié, ce n'est pas là une erreur de geste : à moins que tu ne donnes à Pudentilla que trente ans, et que tu n'aies doublé les années consulaires à cause des deux consuls.

Je laisse ce point, et j'en viens à la racine même de l'accusation, au prétendu crime de maléfice. Qu'Émilianus et Rufinus répondent à ceci : Dans quel intérêt, fussé-je magicien au plus haut degré, aurais-je poussé Pudentilla au mariage par des enchantements et des poisons? Presque tous ceux qu'on accuse de quelque crime, s'il est prouvé qu'ils y ont eu des motifs quelconques, ont pourtant de quoi se défendre par cette seule raison que toute leur vie répugnait à ce crime, et qu'on ne doit pas leur en faire un de l'apparence d'intérêt qu'ils ont eu à commettre le mal. J'ajoute qu'il ne faut pas tenir pour fait ce qui a pu se faire ; que les chances des événements sont fort diverses; que le plus sûr indice c'est la moralité de l'homme, et que l'habitude de la vertu ou de la méchanceté est la meilleure preuve du crime ou de l'innocence. Je pourrais me servir de ces arguments; mais je vous en fais grâce. Ce n'est pas assez pour moi de me laver de toutes vos accusations, si je ne rends pas impossible le plus léger soupçon de magie. Voyez donc combien j'ai foi en mon innocence, et prends en mépris vos calomnies! si vous trouvez un seul motif, fût-il des plus légers, qui m'ait fait rechercher, pour un avantage personnel quelconque, la main de Pudentilla ; si vous prouvez que j'en ai tiré le moindre profit, eh bien! que je sois un Carinondas, un Damigéron, le fameux Moïse, un Jannès, un Apollonius, un Dardanus, ou n'importe lequel des magiciens qui se sont rendus célèbres depuis Zoroastre et Hostanes ; j'y consens…

(*Il éclate probablement des murmures.*)

Voyez donc, Maximus, quel tumulte j'ai excité en prononçant les noms de quelques magiciens : que faire avec des gens si grossiers et de si peu de sens? Dois-je leur apprendre que ces noms et beaucoup d'autres ont été tirés par moi des plus célèbres auteurs de nos bibliothèques publiques? dois-je m'évertuer à leur prouver qu'autre chose est de connaître les noms, autre chose de pratiquer la même science, et que des souvenirs d'érudition dus à un peu de mémoire ne sont pas l'aveu d'un crime? mais bien plutôt ne dois-je pas, Maximus, m'autorisant de votre savoir si profond et si étendu, dédaigner de répondre à cette tourbe insensée et grossière? Oui, c'est à quoi je

igitur vicissim. Decem annos Mezentius cum Ulixe erravit : quinquaginta saltem annorum mulierem ostendat. Quid multis ? ut cum quadruplatore agam : bis duplum quinquennium faciam, viginti annos semel detraham. Jube, Maxime, consules computari ; nisi fallor, invenies nunc Pudentillæ haud multo amplius quadragesimum annum ætatis iræ. O falsum, audax et nimium mendacium, viginti annorum exsilio puniendum! dimidio tanto, Æmiliane, mentiri falsa audes, et sesquialtera? Si triginta annos pro decem dixisses, posses videri pro computationis gestu errasse : quos circulare debueris, digitos aperuisse. Quum vero quadraginta, quæ facilius ceteris porrecta palma significantur, ea quadraginta tu dimidio auges, non potes digitorum gestu errasse ; nisi forte triginta annorum Pudentillam ratus, binos cujusque annos consules numerasti.

Missa hæc facio ; venio nunc ad ipsum stirpem accusationis, ad ipsam causam maleficii. Respondeat Æmilianus et Rufinus, ob quod emolumentum, etsi maxime magus forem, Pudentillam carminibus et venenis ad matrimonium pellexissem. Atque ego scio, plerosque reos alicujus facinoris postulatos, si fuisse quæpiam causæ probarentur, hoc uno se tamen abunde defendisse, vitam suam procul ab hujusmodi sceleribus abhorrere : nec id sibi obesse debere, quod videantur quædam fuisse ad maleficiundum invitamenta. Non enim omnia, quæ fieri potuerint, pro factis habenda. Rerum vices varias evenire : certum indicem cujusque animum esse : qui semper eodem ingenio ad virtutem vel ad malitiam moratus, firmum argumentum est accipiendi criminis, aut respuendi. Hæc ego quanquam possim merito dicere, tamen vobis condono : nec satis mihi duco : si me omnium, quæ insimulastis, abunde purgavi, sin nusquam passus sum vel exiguam suspicionem magiæ consistere. Reputate vobiscum, quanta fiducia innocentiæ meæ, quantoque despectu vestri agam : si una causa, vel minima, fuerit inventa, cur ego debuerim Pudentillæ nuptias ob aliquod mihi commodum appetere ; si quamlibet modicum emolumentum probaveritis, ego ille sim Carinondas, vel Damigeron, vel is Moses, vel Jannes, vel Apollonius, vel ipse Dardanus, vel quicumque alius post Zoroastren et Hostanen inter magos celebratus est…

Vide, quæso, Maxime, quem tumultum suscitarint, quoniam ego paucos magorum nominatim percensui. Quid faciam tam rudibus, tam barbaris? Doceam rursum, hæc et multo plura alia nomina in bibliothecis publicis apud clarissimos scriptores me legisse? an disputem, longe aliud esse notitiam nominum, aliud artis ejusdem habere communionem : nec debere doctrinæ instrumentum et eruditionis memoriam pro confessione criminis haberi? An quod multo præstabilius est, tua doctrina, Claudi Ma-

me tiens. Qu'ils pensent ce que bon leur semble, je n'en ai nul souci.

Je continuerai à prouver que je n'ai eu aucun intérêt à solliciter Pudentilla au mariage par des enchantements. Après avoir parlé disgracieusement de son extérieur et de son âge, mes adversaires m'ont accusé d'avoir recherché par cupidité une pareille épouse; puis, dès la première entrevue, d'avoir mis la main sur une dot considérable. Je n'ai pas dessein, Maximus, d'y faire une réponse dont la longueur vous fatigue; car à quoi servent les paroles, là où les actes parlent bien plus éloquemment? là où ils témoignent, par ce que j'ai fait pour le présent et préparé pour l'avenir, combien je suis loin de cet esprit de cupidité et de convoitise qu'ils m'ont prêté? D'abord la dot de cette femme si opulente est modique, et encore ne l'a-t-elle pas donnée, mais promise. Ensuite, il a été convenu que, au cas où elle mourrait sans enfants du second lit, la dot retournerait intégralement à Pontianus et à Pudens; mais que si, au jour de sa mort, elle laissait de son mariage avec moi un fils ou une fille, la moitié de la dot appartiendrait à cet enfant, et l'autre serait partagée entre les deux fils du premier lit. Ce que je dis là, les actes le vont prouver.

Peut-être en coûtera-t-il trop à Émilianus de croire qu'il n'a été porté au contrat que trois cent mille sesterces (60,000 fr.), et qu'un droit de retour a été stipulé au profit des fils de Pudentilla. Eh bien! prends toi-même ces actes de tes propres mains, et porte-les à ton honnête conseiller, Rufinus; qu'il les lise. Qu'il rougisse donc de son impudence, de sa mendicité intrigante, lui qui,

les mains vides, nu, a doté sa fille de quatre cent mille sesterces (80,000 fr.), empruntés à autrui. La riche Pudentilla n'est pas allée au delà de trois cent mille sesterces : et le mari qu'elle a, après avoir dédaigné plus d'une dot bien autrement considérable, s'est contenté de ce modique apport, même nominal; car après sa femme, il n'a rien calculé, et il a fait consister sa principale richesse dans sa parfaite union avec elle, et l'amour qu'il en reçoit.

Qui donc d'ailleurs, ayant la moindre expérience de la vie, oserait blâmer une veuve, d'un peu de beauté et non pas de peu d'années, qui, voulant se marier, aurait tenté, par une belle dot et une condition douce, un jeune homme nullement à dédaigner, ni pour l'extérieur, ni pour l'esprit, ni pour la fortune? Une jeune fille qui a de la beauté, quoique pauvre, est suffisamment dotée. Elle apporte à son époux la candeur de la jeunesse, la beauté avec toutes ses grâces, la fleur de sa virginité : ce dernier point surtout est ce qui recommande le plus les filles aux yeux des maris; car, quelque autre chose que vous ayez reçue en dot, vous pouvez, s'il vous plaît de vous délivrer des liens d'un bienfait, la rendre comme vous l'avez reçue, rembourser l'argent, renvoyer les esclaves, déloger de la maison, abandonner la terre. La virginité seule, une fois reçue, ne peut se rendre : c'est de tous les biens dotaux le seul qui demeure au mari. Une veuve, au contraire, se sépare de son époux telle qu'elle lui était venue; elle n'apporte rien qui ne puisse être repris : c'est une fleur qu'un autre a cueillie. D'ailleurs, rétive à tous vos désirs, suspectant sa nouvelle famille comme

---

xime, tuaque perfecta eruditione fretus, contemnam stultis et impolitis ad hæc respondere? Ita potius faciam. Quid illi existiment, nauci non putabo.

Quod institui, pergam disputare : nullam mihi causam fuisse, Pudentillam veneficiis ad nuptias prolectandi. Formam mulieris et ætatem ipsi ultro improbaverunt, idque mihi vitio dederunt, talem uxorem causa avaritiæ concupisse : atque adeo primo dotem in congressu grandem et uberem rapuisse. Ad hæc, Maxime, longa oratione fatigare te non est consilium. Nihil verbis opus est, quum multo disertius ipsæ tabulæ loquantur : in quibus omnia, contra quam isti sua rapacitate de me quoque conjectaverunt, facta inpræsentiarum et provisa in posterum deprehendes. Jam primum mulieris locupletissimæ modicam dotem, neque eam datam, sed tantummodo promissam. Præter hæc, ea conditione factam conjunctionem, si nullis ex me susceptis liberis vita demigrasset, ut dos omnis apud filios ejus Pontianum et Pudentem maneret : sin vero uno unave superstite diem suum obisset, uti tum dividua pars dotis posteriori filio, reliqua prioribus cederet. Hæc, ut dico, tabulis ipsis docebo.

Fors fuat an ne sic quidem credat Æmilianus sola trecenta millia nummum scripta, eorumque repetitionem filiis Pudentillæ pacto datam. Capiens ipse tu manibus tuis tabulas istas, da impulsori tuo Rufino, legat. Pudeat illum tumidi

animi sui, et ambitiosæ mendicitatis; quippe ipse egens, nudus, quadringentis millibus nummum a creditore acceptis filiam dotavit. Pudentilla locuples femina trecentis millibus dotis suit contenta : et maritum habet, et multis sæpe et ingentibus dotibus spretis, inani nomine tantulæ dotis contentum : ceterum præter uxorem suam nihil computantem, omnem supellectilem cunctasque divitias in concordia conjugis et multo amore ponentem.

Quamquam quis omnium vel exiguæ rerum peritus culpare auderet, si mulier vidua et mediocri forma, at non ætate mediocri, nubere volens, longa dote et molli conditione invitasset juvenem, neque corpore, neque animo, neque fortuna pœnitendum? Virgo formosa, etsi sit oppido pauper, tamen abunde dotata est. Affert quippe ad maritum novum animi indolem, pulchritudinis gratiam, floris rudimentum. Ipsa virginitatis commendatio jure meritoque omnibus maritis acceptissima est. Nam quodcumque aliud in dotem acceperis, potes, quum libuit, ne sis beneficio obstrictus, omne, ut acceperas, retribuere; pecuniam renumerare, mancipia restituere, domo demigrare, prædiis cedere. Sola virginitas, quum semel accepta est, reddi nequitur : sola apud maritum ex rebus dotalibus remanet. Vidua autem qualis nuptiis venit, talis divortio digreditur : nihil affert irreposcibile : sed venit jam ab alio præflorata : certe tibi, ad quæ velis, minime docilis : non minus sus-

elle-même est suspectée à cause de son premier mariage; si c'est la mort qui l'a rendue veuve, femme de fâcheux augure, dont l'union porte malheur et n'est guère désirable; si c'est le divorce, portant la faute soit d'avoir été impraticable, puisque son mari l'a répudiée, soit de s'être montrée trop exigeante, puisqu'elle a répudié son mari. C'est par ces raisons et pour d'autres que les veuves forcent la dot pour attirer les maris; et c'est ce qu'eût fait avec tout autre Pudentilla, si elle n'eût rencontré un philosophe qui se souciait fort peu de la dot.

Allons plus loin : si j'eusse recherché cette femme par avarice, qui pouvait me rendre plus sûrement maître de la maison, que d'y semer la discorde entre la mère et les fils? que de lui aliéner la tendresse de ceux-ci, afin de pouvoir plus librement et de plus près m'emparer d'une femme isolée des siens? Ne serait-ce pas l'acte d'un brigand, comme vous feignez de me qualifier? Mais qu'ai-je fait, moi? J'ai prêché le calme, l'union, la tendresse réciproque; j'ai joué le rôle de conciliateur, et, loin de semer des haines nouvelles, j'ai extirpé les anciennes. J'ai conseillé à ma femme, dont, à les croire, j'avais déjà dévoré toute la fortune; je lui ai conseillé, dis-je, et je l'ai persuadée de rendre à ses fils, qui la lui demandaient, la somme dont j'ai parlé, et de les payer en immeubles, estimés au-dessous de leur valeur et au prix qu'ils ont eux-mêmes fixés. Elle leur a donné, de plus, sur ses biens de famille, les champs très-fertiles, une vaste maison meublée avec luxe, une grande quantité de blé, d'orge, de vin, d'huile et d'autres denrées, un train de près de quatre cents esclaves, des troupeaux, et en bon nombre et non de peu de prix. Au moyen de ces largesses, en même temps qu'elle les assurait pour le présent par ce qu'elle leur donnait, elle leur laissait espérer pour l'avenir le reste de l'héritage. Voilà ce que j'ai obtenu de Pudentilla, malgré elle (elle souffrira que je dise la chose comme elle a eu lieu), avec beaucoup de peine, et en forçant par les plus instantes prières sa résistance et son ressentiment. J'ai réconcilié la mère et les fils; et mon premier acte de beau-père a été d'enrichir mes beaux-fils d'une somme considérable. Toute la ville le sait; et autant Rufinus en est haï, autant j'en ai été loué.

Avant que la donation fût consommée, Pontianus m'était venu voir, accompagné de ce frère qui lui ressemble si peu. Il s'était jeté à mes pieds, me demandant pardon et oubli du passé, pleurant et baisant mes mains, et disant qu'il se repentait d'avoir prêté l'oreille aux intrigues de Rufinus et des autres. Il me demanda ensuite de le justifier auprès de Lollianus Avitus, à qui, peu de temps auparavant, je l'avais recommandé à son début au barreau; il savait que récemment j'avais écrit à ce magistrat tout ce qui s'était passé. J'y consens, et je lui donne une lettre. Il part pour Carthage, où Lollianus Avitus, presque sur la fin de son consulat, vous attendait, Maximus. Lollianus lit ma lettre, et, avec sa bienveillance si connue, félicite Pontianus d'être sitôt revenu de ses erreurs, et il m'écrit une réponse dont il charge le jeune homme. Quelle réponse, bons dieux! que d'instruction! quelle grâce! quel agréable choix, quel bonheur d'expressions! c'est, pour tout dire, l'œuvre de

---

pectans novam domum, quam ipsa jam ob unum divortium suspectanda : sive illa morte amisit maritum, ut scævi ominis mulier, et infausti conjugii, minime appetenda; seu repudio digressa sit, utramvis habens culpam mulier, quæ aut tam intolerabilis fuit, ut repudiaretur, aut tam insolens ut repudiaret. Ob hæc et alia, viduæ dote aucta procos sollicitant. Quod Pudentilla quoque in alio marito fecisset, si philosophum spernentem dotis non reperisset.

Age vero, si avaritiæ causa mulierem concupissem, quid mihi utilius ad possidendam domum ejus fuit, quam simultatem inter matrem et filios serere? alienare ab ejus animo liberorum caritatem, quo liberius et artius desolatam mulierem solus possiderem? Fuitne hoc prædonis, quod esse vos fingitis? Ego vero quietis, et concordiæ, et pietatis, auctor, conciliator, favitor, non modo nova odia non serui, sed vetera quoque funditus exstirpavi. Suasi uxori meæ, cujus, ut isti aiunt, jam universas opes transvoraram : suasi, inquam, ac denique persuasi, ut filiis pecuniam suam reposcentibus, de qua supra jam dixi, ut eam pecuniam sine mora redderet in prædiis vili æstimatis, et quanto ipsi volebant. Præterea ex re familiari sua fructuosissimos agros, et grandem domum opulente ornatam, magnamque vim tritici, et hordei, et vini, et olivi, ceterorumque fructuum : servos quoque haud minus quadringentos, pecora amplius, neque pauca, neque abjecti pretii, donaret; ut eos et ex ea, quam tribuisset, parte securos haberet, et ad cetera hereditatis bona spe invitaret. Hæc ego, ab invita Pudentilla (patietur enim, me, uti res fuit, ita dicere) ægre extudi, ingentibus precibus invitæ et iratæ extorsi: matrem filiis reconciliavi : privignos meos, primo hoc vitrici beneficio, grandi pecunia auxi. Cognitum hoc est tota civitate. Rufinum omnes exsecrati, me laudibus tulere.

Venerat ad nos, priusquam istam donationem mater perficeret, cum dissimili isto fratre suo Pontianus; pedes nostros advolutus, veniam et oblivionem præteritorum omnium postularat, flens et manus nostras osculabundus, ac dicens, pœnitere, quod Rufino et similibus auscultarit. Petit postea suppliciter, uti se Lolliano quoque Avito C. V. purgem, cui haud pridem tirocinio professionis suæ fuerat a me commendatus ; quippe compererat, ante paucos dies omnia me, ut acta erant, ad eum perscripsisse. Id quoque a me impetrat. Itaque acceptis litteris Carthaginem pergit : ubi jam prope exacto consulatus sui munere, Lollianus Avitus te, Maxime, opperiebatur. Is, epistolis meis lectis, pro sua eximia humanitate gratulatus Pontiano, quod cito errorem suum correxisset, rescripsit mihi per eum, quas litteras, di

l'homme de bien éloquent. Je suis assuré, Maximus, que vous en entendrez la lecture avec plaisir : et pour celle-ci, je me chargerai de la lire moi-même. Greffier, passez-moi ma correspondance avec Avitus. Que ces lettres, qui m'ont toujours été un titre d'honneur, me deviennent aujourd'hui une sauvegarde. Laissez couler la clepsydre : quelque temps que je dusse y mettre, je relirais bien volontiers trois ou quatre fois les lettres d'un si excellent personnage.

(*Ici manque la lettre d'Avitus.*)

Je sens qu'après une pareille lettre je devrais passer à ma péroraison ; car qui pourrais-je produire qui fût pour moi un plus abondant panégyriste, un témoin plus respectable de ma vie, un avocat plus éloquent ?

J'ai connu, dans le cours de ma carrière, bon nombre d'éloquents personnages du nom romain : je n'en admire aucun à l'égal d'Avitus. Il n'y a personne aujourd'hui, autant que j'en puis juger, quelque gloire qu'il ait déjà dans l'éloquence ou quelque avenir qu'il y espère, qui, faisant entre Avitus et lui une comparaison impartiale, n'aimât mieux être Avitus. Les qualités les plus diverses de l'art oratoire sont réunies en lui. Prenez quelque discours que ce soit qu'il ait composé, tout y est si parfait, que ni Caton ne manquera d'y trouver la gravité, ni Lélius la douceur, ni Gracchus la fougue, ni César le pathétique, ni Hortensius la disposition, ni Calvus la subtilité de la dialectique, ni Salluste la concision, ni Cicéron la richesse. Enfin, pour ne pas épuiser le sujet, quand on entend un discours d'Avitus, on n'y pourrait faire ni addition,
ni retranchement, ni changement quelconque. Je vois, Maximus, avec quelle faveur vous écoutez le détail de ces traits où vous reconnaissez votre ami Avitus. C'est votre bonté qui m'a enhardi à en dire quelques mots ; mais je n'en abuserai pas jusqu'à me permettre, fatigué comme je le suis et touchant à la fin de ma défense, d'entrer dans l'éloge de ses rares vertus : c'est un sujet que je réserve pour le temps où j'aurai toutes mes forces et tout mon loisir.

Maintenant, en effet, quelque dégoût que j'en aie, il me faut descendre de l'éloge d'un tel homme aux basses calomnies des gens que j'ai devant moi. Oses-tu donc, Émilianus, te comparer avec Avitus ? Celui qu'Avitus déclare homme de bien, celui dont il loue la conduite dans sa lettre en termes si explicites, toi, tu l'accuseras de maléfices et de magie ! Mais que j'eusse envahi la maison de Pudentilla et pillé ses biens, en dois-tu être plus indigné que Pontianus, qui, après une inimitié passagère, suscitée par vos instigations, m'a justifié, quoique absent, devant Avitus, et s'est avoué mon obligé en présence d'un si grand personnage ? Suppose qu'au lieu de la lettre d'Avitus, j'eusse lu le récit de ce qui s'est passé devant ce magistrat, de quoi pourrais-tu, toi ou tout autre, m'accuser en cette affaire ? Pontianus lui-même reconnaissait me devoir la donation de sa mère ; il se réjouissait au fond de son cœur d'avoir rencontré un beau-père tel que moi. Pourquoi n'a-t-il pas survécu à son voyage à Carthage ? ou pourquoi, Rufinus, puisque son dernier jour était marqué, l'as-tu empêché d'exprimer son dernier jugement ? Que de

boni ! qua doctrina ! quo lepore ! qua verborum amœnitate simul et jucunditate ! prorsus, ut vir bonus dicendi peritus. Scio, te, Maxime, libenter ejus litteras auditurum. Et quidem si perlegam, mea voce pronunciabo. Cedo tu Aviti epistolas, ut quæ semper ornamento mihi fuerunt, sint nunc etiam saluti. At tu, licebit aquam sinas fluere. Namque optimi viri litteras ter et quater adeo quantovis temporis dispendio lectitarem.

(*Desunt Lolliani Aviti litteræ.*)

Non sum nescius, debuisse me post istas Aviti litteras perorare. Quem enim laudatorem locupletiorem, quem testem vitæ meæ sanctiorem producam, quem denique advocatum facundiorem ?

Multos in vita mea romani nominis disertos viros sedulo cognovi, sed sum æque neminem admiratus. Nemo est hodie, quantum mea opinio fert, alicujus in eloquentia laudis ac spei, quin Avitus esse longe malit, si cum eo se, remota invidia, velit conferre. Quippe omnes fandi virtutes pæne diversæ in illo viro congruunt. Quamcumque orationem struxerit Avitus, ita illa erit undique sui perfecte absoluta, ut in illa neque Cato gravitatem requirat, neque Lælius lenitatem, neque Gracchus impetum, nec Cæsar calorem, nec Hortensius distributionem, nec Calvus argutias, nec parcimoniam Sallustius, nec opulentiam Cicero : prorsus inquam, ne omnia persequar, si Avitum audias, neque additum quidquam velis, neque detractum, neque autem aliquid commutatum. Video, Maxime, quam benigne audias, quæ in amico tuo Avito recognoscis. Tua me comitas, ut vel pauca dicerem de eo, invitavit. At non usque adeo tuæ benevolentiæ indulgebo, ut mihi permittam, jam propemodum fesso, in causa prorsus ad finem inclinata, de egregiis virtutibus ejus nunc demum incipere : quin potius eas integris viribus et tempori libero servem.

Nunc enim mihi, quod ægre fero, a commemoratione tanti viri ad pestes istas oratio revolvenda est. Audesne te ergo, Æmiliane, cum Avito conferre ? Quemne ille bonum virum ait, cujus Avitus disciplinæ rationem tam plene suis litteris collaudat, eum tu magiæ et maleficii criminibus insectabere ? An invasisse me domum Pudentillæ et compilare bona ejus, tu magis dolere debes, quam doluisset Pontianus, qui mihi ob paucorum dierum, vestro scilicet instinctu, ortas simultates, etiam absenti, apud Avitum satisfecit ? qui mihi apud tantum virum gratias egit ? Puta, me acta apud Avitum, non litteras ipsius legisse. Quid posses, vel quisquis, in isto negotio accusare ? Pontianus ipse, quod a matre donatum acceperat, meo muneri acceptum ferebat : Pontianus me vitricum sibi contigisse intimis affectionibus lætabatur. Quod utinam incolumi Carthagine revertisset ! vel, quoniam

grâces ne m'eût-il pas rendues, soit en public, soit dans son testament! J'ai du moins les lettres qu'il m'écrivit à son arrivée à Carthage, alors qu'il était encore plein de santé, et plus tard, quand la maladie l'eut atteint : ces lettres sont pleines de respect et d'affection. Souffrez qu'elles soient lues, Maximus, afin que le frère de Pontianus, mon accusateur, juge à quelle distance en tous points de ce regrettable jeune homme il parcourt la carrière de la sagesse et de la science.

(*On lit les lettres de Pontianus.*)

As-tu entendu les noms que me donnait ton frère Pontianus? Père, maître, tuteur, voilà de quels noms il m'appela souvent, mais surtout dans les derniers jours de sa vie. Je pourrais produire de pareilles lettres écrites par toi, si la recherche en valait le temps.

Ce que j'aurais voulu surtout produire, c'est ce nouveau testament de ton frère, quelque incomplet qu'il soit, où il me donne une marque de souvenir si amicale et si honorable. Mais Rufinus n'a permis ni que le testament parût, ni même qu'il s'achevât, de dépit de voir cet héritage perdu pour lui. Et certes, pour quelques mois qu'il avait été beau-père de Pontianus, il comptait là sur un assez beau prix des nuits de sa fille. Cette fille, d'ailleurs, il avait consulté je ne sais quels Chaldéens sur le moyen de la placer le plus avantageusement; et on m'assure qu'il lui avait été répondu (que ne se sont-ils trompés!) qu'après quelques mois son mari mourrait. Quant à l'héritage, ils avaient prédit toute chose au gré de celui qui les consultait; mais, grâce aux dieux, comme une bête fauve, il a mâché à vide ; car Pontianus, revenu sur le compte de la fille de Rufinus, non-seulement ne l'institua pas son héritière, mais ne lui laissa pas même un legs honorable : il ne l'inscrivit que pour le lot ignominieux de quelque peu de linge, valant deux cents deniers environ (162 francs), pour qu'il fût bien entendu qu'il la déshéritait par mécontentement, plutôt qu'il ne l'omettait par oubli. Dans ce testament, comme dans le premier qui a été lu, il a institué pour héritiers sa mère et son frère. Voilà pourquoi Rufinus, comme il est assez visible, cherche à pousser auprès de ce frère, qui n'est qu'un enfant, sa fille qui est beaucoup plus âgée ; et celle qui était tout à l'heure la femme de son frère, il la livre et la jette à la tête de ce malheureux enfant.

Quant à Pudens, il s'est laissé prendre aux caresses de cette enjôleuse, et enlacer dans les filets de l'entremetteur son père ; et, à peine son frère expiré, abandonnant sa mère, il est allé loger chez son oncle, pour exécuter plus commodément, loin de nous, ce beau dessein. Car Émilianus entre dans les vues du beau-père et en espère du profit... Qu'entends-je? oui, vous faites bien de m'en avertir. Eh bien! ce cher oncle ménage et caresse dans son neveu ses espérances personnelles, en homme qui sait que la loi, sinon l'équité, le fait héritier de Pudens en cas d'intestat. Je n'aurais pas voulu que la chose vînt de moi ; il n'est pas de ma modération de déclarer tout haut le soupçon universel. C'est votre tort à vous, qui m'y avez poussé. Mais si tu veux savoir la vérité, Émilianus, tout le monde s'étonne de cette tendresse subite qui t'est venue pour cet

---

sic ei fuerat fato decretum, utinam tu, Rufine, supremum ejus judicium non impedisses! quas mihi aut coram, aut denique in testamento, gratias egisset! Litteras tamen, quas ad me Carthagine, vel jam adveniens ex itinere præmisit, quas adhuc validus, quas jam æger, plenas honoris, plenas amoris, quæso, Maxime, paulisper recitari sinas, ut sciat frater ejus, accusator meus, quam in omnibus Minervæ curriculum cum fratre optimæ memoriæ viro currat.

Pontiani litteræ.

Audistine vocabula, quæ mihi Pontianus frater tuus tribuerat, me parentem suum, me dominum, me magistrum, quum sæpe alias, tum in extremo tempore vitæ vocans? Possem tuas quoque pares epistolas promere, si vel exiguam moram tanti putarem.

Potius testamentum illud recens tui fratris, quamquam imperfectum, tamen proferri cuperem, in quo mei officiosissime et honestissime meminit. Quod tamen testamentum Rufinus neque comparere, neque perfici passus est, pudore perditæ hereditatis : quam paucorum mensium, quibus socer Pontiani fuit, magno quidem pretio noctium computarat. Præterea nescio quos Chaldæos consuluerat, quo lucro filiam collocaret. Qui, ut audio, utinam illud non vere respondissent, primum ejus maritum in paucis mensibus moriturum. Cetera enim de hereditate, ut adsolent, ad consulentis votum confinxerunt. Verum, ut dii voluere, quasi cæca bestia, incassum hiavit. Pontianus enim filiam Rufini, male comportam, non modo heredem non reliquit, sed ne honesto quidem legato impertivit : quippe qui ei ad ignominiam lintea adscribi ducentorum fere denariorum jusserit, ut intelligeretur iratus potius extraneae eam, quam oblitus prætersisse. Scripsit autem heredes tam hoc testamento, quam priore, quod lectum est, matrem cum fratre; cui, ut vides, admodum puero eamdem illam filiam suæ machinam Rufinus admovet, ac mulierem aliquam multo natu majorem, nuperrime uxorem fratris, misero puero objicit et obsternit.

At ille puellæ meretricis blandimentis, et lenonis patris illectamentis captus et possessus, exinde ut frater ejus animam edidit, relicta matre, ad patruum commigravit, quo facilius remotis nobis cœpta perficerentur. Favet enim Rufino Æmilianus, et proventum cupit. — Ehem ! recte vos admonetis. — Etiam suam spem bonus patruus temperat in isto, ac fovet, qui sciat, intestati pueri legitimum magis, quam justum heredem futurum. Nollem hercule hoc a me profectum. Non fuit meæ moderationis, tacitas omnium suspiciones palam abrumpere; male vos, qui suggessistis. Plane quidem, si verum velis, multi mirantur, Æmiliane, tam repentinam circa puerum istum

enfant depuis la mort de son frère, lui qui t'était si étranger, que, le rencontrant dans la rue, tu ne reconnaissais pas en lui ton neveu. Aujourd'hui tu lui montres tant de condescendance, tu courtises si complaisamment ses défauts, tu résistes si peu à ses fantaisies, que tu donnes crédit à tous les soupçons. Innocent, tu l'avais reçu de nous; effronté, tu nous l'as rendu. Quand nous le dirigions, il était assidu aux écoles : il les fuit maintenant pour les mauvais lieux; il dédaigne les amitiés sérieuses; c'est avec des jeunes gens du bas peuple, au milieu des courtisans et des verres, qu'un enfant de son âge se livre à la table. Chez toi, il est maître, il commande aux esclaves, il préside aux festins; il ne manque à aucun spectacle de gladiateurs. Il sait les noms, il juge des coups et des blessures, il profite en enfant docile des leçons du maître gladiateur. Il ne parle que carthaginois, sauf qu'il y mêle quelques mots de grec appris chez sa mère. Quant au latin, il ne veut ni ne peut le parler. Vous venez de l'entendre, Maximus : ô honte! mon beau-fils, le frère de Pontianus, ce jeune homme si instruit, quand vous lui avez demandé si c'était par mon impulsion que sa mère lui avait fait cette donation, a pu bégayer à peine quelques syllabes! Eh bien! Maximus, et vous ses assesseurs, et vous tous qui m'écoutez, soyez témoins que le déshonneur de cet enfant, que ses mœurs perdues sont l'ouvrage de son oncle que vous voyez, et de ce beau-père en robe blanche; et que désormais je n'irai pas me faire un tourment de ce qu'un pareil beau-fils a secoué ma tutelle, ni supplier sa mère de lui rendre ses bonnes grâces. Car voici que j'oubliais que tout dernièrement, depuis la mort de Pontianus, Pudentilla, qui se sentait malade, ayant fait son testament, il me fallut avoir une lutte avec elle pour l'empêcher de déshériter Pudens pour tant d'affronts et d'injustices. Elle avait déjà écrit tout au long ses motifs : je la suppliai de les effacer; j'allai jusqu'à la menacer de me séparer d'elle; je voulus qu'elle me fît cette grâce, qu'elle triomphât à force de bontés d'un fils ingrat, qu'elle me mît à l'abri de tout soupçon odieux; je n'eus pas de cesse qu'elle n'y consentît.

Je regrette d'avoir ôté ce scrupule à Émilianus, et de lui avoir montré ce sentier inespéré. Voyez donc, Maximus, comme mes dernières paroles l'ont stupéfié! comme il a baissé les yeux! Il croyait les choses tout autrement, et non sans raison : il savait la mère aigrie par les outrages du fils, et enchaînée à moi par mes bons offices. Moi aussi, je lui donnais à craindre. Tout autre à ma place, même en refusant l'héritage, n'eût pas résisté à tirer quelque vengeance d'un si indigne beau-fils. C'est même l'inquiétude qu'ils en ont eue qui les a poussés à m'accuser. Les conjectures de leur propre cupidité leur faisaient croire que la succession m'avait été dévolue. Eh bien! je vous ôte cette crainte pour l'avenir. Je suis d'un caractère à n'être pas détourné de mes principes par l'espoir d'un héritage ou par l'occasion d'une vengeance. Beau-père, j'ai défendu un beau-fils méchant contre une mère irritée, comme un père eût défendu contre une marâtre son propre fils. C'est trop peu : j'ai retenu, plus qu'il n'était juste, le penchant d'une épouse dé-

---

pietatem tuam, postquam frater ejus Pontianus est mortuus : quum antea tam ignotus illi fueris, ut sæpe ne in occursu adeo patientem te ei præbes, itaque eum indulgentia corrumpis, adeo ei nulla re adversaris, ut per hæc suspicionibus fidem facias. Investem a nobis accepisti, vestitipem illico reddidisti. Quum a nobis regeretur, ad magistros itabat : ab iis nunc magna fugela in ganeum fugit : amicos serios aspernatur; eum adolescentulis postremissimis inter scorta et pocula puer hoc ævi convivium agitat. Ipse domi tuæ rector, ipse familiæ dominus, ipse magister convivio. In ludo quoque gladiatorio frequens visitur, nomina gladiatorum et pugnas et vulnera, plane quidem ut puer, honeste, ab ipso lanista docetur. Loquitur nunquam, nisi punice, et si quid adhuc a matre græcissat. Latine enim neque vult, neque potest. Audisti, Maxime, paulo ante, proh nefas! privignum meum, fratrem Pontiani, diserti juvenis, vix singulas syllabas fringultientem, quum ab eo quæreres, donassetne illis mater, quæ ego dicebam me adnitente donata. Testor igitur te, Claudi Maxime, vosque, qui in consilio estis, vosque etiam, qui tribunal mecum adsistitis, hæc damna et dedecora morum ejus patruo huic, et candidato illi socero assignanda : neque posthac boni consulturum, quod talis privignus curæ meæ jugum cervice excusserit; neque postea pro eo matri ejus supplicaturum. Nam, quod pænissime oblitus sum, nuperrime quum testamentum Pudentilla post mortem Pontiani filii sui, in mala valetudine scripserit, diu sum adversus illam renisus, ne hunc ob tot insignes contumelias, ob tot injurias exheredaret. Elogium gravissimum jam totum medius fidius perscriptum, ut aboleret, impensis precibus oravi. Postremo ni impetrarem, diversurum me ab ea comminatus sum; mihi hanc veniam tribueret : malum filium beneficio vinceret : me invidia omni liberaret. Nec prius destiti, quam ita fecit.

Doleo, me huncce scrupulum Æmiliano dempsisse : tam inopinatam semitam indicasse. Specta, quæso, Maxime, ut hisce auditis, subito obstupuerit, ut oculos ad terras demiserit; enim longe sequius ratus fuerat, nec immerito. Mulierem filii contumeliis infestam, meis officiis devinctam sciebat. De me quoque fuit quod timeret. Quivis vel æque, ut ego, spernens hereditatis, tamen vindicari de tam inofficioso privigno non recusaret. Hæc præcipue sollicitudo eos ad accusationem mei stimulavit. Hereditatem omnem mihi relictam falso ex sua avaritia conjectavere. Solvo vos in præteritum isto metu. Namque animum meum neque hereditatio, neque ultionis occasio potuit loco dimovere. Pugnavi cum irata matre, pro privigno malo vitricus, veluti pater pro optimo filio adversus novercam; nec satis fuit, ni bonæ uxoris prolixam liberalitatem circa me nimio plus æquo coercerem. Cedo tu tes-

vouée à se montrer libérale envers moi. Passez-moi le testament fait par Pudentilla en faveur de son fils, devenu déjà son ennemi ; testament dont mes prières ont précédé chaque mot, et qui est l'œuvre de cet homme qu'ils qualifient de brigand. Faites-en rompre le cachet, Maximus, vous y verrez que son fils est son héritier : pour moi, il m'est fait je ne sais quel legs de peu de valeur, et seulement à titre honorifique, afin qu'en cas de malheur, mon nom de mari me restât dans le testament de ma femme.

Prends ce testament de ta mère, Pudens : c'est bien là un acte inspiré par un mauvais procédé, car elle y déshérite un mari qui lui est tout dévoué, pour léguer sa fortune à un fils qui la hait : je me trompe ; ce n'est pas à son fils, c'est aux espérances d'Émilianus, au projet de mariage de Rufinus, à cette troupe de parasites qui s'enivrent. Prends, dis-je, ô le meilleur des fils, et, laissant de côté les lettres d'amour de ta mère, lis ce testament, et vois si celle-là était hors de son sens, qui a écrit ces mots : « J'institue pour mon héritier Sicinius Pudens, mon fils. » Oui, j'avoue que ces mots la feraient croire à de la folie. Quoi ! votre héritier, c'est ce fils qui, son frère à peine mort, appela une bande de jeunes gens perdus de mœurs, et voulut vous chasser de la maison que vous lui aviez donnée ! qui ne put supporter de voir son frère institué conjointement avec lui votre héritier ! qui, vous laissant dans les larmes et dans le deuil, s'enfuit de vos bras dans ceux d'un Rufinus et d'un Émilianus ! qui plus tard vous injuria publiquement de paroles, puis d'effet, avec son oncle pour complice ! qui a colporté votre nom devant les tribunaux ! qui a tâché de vous déshonorer par vos lettres ! qui a intenté une accusation capitale à votre mari, à ce mari qu'il vous reprochait d'aimer éperdument ! Ouvre donc, excellent fils, ouvre ce testament, tu t'en convaincras mieux de la folie de ta mère. Quoi ! tu refuses, tu hésites ! n'es-tu donc pas parfaitement rassuré sur l'héritage maternel ? Pour moi, Maximus, je dépose cet acte aux pieds de votre tribunal, et je proteste que désormais je ne m'inquiéterai plus de ce que Pudentilla en voudra faire. Que Pudens se charge de fléchir sa mère : il m'a ôté toute envie de m'en mêler. C'est à lui, maintenant qu'il est son maître, qu'il est homme fait, de dicter à sa mère les lettres les plus acerbes, et de calmer son mécontentement. Il a pu pérorer, il pourra bien implorer. Quant à moi, c'est assez d'avoir non-seulement repoussé toutes les accusations, mais détruit et fait disparaître ce qui faisait le fond de ce procès, c'est-à-dire la captation d'héritage.

Mais, pour ne rien omettre, je veux encore, avant de finir, montrer combien l'accusation est calomnieuse. Vous avez dit que j'ai acheté sous mon nom, des deniers de ma femme, une propriété magnifique. Je réponds qu'il a été acheté un petit bien de 60,000 sesterces, non par moi, mais par Pudentilla, et sous son nom ; que c'est le nom de Pudentilla qui figure dans l'acte ; que les droits ont été payés au nom de Pudentilla. Le questeur qui les a reçus est ici, c'est l'honorable Corvinus Céler ; je vois aussi le tuteur de Pudentilla, qui a autorisé l'acquisition, un homme d'autant de droiture que de gravité, qu'on ne peut nommer

---

tamentum, jam inimico filio a matre factum : me, quem isti prædonem dicunt, verba singula cum precibus præeunte. Rumpi tabulas istas jube, Maxime, invenies filium heredem : mihi vero tenue nescio quid honoris gratia legatum ; ne, si quid ei humanitus attigisset, nomen mariti in uxoris tabulis non haberem.

Cape istud matris tuæ testamentum, vere hoc quidem inofficiosum. Quidni ? in quo obsequentissimum maritum exheredavit, inimicissimum filium scripsit heredem : immo enimvero non filium, sed Æmiliani spes, et Rufini nuptias : sed temulentum illud collegium, parasitos tuos. Accipe, inquam, filiorum optime, et positis paulisper epistolis amatoriis matris, lege potius testamentum si quid quasi insana scripsit, hic reperies, et quidem mox a principio : Sicinius Pudens filius meus mihi heres esto. Fateor, qui hoc legerit, insanam putabit. Hiccine filius heres, qui te in ipso fratris sui funere, advocata perditissimorum juvenum manu, voluit excludere e domo, quam ipsa donaveras ? qui te sibi a fratre coheredem relictam, graviter et acerbe tulit ? qui confestim te cum tuo luctu et mœrore deseruit, et ad Rufinum et Æmilianum de sinu tuo aufugit ? qui tibi plurimas postea contumelias dixit coram, et adjuvante patruo fecit ? qui nomen tuum pro tribunalibus ventilavit ? qui pudorem tuum tuismet litteris conatus est publice dedecorare ? qui maritum tuum, quem elegeras, quem, ut ipse objiciebat, efflictim amabas, capitis accusavit ? Aperi, quæso, bone puer, aperi testamentum : facilius insaniam matris sic probabis. Quid abnuis ? quid recusas, postquam sollicitudinem de hereditate materna repulisti ? At ego hasce tabulas, Maxime, hic ibidem pro pedibus tuis adjicio : testorque, me deinceps incuriosius habiturum, quid Pudentilla testamento suo scribat. Ipse jam, ut libet, matrem suam de cetero exoret ; mihi, ut ultra pro eo deprecer, locum non reliquit. Ipse jam, ut sui potens ac vir, acerbissimas litteras matri dictet, iram ejus deliniat ; qui potuit perorare, poterit exorare. Mihi jamdudum satis est, si non modo crimina objecta plenissime dilui ; verum etiam radicem hujus judicii, id est, hereditatis quæsitæ invidiam funditus sustuli.

Illud etiam, ne quid omnium prætereram, priusquam peroro, falso objectum revincam. Dixistis, me magna pecunia mulieris pulcherrimum prædium meo nomine emisse. Dico, exiguum herediolum sexaginta millibus nummum, id quoque non me, sed Pudentillam suo nomine emisse : Pudentillæ nomen in tabulis esse : Pudentillæ nomine pro eo agello tributum dependi. Præsens est quæstor publicus, cui depensum est, Corvinus Celer, vir ornatus. Adest etiam tutor, auctor mulieris, vir gravissimus et sanctissimus, omni cum honore mihi nominandus, Cassius Longinus. Quære, Maxime, cujus emptionis auctor fuerit,

APOLOGIE.

sans les plus grands éloges, Cassius Longinus. Demandez-leur, Maximus, à l'un quel est le domaine dont il a autorisé l'acquisition, à l'autre de quelle misérable somme Pudentilla a payé ce bout de champ.

(Ici le témoignage de Cassius Longinus, le tuteur, et de Corvinus Clémens, receveur d'impôts.)

En est-il ainsi que j'ai dit? Voit-on mon nom quelque part dans cet acte? Le prix de ce petit bien est-il scandaleux? Pudentilla m'a-t-elle fait même un si mince don?

Que reste-t-il, à ton sens, Émilianus, que je n'aie réfuté? Quel fruit te semble-t-il que j'aie tiré de ma magie? Pourquoi aurais-je séduit Pudentilla par des enchantements? Quel avantage m'en devait-il revenir? Celui de recevoir une petite dot au lieu d'une grosse. Beaux effets de mes enchantements! Cette dot, elle la déclare réversible sur ses fils, au lieu de me la laisser. Et quoi de plus puissant que ma magie? Une femme qui, avant de m'épouser, n'avait fait à ses fils aucun avantage, je l'ai déterminée à leur abandonner la plus grande partie de ses biens, sans réserver rien pour moi! Y a-t-il là un coupable maléfice, ou un bienfait payé d'ingratitude? Une mère irritée contre son fils inscrit dans son testament ce fils qui l'a offensée, de préférence à moi qu'elle aime. Voilà ce qu'il n'a pas été aisé d'obtenir, même à force d'enchantements.

Imaginez qu'au lieu de Claudius Maximus, cet homme si équitable et ce magistrat si ferme, le juge devant qui la cause se plaide fût quelque homme pervers et cruel, fauteur d'accusations et avide de condamnations : donnez-lui ces faits à suivre; fournissez-lui la moindre occasion vraisemblable de décider le procès selon vos désirs; fouillez dans vos souvenirs, forgez de quoi répondre à des questions de ce genre. Et puisque toute entreprise doit avoir une cause qui l'a provoquée, répondez, vous qui dites qu'Apulée a attaqué l'esprit de Pudentilla par la magie : que voulait-il de cette femme? qui le faisait agir? La voulait-il pour sa beauté? Non, dites-vous. Convoitait-il du moins sa fortune? Non, répondent le contrat de mariage, l'acte de donation; non, dit le testament. Il résulte de toutes ces pièces que, loin d'avoir rien convoité, il a opiniâtrement repoussé les dons de sa femme. Quelle autre cause y aurait-il? Pourquoi ce silence? pourquoi cette stupeur? Où donc est ce terrible début de l'acte d'accusation lancé contre moi au nom de mon beau-fils? *C'est cet Apulée, seigneur Maximus, que j'ai résolu d'accuser devant vous.* Que n'ajoutes-tu, Pudens : L'accusé est mon maître, l'accusé est mon beau-père, l'accusé est mon défenseur auprès de ma mère? Mais que dit-on plus loin? *de maléfices nombreux et manifestes.* Indiquez-en donc un seul dans ce grand nombre, le plus douteux, le plus obscur parmi les plus manifestes. Quant aux autres griefs, voyez si j'y réponds par plus de deux mots. *Vous rendez les dents blanches.* — Quel crime y a-t-il d'être propre? — *Vous regardez les miroirs.* — Un philosophe le doit. — *Vous faites des vers.* — C'est chose permise. — *Vous étudiez les poissons.* — Aristote l'enseigne. — *Vous consacrez du bois.* — Platon le conseille. — *Vous vous mariez.* — Les lois l'ordonnent. — *Votre femme est votre aînée.* — Cela se voit communément. — *Vous avez couru*

---

quantulo pretio mulier locuples agellum suum præstinarit.

(*Testimonium Casii Longini, tutoris, et Corvini Clementis, quæstoris.*)

Estne ita ut dixi? uspiam in hac emptione nomen meum adscriptum est? num ipsum heredioli pretium invidiosum est? num vel hoc saltem in me collatum?

Quid etiam est, Æmiliane, quod non te judice refutaverim? Quod pretium magiæ meæ reperisti? Cur ego Pudentillæ animum veneficiis flecterem? quod ut ex ea commodum caperem? Uti dotem mihi modicam potius, quam amplam diceret? O præclara carmina! An ut eam dotem filiis suis magis restipularetur, quam penes me sineret? Quid addi ad hanc magiam potest? An uti rem familiarem suam meo adhortatu pleramque filiis condonasset, quæ nihil illis ante me maritum fuerat largita; mihi nihil quidquam impartiret? O grave veneficium dicam, an ingratum beneficium? An ut testamento, quod irata filio scribebat, filium potius, cui offensa erat, quam me, cui devincta, heredem relinqueret? Hoc quidem multis cantaminibus difficile impetravi.

Putate, vos causam non apud Claudium Maximum agere, virum æquum et justitiæ pertinacem, sed alium aliquem pravum et sævum judicem substituite, accusationum fautorem, cupidum condemnandi; date ei quod sequatur; ministrate vel tantulam verisimilem occasionem secundum vos pronunciandi. Saltem fingite aliquid, reminiscimini, quod respondeatis, qui vos ita rogarit. Et quoniam omnem conatum necesse est quæpiam causa præcedat, respondete, qui Apuleium dicitis animum Pudentillæ magicis illectamentis adortum, quid ex ea petierit? cur fecerit? Formam ejus voluerat? negatis. Divitias saltem concupierat? negant tabulæ dotis, negant tabulæ donationis, negant tabulæ testamenti : in quibus non modo non cupide appetisse, verum etiam dure repulisse liberalitatem suæ uxoris ostenditur. Quæ igitur alia causa est? Quid obmutuistis? quid tacetis? Ubi illud libelli vestri atrox principium, nomine privigni mei formatum? *Hunc ego, domine Maxime, reum apud te facere institui.* Quin igitur addis, reum magistrum, reum vitricum, reum deprecatorem? sed quid deinde? *plurimorum maleficiorum et manifestissimorum.* Cedo unum de plurimis : cedo dubium, vel saltem obscurum de manifestissimis. Ceterum ad hæc, quæ objecistis, numera un binis verbis respondeam. *Dentes splendidas* : ignosce munditiis. *Specula inspicis* : debet philosophus. *Versus facis* : licet fieri. *Pisces exploras* : Aristoteles docet. *Lignum consecras* : Plato suadet. *Uxorem ducis* : leges jubent. *Prior natu est ea* : solet fieri. *Lucrum sectatus es* : dotales accipe, donationem recordare, testamentum lege.

après le gain. — Regardez l'acte de mariage, rappelez-vous la donation, lisez le testament.

Que si j'ai complétement repoussé toutes les attaques, si j'ai réfuté toutes les calomnies, si j'ai dû faire voir mon innocence, non-seulement comme accusé, mais comme calomnié; si, loin de compromettre l'honneur de la philosophie, qui m'est plus cher que la vie, je l'ai mis à l'abri dans une enceinte inviolable, si; dis-je, les choses sont ainsi, j'ai plus de sujet, Maximus, de compter sur votre estime que de redouter votre puissance; car il serait moins grave pour moi et moins redoutable d'être condamné par le proconsul, que blâmé par un homme de tant de bonté et de vertu.

J'AI DIT.

Quæ si omnia affatim retudi, si calumnias omnes refutavi, si me in omnibus non modo criminibus, verum etiam maledictis, procul a culpa tuitus sum; si philosophiæ honorem, qui mihi salute mea antiquior est, nusquam minui; immo contra, ubique si conceptum penitus eum tenui: si hæc, ut dico, ita sunt, possum securius tuam existimationem revereri, quam potestatem vereri; quod minus grave et verendum mihi arbitror, a proconsule damnari, quam si a tam bono tamque emendato viro improber.

DIXI.

NOTES DE L'APOLOGIE.

APOLOGIE. Dans plusieurs éditions anciennes, cette harangue, appelée par saint Augustin un morceau de très-longue haleine, *copiosissima oratio*, forme deux parties distinctes : la première était censée contenir tout ce qui regarde l'accusation de magie; la seconde, ce qui tient aux reproches d'intrigues ou de captations à l'égard de Pudentilla.

Maximus Claudius. C'était le proconsul de la province d'Afrique. — *Sicinius Émilianus.* C'était l'oncle paternel des beaux-fils d'Apulée; il était le frère de *Sicinius Amicus*, premier mari de Pudentilla, laquelle avait épousé notre philosophe en secondes noces.

Adversus Granios. Ces Granius avaient probablement un procès avec Pudentilla; et Apulée, qui suivait toujours la carrière du barreau, se trouvait naturellement être l'avocat de sa femme. Quant aux avocats dont il parle un instant après comme l'ayant injurié, il est probable que c'était Émilianus qui les avait apostés, pour qu'ils accusassent Apulée en pleine audience.

Necis Pontiani privigni mei. Pontianus était mort à Carthage, pendant qu'Apulée était domicilié dans la ville d'Œa. Il est question de sa mort vers la fin du plaidoyer.

Ab accusandi periculo profugus. Le péril était la peine du talion, à savoir, dans l'espèce, d'être noté d'infamie pour avoir voulu soi-même méchamment diffamer; or, cette peine n'était pas encourue par celui qui se contentait d'assister un accusateur en titre, et qui jouissait ainsi du *venia assistendi*.

Contra clarissimam vocem... et plus loin : *quam quidem vocem... Spero in hoc quoque judicio erupturam.* Pour éclaircir ce passage, nous empruntons la note suivante à un excellent article de M. Naudet sur la traduction d'Apulée, par M. Bétolaud. (*Journal des savants*, novembre 1839.)

« Casaubon, avec d'autres érudits, supposait que ces mots, *quam vocem erupturam*, signifiaient la voix d'Émilianus qui éclaterait encore une fois contre les juges après la condamnation dont il serait frappé. Le nouveau traducteur s'est plus approché de la vérité dans cette version : « J'espère que votre voix le terrassera pareillement. » Il a compris qu'il y avait quelque analogie de ces mots avec ceux-ci, qui se trouvent deux lignes plus haut : *contra vocem clarissimam*. Seulement il n'a point aperçu le rapport d'identité que l'auteur voulait marquer, et le peu de mots par lequel son esprit s'est égaré, un peu hors de propos, ou du moins peu convenablement. Lollius Urbicus, qui avait rendu la sentence que mentionne Apulée, était préfet de la ville, et, à ce titre, président ordinaire du sénat; aussi était-il assisté dans sa juridiction d'un conseil de consulaires, par conséquent sénateurs, *de consilio consularium virorum*, et non de simples juristes, de simples citoyens. Il portait, comme les sénateurs, le titre de *clarissime*, ce qu'indiquent les deux majuscules V. C. à la suite de son nom. On ne connaissait pas encore la hiérarchie des titres nobiliaires, *vir illustris, vir spectabilis, vir clarissimus, vir egregius*, qui s'établit depuis le règne de Constantin, et dans laquelle le préfet de la ville monta au rang d'*illustre*; on ne connut d'abord que la qualité de clarissime, qui décorait à la fois les consuls, le préfet de la ville, les sénateurs. Les offices de la maison impériale ne constituaient pas encore de grands dignitaires : ils étaient exercés par des chevaliers ou de simples affranchis, et l'ancienne tradition se conservait de tenir dans l'ordre équestre le préfet du prétoire, quoiqu'il eût déjà des fonctions administratives : mais il commandait encore la garde prétorienne. Lorsque Commode voulut dépouiller Paternus de cet emploi sans faire un coup d'État, il n'eut qu'à le nommer sénateur; le sénat et le prétoire étaient incompatibles.

« Une nouvelle noblesse, non plus de domination héréditaire, comme l'antique patriciat, non plus d'illustration politique, comme les grandes familles depuis le consulat plébéien, mais de préséances, de qualifications emphatiques, s'édifiait pour distraire l'ambition, et pour inviter à l'obéissance par les amusements de la vanité. Le *clarissime*, consulaire ou sénateur, transmettait son *clarissimat* à son fils, à son petit-fils; il en communiquait les honneurs à sa femme, à sa fille. La veuve, la fille du *clarissime* demeuraient clarissimes elles-mêmes, tant qu'elles ne dérogeaient pas par une alliance plébéienne; et Ulpien agita et décida la question de savoir qui, d'une femme consulaire ou d'un ex-préfet, devait avoir la supériorité, *vir præfectorius an consulari feminæ præferatur*. La

NOTES DE L'APOLOGIE.

prééminence du sexe masculin l'emporta sur l'avantage de la dignité dans la consultation du légiste.

« Ainsi dans la phrase d'Apulée, *contra vocem clarissimam* fait allusion à la dignité des juges qui prononcèrent la sentence ; et *quam vocem*, qui commence la proposition suivante, ne désigne certainement pas la voix de l'accusateur Émilianus, ni celle de Maximus Claudius, auquel Apulée adresse la parole : la syntaxe ne permet pas de l'entendre ainsi. C'est toujours l'illustre voix de Lollius Urbicus, qui aurait pu foudroyer Émilianus lorsqu'il osa s'élever insolemment contre elle, et qui retentira, qui éclatera encore dans ce jugement, *empturam*.

« Cette image hyperbolique pourrait se justifier ou s'expliquer par les habitudes d'exagération oratoire des sujets de l'empire, et même des citoyens romains, dans les manifestations de leur respect pour les hauts dignitaires. »

Nous avons dû adopter une interprétation aussi bien motivée. Ce n'est pas d'ailleurs la seule dont nous soyons redevables au savoir et à la sagacité de M. Naudet.

Præfectum urbis. Lollius Urbicus.

Homericus Alexander. Iliade, liv. III, v. 65.

Zenonem illum antiquum. Il s'agit ici de Zénon d'Élée, philosophe de l'école italique, qui succéda à Parménide et fut remplacé lui-même par Leucippe. *Vélia* ne s'appela ainsi qu'ultérieurement, et par altération du mot *Éléa*, qui venait du mot grec Ἕλος (*elas*), *marais*.

Statium Cœcilium. C'était un poëte comique, contemporain d'Ennius, ainsi que de Térence. Il était leur ami, et, comme le dernier, il était esclave. Il avait composé plus de trente comédies, dont il ne nous est parvenu que des fragments à peine appréciables. Il est parlé en détail de lui au liv. IV, ch. 20 des *Nuits Attiques* d'Aulu-Gelle ; et c'est de lui qu'Horace dit dans son *Art poétique*, v. 53 :

.... Quid autem
Cæcilio Plautoque dabit Romanus ademptum
Virgilio Varioque? etc.

Ut ait Catullus. Épigr. XXXIX, *contre Egnatius*, v. 19.

Teius quidam. Anacréon. *Et Lacedemonius.* C'est Dionysodotus, selon les uns ; selon les autres, et avec plus de probabilité, Alcman. *Et Cius.* C'est Simonide. *Etiam mulier Lesbia.* Sapho, de Mytilène, capitale de cette île.

Apud nos vero, Ædituus et Portius. Il veut indiquer par là tous les écrivains de la langue latine, et non pas seulement ceux d'Afrique. — *Édituus, Portius, Catulus.* Il ne faut pas confondre ce dernier avec *Catullus*, Catulle, le poëte érotique. Au reste, ces trois poëtes se trouvent réunis dans un même passage d'Aulu-Gelle (liv. XIX, ch. 9) : « D'une voix pleine de douceur il chanta des vers d'un ancien poëte, Valerius Édituus, et ensuite de Portius Licinius et de Quintus Catulus. Or, je ne crois pas que la littérature latine ou la grecque puisse offrir rien qui leur soit comparable sous le rapport de la pureté, de la grâce, du goût et de la précision. »

Lascivissimus versus. Ce vers est également reproduit par Athénée, au livre XIV de ses *Deipnosophistes.*

Ticidam. Poëte contemporain de Corn. Cinna, de Catulle et de Cornificius.

Sic prius amisimus. Le vers est faux : c'est pour cela que plusieurs éditions lisent

.....Non Phædrum sic priu' perdidimus?

ou

.....Non Phædro sic prius excidimus?

Catullum respondentem. Épigr. XVI, *à Aurélius et à Furius*, v. 5.

Afranius. Poëte comique dont il ne reste que quelques fragments.

Neoptolemi Enniani. On retrouve cette opinion dans Aulu-Gelle, *Nuits attiques*, liv. V, ch. 15 : « Nous approuvions Ennianus Néoptolemus, qui dit en propres termes qu'il faut philosopher en peu de mots, et que les dissertations à perte de vue lui font peur. »

Coragium thymelicum. Le mot *choragium* signifie tout ce qui composait généralement le matériel d'un théâtre, et c'était le *chorége* qui en était chargé. — Le mot *thymelicum* est un adjectif formé du mot qui répondrait le mieux à notre *orchestre.* — Les mots du texte qui sont entre [ ] passent pour apocryphes.

Cereris mundum. Il appelle ainsi ce que les adeptes de Cérès Éleusinienne conservaient dans des coffres mystiques. Clément d'Alexandrie, dans ses *Exhortations* : « ....comme leurs corbeilles mystiques. Car il faut mettre à nu leurs amulettes, et dévoiler ce qu'ils veulent cacher mystérieusement : à savoir, ces sésames, ces pyramides, ces pelotons de laine dévidée, ces larges gâteaux minces et ronds, ces autres de fine fleur de farine, etc.... »

Agesilai Lacedæmonii sententia. Cicéron nous rappelle cette circonstance dans ses *Lettres familières*, liv. V, lett. 12.

Dissidens formæ suæ. Plutarque lui prête un autre motif : c'est, dit-il, dans la vie de ce prince, parce que ses exploits lui semblaient pouvoir très-convenablement lui tenir lieu de portrait.

Villa Publica. C'était un édifice placé dans le champ de Mars, où il était d'usage de loger les magistrats qui allaient partir pour les provinces, et les députés qui arrivaient des nations lointaines. Tite-Live l'indique précisément aux livres XXXIX et XLIII de son *Histoire*.

Philus. Il est question de ce personnage dans le traité de *l'Amitié*, de Cicéron. C'était un ami de Lélius et de Scipion. — *Crassus.* Ce Crassus prétendait qu'un homme n'a pas le droit de se dire riche, à moins de pouvoir de ses revenus annuels entretenir une armée. Et pourtant, comme le dit Valère-Maxime, liv. VI, ch. 9, § 12 : « Dans la suite, l'indigence lui imposa le titre honteux de banqueroutier ; car n'ayant pu payer ses dettes, il vit ses biens mis en vente par ses créanciers. On ne lui épargna pas même une raillerie amère : tout ruiné qu'il était, il s'entendait encore railler du nom de riche par les passants. »

Jam cetera tam mirifica. Voici la traduction du morceau de Diogène-Laërce :

« Au milieu de l'océan du faste, est une ville aussi belle qu'opulente. Cette ville, c'est ma besace. Jamais, pour parvenir dans son enceinte qui ne contient rien, on ne voit l'insolent parasite ou l'avide et impudent débauché se hasarder sur les flots. On y trouve du thym, de l'ail et des figues. Il ne s'y livre point de ces guerres acharnées, comme en suscite la soif des richesses ou l'amour de la gloire. »

Agellum Zarathensem. Selon Ptolémée, Zarath est une ville de la Mauritanie de Césarée (*Mauritaniæ Cæsariensis*).

De patria mea vero. C'est-à-dire de Madaure.

Lolliano Avito. Qui fut consul à Rome en 144, et proconsul d'Afrique en 145.

Semi-medus. Par sa mère Mandane, et *semi-persa* par son père Cambyse.

Vinum Thasium, olus Phliasium. Thasos, île de la mer Égée, en vue de la Thrace. — *Phliasie.* Entre Argos et Sicyone.

Melitides fatuus. Il ne nous est rien parvenu sur cet homme, qui était, à ce qu'il paraît, un type de sottise et de fatuité.

De Zalmoxi quodam. Ce traité doit être *le Charmide.*

Catharmœ. Littéralement, de son poème sur les expiations.

Largiter aqua superest. On sait que la clepsydre ou horloge d'eau était le régulateur du temps pour la durée des plaidoiries.

Si Virgilium legisses, viiie églogue, v. 64 et suiv.

De quadam saga. — *Odyssée,* liv. iv, v. 227. — *Itemque alibi. Odyssée,* liv. xx, v. 302. — Toutes les opérations magiques énumérées ensuite se trouvent pareillement dans *l'Odyssée.*

Quos ait poeta præcipuus. Odyssée, liv. iv, v. 355.

Paucos versus memini. Il y a doute, parmi les savants en histoire naturelle, sur quelques-unes des espèces de poissons citées par Ennius, dans cette énumération fort peu poétique.

Auctor Homerus docet. Odyssée, liv. xix.

In aqua contemplantem. Ce procédé magique se nomme *hydromancie.* Pline le Naturaliste et saint Augustin le mentionnent. Le premier dit qu'on cherchait ainsi à éprouver les dieux : *Aqua tentare deos.*

Non enim ex omni ligno debet Mercurius exsculpi. Ce proverbe est né, à ce qu'il paraît, de la supériorité que l'on accorde à Mercure sur bien d'autres divinités. Ainsi on trouve dans Pline le Naturaliste ce passage curieux : « Il en est qui recherchent avec un soin superstitieux la matière dont ils sculpteront telle ou telle divinité. Car, bien que Priape, cette divinité grossière et indulgente, ne trouve pas mauvais qu'on le façonne en bois de figuier, on n'accorde pas autant de liberté à l'égard de Mercure, le plus habile de tous les dieux et le plus fécond en ressources. »

Incensus gagates. Pline, *Hist. Nat.,* liv. xxxvi, ch. 19; Dioscoride, liv. vi; Aulu-Gelle, liv. xx, ch. 1, accordent également ces propriétés au jayet.

Tannonius Pudens. C'était l'avocat d'Émilianus.

Duodecim Tabulis interdicta. Le texte de la loi est : *Si quis alienas fruges excantassit, kapital esto.*

Themison medicus. C'était, comme on l'a vu, un esclave d'Apulée.

Comitialem. Mal comitial. Si dans des comices assemblés une personne venait à tomber d'épilepsie, la séance était levée aussitôt.

Ut olim Ulixi socii. Voyez *Odyssée,* liv. xx.

Signum dato et audiat licet. « J'ai mangé au tambour, j'ai bu aux cymbales, j'ai porté l'orge, je me suis caché sous le voile, » auraient dit pour se faire reconnaître les adeptes du culte de Cybèle. Les adorateurs de Bacchus eussent exigé qu'on leur montrât des osselets, des sphères, des toupies, des pommes, des rouets, des miroirs, des toisons. Les initiés aux mystères d'Éleusis auraient dit : « J'ai jeûné; j'ai bu le mélange saint; j'ai puisé à la corbeille; j'ai déposé le fruit de mon travail dans le panier, et du panier je l'ai remis dans la corbeille. » Price pense qu'il s'agit tout simplement de certain signe empreint sur la peau.

Me in ejus domo nocturna sacra factitasse. C'était un sacrilège, que de s'occuper des choses saintes ailleurs que dans les temples. Cornélius Népos dit d'Alcibiade qu'il était décrié, « parce qu'on prétend qu'il accomplissait chez lui des mystères religieux. »

Aut secundo lavacro. Le premier bain avant le repas était, chez les anciens, d'un usage général, comme chacun sait; le second, qui était presque un bain de vapeur, n'était pris que par les gens empressés de se rendre capables d'un nouveau festin, et chez qui des sueurs abondantes neutralisaient l'effet d'une première débauche de table.

[*Ructu spinam*]. Tous les manuscrits s'accordent à reproduire cette leçon, diversement interprétée, mais qui est restée inintelligible.

Calpurnianus. Il s'agit probablement du même à qui Apulée avait adressé une petite épître en vers sur une poudre dentifrice, et qui avait produit cette bluette comme une charge contre son auteur.

Non quod pinnarum formidines. L'auteur joue sur le mot *plumes,* parce qu'on se sert de plumes pour effrayer divers animaux. Virgile (*Géorg.,* liv. iii, v. 371).

M. Antonius Cn. Carbonem. C'est peut-être cette accusation que signale Cicéron dans sa lettre à Pétus, où, parlant de Carbon, il dit : « Déjà son père avait été accusé par M. Antoine. » Peut-être y a-t-il erreur de mémoire chez Apulée même; et au lieu de M. Antoine eût-il dû mettre L. Crassus. Il est du moins certain que ce dernier, ayant dix-neuf ans, intenta une accusation contre Cn. ou Caïus Carbon. Cicéron rapporte le fait en différents endroits, et il en est fait aussi mention dans le traité *de Causis corruptæ eloquentiæ.* — *C. Mutius, A. Albutius.* Les inimitiés de ces deux personnages sont indiquées par les vers de Lucilius que Cicéron rapporte dans le liv. 1 de son traité *des Biens et des Maux :* «...... *Hinc hostis Mutii Albutius, hinc inimicus.* » — *P. Sulpitius, Cn. Norbanus.* Cicéron nomme ce dernier *Caïus Norbanus,* et parle de cette accusation fameuse au liv. ii *de l'Orateur.* — *C. Furius, M. Aquilius.* — Voyez Cicéron, *in Brutum,* c. 49 et 62; le même, *de Officiis,* lib. ii, c. 14. Cicéron dit *Fufius.* — *C. Curio, Q. Metellus.* On croit que le premier était C. Curio, tribun du peuple, et le second Q. Metellus Celer, que Cicéron réunit dans une même citation, *in Brutum,* c. 89. Mais pour l'accusation et pour d'autres détails, il reste muet.

Quis Palamedes, quis Sisyphus. On connaît Palamède et Sisyphe; pour les deux derniers, Eschine en parle dans sa harangue contre Ctésiphon : « Ni Phrynondas, ni Eurybate, ni aucun des grands criminels de l'antiquité, ne poussa aussi loin l'imposture et le sortilége. » Lucien mentionne particulièrement Phrynondas dans son *Faux prophète,* à propos d'une énumération des brigands célèbres. Eurybate était vanté pour son adresse. Il avait été un jour surpris en flagrant délit; et ceux qui le gardaient à vue désirant voir un échantillon de son talent à escalader les maisons au moyen de crampons et de cordes, il grimpa le long de la muraille, de sorte qu'il échappa le long des toits à ses gardiens ébahis. De là on avait forgé le verbe grec εὐρυβατίζειν, *eurybatiser,* c'est-à-dire trouver moyen de se tirer du plus mauvais pas et de la position la plus désespérée.

[*Quæ græce interposuit*]. Ces mots passent pour une glose de commentateur.

Celeberrimus in comœdiis versus. On ne connaît ni l'auteur ni la pièce.

Posset videri pro computationis gestu errasse. On reconnaît, par une foule de passages, que l'habitude des anciens était de compter par leurs doigts. Sénèque (*Epist.* lxxxvii) : « L'avarice m'apprend à compter, et à mettre mes doigts à la disposition de mon avarice. » Tertullien, dans son *Apologétique* : « Mais cependant il faut rester assis, entouré d'une foule de papiers, et gesticulant des doigts pour exprimer des chiffres. » Il y avait des nombres qu'on exprimait en rapprochant les doigts, d'autres en les superposant, d'autres en les ouvrant et les allongeant. On comptait de la main gauche depuis *un* jusqu'à *cent.* A partir *de cent,* on passait à la main droite, sur laquelle on comptait comme on venait de faire sur l'autre. Pour la centaine suivante, on passait à la main gauche, etc. Juvénal (*Sat.* x, v. 248), pour dire d'un vieillard qu'il a passé la centaine, dit :

Felix nimirum, qui per tot sæcula mortem
Distulit, atque suos jam dextra computat annos!

Digitos aperuisse. Le nombre *dix*, comme le dit Béda, était représenté par l'index touchant légèrement l'articulation du pouce ; le nombre *trente*, par le même index posant sur le haut du pouce, et par conséquent offrant une plus large courbure. Le nombre *quarante* se représentait par la main allongée.

Carinondas. D'autres veulent dire un *Phrynondas*, parce que ce nom a été cité plus haut. Pour *Carinondas*, il n'est fait mention de lui nulle part. — *Damigeron.* Tertullien (*de l'Ame*, ch. LVII) range celui-ci au nombre des magiciens célèbres. — *Jannes.* C'est celui qui, avec Jambra, résista à Moïse. *Voyez* SAINT PAUL, épît. I, *à Timothée.* — *Apollonius.* Thaumaturge fameux, né à Thyane, bourg de Cappadoce, trois ou quatre ans avant J.-C. Il faisait profession de la philosophie de Pythagore, renonçant au vin, aux femmes, à l'usage des viandes et des poissons, et menant une vie très-austère. Son adresse le fit prendre pour un dieu, et lui attira un grand nombre de disciples. Enfin, après avoir longtemps abusé le monde, il mourut dans un âge avancé, vers la fin du premier siècle, sans que personne fût témoin de sa mort. Philostrate, son plus grand admirateur, a laissé une Vie d'Apollonius de Thyane ; mais on s'accorde à la regarder comme un roman. — *Dardanus.* Magicien célèbre de l'antiquité, du nom duquel les sortiléges sont quelquefois appelés *Dardaniæ artes* (COLUMELLE, liv. x).

Si quid adhuc a matre græcissat. Ce passage prouve que Pudentilla était originaire de Grèce, bien que mariée en Afrique.

Adest etiam tutor. D'après les mœurs grecques, bien que Pudentilla fût épouse d'Apulée, elle avait encore un tuteur pour ses biens propres. Mais c'était plutôt un *conseil officieux* qu'un véritable tuteur.

Corvini Clementis. Dans la page précédente, ce même magistrat est appelé *Corvinus Celer.*

Dixi. C'était la formule d'usage à la fin d'un plaidoyer ; le préteur pouvait à son tour prononcer le *Dixerunt*, c'est-à-dire *La cause est entendue.*

LA MÉTAMORPHOSE.

LIVRE PREMIER.

Je veux ici coudre ensemble divers récits du genre des fables milésiennes. C'est une assez douce musique, et qui va chatouiller agréablement vos oreilles, pour peu qu'elles soient bénévoles, et que votre goût ne répugne pas aux gentillesses de la littérature égyptienne, à l'esprit des bords du Nil. Vous verrez mes personnages, ô merveille! tour à tour perdre et reprendre, par l'effet de charmes opposés, la forme et la figure humaine. Je commence; mais, d'abord, quelques mots sur l'auteur.

Les coteaux de l'Hymette, l'isthme d'Éphyre, le Ténare, sont en commun le berceau de mon antique lignée. Heureuses régions, si riches des dons de la terre, plus riches encore des immortels dons du génie! Là, ma jeunesse studieuse a fait ses premières armes par la conquête de la langue grecque. Transporté plus tard sur le sol latin, étranger au milieu de la société romaine, il m'a fallu, sans guide et avec une peine infinie, travailler à me rendre maître de l'idiome national. Aussi je demande grâce à l'avance pour tout ce qu'un novice peut porter d'atteintes et à l'usage et au goût. Mon sujet est la science des métamorphoses. N'est-ce pas y entrer convenablement, que de transformer d'abord mon langage? Du reste, tout est grec dans cette fable. Attention, lecteur! le plaisir est au bout.

Certaines affaires m'appelaient en Thessalie, dont vous saurez que je suis originaire aussi; car je me glorifie d'une descendance maternelle, dont la souche n'est rien moins que l'illustre Plutarque et son neveu le philosophe Sextus. Je gagnais donc la Thessalie, tantôt gravissant les monts, tantôt plongeant dans les vallées, et foulant tour à tour l'herbe des prairies et les sillons des guérets. Je montais un cheval du pays, au poil blanc sans tache; et, comme la pauvre bête était rendue, que je n'étais pas moins las moi-même de me tenir en selle, je mis un moment pied à terre pour me dégourdir en marchant.

Je commence par bouchonner soigneusement mon cheval avec une poignée de feuilles, pour étancher la sueur qui le couvrait. Je lui passe et repasse la main sur les oreilles; je le débride. Puis je le remets au petit pas, pour lui procurer le soulagement ordinaire, l'évacuation d'un liquide superflu. Or, tandis qu'allongeant le cou et se tordant la bouche, mon coursier prélève, chemin faisant, son déjeuner sur les prés de droite et de gauche, insensiblement je me trouve en tiers avec deux compagnons de route qui, d'abord, avaient eu quelque avance sur moi. Prêtant l'oreille à leur discours, j'entendis l'un d'eux s'écrier avec un éclat de rire : Allons donc! trêve de balivernes! assez de ces contes absurdes! A ce propos, moi, toujours affamé de ce qui est nouveau : Faites-moi part de votre entretien, leur dis-je. Sans être curieux, j'aime à tout savoir, ou à peu près. Voici une côte assez rude; l'intérêt du récit va nous en faciliter la montée.

Mensonges fieffés! reprit celui que je venais

APULEII
METAMORPHOSEON
LIBER PRIMUS.

Ut ego tibi sermone isto milesio varias fabulas conseram, auresque tuas benivolas lepido susurro permulceam : modo si papyrum ægyptiam, argutia nilotici calami inscriptam, non spreveris inspicere; et figuras fortunasque hominum in alias imagines conversas, et in se rursum mutuo nexu refectas ut mireris, exordior. Quis ille, paucis.

Hymettos Attica, et Isthmos Ephyrea, et Tenaros Spartiaca, glebæ felices, æternum libris felicioribus conditæ, mea vetus prosapia est. Ibi linguam attidem primis pueritiæ stipendiis merui; mox in urbe latia advena, studiorum Quiritium indigenam sermonem, ærumnabili labore, nullo magistro præeunte, aggressus excolui. En ecce præfamur veniam, si quid exotici ad forensis sermonis, rudis locutor, offendero. Jam hæc equidem ipsa vocis immutatio, desultoriæ scientiæ stilo, quem accessimus, respon- det. Fabulam græcanicam incipimus : lector, intende, lætaberis.

Thessaliam (nam et illic originis maternæ nostræ fundamenta a Plutarcho illo inclyto, ac mox Sexto philosopho nepote ejus prodita, gloriam nobis faciunt), eam Thessaliam ex negotio petebam. Post ardua montium, et lubrica vallium, et roscida cespitum, et glebosa camporum emensa, in equo indigena albo nivem veluti, jam quoque admodum fesso, ut ipse etiam fatigationem sedentariam incessus vegetatione discuterem, in pedes desilio. Equi sudorem fronde curiose exfrico, aures remulceo, frenos detraho, in gradum lenem sensim provelo, quoad lassitudinis incommodum alvi solitum ac naturale præsidium eliquaret. Ac dum is jentaculum ambulatorium, prata, qua præterit, ore in latus detorto, pronus affectat, duobus comitibus, qui forte paululum præcesserant, tertium me facio. Et dum ausculto quid sermonis agitaretur, alter, exerto cachinno : Parce, inquit, in verba ista hæc tam absurda, tamque inania mentiendo. Isto accepto, sititor alioquin novitatis : Immo vero, inquam, impartire sermone non quidem curiosum, sed qui velim scire vel cuncta; vel

d'entendre. Autant vaudrait me soutenir qu'il suffit de marmotter deux ou trois mots magiques, pour faire refluer les rivières, enchaîner, fixer les flots de la mer, paralyser le souffle des vents, arrêter le soleil dans son cours, faire écumer la lune, détacher de leur voûte les étoiles, et substituer la nuit au jour.

Me mêlant alors tout à fait à la conversation : L'ami, dis-je, vous qui étiez en train de conter, reprenez, je vous prie, le fil de votre histoire, si ce n'est trop exiger de votre complaisance. Puis, me tournant vers l'autre : Vous qui faites ici la sourde oreille, qui sait si ce n'est pas là la vérité même? Ah! vous ne savez guère à quel point la prévention aveugle. Un fait est-il nouveau, mal observé, au-dessus de notre portée, c'est assez pour qu'il soit réputé faux. Examinée de plus près, la chose devient évidente, et, qui plus est, toute simple. Hier, je soupais en compagnie, et les convives donnaient à l'envi sur une tourte au fromage. Je ne voulais pas être en arrière, et j'avalai à l'étourdie une assez forte bouchée de cette pâte glutineuse, qui, s'attachant aux parois inférieures du gosier, m'interceptait la respiration. Un peu plus, je suffoquais. Or, il n'y avait pas longtemps qu'à Athènes, devant le portique du Pécile, j'avais vu, des deux yeux que voici, un opérateur avaler par la pointe un espadon de cavalerie tout des plus tranchants. L'instant d'après, le même homme, pour un denier, s'introduisait dans les intestins, par le bout dangereux, un véritable épieu de chasseur : si bien qu'on voyait la hampe ferrée de l'arme, ressortant du fond des entrailles de ce malheureux, dominer au-dessus de sa tête. Suspendu à cette extrémité, un enfant aux formes gracieuses et suaves exécutait mille évolutions aériennes, se repliant sur lui-même avec une souplesse onduleuse, à faire douter qu'il fût de chair et d'os. Nous autres assistants, nous restions ébahis. On eût dit le caducée du dieu de la médecine, avec ce beau serpent dont le corps flexible s'enroule si bien autour de ses nœuds et de ses tronçons de rameaux. Mais voyons; reprenez le fil de votre histoire. Moi, je vous promets de croire pour deux, et, au premier gîte, vous aurez la moitié de mon souper. Le marché vous convient-il?

On ne peut mieux, reprend mon homme; mais il faudra tout recommencer. D'abord je jure, par ce divin soleil qui nous éclaire, que je ne dirai rien dont je ne puisse prouver l'exactitude; et vous en aurez le cœur net à la première ville de Thessalie que nous allons rencontrer. C'est le sujet de tous les entretiens; les faits y sont de notoriété publique. Mais il est bon aussi que vous sachiez qui je suis, quel est mon pays et ma profession. Je suis d'Égine. Je fais le commerce de miel d'Etna, fromages et autres denrées qui forment la consommation habituelle des auberges. La Thessalie, l'Étolie, la Béotie, sont le cercle de mes tournées; je les parcours en tout sens. Ayant donc appris qu'à Hypate, ville capitale de toute la Thessalie, il y avait un grand marché à faire sur des fromages nouveaux d'un goût exquis, je m'y dirigeai en toute hâte, bien résolu à acheter toute la partie. Mais je m'étais mis en route du pied gauche, et, comme de raison, je manquai cette bonne affaire. Dès la veille, un gros spéculateur, nommé Lupus, avait tout accaparé. La nuit commençait à tomber, et las,

certe plurima; simul jugi quod insurgimus aspritudinem fabularum lepida jucunditas lævigabit.

At ille qui cœperat : Næ, inquit, istud mendacium tam verum est, quam si qui velit dicere, magico susurramine amnes agiles reverti, mare pigrum colligari, ventos inanimes exspirare, solem inhiberi, lunam despumari, stellas evelli, diem tolli, noctem teneri.

Tunc ego in verba fidentior : Heus tu, inquam, qui sermonem jeceras priorem, ne pigeat te, vel tædeat reliqua pertexere. Et ad alium : Tu vero crassis auribus, et obstinato corde respuis, quæ forsitan vere perhibeantur. Minus hercule calles pravissimis opinionibus ea putari mendacia, quæ vel auditu nova, vel visu rudia, vel certe supra captum cogitationis ardua videantur : quæ si paulo accuratius exploraris, non modo comperta evidentia, verum etiam factu facilia senties. Ego denique vespera, dum polentæ caseatæ modico securius offulam grandiorem in convivas æmulus contruncare gestio, mollitiem cibi glutinosi faucibus inhærentis, et ima gula spiritus detinentis, minimo minus interii. Et tamen Athenis proximo ante Pœcilem porticum, isto gemino obtutu circulatorem aspexi equestrem æmulus spatham præacutam mucrone infesto devorasse : ac mox eumdem, invitamine exiguæ stipis, venatoriam lanceam, qua parte minatur exitium, in ima viscera condidisse. Et ecce pone lanceæ ferrum, qua ba-cillum inversi teli ad occipitium per inguen subit, puer in mollitiem decorus insurgit : inque flexibus tortuosis enervam et exossam saltationem explicat, cum omnium qui aderamus admiratione. Diceres dei medici baculo, quod ramulis semiamputatis nodosum gerit, serpentem generosum lubricis amplexibus inhærere. Sed jam cedo, tu sodes, qui cœperas, fabulam remetire. Ego tibi solus hic pro isto credam, et quod ingressu primum fuerit stabulum, prandio participabo. Hæc tibi merces posita est.

At ille : Istud quidem, quod polliceris, æqui bonique facio : verum, quod inchoaveram, porro exordiar. Sed tibi prius solem istum videntem deum dejerabo, me vera compertu memorare. Nec vos ulterius dubitabitis, si Thessaliam proximam civitatem perveneritis, quod ibidem passim per ora populi sermo jactetur, quæ palam gesta sunt. Sed ut prius noritis qui sim, et cujatis, et quo quæstu teneam, audite. Æginensis quidem sum, ætuo melle, vel caseo, et hujuscemodi cauponarum mercibus, per Thessaliam, Ætoliam, Bœotiam ultro citro discurrens. Comperto itaque, Hypatæ, quæ civitas cunctæ Thessaliæ antepollet, caseum recentem, et sciti saporis, admodum commodo pretio distrahi, festinus accucurri, et omne præstinaturus. Sed, ut fieri assolet, sinistro pede profectum, me spes compendii frustrata est. Omne enim pridie Lupus negotiator magnarius coemerat. Ergo igitur ineffi-

de m'être tant pressé pour rien, je me rendis aux bains publics.

Tout à coup j'aperçois Socrate, un de mes compatriotes, assis à terre, couvert à moitié des restes d'un méchant manteau, et devenu méconnaissable à force de maigreur et de malpropreté. Il avait tout l'air d'un de ces rebuts de la fortune qui vont mendiant par les rues. C'était un ami, une vieille connaissance, et pourtant je l'abordai sans être bien sûr de mon fait. Hé! mon pauvre Socrate, lui dis-je, que veut dire ceci? quel extérieur misérable! quelle abjection! chez toi on t'a cru mort; on a pleuré, on a crié dans les formes. Il a été pourvu à la tutelle de tes enfants par acte de l'autorité provinciale. Ta femme, après t'avoir rendu les derniers devoirs, après s'être consumée longtemps dans les larmes, au point qu'à force de pleurer ses yeux ont failli perdre la lumière; ta femme, dis-je, cède enfin aux instances de ses parents; ta maison va voir, au lugubre appareil du deuil, succéder la fête d'un nouvel hymen. Et toi, je te retrouve ici (j'en rougis moi-même) sous l'apparence d'un spectre plutôt que d'un habitant de ce monde.

Aristomène, me dit-il, en es-tu donc à savoir ce que c'est que la fortune, et ses caprices inexplicables, et ses hauts et bas si brusques, si imprévus? En disant ces mots, et pour cacher la rougeur de son front, il ramenait sur sa face un pan de ses haillons rapetassés, laissant à nu le reste du corps, de la ceinture en bas. Je ne pus tenir à ce spectacle de misère. Je lui tendis la main, et m'efforçai de le faire lever; mais il s'obstinait à rester assis et à se cacher le visage. Non, disait-il, laisse la fortune jouir jusqu'au bout de son triomphe. Enfin cependant je le décide à me suivre; et, dépouillant ma robe de dessus, je me hâte de l'en revêtir, ou plutôt d'en voiler sa nudité. Je le mets ensuite au bain. Onctions, frictions, j'administre tout moi-même, et je parviens, non sans peine, à faire disparaître l'énorme couche de crasse dont il était comme enduit. Cette toilette achevée, tout excédé que j'étais de fatigue, je le mène à mon auberge, soutenant de mon mieux ses pas chancelants. Là, je le fais entrer dans un lit bien chaud; et bon dîner, bon vin, douces paroles, je mets tout en œuvre pour le réconforter.

Insensiblement, mon homme se laisse aller à causer et à rire. L'entretien s'anime, et devient même assez bruyant; mais tout à coup un soupir déchirant sort de sa poitrine, et se frappant impitoyablement le front : Misérable! s'écria-t-il, c'est pourtant ma maudite curiosité pour un spectacle de gladiateurs, dont on faisait grand bruit, qui m'a réduit à cette situation déplorable. J'étais allé, comme tu sais, en Macédoine pour mon commerce : mes affaires m'y ont retenu dix mois, après quoi je revenais la bourse assez bien garnie. Un peu au-dessus de Larisse, je pris la traverse pour arriver plus vite au spectacle en question; mais voilà que, dans une gorge profonde et écartée, plusieurs bandits, de vrais colosses, se jettent sur moi, et je ne me tire de leurs mains qu'en y laissant tout ce que je possédais. Dans cette extrémité, je vins ici loger chez une hôtesse, nommée Méroë, déjà vieille, mais encore fort engageante, à qui je contai en détail les motifs de mon excursion prolongée, mes alarmes en revenant, et ma catastrophe en plein

---

caci celeritate fatigatus, commodum vespera oriente ad balneas processeram.

Ecce Socratem contubernalem meum conspicio. Humi sedebat, scissili palliastro semiamictus, pæne alius, lurore ad miseram maciem deformatus : qualia solent fortunæ determina stipes in viis erogare. Hunc talem, quanquam necessarium et summe cognitum, tamen dubia mente propius accessi. Hem, inquam, mi Socrates, quid istud? quæ facies? quod flagitium? At vero domui tuæ jam defletus et conclamatus es. Liberis tuis tutores juridici provincialis decreto dati; uxor, persolutis feralibus officiis, luctu et mœrore diutino deformata, defletis pæne ad extremam captivitatem oculis suis, domus infortunium novarum nuptiarum gaudiis a suis sibi parentibus hilarare compellitur. At tu hic larvale simulacrum cum summo dedecore nostro viseris.

Aristomene, inquit, næ tu fortunarum lubricas ambages, et instabiles incursiones, et reciprocas vicissitudines ignoras. Et cum dicto, sutili centunculo faciem suam, jamdudum punicantem præ pudore, obtexit, ita ut ab umbilico pube tenus cetera corporis renudaret. Nec denique perpessus ego tam miserum ærumnæ spectaculum, injecta manu ut adsurgat enitor. At ille, ut erat capite velato : Sine, sine, inquit, fruatur diutius tropæo fortuna, quod fixit ipsa. Effeci sequatur : et simul unam e duabus laciniis meis exuo, eumque propere, vestio dicam, an contego, et illico lavacro trado; quod unctui, quod tersui, ipse præministro; sordium enormem eluviem operose effrico; probe curatum ad hospitium, lassus ipse, fatigatus ægerrime sustinens, perduco; lectulo refoveo, cibo satio, poculo mitigo, fabulis permulceo.

Jam adlubentia proclivis est sermonis et joci, et scitum cavillum, jam dicacitas tinnula; quum ille imo de pectore cruciabilem suspiritum ducens, dextra sæviente frontem replaudens : Me miserum! infit, qui, dum voluptatem gladiatorii spectaculi satis famigerabilis consector, in has ærumnas incidi. Nam, ut scis optime, secundum quæstum macedonici profectus, dum mense decimo ibidem attentus nummarior revortor, modico prius quam Larissam accederem, per transitum spectaculum obiturus, in quadam avia et lacunosa convalli a vastissimis latronibus obsessus, atque omnibus privatus, tandem evado : et utpote ultime affectus, ad quamdam cauponam Meroen anum, sed admodum scitulam, devorto : eique causas et peregrinationis diuturnæ, et domuitionis anxiæ, et spoliationis diurnæ aperio. Et dum miser refero quæ memini, illa me satis quam humane tractare adorta, cœnæ gratæ atque gratuitæ, ac mox urigine percita, cu-

jour : le tout d'un ton lamentable, et en rassemblant mes souvenirs tant bien que mal. Celle-ci me fit l'accueil le plus gracieux. J'eus gratis un bon souper ; puis, dans un accès de tempérament, elle partagea son lit avec moi. Ouf! une fois que j'eus tâté de sa couche et de ses caresses, impossible de me dépêtrer de cette maudite vieille! Les pauvres hardes que ces honnêtes voleurs avaient laissées sur mon dos sont devenues sa propriété. Tout y a passé, jusqu'aux minces profits que j'ai pu recueillir en faisant le métier de fripier, tant que j'en ai eu la force. Enfin tu as vu quelle mine je faisais tout à l'heure. Voilà où m'ont réduit ma mauvaise étoile et cette honnête créature.

En vérité, repris-je, tu mérites encore pis, s'il y a pis que ce qui t'arrive. Quel odieux libertinage! Quitter enfants et pénates, pour courir après une vieille peau de prostituée! Chut, chut, fit-il, portant précipitamment l'index à sa bouche et promenant ses regards autour de lui, comme pour voir s'il n'y avait pas quelque péril à parler. Il y a quelque chose de plus qu'humain dans cette femme. Retiens ta langue imprudente, ou tu vas t'attirer sur les bras une méchante affaire. Oui-dà! m'écriai-je, c'est donc une puissance que cette reine de cabaret? C'est une magicienne, dit-il; elle sait tout : elle peut, à son gré, abaisser les cieux, déplacer le globe de la terre, pétrifier les fleuves, liquéfier les montagnes, évoquer les mânes de bas en haut, les dieux de haut en bas, éteindre les astres, illuminer le Tartare.

Allons, allons, lui dis-je, baisse le rideau, plie-moi tout ce bagage de théâtre, et parle un peu comme tout le monde.

Veux-tu, me dit-il, un échantillon ou deux de ce qu'elle sait faire? En veux-tu davantage? Te dire qu'elle peut enflammer pour elle, non pas seulement les gens de ce pays, mais les habitants des Indes, mais ceux des deux Éthiopies ; bagatelles! ce sont là jeux de son art. Tiens, écoute ce qu'elle a fait ici même, et devant mille témoins.

Un de ses amants s'était avisé de faire violence à une autre femme. D'un mot elle l'a changé en castor. Cet animal, qui ne supporte pas la captivité, se délivre de la poursuite des chasseurs en se coupant les génitoires : elle voulait qu'il en advînt autant à son infidèle, pour lui apprendre à employer ses forces ailleurs. Elle avait pour voisin un vieux cabaretier qui lui faisait concurrence : Elle l'a transformé en grenouille ; et c'est en coassant du fond de son tonneau, où il barbotte dans la lie, que le pauvre homme appelle aujourd'hui les chalands. Elle a fait un bélier d'un avocat qui avait plaidé contre elle ; il n'avocasse plus maintenant que des cornes. Enfin la femme d'un de ses amants laisse un jour échapper contre elle je ne sais quel propos piquant. La malheureuse était enceinte : chez elle soudain les voies de l'enfantement se ferment ; son fœtus devient stationnaire ; et la voilà condamnée au supplice d'une gestation sans terme. Il y a, de compte fait, huit ans qu'elle porte son fardeau ; son ventre est tendu comme si elle devait accoucher d'un éléphant.

Mais ce dernier trait et beaucoup d'autres ont fini par attirer sur Méroë l'indignation générale. On convient un beau jour que le lendemain on ira la lapider en masse, pour satisfaire la vindicte publique ; mais elle a déjoué le plan par son art. Comme la magicienne de Colchos, à qui un seul jour de répit obtenu de Créon suffit pour

bili suo applicat. Et statim miser, ut cum illa acquievi, ab unico congressu annosam ac pestilentem contraho : et ipsas etiam lacinias, quas boni latrones contegendo mihi concesserant, in eam contuli, opertasque etiam, quas adhuc vegetus saccariam faciens merebam ; quoad me ad istam faciem quam paulo ante vidisti, bona uxor et mala fortuna perduxit.

Pol! quidem tu dignus, inquam, es extrema sustinere, si quid est tamen novissimo extremius, qui voluptatem veneream, et scortum scorteum lari et liberis praetulisti. At ille digitum a pollice proximum ori suo admovens, et in stuporem attonitus : Tace, tace, inquit ; et circumspiciens tutamenta sermonis : Parce, inquit, in feminam divinam, ne quam tibi lingua intemperante noxam contrahas. Ain tandem? inquam : potens illa et regina caupona quid mulieris est? Saga, inquit, et divina, potens cœlum deponere, terram suspendere, fontes durare, montes diluere, manes sublimare, deos infimare, sidera exstinguere, Tartarum ipsum illuminare.

Oro, oro te, inquam, aulaeum tragicum dimoveto, et siparium scenicum complicato, et cedo verbis communibus. Vis, inquit, unum vel alterum, immo plurima ejus audire facta? Nam, ut se ament efflictim non modo incolae, verum etiam Indi vel Æthiopes utrique, vel ipsi Antichthones, folia sunt artis et nugae merae. Sed, quod in conspectu plurium perpetravit, audi. Amatorem suum, quod vi aliam temerasset, unico verbo mutavit in feram castorem : quod ea bestia captivitatis metuens, se ab insequentibus praecisione genitalium liberat ; ut illi quoque simile, quod Venerem habuit in aliam, proveniret. Cauponem quoque vicinum, atque ob id aemulum, deformavit in ranam ; et nunc senex ille dolium innatans vini sui, adventores pristinos in faece submissus officiosis ronchis raucus appellat. Alium de foro quidem, quod adversus eam locutus esset, in arietem deformavit : et nunc aries ille causas agit. Eadem amatoris sui uxorem, quod in eam dicaculae probrum dixerat, jam in sarcinam praegnationis obsepto utero, et repigrato fœtu, perpetua praegnatione damnavit. Et, ut cuncti numerant, octo annorum onere misella illa, velut elephantum paritura, distenditur. Quae quum subinde ac multi nocerentur, publicitus indignatio percrebruit ; statutumque est, ut in eam die altera severissime saxorum jaculationibus vindicaretur ; quod consilium virtutibus cantionum antevortit. Et, ut illa Medea, unius dieculae a Creonte impetratis induciis, totam ejus domum, filiamque cum ipso

réduire en cendres et le palais et la fille et le père, cette autre Médée (c'est elle qui me l'a conté dernièrement, étant dans les vignes) n'eut besoin que d'opérer certaines pratiques sépulcrales autour d'une fosse, et soudain chaque habitant se vit claquemuré dans sa maison par la seule force du charme; et cela, sans qu'il fût possible à personne de forcer une serrure, d'enfoncer une porte, de percer une muraille. Si bien qu'après deux jours de réclusion, c'était à qui proposerait de se rendre; et tous criant à l'unisson, s'engagèrent sous les serments les plus sacrés à ne rien entreprendre contre elle, à la protéger même contre toute violence. Alors elle se laissa fléchir, et leva les arrêts de la ville. Quant à l'auteur du complot, toujours tenu en prison chez lui, par une belle nuit, lui et sa maison, sol, fondations et tout, furent transportés à cent milles de là sur une montagne à pic, où l'on manque d'eau. Et comme il s'y trouvait une ville dont les bâtiments pressés ne laissaient aucune place au nouveau venu dans leur enceinte, elle le planta là en dehors des portes.

Mon cher Socrate, repris-je alors, voilà qui est merveilleux, et qui n'est pas aussi gai. La peur me gagne à mon tour, et une peur qui compte. Vraiment je suis dans les transes. Si ta vieille, par ses intelligences surnaturelles, allait être instruite de nos propos! Eh vite, dépêchons-nous de dormir; et dès que le sommeil nous aura rendu les forces, éloignons-nous d'ici sans attendre le jour, et le plus tôt qu'il nous sera possible. Je parlais encore, que déjà le bon Socrate ronflait de son mieux, sous la double influence de la fatigue et du vin, dont il avait perdu l'habitude. Aussitôt je ferme la porte, j'assure les verrous, puis je me jette sur mon grabat, ayant pris la précaution de l'appuyer contre les battants en manière de barricade. La peur me tint d'abord éveillé, et ce ne fut qu'à la troisième veille que mes yeux commencèrent à se fermer.

Je venais de m'assoupir. Tout à coup, avec un fracas qui n'annonçait pas des voleurs, la porte s'ouvre, ou plutôt elle est enfoncée par une force extérieure qui brise ou arrache les gonds, culbute ma petite couchette boiteuse et vermoulue, et me fait rouler sur le plancher. Là, je reste à plat ventre, emprisonné sous mon lit qui retombe sur moi et me cache tout entier. Je compris alors qu'il peut y avoir contraste entre le sentiment et sa manifestation extérieure. Souvent la joie fait verser des larmes. Moi, malgré l'épouvante qui m'avait saisi, je ne pus retenir un éclat de rire à cette métamorphose grotesque d'Aristomène en tortue. Tapi cependant sous cette cachette improvisée, je guettais tout inquiet, et en regardant de côté la suite de cette aventure. Je vois entrer deux femmes d'un âge avancé, dont l'une tenait une lampe, et l'autre une éponge et une épée nue. Dans cet appareil, elles se placent aux deux côtés du lit de Socrate, qui continuait à dormir de plus belle; et la femme au glaive parle ainsi: Panthia, ma sœur, le voilà ce bel Endymion, ce mignon chéri qui jour et nuit a usé et abusé de moi, pauvrette, et qui fait maintenant si bon marché de ma tendresse. C'est peu de me diffamer, il veut me fuir; et moi, nouvelle Calypso, je n'aurai plus qu'à pleurer dans un veuvage éternel la perfidie et

---

sene, flammis coronalibus deusserat : sic hæc devotionibus sepulcralibus in scrobem procuratis, ut mihi temulenta narravit proxime, cunctos in suis sibi domibus tacita numinum violentia clausit, ut toto biduo non claustra perfringi, non fores evelli, non denique parietes ipsi perquiverint perforari : quoad mutua hortatione consone clamitarent, quam sanctissime dejerantes, sese neque ei manus admolituros; et, si quid aliud cogitarit, salutare laturos subsidium. Sic illa propitiata totam civitatem absolvit. At vero cœtus illius auctorem nocte intempesta, cum tota domo, id est, parietibus et ipso solo, et omni fundamento, ut erat clausa, ad centesimum lapidem in aliam civitatem summo vertice montis exasperati sitam, et ob id ad aquas sterilem, transtulit. Et quoniam densa inhabitantium ædificia locum novo hospiti non dabant, ante portam projecta domo discessit. Mira, inquam, nec minus sæva, mi Socrates, memoras. Denique mihi quoque non parvam incussisti sollicitudinem, immo vero formidinem, injecto non scrupulo, sed lancea, ne quo numinis ministerio similiter usa sermones istos nostros anus illa cognoscat. Itaque maturius quieti nos reponamus : et somno levata lassitudine, noctis antelucio aufugiamus istinc quam pote longissime. Hæc adhuc me suadente, insolita vinolentia ac diurna fatigatione pertentatus bonus Socrates, sopitus jam stertebat altius. Ego vero adducta fore pessulisque firmatis, grabatulo etiam pone cardines supposito, et probe aggesto, super eum me recipio. Ac primum præ metu aliquantisper vigilo, dein circa tertiam ferme vigiliam paululum conniveo.

Commodum quieveram : et repente impulsu majore, quam ut latrones crederes, januæ reserantur, immo vero fractis et evulsis funditus cardinibus prosternuntur. Grabatulus alioqui breviculus, et uno pede mutilus ac putris, impetus tanti violentia prosternitur : me quoque evolutum atque excussum humi recidens universum cooperit ac tegit. Tunc ego sensi naturaliter quosdam affectus in contrarium provenire. Nam ut lacrymæ sæpicule de gaudio prodeunt, ita et in illo nimio pavore risum nequivi continere, de Aristomene testudo factus. Ac dum in infimum dejectus, obliquo adspectu quid rei sit grabatuli solertia munitus opperior, video mulieres duas altioris ætatis. Lucernam lucidam gerebat una, spongiam et nudum gladium altera. Hoc habitu Socratem bene quietum circumstetere.

Infit illa cum gladio : Hic est, soror Panthia, carus Endymion : hic catamitus meus, qui diebus ac noctibus ætatulam meam illusit : hic est, qui meis amoribus insuper habitis, non solum me diffamat probris, verum fugam instruit. At ego scilicet Ulyxi astu deserta, vice Calypsonis æternam solitudinem flebo. Et porrecta dextera,

l'abandon de cet autre Ulysse. Puis, me montrant du doigt à sa sœur Panthia : Et cet excellent conseiller, cet Aristomène, qui a tramé cette fuite, et qui, plus mort que vif en ce moment, est là qui nous épie, rampant sous ce grabat, croit-il m'avoir impunément offensée? Sous peu, dans un instant, tout à l'heure, j'aurai raison de ses sarcasmes d'hier et de sa curiosité d'aujourd'hui. A ces mots je sens une sueur froide circuler sur tout mon corps, un tremblement convulsif me remue jusqu'aux entrailles, et imprime de telles secousses à tous mes membres, que le lit s'agite et semble danser sur mon dos.

La douce Panthia dit alors : Que ne commençons-nous, ma sœur, par mettre en pièces celui-ci à la façon des bacchantes? Ou bien, nous pourrions encore le garotter bien serré, et le châtrer à notre aise. Non, dit Méroë (car je ne pus méconnaître l'héroïne de l'histoire de Socrate), laissons-le vivre, pour qu'il jette un peu de terre sur le corps de cet autre misérable. Alors, faisant pencher sur l'épaule gauche la tête de Socrate, elle lui plonge dans le cou de l'autre côté l'épée qu'elle tenait, jusqu'à la garde. A l'instant où le sang jaillit, elle le reçut avec précaution dans une petite outre et sans en répandre une seule goutte. Voilà ce que j'ai vu de mes propres yeux Ce n'est pas tout. Pour ne rien omettre, sans doute, des rites d'un sacrifice, la tendre Méroë enfonce sa main dans la plaie, et, fouillant jusqu'aux viscères de la victime, en retire le cœur de mon malheureux camarade. Le coup lui avait tranché la gorge, et sa voix, ou plutôt un râle inarticulé, se faisait jour, avec l'air des poumons, au travers de l'horrible blessure. Panthia en boucha l'orifice avec l'éponge : Éponge, ma mie, disait-elle, enfant de la mer, garde-toi de l'eau douce. Cela fait, elle relève mon grabat, et, jambe de çà, jambe de là, les voilà qui s'accroupissent sur moi l'une après l'autre, et, lâchant leurs écluses, m'arrosent à l'envi d'une eau qui n'était pas de senteur.

A peine ont-elles repassé le seuil, que les battants de la porte se rejoignent, les gonds se replacent, les barres se rapprochent, les verrous se referment. Quant à moi, j'étais gisant à terre, tout haletant, tout trempé de cette dégoûtante aspersion, nu et transi comme l'enfant sort du ventre de sa mère; ou plutôt j'étais à demi-mort, ne me survivant, en quelque sorte, à moi-même, que pour me sentir dévolu au gibet. Que deviendrai-je, lorsque demain on va voir ce pauvre garçon égorgé? Quand je dirais ce qui en est, personne voudra-t-il me croire? Un gaillard comme vous ne pouvoir tenir tête à une femme? Vous aviez du moins la force de crier au secours. Un homme est égorgé, là sous vos yeux, et vous ne soufflez pas! Pourquoi n'avez-vous pas été victime du même attentat? Et les auteurs de cette atroce cruauté en auraient laissé vivre le témoin, tout exprès pour la révéler! Ah! vous avez échappé cette fois à la mort! eh bien! ce sera la dernière. Voilà ce qui passait et repassait dans ma tête. Et cependant la nuit tirait à sa fin.

Dans cette perplexité, je jugeai n'avoir rien de mieux à faire que de partir furtivement avant le jour, et de gagner au pied aussi vite qu'on peut le faire à tâtons. Je prends donc mon léger bagage, et, tirant les verrous, j'introduisis la

---

meque Panthiæ suæ demonstrato, At hic, inquit, bonus consiliator Aristomenes, qui fugæ hujus auctor fuit, et nunc morti proximus, jam humi prostratus grabatulo succubans jacet, et hæc omnia conspicit, impune se relaturum meas contumelias putat. Faxo eum sero, immo statim, immo vero jam nunc, ut et præcedentis dicacitatis, et instantis curiositatis pœniteat. Hæc ego ut accepi, sudore frigido miser perfluo, tremore viscera quatior; ut grabatulus etiam succussus et inquietus super dorsum meum palpitando saltaret.

At bona Panthia : Quin igitur, inquit, soror, hunc primum bacchatim discerpimus, vel, membris ejus destinatis, virilia desecamus? Ad hæc Meroe, sic enim reapse nomen ejus tunc fabulis Socratis convenire sentiebam : Immo, ait, supersit hic saltem, qui miselli hujus corpus parva contumulet humo. Et capite Socratis in alterum dimoto latus, per jugulum sinistrum capulo tenus gladium totum ei demergit, et sanguinis eruptionem utriculo admoto excipit diligenter, ut nulla stilla compareret usquam. Hæc ego meis oculis aspexi. Nam etiam, ne quid demutaret, a victimæ religione, immissa dextra per vulnus illud ad viscera penitus, cor miseri contubernalis mei Meroe bona scrutata protulit : quum ille impetu teli præsecata gula, vocem, immo stridorem incertum per vulnus effunderet, et spiritum rebulliret. Quod vulnus, qua maxime patebat, spongia offulciens Panthiæ : Heus tu, inquit, spongia, cave in mari nata, per fluvium transeas. His editis, ab imo remoto grabatulo, varicus super faciem meam residentes vesicam exonerant, quoad me urinæ spurcissimæ madore perluerent.

Commodum limen evaserant : et fores ad pristinum statum integræ resurgunt; cardines ad foramina resident; postes ad repagula redeunt; ad claustra pessuli recurrunt. At ego, ut eram etiamnunc humi projectus, inanimis, nudus, et frigidus, et lotio perlutus, quasi recens utero matris editus, immo vero semimortuus, verum etiam ipse mihi supervivens et posthumus, vel certe destinatæ jam crucis candidatus : Quid, inquam, de me fiet, ubi iste jugulatus mane paruerit? Cui videbor verisimilia dicere, proferens vera? Proclamares saltem suppetiatum, si resistere vir tantus mulieri nequibas. Sub oculis tuis homo jugulatur, et siles! Cur autem te simile latrocinium non peremit? Cur sæva crudelitas, vel propter indicium sceleris, arbitro pepercit? Ergo quoniam evasisti mortem, nunc illo redi. Hæc identidem mecum replicabam : et nox ibat in diem.

Optimum itaque factu visum est antelucio furtim evadere, et viam, licet trepido vestigio, capessere. Sumo sarcinulam meam, et, subdita clavi, pessulos reduco. At illæ probæ et fideles januæ, quæ sua sponte desertæ nocte

clef dans la serrure. Mais vingt fois je tourne et retourne en tous sens, avant que cette honnête, cette excellente fermeture qui, pendant la nuit, avait si bien su s'ouvrir d'elle-même, voulût enfin me livrer passage. Holà! quelqu'un, m'écriai-je; allons, qu'on m'ouvre, je veux partir avant qu'il soit jour. Le portier, qui était couché à terre, en travers de l'entrée, se réveille à moitié. Eh! vous ne savez donc pas, dit-il, que les routes sont infestées de brigands, vous qui parlez de partir à cette heure de nuit? Si quelque crime vous pèse sur la conscience, si vous avez assez de votre vie, nous n'en avons pas, nous, de rechange à mettre en péril pour l'amour de vous. Mais, lui dis-je, dans un instant le jour va paraître. Et d'ailleurs je suis si pauvre! qu'est-ce que des voleurs pourraient me prendre? Ne sais-tu pas, imbécile, que dix contre un, fussent-ils autant d'athlètes, ne peuvent dépouiller un homme tout nu? Le portier n'avait fait que se tourner de l'autre côté, et déjà s'était à moitié rendormi. Bon! dit-il; et sais-je moi si vous n'avez pas expédié votre camarade, celui avec qui vous amenâtes hier coucher avec vous; et si vous ne cherchez pas à décamper de nuit pour plus de sûreté? A ces mots (j'en frissonne encore) je crus voir la terre se fendre, me montrant l'abîme du Tartare et la gueule de Cerbère déjà béante pour me saisir.

Je vis bien alors que ce n'était pas par bonté d'âme que Méroë avait épargné mon cou; l'aimable créature me réservait pour la croix. Rentré dans ma chambre, je cherchai à la hâte quelque moyen d'en finir avec la vie. Mais je n'avais là sous main que mon grabat pour instrument de suicide. Grabat, lui dis-je, mon cher grabat, compagnon de mes infortunes, témoin avec moi des scènes de cette nuit, seul témoin, hélas! que je puisse citer de mon innocence devant mes juges, prête-moi ton secours pour descendre plus vite aux enfers. Tout en parlant, je démonte la sangle du fond, je la façonne en manière de hart, je l'assujettis par un bout à l'extrémité d'un chevron qui formait saillie au-dessus de ma fenêtre, et je fais à l'autre bout un nœud coulant. Puis me hissant sur mon lit, pour prendre le fatal élan de plus haut, je passe ma tête dans le nœud; mais au moment où je repoussais du pied le point d'appui, afin que, par le poids du corps et la tension du lien, la strangulation s'opérât d'elle-même, la sangle, qui était vieille et moisie, se rompt tout à coup. Je tombe lourdement sur Socrate, dont le lit se trouvait au-dessous; je l'entraîne dans ma chute, et nous voilà tous deux roulant sur le carreau.

Là-dessus le portier entre brusquement, en criant à tue-tête: Où êtes-vous donc maintenant, homme si pressé qui voulez partir, jour ou nuit? Vous ronfliez sous la couverture. Je ne sais si ce fut la commotion, ou l'effet de cette voix discordante, mais voilà Socrate qui se réveille; et, le premier sur pied: Que les voyageurs ont raison, dit-il, de maudire ces valets d'auberge! Je dormais d'un si bon somme! et il faut que ce drôle, qui n'entre ici que pour voler, je parie, vienne faire tapage et me réveiller en sursaut. O bonheur inespéré! comme je me relevai joyeux et alerte! Honnête portier, m'écriai-je avec effusion, le voilà mon bon camarade, mon bon père, mon bon frère, que tu m'accusais cette nuit, ivrogne que tu es, d'avoir assassiné! Puis serrant Socrate entre mes bras, je le couvrais de

fuerant, vix tandem et aegerrime tunc clavis suae crebra immissione patefiunt. Et, Heus tu, ubi es? inquam, valvas stabuli absolve: antelucio volo ire. Janitor pone stabuli ostium humi cubitans, etiam nunc semisomnus: Quid tu, inquit, ignoras latronibus infestari vias, qui hoc noctis iter incipis? Hem, et si tu, alicujus facinoris tibi conscius scilicet, mori cupis; nos cucurbitae caput non habemus, ut pro te moriamur. Non longe, inquam, lux abest: sed et praeterea quid viatori de summa pauperie latrones auferre possunt? An ignoras, inepte, nudum nec a decem palaestritis despoliari posse? Ad haec ille marcidus et semisopitus, in alterum latus evolutus, Unde autem, inquit, scio, an convectore illo tuo, cum quo sero devorteras, jugulato, fugae mandes praesidium? Illud horae meminime, terra dehiscente, ima Tartara, inque his canem Cerberum prorsus esurientem moi prospexisse.

Ac recordabar profecto, bonam Meroen non misericordia jugulo meo pepercisse, sed saevitia cruci me reservasse. In cubiculum itaque reversus, de genere tumultuario mortis mecum deliberabam. Sed quum nullum aliud telum mortiferum fortuna, quam solum mihi grabatulum subministraret: Jam jam grabatule, inquam, animo meo carissime, qui mecum tot aerumnas exantlasti, conscius et arbiter quae nocte gesta sunt, quem solum in meo reatu testem innocentiae citare possum: tu mihi ad inferos festinanti subministra telum salutare. Et cum dicto restim, qua erat intextus, aggredior expedire: ac tigillo quod fenestrae subditum altrinsecus prominebat, injecta atque obdita parte funiculi, et altera firmiter in nodum coacta, ascenso grabatulo, ad exitium sublimatus et, immisso capite laqueum induo. Sed dum pede altero fulcimentum, quo sustinebar, repello, ut ponderis deducta restis ad ingluviem adstricta spiritus officia discluderet; repente putris alioquin et vetus funis disrumpitur. Atque ego de alto decidens, Socratem, nam juxta me jacebat, superruo, cumque eo in terram devolvor.

Et ecce in ipso momento janitor introrupit, exerte clamitans: Ubi es tu, qui alta nocte immodice festinabas, et nunc stertis involutus? Ad haec, nescio an casu nostro, an illius absono clamore experrectus Socrates, exsurgit prior: et, Nae, inquit, merito stabularios hos omnes hospites detestantur. Nam iste curiosus dum importune irrumpit, credo studio rapiendi aliquid, clamore vasto, marcidum alioquin me altissimo somno excussit. Emergo laetus atque alacer, insperato gaudio perfusus: et, Ecce, janitor fidelissime, comes et pater meus, et frater meus,

baisers. Mais l'infâme ablution dont m'avaient infecté ces harpies tout à coup le saisissant au nez : Arrière, dit-il en me repoussant; tu ne flaires pas comme baume. Et les quolibets de se succéder sur l'origine de ce parfum. J'étais au supplice, tout en tâchant de riposter par quelque plaisanterie du même ton. Tout à coup, rompant les chiens, je lui frappe sur l'épaule : Allons, dis-je, profitons de cette fraîche matinée pour commencer le voyage. Je reprends mon petit paquet, et, notre écot payé, nous nous mettons en route.

Nous avions déjà fait un bout de chemin quand l'aurore vint à paraître; et tout s'éclaire autour de nous. Alors, d'un œil empressé, je cherche sur le cou de mon camarade la place où j'avais vu l'épée se plonger. Étrange hallucination ! le sommeil et le vin ont-ils seuls créé ces affreuses images? Voilà Socrate, sain, dispos, sans une égratignure; plus de blessure, plus d'éponge, pas la moindre trace de cette plaie qui brillait si horriblement tout à l'heure. Puis, m'adressant à lui : Vraiment les médecins ont bien raison, quand ils prétendent que c'est aux excès de table qu'il faut attribuer les mauvais rêves. J'avais trop levé le coude hier au soir. Aussi la nuit ne m'a pas été douce, j'ai bien eu le plus abominable cauchemar... A cette heure encore, je crois me voir souillé, inondé de sang. Non pas de sang, reprit-il d'un ton ricaneur, mais bien de quelque autre chose. Au surplus, j'ai rêvé aussi, moi, et rêvé qu'on me coupait le cou. Une atroce douleur m'a saisi à la gorge ; il m'a semblé qu'on m'arrachait le cœur. Tiens, je respire encore à peine; les genoux me tremblent, je chancelle en marchant. Il me faudrait, je crois, quelque chose à manger pour me remettre. Ton déjeuner est tout prêt, lui dis-je en ôtant mon bissac de dessus mon épaule, et m'empressant d'étaler du pain et du fromage devant lui. Asseyons-nous sous ce platane. De mon côté, je me dispose à prendre ma part du repas, tout en suivant des yeux mon convive, qui dépêchait avidement les morceaux. Tout à coup je le vois qui pâlit, qui jaunit, et va tomber en défaillance. L'altération de sa face était telle, que, mon imagination se peignant déjà les Furies de la veille à nos trousses, l'effroi me saisit comme j'avalais la première bouchée, et le morceau, bien que des plus modestes, s'arrêta dans mon gosier sans pouvoir ni descendre ni remonter. L'endroit était très-fréquenté; ce qui mit ma terreur au comble. Deux hommes cheminent ensemble; l'un d'eux meurt assassiné : le moyen de croire à l'innocence de l'autre?

Cependant Socrate ayant donné raisonnablement sur la provende, se mit à crier la soif. Notez qu'une bonne moitié d'un excellent fromage y avait passé. A deux pas du platane coulait une rivière; une belle nappe d'eau, paisible à l'œil comme un lac, brillante comme l'argent, limpide comme le verre. Vois cette onde, lui dis-je, c'est aussi appétissant que du lait : qui t'empêche de t'en régaler? Mon homme se lève ; et, après avoir cherché une place commode sur le bord, s'agenouille et se penche le corps en avant, très-empressé de mettre ce liquide en contact avec ses lèvres.

Mais à peine en ont-elles effleuré l'extrémité, que je vois soudain sa gorge se rouvrir. L'horrible plaie s'y creuse de nouveau. L'éponge s'en échappe, et avec elle deux ou trois gouttes de sang. Socrate n'était plus qu'un cadavre qui al-

---

quem nocte ebrius occisum a me calumniabaris. Et cum dicto Socratem deosculabar amplexus. At ille, olore alioqui spurcissimi humoris percussus, quo me lamiæ illæ infecerant, vehementer aspernatur. Apage te, inquit, fœtorem extremæ latrinæ. Et causas cœpit hujus oloris comiter inquirere. At ego miser, adficto ex tempore absurdo joco, in alium sermonem intentionem ejus denuo derivo : et, injecta dextera, Quin imus, inquam, et itineris matutini gratiam carpimus? Sumo sarcinulam : et pretio mansionis stabulario persoluto, capessimus viam.

Aliquantulum processeramus : et jam jubaris exortu cuncta collustrantur ; et ego curiose sedulo arbitrabar jugulum comitis, qua parte gladium delapsum videram. Et mecum : Vesane, aio, quin poculis et vino sepultus extrema somniasti. Ecce Socrates integer, sanus, incolumis. Ubi vulnus? spongia ubi? postremo cicatrix tam alta, tam recens? Et ad illum, Næ, inquam, merito medici fidi cibo et crapula distentis scæva et gravia somniare autumant. Mihi denique, quod poculis vesperi minus temperavi, nox acerba diras et truces imagines obtulit ; ut adhuc me credam cruore humano aspersum, atque impiatum. Ad hæc ille subridens: At tu, inquit, non sanguine sed lotio perfusus es. Verumtamen et ipse per somnium jugulari visus sum mihi. Nihil non et jugulum istum dolui, et cor ipsum mihi avelli putavi : et nunc etiam spiritu deficior, et genua quatior, et gradu titubo, et aliquid cibatus refovendo spiritu desidero. En, inquam, paratum tibi adest jentaculum. Et cum dicto manticam meam humero exuo; caseum cum pane propere ei porrigo : et, Juxta platanum istam residamus, aio. Quo facto, et ipse aliquid indidem sumo. Eumque avide esitantem aspiciens aliquanto intentiore acie, atque pallore buxeo deficientem video. Sic denique eum vitalis color turbaverat, ut mihi præ metu nocturnas etiam Furias illas imaginanti, frustulum panis, quod primum sumpseram, quamvis admodum modicum, mediis faucibus inhæreret, ac neque deorsum demeare, neque sursum remeare posset. Nam et crebritas ipsa commeantium metum mihi cumulabat. Quis enim de duobus comitem alterum sine alterius noxa peremptum crederet?

Verum ille, ut satis detruncaverat cibum, sitire impatienter cœperat. Nam et optimi casei bonam partem avide devoraverat : et haud ita longe radices platani lenis fluvius in speciem placidæ paludis ignavus ibat, argento vel vitro æmulus in colorem. En, inquam, explere latice fontis lacteo. Adsurgit : et oppertus paululum ripæ margine, complicitus in genua apronat se, avidus adfectans pocu-

lait choir, la tête la première, dans le fleuve, si je ne l'eusse retenu par un pied et ramené à grand effort sur la berge. Là, après quelques larmes données bien à la hâte à mon pauvre camarade, je couvre son corps de sable, et j'en confie, pour toujours, le dépôt au voisinage de la rivière. Alors, tremblant pour moi-même, je m'enfuis précipitamment par les passes les plus écartées, les plus solitaires. Enfin, la conscience aussi troublée que celle d'un meurtrier, j'ai dit adieu à mon foyer, à ma patrie, et je suis venu, exilé volontaire, m'établir en Étolie, où je me suis remarié.

Tel fut le récit d'Aristomène. Mais son compagnon s'obstinant dans son incrédulité première : Fables, archifables que tout cela, dit-il. C'est bien l'invention la plus absurde ! Puis, se tournant de mon côté : Quoi ! vous, homme bien élevé, à en juger par votre extérieur et vos manières, vous ajouteriez foi à ces balivernes ? Moi, repris-je, je crois qu'il n'est rien d'impossible, et que tout se fait ici-bas par prédestination. Il n'est personne, prenez vous, moi, le premier venu, à qui il n'arrive journellement des choses étranges, de ces choses sans exemple, et qu'on ne veut pas croire, si l'on n'y a soi-même passé. J'ai, quant à moi, confiance entière dans le récit de votre camarade, et je suis, d'ailleurs, très-reconnaissant de l'aimable diversion qu'il s'est chargé de faire aux fatigues et aux ennuis du chemin. Tenez, je crois que ma monture s'en réjouit aussi; car me voici rendu aux portes de la ville, sans avoir exercé que mes oreilles, et en ménageant d'autant l'échine de la pauvre bête. Ici nous cessâmes de causer et de faire route ensemble. On voyait de là quelques habitations sur la gauche, et mes deux compagnons tournèrent de ce côté.

Pour moi, je fis halte à la première auberge que je trouvai en entrant en ville; et m'adressant à l'hôtesse, qui n'était pas des plus jeunes, je lui fis quelques questions : Est-ce bien ici Hypate ? — Oui. — Connaissez-vous Milon, l'un des premiers de la ville ? Elle partit d'un éclat de rire. Le premier sans contredit, reprit-elle ; car il demeure au Pomerium, tout à fait en dehors des murs. — Raillerie à part, ma bonne femme, dites-moi, je vous prie, quel homme c'est, et où il loge. — Voyez-vous ces fenêtres là-bas, qui donnent sur la rue ? On entre de l'autre côté par une impasse. C'est la maison de votre homme, riche s'il en fut, tout cousu d'or, mais ladre fieffé, et décrié universellement pour ses vilenies. Il gagne gros à prêter à usure, et sur bons gages d'or ou d'argent. Il vit renfermé dans son taudis, avec sa femme qui lui ressemble de tous points. Une servante, une jeunesse composent tout son domestique. Quand il sort, on le prendrait pour un mendiant.

Le portrait me fit rire. Mon ami Déméas a eu vraiment une attention délicate, en me donnant, à moi voyageur, une pareille recommandation. Voilà un logis où je ne serai incommodé ni de la fumée, ni de l'odeur de la cuisine. La maison n'était qu'à deux pas ; je m'y rends, et je frappe en appelant à haute voix. La porte était soigneusement verrouillée. Enfin, une jeune fille se présente. Vous n'y allez pas de main morte, dit-elle. Hé ! sur quel gage, s'il vous plaît, prétendez-

lum. Nec dum satis extremis labiis summum aquæ rorem attigerat, et jugulo ejus vulnus dehiscit in profundum patorem : et illa spongia de eo repente devolvitur ; eamque parvus admodum comitatur cruor. Denique corpus examinatum in flumen pæne cernerem, nisi altero ego ejus pede retento, vix et ægre ad ripam superiorem attraxi ; ubi defletum pro tempore comitem misellum arenosa humo in amnis vicinia sempiterna contexi. Ipse trepidus, et eximie metuens mihi, per diversas et avias solitudines aufugi : et quasi conscius mihi cædis humanæ, relicta patria et lare, ultroneum exsilium amplexus, nunc Ætoliam, novo contracto matrimonio, colo. Hæc Aristomenes.

At ille comes ejus, qui statim initio obstinata incredulitate sermonem ejus respuebat, Nihil, inquit, hac fabula fabulosius, nihil isto mendacio absurdius. Et ad me conversus : Tu autem, inquit, vir, ut habitus et habitudo demonstrant, ornatus, accedis huic fabulæ ? Ego vero, inquam, nihil impossibile arbitror ; sed utcumque fata decreverunt, ita cuncta mortalibus provenire. Nam et mihi et tibi, et cunctis hominibus multa usu venire mira, et pæne infecta, quæ tamen ignaro relata fidem perdant. Sed ego huic et credo hercules, et gratas gratias memini, quod lepidæ fabulæ festivitate me avocavit ; asperam denique ac prolixam viam sine labore et tædio evasi. Quod beneficium etiam illum vectorem meum credo lætari, sine fatigatione sui me usque ad istam civitatis portam non dorso illius, sed meis auribus pervecto. Is finis nobis et sermonis et itineris communis fuit. Nam comites utrique ad villulas proximas lævorsum abiere.

Ego vero quod primum ingressu stabulum conspicatus sum, accessi, et de quadam anu caupona illico percontor : Estne, inquam, Hypata hæc civitas ? Annuit. Nostine Milonem quemdam e primoribus ? Arrisit. Et vere, inquit, primus iste perhibetur Milo, qui extra urbem totam pomœrium colit. Remoto, inquam, joco, parens optima, dic, oro, et cujatis sit, et quibus deversetur ædibus. Videsne, inquit, extremas fenestras, quæ foris urbem prospiciunt, et altrinsecus fores proximum respiciendos angiportum ? Inibi iste Milo deversatur, ampliter nummatus, et longe opulentus ; verum extremæ avaritiæ et sordis infimæ infamis homo : fœnus denique copiosum sub arrhabone auri et argenti crebriter exercens ; exiguo lare inclusus, et ærugini semper intentus, cum uxore etiam calamitatis suæ comite habitat. Neque præter unicam pascit ancillulam, et habitu mendico semper incedit.

Ad hæc ego risu subjicio : Benigne, inquam, et prospicue Demeas meus in me consuluit, qui peregrinantem tali viro conciliavit, in cujus hospitio nec fumi nec nidoris nebulam vererer. Et cum dicto modico secus progressus, ostium accedo, et januam firmiter oppessulatam pulsare vocaliter incipio. Tandem adolescentula quædam procedens : Heus tu, inquit, qui tam fortiter fores verberasti,

vous qu'on vous prête? Il n'y a que vous qui ne sachiez pas qu'il n'entre chez nous que de bon or ou de bon argent. Allons, lui dis-je, faites-nous un autre accueil : votre maître est-il chez lui? Oui, répondit-elle; mais que lui voulez-vous? J'ai une lettre pour lui de la part de Déméas, duumvir à Corinthe. — Je vais le prévenir; attendez-moi là. Elle tire les verrous sur elle, et rentre dans la maison. Elle ne tarda pas à revenir, et, en rouvrant la porte : Mon maître désire vous voir, me dit-elle. Je la suis, et je trouve mon homme couché sur un lit très-exigu, et au moment de souper. Sa femme était assise à ses pieds. Mon hôte, me montrant qu'il n'y avait rien sur table : Voilà, dit-il, tout ce que j'ai à vous offrir. C'est au mieux, répondis-je; et je lui remets aussitôt la lettre de Déméas. Il y jette un coup d'œil rapide, et me dit : Déméas est bien aimable de me procurer un hôte de votre importance. Il fait alors lever sa femme, et m'invite à prendre sa place. Comme je m'en défendais poliment : Asseyez-vous là, me dit-il; les sièges nous manquent. J'ai grand peur des voleurs, et mon mobilier s'en ressent.

Je lui obéis. A cette tournure élégante, continua-t-il, à cette modestie virginale, j'aurais bien deviné que vous étiez un jeune homme comme il faut, quand même la lettre de mon ami Déméas ne me l'aurait pas dit. Ne faites pas fi de ma pauvre demeure, je vous en prie. Vous voyez cette pièce ici à côté; c'est un logement très-convenable, daignez en faire votre appartement. Ce sera un grand relief pour ma maison, et pour vous l'occasion de suivre un glorieux exemple. Votre vertu va s'élever au niveau de celle de Thésée, dont votre père porte le nom. Ce grand homme ne dédaigna pas la chétive hospitalité de la vieille Hécale. Appelant alors la jeune fille : Fotis, dit-il, emporte le bagage de notre hôte, et le dépose avec soin dans cette chambre. Prends dans l'office, et mets à sa disposition ce qu'il faut d'huile pour se frotter, de linge pour s'essuyer. Puis conduis-au bain le plus proche. Il a fait un voyage pénible et de longue haleine : il doit être fatigué. A ces mots, désirant entrer dans les vues parcimonieuses de Milon et me concilier d'autant ses bonnes grâces : Grand merci, repris-je ; je ne manque jamais de prendre avec moi tout ce qu'il me faut quand je voyage. Quant aux bains, avec une langue, je saurai bien les trouver. Mais je tiens par-dessus tout à ce que mon cheval, qui m'a été d'un excellent service, ne manque ni de fourrage ni de grain. Tiens, Fotis, voici de l'argent pour en acheter.

Cela fait, et mon bagage étant rangé dans ma chambre, je sortis pour me rendre aux bains. Mais je passai d'abord au marché, afin de me pourvoir d'un souper. Il était splendidement approvisionné en poisson. Je marchandai; et ce qu'on m'avait fait cent écus, je l'eus pour vingt deniers. Je sortais de ce lieu, quand je fis rencontre d'un certain Pythéas qui avait été mon condisciple à Athènes. Il mit quelque temps à me reconnaître; puis me sautant au cou, il m'embrassa tendrement. Qu'il y a longtemps que nous ne nous sommes vus, mon cher Lucius! sur ma parole, pas depuis que nous quittâmes les bancs et la cité de Minerve. Et quel motif t'amène ici? Demain tu

sub qua specie mutuari cupis? An tu solus ignoras præter aurum argentumque nullum nos pignus admittere? Meliora, inquam, ominare, et potius responde, an intra ædes herum tuum offenderim? Plane, inquit : sed quæ causa quæstionis hujus? Litteras ei a Corinthio Demea duumviro scriptas ad eum reddo. Dum annuntio, inquit, hic ibidem me opperiminor. Et cum dicto rursum foribus oppessulatis, intro capessit. Modico deinde regressa, patefactis ædibus, Rogat te, inquit. Intuli me : eumque accubantem exiguo admodum grabatulo, et commodum cœnare incipientem invenio. Assidebat pedes uxor, et mensa vacua posita, cujus monstratu, En, inquit, hospitium. Bene, ego : et illico litteras Demeæ trado. Quibus properiter lectis : Amo, inquit, meum Demeam, qui mihi tantum conciliavit hospitem. Et cum dicto jubet uxorem decedere, utque in ejus locum assidam, jubet. Meque etiam nunc verecundia contantem arrepta lacinia detrahens : Asside, inquit, istic : nam præ metu latronum nulla sessibula, nec sufficientem suppellectilem parare nobis licet.

Feci. Et sic, Ego te, inquit, etiam de ista corporis speciosa habitudine, deque hac virginali prorsus verecundia, generosa stirpe proditum, et recte conjeceris. Sed et meus Demeas eadem litteris pronuntiat. Ergo brevitatem gurgustioli nostri ne spernas, peto. Erit tibi adjacens et ecce illud cubiculum, honestum receptaculum. Fac libenter deverseris in nostro. Nam et majorem domum dignatione tua feceris : et tibi specimen gloriosum arrogaris, si contentus lare parvulo, Thesei illius cognominis patris tui virtutes æmulaveris, qui non est aspernatus Hecales anus hospitium tenue. Et vocata ancillula, Fotis, inquit, sarcinulas hospitis susceptas cum fide conde in illud cubiculum : ac simul ex promptuario oleum unctui, et lintea tersui, et cetera huic eidem usui profer ociter, et hospitem meum produc ad proximas balneas : satis arduo itinere atque prolixo fatigatus est. His ego auditis, mores atque parsimoniam ratiocinans Milonis, volensque me arctius ei conciliare: Nihil, inquam, rerum istarum, quæ itineris ubique rite nos comitantur, indigemus. Sed et balneas facile percontabimur. Plane, quod est mihi summæ præcipuum, equo, qui me strenue pervexit, fœnum atque hordeum, acceptis istis nummulis, tu, Fotis, emito.

His actis, et rebus meis in illo cubiculo conditis, pergens ipse ad balneas, ut prius aliquid nobis cibatui prospicerem, forum cupedinis peto : inque eo piscatum opiparem expositum video. Et percontato pretio, quod centum nummis indicaret aspernatus, viginti denariis præstinavi. Inde me commodum egredientem continuatur Pytheas, condiscipulus apud Athenas Atticas meus; qui me post aliquam multum temporis amanter agnitum invadit, amplexusque ac comiter deosculatus, Mi Luci, ait, sat pol diu est, quod intervisimus te, et hercules exinde quum ex astu a magistro digressi sumus. Quæ autem tibi causa

le sauras, lui répondis-je. Mais que vois-je? Il faut que je te félicite. Un train, des faisceaux! tout l'appareil de la magistrature! Je suis édile, dit Pythéas; j'ai la haute main sur les approvisionnements. As-tu quelqu'un à traiter? on pourra t'être utile. Je le remerciai de ses avances, ayant assez pour mon souper du poisson dont j'avais déjà fait emplette.

Mais Pythéas avisant mon panier, se mit à secouer les poissons pour les mieux examiner : Combien as-tu payé cette drogue? — Vingt deniers. C'est tout ce que j'ai pu faire que de les arracher à ce prix. A ces mots, il me prend brusquement par la main; et me ramenant dans le marché : Et à qui de ces gens-là as-tu acheté cette belle marchandise? Je montrai du doigt un petit vieillard assis dans un coin. Mon homme alors les apostrophant du haut de son édilité : Est-ce ainsi, vous autres, que vous rançonnez nos amis? Et des étrangers encore! Vendre à ce prix de pareil fretin! A force de surfaire, vous affamerez cette ville qui est la fleur de toute la Thessalie, et vous nous la rendrez déserte comme un rocher. Mais prenez-y garde. Et toi, je vais t'apprendre comment les fripons sont menés sous mon administration. Répandant alors mon poisson sur le pavé, il ordonne à l'officier qui le suivait de marcher dessus, et d'écraser le tout sous ses pieds. Après cet acte de vigueur, mon Pythéas se tourne vers moi, et me dit : C'est un homme d'âge; il est assez puni par l'affront public que je lui ai fait.

Tout ébahi de cette scène, et sans argent ni souper, grâce à l'officieuse intervention de mon habile homme d'ami, je me résigne à aller au bain. De là, plus lavé que restauré, je regagne le logis de Milon, et enfin ma chambre. Fotis vint me dire que le patron me demandait. Moi, bien au fait des habitudes d'abstinence de la maison, je fis une excuse polie : je n'étais que fatigué du voyage, et j'avais moins besoin de nourriture que de repos. Mais il ne s'en contenta pas, il vint en personne; et m'appréhendant au corps avec une douce violence, il tâche de m'entraîner. Je résistais, je faisais des façons : Je ne sors pas d'ici sans vous, dit-il, en appuyant cette protestation d'un serment. Il fallut se rendre, et le suivre, bon gré, mal gré, jusqu'à son méchant lit, où il me fit asseoir. Comment va notre cher Déméas, me dit-il? Et sa femme? et ses enfants? et toute la maisonnée? A chaque question, une réponse. Il s'informe ensuite avec détail des motifs de mon voyage. Je les déduis tout au long. Puis le voilà qui s'enquiert par le menu de tout ce qui concerne ma ville natale, ses notables habitants, son premier magistrat, etc., etc.; tant qu'enfin il s'aperçut qu'épuisé d'un si rude voyage, et non moins harassé de cette enfilade de questions, je tombais de sommeil avant la fin de chaque phrase, ne pouvant plus même franchir certaines articulations. Il me permit alors de gagner mon lit. Je m'échappai ainsi du famélique souper de ce vieux ladre; lourd de tête, mais léger d'estomac; ayant tâté de son babil pour tout potage. Et, rentré dans ma chambre, je goûtai enfin le repos si ardemment souhaité.

---

peregrinationis hujus? Crastino die scies, inquam. Sed quid istud? voti gaudeo. Nam et lixas et virgas, et habitum prorsus magistratui congruentem in te video. Annonam curamus, ait, et ædilem gerimus; et, si quid obsonare cupis, utique commodabimus. Abnuebam, quippe qui jam cœnæ affatim piscatus prospexeramus.

Sed enim Pytheas, visa sportula, succussisque in aspectum planiorem piscibus : At has quisquilias quanti parasti? Vix, inquam, piscatori extorsimus accipere viginti denarios. Quo audito, statim arrepta dextra postliminio me in forum cupedinis reducens : Et a quo, inquit, istorum nugamenta hæc comparasti? Demonstro seniculum. In angulo sedebat. Quem confestim pro ædilitatis imperio voce asperrima increpans, Jam jam, inquit, nec amicis quidem nostris, vel omnino ullis hospitibus parcitis, qui tam magnis pretiis pisces frivolos indicatis, et florem Thessaliæ regionis, ad instar solitudinis et scopuli edulium caritate deducitis? Sed non impune. Jam enim faxo scias, quemadmodum sub nostro magisterio mali debeant coerceri. Et, profusa in medium sportula, jubet officialem suum insuper pisces inscendere, ac pedibus suis totos obterere. Qua contentus morum severitudine meus Pytheas, ac mihi, ut abirem, suadens : Sufficit mihi, o Luci, inquit, seniculi tanta hæc contumelia.

His actis, consternatus ac prorsus obstupidus, ad balneas me refero, prudentis condiscipuli calido consilio, et nummis simul privatus et cœna; lautusque ad hospitium Milonis, ac dehinc cubiculo, me reporto. Et ecce Fotis ancilla, Rogat te, inquit, hospes. At ego, jam inde Milonis abstinentiæ cognitor, excusavi comiter : quod vitæ vexationem non cibo, sed somno censerem diluendam. Isto accepto, pergit ipse, et injecta dextra, clementer me trahere adoritur. Ac dum contor, dum modeste renitor : Non prius, inquit, discedam, quam me sequaris. Et dictum jurejurando secutus, jam obstinationi suæ me ingratis obedientem perducit ad illum suum grabatulum, et residenti : Quam salve agit, inquit, Demeas noster? Quid uxor? quid liberi? quid vernaculi? Narro singula. Percontatur accuratius causas etiam peregrinationis meæ. Quas ubi probe protuli; jam et de patria nostra, et ejus primoribus, ac denique de ipso præside scrupulosissime explorans, ubi me post itineris tam sævi vexationem, sentit fabularum quoque serie fatigatum, in verba media somnolentum desinere, ac nequidquam defectum jam incerta verborum salebra balbutire, tandem patitur cubitum concederem. Evasi aliquando rancidi senis loquax et famelicum convivium, somno, non cibo gravatus : cœnatus solis fabulis. Et in cubiculum reversus, optatæ me quieti reddidi.

LIVRE DEUXIÈME.

Dès que la nuit se fut dissipée et qu'un nouveau soleil eut ramené le jour, je dis adieu au sommeil et au lit, avec cette curiosité fébrile d'un amateur du merveilleux. Enfin, me disais-je, me voici dans cette Thessalie, terre natale de l'art magique, et qui fait tant de bruit dans le monde par ses prodiges. C'est donc ici que s'est passé tout ce que ce bon Aristomène nous a conté en route! J'éprouvais je ne sais quel désir vague et inquiet, et je promenais de toutes parts mes regards scrutateurs. Nul objet ne se présentait à ma vue, que je ne le prisse pour autre que ce qu'il était. Tout me semblait métamorphose. Dans les pierres, les oiseaux, les arbres du Pomérium, les fontaines de la ville, je voyais autant de créatures humaines, transmuées par la vertu des fatales paroles. Le charme avait pétrifié les uns, emplumé les autres, commandé à ceux-ci de pousser des feuilles, à ceux-là de faire jaillir l'eau du fond de leurs veines. Il me semblait que les statues allaient marcher, les murailles parler, le bétail prédire, et que, de la voûte des cieux, le soleil lui-même allait prononcer des oracles. J'allais et venais, frappé de stupeur, torturé par l'attente; sans apercevoir même un commencement de réalisation de toute cette fantasmagorie. Enfin, tout en errant de porte en porte, me dandinant comme un désœuvré et marchant en zig-zag comme un homme ivre, je me trouvai insensiblement au milieu du marché.

Une dame passait, avec un nombreux cortège de domestiques. Je hâtai le pas pour la joindre. Le luxe de ses pierreries, et l'or qui brillait sur ses vêtements, ici en tissu, là en broderie, annonçaient une dame de haut parage. Elle avait à ses côtés un homme d'âge avancé, qui s'écria en m'apercevant : Eh! oui, c'est bien Lucius! Là-dessus, il m'embrasse; et marmottant je ne sais quoi à l'oreille de la dame : Approchez donc, me dit-il, et saluez votre mère. — Qui? moi? répondis-je; je ne connais pas cette dame. Et, le rouge me montant au visage, je rejetai la tête en arrière, et reculai de quelques pas. La dame fixe alors son regard sur moi : Il tient de famille, dit-elle; voici des traits où la belle âme de sa vertueuse mère Salvia respire tout entière. Et puis, quelles merveilleuses proportions dans toute sa personne! Taille raisonnable, élancée sans être frêle, teint légèrement rosé, cheveux blonds, naturellement bouclés; œil bleu, mais vif; regard d'aigle, adouci par une expression toujours heureuse; maintien charmant, démarche aisée.

C'est moi, mon cher Lucius, ajouta-t-elle, qui vous ai élevé de mes propres mains. Et la chose est toute simple : je suis parente, et, de plus, sœur de lait de votre mère. Issues toutes deux de la famille de Plutarque, nourries du même sein, nous avons grandi comme deux sœurs dans l'intimité l'une de l'autre. La seule différence entre nous est celle du rang. Elle a contracté une haute alliance; et je me suis mariée dans la bourgeoisie. Je suis cette Byrrhène dont le nom, souvent prononcé par ceux qui vous élevaient, doit être familier à vos jeunes oreilles. Acceptez sans scrupule l'hospitalité chez moi, ou plutôt regardez ma maison comme la vôtre. Pendant qu'elle me parlait, ma rougeur s'était dissipée,

LIBER SECUNDUS.

Ut primum nocte discussa, sol novus diem fecit; et somno simul emersus et lectulo, anxius alioqui et nimis cupidus cognoscendi quæ rara miraque sunt : reputansque, me media Thessaliæ loca tenere, quo artis magicæ nativa cantamina totius orbis consono ore celebrantur, fabulamque illam optimi comitis Aristomenis, de situ civitatis hujus exortam, suspensus alioqui et voto simul et studio, curiose singula considerabam. Nec fuit in illa civitate, quod aspiciens, id esse crederem, quod esset : sed omnia prorsus ferali murmure in aliam effigiem translata; ut et lapides quos offenderem, de homine duratos, et aves quas audirem, indidem plumatas, et arbores, quæ pomœrium ambirent, foliatas similiter, et fontanos latices de corporibus humanis fluxos crederem. Jam statuas et imagines incessuras, parietes locuturos, boves et id genus pecua dicturos præsagium; de ipso vero cœlo, et jubaris orbe subito venturum oraculum. Sic attonitus, immo vero cruciabili desiderio stupidus, nullo quidem initio vel omnino vestigio cupidinis meæ reperto, cuncta circuibam. Tamen dum in luxu nepotali, temulento similis ostiatim singula pererro, repente me nescius forum cupedinis intuli.

Et ecce, mulierem quampiam frequenti stipatam famulatione ibidem gradientem, accelerato vestigio comprehendo. Aurum in gemmis, et in tunicis, ibi inflexum, hic intextum, matronam profecto confitebatur. Hujus adhærebat lateri senex, jam gravis in annis, qui, ut primum me conspexit : En, inquit, Hercules, Lucius : et offert osculum, et statim, incertum, quidnam, in aurem mulieri oggannit. Quin, inquit etiam, vel ipse parentem tuam accedis et salutas? Vereor, inquam, ignotæ mihi feminæ. Et statim rubore suffusus, rejecto capite restiti. At illa obtutum in me conversa : En, inquit, sanctissimæ Salviæ matris generosa probitas : sed et cetera corporis inexplicabiliter ad regulam congruentia, inenormis proceritas, succulenta gracilitas, rubor temperatus, flavum et inaffectatum capillitium; oculi cæsii quidem, sed vigiles, et in aspectu micantes prorsus aquilini, quoquo versum floridi : speciosus et immeditatus incessus.

Et adjecit : Ego te, o Luci, meis istis manibus educavi : quidni? parentis tuæ non modo sanguinis, verum alimoniarum etiam socia. Nam ex familia Plutarchi ambæ prognatæ sumus, et eamdem nutricem simul bibimus, et in nexu germanitatis una coalvimus, nec aliud nos quam dignitas discernit : quod clarissimas illa, ego privatas nuptias fecimus. Ego sum Byrrhœna illa, cujus forte sæpicule nomen inter tuos frequentatum educatores retines. Accede itaque hospitium fiducia, immo vero jam tuum proprium Larem. Ad hæc ego, jam sermonis ipsius mora

et je répondis enfin : A Dieu ne plaise, ma mère, que je me donne un pareil tort envers mon hôte Milon, dont je n'ai pas à me plaindre! Mais vous me verrez aussi assidu près de vous que je puis l'être, sans manquer à ce que je lui dois. Et à l'avenir, si je refais ce voyage, à coup sûr je n'irai pas descendre ailleurs que chez nous.

Nous faisons quelques pas durant cet échange de compliments, et nous arrivons à la maison de Byrrhène. Un vestibule de la dernière magnificence nous offre aux quatre coins une colonne, surmontée d'un globe qui porte une Victoire élevant des palmes. Ces figures s'élancent à ailes déployées, chacune vers un point de l'horizon. Du bout de leurs pieds, d'où s'échappent des gouttes de rosée, elles repoussent, par un mouvement précipité, le point d'appui, qui se dérobe en tournant sans se déplacer. Le pied n'y pose plus, mais il l'effleure encore; et l'illusion va jusqu'à vous faire voir ces statues en plein vol. Une Diane en marbre de Paros, du travail le plus exquis, occupe le point central de l'édifice. La déesse marche, et, dans son action animée, ses draperies flottent, son buste se projette en avant; elle semble venir à votre rencontre, et le respect vous saisit à la majesté divine qui l'environne. Plusieurs chiens l'escortent de droite et de gauche. Ces animaux sont aussi de marbre. Leurs yeux menacent, leurs oreilles se dressent, leurs naseaux s'enflent, ils montrent leurs dents terribles. Si, du voisinage, un aboiement se faisait entendre, chacun croirait qu'il sort de ces gosiers de pierre. L'habile statuaire a fait ici un véritable tour de force. Les chiens sont en élan, et toute leur partie antérieure semble porter en l'air, tandis qu'elle repose en effet sur les pieds de derrière qui n'ont pas quitté le sol. En arrière de ce groupe s'élève une grotte tapissée de mousse, de gazon, de lianes grimpantes et de pampre, entremêlés çà et là de ces arbustes qui se plaisent sur les rochers. Tout l'intérieur de la grotte est éclairé par le reflet du marbre, dont rien n'égale la blancheur et le poli. Au dehors et sur les flancs pendent des raisins et d'autres fruits, que l'art, émule de la nature, a exprimés avec une vérité parfaite. C'est à croire qu'ils attendent seulement, pour être cueillis et mangés, que la coloration leur soit venue du souffle mûrissant du vent d'automne. Penchez-vous, et voyez-les se réfléchir dans le miroir de ces fontaines qui jaillissent en divers sens des pieds de la statue; ils tremblent dans cette onde agitée comme aux rameaux de la vigne elle-même, et à l'imitation déjà si parfaite se joint le prestige du mouvement. Au travers du feuillage, on voit se dessiner la figure d'Actéon, déjà cerf à moitié. Il jette, en tournant la tête, un regard furtif sur la déesse, et guette l'instant où elle va se mettre au bain.

Tandis que mon œil charmé parcourt à l'envi ces belles choses, revenant sans cesse de l'une à l'autre : Tout ce que vous voyez est à vous, me dit Byrrhène; et désirant m'entretenir en tête-à-tête, elle fit retirer tout son monde. Quand nous fûmes seuls : Je tremble pour vous comme pour un fils, mon bien-aimé Lucius, me dit-elle; j'en prends Diane à témoin. Ah! que je voudrais pouvoir écarter les dangers qui menacent cette tête si chère! Gardez-vous, mais gardez-vous sérieusement des fatales pratiques et des détestables séductions de cette Pamphile, la femme de Milon, que vous dites être votre hôte. C'est, dit-on, une sorcière du premier ordre, experte au plus

---

rubore digesto : Absit, inquam, parens, ut Milonem hospitem sine ulla querela deseram. Sed plane, quod officiis integris potest effici, curabo sedulo. Quoties itineris hujus ratio nascetur, nunquam erit ut non apud te devortar.

Dum hunc et hujusmodi sermonem altercamur, paucis admodum confectis passibus, ad domum Byrrhænæ pervenimus. Atria longe pulcherrima, columnis quadrifariam per singulos angulos stantibus, attollerabant statuas Palmaris deæ. Facies quaqua pinnis explicitis, sine certa pilæ volubilis, instabile vestigium plantis roscidis delicatates; nec ut maneant inhærent, et jam volare creduntur. Ecce lapis Parius in Dianam factus tenet libratam totius loci medietatem : prorsus luculentam, veste reflatum, procursu vegetam, introeuntibus obviam, et majestate numinis venerabile. Canes utrimque secus deæ latera muniunt; qui canes et ipsi lapis erant. His oculi minantur, aures rigent, nares hiant, ora sæviunt; et, sicunde de proximo latratus ingruerit, eum putabis de faucibus lapideis exire. Et, in quo summum specimen operæ fabrilis egregius ille signifex prodidit, sublatis canibus in pectus arduis pedes imi resistunt, currunt priores. Pone tergum deæ saxum insurgit, in speluncæ modum muscis et herbis et foliis et virgulis, et sicubi pampinis, et arbusculis alibi de lapide florentibus. Splendet intus umbra signi de nitore lapidis. Sub extrema saxi margine poma et uvæ faberrime politæ dependent, quas ars æmula naturæ veritati similes explicuit. Putes ad cibum inde quædam, quum mustulentus autumnus maturum colorem afflaverit, posse decerpi. Et, si fontes, qui deæ vestigio discurrentes in lenem vibrantur undam, pronus aspexeris, credes illos, ut vite pendentes racemos, inter cetera veritatis, nec agitationis officio carere. Inter medias frondes lapideus Actæon simulacrum, curioso obtutu in dorsum projectus, jam in cervum ferinus, et in saxo simul et in fonte loturam Dianam opperiens visitur.

Dum hæc identidem rimabundus eximie delector : Tua sunt, inquit Byrrhæna, cuncta quæ vides. Et cum dicto ceterus omnes sermoni secreto decedere præcipit. Quibus dispulsis omnibus : Per hanc, inquit, deam, o Luci carissime, ut anxie tibi metuo, et, utpote pignori meo, longe provisum cupio. Cave tibi, sed cave fortiter a malis artibus, et facinorosis illecebris Pamphilæ illius, quæ cum Milone isto, quem dicis hospitem, nupta est. Maga primi nominis, et omnis carminis sepulcralis magistra creditur, quæ surculis, et lapillis, et id genus frivolis inhalatis, omnem istam lucem mundi siderialis imis Tartari et

haut degré en fait d'évocations sépulcrales. Elle peut, rien qu'en soufflant sur une pierre, une baguette ou quelque autre objet aussi insignifiant, précipiter les astres du haut de la voûte éthérée dans les profondeurs du Tartare, et replonger la nature dans le vieux chaos. Elle ne voit pas un jeune homme de bonne mine sans se passionner aussitôt. Dès lors, ni ses yeux ni son cœur ne peuvent se détacher de lui. Elle l'entoure d'amorces, s'empare de son esprit, l'enlace à jamais dans les chaînes de son inexorable amour. A la moindre résistance, elle s'indigne ; et les récalcitrants sont tantôt changés en pierres ou en animaux, tantôt anéantis tout à fait. Ah! je tremble pour votre sûreté. Gardez-vous de brûler pour elle; ses ardeurs sont inextinguibles, et votre âge et votre tournure ne vous expose que trop à la conflagration.

Ainsi Byrrhène exprimait ses craintes; mais, ô puissance de la curiosité! au seul mot de magie, ce but de toutes mes pensées, loin d'éprouver de l'éloignement pour Pamphile, je me sentis naître un violent désir de me faire à tout prix initier par elle aux secrets de son art. Il me tardait d'aller à corps perdu me jeter dans cet abîme. Mon impatience tenait du délire ; au point que m'arrachant des mains de Byrrhène, comme d'une chaîne qui me pesait, je lui dis brusquement adieu, et je volai au logis de Milon. Allons, Lucius, me disais-je, tout en courant comme un fou, courage et présence d'esprit ; voici l'occasion tant souhaitée. Tu vas t'en donner de ce merveilleux dont tu es si avide. Ne vas pas faire l'enfant ; il s'agit de traiter rondement l'affaire. Point d'intrigue amoureuse avec ton hôtesse. La couche de l'honnête Milon doit être sacrée pour toi : mais il y a Fotis, la jeune chambrière, qu'il te faut emporter de haute lutte. La friponne est piquante ; elle aime à rire ; elle pétille d'esprit. Hier au soir, quand tu ne songeais qu'à dormir, ne te conduisit-elle pas très-officieusement à ta chambre? Et quel empressement délicat à te déshabiller, à te couvrir dans ton lit ! Ce baiser sur ton front, cette expression dans son regard trahissaient assez son regret de te quitter. Maintes fois, avant de sortir, elle a fait une pause, et regardé en arrière. Allons, j'en accepte l'augure. Arrive que pourra, j'aurai pied ou aile de cette Fotis.

Tout en délibérant ainsi, et, comme on dit, opinant de mes jambes, je me trouve à la porte de Milon. Ni le patron ni sa femme n'étaient au logis. Mais j'y trouvai Fotis, mes amours. Elle s'occupait à préparer pour ses maîtres un mets composé de viande hachée menu et d'autres ingrédients ; le tout se mitonnait dans une casserole à ragoûts ; et, bien qu'à distance, il en arrivait jusqu'à mon nez des émanations qui promettaient. Fotis était vêtue d'une blanche robe de lin, qu'une ceinture d'un rouge éclatant, un peu haut montée, serrait juste au-dessous des boutons du sein. Ses mains mignonnes agitaient circulairement le contenu du vase culinaire, non sans lui imprimer de fréquentes secousses. Un branle voluptueux se communiquait ainsi à toute sa personne. Je voyais ses reins se ployer, ses hanches se balancer, et toute sa taille ondoyer de la façon la plus agaçante.

Je restai là muet d'admiration et comme en extase. Voilà mes sens, du calme plat, qui pas-

---

in vetustum chaos submergere novit. Nam simul quemquam conspexit speciosæ formæ juvenem, venustate ejus sumitur, et illico in eum et oculum et animum detorquet. Serit blanditias, invadit spiritum, amoris profundi pedicis æternis alligat. Tunc minus morigeros et viles fastidio, in saxa, et in pecua, et quodvis animal puncto reformat : alios vero prorsus extinguit. Hæc tibi trepida cavenda censeo. Nam et illa urit perpetim, et tu per ætatem et pulchritudinem capax ejus es. Hæc mecum Byrrhæna satis anxia.

At ego curiosus alioquin, ut primum artis magicæ semper optatum nomen audivi, tantum a cautela Pamphiles abfui, ut etiam ultro gestirem tali magisterio me volens ampla cum mercede tradere, et prorsus in ipsum barathrum saltu concito præcipitare. Festinus denique et vecors animi, manu ejus velut catena quadam memet expedio : et, salve propere addito, ad Milonis hospitium perniciter evolo. At dum amenti similis celero vestigium : Age, inquam, o Luci, evigila, et tecum esto. Habes exoptatam occasionem, et voto diutino poteris fabulis miris explere pectus. Aufer formidines pueriles ; cominus cum re ipsa gnaviter congredere ; et a nexu quidem Veceneæ hospitis tuæ tempera, et probi Milonis genialem torum religiosus suscipe. Verum enim vero Fotis famula petatur enixe. Nam et forma scitula, et moribus ludicra, et prorsus argutula est. Vesperi quoque quum somno concederes, et in cubiculum te deduxit comiter, et blande lectulo collocavit, et satis amanter cooperuit : et, osculato tuo capite quam invita discederet, vultu prodidit ; denique sæpe retrorsa respiciens substitit. Quod bonum, felix, et faustum itaque, licet salutare non erit, Fotis illa tentetur.

Hæc mecum ipse disputans fores Milonis accedo : et, quod aiunt, pedibus in sententiam meam vado. Nec tamen domi Milonem, vel uxorem ejus offendo, sed tantum caram meam Fotidem : quæ suis dominis parabat viscum fartim concisum, et pulpam frustatim consectam in cacabum ad pascua jurulenta : et quod naribus jam inde ariolabar tucetum perquam sapidissimum. Ipsa linea tunica mundule amicta, et russea fasciola prænitente altiuscule sud ipsas papillas succinctula, illud cibarium vasculum floridis palmulis rotabat in circulum ; et in orbis flexibus crebra succutiens, et simul membra sua leniter illubricans, lumbis sensim vibrantibus, spinam mobilem quatiens placide, decenter undabat.

Isto aspectu defixus obstupui, et mirabundus steti ; steterunt et membra, quæ jacebant ante. Et tandem ad illam : Quam pulchre, quamque festive, inquam, Fotis

sent à l'état de révolte. Ma Fotis, lui dis-je, que de grâces! quel plaisir de te voir remuer ensemble cette casserole et cette croupe divine! Le délicieux ragoût que tu prépares! heureux, cent fois heureux qui pourra en tâter, ne fût-ce que du bout du doigt! La friponne alors, aussi gaillarde que gentille : Gare, gare, pauvre garçon, me dit-elle; cela brûle, il n'en faut qu'une parcelle pour vous embraser jusqu'à la moelle des os. Et alors, quelle autre que moi pour éteindre l'incendie! oui, que moi; car je ne suis pas seulement experte en cuisine; j'entends tout aussi bien un autre service. En parlant ainsi, elle tourne la tête, et me regarde en riant. Moi, avant de lui obéir, je passe en revue toute sa personne. Mais que sert de vous la décrire en détail?

Dans une femme, je ne prise rien tant que la tête et la chevelure. C'est ma plus vive admiration en public, ma plus douce jouissance dans l'intimité. Et, pour justifier cette prédilection, n'est-ce pas la partie principale du corps humain, celle qui est le plus en évidence, qui frappe les yeux tout d'abord? Cet appendice naturel n'est-il pas pour la tête ce qu'une parure éclatante est pour le reste du corps? Je vais plus loin : souvent la beauté, pour mieux éprouver le pouvoir de ses charmes, se dépouille de tout ornement, fait tomber tous les voiles, et n'hésite pas à se montrer nue, espérant plus de l'éclat d'une peau vermeille que de l'or des plus riches atours. Mais de quelques attraits que vous la supposiez pourvue, si vous lui ôtez, (chose affreuse à dire! nous préserve le ciel de la réalité!) si vous lui ôtez, dis-je, l'honneur de sa chevelure, si son front est découronné, eh bien! cette fille du ciel, née de l'écume des mers, bercée par les vagues, elle a beau s'appeler Vénus, avoir pour compagnes les Grâces, et le peuple entier des Amours dans son cortége; elle a beau s'armer de sa ceinture, exhaler le cinnamone et distiller la myrrhe, une Vénus chauve ne peut plaire à personne; non, pas même à son Vulcain.

Que sera-ce si la nature a donné aux cheveux une couleur avantageuse ou un lustre qui en relève l'éclat; de ces teintes vigoureuses qui rayonnent au soleil, ou de ces nuances tendres, dont le doux reflet se joue aux divers aspects de la lumière? Tantôt c'est une chevelure blonde, toute d'or à la surface, et qui prend vers la racine le brun du miel dans l'alvéole; tantôt c'est un noir de jais, dont l'émail rivalise avec l'azur de la gorge des pigeons. Lorsque, luisants des essences d'Arabie, et lissés par l'ivoire aux dents serrées, les cheveux sont ramenés derrière la tête, c'est une glace où se mirent avec délices les yeux d'un amant : ici ils simulent une couronne tressée en nattes serrées et fournies; là, libres de toute contrainte, ils descendent en ondes derrière la taille. Telle est l'importance de la coiffure, qu'une femme eût-elle mis en œuvre l'or, les pierreries, les riches tissus, toutes les séductions de la toilette; si elle n'a pris un soin égal de ses cheveux, elle ne paraîtra point parée. Cet arrangement chez ma Fotis n'avait coûté ni temps, ni peine; un heureux négligé en faisait tous les frais. Réunis en nœud au sommet de la tête, ses cheveux retombaient, gracieusement partagés, des deux côtés de son cou d'ivoire, et de leurs extrémités bouclées atteignaient la bordure supérieure

---

mea, ollulam istam cum natibus intorques? quam mellitum pulmentum apparas? Felix, et certius beatus, cui permiseris illuc digitum intingere. Tunc illa lepida alioquin et dicacula puella, Discede, inquit, miselle, quam procul a meo foculo, discede. Nam si te vel modice meus igniculus afflaverit, ureris intime : nec ullus extinguet ardorem tuum, nisi ego; quæ dulce condiens, et ollam et lectulum suave quatere novi. Hæc dicens, in me respexit, et risit. Nec tamen ego prius inde discessi, quam diligenter omnem ejus explorassem habitudinem. Sed quid ego de ceteris aio? quum semper mihi unica cura fuerit caput capillumque sedulo et publice prius intueri, et domi postea perfrui; sitque judicii hujus apud me certa et statuta ratio, vel quod præcipua pars ista corporis, in aperto et perspicuo posita prima nostris luminibus occurrit; et quod in ceteris membris floridæ vestis hilaris color, in capite nitor nativus operatur. Denique pleræque indolem gratiamque suam probaturæ, lacinias omnes exuunt, amicula dimovent : nudam pulchritudinem suam præbere se gestiunt : magis de cutis roseo rubore, quam de vestis aureo colore placituræ. At vero, quod nefas dicere, neque sit ullum hujus rei tam dirum exemplum : si cujuslibet eximiæ pulcherrimæque fœminæ caput capillo exspoliaveris, et faciem nativa specie nudaveris; licet illa cœlo dejecta, mari edita, fluctibus educata, licet, inquam, Venus ipsa fuerit, licet omni Gratiarum choro stipata, et toto Cupidinum populo comitata, et baltheo suo cincta, cinnama fragrans, et balsama rorans, calva processerit : placere non poterit nec Vulcano suo.

Quid? quum capillis color gratus, et nitor splendidus illucet, et contra solis aciem vegetus fulgurat, vel placidus renidet, ac in contrariam gratiam variat aspectum? et nunc ut aurum coruscans in levem mellis deprimitur umbram, nunc corvina nigredine cæruleos columbarum colli flosculos æmulatur; vel quum guttis arabicis obunctus, et pectinis arguti dente tenui discriminatus, et pone versum coactus amatoriis oculis occurrens, ad instar speculi, reddit imaginem gratiorem? Quid? quum frequenti sobole spissus cumulat verticem, vel prolixa serie porrectus dorsa permanat? Tanta denique est capillamenti dignitas, ut, quamvis auro, veste, gemmis, omnique cetero mundo exornata mulier incedat, tamen nisi capillum distinxerit, ornata non possit audire. Sed in mea Fotide, non operosus, sed inordinatus ornatus addebat gratiam. Uberes enim crines, leviter emissos, et cervice dependulos, ac deinde per colla dispositos, sensimque sinuato patagio residentes, paulis-

de son vêtement. La volupté chez moi devenait torture; je n'y tenais plus; et me penchant avidement sur le beau cou de Fotis, à l'endroit où les cheveux prennent naissance, j'y imprimai un long et délicieux baiser.

Elle tourna la tête, et me lançant de côté une œillade assassine : Ah! jeune écolier, vous prenez goût à ce nanan; tout n'y est pas miel; prenez-y garde. A la longue, trop de douceur aigrit la bile. J'en cours le risque, ma chère âme, m'écriai-je; pour savourer un seul de tes baisers, je suis homme à me laisser griller tout de mon long sur le brasier que voilà. Je dis; et la serrant dans mes bras, je joignis les effets aux paroles. Mon feu la gagne, elle me rend étreinte pour étreinte, caresse pour caresse. Sa bouche entr'ouverte me prodigue le parfum de son haleine; nos langues se rencontrent aiguillonnées par nos communs désirs. Ivre de ce doux nectar, Je meurs, m'écriai-je, je suis mort, si tu ne m'exauces Mais elle, m'embrassant de nouveau, me dit : Rassure-toi; tes désirs sont les miens : je suis à toi, et nos plaisirs ne se feront guère attendre. A l'heure des flambeaux, je serai dans ta chambre. Va rassembler tes forces; car je veux toute la nuit te livrer bataille, et j'irai de tout cœur. L'entretien dura encore quelque temps sur ce ton, puis nous nous séparâmes.

Vers midi, je reçois un porc gras, cinq poulardes et un baril d'excellent vin vieux, que Byrrhène m'envoyait pour ma bienvenue. J'appelle aussitôt Fotis. Tiens, lui dis-je, voici du renfort pour Vénus : Bacchus, son écuyer, lui apporte ses armes. Il faut qu'aujourd'hui même nous mettions ce tonneau à sec. Noyons la froide pudeur dans le vin, et puisons dans ses flots une ardeur infatigable. De l'huile à pleine lampe (car adieu cette fois au sommeil), et du vin à pleines coupes, c'est tout ce qu'il faut pour le voyage de Cythère.

Je me rendis de suite au bain, où je passai le temps jusqu'au souper, mon cher hôte Milon m'ayant invité à partager son très-maigre ordinaire. Je n'avais pas oublié les avis de Byrrhène; aussi pris-je grand soin de ne rencontrer que le moins possible le regard de la maîtresse du logis. Je ne jetais les yeux de son côté qu'avec effroi, comme si j'allais voir le lac Averne Par compensation, Fotis était là pour nous servir. Pas un de ses mouvements ne m'échappait, et cette vue me réjouissait l'âme.

La nuit survint. Tout à coup Pamphile s'écria, en regardant la lampe : Quelle averse pour demain! Son mari lui demanda comment elle le savait. C'est la lampe qui me l'annonce, reprit-elle. Milon se mit à rire. Admirable sibylle que nous avons là, dit-il, au courant de toutes les affaires du ciel. Du haut de cette tige qui la porte, il n'est sans doute pas un mouvement du soleil qu'elle n'observe. Ici je pris à mon tour la parole : C'est là effectivement une des premières notions de l'art divinatoire; et la chose est toute simple. Cette petite flamme allumée par une main mortelle n'est rien moins qu'une étincelle du feu céleste; une secrète correspondance existe entre elle et sa divine origine. Elle sait ce qui va se passer là-haut : pourquoi ne pourrait-elle pas le prédire? A ce propos, nous avons maintenant à Corinthe un Chaldéen qui fait des consultations merveilleuses, et qui met toute la ville en émoi.

---

per ad finem conglobatos, in summum verticem nodus adstrinxerat. Nec diutius quivi tantum cruciatum voluptatis eximiæ sustinere; sed pronus in eam, qua fine summum cacumen capillus ascendit, mellitissimum illud savium impressi.

Tum illa cervicem intorsit, et ad me conversa limis et morsicantibus oculis : Heus tu scholastice, ait, dulcem et amarum gustulum carpis. Cave, ne nimia mellis dulcedine diutinam bilis amaritudinem contrahas. Quid istic, inquam, est, mea festivitas, quum sim paratus, vel uno saviolo interim recreatus, super istum ignem porrectus assari? Et cum dicto artius iam complexus, cœpi saviari. Jamque æmula libidine in amoris parilitatem congerminescenti mecum, jam patentis oris inhalatu cinnameo, et occursantis linguæ illisu nectareo prona cupidine adlubescenti, Pereo, inquam, immo jam dudum perii, nisi tu propitiaris. Ad hæc illa, rursum me deosculato : Bono animo esto, inquit; nam ego tibi mutua voluntate mancipata sum : nec voluptas nostra differetur ulterius, sed prima face cubiculum tuum adero. Abi ergo, ac te compara : tota enim nocte tecum fortiter et ex animo præliabor. His et talibus obgannitis sermonibus inter nos, discessum est.

Commodum meridies accesserat, et mittit mihi Byrrhæna xeniola porcum opimum, et quinque gallinulas, et vini cadum in ætate pretiosi. Tunc ego, vocata Fotide, Ecce, inquam, Veneris hortator et armiger Liber advenit ultro. Vinum istud sorbeamus hodie omne, quod nobis restinguat pudoris ignaviam, et alacrem vigorem libidinis incutiat. Hac enim sitarchia navigium Veneris indiget sola, ut in nocte pervigili, et oleo lucerna, et vino calix abundet. Diem ceterum lavacro, ac dein cœnæ dedimus. Nam Milonis boni concinnaticiam mensulam rogatus accubueram, quam pote tutus ab uxoris ejus aspectu, Byrrhænæ monitorum memor; et perinde in ejus faciem oculos meos ac si in Avernum lacum formidans dejeceram. Sed assidue respiciens præministrantem Fotidem, inibi recreabar animi.

Quum, ecce, jam vespera, lucernam intuens, Pamphile, quam largus, inquit, imber aderit crastino. Et percontanti marito qui comperisset istud? respondit, sibi lucernam prædicere. Quod dictum ipsius Milo risu secutus, Grandem, inquit, istam lucernam Sibyllam pascimus, quæ cuncta cœli negotia, et solem ipsum de speculo candelabri contuetur. Ad hæc ego subjiciens : Sunt, aio, prima hujuscemodi divinationis experimenta : nec mirum, licet modicum istum igniculum, et manibus humanis laboratum, memorem tamen illius majoris et cœ-

Il va inviter le premier venu, pour son argent, au secret des destinées. Il sait quel jour il faut choisir pour contracter mariage, pour poser une première pierre, pour entreprendre une affaire de négoce, pour faire route sans mauvaise rencontre, ou s'embarquer sous de bons auspices. Moi-même; je l'ai consulté sur mon voyage, il m'en a dit long. Le merveilleux s'y trouve, et la variété aussi. C'est toute une histoire; histoire merveilleuse en vérité, et qui, à l'en croire, fournira matière à plus d'un livre.

Et ce Chaldéen, dit en ricanant Milon, donnez-nous son signalement et son nom. C'est, répondis-je, un homme de haute taille, tirant sur le noir; il s'appelle Diophane. C'est lui, c'est bien notre homme. Nous l'avons eu aussi dans cette ville. Il y a reçu maintes visites, débité maintes prophéties. Il y a fait de l'argent, et mieux que cela; il y a fait fortune: mais, hélas! le sort lui gardait un retour, ou, si vous voulez, un tour des plus cruels. Un jour qu'entouré d'une foule nombreuse, il allait, tirant à chacun son horoscope et prophétisant à la ronde, un négociant, nommé Cerdon, s'en vint le consulter sur le jour qu'il devait prendre pour un voyage. Diophane le lui dit. La bourse était tirée, les espèces comptées; mille deniers, tout autant qu'il allait rafler pour prix de l'oracle, quand un jeune homme de bonne mine, qui s'était glissé derrière le devin, le tire par son manteau, et le serre étroitement dans ses bras, au moment où il se retournait.

Diophane lui rend l'accolade, et le fait asseoir auprès de lui. Cette reconnaissance à l'improviste lui faisant perdre de vue l'affaire qui était en train, il engage la conversation avec le nouveau venu. Combien j'ai désiré votre arrivée! — Et vous, mon cher ami, dit l'autre, depuis votre départ impromptu de l'île d'Eubée, comment vous êtes-vous tiré de la mer et des chemins? A cette question, notre brave Chaldéen, oubliant tout à fait son rôle, répond avec la distraction la plus ingénue : Puissent nos ennemis publics ou privés être dans le cas de faire un pareil voyage! c'est une autre Odyssée. Notre vaisseau, battu par tous les vents, dégarni de ses deux gouvernails, est venu, après la plus pénible navigation, sombrer en vue du continent. Nous n'avons eu que le temps de nous sauver à la nage, abandonnant tout ce que nous possédions. Le zèle de nos amis, et la charité publique, nous ont alors créé quelques ressources; mais tout est devenu la proie d'une bande de brigands. Mon frère Arisuatus (je n'avais que celui-là) a voulu faire résistance; ils l'ont impitoyablement égorgé sous mes yeux. Il n'avait pas fini son récit lamentable, que le négociant Cerdon avait déjà rempoché ses espèces, et fait retraite, emportant le prix compté de la prédiction. Nous partîmes tous alors d'un bruyant éclat de rire; et Diophane, réveillé comme en sursaut, comprit alors sa faute en même temps que sa déconvenue; mais vous verrez, seigneur Lucius, qu'à votre endroit le Chaldéen aura été véridique une fois dans sa vie. Bonne chance donc, et puisse votre voyage être des plus heureux!

lestis ignis, velut sui parentis, quid esset editurus in ætheris vertice, divino præsagio et ipsum scire, et nobis enuntiare. Nam et Corinthi nunc apud nos passim Chaldæus quidam hospes miris totam civitatem responsis turbulentat, et arcana fatorum stipibus emerendis edicit in vulgum : qui dies copulas nuptiales adfirmet, qui fundamenta moenium perpetuet : qui negotiatori commodus, qui viatori celebris, qui navigiis opportunus : mihi denique proventum hujus peregrinationis anquirenti, multa respondit, et oppido mira, et satis varia. Nunc enim gloriam satis floridam, nunc historiam magnam, et incredendam fabulam, et libros me futurum.

Ad hæc renidens Milo : Qua, inquit, corporis habitudine præditus, quove nomine nuncupatus hic iste Chaldæus est? Procerus, inquam, et suffusculus, Diophanes nomine. Ipse est, ait, nec ullus alius. Nam et hic apud nos multa multis similiter effatus, non parvas stipes, immo vero mercedes opimas jam consecutus, Fortunam scævam, an sævam verius dixerim, miser incidit. Nam die quadam, quum frequentis populi circulo conseptus, coronæ circumstantium fata donaret, Cerdo quidam nomine negotiator accessit eum, diem commodum peregrinationi cupiens. Quem quum electum destinasset illi, jam deposita crumena, jam profusis nummulis, jam dinumeratis centum denariis, quos mercedem divinationis auferret; ecce quidam de nobilibus adolescentulus a tergo arrepens, eum lacinia prehendit, et conversum amplexus exosculatur artissime.

At ille ubi primum consaviatus eum, juxtim se ut assideret effecit, attonitus et repentinæ visionis stupore, et præsentis negotii, quod gerebat, oblitus, infit ad eum : Quam olim equidem exoptatus nobis advenis? Respondit ad hæc ille alius : Commodum vespera oriente. Sed vicissim tu quoque frater mihi memora, quemadmodum exinde ut de Eubœa insula festinus enavigasti, et maris et viæ confeceris iter. Ad hæc Diophanes ille Chaldæus egregius, mente viduus, necdum suus, Hostes, inquit, et omnes inimici nostri, tam diram, immo vero Ulyxeam peregrinationem incidant. Nam et navis ipsa, in qua vehebamur, variis turbinibus procellarum quassata, utroque regimine amisso, ægre ad ulterioris ripæ marginem detrusa, præceps demersa est : et nos, omnibus amissis, vix enatavimus. Quodcumque vel ignotorum miseratione, vel amicorum benivolentia contraximus, id omne latrocinalis invasit manus : quorum audaciæ repugnans etiam, cui nomen est Arisuatus, unicus frater meus, sub istis oculis miser jugulatus est. Hæc eo adhuc narrante mœsto, Cerdo ille negotiator, correptis nummulis suis, quos divinationis mercedi destinaverat, protinus aufugit. Ac dehinc, tunc demum Diophanes expergitus, sensit imprudentiæ suæ labem : quum etiam nos omnes circumsecus adstantes in clarum cachinnum videret effusos. Sed tibi plane, Luci domine, soli omnium Chaldæus ille vera dixerit; sisque felix, et iter dexterum porrigas.

Hæc Milone diutine sermocinante, tacitus ingemiscebam, mihique non mediocriter succensebam, quod ultro

Tandis que Milon pérorait ainsi tout à son aise, je gémissais à part moi, et m'en voulais mortellement de lui avoir si mal à propos suggéré ce sujet de conversation. C'était autant de pris sur la soirée, et sur le doux emploi que je m'en étais promis. Enfin, surmontant ma timidité : Que Diophane s'arrange avec le sort, dis-je à Milon; qu'il aille, tant qu'il lui plaira, risquer encore par terre ou par mer les tributs qu'il a levés sur la crédulité des gens : moi, comme je me ressens encore de ma fatigue d'hier, je vous demande la permission de me retirer de bonne heure. Aussitôt dit, aussitôt fait. J'eus bientôt gagné ma chambre, où je trouvai tous les arrangements d'un souper assez bien entendu. On avait pris soin de faire coucher les domestiques le plus loin possible de ma porte, sans doute afin d'écarter de nos nocturnes ébats toute oreille indiscrète. Près du lit était une petite table, où la desserte du dîner figurait avec avantage. Fotis y avait mis deux verres d'honnête dimension, qui, remplis à moitié de vin, ne laissaient de place que pour autant d'eau; enfin, une de ces bouteilles au long cou évasé, qui se vident si facilement, complétait cet arsenal de l'amoureuse escrime.

A peine étais-je au lit, que ma Fotis, qui venait de coucher sa maîtresse, accourt près de moi, balançant dans ses mains des roses tressées en guirlandes. Une rose détachée s'épanouissait entre les charmants contours de son sein. Sa bouche s'unit étroitement à la mienne; elle m'enlace dans ses guirlandes, et me couvre de fleurs. Puis saisissant l'un des verres, et mêlant au vin de l'eau tiède, me l'offre à boire, me l'ôte doucement des mains avant que j'aie tout bu, et, les yeux fixés sur moi, hume le reste goutte à goutte, avec un doux frémissement des lèvres. Un second verre, un troisième, et plus encore, passent ainsi d'une bouche à l'autre. Enfin, les fumées du vin me montent à la tête, et portent le trouble dans mes sens. Le sixième surtout s'insurge, et met en feu toute la région qu'il habite. J'écarte la couverture, et, étalant aux yeux de Fotis toute la turbulence de ma passion : Par pitié, lui dis-je, viens vite à mon secours. Tu le vois, je me présente assez de pied ferme à ce combat que tu m'offres, sans que le fécial s'en soit mêlé. Le traître Cupidon m'a percé d'une de ses flèches jusqu'au fond du cœur. J'ai bandé mon arc en retour, et si fort, qu'il y a danger que la corde ne se rompe. Viens, et, pour me rendre tout à fait heureux, cesse d'emprisonner ta chevelure; qu'elle flotte en toute liberté sur tes épaules : tes embrassements vont m'en sembler plus doux.

En un clin d'œil elle a fait disparaître le couvert. Puis elle met à nu tous ses charmes; et, laissant ondoyer ses cheveux dans le plus voluptueux désordre, la voilà qui s'avance, image vivante de Vénus glissant sur les flots. De sa main rosée, la coquette faisait mine de voiler un réduit charmant qu'aucun ombrage naturel ne dérobait à ma vue. Ferme! dit-elle, tiens bon, vaillant guerrier! Tu as un adversaire qui ne cède, ni ne tourne le dos. Face à face, si tu es homme ; et, coup pour coup, frappe et meurs. Aujourd'hui point de quartier. Elle dit, et, montant sur la couchette, s'arrange de façon que nous nous trouvons elle dessus et moi dessous.

Déployant alors l'élastique fermeté de ses reins par des secousses répétées, et toujours plus vives et plus érotiques, elle me fit savourer à longs

---

inducta serie inopportunarum fabularum, partem bonam vesperæ, ejusque gratissimum fructum amitterem. Et tandem denique devorato pudore, ad Milonem aio : Ferat suam Diophanes ille fortunam, et spolia populorum rursum conferat mari pariter ac terræ : mihi vero fatigationis hesternæ etiam nunc saucio, da veniam maturius concedam cubitum. Et cum dicto facesso, et cubiculum meum contendo : atque illic deprehendo epularum dispositiones satis concinnas. Nam et pueris extra limen, credo ut arbitrio nocturni gannitus ablegarentur, humi quam procul distratum fuerat : grabatulum meum assistit mensula cœnæ totius honestas reliquias tolerans : et calices boni, jam infuso latice semipleni, solam temperiem sustinentes : et lagena juxta orificio cessim dehiscente patescens, facilis hauritu, prorsus gladiatoriæ Veneris antecœnia.

Commodum cubueram : et ecce Fotis mea, jam domina cubitum reddita, jacta proximat rosa serta, et rosa soluta in sinu tuberante. Ac me pressim deosculato, et corollis revincto, ac flore persperso, arripit poculum, ac desuper aqua calida injecta, porrigit bibam : idque modico prius quam totum exsorberem, clementer invadit : ac relictum paululatim labellis minuens, meque respiciens, sorbillat dulciter : sequensque et tertium inter nos vicissim et frequens alternat poculum. Quum ego jam vino madens, nec animo tantum, verum etiam corpore ipso ad libidinem inquies alioquin et petulans, etiam saucius paullisper in guinum fine, lacinia remota, impatientiam Veneris Fotidi meæ monstrans : Miserere, inquam, et subveni maturius. Nam, ut vides, prœlio, quod nobis sine feciali officio indixeras, jam proxime vehementer intentus, ubi primam sagittam sævi Cupidinis in ima præcordia mea delapsam excepi, arcum meum en! ipse vigor attendit, et oppido formido, ne nervus rigoris nimietate rumpatur. Sed, ut mihi morem plenius gesseris, ineffusum laxa crinem, et, capillo fluenter undante, ede complexus amabiles.

Nec mora, quum omnibus illis cibariis vasculis raptim remotis, laciniis cunctis renudata, crinibusque dissolutis ad hilarem lasciviam, in speciem Veneris, quæ marinos fluctus subit, pulchre reformata; paullisper etiam glabellum feminal rosea palmula potius obumbrans de industria, quam tegens verecundia : Prœliare, inquit, et fortiter prœliare : nec enim tibi cedam, nec terga vortam. Cominus in aspectum, si vir es, dirige; et grassare naviter, et occide moriturus. Hodierna pugna non habet missionem. Hæc simul dicens, inscenso grabatulo, super me sensim

traits tout ce que les faveurs de Vénus incube ont de plus enivrantes voluptés, tant qu'enfin une molle langueur circule dans nos membres et s'empare de nos sens ; en nous toute force expire, et nous nous laissons aller haletants dans les bras l'un de l'autre. Les premiers rayons du jour vinrent nous surprendre dans nos amoureux ébats, sans que nous eussions fermé la paupière ; nous recourions aux libations de temps à autre. Alors nos forces renaissaient, le désir se ranimait, la lutte recommençait. Ce fut une nuit d'ivresse ; nous eûmes grand soin qu'elle eût plus d'une répétition.

Un jour Byrrhène m'invita de la manière la plus pressante à venir souper chez elle. En vain j'essayai de m'en défendre ; elle ne tint compte de mes excuses. Il me fallut donc présenter requête à Fotis, obtenir son congé, prendre ses auspices. Tout ce qui m'éloignait de ses côtés, ne fût-ce que d'un pas, était peu de son goût. Toutefois, elle consentit d'assez bonne grâce à ce court armistice. Au moins, dit-elle, ayez bien soin de quitter la table de bonne heure ; car il y a dans notre jeune noblesse un parti sans frein, ennemi juré de la paix publique : et vous rencontrerez des hommes égorgés en pleine rue. Les troupes du gouverneur sont trop loin de nous pour empêcher ces massacres. Votre position élevée fait de vous un point de mire ; et, comme étranger, vous avez moins qu'un autre de protection à attendre. Rassure-toi, ma chère Fotis, lui répondis-je ; je tiens plus à nos plaisirs qu'à tous les festins du monde ; et il suffit de ton inquiétude pour me faire presser mon retour. D'ailleurs, je ne marche pas seul. Et puis j'aurai au côté mon épée. C'est une sauvegarde qui ne me quitte pas.

Muni de cette précaution, je me rendis à ce souper. J'y trouvai grande réunion, et, comme je m'y attendais, d'après le rang de la dame du logis, la meilleure compagnie de la ville. Les lits, d'une magnificence extrême, étaient en bois de citronnier avec des ornements d'ivoire, et recouverts d'étoffes brodées d'or. Sur la table de larges coupes, toutes diverses de forme et de beauté, toutes d'un prix inestimable. Ici le verre artistement ciselé, là le cristal taillé à facettes. L'argent brillait, l'or resplendissait. Il s'y trouvait jusqu'à des morceaux d'ambre cristallisé, que l'art avait creusé pour servir de vase à boire ; enfin un luxe inimaginable. Plusieurs écuyers tranchants, magnifiquement vêtus, découpaient les mets sans nombre que de jeunes filles servaient avec toute la grâce possible. De jeunes garçons qu'on avait frisés au fer, et élégamment drapés, ne cessaient de verser aux convives un vin vieux dans des vases faits de pierres précieuses. Bientôt l'arrivée des flambeaux donne l'essor aux propos de table ; le rire se communique, les bons mots circulent, et, parfois, l'épigramme étincelle.

Byrrhène alors m'adressa la parole : Que dites-vous de notre pays? Aucune ville, que je sache, ne possède rien de comparable à nos temples, à nos bains, à nos édifices publics en général. Et nous ne sommes pas moins bien pourvus des choses utiles : chez nous l'homme de plaisir trouve les mêmes facilités, l'homme de négoce les mêmes débouchés qu'à Rome même ; et l'homme aux goûts tranquilles peut jouir ici du recueillement de la campagne. Tous les plaisirs de la province s'y sont donné rendez-vous. Rien n'est plus

---

residens, ac crebra subsiliens, lubricisque gestibus mobilem spinam quatiens, pendulæ Veneris fructu me satiavit; usque dum lassis animis, et marcidis artubus defatigati, simul ambo corruimus inter mutuos amplexus animas anhelantes. His et hujuscemodi colluctationibus ad confinia lucis usque pervigiles egimus, poculis interdum lassitudinem refoventes, et libidinem incitantes, et voluptatem integrantes. Ad cujus noctis exemplar similes astruximus alias plusculas.

Forte quadam die de me magno opere Byrrhæna contendit apud eam cœnulæ interessem : et, quum impendio excusarem, negavit veniam. Ergo igitur Fotis erat adeunda, deque nutu ejus consilium, velut auspicium; petendum. Quæ, quamquam invita quod a se ungue latius digrederer, tamen comiter amatoriæ militiæ brevem commeatum indulsit. Sed heus tu, inquit, cave regrediare cœna maturius. Nam vesana factio nobilissimorum juvenum pacem publicam infecit : et passim trucidatos per medias plateas videbis jacere ; nec præsidis auxilia longinqua levare civitatem tanta clade possunt. Tibi vero fortunæ splendor insidias, contemptus etiam peregrinationis poterit afferre. Fac sine cura sis, inquam, Fotis mea. Nam præter quod epulis alienis voluptates meas anteferrem, metum etiam istum tibi demam maturata regressione, nec tamen incomitatus ibo. Nam gladio solito cinctus altrinsecus, ipse salutis meæ præsidia gestabo.

Sic paratus cœnæ me committo. Frequens ibi numerus epulonum, et, utpote apud primatem feminam, flos ipse civitatis. Et opipare citro et ebore nitentes lecti, aureis vestibus intecti ; ampli calices, variæ quidem gratiæ, sed pretiositatis unius. Hic vitrum fabre sigillatum, ibi crystallum impunctum; argentum alibi clarum, et aurum fulgurans, et succinum mire cavatum in lapides, ut bibas : et quidquid fieri non potest, ibi est. Diribitores plusculi, splendidi amicti : fercula copiosa puellæ scitulæ subministrare, pueri calamistrati pulchre indusiati, gemmas formatas in pocula vini vetusti frequenter offerre. Jam illatis luminibus epularis sermo percrebruit : jam risus affluens, et joci liberales, et cavillus hinc inde.

Tum infit ad me Byrrhæna : Quam commode versaris in nostra patria? Quod sciam, templis, et lavacris, et ceteris operibus longe cunctas civitates antecellimus : utensilibus præterea pollemus affatim. Certe libertas otioso, et negotioso quidem advenæ Romana frequentia, modesto vero hospiti quies villatica : omni denique provinciæ voluptarii secessus sumus. Ad hæc ego subjiciens: Vera memoras, nec usquam gentium magis me liberum quam hic fuisse credidi. Sed oppido formido cæcas et ine-

vrai, repris-je; nulle part je ne me suis senti plus à l'aise. Mais il y a la magie, dont je redoute singulièrement les ténébreuses embûches et les piéges inévitables. Le tombeau même, dit-on, ne met pas à l'abri de ses atteintes. Elle dispute aux bûchers, aux sépulcres, les dépouilles des morts; et des lambeaux, arrachés aux cadavres, deviennent les instruments de ses funestes pratiques contre les vivants. On parle de vieilles sorcières qui, au milieu même d'une pompe funèbre, savent escamoter un mort et frauder la sépulture. Bah! dit alors une personne de la compagnie, on ne fait pas même ici grâce aux vivants. A qui donc est-il arrivé dernièrement de se trouver mutilé, défiguré au point d'en être méconnaissable?

Aussitôt un rire immodéré s'empare de l'assemblée. Tous les yeux se tournent vers un convive qui se tenait à l'écart dans un coin, et qui, tout confus de se voir l'objet d'une attention si marquée, murmure quelques mots de dépit, et fait mine de se lever de table. Byrrhène lui dit alors: Allons, mon cher Téléphron, rasseyez-vous; et, tenez, vous qui êtes si complaisant, racontez-nous encore une fois votre histoire. Je serais charmée de procurer à mon fils Lucius, que voilà, le plaisir de l'entendre de votre bouche. Madame, répondit Téléphron, vous êtes la bonté même; mais il y a des gens d'une impertinence... Il paraissait outré. Mais Byrrhène, à force d'instances, finit par le décider pour l'amour d'elle. Ramenant alors la housse du lit en un monceau, comme point d'appui à son coude, il projette en avant le bras droit, et dispose ses doigts à la manière des orateurs, c'est-à-dire en fermant les deux derniers, et tenant étendus les autres, avec le pouce en saillie. Après ce préliminaire, notre homme commence ainsi :

J'étais encore en tutelle à Milet, quand l'idée me vint d'aller aux jeux olympiques. J'étais curieux au dernier point de visiter cette province célèbre. Après avoir parcouru toute la Thessalie, pour mon malheur j'arrive à Larisse. Le voyage m'avait mis des plus mal en espèces, et j'errais par la ville en rêvant aux expédients. Au milieu d'une place, j'aperçois un vieillard de haute taille, qui était monté sur une borne, et criait à pleine voix : Qui veut garder un mort? Faites votre prix. Que signifie cette proclamation? dis-je au premier passant. Avez-vous peur que vos morts ne s'enfuient? Paix! me répond-il, vous parlez en enfant et en étranger. Sachez que vous êtes en Thessalie. Il y a ici des magiciennes toujours prêtes à déchiqueter le visage des morts; c'est l'élément principal de leurs conjurations. Et, s'il vous plaît, repris-je, pour cette lugubre faction quelle est la consigne? Faire le guet toute la nuit, dit-il, les yeux tout grands ouverts et fixés sur le cadavre; et il n'y a pas à cligner de la paupière, encore moins à regarder de droite ou de gauche : car ces maudits caméléons femelles se glissent soudain en tapinois, sous une forme quelconque; l'œil du Soleil ou de la Justice y serait lui-même trompé. Elles se changent en chien, en souris, en mouche même, au besoin. Puis vite un enchantement; et les gardiens s'endorment. On n'en finirait pas à décrire toutes les surprises imaginées par ces infernales créatures pour en

vitabiles latebras magicæ disciplinæ. Nam ne mortuorum quidem sepulcra tuta dicuntur : sed et bustis et rogis reliquiæ quædam et cadaverum præsegmina ad exitiabiles viventium fortunas petuntur. Et cantatrices anus in ipso momento choragii funebris præpeti celeritate alienam sepulturam antevortunt. His meis addidit alius : Immo vero istic ne viventibus quidem ullis parcitur. Et nescio qui simile passus, ore undique omnifariam deformato truncatus est.

Inter hæc, convivium totum in licentiosos cachinnos effunditur : omniumque ora et obtutus in unum quempiam angulo secubantem conferuntur. Qui cunctorum obstinatione confusus, indigna murmurabundus, quum vellet exsurgere : Immo, mi Telephron, Byrrhæna inquit, et subsiste paulisper, et more tuæ urbanitatis fabulam illam tuam remetire, ut et filius meus iste Lucius lepidi sermonis tui perfruatur comitate. At ille, Tu quidem, domina, ait, in officio manes sanctæ tuæ bonitatis; sed ferenda non est quorumdam insolentia. Sic ille commotus. Sed instantia Byrrhænæ, quæ cum adjuratione suæ salutis ingratis cogebat effari, perfecit ut vellet. Ac sic aggeratis in cumulum stragulis, et effultis in cubitum, suberectusque in torum, porrigit dexteram, et ad instar oratorum conformat articulum; duobusque infimis conclusis digitis, ceteros eminentes porrigens, et infesto pollice clementer subridens, infit Telephron :

Pupillus ego Mileto profectus ad spectaculum Olympicum, quum hæc etiam loca provinciæ famigerabilis adire cuperem, peragrata cuncta Thessalia, fuscis avibus Larissam accessi. Ac dum singula pererrans, tenuato admodum viatico, paupertati meæ fomenta conquiro; conspicor medio foro procerum quemdam senem. Insistebat lapidem, claraque voce prædicabat, Si qui mortuum servare vellet, de pretio liceretur. Et ad quempiam prætereuntium : Quid hoc, inquam, comperior? Hiccine mortui solent aufugere? Tace, respondit ille. Nam oppido puer, et satis peregrinus es, meritoque ignoras Thessaliæ te consistere, ubi sagæ mulieres ora mortuorum passim demorsicant : eaque sunt illis artis magicæ supplementa. Contra ego, Et quæ, tu, inquam, dic sodes, custodela ista feralis? Jam primum, respondit ille, perpetem noctem eximie vigilandum est, exertis et inconnivis oculis semper in cadaver intentis; nec acies usquam devertenda, immo ne obliquanda quidem. Quippe quum deterrimæ versipelles, in quodvis animal ore converso, latenter arrepant; ut ipsos etiam oculos Solis et Justitiæ facile frustrentur. Nam et aves, et rursum canes et mures, immo vero etiam muscas induunt. Tunc diris cantaminibus somno custodes obruunt. Nec satis quisquam definire poterit, quantas latebras nequissimæ mulieres pro libidine sua comminiscuntur. Nec tamen hujus tam exitiabilis operæ merces amplior, quam quaterni vel seni ferme

venir à leurs fins. Notez que, pour salaire, on n'offre guère plus de quatre à six pièces d'or à qui se charge de ce périlleux service. Ah! j'oubliais : le gardien, dans le cas où le corps ne serait pas retrouvé le matin dans son entier, est tenu de remplacer ce qui manque, pièce pour pièce, avec la chair de sa propre face.

Ainsi renseigné, je prends mon courage à deux mains; je vais droit au crieur, et lui dis : Ménagez vos poumons; voici le gardien tout trouvé; voyons le prix. On vous donnera mille écus, dit-il; mais, mon gaillard, songez-y bien, le mort est le fils d'un des premiers de la ville. Faites bonne garde au moins contre ces détestables harpies. Bagatelle! recommandation inutile! répondis-je; je suis un corps de fer, et, pour la vigilance, un Lyncée, un Argus; des yeux partout. J'avais à peine fini, qu'il me conduit à une maison dont les principales issues étaient fermées. Nous entrons par une petite porte de derrière, et j'arrive à un appartement dont tous les jours interceptés excluaient la lumière du dehors, et où pourtant je parvins à apercevoir une femme éplorée, et en deuil des pieds à la tête. Voici, dit mon guide en s'approchant, un homme résolu qui s'engage à garder le corps de votre époux. A ces mots, la dame écarte ses cheveux des deux côtés de son visage, dont la beauté me frappa au milieu de ses larmes; et arrêtant ses regards sur moi : Vous savez, dit-elle, ce que votre tâche exige de surveillance. Soyez sans inquiétude, repris-je, pourvu que j'aie un supplément de prix raisonnable. Elle y consent, et, se levant aussitôt, me conduit dans une autre chambre.

Là se trouvait le corps du défunt, recouvert d'un linceul éclatant. Elle le découvre en présence de sept personnes appelées comme témoins; et, à cette vue, ses larmes recommencent à couler. Puis, après un moment de silence, adjurant les assistants, elle procède sous leurs yeux à une revue exacte de tous les membres; l'inventaire en est dressé sur une tablette. Voyez, dit-elle, le nez est entier, les yeux en bon état, les oreilles au complet, les lèvres intactes; rien ne manque au menton. Citoyens, rendez-moi du tout bon et fidèle témoignage. Elle dit, et, les sceaux étant apposés aux tablettes, elle allait se retirer; mais je la retins. Madame, lui dis-je, faites-moi, je vous prie, donner ce qui est nécessaire. Qu'entendez-vous par là, dit-elle? Une de vos plus grandes lampes, repris-je, de l'huile suffisamment pour l'alimenter jusqu'au jour, de l'eau chaude, du vin, un verre, et un plateau garni des restes de votre souper. Alors, avec un geste de mépris : Perdez-vous le sens? dit-elle; un souper! des restes! dans une maison de mort, où, depuis tant de jours déjà, le foyer n'a pas même de fumée! Croyez-vous être venu ici pour faire bombance? Allez; songez plutôt à sympathiser par vos larmes avec le deuil que vous voyez autour de vous. Se tournant alors vers sa suivante : Myrrhine, donnez sur-le-champ une lampe et de l'huile à cet homme, enfermez-le dans la chambre, et retirez-vous.

Me voilà donc livré à moi-même, avec la compagnie d'un cadavre pour passe-temps. Je me frotte les yeux pour éloigner le sommeil, et, de temps à autre, je fredonne une chanson pour me donner du cœur au ventre. Arrive la brune, puis

---

offeruntur aurei. Ehem, et quod pœne praeterieram, si qui non integrum corpus mane restituerit, quidquid inde decerptum deminutumque fuerit, id omne de facie sua desectum sarcire compellitur.

His cognitis, animum meum commasculo : et illico accedens praeconem, Clamare, inquam, jam desine. Adest custos paratus : cedo praemium. Mille, inquit, nummum deponentur tibi. Sed heus juvenis, cave diligenter principum civitatis hujus filii cadaver a malis Harpyiis probe custodias. Ineptias, inquam, mihi narras, et nugas meras. Vides hominem ferreum, et insomnem, certe perspicaciorem ipso Lynceo, vel Argo, et oculeum totum. Vix finieram : et illico me producit ad domum quampiam, cujus ipsis foribus obseptis, per quamdam brevem posticulam introvocat me, et conclave quoddam obseratis luminibus umbrosum, et demonstrat matronam flebilem, fusca veste contectam; quam propter assistens, Hic, inquit, auctoratus ad custodiam mariti tui fidenter accessit. At illa, crinibus antependulis hinc inde dimotis, etiam in moerore luculentam proferens faciem, meque respectans : Vide, oro, inquit, quam expergite munus obeas. Sine cura sis, inquam; modo corollarium idoneum compara. Quo placito, ociter surrexit, et ad aliud me cubiculum inducit : ibi corpus splendentibus linteis coopertum.

Introductis quibusdam septem testibus, manu revelat; et diutine visu praefleto, obtestata fidem praesentium, singula demonstrat anxie, membra contecta de industria quodam tabulis praenotante. Ecce, inquit, nasus integer, incolumes oculi, salvae aures, illibatae labiae, mentum solidum. Vos in hanc rem, boni Quirites, testimonium perhibetote. Et cum dicto, consignatis illis tabulis, facessit. At ego, jube, inquam, domina, cuncta quae sunt usui necessaria, nobis exhiberi. At quae, inquit, ista sunt? Lucerna, aio, praegrandis, et oleum ad lucem luci sufficiens, et calida cum oenophoris et calice, coenarumque reliquiis discus ornatus. Tunc illa capite quassanti : Abi, inquit, fatue, qui in domo funesta coenas et partes requiris; in qua totjugis jam diebus ne fumus quidem visus est ullus. An istic comissatum te venisse credis? Quin sumis potius loco congruentes luctus et lacrymas? Haec simul dicens, respexit ancillam : et, Myrrhine, inquit, lucernam et oleum trade confestim. Et incluso custode, cubiculo protinus facesse.

Sic desolatus ad cadaveris solatium, perfrictis oculis et obarmatis ad vigilias, animum meum permulcebam cantationibus. Quum ecce crepusculum, et nox provecta, et nox altior, et dein concubia altiora, et jam nox intempesta, mihique oppido formido cumulatior quidem : quum repente introrepens mustela contra me constitit,

la nuit; la nuit épaisse, profonde; la nuit dans toute son horreur. Ma frayeur croissait avec les ténèbres : tout à coup, une belette se glisse dans la chambre, vient se poser devant moi, et se met à me regarder en face avec la dernière assurance. Tant d'audace dans ce petit animal ne me troubla pas médiocrement. J'ose enfin lui adresser ces paroles : Veux-tu bien t'en aller, bête immonde? Va te cacher avec les rats, seule société qui te convienne; ou tu vas sentir ce que pèse mon bras. Zeste, elle détale, et disparaît de la chambre; mais au même instant je m'abîme en un sommeil profond; si bien que le dieu de Delphes lui-même, voyant là deux corps gisants, aurait eu peine à distinguer le vivant du mort. J'étais bien là, en effet, comme si je n'y eusse pas été; privé de tout sentiment, dans un état à être gardé, plutôt qu'à garder moi-même.

Déjà la retraite de la nuit était sonnée par tous les coqs du voisinage. Je m'éveille en sursaut, et, dans le dernier effroi, je cours au cadavre; j'en approche la lumière, et j'examine en détail si le dépôt dont j'avais pris charge se retrouvait dans son intégrité. Bientôt l'épouse infortunée, suivie des témoins de la veille, entre brusquement. L'œil en pleurs et tout effarée, elle se précipite sur le corps, qu'elle couvre longtemps de ses baisers; puis, la lampe à la main, elle en fait un récolement complet. Alors elle se retourne, appelle son intendant Philodespotus, et lui ordonne de payer sur-le-champ l'excellent gardien. Jeune homme, me dit-elle ensuite, je vous ai les plus grandes obligations. Et certes, après la vigilance dont vous avez fait preuve en vous acquittant de ce devoir, je dois vous compter désormais comme un de mes amis.

Moi, dans l'extase de ce gain inespéré, et tout ébloui de l'or que je faisais sonner dans ma main : Dites votre serviteur, madame, m'écriai-je : à la première occasion, je suis à vos ordres. Vous n'avez qu'à parler.

A peine avais-je prononcé ces paroles, que tous les amis de la veuve éclatent en exécrations, et fondent en masse sur moi, se faisant arme de tout. C'est à qui me brisera les mâchoires et les épaules de ses poings ou de ses coudes, à qui me froissera les côtes ou me lancera son coup de pied. Mes cheveux sont arrachés, mes habits déchirés en lambeaux. Enfin meurtri et malmené, autant que le furent jamais le beau chasseur Adonis ou le dédaigneux fils de Calliope, je me vois impitoyablement jeté hors du logis.

Pendant que, sur une place voisine, je cherchais à reprendre mes esprits, je m'avisai un peu tard de la sinistre inconvenance de mes paroles, et convins que je n'avais pas encore été rossé comme je le méritais. Pendant ce temps, le cérémonial des pleurs et des cris avait été son train, et le cortège, d'une ordonnance conforme à l'usage du pays, s'avançait au milieu de la place, avec la pompe convenable à la qualité du défunt. Tout à coup un vieillard accourt, les yeux mouillés de pleurs, et arrachant les cheveux de sa tête chenue; il étend précipitamment les deux mains sur le lit funèbre : Citoyens, s'écrie-t-il de toute la force de sa voix entrecoupée de sanglots; par tout ce que vous avez de plus sacré, au nom de la piété publique, vengez le meurtre d'un de vos frères! Cette misérable, cette infâme créature, s'est souillée du plus grand des forfaits; j'appelle sur sa tête toutes les sévérités de la justice. C'est sa main, et sa main seule, qui a fait périr

---

obtutumque acerrimum in me destituit, ut tantillulum animalis præ nimia sui fiducia mihi turbarit animum. Denique sic ad illam, quin abis, inquam, impurata bestia, teque ad tui similes musculos recondis, antequam nostri vim præsentariam experiaris? quin abis? Terga vortit, et cubiculo protinus exterminatur. Nec mora, quum me somnus profundus in imum barathrum repente demergit; ut ne deus quidem Delphicus ipse facile discerneret, duobus nobis jacentibus, quis esset magis mortuus. Sic inanimis et indigens alio custode, pæne ibi non eram.

Commodum noctis inducias cantus perstrepebat cristatæ cohortis. Tandem expergitus, et nimio pavore perterritus, cadaver accurro ; et, admoto lumine, revelataque ejus facie, rimabar singula, quæ cuncta convenerant. Ecce uxor misella fleus, cum hesternis testibus introrumpit anxia; et, statim corpori superruens, multumque ac diu deosculata, sub arbitrio luminis recognoscit omnia. Et conversa, Philodespotum requirit actorem : et ei præcipit bono custodi redderet sine mora præmium. Et oblato statim, Summas, inquit, tibi, juvenis, gratias agimus : et hercules ob sedulum istud ministerium, inter ceteros familiares dehinc numerabimus.

Ad hæc ego insperato lucro diffusus in gaudium, et in aureos refulgentes, quos identidem manu mea ventilabam, attonitus, Immo, inquam, domina, de famulis tuis unum putato; et quoties operam nostram desiderabis, fidenter impera.

Vix effatum, me statim familiares omnes nefarium execrati, raptis cujusquemodi telis insequuntur. Pugnis ille malas offendere, scapulas alius cubitis impingere, palmis infestis hic latera suffodere, calcibus insultare, capillos distrahere, vestem discindere. Sic in modum superbi juvenis Adoni, vel musæ nati Pipletis laceratus atque discerptus, domo proturbor.

Ac, dum in proxima platea refovens animum, infausti atque improvidi sermonis mei sero reminiscor, dignumque me pluribus etiam verberibus fuisse merito consentio, ecce jam ultimum defletus atque conclamatus processerat mortuus, rituque patrio, utpote unus de optimatibus, pompa funeris publici ductabatur per forum. Occurrit ad latus quidam mœstus in lacrymis, genialem caniciem revellens senex : et, manibus ambabus invadens torum, voce contenta quidem, sed assiduis singultibus impedita : Per fidem vestram, inquit, Quirites, per pietatem publicam, perempto civi subsistite, et extremum facinus in nefa-

par le poison ce malheureux jeune homme, le fils de ma sœur. Un amour adultère et l'appât de sa succession ont poussé une épouse à ce crime. Le vieillard allait de l'un à l'autre, ne cessant de faire entendre ses plaintes lamentables. Déjà les esprits s'irritent ; le crime paraît probable ; on y croit. Des pierres ! un bûcher ! s'écrie-t-on de toutes parts. Et voilà les enfants qu'on excite contre cette malheureuse. Elle, le visage baigné de pleurs de commande, et simulant de son mieux l'horreur d'un tel attentat, prenait tous les dieux à témoin de son innocence.

Eh bien ! dit le vieillard, reposons-nous sur la divine providence du soin de manifester la vérité. Il y a ici un Égyptien nommé Zachlas, prophète du premier ordre. Dès longtemps il s'est engagé avec moi, au prix d'une somme considérable, à évoquer temporairement une âme du fond des enfers, et à lui faire animer de nouveau le corps qu'elle aurait quitté.

Il dit, et fait avancer au milieu de l'assemblée un jeune homme couvert d'une robe de lin, chaussé d'écorce de palmier, le poil rasé entièrement ; et, après lui avoir longtemps baisé les mains et même embrassé les genoux, il lui adresse ces paroles : O pontife ! ayez pitié de nous ; je vous en conjure par les célestes flambeaux, par les divinités infernales, par tous les éléments de cet univers, et le silence des nuits, et les mystères de Coptos, et les crues du Nil, et les arcanes de Memphis, et les sistres de Pharos. Que ces yeux fermés pour l'éternité puissent un moment se rouvrir au soleil, et ressaisir la lumière des cieux ! Nous ne voulons pas troubler l'ordre naturel, ni disputer à la terre ce qui lui appartient. C'est afin que justice soit rendue au mort, que nous demandons pour lui ce retour d'un moment à l'existence.

Cette allocution eut son effet sur le prophète. Il appliqua trois fois une certaine herbe sur la bouche du défunt, puis une autre herbe autant de fois sur sa poitrine. Se tournant alors vers l'orient, il adresse une prière tacite au soleil, qui s'élevait majestueusement au-dessus de l'horizon. Ce préliminaire imposant émeut et préoccupe les spectateurs, et les met dans une grande attente du miracle qui va s'accomplir. Je me mêle à la foule, et, montant sur une borne, derrière le lit funèbre, je regardais de tous mes yeux. Un léger soulèvement se manifeste vers la poitrine du mort, son pouls recommence à battre, ses poumons à jouer ; le cadavre se met sur son séant ; la voix du jeune homme se fait entendre : J'avais déjà bu l'eau du Léthé, dit-il, et presque franchi les marais du Styx. Pourquoi me rengager dans les tristes devoirs de cette vie éphémère ? Cessez, cessez, de grâce, et me rendez à mon repos.

Ainsi parla le cadavre. Mais le prophète lui dit d'un ton impératif : Il faut tout révéler ; il faut mettre au grand jour le secret de la tombe. Ne sais-tu pas que mes accents ont le pouvoir d'évoquer les Euménides, et de livrer tes membres aux tortures qu'elles savent infliger ? Le mort, poussant alors un profond gémissement, se tourne vers le peuple et dit : La femme que j'avais épousée a causé mon trépas. J'ai péri par le poison ; et ma couche n'était pas refroidie, que déjà l'adultère venait la souiller.

A cette accusation, l'épouse, s'armant d'une effronterie sans pareille, oppose un sacrilége dé-

---

riam scelestamque istam feminam severiter vindicate. Hæc enim, nec ullus alius, miserum adolescentem sororis meæ filium in adulteri gratiam, et ob prædam hereditariam exstinxit veneno. Sic ille senior lamentabiles questus singulis instrepebat. Sævire vulgus interdum, et facti verisimilitudine ad criminis credulitatem impelli. Conclamant ignem, requirunt saxa ; parvulos ad exitium mulieris hortantur. Emeditatis ad hæc illa fletibus, quamque sanctissime poterat, adjurans cuncta numina, tantum scelus abnuebat.

Ergo igitur senex ille : Veritatis arbitrium in divinam providentiam reponamus. Zachlas adest Ægyptius, propheta primarius, qui mecum jamdudum grandi præmio pepigit, reducere paulisper ab inferis spiritum, corpusque istud postliminio mortis animare.

Et cum dicto juvenem quempiam linteis amiculis injectum, pedesque palmeis baxeis inductum et adusque deraso capite, producit in medium. Cujus diu manus deosculatus, et ipsa genua contingens : Miserere, ait, sacerdos : miserere, per cœlestia sidera, per inferna numina, per naturalia elementa, per nocturna silentia et adoperta coptica, et per incrementa nilotica, et arcana memphitica, et sistra phariaca. Da brevem solis usuram, et in æternum conditis oculis modicam lucem infunde. Non obnitimur, nec terræ rem suam denegamus ; sed ad ultionis solatium, exiguum vitæ spatium deprecamur.

Propheta sic propitiatus, herbulam quampiam ter ob os corporis et aliam pectori ejus imponit. Tunc orientem obversus, et incrementa solis augusti tacitus imprecatus, venerabilis scenæ facie studia præsentium ad miraculum tantum certatim arrexit. Immitto me turbæ socium, et pone ipsum lectulum editiorem quemdam lapidem insistens, cuncta curiosis oculis arbitrabar. Jam tumore pectus extolli, jam salubris vena pulsari, jam spiritu corpus impleri : et assurgit cadaver, et profatur adolescens : Quid, oro, me post lethæa pocula, jam stygiis paludibus innatantem, ad momentariæ vitæ reducitis officia ? Desine jam, precor, desine, ac me in meam quietem permitte. Hæc audita vox de corpore. Sed aliquanto propheta commotior : Quin refers, ait, populo singula, tuæque mortis illuminas arcana ? An non putas, devotionibus meis posse Diras invocari ? posse tibi lassa membra torqueri ? Suscipit ille de lectulo, et uno congesto populum sic adorat : Malis novæ nuptæ peremptus artibus, et addictus noxio poculo, torum tepentem adultero mancipavi.

Tunc uxor egregia capit præsentem audaciam, et mente sacrilega coarguenti marito resistens altercat. Populus æstuans, diversa tendentes. Ili pessimam feminam viven-

menti. La foule s'agite, les esprits se partagent. Les uns veulent que, sans plus tarder, cette femme scélérate soit ensevelie toute vive avec son mari. D'autres crient au prestige, et soutiennent que le cadavre a menti. Mais bientôt la question est tranchée par une révélation accessoire du défunt, poussant un nouveau et plus profond soupir : Je vais, dit-il, je vais prouver jusqu'à l'évidence que je n'ai dit que la vérité; et cela, par une circonstance à moi seule connue. Pendant que ce fidèle surveillant (me montrant du doigt) faisait si bonne garde auprès de mon corps, des sorcières, qui avaient jeté le dévolu sur ma dépouille, ont vainement cherché, sous diverses formes, à mettre sa vigilance en défaut. Enfin, elles ont étendu sur lui les vapeurs du sommeil; et, l'ayant plongé dans une sorte de léthargie, elles n'ont cessé de m'appeler par mon nom, tant qu'enfin mes membres engourdis et mon corps déjà glacé commençaient à s'évertuer pour répondre à la magique sommation. Celui-ci, qui était bien vivant, qui n'avait d'un mort que l'apparence, entendant prononcer son nom (car nous portons le même), se lève sans savoir pourquoi, s'avance comme un fantôme, et machinalement va donner contre la porte; elle était bien fermée; mais il s'y trouvait une ouverture au travers de laquelle on lui coupa successivement d'abord le nez, puis les oreilles; amputation qu'il n'a subie qu'à mon défaut. Les sorcières ont ensuite imaginé un raccord pour déguiser leur larcin. Avec de la cire, elles lui ont façonné une paire d'oreilles qu'elles lui ont appliquées très-proprement, et lui ont adapté de même un nez tout pareil au sien. Voilà où en est ce pauvre homme. On l'a payé, non de sa peine, mais de ses mutilations.

Tout étourdi d'une telle découverte, et voulant m'assurer du fait, je me pince le nez; mon nez s'enlève : je tâte mes oreilles, elles suivent la main. En un clin d'œil : je vois tous les yeux dirigés, tous les doigts braqués sur ma personne; le rire allait éclater. Une sueur froide me saisit; je me glisse entre les jambes des assistants, et parviens à faire retraite; mais défiguré de la sorte, et désormais voué au ridicule, je n'ai plus osé reparaître dans ma famille, ni revoir mon pays. Avec mes cheveux que je rabats sur les côtés, je suis parvenu à cacher la place de mes oreilles; et ce morceau de linge que je me suis collé au visage dissimule assez bien l'accident de mon nez.

A ce récit de Téléphron, les convives, que le vin avait mis en gaieté, se prennent à rire de plus belle. Et, pendant que quelques bons vivants réclament les libations d'usage au dieu du Rire, Byrrhène se tourne vers moi : Demain, dit-elle, est l'anniversaire de la fondation de notre ville, jour consacré à l'auguste dieu du Rire. C'est un culte observé par nous seuls sur la terre, et que nous célébrons par les plus joyeuses cérémonies. Votre présence serait un plaisir de plus; et puisse quelque heureux fruit de votre imagination ajouter encore à la fête, et contribuer à rendre l'hommage plus digne de la divinité! Bien volontiers, madame, répondis-je; vos ordres sont ma loi; et je souhaite que l'inspiration me serve assez bien pour que la toute-puissance du dieu se manifeste dans mon œuvre.

Là-dessus, mon valet vint m'avertir que la

---

tem statim cum corpore mariti sepeliendam; alii, mendacio cadaveris fidem non habendam. Sed hanc contationem sequens adolescentis sermo distinxit. Nam rursus altius ingemiscens : Dabo, inquit, dabo vobis intemeratæ veritatis documenta perlucida, et quod prorsus alius nemo cognoverit, indicabo. Tunc digito me demonstrans : Nam quum corporis mei custos hic sagacissimus, exsertam mihi teneret vigiliam; cantatrices anus, exuviis meis imminentes, atque ob id reformatæ frustra sæpius, quum industriam ejus sedulam fallere nequissent : postremo injecta somni nebula, eoque in profundam quietem sepulto, me nomine ciere non prius desierunt, quam dum hebetes artus et membra frigida pigris conatibus ad artis magicæ nituntur obsequia. Hic, utpote vivus quidem, sed tantum sopore mortuus, quod ideo meum mecum vocabulo nuncupatur, ad suum nomen ignarus exsurgit : et in exanimis umbræ modum ultroneus gradiens, quamquam foribus cubiculi diligenter occlusis, per quoddam foramen prosectis naso prius, ac mox auribus, vicariam pro me lanienam susceptavit. Utque fallaciæ reliqua convenirent, ceram in modum prosectarum formatam aurium ei applicant examussim, nasoque ipsius similem comparant. Et nunc adsistit miser hic præmium non industriæ, sed debilitationis consecutus.

His dictis perterritus, tentare fortunam aggredior. Injecta manu nasum prehendo, sequitur : aures pertracto, deruunt. Ac dum directis digitis, et detortis nutibus præsentium denotor, dum risus ebullit; inter pedes circumstantium frigido sudore defluens evado. Nec postea debilis, ac sic ridiculus, Lari me patrio reddere potui : sed capillis hinc inde laterum dejectis, aurium vulnera celavi; nasi vero dedecus linteolo isto pressim agglutinato decenter obtexi.

Quum primum Telephron hanc fabulam posuit, compotores vino madidi rursum cachinnum integrant. Dumque bibones solita risui postulant, sic ad me Byrrhæna, Solemnis, inquit, dies a primis cunabulis hujus urbis conditæ crastinus advenit, quo die soli mortalium sanctissimum deum Risum hilaro atque gaudiali ritu propitiamus. Hunc tua præsentia nobis efficies gratiorem. Atque utinam aliquid de proprio lepore lætificum honorando deo comminiscaris, quo magis pleniusque tanto numini litemus. Bene, inquam, et fiet, ut jubes; et vellem hercules materiam reperire aliquam, quam deus tantus affluenter indueret. Post hæc, monitu famuli mei, qui noctis admonebat, jam et ipse crapula distentus, protinus exsurgo : et appellata propere Byrrhæna, titubante vestigio domuitionem capesso. Sed quum primam plateam vadimus,

nuit s'avançait. Je me lève, ébloui des fumées du vin; je prends à la hâte congé de Byrrhène, et, d'un pied chancelant, je m'achemine vers le logis. Mais voilà qu'au premier détour de rue un coup de vent éteint notre unique flambeau, et nous plonge soudainement dans les ténèbres. Nous eûmes mille peines à nous tirer de cet embarras ; et ce ne fut que harassés de fatigue, et après nous être meurtri les pieds contre chaque pierre du chemin, que nous pûmes nous rendre au logis.

Nous y arrivions cependant bras dessus, bras dessous, quand trois gros et vigoureux gaillards se lancent avec force contre notre porte. Notre présence, loin de les déconcerter, semble les piquer d'émulation ; c'est à qui frappera le plus fort : nous les prîmes, moi surtout, pour des brigands fieffés, et de la pire espèce. Vite je saisis sous mon manteau l'épée dont je m'étais précautionné pour de pareilles rencontres ; et, sans marchander, je m'élance au milieu de ces bandits. A mesure qu'il m'en tombe un sous la main, je lui plonge mon épée jusqu'à la garde, et je les étends l'un après l'autre à mes pieds, criblés de coups, et rendant l'âme par de larges blessures. Après cet exploit, tout haletant et baigné de sueur, j'enfilais la porte que venait d'ouvrir Fotis, réveillée par le vacarme ; une lutte avec le triple Géryon ne m'eût pas épuisé davantage. Je gagnai promptement mon lit, et ne tardai pas à m'endormir.

LIVRE TROISIÈME.

Déjà l'Aurore, de ses doigts de rose, secouant les rênes empourprées, lançait son char dans la carrière des cieux. Adieu le doux repos ; la nuit le cédait au jour. Une violente agitation me saisit au souvenir des événements de la veille. Je m'assis sur mon lit, les pieds croisés, et, appuyant sur mes genoux mes mains entrelacées, je me mis à pleurer à chaudes larmes. Mon imagination alarmée me peignait déjà le tribunal, l'arrêt, et jusqu'au bourreau même tout prêt à mettre la main sur moi. Comment supposer un juge assez bénin, assez débonnaire, pour acquitter l'homme souillé d'un triple meurtre, teint du sang de tant de citoyens ? Était-ce donc là ce glorieux voyage que le Chaldéen Diophane m'avait si intrépidement promis ?

Cependant une vive rumeur et des coups répétés se font entendre à la porte extérieure. La maison s'ouvre avec violence, et des magistrats, des officiers, un flot de gens de toute espèce y fait soudain irruption. Sur l'ordre des magistrats, des licteurs me saisissent et m'entraînent. Toute idée de résistance était bien loin de moi. Nous n'étions pas hors de l'impasse, que la population, déjà sur pied, nous suivait en foule, et quelle foule ! Or, tout en marchant tristement, la tête inclinée vers la terre (j'aurais voulu être plus bas), il m'arriva de regarder de côté, et je fus frappé d'une circonstance étrange. De tant de milliers d'individus qui nous entouraient, il n'y en avait pas un qui ne parût pouffer de rire. Après qu'on m'eut fait faire le tour de toutes les places de la ville, comme à ces victimes que promène une procession lustrale pour conjurer quelque fléau, nous arrivons enfin au lieu où se rendait la justice, et je me trouve en face du

---

vento repentino lumen quo nitebamur exstinguitur ; ut vix improvidæ noctis caligine liberati digitis pedum detunsis ob lapides, hospitium defessi rediremus.

Dumque jam junctim proximamus, ecce tres quidam vegetis et vastulis corporibus fores nostras ex summis viribus irruentes, ac ne præsentia quidem nostra tantillum conterriti, sed magis magisque cum æmulatione virium crebrius insultantes ; ut nobis, ac mihi potissimum, non immerito latrones esse, et quidem sævissimi viderentur. Statim denique gladium, quem veste mea contectum ad hos usus extuleram, sinu liberatum arripio. Nec contatus, medios latrones invado : ac singulis, ut quemque colluctantem offenderam, altissime demergo ; quoad tandem ante ipsa vestigia mea, vastis et crebris perforati vulneribus, spiritum efflaverint. Sic prœliatus, jam tumultu eo Fotide suscitata, patefactis ædibus anhelans, et sudore perlutus, irrepo : meque statim, utpote pugnacium latronum in vicem Geryone cædis fatigatum, lecto simul et somno tradidi.

LIBER TERTIUS.

Commodum punicantibus phaleris Aurora roseum quatiens lacertum, cælum inequitabat : et me securæ quieti revulsum, nox diei reddidit. Æstus invadit animum vespertini recordatione facinoris. Complicitis denique pedibus, ac palmulis in alternas digitorum vicissitudines super genua connexis, sic grabatum coxim insidens, ubertim flebam : jam forum et judicia, jam sententiam, ipsum denique carnificem imaginabundus. An mihi quisquam tam mitis, tamque benivolus judex obtingat, qui me ternæ cædis perlitum cruore et tot civium sanguine delibutum, innocentem pronuntiare polerit ? Hanc illam mihi gloriosam peregrinationem fore Chaldæus Diophanes obstinate prædicabat. Hæc identidem mecum replicans, fortunas meas ejulabam.

Quati fores interdum, et frequenti clamore januæ nostræ perstrepi. Nec mora, quum magna irruptione patefactis ædibus, magistratibus, eorumque ministris, et turbæ miscellaneæ cuncta completa. Statimque lictores duo de jussu magistratuum immissa manu trahere me sane non renitentem occipiunt. Ac dum primum angiportum insistimus, statim civitas omnis in populum effusa mira densitate nos insequitur. Et quamquam capite in terram, immo ad ipsos inferos jam dejecto, mœstus incederem ; obliquato tamen aspectu rem admirationis maximæ conspicio. Nam inter tot millia populi circumsedentis, nemo prorsus, qui non risu dirumperetur, aderat. Tandem pererratis plateis omnibus, et in modum eorum, qui lustralibus

tribunal. Déjà les magistrats avaient pris place sur l'estrade, et l'huissier commandait le silence, quand, tout d'une voix, l'assemblée se récrie contre les dangers d'une agglomération si considérable dans un si étroit espace ; et l'on demande que, en raison de son importance, la cause soit jugée au théâtre. La foule aussitôt prend les devants, et, en un clin d'œil, l'enceinte du théâtre est encombrée. Les couloirs, les combles même sont envahis. Quelques spectateurs embrassent les piliers, d'autres se suspendent aux statues. Il n'y a pas jusqu'aux fenêtres et aux lucarnes où quelque curieux ne se montre jusqu'à mi-corps. L'intérêt de la scène étouffait tout sentiment de danger. J'avance toujours du pas d'une victime, entouré de mes gardes, qui me font traverser le Proscenium, et me placent au milieu de l'orchestre. De nouveau la voix de Stentor de l'huissier se fait entendre. Un vieillard se lève ; c'était l'accusateur : il prend un petit vase dont le fond s'allonge en entonnoir, il le remplit d'une eau qui s'en écoule goutte à goutte, et prononce le discours suivant :

Honorables citoyens, cette affaire est des plus graves. La sécurité de toute la ville est en cause, et réclame un grand exemple. L'intérêt général, le bien-être individuel, la vindicte publique, veulent également que l'atroce meurtrier dont la main impitoyable s'est baignée dans le sang de tant de victimes, ne puisse obtenir ici l'impunité. Et ne croyez pas qu'en ce moment j'écoute aucun ressentiment personnel. C'est moi qui commande le guet ; et je crois qu'on ne m'accuse pas de manquer de vigilance ni de zèle. Voici le détail de l'événement de cette nuit ; je serai exact. Vers la troisième veille, comme je faisais ma ronde de porte en porte avec la plus scrupuleuse surveillance, j'aperçois ce jeune scélérat, l'épée au poing, qui semait autour de lui le carnage. Déjà sa cruauté s'était immolé trois victimes. Les corps étaient à ses pieds, palpitants encore, et noyés dans des flots de sang. Justement effrayé de l'énormité de son crime il a soudain pris la fuite et s'est glissé dans une maison, à la faveur des ténèbres ; il s'y est tenu caché toute la nuit ; mais la céleste providence ne permet pas qu'il échappe un coupable. De grand matin je me suis posté pour prévenir toute évasion clandestine, et j'ai réussi à le faire comparaître à votre auguste tribunal. L'homme que vous avez devant vous est un triple homicide ; il a été pris en flagrant délit ; il n'est pas de cette contrée. Épargnerez-vous, dans un étranger, un attentat dont la réparation demanderait le sang même d'un concitoyen ? Après cette formidable allocution, mon redoutable accusateur se tut. L'huissier me dit alors que, si j'avais quelque chose à dire pour ma défense, je pouvais parler : mais pendant quelques moments je ne pus trouver que des larmes ; moins atterré, hélas ! par la terrible accusation que par le cri de ma conscience. Enfin une inspiration d'en haut me rendit courage, et je répliquai.

En présence des cadavres de trois citoyens, je sens combien est difficile la position de l'homme qui est accusé de leur trépas. Quoiqu'il dise la

---

piamentis minas portentorum hostiis circumforaneis expiant, circumductus angulatim, forum, ejusque tribunal adstituor. Jamque sublimi suggestu magistratibus residentibus, jam præcone publico silentium clamante, repente cuncti consona voce flagitant, propter cœtus multitudinem, quæ pressuræ nimia densitate periclitaretur, judicium tantum theatro redderetur. Nec mora, quum passim populus procurrens caveæ conseptum mira celeritate complevit ; aditus etiam et tectum omne fartim stipaverant. Plerique columnis implexi, alii statuis dependuli, nonnulli per fenestras et lacunaria semiconspicui, miro tamen omnes studio visendi, pericula salutis negligebant. Tunc me per proscenium medium velut quamdam victimam publica ministeria producunt, et orchestræ mediæ sistunt. Sic rursum præconis amplo boatu citatus accusator quidam senior exsurgit ; et ad dicendi spatium vasculo quodam in vicem coli graciliter fistulato, ac per hoc guttatim defluo infusa aqua, populum sic adorat :

Neque parva res, at præcipue pacem civitatis cunctæ respiciens, et exemplo serio profutura tractatur, Quirites sanctissimi. Quare magis congruit sedulo singulos atque universos vos pro dignitate publica providere, ne nefarius homicida tot cædium lanienam, quam cruenter exercuit, impune commiserit. Nec me putetis privatis simultatibus instinctum, odio proprio sævire. Sum namque nocturnæ custodiæ præfectus : nec in hodiernum credo quemquam pervigilem diligentiam meam culpare posse. Rem denique ipsam, et quæ nocte gesta sunt, cum fide proferam. Nam quum fere jam tertia vigilia scrupulosa diligentia cunctæ civitatis ostiatim singula considerans circumirem, conspicio istum crudelissimum juvenem mucrone districto passim cædibus operantem : jamque tris numero sævitia ejus interemptos ante pedes ipsius spirantes adhuc corporibus in multo sanguine palpitantes. Et ipse quidem conscientia tanti facinoris merito permotus, statim profugit : et in domum quamdam præsidio tenebrarum elapsus, perpetem noctem delituit. Sed providentia deum, quæ nihil impunitum nocentibus permittit, priusquam iste clandestinis itineribus elaberetur, mane præstolatus, ad gravissimum judicii vestri sacramentum eum curavi producere. Habetis itaque reum tot cædibus impiatum, reum coram deprehensum, reum peregrinum. Constanter itaque in hominem alienum fertu sententias de eo crimine, quod etiam in vestrum civem severiter vindicaretis. Sic profatus accusator acerrimus, immanem vocem repressit. Ac me statim præco, si quid ad ea respondere vellem, jubebat incipere. At ego nihil tunc temporis amplius quam flere poteram, non tam hercules truculentam accusationem intuens, quam meam miseram conscientiam. Sed tamen oborta divinitus audacia, sic ad illa :

Nec ipse ignoro, quam sit arduum, trinis [civium] corporibus expositis, eum qui cædis arguatur, quamvis

vérité, quoiqu'il fasse spontanément l'aveu du meurtre, comment persuadera-t-il de son innocence la nombreuse assemblée qui l'écoute? Cependant, si votre humanité accorde un moment d'attention à ma défense, je démontrerai facilement que ce n'est point un crime volontaire qui me fait courir aujourd'hui le risque d'une condamnation capitale; mais que le résultat bien fortuit d'un mouvement d'indignation légitime est le seul fondement de l'odieuse prévention qui m'amène devant vous.

J'avais soupé en ville, et je rentrais assez tard, ayant bu plus que de raison; je n'hésite pas à en convenir. Arrivé devant la maison où je loge, celle de l'honorable Milon votre concitoyen, je vois des brigands déterminés qui tentaient de s'y introduire, en faisant sauter les gonds et en forçant la porte d'entrée. Déjà toute la fermeture, bien que des plus solides, avait cédé à leurs efforts, et il n'était plus question pour eux que de mettre à mort les habitants. Le plus désespéré de la bande, homme gigantesque, exhortait ainsi ses camarades : Alerte, enfants ! tombons vigoureusement sur ces dormeurs. Point de mollesse, point de quartier! vite, l'épée au poing; promenons partout le carnage dans cette maison. Tuez dans leur lit ceux qui dorment, assommez ceux qui résisteront; que personne n'échappe, si nous voulons en échapper nous-mêmes.

Je l'avouerai, citoyens, en présence de tels forcenés je ne vis que mon devoir d'honnête homme, que l'extrême danger qui menaçait la famille de mon hôte, que mon propre péril. Je tire une petite épée que je porte avec moi pour ces sortes de rencontres, et je fonds sur les brigands, espérant que cette démonstration les mettrait en fuite; mais j'avais affaire à des sauvages, à des bêtes féroces. Au lieu de fuir en me voyant armé, ils se tournent résolument contre moi. Un véritable combat s'engage. L'un d'eux, le chef et l'orateur de la troupe, s'élance, et, de ses deux mains m'empoignant aux cheveux, me fait renverser la tête en arrière. Il va me l'écraser avec un pavé qu'il demande à grands cris, lorsque je le frappe moi-même d'une main sûre, et le jette à mes pieds. Le second s'était attaché à mes jambes, et me les mordait avec rage; je prends mon temps, et lui plonge mon épée entre les deux épaules. Quant au troisième, au moment où il se lançait à corps perdu sur moi, je présente le fer, et ma lame lui traverse la poitrine. J'avais combattu pour le bon ordre, protégé la maison de mon hôte, la vie de vos concitoyens. Je me croyais non-seulement à l'abri de tout reproche, mais en droit d'attendre un témoignage de la reconnaissance publique. J'ajoute que jamais prévention même la plus légère ne s'éleva contre moi, et que je jouis dans mon pays de la considération qu'on mérite quand on met une conscience pure au-dessus de tous les biens. Enfin, je ne puis comprendre que, pour avoir usé contre des brigands du droit de légitime défense, une telle accusation vienne peser sur ma tête, quand on ne peut arguer contre moi, ni d'aucun précédent d'inimitié, que dis-je? de relations quelconques avec ces misérables, non plus que d'aucun instinct de cupidité qui ait pu me pousser à tremper mes mains dans leur sang.

Ayant ainsi parlé, de nouveau je fonds en pleurs, et, joignant mes mains suppliantes, je vais de l'un à l'autre implorant leur merci, au nom de l'humanité et de tout ce qu'ils ont de

---

vera dicat, et de facto confiteatur ultro, tamen multitudini tantæ quod sit innocens, persuadere. Sed, si paulisper audientiam publicam mihi tribuerit humanitas, facile vos edocebo, me discrimen capitis non meo merito, sed rationabilis indignationis eventu fortuito tantam criminis invidiam frustra sustinere. Nam quum a cœna me serius aliquanto reciperem, potulentus alioqui, quod plane verum crimen meum non diffitebor, ante ipsas fores hospitii, ad bonum autem Milonem civem vestrum devorto, video quosdam sævissimos latrones aditum tentantes, et domus januas cardinibus obtortis evellere gestientes; claustrisque omnibus, quæ accuratissime affixa fuerant, violenter evulsis, secum jam de inhabitantium exitio deliberantes. Unus denique et manu promptior, et corpore vastior, his affatibus ceteros incitabat : Heus pueri, quam maribus animis, et virilum alacritatis dormientes aggrediamur. Omnis cunctatio, ignavia omnis facessat e pectore ; stricto mucrone per totam domum cædes ambulet. Qui sopitus jacebit, trucidetur; qui repugnare tentaverit, feriatur. Sic salvi recedemus, si salvum in domo neminem reliquerimus. Fateor, Quirites : extremos latrones, boni civis officium arbitratus, simul et eximie metuens et hospitibus meis et mihi, gladiolo, qui me propter hujusmodi pericula comitabatur, armatus, fugare atque proterrere eos aggressus sum. At illi barbari prorsus et immanes homines, neque fugam capessunt; et, quum me viderent in ferro, tamen audaciter resistunt. Dirigitur prœliaris acies. Ipse denique dux et signifer ceterorum, validis me viribus aggressus, illico manibus ambabus capillo arreptum, ac retro reflexum, elligere lapide gestit; quem dum sibi porrigi flagitat, certa manu percussum feliciter prosterno. Ac mox alium, pedibus meis mordicus inhærentem, per scapulas ictu temperato, tertiumque improvide occurrentem, pectore offenso, perimo. Sic pace vindicata, domoque hospitis ac salute communi protecta, non jam impunem me, verum etiam laudabilem publice credebam fore : qui ne tantillo quidem unquam crimine postulatus, sed probe spectatus apud meos, semper innocentiam commodis cunctis antetuleram. Nec possum reperire, cur justæ ultionis, qua contra latrones deterrimos commotus sum, nunc istum reatum sustineam; quum nemo possit monstrare, vel privatas inter nos inimicitias præcessisse, ac ne omnino mihi notos illos latrones usquam fuisse. Vel certe ulla præda monstretur, cujus cupidine tantum flagitium credatur admissum.

Hæc profatus, rursum lacrymis obortis, porrectisque

plus cher au monde. Je crus les voir émus de pitié, attendris par mes larmes; et déjà je faisais intervenir l'œil du Soleil et de la Justice, et déjà je mettais ma cause sous la sauvegarde de la céleste providence, quand, levant un peu la tête et promenant mes regards sur l'assemblée, je la vois s'abandonner tout entière à un fou rire. Il n'y avait pas jusqu'à cet excellent Milon, un hôte, un père, qui ne s'en donnât à cœur-joie. O bonne foi! ô conscience! dis-je en moi-même : eh quoi! pour l'amour de lui je me fais meurtrier, j'expose ma tête, et cet ingrat, loin de me prêter la moindre assistance, ne verra dans mon piteux cas qu'une occasion de se désopiler la rate!

En ce moment, une femme pleurant à fendre le cœur accourt au milieu du théâtre, vêtue de noir et tenant un enfant sur son sein. Une vieille la suivait tout en haillons, et également éplorée. Toutes deux, agitant des branches d'olivier, font le tour du lit où gisaient recouverts d'un manteau les trois cadavres; et voilà ces nouvelles venues qui se mettent à pousser des cris lamentables. Au nom de la pitié publique, s'écriaient-elles, par les droits sacrés de l'humanité, soyez touchés du sort de ces malheureux jeunes gens si indignement égorgés; et ne refusez pas à une veuve, à une mère, désormais sans appui, la consolation de la vengeance! Secourez du moins, secourez cette faible créature vouée dès sa naissance à la misère, et que le sang de ce monstre soit offert en expiation à la morale et aux lois outragées.

Sur cet incident, le président se lève, et s'adresse au peuple en ces termes :

Le crime est avoué par le coupable, il en sera fait justice exemplaire. Mais nous avons un devoir préalable à remplir, c'est de découvrir les complices d'un tel forfait : car il n'est pas vraisemblable qu'un seul homme ait pu ôter la vie à trois jeunes gens aussi vigoureux. La torture mettra au jour la vérité. L'esclave qui l'accompagnait ayant pris la fuite, il ne nous reste qu'à appliquer au maître la question, pour qu'il révèle ses adhérents. Par là nous rassurerons la cité, en extirpant radicalement cette association formidable. Il dit; et déjà les apprêts se font, d'après l'usage de la Grèce. On apporte du feu, une roue, et des fouets de toutes formes et dimensions. Pour surcroît de disgrâce (et ma peine en était doublée), il ne m'était pas même permis de mourir tout entier. Mais la vieille, qui avait fait tant de bruit par ses lamentations, prend alors la parole : Citoyens, dit-elle, avant que cet abominable meurtrier de mes malheureux enfants expie son crime sur la croix, ordonnez-lui de découvrir leurs cadavres, afin qu'à la vue de tant de beauté, de tant de jeunesse, votre indignation mesure la sévérité du supplice à l'atrocité du forfait. On applaudit à cette motion, et, à l'instant, le magistrat m'ordonne de découvrir de ma propre main les cadavres placés sur le lit. Je me révolte à l'idée d'une répétition de l'horrible spectacle de la veille. Je me débats longtemps contre les licteurs, qui, sur un signe des magistrats, essayent de me contraindre à obéir. Enfin ils saisissent mon bras, l'éloignent de mon corps de vive force, et l'étendent sur les cadavres. Accablé, épuisé, je cède, et je prends, certes, bien malgré moi, un coin

---

in preces manibus, per publicam misericordiam, per pignorum caritatem, mœstus tunc hos, tunc illos deprecabar. Quumque jam humanitate commotos, misericordia fletuum affectos omnes satis crederem, Solis et Justitiæ testatus oculum, casumque præsentem meum commendans deum providentiæ, paulo altius aspectu relato, conspicio prorsus totum populum, risu cachinnabili diffluebant, nec secus illum bonum hospitem, parentemque meum Milonem risu maximo dissolutum. Ac tunc sic tacitus mecum : En fides, inquam, en conscientia : ego quidem pro hospitis salute et homicida sum, et reus capitis inducor; at ille non contentus quod mihi nec adsistendi solatium perhibuit, insuper exitium meum cachinnat.

Inter hæc quædam mulier per medium theatrum lacrymosa et flebilis, atra veste contecta, parvulum quemdam sinu tolerans decurrit : ac pone eam anus alia pannis horridis obsita, paribusque mœsta fletibus, ramos oleagineos utræque quatientes; quæ circumfusæ lectulum, quo peremptorum cadavera contecta fuerant, plangore sublato se lugubriter ejulantes, Per publicam misericordiam, per commune jus humanitatis, aiunt, miseremini indigne cæsorum juvenum, nostræque viduitati ac solitudini de vindicta solatium date. Certe parvuli hujus in primis annis destituti fortunis succurrite, et de latronis hujus sanguine legibus vestris et disciplinæ publicæ litate.

Post hæc magistratus, qui natu major, adsurgit, et ad populum talia : De scelere quidem, quod serio vindicandum est, nec ipse, qui commisit, potest diffiteri; sed una tantum subsiciva sollicitudo nobis relicta est, ut ceteros socios tanti facinoris requiramus. Nec enim verisimile est, hominem solitarium tres tam validos evitasse juvenes. Proinde tormentis veritas eruenda. Nam et qui comitabatur eum puer clanculo profugit; et res ad hoc deducta est, ut per quæstionem sceleris sui participes indicet : ut tam diræ factionis formido funditus perimatur. Nec mora, quum ritu græciensi ignis et rota, tum omne flagrorum genus inferuntur. Augetur oppido, immo duplicatur mihi mœstitia, quod integro saltem mori non licuerit. Sed anus illa, quæ [suis] fletibus cuncta turbaverat, Prius, inquit, optimi cives, quam latronem istum miserorum pignorum meorum peremptorem cruci affligatis, permittite corpora necatorum revelari; ut et formæ simul et ætatis contemplatione magis magisque ad justam indignationem arrecti, pro modo facinoris sæviatis. His dictis applauditur : et illico me magistratus ipsum jubet corpora, quæ lectulo fuerant posita, mea manu detegere. Luctantem me ac diu renitentem præcedens facinus instaurare nova ostensione, lictores jussu magistratuum quam instantissime compellunt : manum denique ipsam, e regione lateris tundentes, in exitium suum super ipsa cadavera porrigunt. Evictus tan-

du manteau qui les recouvre. Je le soulève... Grands dieux, que vois-je? ô prodige! quelle péripétie! Quand déjà je me regardais comme un hôte de Proserpine, comme un commensal des enfers, tout à coup la scène change, et je reste stupéfait : les mots ne sauraient exprimer une pareille métamorphose. Mes trois victimes n'étaient autres que trois outres gonflées d'air. Leurs flancs portaient des marques de perforation qui répondaient exactement, si ma mémoire était bonne, aux blessures que j'avais faites aux trois bandits. L'hilarité, que les meneurs de cette mystification avaient jusque-là tant soit peu contenue, fit alors explosion. Ce fut un débordement frénétique, des convulsions de rire à s'en tenir les côtes à deux mains. Enfin, après s'en être donné à cœur-joie, la foule évacua la salle; mais chacun, avant de sortir, se retournait encore pour me regarder.

Moi, depuis le moment où j'avais soulevé le linceul, j'étais resté immobile et glacé comme un marbre, et je ne bougeais non plus qu'une des colonnes ou qu'une des statues du théâtre. Je ne sortis de cette léthargie qu'au moment où mon hôte Milon vint s'emparer de moi pour me remmener. Je résistai; les larmes se firent jour de nouveau, et j'éclatai en sanglots. Ce ne fut qu'en me faisant doucement violence qu'il parvint à me faire sortir. Pour rentrer au logis, il choisit les rues les moins fréquentées, et prit plusieurs détours. Il me disait tout ce qu'il croyait propre à calmer mes nerfs et à combattre mon chagrin; mais rien n'y faisait. J'étais ulcéré de m'être vu bafoué si indignement. Tout à coup les magistrats eux-mêmes se présentent,
et les voilà qui m'adressent une réparation en ces termes : Seigneur Lucius, nous connaissions votre mérite personnel et votre noble maison. L'illustration de votre famille est notoire dans la province. Croyez qu'aucune pensée d'insulte n'a présidé à la scène de tout à l'heure; que votre cœur n'en conserve aucun ressentiment : nous célébrons aujourd'hui la fête du dieu du Rire; et c'est parmi nous à qui s'ingéniera pour rajeunir cet anniversaire. Le dieu, qui vous a été si redevable en ce jour, veut que partout sa propice influence vous accompagne, et que votre heureuse physionomie soit en tous lieux un signal d'hilarité. La ville, du reste, vous a par acclamation décerné les plus grands honneurs. Elle veut que votre nom soit inscrit au nombre de ses grands personnages, et que le bronze lui conserve le souvenir de vos traits.

A ce discours, je répondis : Je reconnais, comme je le dois, l'immense honneur que me fait une ville, la fleur et la perle de la Thessalie. Mais quant à des images, à des statues, réservez un tel témoignage pour qui les mérite mieux que moi. Après cette modeste réplique, mon front commençant à se dérider, je me donnai de mon mieux l'air agréable; et les magistrats, en prenant leur congé, ne trouvèrent chez moi que politesse et aménité.

Un valet arrive alors tout courant, et me dit : Vous avez promis à votre parente Byrrhène d'être aujourd'hui de son souper. L'heure approche; elle vous prie de n'y pas manquer. A ces mots, un frisson me saisit. Je voudrais bien, répondis-je, me rendre aux ordres de ma mère; mais un engagement sacré s'y oppose. Mon hôte Milon

---

dem necessitate succumbo : et, ingratis licet, arrepto pallio, retexi corpora. Dii boni, quæ facies rei? quod monstrum? quæ fortunarum mearum repentina mutatio? Quamquam enim jam in peculio Proserpinæ, et Orci familia numeratus, subito in contrariam faciem obstupefactus hæsi, nec possum novæ illius imaginis rationem idoneis verbis expedire. Nam cadavera illa jugulatorum hominum erant tres utres inflati, variisque secti foraminibus, et, ut vespertinum prœlium meum recordabar, his locis hiantes, quibus latrones illos vulneraveram. Tunc ille quorumdam astu paulisper cohibitus risus, libere jam exarsit in plebem. Hi gaudii nimietate gratulari; illi dolorem ventris manuum compressione sedare. Et certe lætitia delibuti, meque respectantes, cuncti theatro facessunt.

At ego, ut primum illam laciniam prehenderam, fixus in lapidem steti gelidus, nihil secius quam una de ceteris theatri statuis vel columnis. Nec prius ab inferis emersi, quam Milo hospes accessit, et, injecta manu, me renitentem, lacrymisque rursum promicantibus crebra singultientem, clementi violentia secum attraxit; et observatis viæ solitudinibus, per quosdam anfractus domum suam perduxit, mœstumque me atque etiam tunc trepidum variis solatur affatibus. Nec tamen indignationem injuriæ, quæ inhæserat altius meo pectori, ullo modo permulcere quivit.
Ecce illico etiam magistratus ipsi cum suis insignibus domum nostram ingressi, talibus me monitis delenire gestiunt : Neque tuæ dignitatis, vel etiam prosapiæ tuorum ignari sumus, Luci domine. Nam et provinciam totam inclytæ vestræ familiæ nobilitas complectitur. Ac ne istuc, quod vehementer ingemiscis, contumeliæ causa perpessus es. Omnem igitur de tuo pectore præsentem tristitudinem mitte, et angorem animi depelle. Nam lusus iste, quem publice gratissimo deo Risui per annua reverticula solemniter celebramus, semper commenti novitate florescit. Iste deus auctorem suum propitius ubique comitabitur amanter, nec unquam patietur, ut ex animo doleas, sed frontem tuam serena venustate lætabit assidue. Ac tibi civitas omnis pro ista gratia honores egregios obtulit. Nam et patronum scripsit, et, ut in ære stet imago tua, decrevit.

Ad hæc dicta sermonis vicem refero. Tibi quidem, inquam, splendidissimæ et unica Thessaliæ civitas, honorum talium parem gratiam memini. Verum statuas et imagines dignioribus, meisque majoribus reservare suadeo. Sic pudenter allocutus, et paulisper hilaro vultu renidens, quantumque poteram lætiorem me refingens, comiter abeuntes magistratus appello.

Et ecce quidam intro currens famulus : Rogat te, ait, tua parens Byrrhæna, et convivii, cui te sero despon-

m'a fait jurer, par le dieu dont c'est aujourd'hui la fête, de souper avec lui ce soir. Il reste au logis, et ne me permettra pas d'en sortir. Ce sera donc partie remise. Je n'avais pas fini de parler, que déjà Milon m'appréhendait au corps, et m'entraînait aux bains les plus proches, donnant l'ordre de nous y apporter tout ce qu'il nous fallait. Je me serrais contre lui, pour me dissimuler autant qu'il m'était possible, évitant les regards des passants, et très-peu jaloux de jouir de la gaieté qu'inspirait ma présence. Dans ma confusion, je me laissai baigner, essuyer et ramener au logis sans savoir comment : tant le souvenir de tous ces yeux, de tous ces doigts braqués ensemble sur ma personne, m'avait en quelque sorte abasourdi.

Je dépêchai le maigre souper de Milon, et, sous prétexte d'un violent mal de tête que je m'étais donné à force de pleurer, j'obtins aisément la permission d'aller me coucher. Je ruminais tristement dans mon lit sur mon aventure du jour, quand Fotis vint me trouver après le coucher de sa maîtresse. Je la trouvai toute changée : ce n'était plus son minois éveillé, son propos égrillard. Sa langue hésitait, sa parole était timide. Je suis, dit-elle, je le confesse, la cause de tout le désagrément qu'on vous a fait essuyer. Là-dessus, elle tire de son sein une lanière, et me la présente : Vengez-vous, ajouta-t-elle, vengez-vous d'une femme aussi coupable, ou plutôt infligez-moi quelque châtiment plus rude encore : mais ne croyez pas que j'aie volontairement amené cette cruelle scène. Me préserve le ciel de vous causer la peine la plus légère! puissé-je même, si quelque infortune vous menace, la racheter au prix de mon sang! Ce que j'avais ourdi par ordre et en vue d'un autre, ma funeste étoile l'a fait tourner contre vous.

Ma curiosité naturelle s'éveille à ce propos; et désirant pénétrer ce mystère : Moi, te frapper de cette odieuse et horrible courroie! m'écriai-je; plutôt la mettre en pièces mille fois, que d'en effleurer seulement le délicat tissu de cette peau d'albâtre! Mais dis-moi, je t'en supplie, qu'as-tu donc fait qui m'ait été si fatal? Je le jure par cette tête chérie, je ne te supposerai jamais capable d'une machination contre moi; tu l'affirmerais, que je ne le croirais pas; et quand l'intention est innocente, un hasard, fût-il même funeste, ne saurait la rendre criminelle.

Tandis que je parlais, Fotis me regardait timidement d'un œil humide et à demi voilé, où mille baisers allèrent aussitôt recueillir avidement et savourer ses douces larmes. Mes caresses lui rendirent sa gaieté. Avant tout, dit-elle, laissez-moi bien fermer la porte : un mot entendu au dehors serait de ma part la plus fatale des indiscrétions. En disant ces mots, elle va pousser les verrous et fermer le crochet. Puis revenant à moi, elle jette ses deux bras autour de mon cou, et d'une voix basse et singulièrement affaiblie : Je tremble, dit-elle, le cœur me manque. Dois-je révéler le secret de la maison, le grand arcane

---

deras, jam appropinquantis admonet. Ad hæc ego formidans, et procul perhorrescens etiam ipsam domum ejus, Quam vellem, inquam, parens, jussis tuis obsequium commodare, per fidem liceret id facere. Hospes enim meus Milo per hodierni diei præsentissimum numen adjurans effecit, ut ejus hodiernæ cœnæ pignerarer : nec ipse discedit, nec me digredi patitur. Prolixe epulare vadimonium differamus. Hæc adhuc me loquente, manu firmiter injecta Milo, jussis balnearibus adsequi, producit ad lavacrum proximum. At ego vitans oculos omnium, et quem ipse fabricaveram risum obviorum declinans, lateri ejus adambulabam obtectus; nec qui laverim, qui terserim, qui domum rursum reverterim, præ rubore memini. Sic omnium oculis, nutibus, ac denique manibus denotatus, impos animi stupebam.

Raptim denique paupertinam Milonis cœnulam perfunctus, caussatusque capitis acrem dolorem, quem mihi lacrymarum assiduitas incusserat, cubitum, venia facile tributa, concedo. Et abjectus in lectulo meo, quæ gesta fuerant singula mœstus recordabar, quoad tandem Fotis mea, dominæ suæ cubitu procurato, sui longe dissimilis advenit. Non enim læta facie, nec sermone dicaculo, sed vultuosam frontem rugis insurgentibus asseverabat. Contanter ac timide denique sermone prolato : Ego, inquit, ipsa confiteor ultro, ego tibi causa hujus molestiæ fui. Et cum dicto lorum quempiam sinu suo depromit, mihique porrigens : Cape, inquit, oro te, de perfida muliere vindictam, immo vero licet majus quodvis supplicium sume. Nec tamen me putes, oro, sponte angorem istum tibi concinnasse. Dii mihi melius, quam ut mei causa vel tantillum scrupulum patiare. Ac si quid adversi tuum caput respicit, id omne protinus meo luatur sanguine. Sed quod alterius rei causa facere jussa sum, mala quadam mea sorte in tuam recidit injuriam. Tunc ego familiaris curiositatis admonitus, factique caussam delitescentem nudari gestiens, suscipio : Omnium quidem nequissimus audacissimusque lorus iste, quem tibi verberandæ destinasti, prius a me concisus atque laceratus interibit ipse, quam tuam plumeam lacteamque contingat cutem. Sed mihi cum fide mea, oro, quod tuum factum scævitas consecuta in meum convertit exitium. Adjuro enim tuum mihi carissimum caput, nulli me prorsus, ac ne tibi quidem ipsi adseveranti posse credere, quod tu quidquam in meam cogitaris perniciem. Porro meditatus innoxios casus incertus, vel etiam adversus, culpæ non potest addicere.

Cum isto fine sermonis oculos Fotidis meæ udos ac tremulos, et prona libidine marcidos, jamjamque semidopertulos adnixis et sorbillantibus saviis sitienter hauriebam. Sic illa lætitia recreata, Patere, inquit, oro, prius fores cubiculi diligenter occludam; ne sermonis elapsi profana petulantia committam grande flagitium. Et cum dicto pessulis injectis, et uncino firmiter immisso, sic ad me reversa, colloque meo manibus ambabus implexa, voce tenui, et admodum minuta, Paveo, inquit, et formido solide domus hujus operta detegere, et arcana do-

de ma maîtresse? Allons, je me lie à vous, à vos principes. Avec les sentiments d'honneur que vous ont transmis vos nobles ancêtres, avec un esprit aussi élevé que le vôtre, initié comme vous l'êtes à de sacrés mystères, vous êtes fidèle assurément à la religion du secret. Que mes confidences restent donc à jamais comme murées dans le sanctuaire de votre conscience; et payez par une discrétion à toute épreuve la candeur de mes épanchements. C'est l'amour qui me force à révéler ce que nul autre que moi ne sait au monde. Oui, vous allez connaître tout ce qui se passe en ces lieux. Je vous dirai par quels enchantements ma maîtresse sait faire obéir les mânes, troubler le cours des astres, assujettir les dieux, soumettre les éléments.

C'est surtout lorsqu'elle a jeté un regard de complaisance sur quelque beau jeune homme (ce qui lui arrive souvent), qu'on la voit déployer la terrible puissance de son art. En ce moment même, éperdument éprise d'un jeune Béotien beau comme le jour, il n'est sorte d'artifices et de machinations qu'elle ne mette en jeu. Hier, après midi, je l'ai entendue, entendue de mes propres oreilles, menacer le soleil de l'obscurcir, et d'ensevelir sa lumière dans d'éternelles ténèbres, s'il ne précipitait sa course pour laisser le champ libre à ses conjurations. En sortant du bain, elle avait aperçu son jeune amant assis dans la boutique d'un barbier; et vite, elle m'ordonna de m'emparer furtivement des cheveux que les ciseaux avaient fait tomber de sa tête. Le barbier me surprit au milieu de l'opération; et, comme ce trafic de maléfices nous a fait une réputation détestable, il me saisit, et m'apostrophant avec brutalité : Tu ne cesseras donc pas, dit-il, de voler ainsi les cheveux de tous les beaux jeunes gens? Que je t'y reprenne, et, sans marchander, je te livre aux magistrats. Le geste suit les paroles; il fourre sa main dans ma gorge, et m'arrache avec rage les cheveux que j'y avais cachés. Très-déconcertée de ma mésaventure, et songeant à l'humeur de ma maîtresse, qu'une contrariété de ce genre peut mettre hors d'elle-même, et qui alors me bat à outrance, je fus au moment de prendre la fuite; mais j'ai pensé à vous, et je n'ai pu m'y décider.

Je m'en revenais cependant, bien en peine de me présenter les mains vides, quand j'aperçois un homme occupé à tondre avec des ciseaux des outres de peau de bouc. Après qu'il les eut gonflées, je le vis les lier fortement et les suspendre. Je ramassai par terre plusieurs touffes de leur toison; elle était blonde, et ressemblait assez sous ce rapport à la chevelure du jeune Béotien. Je rapportai cette dépouille à ma maîtresse, sans lui dire d'où je la tenais. Aussi, dès que la nuit fut venue, et avant votre retour du souper, Pamphile, que le désir talonne, monte aux combles, en un réduit ouvert à tous les vents, ayant vue sur l'orient et les autres points de l'horizon. C'est le lieu qu'elle a choisi comme le plus propice à ses enchantements. Enfermée dans ce magique laboratoire, la voilà qui procède à ses manipulations accoutumées, dont les éléments sont des aromates de toute espèce, des lames d'airain couvertes de caractères indéchiffrables, des ferrements, des navires naufragés, nombre de

---

minæ meæ revelare secreta. Sed melius de te doctrinaque tua præsumo; qui præter generosam natalium dignitatem, præter sublime ingenium, sacris pluribus initiatus, profecto nosti sanctam silentii fidem. Quæcumque igitur commisero hujus religiosi pectoris tui penetralibus, semper hæc intra conseptum clausa custodias, oro, et simplicitatem relationis meæ tenacitate taciturnitatis tuæ remunerare. Nam me, quæ sola mortalium novi, vis amoris, quo tibi teneor, indicare compellit. Jam scies omnem domus nostræ statum : jam scies heræ meæ miranda secreta, quibus obediunt manes, turbantur sidera, coguntur numina, serviunt elementa.

Nec unquam magis artis hujus violentia utitur, quam quum scitulæ formæ juvenem quempiam libenter aspexit; quod quidem ei solet crebriter evenire. Nunc etiam adolescentem quemdam Bœotium summe decorum effictim deperit, totasque artis manus, machinas omnes ardenter exercet. Audivi vesperi, meis his, inquam, auribus audivi, quod ni celerius Sol cœlo ruisset, noctique ad exercendas illecebras magiæ maturius cessisset, ipsi soli nubilam caliginem et perpetuas tenebras comminaretur. Hunc juvenem, quum e balneis rediret ipsa, tonstrinæ residentem hesterna die forte conspexit : ac me capillos ejus, qui jam cæde cultrorum desecti humi jacebant, clanculo præcepit ferre. Quos me sedulo furtimque colligentem tonsor invenit; et, quod alioqui publicitus maleficæ disciplinæ perinfames sumus, arreptam inclementer increpat : Tune ultima non cessas subinde lectorum juvenum capillamenta surripere? Quod scelus nisi tandem desines, magistratibus te incontanter objiciam. Et verbum facto secutus, immissa manu scrutatus e mediis papillis meis jam capillos absconditos, iratus arripuit. Quo gesto graviter affecta, mecumque reputans dominæ meæ mores, quod hujus rei repulsa satis acriter commoveri, neque verberare sævissime consuevit; jam de fuga consilium tenebam; sed istud quidem tui contemplatione abjeci statim.

Verum quum tristis inde discederem, ne prorsus vacuis manibus redirem; conspicio quemdam forficulis attondentem caprinos utres. Quos quum probe constrictos, inflatosque, et jam pendentes cernerem; capillos eorum humi jacentes, flavos, ac per hoc illi Bœotio juveni consimiles, plusculos aufero, eosque dominæ meæ, dissimulata veritate, trado. Sic noctis initio, priusquam cœna te reciperes, Pamphile mea, jam vecors animi, tectum scindulare conscendit, quod altrinsecus ædium patore perflatili nudatum, ad omnes orientales ceterosque aspectus pervium, maxime his artibus suis commodatum, secreto colit. Priusque apparatu solito instruit feralem officinam, omne genus aromatis, et ignorabiliter la-

débris humains enlevés à des cadavres avant ou après la sépulture. Ici sont des fragments de nez, de doigts; là des clous arrachés avec la chair aux croix patibulaires; plus loin du sang d'homme tué, et des morceaux de crânes humains disputés à la dent des bêtes féroces.

Devant elle sont des entrailles encore palpitantes. Après quelques mots magiques, elle les arrose successivement d'eau de fontaine, de lait de vache et de miel de montagne; elle y joint des libations d'hydromel. Ensuite elle entrelace les prétendus cheveux, les noue, et les brûle sur des charbons ardents, avec force parfums. Soudain le charme irrésistible opère, et, par la mystérieuse puissance des pouvoirs évoqués, les outres, dont la toison fumait et grillait sur la braise, s'animent comme des créatures humaines, sentent, entendent, marchent, et, attirées par l'odeur qui s'exhalait de leurs dépouilles, les voilà qui arrivent au défaut du Béotien, et se lancent contre notre porte. C'est alors qu'étourdi par de copieuses libations, et trompé par l'obscurité, vous mîtes bravement l'épée au vent; et, nouvel Ajax, dans un transport de folie pareil, mais bien plus héroïque, (car il s'est rué comme un boucher sur des animaux vivants) vous fîtes, vous, rendre l'âme à trois outres gonflées. Si bien qu'après cet innocent exploit, où pas une goutte de sang n'a coulé, c'est un vainqueur, non pas homicide, mais outricide, que je reçois dans mes bras.

A ce trait de Fotis, ma gaieté s'anime, et je riposte : Oui, mon premier trophée peut être comparé aux douze travaux d'Hercule. Cette victoire sur trois outres ira de pair avec son triomphe sur le triple Géryon ou sur Cerbère aux trois têtes. Mais veux-tu que je te pardonne ton étourderie, et tous les embarras qu'elle m'a causés? Il est une chose que je désire avec passion; fais-la. Montre-moi ta maîtresse opérant selon la science, dans le feu de l'évocation; que je la voie au moins dans une de ses métamorphoses. Je meurs d'envie d'apprendre les secrets de l'art magique. Mais toi, si je ne me trompe, non, tu n'y es pas novice; je le sais, et de plus je le sens. Moi, si indifférent aux caresses de nos belles dames, ces yeux brillants, ces fraîches joues, l'or de cette chevelure, ces baisers à lèvres ouvertes, cette gorge enivrante, je suis l'esclave de tout cela, l'esclave volontaire. Adieu le foyer, adieu le retour. Une nuit comme celle-ci est ce que je mets au-dessus de tout.

Que je serais heureuse de te contenter, mon cher Lucius, répondit-elle; mais ces pratiques sont vues de si mauvais œil, que ma maîtresse ne s'y livre jamais qu'en s'environnant de solitude, en éloignant tous les regards. Cependant, à mes risques et périls, je ferai ce que tu désires, j'épierai le moment favorable; ta curiosité sera satisfaite. Tandis que nous jasons, le désir se réveille, et les sens se mettent de la partie. Vite à bas tout voile jaloux; nus tous deux comme la main, nous nous étreignons avec fureur. L'amoureuse lutte dura longtemps; je me rendais de guerre lasse quand Fotis me ranima par une piquante diversion, offerte avec une complaisance plus que féminine. Mais enfin le sommeil nous gagna, et nos paupières languissantes se fermèrent jusqu'au matin.

---

ininis litteratis, et infelicium navium durantibus clavis, defletorum, sepultorum etiam cadaverum expositis multis admodum membris. Hic nares et digiti, illic carnosi clavi pendentium ; alibi trucidatorum servatus cruor, et extorta dentibus ferarum trunca calvaria.

Tunc decantatis spirantibus fibris, litat vario latice ; nunc rore fontano, nunc lacte vaccino, nunc melle montano. Libat et mulsa. Sic illos capillos in mutuos nexus obditos, atque nodatos, cum multis odoribus dat vivis carbonibus adolendos. Tunc protinus inexpugnabili magicæ disciplinæ potestate, et cæca numinum coactorum violentia, illa corpora quorum fumabant stridentes capilli, spiritum mutuantur humanum, et sentiunt, et audiunt, et ambulant ; et, qua nidor suarum ducebat exuviarum, veniunt ; et, pro illo juvene Bœotio aditum gestientes, fores insiliunt. Quum ecce crapula madens, et improvidæ noctis deceptus caligine, audaciter mucrone destricto, in insani modum Ajacis armatus, non ut ille vivis pecoribus infestus, tota laniavit armenta ; sed longe fortius, qui tres inflatos caprinos utres exanimasti : ut ego te prostratis hostibus sine macula sanguinis, non homicidam nunc, sed utricidam, amplecterer.

Ac sic lepido sermone Fotidis invicem cavillatus, Ergo igitur jam et ipse possum, inquam, mihi primam istam virtutis adoream, ad exemplum duodeni laboris Herculei numerare, vel trigemino corpori Geryonis, vel triplici formæ Cerberi totidem peremptos utres coæquando. Sed ut ex animo tibi volens omne delictum, quo me tantis angoribus implicasti, remittam ; præsta quod summis votis expostulo : et dominam tuam, quum aliquid hujus divinæ disciplinæ molitur, ostende : quum deos invocat ; certe eam reformatam videam. Sum namque coram magiæ noscendæ ardentissimus cupitor; quamquam mihi nec ipsa tu videare talium rerum rudis et expers. Scio istud, et plane sentio; quum, semper alioqui spretorem matronalium amplexuum, sic tuis istis micantibus oculis, et rubentibus buccalis, et renidentibus crinibus, et hiantibus osculis, et fragrantibus papillis, in servilem modum addictum atque mancipatum teneas volentem. Jam denique nec larem requiro, nec domuitionem paro, et nocti isti nihil antepono. Quam vellem, inquit illa, præstare tibi, o Luci, quod cupis : sed propter invidos mores in solitudinem semper abstrusa, et omnium præsentia viduata solet secum hujusmodi secreta perficere. Sed tuum postulatum præponam periculo meo, idque observatis opportunis temporibus sedulo perficiam : modo, ut initio præfata sum, rei tantæ fidem silentiumque tribue. Sic nobis gannientibus libido mutua et animos simul et membra suscitat. Omnibus abjectis amiculis, hactenus denique intecti atque nudati bacchamur in venerem ; quum quidem mihi

Nous eûmes trop peu de répétitions de cette nuit charmante. Je vois un jour Fotis accourir tout émue; elle m'annonce que sa maîtresse, ayant échoué dans ses précédentes tentatives, avait résolu de se changer la nuit suivante en oiseau, et d'aller sous cette forme trouver l'objet de sa passion; que j'eusse donc à me tenir prêt, et qu'elle me ferait assister, discret témoin, à cette scène merveilleuse. En effet, vers la première veille, elle ne manque pas de me venir prendre; elle me mène à pas de loup jusqu'au réduit aérien, puis elle me place à une fente de la porte par où je pouvais tout voir.

Pamphile commença par se dépouiller de tous ses vêtements; ensuite elle ouvrit un petit coffret et en tira plusieurs boîtes, ôta le couvercle de l'une, y prit une certaine pommade, s'en frotta longtemps la paume des mains, et, se les passant sur tous les membres, s'en enduisit le corps, de la plante des pieds à la racine des cheveux. Vint après un long colloque à voix basse avec sa lanterne; soudain elle imprime une secousse à toute sa personne, et voilà ses membres qui s'assoupissent et disparaissent, d'abord sous un fin duvet, puis sous un épais plumage. Son nez se courbe et se durcit, ses ongles s'allongent et deviennent crochus. Pamphile est changée en hibou; elle jette un petit cri plaintif, et, après quelques essais de vol à ras de terre, la voilà qui prend l'essor à tire d'aile.

Sa transformation était volontaire, et l'effet de ses puissants sortiléges. Moi qui n'en avais été que le simple témoin, hors de l'influence du charme, je restais frappé de stupeur, et ne ressemblais à rien moins qu'à moi-même : frappé comme d'imbécillité, j'étais dans un état voisin de la démence, rêvant tout éveillé, me frottant les yeux, et me demandant si ce n'était pas un songe. Enfin, revenant à moi, je saisis la main de Fotis, je la presse contre mes yeux : L'instant nous favorise, lui dis-je ; accorde-moi, je t'en supplie, un gage éclatant de ton amour : donne-moi un peu de cette pommade. Par les globes charmants de ton sein, c'est moi qui t'en conjure, et qu'un tel bienfait, qu'aucun prix ne saurait payer, m'enchaîne à jamais sous tes lois ; que, grâce à toi, je puisse, nouveau Cupidon, voltiger autour de ma Vénus !

Oui-dà ! renard, mon ami ; mais c'est me dire tout simplement d'aller moi-même chercher les verges ! Joli moyen pour ne plus craindre ces chattes de Thessaliennes ! Et ce bel oiseau, dites-moi, où courrai-je après lui ? quand le verrai-je ? Me préserve le ciel de commettre une pareille infamie ! m'écriai-je. Quand je pourrais, comme l'aigle, planer sur toute l'étendue des cieux, faire les messages de Jupiter ou porter fièrement son foudre; qu'avec joie on me verrait, des hauteurs de l'Empyrée, revoler au petit nid que j'aime tant ! Oui, j'en fais le serment par ce nœud de ta chevelure, nœud charmant qui m'enchaîne; à tout je préfère ma Fotis. Et, d'ailleurs, quand j'y songe, une fois que, par la vertu de cette friction, je me serai affublé d'un tel plumage, ne me faudra-t-il pas éviter toute habitation? Le beau, l'aimable galant qu'un hibou ! comme les dames en doivent être tentées ! Triste oiseau des ténèbres, dès qu'il se montre en un logis, c'est à

jam fatigato de propria liberalitate Fotis puerile obtulit corollarium. Jamque luminibus nostris vigilia marcidis infusus sopor, etiam in alium diem nos attinuit.

Ad hunc modum transactis voluptarie paucis noctibus, quadam die percita Fotis, ac satis trepida me accurrit : indicatque dominam suam, quod nihil etiam tunc in suos amores ceteris artibus promoveret, nocte proxima in avem sese plumaturam, atque ad suum cupitum sic devolaturam : proin memet ad tantæ rei speculam caute præpararem. Jamque circa primam noctis vigiliam, ad illud superius cubiculum, suspenso et insono vestigio me perducit ipsa, perque rimam ostiorum quampiam jubet arbitrari, quæ sic gesta sunt.

Jam primum omnibus laciniis se devestit Pamphile, et, arcula quadam reclusa, pyxides plusculas inde depromit, de quis unius operculo remoto, atque indidem egesta unguedine, diuque palmulis suis adfricta, ab imis unguibus sese totam adusque summos capillos perlinit : multumque cum lucerna secreto collocata, membra tremulo succussu quatit. Quis leviter fluctuantibus, promicant molles plumulæ, crescunt et fortes pinnulæ, duratur nasus incurvus; coguntur ungues adunci. Fit bubo Pamphile. Sic, edito stridore querulo, jam sui periclitabunda paulatim terra resultat; mox in altum sublimata, forinsecus totis alis evolat.

Et illa quidem magnis suis artibus volens reformatur.

At ego nullo decantatus carmine, præsentis tamen facti stupore defixus, quidvis aliud magis videbar esse quam Lucius. Sic exterminatus animi, attonitus in amentiam, vigilans somniabar : defrictis adeo diu pupulis, an vigilarem scire quærebam. Tandem denique reversus ad sensum præsentis, arrepta manu Fotidis, et admota meis luminibus : Patere, oro te, inquam, dum dictat occasio, magno et affectionis tuæ fructu perfrui, et impartire nobis unctulum indidem, per istas tuas papillas, mea mellitula : tuumque mancipium irremunerabili beneficio sic tibi perpetuo pignera ; ac jam perfice, ut meæ Veneri Cupido patronus assistam tibi.

An, inquit, vulpinaris, amasio, meque sponte asciam cruribus meis illidere compellis? Siccine me vix a lupis conservo Thessalis. Hunc alitem factum ubi quæram ? videbo quando? At mi scelus istud depellant cœlites, inquam : ut ego quamvis ipsius aquilæ sublimis volatibus toto cœlo pervius, et supremi Jovis certus nuntius, vel lætus armiger, tamen non ad meum nidulum post illam pinnarum dignitatem subinde devolem! Adjuro per dulcem istum capilli tui nodulum, quo meum vinxisti spiritum, me nullam aliam mea Fotide malle. Tunc etiam istud meis cogitationibus occurrit, quum semel avem talem peninctus induero, domus omnis procul me vitare debere. Quam pulchro enim, quamque festivo matronæ perfruentur amatore bubone? Quid? quod et istas nocturnas aves,

qui l'attrapera pour le clouer à la porte, et lui faire expier par mille tourments son aspect de sinistre augure. Mais, vraiment, j'oubliais : quelles paroles dire, quelles pratiques observer, pour me débarrasser de toutes ces plumes et redevenir Lucius? A cet égard, dit-elle, tu peux être tranquille. J'ai appris de ma maîtresse ce qu'il faut faire pour quitter ces formes d'emprunt et revenir à la figure humaine : et ne va pas croire qu'elle m'en ait instruite par bonté d'âme; c'est seulement pour s'assurer de ma part une assistance efficace à son retour. Au reste, tu le vois, c'est avec les herbes les plus communes que s'opèrent de si grands effets : il suffit d'un peu d'anet et de quelques feuilles de laurier infusés dans de l'eau de source. Elle en fait usage en bain et en boisson.

Après m'avoir répété cette instruction, elle se glisse dans le réduit, non sans trembler de tous ses membres. Elle prend dans le coffret une petite boîte dont je m'empare et que je baise, en la suppliant de faire que je puisse voler. En un clin d'œil je me mets nu, et je plonge mes deux mains dans la boîte. Je les remplis de pommade, et je me frotte de la tête aux pieds. Puis me voilà battant l'air de mes bras, pour imiter les mouvements d'un oiseau; mais de duvet point, de plumes pas davantage; ce que j'ai de poil s'épaissit, et me couvre tout le corps. Ma douce peau devient cuir. A mes pieds, à mes mains, les cinq doigts se confondent et s'enferment en un sabot; du bas de l'échine il me sort une longue queue, ma face s'allonge, ma bouche se fend, mes narines s'écartent, et mes lèvres deviennent pendantes; mes oreilles se dressent dans une proportion démesurée. Plus de moyen d'embrasser ma Fotis; mais certaine partie (et c'était toute ma consolation) avait singulièrement gagné au change. C'en est fait; j'ai beau considérer ma personne, je me vois âne; et d'oiseau, point de nouvelles. Je voulus me plaindre à Fotis; mais déjà privé de l'action et de la parole humaine, je ne pus qu'étendre ma lèvre inférieure, et la regarder de côté, l'œil humide, en lui adressant une muette prière.

A peine m'a-t-elle vu dans cet état, que, se meurtrissant le visage à deux mains, elle s'écrie : Malheureuse, je suis perdue! je me suis tant pressée, j'étais si troublée... La ressemblance des boîtes... J'ai fait une méprise; mais, par bonheur, il y a un moyen bien simple pour revenir de cette métamorphose. Vous n'avez qu'à mâcher des roses, et vous quitterez cette figure d'âne, et mon Lucius me sera rendu. Pourquoi faut-il qu'hier au soir je n'en aie pas préparé quelque guirlande à mon ordinaire! vous n'auriez pas même à subir le retard de cette nuit. Mais patience! au point du jour, je serai près de vous avec le remède.

Telles étaient ses lamentations. Je me trouvais âne bel et bien, et de Lucius devenu bête de somme. Mais je n'en continuais pas moins à raisonner comme un être humain : je délibérai longtemps, à part moi, si je ne devais pas tuer cette exécrable femme, en la terrassant à coups de pieds ou en la déchirant à belles dents. Une réflexion m'arrêta : Fotis morte, toute chance de salut pour moi s'anéantissait avec elle. L'oreille basse et secouant la tête, je pris donc le parti de dévorer pour un temps mon affront; et, me con-

quum penetraverint larem quempiam, sollicite prehensas foribus videmus affigi; ut, quod infaustis volatibus familiæ minantur exitium, suis luant cruciatibus. Sed, quod sciscitari pæne præterivi, quo dicto, factove rursum exutis pinnulis illis, ad meum redibo Lucium? Bono animo es, quod ad hujus rei curam pertinet, ait. Nam mihi domina singula monstravit, quæ possunt rursus in facies hominum tales figuras reformare. Nec istud factum putes ulla benivolentia, sed ut ei redeunti medela salubri possem subsistere. Specta denique quam parvis quamque futilibus tanta res procuretur herbulis. Anethi modicum cum lauri foliis immixtum rore fontano datur lavacrum et poculum.

Hæc identidem asseverans, summa cum trepidatione irrepit cubiculum, et pyxidem depromit arcula. Quam ego amplexus, ac deosculatus prius, utque mihi prosperis faveret volatibus deprecatus; abjectis propere laciniis totis, avide manus immersi; et, haurito pyxiculo uncto, corporis mei membra perfricui. Jamque alternis conatibus libratis brachiis, in avem similis gestiebam. Nec ullæ plumulæ, nec usquam pinnulæ; sed plane pili mei crassantur in setas, et cutis tenella duratur in corium; et in extimis palmulis, perdito numero, toti digiti coguntur in singulas ungulas; et de spinæ meæ termino grandis cauda procedit. Jam facies enormis, et os prolixum, et nares hiantes, et labiæ pendulæ. Sic et aures immodicis horri-

pilant auctibus. Nec ullum miser reformationis video solatium, nisi quod mihi jam nequeunti tenere Fotidem, natura crescebat. Ac dum salutis inopia cuncta corporis mei considerans, non avem me, sed asinum video, querens de facto Fotidis, sed jam humano gestu simul et voce privatus, quod solum poteram, postrema dejecta labia, humidis tamen oculis obliquum respiciens ad illam, tacitus expostulabam. Quæ ubi me primum talem aspexit, percussit faciem suam manibus infestis : et, Occisa sum misera, clamavit. Me trepidatio simul et festinatio fefellit, et pyxitum similitudo decepit. Sed bene, quod facilior reformationis hujus medela suppeditat. Nam rosis tantum demorsicatis exibis asinum, statimque in meum Lucium postliminio redibis. Atque utinam vesperi de more parassem nobis corollas aliquas, nec moram talem patereris ne noctis unius. Sed primo diluculo remedium festinabitur tibi.

Sic illa mœrebat. Ego vero quamquam perfectus asinus, et pro Lucio jumentum, sensum tamen retinebam humanum. Diu denique ac multum mecum ipse deliberavi, an nequissimam facinorosissimamque feminam illam spissis calcibus feriens et mordicibus appetens, necare deberem. Sed ab incepto temerario melior me sententia revocavit; ne morte multata Fotide, salutares mihi suppetias rursus exstinguerem. Dejecto itaque et

formant à ma situation présente, j'allai prendre place à l'écurie à côté de mon propre cheval. J'y trouvai aussi un autre âne appartenant à mon ci-devant hôte Milon ; je me disais : S'il est une religion de l'instinct chez les êtres privés de la parole, ce cheval doit me reconnaître, et se sentir ému de sympathie; il va m'offrir une place, me faire les honneurs du ratelier et de la provende. Mais, ô Jupiter Hospitalier ! ô divinités saintes, protectrices de la bonne foi! ce noble coursier, qui m'avait porté, se donne le mot avec l'autre âne ; tous deux s'entendent contre moi, me redoutent comme un rogneur de leur portion. Ils baissent l'oreille en signe de fureur, et me lancent vingt ruades à mon approche. Je me vois repoussé loin de l'orge que, de mes propres mains, j'avais étalée la veille devant ce monstre d'ingratitude domestique. Ainsi maltraité, force me fut de faire bande à part, et je me retirai dans un coin de l'écurie.

Tandis que j'y réfléchissais sur l'insolence de mes deux camarades, me promettant de tirer le lendemain bonne vengeance de mon coquin de cheval, sitôt que, par la vertu des roses, je serais redevenu Lucius, j'aperçois, à moitié de la hauteur du pilier qui supportait la voûte de l'écurie, une niche qu'on y avait pratiquée, et où se trouvait l'image de la déesse Épone, parée avec des guirlandes de roses encore fraîches. En voyant le remède à mes maux, je me livre à l'espérance. Je me dresse, levant le plus haut possible mes pieds de devant, et, cou tendu, lèvres allongées, je fais tous mes efforts pour atteindre jusqu'aux guirlandes. O fatalité! tandis que je m'évertue ainsi, le valet chargé par moi-même de panser chaque jour mon cheval s'aperçoit de ma manœuvre, et, se levant tout en colère : C'est à n'en pas finir avec ce porte-choux, dit-il ; tout à l'heure il en voulait au manger de nos bêtes, maintenant le voilà qui s'en prend aux images des dieux! Attends, sacrilége animal, je te vais éreinter de la bonne manière ; au moins tu ne sortiras que boiteux de mes mains. Tout en parlant, il cherchait de quoi accomplir sa menace ; et, trouvant un fagot laissé là par hasard, il y choisit le plus gros parement, tout garni encore de ses feuilles, et se met à en labourer ma pauvre échine. Le jeu n'eût pas cessé de sitôt ; mais il se fit soudain grand bruit dans le voisinage. Mille coups viennent tonner contre la porte de la maison ; on crie Aux voleurs! de toutes parts ; mon bourreau s'effraye et s'enfuit.

Bientôt l'on force l'entrée ; un gros de bandits envahit tout l'intérieur, tandis qu'un autre parti armé jusqu'aux dents garde toutes les issues. De divers côtés, les voisins arrivent au secours ; mais les brigands leur font face et les repoussent. Les torches se réflétant sur les glaives nus illuminent les ténèbres, et le double éclat du fer et de la flamme produit l'effet du soleil levant. Au centre de la maison se trouvait une espèce de magasin, bien défendu par toute espèce de fermeture et renfermant les trésors de Milon. Ils en enfoncent la porte à grands coups de hache, s'emparent de tout le butin, l'empaquettent à la hâte, et s'en distribuent la charge entre eux. Mais il se trouve plus de fardeaux que de porteurs : dans l'embarras de tant de richesses et réduits aux expédients, ils me tirent de l'écurie avec l'autre âne et mon cheval, nous chargent impitoyablement de ce

quassanti capite, ac demussata temporali contumelia, durissimo casui meo serviens, ad equum illum vectorem meum probissimum in stabulum concedo : ubi alium etiam Milonis quondam hospitis mei asinum stabulantem inveni. Atque ego rebar, si quod inesset mutis animalibus tacitum ac naturale sacramentum, agnitione ac miseratione quadam inductum equum illum meum, hospitium, loca, lautia mihi præbiturum. Sed, proh Jupiter Hospitalis, et Fidei sacrata numina! præclarus ille vector meus cum asino capita conferunt, in meamque perniciem illico consentiunt : et, verentes scilicet cibariis suis, ut me præsepio videre proximantem, dejectis auribus jam furentes, infestis calcibus insequuntur; et abigor quam procul ab hordeo, quod apposueram vesperi meis manibus illi gratissimo famulo. Sic affectus, atque in solitudinem relegatus, angulo concesseram stabuli.

Dumque de insolentia collegarum meorum mecum cogito, atque in alterum diem auxilio rosario Lucius denuo futurus, equi perfidi vindictam meditor ; respicio pilæ mediæ, quæ stabuli trabes sustinebat, in ipso fere meditullio Eponæ deæ simulacrum residens ædiculæ, quod accurate corollis roseis et quidem recentibus fuerat ornatum. Denique agnito salutari præsidio, pronus spei, quantum extensis primoribus pedibus anniti poteram, insurgo valide : et cervice prolixa, nimium quam porrectis labiis, quanto maximo nisu poteram, corollas appetebam. Quod me pessima scilicet sorte conantem, servulus meus, cui semper equi cura fuerat mandata, repente conspiciens, indignatus exsurgit ; et, Quousque tandem, inquit, cantherium patiemur istum, paulo ante cibariis jumentorum, nunc etiam simulacris deorum infestum? Quin jam ego istum sacrilegum, debilem claudumque reddam. Et statim telum aliquod quæritans, temere fascem lignorum positum offendit ; rimatusque frondosum fustem cunctis vastiorem, non prius miserum me tundere desiit, quam sonitu vehementi, et largo strepitu percussis januis, trepido etiam rumore viciniæ, conclamatis latronibus, profugit territus.

Nec mora, quum vi patefactis ædibus, globus latronum invadit omnia, et singula domus membra cingit armata factio : et auxiliis hinc inde convolantibus, obsistit discursus hostilis. Cuncti gladiis ac facibus instructi noctem illuminant ; coruscat in modum ortivi solis, ignis et mucro. Tunc horreum quoddam satis validis claustris obseptum obseratumque, quod mediis ædibus constitutum, gazis Milonis fuerat refertum , securibus validis aggressi diffindunt. Quo passim recluso totas opes vehunt : raptimque constrictis sarcinis singuli partiuntur. Sed gestaminum modus numerum gerulorum excedit. Tunc opulentiæ nimiæ nimio ad extremas incitas deducti, nos duos

qu'il y a de plus lourd dans le bagage, et, le bâton levé, nous poussent hors du logis, après y avoir fait maison nette. Un des leurs cependant resta seul en arrière, avec charge d'observer, et de faire son rapport de ce qui se passerait sur les lieux. Les autres, à force de coups, nous font gagner grand train une passe écartée de la montagne. L'énormité de ma charge, la roideur de la côte, la longueur du chemin, m'avaient tué plus qu'à demi. L'idée me vint alors, un peu tard, mais tout de bon, de recourir à la protection publique, de faire intervenir pour ma délivrance le nom sacré de l'empereur.

Il faisait grand jour quand nous arrivâmes dans un bourg d'une certaine importance, où se tenait précisément un marché, et où par conséquent l'affluence était considérable. Je voulus donc, me trouvant au milieu de cette population grecque, attester l'auguste nom de César dans ma langue maternelle. O! m'écriai-je de l'accent le plus expressif et le mieux articulé. Mais il me fut impossible de prononcer le mot César. Les voleurs, impatientés de cette tenue discordante, font à l'envi pleuvoir une grêle de coups sur mon pauvre cuir, et le mettent hors d'état de servir même de crible.

Un moment, toutefois, Jupiter m'offrit une chance de salut que je n'attendais guère. En traversant plusieurs hameaux où se trouvaient quelques habitations considérables, j'aperçois un joli petit jardin, et là, parmi d'autres fleurs, des roses en bouton, humides encore de la rosée du matin : je m'en approche palpitant d'espoir ; et déjà mes lèvres étendues étaient près d'y atteindre, quand une sage réflexion m'arrêta. Si je quitte soudain ma figure d'âne pour redevenir Lucius, dis-je à part moi, je m'expose à une mort certaine ; ces voleurs vont me prendre pour magicien, ou de ma part craindre des révélations. Je fis donc de nécessité vertu ; je passai devant les roses sans y toucher, et, prenant mon mal en patience, je cheminai, rongeant mon frein de baudet.

LIVRE QUATRIÈME.

Il était près de midi, et le soleil devenait très-ardent. Nous fîmes halte dans un hameau, chez de vieilles gens de la connaissance des voleurs, et apparemment de leurs amis. C'est ce que j'augurai d'abord, tout âne que j'étais, de leurs longs pourparlers et de leurs embrassades. En effet, on prit sur mon dos divers objets qu'on leur offrit ; et, autant que je pus comprendre, on leur disait tout bas que c'était pour leur part. On nous décharge ensuite tout à fait, pour nous laisser paître en liberté dans un pré voisin. Mais je faussai compagnie à l'autre âne et à mon cheval durant leur repas : un dîner de foin n'était pas encore de mon goût. Cependant, comme je mourais de faim, j'entrai sans façon dans un petit jardin que j'aperçus derrière l'écurie : j'y trouvai pour tout ordinaire des légumes crus, dont je ne laissai pas de m'emplir le ventre. Ce repas fait, je me mets à chercher des yeux de tous côtés, tout en invoquant les dieux, si dans les jardins contigus il ne se montrerait pas quelque part un beau rosier fleuri : car, le remède trouvé, j'espérais, grâce à la solitude et avec le secours de quelque buisson, pouvoir quitter incognito mon humble figure

---

asinos, et equum meum, productos e stabulo, quantum possunt gravioribus sarcinis onerant, et domo jam vacua minantes baculis exigunt : unoque de sociis ad speculandum, qui de facinoris inquisitione nunciaret, relicto, nos crebro tundentes per avia moutium ducunt concitos. Jamque rerum tantarum pondere, et montis ardui vertice, et prolixo satis itinere, nihil a mortuo differebam. Sed mihi sero quidem, serio tamen subvenit animo auxilium civile decurrere, et, interposito venerabilis principis nomine, tot aerumnis me liberare.

Quum denique, jam luce clarissima, vicum quempiam frequentem et nundinis celebrem praeteriremus, inter ipsas turbelas Graecorum genuino sermone nomen augustum Caesaris invocare tentavi : et, O quidem tantum diserte ac validum clamitavi; reliquum autem Caesaris nomen enuntiare non potui. Aspernati latrones clamorem absonum meum, caedentes hinc inde miserum corium, nec cribris jam idoneum reliquunt. Sed tandem mihi inopinatam salutem Jupiter ille tribuit. Nam quum et multas villulas et casas amplas praeteriremus, hortulum quemdam prospexi satis amoenum; in quo praeter ceteras gratas herbulas, rosae virgines matutino rore fluebant. His inhians, spe salutis alacer ac laetus, propius accessi. Dumque jam labiis undantibus affecto, consilium me subit longe salubrius : ne, si rursum asino remoto prodirem in Lucium, evidens exitium inter manus latronum offenderem, vel artis magicae suspicione, vel indicii futuri criminatione. Tunc igitur a rosis, et quidem necessario, temperavi : et casum praesentem tolerans, in asini faciem frena rodebam.

LIBER QUARTUS.

Diem ferme circa medium, quum jam flagrantia solis caleret, in pago quodam apud notos ac familiares latronibus senes devortimus. Sic enim primus aditus, et sermo prolixus, et oscula mutua, quamvis asino, sentire praestabant. Nam et rebus eos quibusdam dorso meo depromptis munerabantur; et secretis gannitibus, quod essent latrocinio partae, videbantur indicare. Jamque nos omni sarcina levigatos, in pratum proximum passim libero pastui tradidere; nec me cum asino vel equo meo compascuus coetus attinere potuit, adhuc insolitum alioquin prandere foenum. Sed plane pone stabulum prospectum hortulum jam fame perditus fidenter invado, et quamvis crudis oleribus, affatim tamen ventrem sagino. Deosque comprecatus omnes, cuncta prospectabam loca, sicubi forte conterminis in hortulis candens reperirem rosarium. Nam et ipsa solitudo jam mihi bonam fiduciam tribuebat, si devius et frutetis absconditus, sumpto remedio, de jumenti qua-

de quadrupède, et me redresser sous la forme humaine.

Tandis que je me perdais dans un océan de réflexions, je crus voir à quelque distance un vallon boisé, formant un épais ombrage. De loin mes yeux étaient réjouis d'une délicieuse verdure, émaillée de mille fleurs, parmi lesquelles tranchait vivement l'incarnat de la rose. Mon imagination n'était pas encore abrutie : aussi se peignit-elle soudain le bocage favori de Vénus et des Grâces, et, sous son mystérieux feuillage, la fleur consacrée à la déesse s'épanouissant dans tout son royal éclat. Invoquant donc le dieu du Succès, je pars au galop, avec la vitesse, non plus d'un âne, mais bien d'un cheval de course lancé à fond de train. Vain effort! rien ne servait contre ma mauvaise fortune. J'approche; adieu les roses! adieu ces tendres et délicates fleurs, arrosées de nectar et d'ambroisie! adieu le divin buisson et ses mystiques épines! adieu même le vallon! Je ne vois plus que l'encaissement d'une petite rivière, bordée d'une rangée d'arbres touffus, de ces arbres à feuilles oblongues, imitant celles du laurier, et dont la fleur au calice allongé, d'un rouge pâle, et complètement inodore, n'en a pas moins usurpé dans le rustique vocabulaire le nom de laurier-rose. C'est pour tout animal une nourriture mortelle; mais, dans cette fatale conjoncture, décidé à mourir, je persistais à vouloir manger de ces roses vénéneuses, et j'en approchais, sans trop d'empressement toutefois, lorsqu'un jeune garçon, apparemment le jardinier de l'enclos où j'avais fait un si grand ravage de légumes, accourut, exaspéré de ce dégât, un long bâton à la main. Le drôle me roua de coups, et m'aurait laissé sur la place, si je ne me fusse pas moi-même secouru fort à propos. Je levai soudain la croupe, et, lui détachant force ruades, je le jetai en assez mauvais état contre l'escarpement de la berge. Puis je pris ma course aussitôt.

Mais une femme (la sienne sans doute), qui d'en haut l'avait vu terrassé et sans mouvement, s'élance vers lui avec des hurlements lamentables, et implorant à grands cris, pour elle, une pitié que la gaillarde voulait tourner à mon détriment. Ses doléances, en effet, mirent sur pied toute la population du village. Voilà qu'on appelle les chiens; et chacun d'exciter leur rage à me mettre en pièces. Cette fois, je me crus à ma dernière heure : voir une bande de chiens, et quels chiens! (tous de force à combattre des lions et des ours!) déchaînés ensemble contre moi! Je prends mon parti. Je cesse de fuir, et, revenant sur mes pas, je regagne au plus vite l'écurie où nous étions d'abord entrés. Les paysans, après avoir arrêté leurs chiens à grand'peine, me saisissent, et m'attachent avec une forte courroie à un anneau scellé dans le mur; et puis, on recommence à me battre. Infailliblement j'allais être assommé, quand mes intestins, contractés par la douleur des coups et déjà torturés par l'indigeste amas de légumes crus dont je les avais bourrés, tout à coup se dilatent et font explosion, lançant une certaine matière dont les éclaboussures atteignent les uns, et dont l'odeur, en dispersant les autres, dégage mon dos à moitié moulu.

Il était midi passé, et le soleil déclinait déjà. Les voleurs nous rechargent à la hâte, en aug-

---

drupedis incurvo gradu rursum erectus, in hominem inspectante nullo resurgerem.

Ergo igitur quum in isto cogitationis salo fluctuarem, aliquanto longius video frondosi nemoris convallem umbrosam ; cujus inter varias herbulas et lætissima vireta, fulgentium rosarum mimius color renidebat. Jamque apud mea non usquequaque ferina præcordia, Veneris et Gratiarum lucum illum arbitrabar : cujus inter opaca secreta floris genialis regius nitor relucebat. Tunc invocato hilaro atque prospero Eventu, cursu me concito proripio, ut hercule ipse sentirem non asinum me, verum etiam equum curulem nimia velocitate refectum. Sed agilis atque præclarus ille conatus fortunæ meæ scævitatem anteire non potuit. Jam enim loco proximus, non illas rosas teneras et amœnas, madidas divini roris et nectaris, quas rubi felices, et beatæ spinæ generant, ac ne convallem quidem usquam, nisi tantum ripæ fluvialis marginem densis arboribus septam video. Hæ arbores in lauri faciem prolixe foliatæ, pariunt in modum floris odori porrectos caliculos modice punicantes : quos equidem fragrantis, minime rurestri vocabulo vulgus indoctum rosas laureas appellant ; quarumque cuncto pecori cibus letalis est. Talibus fatis implicitus, etiam ipsum Salutem recusans, sponte illud venenum rosarium sumere gestiebam. Sed dum contanter accedo decerpere, juvenis quidam, ut mihi videbatur, hortulanus, cujus omnia prorsus olera vastaveram, tanto damno cognito, cum grandi baculo furens decurrit; arreptumque me totum plagis obtundit adusque vitæ ipsius periculum : nisi tandem sapienter alioquin ipse mihi tulissem auxilium. Nam lumbis elevatis in altum, pedum posteriorum calcibus jactatis in eum crebriter, jam multcato graviter atque jacente contra proclive montis attigui fuga me liberavi.

Sed illico mulier quæpiam, uxor ejus scilicet, simul eum prostratum et semianimem ex edito despexit, ululabili cum plangore ad eum statim prosilit, ut sui videlicet miseratione mihi præsens crearet exitium. Cuncti enim pagani, fletibus ejus exciti, statim conclamant canes, atque ad me laniandum rabie perciti ferrent impetum, passim cohortantur. Tunc igitur procul dubio jam morti proximus, quum viderem canes et modo magnos, et numero multos, et ursis ac leonibus ad compugnandum idoneos, in me convocatos exasperari; e re nata capto consilio, fugam desino, ac me retrorsus celeri gradu rursus in stabulum, quo devoteramus, recipio. At illi canibus jam ægre cohibitis, arreptum me, loro quam valido ad ansulam quamdam destinatum rursum cædendo confecissent profecto : nisi dolore plagarum alvus arctata, crudisque illis oleribus abundans, et lubrico fluxu saucia, fimo fistulatim excusso, quosdam extremi liquoris aspergine, alios putore nidoris fœtidi a meis jam quassis scapulis abegisset.

Nec mora, quum jam in meridiem prono jubare, rur-

mentant beaucoup mon fardeau, et nous font quitter l'écurie. Après une traite assez longue, je me sentis épuisé de fatigue. J'étais écrasé sous le faix, et tout rompu des coups de bâton que j'avais reçus; la corne de mes pieds était usée; je boitais et trébuchais à chaque pas. Me trouvant au bord d'un ruisseau qui serpentait paisiblement, il me vint une idée que je crus heureuse. Je voulais, fléchissant adroitement les genoux, me laisser aller à terre, et n'en plus bouger en dépit de tous les coups du monde, dût-on m'écharper, dût-on me couper par morceaux. Invalide comme j'étais, et tout près de rendre l'âme, c'était bien le moins que j'obtinsse mon congé. Infailliblement, me disais-je, les voleurs, impatientés du retard et contraints de précipiter leur fuite, vont répartir ma charge entre mes deux compagnons d'infortune, et m'abandonner pour toute vengeance à la pâture des loups et des vautours; mais un coup du sort vint déranger cette belle combinaison. L'autre âne, comme s'il eût deviné ma pensée, prit l'avance sur moi : le voilà, simulant un excès de lassitude, qui se jette à bas avec tout son bagage, et reste par terre étendu comme mort. Coups de bâton, coups d'aiguillon, rien n'y faisait. On le tiraille en tous sens, par la queue, par les jambes, par les oreilles, pour tâcher de le remettre sur pied : aucun signe de vie. Voyant enfin qu'ils perdaient leur temps, les voleurs, après s'être consultés entre eux, décident qu'il n'y a pas à s'inquiéter davantage d'un âne qui est mort, s'il n'est de pierre. Sa charge est aussitôt partagée entre le cheval et moi. Cela fait, ils lui tranchent les jarrets à coups d'épée, et, le tirant du chemin, le font, respirant encore, rouler du haut en bas dans un précipice voisin.

Le sort de mon infortuné compagnon me donna à réfléchir. Je me promis bien de renoncer à toute manœuvre frauduleuse, et de me conduire avec mes maîtres en âne de probité. J'avais d'ailleurs compris, par leurs discours, que nous ne tarderions pas à faire halte définitive, et que leur habitation n'était pas loin. Nous y arrivâmes en effet, après avoir franchi une côte assez douce. On nous débarrassa de tous nos paquets pour les serrer; et, libre enfin de tout fardeau, je me roulai dans la poussière en guise de bain, pour me délasser.

C'est ici le lieu de faire la description du séjour ou plutôt de la caverne qu'habitaient les voleurs. Belle occasion d'ailleurs de glisser un échantillon de mon savoir faire, et de mettre mes lecteurs en état de juger si mon esprit et mon goût sont d'un âne, aussi bien que ma figure.

Imaginez un mont de l'aspect le plus sauvage, à la crête hérissée d'une sombre forêt, et s'élevant à une hauteur prodigieuse. Supposez au bas de ses pentes une ceinture impénétrable de rocs escarpés, qui, renforcés d'une tranchée continue de ravins profonds, et coupés de buissons épineux, forment une double ligne de défense naturelle. Que du sommet jaillisse une source abondante, dont l'onde vomie à gros bouillons se déverse d'abord en une suite de cascades argentées, puis se divise en une multitude de petits ruisseaux qui finissent par se recueillir dans les ravins, où leur masse réunie présente l'aspect d'un lac circulaire, ou vaste fossé d'eau stagnante. Qu'en avant de la caverne, qui s'ouvre au pied de la montagne, s'élève, pour

---

sum nos ac præcipue me longe gravius onustum producant illi latrones stabulo. Jamque confecta bona parte itineris, et viæ spatio defectus, et sarcinæ pondere depressus, ictibusque fustium fatigatus, atque etiam ungulis extritis jam claudus et titubans, rivulum quemdam serpentis leniter aquæ propter insistens, subtilem occasionem feliciter nactus, cogitabam totum memet flexis scite cruribus pronum abjicere; certus atque obstinatus, nullis verberibus ad egrediendum exsurgere : immo etiam paratus non fusti tantum, sed machæra perfossus occumbere. Rebar enim jam me prorsus exanimatum ac debilem mereri caussarium missionem : certe latrones partim impatientia moræ, partim studio festinatæ fugæ, dorsi mei sarcinam duobus ceteris jumentis distributuros, meque in altioris vindictæ vicem, lupis et vulturiis prædam relicturos. Sed tam bellum consilium meum prævertit sors deterrima. Namque ille alius asinus, divinato et antecapto meo cogitatu, statim ementita lassitudine, cum rebus totis offunditur : jacensque in mortuum non fustibus, non stimulis, ac ne cauda quidem et auribus cruribusque undique versum elevatis tentavit exsurgere; quoad tandem postumæ spei fatigati, secumque collocuti, ne tamdiu mortuo, immo vero lapideo asino servientes, fugam morarentur, sarcinis ejus mihi equoque distributis, destricto gladio poplites ejus totos amputant. Ac paululum a via retractum, per altissimum præceps in vallem proximam etiam nunc spirantem præcipitant.

Tunc ego miseri commilitonis mei fortunam cogitans, statui, jam dolis abjectis et fraudibus, asinum me bonæ frugi dominis exhibere. Nam et secum eos animadverteram colloquentes, quod in proximo nobis esset habenda mansio, et totius viæ finis quieta; eorumque esset sedes illa et habitatio. Clementi denique transmisso clivulo, pervenimus ad locum destinatum. Ubi rebus totis exsolutis, atque intus conditis, jam pondere liberatus, lassitudinem, vice lavacri, pulveris voluptatibus digerebam.

Res ac tempus ipsum locorum et speluncæ illius, quam latrones inhabitabant, descriptionem exponere flagitat. Nam et meum simul periclitabor ingenium : et faxo vos quoque, an mente etiam sensuque fuerim asinus, sedulo sentiatis. Mons horridus, silvestribusque frondibus umbrosus, et imprimis altus fuit. Hujus per obliqua devexa, qua saxis asperrimis, et ob id inaccessis, cingitur, convalles lacunosæ cavææque nimium, spinetis aggeratæ, et quaquaversus repositæ, naturalem tutelam præbentes ambiebant. De summo vertice fons affluens bullis ingentibus scaturibat, perque prona delapsus evomebat undas argenteas : jamque rivulis pluribus dispersus, ac valles illas agminibus stagnantibus irrigans, in modum stipati maris, vel ignavi fluminis cuncta cohibebat. Insurgit speluncæ,

en protéger l'entrée, une tour formidable; l'espace intermédiaire, fermé des deux côtés par une forte palissade de claies, offrira dans son enceinte un parc commode au bétail : le tout accessible seulement par une espèce de ruelle resserrée entre deux môles, droits comme des murs de maçonnerie. Voilà, direz-vous, sur ma parole, un repaire de voleurs des mieux conditionnés. Du reste, aucune habitation dans tout le voisinage, si ce n'est une grossière cabane de roseaux, où, comme je l'ai su depuis, la sentinelle désignée par le sort se postait en observation chaque nuit.

Les voleurs enfilent l'étroite avenue un à un, et les bras serrés contre le corps. Arrivés devant la porte, ils nous attachent avec de fortes courroies ; puis les voilà qui apostrophent une vieille décrépite, et, à ce qui semblait, l'unique ménagère de cette bande de vauriens. Allons ! hé ! carcasse de rebut, dont l'enfer ne veut pas, dont la terre ne veut plus, te moques-tu de nous de rester là les bras croisés ? Est-ce que nous n'avons pas bien gagné notre souper par tant de périls et de fatigues ? Voyons, ne vas-tu rien nous donner, toi qui ne fais jour et nuit qu'engloutir notre bon vin dans ton gouffre de ventre ? La vieille tout effrayée se hâte de répondre, d'une voix cassée et tremblante : Eh ! mes bons seigneurs, mes doux maîtres, tout est prêt. Excellents ragoûts cuits à point, pain à discrétion, vin à bouche que veux-tu, verres bien rincés ; et l'eau chaude est là pour votre bain, comme à l'ordinaire. Là-dessus, mes gens, mettant habits bas, exposent leurs corps tout nus à la vapeur : ainsi délassés, et après s'être bien frottés d'huile, ils se disposent à faire honneur au copieux banquet.

À peine étaient-ils à table, qu'il vint du renfort ; c'étaient d'autres gaillards composant une troupe bien plus nombreuse, et qu'il n'était pas difficile de reconnaître pour ce qu'ils étaient ; car ils arrivaient chargés de butin de toute espèce, monnaie d'or et d'argent, vaisselle plate, étoffes de soie brochées d'or, etc. La cérémonie du bain se répète, et les nouveaux venus prennent place à côté de leurs camarades. Le service est fait par ceux que le sort désigne. Ils se mettent tous à manger et à boire hors de toute règle, de toute mesure; on s'empiffre de mets, on engloutit le pain, on engouffre le vin. On ne cause pas, on vocifère ; on ne chante pas, on crie ; on se jette, en guise de bons mots, de grosses injures à la tête. C'est toute la scène des Centaures et des Lapithes.

Au milieu du tumulte, l'un d'eux, qui surpassait en force tous les autres, s'écrie soudain : Nous sommes gaillardement entrés de vive force chez Milon d'Hypate ; nous y avons bravement fait un butin considérable. Eh bien ! nous voici de retour, tous sur nos pieds ; et même, si cela vaut la peine de le dire, avec huit pieds de plus. Vous autres, qui avez été travailler dans les villes de Béotie, vous nous ramenez une troupe moindre, et, qui pis est, affaiblie de son intrépide chef Lamachus. Je donnerais bien tout le butin que vous avez fait, pour qu'il fût encore là parmi nous. C'est son courage qui a fait sa perte ; mais il sera célèbre entre les plus grands rois et les plus illustres capitaines. Vous, vous êtes de ces discrets voleurs bons pour les filouteries domestiques, qui se glissent timidement dans les bains

---

qua margines montanæ desinunt, turris ardua, caula firma, solidis cratibus, ovili stabulationes commoda, porrectis undique lateribus. Ante fores exigui tramites, vice structi parietis, attenduntur. Ea tu, bono certe meo periculo, latronum dixeris atria. Nec juxta quidquam, quam parva casula cannulis temere contexta : quo speculatores e numero latronum, ut postea comperi, sorte ducti noctibus excubabant.

Ibi quum singuli derepsissent, stipatis artubus, nobis ante ipsas fores loro valido destinatis, anum quamdam curvatam gravi senio, cui soli salus atque tutela tot numero juvenum commissa videbatur, sic infesti compellant : Etiamne tu busti cadaver extremum, et vitæ dedecus primum, et Orci fastidium solum, sic nobis otiosa domi residens lusitabis ? nec nostris tam magnis, tamque periculosis laboribus solatium de tam sera refectione tribues ? quæ diebus ac noctibus nil quidquam rei, quam merum sævienti ventri tuo soles aviditer ingurgitare. Tremens ad hæc et stridenti vocula pavida sic anus : At vobis, fortissimi fidelissimique mei sospitatores juvenes, affatim cuncta suavi sapore percocta pulmenta præsto sunt ; panis numerosus, vinum probe calicibus efficatis affluenter immissum, et, ex more, calida tumultuario lavacro vestro præparata. In fine sermonis hujus, statim sese devestiunt : nudatique, et flammæ largissimæ vapore recreati, calidaque perfusi, et oleo peruncti, mensas dapibus largiter instructas accumbunt.

Commodum cubuerant : et ecce quidam longe plures numero juvenes adveniunt alii, quos incontanter adæque latrones arbitrarere. Nam et ipsi prædas aureorum argenteorumque nummorum, ac vasculorum, vestisque sericæ et intextæ filis aureis invehebant. Hi simili lavacro refoti, inter toros sociorum sese reponunt : tunc sorte ducti, ministerium faciunt. Estur ac potatur incondite ; pulmentis acervatim, panibus aggeratim, poculis agminatim ingestis. Clamore ludunt, strepitu cantillant, conviciis jocantur : ac jam cetera semiferis Lapithis Thebanis, Centaurisque similia.

Tunc inter eos unus, qui robore ceteris antistabat : Nos quidem, inquit, Milonis Hypatini domum fortiter expugnavimus. Præter tantam fortunæ copiam, quam nostra virtute nacti sumus, et incolumes numero castra nostra petivimus ; et, si quid ad rem, octo pedibus auctiores remeavimus. At vos, qui bœotias urbes appetistis, ipso duce vestro fortissimo Lamacho deminuti, debilem numerum reduxistis : cujus salutem merito sarcinis istis, quas advexistis, omnibus certe antetulerim. Sed illum quidem utcumque nimia virtus sua peremit. Inter inclytos reges ac duces præliorum tanti viri memoria celebrabitur. Enim vos bonæ frugi latrones inter furta parva atque servilia,

et dans les ménages de vieilles femmes, pour y faire leur main en tapinois.

Allons donc, reprend un des derniers venus, est-ce que tu ne sais pas que ce sont les grandes maisons qui nous donnent le moins de mal? Ces milliers de domestiques, éparpillés dans une vaste et opulente demeure, n'ont tous qu'une pensée, c'est de garantir chacun sa peau; ils se soucient bien des richesses de leur maître! Tout au contraire, ces petites gens, qui vivotent dans leur coin, défendent toujours avec acharnement leur petit magot, parfois bien dodu, et toujours bien caché. On leur ôterait plutôt la vie.

Une fois dans Thèbes aux sept portes, notre premier soin a été de prendre, en gens du métier, nos renseignements sur la fortune des uns et des autres. Nous ne fûmes pas longtemps à savoir qu'un certain banquier, nommé Chryséros, avait chez lui des fonds considérables. Cet homme, pour se soustraire aux fonctions et aux charges publiques, mettait le plus grand soin à dissimuler sa grande fortune. Il vivait seul dans sa maison, chétive retraite, mais bien fermée; mal vêtu, mal soigné, toujours couvant ses monceaux d'or. Nous convînmes d'exploiter celui-là le premier, croyant avoir bon marché d'un homme seul, et faire paisiblement main basse sur ses trésors.

Tout aussitôt à l'ouvrage. Nous allons, la nuit venue, faire le guet devant la porte de Chryséros. L'enlever des gonds, la crocheter, la forcer, autant de moyens auxquels nous renonçâmes. Elle était à deux battants; le bruit aurait pu nous attirer tout le voisinage sur les bras. Enfin, Lamachus, notre chef intrépide, avec cette détermination que vous lui connaissez, se hasarde à introduire sa main par le trou de la clef, essayant de faire sauter la serrure : mais de tous les animaux à deux pieds le plus pervers, Chryséros, qui nous guettait et suivait tous nos mouvements, approche à pas de loup, sans le moindre bruit; et, s'armant d'un énorme clou, fixe d'un effort soudain la main de notre chef au bois de la porte; puis le laissant à ce traître de gibet, il grimpe au toit de sa baraque, se met à crier à tue-tête pour ameuter le quartier : il appelle chacun par son nom, et cherche à répandre l'alarme en disant que le feu vient de prendre à sa maison. C'est un danger auquel les voisins sympathisent; aussi chacun d'accourir au secours. Nous voilà dans l'alternative de périr tous là, ou d'abandonner un camarade. La situation était violente. Nous prîmes un parti énergique : le patient lui-même l'exigea. D'un coup dirigé avec précision sur la jointure, nous séparâmes l'épaule du bras, abandonnant le tronçon. Puis, appliquant force linge sur la plaie, afin qu'aucune goutte de sang ne révélât notre trace, nous entraînons rapidement le reste de Lamachus.

Tout le quartier était sens dessus dessous. Le danger était pressant; nous ne voyons de salut que dans une prompte fuite. Lamachus sent qu'il ne pouvait marcher du même pas que nous, ni impunément rester en arrière. C'est alors que cette grande âme, cette héroïque vertu se montra tout entière. Il nous prie, nous conjure par le bras droit de Mars, par la foi du serment, de le délivrer tout d'un coup et de ses tortures présentes et de la captivité qui le menace. Démem-

---

timidulæ per balneas et aniles cellulas reptantes, scrutariam facitis.

Suscipit unus ex illo posteriore numero : Tune solus ignoras, longe faciliores ad expugnandum domus esse majores? quippe, quod licet numerosa familia latis deversetur ædibus, tamen quisque magis suæ salutis quam domini consulat opibus. Frugi autem et solitarii homines fortunam parvam, vel certe satis amplam dissimulanter obtectam, protegunt acrius, et sanguinis sui periculo muniunt. Res ipsa denique fidem sermoni meo dabit.

Vix enim Thebas Heptapylos accessimus, quum, quod est huic disciplinæ primarium studium, sedulo fortunas inquirebamus populares. Nec nos denique latuit Chryseros quidam nummularius, copiosæ pecuniæ dominus; qui metu officiorum ac munerum publicorum, magnis artibus magnam dissimulabat opulentiam. Denique solus ac solitarius parva, sed satis munita, domuncula contentus, pannosus alioquin ac sordidus, aureos folles incubabat. Ergo placuit ad hunc primum ferremus aditum; ut contempta pugna manus unicæ, nullo negotio cunctis opibus otiose potiremur.

Nec mora, quum noctis initio foribus ejus præstolamur : quas nec sublevare, neque dimovere, ac nec perfringere quidem nobis videbatur; ne valvarum sonus cunctam vicinam nostro suscitaret exitio. Tunc itaque sublimis ille vexillarius noster Lamachus, spectatæ virtutis suæ fiducia, qua clavi immittendæ foramen patebat, sensim immissa manu, claustrum evellere gestiebat. Sed dudum scilicet omnium bipedum nequissimus Chryseros, vigilans et singula rerum sentiens, lenem gradum et obnixum silentium tolerans, paulatim arrepit; grandique clavo manum ducis nostri repente nisu fortissimo ad ostii tabulam offigit : et, exitiabili nexu patibulum relinquens, gurgustioli sui tectum adscendit : atque inde contentissima voce clamitans, rogansque vicinos, et unumquemque proprio nomine ciens, et salutis communis admonens, diffamat incendio repentino domum suam possideri. Sic unusquisque proximi periculi confinio territus, suppetiatum decurrunt anxii. Tunc nos in ancipiti periculo constituti, vel opprimendi nostri, vel deserendi socii, remedium e re nata validum eo volente comminiscimus. Antesignani nostri partem qua manus humerum subit, ictu per articulum medium temperato, prorsus abscidimus; atque ibi brachio relicto, multis laciniis offulto vulnere, ne stillæ sanguinis vestigium proderent, ceterum Lamachum raptim reportamus.

Ac, dum trepidi regionis urgemur gravi tumultu, et instantis periculi metu terremur ad fugam; nec vel sequi propere, vel remanere tuto potest : vir sublimis animi, virtutisque præcipuus, multis nos affatibus multisque precibus querens adhortatur : Per dextram Martis, per fidem sacramenti, bonum commilitonem cruciatu simul et captivitate liberaremus. Cur enim manu, qua rapere et jugu-

bré du bras qui pille et qui tue, un brave voleur peut-il désirer de vivre? Il serait trop heureux, lui, de mourir d'une main amie et de son plein gré. Voyant enfin qu'il a beau supplier, que nul ne s'offre à commettre ce parricide, de la main qui lui reste il saisit son épée, et, après l'avoir baisée longtemps, se la passe résolument tout au travers du corps. Nous, remplis de vénération pour cet acte de sublime énergie, nous enveloppons d'un linge ce qui nous reste de notre chef magnanime, et nous en confions le dépôt à la mer. Là repose notre Lamachus, avec un élément tout entier pour tombeau; fin généreuse et grande comme lui.

Quant à notre camarade Alcime, qui avait manœuvré plus subtilement, sa circonspection ne lui a pas mieux tourné. Il était parvenu à s'introduire par effraction dans le bouge d'une vieille femme, et avait gagné l'étage supérieur sans la réveiller. Il fallait au préalable lui tordre le cou. Mais il s'amusa à nous faire passer pièce à pièce le mobilier par la fenêtre, qui était de largeur à se prêter au déménagement; aussi l'eut-il expédié en un clin d'œil : mais ne voulant pas faire grâce même à la couchette, il fait rouler ma vieille dormeuse en bas du lit, et s'empare de la couverture pour lui faire prendre le même chemin. La scélérate aussitôt se jette à ses genoux, et d'une voix suppliante : Eh quoi! mon fils, vous dépouillez une misérable vieille de toutes ses pau.res nippes; et pour qui? pour des riches chez qui donne cette fenêtre! La coquine mentait; mais Alcime s'y laissa prendre. Il eut peur de n'avoir travaillé qu'au profit des voisins. Voulant donc assurer la direction de ce qui restait, il se penche jusqu'à mi-corps par la fenêtre, promène à l'entour son regard scrutateur, s'attachant surtout à se mettre au fait des chances de butin que peut offrir cette maison voisine dont on lui a parlé.

Tandis qu'il procède à cette reconnaissance avec plus d'ardeur que de précaution, la vieille gueuse le pousse à l'improviste, d'une main débile à la vérité, mais dont l'effort suffit, dans l'attitude contemplative où il restait comme suspendu, pour le précipiter du haut en bas. La hauteur était effroyable; et le malheur voulut en outre que, donnant sur une énorme pierre de taille qui se trouvait là, il se rompit les vertèbres et les côtes. Son agonie ne fut pas longue; il n'eut que le temps de nous dire ce qui s'était passé, d'une voix qui sortait à peine. Nous lui donnâmes la même sépulture qu'à Lamachus, qui se trouva ainsi en bonne compagnie.

Affaiblis par cette double perte, nous dûmes renoncer à rien entreprendre sur Thèbes. Platée y touche; nous tournâmes nos pas de ce côté. On y parlait beaucoup, au moment de notre arrivée, d'un spectacle de gladiateurs qu'allait donner un citoyen nommé Démocharès, d'une illustre naissance et d'une libéralité égale à sa fortune. La splendeur de ses fêtes répondait à sa haute position. En effet, il n'est talent ni éloquence qui puisse donner même une idée de ses immenses préparatifs. Ses gladiateurs étaient choisis parmi les plus renommés par leur prouesse, ses chasseurs parmi les plus vifs coureurs. On y voyait des criminels voués au dernier supplice, qu'on gardait pour engraisser les bêtes féroces.

lare sola posset, fortem latronem supervivere? Sat se beatum, qui manu socia volens occumberet. Quumque nulli nostrum spontale parricidium suadens persuadere posset : manu reliqua sumptum gladium suum, diuque deosculatum, per medium pectus ictu fortissimo transadigit. Tunc nos magnanimi ducis vigore venerato, corpus reliquum veste linea diligenter convolutum, mari celandum commisimus. Et nunc jacet noster Lamachus elemento toto sepultus. Et ille quidem dignum virtutibus suis vitæ terminum posuit.

Enimvero Alcimus solertibus cœptis, tamen scævum fortunæ nutum non potuit abducere. Qui quum dormientis anus perfracto tuguriolo conscendisset cubiculum superius, jamque protinus oblisis faucibus interstinguere eam debuisset; prius maluit rerum singula per latiorem fenestram forinsecus nobis. scilicet rapienda dispergere. Quumque jam cuncta rerum gnaviter emolitus, nec toro quidem aniculæ quiescentis parcere vellet, eaque lectulo suo devoluta, vestem stragulam subductam scilicet jactare similiter destinaret; genibus ejus profusa sic nequissima illa deprecatur : Quid oro, fili, paupertinas pannosasque reculas miserrimæ anus donas vicinis divitibus, quorum hæc fenestra domum prospicit? Quo sermone, callido deceptus astu, et vera quæ dicta sunt credens Alcimus; verens scilicet, ne et ea, quæ prius miserat, quæque postea missurus foret, non sociis suis, sed in alienos Lares jam certus erroris abjiceret, suspendit se fenestra, sagaciter perspecturus omnia : præsertim domus attiguæ, quam dixerat illa, fortunas arbitraturus.

Quod eum strenue quidem, sed satis improvide conantem, senile illud facinus, quamquam invalido, repentino tamen et inopinato pulsu nutantem ac pendulum, et in prospectu alioquin attonitum, præceps inegit. Qui præter altitudinem nimiam, super quemdam etiam vastissimum lapidem propter jacentem recidens, perfracta diffissaque crate costarum, rivos sanguinis vomens, imitus narratis nobis, quæ gesta sunt, non diu cruciatus, vitam evasit. Quem prioris exemplo sepulturæ traditum, bonum secutorem Lamacho dedimus.

Tunc orbitatis duplici plaga petiti, jamque thebanis conatibus abnuentes, Plateas proximam conscendimus civitatem. Ibi famam celebrem super quodam nomine Demochare munus editoro gladiatorium deprehendimus. Nam vir et genere primarius, et opibus pluribus et liberalitate præcipuus, digno fortunæ suæ splendore publicas voluptates instruebat. Quis tantus ingenii, quis facundiæ, qui singulas species apparatus multijugi verbis idoneis posset explicare? Gladiatores isti famosæ manus, venatores illi probatæ pernicitatis : alibi noxii, perdita securitate, suis epulis bestiarum saginas instruentes. Confixilis machinæ sublicæ turres tabularum nexibus,

Une maison avait été construite de pièces de rapport, avec des tours en bois à plusieurs étages; édifice mobile, orné de fraîches peintures, d'où l'on pouvait se donner le spectacle de la chasse. Et quelle réunion d'animaux! quelle variété d'espèces! Démocharès aimait à se donner en grand le divertissement des condamnés livrés aux bêtes, et savait mettre à contribution même les pays les plus éloignés.

Mais le plus remarquable élément de ce magnifique ensemble de représentation théâtrale était une riche collection d'ours énormes, que le maître n'épargnait rien pour se procurer. Il la recrutait par ses propres chasses, par des achats à grands frais, et aussi par les libéralités de ses amis, qui le comblaient à qui mieux mieux de cadeaux de cette espèce. Sa sollicitude pour ses ours avait constitué leur entretien sur la plus grande échelle; mais le sort vit d'un œil jaloux ces apprêts splendides, et les joies que s'en promettait le public. L'ennui de la captivité, les chaleurs de la canicule, la privation de mouvement, affectèrent la santé des ours; on les vit pâtir, languir, dépérir : une maladie contagieuse se déclara, et les emporta presque jusqu'au dernier. Ces grands corps mourants encombraient les places publiques, comme on voit les débris s'amonceler sur la côte après un naufrage. Et le pauvre peuple, à qui la misère ne permet pas de se montrer dégoûté en fait d'aliments, qui de tout fait ventre, surtout quand il n'en coûte rien, affluait de tous côtés à cette curée de carrefour.

Nous bâtîmes là-dessus, moi et ce bon sujet de Babulus, l'ingénieuse conception que voici. Au nombre des morts se trouvait un ours qui surpassait en grosseur tous les autres. Nous l'emportâmes au lieu de notre retraite, comme pour en faire nos repas. Là nous enlevons artistement la peau de dessus la chair, en ayant bien soin de conserver les griffes, et même en laissant le mufle intact depuis sa jonction avec le cou. Toute cette peau fut soigneusement raclée à l'intérieur, saupoudrée de cendre passée au tamis, et ensuite étendue au soleil pour sécher. Nous, pendant que cette dessication s'opérait au feu céleste, nous faisions bravement bombance avec la viande de l'animal. Après quoi, on ouvrit la campagne par le serment dont voici la teneur : L'un de nous, non pas tant le plus robuste que le plus déterminé, allait, de son gré bien entendu, s'enfermer dans cette peau et contrefaire l'ours. On le porterait dans cet équipage chez Démocharès, et, à la faveur de la nuit, il nous procurerait l'entrée de la maison. Le rôle était assez neuf pour trouver plus d'un amateur dans les braves de notre troupe. Thrasyléon fut désigné à la pluralité des voix, et accepta le chanceux travestissement. Le voilà donc s'affublant gaiement de cette peau, que la préparation avait rendue souple et maniable. On en rejoint ensuite les deux bords par une couture à points serrés, dont la trace, déjà presque imperceptible, se dérobe tout à fait sous les poils rabattus de l'épaisse fourrure. La tête de Thrasyléon se loge, en forçant un peu, immédiatement au-dessous de l'ouverture de la gueule, à l'endroit où le cou de la bête avait été coupé. On lui perce de petits trous vis-à-vis les yeux et le nez, pour qu'il puisse y voir et respirer. Enfin nous nous procurons une cage à bas prix, et notre intrépide camarade prélude à son rôle d'ours, en s'y fourrant résolument à quatre pattes.

Notre stratagème ainsi préparé, voici com-

ad instar circumforaneæ domus, floridæ picturæ, decora futuræ venationis receptacula. Qui præterea numerus, quæ facies ferarum? Nam præcipuo studio, forensi etiam, advexerat generosa illa damnatorum capitum funera.

Sed præter ceteram speciosi muneris supellectilem, totis utcumque patrimonii viribus immanis ursæ comparabat numerum copiosum. Nam præter domesticis venationibus captas, præter largis emptionibus partas, amicorum etiam donationibus variis certatim oblatas, tutela sumptuosa sollicite nutriebat. Nec ille tam clarus, tamque splendidus publicæ voluptatis apparatus invidiæ noxios effugit oculos. Nam diutina captivitate fatigatæ simul, et æstiva flagrantia maceratæ, pigra etiam sessione languidæ, repentina correptæ pestilentia, pæne ad nullum rediere numerum. Passim per plateas plurima cerneres jacere semivivorum corporum ferina naufragia. Tunc vulgus ignobile, quos inculta pauperies sine delectu ciborum, tenuato ventri cogit sordentia supplementa et dapes gratuitas conquirere, passim jacentes epulas accurrunt.

Tunc e re nata subtile consilium ego et iste Babulus tale comminiscimur. Ursam, quæ ceteris sagina corporis prævalebat, quasi cibo parandam portamus ad nostrum receptaculum; ejusque probe nudatum carnibus corium, servatis sollerter totis unguibus, ipso etiam bestiæ capite adusque confinium cervicis solido relicto, tergus omne rasura studiosa tenuamus : et minuto cinere perspersum, soli siccandum tradimus. Ac, dum cœlestis vaporis flammis exmurcatur, nos interdum pulpis ejus valenter saginamus, sic instanti militiæ disponimus sacramentum : ut unus e numero nostro, non qui corporis adeo, sed animi robore ceteris antistaret, atque is imprimis voluntarius, pelle illa contectus, ursæ subiret effigiem, domumque Democharis illatus per opportuna noctis silentia nobis januæ faciles præstaret aditus. Nec paucos fortissimi collegii solers species ad munus obeundum arrexerat. Quorum præ ceteris Thrasyleon factionis optione delectus, ancipitis machinæ subit aleam. Jamque habili corio, et mollitie tractabili, vultu sereno sese recondit. Tunc tenui sarcimine summas oras ejus adæquavimus; et junctura rimam, licet gracilem, setæ circumfluentis densitatis sepimus : ad ipsum confinium gulæ, qua cervix bestiæ fuerat exsecta, Thrasyleonis caput subire cogimus; parvisque respiratui circa nares et oculos datis foraminibus, fortissimum socium nostrum prorsus bestiam factum, immittimus caveæ, modico præstinatæ pretio : quam constanti vigore festinus irrepsit ipse.

ment nous nous y prîmes pour en assurer le succès. Nous avions déterré le nom d'un certain Nicanor, Thrace de nation, avec qui Démocharès était, disait-on, en relation intime. Nous fabriquâmes pour ce dernier une lettre où son excellent ami Nicanor lui offrait les prémices de sa chasse, pour contribuer à l'ornement de ses jeux. Et quand la soirée nous parut assez avancée, nous profitâmes de son ombre pour présenter à Démocharès notre Thrasyléon dans sa cage, avec l'épître de notre façon. Notre homme se montra aussi émerveillé de la taille de la bête que ravi du présent dont on le gratifiait si à propos. Il nous fait sur-le-champ compter dix pièces d'or. C'était le fond de sa bourse en ce moment.

Tout ce qui est nouveau attire la foule. Notre ours eut bientôt un cercle d'admirateurs. Mais, par d'adroites démonstrations de férocité, il avait soin de tenir les curieux à distance. On ne s'entretenait dans la ville que de l'heureuse étoile de Démocharès, que cette bonne aubaine dédommageait du désastre de sa ménagerie, et mettait en mesure de faire face à tout. Mais voici Démocharès qui tout à coup donne l'ordre d'emmener l'ours dans une de ses terres, en recommandant le plus grand soin dans le transport. Il n'y avait pas à barguigner. Seigneur, lui dis-je bien vite, cette bête est déjà fatiguée de la chaleur et du long voyage qu'elle vient de faire; je ne vous conseille pas de la mettre en contact avec les autres ours, qui sont assez mal portants, dit-on. Que ne lui assignez-vous ici quelque emplacement assez vaste, bien aéré, dans le voisinage des bois et de l'eau, s'il est possible? Ces animaux, vous le savez, hantent de préférence les fourrés et les cavernes humides. Il leur faut l'air frais des collines et des eaux pures. Démocharès eut peur; il récapitula ses pertes, fut docile à l'avis, et nous permit de placer la cage à notre guise. Disposez de nous tous, ajoutai-je, pour passer la nuit devant la cage. L'animal a souffert de la chaleur et de la contrainte; avec nous qui connaissons ses besoins, il aurait plus sûrement sa nourriture à propos, et à boire à ses heures. Il est inutile que vous preniez cette peine, répondit Démocharès; les gens de cette maison sont tous rompus au service des ours. Là-dessus nous nous inclinons, et nous voilà partis.

Nous sortîmes des portes de la ville, et, assez loin de la route, nous aperçûmes un cimetière dans une position reculée et hors de vue. Il s'y trouvait quantité de cercueils minés par le temps, et dont la décrépitude laissait presque à découvert des ossements qui n'étaient déjà plus que cendre et poussière. Nous en ouvrîmes au hasard quelques-uns, que nous destinâmes à recéler notre futur butin. Là, nous attendîmes, suivant la règle, le bon moment de la nuit, l'heure où il n'y a pas de lune, et où chacun dort du premier somme, d'ordinaire si fort et si profond. Notre troupe, l'arme au poing, fait déjà faction à la porte de Démocharès. Nul ne manque à l'appel du pillage. De son côté, Thrasyléon, non moins vigilant, sort à point de sa cage, poignarde l'un après l'autre ses gardiens à moitié assoupis, dépêche également le portier, s'empare de la clef et ouvre les deux battants. On n'eut garde de s'amuser à la porte; nous voilà dans la maison. Il nous

Ad hunc modum prioribus inchoatis, sic ad reliqua fallaciæ pergimus. Sciscitati nomen cujusdam Nicanoris, qui genere thracio proditus, jus amicitiæ summum cum illo Demochare colebat, litteras affingimus, ut venationis suæ primitias bonus amicus videretur ornando muneri dedicasse. Jamque provecta vespera abusi præsidio tenebrarum, Thrasyleonis caveam Demochari cum litteris illis adulterinis offerimus: qui emiratus bestiæ magnitudinem, suique contubernalis opportuna liberalitate lætatus, jubet nobis protinus gaudii sui gerulis, decem aureos, ut ipse habebat, e suis loculis annumerari.

Tunc, ut novitas consuevit ad repentinas visiones animos hominum pellere, multi numero mirabundi bestiam confluebant; quorum satis callenter curiosos aspectus Thrasyleon noster impetu minaci frequenter inhibebat. Consonaque civium voce satis felix ac beatus Demochares ille sæpe celebratus, quod post tantam cladem ferarum, novo proventu quoquomodo fortunæ resisteret. Jubet novalibus suis confestim bestiam ire: jubet summa cum diligentia reportari. Sed suscipiens ego: Caveas, inquam, domine, flagrantia solis et itineris spatio fatigatam, cœtui multarum, et, ut audio, non recte valentium committere ferarum. Quin potius domus tuæ patulum ac perflatilem locum, immo et lacu aliquo conterminum refrigerantemque prospicis? An ignoras hoc genus bestiæ lucos consitos, et specus roridos, et colles frigidos, et fontes amœnos semper incubare? Talibus monitis Demochares perterritus, numerumque perditorum secum recensens, non difficulter assensus, ut ex arbitrio nostro caveam locaremus. Sed et nos, inquam, ipsi parati sumus hic ibidem pro cava ista excubare noctes; ut æstus et vexationis incommodo bestiæ fatigatæ et cibum tempestivum, et potum solitum accuratius offeramus. Nihil indigemus labore isto vestro, respondit ille. Jam pæne tota familia per diutinam consuetudinem nutriendis ursis exercitata est. Post hæc vale facto, discessimus.

Et portam civitatis egressi, monumentum quoddam conspicamur procul a via, remoto et abdito loco positum. Ibi capulos carie et vetustate semitectos, quis inhabitabant pulveri et jam cinerosi mortui, passim ad futuræ prædæ receptacula reseramus: et, ex disciplina sectæ servato noctis illunæ tempore, quo somnus obvius impetu primo corda mortalium validius invadit ac premit, cohortem nostram gladiis armatam ante ipsas fores Democharis, velut expilationis vadimonium, sistimus. Nec secius Thrasyleon examussim capto noctis latrocinali momento, proserpit cavea: statimque custodes, qui prope sopiti quiescebant, ad unum omnes, mox et janitorem ipsum, gladio conficit, clavique subtracta, fores januæ repandit; nobisque prompte convolantibus, et domus alveo receptis, demonstrat horreum, ubi vespera sagaciter argentum co-

montre un grenier où son œil observateur avait dans la soirée surpris le dépôt d'un trésor considérable. En un instant la porte est enfoncée par nos efforts réunis. J'ordonne à nos compagnons de prendre chacun toute sa charge d'or ou d'argent, d'aller promptement le cacher dans la demeure des morts, de revenir à toutes jambes, et de recommencer. Moi, pendant ce temps, je devais rester seul devant la porte, et faire bonne garde dans l'intérêt commun. D'ailleurs l'apparition d'un ours se promenant en long et en large me semblait un merveilleux épouvantail pour tenir en respect ceux qui viendraient à se réveiller. Il n'y a courage ni intrépidité qui tienne à pareille rencontre, la nuit surtout : chacun devait prendre la fuite, et se blottir tout tremblant derrière de bons verrous. Jamais mesures ne furent mieux prises. Un contre-temps fit tout échouer : tandis que, l'oreille au guet, j'épiais le retour de mes camarades, le sort voulut qu'un page se réveillât au bruit. Le petit drôle, arrivant en tapinois, aperçoit la bête qui allait et venait du haut en bas tout à son aise. Vite, sans souffler, il revient sur ses pas et fait part à chacun de ce qu'il a vu. La maison avait un nombreux domestique. Voilà tout le monde sur pied : torches, lanternes, flambeaux avec chandelle ou bougie, etc., chassent à l'instant les ténèbres. Chacun s'est armé de bâtons, de lances, d'épées nues. Tous les passages sont gardés. On détache la meute aux grandes oreilles, au poil hérissé ; on la lance contre la bête.

Au milieu du vacarme qui croissait de moment en moment, je jugeai à propos de faire retraite. Mais, caché derrière la porte, je voyais parfaitement Thrasyléon faisant tête aux chiens de la meilleure contenance possible. Réduit aux abois, il continuait, déjà sous la dent de Cerbère, à se montrer digne de lui, de nous, de son antique prouesse, soutenant jusqu'à la mort le rôle dont il s'était volontairement chargé. Thrasyléon tantôt fuyait, tantôt faisait face à l'ennemi. Il fit si bien à force de ruse et d'agilité, qu'il parvint à gagner la porte. Il était libre enfin ; mais la retraite lui fut coupée. Voilà que tous les chiens du quartier, débouchant du premier coin de rue, viennent, aussi nombreux qu'acharnés, apporter du renfort à la meute. L'affreux, le cruel spectacle que j'eus alors ! le pauvre Thrasyléon assailli de tous côtés par cette bande enragée, qui le déchirait à belles dents ! Mon cœur en était navré.

A la fin, je n'y pus tenir ; je me mêlai aux groupes environnants ; et, m'adressant aux principaux piqueurs de cette chasse, seul moyen que j'eusse d'intervenir, sans me compromettre, en faveur de notre brave camarade : Quel meurtre ! m'écriai-je ; sacrifier ce bel animal ! une bête de si grand prix ! Mais l'infortuné ne gagna rien à toute mon éloquence. Un grand et vigoureux gaillard sort en courant de la maison, et, sans balancer, lui enfonce un épieu au milieu de son poitrail d'ours. Un autre en fait autant, et bientôt, tous revenus de leur frayeur, le chargent à l'envi à grands coups d'épée. Thrasyléon, honneur de la troupe, ils ont pu t'ôter de la vie, cette vie qui devait être immortelle, mais non triompher de ta constance, mais non t'arracher un cri, ou même un hurlement, qui trahît la foi jurée ! Déchiré par les dents, mutilé par le fer, tu n'as pas un instant démenti ton rôle ; c'était bien toujours le grognement, le frémissement de l'ours aux abois. Ton dévouement te coûte l'existence ; mais, en dépit du sort, la gloire te reste.

Cependant il avait jeté tant d'effroi, tant de

---

piosum recondi viderat. Quo protinus perfracto confertæ manus violentia, jubeo singulos commilitonum asportare quantum quisque poterat auri vel argenti, et in illis ædibus fidelissimorum mortuorum occultare propere, rursumque concito gradu recurrentes sarcinas iterare : quod enim ex usu foret omnium, me solum resistentem pro domus limine, cuncta rerum exploraturum sollicite, dum redirent.

Nam et facies ursæ, mediis ædibus discurrentis, ad proterrendos, si qui de familia forte vigilassent, videbatur opportuna. Quis enim, quamvis fortis et intrepidus, immani forma tantæ bestiæ, noctu præsertim, visitata, non se ad fugam statim concitaret ? non, obdito cellæ pessulo, pavens et trepidus sese coliberet ? His omnibus salubri consilio recte dispositis, occurrit scævus eventus. Namque, dum reduces socios nostros suspensus opperior, quidam servulus strepitu scilicet divinitus inquietus, proserpit leniter ; visaque bestia, quæ libere discurrens totis ædibus commeabat, premens obnixum silentium, vestigium suum replicat ; et utcunque cunctis in domo visa pronuntiat. Nec mora, quum numerosæ familiæ frequentia domus tota completur. Tædis, lucernis, cereis, sebaceis, et ceteris nocturni luminis instrumentis clarescunt tenebræ. Nec inermis quisquam de tanta copia processit, sed singuli fustibus, lanceis, destrictis denique gladiis armati, muniunt aditus. Nec secus canes etiam venaticos, auritos illos et horricomes, ad comprimendam bestiam cohortantur.

Tunc ego sensim, gliscente adhuc illo tumultu, retrogradi fuga domo facesso : sed plane Thrasyleonem mire canibus repugnantem, latens pone januam ipse prospicio. Quamquam enim vitæ metas ultimas obiret, non tamen sui, nostrique, vel pristinæ virtutis oblitus, jam faucibus ipsis hiantis Cerberi reluctabat. Scenam denique quam sponte sumpserat cum anima retinens, nunc fugiens, nunc resistens, variis corporis sui schemis ac motibus tandem domo prolapsus est. Nec tamen quamvis publica potitus libertate, salutem fuga quærere potuit. Quippe cuncti canes de proximo angiportu satis feri, satisque copiosi, venaticis illis, qui commodum domo similiter insequentes processerant, sese commiscent agminatim. Miserum funestumque spectamen aspexi, Thrasyleonem nostrum catervis canum sævientium cinctum atque obsessum, multisque numero morsibus laniatum.

Denique tanti doloris impatiens, populi circumfluentis turbelis immisceor ; et, in quo solo poteram celatim auxi-

terreur dans toute cette foule, que jusqu'au grand jour, et même longtemps après, personne n'avait osé toucher, même du bout du doigt, le monstre étendu sans vie. Enfin après mainte hésitation, un boucher, plus hardi que le reste, ouvrit le ventre de la bête, et le corps de l'héroïque brigand parut alors sous cette dépouille. Voilà comment Thrasyléon est perdu pour ses amis ; mais son souvenir est impérissable. Quant à nous, après avoir réuni tous nos ballots, dont les excellents morts se montrèrent fidèles dépositaires, nous quittâmes lestement le territoire de Platée, non sans faire plus d'une fois réflexion qu'il était tout simple qu'on ne trouvât plus la bonne foi dans le commerce de la vie, puisqu'en haine de la perversité des vivants, elle s'était réfugiée chez les morts. En résumé, nous arrivons bien fatigués d'avoir porté lourd et marché ferme. Trois de nous manquent à l'appel, et voilà notre butin.

Ce récit terminé, ils prennent des coupes d'or, et font des libations de vin pur à la mémoire de leurs défunts camarades. On entonne ensuite des hymnes en l'honneur du dieu Mars, puis on prend quelque repos. Quant à nous, la vieille nous apporta de l'orge nouvelle, à discrétion et sans la mesurer. Mon cheval ne s'était jamais trouvé à pareille fête ; c'était pour lui un vrai repas de Saliens. Notez que je lui en laissai ma part. Je suis assez amateur d'orge ; mais il me la faut bien pilée, et cuite en mijotant dans le bouillon. Or,

en furetant de coin en coin, je finis par trouver celui où l'on déposait le pain de reste du souper. Aussitôt je me mis à jouer vaillamment des mâchoires. Depuis le temps que je jeûnais, mon gosier avait bien pu se tapisser de toiles d'araignée.

La nuit s'avançant, les voleurs se réveillent, et décampent diversement accoutrés : les uns armés, les autres déguisés en spectres. Bientôt toute la bande fut loin. Je continuais cependant à manger fort et ferme, en dépit de l'envie de dormir qui commençait à me gagner. Au temps où j'étais Lucius, un pain ou deux suffisaient à mon appétit, mais depuis il m'était survenu un ventre d'une bien autre ampleur à remplir ; et je ruminais déjà sur la troisième corbeille, quand, à ma honte, le grand jour me surprit dans cette occupation. Pour ne pas déroger à la sobriété proverbiale de l'espèce, je fis alors une pause à mon grand regret, et j'allai me désaltérer dans un ruisseau voisin.

Les voleurs ne tardèrent pas à revenir, l'air inquiet et troublé, ne rapportant aucun butin, pas la moindre harde. Mais ils retournaient en masse, tous l'épée au poing, et conduisant avec assez d'égards une jeune fille de haute condition, à en juger par les dehors, et telle qu'un âne de ma sorte ne pouvait la voir impunément, je vous assure. L'infortunée était au désespoir ; elle s'arrachait les cheveux et déchirait ses vêtements.

lium bono ferre commilitoni, sic indaginis principes dehortabar : O grande, inquam, et extremum flagitium! magnam et vere pretiosam perdimus bestiam. Nec tamen nostri sermonis artes infelicissimo profuere juveni. Quippe quidam procurrens e domo procerus et validus, incontanter lanceam mediis injecit ursæ præcordiis : nec secus alius. Et ecce plurimi, jam timore discusso, certatim gladios etiam de proximo congerunt. Enimvero Thrasyleon, egregium decus nostræ factionis, tandem immortalitate digno illo spiritu expugnato magis, quam patientia, neque clamore, ac ne ululatu quidem, fidem sacramenti prodidit : sed jam morsibus laceratus, ferroque laniatus, obnixo mugitu et ferino fremitu præsentem casum generoso vigore tolerans, gloriam sibi reservavit, vitam fato reddidit. Tanto tamen terrore, tantaque formidine cœtum illum turbaverat, ut usque diluculum, immo et in multum diem, nemo quisquam fuerit ausus, quamvis jacentem, bestiam vel digito contingere : nisi tandem pigre ac timide quidam lanius paulo fidentior, utero bestiæ resecto, ursæ magnificum despoliavit latronem. Sic etiam Thrasyleon nobis perimitur ; sed a gloria non perivit. Confestim itaque constrictis sarcinis illis, quas nobis servaverant fideles illi mortui, Plateæ terminos concito gradu deserentes, istud apud nostros animos identidem reputabamus, merito nullam fidem in vita reperiri ; quod ad manes jam et mortuos odio perfidiæ nostræ demigrarit. Sic onere vecturæ, simul et asperæ viæ toti fatigati, tribus comitum desideratis, istas, quas videtis, prædas advexinus.

Post istum sermonis terminum, poculis aureis memoriæ defunctorum commilitonum vino mero libant ; dehinc,

canticis quibusdam Marti deo blanditi, paululum conquiescunt. At enim nobis anus illa recens hordeum affatim et sine ulla mensura largita est ; ut equus quidem meus tanta copia, et quidem solus potitus, salias se cœnasse cœnas crederet. Ego vero quamquam alias ordeum tunsum minutatim, et diutina cogitatione jurulentum semper essem, rimatus angulum, quo panis reliquiæ totius multitudinis congestæ fuerant, fauces diutina fame saucias et araneantes valenter exerceo.

Et ecce nocte promota, latrones expergiti castra commovent : instructique varie, partim gladiis armati, in Lemures reformati concito se gradu proripiunt. Nec me tamen instanter ac fortiter manducantem vel somnus imminens impedire potuit. Et quamquam prius, quum essem Lucius, unico vel secundo pane contentus mensa decederem, tunc ventri tam profundo serviens, jam ferme tertium qualum rumigabam. Huic me operi attonitum clara lux oppressit. Tandem denique asinali verecundia ductus, ægerrime tamen digrediens, rivulo proximo sitim lenio.

Nec mora, quum latrones ultro anxii atque solliciti remeant, nullam quidem prorsus sarcinam, vel omnino licet vilem laciniam ferentes, sed tantum gladiis, totis manibus, immo factionis suæ cunctis viribus, unicam virginem filo liberali et, ut matronatus ejus indicabat, summatem regionis, puellam mehercules et asino tali concupiscendam, mœrentem, et crines cum veste sua lacerantem, advehebant.

Eam simul intra speluncam, verbis, quæ dolebat, minora facientes, sic alloquuntur : Tu quidem salutis et

Une fois dans la caverne, les voleurs essayaient à leur manière de lui calmer l'esprit. Votre vie et votre honneur, disaient-ils, sont ici en toute sûreté. Un peu de patience ; laissez-nous seulement tirer notre épingle du jeu. C'est la misère qui nous a réduits au métier que nous faisons. Vos parents roulent sur l'or, et, bien que durs à la desserre, ils n'iront pas se faire tirer l'oreille pour mettre à leur sang une rançon convenable. Ils avaient beau dire, la jeune fille ne s'en désolait pas moins : elle laissa tomber sa tête sur ses genoux, et se prit à pleurer plus amèrement que jamais.

Les voleurs alors appellent la vieille, lui ordonnent de s'asseoir auprès de la prisonnière, et de faire de son mieux pour l'endoctriner : mais quoi que celle-ci pût dire, les pleurs ne laissaient pas d'aller leur train ; ils redoublaient même. Malheureuse que je suis ! s'écriait-elle ; moi, née d'un tel sang ! si magnifiquement alliée ! entourée de ce serviteurs si dévoués ! si chérie des vénérables auteurs de mes jours ! me voir indignement ravie, réduite au pire des esclavages, emprisonnée comme la dernière des créatures sous cet horrible rocher ! Où sont toutes ces délices pour lesquelles je suis née, au sein desquelles on m'a nourrie ? Ah ! quand on me laisserait la vie, s'il faut la passer dans ce repaire de carnage, au milieu de cette horde d'effroyables brigands, d'atroces meurtriers, comment ne pas verser des larmes de sang ? comment supporter l'existence ? Ces lamentations durèrent quelque temps. Enfin, accablée par sa douleur, épuisée par ses cris et comme brisée dans tous ses membres, elle laisse tomber ses paupières appesanties, et s'endort un moment. Ce ne fut pas pour longtemps : à peine assoupie, elle se réveille en sursaut, et, dans un transport frénétique, se livre à un paroxysme de douleur encore plus violent. Elle se meurtrissait la poitrine et n'épargnait pas son charmant visage. Et comme la vieille s'enquérait avec instance de ce qui ramenait ces signes de désespoir : Ah ! dit-elle avec un profond gémissement, je suis perdue, perdue sans ressource ! Adieu toute espérance. Il ne me reste plus qu'à me pendre, à me percer le sein, ou à me jeter dans un précipice.

La vieille alors prit de l'humeur. Elle lui dit, en fronçant le sourcil : Que signifie, dites-moi, ce débordement de chagrin, après avoir dormi d'un si bon somme ? Auriez-vous dessein, la belle, de frauder ces braves gens du prix de votre rançon ? Continuez, et vous aurez affaire à moi, et toutes vos larmes ne vous empêcheront pas de griller vive. Ce genre de musique, voyez-vous, ne réussit guère ici. La menace effraya la pauvre fille ; elle couvrit de baisers la main de la vieille : Grâce ! ma mère, lui dit-elle ; je suis si malheureuse ! Non, l'âge qui vous a mûri n'a pas, sous vos vénérables cheveux blancs, éteint toute compassion dans votre cœur. Laissez-moi dérouler devant vous le tableau de mon infortune.

J'étais fiancée à un beau jeune homme distingué entre tous ceux de son âge, et que la cité avait tout d'une voix adopté comme son fils. Il était mon cousin, et comptait à peine trois ans de plus que moi. Nourris des mêmes soins, nous avions grandi l'un près de l'autre sous le même toit, dans la même chambre, partageant le

---

pudicitiæ secura, brevem patientiam nostro compendio tribue, quos ad istam sectam paupertatis necessitas adegit. Parentes autem tui de tanto suarum divitiarum cumulo, quamquam satis cupidi, tamen sine mora parabunt scilicet idoneam sui sanguinis redemptionem. His et his similibus blateratis, nequidquam dolor sedatur puellæ. Quidni ? quæ, inter genua sua deposito capite, sine modo flebat.

At illi intro vocatæ anui præcipiunt, assidens eam blando, quantum posset, solaretur alloquio : seque ad sectæ sueta conferunt. Nec tamen puella quivit ullis aniculæ sermonibus, ab inceptis fletibus avocari : sed, altius ejulans sese, et assiduis singultibus ilia quatiens, mihi etiam lacrymas excussit. Ac sic : An ego, inquit, misera, tali domo, tanta familia, tam caris vernulis, tam sanctis parentibus desolata, et infelicis rapinæ præda, et mancipium effecta, inque isto saxeo carcere serviliter clausa, et omnibus deliciis, quis innata atque innutrita sum, privata, sub incerto salutis, et carnificinæ laniena, inter tot ac tales latrones et horrendum gladiatorum populum, vel fletum desinere, vel omnino vivere potero ? Lamentata sic, et animi dolore, et faucium tenore, et corporis lassitudine jam fatigata, marcentes oculos demisit ad soporem. Jam commodum conquierat : nec diu, quum repente lymphatico ritu somno recussa, longeque vehementius afflictare sese, et pectus etiam palmis infestis tundere, et faciem illam luculentam verberare incepit : et aniculæ, quamquam instantissime causas novi et instaurati mœroris requirenti, sic adsuspirans altius, infit : Hem nunc certe, nunc maxime funditus perii ; nunc spei salutiferæ renuntiavi. Laqueus, aut gladius, aut certe præcipitium procul dubio capessendum est.

Ad hæc anus subiratior, dicere eam sæviore jam vultu jubebat, quid, malum ! fleret ? vel quid repente postliminio pressæ quietis lamentationes licentiosas replicaret ? Nimirum, inquit, tanto compendio tuæ redemptionis defraudare juvenes meos destinas ? Quod si pergis ulterius, jam faxo, lacrymis istis, quas parvi pendere latrones consuevere, insuper habitis, viva exurare. Tali puella sermone deterrita, manuque ejus exosculata : Parce, inquit, mi parens ; et durissimo casui meo, pietatis humanæ memor, subsiste paululum. Nec enim, ut reor, ævo longiore maturæ tibi, in ista sancta canitie miseratio prorsus exaruit. Specta denique scenam meæ calamitatis.

Speciosus adolescens inter suos principalis, quem filium publicum omnis sibi civitas cooptavit, meus alioquin consobrinus, tantulo triennio major in ætate, qui mecum primis ab annis nutritus et adultus, individuo

même lit. Plus tard, unis des saints nœuds de l'affection la plus tendre, nous nous étions mutuellement engagé notre foi par une promesse de mariage. Déjà le titre de mon époux lui était conféré par l'aveu de ma famille et par les actes publics. Entouré d'un nombreux cortége de parents et d'alliés, il préludait à notre union, en offrant dans tous les temples des sacrifices aux dieux. Notre maison, tapissée de laurier, resplendissait des feux, résonnait des chants d'hyménée. Ma pauvre mère, tenant sa fille sur ses genoux, ajustait ma parure nuptiale, couvrait mon front de baisers, et déjà, au gré de ses vœux ardents, se voyait renaître en espoir dans une postérité nombreuse; quand l'irruption soudaine d'une troupe de gens armés tout à coup fait briller à nos yeux des épées nues, et effraye toute la maison par les démonstrations les plus menaçantes. Ils s'abstiennent toutefois de tuer ou de piller; mais, formés en colonne serrée, ils se précipitent dans notre appartement. Aucun des nôtres ne songe à les repousser, ou seulement à se mettre en défense. Éperdue et tremblante, je m'évanouis sur le sein de ma mère. Ils vinrent m'en arracher. C'est ainsi que, comme celles d'Athrax ou de Protésilas, nos noces se changèrent en une scène de trouble et de désolation.

Tout à l'heure un songe affreux renouvelait pour moi ces images cruelles, et mettait le comble à mon désastre. Je me voyais arrachée violemment de la maison, de la chambre et même du lit nuptial. On m'entraînait dans un affreux désert, et j'implorais à grands cris le nom de mon époux infortuné. Lui, il ne s'aperçoit pas plutôt de mon enlèvement que, tout couvert de parfums, et la couronne de fleurs encore sur la tête, il se met à courir après moi qu'on emportait. Désespéré du rapt de sa femme, il implorait à grands cris le secours de la force publique, quand un des ravisseurs, outré de cette poursuite opiniâtre, ramasse un énorme pavé, et en frappe mortellement mon jeune et malheureux époux. Le saisissement que m'a causé ce rêve épouvantable a mis fin à mon funeste sommeil.

La vieille alors, entrant dans son chagrin, lui parle ainsi : Courage, maîtresse! ne vous laissez pas aller aux vaines terreurs d'un songe. Les images produites par le sommeil du jour sont, dit-on, tout à fait insignifiantes; et, le plus souvent, des rêves que l'on fait la nuit, c'est le contre-pied qu'il faut prendre. Pleurer, être battu et quelquefois être assassiné, c'est présage de gain et de réussite; tandis que rire, se bourrer de friandises, goûter le plaisir d'amour, sont tous signes de chagrin, de maladie, ou de quelque autre mésaventure. Tenez, laissez-moi vous distraire par quelque récit intéressant: je sais plus d'un conte de bonne femme. Et elle commence ainsi :

Il y avait une fois un roi et une reine qui avaient trois filles, toutes trois fort belles. Mais pour la beauté des deux aînées, quelque charmantes qu'elles fussent, on n'était pas en peine de trouver des formules de louange; tandis que celle de la cadette était si rare, si merveilleuse, qu'il y avait dans le langage humain disette de termes pour l'exprimer, ou même pour la louer dignement. Habitants du pays ou étrangers, que la curiosité de ce prodige attirait en foule, en perdaient l'esprit, dès qu'ils avaient

---

contubernio domusculæ, immo vero cubiculi toriquæ, sanctæ caritatis affectione mutuo mihi pigneratus, votisque nuptialibus pacto jugali pridem destinatus, consensu parentum tabulis etiam maritus nuncupatus, ad nuptias officio frequenti cognatorum et affinium stipatus, templis et ædibus publicis victimas immolabat. Domus tota lauris obsita, tædis lucida, constrepebat Hymenæum. Tunc me gremio suo mater infelix tolerans, mundo nuptiali decenter ornabat : mellitisque saviis crebriter ingestis, jam spe futura liberorum votis anxiis propagabat : quum irruptionis subitæ gladiatorum impetus ad belli faciem sæviens, nudis et insertis mucronibus coruscans, non cædi, non rapinæ manus afferunt, sed denso conglobatoque cuneo cubiculum nostrum invadunt protinus. Nec ullo de familiaribus nostris repugnante, ac ne tantillum quidem resistente, miseram, examinem, sævo pavore trepidam, de medio matris gremio rapuere. Sic ad instar Athracidis, vel Protesilai, dispostæ disturbatæque nuntiæ.

Sed ecce sævissimo somnio mihi nunc etiam redintegratur, immo vero cumulatur infortunium meum. Nam visa sum mihi de domo, de thalamo, de cubiculo, de toro denique ipso violenter extracta per solitudines avias infortunatissimi mariti nomen invocare : eumque, ut primum meis amplexibus viduatus est, adhuc unguentis madidum, coronis floridum, consequi vestigio me, pedibus fugientem alienis. Utque clamore percito formosæ raptum uxoris conquerens, populi testatur auxilium, quidam de latronibus importunæ persecutionis indignatione permotus, saxo grandi pro pedibus arrepto, misellum juvenem maritum meum percussum interemit. Talis aspectus atrocitate perterrita, somno funesto pavens excussa sum.

Tunc fletibus ejus adsuspirans anus, sic incipit : Bono animo esto, mi herilis, nec vanis somniorum figmentis terreare. Nam præter quod diurnæ quietis imagines falsæ perhibentur, tum etiam nocturnæ visiones contrarios eventus nonnunquam prænuntiant. Denique, flere et vapulare, et nonnunquam jugulari, lucrosum prosperumque proventum nuntiant : contra, ridere, et mellitis dulciolis ventrem saginare, vel in voluptatem Veneream convenire, tristitiæ animi, languore corporis, damnisque ceteris delassatum iri prædicant. Sed ego te narrationibus lepidis, anilibusque fabulis protinus avocabo. Et incipit :

Erant in quadam civitate rex et regina. Hi tres numero filias, forma conspicuas, habuere. Sed majores quidem natu, quamvis gratissima specie, idoneæ tamen celebrari posse laudibus humanis credebantur; at vero puellæ minoris, tam præcipua, tam præclara pulchritudo, nec exprimi, ac ne sufficienter quidem laudari seq-

contemplé cette beauté incomparable ; ils portaient la main droite à la bouche, en croisant l'index avec le pouce, absolument dans la forme d'adoration sacramentelle du culte de Vénus elle-même.

Déjà dans les villes et pays circonvoisins un bruit se répand que la déesse née du sein de la profonde mer, et qu'on vit un jour sortir de l'écume des flots bouillonnants, daignait déroger à sa divinité jusqu'au point de se mêler à la vie des mortels. La terre, suivant d'autres, et non plus la mer, fécondée par je ne sais quelle influence génératrice des astres, avait fait éclore une Vénus nouvelle, une Vénus possédant encore la fleur de virginité.

Cette croyance fit en un instant des progrès incroyables. Des îles, elle gagna le continent, et de là, se propageant de province en province, elle devint presque universelle. Il n'était si grande distance, ni mer si profonde, que ne franchissent les curieux, apportant de toutes parts leur tribut d'admiration à la merveille du siècle. On oublie Paphos, on oublie Gnide ; et Cythère elle-même ne voit plus dans ses parages de dévots navigateurs, empressés de jouir de la contemplation de la déesse. Les sacrifices s'arrêtent, les temples se dégradent, l'herbe croît dans les sanctuaires. Plus de cérémonies, plus de guirlandes aux statues : une cendre froide déshonore les autels désormais vides d'offrandes. C'est à la jeune fille que s'adressent les prières, c'est sous ses traits mortels qu'une divinité puissante est adorée. Le matin, lorsqu'elle sort de son palais, mêmes victimes, mêmes festins qu'en l'honneur de Vénus elle-même, dont on n'invoque plus le nom qu'en sacrifiant à une autre. La voit-on passer dans les rues, aussitôt le peuple de lui jeter des fleurs et de lui adresser des vœux.

Cette impertinente attribution des honneurs divins à une simple mortelle alluma le plus violent dépit dans le cœur de la Vénus véritable. Ne pouvant contenir son indignation, elle secoue en frémissant la tête, et, du ton d'une fureur concentrée : Quoi ! se dit-elle, à moi, Vénus, principe vivifiant de toutes choses, d'où procèdent les éléments de cet univers, à moi, l'âme de la nature, une souveraineté partagée avec une fille des hommes ! Mon nom, si grand dans le ciel, là-bas serait profané par un caprice humain ! Il ferait beau me voir avec cette divinité en commun, ces honneurs de seconde main ! attendant des vœux qui pourraient se tromper d'adresse ! Une créature périssable irait promener sur la terre l'image prétendue de Vénus ! Vainement donc, par une sentence dont le grand Jupiter lui-même a reconnu la justice, le fameux berger de l'Ida aura proclamé ma prééminence en beauté sur deux des premières déesses ! et l'usurpatrice de mes droits jouirait en paix de son triomphe ! Non, non ; elle payera cher cette insolente beauté.

Aussitôt elle appelle son fils, ce garnement ailé qui ne respecte ni morale, ni police, qui se glisse chez les gens comme un voleur de nuit, avec ses traits et son flambeau, cherchant partout des ménages à troubler, du mal à faire, et ne s'avisant jamais du bien. Le vaurien n'est que trop enclin à nuire ; sa mère vient encore l'exciter. Elle le conduit à la ville en question, lui montre Psyché (c'était le nom de la jeune princesse), et de point en point lui fait l'his-

---

monis humani penuria poterat. Multi denique civium, et advenæ copiosi, quos eximii spectaculi rumor studiosa celebritate congregabat, inaccessæ formositatis admiratione stupidi, et admoventes oribus suis dexteram, primore digito in erectum pollicem residente, ut ipsam prorsus deam Venerem, religiosis adorationibus venerabantur.

Jamque proximas civitates, et attiguas regiones fama pervaserat, deam, quam cæruleum profundum pelagi peperit, et ros spumantium fluctuum educavit, jam numinis sui passim tributa venia, in mediis conversari populi cœtibus : vel certe rursum novo cœlestium stellarum germine, non maria, sed terras, Venerem aliam virginali flore præditam pullulasse. Sic immensum procedit in dies opinio : sic insulas jam proximas, et terræ plusculum, provinciasque plurimas fama porrecta pervagatur. Jam multi mortalium longis itineribus, atque altissimis maris meatibus, ad seculi specimen gloriosum confluebant. Paphon nemo, Cnidon nemo, ac ne ipsa quidem Cythera ad conspectum deæ Veneris navigabant. Sacra deæ proferuntur ; templa deformantur ; pulvinaria proteruntur ; cæremoniæ negliguntur ; incoronata simulacra, et aræ viduæ frigido cinere fœdatæ. Puellæ supplicatur, et in humanis vultibus deæ tantæ numina placantur, et in matutino progressu virginis, victimis et epulis Veneris absentis nomen propitiatur. Jamque per plateas commeantem populi frequenter floribus sertis et solutis adprecantur.

Hæc honorum cœlestium ad puellæ mortalis cultum immodica translatio, veræ Veneris vehementer incendit animos : et, impatiens indignationis, capite quassanti fremens altius, sic secum disserit : En rerum naturæ prisca parens, en elementorum origo initialis, en orbis totius alma Venus, quæ cum mortali puella partiario majestatis honore tractor ! et nomen meum cœlo conditum terrenis sordibus profanatur. Nimirum communi numinis piamento vicariæ venerationis incertum sustinebo, et imaginem meam circumferet puella moritura. Frustra me pastor ille, cujus justitiam fidemque magnus comprobavit Jupiter, ob eximiam speciem tantis prætulit deabus. Sed non adeo gaudens ista, quæcumque est, meos honores usurpabit. Jam faxo hujus etiam ipsius illicitæ formositatis pœniteat.

Et vocat confestim puerum suum, pinnatum illum, et satis temerarium : qui malis suis moribus contempta disciplina publica, flammis et sagittis armatus, per alienas domos nocte discurrens, et omnium matrimonia corrumpens, impune committit tanta flagitia, et nihil prorsus boni facit. Hunc, quamquam genuina licentia procacem, verbis quoque insuper stimulat. Perducit ad illam civitatem, et

torique de l'odieuse concurrence qu'on ose faire à sa mère. Elle gémit, elle pleure de rage : Mon fils, dit-elle, je t'en conjure, au nom de ma tendresse, par les douces blessures que tu fais, par cette flamme pénétrante dont tu consumes les cœurs, venge ta mère; mais venge-la pleinement, que cette audacieuse beauté soit punie. C'est la grâce que je te demande et qu'il faut m'accorder : avant tout, qu'elle s'enflamme d'une passion sans frein pour quelque être de rebut ; un misérable qui n'ait honneur, santé, feu ni lieu, et que la fatalité ravale au dernier degré d'abjection possible sur la terre.

Vénus dit, et de ses lèvres demi-closes presse ardemment celles de son fils; puis, gagnant le rivage, s'avance vers un flot qui vient au-devant d'elle. De ses pieds de rose, elle effleure le dos des vagues, et s'assied sur son char qui roule au-dessus de l'abîme. A peine elle en forme le souhait, et déjà l'humide cour l'environne, comme si elle l'eût d'avance convoquée pour lui rendre hommage. Ce sont les filles de Nérée chantant en chœur, c'est Portune à la barbe verte et hérissée, c'est Salacia portant sa charge de poissons qui se débattent contre son sein, et le petit dieu Palémon chevauchant son dauphin docile. Des troupes de Tritons bondissent de tous côtés sur les ondes. Celui-ci, soufflant dans une conque sonore, en tire les sons les plus harmonieux ; celui-là oppose un tissu de soie à l'ardeur du soleil. Un autre tient un miroir à portée des yeux de sa souveraine. D'autres se glissent en nageant sous son char, que traînent deux coursiers, et de leur dos le soulèvent à la surface

C'est avec ce cortége que Vénus allait rendre visite au vieil Océan.

Psyché cependant n'en était pas plus avancée, avec sa beauté merveilleuse. Personne qui n'en soit frappé, personne qui ne la vante; mais personne aussi, roi, prince ou particulier, qui se présente comme époux. On admire ses formes divines comme on admire le chef-d'œuvre d'un statuaire. Ses deux sœurs, beautés nullement insolites, et qui n'avaient point fatigué la renommée, trouvent des rois pour partis, font toutes deux de brillants mariages. Psyché reste non pourvue dans la maison paternelle, pleurant la solitude où on la laisse : sa santé en souffre, son humeur s'en aigrit; idole de l'univers, sa beauté lui devient odieuse.

Si la fille est infortunée, le père est au désespoir. Il soupçonne quelque rancune d'en haut ; et, craignant sur toute chose le courroux des dieux, il va consulter l'oracle antique du temple de Milet. Un hymen, un mari, c'est tout ce qu'il demande pour la vierge délaissée. Apollon, bien que Grec, et Grec d'Ionie, du fait de celui qui fonda son culte à Milet, rend, en bon latin, la réponse que voici :

Qu'en ses plus beaux atours la vierge abandonnée
Attende sur un roc un funèbre hyménée.
Son époux d'un mortel n'a pas reçu le jour :
Il a la cruauté, les ailes du vautour;
Il déchire les cœurs, et tout ce qui respire
Subit, en gémissant, son tyrannique empire.
Les dieux, dans leur Olympe, ont tous porté ses fers,
Et le Styx contre lui défend mal les enfers.

Quand l'oracle eut ainsi parlé, le monarque, autrefois heureux père, revint fort triste sur ses

Psychen (hoc enim nomine puella nuncupabatur) coram ostendit. Et tota illa perlata de formositatis æmulatione fabula gemens ac fremens indignatione, Per ego te, inquit, maternæ caritatis fœdera deprecor, per tuæ sagittæ dulcia vulnera, per flammæ istius mellitas uredines, vindictam tuæ parenti, sed plenam tribue : et in pulchritudinem contumacem reverenter vindica ; idque unum et præ omnibus unicum volens effice. Virgo ista amore flagrantissimo teneatur hominis extremi; quem et dignitatis et patrimonii simul et incolumitatis ipsius fortuna damnavit, tamque infimi, ut per totum orbem non inveniat miseriæ suæ comparem.

Sic effata, et osculis hiantibus filium diu ac pressule saviata, proximas oras reflui littoris petit, plantisque roseis vibrantium fluctuum summo rore calcato, ecce jam profundi maris udo resedit vertice; et, ipsum quod incipit velle, statim quasi pridem præceperit, non moratur marinum obsequium. Adsunt Nerei filiæ, chorum canentes, et Portunus cærulis barbis hispidus, et gravis piscoso sinu Salacia, et auriga parvulus delphini Palæmon; jam passim maria persultantes Tritonum catervæ. Hic concha sonaci leniter buccinat : ille serico tegmine flagrantiæ solis obsistit iniuici : alius suis oculis dominæ speculum prægerit ; currus bijuges alii subnatant. Talis ad Oceanum pergentem Venerem comitatur exercitus.

Interea Psyche cum sua sibi perspicua pulchritudine nullum decoris sui fructum percipit. Spectatur ab omnibus, laudatur ab omnibus : nec quisquam, non rex, non regius, nec de plebe saltem, cupiens ejus nuptiarum petitor accedit. Mirantur quidem divinam speciem, sed ut simulacrum fabre politum mirantur omnes. Olim duæ majores sorores, quarum temperatam formositatem nulli diffamarant populi, procis regibus desponsæ, jam beatas nuptias sunt adeptæ : sed Psyche viro vidua domi residens, deflet desertam suam solitudinem, ægra corporis, animi saucia ; et, quamvis gentibus totis complacitam, odit in se suam formositatem.

Sed infortunatissimæ filiæ miserrimus pater, suspectatis cœlestibus odiis, et iræ superum metuens, dei milesii vetustissimum percontatur oraculum : et tanto numine precibus et victimis ingratæ virgini petit nuptias et maritum. Sed Apollo, quamquam Græcus et Ionicus, propter Milesiæ conditorem, sic latina sorte respondit :

Montis in excelsi scopulo desiste puellam
    Ornatam mundo funerei thalami :
Nec speres generum mortali stirpe creatum,
    Sed sævum atque ferum, vipereumque malum;
Qui pinnis volitans super æthera, cuncta fatigat,
    Flammaque et ferro singula debilitat ;
Quem tremit ipse Jovis : quo numina terrificantur
    Flumina quem horrescunt et stygiæ tenebræ

Rex olim beatus, affatu sanctæ vaticinationis accepto,

pas, et avec assez peu d'empressement de revoir sa famille. Cependant il se décide à faire part à la reine de l'ordre du destin. Pendant plus d'un jour on gémit, on pleure, on se lamente; mais il faut se soumettre à l'arrêt fatal. Déjà se font les apprêts de l'hymen lugubre. Le flambeau nuptial jette une flamme noirâtre, et se charbonne au lieu de brûler; la flûte zygienne ne donne que les notes dolentes du mode lydien; on entonne un chant d'hyménée qui se termine en hurlements lamentables. La jeune fille essuie ses larmes avec son voile de mariage. La fatalité qui s'appesantit sur cette maison excite la sympathie de toute la ville. Un deuil public est proclamé.

Mais l'ordre du ciel n'en appelle pas moins la victime au supplice inévitable; le lugubre cérémonial se poursuit au milieu des larmes, et la pompe funèbre d'une personne vivante s'achemine, escortée d'un peuple entier. Psyché assiste non plus à ses noces, mais à ses obsèques; et tandis que le désespoir des auteurs de ses jours hésite à consommer l'affreux sacrifice, elle les encourage en ces mots : Pourquoi noyer dans des pleurs sans fin votre vieillesse infortunée? Pourquoi épuiser par vos sanglots le souffle qui vous anime, et qui m'appartient aussi? Pourquoi ces inutiles larmes qui déforment vos traits vénérables? vos yeux qu'elles brûlent sont à moi. Cessez d'arracher vos cheveux blancs, cessez de meurtrir, vous, votre poitrine auguste, et vous, ces saintes mamelles qui m'ont nourrie. Voilà donc tout le fruit que vous aurez recueilli de ma beauté! Hélas! frappés à mort par le ressentiment d'une divinité jalouse, trop tard vous en sentez le coup. Quand les peuples et les nations me rendaient les divins honneurs, quand un concert universel me décernait le nom de seconde Vénus; ah! c'était alors qu'il fallait gémir et pleurer sur moi, car, dès ce moment, votre fille était morte pour vous. Oui, je le vois, je le sens, c'est ce nom de Vénus qui m'a perdue. Allons, qu'on me conduise à ce rocher où mon sort veut que je sois exposée. Il me tarde de conclure ce fortuné mariage, de voir ce noble époux à qui je suis destinée. Pourquoi différer? A quoi bon éviter l'approche de celui qui naquit pour la ruine de l'univers entier?

Ainsi parle la jeune fille. Puis, sans un mot de plus, elle se mêle d'un pas ferme au cortége qui la conduit. On arrive au sommet du rocher indiqué, qui se dresse au-dessus d'une montagne escarpée; on y place Psyché, et on l'y laisse seule. La foule se retire, abandonnant les torches nuptiales, dont elle éteint la flamme dans des flots de ses larmes. Ainsi se termine la cérémonie, et chacun, la tête baissée, regagne tristement sa demeure. Quant aux infortunés parents que ce malheur accable, ils vont s'enfermer au fond de leur palais, et se condamnent à ne plus revoir la lumière.

Cependant la solitude rend à Psyché toutes ses craintes; ses larmes recommencent à couler, quand tout à coup elle se sent caressée par le souffle amoureux du Zéphyr, qui d'abord fait seulement onduler les deux pans de sa robe. Le vent en gonfle peu à peu les plis. Insensiblement Psyché se voit soulevée dans l'air, et enfin transportée sans secousse du sommet d'un rocher dans un vallon, où la belle se trouve mollement assise sur un gazon fleuri.

piger tristisque retro domum pergit, suæque conjugi præcepta sortis enodat infaustæ. Mœretur, fletur, lamentatur diebus plusculis. Sed diræ sortis jam urget teter effectus. Jam feralium nuptiarum miserrimæ virgini choragium struitur. Jam tædæ lumen atræ fuliginis cinerem arcessit : et sonus tibiæ zygiæ mutatur in querulum lydium, cantusque lætus Hymenæi lugubri finitur ululatu : et puella nuptura deterget lacrymas ipso suo flammeo. Sic affectæ domus triste fatum cuncta etiam civitas congemuit, luctuque publico confestim congruens edicitur justitium.

Sed monitis cœlestibus parendi necessitas misellam Psychen ad destinatam pœnam efflagitabat. Perfectis igitur feralis thalami cum summo mœrore solemnibus, toto prosequente populo, vivum producitur funus : et lacrymosa Psyche comitatur non nuptias, sed exsequias suas. Ac, dum mœsti parentes, et tanto malo perciti, nefarium facinus perficere cunctantur, ipsa illa filia talibus eos adhortatur vocibus : Quid infelicem senectam fletu diutino cruciatis? Quid spiritum vestrum, qui magis meus est, crebris ejulatibus fatigatis? Quid lacrymis inefficacibus ora mihi veneranda fœdatis? Quid laceratis in vestris oculis mea lumina? Quid canitiem scinditis? Quid pectora, quid ubera sancta tunditis? Hæc erunt vobis egregiæ meæ formositatis præclara præmia. Invidiæ nefariæ letali plaga percussi, sero sentitis. Quum gentes et populi celebrarent nos divinis honoribus, quum novam me Venerem ore consono nuncuparent : tunc dolere, tunc flere, tunc me jam quasi peremptam lugere debuistis. Jam sentio, jam video, solo me nomine Veneris perisse. Ducite me, et, cui sors addixit, scopulo sistite. Festino felices istas nuptias obire; festino generosum illum maritum meum videre. Quid differo? quid detrecto venientem, qui totius orbis exitio natus est?

Sic profata virgo conticuit : ingressuque jam valido pompæ populi prosequentis sese miscuit. Itur ad constitutum scopulum montis ardui : cujus in summo cacumine statutam puellam cuncti deserunt : tædasque nuptiales, quibus præluxerant, ibidem lacrymis suis extinctas relinquentes. Choragio itaque perfecto, dejectisque capitibus domuitionem parant. Et miseri quidem parentes ejus tanta clade defessi, clausæ domus abstrusi tenebris, perpetuæ nocti sese dedidere.

Psychen autem paventem ac trepidam, et in ipso scopuli vertice deflentem, mitis aura molliter spirantis Zephyri, vibratis hinc inde laciniis, et reflato sinu sensim levatam, suo tranquillo spiritu vehens, paulatim per devexa rupis excelsæ, vallis subditæ florentis cespitis gremio leniter delapsam, reclinat.

LIVRE V.

Déposée avec précaution sur une pelouse épaisse et tendre, Psyché s'étend voluptueusement sur ce lit de fraîche verdure. Un calme délicieux succède au trouble de ses esprits, et bientôt elle s'abandonne aux charmes du sommeil. Le repos rétablit ses forces, et au réveil la sérénité lui était revenue. Elle voit un bois planté de grands arbres, d'un épais couvert; elle voit une fontaine dont l'onde cristalline jaillit au centre même du bocage. Non loin de ses bords s'élève un édifice de royale apparence; construction où se révèle la main, non d'un mortel, mais d'un divin architecte. On y reconnaît dès le péristyle le séjour de plaisance de quelque divinité. Des colonnes d'or supportent une voûte lambrissée d'ivoire et de bois de citronnier, sculptée avec une délicatesse infinie. Les murailles se dérobent sous une multitude de bas-reliefs en argent, représentant des animaux de toute espèce, qui semblent se mouvoir et venir au-devant de vos pas. Quel artiste, quel demi-dieu, quel dieu plutôt, a pu jeter tant de vie sur tout ce métal inerte? Le sol est une mosaïque de pierres précieuses, chargées des tableaux les plus variés. O sort à jamais digne d'envie! marcher sur les perles et les diamants! A droite et à gauche, de longues suites d'appartements étalent une richesse qui défie toute estimation. Les murs, revêtus d'or massif, étincellent de mille feux. Au refus du soleil, l'édifice pourrait se créer un jour à lui, tant il jaillit d'éclairs des portiques, des chambres et des parois mêmes des portes. L'ameublement répond à cette magnificence : tout est céleste dans ce palais. On dirait que Jupiter, voulant se mettre en communication avec les mortels, se l'est élevé comme pied-à-terre.

Psyché s'approche, attirée par le charme de ces beaux lieux, et bientôt elle s'enhardit à franchir le seuil. De plus en plus ravie de ce qu'elle voit, elle promène son admiration de détail en détail, passe aux étages supérieurs, et y reste en extase à la vue d'immenses galeries où s'entassent trésors sur trésors. Ce qu'on ne trouve pas là n'existe nulle part sur terre. Mais ce qu'il y a de plus merveilleux, c'est qu'à cette collection des richesses du monde entier on ne voit fermeture, défense, ni gardien quelconque.

Tandis que Psyché ne peut se rassasier de cette contemplation, une voix invisible vient frapper son oreille : Pourquoi cet étonnement, belle princesse? Tout ce que vous voyez est à vous. Voilà des lits qui vous invitent au repos, des bains à choisir. Les voix que vous entendez sont vos esclaves : disposez de nos services empressés. Un royal banquet va vous être offert, après les premiers soins de la personne, et ne se fera pas attendre.

Psyché vit bien qu'elle était devenue l'objet d'une sollicitude toute divine. Docile aux avis du conseiller invisible, elle se met au lit; puis elle entre dans un bain, dont l'influence eut bientôt dissipé toute fatigue. Une table en hémicycle se dresse auprès d'elle. C'est son dîner sans doute qu'on va servir : sans façon elle y prend place. Les vins les plus délicieux, les plats les plus variés et les plus succulents se succèdent en abondance.

LIBER QUINTUS.

Psyche teneris et herbosis locis, in ipso toro roscidi graminis, suave recubans, tanta mentis perturbatione sedata dulce conquievit. Jamque sufficienti recreata somno, placidiore resurgit animo. Videt lucum proceris et vastis arboribus consitum : videt fontem vitreo latice pellucidum, medio luci meditullio. Prope fontis adlapsum domus regia est, ædificata non humanis manibus, sed divinis artibus. Jam scies ab introitu primo, dei cujuspiam luculentum et amœnum videre te deversorium. Nam summa laquearia citro et ebore curiose cavata subeunt aureæ columnæ. Parietes omnes argenteo cælamine conteguntur, bestiis et id genus pecudibus occurrentibus ob os introeuntium. Mirus prorsum homo, imo semideus, vel certe deus, qui magnæ artis subtilitate tantum efferavit argentum. Enimvero pavimenta ipsa lapide pretioso cæsim diminuto, in varia picturæ genera discriminantur. Vehementer iterum ac sæpius beatos illos, qui super gemmas et monilia calcant! Jam ceteræ partes longe lateque dispositæ domus, sine pretio pretiosæ, totique parietis solidati massis aureis, splendore proprio coruscant; ut diem suum sibi domus faciat, licet sole nolente : sic cubicula, sic porticus, sic ipsæ valvæ fulgurant. Nec secius opes ceteræ majestati domus respondent; ut equidem illud recte videatur ad conversationem humanam magno Jovi fabricatum cœleste palatium.

Invitata Psyche talium locorum oblectatione, propius accessit : et paulo fidentior intra limen sese facit. Mox, prolectante studio pulcherrimæ visionis, miratur singula, et altrinsecus ædium horrea sublimi fabrica perfecta, magnisque congesta gazis conspicit. Nec est quidquam, quod ibi non est. Sed præter ceteram tantarum divitiarum admirationem, hoc erat præcipue mirificum, quod nullo vinculo, nullo claustro, nullo custode totius orbis thesaurus ille muniebatur.

Hæc ei summa cum voluptate visenti offert sese vox quædam corporis sui nuda, et : Quid, inquit, domina, tantis obstupescis opibus? Tua sunt hæc omnia. Prohinc cubiculo te offer, et lectulo lassitudinem refove, et ex arbitrio lavacrum pete. Nos, quarum voces accipis, tuæ famulæ, sedulo tibi præministrabimus; nec corporis curato tibi regales epulæ morabuntur.

Sensit Psyche divinæ providentiæ beatitudinem : monitusque voces informes audiens, et prius somno, et mox lavacro fatigationem sui diluit. Visoque statim proximo semirotundo suggestu propter, instrumentum cœnatorium rata, refectui suo commodum, libens accumbit. Et illico vini nectarei, eduliorumque variorum fercula copiosa, nullo serviente, sed tantum spiritu quodam impulsa, sub-

Nul serviteur ne paraît. Tout se meut comme par un souffle. Psyché ne voit personne ; elle entend seulement des voix : ce sont ces voix qui la servent.

Après un repas délectable, un invisible musicien se met à chanter, un autre joue de la lyre : on ne voit ni l'instrument ni l'artiste. Un concert de voix se fait entendre ; c'est l'exécution d'un chœur sans choristes. Enfin, au milieu de tant de plaisirs, le soir vient ; et Psyché, que l'heure invite au repos, se retire dans son appartement.

Déjà la nuit avançait ; un bruit léger vient frapper son oreille : la jeune vierge s'inquiète alors de sa solitude. Sa pudeur s'alarme, elle frémit, elle craint d'autant plus qu'elle ignore ; mais déjà l'époux mystérieux est entré, il a pris place, et Psyché est devenue sa femme. Aux premiers rayons du jour il a disparu. Aussitôt les voix sont là pour prêter leur ministère à l'épouse d'une nuit et panser de douces blessures. Le temps s'écoule cependant, et chaque nuit ramène la même scène. Par un effet naturel, Psyché commence à se faire à cette singulière existence ; l'habitude lui en semble douce ; et le mystère de ces voix donne de l'intérêt à sa solitude.

Cependant les malheureux parents usaient leurs vieux jours dans une douleur sans fin. L'aventure de Psyché avait fait du bruit, et la renommée l'avait fait parvenir aux oreilles de ses sœurs aînées. Toutes deux, le cœur serré, et la douleur peinte sur le visage, avaient quitté leurs foyers, empressées d'aller chercher la présence et l'entretien de leurs vieux parents. La nuit même de leur arrivée, l'époux eut avec Psyché la conversation suivante :

Ma Psyché, ma compagne adorée, la cruelle Fortune te prépare la plus périlleuse des épreuves. Ta prudence, crois-moi, ne saurait être trop éveillée. On te croit morte, et tes deux sœurs, affligées de ta perte, sont déjà sur ta trace. Elles vont venir au pied de ce rocher. Si leurs lamentations arrivent jusqu'à ton oreille, garde-toi de leur répondre, de leur donner même un coup d'œil. Sinon, il en résultera pour moi les plus grands chagrins, pour toi les plus grands malheurs.

Psyché parut se résigner, et promit obéissance. Mais l'époux n'eut pas plutôt disparu avec les ténèbres, qu'elle se lamente, et toute la journée se passe en pleurs et en gémissements. C'est maintenant qu'elle est perdue, puisque ces beaux lieux ne sont qu'une prison pour elle, puisque désormais, sevrée de tout commerce humain, elle ne peut rassurer ses sœurs désolées, et qu'elle n'a pas même la consolation de les voir. Elle néglige le bain, ne prend aucune nourriture, et se refuse à toute distraction. Ses pleurs n'avaient pas cessé de couler, quand elle se retira pour se mettre au lit.

Son mari est à ses côtés plus tôt que de coutume ; et l'embrassant tout éplorée : Ma Psyché, dit-il, est-ce là ce que tu m'avais promis ? Ton époux n'a-t-il rien à attendre, rien à espérer de toi ? Quoi donc ! toujours gémir, et le jour et la nuit, et jusque dans mes bras ? Eh bien ! satisfais ton envie, contente un désir funeste : mais rappelle-toi mes avis, lorsque viendra (trop tard hélas !) le moment du repentir. Psyché le presse, Psyché l'implore : il y va, dit-elle, de sa vie. Enfin elle l'emporte. Elle verra ses sœurs, elle pourra les consoler, s'épancher avec elles.

---

ministrantur. Nec quemquam tamen illa videre poterat, sed verba tantum audiebat excidentia, et solas voces famulas habebat. Post opimas dapes quidam intro cessit, et cantavit invisus ; et alius citharam pulsavit, quæ non videbatur, nec ipse. Tunc modulatæ multitudinis conferta vox aures ejus afferlur ; ut, quamvis hominum nemo pareret, chorus tamen esse pateret. Finitis voluptatibus, vespera suadente, concedit Psyche cubitum.

Jamque provecta nocte, clemens quidam sonus aures ejus accidit. Tunc virginitati suæ pro tanta solitudine metuens, et pavet, et horrescit ; et quovis malo plus timet, quod ignorat. Jamque aderat ignobilis maritus, et torum inscenderat, et uxorem sibi Psychen fecerat, et ante lucis exortum propere discesserat : statim voces cubiculo præstolatæ, novam nuptam interfectæ virginitatis curant. Hæc diutino tempore sic agebantur. Atque, ut est natura redditum, novitas per assiduam consuetudinem delectationem ei commendarat : et sonus vocis incertæ solitudinis erat solatium.

Interea parentes ejus indefesso luctu atque mœrore consenescebant. Latiusque porrecta fama, sorores illæ majores cuncta cognorant : propereque mœstæ atque lugubres, deserto Lare, certatim ad parentum suorum conspectum, affatumque perrexerant. Ea nocte ad suam Psychen sic infit maritus (namque præter oculos, et manibus et auribus sentiebatur) : Psyche dulcissima, et cara uxor, exitiabile tibi periculum minatur Fortuna sævior, quod observandum pressiore cautela censeo. Sorores jam tuæ mortis opinione turbatæ, tuumque vestigium requirentes, scopulum istum protinus aderunt. Quarum si quas forte lamentationes acceperis ; neque respondeas, immo nec prospicias omnino. Ceterum, mihi quidem gravissimum dolorem, tibi vero summum creabis exitium. Annuit, et ex arbitrio mariti se facturam spopondit. Sed eo simul cum nocte dilapso, diem totum lacrymis ac plangoribus misella consumit ; se nunc maxime prorsus perisse iterans, quæ beati carceris custodia septa, et humanæ conversationis colloquio viduata, ne sororibus quidem suis de se mœrentibus opem salutarem ferre, ac ne videre eas quidem omnino posset. Nec lavacro, nec cibo, nec ulla denique refectione recreata, flens ubertim, decessit ad somnum.

Nec mora, quum paulo maturius lectum maritus accubans, eamque etiamnunc lacrymantem complexus, sic expostulat : Hæccine mihi pollicebare, Psyche mea ? Quid jam de te tuus maritus exspecto ? Quid spero ? Et perdia

L'époux accorde tout aux prières de la jeune epouse. Il va plus loin ; il lui permet de combler à discrétion ses sœurs et d'or et de bijoux. Mais il lui interdit à plusieurs reprises, et sous les plus terribles conséquences, de jamais chercher à voir sa figure, au cas où ses sœurs lui en donneraient le conseil pernicieux. Cette curiosité sacrilége la précipiterait du faîte du bonheur dans un abîme de calamités, et la priverait à jamais de ses embrassements.

Psyché remercie son époux, et, dans un transport de joie : Ah ! dit-elle, plutôt cent fois mourir que de renoncer à cette union charmante ! car je t'aime, qui que tu sois ; oui, je t'aime plus que ma vie. Cupidon lui-même me paraîtrait moins aimable. Mais, de grâce, encore une faveur. Ordonne à ton familier Zéphyre d'amener mes sœurs ici, comme il m'y a transportée moi-même. Elle prodigue en même temps à son époux les baisers, les mots tendres ; et l'enlaçant des plus caressantes étreintes : Doux ami, disait-elle, cher époux, âme de ma vie... C'en est fait, Vénus sera vengée. L'époux cède, non sans regret ; tout est promis, et l'approche du jour le chasse encore des bras de Psyché.

Les deux sœurs cependant se sont fait indiquer le rocher et la place même où Psyché a été abandonnée. Elles y courent aussitôt. Les pleurs inondent leurs yeux ; elles se frappent la poitrine, et l'écho renvoie au loin leurs lamentations. Elles appellent par son nom leur sœur infortunée. Du haut de la montagne, leurs cris déchirants vont retentir jusqu'aux oreilles de Psyché dans le fond de la vallée. Son cœur palpite et se trouble ; elle sort éperdue de son palais. Pourquoi cette douleur et ces lamentations, s'écria-t-elle? La voilà celle que vous pleurez ; cessez de gémir, séchez vos pleurs. Il ne tient qu'à vous d'embrasser celle qui les cause. Alors elle appelle Zéphyre, et lui transmet l'ordre de son époux. Aussitôt, serviteur empressé, Zéphyre, d'un souffle presque insensible, enlève les deux sœurs, et les transporte auprès de Psyché. On s'embrasse avec transport mille baisers impatients se donnent et se rendent. Aux larmes de la douleur succèdent les larmes que fait couler la joie. Allons, dit-elle, entrons dans ma demeure : plus de chagrin ; il faut se réjouir, puisque votre Psyché est retrouvée. Elle dit, et se plaît à étaler à leurs yeux les splendeurs de son palais d'or, à leur faire entendre ce peuple de voix dont elle est obéie. Un bain somptueux leur est offert, puis un banquet qui passe en délices tout ce dont l'humaine sensualité peut se faire idée. Si bien que, tout en savourant à longs traits l'enivrement de cette hospitalité surnaturelle, les deux sœurs commencent à sentir la jalousie qui germe au fond de leurs jeunes cœurs.

L'une d'elles à la fin presse Psyché, et ne tarit pas de questions sur le possesseur de tant de merveilles. Qui est ton mari ? comment est-il fait ? Fidèle à l'injonction conjugale, celle-ci se garde bien de manquer au secret promis. Une fiction la tire d'affaire. Son mari est un beau jeune homme, dont le menton se voile d'un duvet encore doux

---

et pernox, nec inter amplexus conjugales desinis cruciatum. Age jam nunc, ut voles, et animo tuo damnosa poscenti pareto : tamen memineris meæ seriæ monitionis, quum cœperis sero pœnitere.

Tunc illa precibus, et dum se morituram comminatur, extorquet a marito, cupitis annuat : ut sorores videat, luctus mulceat, ora conferat. Sic ille novæ nuptæ precibus veniam tribuit ; et insuper, quibuscumque vellet, eas auri vel monilium donare concessit. Sed identidem monuit, ac sæpe terruit, ne quando sororum pernicioso consilio suasa, de forma mariti quærat : neve se sacrilega curiositate de tanto fortunarum suggestu pessum dejiciat ; nec suum postea contingat amplexum.

Gratias egit marito. Jamque lætior animo, Sed prius, inquit, centies moriar, quam tuo isto dulcissimo connubio caream. Amo enim, et efflictim te, quicumque es, diligo, atque ut meum spiritum, nec ipsi Cupidini comparo. Sed istud etiam precibus meis oro largire, et illi tuo famulo præcipe Zephyro, simili vectura sorores hic mihi sistat. Et imprimens oscula suasoria, et ingerens verba mulcentia, et jungens membra cohibentia, hæc etiam blanditiis adstruit : Mellite mi, mi marite, tuæ Psyches dulcis anima. Vi ac potestate Veneris usurus, invitus succubuit maritus, et cuncta se facturum spopondit. Atque etiam, luce proximante, de manibus uxoris evanuit.

At illæ sorores percontatæ scopulum locumque illum, quo fuerat Psyche deserta, festinantes adveniunt : ibique deflebant oculos, et plangebant ubertim ; quoad crebris earum ejulatibus saxa cautesque parilem sonum resultarent. Jamque nomine proprio sororem miseram ciebant, quoad sono penetrabili vocis ululabilis per prona delapso, amens et trepida Psyche procurrit e domo, et, Quid, inquit, vos miseris lamentationibus nequidquam affligitis? Quam lugetis, adsum. Lugubres voces desinite, et diutinis lacrymis madentes genas siccate tandem : quippe quum jam possitis, quam plangebatis, amplecti. Tunc vocatum Zephyrum, præceptis maritalibus admonet. Nec mora, quum ille parens imperio, statim clementissimis flatibus, innoxia vectura deportat illas. Jam mutuis amplexibus et festinantibus saviis sese perfruuntur : et illæ sedatæ lacrymæ postliminio redeunt, prolectante gaudio. Sed et tectum, inquit, et larem nostrum lætæ succedite, et afflictas animas cum Psyche vestra recreate. Sic allocuta, summas opes domus aureæ, vocumque servientium populosam familiam auribus earum demonstrat, lavacroque pulcherrimo et inhumanæ mensæ lautitiis eas opipare reficit ; ut, illarum prorsus cœlestium divitiarum copiis affluentibus satiatæ, jam præcordiis penitus nutrirent invidiam.

Denique altera earum satis scrupulose curioseque percontari non desinit, quis illarum rerum cœlestium dominus, quisve vel qualis ipsius sit maritus. Nec tamen Psyche conjugale illud præceptum ullo pacto temerat, vel pectoris arcanis exigit : sed e re nata confingit, esse juvenem quemdam, et speciosum, et commodum lanoso bar-

au toucher. La chasse est son occupation habituelle ; il est toujours par monts et par vaux. Et, pour couper court à une conversation où sa discrétion pourrait à la longue se trahir, elle charge ses deux sœurs d'or et de bijoux, appelle Zéphyre, et lui enjoint de les reconduire où il les a prises. Aussitôt dit, aussitôt fait. Et voilà ces deux bonnes sœurs qui, tout en s'en retournant, le cœur rongé déjà du poison de l'envie, se communiquent leurs aigres remarques. L'une enfin éclate en ces termes :

Voilà de tes traits, ô cruelle Fortune ! Injuste, aveugle déesse ! nées de même père et de même mère, se peut-il que ton caprice nous fasse une condition si différente ? Nous, ses aînées, on nous marie à des étrangers, ou plutôt on nous met à leur service ; on nous arrache au foyer, au sol paternel, pour nous envoyer vivre en exil, loin des auteurs de nos jours ; et cette cadette, arrière-fruit d'une fécondité épuisée, nage dans l'opulence, et elle a un dieu pour mari ; elle, qui ne sait pas même user convenablement d'une telle fortune ! Vous avez vu, ma sœur, comme les joyaux (et quels joyaux !) font partout litière en sa demeure. Des étoffes d'une beauté ! des pierreries d'un éclat ! de l'or partout ! Et s'il est vrai que son époux soit aussi beau qu'elle s'en vante, existe-t-il une plus heureuse femme au monde ? Vous verrez que l'attachement de cet époux-dieu, fortifié par l'habitude, ira jusqu'à faire de cette créature une déesse ! Et certes tout l'annonce : ces airs, cette tenue.... On aspire au ciel ; on ne tient plus à la terre, quand déjà l'on a des voix pour vous servir, quand les vents vous obéissent. Et quel est mon lot à moi ?

Un mari plus vieux que mon père, chauve comme une citrouille, le plus petit des nabots, et qui cache tout, tient tout sous la clef.

Moi, reprit l'autre, j'ai sur les bras un mari goutteux, perclus et tout courbé, qui n'a garde de faire souvent fête à mes charmes. Je n'ai d'autre soin, pour ainsi dire, que de frictionner ses doigts tors et paralysés. Et, mes mains, ces mains délicates que vous voyez, se gercent à force de manipuler des liniments infects, de dégoûtantes compresses et de fétides cataplasmes. Est-ce là le rôle d'épouse, ou le métier de garde-malade ? Enfin, voyez, ma sœur, jusqu'où il vous convient de pousser la longanimité ou la bassesse ; car il faut parler net. Quant à moi, je ne puis tenir à voir un si haut bonheur tombé en de pareilles mains. Vous rappelez-vous sa morgue, son arrogance, et quel orgueil perçait dans cette superbe ostentation de toutes ses richesses ? et comme elle nous en a jeté, comme à regret, quelques bribes ? et comme elle s'est débarrassée de nous ? comme, sur un mot d'elle, on nous a mises ou plutôt soufflées dehors ? Oh ! j'y perdrai mon sexe et la vie, ou je la précipiterai de ce trône de splendeur. Tenez, l'insulte nous est commune ; et si vous la sentez comme moi, prenons ensemble un grand parti. D'abord, ne montrons à nos parents, ni à personne, les jolis cadeaux que nous portons là. Il y a mieux ; ne disons mot de ce que nous savons d'elle. C'est bien assez de mortification de l'avoir vu, sans l'aller conter à nos parents et proclamer par toute la terre. Richesse ignorée n'est pas contentement. Faisons-lui voir que nous sommes ses aînées, et non ses servantes. En attendant, allons revoir

---

bitio genas inumbrantem, plerumque rurestribus et montanis venatibus occupatum. Et, ne qua sermonis procedentis labe consilium tacitum proderetur ; auro facto gemmosisque monilibus onustas eas, statim vocato Zephyro tradit reportandas. Quo protinus perpetrato, sorores egregiæ domum redeuntes, jamque gliscentis invidiæ felle flagrantes, multa secum sermonibus mutuis prestrepebant. Sic denique infit altera : En orba et sæva et iniqua Fortuna ! Hoccine tibi complacuit, ut utroque parente prognatæ, diversam sortem sustineremus ? Et nos quidem, quæ natu majores sumus, maritis advenis ancillæ deditæ, extorres et lare et ipsa patria degamus, longe parentum velut exsulantes ; hæc autem novissima, quam fœtu satiante postremus partus effudit, tantis opibus et deo marito potita sit, quæ nec uti recte tanta bonorum copia novit ? Vidisti soror, quanta in domo jacent, et qualia monilia : quæ prænitent vestes, quæ splendicant gemmæ, quantum præterea passim calcatur aurum. Quod si maritum etiam tam formosum tenet, ut affirmat ; nulla nunc in toto orbe felicior vivit. Fortassis tamen, procedente consuetudine, et affectione roborata, deam quoque illam deus maritus efficiet. Sic est hercules : sic se gerebat, ferebatque. Jamjam sursum respicit, et deam spirat mulier, quæ voces ancillas habet, et ventis ipsis imperat. At ego, misera,

primum patre meo seniorem maritum sortita sum, dein cucurbita calviorem, et quovis puero pumiliorem, cunctam domum seris et catenis obditam custodientem.

Suscipit alia : Ego vero maritum articulari etiam morbo complicatum, curvatumque, ac per hoc rarissime Venerem meam recolentem sustineo, plerumque detortos et duratos in lapidem digitos ejus perfricans, fomentis olidis, et pannis sordidis, et fœtidis cataplasmatibus manus tam delicatas istas adurens, nec uxoris officiosam faciem, sed medicæ laboriosam personam sustinens. Et tu quidem soror videris, quam patienti, vel potius servili (dicam enim libere, quod sentio) hæc perferas animo. Enimvero ego nequeo sustinere ulterius tam beatam Fortunam collapsam indigne. Recordare enim, quam superbe, quam arroganter nobiscum egerit, et ipsa jactatione immodicæ ostentationis tumentem sinum prodiderit animum : deque tantis divitiis exigua nobis invita projecerit, confestimque præsentiam nostram gravata, propelli, et efflari exsibilarique nos jusserit. Nec sim mulier, nec omnino spirem, nisi eam pessum de tantis opibus dejecero. Ac si tibi etiam, ut par est, inacuit nostra contumelia ; consilium validum ambæ requiramus. Jamque ista, quæ ferimus, non parentibus nostris, ac nec ulli demonstremus alii ; immo nec omnino quidquam de ejus salute norimus. Sat est, quod

nos maris et nos ménages : s'ils sont pauvres, ils sont simples du moins. Nous méditerons notre vengeance à loisir, et nous reviendrons bien en mesure de punir cette orgueilleuse.

L'odieux pacte fut bientôt conclu entre ces deux perverses créatures. Elles cachent d'abord leurs riches présents; et, s'arrachant les cheveux, se déchirant le visage, (traitement, du reste, trop mérité), les voilà qui se lamentent sur nouveaux frais, mais cette fois par simagrée. Quand elles ont réussi à rouvrir les plaies de leurs parents infortunés, elles les quittent brusquement, et regagnent leurs demeures; et là, gonflées de rage au point que la tête leur en tourne, elles ourdissent contre leur sœur innocente un détestable, disons mieux, un parricide complot.

Cependant le mystérieux époux de Psyché continue ses admonitions nocturnes. Tu le vois, disait-il, la Fortune déjà escarmouche de loin contre toi, et va bientôt, si tu ne te tiens ferme sur tes gardes, engager le combat corps à corps. Deux monstres féminins ont mis en commun, pour te perdre, leur infernal génie. Leur plan est de t'amener à surprendre le secret de ma figure. Or, je te l'ai dit souvent, tu ne la verras que pour ne plus la revoir. Si donc ces infâmes mégères revenaient armées de perfides desseins (elles reviendront, je le sais), point d'entretien avec elles; ou si c'est trop exiger de ce cœur si simple et si bon, du moins sur ce qui me touche n'écoute rien, ne réponds rien. Nous allons voir s'augmenter notre famille. Enfant toi-même, tu portes un enfant dans ton sein, enfant qui sera dieu si tu respectes mon secret, simple mortel, si tu le profanes.

Grande joie de Psyché à cette nouvelle. Une progéniture divine! un si glorieux gage de leur union! Et ce respectable nom de mère! Dans son impatience, elle compte les jours et récapitule les mois. Elle suit avec surprise l'incompréhensible progrès de ce petit ventre qui s'arrondit; effet prodigieux d'une si légère piqûre. Cependant les deux abominables Furies, dont la bouche distille le poison, pressaient déjà leur retour avec l'impatience du crime.

Nouvelle visite, nouvel avertissement de l'époux. Ma Psyché, voici le jour décisif; nous touchons à la crise. Ton propre sexe, ton propre sang est armé contre toi. L'ennemi est en marche, il a pris position; le signal est donné. Déjà tes affreuses sœurs ont le poignard levé sur toi. O ma Psyché! quelles calamités nous menacent! Aie pitié de toi, aie pitié de nous, et que ta discrétion inviolable conjure la ruine de ta maison, de ton mari, la tienne, celle de notre enfant. Ces femmes, qu'une haine homicide, et les droits du sang foulés aux pieds, ne permettent plus d'appeler tes sœurs, ces sirènes vont se remontrer sur la montagne, et envoyer à l'écho des rochers leur appel perfide. Ne les reçois pas, ne les écoute pas.

Psyché répond, d'une voix entrecoupée par les sanglots et les larmes : Je vous ai montré, je pense, que je tiens ma parole et que je sais me taire; laissez-moi vous prouver maintenant que ma persévérance n'est pas moindre que ma dis-

---

ipsæ vidimus, quæ vidisse pœnituit; nedum ut genitoribus et omnibus populis tam beatum ejus differamus præconium. Nec sunt enim beati, quorum divitias nemo novit. Sciet, se non ancillas, sed sorores habere majores. Et nunc quidem concedamus ad maritos; et lares pauperes nostros, sed plane sobrios, revisamus : denique cogitationibus pressioribus instructæ, ad superbiam puniendam firmiores redeamus.

Placet pro bono duabus malis malum consilium : totisque illis tam pretiosis muneribus absconditis, comam trahentes, et, proinde ut merebantur, ora lacerantes, simulatos redintegrant fletus. Ac sic parentes quoque, redulcerato prorsus dolore, raptim deserentes, vesania turgidæ, domus suas contendunt, dolum scelestum, immo vero parricidium, struentes contra sororem insontem.

Interea Psychen maritus ille, quem nescit, rursum suis illis nocturnis sermonibus sic commonet : Videsne, quantum tibi periculum velitatur Fortuna eminus? Ac, nisi longe firmiter præcaves, mox cominus congredietur. Perfidæ lupulæ magnis conatibus nefarias insidias tibi comparant : quarum summa est, ut te suadeant meos explorare vultus, quos, ut tibi sæpe prædixi, non videbis, si videris. Ergo igitur, si posthac pessimæ illæ Lamiæ noxiis animis armatæ venerint (venient autem, scio), neque omnino sermonem conferas; et, si id tolerare pro genuina simplicitate, quoque animi tui teneritudine non potueris, certe de marito nil quidquam vel audias, vel respondeas.

Nam et familiam nostram jam propagabimus, et hic adhuc infantilis uterus gestat nobis infantem alium : si texeris nostra secreta silentio, divinum; si profanaveris, mortalem.

Nuntio Psyche læta florebat, et divinæ subolis solatio plaudebat, et futuri pignoris gloria gestiebat, et materni nominis dignitate gaudebat. Crescentes dies et menses exeuntes anxia numerat, et sarcinæ nesciæ rudimenta miratur, de brevi punctulo tantum incrementulum locupletis uteri. Sed jam pestes illæ teterrimæque Furiæ anhelantes vipereum virus, et festinantes, impia celeritate navigabant.

Tunc sic iterum momentarius maritus suam Psychen admonet : Dies ultima, et casus extremus, et sexus infestus, et sanguis inimicus jam sumpsit arma, et castra commovit, et aciem direxit, et classicum personavit. Jam mucrone destricto jugulum tuum nefariæ tuæ sorores petunt. Heu quantis urgemur cladibus, Psyche dulcissima! Tui nostrique miserere : religiosaque continentia domum, maritum, teque et istum parvulum nostrum imminentis ruinæ infortunio libera. Nec illas scelestas feminas, quas tibi post internecinum odium, et calcata sanguinis fœdera, sorores appellare non licet, vel videas, vel audias; quum in morem Sirenum scopulo prominentes, funestis vocibus saxa personabunt.

Suscipit Psyche, singultu lacrymoso sermonem incertans : Jamdudum, quod sciam, fidei atque parciloquii

crétion. Ordonnez seulement à notre Zéphyre de me prêter encore son ministère ; et, ne pouvant jouir de votre divine image, que j'aie du moins la consolation de voir mes sœurs. Je vous en conjure par les boucles flottantes et parfumées de votre chevelure, par ces joues charmantes, non moins délicates que les miennes ; par cette poitrine qui brûle de je ne sais quelle mystérieuse chaleur. Un jour les traits de cet enfant me révéleront ceux de son père ; mais qu'aujourd'hui j'obtienne de vous d'embrasser mes sœurs. Accordez cette faveur à mes instances, et comblez d'une douce joie le cœur de cette Psyché aussi dévouée qu'elle vous est chère. Désormais je ne vous parle plus de votre visage : les ténèbres n'ont plus rien qui m'importune ; vous êtes ma lumière, à moi. Elle dit, et en même temps lui prodigue les plus douces caresses. Le charme opère. L'époux, de ses propres cheveux, essuie les larmes de sa Psyché, et s'évanouit encore de ses bras, avant que le jour n'ait paru.

A peine débarqué, le couple conspirateur, sans visiter père ni mère, va droit au rocher, en franchit la hauteur d'une traite ; et toutes deux, au hasard de ne pas trouver de vent pour les porter, se lancent aveuglément dans l'espace : mais Zéphyre est là, prêt à exécuter, bien qu'à contre-cœur, les ordres de son maître. Son souffle les reçoit, et les dépose mollement sur le sol de la vallée. Aussitôt elles précipitent leurs pas vers le palais. Elles embrassent déjà leur proie, et la saluent effrontément du nom de sœur ; elles l'accablent de cajoleries : Psyché n'est pas une petite fille à cette heure ; la voilà bientôt mère. Sais-tu ce que nous promet cette jolie petite rotondité ? Quelle joie pour notre famille ! oh ! que nous allons être heureuses de choyer ce petit trésor ! Si (ce que nous ne pouvons manquer de voir) sa beauté répond à celle des auteurs de ses jours, ce sera un vrai Cupidon. Enfin elles jouent si bien la tendresse, qu'insensiblement le cœur de Psyché se laisse prendre à la séduction.

Elle les fait asseoir, pour reposer leurs jambes de la fatigue du voyage. Puis, la vapeur d'un bain chaud ayant achevé de les remettre, elle leur fait servir sur une table magnifique les mets les plus recherchés et les plus exquis. Psyché veut un air de lyre, et les cordes vibrent ; un air de flûte, et la flûte module ; un chœur de voix, et les voix de chanter en partie. Aucun musicien n'a paru, et les oreilles sont charmées par la plus suave harmonie : mais l'âme des deux mégères est à l'épreuve des attendrissements de la musique, et elles n'en songent pas moins à enlacer leur sœur dans leurs traîtres filets. Avec une indifférence apparente, elles lui demandent quel air a son mari ? quelle est son origine et sa famille ? La pauvre Psyché avait oublié sa réponse précédente ; elle fit un nouveau conte. Son mari était d'une province voisine ; il faisait valoir par le négoce un capital considérable ; c'était un homme de moyen âge, et dont les cheveux commençaient à grisonner. Là-dessus, coupant court à toute information, elle les comble de nouveau des plus riches présents, et leur fait reprendre leur route aérienne.

Tandis que la douce haleine de Zéphyre les voiturait vers leurs demeures, les deux sœurs s'en-

---

mei perpendisti documenta : nec eo secius approbabitur tibi nunc etiam firmitas animi mei. Tu modo Zephyro nostro rursum præcipe, fungatur obsequio, et in vicem denegatæ sacrosanctæ imaginis tuæ, redde saltem conspectum sororum, per istos cinnameos et undique pendulos crines tuos, per teneras et teretes et meis similes genas, per pectus, nescio quo calore, fervidum. Sic in hoc saltem parvulo cognoscam faciem tuam, supplicis anxiæ piis precibus erogatus germani complexus indulge fructum, et tibi devotæ caræque Psyches animam gaudio recrea. Nec quidquam amplius in tuo vultu requiro. Jam nil officiunt mihi nec ipsæ nocturnæ tenebræ. Teneo te, meum lumen. His verbis et amplexibus mollibus decantatus maritus, lacrymasque ejus suis crinibus detergens, facturum spopondit : et prævertit statim lumen nascentis diei.

Jugum sororium consponsæ factionis, ne parentibus quidem visis, recta de navibus scopulum petunt illum, præcipiti cum velocitate : nec venti ferentis oppertæ præsentiam, licentiosa cum temeritate prosiliunt in altum. Nec immemor Zephyrus regalis edicti, quamvis invitus, susceptas eas gremio spirantis auræ, solo reddidit. At illæ incontatæ, statim conferto vestigio domum penetrant, complexæque suam prædam, sorores nomine mentientes, thesaurumque penitus abditæ fraudis vultu læto tegentes, sic adulant : Psyche, non ita ut pridem parvula, et ipsa jam mater es. Quantum putas boni nobis geris in ista perula ? Quantis gaudiis totam domum nostram hilarabis ? O nos beatas, quas infantis aurei nutrimenta lætabunt ! Quid, si parentum, ut oportet, pulchritudini responderit, prorsus Cupido nascetur. Sic affectione simulata, paulatim sororis invadunt animum.

Statimque eas lassitudine viæ sedilibus refotas, et balnearum vaporosis fontibus curatas, pulcherrimo triclinio, mirisque illis et beatis edulibus atque tucetis oblectat. Jubet citharam loqui, psallitur : tibias agere, sonatur : choros canere, cantatur. Quæ nullo præsente cuncta dulcissimis modulis animos audientium remulcebant. Nec tamen scelestarum feminarum nequitia vel ipsa mellita cantus dulcedine mollita conquievit : sed ad destinatam fraudium pedicam sermones conserentes, dissimulanter occipiunt sciscitari, qualis ei maritus, et unde natalium sectacula proveniret. Tunc illa simplicitate nimia pristini sermonis oblita, novum commentum instruit ; aitque maritum suum de provincia proxima, magnis pecuniis negotiantem, jam medium cursum ætatis agere, interspersum rara canitie. Nec in sermone isto tantillum morata, rursum opiparis muneribus eas onustas, ventoso vehiculo reddidit.

Sed dum Zephyri tranquillo spiritu sublimatæ domum redeunt, sic secum altercantur : Quid soror dicimus de tam monstruoso fatuæ illius mendacio ? Tunc adulescens,

tretenaient ainsi, tout en cheminant par les airs : Eh bien! ma sœur, cette imprudente nous a-t-elle débité d'assez grossiers mensonges? L'autre jour, c'était un adolescent, dont un poil follet ombrageait à peine le menton ; maintenant c'est un mari sur le retour, et qui déjà grisonne : conçoit-on qu'un homme change ainsi à vue d'œil, et vieillisse si lestement? Tenez, ma sœur, il n'y a que deux manières d'expliquer cette contradiction : ou l'effrontée se joue de nous, ou elle n'a jamais vu son mari en face. Quoi qu'il en soit, il faut l'expulser de cette position splendide. Si elle n'a jamais vu les traits de son époux, c'est qu'elle a pour époux un dieu, et c'est un dieu qu'elle va mettre au jour. Or, avant qu'elle entende (ce qu'aux dieux ne plaise!) un enfant divin l'appeler sa mère, j'irai me pendre de mes propres mains. Allons, avant tout, voir nos parents ; et pour nous préparer au langage que nous devons tenir à Psyché, faisons-leur quelque bon conte dans le même sens. Là-dessus, leurs têtes se montent, elles brusquent sans façon leur visite au manoir paternel : s'en retournant au plus vite, et encore exaspérées par une nuit de trouble et d'insomnie, dès le matin elles revolent au rocher, et en descendent, comme à l'ordinaire, sur l'aile du vent. Les hypocrites se frottent les yeux pour y faire venir des larmes, et voici quelles insidieuses paroles elles adressent à Psyché :

Tu t'endors, mon enfant, dans une douce quiétude, heureuse de ton ignorance et sans te douter du sort affreux qui te menace, tandis que notre sollicitude, éveillée sur tes périls, est pour nous un tourment de toutes les heures. Écoute ce que nous avons appris de science certaine, et ce que notre vive sympathie ne nous permet pas de te celer. Un horrible serpent, dont le corps se recourbe en innombrables replis, dont le cou est gonflé d'un sang venimeux, dont la gueule s'ouvre comme un gouffre immense, voilà l'époux qui chaque nuit vient furtivement partager ta couche. Rappelle-toi l'oracle de la Pythie, ce fatal arrêt qui te livre aux embrassements d'un monstre. Il y a plus : nombre de témoins, paysans, chasseurs ou bourgeois de ce voisinage, l'ont vu le soir revenir de la pâture, et traverser le fleuve à la nage.

Personne ne doute qu'il ne te tienne ici comme en mue, au milieu de toutes ces délices, et qu'il n'attende seulement, pour te dévorer, que ta grossesse plus avancée lui offre une chère plus copieuse. C'est à toi de voir si tu veux écouter des sœurs tremblantes pour une sœur qu'elles aiment, et si tu n'aimes pas mieux vivre tranquillement au milieu de nous, que d'avoir les entrailles d'un monstre dévorant pour sépulture. Trouves-tu plus de charmes dans cette solitude peuplée de voix, dans ces amours clandestins, dans ces caresses nauséabondes et empoisonnées, dans cet accouplement avec un reptile? Soit. Du moins nous aurons fait notre devoir en bonnes sœurs.

La pauvre Psyché, dans sa candide inexpérience, reçut comme un coup de foudre cette formidable révélation. Sa tête s'égara ; tout fut oublié, les avertissements de son mari, ses propres promesses ; et elle alla donner tête baissée dans l'abîme ouvert sous ses pas. Ses genoux fléchissent, la pâleur de la mort couvre son visage, et ses lèvres tremblantes livrent à peine passage à ces mots entrecoupés : Chères sœurs, je n'attendais pas moins de votre affection si tendre. Oui, je ne vois que trop de vraisemblance dans les rapports que l'on vous a faits. Effecti-

---

modo florenti lanugine barbam instruens, nunc ætate media, candenti canitie lucidus. Quis ille, quem temporis modici spatium repentina senecta reformavit? Nil aliud reperies, mi soror, quam vel mendacium istam pessimam feminam confingere, vel formam mariti sui nescire. Quorum utrum verum est, opibus istis quam primum exterminanda est. Quod si viri sui faciem ignorat, deo profecto denupsit; et deum nobis prægnatione ista gerit. Certe si divini puelli, quod absit, hæc mater audierit : statim me laqueo nexili suspendam. Ergo interim ad parentes nostros redeamus, et exordio sermonis hujus quam concolores fallacias attexamus. Sic inflammatæ, parentibus fastidienter appellatis, et nocte turbatis vigiliis perditæ, matutino scopulum pervolant : et inde soliti venti præsidio vehementer devolant, lacrymisque pressura palpebrarum coactis, hoc astu puellam appellant.

Tu quidem felix, et ipsa tanti mali ignorantia beata, sedes incuriosa periculi tui : nos autem, quæ pervigili cura rebus tuis excubamus, cladibus tuis misere cruciamur. Pro vero namque comperimus, nec te, sociæ scilicet doloris casusque tui, celare possumus, immanem colubrum, multinodis voluminibus serpentem, veneno noxio colla sanguinantem, hiantemque ingluvie profunda, tecum noctibus latenter acquiescere. Nunc recordare sortis Pythicæ, quæ te trucis bestiæ nuptiis destinatam esse clamavit. Et multi coloni, quique circumsecus venantur, et accolæ plurimi viderunt eum vespera redeuntem e pastu, proximique fluminis vadis innatantem. Nec diu blandis alimoniarum obsequiis te saginaturum omnes affirmant : sed, quum primum prægnationem istam plenus maturaverit uterus, opimiore fructu præditam devoraturum. At hic jam tua est existimatio, utrum sororibus pro tua cara salute sollicitis assentiri velis, et declinata morte nobiscum secura periculi vivere, an sævissimæ bestiæ sepeliri visceribus. Quod si te ruris hujus vocalis solitudo, vel clandestinæ Veneris fœtidi periculosique concubitus, et venenati serpentis amplexus delectant ; certe piæ sorores nostrum fecerimus.

Tunc Psyche misella, utpote simplex, et animi tenella, rapitur verborum tam tristium formidine : et, extra terminum mentis suæ posita, prorsus omnium mariti monitionum, suarumque promissionum memoriam effudit, et in profundum calamitatis sese præcipitavit : tremensque, et exsangui colore lurida, tertiata verba semihianti voce

vement je n'ai jamais vu mon époux; je ne sais d'où il vient; sa voix ne se fait entendre que la nuit; il ne me parle qu'à l'oreille; il fuit soigneusement toute lumière. C'est quelque monstre, dites-vous? je n'hésite pas à le croire; car il n'est peur qu'il ne me fasse de sa figure et des terribles conséquences de ma curiosité, au cas où je chercherais à le voir. Si votre assistance peut conjurer un tel danger, ah! ne me la refusez pas. Que sert de protéger, si l'on ne protége jusqu'au bout?

Les deux scélérates voient la brèche ouverte. Elles démasquent alors leur attaque, se ruent sur le corps de la place, et exploitent à force ouverte les terreurs de la simple Psyché. L'une d'elles lui parle ainsi : Il s'agit de te sauver. Les liens du sang nous obligent à fermer les yeux sur nos propres périls. Un seul moyen se présente; nous l'avons longtemps médité. Écoute; prends un poignard bien aiguisé, donne-lui le fil encore, en passant doucement la lame sur la paume de ta main; puis va le cacher soigneusement dans ton lit, du côté où tu te couches d'ordinaire. Munis-toi également d'une petite lampe bien fournie, afin qu'elle jette plus de lumière. Tu trouveras bien moyen de la placer inaperçue derrière le rideau. Tout cela dans le plus grand secret. Il ne tardera pas à venir, traînant sur le plancher son corps sinueux, prendre au lit sa place accoutumée. Attends qu'il soit étendu tout de son long, et que tu l'entendes respirer pesamment, comme il arrive dans l'engourdissement du premier sommeil : alors glisse-toi hors du lit, et va, sans chaussure, à petits pas, et sur la pointe du pied, tirer ta lampe de sa cachette. Sa lueur te servira à bien prendre tes mesures pour mettre à fin ta généreuse entreprise. Saisis alors l'arme à deux tranchants, lève hardiment le bras, frappe le monstre sans hésiter à la jointure du cou et de la tête, et tu feras de son corps deux tronçons. Notre assistance ne te manquera pas. Aussitôt que par sa mort tu auras opéré ta délivrance, nous serons à tes côtés. Nous t'emmènerons avec nous, sans oublier toutes ces richesses, et, par un hymen de ton choix, nous t'unirons, toi créature humaine, à un être qui soit de l'humanité.

Quand elles crurent avoir assez attisé le feu dans le cœur de Psyché par ce langage incendiaire, elles se hâtent de s'esquiver, redoutant fort pour leurs personnes la proximité du théâtre de la catastrophe. Elles font, comme à l'ordinaire, l'ascension du rocher sur les ailes du vent. Puis, courant à toutes jambes vers leur vaisseau, elles s'embarquent, et quittent le pays.

Psyché reste livrée à elle-même, c'est-à-dire obsédée par les Furies. Le trouble de son cœur est celui d'une mer orageuse. Son dessein est arrêté, elle s'y obstine; et ses mains déjà s'occupent des sinistres préparatifs, que son âme doute et flotte encore. Les émotions s'y combattent : Tour à tour elle veut et ne veut pas, menace et tremble, s'emporte et mollit. Pour tout dire en un mot, dans le même individu elle déteste un monstre, elle adore un époux. Cependant le soir est venu; la nuit va suivre. Elle s'occupe à la hâte des préliminaires du forfait.

Il est nuit. L'époux est à son poste. Il livre un

substrepens, sic ad illas ait : Vos quidem, carissimæ sorores, ut par erat, in officio vestræ pietatis permanetis : verum et illi qui talia vobis affirmant, non videntur mihi mendacium fingere. Nec enim unquam viri mei vidi faciem, vel omnino cujatis sit novi; sed tantum nocturnis subaudiens vocibus, maritum incerti status, et prorsus lucifugam tolero, bestiamque aliquam recte dicentibus vobis merito consentio. Meque magnopere semper a suis terret aspectibus, malumque grande de vultus curiositate præminatur. Nunc, si quam salutarem opem periclitanti sorori vestræ potestis afferre, jam nunc subsistite. Ceterum incuria sequens prioris providentiæ beneficia corrumpit.

Tunc nactæ, jam portis patentibus, nudatum sororis animum facinorosæ mulieres, omissis tectæ machinæ latibulis, destrictis gladiis fraudium, simplicis puellæ paventes cogitationes invadunt. Sic denique altera : Quoniam nos originis nexus pro tua incolumitate periculum quidem nullum ante oculos habere compellit : viam, quæ sola deducit iter ad salutem, diu diuque cogitatam monstrabimus tibi. Novaculam præacutam, appulsu etiam palmulæ lenientis exasperatam, tori qua parte accubare consuesti, latenter absconde : lucernamque concinne completam oleo, claro lumine præmicantem, subde aliquo claudentis aululæ tegmine. Omnique isto apparatu tenacissime dissimulato, postquam sulcatos intrahens gressus, cubile solitum conscenderit, jamque porrectus, et exordio somni prementis implicitus, altum soporem flare cœperit : toro delapsa, nudoque vestigio pensilem gradum paululatim minuens, cæcæ tenebræ custodia liberata lucerna, præclari tui facinoris opportunitatem de luminis consilio mutuare : et ancipiti telo illo, audaciter prius dextera sursum elata, nisu quam valido noxii serpentis nodum cervicis et capitis abscide. Nec nostrum tibi deerit subsidium : sed quum primum illius morte salutem tibi feceris, anxiæ præstolabimur : cunctisque istis ocius tecum relatis, votivis nuptiis hominem te jungemus homini. Tali verborum incendio flammata viscera sororis jam prorsus ardentis deserentes ipsæ protinus, tanti mali confinium sibi etiam eximie metuentes, flatus alitis impulsu solito porrectæ super scopulum, illico perniciter fuga proripiunt : statimque conscensis navibus abeunt.

At Psyche relicta sola, nisi quod infestis Furiis agitata, sola non est, æstu pelagi simile mœrendo fluctuat : et, quamvis statuto consilio, et obstinato animo, jam tum facinori suas manus admovens; adhuc incerta consilii titubat, multisque calamitatis suæ distrahitur affectibus. Festinat, differt; audet, trepidat; diffidit, irascitur; et, quod est ultimum, in eodem corpore odit serpentem bestiam, diligit maritum. Vespera tamen jam noctem trahente, præcipiti festinatione nefarii sceleris instruit apparatum.

premier combat, prélude de sa campagne nocturne, puis s'endort d'un sommeil profond. La force abandonne alors Psyché; le cœur lui manque. Mais le sort a prononcé, le sort est impitoyable, son énergie revient. Elle avance la lampe, saisit son poignard. Adieu la timidité de son sexe. Mais à l'instant la couche s'illumine, et voilà ses mystères au grand jour. Psyché voit (quel spectacle!) le plus aimable des monstres et le plus privé, Cupidon lui-même, ce dieu charmant, endormi dans la plus séduisante attitude. Au même instant la flamme de la lampe se dilate et petille, et le fer sacrilége reluit d'un éclat nouveau.

Psyché reste atterrée à cette vue, et comme privée de ses sens. Elle pâlit, elle tremble, elle tombe à genoux. Pour mieux cacher son fer, elle veut le plonger dans son sein; et l'effet eût suivi l'intention, si le poignard, comme effrayé de se rendre complice de l'attentat, n'eût échappé soudain de sa main égarée. Elle se livre au désespoir; mais elle regarde pourtant, et regarde encore les traits merveilleux de cette divine figure, et se sent comme renaître à cette contemplation.

Elle admire cette tête radieuse, cette auréole de blonde chevelure d'où s'exhale un parfum d'ambroisie, ce cou blanc comme le lait, ces joues purpurines encadrées de boucles dorées qui se partagent gracieusement sur ce beau front, ou s'étagent derrière la tête, et dont l'éclat éblouissant fait pâlir la lumière de la lampe. Aux épaules du dieu volage semblent pousser deux petites ailes, d'une blancheur nuancée de l'incarnat du cœur d'une rose. Dans l'inaction même, on voit palpiter leur extrémité délicate, qui jamais ne repose. Tout le reste du corps joint au blanc le plus uni les proportions les plus heureuses. La déesse de la beauté peut être fière du fruit qu'elle a porté.

Au pied du lit gisaient l'arc, le carquois et les flèches, insignes du plus puissant des dieux. La curieuse Psyché ne se lasse pas de voir, de toucher, d'admirer en extase les redoutables armes de son époux. Elle tire du carquois une flèche, et, pour en essayer la trempe, elle en appuie le bout sur son pouce; mais sa main, qui tremble en tenant le trait, imprime à la pointe une impulsion involontaire. La piqûre entame l'épiderme, et fait couler quelques gouttes d'un sang rosé. Ainsi, sans s'en douter, Psyché se rendit elle-même amoureuse de l'Amour. De plus en plus éprise de celui par qui l'on s'éprend, elle se penche sur lui la bouche ouverte, et le dévore de ses ardents baisers. Elle ne craint plus qu'une chose, c'est que le dormeur ne s'éveille trop tôt.

Mais tandis qu'ivre de son bonheur, elle s'oublie dans ces transports trop doux, la lampe, ou perfide, ou jalouse, ou (que sais-je?) impatiente de toucher aussi ce corps si beau, de le baiser, si j'ose le dire, à son tour, épanche de son foyer lumineux une goutte d'huile bouillante sur l'épaule droite du dieu. O lampe maladroite et téméraire! ô trop indigne ministre des amours! faut-il que par toi le dieu qui met partout le feu connaisse aussi la brûlure! par toi, qui dus l'être sans doute au génie de quelque amant jaloux des ténèbres, et qui voulait leur disputer la présence de l'objet adoré!

Le dieu brûlé se réveille en sursaut. Il voit le secret trahi, la foi violée, et, sans dire un seul mot, il va fuir à tire d'aile les regards et les em-

---

Nox aderat, et maritus aderat, primisque Veneris prœliis velitatus altum soporem descenderat. Tunc Psyche, et corporis et animi alioquin infirma, Fati tamen sævitia subministrante, viribus roboratur : et, prolata lucerna, et arrepta novacula, sexum audacia mutavit. Sed quum primum luminis oblatione tori secreta claruerunt; videt omnium ferarum mitissimam dulcissimamque bestiam, ipsum illum Cupidinem formosum deum formose cubantem : cujus aspectu lucernæ quoque lumen hilaratum increbruit, et acuminis sacrilegi novacula pænitebat.

At vero Psyche tanto aspectu deterrita, et impos animi, marcido pallore defecta, tremensque desedit in imos poplites; et ferrum quærit abscondere, sed in suo pectore. Quod profecto fecisset, nisi ferrum, timore tanti flagitii, manibus temerariis delapsum evolasset. Jamque lassa salute, defecta, dum sæpius divini vultus intuetur pulchritudinem, recreatur animi.

Videt cupitis aurei genialem cæsariem ambrosia temulentam, cervices lacteas, genasque purpureas pererrantes crinium globos, decoriter impeditos, alios antependulos, alios retropendulos : quorum splendore nimio fulgurante, jam et ipsum lumen lucernæ vacillabat. Per humeros volatilis dei pinnæ roscidæ, micanti flore candicant; et quamvis alis quiescentibus, extimæ plumulæ tenellæ, ac delicatæ tremule resultantes, inquieta lasciviunt. Ceterum corpus glabellum, atque luculentum, et quale peperisse Venerem non pœniteret.

Ante lectuli pedes jacebat arcus, et pharetra, et sagittæ, magni dei propitia tela. Quæ dum insatiabili animo Psyche satis curiosa rimatur atque pertractat, et mariti sui miratur arma : depromit unam de pharetra sagittam, et puncto pollicis extremam aciem periclitabunda, trementis etiamnunc articuli nisu fortiore pupugit altius; ut per summam cutem roraverint parvulæ sanguinis rosei guttæ. Sic ignara Psyche, sponte in Amoris incidit amorem. Tunc magis magisque cupidine flagrans Cupidinis, prona in eum efflictim inhians, patulis ac petulantibus saviis festinanter ingesti, de somni mensura metuebat.

Sed, dum bono tanto percita, saucia mente fluctuat, lucerna illa, sive perfidia pessima, sive invidia noxia, sive quod tale corpus contingere, et quasi basiare etiam ipsa gestiebat, evomuit de summa luminis sui stillam ferventis olei super humerum dei dextrum. Hem audax et temeraria lucerna, et amoris vile ministerium! ipsum ignis totius deum aduris : quum scilicet amator aliquis, ut diutius cupitis etiam nocte potiretur, primus invenerit.

Sic inustus exsiluit deus, visaque detectæ fidei colluvie, prorsus ex oculis et manibus infelicissimæ conjugis

brassements de son épouse infortunée; mais au moment où il se lève, Psyché saisit à bras-le-corps sa jambe droite, s'y cramponne, le suit dans son essor, tristement suspendue à lui jusqu'à la région des nuages; et lorsqu'enfin la fatigue lui fait lâcher prise, elle tombe sans mouvement par terre. Cupidon attendri répugne à l'abandonner en cet état : il vole sur un cyprès voisin; et d'une voix profondément émue : Trop crédule Psyché, dit-il, pour vous j'ai enfreint les ordres de ma mère. Au lieu de vous avilir, comme elle le voulait, par une ignoble passion, par un indigne mariage, je me suis moi-même offert à vous pour amant. Imprudent! je me suis, moi, si habile archer, blessé d'une de mes flèches! j'ai fait de vous mon épouse. Et tout cela, pour me voir pris pour un monstre, pour offrir ma tête au fer homicide, sans doute parce qu'il s'y trouve deux yeux trop épris de vos charmes. J'ai tout fait pour tenir votre prudence éveillée. Ma tendresse a prodigué les avertissements; mais sous peu j'aurai raison de vos admirables conseillères et de leurs funestes insinuations. Quant à vous, c'est en vous fuyant que je veux vous punir. En achevant ces mots, il se lance en oiseau dans les airs.

Psyché prosternée sur la terre suivit longtemps des yeux son époux dans l'espace, tout en le rappelant par ses cris lamentables; et quand un vol rapide l'eut élevé à perte de vue, elle se lève, et court se précipiter dans un fleuve voisin : mais le fleuve eut compassion de l'infortunée, et, par respect pour le dieu qui fait enflammer même les ondes, par crainte peut-être, il la soulève sur ses flots, et la dépose pleine de vie sur le gazon fleuri de ses rivages.

Le rustique dieu Pan se trouvait là par hasard, assis sur la berge. Il tenait entre ses mains ces roseaux qui furent jadis la nymphe Canna, et les faisait résonner sur tous les tons; son troupeau capricieux folâtrait, en broutant çà et là l'herbe du rivage. Le dieu chèvre-pied, apercevant la belle affligée, dont l'aventure ne lui était pas inconnue, l'invite à s'approcher, et lui adresse quelques mots de consolation : Ma belle enfant, je ne suis qu'un gardeur de chèvres, un peu rustre, il est vrai, mais j'ai beaucoup vécu et acquis raisonnablement d'expérience; or, si je sais bien former mes conjectures (ce que les gens de l'art appellent être devin), cette démarche égarée et chancelante, cette pâleur universelle, ces continuels soupirs, et surtout ces yeux noyés dans les larmes, tout cela me dit que vous souffrez du mal d'amour. Croyez-en mon conseil, renoncez à chercher la mort dans les flots ou par toute autre voie; séchez vos pleurs, défaites-vous de cet air chagrin, offrez vos prières avec ferveur au grand dieu Cupidon, et, comme c'est un enfant gâté, sachez le prendre et flatter ses fantaisies.

Ainsi parla le dieu pasteur. Psyché ne répondit rien; elle s'inclina devant le dieu, et se mit en marche. Après avoir longtemps et péniblement erré à l'aventure, elle se trouve dans un sentier en pente, qui la mène inopinément à la ville où régnait le mari d'une de ses sœurs. Aussitôt qu'elle en fut informée, elle fait annoncer sa venue. Elle

tacitus avolavit. At Psyche statim resurgentis ejus crura dextro manibus ambabus arrepto, sublimis evectionis appendix miseranda, et per nubilas plagas penduli comitatus extrema consequia, tandem fessa delabitur solo. Nec deus amator humi jacentem deserens, involavit proximam cupressum, deque ejus alto cacumine sic eam graviter commotus affatur :

Ego quidem, simplicissima Psyche, parentis meæ Veneris præceptorum immemor, quæ te miseri extremique hominis devinctam cupidine, infimo matrimonio addici jusserat, ipse potius amator advolavi tibi. Sed hæc feci leviter, scio : et præclarus ille sagittarius, ipse me telo meo percussi, teque conjugem meam feci, ut bestia scilicet tibi viderer, et ferro caput excideres meum, quod istos amatores tuos oculos gerit? Hæc tibi identidem semper cavenda censebam, hæc benivole remonebam. Sed illæ quidem consiliatrices egregiæ tuæ, tam perniciosi magisterij dabunt actutum mihi pœnas : te vero tantum fuga mea punivero. Et cum termino sermonis, pinnis in altum se proripuit.

Psyche vero humi prostrata, et quantum visu poterat, volatus mariti prospiciens, extremis affligebat lamentationibus animum. Sed ubi remigio plumæ raptum maritum proceritas spatii fecerat alienum, per proximi fluminis marginem præcipitem sese dedit. Sed mitis fluvius, in honorem dei scilicet, qui et ipsas aquas urere consuevit, metuens sibi, confestim eam innoxio volumine super ripam florentem herbis exposuit.

Tunc forte Pan deus rusticus juxta supercilium amnis sedebat, complexus hic humo Cannam deam, eamque voculas omnimodas edocens recinere. Proxime ripam vago pastu lasciviunt comam fluvii tondentes capellæ. Hirtuosus deus sauciam Psychen, atque defectam, utcumque casus ejus non inscius, clementer ad se vocatam, sic permulcet verbis lenientibus : Puella scitula, sum quidem rusticanus et opilio, sed senectutis prolixæ beneficio, multis experimentis instructus. Verum, si recte conjecto, quod profecto prudentes viri divinationem autumant, ab isto titubante et sæpius vacillanti vestigio, deque nimio pallore corporis, et assiduo suspiritu, immo et ipsis manrentibus oculis tuis, amore nimio laboras. Ergo mihi ausculta, nec te rursus præcipitio vel ullo mortis accessitu genere perimas. Luctum desine, et pone mœrorem : precibusque potius Cupidinem deorum maximum percole ; et, utpote adolescentem delicatum luxuriosumque, blandis obsequiis promerere.

Sic locuto deo pastore, nulloque sermone reddito, sed adorato tantum numine salutari, Psyche pergit ire. Sed quum aliquam multum viæ laboranti vestigio pererrasset, inscio quodam tramite jam delabente, accedit quamdam civitatem, in qua regnum mariti unius sororis ejus obtinebat. Qua re cognita, Psyche nuntiari præsentiam suam sorori desiderat : mox inducta, mutuis amplexibus alternæ salutationis expletis, percontanti causas adventus sui, sic incipit :

Meministi consilium vestrum scilicet, quo mihi suasis-

est introduite, et, après les baisers et les politesses d'usage, on lui demande son histoire. Psyché commence ainsi :

Il vous souvient du conseil que vous me donnâtes, d'accord avec notre autre sœur. Abusée, disiez-vous, par un monstre qui venait, se donnant pour mari, passer les nuits avec moi, il fallait, sous peine de servir de pâture à cette bête vorace, le frapper d'un poignard à deux tranchants, et j'y étais bien décidée ; mais lorsque, toujours par votre conseil, j'approchai la lampe qui devait me découvrir ses traits, quel divin spectacle vint s'offrir à mes regards charmés! c'était le fils de la déesse Vénus, Cupidon lui-même, endormi d'un paisible sommeil. Éperdue, ivre de volupté, je cédais au délire de mes sens. Tout à coup, ô douleur ! une goutte d'huile brûlante tombe sur son épaule ; il se réveille en sursaut ; et, voyant dans mes mains le fer et la flamme: Va, me dit-il, ton crime est impardonnable. Sors à jamais de mon lit ; plus rien de commun entre nous. C'est ta sœur (et il prononça votre nom) que je veux désormais pour épouse. Il dit, et, sur son ordre, le souffle de Zéphyre me transporte hors du palais.

Psyché n'avait pas fini de parler, qu'enivrée du succès de sa ruse, sa sœur brûle d'en recueillir les coupables fruits. Pour tromper son mari, elle feint qu'on vient de lui apprendre la mort de ses parents, s'embarque en toute hâte, et fait voile vers le rocher. Zéphyre ne soufflait pas alors ; mais, dans l'espoir qui l'aveugle : Cupidon, dit-elle, reçois une épouse digne de toi ; et toi, Zéphyre, soutiens ta souveraine ! Et soudain elle s'élance de plein saut. Mais elle ne peut même arriver morte où elle voulait aller ; car les saillies des rocs se renvoyèrent les débris de ses membres, et, par un sort trop mérité, les lambeaux dispersés de son corps devinrent à moitié chemin la pâture des bêtes féroces et des oiseaux de proie.

L'autre punition ne tarda guère. Psyché, continuant sa course vagabonde, arriva dans la ville où résidait sa seconde sœur. Celle-ci, dupe de la même fiction, et rêvant comme sa devancière le criminel honneur de supplanter sa cadette, courut vite au rocher et y trouva même fin.

Pendant que Psyché courait ainsi le monde à la recherche de Cupidon, Cupidon, malade de sa brûlure, gémissait couché sur le lit même de sa mère. Or, cet oiseau blanc qui rase de l'aile la surface des mers, plongeant dans les profondeurs de l'Océan, va trouver Vénus, qui se baignait en se jouant au milieu des flots. Il lui annonce, en l'abordant, que son fils s'est fait une grande brûlure, dont la guérison est incertaine. Il ajoute que les bruits les plus fâcheux se répandent sur elle et sur sa famille : La mère et le fils, disait-on, ne sont plus occupés, l'un que d'une intrigue d'amour sur une montagne, et l'autre que du plaisir de nager au fond des mers. Adieu la volupté, adieu les grâces, adieu les jeux et les ris. Tout s'enlaidit, se rouille, s'assombrit dans la nature ; plus de tendres nœuds, de commerce d'amitié, d'amour filial. Le désordre règne ; ce n'est plus qu'une dissolution générale, un affreux dégoût de tout ce qui entretient l'union et fait le charme de la vie. La volatile babillarde n'oublia rien dans son rapport de ce qui pouvait irriter Vénus contre son fils.

Ah! dit la déesse irritée, mon bon sujet de fils

tis, ut bestiam, quæ mariti mentito nomine mecum quiescebat, priusquam ingluvie voraci me misellam hauriret, ancipiti novacula perimerem. Sed quum primum, ut æque placuerat, conscio lumine vultus ejus adspexi ; video mirum divinumque prorsus spectaculum : ipsum illum deæ Veneris filium, ipsum, inquam, Cupidinem leni quiete sopitum. Ac dum tanti boni spectaculo percita, et nimia voluptatis copia turbata, fruendi laborarem inopia ; casu scilicet pessimo, lucerna fervens oleum rebullivit in ejus humerum. Quo dolore statim somno recussus, ubi me ferro et igni conspexit armatam : Tu quidem, inquit, ob istud tam dirum facinus, confestim toro meo divorte, tibique res tuas habeto. Ego vero sororem tuam, et nomen, quo tu censeris, aiebat, jam mihi confarreatis nuptiis conjugabo. Et statim Zephyro præcipit, ultra terminos me domus ejus efflaret.

Necdum sermonem Psyche finierat : illa vesanæ libidinis et invidiæ noxiæ stimulis agitata, præconcinnato mendacio fallens maritum, quasi de morte parentum aliquid comperisset, statim navem ascendit : et ad illum scopulum protinus pergit ; et, quamvis alio vento flante, cæca spe tamen inhians : Accipe me, dicens, Cupido, dignam te conjugem : et tu, Zephyre, suscipe dominam : saltu se maximo præcipitem dedit. Nec tamen ad illum locum, vel saltem mortua, pervenire potuit. Nam per saxa cautium membris jactatis atque dissipatis, et, perinde ut merebatur, laceratis visceribus suis, alitibus bestiisque obvium ferens pabulum, interiit.

Nec vindictæ sequentis pœna tardavit. Nam Psyche errabundo rursus gradu pervenit ad civitatem aliam, in qua pari modo soror morabatur alia. Nec secius et ista fallacie germanitatis inducta, et in sororis sceleratas nuptias æmula festinavit ad scopulum : inque simile mortis exitium cecidit.

Interimdum Psyche quæsitioni Cupidinis intenta, populos circuibat ; at ille vulnere lucernæ dolens, in ipso thalamo matris jacens ingemebat. Tunc avis peralba illa Gavia, quæ super fluctus marinos pinnis natat, demergit sese propere ad Oceani profundum gremium. Ibi commodum Venerem lavantem natantemque propter assistens, indicat adustum filium ejus gravi vulneris dolore, mœrentem, dubium salutis jacere : jamque per cunctorum ora populorum rumoribus conviciisque variis omnem Veneris familiam male audire : quod ille quidem montano scortatu, tu vero marino natatu secesseritis ; ac per hoc non Voluptas ulla, non Gratia, non Lepos, sed incompta, et agrestia, et horrida cuncta sint : non nuptiæ conjugales, non amicitiæ sociales, non liberum caritates, sed enormis illuvies, et squalentium fœderum insuave fastidium. Hæc illa verbosa et satis curiosa avis in auribus Veneris filium lacerans existimatione, garriebat.

a fait une maîtresse! Voyons, toi, seule créature qui me montres du zèle, dis-moi le nom de la femme assez osée pour faire les avances à un enfant de cet âge. Est-ce une des Heures, une Nymphe, une Muse, ou l'une des Grâces de ma suite? L'oiseau jaseur n'eut garde de se taire. Maîtresse, je ne sais trop, répondit-il; mais il y a de par le monde une jeune fille du nom de Psyché, si je ne me trompe, dont on le dit passionnément épris. Qui? s'écria Vénus tout à fait outrée, cette Psyché qui se mêle d'être aussi belle que moi? qui s'ingère de porter mon nom? C'est celle-là qu'il aime? Ce marmot, apparemment, s'est servi de moi comme entremetteuse! c'est moi qui lui aurai mis le doigt sur cette donzelle!

Tout en grondant, elle sort précipitamment des ondes, et se dirige vers la couche d'or où repose le dieu malade. De la porte, elle lui crie de sa plus grosse voix : Belle conduite, en vérité, pour un enfant discret et sage! Est-ce là le cas que vous faites des ordres d'une mère, d'une souveraine? Au lieu de livrer mon ennemie à d'ignobles amours, vous osez, enfant libertin, lui prodiguer vos caresses précoces, et chercher dans ses bras des plaisirs défendus à votre âge! Vous prétendez m'imposer pour bru la femme que je déteste! Ah çà, croyez-vous, petit drôle, séducteur avorton, enfant insupportable, que seul vous soyez en état d'avoir lignée, et que moi je sois hors d'âge? Oh bien! sachez que je veux avoir un fils qui vous remplacera, et qui vaudra mieux que vous. Tenez, afin que l'affront soit plus sensible, j'adopterai quelqu'un de mes serviteurs, et je le doterai de ces ailes, de ce flambeau, de cet arc et de ces flèches, que je vous avais confiés pour un meilleur usage; car tout cet équipement m'appartient, et il n'en est pas une pièce qui vous vienne de votre père. On vous a gâté dès l'enfance : vos mains n'ont jamais su qu'égratigner et battre ceux à qui vous devez le respect. Moi-même, moi, votre mère, enfant dénaturé, ne suis-je pas journellement volée par vous, et quelquefois battue? Vous n'en useriez pas autrement avec moi si j'étais veuve; et votre beau-père, ce grand et formidable guerrier, ne vous impose même pas. Je le crois bien, au surplus : pour me faire enrager, vous vous êtes mis sur le pied de lui procurer de bonnes fortunes; mais le jeu vous coûtera cher, et ce beau mariage ne sera pas tout roses pour vous, je vous le promets.

Suis-je assez bafouée? Que faire? que résoudre? comment avoir raison de ce petit vaurien? Irai-je mendier le secours de la Sagesse, elle qui m'a vue si souvent lui rompre en visière, toujours pour les frasques de ce mignon? La créature, d'ailleurs, la plus désobligeante et la plus mal peignée...! Ah! j'en ai le frisson; mais il est si bon de se venger, coûte qui coûte! Allons, j'irai trouver la Sagesse, oui, la Sagesse. Du moins, mon fripon sera châtié de main de maître. Elle videra son carquois, désarmera ses flèches, détendra son arc, éteindra son flambeau, et ne ménagera pas non plus sa petite personne. Je ne serai point satisfaite qu'elle n'ait etrasé cette chevelure dorée que j'ai si souvent peignée de mes propres mains, et rogné ces ailes, autrefois arrosées du nectar de mon sein.

Elle dit, et sort furieuse, tout en continuant

At Venus irata solidum, exclamat repente : Ergo jam ille bonus filius meus habet amicam aliquam? Prome, agedum, quæ sola mihi servis amanter, nomen ejus, quæ puerum ingenuum et investem sollicitavit, sive illa de Nympharum populo, seu Horarum numero, seu de Musarum choro, vel de mearum Gratiarum ministerio. Nec loquax illa conticuit avis; sed, Nescio, inquit, domina. Puto, puellæ, si probe memini, Psyches nomine dicitur, efflicte cupere. Tunc indignata Venus exclamavit : Vel maxime Psychen ille, meæ formæ succubam, mei nominis æmulam, vere diligit. Nimirum istud incrementum lenam me putavit, cujus monstratu puellam illam cognosceret.

Hæc quiritans properiter emergit e mari, suumque protinus aureum thalamum petiit : et reperto, sicut audierat, ægroto puero, jam inde a foribus quam maxime boans : Honesta, inquit, hæc, et natalibus nostris bonæque tuæ frugi congruentia? Ut primum quidem tuæ parentis, immo dominæ præcepta calcares, nec sordidis amoribus inimicam meam pollueres; verum etiam hoc ætatis puer, tuis licentiosis et immaturis jungeres amplexibus; ut ego nurum scilicet tolerarem inimicam. Sed utique præsumis nugo, et corruptor, et inamabilis, te solum generosum, nec me jam per ætatem posse concipere. Velim ergo scias, multo te meliorem filium alium genituram, immo, ut contumeliam magis sentias, aliquem de meis adoptaturam vernulis : eique donaturam istas pinnas, et flammas, et arcum, et istas sagittas, et omnem meam supellectilem, quam tibi non ad hos usus dederam. Nec enim de patris tui bonis, ad instructionem istam quidquam concessum est. Sed male prima pueritia inductus es, et acutas manus habes, et majores tuos irreverenter pulsasti toties; et ipsam matrem tuam, me, inquam, ipsam, parricida, denudas quotidie : et percussisti sæpius, et quasi viduam utique contemnis. Nec vitricum tuum, fortissimum illum maximumque bellatorem metuis. Quidni! cui sæpius, in angorem mei pellicatus, puellas propinare consuesti. Sed jam faxo, te lusus hujus pœniteat, et sentias acidas et amaras istas nuptias.

Sed nunc irrisui habita quid agam? Quo me conferam? Quibus modis stellionem istum cohibeam? Petamne auxilium ab inimica mea Sobrietate, quam propter hujus ipsius luxuriam offendi sæpius? Aut rusticæ squalentisque feminæ colloquium adhibendum est? Horresco : nec tamen vindictæ solatium unde unde spernendum est. Illa mihi prorsus adhibenda est, nec ulla alia : quæ castiget asperrime nugonem istum : pharetram explicet, et sagittas dearmet, arcum enodet, tædamque deflammet, immo et ipsius corpus ejus acrioribus remediis coerceat. Tunc injuriæ meæ litatum crediderim, quum ejus comas, quas istis manibus meis subinde aureo nitore perstrinxi, deraserit : pinnas, quas meo gremio nectarei fontis infeci, prætotonderit.

d'exhaler sa bile. Elle est accostée par Junon et Cérès, qui, la voyant le teint allumé, lui demandent pourquoi ce sourcil froncé qui obscurcit le brillant de ses yeux. Je vous rencontre à propos, leur dit-elle : la colère pourrait me porter à quelque excès ; mais, je vous en conjure, aidez-moi de tous vos efforts à retrouver cette Psyché qui s'est enfuie, envolée je ne sais où ; car vous n'en êtes pas à apprendre le scandale de ma maison, et les hauts faits de celui que je ne veux plus appeler mon fils.

Les deux déesses, bien instruites de l'aventure, essayent d'apaiser la grande colère de Vénus. Mais, madame, qu'a donc fait votre fils, pour motiver cet acharnement contre lui, et cette hostilité si violente contre celle qu'il aime ? Où est le crime, s'il vous plaît, de faire les yeux doux à une jolie fille ? Vous n'ignorez pas qu'il est garçon sans doute, et, de plus, grand garçon ? Auriez-vous oublié la date de sa naissance ? ou, parce qu'il porte si gentiment ses années, vous obstinez-vous à le voir toujours enfant ? Vous, sa mère, vous, femme de sens, vous iriez d'un œil curieux épier ses amusements, lui faire un crime de ses petites fredaines, contre-carrer ses amourettes, et condamner enfin, dans ce beau jouvenceau, vos propres gentilles pratiques, et les doux passe-temps que vous ne vous refusez pas ? Singulière prétention, d'aller semant l'amour partout, et de le prohiber dans vos domaines ! d'exclure vos enfants du droit commun de prendre part aux faiblesses du beau sexe ! Ah ! l'on ne vous la passera pas, ni au ciel, ni sur la terre. Ainsi les officieuses déesses prennent la défense de l'absent, dont elles redoutent les flèches ; mais Vénus, qui n'entend pas raillerie sur les torts dont elle se plaint, leur tourne le dos, et précipite ses pas vers la mer.

LIVRE SIXIÈME.

Psyché cependant allait errant à l'aventure. Jour et nuit elle cherche son époux ; le sommeil la fuit, et sa passion s'en exalte encore. Il s'agit pour elle non plus d'attendrir un époux, mais de désarmer un maître. Au sommet d'une montagne escarpée, elle aperçoit un temple. Qui sait ? dit-elle, peut-être est-ce là le séjour de mon souverain seigneur : et la voilà, oubliant ses fatigues, qui court d'un pas rapide vers ce but de son espoir et de ses vœux. Elle gravit intrépidement la hauteur, et s'approche du sanctuaire. Elle y voit amoncelés des épis d'orge et de froment, dont une partie était tressée en couronne. Il y avait aussi des faux et tout l'attirail des travaux de la moisson ; mais tout cela pêle-mêle et jeté au hasard ; comme il arrive quand l'excès de la chaleur fait tomber l'outil des mains au travailleur fatigué. Psyché s'occupe aussitôt à débrouiller cette confusion, et à remettre chaque chose en ordre et en place, persuadée qu'il n'y a pour elle détail de culte ni observance à négliger, et qu'il n'est aucun dieu dont elle n'ait à se concilier la bienveillance et la pitié.

Tandis qu'elle vaque à ce soin consciencieusement et sans relâche, arrive Cérès la nourricière, qui la trouve à l'ouvrage : Ah ! malheureuse Psyché, s'écria-t-elle, avec un soupir prolongé, Vénus en courroux cherche par tout l'univers la

---

Sic effata, foras sese proripit infesta, et stomachata biles Venereas. Sed eam protinus Ceres et Juno continuantur : visamque vultu tumido, quæsiere, cur truci supercilio tantam venustatem micantium oculorum coerceret ? At illa, Opportune, inquit, ardenti prorsus isto meo pectori violentiam scilicet perpetraturæ venitis. Sed totis, oro, vestris viribus Psychen illam fugitivam, volaticam, mihi requirite. Nec enim vos utique domus meæ famosa fabula, et non dicendi filii mei facta latuerunt.

Tunc illæ gnaræ, quæ gesta sunt, palpare Veneris iram sævientem sic adortæ : Quid tale, domina, deliquit tuus filius, ut animo pervicaci voluptates illius impugnes : et, quam ille diligit, tu quoque perdere gestias ? Quod autem, oramus, isti crimen, si puellæ lepidæ libenter arriserit ? An ignoras, eum masculum et juvenem esse, vel certe jam quot sit annorum oblita es ? An quod ætatem portat bellule, puer tibi semper videtur ? Mater autem tu, et præterea cordata mulier, filii tui lusus semper explorabis curiose, et in eo luxuriem culpabis, et amores revinces, et tuas artes tuasque delicias in formoso filio reprehendes ? Quis autem te deum, quis hominum patietur, passim cupidines populis disseminantem, quum tuæ domus amores amare coerceas, et vitiorum muliebrium publicam præcludas officinam ? Sic illæ metu sagittarum, patrocinio gratioso Cupidini, quamvis absenti, blandiebantur. Sed Venus indignata ridicule tractari suas injurias, præversis illis, alte rursus concito gradu, pelago viam capessit.

LIBER SEXTUS.

Interea Psyche variis jactabatur discursibus, dies noctesque mariti vestigationibus inquieta, animo tanto cupidior ; iratum licet, si non uxoriis blanditiis lenire, certe servilibus precibus propitiare. Et, prospecto templo quodam in ardui montis vertice, Unde autem, inquit, scio an istic meus degat dominus ? Et illico dirigit citatum gressum, qua defectum prorsus assiduis laboribus spes incitabat et votum. Jamque gnaviter emensis celsioribus jugis, pulvinaribus sese proximam intulit. Videt spicas frumentarias in acervo, et alias flexiles in corona, et spicas hordei videt. Erant et falces, et operæ messoriæ mundus omnis ; sed cuncta passim jacentia, et incuria confusa, et, ut solet, æstu laborantium manibus projecta. Hæc singula Psyche curiose dividit, et discretim remota rite componit : rata scilicet, nullius dei fana et cæremonias negligere se debere, sed omnium benivolam misericordiam corrogare.

Hæc eam sollicite seduloque curantem, Ceres alma deprehendit ; et longum exclamat protinus : Ah, Psyche miseranda ! totum per orbem Venus anxia disquisitione

trace de tes pas ; elle veut ta mort ; elle se vengera de tout son pouvoir de déesse : et toi, je te trouve ici uniquement occupée de mon service, et ne songeant à rien moins qu'à ta propre sûreté! Psyché se prosterne aux pieds de Cérès, les inonde de ses larmes, et, balayant le sol de ses cheveux, implore la déesse sous toutes les formes de prières.

Par cette main prodigue des trésors de l'abondance, par les rites joyeux, de la moisson ; par votre attelage ailé de dragons obéissants, par les fertiles sillons de la Sicile, par le char ravisseur, par la terre receleuse, par la descente de Proserpine aux enfers et son ténébreux hyménée, par la triomphante illumination de votre retour après l'avoir retrouvée, par tous les mystères enfin que le sanctuaire de l'antique Éleusis renferme et protége de son silence sacré, prenez en pitié la malheureuse Psyché qui vous supplie; souffrez que je me cache pour quelques jours dans cet amas d'épis. Ou ce temps suffira pour calmer le courroux de ma redoutable ennemie, ou je pourrai du moins retrouver mes forces, épuisées par tant de fatigues.

Cérès lui répond : Je suis touchée de tes prières et de tes larmes, et je voudrais te secourir ; mais Vénus est ma parente; c'est une ancienne amie, bonne femme d'ailleurs, que je ne veux en rien contrarier. Il te faut donc sortir à l'instant de ce temple ; et sache-moi gré de ne pas t'y retenir prisonnière.

Refusée contre son espoir, Psyché s'éloigne, emportant dans son cœur un chagrin de plus. Elle revenait tristement sur ses pas, quand son œil, plongeant au fond d'un vallon, découvre un autre temple, dont l'élégante architecture se dessinait dans le demi-jour d'un bois sacré. Décidée à ne négliger aucune chance, même douteuse, de salut, et à se mettre sous la protection d'une divinité quelconque, elle s'avance vers l'entrée de l'édifice. Là se présentent à sa vue les plus riches offrandes. Aux portes sacrées, ainsi qu'aux arbres environnants, étaient suspendues des robes magnifiques; et sur leur tissu la reconnaissance avait brodé en lettres d'or, avec le nom de la déesse, le sujet de chaque action de grâces qu'on lui rendait. Psyché fléchit le genou, embrasse l'autel tiède encore, et, après avoir essuyé ses larmes, elle fait cette prière :

Épouse et sœur du grand Jupiter, toi qui habites un temple antique dans cette Samos, si fière d'avoir entendu tes premiers vagissements et de t'avoir vu presser le sein de ta nourrice ; toi que l'altière Carthage, aux opulentes demeures, honore sous les traits d'une vierge traversant les airs avec un lion pour monture; toi qui, sur les bords que l'Inachus arrose, présides aux murs de la célèbre Argos qui t'adore; et toi, la reine des déesses, l'épouse du maître du tonnerre; toi que l'Orient vénère sous le nom de Zygie, et qu'invoque l'Occident sous celui de Lucine ; ah ! montre-toi pour moi Junon protectrice ! La fatigue m'accable; daigne me préserver des dangers qui me menacent. Jamais, je le sais, tu ne refusas ta protection aux femmes sur le point d'être mères.

Pendant cette invocation, Junon lui apparaît dans tout l'éclat de la majesté céleste. Je ne demanderais pas mieux, dit-elle, que d'accueillir ta demande; mais me mettre en opposi-

tuum vestigium furens animi requirit : teque ad extremum supplicium expetit, et totis numinis sui viribus ultionem flagitat. Tu vero rerum mearum tutelam nunc geris, et aliud quidquam cogitas, nisi de tua salute? Tunc Psyche pedes ejus advoluta, et uberi fletu rigans deæ vestigia, humumque verrens crinibus suis, multijugis precibus editis veniam postulabat :

Per ego te frugiferam tuam dexteram istam deprecor, per lætificas messium cæremonias, per tacita secreta cistarum, et per famulorum tuorum draconum pinnata curricula, et glebæ Siculæ sulcamina, et currum rapacem, et terram tenacem, et illuminarum Proserpinæ nuptiarum demeacula, et luminosarum filiæ inventionum remeacula, et cetera, quæ silentio tegit Eleusinis Atticæ sacrarium, miserandæ Psyches animæ, supplicis tuæ, subsiste. Inter istam spicarum congeriem patere vel pauculos dies delitescam; quoad diræ tantæ sæviens ira spatio temporis mitigetur, vel certe meæ vires diutino labore fessæ quietis intervallo leniantur.

Suscipit Ceres : Tuis quidem lacrymosis precibus et commoveor, et opitulari cupio : sed cognatæ meæ, cum qua etiam antiquum fœdus amicitiæ colo, bonæ præterea feminæ, malam gratiam subire nequeo. Decede itaque istis ædibus protinus : et, quod a me retenta custoditaque non fueris, optimi consule. Contra spem suam repulsa Psyche, et afflicta duplici mœstitia, iter retrorsum porrigens, inter subsitæ convallis sublucidum lucum prospicit fanum solerti fabrica structum : nec ullam vel dubiam spei melioris viam volens omittere, sed adire cujuscunque dei veniam, sacratis foribus proximat. Videt dona speciosa, et lacinias auro litteratas, ramis arborum postibusque suffixas; quæ cum gratia facti nomen deæ, cui fuerant dicata, testabantur. Tunc genu nixa, et manibus aram tepentem amplexa, detersis ante lacrymis, sic apprecatur.

Magni Jovis germana et conjuga : sive tu Sami, quæ querulo partu vagituque et alimonia tua gloriatur, tenes vetusta delubra; sive celsæ Carthaginis, quæ te virginem vectura leonis cœlo commeantem percolit, beatas sedes frequentas; sive prope ripas Inachi, qui te jam nuptam Tonantis, et reginam dearum memorat, inclytis Argivorum præsides mœnibus; quam cunctus Oriens Zygiam veneratur, et omnis Occidens Lucinam appellat : sis meis extremis casibus Juno Sospita, meque in tantis exantlatis laboribus defessam, imminentis periculi metu libera. Quod sciam, soles prægnantibus periclitantibus ultro subvenire.

Ad istum modum supplicanti statim sese Juno cum totius sui numinis augusta dignitate præsentat, et protinus Quam vellem, inquit, per fidem nutum meum precibus tuis accommodare : sed contra voluntatem Veneris, nu-

tion avec Vénus ma bru, que j'aime comme ma fille, le puis-je vraiment avec convenance? Et puis il y a des lois qui défendent de recueillir les esclaves fugitifs, et je n'irai pas y porter atteinte.

Découragée de ce nouvel échec, et renonçant a suivre un mari qui a des ailes, Psyché se livre à de cruelles réflexions. Où chercher du secours, quand des déesses même ne me témoignent qu'une bonne volonté stérile? Où porter mes pas, quand tant de piéges m'environnent? Quel toit, quelle retraite assez obscure pour me cacher à l'œil inévitable de la toute-puissante Vénus? Allons, Psyché, une résolution énergique! plus d'illusions frivoles. Va, de toi-même, te remettre aux mains de ta souveraine : ta soumission, pour être tardive, peut encore la désarmer. Qui sait? peut-être celui que tu cherches va-t-il se retrouver dans le palais de sa mère. Ainsi décidée à cette soumission hasardeuse, dût-elle y trouver sa perte, Psyché déjà préparait son exorde.

Cependant Vénus, qui a épuisé tous les moyens d'investigation sur terre, en va demander au ciel. Elle ordonne qu'on attelle son char d'or, œuvre merveilleuse de l'art de Vulcain, qui lui en avait fait hommage comme présent de noces. La riche matière a diminué sous l'action de la lime; mais, en perdant de son poids, elle a doublé de prix. De l'escadron ailé qui roucoule près de la chambre de la déesse, se détachent quatre blanches colombes; elles s'avancent en se rengorgeant, et viennent d'un air joyeux passer d'elles-mêmes leur cou chatoyant dans un joug brillant de pierreries. Leur maîtresse monte; elles prennent gaiement leur vol; une nuée de passereaux folâtres gazouillent autour du char. D'autres chantres des airs, au gosier suave, annoncent, par leurs doux accents, l'arrivée de la déesse. Les nuées lui font place; le ciel ouvre ses portes à sa fille chérie, et l'Empyrée tressaille d'allégresse à sa venue. L'harmonieux cortége défile, sans avoir à craindre la rencontre de l'aigle, ni du vorace épervier.

Vénus va droit à la royale demeure de Jupiter, et la fière sollicitense demande hardiment qu'il lui prête le ministère de Mercure; car il lui faut la meilleure poitrine de l'Olympe. Signe d'assentiment des noirs sourcils. Vénus revient triomphante, et, tout en descendant des cieux avec Mercure, lui dit d'un ton animé : Mon frère l'Arcadien, vous savez que votre sœur Vénus ne fait jamais rien sans vous; vous n'ignorez pas non plus que je suis en quête d'une esclave à moi qui se cache, et que je perds mon temps à la chercher. Je n'ai plus qu'une ressource, c'est de faire proclamer que je promets récompense à qui la trouvera. Je compte sur vous pour me rendre, sans tarder, ce bon office. Surtout que son signalement soit clair et précis. S'il y a lieu plus tard de poursuivre quelque recéleur en justice, qu'on ne puisse prétexter cause d'ignorance. Là-dessus, elle remet par écrit à Mercure le nom de Psyché avec les indications nécessaires, et regagne son palais.

Mercure, empressé de s'acquitter de la commission, se met à parcourir la terre, proclamant partout ce qui suit : « On fait savoir qu'une fille « de roi, du nom de Psyché, esclave de Vénus, a « pris la fuite. Quiconque pourra la livrer, ou in-

---

rus meæ, quam filiæ semper dilexi loco, præstare me pudor non sinit. Tunc etiam legibus, quæ servos alienos profugos, invitis dominis, vetant suscipi, prohibeor. Isto quoque Fortunæ naufragio Psyche perterrita, nec indipisci jam maritum volatilem quiens, tota spe salutis deposita, sic ipsa suas cogitationes consuluit : Jam quæ possunt alia meis ærumnis tentari vel adhiberi subsidia, cui ne dearum quidem, quamquam volentium, potuerunt prodesse suffragia? Quo rursum itaque, tantis laqueis inclusa, vestigium porrigam : quibusque tectis vel etiam tenebris abscondita, magnæ Veneris inevitabiles oculos effugiam? Quin igitur masculum tandem sumis animum, et cassæ speculæ renuntias consulti, et ultroneam te dominæ tuæ reddis, et vel sera modestia sævientis impetus ejus mitigas? Qui scias an etiam, quem diu quæritas, illic in domo matris reperias? Sic ad dubium obsequium, immo ad certum exitium præparata, principium futuræ secum meditabatur obsecrationis.

At Venus terrenis remediis inquisitionis abnuens, cœlum petit. Jubet construi currum, quem ei Vulcanus aurifex subtili fabrica studiose poliverat, et ante thalami rudimentum nuptiale munus obtulerat, limæ tenuantis detrimento conspicuum, et ipsius auri damno pretiosum. De multis, quæ circa cubiculum dominæ stabulant, procedunt quatuor candidæ columbæ, et hilaris incessibus pictа colla torquentes, jugum gemmeum subeunt : susceptaque domina lætæ subvolant. Currum deæ prosequentes gannitu constrepenti lasciviunt passeres : et ceteræ, quæ dulce cantilant aves, melleis modulis suave resonantes, adventum deæ prænunciant. Cedunt nubes, et cœlum filiæ panditur : et summus æther cum gaudio suscipit deam. Nec obvias aquilas, vel accipitres rapaces pertimescit magnæ Veneris canora familia.

Tunc se protinus ad regias Jovis arces dirigit, et petita superbo Mercurii, dei vocalis, operæ necessariam usuram postulat. Nec rennit Jovis cærulum supercilium. Tunc ovans illico, comitante etiam Mercurio, Venus cœlo demeat, eique sollicite serit verba : Frater Arcas, scis nempe sororem tuam Venerem sine Mercurii præsentia nil unquam fecisse : nec te præterit utique, quanto jam tempore delitescentem ancillam nequiverim reperire. Nil ergo superest, quam tuo præconio præmium investigationis publicitus edicere. Fac ergo mandatum matures meum, et indicia, quibus possit agnosci, manifeste designes; ne, si quis occultationis illicitæ crimen subierit, ignorantiæ se possit excusatione defendere. Et simul dicens, libellum ei porrigit, ubi Psyches nomen continebatur, et cetera. Quo facto, protinus domum secessit.

Nec Mercurius omisit obsequium. Nam per omnium ora populorum passim discurrens, sic mandatæ prædicationis munus exsequebatur : Si quis a fuga retrahere, vel occultam demonstrare poterit fugitivam regis filiam, Veneris

« diquer sa retraite, recevra pour sa peine sept
« baisers de la bouche même de Vénus; plus, un
« huitième, emmiellé de ce que ses lèvres ont
« de plus doux. S'adresser pour la réponse au
« crieur Mercure, derrière les Pyramides Mur-
« tiennes. » A cette annonce, on juge quelle
excitation l'espoir d'un pareil prix dut produire
chez les mortels. Cette circonstance acheva de
détruire toute irrésolution dans l'esprit de Psyché.

Déjà elle approchait des portes de sa maîtresse;
l'Habitude, une des suivantes de Vénus, accourt, en criant du plus haut ton de sa voix : Te
voilà donc, servante détestable! Enfin tu te souviens que tu as une maîtresse! Ne vas-tu pas,
avec l'effronterie dont tu es pourvue, feindre
d'ignorer quelle peine nous avons eue à courir
après toi? Par bonheur, c'est dans mes mains
que tu tombes; autant vaudraient pour toi les
griffes de l'enfer. Ah! tu vas recevoir le prix de
ta rébellion. Et, la saisissant par les cheveux,
elle entraîne la pauvrette, qui n'oppose aucune
résistance.

En voyant sa victime devant elle, et comme
offerte à ses coups, Vénus poussa un grand éclat
de rire; de ce rire que produit souvent l'excès de
la colère. Enfin, dit elle, en secouant la tête et
se frottant l'oreille droite, vous daignez venir
saluer votre belle-mère. N'est-ce pas à votre
mari, malade par votre fait, que s'adresse l'honneur de votre visite? Oh! soyez tranquille; on
vous traitera comme le mérite une aussi estima-
ble belle-fille. Où sont, dit-elle, mes deux servantes, l'Inquiétude et la Tristesse? On les introduit; et Vénus livre Psyché à leurs mains cruelles. Suivant l'ordre qu'elles ont reçu, elles la frappent de verges, la torturent de mille manières,
puis la ramènent en présence de leur maîtresse.

Vénus se mit de nouveau à rire. Oh! voici,
dit-elle, un gros ventre bien fait pour me disposer à la commisération. Cette belle progéniture
va faire de moi une si heureuse grand'mère!
Grand'mère! n'est-ce pas bien réjouissant de
s'entendre donner ce nom, et d'avoir pour petit-
fils l'enfant d'une vile servante? Mais je suis
folle, en vérité, d'appeler cela mon fils. Ce mariage disproportionné, consommé dans une campagne, sans témoins, sans le consentement du
père, ne saurait être légitime. Le marmot sera
bâtard, supposé que je lui donne le temps de
naître.

En proférant ces mots, elle s'élance sur la
pauvre Psyché, met sa robe en pièces, lui arrache les cheveux, et lui meurtrit de coups la tête.
Ensuite elle se fait apporter du froment, de
l'orge, du millet, de la graine de pavots, des
pois, des lentilles et des fèves. Elle mêle et confond le tout, et s'adressant à sa victime : Une
servante, une créature si disgraciée doit être
une habile personne pour avoir su se faire si
bien venir. Eh bien! je veux essayer ton savoir
faire. Tu vois cet amas de graines confondues?
tu vas me trier tout, séparer chaque espèce, et
en faire autant de tas. Je te donne jusqu'à ce soir
pour m'expédier cette tâche. Et, après lui avoir
taillé cette belle besogne, la déesse sort pour se
rendre à un repas de noces.

Psyché ne songe pas même à mettre la main
à ce chaos inextricable. Elle reste immobile et

ancillam, nomine Psychen, conveniat retro metas Murtias Mercurium prædicatorem, accepturus indiciæ nomine ab ipsa Venere septem savia suavia, et unum blandientis appulsu linguæ longe mellitum. Ad hunc modum pronunciante Mercurio, tanti præmii cupido certatim omnium mortalium studium arrexerat. Quæ res nunc vel maxime sustulit Psyches omnem contationem.

Jamque fores ejus dominæ proximanti occurrit una de famulatione Veneris, nomine Consuetudo : statimque, quantum maxime potuit, exclamat : Tandem, ancilla nequissima, dominam habere te scire cœpisti? An pro cetera morum tuorum temeritate; istud quoque nescire te fingis, quantos labores circa tuas inquisitiones sustinuerimus? Sed bene, quod meas potissimum manus incidisti, et inter Orci cancros jam ipsos adhæsisti; datura scilicet actutum contumaciæ tantæ pœnas. Et audaciter in capillos ejus immissa manu, trahebat eam, nequaquam renitentem.

Quam ubi primum inductam oblatamque sibi conspexit Venus, latissimum cachinnum extollit, et qualem solent ferventer irati : caputque quatiens, et adscalpens aurem dexteram, Tandem, inquit, dignata es socrum tuam salutare? An potius maritum, qui vulnere tuo periclitatur, intervisere venisti? Sed esto secura. Jam enim excipiam te, ut bonam nurum condecet; et, Ubi, inquit, Sollicitudo atque Tristities, ancillæ meæ? Quibus introvocatis torquendam tradidit eam. At illæ sequentes herile præceptum, Psychen misellam flagellis afflictam, et ceteris tormentis excruciatam, iterum dominæ conspectui reddunt.

Tunc rursus sublato risu Venus, Et ecce, inquit, nobis turgidi ventris sui lenocinio commovet miserationem : unde me præclara sobole aviam beatam scilicet faciat. Felix vero ego, quæ in ipso ætatis meæ flore vocabor avia : et vilis ancillæ filius nepos Veneris audiet. Quamquam inepta ego frustra filium dicam. Impares enim nuptiæ, et præterea in villa, sine testibus, et patre non consentiente factæ, legitimæ non possunt videri : ac per hoc spurius iste nascetur; si tamen partum omnino proferre te patiemur.

His editis, involat eam, vestemque plurifariam diloricat. capilloque discisso, et capite conquassato, graviter affligit, et, accepto frumento et hordeo et milio et papavere et cicere et lente et faba, commixtisque acervatim confusisque in unum grumulum, sic ad illam : Videris enim mihi tam deformis ancilla nullo alio, sed tantum sedulo ministerio amatores tuos promereri : jam ergo et ipsa frugem tuam periclitabor. Discerne seminum istorum passivam congeriem : singulisque granis rite dispositis atque sejugatis, ante istam vesperam opus expeditum approbato mihi. Sic assignato tantorum seminum cumulo, ipsa cœnæ nuptiali concessit.

Nec Psyche manus admolitur inconditæ illi et inextricabili moli; sed immanitate præcepti consternata, silens

stupéfaite d'une exigence aussi extravagante. Alors la fourmi, chétive habitante des champs, qui pouvait si bien apprécier la difficulté d'une semblable tâche, prend en pitié l'épouse d'un dieu, qu'elle y voit impitoyablement condamnée. Tout indignée de cet acte de marâtre, elle court convoquer le ban des fourmis de son quartier. Soyez compatissantes, filles alertes de la terre ; vite au travail ! une femme aimable, l'épouse de l'Amour, a besoin de vos bons offices. Aussitôt la gent aux mille pieds de se ruer, de se trémousser par myriades. En un clin d'œil tout cet amas confus est divisé, classé par espèces, distribué en autant de tas distincts ; et zeste, tous les travailleurs ont disparu. Vers le soir, Vénus revient de la fête, échauffée par les rasades, arrosée de parfums et couverte de guirlandes de roses. Elle voit avec quel soin merveilleux la tâche a été remplie : Ce n'est pas toi, coquine, cria-t-elle, qui as fait cette besogne. J'y reconnais la main de celui à qui tu as trop plu, pour ton malheur et pour le sien. Là-dessus, elle jette à Psyché un morceau de pain, et va se mettre au lit.

Cependant Cupidon, confiné au fond du palais, y subissait une réclusion sévère. On craint qu'il n'aggrave sa blessure par son agitation turbulente : surtout, on veut le séquestrer de celle qu'il aime. Ainsi séparés, bien que sous le même toit, les deux amants passèrent une nuit cruelle. Le char de l'Aurore se montrait à peine, que Vénus fit venir Psyché, et lui dit : Vois-tu ce bois bordé dans toute sa longueur par une rivière dont les eaux sont déjà profondes, bien qu'encore voisines de leur source ? Un brillant troupeau de brebis à la toison dorée y paît, sans gardien, à l'aventure : il me faut à l'instant un flocon de leur laine précieuse. Va, et fais en sorte de me le rapporter sans délai.

Psyché court, vole ; non pour accomplir l'ordre de la déesse, mais pour mettre un terme à ses maux dans les eaux du fleuve. Or, voici que, de son lit même, un vert roseau, doux organe d'harmonie, inspiré tout à coup par le vent qui l'agite et qui murmure, se met à prophétiser en ces termes : Pauvre Psyché, déjà si rudement éprouvée, garde-toi de souiller par ta mort la sainteté de mes ondes, et n'approche pas du formidable troupeau qui paît sur ce rivage. Tant que le soleil de midi darde ses rayons, ces brebis sont possédées d'une espèce de rage. Tout mortel alors doit redouter les blessures de leurs cornes acérées, le choc de leur front de pierre, et la morsure de leurs dents venimeuses ; mais une fois que le méridien aura tempéré l'ardeur de l'astre du jour, que les brises de la rivière auront rafraîchi le sang de ces furieux animaux, tu pourras sans crainte gagner ce haut platane nourri des mêmes eaux que moi, et trouver sous son feuillage un sûr abri. Alors tu n'auras, pour te procurer de la laine d'or, qu'à secouer les branches des arbres voisins, où elle s'attache par flocons. Ainsi le bon roseau faisait entendre à Psyché de salutaires conseils. Elle y prêta une oreille attentive, et n'eut pas lieu de s'en repentir ; car, en suivant ses instructions, elle eut bientôt fait sa collecte furtive, et retourna vers Vénus, le sein rempli de cet or amolli en toison.

Psyché ne se vit pas mieux accueillie après le succès de cette seconde épreuve. Vénus, fronçant

---

obstupescit. Tunc formicula illa parvula, atque ruricola, certa tum difficultatis tantæ, laborisque miserta contubernalis magni dei, socrusque sævitiam exsecrata, discurrens gnaviter convocat corrogatque cunctam formicarum accolarum classem : Miseremini, terræ omniparentis agiles alumnæ, miseremini, et Amoris uxori, puellæ lepidæ, periclitanti prompta velocitate succurrite. Ruunt aliæ, superque aliæ sepedum populorum undæ, summoque studio singulæ granatim tolum digerunt acervum : separatimque distributis dissitisque generibus, e conspectu perniciter abeunt. Sed initio noctis e convivio nuptiali vino madens, et fragrans balsama Venus remeat, totumque revincta corpus rosis micantibus ; visaque diligentia miri laboris : Non tuum, inquit, nequissima, nec tuarum manuum istud opus, sed illius, cui tuo, immo et ipsius malo, placuisti. Et frusto cibarii panis ei projecto, cubitum facessit.

Interim Cupido solus interioris domus unici cubiculi custodia clausus, coercebatur acriter : partim, ne petulanti luxurie vulnus gravaret ; partim, ne cum sua cupita conveniret. Sic ergo distentis et sub uno tecto separatis amatoribus, tetra nox exantlata. Sed Aurora commodum inequitante, vocatæ Psychæ Venus infit talia : Videsne illud nemus, quod fluvio præterruenti, ripisque longis attenditur : cujus imi gurgites vicinum fontem respiciunt ? Oves ibi nitentes, auriquo colore florentes, incustodito pastu vagantur. Inde de coma pretiosi velleris floccum mihi confestim quoquo modo quæsitum afferas, censeo.

Perrexit Psyche volenter, non obsequium quidem illa functura, sed requiem malorum præcipitio fluvialis rupis habitura. Sed inde de fluvio Musicæ suavis nutricula, leni crepitu dulcis auræ divinitus inspirata, sic vaticinatur Arundo viridis : Psyche, tantis ærumnis exercita, neque tua miserrima morte meas sanctas aquas polluas, nec vero contra formidabiles oves istius oræ feras aditum ; quoad de solis flagrantia mutuatæ calorem, truci rabie solent efferri, cornuque acuto, et fronte saxea, et nonnunquam venenatis morsibus in exitium sævire mortalium. Sed dum meridies solis sedaverit vaporem, et pecua spiritus fluvialis serenitate conquieverint, poteris sub illa procerissima platano, quæ mecum simul unum fluentum bibit, latenter te abscondere : et, quum primum mitigata furia laxaverint oves animum, percussis frondibus attigui nemoris, lanosum aurum reperies, quod passim stirpibus connexum obhærescit. Sic Arundo simplex et humana Psychen ægerrimam salutem suam docebat. Nec auscultatu pœnitentiæ diligenter instructa illa cessavit ; sed observatis omnibus, furatrina facili, flaventis auri mollitie congestum gremium Veneri reportat.

Nec tamen apud dominam saltem secundi laboris peri-

le sourcil, dit avec un sourire amer : Toujours la même protection frauduleuse! Mais je vais faire un essai décisif de ce courage si ferme et de cette conduite si prudente. Vois-tu ce rocher qui se dresse au sommet de cette montagne escarpée? Là jaillit une source dont les eaux noirâtres, recueillies d'abord dans le creux d'un vallon voisin, se répandent ensuite dans les marais du Styx, et vont grossir les rauques ondes du Cocyte. Tu iras au jet même de la source puiser de son onde glaciale, et tu me la rapporteras dans cette petite bouteille. Elle dit, et lui remet un flacon de cristal poli, en accompagnant l'injonction des plus terribles menaces.

Psyché hâte le pas pour gagner le sommet du mont, croyant bien cette fois y trouver le terme de sa misérable existence. Arrivée au haut, elle voit toute l'étendue et la mortelle difficulté de sa tâche, et quels périls il lui faut surmonter. En effet, le rocher s'élevait à une hauteur effroyable, et c'était à travers ses flancs abruptes, d'un escarpement inaccessible, que l'onde formidable trouvait passage. Elle s'échappait par une foule de crevasses, d'où elle glissait perpendiculairement, et s'encaissait ensuite dans une rigole étroite et profonde, qui la conduisait inaperçue jusqu'au fond du vallon. Du creux des rocs qui enfermaient ses deux rives, on voyait s'allonger de droite et de gauche d'affreuses têtes de dragons aux paupières immobiles, aux yeux constamment ouverts; gardiens terribles et qui ne s'endorment ni ne se laissent gagner. De plus, ces eaux étaient parlantes et savaient se défendre elles-mêmes : Arrière! Que fais-tu? où vas-tu? Prends garde! fuis! Tu mourras! Tels étaient les avertissements qu'elles ne cessaient de faire entendre.

Psyché resta pétrifiée en voyant l'impossibilité de sa tâche. Présente de corps, elle est absente par ses sens. Accablée par la conscience de son danger, elle n'a pas même la triste ressource des larmes; mais une providence tutélaire veillait sur cette âme innocente. Le royal oiseau de Jupiter, l'aigle aux serres ravissantes, parut tout à coup, déployant ses grandes ailes. Il n'a pas oublié combien il fit autrefois sa cour au souverain des dieux par le rapt de ce jeune Phrygien qui lui sert à boire, et que ce fut Cupidon lui-même qui l'inspira. Des hauteurs de l'Olympe, il vient offrir bien à propos son assistance, jaloux de se rendre agréable au mari en secourant sa jeune épouse. Le voilà donc qui voltige autour de Psyché, et lui dit : Eh quoi! pauvre innocente, croyez-vous que vos mains novices puissent dérober une seule goutte de l'eau de cette fontaine? Vous flattez-vous d'approcher seulement de ses bords sacrés et terribles? Ne savez-vous pas que les dieux, que Jupiter lui-même, ne les nomment qu'en tremblant? qu'ils jurent par la majesté du Styx, comme vous autres mortels vous jurez par la puissance des dieux? Mais confiez-moi ce flacon. Il dit, s'en empare, et ne tarde pas à le rapporter plein, passant et repassant, majestueusement soutenu par le balancement de ses puissantes ailes, entre ces deux rangs de gueules béantes, qui ne peuvent que montrer leurs dents terribles et darder sans effet leur triple langue. L'onde s'irrite, et lui crie : Loin d'ici, sacrilége! Mais il disait : C'est par l'ordre de Vénus; et ce mensonge adroit lui servit aussi de passe-port.

Psyché reçoit avec joie le flacon si heureuse-

---

culum secundum testimonium meruit; sed contortis superciliis subridens amarum, sic inquit : Nec me praeterit hujus quoque facti auctor adulterinus. Sed jam nunc ego sedulo periclitabor, an oppido forti animo singularique prudentia sis praedita. Videsne insistentem celsissimae illi rupi montis ardui verticem, de quo fontis atri fuscae defluunt undae, proximaeque conceptaculo vallis inclusae Stygias irrigant paludes, et rauca Cocyti fluenta nutriunt? Indidem mihi de summi fontis penita scaturigine rorem rigentem haurito ista confestim deferto urnula. Sic aiens, crystallo dedolatum vasculum, insuper ei graviora comminata, tradidit.

At illa studiose gradum celerans, montis extremum petit tumulum; certe vel illic inventura vitae pessimae finem. Sed quum primum praedicti jugi conterminos locos appulit, videt rei vastae letalem difficultatem. Namque saxum immani magnitudine procerum, et inaccessa salebritate lubricum, mediis e faucibus lapidis fontes horridos evomebat : qui statim proni foraminis lacunis editi, perque proclive delapsi, et angusti canalis exserto contecti tramite, proximam convallem latenter incidebant, dextera laevaque cautibus cavatis proserpunt, et longa colla porrecti saevi dracones, inconnivae vigiliae luminibus addictis, et in perpetuam lucem pupillis excubantibus. Jamque et ipse semet muniebant vocales aquae. Jam et, Discede, et, Quid facis? Vide; et, Quid agis? Cave, et Fuge, et Peribis, subinde clamant.

Sic impossibilitate ipsa mutata in lapidem Psyche, quamvis praesenti corpore, sensibus tamen aberat : et, inextricabilis periculi mole prorsus obruta, lacrymarum etiam extremo solatio carebat, nec providentiae bonae graves oculos innocentis animae latuit aerumna. Nam supremi Jovis regalis ales illa, repente, propansis utrimque pinnis, affuit rapax aquila : memorque veteris obsequii, quo ductu Cupidinis Jovi pocillatorem Phrygium sustulerat, opportunam ferens opem, deique numen in uxoris laboribus percolens, alti culminis Diales vias deserit. Et ob os puellae praevolans, incipit : At tu simplex alioquin et expers rerum talium, sperasne te sanctissimi nec minus truculenti fontis vel unam stillam posse furari, vel omnino contingere? Diis etiam, ipsique Jovi formidabiles aquas istas stygias vel fando comperisti? quodque vos dejeratis per numina deorum, deos per Stygis majestatem solere? Sed cedo istam urnulam. Et protinus arreptam, completamque festinanter, libratisque pinnarum nutantium molibus, inter genas saevientium dentium, et trisulca vibramina draconum, remigium dextera laevaque porrigens, violentes aquas, et ut abiret innoxius praeminantes, excipit : commenta, objussum Veneris petere, eique se praeministrare. Quare paulo facilior adeundi fuit copia.

ment rempli, et le rapporte en toute hâte à Vénus; mais rien n'apaise l'implacable déesse. Avec un sourire sinistre, et qui présage de nouvelles et plus périlleuses exigences, elle l'apostrophe en ces mots : Il faut que tu sois magicienne, et magicienne des plus expertes, pour avoir mis si lestement de telles commissions à fin; mais voici, ma poulette, ce qu'il te faut encore faire pour moi. Prends cette boîte (elle lui en remit une au même instant), et va de ce pas aux enfers, au sombre ménage de Pluton. Tu présenteras la boîte à Proserpine, et tu lui diras : Vénus demande un peu de votre beauté, ce qu'il en faut pour un jour seulement; car toute sa provision s'est épuisée par la consommation qu'elle en a faite en servant de garde-malade à son fils. Va, et ne tarde pas à retourner; car je veux m'en servir avant de paraître au théâtre de l'Olympe.

Psyché crut recevoir le coup de grâce. Cette fois l'ordre était clair : c'était tout simplement l'envoyer à la mort. Comment en douter? On voulait que d'elle-même elle descendît au Tartare et visitât les Mânes. Sans plus tarder, elle court vers une tour élevée, avec l'intention de se précipiter du sommet. C'était, suivant elle, le meilleur et le plus court chemin pour aller aux enfers; mais de la tour s'échappe tout à coup une voix : Quelle est, pauvre enfant, cette idée de se jeter ainsi la tête la première? Pourquoi reculer devant cette épreuve et vous sacrifier sans but? Votre âme une fois séparée du corps ira bien en effet au fond du Tartare, mais pour n'en plus revenir. Écoutez-moi : Lacédémone, cette noble cité de l'Achaïe, n'est pas loin; elle touche au Ténare, où l'on n'arrive que par des sentiers peu connus; c'est un soupirail du sombre séjour de Pluton. Osez vous engager dans sa bouche béante : devant vous s'ouvrira une route où nul pas n'a laissé sa trace, et qui va vous conduire en ligne directe au palais de l'Orcus; mais il ne faut pas s'aventurer dans ces ténèbres les mains vides. Ayez à chaque main un gâteau de farine d'orge pétri avec du miel, et à la bouche deux petites pièces de monnaie. Vers la moitié du chemin infernal, vous rencontrerez un âne boiteux, chargé de fagots. L'ânier, boiteux aussi, vous demandera de lui ramasser quelques brins de bois tombés de sa charge; passez outre, et ne répondez mot. Bientôt vous arriverez au fleuve de l'Érèbe. Caron est là, exigeant son péage; car ce n'est qu'à prix d'argent qu'il passe les arrivants sur l'autre rive. Ainsi l'avarice vit encore chez les morts! Ni Caron, ni Pluton même, ce dieu si grand, ne font rien pour rien. Le pauvre en mourant doit se mettre en fonds pour le voyage : nul n'a droit de rendre l'âme que l'argent à la main. Vous donnerez à ce hideux vieillard, à titre de péage, une de vos deux pièces de monnaie. Il faut qu'il la prenne de sa main à votre bouche. En traversant cette onde stagnante, vous verrez flotter le corps d'un vieillard, qui vous tendra ses mains cadavéreuses, vous priant de le tirer à vous dans la barque. La compassion ne vous est pas permise; n'en faites rien. Le fleuve franchi, vous rencontrerez à quelques pas de vieilles femmes occupées à faire de la toile, et qui vous demanderont d'y mettre la main : ne vous

---

Sic acceptam cum gaudio plenam urnulam Psyche Veneri citata retulit. Nec tamen nutum deæ sævientis vel tunc expiare potuit. Nam sic eam, majora atque pejora flagitia comminans, appellat renidens exitiabile : Jam tu quidem videris maga quædam mihi et alte prorsus malefica, quæ talibus præceptis meis obtemperasti gnaviter. Sed adhuc istud, mea pupula, ministrare debebis. Sume istam pyxidem (et dedit protinus), et usque ad Inferos et ipsius Orci ferales penates te dirige. Tunc conferens pyxidem Proserpinæ, Petit de te Venus, dicito, modicum de tua mittas ei formositate, vel ad unam saltem dieculam sufficiens. Nam quod habuit, dum filium curat ægrotum, consumpsit atque contrivit omne. Sed haud immaturius redito, quia me necesse est indidem delibutam, theatrum deorum frequentare.

Tunc Psyche vel maxime sensit ultimas fortunas suas : et, velamento rejecto, ad promptum exitium sese compelli manifeste comperit. Quidni? quæ suis pedibus ultro ad Tartarum Manesque demeare cogeretur. Nec cunctata diutius, pergit ad quampiam turrim præaltam, indidem se datura præcipitem. Sic enim rebatur vel ad Inferos recta atque pulcherrime se posse descendere; sed turris prorupit in vocem subitam, et, Quid te, inquit, præcipitio, misella, quæris exstinguere? quidque jam novissimo periculo, laboriquo isto temere succumbis? Nam, si spiritus corpore tuo semel fuerit sejugatus, ibis quidem profecto ad imum Tartarum, sed inde nullo pacto redire poteris. Mihi ausculta. Lacedæmon Achaiæ nobilis civitas non longe sita est. Hujus conterminam, deviis abditam locis, quære Tænarum. Inibi spiraculum Ditis, et per portas hiantes monstratur iter invium : cujus se limite transmeato viæ simul commiseris, jam canale directo perges ad ipsam Orci regiam. Sed non hactenus vacua debebis per illas tenebras incedere, sed offas polentæ mulso concretas ambabus gestare manibus, at etiam in ipso ore duas ferre stipes. Jamque confecta bona parte mortiferæ viæ, continuaberis claudum asinum lignorum gerulum, cum agasone simili : qui te rogitabit decidenti sarcinæ fusticulos aliquos porrigas ei. Sed tu nulla voce deprompta, tacita præterito. Nec mora, quum ad flumen mortuum venies, cui præfectus Charon protinus expetens portorium, sic ad ripam ulteriorem sutili cymba deducit commeantes. Ergo et inter mortuos avaritia vivit! Nec Charon ille, Ditis et pater, tantus deus, quidquam gratuito facit; et pauper moriens viaticum debet quærere; et, æs si forte præ manu non fuerit, nemo eum exspirare patietur? Huic squalido seni dabis nauli nomine de stipibus, quas feres, alteram : sic tamen, ut ipse sua manu de tuo sumat ore. Nec secius tibi pigrum fluentum transmeanti, quidam supernatans senex mortuus, putres attollens manus, orabit, ut eum intra navigium trahas, nec tu tamen illicita affectare pietate. Transito fluvio, modicum te progressam textrices orabunt anus, telam struentes, manus paulisper accommodes. Nec id tamen tibi contingere fas est. Nam hæc omnia tibi et multa alia de

avisez pas d'y toucher, autant de pièges tendus par Vénus, et elle vous en réserve bien d'autres pour vous amener à vous dessaisir de l'un au moins de vos gâteaux : n'en croyez pas la perte indifférente, il vous en coûterait la vie. Un énorme chien à trois têtes, monstre formidable, épouvantable, sans cesse aboyant aux mânes qu'il effraye sans leur pouvoir faire d'autre mal, jour et nuit fait sentinelle au noir vestibule de Proserpine ; c'est le gardien du manoir infernal. Vous le ferez taire aisément en lui jetant un de vos gâteaux, et vous passerez outre. Vous pénétrerez ainsi jusqu'à Proserpine, qui vous fera le plus aimable accueil, vous engagera à vous asseoir et à prendre part à un somptueux festin ; mais ne vous asseyez que par terre, et n'acceptez d'autre aliment que du pain noir. Vous exposerez ensuite l'objet de votre mission, et vous prendrez ce qu'elle vous donnera. Cela fait, retournez sur vos pas. Vous vous rachèterez encore de la gueule du chien au prix de votre second gâteau. Vous repasserez le fleuve, en livrant à l'avare nautonnier votre autre pièce de monnaie ; vous reprendrez le chemin que vous aurez suivi en venant, et vous reverrez ainsi la voûte céleste : mais, sur toutes choses, ne vous avisez pas d'ouvrir la boîte qui vous aura été confiée, et de porter les yeux sur ce qu'elle renferme. Point de regard curieux sur ce trésor secret de la beauté divine. Ainsi parla cette tour prévoyante en véritable oracle.

Psyché dirige aussitôt ses pas vers le Ténare. Munie de ses deux oboles et de ses deux gâteaux, elle descend rapidement le sentier souterrain ; passe, sans mot dire, devant l'ânier boiteux ; donne le péage au nocher, reste sourde aux instances du mort qui surnage ; ne tient compte de l'appel insidieux des tisseuses ; et, après avoir endormi, en lui abandonnant son gâteau, la rage du gardien infernal, elle pénètre dans la demeure de Proserpine. En vain son hôtesse lui offre un siége douillet, des mets délicats ; elle persiste à s'asseoir à ses pieds sur la terre, et à n'accepter qu'un morceau de pain grossier. C'est en cette posture qu'elle s'acquitte du message de Vénus. La boîte au contenu mystérieux lui est remise hermétiquement close ; et, après avoir de nouveau fermé la gueule de l'aboyeur avec la second gâteau, désintéressé le nocher avec la seconde obole, elle quitte les enfers plus gaillardement qu'elle n'y était descendue, et elle revoit et adore la blanche lumière des cieux ; mais, tout empressée qu'elle est de terminer sa mission, une curiosité téméraire s'empare de son esprit. En vérité, se dit-elle, je serais bien simple, moi qui porte la beauté des déesses, de n'en pas retenir un peu pour mon usage, quand ce serait peut-être le moyen de ramener le charmant objet que j'adore. En disant ces mots, elle ouvre la boîte. De beauté point ; objet quelconque ne s'y montre : mais à peine le couvercle est-il soulevé, qu'une vapeur léthargique, enfant de l'Érèbe, s'empare des sens de Psyché, se répand comme un voile épais sur tous ses membres, et la terrasse au milieu du chemin, où elle reste étendue dans l'immobilité du sommeil ou plutôt de la mort.

Cependant la blessure de Cupidon s'était cicatrisée. La force lui était revenue, et avec elle l'impatience de revoir sa Psyché. Il s'échappe à travers l'étroite fenêtre de sa prison. Ses ailes rafraîchies et reposées le transportent en un clin d'œil

Veneris insidiis orientur, ut vel unam de manibus omittas offulam. Nec putes futile istud polentarium damnum leve. Altera enim perdita, lux hæc tibi prorsus denegabitur. Canis namque pergrandis trijugo et satis amplo capite præditus, immanis et formidabilis, conantibus oblatrans faucibus, mortuos, quibus jam nil mali potest facere, frustra territando, ante ipsum limen et atra atria Proserpinæ semper excubans, servat vacuam Ditis domum. Hunc offrenatum unius offulæ præda facile præteribis : ad ipsamque protinus Proserpinam introibis : quæ te comiter excipiet, ac benigne ; ut et molliter assidere, et prandium opipare suadeat sumere. Sed tu et humi reside, et panem sordidum petitum esto : deinde nuntiato, quid adveneris, susceptoque, quod offeretur, rursus remeans, canis sævitiem offula reliqua redime : ac deinde avaro navitæ, data, quam reservaveras stipem, transitoque ejus fluvio, recalcans priora vestigia, ad istum cœlestium siderum redies chorum. Sed inter omnia hoc observandum præcipue tibi censeo, ne velis aperire vel inspicere illam, quam feres, pyxidem, vel omnino formositatis divinæ abditum curiosius thesaurum. Sic turris illa prospicua vaticinationis munus explicuit.

Nec morata Psyche, pergit Tænarum : sumptisque rite stipibus illis et offulis, infernum decurrit meatum : transitoque per silentium asinario debili, et amnica stipe vectori data, neglecto supernatantis mortui desiderio, et spretis textricum subdolis precibus, et offulæ cibo sopita canis horrendi rabie, domum Proserpinæ penetrat. Nec offerentis hospitæ sedile delicatum, vel cibum beatum amplexa ; sed ante pedes ejus residens humilis, cibario pane contenta, Veneream pertulit legationem. Statimque secreto repletam conclusamque pyxidem suscipit, et offulæ sequentis fraude caninis latratibus obseratis, residuaque navitæ reddita stipe, longe vegetior ab Inferis recurrit. Et repetita atque adorata candida ista luce, quamquam festinans obsequium terminare, mente capitur temeraria curiositate. Et ecce, inquit, inepta ego divinæ formositatis gerula, quæ ne tantillum quidem indidem mihi delibo, vel sic illi amatori meo formoso placitura. Et cum dicto reserat pyxidem. Nec quidquam ibi rerum, nec formositas ulla, sed infernus somnus ac vere stygius ; qui statim coperculo revelato, invadit eam, crassaque soporis nebula cunctis ejus membris perfunditur, et in ipso vestigio ipsaque semita collapsam, possidet ; et jacebat immobilis, et nihil aliud quam dormiens cadaver.

Sed Cupido jam cicatrice solida revalescens, nec diutinam suæ Psyches absentiam tolerans, per artissimam cubiculi, quo cohibebatur, elapsus fenestram, refectisque

près de son amante. Il la dégage avec soin du sommeil qui l'oppresse, et qu'il replace dans sa boîte. Puis, de la pointe d'une de ses flèches, il touche légèrement Psyché et la réveille : Eh quoi! malheureuse enfant, encore cette curiosité qui te perd! Allons, hâte-toi de t'acquitter de la commission de ma mère; moi, j'aviserai au reste. A ces mots, l'amant ailé reprend son vol, et Psyché se dépêche de porter à Vénus le présent de Proserpine.

Cependant Cupidon, que sa passion dévore et qui craint, à l'air courroucé de sa mère, que la Sagesse ne vienne à se mettre de la partie, se résout à tenter les grands moyens. De son aile rapide il perce la voûte des cieux, va présenter requête à Jupiter, et plaide sa cause devant lui. Le maître des dieux pince doucement ses petites joues, les attire près de ses lèvres, les baise, et lui dit : Monsieur mon fils, vous n'avez guère respecté en moi la suprématie déférée par le consentement des dieux : de moi le régulateur des éléments, le moteur des révolutions célestes, vous avez fait le point de mire ordinaire de vos flèches. Vous m'avez compromis dans je ne sais combien d'intrigues amoureuses avec des mortelles. En dépit des lois, notamment de la loi Julia et de toute morale publique, vous avez chargé ma conscience, aussi bien que ma réputation, d'assez scandaleux adultères. Flamme, serpent, oiseau, bête des bois, bête d'étable ; il n'est métamorphose ignoble où vous n'ayez ravalé la majesté de mes traits ; mais je veux être débonnaire, et me rappeler seulement que vous avez grandi entre mes bras. J'accède à votre requête ; mais arrangez-vous pour qu'elle ne se renouvelle pas. D'autre part, en revanche, s'il se montre là-bas quelques minois hors de ligne, souvenez-vous que vous me devez une compensation.

Il dit, et ordonne à Mercure de convoquer à l'instant tout le conseil des dieux, sous peine pour chaque immortel absent d'une amende de dix mille écus. Grâce à la menace, on fut exact à la céleste conférence. Alors le grand Jupiter, assis sur un trône élevé, adresse ce discours à l'assemblée : Dieux conscrits du rôle des Muses, vous savez que c'est moi-même qui ai fait l'éducation de ce jouvenceau. Or, j'ai décidé de mettre un frein aux emportements de sa jeunesse ardente. Il n'a que trop fait parler de lui pour des adultères et des désordres de tous genres. Je veux ôter à cette fougue tout prétexte, et la contenir par les chaînes de l'hymen. Il a fait choix d'une jeune fille, et lui a ravi sa fleur. Elle est sa possession, qu'il la garde : heureux dans ses embrassements, qu'il en jouisse à toujours. Se tournant alors du côté de Vénus : Vous, ma fille, dit-il, ne vous affligez pas; ne craignez pour votre rang ni pour votre maison l'injure d'une mésalliance. Il s'agit de nœuds assortis, légitimes, et contractés selon les formes du droit. Il ordonne aussitôt à Mercure d'enlever Psyché, et de l'introduire devant les dieux. Jupiter présente à la jeune fille une coupe d'ambroisie : Prends, Psyché, lui dit-il, et sois immortelle. Cupidon et toi, qu'un nœud indestructible vous unisse à jamais.

Soudain se déploie le splendide appareil des noces. Sur le lit d'honneur, on voyait l'époux te-

---

pinnis aliquanta quiete, longe velocius provolans, Psychen accurrit suam : detersoque somno curiose, et rursum in pristinam pyxidis sedem recondito, Psychen innoxio punctulo suæ sagittæ suscitat, et Ecce, inquit, rursum perieras, misella, simili curiositate. Sed interim quidem tu provinciam, quæ tibi matris meæ præcepto mandata est, exsequere gnaviter : cetera egomet videro. His dictis, amator levis in pinnas se dedit; Psyche vero confestim Veneri munus reportat Proserpinæ.

Interea Cupido amore nimio peresus, et ægra facie matris suæ repentinam Sobrietatem pertimescens, ad armile redit : alisque perniciùus cœli penetrato vertice, magno Jovi supplicat, suamque causam probat. Tunc Jupiter, perprensa Cupidinis buccula, manuque ad os suum relata, consaviat, atque sic ad illum : Licet tu, inquit, domine fili, nunquam mihi concesso deum decretum servaris honorem : sed istud pectus meum, quo leges elementorum et vices siderum disponuntur, convulneraris assiduis ictibus, crebrisque terrenæ libidinis fœdaveris casibus, contraque leges, et ipsam Juliam, disciplinamque publicam turpibus adulteriis existimationem famamque meam læseris, in serpentes, in ignes, in feras, in aves et gregalia pecua serenos vultus meos sordide reformando; attamen modestiæ meæ memor, quodque inter istas meas magnus creveris, cuncta perficiam : dum tamen scias æmulos tuos cavere : ac, si qua nunc in terris puella præpollet pulchritudine, præsentis beneficii vicem per eam mihi repensare te debere.

Sic fatus, jubet Mercurium deos omnes ad concionem protinus convocare, ac, si qui cœtu cœlestium defuisset, in pœnam decem millium nummum conventum iri pronuntiare. Quo metu statim completo cœlesti theatro, pro sede sublimi sedens procerus Jupiter, sic enuntiat : Dei conscripti Musarum albo, adolescentem istum, quod manibus meis alumnatus sim, profecto scitis omnes : cujus primæ juventutis caloratos impetus freno quodam coercendos existimavi. Sat est quotidianis eum fabulis ob adulteria cunctasque corruptelas infamatum. Tollenda est omnis occasio, et luxuria puerilis nuptialibus pedicis religanda. Puellam elegit, et virginitate privavit : teneat, possideat, amplexus Psychen semper suis amoribus perfruatur. Et ad Venerem collata facie, Nec tu, inquit, filia, quidquam contristare : nec prosapiæ tantæ tuæ, statuique de matrimonio mortali metuas. Jam faxo nuptias non impares, sed legitimas, et jure civili congruas. Et illico per Mercurium arripi Psychen, et in cœlum perduci jubet. Porrecto ambrosiæ poculo, Sume, inquit, Psyche, et immortalis esto : nec unquam digredietur a tuo nexu Cupido, sed istæ vobis erunt perpetuæ nuptiæ.

Nec mora, quum cœna nuptialis affluens exhibetur. Accumbebat summum torum maritus, Psychen gremio suo complexus. Sic et cum sua Junone Jupiter, ac deinde

nant dans ses bras sa Psyché; et, dans la même attitude, Jupiter avec sa Junon. Venaient ensuite tous les dieux, chacun selon son rang. Le nectar circule (c'est le vin des immortels); Jupiter a son jeune berger pour échanson; Bacchus verse rasade au reste de l'assemblée. Vulcain s'était chargé de la cuisine. Les Heures semaient partout les fleurs et les roses, les Grâces répandaient les parfums, les Muses faisaient entendre leurs voix mélodieuses. Apollon chanta en s'accompagnant de la lyre, et les jolis pieds de Vénus dessinèrent un pas gracieux, en le réglant sur ces accords divins. Elle-même avait ainsi complété son orchestre : les Muses chantaient en chœur, un Satyre jouait de la flûte, un Faune du chalumeau. C'est ainsi que Psyché fut unie à Cupidon dans les formes. Une fille naquit de leurs amours : on l'appelle la Volupté.

Voilà ce que cette vieille radoteuse contait entre deux vins, à la belle captive. Et moi qui écoutais à quelques pas de là, je regrettais amèrement de n'avoir ni stylet, ni tablettes, pour coucher par écrit cette charmante fiction. En ce moment, les voleurs rentrent chargés de butin. Ils paraissaient avoir soutenu un rude combat; ce qui n'empêcha pas quelques-uns des plus résolus de se montrer impatients de repartir. Ils avaient à rapporter, disaient-ils, un reste de leur prise qui était resté caché dans une caverne. Les blessés pouvaient demeurer au logis et panser leurs plaies. Là-dessus, ils dévorent à la hâte leur dîner, et les voilà qui repartent, nous emmenant mon cheval et moi, et ne nous épargnant point le bâton. Après avoir tourné, viré, monté, descendu cent et cent fois, nous arrivons vers le soir à une caverne.

On nous charge de quantité de paquets, et, sans nous laisser souffler, on nous fait retourner sur nos pas en toute hâte. Leur précipitation était telle, qu'à force de me rouer de coups, ils me firent donner contre une pierre placée le long du chemin, et je m'abattis. Une grêle de coups me fit relever à grand'peine, tout éclopé de la jambe droite et du sabot gauche. L'un d'eux se mit à dire : A quoi bon nourrir plus longtemps ce baudet éreinté, et que voilà boiteux par-dessus le marché? Sur ma parole, reprit un autre, depuis que cette malencontreuse rosse a mis le pied chez nous, rien ne nous a réussi. Nous avons gagné force horions et perdu les meilleurs de notre monde. Ce dont je puis répondre, ajoute un troisième, c'est qu'aussitôt qu'il aura tant bien que mal rapporté son bagage à notre montagne, je l'en ferai dégringoler la tête la première, pour faire fête aux vautours. Mes doux maîtres discouraient encore sur l'espèce de mort qu'ils me réservaient, que déjà nous arrivions à la caverne; car la peur m'avait donné des ailes. En un clin d'œil les fardeaux sont à bas, et, sans plus s'inquiéter que je vive ou que je meure, ils s'adjoignent leurs camarades blessés et terminent le transport à bras, ennuyés, disaient-ils, de la lenteur de leurs bêtes de somme.

Cependant mon inquiétude n'était pas médiocre en songeant aux menaces dont j'avais été l'objet. Eh bien! Lucius, me disais-je, qu'attends-tu? ces brigands ont décidé ta mort, une mort affreuse, et les préparatifs en seront bientôt faits. Tu vois ces angles saillants, ces pointes de rochers. Tes membres vont être en pièces avant de toucher le sol; car, avec toute ta magie, tu as

per ordinem toti dei. Tunc poculum nectaris, quod vinum deorum est, Jovi quidem suus pocillator ille rusticus puer, ceteris vero Liber ministrabat. Vulcanus cœnam coquebat : Horæ rosis et ceteris floribus purpurabant omnia : Gratiæ spargebant balsama : Musæ voce canora personabant. Apollo cantavit ad citharam : Venus suavi musicæ suppari gressu formosa saltavit : scena sibi sic conchinnata, ut Musæ quidem chorum canerent, tibias inflaret Satyrus, et Paniscus ad fistulam diceret. Sic rite Psyche convenit in manum Cupidinis : et nascitur illis maturo partu filia, quam Voluptatem nominamus. Sic captivæ puellæ delira et temulenta illa narrabat anicula. Sed adstans ego non procul dolebam mehercules, quod pugillares et stilum non habebam, qui tam bellam fabellam prænotarem.

Ecce, confecto nescio quo gravi prœlio, latrones adveniunt onusti : nonnulli tamen, immo promptiores, vulneratis domi relictis, et plagas recurantibus, ipsi ad reliquas occultatas in quadam spelunca sarcinas, ut aiebant, proficisci gestiunt. Prandioque raptim tuburcinato, me et equum vectores rerum illarum futuros fustibus exinde tundentes, prodeunt in viam : multisque clivis et anfractibus fatigatos, prope ipsam vesperam perducunt ad quampiam speluncam : unde multis onustos rebus rursum, ne breviculo quidem tempore refectos, ociter reducunt : tantaque trepidatione festinabant, ut me plagis multis obtundentes, propellentesque super lapidem propter viam positum dejicerent. Unde crebris æque ingestis ictibus, dextero crure et ungula sinistra me debilitatum, ægre ad exsurgendum compellunt. Et unus, Quousque, inquit, ruptum istum asellum, nunc etiam claudum, frustra pascemus? Et alius, Quid, quod et pessimo pede domum nostram accessit, nec quidquam idonei lucri exinde cepimus, sed vulnera et fortissimorum occisiones. Alius iterum : Certe ego quum primum sarcinas istas, quamquam invitus, pertulerit, protinus eum, vulturiis gratissimum pabulum futurum, præcipitabo. Dum secum mitissimi homines altercant de mea nece, jam et domum pervenimus. Nam timor ungulas mihi alas fecerat. Tum quæ ferebamus amoliti properiter, nulla salutis nostræ cura ac ne meæ quidem necis habita, comitibus adscitis, qui vulnerati remanserant, dudum recurrunt : relaturi, tædio, ut aiebant, nostræ tarditatis.

Nec me tamen mediocris carpebat scrupulus, contemplatione comminatæ mihi mortis, et ipse mecum : Quid stas hic, Luci, vel quid jam novissimum exspectas? Mors, et hæc acerbissima, decreto latronum tibi comparata est. Nec magno conatu res indiget. Vides istas rupinas proximas, et præcutas in his prominentes silices, quæ te pene ante quam decideris, membratim dissipabunt. Nam et illa ipsa præclara magia tua vultum laboresque tibi tantum asini,

bien su prendre de l'âne sa forme et ses misères, mais non son cuir épais; ton épiderme est toujours aussi mince que celui d'une sangsue. Que ne prends-tu quelque parti énergique pour ta délivrance, tandis qu'elle est possible? L'occasion est des plus belles. Cette vieille n'a que le souffle; est-ce une surveillante comme elle qui t'arrête? Une ruade de ton pied boiteux va t'en faire raison. Mais où fuir? où trouver asile? Sotte appréhension! voilà bien raisonner en âne. Est-ce que le premier passant ne va pas se trouver heureux de t'avoir pour monture? Cela dit, d'un effort vigoureux je romps mon licou, et je me mets à jouer des quatre jambes.

Mais mon mouvement n'avait pas échappé aux yeux d'épervier de la maudite vieille. Avec une résolution qu'on n'aurait attendu ni de son sexe ni de son âge, elle saisit mon licou, dès qu'elle me voit en liberté, et s'efforce de me retenir et de me rattacher. La perspective du traitement que me gardaient les voleurs me rendit impitoyable. Je lui appliquai une ruade qui l'étendit sur le carreau; mais la malheureuse, toute renversée qu'elle était, se cramponne obstinément à la longe, et se fait traîner quelques pas tout en hurlant, pour obtenir main-forte; mais elle s'égosillait en pure perte: nul n'était à portée, excepté la jeune prisonnière. Celle-ci accourt au bruit, et voit (spectacle mémorable) une Dircé en cheveux blancs, que tirait un baudet en guise de taureau. D'une énergie toute virile, elle tente aussitôt le coup le plus hardi. Elle arrache la courroie des mains de la vieille, me flatte de la voix pour me faire arrêter, saute lestement sur mon dos, et me fait détaler à toute bride.

Moi qui n'aspirais qu'à m'échapper, qui brûlais de sauver la jeune fille, et qui, de plus, recevais d'elle quelque avertissement manuel de temps à autre, je me lançai au galop en vrai cheval de course, non sans essayer de donner de mon gosier pour répondre à sa douce voix. Quelquefois même tournant la tête, comme pour me gratter le dos, je me hasardais à baiser ses pieds charmants. Enfin, poussant un profond soupir, et s'adressant au ciel avec l'expression la plus fervente: Grands dieux! s'écria-t-elle, secourez-moi dans cet affreux péril. Et toi, Fortune cruelle, cesse enfin de me persécuter! Ne suffit-il pas à tes autels des tourments que j'ai subis? Et toi, mon libérateur, mon sauveur, si par ton aide je puis revoir le foyer paternel, si tu me rends à mon père, à ma mère, au jeune homme charmant à qui je fus promise, quels remercîments ne te devrai-je pas? Combien je te choierai! quelle chère je te ferai faire! Cette crinière sera peignée, parée de mes mains; je partagerai en belles touffes le bouquet de ton front; les soies de ta queue, que je vois si mêlées et si rudes parce qu'on ne les lave jamais, je veux, à force de soin, les rendre nettes et luisantes: tu auras des colliers d'or, un harnais relevé en bossettes d'or; tu brilleras de tous les feux du firmament; tu ne marcheras qu'en triomphe, au milieu des acclamations publiques; chaque jour tu t'engraisseras d'amandes, et de friandises, offertes de ma propre main dans un tablier de soie. C'est peu d'une nourriture exquise, d'un complet repos, de toutes les douceurs de l'existence: je veux que ta vie soit embellie encore par les honneurs et la gloire. Je veux, par un durable monument, perpétuer le

---

verum corium non asini crassum, sed hirudinis tenue membranulum circumdedit. Quin igitur masculum tandem sumis animum, tuæque saluti, dum licet, consulis? Habes summam opportunitatem fugæ, dum latrones absunt. An custodiam anus semimortuæ formidabis? quam licet claudi pedis tui calce unica finire poteris. Sed quo gentium capessetur fuga, vel hospitium quis dabit? Hæc quidem inepta et prorsus asinina cogitatio. Quis enim viantium vectorem suum non libenter auferat secum? Et alacri statim nisu lorum, quo fueram destinatus, abrumpo, meque quadrupedi cursu proripio.

Nec tamen astutulæ anus milvinos oculos effugere potui. Nam, ubi me conspexit absolutum, capta super sexum et ætatem audacia, lorum prehendit, ac me deducere ac revocare contendit. Nec tamen ego memor exitiabilis propositi latronum, pietate ulla commoveor: sed incussis in eam posteriorum pedum calcibus, protinus applaudo terræ. At illa, quamvis humi prostrata, tenaciter loro inhærebat; ut me procurrentem aliquantisper tractu sui sequeretur. Et occipit statim clamosis ululatibus auxilium validioris manus implorare. Sed frustra fletibus cassum tumultum commovebat; quippe quum nullus adforet, qui suppetias ei ferre posset, nisi sola illa virgo captiva: quæ vocis excitu procurrens, videt, hercules, memorandi spectaculi scenam, non tauro, sed asino dependentem Dircen aniculam: sumtaque constantia virili, facinus audet pulcherrimum. Extorto etenim loro manibus ejus, me placidis gannitibus ab impetu revocatum gnaviter inscendit, et sic ad cursum rursum incitat.

Ego simul voluntariæ fugæ voto, et liberandæ virginis studio, sed et plagarum suasu, quæ me sæpicule commonebant, equestri celeritate, quadrupedi cursu solum replaudens, virginis delicatas voculas adhinnire tentabam. Sed et scalpendi dorsi mei simulatione, nonnunquam obliquatus a cervice pedes decoros puellæ basiabam. Tunc illa suspirans altius, cœlumque sollicito nutu petens, Vos, inquit, superi, tandem meis supremis periculis opem facite: et tu, Fortuna durior, jam sævire desiste. Sat tibi miseris istis cruciatibus meis litatum est. Tuque præsidium meæ libertatis, meæque salutis, si me domum perveseris incolumem, parentibusque et formoso proco reddideris, quas tibi gratias perhibebo, quos honores habebo, quos cibos exhibebo! Jam primum jubam istam tuam probe pectinatam meis virginalibus manibus adornabo; frontem vero crispatam prius decoriter discriminabo; caudæque setas incuria lavacri congestas et horridas compta diligentia perpolibo: monilibus bullisque te multis aureis inoculatum, veluti stellis sidereis relucentem, et gaudiis popularium pomparum ovantem, sinu serico progestans nucleos, edulia mitiora, te meum sospitatorem quotidie saginabo.

souvenir de cette aventure, et de ma gratitude pour la bonté des dieux. Dans le vestibule de ma demeure, un tableau votif retracera l'image de notre fuite. On verra figurée, on entendra raconter, on lira dans les beaux livres, jusqu'à la postérité la plus reculée, la naïve histoire de *La jeune princesse délivrée de captivité par un âne.* L'antiquité te comptera au nombre de ses merveilles ; ton exemple rendra croyable, et le transport de Phryxus à dos de bélier, et le dauphin discipliné par Arion, et le taureau s'offrant pour monture à Europe. Jupiter a bien pu mugir sous la forme d'un bœuf : qui sait si sous cette figure d'âne ne se cachent pas les traits d'un homme, d'un dieu peut-être?

Tandis que la jeune fille exprimait ainsi des vœux entremêlés de fréquents soupirs, nous arrivons à un carrefour. Là, s'emparant de la bride, elle s'efforce de me faire tourner à droite, parce que c'était le chemin qui conduisait chez ses parents. Moi qui savais que c'était dans cette direction que les voleurs étaient allés chercher le reste de leur butin, je résistais de toutes mes forces, en lui adressant cette supplication muette : Que fais-tu, malheureuse enfant? que fais-tu? c'est te précipiter dans un abîme. Où veux-tu me conduire? Tu vas consommer du même coup ta perte et la mienne.

Pendant que nous étions là, chacun tirant à soi, comme dans une question de propriété ou de bornage, bien qu'il ne s'agit au fond que de prendre à droite ou à gauche, nous voilà tout à coup face à face avec les voleurs qui revenaient chargés de leur butin. Ils nous avaient reconnus de loin au clair de la lune, et salués de leurs risées. L'un d'eux nous apostrophe en ces termes : Où donc allez-vous si vite à pareille heure? Vous ne craignez pas les Larves ni les Mânes, dans vos excursions nocturnes? L'honnête fille va sans doute voir ses chers parents en cachette? Eh bien! nous allons lui donner bonne compagnie, lui montrer le plus court chemin. Le geste suit; et, d'une main saisissant mon licou, le voleur m'oblige à rebrousser chemin, non sans me faire renouveler connaissance avec le bâton noueux qu'il tenait de l'autre. Ainsi piteusement revenu à la perspective d'une mort certaine, je me rappelle tout à coup mon mal de pied, et je recommence à boiter en hochant de la tête. Oh! oh! dit celui qui venait de me faire faire volte-face, te voilà clopinant et choppant de nouveau. Ces pieds pourris, qui savent si bien fuir, ne sauraient marcher. Tout à l'heure tu aurais défié les ailes de Pégase.

Pendant cette aimable plaisanterie, qu'accompagnait le jeu de son bâton, nous arrivons à la palissade extérieure de la caverne. Là nous vîmes la vieille pendue à la branche élevée d'un haut cyprès. Ils la détachent, et, sans se donner la peine d'ôter la corde qui lui serrait le cou, la jettent au fond d'un précipice. Ensuite, après avoir garrotté la jeune fille, ils se jettent en loups affamés sur le repas que le zèle posthume de la malheureuse vieille avait préparé pour eux. Tout en le dévorant, mes gloutons se mettent à délibérer sur notre châtiment et leur vengeance. Comme dans toute assemblée turbulente, chacun eut son avis. Celui-ci opinait pour que la patiente fût brûlée vive, celui-là conseillait de la livrer aux bêtes féroces, un troisième voulait

Sed nec inter cibos delicatos, et otium profundum, vitæque totius beatitudinem, deerit tibi dignitas gloriosa. Nam memoriam præsentis Fortunæ meæ divinæque providentiæ perpetua testatione signabo : et depictam in tabula fugæ præsentis imaginem meæ domus atrio dedicabo. Visetur, et in fabulis audietur, doctorumque stilis rudis perpetuabitur historia : ASINO VECTORE VIRGO REGIA FUGIENS CAPTIVITATEM. Accedes antiquis et ipse miraculis. Credemus etiam exemplo tuæ veritatis, et Phryxum arieti supernatasse, et Arionem delphino gubernasse, et Europam tauro supercubasse. Quod si vere Jupiter mugivit in bovem; potest in asino meo latere aliquid, vel vultus hominis, vel facies deorum.

Dum hæc identidem puella replicat, votisque crebris intermiscet suspiritus; ad quoddam pervenimus trivium, unde me arrepto capistro dirigere dextrorsum magno opere gestiebat : quod ad parentes ejus ea scilicet iretur via. Sed ego gnarus, latrones illa ad reliquas commeasse prædas, renitebar fortiter : atque sic in animo meo tacitus expostulabam : Quid facis, infelix puella? Quid agis? Cur festinas ad Orcum? Quid meis pedibus facere contendis? Non enim te tantum, verum etiam me perditum ibis.

Sic nos diversa tendentes, et in causa finali, de proprietate soli, imo viæ erciscundæ contendentes, rapinis suis onusti coram deprehendunt ipsi latrones : et ad lunæ splendorem jam inde longius cognitos, risu maligno salutant. Et unus e numero sic appellat : Quorsum istam festinanti vestigio lucubratis viam, nec noctis intempestæ Manes Larvasque formidatis? An tu, probissima puella, parentes tuos furtim intervisere properas? Sed nos et solitudini tuæ præsidium perhibebimus, et compendiosum ad tuos iter monstrabimus. Et verbum injecta manu secutus, prenso loco retrorsum me circumtorquet : nec baculi nodosi, quem gerebat, suetis ictibus temperat. Tunc ingratis ad promptum recurrens exitium, reminiscor doloris ungulæ, et occipio nutanti capite claudicare. Sed ecce, inquit ille, qui me retraxerat, rursum titubas et vacillas? et putres isti tui pedes fugere possunt, ambulare nesciunt? At paulo ante pinnatam Pegasi vincebas celeritatem.

Dum sic mecum fustem quatiens benignus jocatur comes, jam domus eorum extremam loricam perveneramus. Et ecce de quodam ramo proceræ cupressus induta laqueum anus illa pendebat. Quam quidem detractam protinus, cum suo sibi funiculo devinctam, dedere præcipitem ; puellaque statim distenta vinculis, cœnam, quam posthuma diligentia præparaverat infelix anicula, ferinis invadunt animis.

Ac, dum avida voracitate cuncta contruncant, jam incipiunt de nostra pœna suaque vindicta secum considerare. Et, utpote in cœtu turbulento, variæ fuere senten-

qu'elle fût mise en croix. Un quatrième proposait de la démembrer par la torture. Du reste, le scrutin fut unanime pour la peine de mort. Alors un de la bande requiert le silence, et s'exprime posément comme il suit :

Nos principes, notre mansuétude à tous, ma modération personnelle, répugnent à la cruauté, à l'exagération des supplices. Point de bêtes féroces, point de gibet, point de bûcher, point de tenailles. Je ne voudrais même d'aucun de ces moyens violents qui précipitent la mort. Si vous m'en croyez, vous laisserez vivre cette jeune fille, mais de la vie qu'elle mérite. Vous n'avez pas sans doute oublié votre résolution bien prise à l'égard de ce baudet, si paresseux à l'ouvrage, si diligent au ratelier, qui maintenant fait l'éclopé, après avoir été l'agent et le complice de cette malheureuse. Que demain donc sans plus tarder on lui coupe le cou, qu'on lui ouvre le ventre, et qu'après en avoir retiré les entrailles, on y enferme cette créature qu'il nous a préférée ; qu'on l'y couse comme dans un sac, de manière à l'emprisonner tout entière, et ne laisser passer que la tête. Puis exposez-moi cet âne, farci de la sorte et bien recousu, sur quelque pointe de rocher, aux rayons d'un soleil ardent. Ce procédé réunit en substance toutes les judicieuses propositions qui ont été faites contre les deux coupables. L'âne y trouve une mort dès longtemps méritée ; la fille sera de fait livrée aux bêtes, quand les vers rongeront ses membres : elle subira le supplice du feu, quand l'ardeur du soleil aura échauffé le cuir de l'animal ; les tortures du gibet, quand les chiens et les vautours viendront lui arracher les entrailles. Mais énumérons un peu ce qu'elle aura à souffrir en outre. Vivante, habiter le ventre d'une bête morte, être suffoquée par cette infection cadavéreuse, se sentir miner par la faim, et ne pouvoir faire usage de ses bras pour se donner la mort. A ces mots, tous, sans déplacement de personne, mais d'une commune voix, accèdent avec transport à cette proposition. Mes longues oreilles n'en avaient pas perdu un mot, et je pleurais sur moi-même, qui le lendemain ne devais plus être qu'un cadavre.

LIVRE VII.

L'aube avait dissipé les ténèbres, et déjà le char étincelant du soleil commençait à illuminer la face de la terre, quand je vis arriver un homme de la bande ; ce que je reconnus facilement à la manière dont on s'aborda. Le nouveau venu s'assit à l'entrée de la caverne, et, après avoir repris haleine, communiqua les détails suivants à ses camarades :

Tout va bien en ce qui concerne Milon, ce bourgeois d'Hypate que nous avons dernièrement dévalisé. Vous savez, braves compagnons, que je restai en arrière au moment où vous regagniez notre forteresse, après avoir fait chez lui maison nette. Je me mêlai donc aux groupes agités qui se formaient sur les lieux, faisant semblant tantôt de m'apitoyer, tantôt de m'indigner de l'aventure. Je voulais savoir comment on informerait sur notre exploit et quelle direction prendraient les recherches, le tout afin de vous en

tiæ : ut primus vivam cremari censeret puellam, secundus bestiis objici suaderet, tertius patibulo suffigi juberet, quartus tormentis excarnificari præciperet. Certe calculo cunctorum utcumque mors ei fuerat destinata. Tunc unus, omnium sedato tumultu, placido sermone sic orsus est :

Nec sectæ collegii, nec mansuetudini singulorum, ac ne meæ quidem modestiæ congruit, pati vos ultra modum, delictique sævire terminum : nec feras, nec cruces, nec ignes, nec tormenta, ac ne mortis quidem maturate festinas tenebras arcessere. Meis itaque consiliis auscultantes, vitam puellæ, sed quam meretur, largimini. Nec vos memoria deseruit utique, quid jamdudum decreveritis de isto asino, semper pigro quidem, sed manducone summo, nunc etiam mendaci fictæ debilitatis, et virginalis fugæ sequestro ministroque. Hunc igitur jugulare crastino placeat, totisque vacuefacto præcordiis, per mediam alvum nudam virginem, quam prætulit nobis, insuere : ut sola facie prominente, ceterum corpus puellæ nexu ferino coerceat ; tunc super aliquod saxum scruposum, insuticium et fartilem asinum exponere, et solis ardentis vaporibus tradere. Sic enim cuncta, quæ recte statuistis, ambo sustinebunt : et mortem asinus, quam pridem meruit ; et illa morsus ferarum, quum vermes membra laniabunt ; et ignis flagrantiam, quum sol nimiis caloribus inflammarit uterum ; et patibuli cruciatum, quum canes et vultures intima protrahent viscera. Sed et ceteras ejus ærumnas et tormenta numerate. Mortuæ bestiæ ipsa vivens ventrem habitabit ; tum fœtore nimio nares æstuabit : inediæ diutinæ letali fame tabescet, nec suis saltem liberis manibus mortem sibi fabricare poterit. Talibus dictis, non pedibus, sed totis animis latrones in ejus vadunt sententiam. Quam meis tam magnis auribus accipiens, quid aliud quam meum crastinum deflebam cadaver?

LIBER SEPTIMUS.

Ut primum tenebris abjectis, dies inalbebat, et candidum Solis curriculum cuncta collustrabat ; quidam de numero latronum pervenit. Sic enim mutuæ salutationis officium indicabat. Is in primo speluncæ aditu residens, et ex anhelitu recepto spiritu, talem collegio suo nuncium fecit.

Quod ad domum Milonis Hypatini, quam proxime diripuimus, pertinet, discussa sollicitudine jam possumus esse securi. Postquam vos enim fortissimi viri, rebus cunctis ablatis, castra nostra remeastis : immixtus ego turbulis popularium, dolentique atque indignanti similis, arbitrabar super investigatione facti cujusmodi consilium caperent : et an, et quatenus latrones placeret inquiri : renuntiaturus vobis, uti mandaveratis, omnia. Nec argumentis dubiis, sed rationibus probabilibus, congruo cunctæ mul-

faire mon rapport, ainsi que vous me l'aviez prescrit. Des indices nombreux, et qui avaient tous les caractères de l'évidence, avaient fait réunir les soupçons sur un certain Lucius ; et c'était lui qu'on désignait universellement comme ayant dirigé le coup. Cet individu, qui, peu de jours avant, s'était donné à Milon pour homme de bien, à l'aide de fausses lettres de recommandation, avait, disait-on, réussi à s'introduire fort avant dans ses bonnes grâces. On l'avait traité en hôte, admis dans l'intimité de la famille et retenu plusieurs jours ; ce dont le gaillard avait profité pour jouer l'amoureux près de la servante et la séduire, examiner de près les serrures, et s'assurer de la position des cachettes à argent du maître du logis. On citait une particularité significative. La nuit même du vol, ce Lucius avait décampé, et on ne l'avait pas revu. De plus, et sans doute pour assurer sa retraite et se mettre plus tôt hors de la portée des poursuites, il avait emmené un cheval blanc, sa monture ordinaire. On s'était bien saisi de son domestique, qu'il avait laissé au logis ; et, dans l'espoir de quelque révélation, les magistrats l'avaient fait jeter dans les prisons de la ville ; mais le lendemain on avait appliqué à la question et torturé cet homme presque jusqu'à la mort, sans tirer de lui aucun aveu. Plusieurs émissaires avaient été dépêchés au pays de Lucius pour rechercher le coupable et le livrer à la justice.

Pendant ce récit, je gémissais au fond de mon âme, en comparant ma condition antérieure à mon abjection présente, le brillant Lucius d'autrefois au pauvre baudet d'aujourd'hui. Je m'avisai alors, pour la première fois, de tout ce qu'il y a de justesse dans cette allégorie des vieux moralistes, la Fortune privée d'yeux. Ne la voit-on pas toujours, en effet, prodiguer ses biens aux méchants et aux indignes ? La raison est-elle jamais consultée dans ses choix ? Et qui visite-t-elle de préférence ? Ceux-là précisément dont, clairvoyante, elle se tiendrait le plus loin. Par elle, enfin, quelle diversité ou plutôt quelle aberration dans les jugements des hommes ! Elle environne le pervers d'une auréole de probité, et met l'innocence même à la merci des bouches les plus coupables. Moi, dont, par un jeu cruel, elle avait fait une bête, un quadrupède, qu'elle avait traité de façon à me rendre un objet de pitié pour les cœurs les plus endurcis, je me voyais pour comble accusé de vol, au préjudice d'un hôte que je chérissais. Que dis-je ? de pis encore, de parricide. Et je ne pouvais me défendre, ni même ouvrir la bouche pour dire : Non.

Il ne me fut pas possible cependant d'acquiescer tout à fait par mon silence à cette accusation horrible, et, dans l'excès de mon irritation, je tâchai de crier : Non, je n'en ai rien fait. Je réussis bien à braire le premier mot à plusieurs reprises ; mais il n'y eut pas moyen, quoi que je fisse, d'articuler le second. J'en restai donc à cette première syllabe bien et dûment vociférée : Non, non. Le tout avec une ouverture désespérée de mâchoire, et un écartement non moins démesuré de mes lèvres pendantes. Mais que sert de gémir en particulier sur chacune de mes disgrâces, quand la Fortune avait bien pu me ravaler à la condition et m'associer au travail de l'animal qui me servait de monture ?

Cependant, au milieu de l'agitation de mon

---

titudinis consensu, nescio qui Lucius auctor manifestus facinoris postulabatur : qui proximis diebus, fictis commendatitiis litteris, Miloni sese, virum commentitus bonum, arctius conciliaverat; ut etiam hospitio susceptus, inter familiares intimos haberetur : plusculisque ibidem diebus demoratus, falsis amoribus ancillæ Milonis animum irrepens, januæ claustra sedulo exploraverat, et ipsa membra, in queis omne patrimonium condi solebat, curiose perspexerat. Nec exiguum scelerati monstrabatur indicium; quippe quum eadem nocte, sub ipso flagitii momento, inde profugisset, nec exinde usquam compareret; nam et præsidium fugæ, quo velocius, frustratis insecutoribus, procul ac procul abderet sese, eidem facile suppeditasse. Equum namque illum suum candidum, vectorem futurum, duxisse secum. Plane servum ejus ibidem in hospitio repertum, scelerum consiliorumque herilium futurum indicem, per magistratus in publicam custodiam receptum, et altera die tormentis vexatum pluribus, ac pæne ad ultimam mortem excarnificatum, nil quidquam rerum talium esse confessum; missos tamen in patriam Lucii viros multos numero, qui reum pœnas daturum sceleris inquirerent.

Hæc eo narrante, veteris fortunæ, et illius beati Lucii, præsentisque ærumnæ et infelicis asini facta comparatione, medullitus ingemebam. Subibatque me, non de nihilo veteris priscæque doctrinæ viros finxisse ac pronuntiasse, cæcam et prorsus exoculatam esse Fortunam : quæ semper suas opes ad malos et indignos conferat; nec unquam judicio quemquam mortalium eligat : imo vero cum his potissimum deversetur, quos procul, si videret, fugere deberet : quodque cunctis est extremius, varias opiniones, immo contrarias nobis attribuat; ut et malus boni viri fama glorietur, et innocentissimus contra noxiorum ore plectatur. Ego denique, quem sævissimus ejus impetus in bestiam, et extremæ sortis quadrupedem deduxerat, cujusque casus etiam cuivis iniquissimo dolendus, atque miserandus merito videretur, crimine latrocinii in hospitem mihi carissimum postulabar. Quod crimen non modo latrocinium, verum etiam parricidium quisque rectius nominaret. Nec mihi tamen licebat causam meam defendere, vel unico verbo saltem denegare.

Denique, ne mala conscientia tam scelesto crimini præsens viderer silentio consentire; hoc tantum impatientia productus volui dicere, Non feci. Et verbum quidem præcedens semel ac sæpius immodice clamitavi, sequens vero nullo pacto disserere potui; sed in prima remansi voce, et identidem boavi, Non, non : quamquam nimia rotundi tate pendulas vibrassem labias. Sed quid ego pluribus de

esprit, une pensée prenait toujours le dessus. Le décret des voleurs qui m'immolait aux mânes de la jeune fille me revenait en mémoire, et je regardais piteusement au-dessous de moi, comme si mon pauvre ventre subissait déjà cette fatale grossesse. Cependant le bandit qui venait de débiter tant de calomnies sur mon compte tira mille écus d'or, cachés dans la doublure de ses habits. C'était le produit de contributions levées sur différents voyageurs, et que sa probité, disait-il, lui faisait un devoir de verser à l'épargne commune. Il s'enquit ensuite avec intérêt de la santé de ses camarades. Apprenant qu'un certain nombre d'entre eux, et les plus braves, avaient diversement succombé, tous en gens de cœur, il ouvrit l'avis de laisser momentanément la paix aux grands chemins, et, toute expédition ajournée, de ne s'occuper qu'à remplir les vides par voie d'enrôlement ou de contrainte, afin de remettre la belliqueuse compagnie sur son ancien pied. Il faut, disait-il, agir sur les récalcitrants par la terreur, sur les hommes de bonne volonté par l'appât des récompenses. Pour combien de gens, esclaves ou pauvres hères, notre condition n'est-elle pas préférable au régime que leur impose le despotisme ou le besoin? Pour ma part, j'ai déjà fait une recrue. C'est un grand jeune homme taillé en force, et qui sait jouer des mains. Je lui ai remontré, et j'ai fini par l'en convaincre, qu'il se rouillait dans l'oisiveté; que, jouissant d'une si belle santé, il devait s'empresser d'en tirer parti par quelque honnête occupation; qu'avec un bras aussi vigoureux on ne tend pas la main pour recevoir l'aumône, mais qu'on s'en sert activement pour amasser des trésors.

Une approbation unanime accueillit ces paroles. On décide l'admission au préalable d'un candidat qui paraît si méritant, et subsidiairement l'adjonction de nouvelles recrues pour compléter la troupe. Mon homme sort un moment et revient, introduisant un jeune gaillard aux proportions vraiment colossales, et avec lequel je crois qu'aucun homme de notre temps ne pourrait entrer en comparaison; car, sans parler du développement extraordinaire de ses muscles, il passait les assistants de toute la tête ; et cependant un poil follet commençait à peine à se dessiner sur sa face. Il n'était qu'à demi vêtu de haillons chamarrés de pièces et de morceaux ; et le tout assez mal cousu semblait tenir à l'étroit l'osseuse charpente de sa vaste poitrine et les massifs contours de ses flancs.

Le candidat étant introduit dans cet équipage: Salut, dit-il, ô vous compagnons du vaillant dieu de la guerre, et, à dater de ce jour, mes fidèles camarades! Recevez dans vos rangs un homme de courage et d'action, plus empressé à prendre sa part des coups que des dépouilles ; un homme à qui la présence de la mort, si redoutée des autres, ne fait que redonner du cœur. N'allez pas me prendre pour un mendiant, pour un homme de rien, ni juger ce que je vaux par les guenilles que je porte. Tel que vous me voyez, j'ai commandé une troupe des plus intrépides, et mis la Macédoine entière à feu et à sang. En un mot, je suis le fameux Hémus de Thrace, dont le nom seul fait frémir les provinces. Mon père est l'illustre Théron, qui m'a nourri de sang humain, et élevé dans les rangs de sa troupe. Il m'a légué sa vaillance, et l'héritage n'a pas dépéri entre mes

---

Fortunæ sævitate conqueror? Quamquam nec istud puduit, me cum meo famulo meoque vectore illo equo factum conservum atque conjugem.

Talibus agitationibus fluctuantem, subiit me illa cura potior qua, statuto consilio latronum, manibus virginis decretam me victimam recordabar, ventremque crebro suspiciens meum, jam misellam puellam parturiebam. Sed ille, qui commodum falsam de me notoriam pertulerat, expromptis mille aureum, quos insutu laciniæ contexerat, quosque variis viatoribus detractos, ut aiebat, pro sua frugalitate communi conferebat arcæ, infit etiam de salute commilitonum sollicite sciscitari. Cognitoque quosdam, immo vero fortissimum quemque variis quidem, sed impigris casibus oppetisse; suadet tantisper pacatis itineribus, omniumque præliorum servatis inducis, inquisitionibus commilitonum potius insisteretur, et tirocinio novæ juventutis, ad pristinæ manus numerum, Martiæ cohortis facies integraretur. Nam et invitos terrore compelli, et volentes præmio provocari posse : nec paucos humili servilique vitæ renuntiantes, ad instar tyrannicæ potestatis, sectam suam conferre malle. Se quoque jam dudum pro sua parte quemdam convenisse hominem et statura procerum, et ætate juvenem, et corpore vastum, et manu strenuum : eique suasisse, ac denique persuasisse, ut manus hebetatas diutina pigritia tandem referret ad frugem me-

liorem ; bonoque secundæ, dum posset, frueretur valetudinis : nec manum validam erogandæ stipi porrigeret, sed hauriendo potius exerceret auro.

Talibus dictis universi omnes assensere : et illum, qui jam comprobatus videretur, adscisci, et alios ad supplendum numerum vestigare statuunt. Tunc profectus, et paululum commoratus ille, perducit immanem quemdam juvenem, uti fuerat pollicitus, nescio an ulli præsentium comparandum. Nam preter ceteram corporis molem, toto vertice cunctos antepollebat, et ei commodum lanugo malis inserpebat : sed plane centunculis disparibus et male consarcinatis semiamictum : inter quos pectus et venter crustata crassitie reluctabat.

Sic introgressus, Avete, inquit, fortissimo deo Marti clientes, mihique jam fidi commilitones ; et virum magnanimæ vivacitatis volentem volentes accipite, libentius vulnera corpore excipientem, quam aurum manu suscipientem : ipsaque morte, quam formidant alii, meliorem, Nec me putetis egenum, vel abjectum, neve de pannulis istis virtutes meas æstimetis. Nam præfui validissimæ manui, totamque prorsus devastavi Macedoniam. Ego sum prædo famosus, Hæmus ille Thracius, cujus totæ provinciæ nomen horrescunt : patre Therone atque latrone inclyto prognatus, humano sanguine nutritus, interque ipsos manipulos factionis educatus, heres et æmulus virtutis

mains. Mais cette noble association d'antique prouesse, et, avec elle, tout ce que je possédais de fortune, tout cela a péri dans un moment. Dans une attaque nocturne contre un intendant des finances impériales, depuis tombé en disgrâce... Mais il est bon de reprendre les choses d'un peu plus haut.

Il y avait à la cour de César un personnage éminent par ses services, et dont l'empereur faisait personnellement le plus grand cas. Il eut des envieux, et leurs manœuvres parvinrent à élever contre lui une accusation qui aboutit à l'exil. Son épouse Plotine, femme d'un mérite rare, d'une fidélité exemplaire, et dont l'heureuse fécondité avait grossi sa famille d'un dixième gage de leur union, prit l'héroïque résolution de renoncer aux fastueuses délices de la vie romaine, pour suivre un époux banni et s'associer à son infortune. Elle rasa ses cheveux, prit un habit d'homme, rassembla tout ce qu'elle possédait d'argent monnayé, et le renferma avec ses plus précieux bijoux dans sa ceinture. On la voyait à la tête de l'escorte, intrépide au milieu des armes, partager tous les périls de son mari, et supporter, pour l'amour de lui, les veilles et les fatigues avec une force et une constance au-dessus de son sexe.

Enfin, après avoir surmonté les difficultés sans nombre d'un voyage par terre et les terreurs d'une traversée maritime, ils se dirigeaient sur l'île de Zacinthe, que le fatal décret leur avait assignée pour résidence temporaire. Ils touchaient à Actium au moment où notre troupe, qui, alors, exploitait la Macédoine, battait le pays dans les environs. La nuit était fort avancée, et l'équipage, pour ne pas coucher à bord, s'était établi dans une petite auberge sur le rivage, à proximité du navire. Nous profitâmes de l'occasion pour fondre sur eux; et, après avoir fait main basse sur ce qu'ils possédaient, nous disparûmes, non sans avoir couru nous-mêmes un grand danger; car la dame, au premier bruit qu'elle entendit à la porte, se mit à courir dans sa chambre, s'efforçant par des cris répétés de donner l'alarme. Soldats et domestiques, elle appelait chacun par son nom, et réclamait en même temps le secours de tout le voisinage. Par bonheur chacun resta blotti dans son coin, et craignant pour sa peau: autrement nous n'eussions pas effectué impunément notre retraite.

Cependant cette admirable (car il faut dire la vérité), cette incomparable épouse, profitant de l'intérêt excité par sa noble conduite, obtint de l'empereur par ses sollicitations que son mari serait rappelé, et que justice serait faite de notre agression. César, un beau jour, voulut qu'il n'existât plus de bande du brigand Hémus, et la bande fut anéantie. Un grand prince n'a qu'à vouloir. Cernée par une force supérieure, ma troupe fut accablée et taillée en pièces. Seul j'échappai aux gouffres de l'Érèbe, et voici par quel moyen: je m'affublai d'une robe de femme à grand ramage, à plis flottants; et, coiffé d'un chapeau d'étoffe, les pieds passés dans des mules blanches et fines, comme en portent les femmes, je me juchai sur un âne qui portait des gerbes d'orge, et, grâce à mon accoutrement féminin, je passai sans encombre au beau milieu des ennemis. On me prit pour la femme de quelque ânier, et les rangs s'ouvrirent pour me faire

---

paternæ. Sed omnem pristinam sociorum fortium multitudinem, magnasque illas opes exiguo temporis amisi spatio. Nam procuratorem principis ducenaria perfunctum, dehinc fortuna tristiore decussum, præterente noctu fueram aggressus. Sed rei noscendæ carpo ordinem.

Fuit quidam multis officiis in aula Cæsaris clarus atque conspicuus, ipsi etiam probe spectatus. Hunc insimulatum quorumdam astu projecit extorrem sæviens invidia. Sed uxor ejus Plotina, quædam raræ fidei atque singularis pudicitiæ femina, quæ decimo partus stipendio viri familiam fundaverat, spretis atque contemptis urbicæ luxuriæ deliciis, fugientis comes, et infortunii socia, tonso capillo, in masculinam faciem reformato habitu, pretiosissimis monilium et auro monetali zonis refertis incincta, inter ipsas custodientium militum manus et gladios nudos intrepida, cunctorum periculorum particeps, et pro mariti salute pervigilem curam sustinens, ærumnas assiduas ingenio masculo sustinebat.

Jamque plurimis itineris difficultatibus, marisque terroribus exantlatis, Zacynthum petebat: quam sors ei fatalis decreverat temporariam sedem. Sed quum primum litus Actiacum, quo tunc Macedonia delapsi grassabamur, appulisset; nocte promota, tabernulam quamdam littori navique proximam, vitalis maris fluctibus, incubabant. Invadimus, et diripimus omnia. Nec tamen periculo levi tentati discessimus. Simul namque primum sonum januæ matrona percepit, procurrens in cubiculum, clamoribus inquietis cuncta miscuit: milites, suosque famulos nominatim, sed et omnem viciniam suppetiatam convocans: nisi quod pavore cunctorum, qui sibi quisque metuentes delitescebant, effectum est ut impune discederemus.

Sed protinus sanctissima (vera enim dicenda sunt) et unicæ fidei femina, bonis artibus gratiosa, precibus ad Cæsaris numen porrectis, et marito reditum celerem, et aggressuræ plenam vindictam impetravit. Denique noluit esse Cæsar Hæmi latronis collegium; et confestim interivit. Tantum potest etiam nutus magni principis. Tota denique factione militarium vexillationum indagatu confecta atque concisa, ipse me furatus ægre, solus mediis Orci faucibus ad hunc evasi modum. Sumpta veste muliebri florida, in sinus flaccidos abundante, mitellaque textili contecto capite, calceis femineis albis illis et tehuibus inductus, et in sequiorem sexum insertus atque absconditus, asello spicas hordeaceas gerenti residens, per medias acies infesti militis transabivi. Nam mulierem putantes asinariam, concedebant liberos abitus: quippe quum mihi etiam tunc depiles genæ lævi pueritia splendicarent.

Nec ab illa tamen paterna gloria vel mea virtute descivi,

place. Vous saurez que mes joues, alors imberbes, conservaient encore l'éclat et le poli du teint d'un enfant.

Malgré cet échec, on ne dira pas que j'aie dérogé à la gloire de ma famille, ou manqué à ma propre réputation. Bien que sous le couteau de l'ennemi pour ainsi dire, et peu rassuré par un tel voisinage, j'ai su, à la faveur de mon déguisement, exploiter mainte ferme, et me ramasser une escarcelle de voyage, comme vous le voyez, assez rondelette. Déboutonnant alors ses guenilles, il fait briller à leurs yeux une somme de deux mille pièces d'or. Voici, dit-il, ma bienvenue, ou, si vous aimez mieux, ma dot. Je vous en fais hommage; et, si vous me voulez pour chef, je m'offre à vous de bon cœur. Laissez-moi faire, et je ne serai pas longtemps à changer en or chaque pierre de ce logis.

On ne fut pas longtemps à l'élire : un suffrage unanime lui décerna le commandement. On apporta des habits un peu plus propres, dont on l'invita à se revêtir. Débarrassé de sa souquenille qui cachait tant de richesses, le nouveau chef en costume donne à tous l'accolade, et, prenant place sur un lit plus élevé que le reste, inaugure son installation par un festin largement arrosé.

On causa beaucoup de la tentative d'évasion de la jeune fille, et le chef apprit quel monstrueux supplice nous était réservé. Il demanda alors en quel lieu on gardait la prisonnière, s'y fit conduire; et quand il l'eut vue chargée de chaînes, sa figure prit une expression marquée de mécontentement. Je ne veux pas, dit-il à son retour, m'interposer brutalement et à l'étourdie pour empêcher l'exécution de votre décret : cependant ma conscience me reprocherait de ne pas vous faire entendre ce que je crois être une vérité utile. Avant tout, soyez persuadés que ma sollicitude seule pour vos intérêts me fait ouvrir la bouche. Vous serez, d'ailleurs, les maîtres d'en revenir plus tard à votre âne; mais moi, je pense que des voleurs qui savent leur métier songent au profit avant tout, même avant la vengeance; il en coûte souvent de s'y livrer. Quand vous aurez donné à cette jeune fille un âne pour tombeau, vous aurez satisfait votre haine en pure perte. Mon avis est donc qu'il faut mener notre prisonnière à quelque ville, et l'y vendre bel et bien. Fille à cet âge est de bonne défaite. J'ai moi-même parmi les agents de ce négoce telle vieille connaissance qui, si je ne me trompe, achèterait à très-haut prix, pour la louer aux amateurs, une poulette de si bonne couvée. Une fois mise en cage, il faudra bien qu'elle renonce à prendre son vol de nouveau; et, dans le métier qu'elle fera, votre juste colère trouvera satisfaction. Voilà, suivant ma manière de voir, le parti le plus utile; mais à vous le droit de juger dans vos affaires et de disposer de ce qui vous appartient. C'est ainsi qu'en se constituant l'avocat fiscal des voleurs, ce digne homme plaidait notre cause, et sauvait du même coup fille et baudet.

Longue fut la délibération; et moi je languissais et mourais à petit feu, attendant l'issue du débat. Enfin le conseil se range à l'avis du nouveau venu. Sur-le-champ on débarrasse la captive de ses liens; mais celle-ci, au premier coup d'œil jeté sur le jeune chef, et à la simple mention d'agents et de lieux de prostitution, se laissa aller aux plus vives démonstrations d'allégresse; et moi d'en tirer un texte d'accusa-

---

quamquam semitrepidus juxta mucrones Martios constitutus; sed habitus alieni fallacia tectus, villas seu castella solus aggrediens, viaticulum mihi corrasi. Et diloricatis statim pannulis, in medium profudit duo millia aureorum; et, En, inquit, istam sportulam, immo vero dotem vestro collegio libens, meque vobis ducem fidissimum, si tamen non recusatis, offero : brevi temporis spatio lapideam istam domum vestram facturus auream.

Nec mora, nec cunctatio : sed calculis omnibus ducatum latrones unanimes ei deferunt; vestemque lautiusculam proferunt, sumeret. Abjecto centunculo divite sic reformatus, et singulos exosculatus, et in summo pulvinari locatus, cœna et poculis magnis inauguratur.

Tunc sermonibus mutuis de virginis fuga, deque mea vectura, et utrique destinata monstruosa morte cognoscit : et ubi locorum esset illa percontatus, deductusque, visa ea, ut erat vinculis onusta, contorta et vituperanti nare discessit; et, Non sum quidem tam brutus, vel certe temerarius, inquit, ut scitum vestrum inhibeam : sed malæ conscientiæ reatum intra me sustinebo, si quod bonum mihi videtur dissimulavero. Sed prius fiduciam vestri causa sollicito mihi tribuatis; quum præsertim vobis, si sententia hæc mea displicuerit, liceat rursus ad asinum redire.

Nam ego arbitror latrones, quique eorum recte sapiunt, nihil anteferre lucro debere suo, ac ne ipsam quidem sæpe sibi et aliis damnosam ultionem. Ergo igitur si perdideritis in asino virginem, nihil amplius quam sine ullo compendio indignationem vestram exercueritis. Quin ego censeo, deducendam eam ad quampiam civitatem, ibique venundandam. Nec enim levi pretio distrahi poterit talis ætatula. Nam et ipse quosdam lenones pridem cognitos habeo, quorum poterit unus magnis equidem talentis, ut arbitror, puellam istam præstinare condigne natalibus suis, in fornicem processuram, nec in similem fugam discursuram : nonnihil etiam, quum lupanari servierit, vindictæ vobis depensuram. Hanc ex animo quidem meo sententiam conducibilem protuli : sed vos vestrorum estis consiliorum rerumque domini. Sic ille latronum fisci advocatus nostram causam pertulerat, virginis et asini sospitator egregius.

Sed in diutina deliberatione ceteri, cruciantes mora consilii mea præcordia, immo vero miserum spiritum, libentes tandem novitii latronis accedunt sententiæ : et protinus vinculis exsolvunt virginem. Quæ quidem, simul viderat illum juvenem, fornicisque et lenonis audierat mentionem, cœpit risu lætissimo gestire; ut nihil merito

tion contre son sexe en général : Eh quoi! une jeune fille, naguère inconsolable de la perte d'un chaste amour, d'un hymen légitime, montrer ce scandaleux transport au seul nom du vice et de ses immondes repaires! Et toute l'espèce féminine en masse de passer sur la sellette, devant un juge à longues oreilles.

Le jeune homme reprit alors la parole : Allons, dit-il, offrir un sacrifice au dieu Mars; demandons-lui la vente de la jeune fille ainsi que des recrues; mais, à ce que je puis voir, nous n'avons pas ici une seule bête à sacrifier, ni même assez de vin pour en boire à discrétion : confiez-moi dix de nos hommes; il ne m'en faut pas plus pour tomber sur la première bourgade que je rencontrerai, et je vous rapporte de quoi faire un repas de Saliens. Les voilà bientôt en campagne, tandis que le reste allume au logis un vaste brasier, et construit en gazon un autel au dieu de la guerre. L'expédition ne tarda pas à revenir avec une charge d'outres pleines de vin, et chassant en avant un troupeau de bétail. On choisit un bouc, le plus vieux et le plus barbu qu'on put trouver, et on l'immole à Mars *bon Guide* et *bon Compagnon*.

Un copieux festin s'apprête : Vous allez voir, dit alors l'étranger, si je ne sais être votre chef qu'en fait d'expéditions et de capture, et si j'y vas de main morte quand il s'agit de vos plaisirs. Voilà mon homme aussitôt à la besogne, et qui la dépêche avec une aisance merveilleuse : en moins de rien on voit le sol balayé et jonché, les mets rôtis ou fricassés de main de maître, dressés avec goût et servis à point; mais surtout il a soin de multiplier les rasades et d'abreuver son monde largement. Tout en allant et venant, sous prétexte de vaquer au service, il visitait fréquemment la jeune fille, et lui glissait à la dérobée quelque bribe de festin; ou, d'un œil brillant de plaisir, il lui offrait à boire dans une coupe où ses lèvres avaient d'abord trempé. Toutes ces prévenances étaient accueillies d'un air passionné. Une bouche caressante allait au-devant du baiser qui lui était destiné, et le rendait avec usure. Ces privautés me déplaisaient fort. Ah! jeune fille, disais-je, as-tu donc oublié la foi promise et cette ardeur mutuelle? A ce mari que je ne connais point, mais qu'ont choisi tes parents, peux-tu préférer un coureur de grands chemins, un coupe-jarrets? Quoi! sans remords, foulant aux pieds tout sentiment, tu te prostitues ainsi de gaieté de cœur au milieu des lances et des épées? Et si le reste de la troupe avait le moindre soupçon de votre intelligence...? derechef on aurait recours au pauvre âne, au risque de ce qui peut lui en revenir. Ah! c'est trop se jouer de ma peau.

Tandis qu'un sentiment d'indignation m'entraînait ainsi aux suppositions les plus injustes, quelques demi-mots, faciles à interpréter pour un âne aussi intelligent, m'eurent bientôt mis au fait. Je compris que le prétendu brigand Hémus n'était autre que Tlépolème, le propre fiancé de la jeune fille. En effet, de parole en parole, il finit par lui dire assez haut, sans plus s'inquiéter de ma présence que si j'eusse été défunt : Courage! ma bien-aimée Charite! tes ennemis sous peu vont être en ton pouvoir. Et il revenait toujours plus pressant vers ses convives, leur versant le vin coup sur coup, sans y mêler une goutte d'eau, et après l'avoir fait tiédir. Déjà la tête leur tourne; lui, toujours sur la réserve, ne cesse d'arroser leur ivresse. A vrai dire, j'eus quelque soupçon qu'il

subiret vituperatio totius sexus : quum viderem puellam proci juvenis amore nuptiarumque castarum desiderio simulato, lupanaris spurci sordidique subito delectari nomine. Et tunc quidem totarum mulierum secta moresque de asini pendebant judicio.

Sed ille juvenis sermone repetito, Quin igitur, inquit, supplicatum Marti comiti pergimus, et puellam simul vendituri, et socios indagaturi? Sed, ut videtis, nullum uspiam pecus sacrificatui, ac ne vinum quidem potatui affatim vel sufficiens habemus. Decem itaque mihi legate comites, queis contentus proximum castellum petam, inde vobis epulas saliares comparaturus. Sic eo profecto, ceteri copiosum instruunt ignem, aramque cespite virenti Marti deo faciunt. Nec multo post adveniunt illi, vinarios utres ferentes, et gregatim pecua comminantes. Unde prælectum grandem hircum, annosum et horricomem, Marti Secutori Comitique victimant.

Et illico prandium fabricatur opipare. Tunc hospes ille, Non modo, inquit, expeditionum prædarumque, verum etiam voluptatum vestrarum ducem me strenuum sentire debetis. Et aggressus insigni facilitate, gnaviter cuncta præministrat. Verrit, sternit, coquit, luteta concinnat, apponit scitule, sed præcipue poculis crebris grandibusque singulos ingurgitat. Interdum tamen, in simulatione promendi quæ poscebat usus, ad puellam commeabat assidue, partesque subreptas clanculo, et prægustatas a se potiones offerebat hilaris. At illa sumebat appetenter : et nonnunquam basiare volenti promptis saviolis adlubescebat. Quæ res oppido mihi displicebat. Hem oblita es nuptiarum, tuique mutui cupitoris, puella virgo? Et illi, nescio cui, recenti marito, quem tibi parentes junxerant, hunc advenam cruentumque percussorem præponis? Nec te conscientia stimulat, sed affectione calcata, inter lanceas et gladios istos scortari tibi libet? Quid si quo modo ceteri latrones persenserint, non rursum recurres ad asinum, et rursum exitium mihi parabis? Revera ludis de alieno corio.

Dum ista sycophanta ego mecum maxima cum indignatione disputo; de verbis eorum quibusdam dubiis, sed non obscuris prudenti asino, cognosco, non Hæmum illum prædonem famosum, sed Tlepolemum sponsum puellæ ipsius. Nam procedente sermone, paulo jam clarius, contempta mea præsentia, quasi jam mortui, Bono animo esto, inquit, Charite dulcissima. Nam totos istos tuos hostes statim captivos habebis. Et instantia validiore vinum jam immixtum, sed modico tepefactum vapore, sauciis illis et crapula vinolentiaque madidis, ipse abstemius non cessat impingere. Et, hercules, suspicionem mihi fecit quasi

mêlait quelque drogue somnifère à la liqueur dont il les abreuvait.

A la fin, depuis le premier jusqu'au dernier, tous gisaient ivres-morts à la disposition de qui voudrait s'en défaire. Alors, sans la moindre peine, mon homme se mit à les garrotter étroitement l'un après l'autre. Et quand ils furent tous accommodés à sa fantaisie, il plaça sa maîtresse sur mon dos, et prit avec elle le chemin de la ville où ils demeuraient. A notre approche, toute la population se porta au dehors, pour jouir de ce spectacle impatiemment attendu. Parents, alliés, clients, valets, serviteurs, se précipitaient à l'envi. Le contentement est dans tous les yeux, la joie dans tous les cœurs. Le cortége était de tout sexe, de tout âge; mais quelle vue aussi! le triomphe d'une vierge par le secours d'un âne. Moi aussi je voulus, à ma manière, contribuer à la représentation, et bien constater la part que j'y prenais. Je dressai l'oreille, dilatai mes naseaux, et me mis à braire intrépidement, d'un ton à rivaliser avec le tonnerre.

Voilà la jeune fille rendue à ses foyers et aux caresses des auteurs de ses jours. Tlépolème aussitôt me fait tourner bride, avec grand renfort de bêtes de somme et suivi d'une multitude de ses concitoyens. Je ne demandais pas mieux. Pour un curieux quelle occasion! on allait mettre la main sur tous ces brigands. Nous retrouvons nos captifs, dont les mouvements étaient enchaînés par l'ivresse plus encore que par les liens. La caverne fut fouillée et vidée de tout ce qu'elle contenait; on nous chargea d'or, d'argent et d'objets précieux. Quant aux voleurs, ils furent les uns roulés, tout garrottés, jusqu'au bord des précipices voisins, dont on leur fit faire le saut; les autres, décapités sur place avec leurs propres épées.

Après cette exécution, nous reprîmes en triomphe le chemin de la ville. On déposa au trésor public les richesses reprises, et l'hymen mit Tlépolème en possession légitime de sa conquête. De ce jour, la jeune mariée ne m'appela plus que son sauveur, et ne cessa de montrer la sollicitude la plus tendre pour mon bien-être. Le jour même de ses noces, ce fut elle qui fit remplir d'orge mon râtelier; par son ordre on me donna en foin la ration d'un chameau de Bactriane. Mais que je maudissais de grand cœur cette Fotis de ne m'avoir pas changé en chien plutôt qu'en âne, en voyant la gent canine du logis, moitié rapine, moitié largesse, s'empiffrer des reliefs d'un somptueux dîner!

La jeune épouse n'eut pas plutôt donné une première nuit à l'amour, que sa reconnaissance ne laissa plus de repos ni à mari, ni à parents, qu'elle n'eût obtenu la promesse pour moi du traitement le plus honorable. Un conseil d'amis fut convoqué, et gravement délibéra sur le moyen de me récompenser dignement. On fit la motion de me tenir clos, sans rien faire, et de m'engraisser d'orge choisie, de vesce et de fèverolles; mais un autre opinant fit prévaloir son avis. Il voulait qu'on me laissât la liberté; que je pusse courir et folâtrer dans les prairies avec les chevaux; la monte des cavales par un étalon comme moi devant donner pour produit à mes maîtres une race généreuse de mulets.

En conséquence, l'intendant du haras fut mandé, et l'on me remit à ses soins, avec re-

soporiferum quoddam venenum cantharis immisceret illis.

Quum denique omnes, sed prorsus omnes, vino sepulti jacebant, parati morti, tunc nullo negotio artissimis vinculis impeditis, ac pro arbitrio suo constrictis illis, imposita dorso meo puella dirigit gressum ad suam patriam. Quam simul accessimus, tota civitas ad votivum conspectum effunditur. Procurrunt parentes, affines, clientes, alumni, famuli, læti faciem, gaudio delibuti. Pompam cerneres omnis sexus et omnis ætatis, novumque et, Hercules, memorandum spectamen, virginem asino triumphantem. Denique ipse etiam hilarior pro virili parte, ne præsenti negotio, ut alienus, discreparem, porrectis auribus, proflatisque naribus, rudivi fortiter; immo tonanti clamore personui.

Et illam thalamo receptam commode parentes sui fovebant: me vero cum ingenti jumentorum civiumque multitudine, confestim retro Tlepolemus agebat, non invitum. Nam et alias curiosus, et tunc latronum captivitatis spectator optabam fieri: quos quidem colligatos adhuc vino magis quam vinculis deprehendimus. Totis ergo prolatis erutisque rebus, et nobis auro argentoque et ceteris onustis, ipsos partim constrictos, uti fuerant, provolutosque, in proximas rupinas præcipites dedere; alios vero suis sibi gladiis obtruncatos reliquere. Tali vindicta læti et gaudentes, civitatem revenimus.

Et illas quidem divitias publica custodela commisere, Tlepolemo puellam repetitam lege tradidere. Exin me, suum sospitatorem nuncupatum, matrona prolixe curitabat: ipsoque nuptiarum die præsepium meum hordeo passim repleri jubet, fœnumque camelo Bactrinæ sufficiens apponi. Sed quas ego congruas Fotidi diras devotiones imprecer, quæ me formavit non canem, sed asinum? quippe quum viderem largissimæ cœnæ reliquiis rapinisque canes omnes inescatos atque distentos.

Post unicam noctem et rudimenta Veneris, recens nupta gratias summas apud suos parentes ac maritum mihi meminisse non destitit; quoad summos illi promitterent honores habituri mihi. Convocatis denique gravioribus amicis, consilium datur, quo potissimum facto digne remuneraret. Placuerat uni, domi me conclusum et otiosum, hordeo lecto fabaque et vicia saginari. Sed obtinuit alius, qui meæ libertati prospexerat: suadens, ut rurestribus potius campis in greges equinos lasciviens discurrerem, daturus dominis equarum inscensu generoso multas mulas alumnas.

Ergo igitur evocato statim armentario equisone, magna cum præfatione deducendus assignor. Et sane gaudens

commandation sur recommandation. La joie me faisait courir en avant. Plus de fardeaux, plus de corvées; la liberté m'était rendue. Le printemps commençait. Au milieu des prés fleuris, je ne pouvais manquer de rencontrer quelque rose. Je faisais en outre cette réflexion : si l'âne est l'objet de tant de gratitude, que ne fera-t-on pas pour l'homme, quand il aura repris sa véritable figure?

Mais une fois que cet agent m'eut emmené loin de la ville, il ne fut plus question pour moi de délices, ni même de liberté. Sa femme, la plus avare, la plus méchante des créatures, débuta par me mettre sous le joug pour servir de moteur à un moulin. Me fustigeant sans relâche avec une branche encore garnie de ses feuilles, elle fabriquait aux dépens de ma peau le pain de sa famille et le sien. Et c'était peu de fournir par mes sueurs à sa subsistance, il me fallait moudre encore pour les voisins, dont elle recevait le blé moyennant salaire. Et après tout ce labeur, je ne pouvais (pauvre animal!) compter même sur la pitance de droit : ma portion d'orge passait avec le reste du grain sous la meule; et quand, toujours tournant, je m'étais bien fatigué à la moudre et bluter, la voleuse vendait le tout en détail aux paysans du voisinage. Seulement, après m'avoir imposé cette pénible occupation toute une journée, vers le soir elle me gratifiait d'une mesure de son, non criblé, plein d'ordures et de pierres, et qui me restait au gosier.

Telles étaient les misères de ma condition, quand l'impitoyable Fortune me fit changer de supplice, sans doute afin que la mesure fût comble, et que je fusse, comme on dit, glorifié au dehors comme au dedans. A la fin, le brave intendant s'avisa, quoique un peu tard, d'exécuter l'ordre de ses maîtres, et me donna la clef des champs au milieu du haras. Voilà maître baudet libre enfin; j'en trépignais d'aise, et déjà je faisais mon choix des croupes les plus à mon gré parmi les cavales; mais ce doux commencement faillit encore aboutir à une dernière catastrophe. Tous ces étalons bien repus et engraissés pour les luttes de Vénus étaient de terribles rivaux dans mes amours. Quel âne eût été de force à lutter contre eux? Les voilà qui s'avisent d'être jaloux, ne veulent pas souffrir de mésalliance adultère, et, au mépris des lois de Jupiter Hospitalier, s'acharnent avec fureur sur l'intrus usurpateur de leurs droits.

L'un, élevant son large poitrail, droit de tête et roide d'encolure, me martelle avec ses pieds de devant; l'autre, tournant une croupe musculeuse et charnue, escarmouche de ses ruades contre moi; un autre, avec ce hennissement qui n'annonce rien de bon, accourt l'oreille couchée, et, montrant deux rangs de dents blanches et formidables, m'en déchire tout le corps impitoyablement. Je me rappelai alors certain roi de Thrace dont j'avais lu l'histoire, et qui livrait ses hôtes à la rage dévorante de ses coursiers furieux. Singulière économie chez ce despote, qui, repaissant ses chevaux de chair humaine, trouvait là le moyen de ménager son orge! Ainsi meurtri et lacéré par les assauts de ces maudits quadrupèdes, j'en étais à regretter le manège tournant du moulin.

Mais la Fortune, qui ne se lassait pas de me persécuter, me suscita un bien autre fléau. Il y avait du bois à aller chercher sur une montagne. On m'employa à ce transport, en me donnant pour conducteur un jeune garçon, le pire garnement de la terre. C'était peu d'avoir à gravir péniblement jusqu'au sommet la plus rude des côtes,

lætusque præcurrebam, sarcinis et ceteris jam nunc renunciaturus : nactaque libertate, veris initio pratis herbantibus, rosas utique reperturus aliquas. Subibat me cum illa etiam sequens cogitatio : quod tantis actis gratiis, honoribusque plurimis asino meo tributis, humana facie recepta, multo tanto pluribus beneficiis honestarer.

Sed ubi me procul a civitate gregarius ille perduxerat, nullæ deliciæ ac ne ulla quidem libertas excipit. Nam protinus uxor ejus, avara quidem nequissimaque illa mulier, molæ machinariæ subjugum me dedit : frondosoque baculo subinde castigans, panem sibi suisque de meo parabat corio. Nec tantum sui cibi gratia me fatigare contenta, vicinorum etiam frumenta mercenariis discursibus meis conterebat. Nec mihi misero statuta saltem cibaria pro tantis præstabantur laboribus. Namque hordeum meum frictum et sub eadem mola meis quassatum ambagibus colonis proximis venditabat : mihi vero per diem laboriosæ machinæ attento, sub ipsa vespera furfures apponebat incretos ac sordidos multoque lapide salebrosos.

Talibus ærumnis edomitum novis Fortuna sæva cruciatibus tradidit; scilicet, ut, quod aiunt, domi forisque fortibus factis adoreæ plenæ gloriarer. Equinis armentis namque me congregem pastor egregius, mandati domi-nici serus auscultator, aliquando permisit. At ego tandem liber asinus, lætus et tripudians, graduque molli gestiens, equas opportunissimas jam mihi concubinas futuras deligebam. Sed hic etiam spes hilarior in capitale processit exitium. Mares enim, ob admissuram Venerem pasti satianter ac diu saginati, terribiles alioquin, et utique quovis asino fortiores, de me metuentes sibi, adulterio degeneri præcaventes, nec Hospitalis Jovis servato fœdere, rivalem summo furentes persequuntur odio.

Hic elatis in altum vastis pectoribus, arduus capite, et sublimis vertice, primoribus in me pugillatur ungulis; ille terga pulposis torulis obesa convertens, postremis velitatur calcibus; alius hinnitu maligno comminatus, remulsis auribus, dentiumque candentium renudatis hastis, totum me commorsicat. Sic apud historiam de rege Thracio legeram, qui miseros hospites ferinis equis suis lacerandos devorandosque porrigebat. Adeo præpotens ille tyrannus sic parcus hordei fuit, ut edacium jumentorum famem corporum humanorum largitione sedaret. Ad eumdem modum distractus et ipse variis equorum incursibus, rursum molares illos circuitus requirebam.

Verum Fortuna meis cruciatibus insatiabilis aliam denuo mihi pestem instruxit. Delegor enim ligno monte de-

d'user jusqu'au vif la corne de mes pieds sur les souches et les cailloux dont ma route était hérissée; il me fallait encore essuyer une grêle incessante de coups de bâton dont le drôle me labourait l'échine, et dont je ressentais la douleur jusqu'à la moelle des os. Il avait la méchanceté d'adresser les siens constamment à la cuisse droite; si bien que, frappant toujours à la même place, il avait fini par entamer le cuir. Puis le mal était devenu d'écorchure plaie, de plaie trou, et de trou fenêtre. Et cependant le bourreau ne cessait de frapper sur la déchirure toute saignante. Ajoutez qu'il exagérait ma charge à faire croire que cette masse de fagots était destinée non pas à un âne, mais à un éléphant. Un excès de poids d'un côté faisait-il pencher la charge? au lieu de la diminuer de ce qui menaçait ruine et de me soulager d'autant, ou de faire passer du moins quelque morceau de l'autre côté, il ajoutait des pierres pour rétablir l'équilibre. Ce n'est pas tout : après m'avoir si impitoyablement écrasé sous le faix, s'il arrivait que nous eussions un cours d'eau à traverser, l'enfant soigneux n'avait garde de mouiller ses guêtres: il se campait sur mes reins de plein saut. Faible addition, me direz-vous, eu égard à l'énormité de la charge. Oui; mais si, rencontrant à l'autre bord une rampe tant soit peu roide, ou rendue glissante par le limon, je venais à m'abattre en essayant vainement de la franchir avec mon fardeau, croyez-vous que mon excellent guide prît la peine de me relever la tête avec la bride, de me soulever par la queue, ou enfin de soulager mon dos, pour m'aider à me remettre sur pieds? Non; je n'avais aucun secours à attendre; mais, armé d'un énorme bâton, il me rondinait de tête en queue, en commençant par les oreilles, tant et si bien qu'aucun cordial ne m'eût plus vite ranimé.

Voici encore un de ses tours. Il se procura un jour des épines très-piquantes à pointes vénéneuses, qu'il tortilla en faisceau en forme de boule; et il m'attacha à la queue cet appendice aiguillonnant, que chaque pas mettait en mouvement pour mon supplice. Le mécanisme était à double fin; car dès que je prenais ma course pour échapper à mon persécuteur, cette allure accélérée redoublait l'énergie des piqûres, et dès que je m'arrêtais pour faire trêve à mon tourment, le bâton me forçait à reprendre ma course. En somme, ce petit scélérat n'avait d'autre idée que de me faire périr de façon ou d'autre. Il me le jura plus d'une fois, et, dans une circonstance, sa détestable malice alla encore plus loin.

Un jour où la persécution avait triomphé de ma patience, je lui détachai une ruade des plus vigoureuses. Or, voici de quelle vengeance il alla s'aviser : il me met sur le dos un fort paquet d'étoupes, solidement assujetti avec des ficelles, et me chasse devant lui; puis il entre dans la première ferme, y dérobe un charbon, qu'il fourre tout allumé au milieu de ma charge. Le feu couve quelque temps dans ce foyer combustible, et bientôt la flamme éclate, et m'enveloppe tout entier du plus formidable incendie. Où fuir? quelle chance de salut? Avec un tel ennemi à ses trousses, a-t-on le temps de la réflexion? Dans cette

---

vehundo, puerque mihi præfectus imponitur, omnibus modis ille quidem puer deterrimus. Nec me moutis excelsi tantum arduum fatigabat jugum, nec saxeas tantum sudes incursando contribam ungulas : verum fustium quoque crebris ictibus proclive dedolabat, ut usque plagarum mihi medullaris insideret dolor, coxæque dextræ semper ictus incutiens, et unum feriendo locum, dissipato corio, et ulceris latissimi facto foramine, immo fovea, vel etiam fenestra, nullus tamen desinebat identidem vulnus sanguine delibutum obtundere. Lignorum vero tanto me premebat pondere, ut fascium molem elephanto, non asino paratam putares.

Ille vero, quoties in alternum latus præponderans declinarat sarcina, quum deberet potius gravantis ruinæ fustes demere, et levata paulisper pressura sanare me, vel certe in alterum latus translatis peræquare : contra lapidibus additis insuper sic iniquitatem ponderis medebatur. Nec tamen post tantas meas clades, immodico sarcinæ pondere contentus; quum fluvium transcenderemus, qui forte præter viam defluebat, peronibus suis ab aquæ madore consulens, ipse quoque insuper lumbos meos insiliens residebat : exiguum scilicet et ille tantæ molis superpondium. At si quo casu, limo cœnoso ripæ supercilio lubricante, oneris impatientia prolapsus deruissem; quum deberet egregius agaso manum porrigere, capistro me suspendere, cauda me sublevare, certe tanti oneris partem quoad resurgerem saltem detrahere; nullum quidem defesso mihi ferebat auxilium : sed occipiens a capite, immo vero ab ipsis auribus, totum me compilabat, cædens fusti grandissimo; donec, fomenti vice, ipsæ me plagæ suscitarent.

Idem mihi talem etiam excogitavit perniciem. Spinas acerrimas, et puncto venenato virosas, tortili nodo in fascem constrictas, caudæ meæ pensilem deligavit cruciatum; ut incessu meo commotæ incitatæque funestis aculeis infestæ me convulnerarent. Ergo igitur acerbissimo malo laborabam. Nam quum me cursu proripueram, fugiens acerbissimos incursus, vehementiore nisu spinarum feriebar : si dolori parcens, paululum restitissem, plagis compellebar ad cursum. Nec quidquam videbatur aliud excogitare puer nequissimus, quam ut me quoquo modo perditum iret. Idque jurans etiam nonnunquam comminabatur. Et plane fuit, quod ejus detestabilem malitiam ad pejores conatus stimularet.

Nam quadam die, nimia ejus insolentia expugnata patientia mea, calces in eum validas extuleram. Denique tale facinus in me comminiscitur. Stuppæ sarcina me satis onustum, probeque funiculis constrictum, producit in viam : deque proxima villula spirantem carbunculum furatus, oneris in ipso meditullio reponit. Jamque fomento tenui calescens et enutritus ignis surgebat in flammas, et totum me funestus ardor invaserat; nec ullum pestis ex-

extrémité toutefois, la Fortune daigna me sourire. Peut-être avait-elle pour moi d'autres épreuves en réserve : du moins m'enleva-t-elle cette fois à une mort imminente et calculée de sang-froid. Il avait plu la veille dans les environs, et il s'y était formé une mare fangeuse. La voir, y courir, m'y plonger tout entier, fut l'affaire d'un moment. Cette immersion éteignit le feu et me délivra de ma charge, aussi bien que d'un affreux trépas.

Mais, ô l'effronté petit monstre! n'alla-t-il pas tourner son méfait contre moi? Il jura ses grands dieux, à ses camarades de service, que, passant près d'un feu que des voisins avaient allumé, je m'étais volontairement laissé choir, de manière à mettre ma charge en contact avec les charbons. Puis, éclatant de rire à mon nez, il ajouta : On est bien bon de nourrir chez soi un pareil boute-feu!

Quelques jours ne se passèrent pas sans qu'il ourdît contre moi une machination bien autrement perfide. Il vendit le bois que je portais à la première chaumière qu'il rencontra, et, me ramenant à vide, il se met à crier, à qui veut l'entendre, qu'il ne peut plus venir à bout d'un aussi méchant animal, et qu'il renonce à un métier comme celui de me conduire. Or, voici quel tour il donnait à son accusation. Vous voyez cette bête paresseuse, cette lâche bourrique; je ne parle pas de tous les tours qu'il me joue à moi directement, mais apprenez un peu à quels dangers il m'expose. D'aussi loin qu'il aperçoit femme bien tournée, fillette en âge, ou jeune garçon, zeste! la charge est de côté, et quelquefois le bât. Et voilà ce galant de nouvelle façon qui s'attaque tout en rut à des créatures humaines, qui les renverse, et qui, la gueule béante, essaye sur leurs personnes d'étranges et monstrueuses voluptés. Il vous prend une femme à revers, et brutalement la sollicite en dépit de Vénus. Ce grotesque museau veut parodier les baisers; il barbouille, il blesse avec ses grandes dents. Les querelles vont nous pleuvoir, et peut-être de bons procès. Qui sait? quelque action criminelle peut-être. Tout à l'heure une jeune dame passait. En un clin d'œil mon furieux jette son bois à bas, et le disperse de tous côtés. Il se rue sur la pauvre femme, la roule dans la boue, et veut, amant discret, lui monter sur le corps en pleine rue. Par bonheur quelques passants, accourus aux pleurs et aux cris de la victime, l'ont arrachée aux étreintes du monstre; sans quoi, c'était fait de la malheureuse, elle était étouffée, écartelée, elle périssait d'une mort affreuse, et nous restions sous le poids d'une affaire capitale.

Cette insigne calomnie, assaisonnée d'autres propos du même genre que mon pudique silence rendait plus accablants, excita au plus haut degré l'animadversion de ces bonnes gens contre moi. L'un d'eux finit par s'écrier : Qu'est-ce à dire? aurons-nous ici un mari de toutes nos femmes? un adultère banal? Qu'on l'immole bien vite, en expiation de ses monstrueuses amours. Allons, mon garçon, coupe-lui le cou sur-le-champ, jette ses entrailles aux chiens; le reste de sa chair servira à nourrir nos ouvriers. Quant à sa peau, nous la rapporterons à nos maîtres. Nous saurons bien mettre sa mort sur le compte des loups.

---

tremæ suffugium, nec salutis aliquod apparet solatium : et ustrina talis moras non sustinens meliora consilia prævertitur. Sed in rebus sævis adfulsit Fortunæ nutus hilarior, nescio an futuris periculis me reservans, certe præsente statutaque morte liberans. Nam forte pluviæ pridianæ recens conceptaculum aquæ lutulentæ proximum conspicatus, ibi memet improvido saltu totum abjicio : flammaque prorsus extincta tandem, et pondere levatus, et exitio liberatus evado.

Sed ille deterrimus ac temerarius puer hic quoque suum nequissimum factum in me retorsit : gregariisque omnibus affirmavit, me sponte vicinorum foculos transeuntem, titubanti gradu prolapsum, ignem ultroneum accessisse. Mihi et arridens addidit : Quo usque ergo frustra pascemus ignigenum istum?

Nec multis interjectis diebus, longe pejoribus me dolis petivit. Ligno enim quod gerebam in proximam casulam vendito, vacuum me ducens, jam se nequitiæ meæ proclamans imparem, miserrimumque istud magisterium renuens, querelas hujusmodi concinnat : Videtis istum pigrum tardissimumque et nimis asinum? me præter cetera flagitia, nunc novis periculis etiam angit. Ut quemque enim viatorem prospexerit, sive illa sit scitula mulier, seu virgo nubilis, seu tener puellus; sese, illico disturbato gestamine, nonnunquam etiam ipsis stramentis abjectis, furens incurrit, et homines amator talis appetit : et humi prostratis illis inhians, illicitas atque incognitas tentat libidines, et feminas volutatas, adversa Venere, invitat ad nuptias. Nam imaginem etiam savii mentiendo, ore improbo compulsat ac morsicat. Quæ res nobis non mediocres lites atque jurgia, immo forsitan et crimina pariet. Nunc etiam visa quadam honesta juvene, ligno quod devehebat abjecto dispersoque, in eam furiosos direxit impetus : et festivus hic amasio humo sordida prostratam mulierem ibidem incoram omnium gestiebat inscendere. Quod nisi ploratu questuque femineo conclamatum viatorum præsidium accurrisset, ac de mediis ungulis ipsius exert erepta libertaque; misera illa compavita atque dirupta, ipsa quidem cruciabilem cladem sustinuisset, nobis vero pœnale reliquisset exitium.

Talibus mendaciis admiscendo sermones alios, qui meum verecundum silentium vehementius premerent, animos pastorum in meam perniciem atrociter suscitavit. Denique unus ex illis, Quin igitur publicum istum maritum, inquit, immo communem omnium adulterum, illis suis monstrosis nuptiis condignam liberatque victimamus hostiam? et, Heus tu puer, ait, obtruncato protinus eo, intestina quidem canibus nostris jacta; ceteram vero carnem omnem operariorum cœnæ reserva. Nam corium adfirmatum cineris inspersu dominis referemus : ejusque mortem de lupo facile mentiemur.

Sublata contatione, accusator ille meus noxius, ipse

Aussitôt mon pernicieux accusateur, ravi d'être l'exécuteur de la sentence, fait ses dispositions d'un air de triomphe insultant. Il n'a pas oublié cette ruade, hélas! de trop peu d'effet, et il se presse déjà de donner le fil à son couteau, en l'aiguisant sur la pierre; mais un membre de la rustique assemblée prend alors la parole : Il y aurait conscience, dit-il, de mettre à mort un si bel âne et de nous priver de ses services, pour quelques escapades amoureuses. Pourquoi ne pas le châtrer de préférence? Le tempérament cesserait alors de lui parler si haut, et dès lors plus de ces fâcheuses conséquences; ajoutez qu'il y gagnera d'encolure. En chaleur, l'âne est plus mou, et le cheval plus fringant. J'en ai vu plus d'un devenir tout à fait rétif et intraitable. Eh bien! en un tour de main on vous le rendait habile aux transports à dos, et docile à toute espèce de service. A moins de résolution contraire de votre part, je me charge de l'opération. Laissez-moi seulement le temps de faire un tour à la foire voisine ; je reviens chez moi reprendre mes instruments, je vous taille ensuite cet incommode amoureux quelque part entre les cuisses, et vous le rends doux comme un agneau.

Cette proposition m'arrachait au royaume de l'Orcus, mais pour me faire subir le plus dur des traitements; et je me lamentais de périr dans la plus noble partie de moi-même. Déjà je cherchais quelque moyen de destruction, la faim ou quelque précipice. C'était encore mourir; mais du moins c'était mourir entier. Pendant que je délibérais sur le choix d'un trépas, mon bourreau d'enfant vint me prendre pour notre voyage quotidien à la montagne. Là, m'ayant attaché à la branche pendante d'un gros chêne, il se met quelques pas en avant, à tailler avec sa hache le bois qu'il devait rapporter, quand d'une caverne voisine s'allonge soudain une formidable tête d'ours. Je n'eus pas plutôt vu l'animal s'avancer d'un pas lent, qu'épouvanté de cette apparition, je me rejette de tout mon poids sur mes jarrets de derrière, et romps, en me cabrant, la courroie qui me retenait. Alors je me mets à détaler ventre à terre, galoppant, culbutant à travers les pentes les plus rapides. Je fus bien vite en bas de la montée, également empressé d'échapper aux griffes de l'ours et à celles de l'enfant, qui ne valait pas mieux.

Un passant qui me vit sans maître s'empara de moi, et, m'ayant enfourché lestement, me fit prendre à coups de bâton un chemin de traverse qui m'était inconnu. Je n'avais garde toutefois de mettre obstacle à sa marche, car elle m'éloignait du lieu fatal où devait se consommer le sacrifice de ma masculinité. Du reste, je n'étais pas grandement sensible aux coups de mon nouveau propriétaire, tant j'avais su faire connaissance avec le bâton; mais l'acharnement de la Fortune fit tourner tout à coup cette chance d'évasion si favorable : elle me gardait encore un de ses tours.

Les pâtres du logis avaient perdu une génisse, et couraient la campagne en tous sens pour la retrouver. Le hasard fit que nous nous rencontrâmes face à face. Ils m'eurent bientôt reconnu, et, saisissant mon licou, ils s'efforcent de m'emmener. Mon cavalier, hardi et vigoureux compagnon,

---

etiam pastoralis exsecutor sententiæ lætus, et meis insultans malis, calcisque illius admonitus, quam inefficacem fuisse, mehercules, doleo, protinus gladium cotis attritu parabat. Sed quidam de cœtu illo rusticorum, Nefas, ait, tam bellum asinum sic enecare : et propter luxuriem lasciviamque amatoriam criminatum, opera servitioque tam necessario carere;. quum alioquin, exsectis genitalibus, possit neque in Venerem ullo modo surgere, nosque omni metu periculi liberare, insuper etiam longe crassior atque corpulentior effici. Multus ego scio non modo asinos inertes, verum etiam ferocissimos equos nimio libidinis calore laborantes, atque ob id truces vesanosque, adhibita tali detestatione, mansuetos ac mansues exinde factos, et oneri ferundo non inhabiles, et ceteri ministerii patientes. Denique, nisi vobis suadeo nolentibus, possim, spatio modico interjecto, quo mercatum proximum obire statui, petitis e domo ferramentis huic curæ præparatis, ad vos actutum redire, trucemque amatorem istum atque insuavem dissitis femoribus emasculare, et quovis verveces mitiorem efficere.

Tali sententia mediis Orci manibus extractus, sed extremæ pœnæ reservatus, mœrebam, et in nobilissima parte corporis totum me periturum deflebam. Inedia denique continua, vel præcipiti ruina memet ipse quærebam extinguere, moriturus equidem nihilominus, sed moriturus integer. Dumque in ista necis meæ decontor electione, matutino me rursum puer ille, peremptor meus, contra montis suetum ducit vestigium. Jamque me de oujusdam vastissimæ ilicis ramo pendulo destinato, paululum viam supergressus ipse, securi lignum, quod deveheret, recidebat. Et ecce de proximo specu, vastum attollens caput, funesta proserpit ursa. Quam simul prospexi, pavidus et repentina facie conterritus, totum corporis pondus in postremos poplites recello : arduaque cervice sublimiter elevata, lorum, quo tenebar, rumpo : meque protinus pernici fugæ committo; perque prona, non tantum pedibus, verum etiam toto projecto corpore, propere devolutus, immitto me campis subpatentibus, ex summo studio fugiens immanem ursam, ursaque pejorem illum puerum.

Tunc quidam viator solitarium vagumque me respiciens, invadit : et properiter inscensum baculo quem gerebat obverberans, per obliquam ignaramque me ducebat viam. Nec invitus ego cursui me commodabam, relinquens atrocissimam virilitatis lanienam. Ceterum plagis non magnopere commovebar : quippe consuetus concidi fustibus. Sed illa Fortuna meis casibus pervicax, tam opportunum latibulum misera celeritate præversa, novas instruxit insidias.

Pastores enim mei, perditam sibi requirentes vacculam, variasque regiones peragrantes, occurrunt nobis fortuito : statimque me cognitum, capistro prehensum attrahere gestiunt. Sed audacia valida resistens ille, fidem hominum

leur opposait une vive résistance, tout en prenant ciel et terre à témoin. D'où vient cette agression? pourquoi cette violence? Qu'est-ce à dire? répondaient mes gens; attends, nous allons te faire des politesses, quand nous te surprenons volant notre âne. Tu ferais mieux de nous dire ce que tu as fait de l'enfant qui le conduisait, et que tu as tué sans doute et caché quelque part. Et là-dessus, après l'avoir désarçonné, ils le renversent, et l'accablent de coups de pied et de poing. Le malheureux, tout meurtri, jurait ses grands dieux qu'il n'avait vu âme qui vive, et que, trouvant l'âne sans cavalier et sans guide, il l'avait arrêté dans sa course, uniquement pour le rendre à qui de droit, dans l'espoir d'une récompense. Plût aux dieux, s'écria-t-il, que cet âne, que je me serais bien passé de rencontrer, eût lui-même le don de la parole! il attesterait mon innocence, et vous auriez regret du traitement que vous me faites essuyer.

Mais il eut beau protester, ces brutaux lui mirent une corde au cou et nous ramenèrent ensemble vers cette montagne boisée où l'enfant avait coutume d'aller chercher des fagots. Du reste, les recherches qu'on fit de sa personne n'aboutirent qu'à retrouver pièce à pièce les lambeaux dispersés de son corps. Pour moi, il était hors de doute que c'étaient les dents de l'ours qui avaient fait cette besogne, et j'aurais dit ce que j'en savais, si parler m'eût été possible; mais je me félicitai intérieurement (c'était tout ce que je pouvais faire) de ce que, bien qu'un peu tard, l'heure de la vengeance eût enfin sonné.

Quand les divers lambeaux du cadavre eurent été réunis et rajustés à grand'peine, on l'enterra sur les lieux mêmes. Pour mon Bellérophon, voleur convaincu, meurtrier présumé, il fut conduit au logis garrotté de la bonne manière. Leur intention était de le livrer le lendemain aux magistrats, qui sauraient bien, disaient-ils, en obtenir raison.

Cependant le père et la mère du jeune garçon en étaient à sangloter, à se lamenter, quand, fidèle à sa promesse, arrive l'homme à l'opération, insistant pour qu'il y fût procédé sans plus attendre; mais l'un d'eux lui dit : Nous avons aujourd'hui bien autre chose qui nous occupe. Demain, soit; que l'on coupe à cet âne maudit les génitoires, et la tête par-dessus le marché : nous ne demandons pas mieux, et chacun ici vous prêtera la main.

Mon supplice fut donc ainsi renvoyé au lendemain, et j'en adressai des actions de grâces à l'honnête garçon, qui, du moins par sa mort, retardait, ne fût-ce que d'un jour, ma dissection. Mais on ne me laissa pas même jouir en paix de ce court ajournement; car la mère au désespoir du funeste trépas de son fils, la mère gémissante et éplorée, vêtue de deuil et arrachant à deux mains ses cheveux blancs couverts de cendre, se précipite vers mon écurie, et, se meurtrissant le sein avec violence, elle m'apostrophe en ces mots : Ce glouton se dorlote ici dans sa litière; le voilà qui s'empiffre à pleine mangeoire, et jusqu'à en crever. Il se soucie bien de ma misère et de la catastrophe de son jeune maître! Sans doute il compte sur mes infirmités, sur ma vieillesse, pour échapper au châtiment qui lui est dû. On dirait à le voir que c'est l'innocence même; c'est tout simple : le

---

deumque testabatur. Quid me raptatis violenter? Quid invaditis? Ain? te nos tractatis inciviliter, qui nostrum asinum furatus abducis? Quin potius effaris, ubi puerum ejusdem agasonem, necatum scilicet, occultaris? Et illico detractus ad terram, pugnisque pulsatus, et calcibus contusus, infit dejerans, nullum semet vidisse ductorem, sed plane concitatum, solutum et solitarium, ob indicinæ præmium occupasse : domino tamen suo restituturum. Atque utinam ipse asinus, inquit, quem nunquam profecto vidissem, vocem quiret humanam dare, meæque testimonium innocentiæ perhibere posset! Profecto vos hujusmodi omnis injuriæ pigeret.

Sic adseverans, nihil quidquam promovebat. Nam collo constrictum reducunt eum pastores molesti contra montis illius silvosa nemora, unde lignum puer solebat egerere. Nec uspiam ruris reperitur ille, sed plane corpus ejus membratim laceratum multisque dispersum locis conspicitur. Quam rem procul dubio sentiebam ego illius ursæ dentibus esse perfectam; et Hercules, dicerem quod sciebam, si loquendi copia suppeditaret. Sed quod solum poteram, tacitus licet, seræ vindictæ gratulabar.

Et cadaver quidem disjectis partibus tandem totum repertum ægreque concinnatum ibidem terræ dedere : meum vero Bellerophontem, abactorem indubitatum cruentumque percussorem criminantes, ad casas interim suas vinctum perducunt; quoad renascenti die sequenti deductus ad magistratus, ut aiebant, pœnæ redderetur.

Interim, dum puerum illum parentes sui plangoribus fletibusque querebantur, et adveniens ecce rusticus, nequaquam promissum suum frustratus, destinatam sectionem meam flagitabat. Non est, inquit in his unus, indidem præsens jactura nostra : sed plane crastino libet non tantum naturam, verum etiam caput quoque ipsum pessimo isto asino demetere. Nec tibi ministerium deerit istorum.

Hoc sic effectum est, ut in alterum diem clades differretur mea. At ego gratias agebam bono puero, quod saltem mortuus unam carnificinæ meæ dieculam donasset. Nec tamen tantillum saltem gratulationi meæ quietive spatium datum. Nam mater pueri, mortem deplorans acerbam filii, fleta et lacrymosa, fuscaque veste contecta, ambabus manibus trahens cinerosam canitiem, ejulans et exinde proclamans, stabulum irrumpit meum, tunsisque ac diverberatis vehementer uberibus, incipit : Et nunc iste securus incumbens præsepio, voracitati suæ deservit, et insatiabilem profundumque ventrem semper esitando distendit : nec ærumnæ meæ misereretur, vel detestabilem casum defuncti magistri recordatur; sed scilicet senectam infirmitatemque meam contemnit ac despicit, et impune

crime compte toujours sur l'impunité, en dépit de la conscience ; mais, au nom de tous les dieux, exécrable bête, à quel niais feras-tu croire que tu ne sois pour rien dans cette horrible catastrophe? Ne pouvais-tu protéger ce malheureux enfant par tes ruades? écarter l'ennemi par tes morsures? Toi, si prompt à lever la croupe contre lui, que ne te montrais-tu aussi dispos pour te défendre? Du moins pouvais-tu le prendre sur ton dos, et l'enlever à des mains sanguinaires. Tu n'aurais pas fui seul, en désertant ton compagnon, ton guide, ton maître. Ne sais-tu pas bien que qui dénie son secours à un mourant, outrage la morale et encourt la vindicte publique? Infâme assassin, tu n'auras pas longtemps à te réjouir de mon malheur; tu vas sentir quelle force peut donner la nature au bras d'une mère au désespoir.

Elle dit ; et, dénouant sa ceinture, elle m'attache les pieds deux à deux, en serrant de toutes ses forces, afin de paralyser en moi la résistance. Puis saisissant la barre qui fermait l'étable, elle m'en frappe à coups redoublés, jusqu'à ce que ses forces la trahissent et que l'instrument du supplice échappe à ses mains par son propre poids. Déplorant alors la faiblesse de son bras qui se lasse si vite, elle court à son foyer, en rapporte un tison ardent qu'elle me fourre entre les cuisses. J'eus recours alors au seul moyen de défense qui me restât. Je dardai au visage et aux yeux de cette mégère certaine déjection liquide qui la mit en fuite, aveuglée et presque asphyxiée. Il était temps. Sans cette ressource extrême, je périssais, Méléagre baudet, victime de cette nouvelle Althée.

LIVRE VIII.

Le lendemain, au chant du coq, arriva de la ville un jeune homme qui me parut être au service de Charite, ma jeune compagne d'infortune dans la caverne des voleurs. Sa maîtresse était morte, et d'étranges malheurs étaient venus fondre sur cette maison. Voici en quels termes il en fit le récit au coin du feu, devant un cercle de ses camarades. Palefreniers, bouviers et pâtres, leur dit-il, l'infortunée Charite n'est plus : sa fin a été tragique, mais elle n'est pas descendue seule chez les Mânes. Afin de me faire mieux comprendre, je vais remonter à l'origine des faits : pour un plus habile et doué du talent d'écrire, il y aurait un livre à faire de l'aventure que je vais vous conter.

Il y avait à la ville un jeune homme de très-bonne famille, d'un rang distingué, et jouissant d'une fortune considérable ; mais gâté par la fréquentation des tavernes, le commerce des filles de joie et l'usage immodéré du vin. Conduit par ces déplorables habitudes à faire société avec des voleurs, il avait pris part à leurs actes de violence, jusqu'à tremper ses mains dans le sang ; on le nommait Thrasylle. Tel était le caractère de l'homme ; sa réputation était à l'avenant. A l'époque où Charite était devenue nubile, il fut des premiers à prétendre à sa main, et il montra

se laturum tantum scelus credit, atque utcumque se præsumit innocentem. Est enim congruens pessimis conatibus, contra noxiam conscientiam sperare securitatem. Nam pro deum fidem, quadrupes nequissime! licet precariam vocis usuram sumeres, cui tandem vel ineptissimo persuadere possis, atrocitatem istam culpa vacare, quum propugnare pedibus, et arcere morsibus misello puero potueris? An ipsum quidem sæpius incursare calcibus potuisti, moriturum vero defendere alacritate simili nequisti? Certe dorso receptum auferres protinus, et infesti latronis cruentis manibus eriperes : postremum, deserto derelictoque illo conservo, magistro, comite, pastore, non solus aufugeres. An ignoras eos etiam, qui morituris auxilium salutare denegarint, quod contra bonos mores id ipsum fecerint, solere puniri? Sed non diutius meis cladibus lætaberis homicida. Senties, efficiam, misero dolori naturales vires adesse.

Et cum dicto subsertis manibus exsolvit suam sibi fasciam, pedesque meos singulatim illigans, inidem constringit artissime ; scilicet ne quod vindictæ meæ superesset præsidium. Et pertica, qua stabuli fores obfirmari solebant, arrepta, non prius me desiit obtundere, quam victis fessisque viribus, suopte pondere degravatus, manibus ejus fustis esset elapsus. Tunc de brachiorum suorum cita fatigatione conquesta, procurrit ad focum, ardentemque titionem gerens, mediis inguinibus obtrudit, donec solo quod restabat præsidio nisus, liquido fimo striatim egesto faciem atque oculos ejus confœdassem. Qua cœcitate atque fœtore tandem fugata est a me pernicies. Ceterum titione delirantis Altheæ Meleager asinus interisset.

LIBER OCTAVUS.

Noctis gallicinio, venit quidam juvenis proxima civitate, ut quidem mihi videbatur, unus de famulis Charites, puellæ illius quæ mecum apud latrones pares ærumnas exantlaverat. Is de ejus exitio et domus totius infortunio mira ac nefanda, ignem propter assidens inter conservorum frequentiam, sic annunciabat : Equisones, opilionesque et bubsequæ, fuit Charite nobis quam misella, et quidem casu gravissimo ; nec vero incomitata Manes adivit. Sed ut cuncta noritis, referam vobis a capite quæ gesta sunt, quæque possint merito doctiores, quibus stilum Fortuna subministrat, in historiæ specimen chartis involvere.

Erat in proxima civitate juvenis, natalibus prænobilis, loco clarus, et pecuniæ simul satis locuples, sed luxuriæ popinalis, scortisque et diurnis potationibus exercitatus, atque ob id factionibus latronum male sociatus, nec non etiam manus infectus humano cruore, Thrasyllus nomine. Idque sic erat, et fama dicebat. Hic, quum primum Charite nubendo maturuisset, inter præcipuos procos, summo studio petitionis ejus munus obierat. Et quamquam ceteris omnibus id genus viris antistaret, eximiisque muneri-

dans sa poursuite une ardeur extrême ; mais, bien qu'il éclipsât tous ses rivaux par ses avantages, et qu'il eût cherché par de riches cadeaux à se faire bien venir des parents, on s'effraya de ses mœurs, et il essuya l'affront d'un refus : notre jeune maîtresse passa dans les bras du vertueux Tlépolème ; mais la passion de Thrasylle ne fit que s'accroître par la préférence accordée à un autre, et le dépit de se voir éconduit lui inspira la pensée d'un crime.

Son plan fut médité de longue main ; mais il lui fallait un prétexte pour reparaître dans la famille. L'occasion s'en présenta le jour où la jeune fille, grâce à l'adresse et au courage de son fiancé, se vit tirée des mains des brigands. Thrasylle vint se mêler à la foule joyeuse, s'y fit remarquer par l'empressement de ses félicitations ; il complimenta les heureux époux sur leur délivrance, et leur tira l'horoscope d'une longue lignée. Par honneur pour sa noble maison, on le mit au premier rang des personnes qui étaient reçues chez nous : le traître sut dissimuler ses affreux desseins, et jouer à merveille le personnage d'ami dévoué.

Il multiplia ses visites, prit part à leurs entretiens, à leurs plaisirs, et même à leurs repas. De jour en jour l'intimité devenait plus étroite. C'était en aveugle se précipiter dans l'abîme. Que voulez-vous ? telle est la flamme de l'amour. Au premier abord ce n'est qu'une douce chaleur dont la sensation est délicieuse ; mais à la longue le feu devient fournaise, et son ardeur dévorante consume l'homme tout entier.

Thrasylle chercha longtemps l'occasion d'un tête-à-tête ; mais une armée de surveillants excluait de plus en plus toute chance de commerce adultère. Pouvait-il lutter avec succès contre une affection récente, et qui chaque jour prenait de nouvelles forces? D'ailleurs, eût-il trouvé Charite aussi disposée qu'elle l'était peu à frauder le devoir conjugal, l'inexpérience de la jeune femme eût suffi pour lui faire obstacle. Thrasylle voit bien qu'il se perd ; mais la fatalité le pousse, en dépit de lui-même, à se prendre à l'impossible. La difficulté dont l'amour s'effraye d'abord, si la passion va croissant, bientôt semblera peu de chose. Or, écoutez de toutes vos oreilles ; vous allez savoir à quels excès l'emporta cette délirante frénésie.

Tlépolème un jour mena Thrasylle avec lui chasser la bête fauve, c'est-à-dire le chevreuil, bête fauve très-innocente ; Charite ne permettait pas à son mari de courir aucun gibier à cornes ou armé de dents. Les chasseurs arrivent à un tertre boisé, où l'épaisseur du fourré formait rideau devant eux. On découple alors les chiens, tous de bonne race, pour relancer la bête dans son fort. La meute bien dressée se montre intelligente à se partager les quartiers, à fermer toute issue. Elle ne faisait entendre d'abord qu'un grognement sourd. Au signal donné, l'air retentit de ses aboiements sauvages : quel gibier va se lever? un chevreuil? un daim timide? une biche, la plus douce des bêtes? Non, mais men un sanglier énorme, que jamais chasseur n'avait lancé, masse de chair formidable, au cuir souillé et hérissé, dont les soies se dressent sur son dos en forme d'arête. Le monstre part, écumant de rage, faisant claquer ses redoutables dents ; l'œil en feu, terrible et prompt comme la foudre.

---

bus parentum invitaret judicium, morum tamen improbatus, repulsæ contumelia fuerat aspersus. At dum herilis puella in boni Tlepolemi manum venerat, firmiter deorsum delapsum nutriens amorem, et denegati thalami permiscens indignationem, cruento facinori quærebat accessum.

Nactus denique præsentiæ suæ tempestivam occasionem, sceleri quod diu cogitarat accingitur. Ac die, quo prædonum infestis mucronibus puella fuerat astu virtutibusque sponsi sui liberata, turbæ gratulantium, exsultans insigniter, permiscuit sese, salutique præsenti ac futuræ soboli novorum maritorum gaudibundus, ad honorem splendidæ prosapiæ, inter præcipuos hospites domum nostram receptus, occultato consilio sceleris, amici fidelissimi personam mentiebatur.

Jamque sermonibus assiduis et conversatione frequenti, nonnumquam etiam cœna poculoque communi carior cariorque factus, in profundam ruinam Cupidinis sese paulatim nescius præcipitaverat. Quidni? quum flamma sævi Amoris parva quidem primo vapore delectet ; sed fomento consuetudinis exæstuans, immodicis ardoribus totos comburat homines.

Diu denique deliberaverat secum Thrasyllus, quo vel clandestinis colloquiis opportunum reperiret locum, quum et adulterinæ Veneris magis magisque præclusos aditus, copia custodientium cerneret, novæque atque gliscentis affectionis firmissimum vinculum non posse dissociari perspiceret, et puellæ, si vellet, quamquam velle non posset, furatrinæ conjugalis incommodaret rudimentum : et tamen ad hoc ipsum, quod non potest, contentiosa pernicie, quasi posset, impellitur. Quod nunc arduum factu putatur, amore per dies roborato, facile videtur effectu. Spectate denique ; sed oro, sollicitis animis intendite, quorsum furiosæ libidinis proruperint impetus.

Die quadam venatum Tlepolemus, assumto Thrasyllo, petebat, indagaturus feras, si quid tamen in capreis feritatis est. Nec enim Charite maritum suum quærere patiebatur bestias armatas dente vel cornu. Jamque apud frondosum tumulum ramorumque densis tegminibus umbrosum, prospectu vestigatorum obseptis campis, canes venationis indagini generosæ, mandato, cubili residentes invaderent bestias, immittuntur : statimque solertis disciplinæ memores, partitæ totos præcingunt aditus : taciturnaque prius servata mussitatione, signo sibi repentino reddito, latratibus fervidis dissonisque miscent omnia. Nec ulla caprea, nec pavens damula, nec præ ceteris feris mitior cerva, sed aper immanis atque invisitatus exsurgit, toris callosæ cutis obesus, pilis inhorrentibus corio squalidus, setis insurgentibus spinæ hispidus, dentibus attritu sonaci spumeus, oculis aspectu minaci flammeus, impetu sævo frementis oris totus fulmineus. Et primum quidem

A droite, à gauche, il éventre à coups de boutoir les chiens assez hardis pour le joindre, culbute du premier choc nos toiles impuissantes, et pousse au loin une percée. Nous restâmes terrifiés ; nous n'avions, tous tant que nous étions, vu que des chasses innocentes, et nul de nous n'avait arme ni défense quelconque. Aussi ce fut à qui se blottirait dans le taillis, ou grimperait au haut des arbres.

Le sort servait Thrasylle à souhait. Il pouvait enfin prendre son homme au piége. Voici quel insidieux langage il tint à Tlépolème : Quelle peur nous a saisis? Allons-nous aussi nous jeter à plat ventre, à l'exemple de cette canaille? Laisserons-nous en vraies femmelettes une si belle proie s'échapper de nos mains? Montons à cheval, suivons la trace. Armez-vous d'un épieu ; je prends une lance. Sans plus tarder, les voilà en selle, et suivant l'animal de tout le train de leur monture. Celui-ci, fidèle à son instinct de férocité, tourne et fait tête ; il semble par le mouvement de ses défenses interroger quel ennemi il assaillira d'abord. Tlépolème le premier enfonce son arme dans le dos du monstre ; mais Thrasylle, laissant le sanglier de côté, dirige son coup sur le cheval de son ami, et lui coupe les jarrets de derrière. Le coursier ploie sur ses cuisses en perdant tout son sang, se renverse en arrière, et, malgré lui, désarçonne son cavalier. Le sanglier furieux se rue sur son ennemi abattu, déchire ses vêtements, et l'atteint lui-même d'une blessure profonde au moment où il essaye de se relever. L'excellent ami n'éprouve aucun remords à cette vue ; sa rage féroce ne sera pas satisfaite à si bon marché. Tandis que le blessé, appelant son compagnon au secours, s'efforce d'étancher ses larges plaies, le traître lui traverse la cuisse droite de sa lance, d'autant plus résolument qu'il compte mettre les coups de sa main sur le compte des dents du sanglier. En attendant, il achève sans peine l'animal.

Ainsi expira notre jeune maître. Nous osons enfin quitter nos retraites, et nous accourons, la mort dans le cœur. Le perfide, au comble de ses vœux et débarrassé d'un rival, dissimule cependant son triomphe. Il compose ses traits, joue le désespoir ; il embrasse le cadavre, triste ouvrage de ses mains, et enfin n'omet aucun des signes d'une profonde douleur, aux larmes près qui ne voulurent pas couler. Il réussit, par ses grimaces, à singer assez bien notre deuil, hélas! trop réel, et à rejeter sur le sanglier le crime du chasseur.

Le forfait à peine accompli, déjà la Renommée est en marche. Elle frappe d'abord à la maison de Tlépolème, et arrive aux oreilles de sa veuve infortunée. Charite, à cette nouvelle, dont rien pour elle ne peut égaler l'horreur, tombe dans un désespoir frénétique. Comme une bacchante en délire, elle s'élance éperdue sur la place publique, traverse la foule agitée, court au milieu des champs, remplissant l'air de plaintes et de cris inarticulés. Une foule immense la suit, se grossissant de tous ceux qu'elle rencontre. C'est toute la cité qui s'ébranle et qui veut voir. On rapportait le cadavre. Charite le voit ; elle accourt, et tombe sans mouvement sur le corps de son époux,

canum procaciores, quæ cominus contulerant vestigium, genis hac illac jactatis consectas interficit : deinde calcata retiola, qua primos impetus reduxerat, transabiit. Et nos quidem cuncti pavore deterriti, et alioquin innoxiis venationibus consueti, tunc etiam inermes atque immuniti, tegumentis frondis et arboribus latenter abscondimur.

Thrasyllus vero nactus fraudium opportunum decipulum, sic Tlepolemum captiose compellat : Quid stupore confusi, vel etiam cassa formidine similes humilitati servorum istorum, vel in modum pavoris feminei dejecti, tam opimam prædam mediis manibus amittimus? Quin equos inscendimus? Quin ocius indipiscimur? Et cape venabulum, et ego sumo lanceam. Nec tantillum morati, protinus insiliunt equos, ex summo studio bestiam insequentes. Nec tamen illa genuini vigoris oblita, retorquet impetum : sed incendio feritatis ardescens, dentium compulsu, quem primum insiliat, contabunda rimatur. Sed prior Tlepolemus jaculum, quod gerebat, insuper dorsum bestiæ contorsit. At Thrasyllus feræ quidem pepercit, sed equi, quo vehebatur Tlepolemus, postremos poplites, lancea feriens, amputat. Quadrupes recidens, qua sanguis effluxerat, toto tergo supinatus, invitus dominum suum devolvit ad terram ; nec diu. Et eum furens aper invadit jacentem, ac primo lacinias ejus, mox ipsum resurgentem multo dente laniavit. Nec cœpti nefarii bonum piguit amicum, vel suæ sævitiæ litatum saltem tanto periculo cerneus, potuit expleri ; sed percito, atque plagosa vulnera contegenti, suumque auxilium miseriter roganti, per femur dextrum immisit lanceam : tanto ille quidem fidentius, quanto crederet ferri vulnera similia futura prosectu dentium. Nec non tamen ipsam quoque bestiam facili manu transadigit.

Ad hunc modum defuncto juvene, exciti latibulo suo quisque familia mœsta concurrimus. At ille, quamquam, perfecto voto, prostrato inimico lætus ageret, vultu tamen gaudium tegit, et frontem asseverat, dolorem simulat : et cadaver, quod ipse fecerat, avide circumplexus, omnia quidem lugentium officia solerter affingit ; sed solæ lacrymæ procedere noluerunt. Sic ad nostri similitudinem, qui vere lamentabamur, conformatus, et manus suæ culpam [mentiens] bestiæ dabat.

Nec dum satis scelere transacto, fama dilabitur, et cursus primos ad domum Tlepolemi detorquet, et aures infelicis nuptæ percutit. Quæ quidem simul percepit talem nuncium, qualem non audiet alium ; amens et vecordia percita, cursuque bacchata furibundo, per plateas populosas et arva rurestria fertur, insana voce cuncum mariti quiritans. Confluunt civium mœstæ catervæ ; sequuntur obvii omnes dolore sociato ; civitas cuncta vacuatur studio visionis. Et ecce mariti cadaver accurrit, labantique spiritu totam super corpus effudit : ac pænissime ibidem, quam devoverat ei, reddidit animam. Sed ægre manibus erecta suorum, invita remansit in vita.

exhalant, peu s'en faut, l'âme qu'elle lui avait dévouée. On la relève, non sans effort, et, malgré elle, on la rend à la vie.

Le convoi funèbre, escorté de tout un peuple, s'achemine vers la sépulture. Thrasylle poussait des cris lamentables. Les larmes qu'il n'avait pu commander à la première explosion de sa feinte douleur coulaient alors par l'excès de sa joie. Pour rendre la comédie complète, tantôt il prononçait le nom du défunt d'une voix lugubre, l'appelant son ami, son compagnon, son frère; tantôt il s'emparait des mains de Charite qui se meurtrissait le sein. Il cherchait à apaiser sa douleur, à calmer ses cris, prenait les inflexions les plus caressantes, pour opposer à cette poignante affliction tous les exemples d'infortune qui lui revenaient à la mémoire. Sous ce masque d'officieuse pitié, il tâchait de s'insinuer dans le cœur de la veuve, et ces soins dangereux exaltaient de plus en plus son odieuse passion.

Les devoirs funèbres accomplis, la jeune femme ne songe plus qu'à rejoindre son époux. Elle a vainement tenté divers moyens de quitter la vie; un seul lui reste : le moyen qui opère sans effort, sans apprêt, sans déchirure, et qui fait arriver le trépas comme un sommeil. Elle se prive de tout aliment, abandonne le soin de sa personne, et se séquestre au fond d'un réduit ténébreux, disant adieu à la lumière du jour : mais Thrasylle, par une persistance opiniâtre, et faisant intervenir amis, parents, et jusqu'au père et à la mère de Charite, parvint à l'arracher à cet oubli de son être. Elle consent à se laisser mettre au bain, puis à prendre quelque nourriture. Peu à peu le respect filial triomphant de sa résolution, l'infortunée se fit violence par devoir, et se remit comme on l'exigeait au courant de la vie. La sérénité, sinon la paix, semblait lui être revenue; mais le noir chagrin vivait au fond de son cœur, et la dévorait jour et nuit; elle se consumait en regrets interminables. Elle fit représenter le défunt avec les attributs du dieu Bacchus. Vouée au culte de cette image, elle passait les jours et les nuits à lui rendre les honneurs divins; c'était sa consolation et son tourment.

Cependant Thrasylle, emporté par la fougue présomptueuse que son nom indique, ne sait pas attendre que ce désespoir se soit rassasié de larmes, affaissé sous son propre excès, usé par sa violence même. Charite n'a pas encore cessé de pleurer, de déchirer ses vêtements, de s'arracher les cheveux, que déjà il a risqué une proposition de mariage. Le traître s'oublia, dans l'excès de son impudence, jusqu'à mettre à nu son cœur, et y laisser lire ce qu'il eût dû taire à jamais. A ce seul mot, Charite, frappée d'horreur, tombe à la renverse, comme une personne atteinte d'un éclat de tonnerre, accablée par l'influence d'un astre, ou foudroyée par la main de Jupiter même. Ses yeux se couvrent d'un épais nuage. Reprenant ses esprits, elle rugit comme une lionne blessée. Son œil a percé toute la noirceur de l'âme de Thrasylle; mais il lui faut le temps de la réflexion : elle se contente d'opposer des délais à l'impatience du prétendant.

Cependant l'ombre de la victime, de l'infortuné Tlépolème apparaît livide et sanglante, et s'adresse à son épouse pendant son pudique sommeil. Chère moitié de moi-même, dit-il, si ma mémoire vit encore dans ton cœur, ah! n'accorde

---

Funus vero, toto feralem pompam prosequente populo, deducitur ad sepulturam. Sed Thrasyllus nimium clamare, plangere : et quas in primo mœrore lacrymas non habebat, jam scilicet crescente gaudio reddere, et multis caritatis nominibus veritatem ipsam fallere. Illum amicum, cœtaneum, contubernalem, fratrem denique, addito nomine lugubri, ciere : nec non interdum manus Charites a pulsandis uberibus amovere : luctum sedare, ejulatum coercere : verbis palpantibus stimulum doloris obtundere, variis exemplis multivagi casus solatia nectere : cunctis tamen mentitæ pietatis officiis studium contrectandæ mulieris adhibere, odiosumque amorem suum perperam delectando nutrire.

Sed officiis inferialibus statim expletis, puella protinus festinat ad maritum suum demeare : cunctasque prorsus pertentat vias, certe illam lenem otiosamque, nec telis ullis indigentem, sed placidæ quieti consimilem : inedia denique misera, et incuria squalida tenebris imis abscondita cum luce jam transegerat. Sed Thrasyllus instantia pervicaci, partim per semetipsum, partim per ceteros familiares ac necessarios ipsos, denique puellæ parentes, extorquet tandem, jam lurore et illuvie pæne collapsa membra lavacro, cibo denique conforveret. At illa parentum suorum alioquin reverens, invita quidem, verum religiosæ necessitati succumbens, vultu non quidem hilaro, verum paullo sereniore, obiens, ut jubebatur, viventium munia, prorsus in pectore, immo vero penitus in medullis, luctu ac mœrore carpebat animum : et dies totos totasque noctes insumebat luctuoso desiderio : et imaginem defuncti, quam ad habitum dei Liberi formarat, adfixa servitio, divinis percolens honoribus, ipso sese solatio cruciabat.

Thrasyllus vero, præceps alioquin, et de ipso nomine temerarius, priusquam dolorem lacrymæ satiarent, et percitæ mentis resideret furor, et in sese nimietatis senio facesseret luctus; adhuc flentem maritum, adhuc vestes lacerantem, adhuc capillos distrahentem, non dubitavit de nuptiis convenire, et impudentiæ labe tacita pectoris sui secreta, fraudesque ineffabiles detegere. Sed Charite vocem nefandam et horruit, et detestata est : et velut gravi tonitru, procellaque sideris, vel etiam ipso Diali fulmine percussa, corruit corpus, et obnubilavit animum. Sed intervallo revalescente paulatim spiritu, ferinos rugitus iterans, et jam scenam pessimi Thrasylli perspiciens, ad limam consilii, desiderium petitoris distulit.

. Tunc inter moras, umbra illa misere trucidati Tlepolemi, sanie cruenta et pallore deformis attollens faciem, quietem pudicam interpellat uxoris : Mi conjunx, quod tibi prorsus ab alio dici non licebit, si pectori tuo jam permanet nostri memoria ; vel si acerbæ mortis meæ ca-

à personne le droit de te donner ce nom! mais si tu regardes nos biens comme rompus par mon funeste trépas, forme, j'y consens, une union plus heureuse; mais, du moins, ne te livre pas aux mains sacriléges de Thrasylle : qu'il ne soit pas dit qu'il ait pu jouir de ton entretien, partager ta table ou ta couche. Que ta main ne touche pas l'homicide main de mon meurtrier. Point d'hymen sous les auspices du parricide. Parmi ces plaies, dont tes larmes ont lavé le sang, il en est que la dent du sanglier n'a pas faites. Le fer de Thrasylle a seul porté le coup qui nous sépare. Le fantôme ne se borne point à ces mots, l'horrible drame fut déroulé tout entier.

Charite s'était couchée la face tournée contre son lit; et, tout en dormant, elle inondait ses joues de larmes. La secousse qu'elle reçut de cette vision l'arrache à ce pénible sommeil, et ses cris, ses lamentations redoublent. Elle déchire ses vêtements, et porte sur ses beaux bras des mains impitoyables. Cependant elle tait l'apparition, garde en son sein les sanglantes révélations de la nuit : sa résolution est prise. Elle punira le meurtrier, et sortira ensuite d'une vie désormais insupportable.

Cependant, aveuglé par ses désirs, l'odieux amant revient à la charge et ne cesse de fatiguer des oreilles sourdes à jamais pour lui. Avec une tranquillité qu'elle sut jouer à merveille, Charite se borne à le gronder doucement de son importunité. Je vois encore, dit-elle, là devant mes yeux la noble figure de votre frère, de mon époux chéri. Je savoure encore le parfum d'ambroisie qu'exhalait sa personne divine. Enfin le charmant Tlépolème est encore vivant dans mon cœur. Il serait généreux à vous, il serait méritoire d'accorder à mon amère douleur un temps de deuil légitime. Laissez écouler quelques mois encore, laissez l'année s'accomplir. C'est au nom de la pudeur, c'est dans votre intérêt que je vous le demande. Craignons, par un hymen prématuré, d'exciter à votre perte les mânes indignés d'un époux.

L'impatient Thrasylle ne tient compte de ces paroles, ni de la perspective assurée de son bonheur : toujours sa langue profane assiége l'oreille de Charite de coupables insinuations. Charite feint de se rendre. Eh bien, mon cher Thrasylle, lui dit-elle, je ne vous demande qu'une grâce. Couvrons pour un temps nos privautés de mystère : que le soupçon n'en puisse même venir à aucun de mes domestiques, tant que l'année n'aura vu son cours accompli. Thrasylle se laissa prendre à cette insidieuse proposition : leurs amours seront furtifs. Il invoque la nuit, la nuit et ses épaisses ténèbres. Qu'il tienne Charite dans ses bras, le reste n'est rien pour lui. Écoutez, lui dit-elle, ayez soin de vous envelopper de manière à bien cacher vos traits, et, à la première veille, présentez-vous devant ma porte sans vous faire accompagner de personne. Sifflez une fois, et attendez. Ma nourrice que voici sera là, postée en sentinelle et guettant votre arrivée; c'est elle qui vous ouvrira la porte : elle vous introduira sans lumière, et vous conduira jusqu'à ma chambre à coucher.

Thrasylle sourit à ce sinistre cérémonial d'hyménée. Nul soupçon n'effleure son esprit; l'attente seule le trouble. Le jour lui semble bien long à passer la nuit bien lente à venir. Aussi la lu-

---

sus fœdus caritatis intercidit, quovis alio felicius maritare : modo ne in Thrasylli manum sacrilegam convenias : neve sermonem conferas, nec mensam accumbas, nec toro acquiescas. Fuge mei percussoris cruentam dexteram. Noli parricidio nuptias auspicari. Vulnera illa, quorum sanguinem tuæ lacrymæ proluerunt, non sunt tota dentium vulnera. Lancea mali Thrasylli me tibi fecit alienum. Et addidit cetera, omnemque scenam sceleris illuminat.

At illa, ut primum mœsta conniverat, toro faciem impressa, etiamnunc dormiens, lacrymis emanantibus genas cohumidat : et velut quodam tormento inquieta quiete excussa, luctu redintegrato, prolixum ejulat : discissaque interula, decora brachia sævientibus palmulis converberat. Nec tamen cum quoquam participatis nocturnis imaginibus, sed indicio facinoris prorsus dissimulato, et nequissimum percussorem punire, et ærumnabili vitæ sese subtrahere tacita decernit.

Ecce rursus improvidæ voluptatis detestabilis petitor, aures obseratas de nuptiis obtundens, aderat. Sed illa, clementer aspernata sermonem Thrasylli, astuque miro personata, instanter garrienti summisseque deprecanti: Adhuc, inquit, tui fratris meique carissimi mariti facies pulchra illa in meis deversatur oculis : adhuc odor cinnameus ambrosii corporis per nares meas percurrit : adhuc formosus Tlepolemus in meo vivit pectore. Boni ergo et optimi consules, si luctu legitimo miserrimæ feminæ necessarium concesseris tempus : quoad residuis mensibus spatium reliquum compleatur anni. Quæ res quum meum pudorem, tum etiam tuum salutare commodum respicit : ne forte immaturitate nuptiarum, indignation justa manes acerbos mariti ad exitium salutis tuæ suscitemus.

Nec isto sermone Thrasyllus sobriefactus, vel saltem tempestiva pollicitatione recreatus, identidem pergit linguæ sauciantis susurros improbos inurguere; quoad simulanter revicta Charite suscipit : Istud equidem certe magnopere deprecanti concedas necesse est, mi Thrasylle, ut interdum taciti clandestinos coitus obeamus; nec quisquam persentiscat familiarium, quoad dies reliquos metiatur annus. Promissioni fallaciosæ mulieris oppressus succubuit Thrasyllus : et prolixe consentit de furtivo concubitu, noctemque et opertas exoptat ultro tenebras, uno potiundi studio postponens omnia. Sed heus tu, inquit Charite, quam probe veste contectus, omnique comite viduatus, prima vigilia fores meas tacitus accedas, unoque sibilo contentus, nutricem istam meam opperiare : quæ claustris adhærens excubabit adventui tuo. Nec secius, patefactis ædibus, acceptum te nullo lumine conscio, ad meum perducet cubiculum.

Placuit Thrasyllo scena feralium nuptiarum. Nec sequius aliquid suspicatus, sed expectatione turbidus, de die tan-

mière n'a pas plutôt fait place à l'ombre, qu'il arrive déguisé, suivant les instructions de Charite; trouve au rendez-vous la nourrice, et, sur les pas de son guide insidieux, se glisse, le cœur palpitant, dans le mystérieux réduit. La vieille, fidèle aux ordres de sa maîtresse, se montre aux petits soins. Elle apporte, d'un air discret, une amphore et des coupes. On avait mêlé au vin une drogue soporifique. Tandis qu'il boit à longs traits, la rusée parle de soins donnés par sa maîtresse à son père malade : c'est la cause qui la retient. La sécurité de Thrasylle est entière, et bientôt il tombe en un sommeil profond.

Voilà Thrasylle étendu sans mouvement, et sa personne livrée à toutes les entreprises. Charite avertie accourt. Ce n'est plus une femme. Elle s'empare de sa proie, en frémissant de rage. Debout près du corps de l'assassin : Le voilà donc, dit-elle, ce fidèle ami! le voilà cet honnête chasseur! le voilà ce précieux époux! c'est là cette main qui répandit mon sang! ce cœur où tant de trames s'ourdirent pour ma perte! Ces yeux à qui j'ai eu le malheur de plaire, les voilà faisant connaissance avec les ténèbres, avant-goût de ce qui les attend. Dors bien, berce-toi d'heureux songes; ce n'est ni le glaive ni le fer qui me feront raison de toi. Aux dieux ne plaise que je t'assimile en rien à mon mari, même par le genre de mort! Tu vivras, tes yeux mourront; tu ne verras plus rien, si ce n'est en songe. Douce te semblera la mort de ta victime, auprès de la vie que je t'aurai faite. Dis adieu au jour. Plus un pas pour toi sans une main qui te guide; plus de Charite, plus d'hymen. La mort, moins le repos; la vie, sans ses jouissances;
voilà ton lot. Va-t'en errer, douteux simulacre, entre la lumière du soleil et la nuit de l'Érèbe. Vainement chercheras-tu la main qui a détruit ta prunelle; et, pour combler la mesure de tes maux, tu ne sauras à qui t'en prendre. Moi, du sang de tes yeux, j'irai faire une libation sur le tombeau de mon Tlépolème, et je les offrirai à ses mânes sacrés comme victime expiatoire. Mais chaque instant qui s'écoule me fait tort d'une de tes souffrances. Et peut-être en ce moment rêves-tu le plaisir dans mes bras : elles sont mortelles, mes faveurs! Allons, passe de la nuit du sommeil à la nuit de ton châtiment. Lève ta face vide de lumière, sens ma vengeance, comprends ton infortune, compte tes souffrances. Voilà tes yeux comme ma pudeur les aime; ils seront les flambeaux de ta couche nuptiale. Ajoutez-y les Furies pour témoins, et, pour assistants de noces, la cité et l'incessante torture de ta conscience.

Après cette imprécation, elle tire une aiguille à coiffer de sa chevelure, perce de mille coups les yeux de Thrasylle, et ne cesse pas qu'elle ne les ait anéantis. Une incompréhensible douleur dissipe à l'instant chez lui le sommeil et l'ivresse. Charite saisit alors et tire du fourreau l'épée que portait habituellement Tlépolème, et se précipite à travers la ville d'une course furibonde. Sans doute elle médite encore quelque exécution sanglante. Elle va droit au tombeau de son époux. Nous quittons le logis pour la suivre, et toute la ville en fait autant. On s'exhortait l'un l'autre à arracher le fer de ses mains forcenées.

Charite est debout près du cercueil de Tlépolème. De son glaive étincelant elle écarte tout le

---

tum spatio et vesperæ mora querebatur. Sed ubi sol tandem nocti decessit; ex imperio Charites adornatus, et nutricis captiosa vigilia deceptus, irrepit cubiculum, pronus spei. Tunc anus, de jussu dominæ, blandiens ci, furtim depromptis calicibus, et œnophoro, quod immixtum vino soporiferum gerebat venenum, crebris potionibus avide ac secure haurientem, mentita dominæ tarditate, quasi parentem assideret ægrotum, facile sepelivit ad somnum.

Jamque eo ad omnes injurias exposito ac supinato, introvocata Charite masculis animis impetuque diro fremens invadit, ac supersistit sicarium. En! inquit, fidus conjugis mei comes, en! venator egregius, en! carus maritus. Hæc est illa dextera, quæ meum sanguinem fudit : hoc pectus, quod fraudulentas ambages in meum concinnavit exitium : oculi isti, quibus male placui; qui quodammodo tamen jam futuras tenebras auspicantes, venientes pœnas antecedunt. Quiesce securus, beate somniare. Non ego gladio, non ferro petam. Absit, ut velim simili mortis genere cum marito meo coæqueris. Vivo tibi morientur oculi, nec quidquam videbis nisi dormiens. Faxo feliciorem necem inimici tui, quam vitam tuam sentias. Lumen certe non videbis; manu comitis indigebis : Chariten non tenebis; nuptias non frueris : nec mortis quiete recreaberis, nec vitæ voluptate lætaberis; sed incertum simulacrum
errabis inter Orcum et solem : et diu quæres dexteram, quæ tuas expugnavit pupulas; quodque in ærumna miserrimum, nescies de quo queraris. At ego sepulcrum mei Tlepolemi tuo luminum cruore libabo, et sanctis manibus ejus istis oculis parentabo. Sed quid mora temporis dignum cruciatum lucraris, et meos forsitan tibi pestiferos imaginaris amplexus? Relictis somnolentis tenebris ad aliam pœnalem evigila caliginem. Attolle vacuam faciem : vindictam recognosce : infortunium intellige : ærumnas computa. Sic pudicæ mulieri tui placuere oculi, sic faces nuptiales tuos illuminarunt thalamos. Ultrices habebis pronubas, et orbitatem comitem, et perpetuæ conscientiæ stimulum.

Ad hunc modum vaticinata mulier, acu crinali capite deprompta, Thrasylli convulnerat tota lumina : cumque prorsus exoculatum relinquens, dum dolore nescio crapulam cum somno discutit; arrepto nudo gladio, quo se Tlepolemus solebat incingere, per mediam civitatem cursu furioso proripit se. Procul dubio, nescio quod scelus gestiens, recta monumentum mariti contendit. At nos, et omnis populus, nudatis totis ædibus, studiose consequimur : hortati mutuo ferrum vesanis extorquere manibus.

Sed Charite capulum Tlepolemi propter assistens, gladioque fulgenti singulos abigens, ubi fletus uberes et lamentationes varias cunctorum intuetur : Abjicite, inquit,

monde, et voyant la foule qui pleure et se lamente : Assez, dit-elle, de ce deuil déplacé! ma vertu n'a que faire de vos larmes. Je suis vengée du meurtrier de mon époux ; mes mains ont puni le détestable ravisseur de ma félicité domestique. Il est temps de rejoindre là-bas mon Tlépolème, et ce fer va m'ouvrir le chemin. Elle raconte alors tout ce que son mari lui avait révélé en songe, et dans quel piége Thrasylle vient de tomber. Puis elle se plonge le fer sous la mamelle droite, se renverse baignée dans son sang, et, proférant encore quelques mots inarticulés, exhale son âme héroïque. Aussitôt le corps de l'infortunée est soigneusement lavé par sa famille, et religieusement confié au même tombeau qui rejoint pour toujours ces malheureux époux. Quant à Thrasylle, quand il fut instruit de cette fin tragique, il comprit qu'il n'y avait pas de châtiment proportionné au mal dont il était la cause, et que le glaive ne pouvait expier suffisamment son forfait. Il se fait transporter à leur tombeau. Mânes irrités, s'écria-t-il à plusieurs reprises, la victime s'offre à vous. Puis, refermant sur lui les portes du monument, il se condamne à y périr de faim.

Tel fut le récit du jeune homme, récit fréquemment interrompu par ses soupirs, et dont son rustique auditoire se montra très-affecté. Leurs cœurs se serrent à ce désastre de la famille de leurs maîtres. Mais comme la propriété va passer dans d'autres mains, et qu'ils appréhendent pour eux les suites d'un tel changement, ils se préparent à prendre la fuite. Le chef du haras, l'honnête homme à qui l'on m'avait tant recommandé, fut le plus habile. Il fit rafle de tout ce qui avait quelque valeur dans le logis confié à sa garde, en chargea mon dos et celui des autres bêtes de somme, et déménagea sans tarder. Les femmes, les enfants, les poules, les oies, les chevreaux, et jusqu'à de petits chiens, en un mot tout ce qui eût pu retarder le convoi par une allure peu expéditive, cheminait par la voiture de nos jambes. Quant à moi, bien que chargé outre mesure, je ne m'en plaignais pas autrement : je ne pensais qu'au bonheur de laisser loin derrière moi le bourreau de ma virilité.

Après avoir gravi un coteau boisé d'un passage difficile, nous traversâmes une plaine unie, et le crépuscule rendait déjà le chemin fort obscur, quand nous atteignîmes un bourg très-riche et très-peuplé. Les habitants nous engagèrent à ne pas aller plus loin avant le jour, et même à attendre qu'il fût très-avancé. Une multitude de loups de la grande espèce, et non moins redoutables par leur férocité que par leur taille, battait le pays, portant partout leurs ravages. Les routes en étaient infestées, et ils se réunissaient, comme les voleurs, pour fondre sur les passants. On disait même que la faim avait poussé ces animaux furieux à des attaques de vive force contre des métairies écartées. Leur rage, d'abord assouvie sur les timides troupeaux, cherchait maintenant des victimes humaines. On ajoutait que sur le chemin qu'il nous fallait suivre nous ne trouverions que cadavres d'hommes à demi dévorés, et dont les squelettes blanchissaient déjà le sol à la ronde ; que les plus grandes précautions étaient à prendre pour nous remettre en route ; qu'au jour seulement, au grand jour, quand le soleil donne en plein, les bêtes vivant de proie perdent de leur

---

importunas lacrymas, abjicite luctum meis virtutibus alienum. Vindicavi in mei mariti cruentum peremptorem : punita sum funestum mearum nuptiarum prædonem. Jam tempus est, ut isto gladio deorsus ad meum Tlepolemum viam quæram. Et, enarratis ordine singulis, quæ sibi per somnium nuntiaverat maritus, quoque astu Thrasyllum inductum petisset ; ferro sub papillam dexteram transadacto concorruit : et in suo sibi pervolutata sanguine, postremo balbutiens incerto sermone, perefflavit animam virilem. Tunc propere familiares miseræ Charites accuratissime corpus ablutum in unita sepultura ibidem marito perpetuam conjugem reddidere. Thrasyllus vero, cognitis omnibus, nequiens idoneum exitum præsenti cladi reddere, certusque tanto facinori nec gladium sufficere, sponte delatus ibidem ad sepulcrum : Ultronea vobis, infesti Manes, en adest victima, sæpe clamitans : valvis super sese diligenter obseratis, inedia statuit elidere sua sententia damnatum spiritum.

Hæc ille longos trahens suspiritus, et nonnumquam illacrymans, graviter affectis rusticis annuntiabat. Tunc illi, mutati dominii novitatem metuentes, et infortunium domus herilis altius miserantes, fugere comparant. Sed equorum magister, qui me curandum magna ille quidem commendatione susceperat, quidquid in casula pretiosum conditum servabat, pervolat, meoque atque aliorum jumentorum dorso repositum, asportans, sedes pristinas deserit. Gerebamus infantulos et mulieres, gerebamus pullos, anseres, hædos, catellos, et quidquid infirmo gradu fugam morabantur, nostris quoque pedibus ambulabant. Nec me pondus sarcinæ, quamquam enormis, urguebat, quippe gaudiali fuga detestabilem illum exsectorem virilitatis meæ relinquentem.

Silvosi montis asperum permensi jugum, rursusque reposita camporum spatia perveeti, jam vespera semitam tenebrante, pervenimus ad quoddam castellum frequens et opulens : unde nos incolæ nocturna immo vero matutina etiam prohibebant egressione. Lupos enim numerosos, grandes, et vastis corporibus sarcinosos, ac nimia ferocitate sævientes, passim rapinis assuetos infestare cunctam illam regionem : jamque ipsas vias obsidere, et in modum latronum prætereuntes aggredi ; immo vero vesana fame rabidos finitimas expugnare villas : exitiumque inertissimorum pecudum ipsis jam humanis capitibus imminere. Denique ob iter illud, qua nobis erat commeandum, jacere semesa hominum corpora, suisque visceribus nudatis ossibus cuncta candere : ac per hoc non quoque cautione summa viæ reddi debere ; idque vel in primis observitare ; ut luce clara, et die jam provecto, et sole florido, vitantes undique latentes insidias, quum et ipso lumine dirarum bestiarum repigratur impetus, non lacinia-

férocité; que nous aurions même encore à nous défier à chaque pas de quelque embuscade, à prendre garde de nous disséminer, à marcher constamment en colonne serrée, jusqu'à ce qu'enfin nous eussions franchi les endroits dangereux.

Mais ces coquins de fugitifs qui composaient la caravane, soit précipitation aveugle, soit crainte d'être poursuivis, ce qui n'était guère probable, ne tinrent aucun compte de ces salutaires conseils. Et, sans attendre le jour déjà proche, les voilà, vers la troisième veille, qui nous rechargent et nous poussent devant eux. Moi, qui n'avais rien perdu de l'avertissement formidable, je gardais autant que possible le centre du convoi, me cachant de mon mieux dans le gros de mes compagnons de charge, pour couvrir mes parties postérieures de l'agression des dents carnassières. On s'émerveillait de me voir prendre le pas sur toute la cavalcade. Ce n'était pas par légèreté, c'était par peur. Sur quoi je fis cette réflexion : Il se pourrait que le fameux Pégase n'ait dû qu'à semblable cause les attributs d'oiseau qu'on lui a prêtés, et que la tradition de ses ailes, et de son essor prodigieux jusqu'à la voûte éthérée, n'exprimât autre chose que la crainte des morsures enflammées de la Chimère.

Mes conducteurs, au surplus, s'étaient armés, dans l'attente d'un combat. L'un tenait une lance, l'autre une épée, celui-ci des javelots, celui-là un bâton. Tous avaient fait provision de cailloux, que nous fournissait en abondance le sentier pierreux où nous marchions. On voyait dans quelques mains des morceaux de bois pointus par un bout; mais on comptait principalement sur des torches allumées, dont on s'était pourvu pour tenir les loups à distance. Enfin, nous étions, à une trompette près, en complet équipage de bataille. Nous en fûmes cependant quittes pour la peur; mais nous n'évitâmes ce danger que pour tomber dans un autre bien autrement redoutable. Les loups, intimidés par ce vacarme de gens armés, ou écartés par la lumière des flambeaux, ou peut-être occupés sur un autre point, ne tentèrent pas d'incursion contre nous. Aucun ne se montra même de loin; mais comme nous passions devant une grosse ferme, les gens qui l'exploitaient nous prirent pour une troupe de voleurs. Inquiets pour leur propriété, et aussi peu rassurés pour leurs personnes, les voilà qui lancent contre nous, avec les cris et excitations d'usage en pareil cas, une bande furieuse d'énormes chiens, dressés par eux à faire bonne garde, et bien autrement acharnés que loups ni ours ne furent jamais. Les éclats de voix de leurs maîtres irritant leur férocité naturelle, ils se ruent sur nous en bondissant de tous côtés à la fois, déchirent sans distinction bêtes et gens, et finissent par mettre par terre une bonne partie de notre monde. C'était vraiment une curieuse et non moins lamentable scène, de voir ces dogues monstrueux, ici happant un fuyard avec fureur, là luttant avec rage contre qui résiste, plus loin s'acharnant sur les corps gisants, et bouleversant tout notre pauvre convoi par leur rage et leurs morsures.

Au milieu de ce désarroi, un mal encore plus terrible vient fondre sur nos têtes. Grimpés sur leurs toits ou sur les hauteurs voisines, les paysans nous accablent tout à coup d'une grêle de pierres; si bien qu'il n'y avait plus pour nous que l'alternative d'être déchirés de près ou lapidés de loin. Un de ces projectiles vint frapper à la tête une

tim disperso, sed cuneatim stipato commeatu difficultates illas transabiremus.

Sed nequissimi fugitivi ductores illi nostri, cæcæ festinationis temeritate, ac metu incertæ insequutionis, spreta salubri monitione, nec exspectata luce proxima, circa tertiam ferme vigiliam noctis, onustos nos ad viam propellunt. Tunc ego non inscius prædicti periculi, quam pote turbæ medius, et inter conferta jumenta latenter absconditus, clunibus meis ab aggressionibus ferinis consulebam. Jamque me cursu celeri ceteros equos antecellentem mirabantur omnes. Sed illa pernicitas non erat alacritatis meæ, sed formidinis indicium. Denique mecum ipse reputabam, Pegasum inclytum illum metu magis volaticum fuisse; ac per hoc merito pinnatum proditum, dum in altum et adusque cœlum subsilit ac resultat: formidans scilicet igniferæ morsum Chimæræ.

Nam et illi pastores, qui nos agebant, in speciem prælii manus obarmaverant. Ille lanceam, ille venabulum, alius gerebat spicula, fustem alius: sed et saxa, quæ salebrosa semita largiter subministrabat. Erant qui sudes præacutas attollerent. Plerique tamen ardentibus facibus proterrebant feras. Nec quidquam præter unicam tubam deerat, quin acies esset præliaris. Sed nequidquam frustra timorem illum satis inanem perfuncti, longe pejores inhæsimus laqueos. Nam lupi, forsitan confertæ juventutis strepitu, vel certe nimia luce flammarum deterriti, vel etiam aliorsum grassantes, nulli contra nos aditum tulerunt; ac ne procul saltem ulli comparuerant. Villæ vero, quam forte tunc præteribamus, coloni, multitudinem nostram latrones rati, satis agentes rerum suarum, eximieque trepidi, canes rabidos et immanes, et quibusvis lupis et ursis sævioris, quos ad tutelæ præsidia curiose fuerant alumnati, jubilationibus solitis et cujuscemodi vocibus nobis inhortantur. Qui, præter genuinam ferocitatem, tumultu suorum exasperati, contra nos ruunt : et undique laterum circumfusi passim insiliunt, ac sine ullo dilectu jumenta simul et homines lacerant : diuque grassati, plerosque prosternunt. Cerneres, non tam hercules memorandum quam miserandum etiam spectaculum, canes copiosos ardentibus animis alios fugientes arripere, alios stantibus mordere, quosdam jacentes insidere, et per omnem nostrum commeatum morsibus ambulare.

Ecce tanto periculo malum majus insequitur. De summis enim tectis, ac de proximo colle rusticani illi saxa super nos partim devolvunt, ut discernere prorsus nequiremus, quam potissimum caveremus cladem, comminus canum, an eminus lapidum. Quorum quidem unus caput mulieris, quæ meum dorsum residebat, repente percussit.

femme qui était assise sur mon dos; c'était précisément celle du chef de la caravane. Aux cris et aux sanglots que lui arrache la douleur, son mari accourt à son aide. Et voilà cet homme qui, tout en essuyant le sang dont sa femme est couverte, prend tous les dieux à témoins, et se met à crier plus haut qu'elle. Pourquoi cette barbare agression, ces atroces violences, contre de pauvres voyageurs accablés de fatigues? quelles déprédations avez-vous à repousser? Quelles représailles à exercer? Vous n'habitez pas les repaires des bêtes fauves ou les rocs inhospitaliers des peuplades sauvages, pour verser ainsi le sang de gaieté de cœur. Ce peu de mots arrêta soudain la grêle de pierres, et mit fin aux incursions forcenées des chiens, qui furent rappelés. L'un des habitants parla ainsi du haut d'un cyprès : Nous ne sommes pas des brigands, nous n'en voulons pas à vos dépouilles. Nous ne songions qu'à repousser de votre part l'espèce d'agression dont vous vous plaignez. La paix est faite; vous pouvez tranquillement continuer votre voyage. Il dit, et nous nous remettons en route, les uns se plaignant de coups de pierre, les autres de coups de dents; et tous plus ou moins éclopés.

Après avoir cheminé quelque temps, nous atteignîmes un bois de haute futaie, entremêlé de riantes clairières tapissées de gazon. Là nos conducteurs jugèrent à propos de faire halte pour prendre quelque repos et donner les soins nécessaires à leurs membres diversement maléficiés. Chacun, de son côté, s'étend sur l'herbe, et, après avoir repris haleine, procède à la hâte à diverses sortes de pansements. Celui-ci se sert, pour étancher son sang, de l'eau d'un ruisseau voisin; celui-là bassine ses contusions avec des compresses mouillées; un autre rapproche avec des bandes les lèvres de ses plaies béantes. En un mot, chacun se fait lui-même son médecin.

Cependant, du haut d'un monticule voisin, un vieillard suivait des yeux cette scène. Un troupeau de chèvres paissant autour de lui indiquait assez sa profession. Un des nôtres lui demande s'il avait du lait ou des fromages à vendre; mais cet homme se met à branler la tête, et dit : Ah! vous pensez à boire et à manger, vous autres, et à vous donner du bon temps. Vous ne savez donc, personne de vous, en quel lieu vous êtes? Cela dit, il rassemble son troupeau et se hâte de décamper. Ce propos, cette brusque retraite n'inquiétèrent pas médiocrement nos pâtres, très-empressés de savoir à quoi s'en tenir, et ne trouvant là personne à qui demander explication, quand survint un autre vieillard chargé d'années, et de grande taille, mais plié en deux sur un bâton, et semblant se traîner avec peine. Il pleurait à chaudes larmes, et sanglota de plus belle en nous voyant. Touchant tour à tour les genoux de chaque homme de la troupe : Au nom de la Fortune secourable, leur dit-il, au nom de votre bon génie (et puissiez-vous arriver tous en santé, comme en joie, à l'âge où vous me voyez!), secourez un vieillard au désespoir; arrachez mon enfant au trépas, et rendez-le à mes cheveux blancs. Je me promenais avec mon petit-fils, doux compagnon de ma vieillesse. Il a vu un oiseau qui chantait sur une haie, et, en cherchant à s'en emparer, il a soudain disparu dans le fossé qui la borde, et dont les broussailles nous cachaient la vue. Il y a de quoi le tuer. Il n'est pas mort cependant, car je l'ai entendu se plaindre, et crier : Au secours, grand-père! mais, faible et

---

Quo dolore commota, statim fletu cum clamore sublato, maritum suum pastorem illum suppetiatum ciet. At ille deum fidem clamitans, et cruorem uxoris abstergens, altius quiritabat : Quid miseros homines et laboriosos viatores, tam crudelibus animis invaditis, perterretis atque obruitis? Quas prædas munitis? Quæ damna vindicatis? At non speluncas ferarum, vel cautes incolitis barbarorum, ut humano sanguine profuso gaudeatis. Vix hæc dicta : et statim lapidum congestus cessavit imber, et infestorum canum revocata conquievit procella. Unus illinc denique de summo cupressus cacumine : At nos, inquit, non vestrorum spoliorum cupidine latrocinamur, sed hanc ipsam cladem de vestris protelamus manibus. Jam denique pace tranquilla securi potestis incedere. Sic ille. Sed nos plurifariam vulnerati, reliquam viam capessimus, alius lapidis, alius morsus vulnera referentes; universi tamen saucii.

Aliquanto denique viæ permenso spatio, pervenimus ad nemus quoddam proceris arboribus consitum, et patentibus viretis amœnum. Ubi placuit illis ductoribus nostris refectui paululum conquiescere, corporaque sua diverse laniata sedulo recurare. Ergo passim prostrati solo, primum fatigatos animos recuperare, ac dehinc vulneribus medelas varias adhibere festinant. Hic cruorem præterfluentis aquæ rore diluere; ille spongiis madidatis tumores comprimere; alius fasciolis hiantes vincire plagas. Ad istum modum saluti suæ quisque consulebat.

Interea quidam senex de summo colle prospectat, quem circum capellæ pascentes, opilionem esse profecto clamabant. Eum rogavit unus e nostris, haberetne venui lactem, vel adhuc liquidum, vel in caseum recentem incoactum? At ille diu capite quassanti, Vos autem, inquit, de cibo vel poculo, vel omnino ulla refectione nunc cogitatis? An nulli scitis, quo loco consederitis? Et cum dicto conductis oviculis, conversus longe recessit. Quæ vox ejus et fuga pastoribus nostris non mediocrem pavorem incussit. Ac, dum perterriti, de loci qualitate sciscitari gestiunt, nec est qui doceat, senex alius, magnus ille quidem, gravatus annis, totus in baculum pronus, et lassum trahens vestigium, ubertim lacrymans, per viam proximat : visisque nobis, cum fletu maximo singulorum juvenum genua contingens, sic adorat : Per Fortunas vestrosque Genios, sic ad meæ senectutis spatia validi lætique veniatis, decepto seni subsistite, meumque parvulum ab inferis ereptum canis meis reddite. Nepos namque meus, et itineris hujus suavis comes, dum forte passerem, incantantem sepiculæ, consectatur arripere; delapsus in proximam foveam, quæ fruticibus imis subpatet, in extremo jam vitæ consistit periculo : quippe quum de fletu ac voce ipsius, avum sibi

décrépit comme vous me voyez, que puis-je faire pour lui? A vous qui êtes jeunes et vigoureux, il est si facile de prêter assistance à un pauvre vieillard! Cet enfant est fils unique; c'est le dernier espoir de ma famille. Ah! rendez-le-moi. Ses instantes prières, ses cheveux blancs qu'il arrachait, tout cela émut de compassion la troupe. Un jeune gaillard plus hardi, plus dispos que le reste, et qui seul était sorti sans blessure de l'assaut que nous venions d'essuyer, saute à l'instant sur ses pieds, demande où est tombé l'enfant, et suit résolument le vieillard vers un buisson qu'il lui désigne assez près de là.

Dans l'intervalle, bêtes et gens s'étaient rafraîchis, celles-ci en broutant l'herbe, ceux-là en soignant leurs blessures : on songe à recharger les bagages, on appelle le jeune homme par son nom; on crie plus fort : point de nouvelles. Ce retard inquiète : on lui dépêche un exprès pour l'avertir du départ et le ramener. L'exprès ne tarde pas à revenir tout pâle, tout effaré, et il fait sur son camarade le plus merveilleux des récits. Il l'a vu étendu sur le dos, plus qu'à moitié dévoré par un énorme dragon qui se tenait sur son corps, achevant sa curée. Quant au misérable vieillard, il avait disparu. A ce récit, qu'ils rapprochèrent bien vite du langage du gardeur de chèvres, nos gens comprirent, à n'en pas douter, que c'était là l'habitant des lieux désigné pour cette allusion menaçante. Et vite ils s'éloignent de cette contrée meurtrière, nous chassant devant eux à grands coups de bâton. En moins de rien nous eûmes franchi une distance considérable, et arrivâmes à une bourgade où nous nous reposâmes toute la nuit. Elle venait d'être le théâtre d'une étrange aventure, que je ne résiste pas au désir de vous raconter.

Il y avait un esclave en qui son maître se reposait de la gestion universelle de ses biens, et qui affermait pour son propre compte un domaine considérable, où précisément nous venions de prendre nos quartiers. Cet individu avait pris femme parmi les domestiques de la famille; mais il avait conçu au dehors une passion violente pour une personne de condition libre. Sa femme, exaspérée de cette intrigue, brûla, pour s'en venger, les registres de son mari, et mit le feu à ses magasins, dont tout le contenu devint la proie des flammes. Mais n'estimant pas que l'outrage fait à la couche nuptiale fût suffisamment puni par un tel désastre, elle s'en prend à son propre sang : se passant une corde au cou, elle y attache un enfant qu'elle avait eu de ce même homme, et se précipite dans un puits très-profond, entraînant avec elle l'innocente créature. Le maître, vivement touché de la catastrophe, fit saisir l'esclave qui avait, par sa conduite, poussé sa femme à cette horrible extrémité. Il ordonna de le lier nu à un figuier, enduit de miel des pieds à la tête. Le tronc vermoulu de cet arbre était exploité par toute une population de fourmis qui le minaient dessus et dessous, et faisaient éruption de toutes parts. Les fourmis n'eurent pas plutôt senti l'odeur du miel, que les voilà qui s'acharnent par myriades sur le corps de ce malheureux, et le déchiquètent à l'envi d'imperceptibles, mais innombrables, mais incessantes morsures. Il se sentit ainsi, dans une longue agonie, ronger petit à petit jusqu'au fond des entrailles. Ses chairs disparurent, ses os furent mis à nu; et finalement de

sæpicule clamitantis, vivere illum quidem sentiam, sed per corporis, ut videtis, mei defectam valitudinem opitulari nequeam. At vobis, ætatis et roboris beneficio, facile est suppetiari miserrimo seni, puerumque illum novissimum successionis meæ, atque unicam stirpem, sospitem mihi facere. Sic deprecantis suamque canitiem distrahentis totus quidem miseruit. Sed unus, præ ceteris et animo fortior, et ætate juvenior, et corpore validior, quique solus præter alios incolumis prælium superius evaserat, exsurgit alacer : et percontatus quonam loci puer ille decidisset, monstrantem digito non longe frutices horridos senem illum impigre comitatur.

Ac dum pabulo nos, nostrique sua cura refecti, sarcinulis quisque sumptis suis viam capessunt; clamore primum nominatim cientes, illum juvenem frequenter inclamant; mox mora diutina commoti, mittunt e suis accersitorem unum, qui requisitum comitem tempestivæ viæ commonefactum reduceret. At ille modicum commoratus, refert sese; buxanti pallore trepidus, mira super conservo suo renuntiat. Conspicatum se quippe, supinato illi, et jam ex maxima parte consumpto, immanem draconem mandentem insistere : nec ullum usquam miserrimum senem comparere illum. Qua re cognita et cum pastoris sermone collata, qui eum prorsus hunc illum, nec alium locorum inquilinum præminabatur, pestilenti deserta regione, velociori se fuga proripiunt : nosque pellunt crebris tundentes fustibus. Celerrime denique longo itinere confecto, pagum quemdam accedimus : ibique totam perquiescimus noctem. Inibi cœptum facinus, oppido memorabile, narrare cupido.

Servus quidam, cui cunctam familiæ tutelam dominus permiserat suus, quique possessionem maximam illam, in quam deverteramus, villicabat, habens ex eodem famulitio conservam conjugam, liberæ cujusdam extrariæque mulieris flagrabat cupidine. Quo dolore pellicatus uxor ejus instincta, cunctas mariti rationes, et quidquid horreo reconditum continebatur, admoto combussit igne. Nec tali damno tori sui contumeliam vindicasse contenta, jam contra sua sæviens viscera, laqueum sibi nectit, infantulumque, quem de eodem marito jam dudum susceperat, eodem funiculo nectit; seque per præaltissimum puteum, appendicem parvulum trahens, præcipitat. Quam mortem dominus eorum ægerrime sustinens, arreptum servulum, qui causam tanti sceleris uxori suæ præstiterat, nudum ac totum melle perlitum, firmiter alligavit arbori ficulneæ : cujus in ipso carioso stipite inhabitantium formicarum nidilicia burriebant, et ultro citro commeabant multijuga scaturigine. Quæ simul dulcem ac mellitum corporis nidorem persentiscunt; parvis quidem, sed numerosis et continuis morsiunculis penitus inhærentes, per longi temporis

l'homme il ne resta que le squelette, étalant sa hideuse blancheur au pied de l'arbre funeste où il demeurait attaché.

Nous nous éloignâmes au plus vite de ce détestable séjour, laissant les habitants plongés dans une profonde tristesse ; et, après avoir cheminé tout un jour à travers un pays de plaines, nous arrivâmes rendus de fatigue à une cité notable et populeuse : ce fut là que nos pâtres résolurent de prendre domicile et de fixer leurs pénates. Ils comptaient y trouver de sûres retraites, au cas où les recherches eussent été poussées si loin ; et l'affluence des denrées dans cet heureux pays fut pour eux un attrait de plus. On nous laissa à nous autres bêtes de somme trois jours de repos pour nous rendre de meilleure défaite, après quoi l'on nous conduisit au marché. Sur l'enchère ouverte par le crieur, les chevaux et les autres ânes furent adjugés à très-haut prix : il n'y eut que moi de rebuté généralement ; le premier coup d'œil donné, on passait avec dédain. Quelques-uns cependant maniaient et remaniaient mon râtelier, pour s'assurer de mon âge. Cette manœuvre m'excéda, et, au moment où un connaisseur, aux mains sales, me grattait pour la vingtième fois la gencive de ses doigts infects, je les lui mordis à les broyer sous mes dents. Cet échantillon de ma férocité ne contribua pas peu à dégoûter les amateurs qui en furent témoins.

Cependant le crieur, las de s'enrouer et de s'époumoner avec si peu de chance, se mit à exercer son esprit à mes dépens. Quand finirons-nous de chercher marchand pour une pareille rosse, vieille à ne pas se tenir sur ses jambes, sans corne aux pieds, dont le poil a perdu couleur, qui n'a de force que pour faire rage, qui n'a de bon que la peau, et encore pour servir de crible à passer des pierres, vrai cadeau à faire au premier qui aura du fourrage à perdre ? Ces plaisanteries du crieur égayaient beaucoup l'assistance ; mais cette Fortune impitoyable, que je ne pouvais éviter, où que j'allasse pour la fuir, ni adoucir en ma faveur, quoique j'eusse déjà souffert de ses coups, détourna encore sur moi ses yeux d'aveugle, et me suscita un acheteur de son choix. Sa malice vraiment ne pouvait mieux rencontrer : jugez-en par ce portrait.

C'était un vieil infâme à tête chauve, mais qui ne laissait pas d'adoniser avec soin quelques mèches pendantes de cheveux grisonnants ; un échappé de cette canaille de carrefour, qu'on voit courir les rues et les places publiques, armés de cistres et de cymbales, et promenant la déesse syrienne, qu'ils font mendier à leur profit. Ce personnage parut tenté de moi au dernier point. Il demande au crieur de quel pays je venais. De Cappadoce, répondit l'autre. Bonne petite bête, sur ma parole. Vint la question de l'âge. Le crieur, toujours du même ton : Son thème de nativité, dit-il, a été établi par un astrologue, qui lui a donné cinq ans. Quant à la condition du sujet, l'homme des astres en sait plus que moi là-dessus. Je sais bien que je risque d'avoir affaire à la loi Cornélia, si je vends comme esclave un citoyen romain ; mais, bat ! achetez toujours : c'est sobre, c'est vigoureux ; à la ville comme au champ vous en tirerez bon service. Avec cet acheteur maudit, toujours une demande en amenait une autre. Est-il bien doux ? dit-il, en

---

cruciatum ita, carnibus atque ipsis visceribus adesis, homine consumpto, membra nudarunt ; ut ossa tantum viduata pulpis, nitore nimio candentia, funestæ cohærerent arbori.

Hac quoque detestabili deserta mansione, paganos in summo luctu relinquentes, rursum pergimus : dieque tota campestres emensi vias, civitatem quamdam populosam et nobilem jam fessi pervenimus. Inibi Larem sedesque perpetuas pastores illi statuere decernunt, quod et longe quæsituris firmæ latebræ viderentur, et annonæ copiosæ beata crebritas invitabat. Triduo denique jumentorum refectis corporibus, quo vendibiliores videremur, ad mercatum producimur : magnaque voce præconis, pretia singulis nuntiantis, equi atque alii asini opulentis emptoribus præstinantur ; at me relictum solum ac subsicivum cum fastidio plerique præteribant. Jamque tædio contrectationis eorum qui de dentibus meis ætatem computabant, manum cujusdam firmæ fœtore sordentem, qui gingivas identidem meas putidis scalpebat digitis, mordicus arreptam, plenissime conterui. Quæ res circumstantium ab emptione mea, utpote ferocissimi, deterruit animos.

Tunc præco diruptis faucibus et rauca voce saucius, in meas fortunas ridiculos instruebat jocos : Quem ad finem cantherium istum venui frustra subjiciemus, et vetulum, extritis ungulis debilem, et colore deformem, et in hebeti pigritia ferocem, nec quidquam amplius quam ruderarium cribrum ? Quare adeo vel donemus eum cuipiam, si qui tamen fœnum suum perdere non gravatur. Ad istum modum præco ille cachinnos circumstantibus commovebat. Sed illa fortuna mea sævissima, quam per tot regiones jam fugiens effugere, vel præcedentibus malis placare non potui, rursum in me cæcos detorsit oculos : et emtorem aptissimum duris meis casibus mire repertum objecit.

Scitote qualem. Cinædum, et senem, calvum quidem, sed cincinnis semicanis et pendulis capillatum : unum de triviali popularium fece, qui per plateas et oppida cymbalis et crotalis personantes, deamque syriam circumferentes, mendicare compellunt. Is nimio præstinandi studio, præconem rogat, cujatis essem ? At ille Cappadocum me, et satis forticulum denuntiat. Rursum requirit annos ætatis meæ. Sed præco lasciviens : Mathematicus quidem, qui stellas ejus disposuit, quintum ei numeravit annum ; sed ipse scilicet melius istud de sua novit professione. Quamquam enim prudens crimen Corneliæ legis incurram, si civem romanum pro servo tibi vendidero ; quin emis bonum et frugi mancipium, quod te et foris et domi poterit juvare ? Sed exinde odiosus emptor aliud de alio non desinit quærere ; denique de mansuetudine etiam mea percontatur anxie. At præco, Vervecem, inquit, non asi-

appuyant sur la question Un vrai mouton plutôt qu'une âne, répondit l'autre. Jamais rétif, ne mord, ni ne rue; on dirait une personne raisonnable cachée sous cette peau d'âne : voulez-vous en faire l'essai? Mettez un peu votre tête entre ses cuisses, et vous allez voir comme il est patient.

Le crieur continuait son persiflage; mais le vieux roquentin, s'apercevant qu'on le bafouait, sentit s'échauffer la bile. Vieille carcasse, s'écria-t-il, crieur maudit, puissent l'omnipotente et omnicréatrice déesse de Syrie, puisse le dieu Saba, Bellone et Cybèle, et la reine Vénus avec son Adonis, te rendre muet et aveugle, pour prix des sots quolibets dont tu m'étourdis depuis une heure! Crois-tu, bâtard, que j'irai compromettre la déesse avec une monture indocile, pour voir au premier instant culbuter cette divine image, tandis que moi, misérable, il me faudra courir les cheveux épars, cherchant partout un médecin pour la divine estropiée? En entendant ces mots, je me disposais à faire quelque gambade bien frénétique, afin que mon homme, sur cet essai de ma mansuétude, abandonnât l'acquisition. Mais son impatience de conclure le marché ne m'en laissa pas le temps. Il paya comptant dix-sept deniers, prix que mon maître, enchanté d'être débarrassé de moi, accepta sur-le-champ. Il me passe au cou une petite corde de jonc, et me livre à Philèbe (c'était le nom de mon nouveau maître), qui, s'emparant de ma personne, se hâte de me conduire à son logis. Il n'en eut pas plutôt touché le seuil, qu'il s'écria : Mesdemoiselles, je vous amène un charmant petit sujet dont je viens de faire emplette. Les demoiselles en question, qui n'étaient autres qu'une troupe d'efféminés voués au plus infâme libertinage, se mettent à danser de joie, et font entendre un charivari de voix cassées, rauques et discordantes, croyant trouver dans le nouveau venu quelque jouvenceau qui allait les relayer dans leur sale ministère. Quand ils eurent vu qu'il s'agissait non pas d'une biche en guise de fille, mais d'un baudet en guise de garçon, voilà tous les nez qui se froncent par ironie, et les sarcasmes qui pleuvent sur le patron. Il s'était, disaient-ils, procuré ce luron-là, non pour le service du logis, mais pour son usage personnel. Ah! n'allez pas l'absorber à vous tout seul, ajoutaient-ils : il faut bien que vos petites colombes puissent parfois en tâter à leur tour. Tout en débitant ces sornettes, on m'attache à un râtelier près de là.

Il y avait dans ce taudis un jeune gars de forte encolure, excellent joueur de flûte, que la communauté avait acquis du produit de ses quêtes. Son office était d'accompagner de son instrument les promenades de la déesse, et de servir à double fin aux plaisirs des maîtres du logis. Le pauvre garçon salua cordialement ma bien venue, et mettant une large provende devant moi : Enfin, disait-il, tu vas me remplacer dans mon malheureux service. Puisses-tu vivre longtemps, être à leur goût longtemps, afin que je trouve, moi, le temps de me refaire un peu! Je n'en puis plus. Ainsi parla ce jeune homme. Et moi, de ruminer piteusement sur les épreuves d'un nouveau genre que l'avenir semblait me garder.

Le lendemain, voilà tous mes gens qui sortent du logis dans le plus hideux travestissement, chamarrés de toutes couleurs, le visage bar-

---

num vides, ad usus omnes quietum, non mordacem, nec calcitronem quidem; sed prorsus in asini corio modestum hominem habitare credas. Quæ res cognitu non ardua. Nam si faciem tuam mediis ejus feminibus immiseris, facile periclitaberis, quam grandem tibi demonstret patientiam.

Sic præco lurconem tractabat dicacule. Sed ille, cognito cavillatu, similis indignanti : At te, inquit, cadaver surdum et mutum, delirumque præconem, omnipotens et omniparens dea syria, et sanctus Sabadius, et Bellona, et mater Idæa, cum suo Adone Venus domina, cæcum reddant : qui scurrilibus jamdudum contra me velitaris jocis. An me putas, inepte, jumento fero posse deam committere, ut turbatum repente divinum dejiciat simulacrum : egoque miser cogar crinibus solutis discurrere, et meæ humi jacenti aliquem medicum quærere? Accepto tali sermone, cogitabam subito velut lymphaticus exsilire; ut, me ferocitate cernens exasperatum, emptionem desineret. Sed prævenit cogitatum meum emptor anxius, pretio depenso statim; quod quidem gaudens dominus, scilicet tædio mei, facile suscepit, septemdecim denarium : et illico me tunicula spartea deligatum tradidit Philebo. Hoc enim nomine censebatur jam meus dominus. At ille susceptum novitium famulum trahebat ad domum, statimque illinc de primo limine proclamat : Puellæ, servum vobis pulcellum en ecce mercatus perduxi. Sed illæ puellæ, chorus erant cinædorum, quæ statim exsultantes in gaudium, fracta, rauca et effeminata voce clamores absonos intollunt : ratæ scilicet, vere quempiam hominem servulum ministerio suo paratum. Sed postquam non cervam pro virgine, sed asinum pro homine succidaneum videre : nare detorta, magistrum suum varie cavillantur. Non enim servum, sed maritum illum scilicet sibi perduxisse. Et heus, aiunt, cave ne solus exedas tam bellum scilicet pullulum; sed nobis quoque, tuis palumbulis, nonnunquam impertias. Hæc et hujusmodi mutuo blaterantes, præsepio me proximo deligant.

Erat quidam juvenis satis corpulentus, ceraula doctissimus, collatitia stipe de mensa paratus : qui foris quidem circumgestantibus deam cornu canens adambulabat, domi vero promiscuis operis partiarios agebat concubitus. Hic me, simul domi conspexit libenter, appositis largiter cibariis gaudens alloquitur : Venisti tandem miserrimi laboris vicarius. Sed diu vivas, et dominis placeas, et meis defectis jam lateribus consulas. Hæc audiens, jam meas futuras novas cogitabam ærumnas.

Die sequenti variis coloribus indusiati, et deformiter quisque formati, faciem cœnoso figmento deliti, et oculis

bouillé de glaise, et le tour des yeux peint. Ils s'étaient affublés de mitres, et de robes jaunes en lin ou en soie. Quelques-uns portaient des tuniques blanches, bariolées de languettes flottantes d'étoffe rouge, et serrées avec une ceinture. Tous étaient chaussés de mules jaunâtres. On me charge de porter la déesse, soigneusement enveloppée dans un voile de soie ; mes gens retroussent leurs manches jusqu'à l'épaule, brandissent des coutelas et des haches, et s'élancent bondissant, vociférant au son de la flûte, qui exalte encore leurs frénétiques trépignements. La bande passe sans s'arrêter devant quelques pauvres demeures, et arrive devant la maison de campagne d'un seigneur opulent. Dès l'entrée, ils débutent par une explosion de hurlements. Puis ce sont des évolutions fanatiques, des renversements de tête, des contorsions du cou, qui impriment à leur chevelure un mouvement de rotation désordonnée. Leurs dents, par intervalle, vont chercher leurs membres, et avec leurs couteaux à deux tranchants ils se font aux bras mainte incision.

L'un d'eux l'emporta sur tout le reste par l'extravagance de ses transports. Tirant avec effort sa respiration du fond de sa poitrine, en homme que le souffle divin oppresse, il semblait en proie aux accès d'une sainte manie : comme si la présence d'un dieu ne devait pas fortifier l'homme, au lieu de lui apporter la souffrance et le délire! Or, voyez comment le récompensa la céleste providence. Au milieu de son rôle d'inspiré, voilà qu'il s'accuse, qu'il invective contre lui-même comme coupable d'une révélation sacrilége, et veut, qui plus est, punir le forfait de ses propres mains. Il s'arme d'un fouet d'une espèce particulière à cette race d'équivoques débauchés, et qui se composait de plusieurs cordelettes de laine avec des nœuds multipliés. Le bout était garni d'osselets de mouton. Il s'en frappe à coups redoublés, cuirassé contre la douleur de si rudes atteintes par une force de volonté incroyable.

Vous eussiez vu, sous le tranchant des couteaux et les flagellations de ces misérables, le sol se souiller, se détremper de leur sang. Pour moi, témoin de tout ce sang répandu, je sentis naître dans mon esprit une supposition assez alarmante : s'il allait prendre fantaisie à cette déesse étrangère de goûter du sang d'âne, comme certaines personnes ont un caprice pour le lait d'ânesse?

Enfin, soit lassitude ou satiété, ils firent trêve un moment à cette boucherie, et tendirent les plis de leurs robes à la monnaie de cuivre et même d'argent dont chacun s'empressa de leur faire largesse. On y joignit un tonneau de vin, du lait, des fromages, du blé et de la fleur de farine, de l'orge enfin, donnée par quelques bonnes âmes à l'intention de la monture de la déesse. Les drôles raflèrent le tout, en farcirent des sacs dont ils s'étaient pourvus pour cette aubaine, et qu'ils empilèrent sur mon dos. Grâce à ce surcroît de charge, j'étais à la fois temple et garde-manger ambulant. Voilà de quelle manière ces vagabonds exploitaient la contrée à la ronde.

Arrivés à certain hameau, comme une collecte aussi copieuse les avait mis en belle humeur, ils se préparèrent à faire bombance. Ils extorquent d'un habitant, sous je ne sais quel prétexte de cérémonie religieuse, le plus gras de ses béliers.

---

obunctis graphice, prodeunt ; mitellis, et crocotis, et carbasinis et bombycinis injecti. Quidam tunicas albas, in modum lanciolarum quoquo versum fluente purpura, depictas, cingulo subligati, pedes luteis induti calceis, deumque serico contectam amiculo, mihi gerendam imponunt : brachiisque suis humero tenus renudatis attollentes immanes gladios ac secures, evantes exsiliunt, incitante tibiæ cantu lymphaticum tripudium. Nec paucis pererratis casulis, ad quamdam villam possessoris beati perveniunt, et ab ingressu primo, statim absonis ululatibus constrepentes, fanatice pervolant, diuque capite demisso, cervices lubricis intorquentes motibus, crinesque pendulos in circulum rotantes, et nonnunquam morsibus suos incursantes musculos, ad postremum ancipiti ferro quod gerebant sua quisque brachia dissecant.

Inter hæc unus ex illis bacchatur effusius, ac de imis præcordiis anhelitus crebros referens, velut numinio divino spiritu repletus, simulabat sauciam vecordiam ; prorsus quasi deum præsentia soleant homines non sui fieri meliores, sed debiles effici vel ægroti. Specta denique quale, cœlesti providencia, meritum reportaverit. Infit vaticinatione clamosa conficto mendacio semetipsum incessere atque criminari, quasi contra fas sanctæ religionis designasset aliquid : et insuper justas pœnas noxii facinoris ipse de suis manibus exposcere. Arrepto deni- que flagro, quod semiviris illis proprium gestamen est, contortis tæniis lanosi velleris prolixe fimbriatum, et multijugis talis ovium tessellatum, indidem sese multinodis commulcat ictibus : mira contra plagarum dolores præsumptione munitus.

Cerneres, prosectu gladiorum ictuque flagrorum, solum spurcitie sanguinis effeminati madescere. Quæ res incutiebat mihi non parvam sollicitudinem, videnti tot vulneribus largiter profusum cruorem : ne quo casu deæ peregrinæ stomachus, ut quorumdam hominum lactem, sic illa sanguinem concupisceret asininum. Sed ubi tandem fatigati, vel certe suo laniatu satiati, pausam carnificinæ dedere ; stipes æreas, immo vero et argenteas, multis certatim offerentibus, sinu recepere patulo : nec non et vini cadum, et lactem, et caseos, et farris et siliginis aliquid, et nonnullis hordeum deæ gerulo donantibus, avidis animis corradentes omnia, et sacculos huic quæstui de industria præparatos farcientes, dorso meo congerunt ; ut duplici scilicet sarcinæ pondere gravatus, et horreum simul et templum incederem. Ad istum modum palantes, omnem illam deprædabantur regionem.

Sed in quodam castello, copia lætati largioris quæsticuli, gaudiales instruunt dapes. A quodam colono, fictæ vaticinationis mendacio, pinguissimum deposcunt arietem, qui deam syriam esurientem suo satiaret sacrificio :

La déesse syrienne avait faim, disaient-ils; il ne fallait pas une moindre offrande à son appétit. Leurs préparatifs terminés, mes gens se rendent aux bains, après quoi ils reviennent souper, amenant avec eux, comme convive, un robuste villageois, râblu, et outillé d'en bas comme il leur fallait. Ils ont à peine goûté de quelques légumes, que cette canaille en rut s'abandonne là devant la table à toute la frénésie de ses monstrueux désirs. On entoure le paysan, on le renverse tout nu sur le dos, et des bouches exécrables provoquent à l'envi sa lubricité par leurs immondes caresses. Mes yeux ne purent tenir à ce spectacle d'abomination. Et je voulus crier : O citoyens! mais la voyelle O put seule franchir mon gosier, laissant tout son cortége de lettres et de syllabes en arrière. Ce fut, à la vérité, un O des plus sonores et des mieux conditionnés, qui certes n'avait rien que de naturel de la part d'un âne, mais qui ne pouvait se faire entendre plus mal à propos; car la nuit d'avant, un âne avait été volé dans un hameau voisin; et plusieurs jeunes villageois, pour le retrouver, battaient le pays avec un soin extrême. Ils entendent braire dans notre maison, et, persuadés qu'elle recèle en quelque coin le larcin qu'on leur a fait, ils veulent mettre la main sur leur propriété, et font irruption dans l'intérieur en nombre et à l'improviste. La tourbe détestable fut ainsi prise en flagrant délit d'infamie. Les voisins furent appelés; on leur expose en détail cette scène de turpitude; le tout assaisonné de malins compliments sur la pureté, la chasteté exemplaire des dignes ministres du culte divin.

Consternés d'un tel scandale, dont le prompt retentissement allait les mettre en horreur et en exécration aux yeux de la population tout entière, mes coquins se hâtent de rassembler leurs effets, et vers minuit décampent sans bruit de la bourgade. Ils étaient loin avant le lever du soleil, et quand il eut paru sur l'horizon, la troupe avait déjà gagné une solitude écartée. Là, après avoir longtemps conféré entre eux, ils se disposent à me mettre à mort. Ils me dépouillent de tout harnois, m'attachent à un arbre, et me sanglent de leurs fouets à mollettes d'os de mouton, presque jusqu'à me laisser sur la place. Il y en eut un qui fit mine de me trancher sans pitié les jarrets de sa hache, en réparation, disait-il, de l'esclandre où j'avais exposé sa pudeur; mais le reste, moins par égard pour ma peau que par considération pour l'image gisante à terre, préféra me laisser la vie. On replace donc l'image sur mon dos, et, me menaçant du glaive, on arrive à certaine ville de renom. L'un de ses plus notables habitants, grand dévot d'ailleurs et zélateur du culte des dieux, averti de notre approche par le bruit des tambours et le cliquetis des cymbales, qui contrastait avec la mollesse du mode phrygien, accourt à notre rencontre, et réclame l'honneur d'héberger la déesse. C'est, dit-il, l'accomplissement d'un vœu. Sa maison était très-spacieuse; il s'empresse de nous y installer. Et le voilà prodiguant les adorations et les grasses offrandes, pour se rendre la divinité propice.

Dans cette maison, il m'en souvient, je courus le plus grand danger qui ait jamais menacé ma vie. Un fermier de notre hôte lui avait envoyé, comme hommage de sa chasse, un magnifique quartier de chevreuil. On avait accroché cette venaison derrière la porte de la cuisine, mais sans prendre la précaution de l'élever hors

probeque disposita cœnula, balneas obeunt : ac dehinc lauti, quemdam fortissimum rusticanum, industria laterum atque imis ventris bene præparatum, comitem cœnæ secum adducunt : paucisque admodum prægustatis olusculis, ante ipsam mensam spurcissima illa propudia ad illicitæ libidinis extrema flagitia infandis uriginibus efferantur, passimque circumfusi nudatum supinatumque juvenem exsecrandis oribus flagitabant. Nec diu tale facinus meis oculis tolerantibus, Porro Quirites proclamare gestivi. Sed viduatum ceteris syllabis ac litteris processit O tantum, sane clarum ac validum, et asino proprium, sed inopportuno plane tempore. Namque de pago proximo complures juvenes, abactum sibi noctu perquirentes asellum, nimioque studio cuncta devorsoria scrutantes, intus ædium audito ruditu meo, prædam absconditam latibulis ædium rati, coram rem invasuri suam, improvisi conferto gradu se penetrant : palamque illos exsecrandas fœditates obeuntes deprehendunt; jam jamque vicinos undique percientes, turpissimam scenam patefaciunt : insuper ridicule sacerdotum purissimam laudantes castimoniam.

Hac infamia consternati, quæ per ora populi facile dilapsa, merito invisos ac detestabiles eos cunctis effecerat, noctem ferme circa mediam, collectis omnibus, furtim castello facessunt, bonaque itineris parte ante jubaris exortum transacta, jam die claro solitudines avias nacti, multa secum prius collocuti, accingunt se meo funeri : deaque vehiculo meo sublata, et humi reposita, cunctis stramentis me renudatum, ac de quadam quercu destinatum, flagro illo pecuinis ossibus catenato verberantes, pæne ad extremam confecerant mortem. Fuit unus, qui poplites meos enervare securi sæva comminaretur, quod de pudore illo, candido scilicet, suo nomine deformiter triumphassem. Sed ceteri, non meæ salutis, sed simulacri jacentis contemplatione, in vita me retinendum censuere. Rursum itaque me refertum sarcinis, planis gladiis minantes, perveniunt ad quamdam nobilem civitatem. Inibi vir principalis, et alias religiosus, et eximie deum reverens, tinnitu cymbalorum et sonu tympanorum cantusque phrygii mulcentibus modulis excitus, procurrit obviam; deamque votivo suscipiens hospitio, nos omnes intra conseptum domus amplissimæ constituit : numenque summa veneratione atque hostiis opimis placare contendit.

Hic ego me potissimum capitis periclitatum memini. Nam quidam colonus, partem venationis, immanis cervi pinguissimum femus, domino illi suo muneri miserat; quod incuriose pone culinæ fores non altiuscule suspensum, canis adæque venaticus latenter invaserat, lætusque

de portée. Il arriva qu'un chien, chasseur aussi de son métier, s'en saisit furtivement et l'emporta, pour faire curée bien loin de l'œil des surveillants. Quand le cuisinier s'aperçut de la soustraction, ce furent des lamentations aussi interminables que superflues. Déjà le patron avait demandé son souper. Ô désespoir! ô terreur! Le pauvre homme embrasse son fils au berceau, s'empare d'une corde, et va terminer ses jours par un nœud coulant; mais sa femme a surpris le secret de sa résolution. De ses deux mains à la fois elle arrête d'autorité l'instrument du trépas. Eh quoi! dit-elle, pour un pareil accident, tu te troubles au point d'en perdre la tête, et tu ne vois pas que précisément la Providence t'envoie un moyen d'y remédier. Voyons: pour peu que ce malheur t'ait laissé de présence d'esprit, écoute bien ce que je te vais dire. Mène-moi cet âne étranger dans quelque coin à l'écart, et coupe-lui le cou. Tu lui enlèveras une cuisse, qui passera aisément pour celle qui nous manque. Tu n'as qu'à la farcir, y mettre une sauce un peu relevée, et la servir au maître en guise de chevreuil. Le pendard sourit à l'idée de sauver sa peau aux dépens de la mienne; et, tout en complimentant sa moitié sur son invention, il aiguise ses couteaux pour cette boucherie.

LIVRE NEUVIÈME.

Le bourreau armait donc contre moi ses mains impitoyables. Le péril était trop grand, trop imminent, pour délibérer: il fallait agir. Je résolus d'échapper à la dissection par la fuite.

En un clin d'œil ma longe est rompue, et je prends mes jambes à mon cou, non sans m'escrimer prudemment des pieds de derrière, pour protéger ma retraite. Je traverse un portique, et, prompt comme l'éclair, je me lance intrépidement dans une salle où le maître du logis se régalait des viandes d'un sacrifice avec les prêtres de la déesse, culbutant par mon irruption soudaine une partie du buffet et des tables, et bouleversant toute l'économie du service. Le patron, courroucé de cette hideuse débâcle, me remit à l'un de ses gens, avec injonction d'avoir l'œil sur l'incommode et fougueux animal, et de le tenir enfermé de manière à ce qu'il ne pût à l'avenir troubler les repas par de semblables incartades. Grâce à cette diversion assez adroitement combinée, mes membres furent sauvés du couteau, et je bénis une captivité qui devenait ma sauvegarde.

Mais il est trop vrai, rien ne tourne à bien pour l'homme né sous une mauvaise étoile. Où la divine Providence a disposé, il n'est prudence humaine ou dextérité qui serve. L'expédient même qui semblait mon ancre de salut me compromit de la manière la plus grave, que dis-je! me mit à deux doigts de ma perte.

On causait tranquillement dans la salle du festin, quand un jeune esclave entre précipitamment, l'œil effaré, les traits bouleversés, et annonce qu'un chien enragé est entré de la rue, comme un trait, par la porte de derrière; que sa fureur s'est jetée d'abord sur les chiens de chasse; qu'il a gagné de là l'écurie, où il a également assailli la plupart des bêtes de somme; qu'enfin les gens eux-mêmes ne sont pas épargnés; que

præda, propere custodientes oculos evaserat. Quo damno cognito, suaque reprehensa negligentia, coquus diu lamentatus lacrymis inefficacibus, jam jamque domino cœnam flagitante mœrens, et utcumque metuens altius, filio suo parvulo consolutato, arreptoque funiculo, mortem sibi nexu laquei comparabat. Nec tamen latuit fidam uxorem ejus casus extremus mariti, sed funestum nodum violenter invadens manibus ambabus, Adeone, inquit, præsenti malo perterritus, mente excidisti tua? nec fortuitum istud remedium, quod deum providentia subministrat, intueris? Nam, si quid in ultimo fortunæ turbine respicis, expergite mihi ausculta: et advenam istum asinum remoto quodam loco deductum jugula, femusque ejus ad similitudinem perditi detractum, et accuratius in protrimentis sapidissime percoctum, appone domino, cervini vicem. Nequissimo verberoni sua placuit salus de mea morte; et multum conservæ sagacitate laudata, destinatæ jam lanienæ cultros acuebat.

LIBER NONUS.

Sic ille nequissimus carnifex contra me manus impias obarmabat. At ego, præcipitante consilium periculi tanti præsentia, nec exspectata diutina cogitatione, lanienam imminentem fuga vitare statui; protinusque vinculo quo fueram deligatus abrupto, cursu me proripio totis pedibus, ad tutelam saluberam crebris calcibus velitatus: illicoque me, raptim transcursa proxima porticu, triclinio in quo dominus ædium sacrificales epulas cum sacerdotibus deæ cœnitabat, incontanter immitto. Nec pauca rerum apparatus cibarii, mensas etiam, et id genus, impetu meo collido atque disturbo. Qua rerum deformi strage paterfamilias commotus, ut importunum atque lascivum, me cuidam famulo curiose traditum, certo aliquo loco clausum jussit coliberi: ne rursum convivium placidum simili petulantia dissiparem. Hoc astutulo commento scite munitus, et mediis lanii manibus ereptus, custodela salutaris mihi gaudebam carceris.

Sed nimirum nihil fortuna renuente licet homini nato dexterum provenire: nec consilio prudenti vel remedio sagaci divinæ providentiæ fatalis dispositio subverti vel reformari potest. Mihi denique id ipsum commentum, quod momentariam salutem reperisse videbatur, periculum grande, imo exitium præsens conflavit aliud. Nam quidam subito puer, mobili ac trepida facie, percitus, ut familiares inter se susurrabant, irrumpit triclinium, suoque annuntiat domino, de proximo angiportu canem rabidam paulo ante per posticam impetu miro sese direxisse:

Myrtile le muletier, Héphestion le cuisinier, Hypatavius le valet de chambre, Apollonius le médecin, et d'autres officiers de service de la maison, en essayant de le chasser, ont tous été plus ou moins mordus; que l'animal sans doute a communiqué son venin à plusieurs des bêtes de l'écurie, chez lesquelles on remarque déjà des symptômes de rage.

Cette nouvelle jette l'effroi dans tous les esprits. On se persuade que la contagion m'a gagné; et l'on explique ainsi ma férocité récente. Aussitôt chacun de s'armer de ce qui se trouve sous sa main; et tous, à coup sûr, non moins enragés que moi, s'exhortent mutuellement à se prêter main forte contre le péril commun. Avec leurs lances, leurs épieux, et surtout avec leurs haches, car les gens de la maison en distribuaient à tout venant, ces furieux allaient me mettre en pièces, si, voyant se former l'orage, je ne me fusse soudain lancé dans la chambre même où mes maîtres étaient logés. A l'instant la porte est fermée, barricadée; et l'on en forme le blocus, pour laisser l'ennemi se consumer peu à peu, et succomber sans danger pour les assiégeants, par le seul effet de l'incurable maladie. Je gagnais à ce parti une sorte de liberté, et l'avantage précieux d'être livré à moi-même. Aussi, trouvant un lit tout fait, je m'y jetai, et goûtai la douceur, depuis longtemps inconnue, de dormir à la mode des humains.

Il était grand jour, quand, bien refait par cette bonne nuit passée sur le duvet, je me levai frais et dispos. J'entendis alors mes gens, qui avaient fait faction toute la nuit, s'entretenir ainsi sur mon compte : Ce misérable animal est-il encore dans ses accès? La force du venin ne s'est-elle pas épuisée plutôt par son intensité même? On hésite; on ne sait que croire. Enfin on se décide à vérifier le fait. Par une fente de la porte on me vit mollement étendu, et ne donnant signe quelconque d'inquiétude ou de maladie. On ouvre alors, pour s'assurer de plus près de ma parfaite tranquillité.

En ce moment, l'un des curieux, vrai sauveur que le ciel m'envoyait, indiqua un moyen de vérification infaillible; c'était de me présenter un seau d'eau fraîche : si j'en approchais sans hésitation, si je buvais comme à l'ordinaire, j'étais bien portant, et n'avais nulle atteinte de ce mal funeste. Si, au contraire, la vue de l'eau me faisait frissonner, montrer de l'horreur, il fallait bien se garder de moi; indubitablement j'étais enragé. C'était une pratique recommandée par d'anciens auteurs, et dont l'expérience chaque jour confirmait l'efficacité. L'avis est trouvé bon : on se procure un baquet d'eau fraîche à la fontaine voisine, puis on le pose devant moi. Je m'avance avec empressement, en âne fort altéré; et, plongeant la tête entière dans le vase, je m'abreuve à longs traits de l'onde salutaire; salutaire est bien le mot. On me passe la main sur le cou, sur les oreilles, on me tire par mon licol; je me laisse faire : si bien que mes gens restent convaincus par l'évidence que leur frayeur était absurde, et qu'il n'y a pas animal au monde plus benin que moi.

Échappé à ce double péril, il me fallut le jour suivant, toute la sainte défroque sur le dos,

---

ardentique prorsus furore venaticos canes invasisse, ac dehinc proximum petisse stabulum, atque ibi pleraque jumenta incurrisse pari sævitia; nec postremum saltem ipsis hominibus pepercisse. Nam Myrtilum mulionem, et Hephæstionem cocum, et Hypatavium cubicularium, et Apollonium medicum, immo vero et plures alios ex familia, abigere tentantes, variis morsibus quemque lacerasse : certe venenatis morsibus contacta nonnulla jumenta efferari jam simili rabie.

Quæ res omnium statim percussit animos; ratique, me etiam eadem peste infectum ferocire, arreptis cujuscemodi telis, mutuoque ut exitium commune propellerent cohortati, ipsi potius eodem vesaniæ morbo laborantes persequuntur. Nec dubio me lanceis illis vel venabulis, immo vero et bipennibus, quæ facile famuli subministrabant, membratim compilassent; ni respecto subiti periculi turbine, cubiculum in quo mei domini devertebant, protinus irrupissem. Tunc clausis obseratisque super me foribus; obsidebant locum; quoad, sine ullo consessionis suæ periculo, pestilentiæ letalis perviçaci rabie possessus ac pereus absumerer. Quo facto, tandem libertatem nactus, solitariæ fortunæ munus amplexus, super constratum lectum abjectus, post multum equidem temporis somnum humanum quievi.

Jamque clara die, mollitie cubiculi refota lassitudine, vegetus exsurgo : atque illos, qui meæ tutelæ pervigiles excubias agitaverant, ausculto de meis sic altercare fortunis : Adhuccine miserum istum asinum jugi furore jactari credimus? immo vero jam virus, increscente sævitia, prorsus exstinctum. Sic opinionis variæ terminum ad explorationem conferunt : ac de rima quadam prospiciunt sanum me atque sobrium otiose consistere. Jamque ultro foribus patefactis, plenius, an sim jam mansuetus, periclitantur.

Sed unus ex his, de cœlo scilicet missus mihi sospitator, argumentum explorandæ sanitatis meæ tale commonstrat ceteris : ut aquæ recentis completam pelvem offerrent potui meo. Ac, si intrepidus, et more solito sumens, aquis allubescerem; sanum me, atque omni morbo scirent expeditum : contra vero, si visum contactumque laticis vitarem ac perhorrescerem; pro comperto, noxiam rabiem pertinaciter durare. Hoc enim, libris etiam pristinis proditum, observari solere. Isto placito, vas immane confestim aquæ perlucidæ de proximo petitæ fonte, contantes adhuc, offerunt mihi. At ego sine ulla mora progressus, etiam obvio gradu satis sitienter, pronus, et totum caput invergens, salutares vere equidem illas aquas hauriebam. Jamque et plausus manuum, et aurium flexus, et ductum capistri, et quidvis aliud periclitantium, placide patiebar; quoad contra vesanam eorum præsumptionem modestiam meam liquido cunctis adprobarem.

Ad istum modum vitato duplici periculo, die sequenti

avec clochettes et cymbales, recommencer ma course mendiante et vagabonde. Après avoir bien rôdé de cabane en cabane, de maison en maison, nous rencontrâmes une bourgade bâtie, suivant la tradition du lieu, sur les ruines d'une opulente cité. Nous prîmes gîte à la première auberge, où l'on nous conta une historiette assez drôle arrivée dans un petit ménage. Je veux vous en faire part.

Un pauvre hère, forgeron de son métier, et vivotant de son mince salaire, avait pris une femme non moins pauvre que lui, mais à qui sa galanterie fit bientôt une sorte de célébrité. Un jour que le mari était allé de grand matin à l'ouvrage, un certain amoureux prit son temps pour se glisser chez lui : et les joyeux ébats d'aller leur train en toute sécurité. Tout à coup le mari rentre à l'improviste. Jamais soupçon ne lui était venu à l'esprit, loin qu'il se doutât de la chose. Porte close, verrous tirés; mon homme est ravi de la vertu de sa femme. Il frappe, il siffle, pour annoncer qu'il est là. L'amant ne se dérangeait pas; mais la rusée, experte s'il en fut en cette pratique, se dégage de ses bras. Un cuvier se trouvait là, presque enterré dans un coin : elle y fait tapir le galant, et va ensuite ouvrir la porte. Son mari n'avait pas franchi le seuil, qu'elle l'apostrophe aigrement. Hé bien ! dit-elle, c'est ainsi que tu vas musardant, les bras croisés et les mains vides, plantant là ta besogne, sans te soucier du ménage, sans rapporter de quoi mettre sous la dent ! et il faut que ta pauvre femme jour et nuit se torde les bras à filer de la laine pour entretenir du moins une lampe dans notre taudis ! Que la voisine Daphné est heureuse! elle boit et mange tout son soûl, et se donne encore du bon temps avec ses amoureux.

A cet accueil, le mari reprend tout penaud : Allons, quelle mouche te pique? Le patron est en procès, et l'ouvrier chôme; hé! au moins, nous aurons de quoi dîner aujourd'hui. Tu vois bien ce cuvier toujours vide, qui tient tant de place ici, et ne fait qu'embarras dans notre logis? je l'ai vendu cinq deniers, et l'acheteur me suit avec son argent pour emporter son meuble. Ainsi à l'ouvrage ! donne-moi un coup de main pour le mettre sur pied et en état. La gaillarde avait trouvé son thème. Elle part d'un grand éclat de rire. Le joli mari que j'ai là, dit-elle, et l'habile homme en affaires! ce que moi, simple femme, sans bouger du logis, j'ai vendu sept deniers, le nigaud va le laisser pour cinq.

Ravi de cette surenchère, le mari demande qui est l'acheteur. Mais elle : Hé ! je te dis, benêt, qu'il est entré dans le cuvier pour s'assurer s'il est solide. L'autre prit la balle au bond, et se relevant alerte : Tout franc, bonne femme, dit-il, votre cuvier n'est guère en bon état; il est tout à jour et ne tient à rien. Puis se tournant du côté du mari, sans avoir l'air de le connaître : Et toi, l'ami, qui que tu sois, apporte-moi vite une lumière. Quand j'aurai gratté les ordures à l'intérieur, je verrai s'il peut faire encore du service. Ah ! c'est que je ne paye pas en argent volé. Tout aussitôt, et sans ombre de soupçon, le subtil mari, l'aigle des maris, allume sa lan-

rursum divinis exuviis onustus, cum crotalis et cymbalis circumforaneum mendicabulum producor ad viam. Nec paucis casulis atque castellis oberratis, devertimus ad quempiam pagum urbis opulentæ quondam, ut memorabant incolæ, inter semiruta vestigia conditum; et hospitio proximi stabuli recepti, cognoscimus lepidam de adulterio cujusdam pauperis fabulam : quam vos etiam cognoscatis volo.

Hic gracili paupere laborans, fabriles operas præbendo, parvis illis mercedibus vitam tolerabat. Erat ei tamen uxorcula, etiam satis quidem tenuis et ipsa, verum tamen postrema lascivia famigerabilis. Sed die quadam, dum matutino ille ad opus susceptum proficiscitur, statim latenter irrepit ejus hospitium temerarius adulter. Ac, dum Veneris colluctationibus securius operantur, maritus ignarus rerum, ac nihil etiam tunc tale suspicans, improvisus hospitium repetit. Jamque clausis et obseratis foribus, uxoris laudata continentia, januam pulsat, sibilo etiam præsentiam suam denuntiante. Tunc mulier callida, et ad hujusmodi flagitia perastutula, tenacissimis amplexibus expeditum hominem, dolio, quod erat in angulo semiobrutum sed alias vacuum, dissimulanter abscondit : et patefactis ædibus, adhuc introeuntem maritum aspero sermone accipit : Siccine, vacuus et otiosus, insinuatis manibus ambulabis mihi, nec, obito consueto labore, vitæ nostræ prospicies, et aliquid cibatui parabis? At ego misera et pernox et perdia lanificio nervos meos contorqueo, ut intra cellulam nostram saltem lucerna luceat. Quanto me felicior Daphne vicina, quæ mero et prandio matutino saucia cum suis adulteris volutatur!

Sic confutatus maritus, Ecquid istuc est? ait. Nam, licet forensi negotio officinator noster attentus ferias nobis fecerit, tamen hodiernæ cœnulæ nostræ prospexi. Vides istud dolium, quod semper vacuum, frustra locum detinet tantum, et revera præter impedimentum conversationis nostræ nihil præstat amplius? istud ego quinque denariis cuidam venditavi : et adest, ut, dato pretio, secum rem suam ferat. Quin itaque præcingeris, mihique manum tantisper accommodas, ut exobrutum protinus tradatur emptori. E re nata fallacia, mulier temerarium tollens cachinnum, Magnum, inquit, istum virum ac strenuum negotiatorem nacta sum, qui rem quam ego mulier et intra hospitium contenta, jamdudum septem denariis vendidi, minoris distraxit.

Additamento pretii lætus maritus, Et quis est ille, ait, qui tanto præstinavit? At illa, Olim, inepte, inquit, descendit in dolium, sedulo soliditatem ejus probaturus. Nec ille sermoni mulieris defuit : sed exsurgens alacriter, Vis, inquit, verum scire, materfamilias? hoc tibi dolium nimis vetustum est, et multifariam rimis hiantibus quassum. Ad maritumque ejus dissimulanter conversus : Quin tu quicumque es homuncio, lucernam, ait, actutum mihi expedis; ut erasis diligenter sordibus intrinsecus, aptum usui possim dinoscere. Nisi nos putas æs de malo

terne. Otez-vous de là, camarade, dit-il, et laissez-moi faire. Vous l'allez avoir tout à l'heure nettoyé comme il faut. Mon homme met habit bas, et le voilà dans le cuvier, lanterne en main, raclant de son mieux l'épaisse moisissure dont le temps l'avait comme incrusté. De son côté, le jeune drôle, qui n'est pas endormi, tandis que la dame se penche en avant, met à profit cette posture déclive, pour travailler à sa façon. L'effrontée coquine s'amusait à prolonger l'ouvrage aux dépens du pauvre homme, lui montrant du doigt une place à gratter, puis une autre, puis encore une autre. La double besogne mise à fin, et les sept deniers comptés, le chanceux forgeron eut encore le plaisir de porter le cuvier sur ses épaules jusqu'au logis de son substitut.

La très-sainte compagnie passa là quelques jours à s'engraisser de la dévotion publique, sans compter ce qu'ils empochèrent à dire à tout venant la bonne aventure. La bande, à ce propos, s'avisa d'un curieux procédé pour attraper l'argent des pratiques. Mes gens avaient combiné un sort unique s'adaptant à presque tous les cas, et qu'ils vous débitaient gravement, sur quoi que l'on vînt les consulter. L'oracle était ainsi conçu :

Qui, ses bœufs sous le joug, sillonne au loin la plaine,
Voit joyeuse moisson le payer de sa peine.

Venait-on interroger le sort à propos de mariage? la réponse, disaient-ils, cadrait à merveille. Le joug désignait l'union projetée, et les moissons la *progéniture* qui devait en sortir. Le consultant voulait-il acquérir une propriété? les *bœufs*, la *plaine*, les *moissons*, tout cela parlait de soi-même. Avait-on un voyage à faire, dont l'issue inquiétait? les *bœufs* étaient là pour toute bête à quatre pieds. On aurait le plus doux des attelages ; et les *moissons* présageaient profit. S'agissait-il de combat à livrer, de voleurs à poursuivre? la victoire, d'après l'oracle, était infaillible. Le *joug* menaçait les bêtes ennemies ; on allait s'enrichir d'un immense butin.

Le tour leur réussit. Ils exploitèrent assez longtemps avec profit cette captieuse prophétie. Toutefois, les questions se multipliant, on finit par se trouver à bout de commentaires. Il fallut alors quitter le pays : nous nous remîmes en route ; et quelle route! Pire cent fois que toutes celles que nous avions parcourues. A chaque pas des rigoles, des crevasses, des fondrières. Tantôt plongeant dans un marais d'eau stagnante, tantôt glissant sur un bourbier fangeux, je commençais enfin, non sans mainte chute fatale à mes pauvres jambes, à gagner un terrain uni, quand tout à coup nous sommes assaillis en queue par un gros de cavaliers armés, qui, maîtrisant à grand peine l'élan de leurs montures, se précipitent sur Philèbe et les siens, les saisissent à la gorge, les traitent d'infâmes et de sacriléges, entremêlant ces épithètes par de fréquents coups de poing. On leur passe à tous les menottes, en leur adressant cette sommation : Çà, qu'on nous rende cette coupe d'or qui votre cupidité profane. Oui, sous couleur d'un rit sacré, dont la célébration voulait du mystère, vous l'avez volée jusque sous les coussins de la mère des dieux ; et, comme si pareil crime pouvait rester impuni, vous vous êtes esquivés de nos murs

---

habere. Nec quidquam moratus ac suspicatus acer et egregius ille maritus, accensa lucerna : Discede, inquit, frater, et otiosus adsiste, donec probe procuratum istud tibi repræsentem. Et cum dicto nudatus ipse, delato lumine, scabiem vetustam cariosæ testæ occipit exscalpere. At vero adulter, bellissimus ille pusio, inclinatam dolio pronam uxorem fabri superincurvatus secure dedolabat. At illa capite in dolium demisso, maritum suum astu meretricio tractabat ludicre ; hoc, et illud, et aliud, et rursus aliud purgandum digito demonstrat suo : donec utroque opere perfecto, acceptis septem denariis, calamitosus faber collo suo gerens dolium coactus est ad hospitium adulteri perferre.

Pauculis ibi diebus commorati, et munificentia publica saginati, vaticinationisque crebris mercedibus suffarcinati purissimi illi sacerdotes, novum quæstus genus sibi comminiscuntur. Sorte unica casibus pluribus enotata, consulentes de rebus variis plurimos, ad hunc modum cavillantur. Sors hæc erat :

Ideo conjuncti terram proscindunt boves,
Ut in futurum læta germinent sata.

Tum si qui, matrimonium sorte captantes, interrogarent, rem ipsam responderi aiebant : Jungendos connubio, et satis liberum procreandis. Si possessiones præstinaturus quæreret ; merito boves, ut et jugum et arva sementis florentia, pronuntiari. Si quis de profectione sollicitus, divinum caperet auspicium ; junctos jam paratosque quadrupedum cunctorum mansuetissimos : et lucrum promitti de glebæ germine. Si prœlium capessiturus, vel latronum factionem persequuturus, utiles necne processus sciscitaretur ; addictam victoriam forti præsagio contendebant : quippe cervices hostium jugo subacturi, et prædam de rapinis uberrimam fructuosamque capturi.

Ad istum modum, divinationis ejus astu captioso contraxerant non parvas pecunias. Sed assiduis interrogationibus argumenti satietate jam defecti, rursum ad viam prodeunt, viam, tota quam ante confeceramus longe pejorem. Quidni? lacunosis incilibus voraginosam, partim stagnanti palude fluidam, et alibi sublovie cœnosa lubricam. Crebris denique offensaculis et assiduis lapsibus jam contusis cruribus meis, vix tandem ad campestres semitas fessus evadere potui. Et ecce, nobis repente de tergo manipulus armati supercurrunt equites : ægreque cohibita equorum currali rabie, Philebum ceterosque comites ejus involant avidi : colloque constricto, et sacrilegos impurosque compellantes, interdum pugnis obverberant : nec non manicis etiam cunctos coarctant : et identidem urgenti sermone comprimunt, promerent ocius aureum cantharum, promerent auctoramentum illud sui sceleris : quod, simulatione solemnium, quæ in operto factitaverant, ab ipsis pulvinaribus matris deum clanculo furati, prorsus quasi possent tanti facinoris evadere supplicium, tacita

avant le jour. Là-dessus, l'un des assaillants me mit la main sur la croupe, et fouillant sans façon jusque dans le giron de la déesse syrienne, en tira la coupe au vu de tous.

Les misérables, loin d'être confondus par l'évidence, osent d'un ris forcé tourner la chose en plaisanterie. Quelle indigne violence! que l'innocence court de dangers! Une accusation capitale à des ministres du culte des dieux! Et cela, pour un mince gobelet, cadeau d'hospitalité, fait par la mère des dieux à sa sœur de Syrie! Mais ils eurent beau débiter ces sornettes, les paysans leur firent rebrousser chemin. On les jeta, chargés de chaînes, dans le Tullianum du pays. La coupe et même la statue dont j'étais porteur furent, comme objets sacrés, portés au temple et déposés dans le trésor des offrandes. Quant à moi, le lendemain je fus mené au marché et vendu à la criée. Le boulanger d'un village voisin m'acheta sept deniers plus cher que Philèbe ne m'avait naguère payé.

Tout aussitôt mon nouveau maître, qui venait de faire provision de grain, m'en mit sur le dos ma charge, et me mena, par un chemin plein de cailloux et de racines, au moulin qu'il exploitait. Là se trouvaient bon nombre de meules à mécanique, que mainte bête de somme faisait tourner en tous sens. Tant que durait le jour, même la nuit, nul relâche au mouvement de ces machines, et la farine se fabriquait au prix du sommeil. Le patron, pour rendre mon noviciat moins rude, commença par me loger et traiter splendidement, et me laissa chômer le premier jour devant un râtelier copieusement garni; mais cette heureuse faculté de bien manger et ne rien faire ne dura pas plus d'un jour. Le lendemain de grand matin, je fus attelé à la meule qui semblait la plus grande. On me couvre la face, et je me trouve poussé en avant dans une étroite rainure circulaire, contraint de décrire infiniment le même tour, passant et repassant sur mes propres traces, sans dévier ni arriver.

Je n'oubliai pas en cette occasion ma prudence et ma circonspection habituelles, et n'eus garde de montrer trop de docilité dans ce nouvel apprentissage. Je n'étais pas sans avoir vu fonctionner de ces machines, quand je faisais partie de l'espèce humaine. Mais, tenant à passer pour gauche et pour neuf autant que possible, je demeurais en place, feignant un étonnement stupide. Je me flattais qu'une fois mon inaptitude reconnue en ce genre d'exercice, on me trouverait ailleurs une besogne plus facile, ou qu'on me laisserait tranquille au râtelier; je fus détrompé à mes dépens : un rang de bras armés de bâtons s'établit autour de moi; et au moment où j'y pensais le moins, car je n'y voyais goutte, un cri donne le signal, et les coups de tomber comme grêle sur mon échine. Cette évolution déconcerta mes calculs au point qu'à l'instant j'étendis la corde de toute ma force comme si je n'eusse fait autre chose, et je fis lestement plusieurs tours de manége, aux grands éclats de rire des assistants que ce brusque changement d'allure ne divertit pas peu.

Le jour était presque écoulé, et je n'en pouvais plus, quand on me détela pour me ramener à l'écurie. Bien que je fusse sur les dents et que

---

profectione adhuc luce dubia pomœrium pervaserint. Nec defuit, qui manu super dorsum meum injecta, in ipso deæ, quam gerebam, gremio scrutatus, reperiret atque incoram omnium aureum depromeret cantharum.

Nec isto saltem tam nefario scelere impuratissima illa capita confutari terrerive potuere; sed mendaci risu cavillantes, En, inquiunt, indignæ rei sævitatem! quam plerique insontes periclitantur homines! Propter unicum caliculum, quem deum mater sorori suæ deæ Syriæ hospitale munus obtulit, noxios religionis antistites ad discrimen vocari capitis! His, et aliis similibus affaniis frustra obblateratis, eos retrorsum abducunt pagani, statimque vinctos in Tullianum compingunt : cantharoque et ipso simulacro quod gerebam apud fani donarium redditis ac consecratis, altera die productum me rursum voce præconis vænui subjiciunt, septemque nummis carius quam prius me comparaverat Philebus quidam pistor de proximo castello præstinavit.

Protinusque frumento etiam coempto affatim onustum, per iter arduum scrupis et hujuscemodi stirpibus infestum, ad pistrinum, quod exercebat, perducit. Ibi complurium jumentorum multivii circuitus intorquebant molas ambage varia. Nec die tantum, verum perpeti etiam nocte, prorsus instabili machinarum vertigine lucubrabant pervigilem farinam. Sed mihi, ne rudimentum servitii perhorrescerem scilicet, novus dominus loca, lautia prolixe præbuit. Nam et diem illum primum feriatum dedit, et cibariis abundanter instruxit præsepium. Nec tamen illa otii saginæque beatitudo duravit ulterius. Sed die sequenti, molæ, quæ maxima videbatur, matutinus adstituor : et illico velata facie, propellor ad incurva spatia flexuosi canalis; ut in orbe termini circumfluentis reciproco gressu, mea recalcans vestigia, vagarer errore certo.

Nec tamen sagacitatis ac prudentiæ meæ prorsus oblitus, facilem me tirocinio disciplinæ præbui. Sed quamquam frequenter, quum inter homines agerem, machinas similes circumrotari vidissem; tamen, ut expers et ignarus operis, stupore mentito defixus hærebam. Quod enim rebar, ut minus aptum, et hujusmodi ministerio satis inutilem, me ad quempiam alium utique leviorem laborem legatum iri, vel otiosum certe cibatum iri. Sed frustra solertiam damnosam exercui. Complures enim protinus baculis armati me circumsteterunt : atque, ut eram luminibus obtectis securus etiam nunc, repente signo dato, et clamore conferto plagas ingerentes acervatim, adeo me strepitu turbulentant, ut cunctis consiliis abjectis, illico scitissime tæniæ sparteæ totus innixus, discursus alacres obirem. Hac subita sectæ commutatione risum toto cœtui commoveram.

Jamque maxima diei parte transacta, defectum alioquin me, helcio sparteo dimoto, nexu machinæ liberatum

je sentisse au dernier degré le besoin de me reposer; bien que la faim me dévorât, ma curiosité naturelle prit le dessus. Et, avant de toucher à l'abondante ration qu'on avait placée devant moi, je me mis à étudier avec intérêt la discipline intérieure de cette fatale usine. Dieux! quelle population rachitique d'êtres humains, à la peau livide et marquetée de coups de fouet! quels misérables haillons couvrant, sans les cacher, des dos tout noirs de meurtrissures! Quelques-uns n'avaient pour tout voile qu'un bout de tablier jeté autour des reins. Tous, à travers leurs vêtements, montraient le nu de toutes parts. Tous étaient marqués d'une lettre au front, avaient les cheveux rasés d'un côté, et portaient au pied un anneau. Rien de plus hideux à voir que ces spectres aux paupières rongées par la vapeur brûlante et la fumée, aux yeux presque privés de lumière. Ajoutez à cela une teinte blafarde et sale qu'ils devaient à la farine dont ils étaient saupoudrés, comme les athlètes qui s'inondent de poussière avant d'engager le combat.

Que dire des animaux, mes compagnons d'infortune? Par où m'y prendre pour en tracer le tableau? Quel assortiment de vieux mulets et de chevaux éreintés, plongeant la tête à plein dans leurs mangeoires, et triturant péniblement des monceaux de paille pour toute nourriture! Quelle collection de cous rongés d'ulcères purulents, de naseaux essoufflés, de flancs épuisés et battus par la toux, de poitrails excoriés par le tirage du manége, de côtes mises à nu par les coups, de sabots démesurément élargis par un piétinement continuel, de cuirs tout raboteux, couverts de croûtes invétérées!

Je fis alors un triste retour sur moi-même. Je me rappelai mon état de Lucius, et, me voyant descendu à cette condition désespérée, je baissai la tête et versai des larmes amères. Un attrait cependant m'attachait encore à la vie, en dépit de mes souffrances : ma curiosité trouvait à s'exercer au milieu de ce monde agissant et parlant devant moi sans tenir compte de ma présence. Ce n'est pas sans raison que le père de l'antique poésie chez les Grecs, voulant mettre en scène un homme de grande prudence, nous dit que ce mérite lui venait d'avoir vu beaucoup de villes, et fait connaissance avec beaucoup de peuples. Moi-même je ne me rappelle pas mon existence de baudet sans un sentiment de gratitude. J'ai, sous la peau d'âne, sinon beaucoup profité, du moins beaucoup appris. Je veux, à ce propos, vous conter une bonne histoire plus piquante encore que les autres, et, sans préambule, j'entre en matière.

A ce boulanger qui, pour son argent, était devenu mon maître, bon homme d'ailleurs et des plus rangés, le sort avait donné pour moitié la pire assurément de toutes les femelles. Elle ne lui épargnait rien de ce qui peut affliger un mari dans son honneur et dans son ménage : c'était au point que moi-même j'en gémissais intérieurement pour lui. Pas un vice qui ne se trouvât chez cette détestable créature, véritable sentine d'impureté. Humeur envieuse, querelleuse, bachique, lubrique, opiniâtre, acariâtre, avare jusqu'à la rapine en matière d'intérêts, prodigue dans ses jouissances, dénuée de toute bonne foi, ennemie de toute pudeur, foulant aux pieds toute religion, elle prétendait avoir un autel à elle, pour un dieu unique; et, par de vaines

applicant præsepio. At ego, quamquam eximie fatigatus, et refectione virium vehementer indiguus, et prorsus fame perditus, tamen familiari curiositate attonitus, et satis anxius, postposito cibo, qui copiosus aderat, inoptabilis officinæ disciplinam cum delectatione quadam arbitrabar. Dii boni! Quales illic homunculi vibicibus lividinis totam cutem depicti, dorsumque plagosum scissili centunculo magis inumbrati quam obtecti; nonnulli exiguo tegili tantummodo pubem injecti; cuncti tamen sic tunicati, ut essent per pannulos manifesti. Frontem litterati, et capillum semirasi, et pedes annulati; cum lurore deformes; et fumosis tenebris vaporosæ caliginis palpebras adesi, atque adeo male luminati; et in modum pugilum, qui pulvisculo perspersi dimicant, farinulento cinere sordide candidati.

Jam de meo jumentario contubernio quid, vel ad quem modum memorem? Quales illi muli senes, vel cantherii debiles! Circa præsepium capita demersi, contruncabant moles palearum : cervice cariosa vulnerum putredine, follicantes nares languidas assiduo pulsu tussedinis hiulci, pectora copulæ sparteæ tritura continua exulcerati, costas perpetua castigatione ossium tenus renudati, ungulas multivia circumcursione in enorme vestigium porrecti, totumque corium veterno atque scabiosa macie exasperati.

Talis familiæ funestum mihi etiam metuens exemplum,

veterisque Lucii fortunam recordatus, et ad ultimam salutis metam detrusus, summisso capite mœrebam. Nec ullum uspiam cruciabilis vitæ solatium aderat, nisi quod ingenita mihi curiositate recreabar, dum præsentiam meam parvi facientes libere quæ volunt, omnes et agunt et loquuntur. Nec immerito priscæ poeticæ divinus auctor apud Graios, summæ prudentiæ virum monstrare cupiens, multarum civitatum obitu et variorum populorum cognitu, summas adeptum virtutes cecinit. Nam et ipse gratas gratias Asino meo memini, quod me suo celatum tegmine, variisque fortunis exercitatum, etsi minus prudentem, multiscium reddidit. Fabulam denique bonam, præ ceteris suave comptam, ad aures vestras afferre decrevi. Et en, occipio.

Pistor ille, qui me pretio suum fecerat, bonus alioquin vir et apprime modestus, pessimam et ante cunctas mulieres longe deterrimam sortitus conjugam, pœnas extremas tori Larisque sustinebat : ut hercules ejus vicem ego quoque tacitus frequenter ingemiscerem. Nec enim vel unum vitium nequissimæ illi feminæ deerat, sed omnia prorsus, ut in quamdam cœnosam latrinam, in ejus animum flagitia confluxerant : sæva, sæva, virosa, ebriosa, pervicax, pertinax : in rapinis turpibus avara, in sumptibus fœdis profusa : inimica fidei, hostis pudicitiæ. Tunc spretis atque calcatis divinis numinibus, in vicem certæ religionis,

24.

pratiques extérieures, elle imposait au public et à son mari, tandis que du matin au soir l'hypocrite s'en donnait à boire ou à faire pis.

Cette digne personne m'avait pris tout particulièrement en aversion. Dès avant le jour, je l'entendais crier de son lit : A la meule l'âne nouveau venu ! Elle était à peine sortie de sa chambre, qu'elle me faisait appliquer en sa présence une volée de coups de bâton. Quand l'heure du repas était arrivée, tandis qu'on dételait les autres bêtes, elle prescrivait de ne me laisser approcher du râtelier qu'après tous les autres. Ces persécutions excitèrent d'autant plus en moi l'instinct de la curiosité. J'étais certain que journellement un jeune homme s'introduisait dans sa chambre, et je mourais d'envie de voir sa figure ; mais mes regards ne pouvaient percer au travers de mon capuchon. Autrement, de façon ou d'autre, je serais parvenu à n'ignorer aucun des déportements de l'odieuse créature.

Certaine vieille ne la quittait pas de tout le jour. C'était sa courtière de vice, l'entremetteuse de ses relations de galanterie. On débutait par bien déjeuner ensemble, et puis, tout en sablant le vin sans eau à qui mieux mieux, on ourdissait quelque trame bien noire au préjudice de l'infortuné mari. Quant à moi, malgré ma trop juste rancune contre cette maladroite Fotis qui m'avait fait âne en voulant me faire oiseau, je me trouvais en un point dédommagé de l'extrême mortification de paraître sous cette grotesque figure ; car avec cette grandissime paire d'oreilles dont elle m'avait doté, je pouvais entendre le mieux du monde ce qu'on disait même assez loin de moi. Voici ce que je pus recueillir un jour du caquet de la vieille drôlesse. Triste galant que le vôtre ! A vous, ma chère maîtresse, et à vous seule de voir quel parti en tirer. Je ne me suis pas mêlée d'un pareil choix. Une poule mouillée ! un poltron ! que votre butor de mari fait trembler comme la feuille rien qu'en fronçant le sourcil, et dont les languissantes ardeurs vous mettent chaque jour au supplice. Parlez-moi de Philésiétère ; c'est là un joli cavalier, et qui est généreux, et qui est brave, et qui n'est jamais en défaut contre les vaines précautions des maris. Voilà l'homme à qui les faveurs de toutes nos belles devraient être dévolues par privilége ; l'homme dont il faudrait orner le front d'une couronne d'or, ne fût-ce que pour le tour sans pareil qu'il vient de jouer à un jaloux. Écoutez, et voyez combien il est vrai de dire qu'il y a galant et galant.

Vous connaissez Barbarus, le décurion de la ville, que son humeur acrimonieuse a fait surnommer le Scorpion. Il a pris une femme de bonne famille et d'une beauté rare, qu'il surveille avec un soin extrême, sans lui laisser mettre le pied dehors. Oui, certes, je le connais, reprit vivement la boulangère. C'est Arété, ma camarade d'école. En ce cas, dit la vieille, vous connaissez tout au long l'aventure de Philésiétère ? Je n'en sais pas un mot, dit l'autre, et je désire vivement la connaître. Voyons, la mère, contez-moi, je vous prie, le tout de point en point. Sans se faire presser, l'éternelle jaseuse reprit ainsi :

Ce Barbarus, à la veille d'un voyage indispen-

mentita sacrilega præsumptione dei, quem prædicaret unicum, confictis observationibus vacuis fallens omnes homines, et miserum maritum decipiens, matutino mero et continuo stupro corpus mancipabat.

Talis illa mulier miro me persequebatur odio. Nam et antelucio recubans adhuc, subjungi machinæ novitium clamabat asinum : et statim ut cubiculo primum processerat, insistens incoram sui plagas mihi quam plurimas irrogari ; et quum tempestivo prandio laxarentur jumenta cetera, longe tardius me applicari præsepio jubebat. Quæ sævitia multo mihi magis genuinam curiositatem in suos mores ampliaverat. Nam et assiduo plane commeantem in ejus cubiculum quemdam sentiebam juvenem, cujus et faciem videre cupiebam ex summo studio ; si tamen velamentum capitis libertatem tribuisset meis alioquin luminibus. Nec enim mihi solertia defuisset ad detegenda quoquo modo pessimæ feminæ flagitia.

Sed anus quædam, stupri sequestra, et adulteriorum internuntia, de die quotidie inseparabilis aderat. Cum qua protinus jentaculo, ac dehinc vino mero mutuis vicibus velitata, scenas fraudulentas in exitium miserrimi mariti subdolis ambagibus construebat. At ego quamquam graviter succensens errori Fotidis, quæ me, dum avem fabricat, perfecit asinum, isto tamen vel unico solatio ærumnabilis deformitatis meæ recreabar, quod auribus grandissimis præditus cuncta longule etiam dissita facillime sentiebam. Denique die quadam timulæ illius aniculæ sermo talis meas adfertur aures : De isto quidem, mi herilis, tecum ipsa videris, quæ sine meo consilio pigrum et formidolosum familiarem istum sortita es : qui insuavis et odiosi mariti tui caperatum supercilium ignaviter perhorrescit ; ac per hoc amoris languidi desidia tuos volentis amplexus discruciat. Quanto melior Philesietærus, adulescens et formosus et liberalis et strenuus, et contra maritorum inefficaces diligentias constantissimus ! dignus hercules solus omnium matronarum perfrui deliciis ; dignus solus coronam auream capite gestare, vel ob unicum istud, quod nunc nuper in quemdam zelotypum maritum eximio studio commentus est. Audi denique, et anatorum diversum ingenium compara.

Nosti quemdam Barbarum, nostræ civitatis decurionem, quem Scorpionem, præ morum acritudine, vulgus appellat. Hic uxorem generosam, et eximia formositate præditam, mira custodela munitam, domui suæ quam cautissime cohibebat. Ad hæc ultima pistoris illa uxor, subjiciens, Quidni ? inquit, novi diligenter. Areten meam condiscipulam memoras. Ergo, inquit anus, nosti totam Philesietæri etiam ipsius fabulam ? Minime gentium, inquit : sed nosse valde cupio, et oro ; mater, ordine mihi singula retexe. Nec commorata illa sermocinatrix immodica, sic anus incipit :

Barbarus iste, quum necessariam profectionem pararet, pudicitiamque caræ conjugis conservare summa diligentia cuperet, servulum suum Myrmecem, fidelitate præcipua

sable, voulut s'assurer le plus possible de la chasteté de sa femme, en son absence. Il avait un petit esclave nommé Myrmex, d'une fidélité reconnue. Il lui donna en secret ses instructions, avec plein pouvoir pour la garde de sa maîtresse. De plus, il le menaça des fers et du cachot, jurant par toutes les divinités de l'y faire mourir de faim, au cas où il laisserait qui que ce fût toucher la belle, même en passant, ne fût-ce que du bout du doigt. Cela fait, le mari part, certain d'avoir près de sa femme un gardien que la terreur attacherait à tous ses pas. Myrmex, en effet, n'a plus de repos, ne peut plus laisser sortir sa maîtresse; il s'assied près d'elle quand elle file; le soir, quand il faut aller au bain, il suit ses pas, se colle à ses côtés, tient un pan de sa robe; en un mot, il s'acquitte de sa mission avec la vigilance la plus inquiète.

Mais une aussi éclatante beauté ne put échapper longtemps à l'œil d'Argus d'un amateur comme Philésiétère. Le grand bruit qu'on faisait de la chasteté de la dame, de la surveillance extraordinaire dont elle était l'objet, ne servit qu'à le piquer et à irriter ses désirs. Il se fit un point d'honneur d'emporter coûte que coûte une place aussi bien gardée. Il sait quelle est l'humaine fragilité, que l'argent aplanit bien des obstacles, et que les portes de diamant même ne résistent pas à l'or. Il profite d'un moment où il rencontre Myrmex seul; il lui déclare son amour, le suppliant de prendre en pitié ses tourments. C'est un point résolu, il se donnera la mort, si bientôt il ne possède l'objet de tous ses vœux. Rien de plus facile d'ailleurs: il se glissera seul, sur le soir, ne restera qu'un moment, et les ténèbres couvriront sa venue et sa retraite.

Pour aider la persuasion, le séducteur fit jouer une machine contre laquelle le cœur de l'esclave se fût en vain cuirassé. Ouvrant la main toute grande, il la montre pleine de pièces d'or frappées à neuf, et de l'éclat le plus tentant. En voilà vingt pour ta jeune maîtresse, dit-il, et dix que je te donne pour toi de grand cœur. Myrmex, à cette proposition inouïe, frissonne des pieds à la tête, et s'enfuit en se bouchant les oreilles. Vains efforts! le brillant du métal lui avait donné dans l'œil. Il a beau se sauver, gagner la maison à toutes jambes, il a toujours devant lui ces espèces resplendissantes, il en rêve la possession; et voilà sa pauvre tête livrée à un flux et reflux d'images et de sentiments les plus opposés, les plus contradictoires. Il hésite entre le devoir, l'intérêt, l'effroi des tortures, l'appât des jouissances. Enfin l'amour de l'or l'emporte sur la peur de mourir. Pour s'exercer de loin, la séduction ne perdait rien de sa force. Même pendant la nuit, l'aiguillon de la cupidité allait son train. En dépit des menaces qui devaient le clouer au logis, l'irrésistible attrait de l'or l'entraînait à franchir la porte.

Enfin, toute honte bue, il prend son parti de risquer l'ouverture près de sa maîtresse. Celle-ci, en vraie femme, n'eut garde de se montrer plus inaccessible au vil métal, et le marché de sa pudeur fut bientôt conclu. Myrmex, au comble de la joie, précipite sa trahison. Il veut tenir, palper cet or qu'une fois il a vu pour son malheur. Il court chez Philésiétère, et lui annonce avec

cognitum, secretum commonet, suæque dominæ custodelam omnem permittit: carcerem et perpetua vincula, mortem denique violentam de fame comminatus, si quispiam hominum, vel in transitu, digito tenus eam contigisset. Idque dejerans etiam confirmat per omnia divina numina. Ergo igitur summo pavore percussum Myrmecem acerrimum relinquens uxori sequutorem, securam dirigit profectionem. Tunc obstinato animo vehementer anxius Myrmex, nec usquam dominam suam progredi sinebat, et lanificio domestico districtam inseparabilis adsistebat, ac tantum necessario vespertini lavacri progressu, adfixus atque conglutinatus, extremas manu prehendens lacinias, mira sagacitate commissæ provinciæ fidem tuebatur.

Sed ardentem Philesietæri vigilantiam matronæ nobilis pulchritudo latere non potuit. Atque hac ipsa potissimum famosa castitate et insignis tutelæ nimietate incensus atque inflammatus, quidvis facere, quidvis pati paratus, ad expugnandam tenacem domus disciplinam totis accingitur viribus. Certusque fragilitatis humanæ fidei, et quod pecuniæ cunctæ sint difficultates perviæ, auroque soleant adamantinæ etiam perfringi fores; opportune nactus Myrmecis solitatem, ei amorem suum aperit: et supplex eum medelam cruciatui deprecatur. Nam sibi statutam decretamque mortem proximare, ni maturius cupito potiatur. Nec eum tamen quidquam in re facili formidare debere. Quippe quum vespera solus, fide tenebrarum contectus atque absconditus, introrepere, et intra momentum temporis remeare posset.

His et hujuscemodi suadelis validum addens cuneum, qui rigentem prorsus servi tenacitatem violenter diffinderet. Porrecta enim manu sua demonstrat ei novitate nimia candentes solidos aureos: quorum viginti quidem puellæ destinasset, ipsi vero decem libenter offerret. Exhorruit Myrmex inauditum facinus, et obclusis auribus effugit protinus. Nec auri tamen splendor flammeus oculos ipsius exire potuit. Sed quamquam procul semotus, et domum celeri gradu pervectus, videbat tamen decora illa monetæ lumina, et opulentam prædam jam tenebat animo: miroque mentis salo et cogitationum dissensione misellus in diversas sententias carpebatur ac distrahebatur. Illic fides, hic lucrum; illic cruciatus, hic voluptas. Ad postremum tamen, formidinem mortis vicit aurum. Nec saltem spatio cupido formosæ pecuniæ leniebatur, sed nocturnas etiam curas invaserat pestilens avaritia; ut quamvis herilis eum comminatio domi coliberet, aurum tamen foras evocaret. Tunc devorato pudore, et dimota cunctatione, sic ad aures dominæ mandatum perfert. Nec a genuina levitate descivit mulier, sed exsecrando metallo pudicitiam suam protinus auctorata est. Ita gaudio perfusus! ad suæ fidei præcipitium, Myrmex non modo capere, verum saltem contingere, quam exitio suo viderat, pecuniam cupiens, et magnis suis laboribus perfectum desiderium Philesietæro,

transport qu'à la fin il a, non sans peine, obtenu pour lui l'objet de ses désirs. Aussitôt il réclame la récompense; et l'or sonne dans cette main qu'à peine jusqu'alors monnaie de cuivre avait touchée.

Quand la nuit fut assez sombre, Myrmex introduisit le hardi galant, seul et les yeux bandés, jusqu'à la chambre à coucher de sa maîtresse. A peine les deux amants avaient-ils goûté les prémices d'un amour de fraîche date, et fait essai de leurs forces dans l'amoureux conflit, tous deux dans le déshabillé convenable à ce genre d'exercice; voilà le mari qui revient contre toute attente, ayant avec intention choisi le retour de la nuit. Mon homme frappe, crie, heurte à la porte avec une pierre. Cette lenteur à lui ouvrir accroît ses soupçons, et déjà il menace Myrmex du dernier supplice. Le malheureux, dans l'excès de son trouble et ne sachant où donner de la tête, s'excuse, en désespoir de cause, sur l'obscurité qui l'empêche de trouver la clef, tant il l'a bien cachée. Cependant Philésiétère, devinant bien la cause du vacarme, se rhabille à la hâte et quitte sa maîtresse. Malheureusement, dans sa précipitation, il oublia de se chausser. Myrmex s'était enfin décidé à mettre la clef dans la serrure et à ouvrir. Le maître entre, jurant par tous les dieux, et va droit à la chambre à coucher. Le valet prend son temps, fait évader Philésiétère; et, rassuré sur son propre compte, une fois que l'amant a franchi le seuil, il ferme la maison et va tranquillement se recoucher.

Au point du jour Barbarus se lève, et que voit-il sous le lit? des sandales inconnues, celles que Philésiétère a laissées. Il devine tout; mais, dévorant son chagrin, sans dire mot à sa femme, à ses amis, il cache les sandales dans son sein; seulement il commande à ses gens de garrotter Myrmex et de le traîner vers la place. Lui-même, rugissant à part soi, les suit à pas pressés, bien convaincu que les sandales le mettront sur les traces du galant. Le voilà sur la place, se promenant en long et en large, le sourcil froncé, les traits gonflés par la rage. Derrière lui, Myrmex étroitement garrotté, Myrmex, qui, bien que non pris sur le fait, se sent condamné par sa conscience, et cherche vainement à exciter l'intérêt en fondant en larmes.

Philésiétère vient à passer. Il allait à d'autres affaires. Ce spectacle l'émeut sans le déconcerter. Il ne songe qu'à réparer son étourderie, dont il voit toutes les conséquences; et, avec cette présence d'esprit qui lui est habituelle, il écarte les esclaves, s'élance sur Myrmex et le soufflette à belles mains, tout en ayant soin de ne pas frapper trop fort. Ah! drôle, disait-il, ah! gibier de potence! Puisse ton maître que voilà, puissent tous les dieux que tu as outragés par tes parjures, te traiter comme tu le mérites, pour m'avoir hier volé mes sandales au bain! On devrait te laisser ces liens jusqu'à ce qu'ils tombent d'eux-mêmes; te faire pourrir au fond d'un cachot. Cette diversion adroite, l'air d'assurance du jeune homme, en imposèrent à Barbarus, qui donna en plein dans le panneau. De retour chez lui, il fait appeler Myrmex, lui remet ses sandales, et d'un ton radouci: Va, dit-il, les rendre à leur maître, à qui tu les as volées.

lætitia percitus, nuntiat : statimque destinatum pretium reposcit; et tenet nummos aureos manus Myrmecis, quæ nec æreos norat.

Jamque nocte promota solum perducit ad domum, probeque capite contectum, amatorem strenuum infert adusque dominæ cubiculum. Commodum novis amplexibus Amori rudi litabant, commodum prima stipendia Veneri militabant nudi milites : et contra omnium opinionem, captata noctis opportunitate, improvisus maritus adsistit. Suæ domus januam jam pulsat, jam clamat, jam saxo fores verberat : et ipsa tarditate magis magisque suspectus, dira comminatur Myrmeci supplicia. At ille, repentino malo perturbatus, et misera trepidatione ad inopiam consilii deductus, quod solum poterat, nocturnas tenebras causabatur sibi obsistere, quin clavem curiose absconditam reperiret. Interdum Philesiætærus, cognito strepitu, raptim tunicas injectus, sed plane præ trepidatione pedibus intectis, procurrit cubiculo. Tunc Myrmex, tandem clave pessulis subjecta, repandit fores : et recipit tunc etiam fidem deum boantem dominum. Eoque propere cubiculum petente, clandestino transcursu dimittit Philesiætærum. Quo jam pro limine liberato, securus sui, clausa domo, rursum se reddidit quieti.

Sed dum prima luce Barbarus procedit cubiculo, videt sub lectulo soleas incognitas, quibus inductus Philesiætærus irrepserat : suspectisque e re nata, quæ gesta sunt, non uxori, non ulli familiarium cordolio patefacto, sublatis his, et in sinum furtim absconditis, jusso tantum Myrmece per conservos vincto forum versus detrahi, tacitos secum mugitus iterans, rapidum dirigit gressum, certus solearum indicio vestigium adulteri posse se perfacile indipisci. Sed ecce, per plateam dum Barbarus vultu turgidus, subductisque superciliis incedit iratus; ac pone eum Myrmex vinculis obrutus, non quidem coram noxæ deprehensus, conscientia tamen pessima permixtus lacrymis uberibus, ac postremis lamentationibus, inefficacem commovet miserationem.

Opportune Philesiætærus occurrens, quamquam diverso quodam negotio destinatus, repentina tamen facie permotus, non enim deterritus, recolens festinationis suæ delictum, ut consequenter suspicatus, sagaciter extemplo sumpta familiari constantia, dimotis servulis, invadit cum summo clamore Myrmecem, pugnisque malas ejus clementer obtundens, At te, inquit, nequissimum et periturum caput, dominus iste tuus, et cuncta cœli numina, quæ dejerando temere devotasti, pessimus pessime perduit : qui de balneis soleas hesterna die mihi furatus es : dignus, hercules, dignus, qui et ista vincula conteras, et insuper etiam carceris tenebras perferas. Hac congruenti fallacia vigorati juvenis inductus, immo vero sublatus et ad credulitatem delapsus Barbarus, postliminio domum regressus, vocato Myrmece, soleas illas offerens, et ignovit

La vieille n'avait pas achevé ce bavardage, que la boulangère s'écria : Ah! qu'une femme est heureuse d'avoir un amant si ferme et si sûr de lui! Quant à celui qui m'est tombé pour mon malheur, tout l'effraye, rien que le bruit de la meule, et jusqu'à ce museau d'âne galeux là-bas. Eh bien! dit la vieille, je me fais fort de vous arranger un rendez-vous avec l'autre. Il a du cœur et de la tête celui-là! Et là-dessus elle se retire, promettant de revenir le soir. Tout aussitôt la pudique épouse prépare un vrai repas de Saliens, vins fins bien clarifiés, plats recherchés et bien relevés, en un mot chère exquise de tous points. Puis la voilà attendant son complice, comme elle eût fait quelque dieu. Ce jour-là, fort à propos, son mari soupait en ville chez un voisin, foulon de son métier. Quant à moi, vers midi on m'avait dételé, et laissé tranquillement discuter ma pitance. J'étais heureux, non pas tant de ce moment de relâche, que parce qu'on m'avait débandé les yeux, et que je pourrais enfin ne rien perdre des faits et gestes de ma scélérate de maîtresse.

Le soleil avait enfin disparu sous les flots pour éclairer les régions souterraines du globe, lorsqu'arrivent côte à côte la vieille et le blondin. C'était un tout jeune homme, à peine hors de l'enfance, et bien fait, par la fraîcheur et l'éclat de son teint, pour tenter lui-même les galants. On lui prodigue les baisers; mais à peine la coupe de bienvenue a-t-elle effleuré ses lèvres, à peine a-t-il senti quel goût a le vin, que survient le mari, que l'on n'attendait guère. La chaste moitié se répand en imprécations, lui souhaite une jambe cassée. L'amant n'a pas une goutte de sang dans les veines. Il se trouvait là un van de bois servant à nettoyer le grain : elle le fait cacher dessous; puis la madrée, de ce ton d'imperturbable assurance, qui était inné en elle, demande à son mari ce qui le ramène sitôt et d'où vient cette brusque désertion de la table d'un ami.

Ah! dit le mari soupirant profondément à plusieurs reprises, en homme sérieusement affligé, c'est que la maîtresse du logis a une abominable conduite, et que je n'ai pu y tenir. Une mère de famille, si vertueuse naguère et si rangée, se déshonorer ainsi! Je le jure par cette divine image de Cérès, j'ai tout vu, et j'ai peine à le croire. La curiosité de sa femme s'allume à ces mots, et l'effrontée n'a de cesse qu'elle ne sache tout le détail de l'affaire. L'époux se rend, et le voilà contant les disgrâces du ménage voisin, sans se douter de ce qui se passe chez lui.

Oui, dit-il, la femme de mon ami le foulon, avec sa vertu sans tache jusqu'à ce jour, et la réputation si bien établie de femme sage et bonne ménagère, n'a-t-elle pas été s'éprendre de je ne sais quel godelureau? On avait journellement des rendez-vous en cachette. Aujourd'hui même, au moment où, après le bain, nous revenions nous mettre à table, madame était à s'ébattre avec son amoureux. Grande confusion à notre arrivée; mais elle eut bientôt pris son parti; et, trouvant une cage d'osier cintrée par le haut, qui servait à étendre le linge pour le blanchir à la fumée du soufre, elle fait blottir le godelureau dessous. Puis, le croyant bien caché, elle vient prendre sa place auprès de nous en toute sécurité. Cepen-

---

ex animo, et uti domino redderet, cui subripuerat, suasit. Hactenus adhuc anicula garriente, suscipit mulier : Beatam illam, quae tam constantis sodalis libertate fruitur! At ego misella, molae etiam sonum, et ecce, illius scabiosi asini faciem timentem familiarem incidi. Ad haec anus : Jam ego tibi probe suasum et confirmatum animi amatorem illum alacrem vadimonio sistam. Et insuper condicta vespertina regressione, cubiculo facessit. At pudica uxor statim coenas Saliares comparat. Vina pretiosa defaecat, pulmenta recentia tucetis temperat, mensa largiter instructa. Denique, ut dei cujusdam adventus, sic exspectatur adulteri. Nam et opportune maritus foris apud Naccam proximum coenitabat. Ergo igitur meridie propinquante, helcio tandem absolutus, refectioque securae redditus, non tam hercules laboris libertate gratulabar, quam quod revelatis luminibus, libere jam cunctas facinorosae mulieris artes prospectare poteram.

Sol ipsum quidem delapsus Oceanum, subterraneas orbis plagas illuminabat : et ecce, nequissimae anus adhaerens lateri temerarius adulter adventat : puer admodum, et adhuc lubrico genarum splendore conspicuus, adhuc adulteros ipse delectans. Hunc multis admodum saviis exceptum mulier coenam jubet paratam accumbere. Sed ut primum occursoriam potionem, et inchoatum gustum extremis labiis contingebat adolescens ; multo celerius opinione rediens, maritus adventat. Tunc uxor egregia, diras devotiones in eum deprecata, et crurum ei fragium obminata, exsangui formidine trepidantem adulterum alveo ligneo, quo frumenta confusa purgari consuerat, temere propter jacenti suppositum, abscondit ; ingenitaque astutia dissimulato tanto flagitio, intrepidum mentita vultum, percontatur de marito, cur utique contubernalis artissimi deserta coenula, praematurus afforet.

At ille dolenti prorsus animo suspirans assidue, Nefarium, inquit, et extremum facinus perditae feminae tolerare nequiens, fuga me proripui. Hem qualis, dii boni, matrona, quam fida, quamque sobria, turpissime se dedecore foedavit! Juro per istam ego sanctam Cererem, me nunc etiam meis oculis de tali muliere minus credere. His instincta verbis mariti, audacissima uxor, noscendae rei cupiens, non cessat obtundere, totam prorsus a principio fabulam promeret. Nec destitit, donec ejus voluntati succubuit maritus ; et sic, ignarus suorum, domus alienae percenset infortunia :

Contubernalis mei fullonis uxor, alioquin servati pudoris, ut videbatur, femina, quae semper secundo rumore gloriosa, Larem mariti pudice gubernabat, occulta libidine prorupit in adulterum quempiam. Quumque furtivos amplexus obiret assidue, ipso illo denique momento, quo nos lauti coenam petebamus, cum eodem illo juvene miscebatur in Venerem. Ergo nostra repente turbata praesentia, subitario ducta consilio, eumdem illum subjectum conte-

dant l'incommode vapeur prend mon gaillard à la gorge; il respire à peine, il suffoque, et, par l'effet naturel de cette substance pénétrante, il éternue à chaque instant. Le mari, qui entend éternuer du côté de sa femme, car le son partait de derrière elle, la salue du souhait d'usage en pareil cas, et le répète, et le réitère à chaque éternument; tant qu'enfin cette fréquence insolite l'étonne; il se doute de l'affaire. Repoussant aussitôt la table, il renverse la cage, et en tire le galant presque asphyxié. Son courroux s'enflamme à cette vue. Il demande à grands cris une épée, pour achever le traître. J'eus grand'peine à le contenir, en lui représentant à quel danger il nous exposait tous deux. La violence était d'ailleurs superflue; infailliblement son homme allait périr, suffoqué par le soufre. La peur plus que mes raisons l'ont fait rentrer en lui-même, et il est allé déposer le moribond au premier coin de rue. J'ai alors insinué à sa femme, et j'ai fini par la persuader, de quitter momentanément la boutique, et d'aller chez quelque amie attendre que la fureur du mari ait eu le temps de s'apaiser. Celui-ci était dans un transport de rage à faire trembler pour sa femme ou pour lui-même. Cette scène m'a ôté l'appétit. J'ai laissé le souper de mon hôte et regagné le logis.

A ce récit du boulanger, sa femme, passée maîtresse en fait d'impudence et d'effronterie, se répandit en exécrations contre sa voisine, la traita de déloyale, d'infâme, d'opprobre du sexe entier.

Sacrifier ainsi son honneur! fouler aux pieds la foi jurée! faire du toit conjugal un repaire de vice! changer son noble nom de mère de famille pour celui de vile prostituée! Oui, ajoutait-elle, on devrait brûler vives de pareilles créatures. Inquiète cependant, et la conscience bourrelée, impatiente d'ailleurs de tirer de gêne son complice, elle engage son mari à aller se coucher de bonne heure; mais lui, qui s'était sauvé de cet esclandre l'estomac vide, insistait gaiement pour avoir à souper. On se dépêche donc de servir, tout en rechignant et pour cause; ce n'était pas pour lui que la table était mise. Quant à moi, le cœur me saignait de voir la conduite de cette femme et son impudence; et je me demandais comment venir en aide à mon maître pour démasquer sa perfide moitié; s'il n'y avait pas moyen d'écarter le van, et mettre à découvert l'enfant caché sous cette tortue de nouvelle fabrique. La Providence enfin daigna seconder ma fidèle sollicitude. C'était l'heure de faire boire les bêtes de l'écurie. Un vieux boiteux qui en avait la charge vint nous prendre pour nous mener pêle-mêle à l'abreuvoir voisin. Ce fut pour moi l'occasion d'une vengeance tant désirée. En longeant la cachette, j'aperçus le bout des pieds du galant qui passait dessous : j'y appuyai mon sabot en travers, et les lui aplatis sans miséricorde, tant et si bien qu'il ne put retenir un cri douloureux. Il culbute alors le van, se montre aux yeux profanes, et voilà l'infamie de la dame au grand jour.

git viminea cavea : quæ fustium flexu in erectum aggerata cumulum, lacinias circumdatas, suffusa candido fumo sulfuris, inalbabat. Eoque jam, ut sibi videbatur, tutissime celato, mensam nobiscum secura participat. Interdum acerrimo gravique odore sulfuris juvenis inescatus atque obnubilatus, intercluso spiritu diffluebat : utque est ingenium vivacis metalli, crebras et sternutationes commovebat. Atque ut primum e regione mulieris pone tergum ejus maritus acceperat sonum sternutationis, quod enim putaret ab ea profectum; solito sermone salutem ei fuerat imprecatus, et iterato rursum, et frequentato sæpius; donec rei nimietate commotus, quod res erat tandem suspicatur. Et impulsa mensa protinus, remotaque cavea, producit hominem crebros anhelitus ægre reflantem; inflammatusque indignatione contumeliæ, gladium flagitans, jugulare moriturum gestiebat; ni, respecto communi periculo, vix eum ab impetu furioso cohibuissem : adseverans brevi absque noxa nostri suapte inimicum ejus violentia sulfuris periturum. Nec suadela mea sed ipsius rei necessitate lenitus, quippe jam semivivum illum in proximum deportat angiportum. Tunc uxorem ejus tacite suasi ac denique persuasi, secederet paululum ultra limen tabernæ ad quampiam tantisper familiarem sibi mulierem, quoad spatio fervens mariti sedaretur animus : qui tanto calore tantaque rabie perculsus, non eram dubius, aliquid etiam de se suaque conjuge tristius profecto cogitaret aliud. Contubernalis epularum tædio fugatus, Larem reveni meum.

Hæc recensente pistore, jamdudum procax et temeraria mulier verbis exsecrantibus fullonis illius detestabatur uxorem : illam perfidam, illam impudicam, denique universi sexus grande dedecus; quæ suo pudore postposito torique genialis calcato fœdere, Larem mariti lupanari maculasset infamia, jamque perdita nuptæ dignitate, prostitutæ sibi nomen adsciverit. Addebat et tales oportere vivas exuri feminas. Et tamen, taciti vulneris et suæ sordidæ conscientiæ commonita, quo maturius stupratorem suum tegminibus cruciatu liberaret, identidem suadebat maritum temporius quieti decedere. At ille, utpote intercepta cœna profugerat prorsus jejunus, mensam potius comiter postulabat. Apponebat ei propere, quamvis invita, mulier. Quippini? destinatam alii. Sed mihi penitus carpebantur præcordia, et præcedens facinus et præsentem deterrimæ feminæ constantiam cogitanti : mecumque sedulo deliberabam, si quo modo possem, detectis ac revelatis fraudibus, auxilium meo præbere domino : illumque, qui ad instar testudinis alveum succubabat, depulso tegmine, cunctis palam facere. Sic herili contumeliæ me cruciatum tandem cœlestis respexit providentia. Nam senex claudus, cui nostra tutela permissa fuerat, universa nos jumenta, id hora jam postulante, ad lacum proximum bibendi causa gregatim promiuabat. Quæ res optatissimam mihi vindictæ subministravit occasionem. Namque prætergrediens, observatos extremos adulteri digitos, qui per angustias cavi tegminis prominebant, obliquata ungula infesta unguis compressos usque ad summam minutiem contero; donec intolerabili dolore commotus, sublato flebili clamore, repulsoque et abjecto alveo, conspectui profano redditus, scœnam propudiosæ mulieris patefecit.

Le boulanger toutefois ne s'émut pas autrement de l'affront fait à son honneur. Au contraire, d'un front serein et d'un ton caressant, il rassure le pâle et tremblant jeune homme. Mon garçon, dit-il, tu n'as rien de fâcheux à redouter de moi : tu n'as pas affaire à un barbare, à un de ces hommes qui ne savent pas vivre. Je n'irai pas, comme ce brutal de foulon, t'asphyxier par la vapeur meurtrière du soufre, ni même, comme j'en aurais le droit, appeler sur la tête d'un si gentil mignon les sévérités de la loi d'adultère. Je veux être avec ma femme de compte à demi; voilà tout. Et point de séparation de biens. J'entends que nous vivions sous le régime de communauté, et que, sans débat, sans tracasseries, nous n'ayons qu'un lit pour trois. Ma femme et moi, nous avons toujours vécu d'accord à ce point que rien ne lui plaît qui ne me plaît pas; mais c'est raison que la femme ne soit pas mieux traitée que le mari. Tout en l'amadouant ainsi, le narquois menait à sa chambre le jouvenceau, qui ne s'en souciait pas trop, mais n'osait regimber. Il met ailleurs sous clef sa chaste épouse, et, se couchant seul avec son Ganymède, exerce d'assez douces représailles de l'affront fait à son lit.

Mais sitôt que le char brillant du soleil eut ramené le jour, le boulanger appela deux de ses plus robustes valets, et se faisant tenir en l'air le jeune homme en posture, il vous le fustigea vertement avec une férule. Ah ! disait-il, avec cette peau si fine et si jeune tu t'avises de frauder les amateurs, pour courir après les belles ! Et il t'en faut de condition libre encore! Tu te mêles de troubler les ménages, et de faire des cocus, avant d'avoir barbe au menton! Après ces propos et d'autres semblables, assaisonnés d'une fessée nouvelle, il fait jeter à la porte mon Adonis Callipyge. Ainsi s'en tira la fleur des galants, la vie sauve contre son attente; mais tout contrit, et au grand détriment de son train de derrière, qui, tant de jour que de nuit, avait pâti de plus d'une façon. Ce qui n'empêcha pas le boulanger de faire au plus vite déguerpir du logis sa digne compagne.

C'était justice assurément; mais la dame en fut outrée, et le ressentiment exalta sa perversité naturelle. La voilà qui s'ingénie, et, pour se venger, remue tout l'arsenal de la méchanceté féminine. Elle parvint, après bien des recherches, à déterrer certaine devineresse passant pour faire ce qu'elle voulait par ses sortiléges et ses maléfices. La dame, à force de prières et de cadeaux, l'amène à lui promettre de deux choses l'une : ou d'adoucir son mari, et de la faire rentrer en grâce; ou, si elle ne peut y réussir, de détacher contre lui quelque spectre ou larve qui le mette à mort. La toute-puissante magicienne est bientôt à l'œuvre. Elle essaye d'abord les premiers secrets de sa détestable science, ceux qui excitent la passion de l'amour, et elle s'efforce d'agir sur le cœur si violemment outragé de l'époux. Le résultat ne répond point à son attente ; alors elle se dépite et s'en prend à ses intelligences. Stimulée cependant par la récompense promise, et d'ailleurs piquée au vif par la résistance qu'elle rencontre, elle se résout à menacer la tête du malheureux mari, en suscitant contre lui l'ombre d'une femme morte du dernier supplice.

Nec tamen pistor damno pudicitiæ magnopere commotus, exsangui pallore trepidantem puerum serena fronte et propitiata facie commulcens, incipit : Nihil triste de me tibi, fili, metuas. Non sum barbarus nec agresti morum squallore præditus : nec ad exemplum Naccinæ truculentiæ, sulfuris te letali fumo necabo; ac ne juris quidem severitate lege de adulteriis ad discrimen vocabo capitis tam venustum tamque pulcellum puellum: sed plane cum uxore mea partiario tractabo. Nec erciscundæ familiæ, sed communi dividundo formula dimicabo : ut sine ulla controversia vel dissensione tribus nobis in uno conveniat lectulo. Nam ipse semper cum mea conjuge tam concorditer vixi, ut, ex secta prudentium, eadem nobis ambobus placerent. Sed nec æquitas ipsa patitur, habere plus auctoritatis uxorem quam maritum. Talis sermonis blanditie cavillatum tamque deducebat ad torum nolentem puerum, sequentem tamen : et pudicissima illa uxore altrorsus disclusa, solus ipse cum puero cubans gratissima corruptarum nuptiarum vindicta perfruebatur.

Sed quum primum rota Solis lucida diem peperit, vocatis duobus e familia validissimis, quam altissime sublato puero, ferula nates ejus obverberans : Tu autem, inquit, tam mollis ac tener, et admodum puer, defraudatis amatoribus ætatis tuæ flore, mulieres appetis : atque eas liberas, et connubia lege sociata corrumpis, et intempestivum tibi nomen adulteri vindicas? His et pluribus verbis compellatum, et insuper affatim plagis castigatum, forinsecus abjicit. At ille adulterorum omnium fortissimus, insperata potitus salute, tamen nates candidas illas noctu diuque diruptus, mœrens profugit. Nec secius pistor ille nuncium remisit uxori, eamque protinus de sua proturbavit domo.

At illa, præter genuinam nequitiam, contumelia etiam, quamvis justa, tamen altius commota atque exasperata, ad armillum revertit, et ad familiares feminarum artes accenditur : magnaque cura requisitam veratricem quamdam feminam, quæ devotionibus ac maleficiis quidvis efficere posse credebatur, multis exorat precibus, multisque suffarcinat muneribus, alterum de duobus postulans : vel rursum mitigato conciliari marito; vel, si id nequiverit, certe Larva vel aliquo diro numine immisso violenter ejus expugnari spiritum. Tunc saga illa et divinipotens primis adhuc armis facinorosæ disciplinæ suæ velitatur : et vehementer offensum mariti flectere atque in amorem impellere conatur animum. Quæ res quum ei sequius ac rata fuerat proveniret, indignata numinibus, et præter præmii destinatum compendium, contemptione etiam stimulata, ipsi jam miserrimi mariti incipit imminere capiti, umbramque violenter peremptæ mulieris ad exitium ejus instigare.

Mais j'entends d'ici quelque lecteur pointilleux m'arrêter tout court, et me dire : Comment donc as-tu fait, ô des bourriquets le plus subtil, confiné comme tu l'étais dans le fond de ton moulin, pour savoir ce qui se passait très-mystérieusement, d'après ton dire, dans la confidence de ces deux femelles? Écoutez, et vous allez comprendre comment moi, qui restais homme, et homme très curieux, sous cette figure de bête, j'ai pu arriver à la connaissance des manœuvres ourdies pour la perte de mon boulanger.

Il était midi environ, quand une femme, dans l'appareil lugubre des accusés, portant au front l'empreinte d'une tristesse profonde, apparut tout à coup au milieu du moulin. Comme pour faire appel à la pitié, des haillons la couvraient à peine. Elle marchait nu-pieds. Des mèches éparses de cheveux gris, souillés de cendre, voilaient en partie des traits déjà défigurés par une pâleur cadavéreuse. Cette étrange figure s'adresse au boulanger, lui met familièrement la main sur l'épaule, et l'emmenant dans sa chambre, comme pour lui communiquer un secret, s'y enferme avec lui. La conférence se prolongeait indéfiniment. Tout le grain livré aux ouvriers avait passé sous la meule, et un supplément devenait nécessaire. De petits esclaves sont dépêchés au maître pour lui demander de la mouture. Vainement viennent-ils crier à tue-tête à travers la porte; point de réponse. On frappe plus fort. Les verrous étaient tirés au dedans. On s'inquiète, on s'alarme; on a recours à la force. Les gonds cèdent, volent en éclats, et livrent enfin passage aux assaillants. La femme avait disparu; mais ils trouvent pendu à une poutre le corps déjà sans vie de leur maître. Ils éclatent en sanglots et en lamentations, le détachent, ôtent la corde qui lui serrait le cou, et lavent le cadavre. Ce premier devoir accompli, un nombreux cortége suit le défunt à la sépulture.

Le jour suivant, sa fille, qui était mariée dans un bourg voisin, accourt tout éplorée, s'arrachant les cheveux, et, de ses deux mains, frappant sa poitrine. Aucun message n'était venu lui apprendre la catastrophe de sa famille, et l'infortunée savait tout. L'ombre lamentable de son père lui était apparue dans son sommeil, ayant encore au cou le lien funeste. Ainsi lui avaient été révélés tous les crimes de sa marâtre, ses adultères, ses maléfices; et comment, tombé lui-même en la puissance d'un spectre, il était descendu aux sombres bords.

La fille du boulanger resta longtemps livrée aux angoisses du désespoir. Enfin, les représentations empressées de sa famille mirent un terme à son deuil extérieur. Le neuvième jour, elle accomplit les solennités d'usage auprès du tombeau, puis elle mit en vente les biens de la succession, mobilier, esclaves et bêtes de somme, et tout le ménage se dispersa de côté et d'autre, suivant les chances de l'adjudication.

Un pauvre jardinier m'acheta cinquante deniers. C'était bien cher, disait-il; mais il comptait sur notre travail commun pour le faire vivre. Il est bon d'entrer ici dans les détails de ce nouveau service.

Dès le matin, mon maître me chargeait de légumes de toute espèce qu'il allait livrer aux revendeurs de la ville voisine. Quand il en avait reçu le prix, il montait sur mon dos et revenait

---

Sed forsitan, lector scrupulosus, reprehendens narratum meum, sic argumentaberis : Unde autem tu, astutule asine, intra terminos pistrini contentus, quid secreto; ut affirmas, mulieres gesserint, scire potuisti? Accipe igitur, quemadmodum homo curiosus, jumenti faciem sustinens, cuncta quæ in perniciem pistoris mei gesta sunt cognovi.

Diem ferme circa mediam, repente intra pistrinum mulier, reatu miraque tristitie deformis, apparuit, flebili centunculo semiamicta, nudis et intectis pedibus, lurore buxeo macieque fœdata; et discerptæ comæ semicanæ, sordentes inspersu cineris, pleramque ejus anteventulæ contegebant faciem. Hæc talis, manu pistori clementer injecta, quasi quippiam secreto collocutura, in suum cubiculum seducit eum : et adducta fore, quam diutissime demoratur. Sed quum esset jam confectum omne frumentum, quod inter manus opifices tractaverant necessarioque peti deberet aliud, servuli cubiculum propter astantes dominum vocabant, operique supplementum postulabant. Atque ut illis sæpicule et intervocaliter clamantibus nullus respondit dominus; jam forem pulsare validius : et quod diligentissime fuerat oppessulata, majus pejusque aliquid opinantes, nisu valido reducto vel diffracto cardine, tandem patefaciunt aditum. Nec uspiam reperta illa muliere, vident e quodam tigillo constrictum jamque exanimem pendere dominum. Eumque nodo cervicis absolutum detractumque, summis plangoribus summisque lamentationibus, atque ultimo lavacro procurant : peractisque feralibus officiis, frequentique prosequente comitatu, tradunt sepulturæ.

Die sequenti filia ejus occurrit e proximo castello, in quod pridem denupserat, mœstaque atque crines pendulos quatiens et interdum pugnis obtundens ubera. Quæ, nullo quidem domus infortunium nuntiante, cuncta cognoverat; sed ei per quietem obtulit sese flebilis patris sui facies, adhuc nodo revincta cervice : eique totum novercæ scelus aperuit, de adulterio, de maleficio, et quemadmodum larvatus ad inferos demeasset. Et quum se diutino plangore cruciasset, concursu familiarium cohibita, tandem pausam luctui fecit. Jamque nono die rite completis apud tumulum solemnibus, familiam supellectilemque et omnia jumenta ad hereditariam deducit auctionem. Tunc unum Larem varie dispergit venditionis incertæ licentiosa fortuna.

Me denique ipsum pauperculus quidam hortulanus comparat quinquaginta nummis, magno, ut aiebat : sed ut communi labore victum sibi quæreret. Res ipsa mihi poscere videtur, ut hujus quoque servitii mei disciplinam exponam. Matutino me multis oleribus onustum, proximam civitatem deducere consueverat dominus : atque ibi

à son jardin. Là, tandis que mon homme bêchait, arrosait, se livrait, le dos courbé, aux divers soins de son état, moi je prenais du bon temps, et me régalais de la douceur de ne rien faire : mais les astres n'en accomplissaient pas moins leur révolution ; et jour par jour, mois par mois, se pressant à la file, l'année passa de la délicieuse époque des vendanges aux âpres rigueurs du Capricorne. Plus de jour sans pluie, plus de nuit sans frimas. Il manquait un toit à mon étable ; et, constamment exposé à la belle étoile, j'étais sans cesse aux prises avec le froid. Mon maître, par pauvreté, était hors d'état d'avoir pour lui-même, à plus forte raison pour moi, un toit de chaume ou la plus mince couverture. Il n'avait pour abri qu'une méchante hutte de ramée. Chaque matin, il me fallait pétrir péniblement une fange glaciale, ou me briser les sabots contre les aspérités du sol durci par la gelée. Ajoutez que je n'avais plus comme auparavant de quoi me remplir le ventre. Mon maître et moi, nous n'avions plus qu'un seul et même ordinaire ; et il était des plus chétifs. Quelques laitues amères qu'on avait laissé monter en graine en formaient le menu. Pour la saveur et la tendreté, autant aurait valu mâcher une poignée de verges.

Il nous arriva un soir, par un ciel sans lune, un propriétaire d'un village des environs, qui avait perdu son chemin dans l'obscurité, et qu'une forte averse avait trempé jusqu'aux os. Il fut cordialement accueilli, et trouva chez nous, sinon bon gîte, au moins un repos dont il avait grand besoin. Aussi promit-il à son bon hôte, en témoignage de sa gratitude, du blé et de l'huile de sa récolte, et, de plus, deux barils de son vin. Mon maître n'eut rien de plus pressé que de se munir d'un sac et d'outres vides. Il monte à cru sur mon dos, et nous voilà tous deux en route. Nous franchissons la distance, qui était de soixante stades, et nous arrivons chez l'homme en question, qui reçoit au mieux mon maître, et l'invite à prendre sa part d'un excellent dîner.

Nos deux convives en étaient à se faire mutuellement raison le verre à la main, quand leur attention fut attirée par le plus étonnant phénomène. Une des poules de la basse-cour se mit à courir çà et là, caquetant comme si elle avait envie de pondre. Ce que voyant le patron : O ma cocotte, dit-il, que tu es de bon rapport ! combien m'en as-tu fait gober de tes œufs tous les jours de l'année ! Allons, je vois que tu nous prépares un bon petit plat de ta façon. Holà ! garçon, dit-il, vite la corbeille aux couveuses, et mets-la dans son coin ordinaire. Le valet fit ainsi qu'il était enjoint ; mais la poule ne veut pas de sa place accoutumée. Elle s'en vient déposer précisément aux pieds de son maître une ponte tant soit peu précoce, et de nature à lui mettre martel en tête. En effet, ce n'était pas un œuf, c'était un petit poulet tout formé, emplumé, ergoté, qui se mit à glousser et à suivre sa mère. Mais voici bien un autre prodige, un prodige à faire dresser les cheveux. Sous la table même où se trouvaient les restes du repas, la terre s'ouvre profondément, et livre passage à un énorme jet de sang qui retombe en larges gouttes sur tout le service. Tout à coup, au milieu de la stupeur et de l'effroi causés par ces

venditoribus tradita mercede, dorsum insidens meum, sic hortum redire. At dum fodiens, dum irrigans, ceteroque incurvus labore deservit ; ego tantisper otiosus, placita quiete recreabar. Sed ecce, siderum ordinatis ambagibus, per numeros dierum ac mensium remeans annus, post mustulentas autumni delicias, ad hibernas Capricorni pruinas deflexerat : et assiduis pluviis nocturnisque rationibus, sub divo, et intecto conclusus stabulo, continuo discruciabar frigore ; quippe quum meus dominus, præ nimia paupertate ne sibi quidem, nedum mihi, posset stramen aliquod vel exiguum tegimen parare ; sed frondoso casulæ contectus umbraculo degeret. Ad hoc, matutino lutum nimis frigidum geluque præacuta frusta nudis invadens pedibus, enitebar ; ac ne suetis saltem cibariis ventrem meum replere poteram. Namque et mihi et ipsi domino cœna par ac similis, oppido tamen tenuis, aderat : lactucæ veteres et insuaves illæ, quæ seminis enormi senecta, ad instar scoparum in amaram cœnosi succi cariem exolescunt.

Nocte quadam paterfamilias, de pago proximo, tenebris illunæ caliginis impeditus, et imbre nimio madefactus, atque ob id ab itinere directo cohibitus, ad hortum nostrum, jam fesso equo, divertit, receptusque comiter pro tempore, licet non delicato necessario tamen quietis subsidio, remunerari benignum hospitem cupiens, promittit ei de prædiis suis sese daturum et frumenti et olivi aliquid et amplius duos vini cados. Nec moratus meus dominus, sacculo et utribus vacuis secum apportatis, nudæ spinæ meæ residens, ad sexagesimum stadium profectionem comparat. Eo jam confecto viæ spatio, pervenimus ad prædictos agros. Ibique statim meum dominum comis hospes opipari prandio participat.

Jamque his in poculis mutuis altercantibus, mirabile prorsus evenit ostentum. Una de cetera cohorte gallina, per mediam cursitans aream, clangore genuino, velut ovum parere gestiens, personabat. Eam suus dominus intuens, O bona, inquit, ancilla et satis fecunda, quam multo jam tempore quotidianis nos partubus saginasti ! nunc etiam cogitas, ut video, gustulum nobis præparare. Et, Heus, inquit, puer, calathum fœtui gallinaceo destinatum angulo solito collocato. Ita uti fuerat jussum procurante puero, gallina consuetæ lecticulæ spreto cubili, ante ipsos pedes domini præmaturum, sed magno prorsus futurum scrupulo, prodidit partum. Non enim ovum, quod scimus, illud ; sed pinnis et unguibus et oculis et voce etiam perfectum edidit pullum ; qui matrem suam continuo cœpit comitari. Nec eo secius longe majus ostentum, et quod omnes merito perhorrescerent, exoritur. Sub ipsa enim mensa quæ reliquias prandii gerebat terra dehiscente imitus, largissimus emicuit fons sanguinis. Hinc resultantes uberrimæ guttæ mensam cruore perspergunt. Ipsoque illo momento, quo stupore defixi mirantur ac trepidant divina

événements surnaturels, un domestique arrive tout courant du cellier, annonçant que le vin qui s'y trouvait, et dont le dépôt était de longue date, bouillonnait dans les tonneaux, comme s'il eût été soumis au feu le plus ardent. En même temps, on vit des belettes traînant avec leurs dents un serpent mort. De la gueule d'un chien de berger sortit en sautillant une petite grenouille verte. Enfin, un bélier saisit le chien à la gorge, et l'étrangla d'un coup de dent.

A cette succession de sinistres présages, le maître du logis et ses gens furent frappés de stupeur. Que faire? Par où commencer pour apaiser le courroux des dieux? Quelle expiation sera plus efficace? Combien de victimes? Quelles victimes sacrifier? On était encore sous l'impression d'effroi que cause le sentiment d'une catastrophe imminente, quand un jeune esclave vint annoncer au malheureux père de famille que les dernières calamités venaient de fondre sur sa maison.

Le bon homme avait trois fils, parvenus à l'âge de raison, et dont les talents et la conduite faisaient l'orgueil de sa vieillesse. Une ancienne amitié liait ces jeunes gens avec un pauvre homme possesseur d'un modeste manoir. Ce manoir touchait aux grands et magnifiques domaines d'un jeune seigneur riche et puissant, qui, héritier d'un nom antique et illustre, abusait de cet avantage pour se créer dans le pays une prépondérance factieuse, et y disposer de tout à son gré. Il agissait avec son humble voisin tout à fait en puissance ennemie. Il égorgeait ses moutons, enlevait ses bœufs, foulait aux pieds ses blés en herbe. Enfin, après l'avoir privé de son revenu, il voulut un beau jour le chasser de sa propriété; et, soulevant une vaine dispute de bornage, il prétendit que tout le terrain était à lui. Le campagnard, homme tranquille du reste, dépouillé par l'avarice du riche, voulut du moins garder du champ paternel la place de son tombeau, et, tout inquiet, fit prier plusieurs amis de venir rendre témoignage au sujet de ses limites. Dans le nombre se trouvaient les trois frères, venus pour aider, selon leurs forces, leur ami persécuté.

La présence de tant d'adversaires n'intimida point ce furieux, ni même ne lui imposa le moins du monde. Il ne rabattit rien de ses prétentions non plus que de son insolence. On voulut le prendre par la douceur, et tenter sur son esprit turbulent des moyens de conciliation; mais il y coupa court, jurant, par sa tête et celle de tout ce qui lui était cher, qu'il se moquait de tous ces arpenteurs; qu'il dirait à ces gens de prendre le voisin par les oreilles et de le jeter hors de sa baraque. Ce propos révolta tous les auditeurs. L'un des trois frères répliqua d'un ton ferme qu'il avait beau se prévaloir de son bien pour trancher ainsi du tyran et du superbe; que les pauvres, sous l'impartiale protection de la loi, savaient bien avoir raison des riches. Jetez de l'huile sur un foyer, du soufre sur un incendie; armez du fouet les Euménides, et vous concevrez à quel degré la brutalité du personnage fut excitée par de telles paroles. L'excès de sa fureur le fit extravaguer. Il les menaça de les faire pendre tous, et leurs lois avec eux.

Il avait chez lui des chiens de berger et de

---

præsagia, concurrit unus e cella vinaria, nuntians omne vinum, quod olim diffusum fuerat, in omnibus doliis ferventi calore et prorsus ut igni copioso subdito rebullire. Visæ etiam interea mustelæ mortuum serpentem forinsecus modicus attrahentes. Et de ore pastoritii canis virens exsiluit ranula; ipsumque canem, qui proximus consistebat aries appetitum unico morsu strangulavit.

Hæc tot ac talia, ingenti pavore domini illius, et familiæ totius ad extremum stuporem dejecerunt animos : quid prius, quidve posterius, quid magis, quid minus numinum cœlestium leniendis minis, quot et qualibus procuraretur hostiis. Adhuc omnibus exspectatione teterrimæ formidinis torpidis, accurrit quidam servulus, magnas et postremas domino illi fundorum clades annuntians.

Namque is adultis jam tribus liberis doctrina instructis et verecundia præditis vivebat gloriosus. His adolescentibus erat cum quodam paupere, modicæ casulæ domino, vetus familiaritas. At enim casulæ parvulæ conterminos magnos et beatos agros possidebat vicinus potens, et dives, et juvenis, et prosapiæ majorum gloria male utens, pollensque factionibus, et cuncta facile faciens in civitate. Hostili modo vicini tenuis incursabat pauperiem, pecua trucidando, boves abigendo, fruges adhuc immaturas obterendo. Jamque tota frugalitate spoliatum, ipsis etiam glebulis exterminare gestiebat : finiumque inani commota quæstione, terram totam sibi vindicabat. Tunc agrestis, verecundus alioquin, avaritia divitis jam spoliatus, ut suo saltem sepulcro paternum retineret solum, amicos plurimos ad demonstrationem finium, trepidans eximie, corrogarat. Aderant inter alios tres illi fratres, cladibus amici quantulum quantulum ferentes auxilium.

Nec tamen ille vesanus tantillum præsentia multorum civium territus vel etiam confusus, licet non rapinis, saltem verbis temperare voluit : sed illis clementer expostulantibus fervidosque ejus mores blanditiis permulcentibus, repente suam suorumque carorum salutem quam sanctissime adjurans, adseverat parvi se pendere tot metatorum præsentiam : denique vicinum illum auriculis per suos servulos sublatum de casula longissime statimque projectum iri. Quo dicto, insignis indignatio totos audientium pertentavit animos. Tunc unus e tribus fratribus incontanter et paulo liberius respondit: Frustra eum suis opibus confisum, tyrannica superbia comminari; quum alioquin pauperes etiam legibus liberali legum præsidio de insolentia locupletium consueverint vindicari. Quod oleum flammæ, quod sulfur incendio, quod flagellum Furiæ, hoc et iste sermo truculentiæ hominis nutrimento fuit. Jamque ad extremam insaniam vecors, suspendium sese et totis illis et ipsis legibus mandare proclamans.

Canes pastoritios, villaticos, feros atque immanes, assuetos abjecta per agros esitare cadavera, præterea etiam transeuntium viatorum passivis morsibus alumnatos la-

garde, d'une taille et d'une férocité extraordinaire, nourris des charognes qu'ils rencontraient dans la campagne, et qui étaient dressés à se jeter sur les passants. Il ordonne qu'on les lâche, en les excitant contre les gens qui se trouvaient là. Au son bien connu de la voix des bergers, la rage de ces animaux s'exalte, ils s'élancent sur les assistants, les mordent, les déchirent; si l'on fuit, ils n'en sont que plus acharnés. Ce n'est bientôt plus qu'une boucherie de toute cette foule qui se presse. Au milieu de la mêlée, le plus jeune des trois frères heurte du pied contre une pierre, s'y meurtrit les doigts et tombe. Sa chute le livre en proie à ces monstres furieux. Ils ne l'ont pas plutôt vu à terre qu'ils le dépècent par lambeaux.

Aux cris déchirants qu'il jette dans son agonie, ses frères, le cœur navré, volent à son secours. Enveloppant leur bras gauche de leur manteau, ils essayent d'écarter les chiens de son corps à coups de pierres; mais tous leurs efforts sont vains contre cette meute acharnée. Le malheureux jeune homme n'eut que le temps de leur crier : Vengez-moi de ce riche détestable. Et il expira tout déchiré. Les deux autres, poussés par le désespoir, et au mépris de leur propre danger, s'avancent contre leur ennemi et font voler sur lui une grêle de pierres; mais cet homme de sang, dont la main n'était pas novice en fait de meurtre, frappe l'un d'eux d'un javelot au milieu de la poitrine, et le perce d'outre en outre. Déjà le sentiment et la vie ont abandonné la victime, et cependant le corps ne touche pas la terre; car le trait qui l'avait traversé, ressortant presque en entier derrière son dos, s'était fixé au sol par la force du coup, et les vibrations de la hampe se communiquaient au cadavre ainsi suspendu.

Un valet de l'assassin, homme grand et robuste, accourt alors au secours de son maître, et, d'une pierre lancée de fort loin, cherche à atteindre le bras du troisième frère. Mais, contre leur attente, la pierre, manquant le but, ne fit que raser l'extrémité des doigts, et tomba sans effet. Le jeune homme à l'instant fit, avec une présence d'esprit singulière, tourner l'incident au profit de sa vengeance. Il feignit d'avoir le poignet rompu, et s'adressant à son barbare adversaire : Jouis, lui dit-il, de la destruction de toute une famille; repais du sang de trois frères ton insatiable cruauté; triomphe à ton aise du massacre de tes concitoyens : mais sache-le bien, tu auras beau usurper l'héritage du pauvre, reculer les bornes de ton domaine en tous sens, tu auras toujours des voisins. Ah ! faut-il que cette main, dont j'aurais abattu ta tête coupable, soit mise si fatalement hors de combat ! Cette apostrophe exaspéra le brigand, qui saisit son glaive et se précipita avec furie sur le jeune homme pour l'égorger de sa propre main; mais il avait affaire à forte partie. Avec une énergie qu'on était loin de lui supposer, le blessé prétendu arrête le bras de l'assaillant d'une étreinte vigoureuse, et, brandissant lui-même le fer d'une main assurée, frappe à coups pressés le riche odieux, et lui fait rendre son âme impure. Cette exécution terminée, et pour se soustraire aux mains des domestiques qui accouraient, le vainqueur tourne contre lui-même le fer teint de sang de son ennemi, et se l'enfonce dans la gorge.

Voilà ce qu'annonçaient tant de sinistres

---

xari, atque in eorum exitium inhortatos, immitti præcipit. Qui simul signo solito pastorum incensi atque inflammati sunt, furiosa rabie conciti, et latratibus etiam absonis horribiles, eunt in homines : eosque, variis aggressi vulneribus, distrahunt ac lacerant. Nec fugientibus saltem compescunt; sed eo magis irritatiores sequuntur. Tunc inter confertam trepidæ multitudinis stragem, e tribus junior, offenso lapide atque obtunsis digitis, terræ prosternitur : sævisque illis ac ferocissimis canibus instruit nefariam dapem. Protinus enim nacti prædam jacentem, miserum illum adolescentem frustatim discerpunt.

Atque, ut ejus letalem ululatum cognovere ceteri fratres, accurrunt mœsti suppetias : obvolutisque lacinia lævis manibus, lapidum crebris jactibus propugnare fratri atque abigere canes aggrediuntur. Nec tamen eorum ferociam vel conterere vel expugnare potuere. Quippe quum miserrimus adolescens, ultima voce prolata, vindicarent de pollutissimo divite mortem fratris junioris, illico laniatus interisset. Tunc reliqui fratres, non tam hercules desperata quam ultro neglecta sua salute, contendunt ad divitem : atque, ardentibus animis impetuque vesano, lapidibus crebris in eum velitantur. At ille cruentus et multis ante flagitiis similibus exercitatus percussor, injecta lancea, duorum alterum per pectus medium transadegit. Nec tamen peremptus ac prorsus exanimatus adolescens ille, terræ concidit. Nam telum transvectum atque ex maxima parte pone tergum elapsum, soloque nisus violentia defixum, rigore librato suspenderat corpus.

Sed et quidam de servulis procerus et validus, sicario illi ferens auxilium, lapide contorto tertii illius juvenis dexterum brachium longo jactu petierat. Sed impetu casso per extremos digitos transcurrens lapis contra omnium opinionem deciderat innoxius. Nonnullam tamen sagacissimo juveni proventus humanior vindictæ speculam subministravit. Ficta namque manus suæ debilitate, sic crudelissimum juvenem compellat : Fruere exitio totius nostræ familiæ, et sanguine trium fratrum insatiabilem tuam crudelitatem pasce, et de prostratis tuis civibus gloriose triumpha, dum scias, licet privato suis possessionibus paupere, fines usque et usque proterminaveris, habiturum te tamen vicinum aliquem. Nam hæc etiam dextra, quæ tuum prorsus amputasset caput, iniquitate fati contusa, decidit. Quo sermone alioquin exasperatus furiosus latro, rapto gladio, sua miserrimum juvenem manu peremptrus, invadit avidus. Nec tamen sui molliorem provocaverat. Quippe insperato et longe contra ejus opinionem resistens juvenis, complexu fortissimo arripit ejus dexteram : magnoque nisu, ferro librato, multis et crebris ictibus impuram elidit divitis animam; et ut accurrentium etiam familiarium manu se liberaret, confestim adhuc inimici sanguine delibuto mucrone gulam sibi prorsus exsecuit.

Hæc erant, quæ prodigiosa præsagiverant ostenta; hæc,

présages, dont il fallut au malheureux père essuyer le récit. Assailli de tant de coups à la fois, il ne proféra pas un mot, ne versa pas une larme; mais saisissant le couteau dont il venait de se servir à table, pour faire les parts du repas, il s'en perce la gorge de plusieurs coups, à l'exemple de son infortuné fils. Son corps roule inanimé sous la table, et lave d'un sang nouveau les taches prophétiques dont elle était souillée. Ainsi, dans l'espace d'un moment, s'anéantit cette famille entière. Le jardinier, touché de tant de désastres, non sans retour sur ce qu'il y perdait lui-même, rendait à son hôte des larmes pour son dîner, et, frappant itérativement l'une contre l'autre ses deux mains qu'il avait compté rapporter pleines, il monte sur mon dos, et s'en retourne comme il était venu; mais il ne devait pas revenir lui-même sans malencontre.

En effet, nous vîmes venir à nous un quidam de haute stature, soldat d'une légion, à en juger par ses dehors et ses manières, qui, d'un ton d'arrogance, demande à mon maître où il menait cet âne à vide. Celui-ci, encore tout troublé, et d'ailleurs n'entendant pas le latin, ne répond point, et passe. L'autre prit sa taciturnité pour une insulte, et, avec toute l'insolence militaire, le jeta de mon dos à bas, d'un coup de cep de vigne qu'il tenait à la main. Le pauvre jardinier lui expose humblement qu'il ignore sa langue. Eh bien! dit alors en grec le soldat, où mènes-tu cet âne? Le jardinier répond : A la ville voisine. Mais j'ai besoin, moi, de son service, reprend l'homme de guerre; il faut qu'il vienne avec moi à la citadelle pour transporter, avec d'autres bêtes de somme, les effets du commandant. Cela dit, il met la main sur mon licou et me tire à lui. Le jardinier alors, essuyant le sang du coup qu'il avait reçu à la tête, le supplie d'en agir moins rudement et de façon plus humaine avec un homme qui a servi comme lui; et cela, au nom de tout ce qu'il espère de mieux. Je vous jure, dit-il, que cet âne n'a pas la moindre vigueur, et que, de plus, il a le mal caduc. Rien que pour porter quelques bottes de légumes de mon jardin à deux pas, l'haleine lui manque. Jugez s'il est propre à un service plus fatigant.

Mais le jardinier s'aperçoit que, loin de s'adoucir, la férocité du soldat s'irrite encore de ses prières, et que même il en veut à sa vie; car il avait retourné le cep, et, le frappant du gros bout, allait lui briser le crâne. Alors il a recours à un parti extrême. Feignant de vouloir toucher les genoux de son ennemi, par un geste de suppliant il s'incline et se baisse bien bas; puis tirant soudain les deux pieds à lui, il fait perdre terre à son homme et le laisse retomber lourdement. Et tout aussitôt de lui labourer, de ses poings, de ses coudes, de ses dents, et même des pierres qu'il trouve sous sa main, le visage, les bras et les côtes. L'autre, étendu sur le dos, hors d'état de résister ou de se garantir des coups, n'épargne pas du moins les menaces. Une fois debout, il va hacher mon maître par morceaux avec sa bonne lame. L'avis ne fut pas perdu. Le jardinier s'empare aussitôt de l'épée, la jette le plus loin qu'il peut, et le voilà étrillant de plus belle son ennemi terrassé. Le soldat, roué de coups, ne voit qu'un moyen de salut : il fait le mort.

Alors le jardinier, emportant l'arme avec lui,

quae miserrimo domino fuerant nuntiata. Nec ullum verbum, ac ne tacitum quidem fletum tot malis circumventus senex quivit emittere : sed arrepto ferro, quo commodum inter suos epulones caseum atque alias prandii partes diviserat, ipse quoque ad instar infelicissimi sui filii jugulum sibi multis ictibus contrucidat; quoad super mensam cernulus corruens, portentosi cruoris maculas novi sanguinis fluvio proluit. Ad istum modum, puncto brevissimo, dilapsae domus fortunam hortulanus ille miseratus, suosque casus graviter ingemiscens, depensis pro prandio lacrymis, vacuasque manus complodens saepicule, protinus inscenso me, retro quam veneramus viam capessit. Nec innoxius ei saltem regressus evenit.

Nam quidam procerus, et, ut indicabat habitus atque habitudo, miles e legione, factus nobis obvius, superbo atque arroganti sermone percontatur, quorsum vacuum duceret asinum? At meus dominus adhuc moerore permixtus, et alias latini sermonis ignarus, tacitus praeteribat. Nec miles ille familiarem quivit insolentiam : sed indignatus silentio ejus ut convicio, viti quam tenebat obtundens eum, dorso meo proturbat. Tunc hortulanus supplicue respondit, sermonis ignorantia se quid ille diceret scire non posse. Ergo igitur graece subjiciens miles, Ubi, inquit, ducis asinum istum? Respondit hortulanus, petere se civitatem proximam. Sed mihi, inquit, operae ejus opus est. Nam de proximo castello sarcinas praesidis nostri cum ceteris jumentis debet advehere. Et, injecta statim manu, loro me quo ducebar arreptum incipit trahere. Sed hortulanus prioris plagae vulnere prolapsum capite sanguinem detergens, rursus deprecatur civilius atque mansuetius versari commilitonem, idque per spes prosperas ejus orabat adjurans. Nam et hic ipse, aiebat, iners asellus, et nihilominus morbo detestabili caducus, vix etiam paucos olerum manipulos de proximo hortulo solet, anhelitu languido fatigatus, subvehere, nedum ut rebus amplioribus idoneus videatur gerulus.

Sed ubi nullis precibus mitigari militem magisque in suam perniciem advertit efferari, jamque inversa vite de vastiore nodulo cerebrum suum diffindere, currit ad extrema subsidia : simulansque ad commovendam miserationem genua ejus velle contingere, submissus atque incurvatus, arreptis ejus pedibus utrisque sublime elatum, terrae graviter applodit; et statim, qua pugnis, qua cubitis, qua morsibus, etiam de via lapide correpto, totam faciem manusque ejus et latera converberat. Nec ille, ut primum humi supinatus est, vel repugnare vel omnino munire se potuit. Sed plane idemtidem comminabatur, si surrexisset, sese concisurum eum machaera sua frustatim. Quo sermone ejus commonefactus hortulanus, eripit ei spatham : eaque longissime abjecta, rursus saevioribus eum

remonte sur mon dos, et, grand train, se rend droit à la ville. Il ne se souciait pas de revenir chez lui. Il va donc trouver un ami, lui conte son aventure, et le prie de l'assister dans cette position critique. Il ne s'agit que de le cacher, son âne et lui, pour deux ou trois jours. C'est assez pour dérouter l'accusation et sauver sa tête. L'ami se montra vraiment ami, et ne se fit pas prier. On me fait plier les jambes, et l'on me hisse, à l'aide d'une échelle, dans une pièce au-dessus. Le jardinier reste en bas dans la boutique, et se blottit dans un panier dont on ferme le couvercle sur lui.

Cependant mon légionnaire, ainsi que je l'appris plus tard, avait fini par se mettre sur ses pieds. Mais en homme qui sort d'un long état d'ivresse, moulu, chancelant, et s'appuyant sur son bâton, il avait à grand'peine gagné la ville. Bien confus d'avoir eu le dessous, et de s'être ainsi laissé battre, il aimait mieux dévorer son dépit que de mettre aucun habitant dans la confidence de sa défaite; mais ayant rencontré quelques-uns de ses camarades, il leur conta son piteux cas. On convint qu'il resterait au quartier quelque temps sans se faire voir; car, outre le déshonneur, il appréhendait, en raison de la perte de son épée, les peines sacramentelles de la loi militaire. Les autres, dans l'intervalle, devaient, munis de notre signalement, s'occuper activement de nous découvrir et de le venger. Un traître de voisin nous vendit, et indiqua notre cachette. La justice est appelée : fausse déposition des soldats, qui prétendent avoir perdu en route un petit vase d'argent appartenant à leur général. L'objet aurait été trouvé par un jardinier qui refusait de le rendre, et qui s'était allé cacher dans la maison d'un ami.

Les magistrats s'étant fait décliner et le nom du général et le prix de l'objet perdu, arrivent à la porte de la maison de refuge, et là somment notre hôte à haute voix de livrer ceux qu'il recélait, sous peine d'encourir personnellement une action capitale. Le maître du logis ne sourcilla pas. Occupé uniquement de sauver l'ami qui s'est confié à lui, il se renferme dans une dénégation absolue, et même il soutient qu'il n'a pas vu le jardinier depuis plusieurs jours. Les soldats, de leur côté, de jurer par le bon génie du prince que le voleur est bien là, et non ailleurs. Les magistrats ordonnent la perquisition. Des licteurs et autres officiers publics y procèdent, fouillent la maison dans tous les coins. Homme ni baudet n'est apparu, suivant leur dire. L'altercation s'échauffe. Les soldats soutiennent que l'homme et l'âne sont là cachés, et jurent par l'empereur. Le patron ne cesse de nier, et de prendre tout l'Olympe à témoin.

Pendant qu'on disputait et qu'on vociférait en bas, n'allai-je pas m'aviser, âne indiscret autant que curieux, de fourrer de côté mon museau par une lucarne, pour voir un peu ce que signifiait ce vacarme? Or, le hasard voulut que l'œil d'un soldat, tourné de ce côté, saisit mon ombre au passage. Aussitôt il fait part aux autres de sa découverte. Grande rumeur. Vite on applique une échelle; me voilà appréhendé au corps, et

---

plagis aggreditur. Nec ille prostratus ac præventus vulneribus ullum reperire quiens saluti subsidium, quod solum restabat, simulat sese mortuum.

Tunc spatham illam secum absportans hortulanus, incenso me, concito gradu recta festinat ad civitatem. Nec hortulum suum saltem curans invisere, ad quempiam sibi devertit familiarem. Cunctisque narratis, deprecatur periclitanti sibi ferret auxilium : seque cum suo sibi asino tantisper occultaret, quoad celatus spatio bidui triduive capitalem causam evaderet. Nec oblitus ille veteris amicitiæ, prompte suscipit. Meque per scalas complicitis pedibus in superius cœnaculum attracto, hortulanus deorsus in ipsa tabernacula derepit in quamdam cistulam, et supergesto delitescit orificio.

At miles ille, ut postea didici, tandem velut emersus gravi crapula, nutabundus tamen et tot plagarum dolore saucius baculoque se vix sustinens, civitatem adventat: confususque de impotentia deque inertia sua quidquam ad quemquam referre popularium, sed tacitus injuriam devorans, quosdam commilitones nactus, istas tunc clades enarrat suas. Placuit, ut ipse quidem contubernio se tantisper absconderet. Nam præter propriam contumeliam, militaris etiam sacramenti genium ob amissam spatham verebatur; ipsi autem, signis nostris enotatis, investigationi vindictæque sedulam darent operam. Nec defuit vicinus perfidus, qui nos illico occultari nuntiaret. Tum commilitones, accessitis magistratibus, mentiuntur sese multi pretii vasculum argenteum præsidis in via perdidisse: idque hortulanum reperisse nec velle restituere, sed apud familiarem quemdam sibi delitescere.

Tunc magistratus, cum damno præsidis nomine cognito, veniunt ad deversorii nostri fores : claraque voce denuntiant hospiti nostro, nos, quos occultaret apud se, certo certius dedere, potius quam discrimen proprii subiret capitis. Nec ille tantillum conterritus, salutique studens ejus quem in suam receperat fidem, quidquam de nobis fatetur : ac diebus plusculis non vidisse quidem illum hortulanum contendit. Contra commilitones ibi nec uspiam illum delitescere, adjurantes genium principis, contendebant. Postremum magistratibus placuit, obstinate denegantem scrutinio detegere. Immissis itaque lictoribus ceterisque publicis ministeriis, angulatim cuncta sedulo perlustrari jubent. Nec quisquam mortalium ac ne ipse quidem asinus intra limen comparere nuntiatur. Tunc gliscit violentior utrimque secus contentio militum, pro comperto de nobis asseverantium, fidemque Cæsaris identidem implorantium, at illius negantis, assidueque deum numen obtestantis.

Qua contentione et clamoso strepitu cognito, curiosus alioquin et inquieti procacitate præditus asinus, quidnam sibi vellet tumultus ille prospicere gestio; unus e commilitonibus, casu fortuito collimatis oculis ad umbram meam, cunctos testatur incoram. Magnus denique continuo clamor exortus est. Et emensis protinus scalis, injecta manu,

emmené prisonnier. Plus de doute. Les recherches sont reprises avec plus de soin. On finit par découvrir le panier, le jardinier est tiré de sa cachette et traduit devant les magistrats. On traîna en prison le pauvre homme, qui dut payer de sa tête les frais de cette aventure. Du reste, ce furent des éclats de rire et des plaisanteries sans fin sur mon apparition à la fenêtre. De là le proverbe si connu : *Qui voit l'ombre, voit l'âne.*

LIVRE X.

Ce qu'il avint le jour suivant au jardinier mon maître, je l'ignore. Quant à moi, le même soldat qui s'était attiré une si verte correction par son incartade vint me prendre à l'écurie, et m'emmena sans que personne y trouvât à redire. Mon nouveau patron prit à son quartier, à ce qu'il me parut du moins, les effets qui lui appartenaient, et les chargea sur mon dos. Me voilà donc cheminant, tout à fait en belliqueux appareil, portant un casque éclatant, un bouclier à éblouir les yeux au loin, une lance de dimension formidable; arme qui n'est d'ordonnance qu'en temps de guerre, mais que le fanfaron, pour imposer aux pauvres passants, avait artistement disposée, en épouvantail, au point culminant de ma charge. Après une marche assez facile en plaine, nous arrivâmes à une petite ville où nous prîmes gîte, non pas à l'auberge, mais chez un décurion. Mon maître, après m'avoir confié aux soins d'un domestique, n'eut rien de plus pressé que de se rendre près de son chef, qui commandait un corps de mille hommes. Je me rappelle que, peu de jours après, il se commit dans ce lieu même un acte de scélératesse inouïe et révoltante. Dans l'intérêt de mes lecteurs, j'en consigne ici le récit.

Le maître du logis avait un fils parfaitement élevé, modèle conséquemment de piété filiale et de conduite, tel enfin que chacun eût voulu être son père, ou avoir un fils qui lui ressemblât. Il avait depuis longtemps perdu sa mère; son père s'était remarié, et avait de sa seconde femme un autre fils qui venait d'atteindre sa douzième année. Il arriva que la belle-mère, qui avait la haute main dans la maison de son mari (ce qu'elle devait moins à ses vertus qu'à sa beauté), soit entraînement des sens, soit effet d'une fatalité qui la poussait au crime, jeta des regards de désir sur son beau-fils. Mon cher lecteur, ceci n'étant pas une anecdote, mais une belle et bonne tragédie, je vais quitter le brodequin et chausser le cothurne.

La dame, tant qu'un feu naissant ne fit que couver dans son sein, réussit à dominer cette ardeur encore faible, et à l'empêcher d'éclater au dehors; mais quand le cœur tout entier fut en proie à l'incendie, dont le dieu lui-même attisait la violence désordonnée, il n'y eut plus à résister. Elle simule alors une maladie, et feint que le corps souffre, pour cacher la plaie de l'âme. Amoureux et malades (c'est un fait bien connu) offrent dans leur personne mêmes symptômes d'altération et de langueur. Pâleur des traits, abattement des yeux, lassitude des membres, privation de sommeil respiration pénible

---

quidam me velut captivum detrahunt. Jamque omni sublata contatione, scrupulosius contemplantes singula, cista etiam illa revelata, repertum productumque et oblatum magistratibus miserum hortulanum, pœnas scilicet capite pensurum, in publicum deducunt carcerem : summoque risu meum prospectum cavillari non desinunt. Unde etiam de prospectu et umbra asini natum est frequens proverbium.

LIBER X.

Die sequenti meus quidem dominus hortulanus quid egerit, nescio. Me tamen miles ille, qui propter eximiam impotentiam pulcherrime vapularat, ab illo præsepio, nullo equidem contradicente, deductum abducit : atque a suo contubernio, hoc enim mihi videbatur, sarcinis propriis onustum et prorsus exornatum armatumque militariter, producit ad viam. Nam et galeam nitore præmicantem, et scutum cetera his longius lucens; sic etiam lanceam longissimo hastili conspicuam, quam scilicet non disciplinæ tunc quidem causa, sed propter terrendos miseros viatores in summo atque edito sarcinarum cumulo, ad instar exercitus, sedulo composuerat. Confecta campestri, nec adeo difficili via, ad quamdam civitatulam pervenimus; nec in stabulo, sed in domo cujusdam decurionis devertimus. Statimque me commendato cuidam servulo, ipse ad præpositum suum, qui mille armatorum ducatum sustinebat, sollicite proficiscitur. Post dies plusculos, ibidem designatum scelestum ac nefarium facinus memini. Sed, ut vos etiam legatis, ad librum profero.

Dominus ædium habebat juvenem filium, probe litteratum, atque ob id consequenter pietate modestiaque præcipuum : quem tibi quoque provenisse cuperes vel talem. Hujus matre multo ante defuncta, rursum matrimonium sibi reparaverat : ductaque alia, filium procreaverat alium, qui adæque jam duodecimum ætatis annum supergresserat. Sed noverca, forma magis quam moribus in domo mariti præpollens, seu naturaliter impudica, seu fato ad amorem impulsa flagitium, oculos ad privignum adjecit. Jam ergo, lector optime, scito te tragœdiam non fabulam legere, et a socco ad cothurnum ascendere.

Sed mulier illa, quam diu primis elementis Cupido parvulus nutriebatur, imbecillis adhuc ejus viribus, facile ruborem tenuem deprimens, silentio resistebat. At ubi completis igne vesano totis præcordiis, immodice bacchatus Amor exæstuabat, sævienti deo jam succubuit : ac languore simulato, vulnus animi mentitur in corporis valetudine. Jam cetera salutis vultusque detrimenta et ægris et amantibus examussim convenire, nemo est qui nesciat. Pallor deformis, marcentes oculi, lassa genua, quies tur-

et de plus en plus laborieuse à mesure que l'état se prolonge. Ici, le mal, par ses fluctuations, accusait, à n'en pas douter, la marche de la fièvre; n'eussent été les pleurs que l'on voyait couler. O ignorance des médecins ! que signifient ce pouls agité, cette chaleur déréglée, cette respiration intermittente, ce corps qui cherche vainement une position qui lui convienne? Bons dieux! qu'il est facile de le dire, non pas peut-être pour un expert en médecine, mais pour le premier venu, tant soit peu familier avec les phénomènes de l'amour, en voyant une personne qui brûle dans un corps sans chaleur!

Enfin la violence de la passion prend le dessus. La dame sort de cette taciturnité prolongée, et ordonne qu'on fasse venir son beau-fils. Nom fatal, et qu'elle voudrait ôter à celui qui le porte! elle en aurait moins à rougir. Le jeune homme ne tarde pas à se rendre aux ordres d'une belle-mère, et d'une belle-mère malade. Il vient, le front prématurément ridé par le chagrin, s'acquitter d'un double devoir envers la femme de son père et la mère de son frère. Celle-ci, prête à rompre un silence qui la tue, se perd dans un océan d'incertitudes. Il ne lui vient pas un mot à dire qu'elle ne rejette aussitôt. En elle un reste de pudeur combat encore. Au moment de commencer, la parole expire sur ses lèvres. Le jeune homme, qui ne se doute de rien, lui parle le premier, et lui demande timidement la cause de l'état de malaise où il la voit. La dame cède alors à la fatale tentation du tête-à-tête. Rien ne l'arrête plus; elle verse un torrent de larmes, se couvre le visage d'un pan de sa robe, et, d'une voix tremblante, adresse au jeune homme ce peu de mots : Le principe, la cause de mon mal, et en même temps le médecin qui peut le guérir, me sauver, c'est vous. C'est dans vos yeux que les miens ont pris la flamme terrible qui, descendue jusqu'à mon cœur, le brûle dans ses derniers replis. Ayez pitié de votre victime. Qu'un scrupule filial ne vous arrête pas; car autrement ma mort est certaine, et, par là, vous conservez à votre père sa femme. Retrouvant son image en vos traits, je puis vous aimer sans crime. Nous avons la sécurité du mystère et tout le temps nécessaire pour contenter nos désirs. Il le faut : chose ignorée est comme non avenue.

Cette brusque proposition jeta le jeune homme dans un trouble extrême. Son premier mouvement fut d'horreur; mais il réfléchit, et ne voulut pas risquer en ce moment un refus dont la dureté pouvait pousser à bout une femme passionnée. Il promet donc, pour gagner du temps; exhorte sa belle-mère à prendre courage, à se soigner, à se rétablir, en attendant qu'une absence de son père laisse le champ libre à leurs désirs. Puis il s'arrache à cet odieux entretien. Et sentant, en présence des maux qui menacent sa famille, le besoin des conseils d'une raison plus éclairée, il s'adresse à un vieillard chargé précédemment de son éducation, et dont la sagesse lui était connue. Tous deux pensèrent, après mûre délibération, que le meilleur parti était de se soustraire par une prompte fuite à l'orage dont les menaçait la Fortune ennemie : mais déjà la dame, impatiente de tout délai, avait su inventer un motif pour déterminer son mari à visiter une propriété lointaine. Elle n'est pas plutôt libre, que, dans un enivrement de jouissance anticipée, la voilà réclamant la satisfaction promise à sa coupable ardeur; mais le jeune homme élude sans cesse, tantôt pour une raison, tantôt pour une autre, la

---

bida, et suspiritus cruciatus tarditate vehementior. Crederes et illam fluctuare tantum vaporibus febrium : nisi quod et flebat. Heu medicorum ignaræ mentes! Quid venæ pulsus, quid caloris intemperantia, quid fatigatus anhelitus, et utrimque secus jactatæ crebriter laterum mutuæ vicissitudines? Dii boni! quam facilis, licet non artifici medico, cuivis tamen docto Venereæ cupidinis, comprehensio; quum videas aliquam sine corporis calore flagrantem!

Ergo igitur impatientia furoris altius agitata, diutinum dirupit silentium; et ad se vocari præcipit filium. Quod nomen in eo ipso, scilicet ne ruboris admoneretur, libenter eraderet. Nec adulescens ægræ parentis moratus imperium, senili tristitie striatam gerens frontem, cubiculum petit uxoris patris matrisque fratris, utcunque debitum sistens obsequium. Sed illa cruciabili silentio diutissime fatigata, et ut in quodam vado dubitationis hærens, omne verbum quod præsenti sermoni putabat aptissimum rursum improbans, nutante etiamnunc pudore, unde potissimum caperet exordium, decontatur. At juvenis nihil etiam tunc sequius suspicatus, summisso vultu rogat ultro præsentis causas ægritudinis. Tunc illa nacta solitudinis damnosam occasionem, prorumpit in audaciam : et ubertim adlacrymans, laciniaque contegens faciem, voce trepida sic eum breviter affatur : Causa omnis et origo præsentis doloris, et etiam medela ipsa, et salus unica mihi tute ipse es. Isti enim tui oculi per meos oculos ad intima delapsi præcordia, meis medullis acerrimum commovent incendium. Ergo miserere tua causa pereuntis. Nec te religio patris omnino deterruat : cui morituram prorsus servabis uxorem. Illius enim recognoscens imaginem in tua facie, merito te diligo. Habes solitudinis plenam fiduciam, habes capax necessarii facinoris otium. Nam quod nemo novit, pæne non fit.

Repentino malo perturbatus adulescens, quamquam tale facinus protinus exhorruisset; non tamen negationis intempestiva severitate putavit exasperandum, sed cautæ promissionis dilatione leniendum. Ergo prolixe pollicetur, et bonum caperet animum, refectionique se ac saluti redderet impendio suadet; donec patris aliqua profectione liberum voluptati concederetur spatium. Statimque se refert a noxio conspectu novercæ. Et magnam domus cladem ratus indigere consilio pleniore, ad quendam compertæ gravitatis educatorem senem protinus refert. Nec quidquam diutina deliberatione tam salubre visum, quam fuga celeri procellam fortunæ sævientis evadere.

funeste entrevue, inventant chaque jour des prétextes nouveaux ; si bien que la marâtre vit clairement le refus qui se cachait sous ces ajournements multipliés, et soudain, par un de ces retours communs aux passions désordonnées, une affreuse haine prit la place de son amour.

Parmi les esclaves qu'elle avait eus en dot, il y en avait un qui était la méchanceté même, et n'avait pas son maître en fait de scélératesse. Elle lui fait part de ses criminelles intentions; et tous deux ne trouvent rien de mieux à faire que de donner la mort au pauvre jeune homme. Sur l'ordre de sa maîtresse, l'esclave se procure un poison des plus actifs, et le délaye dans du vin qui doit être offert à l'innocente victime. Mais tandis que ces deux monstres délibèrent sur le moment propice, le hasard amène le plus jeune frère, le propre fils de la dame, qui rentrait au logis après ses exercices du matin. L'enfant venait de déjeuner, il avait soif : il trouve sous la main la coupe empoisonnée, et l'avale d'un trait. Il n'a pas plutôt pris le breuvage de mort, apprêté pour un autre, qu'il tombe sans vie.

A cette subite catastrophe, le précepteur de l'enfant jette des cris lamentables qui attirent la mère et toute la maison. Les effets du poison sont visibles ; et chacun désigne celui qu'il croit l'auteur d'un tel forfait. Mais ni le cruel trépas d'un fils, ni le remords d'en être la cause, ni le désastre de sa maison, ni le cœur brisé d'un époux, ni l'aspect de telles funérailles, n'ont le pouvoir de faire impression sur cette furie. Vrai type de marâtre, elle ne songe qu'à assouvir sa vengeance, en mettant le comble au deuil de la famille. Un courrier est dépêché à son mari, qui, à cette funeste nouvelle, revient précipitamment sur ses pas. Aussitôt, avec une effroyable assurance, elle lui dénonce son beau-fils comme l'empoisonneur de son frère. Elle disait vrai en un sens : l'enfant lui avait presque ôté la coupe des mains pour la boire : mais elle prête au frère aîné l'atroce idée de se venger sur le fils du refus opposé par la mère à ses infâmes désirs ; et, non contente de cet affreux mensonge, elle ajoute qu'une telle révélation la met elle-même en butte au poignard. Le père infortuné, près de se voir privé de deux fils, se débat au milieu des plus terribles angoisses. Le plus jeune est devant lui, couché dans son cercueil ; l'autre, incestueux, parricide, va se trouver frappé d'une condamnation capitale. Une femme trop aimée est là qui l'excite, par des pleurs mensongers, à prendre en horreur son propre sang.

A peine les derniers rites des funérailles sont-ils accomplis, que, s'arrachant du bûcher les joues encore sillonnées de larmes, et dépouillant son front de ses cheveux blancs souillés de cendre, le malheureux vieillard se précipite vers la place où se rend la justice. Et là pleurant, suppliant, embrassant même, tant il est abusé, les genoux des décurions, ce père appelle, avec l'insistance la plus passionnée, la mort sur la tête du seul fils qui lui reste, sur ce fils violateur incestueux du lit paternel, dont le poignard me-

---

Sed impatiens vel exiguæ dilationis mulier, ficta qualibet causa, confestim marito miris persuadet artibus ad longissime dissitas festinare villulas. Quo facto, maturatæ spei vesania præceps, promissæ libidinis flagitat vadimonium. Sed juvenis modo istud, modo aliud causæ faciens, exsecrabilem frustratur ejus aspectum ; quoad illa nuntiorum varietate pollicitationem sibi denegatam manifesto perspiciens, mobilitate lubrica nefarium amorem ad longe deterius transtulisset odium.

Et assumpto statim nequissimo et ad omne facinus emancipato quodam dotali servulo perfidiæ suæ consilia communicat. Nec quidquam melius videtur, quam vita miserum privare juvenem. Ergo missus continuo furcifer venenum præsentarium comparat ; idque vino diligenter dilutum insontis privigni præparat exitio. Ac dum de oblationis opportunitate secum noxii deliberant homines ; forte fortuna puer ille junior, proprius pessimæ feminæ filius, post matutinum laborem studiorum domum se recipiens, prandio jam capto sitiens, repertum vini poculum in quo venenum latebat inclusum, nescius fraudis occultæ, continuo perduxit haustu. Qui, ubi fratri suo paratam mortem ebibit, exanimis terræ procumbit.

Illico repentina pueri pernicie pædagogus commotus ululabili clamore matrem totamque ciet familiam. Jamque cognito casu noxiæ potionis, varie quisque præsentium auctores insimulabant extremi facinoris. Sed dira illa femina et malitiæ novercalis exemplar unicum, non acerba filii morte, non parricidii conscientia, non infortunio domus, non luctu mariti, vel ærumna funeris, commota, clade familiæ vindictæ compendium traxit, misitque protinus cursorem, qui vianti marito domus expugnationem nuntiaret. Ac mox eodem ocius ab itinere regresso, personata nimia temeritate, insimulat privigni veneno filium suum interemptum. Et hic quidem non adeo mentiebatur, quod jam destinatam juveni mortem prævenisset puer. Sed fratrem juniorem fingebat ideo privigni scelere peremptum, quod ejus probrosæ libidini, qua se comprimere tentaverat, noluisset succumbere. Nec tam immanibus contenta mendaciis, addebat, sibi quoque, ob detectum flagitium, eumdem illum gladio comminari. Tunc infelix, duplici filiorum morte percussus, magnis ærumnarum procellis æstuat. Nam et juniorem incoram sui funerari videbat ; et alterum, ob incestum, parricidiumque, capitis scilicet damnationis iri certo sciebat. Ad hoc uxoris dilectæ nimium mentitis lamentationibus ad extremum sobolis impellebatur odium.

Vix dum pompæ funebres, et sepultura filii fuerat explicata ; et statim ab ipso ejus rogo senex infelix, ora sua recentibus adhuc rigans lacrymis, trahensque cinere sordentem canitiem, foro se festinus immittit. Atque ibi tum fletu tum precibus, genua etiam decurionum contingens, nescius fraudium pessimæ mulieris, pro extremo reliqui filii plenis operabatur affectibus : illum incestum paterno thalamo, illum parricidam fraterno exitio, et in comminata novercæ nece sicarium. Tanta denique miseratione tantaque indignatione curiam, sed et plebem mœrens

nace encore sa belle-mère. Cet accent du désespoir fit naître une telle sympathie, excita si puissamment l'indignation du tribunal et même de la foule assistante, que, pour couper court à une instruction trop lente, à des dépositions qui n'en finissent pas, aux captieux ajournements de la défense, tous s'écrient d'une commune voix : Qu'on le lapide! C'est une peste publique : que le public se fasse justice. Alarmés cependant pour leur propre sûreté, et craignant que cette fermentation, d'abord peu profonde, ne dégénère bientôt en violation de l'ordre public et de toute autorité, les magistrats emploient les remoutrances auprès des décurions, les voies coercitives envers le peuple. Par respect pour les formes de justice traditionnelles, il faut un débat contradictoire, une sentence rendue judiciairement. Iraient-ils, au mépris de toute civilisation, ou pour imiter les violences du despotisme, condamner un homme sans l'entendre? Un tel scandale serait-il, en pleine paix, donné aux siècles à venir?

La raison prévalut. Ordre aussitôt au crieur de proclamer une convocation du sénat dans le lieu de ses séances. Chacun arrive, et prend la place que son rang lui assigne. A la voix du crieur, l'accusateur s'avance; et, alors, seulement, l'accusé est appelé et introduit. Par application de la loi athénienne et des formes de juridiction de l'Aréopage, le crieur signifie aux avocats qu'ils aient à s'abstenir de tout exorde et de tout appel à la pitié. Ces détails, je les ai recueillis dans les nombreuses causeries que j'ai entendues sur ce procès. Du reste, l'accusation fut-elle chaudement poussée, habilement réfutée? je n'en sais rien. Du fond de mon écurie, je n'ai rien entendu de l'attaque ni de la réplique; je ne puis donc rien en rapporter. Ce qui est positivement à ma connaissance, le voici.

Les plaidoiries terminées, le tribunal décide que l'accusateur sera tenu de produire ses preuves, un cas de cette importance exigeant la pleine évidence, et ne permettant pas de procéder par conjecture. Avant tout, l'esclave, seul témoin, soi-disant, des faits articulés, sera représenté en justice; mais ce gibier de potence n'était pas homme à s'émouvoir, ou de la gravité de la décision attendue, ou de l'imposant aspect de l'assemblée, ou du cri de sa propre conscience. Il avait son conte tout prêt, qu'il se mit à débiter imperturbablement comme l'expression de la vérité pure. Mandé, suivant son dire, par son jeune maître, il l'aurait trouvé dans l'exaspération d'un amour dédaigné, aurait reçu de sa bouche l'ordre de le venger par la mort du fils des mépris de la mère, et cela avec promesses splendides pour son concours discret, et menaces de mort en cas de refus. Un poison tout préparé lui aurait d'abord été remis pour le faire prendre au jeune frère, puis retiré ensuite par l'aîné, qui, craignant que son complice ne supprimât le breuvage et ne gardât la coupe comme pièce de conviction, se serait déterminé à le présenter lui-même. L'art de cette déposition, joint à l'accent de vérité que sut y mettre ce misérable, en affectant une terreur profonde, détermina la conviction du tribunal. Parmi les décurions, il n'était pas une voix favorable au jeune homme. Tous le tenaient pour atteint et convaincu, et passible de la peine d'être cousu dans un sac. Déjà, suivant l'usage immémorial, l'urne s'ouvrait pour recevoir une succession de bulle-

inflammaverat; ut remoto judicandi tædio, et accusationis manifestis probationibus et responsionis meditatis ambagibus, cuncti conclamarint : *Lapidibus obrutum publicum malum publice vindicari.* Magistratus interim, metu periculi proprii, ne de parvis indignationis elementis ad exitium disciplinæ civitatisque seditio procederet, partim decuriones deprecari, partim populares compescere, ut rite et more majorum judicio reddito, et utrimque secus allegationibus examinatis, civiliter sententia promeretur : nec, ad instar barbaricæ feritatis vel tyrannicæ impotentiæ, damnaretur aliquis inauditus : et in pace placida tam dirum sæculo proderetur exemplum.

Placuit salubre consilium. Et illico jussus præco pronuntiat : Patres in curiam convenirent. Quibus protinus dignitatis jure consueta loca residentibus, rursum præconis boatu, primus accusator incedit. Tunc demum clamatus inducitur etiam reus : et exemplo legis atticæ, Martiique judicii, causæ patronis denuntiat præco, neque principia dicere, neque miserationi commovere. Hæc ad istum modum gesta compluribus mutuo sermocinantibus, cognovi. Quibus autem verbis accusator urserit, quibus rebus diluerit reus, ac prorsus orationis altercationesque, neque absens ipse apud præsepium scire, neque ad vos, quæ ignoravi, possum enuntiare : sed quæ plane comperi, ad istas litteras proferam.

Simul enim finita est dicentium contentio, veritatem criminum fidemque probationibus certis instrui nec suspicionibus tantam conjecturam permitti placuit : atque illum potissimum servum, qui solus hæc ita gesta esse scire diceretur, sisti modis omnibus oportere. Nec tantillum cruciarius ille, vel fortuna tam magni judicii, vel confertæ conspectu curiæ, vel certe noxia conscientia sua deterritus, quæ ipse finxerat, quasi vera adseverare atque adserere incipit. Quod se vocasset indignatus fastidio novercæ juvenis; quod ulciscens injuriam, filii ejus mandaverat necem; quod promisisset grande silentii præmium; quod recusanti mortem sit comminatus : quod venenum sua manu temperatum, dandum fratri reddiderit; quod ad criminis probationem reservatum poculum neglexisse suspicatus, sua postremum manu porrexerit puero. Hæc, eximia enim ad veritatis imaginem, verberone illo simulata trepidatione perferente, finitum est judicium. Nec quisquam decurionum tam æquus remanserat juveni, quin eum evidenter noxæ compertum insui culleo pronuntiaret. Quum jam sententiæ pares, cunctorum stilis ad unum sermonem congruentibus, ex more perpetuo in

25.

tins unanimes, car une même formule y avait été inscrite par chaque main. Or, le scrutin une fois accompli, c'en était fait irrévocablement du coupable, dont la tête dès lors était dévolue au bourreau, lorsqu'un vieux sénateur, l'un des premiers de l'ordre par le crédit attaché à sa personne et l'autorité de son opinion, et qui exerçait la profession de médecin, couvrit tout à coup de sa main l'orifice de l'urne, comme pour arrêter l'émission de votes irréfléchis, et s'adressa en ces termes à l'assemblée :

Vieux comme je suis, j'ai le bonheur de n'avoir recueilli qu'estime dans ma longue carrière. Je ne vous laisserai pas accueillir une accusation calomnieuse et commettre un meurtre juridique ; je ne vous laisserai pas, sur la foi d'un misérable esclave, fausser le serment que vous avez fait de rendre la justice. Quant à moi, je ne puis fouler aux pieds toute religion, et mentir à ma conscience par une condamnation injuste. Voici le fait : Ce maraud vint me prier, il y a quelques jours, de lui procurer certain poison d'un effet instantané, dont il m'offrit cent écus d'or. Une personne, disait-il, atteinte d'une incurable maladie de langueur, avait recours à ce moyen pour en finir avec une vie de souffrance. Dans le bavardage que le drôle me débitait, je démêlai de l'imposture, et ne doutai pas qu'il ne s'agît d'un crime. Je livrai cependant la potion ; mais, prévoyant dès lors que l'affaire irait en justice, je n'acceptai le prix que sous condition. De peur, lui dis-je, qu'il n'y ait dans cet or des pièces fausses ou altérées, nous allons les remettre dans le sac, tu le scelleras de ton anneau, et demain nous ferons vérifier le tout par un changeur. Il n'a pas fait d'objection, et la somme a été cachetée. De mon côté, dès que je l'ai vu assigné à comparaître, j'ai envoyé un de mes gens chercher le sac dans mon laboratoire. Je mets la pièce sous vos yeux : que le témoin vienne reconnaître son cachet. C'est donc lui qui a acheté le poison. Comment cette circonstance est-elle mise sur le compte d'un autre ?

Le scélérat, à ces mots, se mit à trembler de tous ses membres. On vit la couleur vitale s'effacer de ses traits, et sa face se couvrir de la pâleur d'un spectre. Une sueur froide ruisselait sur tout son corps. Il ne savait sur quel pied se tenir, et se grattait la tête tantôt d'un côté, tantôt d'un autre, marmottant je ne sais quoi entre ses dents, si bien que sa culpabilité parut manifeste à tout le monde. Mais voilà mon fourbe qui, reprenant par degré son aplomb, se met à nier tout effrontément, et donne au médecin démentis sur démentis. Celui-ci, attaqué dans son caractère comme magistrat, et dans son honneur comme particulier, s'évertue à confondre le traître. A la fin, sur l'ordre des magistrats, les officiers de justice s'emparent des mains de l'esclave, et y trouvant un anneau de fer, le comparent avec l'empreinte du sac. Cette vérification leva tous les doutes. On ne tarda pas, suivant l'usage grec, à faire jouer le chevalet et la roue ; mais le coquin endurci montra dans la torture une constance incroyable, et résista même à l'épreuve du feu.

Par Hercule, s'écrie alors le médecin, je ne souffrirai pas que, contre toute équité, vous or-

urnam æream deberent conjici : quo semel conditis calculis, jam cum rei fortuna transacto nihil postea commutari licebat, sed mancipabatur potestas capitis in manum carnificis ; unus e curia senior, præ ceteris compertæ fidei atque auctoritatis præcipuæ, medicus, orificium urnæ manu contegens, ne quis mitteret calculum temere, hæc ad ordinem protulit.

Quod ætatis sum, vobis approbatum me vixisse gaudeo. Nec patiar, falsis criminibus petito reo, manifestum homicidium perpetrari : nec vos, qui jurejurando adstricti judicatis, inductos servuli mendacio, pejerare. Ipse non possum, calcata numinum religione, conscientiam meam fallens, perperam pronuntiare. Ergo, ut res est, de me cognoscite. Furcifer iste nequissimus præsentium comparare sollicitus, centumque aureos solidos offerens pretium, mecum non olim convenerat : quod ægroto cuidam dicebat necessarium, qui morbi inextricabilis veterno vehementer implicitus, vitæ se cruciatui subtrahere gestiret. At ego perspiciens malum istum verberonem blaterantem, atque inconcinne causificantem, certusque aliquod moliri flagitium, potionem quidem dedi ; sed futuræ quæstioni præcavens, non statim pretium, quod offerebatur, accepi. Sed, ne forte aliquis, inquam, istorum, quos offers, aureorum nequam vel adulter reperiatur : in hoc ipso sacculo conditos eos annulo tuo prænota ; donec altera die nummulario præsente comprobentur. Sic inductus, signavit pecuniam. Quam exinde, ut ipse repræsentatus est judicio, jussi de meis aliquem curriculo taberna promptam afferre. Et en ecce, perlatam coram exhibeo. Videat, et suum sigillum recognoscat. Nam quemadmodum ejus veneni frater insimulari potest, quod iste comparaverit ?

Ingens exinde verberonem corripit trepidatio : et in vicem humani coloris succedit pallor infernus ; perque universa membra frigidus sudor emanabat. Tunc pedes incertis alternationibus commovere : modo hanc, modo illam partem scalpere capitis : et, ore semiclauso balbutiens, nescio quas affanias effutire ; ut eum nemo prorsus a culpa vacuum merito crederet. Sed revalescente rursus astutia, constantissime negare et accersere mendacii medicum non desinit. Qui præter judicii religionem, quum fidem suam coram lacerari videret, multiplicato studio verberonem illum contendit redarguere : donec jussu magistratuum ministeria publica, contrectatis nequissimi servi manibus, annulum ferreum deprehensum cum signo sacculi conferunt. Quæ comparatio præcedentem roboravit suspicionem. Nec rota, vel equuleus, more Græcorum, tormentis ejus apparata, jam deerant. Sed obfirmatus mira præsumptione, nullis verberibus ac ne ipso quidem succubuit igni.

Tunc medicus, Non patiar, inquit, hercules, non patiar, vel contra fas de innocente isto juvene supplicium vos sumere ; vel hunc, ludificato nostro judicio, pœnam

donniez le supplice de cet innocent jeune homme, ni que ce misérable, parce qu'il peut se jouer des moyens de votre justice, échappe au châtiment qui lui est dû. Je vais établir jusqu'à l'évidence que le coupable est devant vous. Sollicité par cet homme abominable de lui procurer le poison le plus énergique, j'ai jugé d'un côté le service qu'il me demandait incompatible avec le devoir de ma profession, car la médecine est instituée pour sauver la vie et non pour la détruire ; et, de l'autre, que si je le refusais, je laisserais imprudemment la voie ouverte au crime ; car on pouvait se pourvoir ailleurs de poison, employer le poignard ou toute espèce d'arme pour consommer l'acte médité. J'ai donc livré une potion, mais une potion qui n'est que somnifère. C'est de la mandragore, substance bien connue pour sa vertu narcotique, et qui provoque un sommeil de tous points semblable à la mort. Il n'y a pas de quoi s'étonner au surplus en voyant un désespéré comme celui-là, qui sait quel supplice lui revient d'après les lois de nos ancêtres, soutenir aisément l'épreuve comparativement légère de la torture. Encore une fois, si l'enfant n'a pris que la potion préparée de mes mains, il vit, son sommeil n'est qu'un repos. Une fois sorti de cette léthargie, il reverra la lumière du jour. S'il a péri, s'il est vraiment et définitivement mort, la cause en est ailleurs. Libre à vous de la chercher. Ainsi parla le vieillard. Il entraîna l'assemblée.

On se précipite aussitôt vers le sépulcre où gisait le corps de l'enfant. Sénateurs, gens de condition et bas peuple, tous s'y portent en foule, avec le plus avide empressement. Le père, de ses propres mains, découvre le cercueil. Précisément la léthargie arrivait à son terme. Il voit se lever son fils, rendu à l'existence. Il le serre étroitement dans ses bras, et, muet par l'excès de la joie, le montre à tout le peuple. Aussitôt l'enfant, encore enveloppé de son linceul, est transporté au tribunal. Alors se révèle le noir complot de l'esclave et de l'épouse, plus perverse encore. La vérité paraît dans tout son jour. On condamne la marâtre au bannissement perpétuel. Son complice est mis en croix. Et, du consentement de tous, l'honnête médecin garda les pièces d'or pour prix du spécifique administré si à propos. Tel fut le dénoûment vraiment providentiel de ce drame intéressant et mémorable. Heureuse péripétie pour le bon vieillard, qui, au moment de se voir frappé dans sa postérité tout entière, se retrouve tout à coup père de deux enfants.

Quant à moi, voici de quelle façon la fortune se plut à me ballotter dans ce temps-là. Ce même soldat qui avait su faire emplette de mon individu sans avoir affaire à vendeur quelconque, et entrer en possession sans bourse délier, se trouva forcé, par l'ordre de son tribun, de partir pour Rome, porteur d'un message pour le plus grand des princes. Il me vendit onze deniers à deux frères, esclaves tous deux chez un riche du voisinage. L'un était pâtissier au petit four, grand faiseur de tartelettes au miel et autres friandises. L'autre était cuisinier entendant à merveille les combinaisons d'assaisonnement, sauces et cuissons. Ils logeaient ensemble et vivaient en commun. Leur maître était voyageur par goût, et ils m'avaient acheté pour porter l'atti-

---

noxii facinoris evadere. Dabo enim rei præsentis evidens argumentum. Nam quum venenum peremptorium comparare pessimus iste gestiret ; nec meæ sectæ crederem convenire, causas ulli præbere mortis ; nec exitio, sed saluti hominum medicinam quæsitam esse didicissem : verens, ne, si daturum me negassem, intempestiva repulsa viam sceleri subministrarem : et ab alio quopiam exitiabilem mercatus hic potionem, vel postremum gladio, vel quovis telo nefas inchoatum perficeret ; dedi venenum, sed somniferum mandragoræ illud, gravedinis compertæ famosum et morti simillimi soporis efficax. Nec mirum, desperatissimum istum latronem, certum extremæ pœnæ quæ more majorum in eum competit, cruciatus istos, ut leviores, facile tolerare. Sed si vere puer meis temperatam manibus sumpsit potionem, vivit, et quiescit, et dormit : et protinus, marcido sopore discusso, remeabit ad diem lucidam. Quod si vere peremptus est, si vere morte præventus est ; quæratis licet causas mortis ejus alias.

Ad istum modum seniore adorante, placuit. Et itur confestim magna cum festinatione ad illud sepulcrum, quo corpus pueri depositum jacebat. Nemo de curia, de optimatibus nemo, ac ne de ipso quidem populo quisquam, qui non illuc curiose confluxerit. Ecce pater, suis ipse manibus cooperculo capuli remoto, commodum discusso mortifero sopore surgentem postliminio mortis, deprehendit filium, eumque complexus artissime, verbis impar præsenti gaudio, producit ad populum. Atque, ut erat adhuc feralibus amiculis obstrictus atque obditus, deportatur ad judicium puer. Jamque liquido servi nequissimi atque mulieris nequioris patefactis sceleribus, procedit in medium nuda veritas. Et novercæ quidem perpetuum indicitur exsilium ; servus vero patibulo suffigitur ; et omnium consensu bono medico sinuntur aurei, opportuni somni pretium. Et illius quidem senis famosa atque fabulosa fortuna providentiæ divinæ condignum accepit exitum : qui momento modico, immo puncto exiguo, post orbitatis periculum, adulescentium duorum pater repente factus est.

At ego tunc temporis talibus fatorum fluctibus volutabar. Miles ille, qui me, nullo vendente, comparaverat, et sine pretio suum fecerat, tribuni sui præcepto debitum sustinens obsequium, litteras ad magnum scriptas principem Romam versus perlaturus, vicinis me quibusdam duobus servis fratribus undecim denariis vendidit. His erat dives admodum dominus. At illorum alter pistor dulciarius, qui panes et mellita concinnabat edulia ; alter coquus, qui sapidissimis intrimentis succum pulmenta condita vapore mollibat. Unico illi contubernio communem vitam sustinebant, meque ad vasa illa complura gestanda præstinarant, quæ domini regiones plusculas pererrantis variis usibus erant necessaria. Adsciscor itaque inter duos illos fra-

rail de cuisine qui devait le suivre. Me voilà donc en tiers dans ce ménage fraternel. Jamais je n'eus moins à me plaindre de la fortune. Chaque soir, après le souper, qui était un délicat et très-magnifique ordinaire, mes deux patrons étaient dans l'usage, chacun pour son ressort, de rapporter bonne partie de la desserte dans le réduit qu'ils occupaient : ce qui se composait, pour l'un, des restes splendides des ragoûts servis, porc, volaille, poissons et autres mets de ce genre; et, pour l'autre, de gâteaux mollets ou croquants, de toute forme et de toute composition, où le miel se trouvait toujours comme ingrédient. Cela fait, les deux frères fermaient leur porte et allaient se délasser aux bains. Je ne manquais pas alors de me bourrer le ventre des bonnes choses que le ciel m'envoyait; car je n'étais pas sot et âne au point, trouvant chère si délicate et à ma portée, de me contenter de foin tout sec pour mon souper.

Cette picorée me réussit d'abord pleinement, parce que j'y mettais de la discrétion et de la réserve, ne prélevant que de faibles portions sur de grandes quantités. Et le moyen de soupçonner un âne de ce genre de fraude? Mais le mystère m'enhardit; ma confiance n'eut plus de bornes. Alors le plus beau et le meilleur y passa. Je savourais les fins morceaux, sans toucher à ceux de qualité inférieure. Les deux frères commencèrent à s'inquiéter fort. Ils n'avaient pas encore de soupçon arrêté; mais ils firent le guet pour surprendre l'auteur de ces soustractions quotidiennes, et allèrent même à part soi jusqu'à s'imputer l'un à l'autre mes larcins. Aussi tous deux de redoubler de soins, de faire bonne garde, et de compter et recompter leurs provisions.

Enfin l'un d'eux, surmontant toute vergogne, apostrophe l'autre en ces termes : Est-il juste, est-il raisonnable à toi de me tromper ainsi à la journée? d'escamoter les morceaux de choix pour augmenter tes profits, en les vendant de côté et d'autre, et d'exiger après la moitié du reste? Notre association te déplaît-elle, nous pouvons, tout en restant bons frères, dissoudre la communauté. Autrement, cette duperie, où je ne vois pas de bornes, finira par faire éclater entre nous une sérieuse discorde. Merci de ton impudence, reprit l'autre; tu vas au-devant des plaintes que je n'osais faire. Il y a si longtemps que tu me voles, et que je gémis en silence pour ne pas intenter contre un frère cette ignoble accusation! Allons, soit, la glace étant rompue, mettons un terme à ce préjudice. Aussi bien, si notre rancune couve plus longtemps, nous verrons éclater entre nous une autre Thébaïde. De reproche en récrimination, tous deux en vinrent à protester avec serment, chacun pour sa part, qu'ils n'ont fraude ni larcin sur la conscience. Alors on convient, le tort étant commun, de mettre tout en œuvre pour découvrir le larron. Il y avait bien l'âne qui restait seul chaque jour, mais ce n'était pas là chère à sa guise; et, cependant, toujours les meilleurs morceaux de disparaître : et apparemment il n'entre pas chez eux de mouches de la force des Harpyes, qui dévastaient, dit-on, la table de Phinée.

En attendant, je continuais à m'empiffrer; et, grâce à ce régime d'alimentation humaine,

---

tres tertius contubernalis : haud ullo tempore tam benivolam fortunam expertus. Nam vespera, post opiparas cœnas earumque splendidissimos apparatus, multas numero partes in cellulam suam mei solebant reportare domini : ille porcorum, pullorum, piscium et ejusmodi pulmentorum largissimas reliquias; hic panes, crustula, lucunculos, hamos, lacertulos et plura scitamenta mellita. Qui quum se refecturi, clausa cellula, balneas petissent, oblatis ego divinitus dapibus affatim saginabar. Nec enim tam stultus eram, tamque vere asinus, ut dulcissimis illis relictis cibis, cœnarem asperrimum fœnum.

Et hæc quidem pulcherrime mihi furatrinæ procedebat artificium, quippe adhuc timide et satis parce subripienti de tam multis pauciora, nec illis fraudes ullas in asino suspicantibus. At ubi fiducia latendi pleniore capta, partes opimas quasque devorabam, et rancidiora seligens, abligurribam dulcia : suspicio non exilis fratrum pupugit animos. Et quamquam de me nihil etiam tunc tale crederent, tamen quotidiani damni studiose vestigabant reum. Illi vero postremo etiam mutuo sese rapinæ turpissimæ criminabantur. Jamque curam diligentiorem, et acriorem custodelam, et dinumerationem adhibebant partium.

Tandem denique rupta verecundia, sic alter alterum compellat : At istud jam neque æquum ac ne humanum, fidem minuere quidem quotidie, ac partes electiores surripere : atque his divenditis, peculium latenter augere, de reliquis æquam vindicare divisionem. Si tibi denique societas ista displicet; possumus omnia quidem cetera fratres manere, ab isto tamen nexu communionis discedere. Nam video in immensum damni procedentem querelam nutrire nobis immanem discordiam. Subjicit alius : Laudo istam tuam, mehercules, et jsse constantiam, quod, furatis clanculo partibus, prævenisti querimoniam, quam diutissime sustinens, tacitus ingemiscebam; ne viderer rapinæ sordidæ meum fratrem arguere. Sed bene, quod utrimque secus sermone prolato, jacturæ remedium quæritur; ne silentio procedens simultas, Eteocleas nobis contentiones pariat. His et similibus altercati conviciis, dejerant utrique, nullam se prorsus fraudem, nullam denique surreptionem factitasse : sed plane debere cunctis artibus communis dispendii latronem inquiri. Nam neque asinum, qui solus interesset, talibus cibis affici posse : et tamen quotidie partes electibiles comparere nusquam : nec utique cellulam suam tam immanes involare muscas, ut olim Harpyiæ fuere, quæ diripiebant Phineias dapes.

Interea liberalibus cœnis inescatus, et humanis affatim cibis saginatus, corpus obesa pinguitie compleveram; corium arvina succulenta molliveram; pilum liberali nitore

j'arrivais à un degré de corpulence et de rotondité extraordinaire. L'embonpoint dilatait le tissu de mon cuir, donnait à mon poil du lustre ; mais cet enjolivement de ma personne aboutit à une déconvenue : frappés de l'accroissement insolite de mes dimensions, et remarquant, de plus, que ma ration de foin restait intacte chaque jour, les deux frères mirent toute leur attention à m'observer. A l'heure ordinaire, ils font mine d'aller aux bains, ferment la porte comme de coutume, et, regardant par un petit trou, me voient dauber sur les denrées étalées çà et là. En dépit du préjudice qu'ils en éprouvaient, la sensualité surnaturelle de leur âne les fait pouffer de rire. Ils invitent un camarade, puis deux, puis toute la maisonnée, à venir voir les tours de force gastronomiques du lourdaud de baudet. On rit si haut et de si bon cœur, que le bruit en vient à l'oreille du maître qui passait par là. Il veut savoir la cause de cette gaieté de ses gens. Instruit du fait, il vient lui-même regarder au trou, et se délecte à ce spectacle. Il en rit à se tenir les côtes, fait ouvrir la porte et s'en donne le plaisir de près ; car moi qui voyais la fortune se dérider un peu à mon égard, et qui me sentais rassuré par l'hilarité que j'excitais, je continuais à jouer des mâchoires à mon aise.

Enfin le patron, qui ne se lassait pas de ce spectacle, me fit conduire, ou plutôt me conduisit de ses mains à la salle à manger, fit dresser la table et servir toutes sortes de pièces non entamées, de plats où personne n'avait touché. J'avais déjà l'estomac honnêtement garni ; mais pour me faire bien venir du maître et gagner ses bonnes grâces, je ne laissai pas de donner en affamé sur le supplément offert. Pour mettre ma complaisance à l'épreuve, on s'étudiait à choisir et mettre devant moi tout ce qui répugne le plus au goût d'un âne : viandes assaisonnées au laser, volaille à la poivrade, poisson à la sauce exotique. La salle retentissait d'éclats de rire. Un éveillé de la compagnie se mit à crier : Du vin au convive ! Le maître prit la balle au bond. L'idée du drôle n'est pas mauvaise, dit-il ; peut-être le camarade ne serait-il pas fâché de boire un coup, et du bon. Holà ! garçon, lave, comme il faut, ce vase d'or là-bas : tu le rempliras ensuite de vin au miel, et l'offriras à mon hôte, en lui disant que je bois à sa santé. L'attente des convives était excitée au plus haut point. Moi, en franc buveur, sans me déconcerter, ni me presser, j'arrondis, en manière de langue, ma lèvre inférieure, et j'avale d'un trait cette rasade démesurée. Un bruyant concert de salutations accueillit cet exploit. Le maître, dans la joie de son cœur, mande mes deux propriétaires, leur fait compter quatre fois le prix de leur acquisition, et me confie, avec toute sorte de recommandations, aux soins de certain affranchi bien-aimé qui n'avait pas mal fait ses propres affaires.

Cet homme me traitait avec assez d'humanité et de douceur, et, pour faire la cour à son maître, s'étudiait à lui ménager des plaisirs au moyen de mes petits talents. Il me dressa à me tenir accoudé à table, à lutter, à danser, qui plus est, debout sur mes pieds de derrière ; et, ce qui parut le plus miraculeux, à répondre par signes à la

---

nutriveram. Sed iste corporis mei decor pudori peperit grande dedecus. Insolita namque tergoris vastitate commoti, fœnum prorsus intactum quotidie remanere cernentes, jam totos ad me dirigunt animos. Et hora consueta, velut balneas petituri, clausis ex more foribus, per quamdam modicam cavernam rimantur me passim expositis epulis inhærentem. Nec ulla cura jam damni sui habita, mirati monstruosas asini delicias, risu maximo dirumpuntur ; vocatoque uno, et altero, ac dein pluribus conservis, demonstrant infandam memoratu hebetis jumenti gulam. Tantus denique ac tam liber cachinnus cunctos invaserat, ut ad aures quoque prætereuntis perveniret domini. Sciscitatus denique quid, bonum ! rideret familia : cognito quod res erat, ipse quoque, per idem prospiciens foramen, delectatur eximie. Ac dein risu ipse quoque latissimo, ad usque intestinorum dolorem redactus, jam patefacto cubiculo proxime consistens, coram arbitratur. Nam et ego tandem ex aliqua parte mollius mihi renidentis fortunæ contemplatus faciem, gaudio præsentium fiduciam mihi subministrante, nec tantillum commotus, securus esitabam.

Quoad novitate spectaculi lætus dominus ædium, duci me jussit ; immo vero suis et ipse manibus ad triclinium perduxit : mensaque posita, omne genus edulium solidorum, et illibata fercula jussit apponi. At ego, quamquam jam bellule suffarcinatus, gratiorem commendatioremque me tamen ei facere cupiens, esurienter exhibitas escas appetebam. Nam et quidquid potissimum abhorreret asinus excogitantes scrupulose, ad explorandam mansuetudinem id offerebant mihi : carnes lasere infectas, altilia pipere inspersa, pisces exotico jure perfusos. Interim convivium summo risu personabat. Quidam denique præsens scurrula, Date, inquit, sodali huic quippiam meri. Quod dictum dominus secutus, Non adeo, respondit, absurde jocatus es, furcifer. Valde enim fieri potest, ut contubernalis noster paululum quoque mulsi libenter appetat. Et, Heus, ait, puer, lautum diligenter ecce illum aureum cantharum mulso contempera, et offer parasito meo : simul, quod ei præbiberim, commoneto. Ingens exin oborta est epulonum exspectatio. Nec ulla tamen ego ratione conterritus, otiose, ac satis genialiter contorta in modum linguæ extrema labia, grandissimum illum calicem uno haustu perhausi. Clamor exsurgit consona voce cunctorum salute me prosequentium. Magno denique delibutus gaudio dominus, vocatis servis suis emptoribus meis, jubet quadruplum restitui pretium ; meque cuidam acceptissimo liberto suo et satis peculiato, magna præfatus diligentia, tradidit.

Qui me satis humane satisque comiter nutriebat : et, quo se patrono commendatiorem faceret, studiosissime voluptates ejus per meas argutias instruebat. Et primum me quidem mensam accumbere suffixo cubito, dein adluctari et etiam saltare sublatis primoribus pedibus perdocuit : quodque esset apprime mirabile, verbis nutum commu-

parole, à exprimer oui et non, en inclinant la tête dans le premier cas, et en la rejetant en arrière dans le second ; à demander à boire quand j'avais soif, en la tournant du côté du sommelier, et clignant alternativement des deux yeux. Il m'en coûtait peu pour apprendre tout ce manège : j'en eusse bien fait autant sans leçons. Mais une crainte m'arrêtait : si je me fusse avisé de devancer l'éducation dans cette singerie des habitudes humaines, le plus grand nombre aurait vu là quelque présage funeste : on m'eût traité en phénomène, en monstre. Je risquais d'être coupé par morceaux, et de servir de régal aux vautours.

Bientôt il ne fut bruit que de mes talents. Ils valurent de la célébrité à mon maître, qu'on se montrait du doigt quand il passait. Voilà, disait-on, le possesseur de cet âne sociable, bon convive, qui lutte, qui danse, qui entend la parole et s'exprime par signes. Mais, avant d'aller plus loin, il faut que je vous dise, et j'aurais dû commencer par là, qui était et d'où était mon maître. Thiasus (c'était son nom) était natif de Corinthe, capitale de toute la province d'Achaïe. Sa naissance et son mérite lui ouvraient l'accès des honneurs publics. Il en avait successivement parcouru les degrés, et se voyait appelé à la magistrature quinquennale. Pour célébrer avec la pompe convenable son avénement aux faisceaux, il avait promis de donner un spectacle de gladiateurs qui durerait trois jours, et comptait ne pas borner là sa munificence. Jaloux de la popularité qui s'acquiert par cette voie, il avait fait le voyage de Thessalie pour se procurer ce qu'il y a de mieux en fait de bêtes et de gladiateurs.

Ses préparatifs terminés, ses acquisitions complétées, il se disposait au retour. On le vit alors faire fi de ses splendides chariots, de ses magnifiques équipages, et les reléguer à la queue de son cortége, où ils suivaient à la file et à vide, découverts ou empaquetés. Il dédaigna même ses chevaux thessaliens et ses cavales gauloises, nobles races dont la réputation se paye si cher. Il ne voulut monter que moi, qui cheminais paré d'un harnais d'or, d'une selle éblouissante, d'une housse de pourpre, avec un mors d'argent, des sangles chamarrées de broderies, et des clochettes du timbre le plus sonore. Mon cavalier me choyait tendrement, m'adressait les plus doux propos, et disait hautement que le suprême bonheur était d'avoir un compagnon de voyage et de table tel que moi.

A notre arrivée à Corinthe, après avoir voyagé partie par terre, partie par mer, une population considérable se porta au-devant de nous, moins par honneur pour Thiasus, à ce qu'il me parut, que par la curiosité que j'inspirais; car une immense réputation m'avait précédé dans cette contrée, si bien que je devins de bon rapport pour l'affranchi préposé à ma garde. Quand il voyait qu'on faisait foule pour jouir du spectacle de mes gentillesses, le gaillard fermait la porte et n'admettait les amateurs qu'un à un, moyennant une rétribution assez forte ; ce qui lui valut de bonnes petites recettes quotidiennes.

Parmi les curieux admis à me voir pour leur argent, se trouvait une dame de haut parage et de grande fortune qui montra un goût prononcé pour mes gracieuses prouesses. A force d'y retourner, l'admiration chez elle devint pas-

dare ; ut quod nollem, relato, quod vellem, dejecto capite monstrarem, sitiensque, pocillatore respecto, ciliis alterna connivens, bibere flagitarem. Atque hæc omnia perfacile obediebam : quæ, nullo etiam monstrante scilicet, facerem. Sed verebar, ne, si forte sine magistro, humano ritu ederem, plerique rati sævum præsagium portendere, velut monstrum ostentumque, me obtruncatum, vulturiis opimum pabulum redderent.

Jamque rumor publice crebruerat, quo conspectum atque famigerabilem meis miris artibus effeceram dominum : Ille est, qui sodalem convivamque possidet luctantem asinum, saltantem asinum, voces humanas intelligentem, sensum nutibus exprimentem. Sed prius est, ut vobis, quod initio facere debueram, vel nunc saltem referam, quis iste, vel unde fuerit. Thiasus (hoc enim nomine meus nuncupabatur dominus) oriundus patria Corintho, quod caput istotius Achaiæ provinciæ, ut ejus prosapia atque dignitas postulabat, gradatim permensus honoribus, quinquennali magistratui fuerat destinatus : et, ut splendori capessendorum responderet fascium, munus gladiatorium triduanis spectaculis pollicitus, latius munificentiam suam porrigebat. Denique gloriæ publicæ studio, tunc Thessaliam etiam accesserat, nobilissimas feras et famosos inde gladiatores comparaturus. Jamque ex arbitrio dispositis coemptisque omnibus, domuitionem parabat, spretis luculentis illis suis vehiculis, ac posthabitis decoris prædarum carpentis, quæ partim contecta, partim revelata, frustra novissimis trahebantur consequiis : equis etiam thessalicis, et aliis jumentis gallicanis, quibus generosa soboles perhibet pretiosam dignitatem : me phaleris aureis, et fucatis ephippiis, et purpureis tapetis, et frenis argenteis, et pictilibus balteis, et tintinnabulis perargutis exornatum, ipse residens amantissime, nonnunquam comissimis affatur sermonibus. Atque inter alia pleraque summe se delectari profitebatur, quod haberet in me simul et convivam et vectorem.

At, ubi partim terrestri, partim maritimo itinere confecto, Corinthum accessimus, magnæ civium turbæ confluebant, ut mihi videbatur, non tantum Thiasi dantes honori, quam mei conspectus cupientes. Nam tanta ibidem etiam de me fama pervaserat, ut non mediocri quæstui præposito illi meo fuerim. Qui, quum multos videret nimio favore lusus meos spectare gestientes, obserata fore, atque singulis eorum seorsus admissis, stipes acceptans non parvas, summulas diurnas corradere consuerat.

Fuit in illo conventiculo matrona quædam pollens et opulens : quæ more ceterorum visum meum mercata, ac dehinc multiformibus ludicris delectata, per admiratio-

sion; et, sans plus chercher à combattre une ardeur monstrueuse, cette nouvelle Pasiphaé ne soupire plus qu'après mes embrassements. Elle offrit à mon gardien, pour une de mes nuits, un prix considérable; et le drôle trouva bon, pourvu qu'il en eût le profit, que la dame s'en passât l'envie.

Le dîner du patron fini, nous passons de la salle à manger dans la chambre où je logeais, où nous trouvâmes la dame languissant déjà dans l'attente. Quatre eunuques posent à terre quantité de coussins moelleusement renflés d'un tendre duvet, et destinés à former notre couche. Ils les recouvrent soigneusement d'un tissu de pourpre brodé d'or, et par-dessus disposent avec art de ces petits oreillers douillets dont se servent les petites maîtresses pour appuyer la figure ou la tête; puis, laissant le champ libre aux plaisirs de leur dame, ils se retirent, fermant la porte après eux. La douce clarté des bougies avait remplacé les ténèbres. La dame alors se débarrasse de tout voile, et quitte jusqu'à la ceinture qui contenait deux globes charmants. Elle s'approche de la lumière, prend dans un flacon d'étain une huile balsamique dont elle se parfume des pieds à la tête, et dont elle me frotte aussi copieusement, surtout aux jambes et aux naseaux.
. . . .
Elle me couvre alors de baisers, non de ceux dont on fait métier et marchandise, qu'une courtisane jette au premier venu pour son argent; mais baisers de passion, baisers de flamme, entremêlés de tendres protestations : Je t'aime, je t'adore, je brûle pour toi, je ne puis vivre sans toi; tout ce que femme, en un mot, sait dire pour inspirer l'amour ou pour le peindre. Elle me prend ensuite par la bride, et me fait aisément coucher. J'étais bien dressé à la manœuvre, et n'eus garde de me montrer rétif ou novice, en voyant, après si longue abstinence, une femme aussi séduisante ouvrir pour moi ses bras amoureux. Ajoutez que j'avais bu largement et du meilleur, et que les excitantes émanations du baume commençaient à agir sur mes sens.

Mais une crainte me tourmentait fort. Comment faire, lourdement enjambé comme je l'étais, pour accoler si frêle créature, pour presser de mes ignobles sabots d'aussi délicats contours? Ces lèvres mignonnes et purpurines, ces lèvres qui distillent l'ambroisie, comment les baiser avec cette bouche hideusement fendue, et ces dents comme des quartiers de roc? Comment la belle enfin, si bonne envie qu'elle en eût, pourrait-elle faire place au logis pour un hôte de pareille mesure? Malheur à moi! me disais-je, une femme noble écartelée! Je me vois déjà livré aux bêtes, et contribuant de ma personne aux jeux que va donner mon maître. Cependant les doux propos, les ardents baisers, les tendres soupirs, les agaçantes œillades, n'en allaient pas moins leur train : Bref, je le tiens, s'écrie la dame, je le tiens, mon tourtereau, mon pigeon chéri ! Et, m'embrassant étroitement, elle me fit bien voir que j'avais raisonné à faux et craint à tort; que de mon fait il n'y avait rien de trop, rien de trop pour lui plaire; car, chaque fois que, par

---

nem assiduam paulatim in admirabilem mei cupidinem incidit, nec ullam vesanæ libidini medelam capiens, ad instar asinariæ Pasiphaæ complexus meos ardenter expectabat, grandi denique præmio cum altore meo depacta est noctis unius concubitum. At ille nequam, ut posset de me suave provenire, lucro suo tantum contentus, annuit.

Jam denique cœnati e triclinio domini decesseramus : et jam dudum præstolantem cubiculo meo matronam offendimus. Dii boni! qualis ille, quamque præclarus apparatus! Quatuor euuuchi confestim pulvillis compluribus ventose tumentibus pluma delicata terrestrem nobis cubitum præstruunt : sed et stragula veste, auro ac murice tyrio depicta, probe consternunt : ac desuper brevibus admodum, sed satis copiosis pulvillis, aliis nimis modicis, quis maxillas et cervices delicatæ mulieres suffulcire consuerunt, superstruunt. Nec dominæ voluptates diutina sua præsentia morati, clausis cubiculi foribus, facessunt. At intus cerei præclara micantes luce, nocturnas nobis tenebras inalbabant. Tunc ipsa cuncto prorsus spoliata tegmine, tænia quoque, qua decoras devinxerat papillas, lumen propter adsistens, de stagneo vasculo multo sese perungit oleo balsamo, meque indidem largissime perfricat : sed multo tanto impensius crura etiam naresque perfundit meas. . . . .
. . . .
Tunc exosculata pressule, non qualia in lupanari solent basiola jactari, vel meretricum poscinummia, vel adventorum negotinummia, sed pura atque sincera instruit, et blandissimos affatus : Amo, et cupio, et te solum diligo, et sine te jam vivere nequeo : et cetera, quis mulieres et alios inducunt, et suas testantur affectiones. Capistroque me prehensum, more quo didiceram, declinat facile. Quippe quum nil novi nihilque difficile facturus mihi viderer; præsertim post tantum temporis, tam formosæ mulieris cupientis amplexus obiturus. Nam et vino pulcherrimo atque copioso memet madefeceram ; et unguento fragrantissimo prolubium libidinis suscitaram.

Sed angebar plane non exili metu, reputans quemadmodum tantis tamque magnis cruribus possem delicatam matronam inscendere; vel tam lucida, tamque tenera et lacte ac melle confecta membra duris ungulis complecti : labiasque modicas ambrosio rore purpurantes tam amplo ore tamque enormi et saxeis dentibus deformis saviari : novissime, quo pacto quamquam ex unguiculis perpruriscens, mulier tam vastum genitale susciperet. Heu me, qui dirupta nobili femina, bestiis objectus, munus instructurus sim mei domini! Molles interdum voculas, et assidua savia, et dulces gannitus, commorsicantibus oculis, iterabat illa. Et in summa, Teneo te, inquit, teneo meum palumbulum, meum passerem. Et cum dicto, vanas fuisse cogitationes meas, ineptumque monstrat metum. Artissime namque complexa, totum me, prorsus sed totum recipit. Illa vero, quotiens ei parcens nates recellebam,

ménagement, je tentais un mouvement de retraite, l'ennemi se portait en avant d'un effort désespéré, me saisissait aux reins, se collait à moi par étreintes convulsives, au point que j'en vins à douter si je ne péchais pas plutôt par le trop peu. Et, cette fois, je trouvai tout simple le goût de Pasiphaé pour son mugissant adorateur.

La nuit s'étant écoulée dans cette laborieuse agitation, la dame disparut à temps pour prévenir l'indiscrète lumière du jour, mais non sans avoir conclu marché pour une répétition. Mon gardien lui en donna l'agrément tant qu'elle voulut, sans se faire tirer l'oreille; car, indépendamment du grand profit qu'il tirait de ses complaisances, il ménageait par ce moyen à son maître un divertissement d'un nouveau goût. Il ne tarda pas, en effet, à le mettre au fait de mes exploits érotiques. Le patron paya magnifiquement la confidence, et se promit de me faire figurer sous cet aspect dans ses jeux. Or, comme à cause du rang, il ne fallait pas songer pour le second rôle à ma noble conquête, et qu'un autre sujet pour le remplir était introuvable à quelque prix que ce fût, on se procura une malheureuse condamnée aux bêtes par sentence du gouverneur. Telle fut la personne destinée à entrer en lice avec moi devant toute la ville. Voici en substance ce que j'ai su de son histoire :

Elle avait été mariée à un homme dont le père, partant pour un voyage lointain, et laissant enceinte sa femme, mère de celui-ci, lui avait enjoint de faire périr son fruit, au cas où elle n'accoucherait pas d'un garçon. Ce fut une fille qui naquit en l'absence du père. Mais le sentiment maternel prévalut sur l'obéissance due au mari. L'enfant fut confié à des voisines, qui se chargèrent de l'élever. L'époux de retour, sa femme lui dit qu'elle a mis au monde une fille, et qu'elle lui a ôté la vie. Mais vint l'âge nubile. Cette fille conservée, comment, à l'insu de son père, la doter suivant sa naissance? La mère ne voit d'autre moyen que de s'ouvrir à son fils. Ce dernier, d'ailleurs, étant dans la fougue de l'âge, elle appréhendait singulièrement les effets d'une rencontre et d'une passion entre ces deux jeunes gens, inconnus l'un à l'autre. Le jeune homme, excellent fils, entrant parfaitement dans les intentions de sa mère, eut pour sa sœur les plus tendres soins. Dépositaire religieux de ce secret de famille, et sans prendre ostensiblement à la jeune personne plus qu'un vulgaire intérêt d'humanité, il reconnut si bien les droits du sang, que l'orpheline, abandonnée chez des voisins, fut placée sous la protection du toit fraternel, et qu'il la maria bientôt à un ami intime et tendrement chéri, en lui donnant sur sa fortune personnelle une dot considérable.

Mais cette noble conduite, ces dispositions aussi sages que pieuses, la fortune se plut à en détruire les effets, en rendant la maison du frère le foyer d'une affreuse jalousie. La femme de ce dernier, la même que ses crimes firent depuis condamner aux bêtes, croit voir dans la jeune sœur l'usurpatrice de sa place et de ses droits. Du soupçon elle passe à la haine, et bientôt se livre aux plus atroces machinations pour perdre sa rivale. Voici quel odieux stratagème elle imagine. Elle part pour la campagne, munie

---

accedens totiens nisu rabido, et spinam prehendens meam, appliciore nexu inhærebat : ut hercules etiam deesse mihi aliquid ad supplendam ejus libidinem crederem ; nec Minotauri matrem frustra delectatam putarem adultero mugiente.

Jamque operosa et pervigili nocte transacta, vitata lucis conscientia, facessit mulier, condicto pari noctis futuræ pretio. Nec gravate magister meus voluptates ex ejus arbitrio largiebatur, partim mercedes amplissimas acceptando, partim novum spectaculum domino præparando. Incontanter ei denique libidinis nostræ totam detegit scenam. At ille, liberto magnifice munerato, destinat me spectaculo publico. Et quoniam neque egregia illa uxor mea propter dignitatem, neque prorsus ulla alia inveniri poterat grandi præmio ; vilis acquiritur aliqua, sententia præsidis bestiis addicta : quæ mecum incoram publicam populi caveam frequentaret. Ejus pene talem cognoveram fabulam.

Maritum habuit, cujus pater peregre proficiscens mandavit uxori suæ, matri ejusdem juvenis, quod enim sarcina prægnationis oneratam eam relinquebat : ut, si sexus sequioris edidisset fœtum, protinus quod esset editum, necaretur. At illa, per absentiam mariti, natam puellam, insita matribus pietate præventa, descivit ab obsequio mariti ; eamque prodidit vicinis alumnandam. Regressoque jam marito natam necatamque nuntiavit. Sed ubi flos ætatis nuptialem virgini diem flagitabat, nec, ignaro marito, dotare filiam pro natalibus quibat ; quod solum potuit, filio suo tacitum secretum aperuit. Nam et oppido verebatur, ne quo casu caloris juvenalis impetu lapsus, nescius nesciam sororem incurreret. Sed pietatis spectatæ juvenis, et matris obsequium, et sororis officium religiose dispensat : et arcanis domus venerabilis silentii custodiæ traditis, plebeiam facietenus prætendens humanitatem, sic necessarium sanguinis sui munus aggreditur, ut desolatam vicinam puellam parentumque præsidio viduatam domus suæ tutela receptaret : ac mox artissimo, multumque sibi dilecto contuberuali, largitus de proprio dotem liberalissime, traderet.

Sed hæc bene atque optime, plenaque cum sanctimonia disposita, feralem Fortunæ nutum latere non potuerunt. Cujus instinctu, domum juvenis protinus se direxit sæva rivalitas. Et illico hæc eadem uxor ejus, quæ nunc bestiis propter hæc ipsa fuerat addicta, cœpit puellam, velut æmulam tori succubamque, primo suspicari, dehinc detestari, dehinc crudelissimis laqueis mortis insidiari. Tale denique comminiscitur facinus. Annulo mariti surrepto rus profecta, mittit quemdam servulum, sibi quidem fidelem sed de ipsa Fide pessime merentem, qui puellæ nuntiaret, quod eam juvenis profectus ad villulam

de l'anneau de son mari, qu'elle a su lui soustraire ; et, de là, dépêche à sa belle-sœur un domestique à elle dévoué, et conséquemment capable de tout, pour inviter la jeune femme, comme de la part de son frère, à l'aller trouver à sa maison des champs, en y joignant la recommandation de venir seule, et de tarder le moins possible. Pour prévenir toute hésitation de sa part, elle confie à l'exprès l'anneau dérobé à son mari, et qu'il suffisait de montrer pour donner foi au message. La sœur, seule confidente du droit qu'elle a de porter ce nom, s'empresse de déférer au désir de son frère, que lui confirme la vue du cachet. Elle va donc seule au rendez-vous, horrible guet-apens où l'attendait son exécrable belle-sœur. Cette furie aussitôt la fait dépouiller nue, et frapper à outrance de coups de fouet. L'infortunée a beau protester contre l'erreur dont elle est victime, elle a beau invoquer le nom d'un frère pour repousser l'imputation de concubine ; son ennemie traite l'aveu d'imposture, et, s'emparant d'un tison ardent, fait expirer la pauvre créature du plus révoltant supplice que la jalousie ait jamais inventé.

A cette horible nouvelle, le frère et le mari se hâtent d'accourir. Après avoir payé à la jeune femme le tribut de leur douleur, ils lui rendent les devoirs de la sépulture ; mais le frère ne put soutenir le coup qu'il avait reçu de cette mort funeste et de l'affreux traitement qui l'avait provoquée. L'atteinte fut si profonde, qu'une révolution de la bile s'ensuivit, et il fut saisi d'une fièvre ardente. Il fallut appeler les secours de l'art. Sa femme, si on peut encore lui donner ce nom, va trouver un médecin, scélérat insigne, assassin émérite, et comptant de nombreux trophées de ses crimes. Sans marchander, elle lui promet cinquante mille sesterces pour prix d'un poison énergique. C'était la mort du mari que l'un vendait, et que l'autre achetait. L'affaire conclue, on va, soi-disant, administrer au malade la potion spécifique pour rafraîchir les intestins et chasser la bile ; potion honorée du nom de sacrée par les adeptes de la science : mais celle qu'on y substitue n'est sacrée que pour la plus grande gloire de Proserpine.

Toute la famille est assemblée ; plusieurs parents et amis sont présents. Le médecin tend au malade le breuvage apprêté de sa main, quand l'abominable créature, voulant, du même coup, supprimer son complice et regagner son argent, arrête soudain la coupe au passage. Non, docte personnage, dit-elle, mon mari ne touchera pas à cette potion que vous n'en ayez bu vous-même une bonne partie. Que sais-je en effet ? S'il y avait du poison dans ce breuvage ? Cette précaution, au surplus, n'a rien d'offensant pour vous. Un esprit aussi prudent, aussi éclairé, doit comprendre ce qu'il y a de saint dans la sollicitude dont une femme entoure la santé de son mari. Bouleversé par cette audacieuse apostrophe, le médecin, qui perd la tête, qui d'ailleurs n'a pas le temps de la réflexion, et qui craint que son trouble, son hésitation même, ne trahissent l'état de sa conscience, avale une grande partie de la potion. Le malade prend alors la coupe, et boit le reste avec confiance.

Cela fait, l'Esculape ne songe qu'à regagner au plus vite son logis, pour opposer quelque an-

vocaret ad sese : addito, ut sola et sine ullo comite quam maturissime perveniret. Et, ne qua forte nasceretur veniendi contatio, tradit annulum marito subtractum, qui, monstratus, fidem verbis adstipularetur. At illa mandato fratris obsequens, hoc enim sola sciebat, respectu etiam signo ejus, quod offerebatur, gnaviter, ut præceptum fuerat, incomitata festinat. Sed ubi fraudis extremæ lapsa decipulo, laqueos insidiarum accessit ; tunc illa uxor egregia sororem mariti, libidinosæ Furiæ stimulis efferata, primum quidem nudam flagris ultime verberat : dehinc, quod res erat, clamantem quoque, quod frustra pellicatus indignatione bulliret, fratrisque nomen sæpius iterantem, velut mentitam atque cuncta fingentem, titione candenti inter media femina detruso, crudelissime necavit.

Tunc acerbæ mortis exciti nuntiis frater et maritus, accurrunt : variisque lamentationibus deflebant puellam tradunt sepulturæ. Nec juvenis sororis suæ mortem tam miseram et quæ minime, ut par erat, illata est, æquo tolerare quivit animo : sed medullitus dolore commotus, acerrimæque bilis noxio furore perfusus, exin flagrantissimis febribus ardebat ; ut ipsi quoque jam medela videretur esse necessaria. Sed uxor, quæ jam pridem nomen uxoris cum fide perdiderat, medicum convenit quemdam notæ perfidiæ, qui jam multarum palmarum spectatus prœliis, magna dextræ suæ tropæa numerabat ; eique protinus quinquaginta promittit sestertia : ut ille quidem momentarium venenum venderet ; illa autem emeret mariti sui mortem. Quo confecto, simulatur necessaria præcordiis leniendæ biliquæ subtrahendæ illa prænobilis potio, quam sacram doctiores nominant : sed in ejus vice subditur alia, Proserpinæ sacra saluti.

Jamque præsenti familia, et nonnullis amicis et affinibus, ægroto medicus poculum probe temperatum manu sua porrigebat. Sed audax illa mulier, ut simul et conscium sceleris amoliretur, et quam desponderat pecuniam lucraretur, coram detento calice : Non prius, inquit, medicorum optime, non prius carissimo mihi marito trades istam potionem, quam de ea bonam partem hauseris ipse. Unde enim scio, an noxium in ea lateat venenum ? Quæ res utique te, tam prudentem tamque doctum virum nequaquam offendit ; si religiosa uxor, circa salutem mariti sollicita, necessariam affero pietatem. Qua mira desperatione truculentæ feminæ repente perturbatus medicus, excussusque toto consilio, et ob angustiam temporis spatio cogitandi privatus, antequam trepidatione aliqua vel contatione ipsa daret malæ conscientiæ suspicionem, indidem de potione gustavit ampliter. Quam fidem secutus adolescens, etiam sumpto calice, quod offerebatur hausit.

Ad istum modum præsenti transacto negotio, medicus

tidote à l'action funeste du poison qu'il vient de prendre. Mais la scélérate créature ne perdait pas sa proie de vue. Elle ne veut à aucun prix qu'il s'éloigne d'un pas, avant qu'on ait vu l'effet entier du breuvage. Il eut beau prier, supplier, ce ne fut qu'après un long temps et de guerre lasse qu'enfin elle le laissa partir. Mais déjà le principe destructeur avait pénétré ses viscères, et gagné les sources de la vie. Mortellement atteint, et appesanti déjà par une invincible somnolence, il put à peine regagner sa demeure, et n'eut que le temps de conter la chose à sa femme, lui recommandant, du moins, de réclamer le salaire d'un double service; et, la violence du mal augmentant, il rendit les derniers soupirs. L'agonie du jeune homme n'avait pas été plus longue. Il avait succombé sous les mêmes symptômes, au milieu des hypocrites doléances de sa femme.

Son enterrement terminé, au bout du temps consacré pour les devoirs funéraires, la veuve du médecin se présente, et demande le prix de deux morts. L'odieuse créature toujours la même, toujours sans foi, quoiqu'elle cherche à en conserver le simulacre, met tout son art dans sa réponse. Elle prodigue les promesses, et s'engage formellement à payer sans délai le prix convenu, si l'on consent à lui céder encore une légère dose de la même composition, afin de finir, dit-elle, ce qu'elle a commencé. Pour couper court, la femme du médecin donne dans le piége sans se faire presser, et, voulant faire sa cour à la grande dame, elle retourne vite à son logis, et lui rapporte la boîte même qui contenait tout le poison.

Le monstre féminin, désormais en fonds pour le crime, va porter sur tout ce qui l'entoure ses mains homicides. Elle avait, du mari qu'elle venait d'empoisonner, une fille en bas âge à qui la succession du père revenait de plein droit; et c'est ce qui désespérait sa mère. Elle en veut au patrimoine de sa fille; elle en veut à sa vie. Une fois certaine que la loi permet à la mère dénaturée de recueillir un sanglant héritage, elle devient pour sa fille ce qu'elle avait été pour son époux. Dans un dîner où elle avait invité la femme du médecin, elle les empoisonne à la fois toutes deux. Mais le terrible breuvage, saisissant aux entrailles la pauvre enfant, anéantit d'un coup sa frêle existence, tandis que la femme du médecin eut le temps de sentir le liquide meurtrier gagner de proche en proche, et promener ses ravages autour de ses poumons. Elle soupçonna l'affreuse vérité; et sa respiration, de plus en plus oppressée, dissipant bientôt tous ses doutes, elle court à la maison du gouverneur, implore à grands cris sa justice. Le peuple déjà s'ameutant autour de cette femme, qui promet d'horribles révélations, l'autorité fait ouvrir les portes, et lui donne audience sans délai.

Mais à peine eut-elle déroulé la révoltante série des forfaits de l'atroce mégère, que tout à coup sa raison se trouble, le vertige la saisit, ses lèvres se serrent, ses dents se froissent, et font entendre un grincement prolongé. Ce n'est plus qu'un cadavre qui tombe aux pieds du gouverneur. En présence de tant d'horreurs, celui-ci, homme d'expérience, se décide à frapper un grand coup. Les femmes de la coupable sont

---

quam celerrime domum remeabat, salutifera potione pestem praecedentis veneni festinans exstinguere. Nec eum obstinatione sacrilega, qua semel cœperat, truculenta mulier ungue latius a se discedere passa est prius quam, inquit, digesta potione, medicinæ proventus probatus appareat. Sed ægre, precibus et obtestationibus ejus multum ac diu fatigata, tandem abire concessit. Interdum perniciem cæcam totis visceribus furentem medullæ penitus attraxerant. Multum denique saucius, et gravedine somnolenta jam demersus, domum pervadit ægerrime. Vixque enarratis cunctis, ad uxorem mandat saltem promissam mercedem mortis geminatæ deposceret. Sic elisus violenter spectatissimus medicus effudit spiritum. Nec ille tamen juvenis diutius vitam tenuerat; sed inter fictas mentitasque lacrymas uxoris, pari casu mortis fuerat exstinctus.

Jamque eo sepulto, paucis interjectis diebus, queis feralia mortuis litantur obsequia, medici uxor pretium geminæ mortis petens aderat. Sed mulier usquequaque sui similis, fidei supprimens faciem, prætendens imaginem, blandicule respondit : et omnia prolixe accumulateque pollicetur, et statutum præmium sine mora se redditturam constituit; modo pauxillum de ea potione largiri sibi vellet, ob incepti negotii persecutionem. Quid pluribus? Laqueis fraudium pessimarum uxor inducta medici, facile consentit : et quo se gratiorem locupleti feminæ faceret, properiter domo petita, totam prorsus veneni pyxidem mulieri tradidit.

Quæ grandem scelerum nacta materiam, longe lateque cruentas suas manus porrigit. Habebat filiam parvulam de marito quem nuper necaverat. Huic infantulæ quod leges necessariam patris successionem deferrent sustinebat ægerrime : inhiansque toto filiæ patrimonio, imminebat et capiti. Ergo certa defunctorum liberorum matres sceleratas hereditates excipere, talem parentem præbuit qualem exhibuerat uxorem. Prandioque commento, pro tempore etiam uxorem medici simul et suam filiam veneno eodem percutit. Sed parvulæ quidem tenuem spiritum et delicata ac tenera præcordia conficit protinus virus infestum. At uxor medici, dum noxiis ambagibus pulmones ejus pererrat tempestas detestabilis potionis; primum suspicata quod res erat, mox urgente spiritu jam certo certior, contendit ad ipsam præsidis domum : magnoque fidem ejus protestata clamore et populi concitato tumultu, utpote tam immania detectura flagitia, efficit statim sibi simul et domus et aures præsidis patefierent.

Jamque ab ipso exordio crudelissimæ mulieris cunctis atrocitatibus diligenter expositis, repente mentis nubilo turbine correpta, semihiantes adhuc compressit labia : et attritu dentium longo stridore reddito, ante ipsos præsidis pedes exanimis corruit. Nec ille, vir alioquin exercitus, tam multiforme facinus exsecratæ veneficæ dilatione

mandées sur l'heure, et la torture leur arrache la vérité. La maîtresse fut condamnée aux bêtes, non que l'on jugeât le supplice proportionné à ses crimes, mais parce qu'on n'imagina rien au delà.

Telle était la femme avec laquelle j'allais publiquement me conjoindre. Je voyais avec une mortelle angoisse approcher le jour de la cérémonie. Cent fois, dans mon horreur profonde, je songeai à me donner la mort, plutôt que de me laisser souiller par le contact de cette odieuse créature, et subir l'infamie d'une telle exposition. Mais, privé de la main et des doigts de l'homme, comment saisir une épée avec ce sabot court et arrondi? Au milieu de mes maux cependant j'entrevoyais un espoir; espoir bien faible, mais auquel je m'efforçais de rattacher le terme de mes misères. Le printemps venait de renaître. La campagne allait s'émailler, les prés se revêtir de la pourpre des fleurs. Bientôt, perçant le couvert du buisson, les roses allaient montrer leurs corolles embaumées, et peut-être me rendre à ma forme de Lucius.

Arrive enfin le jour de l'ouverture. On me conduit en pompe à l'amphithéâtre, toute la population me faisant cortége. On prélude au spectacle par des divertissements chorégraphiques. Moi, placé hors de l'enceinte, je me régalais, en attendant, du tendre gazon qui en tapissait les abords. La porte était ouverte, et mon œil curieux jouissait, par échappées, d'une ravissante perspective. Des groupes de jeunes garçons et de jeunes filles rivalisant de beauté, de parure et d'élégance, exécutaient la pyrrhique des Grecs, et décrivaient mille évolutions, dont l'art avait combiné les dispositions d'avance. Tour à tour on voyait la bande joyeuse tourbillonner en cercle comme la roue d'un char rapide, et tantôt se déployer, les mains entrelacées, pour parcourir obliquement la scène; tantôt se serrer en masse compacte à quatre fronts égaux, et tantôt se rompre brusquement pour se reformer en phalanges opposées. Quand ils eurent successivement exécuté toute cette variété de poses et de figures, le son de la trompette mit fin au ballet. Aussitôt le rideau se baisse, les tentures se replient, le grand spectacle va commencer.

On voyait une montagne en bois d'une structure hardie, représentant cet Ida rendu si célèbre par les chants d'Homère. Du sommet couronné d'arbres verts, l'art du décorateur avait fait jaillir une source vive, dont l'onde ruisselait le long des flancs de la montagne. Quelques chèvres y broutaient l'herbe tendre; et, pour figurer le berger phrygien, un jeune homme, en costume magnifique, avec un manteau de coupe étrangère flottant sur ses épaules, et le front ceint d'une tiare d'or, semblait donner ses soins à ce troupeau. Un bel enfant paraît; il est entièrement nu, sauf la chlamyde d'adolescent attachée sur son épaule gauche. Tous les yeux se fixent sur sa blonde chevelure, dont les boucles laissent percer deux petites ailes d'or parfaitement semblables. A sa baguette en forme de caducée, on a reconnu Mercure. Il s'avance en dansant, une pomme d'or à la main, la remet au représentant de Paris, lui annonçant par sa pantomime les intentions de Jupiter, et se retire après un pas gracieux.

Arrive une jeune fille que ses traits majestueux

languida passus marcescere, confestim cubiculariis mulieris attractis, vi tormentorum veritatem eruit : atque illam, minus quidem quam merebatur, sed quod dignus cruciatus alius excogitari non poterat, certe bestiis objiciendam pronuntiavit.

Talis mulieris publicitus matrimonium confarreaturus, ingentique angore oppido suspensus, exspectabam diem muneris : sæpius quidem mortem mihi metu volens consciscere, priusquam scelerosæ mulieris contagio macularer, vel infamia publici spectaculi depudescerem. Sed privatus humana manu, privatus digitis, ungula rotunda mutila gladium stringere nequaquam poteram. Plane, ut potui, tenui specula solabar clades ultimas, quod ver in ipso ortu jam gemmulis floridis cuncta depingeret, et jam purpureo nitore prata vestiret : et commodum dirupto spineo tegmine, spirantes cinnameos odores, promicarent rosæ, qui me priori meo Lucio redderent.

Dies ecce muneri destinatus aderat. Ad conseptum caveæ, prosequente populo, pompatico favore deducor. Ac dum ludicris scenicorum choreis primitiæ spectaculi dedicantur; tantisper ante portam constitutus, pabulum lætissimi graminis, quod in ipso germinabat aditu, libens affectabam : subinde curiosos oculos, patente porta, spectaculi prospectu gratissimo reficiens. Nam puelli puellæque virenti florentes ætatula, forma conspicui, veste nitidi, incessu gestuosi, græcanicam saltantes pyrrhicam, dispositis ordinationibus decoros ambitus inerrabant : nunc in orbe rotarum flexuosi, nunc in obliquam seriem connexi; et in quadratum patorem cuneati, et in catervæ discidium separati. At ubi discursus reciproci multimodas ambages tubæ terminalis cantus explicuit, aulæo subducto et complicitis sipariis, scena disponitur.

Erat mons ligneus, ad instar inclyti montis illius quem vates Homerus Idæum cecinit, sublimi instructus fabrica, consitus viretis et vivis arboribus summo cacumine, de manibus fabri fonte manante, fluviales aquas eliquans. Capellæ pauculæ tondebant herbulas : et, in modum Paridis phrygii pastoris barbaricis amiculis, humeris defluentibus, pulchre indusiatus adulescens, aurea tiara contecto capite, pecuarium simulabat magisterium. Adest luculentus puer nudus, nisi quod ephebica chlamyda sinistrum tegebat humerum : flavis crinibus usquequaque conspicuus : et inter comas ejus aureæ pinnulæ cognatione simili sociatæ prominebant, quem caduceum et virgula Mercurium indicabant. Is saltatorie procurrens, malumque bracteis inauratum dextera gerens, ei, qui Paris videbatur, porrigit : quid mandaret Jupiter, nutu significans, et protinus gradus scitule referens, e conspectu facessit.

Insequitur puella vultu honesta, in deæ Junonis speciem

ont désignée pour le rôle de Junon. Son front est ceint d'un blanc diadème, et le sceptre est dans sa main. Après elle, une autre nymphe fait une entrée brusque. Le casque étincelant dont elle est coiffée et que surmonte une couronne d'olivier, l'égide qu'elle porte, la lance qu'elle brandit, toute son attitude de guerrière, ont fait nommer Minerve. Enfin paraît une troisième beauté. A ses formes incomparables, à cette grâce de mouvements, au divin coloris qui anime ses traits, on ne peut méconnaître Vénus. Aucun voile ne dérobe à l'œil les perfections de ce corps adorable, si ce n'est une soie transparente négligemment jetée sur ses charmes les plus secrets ; encore Zéphyr soufflait-il alors, et l'indiscret, de son haleine amoureuse, tantôt soulevant le léger tissu, laissait entrevoir le bouton de la rose naissante ; et, tantôt, se collant sur le nu, en dessinait les voluptueux contours. Deux couleurs frappent l'œil à l'aspect de la déesse. L'albâtre de sa peau montre en elle la fille des cieux, et l'azur de son vêtement rappelle la fille de la mer.

Pour compléter l'illusion, chaque déesse a son cortége significatif. Derrière Junon, deux jeunes acteurs figurent Castor et Pollux. Ils sont coiffés de casques dont le cimier brille d'étoiles, et rappellent, par leur forme oblongue, l'œuf dont les jumeaux sont sortis. La déesse s'avance au son de la flûte mélodieuse. Sa démarche est noble et simple. Par une pantomime aussi naturelle qu'expressive, elle promet au berger, s'il lui adjuge le prix de la beauté, de lui donner l'empire d'Asie. La belle au costume guerrier, la Minerve de la pièce, est escortée par deux jeunes garçons personnifiant le Trouble et l'Effroi. Ces fidèles écuyers de la déité redoutable bondissent à ses côtés, agitant des épées nues. Derrière elle, un joueur de flûte exécute un air belliqueux sur le mode dorien, dont les notes, graves comme celles du clairon, contrastant avec les sons aigus propres à la flûte, accompagnent énergiquement les pas précipités de la danse martiale. La déesse agite fièrement la tête, menace des yeux, et d'un geste violent et superbe fait comprendre à Pâris que s'il donne à sa beauté la palme, elle fera de lui un héros et le couvrira des lauriers de la gloire.

Vénus avance à son tour, accueillie par les murmures flatteurs de l'assemblée, et s'arrête au milieu de la scène, entourée d'une foule de jolis enfants. Son sourire est charmant ; sa pose est enchanteresse. A la vue de tous ces petits corps si ronds et si blancs, on croirait que l'essaim des Amours, oui, des Amours, a déserté les cieux, ou vient de s'envoler du sein des mers. Petites ailes, petites flèches, tout en eux prête à l'illusion. Des torches brillaient dans leurs mains, comme s'ils eussent éclairé leur souveraine, prête à se rendre à quelque banquet nuptial. Sur leurs pas se pressent des groupes de jeunes vierges ; ce sont les Grâces riantes, ce sont les séduisantes Heures. Toutes répandent à pleines mains les fleurs et les guirlandes, et, entourant de leurs rondes la reine du plaisir, lui font hommage de ces prémices du printemps.

En ce moment, les flûtes à plusieurs trous soupirent tendrement sur le mode lydien, et portent dans l'âme une noble ivresse. A ces voluptueux accents, la voluptueuse déesse elle-

---

similis. Nam et caput stringebat diadema candida. Ferebat et sceptrum. Irrupit alia, quam putares Minervam, caput contecta fulgenti galea, et oleaginea corona tegebatur ipsa galea; clypeum attollens, et hastam quatiens, et qualis illa quum pugnat. Super has introcessit alia visendo decore, et præpollens gratia coloris ambrosii, designans Venerem : qualis fuit Venus, quum fuit virgo, nudo et intecto corgore perfectam formositatem professa; nisi quod tenui pallio bombycino inumbrabat spectabilem pubem. Quam quidem laciniam curiosulus ventus satis amanter nunc lasciviens reflabat, ut dimota, pareret flos ætatulæ : nunc luxurians aspirabat; ut adhærens pressule, membrorum voluptatem graphice liniaret. Ipse autem color deæ diversus in speciem : corpus candidum, quod cœlo demeat; amictus cærulus, quod mari remeat.

Jam singulas virgines, quæ deæ putabantur, sui obibant comites. Junonem quidem Castor et Pollux, quorum capita cassides ovatæ stellarum apiculis insignes contegebant. Sed et isti Castores erant scenici pueri. Hæc puella, varios modulos lasciva concinente tibia, procedens quieta et inaffectata gesticulatione, nutibus honestis pastori pollicetur, si sibi præmium decoris addixisset, et sese regnum totius Asiæ tributuram. At illam, quam cultus armorum Minervam fecerat, duo pueri muniebant, prœliaris deæ comites armigeri, Terror et Metus, nudis insultantes gladiis. At pone tergum tibicen dorium canebat bellicosum ; et permiscens bombis gravibus tinnitus acutos in modum tubæ, saltationis agilis vigorem suscitabat. Hæc inquieto capite, et oculis in adspectu minacibus, citato et intorto genere alacer demonstrabat Paridi, si sibi formæ victoriam tradidisset, fortem, tropæisque bellorum inclytum suis adminiculis futurum.

Venus ecce cum magno favore caveæ, in ipso meditullio scenæ, circumfuso populo lætissimorum parvulorum, dulce subridens, constitit amœnæ. Illos teretes et lacteos puellos diceres tu Cupidines, et Cupidines veros, de cœlo vel mari commodum involasse. Nam et pinnulis et sagittulis et habitu cetero formæ præclare congruebant : et, velut nuptiales epulas obituræ, dominæ coruscis præluceabant facibus. Et influunt innuptarum puellarum decoræ soboles. Hinc Gratiæ gratissimæ ; inde Horæ pulcherrimæ, quæ jaculis floris serti et soluti deam suam propitiantes, scitissimum construxerunt chorum, dominæ voluptatis Veris coma blandientes. Jam tibiæ multiforabiles cantus lydios dulciter consonant. Quibus spectatorum pectora suave mulcentibus, longe suavior Venus placide commoveri, contanique lente vestigio, et leviter fluctuante spinula, et sensim annutante capite cœpit incedere, mollique

même se met à danser. Ses pas, d'abord timides et comme indécis, s'animent par degrés, et s'accordent, avec les ondulations de sa taille flexible et de suaves mouvements de sa tête, à marquer les temps de la douce mélodie. Ses yeux ont leur rôle aussi; et, tantôt à demi fermés, semblent noyés dans la langueur, tantôt lancent des jets de flamme. Toute sa pantomime alors est dans ses yeux. Arrivée devant son juge, elle exprime par les mouvements de ses bras que, si elle obtient le pas sur ses divines rivales, elle lui donnera pour femme une beauté qui lui ressemble. Le jeune Phrygien n'hésite plus; et la pomme d'or, prix de la victoire, passe de sa main dans celle de Vénus.

Allez maintenant, stupide cohue, pécores du barreau, vautours en toge, allez vous récrier sur le trafic universel de la justice au temps où nous sommes, quand, aux premiers âges du monde, un homme, arbitre entre trois déesses, a laissé la faveur lui dicter son jugement. Or, c'était l'élu du maître des dieux, un homme des champs, un pâtre, qui, ce jour-là, vendit sa conscience au prix du plaisir; entraînant ainsi la destruction de toute sa race. Et ces fameuses décisions rendues par les chefs de la Grèce! le sage, le savant Palamède déclaré traître et condamné comme tel! et la gloire supérieure du grand Ajax humiliée devant la médiocrité d'Ulysse! Que dire d'un autre jugement rendu à Athènes, ce berceau de la législation, cette école de tout savoir? N'a-t-on pas vu le vieillard doué d'une prudence divine, et que l'oracle de Delphes avait proclamé le plus sage des hommes, victime d'une cabale odieuse, périr juridiquement par le poison, comme corrupteur de la jeunesse, dont il contenait les écarts? Niera-t-on que ce ne soit une tache ineffaçable pour un pays dont les plus grands philosophes se font un bonheur aujourd'hui de proclamer l'excellence de sa doctrine, et de jurer par son nom?

Mais, pour couper court à cette boutade d'indignation, qui ne manquerait pas de faire dire : Quoi! il nous faut subir la philosophie d'un âne! je reviens à mon sujet.

Après le jugement de Pâris, Junon et Minerve se retirent chagrines et courroucées, témoignant par leurs gestes le dépit qu'elles éprouvent de leur échec. Vénus, au contraire, satisfaite et radieuse, exprime son triomphe, en se mêlant gaiement aux chœurs de danses. Tout à coup, par un conduit inaperçu, s'élance du sommet du mont une gerbe liquide de vin mêlé de safran, qui retombe en pluie odorante sur les chèvres paissant à l'entour, et jette une nuance du plus beau jaune sur leur toison. Quand toute la salle en est embaumée, soudain le mont s'abîme en terre, et disparaît.

Alors un soldat s'avance au milieu de l'amphithéâtre, et demande, au nom du peuple, que la prisonnière condamnée aux bêtes paraisse, et que le glorieux hymen s'accomplisse. Déjà l'on dressait à grand appareil un lit qui devait être notre couche nuptiale. L'ivoire de l'Inde y brillait de toutes parts, et ses coussins, gonflés d'un moelleux duvet, étaient recouverts d'un tissu de soie à fleurs. Quant à moi, outre l'ignominie d'être en spectacle dans cette

---

tibiarum sono delicatis respondere gestibus: et nunc mite connivenitibus, nunc acre comminantibus gestire pupulis; et nonnunquam saltare solis oculis. Hæc ut primum ante judicis conspectum facta est, nisu brachiorum polliceri videbatur, si fuisset deabus ceteris antelata, daturam se nuptam Paridi forma præcipuam, suique consimilem. Tunc animo volenti phrygius juvenis, malum, quod tenebat, aureum, velut victoriæ calculum, puellæ tradidit.

Quid ergo miramini, vilissima capita, immo forensia pecora, immo vero togati vulturii, si toti nunc judices sententias suas pretio nundinantur? quum rerum exordio, inter deos et homines agitatum judicium corruperit gratia: et originalem sententiam magni Jovis consiliis electus judex, rusticanus et opilio, lucro libidinis vendiderit, cum totius etiam suæ stirpis exitio? Sic hercules et aliud sequius judicium inter inclytos Achivorum duces celebratum: vel quum falsis insimulationibus magni eruditione doctrinaque præpollens Palamedes proditionis damnatur; vel virtute Martia præpotenti præfertur Ulixes modicus Ajaci maximo. Quale autem et illud judicium apud legiferos Athenienses, catos illos et omnis scientiæ magistros? Nonne divinæ prudentiæ senex, quem sapientia prætulit cunctis mortalibus deus delphicus, fraude et invidia nequissimæ factionis circumventus, velut corruptor adulescentiæ, quam frenis coercebat, herbæ pestilentis succo noxio peremptus est relinquens civibus ignominiæ perpetuæ maculam? quum nunc etiam egregii philosophi sectam ejus sanctissimam præoptent, et summo beatitudinis studio jurent in ipsius nomen.

Sed ne quis indignationis meæ reprehendat impetum, secum sic reputans: Ecce nunc patiemur philosophantem nobis asinum? rursus, unde discessi, revertar ad fabulam.

Postquam finitum est illud Paridis judicium, Juno quidem cum Minerva tristes, et iratis similes e scena redeunt, indignationem repulsæ gestibus professæ: Venus vero gaudens et hilaris, lætitiam suam saltando, toto cum choro, professa est. Tunc de summo montis cacumine, per quamdam latentem fistulam, in excelsum prorumpit vino crocus diluta: sparsimque defluens, pascentes circa capellas odoro perpluit imbre; donec in meliorem maculatæ speciem, canitiem propriam luteo colore mutarent. Jamque tota suave fragrante cavea, montem illum ligneum terræ vorago decepit.

Ecce quidam miles per mediam plateam dirigit cursum, petiturus populo jam postulante illam de publico carcere mulierem, quam dixi, propter multiforme scelus bestiis esse damnatam, meisque præclaris nuptiis destinatam. Et jam torus genialis, scilicet noster futurus, accuratissime disternebatur lectus, indica testudine perlucidus, plumea congerie tumidus, veste serica floridus. At ego, præter pudorem obeundi publice concubitus, præter contagium scelestæ pollutæque feminæ, metu etiam mortis cruciabar

attitude, outre mon affreuse répugnance à me souiller du contact de cet être impur et criminel, j'avais de plus et par-dessus tout la crainte de la mort ; car enfin, me disais-je, est-il bien sûr, quand nous serons aux prises, que la bête, telle quelle, qui va être lâchée contre cette femme, se montre assez discrète, assez bien apprise, assez sobre dans ses appétits, pour s'en tenir à sa proie dévolue, et laisser intact l'innocent non condamné qui la touchera de si près ? Déjà le sentiment de la pudeur entrait pour moins dans ma sollicitude que l'instinct de la conservation ; et tandis que mon gardien, tout occupé de l'arrangement du lit nuptial, voit par lui-même si rien n'y manque, que les autres domestiques, ou donnent leurs soins au divertissement de la chasse, ou restent eux-mêmes en extase devant la représentation, j'en profite pour faire mes réflexions. Nul ne songeait à surveiller un âne aussi bien élevé que moi. Peu à peu, d'un pas furtif, je gagne la porte la plus voisine, et une fois là je détale à toutes jambes. Après une course de près de six milles, j'arrivai à Cenchrée, la plus notable, dit-on, des colonies de Corinthe, que baignent à la fois la mer Égée et le golfe Saronique. C'est un port très-sûr pour les vaisseaux, et conséquemment très-fréquenté ; mais j'eus soin de me tenir loin de la foule, et, choisissant sur la grève un endroit écarté peu éloigné du point où se brisait le flot, je m'y arrangeai un lit de sable fin, où j'étendis douillettement mes pauvres membres. Déjà le soleil avait atteint l'extrême limite du jour ; le soir était calme. Un doux sommeil ne tarda pas à s'emparer de moi.

LIVRE XI.

Vers la première veille de la nuit, un soudain éclat de lumière me réveille en sursaut ; c'était la lune dans son plein, dont le disque éblouissant s'élevait alors du sein des mers. Le silence, la solitude, l'heure mystérieuse, invitaient au recueillement. Je savais que la lune, divinité du premier ordre, exerce un souverain pouvoir et préside aux choses d'ici-bas ; que tout ce qui vit à l'état privé ou sauvage, que la matière inerte même subit l'action ou l'influence de sa puissance divine et de sa lumière ; que sur terre, aux cieux, au fond des eaux, l'accroissement des corps et leur décroissement est régi par ses lois. Le sort, las enfin de me persécuter, semblait m'offrir, bien qu'un peu tard, une chance de salut. L'idée me vint d'adorer la déesse, dans l'image auguste en ce moment présente à mes yeux. Je me hâte de secouer un reste de sommeil, et je me relève dispos. Pour me purifier je commence par me baigner dans la mer, en plongeant la tête sept fois sous les flots, nombre auquel le divin Pythagore attribue un rapport mystique avec les actes du culte religieux. Et, dans un transport de joie, dont la ferveur allait jusqu'aux larmes, j'adresse cette prière à la puissante divinité :

Reine des cieux, qui que tu sois, bienfaisante Cérès, mère des moissons, inventrice du labourage, qui, joyeuse d'avoir retrouvé ta fille, instruisis l'homme à remplacer les sauvages banquets du vieux gland par une plus douce nourriture ; toi qui protèges les guérets d'Éleusis ; Vénus céleste, qui, dès les premiers jours du monde, donnas l'être à l'Amour pour faire cesser l'antagonisme des deux

---

maxime, sic ipse mecum reputans : Quod, in amplexu Venero scilicet nobis cohærentibus, quæcumque ad exitium muliebris bestia fuisset immissa, non adeo vel prudentia solers, vel artificio docta, vel abstinentia frugi, posset provenire : ut adjacentem lateri meo laceraret mulierem ; mihi vero, quasi indemnato et innoxio, parceret. Ergo igitur non de pudore jam, sed de salute ipsa sollicitus, dum magister meus lectulo probe coaptando districtus inservit ; tota familia partim ministerio venationis occupata, partim voluptuario spectaculo attonita, meis cogitationibus liberum tribuebatur arbitrium : nec magnopere quisquam custodiendum tam mansuetum putabat asinum. Paulatim fugitivum pedem proferens, porta, quæ proxima est, potitus, jam cursu me celerrimo proripio : sexque totis passum millibus perniciter confectis, Cenchreas pervado : quod oppidum audit quidem nobilissimæ coloniæ Corinthiensium, adluitur autem Ægæo et Saronico mari. Ubi portus etiam, tutissimum navium receptaculum, magno frequentatur populo. Vitatis ergo turbulis, et electo secreto littore, prope ipsas fluctuum aspergines, in quodam mollissimo arenæ gremio lassum corpus porrectus refoveo. Nam et ultimam diei metam curriculum Solis deflexerat : et vespertinæ me quieti traditum dulcis somnus oppressit.

LIBER UNDECIMUS.

Circa primam ferme noctis vigiliam experrectus pavore subito ; video præmicantis lunæ candore nimio completum orbem, commodum marinis emergentem fluctibus. Nactusque opacæ noctis silentiosa secreta, certus etiam summatem deam præcipua majestate pollere, resque prorsus humanas ipsius regi providentia : nec tantum pecuina et ferina, verum inanima etiam divino ejus luminis numinisque nutu vegetari : ipsa etiam corpora terra, cœlo, marique, nunc incrementis consequenter augeri, nunc decrementis obsequenter imminui, Fato scilicet jam meis tot tantisque cladibus satiato, et spem salutis, licet tardam, subministrante, augustum specimen deæ præsentis statui deprecari. Confestimque discussa pigra quiete, alacer exsurgo : meque protinus, purificandi studio, marino lavacro trado : septiesque submerso fluctibus capite, quod eum numerum præcipue religionibus aptissimum divinus ille Pythagoras prodidit, lætus et alacer, deam præpotentem lacrymoso vultu sic apprecabar :

Regina cœli, sive tu Ceres, alma frugum parens originalis, quæ reperto lætata filiæ, vetustæ glandis ferino remoto pabulo, miti commonstrato cibo, nunc Eleusinam glebam percolis : seu tu cœlestis Venus, quæ primis rerum exordiis, sexuum diversitatem generato amore so-

sexes, et perpétuer par la génération l'existence de la race humaine; toi qui te plais à habiter le temple insulaire de Paphos, chaste sœur de Phébus, dont la secourable assistance au travail de l'enfantement a peuplé le vaste univers; divinité qu'on adore dans le magnifique sanctuaire d'Éphèse; redoutable Proserpine, au nocturne hurlement, qui, sous ta triple forme, tiens les ombres dans l'obéissance; geôlière des prisons souterraines du globe; toi qui parcours en souveraine tant de bois sacrés, divinité aux cent cultes divers, ô toi dont les pudiques rayons argentent les murs de nos villes, et pénètrent d'une rosée féconde nos joyeux sillons; qui nous consoles de l'absence du soleil en nous dispensant ta pâle lumière; sous quelque nom, dans quelque rit, sous quelques traits qu'il faille t'invoquer, daigne m'assister dans ma détresse, affermis ma fortune chancelante. Qu'après tant d'assauts j'obtienne enfin paix ou trêve; qu'il suffise de tant d'épreuves, de tant de traverses. Ote-moi cette hideuse enveloppe de quadrupède; rends-moi aux regards des miens, à ma forme de Lucius. Et si quelque dieu irrité me poursuit d'un courroux implacable, que je puisse mourir du moins, puisqu'il ne m'est pas permis de vivre.

Après cette prière, accompagnée de lamentations à fendre le cœur, je retombai dans mon abattement, et, m'étant recouché, le sommeil vint de nouveau s'emparer de moi. A peine avais-je fermé les yeux, que du sein des mers s'élève d'abord une face imposante à commander le respect aux dieux mêmes; puis un corps tout entier, resplendissant de la plus vive lumière. Cette auguste figure sort des flots, et se place devant moi. Je veux essayer de tracer ici son image, autant qu'il est possible au langage humain. Peut-être l'inspiration divine viendra-t-elle féconder mon expression, et lui donner la couleur qui lui manque.

Une épaisse et longue chevelure, partagée en boucles gracieuses, flottait négligemment derrière le cou de la déesse. Une couronne de fleurs mêlées, placée au sommet de sa tête, venait des deux côtés se rejoindre sur son front à l'orbe d'une plaque circulaire en forme de miroir, dont la blanche clarté faisait reconnaître la lune. Le long de ses tempes, régnait en guise de bandeau des vipères dressant la tête. Elle portait une robe du tissu le plus délié, dont la couleur changeante se nuançait tour à tour de blanc pâle, de jaune safrané, et du rose le plus vif; mais ce qui surprit le plus mes yeux, ce fut son manteau; il était du noir le plus brillant, et jeté, comme un bouclier, en travers de son dos, du flanc droit à l'épaule gauche. Un des bouts, garni des plus riches franges, retombait à plis nombreux. Sur le fond du manteau se détachait un semis de brillantes étoiles, et dans le milieu se montrait une lune dans son plein, toute rayonnante de lumière. Les parties que l'œil pouvait saisir de l'encadrement offraient une série continue de fleurs et de fruits entremêlés en guirlandes. La déesse tenait dans ses mains différents attributs. Dans sa droite était un sistre d'airain, dont la lame étroite et courbée en forme de baudrier était traversée de trois petites baguettes, qui, touchées d'un même coup, rendaient un tintement aigu. De sa main gauche pendait un vase d'or en forme de gon-

---

ciasti, et æterna sobole humano genere propagato, nunc circumfluo Paphi sacrario coleris : seu Phœbi soror, quæ partu fœtarum medelis lenientibus recreato, populos tantos educasti, præclarisque nunc veneraris delubris Ephesi: seu nocturnis ululatibus horrenda Proserpina, triformi facie larvales impetus comprimens, terræque claustra cohibens, lucos diversos inerrans, vario cultu propitiaris : ista luce feminea conlustrans cuncta mœnia, et udis ignibus nutriens læta semina, et solis ambagibus dispensans incerta lumina : quoquo nomine, quoquo ritu, quaqua facie te fas est invocare; tu meis jam nunc extremis ærumnis subsiste, tu fortunam collapsam affirma, tu sævis exantlatis casibus pausam pacemque tribue. Sit satis laborum, sit satis periculorum. Depelle quadrupedis diram faciem. Redde me conspectui meorum; redde me meo Lucio. Ac si quod offensum numen inexorabili me sævitia premit; mori saltem liceat, si non licet vivere.

Ad istum modum fusis precibus, et adstructis miseris lamentationibus, rursus mihi marcentem animum in eodem illo cubili sopor circumfusus oppressit. Nec dum satis connixeram : et ecce pelago medio venerandos diis etiam vultus attollens, emergit divina facies. Ac dehinc paulatim toto corpore præclucidum simulacrum, excusso pelago, ante me constituisse visum est. Ejus mirandam speciem ad vos etiam referre connitar; si tamen mihi disserendi tribuerit facultatem paupertas oris humani : vel ipsum numen ejus dapsilem copiam eloquutilis facundiæ subministraverit. Jam primum crines uberrimi prolixique, et sensim intorti, per divina colla passive dispersi, molliter defluebant. Corona multiformis, variis floribus sublimem distrinxerat verticem : cujus media quidem super frontem plana rotunditas, in modum speculi, vel immo argumentum lunæ, candidum lumen emicabat. Dextra lævaque sulcis insurgentium viperarum cohibita, spicis etiam Cerealibus desuper porrectis. Multicolor, bysso tenui pertexta; nunc albo candore lucida; nunc croceo floro lutea; nunc rosea rubore flammida. Et, quæ longe longeque etiam meum confutabat obtutum, palla nigerrima, splendescens atro nitore : quæ circumcirca remeans, et sub dextrum latus ad humerum lævum recurrens, umbonis vicem, dejecta parte laciniæ, multiplici contabulatione dependula, ad ultimas oras nodulis fimbriarum decoriter confluctuabat. Per intextam extremitatem, et in ipsa ejus planitie, stellæ dispersæ coruscabant : earumque media semestris luna flammeos spirabat ignes. Quaqua tamen insignis illius pallæ perfluebat ambitus, individuo nexu corona totis floribus, totisque constructa pomis, adhærebat. Jam gestamina longe diversa. Nam dextera quidem ferebat æreum crepitaculum : cujus per angustam laminam in modum baltheï recurvatam, trajectæ mediæ paucæ

dole, dont l'anse, à la partie saillante, était surmontée d'un aspic à la tête droite, au cou démesurément gonflé. Ses pieds divins étaient chaussés de sandales tissues de la feuille du palmier, arbre de la victoire.

Dans cet imposant appareil, exhalant tous les parfums de l'Arabie, la divine apparition daigna m'honorer de ces paroles : Je viens à toi, Lucius, émue par tes prières. Je suis la Nature, mère de toutes choses, maîtresse des éléments, principe originel des siècles, divinité suprême, reine des Mânes, la première entre les habitants du ciel, type universel des dieux et des déesses. L'Empyrée et ses voûtes lumineuses, la mer et ses brises salubres, l'enfer et ses silencieux chaos, obéissent à mes lois : puissance unique adorée sous autant d'aspects, de formes, de cultes et de noms qu'il y a de peuples sur la terre. Pour la race primitive des Phrygiens, je suis la déesse de Pessinonte et la mère des dieux; le peuple autochthone de l'Attique me nomme Minerve Cécropienne. Je suis Vénus Paphienne pour les insulaires de Chypre, Diane Dictynne pour les Crétois aux flèches inévitables. Dans les trois langues de Sicile, j'ai nom Proserpine Stygienne, Cérès Antique à Éleusis. Les uns m'invoquent sous celui de Junon, les autres sous celui de Bellone, je suis Hécate ici, là je suis Rhamnusie. Mais les peuples d'Éthiopie, de l'Ariane et de l'antique et docte Égypte, contrées que le soleil favorise de ses rayons naissants, seuls me rendent mon culte propre, et me donnent mon vrai nom de déesse Isis. Sèche tes larmes, cesse tes plaintes; j'ai pitié de tes infortunes : je viens à toi favorable et propice. Bannis le noir chagrin ; ma providence va faire naître pour toi le jour du salut. Prête donc à mes commandements une oreille attentive.

Le jour qui naîtra de cette nuit me fut consacré par la religion de tous les siècles. Ce jour, l'hiver aura fui avec ses tempêtes; le calme sera rendu aux flots agités, la mer redeviendra navigable. Et mes prêtres vont me faire offrande d'un vaisseau vierge encore du contact de l'onde, comme inauguration du commerce renaissant. Attends cette solennité d'un cœur confiant et d'une âme religieuse. Au milieu de la marche, le grand prêtre tiendra par mon ordre une couronne de roses de la main qui porte le sistre. Courage; va, sans hésiter, te faire jour à travers la foule, et te joindre à cette pompe solennelle. Tu t'approcheras du pontife comme si tu voulais lui baiser la main, et, prenant doucement les roses, soudain tu te verras dépouillé de l'odieuse enveloppe qui depuis si longtemps blesse mes yeux. Point d'inquiétude sur l'exécution de mes ordres; car en ce moment même, et toute présente que je sois pour toi, mon pontife, pendant son sommeil, reçoit de moi des instructions sur ce qui reste à faire. Par mon ordre, les flots pressés de la foule vont s'ouvrir devant toi. Ta grotesque figure, au milieu de cette solennité, n'effarouchera personne; nul ne trouvera étrange ou suspecte ta soudaine métamorphose. Mais souviens-toi, et que cette pensée soit gravée au fond de ton cœur, que ce qui te reste de vie, jusqu'à ton dernier soupir, m'est désormais consacré. Rendus à l'humanité par mon bienfaisant pouvoir, tes jours m'appartien-

---

virgulæ, crispante brachio trigeminos jactus, reddebant argutum sonorem. Læva vero cymbium dependebat aureum : cujus ansulæ, qua parte conspicua est, insurgebat aspis, caput extollens arduum, cervicibus late tumescentibus. Pedes ambrosios tegebant soleæ, palmæ victricis foliis intextæ.

Talis ac tanta spirans Arabiæ felicia germina, divina me voce dignata est : En adsum, tuis commota, Luci, precibus, rerum Natura parens, elementorum omnium domina, seculorum progenies initialis, summa numinum, regina Manium, prima cœlitum, deorum dearumque facies uniformis : quæ cœli luminosa culmina, maris salubria flamina, inferorum deplorata silentia', nutibus meis dispenso. Cujus numen unicum, multiformi specie, ritu vario, nomine multijugo totus veneratur orbis. Me primigenii Phryges Pessinunticam nominant deum matrem; hinc autochthones Attici Cecropiam Minervam; illinc fluctuantes Cyprii Paphiam Venerem ; Cretes sagittiferi Dictynnam Dianam; Siculi trilingues Stygiam Proserpinam; Eleusinii vetustam deam Cererem : Junonem alii, Bellonam alii, Hecatam isti, Rhamnusiam illi; et, qui nascentis dei Solis inchoantibus illustrantur radiis Æthiopes, Ariique, priscaque doctrina pollentes Ægyptii, cerimoniis me propriis percolentes, appellant vero nomine reginam Isidem. Adsum tuos miserata casus, adsum favens et propitia. Mitte iam fletus, et lamentationes omitte : depelle mœrorem. Jam tibi providentia mea illucescit dies salutaris. Ergo igitur imperiis istis meis animum intende sollicitum.

Diem, qui dies ex ista nocte nascetur, æterna mihi nuncupavit religio : quo sedatis hybernis tempestatibus, et lenitis maris procellosis fluctibus, navigabili jam pelago, rudem dedicantes carinam, primitias commeatus libant mei sacerdotes. Id sacrum nec sollicita, nec profana mente debebis operiri. Nam meo monitu sacerdos, in ipso procinctu pompæ, roseam manu dextra sistro cohærentem gestabit coronam. Incontanter ergo, dimotis turbulis, alacer continuare pompam meam, volentia fretus : et de proximo clementer, velut manum sacerdotis deosculabundus, rosis decerptis, pessimæ mihique detestabilis jam dudum belluæ istius corio te protinus exue. Nec quidquam rerum earum reformides, ut arduum. Nam hoc eodem momento, quo tibi venio, simul et tibi præsens, quæ sunt consequentia, sacerdoti meo per quietem facienda præcipio. Meo jussu tibi constricti comitatus decedent populi. Nec inter hilares cerimonias et festiva spectacula, quisquam deformem istam, quam geris, faciem perhorrescet : vel figuram tuam repente mutatam, sequius interpretatus aliquis, maligne criminabitur. Plane memineris, et penita mente conditum semper tenebis, mihi reliqua vitæ tuæ curricula, adusque terminos ultimi spiritus vadata. Nec injurium, cujus beneficio redieris ad

nent de droit. Tu vivras heureux, tu vivras glorieux sous ma puissance tutélaire; et lorsqu'au terme prescrit tu descendras aux sombres bords, dans ce souterrain hémisphère, tu me retrouveras, moi que tu vois en ce moment, tu me retrouveras brillante au milieu de la nuit de l'Érèbe, tenant le Styx sous mes lois. Hôte des champs élyséens, tu continueras tes pieux hommages à ta divinité protectrice. Apprends d'ailleurs que, si tu le mérites par ton culte assidu, ton entière dévotion, ta pureté inviolable, j'ai le pouvoir de prolonger tes jours au delà du temps fixé par les destins.

Cet oracle achevé, la glorieuse apparition redescend sur elle-même. Je me réveille éperdu de saisissement et de joie, et me lève baigné de sueur. Cette imposante manifestation de la divinité me laissait comme en extase. Mais bientôt je cours me plonger dans la mer, et, tout entier aux suprêmes instructions que je venais de recevoir, je les repassais par ordre dans mon esprit, quand, triomphant de l'épaisseur des ombres, le soleil dora tout à coup l'horizon. Déjà pleins d'un empressement religieux, et avec toute la curiosité qu'inspire une pompe triomphale, des groupes d'habitants affluent de toutes parts sur les places publiques. Sans parler de ce qui se passait en moi, une teinte d'allégresse semblait répandue sur tous les objets. Je voyais rayonner le bonheur sur la figure des animaux, sur les façades des maisons, dans l'air et partout. La nuit avait été froide, mais le jour avait ramené la plus aimable des températures. Le chant des oiselets égayés, par les émanations printanières, saluait d'un concert mélodieux la puissance créatrice des astres, mère des temps, souveraine de l'univers. Les arbres même, et ceux qui produisent des fruits, et ceux qui se contentent de nous offrir de l'ombre, s'épanouissaient au souffle du midi, et, se parant de leur naissant feuillage, envoyaient de joyeux murmures au travers de leurs rameaux. La tempête avait cessé de mugir, les vagues de s'enfler. Le flot venait paisiblement expirer sur la grève. Pas un nuage n'altérait l'azur éclatant de la voûte des cieux.

Bientôt défile, ouvrant la marche, un cortége de personnes travesties par suite de vœux, et qui offrent le coup d'œil le plus piquant par la variété de leurs costumes. L'un, ceint du baudrier, représente un soldat. L'autre s'avance en chasseur, la chlamyde retroussée, armé de l'épieu et du coutelas recourbé. Celui-ci est chaussé de brodequins dorés. A sa robe de soie, à son luxe d'ornements, à l'arrangement coquet de ses cheveux attachés sur le sommet de la tête, à la mollesse de sa démarche, on dirait une femme. Celui-là, des bottines aux pieds, le casque en tête, armé d'un bouclier et d'une épée, semble sortir d'une arène de gladiateurs. Tel, avec la pourpre et les faisceaux, parodie le magistrat, tel étale manteau, bâton, sandales, barbe de bouc, tout l'attirail de la philosophie. Il y avait un oiseleur avec ses gluaux, un pêcheur avec son hameçon. Je remarquai aussi une ourse privée qu'on portait dans une chaise, en costume de grande dame; puis un singe coiffé du bonnet phrygien, en cotte safranée, qui, tenant une coupe d'or, avait la prétention de figurer le beau Ganymède. Enfin venait un âne, affublé d'une paire d'ailes, et monté par un vieillard décrépit; ce couple pa-

homines, ei totum debere, quod vives. Vives autem beatus, vives in mea tutela gloriosus : et quum spatium seculi tui permensus ad inferos demearis, ibi quoque in ipso subterraneo semirotundo, me, quam vides Acherontis tenebris interlucentem, Stygiisque penetralibus regnantem, campos Elysios incolens ipse, tibi propitiam frequens adorabis. Quod si sedulis obsequiis et religiosis ministeriis, et tenacibus castimoniis numen nostrum promerueris, scies ultra statuta fato tue spatia, vitam quoque tibi prorogare mihi tantum licere.

Sic oraculi venerabilis fine prolato, numen invictum in se recessit. Nec mora, quum somno protinus absolutus, pavore et gaudio, ac dein sudore nimio permixtus exsurgo : summeque miratus deæ potentis tam claram præsentiam, marino rore respersus, magnisque imperiis intentus, monitionis ordinem recolebam. Nec mora, quum noctis atræ fugato nubilo, sol exsurgit aureus : et ecce discursu religioso, ac prorsus triumphali, turbulæ complent totas plateas. Tantaque hilaritudine præter peculiarem meam gestire mihi cuncta videbantur, ut pecua etiam cujuscemodi, et totas domos, et ipsum diem serena facie gaudere sentirem. Nam et pruinam pridianam dies apricus ac placidus repente fuerat insecutus : ut canoræ etiam aviculæ, prolectante verno vapore, concentus suaves adsonarent, matrem siderum, parentem temporum, orbisque totius dominam blando mulcentes affamine. Quid? quod arbores etiam, quæ pomifera sobole fecundæ, quæque earum tantum umbra contentæ, et steriles, austrinis laxatæ flatibus, germine foliorum renidentes, clementi motu brachiorum dulces strepitus obsibilabant. Magnoque procellarum sedato fragore, ac turbido fluctuum tumore posito, mare quietas alluvies temperabat : cœlum autem, nubilosa caligine disjecta, nudo sudoque luminis proprii splendore candebat.

Ecce pompæ magnæ paulatim procedunt anteludia, votivis cujusque studiis exornata pulcherrime. Hic incinctus baltheo militem gerebat ; illum succinctum chlamyde copides et venabula venatorem fecerant : alius soccis obauratis, indutus serica veste, mundoque pretioso, et adtextis capite crinibus, incessu perfluo feminam mentiebatur. Porro alium ocreis, scuto, galea, ferroque insignem, e ludo putares gladiatorio procedere. Nec ille deerat, qui magistratum fascibus purpuraque luderet : nec qui pallio, baculoque, et baxeis, et hircino barbitio philosophum fingeret : nec qui, diversis arundinibus, alter aucupem cum visco, alter piscatorem cum hamo induceret. Vidi et ursam mansuem, quæ, cultu matronali, sella vehebatur : et simiam pileo textili, crocotisque phrygiis, catamiti pastoris specie, aureum gestantem poculum : et asinum pinnis adglutinatis adambulantem cuidam seni de-

rodialt Pégase et Bellérophon de façon à faire mourir de rire.

Au milieu de ces personnifications burlesques, accessoires bouffons destinés au peuple, s'avançait majestueusement le cortége de la déesse protectrice. Partout des groupes de femmes vêtues de blanc, couronnées de guirlandes printanières, et portant gaiement divers attributs, jonchaient le sol de fleurs sur son passage. D'autres avaient suspendus sur le dos des miroirs tournés vers la déesse, afin qu'elle pût avoir la perspective du train dévot qui la suivait. Quelques-unes, tenant en main des peignes d'ivoire, simulaient, par les mouvements du bras et des doigts, des soins donnés à la royale chevelure. D'autres enfin, secouant des gouttes d'un baume précieux et de mille autres essences, en arrosaient le sol au loin parfumé.

On voyait, en outre, un concours nombreux de personnes des deux sexes, munies de lanternes, de torches, de bougies et autres luminaires, par forme d'hommage symbolique au principe générateur des corps célestes. Venaient ensuite deux sortes de flûtes formant d'agréables concerts. Puis, deux bandes, formées de l'élite de la jeunesse, vêtues de blanc, chantaient, en se répondant l'une à l'autre, un hymne composé, sous l'inspiration des Muses, par un poëte de mérite, et dont chaque verset ramenait le début de l'invocation en forme de refrain. Parmi ces derniers se distinguaient les musiciens du grand Sérapis, qui, tenant leur flûte dans la direction de l'oreille droite, exécutaient la musique consacrée du dieu, et spéciale à son temple.

Après eux marchaient de nombreux officiers, criant à la foule de faire place au sacré cortége, et suivis de la multitude des initiés aux sacrés mystères, hommes, femmes, de tout rang, de tout âge, tous en robes de lin d'une blancheur éblouissante; les femmes entourant de voiles transparents leur chevelure inondée d'essences; les hommes rasés jusqu'à la racine des cheveux, et montrant à nu leur chef luisant. Pléiade terrestre de la grande déesse, ces derniers venus tenaient des sistres d'airain, d'argent et même d'or, dont ils tiraient un tintement aigu.

Venait ensuite le corps imposant des pontifes, vêtus de blanches robes de lin, serrées à la taille et descendant jusqu'aux talons. Les divins attributs étaient dans leurs mains. Leur chef tenait une lampe qui répandait la clarté la plus vive, et dont la forme, qui était celle d'une nef d'or, n'avait rien de commun avec les lampes de nos repas du soir; car le foyer était au centre, et fournissait un bien plus grand volume de lumière. Le second pontife, vêtu comme le premier, portait dans ses mains les deux autels appelés secours, d'où dérive l'épithète de secourable, attachée au nom de la grande déesse. Un troisième élevait en marchant une palme d'or, dont les feuilles étaient du travail le plus exquis, et le caducée de Mercure. Un quatrième montrait le symbole de la Justice: c'était une main gauche toute grande ouverte, laquelle, étant moins alerte, moins souple et moins agissante que la droite, n'en est que plus propre à caractériser la justice. Ce dernier portait aussi du lait dans un petit vase d'or

---

bili : ut illum quidem Bellerophontem, hunc autem diceres Pegasum ; tamen rideres utrumque.

Inter has oblectationes ludicras popularium quæ passim vagabantur, jam sospitatricis deæ peculiaris pompa moliebatur. Mulieres candido splendentes amicimine, vario lætantes gestamine, verno florentes coronamine, quæ de gremio per viam, qua sacer incedebat comitatus, solum sternebant flosculis : aliæque nitentibus speculis pone tergum reversis, venienti deæ obvium commonstrarent obsequium : et quæ pectines eburneos ferentes, gestu brachiorum, flexuque digitorum, ornatum atque oppexum crinium regalium fingerent : illæ etiam, quæ ceteris unguentis et geniali balsamo guttatim excusso, conspergebant plateas.

Magnus præterea sexus utriusque numerus, lucernis, tædis, cereis, et alio genere facium, lumine siderum cœlestium stirpem propitiantes. Symphoniæ dehinc suaves, fistulæ tibiæque modulis dulcissimis personabant. Eas amœnus lectissimæ juventutis veste nivea et cataclista prænitens sequebatur chorus, carmen venustum iterantes : quod Camœnarum favore solers poeta modulatus, edixerat : quod argumentum referebat interim majorum antecantamenta votorum. Ibant et dicati magno Serapi tibicines : qui per obliquum calamum ad aurem porrectum dextram, familiarem templi deique modulum frequentabant : et plerique, qui facilem sacris viam dari prædica-

rent. Tunc influunt turbæ sacris divinis initiatæ, viri feminæque omnis dignitatis et omnis ætatis, linteæ vestis candore puro luminosi : illæ limpido tegmine crines madidos obvolutæ ; hi capillum derasi funditus, vertice prænitentes : magnæ religionis terrena sidera, æreis et argenteis, immo vero aureis etiam sistris argutum tinnitum constrepentes.

Sed et antistites sacrorum, proceres illi, candido linteamine cinctum pectoralem, adusque vestigia, strictim intecti, potentissimorum deum proferebant insignes exuvias. Quorum primus lucernam claro præmicantem porrigebat lumine, non adeo nostris illis consimilem, quæ vespertinas illuminant epulas ; sed aureum cymbium medio sui patore flammulam suscitans largiorem. Secundus, vestitu quidem similis, sed manibus ambabus gerebat altaria, id est, auxilia : quibus nomen dedit proprium deæ summatis auxiliaris providentia. Ibat tertius, attollens palmam auro subtiliter foliatam, nec non Mercurialem etiam caduceum. Quartus Æquitatis ostendebat indicium, deformatam manum sinistram porrecta palmula, quæ genuina pigritia, nulla calliditate, nulla solertia prædita, videbatur æquitati magis aptior quam dextera. Idem gerebat et aureum vasculum, in modum papillæ rotundatum, de quo lacte libabat. Quintus auream vannum aureis congestam ramulis : et alius ferebat amphoram.

Nec mora, quum dei, dignati pedibus humanis incé-

arrondi en forme de mamelle, et il en faisait des libations. Un cinquième était chargé d'un van d'or, rempli de petits rameaux du même métal. Enfin, un dernier marchait présentant une amphore.

Bientôt s'avancent les dieux, les dieux, qui, pour se mouvoir, ne dédaignent pas de marcher sur des pieds humains. O merveille ! D'abord paraît l'intermédiaire divin des relations du ciel avec les enfers, à la face tour à tour sombre ou resplendissante. Il porte haut sa tête, qui est celle d'un chien. De la main gauche il tient un caducée, et la droite agite une palme verdoyante. Immédiatement après s'avance une vache dressée sur ses pieds de derrière; emblème de la déesse, mère de toute fécondité. Elle était portée sur les épaules d'un des membres du bienheureux collége, annonçant par sa démarche combien il était fier d'un tel fardeau. Un autre portait la corbeille mystérieuse qui dérobe aux yeux les secrets de la sublime religion. Un autre serrait dans ses bras fortunés l'effigie vénérable de la toute-puissante déesse : effigie qui n'a rien de l'oiseau, ni du quadrupède domestique ou sauvage, et ne ressemble pas davantage à l'homme; mais vénérable par son étrangeté même, et qui caractérise ingénieusement le mysticisme profond et le secret inviolable dont s'entoure cette religion auguste. L'or le plus brillant en compose la substance; et quant à sa forme, la voici : c'est une petite urne à base circulaire, dont le galbe légèrement renflé développe à l'extérieur un de ces mythes propres aux Égyptiens. Elle se termine par une courte encolure, dont la partie supérieure s'allonge d'un côté en façon de long bec ou de rigole; à l'autre côté est attachée une anse très développée dans sa courbure, et que forme un aspic, à la tête écailleuse, au cou gonflé et strié.

Enfin allait se réaliser la divine promesse, et ma destinée s'accomplir. Je vis s'approcher le prêtre tenant mon salut dans ses mains. Son costume était de tous points conforme à la description prophétique. De la main droite il portait avec le sistre de la déesse une couronne pour moi, couronne, certes, bien méritée! car, après tant de traverses, tant de périls surmontés, je pouvais me considérer comme sortant vainqueur d'une lutte corps à corps avec la Fortune ennemie. Je contins cependant l'élan de ma joie, en pensant au désordre que la brusque irruption d'un individu à quatre pieds comme moi pouvait jeter dans la cérémonie, et je m'avançai d'un pas grave et mesuré, ainsi qu'un homme aurait pu le faire, m'effaçant de mon mieux, afin de glisser dans la presse, qui, du reste, s'ouvrit comme par un enchantement pour me livrer passage. L'attitude du grand prêtre manifestait également l'effet des divines révélations de la nuit dernière. Je le vis s'arrêter court, admirant avec quelle précision l'événement répondait aux instructions qu'il avait reçues; puis étendre la main, et, de lui-même, approcher la couronne de ma bouche. Tremblant alors, et le cœur palpitant d'émotion, je saisis avidement avec les dents cette couronne, où la fleur désirée brillait des plus vives couleurs, et je la dévorai plus avidement encore.

L'oracle ne m'avait pas trompé. En un clin d'œil je me vis débarrassé de ma difforme enveloppe de bête brute. D'abord ce poil hideux s'efface; ce derme grossier redevient fine peau, mon ventre perd son volume énorme; la corne de mes sabots se partage, et s'allonge en forme

dere, prodeunt; hic, horrendum ! ille superum commeator et Inferum, nunc atra, nunc aurea facie sublimis, attollens canis cervices arduas, læva caduceum gerens, dextera palmam virentem quatiens. Hujus vestigium continuum sequebatur bos, in erectum levata statum, et bos, omniparentis deæ fecundum simulacrum : quod residens humeris suis, proferebat unus e ministerio beato, gressu gestuoso. Ferebatur ab alio cista secretorum capax, penitus celans operta magnificæ religionis. Gerebat alius felici suo gremio summi sui numinis venerandam effigiem, non pecoris, non avis, non feræ, ac ne hominis quidem ipsius consimilem; sed solerti repertu, etiam ipsa novitate reverendam, altioris utcumque et magno silentio tegendæ religionis argumentum ineffabile; sed et ad istum plane modum fulgente auro figuratum. Urnula faberrime cavata, fundo quam rotundo, miris extrinsecus simulacris Ægyptiorum effigiata. Ejus orificium non altiuscule levatum, in canalem porrectum, longo rivulo prominebat. Ex alia vero parte multum recedens spatiosa dilatione, adhærebat ansa : quam contorto nodulo supersedebat aspis, squameæ cervicis striato tumore sublimis.

Et ecce præsentissimi numinis promissa nobis accedunt beneficia, et fata : salutemque ipsam meam gerens sacerdos appropinquat, ad ipsum præscriptum divinæ promissionis ornatum, dextera proferens sistrum deæ, mihi coronam, et hercules coronam consequenter ; quod tot ac tantis exantlatis laboribus, tot emensis periculis, deæ maximæ providentia, adluctantem mihi sævissime Fortunam superarem. Nec tamen gaudio subitario commotus, inclementi me cursu proripui, verens scilicet, ne repentino quadrupedis impetu, religionis quietus turbaretur ordo : sed placido ac prorsus humano gradu contabundus, paulatim obliquato corpore, sane divinitus decedente populo, sensim irrepo. At sacerdos, ut reapse cognoscere potui, nocturni commonefactus oraculi, miratusque congruentiam mandati muneris, confestim restitit : et ultro porrecta dextera, ob os ipsum meum coronam exhibuit. Tunc ego trepidans, assiduo pulsu micanti corde, coronam, quæ rosis amœnis intexta fulgurabat, avido ore susceptam, cupidus cupidissime devoravi.

Nec me fefellit cœleste promissum. Protinus mihi delabitur deformis et ferina facies. Ac primo quidem squalens pilus defluit, ac dehinc cutis crassa tenuatur; venter obesus resided, pedum plantæ per ungulas in digitos

de doigts. Mes mains cessent d'être des pieds, et reprennent leurs fonctions supérieures; mon cou se raccourcit, ma tête et ma face s'arrondissent. Mes deux oreilles démesurées reviennent à une honnête dimension; ces blocs plantés dans mes mâchoires reprennent les proportions de dents humaines. Enfin, l'ignominieux appendice de ma queue, si pénible à mon amour-propre, disparaît complétement. Le peuple admire. Les esprits religieux s'humilient devant cette manifestation de la toute-puissance divine, devant une métamorphose dont le merveilleux égale tout ce qu'on voit en songe, et qui s'accomplit si facilement. Toutes les voix s'élèvent, tous les bras se tendent vers les cieux, en témoignage du céleste bienfait. Moi, frappé de stupeur, je restais muet, comme si mon âme n'eût pas suffi au sentiment d'un bonheur si grand et si soudain. Où trouver le premier mot? Comment débuter à cette renaissance de la parole? Comment en consacrer dignement l'inauguration? En quels termes et dans quelle mesure m'exprimer, pour donner le tour convenable à mes actions de grâces envers la déesse?

Le grand prêtre, qu'une communication divine avait mis au fait de mes traverses, n'en resta pas moins étonné un moment devant la réalité du miracle. Mais bientôt il fit signe qu'on me donnât un vêtement de lin pour me couvrir; car, demeuré nu en quittant cette horrible enveloppe de bête, je n'avais pu que serrer mes cuisses l'une contre l'autre, et me faire, aussi bien que je pus, un voile de mes deux mains. L'un des prêtres ôta bien vite sa robe de dessus, et me la passa sur les épaules.

Cela fait, le grand prêtre, me regardant d'un visage joyeux, où l'admiration se confondait avec la bienveillance, s'adresse à moi en ces termes : Enfin Lucius, après tant de fatales vicissitudes, après vous être vu si longtemps et si rudement ballotté par les tempêtes de la Fortune, vous êtes entré au port de sécurité et avez touché l'autel de la miséricorde. Votre naissance, non plus que votre haute position, le savoir même qui vous distingue si éminemment, rien de tout cela ne vous a été utile. Entraîné par la fougue du jeune âge, vous avez cherché la volupté plus bas que la condition d'un homme libre. Une fatale curiosité vous a coûté cher; mais enfin, tout en vous torturant, l'aveugle Fortune, à son insu et par l'excès même de sa malignité, vous a conduit à la religieuse béatitude. Maintenant laissons-la s'agiter, et montrer le pis qu'elle puisse faire. Il lui faut chercher ailleurs une victime. L'existence consacrée au service de notre déesse auguste est désormais à l'abri des coups du sort. Qu'a gagné la Fortune à vous mettre aux prises avec les brigands, avec les bêtes féroces, avec ce que l'esclavage a de plus dur, les chemins de plus pénible, la mort journellement imminente de plus affreux? Tous ses efforts n'ont abouti qu'à vous placer sous le patronage d'une Fortune non aveugle, et qui voit les autres divinités marcher à sa lumière. Allons, prenez un visage riant qui réponde à cet habit de fête. Accompagnez d'un pas triomphal le cortége de la déesse qui vous a sauvé. Que les impies le voient, qu'ils le voient, et reconnaissent leur erreur. Voilà Lucius délivré de ses maux, Lucius, par la grâce de la grande Isis, vainqueur du sort. Mais pour plus de sû-

---

exeunt. Manus non jam pedes sunt, sed in erecta porriguntur officia; cervix procera cohibetur; os et caput rotundantur; aures enormes repetunt parvitatem pristinam; dentes saxei redeunt ad humanam tenuitatem : et, quæ me potissimum cruciabat ante, cauda nusquam comparuit. Populi mirantur, religiosi venerantur tam evidentem maximi numinis potentiam, et consimilem nocturnis imaginibus magnificentiam, et facilitatem reformationis: claraque et consona voce, cœlo manus attendentes, testantur tam illustre deæ beneficium. At ego stupore nimio defixus, tacitus hærebam, animo meo tam repentinum tamque magnum non capiente gaudium : quid potissimum præfarer primarium, unde novæ vocis exordium caperem, quo sermonem, nunc renata lingua, felicius auspicarer, quibus quantisque verbis tantæ deæ gratias agerem.

Sed sacerdos, utcumque divino monitu cognitis ab origine cunctis cladibus meis, quamquam et ipse insigni permotus miraculo, nutu significato prius præcepit, tegendo mihi linteam dari laciniam. Nam me quum primum nefasto tegmine despoliaverat asinus; compressis in artum feminibus, et superstrictis accurate manibus, quantum nudo licebat, velamento me naturali probe muniveram. Tunc e cohorte religionis unus, impigre superiorem exutus tunicam, supertexit me celerrime.

Quo facto, sacerdos vultu geniali et hercules perhumano in aspectum meum attonitus, sic affatur : Multis et variis exantlatis laboribus, magnisque Fortunæ tempestatibus et maximis actus procellis, ad portum quietis et aram misericordiæ tandem, Luci, venisti. Nec tibi natales, ac ne dignitas quidem, vel ipsa, qua flores, usquam doctrina profuit : sed lubrico virentis ætatulæ ad serviles delapsus voluptates, curiositatis improsperæ sinistrum præmium reportasti. Sed utcumque Fortunæ cæcitas, dum te pessimis periculis discruciat, ad religiosam istam beatitudinem improvida produxit malitia. Eat nunc, et summo furore sæviat, et crudelitati suæ materiam quærat aliam. Nam in eos, quorum sibi vitas servitium deæ nostræ majestas vindicavit, non habet locum casus infestus. Quid latrones, quid feræ, quid servitium, quid asperrimorum itinerum ambages reciprocæ, quid metus mortis quotidianæ nefariæ fortunæ profuit? In tutelam jam receptus es Fortunæ, sed videntis : quæ suæ lucis splendore ceteros etiam deos illuminat. Sume jam vultum lætiorem, candido isto habitu tuo congruentem : comitare pompam deæ sospitatricis, in ovanti gradu. Videant irreligiosi; videant, et errorem suum recognoscant. En ecce pristinis ærumnis absolutus, Isidis magnæ providentia gaudens Lucius, de sua Fortuna triumphat. Quo tibi tamen tutior sis, atque munitior; da

reté, pour plus grande garantie, prenez dans notre sainte milice l'engagement que naguère il vous fut conseillé de prendre. Consacrez-vous à notre culte; subissez-en le joug volontaire. Servez notre déesse, afin de mieux sentir le bienfait de votre liberté.

Ainsi parla le pontife inspiré, et sa voix s'arrêta haletante, comme oppressée par l'inspiration. Aussitôt, me mêlant à la foule religieuse, je suivis la marche du sacré cortège. Objet de l'attention universelle, c'était moi que chacun montrait du doigt et du geste. On ne parlait que de moi. Voilà, disait-on, celui que la toute-puissante volonté de la déesse vient de rendre à la forme humaine. Heureux, trois fois heureux le mortel à qui une conduite irréprochable sans doute aura valu cette éclatante protection d'en haut, et qui renaît en quelque sorte pour être aussitôt voué au saint ministère!

Toujours marchant au milieu d'un concert de vœux, le cortège arrive sur le bord de la mer, précisément à l'endroit où j'avais, sous ma forme d'âne, pris gîte la nuit précédente. Là, suivant un cérémonial prescrit, sont déposés les simulacres divins. Le grand prêtre s'approche d'un vaisseau de construction merveilleuse, dont l'extérieur était peint sur toutes les faces de ces signes mystérieux adoptés par les Égyptiens; il le purifie, dans les formes, avec une torche allumée, un œuf et du soufre; et l'ayant ensuite nommé, il le consacre à la déesse. Sur la blanche voile du fortuné navire se lisaient des caractères, dont le sens était un vœu pour la prospérité du commerce maritime renaissant avec la saison nouvelle. Le mât se dresse alors. C'était un pin d'une parfaite rondeur, du plus beau luisant, et d'une hauteur prodigieuse, dont la hune surtout attirait les regards. La poupe, au cou de cygne recourbé, était revêtue de lames étincelantes; et la carène, construite entièrement de bois de citronnier du plus beau poli, faisait plaisir à voir. Tous bientôt, initiés ou profanes, apportent à l'envi des vases remplis d'aromates et de diverses offrandes, et font sur les flots des libations de lait caillé, jusqu'au moment où le navire chargé de présents et de pieuses offrandes, libre enfin des liens qui le retenaient à l'ancre, et profitant d'un vent doux qui s'élevait exprès, eut gagné la haute mer. Et lorsqu'il n'apparut plus que comme un point dans l'espace, les porteurs d'objets sacrés, qui avaient déposé leurs fardeaux, les reprirent, et la procession se remit en marche dans le même ordre pour rentrer au temple.

Arrivés au sacré parvis, le grand prêtre, ceux qui portent les saintes effigies, et ceux qui sont depuis longtemps initiés aux mystères vénérables, entrent dans le sanctuaire de la déesse, et y replacent ces images qui semblent respirer. Alors l'un d'eux, à qui l'on donnait le titre de secrétaire, debout devant la porte, convoque à haute voix une assemblée des Pastophores (nom que l'on donne à ce sacré collège). Il monte ensuite dans une chaire élevée, et récite, en lisant dans un livre, des prières pour le grand empereur, pour le sénat, pour les chevaliers, pour le peuple romain, pour la prospérité de tout ce qui compose le vaste empire, et conclut par la for-

nomen huic sanctæ militiæ, cujus non olim sacramento etiam rogabaris: teque jam nunc obsequio religionis nostræ dedica, et ministerii jugum subi voluntarium. Nam, quum cœperis deæ servire, tunc magis senties fructum tuæ libertatis.

Ad istum modum vaticinatus sacerdos egregius, fatigatos anhelitus trahens, conticuit. Exinde permixtus agmini religioso procedens, comitabar sacrarium: totæ civitati notus ac conspicuus; digitis hominum nutibusque notabilis. Omnes in me populi fabulabantur. Hunc omnipotentis hodie deæ numen augustum reformavit ad homines. Felix hercules, et ter beatus! qui vitæ scilicet præcedentis innocentia fideque meruerit tam præclarum de cœlo patrocinium; ut renatus quodammodo, statim sacrorum obsequio desponderetur.

Inter hæc, et festorum votorum tumultum, paulatim progressi, jam ripam maris proximamus: atque ad ipsum illum locum, quo pridie meus stabulaverat asinus, pervenimus. Ibi deum simulacris rite dispositis, navem faberrime factam, picturis miris Ægyptiorum circumsecus variegatam, summus sacerdos tæda lucida, et ovo, et sulphure, solemnissimas preces de casto præfatus ore, quam purissime purificatam, deæ nuncupavit, dedicavitque. Hujus felicis alvei nitens carbasus litteras vocum intextas progerebat. Ecce litteræ votum instaurabant, de novi commeatus prospera navigatione. Jam malus insurgit, pinus rotunda, splendore sublimis, insigni carchesio conspicua: et puppis, intorta chenisco, bracteis aureis vestita, fulgurabat: omnisque prorsus carina citro limpido perpolita, florebat. Tunc cuncti populi, tam religiosi, quam profani, vannos onustas aromatis et cujuscemodi suppliciis certatim congerunt; et insuper fluctus libant intritum lacte confectum; donec muneribus largis, et devotionibus faustis completa navis, absoluta strophiis anchoralibus, peculiari serenoque flatu, pelago redderetur. Quæ postquam cursus spatio prospectum sui nobis incerta, sacrorum geruli, sumptis rursum quæ quisque detulerant, alacres ad fanum reditum capessunt similis ritu pompæ decori.

At quum ad ipsum jam templum pervenimus, sacerdos maximus, quique divinas effigies proveherant, et qui venerandis penetralibus pridem fuerant initiati, intra cubiculum deæ recepti, disponunt rite simulacra spirantia. Tunc ex his unus, quem cuncti Grammatea dicebant, pro foribus assistens, cœtu pastophorum, quod sacrosancti collegii nomen est, velut in concionem vocato, indidem de sublimi suggestu, de libro, de litteris fausta vota præfatus: PRINCIPI MAGNO, SENATUIQUE, ET EQUITI, TOTOQUE ROMANO POPULO, nauticis, navibus, quæque sub imperio mundi nostratis reguntur, renuntiat, sermone rituque græciensi, ita: ΛΑΟΙΣ ΑΦΕΣΙΣ. Qua voce feliciter cunctis evenire signavit populi clamor insecutus. Exin gaudio delibuti populares, thallos, verbenas, corollas ferentes,

mule grecque : *Que le peuple se retire !* parole qui voulait dire que le sacrifice était agréé, comme le témoigna l'acclamation qui la suivit. Et tous, dans un transport d'allégresse, apportant des rameaux d'olivier fleuri, des branches de verveine et des guirlandes, les déposent devant la statue d'argent élevée à la déesse sur une estrade, et se retirent chez eux après lui avoir baisé les pieds. Quant à moi, je n'avais garde de m'éloigner d'un seul pas ; je demeurais les yeux fixés sur la déesse, réfléchissant à mes infortunes passées.

Les ailes de la Renommée, pendant ce temps, ne s'étaient pas engourdies. Partout dans mon pays elle avait publié l'adorable bienfait de la déesse, et mes surprenantes aventures. Mes amis, mes domestiques, tout ce qui tenait à moi par les liens du sang, dépose le deuil que le faux bruit de ma mort avait fait prendre, et, changeant soudain la douleur en joie, accourt, les mains pleines de présents, pour s'assurer par ses propres yeux si j'étais en effet retrouvé, et vraiment revenu des enfers. J'avais désespéré de les revoir jamais. Leur vue me fit un bien inexprimable. J'acceptai avec reconnaissance ce qui m'était si obligeamment offert. Grâce à la prévoyance des miens, je voyais mon entretien et ma dépense largement assurés.

Après avoir dit à chacun ce qu'il convenait de lui dire, fait le récit de mes infortunes passées et le tableau de ma félicité présente, je retournai avec un redoublement de gratitude à la contemplation de ma divine protectrice. Je louai un logement dans l'enceinte de l'édifice sacré, et j'y établis provisoirement mes pénates. Je ne manquais à la célébration d'aucun des rites intimes ;

je ne quittais pas la société des prêtres, et, toujours en adoration, je ne me séparais pas un seul moment de la grande divinité. Il ne m'arriva point de passer une seule nuit, ni de m'abandonner au repos, sans avoir une apparition et sans entendre la voix de la déesse. Sa volonté m'avait depuis longtemps destiné au service des autels, et ses commandements réitérés me prescrivaient de me présenter à l'initiation. Ma vocation n'était pas douteuse ; mais un scrupule m'arrêtait. J'avais sérieusement réfléchi aux exigences du saint ministère. Le vœu de chasteté n'est pas d'une observation facile. Quelle attention ne faut-il pas sur soi-même, au milieu des tentations dont la vie est entourée ! Voilà ce que je considérais, et, malgré ma ferveur, j'ajournais indéfiniment l'accomplissement de mon vœu.

Une nuit je crus voir le grand prêtre venir à moi, un pan de sa robe relevé et rempli. Comme je lui demandai ce qu'il portait là, il me répondit que c'était un envoi de Thessalie à mon adresse ; et, de plus, qu'un mien serviteur, nommé Candide, venait d'arriver. A mon réveil, je repassais le songe dans mon esprit, fort en peine d'en deviner le sens ; car j'étais bien sûr de n'avoir jamais eu personne du nom de Candide à mon service. En tout cas, je ne pouvais me promettre que profit d'un rêve où l'on m'apportait quelque chose. Je guettais donc avec impatience, et dans l'attente d'un bonheur ignoré, le moment où s'ouvriraient les portes du temple. Enfin, les blancs rideaux sont tirés de droite et de gauche ; la vénérable déesse se montre, et nous nous prosternons. Le grand prêtre va d'autel en autel accomplir les rites, et prononce les solennelles oraisons.

---

exosculatis vestigiis deæ, quæ gradibus hærebat argento formata, ad suos discedunt lares. Nec tamen sinebat me animus ungue latius indidem digredi ; sed intentans deæ specimen pristinos casus meos recordabar.

Nec tamen fama volucris pigra pinnarum tarditate cessaverat : sed protinus in patria deæ providentis adorabile beneficium, meamque ipsius fortunam memorabilem narraverat passim. Confestim denique familiares ac vernulæ, quique mihi proximo nexu sanguinis cohærebant, luctu deposito quem de meæ mortis falso nuntio susceperant, repentino lætoti gaudio, varie quisque munerabundi, ad meum festinant illico divinum reducemque ab inferis conspectum. Quorum desperata ipse etiam facie recreatus, oblationes honestas æqui bonique facio : quippe quum mihi familiares, quoad cultum sumptumque largiter succederet, deferre prospicue curassent.

Affatis itaque ex officio singulis, narratisque meis pristinis ærumnis, et præsentibus gaudiis, me rursum ad deæ gratissimum mihi refero conspectum : ædibusque conductis, intra conseptum templi larem temporarium mihi constituo : deæ ministeriis adhuc privatis appositus, contuberniisque sacerdotum individuus, et numinis magni cultor inseparabilis. Nec fuit nox una, vel quies aliqua,

visu deæ monituque jejuna ; sed crebris imperiis, sacris suis me jam dudum destinatum, nunc saltem censebat initiari. At ego, quanquam cupienti voluntate præditus, tamen religiosa formidine retrahebar ; quod enim sedulo percontaveram, difficile religionis obsequium, et castimoniorum abstinentiam satis arduam, cautoque circumspectu vitam, quæ multis casibus subjacet, esse muniendam. Hæc identidem mecum reputans, nescio quomodo, quamquam festinans, differebam.

Nocte quadam, plenum gremium suum visus est mihi summus sacerdos offerre : ac requirenti, quid utique istud ? respondisse, partes illas de Thessalia mihi missas ; servum etiam meum indidem supervenisse, nomine Candidum. Hanc experrectus imaginem diu diuque apud cogitationes meas revolvebam, quid rei portenderet ; præsertim quum nullum unquam habuisse me servum isto nomine nuncupatum certus essem. Ut ut tamen sese præsagium somni porrigeret, lucrum certum modis omnibus significari partium oblatione credebam. Sic anxius, et in proventum prosperiorem attonitus, templi matutinas apertiones opperiebar. Ac, dum velis candentibus reductis in diversum, deæ venerabilem conspectum apprecamur, et per dispositas aras circumiens sacerdos rem divinam procurat sup-

Le service s'accomplit par une libation qu'il fait, avec le vase sacré, d'une eau puisée à la source du sanctuaire. Les religieux alors saluent des chants accoutumés la première heure du jour et le retour de la lumière. En ce moment, arrivent de mon pays les serviteurs que j'y avais laissés, lorsque la fatale méprise de Fotis m'avait mis dans ce cruel embarras; j'eus bientôt reconnu mes gens, aussi bien que mon cheval, qu'ils me ramenaient. La bête avait passé dans plusieurs mains; mais on avait pu la réclamer, grâce à certaine marque qu'elle avait sur le dos. Et c'est ici que j'admirai avec quelle précision se vérifiait mon rêve, comme l'envoi promis se trouvait réalisé, et surtout comme l'annonce d'un serviteur, nommé Candide, concordait avec le retour de mon cheval, dont, en effet, le poil était blanc (*candidus*).

Cette circonstance ne pouvait que stimuler mon zèle. Je redoublai d'activité dans mes pieux exercices. La faveur récente était le gage des bienfaits à venir. Je sentais de jour en jour s'augmenter mon désir d'être revêtu du caractère sacré. Sans cesse j'assiégeais le grand prêtre de mes prières, pour obtenir d'être enfin initié aux mystères de la nuit sainte. Mais ce grave personnage, d'une rigidité d'observance devenue presque proverbiale, temporisait avec mon impatience, toujours de ce ton de douceur et de bienveillance qu'un père sait opposer à la fougue inconsidérée de son fils; et toujours il me flattait de l'espoir d'une satisfaction prochaine. Il fallait, disait-il, que la déesse indiquât elle-même le jour de mon initiation, qu'elle désignât le prêtre qui me consacrerait : sa prévoyance allait même jusqu'à régler la dépense de la cérémonie par les instructions les plus précises.

C'étaient là des préliminaires indispensables, auxquels, selon lui, force était de me soumettre. Il fallait me défendre de toute précipitation comme de tout esprit de résistance; me garder avec le même soin de devancer l'ordre et de ne pas répondre à l'appel. Aucun des prêtres, d'ailleurs, ne pousserait la démence, le mépris de sa propre vie, jusqu'à s'ingérer, sans ordre formel de la déesse, dans le ministère de consécration. Il y allait de la peine du sacrilége. La déesse tenait de la même main les clefs de l'enfer et celles des portes du salut. L'initiation était une sorte de mort volontaire, avec une autre vie en expectative. La déesse prenait le temps où l'on se trouve placé à l'extrême limite de la vie temporelle, pour exiger du néophyte la garantie du secret inviolable; c'est alors que, par une sorte de renaissance providentielle, s'ouvre pour lui une existence de béatitude. Quelque claire et manifeste que fût la vocation d'en haut qui m'appelait au saint ministère, il fallait donc attendre que l'ordre actuel m'en fût intimé. Je devais toutefois, à l'exemple des initiés, préalablement m'abstenir des aliments profanes et défendus. L'accès n'en serait pour moi que plus facile aux saints mystères de la plus pure de toutes les religions. Ainsi parla le grand prêtre; et ma soumission triompha de mon impatience. Je me montrai calme, résigné, rigoureux observateur du silence, et ne manquai pas un seul jour d'assister à la célébration des offices divins.

plicamentis solemnibus, de penetrali fonte petitum spondeo libat; rebus jam rite consummatis, inchoatæ lucis salutationibus, religiosi primam nuntiantes horam, perstrepunt. Et ecce superveniunt de patria, quos ibi reliqueram famulos, quum me Fotis malis incapistrasset erroribus. Cognitis scilicet famulis meis, necnon et equum quoque illum meum reducentibus, quem diverse distractum notæ dorsualis agnitione recuperaverant : quare solertiam somni tum mirabar vel maxime; quod præter congruentiam lucrosæ pollicitationis, argumento servi Candidi, equum mihi reddidisset colore candidum.

Quo facto idem sollicitus, sedulum colendi frequentabam ministerium, spe futura beneficiis præsentibus pignerata. Nec minus in dies mihi magis magisque accipiendorum sacrorum cupido gliscebat. Summisque precibus primarium sacerdotem sæpissime conveneram, petens, ut me noctis sacratæ tandem arcanis initiaret. At ille, vir alioquin gravis, et sobriæ religionis observatione famosus, clementer ac comiter, et, ut solent parentes immaturis liberorum desideriis modificari, meam differens instantiam, spei melioris solatiis alioquin anxium mihi permulcebat animum. Nam et diem, quo quisque possit initiari, deæ nutu demonstrari, et sacerdotem qui sacra debeat ministrare, ejusdem providentia deligi : sumptus etiam cerimoniis necessarios simili præcepto destinari.

Quæ cuncta nos quoque observabili patientia sustinere censebat : quippe quum aviditati contumaciæque summe cavere, et utramque culpam vitare, ac neque vocatus morari, nec non jussus festinare deberem. Nec tamen esse quemquam de suo numero tam perditæ mentis, vel immo destinatæ mortis, qui non sibi quoque seorsum jubente domina, temerarium atque sacrilegum audeat ministerium subire, noxamque letalem contrahere. Nam et inferum claustra, et salutis tutelam in deæ manu posita, ipsamque traditionem ad instar voluntariæ mortis et precariæ salutis celebrari : quippe quum transactis vitæ temporibus, jam in ipso finitæ lucis limine constitutos, queis tamen tuto possint magna religionis committi silentia, numen deæ soleat elicere, et sua providentia quodam modo renatos ad novæ reponere rursus salutis curricula. Ergo igitur me quoque oporteret cœleste sustinere præceptum, quamquam perspicua evidentique magni numinis dignatione jamdudum felici ministerio nuncupatum destinatumque : nec secus quam cultores ceteri, cibis profanis ac nefariis jam nunc temperare; quo rectius ad arcana purissimæ religionis secreta pervaderem. Dixerat sacerdos : nec impatientia corrumpebatur obsequium meum : sed intentus miti quiete et probabili taciturnitate, sedulum quot dies obibam culturæ sacrorum ministerium.

Nec me fefellit, nec longi temporis prolatione cruciavit

Mon espoir ne fut pas trompé, et l'ineffable bénignité de la grande déesse m'épargna le supplice d'une longue attente. Un avertissement clairement exprimé, par une nuit des plus obscures, m'annonça qu'enfin allait luire pour moi le jour à jamais désirable où mon vœu le plus cher serait enfin comblé. Je fus instruit par la même voie de la somme nécessaire aux frais de ma réception, ainsi que du choix que, par suite d'un rapport entre nos deux étoiles, la déesse faisait de Mithras son grand prêtre pour présider à ma consécration.

Encouragé par ces indications, marques positives de la bienveillance de la grande déesse, je dis adieu au sommeil avant qu'il fût tout à fait jour, et me rendis en toute hâte à l'appartement du grand prêtre. Je le trouvai qui en sortait ; et, après lui avoir rendu les devoirs, j'allais revenir à la charge plus obstinément que jamais, et réclamer l'initiation comme un droit acquis. Mais il ne m'eût pas plutôt aperçu, que le premier il prit la parole. O mon cher Lucius, dit-il, quel bonheur, quelle félicité est la vôtre! La suprême volonté de la déesse daigne enfin vous admettre au ministère auguste. Pourquoi rester immobile à cette heure? D'où vient ce peu d'empressement? Voici le jour appelé de tous vos vœux ; le jour où, par les commandements de la divinité aux mille noms, ces mains vont vous initier aux plus saints arcanes de notre culte. Et, m'imposant alors sa main droite sur l'épaule, le bon vieillard me conduit lui-même aux portes du vaste édifice. Là, après avoir procédé à l'ouverture suivant le rit accoutumé, et accompli le sacrifice du matin, il tire de la cachette la plus mystérieuse du sanctuaire des livres écrits en signes propres à les rendre inintelligibles ; les mots, qui resserrent en si peu d'espace l'expression de la pensée, s'y traduisent par une foule de dessins dont les uns représentent toutes sortes d'animaux, tandis que les autres s'enchevêtrent en nœuds, s'arrondissent en roues, ou se contournent en spirales comme les vrilles de la vigne ; inventions étranges, qui n'ont pour objet que de soustraire le sens à la curiosité des profanes. Il m'en lit un passage qui enseigne à l'adepte les préparatifs qui lui sont indispensables. Tout ce qui devait être acheté le fut bientôt, et à tout prix, tant par moi que par les miens.

Enfin, le grand prêtre annonce que le moment est venu ; et sur-le-champ, suivi de la sainte cohorte, il me conduit au bain le plus proche. Quand je m'y fus plongé selon l'usage, après avoir appelé sur moi la miséricorde divine, il me purifia par une complète ablution, et me ramena au temple. Les deux premières parties du jour étaient écoulées. Il me fit prosterner aux pieds de la déesse, et me communiqua sous le secret ce que la parole ne saurait rendre. Puis à haute voix, et devant l'assistance, il m'imposa dix jours d'abstinence, pendant lesquels je ne pouvais manger d'aucune substance animale, ni boire de vin. Ces prescriptions accomplies avec une religieuse exactitude, arrive le jour de la divine promesse. Déjà le soleil sur son déclin ramenait le soir, quand je me vis entouré de tous côtés d'une foule nombreuse qui, selon l'usage antique et solennel, venait me faire hommage de divers présents. Le grand-prêtre écarte ensuite les profanes, me fait revêtir d'une robe de lin écru, et, me prenant par la main, m'emmène dans le plus profond du sanctuaire.

---

potentis deæ benignitas salutaris, sed noctis obscuræ non obscuris imperiis evidenter monuit, adveniisse diem mihi semper optabilem, quo me maxime voti compotiret. Quantoque sumptu deberem procurare supplicamentis, ipsumque Mithram illum suum sacerdotem præcipuum, divino quodam stellarum consortio, ut aiebat, mihi conjunctum, sacrorum ministrum decernit.

Quibus et ceteris benivolis præceptis summatis deæ recreatus animi, nec dum satis lucida discussa quiete, protinus ad receptaculum sacerdotis contendo : atque eum, cubiculo suo commodum prodeuntem continuatus, saluto. Solito constantius destinaveram jam velut debitum sacris obsequium flagitare. At ille, statim ut me conspexit, prior : O mi quidem Luci, inquit, te felicem, te beatum, quem propitia voluntate numen augustum tanto opere dignatur! Et quid, inquit, jam nunc stas otiosus, teque ipsum demoraris? Adest tibi dies votis assiduis exoptatus, quo deæ multinominis divinis imperiis, per istas meas manus plissimis sacrorum arcanis insinueris. Et, injecta dextera, senex comissimus ducit me protinus ad ipsas fores ædis amplissimæ : rituque solemni apertionis celebrato ministerio, ac matutino peracto sacrificio, de opertis adyti profert quosdam libros, litteris ignorabilibus prænotatos : partim figuris cujuscemodi animalium, concepti sermonis compendiosa verba suggerentes : partim nodosis, et in modum rotæ tortuosis, capreolatimque condensis apicibus, a curiositate profanorum lectione munita. Indidem mihi prædicat, quæ forent ad usum teletæ necessario præparanda. Ea protinus gnaviter, et aliquanto liberalius partim ipse, partim per meos socios coemenda procuro.

Jamque tempore, ut aiebat sacerdos, id postulante, stipatum me religiosa cohorte deducit ad proximas balneas : et prius sueto lavacro traditum, præfatus deum veniam, purissime circumrorans abluit : rursumque ad templum reductum, jam duabus diei partibus transactis, ante ipsa deæ vestigia constituit : secretoque mandatis quibusdam, quæ voce meliora sunt, illud plane cunctis arbitris præcipit, decem continuis illis diebus cibariam voluptatem coercerem, neque ullum animal essem, et invinius essem. Quibus venerabili continentia rite servatis, jam dies aderat divino destinatus vadimonio : et sol curvatus intrahebat vesperam. Tunc ecce confluunt undique turbæ, sacrorum ritu vetusto, variis quisque me muneribus honorantes. Tunc semotis procul profanis omnibus, linteo rudique me contectum amicimine, arrepta manu, sacerdos deducit ad ipsius sacrarii penetralia.

Quæras forsitan satis anxie, studiose lector, quid deinde dictum, quid factum? dicerem, si dicere liceret ; cognos-

Sans doute, ami lecteur, votre curiosité va s'enquérir de ce qui se dit, de ce qui se fit ensuite. Je le dirais, s'il était permis de le dire ; vous l'apprendriez, s'il était permis de l'apprendre. Mais il y aurait crime au même degré pour les oreilles confidentes et pour la bouche révélatrice. Si cependant c'est un sentiment religieux qui vous anime, je me ferais scrupule de vous tourmenter. Écoutez et croyez, car ce que je dis est vrai. J'ai touché aux portes du trépas ; mon pied s'est posé sur le seuil de Proserpine. Au retour, j'ai traversé tous les éléments. Dans la profondeur de la nuit, j'ai vu rayonner le soleil. Dieux de l'enfer, dieux de l'Empyrée, tous ont été vus par moi face à face, et adorés de près. Voilà ce que j'ai à vous dire, et vous n'en serez pas plus éclairés. Mais ce que je puis découvrir sans sacrilége aux intelligences profanes, le voici :

Le point du jour arriva ; et, les cérémonies terminées, je m'avançai couvert de douze robes sacerdotales, circonstance mystérieuse assurément, mais que rien ne m'oblige à taire, car elle eut de nombreux témoins. Une estrade en bois était élevée au milieu de l'édifice sacré. On m'y fit asseoir en face de la statue de la déesse, splendidement couvert d'une robe de dessus de lin à fleurs. Une précieuse chlamyde flottait sur mes épaules et descendait jusqu'à mes talons. Je me montrais chamarré, sous tous les aspects, de figures d'animaux de toutes couleurs. Ici, c'étaient les dragons de l'Inde ; là, les griffons hyperboréens, animaux d'un autre monde, et pourvus d'ailes comme les oiseaux. Les prêtres donnent à ce vêtement le nom d'étole olympiaque. Ma main droite tenait une torche allumée ; mon front était ceint d'une belle couronne de palmier blanc, dont les feuilles dressées semblaient autant de rayons lumineux. Tout à coup les rideaux se tirent, j'apparais comme la statue du soleil à la foule, qui fixe sur moi ses regards avides. Je célébrai ensuite mon heureuse initiation par un délicat et somptueux banquet. Trois jours durant, ma brillante intronisation se répéta avec l'accompagnement indispensable du religieux festin. Je demeurai là quelques jours encore plongé dans une extatique contemplation de l'image de la déesse, et comme enchaîné par son ineffable bienfait. Averti enfin par la divinité elle-même, et après lui avoir humblement payé un tribut d'actions de grâce, bien insuffisant sans doute, mais tel que le permettaient mes facultés, je songeai à regagner mes foyers, depuis si longtemps déserts. Mais ce ne fut pas sans brisement de cœur que la séparation se consomma. Prosterné devant la déesse, la face collée sur ses pieds divins, je les arrosai longtemps de mes larmes ; et, d'une voix étouffée plus d'une fois par les sanglots, je lui adressai cette prière :

Divinité sainte, source éternelle de salut, protectrice adorable des mortels, qui leur prodigues dans leurs maux l'affection d'une tendre mère ; pas un jour, pas une nuit, pas un moment ne s'écoule qui ne soit marqué par un de tes bienfaits. Sur la terre, sur la mer, toujours tu es là pour nous sauver ; pour nous tendre, au milieu des tourmentes de la vie, une main secourable ; pour débrouiller la trame inextricable des destins, calmer les tempêtes de la Fortune, et conjurer la maligne influence des constellations. Vénérée dans le ciel, respectée aux enfers, par

---

ceres, si liceret audire. Sed parem noxam contraherent aures et linguæ illæ temerariæ curiositatis. Nec te tamen, desiderio forsitan religioso suspensum, angore diutino cruciabo. Igitur audi : sed crede quæ vera sunt. Accessi confinium mortis : et calcato Proserpinæ limine, per omnia vectus elementa remeavi. Nocte media, vidi Solem candido coruscantem lumine : deos inferos, et deos superos accessi coram, et adoravi de proximo. Ecce tibi retuli, quæ quamvis audita, ignores tamen necesse est.

Ergo, quod solum potest sine piaculo ad profanorum intelligentias enuntiari, referam. Mane factum est ; et perfectis solemnibus, processi duodecim sacratus stolis, habitu quidem religioso satis, sed effari de eo nullo vinculo prohibeor : quippe quod tunc temporis videre præsentes plurimi. Namque in ipso ædis sacræ meditullio, ante deæ simulacrum constitutum tribunal ligneum jussus superstiti, byssina quidem, sed floride depicta veste conspicuus. Et humeris dependebat, pone tergum, talorum tenus, pretiosa chlamyda. Quaqua tamen viseres, colore vario circumnotatis insignibar animalibus. Hinc dracones indici : inde gryphes hyperborei : quos in speciem pinnatæ alitis generat mundus alter. Hanc olympiacam stolam sacrati nuncupant. At manu dextera gerebam flammis adultam facem : et caput decora corona cinxerat, palmæ candidæ foliis in modum radiorum prosistentibus. Sic ad instar Solis exornato, et in vicem simulacri constituto, repente velis reductis, in aspectum populus hærebat. Exhinc festissimum celebravi natalem sacrorum : et suaves epulæ, et faceta convivia. Dies etiam tertius pari cerimoniarum ritu celebratus, et jentaculum religiosum, et teletæ legitima consummatio. Paucis dehinc ibidem commoratus diebus, inexplicabili voluptate simulacri divini perfruebar : irremunerabili quippe beneficio pigneratus. Sed tandem deæ monitu, licet non plene, tamen pro meo modulo, supplicue gratiis persolutis, tardam satis domuitionem comparo ; vix equidem abruptis ardentissimi desiderii retinaculis. Provolutus denique ante conspectum deæ, et facie mea diu detersis vestigiis ejus, lacrymis obortis, singultu crebro sermonem interficiens, et verba devotans, aio :

Tu quidem sancta, et humani generis sospitatrix perpetua, semper fovendis mortalibus munifica, dulcem matris affectionem miserorum casibus tribuis. Nec dies, nec quies ulla, ac ne momentum quidem tenue, tuis transcurrit beneficiis otiosum ; quin mari terraque protegas homines, et, depulsis vitæ procellis, salutarem porrigas dexteram. Qua Fatorum etiam inextricabiliter contorta retractas licia, et Fortunæ tempestates mitigas, et stellarum noxios meatus cohibes. Te Superi colunt ; observant Inferi : tu rotas orbem ; luminas Solem : regis mundum ; calcas Tartarum. Tibi respondent sidera, redeunt tempora,

toi le globe tourne, le soleil éclaire, l'univers est régi, l'enfer contenu. A ta voix, les sphères se meuvent, les siècles se succèdent, les immortels se réjouissent, les éléments se coordonnent. Un signe de toi fait souffler les vents, gonfler les nuées, germer les semences, éclore les germes. Ta majesté est redoutable à l'oiseau volant dans les airs, à la bête sauvage errant sur les montagnes, au serpent caché dans le creux de la terre, au monstre marin plongeant dans l'abîme sans fond. Mais quoi! ni mon génie n'est à la hauteur de tes louanges, ni ma fortune ne suffit à t'offrir de dignes sacrifices. Ma faible voix ne peut exprimer ce que ta majesté m'inspire, et ce que mille bouches, mille voix douées d'une intarissable éloquence ne parviendraient pas à exprimer. Dans ma pauvreté, je ferai du moins ce qui est possible au cœur religieux. Ton image sacrée restera profondément gravée dans mon âme, et toujours présente à ma pensée.

Cette invocation terminée, je me jetai au cou du grand prêtre Mithras, devenu pour moi un second père. Je le couvris de mes baisers, et le suppliai d'excuser mon impuissance à reconnaître son incomparable bonté. Ce ne fut qu'après m'être longuement étendu sur ma gratitude que je me séparai de lui. Je m'empressai alors de regagner en droite ligne le foyer paternel après une si longue absence. Mais je ne m'y arrêtai que peu de jours. Une inspiration de la déesse me fit encore plier bagage et embarquer pour Rome. Un vent favorable me procura une heureuse et très-prompte traversée jusqu'à Ostie. Là, je montai en chariot, et roulai rapidement vers la cité sacro-sainte, où j'arrivai la veille des ides de décembre, dans la soirée. De ce moment, mon occupation principale fut d'offrir chaque jour des supplications à la reine Isis. Elle est en grande dévotion à Rome, où on l'invoque sous le nom de déesse champêtre, à cause du site où son temple est élevé. Je devins le plus zélé de ses visiteurs, nouveau venu dans le sanctuaire, vieil initié dans la religion.

Le soleil avait parcouru le cercle du zodiaque, et accompli sa révolution annuelle, quand ma divine protectrice vint de nouveau m'interpeller durant mon sommeil, parlant d'une nouvelle initiation à recevoir, d'épreuves nouvelles à subir. Que signifiait cet avis? quel en était l'esprit et la portée? car mon initiation me semblait depuis longtemps complète. J'interrogeai sans fruit mon bon sens. Enfin je soumis le cas aux lumières de nos prêtres. Alors j'appris de quoi me surprendre étrangement; à savoir, que la consécration que j'avais reçue ne concernait que les mystères de la grande déesse, et qu'il me restait à être éclairé de la lumière du père tout-puissant des dieux, de l'invincible Osiris; que, bien qu'il y eût connexité entre ces deux puissances divines, et même unité d'essence et de culte, la différence était grande entre les formes d'initiation respectives; qu'enfin il fallait me vouer aussi au culte du grand dieu; que c'était là le sens de la communication divine. Cette interprétation me fut bientôt confirmée; car, la nuit suivante, je vis en songe un des prêtres en robe de lin, portant des thyrses, des feuilles de lierre, et des choses qu'il ne m'est pas permis de dire, et qu'il plaça au-dessus de mes dieux lares. Il vint ensuite occuper ma propre

---

gaudent numina, serviunt elementa. Tuo nutu spirant flamina, nutriuntur nubila, germinant semina, crescunt germina. Tuam majestatem perhorrescunt aves cœlo meantes, feræ montibus errantes, serpentes solo latentes, belluæ ponto natantes. At ego referendis laudibus tuis exilis ingenio, et adhibendis sacrificiis tenuis patrimonio : nec mihi vocis ubertas ad dicenda quæ de tua majestate sentio sufficit : nec ora mille, linguæque totidem, vel indefessi sermonis æterna series. Ergo, quod solum potest religiosus quidem sed pauper alioquin efficere, curabo : divinos tuos vultus numenque sanctissimum intra pectoris mei secreta conditum perpetuo custodiens, imaginabor. Ad istum modum deprecato summo numine, complexus Mithram sacerdotem, et meum jam parentem, colloque ejus multis osculis inhærens, veniam postulabam, quod eum, condigne tantis beneficiis, munerari nequirem. Diu denique gratiarum gerendarum sermone prolixo commoratus, tandem digredior : et recta, patrium Larem revisurus meum post aliquam multum temporis, contendo : paucisque post diebus, deæ potentis instinctu, raptim constrictis sarcinulis, nave conscensa, Romam versus profectionem dirigo : tutusque prosperitate ventorum ferentium, Augusti portum celerrime, ac dehinc carpento pervolavi : vesperaque, quam dies insequebatur Iduum decembrium, sacrosanctam istam civitatem accedo. Nec ullum tam præcipuum mihi exinde studium fuit, quam quotidie supplicare summo numini reginæ Isidis; quæ, de templi situ sumpto nomine Campensis, summa cum veneratione propitiatur. Eram denique cultor assiduus, fani quidem advena, religionis autem indigena.

Ecce, transcurso signifero circulo, Sol magnus annum compleverat; et quietem meam rursus interpellat numinis benefici cura pervigilis : et rursus teletæ, rursus sacrorum commonet. Mirabar quid rei tentaret, quid pronuntiaret futurum. Quidni? plenissime jam dudum videbar initiatus. Ac dum religiosum scrupulum partim apud sensum meum disputo, partim sacratorum consiliis examino; novum miramque plane comperior : deæ quidem me tantum sacris imbutum, at magni dei deumque summi parentis, invicti Osiris, necdum sacris illustratum : quamquam enim connexa, immo vero unita ratio numinis religionisque esset, tamen teletæ discrimen interesse maximum. Proinde me quoque peti magno etiam deo famulum, sentire deberem. Nec diu res in ambiguo stetit. Nam proxima nocte vidi quemdam de sacratis, linteis intectum, qui thyrsos et hederas, et tacenda quædam gerens, ad ipsos meos Lares collocaret : et occupato sedili meo, religionis amplæ denuntiaret epulas. Is, ut agnitionem mihi

chaise, et m'intima l'ordre de préparer un grand festin religieux. Une particularité de sa personne pouvait servir à la faire connaître. Son talon gauche était un peu rentré, ce qui le faisait légèrement boiter en marchant.

Dès lors plus d'obscurité. La volonté divine devenait manifeste. Aussi, après avoir offert ma prière du matin à la déesse, je passai avec soin tous les prêtres en revue, cherchant des yeux celui dont la démarche concordait avec mon rêve; et je ne fus pas longtemps à le trouver, car l'un des Pastophores, outre la conformité du pied boiteux, rappelait exactement ma vision pour la taille et la tournure. Je sus depuis qu'il s'appelait Asinius Marcellus; rapprochement assez bizarre avec ma métamorphose. Je l'abordai sans délai, et le trouvai tout préparé à ce que j'avais à lui dire; car il avait eu de son côté une communication coïncidant avec la mienne, et s'était vu désigné d'en haut pour le ministère de consécration. Il avait effectivement rêvé la nuit précédente qu'au moment où sa main posait des couronnes sur la tête du grand Osiris, la voix prophétique du Dieu s'était fait entendre, lui annonçant l'arrivée d'un homme de Madaure qui était fort pauvre, et devait être admis, sans délai, à l'initiation ; qu'il en reviendrait grand honneur au zélé néophyte et grand profit à son consécrateur.

Je me trouvais donc dévolu aux saintes épreuves, et ma pauvreté seule y formait empêchement, car les frais de mon voyage avaient réduit presque à rien mon mince patrimoine; et la vie de Rome est bien autrement dispendieuse que celle de ma province. Ma position était des plus cruelles. Je me voyais placé, à la lettre, entre l'enclume et le marteau. Le dieu ne cessait de me presser. Plusieurs fois sa voix m'invita, non sans me causer un trouble extrême. Enfin, l'invitation devint commandement. Je me décidai donc à me défaire de ma garderobe; et, quelque chétive qu'elle fût, j'en tirai la somme qu'il me fallait. En cela j'obéissais à une injonction spéciale. Eh quoi! me dit le dieu, pour te procurer un plaisir tu ne regarderais pas à la possession de quelques hardes, et tu hésites devant les exigences d'une cérémonie sainte! tu redoutes une pauvreté dont tu ne peux avoir à te repentir!

Tout étant disposé, je m'abstins encore dix jours entiers de nourriture animale. De plus, je me fis admettre aux nocturnes orgies du grand Sérapis. Les deux religions sont sœurs. Instruit dans l'une, j'abordai avec plus de confiance mon noviciat dans l'autre, dont je devins bientôt l'observateur le plus assidu. Je trouvais dans ma ferveur un charme qui me consolait de mon isolement en terre étrangère. Cette ferveur devint même la source d'un moyen d'existence. En effet, pourquoi n'attribuerais-je pas à une grâce d'en haut la bonne fortune que j'eus d'être chargé de plaider en latin quelques causes dont les profits, bien que légers, suffirent pour me faire subsister?

Quelques jours se passent; et voilà qu'une autre sommation divine m'arrive à l'improviste, avec des circonstances tout à fait surnaturelles. Je suis appelé à une troisième initiation. L'avertissement cette fois me jeta dans une vive inquiétude. Je n'y pouvais rien comprendre, et me perdais dans mes suppositions. Devais-je donc être indéfiniment l'objet de cette céleste insistance? Après une première et une seconde initia-

---

scilicet certo aliquo sui signo subministraret, sinistri pedis talo paululum reflexo, contabundo clementer incedebat vestigio.

Sublata est ergo, post tam manifestam deum voluntatem, ambiguitatis tota caligo. Et illico deæ matutinis perfectis salutationibus, summo studio percontabar singulos, ecqui vestigio similis, ut somnium? Nec is defuit. Nam de Pastophoris unum conspexi statim, præter indicium pedis, cetero etiam statu atque habitu examussim nocturnæ imagini congruentem, quem Asinium Marcellum vocitari cognovi postea, reformationis meæ alienum nomen. Nec moratus, conveni protinus eum, sane nec ipsum futuri sermonis ignarum: quippe jam dudum, consimili præcepto, sacrorum ministrandorum commonefactum. Nam sibi visus est quiete proxima, dum magno deo coronas exaptat, et de ejus ore, quo singulorum fata dictat, audisse, mitti sibi Madaurensem, sed admodum pauperem, cui statim sua sacra deberet ministrare. Nam et illi studiorum gloriam, et ipsi grande compendium sua comparari providentia.

Ad istum modum desponsus sacris, sumptuum tenuitate, contra votum meum, retardabar. Nam et viriculas patrimonii peregrinationis attriverant impensæ, et erogationes urbicæ pristinis illis provincialibus antistabant. Plurimum ergo duritia paupertatis intercedente, quod ait vetus proverbium, inter sacrum et saxum positus, cruciabar. Nec secius tamen idemtidem numinis premebar instantia. Jamque sæpicule, non sine magna turbatione, stimulatus, postremo jussus, veste ipsa mea quamvis parvula distracta, sufficientem corrasi summulam. Et id ipsum præceptum fuerat specialiter. An tu, inquit, si quam rem voluptati struendæ molireris, laciniis istis nequaquam parceres, nunc tantas cerimonias aditurus, impœnitendæ te pauperiei contaris committere? Ergo igitur cunctis affatim præparatis, rursus decem diebus inanimis contentus cibis, insuper etiam de Serapis principalis dei nocturnis orgiis illustratus, plena jam fiducia germanæ religionis, obsequium divinum frequentabam. Quæ res summum peregrinationi meæ tribuebat solatium, nec minus etiam victum uberiorem subministrahat. Quidni? spiritu faventis Eventus, quæsticulo forensi nutrito, per patrocinia sermonis romani.

Et ecce, post pauculum tempus, inopinatis et usquequaque mirificis imperiis deum rursus interpellor, et cogor tertiam quoque teletam suscitare. Nec levi cura sollicitus, sed oppido suspensus animi, mecum ipse cogitationes exercitius agitabam, quorsus novus hæc et inaudita sc cœlestium porrigeret intentio: quod subsicivum quamvis iteratæ jam traditioni remansisset. Nimirum perperam, vel minus plene consuluerunt in me sacerdos uterque. Et her-

tion, n'étais-je donc pas encore complétement initié? Les deux pontifes consécrateurs auraient-ils failli en quelque point à leur saint ministère? Déjà leur sincérité commençait à me devenir suspecte. J'étais dans une agitation d'esprit qui touchait au délire, lorsqu'une nuit la divine image vint doucement me rassurer : Cette succession d'épreuves, me dit-elle, n'a rien qui doive t'effrayer, ni te faire croire à quelque omission dans les précédentes. Réjouis-toi plutôt d'une faveur ainsi répétée. Tu dois t'enorgueillir d'obtenir trois fois ce qu'il est à peine donné à l'homme d'obtenir une. Ce nombre lui seul est pour toi le garant d'une éternelle béatitude. La consécration qui t'attend est d'ailleurs indispensable. Songe que la robe sacramentelle que tu as revêtue dans ta province ne peut jamais sortir du sanctuaire, auquel son usage est consacré; et qu'à Rome aujourd'hui tu ne pourrais, dans un jour de solennité, faire tes supplications en costume, ni te couvrir du vêtement bienheureux, si l'ordre venait à t'en être donné. C'est donc pour ton bien, dans l'intérêt de ton avenir, que cette troisième initiation est commandée par l'autorité des dieux.

Une douce persuasion s'insinuait dans mon esprit durant cette allocution divine. Le dieu daigna me prescrire aussi ce qu'il était nécessaire de me procurer. Alors, sans plus attendre, sans remettre l'affaire au lendemain, je vais trouver le grand prêtre, et lui rends compte de ma vision. Je me soumets de nouveau à l'abstinence des viandes, prolongeant même au delà de dix jours le temps de probation prescrit par la loi. Tous mes préparatifs furent faits selon le même esprit, dans la mesure de ma ferveur plutôt que suivant les exigences des règles. Mais, grâce au ciel, je n'eus regret à mes peines ni à mes dépenses; car je vis grossir mes honoraires, et ma profession d'avocat devenir honnêtement lucrative.

A quelques jours de là, le dieu suprême entre les dieux, grand entre les grands, auguste entre les augustes, le souverain dominateur Osiris, daigna m'apparaître dans mon sommeil, non plus sous une forme empruntée, mais dans tout l'éclat de la majesté divine. Il m'engagea à persévérer intrépidement dans la glorieuse carrière du barreau, en dépit de ce que pourrait répandre contre moi la malveillance, irritée d'un succès acheté par tant de veilles. De plus, et pour ne pas me laisser confondre, dans la pratique de son culte, avec le vulgaire de ses adorateurs, il m'admit dans le collège des Pastophores, et même au nombre des décurions quinquennaux. Dès ce moment je me fis raser les cheveux, et me dévouai sans réserve aux devoirs qu'impose à ses membres cette corporation d'antique origine, et contemporaine de Sylla; au lieu de rougir de mon chef dégarni, je me promène avec orgueil nu-tête, et j'en fais montre à tout venant.

---

cules jam de fide quoque eorum opinari cœptabam sequius. Quo me cogitationis æstu fluctuantem, ad instar insaniæ percitum, sic instruxit nocturna divinatione clemens imago : Nihil est, inquit, quod numerosa serie religionis, quasi quidquam sit prius omissum, terreare. Quin assidua ista numinum dignatione lætum capesse gaudium, et potius exsulta, ter futurus quod alii vel semel vix conceditur : teque de isto numero merito præsume semper beatum. Ceterum futura tibi sacrorum traditio pernecessaria est; si tecum nunc saltem reputaveris, exuvias deæ, quas in provincia sumpsisti, in eodem solo depositas perseverare : nec te Romæ diebus solemnibus vel supplicare his, vel quum præceptum fuerit : felici illo amictu illustrari posse. Quod felix itaque ac faustum, salutareque tibi sit, animo gaudiali rursum sacris initiare, diis magnis auctoribus. Hactenus divini somnii suada majestas, quod usus foret pronuntiavit. Nec deinceps postposito, vel in supinam procrastinationem rejecto negotio, statim sacerdoti meo relatis, quæ videram, inanimæ protinus castimoniæ jugum subeo : et lege perpetua præscriptis illis decem diebus spontali sobrietate multiplicatis, instructum teletæ comparo : largitus ex studio pietatis magis quam mensura rebus collatis. Nec hercules laborum me sumptuumque quidquam pœnituit. Quidni? liberali deum providentia jam stipendiis forensibus bellule fotum.

Denique post dies admodum pauculos, deus deum magnorum potior, et majorum summus, et summorum maximus, et maximorum regnator Osiris, non in alienam quampiam personam reformatus, sed coram suo illo venerando me dignatus affamine, per quietem præcipere visus est, quam nunc incontanter gloriosa in foro redderem patrocinia : nec extimescerem malivolorum disseminationes, quas studiorum meorum laboriosa doctrina ibi deserviebat. Ac, ne sacris suis gregi cetero permixtus deservirem, in collegium me Pastophorum suorum, immo inter ipsos decurionum quinquennales adlegit. Rursus denique, quam raso capillo, collegii vetustissimi et sub illis Sullæ temporibus conditi munia, non obumbrato vel obtecto calvitio, sed quoquoversus obvio, gaudens obibam.

NOTES
SUR LA MÉTAMORPHOSE.

LIVRE PREMIER.

Sermone isto milesio. On appelait ainsi un style enjoué, badin, et dont la liberté allait quelquefois jusqu'à la licence. Cette dénomination paraît venir de ce que ce genre de poésie prit naissance à Milet, où les mœurs étaient fort relâchées, et dont la devise était : *Nemo nostrum frugi esto; alioqui cum aliis ejiciatur.*

Hymettos attica. Le mont *Hymette* était célèbre par ses carrières de marbre, et par ses plantes aromatiques avec lesquelles les abeilles composaient un miel si vanté.

Isthmos Ephirœa. C'est l'isthme de Corinthe, qui joint le Péloponnèse au reste de la Grèce. Il s'y célébrait, en l'honneur de Neptune, selon les uns, de Palémon selon les autres, des spectacles et des combats appelés *jeux Isthmiques.* — *Tenaros.* Promontoire et ville de Laconie, qui avait dans son voisinage une des bouches qui conduisaient aux enfers.

Ante Pœcile porticum. Il était appelé ainsi d'un mot grec qui signifie *varié*, à cause des peintures diverses dont il était orné. C'était là que les philosophes stoïciens se réunissaient.

Æginensis Ætneo melle. Égine, île du golfe de Saros. l'Etna, montagne de Sicile. — *Thessaliam, Etoliam, Bœotiam*, provinces de la Grèce. — *Hypata*. Ville de Thessalie, sur les bords du Sperchius.

Larissam. En Thessalie.

Æthiopes utrique. L'Éthiopie orientale et l'occidentale.

Catamitus. Mon *Catamite*. Ce dernier nom était, à ce qu'on peut croire, celui que les Romains avaient donné dans l'origine à *Ganymède*, et dont ils appelaient en général les garçons qui se prostituaient.

LIVRE DEUXIÈME.

Grabatulum meum assistit mensula. Voici le récit des mêmes ébats, dans la Luciade de Lucius de Patras, imitée, comme on sait, par Apulée, et si spirituellement reproduite dans la traduction archaïque de Paul-Louis Courier : « Là je trouvai tout en bel ordre : le lit de mon valet dehors; près du mien une table, un gobelet, du vin, eau froide, eau chaude ; Palestre avait songé à tout ; davantage, mon lit partout jonché de roses, ou entières ou effeuillées, ou en beaux chapelets arrangées. Voyant toutes choses ainsi prêtes pour le festin, j'attendais mon convive en bonne dévotion.

« Elle, sitôt qu'elle eut mis dormir sa maîtresse, s'en vint devers moi sans tarder ; et lors ce fut à nous de boire et de faire carousse de vin ensemble et de baisers ; par où nous étant confortés et préparés au déduit, Palestre se lève et me dit : Songe, jeune homme, comme je m'appelle, et te souvienne que tu as affaire à Palestre. Or sus, on va voir en cette jouste ce que tu sçais faire, et si tu es appris aux armes comme gentil compagnon. — J'accepte ton défi, lui dis-je, et me dure mille ans que nous soyons aux prises...... Lors elle : C'est moi qui suis le maître d'exercices, et qui vais éprouver ton adresse et ta force en divers tours de lutte : toi, fais devoir d'obéir et d'exécuter à point ce que je commanderai. — Commande, lui dis-je....... — Dépouille-toi, jouvenceau, et te frotte de cette huile. Allons, ferme, bon pied, bon œil. Accolle ton adversaire, et d'un croc en jambe le renverse. Bon, bras à bras, corps à corps, flanc contre flanc ; appuie, et toujours tiens le dessus. Çà ,...... donne la saccade, redouble, serre, sacque, choque, boute, coup sur coup ; point de relâche ; dès que tu sens mollir, étreins ; là, là, bellement......

« Ainsi faisais-je, obéissant comme novice à la parole ; et quand j'eus d'elle congé de reposer sur les armes, je lui dis : Maître, tu vois de quel air je m'y prends, que je n'ai faute d'adresse ni de bonne volonté ; mais toi, qu'il ne te déplaise, tu commandes trop en hâte, et n'as pas besogne faite qui veut suivre ta leçon. Elle, du revers de sa main me baille gentiment sur la joue : Tu fais le raisonneur, indocile écolier ; tu seras châtié, si tu faux au commandement : attention ! Ce disant, elle se lève en pieds, et après s'être un peu soignée : Voyons, dit-elle, si tu es champion à l'épreuve en toutes joutes et combats jusques à outrance. Puis, tombant à genoux sur le lit : Ce n'était que jeu tout à l'heure, ce que nous faisions ; et pour rompre quelque lance, il ne vaudrait pas la peine d'entrer en champ clos. Maintenant, nous allons combattre à fer émoulu. Elle tombe aussitôt sur ses genoux en s'arraugeant sur le lit .... Çà, beau lutteur, me dit-elle, vous voilà en présence, préparez-vous au combat, avancez ; portez-vous encore plus avant. Vous voyez votre adversaire nu, ne l'épargnez pas. Et d'abord il est à propos de l'enlacer fortement ; ensuite, il faut se pencher, fondre sur lui, tenir ferme, et ne laisser aucun intervalle entre vous deux. S'il commence à lâcher prise, ne perdez pas un moment ; enlevez-le, et tenez-le en l'air en le couvrant de votre corps, et continuant de le harceler ; mais surtout ne vous retirez pas en arrière avant que vous ayez reçu l'ordre ; courbez son dos en voûte ; contenez-le par-dessous ; donnez-lui de nouveau le croc-en-jambe, afin qu'il ne vous échappe pas ; tenez-le bien, et pressez vos mouvements : lâchez-le, le voilà terrassé, il est tout en nage. Je partis d'un grand éclat de rire, puis je repris : Notre maître, il me prend fantaisie de vous prescrire à mon tour quelque petit exercice. Songez à m'obéir ponctuellement. Relevez-vous et asseyez-vous ; avancez une main officieuse, caressez-m'en légèrement, et promenez-la sur moi ; enlacez-moi bien, et faites-moi tomber dans les bras du sommeil.

« En tels ébats se passa cette nuit, tant doux et plaisants à tous deux, où nous emportâmes le prix des combats nocturnes. Grand plaisir y avais-je de vrai. A peu que je n'en oubliai du tout mon voyage à Larisse, et le désir qui m'avait mû de telles armes entreprendre contre cette gente Palestre. » — Comparez toute la citation avec les deux pages de l'auteur latin.

Sine feciali officio. Le fécial était un héraut d'armes

que les Romains envoyaient pour demander satisfaction, et pour déclarer la guerre.

Pipletis. Pimpla était une ville et une montagne de la Thessalie.

Adoperta coptica. « En Égypte, dit Pline (liv. x, chap. 33), auprès de la ville de Coptos, est une île consacrée à Isis; et, pour la préserver des ravages du Nil, les hirondelles y construisent, à l'approche de la crue du fleuve, une digue avec de la paille et de la litière cimentées de limon. Elles y travaillent pendant trois nuits de suite, et avec tant d'ardeur, que beaucoup d'entre elles meurent à la besogne. Elles recommencent tous les ans cette corvée. » — *Et sistra phariaca.* Le sistre était consacré à Isis, qui en portait un dans sa main.

LIVRE QUATRIÈME.

At enim nobis anus illa recens hordeum. Voici les mêmes circonstances dans la Luciade : « Moi et mon cheval cependant fûmes par la vieille servis de bel orge à la mangeoire, dont mon camarade, pensant avoir meilleure part, s'emplissait le ventre à grand'hâte. Mais je ne lui fis nul tort; car, pendant que la vieille était ailleurs empêchée, je mangeais à bon escient du pain de la provision.

« Le lendemain, ils s'en allèrent tous à leurs besognes, nous laissant pour garde un jeune homme dont la présence me fâchait fort; car la vieille seule ne m'eût sçu empêcher de me sauver. Mais lui, d'un regard farouche, fort et roide jeune gars, l'épée à la main, faisait le guet, et tenait la porte close. Trois jours après, sur le minuit, voici revenir nos larrons, sans or ni argent cette fois, ni autre butin qu'une fille en fleur d'âge et belle à merveille, qui jetait des cris lamentables. L'ayant fait seoir sur une natte, ils la confortaient de leur mieux, la recommandaient à la vieille, avec ordre d'en prendre soin et ne la jamais quitter. Elle cependant ne voulait ni manger ni boire, mais ne faisait rien que gémir et se désespérer. Ce que voyant, moi, de bonne nature, j'en pleurais à mon râtelier, et ne me pouvais quasi tenir de sangloter avec cette belle. »

Ad instar Athracidis vel Protesilai. A cet endroit le texte est tellement mutilé, qu'on en est réduit aux conjectures. Il est probable que c'est une périphrase poétique, pour parler de ces festins où s'engagea la fameuse querelle des Centaures et des Lapithes.

Erant in quadam civitate. Ici commence la fable de Psyché, qui se continue jusque vers la fin du sixième livre. Apulée est le seul écrivain qui nous ait transmis cette allégorie mythologique, laquelle a inspiré si heureusement une foule d'artistes et de poëtes, et en particulier la Fontaine, qui s'en est approprié les principaux détails par la grâce et l'originalité qui ne sont qu'à lui. Molière n'en a pas tiré un moins bon parti dans la pièce de Psyché.

LIVRE CINQUIÈME.

Videt lucum proceris et vastis arboribus consitum. Voir dans la pièce de Molière la description du Psyché fait elle-même de ce séjour enchanteur, acte III, scène 2.

Post opimas dapes quidam... cantavit invisus. Voir ce que la Fontaine fait chanter à cet artiste invisible, liv. I.

Videt capitis aurei genialem cœsariem. Voir ce que devient tout ce tableau sous la plume de la Fontaine, liv. I.

Sic eam graviter commotus affatur. Voyez les paroles que Molière prête à Vénus.

LIVRE SIXIÈME.

Per tacita secreta cistarum. Les attributs secrets de Cérès, qui étaient tout ce qu'il y avait de plus mystérieux dans son culte, étaient déposés aux jours solennels dans des corbeilles portées par des femmes. Ces femmes s'appelaient Canéphores.

Per famulorum tuorum draconum pinnata curricula. Ovide indique cet appareil, *Métamorphoses*, liv. V, v. 642.

. . . . *Geminos dea fertilis angues*
Curribus admovit, frenisque coercuit ora.

Et glebæ siculæ sulcamina. La Sicile était consacrée à Cérès et à sa fille Proserpine, parce qu'on croyait qu'elles y avaient pris naissance, et que c'était, disait-on, le premier endroit du monde où l'on eût commencé à cultiver la terre. Elle était célèbre à cause de sa fertilité, qui lui avait valu le surnom de grenier de l'Italie.

Eleusinis Atticæ. Éleusis, ville de l'Attique, fut ainsi appelée du roi Éleusius, qui offrit l'hospitalité à Cérès pendant qu'elle cherchait sa fille. En mémoire de cette circonstance, ou, selon d'autres, parce que c'était près d'Éleusis que Triptolème avait découvert l'art d'ensemencer la terre, on avait institué dans cette ville un culte tout particulier à Cérès, et elle y avait un temple magnifique.

Zygiam. C'est à savoir la déesse conciliatrice, qui préside et conspire à l'union des sexes.

Lucinam. Ovide donne l'étymologie de ce nom, *Fastes*, liv. III, v. 255 :

Dicite, Tu lucem nobis, Lucina, dedisti;
Dicite, Tu voto parturientis ades.

Juno Sospita. Elle avait effectivement un temple sous ce nom dans la ville de Lanuvium; et tous les consuls que l'on créait à Rome étaient obligés d'y aller sacrifier.

Ad istum modum supplicanti. La Fontaine joue ainsi sur l'esprit de cette harangue : « Psyché, dit-il, ayant rencontré Junon, lui chanta un hymne où il n'était fait mention que de la puissance de cette déesse; en quoi elle commit une faute : il valait bien mieux s'étendre sur sa beauté; la louange en est tout autrement agréable. Ce sont les rois qu'on n'entretient que de leur grandeur : pour les reines, il faut les féliciter d'autre chose, qui veut bien faire. Aussi l'épouse de Cupidon fut-elle éconduite encore une fois. »

Nurus meæ. Vénus avait épousé Vulcain, qui était fils de Junon.

Frater Arcas. Mercure était né sur le Cyllène, mont d'Arcadie. Il était fils de Jupiter et de Maïa, comme Vénus était fille de ce dieu et de Dioné.

Retro metas murtias. Il y avait à Rome un antique autel de Vénus au myrte, *Venus Myrtea*, et par altération *Venus Murcia*. Cet autel était situé au pied du mont Aventin.

Psychen misellam flagellis afflictam. La Fontaine : « Il n'y eut aucun endroit d'épargné dans tout ce beau corps, qui devant ces moments-là se pouvait dire en effet le temple de la blancheur : elle y régnait avec un éclat que je ne saurais vous dépeindre. »

Ruunt aliæ... sepedum populorum undæ. La Fontaine :

Il en vient des climats où commence l'Aurore,
De ceux que ceint Téthys, et l'Océan encore;
L'Indien dégarnit toutes ses régions;
Le Garamante envoie aussi ses légions;
Il en part, du couchant, des nations entières;
Le nord ni le midi n'ont plus de fourmilières;
Il semble qu'on en ait épuisé l'univers :
Les chemins en sont noirs, les champs en sont couverts;
Maint vieux chêne en fournit des cohortes nombreuses;
Il n'est arbre mangé qui, sous ses voûtes creuses,

Souffre que de ce peuple il reste un seul essaim :
Tout déloge; et la terre en tire de son sein.
L'éthiopique gent arrive, et se partage.
On crée en chaque troupe un maître de l'ouvrage.
Il a l'œil sur sa bande, aucun n'ose faillir.
On entend un bruit sourd; le mont semble bouillir.
Déjà son tour décroît, sa hauteur diminue.
A la soudaineté l'ordre aussi contribue.
Chacun a son emploi parmi les travailleurs :
L'un sépare le grain que l'autre emporte ailleurs
Le monceau disparaît ainsi que par machine.
Quatre tas différents réparent sa ruine :
De blé, riche présent qu'à l'homme ont fait les cieux;
De mil, pour les pigeons manger délicieux;
De seigle, au goût aigret; d'orge rafraîchissante,
Qui donne aux gens du nord la cervoise engraissante.
Telles l'on démolit les maisons quelquefois :
La pierre est mise à part; à part se met le bois.
On voit comme fourmis gens autour de l'ouvrage :
En son être premier retourne l'assemblage :
Là sont des tas confus de marbres non gravés,
Et là les ornements qui se sont conservés.

Supremi Jovis regalis ales. La Fontaine ne fait point intervenir l'aigle. Psyché, qui, dit-il, « était accoutumée à voir des dragons, » s'adresse elle-même aux terribles sentinelles.

Claudum asinum... Supernatans senex mortuus. Ces emblèmes, ces allégories, ces mythes, comme on voudra les appeler, ne sont expliqués par aucun poète et par aucun mythologue. Il serait difficile d'expliquer d'une manière satisfaisante des détails qui tiennent à un ordre d'idées probablement perdues à jamais pour nous.

Veneream pertulit legationem. Dans la Fontaine, elle adresse une longue harangue en vers, tantôt à Pluton et à Proserpine conjointement, tantôt à cette déesse seule.

Tunc Jupiter. Dans la Fontaine, le plaidoyer de Cupidon est charmant :

« Dès que Psyché sera déesse (dit Jupiter à Cupidon qui demande ce titre pour sa maîtresse), il lui faudra des temples aussi bien qu'aux autres. L'augmentation de ce culte nous diminuera notre portion. Déjà nous nous morfondons sur nos autels, tant ils sont froids et mal encensés. Cette qualité de dieu deviendra à la fin si commune, que les mortels ne se mettront plus en peine de l'honorer. — Que vous importe? reprit l'Amour : votre félicité dépend-elle du culte des hommes? Qu'ils vous négligent, qu'ils vous oublient, ne vivez-vous pas ici heureux et tranquille, dormant les trois quarts du temps, laissant aller les choses du monde comme elles peuvent, tonnant et grêlant lorsque la fantaisie vous en vient? Vous savez combien quelquefois nous nous ennuyons : jamais la compagnie n'est bonne, s'il n'y a des femmes qui soient aimables. Cybèle est vieille; Junon, de mauvaise humeur; Cérès sent sa divinité de province, et n'a nullement l'air de la cour; Minerve est toujours armée; Diane nous rompt la tête avec sa voix : on pourrait faire quelque chose d'assez bon de ces deux dernières; mais elles sont si farouches, qu'on ne leur oserait dire un mot de galanterie. Pomone est ennemie de l'oisiveté, et a toujours les mains rudes. Flore est agréable, je le confesse; mais son soin l'attache plus à la terre qu'à ces demeures. L'Aurore se lève de trop grand matin; on ne sait ce qu'elle devient tout le reste de la journée. Il n'y a que ma mère qui nous réjouisse; encore a-t-elle toujours quelque affaire qui la détourne, et demeure une partie de l'année à Paphos, Cythère ou Amathonte. Comme Psyché n'a aucun domaine, elle ne bougera pas de l'Olympe, etc., etc.

« Jupiter se rendit à ces raisons, et accorda à l'Amour ce qu'il demandait. Il témoigna qu'il apportait son consentement à l'apothéose par une petite inclination de tête qui ébranla légèrement l'univers, et le fit trembler seulement une demi-heure. »

Quam Voluptatem nominamus. Voici comment la Fontaine termine son histoire de Psyché :

« Ces plaisirs (de nos époux) leur eurent bientôt donné un doux gage de leur amour, une fille qui attira les dieux et les hommes dès qu'on la vit. On lui a bâti des temples sous le nom de la Volupté.

O douce Volupté, sans qui, dès notre enfance,
Le vivre et le mourir nous deviendraient égaux;
Aimant universel de tous les animaux,
Que tu sais attirer avecque violence!
 Par toi tout se meut ici-bas.
 C'est pour toi, c'est pour tes appas,
 Que nous courons après la peine :
  Il n'est soldat, ni capitaine,
Ni ministre d'État, ni prince, ni sujet,
 Qui ne t'ait pour unique objet.
Nous autres nourrissons, si, pour fruit de nos veilles,
Un bruit délicieux ne charmait nos oreilles;
Si nous ne nous sentions chatouillés de ce son,
 Ferions-nous un mot de chanson?
Ce qu'on appelle gloire en termes magnifiques,
Ce qui servait de prix dans les jeux olympiques,
 N'est que toi proprement, divine Volupté.
Et le plaisir des sens n'est-il de rien compté?
  Pourquoi sont faits les dons de Flore,
  Le Soleil couchant et l'Aurore,
  Pomone et ses mets délicats,
  Bacchus, l'âme des bons repas,
  Les forêts, les eaux, les prairies,
  Mères des douces rêveries?
Pourquoi tant de beaux-arts, qui tous sont tes enfants?
Mais pourquoi les Chloris aux appas triomphants,
 Que pour maintenir ton commerce?
J'entends innocemment; sur son propre désir
 Quelque rigueur que l'on exerce,
 Encore y prend-on du plaisir.

Volupté, Volupté, qui fus jadis maîtresse
 Du plus bel esprit de la Grèce,
Ne me dédaigne pas, viens-t'en loger chez moi;
 Tu n'y seras pas sans emploi :
J'aime le jeu, l'amour, les livres, la musique,
La ville et la campagne, enfin tout; il n'est rien
 Qui ne me soit souverain bien,
Jusqu'au sombre plaisir d'un cœur mélancolique.
Viens donc; et de ce bien, ô douce Volupté,
Veux-tu savoir au vrai la mesure certaine?
Il m'en faut tout au moins un siècle bien compté;
 Car trente ans, ce n'est pas la peine.

LIVRE SEPTIÈME.

Historiam de rege Thracio. C'était Diomède. Hercule, l'ayant vaincu, le punit du même supplice qu'il faisait souffrir à ses hôtes, en le livrant à son tour à la voracité de ses chevaux.

Bellerophontem. Bellérophon, fils de Glaucus, roi d'Éphyre, voulut s'élever au ciel à la faveur de Pégase; mais Jupiter le précipita du haut des airs. C'est l'âne qui figure ici Pégase; le passant qui s'en est emparé est Bellérophon.

Delirantis Altheae. Lorsque Althée accoucha de Méléagre, elle vit les trois Parques auprès du feu, qui y mettaient un tison, en disant : *Cet enfant vivra tant que durera ce tison.* Les Parques s'étant retirées, Althée se leva, prit le tison, l'éteignit, et le conserva soigneusement. Lorsque Méléagre fut devenu grand, il combattit et égorgea le terrible sanglier qui désolait tout le pays de Calydon. Il en offrit la tête à Atalante. Les frères d'Althée, voulant avoir cette tête, en vinrent aux mains avec Méléagre, qui les tua tous deux. Althée, pour venger le meurtre de ses frères, jeta le tison fatal dans le feu, où elle le fit brûler peu à peu; ce qui causa une mort lente à Méléagre, qui se sentait dévorer les entrailles par des si-

deurs insupportables. Althée, du reste, était fille de Thestius et femme d'Œnée, roi de Calydon.

LIVRE HUITIÈME.

Residuis mensibus. Chez les Romains, les veuves étaient obligées de porter le deuil de leurs maris pendant une année : mais cette année n'était que de dix mois du temps de Romulus ; et quoique dans la suite elle fût de douze par l'addition qu'on y fit de janvier et de février, les veuves se réglaient toujours sur l'ancienne coutume, jusqu'au temps de Théodose, qui ordonna qu'elles porteraient le deuil pendant l'année entière de douze mois : elles étaient notées d'infamie, si elles se mariaient avant ce dernier délai.

Deamque Syriam. C'était la grand'mère des dieux, que l'on nommait indifféremment Rhée, Ops ou Cybèle. On la représentait couronnée de tours. Son mari était Cœlus, qui signifie le ciel, pour montrer que toutes choses sont produites du ciel et de la terre. Quelques-uns ont cru que cette déesse syrienne était Junon.

Corneliæ legis. Ce ne peut être que la loi *Cornélia de Falsis,* dont l'auteur prétend parler ici. Elle est rapportée au liv. ix du Code, titre 22, § 10, *ad legem Corneliam, de Falsis.* Il est effectivement parlé dans cette loi de la supposition d'enfants ; car, pour ce qui est du *plagium,* crime de celui qui vendait un homme libre comme s'il était esclave, il n'y a point de loi Cornélia qui en parle : c'est la loi Fabia. — Il semble, en cet endroit, que l'auteur distingue Cybèle de la Déesse Syrienne, quoiqu'il y ait apparence que ce fût la même divinité adorée sous plusieurs noms.

Sanctus Sabadius. Suidas nous apprend que c'est là un nom de Bacchus, tiré d'un verbe grec, σαβάζειν, qui signifie faire du bruit et du tumulte, comme avaient coutume les bacchantes dans leurs orgies. Le même mot de *Saboé* était un de leurs cris, ainsi qu'*Évohé.*

LIVRE NEUVIÈME.

Lepidam de adulterio cujusdam pauperis fabulam. C'est le conte du *Cuvier* dans la Fontaine, liv. IV, conte 14 :

Soyez amant, vous serez inventif ;
Tour ni détour, ruse ni stratagème,
Ne vous faudront. Le plus jeune apprentif
Est vieux routier dès le moment qu'il aime :
On ne vit onc que cette passion
Demeurât court, faute d'attention.
Amour fait tant, qu'enfin il a son compte.
Certain cuvier, dont on fait certain conte,
En fera foi. Voici ce que j'en sais,
Et qu'un quidam me dit ces jours passés.
   Dedans un bourg ou ville de province
(N'importe pas du titre ni du nom),
Un tonnelier et sa femme Nannon
Entretenaient un ménage assez mince.
De l'aller voir Amour n'eut à mépris,
Y conduisant un de ses bons amis,
C'est Cocuage ; il fut de la partie :
Dieux familiers et sans cérémonie,
Se trouvant bien dans toute hôtellerie :
Tout est pour eux bon gîte et bon logis,
Sans regarder si c'est Louvre ou cabane.
Un drôle donc caressait madame Anne ;
Ils en étaient sur un point, sur un point…
C'est dire assez de ne le dire point ;
Lorsque l'époux revient tout hors d'haleine
Du cabaret, justement, justement…
C'est dire encor ceci bien clairement.
On le maudit ; nos gens sont fort en peine.
Tout ce qu'on put fut de cacher l'amant :
On vous le serre en hâte et promptement
Sous un cuvier dans une cour prochaine.
Tout en entrant, l'époux dit : « J'ai vendu
Notre cuvier. — Combien, dit madame Anne ?
Quinze beaux francs. — Va, tu n'es qu'un gros âne,
Repartit-elle, et je t'ai d'un écu
Fait aujourd'hui profit par mon adresse,
L'ayant vendu six écus avant toi.
Le marchand voit s'il est de bon aloi
Et par dedans le tâte pièce à pièce,
Examinant s'il tout est comme il faut,
Si quelque endroit n'a point quelque défaut.
Que ferais-tu, malheureux, sans ta femme ?
Monsieur s'en va chopiner, cependant
Qu'on se tourmente ici le corps et l'âme :
Il faut agir sans cesse en l'attendant.
Je n'ai goûté jusqu'ici nulle joie ;
J'en goûterai désormais : attends-t'y.
Voyez un peu : le galant a bon foie ;
Je suis d'avis qu'on laisse à tel mari
Telle moitié ! — Doucement, notre épouse,
Dit le bonhomme. Or sus, monsieur, sortez ;
Çà, que je râcle un peu de tous côtés
Votre cuvier, et puis que je l'arrouse ;
Par ce moyen vous verrez s'il tient eau :
Je vous réponds qu'il n'est moins bon que beau.
Le galant sort ; l'époux entre à sa place,
Râcle partout, la chandelle à la main,
Deçà, delà, sans qu'il se doute brin
De ce qu'Amour en dehors vous lui brasse :
Rien n'est pour voir ; et pendant qu'il repasse
Sur chaque endroit, affublé du cuveau,
Les dieux susdits lui viennent de nouveau
Rendre visite, imposant un ouvrage
A nos amants bien différent du sien.
Il regratta, gratta, frotta si bien,
Que notre couple, ayant repris courage,
Reprit aussi le fil de l'entretien
Qu'avait troublé le galant personnage.
Dire comment le tout se put passer,
Ami lecteur, tu dois m'en dispenser :
Suffit que j'ai très-bien prouvé ma thèse.
Ce tour fripon du couple augmentait l'aise ;
Nul d'eux n'était à tels jeux apprentif.
Soyez amant, vous serez inventif.

In Tullianum. Il y avait, dans la prison de Rome, un endroit souterrain qui se nommait la *Tullianée,* parce qu'on croyait, par tradition, que c'était le roi Servius Tullius qui l'avait fait bâtir. Du reste, d'après le lieu où se passe la scène, lequel évidemment n'est pas Rome, on voit qu'Apulée se sert de ce nom en parlant de quelque prison que ce soit.

Frontem litterati. Quand les esclaves avaient commis quelque crime, ou qu'après leur fuite on les avait repris, leurs maîtres leur faisaient appliquer sur le front un fer chaud, qui leur imprimait des lettres et quelquefois plusieurs mots indiquant le genre du crime. Par exemple, s'ils avaient volé, on y voyait ces mots écrits : CAVE A FURE ; « Donnez-vous de garde du voleur ; » et ces caractères se noircissaient avec une sorte d'encre, afin qu'ils fussent plus apparents.

Priscæ poeticæ divinus auctor. C'est d'Homère qu'il entend parler ; l'*Odyssée* commence par le portrait du fils de Laërte tel que notre auteur le donne ici, ch. I, v. 1 et suiv.

Dei quem prædicaret unicum. On voit assez qu'Apulée, qui était païen, lance ici un sarcasme contre les chrétiens, en introduisant une méchante femme avec la religion d'une chrétienne. Les vaines cérémonies qu'il dit observées par elle, et la débauche qu'il lui reproche, sont les couleurs ordinaires dont la calomnie païenne peignait les assemblées des chrétiens, à savoir les hymnes qui s'y chantaient, et ces banquets charitables qui s'y faisaient en faveur des pauvres, banquets nommés *agapes* dans la primitive Église.

Meam condiscipulam. Anciennement, les filles allaient, comme les garçons, à des écoles publiques. C'est ce que nous apprend Tite-Live, liv. III, ch. 44, en parlant de Virginie, qui, dit-il, se rendait aux écoles, lorsqu'elle fut arrêtée par l'infâme ministre des plaisirs du décemvir Appius Claudius.

Lege de adulteriis. Par la loi *Julia de Adulteriis*, Cod., liv. IX, tit. 9, § 4, il était permis à un père de faire mourir sa fille et celui avec lequel elle avait déshonoré son mari. L'empereur Marc-Aurèle voulait que le mari ne fût pas poursuivi en justice, lorsqu'il tuait sa femme surprise en adultère. L'article 324 de notre code pénal donne une idée de cette loi romaine. En Égypte, on faisait battre de verges un homme convaincu d'adultère, et l'on coupait le nez à la femme, afin de lui ôter un des principaux agréments du visage.

De sua proturbavit domo. Romulus défendit absolument aux femmes de quitter leurs maris ; et, au contraire, il permit aux maris de se séparer de leurs femmes, dans le cas où celles-ci avaient empoisonné les enfants, avaient été surprises avec de fausses clefs, ou convaincues d'adultère. Quand la répudiation avait lieu pour un de ces trois cas, le mari conservait le bien de sa femme ; autrement, il lui en rendait la moitié, et il dévouait l'autre à la déesse Cérès. Le divorce était une rupture entière du mariage, dont le libellé était ainsi conçu : *Tuas res tibi habeto* ; « Emportez ce qui vous appartient. » Incontinent après la séparation, le mari était libre de se remarier ; mais la femme ne le pouvait que l'année suivante... On voit, dans tous ces détails le juriste, et le praticien faire percer les habitudes du barreau et du tribunal au milieu de ses fictions de romancier.

Dotali servulo. Les esclaves que les femmes amenaient à leurs maris comme faisant partie de leur dot, et qui étaient pour cela appelés *dotales*, passaient au pouvoir des maris, comme les autres effets qui composaient la dot. Elles en avaient quelquefois d'autres qu'elles se réservaient à elles en propre : on les appelait *receptitii*, réservés. Les uns et les autres étaient entièrement dévoués à leurs maîtresses, avec qui ils avaient vécu dès leur enfance dans la maison de leur père, et ils étaient fort peu fidèles aux maris dans les choses où les femmes avaient des intérêts opposés aux leurs.

Martiique judicii. C'est-à-dire de la *cour de Mars*, ou plutôt, pour nous servir de l'expression usitée, de l'*Aréopage*. C'était une place à Athènes, où se rendit le premier jugement pour cause criminelle en faveur du dieu Mars, accusé par Neptune d'avoir tué son fils : de là les juges et les sénateurs d'Athènes ont eu le nom d'*aréopagites*, que leur donna Solon. Quintilien nous apprend que les Athéniens et les Lacédémoniens avaient banni expressément l'éloquence de leurs plaidoyers, en défendant aux avocats de rien dire qui pût attendrir les juges : les faits devaient être exposés d'une manière simple et précise. Cicéron voulait au contraire qu'un orateur pût légitimement émouvoir les juges : il faisait plus ; on le vit présenter d'une manière pathétique un enfant à ses auditeurs, et se les rendre favorables après les avoir fait pleurer.

In urnam æream. Chez les Romains, lorsque les débats d'une affaire criminelle étaient fermés, chacun des juges mettait dans une urne un billet avec la lettre A ou la lettre C, ce qui signifiait *absolvo*, j'absous ; *condemno*, je condamne. Si le fait leur semblait douteux, ils écrivaient deux lettres N. L., *non liquet*, qui voulaient dire : « Je ne suis pas suffisamment éclairé. » Outre ces billets, Auguste en avait ajouté un autre pour la grâce. Il paraît, du reste,

que cette manière de procéder judiciairement avait passé de Rome à Athènes.

La lacune indiquée par les points remplace un passage d'une obscénité révoltante, qu'on trouve dans deux manuscrits de Florence. En voici le texte :

« .... Naresque perfundit meas. Et Hercule Orcum in pygam per teretem Lyæi fragrantis et oleæ rosaceæ lotionibus expurgavit (alter *expiavit*). At (alt. *ac*) dein digitis Hypate, Lichano, Mese, Paramese et Nete hastam inguinis mei nivea spurcitie pluscule excorians emundavit. Et quum ad inguinis cephalium formosa mulier concitim (alt. *conatim* vel *connatim*) veniebat, mordicibus ganniens ego et dentes ad Jovem elevans Priapon frequenti frictura porrixabam, ipsoque pando et repando ventrem sæpiuscule tractabam (alt. *tactabam*). Ipsa quoque respiciens quod genuis inter artus teneros excreverat, modicum illud (alt. *id*.) morulæ, qua lustrum sterni mandaverat, anni sibi revolutiones putabat. Tunc exosculata, etc. »

Matrimonium confarreaturus. L'expression latine *matrimonium confarreare* fait allusion à une des trois manières dont pouvait se célébrer le mariage à Rome, à la *confarréation*. Elle consistait à faire présenter à la femme par son époux un gâteau de fleur de farine, *farreum*, comme pour indiquer que la vie et ses besoins devenaient désormais communs entre eux.

Græcanicam saltantes Pyrrhicam. C'était une danse guerrière inventée par Pyrrhus, qui l'exécuta le premier autour du tombeau de Patrocle, l'ami intime de son père Achille. Cette danse, pleine de postures lascives, était enseignée à des jeunes gens couverts de leurs armes, afin de les exercer à la discipline militaire et de les accoutumer aux divers mouvements du corps.

Voici comment se termine la Luciade :

« Comme j'étais en cette peine, quelqu'un passe portant des couronnes et guirlandes de toutes sortes de fleurs et des roses fraîches parmi ; que je ne vis pas plus tôt, que je me jette au bas du lit. On crut que j'allais danser ; mais, m'approchant de ces fleurs, je commence à choisir entre toutes, et tirer une à une les roses les plus belles, et en broutais les feuilles à mesure, lorsqu'aux yeux des assistants, qui me regardaient étonnés, ma forme extérieure d'animal se va perdant peu à peu, et enfin disparaît du tout ; si bien qu'il n'y avait plus d'âne, mais à sa place Lucius, nu comme quand il vint au monde.

« Dire le bruit qui se fit alors, et combien ce changement surprit toute l'assemblée, ne serait pas chose facile. On s'émut, chacun parle ainsi qu'il l'entendait. Les uns me voulaient brûler tout vif sur-le-champ comme sorcier, monstre de qui l'apparition pronostiquait quelque malheur ; d'autres étaient d'avis de m'interroger d'abord, pour voir ce que je pourrais dire, et décider après cela ce qu'il faudrait faire de moi. Cependant je m'avance vers le préfet de la province, qui d'aventure était venu voir l'ébattement des jeux, et lui conte d'en bas, au mieux qu'il me fut possible, comme une femme de Thessalie, en me frottant de quelque drogue, m'avait fait âne devenir, le suppliant de me vouloir garder en prison, tant que par enquête il eût pu savoir la vérité du fait ; et le préfet : « Dis-nous « un peu ton nom, tes parents, ton pays ; il n'est pas que « tu n'aies quelque part des amis qu'on puisse connaître ? » Je lui répondis, et lui dis : « Mon nom à moi est Lucius, « et celui de mon frère, Caïus ; et avons commun le sur-« nom, nous deux auteurs connus par différents ouvrages. « J'ai écrit des histoires ; il a composé, lui, des vers élé-« giaques, étant avec cela bon devin ; et sommes de Patras « d'Achaïe. » Ce qu'entendant le magistrat : « Vraiment, « dit-il, tu es un de ces gens qui, de tout temps, me furent « amis et mes bons hôtes qui plus sont, m'ayant reçu et « festoyé chez eux en toute courtoisie, et suis témoin que

« tu dis vrai, te connaissant bien pour leur fils. » Cela dit, il se lève, m'embrasse, et me mène en son logis, me faisant caresses infinies; et cependant arrive mon frère, qui m'apportait hardes, argent, et tout ce dont j'avais besoin. Le préfet, en pleine assemblée, me déclara franc et libre. J'allai avec mon frère au port, où nous louâmes un bâtiment, et fîmes nos provisions pour retourner au pays.

« Mais avant de partir je voulus visiter cette dame qui m'avait tant aimé lorsque j'étais âne, dans la pensée qu'homme elle m'aimerait davantage encore. J'allai donc chez elle, qui fut aise de me voir, prenant plaisir, comme je crois, à la bizarrerie de l'aventure. Elle me convie à souper avec elle et passer la nuit; à quoi volontiers je consentis, ne voulant pas faire le fier, ni méconnaître mes amis du temps que j'étais pauvre bête. Je soupe le soir, parfumé, couronné de cette chère fleur qui, après Dieu, m'avait fait homme; et ainsi faisions chère lie. Le repas fini, quand il fut heure de dormir, je me lève, me déshabille et me présente à elle triomphant, comme certain de lui plaire plus que jamais ainsi fait. Mais quand elle me vit tout homme de la tête aux pieds, et que je n'avais plus rien de l'âne : « Va-t'en, me dit-elle, va, crachant sur moi dépitée; sors de ma maison, misérable, que je ne t'en fasse chasser. Va coucher où tu voudras. » Et moi, tout étonné, demandant ce que j'avais fait : « Non, tu ne fus jamais, dit-elle, l'ânon que j'aimai d'amour, avec qui j'ai passé tant de si douces nuits; ou si c'est toi, que n'en as-tu gardé de telles enseignes à quoi je te pusse connaître? C'était bien la peine de te changer pour te réduire en ce point; et le beau profit pour moi d'avoir un pareil magot, au lieu de ce tant plaisant et caressant animal ! » Cela dit, elle appelle ses gens, qui m'emportent l'un par les pieds, l'autre par les épaules, et me laissent au milieu de la rue, tout nu, tout parfumé, fleuri, en galant qui ne s'attendait guère à coucher cette nuit sur la dure. L'aube commençant à poindre, nu, je m'en cours au vaisseau, où je trouvai mon frère, et le fis rire du récit de mon aventure. Nous mîmes à la voile par un vent favorable, et en peu de jours vînmes au pays sans nulle fâcheuse rencontre. Je sacrifiai aux dieux sauveurs et fis les offrandes d'usage pour mon heureux retour, étant à grand'peine recous, non de la gueule du loup, comme on dit, mais de la peau de l'âne où m'avait emprisonné ma sotte curiosité. » (*Traduction de* COURIER.)

Cenchreas. Pomponius Méla, Tite-Live, Pline et Strabon sont garants de l'existence et de la position de cette ville.

LIVRE ONZIÈME.

Primigenii Phryges. Les Phrygiens et les Égyptiens étaient en dispute sur l'ancienneté de leur origine. La question fut décidée en faveur des Phrygiens, suivant Hérodote.

Autochthones Attici. C'est l'épithète perpétuelle des Athéniens : on croyait qu'ils n'étaient venus d'aucun pays pour habiter le leur, comme la plupart des autres nations; mais qu'ils en étaient originaires, et y avaient toujours demeuré.

Dictynnam. D'un mot grec qui signifie *rêts* ou *filets.*
Ariique. Ces peuples habitaient aux environs de la mer Caspienne, au pied du mont Caucase et au-dessus de la Perse.

Magno Serapi. Ce dieu des Égyptiens est le même qu'Apis et Osiris, et il était adoré par les Perses sous le nom de Mithra. Ce n'était autre que le Soleil. On le représentait avec une figure humaine, portant un boisseau sur la tête ou une règle à la main. Sérapis comprenait en lui tous les dieux, de même qu'Isis comprenait toutes les déesses.

Aram misericordiæ. Cet autel, consacré dans la ville d'Athènes par les descendants d'Hercule, servait d'asile aux malheureux. Oreste, après avoir tué sa mère, y fut conduit par son fidèle Pylade; et là il fut un moment délivré des Furies, ou plutôt des remords vengeurs qui le dévoraient.

Litteris ignorabilibus. C'étaient les hiéroglyphes dont les Égyptiens se servaient pour représenter les principaux dogmes de la théologie, de la science morale et de la politique. Non-seulement ils servaient pour les livres sacrés, mais on les faisait graver sur des pierres, et sur des obélisques ou pyramides. Chaque marque signifiait un mot, quelquefois un sens entier : un bon roi était désigné par une mouche à miel; le cours de l'année et ses vicissitudes, par un serpent qui mordait sa queue; la célérité, par un épervier, etc. Pythagore, Platon, Solon, et plusieurs autres, étudièrent avec soin la science hiéroglyphique, dont les Égyptiens ont toujours fait un mystère, et sur laquelle un savant moderne, notre célèbre Champollion le jeune, a jeté de si vives lumières.

Madaurensem. Au commencement du premier livre des *Métamorphoses,* le narrateur se dit originaire de l'Attique et de la Thessalie. Maintenant, le voilà devenu Africain, originaire de Madaure. Cette contradiction montre assez qu'Apulée a mêlé dans ce roman, à beaucoup de détails de son invention, des faits de sa propre vie. Le onzième livre ne serait-il pas le récit de sa propre initiation?

AULU-GELLE.

NOTICE SUR AULU-GELLE.

On ignore la date précise de la naissance d'Aulu-Gelle (1); mais on peut affirmer qu'il vint au monde sous le règne d'Adrien, puisque Titus Castricius et Sulpicius Apollinaris, sous lesquels il étudia dans sa première jeunesse la rhétorique et la grammaire, enseignaient à cette époque. Il appartenait sans doute à une famille noble, puisqu'il parle quelque part de l'époque où il prit la robe prétexte. Il est probable qu'il naquit à Rome. On sait peu de chose sur sa vie; tout ce qu'on en connaît a été tiré de quelques passages de son livre, où il nous donne sur lui-même de courts renseignements. Après avoir fréquenté les écoles de Rome, il alla, selon la coutume des jeunes nobles, perfectionner ses études à Athènes. Il y fit un assez long séjour, pendant lequel il reçut les leçons du philosophe platonicien Taurus et du philosophe cynique Pérégrinus, et entretint un commerce assidu avec le célèbre rhéteur Hérode Atticus, qui réunissait souvent, dans sa riche maison de campagne de Céphisia, les Romains de distinction venus à Athènes. On ne sait à quelle époque Aulu-Gelle retourna dans sa patrie (2). Peu de temps après son retour, il reçut une distinction à laquelle il avait droit par sa naissance et ses lumières : il fut appelé par les préteurs à siéger au tribunal devant lequel se jugeaient les causes privées. Un peu plus tard, nous le voyons choisi par les consuls pour juger extraordinairement pendant les calendes. Malgré quelques passages où Aulu-Gelle se donne comme un magistrat très-occupé, il est permis de croire que ses fonctions lui laissaient assez de loisir, et tinrent dans sa vie moins de place qu'il ne dit. A l'entendre parler sans cesse de ses investigations littéraires ou philologiques, de ses courses dans les bibliothèques, dans les musées, dans les boutiques des libraires, de ses longues discussions dans les lieux publics avec les grammairiens et les rhéteurs, on comprend que sa vie fut moins celle d'un homme de loi assidûment livré aux occupations du barreau, que celle d'un amateur d'érudition s'abandonnant sans contrainte à son goût pour les livres et les recherches curieuses.

A Rome comme à Athènes, Aulu-Gelle fut surtout occupé à lire, à compiler, à disserter. Un de ses plus grands plaisirs était de provoquer des discussions savantes dans cette société de grammairiens et d'antiquaires, où brillaient surtout deux professeurs célèbres, le Gaulois Favorinus et l'Africain Cornélius Fronton, maître de Marc-Aurèle. Dans ces réunions, dont le pédantisme frivole nous découvre le profond désœuvrement dans lequel la société romaine était tombée, on se proposait sans cesse des défis sur de petits problèmes d'histoire, ou de philosophie, ou de physique, ou de droit, ou d'archéologie : on argumentait, on citait, on subtilisait sur tout, à propos de tout, et partout. Un de ces érudits rassemblait-il ses amis et ses disciples à sa table? chaque convive était tenu d'apporter pour écot quelques questions énigmatiques qu'il proposait au dessert. Aulu-Gelle étant un jour gravement indisposé, ses amis viennent le visiter : le médecin qui le soignait a le malheur de se servir d'un mot impropre : ce mot fait jeter les hauts cris aux visiteurs, qui aussitôt, sans pitié pour le malade, engagent une discussion médicale et grammaticale à son chevet. Pendant son séjour en Grèce, Aulu-Gelle, accompagné d'une troupe de savants romains et grecs, fait le trajet d'Égine au Pirée, par une belle nuit. Les passagers, assis sur le pont, se mettent à regarder le ciel. Est-ce pour en admirer la beauté? non, c'est afin de discuter les étymologies des noms latins des étoiles.

Après chacune de ces conversations, Aulu-Gelle prenait des notes ; il en prenait après ses lectures : ainsi qu'il nous l'apprend lui-même, son recueil des *Nuits attiques* n'est autre chose qu'un choix de ces notes revu et retouché. Ce livre, qui ne brille ni par le goût, ni par le jugement, ni par le style, n'est cependant pas l'ouvrage d'un homme sans esprit : on y rencontre beaucoup de pensées et de mots d'une finesse ingénieuse et piquante. Mais ce qui le rend précieux pour nous, c'est la variété d'érudition qu'Aulu-Gelle y déploie, ce sont les détails curieux qu'il nous y fournit en abondance sur les langues, les institutions, les mœurs, la vie privée des anciens ; ce sont surtout ces nombreuses citations qu'il emprunte aux auteurs latins de tous les âges précédents, excepté cependant à ceux de l'époque la plus récente ; car il est à remarquer qu'il n'a cité nulle part ni Quintilien, ni Pline le jeune, ni Tacite, ni Lucain.

---

(1) Quelques-uns veulent qu'il se soit appelé Agellius, et ce nom se trouve en effet dans plusieurs manuscrits : mais cette différence vient peut-être de l'ignorance des copistes, qui ont réuni en un seul mot l'initiale du prénom et le nom de famille.

(2) Peut-être fit-il à Athènes plusieurs voyages. Ce qui le ferait croire, c'est que lorsqu'il écrivit dans la campagne d'Athènes ses *Nuits attiques*, il devait être assez avancé en âge, puisque, ainsi qu'il le dit lui-même dans sa préface, ce recueil était destiné à ses enfants, auxquels il devait servir de passe-temps littéraire.

ni Juvénal : non qu'il eût pour la pureté classique des modèles une préférence exclusive d'homme de goût : mais, grammairien scrupuleux, il n'invoquait que des autorités consacrées par le temps ; antiquaire amoureux du passé, il négligeait ou dédaignait tout ce qui était moderne.

La traduction qu'on donne ici est nouvelle. Quant au texte, il a été emprunté à la plus récente des éditions critiques d'Aulu-Gelle publiées en Allemagne : c'est celle d'Albert Lion (Gottingue, 1824), où l'on trouve reproduit, sauf quelques changements, en général dignes d'approbation, le texte des deux Gronoves, le meilleur sans contredit de tous les textes d'Aulu-Gelle.

LES NUITS ATTIQUES
D'AULU-GELLE.

PRÉFACE.

On pourra trouver d'autres ouvrages plus attrayants que celui-ci; en le composant, mon seul but a été de préparer à mes enfants des récréations littéraires, pour les instants où, libres d'affaires, ils voudraient délasser agréablement leur esprit. J'ai suivi l'ordre fortuit dans lequel se présentaient mes extraits. J'avais l'habitude, toutes les fois que je tenais un livre grec ou latin, ou que j'entendais rapporter quelque chose de remarquable, de recueillir aussitôt ce qui frappait mon attention, et de prendre ainsi, sans ordre et sans suite, des notes de toute espèce; c'étaient des secours que j'amassais pour ma mémoire, comme dans une sorte de magasin littéraire, afin que, s'il m'arrivait d'avoir besoin d'un fait ou d'une expression, et que ma mémoire se trouvât en défaut, ou que le livre nécessaire ne fût pas à ma disposition, j'eusse un moyen sûr de tout retrouver promptement. Or, dans cet ouvrage, c'est la même incohérence de matières que dans ces notes rapides prises sans aucune méthode, au milieu de mes recherches et de mes lectures de tout genre.

Comme c'est dans la campagne de l'Attique, pendant les longues nuits d'hiver, que je me suis amusé à écrire ce recueil, je l'ai intitulé *Nuits attiques*. Je n'ai pas imité, comme on voit, le raffinement que les auteurs de productions analogues en latin ou en grec mettent ordinairement dans le choix de leurs titres. Après avoir rassemblé mille connaissances, qui forment un mélange varié et confus, ils s'étudient à trouver des titres ingénieux, dont le sens réponde à la nature du livre. Ainsi, l'un publie des *Muses*, l'autre des *Silves*; celui-ci met au jour *le Voile*, l'autre *la Corne d'abondance*; d'autres appellent leurs recueils *la Ruche, la Prairie, Mes lectures, Lectures antiques, le Parterre, Découvertes*; d'autres prennent pour titres *les Flambeaux, Bigarrures, Pandectes, Problèmes, le Poignard, le petit Poignard*. Ailleurs on voit : *Souvenirs, le Maître de conduite, Passe-temps, l'École, Histoire de la nature, Histoire de toute espèce, le Pré, le Verger, Lieux communs*. Plusieurs ont fait paraître des *Livres de conjectures*. On a vu enfin des *Épitres morales*, des *Recherches épistolaires*, des *Recherches mêlées*, et bien d'autres titres piquants, d'une élégance recherchée et coquette.

A. GELLII
NOCTIUM ATTICARUM
COMMENTARIUS.

PRÆFATIO.

Jucundiora alia reperiri queunt : at hoc, ut liberis quoque meis paratæ istiusmodi remissiones essent : quando animus eorum, interstitione aliqua negotiorum data, laxari indulgerique potuisset. Usi autem sumus ordine rerum fortuito, quem antea in excerpendo feceramus. Nam perinde ut librum quemquam in manus ceperam, seu græcum seu latinum, vel quid memoratu dignum audieram, ita, quæ libitum erat, cujus generis cumque erant, indistincte atque promiscue annotabam : eaque mihi ad subsidium memoriæ, quasi quoddam litterarum penus, recondebam; ut, quando usus venisset aut rei aut verbi, cujus me repens forte oblivio tenuisset, et libri, ex quibus ea sumpseram, non adessent, facile inde nobis inventu atque depromptu foret. Facta igitur est in his quoque commentariis eadem rerum disparilitas, quæ fuit in illis annotationibus pristinis : quas breviter et indigeste et incondite eruditionibus, [tractationibus,] lectionibusque variis feceramus. Sed quoniam longinquis per hiemem noctibus in agro, sicuti dixi, terræ Atticæ commentationes hasce ludere ac facere exorsi sumus : idcirco eas inscripsimus, *Noctium* [esse] *Atticarum*, nihil imitati festivitates inscriptionum, quas plerique alii utriusque linguæ scriptores in id genus libris fecerunt. Nam quia variam et miscellam et quasi confusaneam doctrinam conquisiverant, eo titulos quoque ad eam sententiam exquisitissimos indiderunt. Namque alii *Musarum* inscripserunt; alii *Silvarum*; ille Πέπλον, hic Ἀμαλθείας Κέρας; alius Κήρια, partim Λειμῶνας, quidam *Lectionis suæ*; alius *Antiquarum lectionum*; atque alius Ἀνθηρῶν; et item alius Εὑρημάτων. Sunt etiam, qui Λύχνους inscripserunt : sunt item, qui Στρωματεῖς : sunt adeo, qui Πανδέκτας et Ἑλικῶνα et Προβλήματα et Ἐγχειρίδια et Παραξίφιδας. Est qui *Memoriales* titulum fecerit : est qui Πραγματικὰ et Πάρεργα et Διδασκαλικά. Est item qui *Historia naturalis* : est Παντοδαπῆς ἱστορίας : est præterea qui *Pratum*; est itidem qui Πάγκαρπον; est qui Τόπων scripsit. Sunt item multi qui *Conjectanea*; neque item non sunt, qui indices libris suis fecerunt aut *Epistolarum mora-*

Pour nous, sans apprêt, sans prétention, comme c'est notre goût, avec une simplicité familière et un peu rustique, nous avons pris ce nom de *Nuits attiques*, que nous fournissaient le lieu de notre séjour et le temps de notre travail; de sorte que cet ouvrage est aussi éloigné des autres pour l'agrément du titre, qu'il leur cède pour la parure et l'élégance du style. Du reste, il diffère aussi de la plupart des autres pour le dessein et l'intention. En effet, presque tous ces auteurs, les Grecs surtout, ont eu le tort de puiser sans discernement et sans goût dans leurs lectures nombreuses et variées, et de recueillir dès le premier coup d'œil, et comme des gens qui ne visent qu'à la quantité, tous les détails qu'ils rencontraient. Aussi, en les lisant, on succombe de fatigue ou d'ennui, avant d'avoir rien trouvé qui soit fait pour amuser ou pour orner l'esprit, ou dont le souvenir puisse être utile. Pour moi, j'ai toujours eu beaucoup de goût pour le précepte d'Héraclite d'Éphèse, ce sage si renommé : « Ce « n'est pas, dit-il, la quantité de connaissances « qui enrichit l'esprit. » Si je me suis occupé assidûment, et souvent jusqu'à la fatigue, à lire ou à parcourir un grand nombre de volumes dans tous les instants que je pouvais dérober aux affaires, je n'ai recueilli qu'un petit nombre d'extraits : je n'ai pris que ce qui m'a paru propre, d'un côté, à inspirer le goût des connaissances honnêtes aux esprits maîtres de leur temps et en état de disposer d'eux-mêmes, et à les conduire à l'étude des arts libéraux par un chemin court et facile; de l'autre, à préserver d'une ignorance grossière et honteuse sur l'histoire et sur les lettres, ceux que d'autres travaux tiennent occupés.

Si, dans ces mémoires, quelques détails sur la grammaire, la dialectique ou la géométrie, semblent trop minutieux ou trop subtils; si quelques notions sur le droit des augures et des pontifes paraissent trop érudites, il ne faut pas laisser de côté ces passages comme inutiles ou difficiles à comprendre; car nous ne nous sommes pas livrés sur ces objets à de profondes et obscures recherches : et en général, nous nous bornons à présenter les éléments des sciences libérales, et ces premiers principes dont l'ignorance est une chose, sinon nuisible, du moins honteuse pour tout homme bien élevé.

Nous adressons une prière aux lecteurs, s'il en est qui aient le temps et le désir de prendre connaissance de cet essai : c'est que lorsqu'ils y trouveront des choses qu'ils ont déjà apprises ailleurs, ils ne les reçoivent pas mal et ne les repoussent pas, pour cette seule raison qu'elles ne sont pas nouvelles; car qu'y a t-il dans la science de si rare et de si caché, dont la connaissance n'appartienne à un certain nombre d'intelligences? D'ailleurs ce qui doit plaire aux lecteurs, c'est que nous ne leur offrons aucun des sujets usés dans les écoles ou rebattus dans les recueils. Lorsqu'au contraire ils trouveront des choses entièrement nouvelles pour eux, je les prie alors d'examiner, sans aucune prévention injuste, si ces modestes et courtes leçons, loin d'être stériles et incapables d'inspirer le goût de l'étude, d'intéresser et d'instruire, ne sont pas au contraire assez fécondes pour développer et fortifier l'esprit, pour affermir la mémoire, pour rendre l'élocution plus souple et plus habile, le langage plus pur, la conversation plus agréable et plus so-

---

lium aut *Epistolicarum quæstionum* aut *Confusarum*; et quædam alia inscripta nimis lepida, multasque prorsus concinnitates redolentia. Nos vero, ut captus noster est, incuriose et immeditate ac prope etiam subrustice ex ipso loco ac tempore libernarum vigiliarum *Atticas Noctes* inscripsimus; tantum ceteris omnibus in ipsius quoque inscriptionis laude cedentes, quantum cessimus in cura et elegantia scriptionis. Sed ne consilium quidem in excerpendis notandisque rebus idem mihi, quod plerisque illis, fuit. Namque illi omnes, et eorum maxime Græci, multa et varia lectitantes, in quas res cunque inciderant, alba, ut dicitur, linea sine cura discriminis, solam copiam sectati converrebant: quibus in legendis ante animus senio ac tædio languebit, quam unum alterumve reppererit, quod sit aut voluptati legere, aut cultui legisse, aut usui meminisse. Ego vero, cum illud Heracliti Ephesii, viri summe nobilis, verbum cordi haberem, quod profecto ita est : Πολυμαθίη νόον οὐ διδάσκει, ipse quidem volvendis transeundisque multis admodum voluminibus, per omnia semper negotiorum intervalla, in quibus furari otium potui, exercitus defessusque sum : sed modica ex iis, eaque sola accepi, quæ aut ingenia prompta expeditaque ad honestæ eruditionis cupidinem utiliumque artium contemplationem celeri facilique compendio ducerent, aut homines ullis jam vitæ negotiis occupatos a turpi certe agrestica rerum atque verborum imperitia vindicarent. Quod erunt autem in his commentariis pauca quædam scrupulosa et anxia, vel ex grammatica, vel ex dialectica, vel etiam ex geometria, quodque erunt item paucula remotiora super augurio jure et pontificio, non oportet ea defugere, quasi aut cognitu non utilia, aut perceptu difficilia; non enim fecimus altos nimis et obscuros in his rebus quæstionum sinus : sed primitias quasdam et quasi libamenta ingenuarum artium dedimus; quæ virum civiliter eruditum neque audisse unquam neque attigisse, si non inutile, at quidem certe indecorum est. Ab his igitur, si cui forte nonnunquam tempus voluptasque erit, lucubratiunculas istas cognoscere, petitum impetratumque volumus, ut in legendo, quæ pridem scierint, non aspernentur quasi nota invulgataque. Nam et quid tam remotum in litteris est, quin id tamen complusculi sciant? Et satis hoc blandum est, non esse hæc neque in scholis decantata, neque in commentariis protrita. Quæ porro nova sibi ignotaque offenderint, æquum esse puto, ut sine vano obtrectatu considerent, an minutæ istæ admonitiones pauxillulæ nequaquam tamen sint vel ad alendum studium vescæ, vel ad oblectandum fovendumque animum frigidæ : sed ejus seminis generisque sint, ex quo facile adolescant aut ingenia hominum vegetiora, aut memoria adminiculatior, aut oratio sollertior, aut sermo incorruptior, aut de-

PRÉFACE.

lide dans les réunions familières et dans les entretiens enjoués.

Quelques endroits seront peut-être trouvés moins clairs que d'autres, et ne sembleront pas assez développés et assez complets. On devra songer qu'alors j'ai moins voulu *instruire* le lecteur que l'avertir, et que je lui indique seulement une route où il pourra s'engager, si bon lui semble, avec le secours d'autres livres, ou sur les pas d'un maître. Si l'on croit trouver des erreurs dans certains passages, on pourra s'en prendre, si l'on veut, aux auteurs où j'ai puisé : mais il ne faudra pas se hâter de condamner, parce qu'on aura vu le même sujet traité différemment ailleurs : on devra peser de sang-froid les raisons et les autorités d'après lesquelles ces auteurs et moi-même nous nous sommes décidés. Enfin, voici ce que je désire surtout : que ces hommes qui ne se sont jamais exercés ou divertis à lire, à écrire, à commenter, qui n'ont jamais veillé, comme nous, pour l'étude, qui sont toujours restés étrangers aux recherches, aux travaux, aux discussions et aux nobles luttes des amis de la science, qui sont tout entiers à leurs passions et à leurs affaires, que ces hommes s'éloignent de ces *Nuits*, et qu'ils aillent chercher ailleurs des plaisirs d'une autre espèce. On sait le vieux proverbe : « Il n'y a rien de commun entre la musique et le geai ; et la marjolaine n'est pas faite pour les pourceaux. » Mais, pour irriter davantage la malignité et l'envie de ces esprits grossiers, je citerai quelques vers anapestes d'un chœur d'Aristophane ; et la loi que cet aimable poëte imposait aux spectateurs de sa pièce, je l'imposerai aux lecteurs de ce recueil, afin d'écarter et de renvoyer le vulgaire ignorant et profane, étranger au culte des Muses. Voici les vers où le poëte rend cet arrêt :

« Qu'ils fassent silence, qu'ils se retirent loin
« de ce chœur, ceux qui ne sont pas initiés à nos
« secrets, et dont l'âme n'est pas pure ; ceux
« qui n'ont jamais vu ou qui n'ont jamais célébré
« les mystères sacrés des Muses. Qu'ils s'éloi-
« gnent, qu'ils s'éloignent, je le répète encore,
« qu'ils s'éloignent de ce chœur. Pour vous, com-
« mencez les chants et les réjouissances noctur-
« nes qui conviennent à cette fête. »

J'ai écrit jusqu'ici vingt livres de mémoires. Pendant le reste des jours qu'il plaira aux dieux de m'accorder, tout ce que le soin de mes affaires domestiques et l'éducation de mes enfants me laisseront de loisirs, toutes les heures dont je pourrai disposer, je les consacrerai à continuer ce recueil de souvenirs et de commentaires. Si les dieux le permettent, le nombre de ces livres croîtra avec celui de mes jours, quelle que soit la durée du temps qui me reste à vivre ; et je ne désire voir se prolonger ma vie qu'autant que je serai en état de me livrer à ces travaux. J'ai rassemblé ici sous les yeux des lecteurs tous les titres placés en tête des chapitres, afin qu'ils puissent voir sur-le-champ les articles que je traite, et dans quel livre chacun d'eux est placé (1).

(1) Cette liste de chapitres a été renvoyée à la fin du recueil d'Aulu-Gelle.

---

lectantior in otio, atque in ludo liberalior. Quæ autem parum plana videbuntur, aut minus plena instructaque, petimus, inquam, ut ea non docendi magis, quam admonendi gratia scripta existiment : et quasi demonstratione vestigiorum contenti persequantur ea post, si libebit, vel libris repertis vel magistris. Quæ vero putaverint reprehendenda, his, si audebunt, succenseant, unde ea nos accepimus ; sed enim, quæ aliter apud alium scripta legerint, ne jam statim tempore obstrepant : sed et rationes rerum et auctoritates hominum pensitent, quos illi, quosque nos secuti sumus. Erit autem id longe optimum, ut, qui in lectitando, scribendo, commentando, nunquam voluptates, nunquam labores ceperunt, nullas hoc genus vigilias vigilarunt, neque ullis inter ejusdem Musæ æmulos certationibus disceptationibusque percontando, scribendo, elimati sunt, sed intemperiarum negotiorumque pleni sunt : abeant a Noctibus his procul, atque alia sibi oblectamenta quærant. Vetus adagium est : *Nihil cum fidibus graculo, nihil cum amaracino sui.* Atqui etiam, quo sit quorumdam male doctorum hominum scævitas et invidentia irritatior, mutuabor ex Aristophanæ choro anapæsta pauca, et quam ille homo festivissimus fabulæ suæ spectandæ legem dedit, eamdem ego commentariis his legendis dabo ; ut ea ne attingat neve adeat profestum et profanum vulgus, a ludo Musico diversum. Versus legis datæ hi sunt :

Εὐφημεῖν χρὴ κἀξίστασθαι τοῖς ἡμετέροισι χοροῖσιν,
Ὅστις ἄπειρος τοιῶνδε λόγων, ἢ γνώμῃ μὴ καθαρεύει,
Ἢ γενναίων ὄργια μουσῶν, μήτ' εἶδεν, μήτ' ἐχόρευσε.
Τούτοις αὐδῶ, κ' αὖθις ἀπαυδῶ, κ' αὖθις τὸ τρίτον μαλ
    ἀπαυδῶ,
Ἐξίστασθαι τοῖσι χοροῖς, ὑμεῖς δ' ἀνεγείρετε μολπὴν
Καὶ παννυχίδας τὰς ἡμετέρας, αἳ τῇδε πρέπουσιν ἑορτῇ.

Volumina commentariorum ad hunc diem viginti jam facta sunt. Quantum autem vitæ mihi deinceps deum voluntate erit, quantumque a tuenda re familiari procurandoque cultu liberorum meorum dabitur otium : ea omnia succisiva et subsecundaria tempora ad colligendas hujuscemodi memoriarum delectatiunculas conferam. Progredietur ergo numerus librorum, diis bene juvantibus, cum ipsius vitæ, quantuli quique fuerint, progressibus, neque longiora mihi dari spatia vivendi volo, quam dum ero ad hanc quoque facultatem scribendi commentandique idoneus. Capita rerum, quæ cuique commentario insunt, exposuimus hic universa, ut jam statim declaretur, quid quo[ve] in libro quæri invenirique possit.

LIVRE I.

CHAPITRE I.

De quelles mesures et de quels calculs se servit Pythagore, suivant Plutarque, pour déterminer quelle était la taille d'Hercule, pendant son séjour sur la terre.

Plutarque, dans un traité qui a pour titre *Combien les dons de l'esprit et la vertu mettent de différence entre l'âme et le corps*, rapporte le calcul ingénieux et habile au moyen duquel Pythagore découvrit de combien la taille d'Hercule l'emportait sur celle des autres hommes. Comme il passait à peu près pour constant qu'Hercule s'était servi de ses pieds pour mesurer le stade qui est à Pise, près du temple de Jupiter Olympien; qu'il l'avait fait long de six cents pieds; que les autres stades de la Grèce, établis par d'autres dans la suite, comprenaient aussi six cents pieds, et toutefois étaient un peu moins longs que celui d'Olympie : Pythagore trouva sans peine, au moyen d'un rapport de proportions, que, entre le pied d'Hercule et celui des autres hommes, il y avait la même différence de longueur qu'entre le stade olympien et les autres stades. Les dimensions du pied d'Hercule une fois connues, il détermina la taille de son corps d'après ces dimensions, en se réglant sur la proportion naturelle des membres entre eux. Ainsi, il résulta de ce calcul qu'Hercule l'emportait par sa taille sur le reste des hommes, autant que le stade d'Olympie surpassait en longueur les autres stades formés du même nombre de pieds.

CHAPITRE II.

Comment l'illustre Hérode Atticus cita à propos à un jeune homme orgueilleux et fanfaron, qui se prétendait philosophe, un passage où Épictète distingue en plaisantant, du stoïcien véritable, cette foule de bavards impudents qui se disent stoïciens.

Lorsque j'étudiais dans les écoles d'Athènes, Hérode Atticus, ce consulaire illustre, doué d'un si grand talent pour l'éloquence grecque, m'appelait souvent dans les maisons de campagne qu'il possédait près de la ville. Il invitait en même temps Servilianus, personnage distingué, et d'autres compatriotes qui étaient venus en Grèce dans le but de cultiver leur esprit. Un jour, pendant les chaleurs du commencement de l'automne, il nous avait réunis dans sa maison de campagne, appelée Céphisia, où nous trouvions pour combattre les feux ardents du jour, une ombre épaisse sous de vastes bois, de longues promenades sur un moelleux gazon, des bâtiments disposés pour rafraîchir l'air, des bains remplis d'une eau abondante et pure, des fontaines dont le murmure se mêlant au chant des oiseaux faisait résonner mélodieusement cette agréable retraite. Là se trouvait avec nous un jeune homme prenant le titre de philosophe et de disciple du portique, mais bavard et tranchant plus qu'il n'est permis de l'être. A table, dans la conversation qui s'engage d'ordinaire à la fin du repas, il se mit à nous faire sur les différentes doctrines philosophiques un discours interminable, qui était ce que l'on pouvait voir de plus inconvenant et de plus sot. A l'entendre, tous les autres philosophes, les premiers génies d'Athènes, tous les savants de Rome, n'étaient à côté de lui que des esprits ignorants et

---

LIBER PRIMUS.

CAPUT I.

Quali proportione quibusque collectionibus Plutarchus ratiocinatum esse Pythagoram philosophum dixerit de comprehendenda corporis proceritate, qua fuit Hercules, cum vitam inter homines viveret.

Plutarchus in libro, quem ὁπόση ψυχῶν καὶ σωμάτων ἀνθρώποις περὶ εὐφυΐαν καὶ ἀρετὴν διαφορά conscripsit, scite subtiliterque ratiocinatum Pythagoram philosophum dicit, in reperienda modulandaque status longitudinisque ejus præstantia. Nam cum fere constaret, curriculum stadii, quod est Pisis ad Jovis Olympii, Herculem pedibus suis metatum, idque fecisse longum pedes sexcentos; cetera quoque stadia in terra Græcia, ab aliis postea instituta, pedum quidem esse numero sexcentum, sed tamen [esse] aliquantulum breviora : facile intellexit, modum spatiumque plantæ Herculis, ratione proportionis habita, tanto fuisse quam aliorum procerius, quanto Olympicum stadium longius esset, quam cetera. Comprehensa autem mensura Herculani pedis, quanta longinquitas corporis ei mensuræ conveniret, secundum naturalem membrorum omnium inter se competentiam, modificatus est : atque ita id collegit, quod erat consequens, tanto fuisse Hercu-lem corpore excelsiorem quam alios, quanto Olympicum stadium ceteris pari numero factis anteiret.

CAPUT II.

Ab Herode Attico Cl. V. tempestive deprompta in quemdam jactabundum et gloriosum adolescentem, specie tantum philosophiæ sectatorem, verba Epicteti stoici, quibus festiviter a vero stoico sejunxit vulgus loquacium nebulonum, qui se stoicos nuncuparent.

Herodes Atticus, vir et Græca facundia et consulari honore præditus, accersebat sæpe nos, cum apud magistros Athenis essemus, in villas ei urbi proximas, me et Cl. V. Servilianum, compluresque alios nostrates, qui Roma in Græciam ad capiendum ingenii cultum concesserant. Atque ibi tunc, cum essemus apud eum in villa, cui nomen est Cephisia, et æstu anni et sidere autumni flagrantissimo, propulsabamus caloris incommoda lucorum umbra ingentium, longis ambulacris et mollibus, ædium positu refrigeranti, lavacris nitidis et abundis et collucentibus, totiusque villæ venustate aquis undique canoris atque avibus personante. Erat ibidem nobiscum simul adolescens philosophiæ sectator, disciplinæ, ut ipse dicebat, stoicæ, sed loquacior impendio et promptior. Is plerumque in convivio, sermonibus, qui post epulas haberi solent, multa atque immodica de philosophiæ doctrinis intempes-

LIVRE I, CHAPITRE II.

grossiers. Il nous rompait la tête avec ses mots techniques que nous n'entendions pas, et son étalage de science sur les artifices du syllogisme et les piéges de la dialectique : il se vantait de posséder seul la clef de certains arguments, comme ceux que les Grecs appellent κυριεύοντες, ἡσυχάζοντες, σωρεῖται, et autres énigmes de la même espèce. Personne, assurait-il, n'avait mieux étudié que lui la science de la morale, la nature de l'esprit humain ; personne n'avait mieux approfondi les différentes vertus, les devoirs qui en découlent, les penchants qui s'en rapprochent ou s'en éloignent, les erreurs des passions, les vices et toutes les flétrissures et les maladies de l'âme. A l'en croire, ni les souffrances et les tourments du corps, ni les dangers, ni la crainte de la mort, n'étaient capables de troubler ou d'altérer l'état de félicité parfaite auquel il prétendait avoir atteint ; et il n'était pas permis à la douleur d'obscurcir du nuage le plus léger la sérénité répandue sur les traits d'un stoïcien tel que lui. Telles étaient les ridicules vanteries de ce fanfaron. On était impatient de le voir finir, tout le monde était fatigué et excédé de l'entendre. Alors Hérode prenant la parole en grec, comme il aimait souvent à le faire, lui dit : « O le plus profond des philosophes, puisque, condamnés par toi à n'être que des esprits étroits et grossiers, nous ne pouvons te répondre nous-mêmes, permets que l'on te lise ce qu'Épictète, le premier des stoïciens, pense de vous autres grands parleurs. » Et aussitôt il fit apporter le second livre des leçons d'Épictète rédigées par Arrien, dans lequel ce sage vieillard poursuit des plus justes reproches ces jeunes gens qui se disent stoïciens, sans avoir aucune vertu, ni aucun zèle pour le bien, et ne font que s'amuser à des spéculations frivoles, à de puériles dissertations sur les préliminaires de la science. On apporta le livre, et on y lut ces paroles à la fois plaisantes et sévères, où le philosophe distingue le véritable disciple de Zénon, auquel il appartient, sans aucun doute, d'être *invincible, indomptable, indépendant, libre, riche, heureux*, de cette foule d'hommes impudents qui se prétendent stoïciens, et qui, se jouant de leurs auditeurs, et leur jetant de la poudre aux yeux avec de grands mots et de vaines subtilités, profanent le nom de la plus sainte des écoles. Voici le passage : « Parlez-moi, habile philosophe, sur les « biens et sur les maux. — Soit ; écoutez.

« Le vent, m'éloignant d'Ilion, me porta vers le « rivage des Ciconiens. »

« Il faut distinguer les choses bonnes, les choses « mauvaises, et les choses indifférentes. Les cho- « ses bonnes sont les vertus, et tout ce qui en dé- « pend. Les choses mauvaises sont les vices, et tout « ce qui en dépend. Les choses indifférentes sont « tout ce qui n'est ni le vice ni la vertu, comme « la richesse, la santé, la vie, la mort, le plaisir, « la douleur. — D'où savez-vous cela ? — C'est « Hellanicus qui me l'apprend dans ses Égyptia- « ques : car pourquoi ne citerais-je pas cet auteur, « aussi bien que les livres de morale de Diogène, « ou les ouvrages de Chrysippe ou de Cléanthe ? « — Fort bien : vous avez sans doute sérieusement « réfléchi sur cette doctrine ; vous vous l'êtes « bien appropriée. Dites-moi donc comment vous « vous comportez, quand la tempête vous surprend « dans une fragile barque ? Dites-moi si vous vous « souvenez de votre division, quand le vent fait « craquer les voiles. Mais non, vous jetez les hauts « cris ; et si, dans ce moment, quelque mauvais

---

tive atque insubide disserebat, præque se uno ceteros omnis, linguæ Atticæ principes, gentemque omnem togatam, totumque nomen Latinum, rudes esse et agrestes prædicabat : atque interea vocabulis haud facile cognitis, syllogismorum captionumque dialecticarum laqueis strepebat, κυριεύοντας, ἡσυχάζοντας καὶ σωρείτας, aliosque id genus griphos neminem posse dicens nisi se dissolvere : rem vero ethicam, naturamque humani ingenii, virtutumque origines officiaque earum et confinia aut contraria, morborum vitiorumque fraudes, animorumque labes ac pestilentias, asseverabat nulli esse magis ea omnia explorata, comperta meditataque [quam sibi]. Cruciatibus autem doloribusque corporis et periculis mortem minitantibus habitum statumque vitæ beatæ, quem se esse adeptum putabat, neque lædi, neque imminui existimabat ; ac ne oris quoque et vultus serenitatem stoici hominis unquam ulla posse ægritudine obnubilari. Has ille inanes cum flaret glorias, jamque omnes finem cuperent, verbisque ejus defatigati pertæduissent : tum Herodes Græca, ut hujus plurimus mos fuit, oratione utens : Permitte, inquit, philosophorum amplissime, quoniam respondere nos tibi, quos idiotas et rudes vocas, non quimus, recitari ex libro, quid de hujuscemodi magniloquentia vestra senserit dixeritque Epictetus, stoicorum vel maximus ; jussitque proferri dissertationum Epicteti digestarum ab Arriano primum librum : in quo ille venerandus senex juvenes, qui se stoicos appellabant, neque frugis neque operæ probæ, se in theorematis tantum nugalibus et puerilium isagogarum commentationibus oblectantes, objurgatione justa incessivit. Lecta igitur sunt ex libro, qui prolatus est, ea quæ addidit. Quibus verbis Epictetus severe simul ac festiviter sejunxit atque divisit a vero atque sincero stoico, qui esset procul dubio ἀκώλυτος, ἀνεκβίαστος, ἀπαρεμπόδιστος, ἐλεύθερος, εὔπορος, εὐδαίμων, vulgus aliud nebulonum hominum, qui se stoicos nuncuparent, atraque verborum et argutiarum fuligine ob oculos audientium jacta sanctissimæ disciplinæ nomen ementirentur : Εἰπέ μοι περὶ ἀγαθῶν καὶ κακῶν. Ἄκουε.

Ἰλιόθεν μὲ φέρων ἄνεμος Κικόνεσσι πέλασσεν.

Τῶν ὄντων τὰ μὲν ἐστὶν ἀγαθά, τὰ δὲ κακά, τὰ δὲ ἀδιάφορα. Ἀγαθὰ μὲν οὖν αἱ ἀρεταὶ καὶ τὰ μετέχοντα αὐτῶν. Κακὰ δὲ, κακίαι, καὶ τὰ μετέχοντα κακίας. Ἀδιάφορα δὲ, τὰ μεταξὺ τούτων, πλοῦτος, ὑγίεια, ζωή, θάνατος, ἡδονή, πόνος. Πόθεν οἶδας ; [οὕτως] Ἑλλάνικος λέγει ἐν τοῖς Αἰγυπτιακοῖς. Τί γὰρ διαφέρει τοῦτο εἰπεῖν, ἢ ὅτι Διογένης ἐν τῇ ἠθικῇ, ἢ Χρύσιππος, ἢ Κλεάνθης ; βεβασάνικας οὖν αὐτό καὶ δόγμα σεαυτοῦ πεποίησαι. Δείκνυε πῶς εἴωθας ἐν πλοίῳ χειμάζεσθαι· μέμνησαι ταύτης τῆς διαιρέσεως, ὅταν ψοφήσῃ τὸ ἱσ-

« plaisant venait vous dire : Répétez-moi donc
« cette belle théorie que vous nous exposiez hier;
« n'est-il pas vrai que le naufrage n'est pas un
« mal, qu'il n'a rien de commun avec le mal?
« Assurément, vous lui briseriez votre bâton sur
« le dos, et vous vous écrieriez : Que me voulez-
« vous? nous périssons, et vous venez me faire
« des plaisanteries. Mais voici une autre épreuve.
« Supposons que César vous fasse comparaître
« comme accusé devant son tribunal : souvenez-
« vous alors de votre division. Mais non, à peine
« entré, vous pâlissez, vous tremblez. Que si l'on
« venait vous dire alors : O homme, pourquoi
« donc tremblez-vous? De quoi s'agit-il pour vous?
« est-ce que César met le vice ou la vertu dans le
« cœur de ceux qui entrent ici? Vous ne manque-
« riez pas de vous écrier : Laissez-moi ; pourquoi
« insultez-vous à mon malheur? Toutefois ré-
« pondez-moi, philosophe, de quoi êtes-vous
« menacé, sinon de la mort, ou de la prison, ou
« des souffrances du corps, ou de l'exil, ou de l'i-
« gnominie? Quel autre danger courez-vous? Or,
« ne savez-vous pas qu'il n'y a dans tout cela au-
« cun mal, ni rien qui ressemble au mal? N'est-ce
« pas vous-même qui l'avez dit? Vous vous fâchez
« encore : Laissez-moi, dites-vous ; j'ai bien assez
« de mes maux. Oui, vous avez raison, vous avez
« bien assez de vos maux, qui sont un cœur pu-
« sillanime, une honteuse lâcheté, une orgueil-
« leuse jactance, quand vous êtes sur les bancs de
« l'école. Pourquoi donc, hommes fanfarons, vous
« décorer d'une parure étrangère? Pourquoi vous
« proclamer stoïciens? Jugez-vous d'après votre
« conduite, et vous verrez de quelle secte vous
« êtes. Vous verrez que vous êtes pour la plupart
« des épicuriens, et que quelques-uns d'entre
« vous seulement sont péripatéticiens, et encore
« des péripatéticiens relâchés. » Après cette lecture, notre insolent jeune homme garda le silence, comme s'il eût entendu, au lieu d'une censure générale d'Épictète, une leçon adressée par
Hérode à lui-même.

CHAPITRE III.

A quelle action équivoque le Lacédémonien Chilon eut recours pour sauver un ami. Sur cette question délicate et digne du plus sérieux examen : S'il y a des fautes qu'on peut se permettre dans l'intérêt d'un ami. Opinion de Théophraste et de Cicéron sur ce sujet.

Les auteurs qui ont transmis à la postérité les actions et la vie des hommes illustres racontent qu'un des sept sages de la Grèce, le Lacédémonien Chilon, arrivé à son heure dernière et sentant la mort approcher, parla ainsi à ses amis qui l'entouraient : « Il me semble, leur dit-il, que dans le cours de ma longue vie je n'ai rien dit ni rien fait dont je doive me repentir : et peut-être ce témoignage me sera-t-il rendu par vous-mêmes. Oui, et je ne me fais point illusion à cette heure suprême, je crois n'avoir commis aucune action dont le souvenir doive affliger ma conscience, excepté une seule, qui est de telle nature que j'ignore encore si elle est innocente ou coupable. Je devais prononcer avec deux autres juges sur le sort d'un ami, accusé d'un crime capital. Il était évidemment condamné par la loi. Il me fallait donc, ou rendre un arrêt de mort contre un homme qui m'était cher, ou bien user d'artifice pour le soustraire à la loi. Après avoir réfléchi longtemps sur les moyens à prendre pour sortir heureusement d'une position si embarrassante, je crus que ce qu'il y avait encore de mieux était le parti auquel je m'arrêtai. Je rendis tout bas une sentence de condamnation, et je conseillai à mes collègues d'absoudre. Ainsi, dans une circonstance si diffi-

---

τίον. Καὶ ἀνακραυγάσοντί σοι ἐάν τις κακόσχολος παραστὰς εἴπῃ, λέγε μοι σὺ πρὸς τοὺς θεούς, ἃ πρώην ἔλεγες, μὴ κακία ἐστὶ τὸ ναυαγῆσαι μή τι κακίας μετέχον; Οὐκ ἄρα ξύλον ἐνσείσεις αὐτῷ; τί ἡμῖν καὶ σοί, ἄνθρωπε; ἀπολλύμεθα, καὶ σὺ ἐλθὼν παίζεις. Ἂν δέ σε ὁ Καῖσαρ μεταπέμψηται κατηγορούμενον, μέμνησαι τῆς διαιρέσεως. Ἂν τις σοὶ εἰσιόντι καὶ ὠχριῶντι ἅμα καὶ τρέμοντι προσελθὼν εἴπῃ, τί τρέμεις, ἄνθρωπε ; περὶ τίνων σοί ἐστιν ὁ λόγος ; μήτι ἔσω ὁ Καῖσαρ ἀρετὴν καὶ κακίαν τοῖς εἰσερχομένοις δίδωσι; Τί μοι ἐμπαίζεις ; καὶ σὺ πρὸς τοῖς ἐμοῖς κακοῖς; "Ὅμως, φιλόσοφε, εἰπέ μοι, τί τρέμεις ; οὐχὶ θάνατος; ἐστὶ τὸ κινδυνευόμενον, ἢ δεσμωτήριον, ἢ πόνος τοῦ σώματος, ἢ φυγὴ, ἢ ἀδοξία ; τί γὰρ ἄλλο ; μήτι κακία ; μήτι μετέχον κακίας ; σὺ οὖν τίνα πρὸς ταῦτα ἔλεγες ; Τί ἐμοὶ καὶ σοί, ἄνθρωπε ; ἀρκεῖ ἐμοὶ τὰ ἐμὰ κακά. Καὶ καλῶς λέγεις· ἀρκεῖ γάρ σοι τὰ σὰ κακά, ἡ ἀγέννεια, ἡ δειλία, ἡ ἀλαζονεία, ἣν ἀλαζονεύου ἐν τῇ σχολῇ καθήμενος. Τί τοῖς ἀλλοτρίοις ἐκαλλωπίζου ; τί στωϊκὸν ἔλεγες σεαυτόν ; τηρεῖτε οὕτως ἑαυτοὺς ἐν οἷς πράσσετε, καὶ εὑρήσετε τίνος ἐσθ' αἱρέσεως. Τοὺς πλείστους ὑμῶν ἐπικουρείους εὑρήσετε, ὀλίγους τινὰς περιπατητικούς, καὶ τούτους ἐκλελυμένους. His ille auditis insolentissimus adolescens obticuit, tanquam si ea omnia non ab Epicteto in quosdam alios, sed ab Herode in eum dicta essent.

CAPUT III.

Quod Chilo Lacedæmonius consilium anceps pro salute amici cepit; quodque est circumspecte et anxie considerandum, an pro utilitatibus amicorum delinquendum aliquando sit : notataque inibi et relata, quæ Theophrastus et M. Cicero super ea re scripserunt.

Lacedæmonium Chilonem, unum ex illo inclito numero sapientium, scriptum est in libris eorum, qui vitas resque gestas clarorum hominum memoriæ mandaverunt, cum die vitæ suæ postremo eum inibi amicos occuparet, ad circumstantes amicos sic locutum : Dicta mea, inquit, factaque in ætate longa pleraque omnia fuisse non pœnitenda, forsitan vos etiam sciatis. Ego certe in hoc quidem tempore non fallo me, nihil esse quidquam commissum a me, cujus memoria rei aliquid pariat ægritudinis : nisi profecto illud unum sit, quod rectene an perperam fecerim, nondum mihi plane liquet. Super amici capitis judex cum duobus aliis fui. Lex ita fuit, uti eum hominem condemnari necesse esset. Aut amicus igitur capitali perdendus, aut adhibenda fraus legi fuit. Multa cum animo meo ad casum tam ancipitem medendum consultanti visum est, esse id quod feci, præ hoc quod erant alia, tolerata

elle, j'observai à la fois les devoirs de l'ami et du juge. Mais, je l'avoue, cette action me chagrine; je crains que ce ne soit pas autre chose qu'une fraude coupable, d'avoir, dans le même temps, dans la même affaire, sur la même question, conseillé aux autres le contraire de ce que je croyais devoir faire moi-même. » Ainsi Chilon, cet homme d'une si haute sagesse, n'a pas su jusqu'où sa tendresse pour un ami avait pu sans crime enfreindre la loi et la justice ; et ce doute tourmenta sa conscience au dernier moment de sa vie. Après lui, beaucoup de philosophes ont, ainsi qu'on peut le voir dans leurs livres, examiné avec un soin scrupuleux cette même question. Voici les termes dans lesquels on la trouve ordinairement posée : εἰ δεῖ βοηθεῖν τῷ φίλῳ παρὰ τὸ δίκαιον, καὶ μέχρι πόσου, καὶ ποῖα, c'est-à-dire : peut-on quelquefois agir dans l'intérêt d'un ami contre les lois et la morale? jusqu'à quel point et dans quelles circonstances le peut-on? Ce sujet, souvent discuté, comme je l'ai dit, a été surtout approfondi par Théophraste, philosophe aussi savant que modeste de l'école péripatéticienne. Sa dissertation se trouve, si je ne me trompe, dans le premier livre de son traité *Sur l'amitié*. On ne peut douter que Cicéron, quand il composa aussi un traité sur l'amitié, ne connût celui de Théophraste. Il a jugé à propos d'y prendre plusieurs idées, qu'il a mêlées habilement avec les siennes, et revêtues du charme de son éloquence. Mais pour cette question, qui, comme je l'ai dit, a occupé un grand nombre de philosophes, et qui offre plus de difficultés que toute autre, il s'est borné à l'effleurer en passant. Il n'a pas même développé l'examen que Théophraste en a fait avec beaucoup de conscience et de clarté ; et, sans entrer dans une discussion délicate et épineuse, il s'est contenté d'une affirmation générale. Voici ses propres paroles, qu'on sera peut-être curieux de lire : « Quelles sont « donc les limites dans lesquelles doit se renfer- « mer l'amitié? Je crois qu'entre deux amis, lors- « qu'ils sont honnêtes, tout doit être commun sans « exception ; qu'ils doivent avoir en tout même in- « tention, même volonté, jusque-là que, s'il se « présente des circonstances où notre ami ait be- « soin de notre secours pour des desseins injustes, « mais suggérés par le danger de la vie ou de son « honneur, nous pouvons alors nous écarter du droit « chemin, pourvu qu'il n'en résulte pas pour nous « de l'infamie; car, jusqu'à un certain degré, l'a- « mitié est une excuse. » Ainsi il déclare que, lorsqu'il s'agit de la vie ou de l'honneur d'un ami, on peut s'écarter pour lui du droit chemin, et soutenir ses desseins injustes ; mais en quoi est-il permis de s'écarter du droit chemin, jusqu'où le zèle de l'amitié peut-il aller, quel est le degré d'injustice qu'on peut favoriser chez un ami, voilà ce qu'il ne dit pas. Que m'importe de savoir qu'en faveur d'un ami exposé à de semblables dangers, je puis, pourvu qu'il n'en résulte pas pour moi de l'infamie, franchir les limites du devoir, si l'on ne me dit pas où commence l'infamie, et jusqu'où je puis m'écarter du devoir? « Jusqu'à un certain « degré, dit-il, l'amitié est une excuse. » Mais quel est ce degré, voilà précisément ce qu'il faudrait m'apprendre, et ce que tant de moralistes né-

facilius. Tacitus ad condemnandum sententiam tuli : his, qui simul judicabant, ut absolverent, persuasi. Sic mihi et judicis et amici officium in re tanta salvum fuit. Sed hanc capio ex eo facto molestiam, quod metuo, ne a perfidia et culpa non abhorreat, in eadem re eodemque tempore, inque communi negotio, quod mihi optimum factu duxerim, diversum ejus aliis suasisse. Hic autem Chilo præstabilis homo sapientia, quonam usque debuerit contra legem contraque jus pro amico progredi, dubitavit; eaque res in fine quoque vitæ ipso animum ejus anxit. Et alii deinceps multi philosophiæ sectatores, ut in libris eorum scriptum est, satis auquisite satisque sollicite quæsierunt, ut verbis, quæ scripta sunt, ipsis utar : εἰ δεῖ βοηθεῖν τῷ φίλῳ παρὰ τὸ δίκαιον, καὶ μέχρι πόσου, καὶ ποῖα. Ea verba significant, quæsisse eos, an nonnunquam contra jus contrave morem faciendum pro amico sit, et in qualibus [et in quibus] causis, et quemnam adusque modum. Super hac questione cum ab aliis, sicuti dixi, multis, tum vel diligentissime a Theophrasto disputatur, viro in philosophia peripatetica modestissimo doctissimoque. Eaque disputatio scripta est, si recte meminimus, in libro ejus *De amicitia* primo. Eum librum M. Cicero videtur legisse, cum ipse quoque librum *De amicitia* componeret. Et cetera quidem, quæ sumenda a Theophrasto existimavit, ut ingenium facundiaque ejus fuit, sumsit et transposuit commodissime aptissimeque. Hunc autem locum, de quo satis quæsitum esse dixi, omnium rerum aliarum difficillimum, strictim atque cursim transgressus est : neque ea, quæ a Theophrasto peniculate atque enucleate scripta sunt, exsecutus est; sed, anxietate illa et quasi morositate disputationis prætermissa, genus ipsum rei tantum paucis verbis notavit. Ea verba Ciceronis, si recensere quis vellet, apposui : « His igitur finibus uten- « dum esse arbitror, ut, cum emendati mores amicorum « sunt, tum sit inter eos omnium rerum, consiliorum, « voluntatum, sine ulla exceptione communitas : ut etiam, « si qua fortuna acciderit, ut minus justæ voluntates ami- « corum adjuvandæ sint, in quibus eorum aut caput aga- « tur aut fama, declinandum sit de via, modo ne summa « turpitudo sequatur : est enim, quatenus amicitiæ venia « dari possit. » Cum agetur, inquit, aut caput amici, aut fama, declinandum est de via, ut etiam iniquam voluntatem illius adjutemus. Sed cujusmodi declinatio ista esse debeat, qualisque ad adjuvandum digressio, et in quanta voluntatis amici iniquitate, non dicit. Quid autem refert scire me in ejusmodi periculis amicorum, si non magna me turpitudo insecutura est, de via recta esse declinandum, nisi id quoque me docuerit, quam putet magnam turpitudinem, et, cum decessero de via, quousque degredi debeam? « Est enim, » inquit, « quatenus dari ami- « citiæ venia possit. » Hoc immo ipsum est, quod maxime discendum est, quodque ab iis, qui docent, minime dicitur, quatenus quaque fini dari amicitiæ venia debeat. Chilo ille sapiens, de quo paulo ante dixi, conservandi

gligent d'enseigner. Le sage Chilon, dont je viens de parler, s'est permis, pour sauver un ami, une infraction à la morale; mais je vois où il s'est arrêté : afin de soustraire son ami à la mort, il a donné un faux conseil. Encore, au terme de sa vie, il s'est demandé avec inquiétude si ce n'était pas là une action coupable. Ailleurs, Cicéron nous dit : « On ne doit point, pour servir un ami, « prendre les armes contre sa patrie. » Assurément tout le monde sait cela, et le savait avant que Théognis fût né, comme dit Lucilius. Mais voici sur quoi je voudrais être éclairé : lorsqu'il me faut, pour un ami, faire une action contraire à la justice, sans attaquer pour cela la liberté ou le repos de mon pays, et, par complaisance, m'écarter du droit chemin, comme dit Cicéron; en quoi, dans quelles circonstances, jusqu'où pourrai-je m'en écarter? Périclès, cet homme d'un génie supérieur, et dont l'esprit était orné de tous les genres de connaissances, a, par un seul trait, jeté plus de lumières sur cette embarrassante question. Un ami lui demandait de faire en sa faveur un faux serment; il répondit par ce vers :

« Je dois sacrifier à mes amis tout, excepté les « dieux. »

Théophraste raisonne sur ce sujet, dans le livre dont j'ai parlé, avec bien plus d'attention, de profondeur et d'exactitude que Cicéron; mais il est vrai que Théophraste lui-même n'examine pas chaque cas difficile en particulier, et ne propose point des exemples précis : il considère la question sous un point de vue général, et voici à peu près quel est son sentiment. Selon lui, nous ne devons pas craindre d'encourir un faible blâme et un déshonneur léger pour un ami, si notre appui doit lui procurer de grands avantages; car le tort peu sérieux que nous faisons alors à notre honneur est largement compensé par la gloire que recueille une amitié généreuse, et cette brèche légère faite à notre réputation est réparée par la grandeur du service rendu. Il ne faut pas, ajoute-t-il, se préoccuper ici de la valeur des mots pris en eux-mêmes, ni alléguer que notre honneur et l'intérêt de notre ami ne sont pas deux choses également précieuses en elles-mêmes. On doit en effet, dans de telles questions, examiner les différents poids que les circonstances mettent dans la balance, et non pas se décider d'après l'importance des mots et la prééminence des idées les unes sur les autres. Si, pour obliger un ami, il faut s'exposer à un déshonneur égal ou presque égal au service qu'il exige de nous, alors il est clair que le soin de notre réputation doit l'emporter; mais le service est-il important, et ne doit-il compromettre que légèrement notre réputation, alors l'amitié doit passer avant l'honneur. Ainsi une masse d'airain l'emporte en valeur sur une mince feuille d'or. Voici comment il s'exprime lui-même là-dessus : « Je ne peux pas dire s'il y a « ici quelque chose qu'on doive préférer absolu« ment, et si un des deux objets de comparaison, « pris dans une proportion quelconque, doit tou« jours l'emporter sur l'autre. Ainsi, on ne peut « pas dire absolument que l'or est plus précieux « que l'airain; une quantité quelconque d'or ne « devra pas toujours être préférée à une autre quan« tité d'airain : mais l'estimation devra aussi dé« pendre du volume et du poids. » Le philosophe Favorinus autorisant aussi d'après les circonstances la complaisance envers un ami, et relâchant un peu la loi sévère de la justice, nous donne cette définition : « Ce que les hommes, dit-il, appel-

amici causa de via declinavit; sed video, quousque progressus est; falsum enim pro amici salute consilium dedit. Id ipsum tamen in fine quoque vitæ, an jure posset reprehendi culparique, dubitavit. « Contra patriam, » inquit Cicero, « arma pro amico sumenda non sunt. » Hoc profecto nemo ignoravit, etiam priusquam Theognis, ut Lucilius ait, nasceretur. Sed id quæro, id desidero : cum pro amico contra jus et contra quam licet, salva tamen libertate atque pace, faciendum est, et cum de via, sicut ipse ait, declinandum est; et in quali causa et quantum, et quonam usque id fieri debeat. Pericles ille Atheniensis, egregius vir ingenio, bonisque omnibus disciplinis ornatus, in una quidem specie, sed planius tamen, quid existimaret, professus est. Nam cum amicus eum rogaret, ut pro re causaque ejus falsum dejuraret, his ad eum verbis usus est :

Δεῖ μὲν συμπράττειν τοῖς φίλοις, ἀλλὰ μέχρι τῶν θεῶν.

Theophrastus autem in eo, quo dixi, libro anquisitius quidem super hac re ipsa et exactius pressiusque, quam Cicero, disserit. Sed is quoque in docendo non de unoquoque facto singillatim existimat, neque certis exemplorum documentis, sed generibus rerum summatim universimque utitur, ad hunc ferme modum : Parva, inquit, et tenuis vel turpitudo, vel infamia subeunda est, si ea re magna utilitas amico quæri potest. Rependitur quippe et compensatur leve damnum delibatæ honestatis majore alia gravioreque in adjuvando amico honestate : minimaque illa labes et quasi lacuna famæ munimentis partarum amico utilitatum solidatur. Neque nominibus, inquit, moveri nos oportet, quod paria genere ipso non sunt honestas meæ famæ et rei amici utilitas. Ponderibus hæc enim potestatibusque præsentibus, non vocabulorum appellationibus neque dignitatibus generum dijudicanda sunt. Nam cum in rebus aut paribus, aut non longe secus, utilitas amici aut honestas nostra consistit, honestas procul dubio præponderat. Cum vero amici utilitas nimio est amplior; honestatis autem nostræ in re non gravi levis jactura est : tunc, quod utile amico est, id præ illo, quod honestum nobis est, fit plenius : sicuti magnum pondus æris parva lamna auri fit pretiosius. Verba adeo ipsa Theophrasti super ea re adscripsi: Οὐκ οἶδ', εἰ που τούτῳ τῷ γένει τιμιώτερον ἤδη, καί, ὁτιοῦν ἂν ᾖ μέρος, τούτου, πρὸς τὸ τηλίκον θατέρου συγκρινόμενον, αἱρετὸν ἐστι. Λέγω δὲ οἷον, οὐ καὶ χρυσίον τιμιώτερον χαλκοῦ, καὶ τηλίκον τοῦ χρυσίου τοῦ τηλίκου χαλκοῦ, μέγεθος ἀντιπαραβαλλόμενον, πλέον δόξει, ἀλλὰ ποιήσει τινὰ ῥοπὴν καὶ τὸ πλῆθος καὶ τὸ μέγεθος. Favorinus quoque philosophus hujusmodi indulgentiam gratiæ tempestive, laxato paulum

« lent complaisance, est un certain tempérament
« qu'on apporte à propos au devoir. » Théophraste
ajoute que l'appréciation du plus ou du moins
dans ces sortes de choses, et en général l'examen
de ces questions de conduite, dépendent de motifs
extérieurs très-divers : que les considérations de
personnes, de causes, de temps, qu'une foule de
circonstances que les préceptes ne sauraient embrasser, déterminent et règlent notre devoir, et
tantôt nous donnent, tantôt nous enlèvent l'autorisation d'agir. Dans toute cette dissertation,
Théophraste se montre sans doute philosophe attentif, circonspect, et scrupuleux : mais s'il fait
preuve de beaucoup de soin dans sa discussion et
dans ses distinctions, il n'ose pas résoudre formellement le problème par une conclusion positive.
C'est parce que les philosophes n'étudient pas
assez les principes de la science, la variété des
êtres, la diversité des questions, qu'ils ne nous
donnent pas ces règles de conduite fixes, constantes, applicables à tous les cas particuliers, que
je demandais au commencement de ce chapitre.
Pour revenir à ce Chilon, à propos duquel je me
suis engagé dans cette dissertation, parmi plusieurs
préceptes sages et salutaires dont il est l'auteur,
il en est un dont l'expérience a surtout prouvé
l'utilité : c'est celui par lequel il fixe des limites à
deux affections peu modérées de leur nature, l'a-
mour et la haine. « Aimez, dit-il, comme pouvant
« haïr ensuite ; et haïssez, comme pouvant aimer
« un jour. » Plutarque, dans le premier livre de son
traité *Sur l'âme*, rapporte le trait suivant sur le
même personnage : « Chilon, cet ancien sage,
« ayant entendu quelqu'un se vanter de n'avoir
« point d'ennemi, lui dit : Vous n'avez donc pas

« non plus d'ami, persuadé que ces deux passions
« s'appelaient mutuellement, et ne pouvaient habi-
« ter l'une sans l'autre dans le cœur de l'homme. »

CHAPITRE IV.

Avec quelle sagacité et quelle finesse Antonius Julianus commentait un passage d'un discours de Cicéron où un changement de mots produit une ingénieuse équivoque.

Le rhéteur Antonius Julianus était un homme
d'un esprit aimable et distingué ; il possédait ce
genre d'érudition qui est utile et agréable à la
fois ; il avait étudié avec soin les élégances de
l'ancien style, et en avait meublé sa mémoire : il
s'était fait une connaissance si approfondie des
anciens écrivains, il appréciait si bien leurs mérites, il découvrait si bien leurs défauts, qu'on
était forcé d'admettre ses décisions comme irré-
prochables. Voici ce que pensait Julianus sur un
enthymème qu'on trouve dans le discours de Cicéron pour Cn. Plancus. Citons d'abord le passage dont il s'agit. « Il y a une grande différence
« entre une dette d'argent et une dette de recon-
« naissance. En effet, celui qui paye son créancier
« ne possède plus ce qu'il restitue, et celui qui
« doit de l'argent retient le bien d'autrui : mais
« celui qui témoigne la reconnaissance qu'il doit
« la garde toujours dans son cœur, et celui qui la
« garde dans son cœur, par là même, la témoigne
« aussi. Si je puis dans cette circonstance m'ac-
« quitter envers Plancus, je n'en resterai pas
« moins son débiteur : et, quand il ne serait pas
« tombé dans l'embarras où il se trouve, je n'en
« payerais pas moins ses services par le désir de

remissoque subtili justitiæ examine, his verbis definivit : Ἡ
καλουμένη χάρις παρὰ τοῖς ἀνθρώποις, τουτέστιν, ὑφέσις ἀκρι-
βείας ἐν δέοντι. Post deinde idem Theophrastus ad hanc
ferme sententiam disseruit : Has tamen, inquit, et parvitates
rerum et magnitudines, atque has omnis officiorum æsti-
mationes alia nonnunquam momenta extrinsecus atque
alia, quasi appendices personarum et causarum et temporum, et circumstantiæ ipsius necessitas, quas includere
in præcepta difficile est, moderantur et regunt et quasi
gubernant, et nunc ratas efficiunt, nunc irritas. Hæc taliaque Theophrastus satis caute et sollicite et religiose,
cum discernendi magis disputandique diligentia, quam
cum decernendi sententia atque fiducia, disseruit ; quoniam profecto causas scientiæ, corporum varietates, dis-
ceptationumque differentiam ignorans, directum atque
perpetuum distinctumque in rebus singulis præceptum,
quod ego nos in prima tractatus istius parte desiderare
dixeram, non capiunt. Ejus autem Chilonis, a quo disputa-
tiunculæ hujus initium fecimus, cum alia quædam sunt
monita utilia atque prudentia, tum id maxime exploratæ
utilitatis est, quod duas ferocissimas affectiones amoris atque odii intra modum tantum coercuit. « Hac, » inquit, « fini
« ames, tanquam forte fortuna osurus : hac itidem tenus
« oderis, tanquam fortasse post amaturus. » Super hoc
eodem Chilone Plutarchus philosophus in libro περὶ ψυχῆς

primo [verbis] ita scripsit : Χείλων ὁ παλαιός, ἀκούσας τινὸς
λέγοντος, μηδένα ἔχειν ἐχθρόν, ἠρώτησεν εἰ καὶ μηδένα φίλον
ἔχει. Νομίζων ἐξ ἀνάγκης ἐπακολουθεῖν καὶ συνεπάγεσθαι
φιλίας καὶ ἀπεχθείας.

CAPUT IV.

Quam tenuiter curioseque exploraverit Antonius Julianus in oratione M. Tullii verbi ab eo mutati argutiam.

Antonius Julianus rhetor perquam fuit honesti atque
amœni ingenii ; doctrina quoque ista utiliore ac delecta-
bili ; veterumque elegantiarum cura et memoria multa
fuit : ad hoc, scripta pleraque omnia antiquiora tam
curiose spectabat, et aut virtutes pensitabat, aut vitia ri-
mabatur, ut judicium factum esse adamussim diceres. Is
Julianus super eo enthymemate, quod est in oratione M.
Tullii, qua pro Cn. Plancio dixit, ita existimavit. Sed
verba prius, de quibus judicium ab eo factum est, ipsa
ponam : « Quanquam dissimilis est pecuniæ debitio et gra-
« tiæ : nam qui pecuniam dissolvit, statim non habet id,
« quod reddidit : qui autem debet, æs retinet alienum :
« gratiam autem et qui refert, habet ; et qui habet, in
« ipso quod habet, refert. Neque ego nunc Plancio desi-
« nam debere, si hoc solvero : nec minus ei redderem

« m'acquitter envers lui. » Sans doute, dit Julianus, l'arrangement de ce passage est ingénieux, la période est arrondie, et la symétrie des expressions produit une agréable cadence : mais il faut de l'indulgence au lecteur, pour la substitution de mots au moyen de laquelle Cicéron a rendu sa pensée. Dans une comparaison entre la dette d'argent et la dette de reconnaissance, rien n'empêche d'employer des deux parts le verbe *devoir*. La comparaison sera juste avec ces expressions : devoir de l'argent, devoir de la reconnaissance. On pourra conserver le même verbe pour développer en détail les différences qui existent entre l'une et l'autre dette. Mais Cicéron ayant dit que les deux dettes étaient différentes, et s'étant mis en devoir de le montrer, emploie pour la dette d'argent le mot *debet*, et, passant à la dette de reconnaissance, substitue *habet* à *debet*. Voici ses propres expressions : *Gratiam autem et qui refert, habet; et qui habet, in eo ipso quod habet, refert.* Or, le mot *habet* ne s'accorde pas avec l'objet annoncé de la comparaison; car ce n'est pas le fait d'avoir de la reconnaissance, mais l'obligation d'en avoir, qui semblait d'abord être comparée avec la dette pécuniaire. Pour rester fidèle à son point de départ, Cicéron aurait dû dire : *et qui debet, in eo ipso quod debet, refert :* mais cela eût fait un sens forcé et obscur. Car comment peut-on témoigner à quelqu'un de la reconnaissance, par cela même qu'on lui en doit? Il a donc changé le mot, et lui en a substitué un autre analogue, qui lui permettait de conserver la justesse de sa pensée, sans perdre le sens de la comparaison. C'est ainsi que Julianus expliquait par ses commentaires, et faisait apprécier aux jeunes gens, les pensées des auteurs anciens qu'on venait souvent lire dans son école.

CHAPITRE V,

Où l'on rapporte que Démosthène se vit en butte aux railleries et aux reproches les plus outrageants, à cause du soin extrême qu'il prenait de ses vêtements et de son extérieur; et qu'Hortensius, pour la même recherche dans sa mise, et pour les gestes d'acteur qu'il faisait à la tribune, reçut le nom de la danseuse Dionysia.

On rapporte que Démosthène était d'une propreté extrême dans ses vêtements, et qu'il portait même le soin de sa personne jusqu'à une élégance et une délicatesse recherchée. De là toutes ces railleries de ses rivaux et de ses adversaires sur *son manteau coquet*, sur *sa molle tunique*, de là aussi ces propos injurieux et obscènes qui le traitaient d'efféminé, et l'accusaient des plus infâmes turpitudes. On raconte la même chose d'Hortensius, le plus célèbre des orateurs de son temps, après Cicéron. Une mise toujours soignée, des habits arrangés avec art, des gestes fréquents, une action étudiée et théâtrale, lui attirèrent une foule de sarcasmes et d'outrageantes apostrophes, et le firent souvent traiter d'histrion en plein barreau. L. Torquatus, homme d'un esprit grossier et dépourvu de toute élégance, parlant contre lui devant le plus grave et le plus sévère tribunal, dans l'instruction de la cause de Sylla, fit plus que de l'appeler histrion : il alla jusqu'à lui donner l'épithète de danseuse, et l'appela même du nom de la célèbre danseuse Dionysia. Alors, d'une voix douce et tranquille, Hor-

---

« voluntate ipsa, si hoc molestiæ non accidisset. » Crispum sane, inquit, agmen orationis rotundumque, ac modulo ipso numerorum venustum, sed quod cum venia legendum sit verbi paulum ideo immutati, ut sententiæ fides salva esset. Namque debitio gratiæ et pecuniæ collata verbum utrobique servare posset. Ita enim recte opposita inter sese gratiæ pecuniæque debitio videbitur, si et pecunia quidem deberi dicatur et gratia : sed quid eveniat in pecunia debita solutave, quidque contra in gratia debita redditave, debitionis verbo utrinque servato, disseratur. Cicero autem, inquit, cum gratiæ pecuniæque debitionem dissimilem esse dixisset, ejusque sententiæ rationem redderet, debitionis verbum *debet* in pecunia ponit; in gratia *habet* subjicit pro *debet;* ita enim dicit : « Gratiam autem et « qui refert, habet; et qui habet, in eo ipso quod habet, « refert. » Sed id verbum *habet* cum proposita comparatione non satis convenit. Debitio enim gratiæ, non habitio, cum pecunia confertur. Atque ideo consequens quidem fuerat sic dicere : « et qui debet, in eo ipso, quod « debet, refert; » quod absurdum et nimis coactum foret, si nondum redditam gratiam eo ipso redditam diceret, quia debetur. Immutavit ergo, inquit, et subdidit verbum ei verbo, quod omiserat, finitimum; ut videretur et sensum debitionis collatæ non reliquisse, et concinnitatem sententiæ retinuisse. Ad hunc modum Julianus enodabat dijudicabatque veterum scriptorum sententias, quas apud eum adolescentes lectitabant.

CAPUT V.

Quod Demosthenes rhetor cultu corporis atque vestitu probris obnoxio, infamique munditia fuit; quodque item Hortensius orator ob ejusmodi munditias gestumque in agendo histrionicum Dionysiæ saltatriculæ cognomento compellatus est.

Demosthenem, tradunt, et vestitu sincero et cultu corporis nitido venustoque nimisque accurato fuisse. Hinc etiam κομψή illa χλανίς καὶ μαλακοὶ χιτωνίσκοι ab æmulis adversariisque probro data. Hinc etiam turpibus indignisque in eum verbis non temperatum, quin parum vir, et ore quoque polluto diceretur. Ad eumdem modum Hortensius omnibus ferme oratoribus ætatis suæ, nisi M. Tullio, clarior, quod multa [cum] munditia et circumspecte compositeque indutus et amictus esset, manusque ejus inter agendum forent argutæ admodum et gestuosæ, maledictis compellationibusque probrosis jactatus est, multaque in eum, quasi in histrionem, in ipsis causis atque judiciis dicta sunt. Sed cum L. Torquatus, subagresti homo ingenio et infestivo, gravius acerbiusque apud consilium judicum, cum de causa Sullæ quæreretur, non jam histrionem eum esse diceret, sed gesticulariam, Dio-

tensius répondit : « J'aime mieux être Dionysia que d'être comme toi, Torquatus, ἄμουσος, « ἀναφρόδιτος, ἀπροσδιόνυσος « (sans commerce avec les Muses, étranger à Vénus et à Bacchus). »

CHAPITRE VI.

Passage d'un discours que Métellus Numidicus fit aux Romains pendant sa censure pour les exhorter au mariage. Pourquoi ce discours fut attaqué, et comment il fut défendu.

On lisait devant un cercle nombreux d'hommes instruits un discours que Métellus Numidicus, personnage en qui le talent de la parole s'unissait à la gravité du caractère, adressa pendant sa censure au peuple romain sur la question du mariage, et pour exhorter les citoyens à prendre des épouses. On trouve dans ce discours le passage suivant : « Romains, si nous pouvions nous « passer d'épouses, assurément aucun de nous ne « voudrait se charger d'un tel ennui : mais puis- « que la nature a arrangé les choses de telle sorte « qu'on ne peut ni bien vivre avec une femme, « ni vivre sans femme, assurons la perpétuité de « notre nation plutôt que le bonheur de notre « courte vie. » Quelques-uns trouvaient que puisque le censeur Métellus adressait au peuple une exhortation semblable, il n'aurait pas dû convenir des embarras et des soucis auxquels on s'expose en prenant une compagne ; et qu'en parlant ainsi, il détournait ses auditeurs du mariage, plus qu'il ne leur en donnait le goût. Les mêmes personnes ajoutaient qu'il aurait fallu, dans ce discours, en se plaçant au point de vue opposé, affirmer que d'ordinaire le mariage était loin d'être une source d'ennuis, et que, si quelques nuages s'élevaient parfois entre les époux, ces chagrins étaient légers, sans conséquence, faciles à supporter, et plus que compensés par une foule d'avantages et de jouissances ; qu'ils n'étaient point un mal universel, et ne devaient pas être mis sur le compte de la nature, mais imputés à l'injustice et à la dureté de quelques maris. Mais Titus Castricius soutenait que Métellus avait tenu le langage le plus juste et le plus convenable. Un censeur, disait-il, doit parler autrement qu'un rhéteur. Un rhéteur peut employer des raisonnements faux, ou hasardés, ou captieux et trompeurs ; toutes les ruses lui sont permises, pourvu qu'il leur donne une air de vérité, et qu'il s'en serve avec succès pour s'insinuer dans les esprits et s'emparer de son auditoire. Pour un rhéteur, ce serait une chose honteuse, même dans une mauvaise cause, de laisser quelque point ouvert aux objections ; mais Métellus, cet homme irréprochable, rempli de gravité et de sincérité, non moins illustre par la pureté de sa vie que par l'éclat de ses honneurs, Métellus s'adressant au peuple romain, ne devait dire que ce qui était la vérité pour lui et pour les autres ; d'autant plus qu'il traitait un sujet sur lequel l'observation de tous les jours et l'expérience ordinaire de la vie ne laissaient aucun doute à ses auditeurs. Il a donc commencé par avouer devant tout le monde les inconvénients du mariage ; puis, après s'être concilié les esprits par sa conscience et sa bonne foi, il est arrivé naturellement et sans peine à leur faire admettre cette vérité parfaitement évidente, que la république ne peut subsister, si le mariage n'y est en vigueur. On trouve dans le discours de Métellus un autre passage qui m'a paru digne d'être relu et médité avec non moins

---

nysiamque eum notissimæ saltatriculæ nomine appellaret : tum voce molli atque demissa Hortensius : « Dionysia, » inquit, « Dionysia malo equidem esse, quam quod tu, « Torquate, ἄμουσος, ἀναφρόδιτος, ἀπροσδιόνυσος. »

CAPUT VI.

Verba ex oratione Metelli Numidici, quam in censura dixit ad populum, cum eum ad uxores ducendas adhortaretur ; eaque oratio quam ob causam reprehensa, et quo contra modo defensa sit.

Multis et eruditis viris audientibus legebatur oratio Metelli Numidici, gravis ac diserti viri, quam in censura dixit ad populum de ducendis uxoribus, cum eum ad matrimonia capessenda [ad]hortaretur. In ea oratione ita scriptum fuit : « Si sine uxore possemus, Quirites, esse, « omnes ea molestia careremus : sed quoniam ita natura « tradidit, ut nec cum illis satis commode, nec sine illis « ullo modo vivi possit ; saluti perpetuæ potius, quam brevi « voluptati consulendum. » Videbatur quibusdam, Metellum censorem, cui consilium esset, ad uxores ducendas populum hortari, non oportuisse [neque] de molestia incommodisque perpetuis rei uxoriæ confiteri ; neque adhortari magis esse, quam dissuadere, absterrereque : sed contra in id potius orationem debuisse sumi dicebant, ut et nullas plerumque esse in matrimoniis molestias asseveraret, et, si quæ tamen accidere nonnunquam viderentur, parvas et leves facilesque esse toleratu diceret ; majoribusque eas emolumentis et voluptatibus obliterari : easdemque ipsas neque omnibus, neque naturæ vitio, sed quorundam maritorum culpa et injustitia evenire. Titus autem Castricius recte atque condigne Metellum esse locutum existimabat. Aliter, inquit, censor loqui debet, aliter rhetor. Rhetori concessum est sententiis uti falsis, audacibus, subdolis, captiosis, si veri modo similes sint, et possint ad movendos hominum animos qualicunque astu irrepere. Præterea turpe esse ait rhetori, si quid in mala causa destitutum atque impugnatum relinquat. Sed enim Metellum, inquit, sanctum virum, illa gravitate et fide præditum, cum tanta honorum atque vitæ dignitate, apud populum romanum loquentem, nihil decuit aliud dicere, quam quod verum esse sibi atque omnibus videbatur : præsertim cum super ea re diceret, quæ quotidiana intelligentia et communi pervulgatoque vitæ usu comprehenderetur. De molestia igitur cunctis hominibus notissima confessus, eaque confessione fidem sedulitatis veritatisque commeritus, tum denique facile et procliviter, quod fuit rerum omnium validissimum atque verissimum, persuasit, civitatem salvam esse sine matrimoniorum frequentia non posse. Hoc quoque aliud ex eadem oratione Metelli

d'attention que les pensées des plus grands philosophes. Voici ce passage : « La puissance des « dieux est grande, mais leur bienveillance à « notre égard ne doit pas aller plus loin que celle « de nos parents. Lorsque des enfants égarés per- « sévèrent dans le mal, leurs parents les déshé- « ritent. Qu'attendons-nous donc des dieux im- « mortels, si nous ne mettons un terme à nos « erreurs? N'espérons leurs faveurs que si nous « ne sommes pas d'abord à nous-mêmes nos pro- « pres ennemis. Les dieux doivent couronner la « vertu, mais non la donner. »

CHAPITRE VII.

Qu'il n'y a ni faute de texte, ni faute de langue, dans ces paroles de Cicéron tirées de la cinquième Verrine : *Hanc sibi rem præsidio sperant futurum*; et qu'on a tort d'altérer les bons textes pour mettre *futuram*. Citation d'une autre expression de Cicéron, également corrigée à tort. Quelques mots sur le soin extrême que Cicéron donnait à l'harmonie et au nombre oratoire.

En lisant la cinquième Verrine de Cicéron dans l'édition irréprochable due aux soins et aux lumières de Tiron, on trouve le passage suivant : « Des hommes sans fortune et sans puis- « sance traversent les mers : ils abordent dans « des contrées où souvent ils ne sont connus de « personne, où ils n'ont personne qui puisse ré- « pondre pour eux. Cependant, pleins de confiance « dans le titre de citoyens, ils croient être en « sûreté, non pas seulement devant nos magis- « trats, qu'enchaîne la crainte des lois et de l'o- « pinion publique, non-seulement auprès des ci- « toyens romains, unis avec eux par la commu- « nauté de langage, de lois, par une foule d'au- « tres liens ; mais, en quelque endroit qu'ils se « trouvent, ils espèrent que ce titre sera pour eux « une sauvegarde suffisante. *Hanc sibi rem præ- « sidio sperant futurum.* » Plusieurs personnes disaient qu'il y avait une faute de texte dans le dernier mot; qu'il devait y avoir *futuram* et non *futurum*; qu'on ne devait pas hésiter à faire une correction en cet endroit, pour éviter que, dans un discours de Cicéron, le crime de solécisme fût aussi flagrant que celui d'adultère dans la comédie de Plaute; car ils faisaient cette plaisanterie sur la faute qu'ils prétendaient signaler. Un de mes amis, qui a beaucoup lu, et qui, dans ses veilles, a étudié à fond le style des anciens, se trouvant là par hasard, soutint au contraire, après avoir examiné le passage, qu'on ne devait y voir ni faute de texte, ni incorrection de langage, et que Cicéron n'avait fait que se servir d'une forme ancienne et régulière ; « car, dit-il , *futurum* ne se rapporte point directement à *rem*, comme le croient les lecteurs légers et superficiels : ce n'est point un participe, mais un mot indéfini : c'est ce genre de mots que les Grecs appellent ἀπαρέμφατον, sur lequel n'influent ni les nombres, ni les genres, et qui est indépendant et impersonnel. Gracchus a employé une locution semblable dans son discours qui a pour titre : *Sur Quintus Popilius au sujet des assemblées.* On y lit : « Je crois que mes ennemis le diront. » *Credo inimicos meos hoc dicturum.* Il a écrit *dicturum*, et non pas *dicturos*, par la même raison qui a fait écrire à Cicéron *futurum*. Cela est aussi permis en latin, qu'il l'est en grec de rat-

dignum esse existimavimus assidua lectione, non hercle minus, quam quæ a gravissimis philosophis scripta sunt. Verba Metelli hæc sunt : « Di immortales plurimum pos- « sunt ; sed non plus velle debent nobis , quam parentes. « At parentes, si pergunt liberi errare , bonis exheredant. « Quid ergo nos a Dis immortalibus diutius exspectemus, « nisi malis rationibus finem faciamus? His demum deos « propitios esse æquum est, qui sibi adversarii non sunt. « immortales virtutem approbare, non adhibere de- « bent. »

CAPUT VII.

In hisce verbis Ciceronis ex oratione quinta in Verrem : *Hanc sibi rem præsidio sperant futurum*, neque mendum esse nec vitium; erraroque istos, qui bonos violant libros, et *futuram* scribunt ; atque inibi de quodam alio Ciceronis verbo dictum, quod probe scriptum perperam mutatur : et aspersa pauca de modulis numerisque orationis, quos Cicero avide sectatus est.

In oratione Ciceronis quinta in Verrem , [in] libro spectatæ fidei Tironiana cura atque disciplina facto, ita scriptum fuit : « Homines tenues obscuro loco nati navi- « gant : adeunt ad ea loca, quæ nunquam ante adierant; « neque noti esse iis, quo venerant, neque semper cum « cognitoribus esse possunt. Hac una tamen fiducia civita- « tis, non modo apud nostros magistratus, qui et legum « et existimationis periculo continentur, neque apud cives « solum Romanos, qui et sermonis et juris et multarum « rerum societate juncti sunt, fore se tutos arbitrantur, « sed quocunque venerint, hanc sibi rem præsidio sperant « futurum. » Videbatur compluribus in extremo verbo menda esse. Debuisse enim scribi putabant non *futurum*, sed *futuram*; neque dubitabant, quin liber emendandus esset, ne, ut in Plauti comœdia mœchus, (sic enim mendæ suæ illud aiebant) ita in Ciceronis oratione solœcismus esset manifestarius. Aderat ibi forte amicus noster, homo lectione multa exercitus, cui pleraque omnia veterum litterarum quæsita , meditata , evigilataque erant. Is libro inspecto ait, nullum esse in eo verbo neque mendum, neque vitium : Ciceronem probe ac vetuste locutum. Nam *futurum*, inquit, non refertur ad *rem*, sicut legentibus temere et incuriose videtur, neque pro participio positum est : sed verbum est indefinitum, quod Græci a opellant ἀπαρέμφατον, neque numeris neque generibus præserviens, sed liberum undique et impromiscuum [est]. Quali C. Gracchus verbo usus est in oratione, cujus titulus est: « De Quinto Popilio circum con- « ciliabula, » in qua ita scriptum est : « Credo ego inimicos « meos hoc dicturum. » *Inimicos*, inquit, *dicturum*, et non *dicturos*. Videturne, ea ratione positum esse a Graccchum *dicturum*, qua est apud Ciceronem *futurum*? Sicut in Græca oratione, sine ulla vitii suspicione, omni-

LIVRE I, CHAPITRE VII.

tacher à des sujets de tout genre et de tout nombre ces futurs qui ne se modifient jamais, comme ποιήσειν, ἔσεσθαι, λέξειν. Dans le troisième livre des annales de Cl. Quadrigarius, il y a cette phrase : « que tandis qu'ils se feraient tuer, les troupes des « ennemis seraient occupées en cet endroit : » *hostium copias ibi occupatas futurum*. Et celle-ci encore dans le même ouvrage, au début du dix-huitième livre : « Si vous jouissez de la santé et « du bien-être que méritent vos vertus, et que nos « vœux demandent pour vous, nous aurons lieu « d'espérer que la faveur des dieux est assurée aux « gens de bien : » *deos bonis bene facturum*. Valerius Antias, dans son vingt-quatrième livre, a dit de même : « Les aruspices répondirent que, si « les cérémonies saintes étaient exactement et « religieusement observées, tous les succès dési« rés seraient obtenus : » *omnia ex sententia processurum esse*. Dans un vers de la comédie intitulée *Casina*, Plaute dit *occisurum* en parlant d'une jeune fille, et non *occisuram :*

« Casina a-t-elle encore une épée ?
— Oui. Même elle en a deux, l'une dont elle « doit te frapper, dit-elle, et l'autre qu'elle ré« serve au fermier : » *altero te occisurum ait*.

On peut citer aussi ce vers des *Jumeaux* de Labérius :

« Je n'ai pas cru qu'elle le ferait : » *non putavi hoc eam facturum*.

Assurément, ces auteurs n'ignoraient pas ce que c'est qu'un solécisme. Mais *dicturum* chez Gracchus, *futurum* et *bene facturum* chez Quadrigarius, *processurum* chez Antias, *occisurum* chez Plaute, *facturum* chez Labérius, tous ces mots ont été employés d'une manière indéfinie. C'est là une forme qui ne se modifie point selon les nombres, les personnes, les genres, les temps, mais qui s'applique à tout, sans changer de désinence. Cicéron, en écrivant *futurum*, ne l'a pris ni comme masculin, ni comme neutre, car il aurait fait un solécisme, mais s'en est servi comme d'un mot indépendant de tout genre. » C'est ainsi que parla mon ami sur cette question. Il faisait souvent une autre citation non moins curieuse, prise dans un passage du discours de Cicéron *Sur le commandement de Pompée*. Voici ce passage tel qu'il le lisait : « Quand vous savez que vos ports, ces ports qui « vous nourrissent, et sans lesquels vous ne « pouvez vivre, ont été au pouvoir des pira« tes : » *in prædonum fuisse potestatem*. Il prétendait que *potestatem* n'était pas un solécisme, comme les demi-savants se l'imaginent ; mais que cette locution, dont les Grecs nous donnent l'exemple, était correcte et régulière. Il apportait pour preuve un vers de l'*Amphitryon*, où Plaute, ce modèle de l'élégance latine, a écrit :

« Il m'est venu à propos à l'esprit, »

Numero mihi in mentem fuit;

et non pas *mente*, comme on dit ordinairement. Indépendamment de cet exemple de Plaute que citait mon ami, j'ai rencontré dans les anciens auteurs une foule de locutions semblables, que j'ai notées en différents endroits de ce recueil. Au reste, toute règle et toute autorité mises à part, on voit assez, par le son et l'arrangement de la phrase de Cicéron, qu'étant libre de choisir entre deux formes également latines, il a préféré *potestatem* à *potestate*, à cause de son goût soigneux pour le nombre et l'harmonie. En effet, avec une lettre de plus, ce mot est plein et agréable ; et avec une lettre de moins, il a quelque chose de pénible et de dur, du moins pour ceux dont

---

bus numeris generibusque sine discrimine attribuuntur hujusmodi verba ποιήσειν, ἔσεσθαι, λέξειν, et similia. In Cl. quoque Quadrigarii tertio annali libro verba hæc esse dixit : « Dum ii concideretur, hostium copias ibi occupa« tas futurum. » In duodevicesimo annali ejusdem Quadrigarii principium libri sic scriptum : « Si pro tua bonitate et « nostra voluntate tibi valetudo suppetit, est quod spere« mus, deos bonis bene facturum. » Item in Valerii Antiatis quarto et vicesimo simili modo scriptum esse : « Si « hæ res divinæ factæ riteque perlitatæ essent, haruspices « dixerunt, omnia ex sententia processurum esse. » Plautus etiam in Casina, cum de puella loqueretur, *occisurum* dixit, non *occisuram*, his verbis :

Etiamne habet Casina gladium ? — Habet, sed duos, Quibus, altero te occisurum ait, altero villicum.

Item Laberius in Gemellis :

Non putavi, inquit, hoc eam facturum.

Non ergo isti omnes, solœcismus quid esset, ignora[ve]runt. Sed et Gracchus, *dicturum*, et Quadrigarius, *futurum* et [*bene*] *facturum*, et Antias, *processurum*, et Plautus, *occisurum*, et Laberius, *facturum*, indefinito modo dixerunt. Qui modus neque in numeros, neque in personas, neque in genera, [neque in tempora] distrahitur, sed omnia isthæc una eademque declinatione complectitur. Sicuti M. Cicero dixit *futurum*, non virili genere neque neutro, (solœcismus enim plane foret) sed verbo usus est ab omni necessitate generum absoluto. Idem autem ille amicus noster in ejusdem M. Tullii [Ciceronis] oratione, quæ est *De imperio Cn. Pompeii*, ita scriptum esse a Cicerone dicebat, atque ipse ita lectitabat : « Cum vestros portus, atque « eos portus, quibus vitam ac spiritum ducitis, in prædo« num fuisse potestatem sciatis. » Neque solœcismum esse aiebat in *potestatem fuisse*, ut vulgus semidocti putat, sed ratione dictum certa et proba contendebat, qua et Græci ita uterentur : et Plautus verborum latinorum elegantissimus in Amphitryone dixit :

— Numero mihi in mentem fuit;

non, ut dici solitum est, *in mente*. Sed enim præter Plautum, cujus ille in præsens exemplo usus est, multam nos quoque apud veteres scriptores locutionum talium copiam offendimus ; atque his vulgo annotamentis inspersimus. Ut rationem autem istam missam faciam et auctoritates : sonus tamen et positura ipsa verborum satis declarant, id potius ἐπιμελεία τῶν λέξεων modulamentisque orationis M. Tulli convenisse, ut, quoniam utrumvis dici latine posset, *potestatem* dicere mallet, non *potestate*. Illud enim, sic

l'oreille est assez délicate et assez fine pour saisir ces nuances. De la même manière, dans un autre endroit, il a mieux aimé dire *explicavit* que *explicuit*, bien que cette dernière forme eût prévalu de son temps. C'est dans l'exhortation qu'il fit au peuple au sujet du commandement de Pompée : « J'en atteste, dit-il, la Sicile que tant de périls « environnaient, et qu'il a délivrée, non par la « terreur des armes, mais par la promptitude des « résolutions : » *sed consilii celeritate explicavit.* S'il avait fini par *explicuit*, on sentirait quelque chose de vide et d'incomplet dans l'harmonie de la phrase.

CHAPITRE VIII.

Anecdote sur Démosthène et la courtisane Laïs, tirée du livre du philosophe Sotion.

Sotion, philosophe distingué de l'école péripatéticienne, a composé un livre rempli d'histoires de tout genre, et intitulé *La corne d'Amalthée.* C'est ainsi qu'on appelle chez les Grecs ce que nous nommons *la corne d'abondance.* L'anecdote suivante sur Démosthène et la courtisane Laïs se trouve dans ce livre. La Corinthienne Laïs, dont la beauté et l'élégance étaient célèbres, retirait un grand profit du commerce de ses charmes : les hommes les plus opulents accouraient chez elle de toutes les parties de la Grèce : mais on n'était admis qu'après avoir payé le prix qu'elle fixait elle-même ; et Laïs était très exigeante dans ses demandes. Sotion nous apprend que c'est là l'origine de ce proverbe si connu parmi les Grecs :

« Il n'est pas permis à tout le monde d'aborder à Corinthe. »

Car c'était en vain qu'on allait à Corinthe trouver Laïs, si on ne pouvait donner ce qu'elle demandait. Un jour Démosthène se rendit secrètement chez elle, et sollicita ses faveurs. Laïs demande dix mille drachmes, ou un talent, ce qui fait dix mille deniers de notre monnaie. Démosthène, confondu de l'effronterie de cette femme, effrayé de la grandeur de la somme, se retira aussitôt, et dit en partant : « Je ne veux pas « acheter si cher un repentir. » Mais le mot est plus piquant dans le grec : Οὐκ ὠνοῦμαι μυρίων δραχμῶν μεταμέλειαν.

CHAPITRE IX.

Sur la méthode et l'ordre de l'enseignement pythagoricien. Quel était le temps où les disciples devaient se taire, et celui où ils pouvaient parler.

Voici quel ordre et quel système Pythagore et les héritiers de sa doctrine avaient coutume de suivre pour la réception et l'éducation de leurs disciples. D'abord, Pythagore étudiait d'après leur physionomie les jeunes gens qui demandaient à être instruits ; ἐφυσιογνωμόνει, comme dit le grec ; mot qui veut dire chercher à connaître les penchants de l'âme et le caractère d'après l'expression du visage et des traits, la forme du corps et tout l'extérieur de la personne. Ceux qui, d'après cet examen, paraissaient doués des qualités requises, entraient aussitôt dans l'école, où, pendant un certain temps, le silence leur était prescrit. Ce temps n'était pas le même pour tous, mais s'abrégeait ou se prolongeait suivant le plus ou le

---

compositum jucundius ad aurem completiusque, insuavius hoc imperfectiusque est; si modo ita explorata aure homo sit, non surda nec jacenti : sicuti est hercle, quod *explicavit* dicere maluit, quam *explicuit*, quod esse jam usitatius cœperat. Verba sunt hæc ipsius in exhortatione, quam de imperio Cn. Pompeii habuit : « Testis est Sicilia, « quam multis undique cinctam periculis non terrore belli, « sed consilii celeritate explicavit. » At si *explicuit* diceret, imperfecto et debili numero verborum sonus clauderet.

CAPUT VIII.

Historia in libris Sotionis philosophi reperta super Laide meretrice et Demosthene rhetore.

Sotion ex peripatetica disciplina haud sane ignobilis vir fuit. Is librum multæ variæque historiæ refertum composuit, eumque inscripsit Κέρας Ἀμαλθείας. Ea vox hoc ferme valet, tanquam si dicas *Cornu copiæ.* In eo libro super Demosthene rhetore et Laide meretrice historia hæc scripta est : Lais, inquit, Corinthia ob elegantiam venustatemque formæ grandem pecuniam demerebat, conventusque ad eam ditiorum hominum ex omni Græcia celebres erant : neque admittebatur, nisi qui dabat, quod poposcerat. Poscebat autem illa nimium quantum. Hinc ait natum esse illud frequens apud Græcos adagium :

Οὐ παντὸς ἀνδρὸς ἐς Κόρινθον ἔσθ' ὁ πλοῦς·

quod frustra iret Corinthum ad Laidem, qui non quiret dare, quod posceretur. Ad hanc ille Demosthenes clanculum adit, et, ut [sibi] sui copiam faceret, petit : at Lais μυρίας δραχμὰς [ἢ τάλαντον] poposcit. Hoc facit nummi nostratis denarium decem millia. Tali petulantia mulieris atque pecuniæ magnitudine ictus expavidusque Demosthenes avertitur, et discedens : Ego, inquit, pœnitere tanti non emo. Sed Græca ipsa, quæ fertur dixisse, lepidiora sunt : Οὐκ ὠνοῦμαι, inquit, μυρίων δραχμῶν μεταμέλειαν.

CAPUT IX.

Qui modus fuerit, quis ordo disciplinæ Pythagoricæ; quantumque temporis imperatum observatumque sit dicendi simul ac tacendi.

Ordo atque ratio Pythagoræ, ac deinceps familiæ successionis ejus, recipiendi instituendique discipulos hujuscemodi fuisse traditur : Jam a principio adolescentes, qui sese ad discendum obtulerant, ἐφυσιογνωμόνει. Id verbum significat, mores naturasque hominum conjectatione quadam de oris statu, vultuque ingenio deque totius corporis filo atque habitu sciscitari. Tum, qui exploratus ab eo idoneus que fuerat, recipi in disciplinam statim jubebat, et tempus certum tacere ; non omnes idem, sed alios aliud tempus

moins de capacité de chacun. Tandis que l'élève se taisait, il écoutait parler les autres ; et il ne lui était permis ni d'adresser des questions pour se faire expliquer ce qu'il ne comprenait pas suffisamment, ni de commenter la plume à la main ce qu'il avait entendu. Du reste, jamais cette épreuve ne durait moins de deux années ; et ceux qui la subissaient se nommaient ἀκουστικοί, auditeurs. Lorsqu'ils avaient ainsi appris la science si rare et si difficile de se taire et d'écouter, et que leur esprit s'était formé par ce long silence, qu'on appelait ἐχεμυθία, alors ils pouvaient parler librement, faire des questions, écrire ce qu'ils avaient entendu, et exposer leurs propres opinions. Ils s'appelaient alors μαθηματικοί, mathématiciens, du nom des sciences qu'ils commençaient à étudier à cette époque, puisque les anciens Grecs comprenaient, sous le nom de μαθήματα, la géométrie, la gnomonique, la musique, et les autres sciences de même ordre. Aujourd'hui le peuple donne le nom de mathématiciens à des hommes qu'il serait plus juste d'appeler Chaldéens, d'après le pays dont leur art tire son origine. Enfin, après avoir enrichi leur esprit de ces diverses connaissances, ils arrivaient à l'étude des ouvrages de la nature et des principes du monde, et prenaient le nom de φυσικοί, physiciens. Tels étaient les détails que le philosophe Taurus, mon ami, me donnait sur l'école de Pythagore : « Mais maintenant, ajoutait-il, quelle différence ! non-seulement les jeunes gens, semblables à ces profanes qui abordent les autels sans s'être purifiés, se présentent au maître de philosophie sans s'être exercés à la spéculation, sans avoir aucune teinture des lettres ni des sciences ; mais même ils se permettent de lui imposer la méthode qui leur convient le mieux pour étudier. L'un dit avec hardiesse : Voilà ce que je veux qu'on m'enseigne d'abord. L'autre : c'est ceci que je veux apprendre, et non cela. Celui-ci brûle de commencer par le *Banquet* de Platon, pour y voir l'ivresse d'Alcibiade ; celui-là veut prendre d'abord le *Phèdre*, à cause du discours de Lysias. Il en est même, ô profanation ! qui demandent à étudier Platon, non pour améliorer leur vie, mais pour former leur langage et polir leur style ; non pour acquérir de la modération, mais pour se donner de l'esprit. Ainsi se plaignait Taurus, en comparant les pythagoriciens d'autrefois avec les jeunes philosophes d'aujourd'hui. N'oublions pas de noter ici que tous ceux qui étaient reçus dans l'école de Pythagore apportaient à la communauté leurs possessions et leurs revenus, et formaient ainsi un corps uni par des liens indissolubles, tel qu'était autrefois chez nous cette société de biens qu'on appelait *héritage non divisé*.

CHAPITRE X.

Comment le philosophe Favorinus apostropha un jeune homme qui affectait de se servir de locutions antiques.

Favorinus dit un jour à un jeune homme, grand amateur du vieux langage, et qui jetait à chaque instant dans la conversation des mots antiques et inconnus : « Curius, Fabricius, Coruncanius, ces anciens héros de notre histoire, les trois Horaces, plus anciens qu'eux, parlaient à leurs contemporains en termes clairs et intelligibles : ils n'allaient pas chercher la langue des

pro æstimato captu sollertiæ. Is autem qui tacebat, quæ dicebantur ab aliis, audiebat; neque percontari, si parum intellexerat, neque commentari, quæ audierat, fas erat. Sed non minus quisquam tacuit, quam biennium. Hi prorsus appellabantur intra tempus tacendi audiendique ἀκουστικοί. Ast ubi res didicerant rerum omnium difficillimas, tacere audireque, atque esse jam cœperant silentio eruditi, cui erat nomen ἐχεμυθία, tum verba facere et quærere, quæque audissent scribere, et quæ ipsi opinarentur expromere potestas erat. Hi dicebantur hoc in tempore μαθηματικοί ab iis scilicet artibus, quas jam discere atque meditari inceptaverant; quoniam geometriam et gnomonicam, musicam, ceterasque item disciplinas altiores μαθήματα veteres Græci appellabant : vulgus autem, quos gentilicio vocabulo Chaldæos dicere oportet, mathematicos dicit. Exinde his scientiæ studiis ornati ad perspicienda mundi opera et principia naturæ procedebant : ac tunc denique nominabantur φυσικοί. Hæc eadem super Pythagora noster Taurus cum dixisset : Nunc autem, inquit, isti, qui repente pedibus illotis ad philosophos devertunt, non est hoc satis, quod sunt omnino ἀθεώρητοι, ἄμουσοι, ἀγεωμέτρητοι; sed legem etiam dant, qua philosophari discant. Alius ait : Hoc me primum doce. Item alius : Hoc volo, inquit, discere, istud nolo. Hic a symposio Platonis incipere gestit propter Alcibiadæ comissationem ; ille a Phædro propter Lysiæ orationem. Est etiam, inquit, proh Juppiter ! qui Platonem legere postulet, non vitæ ornandæ, sed linguæ orationisque comendæ gratia, nec ut modestior fiat, sed ut lepidior. Hæc Taurus dicere solitus novitios philosophorum sectatores cum veteribus Pythagoricis pensitans. Sed id quoque non prætereundum est, quod omnes simul, qui a Pythagora in cohortem illam disciplinarum recepti erant, quod quisque familiæ pecuniæque habebant, in medium dabant; et coibatur societas inseparabilis, tanquam illud fuerit antiquum consortium, quod jure atque verbo romano appellabatur *ercto non cito*.

CAPUT X.

Quibus verbis compellaverit Favorinus philosophus adolescentem casce nimis et prisce loquentem.

Favorinus philosophus adolescenti veterum verborum cupidissimo, et plerasque voces nimis priscas et ignotissimas in quotidianis communibusque sermonibus expromenti : Curius, inquit, et Fabricius, et Coruncanius, antiquissimi viri [nostri], et his antiquiores Horatii illi trigemini, plane ac dilucide cum suis fabulati sunt : neque Auruncorum, aut Sicanorum, aut Pelasgorum, qui primi

Aurunces, des Sicaniens, des Pélages, anciens habitants de l'Italie, mais ils ne servaient de celle de leur temps. Mais toi, comme si tu conversais avec la mère d'Évandre, tu emploies des expressions abandonnées depuis plusieurs siècles : c'est sans doute afin de n'être entendu ni compris de personne. Mais, jeune fou, n'y aurait-il pas un moyen bien plus sûr d'arriver au même but ? ce serait de te taire. Tu me dis que tu chéris l'antiquité pour ses vertus, pour sa probité, sa tempérance, sa modération : eh bien ! imite dans ta vie les mœurs d'autrefois, mais parle le langage d'aujourd'hui, et grave profondément dans ta mémoire le précepte que César, cet homme d'un esprit si supérieur et si juste, a donné dans le premier livre de son traité *Sur l'analogie* : « Fuyez, dit-il, toute expression étrange et inusitée, comme on évite un écueil. »

CHAPITRE XI.

Que les Lacédémoniens, suivant un passage de Thucydide, s'avançaient sur le champ de bataille, non au son de la trompette, mais au son de la flûte. Citation du passage. Que, d'après Hérodote, le roi Halyatte menait avec lui des joueurs d'instruments en allant au combat. Quelques observations, à ce propos, sur la flûte dont Gracchus empruntait le secours à la tribune.

Le grave historien des Grecs, Thucydide, rapporte que les vaillants guerriers de Lacédémone n'allaient point au combat au son des clairons et des trompettes, mais aux accords mélodieux de la flûte. Ce n'était point pour observer une coutume sacrée, ni pour accomplir aucune cérémonie religieuse : c'est qu'ils voulaient, au lieu d'exciter et de remuer les âmes par des sons éclatants comme ceux du clairon, les modérer et les régler, en quelque sorte, par des modulations douces, comme celles de la flûte. Ils pensaient que dans la rencontre avec l'ennemi, et dans le commencement de l'action, rien n'était plus propre à donner au soldat une salutaire prudence, et à élever son courage, que l'impression de ces accords paisibles qui prévenaient l'ardeur d'une fougue emportée. Au moment donc où les bataillons étaient prêts, les lignes formées, et où l'armée commençait à marcher vers l'ennemi, des joueurs de flûte placés dans les rangs exécutaient leurs airs. Ce prélude tranquille, ce concert doux et imposant, étaient comme une sorte de discipline musicale qui tempérait l'impétuosité des guerriers, et les empêchait de s'élancer en désordre et de se disperser en attaquant. Mais il est bon de citer ici l'illustre et véridique historien dont les paroles mêmes auront plus de poids : « Alors les « deux armées se portèrent l'une contre l'autre : « les Argiens s'avançaient avec fougue et colère ; « les Spartiates marchaient lentement, au son de « flûtes nombreuses placées au milieu des batail- « lons, selon la coutume adoptée chez eux. Ce « n'est point un rit religieux : le but de cette cou- « tume, c'est que les soldats puissent s'avancer « au combat du même pas, avec ordre et en ca- « dence, sans rompre leurs rangs, sans se disper- « ser, comme il arrive souvent aux grandes ar- « mées, quand l'action s'engage. » On dit que chez les Crétois c'étaient des harpes qui appelaient les soldats au combat, et réglaient leur marche au moment de l'attaque. Hérodote rapporte dans son histoire que le roi de Lydie Halyatte, prince livré aux mœurs efféminées et au luxe de l'Asie, menait avec son armée et employait à donner le signal du combat des musi-

---

[in]coluisse Italiam dicuntur, sed ætatis suæ verbis locuti sunt. Tu autem, perinde quasi cum matre Evandri nunc loquare, sermone abhinc multis annis jam desito uteris, quod scire atque intelligere neminem vis, quæ dicas. Non ne, homo inepte, ut quod vis abunde consequaris, taces? Sed antiquitatem tibi placere ais, quod honesta et bona et sobria et modesta sit. Vive ergo moribus præteritis; loquere verbis præsentibus; atque id, quod a C. Cæsare, excellentis ingenii ac prudentiæ viro, in primo *De Analogia* libro, scriptum est, habe semper in memoria atque in pectore, ut tanquam scopulum, sic fugias inauditum atque insolens verbum.

CAPUT XI.

Quod Thucydides, historiæ scriptor inclitus, Lacedæmonios in acie non tuba, sed tibiis esse usos dicit; verbaque ejus super ea re posita : quodque Herodotus Halyatten regem fidicinas in procinctu habuisse tradit ; atque inibi quædam notata de Graccchi fistula contionaria.

Auctor historiæ Græcæ gravissimus Thucydides, Lacedæmonios summos bellatores non cornuum tubarumve signis, sed tibiarum modulis in prœliis usos esse, refert : non prorsus ex aliquo ritu religionum, neque rei divinæ gratia, neque autem ut excitarentur atque evibrarentur animi, quod cornua et litui moliuntur : sed contra, ut moderatiores modulatioresque fierent; quod tibicinis numeris temperatur. Nihil adeo in congrediendis hostibus atque in principiis prœliorum ad salutem virtutemque aptius rati, quam si permulcti sonis mitioribus non immodice ferocirent. Quum procinctæ igitur classes erant, et instructa acies, cœptumque in hostem progredi : tibicines inter exercitum positi canere inceptabant. Ea ibi præcentione tranquilla et [delectabili atque adeo] venerabili, ad quandam quasi militaris musicæ disciplinam vis et impetus militum, ne sparsi dispalatique proruerent, cohibebatur. Sed ipsius illius egregii scriptoris uti verbis libet, quæ et dignitate et fide graviora sunt : Καὶ μετὰ ταῦτα ἡ ξύνοδος ἦν. Ἀργεῖοι μὲν καὶ οἱ ξύμμαχοι ἐντόνως καὶ ὁρμῇ χωροῦντες, Λακεδαιμόνιοι δὲ βραδέως καὶ ὑπὸ αὐλητῶν πολλῶν, νόμῳ ἐγκαθεστώτων· οὐ τοῦ θείου χάριν, ἀλλ' ἵνα ὁμαλῶς μετὰ ῥυθμοῦ βαίνοντες προσέλθοιεν, καὶ μὴ διασπασθείη αὐτοῖς ἡ τάξις· ὅπερ φιλεῖ τὰ μεγάλα στρατόπεδα ποιεῖν ἐν ταῖς προσόδοις. Cretenses quoque prœlia ingredi solitos memoriæ datum est præcinente ac præmoderante cithara gressibus. Halyattes autem rex terræ Lydiæ, more atque luxu barbarico præditus, cum bellum Milesiis faceret, ut Herodotus in historiis tradit, concinentes habuit fistulato-

ciens jouant de la flûte et de la lyre, et même des joueuses de flûte, accoutumées à figurer dans ses voluptueuses orgies. Homère nous montre les Grecs marchant à l'ennemi, non aux accords des instruments, mais au milieu du silence, remplis de force et de résolution par le sentiment de leur commune ardeur :

« Les Grecs, respirant la fureur de la guerre, et « brûlant dans leur sein de se prêter un mutuel « appui, marchaient en silence. »

Que faut-il donc penser de ces cris de fureur que poussaient les soldats romains en engageant le combat, comme le rapportent les auteurs de nos annales? Était-ce une violation des sages lois de l'antique discipline? ou bien ne faut-il pas plutôt croire qu'il est bon pour une armée de marcher en silence et d'un pas modéré, quand elle est encore à une assez grande distance de l'ennemi; mais qu'au moment même d'en venir aux mains, il lui faut se précipiter impétueusement sur l'ennemi pour le rompre, et jeter des cris pour l'effrayer? Ces flûtes guerrières de Lacédémone me rappellent celle dont C. Gracchus s'aidait pour régler les intonations de sa voix, quand il était à la tribune. Il n'est pas vrai, comme le grand nombre se l'imagine, qu'un musicien jouant de la flûte se tenait derrière le dos de Gracchus pendant qu'il parlait, et, par ses différents accords, tempérait et excitait tour à tour les mouvements et l'action de l'orateur. Quelle absurdité de croire que la flûte pouvait marquer à Gracchus, haranguant en public, la mesure, le rhythme et les différentes cadences, comme elle règle les pas d'un histrion dansant sur le théâtre! Les auteurs mieux instruits sur ce fait rapportent seulement qu'un homme, caché dans les environs, l'avertissait de modérer les éclats trop bruyants de sa voix, en tirant d'une courte flûte un accord lent et grave. C'était là tout; et je ne pense pas que, pour s'animer à la tribune, le génie naturellement passionné de Gracchus eût besoin d'aucune excitation extérieure. Cependant Cicéron croit qu'il employait ce joueur de flûte pour un double usage, et que, d'après ses accords ou plus vifs ou plus calmes, il ranimait le cours trop lent de sa parole, ou bien en modérait l'impétuosité trop fougueuse. Voici le passage même de Cicéron : « Aussi ce « même Gracchus, ainsi que Licinius, homme « instruit, autrefois son secrétaire et maintenant « ton client, pourra te le dire, Catulus, avait à « son service un homme intelligent, qui, se ca- « chant près de la tribune avec une flûte d'ivoire, « lui donnait rapidement le son qui devait l'ex- « citer quand son action était trop lente, ou le « calmer quand elle devenait trop vive. » Quant à cette coutume des Lacédémoniens de commencer le combat au son de la flûte, Aristote nous dit dans ses *Problèmes* qu'elle fut instituée à Sparte, comme une épreuve propre à faire paraître dans tout leur éclat l'assurance et l'ardeur des guerriers. Car, ainsi qu'il le remarque, une pareille manière de marcher à l'ennemi repousse toute idée de faiblesse et de crainte : et on ne saurait attendre d'hommes inquiets et effrayés cet ensemble harmonieux d'une marche régulière et intrépide. Voici ce que dit Aristote lui-même : « Pourquoi, lorsqu'ils sont sur le point de com- « battre, s'avancent-ils au son de la flûte? C'est un « moyen de distinguer les lâches qui font mal « leur devoir. »

res et fidicines; atque feminas etiam tibicinas in exercitu atque in procinctu habuit, lascivientium delicias conviviorum. Sed enim Achæos Homerus pugnam indipisci ait non fidicularum tibiarumque concentu, sed mentium animorumque conspiratu tacito nitibundos :

Οἱ δ' ἄρ' ἴσαν σιγῇ μένεα πνείοντες Ἀχαιοί,
Ἐν θυμῷ μεμαῶτες ἀλεξέμεν ἀλλήλοισιν.

Quid ille vult ardentissimus clamor militum romanorum, quem in congressibus prœliorum fieri solitum scriptores annalium memoravere? Contrane institutum fiebat antiquæ disciplinæ tam probabile? An tum etiam gradu clementi et silentio est opus, cum ad hostem itur in conspectu longinquo procul distantem? cum vero prope ad manus ventum est, tum jam e propinquo hostis et impetu propulsandus et clamore terrendus est? Ecce autem, per tibicinia Laconica, tibiæ quoque illius contionariæ in mentem venit, quam C. Graccho cum populo agenti, præisse ac præministrasse modulos ferunt. Sed nequaquam sic est, ut a vulgo dicitur, canere tibia solitum, qui pone eum loquentem staret, variisque modis tum demulceret animum actionemque ejus, tum intenderet. Quid enim foret ea re ineptius, si , ut planipedi saltanti, ita Graccho contionanti numeros et modos et frequentamenta quædam varia tibicen incineret? Sed qui hoc compertius memoriæ tradiderunt, stetisse in circumstantibus dicunt occultius, qui fistula brevi sensim graviusculum sonum inspiraret ad reprimendum sedandumque impetus vocis ejus. Refervescente namque impulsu et instinctu extraneo naturalis illa Gracchi vehementia indiguisse, non, opinor, existimanda est. Marcus tamen Cicero fistulatorem istum utrique rei adhibitum esse a Graccho putat, ut sonis tum placidis tum citatis aut demissam jacentemque orationem ejus erigeret, aut ferocientem sævientemque cohiberet. Verba ipsius Ciceronis apposui : « Itaque idem Gracchus, quod po- « tes audire, Catule, ex Licinio cliente tuo literato homi- « ne, quem servum sibi habuit ille ad manum, cum ebur- « nea solitus est habere fistula, qui staret post ipsum oc- « culte cum contionaretur, peritum hominem; qui inflaret « celeriter eum sonum, qui illum aut remissum excitaret, « aut a contentione revocaret. » Morem autem illum ingrediendi ad tibicinem modulos prœlii institutum esse a Lacedæmoniis, Aristoteles in libris problematum scripsit, quo manifestior fieret exploratiorque militum securitas et alacritas. Nam diffidentiæ, inquit, et timori cum ingressione hujuscemodi minime convenit : et mœsti atque formidantes ab hac tam intrepida ac tam decora incedendi modulatione alieni sunt. Verba pauca Aristotelis super ea re apposui : Διὰ τί, ἐπειδὰν κινδυνεύειν μέλλωσι, πρὸς αὐλὸν ἐμβαίνουσιν; ἵνα τοὺς δειλοὺς ἀσχημονοῦντας γινώσκωσιν.

CHAPITRE XII.

D'après quelles conditions d'âge et de naissance, avec quels rites et quelles cérémonies le grand prêtre *prenait* les vestales. Quels sont les droits d'une vestale aussitôt qu'elle a été *prise*. Comment, d'après Labéon, une vestale ne peut hériter de quelqu'un *ab intestat*, pas plus qu'on ne peut hériter *ab intestat* d'une vestale.

Les auteurs qui ont traité des règles observées pour la consécration des vestales, entre autres Labéon Antistius, dont les recherches sur cette matière méritent le plus de confiance, nous apprennent que la jeune fille qu'on appelait à ce sacerdoce devait avoir atteint l'âge de six ans, et ne pouvait avoir passé celui de dix; qu'il était nécessaire qu'elle eût encore son père et sa mère; qu'elle devait n'avoir ni défaut de prononciation, ni faiblesse d'oreilles, ni aucune infirmité physique. En outre il fallait que ni elle, ni son père, n'eussent été émancipés, quand même elle eût été sous la dépendance de son aïeul, du vivant de son père. Il fallait aussi que son père et sa mère n'eussent point été esclaves, qu'aucun des deux séparément ne l'eût été, qu'ils ne fussent point livrés à l'exercice d'une profession vile. Il y avait exemption pour celle dont la sœur avait été déjà appelée à ce sacerdoce, pour celle dont le père était un flamine, ou un augure, ou un quindécemvir préposé aux sacrifices, ou un septemvir chargé des festins religieux, ou un prêtre Salien. La fiancée d'un pontife, la fille d'un joueur de flûte des sacrifices, étaient également exemptées. Capiton Attéius nous apprend en outre qu'on ne pouvait choisir la fille d'un citoyen qui n'avait pas son domicile en Italie, ni celle d'un père de famille ayant trois enfants. Aussitôt que la vestale a été *prise*, qu'elle a touché le seuil du temple de Vesta, qu'elle a été remise entre les mains des pontifes, elle est, sans émancipation ni changement d'état, affranchie du pouvoir paternel, et acquiert le droit de tester. D'après quelles formes et quels rites les vestales étaient-elles *prises*? Les plus anciens monuments ne nous apprennent rien là-dessus, si ce n'est que la première vestale fut *prise* par le roi Numa lui-même. Mais nous avons la loi Papia, qui ordonne qu'on choisisse, d'après l'indication du grand pontife, vingt filles parmi la jeunesse de Rome; qu'au milieu de l'assemblée publique, on tire au sort parmi elles; et que celle qui aura été désignée par le sort soit *prise* aussitôt par le grand pontife, et devienne prêtresse de Vesta. Mais aujourd'hui, cette élection par le sort que prescrit la loi Papia n'est pas toujours indispensable; car, si un citoyen de noble naissance vient trouver le grand pontife, et offre lui-même sa fille à ce sacerdoce, pourvu que toutes les conditions que la religion exige soient d'ailleurs remplies, il est dispensé par le sénat de l'observation de la loi. On dit qu'on *prend* une vestale, parce que le grand prêtre saisit la jeune fille avec la main, et l'enlève à celui qu'elle avait pour père et pour maître, comme une captive faite à la guerre. On voit, au premier livre de Fabius Pictor, les paroles que doit prononcer le grand prêtre en prenant la vestale : AMATA, JE TE PRENDS, CONFORMÉMENT AUX LOIS; JE TE FAIS VESTALE, ET TE CHARGE DE T'ACQUITTER DE TOUT CE QU'UNE VESTALE DOIT FAIRE POUR LE PEUPLE ROMAIN. Beaucoup pensent que ce mot de *prendre* ne doit s'employer que pour les vestales; cependant ce mot servait aussi à la consécration

CAPUT XII.

Virgo Vestæ quid ætatis, et ex quali familia, et quo ritu quibusque cæremoniis et religionibus, ac quo nomine a pontifice maximo capiatur, et quo statim jure esse incipiat simulatque capta est : quodque, ut Labeo dicit, nec illa intestato cuiquam nec ejus intestatæ quisquam jure heres est.

Qui de [Vestali] virgine capienda scripserunt, quorum diligentissime scripsit Labeo Antistius, minorem quam annos VI., majorem quam annos X. natam, negaverunt capi fas esse; item quæ non sit patrima et matrima; item quæ lingua debili sensuve aurium deminuta, aliave qua corporis labe insignita sit; item quæ ipsa, aut cujus pater emancipatus sit, etiam si vivo patre in avi potestate sit; item cujus parentes alter ambove servitute servierunt; aut in negotiis sordidis diversantur : sed eam, cujus soror ad id sacerdotium lecta est, excusationem mereri aiunt; item cujus pater flamen, aut augur, aut quindecimvirum sacris faciundis, aut qui septemvirum epulonum, aut Salius est. Sponsæ quoque pontificis et tubicinis sacrorum filiæ vacatio a sacerdotio isto tribui solet. Præterea Capito Atteius scriptum reliquit, neque ejus legendam filiam, qui domicilium in Italia non haberet, et excusandam ejus, qui liberos tris haberet. Virgo autem Vestalis simul est capta atque in atrium Vestæ deducta et pontificibus tradita [est]; eo statim tempore sine emancipatione ac sine capitis minutione e patris potestate exit, et jus testamenti faciundi adipiscitur. De more autem rituque capiundæ virginis litteræ quidem antiquiores non exstant, nisi, quæ capta prima est, a Numa rege esse captam. Sed Papiam legem invenimus, qua cavetur, ut pontificis maximi arbitratu virgines e populo viginti legantur, sortitioque in concione ex eo numero fiat; et, cujus virginis ducta erit, ut eam pontifex maximus capiat, eaque Vestæ fiat. Sed ea sortitio ex lege Papia non necessaria nunc videri solet. Nam, si quis honesto loco natus adeat pontificem maximum, atque offerat ad sacerdotium filiam suam, cujus duntaxat salvis religionum observationibus ratio haberi possit, gratia Papiæ legis per senatum fit. Capi autem virgo propterea dici videtur, quia pontificis maximi manu prehensa ab eo parente, in cujus potestate est, veluti bello capta abducitur. In libro primo Fabii Pictoris, quæ verba pontificem maximum dicere oportet, cum virginem capit, scriptum est. Ea verba hæc sunt : SACERDOTEM. VESTALEM. QUÆ. SACRA. FACIAT. QUÆ. IOUS. SIET. SACERDOTEM. VESTALEM. FACERE. PRO. POPOLO. ROMANO. QUIRITIUM. UTEI. QUÆ. OPTUMA. LEGE. FOVIT. ITA. TE. AMATA. CAPIO. Plerique autem capi virginem solam debere dici putant : sed flamines quoque Diales, item pontifices et augures capi dice-

des flamines de Jupiter, et à celle des pontifes et des augures. L. Sylla dit au second livre de ses *Mémoires* : « P. Cornélius, le premier qui porta « le nom de Sylla, *pris* pour être flamine de Ju- « piter. » M. Caton dit, dans sa défense des Lusi- taniens contre S. Galba : « On dit que les Lusita- « niens ont voulu se révolter : était-ce une raison « pour les traiter en révoltés? Je prétends main- « tenant être parfaitement instruit du droit des « pontifes : va-t-on pour cela me *prendre* pour « pontife? Si je dis que je possède à fond la science « augurale, qui voudra là-dessus me *prendre* pour « augure? » N'oublions pas de noter que, dans les commentaires de Labéon sur la loi des Douze Tables, il est dit : « La jeune fille devenue vestale « ne peut hériter de quelqu'un *ab intestat*. On ne « peut non plus hériter *ab intestat* d'une vestale ; « mais sa succession retourne à la république. On « ne voit pas bien la raison de cette loi. » Le pon- tife en *prenant* la vestale l'appelle *Amata*, parce qu'on assure que la première qui fut consacrée portait ce nom.

CHAPITRE XIII.

Sur cette question examinée par les philosophes : Faut-il, pour s'acquitter d'une commission dont on est chargé, la remplir dans tous les cas à la lettre? ou peut-on s'en écarter, si on espère, en le faisant, mieux servir celui de qui on l'a reçue? Différentes opinions sur cette question.

Entre autres questions relatives à la définition et à l'appréciation des devoirs moraux que les philosophes désignent par le mot grec de καθή- κοντα, en voici une que l'on pose souvent : Lors- qu'on est chargé d'une commission, et qu'on a été bien averti de tout ce qu'on doit faire pour la remplir, peut-on s'écarter des instructions qu'on a reçues, si on espère par là réussir mieux et se rendre plus utile? Cette question est épineuse, et des hommes éclairés en ont donné des solu- tions entièrement opposées. Plusieurs, s'attachant exclusivement à une règle unique, soutiennent que, quand une personne revêtue de l'autorité nécessaire pour être obéie, a pris mûrement une décision dans une affaire qui la regarde, et nous enjoint de l'exécuter, il ne nous est permis, dans aucun cas, d'agir autrement qu'elle ne l'a pres- crit. Il faudrait obéir à la lettre, lors même que des circonstances imprévues nous feraient espérer de réussir mieux en suivant une autre voie : car, s'il arrivait que cette espérance échouât, notre dé- sobéissance ne pourrait manquer d'être sévèrement punie, comme une témérité sans excuse. Que s'il arrivait, disent-ils, qu'on obtînt un heureux suc- cès en désobéissant, alors il faudrait rendre grâ- ces aux dieux; mais il en résulterait néanmoins un exemple dangereux, qui tendrait à priver de leur autorité les desseins les mieux médités, et à détruire le respect pour les ordres reçus. Selon d'autres, il faut, avant d'enfreindre ce qui a été prescrit, mettre en parallèle les inconvénients qui sont à craindre, si l'on ne réussit pas, avec les avantages que promet le succès. Si les risques sont légers, si les avantages doivent être consi- dérables, et peuvent être raisonnablement espérés, alors on peut agir autrement que les instructions le portaient, et il ne faut pas perdre l'occasion fa- vorable que le ciel envoie. Ceux qui soutiennent cette opinion pensent que la désobéissance n'est pas d'un exemple dangereux, quand elle est jus- tifiée par de telles circonstances. Mais ils ajoutent qu'il est important de faire attention au naturel et au caractère de celui dont on a reçu les ordres,

---

bantur; L. Sulla Rerum gestarum libro II. ita scripsit : « P. Cornelius, cui primum cognomen Sullæ impositum « est, flamen Dialis captus. » M. Cato de Lusitanis, cum Ser. Galbam accusavit : « Tamen dicunt deficere vo- « luisse. Ego me nunc volo jus pontificium optime scire : « jamne ea causa pontifex capiar? Si volo augurium opti- « me tenere, ecquis me ob eam rem augurem capiat? » Præterea etiam in commentariis Labeonis, quæ in duode- cim tabulas composuit, ita scriptum est : « Virgo Ves- « talis neque heres est cuiquam intestato, neque intesta- « tæ quisquam : sed bona ejus in publicum redigi aiunt. « Id quo jure fiat, quæritur. » Amata inter capiendum a pontifice maximo appellatur, quoniam, quæ prima capta est, hoc fuisse nomine traditum est.

CAPUT XIII.

Quæsitum esse in philosophia, quidnam foret in recepto mandato rectius, idne omnino facere, quod mandatum est; an nonnunquam etiam contra, si id speres ei, qui mandavit, utilius fore : superque ea quæstione expositæ diversæ sententiæ.

In officiis capiendis, censendis judicandisque, quæ [Græce] καθήκοντα philosophi appellant, quæri solet, an, negotio tibi dato, et, quidquid omnino faceres, definito, contra quid facere debeas, si eo facto videri possit res eventura prosperius, exque utilitate ejus, qui id tibi ne- gotium mandavit. Anceps quæstio et in utramque partem a prudentibus viris arbitrata est. Sunt enim non pauci, qui sententiam suam una in parte defixerint, et re semel statuta deliberataque, ab eo, cujus negotium id pontifi- ciumque esset, nequaquam putaverint contra dictum ejus esse faciendum, etiamsi repentinus aliqui casus rem com- modius agi posse pollicetur; ne, si spes fefellisset, culpa impatientiæ et pœna indeprecabilis subeunda esset. Si res forte melius vertisset; diis quidem gratia habenda, sed exemplum tamen intromissum videretur, quo bene consulta religione mandati soluta corrumperen- tur. Alii existimaverunt, incommoda prius, quæ me- tuenda essent, si res gesta aliter foret, quam imperatum est, cum emolumento spei pensitanda esse : et, si ea le- viora minorave, utilitas autem contra gravior et am- plior spe quantum potest firma ostenderetur, tum posse adversum mandata fieri censuerunt; ne oblata divinitus rei bene gerendæ occasio amitteretur. Neque timendum exemplum non parendi crediderunt, si rationes hujusce- modi duntaxat non deessent. Cumprimis autem respi-

et de prendre garde qu'il soit dur, farouche, inexorable, tels que furent, dans l'exercice du commandement, Posthumius et Manlius; car, si c'est à de pareils hommes qu'on doit rendre compte, il faut avoir grand soin de ne s'écarter en rien de ce qu'ils ont ordonné. Pour donner plus de force et d'autorité à cette dernière considération, je crois qu'il est bon de citer ici un trait de P. Crassus Mucianus, homme dont la mémoire est célèbre. D'après ce que rapportent Sempronius Asellion et plusieurs autres historiens romains, P. Crassus avait en sa possession cinq choses dignes d'être comptées au nombre des plus grands biens : il avait la richesse, la naissance, l'éloquence, la science des lois, et la dignité de grand pontife. Chargé, pendant son consulat, de la province d'Asie, il voulut mettre le siège devant la place fortifiée de Leuca. Ayant besoin, pour en battre les murs, d'une poutre longue et solide, qui pût servir de bélier, il écrivit à l'entrepreneur de bâtiments de la ville d'Élée, notre alliée, de lui envoyer le plus grand de deux mâts qu'il se rappelait y avoir vus. Cet homme, comprenant quel était le dessein de Crassus, n'envoya pas le plus grand des mâts, comme il en avait reçu l'ordre, mais le plus petit, qu'il jugeait plus propre à faire un bélier, et d'un transport plus facile. Crassus le fait appeler ; et, lui ayant demandé pourquoi il n'avait point observé ce qu'on lui prescrivait, sans vouloir écouter ses explications et ses raisons, il le fait dépouiller et frapper à grands coups de verges, persuadé que l'autorité du commandement s'affaiblit et se perd, quand les inférieurs exécutent les ordres sans s'assujettir à une rigoureuse obéissance, et par d'autres moyens que ceux qui leur sont imposés.

CHAPITRE XIV.

Comment C. Fabricius, qui s'était acquis tant de gloire par ses exploits, mais qui vivait dans la pauvreté, répondit aux Samnites, qui voulaient, pour le tirer de son dénûment, lui faire accepter une somme d'or considérable.

Dans le sixième livre de son ouvrage *Sur la vie et les actions des hommes illustres*, Julius Higinus rapporte que des ambassadeurs samnites vinrent trouver C. Fabricius, général du peuple romain, et qu'après lui avoir rappelé les grandes et nombreuses preuves de bienveillance et de bonté qu'il avait données aux Samnites depuis la conclusion de la paix, ils lui offrirent une grande somme d'argent, et le prièrent de la recevoir en présent, disant que les Samnites osaient la lui envoyer, parce qu'ils voyaient qu'il lui manquait beaucoup de choses pour avoir une maison et un train de vie dignes de lui, et que sa fortune ne répondait pas aux honneurs et à la gloire dont il était revêtu. Alors, ainsi qu'on le rapporte, Fabricius porta ses mains à ses oreilles, puis à ses yeux, ensuite sur son nez et sur sa bouche, et enfin sur son ventre, et répondit aux envoyés que, tant que sa volonté pourrait commander à tous les organes qu'il venait de toucher, il ne manquerait jamais de rien ; « et, ajouta-t-il, pour cet « argent dont je n'ai aucun besoin, je ne l'accepte- « rai pas des mains de ceux auxquels je sais qu'il « peut servir. »

---

ciendum putaverunt ingenium naturamque illius, cuja res præceptumque esset ; ne ferox, durus, indomitus, inexorabilisque sit ; qualia fuerunt Posthumia imperia et Manliana. Nam si tali præceptori ratio reddenda sit, nihil faciendum esse monuerunt aliter, quam præceptum est. Instructius deliberatiusque fore arbitramur theorematium hoc de mandatis hujuscemodi obsequendis, si exemplum quoque P. Crassi Mutiani, clari ac incliti viri, apposuerimus. Is Crassus a Sempronio Asellione et plerisque aliis historiæ Romanæ scriptoribus traditur quinque habuisse rerum bonarum maxima et præcipua ; quod esset ditissimus, quod nobilissimus, quod eloquentissimus, quod jurisconsultissimus, quod pontifex maximus. Is cum in consulatu obtineret Asiam provinciam, et circumsidere oppugnareque Leucas [oppidum] pararet, opusque esset firma atque procera trabe, quæ arietem faceret, quo muros ejus oppidi quateret : scripsit ad magistrum ἀρχιτέχτονα Elatensium sociorum amicorumque populi romani, ut ex malis duobus, quos apud eos vidisset, uter major esset, eum mittendum curaret. Tum magister ἀρχιτέχτων, comperto, quamobrem malum desideraret, non, uti jussus erat, majorem, sed, quem esse magis idoneum aptioremque faciendo arieti, facilioremque portatu existimabat, minorem misit. Crassus eum vocari jussit ; et cum interrogasset, cur non, quem jusserat, misisset, causis rationibusque quas dictitabat spretis, vestimenta detrahi imperavit ; virgisque multum cecidit, corrumpi atque dissolvi officium omne imperantis ratus, si quis ad id, quod facere jussus est, non obsequio debito, sed consilio non desiderato respondeat.

CAPUT XIV.

Quid dixerit feceritque C. Fabricius, magna vir gloria magnisque rebus gestis, sed familiæ pecuniæque inops, cum ei Samnites tanquam indigenti grave aurum donarent.

Julius Higinus in libro *De vita rebusque illustrium virorum* sexto legatos dicit a Samnitibus ad C. Fabricium imperatorem populi romani venisse, et memoratis multis magnisque rebus, quæ bene ac benevole post redditam pacem Samnitibus fecisset, obtulisse dono grandem pecuniam, orasseque, uti acciperet uttereturque : atque id facere Samnites dixisse, quod viderent multa ad splendorem domus atque victus defieri, neque pro amplitudine dignitateque lautum paratum esse. Tum Fabricium planas manus ab auribus ad oculos, et infra deinceps ad nares et ad os et ad gulam, atque inde porro ad ventrem imum deduxisse, et legatis ita respondisse : Dum illis omnibus membris, quæ attigisset, obsistere atque imperare posset, nunquam quidquam defuturum : propterea [se] pecuniam, qua nihil sibi esset usus, ab iis, quibus eam sciret usui esse, non accipere.

CHAPITRE XV.

Combien c'est une chose importune et odieuse qu'un bavardage frivole et vain. Nombreux passages où les premiers écrivains latins et grecs ont justement flétri ce défaut.

Ces parleurs frivoles et importuns dont on ne peut attendre rien de sérieux ni de solide, et dont les discours ne sont qu'un vain flot de mots insipides, ont été bien jugés, quand on a dit d'eux que leurs paroles ne venaient pas de leur âme, qu'elles naissaient sur leurs lèvres. La langue, disent les sages, ne doit point s'agiter au hasard et sans règle, mais s'assujettir par un lien intime à la pensée, et ne se mouvoir que pour lui obéir. Mais on voit des gens qui répandent un déluge de mots, sans rien dire qui ait le sens commun, avec une sécurité si naïve et si profonde, qu'en vérité ils semblent, en parlant, ne pas savoir ce qu'ils font. Homère, en nous dépeignant Ulysse, ce héros aussi sage qu'éloquent, dit que ses paroles sortaient de sa poitrine, et non qu'elles sortaient de sa bouche : sans doute il a voulu nous faire entendre par là, non quel était le son de voix et l'accent d'Ulysse, mais combien ses paroles étaient réfléchies, et tirées du fond de son cœur. D'après une autre expression non moins heureuse du même poète, les dents sont une barrière que la nature oppose à l'impétuosité de la langue ; et ainsi, non-seulement l'attention et la vigilance de l'âme peuvent arrêter les paroles irréfléchies, mais la bouche même est fortifiée d'une sorte de rempart pour les emprisonner. Voici quels sont ces vers d'Homère :

« Mais lorsque sa voix retentissante sortait de
« sa poitrine. »

Et ailleurs :

« Ma fille, quelle parole as-tu laissé sortir du
« rempart des dents ? »

Citons aussi un passage de Cicéron, où cet écrivain flétrit avec la plus juste sévérité cette frivole et stérile abondance de paroles. « Mais qu'il soit, « dit-il, bien entendu qu'il n'y a aucun éloge à « donner à ceux qui, étrangers à l'art de la parole, « ne peuvent exposer ce qu'ils savent, ni à ceux « qui, dépourvus d'instruction, parlent avec facili- « té et abondance de ce qu'ils ignorent. S'il fallait « choisir entre ces deux défauts, j'aimerais mieux « le savoir sans éloquence, que le bavardage joint « à la sottise. » Dans le premier livre de son traité *Sur l'orateur,* Cicéron dit encore : « Quoi de plus « insensé et de plus vain qu'un bruit de paroles « harmonieuses et magnifiques, sous lesquelles on « ne trouve aucune pensée, aucune connaissance « solide ? » M. Caton a censuré ce même défaut avec une impitoyable rigueur. Dans le discours qui a pour titre, *Si Cœlius s'est appelé tribun du peuple,* il dit : « Celui que possède la maladie de « parler ne peut jamais se taire ; il ne peut pas « plus résister à son envie que l'hydropique à celle « de boire et de dormir ; cet homme est tellement « pressé de discourir, que, si vous ne vous assem- « blez pas autour de lui quand il vous appelle, « il ira louer des gens pour l'écouter. Ses discours « frappent vos oreilles sans persuader votre es- « prit ; c'est comme un charlatan dont on entend « les paroles, mais auquel personne n'ira confier « le soin de sa guérison. » Dans le même discours, Caton, reprochant à ce même M. Cœlius, tribun du peuple, la vénalité de sa parole et de son silence, s'écrie : « Avec un morceau de pain, on

CAPUT XV.

Quam importunum vitium plenumque odii sit futilis inanisque loquacitas, et quam multis in locis a principibus utriusque linguæ viris detestatione justa culpata sit.

Qui sunt leves et futiles et importuni locutores, quique nullo rerum pondere innixi verbis humidis et lapsantibus diffluunt, eorum orationem bene existimatum est in ore nasci, non in pectore : linguam autem debere aiunt non esse liberam nec vagam, sed vinclis de pectore imo ac de corde aptis moveri et quasi gubernari. Sic enim videas quosdam scatere verbis sine ullo judicii negotio cum securitate multa et profunda, ut loquentes plerumque videantur loqui nesse nescire. Ulixem contra Homerus, virum sapienti facundia præditum, vocem mittere ait non ex ore, sed ex pectore; quod scilicet non ad sonum magis habitumque vocis, quam ad sententiarum penitus conceptarum altitudinem pertineret : petulantiæque verborum coercendæ vallum esse oppositum dentium luculente dixit, ut loquendi temeritas non cordis tantum custodia atque vigilia cohibeatur, sed et quibusdam quasi excubiis in ore positis sepiatur. Homerica, de quibus supra dixi, hæc sunt :

Ἀλλ' ὅτε δὴ ῥ' ὅπα τε μεγάλην ἐκ στήθεος ἵει.

Et :

Τέκνον ἐμὸν, ποῖόν σε ἔπος φύγεν ἕρκος ὀδόντων;

M. Tullii quoque verba posui, quibus stultam et inanem dicendi copiam graviter et vere detestatus est : « Dum- « modo, » inquit, « hoc constet, neque infantiam ejus « qui rem norit, sed eam explicare dicendo non queat, « neque inscientiam illius cui res non suppetat, verba « non desint, esse laudandam; quorum si alterum sit « optandum, malim equidem indisertam prudentiam, « quam stultam loquacitatem. » Item in libro *De Oratore* primo verba hæc posuit : « Quid enim est tam fu- « riosum, quam verborum vel optimorum atque orna- « tissimorum sonitus inanis, nulla subjecta sententia nec « scientia? » Cumprimis autem M. Cato atrocissimus hujusce[modi] vitii insectator est. Namque in oratione, quæ inscripta est *Si se Cœlius trib. pleb. appellasset :* « Numquam, » inquit, « tacet, quem morbus tenet lo- « quendi, tanquam veternosum bibendi atque dormiendi. « Quod si non conveniatis, cum convocari jubet, ita est « cupidus orationis, ut conducat, qui auscultet ; itaque « auditis, non ausculatis, tanquam pharmacopolam : « nam ejus verba audiuntur; verum si se nemo commit- « tit, si æger est. » Idem Cato in eadem oratione eidem M. Cœlio tribuno plebi vilitatem opprobrans non lo-

« peut lui ouvrir ou lui fermer la bouche. » Rien de mieux choisi que les noms qu'Homère donne à Thersite, quand il l'appelle « parleur éternel, discoureur impudent. » Il compare aussi fort heureusement le bruit de ses discours diffus et déplaisants aux cris sans fin des geais babillards ; car on ne saurait donner un autre sens aux mots ἀμετροεπὴς ἀκολῴα. Eupolis a caractérisé la même espèce d'hommes dans un vers plein de finesse et de sens :

« Très-habile à parler, incapable de rien dire. » Mot que Salluste a voulu imiter, quand il a dit : « Plus parleur qu'éloquent. » Hésiode, le plus sage des poëtes, dit que la langue ne veut pas être prostituée, qu'il faut la renfermer et la garder avec soin comme un trésor, et, quand on la laisse libre, la régler par la modération et la prudence, d'où elle tire son plus puissant attrait :

« Il n'y a pas parmi les hommes de plus précieux
« trésor qu'une langue maîtresse d'elle-même : rien
« ne plaît davantage qu'une langue dont le cours
« est réglé. »

Épicharme a fort bien dit aussi :

« Il n'est pas habile à parler, il est incapable
« de se taire. »

Vers que l'on a imité sans doute dans cet autre :

« Il ne pouvait parler, et il n'a pas pu se taire. »

J'ai entendu Favorinus dire de ces vers d'Euripide :

« Une bouche sans frein, une déraison sans
« bornes ont d'ordinaire une fin malheureuse, »
Qu'il ne fallait pas seulement les appliquer aux discours impies ou criminels, mais encore et surtout aux interminables sottises des bavards, à ces langues intempérantes et sans frein qui s'agitent sans cesse, et répandent un effroyable torrent de paroles. Les Grecs ont trouvé, pour marquer cette espèce d'hommes, un mot expressif, κατάγλωσσοι. L'illustre grammairien Valérius Probus, ainsi que je l'ai appris d'un de ses amis, homme instruit, lut d'une manière nouvelle, sur la fin de sa vie, cette phrase de Salluste : *Satis eloquentiæ, sapientiæ parum* : « assez d'élo-« quence, peu de raison, » et assura que Salluste avait écrit : *Satis loquentiæ, sapientiæ parum* : « assez de faconde, peu de raison : » car, disait-il, le mot *loquentia* devait être fort du goût de Salluste, novateur en fait de style ; et d'ailleurs *eloquentia* ne se rapporte pas bien au sens de la phrase. Enfin, cette déplorable manie de discourir, ce dévergondage de paroles ont été dépeints en traits piquants dans ces vers de l'enjoué et spirituel Aristophane :

« Homme insolent, parleur effronté, dont la
« langue est sans bride et la bouche sans portes,
« braillard infatigable, fagoteur d'expressions
« ampoulées. »

Nos ancêtres n'ont pas moins énergiquement nommé les hommes livrés à ce défaut, en les appelant *locutuleii, blaterones, lingulacæ*.

CHAPITRE XVI.

Que ces paroles de Quadrigarius dans ses Annales, *ibi mille hominum occiditur*, loin de renfermer une licence ou une forme poétique, sont exactement conformes aux règles de la grammaire.

On lit dans le troisième livre des Annales de

---

quendi tantum, verum etiam tacendi : « Frusto, » inquit, « panis conduci potest, vel uti taceat, vel uti loquatur. » Neque non merito Homerus unum ex omnibus Thersitam ἀμετροεπῆ et ἀκριτόμυθον appellat : [modo] verba illius multa et ἄκοσμα strepentium sine modo graculorum similia esse dicit. Quid enim est aliud [ἀμετροεπὴς] ἐκολῴα? Eupolidis quoque versus de id genus hominibus consignatissime factus est :

Λαλεῖν ἄριστος, ἀδυνατώτατος λέγειν ·

quod Sallustius noster imitari volens adscribit : « loquax, » inquit, « magis, quam facundus. » Quapropter Hesiodus, poetarum prudentissimus, linguam non vulgandam, sed recondendam esse dicit, perinde ut thesaurum ; ejusque esse in promendo gratiam plurimam, si modesta et parca et modulata sit :

Γλώσσης τοι θησαυρὸς ἐν ἀνθρώποισιν ἄριστος
Φειδωλῆς· πλείστη δὲ χάρις κατὰ μέτρον ἰούσης.

Epicharmium quoque illud non inscite se habet :

Οὐ λέγειν δεινός, ἀλλὰ σιγᾶν ἀδύνατος.

Ex quo [hoc] profecto sumptum est :

Qui cum loqui non posset, tacere non potuit.

Favorinum ego audivi dicere versus istos Euripidis :

Ἀχαλίνων στομάτων,
Ἀνόμου τε ἀφροσύνας,
Τὸ τέλος δυστυχία·

non de iis tantum factos accipi debere, qui impia aut illicita dicerent, sed vel maxime de hominibus quoque posse dici stulta et immodica blaterantibus, quorum lingua tam prodiga infrenisque sit, ut fluat semper et æstuet colluvione verborum teterrima : quod genus homines a Græci significantissimo vocabulo κατάγλωσσοι appellantur. Valerium Probum grammaticum illustrem, ex familiari ejus docto viro comperi, Sallustianum illud : « Satis eloquentiæ, sapientiæ parum » brevi antequam vita decederet, sic legere cœpisse, et sic a Sallustio relictum affirmasse : « Satis loquentiæ, sapientiæ parum, » quod *loquentia* novatori verborum Sallustio maxime congrueret; *eloquentia* cum insipientia minime convenirent. Hujuscemodi autem loquacitatem verborumque turbam magnitudine inani vastam facetissimus poeta Aristophanes insignibus vocabulis denotavit in his versibus :

Ἄνθρωπον ἀγριοποιόν, αὐθαδόστομον,
Ἔχοντ' ἀχάλινον, ἀκρατές, ἀπύλωτον στόμα,
Ἀπεριλάλητον, κομποφακελορρήμονα.

Neque minus insigniter veteres quoque nostri hoc genus homines, in verba projectos, *locutuleios*, et *blaterones*, et *lingulacas* dixerunt.

CAPUT XVI.

Quod verba ista hæc Quadrigarii ex annali tertio : *ibi mille hominum occiditur*, non licentia, neque de poetarum figura, sed ratione certa et proba grammaticæ disciplinæ dicta sunt.

Quadrigarius in tertio Annalium ita scripsit : « Ibi oc-

Quadrigarius : « Là, mille hommes succombent : » *Ibi mille hominum occiditur.* Il a mis *occiditur*, et non *occiduntur*. Lucilius dit dans le troisième livre de ses Satires :

« Il y a mille pas jusqu'à la porte; il y en a six « mille de la porte à Salerne. »

Ad portam mille, a porta est sex inde Salernum.

Il a mis *mille est*, et non *mille sunt*. On trouve dans le dix-septième livre du traité *Des choses humaines* de Varron : « Un espace de plus de onze « cents ans s'écoule avant la naissance de Romulus. » *Ad Romuli initium plus mille et centum annorum est.* Et dans le premier livre des *Origines* de M. Caton : « A partir de là il y a environ mille « pas. » *Inde est ferme mille passuum.* Cicéron dit dans sa sixième harangue contre Antoine : « Quoi donc! la place située entre les deux Janus « est-elle sous le patronage d'Antoine? Est-il quel-« qu'un sur cette place qui voudrait lui prêter mille « sesterces? » *Mille nummûm ferret expensum.* Dans ces exemples, et dans beaucoup d'autres, *mille* est pris comme un nom singulier. Ce n'est pas, comme quelques-uns le pensent, une irrégularité consacrée par l'ancienneté, ni une licence admise pour l'élégance de la phrase. Il ne faut pas regarder *mille* comme un mot de même forme que χίλιοι chez les Grecs : on doit l'assimiler au mot grec χιλιάς, qui se décline : on dit au singulier χιλιάς, et au pluriel χιλιάδες : de même on dira régulièrement, *unum mille*, et, *duo millia*. Ainsi, on parle correctement, quand on dit : « Il y a mille deniers dans le coffre; » *mille denarium in arca est*; et : « il y a mille cavaliers dans « l'armée; » *mille equitum in exercitu est.* Une autre citation de Lucilius nous le prouvera mieux encore. Ce poëte dit dans son quinzième livre :

« ciditur mille hominum. » *Occiditur*, inquit, non *occiduntur*. Item Lucilius in tertio Satirarum :

Ad portam mille, a porta est sex inde Salernum.

Mille, inquit, *est*, non *mille sunt*. Varro in XVII. [*Rerum*] *Humanarum* : « Ad Romuli initium plus mille et « centum annorum est. » [M.] Cato in primo *Originum* : « Inde est ferme mille passuum. » M. Cicero in sexta in Antonium : « Itane Janus medius in L. Antonii clientela « est? quis unquam in illo Jano inventus est, qui L. An-« tonio mille nummum ferret expensum? in his atque in multis aliis *mille* numero singulari dictum est. Neque hoc, ut quidam putant, vetustati concessum est, aut per figurarum concinnitatem admissum est : sed sic videtur ratio poscere. *Mille* enim non pro οο ponitur, quod Græce χίλιοι dicitur, sed quod χιλιάς : et sicuti una χιλιάς et duæ χιλιάδες; ita *unum mille* et *duo millia* certa atque directa ratione dicitur. Quamobrem id quoque recte et probabilius dici solitum : « mille denarium in arca est, » et : « mille equitum in exercitu est. » Lucilius autem, præter quod supra posui, alio quoque in loco id manifestius demonstrat. Nam in libro quinto decimo ita dicit :

Hunc milli passum qui vicerit atque duobus,
Campanus sonipes subcussor nullus sequetur
Majore in spatio; ac diversus videbitur ire.

« Qu'un cheval de Campanie, au trot dur et « inégal, ait été dépassé par un autre cheval qui « a pris une avance de trois mille pas (*milli pas-« sum... atque duobus*); à une si grande distance, « il cessera de le poursuivre et prendra une autre « direction. »

Et dans son neuvième livre, on trouve :

« Avec mille deniers, tu peux en gagner cent « mille. »

Tu milli nummum potes uno quærere centum.

En mettant *milli passum*, pour *mille passibus*, et *uno milli nummum*, pour *unis mille nummis*, il fait voir clairement que *mille* est un nom singulier, qui fait *millia* au pluriel, et qui peut même se mettre à l'ablatif. Il n'est point nécessaire que les autres cas existent : n'y a-t-il pas une foule de noms qui n'ont que quelques cas? n'en est-il pas plusieurs qui sont indéclinables? il ne faut donc pas douter que Cicéron dans son discours pour Milon n'ait laissé lui-même cette phrase écrite ainsi : « Devant la terre de « Clodius, cette terre, où il y avait bien alors, « pour travailler à ses folles constructions, un « millier d'hommes forts et robustes, » *mille hominum versabatur valentium*. Il faut lire *versabatur*, et non *versabantur*, comme le portent les textes les moins soignés ; car *mille hominum* et *mille homines* sont deux manières de parler différentes.

CHAPITRE XVII.

Avec quelle patience Socrate supporta l'humeur intraitable de sa femme. Ce que M. Varron, dans une de ses satires, a dit sur le devoir d'un mari.

Xanthippe, la femme de Socrate, était, dit-on, d'une humeur acariâtre et querelleuse :

Item in alio libro [nono] :

Tu milli nummum potes uno quærere centum.

Milli passum dixit pro *mille passibus*, et *uno milli nummum* pro *unis mille nummis;* aperteque ostendit *mille* et vocabulum esse, et singulari numero dici, ejusque pluratīvum esse *millia*, et casum etiam capere ablativum. Neque ceteros casus requiri oportet, cum sint alia pleraque vocabula, quæ in singulos tantum casus, quædam etiam, quæ in nullum inclinentur. Quapropter nihil jam dubium est, quin M. Cicero in oratione, quam scripsit *pro Milone*, ita scriptum reliquerit : « Ante fundum « Clodii, quo in fundo, propter insanas illas substructio-« nes, facile mille hominum versabatur valentium; » non *versabantur*, quod in libris minus accuratis scriptum est : alia enim ratione *mille hominum*, alia *mille homines*, dicendum est.

CAPUT XVII.

Quanta cum animi æquitate toleraverit Socrates uxoris ingenium intractabile : atque inibi, quid M. Varro in quadam satira de officio mariti scripserit.

Xanthippe Socratis philosophi uxor morosa admodum fuisse fertur et jurgiosa : irarumque et molestiarum mu

jour et nuit, elle ne faisait que chercher les occasions de s'emporter et de tourmenter son mari. Alcibiade, étonné de ses violences, demanda à Socrate comment il se faisait qu'il n'eût pas encore chassé de sa maison une femme d'un si mauvais caractère. « En souffrant ces colères dans mon intérieur, répondit Socrate, je m'exerce et m'habitue à supporter sans peine les vivacités et les injures des autres hors de chez moi. » C'est d'après la même idée que Varron a dit, dans une de ses satires Ménippées, qui a pour titre, *Des devoirs d'un mari* : « Il faut détruire les défauts de sa « femme, ou les supporter : en les détruisant, on « se donne une compagne plus commode; en les « supportant, on se rend meilleur soi-même : » *Qui tollit vitium, uxorem commodiorem præstat : qui fert, sese meliorem facit.* Le rapprochement des deux verbes *tollere* et *ferre* est d'un effet piquant; mais *tollere* est mis pour *corrigere*. Si Varron pense que, dans le cas où on ne peut corriger les défauts de sa femme, il faut les supporter, c'est que cette patience n'a rien de déshonorant : il s'agit en effet de défauts, et les défauts sont plus supportables que les vices.

CHAPITRE XVIII.

Comment Varron, dans son quatorzième livre *Des choses divines*, relève une erreur d'étymologie chez son maître L. Ælius. Qu'il a donné lui-même dans ce même livre une fausse étymologie du mot *fur*.

Dans son quatorzième livre *Des choses divines*, Varron fait voir que L. Ælius, un des Romains les plus instruits de cette époque, s'est trompé sur l'étymologie d'un mot latin dérivé de l'ancien grec, dont il prétendait trouver la racine dans notre langue, et qu'il décomposait en deux autres mots latins. Voici le passage de Varron : « Je me « rappelle avoir vu tomber plusieurs fois dans cette « erreur mon savant maître L. Ælius. Plusieurs « mots latins, qui viennent d'anciens mots grecs, « lui ont paru appartenir à notre langue, et il en « a donné de fausses étymologies. Il n'est pas vrai, « comme il le prétend, que *lepus*, lièvre, vienne de « *levipes*, aux pieds légers; c'est un ancien mot « grec. Beaucoup de mots anciens de la langue « grecque sont inconnus aujourd'hui, parce qu'ils « ont été remplacés par d'autres : c'est ainsi que la « plupart ignorent que *græcus*, grec, *puteus*, « puits, *lepus*, lièvre, sont dérivés de mots grecs « anciens, parce qu'on dit maintenant Ἕλλην, φρέαρ, « λαγωός. Je dois au reste ici moins blâmer l'erreur « d'Ælius, qu'admirer l'esprit ingénieux qu'elle « révèle; car, comme on l'a dit, le succès dépend « de la fortune, mais le mérite d'un essai louable « est indépendant du succès. » Dans cette remarque placée au commencement de son quatorzième livre, Varron se montre aussi instruit sur les origines des mots et l'usage des deux langues, qu'indulgent et poli pour Ælius. Mais lui-même, à la fin de ce livre, fait venir *fur*, voleur, de *furvus*, mot ancien, synonyme de *noir*, parce que, dit-il, les voleurs préfèrent le temps de la nuit pour leurs larcins. Varron ne s'est-il pas trompé ici, comme Ælius se trompait sur *lepus?* Ce que les Grecs nomment maintenant κλέπτης, leurs ancêtres le nommaient φώρ; de là est venu *fur* chez les Latins, par l'affinité des lettres. La mémoire de Varron était-elle en faute sur ce point, ou bien

---

liebrium per diem perque noctem satagebat. Has ejus intemperies in maritum Alcibiades demiratus interrogavit Socratem, quænam ratio esset, cur mulierem tam acerbam domo non exigeret. Quoniam, inquit Socrates, cum illam domi talem perpetior, insuesco et exerceor, ut ceterorum quoque foris petulantiam et injuriam facilius feram. Secundum hanc sententiam quoque Varro in Satira Menippea, quam *De Officio Mariti* scripsit : « Vitium, » inquit, « uxoris aut tollendum aut ferendum est. Qui tollit vitium, « uxorem commodiorem præstat : qui fert, sese meliorem « facit. » Hæc verba Varronis : *tollere* et *ferre* lepide quidem composita sunt : sed *tollere* apparet dictum pro *corrigere*. Id etiam apparet, ejusmodi vitium uxoris, si corrigi non possit, ferendum esse Varronem censuisse; quod ferri scilicet a viro honeste potest. Vitia enim flagitiis leviora sunt.

CAPUT XVIII.

Quod M. Varro in quarto decimo *Humanarum* L. Ælium magistrum suum περὶ ἐτυμολογίας [disserentem] falsa reprehendit, quodque idem Varro in eodem libro falsum furis ἔτυμον dicit.

In quarto decimo *Rerum divinarum* libro M. Varro doctissimum tunc civitatis hominem L. Ælium errasse ostendit; quod vocabulum Græcum vetus traductum in linguam romanam, perinde atque si prinitus latine fictum esset, resolverit in voces Latinas ratione etymologica falsa. Verba ipsa super ea re Varronis posuimus : « In quo « L. Ælius noster, litteris ornatissimus, memoria nostra « erravit aliquotiens. Nam aliquot verborum græcorum « antiquorum, perinde atque essent propria nostra, red« didit causas falsas. Non enim *leporem* dicimus, ut ait, « quod est *levipes* : sed quod est vocabulum antiquum « Græcum. Multa [enim] vetera illorum ignoramus, quod, « pro iis, aliis nunc vocabulis utuntur; et illorum esse « plerique ignorant *Græcum*, quod nunc nominant Ἕλληνα; « *puteum* esse, quod vocant φρέαρ; *leporem*, quod λαγωόν « dicunt. In quo non modo Ælii ingenium non reprehendo, « sed industriam laudo. Successum enim fortuna, expe« rientiam laus sequitur. » Hæc Varro in primore libro scripsit de ratione vocabulorum scitissime, de usu utriusque linguæ peritissime, de ipso Ælio clementissime. Sed in posteriore ejusdem libri parte dicit, « *furem* ex eo « dictum, quod veteres Romani *furvum* atrum appel« laverint; et *fures* per noctem, quæ atra sit, facilius « furentur. » Nonne sic videtur Varro de fure [errasse,] tanquam Ælius de lepore? Nam quod a Græcis nunc κλέπτης dicitur, antiquiore Græca lingua φώρ dictum est. Hinc per affinitatem litterarum qui φώρ Græce, Latine *fur* est. Sed ea res fugeritne tunc Varronis memoriam; an contra

CHAPITRE XIX.
Trait d'histoire sur les livres sibyllins et sur Tarquin le Superbe.

Voici ce qu'on rapporte dans les anciennes annales sur les livres sibyllins. Une vieille femme, étrangère et inconnue, vint trouver Tarquin le Superbe, apportant avec elle neuf livres, qu'elle disait être un recueil d'oracles divins : elle offrait de les vendre. Tarquin s'étant informé du prix, elle demanda une somme exorbitante. Le roi crut que l'âge la faisait déraisonner, et se moqua d'elle. Alors elle apporte devant le roi un brasier allumé, et y jette trois de ses volumes. Quand ils sont brûlés, elle lui demande s'il veut acheter au même prix les six autres. Tarquin se met à rire de plus belle : il dit que cette vieille radote assurément. Elle jette encore dans le feu trois volumes, puis, toujours avec le même sang-froid, demande au roi s'il veut pour le même prix des trois qui restent. Tarquin devient plus sérieux et commence à réfléchir : il comprend que cette proposition faite avec tant d'assurance, et répétée si obstinément, ne doit pas être dédaignée : il achète ce qui reste des volumes, au prix que la vieille avait d'abord demandé pour le tout. Cette femme disparut alors, et on ne la revit jamais depuis ce temps. Les trois volumes, enfermés dans le sanctuaire d'un temple, furent appelés livres sibyllins. Les quindécemvirs vont consulter ces livres comme un oracle, quand on veut interroger les dieux sur la chose publique.

CHAPITRE XX.
Ce que les géomètres appellent σχήματα figures. Quels sont les noms des figures de géométrie en latin.

Les figures que les géomètres appellent σχήματα sont de deux sortes : elles se distinguent en figures planes et en figures solides. Les géomètres emploient pour désigner ces deux espèces de figures les mots de ἐπίπεδον et de στερεόν. La figure plane est celle qui ne s'étend qu'en longueur et en largeur, comme les triangles et les carrés dessinés sur une surface plate, et, par conséquent, sans profondeur. La figure solide est formée par des lignes qui s'étendent, non-seulement en longueur et en largeur, mais encore en hauteur, comme ces cimes triangulaires que l'on appelle pyramides, ou comme ces carrés que les géomètres désignent par le mot de κύβος, et que nous nommons *quadrantalia* : en effet, ce qu'ils appellent κύβος présente un carré de tous les côtés. « Tels sont, dit M. Varron, ces dés avec lesquels on joue sur une table divisée : on donne même au dé le nom de κύβος. » En arithmétique, on appelle aussi κύβος le nombre dont toutes les parties sont réductibles au même nombre, comme celui qui a été formé en multipliant trois par trois, et en multipliant encore par trois le produit obtenu. Selon Pythagore, c'est par le cube de trois que s'accomplit le cercle lunaire : en effet, la lune achève son cours en vingt-sept jours, et ce nom-

---

aptius et cohærentius putarit *furem* a *furvo*, id est nigro, appellari : in hac re de viro tam excellentis doctrinæ non meum judicium est.

CAPUT XIX.
Historia super libris Sibyllinis, ac de Tarquinio Superbo rege.

In antiquis annalibus memoria super libris Sibyllinis hæc prodita est. Anus hospita atque incognita ad Tarquinium Superbum regem adiit, novem libros ferens, quos esse dicebat divina oracula : eos velle dixit venundare. Tarquinius pretium percontatus est : mulier nimium atque immensum poposcit. Rex, quasi anus ætate desiperet, derisit. Tum illa foculum coram eo cum igni apponit, tris libros ex novem deurit; et, ecquid reliquos sex eodem pretio emere vellet, regem interrogavit. Sed enim Tarquinius id multo risit magis, dixitque, anum jam procul dubio delirare. Mulier ibidem statim tris alios libros exussit; atque id ipsum denuo placide rogat, ut tris reliquos eodem illo pretio emat. Tarquinius ore jam serio atque attentiore animo fit; eam constantiam confidentiamque non insuper habendam intelligit : et libros tris reliquos mercatur nihilo minore pretio, quam quod erat petitum pro omnibus. Sed eam mulierem tunc a Tarquinio digressam postea nusquam loci visam constitit. Libri tres in sacrarium conditi Sibyllini appellati. Ad eos, quasi ad oraculum, quindecimviri adeunt, cum dii immortales publice consulendi sunt.

CAPUT XX.
Quæ geometræ dicant *schemata*, quibusque omnia ista latinis vocabulis appellentur.

Figurarum, quæ σχήματα geometræ appellant, genera sunt duo : planum et solidum. Hæc ipsi vocant ἐπίπεδον καὶ στερεόν. *Planum* est, quod in duas partis solum lineas habet, qua latum est et qua longum : qualia sunt triquetra et quadrata, quæ in area fiunt, sine altitudine. *Solidum* est, quando non longitudines modo et latitudines planas numeri linearum efficiunt, sed etiam extollunt altitudines : quales sunt ferme metæ triangulæ, quas pyramidas appellant : vel qualia sunt quadrata undique, quæ κύβους illi, nos quadrantalia dicimus. Κύβος enim est figura ex omni latere quadrata : « Quales sunt, » inquit M. Varro, « tesseræ, quibus in alveolo luditur : ex quo « ipsæ quoque appellantur κύβοι. » In numeris etiam similiter κύβος dicitur, cum omne latus ejusdem numeri æquabiliter in sese solvitur, sicuti fit cum ter terna ducuntur : atque idem ipse numerus triplicatur. Hujus numeri cubum Pythagoras vim habere lunaris circuli dixit, quod et luna orbem suum lustret septem et viginti diebus, qui nume-

bre est le cube de trois. Nous appelons *linea*, ligne, ce que les Grecs nomment γραμμή. Varron en donne cette définition : « La ligne, dit-il, est une certaine longueur, sans largeur ni profondeur. » Euclide la définit plus brièvement, et sans parler de profondeur : μῆκος ἀπλατές. Ce mot ἀπλατής ne pourrait se rendre en latin par un seul mot, à moins qu'on osât dire *illatabilis*.

CHAPITRE XXI.

Que Julius Higinus affirme positivement avoir lu dans un texte des Géorgiques, qui avait appartenu à la famille de Virgile, ce vers ainsi écrit : *et ora Tristia tentantum sensu torquebit amaror*, et non pas, comme on met ordinairement : *sensu torquebit amaro*.

On lit ordinairement ainsi ces vers des *Géorgiques* :

« La saveur de cette eau vous servira d'indice;
« car, si vous la goûtez, elle révoltera votre palais
« par sa forte amertume. »

Higinus, grammairien digne d'estime, affirme et soutient dans son commentaire que ce n'est pas là la vraie leçon; qu'il faut mettre, ainsi qu'il l'a lu dans un exemplaire qui venait de la famille de Virgile :

. . . et ora
Tristia tentantum sensu torquebit amaror.

Higinus n'est pas seul de cet avis, et plusieurs savants, approuvant sa correction, ont trouvé qu'il est absurde de dire, *sapor sensu amaro torquet*, puisque la saveur (*sapor*) est une sensation (*sensus*), et qu'on ne peut mettre dans la saveur d'autre sensation qu'elle-même; que c'est comme si on disait, *sensus sensu amaro torquet*. Un jour que je lisais à Favorinus le commentaire d'Higinus, cette expression, *sensu torquet amaro* lui parut tout d'abord si inusitée et si peu élégante, qu'il s'écria en riant : « Je suis prêt à jurer sur une pierre à Jupiter, ce qui est le plus sacré de tous les serments, que Virgile n'a jamais écrit cela, et qu'Higinus a raison. » Virgile ne s'est pas servi le premier d'*amaror* : il a trouvé ce mot dans les vers de Lucrèce, et il a cru pouvoir suivre l'autorité d'un poëte si célèbre par son génie et par la beauté de son style. On trouve dans le quatrième chant de Lucrèce les vers suivants :

« Enfin, quand nous respirons l'air près de la
« mer, souvent une saveur salée nous vient à la
« bouche; quand on délaye de l'absinthe auprès
« de nous, sous nos yeux, l'amertume qui s'en
« échappe agit sur nos sens. »

On sait que Virgile n'a pas seulement emprunté des mots à Lucrèce, mais qu'il a imité de lui beaucoup de vers et même de passages entiers.

CHAPITRE XXII.

Si un avocat s'exprime correctement et en bon latin, lorsqu'il dit, en parlant de l'appui qu'il prête à un accusé, *superesse se ei*. De la signification propre de *superesse*.

Il y a aujourd'hui une locution très-répandue, dans laquelle on donne au mot *superesse* une signification qui lui est étrangère. Ainsi on dit : *hic illi superest*, pour dire, il est son avocat, il s'est chargé de sa cause. On se sert de cette expression non-seulement dans les carrefours et

---

rus ternio, qui Græce dicitur τριάς, tantumdem efficiat in cubo. Linea autem a nostris dicitur, quam γραμμὴν Græci nominant. Eam M. Varro ita definit : « Linea est, » inquit, « longitudo quædam sine latitudine et altitudine. » Εὐκλείδης autem brevius, prætermissa altitudine : Γραμμὴ est, inquit, μῆκος ἀπλατές : quod exprimere uno Latino verbo non queas, nisi audeas dicere *illatabile*.

CAPUT XXI.

Quod Julius Higinus affirmatissime contender', legisse se librum P. Virgilii domesticum, in quo scrip'um esset : *et ora Tristia tentantum sensu torquebit ar ror*, non, quod vulgus legeret : *sensu torquebit amaro*.

Versus istos ex *Georgicis* Virgilii plerique omnes sic legunt :

At sapor indicium faciet manifestus, et ora
Tristia tentantum sensu torquebit amaro.

Higinus autem, non hercle ignobilis grammaticus, in commentariis, quæ in Virgilium fecit, confirmat et perseverat, non hoc a Virgilio relictum, sed quod ipse invenerit in libro, qui fuerat ex domo atque familia Virgilii :

— et ora
Tristia tentantum sensu torquebit amaror.

Neque id soli Higino, sed doctis quibusdam etiam viris complacitum : quoniam videtur absurde dici : *Sapor sensu amaro torquet*; cum ipse, inquiunt, sapor sensus sit, non alium in semet ipso sensum habeat : ac perinde sit quasi dicatur : *Sensus sensu amaro torquet*. Sed enim cum Favorino Higini commentarium legissem, atque ei statim displicita esset insolentia et insuavitas illius : *sensu torquebit amaro*, risit, et : Jovem lapidem, inquit, quod sanctissimum jusjurandum est habitum, paratus sum ego jurare, Virgilium hoc nunquam scripsisse, sed Higinum ego verum dicere arbitror. Non enim primus finxit hoc verbum Virgilius insolenter : sed in carminibus Lucretii inventum est : nec est aspernatus auctoritatem poetæ, ingenio et facundia præcellentis. Verba ex quarto Lucretii hæc sunt :

Denique in os salsi venit humor sæpe saporis :
Quum mare versamur propter : dilutaque contra
Quum tuimur misceri absynthia, tangit amaror.

Non verba autem sola, sed versus prope totos et locos quoque Lucretii plurimos sectatum esse Virgilium videmus.

CAPUT XXII.

An, qui causas defendit, recte latineque dicat : *superesse se ei quod defendit*; et *superesse* proprie quid sit.

Irroboravit inveteravitque falsa atque aliena verbi significatio [ejus], quod dicitur : *hic illi superest*; cum dicendum est, advocatum esse quem culpiam, causamque ejus defendere. Atque id dicitur non in compitis tantum neque

parmi le peuple, mais au forum, aux comices et dans les tribunaux. Pour ceux qui parlent purement leur langue, on les verra presque tous employer *superesse* dans le sens de, surabonder, être superflu, être de reste. Varron, dans une de ses satires qui a pour titre, *Vous ne savez pas ce que le soir amène*, emploie *superesse* pour dire, être de trop, être hors de saison. C'est dans le passage suivant : « Tout n'est pas propre à « être lu dans un repas : on prendra de préférence « ce qui est à la fois utile et agréable ; mais il « faut que l'agréable domine : dans une lecture de « ce genre, mieux vaut l'excès que l'insuffisance « d'agrément : » *Ut id quoque videatur non defuisse magis quam superfuisse*. Un jour, étant entré par hasard dans le tribunal d'un préteur, homme instruit, je fus témoin du trait suivant. L'avocat, qui ne manquait pas de réputation, faisait aux juges une demande qui n'allait à rien moins qu'à le dispenser de rester dans la cause et de traiter le fait en question. Le préteur dit alors au client qu'il n'avait pas de défenseur. L'avocat protesta en disant : *Ego illi, vir clarissime, supersum*. « Je suis bien là pour le défendre, illustre magis- « trat. » A quoi le préteur répondit spirituellement: *Tu plane superes, non ades*. « Vous n'êtes pas « là, vous êtes de trop. » Cicéron, dans l'ouvrage intitulé *De la manière de réduire en art le droit civil*, a écrit cette phrase : « Non-seulement « Q. Ælius Tubéron ne fut pas au-dessous de « ses ancêtres comme jurisconsulte, mais encore « il les surpassa de beaucoup par ses connais- « sances très-étendues dans les autres sciences. » *Doctrina etiam superfuit*. Ici, *superfuit* veut dire que Tubéron laissa bien loin derrière lui ses ancêtres, par l'extrême abondance et la ri-

chesse infinie de ses connaissances. Tubéron était très-versé dans la philosophie stoïcienne, et possédait à fond la dialectique. Dans le second livre de *la République* de Cicéron, on trouve le même mot employé d'une manière qui mérite d'être remarquée; voici le passage : « Je continuerais vo- « lontiers, Lélius, si nos compagnons ne voulaient, « et si je ne désirais moi-même, t'entendre traiter « quelque partie du sujet sur lequel roule notre « entretien : toi-même tu as dit hier que tu pouvais « en dire sur ce sujet plus long que nous, et même « plus qu'on n'en voudrait entendre » (*præsertim cum heri ipse dixeris te nobis etiam superfuturum*); « nous ne saurions trop goûter le plaisir « d'entendre Lélius, et nous le prions tous de ne « pas nous en priver. » Julius Paulus remarquait, avec beaucoup de sens et de justesse, que le mot *superesse* ne se prenait pas dans une seule acception, tant en latin qu'en grec. En effet, par le mot περισσόν les Grecs désignent non-seulement ce qui est superflu et inutile, mais aussi ce qui est en grande quantité, en extrême abondance. Nos anciens écrivains expriment par *superesse*, tantôt ce qui est de trop, ce qui est hors de propos, comme dans l'exemple de Varron ; tantôt, comme dans les phrases de Cicéron que nous avons citées, ce qui surpasse beaucoup les autres choses, mais en dépassant la mesure rigoureuse, et en allant jusqu'à l'excès. Or, l'avocat qui dit en parlant de ce qu'il fait pour son client, *superesse se ei*, n'entend *superesse* d'aucune de ces manières, et se sert d'une expression incorrecte, prise je ne sais où. On ne peut pas même autoriser cette locution par l'exemple de Virgile, qui a mis dans les *Géorgiques* :

« Si le ciel m'accorde assez de jours, je veux « le premier dans ma patrie amener avec moi.... »

---

in plebe vulgaria, sed in foro, in comitio, apud tribunalia. Qui integre autem locuti sunt, magnam partem *superesse* ita dixerunt, ut eo verbo significarent superfluere et supervacare atque esse supra necessarium modum. Itaque M. Varro in Satira quæ inscripta est : *Nescis quid vesper serus vehat*, *superfuisse* dicit immodice et intempestive fuisse. Verba ex eo libro hæc sunt : « In « convivio legi nec omnia debent, et ea potissimum quæ « simul sint βιωφελῆ, et delectent potius : ut id quoque « videatur non defuisse magis quam superfuisse. » Memini ego prætoris, docti hominis, tribunali me forte assistere, atque ibi advocatum non incelebrem sic postulare, ut extra causam diceret, remque, quæ agebatur, non attingeret, tunc prætorem ei, cuja res erat, dixisse, advocatam eum non habere : et cum is, qui verba faciebat, reclamasset : « Ego illi V. Cl. supersum : » respondisse prætorem festiviter : « tu plane superes, non ades. » M. autem Cicero in libro, qui inscriptus est : *De Jure Civili in artem redigendo*, verba hæc posuit : « Nec vero scien- « tia juris majoribus suis Q. Ælius Tubero defuit; doctri- « na etiam superfuit. » In quo loco *superfuit* significare videtur supra fuit et præstitit, superavitque majores suos doctrina sua superfluenti, tum et nimis abundanti : disciplinas enim Tubero stoicas et dialecticas percalluerat. In libro quoque *De Republica* secundo id ipsum verbum Ciceronis non temere transeundum. Verba ex eo libro hæc sunt : « Non gravarer, Læli, nisi et hos velle putarem , « et ipse cuperem, te quoque aliquam partem hujus nostri « sermonis attingere : præsertim cum heri ipse dixeris, te « nobis etiam superfuturum. Verum, [si] id quidem fieri « non potest; ne desis, omnes te rogamus. » Exquisite igitur et comperte Julius Paulus dicebat, homo in nostra memoria doctissimus : *superesse* non simplici ratione dici tam latine, quam græce : Græcos enim περισσὸν in utramque partem ponere; vel quod supervacaneum esset ac non necessarium, vel quod abundans nimis et affluens et exsuperans. Sic nostros quoque veteres *superesse* alias dixisse pro superfluenti et [super]vacuo neque admodum necessario, ita ut supra posuimus Varronem dicere : alias ita, ut Cicero dixit, pro eo, quod copia quidem et facultate ceteris anteiret, supra modum tamen et largius prolixiusque flueret, quam esset satis. Qui dicit ergo se superesse ei, quem defendit, nihil istorum vult dicere : sed nescio quid aliud indictum inscitumque dicit. Ac ne Virgilii quidem poterit auctoritate uti, qui in *Georgicis* ita scripsit :

Primus ego in patriam mecum, modo vita supersit.

Primus ego in patriam mecum, modo vita supersit.

Virgile, en cet endroit, ne me paraît pas avoir pris ce verbe dans son sens le plus propre; car ici, *superesse* signifie subsister longtemps, avoir une longue durée. J'aime mieux la manière dont il emploie ce mot dans ces autres vers :

« Ils cueillent pour eux des herbes fraîches, leur
« apportent une onde pure, et leur donnent du
« grain en abondance, pour les mettre en état de
« suffire aux doux travaux de Vénus. »

...Ne blando nequeant superesse labori.

Ici, en effet, *superesse* signifie être au-dessus du travail, résister à la fatigue. J'ai cherché si les anciens écrivains s'étaient servis de *superesse* pour dire ce qui est en arrière, ce qui reste à faire. Salluste, pour exprimer ce sens, n'a pas mis *superesse*, mais *superare*. C'est dans cet endroit de Jugurtha : « Il conduisait souvent l'armée seul
« et sans le roi, et faisait ordinairement tout ce
« que la fatigue, ou d'autres soins plus importants,
« ne permettaient pas à Jugurtha de faire lui-
« même : » *quæ Jugurthæ fesso aut majoribus
astricto superaverant*. Mais j'ai trouvé, dans le troisième livre des Annales d'Ennius, ce vers :

« Il dit alors qu'il lui reste encore une tâche à
« accomplir. »

Inde sibi memorat unum superesse laborem.

Superesse, dans cet endroit, veut dire être en retard, être encore à faire. Remarquons qu'ici, ce verbe doit être prononcé en deux parties séparées, de manière à former deux mots différents dans la phrase. Dans sa seconde *Philippique*, Cicéron, pour exprimer ce qui reste à faire, n'a pas mis *superesse*, mais *restare*. Enfin on trouve *superesse* dans le sens de survivre. Il y a un exemple remarquable de ce sens dans une lettre d'Asinius Pollion à Cicéron, comprise dans le recueil des lettres de Cicéron à L. Plancus. C'est cette phrase : « Car je veux vivre pour la
« république, et je ne veux pas lui survivre. » *Nam neque deesse reipublicæ volo, neque superesse.* Il dit par là expressément que, si la république succombe, il ne veut pas vivre après elle. Un autre exemple non moins frappant de ce sens nous est donné par ces vers de Plaute, qui sont au commencement de l'*Asinaire* :

« Puisque vous désirez que votre fils unique
« vous survive. »

Sicut tuum vis unicum gnatum tuæ
Superesse vitæ sospitem ac superstitem.

Ainsi, à l'impropriété de mot se joindrait un présage fâcheux, si un avocat avancé en âge disait à un jeune homme son client : *Ego tibi supersum.*

CHAPITRE XXIII.

Ce qu'était Papirius Prétextatus, et d'où lui vint ce surnom. Récit de toute cette curieuse et intéressante histoire de Papirius.

L'histoire de Papirius Prétextatus a été racontée par M. Caton dans le discours qu'il adressa à l'armée contre Galba. J'aurais inséré ici ce récit, écrit avec beaucoup de précision, de délicatesse et d'élégance, si j'avais eu l'ouvrage à ma disposition dans le moment. Au reste, si l'on tient plus au fait lui-même qu'au talent de l'expression, voici en quoi consiste cette histoire. Autrefois les sénateurs romains avaient coutume de faire entrer avec eux dans la curie ceux de leurs en-

---

Hoc enim in loco Virgilius ἀκυρώτερον eo verbo usus videtur, quod *supersit* dixit pro longinquius diutiusque adsit. Illud contra ejusdem Virgilii est aliquande probabilius :

Florentisque secant herbas, fluviosque ministrant,
Farraque, ne blando nequeant superesse labori.

Significat enim supra laborem esse, neque opprimi a labore. An autem *superesse* dixerint veteres pro restare et perficiendæ rei deesse, quærebamus. Nam Sallustius in significatione ista non *superesse*, sed *superare* dicit. Verba ejus in *Jugurtha* hæc sunt : « Is plerumque seorsum
« rege exercitum ductare, et omnis res exsequi solitus
« erat, quæ Jugurthæ fesso aut majoribus astricto supe-
« raverant. » Sed invenimus in tertio Ennii *Annalium* in hoc versu :

Inde sibi memorat unum superesse laborem,

Id est, reliquum esse et restare; quod quidem divise pronuntiandum est, ut non una pars orationis esse videatur, sed duæ. Cicero autem in secunda *Antoniarum*, quod est reliquum, non *superesse*, sed *restare* dicit. Præter hæc, *superesse* invenimus dictum pro *superstitem esse*. Ita enim scriptum est in libro epistolarum M. Ciceronis ad L. Plancum et in epistola [M.] Asinii Pollionis ad Ciceronem verbis his : « Nam neque deesse reipublicæ volo, « neque superesse. » Per quod significat, si respublica emoriatur et pereat, nolle se vivere. In Plauti autem Asinaria manifestius id ipsum scriptum est in his verbis, quæ sunt ejus comœdiæ prima :

Sicut tuum vis unicum gnatum tuæ
Superesse vitæ sospitem et superstitem.

Cavenda igitur est non improprietas sola verbi, sed etiam pravitas ominis, si quis senior advocatus adolescenti *superesse se dicat.*

CAPUT XXIII.

Quis fuerit Papirius Prætextatus, quæve istius causa cognomenti sit; historiaque ista omnis super eodem Papirio cognitu jucunda.

Historia de Papirio Prætextato dicta scriptaque est a M. Catone in oratione, qua usus est ad milites contra Galbam, cum multa quidem venustate atque luce atque munditia verborum. Ea Catonis verba huic prorsus commentario indidissem, si libri copia fuisset id temporis, cum hæc dictavi. Quod si non virtutes dignitatesque verborum, sed rem ipsam scire quæris, res ferme ad hunc modum est. Mos antea senatoribus Romæ fuit in curiam cum prætextatis filiis introire. Tunc quidem in senatu res major quæpiam

fants qui portaient la robe prétexte. Un jour, le sénat ayant agité une question importante, et la suite de la délibération ayant été remise au lendemain, on décida que le silence serait gardé sur l'affaire dont on s'était occupé, jusqu'à ce que le décret fût rendu. Le jeune Papirius avait accompagné son père à la curie. Sa mère, à son retour, lui demanda sur quoi on avait délibéré. Il lui répondit qu'il n'était pas permis de le dire, et qu'il devait se taire. Cette réponse ne fait qu'augmenter sa curiosité : excitée par le silence de son fils, impatiente de pénétrer ce mystère, elle renouvelle ses questions avec plus de vivacité et d'acharnement. Alors le jeune homme, tourmenté par sa mère, imagine, pour se délivrer d'elle, un ingénieux et plaisant mensonge. Il lui dit que les sénateurs avaient discuté la question de savoir ce qu'il valait mieux pour la république, de donner deux femmes à un mari, ou deux maris à une femme. Cette nouvelle la frappe de terreur : aussitôt elle sort de sa maison, toute tremblante, et va redire aux autres dames romaines ce qu'elle a appris. Le lendemain, une troupe de matrones éplorées se rendait aux portes de la curie : là, pleurant et gémissant, elles demandaient qu'on donnât aux femmes deux maris, plutôt que de donner aux hommes deux épouses. Les sénateurs, en entrant dans la curie, se demandaient avec étonnement ce que signifiaient ce tumulte et ces prières. Alors Papirius, s'avançant au milieu d'eux, leur raconta les importunités de sa mère, et le mensonge qu'il lui avait fait. L'assemblée, charmée de sa discrétion et de son esprit, ordonna que désormais les fils ne suivraient plus leurs pères à la curie, et que cette faveur serait réservée au seul Papirius. Un autre honneur qu'on lui accorda fut le surnom de *Prætextatus*, destiné à rappeler la prudence singulière avec laquelle il avait su, dans l'âge où l'on porte la prétexte, parler et se taire à propos.

CHAPITRE XXIV.

Épitaphes des trois anciens poëtes Nævius, Plaute et Pacuvius, composées par eux-mêmes et gravées sur leurs tombeaux.

Voici trois inscriptions en vers, que trois poëtes illustres, Cn. Nævius, Plaute et M. Pacuvius, ont composées pour servir d'épitaphes à leurs tombeaux. L'élégance et la grâce de ces pièces m'ont engagé à les insérer dans ce recueil. Nævius se donne dans la sienne, avec un orgueil tout campanien, des éloges mérités sans doute, mais qu'on aimerait mieux ne pas voir dans sa bouche :

« S'il était possible aux immortels de pleurer les
« mortels, les divines Muses pleureraient le poëte
« Nævius. Depuis qu'il est descendu dans le séjour
« de l'avare Achéron, on a oublié à Rome la langue
« latine. »

Voici maintenant les vers de Plaute. J'aurais hésité à les lui attribuer, si Varron ne les donnait comme de lui dans le premier livre de son ouvrage *Sur les poëtes* :

« Depuis que Plaute a été frappé de la mort, la
« comédie est en pleurs, la scène est déserte : les
« Ris, les Jeux, tous les dieux de la plaisanterie et
« de la poésie au mètre libre, versent ensemble des
« pleurs sur son tombeau. »

L'épitaphe de Pacuvius est pleine d'une modes-

CAPUT XXIV.

Tria epigrammata trium veterum poetarum, Nævii, Plauti, Pacuvii, quæ, facta ab ipsis, eorum sepulcris incisa sunt.

Trium poetarum illustrium epigrammata, Cn. Nævii, M. Plauti, M. Pacuvii, quæ ipsi fecerunt, et incidenda suo sepulcro reliquerunt, nobilitatis eorum gratia et venustatis scribenda in his commentariis esse duxi. Epigramma Nævii plenum superbiæ Campanæ : quod testimonium esse justum potuisset, nisi ab ipso dictum esset :

Mortalis immortalis flere si foret fas,
Flerent divæ Camœnæ Nævium poetam.
Itaque postquam est Orcino traditus thesauro,
Obliti[e]i sunt Romæ loquier latina lingua.

Epigramma Plauti, quod dubitassemus an Plauti foret, nisi a M. Varrone positum esset in libro *De Poetis* primo :

Postquam morte datu'st Plautus, comœdia luget ;
Scena est deserta. Dein Risus, Ludu', Jocusque,
Et numeri innumeri simul omnes collacrumarunt.

Epigramma Pacuvii verecundissimum et purissimum, dignumque ejus elegantissima gravitate :

Adulescens, tametsi properas, hoc te saxum rogat,

---

consulta, eaque in diem posterum prolata est ; placuitque ut eam rem, super qua tractavissent, ne quis enuntiaret, prius quam decreta esset : mater Papirii pueri, qui cum parente suo in curia fuerat, percontata est filium quidnam in senatu Patres egissent. Puer respondit, tacendum esse, neque id dici licere. Mulier fit audiendi cupidior. Secretum rei et silentium pueri animum ejus ad inquirendum everberat. Quærit igitur compressius violentiusque. Tum puer, matre urgente, lepidi atque festivi mendacii consilium capit : actum in senatu dicit, utrum videretur utilius exque republica esse, unusne ut duas uxores haberet, an ut una apud duos nupta esset. Hoc illa ubi audivit, animo compavescit. Domo trepidans egreditur [:] ad ceteras matronas [defert, quod audierat], pervenit[un]t ad senatum postera die matrum familias caterva. Lacrymantes atque obsecrantes orant, una potius ut duobus nupta fieret, quam ut uni duæ. Senatores ingredientes in curiam, quæ illa mulierum intemperies et quid sibi postulatum isthæc vellet, mirabantur. Puer Papirius in medium curiæ progressus, quid mater audire instituisset, quid ipse matri dixisset, rem, sicuti fuerat, denarrat. Senatus fidem atque ingenium pueri exosculatus consultum facit, uti posthac pueri eum patribus in curiam ne introeant ; præter ille unus Papirius : atque puero postea cognomentum, honoris gratia, inditum *Prætextatus*, ob tacendi loquendique in ætate prætextæ prudentiam.

tie et d'une pureté charmante; on y trouve cette élégante gravité propre à son génie :

« Jeune homme qui passes, si pressé que tu
« sois, approche, ce marbre t'appelle; regarde
« et lis : Ici reposent les os du poëte Marcus Pa-
« cuvius. Je n'ai pas voulu te le laisser ignorer.
« Adieu. »

CHAPITRE XXV.

Comment M. Varron définit le mot *trêve*. Recherches attentives de l'auteur sur l'étymologie de ce mot.

M. Varron, dans son traité *Des choses humaines*, au livre qui a pour titre, *De la guerre et de la paix*, a défini le mot trêve de cette manière : « Une « trêve, dit-il, est une paix faite entre deux « camps pour quelques jours. » Il en donne encore une autre définition ailleurs : il dit que ce sont *les vacances de la guerre, feriæ belli*. Ces deux définitions, qui offrent une concision agréable, sont assurément d'un homme d'esprit; mais elles ne sont pas parfaitement exactes. En effet, on ne peut pas donner à une trêve le nom de paix ; car, durant une trêve, la guerre subsiste toujours, le combat seul est interrompu. En outre, ce n'est pas toujours entre deux camps que la trêve se conclut, et souvent elle se prolonge au delà de quelques jours. Que devient la définition de Varron, si, après avoir conclu une trêve de plusieurs mois, les deux armées lèvent le camp et vont s'établir dans les places fortes? Est-ce qu'alors il n'y a plus de trêve ? Si une trêve n'est qu'une paix de quelques jours, que dire d'un passage du premier livre des Annales de Quadrigarius, où cet historien raconte que le général des Samnites, C. Pontius, demanda au dictateur romain une trêve de six heures? Quant à ce mot de *vacances*

de la guerre, c'est plutôt un mot spirituel qu'une définition claire et précise. Les Grecs ont, pour désigner la convention qui suspend les hostilités, un mot plus expressif et plus juste, c'est ἐκεχειρία, formé d'ἔχειν et de χείρ, en retranchant le premier χ, et en mettant à la place une lettre plus douce. Ce mot est tiré de la nature même de la trêve, qui, en faisant cesser les hostilités, enchaîne les bras des soldats. Au reste, il est aisé de voir que Varron n'a pas voulu ici définir rigoureusement la trêve, et qu'il ne s'est point inquiété d'obéir aux règles scientifiques de la définition. Il s'est contenté d'interpréter le mot par une de ces explications que les Grecs appellent τύποι, esquisses, et ὑπογραφαί, indications, et qu'ils distinguent des ὁρισμοί, définitions. Quant à l'étymologie du mot trêve, *induciæ*, j'ai travaillé longtemps pour la trouver. Voici celle qui m'a paru la plus vraisemblable, parmi toutes celles que j'ai lues ou recueillies de la bouche de nos savants. Je crois que *induciæ* est formé des trois mots, *inde uti jam*. La convention qu'on appelle trêve a pour objet d'interrompre le combat, et de suspendre toute hostilité jusqu'à un certain moment : mais on arrête qu'à partir de ce moment, l'état de guerre reprendra son cours : *Ex eo die postea uti jam omnia belli jure agantur*. On fixe un certain jour, et l'on convient que, jusqu'à ce jour, on cessera de combattre ; et que ce jour une fois passé, on reprendra les armes : *Inde uti jam pugnetur*. Accouplez ensemble ces trois mots, *inde uti jam*, réunissez-les en un seul, et vous trouverez ainsi la manière dont s'est formé le mot *induciæ*. Aurélius Opilius, dans le premier livre du recueil qu'il a intitulé *les Muses*, donne une autre étymologie : « Il y a trêve, *induciæ*, dit-il, lorsque les soldats « de deux armées ennemies s'avancent les uns

Ut[e]i ad se aspicias : deinde quod scriptum 'st legas.
Hic sunt poetæ Pacuvi[e]i Marc[e]i sita
Ossa. Hoc volebam, nescius ne esses. Vale.

CAPUT XXV.

Quibus verbis M. Varro *inducias* definierit : quæsitumque inibi curiosius, quænam ratio sit vocabuli *induciarum*.

Duobus modis M. Varro in libro *Humanarum*, qui est *De bello et pace*, *Induciæ* quid sint, definit. « Induciæ, » inquit, « sunt pax castrensis paucorum dierum. » Item alio in loco : « Induciæ, » inquit, « sunt belli feriæ. » Sed lepidæ magis jucundæ brevitatis utraque definitio, quam plena aut proba esse videtur. Nam neque pax est induciæ : (bellum enim manet, pugna cessat ;) neque in solis castris, neque paucorum tantum dierum induciæ sunt. Quid enim dicemus, si induciis [in] mensum aliquot factis in oppida castris concedatur? Nonne tum quoque induciæ sunt? Aut rursus quid esse id dicemus, quod in primo *Annali* Quadrigarii scriptum est, C. Pontium Samnitem a dictatore romano sex horarum inducias postulasse, si induciæ paucorum tantum dierum appellandæ sunt? Belli autem ferias festive magis dixit, quam aperte atque definite. Græ-

ci autem significantius consignatiusque cessationem istam pugnæ pacticiam ἐκεχειρίαν dixerunt, exempta una littera sonitus vastioris, et subjuncta lenioris. Nam quod eo tempore non pugnetur, et manus cohibeantur, ἐκεχειρίαν appellarunt. Sed profecto non id fuit Varroni negotium, ut inducias superstitiose definiret, et legibus rationibusque omnibus definitionum inserviret. Satis enim visum est, ejusmodi facere demonstrationem, quod genus Græci τύπους magis et ὑπογραφὰς, quam ὁρισμοὺς vocant. *Induciarum* autem vocabulum qua sit ratione factum, jam diu est, cum quærimus. Sed ex multis, quæ vel audi[vi]mus vel legimus, probabilius id, quod dicam, videtur. Induciæ sic dictas arbitramur, quasi tu dicas *inde uti jam*. Pactum induciarum ejusmodi est, ut in diem certum non pugnetur, nihilque incommodetur : sed ex eo die postea uti jam omnia belli jure agantur. Quod dicitur dies certus præfinitus, pactumque fit, ut ante eum diem ne pugnetur, atque is dies ubi venit inde uti jam pugnetur : idcirco ex iis, quibus dixi, vocibus, quasi per quemdam coitum et copulam nomen induciarum connexum est. Aurelius autem Opilius, in primo librorum, quos *Musarum* inscripsit : « *Induciæ*, » inquit, « dicuntur, cum hostes inter sese « utrinque utroque alteri ad alteros impune et sine pugna

« au-devant des autres, et s'abordent sans com-
« bat et sans péril. » *Impune et sine pugna ineunt.*
« C'est de là qu'est venu le mot *induciæ*, et le
« sens de ce mot est le même que si on disait
« *initiæ*, le même que celui d'*initus*, ou d'*in-
« troitus.* » J'ai cité ici cette étymologie, de peur
que quelque détracteur de ces *Nuits*, s'imaginant
que je n'ai pas eu connaissance, dans mes recherches à ce sujet, de l'opinion d'Aurélius, ne la juge
préférable à la mienne pour ce seul motif.

CHAPITRE XXVI.

Quelle réponse me fit le philosophe Taurus, un jour que
je lui demandais si le sage se mettait en colère.

Un jour, étant dans l'école de Taurus, je demandai à ce philosophe si le sage se mettait en
colère. Les disciples de Taurus pouvaient, après
la leçon de chaque jour, lui adresser toutes les
questions qu'ils voulaient. D'abord il nous fit sur
la passion de la colère, considérée comme une
maladie de l'âme, une longue et savante dissertation, qui reproduisait la doctrine des anciens
philosophes, et celle qu'il avait présentée lui-même
sur ce sujet dans ses commentaires. Se tournant
ensuite vers moi qui avais fait la question : « Je
viens de vous exposer, dit-il, ma manière de
penser sur la colère ; mais je crois qu'il ne sera
pas inutile de vous faire connaître aussi le sentiment de Plutarque, ce philosophe si sage et si
savant. Plutarque avait un esclave méchant et
entêté qui avait retenu, des discours qu'il enten-
tendait, beaucoup de maximes philosophiques.
Un jour, pour le punir de je ne sais quelle faute,
Plutarque le fit dépouiller de sa tunique, et ordonna de le fouetter. Tandis que l'ordre s'exécutait, l'esclave assura d'abord en gémissant qu'il
n'avait pas mérité ce châtiment, qu'il n'avait
fait aucun mal, qu'il n'y avait rien de punissable
dans sa conduite : puis, bientôt après, élevant la
voix, et cessant de se plaindre et de se lamenter,
d'un ton sévère et grondeur il se mit à sermon-
ner son maître, et à dire que Plutarque ne se conduisait pas comme il convenait à un philosophe ;
qu'il était honteux de se mettre en colère ; que
lui-même avait souvent disserté sur les funestes
effets de cette passion ; qu'il avait écrit un livre
admirable sur les moyens de s'en préserver (περὶ
ἀοργησίας); qu'il violait ouvertement les préceptes
de son livre en se livrant à de tels transports de
fureur, et en faisant charger de coups un malheureux. Plutarque avec le plus grand sang-froid
lui répondit d'une voix paisible : « D'où juges-tu,
misérable, que je suis en colère? Que vois-tu dans
mon visage, dans ma voix, dans mon teint, dans
mes paroles, qui puisse te faire croire que la colère
s'est emparée de moi? Mes regards n'ont, je pense,
rien de farouche ; mon visage n'est point troublé,
je ne pousse pas des cris menaçants, la rougeur
ne monte pas à mes joues, l'écume ne vient pas
sur mes lèvres ; je ne tiens aucun propos indigne
de moi, on ne voit en moi ni brusque mouvement, ni tremblement convulsif. Or, ce sont là,
si tu l'ignores, les marques certaines de la colère. »
Puis, se tournant vers l'esclave qui tenait le fouet :
« Pendant que ton camarade et moi nous philoso-
« phons ensemble, dit-il, continue ta besogne. » Le
résumé de l'avis de Taurus fut qu'être exempt
de colère, ce n'était pas être froid et indifférent ;
qu'une âme modérée était autre chose qu'une âme
insensible et glacée, ἀνάλγητος καὶ ἀναίσθητος.
Comme toutes les autres passions que les philo-

« ineunt. Inde adeo, inquit, nomen esse factum videtur,
« quasi *initiæ*, hoc est, *initus* atque *introitus.* » Hoc ab
Aurelio scriptum propterea non præterii, ne cui harum
Noctium æmulo eo tantum nomine elegantius id videretur, tanquam id nos originem verbi requirentes fugisset.

CAPUT XXVI.

Quem in modum mihi Taurus philosophus responderit percontanti, an sapiens irasceretur.

Interrogavi in diatriba Taurum, an sapiens irasceretur.
Dabat enim sæpe post quotidianas lectiones quærendi,
quod quis vellet, potestatem. Is cum graviter et copiose
de morbo affectuve iræ disseruisset, quæ et in veterum
libris et in ipsius commentariis exposita sunt : convertitur
ad me, qui interrogaveram, et : Hæc ego, inquit, super
irascendo sentio. Sed, quid et Plutarchus noster vir doctissimus ac prudentissimus senserit, non ab re est, ut id
quoque audias. Plutarchus, inquit, servo suo, nequam
homini et contumaci, sed libris disputationibusque philosophiæ aures imbutas habenti, tunicam detrahi ob nescio
quod delictum, cædique cum loro jussit. Cœperat verberari ; et obloquebatur, non meruisse, ut vapulet ; nihil
mali, nihil sceleris admisisse. Postremo vociferari inter
vapulandum incipit : neque jam querimonias aut gemitus
ejulatusque facere, sed verba seria et objurgatoria : Non
ita esse Plutarchum, ut philosophum deceret ; irasci turpe
esse : sæpe eum de malo iræ edissertavisse : librum quoque
Περὶ ἀοργησίας pulcherrimum conscripsisse ; iis omnibus,
quæ in eo libro scripta sunt, nequaquam convenire, quod
provolutus effususque in iram plurimis se plagis mulcta-
ret. Tum Plutarchus lente et leniter : Quid autem, inquit,
verbero, nunc ego tibi irasci videor? Ex vultune meo, an
ex voce, an ex colore, an etiam ex verbis correptum esse
me ira intelligis? Mihi quidem neque oculi, opinor, truces
sunt, neque os turbidum, neque immaniter clamo, neque
in spumam ruboremve effervesco, neque pudenda dico,
aut pœnitenda, neque omnino trepido ira et gestio. Hæc
enim omnia, si ignoras, signa esse irarum solent. Et simul
ad eum, qui cædebat, conversus : Interim, inquit, dum
ego atque hic disputamus, tu hoc age. Summa autem totius sententiæ Tauri hæc fuit : Non idem esse existimavit
ἀοργησίαν καὶ ἀναλγησίαν ; aliudque esse non iracundum
animum, aliud ἀνάλγητον καὶ ἀναίσθητον, (id est, hebetem et stupentem). Nam sicut aliorum omnium, quos latini philosophi affectus vel affectiones, Græci πάθη appel-

sophes latins appellent *affectus* ou *affectiones*, et les Grecs πάθη, ce mouvement de ressentiment qu'une offense fait éprouver à notre âme, et auquel on donne le nom de colère quand l'offense nous a blessés vivement, ne doit pas, selon Taurus, être entièrement banni par le sage : ce qu'on demande au sage, ce n'est pas l'absence complète de cette passion, στέρησις, comme disent les Grecs ; c'est l'art de la modérer, μετριότης.

LIVRE II.

CHAPITRE I.

De quelle manière Socrate exerçait son corps à la patience : force de volonté de ce philosophe.

Parmi les travaux et les exercices volontaires par lesquels Socrate endurcissait son corps et l'aguerrissait contre la souffrance, voici une épreuve singulière qu'il s'imposait fréquemment. On dit que souvent il restait debout dans la même attitude, pendant tout le jour, et même pendant la nuit, depuis le lever du soleil jusqu'au retour de l'aurore, sans faire un seul mouvement, sans remuer les paupières, toujours à la même place, la tête et les yeux fixes, l'âme plongée dans des pensées profondes, et comme isolée du corps par la méditation. Favorinus, nous parlant un jour de la patience de ce philosophe, nous en rapportait cette marque frappante, et disait que « souvent Socrate « restait dans la même position, d'une aurore à « l'autre, immobile et aussi droit qu'un tronc « d'arbre. » On dit aussi qu'il était si tempérant et si réglé, que, pendant tout le cours de sa vie, sa santé ne se dérangea peut-être pas une seule fois. Même, lorsqu'au commencement de la guerre du Péloponnèse, une affreuse contagion vint dépeupler Athènes par ses ravages exterminateurs, la sobriété du philosophe, l'égalité de son régime, son éloignement des voluptés, l'influence d'une vie pure et saine, le préservèrent du mal auquel personne n'échappait.

CHAPITRE II.

Quels procédés doivent observer entre eux les pères et les fils, soit pour se mettre à table, soit pour prendre des sièges, soit dans d'autres cas semblables, tant chez eux qu'au dehors, lorsque le fils est magistrat et le père simple particulier. Dissertation du philosophe Taurus sur ce sujet : exemple tiré de l'histoire romaine.

Un jour, le proconsul qui gouvernait la province de Crète vint à Athènes avec son père, pour rendre visite au philosophe Taurus, qu'il désirait connaître. Ils arrivèrent fort à propos au moment où Taurus, ayant achevé sa leçon, venait de congédier ses élèves, et s'entretenait familièrement avec nous, assis sous le vestibule de sa demeure. En voyant entrer le proconsul et son père, Taurus se leva tranquillement, leur rendit leurs salutations, et se remit à sa place. Il n'y avait là qu'un siège dont on pût disposer ; on l'avança, et, tandis qu'on allait en chercher d'autres, Taurus invita le père à s'y placer. « Non, dit celui-ci ; « que mon fils le prenne, il est magistrat du « peuple romain. — Asseyez-vous toujours, lui

---

lant : ita hujus quoque motus animi, qui, cum est ulciscendi causa sævior, ira dicitur, non privationem esse utilem censuit, quam Græci στέρησιν dicunt : sed mediocritatem, quam μετριότητα illi appellant.

LIBER SECUNDUS.

CAPUT I.

Quo genere solitus sit philosophus Socrates exercere patientiam corporis ; deque ejusdem viri patientia.

Inter labores voluntarios et exercitia corporis, ad fortuitas patientiæ vices firmandi, id quoque accepimus Socratem facere insuevisse. Stare solitus Socrates dicitur, pertinaci statu, perdius atque pernox a summo lucis ortu ad solem alterum orientem, inconnivens, immobilis, iisdem in vestigiis, et ore atque oculis eumdem in locum directis cogitabundus, tanquam quodam secessu mentis atque animi facto a corpore. Quam rem cum Favorinus, de fortitudine ejus viri ut pleraque disserens, attigisset : Πολλάκις, inquit, ἐξ ἡλίου εἰς ἥλιον ἐστήκει ἀστραβέστερος τῶν πρέμνων. Temperantia quoque eum fuisse tanta traditum est, ut omnia fere vitæ suæ tempora valetudine inoffensa vixerit. In illius etiam pestilentiæ vastitate, quæ in belli Peloponnesiaci principiis ipsam Atheniensium civitatem internecivo genere morbi depopulata est, is parcendi moderandique rationibus dicitur et a voluptatum labe cavisse, et salubritates corporis retinuisse, ut nequaquam fuerit communi omnium cladi obnoxius.

CAPUT II.

Quæ ratio observatioque officiorum esse debeat inter patres filiosque in discumbendo sedendoque, atque in id genus rebus domi forisque, si filii magistratus sunt et patres privati ; superque ea re Tauri philosophi dissertatio, et exemplum ex historia Romana petitum.

Ad philosophum Taurum Athenas, visendi cognoscendique ejus gratia, venerat V. Cl. præses Cretæ provinciæ : et cum eo simul ejusdem præsidis pater. Taurus, sectatoribus commodum dimissis, sedebat pro cubiculi sui foribus, et cum assistentibus nobis sermocinabatur. Introivit provinciæ præses, et cum eo pater. Assurrexit placide Taurus : et post mutuam salutationem resedit. Allata mox una sella est, quæ in promptu erat, atque, dum aliæ promebantur, apposita est. Invitavit Taurus patrem præsidis, ut sederet. Atque ille ait : « Sedeat hic potius, qui populi « Romani magistratus est. — Absque præjudicio, » inquit Taurus, « tu interea sede, dum conspicimus quærimus- « que, utrum conveniat, tene potius sedere, qui pater es,

« dit Taurus, sans préjudice des droits de votre fils ; « et nous examinerons ensemble lequel de vous « deux devait s'asseoir le premier, et si la dignité « du père doit l'emporter en pareil cas sur celle du « magistrat. » Le père s'étant assis, et le siège pour son fils étant arrivé, Taurus se mit à disserter sur cette question : il compara et apprécia avec une admirable justesse les procédés et les devoirs réciproques des pères et des enfants. Voici quel fut le résumé de son opinion. Dans les lieux publics, dans toutes les circonstances où le fils remplit ses fonctions de magistrat, la paternité doit abdiquer un instant ses droits, et céder la place : mais, hors des affaires publiques, dans les différentes circonstances de la vie domestique, dans les cercles, dans les promenades, dans les repas intimes, alors les rapports du père et du fils changent, la magistrature perd ses droits, et la nature reprend les siens. « Or, la visite dont vous m'honorez, cet entretien, l'examen que nous faisons ensemble de ces sortes de convenances, tout cela appartient à la vie privée. Jouissez donc chez moi, dit Taurus en s'adressant au père, des honneurs et de la préséance dont vous jouiriez chez vous. » Taurus tint encore sur ce sujet d'autres discours semblables, avec autant de gravité que de politesse. Je crois qu'il ne sera pas hors de propos de citer ici un passage de Cl. Quadrigarius, relatif à cette question de prééminence, que j'ai trouvé dans le sixième livre des Annales de cet historien. « Ensuite, dit-il, furent nommés consuls Sempronius « Gracchus, qui l'avait déjà été une fois, et Fa« bius Maximus, fils du Fabius qui avait rempli « cette charge l'année précédente. Un jour le père, « qui n'était plus que proconsul, étant venu à « cheval au-devant de son fils, consul, crut que « l'autorité paternelle le dispensait de mettre pied « à terre. Les licteurs, connaissant la parfaite in« telligence qui régnait entre eux, n'osèrent lui « ordonner de descendre ; mais, quand il fut plus « près, le consul dit au licteur de faire son devoir, « et celui-ci ordonna au proconsul de descendre « aussitôt. Fabius le père obéit, et félicita son « fils d'avoir soutenu la dignité d'une magistrature « qu'il tenait du peuple romain. »

CHAPITRE III.
Pour quelle raison les anciens ont introduit dans certains mots la lettre aspirée h.

Souvent nos ancêtres, pour donner à un mot plus de force et de vigueur, et en rendre la prononciation plus vive et plus ferme, y introduisaient la lettre h, qu'il serait peut-être plus juste de regarder comme une simple aspiration. Ils semblent avoir emprunté cet usage aux Athéniens : car on sait que dans la langue attique il y a beaucoup de mots, tels que ἰχθύς, poisson, ἴρος, sacré, dont la première lettre est aspirée, contrairement à l'usage du reste de la Grèce. De même, on a dit chez nous *lachrymœ* larmes, *ahenum*, d'airain, *vehemens*, véhément, *inchoare*, ébaucher, *helluari*, dévorer, *halucinari*, se tromper, *honera*, fardeaux, *honustus*, chargé. En faisant entrer dans tous ces mots la lettre ou l'aspiration h, on n'a eu d'autre but que de donner au son plus de nerf et de vigueur. Ce mot d'*ahenus*, que j'ai cité pour exemple, me rappelle qu'un jour Fidus Optatus, grammairien fort célèbre à Rome, me fit voir un manuscrit ancien et fort précieux du second livre de l'Énéide, qu'il avait acheté

« an filium, qui magistratus est. » Et, cum pater assedisset, appositumque esset aliud filio quoque ejus sedile, verba super ea re Taurus facit cum summa di boni! honorum atque officiorum perpensatione. Eorum verborum sententia hæc fuit : In publicis locis atque muneribus atque actionibus patrum jura cum filiorum, qui in magistratu sunt, potestatibus collata interquiescere paululum et connivere : sed cum extra rempublicam in domestica re atque vita sedeatur, ambuletur, in convivio quoque familiari discumbatur, tum inter filium magistratum et patrem privatum publicos honores cessare ; naturales et genuinos exoriri. Hoc igitur, inquit, quod ad me venistis, quod colloquimur nunc, quod de officiis disceptamus, privata actio est. Itaque utere apud me iis honoribus prius, quibus domi quoque vestræ te uti priorem decet. Hæc atque alia in eamdem sententiam Taurus graviter simul et comiter disseruit. Quid autem super hujuscemodi patris atque filii officio apud Claudium legerimus, non esse ab re visum est, ut adscriberemus. Posuimus igitur verba ipsa Quadrigarii ex *Annali* ejus sexto transcripta : « Deinde facti consules Sempronius « Gracchus iterum, Q. Fabius Maximus filius ejus, qui « priore anno erat consul. Ei consuli pater proconsul « obviam in equo vehens venit, neque descendere voluit, « quod pater erat : et, quod inter eos sciebant maxima « concordia convenire, lictores non ausi sunt descendere « jubere. Ubi juxta venit, tum consul ait : Descendere « jube. Quod posteaquam lictor ille, qui apparebat, cito « intellexit, Maximum proconsulem descendere jussit. « Fabius imperio paret : et filium collaudavit, cum impe« rium, quod populi esset, retineret. »

CAPUT III.
Qua ratione verbis quibusdam vocabulisque veteres immiserint h litteræ spiritum.

H litteram, sive illam spiritum magis, quam litteram, dici oportet, inserebant eam veteres nostri plerisque vocibus verborum firmandis roborandisque, ut sonus earum esset viridior vegetiorque, atque id videntur fecisse studio et exemplo linguæ Atticæ. Satis enim notum est, Atticos ἰχθύν et ἴρον, et multa itidem talia, citra morem gentium Græciæ ceterarum, inspirantis primæ litteræ dixisse. Sic *lacrymas*, sic *sepulchrum*, sic *ahenum*, sic *vehemens*, sic *inchoare*, sic *helluari*, sic *halucinari*, sic *honera*, sic *honustum* dixerunt. In his enim verbis omnibus litteræ seu spiritus istius nulla ratio visa est, nisi ut firmitas et vigor vocis, quasi quibusdam nervis additis, intenderetur. Sed quoniam *aheni* quoque exemplo usi fuimus, venit nobis in memoriam, Fidum Optatum multi nominis Romæ grammaticum ostendisse mihi librum *Æneidos* secun-

deux mille sesterces, dans le quartier des Sigillaires, et qui passait pour l'original même de Virgile : voici ce que j'y remarquai en lisant ces deux vers :

« Sur le seuil de la porte, à l'entrée même du
« vestibule, Pyrrhus bondit, étincelant de l'éclat
« de ses armes d'airain. »

Exsultat telis et luce coruscus aëna.

On avait écrit *aëna*, mais j'aperçus une *h* qui avait été mise au-dessus du mot. De même, dans les meilleurs textes de Virgile, on lit ce vers écrit ainsi :

Aut foliis undam tepidi despumat aheni.

« Ou bien, avec un rameau, elle écume la chau-
« dière bouillante. »

CHAPITRE IV.

Pour quelle raison, suivant Gabius Bassus, on appelle *divination* un certain genre de jugement. Comment d'autres expliquent ce mot.

Dans un procès, quand il s'agit de savoir qui sera chargé de l'accusation, et que deux ou plusieurs personnes demandent à se faire inscrire pour ce ministère, le jugement par lequel le tribunal nomme l'accusateur s'appelle *divination*. On a cherché d'où venait ce terme. Gabius Bassus, dans le troisième livre de son traité *Sur l'origine des mots*, dit que « ce jugement s'appelle divina-
« tion, parce qu'alors le juge, pour savoir quelle
« sentence il doit rendre, est forcé de deviner, en
« quelque sorte. » Cette explication, telle que Gabius la présente dans sa phrase, n'est pas assez motivée, et semble même très insuffisante; mais, sans doute, il veut dire qu'on a adopté ce mot de *divination,* parce que, dans les autres causes, le juge se détermine d'après l'instruction de l'affaire, la nature des preuves, les dépositions des témoins; et que, lorsqu'il s'agit du choix d'un accusateur, il n'a pour se décider que des raisons très-faibles, et est réduit à deviner, en quelque sorte, quel est le plus propre à remplir ce ministère. Voilà l'opinion de Bassus. Selon d'autres, ce mot de *divination* vient de ce que, l'accusateur et l'accusé étant deux choses corrélatives, et qui ne peuvent subsister l'une sans l'autre, et l'espèce de cause dont il s'agit ici présentant un accusé sans accusateur, il faut recourir à la divination pour trouver ce que la cause ne donne pas, ce qu'elle laisse encore inconnu, c'est-à-dire l'accusateur.

CHAPITRE V.

Paroles ingénieuses et expressives du philosophe Favorinus, pour marquer la différence du style de Platon avec celui de Lysias.

Favorinus disait de Lysias et de Platon : « Modifiez, ou supprimez une expression dans le discours de Platon; si adroitement que vous fassiez ce changement, vous altérerez l'élégance : faites la même épreuve sur Lysias, vous altérerez la pensée. »

CHAPITRE VI.

De plusieurs expressions de Virgile condamnées par quelques-uns comme incorrectes et basses. Réfutation de ces critiques.

Quelques grammairiens de l'époque précédente, entre autres Cornutus Annæus, qui certes né

---

dum, mirandæ vetustatis, emptum in Sigillariis XX. aureis, quem ipsius Virgilii fuisse credebatur : in quo duo isti versus cum ita scripti forent :

Vestibulum ante ipsum primoque in limine Pyrrhus
Exsultat telis et luce coruscus aëna,

additam supra vidimus *h* litteram, et *ahena* factum. Sic in illo quoque Virgilii versu in optimis libris scriptum invenimus :

Aut foliis undam tepidi despumat aheni.

CAPUT IV.

Quam ob causam Gabius Bassus genus quoddam judicii *divinationem* appellari scripsit, et quam alii causam esse ejusdem vocabuli dixerunt.

Cum de constituendo accusatore quæritur, judiciumque super ea re redditur, cuinam potissimum ex duobus pluribusve accusatio subscriptivo in reum permittatur; ea res atque judicum cognitio *divinatio* appellatur. Id vocabulum quam ob causam ita factum sit, quæri solet. Gabius Bassus in tertio librorum, quos *De Origine Vocabulorum* composuit : « Divinatio, » inquit, « judicium
« appellatur, quoniam divinet quodammodo judex oportet,
« quam sententiam sese ferre par sit. » Nimis quidem est in verbis Gabii Bassi ratio imperfecta, vel magis inops et jejuna. Sed videtur tamen significare velle, idcirco dici divinationem, quod in aliis quidem causis judex ea [quæ] didicit; quæque argumentis vel testibus demonstrata sunt, sequi solet : in hac autem re, cum eligendus accusator est, parva admodum et exilia sunt, quibus moveri judex possit; et propterea, quinam magis ad accusandum idoneus sit, quasi divinandum est. Hæc Bassus. Sed alii quidam *divinationem* esse appellatam putant, quoniam cum accusator et reus duæ res quasi cognatæ conjunctæque sint, neque utra sine altera constare possit; in hoc tamen genere causæ reus quidem jam est, sed accusator nondum est : et idcirco, quod adhuc usque deest et latet, divinatione supplendum est, quisnam accusator sit futurus.

CAPUT V.

Quam lepide designateque dixerit Favorinus philosophus, quid intersit inter Platonis et Lysiæ orationem.

Favorinus de Lysia et Platone solitus est dicere : Si ex Platonis, inquit, oratione verbum aliquod demas mutesve, atque id commodatissime facias, de elegantia tamen detraxeris : si ex Lysiæ, de sententia.

CAPUT VI.

Quibus verbis ignaviter et abjecte Virgilius usus esse dicatur, et quid iis, qui id improbe dicunt, respondeatur.

Nonnulli grammatici ætatis superioris, in quibus est Cor-

manquaient pas de savoir, et dont le nom n'est pas sans célébrité, reprochent à Virgile, dans les commentaires qu'ils ont composés sur ses vers, d'avoir employé une expression faible et négligée dans cet endroit :

« On dit qu'elle déchaîna contre les vaisseaux
« d'Ulysse les monstres aboyants, affreuse cein-
« ture de ses flancs d'albâtre; qu'elle saisissait les
« matelots éperdus dans la gueule de ses chiens
« dévorants, et les déchirait au fond du gouffre. »

Candida succinctam latrantibus inguina monstris
Dulichias vexasse rates, etc.

Ils disent que ce mot de *vexasse* n'a pas assez de force, qu'il n'exprime qu'un mal faible et léger, qu'il ne convient pas à l'horrible peinture d'un monstre épouvantable, saisissant et déchirant des hommes. Ils reprennent un autre mot dans ces vers :

« Tous les autres sujets sont devenus vulgaires.
« Qui ne connaît les rigueurs du cruel Eurysthée,
« et les autels sanglants de l'exécrable Busiris? »

Aut illaudati nescit Busiridis aras?

Ils prétendent que le mot *illaudatus* (qu'on ne peut louer) est impropre en cet endroit; qu'il n'exprime pas assez fortement la cruauté de Busiris; qu'un tyran, accoutumé à égorger les étrangers de toutes les nations qui arrivaient dans ses États, n'était pas indigne de louanges, mais digne de l'horreur et de l'exécration du genre humain. Enfin ils blâment encore une autre expression dans le vers suivant :

« Le fer déchire sa tunique, où l'or se hérisse
« en écailles, et s'enfonce dans son flanc. »

Per tunicam squalentem auro latus haurit apertum.

Il leur semble qu'on ne peut pas dire, *auro squalens*, parce que le verbe *squalere*, qu'on emploie pour désigner les objets salis et souillés, n'a aucun rapport avec l'éclat de l'or. Voici comment je pense qu'on peut leur répondre. D'abord, pour *vexare*, ce verbe a un sens très-fort : il vient selon toute apparence de *vehere*, tirer, entraîner, qui déjà exprime lui-même l'impulsion énergique d'une force étrangère; car celui qui est entraîné n'est plus maître de son action. Mais *vexare*, qui en est dérivé, est bien plus expressif encore, et indique un mouvement bien plus énergique. On s'en sert au propre en parlant de quelqu'un qui est emporté violemment, poussé et repoussé en sens contraire. C'est ainsi que *taxare* a une signification plus vigoureuse que *tangere*, dont il est évidemment le fréquentatif; que *jactare* a plus de force et d'étendue que *jacere*, dont il est tiré; que *quassare* exprime une action plus animée et plus violente que *quatere*. Il est vrai qu'on dit souvent, *vexatus fumo*, *vento*, *pulvere*, incommodé par la fumée, le vent ou la poussière : mais ce mot ne doit pas perdre pour cela sa valeur propre et naturelle, celle que lui ont toujours donnée les anciens écrivains, observateurs fidèles de la propriété des termes. M. Caton, dans son discours *Sur les Achéens*, s'exprime ainsi : « Lorsqu'Annibal ravageait et désolait l'Italie. » *Terram Italiam laceraret atque vexaret.* Caton emploie ici ce mot de *vexare* en parlant de l'Italie accablée, comme elle l'était alors, par tout ce qu'on peut imaginer de calamités, de cruautés et de barbaries. Citons encore cette phrase du quatrième discours de Cicéron contre Verrès : « Il a tellement dévasté par ses vols cette mal-
« heureuse province, qu'elle semble avoir été ra-
« vagée, non par une guerre, non par un ennemi
« assez civilisé pour respecter encore les droits de
« la religion et de l'humanité, mais par des bar-

nutus Annæus, haud sane indocti neque ignobiles, qui commentaria in Virgilium composuerunt, reprehendunt quasi incuriose et abjecte verbum positum in his versibus :

Candida succinctam latrantibus inguina monstris
Dulichias vexasse rates, et gurgite in alto
Ah timidos nautas canibus lacerasse marinis.

Vexasse enim putant verbum esse leve, et tenuis ac parvi incommodi; nec tantæ atrocitati congruere, cum homines repente a bellua immanissima rapti laniatique sint. Item aliud hujuscemodi reprehendunt :

Omnia jam vulgata, quis aut Eurysthea durum,
Aut illaudati nescit Busiridis aras?

Illaudati parum idoneum esse verbum dicunt; neque id satis esse ad faciendam scelerati hominis detestationem : qui, quod hospites omnium gentium immolare solitus fuit, non laude indignus, sed detrectatione exsecrationeque totius generis humani dignus esset. Item aliud verbum culpaverunt :

Per tunicam squalentem auro latus haurit apertum.

Tanquam [si] non convenerit dicere : *auro squalentem* : quoniam nitoribus splendoribusque auri squaloris illuvies sit contraria. Sed de verbo *vexasse* ita responderi posse credo : *Vexasse* grave verbum est, factumque ab eo videtur, quod est *vehere* : in quo inest jam vis quædam alieni arbitrii. Non enim sui potens est, qui vehitur. *Vexare* autem, quod ex eo inclinatum est, vi atque motu procul dubio vastiore est. Nam qui fertur et raptatur, atque huc atque illuc distrahitur, is vexari proprie dicitur : sicuti *taxare* pressius crebriusque est, quam *tangere*, unde procul dubio id inclinatum est : et *jactare* multo fusius largiusque est, quam *jacere*, unde id verbum traductum est : et *quassare*, quam *quatere* gravius violentiusque est. Non igitur quia vulgo dici solet vexatum esse quem fumo aut vento aut pulvere, propterea debet vis vera atque natura verbi deperire; quæ a veteribus, qui proprie atque signate locuti sunt, ita ut decuit, conservata est. M. Catonis verba sunt ex oratione, quam *De Achæis* scripsit : « Cumque Hannibal terram Italiam laceraret atque « vexaret. » *Vexatam* Italiam dixit Cato ab Hannibale, quando nullum calamitatis aut sævitiæ aut immanitatis genus reperiri queat, quod in eo tempore Italia non pessa sit. M. Tullius IV. *In Verrem :* « Quæ ab isto sic « spoliata atque direpta est, non ut ab hoste aliquo, qui « tamen in bello religionis et consuetudinis jura retine-

« bares, par des pirates. » *Ut a barbaris prædonibus vexata esse videatur.* Quant au mot *illaudatus*, son emploi peut être justifié de deux manières. D'abord, on peut dire qu'il n'y a point d'homme assez dépravé et assez méchant pour qu'on ne puisse trouver dans quelques-unes de ses actions ou de ses paroles quelque chose à louer. C'est ce qu'exprime cet ancien vers devenu proverbe :

« Souvent un jardinier parle comme un sage. »

Donc, s'il se rencontre quelqu'un qui, dans aucune action, dans aucune circonstance de sa vie, n'ait jamais mérité un seul éloge, et à qui on puisse, pour cette raison, appliquer l'épithète d'*illaudatus*, ce sera le plus méchant et le plus détestable de tous les hommes. Cet emploi d'*illaudatus* ressemble à celui qu'on fait d'*inculpatus*. Ce dernier mot désigne l'absence de toute faute, il exprime le plus haut degré d'innocence et de vertu, comme *illaudatus* indique le dernier degré de corruption et de méchanceté. Aussi, dans les plus grands éloges qu'il donne à ses héros, Homère parle-t-il moins des vertus qu'ils possèdent que des vices qu'ils n'ont pas ; par exemple, il a dit :

« Ainsi parla le devin irréprochable. »

Et ailleurs :

« Tous deux coururent, non malgré eux. »

Et dans un autre endroit :

« Alors vous n'eussiez pas vu le grand Agamem-
« non sommeiller, ou hésiter, glacé de crainte,
« ou refuser le combat. »

De la même manière, quand Épicure veut définir le souverain bien, il dit que c'est l'absence de toute souffrance. Voici ses propres termes :
« Le degré le plus élevé de bonheur, c'est la privation de toute douleur. » C'est encore d'après le même principe que Virgile dit ailleurs *inamabilis* (qu'on ne peut aimer), en parlant du Styx. Comme *illaudatus* impliquait pour lui l'absence de tout ce qu'on peut louer, *inamabilis* entraîne à ses yeux l'absence de tout ce qu'on peut aimer : voilà pourquoi il prête à ces deux mots le sens le plus odieux. Mais il y a encore une autre manière de justifier *illaudatus*. Dans les premiers temps de la langue latine, *laudare* signifiait nommer, appeler. Encore aujourd'hui, dans les causes civiles, on se sert, en parlant du demandeur, du mot *laudatur*, pour dire, il est appelé. Dans ce sens, *illaudatus* serait la même chose qu'*illaudabilis*, et désignerait celui qui est indigne d'occuper une place dans la mémoire et les discours des hommes, et dont on ne doit pas prononcer le nom : par exemple, il se dirait bien d'Érostrate, dont une assemblée générale de l'Asie, convoquée après l'incendie du temple de Diane, défendit de prononcer jamais le nom. Il reste à répondre au sujet de l'expression, *tunicam squalentem auro*. Il faut entendre par là un épais tissu d'or, disposé en forme d'écailles. En effet, *squalere* désigne au propre les aspérités que forme sur le corps des serpents et des poissons le tissu serré de leurs écailles. L'expression de Virgile s'explique par des vers d'autres poëtes ; il nous la fait comprendre lui-même en disant ailleurs :

« Il était revêtu d'une peau que couvraient des
« lames d'airain disposées en forme de plumes et
« enrichies d'or. »

Et ailleurs :

« Déjà il avait revêtu sa cuirasse brillante,
« hérissée d'écailles d'airain. »

Attius dit dans sa tragédie des *Pélopides* :

« ret, sed ut a barbaris prædonibus vexata esse videatur. » De *illaudato* autem duo videntur responderi posse : unum est hujusmodi : Nemo quisquam tam efferis est moribus, quin faciat aut dicat nonnunquam aliquid, quod laudari queat. Unde hic antiquissimus versus vicem proverbii celebratus est :

Πολλάκι καὶ κηπωρὸς ἀνὴρ μάλα καίριον εἶπεν.

Sed enim qui omni in re atque omni tempore laude omni vacat, is illaudatus est : isque omnium pessimus deterrimusque est : sicuti omnis culpæ privatio inculpatum facit. Inculpatus autem instar est absolutæ virtutis ; illaudatus quoque igitur finis est extremæ malitiæ. Itaque Homerus non virtutibus appellandis, sed vitiis detrahendis laudare ampliter solet. Hoc enim est :

Ηὔδα μάντις ἀμύμων. Et :
Τὼ δ' οὐκ ἄκοντε πετέσθην.

Et item illud :

Ἔνθ' οὐκ ἂν βρίζοντα ἴδοις Ἀγαμέμνονα δῖον,
Οὐδὲ καταπτώσσοντ', οὐδ' οὐκ ἐθέλοντα μάχεσθαι.

Epicurus quoque simili modo maximam voluptatem privationem detractionemque omnis doloris definivit his verbis : ὅρος τοῦ μεγέθους τῶν ἡδονῶν, ἡ παντὸς τοῦ ἀλγοῦντος ὑπεξαίρεσις. Eadem ratione idem Virgilius *inamabilem* dixit *Stygiam paludem*. Nam sicut *illaudatum* κατὰ laudis στέρησιν, ita *inamabilem* κατὰ amoris στέρησιν detestatus est. Altero modo *illaudatus* ita defenditur. *Laudare* significat prisca lingua nominare appellareque. Sic in actionibus civilibus auctor *laudari* dicitur, quod est nominari. *Illaudatus* autem est quasi *illaudabilis*, qui neque mentione aut memoria ulla dignus, neque unquam nominandus est. Sicuti quondam a communi concilio Asiæ decretum est, uti nomen ejus, qui templum Dianæ Ephesi incenderat, ne quis ullo in tempore nominaret. Tertium restat ex iis, quæ reprehensa sunt, quod *tunicam squalentem auro* dixit. Id autem significat copiam densitatemque auri in squamarum speciem intexti. Squalere enim dictum est a squamarum crebritate asperitateque, quæ in serpentum pisciumque coriis visuntur. Quam rem et alii, et hic quidem poeta locis aliquot demonstrat :

Quem pellis, *inquit*, ahenis
In plumam squamis auro conserta tegebat.

Et alio loco :

Jamque adeo rutilum thoraca indutus ahenis
Horrebat squamis.

Attius in *Pelopidis* ita scribit :

« Les écailles de ce serpent se hérissaient, brillantes de pourpre et d'or. »

Ejus serpentis squamæ squalido auro et purpura prætextæ.

Ainsi, d'abord *squalere* se disait de tous les objets rendus épais et rudes par une cause quelconque, et dont l'aspect hérissé inspire une certaine horreur. Mais comme on se servait de *squalor* pour désigner les aspérités produites par un amas d'ordures sur les corps incultes et raboteux, peu à peu un long usage de ce mot dans ce sens particulier en a fait oublier la signification propre, et maintenant *squalor* ne se prend plus que dans le sens de saleté, ordure.

CHAPITRE VII.

Sur les devoirs des enfants envers leurs pères. Opinions extraites des philosophes qui ont traité cette question, Si l'on doit toujours, et en toute circonstance, obéir aux ordres d'un père.

Une question souvent débattue dans les écoles de philosophie, c'est celle de savoir s'il faut toujours, et en tout cas, obéir aux ordres de son père. Les philosophes grecs et latins qui ont écrit sur la morale distinguent, au sujet de cette question, trois règles de conduite différentes, sur lesquelles ils se livrent à une discussion extrêmement subtile. Voici ces trois règles : la première est qu'un fils doit toujours obéir à son père dans tout ce qu'il commande ; la seconde, qu'il est des circonstances où l'obéissance cesse d'être pour lui un devoir ; la troisième, qu'il n'est aucun cas où il soit obligé d'obéir. Comme cette dernière proposition est singulièrement révoltante au premier abord, commençons par elle, et expliquons la pensée de ceux qui l'avancent. Les ordres d'un père, disent-ils, sont justes ou injustes. Si ce que commande un père est juste, il faut le faire, non parce qu'il le commande, mais parce que le devoir oblige de le faire. Si ses ordres sont injustes, il ne faut point obéir, parce que le devoir le défend. Ils arrivent ainsi à cette conclusion, que le fils n'est jamais tenu d'obéir à son père. Mais la conclusion est inadmissible ; le raisonnement dont elle est tirée n'est qu'une vaine subtilité, comme je le montrerai tout à l'heure. Revenons maintenant au premier des trois principes énoncés, à celui d'après lequel on doit toujours obéir à son père. Il contredit la vérité et la raison. Faudrait-il obéir, si un père nous ordonnait de trahir notre patrie, de tuer notre mère, ou exigeait de nous quelque autre action honteuse ou sacrilége ? L'opinion la plus sûre et la plus raisonnable est celle qui, prenant un moyen terme, établit qu'on doit obéir dans certaines circonstances, et ne pas obéir dans d'autres. Mais, alors même qu'on est forcé de désobéir, on doit le faire avec modération et respect, sans éclat d'indignation, sans reproches amers, de telle sorte qu'on ait plutôt l'air d'éluder les ordres que de les repousser ouvertement. Montrons maintenant la fausseté du raisonnement rapporté plus haut, d'où on conclut que l'obéissance envers un père n'est jamais un devoir. Voici de quelle manière on peut le réfuter. Selon l'avis des maîtres de la philosophie, toutes les actions humaines sont honnêtes ou déshonnêtes. Tout ce qui est honnête en soi, comme, par exemple, garder sa parole, défendre sa patrie, chérir ses amis, tout ce qui est bien en principe, nous devons le faire, qu'un père l'ordonne ou ne l'ordonne pas. Au contraire, nous ne devons rien faire de ce qui est injuste et infâme, quand même un père l'ordonnerait. Mais n'oublions pas qu'entre ces deux espèces d'actions, il y a celle des actions indifférentes en elles-mêmes, que les Grecs

Ejus serpentis squamæ squalido auro et purpura prætextæ. Quidquid igitur nimis inculcatum obsitumque aliqua re erat, ut incuteret visentibus facie nova horrorem, id *squalere* dicebatur. Sic in corporibus incultis squamosisque alta congeries sordium *squalor* appellabatur : cujus significationis multo assiduoque usu totum id verbum ita contaminatum est, ut jam *squalor* de re alia nulla, quam de solis inquinamentis dici cœperit.

CAPUT VII.

De officio erga patres liberorum : deque ea ex philosophiæ libris, in quibus scriptum quæsitumque est, an [semper] omnibus[que] patris jussis obsequendum sit.

Quæri solitum est in philosophorum disceptationibus, an semper inque omnibus jussis patri parendum sit. Super ea re Græci nostrique, qui de officiis scripserunt, tres sententias esse, quæ spectandæ considerandæque sint, tradiderunt; easque subtilissime dijudica[ve]runt. Earum una est : omnia, quæ pater imperat, parendum. Altera est : in quibusdam parendum, quibusdam non obsequendum. Tertia est : nihil necessum esse patri obsequi et parere. Hæc sententia quoniam primore aspectu nimis infamis est, super ea prius, quæ dicta sunt, dicemus. Aut recte, inquiunt, imperat pater, aut perperam. Si recte imperat, non, quia imperat, parendum, sed, quoniam id fieri jus est, faciendum est : si perperam, nequaquam scilicet faciendum, quod fieri non oportet. Deinde ita concludunt, nunquam est igitur patri parendum, quæ imperat. Sed neque istam sententiam probari accepimus : argutiola quippe hæc, sicuti mox ostendemus, frivola et inanis est. Neque autem illa, quam primo in loco diximus, vera et proba videri potest : omnia esse, quæ pater jusserit, parendum. Quid enim? si proditionem patriæ, si matris necem, si alia quædam imperarit turpia aut impia? Media igitur sententia optima atque tutissima visa est : quædam esse parendum, quædam non obsequendum. Sed ea tamen, quæ obsequi non oportet, leniter et verecunde ac sine detestatione nimia sineque opprobratione acerba reprehensionis declinanda sensim et relinquenda esse dicunt, quam respuenda. Conclusio vero illa, qua colligitur, sicuti supra dictum est, nihil patri parendum, imperfecta est, refutarique ac dilui sic potest : Omnia, quæ in rebus humanis fiunt, sicuti docti censuerunt, aut honesta sunt aut turpia. Quæ sua vi recta aut honesta sunt, ut fidem colere, ut patriam defendere, ut amicos diligere, ea fieri oportet, sive imperet pater, sive non imperet. Sed quæ his contraria, quæque turpia et omnino iniqua sunt, ea ne si impe-

appellent ἀδιάφορα et μέσα; comme, par exemple, aller à la guerre, cultiver son champ, parvenir aux honneurs, plaider des causes, se marier, partir pour exécuter un ordre, se rendre où l'on est appelé, toutes choses qui ne sont par elles-mêmes ni honnêtes, ni déshonnêtes, et qui n'empruntent leur mérite ou leur blâme qu'à la manière dont elles se font. Dans toutes ces choses, on doit obéissance aux ordres d'un père : par exemple, le fils obéira, si la volonté de son père est qu'il se marie, ou qu'il embrasse la profession d'avocat. Ici, en effet, il s'agit d'actions qui ne sont par elles-mêmes ni bonnes, ni mauvaises : il faut donc ici se conformer à la volonté paternelle. Quoi donc! si un père ordonnait à son fils de prendre pour épouse une femme perdue et déshonorée, ou bien d'aller défendre devant les tribunaux la cause d'un Catilina, d'un Tubulon, d'un Clodius, le fils devrait obéir? Non sans doute. En effet, ces actions reçoivent des circonstances un caractère d'infamie, et cessent dès lors d'être indifférentes. On avait donc tort de dire d'une manière absolue : les ordres d'un père sont justes ou injustes. La distinction n'est pas vraie; pour qu'elle le fût, il faudrait ajouter : ou bien ne sont ni justes ni injustes. Si on ajoute cela, alors la conclusion est que, dans certains cas, il faut obéir à l'autorité paternelle.

CHAPITRE VIII.

Critique peu juste adressée par Plutarque à Épicure sur une prétendue infraction aux règles du syllogisme.

Plutarque, au second livre de son traité *Sur Homère*, accuse Épicure d'avoir fait un syllogisme incomplet, irrégulier et vicieux, dans cette phrase qu'il cite : « La mort n'est rien pour nous : en « effet, ce qui est dissous est insensible : or, ce qui « est insensible n'a aucun rapport avec nous. » Il a omis, dit Plutarque, la proposition qui devait se trouver dans la première partie du raisonnement : « La mort est la dissolution de l'âme « et du corps. » Puis, comme s'il avait avancé et établi cette proposition, il s'en sert pour prouver autre chose. Mais il fallait l'exprimer d'abord; sans cela, le syllogisme ne peut marcher. Sans doute, à la rigueur, cette remarque du critique est juste. Si l'on voulait faire un raisonnement exactement conforme aux règles de l'école, il faudrait dire : « La mort est la dissolution de « l'âme et du corps : or, ce qui est dissous est in-« sensible, et ce qui est insensible n'a aucun rap-« port avec nous. » Mais assurément, quelque opinion qu'on ait d'Épicure, on ne pourra pas dire que c'est par ignorance qu'il a omis une des prémisses de ce syllogisme. Il n'a pas songé à faire un syllogisme parfait et rigoureux de tout point, comme les raisonnements de l'école. La mort étant évidemment la séparation de l'âme et du corps, il n'a pas cru nécessaire de rappeler une vérité qui se présente naturellement à l'esprit. On a pu remarquer aussi qu'il avait placé sa conclusion au commencement, et non à la fin : croira-t-on que c'est par ignorance qu'il l'a fait? De même aussi Platon renverse souvent l'ordre méthodique dans ses syllogismes, et s'affranchit de la règle avec une élégante liberté.

---

ret quidem. Quæ vero in medio sunt, et a Græcis tum ἀδιάφορα tum μέσα appellantur, ut : in militiam ire, rus colere, honores capessere, causas defendere, uxorem ducere, uti jussum proficisci, uti accersitum venire ; quoniam et hæc et his similia per sese ipsa neque honesta sunt neque turpia, sed, perinde ut a nobis aguntur, ita ipsis actionibus aut probanda fiunt aut reprehendenda : propterea in ejusmodi omnium rerum generibus patri parendum esse censent; veluti si uxorem ducere imperet, aut causas pro reis dicere. Quod enim utrumque in genere ipso per sese neque honestum neque turpe est, idcirco, si pater jubeat, obsequendum est. Sed enim si imperet, uxorem ducere infamem, propudiosam, criminosam : aut pro reo Catilina aliquo, aut Tubulo, aut P. Clodio causam dicere? Non scilicet parendum : quoniam accedente aliquo turpitudinis numero desinunt esse per sese hæc media atque indifferentia. Non ergo integra est propositio dicenda : aut honesta sunt, quæ imperat pater, aut turpia. Neque ὑγιὲς et νόμιμον διεζευγμένον videri potest. Deest enim disjunctioni isti tertium : aut neque honesta sunt, neque turpia. Quod si additur, potest ita concludi : [non]nunquam est igitur patri parendum.

CAPUT VIII.
Quod parum æqua reprehensio Epicuri a Plutarcho peracta [sit] in syllogismi disciplina.

Plutarchus secundo librorum, quos *De Homero* com posuit, imperfecte atque præpostere atque inscite syllogismo esse usum Epicurum dicit, verbaque ipsa Epicuri ponit : 'Ὁ θάνατος οὐδὲν πρὸς ἡμᾶς· τὸ γὰρ διαλυθὲν ἀναισθητεῖ· τὸ δὲ ἀναισθητοῦν οὐδὲν πρὸς ἡμᾶς. Nam prætermisit, inquit, quod in prima parte sumere debuit : Τὸν θάνατον εἶναι ψυχῆς καὶ σώματος διάλυσιν. Tum deinde eodem ipso, quod omiserat, quasi posito concessoque ad confirmandum aliud utitur. Progredi autem hic, inquit, syllogismus, nisi illo prius posito, non potest. Vere hoc quidem Plutarchus de forma et ordine syllogismi scripsit. Nam si, ut in disciplinis traditur, ita colligere et ratiocinari velis, sic dici oportet : Ὁ θάνατος ψυχῆς καὶ σώματος διάλυσις· τὸ δὲ διαλυθὲν ἀναισθητεῖ· τὸ δὲ ἀναισθητοῦν οὐδὲν πρὸς ἡμᾶς. Sed Epicurus, cuicuimodi homo est, non inscitia videtur partem illam syllogismi prætermisisse. Neque id ei negotium fuit, syllogismum tanquam in scholis philosophorum cum numeris omnibus et cum suis finibus dicere ; enim profecto, quia separatio animi et corporis in morte evidens est, non est ratus, necessariam esse ejus admonitionem, quod omnibus prorsus erat obvium. Sicuti etiam, quod conclusionem syllogismi non in fine posuit, sed in principio : nam id quoque non imperite factum, quis non videt? Apud Platonem quoque multis in locis reperias syllogismos, repudiato conversoque ordine isto, qui in docendo traditur, cum eleganti quadam reprehensionis contemptione positos esse.

CHAPITRE IX.

Critique évidemment fausse de Plutarque sur une expression d'Épicure.

Dans le même livre, Plutarque adresse encore une autre critique à Épicure : c'est sur un mot qu'il trouve impropre et employé d'une manière inusitée. Épicure a dit : « Le degré le plus élevé « de bonheur est l'absence de toute souffrance. » Ἡ παντὸς τοῦ ἀλγοῦντος ὑπεξαίρεσις. Plutarque prétend qu'il aurait dû dire τοῦ ἀλγεινοῦ, et non pas τοῦ ἀλγοῦντος, attendu qu'il s'agit en cet endroit, non de l'être qui souffre, mais de la douleur. Cette critique est frivole, et Plutarque se montre ici d'une exigence trop minutieuse sur les mots. Épicure était fort éloigné, en écrivant, de cette recherche d'exactitude et de ce purisme, dont il a même fait une censure sévère.

CHAPITRE X.

Quel est le sens du mot *favissæ Capitolinæ*. Réponse de M. Varron à Servius Sulpicius, qui le consultait sur ce mot.

Servius Sulpicius, savant jurisconsulte, qui était en même temps un homme fort lettré, écrivit un jour à M. Varron pour lui demander le sens d'un mot qu'il avait trouvé dans les tables des censeurs. Ce mot était, *favissæ Capitolinæ*. Voici ce que Varron lui répondit. Il se rappelait que Q. Catulus, chargé des réparations du Capitole, avait voulu faire baisser le terrain devant l'édifice, afin de multiplier le nombre des degrés et d'élever la base, de manière à la mettre en proportion avec la hauteur du faîte; mais qu'il n'avait pu exécuter ce dessein à cause des *favissæ*, espèces de caves ou de fosses souterraines creusées dans le sol attenant au temple, où l'on déposait les images des Dieux que la vétusté avait abattues et divers objets sacrés provenant des offrandes. Mais Varron ajoute dans la même lettre qu'il n'a pu trouver nulle part l'étymologie de ce mot *favissæ*; qu'il a seulement entendu dire à Q. Valérius Soranus que ce qu'on désigne aujourd'hui par le mot de *thesauri*, venu du grec, les anciens Latins l'appelaient *flavissæ*, parce qu'on y mettait, non de l'argent ou de l'airain brut, mais des pièces de métal fondues et monnayées, *flata signataque pecunia*. Varron conjecture, d'après cette indication, que, la seconde lettre de *flavissæ* ayant disparu, on a eu ainsi le mot *favissæ*, par lequel on a désigné ces caves souterraines où les prêtres du Capitole reléguaient les anciens objets du culte.

CHAPITRE XI.

Nombreux et mémorables exploits du brave Sicinius Dentatus.

Les anciennes annales rapportent que L. Sicinius Dentatus, qui fut tribun du peuple sous le consulat de Sp. Tarpéius et d'Aulus Atérius, s'illustra par une valeur extraordinaire et des exploits presque incroyables, qui lui firent donner le surnom d'Achille romain. Il se trouva à cent vingt combats : blessé quarante-cinq fois par devant, il ne le fut jamais par derrière : il reçut pour prix militaires huit couronnes d'or, une couronne

---

CAPUT IX.

Quod idem Plutarchus evidenti calumnia verbum ab Epicuro dictum insectatus sit.

In eodem libro idem Plutarchus eumdem Epicurum reprehendit, quod verbo usus sit parum proprio et alienæ significationis. Ita enim scripsit Epicurus : "Ὅρος τοῦ μεγέθους τῶν ἡδονῶν, ἡ παντὸς τοῦ ἀλγοῦντος ὑπεξαίρεσις. Non, inquit, παντὸς τοῦ ἀλγοῦντος, sed παντὸς τοῦ ἀλγεινοῦ, dicere oportuit. Detractio enim significanda est doloris, inquit, non dolentis. Nimis minute ac prope etiam subfrigide Plutarchus in Epicuro accusando λεξιθηρεῖ. Has enim curas vocum verborumque elegantias non modo non sectatur Epicurus, sed etiam insectatur.

CAPUT X.

Quid sint *favissæ Capitolinæ*, et quid super eo verbo M. Varro Servio Sulpicio quærenti rescripserit.

Servius Sulpicius, juris civilis auctor, vir bene litteratus, scripsit ad M. Varronem, rogavitque, ut rescriberet, quid significaret verbum, quod in censoriis libris scriptum esset. Id erat verbum *favissæ Capitolinæ*. Varro rescripsit, in memoria sibi esse, quod Q. Catulus, curator restituendi Capitolii, dixisset : Voluisse se aream Capitolinam deprimere, ut pluribus gradibus in eamdem conscenderetur, suggestusque pro fastigii magnitudine altior fieret : sed facere id non quisse, quoniam *favissæ* impedissent. Id esse cellas quasdam et cisternas, quæ in area sub terra essent: ubi reponi solerent signa vetera, quæ ex eo templo collapsa essent, et alia quædam religiosa e donis consecratis : at deinde eadem epistola negat quidem, se in litteris invenisse, cur *favissæ* dictæ sint : sed Q. Valerium Soranum solitum dicere ait, quos *thesauros* græco nomine appellaremus, priscos Latinos *flavissas* dixisse : quod in eas non rude æs argentumque, sed flata signataque pecunia conderetur. Conjectare igitur se, detractam esse ex eo verbo secundam litteram, et *favissas* esse dictas cellas quasdam et specus, quibus ædituí Capitolini uterentur ad custodiendas res veteres religiosas.

CAPUT XI.

De Sicinio Dentato, egregio bellatore, multa memoratu digna.

L. Sicinium Dentatum, qui tribunus plebi fuit, Sp. Tarpeio, A. Aterio consulibus, scriptum est in libris annalibus, plus, quam credi debeat, strenuum bellatorem fuisse : nomenque ei factum ob ingentem fortitudinem, appellatumque esse Achillem Romanum. Is pugnasse in hostem dicitur centum et XX. prœliis; cicatricem aversam nullam, adversas quinque et XL. tulisse : coronis esse

obsidionale, trois murales, quatorze civiques, quatre-vingt-trois colliers, plus de cent soixante bracelets, dix-huit javelots, vingt-cinq ornements de chevaux : joignez-y des dépouilles militaires de toute sorte, dont la plupart étaient la récompense des combats singuliers auxquels il avait provoqué l'ennemi. Enfin, il partagea neuf fois avec ses généraux les honneurs du triomphe.

CHAPITRE XII.

Examen d'une loi de Solon qui au premier abord paraît injuste et impolitique, mais dont le but était réellement très-sage et très-utile.

Parmi ces antiques lois de Solon qui furent gravées à Athènes sur des tables de bois, et que les Athéniens, jaloux d'en assurer à jamais la durée, consacrèrent par des serments religieux et des prescriptions pénales, il y en avait une où Aristote nous dit qu'on trouvait la décision suivante : Si quelque sujet de discorde amène une sédition, et fait naître dans la cité deux partis opposés ; si, les esprits s'échauffant, le peuple court aux armes et en vient aux mains, celui qui, au milieu de ce trouble public, ne se rangera dans aucun des deux partis, qui, retiré à l'écart, cherchera à se dérober aux maux communs de l'État, celui-là sera puni par la perte de sa maison, de sa patrie, de tous ses biens : il sera condamné à l'exil. En lisant cet arrêt de Solon, le plus sage des législateurs, je fus surpris d'abord, et ne m'expliquai point comment il avait pu voir un coupable digne de châtiment dans le citoyen qui reste étranger à la sédition et à la guerre civile. Mais plusieurs personnes qui avaient étudié à fond l'esprit et la portée de cette loi, m'assurèrent qu'elle était bien plus propre à calmer les troubles publics qu'à les fomenter. Je fus bientôt forcé d'en convenir. En effet, si, après s'être opposés sans succès à la sédition naissante, après avoir essayé en vain de ramener la multitude égarée, les gens de bien vont se joindre à l'une ou à l'autre des deux fractions du peuple, et se partagent entre les combattants, qu'arrivera-t-il ? Chacun des deux partis ayant reçu dans ses rangs de tels hommes, subira l'autorité de leur caractère, et se laissera diriger et modérer par eux : de cette manière, les esprits pourront s'acheminer à la réconciliation et à la concorde : car ces citoyens vertueux ne songeront qu'à apaiser les passions de leur parti, et s'efforceront de sauver leurs adversaires, au lieu de chercher à les perdre. Le philosophe Favorinus voulait qu'on employât le même moyen pour faire cesser les différends entre des frères ou des amis. « En pareil cas, disait-il, si les hommes qui, restés neutres dans le démêlé, ont entrepris d'opérer une réconciliation, voient leurs conseils faiblement écoutés et leur amitié méconnue, alors qu'ils se partagent, qu'ils se rangent de l'un ou de l'autre des deux côtés, et qu'à la faveur de la confiance qu'ils s'attireront ainsi, ils travaillent des deux parts à rétablir la concorde. Mais maintenant, ajoutait-il, dans les démêlés et les procès, les amis communs s'éloignent, et croient mieux faire en abandonnant les deux parties à elles-mêmes, sans s'apercevoir qu'ils les livrent à des avocats fourbes ou avides, qui, par malveillance ou par cupidité, irritent leurs passions et aggravent leurs débats. »

---

donatus aureis octo, obsidionali una, muralibus tribus, civicis XIV., torquibus tribus et LXXX, armillis plus centum LX., hastis duodeviginti, phaleris item donatus est quinquies viciesque. Spolia militaria [dona] habuit multijuga; in his provocatoria pleraque. Triumphavit cum imperatoribus suis triumphos novem.

CAPUT XII.

Considerata perpensaque lex quædam Solonis, speciem habens primorem iniquæ injustæque legis, sed ad usum et emolumentum salubritatis penitus reperta.

In legibus Solonis illis antiquissimis, quæ Athenis axibus ligneis incisæ sunt, quasque latas ab eo Atheniensos, ut sempiternæ manerent, pœnis et religionibus sanxerunt, legem esse Aristoteles refert scriptam ad hanc sententiam : Si ob discordiam dissensionemque seditio atque discessio populi in duas partes fie[re]t, et ob eam causam irritatis animis utrinque arma capientur, pugnabiturque, tum qui, in eo tempore in eoque casu civilis discordiæ, non alterutra parte sese adjunxerit, sed solitarius separatusque a communi malo civitatis secesserit, is domo, patria, fortunisque omnibus careto : exsul extorrisque esto. Cum hanc legem Solonis, singulari sapientia præditi, legissemus, tenuit nos gravis quædam in principio admiratio, requirens, quam ob causam dignos esse pœna existimaverit, qui se procul a seditione et civili pugna removissent. Tum, qui penitus atque alte usum ac sententiam legis introspexerant, non ad augendam, sed ad desinendam seditionem legem hanc esse dicebant : et res prorsum se sic habet. Nam si boni omnes, qui in principio coercendæ seditioni impares fuerint, populum[que] percitum et amentem non deterruerint, ad alterutram partem dividi sese adjunxerint : tum eveniet, ut cum socii partis seorsum utriusque fuerint, eæque partes ab iis, ut majoris auctoritatis viris, temperari ac regi cœperint, concordia per eos potissimum restitui conciliarique possit; cum et suos, apud quos sunt, regunt atque mitificant, et adversarios sanatos magis cupiunt quam perditos. Hoc idem Favorinus philosophus inter fratres quoque aut amicos dissidentis oportere fieri censebat : ut, qui in medio sunt utriusque partis benevoli, si in concordia annitenda parum auctoritatis quasi ambigui amici habuerint, tum alteri in alteram partem discedant; ac per id meritum viam sibi ad utriusque concordiam muniant. Nunc autem plerique, inquit, partis utriusque amici, quasi probe faciant, duos litigantes destituunt et relinquunt; deduntque eos advocatis malevolis aut avaris, qui lites animasque eorum inflammant, aut odii studio, aut lucri.

CHAPITRE XIII.

Que les anciens employaient le pluriel *liberi*, même en parlant d'un seul enfant, fils ou fille.

Les anciens orateurs, historiens, ou poëtes, se sont servis du pluriel *liberi* pour désigner un seul enfant, fils ou fille. J'ai rencontré cet emploi de *liberi* dans un grand nombre d'ouvrages anciens, et je viens, en dernier lieu, d'en trouver un exemple remarquable chez Sempronius Asellion, au cinquième livre de ses *Mémoires*. Cet Asellion fut tribun militaire sous les ordres de Scipion l'Africain, qu'il suivit au siège de Numance : il a écrit le récit des événements qui se sont passés sous ses yeux, et auxquels il a pris part. Dans un passage où il raconte la mort de Tibérius Gracchus au Capitole, après avoir dit que « Gracchus ne « sortait jamais sans être suivi de trois ou quatre « mille citoyens, » il ajoute ces mots : « Il se mit à « prier le peuple de le défendre lui et ses enfants « (*ut se defenderent liberosque suos*); puis, faisant « avancer le seul fils qui lui restât, il le recom- « manda aux assistants, les larmes aux yeux. »

CHAPITRE XIV.

Que M. Caton, dans l'ouvrage qui a pour titre *Contre Tibérius exilé*, a écrit *stitisses vadimonium*, et non *stetisses*. Pourquoi il a dû écrire ainsi.

Dans le texte ancien du discours de M. Caton qui a pour titre *Contre Tibérius exilé*, on lisait ces mots : « Quoi! si vous aviez comparu devant « le tribunal la tête voilée? » *Quid si vadimonium capite obvoluto stilisses?* Caton, en mettant *sti-* *tisses*, s'est servi du mot convenable; mais des correcteurs ignorants et audacieux ont changé un *i* en *e*, et ont substitué *stetisses* à *stitisses*, comme si ce dernier verbe était absurde et vide de sens. La correction seule est absurde ; et ceux qui la font devraient savoir que, si Caton a écrit *stitisses*, c'est qu'on dit, *sistitur vadimonium*, et non pas *statur*.

CHAPITRE XV.

Grands honneurs rendus à la vieillesse dans l'antiquité. Pourquoi, dans la suite, on accorda aussi les mêmes honneurs aux époux et aux pères. Détails sur le chapitre septième de la loi Julia.

Dans les premiers temps de la république, on rendait d'éclatants honneurs à la vieillesse : la noblesse et l'opulence n'en obtenaient pas de plus grands. Les jeunes gens témoignaient aux vieillards une vénération presque égale à celle qu'ils avaient pour les dieux et pour leurs parents. Dans tous les lieux, dans toutes les circonstances où l'occasion s'en présentait, on réservait aux vieillards la première place et les premiers hommages. Les antiquités nous apprennent qu'au sortir des repas, ils étaient reconduits chez eux par les jeunes gens : s'il faut en croire la tradition, les Romains avaient emprunté cette coutume des Lacédémoniens, chez lesquels il était ordonné, par les lois de Lycurgue, qu'en toutes choses les plus âgés fussent les plus honorés. Mais lorsqu'il devint nécessaire d'accroître la population de la république, et que, dans ce but, on encouragea la paternité par des honneurs et des récompenses,

---

CAPUT XIII.

Liberos in multitudinis numero etiam unum filium filiamve veteres dixisse.

Antiqui oratores, historiæque aut carminum scriptores, etiam unum filium filiamve *liberos* multitudinis numero appellarunt. Idque nos cum in complurium veterum libris scriptum aliquotiens adverterimus, nunc quoque in libro Sempronii Asellionis *Rerum gestarum* quinto ita positum esse offendimus. Is Asellio sub P. Scipione Africano tribunus militum ad Numantiam fuit : resque eas, quibus gerendis ipse interfuit, conscripsit. Ejus verba de Tiberio Graccho, tribuno plebi, quo in tempore interfectus in Capitolio est, hæc sunt : « Nam Gracchus domo cum pro- « ficiscebatur, nunquam minus terna aut quaterna millia « hominum sequebantur. » Atque inde infra de eodem Graccho ita scripsit : « Orare cœpit id quidem, ut se de- « fenderent liberosque suos : eum quem virile secus tum « in eo tempore habebat, produci jussit, populoque com- « mendavit prope flens. »

CAPUT XIV.

Quod M. Cato in libro, qui inscriptus est *Contra Tiberium exsulem*, *stitisses vadimonium* per *i* litteram dicit, non *stetisses*: ejusque verbi ratio reddita.

In libro vetere M. Catonis, qui inscribitur *Contra Ti-* *berium exsulem*, scriptum sic erat : « Quid si vadimo- « nium capite obvoluto stitisses ? » Recte ille quidem *stitisse* scripsit : sed falsi et audaces emendatores, *e* scripto per libros, *stetisses* fecerunt, tanquam *stitisses* vanum et nihili verbum esset. Quin potius ipsi nequam et nihili sunt, qui ignorant, *stitisses* dictum a Catone, quoniam sisteretur vadimonium, non *staretur*.

CAPUT XV.

Quod antiquitus ætati senectæ potissimum habiti sint ampli honores : et cur postea ad maritos et ad patres iidem isti honores delati sint : atque ibi quædam de capite legis Juliæ septimo.

Apud antiquissimos Romanorum neque generi neque pecuniæ præstantior honos tribui unquam ætati solitus, majoresque natu a minoribus colebantur ad deum prope et parentum vicem; atque omni in loco inque omni specie honoris priores potioresque habiti. A convivio quoque, ut scriptum est in antiquitatibus, seniores a junioribus domum deducebantur, eumque morem accepisse Romanos a Lacedæmoniis traditum est : apud quos, Lycurgi legibus, major omnium rerum honos ætati majori habebatur. Sed postquam suboles civitati necessaria visa est, et ad prolem populi frequentandam præmiis atque invitamentis usus fuit : tum antelati quibusdam in rebus, qui uxo-

alors on commença, dans certaines occasions, à faire passer les citoyens mariés, ou pères, avant les vieillards sans femme et sans enfants. Ainsi, d'après le septième chapitre de la loi Julia, le consul qui jouira le premier de l'honneur des faisceaux n'est pas celui qui a le plus d'années, mais celui qui a donné le plus de fils à l'État, soit qu'ils fassent encore l'espérance de sa maison, soit qu'ils aient péri dans les combats. Si le nombre des enfants est égal de part et d'autre, la prééminence appartient à celui des deux qui est légitimement marié, ou qui jouit des droits de l'hymen. S'il arrive que les consuls soient mariés tous deux, et pères du même nombre d'enfants, alors on revient à l'ancien usage, et l'honneur d'avoir le premier les faisceaux est décerné au plus âgé. La loi ne dit pas si l'âge devrait avoir aussi la préférence, dans le cas où il arriverait que les deux consuls fussent célibataires, ou qu'ils eussent le même nombre d'enfants sans être mariés, ou qu'ils fussent mariés sans être pères. Du reste, le consul que la loi autorise à prendre les faisceaux dans le premier mois renonce souvent à son droit, et il le cède à son collègue, quand celui-ci est plus âgé, ou d'une naissance plus illustre, ou consul pour la seconde fois.

CHAPITRE XVI.

Critique adressée à Césellius Vindex par Sulpicius Apollinaris sur l'interprétation d'un passage de Virgile.

On lit ces vers dans le sixième livre de Virgile : « Vois-tu ce jeune homme appuyé sur un sceptre, qui occupe la place la plus voisine du séjour « des vivants? C'est lui qui, appelé le premier à la « lumière, naîtra de l'union du sang italien avec « le nôtre. Ce sera le dernier de tes enfants, le « fruit tardif de ta vieillesse : nourri dans les forêts par Lavinie ton épouse, il s'appellera Sil« vius, nom héréditaire des princes albains; il « sera roi et père de rois qui propageront l'empire « de notre race dans Albe la Longue. »

Les mots *tua postuma proles* paraissent renfermer un sens en désaccord avec ce qui vient ensuite :

Quem tibi longævo serum Lavinia conjux
Educet silvis regem.

Si, comme le rapportent la plupart de nos anciennes annales, ce Silvius naquit après la mort de son père, et reçut pour cette raison le surnom de Postumus, comment faut-il entendre ces mots,.

Quem tibi longævo serum Lavinia conjux
Educet silvis regem?

Par là, le poëte veut dire sans doute que Lavinie mit au monde et éleva Silvius pendant la vieillesse d'Énée. Césellius pense que ces mots doivent être entendus ainsi, et voici comment il les met d'accord avec ce qui précède : « *Postumus*, » dit-il dans son recueil intitulé *Lectures antiques,* « ne signifie pas seulement l'enfant né après « la mort du père, mais le dernier-né des enfants; « et c'est ainsi qu'il faut l'entendre de Silvius, qui « fut l'enfant tardif de la vieillesse d'Énée. » Mais il ne cite aucun auteur qui confirme ce qu'il avance sur Silvius. Au contraire, beaucoup d'historiens, comme je l'ai déjà dit, placent la naissance de Silvius après la mort d'Énée. Aussi, Sulpicius Apollinaris, entre autres critiques qu'il adresse

tes, quique liberos haberent, senioribus neque liberos neque uxores habentibus. Sicuti capite septimo legis Juliæ priori ex consulibus fasces sumendi potestas fit, non qui pluris annos natus est, sed qui pluris liberos, quam collega, aut in sua potestate habet, aut bello amisit. Sed si par utrique numerus liberorum est, maritus, aut qui in numero maritorum est, præfertur. Si vero ambo et mariti et partes totidem liberorum sunt, tum ille pristinus honos instauratur, et, qui major natu est, prior fasces sumit. Super iis autem, qui aut cælibes ambo sunt, aut parem numerum filiorum habent, aut mariti sunt vel liberos non habent, nihil scriptum in lege de ea ætate est. Solitos tamen audio, qui lege potiores essent, fasces primi mensis collegis concedere, aut longe ætate prioribus, aut nobilioribus multo, aut secundum consulatum ineuntibus.

CAPUT XVI.

Quod Cæsellius Vindex a Sulpicio Apollinari reprehensus est in sensus Virgiliani enarratione.

Virgilii versus sunt e libro sexto :

Ille, vides, pura juvenis qui nititur hasta,
Proxima sorte tenet lucis loca. Primus ad auras
Ætherias Italo commixtus sanguine surget
Silvius Albanum nomen, tua postuma proles;

Quem tibi longævo serum Lavinia conjux
Educet silvis regem regumque parentem.
Unde genus Longa nostrum dominabitur Alba.

Videbantur hæc nequaquam convenire :

Tua postuma proles,

et :

Quem tibi longævo serum Lavinia conjux
Educet silvis regem.

Nam si hic Silvius, ita ut in omnium ferme annalium monumentis scriptum est, post mortem patris natus est, ob eamque causam prænomen ei Postumo fuit, qua ratione subjectum est :

Quem tibi longævo serum Lavinia conjux
Educet silvis regem?

Hæc enim verba significare videri possunt, Ænea vivo ac jam sene, natum ei Silvium et educatum. Itaque hanc sententiam esse verborum istorum Cæsellius opinatus in commentario *Lectionum antiquarum :* « Postuma, » inquit, « proles non eum significat, qui patre mortuo, « sed qui postremo loco natus est; sicuti Silvius, qui « Ænea jam sene, tardo seroque partu est editus. » Sed hujus historiæ auctorem idoneum nullum nominat. Silvium autem post Æneæ mortem, sicuti diximus, natum esse multi tradiderunt. Idcirco Apollinaris Sulpicius inter cetera, in qui[bu]s Cæsellium reprehendit, hoc quoque

LIVRE II, CHAPITRE XVII.

à Cesellius, lui reproche cette explication comme une erreur. « Cette erreur tient, dit-il, à l'interprétation du mot *longævus*, qui ne veut pas dire ici avancé en âge, ce qui serait contraire à la tradition historique, mais qui signifie jouissant d'une vie éternelle dans le séjour de l'immortalité. Anchise en effet, qui, dans ces vers, s'adresse à son fils, savait qu'au sortir de cette vie, Énée devait être reçu parmi les dieux, et prendre possession de l'immortalité. » Cette explication d'Apollinaris est fort ingénieuse. Mais autre chose est une longue vie, autre chose une vie éternelle; et, en parlant des dieux, on les appelle non pas *longævi*, mais *immortales*.

CHAPITRE XVII.

Quelle propriété Cicéron a observée dans certaines prépositions. Réflexions sur la remarque de Cicéron.

Cicéron fait une remarque curieuse sur la prononciation des prépositions *in* et *cum*, placées au commencement d'un nom ou d'un verbe : c'est que, toutes les fois qu'elles sont suivies d'une *s* ou d'une *f*, le son que leur donne la prononciation est lent et prolongé, tandis qu'il est bref et rapide en tout autre cas. Voici le passage de Cicéron : « Quoi « de plus propre à flatter l'oreille, que cet usage « qui ne s'accorde pas avec la quantité des mots, « mais qui est le résultat de l'habitude? Nous pro- « nonçons brève la première syllabe d'*indoctus* : « mais celle d'*insanus* se prononce longue. Nous « glissons sur la première syllabe d'*inhumanus*, « nous appuyons, au contraire, sur celle d'*infelix*. « Pour ne pas multiplier les exemples, on saura « que la syllabe *in* a le son bref dans tous les « mots où elle est suivie d'une *s* ou d'une *f*, et long

« dans tous les autres. De même, la première syl- « labe de *composuit* se prononce comme brève; « celle de *consuevit*, comme longue : on remarque « la même différence entre *concrepuit* et *confe- « cit*. Consultons la quantité, cette prononciation « est mauvaise; consultons l'oreille, elle est bonne. « La raison de cela? C'est que l'oreille se trouve « flattée. Or, le discours doit se plier à tout ce « qu'exige le plaisir des oreilles. » Évidemment, l'harmonie est la cause de ces différences remarquées par Cicéron. Mais comment expliquer l'irrégularité offerte par la préposition *pro*, qui, tour à tour longue ou brève, ne se conforme point à la loi que Cicéron a observée? Ainsi, elle n'est pas toujours longue quand elle est suivie de la lettre *f*, qui, selon Cicéron, a la vertu de faire longues les prépositions *in* et *cum* : car dans *proficisci*, *profundere*, *profugere*, *profanum* et *profestum*, la syllabe *pro* est brève; et dans *proferre*, *profligare*, *proficere*, elle est longue. Pourquoi cette lettre, à laquelle Cicéron attribue la puissance de rendre longues certaines prépositions placées devant elle, ne produit-elle pas, en vertu de la même loi d'harmonie, un effet semblable sur tout autre mot du même genre, et fait-elle tantôt brève, tantôt longue, la préposition qui la précède? Du reste, pour revenir à la préposition *cum*, il n'est pas vrai qu'elle ne soit longue qu'à la condition d'être suivie des deux lettres dont parle Cicéron. En effet, elle est longue dans le mot *coopertus*, qu'emploient Salluste et Cicéron lorsqu'ils disent, *fœnoribus coopertus*, accablé de dettes. Elle est longue dans *coligatus* et *conexus*. Ce qui la rend peut-être longue dans ces mots, c'est qu'on a retranché de *con* la lettre *n*, et que, d'ordinaire, on compense la suppression d'une lettre

---

ejus quasi erratum animadvertit; errorisque istius hanc esse causam dixit, quod scriptum ita sit : *Quem tibi longævo*, inquit, non *seni* (significatio enim est contra historiæ fidem) sed in longum jam ævum et perpetuum recepto, immortalique facto. Anchises enim, qui hæc dicit ad filium, sciebat eum, cum hominum vita discessisset, immortalem atque indigetem futurum, et longo perpetuoque ævo potiturum. Hoc sane Apollinaris argute. Sed aliud tamen est longum ævum, aliud perpetuum. Neque dii longævi appellantur, sed immortales.

CAPUT XVII.

Cujusmodi naturam esse quarumdam præpositionum M. Cicero animadverterit : disceptatumque ibi super eo ipso, quod Cicero observaverat.

Observate curioseque animadvertit M. Tullius, *in* et *con* præpositiones verbis aut vocabulis præpositas tunc produci atque protendi cum litteræ sequerentur, quæ primæ sunt in *sapiente* atque *felice* : in aliis autem omnibus correpte pronuntiari. Verba Ciceronis hæc sunt : « Quid « vero hoc elegantius, quod non fit natura, sed quodam insti- « tuto? *indoctus* dicimus brevi prima littera : *insanus* pro- « ducta : *inhumanus* brevi, *infelix* longa, et, ne multis,

« quibus in verbis eæ primæ litteræ sunt, quæ in *sapiente* « atque *felice*, producte dicuntur : in ceteris vero omnibus « breviter. Itemque *composuit*, *consuevit*, *concrepuit*, « *confecit* : consule veritatem : reprehendet. Refer ad auris : « probabunt. Quære, cur ita? Se dicent juvari. Voluptati « autem aurium morigerari debet oratio. » Manifesta quidem ratio suavitatis est in iis vocibus, de quibus Cicero locutus est. Sed quid dicemus de præpositione *pro*, quæ, cum produci et corripi soleat, observationem hanc tamen M. Tullii aspernata est? Non enim semper producitur, cum sequitur ea littera, quæ prima est in verbo *fecit*, quam Cicero hanc habere vim significat, ut propter eam item, *in* et *con* præpositiones producantur. Nam *proficisci* et *profundere*, et *profugere*, et *profanum*, et *profestum* correpte dicimus; *proferre* autem, et *profligare*, et *proficere* producte. Cur igitur ea littera, quam Cicero productionis causam facere observavit, non in omnibus consimilibus eandem vim aut rationis aut suavitatis tenet : sed aliam vocem produci facit, aliam corripi? Neque vero *con* particula tum solum producitur, cum ea littera, de qua Cicero dicit, insequitur. Nam et Cato et Sallustius : *fœnoribus*, inquiunt, *coopertus est*. Præterea *coligatus* et *conexus* producte dicuntur. Sed tamen videri potest in iis, quæ posui, ob eam causam particula hæc produci

par l'allongement de la syllabe. On peut faire la même remarque sur le verbe *cogo*, dont la première syllabe est longue : dans *coegi*, il est vrai, *co* est bref ; mais cela ne nous contredit point, car c'est contre les lois de l'analogie que *coegi* se forme de *cogo*.

CHAPITRE XVIII.
Que Phédon, disciple de Socrate, fut esclave. Autres philosophes sortis de la même condition.

On connaît ce Phédon d'Élée qui fut le disciple chéri de Socrate et l'ami intime de Platon, et qui a donné son nom au divin traité de ce dernier sur l'immortalité de l'âme. Doué en naissant de la beauté du corps et des plus nobles penchants de l'esprit, il fut d'abord esclave : quelques-uns assurent même qu'un marchand d'esclaves, l'ayant acheté dans son enfance, lui fit faire le plus infâme métier. Enfin Cébès, d'après le conseil de Socrate, son maître, acheta ce jeune homme, et lui enseigna la philosophie. Phédon devint bientôt lui-même un philosophe illustre ; il a composé sur Socrate des discours empreints d'une remarquable élégance. Il y a encore un assez grand nombre de philosophes, dont le nom est célèbre, qui ont commencé par être esclaves. Tel fut entre autres ce Ménippe, dont M. Varron a imité les écrits dans les satires qu'il a intitulées *Ménippées*, et que d'autres appellent *Cyniques*. Nous citerons encore Pompylus, Persée, et Mys, qui furent esclaves, l'un du péripatéticien Théophraste, l'autre du stoïcien Zénon, et le troisième d'Épicure, et qui tous devinrent des philosophes distingués.

On pourrait aussi prendre pour exemple Diogène le cynique ; mais ce n'est qu'après avoir vécu libre pendant une partie de sa vie, qu'il fut condamné à l'esclavage. On rapporte que, lorsque Xéniade de Corinthe, se proposant de l'acheter, lui demanda ce qu'il savait faire, il répondit fièrement : « Commander à des hommes libres. » Xéniade, frappé de cette réponse, l'acheta, puis l'affranchit aussitôt, et lui confia l'éducation de ses fils, en lui disant : « Voici mes enfants, voici « des hommes libres à qui tu peux commander. » Il est inutile de mentionner ici Épictète, qui fut aussi esclave : sa mémoire est trop récente pour qu'il soit nécessaire de rappeler ce fait. On cite d'Épictète deux vers qu'il a composés sur lui-même, et où il donne à entendre que l'homme en butte aux attaques réitérées du malheur n'est pas l'objet de la haine des dieux ; mais que la vie a des mystères dont l'intelligence n'est donnée qu'à un petit nombre d'âmes. Voici ces vers :

« Épictète est esclave, boiteux, pauvre comme « Irus ; et pourtant il est cher aux immortels. »

CHAPITRE XIX.
Sur le mot *rescire*. Quel est son sens propre et véritable.

J'ai remarqué que le mot *rescire*, apprendre, avait un sens particulier, différent de celui que la préposition *re* communique d'ordinaire aux verbes auxquels elle est jointe ; et que cette préposition avait, dans *rescire*, une autre valeur que dans *rescribere*, répondre, *relegere*, relire, *restituere*, rétablir. *Rescire* se dira proprement d'un fait

---

quoniam eliditur ex ea *n* littera ; nam detrimentum litteræ productione syllabæ compensatur. Quod quidem etiam in eo servatur, quod est *cogo*. Neque repugnat, quod *coegi* correpte dicimus ; non enim salva id ἀναλογίᾳ dicitur a verbo, quod est *cogo*.

CAPUT XVIII.
Quod Phædon Socraticus servus fuit, quodque item alii complusculi servitutem servierunt.

Phædon Elidensis ex cohorte illa Socratica fuit, Socratique et Platoni perfuit familiaris. Ejus nomini Plato illum librum divinum de immortalitate animæ dedit. Is Phædon servus fuit forma atque ingenio liberali, et, ut quidam scripserunt, a lenone domino puer ad merendum coactus. Eum Cebes Socraticus hortante Socrate emisse dicitur, habuisque in philosophiæ disciplinis. Atque is postea philosophus illustris fuit ; sermonesque ejus de Socrate admodum elegantes leguntur. Alii quoque non pauci [servi] fuerunt, qui post philosophi clari exstiterunt. Ex quibus ille Menippus fuit, cujus libros M. Varro in Satiris æmulatus est : quas alii Cynicas, ipse appellat Menippæas. Sed et Theophrasti peripatetici servus Pompylus, et Zenonis stoici servus, qui Persæus vocatus est, et Epicuri, cui nomen Mys fuit, philosophi non incelebres vixerunt. Diogenes etiam cynicus servitutem servivit :

sed is ex libertate in servitutem venum ierat : quem cum emere vellet Ξενιάδης Κορίνθιος, et quid is artificii novisset percontatus : Novi, inquit Diogenes, hominibus liberis imperare. Tum Ξενιάδης, responsum ejus demiratus emit et manu emisit ; filiosque suos ei tradens : Accipe, inquit, liberos meos, quibus imperes. De Epicteto autem philosopho nobili, quod is quoque servus fuit, recentior est memoria, quam ut scribi quasi obliteratum debuerit. [Ejus Epicteti etiam de se scripti duo versus feruntur : ex quibus latenter intelligas, non omnes omnimodis diis exosos esse, qui in hac vita cum ærumnarum varietate luctantur ; sed esse arcanas causas, ad quas paucorum potuit pervenire curiositas.

Δοῦλος Ἐπίκτητος γενόμην καὶ σώματι πηρὸς,
Καὶ πενίην Ἴρος, καὶ φίλος ἀθανάτοις.]

CAPUT XIX.
Rescire verbum quid sit, et quam habeat veram et propriam significationem.

Verbum *rescire* observavimus vim habere propriam quamdam, non ex communi significatione ceterorum verborum, quibus eadem præpositio *re* imponitur : neque ut *rescribere*, *relegere*, *restituere* dicimus ; itidem dicimus *rescire*. Nam qui factum aliquod occultius aut inopinatum insperatumque cognoscit, is dicitur proprie *rescire*. Cur

caché qu'on découvre, ou d'une nouvelle qu'on apprend tout à coup, sans s'y être attendu. Pourquoi, dans ce mot, la préposition *re* joue-t-elle ce rôle particulier? c'est ce que je n'ai pu savoir encore. Mais je puis assurer que je n'ai jamais trouvé, chez les bons écrivains, ce mot employé dans un autre sens. Ils ne s'en servent que quand il s'agit d'un secret révélé, ou d'un événement inattendu, et contraire à ce qu'on espérait. Cet usage est d'autant plus remarquable, que *scire* s'applique indistinctement à tout, aux choses prévues ou imprévues, aux événements heureux ou malheureux. Voici des exemples de l'emploi de *rescire*. Nævius dit, dans sa comédie intitulée *Triphallus*:

« Si j'apprends jamais que mon fils emprunte
« de l'argent à cause de ses amours, je te ferai
« mettre aussitôt dans un lieu où tu ne pourras
« pas cracher. »

Si unquam quidquam filium rescivero
Argentum, etc.

On trouve cette phrase dans Quadrigarius, au premier livre de ses Annales : « Lorsque les Lu-
« caniens apprirent qu'ils avaient été dupes d'un
« mensonge. » *Ea Lucani ubi resciverunt*, etc. Cet auteur dit encore dans le même livre, en parlant d'un événement triste et inopiné : « Lorsque les
« parents des otages livrés à Pontius, comme nous
« l'avons dit plus haut, en furent informés, on
« les vit tous accourir sur la route, éplorés et les
« cheveux en désordre. » *Id ubi resciverunt propinqui obsidum*, etc. Citons encore cette phrase, tirée du quatrième livre des *Origines* de M. Caton : « Le lendemain, le dictateur fit venir le maî-
« tre de la cavalerie : Si vous voulez, lui dit-il, je
« vous ferai partir avec vos troupes. — Il est trop

« tard, répondit le maître de la cavalerie ; les en-
« nemis sont prévenus. » *Jam rescivere.*

CHAPITRE XX.

Que, pour désigner ce que nous appelons *vivaria*, les anciens ne se servaient pas de ce mot : ce qu'on trouve, au lieu de *vivaria*, dans une harangue de P. Scipion au peuple, et dans le *De re rustica* de Varron.

On appelle maintenant *vivaria* les enclos où l'on nourrit des bêtes fauves. Varron, dans le troisième livre de son *De re rustica*, donne à ces enclos le nom de *leporaria*. Voici le passage :
« Il y a, dit-il, à la campagne trois sortes d'endroits
« où l'on nourrit des animaux. On les appelle
« *ornithones*, volières ; *leporaria*, parcs à bêtes ;
« *piscinæ*, viviers. *Ornithones* désigne l'habita-
« tion de toutes les espèces d'oiseaux qu'on élève
« dans la métairie. Par *leporaria*, il faut enten-
« dre, non pas seulement des parcs à lièvres, ce
« qui était l'unique sens donné par nos ancêtres à
« ce mot, mais toute espèce d'enclos ou de bâti-
« ment fermé dépendant d'une maison de cam-
« pagne, dans lequel on nourrit des bêtes fau-
« ves. » Un peu plus loin, dans le même livre de Varron, on trouve cette phrase : « Lorsque tu ache-
« tas de M. Pison la terre de Tusculum, il se
« trouvait dans le parc à bêtes (*in leporario*)
« beaucoup de sangliers. » Aujourd'hui au lieu de *leporaria*, on se sert communément du mot *vivaria*, qui correspond à ce que les Grecs appellent παράδεισοι. Je ne me rappelle pas avoir jamais rencontré *vivaria* dans les auteurs anciens. On trouve chez Scipion, qui fut le plus pur des écrivains de son temps, un mot que plusieurs savants prétendent avoir été pris dans la même signification que celle qu'on donne maintenant à

---

autem in hoc uno verbo *re* particula hujus sententiæ vim habeat, equidem adhuc quæro. Aliter enim dictum esse *rescivi* aut *rescire* apud eos, qui diligenter locuti sunt, nondum invenimus, quam super iis rebus, quæ aut consulto consilio latuerint, aut contra spem opinionemve usu venerint. Quamquam ipsum *scire* de omnibus communiter rebus dicatur vel adversis vel prosperis vel insperatis vel exspectatis. Nævius in Triphallo ita scripsit :

Si unquam quidquam filium rescivero
Argentum amoris causa sumse mutuum :
Exemplo illo te ducam, ubi non despuas.

Claudius Quadrigarius in primo annali : « Ea Lucani ubi
« resciverunt, sibi per fallacias verba data esse. » Idem Quadrigarius in eodem libro in re tristi et inopinata verbo isto ita utitur : « Id ubi resci[v]erunt propinqui obsidum,
« quos Pontio traditos supra demonstravimus : eorum pa-
« rentes cum propinquis capillo passo in viam provola-
« runt. » M. Cato in quarto Originum : « Deinde dictator
« jubet postridie magistrum equitum arcessi. Mittam te,
« si vis, inquit, cum equitibus. Sero est, inquit magister
« equitum : jam rescivere. »

CAPUT XX.

Quæ vulgo dicuntur *vivaria*, id vocabulum veteres non dixisse ; et quid pro eo P. Scipio in oratione ad populum, quid postea M. Varro in libris De re rustica dixerit usurpatum.

Vivaria, quæ nunc dicuntur septa quædam loca, in quibus feræ vivæ pascuntur, M. Varro in libro *De re rustica* tertio dicit *leporaria* appellari. Verba Varronis subjeci : « Villaticæ pastionis genera sunt tria, *ornithones*,
« *leporaria*, *piscinæ*. Nunc *ornithones* dico omnium ali-
« tum, quæ intra parietes villæ solent pasci. *Leporaria* ita
« accipere volo, non ea, quæ tritavi nostri dicebant, ubi
« soli lepores sint : sed omnia septa ædificia villæ quæ
« sunt, et habent inclusa animalia quæ pascuntur. » Is item infra in eodem libro ita scribit : « Cum emisti fun-
« dum Tusculanum a M. Pisone, in leporario apri fuere
« multi. » *Vivaria* autem, quæ nunc vulgus [dicit, sunt], quos παραδείσους Græci appellant ; quæ *leporaria* Varro dicit, haud usquam memini apud vetustiores scriptum. Sed quod apud Scipionem omnium ætatis suæ purissime locutum legimus *roboraria*, aliquot Romæ doctos viros dicere audivi id significare, quod nos *vivaria* dicimus ;

vivaria : ce mot est *roboraria* : on pense qu'il vient de ces planches de chêne dont on environnait les parcs, et qu'on voit encore dans l'Italie autour d'un grand nombre d'enclos. Voici le passage de Scipion : il est tiré de sa cinquième harangue contre Claudius Asellus : « Rencontrait-« il quelque part des champs cultivés avec soin, « des maisons de campagne florissantes? il fallait, « disait-il, élever un mur sur la partie la plus « élevée de la contrée : puis il ordonnait de re-« dresser la route, et la faisait passer à travers « les vignes de celui-ci, au milieu du parc et de « l'étang de celui-là (*aliis per roborarium at-« que piscinam*), à travers la maison de campa-« gne d'un autre. » Les réservoirs d'eau où l'on nourrit du poisson sont désignés au propre dans notre langue par le mot de *piscinæ*. On se sert communément du mot *apiaria*, en parlant des lieux où on place les ruches des abeilles : mais je ne crois pas qu'aucun des auteurs renommés pour la pureté de leur langage ait jamais employé ce mot en écrivant ou en parlant. Varron dit, dans le même livre du *De re rustica* : « C'est ainsi qu'il faut arranger les lieux qui doivent servir de demeure à l'abeille, *melissones*, ou, comme on les appelle d'un autre nom, *mellaria*. Mais le mot dont se sert Varron est grec : on dit en grec μελισσῶνες, comme on dit ἀμπελῶνες, lieux plantés de vignes, et δαφνῶνες, lieux plantés de lauriers.

CHAPITRE XXI.

Sur cette constellation que les Grecs nomment ἄμαξα, et que les Latins appellent *septemtriones*. Étymologie de ces deux noms.

Un jour, avec une réunion de Grecs et de Romains, mes compagnons d'études, je faisais voile d'Égine vers le Pirée : c'était par une belle nuit d'été : la mer était calme, le ciel pur et serein. Assis tous ensemble à la poupe, nous prenions plaisir à considérer les astres qui brillaient au ciel. Alors un d'entre nous, fort versé dans la langue et les sciences de la Grèce, nous dit quelle était la constellation qu'on appelle ἄμαξα, le chariot, ou ἄρκτος, l'ourse, et celle qu'on nomme βοώτης, le bouvier; il nous apprit l'origine de ces noms; il nous fit voir quelle différence il y a entre la grande ourse et la petite ourse, et quelle route ces deux constellations suivent dans le ciel durant le cours de la nuit : il nous expliqua pourquoi Homère dit que l'ourse seule ne se couche pas, tandis que d'autres étoiles présentent la même particularité : enfin il parla sur ces matières en homme savant et habile. Quand il eut fini, me tournant vers mes compatriotes : « Et vous, jeunes ignorants, leur dis-je, pourrez-vous m'expliquer pourquoi nous appelons en latin *septemtriones* ce que les Grecs nomment ἄμαξα? Il ne suffit pas de me répondre que c'est parce qu'on voit dans cette constellation sept étoiles; je veux que vous me donniez une explication complète de toutes les parties du mot. » Alors un de mes compagnons, qui s'était appliqué à l'étude de notre langage et de nos monuments anciens, me répondit : « Le vulgaire des grammairiens croit que le mot *septemtriones* ne doit son origine qu'au nombre des étoiles qu'il exprime. Ils prétendent que *triones* ne signifie rien par lui-même, qu'il ne faut y voir qu'une terminaison; de même que dans *quinquatrus*, dont on se sert pour désigner le cinquième jour après les ides, *atrus* n'est qu'une fin de mot sans signification. Pour moi, ajouta-t-il, je préfère l'opinion de L. Ælius et de M. Varron. Ces auteurs nous apprennent que, dans

---

appellataque esse a tabulis roboreis, quibus septa essent : quod genus septorum vidimus in Italia locis plerisque. Verba ex oratione ejus contra Claudium Asellum quinta hæc sunt : « Ubi agros optime cultos atque villas expoli-« tissimas vidisset, in his regionibus excelsissimo locorum « murum statuere aiebat : inde corrigere viam, aliis per « vineas medias, aliis per roborarium atque piscinam, « aliis per villam. » Lacus vero aut stagna, [quæ] piscibus vivis coercentur clausa, suo atque proprio nomine *piscinas* nominaverunt. *Apiaria* quoque vulgus dicit loca, in quibus siti sunt alvei apum : sed neminem eorum ferme, qui incorrupte locuti sunt, aut scripsisse memini aut dixisse. Marcus autem Varro *De re rustica* tertio : « Μελισσῶνας, » inquit, « ita facere oportet, quæ quidam *mellaria* appellant. » Sed hoc verbum, quo Varro usus est, græcum est : nam μελισσῶνες ita dicuntur, ut ἀμπελῶνες et δαφνῶνες.

CAPUT XXI.

Super eo sidere, quod Græci ἄμαξαν, nos *septemtriones* vocamus, ac de utriusque vocabuli ratione et origine.

Ab Ægina in Piræum complusculi earumdem disciplinarum sectatores Græci Romanique homines eadem in navi transmittebamus. Nox fuit, et clemens mare, et anni æstas, cœlumque liquide serenum. Sedebamus ergo in puppi simul universi, et lucentia sidera considerabamus. Tum [quispiam ex iis,] qui eodem in numero græcas res eruditi erant, quid ἄμαξα esset, quid ἄρκτος, quid βοώτης, et quænam major ἄρκτος, et quæ minor, cur ita appellata, et quam in partem procedentis noctis spatio moverentur : et quamobrem Homerus solam eam non occidere dicat, cum et quædam alia [non occidant] : scite [tum] ista omnia ac perite disserebat. Hic ego ad nostros juvenes convertor, et : Quid, inquam, vos opici dicitis mihi? Quare, quod ἄμαξαν Græci vocant, nos *septemtriones* vocamus? Non enim satis est, quod septem stellas videmus; sed quid hoc totum, quod *septemtriones* dicimus, significet, scire, inquam, id prolixius volo. Tum quispiam ex iis, qui se ad litteras memoriasque veteres dediderat, Vulgus, inquit, grammaticorum *septemtriones* a solo numero stellarum dictum putat. *Triones* enim per sese nihil significare aiunt, sed vocabuli esse supplementum : sicut in eo, quod *quinquatrus* dicamus, quinque ab Idibus dierum numerus sit, *atrus* nihil [significet]. Sed ego quidem cum L. Ælio et M. Varrone sentio,

les campagnes, on appelait les bœufs *triones*, mot qui revient à *terriones*, et qui signifiait des animaux propres à labourer la terre. Ils s'appuient là-dessus pour penser que cette constellation, nommée par les Grecs ἅμαξα, parce qu'elle offre dans le ciel la forme d'un chariot, reçut de nos ancêtres le nom de *septemtriones*, à cause des sept étoiles dont la disposition semble présenter des bœufs attelés au joug. A cette explication, continua-t-il, Varron en a joint une autre : il doute s'il ne faut pas plutôt faire venir ce mot *triones*, appliqué aux sept étoiles, des triangles formés dans la constellation par chaque groupe de trois étoiles. » De ces deux étymologies de Varron, la dernière nous parut la plus ingénieuse et la mieux trouvée. En effet, nous jetâmes les yeux sur la constellation, et nous vîmes que les étoiles étaient disposées de manière à présenter ces figures triangulaires.

CHAPITRE XXII.

Notions sur le vent Iapyx, et sur le nom et la direction des autres vents. Discours du philosophe Favorinus sur ce sujet.

Favorinus avait coutume, pendant les repas familiers auxquels il nous invitait, de faire lire des vers de quelque ancien poëte lyrique, ou bien des fragments d'histoire grecque ou latine. Un jour, ayant rencontré, dans la lecture d'un morceau de poésie latine, un passage où il était question du vent Iapyx, nous lui demandâmes quel était ce vent, de quel côté il soufflait, et quelle était l'étymologie d'un mot aussi étrange. Nous le priâmes en outre de nous instruire des différents noms des autres vents, de leur position et de leur nombre, sur lesquels on est généralement peu d'accord. Alors Favorinus prit ainsi la parole : « Tout le monde sait, dit-il, que le ciel est partagé en quatre régions, qui sont *l'orient, l'occident, le midi* et *le septentrion*. Les deux premières sont sujettes à varier : les deux dernières sont toujours fixes. En effet, le soleil ne se lève pas toujours dans la même partie du ciel : l'orient change donc et prend différents noms : il s'appelle *æquinoctialis*, quand le soleil parcourt cet espace que les Grecs nomment ἰσημερινός ; *solstitialis*, à l'époque du solstice d'été ; *brumalis*, à l'époque du solstice d'hiver. De même, le soleil ne se couche pas toujours au même endroit : on distingue donc aussi plusieurs espèces d'occident qu'on désigne par les mêmes noms. Or, le vent qui souffle du point où se trouve l'orient au printemps, pendant l'équinoxe, s'appelle Eurus, mot qui, selon les étymologistes, signifie soufflant du côté de l'aurore, ἀπὸ τῆς ἠοῦς ῥέων. Le même vent est encore appelé ἀπηλιώτης par les Grecs : les navigateurs romains lui donnent le nom de Subsolanus. Le vent qui part de la région où se trouve l'orient, pendant le solstice d'été, se nomme Aquilon en latin, et Borée en grec. C'est, dit-on, à cause de la manière dont souffle Borée, qu'Homère l'appelle αἰθρηγενέτης, qui purifie le ciel. Quant à ce nom de Borée, on l'a fait venir du mot βοή, cri, parce que ce vent est impétueux et retentissant. Les Romains appellent Vulturne le troisième vent, qui s'élève du point où est situé l'orient pendant l'hiver. Comme il souffle entre l'Eurus et le Notus, les Grecs le désignent par le

---

qui triones rustico certo vocabulo boves appellatos scribunt, quasi quosdam *terriones*, hoc est, arandæ colendæque terræ idoneos. Itaque hoc sidus, quod a figura posituraque ipsa, quia simile plaustri videtur, antiqui Græcorum ἅμαξαν dixerunt, nostri quoque veteres a bubus junctis *septemtriones* appellarunt; id est, [a] septem stellis, ex quibus quasi juncti *triones* figurantur. Præter hanc, inquit, opinionem id quoque Varro addit, dubitare sese, an propterea magis hæ septem stellæ *triones* appellatæ sint, quia ita sunt sitæ, ut ternæ stellæ proximæ quæque inter sese faciant trigona, id est, triquetras figuras. Ex his duabus rationibus, quas ille dixit, quod posterius est, subtilius elegantiusque visum est. Intuentibus enim nobis in illud, ita propemodum res erat, ut ea forma esset, ut triquetra videretur.

CAPUT XXII.

De vento Iapyge, deque aliorum ventorum vocabulis regionibusque accepta e Favorini sermonibus.

Apud mensam Favorini in convivio familiari legi solitum erat aut vetus carmen melici poetæ, aut historia partim græcæ linguæ, alias latinæ. Legebatur ergo tunc ibi in carmine latino Ἰᾶπυξ ventus, quæsitumque est, quis hic ventus, et quibus ex locis spiraret, et quæ tam infrequentis vocabuli ratio esset : atque etiam petebamus, ut super ceterorum nominibus regionibusque ipse nos docere vellet, quia vulgo neque de appellationibus eorum, neque de finibus, neque de numero conveniret. Tum Favorinus ita fabulatus est : Satis, inquit, notum est, limites regionesque esse cœli quatuor : *exortum, occasum, meridiem, septemtriones. Exortus* et *occasus* mobilia et varia sunt; *meridies septemtrionesque* statu perpetuo stant et manent. Oritur enim sol non indidem semper; sed aut *æquinoctialis oriens* dicitur, cum in circulo currit, qui appellatur ἰσημερινός, aut *solstitialis* aut *brumalis*, quæ sunt θερινὶ τροπαί aut χειμεριναί. Item cadit sol non in eumdem semper locum. Fit enim similiter *occasus* ejus aut *æquinoctialis*, aut *solstitialis*, aut *brumalis*. Qui ventus igitur ab oriente verno, id est, æquinoctiali venit, nominatur *Eurus*, ficto vocabulo, ut isti ἐτυμολογικοί aiunt, ὁ ἀπὸ τῆς ἠοῦς ῥέων. Is alio quoque a Græcis nomine ἀπηλιώτης, [a] romanis nauticis *Subsolanus* cognominatur. Sed qui ab æstiva et solstitiali orientis meta venit, latine *Aquilo*, *Boreas* græce dicitur; eumque propterea quidam dicunt ab Homero αἰθρηγενέτην appellatum : *Boream* autem putant dictum ἀπὸ τῆς βοῆς, quoniam sit violenti flatus et sonori. Tertius ventus, qui ab orienti hiberno spirat; *Volturnum* Romani vocant : eum plerique Græci mixto nomine, quod inter *Notum* et *Eurum*

mot composé d'εὐρόνοτος. Les trois vents de l'orient sont donc l'Aquilon, le Vulturne et l'Eurus; et l'Eurus est au milieu des deux autres. L'occident a aussi trois vents qui s'opposent à ceux de l'orient; ce sont le Caurus, appelé par les Grecs ἀργέστης, qui souffle contre l'Aquilon; le Favonius, en grec ζέφυρος, qui combat l'Eurus; et l'Africus, connu chez les Grecs sous le nom de λίψ, qui se rencontre avec le Vulturne. Ainsi les deux régions de l'orient et de l'occident comprennent en tout six vents opposés entre eux. Celle du midi, qui n'est sujette à aucun changement, n'en a qu'un seul. Les Latins l'appellent Auster, et les Grecs νότος, parce qu'il amène les nuages et la pluie : car le mot νοτίς veut dire humidité. Par la même raison, le septentrion n'a aussi qu'un seul vent, qui est opposé à celui du midi : les Latins le nomment Septemtrionarius, et les Grecs ἀπαρκτίας. Voilà donc en tout huit vents. D'autres n'en veulent compter que quatre, et appuient leur opinion de l'autorité d'Homère, qui ne parle, en effet, que de quatre vents : l'Eurus, l'Auster, l'Aquilon et le Favonius. Voici les vers où il les nomme :

« Alors se précipitent en même temps, avec fu« reur, l'Eurus, le Zéphyre, le terrible Notus, et « le froid Borée, qui chasse les nuages et roule des « vagues énormes. »

De cette manière, on ne distingue dans le ciel que les quatre grandes régions que nous avons nommées d'abord, et l'on n'établit aucune division dans l'orient ni dans l'occident. Plusieurs, au contraire, admettent jusqu'à douze vents, parce qu'ils ajoutent de nouveaux vents intermédiaires, deux vers le midi et deux vers le nord; de même que d'abord on en avait ajouté deux intermédiaires à l'orient, et deux à l'occident. Il faut savoir aussi que les habitants de chaque pays ont, pour désigner les vents qui règnent sur eux, des termes particuliers, qu'ils tirent du nom des lieux, ou qu'ils forment à propos d'une circonstance ou d'un accident quelconque. Les Gaulois, mes compatriotes, donnent au vent qui souffle avec beaucoup de force sur leur contrée, le nom de Circius, sans doute à cause de sa violence et de la rapidité de ses tourbillons. Le vent qui s'élève des côtes de l'Iapygie reçoit des Apuliens le nom du pays même : c'est le vent Iapyx. Je crois qu'on peut le confondre avec le Caurus; car il vient de l'occident, et paraît souffler contre l'Eurus. C'est pour cela que Virgile dit, en parlant de Cléopâtre fuyant en Égypte après la défaite de sa flotte, qu'elle était portée par le vent Iapyx. On trouve aussi dans Virgile ce même mot Iapyx appliqué à un cheval d'Apulie. Aristote parle d'un vent appelé Cæcias, qui souffle de telle façon, qu'au lieu de chasser les nuages, il les attire à lui; ce qui a donné lieu, dit-il, à ce vers, devenu proverbe :

« Il attire à lui tous les maux, comme le Cæcias « attire les nuages. »

Il y a encore d'autres vents, ou plutôt d'autres noms de vents, propres à certaines contrées. Ainsi il y a l'Atabulus, dont parle Horace. Il y a encore les vents Étésiens, et ceux qu'on appelle Prodromes, qui, à une époque fixe de l'année,

sit, εὐράνοτον appellant. Hi sunt igitur tres venti orientales : *Aquilo*, *Volturnus*, *Eurus*; quorum medius *Eurus* est. His oppositi et contrarii sunt alii tres occidui : *Caurus*, quem solent Græci ἀργέστην vocare; is adversus Aquilonem flat : item alter *Favonius*, qui græce vocatur ζέφυρος; is adversus *Eurum* flat : tertius *Africus*, qui græce [vocatur] λίψ; is adversus *Volturnum* facit. Eæ duæ regiones cœli *orientis occidentisque* inter sese adversæ sex habere ventos videntur. Meridies autem, quoniam certo atque fixo limite est, unum meridialem ventum habet : is latine *Auster*, græce νότος nominatur, quoniam est nebulosus atque humectus : νοτὶς enim græce *humor* nominatur. *Septemtriones* autem habent ob eamdem causam unum. Is objectus directusque in Austrum, latine *Septemtrionarius*, græce ἀπαρκτίας appellatus. Ex his octo ventis alii quatuor detrahunt ventos; atque id facere se dicunt Homero auctore, qui solos quatuor ventos noverit : *Eurum*, *Austrum*, *Aquilonem*, *Favonium*, [versus Homeri sunt :

Σὺν δ' εὖρος τ' ἔπεσε, ζέφυρός τε, νότος τε δυσαὴς.
Καὶ βορέης αἰθρηγενέτης μέγα κῦμα κυλίνδων.]

a quatuor cœli partibus, quas quasi primas nominavimus, oriente scilicet atque occidente latioribus atque simplicibus, non tripartitis. Partim autem sunt, qui pro octo duodecim faciant : tertiis quatuor in media loca inserentes, cum meridie septentrione : eadem ratione, qua secundi quatuor intersiti sunt inter primores duos apud orientem occidentemque. Sunt porro alia quædam nomina quasi peculiarium ventorum, quæ incolæ in suis quisque regionibus fecerunt, aut ex locorum vocabulis, in quibus colunt, aut ex alia qua causa, quæ ad faciendum vocabulum acciderat. Nostri namque Galli ventum ex sua terra flantem, quem sævissimum patiuntur, *Circium* appellant, a turbine, opinor, ejus et vertigine. Iapygiæ ipsius ore proficiscentem quasi finibus Apuli eodem, quo ipsi sunt, nomine Iapygem dicunt. Eum esse propemodum *Caurum* existimo : nam et est occidentalis, et videtur exadversum *Eurum* flare. Itaque Virgilius Cleopatram e navali prælio in Ægyptum fugientem vento Iapyge ferri ait. Equum quoque Apulum, eodem quo ventum vocabulo, *Iapygem* appellavit. Est etiam ventus nomine *Cæcias*, quem Aristoteles ita flare dicit, ut nubes non procul propellat, sed ut ad sese vocet, ex quo versum istum proverbialem factum ait :

—— κακὰ
Ἐφ' ἑαυτὸν ἕλκων, ὡς ὁ Καικίας νέφος.

Præter hos autem, quos dixi, sunt alii plurifariam venti commenticii et suæ quisque regionis indigenæ; ut est Horatianus quoque ille *Atabulus*, quos ipse quoque exsecuturus fui : addidissemque eos, qui *Etesiæ* et *Prodromi* appellantur, qui certo tempore anni, cum canis oritur, ex alia atque alia parte cœli spirant : rationesque

dans le temps de la Canicule, soufflent de différents côtés du ciel. Je pourrais, puisque je suis entré déjà dans beaucoup de détails, vous entretenir de tous ces vents et vous expliquer tous leurs noms : mais il y a déjà longtemps que je parle et que vous m'écoutez en silence, comme si je faisais une leçon en règle; et, dans une compagnie nombreuse réunie à table, il n'est ni convenable, ni bienséant, qu'un seul garde longtemps la parole. » Tel fut le fond du discours que Favorinus nous adressa dans ce repas, et où il mit une élégance d'expressions, une politesse et une grâce parfaites. Remarquons que ce vent des Gaules, auquel il donne le nom de Circius, est appelé Cercius dans le troisième livre des *Origines* de Caton. Dans un passage où il s'occupe des Espagnols qui habitent en deçà de l'Èbre, il dit : « On trouve dans « cette contrée de très-belles mines de fer et d'ar-« gent, et une montagne considérable de sel pur, « dans laquelle on voit sans cesse se former de « nouvelles couches à la place de celles qu'on en-« lève. Là, le vent Cercius se déchaîne avec vio-« lence : quand on parle, il vous remplit la bou-« che; il renverse un homme armé et une voiture « chargée. » En disant plus haut avec Favorinus que les vents Étésiens soufflent de différents côtés du ciel, j'ai suivi l'opinion commune : mais c'est peut-être une erreur. Dans le second livre de son traité *Sur les vents*, P. Nigidius dit : « La direc-« tion des vents Étésiens et des vents du midi, qui « soufflent annuellement, dépend du cours du « soleil. » *Secundo sole flant.* Qu'entend-il au juste par *secundo sole?* c'est ce que je laisse à examiner.

CHAPITRE XXIII.

Examen et comparaison de plusieurs morceaux de Ménandre et de Cécilius, tirés de la comédie qu'ils ont composée tous deux sous le titre de *Plocius.*

Nous avons souvent entre les mains les comédies de nos anciens poëtes, imitées pour la plupart de Ménandre, de Posidippe, d'Apollodore, d'Alexis, et des autres comiques grecs. Tandis que nous sommes occupés à les lire, ces comédies, bien loin de nous déplaire, nous paraissent si agréables, le style nous en semble si fin et si gracieux, que nous sommes tentés de croire qu'il n'est pas possible de mieux faire. Mais les rapprochons-nous des pièces grecques dont elles sont tirées, établissons-nous une comparaison attentive et détaillée entre le modèle et l'imitation : aussitôt tout ce qui nous plaisait dans celle-ci nous paraît froid et languissant; le latin pâlit aussitôt, et s'efface devant le grec, dont il est bien loin d'atteindre la piquante gaieté et la brillante élégance. J'en ai fait dernièrement une expérience frappante : je lisais avec plusieurs personnes le *Plocius* de Cécilius : nous trouvions assurément beaucoup de plaisir à cette lecture. L'envie nous prit de lire aussi la comédie originale, qui est de Ménandre. A peine l'avions-nous commencée, grands dieux, que l'imitation nous sembla froide et pesante, et combien Cécilius nous parut dégénéré de Ménandre! c'était comme si nous avions comparé les armes de Glaucus à celles de Diomède. Nous arrivâmes à la scène où un vieillard exhale ses plaintes contre une épouse laide et riche, qui vient de l'obliger à vendre une jeune esclave entendue au service, et de tournure agréable,

---

omnium vocabulorum, quoniam plus paulo adbibi, effudissem, nisi multa jam prorsus omnibus vobis reticentibus verba fecissem, quasi fieret ἡ μὲν ἀκρόασις ἐπιδεικτική. In convivio autem frequenti loqui solum unum, neque honestum est, inquit, neque commodum. Hæc nobis Favorinus in eo, quo dixi, tempore apud mensam suam summa cum elegantia verborum, totiusque sermonis comitate atque gratia denarravit. Sed, quod ait, ventum, qui ex terra Gallia flaret, *Circium* appellari, M. Cato tertio libro Originum eum ventum *Cercium* dicit, non *Circium.* Nam cum de Hispanis [Alpinis] scriberet, qui citra Hiberum colunt, verba hæc posuit : « Sunt in his regionibus « ferrariæ, argenti fodinæ pulcherrimæ, mons ex sale « mero magnus : quantum demas, tantum accrescit. Ven-« tus Cercius, cum loquare, buccam implet : armatum « hominem, plaustrum oneratum percellit. » Quod supra autem dixi, Etesias ex alia et alia cœli parte flare, haud scio an secutus opinionem multorum temere dixerim. P. enim Nigidii in secundo librorum, quos *De Vento* composuit, verba hæc sunt : *Et* Ἐτησίαι *et Austri anniversarii secundo sole flant.* Considerandum igitur est, quid sit *secundo sole.*

CAPUT XXIII.

Consultatio dijudicatioque locorum facta ex comœdia Menandri et Cæcilii, quæ *Plocium* inscripta est.

Comœdias lectitamus nostrorum poetarum sumptas ac versas de Græcis, Menandro ac Posidippo aut Apollodoro aut Alexide, et quibusdam item aliis comicis. Neque, cum legimus eas, nimium sane displicet, quin lepide quoque et venuste scriptæ videantur, prorsus ut melius posse fieri nihil censeas. At enim si conferas et componas Græca ipsa, unde illa venerunt, ac singula considerate atque apte junctis et alternis lectionibus committas, oppido quam jacere atque sordere incipiunt, quæ Latina sunt : ita Græcarum, quas æmulari nequiverunt, facetiis atque luminibus obsolescunt. Nuper adeo usus hujus rei nobis venit. Cæcilii *Plocium* legebamus ; haudquaquam mihi et qui aderant displicebat. Libitum est, Menandri quoque *Plocium* legere, a quo istam comœdiam verterat. Sed enim, postquam in manus Menander venit, a principio statim dii boni! quantum stupere atque frigere, quantumque mutare a Menandro Cæcilius visus est! Diomedis hercle arma et Glauci non dispari magis pretio existimata sunt. Accesserat dehinc lectio ad eum locum, in quo maritus senex super uxore divite atque deformi querebatur, quod ancillam suam,

qu'elle soupçonnait de servir aux plaisirs de son mari. Je ne dirai pas combien les deux auteurs diffèrent dans cette scène : je me contente de citer ici les vers de l'un et de l'autre, et je laisse le lecteur juger. Voici comment le vieux mari parle dans Ménandre :

« Ma riche épouse va dormir sur les deux oreil-
« les, après le magnifique exploit qu'elle vient de
« faire. Elle en est venue où elle voulait : cette
« esclave lui faisait ombrage, elle l'a chassée, afin
« que désormais les regards puissent s'arrêter
« sans distraction sur le charmant visage de Créo-
« byle. Qui n'a remarqué les traits de celle à la-
« quelle ma destinée est soumise? On croirait voir
« la figure de l'âne au milieu des singes. Mais à
« quoi bon ces plaintes? Ah! je veux me taire,
« je veux oublier cette nuit funeste, source de
« tous mes maux ! A quoi aussi m'avisais-je d'aller
« épouser cette Créobyle et ses dix talents? Une
« femme haute d'une coudée! et d'une fierté,
« d'une insolence qui mettent ma patience à
« bout! Non, par Jupiter et par Minerve, il n'y
« a pas moyen de supporter une telle tyrannie.
« Renvoyer une jeune fille comme celle-ci, qui
« servait plus vite que la parole! Qui pourra,
« maintenant, me la rendre? »

Écoutons à présent Cécilius :

« *Un vieillard.* On est en vérité bien malheureux quand on ne peut cacher aux autres son chagrin.

« *Le mari.* Eh! comment le pourrais-je, avec une femme de cette figure et de cette humeur? Quand je garderais le silence, mon malheur se verrait-il moins? La dot exceptée, tout chez ma femme est le contraire de ce qu'on peut souhaiter. Que mon exemple serve de leçon aux gens sages! Libre en apparence, je porte la chaîne d'un esclave : je suis prisonnier chez l'ennemi, sans qu'on ait pris la ville. Tout ce qui me fait plaisir, mon tyran me l'enlève aussitôt; me direz-vous que c'est pour mon bien? Je soupire après sa mort, et, en attendant, je vis moi-même comme un mort au milieu des vivants. Elle a prétendu que j'avais un commerce secret avec cette esclave; elle s'est plaint d'être trahie; elle m'a tant fatigué de ses larmes, de ses reproches et de ses cris, qu'à la fin j'ai consenti à vendre la jeune fille. Maintenant, sans doute, elle jase sur mon compte avec ses parentes et ses amies; je l'entends leur dire : Quelle est celle d'entre vous qui, dans la fleur de la jeunesse, eût obtenu de son mari ce que je viens, à mon âge, d'obtenir du mien, en lui faisant chasser sa concubine? Là-dessus les langues auront beau jeu. Que de propos vont courir sur moi! »

Outre l'infériorité marquée de la pièce latine pour l'agrément du style et des pensées, ce qui me frappe, c'est que très-souvent, lors même que Cécilius rencontre dans son modèle des traits comiques, pleins de goût et de vérité, qu'il lui serait possible de reproduire, il n'essaye même pas de profiter de ces occasions. Il néglige ces beautés, dont il paraît ne pas sentir le prix, et les remplace par des bouffonneries. C'est ainsi qu'il a laissé de côté, je ne sais pourquoi, un passage de Ménandre, où la nature, telle qu'elle se présente dans la vie ordinaire, est naïvement reproduite, et qui plaît par le charme de la simplicité et de la vérité. C'est ce passage où le vieux

---

non inscito puellam ministerio, et facie haud illiberali, coactus erat venundare suspectam uxori quasi pellicem : nihil dicam ego, quantum differat. Versus utriusque eximi jussi, et aliis ad judicium faciendum exponi. Menander sic :

Ἐπ' ἀμφοτέραν ἵν' ἐπίκληρος ἡ —
Μέλλει καθευδήσειν κατεργάσασα μεγα
Καὶ περιβόητον ἔργον. Ἐκ τῆς οἰκίας
Ἐξέβαλε τὴν λυποῦσαν, ἣν ἐβούλετο,
Ἵν' ἐπιβλέπωσι πάντες εἰς τὸ Κρεωβύλης
Πρόσωπον. Ἡ γ' εὔγνωστος εἴχέ μα γυνὴ
Δέσποινα, καὶ τὴν ὄψιν ἣν ἐκτήσατο,
Ὄνος ἐν πιθήκοις. Τί τὸ λεγόμενον ἐστί δή;
Τοῦτο σιωπᾶν βούλομαι τὴν νύκτα τὴν
Πολλῶν κακῶν ἀρχηγόν. Οἴμοι Κρεωβύλην
Λαβεῖν ἐμὲ, καὶ δέκα τάλαντα,
Γύναιον οὖσα πηχέως· εἶτ' ἔστι τὸ
Φρύαγμα εἰπως ἀνυπόστατον. Δία
Τὸν Ὀλύμπιον, καὶ Ἀθηνᾶν, οὐδαμῶς.
Παιδισκάριον, θεραπευτικὸν δὲ λόγου
Τάχιον ἀπαγέσθω δέ τις, ἢ ἄρ ἀντεισαγάγοι.

Cæcilius autem sic :

Sen. Is demum miser est, qui ærumnam suam nequit
Occultare. *Ma.* Fere ita me uxor forma et factis facit.
Si taceam; tamen indicium [est]. Quæ, nisi dotem, omnia
Quæ nolis, habet. Qui sapit, de me discet; qui quasi
Ad hostis captus, liber [e] servio, salva urbe atque arce.
Quæ mihi quidquid placet : eo privatu' vin' me servatum ?
Dum ejus mortem inhio, egomet vivo mortuus
Inter vivos. Ea me clam se, cum mea ancilla ait
Consuetum. Id me arguit. Ita plorando, orando,
Instando atque objurgando me obtudit, uti eam
Venumdarem. Nunc credo inter suas æqualis
Et cognatas sermonem serit : Quis vestrarum fuit
Integra ætatula, quæ hoc ilidem a viro
Impetrarit suo, quod ego anus modo
Effeci, pellice ut meum privarem virum ?
Hæc erunt concilia hodie. Differor sermone miser.

Præter venustatem autem rerum atque verborum, in duobus libris nequaquam parem, in hoc equidem soleo animum attendere, quod, quæ Menander præclare et apposite et facete scripsit, ea Cæcilius, ne qua potuit quidem, conatus est enarrare. Sed quasi minime probanda prætermisit; et alia nescio quæ mimica inculcavit. Est et illud Menandri de vita hominum media sumptum simplex et verum et delectabile, quod, nescio quo pacto, omisit. Idem enim ille maritus senex cum altero sene vicino colloquens, et uxoris locupletis superbiam deprecans, hæc ait :

Ἔχω δ' ἐπίκληρον Λάμιαν· οὐκ εἴρηκά σοι

mari, s'entretenant avec un vieillard son voisin, maudit en ces termes l'humeur tyrannique de sa riche épouse :

Le mari. J'ai épousé une riche héritière, Lamia : ne te l'ai-je pas déjà dit? A la maison, aux champs, tout lui obéit. Elle me fait bien payer sa dot. Par Apollon, une telle femme est le plus terrible des fléaux. Elle est insupportable à tout le monde, comme à moi; à son fils, bien plus encore à sa fille.

Le vieillard. Tu te plains d'un mal sans remède.

Le mari. Je ne le sais que trop.

Au lieu d'imiter Ménandre en cet endroit, Cécilius a voulu faire rire avec une bouffonnerie qui ne convient ni à la situation, ni au personnage :

Le vieillard. Qu'as-tu donc? Est-ce que ta femme te déplaît?

Le mari. Elle! Peux-tu le demander?

Le vieillard. Mais enfin que t'a-t-elle fait?.

Le mari. Ah! ne me parle pas d'elle! Aussitôt que je rentre chez moi, à peine me suis-je assis, elle vient me donner un baiser, et m'empoisonne de son haleine fétide.

Le vieillard. Ce baiser est donné à bonne intention; elle veut te faire restituer ainsi le vin que tu as bu hors de chez toi.

On peut encore rapprocher deux autres morceaux entre lesquels la préférence ne peut être douteuse. Voici quel est le sujet de cette nouvelle scène. La fille d'un homme pauvre a été déshonorée dans une fête nocturne; son père n'en a rien su, et sa honte est restée secrète. Cependant elle est devenue grosse, et l'époque de l'accouchement est arrivée. Un esclave honnête et fidèle, qui ignore que sa jeune maîtresse est sur le point d'accoucher, et qui n'a eu aucun soupçon de sa faute, s'étant arrêté devant la porte de la maison, entend tout à coup les gémissements et les cris de la jeune fille en mal d'enfant. La crainte, la colère, le soupçon, la compassion, la douleur, l'agitent tour à tour. Ces sentiments divers, tous ces mouvements de l'âme, sont rendus dans la pièce grecque avec une force et une vérité admirables. Le même endroit dans Cécilius est traité froidement, sans noblesse et sans grâce. Ensuite l'esclave s'informe de ce qui se passe, et découvre le mystère : alors voici comment Ménandre le fait parler :

« O trois fois malheureux l'homme pauvre qui « se marie et donne le jour à des enfants! O com- « bien il est insensé! car le pauvre n'a point d'a- « mis sur le secours desquels il puisse compter; et « si un malheureux événement l'expose au mépris « du monde, il ne peut couvrir sa honte avec de « l'or. Sa vie est ouverte à tous les regards, nue, « isolée, battue de tous les vents. Il lutte en vain « contre sa misère : il fait l'épreuve de tous les « maux, et ne peut prendre sa part d'aucun bien. « Je parle de mon maître : mais qu'il serve « d'exemple à tous. »

Voyons maintenant si le poëte latin approche de la pureté et du naturel de ce morceau. Voici les vers de Cécilius, où l'on retrouve des lambeaux de Ménandre, mêlés avec quelques grands mots de tragédie.

« Qu'il est infortuné l'homme pauvre qui donne « le jour à des enfants destinés à partager son in- « digence! car le pauvre ne peut empêcher que « ses affaires et sa vie ne paraissent telles qu'elles « sont, tandis que le riche peut aisément cacher « un déshonneur sous l'éclat de ses trésors. »

Sans doute, comme j'en ai déjà fait la remar-

Τοῦτ'; οὐχί; κυρίαν τῆς οἰκίας·
Καὶ τῶν ἀγρῶν, καὶ πάντων ἀντ' ἐκείνης·
Ἔχομεν ἀφ' ὅλων χαλεπῶν χαλεπώτατον·
Ἅπασι δ' ἀργαλέα ἐστὶν οὐκ ἐμοὶ μόνῳ,
Υἱῷ, πολὺ μᾶλλον θυγατρί. Πρᾶγμα ἄμαχον λέγεις,
Εὖ οἶδα.

Cæcilius vero hoc in loco ridiculus magis, quam personæ isti, quam tractabat, aptus atque conveniens videri maluit. Sic enim hæc corrupit :

Se. Sed tua morosane uxor, quæso, est? *Ma.* Quam? rogas?
Se. Qui tandem? *Ma.* Tædet mentionis, quæ mihi,
Ubi domum adveni ac sedi, extemplo savium
Dat jejuna anima. *Se.* Nihil peccat de savio.
Ut devomas volt, quod foris potaveris.

Quid de illo quoque loco, in utraque comœdia posito, existimari debeat, manifestum est, cujus loci hæc ferme sententia est : Filia hominis pauperis in pervigilio vitiata est. Ea res clam patrem fuit; et habebatur pro virgine. Ex [eo] vitio gravida mensibus exactis parturit. Servus bonæ frugi, cum pro foribus domus staret, et propinquare partum herili filiæ, atque omnino vitium esse oblatum ignoraret, gemitum et ploratum audit puellæ in puerperio enitentis : timet, irascitur, suspicatur, miseretur dolet.

Hi omnes motus ejus affectionesque animi in Græca quidem comœdia mirabiliter acres et illustres : apud Cæcilium autem pigra ista hæc omnia, et a rerum dignitate atque gratia vacua sunt. Post, ubi idem servus percontando, quod acciderat, reperit, has apud Menandrum voces facit :

Ὦ τρὶς κακοδαίμων, ὅστις ὢν πένης γαμεῖ,
Καὶ παιδοποιεῖθ'. Ὡς ἀλόγιστός ἐστ' ἀνήρ,
Ὅς μήτε φυλακὴν τῶν ἀναγκαίων ἔχει,
Μήτ' ἂν ἀτυχήσας εἰς τὰ κοινὰ τοῦ βίου,
Ἐπαμφιέσασθαι δύναται τοῦτο χρήμασιν,
Ἀλλ' ἐν ἀκαλύπτῳ καὶ ταλαιπώρῳ βίῳ
Χειμαζόμενος, ζητῶν μὲν, ἀνιαρῶν δ' ἔχων
Τὸ μέρος ἁπάντων, ἀγαθῶν οὐ δυνάμενος.
Ὑπὲρ γὰρ ἑνὸς ἀλέγων, ἅπαντας νουθετῶ.

Ad horum autem sinceritatem veritatemque verborum an aspiraverit Cæcilius, consideremus. Versus sunt hi Cæcilii, trunca quædam ex Menandro dicentis, et consarcinantis verba tragici tumoris :

— — Is demum infortunatus est homo
Pauper, qui educit in egestate liberos :
Cui fortuna et res ut est continuo patet.
Nam opulento famam facile occultat factio.

Itaque, ut supra dixi, cum hæc Cæcilii verba seorsum lego, neutiquam videntur ingrata ignavaque; cum autem

que, quand je lis séparément ces vers de Cécilius, il s'en faut qu'ils me paraissent dépourvus d'élégance et d'agrément : mais aussitôt que je les compare avec le grec, il me semble que Cécilius n'aurait pas dû imiter un modèle qu'il était si incapable d'atteindre.

CHAPITRE XXIV.
De l'ancienne frugalité et des anciennes lois somptuaires.

La frugalité des mœurs, l'économique simplicité des repas chez les anciens Romains, ne furent pas seulement un usage domestique, mais une obligation publique, maintenue par plusieurs lois sévères. J'ai lu dernièrement dans le recueil de Capiton Attéius, intitulé *Conjectures*, un ancien décret du sénat, rendu sous le consulat de C. Fannius et de M. Valérius Messala, où l'on ordonnait que, dans les jeux Mégalésiens, les riches citoyens qui s'inviteraient réciproquement à des repas destinés à célébrer la fête, selon l'antique usage, feraient serment devant les consuls, d'après une formule consacrée, de ne pas dépenser pour chaque repas plus de cent vingt as, sans y comprendre les légumes, la farine et le vin; de ne servir aucun vin étranger; et de ne pas mettre sur la table plus de cent livres d'argenterie. Après ce sénatus-consulte, vint la loi Fannias qui permit de dépenser cent as par jour pendant les jeux Romains, Plébéiens, et Saturnaux, et quelques autres fêtes, et qui marqua dans chaque mois dix jours où l'on pouvait en dépenser trente : pendant tous les autres jours la dépense devait se réduire à deux as. Lucilius fait allusion à cette loi lorsqu'il dit :

Græca comparo et contendo, non puto Cæcilium sequi debuisse, quod assequi nequiret.

CAPUT XXIV.
De vetere parcimonia, deque antiquis legibus sumptuariis.

Parcimonia apud veteres Romanos et victus atque cœnarum tenuitas non domestica solum observatione ac disciplina, sed publica quoque animadversione legumque complurium sanctionibus custodita est. Legi adeo nuper in Capitonis Atteii *Conjectaneis* senatus decretum vetus, C. Fannio et M. Valerio Messala Coss. factum; in quo jubentur principes civitatis, qui ludis Megalensibus antiquo ritu mútitarent, id est, mutua inter sese dominia agitarent, jurare apud consules verbis conceptis non amplius in singulas cœnas sumptus esse facturos, quam centenos vicenosque æris, præter olus et far et vinum; neque vino alienigena, sed patrio, usuros; neque argenti in convivio plus pondo, quam libras centum illaturos. Sed post id senatus consultum lex Fannia lata est, quæ ludis Romanis, item ludis plebeiis et Saturnalibus, et aliis quibusdam diebus, in singulos dies centenos æris insumi concessit, decemque aliis diebus in singulis mensibus tricenos; ceteris autem omnibus diebus denos. Hanc Lucilius poeta legem significat, cum dicit :

« Les misérables cent as de Fannius. »

Quelques commentateurs de Lucilius se sont trompés, lorsqu'ils ont dit, à propos de ce passage, que la loi Fannia avait porté à cent as la dépense de tous les jours de l'année. Comme je viens de le dire, Fannius n'autorisa la dépense de cette somme que pour certains jours de fête qu'il eut soin de désigner, et réduisit pour tous les autres jours le prix des repas, tantôt à trente as, tantôt à dix seulement. Ensuite fut portée la loi Licinia, qui, de même que la loi Fannia, désignait certains jours où l'on pouvait mettre cent as à un repas, et, de plus, permettait d'aller jusqu'à deux cents pour les festins de noce. Cette nouvelle loi fixa aussi la dépense des jours ordinaires à trente as : elle réglait pour chaque jour la quantité de viande fumée ou salée que l'on devait consommer, et du reste laissait faire un usage illimité des fruits que chacun recueillait de ses terres, de ses vignes et de ses vergers. Il est question de cette loi dans une pièce du poëte Lévius, intitulée *Les jeux de l'Amour*. C'est dans une scène où l'on raconte qu'un chevreau, qu'on avait apporté pour un repas, a été renvoyé, et que, conformément à la loi Licinia, la table a été couverte de fruits et de légumes :

« On nous sert pour régal la loi Licinia. Les
« jours du chevreau sont épargnés. »

Lucilius a plaisanté aussi sur cette loi. « Éludons, dit-il, la loi de Licinius. » Avec le temps, toutes ces anciennes lois tombèrent en désuétude; et, à l'époque de Sylla, la plupart des riches dissipaient dans les plaisirs de la table d'immenses patrimoines, et des fortunes entières ve-

---

—— Fanni centussis misellos.

In quo erraverunt quidam commentariorum in Lucilium scriptores, quod putaverunt, Fannia lege perpetuos in omne dierum genus centenos æris statutos. Centum enim æris Fannius constituit, sicuti supra dixi, festis quibusdam diebus, eosque ipsos dies nominavit : aliorum autem dierum omnium in singulos dies sumptus inclusit intra æris alias tricenos, alias denos. Lex deinde Licinia rogata est, quæ cum certis diebus, sicuti Fannia, centenos æris impendi permisisset, nuptiis ducenos indulsit : ceterisque diebus statuit æris tricenos; cum et carnis aridæ et salsamenti certa pondera in singulos dies constituit : sed quidquid esset natum e terra, vite, arbore, promiscue atque indefinite largita est. Hujus legis Lævius poeta meminit in *Erotopœgniis*. Verba Lævii hæc sunt, quibus significat hœdum, qui ad epulas fuerat allatus, dimissum, cœnamque ita, ut lex Licinia sanxisset, pomis oleribusque instructam :

Lex Licinia, *inquit*, introducitur
Lux liquida hœdo redditur.

Lucilius quoque legis istius meminit in his verbis : *Legem vitemus Licini*. Postea L. Sulla dictator, cum, legibus istis situ atque senio obliteratis, plerique in patrimoniis amplis helluarentur, et familiam pecuniamque suam prandiorum gurgitibus proluissent, legem ad populum tulit, qua cautum est, ut Calendis, Idibus, Nonis(que), diebus-

naient s'engloutir dans des repas d'un luxe effréné. Le dictateur fit adopter au peuple une loi qui réglait la dépense de table à trente sesterces pour le jour des calendes, celui des ides, celui des nones, pendant les jours où se célébraient les jeux, et à certaines fêtes de l'année : pour tous les autres jours, on devait se borner à trois sesterces. Il ne faut pas non plus oublier ici la loi Æmilia, dont les prescriptions sont relatives, non au taux de la dépense, mais à l'espèce et à la quantité des mets. Bientôt après, la loi Antia, outre plusieurs dispositions sur les frais de table, arrêta que les citoyens élevés aux magistratures publiques, ou sur le point d'y parvenir, ne pourraient accepter que de certaines personnes des invitations à dîner. Enfin, sous le règne d'Auguste, fut publiée la loi Julia, qui laissait dépenser deux cents sesterces pour les jours non fériés, trois cents pour les calendes, les ides, les nones, et pour certains jours de fête; mille pour le repas du jour des noces, et pour celui du lendemain. Selon Capiton Attéius, il y eut encore un édit rendu, je ne sais plus au juste si c'est par Auguste ou par Tibère, qui portait la dépense, pour les différentes solennités de l'année, de trois cents sesterces à deux mille, afin de mettre du moins un frein quelconque aux prodigalités d'un luxe insensé.

CHAPITRE XXV.

Ce que les Grecs entendent par les mots analogie et anomalie.

On a beaucoup discuté sur la question de savoir si, pour parler purement, soit le latin, soit le grec, il faut avoir soin de se diriger d'après les lois de l'*analogie*, ou bien s'abandonner aux irrégularités de l'*anomalie*. Le mot grec ἀναλογία désigne ce que nous appelons quelquefois *proportio*, à savoir la déclinaison semblable des mots semblables : par ἀνωμαλία, au contraire, les Grecs entendent les irrégularités de déclinaison introduites par l'usage. Deux grammairiens célèbres, Aristarque et Cratès, eurent sur ce sujet une discussion, dans laquelle le premier était partisan opiniâtre de l'analogie, et le second de l'anomalie. Dans son huitième livre *Sur la langue latine*, dédié à Cicéron, Varron convient que l'analogie n'est respectée en aucune manière, et que la modification des mots dépend presque toujours de l'usage. Citons-le lui-même : « On dit *lepus, lupi*, « *probus, probi*; mais on dit *lepus, leporis*. Le « verbe *paro* fait au parfait *paravi*; mais *lavo* « fait *lavi*. *Pugno* fait *pupugi*, *tundo* fait *tutudi*, « mais *pingo* fait *pinxi*. Aux verbes *cœno*, *pran-* « *deo* et *poto*, nous donnons pour parfaits *cœnatus* « *sum*, *pransus sum* et *potus sum*; cependant on « emploie comme parfaits d'*adstringor*, d'*exter-* « *geor* et de *lavor*, *adstrinxi*, *extersi* et *lavi*. Bien « que des mots *Oscus*, *Tuscus*, *Græcus*, nous « formions les adverbes *osce*, *tusce*, *græce*, « cependant de *Gallus* et de *Maurus* nous faisons « venir *gallice* et *maurice*. De même on dit *probe* « de *probus*, *docte* de *doctus*; mais l'adverbe qu'on « tire de *rarus* n'est pas *rare*, c'est *raro*, et quel- « quefois *rarenter*. » Dans le même livre Varron fait encore cette remarque : « Le passif *sentior* ne « se dit pas : ce mot n'aurait aucun sens. Cepen- « dant tout le monde dit *assentior*. Sisenna, en « donnant son avis dans le sénat, disait seul *as-* « *sentio* : beaucoup d'autres, après lui, employèrent « la même forme, mais sans pouvoir triompher

que ludorum, et feriis quibusdam sollemnibus sestertios tricenos in cœnam insumere jus potestasque esset; ceteris autem aliis diebus omnibus non amplius ternos. Præter has leges Æmiliam quoque legem invenimus; qua lege non sumptus cœnarum, sed ciborum genus et modus præfinitus est. Lex deinde Antia præter sumptum æris id etiam sanxit, ut, qui magistratus esset, magistratumve capturus esset, ne quo ad cœnam, nisi ad certas personas, itaret. Postrema lex Julia ad populum pervenit, Cæsare Augusto imperante : qua profestis quidem diebus ducenti finiuntur; Calendis, Idibus, Nonis, et aliis quibusdam festi [vi]s trecenti; nuptiis autem et repotiis HS. mille. Esse etiam dicit Capito Atteius edictum, divine Augusti, an Tiberii Cæsaris, non satis commemini : quo edicto per dierum varias sollemnitates a trecentis HS. adusque duo millia sumptus cœnarum propagatus est; ut his saltem finibus luxuriæ effervescentis æstus coerceretur.

CAPUT XXV.

Quid Græci ἀναλογίαν, quid contra ἀνωμαλίαν vocent.

In latino sermone, sicut in Græco, alii ἀναλογίαν sequendam putaverunt, alii ἀνωμαλίαν. Ἀναλογία est similium similis declinatio, quam quidam latine proportionem vocant. Ἀνωμαλία est inæqualitas declinationum consuetudinem sequens. Duo autem Græci grammatici illustres Aristarchus et Crates summa ope, ille ἀναλογίαν, hic ἀνωμαλίαν defensitavit. M. Varronis liber ad Ciceronem de lingua latina octavus nullam esse observationem similium docet, inque omnibus pene verbis consuetudinem dominari ostendit : « Sicuti cum dicimus, » inquit, « *lupus lupi*, *probus probi*, et *lepus leporis* : item *paro paravi*, *lavo lavi*, *pingo pupugi*, *tundo tutudi*, et *pingo pinxi*. Cumque, » inquit, « a *cœno* et *prandeo* et *poto*, et *cœnatus sum*, et *pransus sum*, et *potus sum* dicamus : et ab *adstringor* tamen et *extergeor* et *lavor*, *adstrinxi*, et *extersi*, et *lavi* dicimus. Item cum dicamus ab *Osco*, *Tusco*, *Græco*, *Osce*, *Tusce*, *Græce* : a *Gallo* tamen et a *Mauro* *Gallice* et *Maurice* dicimus. Item a *probus probe*, a *doctus docte*; sed a *rarus* non dicitur *rare*, sed alii *raro* dicunt, alii *rarenter*. Idem M. Varro in eodem libro : « *Sentior*, » inquit, « nemo dicit, et id per se nihil est : « *assentior* tamen fere omnes dicunt. Sisenna unus *assen-* « *tio* in senatu dicebat; et cum postea multi secuti, ne- « que tamen vincere consuetudinem potuerunt. » Sed idem Varro in aliis libris multa pro ἀναλογίᾳ tuenda scrip-

« de l'usage. » Du reste, Varron lui-même a fréquemment défendu l'analogie dans d'autres ouvrages. On peut donc regarder comme des espèces de lieux communs toutes ces dissertations pour ou contre l'analogie.

CHAPITRE XXVI.

Entretien de M. Fronton et de Favorinus sur différentes espèces de couleurs, et sur leurs noms grecs et latins. Ce que c'est que la couleur appelée *spadix*.

Un jour le philosophe Favorinus allant voir M. Fronton, malade d'un accès de goutte, m'emmena avec lui dans cette visite. Nous trouvâmes l'illustre consulaire entouré d'une réunion d'hommes instruits. La conversation étant tombée sur les couleurs et leurs différents noms, on s'étonna que, pour désigner tant de nuances si variées, la langue ne fournît qu'un petit nombre de mots, la plupart d'un sens peu précis. « En effet, dit Favorinus, l'œil découvre bien plus de couleurs que les langues n'en distinguent ; car, sans parler des autres nuances, combien de variétés présentent les couleurs rouge et verte, dont le nom ne change pas ! Du reste, il est vrai que c'est dans la langue latine bien plus que dans la grecque que cette pénurie de termes se fait sentir : ainsi nous employons le mot *rufus* pour désigner la couleur rouge ; mais cette couleur diffère dans le feu, dans le sang, dans la pourpre, dans le safran : la langue latine ne donne rien pour exprimer ces diverses teintes, et les confond toutes sous un seul et même terme; ou du moins, si elle permet de les désigner, c'est avec des mots tirés des objets mêmes qui en sont revêtus : par exemple, nous disons *igneus* et *flammeus*, couleur de feu, *sanguineus*, couleur de sang, *croceus*, couleur de safran, *ostrinus*, couleur de pourpre, *aureus*, couleur d'or. Je n'oublie point que, outre *rufus*, on dit encore *russus* et *ruber*; mais ces deux derniers mots ne diffèrent en rien du premier, et ne s'appliquent point aux variétés du rouge. Au contraire, les Grecs ont les mots ξανθὸς, ἐρυθρὸς, πυρρὸς, φοῖνιξ, qui indiquent dans le rouge les nuances plus ou moins foncées, et celles qui se composent du mélange de plusieurs teintes. » Alors Fronton, prenant la parole à son tour, dit à Favorinus : « Je suis bien loin de nier que la langue grecque, que vous connaissez mieux que personne, soit plus riche et plus abondante que la nôtre : mais je ne vois pas qu'en fait de noms de couleurs, nous soyons aussi pauvres qu'il vous a plu de le dire. Loin d'être bornés, comme vous l'avez dit, à *rufus* et à *ruber*, pour désigner le rouge, nous avons dans notre langue, pour cette couleur, plus de noms que vous n'en avez cité tout à l'heure en grec; en effet, n'avons-nous pas les mots *fulvus, flavus, rubidus, phœniceus, rutilus, luteus, spadix*, qui expriment différentes nuances de rouge, le rouge vif et ardent, le rouge mêlé de vert, ou rembruni par une teinte de noir, ou éclairci par une teinte de vert pâle ? *Phœniceus*, qui est tiré du mot grec φοῖνιξ, que vous citiez tout à l'heure, *rutilus*, et *spadix*, synonyme de *phœniceus*, et venu comme lui du grec, désignent le rouge le plus brillant et le plus vif, tel que celui qui éclate sur les fruits du palmier avant leur parfaite maturité. Le nom même de ces fruits est l'origine des mots *spadix* et *phœniceus*. Une branche de palmier arrachée de l'arbre

---

sit. Sunt igitur hi tanquam loci quidam communes contra ἀναλογίαν dicere, et item rursus pro ἀναλογίᾳ.

CAPUT XXVI.

Sermones M. Frontonis et Favorini philosophi de generibus colorum vocabulisque eorum Græcis et Latinis : atque inibi color *spadix* cujusmodi sit.

Favorinus philosophus, cum ad M. Frontonem consularem, pedibus ægrum, viseret, voluit me quoque ad eum secum ire. Ac deinde, cum ibi apud Frontonem, plerisque viris doctis præsentibus, sermones de coloribus vocabulisque eorum agitarentur, quod multiplex colorum facies, appellationes autem incertæ et exiguæ forent : Plura sunt, inquit Favorinus, in sensibus oculorum, quam in verbis vocibusque colorum discrimina. Nam, ut alias eorum concinnitates omittamus, simplices isti [et] rufi et virides colores singula quidem vocabula, multas autem species differentes habent. Atque eam vocum inopiam in lingua magis latina video, quam in græca. Quippe qui rufus color, a rubore quidem appellatus est : sed cum aliter rubeat ignis, aliter sanguis, aliter ostrum, aliter crocum, has singulas rufi varietates latina oratio singulis propriisque vocabulis non demonstrat, omniaque ista significat una ruboris appellatione, cum [tamen] ex ipsis rebus vocabula colorum mutuetur; et igneum aliquid dicit, et flammeum, et sanguineum, et croceum, et ostrinum, et aureum. Russus enim color et ruber nihil a vocabulo *rufi* differunt, neque proprietates ejus omnes declarant; ξανθὸς autem et ἐρυθρὸς et πυρρὸς et φοῖνιξ habere quasdam distantias coloris rufi videntur vel augentes eum, vel remittentes, vel mixta quadam specie temperantes. Tum Fronto ad Favorinum : Non inficias, inquit, imus, quin lingua græca, quam tu videre legisse, prolixior fusiorque sit, quam nostra : sed in his tamen coloribus, quibus modo dixisti, denominandis, non perinde inopes sumus, ut tibi videmur. Non enim hæc sunt sola vocabula rufum colorem demonstrantia, quæ tu modo dixisti, *rufus et ruber*; sed alia quoque habemus plura, quam quæ dicta abs te Græca sunt : fulvus enim et flavus et rubidus et phœniceus et rutilus et luteus et spadix appellationes sunt rufi coloris, aut acuentes eum quasi incendentes, aut cum colore viridi miscentes, aut nigro infuscantes, aut virenti sensim albo illuminantes. Nam phœniceus, quem tu græce φοίνικα dixisti, noster est, et rutilus, et spadix phœnicei συνώνυμος, qui factus græce noster est, exuberantiam splendoremque significant ruboris ; quales sunt fructus palmæ arboris non admodum sole incocti, unde spadici et phœniceo nomen est. Spadica

avec ses fruits, s'appelle *spadix* chez les Doriens. Quant à *fulvus*, il s'applique aux objets qui offrent un mélange de rouge et de vert, et où c'est tantôt l'une, tantôt l'autre de ces deux couleurs qui domine. Ainsi Virgile, si scrupuleux dans le choix de ses expressions, a dit, *fulva aquila, fulva iaspis, fulvi galeri, fulvum aurum, arena fulva,* et *fulvus leo.* Q. Ennius a dit dans ses Annales, *aere fulva. Flavus* s'emploie pour la couleur composée de vert, de rouge et de blanc. Ainsi on applique au mot *comœ* l'épithète de *flaventes.* Virgile a fait de *flavus* un emploi dont quelques-uns se sont étonnés : il s'en est servi pour peindre le feuillage de l'olivier. Bien avant lui Pacuvius avait dit, *aqua, flava,* et, *flavus pulvis.* C'est dans ces vers charmants, que je me plais à rappeler ici :

« Laisse-moi répandre cette eau jaunissante sur tes pieds, et essuyer la jaune poussière qui les couvre, avec ces mains qui si souvent, jadis, s'acquittèrent des mêmes soins envers Ulysse; laisse-moi les frotter doucement, pour soulager ta fatigue. »

Cedo tamen pedem, lymphis flavis flavum, etc.

Rubidus indique un rouge sombre et tout chargé de teintes brunes. On appelle *luteus*, le rouge clair et délayé, *dilutior*, d'où vient peut-être ce nom. Ainsi donc, mon cher Favorinus, les Grecs n'ont pas pour les nuances du rouge plus de mots que nous : dans le vert même, nous distinguons tout autant de nuances qu'eux. Si Virgile, en parlant d'un cheval dans la couleur duquel il entre des tons verts, s'est servi du mot *glaucus*, rien ne l'empêchait d'employer le mot *cœruleus* : mais il a préféré le premier, qui vient du grec, comme étant plus usité. Si les Grecs avaient le mot γλαυκῶπις, pour exprimer la teinte glauque de certains yeux, nos ancêtres se servaient pour le même usage du mot *cœsia*, qui, selon Nigidius, a pour forme primitive *cœlia*, et désigne la couleur du ciel. Lorsque Fronton eut fini de parler, Favorinus, charmé de l'étendue de son érudition et de l'élégance de son langage, lui dit : En vérité, sans vous, rien n'eût pu m'ôter de l'esprit que la langue grecque l'emportait de beaucoup, pour cette espèce de mots, sur la nôtre. Mais, pour vous appliquer un vers d'Homère,

« Vous avez vaincu, ou du moins vous avez
« rendu la victoire incertaine. »

Parmi les savantes explications que vous nous avez données, et que j'ai entendues avec le plus grand plaisir, j'ai été charmé surtout de ce que vous nous avez dit sur la nuance désignée par le mot *flavus.* Grâce à vous, je comprends maintenant un beau passage du quatorzième livre d'Ennius, où j'avais rencontré une difficulté qu'il m'était impossible de résoudre :

« Aussitôt ils fendent doucement la surface unie
« de la mer jaunissante, et l'onde verdâtre écume
« sous la proue des nombreux vaisseaux. »

Je ne savais comment accorder ensemble ces deux expressions, la mer jaunissante et l'onde verdâtre; mais puisque, comme vous nous l'avez appris, il entre dans la couleur jaune du blanc et du vert, le poëte fait une peinture très-juste, lorsqu'il appelle cette onde verdâtre qui écume, une mer jaunissante.

CHAPITRE XXVII.

Opinion de Titus Castricius sur les portraits que Démosthène et Salluste ont fait, l'un de Philippe, l'autre de Sertorius.

On connaît ces vives et énergiques paroles de

---

enim Dorici vocant avulsum e palma termitem cum fructu. Fulvus autem videtur de rufo atque viridi mixtus in aliis plus viridis, in aliis plus rufi habere : sic[ut] poeta, verborum diligentissimus, *fulvam aquilam* dicit, et *iaspidem*, *fulvos galeros*, et *fulvum aurum*, et *arenam fulvam*, et *fulvum leonem*; sicque Ennius in annalibus *aere fulva* dixit. *Flavus* contra videtur ex viridi et rufo et albo concretus; sic *flaventes comœ*, et, quod mirari quosdam video, *frondes olearum* a Virgilio dicuntur *flavæ*. Sic multo ante Pacuvius *aquam flavam* dixit, et *flavum pulverem*; cujus versus, quoniam sunt jucundissimi, libens commemini :

Cedo tamen pedem, lymphis flavis flavum ut pulverem
Manibus isdem, quibus Ulixi sæpe permulsi, abluam,
Lassitudinemque minuam muneque mollitudine.

Rubidus autem est rufus atrior et nigrore multo inustus. *Luteus* contra rufus color est dilutior; unde ei quoque nomen esse factum videtur. Non ergo, inquit, mi Favorine, species rufi coloris plures apud Græcos, quam apud nos nominantur. Sed ne viridis quidem color pluribus a vobis vocabulis dicitur. Neque non potuit Virgilius, colorem equi significare viridem volens, cæruleum magis dicere equum quam glaucum : sed maluit verbo uti notiore græco, quam inusitato latino. Nostris autem veteribus *cæsia* dicta est, quæ a Græcis γλαυκῶπις, ut Nigidius ait, de colore cœli, quasi *cœlia*. Postquam hæc Fronto dixit, tum Favorinus scientiam rerum uberem, verborumque ejus elegantiam exosculatus : Absque te, inquit, uno forsitan lingua profecto græca longe anteisset : sed tu, mi Fronto, quod in versu Homerico est, id facis :

Καί νύ κεν ἢ παρέλασσας. Ἡ ἀμφήριστον ἔθηκας.

Sed cum omnia libens audivi, quæ peritissime dixisti, tum maxime quod varietatem flavi coloris enarrasti, fecistique, ut intelligerem verba illa ex annali quarto decimo Ennii amœnissima, quæ minime intelligebam :

Verrunt extemplo placidæ mare marmore flavo :
Cæruleum spumat mare conferta rate pulsum.

Non enim videbatur cæruleum mare cum marmore flavo convenire. Sed cum sit, ita ut dixisti, flavus color viridi et albo mixtus, pulcherrime prorsus spumas virentis maris flavum marmor appellavit.

CAPUT XXVII.

Quid T. Castricius existimaverit super Sallustii verbis et Demosthenis, quibus alter Philippum descripsit, alter Sertorium.

Verba sunt hæc gravia atque illustria de rege Philippo

Démosthène sur le roi Philippe : « Mais je voyais
« Philippe, dans cette guerre engagée avec nous
« au sujet du commandement, je le voyais, un œil
« crevé, une épaule brisée, une main et une jambe
« blessées, s'exposer encore au péril, et faire
« volontiers le sacrifice de tous les membres
« qu'il plairait à la fortune de lui enlever, afin de
« vivre plus tard puissant et glorieux. » Salluste
a imité cette peinture dans un passage de ses histoires, où il est question de Sertorius. « Sertorius,
« dit-il, se couvrit de gloire en Espagne, où il fit
« la guerre en qualité de tribun militaire, sous
« les ordres de T. Didius. Il rendit de grands
« services pendant la guerre des Marses : Il déploya le zèle le plus actif pour les levées de soldats et les approvisionnements d'armes, et, dans
« plusieurs expéditions qu'il commanda, il se signala par des exploits que l'obscurité des premiers écrits qui les retracèrent, et la jalousie des historiens plus récents, ont privé de l'éclat qui leur était dû. Il portait avec orgueil
« sur son visage les traces de sa bravoure, qui
« frappaient de loin les regards. Ses joues étaient
« sillonnées de cicatrices, un de ses yeux était
« crevé : mais il s'applaudissait d'être ainsi défiguré. Il ne regrettait pas ce qu'il avait perdu
« dans les combats, parce que la gloire embellissait ce qu'il avait conservé. » T. Castricius
comparant ces deux morceaux, faisait cette remarque : N'est-il pas contre nature de se réjouir
de ce qui défigure notre corps ? car la joie n'est
autre chose que le mouvement de plaisir causé
par un événement heureux. N'y a-t-il pas bien
plus de vérité et de convenance dans ces paroles
de Démosthène : « Il faisait volontiers le sacri-
« fice de tous les membres qu'il plairait à la fortune

« de lui enlever ? » Cela nous montre Philippe,
non pas se réjouissant, comme Sertorius, d'être
défiguré par ses blessures, ce qui est outré et invraisemblable ; mais comptant pour rien, dans
son ardent désir de s'illustrer, la mutilation de
ses traits et la perte de ses membres, et s'offrant
tout entier aux coups de la fortune, pour conquérir cette gloire qu'il ambitionne.

CHAPITRE XXVIII.

Que l'on ignore à quel dieu il faut faire des sacrifices dans les tremblements de terre.

On ignore généralement la cause des tremblements de terre ; non-seulement le vulgaire ne peut
se rendre compte de ce phénomène, mais les philosophes même qui ont étudié les secrets de la
nature ne peuvent en indiquer positivement l'origine. Faut-il l'expliquer par l'action des vents
qui se précipitent avec violence dans les cavités
intérieures du globe, ou bien le regarder comme
un ébranlement causé par l'agitation des eaux
que la terre recèle dans ses abîmes, ainsi que paraissent l'avoir cru les anciens Grecs, qui appelaient Neptune, le dieu qui ébranle la terre ? ou
bien l'attribuer à quelque autre cause, ou à quelque autre divinité ? Il n'y a point à ces questions
de réponse certaine. C'est pourquoi les anciens
Romains, si scrupuleux dans l'observation de leurs
devoirs, surtout de ceux qui concernaient la religion, si attentifs à honorer les dieux, ne manquaient pas, toutes les fois qu'ils avaient été témoins ou qu'ils avaient entendu parler d'un
tremblement de terre, de prescrire, par un édit,
des cérémonies publiques ; mais, contre la coutume, ils omettaient de nommer le dieu en l'hon-

---

Demosthenis : Ἑώρων δὲ αὐτὸν Φίλιππον, πρὸς ὃν ἦν ἡμῖν ὁ
ἀγὼν ὑπὲρ ἀρχῆς καὶ δυναστείας, τὸν ὀφθαλμὸν ἐκκεκομμένον, τὴν κλεῖν κατεαγότα, τὴν χεῖρα, τὸ σκέλος πεπηρωμένον,
πᾶν ὅ τι ἂν βουληθῇ μέρος ἡ τύχη τοῦ σώματος παρελέσθαι,
τοῦτο προϊέμενον, ὥστε τῷ λοιπῷ μετὰ τιμῆς καὶ δόξης ζῆν.
Hæc æmulari volens Sallustius de Sertorio duce in historiis ita scripsit : « Magna gloria tribunus militum in Hispania T. Didio imperante, magno usu bello Marsico,
« paratu militum et armorum fuit : multaque tum ductu
« ejus curata, primo per ignobilitatem, deinde per invidiam scriptorum celata sunt : quæ eminus facie sua
« ostentabat, aliquot adversis cicatricibus et effosso oculo.
« Quo ille dehonestamento corporis maxime lætabatur :
« neque illis anxius, quia reliqua gloriosius retinebat. »
De utriusque his verbis T. Castricius cum judicaret : Noune, inquit , ultra naturæ modum humanæ est , dehonestamento corporis lætari ? Siquidem lætitia dicitur exsultatio
quædam animi gaudio efferventior eventu rerum expetitarum. Quanto illud sincerius et humanis magis rationibus
conveniens ? Πᾶν ὅ τι ἂν βουληθῇ μέρος ἡ τύχη τοῦ σώματος παρελέσθαι, τοῦτο προϊέμενον. Quibus verbis, inquit,
ostenditur Philippus, non, ut Sertorius, corporis dehonestamento lætus, quod est , inquit , insolens et immodi-

cum ; sed, præ studio laudis et honoris, jacturarum damnorumque corporis contemptor, qui singulos artus suos
fortunæ producendos daret quæstu atque compendio gloriarum.

CAPUT XXVIII.

Non esse compertum, cui deo rem divinam fieri oporteat, cum terra movet.

Quænam esse causa videatur, quamobrem terræ tremores fiant, non modo his communibus hominum sensibus
opinionibusque compertum [non est], sed ne inter physicas
quidem philosophias satis constitit, ventorumne vi accidant specus hiatusque terræ subeuntium, an aquarum
subter in terrarum cavis undantium fluctibus pulsibusque,
ita uti videntur existimasse antiquissimi Græcorum, qui
Neptunum ἐννοσίγαιον καὶ σεισίχθονα appellaverunt ; an
cujus aliæ rei causa, alteriusve dei vi aut numine, nondum etiam, sicut diximus, pro certo creditum. Propterea
veteres Romani, cum in omnibus aliis vitæ officiis, tum
in constituendis religionibus atque in diis immortalibus
animadvertendis castissimi cautissimique, ubi terram movisse senserant, nuntiatumve erat, ferias ejus rei causa

neur duquel les cérémonies devaient être célébrées, parce qu'ils auraient pu prendre une divinité pour une autre, et qu'ils craignaient d'imposer au peuple un culte fondé sur une erreur. Si l'on avait manqué aux devoirs religieux de cette solennité, on était obligé de faire un sacrifice expiatoire ; et, ainsi que Varron nous l'apprend, le décret des pontifes qui prescrivait ce sacrifice portait qu'il serait offert AU DIEU, OU A LA DÉESSE, parce qu'on ne savait pas quelle puissance ébranlait la terre, et de quel sexe était la divinité qu'on devait honorer. Un autre phénomène qui n'a pas moins exercé l'esprit des savants, ce sont les éclipses de soleil et de lune. M. Caton, dont la passion pour la science est bien connue, a parlé des éclipses en homme incertain et même avec un ton d'indifférence. Il dit dans son quatrième livre des *Origines* « : Je ne m'arrêterai point à « dire ici tout ce qu'on trouve dans les Annales du « grand pontife, par exemple quand les vivres ont « été chers, ou bien à quelles époques de l'année « un nuage obscur, ou toute autre cause, a produit « une éclipse de soleil ou de lune. » Ainsi, il paraît ne point se soucier de savoir et d'apprendre aux autres la cause de ce phénomène.

CHAPITRE XXIX.

Apologue intéressant du Phrygien Ésope.

Ésope de Phrygie, le fabuliste, a été mis justement au rang des sages : en effet, tout ce qu'on peut conseiller aux hommes de plus sage et de plus salutaire, il l'a enseigné, non avec l'impérieuse sévérité d'un philosophe qui dogmatise, mais en dissimulant ses leçons sous ces fables piquantes et aimables, qui faisaient entrer les plus utiles réflexions dans les esprits gagnés par l'attrait du plaisir. Tel est cet apologue où, par l'histoire d'un petit oiseau et de sa couvée, il nous fait voir avec tant d'agrément que, dans toutes les affaires dont on peut venir à bout seul, il ne faut point compter sur les autres, et que le plus sûr en pareil cas est de s'en rapporter à soi-même. « Il y a, dit-il, un petit oiseau qu'on appelle l'alouette. Il habite et fait son nid dans les blés, assez tôt pour qu'à l'approche de la moisson, ses petits soient déjà couverts de plumes. Une alouette avait fait son nid dans des blés qui mûrirent avant la saison : déjà les épis jaunissaient, et la couvée n'avait pas encore de plumes. Un jour, la mère avant de partir pour aller chercher la pâture de ses petits, les avertit de bien remarquer ce qui arriverait en son absence, et de lui rapporter exactement à son retour ce qu'ils auraient vu ou entendu. Elle part, et bientôt après le maître du champ arrive, appelle son jeune fils, et lui dit : Tu vois que ces blés sont mûrs et n'attendent que la faucille ; demain donc, dès le point du jour, va trouver nos amis, et prie-les de venir nous aider à moissonner ce champ. Ayant ainsi parlé, il s'éloigne. L'alouette revient ; les petits tout tremblants se pressent en criant autour d'elle, la suppliant de les emmener, de chercher au plus vite un autre asile : Le maître du champ, disent-ils, a envoyé prier ses amis de venir au point du jour, pour faire la moisson. Leur mère les rassure : Soyez en paix, dit-elle ; si le maître compte sur ses amis pour couper ses blés, la moisson n'aura pas lieu demain. Le lendemain venu, l'alouette se

---

edicto imperabant ; sed dei nomen, ita uti solet, cui servari ferias oporteret, statuere et edicere quiescebant ; ne, alium pro alio nominando, falsa religione populum alligarent. Eas ferias si quis polluisset, piaculoque ob hanc rem opus esset, hostiam SI. DEO. SI. DEÆ. immolabat, idque ita ex decreto pontificum observatum esse M. Varro dicit : quoniam et qua vi, et per quem deorum dearumve terra tremeret incertum esset. Sed de lunæ solisque defectionibus, non minus in ejus rei causa reperienda sese exercuerunt. Quippe M. Cato, vir in cognoscendis rebus multi studii, incerta tamen et incuriosa super ea re opinatus est. Verba Catonis ex *Originum* quarto hæc sunt : « Non lubet scribere, quod in tabula apud Pontificem « maximum est, quotiens annona cara, quotiens Lunæ aut « Solis lumini caligo aut quid obstiterit. » Usque adeo parvi fecit rationes veras solis et lunæ deficientium vel scire vel dicere.

CAPUT XXIX.

Apologus Æsopi Phrygis, memoratu non inutilis.

Æsopus ille e Phrygia fabulator haud immerito sapiens existimatus est ; cum, quæ utilia monitu suasuque erant, non severe, neque imperiose præcepit et censuit, ut philosophis mos est, sed festivos delectabilesque apologos commentus, res salubriter ac prospicienter animadversas in mentes animosque hominum cum audiendi quadam illecebra induit. Velut hæc ejus fabula de aviculæ nidulo lepide atque jucunde præmonet, spem fiduciamque rerum, quas efficere quis possit ; haud unquam in alio, sed in semetipso habendam. Avicula, inquit, est parva. Nomen est cassita. Habitat nidulaturque in segetibus, id ferme temporis, ut appetit messis, pullis jam jam plumantibus. Ea cassita in sementes forte congesserat tempestiviores. Propterea frumentis flavescentibus pulli etiam tunc involucres erant. Cum igitur ipsa iret cibum pullis quæsitum, monet eos, ut, si quid ibi rei novæ fieret dicereturve, animadverterent, idque [uti] sibi, ubi redisset, renuntiarent. Dominus postea segetum illarum filium adolescentem vocat, et : Videsne, inquit, hæc ematuruisse, et manus jam postulare? Idcirco die crastini, ubi primum diluculabit, fac amicos eas et roges, veniant, operamque mutuam dent, et messem hanc nobis adjuvent. Hæc ubi ille dixit, et discessit, utque, ubi rediit cassita, pulli trepiduli circumstrepere, orareque matrem , ut statim jam properet, inque alium locum sese asportet : nam dominus, inquiunt, misit, qui amicos rog[ar]et, uti luce oriente veniant et metant. Mater jubet eos animo otioso esse : si enim dominus, inquit, messem ad amicos rejicit, crastino seges non metetur ; neque necesse est, hodie uti vos auferam. Die

met en quête pour le repas de la couvée. Le maître attend les amis qu'il a fait appeler : le soleil devient plus ardent, le temps se passe, personne n'arrive. Alors perdant patience : Ma foi, mon fils, dit-il, c'est une espèce de gens paresseuse que les amis. Que n'allons-nous plutôt chez nos proches, nos parents, nos voisins, les prier de se trouver ici demain pour nous aider! Nouvelle frayeur pour les petits de l'alouette : ils rapportent à leur mère ce qu'ils ont entendu. Celle-ci leur répond encore qu'ils peuvent être sans crainte; que des parents et des voisins ne sont pas gens à faire diligence, et à rendre service sans délai. Cependant, ajoute-t-elle, continuez de faire attention à tout ce qu'on dira. Le jour suivant, elle s'en va chercher pâture. Les parents, invités à venir travailler, ne paraissent point. Enfin le maître dit à son fils : Bien fou qui compte sur les amis et les parents ! apporte ici demain, au point du jour, deux faucilles, l'une pour moi, l'autre pour toi, et nous ferons notre moisson de nos propres mains. Quand l'alouette le sut : Cette fois, mes enfants, dit-elle, c'est le moment de faire retraite. Nous pouvons être sûrs que ce qui a été dit sera fait; car maintenant l'affaire est entre les mains de celui qu'elle regarde, et ne dépend plus de l'assistance d'autrui. Et sans tarder, l'alouette fait déloger sa famille, et le maître moissonna son champ. » Telle est la fable imaginée par Ésope, pour montrer combien l'on doit peu compter d'ordinaire sur le secours des parents et des amis. Mais cette leçon, est-ce autre chose que le grand précepte donné aux hommes par la philosophie, de chercher en nous-mêmes toutes nos ressources, de ne jamais considérer comme nous appartenant, comme nous étant propre, ce qui est hors de nous et indépendant de notre volonté? Q. Ennius a imité cet apologue d'Ésope avec beaucoup de talent et de grâce, dans un morceau de ses satires écrit en vers iambiques de huit pieds. En voici les derniers vers, qui méritent, à mon sens, d'être retenus :

« Ayez toujours cette vérité présente à l'esprit :
« N'attendez rien de vos amis pour vos affaires,
« quand vous pouvez les faire vous-même.

CHAPITRE XXX.

Quelles observations on a faites sur la diversité des mouvements que l'Auster et l'Aquilon impriment aux flots de la mer.

On a souvent remarqué une différence singulière entre les vagues qui sont formées dans la mer par l'Aquilon et les autres vents du nord, et celles qu'y soulèvent l'Auster et les vents d'Afrique. L'Aquilon couvre la mer de vagues très-hautes, qui, aussitôt qu'il a cessé de souffler, retombent, se ralentissent, et bientôt disparaissent entièrement. Mais il en est autrement dans les tempêtes causées par l'Auster et l'Africus : lorsqu'ils ont cessé de souffler, on voit se dresser encore les flots qu'ils ont formés, et, malgré la tranquillité de l'air, la mer reste longtemps agitée. On a cherché à expliquer cette différence par la conjecture suivante. Les vents du nord, partis des plus hautes régions du ciel, tombent directement sur les eaux, se précipitent dans leur sein entr'ouvert et les agitent en les creusant; ils soulèvent la mer, non

---

igitur postero mater in pabulum volat. Dominus, quos rogaverat, opperitur. Sol fervit, et fit nihil : et amici nulli erant. Tum ille rursum ad filium : Amici isti magnam partem, inquit, cessatores sunt. Quin potius imus, et cognatos, affines, vicinosque nostros oramus, ut adsint cras tempori ad metendum ? Itidem hoc pulli pavefacti matri nuntiant. Mater hortatur, ut tum quoque sine metu ac sine cura sint : cognatos affinesque nullos ferme tam esse obsequibiles ait, ut ad laborem capessendum nihil contentur, et statim dicto obediant. Vos modo, inquit, advertite, si modo quid denuo dicetur. Alia luce orta, avis in pastum profecta est. Cognati et affines operam, quam dare rogati sunt, supersederunt. Ad postremum igitur dominus filio : Valeant, inquit, amici cum propinquis. Afferes primo luci falces duas : unam egomet mihi, et tu tibi capies alteram; et frumentum nosmetipsi manibus nostris cras metemus. Id ubi ex pullis dixisse dominum mater audivit : Tempus, inquit, est cedendi et abeundi : fiet nunc dubio procul, quod futurum dixit. In ipso enim jam vertitur, cuja est res, non in alio, unde petitur. Atque ita cassita nidum migravit, et seges a domino demessa est. Hæc quidem est Æsopi fabula de amicorum et propinquorum levi plerumque et inani fiducia. Sed quid aliud sanctiores libri philosophorum monent, quam ut in nobis tantum ipsis nitamur; alia autem omnia, quæ extra nos extraque nostrum arbitrium sunt, neque pro nostris, neque pro nobis ducamus ? Hunc Æsopi apologum, Q. Ennius in Satiris scite admodum et venuste versibus quadratis composuit : quorum duo postremi isti sunt, quos habere cordi et memoriæ operæ pretium esse hercle puto :

Hoc erit tibi argumentum semper in promptu situm :
Ne quid exspectes amicos, quod tute agere possies.

CAPUT XXX.

Quid observatum sit in undarum motibus, quæ in mari alio atque alio modo fiunt, austris flantibus aquilonibusque.

Hoc sæpenumero in undarum motu [observatum est], quas aquilones venti, quique ex eadem cœli regione aer fluit, [quasve] faciunt in mari austri atque africi. Nam fluctus, qui flante aquilone maximi ac creberrimi excitantur, simul ac ventus posuit, sternuntur ac conflaccescunt, et mox fluctus esse desinunt. At non idem fit flante austro vel africo : quibus jam nihil spirantibus undæ tamen factæ diutius tument, et a vento quidem jamdudum tranquilla sunt; sed mare est etiam atque etiam undabundum. Ejus rei causa esse hæc conjectatur, quod venti a septemtrionibus, ex altiore cœli parte in mare incidentes deorsum in aquarum profunda quasi præcipites deferuntur, undasque faciunt non prorsus impulsas, sed imitus commotas : quæ tantisper erutæ volvuntur, dum illius infusi desuper spi-

en poussant de côté la partie supérieure de ses ondes, mais en la bouleversant dans ses fondements : ils forment ainsi des vagues qui ne durent que tant que leur souffle impétueux fond d'en haut sur l'abîme. Mais l'Auster et l'Africus, relégués au midi vers l'extrémité inférieure de l'axe, et partant de la plus basse région, ne peuvent que courir sur la surface de la mer, et roulent les flots plus qu'ils ne les soulèvent : on conçoit alors que les eaux, n'étant pas pressées d'en haut et forcées de s'ouvrir, mais seulement poussées et entre-choquées avec violence, conservent l'impulsion reçue, et s'agitent encore, lorsque le vent a cessé. On pourrait peut-être citer à l'appui de cette conjecture, des vers d'Homère, qui, si on y fait attention, confirment tout ce qui vient d'être dit. Voyez comment il parle du vent du midi dans ce vers :

« Le Notus pousse les flots contre le rocher. »

Il n'emploie pas les mêmes termes en parlant de Borée, que nous nommons l'Aquilon :

« Et Borée qui chasse les nuages et soulève
« des vagues énormes. »

Par là, il donne à entendre que l'Aquilon, qui se précipite du haut du ciel, creuse en quelque sorte des gouffres où le flot soulevé retombe; tandis que l'Auster, parti des régions inférieures, chasse les flots devant lui, et les pousse en l'air par la violence de son souffle. Le verbe ὠθεῖν, qu'Homère emploie ici pour l'Auster, signifie pousser en haut, et a le même sens que dans un autre passage, où il dit : λᾶαν ἄνω ὠθεῖ : « il pousse en haut la pierre. » Une autre observation faite par les plus savants physiciens, c'est que, lorsque l'Auster gonfle la mer, ses eaux paraissent verdâtres, ou d'un bleu foncé; tandis qu'au contraire, lorsque l'Aquilon se déchaîne, elles deviennent noires. J'ai trouvé, en feuilletant les *Problèmes* d'Aristote, quelques mots qui donnent une explication de ce phénomène : « Pourquoi, « quand l'Auster souffle sur la mer, sa surface « paraît-elle bleuâtre, et, lorsque c'est l'Aquilon, « prend-elle une teinte sombre? Est-ce parce que « l'Aquilon trouble moins violemment les ondes? « Or, on sait que moins un objet est en mouve- « ment, plus il paraît noir. »

LIVRE III.

CHAPITRE I.

Où l'on examine pourquoi Salluste a dit que l'avarice n'énervait pas seulement les forces de l'âme, mais aussi celles du corps.

Par un beau jour de la fin de l'hiver, nous nous promenions avec le philosophe Favorinus devant les bains de Sitius pour jouir de la chaleur du soleil : durant cette promenade, on se mit à lire le *Catilina* de Salluste, sur la demande de Favorinus, qui avait aperçu ce livre entre les mains d'un de ses amis. Le lecteur étant arrivé au passage suivant : « L'avarice est la soif de l'argent, qui n'a « jamais excité les désirs du sage. Cette passion, « telle qu'un poison funeste, énerve le corps et « l'âme; toujours immense, insatiable, elle ne di- « minue ni par l'abondance, ni par la disette. » — Comment, dit alors Favorinus en se tournant vers moi, l'avarice peut-elle énerver le corps? Quand Salluste nous dit qu'elle énerve l'esprit, je ne suis pas embarrassé pour le comprendre : mais je ne vois pas comment elle peut produire le même effet sur le corps. — Précisément, lui dis-je, je cherche depuis longtemps moi-même à m'expliquer cette expression; et si vous ne m'aviez prévenu, j'allais vous en demander le sens. » A peine avais-je ainsi témoigné le désir d'être éclairé sur

---

ritus vis manet. Anstri vero et africi ad meridianum orbis circulum et ad partem axis infimam depressi, inferiores et humiles, per suprema æquoris euntes protrudunt magis fluctus, quam eruunt : et idcirco non desuper læsæ, sed propulsæ in adversum aquæ etiam desistente flatu retinent aliquantisper de pristino pulsu impetum. Id autem ipsum, quod dicimus, ex illis quoque Homericis versibus, si quis non incuriose legat, adminiculari potest. Nam de austri flatibus ita scripsit :

Ἔνθα νότος πόντοιο κλυδῶνα εἰς λᾶαν ὠθεῖ.

Contra autem de borea, quem aquilonem appellamus, alio dicit modo :

Καὶ βορέης αἰθρηγενέτης μέγα κῦμα κυλίνδων.

Ab aquilonibus enim, qui alti supernique sunt, fluctus excitatos quasi per prona volvi dicit; ab austris autem iis, qui humiliores sunt, majore vi quadam propelli sursum atque subjici. Id enim significat verbum ὠθεῖ; sicut alio in loco λᾶαν ἄνω ὠθεῖ. Id quoque a peritissimis rerum philosophis observatum est, austris spirantibus mare fieri glaucum et cæruleum, aquilonibus obscurius atriusque : cujus rei causam, cum Aristotelis libros problematorum præcerperemus, notavi : « Cur austro spirante mare cæruleum fiat, « aquilone obscurius atriusque? An propterea, quod aqui- « lo minus mare perturbat? Omne autem, quod tranquil- « lius est, atrum esse videtur. »

LIBER TERTIUS.

CAPUT I.

Quæsitum ac tractatum, quam ob causam Sallustius, avaritiam, dixerit, non animum modo virilem, sed corpus quoque ipsum effeminare.

Hieme jam decedente apud balneas Sitias in area sub calido sole cum Favorino philosopho ambulabamus : atque ibi inter ambulandum legebatur *Catilina* Sallustii, quem in manu amici conspectum legi jusserat. Cumque hæc verba ex eo libro lecta essent : « Avaritia pecuniæ studium ha- « bet, quam nemo sapiens concupivit. Ea quasi venenis « malis imbuta corpus animumque virilem effeminat :

31.

ce passage, qu'un des disciples de Favorinus, qui paraissait être un littérateur instruit et habile, prit la parole et dit : « Voici une explication que j'ai entendu donner par Valérius Probus. Selon lui, Salluste avait employé une périphrase, comme font les poëtes ; et, sa pensée étant que l'avarice corrompt l'homme, il avait dit qu'elle corrompt l'âme et le corps, qui sont les deux parties dont l'homme est composé. » Il ne se peut pas, reprit Favorinus, ou, du moins, il me paraît impossible qu'une subtilité aussi téméraire et aussi déplacée ait été mise en avant par un homme de goût tel que Probus : il ne peut avoir prêté en cet endroit une périphrase poétique à Salluste, qui, d'ordinaire, travaille par tous les moyens, et même par les plus recherchés, à être bref et concis. » Alors, s'adressant à un homme d'une grande instruction qui se promenait aussi avec nous, il le pria de dire ce qu'il pensait sur cette difficulté. Celui-ci s'exprima en ces termes : « Quel est ordinairement le genre de vie de ceux qui, dévorés de la passion de l'avarice, ne s'occupent qu'à amasser de l'or ? Comme leur seul but, leur unique affaire est de thésauriser, ils négligent les exercices du corps et tous les travaux par lesquels un homme entretient ses forces. Le plus souvent, renfermés dans l'intérieur de leurs demeures, ils se plongent dans des trafics et des opérations sédentaires, où toute la vigueur de leur corps et de leur âme s'affaiblit et s'énerve, comme dit Salluste. » Favorinus ayant entendu cette réponse, demanda qu'on lui lût de nouveau la phrase de Salluste ; lorsqu'on l'eut fait : « Mais cependant, dit-il, on voit beaucoup de gens très-avides de richesses, qui ont un corps sain et vigoureux. Que pensez-vous de ceux-là ? » L'autre repartit : « L'objection est fort juste : je dirai toutefois que si un homme possédé de cette passion conserve cependant la vigueur et la santé, c'est qu'il a d'autres penchants qui l'invitent à exercer ses forces et l'empêchent d'être assez avare pour ne prendre aucun soin de son corps ; mais l'avarice s'empare-t-elle de l'homme tout entier, de toutes ses affections et de toutes ses facultés, au point de le détourner de toute espèce de soins pour sa personne, et de lui faire négliger entièrement les forces du corps aussi bien que les vertus de l'âme ; l'a-t-elle habitué enfin à s'oublier et à oublier tout au monde pour l'argent ; alors rien de plus juste que de dire qu'elle énerve le corps et l'âme. » Voici ce que répondit Favorinus : « Ou il faut adopter votre sentiment, ou bien il faut penser que Salluste, par haine de l'avarice, en a exagéré les funestes effets. »

CHAPITRE II.

Quel est, suivant Varron, le jour de naissance de ceux qui sont venus au monde pendant la nuit, avant ou après la sixième heure. Durée de la journée civile chez les différents peuples. Que, d'après Q. Mucius, une femme qui n'aurait point exactement observé la durée de l'année civile, ne pouvait être épousée *par usurpation*.

On a souvent agité cette question : Lorsqu'un enfant est né pendant la nuit, à la troisième, à la quatrième, ou à toute autre heure, quel jour

---

« semper infinita et insatiabilis est : neque copia neque « inopia minuitur : » tum Favorinus me aspiciens : Quo, inquit, pacto corpus hominis avaritia effeminat ? Quid enim istuc sit, quod animum virilem ab ea effeminari dixit, videor ferme assequi. Sed, quonam modo corpus quoque hominis effeminet, nondum reperio. Et ego, inquam, longe jamdiu in eo ipso quærendo fui, ac, nisi tu occupasses, ultro te hoc rogassem. Vix ego hæc dixeram contabundus, atque inibi quispiam de sectatoribus Favorini, qui videbatur esse in litteris veterator : Valerium, inquit, Probum audivi hæc dicere : usum esse Sallustium circumlocutione quadam poetica, et, cum dicere vellet hominem avaritia corrumpi, corpus et animum dixisse, quæ duæ res hominem demonstrarent : namque homo ex anima et corpore est. Nunquam, inquit Favorinus, quod equidem scio, tam importuna tamque audaci argutia fuit noster Probus, ut Sallustium vel subtilissimum brevitatis artificem periphrasim poetarum facere diceret. Erat tum nobiscum in eodem ambulacro homo quispiam sane doctus. Is quoque a Favorino rogatus, ecquid haberet super ea re dicere, hujuscemodi verbis usus est : Quos, inquit, avaritia minuit et corrumpit, quique sese quærendo undique pecuniæ dediderunt, eos pleros[que] tali genere vitæ occupatos videmus, ut, sicuti alia in iis omnia præ pecunia, ita labor quoque virilis, exercendique corporis studium relictui sit. Negotiis enim se plerumque umbraticis et sellulariis quæstibus intentos habent, in quibus omnis eorum vigor animi corporisque clanguescit, et, quod Sallustius ait, effemi- natur. Tum Favorinus legi denuo verba eadem Sallustii jubet, atque ubi lecta sunt : Quid igitur, inquit, dicimus, quod multos videre est pecuniæ cupidos, et eosdem tamen corpore esse vegeto ac valenti ? Tum ille ita respondit : Respondes non hercle inscite. Quisquis est, inquit, pecuniæ cupiens, et corpore tamen est bene habito ac strenuo, aliarum quoque rerum vel studio vel exercitio cum teneri necessum est, atque in sese colendo non æque esse parcum. Nam si avaritia sola summa omnes hominis partes affectionesque occupet, et si ad incuriam usque corporis grassetur, ut per illam unam neque virtutis, neque virium, neque corporis, neque animi cura adsit ; tum denique is vere dici potest effeminato esse et animo et corpore, qui neque sese, neque aliud curet, nisi pecuniam. Tum Favorinus : Aut hoc, inquit, quod dixisti, probabile est, aut Sallustius odio avaritiæ plus, quam potuit, eam criminatus est.

CAPUT II.

Quemnam esse natalem diem M. Varro dicat [eorum], qui ante noctis horam sextam postve eam nati sunt : atque inibi de temporibus terminisque dierum, qui civiles nominantur et usquequaque gentium varie observantur : præterea quid Q. Mucius scripserit super ea muliere, quam maritus non jure usurpavisset, quod rationem civilis anni non habuerit.

Quæri solitum est, qui noctis hora tertia, quartave, sive qua alia nati sunt, uter dies natalis haberi appellari-

LIVRE III, CHAPITRE II.

devra-t-on regarder comme le jour de sa naissance ? Sera-ce celui qui a précédé la nuit où il est né, ou bien celui qui l'a suivie ? Voici ce que dit Marcus Varron dans son traité *Des choses humaines*, au livre intitulé *Sur les jours* : « Tous « les enfants nés dans le même intervalle de « vingt-quatre heures, placé entre la moitié d'une « nuit et la moitié de la nuit suivante, sont con- « sidérés comme étant nés le même jour. » Ce passage fait voir que Varron établissait la division des jours de manière que l'enfant qui est né après le coucher du soleil, mais avant minuit, doit avoir pour jour natal celui qui précède cette nuit ; au lieu que, s'il n'est venu au monde que dans les six dernières heures de cette nuit, on ne doit placer sa naissance qu'au jour suivant. Varron nous apprend dans le même livre que les Athéniens suivaient une autre division du temps, et que, chez eux, on prenait pour un jour le nombre d'heures qui s'écoulent depuis un coucher du soleil jusqu'à l'autre. Il nous a transmis aussi la manière de compter des Babyloniens, qui est toute différente : ils appelaient un jour l'espace de temps compris entre le lever du soleil et son lever du lendemain. Les Ombriens, dit-il encore, prennent généralement pour un jour le temps qui se passe d'un midi à l'autre. « Mais, ajoute-t-il, un « tel usage était absurde. D'après cette manière de « compter, si un enfant était venu au monde en « Ombrie à l'époque des calendes, à l'heure de « midi, son jour de naissance eût été moitié dans « les calendes et moitié dans le jour qui les suit. » Ce que dit Varron de l'usage qu'ont les Romains de marquer la limite des jours par le milieu de chaque nuit, nous est attesté par un grand nombre de faits. Les sacrifices des Romains se font tantôt pendant le jour, tantôt pendant la nuit :

mais quand on veut fixer le temps où ils se sont faits, c'est au jour qu'on les rapporte. Or, ceux qu'on a offerts après la sixième heure de la nuit sont rapportés au jour qui succède à cette nuit. Une autre preuve nous est fournie par les rites établis pour prendre les auspices. En effet, lorsque les magistrats doivent consulter les auspices au sujet d'un acte public, et mettre cet acte à exécution dans le même jour, ils prennent les auspices après le milieu de la nuit, et accomplissent l'acte en question dans l'après-midi du jour suivant ; et alors on considère les deux choses comme ayant été faites dans le même jour. Rappelons aussi que les tribuns du peuple, auxquels il n'est pas permis de s'absenter de Rome un jour entier, ne sont pas censés avoir enfreint cette défense, lorsque, partis à minuit, ils reviennent entre l'heure où l'on allume les flambeaux et le milieu de la nuit suivante, de manière à passer dans Rome une partie de cette nuit. Voici encore un autre fait que j'ai trouvé dans mes lectures. Le jurisconsulte Quintus Mucius assurait que le mariage par *usurpation* n'était pas possible, lorsque la femme qui avait vécu depuis les calendes de janvier avec l'homme qu'elle devait épouser n'avait commencé à coucher hors du logis, comme il fallait le faire pendant trois nuits avant ce mariage, que le quatrième jour avant les calendes du mois de janvier suivant ; car, disait-il, les trois nuits, qui sont le temps que doit durer son absence, ne peuvent, dans ce cas, être complètes, puisque les six dernières heures de la troisième nuit appartiennent à l'année suivante, qui commence avec les calendes. Après avoir recueilli ces différents détails sur la manière de diviser les jours, et sur les rapports de cette division avec l'ancienne jurisprudence, je me rappelai un pas-

---

que debeat, isne, quem nox ea consecuta est, an qui dies noctem consecutus [est]. M. Varro in libro *Rerum humanarum*, quem *De Diebus* scripsit : « Homines, inquit, « qui ex media nocte ad proximam mediam noctem in his « horis XXIV. nati sunt, una die nati dicuntur. » Quibus verbis ita videtur dierum observationem divisisse, ut, qui post solem occasum ante mediam noctem natus sit, is ei dies natalis sit, a quo die ea nox cœperit ; contra vero, qui in sex noctis horis posterioribus nascatur, eo die videri natum, qui post eam noctem diluxerit. Athenienses autem aliter observare, idem Varro in eodem libro scripsit, eosque a sole occaso ad solem iterum occidentem omne id medium tempus unum diem esse dicere. Babylonios porro aliter ; a sole enim exorto ad exortum ejusdem incipientem totum id spatium unius diei nomine appellare : multos vero in terra Umbria unum et eumdem diem esse dicere a meridie ad insequentem meridiem : « Quod quidem, » Varro inquit, « nimis absurdum est. Nam qui Calendis « hora sexta natus est apud Umbros, dies ejus natalis vi- « deri debebit et Calendarum dimidiarum, et qui est post « Calendas dies ante horam ejusdem diei sextam. » Populum autem romanum ita, uti Varro dixit, dies singulos adnumerare a media nocte usque ad mediam proximam, multis argumentis ostenditur. Sacra sunt Romana partim diurna, alia nocturna : sed ea, quæ inter noctem fiunt, diebus addicuntur, non noctibus ; quæ igitur sex posterioribus noctis horis fiunt, eo die fieri dicuntur, qui proximus eam noctem illucescit. Ad hoc, ritus quoque et mos auspicandi eamdem esse observationem docet : nam magistratus, quando una die eis auspicandum est, et id, super quo auspicaverunt, agendum, post mediam noctem auspicantur, et post meridiem sole magno ; auspicatique esse et egisse eodem die dicuntur. Præterea tribuni plebei, quos nullum integrum diem abesse Roma licet, cum post mediam noctem proficiscuntur, et post primam facem ante mediam noctem sequentem revertuntur, non videntur abfuisse unum diem ; quoniam ante horam noctis sextam regressi parte aliqua illius in urbe Romana sunt. Quintum quoque Mucium jureconsultum dicere solitum legi, non esse usurpatam mulierem, quæ Calendis Januariis apud virum causa matrimonii esse cœpisset, et ante diem quartum Calendas Januarias sequentis usurpatum isset. Non enim posse impleri trinoctium, quod abesse a viro usurpandi causa ex duodecim tabulis deberet : quoniam tertiæ

sage de Virgile qui me parut, sans aucun doute, fournir là-dessus une preuve de plus, non par une indication expresse et positive, mais par une allusion indirecte et voilée, comme il convient à un poëte. C'est quand il dit :

« La nuit a parcouru la moitié de sa carrière,
« et déjà, hélas ! j'ai senti l'haleine brûlante des
« chevaux du Soleil. »

N'a-t-il pas voulu dire indirectement, par ces vers, que, chez les Romains, le jour civil commençait à la sixième heure de la nuit ?

CHAPITRE III.

Conseils pour reconnaître l'authenticité des pièces de Plaute, puisqu'on a confondu celles qui lui appartiennent véritablement avec celles qui ne lui sont étrangères. Que Plaute composa plusieurs pièces dans un moulin, et Nævius quelques-unes des siennes en prison.

J'ai entendu faire à des hommes fort lettrés une réflexion qui m'a paru très-juste : c'est que, quand on veut résoudre les doutes qui se sont élevés sur l'authenticité de plusieurs pièces de Plaute, il ne faut point s'en rapporter aux catalogues d'Élius, de Sédigitus, de Claudius, d'Aurélius, d'Attius, de Manilius, mais interroger Plaute lui-même, et consulter le caractère de son génie et les habitudes de son style. Varron n'a pas suivi dans cette question une autre règle de critique. Outre les vingt et une comédies appelées Varroniennes, qu'il distingue de toutes les autres et met à part, comme étant de Plaute sans aucun doute, et du consentement de tout le monde, il en signale encore quelques-unes qui, par le tour du style et le caractère des plaisanteries, lui paraissent offrir des analogies frappantes avec la manière de Plaute, et qu'il juge dignes de lui être attribuées, bien qu'elles aient été mises sous d'autres noms. C'est ainsi qu'il revendique pour lui la comédie intitulée *la Béotienne*, que je lisais dernièrement. Bien que cette pièce ne soit pas sur la liste des vingt et une, et qu'elle passe pour être d'Aquilius, cependant, à entendre Varron, il ne faut point douter qu'elle n'appartienne à Plaute ; et cette décision sera facilement adoptée par tout homme habitué à la lecture de cet auteur. Il suffirait presque pour cela de ces seuls vers que je me rappelle, et que je prends plaisir à citer ici, car ils sont tout à fait dignes de Plaute, *plautinissimi*, comme il dirait lui-même. C'est un parasite affamé qui parle :

« Que le ciel confonde celui qui inventa la divi-
« sion des heures, et plaça dans cette ville le pre-
« mier cadran ! Qu'avait-il besoin de me découper
« ainsi la journée en compartiments ? Autrefois,
« dans ma jeunesse, je n'avais d'autre cadran que
« mon ventre. C'était une horloge excellente et
« infaillible, qui ne manquait jamais de m'avertir
« de manger, qui n'avait jamais tort, excepté dans
« le cas de disette. Mais maintenant, lors même
« qu'il se présente de bons morceaux, on reste
« l'estomac vide, si l'on n'a point l'autorisation du
« soleil. Maintenant on ne voit plus que cadrans
« par toute la ville : les trois quarts des citoyens
« se traînent mourant d'inanition. »

J'entendis Favorinus exprimer une opinion du même genre, un jour que je lui lisais la *Nervolaria* de Plaute, qui a été rangée parmi les comédies douteuses. En entendant ce vers :

« Femmes de rebut, courtisanes éclopées,
« misérables épileuses, sales coquines ; »

---

noctis posteriores sex horæ alterius anni essent, qui inciperet ex Calendis. Isthæc autem omnia de dierum temporibus et finibus ad observationem disciplinamque juris antiqui pertinentia cum in libris veterum inveniremus, non dubitabamus, quin Virgilius quoque id ipsum ostenderit, non exposite atque aperte, sed, ut hominem decuit, poeticas res agentem, recondita et quasi operta veteris ritus significatione.

— Torquet, *inquit*, medios nox humida cursus :
Et me sævus equis oriens afflavit anhelis.

His enim versibus oblique, sicuti dixi, admonere voluit, *diem*, quem Romani *civilem* appellaverunt, a sexta noctis hora oriri.

CAPUT III.

De noscendis explorandisque Plauti comœdiis, quoniam promiscue veræ atque falsæ nomine ejus inscriptæ feruntur : atque inibi, quod Plautus in pistrino, et Nævius in carcere fabulas scriptitarint.

Verum esse comperior, quod quosdam bene litteratos homines, dicere audivi, qui plerasque Plauti comœdias curiose atque contente lectita[ve]runt, non indicibus Ælii, nec Sedigiti, nec Claudii, nec Aurelii, nec Attii, nec Manilii super iis fabulis, quæ dicuntur ambiguæ, credituros, sed ipsi Plauto moribusque ingenii atque linguæ ejus. Hac enim judicii norma Varronem quoque esse usum videmus. Nam præter illas unam et viginti, quæ Varronianæ vocantur ; quas idcirco a ceteris segregavit, quoniam dubiosæ non erant, sed consensu omnium Plauti esse censebantur ; quasdam item alias probavit, adductus filo atque facetia sermonis Plauto congruentis, easque jam nominibus aliorum occupatas Plauto vindicavit ; sicuti istam, quam nuperrime legebamus, cui est nomen *Bœotia*. Nam cum in illis una et viginti non sit, et esse Aquilii dicatur, nihil tamen Varro dubitavit, quin Plauti foret, neque alius quisquam non infrequens Plauti lector dubitaverit, si vel hos solos versus ex ea fabula cognoverit, qui quoniam sunt, ut de illius more dicam, Plautinissimi, propterea et meminimus eos et adscripsimus. Parasitus ibi esuriens hæc dicit :

Ut illum di perdant, primus qui horas repperit,
Quique adeo primus statuit hic solarium.
Qui mihi comminuit misero articulatim diem,
Nam me puero uterus erat solarium
Multo omnium istorum optumum et verissimum,
Ubi isti monebat edere, nisi cum nihil erat.
Nunc etiam quod est, non est, nisi soli lubet.
Itaque adeo jam oppletum 'st oppidum solariis.
Major pars populi aridi reptant fame.

charmé de ces antiques et comiques expressions qui peignent les vices et la laideur des prostituées, il s'écria que ce seul vers suffisait pour faire croire que la pièce était de Plaute. Moi-même, en lisant dernièrement le *Fretum*, une des comédies contestées, je n'hésitai pas à la reconnaître pour l'ouvrage de Plaute, et pour un de ceux où se révèle le mieux son génie. En voici deux vers que j'y recueillis, en cherchant des renseignements sur l'oracle cornu :

« C'est tout juste comme l'oracle cornu qu'on
« rend dans les grandes fêtes : si je ne le fais pas,
« je suis mort ; si je le fais, je suis battu. »

M. Varron, dans son premier livre *Sur les comédies de Plaute*, reproduit ce passage d'Attius : « Les pièces intitulées *les Jumeaux, les*
« *Lions, la Bague, la Vieille* ne sont pas de
« Plaute; *le Double viol, la Béotienne, le Cam-*
« *pagnard*, et cette autre comédie intitulée *Mourir*
« *ensemble*, n'ont jamais été de lui : tous ces ou-
« vrages ont eu pour auteur M. Aquilius. » On voit dans le même livre de Varron qu'il y eut à Rome un autre poëte comique appelé Plautius, et que, comme ses comédies portaient le mot *Plauti* écrit dans leur titre, elles furent prises pour des ouvrages de Plaute, et appelées *Plautinæ comœdiæ*, au lieu de *Plautianæ*. Il y a eu jusqu'à cent trente comédies comptées à tort ou à raison dans le théâtre de Plaute. Le savant L. Élius pense qu'il faut réduire ce nombre à vingt-cinq. Il est très-probable que beaucoup de ces pièces portant le nom de Plaute, dont l'authenticité est suspecte, sont des compositions de poëtes plus anciens, que Plaute revit et retoucha : on explique ainsi pourquoi on retrouve dans ces pièces des traces de sa manière. Trois comédies de Plaute, celle qu'il a intitulées *Saturion* et *Addictus*, et une autre dont le nom m'échappe, furent composées au moulin, au rapport de Varron et de plusieurs autres, qui racontent que le poëte ayant perdu dans des entreprises de négoce tout l'argent qu'il avait gagné au théâtre, et se trouvant, à son retour à Rome, dans le plus complet dénûment, fut obligé, pour gagner sa vie, de se louer à un boulanger, qui l'employa à tourner une de ces meules qu'on fait mouvoir à bras. On rapporte aussi que le poëte Nævius écrivit en prison *le Devin*, et une autre pièce intitulée *Léon*. Sa hardiesse satirique, et les continuelles injures qu'il adressait aux premiers citoyens de Rome, l'avaient fait mettre aux fers par les triumvirs. Les tribuns du peuple lui firent rendre la liberté, en considération de ces deux pièces, où il avait pris soin de réparer publiquement les railleries et les traits hardis par lesquels il avait offensé tant de personnes.

CHAPITRE IV.

Que Scipion l'Africain, et d'autres personnages illustres de la même époque, avaient coutume de se raser la barbe du menton et des joues, avant d'être parvenus à la vieillesse.

En lisant un jour l'histoire de la vie de P. Scipion l'Africain, je remarquai un passage où il était dit que P. Scipion, fils de Paulus, après avoir

---

Favorinus quoque noster, cum Nervolariam Plauti legerem, quæ inter incertas est habita, et audisset ex ea comœdia versum hunc :

Scrattæ, scrupedæ, strictivillæ, sordidæ :

delectatus faceta verborum antiquitate, meretricum vitia atque deformitates significantium : Vel unus hercle, inquit, hic versus Plauti esse hanc fabulam satis potest fidei fecisse. Nos quoque ipsi nuperrime cum legeremus *Fretum*, (nomen est id comœdiæ,) quam Plauti quidam non putant) haud quidquam dubitavimus, quin ea Plauti foret, et omnium quidem maxime genuina. Ex qua duos hos versus exscripsimus, ut historiam quæreremus oraculi arietini :

— Nunc illud est,
Quod arietinum responsum magnis ludis dicitur :
Peribo, si non fecero : si faxo, vapulabo.

Marcus autem Varro in libro *De comœdiis Plautinis* primo Attii verba hæc ponit : « Nam nec Gemini, nec Leo-
« nes, nec Condalium, nec Anus Plauti, nec Bis com-
« pressa, nec Bœotia unquam fuit, neque adeo Ἀγροικος,
« neque Commorientes : sed M. Aquilii. » In eodem libro M. Varronis id quoque scriptum est, Plautium fuisse quempiam poetam comœdiarum, cujus quoniam fabulæ Plauti inscriptæ forent, acceptas esse quasi Plautinas, cum essent non a Plauto Plautinæ, sed a Plautio Plautianæ. Feruntur autem sub Plauti nomine comœdiæ circiter centum atque triginta. Sed homo eruditissimus L. Ælius quinque et viginti esse ejus solas existimavit. Neque tamen dubium est, quin istæ et quæ scriptæ a Plauto non videntur, et nomini ejus addicuntur, veterum poetarum fuerint, et ab eo retractatæ [et] expolitæ sint, ac propterea resipiant stilum Plautinum. Sed enim Saturionem et Addictum et tertiam quamdam, cujus nunc mihi nomen non suppetit, in pistrino eum scripsisse, Varro et plerique alii memoriæ tradiderunt, cum, pecunia omni, quam in operis artificum scenicorum pepererat, in mercati[oni]bus perdita, inops Romam redisset, et ob quærendum victum ad circumagendas molas, quæ trusatiles appellantur, operam pistori locasset. Sicuti de Nævio quoque accepimus, fabulas eum in carcere duas scripsisse, Hariolum et Leontem, cum ob assiduam maledicentiam et probra in principes civitatis, de Græcorum poetarum more dicta, in vincula Romæ a triumviris conjectus esset. Unde post a tribunis plebei exemptus est, cum [in] iis, quas supra dixi, fabulis, delicta sua et petulantias dictorum, quibus multos ante læserat, diluisset.

CAPUT IV.

Quod P. Africano et aliis tunc viris nobilibus ante ætatem senectam barbam et genas radere mos patrius fuit.

In libris, quos de vita P. Scipionis Africani compositos

obtenu le triomphe pour ses succès contre les Carthaginois, et rempli les fonctions de censeur, fut cité devant le peuple par le tribun Claudius Asellus, à qui, pendant l'exercice de sa censure, il avait retiré son cheval; que, tout accusé qu'il était, il ne cessa point de se raser la barbe, de porter des vêtements de couleur claire, et ne prit rien de l'appareil ordinaire de ceux qui comparaissent devant les tribunaux. Or, comme il est constant que, lors de cette accusation, Scipion avait près de quarante ans, je m'étonnai de voir qu'il se rasait la barbe à cet âge : mais depuis il m'a été prouvé qu'à cette époque d'autres personnages illustres du même âge se rasaient la barbe de même : et c'est pour cela qu'on voit beaucoup d'anciens portraits, où des hommes d'un âge mur sont représentés sans barbe.

CHAPITRE V.

Par quelles paroles plaisantes et sévères à la fois le philosophe Arcésilas railla quelqu'un sur sa mollesse efféminée, et sur la langueur voluptueuse de ses regards et de sa personne.

Plutarque rapporte un mot spirituel et violent du philosophe Arcésilas sur un riche à la mine coquette et efféminée, qui passait cependant pour avoir des mœurs honnêtes et pures. En entendant les accents languissants de sa voix, en voyant ses cheveux arrangés avec art, ses yeux provoquants et lascifs, et tout chargés de volupté, Arcésilas lui dit : « Qu'importe qu'on soit impudique « par le haut ou par le bas? »

CHAPITRE VI.

Propriété particulière du palmier, dont le bois se relève et se redresse sous les fardeaux dont on le charge.

Aristote, dans le septième livre de ses *Problèmes*, et Plutarque, dans le huitième livre de ses *Symposiaques*, rapportent une chose merveilleuse : c'est que le bois de palmier, lorsqu'on le charge de fardeaux très-lourds et qu'on le presse sous les plus énormes masses, loin de céder au poids qu'il supporte, résiste au contraire, et se relève en se courbant. Et c'est pour cette raison, dit Plutarque, que la branche de palmier a été prise pour symbole de la victoire; c'est parce qu'il est dans la nature de ce bois de ne pas céder à la force qui le contraint et l'opprime.

CHAPITRE VII.

Histoire du tribun militaire Q. Cædicius, rapportée dans les Annales. Citation d'un passage des *Origines* de M. Caton, où la valeur de Cædicius est comparée à celle de Léonidas.

M. Caton, dans ses *Origines*, rapporte du tribun militaire Q. Cædicius un trait admirable, et digne des héros célébrés par l'éloquence grecque. Voici en quoi consiste son récit. Dans la première guerre punique, le général carthaginois qui commandait en Sicile s'étant avancé à la rencontre

---

CAPUT V.

Deliciarum vitium et mollities oculorum et corporis ab Arcesilao philosopho cuidam opprobrata acerbe simul et festiviter.

Plutarchus refert, Arcesilaum philosophum vehementi verbo usum esse de quodam nimis delicato divite, qui incorruptus tamen et castus et perinteger dicebatur. Nam cum vocem ejus infractam, capillumque arte compositum, et oculos ludibundos atque illecebræ voluptatisque plenos videret : Nihil interest, inquit, quibus membris cinædi sitis, posterioribus an prioribus.

legimus, scriptum esse animadvertimus, P. Scipioni, Pauli filio, postquam de Pœnis triumphaverat, censorque fuerat, eidem diem dictum esse ad populum a Claudio Asello, tribuno plebei, cui equum in censura ademerat : eumque, cum esset reus, neque barbam desisse radi, neque non candida veste uti, neque fuisse cultu solito reorum. Sed, cum in eo tempore Scipionem minorem quadraginta annorum fuisse constaret, quod de barba rasa ita scriptum esset mirabamur. Comperimus autem ceteros quoque in iisdem temporibus nobiles viros barbam in ejusmodi ætate rasitavisse : idcircoque plerasque imagines veterum non admodum senum, sed in medio ætatis ita factas videmus.

CAPUT VI.

De vi atque natura palmæ arboris, quod lignum ex ea ponderibus impositis renitatur.

Per hercle rem mirandam Aristoteles in septimo Problematorum et Plutarchus in octavo Symposiacorum dicit. Si super palmæ, inquiunt, arboris lignum magna pondera imponas, ac tam graviter urgeas oneresque, ut magnitudo oneris sustineri non queat, non deorsum palma cedit, nec intra flectitur, sed adversus pondus resurgit, et sursum nititur recurvaturque. Propterea, inquit Plutarchus, in certaminibus palmam signum esse placuit victoriæ; quoniam ingenium ligni ejusmodi est, ut urgentibus opprimentibusque non cedat.

CAPUT VII.

Historia ex annalibus sumpta de Q. Cædicio, tribuno militum, verbaque ex Originibus M. Catonis apposita, quibus Cædicii virtutem cum Spartano Leonida æquiparat.

Pulchrum dii boni! facinus græcarumque facundiarum magniloquentia condignum M. Cato in libris *Originum* de Q. Cædicio, tribuno militum, scriptum reliquit. Id profecto est ad hanc ferme sententiam : Imperator Pœnus in terra Sicilia, bello Carthaginiensi primo, obviam romano

de l'armée romaine, occupa des hauteurs qui offraient une position avantageuse. Les Romains furent obligés de s'engager dans un lieu exposé et dangereux. Le tribun vient trouver le consul, et lui montre que, placée dans cet endroit, et cernée comme elle l'est par l'ennemi, l'armée court le plus grand péril. « Si vous voulez la sauver, dit-il, vous n'avez qu'une chose à faire : prenez sans différer quatre cents soldats, dites-leur de marcher sur cette éminence (il y a dans le texte, *sur cette verrue*), déterminez-les par vos exhortations et par vos ordres à s'en emparer. En voyant venir cette troupe, les plus prompts et les plus braves de l'armée ennemie accourront pour l'arrêter, et engageront avec elle un combat qui les occupera tout entiers. Infailliblement, nos quatre cents hommes périront ; mais, tandis que l'ennemi ne pensera qu'à les détruire, vous aurez le temps de faire sortir l'armée de ce lieu : je crois que c'est le seul moyen de salut qui nous reste. » Le consul répondit au tribun qu'il trouvait son conseil excellent ; « mais, ajouta-t-il, qui voudra se charger de conduire ces quatre cents soldats contre les bataillons ennemis postés sur ces hauteurs ? — Si vous ne trouvez personne qui veuille courir le danger de cette entreprise, reprit le tribun, servez-vous de moi pour en tenter l'exécution. Que mon général et la république disposent de ma vie. » Le consul, touché de son dévouement, le comble de remerciments et d'éloges. Aussitôt les quatre cents braves, conduits par le tribun, partent pour mourir. Les ennemis, surpris de leur audace, attendent quelque temps pour voir de quel côté ils se porteront : mais en les voyant se diriger vers la colline, le général carthaginois envoie contre eux les meilleurs soldats de son infanterie et de sa cavalerie. Les Romains sont enveloppés, et font une résistance opiniâtre : le combat reste longtemps douteux ; enfin le nombre l'emporte. Les quatre cents braves, percés de coups d'épée ou couverts de traits, tombent avec leur chef. Pendant ce temps le consul dégage l'armée, et la transporte dans une position élevée et sûre. Ici laissons Caton raconter lui-même le miracle que firent les dieux en faveur du tribun. Voici comment il parle : « Les dieux donnèrent au tribun un sort
« digne de son courage. Couvert de blessures dans
« le combat, il n'en avait reçu aucune à la tête :
« on le trouva parmi les morts, épuisé par la perte
« de son sang, mais respirant encore ; on l'emporta, et il guérit. Il donna depuis de nouvelles
« preuves de sa valeur, et rendit encore à la république d'importants services. Il est certain que
« dans cette circonstance, en menant à la mort
« les quatre cents soldats, il sauva le reste de
« l'armée. Mais, malheureusement, la gloire d'une
« belle action dépend beaucoup du théâtre où
« elle se place. Le Lacédémonien Léonidas, pour
« s'être dévoué de la même manière aux Thermopyles, est célébré partout. La Grèce entière
« a exalté sa valeur, et, pour immortaliser le
« souvenir d'un dévouement si glorieux, a prodigué les statues, les tableaux, les récits, les
« éloges ; elle a tout mis en usage pour témoigner au héros sa reconnaissance. Le nom du
« courageux tribun est peu connu : cependant
« il n'avait pas moins fait que Léonidas ; il avait
« sauvé ses concitoyens. » Tel est l'éloge que

exercitui progreditur ; colles locosque idoneos prior occupat. Milites romani, uti res nata est, in locum insinuant, fraudi et perniciei obnoxium. Tribunus ad consulem venit ; ostendit exitium de loci importunitate et hostium circumstantia. Maturum censeo, inquit, si rem servare vis, faciundum, ut quadringentos aliquos milites ad verrucam illam (sic enim [M.] Cato locum editum asperumque appellat) ire jubeas, eamque uti occupent hortensique : hostes profecto ubi id viderint, fortissimus quisque et promptissimus ad occursandum pugnandumque in eos prævertentur, unoque illo negotio sese alligabunt : atque illi omnes quadringenti procul dubio obtruncabuntur. Tu interea, occupatis in ea cæde hostibus, tempus exercitus ex hoc loco educendi habebis. Alia, nisi hæc, salutis via nulla est. Consul tribuno respondit, consilium quidem istud æque providens sibi viderier : sed istos, inquit, milites quadringentos ad eum locum in hostium cuneos quisnam erit qui ducat ? Si alium, inquit tribunus, neminem reperis, me licet ad hoc periculum utare : ego hanc tibi et reipublicæ animam do. Consul tribuno gratias laudesque agit. Tribunus et quadringenti ad moriendum proficiscuntur. Hostes eorum audaciam demirantur ; quorsum ire pergant, [in] exspectando sunt. Sed ubi apparuit, ad eamdem verrucam occupandam iter intendere ; mittit adversum illos imperator Carthaginiensis pedit[at]um equi[ta]-tumque quos in exercitu viros habuit strenuissimos. Romani milites circumveniuntur ; circumventi repugnant. Fit prœlium diu anceps. Tandem superat multitudo. Quadringenti omnes cum uno perfossi gladiis, aut missilibus operti, cadunt. Consul, interim dum ibi pugnatur, se in locos tutos atque editos subducit. Sed quod illi tribuno, duci militum quadringentorum, divinitus in eo prœlio usus venit, non jam nostris, sed ipsius Catonis verbis subjecimus.[Verba Catonis] : « Dii immortales tribuno militum
« fortunam ex virtute ejus dedere. Nam ita evenit : cum
« saucius multifariam ibi factus esset, tum vulnus capiti
« nullum evenit : cumque inter mortuos defatigatum vulneribus, atque quod sanguen defluxerat, cognovere,
« eum sustulere. Isque convaluit : sæpeque post illa ope-
« ram reipublicæ fortem atque strenuam perhibuit : illoque
« facto, quod illos milites subduxit, exercitum ceterum
« servavit. Sed idem benefactum quo in loco ponas, nimium interest. Leonidas Lacedæmonius laudatur, qui
« simile apud Thermopylas fecit. Propter ejus virtutes
« omnis Græcia gloriam atque gratiam præcipuam claritudinis inclitissimæ decoravere monumentis, signis,
« statuis, elogiis, historiis, aliisque rebus gratissimum id
« ejus factum habuere. At tribuno militum parva laus pro
« factis relicta, qui idem fecerat, atque rem[publicam] servaverat. » Hanc Q. Cædicii tribuni virtutem M. Cato tali

M. Caton consacre à la valeur de Q. Cædicius. Claudius Quadrigarius dit dans le troisième livre de ses Annales que le nom de ce tribun n'était pas Cædicius, mais Labérius.

CHAPITRE VIII.

Belle lettre des consuls C. Fabricius et Q. Émilius au roi Pyrrhus, conservée dans l'histoire de Q. Claudius.

Dans le temps que le roi Pyrrhus remporta en Italie deux victoires, qui mirent les Romains dans un assez grand embarras, et firent passer dans son parti presque tous les peuples italiens, un certain Timocharès d'Ambracie, favori du roi, vint trouver secrètement le consul Fabricius, et s'offrit, si on voulait lui payer le salaire qu'il demandait, à empoisonner le roi. Il ajoutait que la chose était d'autant plus facile que ses enfants étaient échansons de Pyrrhus. Fabricius instruisit le sénat de cette proposition : le sénat envoya au roi des députés, qui, sans dénoncer Timocharès, devaient conseiller au prince de mieux veiller à sa propre sûreté, et de se mettre en garde contre les trahisons domestiques. C'est ainsi que ce trait est rapporté dans l'histoire de Valérius Antias. Mais on le trouve raconté autrement dans le troisième livre de Quadrigarius. Selon cet historien, le traître qui vint trouver le consul ne s'appelait pas Timocharès, mais Nicias; ce ne furent pas les sénateurs, mais les consuls qui envoyèrent des députés au roi; le roi écrivit au peuple romain pour lui témoigner son admiration et sa reconnaissance, et renvoya chez eux, après les avoir fait habiller, tous les captifs qu'il avait dans son camp. C'étaient C. Fabricius et Q. Æmilius, qui étaient alors consuls. La lettre qu'ils écrivirent à Pyrrhus dans cette circonstance nous a été conservée par Quadrigarius. La voici :
« Les consuls romains au roi Pyrrhus, salut.
« Toujours animés du même courage pour tirer
« vengeance de tes injures, nous mettons tous
« nos soins à te faire la guerre, et tu auras tou-
« jours en nous des ennemis infatigables. Mais,
« pour donner à tous l'exemple de la loyauté,
« nous avons résolu de préserver ta vie d'une
« trahison qui la menace : nous sauvons notre
« ennemi, afin que nous puissions plus tard en
« triompher. Nicias, un de tes amis, est venu
« nous demander de lui payer un salaire, moyen-
« nant lequel il s'engage à te faire périr secrète-
« ment. Nous avons refusé de l'entendre, nous
« lui avons dit qu'il n'avait rien à espérer de nous.
« Nous avons, en outre, jugé à propos de t'avertir ;
« nous le faisons, afin que, si on attentait à ta
« vie, aucun peuple ne pensât que nous avons
« préparé le crime, et ne nous accusât de com-
« battre nos ennemis dans l'ombre, par la trahison
« soldée ou par l'assassinat. Tiens-toi sur tes gar-
« des, ou crains de périr. »

CHAPITRE IX.

Ce qu'était le cheval de Seius, connu par le proverbe. Quelle est la couleur des chevaux appelés *spadices*. Origine de ce mot.

Gabius Bassus, dans ses *Commentaires*, et Julius Modestus, dans le second livre de ses *Recherches mêlées*, racontent l'histoire merveilleuse du cheval de Séius. Séius Cnéius avait, ainsi que le rapportent ces auteurs, un cheval né à Argos, dont

---

suo testimonio decoravit. Claudius autem Quadrigarius annali tertio non Cædicio nomen fuisse ait, sed Laberio.

CAPUT VIII.

Litteræ eximiæ consulum C. Fabricii et Q. Æmilii ad regem Pyrrhum a Q. Claudio, scriptore historiarum, in memoriam datæ.

Cum Pyrrhus rex in terra Italia esset, et unam atque alteram pugnas prospere pugnasset, satisque agerent Romani, et pleraque Italia ad regem descivisset : tum Ambraciensis quispiam Timochares, [regis] Pyrrhi amicus, ad [C.] Fabricium consulem furtim venit, ac præmium petivit, et, si de præmio conveniret, promisit, regem venenis necare : id quod facile factu esse dixit, quoniam filius suus pocula in convivio regi ministraret. Eam rem Fabricius ad senatum scripsit. Senatus legatos ad regem misit, mandavitque, ut de Timochare nihil proderent, sed monerent, uti rex circumspectius ageret, atque a proximorum insidiis salutem tutaretur. Hoc ita, uti diximus, in Valerii Antiatis historia scriptum est. Quadrigarius autem in libro tertio non Timocharem, sed Niciam adisse ad consulem scripsit; neque legatos a senatu missos, sed a consulibus, et populo romano laudes atque gratias scripsisse, captivosque omnis, quos tum habuerit, vestivisse et reddidisse. Consules tum fuerunt C. Fabricius et Q. Æmilius. Litteras, quas ad regem Pyrrhum super ea causa miserunt, Claudius Quadrigarius scripsit fuisse hoc exemplo : « Consules romani salutem dicunt Pyrrho regi.
« Nos pro tuis injuriis continuo animo strenui, commoti
« inimiciter, tecum bellare studemus. Sed communis exem-
« pli et fidei ergo visum est, uti te salvum velimus; ut
« esset, quem armis vincere possemus. Ad nos venit Ni-
« cias, familiaris tuus, qui sibi a nobis præmium peteret,
« si te clam interfecisset. Id nos negavimus velle; neve ob
« eam rem quidquam commodi exspectaret : et simul vi-
« sum est, ut te certiorem faceremus, ne quid ejusmodi,
« si accidisset, nostro consilio civitates putarent factum :
« et quod nobis non placet, pretio aut præmio aut dolis
« pugnare. Tu, nisi caves, jacebis. »

CAPUT IX.

Quis et cujusmodi fuerit, qui in proverbio fertur *equus Seianus* : et qualis color equorum sit, qui *spadices* vocantur, deque istius vocabuli ratione.

Gabius Bassus in *Commentariis* suis, item Julius Modestus in secundo *Quæstionum confusarum* historian de equo Seiano tradunt dignam memoria atque admiratione. Cn. Seium quempiam scribunt fuisse, eumque habuisse equum natum Argis in terra Græcia : de quo fama con-

l'origine, suivant une tradition fort accréditée, remontait jusqu'à ces fameux chevaux que Diomède possédait en Thrace, et qu'Hercule, après avoir fait périr Diomède, avait amenés de Thrace dans Argos. C'était un cheval bai, d'une grandeur extraordinaire, à la tête élevée, à la crinière épaisse et luisante, et chez lequel on trouvait réunies au plus haut degré toutes les qualités qu'on estime dans les chevaux. Mais, par je ne sais quelle fatalité attachée à la possession de cet animal, tout homme qui en devenait maître ne tardait pas à tomber dans d'affreux malheurs, où il perdait la fortune et la vie. Cn. Séius, auquel il appartint d'abord, condamné à mort par M. Antoine, qui fut plus tard triumvir, périt dans les souffrances d'un cruel supplice. Bientôt après, le consul Cornélius Dolabella, au moment de son départ pour la Syrie, curieux de connaître ce fameux cheval, passa pour le voir dans Argos ; il fut saisi, en le voyant, d'un grand désir de le posséder, et il l'acheta cent mille sesterces. Mais ensuite la guerre civile ayant éclaté dans la Syrie, Dolabella fut assiégé, et réduit à se donner la mort. Le cheval tomba au pouvoir du général qui avait assiégé Dolabella, C. Cassius. On sait qu'après la défaite de son parti et la déroute de son armée, Cassius périt d'une mort funeste, frappé de sa propre main. Antoine, vainqueur de Cassius, s'empara de son cheval : et, plus tard, vaincu lui-même, abandonné des siens, il mourut de la plus déplorable mort. De là vient le proverbe qu'on a coutume d'appliquer aux hommes que le malheur poursuit : « Cet homme a le cheval de Séius. » Une autre ancienne locution : « Il a de l'or de Toulouse, » est proverbiale dans un sens analogue. En voici l'origine : Le consul Q. Cépion ayant pillé Toulouse, ville des Gaules, dans les temples de laquelle il y avait beaucoup d'or, on remarqua que ceux qui, dans le pillage, avaient pris de cet or, périrent tous misérablement. Gabius Bassus rapporte qu'il vit à Argos ce fameux cheval, et qu'il fut frappé de sa vigueur et de la beauté singulière de ses formes et de son pelage. Sa couleur était, comme on l'a vu plus haut, celle que nous désignons par le mot *phœniceus*, et que les Grecs appellent φοίνιξ, ou bien encore σπάδιξ, parce qu'une branche de palmier, arrachée de l'arbre avec son fruit, s'appelle σπάδιξ.

CHAPITRE X.

Vertu du nombre sept, constatée par un grand nombre d'exemples. Faits nombreux recueillis sur ce sujet dans les *Semaines* de M. Varron.

M. Varron, dans le premier de ses livres qui ont pour titre *Semaines* ou *Images*, a rassemblé beaucoup d'observations sur la vertu du nombre sept, que les Grecs appellent ἑβδομάς. « Ce nombre, dit-il, forme dans le ciel la grande « et la petite ourse, ainsi que la constellation nom- « mée chez nous *vergiliæ*, et chez les Grecs πλειά- « δες. Les étoiles errantes, qu'on appelle ordinai- « rement *erraticæ*, et que P. Nigidius appelle « *errones*, sont au nombre de sept. Tel est aussi « le nombre des cercles célestes qui ont pour centre « l'axe du monde, et dont deux sont appelés pôles : « ces deux derniers sont, comme on sait, les plus

---

stans esset, tanquam de genere equorum progenitus foret, qui Diomedis Thracis fuissent; quos Hercules, Diomede occiso, e Thracia Argos perduxisset. Eum equum fuisse dicunt magnitudine invisitata, cervice ardua, colore phœnicco, flora et comanti juba; omnibusque aliis equorum laudibus quoque longe præstitisse: sed eumdem equum tali fuisse fato sive fortuna ferunt, ut quisquis haberet eum possideretque, ut is cum omni domo, familia, fortunisque omnibus suis ad internecionem usque deperiret. Itaque primum illum Cn. Seium, dominum ejus, a M. Antonio, qui postea triumvir reipublicæ constituendæ fuit, capitis damnatum, miserando supplicio affectum esse : eodem tempore Cornelium Dolabellam consulem, in Syriam proficiscentem, fama istius equi adductum, Argos devertisse ; cupidineque habendi ejus exarsisse ; emisseque eum sestertiis centum millibus : sed ipsum quoque Dolabellam in Syria bello civili obsessum atque interfectum esse : mox eumdem equum, qui Dolabellæ fuerat, C. Cassium, qui Dolabellam obsederat, abduxisse. Eum Cassium postea satis notum est, victis partibus, fusoque exercitu suo, miseram mortem oppetiisse : deinde Antonium post interitum Cassii, parta victoria, equum illum nobilem Cassii requisisse ; et cum eo potitus esset, ipsum quoque postea victum atque desertum detestabili exitio interisse. Hinc proverbium de hominibus calamitosis ortum, dicique solitum : *ille homo habet equum Seianum*. Eadem sententia est illius quoque veteris proverbii, quod ita dictum accepimus : *aurum Tolosanum*. Nam cum oppidum Tolosanum in terra Gallia Q. Cæpio consul diripuisset, multumque auri in ejus oppidi templis fuisset, quisquis ex ea direptione aurum attigit, misero cruciabilique exitu periit. Hunc equum Gabius Bassus vidisse se Argis refert haud credibili pulchritudine, vigoreque et colore exsuperantissimo. Quem colorem nos, sicuti dixi, Phœniceum, Græci partim φοίνικα, alii σπάδικα appellant, quoniam palmæ termes ex arbore cum fructu avulsus *spadix* dicitur.

CAPUT X.

Quod est quædam septenarii numeri vis et facultas in multis naturæ rebus animadversa, de qua M. Varro in Hebdomadibus disserit copiose.

M. Varro in primo librorum, qui inscribuntur *Hebdomades vel de Imaginibus*, septenarii numeri, quem Græci ἑβδομάδα appellant, virtutes potestatesque multas variasque dicit. « Is namque numerus, » inquit, « septem- « triones majores minoresque in cœlo facit, item vergilias, « quas πλειάδας Græci vocant; facit etiam stellas, quas « alii erraticas, P. Nigidius errones appellat. » Circulos quoque ait in cælo circum longitudinem axis septem esse ; e quis duos minimos, qui axem extimum tangunt, πόλους appellari dicit ; sed eos in sphæra, quæ κρικωτὴ vocatur,

« petits et les plus voisins de l'extrémité de l'axe ;
« et leur petitesse empêche de les marquer sur la
« sphère armillaire. Le zodiaque fournit aussi un
« exemple de la vertu du nombre sept. En effet, le
« solstice d'été a lieu quand le soleil passe dans le
« septième signe, à partir du solstice d'hiver : de
« même le solstice d'hiver a lieu, quand le soleil a
« parcouru sept signes, à partir de celui d'été. On
« compte aussi sept signes d'un équinoxe à l'autre. »
Varron ajoute que les jours employés par les alcyons à construire leurs nids sur l'eau, pendant l'hiver, sont au nombre de sept. Il rappelle ensuite que la lune achève sa révolution en quatre fois sept jours « En effet, dit-il, dans l'espace de vingt-huit
« jours, elle est revenue au point d'où elle était
« partie. » Il cite Aristide de Samos comme étant l'auteur de cette observation, et ajoute qu'il y a ici à remarquer deux choses : d'abord que la lune décrit son cercle en quatre fois sept jours, c'est-à-dire en vingt-huit jours, et ensuite que le nombre vingt-huit est la réunion des différents nombres dont se compose le nombre sept, additionnés successivement en partant de l'unité. Selon le même auteur, le nombre sept a aussi une influence marquée sur la formation et la naissance de l'homme.
« Lorsque la semence a pénétré dans le sein de la
« femme, pendant les premiers jours les germes
« se réunissent et s'agglomèrent en s'épaississant,
« et deviennent ainsi susceptibles de recevoir la
« forme et la figure. Au bout de quatre semaines,
« quand l'enfant doit être du sexe masculin, la
« tête et l'épine dorsale se forment. Vers la septième
« semaine, c'est-à-dire le quarante-neuvième
« jour, le fœtus humain est achevé. » Varron prouve encore l'influence de ce nombre sur la génération, en remarquant que l'enfant, de quelque sexe qu'il soit, ne peut naître viable avant le septième mois ; et que la durée ordinaire de son séjour dans le sein maternel, depuis l'instant de la conception jusqu'à celui de la naissance, est de deux cent soixante-treize jours, ou de quarante fois sept jours. Il nous apprend au même endroit que les nombres climatériques les plus dangereux sont ceux qui se composent du nombre sept : on sait que les Chaldéens appellent ainsi les époques critiques où l'homme est menacé de la perte de la vie ou de la fortune. Il ajoute que la plus haute taille que puisse atteindre le corps humain est de sept pieds. Je pense qu'il vaut mieux s'en rapporter là-dessus à Varron qu'au conteur de fables Hérodote, qui rapporte, dans le premier livre de son Histoire, qu'on trouva dans la terre le corps d'Oreste, dont la taille était de sept coudées, c'est-à-dire de douze pieds un quart : à moins qu'il ne faille penser que dans les premiers âges les hommes étaient, ainsi que le dit Homère, d'une stature bien plus haute qu'aujourd'hui ; et que maintenant, dans la vieillesse du monde, la nature affaiblie ne produit plus que des hommes et des êtres dégénérés. Voici encore d'autres faits cités par Varron. Les dents poussent dans les sept premiers mois ; il en perce sept de chaque côté ; elles tombent à la septième année, et vers la quatorzième paraissent les molaires. Les médecins qui combinent la musique avec l'art de guérir disent que les pulsations des veines, et surtout des artères, suivent une espèce de rhythme que détermine le nombre sept : ce mouvement est appelé par eux en grec διὰ τεσσάρων συμφωνία, c'est-à-dire l'accord formé du nombre quatre. Le danger des maladies redouble dans les jours formés du nombre sept : les jours *critiques*, comme disent

---

propter brevitatem non inesse. Ac neque ipse zodiacus septenario numero caret. Nam in septimo signo fit solstitium a bruma ; in septimo bruma a solstitio. In septimo æquinoctium ab æquinoctio. Dicit deinde illos, quibus halcyones hieme anni in aqua nidulantur, eos quoque septem esse dicit. Præterea scribit, lunæ curriculum confici integris quater septenis diebus : « Nam duodetricesimo luna, » inquit, « ex quo vestigio profecta est, eodem redit : » auctoremque opinionis hujus Aristidem esse Samium : in qua re non id solum animadverti debere dicit, quod quater septenis, id est, octo et viginti diebus conficeret iter luna suum ; sed quod is numerus septenarius, si ab uno profectus dum ad semetipsum progreditur, omnis, per quos progressus est, numeros comprehendat, ipsumque sese addat, facit numerum octo et viginti : quot dies sunt curriculi lunaris. Ad homines quoque nascendos vim numeri istius porrigi pertinereque ait : « Nam cum in uterum, » inquit, « mulieris genitale semen datum est, primis septem « diebus conglobatur coagulaturque, fitque ad capiendam « figuram idoneum. Post deinde quarta hebdomade, quod « ejus virile secus futurum est, caput et spina, quæ est « in dorso, informatur. Septima autem fere hebdomade, « id est, nono et quadragesimo die, totus, inquit, homo « in utero absolvitur. » Illam quoque vim numeri hujus observatam refert, quod ante mensem septimum neque mas[culus] neque femina salubriter ac secundum naturam nasci potest ; et quod ii, qui justissime in utero sunt, post ducentos septuaginta tres dies, postquam sunt concepti, quadragesima denique hebdomade ita nascuntur. Pericula quoque vitæ fortunarumque hominum, quæ climacteras Chaldæi appellant, gravissimos quosque fieri affirmat septenarios. Præter hæc modum esse dicit summum adolescendi humani corporis septem pedes. Quod esse magis verum arbitramur, quam quod Herodotus, homo fabulator, in primo historiarum, inventum esse sub terra scripsit Oresti corpus, cubita longitudinis habens septem ; quæ faciunt pedes duodecim et quadrantem : nisi si, ut Homerus opinatus est, vastiora prolixioraque fuerint corpora hominum antiquorum : et nunc quasi jam mundo senescente, rerum atque hominum decrementa sunt. Dentes quoque et in septem mensibus primis et septenos ex utraque parte gigni ait, et cadere annis septimis, et genuinos annasci annos fere bis septenis. Venas etiam in hominibus, vel potius arterias, medicos musicos dicere ait numero moveri septenario : quod ipsi appellant τὴν διὰ τεσσάρων συμφωνίαν, quæ sit in collatione quaternarii numeri. Discrimina etiam periculorum in morbis majore vi fieri putat in diebus, qui conficiuntur ex numero septenarii : eosque dies omnium

les médecins, sont surtout le dernier de la première semaine, celui de la seconde et de la troisième. Une autre observation qu'on peut ajouter aux exemples de la vertu du nombre sept, c'est que les personnes qui ont résolu de se laisser périr de faim meurent le septième jour. Tels sont les faits que Varron, par de soigneuses recherches, a rassemblés sur ce nombre : mais il ajoute d'autres remarques frivoles et puériles ; par exemple, qu'il y a sept merveilles du monde ; que l'antiquité compte sept sages ; que, dans les jeux du cirque, les chars doivent parcourir sept fois la carrière ; que sept capitaines furent choisis pour faire le siége de Thèbes. Il termine en disant qu'il est sur le point d'avoir parcouru sept fois douze années ; qu'il a écrit sept fois soixante-dix Livres, dont il perdit un assez grand nombre lorsqu'il fut proscrit, et que sa bibliothèque fut pillée.

CHAPITRE XI.

Par quels arguments sans valeur Attius, dans son ouvrage intitulé *Didascaliques*, cherche à établir qu'Hésiode est d'une époque antérieure à celle d'Homère.

Les savants ne s'accordent pas sur l'époque d'Homère et celle d'Hésiode. Les uns, parmi lesquels on remarque Philochorus et Xénophane, pensent qu'Homère est plus ancien qu'Hésiode ; les autres veulent qu'il soit né après lui : le poëte L. Attius et l'historien Éphorus sont pour cette dernière opinion. M. Varron, dans le premier livre de ses *Images*, dit qu'il est difficile de savoir lequel des deux est né le premier ; mais qu'il est hors de doute qu'ils furent quelque temps contemporains. Il en donne pour preuve l'inscription placée sur ce trépied qui fut, dit-on, consacré par Hésiode sur le mont Hélicon. Les preuves par lesquelles Attius, dans le premier livre de ses *Didascaliques*, essaye d'établir qu'Hésiode est venu le premier, sont bien peu concluantes. Voici comment il raisonne : « Lorsqu'Homère nous dit, « au commencement de son poëme, qu'Achille « était fils de Pélée, il ne nous apprend point quel « était ce dernier : assurément il n'eût pas man-« qué de le dire, s'il n'avait su qu'Hésiode avait « déjà fait connaître ce héros. De même, en pei-« gnant le Cyclope, il ne dit point qu'il n'avait « qu'un œil : il n'aurait point passé sous silence « un détail aussi remarquable, si on n'en avait « pas été instruit auparavant par les vers d'Hé-« siode. » On est encore beaucoup moins d'accord sur la patrie d'Homère. Les uns prétendent qu'il naquit à Colophon, les autres à Smyrne : quelques-uns le font Athénien, d'autres le font Égyptien. Aristote lui donne pour patrie l'île d'Ios. M. Varron, dans le premier livre de ses *Images*, place ces vers au-dessous du portrait d'Homère :

« Cette chèvre blanche indique la place où re-« pose Homère ; car une chèvre blanche est la « victime que les habitants d'Ios offrent en sa-« crifice à sa mémoire. »

« Sept villes se disputent l'honneur d'avoir « donné le jour à Homère : Smyrne, Rhodes, Co-« lophon, Salamine, Ios, Argos, Athènes. »

CHAPITRE XII.

Que P. Nigidius, savant distingué, en appelant *bibosus* un homme adonné à la boisson, s'est servi d'un mot inusité et étrange.

P. Nigidius, dans ses *Recherches grammati-*

maxime, ita ut medici appellant, κριτικοὺς ἢ κρισίμους cuique videri, primam hebdomadam et secundam et tertiam. Neque non id etiam sumit ad vim facultatesque ejus numeri augendas, quod, quibus inedia mori consilium est, septimo demum die mortem oppetunt. Hæc Varro de numero septenario scripsit admodum conquisite, sed alia quoque ibidem congerit frigidiuscula ; veluti septem opera esse in orbe terræ miranda, et sapientes item veteres septem fuisse, et curricula ludorum circensium sollemnia septem esse, [et] ad oppugnandas Thebas duces septem delectos. Tum ibi addit, se quoque jam duodecimam annorum hebdomadam ingressum esse, et ad eum diem septuaginta hebdomadas librorum conscripsisse : ex quibus aliquammultos, cum proscriptus esset, direptis bibliothecis suis, non comparuisse.

CAPUT XI.

Quibus et quam frivolis argumentis Attius in Didascalicis utatur, quibus docere nititur, Hesiodum esse, quam Homerum, natu antiquiorem.

Super ætate Homeri atque Hesiodi non consentitur. Alii Homerum, quam Hesiodum, majorem natu fuisse scripserunt ; in quis Philochorus et Xenophanes : alii minorem ; in quis L. Attius poeta et Ephorus historiæ scriptor. Marcus autem Varro in primo *De imaginibus*, uter prior sit natus, parum constare dicit ; sed non esse dubium, quin aliquo tempore eodem vixerint ; idque ex epigrammate ostendi, quod in tripode scriptum est, qui in monte Helicone ab Hesiodo positus traditur. Attius autem in primo *Didascalico* levibus admodum argumentis utitur, per quæ ostendi putat, Hesiodum natu priorem : « Quod Homerus, » inquit, « cum in principio carminis Achillem esse filium « Pelei diceret, quis esset Peleus, non addidit. Quam rem « procul, » inquit, « dubio dixisset, nisi ab Hesiodo jam « dictum videret[ur]. De Cyclope itidem, » inquit, « vel « maxime quod unoculus fuit, rem tam insignem non præ-« terisset, nisi æque prioris Hesiodi carminibus invulga-« tum esset. » De patria quoque Homeri multo maxime dissensum est. Alii Colophonium, alii Smyrnæum ; sunt qui Atheniensem, sunt etiam qui Ægyptium dicant fuisse ; Aristoteles tradidit ex insula Io [natum] M. Varro in libro *De Imaginibus* primo Homeri imagini hoc epigramma apposuit :

Capella Homeri candida hæc tumulum indicat :
Quod hac Ietæ mortuo faciunt sacra.

[Ἑπτὰ πόλεις διερίζουσι περὶ ῥίζαν Ὁμήρου·
Σμύρνα, Ῥόδος, Κολοφών, Σαλαμίν, Ἴος, Ἄργος, Ἀθῆναι.]

cales, désigne par les mots *bibax* et *bibosus* un homme adonné à la boisson. On dit bien *bibax*, comme on dit *edax*, et je l'ai trouvé employé chez plusieurs auteurs. Mais quant à *bibosus*, je ne l'ai rencontré nulle part, excepté chez Labérius : et je ne connais pas de mot formé de cette façon. *Bibosus* n'est pas de même espèce que *vinosus*, *vitiosus*, et autres mots semblables ; car ceux-ci sont tirés de substantifs, et non de verbes. Labérius s'est servi de ce mot inusité dans un vers d'un de ses mimes intitulé *Salinator* :

« Qui n'a point de grosses mamelles, qui n'est « ni vieille, ni buveuse, ni insolente. »

CHAPITRE XIII.

Que Démosthène, pendant sa jeunesse, a l'époque où il était disciple de Platon, ayant entendu par hasard un discours de Callistrate dans l'assemblée du peuple, quitta l'école du philosophe pour suivre les leçons de l'orateur.

Hermippus rapporte que Démosthène, dans sa première jeunesse, allait souvent à l'Académie, et qu'il suivait les leçons de Platon. Or, dit Hermippus, un jour qu'il était sorti, selon son usage, pour aller entendre le philosophe, il vit une foule de gens qui s'assemblaient et couraient : il en demanda la cause, et il apprit que cette multitude allait entendre Callistrate. Ce Callistrate était un orateur public, un de ces hommes que les Athéniens appellent *démagogues*. Démosthène voulut se détourner un instant de sa route, pour voir si le discours qui attirait tant de monde était digne d'un tel empressement. Arrivé sur la place publique, il entendit Callistrate prononcer son éloquent et célèbre plaidoyer sur Orope. Il fut si ému, si charmé, si séduit par le talent de l'orateur, qu'à partir de cette époque il abandonna Platon et l'Académie, et se fit le disciple de Callistrate.

CHAPITRE XIV.

Que ces locutions : *Dimidium librum legi*, *dimidiam fabulam audivi*, ne sont pas correctes. Comment Varron démontre l'impropriété de ces termes, qu'on ne peut justifier par aucun exemple tiré des anciens.

Varron proscrit comme incorrectes et vicieuses ces expressions, *dimidium librum legi, dimidiam fabulam audivi*, j'ai lu la moitié du livre, j'ai entendu la moitié de l'histoire, et autres semblables. « L'expression propre en ce cas est, dit-il, *dimi-« diatus liber*, et non *dimidius, dimidiata fabula*, « et non *dimidia*. Mais, si l'on verse dans un setier « le contenu d'une hémine, il ne faudra pas dire, en « parlant du demi-setier qui a été ajouté, *dimi-« diatus sextarius fusus :* ici *dimidius* sera le « mot propre. De même, si un homme a reçu cinq « cents deniers sur une somme de mille qui lui « était due, pour exprimer cette moitié qui lui « a été payée, nous emploierons *dimidium* et non « *dimidiatum*. Au contraire, supposons qu'une « coupe d'argent que je possède en commun avec « un autre a été partagée en deux moitiés, je dirai, « en parlant de la coupe, *dimidiatus scyphus* « *meus*, et non *dimidius*. Que si je voulais parler

CAPUT XII.

Largum atque avidum bibendi [a] P. Nigidio, doctissimo viro, nova et prope absurda vocabuli figura *bibosum* dictum.

Bibendi avidum P. Nigidius in commentariis grammaticis *bibacem* et *bibosum* dicit. *Bibacem* ego, ut *edacem*, a plerisque aliis dictum lego. *Bibosum* dictum nondum etiam usquam repperi, nisi apud Laberium ; neque aliud est, quod simili inclinatu dicatur. Non enim simile est, ut *vinosus*, aut *vitiosus*, ceteraque, quæ hoc modo dicuntur : quoniam a vocabulis, non a verbo, inclinata sunt. Laberius in mimo [vel primo], qui *Salinator* inscriptus est, verbo hoc ita utitur :

Non mammosa, non annosa, non bibosa, non procax.

CAPUT XIII.

Quod Demosthenes, etiam tum adolescens, cum Platonis philosophi discipulus foret, audito forte Callistrato rhetore in concione populi, destitit a Platone, et sectatus est Callistratum.

Hermippus hoc scriptum reliquit, Demosthenem, admodum adolescentem, ventitare in Academiam, Platonemque audire solitum. Atque is, inquit, Demosthenes, domo egressus, ut ei mos erat, cum ad Platonem pergeret, complurisque populos concurrentis videret, percontatur ejus rei causam, cognoscitque, currere eos auditum Callistratum. Is Callistratus Athenis orator in republica fuit illi δημαγωγοὺς appellant. Visum est paulum devertere, experirique, an ad digna auditu tanto properatum studio foret. Venit, inquit, atque audit Callistratum, nobilem illam τὴν περὶ Ὠρωποῦ δίκην dicentem : atque ita motus et demulctus et captus est, ut Callistratum jam inde sectari cœperit, Academiam cum Platone reliquerit.

CAPUT XIV.

Dimidium librum legi, aut : *dimidiam fabulam audivi*, aliaque hujuscemodi qui dicat, vitiose dicere : ejusque vitii causas reddere M. Varronem ; nec quemquam veterum hisce verbis ita usum esse.

Dimidium librum legi, aut *dimidiam fabulam audivi*, vel quid aliud hujuscemodi, male ac vitiose dici existimat Varro : « Oportet enim, » inquit, « dicere *dimidia-« tum librum*, non *dimidium*; et *dimidiatam fabulam*, « non *dimidiam*. Contra autem si sextario hemina fusa « est, non *dimidiatum sextarium fusum* dicendum est : « et qui quoque ex mille nummum, quod ei debebatur, « quingentos recepit, non *dimidiatum* recepisse dicemus, « sed *dimidium*. At si scyphus, » inquit, « argentens « mihi cum alio communis in duas partis disjectus sit, « *dimidiatum* meum dicere esse scyphum debeo, non « *dimidium :* argenti autem, quod in eo scypho inest, « *dimidium* meum esse, non *dimidiatum*; » disseritque ac dividit subtilissime, quid *dimidium dimidiato*

« de celui des deux morceaux d'argent qui m'ap-
« partient, alors je dirais *dimidium meum*, et
« non *dimidiatum*. » Telles sont les savantes remarques et les fines distinctions que fait Varron sur ces deux mots : il ajoute qu'Ennius a fait voir qu'il connaissait sa langue, quand il a dit dans ses Annales :

« Comme si l'on apportait un vase rempli de
« vin à moitié. » *Vas vini dimidiatum.*

S'il s'agissait de cette moitié qui est restée vide, on la désignerait par le mot *dimidia*, et non par *dimidiata*. Au surplus, nous allons donner le résumé de toute la dissertation à laquelle Varron se livre sur ces deux mots, et où il fait preuve d'une grande finesse, mais où l'on pourrait trouver un peu d'obscurité. *Dimidiatum* a le même sens qu'aurait *dismediatum*; il signifie, divisé en deux parties égales. Il s'emploie pour désigner l'objet qui a été divisé. *Dimidium* ne se dit point de l'objet divisé, mais on s'en sert en parlant de l'une des deux parties de l'objet. C'est pourquoi, lorsque nous voulons dire que nous avons lu la moitié d'un livre, ou que nous avons entendu la moitié d'une histoire, si nous nous servons des expressions *dimidium librum legi, dimidiam fabulam audivi* nous parlons d'une manière impropre; car nous appliquons *dimidium* au tout divisé, qu'il faut désigner par *dimidiatum*. Lucilius a observé cette différence dans ce vers :

« Avec son œil unique et ses pieds fourchus
« comme ceux d'un porc. » *pedibusque duobus dimidiatus.*

Et quand il dit ailleurs :

« Pourquoi non? Le fripier vante bien ses gue-
« nilles, pour les vendre, et on l'entend faire l'é-
« loge d'une vieille étrille brisée, ou d'une pan-
« toufle dont il ne reste que la moitié. » *Soleam dimidiatam.*

Dans son vingtième livre, il a évité avec soin de dire *dimidia hora*; au lieu de cette expression, il a mis *dimidium horœ* dans ces vers :

« Fort à propos, dans le même temps, au
« bout de trois heures et demie, sans compter
« l'heure dont il a été question, et la quatrième. »

.... et horæ
Dimidio. . . .

Rien ne l'empêchait de mettre :

 .... et hora
Dimidia tribus confectis.

Mais il s'est bien gardé d'employer cette locution impropre. On voit assez par là qu'on parle mal quand on dit *dimidia hora*, et qu'il faut dire tantôt *dimidiata hora*, et tantôt *dimidia pars horœ*. C'est pour observer cette règle que Plaute a dit, dans les *Bacchides, dimidium auri*, la moitié de l'or, et non *dimidiatum aurum*; et dans l'*Aululuria, dimidium obsonii*, la moitié des provisions, et non *dimidiatum obsonium*. Voici le vers où se trouve ce dernier exemple :

« Il a ordonné qu'on lui donnât la moitié des
« provisions. » *Obsonii dimidium.*

Voici un vers des Ménechmes où il n'y a pas *dimidius dies*, mais bien *dimidiatus* :

« Déjà la moitié du jour est passée. » *Dimidiatus mortuu'st.*

Caton dit, dans son traité *Sur l'agriculture :*
« La graine de cyprès veut être semée dru comme
« celle du lin : ayez soin de la semer dru dans la
« terre, à une profondeur d'un demi-doigt ; apla-
« nissez ensuite la terre avec une planche, ou
« avec le pied, ou bien avec la main. » Il a mis *dimidiatum digitum*, et non *dimidium*. On peut

---

intersit. Et Q. Ennium scienter hoc in annalibus dixisse ait :

Sicuti si quis ferat vas vini dimidiatum;

sicuti pars, quæ deest ei vaso, non *dimidiata* dicenda est, sed *dimidia*. Omnis autem disputationis ejus, quam subtiliter quidem, sed subobscure explicat, summa hæc est : *Dimidiatum* est quasi *dismediatum*, et in partis duas pares divisum. *Dimidiatum* ergo nisi ipsum, quod divisum est, dici haud convenit. *Dimidium* vero est, non quod ipsum *dimidiatum* est, sed quæ ex *dimidiato* pars altera est. Cum igitur partem libri dimidiam legisse volumus dicere, aut partem dimidiam fabulæ audisse : si *dimidiam fabulam*, aut *dimidium librum* dicemus, peccabimus ; totum enim ipsum, quod est *dimidiatum* atque divisum, *dimidium* dicis. Itaque Lucilius eadem secutus est :

Uno oculo, inquit, pedibusque duobus dimidiatus
Ut porcus;

et alio loco :

Quidni? et scruta quidem ut vendat scrutarius laudat,
Præfractam striglem, soleam improbus dimidiatam.

Jam in vicesimo manifestius *dimidiam horam* dicere studiose fugit : sed pro *dimidia dimidium* ponit in hisce versibus :

Tempestate sua atque eodem uno tempore et horæ
Dimidio, et tribus confectis dumtaxat eamdem
Et quartam.

Nam cum obvium proximumque esset dicere :

— — et hora
Dimidia tribus confectis.

vigilate atque attente verbum non probum vitavit. Per quod satis apparet, ne *horam* quidem *dimidiam* recte dici, sed vel *dimidiatam horam*, vel *dimidiam partem horæ*. Propterea Plautus quoque in Bacchidibus *dimidium auri* dicit, non *dimidiatum aurum*. Item in Aululuria *dimidium obsonii*, non *dimidiatum obsonium*, in hoc versu :

Ei adeo obsonii hinc jussit dimidium dari.

In Menæchmis autem *dimidiatum diem*, non *dimidium*, in hoc versu :

Dies quidem jam ad umbilicum dimidiatus mortuu'st.

M. etiam Cato in libro, quem *De agricultura* conscripsit : « Semen cupressi serito crebrum, ita uti linum seri
« solet. Eo cribro terram incernito, dimidiatum digitum.
« Jam id bene tabula aut pedibus aut manibus compla-

dire *dimidium digiti*, mais au mot *digitus* lui-même on ne peut appliquer que *dimidiatus*. Le même auteur dit en parlant des Carthaginois : « Ils enterrèrent ces hommes jusqu'à la moitié du « corps, allumèrent des feux autour d'eux et les « firent périr ainsi. » *Defoderunt in terram dimidiatos*. Enfin, il n'est aucun écrivain correct qui se soit écarté pour ces mots de la règle que nous avons posée.

CHAPITRE XV.

Que plusieurs personnes, ainsi que l'attestent l'histoire et la tradition, sont mortes de la joie que leur causait un bonheur extrême et imprévu, étouffées par la violence de leur émotion et par la force du saisissement.

Aristote raconte que Polycrite, femme noble de Naxos, expira de joie en apprenant une nouvelle heureuse et imprévue. Philippides, poëte qui s'est acquis assez de réputation par ses comédies, ayant remporté dans un concours poétique, sur la fin de sa carrière, une victoire qu'il n'espérait pas, éprouva un tel transport de joie, qu'il en mourut. On connaît l'histoire du Rhodien Diagoras : il avait trois fils dans la fleur de l'âge : le premier était exercé au combat du pugilat, le second à celui du pancrace, le troisième était habile lutteur : tous trois dans le même jour triomphèrent aux jeux olympiques. Après avoir été couronnés sous les yeux de leur père, ils allèrent aussitôt le serrer dans leurs bras, déposèrent leurs couronnes sur sa tête, et le couvrirent de baisers, tandis que le peuple le saluait de ses acclamations et lui jetait des fleurs de toutes parts. Diagoras ne put résister à l'excès de son bonheur ; il expira de joie dans le cirque même, sous les yeux de la foule, au milieu des caresses et des embrassements de ses fils. Voici un autre trait que nous lisons dans nos annales. Au temps où l'armée romaine fut taillée en pièces à la bataille de Cannes, une mère, avancée en âge, reçut la nouvelle de la mort de son fils, et s'abandonna aux larmes et à la plus vive douleur ; mais la nouvelle était fausse, et peu de temps après le jeune homme, qui avait survécu à la bataille, rentra dans la ville : la vue de ce fils qu'elle croyait perdu jeta la mère dans un transport de joie au-dessus de ses forces ; elle succomba sous le poids accablant d'un bonheur aussi inespéré, et tomba morte à l'instant même.

CHAPITRE XVI.

Différentes époques assignées par les médecins et les philosophes à l'accouchement des femmes. Citations des anciens poëtes, et autres détails curieux sur le même sujet. Passage d'Hippocrate, tiré de son traité *Sur les aliments*.

Des médecins et des philosophes illustres ont fait des recherches sur l'époque de la délivrance des femmes, et se sont occupés de traiter cette question : « Combien de temps l'homme est-il « porté dans le sein maternel ? » L'opinion la plus répandue, celle qu'on regarde aujourd'hui comme la plus vraie, est que la femme qui a conçu met au monde son fruit, rarement au septième, jamais au huitième, très-souvent au neuvième, assez souvent au dixième mois ; que la fin du dixième mois est le dernier terme auquel puisse se reculer la naissance de l'homme. Cette dernière observation se trouve consignée dans un vers d'un

« nato. » *Dimidiatum* [autem], inquit, *digitum*, non *dimidium*. Nam digiti quidem *dimidium*, digitum autem ipsum *dimidiatum* dici oportet. Item M. Cato de Carthaginiensibus ita scripsit : « Homines defoderunt in terram « dimidiatos, ignemque circumposuerunt. Ita interfece-« runt. » Neque quisquam omnium, qui probe locuti sunt, his verbis sequius, quam dixi, usus est.

CAPUT XV.

Exstare in litteris, perque hominum memorias tradi[tum], quod repente multis mortem attulit gaudium ingens insperatum ; interclusa anima et vim magni novique motus non sustinente.

Cognito repente insperato gaudio exspirasse animam refert Aristoteles philosophus Polycritam nobilem feminam Naxo insula. Philippides quoque, comœdiarum poeta haud ignobilis, ætate jam vieta, cum in certamine poetarum præter spem vicisset, et lætissime gauderet ; inter illud gaudium repente mortuus est. De Rhodio etiam Diagora celebrata historia est. Is Diagoras tres filios adolescentes habuit, unum pugilem, alterum pancratiasten, tertium luctatorem : eos [que] omnis vidit vincere coronarique Olympiæ eodem die : et cum ibi eum tres adolescentes amplexi, coronis suis in caput patris positis, saviarentur, cumque populus gratulabundus flores undique in eum jaceret ; ibidem in stadio, inspectante populo, in osculis atque in manibus filiorum animam efflavit. Præterea in nostris annalibus scriptum legimus, qua tempestate apud Cannas exercitus populi romani cæsus est, anum matrem, nuntio de morte filii allato, luctu atque mœrore affectam esse ; sed is nuntius non verus fuit ; atque [is] adolescens non diu post ex ea pugna in urbem redit : anus, repente filio viso, copia atque turba et quasi ruina incidentis inopinati gaudii oppressa exanimataque est.

CAPUT XVI.

Temporis varietas in puerperiis mulierum quænam sit [et] a medicis et [a] philosophis tradita : atque inibi poetarum quoque veterum super eadem re opiniones, multaque alia auditu atque memoratu digna : verbaque ipsa Hippocratis medici ex libro illius sumpta, qui inscriptus est περὶ τροφῆς.

Et medici et philosophi illustres de tempore humani partus quæsiverunt, πόσος ὁ τῆς τῶν ἀνθρώπων κυήσεως χρόνος : et multa opinio est, eaque jam pro vero recepta, postquam mulieris uterum conceperit semen, gigni hominem septimo mense rarenter, nunquam octavo, sæpe nono, sæpiusnumero decimo mense ; eumque esse hominem gignendi summum finem, decem menses non incep-

de nos anciens poëtes. Plaute a dit dans sa comédie intitulée *Cistellaria*.

« La femme avec laquelle il avait eu commerce, « mit au monde une fille à la fin du dixième mois. »

L'ancien poëte Ménandre, qui partout observe la vérité, en homme initié à toutes les connaissances, nous fournit le vers suivant à l'appui de la même observation : il est tiré de la comédie intitulée *Plocius* :

« La femme accouche au dixième mois. »

Il est à remarquer que Cécilius, dans un passage d'une comédie imitée en grande partie du *Plocius* de Ménandre, et connue sous le même titre, met au nombre des mois où la femme peut enfanter, le huitième mois, dont Ménandre n'avait pas parlé :

« Une femme peut-elle accoucher au dixième « mois? Oui, sans doute, aussi bien qu'au neu- « vième, au septième, ou au huitième. »

Le témoignage de Varron nous permet de croire que Cécilius n'a pas dit cela au hasard, et qu'il a eu ses motifs pour s'écarter d'une opinion avancée par Ménandre et soutenue par beaucoup d'autres. En effet, Varron dit dans son quatorzième livre *Des choses divines,* que quelquefois on a vu des enfants naître au huitième mois : il ajoute au même endroit que l'accouchement peut quelquefois n'avoir lieu qu'au onzième mois : du reste, ainsi que Varron nous en prévient, ces deux assertions sont empruntées à Aristote. Le passage suivant d'Hippocrate peut servir à expliquer pourquoi les opinions diffèrent sur l'accouchement au huitième mois. On lit, dans le traité d'Hippocrate intitulé *Des aliments :* « Les enfants « naissent et ne naissent pas au huitième mois. »

Cet aphorisme laconique est difficile à comprendre, et se contredit lui-même; mais voici l'explication que nous en donne le médecin Sabinus, auteur d'excellents commentaires sur Hippocrate :

« Les enfants qui naissent par avortement au « huitième mois paraissent vivants dans le pre- « mier moment; mais ils ne le sont réellement « pas, puisqu'un instant après ils expirent. Ce « n'est qu'une apparence d'existence, ce n'est « pas la vie elle-même. » Varron nous apprend que les anciens Romains ne regardaient pas comme possibles ces exceptions aux lois de l'accouchement, et qu'ils croyaient que le neuvième ou le dixième mois étaient l'époque unique fixée par la nature pour la délivrance de la femme. Il ajoute que cette conviction fut l'origine des noms donnés par eux aux trois divinités qui président à la destinée humaine. Ils ont tiré en effet ces noms du verbe *parire*, enfanter, et des mots *nonus* et *decimus*, qui marquent l'époque de l'enfantement. « Le nom de *Parca*, Parque, dit Varron, a été « formé de *partus;* et les noms de *Nona* et de « *Decima* viennent des nombres qui désignent les « mois fixés pour l'accouchement. » Cæsellius Vindex dit dans ses *Lectures antiques :* « Les noms « donnés aux trois Parques sont *Nona*, *Decuma* « et *Morta;* » et il cite pour exemple de l'emploi du dernier nom, ces vers tirés de l'Odyssée de Livius, le plus ancien de nos poëtes :

Quando dies adveniet quem profata Morta est?

« Quand viendra le jour que la Parque a prédit? »

Mais Cæsellius, en critique peu intelligent, a pris pour le nom d'une des Parques le mot *Morta*, qui n'est que la traduction du mot grec Μοῖρα, le Destin, la Parque, en général. A ces rensei-

---

tos, sed exactos. Idque Plautum veterem poetam dicere videmus in comœdia Cistellaria his verbis :

Tum illa, quam compresserat,
Decumo post mense exacto hic peperit filiam.

Hoc idem tradit etiam Menander poeta vetustior, humanarum opinionum vel peritissimus. Versus ejus super ea re de fabula *Plocio* posui :

Γυνὴ κυεῖ δεκάμηνος.

Sed noster Cæcilius, cum faceret eodem nomine et ejusdem argumenti comœdiam, ac pleraque a Menandro sumeret, in mensibus tamen genitalibus nominandis non prætermisit octavum, quem prætereat Menander. Cæcilii versus hice sunt :

Insolens mulier decimo mense parere?
Pol nono, etiam septimo, atque octavo.

Eam rem Cæcilium non inconsiderate dixisse, neque temere a Menandro atque a multorum opinionibus descivisse, M. Varro uti credamus facit. Nam mense nonnunquam octavo editum esse partum in libro quarto decimo *Rerum Divinarum* scriptum reliquit : quo in libro etiam undecimo mense aliquando nasci posse hominem dicit; ejusque sententiæ, tam de octavo quam de undecimo mense, Aristotelem laudat auctorem. Sed hujus de mense octavo dissensionis causa cognosci potest in libro Hippocratis qui inscriptus est Περὶ τροφῆς, ex quo libro verba hæc sunt : Ἔστι δὲ καὶ οὐκ ἔστιν ὀκτάμηνος γένεσις. Id tam obscure atque præcise tamque adverse dictum Sabinus medicus, qui Hippocratem commodissime verbis enarravit, his verbis enarravit : ἔστι μὲν φαινόμενα ὡς ζῷα μετὰ τὴν ἔκτρωσιν· οὐκ ἔστι δὲ, ὡς θνήσκοντα μετὰ ταῦτα· καὶ ἔστιν οὖν φαντασία μὲν παραυτίκα ὄντα, δυνάμει δὲ οὐκ ἔστι. Antiquos autem Romanos Varro dicit non recepisse hujuscemodi quasi monstruosas raritates; sed nono mense aut decimo, neque præter hos aliis partionem mulieris secundum naturam fieri existimasse ; idcircoque his nomina Fatis tribus fecisse a pariendo et a nono atque decimo mense. Nam « Parca, » inquit, « immutata littera una, á partu nominata : item « Nona et Decima a partus tempestivi tempore. » Cæsellius autem Vindex in *Lectionibus* suis *Antiquis* : « Tria, » inquit, « nomina Parcarum sunt, *Nona*, *Decuma*, *Morta*, » et versum hunc Livii antiquissimi poetæ ponit ex Ὀδυσσείᾳ :

Quando dies adveniet, quem profata Morta est?

Sed homo minime malus Cæsellius *Mortam* quasi nomen accepit, cum accipere quasi Mœram deberet. Præterea ego de partu humano, præterquam quæ scripta in libris legi, hoc quoque venisse usu Romæ comperi : Feminam bonis atque honestis moribus, non ambigua pudicitia, in undecimo mense post mariti mortem peperisse; factum-

gnements que j'ai recueillis dans les livres sur l'époque de l'accouchement, j'ajouterai le récit d'un fait arrivé à Rome. Une dame connue par la sagesse et la régularité de ses mœurs, et dont l'honneur ne pouvait être mis en doute, donna le jour à un enfant onze mois après la mort de son mari. L'époque de l'accouchement fit croire qu'elle avait conçu depuis la mort de son mari ; et une accusation fut intentée contre elle, en vertu de la loi des décemvirs, qui porte que les accouchements légitimes ne peuvent avoir lieu au delà du dixième mois. Mais l'empereur Adrien, au tribunal duquel la cause fut portée, décida que l'enfantement pouvait avoir lieu au onzième mois. J'ai lu le décret lui-même, dans lequel le prince assure n'avoir pris cette décision que d'après l'avis de philosophes et de médecins fameux de l'antiquité. J'ai lu tout récemment, dans la satire de Varron intitulée *Le testament*, la phrase que voici : « S'il me vient un ou plusieurs fils dans « le dixième mois, et qu'ils soient aussi stupides « que des ânes, je les déshérite ; s'il m'en vient « un dans le onzième mois, malgré l'autorité « d'Aristote, je traiterai Accius comme Titius. » Dans la fin de cette phrase, Varron applique à sa pensée un vieux proverbe dont on se servait en parlant de choses qui ne différaient en rien l'une de l'autre : c'est dans ce sens qu'on disait, « Il « en est d'Accius comme de Titius. » Varron veut dire par là qu'il réserve le même sort aux enfants nés dans le dixième mois et à ceux qui viendront au onzième. Si, d'après tout ceci, il faut penser que la naissance de l'homme ne peut pas se reculer au delà du dixième mois, on ne comprend pas d'abord qu'Homère ait fait dire par Neptune à la jeune fille à laquelle il vient de s'unir :

« Jeune fille, réjouis-toi de m'avoir reçu dans tes « bras. L'année, en achevant son cours, te verra « mettre au monde deux illustres rejetons ; la cou-« che des immortels enfante des héros. »

Embarrassé de ce passage, j'allai le montrer à plusieurs grammairiens : les uns voulurent m'en rendre compte en observant que dans le siècle d'Homère, *comme au temps de Romulus*, l'année n'était pas de douze mois, mais de dix ; les autres me dirent qu'il convenait à la majesté du dieu que l'enfant engendré par lui grandît lentement dans le sein maternel ; d'autres me firent d'autres réponses aussi frivoles. Favorinus, que je consultai ensuite, me dit que les mots περιπλομένου ἐνιαυτοῦ ne signifiaient pas que l'année était entièrement révolue, *confectus*, mais seulement qu'elle était fort avancée, *affectus*. Ce mot d'*affectus*, employé dans le sens où le prit alors Favorinus, n'est pas commun. Cicéron et les écrivains anciens les plus élégants s'en sont servis en parlant des choses qui ne sont pas encore arrivées à leur fin, mais qui s'y acheminent cependant, et s'en approchent. On le trouve employé pour rendre cette idée, dans le discours de Cicéron *Sur les provinces consulaires*. Hippocrate, dans le livre dont il a été question plus haut, après avoir déterminé le nombre des jours nécessaires pour la formation du fœtus, et fixé l'accouchement au neuvième ou au dixième mois, ajoute qu'il n'y a rien d'invariable dans ce calcul, et que la naissance de l'enfant peut avoir lieu quelquefois plus tôt, quelquefois plus tard ; et il termine cette observation par ces mots : « L'accouchement arrive souvent ou plus tôt ou « plus tard, et l'instant peut différer dans chaque « cas particulier : mais quand nous disons plus « tard, nous disons trop ; et quand nous disons « plus tôt, nous disons trop encore. » Le sens de ces derniers mots est que l'accouchement, soit qu'il arrive avant, soit qu'il vienne après le terme ac-

---

que esse negotium propter rationem temporis, quasi marito mortuo postea concepisset, quoniam decemviri in decem mensibus gigni hominem, non in undecimo scripsissent : sed divum Hadrianum, causa cognita, decrevisse in undecimo quoque mense partum edi posse ; idque ipsum ejus rei decretum nos legimus. In eo decreto Hadrianus id statuere se dicit, requisitis veterum philosophorum et medicorum sententiis. Hodie quoque in Satira forte M. Varronis, quae inscribitur *Testamentum*, legimus verba haec : « Si quis mihi filius unus pluresve « in decem mensibus gignuntur, ii si erunt ὄνοι λύρας, « exheredes sunto : quod si quis undecimo mense, κατ' « Ἀριστοτέλη, natus est, Accio idem, quod Titio, jus « esto apud me. » Per hoc vetus proverbium Varro significat, sicuti vulgo dici solitum erat de rebus inter se nihil distantibus : *idem Accii, quod Titii*, ita pari eodemque jure esse in decem mensibus natos et in undecim. Quod si ita neque ultra decimum mensem fœtura mulierum protolli potest, quaeri oportet, cur Homerus scripserit, Neptunum dixisse puellae a se recens compressae :

Χαῖρε γυνὴ φιλότητι· περιπλομένου δ' ἐνιαυτοῦ

Τέξεις ἀγλαὰ τέκν', ἐπεὶ οὐκ ἀποφώλιοι εὐναὶ Ἀθανάτων.

Id cum ego ad compluris grammaticos attulissem, partim eorum disputabant, Homeri quoque aetate, sicuti Romuli, annum fuisse non duodecim mensium, sed decem : alii convenisse Neptuno majestatique ejus dicebant, ut longiore tempore fetus ex eo grandesceret ; alii alia quaedam nugalia. Sed Favorinus mihi ait, περιπλομένου ἐνιαυτοῦ non *confecto* esse *anno*, sed *affecto*. In qua re usus est verbo non vulgariae significationis. *Affecta* enim, sicuti M. Cicero et veterum elegantissimi locuti sunt, ea proprie dicebantur, quae non ad finem ipsum, sed proxime finem progressa deductave erant. Hoc verbum ad hanc sententiam Ciceronis in oratione fuit, quam dixit *De provinciis consularibus*. Hippocrates autem in eo libro, de quo supra scripsi, cum et numerum dierum, quibus conceptum in utero coagulum conformatur, et tempus ipsius partionis nono aut decimo mense definisset, neque id tamen semper eadem esse fini dixisset, sed alias ocius fieri, alias serius, hisce ad postremum verbis usus est : Γίνεται δὲ ἐν τούτοις καὶ πλείω καὶ ἐλάσσω

coutumé, n'en est jamais bien éloigné et a toujours lieu peu de temps avant, ou peu de temps après. Je me souviens qu'un jour, à Rome, dans une affaire où il s'agissait d'intérêts importants, on discuta avec le plus grand soin la question de savoir si un enfant né vivant au bout de huit mois, et mort presque aussitôt après sa naissance, pouvait donner au père le droit des trois enfants; et qu'il y eut là-dessus un long débat, l'accouchement arrivé au huitième mois, avant le terme ordinaire, paraissant à beaucoup de personnes un avortement. Puisque j'ai cité ce passage d'Homère, où le terme d'une année semble donné à une grossesse, et que j'ai dit ce que je savais sur l'accouchement au onzième mois, je crois devoir ne pas omettre ici un fait curieux que j'ai lu dans Pline, au septième livre de son *Histoire naturelle*. Comme la chose pourrait paraître invraisemblable, je cite l'auteur lui-même. « Massurius rapporte que le « préteur L. Papirius, auprès duquel un plaideur « réclamait une succession comme second héritier, « l'adjugea, à son préjudice, à un enfant que la « mère déclarait n'avoir mis au monde qu'au bout « de treize mois; et que ce magistrat donna, pour « raison de sa sentence, qu'il ne connaissait pour « les accouchements aucune époque véritablement « fixe. » J'ai remarqué dans le même livre de Pline l'observation suivante : « Le bâillement « pendant l'enfantement est mortel, et l'éternue- « ment, au moment de la conception, produit l'a- « vortement. »

CHAPITRE XVII.

Que, d'après des écrivains très-dignes de foi, Platon acheta trois livres du pythagoricien Philolaüs, et Aristote quelques ouvrages de Speusippe, pour des sommes énormes et qui passent toute croyance.

Les anciens nous apprennent que Platon, quoiqu'il ne possédât qu'un patrimoine très-modique, acheta pour dix mille deniers les trois livres du pythagoricien Philolaüs. Quelques auteurs assurent que cette somme lui fut donnée par son ami Dion de Syracuse. On rapporte aussi qu'Aristote, après la mort de Speusippe, paya trois talents attiques quelques livres composés par ce philosophe. Cette somme, évaluée dans notre monnaie, fait soixante-douze mille sesterces. Le satirique Timon, dans un poëme intitulé *Sille*, où il donne carrière à sa malignité, apostrophe en termes injurieux Platon, qui, comme nous l'avons dit, était fort pauvre, pour avoir acheté fort cher un traité de philosophie pythagoricienne, et en avoir tiré par de nombreux plagiats son fameux dialogue du Timée. Voici les vers de Timon sur ce sujet :

« Et toi aussi, Platon, tu as été pris de l'envie « de t'instruire; et tu as acheté pour beaucoup « d'argent un petit livre avec l'aide duquel tu t'es « mis à écrire toi-même. »

CHAPITRE XVIII.

Ce qu'on entend par *sénateurs pédaires* : raison de cette dénomination. Origine de ces termes d'un édit ancien,

---

καὶ ὅλον κατὰ μέρος, καὶ εἴπομεν δὲ καὶ πλείω πλειόνων, καὶ ἐλάσσω ἐλασσόνων. Quibus verbis significat, quod aliquando ocius fieret, non multo tamen fieri ocius; neque quod serius, multo serius. Memini ego Romæ accurate hoc atque sollicite quæsitum, negotio non rei tunc parvæ postulante, an octavo mense infans ex utero vivus editus et statim mortuus jus trium liberorum supplevisset, cum abortio quibusdam, non partus, videretur mensis octavi intempestivitas. Sed quoniam de Homerico annuo partu ac de undecimo mense diximus, quæ cognoveramus, visum est non prætereundum, quod in Plinii Secundi libro septimo *Naturalis Historiæ* legimus. Id autem quia extra fidem esse videri potest, verba ipsius Plinii posuimus : « Massurius auctor est, L. Papirium prætorem, secundo « herede lege agente, bonorum possessionem contra eum « dedisse, cum mater partum se tredecim mensibus tulisse « diceret, quoniam nullum certum tempus pariendi statum « ei videretur. » In eodem libro Plinii Secundi verba hæc scripta sunt : « Oscitatio in nixu letalis est, sicut, ster- « nuisse a coitu, abortivum. »

CAPUT XVII.

Id quoque esse a gravissimis viris memoriæ mandatum, quod tres libros Plato Philolai pythagorici et Aristoteles pauculos Speusippi philosophi mercati sunt pretiis fidem non capientibus.

Memoriæ mandatum est, Platonem philosophum tenui admodum pecunia familiari fuisse : atque eum tamen tris Philolai Pythagorici libros decem millibus denarium mercatum. Id ei pretium donasse quidam scripserunt amicum ejus Dionem Syracosium. Aristotelem quoque traditum libros pauculos Speusippi philosophi, post mortem ejus, emisse talentis Atticis tribus. Ea summa [fit] nummi nostri HS. duo et septuaginta millia. Τίμων amarulentus librum maledicentissimum conscripsit, qui Σίλλος inscribitur. In eo libro Platonem philosophum [quem dixeramus tenui admodum pecunia familiari fuisse] contumeliose appellat, quod impenso pretio librum pythagoricæ disciplinæ emisset, exque eo Timæum, nobilem illum dialogum, concinnasset. Versus super ea re Τίμωνος hi sunt :

Καὶ σὺ Πλάτων· καὶ γάρ σε μαθητίην ὁ πόθος ἔσχεν.
Πολλῶν δ' ἀργυρίων ὀλίγην ἠλλάξαο βίβλον·
Ὅθεν ἀπαρχόμενος γράφειν ἐδιδάχθης.

CAPUT XVIII.

Quid sint *pedarii senatores*, et quam ob causam ita appellati : quamque habeant originem verba hæc ex edicto translaticio consulari : SENATORES. QUIBUS. QUE. IN. SENATU. SENTENTIAM. DICERE. LICET.

Non pauci sunt, qui opinantur, *pedarios senatores* appellatos, qui sententiam in senatu non verbis dicerent,

conservé par les consuls : LES SÉNATEURS QUI ONT LE DROIT D'EXPRIMER LEUR AVIS DANS LE SÉNAT.

Beaucoup de gens pensent que le nom de *sénateurs pédaires* a été donné aux membres du sénat qui ne faisaient point connaître leur avis de vive voix, mais qui accédaient au suffrage de leurs collègues en changeant de place. Mais quand le sénatus-consulte se faisait par *discession*, est-ce que les sénateurs ne changeaient pas tous de place pour donner leur avis? Il y a de ce terme une autre explication à laquelle Gabius Bassus s'est arrêté dans ses commentaires. Cet auteur dit que, dans l'ancien temps, les sénateurs qui avaient rempli les premières magistratures jouissaient du droit honorifique de venir au sénat dans un char sur lequel était placé un siége, appelé, pour cette raison, siége curule; mais que les sénateurs qui n'avaient point encore été élevés aux premières dignités se rendaient à pied à la curie, et qu'on les nommait, pour cette raison, *sénateurs pédaires*. D'un autre côté, il est question, dans la satire Ménippée de Varron, intitulée Ἱπποκύων, d'une certaine espèce de chevaliers appelés *pédaires*. Varron semble désigner par là les chevaliers qui, n'ayant pas encore été appelés à la curie par l'élection des censeurs, n'étaient pas encore sénateurs, mais auxquels il était permis cependant, en considération des charges publiques qu'ils avaient remplies, de venir au sénat et d'y voter sans prendre la parole. Il est certain, en effet, que les citoyens même qui avaient exercé les magistratures curules n'étaient point sénateurs, tant qu'ils n'avaient pas reçu ce titre des censeurs; et que les derniers inscrits sur la liste des sénateurs n'étaient point appelés à donner leur avis de vive voix, mais se portaient d'un côté ou d'un autre, pour adopter l'avis de leurs collègues plus anciens. On peut voir une preuve de cet usage dans l'édit par lequel les consuls, fidèles à une ancienne formule, appellent encore aujourd'hui les sénateurs à la curie. On trouve dans l'édit ces mots : LES SÉNATEURS QUI ONT LE DROIT D'EXPRIMER LEUR AVIS DANS LE SÉNAT. Nous ne devons point oublier dans ce chapitre un vers de Labérius où se rencontre le mot de *pédaire*. Ce vers fait partie du mime intitulé *Stricturæ*; le voici :

« L'avis d'un sénateur pédaire est une tête sans « langue. »

Beaucoup de personnes altèrent ce mot d'une manière barbare; car, au lieu de *pedarii*, on dit souvent *pedanei*.

CHAPITRE XIX.

Comment Gabius Bassus explique le mot *parcus*. Étymologie qu'il en donne. Comment le philosophe Favorinus se moqua de son explication.

A tous les repas que donnait Favorinus, lorsque les convives s'étaient assis et qu'on avait servi les mets, un esclave placé près de la table faisait une lecture dans un livre grec ou latin. C'est ainsi qu'un jour que le philosophe m'avait invité, j'entendis lire le traité du savant Gabius Bassus, qui a pour titre : *De l'origine des noms et des verbes*. On en vint au passage suivant : « *Parcus* est un mot composé; c'est l'équivalent de *par arcæ*, semblable à une cassette. En effet, une cassette sert à tout serrer, et garde fidèlement tout ce qu'on lui confie; or, un homme d'un esprit économe, et qui se contente de peu, est comme une cassette où tout est renfermé et bien gardé.

---

sed in alienam sententiam pedibus irent. Quid igitur? Cum senatusconsultum per discessionem fiebat, nonne universi senatores sententiam pedibus ferebant? Atque hæc etiam vocabuli istius ratio dicitur, quam Gabius Bassus in commentariis suis scriptam reliquit. Senatores enim dicit in veterum ætate, qui curulem magistratum gessissent, curru solitos honoris gratia in curiam vehi; in quo curru sella esset, supra quam considerent; quæ ob eam causam *curulis* appellaretur : sed eos senatores, qui magistratum curulem nondum ceperant, pedibus itavisse in curiam : propterea senatores, nondum majoribus honoribus [functos], *pedarios* nominatos. Marcus autem Varro in Satira Menippæa, quæ Ἱπποκύων inscripta est, equites quosdam dicit *pedarios* appellatos : videturque eos significare, qui, nondum a censoribus in senatum lecti, senatores quidem non erant, sed, quia honoribus populi usi [quidem] erant, in senatum veniebant, et sententiæ jus habebant. Nam et curulibus magistratibus functi, qui nondum a censoribus in senatum lecti erant, senatores non erant : et qui in postremis scripti erant, non rogabantur sententias, sed, quas principes dixerant, in eas discedebant. Hoc significabat edictum, quo nunc quoque consules, cum senatores in curiam vocant, servandæ consuetudinis causa translatitio utuntur. Verba edicti hæc sunt : SENATORES. QUIBUS. Q. IN SENATU. SENTENTIAM. DICERE. LICET. Versum quoque Laberii, in quo id vocabulum positum est, notari jussimus, quem legimus in mimo, qui *Stricturæ* inscriptus est :

Caput sine lingua pedaria sententia est.

Hoc vocabulum a plerisque barbare dici animadvertimus. Nam pro *pedariis pedaneos* appellant.

CAPUT XIX.

Qua ratione Gabius Bassus scripserit *parcum hominem* appellatum : et quam esse ejus vocabuli causam putarit; et contra, quem in modum quibusque verbis Favorinus hanc traditionem ejus eluserit.

Apud cœnam Favorini philosophi cum discubitum fuerat, cœptusque erat apponi cibus, servus assistens mensæ ejus legere inceptabat aut græcarum quid litterarum aut nostratium : velut eo die, quo affui ego, legebatur Gabii Bassi, eruditi viri, liber *De origine verborum et vocabulorum*. In quo ita scriptum fuit : « *Parcus* composito « vocabulo dictus est, quasi *par arcæ* : quando, sicut in arca « omnia reconduntur, ejusque custodia servantur et con- « tinentur, ita homo tenax parvoque contentus omnia cus-

C'est de là qu'est venu le mot de *parcus*, qui est la même chose que *par arcæ*. Quand Favorinus eut entendu ce passage « Ce Gabius Bassus, dit-il, au lieu de donner la vraie étymologie, en a été chercher une bien subtile, bien bizarre et bien ridicule. S'il est permis de se livrer ainsi à son imagination, pourquoi ne dirait-on pas plutôt que *parcus* est la forme abrégée de *pecuniarcus*, puisque le propre de l'économie est de ménager l'argent (*pecunia*), et de repousser (*arcere*) la dépense? Pourquoi ne pas adopter l'explication la plus simple, qui est aussi la plus vraisemblable? Car *parcus* n'a pas été formé de *arca*, ni de *arcere*; mais il vient tout simplement de *parum*, peu, ou de *parvus*, petit. »

LIVRE IV.

CHAPITRE I.

Récit d'un entretien à la manière de Socrate, que le philosophe Favorinus eut un jour avec un grammairien bavard et fanfaron. Citation, amenée dans l'entretien, d'un passage de Q. Scévola, où ce savant donne du mot *penus* une définition qui a été trouvée incomplète.

Un jour, tandis qu'une foule de personnes de tout rang attendait, dans la cour de la maison palatine, le moment de saluer César, je ne sais quel grammairien, étant venu se placer au milieu d'un groupe d'hommes instruits, parmi lesquels se trouvait le philosophe Favorinus, se mit à débiter, en pédant d'école, de savantes niaiseries, et à disserter sur les genres et les cas des noms, avec un sourcil rehaussé, d'un air apprêté, et d'une voix et d'un visage aussi grave que s'il eût proclamé les oracles de la Sibylle. S'étant tourné du côté de Favorinus, et s'adressant à lui, quoiqu'il le connût fort peu : « Quant au mot *penus*, pro-« visions, dit-il, on lui a donné aussi différents « genres, et on l'a décliné de plusieurs ma-« nières. Il a été employé par les anciens comme « neutre et comme féminin, et a reçu plusieurs gé-« nitifs différents, tels que *peni, peneris, peniteris, penoris*. Il est à remarquer aussi que le mot « *mundus*, toilette, parure, qui partout ailleurs « est un nom masculin, a été pris comme nom neu-« tre par Lucilius : c'est dans ces vers de sa sei-« zième satire :

« Un mari légua à sa femme tous les ornements
« de toilette et toutes les provisions de ménage.
« Comment, les ornements de toilette? Sans doute :
« pourquoi pas? Qui peut se faire juge ici? »
Legavit quidam uxori mundum omne, etc.

Puis il continua à étaler sa science et à étourdir l'assemblée de citations, jusqu'au moment où Favorinus, fatigué de son impudente présomption, l'interrompit d'un ton calme, et lui dit : « Savant professeur dont j'ignore le nom, vous venez de nous apprendre beaucoup de choses que nous ignorions, et que nous ne demandions point à savoir. En effet, il importe peu à moi, et à ceux à qui je parle, que je fasse *penus* masculin ou neutre, que je le décline de telle ou telle façon; il suffit, pour ce mot, de ne rien employer qui soit trop inusité. Mais ce qui m'intéresse, ce qui excite ma curiosité, c'est de savoir au juste ce qu'on veut dire par *penus*, quel est le

---

« todita et recondita habet sicuti arca. Quam ob causam « *parcus*, quasi *par arcæ* nominatus est. » Tum Favorinus, ubi hæc audivit : Superstitiose, inquit, et nimis moleste atque odiose confabricatus commolitusque magis est originem vocabuli Gabius iste Bassus, quam enarravit. Nam, si licet res dicere commenticias, cur non probabilius videatur, ut accipiamus *parcum* ob eam causam dictum, quod pecuniam consumi atque impendi arceat et prohibeat, quasi *pecuniarcus*. Quin potius, quod simplicius, inquit, veriusque est, id dicimus? Parcus enim neque ab arca, neque ab arcendo, sed ab eo, quod est *parum*, et *parvum*, denominatus est.

LIBER QUARTUS.

CAPUT I.

Sermo quidam Favorini philosophi cum grammatico jactantiore factus in Socraticum modum : atque [in]ibi inter sermonem dictum, quibus verbis *penus* a Q. Scævola definita sit, quodque eadem definitio culpata reprehensaque sit.

In vestibulo ædium Palatinarum omnium fere ordinum multitudo opperientes salutationem Cæsaris constiterant, atque ibi, in circulo doctorum hominum, Favorino philosopho præsente, ostentabat quispiam grammaticæ rei ditior scholica quædam nugalia, de generibus et casibus vocabulorum disserens, cum arduis superciliis, vocisque et vultus gravitate composita, tanquam interpres et arbiter Sibyllæ oraculorum. Tum aspiciens ad Favorinum, quamquam ei etiam nondum satis notus esset : « *Penus* « quoque, » inquit, « variis generibus dictum et varie « declinatum est. Nam et *hoc penus* et *hæc penus*, et *hu-« jus peni* et *peneris* et *peniteris* et *penoris* veteres dicta-« verunt. Mundum quoque muliebrem Lucilius in Satira-« rum sextodecimo non virili genere, ut ceteri, sed « neutro appellavit his versibus : »

Legavit quidam uxori mundum omne penumque.
Quid mundum; quid non? nam quis dijudicet isthuc?

Atque omnium horum et testimoniis et exemplis constrepebat, cumque nimis odiose sibi placeret, intercessit placide Favorinus, et : Amabo te, inquit, magister, quidquid est nomen tibi, abunde multa docuisti, quæ quidem ignorabamus, et scire haud sane postulabamus. Quid enim refert mea, ejusque, quicum loquor, quo genere *penum* dicam, aut in quas extremas litteras declinem, si nemo id non nimis barbare fecerit? Sed hoc plane indigeo [ad]discere, quid sit *penus*, et quo sensu id vocabulum dicatur, ne rem cotidiani usus, tanquam qui in venalibus latine loqui

sens de ce mot : j'ai besoin de le savoir, afin de ne pas désigner par un mot impropre des objets d'un usage journalier, comme font ces esclaves étrangers qui commencent à parler latin. — Ce que vous demandez là, reprit le grammairien, est bien simple : en effet, qui ne sait que *penus* signifie du vin, du blé, de l'huile, des lentilles, des fèves, et autres choses semblables? — Mais, dit Favorinus, est-ce qu'on pourrait aussi se servir de *penus* pour désigner du millet, du panic, des glands, de l'orge? J'en doute, bien que ces choses soient à peu près du même genre que celles dont vous avez parlé. » Comme notre homme, embarrassé, hésitait à répondre : « Ne vous tourmentez pas l'esprit, continua Favorinus, pour me dire si ces objets-là peuvent être aussi désignés par *penus*; ce que je veux de vous, c'est qu'au lieu de me citer tel ou tel objet appelé *penus*, vous me donniez en général le sens du mot lui-même, et me le définissiez par le genre et les différences. — De quel genre et de quelles différences voulez-vous parler? répondit le grammairien : je ne vous comprends pas. — Je ne pouvais cependant, répliqua Favorinus, parler plus clairement que je ne l'ai fait. C'est une chose connue de tout le monde, que toute définition consiste dans le genre et les différences ; mais si vous voulez que je commence par vous expliquer cela, s'il faut que je vous mâche d'avance les morceaux, comme on dit, je le ferai volontiers pour vous être agréable. » Alors il commença en ces termes : « Si je vous demandais de me définir ce que c'est qu'un homme, j'imagine que vous ne me répondriez pas qu'un homme, c'est vous et moi : car ainsi vous me montreriez seulement des individus de l'espèce homme, vous ne me diriez pas ce que c'est que l'homme. Pour me répondre, si je vous demandais de me faire cette définition, vous me diriez certainement que l'homme est un animal mortel capable de raisonner et de connaître, ou vous le distingueriez par quelque autre des caractères qui lui sont propres, de tous les autres êtres compris dans le genre animal. Or, je vous prie maintenant de me dire ce que c'est que *penus*, et non de me citer tel ou tel objet désigné par ce mot. » Alors notre pédant, d'un ton plus bas et d'une voix moins assurée : « Les secrets de la philosophie me sont inconnus, dit-il, et je n'ai jamais eu envie de les apprendre ; et parce que j'ignore si l'orge fait partie de ce qu'on appelle *penus*, et comment il faut s'y prendre pour définir ce mot, d'ailleurs on ne peut pas dire que je manque d'instruction et de littérature. — Eh bien, dit Favorinus en riant, apprenez que notre philosophie est aussi embarrassée que votre grammaire pour donner cette définition de *penus*. En effet, vous vous rappelez, je pense, qu'on discute pour savoir ce que Virgile a voulu dire par les mots *penum instruere longam*, ou, d'après une autre leçon que vous devez connaître, *longo ordine*. Et ce qui doit achever de vous mettre l'esprit en repos, c'est que ces savants interprètes du droit ancien, ces hommes qu'on a honorés du nom de sages, passent pour n'avoir donné que des définitions imparfaites du mot *penus*. En effet, voici celle qu'on trouve dans Q. Scævola : « On « appelle *penus*, dit-il, les choses qui se mangent « et se boivent. Comme le remarque Mucius, ce « nom convient surtout aux choses dont on a fait « provision d'avance pour les repas du père de famille, de ses enfants et de ses domestiques, ou des

---

cœptant, alia, quam oportet, voce appellem. Quæris, inquit iste, rem minime obscuram. Quis adeo ignorat, *penum* esse vinum et triticum et oleum et lentem et fabam atque hujuscemodi cetera? Etiamne, inquit Favorinus, milium et panicum et glans et ordeum *penus* est? Sunt enim propemodum hæc quoque ejusmodi. Cumque ille reticens hæreret : Nolo, inquit, hoc jam labores, an ista, quæ dixi, *penus* appellentur. Sed potesne mihi non speciem aliquam de penu dicere, sed definire, genere proposito et differentiis appositis, quid sit *penus*? Quæ genera et quas differentias dicas, 'non hercle [, inquit,] intelligo. Rem, inquit Favorinus, plane dictam postulas, quod difficillimum est, dici planius. Nam hoc quidem pervulgatum est, definitionem omnem ex genere et differentia consistere. Sed si item mihi præmandere, quod aiunt, postulas, faciam sane id quoque honoris tui habendi gratia. Ac deinde ita exorsus est : Si, inquit, ego te nunc rogem, uti mihi dicas et quasi circumscribas verbis, quid *homo* sit, non, opinor, responderes, hominem esse te atque me. Hoc enim, quis homo sit, ostendere est : non, quid homo sit, dicere. Sed si, inquam, peterem, ut ipsum illud, quod homo est, definires, tum profecto mihi diceres, hominem esse mortale [animal] rationis et scientiæ capiens; vel quo alio modo diceres, ut eum a ceteris [animalibus] omnibus separares. Proinde igitur nunc te rogo, ut, quid sit *penus*, dicas, non ut aliquid ex *penu* nomines. Tum ille ostentator, voce jam molli atque demissa : Philosophias, inquit, ego non didici, nec discere appetivi; et, si ignoro, an ordeum ex *penu* sit, aut quibus verbis *penus* definiatur, non ea re litteras quoque alias nescio. Scire, inquit ridens jam Favorinus, quid *penus* sit, non ex nostra magis est philosophia, quam ex grammatica tua. Meministi enim, credo, quæri solitum, quid Virgilius dixerit, *penum instruere* vel *longam* vel *longo ordine*. Utrumque enim profecto scis legi solitum. Sed, ut faciam te æquiore animo ut sis, ne illi quidem veteris juris magistri, qui sapientes appellati sunt, definisse satis recte existimantur, quid sit *penus*. Nam Q. Scævolam ad demonstrandam *penum* his verbis usum audio : « *Penus* est, » inquit, « quod esculentum aut « poculentum est. Quod [enim] ipsius patrisfamilias, aut « liberum patrisfamilias ejusque familiæ, quæ circum « eum aut liberos ejus est, et opus eorum facit, causa « paratum est, ut Mucius ait, *penus* videri debet. Nam « quæ ad edendum bibendumque in dies singulos prandii « aut cœnæ causa parantur, *penus* non sunt : sed ea po-

« domestiques de ses enfants. On ne pourrait pas
« appeler *penus* ce qu'on prépare chaque jour
« en aliments ou en boissons pour le dîner ou le
« souper : ce qu'on entend au juste par ce mot, ce
« sont les objets de consommation amassés et mis
« en réserve pour un long usage. *Penus* vient de
« ce que ces objets, au lieu d'être tout prêts sous
« la main, sont serrés avec soin et renfermés dans
« l'intérieur de la maison (*penitus*). » Quoique je
me sois appliqué surtout à la philosophie, ajouta Favorinus, cependant je n'ai pas négligé pour cela les études de ce genre, pensant qu'il est aussi honteux à quiconque est citoyen romain et parle la langue latine, de désigner un objet par un mot qui ne lui convient pas, que de ne point nommer quelqu'un par son nom. » C'est ainsi que Favorinus savait détourner ses interlocuteurs d'une conversation banale, ou insignifiante et frivole, pour leur faire entendre des discours instructifs et utiles, qui n'étaient pas tirés de loin, qu'il amenait sans affectation, et en les faisant naître de l'entretien lui-même. Je crois devoir ajouter les renseignements suivants sur le mot *penus*. Servius Sulpicius nous dit, dans sa *Critique des chapitres de Scévola*, que Catus Ælius n'entendait pas seulement par *penus* les objets qui se mangent et se boivent, mais encore l'encens, les bougies, et tous les objets dont le *penus* entraîne l'acquisition. Massurius Sabinus, dans le second livre de son traité *Du droit civil*, comprend aussi dans le *penus* les provisions destinées à l'entretien des chevaux du maître. Il dit même que quelques-uns donnent le nom de *penus* au bois, aux fagots et au charbon qui servent à la préparation des provisions de bouche. Selon le même auteur, quand le maître de maison trafique des produits de son domaine, en même temps qu'il en jouit, on ne donne le nom de *penus* qu'à la part de produits qu'il consomme en une année.

CHAPITRE II.

Distinction des mots *morbus* et *vitium*; de la valeur de ces mots dans un édit des édiles ; si la rédhibition existe pour les eunuques et les femmes stériles ; diverses opinions sur ce sujet.

Un édit des édiles curules, dans un article qui traite de la vente des esclaves, porte ces mots : AYEZ SOIN DE DRESSER CHACUNE DES LISTES DE VENTE DE MANIÈRE QUE L'ACHETEUR PUISSE VOIR AISÉMENT SI LES ESCLAVES ONT QUELQUE MALADIE OU QUELQUE VICE, S'ILS SONT FUGITIFS OU VAGABONDS, S'ILS ONT A S'ACQUITTER D'UNE PEINE. Les anciens jurisconsultes, se demandant compte des termes de cet édit, ont examiné ce qu'on devait entendre par esclave malade, *morbosus*, et par esclave vicieux, *vitiosus*; et quelle différence il y avait entre *vitiosus* et *morbosus*. Cœlius Sabinus, dans le livre qu'il a composé *Sur l'édit des édiles curules*, rapporte que Labéon définissait la maladie en ces termes : « La maladie est une
« affection contre nature des organes du corps,
« dont elle altère les fonctions. » Il ajoute que, tantôt la maladie envahit le corps tout entier, et tantôt n'en attaque qu'une partie ; que la phthisie, par exemple, ou la fièvre, sont des maladies du corps tout entier ; que la cécité au contraire, ou la faiblesse de jambes, sont des maladies partielles. « Le bégayement, dit-il, ou un embarras
« de prononciation, sont plutôt des vices que des
« maladies : c'est ainsi que d'un cheval qui mord
« ou qui rue, on dit qu'il est vicieux, et non qu'il

« tius, quæ hujusce generis longæ usionis gratia contra-
« huntur et reconduntur, ex eo, quod non in promptu
« sint, sed intus et penitus habeantur, *penus* dicta sunt. »
Hæc ego, inquit, cum philosophiæ me dedissem, non insuper tamen habui discere : quoniam civibus romanis, latine loquentibus, rem non suo vocabulo demonstrare, non minus turpe esset, quam hominem non suo nomine appellare. Sic Favorinus sermones in genus conducere a rebus parvis et frigidis abducebat ad ea, quæ magis utile esset audire ac discere, non allata extrinsecus, non per ostentationem, sed indidem nata acceptaque. Præterea de *penu* adscribendum hoc etiam putavi, Servium Sulpicium in *Reprehensis Scævolæ capitibus* scripsisse, Cato Ælio placuisse, non quæ esui tantum et potui forent, sed thus quoque et cereos in *penu* esse, quodque esset ejus ferme rei causa comparatum. Massurius autem Sabinus, in (libro) *Juris civilis* secundo, etiam quod jumentorum causa apparatum esset, quibus dominus uteretur, *penori* attributum dicit. Ligna quoque et virgas et carbones, quibus conficeretur *penus*, quibusdam ait videri esse in *penu*. Ex iis autem, quæ promercalia et usuaria iisdem in locis essent, ea sola [esse] *penoris* putat, quæ satis sint usui annuo.

CAPUT II.

Quid differat *morbus* et *vitium*; et quam vim habeant vocabula ista in edicto ædilium : et an eunuchus et steriles mulieres redhiberi possint, diversæque super ea re sententiæ.

In edicto ædilium curulium, qua parte de mancipiis vendundis cautum est, scriptum sic fuit : TITULUS. SCRIPTORUM. SINGULORUM. UTEI. SCRIPTUS. SIT. COERATO. ITA. UTEI. INTELLEGI. RECTE. POSSIT. QUID. MORBI. VITII. VE. QUOI. Q. SIT. QUIS. FUGITIVUS. ERRO. VE. SIT. NOXA. VE. SOLUTUS. NON. SIT. Propterea quæsierunt jureconsulti veteres, quid *mancipium morbosum* quidve *vitiosum* recte diceretur ; quantumque *morbus* a *vitio* differret. Cælius Sabinus in libro, quem *De Edicto Ædilium curulium* composuit, Labeonem refert, quid esset *morbus*, hisce verbis definisse : « Morbus est habitus cujusque corporis contra
« naturam, qui usum ejus facit deteriorem. » Sed morbum alias in toto corpore accidere dicit, alias in parte corporis. Totius corporis *morbum* esse, veluti sit φθίσις aut febris : partis autem, veluti sit cæcitas aut pedis debilitas. « Balbus autem, » inquit, « et atypus vitiosi magis, quam
« morbosi sunt : ut equus mordax, aut calcitro, vitiosus non
« morbosus est. Sed cui morbus est, idem etiam vitiosus

« est malade. Sans doute la maladie est un vice, « et tout homme *morbosus* est en même temps « *vitiosus*; mais la proposition inverse ne serait « pas vraie, car un homme *vitiosus* pourrait n'ê- « tre pas *morbosus* : voilà pourquoi, dans le cas « où il s'agirait d'un homme *morbosus*, il faudrait, « de peur de confusion, éviter de dire : DE COM- « BIEN CE VICE DIMINUE-T-IL SON PRIX ? » QUANTO OB ID VITIUM MINORIS ERIT? On a examiné la question de savoir si l'on se met en contravention à l'édit des édiles, quand on vend un esclave en laissant ignorer qu'il est eunuque. On dit que Labéon pense qu'en pareil cas l'acheteur peut rompre le marché, et rendre l'esclave comme malade. On rapporte même que ce jurisconsulte a écrit que l'édit des édiles donnait le droit de poursuivre le marchand qui aurait vendu des truies stériles. Trébatius apporte une restriction à l'opinion de Labéon au sujet des femmes stériles qu'on vend pour esclaves. Labéon ayant dit qu'une esclave de cette sorte peut toujours être renvoyée, comme étant malade, à celui qui l'a vendue, Trébatius lui répond qu'on ne peut rompre le marché quand l'esclave est stérile de nature. Il admet seulement que la femme dont la santé se serait dérangée, et qui, par suite d'une altération des organes, serait devenue incapable d'engendrer, ne pourrait passer pour une esclave saine, et qu'on pourrait forcer le vendeur à la reprendre. Il y a discussion au sujet de l'esclave qui est myope, ou, comme on dit en latin, *luscitiosus*. Les uns veulent que cette infirmité donne toujours lieu à la rédhibition; les autres, dans le cas seulement où elle serait venue à la suite de quelque maladie. Servius veut que la rédhibition s'applique à l'esclave auquel il manque des dents; Labéon s'y oppose : « Car, dit-il, la plupart des hommes « sont privés de quelques dents, et ne sont pas pour « cela regardés comme malades : et il serait ab- « surde de dire que les hommes naissent infirmes, « parce que les enfants n'ont point de dents au « moment de leur naissance. » Je ne dois pas omettre non plus une distinction faite par d'anciens jurisconsultes entre le vice et la maladie : le vice, disent-ils, est permanent, tandis que la maladie est passagère. D'après cela l'aveugle et l'eunuque ne seraient point malades, ce qui ne s'accorderait point avec le sentiment de Labéon, que j'ai rapporté plus haut. Je terminerai, en citant un passage de Massurius Sabinus, tiré du second livre de son traité *Du droit civil* : « Un « homme privé de sa raison, un muet, ceux qui « ont un membre brisé, ou mutilé, ou atteint « d'une infirmité qui les rend impropres au « service, sont réputés *morbosi*. L'esclave qui « a la vue courte, celui qui ne peut courir que « lentement, sont regardés comme sains l'un et « l'autre. »

CHAPITRE III.

Que les procès entre époux, sur la possession de la dot, furent inconnus à Rome avant le divorce de Carvilius. Ce qu'on entend par *pellex* : origine de ce mot.

On rapporte que, cinq cents ans après la fondation de Rome, on n'avait encore vu, ni dans la ville, ni dans le Latium, aucun de ces procès qui s'engagent après un divorce sur les biens de la femme, ni aucune de ces conventions par lesquelles ce cas est prévu dans les contrats. En effet, rien de cela ne devait exister, puisqu'alors jamais il n'y avait de divorce. Servius Sulpicius,

---

« est. Neque id tamen contra fit. Potest enim, qui vitiosus « est, non morbosus esse. Quamobrem, cum de homine « morboso agetur, nequaquam, inquit, ita dicetur : « QUANTO. OB. ID. VITIUM. MINORIS. ERIT. » De eunucho quidem quæsitum est, an contra edictum ædilium videretur venundatus, si ignorasset emptor, eum eunuchum esse. Labeonem respondisse aiunt, redhiberi posse quasi morbosum : sues etiam feminas, si steriles essent, et venum issent, ex edicto ædilium posse agi Labeonem scripsisse. De sterili autem muliere, si nativa sterilitate sit, Trebatium contra Labeonem respondisse dicunt. Nam cum redhiberi eam Labeo, quasi minus sanam, putasset necesse : « non oportere » aiunt Trebatium ei edicto apposuisse, « si ea mulier a principio genitali [in]sterilitate esset. » At si valetudo ejus offendisset, exque ea vitium factum esset, ut concipere fœtus non posset; tum sanam non videri, et esse in causa redhibitionis. De myope quoque, qui *luscitiosus* latine appellatur, [et περὶ νωθοῦ] dissensum est; alii enim redhiberi omnimodo debere, alii contra, nisi id vitium morbo contractum esset. Eum vero, cui dens deesset, Servius redhiberi posse respondit; Labeo in causa esse redhibendi negavit : « Nam et magna, » inquit « pars « dente aliquo carent : neque eo magis plerique homines « morbosi sunt; et absurdum admodum est dicere, non « sanos nasci homines, quoniam cum infantibus non simul « dentes gignuntur. » Non prætereundum est, id quoque in libris veterum jurisperitorum scriptum esse, *morbum* et *vitium* distare : quod *vitium* perpetuum, *morbus* cum accessu decessuque sit. Sed hoc si ita est, neque cæcus neque eunuchus morbosus est, contra Labeonis, quam supra dixi, sententiam. Verba Massurii Sabini apposui ex [libro] *Juris civilis* secundo : « Furiosus mutusve, cuive « quod membrum lacerum læsumque est, aut obest, quo « ipse minus aptus sit, morbosi sunt. Qui natura longe « minus videt, tam sanus est, quam qui tardius currit. »

CAPUT III.

Quod nullæ fuerunt rei uxoriæ actiones in urbe Roma ante Carvilianum divortium : atque inibi, quid sit proprie *pellex*, quæque ejus vocabuli ratio sit.

Memoriæ traditum est, quingentis fere annis post Romam conditam, nullas rei uxoriæ actiones neque cautiones in urbe Romana aut in Latio fuisse : quia profecto nihil desiderabantur, nullis etiam tunc matrimoniis divertentibus. Servius quoque Sulpicius in libro, quem

dans son traité *Sur les dots*, nous apprend qu'on ne sentit la nécessité de prendre des garanties pour la dot dans les contrats, que lorsque Spurius Carvilius, surnommé Ruga, homme de naissance noble, eut divorcé avec son épouse, parce qu'elle était stérile, et qu'il avait perdu l'espoir d'avoir des enfants. Ce divorce, le premier de tous, arriva l'an cinq cent vingt-trois de la fondation de Rome, sous le consulat de M. Atilius et de P. Valérius. On dit que ce Carvilius vivait dans une union parfaite avec la femme qu'il répudia, et qu'il la chérissait tendrement pour ses mœurs et son caractère : mais qu'il sacrifia les sentiments et l'amour qu'elle lui inspirait à la religion du serment, et voulut être fidèle à l'engagement qu'il avait contracté, selon la loi, devant les censeurs, en jurant qu'il se mariait pour avoir des enfants. On voit par une loi très-ancienne, qu'on dit être du roi Numa, que la femme qui vivait en concubinage avec un homme uni à une autre par les liens d'un mariage légitime, était appelée *pellex*, et regardée comme infâme. Voici ce qu'on lit dans cette loi : QUE LA CONCUBINE (PELLEX) NE TOUCHE POINT A L'AUTEL DE JUNON : S'IL LUI ARRIVE D'Y TOUCHER, QU'ELLE VIENNE, LES CHEVEUX ÉPARS, IMMOLER A LA DÉESSE UNE JEUNE BREBIS. *Pellex* vient de πάλλαξ, jeune fille, dont on a fait παλλακίς, concubine : c'est un mot emprunté au grec, comme tant d'autres.

CHAPITRE IV.

Ce que Servius Sulpicius rapporte, dans son traité *Des dots*, sur les conventions autrefois en vigueur dans les fiançailles.

Le traité *Des dots* de Servius Sulpicius nous instruit des formes légales et des conventions qu'observaient les habitants du Latium au sujet des fiançailles. C'est dans le passage suivant : « Celui qui devait se marier faisait, à celui qui « devait lui donner une femme, la promesse de « la prendre pour épouse : de son côté, celui qui « avait promis une épouse s'engageait (*spondebat*) à la donner. On appelait *sponsalia* ces « engagements réciproques : la jeune fille promise « était appelée *sponsa*, et le futur mari, *sponsus*. « Si, après ce contrat, on refusait de donner la « fiancée, ou de la prendre, la partie lésée pouvait, « en vertu des conventions, se pourvoir en justice. « Les juges prenaient connaissance de l'affaire. « Ils faisaient une enquête pour savoir quels motifs « avaient empêché de livrer ou d'accepter la fiancée. Si les raisons alléguées n'étaient point valables, une amende était infligée : la somme « était plus ou moins forte, selon que le dommage « causé par le refus de donner ou d'épouser la « fiancée était plus ou moins grand. » Servius nous apprend que ces prescriptions légales furent observées dans les fiançailles, jusqu'au temps où le droit de cité fut accordé par la loi Julia à tout le Latium. Nératius rapporte ces mêmes particularités dans son livre *Sur les noces*.

CHAPITRE V.

Récit d'un trait de perfidie des aruspices, qui donna lieu à ce vers que les enfants chantaient partout dans Rome : « Un mauvais conseil porte malheur à celui qui le donne. »

La statue du valeureux Horatius Coclès, qu'on avait élevée à Rome sur la place des Comices,

---

composuit De Dotibus, tum primum cautiones rei uxoriæ necessarias esse visas scripsit, cum Spurius Carvilius, cui *Ruga* cognomentum fuit, vir nobilis, divortium cum uxore fecit; quia liberi ex ea, corporis vitio, non gignerentur, anno urbis conditæ quingentesimo vigesimo tertio, M. Atilio, P Valerio coss. Atque is Carvilius traditur uxorem, quam dimisit, egregie dilexisse, carissimamque morum ejus gratia habuisse; sed jurisjurandi religionem animo atque amori prævertisse; quod jurare a censoribus coactus erat, uxorem se liberum quærendum gratia habiturum. *Pellicem* autem appellatam, probrosamque habitam [eam], quæ juncta consuetaque esset cum eo, in cujus manu mancipioque alia matrimonii causa foret, hac antiquissima lege ostenditur, quam Numæ regis fuisse accepimus : PELLEX. ASAM. JUNONIS. NE. TACITO. SI. TACET. JUNONI. CRINIBOUS. DEMISSIS. ARNUM. FEMINAM. CAIDITO. Pellex autem quasi πάλλαξ, id est, quasi παλλακίς : ut pleraque alia, ita hoc quoque vocabulum de Græco flexum est.

CAPUT IV.

Quid Servius Sulpicius in libro, qui est *De Dotibus*, scripserit de jure atque more veterum sponsaliorum.

Sponsalia in ea parte Italiæ, quæ *Latium* appellatur, hoc more atque jure solita fieri, scripsit Servius Sulpicius in libro, quem scripsit De Dotibus : « Qui uxorem, » inquit, « ducturus erat, ab eo, unde ducenda erat, stipulabatur, eam in matrimonium ductum iri; qui daturus « erat, itidem spondebat [daturum]. Is contractus stipulationum sponsionum[que dicebatur] sponsalia. Tum, « quæ promissa erat, sponsa appellabatur; qui spoponderat ducturum, sponsus. Sed si post eas stipulationes « uxor non dabatur, aut non ducebatur, qui stipulabatur, « ex sponsu agebat. Judices cognoscebant. Judex, quamobrem data acceptave non fuisset uxor, quærebat. Si « nihil justæ causæ videbatur, litem pecunia æstimabat : « quantique interfuerat eam uxorem accipi aut dari, eum, « qui spoponderat aut qui stipulatus erat, condemnabat. » Hoc jus sponsaliorum observatum dicit Servius ad id tempus, quo civitas universo Latio lege Julia data est. Hæc eadem Neratius scripsit in libro, quem *De Nuptiis* composuit.

CAPUT V.

Historia narrata de perfidia haruspicum Etruscorum, quodque ob eam rem versus hic a pueris Romæ urbe tota cantatus est : *Malum consilium consultori pessimum est.*

Statua Romæ in comitio posita Horatii Coclitis, fortis-

ayant été frappée par le feu du ciel, on appela d'Étrurie des aruspices pour offrir aux dieux les expiations qui purifient les lieux foudroyés. Mais les aruspices, qui détestaient le peuple romain, n'écoutant que leur haine, résolurent d'appeler par leur art la colère du ciel, au lieu de l'éloigner. Ils conseillèrent méchamment de transporter la statue dans un endroit plus bas, environné d'une enceinte de maisons qui interceptaient de toutes parts la lumière du soleil. Leur conseil fut suivi : mais ensuite on découvrit leur perfidie. Cités devant le peuple, ils avouèrent leur crime et furent mis à mort. On reconnut, et des preuves évidentes le firent voir dans la suite, que la statue devait être placée dans un lieu découvert : on la mit sur l'esplanade élevée où est bâti le temple de Vulcain, et le peuple romain n'eut qu'à se féliciter de ce changement. En souvenir de la perfidie des aruspices étrusques et de leur châtiment, on fit ce vers ingénieux, que les enfants répétèrent par toute la ville.

« Un mauvais conseil porte malheur à celui qui
« le donne. »

Cette anecdote et ce vers iambique de six pieds se trouvent au livre onzième des grandes Annales, et au premier des *Choses mémorables*, de Verrius Flaccus. Ce vers paraît être l'imitation d'un vers d'Hésiode :

Ἡ δὲ κακὴ βουλὴ τῷ βουλεύσαντι κακίστη.

CHAPITRE VI.

Termes d'un sénatus-consulte qui ordonnait l'offrande des grandes victimes, parce que les javelots de Mars s'étaient agités d'eux-mêmes dans le sanctuaire. Ce qu'on entend par *hostiæ præcidaneæ*, et par *porca præcidanea*. Que Capiton Atteius a appelé certaines fêtes *præcidaneæ*.

On sait qu'à Rome, toutes les fois qu'on déclare qu'il y a eu un tremblement de terre, des sacrifices sont offerts pour conjurer la colère du ciel. C'est d'après cet usage qu'un jour le sénat ayant été informé, ainsi que je l'ai lu dans les anciennes annales, que les javelots de Mars déposés au fond du sanctuaire, dans le palais des pontifes, avaient remué et s'étaient agités d'eux-mêmes, on rendit le sénatus-consulte suivant, daté du consulat de M. Antoine et d'Aulus Postumius : LE PONTIFE C. JULIUS, FILS DE LUCIUS, ÉTANT VENU ANNONCER QUE LES JAVELOTS DE MARS SE SONT AGITÉS D'EUX-MÊMES AU FOND DU SANCTUAIRE, DANS LE PALAIS DES PONTIFES, LE SÉNAT DÉCIDE QUE L. ANTONIUS, CONSUL, IMMOLERA LES GRANDES VICTIMES A JUPITER ET A MARS ; QUE LE CONSUL SERA LIBRE D'OFFRIR DES SACRIFICES AUX AUTRES DIEUX QU'IL CROIRA DEVOIR ÊTRE APAISÉS, ET QU'IL EST SUR D'ÊTRE APPROUVÉ POUR TOUT CE QU'IL AURA FAIT A CET ÉGARD : QUE S'IL ÉTAIT NÉCESSAIRE DE VERSER DEUX FOIS LE SANG DES VICTIMES (SI QUID SUCCIDANEIS OPUS ESSET), ON CONDUIRA A L'AUTEL UN BŒUF DE COULEUR FAUVE. On a fait des recherches pour savoir quel est le sens de l'expression *succidaneæ hostiæ*. Je sais aussi que les savants se sont arrêtés sur ces vers, tirés de l'*Epidicus* de Plaute, où se trouve le mot *succidaneus* :

« Faut-il que je sois immolé en expiation de
« ta sottise ? veux-tu que mon dos porte la peine
« de ta stupidité ? »

Ut meum tergum stultitiæ tuæ subdas succidaneum ?

CAPUT VI.

Verba veteris senatusconsulti, [in] quo decretum est, hostiis maioribus expiandum, quod in sacrario hastæ Martiæ movissent : atque [in]ibi enarratum, quid sint *hostiæ succidaneæ*; quid item *porca præcidanea*; et quod Capito Atteius *ferias* quasdam *præcidaneas* appellavit.

Ut *terram movisse* nuntiari solet, eaque res procuratur : ita in veteribus memoriis scriptum legimus, nuntiatum esse senatui, in sacrario in regia hastas Martias movisse. Ejus rei causa senatusconsultum factum est M. Antonio A. Postumio coss., ejusque exemplum hoc est : QUOD. C. JULIUS. L. F. PONTIFEX. NUNTIAVIT. IN. SACRARIO. IN. REGIA. HASTAS MARTIAS. MOVISSE. DE. EA. RE. ITA. CENSUERUNT. UTI M. ANTONIUS. CONSUL. HOSTIIS. MAJORIBUS. JOVI. ET. MARTI. PROCURARET. ET. CETERIS. DIIS. QUIBUS. VIDERETUR. PLACANDIS. UTI. PROCURASSET. SATIS. HABENDUM. CENSUERUNT. SI. QUID. SUCCIDANEIS. OPUS. ESSET. ROBUS. SUCCEDERET. Quod *succidaneas hostias* senatus appellavit, quæri solet, quid verbum id significet. In Plauti quoque comœdia, quæ *Epidicus* inscripta est, super eodem ipso verbo requiri audio in his versibus :

Men' piacularem oportet fieri ob stultitiam tuam,
Ut meum tergum stultitiæ tuæ subdas succidaneum ?

Succidaneæ autem *hostiæ* dicuntur, e littera per morem compositi vocabuli in i litteram commutata. Nam quasi *succidaneæ* appellatæ : quoniam, si primis hostiis litta-

Voici ce qu'on entendait par *succidaneæ hostiæ*. Dans le mot *succidancæ*, la lettre *i* occupait la place de la lettre *e*, comme il arrive souvent dans les mots composés : c'était donc comme si l'on eût dit *succedaneæ hostiæ*. On entendait par là les victimes que l'on conduisait à l'autel lorsque le premier sacrifice paraissait insuffisant pour apaiser les dieux, et qui étaient immolées à la suite des premières (*succidebantur*), pour achever l'expiation commencée. Telle est l'origine du mot *succidaneæ*, dans lequel la lettre *i* doit se prononcer longue, et non pas brève; ce que je rappelle, à cause de quelques personnes qui commettent la faute grossière d'abréger cette voyelle. Par la même raison, on appelle *hostiæ præcidaneæ* les victimes qu'on offre la veille des sacrifices solennels. On appelle *porca præcidanea* la truie qu'immolent à Cérès, avant que la moisson nouvelle commence à croître, ceux qui, dans une maison où il est mort quelqu'un, ont négligé de faire les purifications nécessaires, ou les ont faites autrement qu'il ne fallait. Les expressions que je viens de citer sont généralement connues : mais en voici une autre qui, je crois, l'est beaucoup moins : il y a certaines fêtes appelées *feriæ præcidaneæ*. Je citerai, au sujet de cette expression, un passage d'Attéius Capiton, tiré du cinquième livre de son traité *Sur le droit des pontifes* : « Le grand pontife Tib. Coruncanius annonça « des *feriæ præcidaneæ* pour un jour regardé « comme funeste. Le collège des pontifes déclara « qu'on ne devait pas se faire scrupule d'indiquer « pour ce jour la célébration de ces fêtes. »

CHAPITRE VII.

D'une lettre adressée par le grammairien Valérius Probus à Marcellus, sur l'accentuation de quelques noms carthaginois.

Le grammairien Valérius Probus, un des hommes les plus instruits de son temps, était d'avis qu'on devait prononcer *Hannibálem, Hasdrubálem* et *Hamilcárem*, comme si la pénultième était marquée d'un accent circonflexe. Dans une lettre adressée à Marcellus, il affirme que Plaute, Ennius et beaucoup d'autres auteurs anciens, prononçaient ainsi ces mots. Cependant Ennius est le seul dont il tire une citation à l'appui de son opinion; et il ne cite de lui qu'un seul vers, emprunté au livre qui a pour titre *Scipion*. Ce vers ïambique à quatre mètres serait faux, si la troisième syllabe du mot *Hannibális* n'était pas marquée d'un accent circonflexe. Le voici :

Qui propter Hannibális copias considerant.

« Ceux qui s'étaient arrêtés auprès des troupes « d'Hannibal. »

CHAPITRE VIII.

Mot de Fabricius sur Cornélius Rufinus, homme avare, qu'il avait fait nommer consul, quoiqu'il eût pour lui de l'éloignement et de la haine.

Dans le même temps que Fabricius Luscinus, ce héros qui s'est acquis tant de gloire par ses belles actions, vivait Cornélius Rufus, brave guerrier, savant et habile général, mais homme d'une avarice et d'une rapacité singulières. Fabricius ne l'estimait pas et n'avait point de commerce avec lui : il éprouvait même une forte aversion pour

---

tum non erat, aliæ post easdem ductæ hostiæ cædebantur; quæ, quasi prioribus jam cæsis, luendi piaculi gratia, subdebantur et succidebantur; ob id *succidaneæ* nominatæ, littera *i* scilicet tractim pronuntiata. Audio enim quosdam eam litteram in hac voce barbare corripere. Eadem autem ratione verbi *præcidaneæ* quoque hostiæ dicuntur, quæ ante sacrificia solemnia pridie cæduntur. *Porca* etiam *præcidanea* appellata, quam piaculi gratia ante fruges novas fieri cœptas immolari Cereri mos fuit, si qui familiam funestam aut non purgaverant, aut aliter eam rem, quam oportuerat, procuraverant. Sed porcam et hostias quasdam præcidaneas, sicuti dixi, appellari vulgo notum est; *ferias præcidaneas* dici, id, opinor, a vulgo remotum est. Propterea verba Atteii Capitonis ex quinto librorum, quos *De Pontificio jure* composuit, scripsi : « Tib Coruncanio pontifici maximo feriæ præci-« daneæ in atrum diem inauguratæ sunt. Collegium de-« crevit, non habendum religioni, quin eo die feriæ « præcidancæ essent. »

CAPUT VII.

De epistola Valerii Probi, grammatici, ad Marcellum scripta, super accentu nominum quorumdam Punicorum.

Valerius Probus grammaticus inter suam ætatem præstanti scientia fuit. Is *Hannibálem* et *Hasdrubálem* et *Hamilcárem* ita pronuntiabat, ut penultimam circumflecteret : ut [testis] est epistola ejus scripta ad Marcellum, in qua Plautum et Ennium multosque alios veteres eo modo pronuntiasse affirmat. Solius tamen Ennii versum unum ponit ex libro, qui *Scipio* inscribitur. Eum versum quadrato numero factum subjecimus; in quo, nisi tertia syllaba of Hannibalis nomine circumflexa promatur, numerus clausurus est. Versus Ennii, quem dixit, ita est :

Qui propter Hannibális copias considerant.

CAPUT VIII.

Quid C. Fabricius de Cornelio Rutino, homine avaro, dixerit; quem, cum odisset, inimicusque esset, designandum tamen consulem curavit

Fabricius Luscinus magna gloria vir magnisque rebus gestis fuit. P. Cornelius Rufinus manu quidem strenuus et bellator bonus, militarisque disciplinæ peritus admodum fuit; sed furax homo et avaritia acri erat. Hunc Fabricius non probabat, neque amico utebatur : osusque

un homme de ce caractère. Cependant, Rufinus s'étant mis sur les rangs pour le consulat dans des circonstances graves et inquiétantes pour la république, et n'ayant pour compétiteurs que des gens incapables et sans aucun mérite, Fabricius fit tous ses efforts pour assurer les suffrages à Rufinus, qui fut nommé en effet. Comme on s'étonnait qu'il eût prêté son appui à un homme décrié pour son avarice, et dont le caractère lui était odieux : « Il n'y a pas de quoi « s'étonner, dit-il, si j'aime mieux être volé « que vendu. » Dans la suite, Fabricius, devenu censeur, chassa du sénat Rufinus, quoiqu'il eût été deux fois consul et dictateur, comme coupable de déployer un trop grand luxe et d'avoir chez lui dix livres de vaisselle d'argent. Le mot de Fabricius sur Rufinus se trouve dans la plupart des historiens tel que je l'ai rapporté. Mais, d'après Cicéron, Fabricius adressa cette réponse à Rufinus lui-même qui venait lui rendre grâces, mais dont il ne voulait pas accepter les remercîments. Voici le passage de Cicéron, extrait du second livre Sur l'orateur : « Il y a aussi une plai« santerie piquante, qui consiste à découvrir tout « à coup par un trait rapide, ou souvent par un « seul mot, une vérité cachée. En voici un exem« ple. Un jour P. Cornélius, homme connu pour « son avarice et ses rapines, mais plein de bra« voure et bon général, remerciait C. Fabricius, « son ennemi, de lui avoir donné sa voix pour le « consulat, au moment d'une guerre importante « et dangereuse. Fabricius lui répondit : Je ne « vois pas que vous ayez lieu de me remercier, « parce que j'ai mieux aimé être volé que « vendu. »

CHAPITRE IX.

Sur le sens propre de *religiosus* et sur les différentes significations qui ont été attribuées à ce mot. Opinion de Nigidius Figulus sur ce sujet : citation prise dans ses commentaires.

Nigidius Figulus, qui fut, je crois, le Romain le plus instruit après M. Varron, cite dans le onzième livre de ses *Recherches grammaticales*, cet ancien vers, qui mérite d'être remarqué :

Religentem esse oportet; religiosum nefas.

« Il faut être religieux et non superstitieux. »
Nigidius ne dit pas de qui est ce vers. Voici ce qu'il observe en faisant cette citation : « Les mots, « dit-il, tels que *vinosus*, adonné au vin, *mulie-* « *rosus*, débauché, *religiosus*, superstitieux, *num-* « *mosus*, qui a beaucoup d'argent, et tous ceux « qui ont la même désinence, indiquent un excès « ou un abus de la chose dont il s'agit : ainsi, on « appelait *religiosus* celui qui s'imposait le joug « d'une religion exagérée et superstitieuse, et il y « avait un blâme renfermé dans le sens de ce mot. » Mais cette signification, dont parle Nigidius, n'est pas la seule : *religiosus* se prend souvent dans une autre acception, et se dit de l'homme chaste et pur, fidèle observateur de la règle, et constamment enchaîné dans les liens du devoir. Le même mot s'emploie encore de différentes manières : il a un autre sens dans l'expression, *religiosi dies*, et un autre encore dans celle-ci, *religiosa delubra*. Les jours dont un funeste présage interdit l'emploi, où il n'est pas permis d'offrir des sacrifices ni d'entreprendre aucune affaire, ces jours sont ceux qu'on appelle *religiosi*; et il ne faut pas les confondre avec les jours *néfastes*, comme le fait

---

eum morum causa fuit. Sed cum [in] temporibus reipublicæ difficillimis consules creandi forent, et is Rufinus peteret consulatum, competitoresque ejus essent imbelles quidam et futiles : summa ope adnixus est Fabricius, uti Rufino consulatus deferretur. Eam rem plerisque admirantibus, quod hominem avarum, cui esset inimicissimus, creari consulem peteret, [quem hostiliter oderat :] Fabricius inquit : Nihil est quod miremini, si malui compilari, quam venire. » Hunc Rufinum postea bis consulatu et dictatura functum censor Fabricius senatu movit, ob luxuriæ notam; quod decem pondo libras argenti facti haberet. Id autem, quod supra scripsi, Fabricium de Cornelio Rufino, [ita] uti in pleraque historia scriptum est, dixisse, M. Cicero non aliis a Fabricio, sed ipsi Rufino gratias agenti, quod ejus [gratias] dedignatus esset, dictum esse refert in libro secundo *De Oratore*. [Verba Ciceronis hæc sunt : « Arguta « etiam significatio est, cum « parva re et sæpe verbo res obscura et latens illustra« tur : ut cum C. Fabricio P. Cornelius homo, ut exis« timatur, avarus et furax, sed egregie fortis et bonus « imperator gratias ageret, quod se homo inimicus consu« lem fecisset, bello præsertim magno et gravi : Nihil est, « quo mihi gratias agas, » inquit, « si malui compilari, quam « venire. »]

CAPUT IX.

Quid significet proprie *religiosus*, et in quæ diverticula significatio istius vocabuli flexa sit, et verba Nigidii Figuli ex commentariis ejus super ea re sumta.

Nigidius Figulus, homo, ut ego arbitror, juxta M. Varronem doctissimus, in undecimo *Commentariorum Grammaticorum* versum ex antiquo carmine refert, memoria hercle dignum :

Religentem esse oportet; religiosum nefas.

Cujus autem id carmen sit, non scribit. Atque in eodem loco Nigidius : « Hoc, » inquit, « inclinamentum « semper hujuscemodi verborum, ut : *vinosus*, *mulie-* « *rosus*, *religiosus*, *nummosus*, significat copiam quam« dam immodicam rei, super qua dicitur. Quocirca *reli-* « *giosus* is appellabatur, qui nimia et superstitiosa « religione sese alligaverat, eaque res vitio assignabatur. » Sed præter ista, quæ Nigidius dicit, alio quodam diverticulo significationis *religiosus* pro casto atque observanti cohibentisque sese certis legibus finibusque dici cœptus. Simili autem modo illa quoque vocabula, ab eadem profecta origine, diversum significare videntur : *religiosi dies*, *et religiosa delubra*. *Religiosi* enim *dies* dicuntur tristi omine infames impeditique; in quibus et res divinas

souvent le vulgaire ignorant. Cicéron dit dans le neuvième livre de ses lettres à Atticus : « Nos ancêtres ont regardé comme plus funeste la journée « du combat de l'Allia que celle de la prise de « Rome, parce que le premier de ces événements « entraîna l'autre. Aussi l'anniversaire du premier est-il mis au nombre des jours appelés *religiosi*, tandis que celui du second est oublié. » Le même écrivain, dans son discours *Sur les droits des accusateurs*, se sert de l'expression *religiosa delubra*, et n'entend pas par là des temples attristés par un mauvais présage, mais des temples qui inspirent le respect par leur majesté et leur sainteté. Massurius Sabinus donne une explication du mot *religiosus* dans ses commentaires *Sur les mots indigènes* : « *Religiosus*, dit-il, « s'emploie pour exprimer les choses qu'un caractère de sainteté semble mettre à l'écart et « placer loin de nous : ce mot vient du verbe *relinquere*, comme *cærimoniæ* a été tiré de *carere*. » D'après cette explication comment nous rendrons-nous compte de l'expression *religiosa delubra?* La sainteté des temples ne saurait être trop grande, et l'excès ici ne mérite point de reproche, comme dans les autres choses où le trop est blâmable ; aussi le sens de *religiosa*, appliqué à *delubra*, désigne les temples qui ne sont pas faits pour une foule indifférente et distraite, où l'on ne doit entrer qu'en accomplissant de pieuses cérémonies avec un respectueux recueillement, et qui doivent être plus redoutés que fréquentés du vulgaire. L'étymologie donnée par Sabinus sert aussi à expliquer l'expression *religiosi dies* : seulement on évite les jours de cette sorte, non à cause de leur sainteté, mais parce qu'ils sont marqués d'un présage fatal. C'est en se servant d'une expression semblable que Térence dit, dans l'*Heautontimorumenos* :

« Cependant, pour lui donner, je n'ai... Il « suffit : je n'ose pas dire (*mihi religio est dicere*) que je n'ai rien. »

Si, comme le prétend Nigidius, tous les mots terminés en *osus* expriment un excès et renferment une idée de blâme, tels que *vinosus*, a donné au vin, *mulierosus*, débauché, *verbosus*, bavard, *morosus*, morose, *famosus*, mal famé ; pourquoi prend-on en bonne et non en mauvaise part les mots *ingeniosus*, ingénieux, *formosus*, beau, *officiosus*, obligeant, *speciosus*, gracieux, qui sont formés de cette désinence ajoutée à *ingenium*, *forma*, *officium* ; les mots *disciplinosus*, qui apprend aisément ; *consiliosus*, fécond en expédients, *victoriosus*, victorieux, qu'on trouve employés par Caton ; le mot *facundiosus*, éloquent, dont Sempronius Asellion s'est servi au troisième livre de son histoire, dans la phrase suivante : « Il fallait le juger sur ses actions, et « non sur le plus ou le moins d'éloquence de ses « discours : » *non dicta, si minus facundiosa essent?* Pourquoi tous ces mots sont-ils un éloge, bien qu'ils indiquent un excès de la chose qu'ils expriment? N'est-ce pas parce que les mots tels que ceux que j'ai cités d'abord, d'après Nigidius, se disent de choses qui demandent à être contenues dans des limites? Ainsi l'autorité, *gratia*, si elle est excessive et dépasse les bornes ; les mœurs, *mores*, si elles renferment autant de mauvaises qualités que de bonnes ; la réputation, *fama*, si par son excès elle trouble le repos et excite l'envie, ne méritent ni l'estime ni la louange : tandis que l'esprit, *ingenium*, les services, *officium*, la beauté, *forma*, la science, *disciplina*, la prudence, *consilium*, la victoire et l'éloquence, vie-

---

facere et rem quampiam novam exordiri temperandum est : quos multitudo imperitorum prave et perperam *nefastos* appellant. Itaque M. Cicero in libro epistolarum nono ad Atticum : « Majores, » inquit, « nostri funes- « tiorem diem esse voluerunt Alliensis pugnæ, quam « urbis captæ ; quod hoc malum ex illo. Itaque alter « *religiosus* etiam nunc dies, alter in vulgus ignotus. » Idem tamen M. Tullius, in oratione De accusatore constituendo, « religiosa delubra » dicit, non ominosa nec tristia, sed majestatis venerationisque plena. Massurius autem Sabinus in commentariis, quos *De Indigenis* composuit : « *Religiosum*, » inquit, « est, quod propter « sanctitatem aliquam remotum ac sepositum a nobis est, « verbum a *relinquendo* dictum, tanquam *cærimoniæ* « a *carendo*. » Secundum hanc Sabini interpretationem templa quidem ac delubra, quia horum cumulus in vituperationem non cadit, ut illorum, quorum laus in modo exstat, *religiosa* sunt, quæ non vulgo ac temere, sed cum castitate cærimoniaque adeunda et reverenda et reformidanda sunt magis, quam invulganda : sed dies *religiosi* dicti, quos ex contraria causa, propter ominis diritatem, relinquimus. Idcirco ait Terentius [in Heautontimorumeno] :

Tum, quod dem ei, recte est. Nam, nihil esse mihi, religio est dicere.

Quod si, ut ait Nigidius, omnia istiusmodi inclinamenta nimium ac præter modum significant, et idcirco in culpas cadunt, ut : *vinosus, mulierosus, verbosus, morosus, famosus* : cur *ingeniosus, formosus* et *officiosus* et *speciosus*, quæ pariter ab ingenio et forma et officio inclinata sunt ; cur etiam *disciplinosus, consiliosus, victoriosus*, quæ M. Cato ita affiguravit ; cur item *facundiosa*, quod Sempronius Asellio tertio decimo *Rerum gestarum* ita scripsit : « Facta sua spectari oportere, non dicta, si « minus facundiosa essent : » cur, inquam, ista omnia nunquam in culpam, sed in laudem dicuntur ; quamquam hæc quoque incrementa sui nimium demonstrent? An propterea, quia illis quidem, quæ supra posui, adhibendus est modus quidam necessarius? Nam et *gratia*, si nimia quidem atque immodica, et *mores*, si multi atque varii, et *verba*, si perpetua atque infinita et obtundentia, et *fama*, si magna et inquieta et invidiosa sit, neque laudabilia nec utilia sunt. *Ingenium* autem et *officium* et *forma* et *disciplina* et *consilium* et *victoria* et *facundia*, sicut ipsæ virtutum amplitudines, nullis fini-

toria, facundia, sont autant d'excellentes qualités, auxquelles on n'assigne point de bornes, et qui ne deviennent que plus dignes d'éloge par leur excès.

CHAPITRE X.

De l'ordre dans lequel les sénateurs étaient appelés à donner leur suffrage. Récit de la scène qui eut lieu dans le sénat entre C. César et M. Caton, parce que ce dernier voulait parler pendant tout le jour.

Avant la loi qui règle aujourd'hui les délibérations du sénat, on ne suivait pas un ordre invariable pour recueillir les suffrages. Tantôt le premier appelé à donner son avis était celui que les censeurs avaient élu pour prince du sénat; tantôt on commençait par les consuls désignés; quelquefois les consuls disposaient de cette distinction comme ils l'entendaient, et l'accordaient au sénateur à qui ils voulaient donner un témoignage de déférence ou d'amitié. Cependant on eut toujours soin, lorsqu'on appelait ainsi un sénateur hors de son rang, de ne le faire que pour ceux qui avaient été revêtus de la dignité consulaire. C. César, pendant le consulat qu'il partagea avec Bibulus, n'honora de cette distinction que quatre sénateurs : il l'accorda entre autres à M. Crassus : mais lorsqu'il eut marié sa fille à Pompée, ce fut par celui-ci qu'il commença à recueillir les voix. Il s'expliqua même là-dessus devant le sénat, et rendit compte de ses motifs, ainsi que nous le rapporte l'affranchi de Cicéron, Tiron Tullius, qui avait appris cette particularité de la bouche de son maître. Capiton Attéius mentionne le même fait dans son traité *Sur les devoirs des sénateurs*. On trouve dans ce traité de Capiton l'anecdote suivante : « C. César, consul, demandait « l'avis de M. Caton. Caton était opposé à la chose « sur laquelle on délibérait, et qui lui paraissait « nuisible aux intérêts de la république. Pourfaire « traîner l'affaire en longueur, il commença une « longue harangue, pendant laquelle le jour s'é- « coulait. Car un sénateur avait le droit, lorsqu'il « était appelé à voter, de discourir auparavant sur « tout sujet, même sur ce qui était étranger à la « question, et de garder la parole tant qu'il vou- « lait. César appela l'appariteur, et, voyant que « Caton s'obstinait à ne point finir, il le fit saisir, « et donna l'ordre de le conduire en prison. Le « sénat se leva tout entier, et suivit Caton. Cette « éclatante désapprobation intimida César, qui fit « relâcher Caton à l'instant même. »

CHAPITRE XI.

Renseignements que nous fournit Aristoxène sur le régime de Pythagore, et qui semblent plus vrais que la tradition ordinaire. Témoignage analogue de Plutarque sur le même sujet.

D'après une opinion ancienne fort accréditée, mais probablement fausse, Pythagore ne mangeait jamais de la chair des animaux, et s'interdisait de même les fèves, que les Grecs désignent par le mot κύαμος. C'est en suivant cette opinion, que le poëte Callimaque a dit :

« S'abstenir de fèves, ne point manger de chair,
« c'était le précepte de Pythagore; je le proclame
« à mon tour. »

Cicéron de même, lorsqu'il dit au premier livre de son traité *Sur la divination* : « Platon veut

---

bus cohibentur, sed quanto majora auctioraque sunt, etiam tanto laudatiora sunt.

CAPUT X.

Quid observatum de ordine rogandarum sententiarum in senatu, jurgiorumque in senatu C. Cæsaris consulis et M. Catonis, diem dicendo eximentis.

Ante legem, quæ nunc de senatu habendo observatur, ordo rogandi sententias varius fuit. Alias primus rogabatur, qui a censoribus princeps in senatum lectus fuerat, alias qui designati consules erant : quidam e consulibus studio aut necessitudine aliqua adducti, quem iis visum erat, honoris gratia, extra ordinem sententiam primum rogabant. Observatum tamen est, cum extra ordinem fieret, ne quis quemquam ex alio, quam ex consulari loco, sententiam primum rogaret. C. Cæsar in consulatu, quem cum M. Bibulo gessit, quatuor solos extra ordinem rogasse sententiam dicitur ; ex iis quatuor principem rogabat M. Crassum ; sed, postquam filiam Cn. Pompeio desponderat, primum cœperat Pompeium rogare. Ejus rei rationem reddidisse eum senatui Tiro Tullius, M. Ciceronis libertus, refert : itaque se ex patrono suo audisse scribit. Id ipsum Capito Atteius in libro, quem *De Officio senatorio* composuit, scriptum reliquit. In eodem libro Capitonis id quoque scriptum est : « Caius, » inquit, « Cæsar consul M. Catonem sententiam rogavit. « Cato rem, quæ consulebatur, quoniam non e republica « videbatur, perfici nolebat. Ejus rei ducendæ gratia, « longa oratione utebatur, eximebatque dicendo diem. « Erat enim jus senatori, ut, sententiam rogatus, diceret « ante quidquid vellet aliæ rei et quoad vellet. Cæsar « consul viatorem vocavit ; eumque, cum finem non « faceret, prendi loquentem et in carcerem duci jussit. « Senatus consurrexit : et prosequebatur Catonem in car- « cerem. Hac, » inquit, « invidia facta, Cæsar destitit, « et mitti Catonem jussit. »

CAPUT XI.

Quæ qualiaque sint, quæ Aristoxenus, quasi magis comperta, de Pythagora memoriæ commendavit : et quæ item Plutarchus in eundem modum de eodem Pythagora scripserit.

Opinio vetus falsa occupavit et convaluit, Pythagoram philosophum non esitavisse ex animalibus, item abstinuisse fabulo, quem κύαμον Græci appellant. Ex hac opinione Callimachus poëta scripsit :

Καὶ κυάμων ἄπο χεῖρας ἔχειν ἀνιῶντον ἔδεσθαι,
Κἀγώ, Πυθαγόρας ὡς ἐκέλευε, λέγω.

Ex eadem item opinione M. Cicero in libro *De Divinatione* primo hæc verba posuit : « Jubet igitur Plato sic ad

« que nous portions au sommeil des corps telle-
« ment disposés, que rien ne puisse faire naître
« le trouble et l'égarement dans nos esprits. On
« croit même que Pythagore n'a défendu les fè-
« ves à ses disciples que parce que c'est un ali-
« ment flatueux, et contraire à cette tranquillité
« d'esprit que cherchent les philosophes. » Telle est
l'opinion de Cicéron. Mais, d'un autre côté, le
musicien Aristoxène, disciple d'Aristote, homme
profondément versé dans la connaissance de
l'antiquité, assure, dans un ouvrage qu'il a composé sur Pythagore, que les fèves étaient de
tous les légumes celui que le philosophe se faisait
servir le plus souvent, parce qu'il les trouvait
faciles à digérer et propres à relâcher les entrailles. Voici le passage même d'Aristoxène : « Py-
« thagore préférait les fèves aux autres légumes,
« comme ayant l'avantage de se digérer aisément
« et de mettre le ventre en liberté : aussi en fai-
« sait-il un fréquent usage. » Le même auteur rapporte que Pythagore mangeait souvent des cochons de lait et de jeunes chevreaux. Il paraît
avoir appris ces détails de son ami Xénophile,
pythagoricien, et de quelques autres personnes
âgées qui avaient vécu presque dans le même
temps que Pythagore. On trouvera un témoignage
du même genre dans la comédie du poète Alexis,
qui est intitulée *la Pythagoricienne*. Voici peut-
être d'où vient cette opinion sans fondement qui
prête à Pythagore la coutume de ne point manger
de fèves. L'erreur s'explique par ce vers qu'Empédocle, attaché aux doctrines pythagoriciennes,
a mis dans un poëme :

« O malheureux ! malheureux ! ne touchez
« point aux fèves (κυάμων). »

On a cru que le mot κύαμοι désignait un
légume ; mais ceux qu'une étude attentive a fami-
liarisés avec les vers d'Empédocle pensent que
κύαμοι a un sens indirect et voilé, et désigne les
organes virils, destinés à féconder le sein de la
femme, κυεῖν, et à engendrer l'homme ; et que,
par le vers en question, Empédocle a voulu, non
interdire l'usage des fèves, mais proscrire la débauche et les plaisirs infâmes. Plutarque, dont
le témoignage est si grave en matière d'érudition,
nous dit, dans le premier livre de son traité *Sur
Homère*, qu'au rapport d'Aristote, les pythagoriciens se nourrissaient de la chair des animaux,
et usaient de tout en ce genre d'aliments, à
peu d'exceptions près. Je cite la phrase même de
Plutarque, car ce détail est peu connu : « Aris-
« tote, dit-il, nous apprend que les pythagori-
« ciens s'abstenaient de manger la matrice et le
« cœur des animaux, qu'ils ne mangeaient jamais
« de l'ortie de mer, et s'interdisaient encore quel-
« ques autres animaux : que du reste ils faisaient
« usage de toute espèce de chair. » L'ortie de
mer, que Plutarque appelle ἀκαλύφη, est le poisson
qui se nomme en latin *urtica*. On voit, dans
les *Symposiaques* du même auteur, qu'il y avait
plusieurs poissons dont les pythagoriciens ne mangeaient point. Plutarque rapporte en outre que
Pythagore assurait avoir paru autrefois sur la
terre sous le nom d'Euphorbe. Tout le monde
connaît cette singulière prétention du philosophe;
mais ce qui est moins connu, c'est que, ainsi qu'on
le voit dans les écrits de Cléarque et de Dicéar-
que, Pythagore disait avoir été ensuite Pyrandre,
puis Callicléa ; enfin une courtisane célèbre par
sa beauté, nommée Alcé.

« somnum proficisci corporibus affectis, ut nihil sit, quod
« errorem animis perturbationemque afferat. Ex quo etiam
« Pythagoreis interdictum putatur, ne faba vescerentur,
« quæ res habet inflationem magnam, tranquillitatem men-
« tis quærentibus contrariam. » Hæc quidem M. Cicero.
Sed Aristoxenus musicus, vir litterarum veterum diligentissimus, Aristoteli philosophi auditor, in libro, quem de
Pythagora reliquit, nullo sæpius legumento Pythagoram
dicit usum, quam fabis : quoniam is cibus et subduceret
sensim alvum et lævigaret. Verba ipsa Aristoxeni subscripsi : Πυθαγόρας δὲ τῶν ὀσπρίων μάλιστα τὸν κύαμον ἐδο-
κίμασε· λίαν κινητικόν τε γὰρ εἶναι, καὶ διαφορητικόν· διὸ
καὶ μάλιστα κέχρηται αὐτῷ. Porculis quoque minusculis et
hœdis tenerioribus victitabat, idem Aristoxenus refert.
Quam rem videtur cognovisse e Xenophilo Pythagorico,
familiari suo, et ex quibusdam aliis, natu majoribus, qui
ab ætate Pythagoræ haud multum aberant. Ac de animalibus Alexis etiam poëta in comœdia, quæ Πυθαγορίζουσα
inscribitur, docet. Videtur autem de κυάμῳ non esitato
causam erroris fuisse, quia in Empedocli carmine, qui
disciplinas Pythagoræ secutus est, versus hic invenitur :

Δειλοί, πάνδειλοι, κυάμων ἄπο χεῖρας ἔχεσθαι.

Opinati enim sunt plerique, κύαμον legumentum vulgo
dici. Sed qui diligentius scitiusque carmina Empedocli
arbitrati sunt, κυάμους hoc in loco testiculos significare
dicunt; eosque more Pythagoræ operte atque symbolice
κυάμους appellatos, quod sint εἰς τὸ κυεῖν δεινοὶ καὶ αἴτιοι
τοῦ κυεῖν, et geniturae humanæ vim præbeant ; idcircoque
Empedoclem versu isto non a fabulo edendo, sed a rei
venereæ proluvio voluisse homines deducere. Plutarchus
quoque, homo in disciplinis gravi auctoritate, in primo
librorum, quos *De Homero* composuit, Aristotelem philosophum scripsit eadem ipsa de Pythagoricis scripsisse :
quod non abstinuerunt edundis animalibus, nisi pauca
carne quadam. Verba ipsa Plutarchi, quoniam res inopinata est, subscripsi : Ἀριστοτέλης δὲ μήτρας, καὶ καρδίας,
καὶ ἀκαλύφης, καὶ τοιούτων τινῶν ἄλλων ἀπέχεσθαί φησι τοὺς
Πυθαγορικούς· χρῆσθαι δὲ τοῖς ἄλλοις. Ἀκαλύφη autem est
animal marinum, quod *urtica* appellatur. Sed et piscibus
nonnullis abstinere Pythagoricos, Plutarchus in Symposiacis dicit. Pythagoram vero ipsum, sicut celebre est,
Euphorbum primo [se] fuisse dictitasse ; ita hæc remotiora sunt his, quæ Clearchus et Dicæarchus memoriæ
tradiderunt, fuisse eum postea Pyrandrum, deinde Callicleam, deinde feminam pulchra facie meretricem, cui
nomen fuerat Alce.

—

CHAPITRE XII.

Curieux exemples de peines infligées autrefois par les censeurs, et qu'on trouve citées dans les anciens monuments.

Négliger la culture de son champ, le laisser en mauvais état, manquer à le labourer ou à le sarcler, ne prendre aucun soin de ses arbres et de ses vignes, c'était autrefois autant de délits punis par la loi. La répression en était confiée aux censeurs, qui privaient les coupables du droit de suffrage. Lorsqu'on voyait à un chevalier romain un cheval maigre ou mal soigné, on le notait comme coupable d'*impolitia*, c'est-à-dire de négligence. Les deux usages dont nous venons de parler sont attestés par plus d'un témoignage : il en est fréquemment question dans les écrits de Caton.

CHAPITRE XIII.

Que l'on peut, en jouant de la flûte d'une certaine manière, soulager les douleurs de la goutte sciatique.

C'est une croyance très-répandue, qu'un homme en proie à un accès de goutte sciatique sent diminuer la douleur, lorsqu'on joue auprès de lui un air doux sur la flûte. J'ai lu dernièrement dans Théophraste que des sons habilement modulés sur la flûte pouvaient guérir la morsure des vipères. Démocrite rapporte la même chose dans l'ouvrage qui traite *De la peste et des maladies contagieuses :* il y atteste que, dans plusieurs maladies, les accords de la flûte peuvent être employés comme remède : tant il y a de rapports entre le corps et l'âme, et par conséquent entre les maux que l'un et l'autre éprouvent, et les remèdes qui peuvent les soulager.

CHAPITRE XIV.

Histoire de l'édile Hostilius Mancinus et de la courtisane Mamilia. Quel décret fut rendu par les tribuns, auxquels Mamilia en avait appelé.

En lisant le neuvième livre des *Conjectures* d'Atteius Capiton, qui a pour titre *Des jugements publics*, j'y remarquai un ancien arrêt des tribuns du peuple, dans lequel éclate la sagesse de nos ancêtres. C'est pourquoi je le rapporte ici. Voici à quelle occasion il fut rendu, et quel en est le contenu. A. Hostilius Mancinus, édile curule, cita devant le peuple la courtisane Mamilia, parce qu'elle lui avait jeté pendant la nuit, du haut de sa galerie, une pierre qui l'avait blessé. Mamilia en appela aux tribuns du peuple, et leur dit que Mancinus, au sortir d'une débauche, s'était présenté devant sa porte ; que, ne pouvant le recevoir chez elle, elle avait refusé de lui ouvrir, et que, comme il voulait entrer de force, elle l'avait repoussé à coups de pierres. Les tribuns déclarèrent qu'une telle conduite était indécente pour un édile, et que Mancinus, en se présentant devant cette maison avec une couronne sur la tête, avait mérité d'être chassé ainsi. En conséquence, ils lui défendirent de porter plainte devant le peuple.

CAPUT XII.

Notæ et animadversiones censoriæ, in veteribus monumentis repertæ, memoria dignæ.

Si quis agrum suum passus fuerat sordescere, eumque indiligenter curabat, ac neque araverat, neque purgaverat ; sive quis arborem suam vineamque habuerat derelictui : non id sine pœna fuit ; sed erat opus censorium : censoresque ærarium faciebant. Item si quis eques romanus equum habere gracilentum aut parum nitidum visus erat, *impolitiæ* notabatur. Id verbum significat, quasi si tu dicas *incuriæ :* cujus rei utriusque auctoritates sunt : et M. Cato id sæpenumero attestatus est.

CAPUT XIII.

Quod incentiones quædam tibiarum, certo modo factæ, ischiacis mederi possunt.

Creditum hoc a plerisque est et memoriæ mandatum : ischia[ci] cum maxime doleant, tum, si modulis lenibus tibicen incinat, minui dolores. Ego nuperrime in libro Theophrasti scriptum inveni, viperarum morsibus tibicinium, scite modulateque adhibitum, mederi. Refert etiam [idem] Democriti liber, qui inscribitur Περὶ λοιμῶν ἢ λοιμικῶν κακῶν. In quo docet plurimis hominum morbidis medicinæ fuisse incentiones tibiarum. Tanta prorsus affinitas est corporibus hominum mentibusque, et propterea vitiis quoque aut medelis animorum et corporum.

CAPUT XIV.

Narratur historia de Hostilio Mancino, ædili, et Mamilia meretrice : verbaque decreti tribunorum, ad quos a Mamilia provocatum est.

Cum librum nonum Attei Capitonis *Conjectaneorum* legeremus, qui inscriptus est *De judiciis publicis*, decretum tribunorum visum est gravitatis antiquæ plenum. Propterea id meminimus, idque ob hanc causam et in hanc sententiam scriptum est : A. Hostilius Mancinus ædilis curulis fuit. Is Mamiliæ meretrici diem ad populum dixit, quod de tabulato ejus noctu lapide ictus esset, vulnusque ex eo lapide ostendebat. Mamilia ad tribunos plebis provocavit. Apud eos dixit comessatorem Mancinum ad ædes suas venisse : eum sibi [fas] recipere non fuisse æde sua ; sed cum vi irrumperet, eum lapidibus depulsum. Tribuni decreverunt, ædilem ex eo loco jure dejectum, quc eum venire cum coronario non decuisset : propterea, ne cum populo ædilis ageret, intercesserunt.

CHAPITRE XV.

Où l'on défend un passage de Salluste contre les critiques trop sévères et malveillantes de ses adversaires.

Le genre d'élégance particulier au style de Salluste, le penchant de cet auteur à innover dans les mots et les expressions, lui ont attiré de nombreuses critiques ; et beaucoup de gens, qui certes ne manquaient pas d'esprit, ont pris à tâche de déprécier ses écrits, qu'ils ont attaqués en une foule d'endroits. Dans le nombre de ces accusations, il en est plus d'une que l'ignorance ou la malveillance a dictée. Cependant il y a dans Salluste certaines choses qui peuvent paraître mériter quelque blâme : tel est un passage de l'histoire de Catilina, où il peut sembler que l'écrivain a manqué de réflexion. Voici comment il s'exprime : « Quoiqu'il n'y ait pas autant de gloire à « écrire les grandes actions qu'à les faire, cepen- « dant l'histoire me paraît une des entreprises les « plus difficiles : d'abord parce qu'il faut élever « le style à la hauteur des choses; ensuite parce « que, si l'historien relève quelque faute, la plu- « part des lecteurs imputent ses reproches à la « malveillance ou à l'envie; enfin, parce que s'il « retrace les vertus et la gloire des gens de bien, « chacun reçoit avec plaisir ce dont il se croit ca- « pable lui-même; mais ce qui s'élève au-dessus, « il le regarde comme un mensonge et une fausse- « té. » Salluste, dit la critique, veut montrer dans cet endroit en quoi consiste la difficulté d'écrire l'histoire : mais au lieu d'en faire connaître la cause, il se borne à des plaintes. En effet, si les lecteurs peuvent interpréter avec malignité les récits de l'historien, ou douter de la vérité des faits qu'il rapporte, est-ce là une raison qui explique en quoi le travail même de l'historien est difficile? Concluez de là, si vous voulez, que ce genre de travail est exposé aux injustices de la prévention et de la malveillance, mais ne dites pas que c'est là ce qui le rend difficile; car ce qu'on appelle difficile, c'est ce qui offre de la difficulté en soi, indépendamment des erreurs où peut tomber l'opinion d'autrui. Telle est la censure sévère que les adversaires de Salluste font de ce passage. Mais remarquons, cependant, que Salluste ne donne pas seulement au mot *arduum* le sens de *difficile*, qu'il veut dire encore par là ce que les Grecs entendent par δυσχερὴς ου χαλεπὸς, c'est-à-dire ce qui est non-seulement difficile, mais encore fâcheux, incommode, pénible à supporter; signification qui s'accorde assez bien avec la pensée de Salluste, dans le passage que nous avons cité.

CHAPITRE XVI.

Que Varron et Nigidius suivaient, dans la déclinaison de certains noms, un procédé contraire à la règle ordinaire. Éclaircissements sur ce sujet; citations des anciens auteurs.

J'ai appris que M. Varron et P. Nigidius, les plus savants hommes que Rome ait produits, ne manquaient jamais, soit en parlant, soit en écrivant, de donner au génitif des mots *senatus*, *domus*, *fluctus*, la forme suivante : *senatuis*, *domuis*, *fluctuis*. Ils tiraient de là les datifs *senatui*, *domui*, *fluctui*, et suivaient la même règle dans tous les noms de la même espèce. On trouve dans les anciennes éditions de Térence, un vers qui présente un exemple de la même forme :

« Sans doute à cause de cette vieille (*ejus* « *anuis*) qui est morte. »

CAPUT XV.

Defensa a culpa sententia ex historia Sallustii, quam inimici ejus cum insectatione maligne reprehenderunt.

Elegantia orationis Sallustii verborumque fingendi et novandi studium cum multa prorsus invidia fuit, multique non mediocri ingenio viri conati sunt reprehendere pleraque et obtrectare : in quibus plura inscite aut maligne vellicant. Nonnulla tamen videri possunt non indigna reprehensione ; quale illud in Catilinæ historia repertum est, quod habeat eam speciem, quasi parum attente dictum. Verba Sallustii hæc sunt. « Ac mihi quidem, tametsi haud- « quaquam par gloria sequatur scriptorem et auctorem re- « rum, tamen imprimis arduum videtur, res gestas scri- « bere : primum, quod facta dictis exæquanda sunt ; dein, « quod plerique, quæ delicta reprehenderis, malivolentia « et invidia dicta putant. Ubi de magna virtute atque gloria « bonorum memores, quæ sibi quisque facilia factu putat, « æquo animo accipit : supra, veluti ficta pro falsis ducit. » Proposuit, inquiunt, dicturum causas, quamobrem videatur esse arduum, res gestas scribere : atque ibi non primum causam, sed querelas dicit. Non enim causa videri debet, cur historiæ opus arduum sit, quod ii, qui legunt, aut inique interpretantur, quæ scripta sunt, aut vera esse non credunt. Obnoxiam quippe et objectam falsis existimationibus eam rem dicendam [magis] aiunt quam arduam ; quia, quod arduum est, sui operis difficultate est arduum, non opinionis alienæ erroribus. Hæc illi malivoli reprehensores dicunt. Sed *arduum* Sallustius non pro difficili tantum, sed pro eo quoque ponit, quod Græci δυσχερὲς aut χαλεπὸν appellant : quod est cum difficile, tum molestum quoque et incommodum et intractabile. Quorum verborum significatio a sententia Sallustii, supra scripta, non abhorret.

CAPUT XVI.

De vocabulis quibusdam a Varrone et Nigidio contra quotidiani sermonis consuetudinem declinatis : atque ibi id genus quædam cum exemplis veterum relata.

M. Varronem et P. Nigidium, viros romani generis doctissimos, comperimus, non aliter elocutos esse et scripsisse, quam *senatuis*, et *domuis*, et *fluctuis* ; qui est patrius casus, ab eo, quod est *senatus*, *domus*, et *fluctus* : hinc, *senatui*, *domui*, *fluctui*, ceteraque his consimilia pariter dixisse. Terentii quoque comici versus in libris veteribus itidem scriptus est :

Ejus anuis, opinor, causa, quæ est emortua.

Plusieurs grammairiens anciens ont voulu confirmer l'autorité de ces écrivains par l'observation suivante. Ils remarquent que tout datif singulier, se terminant autrement que le génitif singulier, donne, si on ajoute à sa terminaison la lettre *s*, la forme du génitif singulier : qu'ainsi *patri* donne *patris*, *duci* donne *ducis*, *cædi* donne *cædis*. Lors donc, ajoutent-ils, que nous disons au datif *senatui*, nous sommes nécessairement conduits à dire au génitif *senatuis*. Mais il est vrai que tout le monde ne s'accorde pas à dire au datif *senatui*, et que plusieurs adoptent pour ce cas la forme *senatu*. Ainsi on trouve *victu* et *anu*, au datif, dans les passages suivants de Lucilius :

Quod sumptum atque epulas victu præponis honesto.

« Puisque tu préfères les prodigalités et les festins à un train de vie modéré et honnête. »
Et ailleurs il écrit : *Anu noceo*, « je fais tort à la vieille. » Virgile a dit au même cas, *aspectu*, au lieu d'*aspectui* :

..... Teque aspectu ne subtrahe nostro.

« Ne te dérobe point à mes regards. »
On lit aussi dans les *Géorgiques* :

Quod nec concubitu indulgent.

« C'est que l'hymen leur est inconnu. »
Caïus César, cet écrivain si savant sur les principes de la langue latine, dit dans son *Anti-Caton* : *Unius arrogantiæ superbiæque dominatuque;* « A l'arrogance, à l'orgueil et au despotisme d'un seul. » On lit la phrase suivante dans son troisième plaidoyer contre Dolabella : « Ceux pour qui ces richesses, déposées dans les maisons et dans les temples, étaient un ornement et une gloire : » *et honori erant et ornatu*. En outre, dans son traité *De l'analogie*, il est d'avis que le datif ne doit point se terminer par un *i* dans tous les noms de cette espèce.

CHAPITRE XVII.

Sur la prénonciation de quelques prépositions jointes à des verbes. Qu'il n'y a rien de barbare dans l'usage de faire ces prépositions longues. Discussion et citations sur ce sujet.

Dans ces vers du onzième livre de Lucilius :
« L'envieux Asellus, pour trouver un sujet d'accuser Scipion, disait que le lustre qui s'était écoulé pendant la censure de ce grand homme avait été malheureux pour la république. »

Scipiadæ magno improbus obiiciebant Asellus, etc.

La première syllabe du mot *obiiciebat* doit, selon l'avis de beaucoup de gens, se prononcer longue. Ils donnent pour raison de cette prononciation, qu'il faut se conformer à la mesure du vers. Dans cet autre passage de Lucilius :
« Déjà je voulais mettre en vers l'histoire du héraut Granius. »

Coniicere in versus, etc.   Et jam

On prononce longue la préposition du verbe *coniicere*, pour la même raison. Dans ce vers du même auteur, tiré de son quinzième livre :
« Il se hâte d'élever à sa place un homme obscur, et de lui substituer un inférieur. »

Subiicit hinc humilem et sufferctus posteriorem.

On prononce longue la lettre *u* de *subiicit*, attendu qu'une syllabe brève choquerait au commencement d'un vers hexamètre. De même, on prononce longue la syllabe *con*, dans ce vers de l'*Epidicus* de Plaute :

Hanc eorum auctoritatem quidam e veteribus grammaticis ratione etiam firmare voluerunt, quod omnis dativus singularis littera finitus *i*, si non similis est genitivi singularis, *s* littera addita genitivum singularem facit, ut : *patri patris*, *duci ducis*, *cædi cædis*. Cum igitur, inquiunt, in casu dandi *huic senatui* dicamus, genitivus ex eo singularis *senatuis* est, et non *senatus*. Sed non omnes concedunt, in casu dativo *senatui* magis dicendum, quam *senatu*. Sicut Lucilius in eodem casu *victu* et *anu* dicit, non *victui* nec *anui* in hisce versibus :

Quod sumptum atque epulas victu præponis honesto;

et alio in loco : *Anu noceo*, inquit. Virgilius quoque in casu dandi *aspectu* dicit, non *aspectui* :
— Teque aspectu ne subtrahe nostro.
Et in Georgicis :
Quod nec concubitu indulgent.
Caius etiam Cæsar, gravis auctor linguæ latinæ, in *Anticatone* : « Unius, » inquit, « arrogantiæ superbiæque dominatuque. » Item *in Dolabellam actionis III.* : « Ibi isti quorum in ædibus fanisque posita et honori erant et ornatu. » In libris quoque Analogicis omnia istiusmodi sine *i* littora dicenda censet.

CAPUT XVII.

De natura quarundam particularum, quæ, præpositæ verbis, intendi atque produci barbare atque inscite videntur, exemplis rationibusque plusculis disceptatum

Lucilii ex undecimo versus sunt :

Scipiadæ magno improbus obiiciebat Asellus,
Lustrum, illo censore, malum infelixque fuisse.

Obiiciebat, *o* littera producta, multos legere audio, idque eo facere dicunt, ut ratio numeri salva sit. Idem infra :

[et jam]

Coniicere in versus dictum præconis volebam
Grani.

In hac quoque primi verbi præpositione ob eamdem causam producunt. Item quinto decimo :

Subiicit hinc humilem et sufferctus posteriorem.

Subiicit, *u* littera longa, legunt, quia primam syllabam brevem esse in versu heroico non convenit. Item apud Plautum in Epidico *con* syllabam productam pronuntiant :

Age nunc jam, orna te, Epidice, et pallium in collium
coniice.

LIVRE IV, CHAPITRE XVII.

« Allons, maintenant, fais-toi beau, Épidicus,
« et jette ton manteau sur tes épaules. »
   ... et pallium in collum coniice.
On fait de même en lisant ce vers de Virgile :
« Et les jeunes rejetons du laurier, ornement
« du Parnasse, croissent sous le vaste ombrage
« du tronc paternel. »
   ... Sub ingenti matris se subiicit umbra.
Cependant il est certain que les prépositions *ob* et *sub* ne sont point de celles qui doivent par nature se prononcer longues. On peut en dire autant de *con*, qui ne se prononce longue que quand elle est suivie d'une *s* ou d'une *f*, ou quand elle perd par élision la lettre *n*, comme dans ces mots tirés de Salluste, *facinoribus coopertus* (couvert de crimes.) Voici comment s'explique cette difficulté, et comment on peut prononcer ces prépositions longues, de manière à se conformer à la mesure, sans que les règles de la prononciation soient violées. Il faut remarquer que ces prépositions sont suivies, dans ces verbes, de deux *i*, et non d'un seul. En effet, le verbe auquel les prépositions se trouvent jointes est *iacio*, et non *icio*, et son parfait est *ieci*, et non *ici*. Or, la lettre *a*, comprise dans le verbe *iacio*, se change en *i*, par la même raison qui fait dire *insilio* et *incipio*. On a donc ainsi un *i* double qui prend la valeur d'une consonne : et cette syllabe, sur laquelle on s'arrête un peu en prononçant, ne permet pas de prononcer brève la syllabe précédente, et la rend longue par position. Ainsi les règles de la quantité et celles de la prononciation se trouvent également observées. Ce que nous venons de dire peut s'appliquer aussi à ce vers, tiré du sixième livre de Virgile :

Eripe me his, invicte, malis, aut tu mihi terram
Iniice.

« Héros invincible, délivre-moi de ces tour-
« ments, ou bien jette de la terre sur mes restes
« abandonnés. »

Il faudra, pour écrire et prononcer le mot *iniice*, suivre la règle que nous avons établie, et, sans doute, il ne se trouvera personne d'assez entêté dans son opinion pour nous dire encore que la raison qui fait prononcer longue la préposition *in*, est le respect dû à la mesure du vers. Mais pourquoi fait-on longue la lettre *o* dans le mot *obicibus*? Cela paraît singulier, car ce mot vient de *obicio*, et il n'y a point ici de circonstances semblables à celles qui font que *motus*, dérivé de *moveo*, a la lettre *o* longue. Je me rappelle que Sulpicius Apollinaris, homme d'un savoir éminent, prononçait bref l'*o* de *obices* et de *obicibus* : c'est ainsi que je lui ai entendu lire ce mot dans le passage suivant de Virgile :

« Quelle cause soulève la profonde mer et lui
« fait briser ses digues? »

.... qua vi maria alta tumescant
Obicibus ruptis?

Mais, en prononçant la lettre *i*, que l'on doit considérer aussi comme double dans ce mot, il faisait ce que nous avons recommandé de faire, il s'arrêtait un peu sur cette voyelle, de manière à en prolonger légèrement le son. On devrait de même prononcer brève la lettre *u* du mot *subices*, qui est formé comme *obices*. On voit ce mot employé dans l'*Achille* d'Ennius pour désigner la région aérienne placée au-dessous du ciel : voici les vers où il se trouve :

« Je le jure par les demeures aériennes, d'où
« s'échappent la pluie et les vents à l'haleine
« bruyante. »

Per ego deum sublimas subices, etc.

Cependant la plupart prononcent la lettre *u* longue dans ce mot. Les observations précédentes s'appliquent au même verbe *iacere* précédé d'une

---

Apud Virgilium quoque *subiicit* verbum produci a plerisque audio :

— Et jam Parnasia laurus
Parva sub ingenti matris se subiicit umbra.

Sed neque *ob* neque *sub* præpositio producendi habet naturam ; neque item *con* ; nisi cum eam litteræ sequuntur, quæ in verbis *constituit* et *confecit* secundum eam primæ sunt, vel cum eliditur ex ea *n* littera : sicut Sallustius : *Fœnoribus*, inquit, *coopertus*. In iis autem, quæ supra posui, et metrum esse integrum potest, et præpositiones istæ possunt non barbare protendi : secunda enim littera in his verbis per duo *ii*, non per unum scribenda est. Nam verbum istud, cui supradictæ particulæ præpositæ sunt, non *icio* est, sed *iacio*, et præteritum non *icit* facit, sed *iecit* : idque ubi compositum est ex *a* littera, *a* in *i* mutatur ; sicuti fit in verbis *insilio* et *incipio* ; atque ita vim consonantis capit ; et idcirco ea syllaba producenda latiusque paulo pronuntiata priorem syllabam brevem esse non patitur, sed reddit eam positu longam ; propterea que et numerus in versu et ratio in pronuntiatu manet. Hæc, quæ diximus, eo etiam conducunt, ut, quod apud Virgilium in sexto positum invenimus :

Eripe me his, invicte, malis, aut tu mihi terram
Iniice :

sic esse *iniice*, ut supra dixi, et scribendum et legendum sciamus : nisi quis tam indocilis est, ut in hoc quoque verbo *in* præpositionem metri gratia protendat. Quærimus igitur in *obicibus*, *o* littera qua ratione intendatur, cum id vocabulum factum sit a verbo *obicio*, et nequaquam simile sit, quod a verbo *moveo*, *motus*, *o* littera longa, dicitur. Equidem memini Sulpicium Apollinarem, virum præstanti litterarum scientia, *obicis* et *obicibus*, *o* littera correpta, dicere ; in Virgilio quoque sic eum legere :

— Qua vi maria alta tumescant
Obicibus ruptis.

Sed ita, ut diximus, *i* litteram, quæ in vocabulo quoque gemina esse debet, paulo uberius largiusque pronuntiabat. Congruens igitur ita est, ut *subices* etiam, quod perinde ut *obices* compositum est, *u* littera brevi dici oporteat. Ennius in tragœdia, quæ *Achilles* inscribitur, *subices* pro aere alto ponit, qui cœlo subjectus est, in his versibus :

Per ego deum sublimas subices humidas,
Unde oritur imber, sonitu sævo et strepitu.

Plerosque omnis tamen legere audias, *u* littera producta.

33.

autre préposition, tel que l'emploie Caton dans cette phrase du discours qu'il prononça sur son consulat : « Ainsi le vent, en les poussant vers la « haute mer (*quos proiicit in altum*), les porte « vers la partie antérieure des Pyrénées. » et Pacuvius dans le passage suivant de sa pièce de *Chrysès* :

« Ce promontoire dont la pointe s'avance dans « la pleine mer. »

......Id promontorium
Cujus lingua in altum proiicit.

CHAPITRE XVIII.

Traits mémorables de la vie du premier Africain, rapportés d'après les annales.

Une foule de paroles et d'actions remarquables nous révèlent les vertus et l'héroïsme qui ont acquis tant de gloire au premier Africain, l'élévation et la générosité de son caractère, et la fierté que lui donnait la conscience de sa grandeur. Parmi les traits qu'on cite de lui, en voici deux où éclatent surtout sa noble confiance en lui-même et la hauteur extraordinaire de son âme. Le tribun M. Nævius l'avait cité devant le peuple : il le disait coupable d'avoir reçu de l'argent du roi Antiochus, pour lui faire obtenir des conditions de paix plus favorables et plus douces, et le chargeait encore d'autres accusations injurieuses pour un si grand homme. Scipion, après avoir répondu en peu de mots ce qu'exigeaient dans une telle circonstance la dignité de sa vie et la gloire de son nom, ajouta : « Romains, je me « souviens que c'est à pareil jour que je vainquis « en Afrique, dans une grande bataille, Annibal, « le plus terrible ennemi de Rome, et que j'eus « l'avantage de vous procurer une victoire et une « paix inespérées. Ne soyons donc point ingrats « envers les dieux ; laissons là ce misérable, et allons à cette heure offrir nos actions de grâces au « grand Jupiter. » En achevant ces mots, il prend la route du Capitole. Aussitôt le tribun est abandonné, et le peuple entier, qui était assemblé pour juger Scipion, le suit au Capitole et le reconduit ensuite à sa maison, en lui prodiguant mille témoignages de reconnaissance et d'allégresse. Il existe un discours qu'on prétend être celui que Scipion prononça dans cette circonstance; mais l'authenticité en est suspecte. Toutefois ceux qui le croient supposé admettent que les paroles que nous avons citées sont réellement de Scipion. On rapporte encore de lui cet autre trait qui n'est pas moins remarquable. Les deux Pétilius, tribuns du peuple, poussés, à ce qu'on dit, par Marcus Caton, ennemi de Scipion, le sommèrent en plein sénat, de la manière la plus pressante, de rendre compte des trésors du roi Antiochus et du butin qui avait été fait dans la guerre contre ce prince. Scipion avait pris part à cette guerre comme lieutenant de son frère Lucius, surnommé l'Asiatique. A cette sommation il se lève, et tirant de son sein un livret, il dit qu'il y avait écrit le compte de l'argent et des dépouilles. « Li« sez-le donc, disent les tribuns, et déposez-le « ensuite au trésor. — Non, reprend-il, je m'y re« fuse, je ne le ferai pas, et n'aurai point la fai« blesse de me déshonorer moi-même. » A ces mots, il déchira le livret et le mit en pièces devant toute l'assemblée, indigné qu'on osât demander compte de l'argent pris sur l'ennemi à celui au-

Id ipsum autem verbum M. Cato sub alia præpositione dicit in oratione, quam *de consulatu suo* habuit : « Ita « hos, » inquit, « fert ventus ad priorem Pyrenæum, quos « proiicit in altum. » Et Pacuvius item in Chryse :

———Id promontorium
Cujus lingua in altum proiicit.

CAPUT XVIII.

De P. Africano superiore sumta quædam ex annalibus, memoratu dignissima.

Scipio Africanus antiquior quanta virtutum gloria præstiterit, et quam fuerit altus animi atque magnificus, et qua sui conscientia subnixus, plurimis rebus, quæ dixit quæque fecit, declaratum est. Ex quibus sunt hæc duo exempla ejus fiduciæ atque exsuperantiæ ingentis. Cum M. Nævius tribunus plebei accusaret eum ad populum, diceretque, accepisse a rege Antiocho pecuniam, ut conditionibus gratiosis et mollibus pax cum eo populi romani nomine fieret; et quædam item alia crimini daret indigna tali viro : tum Scipio pauca præfatus, quæ dignitas vitæ suæ atque gloria postulabat : « Memoria', » inquit, « Qui« rites, repeto, diem esse hodiernum, quo Hannibalem « Pœnum imperio vestro inimicissimum magno prœlio vici « in terra Africa : pacemque et victoriam vobis peperi ins« perabilem ; non igitur simus adversum deos ingrati : sed « censeo, relinquamus nebulonem hunc, eamus hinc pro« tinus Jovi optimo maximo gratulatum. » Id cum dixisset, avertit, et ire ad Capitolium cœpit. Tum contio universa, quæ ad sententiam de Scipione ferendam convenerat, relicto tribuno, Scipionem in Capitolium comitata, atque inde ad ædes ejus cum lætitia et gratulatione solemni prosecuta est. Fertur etiam oratio, quæ videtur habita eo die a Scipione, et, qui dicunt eam non veram, non eunt infitias, quin hæc quidem verba fuerint, quæ dixi, Scipionis. Item aliud est factum ejus præclarum. Pœtilii quidam, tribuni plebei, a Marco, ut aiunt, Catone, inimico Scipionis, comparati in eum atque immissi desiderabant in senatu instantissime, ut pecuniæ Antiochinæ, prædæque, quæ eo in bello capta erat, rationem redderet. Fuerat enim L. Scipioni Asiatico, fratri suo, imperatori in ea provincia, legatus. Ibi Scipio exsurgit ; et prolato e sinu togæ libro, rationes in eo scriptas esse dixit omnis pecuniæ omnisque prædæ. Illi tum, ut palam recitaretur, et ad ærarium deferretur. Sed enim id jam non faciam, inquit, nec me ipse afficiam contumelia. Eumque librum statim coram discidit suis manibus et concerpsit ; ægre passus, quod, cui salus imperii ac reipublicæ accepta fieri deberet, rationem pecuniæ prædaticiæ posceretur.

quel la république devait son salut et sa gloire.

CHAPITRE XIX.
Conseil donné par Varron, dans un de ses recueils, sur la nécessité de modérer la nourriture des enfants.

Il est prouvé que les enfants qui, avant l'âge de puberté, prennent trop d'aliments, ou se livrent avec excès au sommeil, deviennent lourds et apathiques, et sont exposés à tomber dans la langueur ou l'abrutissement; ils restent petits et ne peuvent se développer. Cette observation, qui a été faite par beaucoup de médecins et de philosophes, se trouve aussi dans le recueil de Varron qui a pour titre *Caton, ou De l'éducation des enfants*.

CHAPITRE XX.
Condamnations portées par les censeurs contre ceux qui se permettaient en leur présence des plaisanteries déplacées. Qu'ils délibérèrent un jour sur la punition que méritait un homme qui avait bâillé devant eux.

Parmi les condamnations portées par les censeurs, on en cite trois qui font voir mieux que tout autre exemple la sévérité de ces magistrats. Voici la première. Le censeur, selon la coutume, faisait prêter aux citoyens le serment par lequel on déclare qu'on est marié. La sommation était ainsi conçue : RÉPONDEZ SELON VOTRE CONSCIENCE; ÊTES-VOUS MARIÉ? Un homme d'humeur plaisante, et qui aimait à railler, vint prêter serment à son tour. Le censeur lui ayant adressé la question ordinaire : RÉPONDEZ SELON VOTRE CONSCIENCE; ÊTES-VOUS MARIÉ? *ut tu ex animi tui sententia uxorem habes?* Il saisit l'occasion pour faire un jeu de mots : Je suis marié, dit-il, mais non selon mon goût. *Habeo equidem uxorem, sed non hercle ex animi mei sententia.* Le censeur trouva cette saillie déplacée, et priva le plaisant du droit de suffrage, pour s'être permis en sa présence, disait-il dans l'arrêt, une indécente bouffonnerie. La même sévérité éclate dans le fait suivant. Les censeurs délibérèrent sur le traitement que méritait un homme qui, appelé en témoignage par un ami devant leur tribunal, s'était mis à bâiller de toutes ses forces et avec grand bruit au milieu de l'audience : ils allaient le faire punir pour ce bâillement, qui leur paraissait ne pouvoir venir que d'une étourderie inconvenante et d'un sans-gêne insolent. Mais cet homme assura par serment qu'il avait fait tous ses efforts pour se retenir, que ce bâillement lui était échappé malgré lui, et qu'il était sujet à cette maladie, qui consiste dans une envie fréquente de bâiller : en conséquence l'arrêt déjà porté contre lui fut annulé. P. Scipion l'Africain, fils de Paul Émile, rapporte ces deux traits dans le discours qu'il prononça pendant sa censure, pour rappeler le peuple à la sévérité des anciennes mœurs. Notre troisième exemple nous est fourni par Massurius Sabinus, dans le septième livre de ses Mémoires. « Les censeurs P. Scipion Nasica et M. Popilius, faisant la revue de l'ordre équestre, remarquèrent un chevalier dont le cheval était maigre et en mauvais état, tandis qu'il était lui-même florissant de santé et que sa personne était fort soignée. Pourquoi, lui dit-il, as-tu moins de soin de ton cheval que de toi? C'est que je me soigne moi-même, répondit-il, mais c'est que Statius, un méchant esclave, qui prend soin de mon cheval. La réponse ayant paru peu respectueuse, les censeurs le firent descendre, selon leur cou-

CAPUT XIX.
Quid M. Varro in *Logistorico* scripserit de moderando victu puerorum impubium.

Pueros impubes compertum est, si plurimo cibo nimioque somno uterentur, hebetiores fieri, ad veterni usque aut eluci tarditatem; corporaque eorum improcera fieri, minusque adolescere. Idem plerique alii medicorum philosophorumque, et M. Varro in *Logistorico* scripsit, qui inscriptus est *Cato, aut de liberis educandis*.

CAPUT XX.
Notati a censoribus, qui audientibus iis dixerant joca quædam intempestiviter : ac de ejus quoque nota deliberatum, qui steterat forte apud eos oscitabundus.

Inter censorum severitates tria hæc exempla in litteris sunt casti[gati]ssimæ disciplinæ. Unum est hujuscemodi. Censor adigebat de uxoribus sollemne jusjurandum. Verba erant ita concepta : UT. TU. EX. ANIMI. TUI. SENTENTIA. UXOREM. HABES? Qui jurabat, cavillator quidam et canicola et nimis ridicularius fuit. Is locum esse sibi joci dicundi ratus, cum ita, uti mos erat, censor dixisset : UT. TU. EX. ANIMI. TUI. SENTENTIA. UXOREM. HABES ? « Habeo equidem, » inquit, « uxorem, sed non hercle ex « animi mei sententia. » Tum censor eum, quod intempestive lascivisset, in ærarios retulit; causamque hanc joci scurrilis apud se dicti subscripsit. Altera severitas ejusdem sectæ disciplinæque est. Deliberatum est de nota ejus, qui ad censores ab amico advocatus est, et, in jure stans, clare nimis ac sonore oscitavit : atque inibi, ut plecteretur, fuit; tanquam illud indicium esset vagi animi et alucinantis, et fluxæ atque apertæ securitatis. Sed cum ille dejurasset, invitissimum sese ac repugnantem oscitatione victum; teneri que eo vitio, quod *oscedo* appellatur, tum notæ jam destinatæ exemptus est. P. Scipio Africanus, Pauli F., utramque historiam posuit in oratione, quam dixit in censura, cum ad majorum mores populum hortaretur. Item aliud refert Sabinus Massurius in septimo *Memoriali* severe factum : « Censores, » inquit, « P. Scipio Nasica et M. Popilius cum equitum censum « agerent, equum nimis strigosum et male habitum, sed « equitem ejus uberrimum et habitissimum viderunt. Et « cur, inquiunt, ita est, ut tu sis, quam equus, curatior? « Quoniam, inquit, ego me curo, equum Statius nihili « servos. Visum est parum reverens esse responsum, re-

« tume, dans la classe des citoyens privés du
« droit de suffrage. » *Statius* était dans l'origine
un nom propre aux esclaves : chez les anciens il
y avait beaucoup d'esclaves qui le portaient. Cécilius, si célèbre par ses comédies, était de condition servile, et reçut pour cette raison le nom
de Statius, qu'il garda dans la suite comme surnom, puisqu'on l'appelle encore aujourd'hui Cécilius Statius.

LIVRE V.

CHAPITRE I.

Comment le philosophe Musonius montrait que les cris d'admiration et les éloges bruyants sont déplacés, quand on écoute les leçons d'un philosophe.

J'ai recueilli la pensée suivante du philosophe
Musonius. Lorsqu'un philosophe, disait-il souvent, exhorte, avertit, conseille, blâme, ou
donne une leçon quelconque de morale, si ses
auditeurs lui jettent à la tête, de toute la force de
leurs poumons, des louanges banales et vulgaires, s'ils poussent des cris, si, ravis des grâces
de son style, de l'harmonie de ses expressions,
des chutes cadencées de ses périodes, ils s'agitent et gesticulent avec transport, alors soyez
persuadé que l'orateur et les auditeurs perdent
leur temps, et qu'il n'y a pas là un philosophe
qui enseigne les âmes, mais un joueur de flûte
qui amuse les oreilles. Quand on écoute un philosophe dont la parole est utile et salutaire, dont les
discours sont un remède contre l'erreur et le vice,
alors l'esprit n'a pas assez de loisir pour se jeter
dans ces louanges et ces applaudissements infinis. L'auditeur, quel qu'il soit, à moins qu'il n'ait
perdu tout sentiment moral, se taira pendant le
discours du philosophe, intérieurement agité par
des mouvements d'horreur, de honte, de repentir, de joie, d'admiration : sa sensibilité sera
diversement émue, et les traits de son visage
changeront, suivant les différentes impressions
que le philosophe produira sur sa conscience,
en touchant aux parties saines ou malades de son
âme. D'ailleurs, disait encore Musonius, ce qui
est digne des plus grands éloges inspire l'admiration ; et l'admiration portée à son plus haut
degré ne se manifeste point par des paroles, et
ne produit que le silence. Aussi, ajoutait-il,
dans Homère, lorsqu'Ulysse a raconté ses malheurs avec une éloquence si touchante, on ne
voit point ses auditeurs s'agiter en tumulte, crier
et applaudir avec transport : le poëte nous les
représente, au contraire, immobiles, étonnés, silencieux, comme si la puissance magique qui
charme leurs oreilles pénétrait jusqu'à leur langue et la paralysait en quelque sorte :

« Ainsi parla le héros ; et dans le palais, qu'en-
« veloppait déjà l'ombre de la nuit, tous les
« assistants, ravis de ses discours, demeuraient en
« silence. »

CHAPITRE II.

Sur le cheval d'Alexandre, appelé Bucéphale.

Alexandre avait un cheval que la forme de sa

« latusque in aerarios, ut mos est. » *Statius* autem servile nomen fuit. Plerique apud veteres servi eo nomine
fuerunt. Caecilius quoque [ille] comoediarum poëta inclitus servus fuit : et propterea nomen habuit *Statius*.
Sed postea versum est quasi in cognomentum, appellatusque [est] *Caecilius Statius*.

LIBER QUINTUS.

CAPUT I.

Quod Musonius philosophus reprehendit improbavitque, laudari philosophum disserentem a vociferantibus et in laudando gestientibus.

Musonium philosophum solitum dicere accepimus : Cum
philosophus, inquit, hortatur, monet, suadet, objurgat,
aliudve quid disciplinarum disserit ; tum, qui audiunt, si
summo et soluto pectore obvias vulgatasque laudes effutiunt, si clamitant etiam, [si geshunt] si vocum ejus festivitatibus, si modulis verborum, si quibusdam quasi
frequentamentis orationis moveantur, exagitantur, el gestiunt, tum scias, et qui dicit et qui audiunt frustra esse : neque illi philosophum loqui, sed tibicinem canere. Animus,
inquit, audientis philosophum, si, quae dicuntur, utilia
ac salubria sunt, et errorum atque vitiorum medicinas
ferunt, laxamentum atque otium prolixe profuseque laudandi non habet. Quisquis ille est, qui audit, nisi ille
est plane deperditus, inter ipsam philosophi orationem
et perhorrescat necesse est, et pudeat tacitus et poeniteat
et gaudeat et admiretur ; varios adeo vultus disparilesque
sensus gerat ; perinde ut eum conscientiamque ejus affecerit utrarumque animi partium aut sincerarum aut aegrarum philosophi pertractatio. Praeterea dicebat, magnam
laudem non abesse ab admiratione : admirationem autem,
quae maxima est, non verba parere, sed silentium. Idcirco, inquit, poetarum sapientissimus auditores illos
Ulyxi, labores suos illustrissime narrantis, ubi loquendi
finis factus, non exsultare nec strepere nec vociferari
facit, sed consiluisse universos dicit, quasi attonitos et
obstupidos deleenimentis aurium ad origines usque vocis
permanantibus :

Ὣς ἔφατ', οἱ δ' ἄρα πάντες ἀκὴν ἐγένοντο σιωπῇ·
Κηληθμῷ δ' ἔσχοντο κατὰ μέγαρα σκιόεντα.

CAPUT II.

Super equo Alexandri regis, qui *Bucephalas* appellatus est.

Equus Alexandri regis et capite et nomine *Bucephalas*

tête avait fait appeler Bucéphale (tête de bœuf). Charès rapporte qu'il fut acheté treize talents, ce qui fait dans notre monnaie trois cent mille et douze sesterces. Une chose qui a paru digne de mémoire dans ce cheval, c'est que lorsqu'il était équipé et armé pour le combat, il ne se laissait monter par aucun autre que par le roi. On raconte encore qu'un jour, dans la guerre des Indes, Alexandre s'étant laissé entraîner par l'ardeur de son courage au milieu d'un bataillon ennemi, et les traits pleuvant sur lui de toutes parts, Bucéphale, qui le portait, reçut à la tête et aux flancs de profondes blessures; que cependant, tout épuisé et mourant qu'il était, il dégagea le roi du milieu des ennemis par une course rapide; qu'aussitôt qu'il l'eut mis hors de la portée des traits, il tomba, et, tranquille alors pour son maître, rendit le dernier soupir, en paraissant consolé par la joie de l'avoir sauvé. Alexandre ayant terminé victorieusement la guerre, fit bâtir, à l'endroit même où s'était livré le combat, une ville qu'il appela Bucéphalie en mémoire de son cheval.

CHAPITRE III.

Comment Protagoras devint philosophe.

On raconte que Protagoras, ce philosophe célèbre par sa science, dont Platon a pris le nom pour titre d'un de ses plus beaux dialogues, était si pauvre dans sa jeunesse, que pour un salaire il mettait ses bras au service d'autrui, et faisait le métier de portefaix, genre de profession que les Grecs désignent par le mot d'ἀχθοφόρος, et les Latins par celui de *bajulus*. Un jour il se rendait de la campagne voisine d'Abdère, dans cette ville, où il était né, portant une forte charge de bois retenue par un faible lien. Démocrite, son concitoyen, philosophe digne du plus grand respect par sa science et sa vertu, sortait alors de la ville : il aperçut le jeune homme marchant d'un pas libre et rapide sous ce fardeau embarrassant, et dont les parties semblaient très-difficiles à maintenir liées ensemble. Il s'approcha; et ayant reconnu que les branches du faisceau étaient disposées et attachées d'une manière savante et habile, il pria Protagoras de s'arrêter un moment. Celui-ci s'étant rendu à cette invitation, Démocrite considéra le fardeau plus à son aise, et vit que cet assemblage circulaire de morceaux de bois réunis par un faible lien était maintenu en équilibre par une sorte d'arrangement géométrique. Il lui demanda qui avait disposé ainsi ce bois; et Protagoras ayant répondu que c'était lui-même, il le pria de le défaire, et de le lier de nouveau devant lui. Lorsque le jeune homme se fut prêté à son désir, Démocrite, saisi d'admiration pour l'esprit et l'habileté de cet homme inculte, lui dit : « Mon enfant, puisque vous avez « de si heureuses dispositions, vous pourrez vous « occuper auprès de moi de choses plus importan-« tes et plus relevées; » et l'ayant emmené aussitôt chez lui, il l'associa à ses travaux, l'entretint à ses frais, lui enseigna la philosophie, et le mit en état de parvenir à la célébrité qu'il obtint dans la suite. Il est vrai, toutefois, que la philosophie de Protagoras n'était pas la recherche sincère de la vérité; qu'il fut au contraire le plus disputeur des sophistes, puisqu'il promettait à ses disciples, dont il recevait par an un salaire considéra-

---

fuit. Emptum Chares scripsit talentis tredecim, et regi Philippo donatum : æris nostri summa est sestertia trecenta duodecim. Super hoc equo dignum memoria visum, quod, ubi ornatus erat armatusque ad prœlium, haud unquam inscendi sese ab alio nisi a rege passus sit. Id etiam de isto equo memoratum est : quod, cum in eo insidens Alexander, bello Indico, et facinora faciens fortia, in hostium cuneum non satis sibi providens immisisset, conjectis undique in Alexandrum telis, vulneribus altis in cervice atque in latere equus perfossus est : moribundus tamen ac prope jam exsanguis e mediis hostibus regem vivacissimo cursu retulit : atque, ubi eum extra tela extulerat; illico concidit et, domini jam superstitis securus, quasi cum sensus humani solatio animam exspiravit. Tum rex Alexander, parta ejus belli victoria, oppidum in iisdem locis condidit, idque ob equi honores *Bucephalon* appellavit.

CAPUT III.

Quæ causa, quodque initium fuisse dicatur Protagoræ ad philosophiæ litteras adeundi.

Protagoram, virum in studiis doctrinarum egregium, cujus nomen Plato libro suo illi inclito inscripsit, adolescentem aiunt, victus quærendi gratia, in mercedem missum, vecturasque onerum corpore suo factitavisse. Quod genus Græci ἀχθοφόρους vocant; latine *bajulos* appellamus. Is de proximo rure Abderam oppidum, cujus popularis fuit, caudices ligni plurimos funiculo brevi circumdatos portabat. Tum forte Democritus, civitatis ejusdem civis, homo ante alios virtutis et philosophiæ gratia venerandus, cum egrederetur extra urbem, videt eum, cum illo genere oneris tam impedito ac tam incohibili facile atque expedite incedentem : et prope accedit; et juncturam positaramque ligni scite periteque factam considerat, petitque, ut paululum acquiescat. Quod ubi Protagoras, uti erat petitum, fecit; atque itidem Democritus acervum illum et quasi orbem caudicum, brevi vinculo comprehensum, ratione quadam quasi geometrica librari continerique animadvertit; interrogavitque, quis id lignum ita composuisset : et cum ille a se compositum dixisset, desideravit, uti solveret, ac denuo in modum eumdem collocaret. At postquam ille solvit et similiter composuit : tum Democritus, animi aciem sollertiamque hominis non docti demiratus : « Mi adolescens, » inquit, cum ingenium « benefaciendi habeas, sunt majora melioraque, quæ facere « mecum possis : » abduxitque eum statim secumque habuit, et sumptum ministravit, et philosophias docuit, et esse eum fecit, quantus postea fuit. Is tamen Protagoras insincerus quidem philosophus, sed acerrimus sophistarum fuit; pe-

ble, de leur enseigner le moyen de rendre bonne une mauvaise cause par les subtilités de la parole, espèce d'art qu'il exprimait par ces mots : τὸν ἥττω λόγον κρείττω ποιεῖν.

CHAPITRE IV.

Sur le mot *duo et vicesimus*, qui, bien qu'inconnu du vulgaire, a été employé en plus d'un endroit par de bons écrivains.

M'étant un jour assis dans une librairie du quartier des Sigillaires avec Julius Paulus, un des hommes les plus instruits de notre temps, nous y vîmes en vente un exemplaire des Annales de Fabius Pictor, précieux par son ancienneté et par la pureté du texte. Le libraire prétendait qu'il était impossible d'y trouver une seule faute. Un grammairien distingué, venu avec un acheteur pour examiner les livres, dit en avoir trouvé une dans celui-ci. Le libraire, de son côté, était prêt à parier tout ce qu'on voudrait qu'il n'y avait pas même une seule lettre incorrecte dans son exemplaire. Le grammairien montra alors ce passage du quatrième livre : « C'est pourquoi on
« prit pour la première fois un des consuls parmi
« les plébéiens, vingt-deux ans (*duo et vicesimo*
« *anno*) après la prise de Rome par les Gaulois. —
« Ce n'était point *duo et vicesimo*, dit-il, c'était
« *duodevicesimo* qu'il fallait en cet endroit : car
« qu'est-ce que *duo et vicesimo*? » Mais le même historien s'est encore servi du même mot dans un autre endroit, où il dit : « Il mourut âgé de vingt-
« deux ans (*anno duo et vicesimo*); il en avait
« régné vingt et un. »

CHAPITRE V.

Réponse plaisante d'Annibal au roi Antiochus.

On lit dans des recueils historiques anciens une excellente plaisanterie que fit un jour Annibal chez le roi Antiochus. Nous la rapportons ici. Antiochus montrait à Annibal toute l'armée qu'il avait mise sur pied pour faire la guerre aux Romains, réunie dans une vaste plaine : il faisait manœuvrer devant son hôte les bataillons étincelants de l'éclat de leurs armes d'argent et d'or; il faisait passer devant lui les chars armés de faux, les éléphants avec leurs tours, et la cavalerie richement équipée, avec ses freins brillants, ses housses et ses colliers magnifiques. Le roi, gonflé d'orgueil à la vue de cette nombreuse armée et de cet éclatant appareil, se tourna vers Annibal : « Que vous en semble? lui dit-il, croyez-vous que maintenant je sois en état d'entreprendre la guerre, et que tout ceci soit assez pour les Romains? » Le Carthaginois voulant le railler sur la faiblesse et la lâcheté de cette armée si somptueusement équipée, lui répondit : « Mais oui vraiment, je crois que ce sera assez pour les Romains, bien qu'ils soient les plus avides des hommes. » On ne pouvait répondre par une moquerie plus spirituelle et plus mordante. Le roi, dans sa question, n'entendait parler que du nombre et de la force de son armée, comparée avec celle des Romains : Annibal répond comme s'il s'agissait du butin qu'elle va leur offrir.

---

cuniam quippe ingentem cum a discipulis acciperet annuam, pollicebatur se id docere, quanam verborum industria causa infirmior fieret fortior. Quam rem Græce ita dicebat : τὸν ἥττω λόγον κρείττω ποιεῖν.

CAPUT IV.

De verbo *duo et vicesimo*, quod vulgo incognitum est, a viris doctis multifariam in libris scriptum est.

Apud Sigillaria forte in libraria ego et Julius Paulus poeta, vir memoria nostra doctissimus, consideramus : atque ibi expositi erant Fabii annales, bonæ atque sinceræ vetustatis libri, quos venditor sine mendis esse contendebat. Grammaticus autem quispiam de nobilioribus, ab emtore ad spectandos libros adhibitus, repperisse unum in libro mendum dicebat, sed contra librarius in quodvis pignus vocabat, si in una uspiam littera delictum esset. Ostendebat grammaticus ita scriptum in libro quarto : « Quapropter tum primum ex plebe alter consul factus « est, duo et vicesimo anno, postquam Romam Galli « ceperunt. » Non, inquit, *duo et vicesimo*, sed *duodevicesimo* scribi oportuit. Quid enim est *duo et vicesimo*? [Alio quoque loco] hic ita scripsit : « Mortuus est anno « duo et vicesimo. Rex fuit annos viginti et unum. »

CAPUT V.

Cuiusmodi joco incavillatus sit Antiochum regem Pœnus Hannibal.

In libris veterum memoriarum scriptum est, Hannibalem Carthaginiensem apud regem Antiochum facetissime cavillatum esse. Ea cavillatio hujuscemodi fuit. Ostendebat ei Antiochus in campo copias ingentis, quas bellum populo romano facturus comparaverat : convertebatque exercitum insignibus argenteis et aureis florentem. Inducebat etiam currus cum falcibus, et elephantos cum turribus, equitatumque frenis, ephippiis, monilibus, phaleris præfulgentem. Atque ibi rex, contemplatione tanti ac tam ornati exercitus gloriabundus, Hannibalem aspicit : et : Putasne, inquit, conferri posse, ac satis esse credis Romanis hæc omnia? Tum Pœnus, eludens ignaviam imbelliamque militum ejus pretiose armatorum : Satis plane, inquit, satis esse credo Romanis hæc omnia, etiam avarissimis sunt. Nihil prorsum neque tam lepide neque tam acerbe dici potest. Rex de numero exercitus sui ac de æquiparatione æstimanda quæsierat : respondit Hannibal de præda.

CHAPITRE VI.

Des couronnes militaires. Détails sur les couronnes *triomphale*, *obsidionale*, *civique*, *murale*, *vallaire*, *navale*, sur la couronne de *l'ovation* et sur la couronne d'*olivier*.

Il y a des couronnes militaires de beaucoup d'espèces. Les couronnes *triomphale*, *obsidionale*, *civique*, *murale*, *vallaire*, *navale*, sont celles dont on s'honore le plus. Il y a encore une espèce de couronne qu'on appelle couronne *de l'ovation*. Il y a aussi la couronne *d'olivier*; cette dernière n'est point la récompense de ceux qui ont combattu ; elle est portée par ceux qui sont chargés de disposer l'appareil du triomphe. La couronne triomphale est une couronne d'or que les généraux reçoivent pour s'en parer au jour du triomphe : elle est souvent appelée *aurum coronarium*. Cette espèce de couronne était anciennement de laurier : mais ensuite on prit la coutume de la faire d'or. La couronne *obsidionale* est celle que reçoit un général des habitants d'une ville dont il a fait lever le siège : elle est formée de gazon que l'on a soin de prendre dans l'enceinte des murs de la ville délivrée. Le sénat et le peuple romain décernèrent une couronne de ce genre à Q. Fabius Maximus, pour avoir éloigné les ennemis des murs de Rome, dans la seconde guerre punique. La couronne *civique* est une couronne qu'on offre, comme gage de reconnaissance, à un citoyen auquel on a dû la conservation de sa vie dans un combat ; elle est faite de feuilles de chêne, parce que, dans les premiers temps, les fruits de cet arbre étaient l'aliment qui entretenait la vie des hommes. Quelquefois aussi les feuilles de l'yeuse, arbre de même espèce que le chêne, sont employées pour la couronne civique, comme on le voit dans ce passage d'une comédie de Cécilius :

« Les voici qui arrivent avec leur couronne « d'yeuse et leur chlamyde. Juste ciel ! »

« Massurius Sabinus assure dans le onzième livre de ses *Mémoires* que, pour obtenir la couronne civique, il fallait non-seulement avoir sauvé un citoyen, mais encore avoir tué l'ennemi qui le pressait, et être resté vainqueur sur la place même du combat ; que c'était là une condition indispensable pour avoir droit à ce genre de récompense. Toutefois le même auteur rapporte que Tibérius César, ayant été consulté pour savoir si l'on pouvait accorder la couronne civique à celui qui avait sauvé la vie à un citoyen et tué deux ennemis, mais sans pouvoir se maintenir sur le lieu du combat, répondit que la couronne devait être décernée dans ce cas, parce qu'on devait penser que le lieu qui avait servi de théâtre à un trait de courage aussi remarquable était trop désavantageux pour qu'il fût possible de s'y maintenir. L. Gellius, citoyen illustre, qui avait exercé la censure, opina dans le sénat pour qu'on offrît à Cicéron la couronne civique, comme récompense de la vigilance et du zèle avec lequel il avait découvert et puni l'horrible complot de Catilina. La couronne *murale* est donnée par le général au soldat qui s'est élancé le premier à l'assaut, et qui s'est introduit le premier dans les murs de la place assiégée : aussi cette couronne a pour ornement des créneaux. La couronne *vallaire* est le prix du soldat qui est entré le premier, les armes à la main, dans le camp ennemi : des retranchements sont figurés sur cette couronne. La couronne *na-*

CAPUT VI.

De coronis militaribus, quæ sit earum *triumphalis*, quæ *obsidionalis*, quæ *civica*, quæ *muralis*, quæ *castrensis*, quæ *navalis*, quæ *ovalis*, quæ *oleaginea*.

Militares coronæ multifariæ sunt. Quarum quæ nobilissimæ sunt, has ferme esse accepimus : *triumphalem*; *obsidionalem*, *civicam*, *muralem*, *castrensem*, *navalem*. Est ea quoque corona, quæ *ovalis* dicitur. Est item postrema *oleaginea*, qua uti solent, qui in prœlio non fuerunt, sed triumphum procurarunt. *Triumphales* coronæ sunt aureæ, quæ imperatoribus ob honorem triumphi mittuntur. Id vulgo dicitur *aurum coronarium*. Hæ antiquitus e lauro erant; post fieri ex auro cœptæ. *Obsidionalis* est, quam ii, qui liberati sunt obsidione, dant ei duci, qui liberavit. Ea corona graminea est : observarique solitum, ut fieret e gramine, quod in eo loco g[e]n[er]atum esset, intra quem clausi erant, qui obsidebantur. Hanc coronam gramineam senatus populusque romanus Q. Fabio Maximo dedit bello Pœnorum secundo, quod urbem Romanam obsidione hostium liberasset. *Civica* corona appellatur, quam civis civi, a quo servatus est in prœlio, testem vitæ salutisque perceptæ dat. Ea fit e fronde quernea, quoniam cibus victusque antiquissimis querneus capi solitus fuit : fit etiam ex ilice ; quod genus superiori proximum est, sicuti scriptum est in quadam comœdia Cæcilii :

Advehuntur, *inquit*, cum illignea corona et chlamyde.
Di vostram fidem !

Massurius autem Sabinus in undecimo *librorum memorialium* civicam coronam tum dari solitam dicit, cum is, qui civem servaverat, eodem tempore etiam hostem occiderat, neque locum in ea pugna reliquerat : aliter jus civicæ coronæ negat concessum. Tiberium tamen Cæsarem consultum, an civicam coronam capere posset, qui civem in prœlio servasset, et hostis ibidem duos interfecisset, sed locum, in quo pugnabat, non retinuisset, eoque loco hostes potiti essent, rescripsisse dicit, eum quoque civica dignum videri ; quod appareret, tam iniquo loco civem ab eo servatum, ut etiam a fortiter pugnantibus retineri non quiverit. Hac corona civica L. Gellius, vir censorius, in senatu Ciceronem consulem donari a republica censuit, quod ejus opera esset atrocissima illa Catilinæ conjuratio detecta vindicataque. *Muralis* est corona, qua donatur ab imperatore, qui primus murum subiit, inque oppidum hostium per vim ascendit. Idcirco quasi muri pinnis decorata est. *Castrensis* est corona, qua donat imperator eum, qui primus hostium castra pugnans introivit. Ea corona insigne valli habet. *Navalis* est, qua

vale, qui est ornée de proues, récompense la valeur de celui qui s'est élancé le premier avec ses armes à l'abordage du navire ennemi. Ces trois espèces de couronnes sont en or. La couronne *de l'ovation* est faite de myrte : elle ornait le front des généraux qui recevaient à leur entrée dans Rome les honneurs de l'ovation. Le vainqueur, au lieu d'obtenir le triomphe, n'a droit qu'à l'ovation, quand la guerre n'a pas été déclarée dans les formes accoutumées, ou quand l'armée, contre laquelle on s'est battu, était incomplète, ou quand on a eu affaire à des ennemis d'une espèce vile et dégradée, comme à des esclaves ou à des pirates ; ou bien enfin quand, l'ennemi ayant aussitôt mis bas les armes, la victoire a été remportée sans effort et sans effusion de sang. On a cru que, pour former les couronnes destinées à ces succès secondaires, c'était assez du feuillage consacré à Vénus, parce qu'alors le triomphe n'était pas en quelque sorte digne de Mars, mais semblait plutôt remporté sous les auspices de la Vénus guerrière. M. Crassus étant entré dans Rome avec les honneurs de l'ovation, après sa guerre contre les esclaves, dédaigna insolemment cette couronne de myrte, et fit rendre par son crédit un sénatus-consulte qui l'autorisait à y substituer une couronne de laurier. Mentionnons ici l'accusation que M. Caton porta dans un de ses discours contre M. Fulvius Nobilior, pour avoir, dans des vues d'ambition, prodigué ces couronnes à ses soldats sur de frivoles prétextes. J'ai recueilli quelques-unes des paroles de Caton : « Quand a-t-on vu « cela? dit-il ; s'est-il jamais fait des distribu-« tions de couronnes, lorsqu'il n'y avait eu ni « ville prise, ni camp ennemi incendié ? » Fulvius méritait en effet les reproches de Caton, puisqu'il avait accordé des couronnes à ses soldats pour le zèle avec lequel ils avaient élevé des retranchements et creusé des puits. Il ne faut pas omettre non plus, au sujet de l'ovation, une particularité sur laquelle je sais que les écrivains anciens ne sont pas d'accord. Selon plusieurs, le général qui recevait les honneurs de l'ovation faisait son entrée dans Rome à cheval : mais Massurius Sabinus affirme qu'il entrait à pied, suivi, non de ses soldats, mais de tous les sénateurs.

CHAPITRE VII.

Étymologie ingénieuse du mot *persona*, donnée par Gabius Bassus.

Gabius Bassus, dans son traité *Sur l'origine des mots*, explique d'une manière spirituelle et savante d'où est venu le mot *persona*, masque. Il croit que ce mot tire son origine du verbe *personare*, retentir. Voici comment il exprime son opinion : « Le masque, dit-il, dont le visage « est entièrement couvert, n'ayant qu'une seule « ouverture à l'endroit de la bouche, la voix, « au lieu de se répandre de différents côtés, se « resserre pour s'échapper par cette unique issue, « et prend ainsi un son plus éclatant et plus fort. « C'est donc parce que le masque rend la voix « humaine plus sonore et plus retentissante, « qu'on lui a donné le nom de *persona* ; et c'est à « cause de la forme de ce mot que la lettre *o* y est « longue. »

---

donari solet maritimo proelio qui primus in hostium navem armatus vi transiluit. Ea quasi navium rostris insignita est. Et *muralis* autem et *castrensis* et *navalis* fieri ex auro solent. *Ovalis* [vero] corona myrtea est. Ea utebantur imperatores, qui ovantes urbem introibant. Ovandi [autem] ac non triumphandi causa est, cum aut bella non rite indicta, neque cum justo hoste gesta sunt ; aut hostium nomen humile et non idoneum est, ut servorum piratarumque : aut, deditione repente facta, impulverea, ut dici solet, incruentaque victoria obvenit. Cui facilitati aptam esse Veneris frondem crediderunt, quod non Martius, sed quasi Venerius quidam triumphus foret. Hanc myrteam coronam M. Crassus, cum, bello fugitivorum confecto, ovans rediret, insolenter aspernatus est : senatusque consultum faciundum per gratiam curavit, ut lauro, non myrto, coronaretur. M. Cato objecit M. Fulvio Nobiliori, quod milites per ambitionem coronis, levissimis de causis, donasset. De qua re verba ipsa apposui Catonis : « Jam principio quis vidit, corona donari quem-« quam, cum oppidum captum non esset, aut castra hos-« tium non incensa essent? » Fulvius autem, in quem hoc a Catone dictum est, coronis donaverat milites, quia vallum curaverant, aut quia puteum strenue foderant. Praetereundum non est, quod ad ovationes attinet : super quo dissensisse veteres scriptores accipio. Partim enim scripserunt, qui ovarent, introire solitos equo vehentes : et Sabinus Massurius pedibus ingredi ovantis dicit, sequentibus eos non militibus, sed universo senatu.

CAPUT VII.

Personae vocabulum quam lepide interpretatus sit, quamque esse vocis ejus originem dixerit Gabius Bassus.

Lepide mehercules et scite Gabius Bassus in libris, quos *De Origine vocabulorum* composuit, unde appellata *persona* sit, interpretatur : a *personando* enim id vocabulum factum esse conjectat : « Nam caput, » inquit, « et os cooperimento personae tectum undique, unaque « tantum vocis emittendae via pervium, quoniam non « vaga neque diffusa est, in unum tantummodo exitum « collectam coactamque vocem ciet, et magis claros ca-« norosque sonitus facit. Quoniam igitur indumentum « illud oris clarescere et resonare vocem facit, ob eam « causam *persona* dicta est, *o* littera propter vocabuli « formam productiore. »

CHAPITRE VIII,

Où l'on défend un vers de Virgile contre les critiques du grammairien Julius Higinus. Ce que c'est que le *lituus* : étymologie de ce mot.

Higinus prétend qu'il y a une faute dans ce vers de Virgile :

« Là Picus lui-même était représenté assis,
« avec le sceptre que porta depuis Romulus, la
« courte trabée, et le bouclier sacré dans la main
« gauche. »

Ipse Quirinali lituo parvaque sedebat
Succinctus trabea, lævaque ancile gerebat.

Higinus reproche au poëte de ne s'être pas aperçu que les mots *Quirinali lituo* étaient sans complément dans la phrase. « Car, dit-il, s'il n'y a ici rien d'incomplet, alors il faut penser que Virgile a voulu dire *lituo et trabea succinctus* : mais rien ne serait plus absurde. En effet, le *lituus* étant un bâton court et recourbé par le gros bout, dont se servaient les augures, comment pourrait-on dire *lituo succinctus?* » Mais Higinus ne prend pas garde qu'il y a ici quelque chose de sous-entendu, et que cette espèce d'ellipse est fréquente dans la langue. C'est ainsi qu'on dit : *M. Cicero, homo magna eloquentia,* « Cicéron, « homme d'une grande éloquence; » et : *Q. Roscius, histrio summa venustate,* « Q. Roscius, acteur « d'un grand talent. » Il manque quelque chose dans chacune de ces deux expressions : mais ce qui manque est sous-entendu. Virgile a dit de même :

Victorem Buten immani corpore.

« Butès, fier de ses triomphes, athlète au corps
« énorme. »

Et ailleurs :

In medium geminos immani pondere cæstus
Projecit.

« Il jeta au milieu de l'arène deux cestes d'un
« poids énorme. »

Et encore dans un autre endroit :

. . . . . . Domus sanie dapibusque cruentis,
Intus opaca, ingens.

« Sa caverne obscure et profonde était souillée
« d'un sang infect, et semée d'affreux débris. »

D'après cet usage, rien n'empêche de dire : *Picus Quirinali lituo erat;* « Picus était armé du « sceptre de Romulus, » comme on dit : *Fatua grandi capite erat :* « Fatua était d'une taille élevée. » Encore supprime-t-on souvent dans ces sortes de phrases les verbes *est, erat,* et *fuit,* sans que la correction soit altérée; et cette ellipse a même de l'élégance. Puisque nous rencontrons ici le mot *lituus,* remarquons à ce propos qu'on pourrait examiner la question de savoir si le bâton augural appelé *lituus* a tiré son nom de l'espèce de trompette désignée par le même mot, ou bien si cette trompette a tiré son nom du bâton augural. Ces deux objets ont entre eux des ressemblances de forme, et sont recourbés l'un et l'autre; mais si, comme le pensent quelques-uns, le nom du clairon fait allusion au son qu'il rend, et qu'il faille chercher l'étymologie du mot *lituus* dans ces paroles d'Homère, Λίγξε βιός, l'arc a résonné, alors on doit croire que le nom du clairon a été transporté au bâton augural, à cause de leur ressemblance de forme. Virgile s'est servi de ce mot de *lituus* pour dire une trompette, dans le vers suivant :

Et lituo pugnas insignis obibat et hasta.

« Il illustrait sa valeur dans les combats, soit en
« jouant du clairon, soit en maniant l'épée. »

CHAPITRE IX.

Anecdote sur le fils du roi Crésus, tirée de l'histoire d'Hérodote.

Le fils du roi Crésus, à l'âge où les enfants

commencent à parler, ne pouvait encore articuler aucune parole ; et il arriva à la jeunesse sans que cette infirmité disparût, en sorte qu'on crut longtemps qu'il était muet. Un jour, Crésus ayant été vaincu dans une grande bataille, et la ville où il s'était retiré ayant été prise d'assaut, le jeune prince vit un soldat ennemi qui s'avançait sur le roi sans le connaître, et levait son épée pour le frapper. A cette vue, il ouvrit la bouche pour crier; et l'effort qu'il fit dans cet instant ayant brisé l'obstacle qui embarrassait son gosier, et dénoué sa langue, il cria au soldat, d'une voix nette et distincte, de ne pas tuer le roi Crésus. Aussitôt le soldat écarta son épée, et le roi dut ainsi la vie à son fils, qui conserva depuis l'usage de la parole. C'est Hérodote qui a rapporté ce trait; il cite aussi les paroles que prononça le jeune homme en recouvrant la voix : « Soldat, dit-il, ne tue pas Crésus. » On dit qu'un athlète de Samos, nommé Églès, qui avait été longtemps muet, éprouva aussi une guérison du même genre. Un jour qu'une lutte devait avoir lieu après une solennité religieuse, s'étant aperçu qu'on mettait de la mauvaise foi dans le tirage au sort qui détermine l'ordre des combattants, et qu'on usait de supercherie pour lui marquer son rang, il s'avança vers l'auteur de la fraude, et lui cria tout à coup à haute voix qu'il voyait bien ce qu'il faisait. Cet effort délivra sa langue des liens qui la retenaient, et dès ce moment il parla sans difficulté, et sans que sa prononciation eût rien d'embarrassé.

CHAPITRE X.

Sur les arguments que les Grecs appellent ἀντιστρέφοντα (qui peuvent se retourner), mot que l'on peut traduire en latin par celui de *reciproca*.

Parmi les arguments vicieux, celui qui mérite le plus de passer pour tel est cette espèce de raisonnement que les Grecs appellent ἀντιστρέφον, et que plusieurs de nos auteurs désignent par le mot de *reciprocum*, qui le caractérise fort bien. Voici en quoi il consiste : c'est un argument qu'on peut retourner contre celui qui s'en sert, et dont on peut tirer une seconde conclusion contraire à la première. Tel était le défaut de l'argument qu'employa Protagoras, le plus subtil des sophistes, dans le célèbre procès qu'il eut avec son disciple Évathlus, au sujet du salaire qui lui avait été promis. Évathlus était un jeune homme riche, qui, désirant apprendre l'éloquence et se mettre en état de plaider des causes, était venu demander des leçons à Protagoras. Il s'était engagé à lui payer une somme considérable, que le sophiste avait fixée lui-même : il lui en avait compté la première moitié sur-le-champ, et avait promis le reste pour le premier jour où il gagnerait une cause devant les tribunaux. Il y avait longtemps qu'il écoutait les leçons de Protagoras, et il était déjà fort avancé dans l'art oratoire; mais aucune cause ne lui était encore venue. Il en attendait toujours, et à la fin il semblait faire exprès de n'en point avoir, pour ne point payer le reste de la somme en question. Protagoras eut recours à un moyen qui lui paraissait très-adroit. Il réclama le reste du prix convenu, et engagea là-dessus un procès avec Évathlus. Quand le mo-

CAPUT IX.

Historia de Crœsi filio, sumta ex Herodoti libris.

Filius Crœsi regis, cum jam per ætatem fari posset, infans erat, et, cum jam multum adolevisset, item nihil fari quibat. Mutus adeo et elinguis diu habitus est. Cum [vero] in patrem ejus, bello magno victum, et urbe, in qua erat, capta, hostis, gladio educto, regem esse ignorans, invaderet : diduxit adolescens os, clamare nitens, eoque nixu atque impetu spiritus vitium nodumque linguæ rupit, planeque et articulate elocutus est, clamans in hostem, ne rex Crœsus occideretur. Tum et hostis gladium reduxit, et rex vita donatus est, et adolescens loqui prorsum deinceps incœpit. Herodotus in historiis hujus memoriæ scriptor est : ejusque verba sunt, quæ prima dixisse filium Crœsi refert : Ὤνθρωπε, μὴ κτεῖνε Κροῖσον. Sed et quispiam Samius athleta, nomen illi fuit Αἰγλῆς, cum antea non loquens fuisset, ob similem dicitur causam loqui cœpisse. Nam cum in sacro certamine sortitio inter ipsos et adversarios non bona fide fieret, et sortem nominis falsam subjici animadvertisset, repente in eum, qui id faciebat, videre sese, quid faceret, magnum inclamavit. Atque is, oris vinculo solutus, per omne inde vitæ tempus, non turbide neque adhæse locutus est.

CAPUT X.

De argumentis, quæ græce ἀντιστρέφοντα appellantur, a nobis *reciproca* dici possunt.

Inter vitia argumentorum longe maximum esse vitium videtur, quæ ἀντιστρέφοντα Græci dicunt. Ea quaidam ex nostris non hercle nimis absurde *reciproca* appellaverunt. Id autem vitium accidit hoc modo : cum argumentum propositum referri contra convertique in eum potest, a quo dictum est ; et utrimque pariter valet : quale est pervulgatum illud, quo Protagoram, sophistarum acerrimum, usum esse ferunt adversus Euathlum discipulum suum. Lis namque inter eos et controversia super pacta mercede hæc fuit. Euathlus, adolescens dives, eloquentiæ discendæ causarumque orandi cupiens fuit. Is in disciplinam Protagoræ sese dedit, daturumque promisit mercedem grandem pecuniam, quantam Protagoras petiverat ; dimidiumque ejus dedit jam tunc statim, prius quam disceret : pepigitque, ut reliquam dimidium daret, quo primum die causam apud judices orasset et vicisset. Postea cum diutule auditor assectatorque Protagoræ fuisset, et in studio quidem facundiæ abunde promovisset, causas tamen non reciperet, tempusque jam longum transcurreret, et facere id videretur, ne reliquum mercedis daret, capit consilium Protagoras, ut tum existimabat, astutum. Petere instituit ex pacto mercedem : litem cum

ment vint d'exposer l'affaire devant les juges, il adressa ces mots à son adversaire : « Apprends, jeune insensé, que de quelque manière que le tribunal prononce, soit contre toi, soit pour toi, tu seras toujours obligé de me payer ce que je réclame. En effet, si c'est à toi que l'on donne tort, tu seras forcé, en vertu de l'arrêt, de me payer mon salaire, puisque j'aurai gagné ma cause : et si les juges prononcent en ta faveur, tu es tenu, d'après notre convention, d'acquitter ta dette, puisque tu auras gagné une cause devant les tribunaux. » Évathlus lui répondit : « Si, au lieu de parler moi-même, j'avais confié à un autre le soin de ma défense, il me serait encore facile de me tirer du piége que tu me tends : mais en te répondant moi-même, j'ai un avantage de plus qui augmente ma confiance ; en effet, non-seulement le gain de ma cause est assuré, mais, pour la gagner, je n'ai besoin que de ton propre raisonnement. Apprends à ton tour, ô le plus habile des maîtres, que, de quelque manière que les juges prononcent, soit contre toi, soit pour toi, je ne suis point obligé de te donner ce que tu demandes ; car si les juges décident pour moi, je ne te dois rien en vertu de l'arrêt, puisque j'aurai gagné ma cause : et, s'ils me condamnent, je ne te dois rien en vertu de notre accord, puisque je l'aurai perdue. » Les juges ne sachant comment décider entre deux raisonnements qui se détruisaient l'un l'autre, et craignant que leur sentence, quelle qu'elle fût, ne fût contradictoire, s'abstinrent de prononcer, et renvoyèrent l'affaire à une époque très-éloignée. C'est ainsi qu'un maître célèbre se vit réfuté par un jeune disciple avec son propre raisonnement, et se trouva pris lui-même au piége qu'il avait préparé.

CHAPITRE XI.

Que le syllogisme de Bias sur les dangers du mariage ne peut être mis au nombre des arguments ἀντιστρέφοντα.

On a voulu voir un argument analogue à ceux qu'on apelle ἀντιστρέφοντα, et pareil au raisonnement de Protagoras que nous venons de rapporter, dans la réponse suivante de Bias, ce sage si renommé. Quelqu'un lui demandant conseil pour savoir s'il devait se marier, ou rester dans le célibat, il répliqua : « La femme que vous épou- « serez sera belle ou laide : si elle est belle, at- « tendez-vous à la partager avec autrui ; si elle « est laide, vous épouserez une furie. L'un ne vaut « pas mieux que l'autre ; donc, ne vous mariez pas. » Or, on dit que cette réponse peut être retournée ainsi : « Si celle que j'épouse est belle, ce ne se- « ra point une furie ; si elle est laide, je suis sûr « de ne point la partager avec autrui ; il faut donc « se marier. » Mais on a tort de croire que l'argument de Bias puisse se rétorquer contre lui : sa réponse ainsi retournée n'offre qu'un raisonnement faible et sans valeur. En effet, Bias soutient qu'il ne faut pas se marier, parce que le mariage est exposé à deux inconvénients, dans l'un desquels tombe nécessairement celui qui se marie. Mais la proposition retournée ne dit pas que le mari est préservé des inconvénients qui le menacent, mais qu'il est exempt de ceux qui ne le menacent point. Pour défendre la pensée de Bias, il suffit de répéter que l'homme qui prend

---

Euathlo contestatur. Et cum ad judices, conjiciendæ consistendæque causæ gratia, venisse[n]t, tum Protagoras sic exorsus est : Disce, inquit, stultissime adolescens, utroque [id] modo fore uti reddas, quod peto, sive contra te pronuntiatum erit, sive pro te. Nam, si contra te lis data erit, merces mihi ex sententia debebitur, quia ego vicero : sin vero secundum te judicatum erit, merces mihi ex pacto debebitur, quia tu viceris. Ad ea respondit Euathlus : Potui, inquit, huic tuæ tam ancipiti captioni isse obviam, si verba non ipse facerem, atque alio patrono uterer. Sed majus mihi in ista victoria prolubium est, cum te non in causa tantum, sed in argumento quoque isto vinco. Disce igitur tu quoque, magister sapientissime, utroque modo fore, uti non reddam, quod petis : sive contra me pronuntiatum fuerit, sive pro me. Nam, si judices pro causa mea senserint, nihil tibi ex sententia debebitur : quia ego vicero. Sin contra me pronuntiaverint, nihil tibi ex pacto debebo, quia ego non vicero. Tum judices dubiosum hoc inexplicabileque esse, quod utrinque dicebatur, rati, ne sententia sua, utramcunque in partem dicta esset, ipsa sese rescinderet, rem injudicatam reliquerunt : causamque in diem longissimam distulerunt. Sic ab adolescente discipulo magister [disciplinæ] eloquentiæ inclitus suo sibi argumento confutatus est, et captionis versutæ et excogitatæ frustratus fuit.

CAPUT XI.

Biantis de re uxoria syllogismum non posse videri ἀντιστρέφοντα.

Existimant quidam, etiam illud Biantis, viri sapientis ac nobilis, responsum consimile esse, atque est Protagorion illud, de quo dixi modo, antistrephon. Nam cum rogatus esset a quodam Bias, deberetne uxorem ducere, an vitam vivere cœlibem : Ἤτοι, inquit, καλὴν ἕξεις, ἢ αἰσχράν· καὶ εἰ μὲν καλὴν, ἕξεις κοινήν· εἰ δὲ αἰσχρὰν, ἕξεις ποινήν. ἑκάτερον δὲ οὐκ ἀγαθόν· οὐ ληπτέον ἄρα. Sic autem hoc responsum convertunt : Εἰ μὲν καλὴν ἕξω, οὐχ ἕξω ποινήν· εἰ δὲ αἰσχρὰν, οὐχ ἕξω κοινήν· γαμητέον ἄρα. Sed minime hoc esse videtur ἀντιστρέφον, quoniam ex altero latere conversum frigidius et infirmiusque. Nam Bias proposuit, non esse ducendam uxorem propter alterutrum incommodum, quod necessario patiendum erit ei, qui duxerit. Qui convertit autem, non ab eo se defendit incommodo, quod adest : sed carere se altero dicit, quod non adest. Satis est autem tuendæ sententiæ, quam Bias dixit, quod eum, qui duxit uxorem, pati necesse est ex duobus incommodis alterum, ut aut κοινὴν habeat, aut ποινήν. Sed Favorinus noster, cum facta esset forte mentio syllogismi istius, quo Bias usus est, cujus prima πρότασις est, ἤτοι καλὴν ἕξεις, ἢ αἰσχράν, non ratum id neque justum disjunctivum

une épouse s'expose à l'un ou à l'autre de ces deux malheurs, d'être déshonoré ou tourmenté. Notre ami Favorinus ayant entendu un jour citer devant lui ce syllogisme de Bias, dont la prémisse est : *Vous épouserez une femme belle ou laide*, dit qu'il ne trouvait pas cette distinction bien juste; qu'on n'était pas absolument forcé d'accéder à l'une ou à l'autre de ces deux affirmations, et qu'ainsi la règle exigée pour les prémisses de ce genre n'était pas remplie. En effet, disait-il, la pensée de Bias semble ne pouvoir s'appliquer qu'aux femmes d'une beauté ou d'une laideur remarquable; mais il y a entre l'un et l'autre un milieu auquel il n'a pas songé. Entre la femme d'une rare beauté et la femme d'une laideur repoussante, il y a celle qui, également éloignée de ces deux extrêmes, ne possède pas assez de charmes pour alarmer son mari, et n'en est pas assez dépourvue pour lui inspirer de l'aversion. Pour désigner cette espèce de beauté moyenne, Ennius s'est servi d'une expression fort élégante dans sa tragédie de *Ménalippe*. En parlant de ces épouses qui ne sont ni infidèles, ni méchantes, il dit qu'elles sont *stata forma, d'une beauté raisonnable*. Favorinus caractérisait heureusement ce genre de beauté modeste, en l'appelant *la beauté des épouses*. Ennius dit dans cette tragédie de *Ménalippe*, que toujours les lois de la chasteté sont respectées par ces femmes *d'une beauté raisonnable*.

CHAPITRE XII.

Des noms de dieux Dijovis et Vejovis.

Dans les anciens oracles des augures, on trouve ces deux noms de divinités, *Dijovis* et *Vejovis*. En outre, il y a entre la citadelle et le Capitole un temple consacré au dieu *Vejovis*. Voici ce que j'ai appris sur l'origine de ces noms. Les anciens Latins ont formé le nom du souverain des dieux du verbe *juvare*, aider, et du mot *pater*, père; car *Juppiter* n'est qu'une abréviation de *Jovis pater*, qui est le nom sous sa forme complète. Nos ancêtres ont joint de même le mot *pater* à d'autres noms de dieux; ainsi, ils ont dit *Neptunuspater*, *Saturnuspater*, *Januspater*, *Marspater*, ou plus ordinairement *Marspiter*. Joignant aussi le mot de *pater* à *dies*, ils ont appelé Jupiter, *Diespiter*, c'est-à-dire père du jour, d'où vient *Dijovis*. Un autre nom par lequel on rend encore hommage au créateur bienfaisant de la lumière, est celui de *Lucetius*. Cn. Nævius a employé ce nom de *Lucetius* dans son poëme sur les guerres puniques. Nos aïeux, qui adoraient tantôt des divinités bienfaisantes dont ils invoquaient l'assistance, tantôt des dieux ennemis dont ils redoutaient la haine, ayant formé, comme je l'ai dit, les mots *Jovis* et *Dijovis* du verbe *juvare*, donnèrent à la divinité qui, privée du pouvoir de faire du bien aux hommes, a reçu celui de leur nuire, le nom de *Vejovis*, pour exprimer qu'on n'avait à attendre d'elle aucun secours. La particule *ve*, qui dans plusieurs mots s'écrit autrement, avec un *a* intercalé entre les deux lettres qui la composent, possède deux significations qui sont l'opposé l'une de l'autre. De même que plusieurs autres particules, tantôt elle exprime l'augmentation, et tantôt elle indique la diminution. Aussi voit-on certains mots précédés de cette particule, dont le sens est variable et susceptible de recevoir deux interprétations opposées : tels sont les mots *vescus*, *vehemens* et *vegrandis*, dont j'ai parlé ailleurs plus

---

esse ait : quoniam non necessum sit alterum ex duobus, quæ disjunguntur, verum esse. Quod in prologuio disjunctivo necessarium est. Eminentia enim quadam significari formarum turpes et pulchræ videntur. Est autem, inquit, tertium quoque inter duo ista, quæ disjunguntur : cujus rationem prospectumque Bias non habuit. Inter enim pulcherrimam feminam et deformissimam media forma quædam est, quæ et a nimiæ pulchritudinis periculo et a summæ deformitatis odio vacat. Qualis a Q. Ennio in Menalippa perquam eleganti vocabulo *stata* dicitur, quæ neque κοινὴ futura sit, neque ποινή. Quam formam modicam et modestam Favorinus non me hercule inscite appellabat *uxoriam*. Ennius autem in ista, quam dixi, tragœdia, eas fere feminas ait incolumi pudicitia esse, quæ *stata forma* forent.

CAPUT XII.

De nominibus deorum populi romani *Dijovis* et *Vejovis*.

In antiquis spectionibus nomina hæc deorum inesse animadvertimus : *Dijovis* atque *Vejovis*. Est autem etiam ædes Vejovis Romæ inter arcem et Capitolium. Quorum nominum rationem esse hanc comperi. *Jovem* Latini veteres a *juvando* appellavere : eumdemque alio vocabulo juncto *patrem* dixerunt. Nam quod aet, [in] elisis aut immutatis quibusdam litteris, *Juppiter*, id plenum atque integrum est *Jovispater*. Sic et *Neptunuspater* conjuncte dictus est, et *Saturnuspater*, et *Januspater*, et *Marspater* (hoc enim est *Marspiter*) itemque Jovis *Diespiter* appellatus, id est, diei et lucis pater. Idcircoque simili nomine *Dijovis* dictus est, et *Lucetius*; quod nos die et luce quasi vita ipsa afficeret et juvaret. *Lucetium* autem *Jovem* Cn. Nævius in libris belli punici appellat. Cum Jovem igitur et Dijovem a juvando nominassent : eum quoque contra deum, qui non juvandi potestatem, sed vim nocendi haberet, (nam deos quosdam, ut prodessent, celebrabant, quosdam, ut ne obessent, placabant) *Vejovem* appellaverunt, dempta atque detracta juvandi facultate. *Ve* enim particula, quæ in aliis atque aliis vocabulis variatim per has duas litteras, cum *a* littera media immissa dicitur, duplicem significatum eundemque inter sese diversum capit. Nam et augendæ rei et minuendæ valet, sicut aliæ particulæ plurimæ; propter quod accidit, ut quædam vocabula, quibus

en détail. Mais pour les mots *vesanus* et *vecors*, la particule n'y est employée que dans le sens privatif, κατὰ στέρησιν, comme disent les Grecs. Le dieu *Vejovis*, dont on voit la statue dans le temple dont j'ai parlé, tient à la main des flèches, symbole de son pouvoir menaçant. Cet attribut a fait croire à beaucoup de gens que ce dieu n'était autre qu'Apollon. D'après le rit sacré, on lui immole une chèvre, et l'on voit la figure de cet animal au pied de sa statue. On a remarqué que Virgile, qui, sans jamais faire étalage d'érudition, a montré une connaissance profonde de l'antiquité, adresse une prière, dans ses *Géorgiques*, aux dieux qu'il appelle *numina læva*; donnant ainsi à entendre qu'il y a certaines divinités dont la puissance ne s'exerce que pour le mal. Voici les vers dont il s'agit :

« Assez mince est le sujet, mais non pas la
« gloire du travail, si les divinités ennemies se
« laissent fléchir par le poëte, et si Apollon se
« rend à ses vœux. »

In tenui labor, at tenuis non gloria, si quem
Numina læva sinunt, auditque vocatus Apollo.

Parmi les dieux qu'il est nécessaire d'apaiser, pour préserver de leur courroux les productions de nos champs et nous-mêmes, on compte encore *Averruncus* et *Robigus*.

CHAPITRE XIII.

Sur la gradation que les mœurs romaines établissent entre les devoirs.

Un jour, en ma présence, plusieurs illustres Romains avancés en âge, et qui possédaient plus de connaissances et de souvenirs que personne sur les usages et les mœurs d'autrefois, avaient engagé une dissertation au sujet de l'ordre à établir entre les devoirs suivant leur importance. Il s'agissait de fixer la règle d'après laquelle on doit se déterminer, toutes les fois qu'il est nécessaire de faire un choix entre plusieurs devoirs. On s'accorda sans peine à adopter l'ordre suivant, fondé sur les antiques mœurs du peuple romain. Les devoirs envers les proches sont en première ligne; aussitôt après se placent les obligations contractées par un tuteur envers le pupille confié à ses soins : viennent ensuite les devoirs imposés au patron envers le client qui s'est mis sous sa protection : le quatrième rang est assigné aux devoirs envers les hôtes, et le cinquième à ceux qu'exigent de nous les parents à un degré éloigné, et les alliés. A l'appui de cette hiérarchie, l'antiquité nous fournit un grand nombre de témoignages et de preuves. Je ne veux citer ici que quelques renseignements sur les clients et les parents à un degré éloigné, que je me trouve avoir dans ce moment sous la main. Voici ce que dit M. Caton dans le discours qu'il prononça contre Lentulus devant les censeurs : « Nos an-
« cêtres regardaient la défense des intérêts du
« pupille comme un devoir d'un ordre plus haut
« que la fidélité envers le client. On peut, dit-il
« encore, porter témoignage contre un parent
« éloigné, en faveur d'un client ; mais on ne porte
« jamais témoignage contre un client. Après les
« devoirs de père, il n'en est pas de plus sacré
« que ceux de patron. » Massurius Sabinus,

CAPUT XIII.

De officiorum gradu atque ordine, moribus populi romani observato.

Seniorum hominum et Romæ nobilium atque in morum disciplinarumque veterum doctrina memoriaque præstantium disceptatio quædam fuit, præsente atque audiente me, de gradu atque ordine officiorum, cumque quæreretur, quibus nos ea prioribus potioribusque facere oporteret, si necesse esset, in opera danda faciundoque officio alios aliis anteferre, non constabat. Conveniebat autem facile, constabatque, ex moribus populi romani, primum juxta parentes locum tenere pupillos debere, fidei tutelæque nostræ creditos; secundum eos proximum locum clientes habere, qui sese itidem in fidem patrociniumque nostrum dediderunt ; tum in tertio loco esse hospites; postea esse cognatos affinesque. Hujus moris observationisque multa sunt testimonia atque documenta in antiquitatibus perscripta; ex quibus unum hoc interim de clientibus cognatisque, quod præ manibus est, ponemus. M. Cato in oratione, quam dixit apud censores in Lentulum, ita scripsit : « Quod majores sanctius habuere, defendi pu-
« pillos, quam clientem non fallere. Adversus cognatos pro
« cliente testatur; testimonium adversus clientem nemo
« dicit : patrem primum, postea patronum proximum
« nomen habere. » Massurius autem Sabinus, in libro *Juris civilis* tertio, antiquiorem locum hospiti tribuit, quam

dans le troisième livre de son traité sur le *Droit civil*, fait passer l'hôte avant le client. « Voici « quelle gradation nos pères établissaient entre « les personnes, d'après l'importance des devoirs : « d'abord les pupilles, puis les hôtes, puis les « clients; ensuite les parents à un degré éloigné, « enfin les parents par alliance. En raison de l'im- « portance donnée aux devoirs de la tutelle, les « droits des femmes passaient avant ceux des « hommes : mais la tutelle d'une femme créait « des devoirs d'un ordre inférieur à ceux qu'en- « traînait la tutelle d'un pupille. Dans le cas où « un père eût laissé en mourant la tutelle de son « fils à des hommes qui soutenaient contre lui « dans un procès les intérêts de la partie adverse, « les tuteurs eussent été obligés de changer « de rôle, et d'adopter dans le procès la cause de « leur pupille. » Nous pouvons citer encore sur ce sujet un grave témoignage, celui du grand pontife C. César, qui commence en ces termes son discours pour les Bithyniens : « L'hospitalité que « j'ai reçue du roi Nicomède, l'amitié qui m'at- « tache à ceux dont on va juger la cause, ne me « permettaient pas, M. Vinicius, de laisser à un « autre le soin de les défendre. La mémoire des « morts doit être religieusement conservée dans « le cœur de leurs proches ; et l'on ne peut aban- « donner les devoirs envers un client, sans se « couvrir d'infamie : nos obligations à l'égard « d'un client sont si sacrées, qu'elles viennent « immédiatement après nos devoirs envers nos « proches. »

CHAPITRE XIV.

Histoire de la mutuelle reconnaissance qui eut lieu à Rome entre un lion et un esclave avec lequel cet animal avait

vécu jadis, racontée par le savant Apion, surnommé Plistonicès, qui assure en avoir été témoin lui-même.

Apion, surnommé Plistonicès, était un auteur rempli d'érudition, et remarquable surtout par l'étendue et la variété de ses connaissances sur l'antiquité grecque. Il s'est acquis assez de réputation par un recueil où il retrace tout ce que l'Égypte offre de plus merveilleux dans ses monuments ou dans les traditions de ses habitants. Aux endroits de cet ouvrage où il rapporte ce qu'il a lu ou entendu dire, on peut lui reprocher peut-être de se laisser entraîner au bavardage et à l'exagération, par le désir de produire de l'effet : car cet auteur aime beaucoup à faire parade de sa science. Mais le trait que je veux ici lui emprunter, et qui se trouve au cinquième livre de son recueil sur l'Égypte, n'est pas de ceux qu'il a lus ou entendu raconter ; il affirme en avoir été témoin lui-même à Rome. Un jour, dit-il, le spectacle d'une chasse où l'on devait combattre une foule d'animaux, avait appelé le peuple dans le grand cirque. Me trouvant à Rome dans ce moment, je voulus y assister. Je vis lâcher dans l'arène un grand nombre de bêtes sauvages, d'une force et d'une taille prodigieuses, et d'une férocité extraordinaire. On admirait surtout une troupe de lions énormes. Il y en avait un, entre autres, dont la taille monstrueuse, les bonds rapides, le rugissement terrible, les muscles saillants, la crinière flottante, frappaient d'étonnement les spectateurs et attiraient tous les regards. On introduisit les malheureux qui devaient livrer combat aux bêtes. Parmi eux se trouvait un esclave, nommé Androclus, qui avait été au service d'un proconsul. Aussitôt que le lion eut aperçu cet homme, il s'arrêta, comme saisi d'étonnement à sa vue ; puis il

clienti. Verba ex eo libro hæc sunt : « In officiis apud ma- « jores ita observatum est, primum tutelæ, deinde hos- « piti, deinde clienti, tum cognato, postea affini. De qua « causa feminæ viris potiores [sunt] habitæ, pupillarique « tutelæ muliebris prælata : etiam adversus quem affuis- « sent, ejus filii tutores relicti in eadem causa pupillo ade- « rant. » Firmum atque clarum isti rei testimonium perhibet auctoritas C. Cæsaris pontificis maximi, qui in oratione, quam *pro Bithynis* dixit, hoc principio usus est : « Vel pro hospitio regis Nicomedis, vel pro horum neces- « sitate, quorum res agitur, defugere hoc munus, M. Vi- « nici, non potui. Nam neque hominum morte memoria « deleri debet, quin a proximis retineatur : neque clientes « sine summa infamia deseri possunt : quibus etiam a pro- « pinquis nostris opem ferre instituimus. »

CAPUT XIV.

Quod Apion, doctus homo, qui *Plistonices* appellatus est, vidisse se Romæ scripsit recognitionem inter se mutuam ex vetere notitia hominis et leonis.

Apion, qui *Plistonices* appellatus est, litteris homo multis præditus, rerumque græcarum plurima atque varia scientia fuit. Ejus libri non incelebres feruntur, quibus omnium ferme, quæ mirifica in Ægypto visuntur audiunturque, historia comprehenditur. Sed in iis, quæ vel audisse vel legisse sese dicit, fortassean vitio studioque ostentationis sit loquacior ; est enim sane quam in prædicandis doctrinis suis venditator. Hoc autem, quod in libro *Ægyptiacorum* quinto scripsit, neque audisse neque legisse, sed ipsum sese in urbe Romana vidisse oculis suis confirmat. In circo maximo, inquit, venationis amplissimæ pugna populo dabatur. Ejus rei, Romæ cum forte essem, spectator, inquit, fui. Multæ ibi sævientes feræ, magnitudines bestiarum excellentes, omniumque invisitata aut forma erat aut ferocia. Sed præter alia omnia leonum, inquit, immanitas admirationi fuit ; præterque omnis ceteros unius. Is unus leo corporis impetu, et vastitudine terrificoque fremitu et sonoro, toris comisque cervicum fluctuantibus, animos oculosque omnium in sese converterat. Introductus erat inter compluris ceteros ad pugnam bestiarum datus servus viri consularis. Ei servo Androclus nomen fuit. Hunc ille leo ubi vidit procul, repente, inquit, quasi admirans stetit : ac deinde sensim atque placide tanquam noscitabundus ad hominem accedit. Tum

se dirigea doucement vers lui et s'approcha peu à peu, en le regardant comme s'il le reconnaissait. Arrivé près de lui, il se frotte contre son corps, en agitant sa queue d'un air soumis et caressant, comme un chien qui flatte son maître : il lèche les pieds et les mains du malheureux, à qui la frayeur avait presque ôté le sentiment. Cependant Androclus, en se sentant caressé par le terrible animal, reprend ses esprits, rouvre les yeux, et s'enhardit enfin à regarder le lion. Alors, comme s'il s'était fait entre eux une mutuelle reconnaissance, vous eussiez vu l'homme et le lion se témoigner l'un à l'autre la joie la plus vive. A cet étrange et touchant spectacle, l'assemblée entière, dit notre auteur, éclata en applaudissements; et aussitôt César ayant ordonné qu'on amenât Androclus, lui demanda comment il se faisait qu'il eût été seul épargné par cette bête cruelle. L'esclave raconta alors la plus étonnante et la plus merveilleuse des aventures. J'étais, dit-il, esclave du proconsul qui gouvernait la province d'Afrique : les coups et les mauvais traitements dont il m'accablait tous les jours sans raison me forcèrent à prendre la fuite. Pour échapper plus sûrement aux poursuites d'un maître à qui toute la contrée obéissait, j'allai chercher une solitude inaccessible parmi les sables et les déserts, résolu de me donner la mort de quelque manière, si je venais à manquer de nourriture. Je marchais brûlé par les rayons ardents du soleil, alors à son midi, lorsque je trouvai sur ma route une caverne isolée et profonde : j'y pénètre et je m'y cache. A peine y étais-je entré, que je vis ce lion qui prenait le même chemin. Une de ses pattes était toute sanglante; il marchait avec peine, en poussant des plaintes et des gémissements, et paraissait en proie à une violente douleur. D'abord, à cette vue, je fus saisi d'épouvante. Mais dès que le lion fut entré dans la caverne, qui était, comme je le vis bientôt, son repaire accoutumé, et qu'il m'eut aperçu me cachant au fond, il s'approcha d'un air doux et soumis; il leva sa patte et me la présenta, en paraissant me demander du secours. Je la pris dans ma main, j'en arrachai une grosse épine qui s'y était enfoncée; je la pressai pour en faire sortir le sang corrompu : enfin, de plus en plus rassuré, et m'appliquant avec soin à cette opération, je parvins à purifier et à sécher entièrement la plaie. Alors le lion, que j'avais soulagé et délivré de ses souffrances, se couche et s'endort, en laissant sa patte entre mes mains. Depuis ce jour nous vécûmes ensemble. Pendant trois années, nous habitâmes tous deux la même caverne : nous y partagions les mêmes aliments. Au retour de ses chasses, le lion m'apportait les meilleurs morceaux des proies qu'il avait saisies. N'ayant point de feu, je les faisais rôtir, à l'heure de midi, aux rayons du soleil. Cependant m'étant lassé de ce genre de vie, un jour, tandis que le lion était à la chasse, je m'éloignai de la caverne. Après trois jours de marche, je fus aperçu par une troupe de soldats qui se saisirent de ma personne. Ramené à Rome, je parus devant mon maître, qui sur-le-champ prononça mon arrêt de mort, et me condamna à être livré aux bêtes. Je vois que ce lion a été pris aussi depuis notre séparation : et maintenant, joyeux de retrouver son bienfaiteur, il me témoigne sa reconnaissance. Tel fut, suivant Apion, le récit d'Androclus. Aussitôt on écrivit son aventure sur une tablette qu'on fit passer parmi les spectateurs.

caudam more atque ritu adulantium canum clementer et blande movet, hominisque sese corpori adjungit; cruraque ejus et manus prope jam exanimati metu lingua leniter demulcet. Homo Androclus inter illa tam atrocis feræ blandimenta amissum animum recuperat: paulatimque oculos ad contuendum leonem refert. Tum, quasi mutua recognitione facta, lætos, inquit, et gratulabundos videres hominem et leonem. Ea re prursus tam admirabili maximos populi clamores excitatos dicit, arcessitumque a Cæsare Androclum, quæsitumque causam, cur ille atrocissimus leo uni parsisset. Ibi Androclus rem mirificam narrat atque admirandam. Cum provinciam, inquit, Africam proconsulari imperio meus dominus obtineret, ego ibi iniquis ejus et quotidianis verberibus ad fugam sum coactus; et, ut mihi a domino, terræ illius præside, tutiores latebræ forent, in camporum et arenarum solitudines concessi : ac, si defuisset cibus, consilium fuit, mortem aliquo pacto quærere. Tum, sole medio, inquit, et arido et flagranti, specum quamdam nactus remotam latebrosamque, in eam me penetro et recondo. Neque multo post ad eamdem specum venit hic leo, debili uno et cruento pede, gemitus edens et murmura dolorem cruciatumque vulneris commiserantia. Atque illic primo quidem conspectu advenientis leonis territum sibi et pavefactum animum dixit. Sed postquam introgressus, inquit, leo, uti re ipsa apparuit, in habitaculum illud suum, vidit me procul delitescentem, mitis et mansues accessit : et sublatum pedem ostendere mihi et porrigere, quasi opis petendæ gratia, visus est. Ibi, inquit, ego stirpem ingentem, vestigio pedis ejus hærentem, revelli : conceptamque saniem vulnere intimo expressi : accuratiusque, sine magna jam formidine, siccavi penitus atque detersi cruorem. Ille tunc mea opera et medela levatus, pede in manibus meis posito, recubuit et quievit. Atque, ex eo die, triennium totum ego et leo in eadem specu eodemque victu viximus. Nam, quas venabatur feras, membra opimiora ad specum mihi suggerebat; quæ ego, ignis copiam non habens, meridiano sole torrens edebam. Sed ubi me, inquit, vitæ illius ferinæ jam pertæsum est, leone in venatum profecto, reliqui specum : et, viam ferme tridui permensus, a militibus visus apprehensusque sum, et ad dominum ex Africa Romam deductus. Is me statim rei capitalis damnandum, dandumque ad bestias curavit. Intelligo autem, inquit, hunc quoque leonem, me tunc separato, captum gratiam nunc mihi beneficii et medicinæ referre. Hæc Apion dixisse Androclum tradit, eaque omnia scripta circumlataque ta-

A la demande de tous, sa grâce lui fut accordée; et en outre, le peuple voulut qu'on lui fît présent du lion. Je le vis ensuite, ajoute l'auteur, tenant son lion attaché par une faible courroie, se promener dans toutes les rues de la ville : on lui donnait de l'argent, on jetait des fleurs au lion, et l'on s'écriait de toutes parts : « Voici le lion qui a donné l'hospitalité à un homme, voici l'homme qui a guéri un lion ! »

CHAPITRE XV.

Que les avis des philosophes sont partagés sur la question de savoir si la voix est ou n'est pas un corps.

C'est une question fort ancienne, et sur laquelle les plus illustres philosophes ont disputé sans pouvoir s'entendre, que celle de savoir si la voix est corporelle ou incorporelle. Ce dernier mot répond au mot grec ἀσώματον. On appelle corps toute chose qui agit, ou est susceptible de recevoir une action. Les Grecs définissent le corps, tout ce qui est capable d'action ou de passion. Lucrèce a reproduit cette définition sous une autre forme, quand il a dit :

« Il n'y a que le corps qui puisse toucher ou « être touché. »

Les Grecs disent aussi que le corps est tout ce qui a les trois dimensions. Or, les stoïciens pensent que la voix est corporelle et qu'elle n'est autre chose que l'air frappé. Platon, au contraire, la croit incorporelle. Selon ce dernier, la voix n'est point l'air frappé, mais la percussion même produite dans l'air. « D'ailleurs, ajoute-t-il, « il ne suffit pas de dire simplement que la voix « est la percussion de l'air; car, en remuant un « doigt, on frappe l'air, et on ne produit cepen- « dant aucun son : mais la percussion doit être « vive et forte, et telle qu'elle puisse être enten- « due. » Démocrite, et après lui Épicure, ont supposé que la voix était composée de particules indivisibles, et l'ont considérée comme une émanation d'atomes qui produisent le discours, ῥεῦμα λόγων, comme ils disent. En recueillant dans les conversations et les livres ces difficultés philosophiques et autres semblables, qui peuvent procurer à l'esprit oisif un délassement piquant, je me disais que ces sortes de recherches n'étaient d'aucune utilité pour le bonheur de la vie, et n'offraient aucun but solide; et je me rappelais avec plaisir ce vers qu'Ennius met dans la bouche de Néoptolème :

« Il est bon de philosopher, mais quelquefois, « et non pas toujours. »

CHAPITRE XVI.

Du principe de la vue, et de la manière dont s'opère la vision.

La question de savoir comment s'opère la vision, et quelle est la cause qui nous fait voir les objets, a été résolue diversement par les philosophes. Selon les stoïciens, la vision est produite par une émission de rayons se dirigeant de l'œil vers l'objet, et par une tension simultanée de l'air. Épicure pense que de tous les corps qui nous environnent il se détache continuellement des images qui s'introduisent dans nos yeux, et que telle est l'origine du sens de la vue. Platon croit qu'il s'échappe de nos yeux de certains rayons de feu et de lumière, qui, mêlés à la lumière du soleil, ou à celle d'un autre corps, éclairent

---

bula populo declarat : atque ideo, cunctis petentibus, dimissum Androclum et pœna solutum, leonemque ei suffragiis populi donatum. Postea, inquit, videbamus Androclum et leonem, loro tenui revinctum, urbe tota circum tabernas ire : donari ære Androclum, floribus spargi leonem; omnes [fere] ubique obvios dicere : « Hic est leo hospes hominis, hic est homo medicus leonis. »

CAPUT XV.

Corpusne sit vox, an ἀσώματον, varias esse philosophorum sententias.

Vetus atque perpetua quæstio inter nobilissimos philosophorum agitata est, corpusne sit vox an incorporeum. Hoc enim vocabulum quidam finxerunt proinde quod græce dicitur ἀσώματον. Corpus autem est, quod aut efficiens est aut patiens : id græce definitur τὸ δρώμενον ἢ πάσχον σῶμά ἐστι. Quam definitionem significare volens Lucretius poeta ita scripsit :

Tangere enim aut tangi nisi corpus nulla potest res.

Alio quoque modo corpus esse Græci dicunt τὸ τριχῇ διαστατόν. Sed vocem Stoici corpus esse contendunt : eamque esse dicunt ictum aëra. Plato autem non esse vocem corpus putat. Non enim percussus, inquit, aër, sed plaga ipsa atque percussio, id vox est. Οὐχ ἁπλῶς πληγὴ ἀέρος ἐστὶν ἡ φωνή· πλήττει γὰρ τὸν ἀέρα καὶ δάκτυλος παραγόμενος, καὶ οὐδέπω ποιεῖ φωνήν· ἀλλ' ἡ πόση πληγὴ, καὶ σφοδρὰ, καὶ τόση δὲ, ὥστε ἀκουστὴν γένεσθαι. Democritus ac deinde Epicurus ex individuis corporibus vocem constare dicunt, eamque, ut ipsis eorum verbis utar, ῥεῦμα λόγων appellant. Hos aliosque tales argutæ delectabilisque desidiæ aculeos cum audiremus, vel lectitaremus, neque in his scrupulis aut emolumentum aliquod solidum ad rationem vitæ pertinens, aut finem ullum quærendi videremus : Ennianum Neoptolemum probabamus, qui profecto ita ait :

Philosophandum est paucis. Nam omnino haud placet.

CAPUT XVI.

De vi oculorum, deque videndi rationibus.

De videndi ratione deque cernendi natura diversas esse opiniones philosophorum animadvertimus. Stoici causas esse videndi dicunt, radiorum ex oculis in ea, quæ videri queunt, emissionem, aërisque simul intentionem. Epicurus effluere semper ex omnibus corporibus simulacra quædam corporum ipsorum, eaque sese in oculos inferre, atque ita fieri sensum videndi putat. Plato existimat, genus quoddam ignis lucisque de oculis exire : idque conjunc-

LIVRE V, CHAPITRE XVIII.

par leur propre force, et par celle qu'ils empruntent, tous les objets qu'ils rencontrent, et nous les font ainsi apercevoir. Mais il ne faut pas s'amuser trop longtemps aux recherches de cette espèce; et c'est encore ici le lieu de rappeler le conseil que nous donne Ennius, quand il fait dire à Néoptolème qu'il est bon de s'adonner un peu à la philosophie, mais qu'il ne faut pas s'y plonger tout entier.

CHAPITRE XVII.

Pour quelle raison on a mis au rang des jours funestes les jours qui viennent le lendemain des Calendes, des Nones et des Ides. Pourquoi beaucoup de personnes regardent comme un jour malheureux, où l'on doit s'interdire toute affaire, le quatrième jour avant chacune de ces époques.

Verrius Flaccus explique, au quatrième livre de son traité *Sur la signification des mots*, pourquoi les jours qui viennent le lendemain des Calendes, des Nones et des Ides, ont été appelés *funestes*; car tel est leur véritable nom, et c'est à tort que le peuple les appelle *néfastes*. Voici cette explication : « Rome, dit-il, ayant été délivrée des Gaulois, L. Attilius prit la parole dans le sénat pour faire observer que c'était le lendemain des Ides que le tribun militaire Q. Sulpicius, sur le point de combattre l'ennemi près de l'Allia, avait offert un sacrifice pour se rendre les dieux favorables. Or, l'armée romaine avait été taillée en pièces, et, trois jours après cette bataille, Rome entière, à l'exception du Capitole, avait été prise par les vainqueurs. Alors plusieurs sénateurs dirent qu'ils se rappelaient que toutes les fois que les magistrats du peuple romain avaient offert, le lendemain des Calendes, des Nones ou des Ides, un sacrifice destiné à obtenir dans la guerre la protection des dieux, toujours le combat qui avait suivi, avait été fatal à la république. Le sénat déféra ces observations aux pontifes, et les chargea de porter une décision sur cette affaire. Ceux-ci arrêtèrent que tout sacrifice serait interdit ces jours-là. » Beaucoup regardent aussi comme funeste le quatrième jour avant les Calendes, les Nones et les Ides, et s'abstiennent ce jour-là de toute affaire. On a fait des recherches pour savoir si cet usage tient à quelque prescription religieuse. Mes lectures ne m'ont fourni là-dessus aucun renseignement : j'ai vu seulement chez Q. Claudius, au cinquième livre de ses Annales, que la bataille de Cannes, où Rome essuya un si grand désastre, avait été livrée le quatrième jour avant les Nones du mois d'août.

CHAPITRE XVIII.

Sur la différence de l'histoire et des annales. Citation, à ce sujet, d'un passage de Sempronius Asellion, tiré du premier livre de son histoire.

Quelques-uns expliquent la différence qui existe entre l'histoire et les annales, en disant que, dans le premier de ces deux genres, consacrés l'un et l'autre au récit des faits, le narrateur a toujours été témoin de ce qu'il retrace. Verrius Flaccus nous dit, au quatrième livre de son traité *Sur la signification des mots*, que cette distinction a été adoptée par plusieurs; qu'à vrai dire, elle lui paraît contestable; que, cependant, ce

---

tum continuatumque vel cum luce solis vel cum alterius ignis lumine, sua vi et externa nixum, efficere, ut, quæcunque offenderit illustraveritque, cernamus. Sed hæc ea, quæ non diutius muginandum : ejusdemque illius Enniani Neoptolemi, de quo supra scripsimus, consilio utendum est, qui degustandum ex philosophia censet, non in eam ingurgitandum.

CAPUT XVII.

Quam ob causam dies primi post Kalendas, Nonas, Idus, atri habeantur : et cur diem quoque quartum ante Kalendas, vel Nonas, vel Idus quasi religiosum plerique vitant.

Verrius Flaccus in quarto *De verborum significatu* dies, qui sunt postridie Kalendas, Nonas, Idus, quos vulgus imperite *nefastos* dicit, propter hanc causam dictos habitosque *atros* esse scribit : « Urbe, » inquit, « a Gallis Senonibus recuperata, L. Attilius in senatu verba fecit, Q. Sulpicium, tribunum militum, ad Alliam adversus Gallos pugnaturum rem divinam dimicandi gratia postridie Idus fecisse : tum exercitum populi romani occidione occisum, et post diem tertium ejus diei urbem præter Capitolium captam esse : complures que alii senatores recordari sese dixerunt, quotiens belli gerendi gratia res divina postridie Kalendas, Nonas, Idus, a magistratu populi romani facta esset, ejus belli proximo deinceps prælio rem publicam male gestam esse. Tum senatus eam rem ad pontifices rejecit, ut ipsi, quod videretur, statuerent. Pontifices decreverunt, nullum iis diebus sacrificium recte futurum. » Ante diem quoque quartum Kalendas vel Nonas vel Idus, tanquam inominalem diem, plerique vitant. Ejus observationis an religio ulla sit tradita, quæri solet. Nihil nos super ea re scriptum invenimus : nisi quod Q. Claudius Annalium quinto cladem illam pugnæ Cannensis vastissimam factam dicit ante diem quartum Nonas Sextiles.

CAPUT XVIII.

In quid et quantum differat *historia* ab *annalibus* : superque ea re verba posita ex libro *rerum gestarum* Sempronii Asellionis primo.

Historiam ab *annalibus* quidam differre eo putant, quod, cum utrumque sit rerum gestarum narratio, earum tamen proprie rerum sit *historia*, quibus rebus gerendis interfuerit is, qui narret. Eamque esse opinionem quorumdam, Verrius Flaccus refert in libro *De significatu verborum* quarto; ac se quidem dubitare super ea re di-

34.

qui peut servir à l'autoriser, c'est qu'en grec *histoire* signifie le récit fait par un témoin. Pour nous, d'après l'opinion que nous avons entendu le plus souvent émettre, nous pensons que les annales rentrent dans l'histoire, et que, cependant, écrire l'histoire est autre chose que composer des annales. Nous raisonnons ici comme les philosophes, quand ils disent que tout homme est nécessairement un animal, mais qu'il n'est pas nécessaire que tout animal soit un homme. L'histoire, dans cette opinion, est l'exposition, le récit, la description, comme l'on voudra, des événements passés : les annales ont cela de particulier que les faits y sont rapportés année par année, et qu'on y observe exactement l'ordre chronologique. Lorsqu'au lieu de suivre seulement l'ordre des années, l'annaliste rapporte les faits jour par jour, alors il compose ce que les Grecs appellent une éphéméride. Nous avons, pour traduire ce mot en latin, un équivalent qu'a employé Sempronius Asellion, au premier livre de son histoire. Je crois devoir citer ici ce passage, où l'on voit comment cet auteur entendait la différence de l'histoire et des annales : « Voici, dit-il, « quelle différence me paraît exister entre ceux « qui ont composé des annales et ceux qui ont « essayé d'écrire l'histoire du peuple romain. « C'est que les annales se bornent à exposer les « faits dans l'ordre des années, de même qu'un « journal (*diarium*), ou, comme disent les Grecs, « une éphéméride, les rapporte jour par jour. « Pour moi, je ne crois pas que ce soit assez « pour un historien d'énumérer les événements, « mais je pense qu'il doit encore en faire connaî-

« tre les causes et en développer l'esprit. » Un peu plus loin, il ajoute : « Les récits des annales sont « incapables de donner aux citoyens plus d'ardeur « pour le service de l'État, ou de leur inspirer « plus d'horreur pour les mauvaises actions. Se « contenter de dire sous quel consul telle guerre « a commencé, quels en ont été les événements, « quelle en a été la fin, qui a reçu les honneurs « du triomphe, sans parler des décrets rendus « dans le sénat pendant ce temps, des lois et des « plébiscites, sans rien découvrir de la politique « qui a dirigé les événements, ce n'est pas écrire « l'histoire, c'est faire des récits pour les en- « fants. »

CHAPITRE XIX.

Ce qu'on appelle *adoption* et *arrogation*. En quoi l'une diffère de l'autre. Formule de la demande qu'on adresse au peuple pour autoriser l'*arrogation*.

L'acte par lequel un étranger est introduit dans une famille pour y jouir des droits d'enfant et d'héritier, se passe devant le préteur ou devant le peuple. Dans le premier cas, il s'appelle *adoption* ; dans le second, il se nomme *arrogation*. L'adoption a lieu pour ceux qui, étant encore soumis au pouvoir de leur père, sont cédés juridiquement par lui, après trois mancipations, à une famille étrangère, et que l'auteur de l'adoption déclare prendre pour fils, en présence du juge chargé de présider à l'acte. L'arrogation concerne ceux qui, maîtres de leur sort, se soumettent d'eux-mêmes à l'autorité d'un nouveau père, et entrent par leur libre décision dans cette condition nouvelle. Les arrogations ne se

---

cit : posse autem videri putat, nonnihil esse rationis in ea opinione, quod *historia* Græce significet rerum cognitionem præsentium. Sed nos audire soliti sumus, *annales* omnino id esse, quod *historiæ* sint ; *historias* non omnino esse id, quod *annales* sint ; sicuti, quod est *homo*, id necessario *animal* esse ; quod est *animal*, non id necesse est *hominem* esse. Ita *historias* quidem esse aiunt rerum gestarum vel expositionem vel demonstrationem, vel quo alio nomine id dicendum est ; *annales* vero esse, cum res gestæ plurium annorum, observato cujusque anni ordine, deinceps componuntur. Cum vero non per annos, sed per dies singulos res gestæ scribuntur, ea historia græco vocabulo ἐφημερίς dicitur, cujus latinum interpretamentum scriptum est in libro Sempronii Asellionis primo : ex quo libro plura verba adscripsimus, ut simul ibidem, quid ipse inter res gestas et annales esse dixerit, ostenderemus : « Verum inter eos, » inquit, « qui « annalis relinquere voluissent, et eos, qui res gestas a « Romanis perscribere conati essent, omnium rerum hoc « interfuit. Annales libri tantum[modo] quod factum, « quoque anno gestum sit, ea demonstrabant, id est [eo- « rum] quasi qui diarium scribunt, quam Græci ἐφημε- « ρίδα vocant. Nobis non modo satis esse videto, quod fac- « tum esset, id pronuntiare, sed etiam, quo consilio qua- « que ratione gesta essent, demonstrare. » Paulo autem post idem Asellio in eodem libro : « Nam neque alacriores,

« inquit, ad rempublicam defendundam, neque segnioris « ad rem perperam faciundam annales libri commovere « quidquam possunt. Scribere autem bellum, initum quo « consule, et quo [modo] confectum sit, et quis trium- « phans introierit, et quæ eo in bello gesta sint, iterare : « non prædicare autem, interea quid senatus decreverit, « aut quæ lex rogatiove lata sit, neque quibus consiliis « ea gesta sint : id fabulas pueris est narrare, non historias « scribere. »

CAPUT XIX.

Quid sit *adoptatio*, quid item sit *arrogatio*, quantumque hæc inter se differant ; verbaque ejus quæ qualiaque sint, qui in liberis arrogandis super ea re populum rogat.

Cum in alienam familiam inque liberorum locum extranei sumuntur, aut per prætorem fit, aut per populum. Quod per prætorem fit, adoptatio dicitur : quod per populum, arrogatio. Adoptantur autem, cum a parente, in cujus potestate sunt, tertia mancipatione in jure ceduntur ; atque ab eo, qui adoptat, apud eum, apud quem legis actio est, vindicantur. Arrogantur ii, qui, cum sui juris sunt, in alienam sese potestatem tradunt : ejusque rei ipsi auctores fiunt. Sed arrogationes non temere nec inexplorate committuntur. Nam comitia, arbitris [etiam]

font point à la légère, et sont entourées de mesures de précaution. Les comices par curie s'assemblent sur une décision des pontifes : on examine si celui qui demande à se donner un héritier par arrogation n'est plus en état d'avoir des enfants ; si sa demande n'est pas un piège pour s'approprier les biens de celui qu'il veut prendre pour fils : enfin on lui fait prêter le serment usité en pareil cas, suivant la formule prescrite par le grand pontife Q. Mucius. Pour être adopté par arrogation, il faut avoir atteint l'âge de puberté. On a appelé cette espèce d'acte arrogation, à cause de la requête (*rogatio*) qu'il est nécessaire d'adresser d'abord au peuple. Voici dans quels termes cette requête est conçue : ROMAINS, QU'IL VOUS PLAISE ORDONNER QUE LUCIUS VALÉRIUS DEVIENNE LE FILS DE LUCIUS TITIUS, QU'IL ENTRE DANS CETTE FAMILLE AVEC LES MÊMES DROITS QUE S'IL Y ÉTAIT NÉ, ET QUE SON NOUVEAU PÈRE AIT SUR LUI LE DROIT DE VIE ET DE MORT QUE TOUT PÈRE A SUR SON FILS. JE VOUS PRIE, ROMAINS, QU'IL SOIT FAIT COMME J'AI DIT. Un pupille, ou une femme qui n'est point soumise au pouvoir d'un père, ne peuvent être adoptés par arrogation. La cause en est que les comices ne peuvent avoir de rapport avec les femmes, et que la puissance dont un tuteur est investi à l'égard de son pupille n'est pas assez grande pour qu'il lui soit permis d'abandonner au pouvoir d'un autre l'enfant libre confié à ses soins. Massurius Sabinus affirme que la loi permet l'adoption d'un affranchi par un homme libre; mais il ajoute qu'elle défend et devra toujours défendre aux affranchis d'usurper par la voie de l'adoption les droits réservés aux hommes libres. Du reste, pourvu que cette antique défense soit observée, un esclave même peut être adopté par son maître devant le préteur, ainsi qu'on le voit dans beaucoup de jurisconsultes anciens dont Massurius invoque le témoignage. J'ai remarqué dans le discours sur les mœurs publiques, que P. Scipion prononça devant le peuple pendant sa censure, un passage où, en signalant plusieurs infractions aux anciennes coutumes, il se plaint que les fils adoptifs procurent aux citoyens qui les adoptent les avantages réservés par la loi à la paternité. C'est lorsqu'il dit « que le père vote « dans une tribu, et le fils dans une autre; que « des fils par adoption procurent à leurs pères les « mêmes privilèges que s'ils étaient leurs propres « enfants; qu'il ordonnera désormais de faire ins« crire les absents sur le rôle du cens, afin que « le défaut de présence ne puisse exempter per« sonne. »

CHAPITRE XX.

Quel nom latin Sinnius Capiton a donné au solécisme : comment l'avaient appelé les anciens Latins. Définition du solécisme par Sinnius Capiton.

La faute de langue que les Grecs nomment solécisme était appelée par Sinnius Capiton et par ses contemporains *imparilitas*, disconvenance. Les anciens Latins lui donnaient le nom de *stribiligo*, sans doute pour signifier que c'est une irrégularité, une difformité du discours. Sinnius Capiton, dans une lettre adressée à Clodius Tuscus, définit ainsi ce genre de faute : « Le solécisme, « dit-il, est un assemblage incorrect et vicieux des

---

pontificibus, præbentur, quæ *curiata* appellantur : ætas quoque ejus, qui arrogare vult, an liberis potius gignundis idonea sit, bonaque ejus, qui arrogatur, ne insidiose appetita sint, consideratur : jusque jurandum a Q. Mucio, pontifice maximo, conceptum dicitur, quod in arrogando juraretur. Sed arrogari non potest, nisi jam vesticeps. Arrogatio autem dicta, quia genus hoc in alienam familiam transitus per populi rogationem fit. Ejus rogationis verba hæc sunt : VELITIS. JUBEATIS. [QUIRITES.] UTI. LUCIUS. VALERIUS. LUCIO. TITIO. TAM. JURE. LEGE. Q. FILIUS. [SIII.] SIET. QUAM. SI. EX. EO. PATRE. MATRE. Q. FAMILIAS. EJUS. NATUS. ESSET. UTI. Q. EL VITÆ. NECIS. Q. IN. EUM. POTESTAS. SIET. UTI. PATRI. ENDO. FILIO. EST. HÆC. ITA. UTI. DIXI. ITA. VOS. QUIRITES. ROGO. Neque pupillus autem, neque mulier, quæ in parentis potestate non est, arrogari possunt : quoniam et cum feminis nulla comitiorum communio est; et tutoribus in pupillos tantam esse auctoritatem potestatemque fas non est, ut caput liberum fidei suæ commissum alienæ ditioni subjiciant. Libertinos vero ab ingenuis adoptari quidem licite posse, Massurius Sabinus scripsit. Sed id neque permitti dicit, neque permittendum esse unquam putat, ut homines libertini ordinis per adoptionem in jura ingenuorum invadant. Alioquin, si juris ista antiquitas servetur, etiam servus a domino per prætorem dari in adoptionem potest. Idque, ait, plerosque juris veteris auctores posse fieri scripsisse. Animadvertimus in oratione P. Scipionis, quam censor habuit ad populum de moribus, inter ea, quæ reprehendebat, quod contra majorum instituta fierent, id etiam eum culpavisse, quod filius adoptivus patri adoptatori inter præmia patrum prodesset. Verba ex ea oratione hæc sunt : « In alia tribu parem, in alia filium suffragium ferre; fi« lium adoptivum tam procedere, quam si [ex] se natum « habeat; absentes censeri jubere, ut ad censum nemini « necessum sit venire. »

CAPUT XX.

Quod vocabulum latinum *Solœcismo* fecerit Capito Sinnius ; quid autem id ipsum appellaverint veteres Latini ; quibusque verbis *Solœcismum* definierit idem Capito Sinnius.

Solœcismus latino vocabulo a Sinnio Capitone ejusdemque ætatis aliis *imparilitas* appellatus, vetustioribus Latinis *stribiligo* dicebatur, a versura videlicet et pravitate tortuosæ orationis, tamquam strobiligo quædam. Quod vitium Sinnius Capito in litteris, quas ad Clodium Tuscum dedit, hisce verbis definit : *Solœcismus* est, inquit, impar et inconveniens compositura partium orationis. Cum

« parties du discours. » Le mot solécisme a été inventé par les Grecs. Mais c'est une question de savoir si l'on s'en servait dans le dialecte attique, renommé pour sa pureté. Pour moi, je n'ai trouvé ni le mot de solécisme, ni celui de barbarisme, chez aucun bon auteur grec. Du reste, l'adjectif σόλοιχος est aussi usité en grec que βάρϐαρος : de même nos ancêtres employaient assez souvent *solœcus*, mais je ne sais s'ils ont jamais fait usage de *solœcismus*. D'après cette observation, il est permis de penser que le mot solécisme n'est bon ni en grec ni en latin.

CHAPITRE XXI.

Que *pluria*, *compluria* et *compluriens* ne doivent point être regardés comme des barbarismes.

Un jour, un de mes amis, homme fort instruit, se servit dans une conversation du mot *pluria*. Ce n'était pas pour faire étalage d'érudition, ni parce qu'il croyait que *plura* ne se disait point : car c'était un homme dont la science n'avait rien de frivole, et qui, occupé des choses sérieuses de la vie, n'apportait pas aux mots un soin minutieux. Mais, sans doute, la lecture assidue des auteurs anciens lui avait fait contracter l'habitude d'employer cette forme, qu'il avait souvent rencontrée dans les livres. Un prétendu savant, hardi censeur des mots, se trouvait là, quand mon ami se servit de ce terme. Ce puriste n'avait qu'une instruction vulgaire et très-bornée, et ne possédait sur la grammaire que quelques notions, pour la plupart vagues et superficielles, ou même fausses, avec lesquelles il se pavanait, et jetait de la poudre aux yeux à tout venant. S'adressant à mon ami : « Ce mot de *pluria* dont vous venez de vous servir, lui dit-il, est barbare ; car il est contraire aux règles, et ne peut se justifier par aucune autorité. » Mon ami lui répondit en souriant : « Je vous prie, mon cher, puisque je n'a point dans ce moment d'affaire sérieuse qui m'occupe, expliquez-moi comment il se fait que *pluria*, ou, ce qui est la même chose, *compluria*, soient des termes latins, et non pas barbares, chez M. Caton, Q. Claudius, Valérius Antias, L. Ælius, P. Nigidius, M. Varron, qui tous les ont employés ou en ont approuvé l'usage, et chez une foule de poëtes et d'orateurs anciens que je pourrais vous citer. » Alors notre critique, d'un ton dédaigneux : « Allez chercher tant que vous voudrez des autorités au siècle des Faunes et des Aborigènes; vous pouvez garder ces preuves pour vous. Je ne vous demande que de répondre à ceci. Jamais un comparatif neutre ne prend au nominatif pluriel un *i* avant l'*a* qui le termine. De même qu'on dit *meliora*, *majora*, *graviora*, on doit dire *plura* et non pas *pluria*. L'introduction de l'*i* serait contraire à la règle, qui est invariable. » Mon ami, ne jugeant pas ce présomptueux digne de l'honneur d'une plus longue discussion, se contenta de répondre : « On a du savant Sinnius Capiton un nombreux recueil de lettres qui se trouve, je crois, dans la bibliothèque du temple de la Paix. La première lettre, adressée à Pacuvius Labéon, porte en titre ces mots : « Que l'on doit dire *pluria*, et non *plura*, » et renferme une discussion grammaticale pour prouver que *pluria* est latin, et *plura* barbare. Je vous renvoie donc à Capiton. Vous apprendrez aussi dans cette lettre, si toutefois vous êtes capable d'entendre ce qu'elle

græcum autem vocabulum sit *solœcismus*, an Attici homines, qui elegantius locuti sunt, usi eo sint, quæri solet. Sed nos neque *solœcismum* neque *barbarismum* apud Græcorum idoneos adhuc invenimus. Nam sicut βάρϐαρον, ita σόλοιχον dixerunt. Nostri quoque antiquiores *solœcum* facile, *solœcismum* haud scio an unquam, dixerunt. Quod si ita est, neque in græca neque in latina lingua *solœcismus* probe dicitur.

CAPUT XXI.

Pluria qui dicat et *compluria* et *compluriens*, non barbare dicere, sed latine.

Pluria forte quis dixit sermocinans vir apprime doctus, meus amicus : non hercle studio fervens ostentandi, neque quo *plura* non dicendum putaret. Est enim doctrina homo seria et ad vitæ officia devincta ac nihil de verbis laborante. Sed, opinor, assidua veterum scriptorum tractatione inoleverat linguæ illius vox, quam in libris sæpe offenderat. Aderat, cum ille hoc dixit, reprehensor audaculus verborum, qui perpauca eademque a vulgo protrita legerat : habebatque nonnullas disciplinæ grammaticæ inauditiunculas, partim rudes inchoatasque, partim non probas ; easque quasi pulverem ob oculos, cum adortus quemque fuerat, aspergebat. Sicut tunc amico nostro : Barbare, inquit, dixisti *pluria*. Nam neque rationem verbum hoc, neque auctoritates habet. Ibi ille amicus ridens : Amabo te, inquit, vir bone, quia nunc mihi a magnis seriisque rebus otium est, velim doceas nos, cur *pluria* sive *compluria* (nihil enim differt) non latine, sed barbare, dixerint M. Cato, [et] Q. Claudius, Valerius Antias, L. Ælius, P. Nigidius, M. Varro ; quos subscriptores approbatoresque hujus verbi habemus, præter poetarum oratorumque veterum multam copiam. Ad quæ ille nimis arroganter : Tibi, inquit, habeas auctoritates istas, ex Faunorum et Aboriginum seculo repetitas, atque huic rationi respondeas. Nullum enim vocabulum neutrum comparativum, numero plurativo, casu recto, ante extremum *a* habet *i* litteram ; sicuti : *meliora*, *majora*, *graviora*. Proinde igitur *plura*, non *pluria* dici consuevit ; ne contra formam perpetuam in comparativo *i* littera sit ante extremum *a*. Tum ille amicus noster, cum hominem confidentem pluribus verbis non dignum existimaret : Sinnii, inquit, Capitonis, doctissimi viri, epistolæ sunt uno in libro multæ, opinor, positæ in templo Pacis. Prima epistola scripta est ad Pacuvium Labeonem, cui titulus præscriptus est : PLURIA NON PLURA DICI DEBERE. In ea epistola rationes grammaticas posuit, per quas docet *pluria* latinum esse, *plura* barbarum. Ad Capitonem igitur te dimittimus. Ex eo id quoque simul disces, si

contient, que *pluria*, ou *plura*, n'est qu'un positif, et non pas un comparatif, comme vous le prétendez. » Une preuve à l'appui de cette dernière assertion de Sinnius Capiton peut se tirer du mot *compluriens*, adverbe formé de *compluria*, et auquel on ne donne point le sens du comparatif. Comme cet adverbe est d'un usage rare, je cite ici un vers du *Perse* de Plaute, où on le trouve employé :

« Que crains-tu? — J'ai mes raisons pour craindre. J'y ai déjà été pris plus d'une fois (*compluriens*). »

De même, M. Caton, au quatrième livre de ses *Origines*, a mis trois fois ce mot dans la même phrase : « Souvent (*compluriens*) leurs soldats mercenaires se battirent entre eux en grand nombre, et s'entre-tuèrent : souvent (*compluriens*) on les vit passer par troupes considérables à l'ennemi : souvent (*compluriens*) ils menacèrent la vie de leur général. »

LIVRE VI.

CHAPITRE I.

De quelle manière Chrysippe répondait à ceux qui nient la providence.

Ceux qui nient que le monde soit fait pour Dieu et pour les hommes, et que les choses humaines soient gouvernées par une providence, croient avancer une forte preuve à l'appui de leur opinion, quand ils disent : S'il y avait une providence, il n'y aurait pas de mal sur la terre; car rien n'est plus difficile à accorder avec l'action d'une providence que ce nombre infini de misères et de souffrances répandues dans ce monde qu'on dit créé par Dieu exprès pour l'homme. Chrysippe, en réfutant cette doctrine dans le quatrième livre de son traité *Sur la providence*, déclare qu'il n'est rien de plus absurde que de croire qu'il puisse exister du bien, sans qu'il existe en même temps du mal. Car le bien étant le contraire du mal, il est nécessaire qu'ils existent tous deux, opposés l'un à l'autre, et appuyés, en quelque sorte, sur leur mutuel contraste. Deux contraires en effet ne peuvent aller l'un sans l'autre. Ainsi, comment aurions-nous l'idée de la justice, si nous n'avions celle de l'injustice? Et qu'est-ce que la justice, sinon l'absence de l'injustice? De même, comment notre esprit concevrait-il le courage, s'il n'opposait au courage la lâcheté? La tempérance, s'il ne lui opposait l'intempérance? La prudence, s'il ne lui opposait l'imprudence? Ces philosophes à courte vue devraient demander aussi que la vérité existât seule dans le monde, et qu'il n'y eût pas de mensonge. Ce ne serait pas plus absurde que de vouloir séparer le bien du mal, le bonheur du malheur, le plaisir de la souffrance. Ces choses vont nécessairement ensemble. Comme le dit Platon, *l'un* et *l'autre* se tiennent étroitement par leurs extrémités, de telle sorte qu'on ne peut supprimer le premier, sans que le second disparaisse en même temps. Chrysippe dans le même livre traite la question suivante, qui lui paraît digne d'intéresser un philosophe : Les maladies de l'homme sont-elles naturelles, c'est-à-dire, est-

modo assequi poteris, quod in ea epistola scriptum est, *pluria* sive *plura* absolutum esse et simplex; non, ut tibi videtur, comparativum. Hujus opinionis Sinnianæ id quoque adjumentum est, quod, *compluriens* cum dicimus, non comparative dicimus. Ab eo autem, quod est *compluria*, adverbium est factum *compluriens*. Id [quoque] quoniam minus usitatum est, versum Plauti subscripsi ex comœdia, quæ *Persa* inscribitur :

Quid metuis? Metuo hercle vero. Sensi ego compluriens. Item M. Cato in quarto *Originum* eodem in loco ter hoc verbum posuit : « Compluriens eorum milites mercenarii « inter sese multi alteri alteros occidere; compluriens « multi simul ad hostis transfugere; compluriens in impe-« ratorem impetum fecere. »

LIBER SEXTUS.

CAPUT I.

Quem in modum responderit Chrysippus adversus eos, qui providentiam consistere negaverunt.

Quibus non videtur mundus Dei et hominum causa institutus, neque res humanæ providentia gubernari, gravi se argumento uti putant, cum ita dicunt : Si esset providentia, nulla essent mala. Nihil enim minus aiunt providentiæ congruere, quam in eo mundo, quem propter homines fecisse dicatur, tantam vim esse ærumnarum et malorum. Adversus ea Chrysippus cum in libro Περὶ προνοίας quarto dissereret : Nihil est prorsus istis, inquit, insubidius, qui opinantur bona esse potuisse, si non essent ibidem mala. Nam cum bona malis contraria sint, utraque necessum est, opposita inter se[se] et quasi mutuo adverso quæque fulta nixu, consistere : nullum adeo contrarium est sine contrario altero. Quo enim pacto justitiæ sensus esse posset, nisi essent injuriæ? Aut quid aliud justitia est, quam injustitiæ privatio? Quid item fortitudo intelligi posset, nisi ex ignaviæ oppositione? Quid continentia, nisi ex intemperantiæ? Quo item modo prudentia esset, nisi foret contra imprudentia? Proinde, inquit, homines stulti cur non hoc etiam desiderant, ut veritas sit, et non sit mendacium? Namque itidem sunt bona et mala, felicitas et infortunitas, dolor et voluptas. Alterum enim ex altero, sicuti Plato ait, verticibus inter se contrariis deligatum est; si tuleris unum, abstuleris utrumque. Idem Chrysippus in eodem libro tractat consideratque, dignumque esse id quæri putat, εἰ αἱ τῶν ἀνθρώπων νόσοι κατὰ φύσιν γίνονται; id est, naturane ipsa rerum vel providentia, quæ compagem hanc mundi et genus hominum fecit, morbos quoque et debilitates et ægritudines corporum, quas patiuntur homines, fecerit. Existimat autem non fuisse hoc principale

ce à la puissance appelée nature des choses, ou providence, par laquelle l'univers et l'homme ont été créés, qu'il faut attribuer les souffrances physiques, les maladies et les infirmités qui affligent l'espèce humaine? Suivant Chrysippe, la nature n'a pas eu primitivement le dessein de faire l'homme sujet aux maladies : cette mère prévoyante, auteur de tous les biens, n'a pu vouloir notre mal. Mais tandis qu'elle formait nos corps de la manière la plus utile et la plus avantageuse à notre existence, des maux inévitables naquirent des biens mêmes qu'elle nous assurait, non par sa volonté, ni de son consentement, mais par une loi fatale, et, comme le dit Chrysippe, en vertu d'une conséquence nécessaire. Ainsi, lorsqu'elle était occupée à construire notre corps, elle fut obligée, pour réaliser son plan industrieux et ses vues bienfaisantes, de former notre tête avec des os minces et délicats. Mais à l'utilité qui en résulta pour l'homme, s'attacha un danger extérieur : la tête ainsi formée est faiblement protégée, et si fragile, que le moindre choc peut l'endommager. C'est ainsi, dit Chrysippe, que les maladies et les infirmités auxquelles l'homme est sujet sont sorties des précautions mêmes que la nature a prises pour assurer son bonheur. De même lorsque l'amour de la vertu, inspiré par la nature, prend naissance dans le cœur de l'homme, l'instinct du vice germe à côté, par l'affinité qu'ont entre eux les contraires.

CHAPITRE II.

Comment Chrysippe, en admettant l'action nécessaire du destin, attribue cependant à l'homme la faculté de se déterminer et d'agir.

Chrysippe, l'oracle de la philosophie stoïcienne, a défini de la manière suivante le destin, que les Grecs désignent par les mots de πεπρωμένη, et de εἱμαρμένη. Le destin, dit-il, est la succession éternelle et nécessaire des choses, la chaîne immense des choses se déroulant d'elle-même à travers la série infinie des conséquences, qui sont les innombrables anneaux dont elle est formée. Mais je vais citer ici les paroles mêmes de Chrysippe, aussi exactement que ma mémoire peut me les rappeler, afin que si le lecteur trouve quelque obscurité dans mon interprétation, il puisse recourir au texte même. « Le destin, » dit-il au quatrième livre de son traité *Sur la providence*, « est l'enchaînement « naturel des choses dérivant les unes des autres « de toute éternité, et se succédant d'après un « ordre qui reste toujours invariable dans l'im- « mensité des temps. » Mais les autres écoles réclament contre cette définition, et attaquent Chrysippe par l'objection suivante : Si vous croyez, lui dit-on, que tout est mû par le destin, que tout se fait par lui, que rien ne peut se dérober à son action, ni déranger son cours; alors on ne doit plus voir avec indignation les fautes et les crimes des hommes; on ne peut plus les attribuer à leur volonté, mais à l'impulsion irrésistible du destin, à cette puissance fatale qui gouverne tout et par laquelle tout se produit ; et il ne faut plus voir qu'arbitraire et injustice dans les lois qui punissent les coupables, puisque l'homme ne fait pas le mal volontairement, mais y est poussé par la destinée. A cette objection Chrysippe fait

naturæ consilium, ut faceret homines morbis obnoxios : nunquam enim hoc convenisse naturæ auctori parentique rerum omnium bonarum. Sed cum multa, inquit, atque magna gigneret pareretque aptissima et utilissima, alia quoque simul agnata sunt incommoda iis ipsis, quæ faciebat, cohærentia : eaque non per naturam, sed per sequelas quasdam necessarias facta dicit, quod ipse appellat κατὰ παρακολούθησιν. Sicut, inquit, cum corpora hominum natura fingeret, ratio subtilior et utilitas ipsa operis postulavit, ut tenuissimis minutisque ossiculis caput compingeret. Sed hanc utilitatem rei majoris alia quædam incommoditas extrinsecus consecuta est; ut fieret caput tenuiter munitum', et ictibus offensionibusque parvis fragile. Proinde morbi quoque et ægritudines partæ sunt, dum salus paritur. Sic hercle, inquit, dum virtus hominibus per consilium naturæ gignitur, vitia ibidem per affinitatem contrariam nata sunt.

CAPUT II.

Quo itidem modo et vim necessitatemque fati constituerit, et esse tamen in nobis consilii judicique nostri arbitrium confirma[ve]rit.

Fatum, quod Græci [πεπρωμένην, vel] εἱμαρμένην vocant, ad hanc ferme sententiam Chrysippus, Stoicæ principis philosophiæ, definit : *Fatum* est, inquit, sempiterna quædam et indeclinabilis series rerum et catena, volvens semetipsa sese et implicans per æternos consequentiæ ordines, ex quibus apta [con]nexaque est. Ipsa autem verba Chrysippi, quantum valui memoria, adscripsi ; ut, si cui meum istud interpretamentum videbitur esse obscurius, ad ipsius verba animadvertat. In libro enim Περὶ προνοίας quarto : Εἱμαρμένην esse, dicit, φυσικήν τινα σύνταξιν τῶν ὅλων ἐξ ἀιδίου τῶν ἑτέρων τοῖς ἑτέροις ἐπακολουθούντων, καὶ μετὰ πολὺ μὲν οὖν ἀπαραβάτου οὔσης τῆς τοιαύτης συμπλοκῆς. Aliarum autem opinionum disciplinarumque auctores huic definitioni ita obstrepunt : Si Chrysippus, inquiunt, fato putat omnia moveri et regi, nec declinari transcendique posse agmina fati et volumina : peccata quoque hominum et delicta non succensenda neque inducenda sunt ipsis voluntatibusque eorum ; sed necessitati cuidam et instantiæ, quæ oritur ex fato ; omnium quæ sit rerum domina et arbitra, per quam necesse sit fieri, quidquid futurum est : et propterea nocentium pœnas legibus inique constitutas, si homines ad maleficia non sponte veniunt, sed fato trahuntur. Contra ea Chrysippus tenuiter multa et argute disserit ; sed omnium fere, quæ super ea re scripsit, sententia hujuscemodi est : Quanquam ita sit, inquit, ut ratione quadam necessario principali coacta atque connexa sint fato omnia ; ingenia tamen ipsa mentium

une réponse où il discute la question avec finesse et subtilité. Voici à quoi peuvent se réduire les raisons par lesquelles il se défend. Oui sans doute, dit-il, il y a entre toutes les choses un enchaînement produit par la loi souveraine et nécessaire de la destinée; mais l'impulsion que la destinée communique à nos âmes se combine avec l'action des qualités morales de chacun. Ainsi, si la nature nous a doués primitivement d'affections bienfaisantes et d'instincts utiles, la force étrangère qui nous presse se modifiera suivant notre caractère, et deviendra, en passant par notre âme, inoffensive et douce comme elle. Mais une âme grossière, violente, étroite, et qui n'emprunte à la raison aucun secours pour lutter avec ses passions, une telle âme, lors même que la fatalité ne la presse que faiblement, ou même n'exerce sur elle aucune action, se précipite dans le mal par sa propre impulsion, et est entraînée par le vice de sa nature dans toutes sortes d'erreurs et de désordres. Cet égarement même est fatal : il est produit par cette conséquence nécessaire et toute-puissante qu'on nomme le destin. En effet, c'est une chose absolument inévitable, qu'une nature méchante fasse le mal. Ensuite Chrysippe, pour donner une forme plus sensible à sa pensée, se sert d'une comparaison assez juste et assez ingénieuse. Si vous jetez, dit-il, une pierre de forme cylindrique sur un terrain incliné en pente rapide, vous lui aurez communiqué le premier mouvement : mais ensuite la pierre se précipite avec un élan qui ne vient pas de vous, mais qui résulte de sa forme et de sa volubilité. De même l'ordre nécessaire de la destinée donne la première impulsion : mais la nature des mouvements de notre âme et de nos actions est déterminée ensuite par le caractère et les dispositions de chacun. Chrysippe ajoute ensuite ces paroles, dont le sens est d'accord avec les idées que je viens de résumer :

« C'est pourquoi, dit-il, les pythagoriciens avaient
« adopté cette maxime :
« Sachez que les hommes doivent s'accuser
« eux-mêmes de leurs maux. »

« Ils pensaient, en effet, que chacun est l'auteur
« du mal qu'il souffre, et que c'est par notre
« propre mouvement et par notre détermination
« propre que nous tombons dans l'erreur et le vice,
« et dans les misères qui en sont la suite. » En conséquence Chrysippe déclare que l'on ne doit point recevoir ni écouter un instant l'excuse de ces hommes pervers, lâches et audacieux, qui, lorsqu'ils sont pris en flagrant délit et convaincus de leurs crimes, allèguent la force du destin, et se réfugient dans la fatalité comme dans un asile, soutenant qu'ils ont été portés, non par un égarement volontaire, mais par une impulsion irrésistible, aux excès qu'ils ont commis. Le plus sage et le plus ancien des poètes avait le premier exprimé la pensée de Chrysippe, dans les vers suivants :

« Eh quoi ! les mortels osent accuser les dieux !
« C'est nous, disent-ils, qui leur envoyons les
« maux dont ils gémissent, tandis qu'ils se les
« attirent eux-mêmes par leur propre folie. »

Cicéron, dans son traité *Sur le Destin*, dit que cette question est très-embrouillée et fort obscure, et que Chrysippe n'a pas réussi à s'en tirer. « Chry-
« sippe, dit-il, se met à la torture pour expliquer
« comment il peut y avoir en nous une puissance
« d'action, quoique tout soit soumis au destin;
« mais, ainsi qu'on va le voir, il s'embarrasse dans
« ses raisonnements. »

---

nostrarum perinde sunt fato obnoxia, ut proprietas eorum est ipsa et qualitas. Nam si sunt per naturam primitus salubriter utiliterque ficta, omnem illam vim, quæ de fato extrinsecus ingruit, inoffensius tractabiliusque transmittunt. Sin vero sunt aspera et inscita et rudia, nullisque artium bonarum adminiculis fulta : etiamsi parvo sive nullo fatalis incommodi conflictu urgeantur, sua tamen scævitate et voluntario impetu in assidua delicta et in errores ruunt. Idque ipsum ut ea ratione fiat, naturalis illa et necessaria rerum consequentia efficit, quæ fatum vocatur. Est enim genere ipso quasi fatale et consequens, ut mala ingenia peccatis et erroribus non vacent. Hujus deinde rei exemplo non hercle nimis aliene neque illepide utitur. Sicut, inquit, lapidem cylindrum si per spatia terræ prona atque derupta jacias, causam quidem ei et initium præcipitantiæ feceris; mox tamen ille præceps volvitur, non quia tu id jam facis, sed quoniam ita sese modus ejus et formæ volubilitas habet : sic ordo et ratio et necessitas fati genera ipsa et principia causarum movet; impetus vero consiliorum mentiumque nostrarum actionesque ipsas voluntas cujusque propria et animorum ingenia moderantur. Infert deinde verba hæc, iis, quæ dixi, congruentia : Διὸ καὶ ὑπὸ τῶν πυθαγορείων οὕτως εἴρηται·

Γνώσῃ δ' ἀνθρώπους αὐθαίρετα πήματ' ἔχοντας·
ὡς τῶν βλαβῶν ἑκάστοις παρ' αὐτοῖς γινομένων, καὶ καθ' ὁρμὴν αὐτῶν, ἁμαρτανόντων τε καὶ βλαπτομένων, καὶ κατὰ τὴν αὐτῶν διάνοιαν καὶ πρόθεσιν. Propterea negat oportere ferri audirique homines aut nequam aut ignavos et nocentes et audaces : qui, cum in culpa et in maleficio revicti sunt, perfugiunt ad fati necessitatem, tanquam in aliquod fani asylum, et, quæ pessime fecerunt, ea non suæ temeritati, sed fato esse attribuenda dicunt. Primus hoc sapientissimus ille et antiquissimus poëtarum dixit in hisce versibus :

Ὦ πόποι, οἷον δή νυ θεοὺς βροτοὶ αἰτιόωνται.
Ἐξ ἡμέων γάρ φασι κάκ' ἔμμεναι· οἱ δὲ καὶ αὐτοὶ
Σφῇσιν ἀτασθαλίῃσιν ὑπὲρ μόρον ἄλγε' ἔχουσιν.

Itaque M. Cicero in libro, quem *De Fato* conscripsit, cum quæstionem istam diceret obscurissimam esse et implicatissimam, Chrysippum quoque philosophum non expedisse se in ea refert, his verbis : « Chrysippus æstuans laboransque, quonam pacto explicet, et fato omnia fieri, et esse aliquid in nobis, intricatur hoc modo. »

CHAPITRE III.

Récit de l'historien Tubéron sur un serpent monstrueux.

Suivant une relation curieuse de l'historien Tubéron, le consul Attilius Régulus, étant campé en Afrique, sur les bords du fleuve Bagrada, soutint un combat long et terrible contre un serpent énorme, qui avait son repaire en cet endroit. L'armée tout entière était aux prises avec le monstre, et il fallut faire jouer contre lui les balistes et les catapultes. On parvint enfin à le tuer, et l'on envoya à Rome sa peau, qui avait cent vingt pieds de long.

CHAPITRE IV.

Fait curieux de la captivité de Régulus, rapporté par le même Tubéron. Détails donnés par Tuditanus sur le même personnage.

J'ai lu dernièrement dans l'histoire d'Attilius Régulus, racontée par Tuditanus, le fait suivant, qui est assez connu. D'après cet historien, Régulus, après avoir conseillé au sénat romain de ne point consentir à l'échange des captifs, ajouta que les Carthaginois lui avaient donné un poison dont l'action ne devait pas être subite, mais lente; de telle sorte qu'il pût vivre assez de temps pour opérer l'échange projeté, et qu'ensuite le progrès insensible du poison le fît mourir. Tubéron, dans l'histoire que j'ai déjà citée plus haut, raconte que Régulus, de retour à Carthage, y souffrit des tourments d'une barbarie inconnue. « Les Carthaginois l'enfermaient, dit-il, « dans des cachots profonds et ténébreux; puis, « l'en tirant tout à coup, ils le plaçaient direc- « tement en face des rayons du soleil, au mo- « ment où il était dans toute son ardeur, et le « forçaient à lever la tête pour le regarder; et, « de peur que le mouvement des paupières « n'affaiblît la douleur du supplice, ils prirent la « cruelle précaution de les coudre en haut et en « bas. » Tuditanus rapporte qu'on l'empêchait de dormir, et qu'on le fit mourir par la fatigue de l'insomnie. Lorsque la nouvelle en vint à Rome, le sénat livra les plus illustres d'entre les prisonniers carthaginois aux enfants de Régulus, qui les enfermèrent dans une armoire garnie de pointes de fer, où, obligés de se priver de sommeil, ils moururent de la même mort.

CHAPITRE V,

Où l'on relève une erreur commise par le jurisconsulte Alfénus dans l'interprétation d'une locution ancienne.

Le jurisconsulte Alfénus, élève de Servius Sulpicius, aimait à faire des recherches sur les vieux monuments. On lit dans le trente-quatrième livre de son *Digeste*, et dans le second de ses *Conjectures* : « Le texte d'un traité conclu entre Rome « et Carthage porte que les Carthaginois payeront « chaque année aux Romains une certaine quan- « tité d'argent pur, *argenti puri puti*. On a de- « mandé ce que signifiaient ces mots. J'ai répondu « que *purum putum* voulait dire très-pur; que « c'est ainsi que nous disons *novum novicium*, « et *proprium propicium*, locutions employées « pour donner un sens plus fort à *novum* et à « *proprium*. » Quand je lus ce passage, il me

---

CAPUT III.

Historia sumta ex libris Tuberonis de serpente invisitatæ magnitudinis.

Tubero in historiis scriptum reliquit, bello primo Punico Attilium Regulum consulem in Africa, castris apud Bagradam flumen positis, prœlium grande atque acre fecisse adversus unum serpentem, in illis locis stabulantem, invisitatæ immanitatis; eumque, magna totius exercitus conflictione, ballistis atque catapultis diu oppugnatum : ejusque interfecti corium longum pedes centum et viginti Romam misisse.

CAPUT IV.

Quid idem Tubero novæ historiæ de Attilio Regulo, a Carthaginiensibus capto, memoriæ mandaverit : quid etiam Tuditanus super eodem Regulo scripserit.

Quod satis celebre est de Attilio Regulo, id nuperrime legimus scriptum in Tuditani libris : Regulum captum, ad ea, quæ in senatu Romæ dixit, suadens, ne captivi cum Carthaginiensibus permutarentur, id quoque addidisse : venenum sibi Carthaginienses dedisse non præsentarium, sed ejusmodi quod mortem in diem proferret; eo consilio, ut viveret quidem tantisper quoad fieret permutatio, post autem, grassante sensim veneno, contabesceret. Eumdem vero Regulum Tubero in iisdem historiis redisse Carthaginem, novisque exemplorum modis excruciatum a Poenis dicit : « In atras, » inquit, « et profundas tenebras eum « claudebant; ac diu post, ubi erat visus sol ardentissi- « mus, repente educebant, et adversus ictus solis opposi- « tum continebant, atque intendere in cœlum oculos co- « gebant. Palpebras quoque ejus, ne connivere posset, « sursum ac deorsum diductas insuebant. » Tuditanus autem somno diu prohibitum, atque ita vita privatum refert; idque ubi Romæ cognitum est, nobilissimos Pœnorum captivos liberis Reguli a senatu deditos, et ab his in armario muricibus præfixo destitutos, eademque insomnia cruciatos interisse.

CAPUT V.

Quod Alfenus Jureconsultus in verbis veteribus interpretandis erravit.

Alfenus jureconsultus, Servii Sulpicii discipulus, rerumque antiquarum non incuriosus, in libro *Digestorum* trigesimo et quarto, *Conjectaneorum* autem secundo : « In fœdere, » inquit, « quod inter populum romanum et « Carthaginienses factum est, scriptum inveniri, ut Car- « thaginienses quotquot annis populo romano darent cer- « tum pondus argenti puri puti. Quæsitum[que] est, quid « esset [argentum] *purum putum*. Respondi -ego, » inquit, « esse *purum putum* valde purum : sicut *novum* « *novicium* dicimus, et *proprium propicium*, augeri

parut étonnant qu'Alfénus établit le même rapport entre *purum* et *putum*, qu'entre *novum* et *novicium*. Pour que la comparaison pût être juste, il faudrait que l'on dît *puricium* au lieu de *putum*. Je m'étonnai aussi qu'il prêtât à *novicium* un sens augmentatif. *Novicium*, en effet, ne veut pas dire plus nouveau; mais c'est un dérivé de *novus* qu'on prend dans le même sens. Je préfère donc adopter le sentiment de ceux qui font venir *putum* de *putare*, et qui, pour cette raison, prononcent brève la première syllabe de ce mot, au lieu de la faire longue, ainsi que semble le vouloir Alfénus, qui regarde *putum* comme dérivé de *purum*. Les anciens se servaient du verbe *putare* pour exprimer l'action d'ôter, de retrancher d'une chose ce qui est étranger, superflu ou nuisible, et de n'en conserver que ce qui est bon et utile. C'est ainsi qu'ils disaient *putare arbores* ou *vites*, tailler les arbres, les vignes; *putare rationes*, apurer ses comptes. Quand nous disons *puto*, pour annoncer que nous avons telle ou telle pensée, ce mot ne signifie autre chose, sinon que, dans ce qui nous paraît douteux et obscur, nous tâchons, après avoir écarté les fausses idées, de retenir ce que notre esprit croit vrai, juste, et sensé. Ainsi donc, dans le traité carthaginois on a écrit *putum* comme on aurait écrit *exputatum*: on désigne par là un argent soigneusement affiné, purgé de toute matière étrangère, et pur de tout défaut. Cette locution de *purum putum* se trouve non-seulement dans le texte de ce traité, mais dans beaucoup de livres anciens, entre autres dans une tragédie de Q. Ennius appelée *Alexandre*, et dans une satire de M. Varron qui a pour titre : *Les vieillards deux fois enfants.*

CHAPITRE VI.

Que Julius Higinus s'est trompé grossièrement en blâmant Virgile d'avoir appliqué l'épithète de *præpetes* aux ailes de Dédale. Ce qu'on entend par *aves præpetes*: quels sont les oiseaux que Nigidius a appelés *inferæ*.

« On raconte que l'audacieux Dédale, fuyant
« l'empire de Minos, s'élança, porté sur des ailes,
« dans le vague des airs, et d'un vol heureux
« (*præpetibus pennis*) s'avança par ce chemin
« nouveau vers l'Ourse glacée. »

Higinus blâme dans ces vers l'expression *præpetibus pennis* comme une impropriété et une marque d'ignorance. Les augures, dit-il, se servent du mot *præpetes* pour désigner les oiseaux qui fendent le ciel devant eux d'un vol favorable, ou qui vont se poser dans des lieux d'heureux présage. Virgile applique donc mal à propos un terme du langage augural au vol de Dédale, qui ne peut avoir aucun rapport avec la science des augures. Mais Higinus tombe ici dans une erreur grossière. Il a tort de croire qu'il sait mieux que d'autres ce que veut dire *præpes*. Selon lui, cette signification aurait été ignorée de Virgile, et de Cn. Matius, ce poëte si instruit, qui a employé *præpes* en parlant du vol de la Victoire, dans le vers suivant :

Dum det vincenti præpes Victoria palmam.

« Pourvu que la Victoire vienne, d'un vol fa-
« vorable, lui décerner la palme. »

Pourquoi Higinus ne blâme-t-il pas aussi Q.

« atque intendere volentes novi et proprii significationem. » Hoc ubi legimus, mirabamur eamdem affinitatem visam esse Alfeno *puri* et *puti*, quæ sit *novi* et *novicii*. Nam si esset *puricium*, tum sane videretur dici, quasi *novicium*. Id etiam mirum fuit, quod *novicium* per augendi figuram dictum existimavit; cum sit *novicium*, non quod magis novum sit, sed quod a *novo* dictum inclinatumque sit. His ergo assentimus, qui *putum* esse dicunt a *putando* dictum: et ob eam causam prima syllaba brevi pronuntiant, non longa: uti existimasse Alfenum videtur, qui a *puro* id esse factum scripsit. *Putare* autem veteres dixerunt, vacantia ex quaque re ac non necessaria aut etiam obstantia et aliena auferre et excidere, et, quod esset utile, ac sine vitio videretur, relinquere. Sic namque *arbores* et *vites*, et sic etiam *rationes putari* dictum. Verbum quoque ipsum *puto*, quod declarandæ sententiæ nostræ causa dicimus, non signat profecto aliud, quam id agere nos in re dubia obscuraque, ut, decisis amputatisque falsis opinionibus, quod videatur esse verum et integrum et incorruptum, retineamus. Argentum ergo in Carthaginiensi fœdere *putum* dictum esse, quasi *exputatum*, excoctumque, omnique aliena materia carens, omnibusque ex eo vitiis detractis emaculatum et candefactum. Scriptum est autem *purum putum* non in Carthaginiensi solum fœdere, sed cum in multis aliis veterum libris, tum [etiam] in Q. quo-

que Ennii tragœdia, quæ inscribitur *Alexander*, et in satira M. Varronis, quæ inscripta est Δις παῖδες οἱ γέροντες.

CAPUT VI.

Temere ineptique reprehensum esse a Julio Higino Virgilium, quod *præpetes* Dædali pennas dixit : atque ibi, quid sint aves *præpetes*, et quid illæ sint aves, quas Nigidius *inferas* appellavit.

Dædalus, ut fama est, fugiens Minoïa regna,
Præpetibus pennis ausus se credere cœlo
[Insuetum per iter gelidas enavit ad Arctos.]

In his Virgilii versibus reprehendit Higinus *præpetibus pennis*, quasi improprie et inscite dictum. Nam *præpetes*, inquit, *aves* ab auguribus appellantur, quæ aut opportune prævolant, aut idoneas sedes capiunt. Non apte igitur usum verbo augurali existimavit in Dædali volatu, nihil ad augurum disciplinam pertinente. Sed Higinus nimis hercle ineptus est, cum, quid *præpetes* essent, se scire ratus est : Virgilium autem et Cn. Matium, doctum virum, ignorasse, qui in secundo *Iliadis* Victoriam volucrem *præpetem* appellavit in hoc versu :

Dum det vincenti præpes Victoria palmam.

Cur autem non Q. quoque Ennium reprehendit, qui in

Ennius, qui a employé dans ses Annales le mot *præpes*, non, comme Virgile, en parlant du vol de Dédale, mais dans un cas tout différent :

— — Quid
Brundusium pulchro præcinctum præpete portu?

« Que dire de Brindes entourée d'un port com-
« mode et magnifique ? »

Si le critique avait examiné au fond la valeur de *præpes*, au lieu de se préoccuper exclusivement de l'usage qu'en font les augures, il eût été moins sévère envers nos poëtes, qui ont pu, sans mériter de blâme, employer ce mot par analogie et par métaphore, et en faire ainsi des applications nouvelles. En effet, puisque l'on appelle *præpetes*, non-seulement les oiseaux dont le vol est favorable, mais aussi les lieux d'heureux augure où ils se posent, Virgile a pu appeler de même les ailes de Dédale, dont l'essor l'a porté d'un séjour ennemi et dangereux dans une contrée hospitalière et sûre. Les augures emploient *præpes* en parlant des lieux. Ennius a dit dans le premier livre de ses Annales :

Præpetibus hilares sese pulchrisque locis dant.

« Joyeux, ils s'avancent dans cet heureux et
« riant séjour. »

Nigidius Figulus, dans le premier livre de son traité *Sur les augures privés*, nous apprend que les *aves inferæ*, oiseaux qui volent en bas, sont le contraire des *aves præpetes*. « L'oi-
« seau de droite, *dextra*, dit-il, s'oppose à
« l'oiseau de gauche, *sinistra* : l'oiseau appelé
« *præpes* s'oppose à celui qu'on nomme *infera*. »
D'après cette dernière distinction de Nigidius, on peut entendre par *aves præpetes* les oiseaux qui ont le vol élevé. Lorsque, dans ma jeunesse, je fréquentais, à Rome, les écoles des grammairiens, j'entendis Sulpicius Apollinaris, dont je recherchais surtout les leçons, répondre au préfet de Rome Érucius Clarus, au sujet des *aves præpetes*, dont on s'était mis à parler dans un entretien sur le droit augural, que les oiseaux ainsi nommés lui paraissaient répondre à ceux qu'Homère appelle τανυπτέρυγες, attendu que les augures observent de préférence les oiseaux qui déploient, en volant devant eux, de larges ailes : et en même temps il nous cita ces vers d'Homère :

« Tu oses m'exhorter à prendre pour guide les
« oiseaux déployant leurs larges ailes. Que m'im-
« porte leur vol ? je ne m'en occupe point. »

CHAPITRE VII.

Sur Acca Larentia et Caïa Tarratia. Origine du sacerdoce des frères arvales.

Acca Larentia et Caïa Tarratia, ou Fufetia, sont des noms célèbres dans les anciennes annales. Ces deux femmes reçurent du peuple romain, la première après sa mort, la seconde de son vivant, les honneurs publics les plus glorieux. Tarratia faisait partie des Vestales, ainsi qu'on le voit dans la loi Horatia, portée en sa faveur devant le peuple. Cette loi lui accorda de nombreuses prérogatives, entre autres un droit refusé à toutes les autres femmes romaines, celui de porter témoignage, et d'être, comme le dit la loi Horatia, *testabilis*. A ce mot s'oppose celui d'*intestabilis* qui se trouve dans la loi des Douze Tables, où on lit : IMPROBUS INTESTABILISQUE ESTO; « Qu'il soit flétri et ne puisse être témoin. »

Annalibus non, ut Virgilius, pennas Dædali *præpetes*, sed longe diversius, inquit :

—— Quid
Brundusium pulchro præcinctum præpete portu

Et, si vim potius naturamque verbi considerasset, neque id solum, quod augures dicerent, inspexisset, veniam prorsus poëtis daret similitudine ac translatione verborum, non significatione propria utentibus. Nam quoniam non ipsæ tantum aves, quæ prosperius prævolant, sed etiam loci, quos capiunt, qui idonei felicesque sunt, *præpetes* appellantur, idcirco Dædali pennas *præpetes* dixit, quoniam ex locis, in quibus periculum metuebat, in loca tutiora pervenerat. *Locos* porro *præpetes* et augures appellant; et Ennius in *Annalium* primo dixit :

Præpetibus hilares sese pulchrisque locis dant.

Avibus autem *præpetibus* contrarias avis *inferas* appellari, Nigidius Figulus in libro primo *Augurii privati* ita dicit : « Discrepat dextra sinistræ, præpes inferæ. » Ex quo est conjectare, *præpetes* appellatas, quæ altius sublimiusque volitent, cum differre a *præpetibus inferas* dixerit. Adolescens ego Romæ, tum cum etiam ad grammaticos itarem, audivi Apollinarem Sulpicium, quem in primis sectabar, cum de jure augurio quæreretur, et mentio *præpetum avium* facta esset, Erucio Claro, præfecto urbi, dicere : *præpetes* sibi videri esse alites, quas Homerus τανυπτέρυγας appellaverit : quoniam istas potissimum augures spectarent, quæ ingentibus alis patulæ atque porrectæ prævolarent. Atque ibi hos Homeri versus dixit :

Τύνη δ' οἰωνοῖσι τανυπτερύγεσσι κελεύεις
Πείθεσθαι· τῶν οὔτι μετατρέπομ', οὐδ' ἀλεγίζω.

CAPUT VII.

De Acca Larentia et Caia Tarratia; deque origine sacerdotii *fratrum arvalium*.

Accæ Larentiæ et Caiæ Tarratiæ, sive illa Fufetia est, nomina in antiquis annalibus celebria sunt : earum alteræ post mortem, Tarratiæ autem vivæ amplissimi honores a populo romano habiti [sunt]. Et Tarratiam quidem virginem Vestæ fuisse lex Horatia testis est, quæ super ea ad populum lata, qua lege ei plurimi honores fiunt, inter quos jus quoque testimonii dicendi tribuitur; *testabilisque* una omnium feminarum ut sit datur. Id verbum est ipsius legis Horatiæ. Contrarium est in XII tabulis scriptum : IMPROBUS. INTESTABILIS. Q. ESTO. Præterea si quadraginta annos nata sacerdotio abire ac nubere voluisset, jus ei potes-

En outre, si, à l'âge de quarante ans, elle voulait renoncer au sacerdoce et se marier, on lui permettait d'abjurer ses vœux et de prendre un époux. On lui décernait ces honneurs et ces priviléges pour la récompenser d'avoir donné au peuple romain le champ du Tibre, autrement dit le champ de Mars. Pour Acca Larentia, c'était une courtisane enrichie par le gain de la prostitution, qui légua son immense fortune à Romulus, selon Valérius Antias; au peuple romain, selon d'autres. En reconnaissance de ce bienfait, un sacrifice public lui est offert par le flamine quirinal, et un jour lui est consacré dans les fastes. Sabinus Massurius, au premier livre de ses *Mémoires*, prétend, d'après quelques autres historiens, que cette Acca Larentia fut la nourrice de Romulus : « Cette femme, dit-il, était
« mère de douze enfants du sexe masculin : l'un
« d'eux étant mort, Romulus prit sa place, et fut
« nourri par Acca Larentia. Il appela ses frères
« dans la suite *fratres arvales*, et prit ce nom
« lui-même. Telle est l'origine du collège des douze
« frères arvales. Les insignes de ce sacerdoce sont
« une couronne d'épis et des bandelettes blan-
« ches. »

CHAPITRE VIII.

Particularités curieuses sur Alexandre et P. Scipion.

Le Grec Apion, surnommé Plistonicès, écrivain remarquable par l'abondance et la vivacité de son élocution, dit, dans un morceau consacré à l'éloge d'Alexandre, que ce prince défendit qu'on fît paraître en sa présence l'épouse de son ennemi vaincu, femme de la plus grande beauté, afin d'épargner à sa pudeur même l'affront d'un regard. A ce propos, on pourrait, ce me semble, proposer une question qui serait assez piquante, celle de savoir lequel des deux doit être jugé le plus continent, de Scipion l'Africain, qui, après la prise de Carthagène, ville considérable de l'Espagne, rendit vierge et pure à son père une jeune fille nubile, d'une beauté admirable et d'une naissance illustre, que ses soldats lui avaient amenée captive; ou d'Alexandre, qui défendit qu'on amenât devant lui, et se fit scrupule même de voir l'épouse et la sœur de Darius, tombée en son pouvoir après une grande victoire, et dont il entendait vanter les charmes. Nous laissons ce petit sujet de déclamation à traiter à ceux qui en ont le loisir et le talent. Remarquons ici que, d'après des témoignages historiques, vrais ou faux, (c'est ce que nous ignorons), Scipion eut une assez mauvaise réputation dans sa jeunesse. Il est à peu près certain que c'est contre lui que le poëte Nævius fit ces vers :

« L'homme même dont le bras s'est illustré par
« tant d'exploits, dont le nom est brillant de
« gloire, qui fixe sur lui les regards des nations,
« jadis son père le ramena de chez sa maîtresse
« avec un manteau pour tout vêtement. »

Je pense que ce sont ces vers qui ont porté Valérius Antias à contredire l'opinion de tous les autres écrivains sur les mœurs de Scipion, en avançant dans son histoire que la jeune captive dont nous avons parlé plus haut ne fut pas rendue à son père, mais que Scipion la retint auprès de lui, pour la faire servir à ses plaisirs.

---

tasque exaugurandi atque nubendi facta est, munificentiæ et beneficii gratia, quod campum Tiberinum sive Martium populo romano condonasset. Sed Acca Larentia corpus in vulgus dabat, pecuniamque emeruerat ex eo quæstu uberem. Ea testamento, ut in Antiatis historia scriptum est, Romulum regem, ut quidam autem alii tradiderunt, populum romanum bonis suis heredem fecit. Ob id meritum a flamine Quirinali sacrificium ei publice fit : et dies e nomine ejus in fastos additus. Sed Sabinus Massurius in primo *Memorialium*, secutus quosdam historiæ scriptores, Accam Larentiam Romuli nutricem fuisse dicit : « Ea, inquit, « mulier ex duodecim filiis maribus unum morte
« amisit, in illius locum Romulus Accæ Larentiæ sese filium
« dedit; seque et ceteros ejus filios fratres arvales appella-
« vit. Ex eo tempore collegium mansit fratrum arvalium
« numero duodecim. Cujus sacerdotii insigne est spicea
« corona et albæ infulæ. »

CAPUT VIII.

Notata quædam de rege Alexandro et de P. Scipione, memoratu digna.

Ἀπίων, Græcus homo, qui Πλειστονίκης est appellatus, facili atque alacri facund ia fuit. Is cum de Alexandri regis laudibus scriberet : « Victi, » inquit, « hostis uxorem,
« facie inclita mulierem, vetuit in conspectum suum du-
« duci : ut eam ne oculis suis quidem contingeret. » Lepida igitur quæstio agitari potest, utrum videri continentiorem par sit, Publiumne Africanum superiorem, qui, Carthagine ampla civitate in Hispania expugnata, virginem tempestivam, forma egregia, nobilis viri Hispani filiam captam perductamque ad se patri inviolatam reddidit; an regem Alexandrum, qui Darii regis uxorem, eamdemque ejusdem sororem, prœlio magno captam, quam esse audiebat exsuperanti forma, videre noluit, perducique ad sese prohibuit. Sed hanc utramque declamatiunculam super Alexandro et Scipione celebraverint, quibus abunde et ingenii et otii et verborum est. Nos satis habebimus, quod ex historia est, id dicere : Scipionem istum, verone an falso incertum, fama tamen, cum esset adolescens, haud sincera fuisse, et propemodum constitisse, hosce versus a Cn. Nævio poëta in eum scriptos esse :

———— Etiam
Qui res magnas manu sæpe gessit gloriose,
Cujus facta viva nunc vigent, qui apud gentis solus
Præstat, eum suus pater cum pallio uno ab amica
Abduxit.

His ego versibus credo adductum Valerium Antiatem adversus omnes cæteros scriptores de Scipionis moribus sensisse; et eam puellam captivam non redditam patri scripsisse, contra quam nos supra diximus, sed retentam a Scipione, atque in deliciis amoribusque ab eo usurpatam.

CHAPITRE IX.

Piquant récit d'une anecdote curieuse, extraite des annales de L. Pison.

L. Pison raconte dans le troisième livre de ses Annales une anecdote curieuse sur Cn. Flavius, fils d'Annius, édile curule. Ce récit m'ayant paru écrit avec beaucoup de pureté et d'agrément, je le reproduis ici tout entier. « Cn. Flavius, « dit l'historien, fils d'un affranchi, remplissait « les fonctions de scribe. Il était attaché en cette « qualité à l'édile curule, dans le temps où les « édiles sont renouvelés : il fut nommé lui-même « édile curule par la tribu qui est appelée la pre-« mière aux suffrages. Mais l'édile qui présidait « les comices refusa de reconnaître l'élection, et « déclara qu'il ne souffrirait point qu'un scribe « parvînt à l'édilité. Alors Cn. Flavius, fils d'An-« nius, déposa ses tablettes, abandonna sa charge « de scribe, et se fit ainsi reconnaître pour édile. « Quelque temps après, le même Cn. Flavius, fils « d'Annius, alla visiter son collègue qui était ma-« lade. La chambre où il entra était pleine de jeu-« nes gens nobles, qui, pour lui témoigner leur « mépris, ne se levèrent point à son arrivée. Cn. « Flavius, fils d'Annius, ne fit qu'en rire. Il fit « apporter sa chaise curule, la mit sur le seuil « et se plaça dessus, en travers du passage, afin « que tous le vissent malgré eux, et sans pou-« voir s'échapper, assis sur sa chaise curule. »

CHAPITRE X.

Trait d'Euclide, disciple de Socrate, par lequel le philosophe Taurus exhortait ses élèves à se dévouer avec ardeur à l'étude de la philosophie.

Le philosophe Taurus, illustre platonicien de notre temps, citait fréquemment à ses élèves de beaux traits et d'utiles exemples, afin d'enflammer leur zèle pour l'étude de la philosophie. Il aimait surtout, pour exciter l'ardeur des jeunes gens, à rappeler l'action suivante d'Euclide, disciple de Socrate : « Les Athéniens, disait-il, avaient rendu « un décret qui condamnait à mort tout Mégarien « qu'on surprendrait dans les murs d'Athènes, « tant était grande la haine qu'ils portaient à cette « nation voisine. Euclide, qui était de Mégare, et « qui, avant ce décret, séjournait dans Athènes, « où il suivait les leçons de Socrate, ne se laissa « point effrayer par la défense des Athéniens. « Vers le soir, quand la nuit approchait, il sor-« tait de sa maison, vêtu d'une longue robe de « femme, enveloppé dans un manteau de diverses « couleurs, et la tête couverte d'un voile; et, « dans cet équipage, il allait de Mégare à Athè-« nes, afin de pouvoir, au moins pendant une « partie de la nuit, écouter les leçons de Socrate « et jouir de son entretien. Dès que le jour pa-« raissait, il s'échappait, et faisait, pour revenir « chez lui, plus d'un mille, caché sous le même « déguisement. Mais aujourd'hui, ajoutait Tau-« rus, on voit les philosophes courir aux portes « des jeunes riches pour leur donner leçon, s'y « asseoir, et attendre jusqu'au milieu du jour que « leurs élèves aient cuvé le vin de la nuit. »

CAPUT IX.

Locus exemtus ex annalibus L. Pisonis historiæ et orationis lepidissimæ.

Quod res videbatur memoratu digna, quam fecisse Cn. Flavium, Annii filium, ædilem curulem, L. Piso in tertio annali scripsit, eaque res perquam pure et venuste narrata a Pisone : locum istum totum huc ex Pisonis annali transposuimus : « Cn., » inquit, « Flavius, patre libertino « natus, scriptum faciebat : isque in eo tempore ædili cu-« ruli apparebat, quo tempore ædiles subrogantur : eum-« que pro tribu ædilem curulem renuntiaverunt. At ædi-« lis, qui comitia habebat, negat accipere, neque sibi « placere, qui scriptum faceret, eum ædilem fieri. Cn. « Flavius Annii filius dicitur tabulas posuisse ; scriptu « sese abdicasse : isque ædilis curulis factus est. Idem Cn. « Flavius Annii filius dicitur ad collegam venisse visere « ægrotum : et, in conclave postquam introivit, adoles-« centes ibi complures nobiles sedebant. Hi contemneptes « eum, assurgere ei nemo voluit. Cn. Flavius Annii filius « ædilis id arrisit : sellam curulem jussit sibi afferri, eam « in limine apposuit, ne quis illorum exire posset; utique « ii omnes inviti viderent sese in sella curuli sedentem. »

CAPUT X.

Historia super Euclide Socratico, cuius exemplo Taurus philosophus [ad]hortari adolescentes suos solitus [est] ad philosophiam naviter sectandam.

Philosophus Taurus, vir memoria nostra in disciplina Platonica celebratus, cum aliis bonis multis salubribusque exemplis hortabatur ad philosophiam capessendam, tum vel maxime ista re animos juvenum expergebat, Euclidem quam dicebat Socraticum factitavisse : « De-« creto, » inquit, « suo Athenienses caverant, ut, qui « Megaris civis esset, si intulisse Athenas pedem pre-« [he]nsus esset, ut ea res ei homini capitalis esset. Tanto « Athenienses, » inquit, « odio flagrabant finitimorum « hominum Megarensium. Tum Euclides, qui indidem « Megaris erat, quique [etiam] ante id decretum et esse « Athenis et audire Socratem consueverat, postquam id « decretum sanxerunt, sub noctem, cum advesperasce-« ret, tunica longa muliebri indutus, et pallio versicolore « amictus, et caput rica velatus e domo sua Megaris Athe-« nas ad Socratem commeabat; ut vel noctis aliquo tem-« pore consiliorum sermonumque ejus fieret particeps : « rursusque sub lucem, millia passuum paulo amplius vi-« ginti, eadem veste illa [in]tectus redibat. At nunc, » inquit, « videre est, philosophos ultro currere, ut do-« ceant, ad fores juvenum divitum ; eosque ibi sedere at-« que operiri prope ad meridiem ; donec discipuli noctur-« num omne vinum edormiant. »

CHAPITRE XI.

Passage d'un discours de Q. Métellus Numidicus, que l'auteur a jugé à propos de citer, à cause de la leçon de modération et de dignité qu'il renferme.

On ne doit jamais engager un combat d'injures avec des adversaires méprisables, ni faire assaut de sarcasmes et d'outrages avec des hommes impudents ou pervers, parce que, en prenant leur langage pour leur répondre, on se rapproche d'eux, et on descend, en quelque sorte, à leur niveau. Cette règle de conduite, dont l'utilité nous est démontrée par les philosophes, ressort avec non moins d'évidence des paroles suivantes empruntées à un orateur, au sage Q. Métellus Numidicus. Voici comment Métellus, dans un de ses discours, répondit au tribun du peuple Cn. Manlius, qui l'avait poursuivi de paroles insolentes et injurieuses dans l'assemblée du peuple : « Romains, dit-il, cet homme croit sans doute se donner de « l'importance en se déclarant mon ennemi : mais « de même que je ne voudrais point de son ami-« tié, je ne m'inquiète pas de sa haine; il n'aura « pas de moi d'autre réponse, car il me paraît aussi « indigne d'essuyer les reproches des honnêtes « gens qu'il le serait de recevoir leurs éloges; et « vous entretenir d'un homme de cette espèce, « dans un temps où il n'y a pas moyen de le « punir, ce serait lui faire plus d'honneur que de « honte. »

CHAPITRE XII.

Que Servius Sulpicius et C. Trébatius se sont trompés en prenant, l'un testamentum, *et l'autre* sacellum, *pour des mots composés; que le premier de ces deux mots est un dérivé de* testatio, *et le second un diminutif de* sacer.

Je ne sais sur quelle raison s'est appuyé le jurisconsulte Servius Sulpicius, un des hommes les plus instruits de son temps, pour avancer, dans le second livre de son traité *Sur l'abolition des sacrifices privés*, que *testamentum* était un mot composé. Selon lui, ce mot équivaut à *contestatio mentis*, témoignage de l'âme; mais alors que seront donc les mots *calceamentum*, chaussure, *paludamentum*, cotte d'armes, *pavimentum*, pavé, *vestimentum*, vêtement, et tant d'autres substantifs de la même forme? Dirons-nous que tous ces mots sont composés? Cette opinion, que Servius en soit ou non le premier auteur, est inadmissible : ce qui a pu faire illusion sur sa valeur, c'est qu'il y a dans cette manière de décomposer *testamentum* une régularité apparente. C. Trébatius s'est laissé induire en erreur au sujet d'un autre mot, par la même apparence d'exactitude. Il dit, dans le second livre de son ouvrage *Sur les religions*, que ce qu'on appelle *sacellum* est une petite enceinte consacrée où s'élève un autel; et il ajoute qu'il pense que ce mot a été formé de deux autres, *sacer*, sacré, et *cella*, réduit, et qu'il équivaut à *sacra cella*. Telle est l'opinion de Trébatius : mais qui ne sait que *sacellum* est un mot simple, que c'est, non un composé de *sacer* et de *cella*, mais un diminutif de *sacer*?

CAPUT XI.

Verba ex oratione Q. Metelli Numidici, quæ libuit meminisse, ad officium gravitatis dignitatisque vitæ ducentia.

Cum inquinatissimis hominibus non esse convicio decertandum, neque in maledictis adversus impudentis et improbos velitandum, quia tantisper similis et compar eorum fias, dum paria et consimilia dicas atque audias, non minus ex oratione Q. Metelli Numidici, sapientis viri, cognosci potest, quam ex libris et disciplinis philosophorum. Verba hæc sunt Metelli adversus Cn. Manlium, tribunum plebei, a quo apud populum in contione lacessitus jactatusque fuerat dictis petulantibus : « Nunc quod « ad illum attinet, Quirites, qui se ampliorem putat esse, « si se mihi inimicum dict[it]averit, quem ego mihi neque « amicum recipio, neque inimicum respicio, in eum ego « non sum plura dicturus. Nam eum indignissimum arbi-« tror, cui a viris bonis benedicatur; tum ne idoneum qui-« dem, cui a probis maledicatur. Nam si in eo tempore « hujuscemodi homunculum nomines, in quo punire non « possis, majore honore quam contumelia afficias. »

CAPUT XII.

Quod neque testamentum, *sicuti Servius Sulpicius existimavit, neque* sacellum, *sicuti C. Trebatius, duplicia verba sunt, sed a testatione [alterum] productum, alterum a sacro imminutum.*

Servius Sulpicius jureconsultus, vir ætatis suæ doctissimus, in libro *De sacris detestandis* secundo, qua ratione adductus testamentum verbum esse duplex scripserit, non reperio. Nam compositum esse dixit a mentis contestatione. Quid igitur *calceamentum*, quid *paludamentum*, quid *pavimentum*, quid *vestimentum*, quid alia mille per hujuscemodi formam producta; etiamne ista omnia composita dicemus? Obrepsisse autem videtur Servio, vel si quis alius est quid id prior dixit, falsa quidem, sed non abhorrens, neque inconcinna quasi mentis quædam in hoc vocabulo significatio; sicut hercle C. quoque Trebatio eadem concinnitas obrepsit. Nam in libro *De religionibus* secundo : « Sacellum est, » inquit, « locus parvus deo « sacratus cum ara. » Deinde addit verba hæc : « Sacel-« lum ex duobus verbis arbitror compositum sacri et cellæ, « quasi sacra cella. » Hoc quidem scripsit Trebatius : sed quis ignorat, *sacellum* et simplex verbum esse, et non ex *sacro* et *cella* copulatum, sed ex *sacro* diminutum?

CHAPITRE XIII.

Sur les subtilités que les convives de Taurus prenaient pour sujet de ces questions qu'on appelle *symposiaques*.

Les amis du philosophe Taurus, qui fréquentaient sa maison à Athènes, s'étaient fait une règle qu'ils ne manquaient point d'observer. Lorsqu'il nous recevait, afin de ne pas venir sans écot, nous apportions au frugal souper, non des mets friands, mais de curieux sujets de discussion, et des questions subtiles. Chacun arrivait avec sa provision faite d'avance, et l'on commençait lorsque la faim était apaisée. On ne mettait en avant aucun problème grave ou sérieux : c'étaient des questions fines et piquantes, propres à aiguiser les esprits qu'avait égayés une pointe de vin. Voici, par exemple, en quoi consistaient ces subtilités divertissantes. On demanda un jour : Quand peut-on dire qu'un homme meurt? Est-ce quand la mort s'est emparée de lui, ou quand il est encore en vie? De même, quand peut-on dire que quelqu'un se lève? Est-ce lorsqu'il est déjà debout, ou lorsqu'il est encore assis? Ou bien encore : Quand peut-on dire qu'un homme qui apprend un métier devient artisan? Est-ce quand son apprentissage est achevé, ou quand il dure encore? Si, pour répondre à chacune de ces demandes, on opte pour l'un ou l'autre des deux cas entre lesquels l'alternative est laissée, on tombe dans l'absurde, et l'on fait une réponse ridicule. L'absurdité serait encore plus forte, si l'on répondait que la chose dont il est question a lieu dans les deux cas, ou qu'elle n'a lieu dans aucun des deux. Quelques-uns des convives de Taurus à qui ces questions étaient proposées, ayant dit que c'étaient là des piéges de sophiste et des difficultés frivoles :

« Ne croyez pas, répliqua Taurus, que ces questions ne soient qu'un jeu d'esprit méprisable. Les plus graves penseurs les ont examinées avec une attention sérieuse ; leur solution a partagé les philosophes. Ainsi les uns sont d'avis que le mot *mourir* doit s'appliquer à l'instant où l'homme conserve encore un reste de vie ; les autres le rapportent au moment où la vie a entièrement disparu, et où l'homme appartient tout entier à la mort. De même pour les autres questions semblables, ils ont marqué différemment l'instant qu'il s'agit de déterminer, et ont adopté des solutions opposées. Platon pense que l'heure suprême de l'homme n'appartient ni à la mort ni à la vie : il a employé le même expédient pour répondre aux autres questions du même genre. Voyant qu'on est inévitablement exposé à une contradiction dans le cas où l'on se trouve placé entre deux contraires, dont l'un ne peut commencer, tant que l'autre subsiste ; remarquant que la difficulté résulte du rapprochement de deux termes qui s'excluent, la mort et la vie ; il a pris les derniers moments de l'homme comme un état intermédiaire qui n'est ni la mort ni la vie : c'est ce qu'il appelle ἡ ἐξαίφνης φύσις, *la nature instantanée*. Vous trouverez, ajouta Taurus, cette opinion, telle que je vous l'expose, dans l'ouvrage intitulé *Parménide*. Il y est dit : « Ce que j'appelle instantané désigne le passage d'une de ces deux manières d'être à l'autre. » Telles étaient les questions apportées en manière d'écot par les convives de Taurus, et telles étaient à sa table, comme il le disait lui-même, *les friandises* du dessert.

CAPUT XIII.

De quæstiunculis, apud Taurum philosophum in convivio agitatis, quæ sympoticæ vocantur.

Fact[it]atum hoc Athenis observatumque est ab iis, qui erant philosopho Tauro junctiores : Cum domum suam nos vocaret, ne omnino, ut dicitur, immunes et asymboli veniremus, conjectabamus ad cœnulam non cupedias ciborum, sed argutias quæstionum. Unusquisque igitur nostrum commentus paratusque ibat quod quæreret : eratque initium loquendi, edundi finis. Quærebantur autem non gravia nec reverenda, sed ἐνθυμήματα quædam lepida et minuta et florentem vino animum lacessentia. Quale hoc ferme est subtilitatis ludicræ, quod dicam. Quæsitum est, quando moriens moreretur ; cum jam in morte esset, an tum etiam, cum in vita foret : et quando surgens surgeret ; cum jam staret, an tum etiam, cum sederet : et, qui artem disceret, quando artifex fieret ; cum jam esset, an tum, cum etiam non esset. Utrum enim horum dices, absurde atque ridiculose dixeris : multoque absurdius esse videbitur, si aut utrumque esse dicas, aut neutrum. Sed ea omnia cum captiones esse quædam futiles et inanes dicerent : Nolite, inquit Taurus, hæc quasi nugarum aliquem ludum aspernari. Gravissimi philosophorum super hac re serio quæsiverunt : et alii moriendi verbum atque momentum manente adhuc vita dici atque fieri putaverunt ; alii nihil in eo tempore vitæ reliquerunt ; totumque illud, quod mori dicitur, morti vindicaverunt. Item de ceteris similibus in diversa tempora et in contrarias sententias discesserunt. Sed Plato, inquit, noster neque vitæ id tempus neque morti dedit ; idemque in omni consimilium rerum disceptatione fecit. Vidit quippe utrumque esse pugnans : neque posse ex duobus contrariis, altero manente, alterum constitui : quæstionemque fieri per diversorum inter se[se] finium mortis et vitæ cohærentiam : et idcirco peperit ipse expressitque aliud quoddam novum in confinio tempus, quod verbis propriis atque integris τὴν ἐξαίφνη φύσιν appellavit ; id ipsum ita, uti dico, inquit, in libro cui Παρμενίδης titulus est, scriptum ab eo reperietis : Τὸ γὰρ ἐξαίφνης τοιοῦτόν τι ἔοικε σημαίνειν, ὡς ἐξ ἐκείνου μεταβάλλον εἰς ἑκάτερον. Tales apud Taurum symbolæ, taliaque erant secundarum mensarum, ut ipse dicere solitus erat, τραγήματα.

CHAPITRE XIV.

Que les philosophes ont distingué trois différentes manières de punir ; pourquoi Platon n'en admet que deux.

Les philosophes ont distingué trois espèces de punition. La première, qu'on appelle νουθεσία, avertissement, ou κόλασις, répression, ou παραίνεσις, leçon, s'emploie quand on a pour but de corriger quelqu'un qui a failli par imprudence, et de le rendre plus attentif et plus exact à son devoir. La seconde a reçu des philosophes qui se sont appliqués à faire cette distinction, le nom de τιμωρία, châtiment. Elle se rapporte au cas où l'on veut, en punissant, mettre en sûreté la dignité et l'autorité de celui contre lequel la faute a été commise, et où l'on ne pourrait laisser le coupable impuni sans exposer au mépris la personne de l'offensé, et sans faire tort à son honneur. Aussi a-t-on cru que le nom donné à cette punition était tiré de l'honneur (τιμή) qu'elle protége. La troisième, que les Grecs désignent par le mot παράδειγμα, exemple, est celle dont on se sert lorsqu'on veut faire un exemple, c'est-à-dire empêcher le retour de délits que la société est intéressée à prévenir, en infligeant aux criminels des châtiments dont la vue intimide les autres. C'est pour cette raison que nos ancêtres se servaient eux-mêmes du mot *exemplum*, pour désigner les peines les plus rigoureuses et les plus terribles. La conséquence inverse de ce que nous venons de dire, c'est que, lorsqu'il y a tout lieu d'espérer que celui qui a failli se corrigera de lui-même et sans avoir besoin de punition ; ou lorsqu'on doit regarder le coupable comme absolument incorrigible ; ou lorsque la dignité de celui contre lequel la faute a été commise n'a pas reçu de grave atteinte ; ou lorsqu'enfin le délit n'est pas assez sérieux pour rendre nécessaire l'intimidation d'un châtiment exemplaire ; alors il n'y a point de motif suffisant pour infliger une peine. Presque tous les philosophes, en beaucoup d'endroits de leurs écrits, et parmi eux mon maître Taurus, au premier livre de son commentaire sur le Gorgias de Platon, ont adopté cette division des punitions en trois genres. Platon réduit ces trois genres à deux : il n'admet que le premier et le troisième, celui qu'on emploie pour corriger, et celui qui a pour but d'intimider par l'exemple. Il fait cette distinction dans le passage suivant du Gorgias : « Il est né-
« cessaire, dit-il, que quiconque est puni avec jus-
« tice (παντὶ τῷ ἐν τιμωρίᾳ ὄντι), ou bien de-
« vienne meilleur lui-même, et tire ainsi du profit
« de son châtiment, ou bien rende meilleurs les
« autres, en les intimidant par le spectacle de ses
« souffrances. » On voit aisément qu'ici le mot τιμωρία n'est pas pris dans le sens particulier dont il a été question plus haut, mais dans le sens général où on l'emploie d'ordinaire pour signifier toute espèce de punition. Platon a-t-il omis le second genre de peine, celui qui a pour but de mettre à couvert la dignité de l'offensé, parce qu'il le regardait comme de peu d'importance et comme n'étant pas digne d'une distinction spéciale, ou bien parce qu'il n'avait point à s'en occuper dans un sujet où il s'agissait, non des châtiments que les hommes infligent à leurs semblables dans cette vie, mais de ceux auxquels ils sont exposés après la mort ? C'est ce que d'autres décideront mieux que moi.

CAPUT XIV.

Puniendis peccatis tris esse rationes a philosophis attributas, et quamobrem Plato [tantum] duarum ex iis meminerit, non trium.

Puniendis peccatis tris esse debere causas existimatum est. Una est, quæ νουθεσία, vel κόλασις, vel παραίνεσις dicitur ; cum pœna adhibetur castigandi atque emendandi gratia, ut is, qui fortuito deliquit, attentior fiat correctiorque. Altera est, quam ii, qui vocabula ista curiosius diviserunt, τιμωρίαν appellant. Ea causa animadvertendi est, cum dignitas auctoritasque ejus, in quem est peccatum, tuenda est, ne prætermissa animadversio contemptum ejus pariat et honorem levet : idcircoque id ei vocabulum a conservatione honoris factum putant. Tertia ratio vindicandi est, quæ παράδειγμα a Græcis nominatur, cum punitio propter exemplum [est] necessaria, ut ceteri a similibus peccatis, quæ prohiberi publicitus interest, metu cognitæ pœnæ deterreantur. Idcirco veteres quoque nostri *exempla* pro maximis gravissimisque pœnis dicebant. Quando igitur aut spes magna est, ut is, qui peccavit, citra pœnam ipse sese ultro corrigat : aut spes contra nulla est, emendari eum posse et corrigi : aut jacturam dignitatis ejus, in quem peccatum est, metui non necessum est : aut non id peccatum est, cujus exemplo necessario metu succurrendum sit : tum, quidquid ita delictum est, non sane dignum esse imponendæ pœnæ studium visum est. Has tris ulciscendi rationes et philosophi alii plurifariam, et noster Taurus in primo commentariorum, quos in Gorgiam Platonis composuit, scriptas reliquit. Plato autem ipse verbis apertis duas solas esse puniendi causas dicit : unam, quam primo in loco propter corrigendum, alteram, quam in tertio propter exempli metum posuimus. Verba sunt hæc Platonis in Gorgia : Προσήκει δὲ παντὶ τῷ ἐν τιμωρίᾳ ὄντι ὑπ᾽ ἄλλου ὀρθῶς τιμωρουμένῳ ἢ βελτίονι γίνεσθαι, καὶ ὀνίνασθαι, ἢ παραδείγματί τι τοῖς ἄλλοις γίνεσθαι, ἵνα ἄλλοι ὁρῶντες πάσχοντα ἃ ἂν πάσχοι, φοβούμενοι βελτίους γίνωνται. In hisce verbis, facile intelligas, τιμωρίαν Platonem dixisse, non ut supra scripsi quosdam dicere, sed ita ut promisce dici solet, pro omni punitione. Anne autem quasi omnino parvam et contemptu dignam prætierit pœnæ sumendæ causam propter tuendam læsi hominis auctoritatem, an magis, quasi ei, quam dicebat, rei non necessarium prætermiserit, cum de pœnis, non in vita, neque inter homines, sed post vitæ tempus capiendis scriberet, ego in medium relinquo.

CHAPITRE XV.

Si la lettre *e* du verbe *quiesco* doit s'abréger ou s'allonger dans la prononciation.

Un de mes amis, homme rempli de connaissances, et qui s'est livré assidûment à l'étude des belles lettres, se servant un jour dans une conversation du verbe *quiesco*, prononça brève la lettre *e*, sur laquelle on a coutume de passer rapidement dans ce mot. Mais un autre de mes amis, homme étonnant par l'étendue et par la prestigieuse hardiesse de son érudition, et qui, dans son langage, dédaigne de s'asservir aux règles communes, déclara que cette prononciation était mauvaise, et soutint que l'*e* de *quiescit* devait être allongé et non abrégé dans la prononciation. Il dit qu'il fallait prononcer *quiescit*, comme on prononce *calescit, nitescit, stupescit*, et autres mots semblables. Il ajouta que l'*e* de *quies* était long et non bref. L'autre, esprit sage et réservé en toute chose, répondit que quand même les Ælius, les Cincius, les Santra se seraient déclarés en faveur de cette prononciation, il n'en refuserait pas moins de désobéir aux habitudes constantes de la langue latine; et qu'il ne poussait point l'amour de l'originalité jusqu'à rendre son langage étrange et bizarre. Il s'est amusé dans ses studieux loisirs à écrire une lettre sur cette question. Il y fait voir que *quiesco* n'est pas semblable aux verbes précédemment cités, et que *quies*, au lieu d'en être la racine, n'en est que le dérivé. Il montre que ce verbe doit son origine et emprunte sa forme au mot grec ἔσχον, ou, d'après le dialecte ionien, ἔσκον, qui vient du verbe ἔσχω ou ἴσχω : et il établit, par des preuves qui ne manquent point de force, que l'*e* de *quiesco* ne doit pas se prononcer long.

CHAPITRE XVI.

Sur un passage de Catulle où ce poëte fait du verbe *deprecor* un emploi assez rare, mais approuvé par la langue. De la valeur de ce verbe : citations tirées des anciens à ce sujet.

Un soir que nous nous promenions dans le Lycée, un homme qui, après quelques études mal digérées sur la langue latine et quelques exercices insuffisants, prétendait à la gloire de l'éloquence, quoiqu'il ne connût pas même la véritable valeur des mots, nous amusa et nous réjouit beaucoup par son ignorance. Il citait des vers de Catulle où le mot *deprecor* est employé de manière à présenter une expression un peu savante : comme il ne la comprenait point, il trouvait les vers froids et dépourvus de sel ; et, à mon avis, il y en a peu chez ce poëte d'aussi piquants et d'aussi agréables : les voici :

« Ma Lesbie prononce mille imprécations sur
« moi ; elle ne cesse de me maudire : mais que je
« meure, si elle ne m'aime point. Quelle preuve en
« ai-je ? Quelle preuve ? Est-ce que je ne renvoie pas
« toutes ses imprécations sur sa tête ? (*quasi non
« totidem mox deprecer illi*). Et cependant, que
« je meure, si je ne l'adore point. »

Notre homme croyait bonnement que *deprecor*, en cet endroit, était pris dans un sens où l'emploie fréquemment le langage vulgaire, et que sa signification était celle de *precari, orare, supplicare*, rendue seulement plus forte et plus énergique par l'addition de la préposition *de*. S'il en était ainsi, on pourrait en effet accuser ce passage de froideur. Mais cette interprétation

CAPUT XV.

De verbo *quiesco*, an *e* littera corripi, an produci debeat.

Amicus noster, homo multi studii atque in bonarum disciplinarum opere frequens, verbum *quiescit* usitate, *e* littera correpta, dixit. Alter item amicus, homo in doctrinis, quasi in præstigiis, mirificus, communiumque vocum respuens nimis et fastidiens, barbare eum dixisse opinatus est ; quoniam producere debuisset, non corripere. Nam *quiescit* ita oportere dici prædicavit, ut *calescit, nitescit, stupescit*, atque alia hujuscemodi multa. Id etiam addebat, quod *quies*, *e* producta, non brevi diceretur. Noster autem, qua est omnium rerum verecunda mediocritate, ne si Ælii quidem, Cincii, et Santræ dicendum ita censuissent, obsecuturum sese fuisse ait contra perpetuam latinæ linguæ consuetudinem ; neque se tam insignite locuturum, absona inauditaque ut diceret : litteras autem super hac re fecit inter exercitia quædam ludicra : et *quiesco* non esse his simile, quæ supra posui, nec a *quiete* dictum, sed ab eo *quietem*; græcæque vocis ἔσχον καὶ ἔσκον ionice a verbo ἔσχω ἴσχω et modum et originem verbum istud habere demonstravit : rationibusque haud sane frigidis docuit, *quiesco*, *e* littera longa, dici non convenire.

CAPUT XVI.

[Notatum verbum] *deprecor* a poëta Catullo inusitate quidem, sed apte positum et proprie ; deque ratione ejus verbi, exemplisque veterum scriptorum.

Ejusmodi quispiam, qui tumultuariis et inconditis linguæ exercitationibus ad famam se facundiæ permiserat, neque orationis latinæ usurpationes veras didicerat, cum in Lycio forte vespera ambularemus, ludo ibi nobis et voluptati fuit. Nam cum esset verbum *deprecor* doctiuscule positum in Catulli carmine, quia id ignorabat, frigidissimos versus esse dicebat, omnium in eo quidem meo judicio venustissimos, quos subscripsi :

Lesbia mi dicit semper male, nec tacet unquam
De me Lesbia : me dispeream nisi amat.
Quo signo ? Quasi non totidem mox deprecer illi
Assidue : verum dispeream nisi amo.

Deprecor hoc in loco vir bonus ita dictum esse putabat, ut plerumque a vulgo dicitur, quod significat valde precor et oro et supplico ; in quo *de* præpositio ad augendum et cumulandum valet. Quod si ita esset, frigidi sane versus forent. Nunc enim contra omnino est : nam *de* præpositio, quoniam est anceps, in uno eodemque verbo diversitatem significationis capit ; sic enim *deprecor* a Catullo dictum

est fausse. La préposition *de* prend, en composition avec ce verbe, des significations diverses. *Deprecari*, dans l'endroit où l'a mis Catulle, signifie maudire, éloigner les imprécations de sa tête, les renvoyer d'où elles viennent. Mais le même verbe exprime une tout autre idée dans cette phrase du discours de Cicéron pour L. Sylla : « De combien d'hommes il a obtenu la grâce auprès du dictateur ! » *Quam multorum hic vitam a Sulla deprecatus !* et dans cette autre du discours contre la loi agraire : « Si je manque en quelque « chose à mes devoirs, je n'ai point à montrer « d'images illustres pour me faire pardonner ma « faute. » *Nullæ sunt imagines quæ me a vobis deprecentur*. Mais le sens que Catulle donne à ce mot se retrouve ailleurs. On en pourrait tirer beaucoup d'exemples des ouvrages des anciens. En voici quelques-uns que j'ai recueillis. Q. Ennius a employé *deprecor* à peu près de la même manière que Catulle, dans ces vers de sa tragédie d'Érechthée :

« Ceux à qui mon malheur procura la liberté, « et de qui j'éloigne la servitude par ma propre « ruine. »

Quibus servitutem miseria mea deprecor.

Ici, *deprecari* veut dire éloigner, écarter, soit par des prières, soit d'une autre manière. Ennius lui donne encore la même valeur dans ce vers du *Cresphonte* :

« En épargnant ma propre vie, j'éloigne la « mort de mon ennemi. »

Ego cum vitæ meæ parcam, letum inimico deprecor.

On lit dans le sixième livre de Cicéron *Sur la république* : « Cela fut d'autant plus sensible, que « quoiqu'ils fussent collègues au même titre, l'un « était bien loin d'être aussi impopulaire que l'au« tre ; il arriva même que le crédit de Gracchus « protégea Claudius contre la haine publique. »

Claudii invidiam Gracchi charitas deprecabatur. Dans cette phrase ce verbe n'exprime point l'idée de supplication ; Cicéron, en l'employant ainsi, a voulu dire, éloigner la haine ; il le prend au sens de repousser, écarter. Telle est à peu près la signification que les Grecs donnent au verbe παραιτοῦμαι. Voici encore un autre exemple de cet emploi de *deprecor*, tiré du discours pour A. Cæcina : « Que vous semble de cet homme ? « dit Cicéron ; ne lui permettrez-vous pas quelque« fois de s'accuser d'une sottise sans bornes, pour « éloigner de lui l'horreur d'une perversité sans « exemple ? » *Ut excusatione summæ stultitiæ, summæ improbitatis odium deprecetur ?* Enfin le même écrivain a dit dans le premier livre de sa seconde action contre Verrès : « Et maintenant « que fera Hortensius pour son client ? Excusera« t-il les excès où l'entraîne son avarice, en faisant « l'éloge de sa tempérance ? (*Avaritiæne crimina « frugalitatis laudibus deprecetur ?*) Pourra-t-il « défendre par ce moyen le plus débauché, le plus « corrompu, le plus abject des hommes ? » Pour en revenir à Catulle, il dit dans ses vers qu'il fait de son côté ce que Lesbie fait du sien, puisqu'il la maudit ouvertement, et lui renvoie à chaque instant les imprécations qu'il en reçoit, tout en l'aimant comme un fou.

CHAPITRE XVII.

Par qui fut fondée la première bibliothèque publique. Quelle était la richesse de la bibliothèque publique d'Athènes, avant l'invasion des Perses.

On dit que le tyran Pisistrate, ayant rassemblé un assez grand nombre d'écrits littéraires et scientifiques, fonda chez les Athéniens la première bibliothèque publique. Les Athéniens travaillè-

---

est, quasi detestor, vel exsecror, vel depello, vel abominor. Contra autem valet, cum Cicero pro P. Sulla ita dicit : « Quam multorum hic vitam a Sulla deprecatus. » Item in dissuasione legis agrariæ : « Si quid deliquero, « nullæ sunt imagines, quæ me a vobis deprecentur. » Sed neque solus Catullus ita isto verbo usus est. Pleni adeo sunt libri veterum similis in hoc verbo significationis, ex quibus unum et alterum, quæ suppetierant, apposui. Q. Ennius in *Erechtheo* non longe secus dixit, quam Catullus :

Quibus nunc, *inquit*, ærumna mea libertatem paro, Quibus servitutem mea miseria deprecor ?

Significat abigo et amolior, vel prece adhibita, vel quo alio modo. Item Ennius in Cresphonte :

Ego cum meæ vitæ parcam, letum inimico deprecor.

Cicero in libro sexto *De Republica* ita scripsit : « Quod « quidem eo fuit majus, quia, cum causa pari collegæ « essent, non modo invidia pari non erant, sed etiam « Claudii invidiam Gracchi caritas deprecabatur. » Hic quoque item non est valde precabatur, sed quasi propulsabat et defensabat invidiam. Quod Græci propinqua significatione παραιτοῦμαι dicunt. Item pro A. Cæcina consimiliter Cicero verbo isto utitur. « Quid, » inquit, « huic « homini facias ? Nonne concedas interdum, ut, excusa« tione summæ stultitiæ, summæ improbitatis odium de« precetur ? » Item in Verrem actionis secundæ primo : « Nunc vero quid faciat Hortensius ? Avaritiæne crimina « frugalitatis laudibus deprecetur ? An hominem flagitio« sissimum, libidinosissimum, nequissimumque defendat ? » Sic igitur Catullus eadem se facere dicit, quæ Lesbiam, qui et malediceret ei palam, respueretque et recusaret detestareturque assidue, et tamen eam penitus deperiret.

CAPUT XVII.

Quis omnium primus libros publice præbuerit legendos, quantusque numerus fuerit Athenis ante clades Persicas librorum in bibliothecis publicorum.

Libros Athenis disciplinarum liberalium publice ad legendos præbendos primus posuisse dicitur Pisistratus tyrannus : deinceps studiosius accuratiusque ipsi Athenien-

rent avec zèle à enrichir cette collection, et l'augmentèrent considérablement. Mais lorsque la ville fut prise par Xerxès, qui la fit livrer aux flammes, à l'exception de la citadelle, tous les livres furent enlevés, et transportés en Perse. Un grand nombre d'années après, le roi Séleucus Nicanor les rendit aux Athéniens. Dans la suite, les Ptolémées fondèrent en Égypte une riche bibliothèque qui renfermait près de sept cent mille volumes rassemblés ou écrits par leurs ordres. Mais dans la première guerre d'Alexandrie, tandis que la ville était au pillage, il arriva, non par suite d'aucun ordre, mais par l'imprudence de quelques soldats auxiliaires, que le feu prit à la bibliothèque; et cette magnifique collection fut la proie de l'incendie.

LIVRE VII.

CHAPITRE I.

Récits merveilleux sur le premier Africain, tirés des annales.

Ce que l'histoire grecque raconte d'Olympias, femme de Philippe et mère d'Alexandre, des historiens romains le racontent aussi de la mère du premier Africain. C. Oppius, Julius Higinus, et d'autres auteurs qui ont écrit sur la vie et les actions de ce grand homme, rapportent que pendant longtemps sa mère avait été crue stérile, et que Publius Scipion, son époux, désespérait d'en avoir des enfants, lorsqu'un jour, comme elle s'était endormie seule sur son lit, en l'absence de son mari, tout à coup on vit couché à ses côtés un énorme serpent, qui, aux cris de frayeur poussés par les témoins de ce prodige, s'échappa et disparut, sans qu'il fût possible de savoir ce qu'il était devenu. P. Scipion alla consulter les augures, qui, après avoir offert pour lui un sacrifice, lui annoncèrent qu'il aurait des enfants. En effet, quelques jours après que ce serpent avait été vu dans le lit, sa femme sentit les premiers signes de la grossesse, et au dixième mois elle mit au monde P. Scipion, qui devait, dans la guerre punique, vaincre en Afrique Annibal et les Carthaginois. Quelque merveilleuse que soit cette naissance, c'est moins à ce prodige qu'aux belles actions de sa vie que Scipion dut la réputation d'un homme divin. Il ne sera pas non plus sans intérêt de rapporter ici, toujours d'après les mêmes historiens, que souvent, à la fin de la nuit, un peu avant l'aube, Scipion l'Africain se rendait au Capitole, et se faisait ouvrir le sanctuaire de Jupiter. Là il demeurait longtemps seul, comme s'il se fût entretenu avec le dieu des intérêts de la république. Les gardiens du temple remarquèrent souvent avec étonnement que, tandis qu'il entrait dans le Capitole, les chiens, accoutumés à s'élancer sur quiconque approchait à cette heure, demeuraient tranquilles, et n'aboyaient même pas contre lui. Ce qui semble confirmer ces récits populaires sur Scipion, ce sont plusieurs faits de sa vie qui ont un caractère tout à fait merveilleux. Je n'en citerai qu'un. Il assiégeait en Espagne une ville que défendaient de fortes murailles, une position avantageuse, et

ses auxerunt : sed omnem illam postea librorum copiam Xerxes, Athenarum potitus, urbe ipsa præter arcem incensa, abstulit asportavitque in Persas. Hos porro libros universos multis post tempestatibus Seleucus rex, qui Nicanor appellatus est, referendos Athenas curavit. Ingens postea numerus librorum in Ægypto a Ptolemæis regibus vel conquisitus vel confectus est ad millia ferme voluminum septingenta : sed ea omnia bello priore Alexandrino, dum diripitur ea civitas, non sponte, neque opera consulta, sed a militibus forte auxiliariis incensa sunt.

LIBER VII.

CAPUT I.

Admiranda [quædam] ex annalibus sumta de P. Africano superiore.

Quod de Olympiade, Philippi regis uxore, Alexandri matre, in historia græca scriptum est, idem de P. Scipionis quoque matre, qui prior Africanus appellatus est, memoriæ datum est. Nam et C. Oppius et Julius Higinus, aliique, qui de vita et rebus Africani scripserunt, matrem ejus diu sterilem existimatam tradunt; Publium quoque Scipionem, cum quo nupta erat, liberos desperavisse. Postea in cubiculo atque in lecto mulieris, cum absente marito cubans sola condormisset, visum repente esse juxta eam cubare ingentem anguem; eumque, iis qui viderant territis et clamantibus, elapsum inveniri non quisse : id ipsum P. Scipionem ad haruspices retulisse : eos, sacrificio facto, respondisse, fore ut liberi gignerentur. Neque multis diebus postquam ille anguis in lecto visus est, mulierem cœpisse concepti fœtus signa atque sensum pati : exinde mense decimo peperisse ; natumque esse hunc P. [Scipionem] Africanum, qui Hannibalem et Carthaginienses in Africa bello Punico secundo vicit. Sed et eum impendio magis ex rebus gestis, quam ex illo ostento, virum esse virtutis divinæ creditum est. Id etiam dicere haud piget, quod idem illi, quos supra nominavi, litteris mandaverint, Scipionem hunc Africanum solitavisse noctis extremo, prius quam dilucularet, in Capitolium ventitare, ac jubere aperiri cellam Jovis, atque ibi solum diu demorari, quasi consultantem de republica cum Jove; æditumosque ejus templi sæpe esse demiratos, quod solum id temporis in Capitolium ingredientem canes, semper in alios sævientes, neque latrarent eum neque incurrerent. Has vulgi de Scipione opiniones confirmare atque approbare videbantur dicta factaque ejus pleraque admiranda. Ex quibus est unum hujusmodi. Assidebat oppugnabatque oppidum in Hispania, situ, [mœnibusque], [ac] defensoribus validum et munitum, re etiam cibaria copiosum

une garnison vaillante, abondamment pourvue de provisions. Il n'y avait aucune apparence qu'il pût s'en emparer, lorsqu'un jour qu'il rendait la justice au milieu du camp, dans un endroit d'où l'on découvrait la ville assiégée, un des soldats qui se présentaient devant son tribunal lui demanda le jour et le lieu de l'assignation. Scipion étendant la main vers la ville : « Que l'on comparaisse, dit-il, là-bas, après-demain. » L'événement justifia sa réponse. Le troisième jour, qui était celui qu'il avait fixé pour l'audience, la ville fut prise, et, le même jour, il y rendit la justice dans la citadelle.

CHAPITRE II.

Sur une erreur grossière que Césellius Vindex a commise dans ses *Lectures antiques.*

En parcourant le célèbre recueil de Césellius Vindex qui a pour titre *Lectures antiques*, j'y ai rencontré une erreur honteuse, à laquelle je ne me serais pas attendu chez un auteur ordinairement exact et digne de confiance. Cette erreur n'a point été remarquée, quoique la critique ait été sévère et minutieuse jusqu'à l'injustice à l'égard de cet écrivain. Césellius dit que Q. Ennius, dans le treizième livre de ses Annales, a pris *cor* comme un nom masculin. Voici le passage même où il fait cette remarque : « Le mot *cor*, « dit-il, a été pris par Ennius comme étant du « genre masculin, ainsi que beaucoup d'autres « mots semblables : car ce poëte a dit *quem* « *cor* dans le treizième livre de ses Annales. » Il cite ensuite ces deux vers d'Ennius :

« Annibal m'exhorte, avec un courage ma-

« gnanime, à ne pas faire la guerre : quelle
« idée se fait-il donc de mon cœur ? »

Quem credidit esse meum cor?

C'est Antiochus, le roi d'Asie, qui parle ainsi ; il s'étonne et s'irrite que le chef carthaginois la détourne de déclarer la guerre aux Romains. Césellius entend ces vers comme si Antiochus disait : Annibal m'engage à ne point faire la guerre : quelle idée a-t-il donc de moi ? Il faut qu'il me croie bien stupide et bien lâche, pour oser me donner un tel conseil. Tel est le sens que Césellius a vu dans ce passage ; mais ce n'est point du tout là ce qu'a voulu dire Ennius. En effet, la pensée d'Ennius est rendue non pas en deux vers, mais en trois, dont le dernier a échappé à Césellius :

« Annibal m'exhorte avec un courage magna-
« nime à ne pas faire la guerre : lui que mon
« cœur croyait le plus empressé à me la conseil-
« ler, et le plus impatient de l'entreprendre ! »

Quem credidit esse meum cor
Suasorem summum et studiosum robore belli.

Voici quelle est, selon moi, la véritable interprétation de ces vers : Annibal, cet homme si ferme et si hardi, loin d'être le plus ardent à me conseiller la guerre, comme mon cœur se l'était imaginé (*cor meum credidit*), comme j'avais été assez simple pour le croire, s'efforce aujourd'hui de me détourner de mon dessein ! Césellius trompé, faute d'attention, par la construction de la phrase, a cru que *quem* devait se prononcer avec un accent aigu, et s'accordait avec *cor* et non avec Annibal. Je n'ignore pas qu'il y aurait moyen, en expliquant les vers autrement, de

---

nullaque ejus potiundi spes erat, et quodam die jus in castris sedens dicebat : atque ex eo loco id oppidum procul visebatur. Tum e militibus, qui in jure apud eum stabant, interrogavit quispiam ex more, in quem diem locumque vadimonium promitti juberet; et Scipio manum ad ipsam oppidi, quod obsidebatur, arcem protendens : Perendie, inquit, sese sistant illo in loco : atque ita factum. Die tertio, in quem vadari jusserat, oppidum captum est : eodemque die in arce ejus oppidi jus dixit.

CAPUT II.

De Cæsellii Vindicis pudendo errore, quem offendimus in libris ejus, quos inscripsit *Lectionum Antiquarum.*

Turpe erratum offendimus in illis celebratissimis commentariis *Lectionum Antiquarum* Cæsellii Vindicis, hominis hercle pleraque haud indiligentis. Quod erratum multos fugit, quamquam multa in Cæsellio reprehendendo etiam per calumnias rimarentur. Scripsit autem Cæsellius, Q. Ennium in tertio decimo annali *cor* dixisse masculino genere. Verba Cæsellii subjecta sunt : « Masculino genere « *cor*, ut multa alia, enuntiavit Ennius. Nam in tertio de- « cimo annali *quem cor* dixit. » Adscripsit deinde versus Ennii duo :

Hannibal audaci dum pectore de me hortatur
Ne bellum faciam : quem credidit esse meum cor?

Antiochus est, qui hoc dicit, Asiæ rex. Is admiratur et permovetur, quod Hannibal Carthaginiensis bellum se facere populo romano volentem dehortetur. Hos autem versus Cæsellius sic accipit, tanquam si Antiochus sic dicat : Hannibal me, ne bellum geram, dehortatur. Quod cum facit, ecquale cor putat habere me ? Et quam stultum esse me credit, cum id mihi persuadere vult ? Hoc Cæsellius quidem, sed aliud longe Ennius. Nam tres versus sunt, non duo, ad hancce Ennii sententiam pertinentes, ex quibus tertium versum Cæsellius non respexit :

Hannibal audaci dum pectore de me hortatur,
Ne bellum faciam : quem credidit esse meum cor
Suasorem summum et studiosum robore belli.

Horum versuum sensus atque ordo sic, opinor, est : Hannibal ille audentissimus atque fortissimus, quem ego credidi (hoc est enim : *cor meum credidit* : proinde atque diceret : quem ego stultus homo credidi) fore summum suasorem ad bellandum, is me dehortatur, dissuadetque, ne bellum faciam. Cæsellius autem forte ῥαθυμότερον ῥαφῇ ista verborum captus *quem cor* dictum putavit, et *quem* accentu acuto legit, quasi ad cor referretur, non ad Hannibalem. Sed non fugit me, si aliquis sit tam ineruditus,

justifier l'opinion de Césellius; mais il faudrait être bien ignorant pour la défendre ainsi. Ce serait de détacher le troisième vers des deux autres, et de le lire à part, comme une exclamation soudaine d'Antiochus : *Suasorem summum*, le beau conseiller! Mais cette interprétation, dans le cas où on la proposerait, ne vaudrait pas la peine d'être réfutée.

CHAPITRE III.
Critiques de Tiron Tullius, affranchi de Cicéron, sur le discours de M. Caton pour les Rhodiens. Réponse à ces critiques.

Les Rhodiens, ces insulaires si célèbres par leur situation avantageuse au milieu de la mer, par la beauté de leurs monuments, par leur habileté dans la navigation et par leurs victoires navales, n'avaient pas craint, malgré l'étroite alliance qui les unissait avec Rome, d'entretenir des rapports d'amitié avec le roi de Macédoine, Persée, fils de Philippe, dans le temps qu'il faisait la guerre au peuple romain. Ils osèrent même intercéder en sa faveur, et envoyèrent aux Romains de fréquentes ambassades pour les engager à faire la paix avec lui. La pacification qu'ils proposaient n'ayant pu s'opérer, plusieurs d'entre eux dirent, dans l'assemblée publique de Rhodes, que, si les Romains persistaient dans leur refus, il faudrait se joindre contre eux au roi. Quelque temps après, Persée fut vaincu et fait prisonnier. Alors les Rhodiens s'alarmèrent en se rappelant les discours qui avaient été tenus plusieurs fois dans leurs assemblées. Ils envoyèrent une députation à Rome, pour demander qu'on ne les rendît pas tous responsables de l'erreur passagère de quelques-uns d'entre eux, et pour protester de leur fidélité et dissiper tout soupçon sur leurs dispositions. Les députés s'étant rendus à Rome et ayant été introduits dans le sénat, plaidèrent en suppliants la cause de leur ville. Aussitôt après on les fit sortir de la curie, et la délibération commença. Une partie des sénateurs se plaignaient vivement des Rhodiens, et disaient qu'ils s'étaient montrés très-mal disposés pour la république, et qu'ils méritaient qu'on leur fît la guerre, pour les punir. M. Caton, s'étant levé alors, fut d'un autre avis : touché du sort de cette nation, ancienne et fidèle alliée de Rome, contre laquelle plus d'un grand personnage ne se montrait si animé que pour avoir un prétexte de la dépouiller de ses richesses, il entreprit de la défendre et d'éloigner d'elle tout danger, et prononça le célèbre discours connu sous ce titre, *Pour les Rhodiens*, qu'il inséra lui-même dans le cinquième livre de ses *Origines*, et qui a été publié à part de ses autres discours. Un homme d'esprit et de goût, très-versé dans la connaissance de l'ancienne littérature romaine, Tiron Tullius, affranchi de Cicéron, qui, après avoir reçu dans son enfance une éducation libérale par les soins de son maître, fut appelé ensuite à l'honneur de le seconder dans ses travaux, a porté sur ce discours de Caton un jugement qu'un excès de sévérité rend inadmissible. Dans une lettre familière écrite à un ami de son patron, Q. Axius, il fait de ce discours une critique qu'il paraît croire aussi profonde qu'ingénieuse, mais où nous trouvons beaucoup de témérité et de passion, et dont nous nous permettrons de faire la critique à notre tour; car plusieurs de ses assertions appel-

---

sic posse defendi *cor Cæsellii* masculinum, ut videatur tertius versus separatim atque divise legendus. Perinde quasi præcisis interruptisque verbis exclamet Antiochus : *suasorem summum!* Sed non dignum est, eis, qui hoc dixerint, responderi.

CAPUT III.
Quid Tiro Tullius, Ciceronis libertus, reprehenderit in M. Catonis oratione, quam pro Rhodiensibus in senatu dixit; et quid ad ea, quæ reprehenderat, responderimus.

Civitas Rhodiensis et insulæ oportunitate et operum nobilitatibus et navigandi sollertia navalibusque victoriis celebrata est. Ea [Rhodiensis] civitas, cum amica atque socia populi romani foret, Persa tamen, Philippi filio, Macedonum rege, cum quo bellum populo romano fuit, amico usa est : connixique sunt Rhodienses, legationibus Romam sæpe missis, id bellum inter eos componere. Sed, ubi ista pacificatio perpetrari nequivit, verba a plerisque Rhodiensibus in contionibus eorum ad populum facta sunt, ut, si pax non fieret, Rhodienses regem adversus populum romanum adjutarent. Sed nullum super ea re publicum decretum factum est. At ubi Perses victus captusque est, Rhodienses pertimuere ob ea, quæ compluriens in cœtibus populi acta dictaque erant : legatosque Romam miserunt, qui temeritatem quorumdam popularium suorum deprecarentur, et fidem consiliumque publicum expurgarent. Legati postquam Romam venerunt, et in senatum intromissi sunt, verbisque suppliciter pro causa sua factis e curia excesserunt, sententiæ rogari cœptæ; cumque partim senatorum de Rhodiensibus quærerentur, maleque eos animatos fuisse dicerent, bellumque illis faciendum censerent : tum M. Cato exsurgit, et optimos fidissimosque socios, quorum opibus diripiendis possidendisque non pauci ex summatibus viris intenti infensique erant, defensum conservatumque pergit : orationemque inclitam dicit, quæ et seorsum fertur, inscriptaque est *Pro Rhodiensibus*, et in quintæ Originis libro scripta est. Tiro autem Tullius, M. Ciceronis libertus, sane quidem fuit ingenio homo elegans, et haudquaquam rerum litterarumque veterum indoctus : eoque ab ineunte ætate liberaliter instituto adminiculatore ad quasi administro in studiis litterarum Cicero usus est. Sed profecto plus ausus est, quam ut tolerari ignoscique possit. Namque epistolam conscripsit ad Q. Axium, familiarem patroni sui, confidenter nimis et calide, in qua sibimet visus est orationem istam pro Rhodiensibus acri subtilique [ingenio et] judicio percensuisse. Ex ea epistola libitum

lent sur lui des reproches beaucoup plus fondés que ceux qu'il adresse lui-même à Caton. D'abord il accuse Caton d'ignorance et de maladresse pour avoir pris un ton trop arrogant, trop aigre et trop grondeur dans le commencement de son discours, lorsqu'il ose dire qu'il craint que les sénateurs, troublés par l'excès de la joie et enivrés par les prospérités publiques, ne jouissent pas du libre usage de leur raison, et ne soient incapables de délibérer et de juger avec sang-froid et équité. « Ordinairement, dit Tiron, quand on « plaide pour des accusés, on doit chercher, en « commençant, à se concilier la bienveillance des « juges : il faut flatter d'abord par des témoigna- « ges de considération et de respect ces esprits, « qui dans l'attente du discours de l'avocat sont « à la fois curieux de ce qu'il pourra dire, et « prévenus contre ce qu'il dira : en aucun cas il « ne faut les blesser par des paroles hautaines, « injurieuses ou menaçantes. » Tiron transcrit ensuite l'exorde en question, que voici : « Je sais, « dit Caton, que de grands succès, une extrême « prospérité, ont pour effet ordinaire d'enivrer « l'esprit des hommes, d'enfler leur vanité et « leur orgueil. Aussi, dans un instant où notre « bonheur est au comble, je ressens, en présence « de vos délibérations, une vive inquiétude ; je « crains qu'une décision fâcheuse ne vienne dé- « truire notre félicité, et que toute cette joie ne s'é- « vanouisse bientôt sans laisser de traces. La mau- « vaise fortune nous donne des ressources contre « elle-même, et nous enseigne ce que nous de- « vons faire : mais la prospérité excite en nous « des transports qui égarent notre âme, et la ren- « dent incapable de réflexion et de jugement. Je « vous exhorte donc de tout mon pouvoir à différer « de quelques jours l'examen de cette affaire, et à « attendre que, revenus de ces transports de joie, « nous ayons repris possession de nous mêmes. » Tiron continue sa critique : « Les paroles qui vien- « nent après ce début ne font, dit-il, que confir- « mer l'accusation, au lieu de la détruire. Caton, « au lieu de disculper les Rhodiens, fait seulement « voir que leur faute a été partagée par beaucoup « d'autres, ce qui certainement ne prouve rien « pour leur innocence. Il fait encore un autre « aveu non moins déplacé. On accusait les Rho- « diens de s'être montrés favorables au roi Per- « sée, et d'avoir souhaité le triomphe de sa cause. « Il convient que les Rhodiens ont, en effet, formé « ce vœu en vue de leurs intérêts, et parce qu'ils « craignaient que la chute de Persée ne remplît les « Romains d'un orgueil et d'une ambition sans « bornes. » Il cite après cela les paroles mêmes de Caton, ainsi qu'il suit : « Je crois bien « que les Rhodiens eussent voulu nous voir dans « cette guerre moins heureux que nous ne l'a- « vons été. Je crois aussi qu'ils n'étaient pas les « seuls à souhaiter que Persée ne fût pas vaincu, « et que beaucoup d'autres peuples ont partagé « secrètement leurs pensées. Mais, sans doute, « la plupart de ceux qui faisaient des vœux pour « ce prince ne désiraient pas son triomphe, pour « l'affront qu'en recevrait notre gloire : ils crai- « gnaient seulement que, s'il ne se trouvait plus « dans le monde aucun État capable de balancer « notre puissance et de contenir notre ambition, « il ne leur fallût bientôt subir le joug d'une do- « mination sans rivale, et recevoir des fers. Ainsi « le véritable motif de leurs vœux était l'intérêt « de leur indépendance. Cependant les Rhodiens « n'ont rien fait pour aider Persée dans cette

forte nobis est reprehensiones ejus quasdam attingere; majore scilicet venia reprehensuri Tironem, quam cum ille reprehenderit Catonem. Culpavit autem primum hoc, quod Cato inerudite et ἀναγώγως, ut ipse ait, principio nimis insolenti nimisque acri et objurgatorio usus sit; cum vereri sese ostendit, ne Patres, gaudio atque lætitia rerum prospere gestarum de statu mentis suæ deturbati, non satis consiperent; neque ad recte intelligendum consulendumque essent idonei : « In principiis autem, » inquit, « patroni, qui pro reis dicunt, conciliare sibi et compla- « care judices debent : sensusque eorum exspectatione « causæ suspensos rigentisque honorificis verecundisque « sententiis commulcere; non injuriis atque imperiosis « comminationibus confutare. » Ipsum deinde principium apposuit, cujus verba hæc sunt : « Scio solere plerisque « hominibus rebus secundis atque prolixis atque prospe- « ris animum excellere, atque superbiam atque ferociam « augescere atque crescere, quod nunc mihi magnæ curæ « est, quod hæc res tam secunde processit, ne quid in « consulendo adversi eveniat, quod nostras secundas res « confutet : neve hæc lætitia nimis luxuriose eveniat. Ad- « versæ res se domant, et docent, quid opus sit facto. Se- « cundæ res lætitia transvorsum trudere solent a recte « consulendo atque intelligendo. Quo majore opere dico « suadeoque, uti hæc res aliquot dies proferatur, dum ex « tanto gaudio in potestatem nostram redeamus. » Quæ deinde Cato juxta dicit : « ea, » inquit, « confessionem faciunt, « non defensionem : neque propulsationem translationemve « criminis habent sed cum pluribus aliis communicatio- « nem : quod scilicet nihil ad purgandum est. Atque etiam, inquit, « insuper profitetur, Rhodienses, qui accusabantur, « quod adversus populum romanum regi magis cupiverint « faverintque, id eos cupisse atque favisse utilitatis suæ gra- « tia : ne Romani, Perse quoque rege victo, ad superbiam « ferociamque et immodicum modum insolescerent. » Eaque ipsa verba ponit, ita ut infra scriptum [est] : « Atque « ego quidem arbitror, Rhodienses noluisse, nos ita depu- « gnare, uti depugnatum est : neque regem Persen vicisse, « non Rhodienses modo id noluere, sed multas nationes « idem noluisse arbitror. Atque haud scio, an partim eo- « rum fuerit, qui non nostræ contumeliæ causa id nolue- « rint evenire : sed enim id metuere, si nemo esset homo, « quem vereremur, et, quidquid luberet, faceremus, ne « sub solo imperio nostro in servitute nostra essent. Liber- « tatis suæ causa in ea sententia fuisse arbitror. Atque « Rhodienses tamen Persen publice nunquam adjuvere. « Cogitate, quanto nos inter nos privatim cautius facimus. « Nam unusquisque nostrum, si quis adversus rem suam

« guerre. Comparez cette conduite avec celle que
« chacun de nous tient dans la vie privée. Com-
« bien nous montrons plus d'ardeur pour la dé-
« fense de nos intérêts! Quiconque parmi nous
« croit ses affaires et sa fortune menacées en quel-
« que chose, s'empresse aussitôt d'agir, et fait
« tous ses efforts pour écarter le danger. Les Rho-
« diens, placés dans cette position, sont restés
« immobiles. » Examinons maintenant les critiques de Tiron. Avant de blâmer l'exorde, il aurait dû réfléchir que Caton, en défendant les
Rhodiens, devait parler, moins comme un avocat
qui plaide devant un tribunal, que comme un
homme d'État, un sénateur jadis honoré du consulat et de la censure, qui vient exposer l'avis
qu'il croit le plus utile à la république. Il est
certaines règles dont l'observation est utile à
l'avocat qui plaide en justice, et qui doit chercher,
autant qu'il le peut, à exciter dans l'âme des juges
des sentiments de clémence et de pitié. Mais qu'au
milieu du sénat, dans une délibération importante, un homme d'État illustre, irrité d'entendre
proposer une décision injuste, se lève pour défendre les intérêts de la république et l'existence d'un
peuple allié, et exprime avec une mâle franchise
ses sentiments de douleur et d'indignation; son
éloquence aura d'autres principes et d'autres règles. Les maîtres de rhétorique donnent un précepte utile et raisonnable, lorsqu'ils disent que,
quand on parle devant des juges chargés d'examiner une cause qui ne les touche point, qui
leur est étrangère, et dans laquelle, sans crainte
et sans espérance personnelle, ils n'ont qu'à remplir les devoirs de leur ministère, on doit avant
tout chercher à se concilier leur bienveillance,
et, par des paroles flatteuses, douces, insinuantes,
leur faire prendre des sentiments favorables à
l'égard de l'accusé. Mais ce précepte n'est plus
de mise lorsqu'on discute une affaire qui importe à la dignité, à l'honneur, à l'utilité de
tous, lorsqu'un orateur veut faire adopter ou
rejeter une mesure d'intérêt général. Alors s'appliquer à gagner son auditoire par les insinuations d'un exorde flatteur, c'est perdre son
temps en frais inutiles. En effet, l'importance
des affaires, la gravité des circonstances, ont
assez disposé les âmes à recevoir les conseils
de l'orateur; et ici, c'est plutôt l'auditoire qui
demande à l'orateur de se montrer bienveillant.
L'autre critique est-elle plus juste? Pourquoi,
dit Tiron, avouer que les Rhodiens eussent voulu
ne pas voir les Romains vainqueurs, et qu'ils
ont fait des vœux pour Persée? Pourquoi remarquer que ce tort leur est commun avec beaucoup
d'autres, réflexion qui ne justifie et n'excuse
rien? Ici Tiron fait preuve d'une insigne mauvaise foi. Il cite les paroles de Caton, et puis il
lui prête autre chose que ce qu'il a dit. Caton, en
effet, n'avoue pas que les Rhodiens ont désiré de
voir la guerre finir autrement : il dit seulement
que, pour lui, il pense que tel était leur désir. Il
exprime son opinion personnelle, il ne fait pas
un aveu au nom des Rhodiens. Loin de le blâmer
pour cela, je ne puis que l'en admirer davantage.
En effet, après avoir dit sa pensée sur le compte
des Rhodiens avec une religieuse bonne foi; après
s'être attiré une confiance sans réserve par cette
franchise, qui semble devoir nuire à la cause qu'il
défend, il sait tourner tout à coup en faveur des
accusés les fautes mêmes qu'on leur reproche, en
montrant que les Rhodiens sont d'autant plus
dignes de l'amitié et de l'affection du peuple
romain, que, pouvant secourir Persée et désirant de le secourir, ils ne lui ont prêté aucun

---

« quid fieri arbitratur, summa vi contra nititur, ne adver-
« sus illam fiat. Quod illi tamen perpessi. » Sed, quod ad
principium reprehensum attinet, scire oportuit Tironem,
defensos esse Rhodienses a Catone, sed ut a senatore et
consulari et censorio viro, id, quod optimum esse publicum existimabat, suadente; non ut a patrono, causam pro
reis dicente. Alia namque principia conducunt reos apud
judices defendenti, et clementiam misericordiamque undique indaganti; alia, cum senatus de republica consulitur,
viro auctoritate præstanti sententiis quorumdam iniquissi-
mis permoto, et pro utilitatibus publicis ac pro salute sociorum graviter ac libere indignanti simul ac dolenti. Quippe
recte et utiliter in disciplinis rhetorum præcipitur, judices
de capite alieno deque causa ad sese non pertinenti cogni-
turos, ex qua præter officium judicandi nihil ad eos vel
periculi vel emolumenti redundaturum est, conciliandos
esse ac propitiandos laudabiliter ac placabiliter et leniter
existimationi salutique ejus, qui apud eos accusatus est.
At cum dignitas et fides et utilitas omnium communis
agitur, ob eamque rem aut suadendum quid ut fiat, aut
fieri jam cœpto differendum est : tum qui se in hujusmodi
principiis occupat, ut benivolos benignosque sibi auditores paret, otiosam operam in non necessariis verbis sumit.

Jamdudum enim negotia periculaque ipsa rerum communia consiliis eos capiendis conciliant : et ipsi potius sibi
exposcunt consultoris benivolentiam. Sed quod ait, confessum Catonem, noluisse Rhodienses ita depugnari, uti depugnatum est, neque regem Persen a populo romano
vinci, atque id eum dixisse non Rhodienses modo, sed
multas quoque alias nationes noluisse, sed id nihil ad purgandum extenuandumve crimen valere : jam hoc primum
Tiro improbe mentitur. Scribit enim Cato id tamen ita-
men eum verbis calumniatur. Non enim Cato confitetur,
Rhodienses noluisse victoriam esse populi romani, sed
sese arbitrari dixit, id eos noluisse, quod erat procul dubio suæ opinionis professio, non Rhodiensium culpæ confessio. In qua re, ut meum quidem judicium est, non culpa
tantum vacat, sed dignus quoque laude admiratione que
est; cum et ingenue et religiose dicere visus est contra Rhodienses, quod sentiebat, et parta sibi veritatis fide, ipsum
illud tamen, quod contrarium putabatur, flexit et transtulit : ut eos idcirco vel maxime æquum esset acceptiores
carioresque fieri populo romano, quod cum et utiles essent et
vellent regi esse factum, nihil tamen adjuvandi ejus gratia fecerint. Postea verba hæc ex eadem oratione ponit : « Ea
« nunc derepente tanta [nos] beneficia ultro citroque, tan-

appui. Tiron arrive ensuite au passage suivant : « Voudrez-vous donc, dit l'orateur, renoncer « tout d'un coup à une amitié cimentée de part « et d'autre par tant de bienfaits? Ce que nous les « accusons d'avoir voulu faire, nous hâterons-« nous de le faire les premiers? » Cet enthymème, dit Tiron, est vicieux et ne vaut absolument rien. Car on pouvait répondre à Caton : Oui sans doute, nous nous empresserons de le faire : car si nous ne prévenons nos adversaires, nous risquons d'être surpris par eux, et de devenir victimes de leurs piéges, si nous ne prenons nos mesures pour les déjouer. Lucilius reproche avec raison à Euripide un sophisme semblable, dans la scène où, entendant Polyphonte dire qu'il a donné la mort à son frère parce qu'il était menacé par lui du même sort, Mérope, veuve de la victime, répond, pour faire tomber cette excuse, par le raisonnement suivant :

« Si mon époux, comme tu le dis, devait te « tuer, il fallait attendre qu'il t'attaquât; car c'é-« tait alors le moment de frapper. »

Cela est dépourvu de sens, dit Tiron ; car n'est-il pas absurde, lorsqu'on a formé un projet, d'en soumettre l'exécution à des conditions qui le rendent impossible et inexécutable? Mais Tiron ne fait pas attention que les circonstances où notre salut exige des précautions ne sont pas toujours les mêmes ; et qu'il n'en est point de toutes les affaires de la vie où il faut, soit prendre les devants, soit attendre, soit rendre injure pour injure, soit se tenir sur ses gardes, comme des combats que se livrent entre eux les gladiateurs. En effet, pour le gladiateur qui combat, point de milieu : il faut ou qu'il prévienne son antagoniste et le tue, ou qu'il soit tué par lui, s'il se laisse prévenir. Mais les luttes qui s'engagent d'ordi-

naire entre les hommes ne sont point soumises à des conditions si dures et si pressantes, et il n'est pas toujours nécessaire de porter les premiers coups, sous peine, si l'on diffère, d'être frappé soi-même. Bien loin d'avoir eu l'habitude de prévenir ses ennemis, le peuple romain poussa souvent la clémence jusqu'à négliger de tirer satisfaction des offenses qu'il avait reçues. Ensuite Tiron blâme dans le discours de Caton plusieurs raisonnements qui lui paraissent peu sincères, trop hardis, indignes d'un orateur aussi sérieux, trop semblables aux ruses mensongères et aux subtilités captieuses des sophistes grecs. « Ayant à répondre, dit-il, à ceux qui accu-« saient les Rhodiens d'avoir voulu prendre les « armes contre Rome, il avoue presque qu'ils ont « eu ce dessein, et dit qu'on doit le leur pardon-« ner, puisqu'ils ne l'ont point exécuté, malgré « l'envie qu'ils en avaient. Il emploie ensuite un « argument insidieux et subtil, appelé en dialec-« tique induction, dont on se sert également pour « prouver le vrai et le faux. Je veux parler du « passage où, au moyen de plusieurs exemples « plus spécieux que justes, il s'efforce d'établir « que l'homme qui a eu le désir de mal faire ne « doit pas être puni, si son désir n'a pas été suivi « d'action. » Voici maintenant les paroles mêmes de Caton : « Que disent des Rhodiens ceux qui « les attaquent avec le plus de violence? Qu'ils « ont voulu devenir nos ennemis. Eh bien! qui « d'entre nous croit que la justice exige le châti-« ment de quiconque a désiré de mal faire? Per-« sonne, sans doute ; pour moi, il m'est impossi-« ble de le croire. » Un peu plus bas, il dit : « Où est « donc la loi tyrannique qui dise : Quiconque « aura eu l'intention de commettre ce délit payera « mille deniers, ou la moitié, si le coupable est

---

« tam amicitiam relinquemus? Quod illos dicimus voluisse « facere, id nos priores facere occupabimus? » Hoc, inquit, enthymema nequam et vitiosum est. Responderi enim potuit, occupabimus certe : nam, si non occupaverimus, opprimemur, incidendumque erit in insidias, a quibus ante [nos] non caverimus. Recteque, inquit, hoc vitio dat Lucilius poetæ Euripidæ, quod, cum Polyphontes rex propterea se interfecisse fratrem diceret, quod ipse ante de nece ejus consilium cepisset, Meropa fratris uxor hisce eum verbis eluserit :

Εἰ γάρ σ' ἔμελλεν, ὡς σὺ φῄς, κτείνειν πόσις,
Χρῆν καὶ σὲ μέλλειν, ὡς χρόνος δῆθεν παρῆν.

At hoc enim, inquit, plane stultitiæ plenum est, eo consilio atque ea fini facere velle aliquid, uti nunquam id facias, quod velis. Sed videlicet Tiro animum non advertit, non esse in omnibus rebus cavendis eamdem causam : neque humanæ vitæ negotia et actiones et officia vel occupandi, vel differendi, vel etiam ulciscendi, vel cavendi similia esse pugnæ gladiatoriæ. Nam gladiatori, composito ad pugnandum, pugnæ hæc proposita sors est, aut occidere, si occupaverit, aut occumbere, si cessaverit. Hominum autem vita non tam iniquis, neque tam

indomitis necessitatibus circumscripta est, ut idcirco prior injuriam facere debeas, quam, nisi feceris, pati possis. Quod tantum aberat a populi romani mansuetudine [occupare] ; ut sæpe etiam in sese factas injurias ulcisci neglexerit. Post deinde usum esse Catonem dicit in eadem oratione argumentis parum honestis et nimis audacibus, ac non viri ejus, qualis fuit, sed vafris ac fallaciosis, et quasi Græcorum sophistarum sollertiis. Nam : « cum ob-« jiceretur, inquit, « Rhodiensibus, quod bellum populo « romano facere voluissent ; nec negavit pæne, ignosci « poposcit, quia id non fecissent, etsi maxime voluissent : « induxisque eum dicit, quam dialectici epagogen appel-« lant, rem admodum insidiosam et sophisticam, neque « ad veritates magis quam ad captiones repertam, cum co-« natus sit exemplis decipientibus colligere confirmareque, « neminem, qui male facere voluit, plecti æquum esse, « nisi, quod factum voluit, etiam fecerit. » Verba autem ex ea oratione M. Catonis hæc sunt : « Qui acerrime ad-« versus eos dicit, ita dicit : Hostis voluisse fieri. Et quis « est tandem vestrorum, qui, quod ad sese attineat, æquum « censeat, [quempiam] pœnas dare ob eam rem, quod ar-« guatur male facere voluisse? Nemo, opinor : nam ego,

« un membre de sa famille : quiconque désirera
« posséder plus de cinq cents arpents sera con-
« damné à la même amende : quiconque souhai-
« tera d'avoir des troupeaux plus nombreux que
« ne le permet la loi sera passible de la même
« peine. Certes, il n'est personne d'entre nous qui
« ne désire acquérir plus qu'il ne possède : est-ce
« qu'on nous punit pour cela? » Plus loin, il dit encore : « Vous ne croiriez pas juste de récompenser
« un homme qui n'aurait que le mérite d'avoir
« voulu bien faire, et non celui d'avoir bien fait :
« punirez-vous donc les Rhodiens parce qu'on
« les accuse, non d'avoir mal fait, mais d'avoir
« voulu mal faire? » Tels sont, reprend Tiron,
les raisonnements par lesquels l'orateur cherche
à établir que les Rhodiens, auxquels on reproche, non d'avoir été ennemis du peuple romain,
mais d'avoir voulu l'être, ne méritent aucun
châtiment. Mais il faut convenir, ajoute-t-il,
qu'on ne peut comparer exactement le désir d'a-
voir plus d'arpents que la loi ne permet aux cul-
tivateurs d'en posséder, avec le désir de faire
au peuple romain une guerre injuste et sacrilége.
On avouera aussi que les règles de la justice ne
sont pas les mêmes pour le châtiment que pour
la récompense. En effet, on ne récompense pas
une bonne action avant qu'elle soit faite, et sur
une simple promesse de la faire : mais il est permis de prévenir les injures dont on est menacé,
et la justice même conseille, en ce cas, de ne point
différer. Ce serait, ajoute-t-il, le comble de la
sottise, de ne point aller au-devant des projets des
méchants, mais d'attendre et de laisser faire, et
de ne songer enfin à punir, que lorsque le crime est
accompli et irréparable. Ces objections de Tiron
ne manquent pas assurément de sens et de justesse. Mais, dans le discours de l'orateur, ce raisonnement par induction ne se présente pas nu,
isolé et sans appui : Caton a soin de l'entourer
de beaucoup de considérations et de preuves de
détail qui le confirment et le fortifient. D'ailleurs,
il a cru qu'il pouvait sans scrupule employer tous
les moyens de persuasion dans une cause où il avait
à défendre les intérêts de la république, en même
temps que ceux des Rhodiens. Remarquons maintenant avec quelle adresse il va chercher des
exemples qui ne se rapportent point aux devoirs
imposés par la conscience et par la justice universelle des nations, mais à certaines prescriptions
nées du besoin des circonstances, et motivées par
quelques abus particuliers; telles que ces lois qui
limitent le nombre des troupeaux ou l'étendue
des champs, et d'autres semblables. Or, telle est
la nature de ces lois, que, si on est obligé de les
respecter, on peut toutefois, sans crime, concevoir la pensée et le désir de les enfreindre.
N'ayant cité ainsi que des désirs innocents, Caton arrive insensiblement à mettre sur la même
ligne ceux qu'il n'est pas plus permis de concevoir que d'exécuter, et à confondre les uns avec
les autres. Ce qu'il y a de forcé dans le rapprochement disparaît sous un amas de raisonnements ingénieux. Enfin Caton ne s'est pas cru
obligé d'apprécier, avec l'exactitude d'un philosophe dissertant dans son école, le plus ou le moins
de gravité des erreurs de la volonté. Il songe
surtout à atteindre son but, qui est de faire déclarer innocent, ou du moins excusable, un
peuple dont il croit l'alliance utile à la république. Dans son vif désir de sauver les Rhodiens,
tantôt il soutient, non-seulement qu'ils n'ont pas
fait la guerre au peuple romain, mais qu'ils n'ont

« quod ad me attinet, nolim. » Deinde paulo infra [ita]
dicit : « Quid nunc? et quæ tandem lex est tam acerba,
« quæ dicat : Si quis illud facere voluerit, mille nummi,
« dimidium familiæ mulcta esto : Si quis plus quingenta
« jugera habere voluerit, tanta pœna esto : et, si quis ma-
« jorem pecuum numerum habere voluerit, tantum damnas
« esto. Atqui nos omnia plura habere volumus, et id no-
« bis impune est. » Postea ita dicit : « Sed si honorem non
« æquum est haberi ob eam rem, quod bene facere vo-
« luisse quis dicit, neque fecit tamen : Rhodiensibus male
« erit, non quod male fecerunt, sed quia voluisse face-
« tur facere? » His argumentis Tiro Tullius M. Catonem
contendere et conficere dicit, Rhodiensibus quoque impune
esse debere, quod hostes quidem esse populi romani voluissent, et qui maxime non fuissent. Dissimulari autem
non posse ait, quin paria et consimilia non sint, plus quingenta jugera habere velle, quod plebiscito colonis probi-
bitum fuit, et bellum injustum atque impium populo romano facere velle : neque item infitiari posse, quin alia
causa in præmio sit, alia in pœnis. Nam beneficia, inquit,
promissa opperiri oportet, neque ante remunerari, quam
facta sint : injurias autem imminentis præcavisse justum
est, quam exspectasse. Summa enim professio stultitiæ,
inquit, est, non ire obviam sceleribus cogitatis, sed manere opperirique, ut, cum admissa et perpetrata fuerint,
tum denique, ubi, quæ facta sunt, infecta fieri non possunt, puniantur. Hæc Tiro in Catonem non nimis frigide
neque sane inaniter. Sed enim Cato non nudam nec soli-
tariam nec improtectam hanc ἐπαγωγὴν facit : sed multis
eam modis præfulcit, multisque aliis argumentis convelat :
et, quia non Rhodiensibus magis, quam reipublicæ con-
sultabat, nihil sibi dictu factuque in ea turpe duxit,
quin omni sententiarum via servatum ire socios niteretur.
Ac primum ea non incallide conquisivit, quæ non jure naturæ aut jure gentium fieri prohibentur, sed jure legum
rei alicujus medendæ aut temporis causa jussarum : sicut
est de numero pecoris et de modo agri præfinito [aut ejusmodi aliquo]. In quibus rebus, quod prohibitum est, fieri
quidem per leges non licet : velle id tamen facere, si liceat,
inhonestum non est. Atque eas res contulit sensim, mis-
cuitque cum eo, quod neque facere neque velle per sese
honestum est; tum deinde, ne disparilitas collationis evidens fieret, pluribus id propugnaculis defensat : neque tenuis istas et enucleatas voluntatum in rebus illicitis reprehensiones, qualia in philosophorum otio disputantur, magni facit, sed id solum ex summa ope nititur, ut causa
Rhodiensium, quorum amicitiam retineri ex republica
fuit, aut æqua judicaretur, aut quidem certe ignoscenda :

pas eu le dessein de la faire : tantôt il montre que le contrôle de la justice ne peut s'exercer que sur des actions, et qu'on n'a point le droit de poursuivre des désirs, de simples pensées qui échappent aux lois et aux châtiments : tantôt, comme s'il reconnaissait que les Rhodiens sont en effet coupables envers Rome, il demande qu'on leur pardonne, il invite le sénat à considérer les avantages de la clémence, puis s'efforce d'inspirer des craintes sur les événements qu'un acte de rigueur pourrait entraîner pour la république, et fait voir en même temps qu'une sentence de grâce servira à affermir la puissance et la gloire du peuple romain. Les accusateurs des Rhodiens, parmi les nombreux griefs qu'ils avaient articulés contre eux, s'étaient vivement plaints de leur excessif orgueil. Caton fait tomber ce reproche par une réponse merveilleusement éloquente, et dont le tour me paraît divin. Je cite ce beau passage dont Tiron a eu le tort de ne rien dire : « On « accuse, dit-il, les Rhodiens de se montrer trop « orgueilleux. C'est un défaut sans doute, et je se- « rais fâché d'entendre faire ce reproche à moi ou « aux miens. Mais que les Rhodiens soient orgueil- « leux, que vous importe? Seriez-vous blessés de « voir qu'il y a au monde un peuple plus orgueil- « leux que vous? » Il ne pouvait y avoir rien de plus mordant, de plus fort, de plus éloquent que cette apostrophe adressée tout à coup aux hommes les plus orgueilleux de la terre, et qui ne pouvaient souffrir chez les autres la hauteur qui leur paraissait chez eux-mêmes une vertu. Enfin, voici une nouvelle remarque par laquelle nous finirons. Caton, dans son discours, emploie toutes les ressources, toutes les armes que la rhétorique fournit à l'orateur; mais la lutte qu'il soutient ne ressemble pas à ces parades inoffensives, à ces simulacres de combats, qui se développent avec un ordre harmonieux et une symétrie inaltérable : on dirait plutôt une bataille acharnée et sérieuse, où les troupes éparses combattent sur beaucoup de points différents avec des succès divers. Pour triompher des difficultés de sa cause, pour faire tomber les préventions violentes qu'avait excitées cet orgueil célèbre des Rhodiens, Caton emploie tous les moyens de défense, sans s'imposer une marche méthodique. Tantôt il peint les Rhodiens comme des alliés fidèles auxquels on doit de la reconnaissance ; tantôt comme des innocents dont les richesses excitent la cupidité. Ici, il semble convenir de leur faute, et demande grâce pour eux ; là, il prouve que leur alliance est nécessaire à Rome : ailleurs il rappelle aux sénateurs la clémence et l'humanité de leurs aïeux ; ailleurs il leur demande de prendre en considération l'utilité publique. Tous ces moyens pouvaient être disposés sans doute avec plus d'ordre et dans un enchaînement plus harmonieux : mais il était impossible de les présenter avec plus de vivacité, d'énergie et d'éloquence. Tiron est donc évidemment injuste, lorsque, citant quelques courts fragments de cette harangue si pleine, dont toutes les parties se prêtent un mutuel appui, et s'attachant à critiquer des phrases isolées, il reproche à Caton, comme un sophisme indigne de lui, d'avoir dit que les désirs coupables, non suivis d'action, ne méritaient aucune peine. Si le lecteur veut vérifier la justesse de cette réponse que je viens d'adresser à Tiron, je l'invite, afin qu'il soit plus à même de me juger, à étudier le discours de Caton tout entier, et à prendre connaissance de la lettre de Tiron à Axius. Il aura ainsi plus de lumières pour prononcer, soit

atque interim neque fecisse Rhodienses bellum neque facere voluisse dicit : interim autem facta sola censenda dicit atque in judicium vocanda, sed voluntates nudas inanisque neque legibus neque pœnis fieri obnoxias : interdum autem, quasi deliquisse eos concedat, ignosci postulat, et ignoscentias utilis esse rebus humanis docet : ac nisi ignoscant, metus in republica rerum novarum movet : sed enim contra, si ignoscatur, conservatum iri ostendit populi romani magnitudinem. Superbiæ quoque crimen, quod tunc præter cetera in senatu Rhodiensibus objectum erat, mirifica et prope divina responsionis figura elusit et eluit. Verba adeo ipsa ponemus Catonis, quoniam Tiro ea prætermisit : « Rhodienses superbos esse aiunt, id objec- « tantes, quod mihi et liberis meis minime dici velim. Sint « sane superbi. Quid id ad nos attinet? Idne irascimini, « quis superbior est, quam nos ? » Nihil prorsus hac compellatione dici potest neque gravius neque munitius, adversus homines superbissimos facta, qui superbiam in sese amarent, in aliis reprehenderent. Præterea animadvertere est, in tota ista Catonis oratione omnia disciplinarum rhetoricarum arma atque subsidia mota esse : sed non perinde ut in decursibus ludicris aut simulacris prœliorum voluptariis fieri videmus : non, inquam, distincte nimis atque compte atque modulate res acta est, sed quasi in ancipiti certamine, cum sparsa acies est, multisque locis Marte vario pugnatur : sic in ista tum causa Cato, cum superbia illa Rhodiensium famosissima multorum odio atque invidia flagraret, omnibus promisce tuendi atque propugnandi modis usus est : et nunc ut optime meritos commendat : nunc, tanquam sint innocentes, purgat, ne bona divitiæque eorum expetantur, objurgat : nunc etiam, quasi sit erratum, deprecatur : nunc ut necessarios reipublicæ ostentat : nunc clementiæ, nunc mansuetudinis majorum, nunc utilitatis publicæ commonefacit. Eaque omnia distinctius numerosiusque [ac comptius] fortassean dici potuerint : fortius atque vividius potuisse dici non videntur. Inique igitur Tiro Tullius, qui, [quod] ex omnibus facultatibus tam opulentæ orationis aptis inter sese et cohærentibus parvum quippiam nudumque sumpsit, quod obtrectaret : tanquam non dignum M. Catone fuerit, quod delictorum non perpetratorum voluntates tantum non censuerit puniendas. Commodius autem erectiusque de his meis verbis, quibus Tullio Tironi respondi modo, existimabit judiciumque faciet, qui et orationem ipsam Catonis totam acceperit in manus, et episto-

CHAPITRE IV.

Quelle est, d'après le jurisconsulte Sabinus, l'espèce d'esclaves qu'on met en vente avec un bonnet sur la tête; raison de cet usage. Quels sont les esclaves que, d'après une coutume en vigueur chez nos ancêtres, on vendait *sous la couronne*. Origine de cette expression.

On lit, dans un ouvrage du jurisconsulte Cælius Sabinus, que les esclaves qu'on expose en vente la tête couverte d'un bonnet (*pileati*) sont ceux qu'on vend sans garantie. Le même auteur nous apprend que cet usage a pour but de mettre à l'abri de la fraude les acheteurs, qui peuvent ainsi, du premier coup d'œil, et avant de s'informer des conditions de la vente, voir quelle espèce d'esclaves leur sont offerts. Je remarque dans Sabinus le passage suivant : « Autrefois les esclaves pris à la guerre étaient mis en vente avec une couronne sur la tête, d'où est venue l'expression consacrée, *vendre sous la couronne*. De même que la couronne était la marque particulière des captifs, le bonnet servit à distinguer les esclaves dont le vendeur ne répond pas. » Selon d'autres, on disait des captifs qu'ils étaient *vendus sous la couronne*, parce que, tandis qu'ils étaient exposés en vente, des soldats chargés de les garder formaient un cercle (*corona*) autour d'eux. Mais je préfère la première étymologie, à l'appui de laquelle on peut invoquer l'autorité de Caton; car on trouve ces mots dans son traité *Sur l'art militaire* : « Que

« les citoyens, au lieu d'être mis en vente par
« l'ennemi vainqueur, le front ceint de la couronne
« de l'esclavage, aillent, après avoir vaincu par
« leur courage, rendre des actions de grâce aux
« dieux, en plaçant sur leur tête la couronne du
« triomphe! »

CHAPITRE V.

Anecdote curieuse sur l'acteur Polus.

Il y avait en Grèce un acteur célèbre, nommé Polus, qui surpassait tous ceux de sa profession par la beauté de sa voix et la perfection de son geste. Tout le monde admirait l'art profond et le naturel plein d'assurance avec lequel il représentait les tragédies des poëtes les plus illustres. Ce Polus avait un fils tendrement aimé, que la mort lui enleva. Lorsqu'il crut avoir assez pleuré cette perte cruelle, il revint à ses travaux d'acteur. Chargé, pour sa rentrée au théâtre, de jouer l'Électre de Sophocle, il devait paraître avec l'urne qui est supposée contenir les cendres d'Oreste ; car, dans cette pièce, il y a une scène où Électre, croyant qu'on a fait mourir son frère, et ne doutant pas qu'elle ne tienne ses restes entre ses bras, s'abandonne aux transports de la plus vive douleur. Polus revêtu des habits lugubres d'Électre, s'avança sur le théâtre avec l'urne de son propre fils, qu'il avait tirée de son tombeau pour la faire figurer comme celle d'Oreste : puis, la pressant contre son cœur, il fit retentir toute la scène, non de cris et de pleurs simulés, mais de gémissements réels et de plaintes parties du cœur. Ainsi, tandis qu'il paraissait jouer un rôle

---

lam Tironis ad Axium scriptam requirere et legere curaverit. Ita enim nos sincerius exploratiusque vel corrigere poterit, vel probare.

CAPUT IV.

Cujusmodi servos, et quam ob causam Cælius Sabinus, juris civilis auctor, *pileatos* venundari solitos scripserit, et quæ mancipia sub corona more majorum venierint : atque id ipsum : *sub corona* quid sit.

Pileatos servos venum solitos ire, quorum nomine venditor nihil præstaret, Cælius Sabinus jurisperitus scriptum reliquit. Cujus rei causam esse ait, quod hujusmodi conditionis mancipia insignia esse in venundo deberent, ut emptores errare et capi non possent, neque lex venundi opperienda esset, sed oculis jam præciperent, quodnam esset mancipiorum genus : « Siculi, » inquit, « antiquitus mancipia jure belli capta coronis induta veniebant, et idcirco dicebantur sub corona venire. « Namque ut ea corona signum erat captivorum venalium, ita pileus impositus demoustrabat ejusmodi servos venum dari, quorum nomine emptori venditor nihil « præstaret. » Est autem alia rationis [hujus] opinio, cur dici solitum sit, captivos sub corona venundari, quod milites, custodiæ causa, captivorum venalium greges circumstarent : eaque circumstatio militum *corona* ap-

pellata sit. Sed id magis verum esse, quod supra dixi, M. Cato [quoque] in libro, quem composuit *De re militari*, docet. Verba sunt hæc Catonis : « Ut populus sua opera « potius ob rem bene gestam coronatus supplicatum eat, « quam re male gesta coronatus veniat. »

CAPUT V.

Historia de Polo histrione, memoratu digna.

Histrio in terra Græcia fuit fama celebri, qui gestus et vocis claritudine et venustate ceteris antestabat. Nomen fuisse aiunt Polum : tragœdias poetarum nobilium scite atque asseverate actitavit. Is Polus unice amatum filium morte amisit. Eum luctum cum satis visus est eluxisse, rediit ad quæstum artis. In eo tempore Athenis Electram Sophoclis acturus gestare urnam quasi cum Oresti ossibus debebat. Ita compositum fabulæ argumentum est, ut veluti fratris reliquias ferens Electra comploret commisereaturque interitum ejus, qui per vim exstinctus existimatur. Igitur Polus, lugubri habitu Electræ indutus, ossa atque urnam e sepulcro tulit filii, et, quasi Oresti amplexus, opplevit omnia non simulacris neque imitamentis, sed luctu atque lamentis veris et spirantibus. Itaque cum agi fabula videretur, dolor actus est.

en acteur habile, il ne faisait que s'abandonner à sa douleur de père.

CHAPITRE VI.

Opinion d'Aristote au sujet des animaux privés par la nature de certains sens.

Parmi les cinq sens donnés aux animaux par la nature, à savoir, la vue, l'ouïe, le goût, le toucher, et l'odorat, que les Grecs comprennent sous le nom d'αἰσθήσεις, il en est quelques-uns dont certains animaux sont privés. Ainsi, il y a des animaux aveugles; il y en a d'autres chez lesquels manque le goût ou l'ouïe. Aristote affirme cependant qu'il n'en est aucun qui soit privé du goût; il fait la même exception pour le toucher. On trouve cette remarque dans son traité *Sur la mémoire*, où il dit : « Tous les animaux ont « le toucher et le goût, excepté ceux qui sont « imparfaits. »

CHAPITRE VII.

Si l'on doit prononcer *affatim* comme *admodum*, avec l'accent aigu sur la première syllabe. Observations intéressantes sur l'accent de plusieurs autres mots.

Un homme qui joignait aux grâces d'un esprit aimable une connaissance approfondie de l'ancienne littérature et des formes de l'ancienne langue, et dans les discours duquel on admirait l'élégance unie au savoir, le poëte Annianus, prononçait le mot *affatim* comme on prononce *admodum*, avec l'accent aigu sur la première syllabe, et non sur la pénultième ; et il assurait que les anciens avaient coutume de prononcer ainsi. Il ajoutait qu'il avait entendu le grammairien Probus lire ainsi *affatim* dans ces vers de la *Cistellaria* de Plaute :

« Es-tu homme à t'illustrer par une action
« courageuse ? — Assez d'autres sont jaloux de
« cet honneur (*aliorum affatim est qui faciant*).
« La réputation d'homme brave ne me tente pas. »

Pour donner la raison de cette prononciation, Annianus disait qu'il n'y avait pas lieu de distinguer l'une de l'autre les deux parties du discours dont est formé *affatim*, mais que ces deux parties étaient jointes ensemble de manière à ne faire qu'un seul mot. Par la même raison, il prétendait que *exadversum* devait prendre l'accent aigu sur la seconde syllabe, puisque les deux parties du discours dont est composé ce mot s'y confondent en une seule. C'est ainsi, selon lui, qu'on doit prononcer ce mot dans ces vers de Térence :

« En face (*exadversum*) de l'école où elle al-
« lait prendre ses leçons, il y avait une boutique
« de barbier. »

Il ajoutait que lorsque la préposition *ad*, jointe à un mot, marquait ce que les Grecs appellent ἐπίτασις, c'est-à-dire un accroissement du sens, comme dans *adfabre*, artistement, *admodum*, tout à fait, *adprobe*, à merveille, elle devait recevoir l'accent aigu. Cette dernière assertion nous paraît moins exacte que les précédentes. En effet, il n'est pas vrai que la préposition *ad* prenne l'accent aigu toutes les fois qu'elle sert à donner plus de force au sens d'un mot. Car dans *adpotus*, bien abreuvé, *adprimus*, de beaucoup le premier, *adprime*, principalement, *ad* sert à renforcer le sens : cependant il ne serait pas correct de prononcer avec l'accent aigu la première syllabe de ces mots. L'accent aigu se placera bien sur la

---

CAPUT VI.

Quid de quorundam sensuum naturali defectione Aristoteles scripserit.

Ex quinque his sensibus quos animantibus natura tribuit, visu, auditu, gestu, tactu, odoratu, quas Græci αἰσθήσεις appellant, quædam animalium alio alio carent; et aut cæca natura gignuntur, aut inora inauritave. Nullum autem gigni animal Aristoteles dicit, quod aut gustus sensu careat, aut tactus. Verba ex libro ejus, quem Περὶ Μνήμης composuit, hæc sunt : Τὴν δὲ ἀφὴν καὶ τὴν γεῦσιν πάντα ἔχει, πλὴν ἐπὶ τῶν ἀτελῆ ζώων.

CAPUT VII.

An *affatim*, quasi *admodum*, prima acuta pronuntiandum sit ; et quædam itidem non incuriose tractata super aliarum vocum accentibus.

Annianus poëta præter ingenii amœnitates litterarum quoque veterum et rationum in litteris oppido quam peritus fuit : et sermocinabatur mira quadam et scita suavitate. Is *affatim*, ut *admodum*, prima acuta, non media, pronuntiabat, atque ita veteres locutos censebat. Itaque se audiente Probum grammaticum hos versus in Plauti Cistellaria legisse dicit :

Potin' es tu homo facinus facere strenuum?
Aliorum affatim est qui faciant. Sane ego
Me nolo fortem perhiberier virum.

Causamque esse huic accentui dicebat, quod *affatim* non essent duæ partes orationis, sed utraque pars in unam vocem coaluisset, sicuti in eo quoque, quod *exadversum* dicimus, secundam syllabam debere acui existimabat, quoniam una non duæ essent orationis partes ; atque ita oportere apud Terentium legi dicebat in his versibus :

In quo hæc discebat ludo, exadversum loco
Tonstrina erat quædam.

Addebat etiam, quod *ad* præverbium tum ferme acueretur, cum significaret ἐπίτασιν ; quam *intentionem* nos dicimus, sicuti *adfabre* et *admodum* et *adprobe* dicuntur. Cetera quidem satis commode Annianus. Sed si hanc particulam [*ad*] semper, cum intentionem significaret, acui putavit, non id perpetuum videtur : nam et *adpotus* cum dicimus et *adprimus* et *adprime*, intentio his in omni-

première syllabe des mots tels que *adprobus*, très honnête. Cet adjectif a été employé par Cécilius dans sa comédie intitulée *le Triomphe :*
« J'ai pour hôte Hiéroclès, le plus honnête des « jeunes gens (*adolescens adprobus*). »

Sans doute, ce qui fait que dans les mots dont j'ai parlé plus haut, *adpotus, adprimus, adprime*, la première syllabe n'est pas marquée de l'accent aigu, c'est que la pénultième est longue de sa nature; or, dans tous les mots composés de plus de deux syllabes, quand la pénultième est longue de sa nature, on ne peut mettre l'accent aigu sur l'antépénultième. Le mot *adprimus* a été employé par Livius Andronicus dans un vers de son Odyssée :

« Alors enfin Patrocle, ce héros sans égal
« (*summus adprimus Patroclus*). »

Je remarque encore dans le même poëme l'emploi du mot *præmodum*, composé de la même manière que *admodum*. On lit dans un vers, *parcentes præmodum*, montrant une extrême clémence. *Præmodum*, qui n'est que l'abréviation de *præter modum*, signifie donc extrêmement, à l'excès. Ce mot prend l'accent bref sur la première syllabe.

CHAPITRE VIII.

Histoire merveilleuse de l'amour d'un dauphin pour un enfant.

Les dauphins, ainsi que des exemples anciens et nouveaux en font foi, sont voluptueux et enclins à l'amour. On a vu des dauphins amoureux en différents endroits, entre autres dans la mer de Pouzzol, sous les premiers Césars, comme le rapporte Apion, et près de Naupacte, quelques siècles auparavant, ainsi que l'atteste Théophraste. L'ardeur de ces dauphins n'avait point pour objet des êtres de leur espèce; mais ils étaient saisis d'une passion singulièrement vive, et qui avait quelque chose d'humain, pour de beaux enfants qu'ils avaient vus dans des barques ou sur la plage. Je vais citer un passage du savant Apion, tiré de ses *Égyptiaques*, où il raconte comment un dauphin s'éprit d'un enfant qui, touché de ses témoignages de tendresse, venait souvent jouer avec lui, et, osant monter sur son dos, le dirigeait à sa fantaisie au milieu des ondes. Apion dit avoir été lui-même un des nombreux témoins de ce fait merveilleux. Voici le passage. « J'ai vu moi-même, dit-il, près de Dicéarchie, un dauphin qui aimait un jeune enfant « nommé Hyacinthe. Dès qu'il entendait sa voix, « il accourait transporté d'amour: arrivé près du « rivage, il le recevait sur son dos en repliant les « pointes de ses nageoires, de peur de blesser ce « corps délicat, objet de ses désirs; et l'enfant, à « cheval sur lui, poussait ses courses jusqu'à deux « cents stades en pleine mer. On accourait de « Rome et de toute l'Italie, pour voir ce dauphin « métamorphosé par Vénus en coursier docile. »
Ce qu'Apion ajoute ensuite n'est pas moins merveilleux. Cet enfant, dit-il, tomba malade et mourut. Le dauphin, après être revenu à plusieurs reprises au rivage accoutumé sans y retrouver l'enfant, qui d'ordinaire venait l'attendre au bord des flots, fut saisi d'une douleur si vive qu'il en perdit la vie. Des gens qui savaient l'histoire de ses amours l'ayant trouvé mort sur

---

bus demonstratur : neque tamen *ad* particula satis commode accentu acuto pronuntiatur. *Adprobus* tamen, quod significat *valde probus*, non inficias eo quin prima syllaba acui debeat. Cæcilius in comœdia, quæ inscribitur *Triumphus*, vocabulo isto utitur :

Hierocles hospes est mihi adolescens adprobus.

Num igitur in istis vocibus, quas nos non acui diximus, ea causa est, quod syllaba insequitur natura longior, quæ non ferme patitur acui priorem in vocabulis syllabarum plurium quam duarum? *Adprimum* autem *longe primum* L. Livius in Odyssea dicit in hoc versu :

Ibi denique vir summus adprimus Patroclus.

Idem Livius in Odyssea *præmodum* dicit, quasi *admodum*. *Parcentes*, inquit, *præmodum;* quod significat *supra modum*, dictumque est quasi *præter modum :* in quo scilicet prima syllaba acui debuit.

CAPUT VIII.

Res ultra fidem tradita super amatore delphino et puero amato.

Delphinos Venereos esse et amasios non modo historiæ veteres, sed recentes quoque memoriæ declarant. Nam et sub Cæsaris, in Puteolano mari, ut Apion scriptum reliquit, et aliquot seculis ante apud Naupactum, ut Theophrastus tradidit, amatores flagrantissimi [quidam] delphinorum cogniti compertique sunt. Neque ii amaverunt, quod sunt ipsi genus; sed pueros forma liberali in naviculis forte aut in vadis littorum conspectos miris et humanis modis arserunt. Verba subscripsi Ἀπίωνος, eruditi viri, ex *Ægyptiacorum* libro quinto : quibus delphini amantis et pueri non abhorrentis consuetudines, lusus, gestationes, aurigationes refert; eaque omnia sese ipsum multosque alios vidisse dicit : Αὐτὸς δ' οὖν εἶδον περὶ Δικαιαρχίαν δελφῖνα ἐρῶντα παιδός, (Ὑάκινθος ἐκαλεῖτο) καὶ πρὸς παιδικὴν ψυχὴν πτερούμενον ἐντός. Ἀτὰρ οὖν καὶ προσνηχόμενος ὁ ἰχθὺς ἀνεδέχετο τὸν παῖδα ἐπὶ τῶν νώτων, καὶ τὰς ἀκάνθας περιστέλλων, ἵνα μὴ τοῦ ποθουμένου χρωτὸς ἀμύξῃ φειδόμενος, ἱππηδὸν περιβεβηκότα μέχρι διακοσίων ἀνῆγε σταδίων· ἐξεχεῖτο δὴ οὖν ἡ Ῥώμη καὶ πᾶσα ἡ Ἰταλία τῆς Ἀφροδίτης ξυνορῶντες, ἡνιοχούμενον ἰχθύν. Ad hoc adjicit rem non minus mirandam. Postea, inquit, idem ille puer delphineromenos morbo affectus obiit suum diem. At ille amans, ubi sæpe ad litus solitum adnavit, et puer, qui primo vado adventum ejus opperiri consueverat, nusquam fuit, desiderio tabuit exanimatusque est; et in littore jacens, inventus ab iis, qui rem cognoverant, in sui pueri sepulcro humatus est.

la grève, le portèrent auprès de l'enfant qui lui avait inspiré une passion si tendre, et l'ensevelirent dans le même tombeau.

CHAPITRE IX.

Que la plupart des anciens disaient *peposci, memordi, pepugi, spepondi, cecurri*, par un *e*, et non par un *o* ou par un *u*, comme c'est l'usage aujourd'hui; que cette forme de parfait était empruntée à la langue grecque; que l'on trouve chez des écrivains savants et renommés *descendidi* et non *descendi*, au parfait de *descendo*.

Ces formes de parfaits, *poposci, momordi, pupugi, cucurri*, sont regardées comme régulières, et presque tous les gens instruits de notre temps ont coutume de s'en servir. Cependant Q. Ennius a dit *memorderit* par un *e* et non *momorderit*. On lit dans ses Satires : « Ce n'est pas « mon affaire ; mais si un chien vient me mor-« dre ... *at si me canis memorderit*. » De même Labérius dit dans sa pièce des *Gaulois* :

« J'ai mangé (*memordi*) cent mille deniers « sur mon patrimoine. »

On trouve encore dans une autre pièce du même auteur, intitulée *le Peintre*, ce passage :

« Après avoir été cuit sur une légère braise, je « passai sous la dent d'une femme qui me mordit « six fois (*bis, ter, memordit*). »

P. Nigidius a employé la même forme dans le second livre de son traité *Sur les animaux* : « Si « l'on est mordu d'un serpent (*serpens si memor-« dit*), il faut prendre une poule, l'ouvrir, et l'ap-« pliquer sur la morsure. » Plaute dit également dans son *Aululaire* : « Dès qu'il eut mordu cet « homme, » *ut admemordit hominem*. Il est singulier, pour le remarquer en passant, que, dans sa comédie des *Trois Jumeaux*, le même poëte donne pour parfait à *præmordere, præmorsi*; au lieu de dire *præmordi* ou *præmomordi* :

« Si je n'avais pris la fuite, il m'aurait happé « au milieu du corps. » (*Medium, credo, præmorsisset.*)

On lit dans *la Conciliatrice* d'Atta : « Il dit « qu'un ours l'a mordu; » *ursum se memordisse*. Valérius Antias a écrit *peposci* au lieu de *poposci* dans le passage suivant du quarante-cinquième livre de ses Annales : « Enfin le tribun Licinius le « cita en justice pour crime de rébellion, et de-« manda(*peposcit*) au préteur Q. Marius de fixer « un jour pour l'assemblée des comices. » La forme *pepugero* se trouve chez Atta dans ce passage de la comédie intitulée *Ædilicia* : « Si je le pique, il «aura peur ; » *si pepugero, metuet*. Ælius Tubéron a mis *occecurrerit* dans l'ouvrage qu'il a composé pour C. Oppius. Ce mot a été remarqué par Probus, qui cite les paroles mêmes de Tubéron : « Si « la forme générale se rencontre; » *Si generalis species occecurrerit*. Probus a également remarqué que Valérius Antias s'est servi de *speponderant* dans cet endroit du douzième livre de ses Annales : « Tibérius Gracchus, qui avait été « questeur de C. Mancinus en Espagne, et les «autres officiers qui avaient conclu la paix. » *qui pacem speponderant*. Voici, sans doute, quelle est l'origine de ces formes : c'est que les Grecs, dans le temps passé qu'ils appellent prétérit défini, παρακείμενος, changent ordinairement en e la seconde lettre du redoublement : ainsi ils disent : γράφω, j'écris, γέγραφα; ποιῶ, je fais, πεποίηκα ; λαλῶ, je parle, λελάληκα; κρατῶ, je suis maître, κεκράτηκα; λούω, je lave, λέλουκα. On a dit de même en latin *mordeo, memordi; posco, peposci; tendo, tetendi; tango, tetigi; pungo, pepugi; spondeo, spepondi; curro, cecurri; tollo,*

tetuli. Il y a même des exemples de *memordi*, de *pepugi* et de *spepondi* chez Cicéron et César. J'ai trouvé encore une autre forme semblable chez un ancien écrivain : c'est *sciscidi*, pour *scidi*, parfait de *scindo*. L. Attius a dit dans le premier livre de ses poésies *Sotadiques*: « Un aigle « ne lui avait donc pas, comme on le dit, déchiré « les entrailles. » *Non sciciderat pectus*. On trouve chez Ennius *descendidi*. On le trouve aussi chez Valérius Antias, au soixante-quinzième livre de son *Histoire*, dans cette phrase : « Après avoir « pourvu aux cérémonies des funérailles, il des- « cendit au forum. » *Ad forum descendidit*. Labé- rius a aussi employé cette forme dans un vers de la pièce intitulée *Catularius* :

« J'étais surprise de voir comme les mamelles « m'étaient descendues. ». *Quomodo mammæ mihi descendiderant*.

CHAPITRE X.

Que l'on peut dire, en réunissant deux mots en un seul, *pignoriscapio*, aussi régulièrement qu'on dit d'un seul mot *usucapio*.

Il est permis de dire *usucapio*, mot formé de deux autres, et où la lettre *a* devient longue : de même, autrefois, on disait *pignoriscapio*, mot formé comme le précédent, et où la lettre *a* prend la même quantité. Caton dit dans le premier livre de ses *Questions épistolaires* : « Pignoris- « capio est un mot spécial de la langue, dont on « se servait pour désigner l'argent que les soldats « devaient recevoir des tribuns préposés à la caisse « militaire. » Cette citation suffit pour faire voir qu'il est permis de joindre le mot *capio*, équiva-

lent de *captio*, avec *pignus* aussi bien qu'avec *usus*.

CHAPITRE XI.

Que le vrai sens de *levitas* et de *nequitia* n'est pas celui qu'on leur donne communément aujourd'hui.

J'entends souvent employer *levitas* dans le sens d'inconstance et de légèreté, et *nequitia* dans celui d'intrigue et de fourberie. Cependant, chez les auteurs anciens les plus estimés pour la correction et la pureté de leur langage, *levis* s'emploie pour désigner un homme vil et méprisable, et *levitas* est pris comme synonyme de bassesse. Les mêmes écrivains appellent *nequam* un homme complètement dépravé, de l'espèce de ceux que les Grecs caractérisent par les mots ἄσωτος, perdu, ἀκόλαστος, incorrigible, ἀχρεῖος, inutile, ἄχρηστος, qui n'est bon à rien, κακότροπος, pervers, μιαρός, infâme. Pour trouver des exemples de ce que je viens de dire, il n'est pas nécessaire d'aller chercher bien loin : en voici un que nous fournit la seconde *Philippique* de Cicéron. Cet orateur se préparant à faire connaître les mœurs basses et la vie déréglée d'Antoine, à le montrer enfoncé dans un cabaret, buvant jusqu'au soir, puis voyageant la tête enveloppée, pour n'être point reconnu, enfin à lui reprocher d'autres actions aussi indignes de lui, s'écrie : *At videte hominis levitatem*, « mais voyez l'ignominie de cet homme! » Comme si, pour flétrir les turpitudes d'Antoine, le mot *levitas* était un terme de reproche assez fort. Plus loin, après avoir révélé d'autres faits qui achevaient de couvrir Antoine de honte et

---

tetigi, pungo pepugi, spondeo spepondi, curro cecurri, tollo tetuli facit. Sic et M. Tullius et C. Cæsar *mordeo memordi, pungo pepugi, spondeo spepondi* dixerunt. Præterea inveni, a verbo *scindo* simili ratione non *sciderat*, sed *scisciderat*, dictum esse. L. Attius in *Sotadicorum* libro primo *scisciderat* dicit. Verba [ejus] hæc sunt : « Non ergo aquila ita, ut hi prædicant, scisciderat « pectus. » Ennius quoque [—— et] Valerius Antias, in libro *historiarum* septuagesimo quinto, verba hæc scripsit : « Deinde funere locato ad forum descendidit. » Laberius quoque in *Catulario* ita scripsit :

Ego mirabar, quomodo mammæ mihi descendiderant.

CAPUT X.

Usucapio et copulate et recto vocabuli casu dicitur, ita *pignoriscapio* conjuncte et eadem vocabuli forma dictum est.

Ut hæc *usucapio* dicitur copulato vocabulo, *a* littera in eo tractim pronuntiata; ita *pignoriscapio* junctæ sunt partes, et productæ dicebatur. Verba Catonis sunt ex primo *Epistolicarum quæstionum* : « Pignoriscapio ob res « militare, quod æs a tribuno ærario miles accipere debe- « bat, vocabulum seorsum fit. » Per quod satis diluces hanc

capionem posse dici, quasi hanc *captionem*, et in usu et in pignore.

CAPUT XI.

Neque *levitatem*, neque *nequitiam* ea significatione esse, qua in vulgi sermonibus dicuntur.

Levitatem plerumque nunc pro inconstantia et mutabilitate dici audio, et *nequitiam* pro solertia astutiaque. Sed veterum hominum qui propriæ atque integre locuti sunt, *leves* dixerunt, quos vulgo nunc viles et nullo honore dignos dicimus; et *levitatem* appellaverunt perinde quasi *vilitatem*; et *nequam* hominem nulli rei neque frugis bonæ; quod genus Græci fere ἄσωτον vel ἀκόλαστον [ἀχρεῖον ἢ ἄχρηστον ἢ κακότροπον ἢ μιαρὸν] dicunt. Qui exempla horum verborum requirit, ne in libris nimium remotis quærat, inveniet ea in M. Tullii secunda Antonianarum. Nam cum genus quoddam sordidissimum vitæ atque victus M. Antonii [idem] demonstraturus esset, quod in caupona delitesceret, quod ad vesperum perpotaret, quod ore involuto iter faceret, ne cognosceretur; hæc aliaque ejusdemmodi cum in eum dicturus esset: « Videte, » inquit, « hominis levitatem. » Tanquam prorsus ista dedecora hoc vitio in homine notarentur. At postea, cum in eumdem Antonium probra quædam alia ludibriosa

de ridicule, il ajoute : « Le misérable! comment « puis-je autrement l'appeler? » *O hominem nequam! nihil enim magis proprie possum dicere.* Mais je crois bien faire de citer plus complétement ce passage : « Mais, dit Cicéron, voyez « l'ignominie de cet homme. Arrivé aux Roches « rouges vers la dixième heure du jour, il se « cacha dans une misérable taverne, où il but jus- « qu'au soir. De là, il se rendit à Rome dans une « voiture légère, et descendit à sa porte, la tête « enveloppée. Le portier demande : Qui est là? « Courrier de M. Antoine, répond-il. On le con- « duit aussitôt à la maîtresse de la maison, et il « lui remet une lettre; elle la lit en pleurant, « car elle était pleine de tendresse. Elle portait « en substance qu'il renonçait à la comédienne, « et que désormais sa femme serait l'unique objet « de ses affections. Elle fondait en larmes. Cet « homme sensible ne put résister : il se découvrit, « et se jeta dans ses bras. Le misérable! comment « puis-je autrement l'appeler? Ainsi donc, pour « faire le galant, pour causer une surprise à sa « femme qui ne l'attendait pas, il a répandu la « terreur dans Rome pendant la nuit, et alarmé « l'Italie pendant plusieurs jours. » Q. Claudius a employé *nequitia* dans le même sens : il se sert de ce mot au premier livre de ses Annales, en parlant des désordres d'un homme dissolu et prodigue. Voici ses propres expressions : « A la persua- « sion d'un jeune homme de Lucanie qui était de « la plus noble naissance, mais à qui le luxe et la « débauche (*luxuria et nequitia*) avaient fait dissi- « per une immense fortune. » M. Varron dit dans son traité *Sur la langue latine* : « Comme on a « fait de *non* et de *volo* le verbe *nolo*, je ne veux « pas, de même on a formé de *ne* et de *quid-* « *quam* le mot *nequam*, vaurien, en suppri- « mant la syllabe du milieu. » Dans le discours que le second Africain prononça pour sa défense contre Tibérius Asellus, au sujet de l'amende à laquelle celui-ci voulait le faire condamner par le peuple, on trouve *nequitia* pris dans la même acception : « Tout ce que les hommes peuvent « faire de déshonnête, de honteux, de criminel, « dit Scipion à Asellus, se trouve compris dans « deux vices principaux, la méchanceté de l'âme « et la dépravation des mœurs (*malitia et nequitia*). Duquel des deux veux-tu te justifier? « Est-ce du premier, ou du second, ou de tous « les deux à la fois? Prétends-tu qu'on ne peut « t'accuser de dépravation? Libre à toi de le dire. « Mais les sommes que tu as dépensées pour une « seule courtisane excèdent le prix que tu as dé- « claré aux censeurs pour le mobilier de ta terre « de Sabine. Tu le nies? qui veut se faire caution « pour toi de mille deniers? Mais tu as dissipé en « honteuses débauches un tiers de l'argent pater- « nel. Tu le nies? qui veut se faire caution pour « toi de mille deniers? Tu renonces à répondre « au reproche de dépravation : eh bien! réponds « au moins à celui de méchanceté. Mais tu t'es « parjuré solennellement et de propos délibéré. Tu « le nies? qui veut se faire caution pour toi de « mille deniers? »

CHAPITRE XII.

Des tuniques appelées *chiridotæ*. Que le second Africain en reprocha l'usage à Sulpicius Gallus.

Autrefois à Rome, et dans tout le Latium, il eût été honteux à un homme de porter de ces tuniques appelées d'un nom grec, *chiridotæ*,

---

et turpia ingessisset, ad extremum hoc addidit : « O ho- « minem nequam! Nihil enim magis proprie possum « dicere. » Sed ex eo loco M. Tullii verba compluscula libuit ponere. « At videte levitatem hominis! Cum hora diei « decima fere ad Saxa rubra venisset, delituit in quadam « cauponula : atque ibi se occulens perpotavit ad vespe- « rum : inde cisio celeriter ad urbem advectus domum « venit ore involuto. Janitor rogat : Quis tu? A Marco ta- « bellarius. Confestim ad eam, cujus causa venerat, « deducitur : eique epistolam tradit. Quam illa cum legeret « flens, (erat enim scripta amatorie; caput autem litterarum « hoc erat : sibi cum illa mima posthac nihil futurum : « omnem se amorem abjecisse illius, atque in hanc trans- « fudisse) cum mulier fleret uberius, homo misericors « ferre non potuit; caput aperuit : in collum invasit. O « hominem nequam! Nihil enim magis proprie possum « dicere. Ergo ut te catamitum, nec opinato cum osten- « disses, præter spem mulier aspiceret, idcirco urbem « terrore nocturno, Italiam multorum dierum metu per- « turbasti? » Consimiliter Q. quoque Claudius in primo Annalium *nequitiam* appellavit luxum vitæ prodigum effusumque in hisce verbis : « Persuadenti cuidam adoles- « centi Lucano, qui apprime summo genere gnatus erat, « sed luxuria et nequitia pecuniam magnam consumpserat. »

M. Varro in libris *De Lingua latina* : « Ut ex non « et ex *volo*, » inquit, « *nolo*, fit : sic ex *ne* et ex *quid-* « *quam*, media syllaba extrita, compositum est *nequam*. » P. Africanus pro se contra Tib. Asellum de mulcta ad populum : « Omnia mala, probra, flagitia, quæ homines « faciunt, in duabus rebus sunt, malitia atque nequitia. « Utrum defendis, malitiam, an nequitiam, an utrumque « simul? Si nequitiam defendere vis, licet; sed tu in uno « scorto majorem pecuniam absumpsisti, quam quanti « omne instrumentum fundi Sabini in censum dedicavisti. « Ni hoc ita est : qui spondet mille nummum? Sed tu plus « tertia parte pecuniæ paternæ perdidisti atque absumpsisti « in flagitiis. Ni hoc ita est : qui spondet mille nummum? « Non vis nequitiam. Age malitiam saltem defendas. Sed « tu verbis conceptis conjuravisti sciens sciente animo « tuo : ni hoc ita est : qui spondet mille nummum? »

CAPUT XII.

De tunicis χειριδωτοῖς : quod earum usum P. Africanus Sulpicio Gallo objecit.

Tunicis uti virum prolixis ultra brachia et usque in primores manus ac prope in digitos, Romæ atque omni

dont les manches couvrent le bras tout entier, et tombent sur la main jusqu'aux doigts. Les femmes seules alors se servaient de vêtements longs et larges, pour dérober aux regards leurs bras et leurs jambes. L'habit des hommes n'était d'abord qu'une simple toge sans tunique : ensuite ils portèrent des tuniques courtes et serrées qui ne passaient point les épaules : les Grecs appellent cette espèce de vêtement ἐξωμίδες. C'est en se rappelant cette simplicité antique, que Scipion l'Africain, fils de Paul Émile, homme en qui brillaient tous les talents et toutes les vertus, entre autres reproches qu'il adressait un jour à Sulpicius Gallus sur la mollesse efféminée de ses mœurs, lui fit honte de porter des tuniques dont les manches lui couvraient toute la main. Voici ses propres paroles : « Que penser, dit-il, d'un homme « qui tous les jours se parfume et s'ajuste devant « un miroir, qui se rase les sourcils, qui s'arrache « la barbe et s'épile les jambes? d'un homme que, « dès sa première jeunesse, on vit, dans les repas, « vêtu d'une tunique à longues manches, s'asseoir « près d'un amant, à la place inférieure du lit ; « qui joint à la passion du vin un goût effronté « pour les hommes? Peut-on douter qu'un pareil « personnage n'ait fait tout ce que font les plus infâmes débauchés ? » Virgile parle de ces tuniques comme d'un vêtement fait pour les femmes, et qu'un homme ne peut porter sans honte : c'est dans ce vers sur les Troyens :

« Vos tuniques ont des manches, vos mitres « sont attachées par des bandelettes sous vos « mentons. »

Quand Q. Ennius appelle les jeunes Carthaginois *une jeunesse en tuniques*, il paraît attacher à cette expression une idée de mépris.

CHAPITRE XIII.

Quelle est, suivant Caton, la signification des mots *classicus* et *infra classem*.

On donnait le nom de *classici*, non à tous les citoyens divisés en classes, mais seulement à ceux de la première classe qui possédaient cent vingt-cinq mille as de revenu, ou davantage. On désignait par les mots *infra classem* tous les citoyens qui, possédant un revenu inférieur à cette somme, étaient rangés soit dans la seconde classe, soit dans les classes suivantes. Cette courte explication suffira pour faire comprendre ces mots, dont on va d'ordinaire chercher la définition dans le discours de Caton pour la loi Voconia.

CHAPITRE XIV.

Des trois genres de style, et des trois philosophes que les Athéniens députèrent au sénat romain.

On admet trois genres de style, tant en poésie qu'en prose. Les Grecs appellent ces genres χαρακτῆρες, formes : ils désignent le premier par le mot ἁδρὸς, plein; le second par le mot ἰσχνὸς, délicat; le troisième par le mot μέσος, intermédiaire. A leur exemple les Latins distinguent le style riche (*uber*), le style simple (*gracilis*), et le style tempéré (*mediocris*). Le style riche a pour caractères la grandeur et l'éclat : le style simple, la grâce et la finesse ; le style tempéré tient le milieu entre les deux autres, et participe de tous les deux à la fois. A chacune des qualités propres à ces genres divers correspondent autant de défauts, qui ont avec elles une ressemblance trompeuse et mensongère. Ainsi

---

in Latio indecorum fuit. Eas tunicas græco vocabulo nostri χειριδωτοὺς appellaverunt : feminisque solis vestem longe lateque diffusam indecere existimaverunt, ad ulnas cruraque adversus oculos protegenda. Viri autem Romani primo quidem sine tunicis toga sola amicti fuerunt : postea substrictas et brevis tunicas citra humerum desinentes habebant, quod genus Græci dicunt ἐξωμίδας. Hac antiquitate inductus P. Africanus, Pauli F., vir omnibus bonis artibus atque omni virtute præditus, P. Sulpicio Gallo, homini delicato, inter pleraque alia, quæ objectabat, id quoque probro-dedit, quod tunicis uteretur manus totas operientibus. Verba sunt hæc Scipionis : « Nam qui quotidie unguentatus adversum speculum « ornetur, cujus supercilia radantur, qui barba vulsa « feminibusque subvulsis ambulet, qui in conviviis ado- « lescentulus cum amatore, cum chiridota tunica inferior « accubuerit, qui non modo vinosus, sed virosus quoque « sit : eumne quisquam dubitet, quin idem fecerit, quod « cinædi facere solent? » Virgilius quoque tunicas huiuscemodi, quasi femineas ac probrosas criminatur :

Et tunicæ, *inquit*, manicas, et habent redimicula mitræ.

Quintus quoque Ennius *Carthaginiensium tunicatam juventutem* non videtur sine probro dixisse.

CAPUT XIII.

Quem *classicum* dicat M. Cato, quem *infra classem*.

Classici dicebantur non omnes, qui in classibus erant, sed primæ tantum classis homines, qui centum et viginti quinque millia æris ampliusve censi erant. *Infra classem* autem appellabantur secundæ classis ceterarumque omnium classium, qui minore summa æris, quam supra dixi, censebantur. Hoc eo strictim notavi, quoniam in M. Catonis oratione, qua Voconiam legem suasit, quæri solet, quid sit *classicus*, quid *infra classem*.

CAPUT XIV.

De tribus dicendi generibus : ac de tribus philosophis, qui ab Atheniensibus ad senatum Romam legati [missi] sunt.

Et in carmine et in soluta oratione genera dicendi probabilia sunt tria, quæ Græci χαρακτῆρας vocant, nominaque eis fecerunt ἁδρὸν, ἰσχνὸν, μέσον. Nos quoque, quem primum posuimus, *uberem* vocamus, secundum *gracilem*, tertium *mediocrem*. Uberi dignitas atque amplitudo est : *gracili* venustas et subtilitas : *medius* in confinio est utriusque modi particeps. His singulis orationis virtutibus vitia agnata sunt pari numero, quæ

il arrive trop souvent qu'on prend l'enflure et l'exagération pour de la richesse, l'aridité et la sécheresse pour de la simplicité, l'incohérence d'un style indécis pour la sobriété d'une élocution tempérée. M. Varron dit que, si l'on cherche des types parfaits de chacun de ces genres parmi les écrivains latins, on trouvera chez Pacuvius le modèle du style riche, chez Lucilius celui du style simple, et chez Térence celui du style tempéré. Longtemps avant ces écrivains, Homère avait donné des exemples de chacun de ces trois genres dans les discours de trois de ses personnages; car l'éloquence d'Ulysse est élevée et brillante, celle de Ménélas est fine et contenue, et celle de Nestor est un mélange de la richesse du premier avec la simplicité du second. On remarqua ces trois caractères divers dans les discours de ces trois philosophes que les Athéniens envoyèrent à Rome pour demander la remise d'une amende de près de cinq cents talents, à laquelle ils avaient été condamnés pour le pillage d'Orope. Ces philosophes étaient Carnéade de l'Académie, Diogène le stoïcien, et Critolaüs le péripatéticien. Lorsqu'ils parurent devant le sénat, ce fut un des sénateurs, C. Acilius, qui leur servit d'interprète. Mais auparavant, jaloux de montrer leur talent, ils avaient prononcé chacun de leur côté des dissertations devant de nombreuses assemblées. Rutilius et Polybe rapportent que chacun d'eux se fit admirer dans un genre d'éloquence différent; Carnéade par la chaleur, l'éclat et la rapidité : Critolaüs par la délicatesse et la précision simple, Diogène par la sobriété et l'élégance tempérée. Ainsi que nous l'avons déjà dit, chacun de ces genres, lorsque l'art y est accompagné de naturel et de vérité, peut offrir les plus grandes beautés ; mais si l'art y dégénère en apprêt et en fard, ce n'est plus qu'un exercice frivole, fait pour éblouir un moment l'esprit.

CHAPITRE XV.

Avec quelle sévérité le vol était puni chez les anciens Romains. Ce que Mucius Scévola a écrit sur l'abus des dépôts et des choses prêtées.

Labéon, dans le second livre de son traité sur la loi des Douze Tables, nous fait connaître plusieurs décisions extrêmement sévères des anciens Romains sur le vol. Au rapport de cet auteur, Brutus avait coutume de dire qu'on devenait passible des peines portées contre le vol, lorsqu'on avait fait faire à un cheval une autre route que celle dont on était convenu en le recevant, ou lorsqu'on l'avait fait marcher au delà du terme fixé d'avance. Q. Scévola, dans le seizième livre de son traité *Sur le droit civil,* rend un arrêt du même genre : « Il y a peine de vol, dit-il, pour « l'homme qui use d'un dépôt qu'on lui a donné « en garde, ou qui emploie une chose à un usage « différent de celui pour lequel il l'a reçue. »

CHAPITRE XVI.

Quels sont les mets rares, fournis par les pays étrangers, que cite Varron dans sa satire *Sur les aliments*. Vers d'Euripide contre la délicatesse raffinée et le luxe voluptueux des gourmands.

Varron, dans sa satire intitulée *Sur les aliments,* nous présente une description ingénieuse et piquante des mets recherchés qui font les dé-

earum modum et habitum simulacris falsis ementiuntur. Sic plerumque sufflati atque tumidi fallunt pro uberibus, squalentes et jejuni dicti pro gracilibus, incerti et ambigui pro mediocribus. Vera autem et propria hujuscemodi formarum exempla in latina lingua M. Varro esse dicit ubertatis Pacuvium, gracilitatis Lucilium, mediocritatis Terentium. Sed ea ipsa genera dicendi iam antiquitus tradita ab Homero sunt tria in tribus : magnificum in Ulixe et uber est, subtile in Menelao et cohibitum, mixtum moderatumque in Nestore. Animadversa eadem tripartita varietas est in tribus philosophis, quos Athenienses Romam ad senatum populumque romanum legaverant, impetratum, uti multam remitterent, quam fecerant iis propter Oropi vastationem. Ea multa fuerat talentum fere quingentum. Erant isti philosophi Carneades ex Academia, Diogenes stoicus, Critolaus peripateticus : et in senatum quidem introducti interprete usi sunt C. Acilio senatore : sed ante ipsi seorsum [quoque] quisque ostentandi gratia magno conventu hominum dissertaverunt. Tum admirationi fuisse aiunt Rutilius et Polybius philosophorum trium sui cujusque generis facundiam. Violenta, inquiunt, et rapida Carneades dicebat, scita et teretia Critolaus, modesta Diogenes et sobria. Unumquodque autem genus, ut diximus, cum caste pudiceque ornatur, fit illustrius : cum fucatur, atque prælinitur, fit præstigiosum.

CAPUT XV.

Quam severe moribus majorum in fures vindicatum sit, et quid scripserit Mucius Scævola super eo, quod servandum datum commodatumve esset.

Labeo, in libro *De duodecim tabulis* secundo, acria et severa judicia de furtis habita esse apud veteres scripsit : idque Brutum solitum dicere, furti damnatum esse, qui jumentum aliorsum duxerat, quam quo utendum acceperat? item qui longius produxerat, quam quem in locum petierat. Itaque Q. Scævola in librorum, quos *De jure civili* composuit, sexto decimo verba hæc posuit : « Quod cui « servandum datum est, si id usus est, sive, quod uten- « dum acceperit, ad aliam rem atque acceperit, usus est, « furti se obligavit. »

CAPUT XVI.

Locus exscriptus e satira M. Varronis, quæ περὶ ἐδεσμάτων inscripta est, de peregrinis ciborum generibus : et appositi versus Euripidis, quibus delicatorum hominum luxuriantem gulam confutavit.

M. Varro in Satira, quam Περὶ ἐδεσμάτων inscripsit, lepide admodum et scite factis versibus cœnarum ciborumque exquisitas delicias comprehendit. Nam pleraque id

lices des repas. Il énumère en vers ïambiques de cinq pieds la plupart des productions vantées que toutes les parties de la terre et de la mer envoient sur la table des gourmands. On pourra, si l'on veut, lire ces vers dans l'ouvrage même; je ne veux que rappeler ici, autant que ma mémoire me le permet, le nom et la patrie des aliments les plus estimés, des morceaux exquis, recherchés avec avidité par une gourmandise effrénée, que Varron cite en s'élevant contre ces raffinements de luxe. Ce sont le paon de Samos, les francolins de Phrygie, les grues de Mélos, le chevreau d'Ambracie, la murène de Tartesse, la morue de Pessinonte, les huîtres de Tarente, le pétoncle de Chio, l'esturgeon de Rhodes, le sarget de Cilicie, les amandes de Thasos, les dattes d'Égypte, et les glands d'Espagne. C'est ainsi que la gourmandise lève son tribut sur tous les pays, qu'elle épuise son industrie à chercher partout des mets inconnus, à créer pour le goût de nouvelles délices. On sera mieux disposé à concevoir pour ces excès le mépris qu'ils méritent, si l'on se rappelle ces vers d'Euripide, que Chrysippe avait souvent à la bouche, et dans lesquels le poëte fait voir que l'usage de ces ragoûts par lesquels on irrite l'appétit, loin de répondre à un besoin de la nature, ne doit son origine qu'à l'habitude du luxe, qui inspire le dédain d'une vie simple et facile, et à la satiété qui enfante mille caprices. Voici ces vers :

« Et quelle autre chose faut-il aux mortels que
« les fruits de Cérès pour nourriture, et que l'eau
« pour breuvage? Ces présents de la nature sont
« placés sous notre main; jamais ils n'inspirent
« le dégoût ni la satiété : mais l'homme perverti
« par le luxe cherche d'autres aliments, et invente
« des mets raffinés.

genus, quæ helluones isti terra et mari conquirunt, exposuit, inclusitque in numeros senarios. Et ipsos quidem versus, cui otium erit, in libro, quo dixi, positos legat. Genera autem nominaque edulium et domicilia ciborum omnibus aliis præstantia, quæ profunda ingluvies vestigavit, quæ Varro opprobrans exsecutus est, hæc sunt ferme, quantum nobis memoriæ est : Pavus e Samo, Phrygia attagena, grues Melicæ, hœdus ex Ambracia, pelamis Chalcedonia, muræna Tartessia, ascili Pessinuntii, ostrea Tarentina, pectunculus Chius, elops Rhodius, scari Cilices, nuces Thasiæ, palma Ægyptia, glans Hiberica. Hanc autem peragrantis gulæ et in succos insuetos inquirentis industriam, atque has undiqueversum indagines cupediarum majore detestatione dignas censebimus, si versus Euripidi recordemur, quibus utebatur sæpissime Chrysippus philosophus, tanquam edendi irritationes quasdam repertas esse, non per usum vitæ necessarium, sed per luxum animi parata atque facilia fastidientis, per improbam satietatis lasciviam. Versus Euripidi adscribendos putavi :

Ἐπεὶ τί δεῖ βροτοῖσι, πλὴν δυεῖν μόνον
Δήμητρος ἀκτῆς, πώματος θ' ὑδρηχόου;
Ἅτινα πάρεστι καὶ πέφυχ' ἡμᾶς τρέφειν,
Ὧν οὐκ ἀπαρκεῖ πλησμονή, τρυφῇ δέ τοι
Ἄλλων ἐδεστῶν μηχανὰς θηρώμεθα.

CHAPITRE XVII.

Entretien que j'eus avec un grammairien plein d'ignorance et d'insolente présomption, sur l'origine et la signification du mot *obnoxius*.

Un jour, à Rome, ayant abordé un grammairien qui s'était acquis beaucoup de réputation par son enseignement, je lui demandai, non pour mettre son savoir à l'épreuve, mais dans le désir de m'éclairer, ce que signifiait *obnoxius*, et quelle était l'origine et la valeur de ce mot. Il me regarda d'un air railleur, et, se moquant de ma question comme d'une recherche frivole et de trop peu d'importance : « Certes, dit-il, vous m'interrogez là sur un grand problème, et qui exige de sérieuses méditations. Quel est l'homme assez peu versé dans la connaissance du latin, pour ignorer qu'on entend par *obnoxius* celui qui est exposé à souffrir quelque tort ou quelque dommage de la part de quelqu'un ; et celui qui, ayant commis une faute avec quelqu'un, se trouve à la discrétion de son complice? Faites-nous grâce de ces puérilités, ajouta-t-il, et ne nous proposez que des recherches qui en vaillent la peine. » Piqué de sa réponse, je résolus de le mystifier, comme un sot qu'il était : « Illustre savant, lui dis-je, puisque vous dites que je devrais m'occuper de questions plus sérieuses et plus relevées, quand je me trouverai embarrassé sur un sujet qui soit digne de vous, j'aurai recours à votre érudition et à vos lumières : mais comme j'avais souvent fait usage du mot *obnoxius* sans en connaître la signification, je me suis adressé à vous pour l'apprendre, et, grâce à vous, maintenant je sais ce que j'avais ignoré, et ce que je n'avais pas ignoré seul, comme vous paraissez le croire : car Plaute, ce modèle de pureté et d'élégance, a ignoré aussi la valeur

CAPUT XVII.

Sermo habitus cum grammatico, insolentiarum et imperitiarum pleno, de significatione vocabuli, quod est *obnoxius*; deque ejus vocis origine.

Percontabar Romæ quempiam grammaticum primæ in docendo celebritatis, non hercle experiundi vel tentandi gratia, sed discendi magis studio et cupidine, quid significaret *obnoxius*, quæque ejus vocabuli origo ac ratio esset. Atque ille aspicit me, illudens levitatem quæstionis parvitatemque : Obscuram, inquit, sane rem quæris, multaque prorsus vigilia indagandam. Quis adeo tam linguæ latinæ ignarus est, quin sciat, eum dici *obnoxium*, cui quid ab eo, cui esse obnoxius dicitur, incommodari vel noceri potest ; et qui habeat aliquem noxæ, id est, culpæ suæ conscium? Quin potius, inquit, hæc mittis nugalia, et adfers ea, quæ digna quæri tractarique sint. Tum vero ego permotus, agendum jam oblique, ut cum homine stulto, existimavi : Et quæ cetera, inquam, vir doctissime, remotiora grayioraque si discere et scire debuero, quando mihi usus venerit, tum quæram ex te atque discam : sed enim quia dixi sæpe *obnoxius*, et quid dicerem nescivi, didici ex te et, scire nunc cœpi, quod non ego omnium solus, ut tibi sum visus, ignoravi; sed, ut res est, Plau-

LIVRE VII, CHAPITRE XVII.

d'*obnoxius*; en effet, on trouve ce vers dans sa comédie du *Stichus* :

« Je suis perdu, par Hercule, non pas à demi, « mais bien complétement. »

Nunc ego hercle! perii plane, non obnoxie.

Ce qui ne s'accorde point du tout avec l'interprétation que vous m'avez donnée. Plaute a mis en regard dans sa phrase les mots *plane* et *obnoxie* comme exprimant deux idées opposées : *obnoxie* a ici un sens bien éloigné de votre explication. » A cela mon grammairien fit une réponse ridicule : « Je vous ai défini *obnoxius* et non pas *obnoxie*, » me dit-il, feignant de croire que ces deux mots différaient non-seulement pour la forme, mais encore pour le sens et pour l'idée. J'admirai l'impudence de cet ignorant. « Eh bien, lui dis-je aussitôt, laissons de côté *obnoxie*, si cet exemple vous paraît pris de trop loin ; ne nous arrêtons même pas à cette phrase qu'on lit dans le Catilina de Salluste : « Il la menaçait de la tuer, si elle cessait de « lui être docile. » *Ni sibi obnoxia foret.* Voici un exemple plus connu, sur lequel je voudrais avoir votre avis : ce sont ces vers de Virgile que tout le monde se rappelle :

« Car alors les étoiles brillent d'un éclat plus « vif, et la lune semble ne plus emprunter sa lu-« mière aux rayons de l'astre fraternel. »

Nec fratris radiis obnoxia surgere luna.

Or, selon vous, *obnoxius* désigne le coupable qui est à la discrétion d'un complice. Il y a encore un autre endroit de Virgile où ce mot est pris dans un sens bien différent du vôtre :

« On aime à voir ces terres que le hoyau n'a « point touchées, qui ne sont asservies à aucune « culture. »

Non rastris hominum, non ulli obnoxia curæ.

La culture améliore les champs, au lieu de leur nuire : *obnoxius* n'a donc point ici le sens que vous lui donnez. Dites-moi aussi comment vous pourrez mettre d'accord avec votre interprétation ces vers du *Phœnix* d'Ennius :

« Un homme doit porter dans la vie l'énergie « d'une véritable vertu : fort de son innocence, il « luttera courageusement contre ses ennemis. La « vraie liberté, c'est d'avoir un cœur pur et une « volonté inflexible. Hors de là, il n'y a pour « l'homme que servitude et ténèbres. »

Aliæ res obnoxiosæ nocte in obscura latent.

Alors mon homme me dit, en prenant un air distrait et rêveur : « Je n'ai pas le temps de vous répondre aujourd'hui. Venez me trouver une autre fois, et je vous dirai ce que Virgile, Salluste, Plaute et Ennius ont entendu par *obnoxius*. » A ces mots, cet impudent personnage me quitta. Afin de faire connaître *obnoxius* dans ses différentes significations, j'emprunte encore la citation suivante à l'*Asinaria* de Plaute :

« Nous procurerons à nos maîtres une victoire « toute pleine d'allégresse et d'opulence. Le père « et le fils nous en auront une obligation éternelle « (*adeo ut ætatem ambo ambobus nobis sint* « *obnoxii*). Nous les tiendrons par les liens de la « reconnaissance. »

En me définissant *obnoxius* mon grammairien n'avait tenu compte que d'une seule des nombreuses acceptions de ce mot. Cette acception est celle dont Cécilius s'est servi dans ces vers de la pièce intitulée *Chrysius* :

---

tus quoque, homo linguæ atque elegantiæ in verbis latinæ princeps, quid esset *obnoxius*, nescivit; versus enim est in Sticho illius ita scriptus :

Nunc ego hercle perii plane, non obnoxie ;

quod minime congruit cum ista, quam me docuisti, significatione; composuit enim Plautus tanquam duo inter se contraria *plane* et *obnoxie*; quod a tua significatione longe abest. Atque ille grammaticus satis ridicule, quasi *obnoxius* et *obnoxie* non declinatione sola, sed re atque sententia different : Ego, inquit, dixi, quid esset *obnoxius*, non quid *obnoxie*. At tunc ego admirans insolentis hominis inscitiam : Mittamus, inquam, sicuti vis, quod Plautus *obnoxie* dixit, si id nimis esse remotum putas : atque illud quoque prætermittamus, quod Sallustius in *Catilina* scribit : « Minari etiam ferro, ni sibi obnoxia foret : » et, quod videtur notius pervulgatiusque esse, id me doce. Versus enim Virgilii sunt notissimi :

Nam neque tunc astris acies obtusa videri,
Nec fratris radiis obnoxia surgere luna;

quod tu ais : *culpæ suæ conscium*. Alio quoque loco Virgilius verbo isto utitur a tua sententia diverse in his versibus :

— Juvat arva videre

Non rastris hominum, non ulli obnoxia curæ;

cura enim prodesse arvis solet, non nocere, quod tu de *obnoxio* dixisti. Jam vero illud etiam Q. Ennii quo pacto congruere tecum potest, quod scribit in *Phœnice* in hisce versibus?

Sed virum vera virtute vivere animatum addecet,
Fortiterque innoxium vacare adversum adversarios.
Ea libertas est, qui pectus purum et firmum gestitat,
Aliæ res obnoxiosæ nocte in obscura latent.

At ille oscitans et alucinanti similis : Nunc, inquit, mihi operæ non est. Cum otium erit, revises ad me, atque disces, quid in verbo isto et Virgilius et Sallustius et Plautus et Ennius senserint; et nebulo quidem ille, ubi hoc dixit, digressus est. Si quis autem volet non originem solam verbi istius, sed significationem quoque ejus varietatemque recensere; ut hoc etiam Plautinum spectet, adscripsi versus ex Asinaria :

Maxumas opimitates gaudio effertissumas
Suis heris ille una mecum pariet gnatoque et patri;
Adeo ut ætatem ambo ambobus nobis sint obnoxii
Nostro devincti beneficio.

Qua vero ille grammaticus finitione usus est, ea videtur in verbo tam multiplici unam tantummodo usurpationem

« Quoique l'engagement que j'ai contracté en te vendant mes services me fasse venir ici, ne crois pas pour cela que je sois à ta discrétion (*tibi me esse ob eam rem obnoxium*) : je te perdrai de réputation, si tu me dis des injures. »

CHAPITRE XVIII.

Sur le respect religieux des Romains pour la foi du serment. Histoire des dix prisonniers qu'Annibal envoya à Rome après avoir reçu leur parole.

Chez les Romains, la foi du serment était gardée avec une scrupuleuse et inaltérable loyauté. Les coutumes et les lois de nos ancêtres en offrent à chaque instant la preuve, et le fait que je vais citer en est un mémorable exemple. Après la bataille de Cannes, Annibal, général des Carthaginois, ayant choisi dix des Romains captifs dans son armée, les envoya à Rome avec ordre de négocier l'échange des prisonniers, à cette condition que celui des deux peuples qui recevrait un plus grand nombre de prisonniers que l'autre payerait pour chaque homme de plus une rançon d'une livre et demie d'argent. Avant leur départ, il leur fit jurer qu'ils reviendraient dans le camp des Carthaginois, si les Romains ne consentaient point à l'échange. Les dix captifs, arrivés à Rome, exposèrent devant le sénat l'offre du général carthaginois. Le sénat déclara qu'il refusait l'échange. Cependant les parents des captifs cherchaient à les retenir : ils leur disaient, en les tenant embrassés, qu'en vertu de la loi, puisqu'ils avaient remis le pied dans leur patrie, ils avaient recouvré tous leurs droits de citoyens libres ; ils les suppliaient de ne point retourner au camp de l'ennemi. Huit d'entre eux répondirent que le bienfait de la loi ne pouvait leur être appliqué, à cause de leur serment ; et aussitôt, fidèles à la parole jurée, ils allèrent retrouver Annibal. Deux seulement restèrent à Rome, prétendant qu'ils étaient dégagés de leur serment par le soin qu'ils avaient pris de rentrer, sur un prétexte quelconque, dans le camp des Carthaginois aussitôt après en être sortis, et d'en ressortir immédiatement après, pour venir à Rome. Mais cette fraude parut si indigne, que tout le monde les accabla de marques de mépris et les poursuivit de reproches injurieux, et que les censeurs leur imprimèrent les plus honteuses flétrissures, pour les punir d'avoir manqué à leur parole. Cornélius Népos rapporte, dans le cinquième livre de ses *Exemples*, que beaucoup de sénateurs furent d'avis de reconduire sous escorte à Annibal ceux qui refusaient de retourner en captivité ; que cependant, faute d'un nombre de voix suffisant, cette proposition fut abandonnée ; mais que les lâches qui avaient violé leur serment se virent en butte à tant de haine et d'outrages, que la vie leur devint à charge, et qu'ils finirent par se tuer de leur propre main.

CHAPITRE XIX.

Récit, emprunté aux Annales, d'un beau trait de Tibérius Sempronius Gracchus, tribun du peuple, père des Gracques ; décrets des tribuns textuellement cités.

On cite parmi les plus beaux traits de généro-

---

ejus notasse, quæ quidem congruit cum significatu, quo Cæcilius usus est in *Chrysio* in his versibus :

— Quamquam ego mercede huc conductus tua
Advenio, ne tibi me esse ob eam rem obnoxium
Reare : audibis male, si male dixis mihi.

CAPUT XVIII.

De observata custoditaque apud Romanos jurisjurandi sanctimonia : atque inibi de decem captivis, quos Hannibal Romam, dejurio ab iis accepto, legavit.

Jusjurandum apud Romanos inviolate sancteque habitum servatumque est. Id et moribus legibusque multis ostenditur ; et hoc, quod dicemus, ei rei non tenue argumentum esse potest. Prœlio Cannensi Hannibal, Carthaginiensium imperator, ex captivis nostris electos decem Romam misit, mandavitque eis, pactusque est, ut, si populo romano videretur, permutatio fieret captivorum ; et pro iis, quos alteri pluris acciperent, darent argenti pondo libram et selibram. Hoc, priusquam proficiscerentur, jusjurandum eos adegit, redituros esse in castra Punica, si Romani captivos non permutarent. Veniunt Romam decem captivi. Mandatum Pœni imperatoris in senatu exponunt. Permutatio senatui non placita. Parentes, cognati, affinesque captivorum amplexi eos, postliminio in patriam redisse dicebant ; statimque eorum integrum incolumemque esse : ac, ne ad hostes redire vellent, orabant. Tum octo ex iis postliminium justum non esse sibi responderunt, quoniam dejurio vincti forent ; statimque, uti jurati erant, ad Hannibalem profecti sunt. Duo reliqui Romæ manserunt ; solutosque esse sese ac liberatos religione dicebant ; quoniam, cum egressi castra hostium fuissent, commenticio consilio regressi eodem, tanquam si ob aliquam fortuitam causam issent, atque ita, jurejurando satisfacto, rursum injurati abissent. Hæc eorum fraudulenta calliditas tam esse turpis existimata est, ut contempti vulgo discerptique sint ; censoresque eos postea omnium notarum et damnis et ignominiis affecerunt ; quoniam, quod facturos dejuraverant, non fecissent. Cornelius autem Nepos in libro *Exemplorum* quinto id quoque litteris mandavit, multis in senatu placuisse, ut ii, qui redire nollent, datis custodibus ad Hannibalem deducerentur, sed eam sententiam numero plurium, quibus id non videretur, superatam ; eos tamen, qui ad Hannibalem non redissent, usque adeo intestabiles invisosque fuisse, ut tædium vitæ ceperint, necemque sibi consciverint.

CAPUT XIX.

Historia, ex annalibus sumta, de Tiberio [Sempronio] Graccho, patre Gracchorum, tribuno plebei : atque inibi tribunicia [plebis] decreta cum ipsis verbis relata.

Pulchrum atque liberale atque magnanimum factum Tib.

sité et de grandeur d'âme l'action suivante de Tib. Sempronius Gracchus. Le tribun du peuple C. Minucius Augurinus avait fait condamner à une amende L. Scipion l'Asiatique, frère du premier Africain, et lui demandait, en conséquence, de fournir des répondants. Scipion l'Africain fit, au nom de son frère, un appel au collège des tribuns, et les conjura de défendre contre les violences de leur collègue un citoyen que Rome avait honoré du consulat et du triomphe. Huit tribuns examinèrent cette affaire, et rendirent le décret suivant, que je vais citer tel qu'il se trouve dans les Annales : ATTENDU QUE SCIPION L'AFRICAIN SE PLAINT QUE, CONTRE LES LOIS, CONTRE LES COUTUMES DE NOS ANCÊTRES, DANS UNE ASSEMBLÉE RÉUNIE PAR LA FORCE, ET SANS LA CONSÉCRATION DES AUSPICES, UN TRIBUN AIT FAIT RENDRE UN ARRÊT CONTRE L. SCIPION L'ASIATIQUE, L'AIT FAIT CONDAMNER A UNE AMENDE DONT IL N'Y A PAS D'EXEMPLE, ET LUI ORDONNE AUJOURD'HUI DE FOURNIR DES RÉPONDANTS, EN LE MENAÇANT DE LA PRISON, S'IL S'Y REFUSE : ATTENDU QUE SCIPION L'AFRICAIN NOUS DEMANDE DE DÉFENDRE SON FRÈRE CONTRE LES VIOLENCES DE NOTRE COLLÈGUE ; ATTENDU QUE, D'UN AUTRE CÔTÉ, NOTRE COLLÈGUE NOUS DEMANDE DE NE POINT L'EMPÊCHER, PAR NOTRE INTERVENTION, DE FAIRE USAGE DE SON POUVOIR ; VOICI CE QUE LES TRIBUNS DÉCIDENT A L'UNANIMITÉ SUR CETTE AFFAIRE : SI L. CORNÉLIUS SCIPION L'ASIATIQUE CONSENT A FOURNIR LES RÉPONDANTS QU'EXIGE DE LUI NOTRE COLLÈGUE, NOUS NOUS OPPOSERONS A CE QU'IL SOIT CONDUIT EN PRISON : MAIS S'IL REFUSE DE FOURNIR DES RÉPONDANTS, NOUS LAISSERONS NOTRE COLLÈGUE USER DE SON POUVOIR.

Après ce décret, comme L. Scipion déclarait qu'il ne donnerait point de répondants, Augurinus ordonna qu'on le conduisît en prison. Alors le tribun Tib. Sempronius Gracchus, père de Tibérius et de Caïus Gracchus, quoiqu'il fût ennemi juré de Scipion l'Africain, par suite de dissentiments qui avaient éclaté entre eux au sujet des affaires publiques, vint lire devant le peuple le décret suivant, après avoir juré qu'il ne s'était point réconcilié avec Scipion l'Africain : L. CORNÉLIUS SCIPION L'ASIATIQUE AYANT, APRÈS SA VICTOIRE, FAIT JETER LES CHEFS DES ENNEMIS EN PRISON, IL PARAÎT INDIGNE DE LA RÉPUBLIQUE QU'UN GÉNÉRAL DU PEUPLE ROMAIN SOIT CONDUIT DANS CE MÊME LIEU OU IL A FAIT ENFERMER LES CHEFS DES ENNEMIS. C'EST POURQUOI J'INTERDIS A MON COLLÈGUE TOUTE VIOLENCE CONTRE LA PERSONNE DE L. CORNÉLIUS SCIPION L'ASIATIQUE. Valérius Antias rapporte que cette intervention de Tibérius Gracchus en faveur de Scipion l'Asiatique eut lieu après la mort de Scipion l'Africain, bien que le contraire ressorte des décrets que nous avons cités, et du récit des anciennes annales. Selon le même historien, on ne condamna point Scipion à une amende, mais on le déclara coupable de péculat pour l'emploi qu'il avait fait des richesses d'Antiochus : et c'est contre un arrêt de ce genre qu'il protestait, en refusant de donner des répondants, lorsque Gracchus vint le sauver, par son intervention, de la prison où on allait le conduire.

Sempronii Gracchi in exemplis repositum est. Id exemplum hujus[ce]modi est : L. Scipioni Asiatico P. Scipionis Africani superioris fratri C. Minucius Augurinus tribunus plebei multam irrogavit : eumque ob eam causam prædes poscebat. Scipio Africanus fratris nomine ad collegium tribunorum provocabat ; petebatque, ut virum consularem triumphalemque a collegæ vi defenderent. Octo tribuni, cognita causa, decreverunt. Ejus decreti verba, quæ posui, ex annalium monumentis exscripta sunt : QUOD. P. SCIPIO. AFRICANUS. POSTULAVIT. PRO. L. SCIPIONE. ASIATICO. FRATRE. CUM. CONTRA. LEGES. CONTRA. Q. MOREM. MAJORUM. TRIBUNUS. PLEBEI. HOMINIBUS. ACCITIS. PER. VIM. INAUSPICATO. SENTENTIAM. DE. EO. TULERIT. MULCTAM. Q. NULLO. EXEMPLO. IRROGAVERIT. PRÆDES. Q. EUM. OB. EAM. REM. DARE. COGAT. AUT. SI. NON. DET. IN VINCULA. DUCI. JUBEAT. UT. EUM. A. COLLEGÆ. VI. PROHIBEAMUS. ET. QUOD. CONTRA. COLLEGA. POSTULAVIT. NE. SIBI. INTERCEDAMUS. QUO. MINUS. SUAPTE. POTESTATE. UTI. LICEAT. DE. EA. RE. NOSTRUM. SENTENTIA. OMNIUM. EA. EST. SI. L. CORNELIUS. SCIPIO. ASIATICUS. COLLEGÆ. ARBITRATU. PRÆDES. DABIT. COLLEGÆ. NE. EUM. IN. VINCULA. DUCAT. INTERCEDEMUS. SI. EJUS. ARBITRATU. PRÆDES. NON. DABIT. QUO. MINUS. COLLEGA. SUA. POTESTATE. UTATUR. NON. INTERCEDEMUS. Post hoc decretum, cum Augurinus tribunus plebei L. Scipionem prædes non dantem prendi et in carcerem duci jussisset, tum Tib. Sempronius Gracchus tribunus pl., pater Tiberii atque Caii Gracchorum, cum P. Scipioni Africano inimicus gravis ob plerasque in republica dissensiones esset, juravit palam in amicitiam inque gratiam se cum P. Africano non redisse ; atque ita decretum ex tabula recitavit. Ejus decreti verba hæc sunt : CUM. L. CORNELIUS. SCIPIO. ASIATICUS. TRIUMPHANS. HOSTIUM. DUCES. IN. CARCEREM. CONJECTA[VE]RIT. ALIENUM. VIDETUR. ESSE. A. DIGNITATE. REIPUBLICÆ. IN. EUM. LOCUM. IMPERATOREM. POPULI. ROMANI. DUCI. IN. QUEM. LOCUM. AB. EO. CONJECTI. SUNT. DUCES. HOSTIUM. IN. Q. L. CORNELIUM. SCIPIONEM. ASIATICUM. A. COLLEGÆ. VI. PROHIBEO. Valerius autem Antias, contra hanc decretorum memoriam, contraque auctoritates veterum annalium, post Africani mortem intercessionem istam pro Scipione Asiatico factam esse a Tib. Graccho dixit : neque mulctam irrogatam Scipioni ; sed damnatum eum peculatus ob Antiochinam pecuniam, quia prædes non daret, in carcerem duci cœptum, atque ita intercedente Graccho exemptum.

CHAPITRE XX.

Que Virgile effaça de ses vers le mot *Nola* et y substitua celui d'*ora*, pour se venger des habitants de Nole, qui lui avaient refusé la jouissance d'un cours d'eau. Observations intéressantes sur certaines consonnances harmonieuses.

J'ai lu, dans un commentaire, que Virgile avait d'abord mis ce vers dans ses *Géorgiques* :

« Telles sont les terres que labourent la riche « Capoue, et Nole, voisine du mont Vésuve. »

Talem dives arat Capua et vicina Vesevo
Nola jugo.

mais qu'ensuite, ayant demandé aux habitants de Nole, dont il était le voisin, de détourner dans sa campagne un courant d'eau qui leur appartenait, et en ayant essuyé un refus, le poëte offensé effaça leur nom de ses vers, comme pour l'effacer de la mémoire des hommes, et mit le mot *ora*, côte, à la place de *Nola*, de cette manière :

— et vicina Vesevo
Ora jugo.

Cette anecdote est-elle vraie ou fausse? c'est ce que je ne me soucie point d'éclaircir. Du reste, il est hors de doute que *ora* offre à l'oreille un son plus doux et plus flatteur que *Nola*. La voyelle qui termine le premier vers se rencontrant avec celle qui commence le second, il en résulte un son prolongé dont l'harmonie est agréable. On pourrait trouver chez les meilleurs poëtes beaucoup d'effets semblables qui paraissent calculés, et non produits par une rencontre fortuite. On en trouverait surtout en grand nombre chez Homère. Souvent ce poëte accumule plusieurs de ces hiatus harmonieux dans un même endroit; comme dans ces vers :

« L'autre fontaine roule en été une eau sem-
« blable par sa fraîcheur à la grêle, ou à la froide
« neige, ou au cristal de la glace. »

Ἢ δ' ἑτέρη θέρεϊ προρέει εἰκυῖα χαλάζῃ,
Ἢ χιόνι ψυχρῇ, ἢ ἐξ ὕδατος κρυστάλλῳ.

Ailleurs Homère a dit :
« Il poussait la pierre vers le sommet. »

Λᾶαν ἄνω ὤθεσκε ποτὶ λόφον.

Catulle, ce poëte d'une si rare élégance, a ménagé une rencontre semblable dans ces vers :

« Esclave, verse dans nos coupes, sans l'a-
« doucir avec de l'eau, le vin vieux de Falerne :
« ainsi l'ordonne la reine du festin, Postumia,
« plus avide de jus de vigne qu'un pepin de
« raisin. »

Ebriosa acina ebriosioris.

Catulle aurait pu mettre *ebrioso*, en prenant, au lieu d'*acina*, le neutre *acinum*, qui est même plus usité : mais comme il aimait le son harmonieux de l'hiatus homérique, il a employé de préférence *acina*, à cause de la rencontre des deux *a*. Ceux qui prétendent qu'on doit lire en cet endroit *ebrios*, ou bien *ebriosos*, car cette dernière leçon, aussi peu exacte que l'autre, se rencontre aussi, ont été induits en erreur par des exemplaires fautifs, transcrits sur de mauvais textes.

CHAPITRE XXI.

Pourquoi les locutions *quoad vivet* et *quoad morietur*, ont la même signification, quoique les deux verbes qui y sont employés expriment le contraire l'un de l'autre.

Il semble que les locutions *quoad vivet*, tant qu'il vivra, et *quoad morietur*, jusqu'à ce qu'il meure, expriment deux idées contraires : cependant on les prend toutes deux dans le même

Ἢ δ' ἑτέρη θέρεϊ προρέει εἰκυῖα χαλάζῃ,
Ἢ χιόνι ψυχρῇ, ἢ ἐξ ὕδατος κρυστάλλῳ·

atque item alio loco :

Λᾶαν ἄνω ὤθεσκε ποτὶ λόφον.

Catullus quoque elegantissimus poëtarum in hisce versibus :

Minister vetuli puer Falerni
Inger mi calices amariores,
Ut lex Postumiae jubet magistrae
Ebriosa acina ebriosioris;

cum *ebrioso* dicere posset, et, quod erat usitatius, *acinum* in neutro genere appellare : amans tamen hiatus illius Homerici suavitatem, *ebriosa* dixit propter insequentis *a* litterae concentum. Qui *ebrios* autem Catullum dixisse putant aut *ebriosos*, (nam id quoque temere scriptum invenitur) in libros scilicet de corruptis exemplaribus factos inciderunt.

CAPUT XXI.

Quoad vivet, et *quoad morietur*, cur id ipsum temporis significent, cum ex duobus sint facta contrariis.

Quoad vivet cum dicitur, item *quoad morietur*, videntur quidem duæ res dici contrariæ : sed idem atque unum tempus utraque verba demonstrant. Item cum dicitur *quoad senatus habebitur*, et *quoad senatus di-*

CAPUT XX.

Quod Virgilius ob aquam a Nolanis sibi non permissam sustulit e versu suo *Nola*, et posuit *Ora* : atque ibi quædam alia de consonantia litterarum jucunda.

Scriptum in quodam commentario repperi, versus istos a Virgilio ita primum esse recitatos atque editos :

Talem dives arat Capua et vicina Vesevo
Nola jugo :

postea Virgilium petiisse a Nolanis, aquam uti duceret in propinquum rus : Nolanos beneficium petitum non fecisse : poëtam offensum nomen urbis eorum, quasi ex hominum memoria, sic ex carmine suo derasisse, *ora*que pro *Nola* mutasse : atque ita reliquisse :

—— et vicina Vesevo
Ora Jugo.

Ea res verane an falsa sit, non laboro; quin tamen melius suaviusque ad auris sit *Ora*, quam *Nola*, dubium id non est. Nam vocalis in priore versu extrema eademque in sequenti prima canoro simul atque jucundo hiatu tractim sonat. Est adeo invenire apud nobiles poëtas hujuscemodi suavitatis multa, quæ apparet navata esse, non fortuita : sed præter ceteros omnis apud Homerum plurima. Uno quippe in loco tales tamque hiantes sonitus in assiduis vocibus pluris facit :

sens. De même ces phrases consacrées, *quoad senatus habebitur,* tant que le sénat sera assemblé, et *quoad senatus dimittetur,* jusqu'à ce que l'assemblée du sénat finisse, signifient toutes deux la même chose, quoique *haberi* soit le contraire de *dimitti.* En effet, lorsque, comme ici, deux temps se trouvent opposés et joints l'un à l'autre, de telle façon que la fin de l'un se confonde avec le commencement de l'autre, il importe peu que ce soit par la fin du premier, ou par le commencement du second, qu'on désigne l'instant où ils se rencontrent.

CHAPITRE XXII.

Que les censeurs avaient coutume de condamner à la perte de leurs chevaux les chevaliers devenus trop gras. Si cette condamnation était, ou non, dégradante pour les chevaliers.

Les censeurs avaient coutume de condamner les chevaliers devenus trop gras et trop replets à perdre leur cheval, jugeant sans doute que la pesanteur de l'embonpoint les rendait moins propres à remplir leur service. Quelques-uns pensent qu'on ne le faisait pas pour les punir, mais qu'on leur donnait ainsi leur congé sans les dégrader. Cependant Caton, dans le discours qu'il a composé *Sur la célébration des sacrifices,* adresse à un chevalier, au sujet d'une condamnation semblable, les plus vifs reproches, ce qui ferait plutôt croire que c'était réellement une dégradation. Si nous adoptons cette dernière opinion, nous supposerons qu'on regardait comme coupables, jusqu'à un certain point, de mollesse et d'indolence, les chevaliers dont le corps était chargé d'un embonpoint trop florissant.

---

mittetur : tametsi *haberi* atque *dimitti* contraria sunt : unum atque id ipsum tamen utroque in verbo ostenditur. Tempora enim duo cum inter se opposita sunt atque ita cohærentia ut alterius finis cum alterius initio misceatur, non refert, utrum per extremitatem prioris, an per initium sequentis locus ipse confinis demonstretur.

CAPUT XXII.

Quod censores equum adimere soliti sint equitibus corpulentis et præpinguibus : quæsitumque, utrum ea res cum ignominia, an incolumi dignitate equitum facta sit.

Nimis pingui homini et corpulento censores equum adimere solitos, scilicet minus idoneum ratos esse cum tanti corporis pondere ad faciendum equitis munus. Non enim pœna id fuit, ut quidam existimant : sed munus sine ignominia remittebatur. Tamen Cato in oratione, quam *de sacrificio commisso* scripsit, objicit hanc rem criminosius, uti magis videri possit cum ignominia fuisse. Quod si ita accipias, id profecto existimandum est, non omnino inculpatum neque indesidem visum esse, cujus corpus in tam immodicum modum luxuriasset exuberassetque.

LIVRE VIII.

CHAPITRE I.

S'il est correct ou non de dire *hesterna noctu,* la dernière nuit. Opinions des grammairiens sur cette expression. Que l'on trouve écrit dans la loi des Douze Tables *nox,* pour *noctu.*

CHAPITRE II.

Que Favorinus me cita dix mots que les Grecs emploient sans scrupule, et dont cependant l'origine est illégitime et la forme barbare. Que je lui citai à mon tour un pareil nombre de mots usités chez nous qui ne sont pas du tout latins, et qu'on ne trouve chez aucun auteur ancien.

CHAPITRE III.

Avec quelle sévérité et en quels termes le philosophe Pérégrinus gourmanda devant nous un jeune Romain appartenant à une famille équestre, qui l'écoutait d'un air nonchalant et distrait, et en bâillant à chaque instant.

CHAPITRE IV.

Que le célèbre historien Hérodote a commis une erreur, en disant que le pin, à la différence des autres arbres, ne produisait, après avoir été coupé, aucun rejeton. Que le même écrivain a fait sur la pluie et la neige une observation peu exacte.

CHAPITRE V.

Ce que Virgile a entendu par ces mots : *cœlum stare pulvere,* le ciel tout rempli de poussière, et Lucilius par ceux-ci : *pectus sentibus stare,* le sein tout hérissé d'épines.

LIBER OCTAVUS.

CAPUT I.

Hesterna noctu recte[ne], an cum vitio dicatur : et quænam super istis verbis grammatica traditio sit : item quod Decemviri in XII. Tabulis *nox* pro *noctu* dixerunt.

CAPUT II.

Quæ mihi decem verba ediderit Favorinus, quæ usurpentur quidem a Græcis, sed sint adulterina et barbara; quæ item a me totidem acceperit, quæ ex medio communique usu latine loquentium minime latina sint, neque in veterum libris reperiantur.

CAPUT III.

Quem in modum et quam severe increpuerit, audientibus nobis, Peregrinus philosophus adolescentem romanum, ex equestri familia, stantem segnem apud se et assidue oscitantem.

CAPUT IV.

Quod Herodotus, scriptor historiæ memoratissimus, parum

CHAPITRE VI.

Qu'il ne sert à rien aux amis qui, après une brouille, se sont raccommodés, de s'interroger mutuellement sur leurs torts. Discours de Taurus sur ce sujet. Citation du traité de Théophraste. Opinion de Cicéron sur l'amitié, textuellement rapportée.

CHAPITRE VII.

Ce qu'Aristote, dans son livre intitulé Περὶ τῆς μνήμης, nous apprend sur la nature et les opérations de la mémoire. Observations sur le développement prodigieux et sur l'anéantissement total dont cette faculté est susceptible.

CHAPITRE VIII.

Ce qu'il m'arriva en essayant d'interpréter et de reproduire en latin des morceaux de Platon.

CHAPITRE IX.

Que le philosophe Théophraste, un des hommes les plus éloquents de son temps, s'étant un jour adressé au peuple athénien pour dire quelques mots, se troubla au point de rester muet : que la même chose arriva à Démosthène devant Philippe.

CHAPITRE X.

Discussion que j'eus à Éleusis avec un grammairien, effronté charlatan, qui ne connaissait même pas les temps des verbes, ni les premières choses qu'on apprend aux enfants, et qui faisait l'érudit devant les ignorants avec un étalage de questions étranges et obscures, et de subtilités embarrassantes.

CHAPITRE XI.

Plaisante réponse de Socrate à sa femme Xanthippe, qui l'engageait à faire meilleure chère pendant les fêtes de Bacchus.

CHAPITRE XII.

Quel est dans les anciens écrivains le sens de *plerique omnes*. Que cette locution paraît être empruntée des Grecs.

CHAPITRE XIII.

Que le mot *quopsones*, dont on se sert en Afrique, ne vient pas du carthaginois, mais du grec.

CHAPITRE XIV.

Plaisante discussion du philosophe Favorinus avec un ennuyeux pédant qui dissertait sur l'ambiguïté des mots. Citation de quelques termes, d'un emploi peu commun, qu'on trouve chez le poëte Nævius et chez Cn. Gellius. Recherches étymologiques de P. Nigidius.

CHAPITRE XV.

Quelle violence déshonorante le poëte Labérius souffrit de la part de César. Vers qu'il composa à ce sujet.

---

vere dixerit, unam solamque pinum arborum omnium cæsam nunquam denuo ex iisdem radicibus pullulare, et quod item de aqua pluviali et nive rem non satis exploratam pro comperta posuerit.

CAPUT V.

Quid illud sit, quod Virgilius *cœlum stare pulvere*, et quod Lucilius *pectus sentibus stare* dixit.

CAPUT VI.

Cum post offensiunculas in gratiam redeatur, expostulationes fieri mutuas, minime utile esse : superque ea re et sermo Tauri expositus, et verba ex Theophrasti libro sumta, et quid M. quoque Cicero de amore amicitiæ senserit, cum ipsius verbis additum.

CAPUT VII.

Ex Aristotelis libro, qui Περὶ τῆς μνήμης inscriptus est, cognita acceptaque de natura et habitu memoriæ: atque inibi alia quædam de exuberantia aut interitu ejus lecta auditaque.

CAPUT VIII.

Quid mihi usu venerit, interpretari et quasi effingere volenti locos quosdam Platonicos latina oratione.

CAPUT IX.

Quod Theophrastus, omnium suæ ætatis facundissimus, verba pauca ad populum Atheniensem facturus, deturbatus verecundia obticuerit; quodque idem hoc Demostheni apud Philippum regem verba facienti, evenerit.

CAPUT X.

Qualis mihi fuerit in oppido Eleusine disceptatio cum grammatico quodam præstigioso, tempora verborum et puerilia meditamenta ignorante, remotarum autem quæstionum nebulas et formidines capiendis imperitorum animis ostentante.

CAPUT XI.

Quam festive responderit Xanthippæ uxori Socrates, petenti, ut per Dionysia largiore sumtu cœnitarent.

CAPUT XII.

Quid significet in veterum libris scriptum *plerique omnes* : et quod ea verba accepta a Græcis videantur.

CAPUT XIII.

Quopsones, quod homines Afri dicunt, non esse verbum pœnicum, sed græcum.

CAPUT XIV.

Lepidissima altercatio Favorini philosophi adversus quemdam intempestivum de ambiguitate verborum disserentem : atque inibi verba quædam ex Nævio poëta et Cn. Gellio non usitate collocata; atque ibidem a P. Nigidio origines vocabulorum exploratæ.

CAPUT XV.

Quibus modis ignominiatus tractatusque sit a C. Cæsare Laberius poëta : atque inibi appositi versus super eadem re ejusdem Laberii.

LIVRE IX.

CHAPITRE I.

Pourquoi Claudius Quadrigarius a dit, dans le dix neuvième livre de ses Annales, qu'on lance les objets plus droit et plus sûrement de bas en haut que de haut en bas.

J'ai remarqué le passage suivant dans le dix-neuvième livre des Annales de Claudius Quadrigarius, où il raconte le siége d'une place forte par le proconsul Métellus, et la résistance que les assiégés opposèrent du haut de leurs murs : « Des « deux côtés, dit-il, les archers et les frondeurs « faisaient vaillamment leur devoir : mais il est « fort différent de faire voler en haut ou de lancer « en bas des flèches et des pierres; car, de haut « en bas, on ne peut leur imprimer une direction « droite et sûre, au lieu qu'on le peut très-aisé-« ment de bas en haut. Aussi les soldats de Mé-« tellus recevaient beaucoup moins de blessures, « et, ce qui était un grand avantage, pouvaient « repousser aisément les ennemis des créneaux. » Je consultai là-dessus le rhéteur Antonius Julianus, et lui demandai comment Quadrigarius avait pu dire que les flèches et les pierres lancées de bas en haut arrivent plus sûrement au but, lorsqu'au contraire il semble que les objets qu'on lance de haut en bas doivent obéissent plus aisément à l'impulsion. Julianus, après avoir approuvé ma question, y répondit ainsi : « Ce que Quadrigarius a dit des « flèches et des pierres peut se dire de toute espèce « de traits. Sans doute, ainsi que vous l'avez re-« marqué, un trait peut se lancer plus aisément « de haut en bas : mais c'est quand on veut seule-« ment le jeter, sans rien viser. Au contraire, « veut-on lui donner une impulsion déterminée « vers un but : alors, si on le lance de haut en « bas, son propre poids et l'accélération de sa « chute dérangeront la direction qu'on lui aura « imprimée. Si le point de mire est placé en haut, « le trait suivra sans s'écarter la ligne qu'il doit « parcourir. » Tel fut l'éclaircissement que me donna Julianus sur ce passage. Remarquons que dans cette phrase de Quadrigarius : « Ils repous-« saient facilement les ennemis des créneaux , » *a pinnis hostis defendebant facillime*, le verbe *defendere* est pris dans un sens différent de son acception commune, mais qui lui appartient en propre, et qui est très-latin. *Defendere* en effet est précisément l'opposé de *offendere*; ce dernier verbe signifie ἐμποδὼν ἔχειν, c'est-à-dire rencontrer et combattre un obstacle : *defendere* signifie ἐκποδὼν ποιεῖσθαι, c'est-à-dire éloigner, écarter un obstacle. C'est dans ce sens qu'il a été employé par Quadrigarius.

CHAPITRE II.

Paroles sévères d'Hérode Atticus sur un individu qui, au moyen d'un attirail propre à tromper les yeux, cherchait à se faire passer pour philosophe, et osait en prendre le nom.

Un jour, Hérode Atticus, ce consulaire si célèbre par l'élégance de son esprit et par son talent pour l'éloquence grecque, fut abordé, en ma présence, par un homme vêtu d'un long manteau, et très-chevelu, avec une barbe tombant jusqu'au-dessous de la ceinture, qui lui demanda de l'ar-

LIBER NONUS.

CAPUT I.

Quamobrem Q. Claudius Quadrigarius in undevicesimo annali scripserit, rectiores certioresque ictus fieri, si sursum quid mittas, quam si deorsum.

Q. Claudius in undevicesimo Annali, cum oppidum a Metello proconsule oppugnari, contra ab oppidanis desuper e muris propugnari describeret, ita scripsit : « Sagittarius « cum funditore utrinque summo studio spargunt fortis-« sime. Sed sagittae atque lapidem deorsum an sursum « mittas, hoc interest; nam neutrum potest deorsum « versum recte mitti, sed sursum utrumque optime. « Quare milites Metelli sauciabantur multo minus, et, « quod maxime opus erat, a pinnis hostis defendebant « facillime. » Percontabar ego Antonium Julianum rhetorem, cur hoc ita usu veniret, quod Quadrigarius dixisset, ut contigui magis directioresque ictus fiant, si vel lapidem vel sagittam sursum versus jacias, quam deorsum : cum proclivior faciliorque jactus sit ex supernis in infima, quam ex infimis in superna. Tum Julianus, comprobato genere quaestionis : « Quod de sagitta, « inquit, » et lapide « dixit, hoc de omni fere missili telo dici potest. Facilior « autem jactus est, sicuti dixisti, si desuper jacias, si quid « jacere tantum velis, non ferire. Sed cum modus et « impetus jactus temperandus dirigendusque est : tum, « si in prona jacias, moderatio atque ratio mittentis prae-« cipitantia ipsa et pondere cadentis teli corrumpitur. At « si in editiora mittas, et ad percutiendum superne aliquid « manum et oculos collinees : quo modus a te datus tu-« lerit, eo telum ibit, quod jeceris. » Ad hanc ferme sententiam Julianus super istis Q. Claudii verbis nobiscum sermocinatus est. Quod [autem] ait idem Q. Claudius : *a pinnis hostis defendebant facillime;* animadvertendum est, usum esse eum verbo *defendebant*, non ex vulgari consuetudine, sed admodum proprie et latine. Nam *defendere* et *offendere* inter sese adversa sunt, quorum alterum significat ἐμποδὼν ἔχειν, id est incurrere in aliquid et incidere, alterum, ἐκποδὼν ποιεῖσθαι, id est avertere atque depellere. Quod hoc in loco a Q. Claudio dicitur.

CAPUT II.

Qualibus verbis notarit Herodes Atticus falso quempiam cultu amictuque nomen habitumque philosophi ementientem.

Ad Herodem Atticum, consularem virum, ingenioque amoeno et Graeca facundia celebrem, adiit, nobis praesentibus, palliatus quispiam et crinitus, barbaque prope ad puberum usque porrecta; ac peti[i]t, aes sibi dari εἰς ἄρτους.

gent pour acheter du pain. Hérode lui demanda qui il était. L'homme répondit, d'un ton fâché et d'un air impertinent, qu'il était philosophe ; « et je m'étonne, ajouta-t-il, qu'on me demande ce qu'on voit bien que je suis. — Je vois, reprit Hérode, une barbe et un manteau ; mais je ne vois point encore de philosophe. Je te prie, dis-nous sans te fâcher à quelles marques tu veux que nous reconnaissions en toi un philosophe. » Alors un de ceux qui se trouvaient avec Hérode lui apprit que cet homme était un vagabond, un misérable, un pilier de mauvais lieux, qui avait coutume de mendier, et qui poursuivait d'injures grossières ceux dont il n'obtenait rien. Hérode dit alors : « Qu'il soit ce qu'il voudra, mais donnons « lui quelque argent, non comme à un homme, « mais parce que nous sommes nous-mêmes des « hommes. » Et il lui fit donner de quoi acheter du pain pendant trente jours. Puis s'étant tourné vers nous : « Le philosophe Musonius, dit-il, fit « compter un jour à un homme de cette espèce « qui mendiait, en s'intitulant philosophe, une « somme de mille deniers ; et, comme on disait « que c'était un vaurien, un misérable, un fri- « pon qui ne méritait aucune pitié, Musonius « répondit en souriant que l'argent était donc fait « pour lui. Pour moi, je ne ris pas, mais je m'af- « flige et m'irrite, en voyant des êtres aussi vils et aussi abjects usurper le plus saint de tous les « noms, et s'appeler philosophes. Les Athéniens, « mes ancêtres, firent un décret pour défendre « de donner aux esclaves les noms d'Harmodius « et d'Aristogiton, ces héros qui, pour rétablir la « liberté, frappèrent le tyran Hippias. Ils eussent « craint de souiller par le contact de la servitude « ces noms consacrés à la liberté : pourquoi donc « souffrons-nous que les plus méprisables des « hommes avilissent en l'usurpant le beau nom de « philosophe ? Autrefois à Rome on rendit un dé- « cret analogue à celui des Athéniens, par un « motif d'un genre opposé. On arrêta que les pré- « noms des patriciens qui auraient été convain- « cus de trahison envers l'État, et condamnés à « mort, ne seraient jamais portés par un mem- « bre de la même famille, afin que les noms même « de ces indignes citoyens fussent flétris avec eux « et mourussent avec eux. »

CHAPITRE III.

Lettre de Philippe à Aristote, pour lui apprendre la naissance d'Alexandre.

Philippe, fils d'Amyntas, roi de Macédoine, sut par sa valeur et son génie accroître et enrichir son empire, étendre sa domination sur un grand nombre de peuples, et devenir pour la Grèce, par la puissance de ses armes, un ennemi redoutable et dangereux, ainsi que le répète sans cesse Démosthène dans ses fameuses harangues. Quoi qu'il fût toujours occupé à faire la guerre, et à remporter des batailles, et que ces soins remplissent tout son temps, cependant il ne resta point étranger aux arts libéraux, et ne négligea point le culte des Muses, ainsi qu'on peut s'en convaincre par beaucoup de ses écrits et de ses paroles, où brille un esprit fin et poli. On a de lui un recueil de lettres pleines de pureté, d'élégance et de sagesse : telle est celle qu'il écrivit au phi-

---

Tum Herodes interrogat, quisnam esset. Atque ille, vultu sonituque vocis objurgatorio, philosophum sese esse dicit; et mirari quoque addit, cur quærendum putasset, quod videret. Video, inquit Herodes, barbam et pallium; philosophum nondum video. Quæso autem te, cum bona venia dicas mihi, quibus nos uti posse argumentis existimas, ut esse te philosophum noscitemus? Interibi aliquot ex iis, qui cum Herode erant, erraticum esse hominem dicere et nulli rei, incolamque esse sordentium ganearum ; ac, nisi accipiat, quod petit, convicio turpi solitum incessere : atque ibi Herodes : « Demus, » inquit, « huic « aliquid æris, cuicuimodi est; tanquam homines, non « tanquam homini, » et jussit dari pretium panis triginta dierum. Tum nos aspiciens, qui eum sectabamur : « Mu- « sonius, » inquit, « æruscanti cuipiam id genus, et « philosophum sese ostentanti dari jussit mille nummum, « et cum plerique dicerent, nebulonem esse hominem, « malum et maliciosum, et nulla re bona dignum : tum « Musonium subridentem dixisse aiunt : ἄξιος οὖν ἐστιν « ἀργυρίου. Sed hoc potius,» inquit, « dolori mihi et ægritu- « dini est, quod istiusmodi animalia spurca atque probra « nomen usurpant sanctissimum, et philosophi appellan- « tur. Majores autem mei Athenienses nomina juvenum « fortissimorum Harmodii et Aristogitonis, qui libertatis « recuperandæ gratia Hippiam tyrannum interficere adorsi « erant, ne unquam servis indere liceret, decreto publico « sanxerunt : quoniam nefas ducerent, nomina, libertati « patriæ devota, servili contagio pollui. Cur ergo nos pati- « mur nomen philosophiæ illustrissimum in hominibus de- « terrimis exordescere? Simili autem, « inquit, « exemplo « ex contraria specie antiquos Romanorum audio præno- « mina patriciorum quorumdam, male de republica meri- « torum, et ob eam causam capite damnatorum, cen- « suisse, ne cui ejusdem gentis patricio inderentur : ut « vocabula quoque eorum defamata atque demortua cum « ipsis viderentur. »

CAPUT III.

Epistola Philippi regis ad Aristotelem philosophum super Alexandro recens nato.

Philippus Amyntæ fuit filius, terræ Macedoniæ rex, cujus virtute industriaque Macetæ, locupletissimo imperio aucti, gentium nationumque multarum potiri cœperant, et cujus vim atque arma, toti Græciæ cavenda metuendaque, inclitæ illæ Demosthenis orationes contionesque vociferant. Is Philippus, cum [in] omni fere tempore negotiis belli victoriisque affectus exercitusque esset, a liberali tamen Musa et astudiis humanitatis nunquam abfuit, quin lepide comiterque pleraque et faceret et diceret. Feruntur adeo libri epistolarum ejus, munditiæ et venustatis et prudentiæ plenarum; velut sunt illæ literæ, quibus Aristoteli philo-

LIVRE IX, CHAPITRE IV

losophe Aristote pour lui annoncer la naissance d'Alexandre. Comme cette lettre est un trait remarquable de sollicitude paternelle, je crois bien faire de la transcrire ici, afin qu'elle serve d'exemple aux parents pour l'éducation de leurs enfants. Voici en quels termes elle était conçue : « Philippe « à Aristote, salut. Je vous apprends qu'il m'est « né un fils. Je remercie les dieux, non pas tant « de me l'avoir donné, que de l'avoir fait naître « dans le même temps qu'Aristote. J'espère qu'é- « levé par vos soins et formé par vous, il sera « digne un jour de son père et de l'empire qui lui « est destiné. » Voici le texte même de cette lettre : Φίλιππος Ἀριστοτέλει χαίρειν. Ἴσθι μοι γεγονότα υἱόν· πολλὴν οὖν τοῖς θεοῖς χάριν ἔχω, οὐχ οὕτως ἐπὶ τῇ γενέσει τοῦ παιδὸς, ὡς ἐπὶ τῷ κατὰ τὴν σὴν ἡλικίαν αὐτὸν γεγονέναι· ἐλπίζω γὰρ, αὐτὸν ὑπὸ σοῦ τραφέντα καὶ παιδευθέντα ἄξιον ἔσεσθαι καὶ ἡμῶν καὶ τῆς τῶν πραγμάτων διαδοχῆς.

CHAPITRE IV.

Traditions merveilleuses sur certains peuples barbares. Sortiléges funestes et mortels. Femmes changées tout à coup en hommes.

Étant débarqué à Brindes, à mon retour de Grèce en Italie, je me promenais, au sortir du navire, sur ce port fameux que Q. Ennius a appelé *præpes*, en prenant ce mot dans un sens rare, mais savant, lorsque j'aperçus un étalage de livres à vendre. Aussitôt, avec l'avidité d'un amateur, je courus les examiner. C'était une collection de livres grecs remplis de fables, de prodiges, de récits étranges et incroyables : les auteurs étaient d'anciens écrivains, dont le nom n'est pas d'une médiocre autorité : Aristée de Proconnèse, Isigone de Nicée, Ctésias, Onésicrite, Polystéphanus, Hégésias. Ces livres, fort délabrés, et tout couverts d'une antique poussière, avaient une triste apparence. Toutefois, je les marchandai : la modicité inattendue du prix me décida aussitôt à en faire emplette; et, ayant payé la somme légère qu'on me demandait, j'emportai un grand nombre de volumes que je parcourus pendant les deux nuits suivantes. En faisant cette lecture, j'eus soin de noter et d'extraire plusieurs faits merveilleux dont il n'est parlé, je crois, dans aucun de nos écrivains : j'ai jugé à propos de les placer dans ce recueil, afin que ceux qui me liront ne soient pas tout à fait étrangers aux récits de ce genre, et en aient au moins une idée. Voici donc ce que j'ai recueilli de plus remarquable. Les Scythes, qui habitent à l'extrémité de la terre vers le pôle septentrional, mangent de la chair humaine, et vivent de ce genre d'aliment, d'où on leur a donné le nom d'anthropophages. Dans les mêmes régions se trouvent des hommes appelés Arimaspes, qui n'ont qu'un œil au milieu du front, ainsi que les poëtes représentent les Cyclopes. Il y a encore dans la même partie de la terre une race d'hommes qui ont le pied tourné en arrière, et non en avant, comme les autres hommes, et qui marchent ainsi à reculons avec une extrême vitesse. Dans une terre éloignée, appelée Albanie, il existe des hommes dont les cheveux blanchissent dès l'enfance, et dont les

---

sopho natum esse sibi Alexandrum nuntiavit. Ea epistola, quoniam curæ diligentiæque in liberorum disciplinas hortamentum est, [ex]scribenda visa est ad commonendos parentum animos. Exponenda igitur est ad hanc ferme sententiam : « Philippus Aristoteli salutem dicit. « Filium mihi genitum scito. Quod equidem diis habeo « gratiam : non proinde quia natus est, quam pro eo, « quod eum nasci contigit temporibus vitæ tuæ. Spero « enim fore, ut eductus erudítusque abs te dignus exsis- « tat et nobis et rerum istarum susceptione. » Ipsius « autem Philippi verba hæc sunt : Φίλιππος Ἀριστοτέλει χαίρειν. Ἴσθι μοι γεγονότα υἱόν· πολλὴν οὖν τοῖς θεοῖς χάριν ἔχω, οὐχ οὕτως ἐπὶ τῇ γενέσει τοῦ παιδὸς, ὡς ἐπὶ τῷ κατὰ τὴν σὴν ἡλικίαν αὐτὸν γεγονέναι· ἐλπίζω γὰρ, αὐτὸν ὑπὸ σοῦ τραφέντα καὶ παιδευθέντα ἄξιον ἔσεσθαι καὶ ἡμῶν καὶ τῆς τῶν πραγμάτων διαδοχῆς.

CAPUT IV.

De barbararum gentium prodigiosis miraculis; deque diris et exitiosis effascinationibus : atque inibi de feminis repente versis in mares.

Cum e Græcia in Italiam rediremus, et Brundusium iremus, egressique e navi in terram in portu illo inclito spatiaremur, quem Q. Ennius remotiore paulum, sed admodum scito vocabulo *præpetem* appellavit, fasces librorum venalium expositos vidimus. Atque ego statim avide pergo a d libros. Erant autem isti omnes libri græci miraculorum fabularumque pleni : res inauditæ, incredulæ; scriptores veteres non parvæ auctoritatis : Aristeas Proconnesius et Isigonus Nicæensis et Ctesias et Onesicritus et Polystephanus et Hegesias. Ipsa autem volumina ex diutino situ squalebant, et habitu aspectuque tætro erant. Accessi tamen, percontatusque pretium sum, et, adductus mira atque insperata vilitate, libros plurimos ære pauco emo; eosque omnis duabus proximis noctibus cursim transeo : atque in legendo carpsi exinde quædam et notavi mirabilia et scriptoribus fere nostris intentata; eaque his commentariis aspersi : ut, qui eos lectitabit, is ne rudis omnino et ἀνήκοος inter istiusmodi rerum auditiones reperiatur. Erant igitur in illis libris scripta hujuscemodi : Scythas illos penitissimos, qui sub ipsis septemtrionibus ætatem agunt, corporibus hominum vesci ejusque victus alimento vitam ducere et ἀνθρωποφάγους nominari : item esse homines sub eadem regione cœli unum oculum in frontis medio habentes, qui appellantur Arimaspi ; qua fuisse facie Κύκλωπας poëtæ ferunt : alios item esse homines, apud eandem cœli plagam, singulariæ velocitatis, vestigia pedum habentes retro porrecta, non, ut ceterorum hominum, prospectantia : præterea traditum esse memoratumque, in ultima quadam terra, quæ Albania dicitur, gigni homines, qui in pueritia canescant, et plus cernant oculis per noctem, quam interdiu : item esse com-

yeux voient mieux la nuit que le jour. Les Sarmates, qui habitent bien au delà du Borysthène, prennent leur nourriture de deux jours l'un, et restent sans rien manger dans l'intervalle. J'ai aussi remarqué, dans ces mêmes ouvrages, un fait singulier que j'ai retrouvé depuis dans le septième livre de l'Histoire naturelle de Pline : c'est qu'en Afrique, il est des hommes qui jettent des sorts avec leur langue. Ainsi, si, par malheur, ils viennent à louer de beaux arbres, une riche moisson, de jolis enfants, de beaux chevaux, des troupeaux bien nourris et bien soignés, aussitôt tout cela dépérit et meurt, par le seul effet du sortilége. J'ai lu aussi dans les mêmes livres qu'une influence magique aussi terrible est quelquefois donnée au regard : que, dans l'Illyrie, il y a des hommes qui font mourir ceux sur lesquels ils arrêtent longtemps leurs yeux dans un accès de colère; et que les individus, mâles ou femelles, doués de cet étrange pouvoir, ont deux prunelles dans chaque œil. Voici encore d'autres prodiges que je tire de la même source. On a vu dans les montagnes de l'Inde des hommes à tête de chien, qui font entendre des aboiements, et qui se nourrissent des oiseaux et des bêtes fauves qu'ils prennent à la chasse. Aux confins les plus reculés de l'Orient, vivent des hommes appelés *monocoles*; ils n'ont qu'une seule jambe, dont ils se servent en sautant avec une rapidité singulière. Il en existe d'autres qui n'ont point de tête, et qui portent des yeux dans les épaules. Mais ce qui dépasse tout ce qu'on peut imaginer de plus merveilleux, c'est qu'il existe aux extrémités de l'Inde, selon les mêmes auteurs, des hommes qui ont le corps entièrement couvert de plumes, comme les oiseaux, et qui n'ont d'autre nourriture que le parfum des fleurs qu'ils respirent par le nez. Près d'eux habitent les Pygmées, dont les plus grands n'ont pas plus de deux pieds et un quart. J'ai encore trouvé dans ma lecture beaucoup d'autres traditions de la même espèce. Mais bientôt je me lassai d'en faire des extraits, et pris en dégoût un genre de connaissances qui ne peuvent contribuer à l'agrément ni à l'utilité de la vie. Cependant, pour terminer ce chapitre de prodiges, je rapporterai un fait que Plinius Secundus, un des hommes les plus considérables de son temps par l'éclat du génie et la dignité du caractère, nous atteste dans le septième livre de son *Histoire naturelle*, et qu'il dit avoir, non appris d'un autre, ni lu quelque part, mais vu lui-même de ses propres yeux. Je vais transcrire ici les paroles mêmes, de cet auteur, d'après lesquelles on verra qu'il n'y a pas tant à rire des vieilles histoires que nous racontent les poëtes sur Cænis et Cænéus : « Les « métamorphoses de femmes en hommes ne sont « point une fable. J'ai lu dans les Annales que, « sous le consulat de Q. Licinius Crassus et de « C. Cassius Longinus, une jeune fille de Casi- « num, vivant avec ses parents, se changea en « jeune garçon, et fut transportée par l'ordre des « aruspices dans une île déserte. Licinius Mu- « cianus affirme avoir vu à Argos un jeune homme « appelé Arescon, qui d'abord avait été du sexe « féminin sous le nom d'Arescuse : il avait même « été marié; puis, la barbe et les organes de la « génération avaient paru tout à coup, et il avait « épousé une femme. Le même auteur ajoute « qu'à Smyrne il a vu un enfant qui avait de « même été femme. J'ai vu moi-même en Afri- « que L. Cossicius, citoyen de Thysdrus, qui

---

pertum et creditum, Sauromatas, qui ultra Borysthenem fluvium longe colunt, cibum capere semper diebus tertiis, medio abstinere. Id etiam in iisdem libris scriptum offendimus, quod postea quoque in libro Plinii Secundi *Naturalis Historiæ* septimo legi : esse quasdam in terra Africa familias hominum voce atque lingua effascinantium. Qui si impensius forte laudaverint pulchras arbores, segetes lætiores, infantes amœniores, egregios equos, pecudes pastu atque cultu opimas; emoriantur repente hæc omnia, nulli aliæ causæ obnoxia : oculis quoque exitialem fascinationem fieri, in iisdem libris scriptum est : traditurque, esse homines in Illyriis, qui interimant videndo, quos diutius irati viderint; eosque ipsos mares feminasque, qui visu ita nocenti sunt, pupillas in singulis oculis binas habere. Item esse in montibus terræ Indiæ homines caninis capitibus et latrantibus; eosque vesci avium et ferarum venatibus : atque item esse alia apud ultimas orientis terras miracula homines, qui monoculi appellantur, singulis cruribus saltuatim currentes, vivacissimæ pernicitatis : quosdam etiam esse nullis cervicibus, oculos in humeris habentes. Jam vero hoc egreditur omnem modum admirationis, quod iidem illi scriptores gentem esse aiunt apud extrema Indiæ, corporibus hirtis et avium ritu plumantibus, nullo cibatu vescentem, sed spiritu florum naribus hausto victitantem : Pygmæos quoque haud longe ab iis nasci, quorum qui longissimi sint, non longiores esse, quam pedes duo et quadrantem. Hæc atque alia istiusmodi plura legimus. Sed, cum ea scriberemus, tenuit nos non idoneæ scripturæ tædium, nihil ad ornandum juvandumque usum vitæ pertinentis. Libitum tamen est, in loco hoc miraculorum notare id etiam, quod Plinius Secundus, vir in temporibus ætatis suæ, ingenii dignitatisque gratia, auctoritate magna præditus, non audisse neque legisse, sed scire esse atque vidisse in libro *Naturalis Historiæ* septimo scripsit. Verba igitur hæc, quæ infra posui, ipsius sunt, ex eo libro sumta : quæ profecto faciunt, ut neque respuenda, neque ridenda sit notissima illa veterum poëtarum de Cænide et Cæneo cantilena : « Ex feminis, » inquit, « mutari in mares, non est fabulosum. Invenimus « in annalibus, Q. Licinio Crasso, C. Cassio Longino con- « sulibus, Casini puerum factum ex virgine sub parenti- « bus, jussuque haruspicum deportatum in insulam deser- « tam. Licinius Mucianus prodidit, visum esse a se Argis « Arescontem, cui nomen Arescusæ fuisset; nupsisse etiam; « mox barbam et virilitatem provenisse, uxoremque du- « xisse : ejusdem sortis et Smyrnæ puerum a se visum.

« avait été marié en qualité de femme, et déclaré
« de l'autre sexe le jour de ses noces. » Pline
écrit au même livre : « La nature produit des êtres
« qui réunissent les deux sexes : ce sont ceux que
« nous appelons hermaphrodites. Autrefois on
« les appelait androgynes, et on les regardait
« comme des monstres : aujourd'hui les débau-
« chés les font servir à leurs plaisirs. »

CHAPITRE V.

Sentiments différents de plusieurs philosophes illustres sur la nature et l'essence de la volupté. Ce que disait le philosophe Hiéroclès pour flétrir les principes d'Épicure.

Les anciens philosophes ont professé sur la volupté des principes divers. Épicure déclare qu'elle est le souverain bien : toutefois, il la définit « un état paisible et harmonieux du corps. » Le disciple de Socrate, Antisthène, la regarde comme le plus grand des maux. On cite de lui cette parole : « Que je devienne fou, plutôt que « d'aimer le plaisir. » Speusippe, et toute l'ancienne Académie, disaient que la volupté et la douleur sont deux maux contraires, et que le bien consiste dans un milieu exact entre l'un et l'autre. Selon Zénon, la volupté est quelque chose d'indifférent, et n'est par conséquent ni un bien ni un mal : le mot grec dont il l'appelle est ἀδιάφορον. Le péripatéticien Critolaüs pensait que la volupté est un mal, et qu'elle donne naissance à une foule de maux, tels que l'injustice, la paresse, l'oubli de tout devoir, la lâcheté. Platon, avant tous ces philosophes, avait porté sur la volupté des jugements si divers, qu'il semble que les opinions que je viens de citer aient été toutes empruntées à ses ouvrages. Il a en effet professé chacune d'elles tour à tour, selon le point de vue auquel il envisageait la volupté, qui offre tant de faces différentes, et selon la nature des questions qu'il traitait, et des vérités qu'il voulait démontrer. Mon maître Taurus, toutes les fois qu'on parlait devant lui d'Épicure, ne manquait pas de citer ces paroles du stoïcien Hiéroclès, homme d'une vertu et d'une gravité rares : « Dire que la volupté
« est la fin de l'homme, c'est une opinion de
« courtisane : dire qu'il n'y a point de providence,
« c'est encore une opinion de courtisane. »

CHAPITRE VI.

Comment doit se prononcer la première syllabe du fréquentatif de *ago*.

On a formé de *ago*, *egi*, le verbe *actito*, *actitavi*, que les grammairiens appellent fréquentatif. J'ai entendu des hommes qui ne manquaient point d'instruction, prononcer brève la première syllabe de *actito* : ils en donnaient pour raison que la première syllabe du verbe primitif se prononce ainsi. Mais alors pourquoi, ayant l'habitude de prononcer brève la première syllabe des verbes *edo* et *ungo*, prononçons-nous cette même syllabe longue dans les fréquentatifs *esito* et *unctito?* Pourquoi, au contraire, abrégeons-nous dans la prononciation le commencement de *dictito*, qui vient de *dico?* Il semble qu'il serait plus juste d'allonger la première syllabe de *actito* car, en général, la première syllabe des fréquen-

---

« Ipse in Africa vidi mutatum in marem die nuptiarum L.
« Cossicium civem Thysdritanum : vivebatque, cum pro-
« derem hæc. » Idem Plinius eodem in libro verba hæc
scripsit : « Gignuntur homines utriusque sexus ; quos
« hermaphroditos vocamus, olim androgynos vocatos et in
« prodigiis habitos, nunc vero in deliciis. »

CAPUT V.

Diversæ nobilium philosophorum sententiæ de genere ac natura voluptatis : verbaque Hieroclis philosophi, quibus decreta Epicuri insectatus est.

De voluptate veteres philosophi diversas sententias tenuerunt atque dixerunt. Epicurus voluptatem summum bonum esse ponit ; eam tamen ita definit : σαρκὸς εὐσταθὲς κατάστημα. Antisthenes Socraticus summum malum dicit. Ejus namque hoc verbum est : μανείην μᾶλλον ἢ ἡσθείην. Speusippus vetusque omnis Academia voluptatem et dolorem duo mala esse dicunt opposita inter sese ; bonum tamen esse, quod utriusque medium foret. Zeno censuit, voluptatem esse indifferens, id est, neutrum, neque bonum neque malum ; quod ipse græco vocabulo ἀδιάφορον appellavit. Critolaus peripateticus et malum esse voluptatem ait, et multa alia mala parere ex sese, injurias, desidias, obliviones, ignavias. Plato ante hos omnis ita varie et multiformiter de voluptate disseruit, ut cunctæ istæ sententiæ, quas supra posui, videantur ex sermonum ejus fontibus profluxisse : nam perinde unaquaque utitur, ut et ipsius voluptatis natura fert, quæ est multiplex, et causarum, quas tractat, rerumque, quas efficere vult, ratio desiderat. Taurus autem noster, quotiens facta mentio Epicuri esset, in ore atque in lingua habebat verba hæc Hierocli stoici, viri sancti et gravis : Ἡδονὴ τέλος, πόρνης δόγμα· οὐκ ἔστι πρόνοια οὐδέν, πόρνης δόγμα.

CAPUT VI.

Verbum, quod est ab *ago* frequentativum, in prima syllaba quonam sit modulo pronuntiandum.

Ab eo, quod est *ago* et *egi*, verba sunt, quæ appellant grammatici frequentativa, *actito* et *actitavi*. Hæc quosdam non sane indoctos viros audio ita pronuntiare, ut primam in his literam corripiant : rationemque dicunt, quoniam in verbo principali, quod est *ago*, prima littera breviter pronuntiatur. Cur igitur ab eo, quod est *edo*, et *ungo*, in quibus verbis prima littera breviter dicitur, *esito*, et *unctito*, quæ sunt eorum frequentativa, prima littera longa promimus? Et contra *dictito*, ab eo verbo, quod est *dico*, correpte dicimus? Num ergo potius *actito* et *actitavi* producenda sunt? quoniam frequentativa ferme omnia

tatifs se prononce comme celle des participes passés des verbes dont ils sont tirés. C'est ce qu'on peut observer dans les fréquentatifs suivants : *lectito*, de *lego*, *lectus*; *unctito*, de *ungo*, *unctus*; *scriptito*, de *scribo*, *scriptus*; *motito*, de *moveo*, *motus*; *pensito*, de *pendeo*, *pensus*; *esito*, de *edo*, *esus*; tous ces verbes ont la première syllabe longue dans la prononciation. Le contraire arrive dans d'autres, tels que *dictito*, de *dico*, *dictus*; *gestito*, de *gero*, *gestus*; *vectito*, de *veho*, *vectus*; *raptito*, de *rapio*, *raptus*; *captito*, de *capio*, *captus*; *factito*, de *facio*, *factus*. On voit donc que la première syllabe de *actito* doit se prononcer longue, puisque ce verbe vient de *ago*, dont le participe est *actus*.

CHAPITRE VII.

Que les feuilles de l'olivier se retournent aux solstices : que, dans la même époque de l'année, en frappant quelques cordes d'un instrument, on entend résonner celles qu'on n'a point touchées.

C'est un fait attesté par beaucoup d'auteurs et généralement admis comme vrai, que les feuilles de l'olivier, à l'époque du solstice d'été et de celui d'hiver, se retournent, de manière que, dans chacune d'elles, la partie qui était en dessous, et qu'on ne voyait pas, se trouve exposée aux regards, et reçoit à son tour la lumière. J'ai voulu vérifier moi-même cette observation, et les expériences que j'ai faites à plusieurs reprises m'ont paru à peu près la confirmer. Mais ce que l'on rapporte sur les instruments à cordes est encore plus singulier et plus étonnant. Plusieurs savants, et entre autres Suétonius Tranquillus, dans ses *Récréations historiques*, affirment, comme un fait certain et suffisamment prouvé, que lorsqu'à l'époque du solstice d'hiver, on touche un de ces instruments, les cordes qu'on n'a point ébranlées résonnent en même temps que les autres.

CHAPITRE VIII.

Que les plus riches ont le plus de besoins. Pensée de Favorinus sur ce sujet, exprimée avec une élégante concision.

On ne saurait nier la vérité de l'observation suivante, suggérée par l'expérience de la vie aux hommes sages : les grands besoins naissent des grandes fortunes; et c'est moins dans l'excès de la disette que dans l'excès de l'abondance qu'on est indigent. En effet, pour conserver tous les biens qu'il possède, le riche en désire une infinité d'autres. Il y a un excellent moyen pour le riche de n'éprouver jamais aucun besoin, de ne jamais manquer de rien. Pour cela, il faut que sa fortune diminue, et non qu'elle augmente : il faut qu'il possède moins de choses, pour qu'il lui en manque moins. Je me souviens qu'un jour Favorinus exprima cette idée en quelques mots qui furent reçus avec de grands applaudissements. « Il est impossible, dit-il, que l'homme « qui veut avoir quinze mille chlamydes n'en « veuille pas avoir davantage. Suis-je tour- « menté du désir de posséder plus que je ne « possède? Eh bien, je retranche quelque chose « de ce que j'ai : avec ce qui me reste, je suis « content. »

CHAPITRE IX.

Sur la manière de traduire des passages de poésies grecques. Vers d'Homère traduits plus ou moins heureusement par Virgile.

Lorsqu'on veut reproduire ou imiter en vers la-

---

eodem modo in prima syllaba dicuntur, quo participia præteriti temporis ex iis verbis, unde ea profecta sunt, in eadem syllaba pronuntiantur; sicut *lego*, *lectus*, facit *lectito*; *ungo*, *unctus*, *unctito*; *scribo*, *scriptus*, *scriptito*; *moveo*, *motus*, *motito*; *pendeo*, *pensus*, *pensito*; *edo*, *esus*, *esito* : *dico* autem, *dictus*, *dictito* facit : *gero*, *gestus*, *gestito* : *veho*, *vectus*, *vectito* : *rapio*, *raptus*, *raptito* : *capio*, *captus*, *captito* : *facio*, *factus*, *factito*. Sic igitur *actito* producte in prima syllaba pronuntiandum : quoniam ex eo fit, quod est *ago*, et *actus*.

CAPUT VII.

De conversione foliorum in arbore olea, brumali et solstitiali die; deque fidibus id temporis ictu alieno sonantibus.

Vulgo et scriptum et creditum est, folia olearum arborum brumali et solstitiali die converti ; et quæ pars eorum fuerit inferior atque occultior, eam supra fieri atque exponi ad oculos et ad solem : quod nobis quoque semel atque iterum experiri volentibus ita esse propemodum visum est. Sed de fidibus rarius dictu et mirabilius est : quam rem et alii docti viri et Suetonius etiam Tranquillus in libro *Ludicræ Historiæ* primo satis compertam esse, satisque super ea constare affirmat; nervias in fidibus brumali die alias digitis pelli, alias sonare.

CAPUT VIII.

Necessum esse, qui multa habeat, multis indigere : deque ea re Favorini philosophi cum brevitate eleganti sententia.

Verum est profecto, quod, observato rerum usu, sapientes viri dixere, multis egere, qui multa habeat; magnanimque indigentiam nasci, non ex inopia magna, sed ex magna copia. Multa enim desiderari ad multa, quæ habeas tuenda. Quisquis igitur multa habens cavere atque prospicere velit, ne quid egeat, neve quid desit, jactura opus esse, non quæstu ; et minus habendum esse, ut minus desit. Hanc sententiam memini a Favorino inter ingentis omnium clamores detornatam inclusamque verbis his paucissimis : Τὸν γὰρ μυρίων καὶ πεντακισχιλίων χλαμύδων δεόμενον οὐκ ἔστι μὴ πλειόνων δεῖσθαι· οἷς γὰρ ἔχω προσδεόμενος ἀφελὼν ὧν ἔχω, ἀρκοῦμαι οἷς ἔχω.

tins quelques passages remarquables des poëtes grecs, il ne faut pas, disent les gens de goût, s'attacher à rendre tout mot pour mot; car, en faisant violence au texte, et en traduisant comme malgré elles certaines beautés, on risquerait d'altérer le mérite et le charme du modèle. Virgile, éclairé par son excellent goût, l'a compris : lorsqu'il imite quelque endroit d'Homère, d'Hésiode, d'Apollonius, de Parthénius, de Callimaque, de Théocrite, ou d'autres poëtes, il emprunte certains traits, il en rejette certains autres. Dernièrement, nous lisions à table, en les comparant, ses poésies bucoliques et celles de Théocrite : nous remarquâmes qu'il avait, en imitant un passage du poëte grec, laissé de côté un trait qui est charmant sans doute dans l'original, mais qui ne pouvait pas et ne devait pas se traduire. Du reste, celui qu'il a mis à la place est peut-être plus agréable et plus fin :

« Cléariste jette une pomme au chevrier qui
« passe devant elle avec ses chèvres, et siffle dou-
« cement pour l'appeler. »

« Galatée, la folâtre jeune fille, me jette une
« pomme, et court se cacher parmi les saules ; mais
« auparavant, elle veut être aperçue. »

Ailleurs, nous avons encore remarqué qu'une expression qui produit le plus heureux effet dans le grec avait été prudemment omise par Virgile. Théocrite a dit :

« Tityre, mon bien-aimé, fais paître les chè-
« vres et ensuite, mène-les à la fontaine, Tityre ;
« et prends soin d'éviter ce bouc fauve de Libye,
« de peur qu'il ne te frappe avec ses cornes. »

Comment Virgile aurait-il pu s'approprier le τό καλὸν πεφιλαμένε? Ces mots ont une grâce indigène qui est intraduisible. Aussi notre poëte les a laissés de côté, et s'est contenté de faire une élégante imitation du reste. On ne peut reprendre dans ses vers que le mot *caprum* mis pour traduire ἐνόρχαν. En effet, selon Varron, on appelle *caper* en latin le bouc qui a été châtré.

« Tityre, en attendant que je revienne, et ce
« sera bientôt, fais paître les chèvres, ensuite
« mène-les boire, Tityre ; et en les conduisant,
« évite la rencontre du bouc, car il frappe de la
« corne. »

A propos de traductions en vers, je me rappelle un jugement de Valérius Probus qui m'a été rapporté par ses élèves. Ce littérateur, fort instruit et très-habile dans l'étude critique des anciens écrivains, disait que parmi les morceaux d'Homère que Virgile s'est attaché à reproduire, il n'en était aucun qui fût aussi malheureusement imité que celui où on lit ces vers charmants sur Nausicaa :

« Telle Diane s'avance sur le haut Taygète, ou
« sur les sommets de l'Érymanthe, lançant ses
« flèches, et poursuivant avec joie les sangliers et
« les cerfs rapides : les Nymphes, filles de Jupiter,
« habitantes des bois, se pressent autour d'elle
« et partagent ses jeux : Latone triomphe au fond
« du cœur : sa fille élève majestueusement sa
« tête au-dessus de leur troupe entière, on la dis-
« tingue entre toutes au premier regard, et cepen-
« dant toutes sont remarquables par leur beauté :
« telle, libre encore du joug de l'hymen, la jeune
« Nausicaa effaçait ses compagnes. »

CAPUT IX.

Quis modus sit verba vertendi in græcis sententiis; deque iis Homeri versibus, quos Virgilius vertisse aut bene aptèque aut improspere existimatus est.

Quando ex poëmatis græcis vertendæ imitandæque sunt insignes sententiæ, non semper aiunt enitendum, ut omnia omnino verba in eum, in quem dicta sunt, modum vertamus. Perdunt enim gratiam pleraque, si quasi invita et recusantia violentius transferantur. Scite ergo et considerate Virgilius, cum aut Homeri aut Hesiodi aut Apollonii aut Parthenii aut Callimachi aut Theocriti aut quorumdam aliorum locos effingeret, partim reliquit, alia expressit. Sicut nuperrime apud mensam cum legerentur utraque simul Bucolica Theocriti et Virgilii, animadvertimus, reliquisse Virgilium, quod Græcum quidem mire quam suave est, verti autem neque debuit neque potuit. Sed enim quod substituit pro eo, quod omiserat, non abest, quin jucundius lepidiusque sit :

Βάλλει καὶ μάλοισι τὸν αἰπόλον ἁ Κλεαρίστα
Τὰς αἶγας παρελῶντα, καὶ ἁδύ τι ποππυλιάσδει.

Malo me Galatea petit, lasciva puella ;
Et fugit ad salices, et se cupit ante videri.

Illud quoque alio in loco animadvertimus caute omissum, quod est in græco versu dulcissimum :

Τίτυρ', ἐμὶν τὸ καλὸν πεφιλαμένε, βόσκε τὰς αἶγας,

Καὶ ποτὶ τὰν κράναν ἄγε, Τίτυρε· καὶ τὸν ἐνόρχαν
Τὸν Λιβυκὸν κνάκωνα φυλάσσεο, μή τυ κορύξῃ.

Quo enim pacto diceret : τὸ καλὸν πεφιλαμένε, verba hercle non translaticia, sed cujusdam nativæ dulcedinis ? Hoc igitur reliquit, et cetera vertit non infestiviter : nisi quod *caprum* dixit, quem Theocritus ἐνόρχαν appellavit. Auctore enim M. Varrone is demum latine *caper* dicitur, qui excastratus est.

Tityre, dum redeo, brevis est via, pasce capellas,
Et potum pastas age, Tityre ; et inter agendum
Occursare capro (cornu ferit ille) caveto.

Et quoniam de transferendis sententiis loquor, memini audisse me ex Valerii Probi discipulis, docti hominis, et in intelligendis pensitandisque veteribus scriptis bene callidi, solitum eum dicere, nihil quidquam tam improspere Virgilium ex Homero vertisse, quam versus hos amœnissimos, quos de Nausicaa Homerus fecit :

Οἵη δ' Ἄρτεμις εἶσι κατ' οὔρεος ἰοχέαιρα,
Ἢ κατὰ Τηΰγετον περιμήκετον, ἢ Ἐρύμανθον,
Τερπομένη κάπροισι καὶ ὠκείης ἐλάφοισι·
Τῇ δέ θ' ἅμα νύμφαι, κοῦραι Διὸς αἰγιόχοιο,
Ἀγρονόμοι παίζουσι· γέγηθε δέ τε φρένα Λητώ·
Πασάων δ' ὕπερ ἥ γε κάρη ἔχει ἠδὲ μέτωπα·
Ῥεῖα δ' ἀριγνώτη πέλεται· καλαὶ δέ τε πᾶσαι·
[Ὡς ἥ γ' ἀμφιπόλοισι μετέπρεπε παρθένος ἀδμής.]

« Telle Diane s'avance sur les rives de l'Euro-
« tas ou sur les sommets du Cynthe, où elle se plaît
« à diriger les danses de ses compagnes. Les
« nymphes Oréades se groupent de différents cô-
« tés autour d'elle : elle marche, le carquois sur
« l'épaule, et dépasse de toute la tête toutes les
« déesses qui la suivent. A cette vue, une secrète
« joie pénètre jusqu'au fond du cœur de Latone.
« Telle était Didon ; telle elle s'avançait, joyeuse
« et fière, au milieu de sa ville, hâtant par sa pré-
« sence les travaux de ses sujets et la future
« splendeur de son règne. »

Valérius Probus observait qu'Homère avait
fort heureusement comparé la jeune Nausicaa
folâtrant au milieu de ses compagnes, dans un
lieu solitaire, avec Diane chassant sur les montagnes, au milieu des nymphes des forêts ; mais
que Virgile était loin d'avoir fait une comparaison aussi juste, attendu que Didon, s'avançant
à travers sa ville, au milieu des chefs tyriens,
avec l'extérieur sérieux et digne d'une reine ; Didon, *hâtant par sa présence,* comme il dit, *les
travaux de ses sujets et la future splendeur
de son règne,* ne ressemble en rien à Diane, se
jouant dans une chasse. Ensuite le critique remarquait que la peinture de Diane, se livrant avec
ardeur au plaisir de la chasse, est faite dans Homère en termes convenables et expressifs : mais
que Virgile, sans avoir rien dit qui nous la représente occupée à chasser, lui met seulement
sur l'épaule un carquois, qui ne figure là que
comme un fardeau, un paquet inutile. En outre,
Probus s'étonnait beaucoup que Virgile n'eût
pas mieux profité de l'endroit où Homère exprime
cette joie vive et profonde qui pénètre jusqu'aux
derniers replis de l'âme et du cœur de Latone ;
car c'est bien là ce que signifient les mots,
γέγηθε δέ τε φρένα Λητώ. Il reprochait à Virgile,
dans l'imitation qu'il a voulu faire de ce passage, de n'avoir prêté à la déesse qu'un sentiment léger, froid, tranquille, qui semble
effleurer seulement la surface de son cœur : car,
disait-il, il n'y a pas moyen de donner une autre
interprétation au mot *pertentant.* Enfin, ajoutait-il, Virgile a négligé le trait le plus achevé de
cette peinture ; car il a à peine traduit ce vers :
Ῥεῖα δ' ἀριγνώτη πέλεται· καλαὶ δέ τε πᾶσαι.

Or, n'était-ce pas l'éloge le plus grand et le
plus expressif qu'on pût faire de la beauté de la
déesse, que de dire que toutes étaient belles, mais
qu'elle les effaçait toutes, et qu'on la distinguait
aisément entre toutes au premier regard ?

CHAPITRE X.

Critique indécente et absurde d'Annéus Cornutus sur les
vers où Virgile a peint, en termes chastes et voilés,
Vénus et Vulcain s'endormant dans les bras l'un de
l'autre.

J'ai entendu le poëte Annianus, et la plupart de
ses confrères, citer avec les plus grands éloges ces
vers de Virgile, où, ayant à parler des embrassements de Vénus et de Vulcain dans le lit conjugal, il a su, par des expressions détournées,
jeter sur ces mystères le chaste voile dont la nature veut qu'on les tienne environnés. Voici ces
vers :

« Après avoir dit ces paroles, il jouit des em-
« brassements désirés, et s'endort, mollement
« étendu sur le sein de son épouse. »

Les mêmes personnes remarquaient que, pour

Qualis in Eurotæ ripis aut per juga Cynthi
Exercet Diana choros, quam mille secutæ
Hinc atque hinc glomerantur Oreades. Illa pharetram
Fert humero, gradiensque deas supereminet omnis.
Latonæ tacitum pertentant gaudia pectus.
Talis erat Dido, talem se læta ferebat
Per medios, instans operi regnisque futuris.

Primum omnium id visum esse dicebant Probo, quod
apud Homerum quidem virgo Nausicaa ludibunda inter
familiares puellas in locis solis recte atque commode confertur cum Diana venante in jugis montium inter agrestis
deas ; nequaquam convenientis Virgilium fecisse,
quoniam Dido in urbe media ingrediens inter tyrios principes, cultu atque incessu serio, *instans operi,* sicut ipse
ait, *regnisque futuris,* nihil ejus similitudinis capere
possit, quæ lusibus atque venatibus Dianæ congruat. Tum
postea quod Homerus studia atque oblectamenta in ve-
nando Dianæ honeste aperteque dicit ; Virgilius autem, cum
de venatu deæ nihil dixisset, pharetram tantum facit eam
ferre in humero, tanquam sit onus et sarcina : atque illud
impense Probum esse demiratum in Virgilio dicebant,
quod Homerica quidem Λητώ gaudium gaudeat genuinum
et intimum, atque in ipso penetrali cordis et animæ vigens ;
(siquidem non aliud est : γέγηθε δέ τε φρένα Λητώ) ipse
autem, imitari hoc volens, gaudia fecerit pigra et levia et
contantia et quasi in summo pectore supereminentia. Nescire enim sese, quid significaret aliud *pertentant.* Præter ista omnia florem ipsius totius loci Virgilium videri
omisisse, quod hunc Homeri versum exigue secutus sit :
Ῥεῖα δ' ἀριγνώτη πέλεται· καλαὶ δέ τε πᾶσαι.

Quando nulla major cumulatiorque pulchritudinis laus dici
potuerit, quam quod una inter omnis pulchras excelleret,
una facile ex omnibus nosceretur.

CAPUT X.

Quod Annæus Cornutus versus Virgilii, quibus Veneris et
Vulcani concubitum pudice operteque dixit, reprehensione
spurca et odiosa inquinavit.

Annianus poëta et plerique cum eo ejusdem Musæ viri
summis assiduisque laudibus hos Virgilii versus ferebant,
quibus Vulcanum et Venerem junctos mixtosque jure conjugii, rem lege naturæ operiendam, verecunda quadam
translatione verborum cum ostenderet demonstraretque,
protexit. Sic enim scripsit :

——— Ea verba locutus,
Optatos dedit amplexus ; placidumque petivit
Conjugis infusus gremio per membra soporem.

Minus autem difficile esse, arbitrabantur, in istiusmodi re

se tirer d'une difficulté de ce genre, il est bien plus aisé de n'employer que quelques mots, qui, sans présenter une image, indiquent rapidement la chose, comme le fait ordinairement Homère : ainsi Homère se contente de ces expressions, *la ceinture virginale, la loi de la couche nuptiale, l'œuvre amoureuse* ; ainsi il dit ;

« Alors ils se livrèrent sur leur couche aux « plaisirs de l'amour. »

Mais, dans une phrase plus développée et en termes parfaitement clairs, peindre, sans aucune indécence, et sous les couleurs les plus chastes, les secrets plaisirs du lit conjugal, voilà, disaient-ils, ce que Virgile seul a su faire. Toutefois, dans le livre qu'il a composé *Sur les figures de pensée*, Annéus Cornutus, homme de savoir et de jugement d'ailleurs, a méconnu le mérite de chasteté et de délicatesse qui appartient à ce passage, et a sali, en quelque sorte, les vers de Virgile par une interprétation aussi inconvenante que forcée et déraisonnable. Après avoir approuvé lui-même la figure employée par Virgile, après avoir reconnu une réserve assez adroite dans ses vers, il ajoute qu'il s'est servi imprudemment du mot *membra* dans un tel endroit.

CHAPITRE XI.
Sur Valérius Corvinus. Origine du surnom de Corvinus.

Il n'est aucun de nos historiens célèbres qui n'ait parlé de M. Valérius, surnommé Corvinus, à cause du secours que lui prêta un corbeau (*corvus*) dans un combat. Voici comment ce fait merveilleux est raconté dans les Annales. Valérius, jeune encore, remplissait les fonctions de tribun militaire, lorsque, sous le consulat de L. Furius et de Claudius Appius, une armée nombreuse de Gaulois s'avança jusque dans le champ Pontin. Tandis que les consuls, fort inquiets du nombre et de la contenance de l'ennemi, disposaient leurs troupes pour le combat, un chef gaulois, qui se distinguait entre tous les autres par la hauteur extraordinaire de sa taille et par l'éclat de ses armes d'or, s'avança à grands pas en balançant dans ses mains un javelot, et, promenant autour de lui des regards remplis de dédain et d'insolence, appela au combat celui des Romains qui voudrait se mesurer avec lui, s'il en était un seul parmi eux qui eût ce courage. Alors, tandis que les autres hésitaient entre la frayeur et la honte, le tribun Valérius ayant obtenu des consuls la permission de répondre à cet insolent barbare, s'avança à sa rencontre avec un air modeste, mais ferme et intrépide. Les deux adversaires s'approchent, s'arrêtent en face l'un de l'autre : le combat s'engage : tout à coup les dieux font paraître un prodige. Un corbeau descend des airs à l'improviste, s'abat sur le casque du tribun, puis de là s'élance contre le Gaulois, le frappe aux yeux et au visage, l'étonne et le trouble par ses assauts répétés, lui déchire les mains avec les ongles, l'aveugle par les battements de ses ailes, et de temps en temps revient se poser sur la tête du tribun. Les deux armées contemplaient avec étonnement ce singulier combat. Valérius, puisant de la force dans son courage, soutenu par le secours du corbeau, parvint enfin à vaincre et à tuer son redoutable adversaire. De là lui vint le surnom de Corvinus. Cet événement eut lieu quatre cent cinq ans après la fondation de Rome. L'empereur Auguste fit placer la statue de Corvinus sur la nouvelle place

---

dicenda verbis uti uno atque altero brevi tenuique eam signo demonstrantibus, sicuti Homerus dixerit : Παρθενικὴν ζώνην, καὶ Λέκτροιο θεσμὸν, et Ἔργα φιλοτήσια.

Τῷ μὲν ἄρ' ἐν τρητοῖσι κατεύνασθεν λεχέεσσιν.

Tot vero et tam evidentibus ac tamen non prætextatis, sed puris honestisque verbis venerandum illud concubii pudici secretum neminem quenquam alium dixisse. Sed Annæus Cornutus, homo sane pleraque alia non indoctus neque imprudens, in secundo tamen librorum, quos *De Figuris Sententiarum* composuit, egregiam totius istius verecundiæ laudem insulsa nimis et odiosa scrutatione violavit. Nam cum genus hoc figuræ probasset, et satis circumspecte factos esse versus dixisset : *membra* tamen, inquit, paulo incautius nominavit.

CAPUT XI.
De Valerio Corvino : et unde Corvinus.

De Marco Valerio, qui *Corvinus* appellatus est ob auxilium propugnationemque corvi alitis, haud quisquam est nobilium scriptorum, qui secus dixerit. Ea res prorsus admiranda sic profecto est in libris annalibus memorata : Adolescens tali genere editus, L. Furio, Claudio Appio consulibus, fit tribunus militaris. Atque in eo tempore copiæ Gallorum ingentes agrum Pomptinum insederant : instruebanturque acies a consulibus de vi ac multitudine hostium satis agentibus. Dux interea Gallorum, vasta et ardua proceritate, armisque auro præfulgentibus, grandia ingrediens et manu telum reciprocans incedebat : perque contemtum et superbiam circumspiciens despiciensque omnia, venire jubet et congredi, si quis pugnare secum ex omni romano exercitu auderet. Tum Valerius tribunus, ceteris inter metum pudoremque ambiguis, impetrato prius a consulibus, ut in Gallum, tam inaniter arrogantem, pugnare sese permitterent, progreditur intrepide modesteque obviam : et congrediuntur, et consistunt; et conscrebantur jam manus; atque ibi vis quædam divina fit. Corvus repente improvisus advolat, et super galeam tribuni insistit, atque inde in adversarii os atque oculos pugnare incipit, insilibat, obturbabat, et unguibus manum laniabat, et prospectum alis arcebat; atque, ubi satis sævierat, revolabat in galeam tribuni. Sic tribunus, spectante utroque exercitu, et sua virtute nixus et opera alitis propugnatus, ducem hostium ferocissimum vicit interfecitque; atque ob hanc causam cognomen habuit

37.

dont il embellit Rome. La figure d'un corbeau est sculptée sur la tête du guerrier, en mémoire du combat et du prodige que nous venons de raconter.

CHAPITRE XII.
Sur la signification double de certains mots.

De même que *formidolosus* peut se dire pour celui qui éprouve de l'effroi, et pour celui qui en inspire; *suspiciosus* pour celui qui soupçonne, et pour celui qui est suspect; *ambitiosus* pour celui qui emploie la brigue, et pour celui auprès duquel on l'emploie; de même que *gratiosus* désigne l'homme qui obtient des faveurs, et l'homme dont on en reçoit; que *laboriosus* signifie une personne laborieuse, et une chose qui exige du travail; que beaucoup d'autres mots enfin ont une signification double; de même, le mot *infestus* peut se prendre dans deux sens différents. On appelle *infestus* et celui qui fait du mal à quelqu'un, et celui qui a quelque mal à craindre de la part d'un autre. Il n'est pas besoin de citer des exemples à l'appui du premier de ces deux sens : car on dit à chaque instant *infestus*, pour signifier adversaire, ennemi. Mais la seconde acception est rare, et beaucoup moins connue : et, dans la langue commune, on ne songe pas à s'en servir. Cependant on la trouve employée chez plus d'un auteur ancien. Cicéron a dit, dans son discours pour Cn. Plancus : « Je « voyais avec la plus vive douleur, ô juges, que « ce qui rendait la position de Plancus plus dange- « reuse (*infestior*), c'était de m'avoir préservé « jadis des dangers qui me menaçaient, d'avoir « protégé ma personne avec le plus généreux « zèle. » J'ai cherché quelle pouvait être l'origine de ce mot ; et voici ce que j'ai trouvé chez Nigidius : « *Infestus* vient de *festinare*. Il signifie en « effet un ennemi pressant qui poursuit quelqu'un « de sa haine et se hâte (*festinat*) de le perdre. « Il se dit aussi de celui qui se voit pressé par « un péril ou par une inimitié mortelle. Ainsi « *infestus* exprime le danger imminent dont on « menace quelqu'un, ou dont on est menacé soi- « même. » Je vais maintenant citer, afin d'éviter des recherches au lecteur, des exemples de *suspiciosus* et de *formidolosus*, pris dans le moins usité des deux sens où on les emploie. Pour *suspiciosus*, voici comment Caton s'en est servi dans son discours *Contre les jeux floraux* : « On n'a « excepté que ceux qui font un infâme trafic de « leur personne, ou qui se louent à un entrepre- « neur de prostitution, ou dont les mœurs sont sus- « pectes (*suspiciosus*), ou flétries par la voix publi- « que ; du reste, on a pensé que c'était un crime « d'attenter à la pudeur d'un homme libre. » Dans cette phrase, *suspiciosus* signifie suspect, et non soupçonneux. Dans son Catilina, Salluste a pris *formidolosus* au sens de redoutable : c'est dans le passage suivant : « Pour de tels hommes aucun « travail n'était nouveau, aucun lieu n'était rude « ou inaccessible, aucun ennemi n'était redoutable « (*formidolosus*). » On trouve aussi, dans les vers de C. Calvus, *laboriosus* pris, non pour signifier celui qui travaille, mais pour désigner ce qui exige du travail. Ce poëte a dit :

« Tu fuis la campagne et ses durs travaux. »

Durum rus fugis et laboriosum.

Corvinus. Id factum est annis quadringentis quinque post Romam conditam. Statuam Corvino isti divus Augustus in foro suo statuendam curavit. In ejus statuae capite corvi simulacrum est rei pugnæque, quam diximus, monumentum.

CAPUT XII.
De verbis, quæ in utramque partem significatione adversa et reciproca dicuntur.

Ut *formidolosus* dici potest, et qui formidat et qui formidatur; ut *invidiosus*, et qui invidet et cui invidetur; ut *suspiciosus*, et qui suspicatur et qui suspectus est; ut *ambitiosus*, et qui ambit et qui ambitur; ut item *gratiosus*, et qui adhibet gratias et qui admittit; ut *laboriosus*, et qui laborat et qui labori est; ut pleraque alia hujuscemodi in utramque partem dicuntur : ita *infestus* ancipiti quoque significatione est. Nam et is *infestus* appellatur, qui malum infert cuipiam : et contra, cui aliunde impendet malum, is quoque *infestus* dicitur. Sed quod prius posui, profecto exemplis non indiget. Sic adeo multi loquuntur, ut *infestum* dicant inimicum atque adversum. Alterum autem illud ignorabilius obscuriusque est. Quis enim e medio facile dixerit, *infestus* esse, cui alter infestus est? Sed et veteres plerique ita dixerunt; et [M.] Tullius in oratione, quam pro Cn. Plancio scripsit, vocabulo hoc sic usus est : « Dolebam, » inquit, « judices, « et acerbe ferebam, si hujus salus ob eam ipsam causam « esset infestior, quod is meam salutem atque vitam sua « benivolentia, præsidio custodiaque texisset. » Nos igitur de origine et ratione verbi quærebamus; atque ita in Nigidianis invenimus scriptum : « *Infestum* a *festinando* « dictum. Nam qui instat, » inquit, « alicui, eumque « properans urget, opprimereque eum studet festinatque, « aut contra de alicujus periculo et exitio festinatur : is « uterque infestus dicitur, ab instantia atque imminentia « fraudis, quam vel facturus cuipiam vel passurus est. » Ne quis autem de *suspicioso*, quod supra posuimus, et de *formidoloso* in eam partem, quæ minus usitata est, exemplum requirat, [inveniet] de *suspicioso* apud M. Catonem *De re Floria* ita scriptum : « Sed nisi qui pa- « lam corpore pecuniam quæreret, aut se lenoni locavis- « set, et si fabulosus et suspiciosus fuisset; vim in cor- « pus liberum non æquum censuere adferri. » *Suspiciosum* enim Cato hoc in loco suspectum significat, non suspicantem. *Formidolosum* autem, qui formidetur, Sallustius in Catilina ita dicit : « Igitur talibus viris non la- « bos insolitus, non locus ullus asper aut arduus erat, « non armatus hostis formidolosus. » Item C. Calvus in poematis *laboriosus* dicit, non, ut vulgo dicitur, qui laborat, sed in quo laboratur :

Durum, inquit, rus fugis et laboriosum.

De même Labérius, dans sa pièce intitulée *les Sœurs*, a donné à *somniculosus* un sens actif :
« Voilà quelque chose de bien endormant (*somniculosum*). »

Le poëte Cinna a dit quelque part :
« Comme font les psylles d'Afrique pour l'as« pic qui endort (*somniculosam*). »

Les substantifs *metus* et *injuria*, et quelques autres du même genre, ont aussi le sens actif et passif. Ainsi *metus hostium* peut signifier, ou la crainte qu'éprouvent les ennemis, ou celle qu'ils inspirent. Dans le premier livre de ses *Histoires*, Salluste se sert de l'expression *metus Pompeii*, pour dire, non que Pompée craignait, ce qui serait plus conforme à l'usage, mais qu'il était craint. Voici ses paroles : « La cause de cette guerre « fut la terreur qu'inspirait Pompée (*metus* « *Pompeii*) vainqueur, et rétablissant Hiempsal « dans ses États. » Ailleurs le même écrivain a dit : « La terreur des guerres puniques ayant « disparu (*remoto metu punico*), les haines ci« viles purent éclater en liberté. » De même, comme nous l'avons dit, *injuria* peut se rapporter tantôt à celui qui fait l'injure, et tantôt à celui qui la souffre. Il serait facile de le montrer par des exemples. Virgile s'est servi, dans le passage suivant, de *vulnus*, comme si ce mot avait aussi une signification double :

« Et, ralenti par la blessure qu'il avait reçue « d'Ulysse. »

Et vulnere tardus Ulixi.

Il veut parler en cet endroit, non d'une blessure reçue par Ulysse, mais d'une blessure qu'Ulysse avait faite. *Nescius* peut se prendre, non-seulement pour celui qui ne connaît pas, mais pour celui qui n'est pas connu : il est vrai que ce dernier sens est aussi rare que le premier est fréquent. Pareillement, *ignarus* peut désigner celui qui est ignoré, comme celui qui ignore. On lit dans le *Rudens* de Plaute :

« Nous qui sommes abandonnées dans ces « lieux inconnus, sans espérance certaine de se« cours. » *Locis nesciis nescia spe*.

Salluste a dit : « Par le désir naturel à « l'homme de voir ce qui lui est inconnu, » *Ignara visundi*. Virgile a dit :

« Mimas repose inconnu sur le rivage de Lau« rente. »

Ignarum Laurens habet ora Mimanta.

CHAPITRE XIII.

Passage extrait de l'histoire de Claudius Quadrigarius, dans lequel cet écrivain raconte le combat de Manlius Torquatus, jeune Romain de noble naissance, avec un Gaulois qui l'avait défié.

T. Manlius, issu d'une des plus nobles familles de Rome, reçut le surnom de *Torquatus*, à cause d'un collier d'or qu'il enleva à un ennemi tué de sa main. Les circonstances de cette rencontre, la taille et la force prodigieuse de l'adversaire dont il triompha, les insolentes provocations auxquelles il répondit, le moyen qu'il prit pour s'assurer la victoire, tout cela est retracé par Q. Claudius, au premier livre de ses Annales, dans un récit d'un style pur, naturel, expressif, auquel l'antique simplicité d'une langue rude encore prête un charme de plus. Le philosophe Favorinus disait que, quand il lisait ce passage de Q. Claudius, il ressentait en lui les mêmes mouvements et les mêmes émotions que s'il eût été témoin du combat. Je vais citer tout entier

---

Eadem ratione Laberius quoque in Sororibus :

Æcastor, inquit, multum somniculosum.

Et Cinna in poematis :

Somniculosam ut Pœnus aspidem psyllus.

Metus quoque et *injuria*, atque alia quædam id genus, sic utroqueversum dici possunt. Nam *metus hostium* recte dicitur, et cum timent hostes et cum timentur. Itaque Sallustius in *Historia* prima *metum Pompeii* dixit, non quo Pompeius metueret (quod est usitatius), sed quod metueretur. Verba hæc Sallustii sunt : « Id bellum exci« tabat metus Pompeii victoris Hiempsalem in regnum res« tituentis. » Item alio in loco : « Postquam remoto metu « punico simultates exercere vacuum fuit. » *Injurias* itidem dicimus tam illorum qui patiuntur, quam qui faciunt. Quarum dictionum exempla sunt facilia inventu. Illud etiam dictum a Virgilio eandem habet formam communicatæ ultro et citro significationis :

Et vulnere, inquit, tardus Ulixi :

cum diceret vulnus, non quod accepisset Ulixes, sed quod dedisset. *Nescius* quoque dicitur tam is, qui nescitur, quam qui nescit. Sed super eo, *qui nescit*, frequens hujus vocabuli usus est : infrequens autem de eo est, *quod nescitur*. *Ignarus* æque utroqueversum dicitur, non tantum qui ignorat, sed et qui ignoratur. Plautus in Rudente :

Quæ in locis nesciis nescia spe sumus.

Sallustius : « More humanæ cupidinis Ignara visundi. »
Virgilius :

Ignarum Laurens habet ora Mimanta.

CAPUT XIII.

Verba ex historia Claudii Quadrigarii, quibus Manlii Torquati, nobilis adolescentis, et hostis galli provocatoris pugnam depinxit.

T. Manlius summo loco natus aprimeque nobilis fuit. Ei Manlio cognomentum factum est Torquatus. Causam cognomenti fuisse accepimus torquis ex auro induvias, quam ex hoste, quem occiderat, detractam induit. Sed quid hostis et quod genus et quam formidandæ vastitatis, et quantum insolens provocator, et cuimodi fuerit pugna decertatum, Q. Claudius primo annalium purissime atque illustrissime, simpliciquæ et incomta orationis antiquæ suavitate descripsit. Quem locum ex eo libro Favorinus philosophus cum legeret, non minoribus quati afficiebat animum suum motibus pulsibusque dicebat, quam si ipse coram depugnantis eos spectaret. Verba Q. Claudii, qui-

ce remarquable récit. « Alors un Gaulois nu, sans
« autres armes qu'un bouclier et deux épées, or-
« né d'un collier et de bracelets, homme d'une
« taille gigantesque, qui, par sa force, sa jeunesse
« et sa valeur, surpassait tous ses compagnons,
« s'avança au milieu des combattants, au mo-
« ment de la plus grande chaleur de l'action, et,
« élevant la main, fit signe aux guerriers des deux
« armées de suspendre leurs coups. On s'arrête de
« part et d'autre ; et, le silence s'étant fait, il crie
« d'une voix formidable que celui qui veut se
« mesurer avec lui paraisse et s'avance. La taille
« énorme et l'horrible figure du barbare inspi-
« raient tant d'effroi, que personne n'osait répon-
« dre. Alors le Gaulois se mit à éclater de rire,
« et à tirer la langue aux Romains. Un jeune
« homme de noble naissance, Titus Manlius,
« fut saisi d'une colère soudaine en voyant cette
« injure outrageante faite à sa nation, et la ter-
« reur de tant de Romains, dont aucun n'osait
« s'avancer. Il sortit aussitôt des rangs ; il ne
« put souffrir qu'un Gaulois flétrît honteusement
« la gloire de Rome ; et, armé d'un bouclier de
« fantassin et d'une épée espagnole, il alla se
« placer en face du barbare. Leur rencontre eut
« lieu sur le pont, en présence des deux armées,
« tremblantes sur le sort de chacun d'eux. Ils s'é-
« taient placés, comme je l'ai dit, en face l'un de
« l'autre : le Gaulois, selon la coutume de sa na-
« tion, tenait son bouclier en avant, et chantait,
« en attendant son adversaire ; Manlius, ne s'aidant
« que de son courage, s'élance contre lui, frappe de
« son bouclier le bouclier qu'il présente, et le fait
« chanceler par la violence du choc. Tandis que
« le barbare cherche à se remettre en position,
« il le choque encore de même, et l'ébranle de
« nouveau : profitant aussitôt du moment, il se
« glisse sous sa longue épée gauloise, et lui en-
« fonce dans la poitrine son épée espagnole, puis
« lui fait rapidement une autre blessure à l'épaule
« droite, et, le serrant de près, de manière à lui
« ôter l'espace nécessaire pour frapper, redouble
« ses coups jusqu'à ce qu'il l'abatte. Après l'avoir
« renversé, il lui coupa la tête, lui arracha son
« collier, et le mit tout sanglant à son cou. De là
« ce surnom de *Torquatus* qu'il légua à ses descen-
« dants. » Ce même Manlius est celui auquel on
fait allusion, lorsqu'on dit *un ordre Manlien*,
pour signifier un ordre sévère et cruel. Ce qui a
donné lieu à ce terme, c'est que, plus tard,
Manlius, consul dans une guerre contre les
Latins, fit trancher la tête à son fils, pour le
punir de ce que, chargé de faire une reconnaissance, et ayant reçu l'ordre de ne point combattre, il avait répondu aux ennemis qui l'atta-
quaient, et remporté sur eux une victoire.

CHAPITRE XIV.

Que Quadrigarius a dit sans incorrection, et d'après une forme très-latine, *facies*, au génitif. Remarques sur la déclinaison de plusieurs mots semblables.

On lit dans le récit de Q. Claudius, qui vient d'être cité, les mots suivants : *Propter magnitudinem atque immanitatem facies*. Voulant m'assurer si cette leçon était exacte, j'ai consulté plusieurs exemplaires anciens ; et j'ai vu que c'était ainsi qu'avait dû écrire Claudius. En effet, nos ancêtres donnaient ordinairement cette dési-nence au génitif de *facies*, qui aujourd'hui est, d'après la grammaire, *faciei*. J'ai bien trouvé dans quelques exemplaires *faciei* ; mais c'était

bus pugna ista depicta est, adscripsi : « Cum interim
« Gallus quidam nudus præter scutum et gladios duos
« torque atque armillis decoratus processit : qui et viri-
« bus et magnitudine et adolescentia simulque virtute ce-
« teris antistabat. Is maxime prœlio commoto atque utris-
« que summo studio pugnantibus manu significare cœpit,
« utrinque quiescerent pugnæ. Facta pausa est. Exemplo
« silentio facto cum voce maxima conclamat, si qui se-
« cum depugnare vellet, uti prodiret. Nemo audebat pro-
« pter magnitudinem atque immanitatem facies. Deinde
« Gallus irridere cœpit atque linguam exertare. Id subito
« perdolitum est cuidam T. Manlio, summo genere nato,
« tantum flagitium civitati accidere, e tanto exercitu ne-
« minem prodire. Is, ut dico, processit : neque passus
« est virtutem romanam a Gallo turpiter spoliari, scuto
« pedestri et gladio hispanico cinctus contra Gallum con-
« stitit. Metu magno ea congressio in ipso ponte, utroque
« exercitu inspectante, facta est. Ita, ut ante dixi, consti-
« terunt : Gallus sua disciplina scuto projecto cantabun-
« dus : Manlius animo magis, quam arte, confisus scutum
« scuto percussit, atque statum Galli conturbavit. Dum
« se Gallus iterum eodem pacto constituere studet,
« Manlius iterum scutum scuto percutit, atque de loco
« hominem iterum dejecit : eo pacto ei sub gallicum gla-
« dium successit, atque Hispanico pectus hausit : deinde
« continuo humerum dexterum eodem concessu incidit,
« neque recessit usquam, donec subvertit, ne Gallus im-
« petum icti haberet. Ubi eum evertit, caput præcedit :
« torquem detraxit, eamque sanguinolentam sibi in col-
« lum imponit. Qua ex facto ipse posterique ejus Torquati
« sunt cognominati. » Ab hoc T. Manlio, cujus hanc pugnam Quadrigarius descripsit, imperia et aspera et immitia Manlia[na] dicta sunt : quoniam postea bello adversum
Latinos cum esset consul, filium suum securi percussit ;
qui speculatum ab eo missus, [ne pugnaret] interdicto,
hostem, a quo provocatus fuerat, occiderat.

CAPUT XIV.

Quod idem Quadrigarius *hujus facies* patrio casu probe et latine dixit ; et quædam alia apposita de similium vocabulorum declinationibus.

Quod autem supra scriptum est in Q. Claudii verbis : *Propter magnitudinem atque immanitatem facies* : id nos, aliquot veteribus libris inspectis, exploravimus ; atque ita esse, ut scriptum est, comperimus. Sic enim pleraque] ætas veterum declinavit : *hæc facies, hujus facies*, quod nunc propter rationem grammaticam *fa-*

une altération postérieure du texte : l'ancienne terminaison avait été effacée, et on avait écrit *faciei* à la place. Un exemplaire que je trouvai dans la bibliothèque de Tibur portait à cet endroit deux leçons différentes, *facies* et *facii* ; mais *facies* était écrit dans le corps du texte : *facii* avait été mis en marge. Du reste, cette dernière forme put bien être aussi en usage chez les anciens ; car ils disaient souvent, pour le génitif de *dies, dii*, et, pour celui de *fames, fami*. Dans le seizième livre des Annales de Q. Ennius, on trouve le génitif *dies*, au lieu de *diei* :

« Quand le temps éloigné du dernier jour
« (*postremœ dies*) aura achevé.... »

Césellius affirme que Cicéron a écrit *dies* pour *diei* dans son discours pour P. Sestius. Afin de m'en assurer, j'ai pris la peine de rassembler plusieurs exemplaires anciens de ce discours, qui m'ont fourni la preuve de ce qu'avance Césellius. C'est dans les mots suivants que Cicéron s'est servi de cette forme de génitif : « Que les cheva-
« liers seraient punis pour ce jour. » *Equites vero daturos illius dies pœnas*. D'après cela, je suis très-disposé à croire ceux qui disent avoir lu dans un manuscrit autographe de Virgile :

« Lorsque la Balance aura égalé les heures
« du jour à celles de la nuit. »

Libra dies somnique pares ubi fecerit horas.

Pour : *libra diei somnique*. S'il est probable que Virgile a mis ici *dies*, d'un autre côté, il ne l'est pas moins qu'il a écrit *dii* pour *diei* dans le passage suivant :

« Les offrandes et la joie de ce jour... »

Munera lætitiamque dii...

Des ignorants repoussent cette forme, parce qu'elle est inusitée aujourd'hui, et veulent lire *dei*. Mais les anciens disaient *dies* , *dii*; ils disaient de même *fames, fami; pernicies, pernicii, progenies, progenii, luxuries, luxurii, acies, acii*. On trouve cette phrase dans le discours de M. Caton *Sur la guerre punique* :
« Les enfants et les femmes étaient renvoyés,
« à cause de la famine. » *Fami causa*. Les mots suivants sont dans le douzième livre de Lucilius : « Ridé et affamé ; » *rugosum atque fami plenum*. Sisenna a dit au sixième livre de ses *Histoires* : « Les Romains étaient venus pour les « détruire. » *Inferendæ pernicii causa*. Pacuvius a dit dans sa pièce intitulée *Paulus* :

« Père suprême du père de notre race. » *Nostræ progenii*.

On lit dans le vingt et unième livre de l'Iliade de Cn. Matius :

« L'autre partie de l'armée (*acii*) aurait évité
« les eaux du fleuve. »

Et au treizième livre du même poëme :

« Reste-t-il de nous, dans le séjour silencieux
« de la mort, une apparence de forme ? » *Specii simulacrum*.

C. Gracchus, dans son discours *Sur les lois promulguées*, a écrit cette phrase : « On dit qu'il
« y a du luxe à se procurer ces choses. » *Ea luxurii causa aiunt institui*. Et plus bas, celle-ci : « Se
« procurer ce qui est nécessaire aux besoins de la
« vie, ce n'est pas du luxe. » *Non est ea luxuries*. En rapprochant ces deux citations, on voit clairement que Gracchus a pris *luxurii* pour génitif de *luxuries*. Cicéron, dans son plaidoyer pour Sex. Roscius, s'est servi de *pernicii* : « Nous
« ne croyons point, dit-il, que ces maux arrivent
« d'après un ordre des dieux, pour notre perte

---

ciei dicitur; corruptos autem quosdam libros repperi, in quibus *faciei* scriptum est, illo, quod ante scriptum erat, obliterato. Meminimus etiam in Tiburti bibliotheca invenire nos in eodem Claudii libro scriptum utrumque *facies* et *facii*. Sed *facies* in ordine scriptum fuit, et contra per *ii* geminum *facii*. Neque id abesse a quadam consuetudine prisca existimavimus. Nam et ab eo, quod est *hic dies*, tam *hujus dii*, et ab eo, quod est *hæc fames*, tam *hujus fami* dixerunt. Q. Ennius in sexto decimo annali *dies* scripsit pro *diei* in hoc versu :

Postremæ longinqua dies confecerit ætas.

Ciceronem quoque affirmat Cæsellius in oratione , quam pro P. Sestio fecit, *dies* scripsisse pro *diei;* quod ego, impensa opera conquisitis veteribus libris plusculis , ita , ut Cæsellius ait, scriptum inveni. Verba sunt hæc Marci Tullii : « Equites vero daturos illius dies pœnas » « quocirca factum hercle est, ut facile iis credam, qui scripserunt, idiographum librum Virgilii sese inspexisse, in quo ita scriptum est :

Libra dies somnique [pares ubi fecerit horas.

Id est : *Libra diei somnique*]. Sed sicut hoc in loco *dies* a Virgilio scriptum videtur : ita in illo versu non dubium est, quin *dii* scripserit pro *diei* :

Munera lætitiamque dii — —

quod imperitiores *dei* legunt, ab insolentia scilicet vocis istius abhorrentes. Sic autem *dies dii* a veteribus declinatum est; ut *fames fami, pernicies pernicii, progenies progenii, luxuries luxurii, acies acii*. Marcus enim Cato in oratione, quam *De bello Carthaginiensi* composuit, ita scripsit : « Pueri atque mulieres extrudebantur fami causa. » Lucilius in duodecimo : « Rugosum atque fami plenum. » Sisenna in *Historiarum* libro sexto : « Romanos inferendæ pernicii causa venisse. » Pacuvius in *Paulo* :

Pater supreme nostræ progenii patris.

Cn. Matius in *Iliadis* XXI :

Altera pars acii vitassent fluminis undas.

Idem Matius in XIII :

An maneat specii simulacrum in morte silentum.

C. Gracchus *De Legibus promulgatis* : « Ea luxurii
« causa aiunt institui. » Et ibidem infra ita scriptum est :
« Non est ea luxuries, quæ necessario parentur vitæ
« causa. » Per quod apparet, eum ab eo, quod est *luxuries, luxurii* patrio casu dixisse. Marcus quoque Tullius in oratione, qua Sex. Roscium defendit, *pernicii* scriptum reliquit. Verba hæc sunt : « Quorum nihil pernicii

« (*pernicii causa*); mais nous les attribuons à
« la force du destin et à la puissance des causes
« naturelles. » Ainsi donc il faut penser que Quadrigarius a écrit au génitif *facies* ou *facii*. Quant à la forme du génitif *facie*, je ne l'ai trouvée dans aucun exemplaire ancien de cet auteur. Des écrivains anciens, estimés pour leur pureté, ont dit au datif de ce même mot *facie*, et non *faciei*, qui est la forme usitée aujourd'hui : j'en citerai pour preuve ce vers d'une des satires de Lucilius :

« D'abord, l'air d'honnêteté répandu sur sa
« figure. »

Primum facie quod honestatis accedit.

Et cet autre passage du même poëte, tiré de son septième livre :

« Un homme qui te chérisse, qui protége ta
« jeunesse et ta beauté (*œtati facieque tuæ*), et
« se déclare ton ami. »

Il est vrai que plusieurs lisent *facii* dans ces deux passages. C. César, dans son second livre *Sur l'analogie*, est d'avis qu'on doit dire au génitif *die* et *specie*. Dans le Jugurtha de Salluste, ouvrage digne de servir d'autorité, et dont l'ancienneté est assez respectable, j'ai trouvé *die* employé comme un génitif : « Il restait à peine, dit Salluste, la dixième partie du jour (*die*) ». Il me semble que ce serait une interprétation subtile et forcée, de regarder *die* comme étant mis dans cette phrase pour *ex die*.

CHAPITRE XV.

Sur le genre de controverse que les Grecs nomment
ἄπορον.

Pendant les vacances d'été, le rhéteur Antonius Julianus et moi, fuyant les brûlantes chaleurs de Rome, nous nous étions rendus à Naples de compagnie. Dans cette ville demeurait, en ce moment, un jeune homme né de parents fort riches, qui se livrait, avec des maîtres de langue grecque et latine, à des études et à des exercices d'éloquence, dans l'intention de plaider des causes à Rome. Il pria Julianus de venir l'entendre déclamer. Celui-ci y consentit, et je l'accompagnai. Le jeune orateur parait : après avoir débuté par une allocution ambitieuse et pleine d'une fierté inconvenante pour son âge, il demande qu'on lui propose des sujets de controverse. Un disciple de Julianus que nous avions amené avec nous, jeune homme vif, intelligent, et qui avait profité de ses études, fut choqué de la témérité de cet écolier, qui, en présence de Julianus, osait se placer sur la brèche, et entreprendre de repousser à lui seul, sur-le-champ, toutes les attaques. Il voulut éprouver ce présomptueux ; et dans ce but il lui proposa un sujet de discussion, au fond peu sérieux et peu difficile, pris dans ce genre de questions que les Grecs nomment ἄπορον, mot qui se rendrait assez bien en latin par *inexplicabile*. Voici en quoi consistait cette thèse : « On suppose que sept juges ont à prononcer
« sur le sort d'un coupable : c'est la majorité des
« voix qui doit décider. Après avoir examiné la
« cause, les juges opinent : Deux condamnent le
« coupable à l'exil, deux à l'amende ; trois le
« condamnent à mort. En conséquence de l'arrêt
« rendu par trois juges, on veut conduire le cou-
« pable au supplice : il s'y oppose. » A peine cette thèse lui a-t-elle été donnée, aussitôt, sans l'examiner, sans en demander une autre, notre homme part, et, avec une inconcevable volubilité,

« causa divino consilio, sed vi ipsa et magnitudine rerum
« factum putamus. » Aut *facies* ergo in casu patrio, aut *facii* Quadrigarium scripsisse existimandum est ; *facie* autem in nullo veteri libro scriptum repperi. In casu autem dandi, qui purissime locuti sunt, non *faciei*, uti nunc dicitur, sed *facie* dixerunt. Lucilius in *Satiris* :

Primum, *inquit*, facie quod honestatis accedit.

Idem Lucilius in libro septimo :

Qui te diligat, ætati facieque tuæ se
Fauturem ostendat, fore amicum polliceatur.

Sunt tamen non pauci, qui utrobique *facii* legant. Sed C. Cæsar in libro *De Analogia* secundo *hujus die*, et *hujus specie* dicendum putat. Ego quoque in Jugurtha Sallustii summæ fidei et reverendæ vetustatis libro *die* casu patrio inveni scriptum. Verba hæc ita erant : *Vix decima parte die reliqua*. Non enim puto argutiolam istam recipiendam, ut *die* dictum quasi *ex die* existimemus.

CAPUT XV.

De genere controversiæ, quod græce ἄπορον appellatur.

Cum Antonio Juliano rhetore, per feriarum tempus æstivarum, decedere ex urbis æstu volentes Neapolim concesseramus. Atque ibi erat adolescens tunc quispiam ex ditioribus cum utriusque linguæ magistris meditans et exercens, ad causas Romæ orandas, eloquentiæ latinæ facultatem : atque is rogat Julianum, uti sese audiat declamantem. It auditum Julianus, imusque nos cum eo. Simul introit adolescens, et præfatur arrogantius et elatius, quam ætati ejus decebat ; ac deinde jubet exponi controversias. Aderat nobiscum ibi Juliani sectator, juvenis promptus, et proficiens, et offendens jam in eo, quod ille adolescentis audacia præcipiti stare et subitaria dictione periculum sui facere audebat. Exponit igitur tentamenti gratia controversiam parum consistentem, quod genus Græci ἄπορον vocant ; latine autem id non nimis incommode *inexplicabile* dici potest. Ea controversia fuit hujuscemodi : « De reo septem judices cognoscant ; eaque
« sententia sit rata, quam plures ex eo numero dixerint.
« Cum septem judices cognovissent, duo censuerunt
« reum exsilio multandum, duo alii pecunia, tres reli-
« qui capite puniendum. Petitur ad supplicium ex
« sententia trium judicum : et contradicit. » Hæc ille audita nec considerata, neque aliis, ut proponerentur, exspectatis, incipit statim mira celeritate in eamdem hanc controversiam principia nescio quæ dicere, et involucra

nous développe je ne sais quels principes, nous déroule un galimatias de pensées nuageuses et d'expressions emphatiques, et répand un torrent de mots, aux grands applaudissements de sa troupe ordinaire d'auditeurs qui se livrait à des transports d'admiration, tandis que Julianus, au supplice, rougissait, et suait à grosses gouttes. Enfin, après avoir débité des milliers de phrases, il termina; et nous nous retirions, lorsque ses amis ayant suivi Julianus, le pressèrent de dire son sentiment sur ce qu'il venait d'entendre. Celui-ci leur répondit fort spirituellement : « Ne me demandez point ce que j'en pense. Ce jeune homme est *sans contestation* très-éloquent. »

CHAPITRE XVI.

Que Pline l'ancien, homme d'un grand savoir, s'est laissé séduire par un raisonnement vicieux, appartenant à ce genre d'argument que les Grecs appellent ἀντιστρέφον.

Pline l'ancien, qui passe pour avoir été l'homme le plus savant de son siècle, a laissé un traité intitulé *Les amis de la science*, ouvrage digne de la plus grande estime, où sont recueillies une foule d'observations variées, propres à intéresser et à divertir les gens instruits. Il a cité, en plusieurs endroits de ce livre, des arguments, empruntés à des déclamations de rhéteurs, qui lui ont paru ingénieux et spirituels. Voici un de ceux où il trouve le plus d'esprit. Le sujet de la controverse est celui-ci : « Il est arrêté par une « loi que le citoyen courageux recevra le prix « qu'il aura demandé. Un citoyen qui s'est dis- « tingué par son courage demande à épouser la « femme d'un autre : on la lui donne. Celui à qui « appartenait cette femme se distingue à son tour « par son courage : il redemande sa femme : « une contestation s'engage. » Voici, dit Pline, un argument aussi pressant qu'ingénieux, employé au nom du second des deux époux : « Si « vous approuvez la loi, rendez-moi ma femme; « si vous ne l'approuvez pas, rendez-la-moi en- « core. » Mais Pline ne s'est pas aperçu que ce raisonnement, qu'il cite comme un modèle d'habileté et de finesse, a un défaut grave, qui le fait retomber dans ce genre d'arguments appelé par les Grecs ἀντιστρέφον, réciproque. Il faut se défier de ce défaut, qui se cache sous une fausse apparence de logique : car un raisonnement tel que celui-là peut se retourner contre celui qui l'emploie, et l'autre époux peut répondre : « Si « vous approuvez la loi, je ne vous rends point « votre femme : si vous ne l'approuvez point, je « ne vous la rends pas davantage. »

LIVRE X.

CHAPITRE I.

S'il faut dire *tertium* ou *tertio consul*; et comment Pompée, lorsqu'il fit graver ses titres sur le frontispice du théâtre qu'il allait dédier, éluda, de l'avis de Cicéron, cette difficulté.

J'écrivis à un ami, d'Athènes à Rome. Je disais dans ma lettre que je lui avais déjà écrit *tertium*, pour la troisième fois. Il me demanda dans sa réponse de lui expliquer pourquoi je disais *tertium*, et non *tertio*. Il me demandait encore de lui apprendre s'il fallait dire *tertium*, quar--

---

sensuum verborumque volumina vocumque turbas fundere; ceteris omnibus ex cohorte ejus, qui audire eum soliti erant, clamore magno exsultantibus; Juliano autem male ac misere rubente et sudante. Sed ubi deblateratis versuum multis millibus finem aliquando fecit, egressique inde sumus : amici familiaresque ejus Julianum prosecuti, quidnam existimaret, percontati sunt. Atque ibi Julianus festivissime : « Nolite quærere, » inquit, « quid sentiam : adolescens hic sine controversia disertus « est. »

CAPUT XVI.

Quod Plinium Secundum, hominem non indoctum, fugerit latueritque vitium argumenti, quod ἀντιστρέφον Græci dicunt.

Plinius Secundus existimatus est esse ætatis suæ doctissimus. Is libros reliquit, quos *Studiosos* inscripsit, non medius fidius usquequaque aspernandos. In his libris multa varie ad oblectandas eruditorum hominum auris ponit. Refert etiam plerasque sententias, quas in declamandis controversiis lepide arguteque dictas putat. Sicuti hanc quoque sententiam ponit ex hujuscemodi controversia : « Vir fortis præmio, quod optaverit, donetur. Qui « fortiter fecerat, petit alterius uxorem in matrimonium « et accepit. Is deinde, cuja ea uxor fuerat, fortiter fecit. « Repetit eamdem. Contradicitur. » Eleganter, inquit, et probabiliter ex parte posterioris viri fortis uxorem sibi reddi postulantis, hoc dictum est : « Si placet lex, redde : « sinon placet, redde. » Fugit autem Plinium, sententiolam istam, quam putavit esse argutissimam, vitio non carere, quod græce ἀντιστρέφον dicitur. Et est vitium insidiosum et sub falsa lemmatis specie latens; nihilo enim minus converti ex contrario id ipsum adversus eumdem potest : atque ita a priore illo viro forti dici : « Si placet « lex, non reddo : si non placet, non reddo. »

LIBER DECIMUS.

CAPUT I.

*Tertium*ne *consul*, an *tertio*, dici oporteat; et quonam modo [Cn.] Pompeius, cum in theatro, quod erat dedicaturus, honores suos inscriberet, quæstionem ancipitem istius verbi de consilio Ciceronis vitaverit.

Familiari meo cuipiam litteras Athenis Romam misi. In iis scriptum fuit, me illi jam *tertium* scripsisse. Is ad me rescripsit, petivitque, ut rationem dicerem, cur *tertium*, ac non *tertio* scripsissem. Id etiam adscripsit, ut

tum ou *tertia, quarto consul*. Il avait entendu à Rome un savant dire *tertio* et *quarto consul*, et non *tertium, quartum*. Cœlius avait dit de même au commencement de son livre ; et on lit, ajoutait-il, dans le dix-neuvième livre de Q. Claudius, que Marius fut nommé consul *septimo*, pour la septième fois. Je me bornai dans ma réponse à lui citer la définition de M. Varron, homme, je pense, plus savant que Claudius et Cœlius ensemble ; définition qui devait résoudre les deux difficultés. En effet, Varron donne là-dessus une règle assez claire ; et je ne voulais pas, tandis que j'étais loin de Rome, engager une discussion en mon nom avec un homme dont on me vantait le savoir. Voici les paroles de M. Varron, tirées de son ouvrage intitulé *Règles*, livre cinquième : « Autre chose est être fait préteur « *quarto*, en quatrième lieu, et *quartum*, pour la « quatrième fois. *Quarto* désigne l'ordre, et si- « gnifie que trois autres avaient été nommés « déjà ; *quartum* marque le temps, et signifie « qu'on avait été nommé déjà trois fois. Ennius « a donc bien dit :

« Quintus le père est nommé consul pour la « quatrième fois (*quartum*) ; »

« et Pompée se montra timide lorsque, pour « ne mettre au frontispice de son théâtre ni *ter-* « *tium* ni *tertio consul*, il supprima les dernières « lettres. » Ce que Varron dit de Pompée en passant, et non sans obscurité, Tiron Tullius, affranchi de Cicéron, le raconte avec plus de développement, à peu près en ces termes : « Pompée, « sur le point de dédier le temple de la Victoire, « dont les degrés devaient servir de théâtre, y « faisait graver son nom et ses titres. On vint à se « demander s'il fallait mettre *tertium* ou *tertio* « *consul*. Pompée soumit la question à l'élite des « savants de la ville. Il y eut dissentiment ; les uns « se prononçaient pour *tertio*, les autres pour *ter-* « *tium*. Pompée pria Cicéron de faire mettre dans « l'inscription le mot qui lui semblerait préféra- « ble. Mais Cicéron craignit de décider entre « des savants ; il eut peur de blesser ceux dont il « condamnerait l'opinion, et il décida Pompée à « ne mettre ni *tertium* ni *tertio*, mais à s'arrêter « au second T. ; cette abréviation, claire pour le « sens, laisserait dans le doute la forme du mot. » Du reste, l'inscription n'est pas aujourd'hui telle que Varron et Tiron la rapportent. Lorsque, plusieurs années après, le théâtre, qui s'était écroulé, fut rebâti, les trois consulats furent désignés, non plus par les premières lettres d'un mot, mais par trois lignes verticales. Dans le quatrième livre des *Origines* de M. Caton, on lit en toutes lettres : « Les Carthaginois ont manqué « au traité *sextum*, pour la sixième fois. » Cela veut dire qu'ils avaient violé le traité déjà cinq fois, et que celle-ci était la sixième. Les Grecs disent dans le même sens τρίτον καὶ τέταρτον, ce qui répond aux mots latins *tertium quartumque*.

CHAPITRE II.

Combien d'enfants peuvent naître, selon Aristote, d'un même accouchement.

Aristote rapporte qu'en Égypte une femme

---

eadem, quid super illo quoque mihi videretur, facerem se certiorem : *tertiumne consul et quartum*, an *tertio et quarto* dicendum esset : quoniam Romæ doctum virum dicere audisset *tertio et quarto consul*, non *tertium quartumque* : idque in principio libri Cœlium scripsisse ; et Q. Claudium in libro undevicesimo : « C. Marium « creatum septimo consulem, » dixisse. Ad hæc ego rescripsi nihil amplius, quam verba M. Varronis, hominis, opinor, quam fuit Claudius cum Cœlio, doctioris, quibus verbis utrumque, de quo ad me scripserat, decideretur. Nam et Varro satis aperte, quid dici oporteret, edocuit ; et ego adversus eum, qui doctus esse dicebatur, litem meam facere absens nolui. Verba M. Varronis ex libro *Disciplinarum* quinto hæc sunt : « Aliud est *quarto* « prætorem fieri et *quartum* : quod *quarto* locum adsi- « gnificat ac tres ante factos : *quartum* tempus adsignificat et ter ante factum. Igitur Ennius recte, quod scripsit :

Quintus pater quartum fit consul :

« et Pompeius timide, quod in theatro, ne adscriberet, « *consul tertium* aut *tertio*, extremas litteras non [con]- « scripsit. » Quod de Pompeio Varro breviter et subobscure dixit, Tiro Tullius, Ciceronis libertus, in epistola quadam enarratius scripsit ad hunc ferme modum : « Cum « Pompeius, » inquit, « ædem Victoriæ dedicaturus foret, cujus gradus vicem theatri essent, nomenque ejus et honores [in]scriberentur, quæri cœptum est, utrum « consul *tertio* inscribendum esset, an *tertium*. Eam « rem Pompeius exquisitissime retulit ad doctissimos « civitatis ; cumque dissentiretur, et pars *tertio*, alii « *tertium* scribendum contenderent, rogavit, » inquit, « Ciceronem Pompeius, ut, quod ei rectius videretur, « scribi juberet : tum Ciceronem judicare de viris doctis « veritum esse, ne, quorum opinionem improbasset, « ipsos videretur improbasse. Persuasit igitur Pompeio, « ut neque *tertium* neque *tertio* scriberetur : sed ad « secundum usque T fierent litteræ : ut verbo non « perscripto res quidem demonstraretur, sed dictio tamen « ambigua verbi lateret. » Id autem quod et Varro et Tiro dixerunt, in eodem nunc theatro non est ita scriptum. Nam cum multis annis postea scena, quæ prociderat, refecta esset, numerus tertii consulatus, non, uti initio, primoribus litteris, sed tribus tantum lineolis incisis significatus est. In M. autem Catonis quarta Origine ita perscriptum est : « Carthaginenses sextum de fœdere « decessere. » Id verbum significat quinquies ante eos fecisse contra fœdus, et tum sextum. Græci quoque in significandis hujuscemodi rerum numeris τρίτον καὶ τέταρτον dicunt, quod congruit cum eo, quod latine dicitur : *tertium quartumque*.

CAPUT II.

Quid Aristoteles de numero puerperii memoriæ mandaverit.

Aristoteles philosophus memoriæ tradidit, mulierem in

LIVRE X, CHAPITRE III.

accoucha de cinq enfants, et il dit que c'est là la limite dans l'espèce humaine; que jamais un plus grand nombre d'enfants ne sont nés d'un même accouchement. Il ajoute même que ce nombre est très-rare. Sous le règne d'Auguste, une servante de cet empereur, ainsi que le rapportent les historiens de cette époque, mit au monde, dans la campagne de Laurente, cinq enfants à la fois. Les enfants vécurent quelques jours; la mère mourut peu après ses couches; et Auguste lui fit élever, sur la voie de Laurente, un tombeau où fut gravé le fait que nous rapportons.

CHAPITRE III.

Comparaison critique de quelques passages célèbres des discours de C. Gracchus, de M. Cicéron et de M. Caton.

C. Gracchus passe pour un orateur énergique et véhément; personne ne lui conteste ces qualités. Mais qu'il paraisse à certains hommes plus mâle, plus vif, plus abondant que Cicéron, cela est-il supportable? Nous lisions tout récemment son discours *Sur les lois promulguées*. Il y déplore, avec toute l'indignation dont il est capable, l'outrage fait à Marius et à quelques hommes honorables des villes municipales, par des magistrats romains, qui les firent sans motif battre de verges. Voici ses paroles à ce sujet : « Naguère le consul vint à Téanum, ville des Sidicins : sa femme dit qu'elle voulait se baigner dans les bains destinés aux hommes. Le questeur des Sidicins fut chargé par M. Marius de faire sortir des bains tous ceux qui s'y trouvaient. La femme rapporte au mari qu'elle a éprouvé quelque retard, et qu'elle a trouvé les bains peu propres. « Aussitôt un poteau fut dressé sur la place publique : l'homme le plus distingué de la ville, M. Marius, y fut attaché, dépouillé de ses vêtements, et battu de verges. Les habitants de Calès, à cette nouvelle, défendirent par un édit l'entrée de leurs bains pendant tout le temps qu'un magistrat romain serait dans leur ville. A Férentinum, pour le même motif, notre préteur ordonna l'arrestation des questeurs. L'un se précipita du haut des murs, l'autre fut pris et battu de verges. » Dans un sujet si triste, dans le récit d'une injure publique si atroce et si déplorable, que trouvons-nous de frappant, d'abondant, de touchant, de pathétique? où l'orateur déploie-t-il la richesse d'une éloquence animée par l'indignation? où fait-il entendre des plaintes fortes et pénétrantes? Il y a là sans doute de la précision, de la grâce et de la netteté, quelque chose de semblable à l'élégante simplicité du style de la comédie. Le même orateur dans un autre endroit parle ainsi : « Voulez-vous savoir jusqu'où va la licence effrénée de nos jeunes gens? un exemple vous l'apprendra. Dans ces dernières années, un jeune homme, qui n'avait pas encore exercé de magistrature, fut envoyé de l'Asie en qualité d'ambassadeur. Il se faisait porter en litière : un bouvier de la campagne de Vénuse le rencontra, et demanda en plaisantant, ne sachant qui était dans la litière, si on portait un mort. Le jeune homme fit aussitôt arrêter la litière; il ordonna qu'on en détachât les cordes, et il en fit frapper cet homme jusqu'au moment où il expira. » Cette violence inouïe, cet acte barbare

Ægypto uno partu quinque pueros enixam; eumque esse finem dixit multijugæ hominum partionis, neque pluris unquam simul genitos compertum. Hunc autem numerum ait rarissimum. Sed et, divo Augusto imperante, qui temporum ejus historian scripserunt, ancillam Cæsaris Augusti in agro Laurente peperisse quinque pueros dicunt; eosque pauculos dies vixisse : matrem quoque eorum, non multo post quam peperit, mortuam; monumentumque ei factum, jussu Augusti, in via Laurentina; inque eo scriptum esse numerum puerperii ejus, de quo diximus.

CAPUT III.

Locorum quorundam illustrium collatio contentioque facta ex orationibus C. Gracchi et M. Ciceronis et M. Catonis.

Fortis ac vehemens orator existimatur esse C. Gracchus. Nemo id negat. Sed quod nonnullis videtur severior, acrior, ampliorque esse M. Tullio, ferri id qui potest? Legebamus adeo nuper orationem Gracchi *De Legibus promulgatis*, in qua M. Marium et quosdam ex municipiis italicis honestos viros virgis per injuriam cæsos a magistratibus populi romani, quanta maxima invidia potest, conqueritur. Verba hæc sunt, quæ super ea re fecit : « Nuper Teanum Sidicinum consul venit, uxor « ejus dixit, [se] in balneis virilibus lavari velle. Quæs- « tori Sidicino a M. Mario datum est negotium, uti bal- « neis exigerentur, qui lavabantur. Uxor renuntiat viro, « parum cito sibi balnea tradita esse, et parum lautas « fuisse. Idcirco palus destitutus est in foro : eoque ad- « ductus suæ civitatis nobilissimus homo M. Marius. « Vestimenta detracta sunt, virgis cæsus est. Caleni, ubi « id audierunt, edixerunt, ne quis in balneis lavisse vel- « let, cum magistratus romanus ibi esset. Ferentini ob « eamdem causam prætor noster quæstores arripi jussit : « alter se de muro dejecit : alter prensus et virgis cæsus « est. » In tam atroci re, ac tam misera atque mœsta injuriæ publicæ contestatione, ecquid est, quod aut ampliter insigniterque, aut lacrimose atque miseranter, aut multa copiosaque invidia, gravique et penetrabili querimonia dixerit? Brevitas sane et venustas et mundities orationis est, qualia haberi ferme in comœdiarum festivitatibus solet. Item Gracchus alio in loco ita dicit : « Quanta « libido quantaque intemperantia sit hominum adolescen- « tium, unum exemplum vobis ostendam. His annis « paucis ex Asia missus est, qui per id tempus magis- « tratum non ceperat, homo adolescens pro legato. Is in « lectica ferebatur. Ei obviam bubulcus de plebe Venu- « sina advenit, et per jocum, cum ignoraret, qui ferretur, « rogavit, num mortuum ferrent. Ubi id audivit, lecti- « cam jussit deponi : struppis, quibus lectica deligata « erat, usquedeo verberari jussit, dum animam efflavit. » Hæc quidem oratio super tam violento atque crudeli fa-

est raconté d'un style qui ne diffère certainement en rien du langage ordinaire. Au contraire, quand Cicéron nous montre, dans un discours sur un sujet semblable, des citoyens romains, qui n'avaient commis aucun crime, battus de verges et livrés au dernier supplice, contrairement au droit naturel et aux lois, quelle douleur! que de larmes! quel tableau! quel fleuve d'indignation et d'amertume! Pour moi, quand je lis ce discours, le bruit des fouets, les cris, les plaintes retentissent de toutes parts autour de moi, et me pénètrent jusqu'à l'âme. Voici, par exemple, ce qu'il dit de C. Verrès; je citerai le passage aussi fidèlement que ma mémoire me le permettra : « Il vint « au forum, respirant la fureur et le crime : ses « yeux étincelaient; la cruauté était empreinte « sur sa figure. On attendait à quels excès il al- « lait se porter, ce qu'il allait faire; quand, tout « à coup, il ordonne qu'on amène Gavius, qu'au « milieu du forum on le dépouille, qu'on l'attache, « qu'on apprête les verges. » Certes, ces mots seuls : *il ordonne qu'on le dépouille, qu'on l'attache, qu'on apprête les verges*, font une image si vive et si effrayante, qu'on ne croit pas entendre un récit, mais voir une action. Gracchus au contraire ne se plaint pas, ne pleure pas, mais raconte : *Un poteau*, dit-il, *fut dressé dans le forum; on le dépouilla de ses vêtements, et on le battit de verges*. Cicéron, bien plus éloquent, donne de l'étendue à son tableau, il ne dit pas : *On le battit de verges*, mais : « On battait « de verges, au milieu de la place publique de Mes- « sine, un citoyen romain; et au milieu des dou- « leurs, parmi le bruit des coups redoublés, on « n'entendait s'échapper de la bouche de ce mal- « heureux pas un gémissement, pas d'autre cri « que ces mots, *Je suis citoyen romain*. Il croyait « qu'il lui suffisait de rappeler ce titre pour faire « cesser les coups, et éloigner de lui les tour- « ments. » Et ensuite, avec quelle abondance, quelle vivacité, quel feu il déplore cet excès de barbarie, exhale son indignation contre Verrès, et soulève contre lui celle de tous les citoyens romains! « O doux nom de la liberté! droit ma- « gnifique du citoyen! loi Porcia! loi Sempronia, « puissance tribunitienne, si amèrement regrettée, « et enfin rendue aux vœux du peuple romain! « sacrés priviléges, ne nous avez-vous été don- « nés que pour qu'un citoyen romain, dans une « province du peuple romain, dans une ville de « nos alliés, fût, par l'ordre de celui qui tenait du « peuple romain les faisceaux et la hache, attaché « à un poteau sur une place, et battu de verges? « Hé quoi! lorsque tu faisais approcher les feux, « les lames ardentes et tous les instruments de la « torture, si ses larmes amères, si sa voix lamen- « table ne te touchaient pas, les pleurs et les gé- « missements des citoyens romains, présents à « son supplice, n'ont-ils pu t'émouvoir? » On voit avec quelle véhémence, quelle dignité, quelle convenance et quelle abondance Cicéron a traité ce sujet. Du reste, s'il est un homme dont le goût soit assez sauvage et l'oreille assez barbare pour ne pas sentir la richesse et la beauté de ce langage, l'heureux arrangement de ces paroles; s'il préfère le premier orateur, parce qu'il trouve chez lui une concision sans apprêt, une allure simple, un certain charme de naïveté, et ces teintes rembrunies d'un style antique; cet homme peut lire sur un sujet semblable un discours de Caton, orateur

cinore nihil profecto abest a cotidianis sermonibus. At cum in simili causa apud M. Tullium cives romani, innocentes viri, contra jus contraque leges, virgis cæduntur aut supplicio extremo necantur, quæ ibi tunc miseratio? Quæ comploratio? Quæ totius rei sub oculos subjectio? Quod et quale invidiæ atque acerbitatis fretum effervescit? Animum hercle meum, cum illa M. Ciceronis lego, imago quædam et sonus verberum et vocum et ejulationum circumplectitur. Velut sunt ista, quæ de C. Verre dicit : quæ nos, ut in præsens potuimus, quantum memoria suppeditabat, adscripsimus : « Ipse inflamma- « tus scelere et furore in forum venit : ardebant oculi : toto « ex ore crudelitas eminebat : exspectabant omnes, quo « tandem progressurus, aut quidnam acturus esset : cum « repente hominem proripi atque in foro medio nudari ac « deligari et virgas expediri jubet. » Jam hæc medius fidius sola verba : « nudari ac deligari et virgas expediri « jubet, » tanti motus horrorisque sunt, ut non narrari, quæ gesta sunt, sed rem geri prorsus videas. Gracchus autem noster non querentis neque implorantis, sed nuntiantis vicem : « Palus, » inquit, « in foro destitutus est; « vestimenta detracta sunt, virgis cæsus est. » Sed enim M. Cicero præclare, cum diutina repræsentatione, non cæsus est, sed : « cædebatur, » inquit, « virgis in medio « foro Messanæ civis romanus : cum interea nullus gemi- « tus, nulla vox illius miseri inter dolorem crepitumque « plagarum audiebatur, nisi hæc : *Civis romanus sum :* « hac commemoratione civitatis omnia verbera depulsu- « rum, cruciatumque a corpore dejecturum arbitrabatur. » Complorationem deinde tam acerbæ rei, et odium in Verrem, detestationemque apud cives romanos impense atque acriter atque inflammanter facit, cum hæc dicit : « O « nomen dulce libertatis! O jus eximium nostræ civitatis! « O lex Porcia legesque Semproniæ! O graviter desiderata « et aliquando reddita plebi romanæ tribunicia potestas! « Huccine tandem hæc omnia reciderunt, ut civis roma- « nus in provincia populi romani, in oppido fœderato- « rum, ab eo, qui beneficio populi romani fasces ac « securis haberet, deligatus in foro virgis cæderetur? « Quid, cum ignes ardentesque laminæ ceterique crucia- « tus admoverentur? Si te acerba illius imploratio et vox « miserabilis non leniebat : ne civium quidem Romanorum, « qui tum aderant, fletu gemituque maximo commove- « bare? » Hæc M. Tullius atrociter, graviter, apte copioseque miseratus est. Sed si quis est tam agresti aure ac tam hispida, quem lux ista et amœnitas orationis, verborumque modificatio parum delectat; amat autem priora idcirco, quod incomta et brevia, et non operosa, sed nativa quadam suavitate sunt, quodque in iis umbra et color quasi opacæ vetustatis est : is, si quid judicii habet, consideret in causa pari M. Catonis, hominis antiquioris, orationem; ad cujus vim et copiam Gracchus nec aspira-

plus ancien que C. Gracchus, et d'une vigueur et d'une abondance à laquelle Gracchus n'a pas même aspiré. Il comprendra, je pense, pour peu qu'il lui reste de goût, que, loin de se contenter de l'éloquence de son temps, Caton essaya ce que dans la suite Cicéron porta au comble de la perfection. En effet, dans le livre intitulé *Des faux combats*, Caton invective en ces termes contre Q. Thermus :
« Il dit que les décemvirs ne s'étaient pas assez
« occupés de ses provisions de bouche ; il les fit
« dépouiller de leurs vêtements et frapper à coups
« de fouet. Des décemvirs furent frappés par des
« Bruttiens, en présence de nombreux témoins.
« Un tel affront, un tel commandement, une telle
« servitude est-elle supportable? Jamais roi n'osa
« rien de semblable ; et vous, honnêtes citoyens,
« vous approuverez qu'on traite ainsi des hommes
« de bien, de bonne maison ? Où sont les droits
« de l'alliance? où est la foi de nos ancêtres. Quoi !
« l'injure la plus outrageante, les coups, les bles-
« sures, les douleurs, le ministère des bourreaux,
« l'outrage et l'infamie, dans la ville même de ces
« malheureux, en présence de leurs concitoyens,
« et de témoins sans nombre ! Voilà jusqu'où tu as
« porté ton audace ! De quel deuil, de quels gémis-
« sements, de quelles larmes, de quels pleurs ce
« supplice fut accompagné ! Les esclaves ne souf-
« frent que trop impatiemment les injures; et ces
« hommes de bonne maison, d'une grande vertu,
« quels sentiments pensez-vous qu'ils éprouvè-
« rent, et qu'ils garderont toute leur vie ? » Ces mots de Caton, *frappés par des Bruttiens*, méritent une explication ; la voici : Pendant le séjour d'Annibal en Italie, après quelques batailles malheureuses pour le peuple romain, les Bruttiens furent les premiers qui passèrent du côté d'Annibal. Après le départ d'Annibal et la défaite des Carthaginois, les Romains, dans leur ressentiment, refusèrent par mépris de recevoir des Bruttiens sous leurs drapeaux : ils n'en voulurent pas pour alliés ; ils les mettaient, comme esclaves, au service des magistrats envoyés dans les provinces. Ils suivaient donc les magistrats, jouant le même rôle que les *lorarii* dans les comédies, garrottant et battant de verges ceux qu'on leur désignait. Comme ils étaient du Bruttium, ils furent appelés Bruttiens.

CHAPITRE IV.

Observations ingénieuses par lesquelles P. Nigidius prouvait que les mots sont des signes naturels.

P. Nigidius enseigne, dans ses *Commentaires sur la grammaire*, que les mots ne sont pas une invention arbitraire de l'homme, mais qu'ils ont leur origine et leur raison dans l'instinct et dans la nature. Question célèbre dans les annales de la philosophie. Les philosophes en effet se sont souvent demandé : Si les mots sont fournis par la nature, ou s'ils sont le résultat d'une convention, φύσει ἢ θέσει. Nigidius a donné plusieurs raisons d'où il pourrait résulter que les mots sont des signes naturels plutôt qu'arbitraires. Parmi ces preuves je choisis celle-ci, qui m'a paru ingénieuse et piquante : « Quand nous prononçons *vos*, dit-il,
« le mouvement de notre bouche est d'accord avec
« le sens du mot ; l'extrémité de nos lèvres avance
« légèrement, et le souffle se dirige vers la per-
« sonne à laquelle nous nous adressons. Au con-
« traire, quand nous disons *nos*, nous ne chas-

---

vit. Intelliget, opinor, Catonem contentum eloquentia ætatis suæ non fuisse ; et id jam tum facere voluisse, quod Cicero postea perfecit. In eo namque libro, qui *De Falsis pugnis* inscriptus est, ita de Q. Thermo conquestus est : « Dixit a decemviris parum sibi bene cibaria
« curata esse : jussit vestimenta detrahi, atque flagro
« cædi : decemviros Bruttiani verberavere : videre multi
« mortales. Quis hanc contumeliam, quis hoc imperium,
« quis hanc servitutem ferre potest? Nemo hoc rex ausus
« est facere ; eane fieri bonis, bono genere gnatis, boni
« consulitis? Ubi societas? Ubi fides majorum? Insignitas
« injurias, plagas, verbera, vibices, eos dolores atque
« carnificinas, per dedecus atque maximam contumeliam,
« inspectantibus popularibus suis atque multis mortali-
« bus, te facere ausum esse? Sed quantum luctum, quan-
« tumque gemitum, quid lacrumarum, quantumque
« fletum factum audivi? Servi injurias nimis ægre ferunt.
« Quid illos, bono genere gnatos, magna virtute prædi-
« tos, opinamini animi habuisse, atque habituros, dum
« vivent? » Quod Cato dixit : *Bruttiani verberavere*, ne qui fortasse de *Bruttianis* requirat, id significat : Cum Hannibal Pœnus cum exercitu in Italia esset, et aliquot pugnas populus romanus adversas pugnavisset; primi totius Italiæ Bruttii ad Hannibalem desciverunt. Id Romani ægre passi, postquam Hannibal Italia decessit, superatique Pœni sunt, Bruttios ignominiæ causa non milites scribebant, nec pro sociis habebant, sed magistratibus, in provincias euntibus parere et præministrare, servorum vicem, jusserunt. Itaque hi sequebantur magistratus, tanquam in scenicis fabulis, qui dicebantur *lorarii* ; et quos erant jussi, vinciebant aut verberabant. Quod autem ex Bruttiis erant, appellati sunt *Bruttiani*.

CAPUT IV.

Quod P. Nigidius argutissime docuit, nomina non positiva esse, sed naturalia.

Nomina verbaque non positu fortuito, sed quadam vi et ratione naturæ facta esse, P. Nigidius in *Grammaticis Commentariis* docet ; rem sane in philosophiæ dissertationibus celebrem. Quæri enim solitum apud philosophos, φύσει τὰ ὀνόματα sint, ἢ θέσει. In eam rem multa argumenta dicit, cur videri possint verba esse naturalia magis, quam arbitraria. Ex quibus hoc visum est lepidum et festivum :
« Vos, » inquit, cum dicimus, motu quodam oris conve-
« niente cum ipsius verbi demonstratione utimur, et la-
« bias sensim primores emovemus, ac spiritum atque ani-
« mam porro versum et ad eos, quibuscum sermocinamur,
« intendimus. At contra cum dicimus *nos* ; neque profuso
« intentoque flatu vocis, neque projectis labris pronuntia-
« mus : sed et spiritum et labias quasi intra nosmetipsos

« sons pas au dehors notre souffle, nous n'avan-
« çons pas nos lèvres : nous retirons le souffle et
« les lèvres, et les retenons, pour ainsi dire,
« en nous. Il en est de même quand nous di-
« sons *tu* et *ego, tibi* et *mihi*. Lorsque nous ap-
« prouvons ou désapprouvons par des signes, le
« mouvement de la tête et des yeux n'est pas sans
« rapport avec l'idée que ce signe exprime. De
« même, les mots que nous avons cités sont pro-
« duits par un mouvement naturel de la bouche
« et de l'haleine qui répond à leur signification.
« On peut observer dans les mots grecs corres-
« pondants ce que j'ai remarqué dans les nôtres. »

CHAPITRE V.
Le mot *avarus*, avare, est-il simple, ou bien composé, comme l'a cru P. Nigidius?

P. Nigidius dit, dans le vingt-neuvième livre de ses *Commentaires*, que le mot *avarus* n'est pas simple, mais composé. « En effet, dit-il, on appelle « avare celui qui est avide d'argent, *avidus æris*. « Seulement dans l'union des deux mots la lettre « a disparu. C'est ainsi que le mot *locuples*, riche, « est composé des deux mots *pleraque loca*, beau- « coup de lieux, et signifie propriétaire de beau- « coup de terres. » Je regarde comme plus proba- ble et mieux établi ce qu'il dit du mot *locuples*. Pour le mot *avarus*, il y a doute. Pourquoi ne dériverait-il pas du seul mot *aveo*, désirer, et n'aurait-il pas été formé comme le mot *amarus*, amer? On ne saurait dire que ce dernier mot soit composé.

CHAPITRE VI.
De l'amende prononcée par les édiles plébéiens contre la fille d'Appius Cæcus, pour quelques paroles insolentes.

Ce n'est pas seulement dans les actes, mais aussi dans les paroles, que la république a puni l'insolence. On croyait cette sévérité nécessaire pour conserver dans leur intégrité les mœurs romaines. La fille du célèbre Appius Cæcus fut ballottée, au sortir d'un spectacle, par le flux et le reflux de la foule. Elle racontait ensuite quel mal elle avait éprouvé, et elle ajouta : « Que me « serait-il arrivé, combien j'aurais été pressée da- « vantage, si P. Claudius, mon frère, n'avait « pas perdu dans un combat naval, avec la flotte, « un si grand nombre de citoyens? Certes la foule « m'aurait étouffée. Oh! puisse mon frère revivre, « conduire en Sicile une nouvelle flotte, et faire « périr cette multitude qui m'a si cruellement « tourmentée! » Pour ce propos barbare et si peu digne d'une citoyenne, C. Fundanius et Tib. Sempronius, édiles, lui infligèrent une amende de vingt mille as de l'ancien poids. Ce fait eut lieu, selon Capiton Attéius, dans son commentaire *Sur les jugements publics*, pendant la première guerre punique, sous le consulat de Fabius Licinus et d'Otacilius Crassus.

CHAPITRE VII.
De tous les fleuves qui coulent en dehors de l'empire romain, le plus grand, c'est le Nil; l'Ister vient après; le Rhône, selon Varron, est le troisième.

De tous les fleuves ayant leur embouchure

« coercemus. Hoc idem fit et in eo, quod dicimus *tu* et
« *ego*, et *tibi* et *mihi*. Nam sicuti, cum adnuimus et
« abnuimus, motus quidam ille vel capitis vel oculorum
« a natura rei, quam significat, non abhorret : ita in his
« vocibus quasi gestus quidam oris et spiritus naturalis
« est. Eadem ratio est in Græcis quoque vocibus, quam
« esse in nostris animadvertimus. »

CAPUT V.
Avarus simplexne vocabulum sit, an compositum et duplex, sicut P. Nigidio videtur.

Avarus non simplex vocabulum, sed junctum copulatumque esse P. Nigidius dicit in *Commentariorum* undetricesimo : « *Avarus* enim, » inquit, « appellatur qui « *avidus æris* est; sed in ea copula e littera, » inquit, « detrita est. Item locupletem dictum » ait « ex compo- « sitis vocibus, qui pleraque loca, hoc est, qui multas « possessiones teneret. » Sed probabilius id firmiusque est, quod de *locuplete* dicit. Nam de *avaro* ambigitur. Cur enim non videri possit ab uno solum verbo inclinatum, quod est *aveo* : eademque esse fictura, qua est *amarus*? De quo nihil dici potest, quin duplex non sit.

CAPUT VI.
Mulctam dictam esse ab ædilibus plebei Appii Cæci filiæ, mulieri nobili, quod locuta esset petulantius.

Non in facta modo, sed in voces etiam petulantiores publice [Romæ] vindicatum est : ita enim debere esse visa est romanæ disciplinæ dignitas inviolabilis. Appii namque illius Cæci filia a ludis, quos spectaverat, exiens turba undique confluentis fluctuantisque populi jactata est : atque inde egressa, cum se male habitam diceret : « Quid me nunc factum esset, » inquit, « quantoque ar- « tius pressiusque conflictata essem, si P. Claudius, fra- « ter meus, navali prœlio classem navium cum ingenti ci- « vium numero non perdidisset? Certe quidem majore « nunc copia populi oppressa intercidissem. Sed utinam, » inquit, « reviviscat frater, aliamque classem in Siciliam « ducat, atque istam multitudinem perditam eat, quæ me « male nunc miseram connexavit! » Ob hæc mulieris verba tam improba ac tam incivilia, C. Fundanius et Tib. Sempronius, ædiles plebei, mulctam dixerunt ei æris gravis viginti quinque millia. Id factum esse dicit Capito Attéius in commentario *De Judiciis publicis*, bello punico primo, Fabio Licino et Otacilio Crasso consulibus.

CAPUT VII.
Fluminum, quæ ultra imperium romanum fluunt, prima magnitudine esse Nilum, secunda Histrum, proxima Rhodanum, sicuti M. Varronem memini scribere.

Omnium fluminum, quæ in maria, qua imperium romanum est, fluunt, quam Græci τὴν εἴσω θάλασσαν appellant,

dans la mer qui baigne l'empire romain, et que les Grecs appellent la mer intérieure, le Nil est, d'un commun consentement, le premier; Salluste affirme que l'Ister vient immédiatement après. Varron, traitant de cette partie du monde qu'on nomme l'Europe, place le Rhône au nombre de ses trois plus grands fleuves, par où il semble croire que le Rhône rivalise de grandeur avec l'Ister, qui coule aussi en Europe.

CHAPITRE VIII.

Que la perte du sang était une des peines infamantes infligées aux soldats. Motif de ce genre de châtiment.

L'usage d'ouvrir une veine et de tirer du sang aux soldats qu'on veut frapper d'une peine infamante, remonte à la plus haute antiquité. Je n'en trouve pas la raison dans les anciens écrits que j'ai pu me procurer, mais je pense que ce fut d'abord moins un châtiment qu'un remède employé envers les soldats dont l'intelligence était troublée et l'activité engourdie. Dans la suite, la saignée devint un châtiment; et on prit l'habitude de punir ainsi différentes fautes, sans doute dans l'idée que celui qui commet une faute est malade.

CHAPITRE IX.

Différentes dispositions de l'armée romaine. Mots employés pour les désigner.

Les termes militaires qui indiquent les diverses parties et les différentes dispositions d'une armée sur le champ de bataille sont : le front (*frons*), les renforts (*subsidia*), le coin (*cuneus*), le cercle (*orbis*), le globe (*globus*), les ciseaux (*forfices*), la scie (*serra*), les ailes (*alœ*), les tours (*turres*). On les trouve avec quelques autres dans les livres qui traitent de la tactique militaire. Ces termes sont tirés métaphoriquement des objets réels dont les différents mouvements d'une armée présentent une image.

CHAPITRE X.

Origine de l'usage adopté chez les anciens Grecs et chez les Romains, de porter un anneau au doigt de la main gauche le plus voisin du plus petit.

Les anciens Grecs portaient un anneau au doigt de la main gauche qui est le plus voisin du plus petit. On dit que cet usage a été général chez les Romains. Voici la raison qu'en donne Apion dans ses *Égyptiaques* : La science que les Grecs appellent *anatomie*, et qui fut habituellement pratiquée en Égypte, fit découvrir, dit-il, un nerf très-délié qui, chez l'homme, va de ce doigt au cœur. Cette union avec la partie la plus noble de l'homme parut devoir lui mériter cette distinction.

CHAPITRE XI.

Sens de l'adverbe *mature*. Étymologie de ce mot. Usage impropre qu'en fait le vulgaire. Le génitif de *præcox* est *præcocis*, et non *præcoquis*.

L'adverbe *mature* signifie maintenant, à la

---

maximum esse Nilum consentitur : proxima magnitudine esse Histrum scripsit Sallustius. Varro autem cum de parte orbis, quæ Europa dicitur, dissereret, in tribus primis ejus terræ fluminibus Rhodanum esse ponit; per quod videtur eum facere Histro æmulum. Histrus enim quoque in Europa fluit.

CAPUT VIII.

Inter ignominias militares, quibus milites coercebantur, fuisse sanguinis dimissionem; et quænam esse videatur causa huiuscemodi castigationis.

Fuit hæc quoque antiquitus militaris animadversio, jubere ignominiæ causa militi venam solvi et sanguinem dimitti. Cujus rei ratio in litteris veteribus, quas equidem invenire potui, non exstat : sed opinor factum hoc primitus in militibus stupentis animi et a naturali habitu declinantis, ut non tam pœna quam medicina videretur. Postea tamen ob pleraque alia delicta idem factitatum esse credo per consuetudinem; quasi minus sani viderentur omnes, qui delinquerent.

CAPUT IX.

Quibus modis, quoque habitu acies romana instrui solita sit, quæque earum instructionum sint vocabula.

Vocabula sunt militaria, quibus instructa certo modo acies appellari solet : *frons, subsidia, cuneus, orbis, globus, forfices, serra, alæ, turres*. Hæc et quædam item alia invenire est in libris eorum, qui de militari disciplina scripserunt. Translata autem sunt ab ipsis rebus, quæ ita proprie nominantur : earumque rerum in acie instruenda sui cujusque vocabuli imagines ostenduntur.

CAPUT X.

Quæ ejus rei causa sit, quod et Græci veteres et Romani annulum in eo digito gestaverunt, qui est in manu sinistra minimo proximus.

Veteres Græcos annulum habuisse in digito accepimus sinistræ manus, qui minimo est proximus : Romanos quoque homines aiunt sic plerumque annulis usitatos. Causam esse hujus rei Apion in libris Ægyptiacis hanc dicit : quod insectis apertisque humanis corporibus, ut mos in Ægypto fuit, quas Græci ἀνατομὰς appellant, repertum est, nervum quemdam tenuissimum ab eo uno digito, de quo diximus, ad cor hominis pergere ac pervenire : propterea non inscitum visum esse, eum potissimum digitum tali honore decorandum, qui continens et quasi connexus esse cum principatu cordis videretur.

CAPUT XI.

Verbum *mature* quid significet : quæque vocis ejus ratio sit : et quod eo verbo vulgus hominum improprie utitur : atque inibi, quod *præcox* declinatum *præcocis* facit, non *præcoquis*.

Mature nunc significat *propere* et *cito*, contra ipsius verbi sententiam; aliud enim est *mature* quam [quod]

hâte, vite, contrairement à l'étymologie du mot. Autre chose, en effet, est agir *mûrement*, autre chose agir à la hâte. Aussi Nigidius, homme d'une science profonde, disait-il : « On fait mûre-« ment (*mature*) ce qu'on ne fait ni trop vite ni « trop lentement. Ce mot exprime un milieu entre « la lenteur et la précipitation. » Cette définition est exacte. En effet, nous disons des fruits qu'ils sont mûrs, lorsqu'ils ne sont ni verts ni passés, mais venus à point. Mais comme ce mot exprimait l'absence de la lenteur, sa signification s'étant étendue de ce côté, il exprime aujourd'hui la hâte et la précipitation, quoiqu'une chose hâtée sans mesure demande plutôt à être appelée *immatura*. Cette juste mesure, exprimée, selon Nigidius, par *mature*, Auguste la recommandait très-élégamment par deux mots grecs qui revenaient souvent, dit-on, dans sa conversation et dans ses lettres : « Hâtez-vous lentement, » disait-il, σπεῦδε βραδέως. C'était un avertissement d'unir la promptitude de l'activité à la lenteur de l'application. En alliant ces deux qualités, on agit mûrement (*mature*). On verra aussi, pour peu qu'on y songe, que Virgile a heureusement opposé *maturare* à *properare* dans les vers suivants :

Frigidus agricolam si quando continet imber,
Multa, forent quæ mox cœlo properanda sereno,
Maturare datur.

« Si la pluie retient le laboureur, il peut exécuter « avec une lenteur diligente beaucoup de travaux « qu'il faudrait plus tard précipiter sous un ciel « serein. »

Les deux verbes sont très-élégamment distingués ; car le laboureur peut employer le loisir que lui laissent la pluie et les orages à faire sans trop de hâte des préparatifs que dans les beaux jours il serait, faute de temps, obligé de précipiter. Du reste, pour exprimer un excès de hâte et de précipitation, on emploie *prœmature* avec plus de justesse que *mature*. Ainsi l'a fait Afranius dans une de ses pièces appelée *Titulus* :

Appetis dominatum demens præmature præcocem.

« Insensé ! tu ambitionnes trop tôt une autorité «prématurée. »

Remarquez que dans ce vers il y a *prœcocem*, et non *prœcoquem* ; en effet, le nominatif est *prœcox*, et non *prœcoquis*.

CHAPITRE XII.

Récits fabuleux que Pline attribue fort injustement au philosophe Démocrite. Sur une colombe de bois qui volait.

Pline rapporte dans le vingt-huitième livre de son *Histoire naturelle*, que Démocrite, l'illustre philosophe, avait fait un livre sur la vertu et la nature du caméléon : il dit avoir lu ce livre, et rapporte aussi, comme extraites de l'ouvrage, des fables frivoles et révoltantes d'absurdité. En voici quelques-unes que j'ai retenues, malgré l'ennui qu'elles m'ont causé. Quand le plus rapide des oiseaux, l'épervier, passe en volant au-dessus du caméléon rampant sur le sol, celui-ci l'attire par une force inconnue, et le fait tomber de l'air : alors l'oiseau se livre de lui-même aux autres oiseaux, qui le déchirent. Autre fait incroyable :

---

dicitur [*propere*]. Propterea P. Nigidius, homo in omnium bonarum artium disciplinis egregius : « Mature, » inquit, « est, quod neque citius est neque serius : sed me-« dium quiddam et temperatum est. » Bene atque proprie P. Nigidius. Nam et in frugibus et in pomis *matura* dicuntur, quæ neque cruda et immitia sunt, neque caduca et decocta, sed tempore suo adulta maturataque. Quoniam autem id, quod non segniter fiebat, *mature* fieri dicebatur, progressa plurimum verbi significatio est, et non jam, quod non segnius, sed quod festinantius fit, id fieri *mature* dicitur ; quando ea, quæ præter sui temporis modum properata sunt, *immatura* verius dicantur. Illud vero Nigidianum rei atque verbi temperamentum divus Augustus duobus græcis verbis elegantissime exprimebat. Nam et dicere in sermonibus et scribere in epistolis solitum esse aiunt : Σπεῦδε βραδέως : per quod monebat, ut ad rem agendam simul adhiberetur et industriæ celeritas et diligentiæ tarditas. Ex quibus duobus contrariis fit *maturitas*. Virgilius quoque, si quis animum attendat, duo ista verba *properare* et *maturare* tanquam plane contraria scitissime separavit in hisce versibus :

Frigidus agricolam si quando continet imber,
Multa, forent quæ mox cœlo properanda sereno,
Maturare datur.

Elegantissime ista duo verba divisit. Namque in præparatu rei rusticæ per tempestates pluviasque, quoniam otium est, maturari potest : per serena[s], quoniam tempus instat, properari necessum est. Cum significandum autem est, coactius quid factum et festinantius, tum rectius *prœmature* factum id dicitur quam *mature* : sicut Afranius dixit in Togata, cui *Titulus* nomen est :

Appetis dominatum demens præmature præcocem.

In quo versu animadvertendum est, quod *prœcocem* inquit, non *prœcoquem* ; est enim casus ejus rectus non *prœcoquis*, sed *prœcox*.

CAPUT XII.

De portentis fabularum, quæ Plinius Secundus indignissime in Democritum philosophum confert : ibidem de simulacro volucri columbæ.

Librum esse Democriti, nobilissimi philosophorum, de vi et natura chamæleontis, eumque se legisse Plinius Secundus in *Naturalis Historiæ* vicesimo octavo refert : multaque vana atque intoleranda auribus deinde quasi a Democrito scripta tradit, ex quibus pauca hæc inviti meminimus, quia pertæsum est. Accipitrem avium rapidissimum a chamæleonte, humi reptante, [et,] si eum forte supervolet, detrahi et cadere vi quadam in terram ; ceterisque avibus laniandum sponte sua objicere sese et dedere. Item aliud ultra humanam fidem : Caput et collum chamæleontis si uratur ligno, quod appellatur

brûlez la tête et le cou du caméléon avec du bois de rouvre, aussitôt un orage éclate, et le tonnerre gronde. Le même effet se produit, si on brûle le foie de l'animal au haut d'un toit. Autre prodige : celui-ci est si sot et si ridicule, que j'ai hésité à le rapporter. Je ne lui donne une place ici que pour montrer ce que je pense sur ce charme trompeur des récits merveilleux, qui séduit et égare ordinairement les esprits trop subtils, et surtout ceux que possède une curiosité démesurée. Mais je reviens à Pline : On brûle le pied gauche du caméléon, dit-il, avec un fer chaud ; on fait brûler en même temps une herbe qui s'appelle aussi caméléon. On délaye l'un et l'autre dans une liqueur odorante ; on recueille de ce mélange une sorte de gâteau qu'on place dans un vase de bois : celui qui portera le vase sera invisible à tous les regards. Ces fables que Pline reproduit, doivent-elles être mises sur le compte de Démocrite ? Je ne le pense pas. J'en dirai autant de cet autre prodige que Pline a trouvé, assure-t-il, dans le dixième livre de Démocrite : Certains oiseaux ont un langage qui ne varie pas ; mêlez leur sang, il en naît un serpent, et quiconque mange le serpent comprend la conversation des oiseaux. Ce sont ces hommes sottement curieux dont je parlais tout à l'heure qui ont attribué de pareils contes à Démocrite, afin de mettre leurs absurdités à couvert sous une autorité illustre. Cependant il est un prodige, opéré par Archytas, philosophe pythagoricien, qui n'est pas moins étonnant, et dont on conçoit davantage la possibilité. Les plus illustres des auteurs grecs, et entre autres le philosophe Favorinus, qui a recueilli avec tant de soin les vieux souvenirs, ont raconté du ton le plus affirmatif qu'une colombe de bois, faite par Archytas à l'aide de la mécanique, s'envola. Sans doute elle se soutenait au moyen de l'équilibre, et l'air qu'elle renfermait secrètement la faisait mouvoir. Je veux, sur un sujet si loin de la vraisemblance, citer les propres mots de Favorinus : « Archytas de Tarente, à la fois philo-
« sophe et mécanicien, fit une colombe de bois
« qui volait. Mais, une fois qu'elle s'était reposée,
« elle ne s'élevait plus ; le mécanisme s'arrêtait là. »

CHAPITRE XIII.

Sur l'emploi de l'expression *cum partim hominum* dans les vieux auteurs.

On dit souvent : *partim hominum venerunt*, une partie des hommes, quelques hommes sont venus. Dans cette expression, *partim* sert d'adverbe, et est indéclinable. On peut dire également *cum partim hominum*, c'est-à-dire avec quelques hommes, et, pour ainsi dire, avec une certaine partie des hommes. M. Caton, dans son discours *Sur les jeux floraux*, a dit : « Elle servi
« alors de courtisane, elle quitta souvent le festin
« pour passer dans la chambre ; déjà elle avait fait
« souvent ce métier avec quelques-uns d'entre
« eux. » *Cum partim illorum*. Les moins éclairés lisent *cum parti*, prenant un adverbe pour un nom décliné. Q. Claudius, dans le vingt-unième livre de ses Annales, a fait de cette locution un emploi insolite : « Avec une partie des troupes (*cum partim*

---

robur, imbres et tonitrus derepente fieri ; idque ipsum usu venire, si jecur ejusdem animalis in summis tegulis uratur. Item aliud, quod hercle an ponerem dubitavi ; ita est deridiculæ vanitatis : nisi idcirco plane posui, quod oportuit nos dicere, quid de istiusmodi admirationum fallaci illecebra sentiremus, qua plerumque capiuntur et ad perniciem elabuntur ingenia maxime sollertia ; eaque potissimum, quæ discendi cupidiora sunt. Sed redeo ad Plinium. Sinistrum pedem ait chamæleontis ferro, ex igni calefacto, torreri cum herba, quæ appellatur eodem nomine chamæleontis, et utrumque maceratis unguento, colligique in modum pastilli, atque in vas mitti ligneum, et eum, qui in vas ferat, etiamsi is in medio palam versetur, a nullo videri posse. His portentis atque præstigiis, a Plinio Secundo scriptis, non dignum esse cognomen Democriti puto. Vel illud quale est, quod idem Plinius in decimo libro Democritum scripsisse asseverat ? Aves quasdam esse certis vocabulis ; et earum avium confuso sanguine gigni serpentem ; eum si quis ederit, linguas avium et colloquia interpretaturum. Multa autem videntur ab hominibus istis male sollertibus hujuscemodi commenta in Democriti nomen data, nobilitatis auctoritatisque ejus perfugio utentibus. Sed id, quod Archytam pythagoricum commentum esse atque fecisse traditur, neque minus admirabile neque tamen vanum æque videri debet. Nam et plerique nobilium Græcorum et Favorinus philosophus, memoriarum veterum exsequentissimus, affirmatissime scripserunt, simulacrum columbæ e ligno ab Archyta ratione quadam disciplinaque mechanica factum volasse. Ita erat scilicet libramentis suspensum et aura spiritus inclusa atque occulta concitum. Libet hercle super re tam abhorrenti a fide ipsius Favorini verba ponere : Ἀρχύτας Ταραντῖνος, φιλόσοφος ἅμα καὶ μηχανικὸς ὤν, ἐποίησε περιστερὰν ξυλίνην πετομένην· ἥτις εἴποτε καθίσειεν, οὐκέτι ἀνίστατο. Μέχρι γὰρ τούτου.

CAPUT XIII.

Cum partim hominum qua ratione veteres dixerint.

Partim hominum venerunt plerumque dicitur, quod significat *pars hominum venit*, id est, *quidam homines*. Nam *partim* hoc in loco adverbium est : neque in casus inclinatur, sicuti *cum partim hominum* dici potest, id est, *cum quibusdam hominibus*, et quasi cum quadam parte hominum. M. Cato in oratione *De Re Floria* ita scripsit : « Ibi pro scorto fuit, in cubiculum surrectitavit
« e convivio, cum partim illorum jam sæpe ad eundem
« modum erat. » Imperitiores autem *cum parti* legunt, tanquam declinatum sit, quasi vocabulum, non dictum quasi adverbium. Sed Q. Claudius in vicesimo primo annali insolentius paulo hac figura est ita usus : « Enim cum
« partim copiis hominum adolescentem placentem sibi. »

« *copiis*), ce jeune homme content de lui.... » Le même auteur dit encore dans son vingt-troisième livre : « Telle fut ma conduite : faut-il attribuer « l'événement à la négligence d'une partie des « magistrats (*negligentia partim magistra-* « *tuum*), à l'avarice, ou au malheur qui poursuit « le peuple romain? Je l'ignore. »

CHAPITRE XIV.
Sur l'expression *injuria mihi factum itur*, employée par Caton.

On dit communément : *illi injuriam factum iri*, une injure lui sera faite; *contumeliam dictum iri*, une insolence lui sera dite ; et l'usage de cette locution est tellement établi, que je m'abstiens de citer des exemples. Mais *contumelia* ou *injuria factum itur* est plus rare. Citons-en un exemple. M. Caton parle ainsi dans sa défense contre Cassius : « Or il arrive, Romains, que l'outrage « dont me menace l'insolence de cet homme (*quæ* « *mihi per hujusce petulantiam factum itur*) « remplit mon âme de pitié pour la république. » *Contumeliam factum iri* signifie qu'on va pour faire un outrage, qu'on s'apprête à faire un outrage; *contumelia factum itur* a le même sens; le cas seul est changé.

CHAPITRE XV.
Cérémonies observées par le prêtre et la prêtresse de Jupiter. Édit par lequel le préteur déclare qu'il n'exigera jamais de serment ni des vestales, ni d'un flamine de Jupiter.

Le flamine de Jupiter était obligé à un grand nombre de cérémonies et de rites, que nous trouvons dans les livres qui traitent du sacerdoce public, et dans le premier livre de Fabius Pictor. Voici à peu près ce que je me souviens d'avoir lu dans cet auteur : « Le flamine de Jupiter ne peut « sans cérémonie monter à cheval ; il ne peut voir « *classem procinctam*, c'est-à-dire l'armée sous « les armes, hors de l'enceinte des murs. Aussi « fut-il rarement nommé consul, lorsqu'il fallait « que le consul prît le commandement des armées. « Il ne lui est jamais permis de jurer. L'anneau « qu'il porte doit être ouvert et creux. On ne « peut prendre dans sa maison d'autre feu que le « feu sacré. Si un homme lié entre dans sa mai- « son, il faut qu'il soit délié, que les liens soient « montés par la gouttière sur le toit, et de là jetés « dans la rue. Il n'a aucun nœud sur lui, ni à la « tête, ni à la ceinture, ni en aucun endroit de « son corps. Si un homme qu'on va battre de ver- « ges tombe à ses pieds en suppliant, il ne peut « sans crime être frappé ce jour-là. Un homme « libre peut seul couper les cheveux du flamine. « Une chèvre, de la chair crue, des feuilles de « lierre, des fèves, sont des objets qu'il ne peut « toucher; il n'en prononce pas même le nom. Il « ne doit pas couper les provins des vignes qui « s'élèvent trop haut. Les pieds de son lit doivent « être enduits d'une légère couche de boue, et il « ne peut en découcher trois nuits consécutives. « Personne que lui ne doit y coucher. Il ne doit « point placer près du bois de son lit un gâteau « dans une cassette. Les rognures de ses ongles, « et les cheveux qu'on lui a coupés, sont cachés « dans la terre sous un arbre heureux. Tous les

---

Itemque Claudii in vicesimo tertio annali verba hæc sunt : « Sed idcirco me fecisse, quod utrum negligentia « partim magistratuum, an avaritia, an calamitate populi « romani evenisse dicam, nescio. »

CAPUT XIV.
Injuria mihi factum itur quali verborum ordine Cato dixerit.

Audio : *illi injuriam factum iri*; audio : *contumeliam dictum iri* vulgo quoque ita dici, vulgo et istam esse verborum figuram jam in medio loquendi usus : idcirco[que] exemplis supersedeo. Sed *contumelia illi*, vel *injuria factum itur* paulo est remotius : exemplum igitur ponemus. M. Cato pro se contra C. Cassium : « Atque evenit ita, Quirites, *uti* in hac contumelia, *quæ* « *mihi per hujusce petulantiam factum itur*, rei quoque « publicæ medius fidius miserear, Quirites. » Sicut autem *contumeliam factum iri* significat iri ad contumeliam faciendam, id est, operam dari, quo fiat contumelia; ita *contumelia* [*mihi*] *factum itur*, casu tantum immutato, idem dicit.

CAPUT XV.
De flaminis Dialis deque flaminicæ cærimoniis; verbaque ex edicto prætoris apposita, quibus dicit, non coacturum se ad jurandum neque virgines Vestæ neque Dialem.

Cærimoniæ impositæ flamini Diali multæ, item castus multiplices, quos in libris, qui de sacerdotiis publicis compositi sunt, item in Fabii Pictoris librorum primo scriptos legimus ; unde hæc ferme sunt, quæ commeminimus : « Equo Dialem flaminem vehi religio est : classem « procinctam extra pomœrium, id est, exercitum arma- « tum, videre : idcirco rarenter flamen Dialis creatus con- « sul est, cum bella consulibus mandabantur : item ju- « rare Dialem fas nunquam est : item annulo uti nisi per- « vio cassoque fas non est ; ignem e flaminia, id est, « flaminis Dialis domo, nisi sacrum efferri jus non est : « vinctum, si ædes ejus introierit, solvi necessum est : « et vincula per impluvium in tegulas subduci, atque inde « foras in viam demitti. Nodum in apice neque in cinctu « neque alia in parte ullum habet : si quis ad verberandum « ducatur, si ad pedes ejus supplex procubuerit, eo die « verberari piaculum est : capillum Dialis, nisi qui liber « homo est, non detonset : capram et carnem incoctam « et ederam et fabam neque tangere Diali mos est neque « nominare : propagines e vitibus altius prætentos non « succidet : pedes lecti, in quo cubat, luto tenui circum- « litos esse oportet : et de eo lecto trinoctium continuum « non decubat : neque in eo lecto cubare alium fas est, « neque apud ejus lecti fulcrum capsulam esse cum strue

« jours sont pour lui jours de fête. Il ne doit jamais
« être sans son bonnet en plein air : il peut rester
« nu-tête sous son toit ; mais il y a peu de temps
« que les pontifes l'ont ainsi établi. » (Massurius
Sabinus nous apprend qu'on s'était relâché aussi
sur d'autres points, et qu'on avait fait grâce aux
flamines de plusieurs prescriptions). « Il ne peut
« toucher à la farine fermentée ; il ne dépouille
« sa tunique de dessous que dans les lieux cou-
« verts, pour ne point paraître nu sous le ciel,
« c'est-à-dire sous les yeux de Jupiter. Dans les
« repas, le roi seul des sacrifices se place avant
« lui. S'il perd sa femme, il quitte ses fonctions ;
« son mariage ne peut se dissoudre que par la
« mort. Il n'entre pas dans les lieux où on brûle
« les morts. Il ne touche jamais un mort. Il peut
« cependant assister à un convoi. Les rites impo-
« sés aux prêtresses de Jupiter sont à peu près
« les mêmes. Elles ont un vêtement de couleur ;
« elles portent à leur voile un rameau d'un arbre
« heureux ; elles ne doivent monter que trois de-
« grés des échelles appelées échelles grecques ;
« et lorsqu'elles vont aux Argées, elles ne doivent
« point peigner ni orner leur chevelure. » J'ajouterai un fragment d'un édit perpétuel du préteur
relatif au flamine de Jupiter et aux prêtresses de
Vesta : JAMAIS JE N'EXIGERAI, DANS MA JURIDIC-
TION, DE SERMENT NI D'UNE PRÊTRESSE DE VESTA
NI D'UN FLAMINE DE JUPITER. Voici ce que dit
Varron sur le flamine de Jupiter dans son second
livre *Des choses divines* : « Lui seul porte un
« bonnet blanc, ou comme marque de sa supé-
« riorité, ou parce que les victimes qu'on im-
« mole à Jupiter sont blanches. »

CHAPITRE XVI.

Erreurs historiques relevées par J. Higinus dans le sixième
livre de l'Énéide.

Higinus trouve dans le sixième livre de l'É-
néide des erreurs que Virgile n'aurait pas manqué,
dit-il, de corriger, si la mort ne l'eût surpris.
Palinure, dans les enfers, prie Énée de rechercher son corps et de lui donner la sépulture :
« Héros invincible, dit-il, arrache-moi à ce
« supplice ; jette sur moi un peu de terre, tu le
« peux ; retourne au port de Vélia. »
Comment, dit le critique, Palinure a-t-il pu
connaître et nommer le port de Vélia ? Comment
Énée a-t-il pu trouver l'endroit que lui désignait
Palinure, puisque la ville de Vélia n'a été bâtie
sur le rivage de Lucanie que plus de six cents
ans après l'arrivée d'Énée en Italie, sous le règne
de Servius Tullius ? En effet, les Phocéens, chassés de leur pays par Harpalus, lieutenant de
Cyrus, s'en allèrent fonder les uns Vélia, les
autres Massilie. Il est donc ridicule de prier Énée
de retourner au port de Vélia, puisque le nom
même de cette ville n'existait pas. On peut être
moins sévère pour ce passage du premier livre :
« Exilé par le destin, il vint en Italie, sur le
« rivage de Lavinium ; »
et pour cet autre du sixième livre :
« Enfin il se posa d'un vol léger sur la citadelle
« de Chalcis. »

« atque ferto oportet : unguium Dialis et capilli segmina
« subter arborem felicem terra operiuntur. Dialis cotidie
« festatus est ; sine apice sub divo esse licitum non est :
« sub tecto uti liceret, non pridem a pontificibus constitu-
« tum. » Massurius Sabinus scripsit, et alia [talia] quædam
remissa : gratiaque aliquot cærimoniarum facta dicitur :
« farinam fermento imbutam attingere ei fas non est :
« tunicam intimam, nisi in locis tectis, non exuit, ne
« sub cœlo, tanquam sub oculis Jovis, nudus sit : super
« flaminem Dialem in convivio, nisi rex sacrificulus,
« haud quisquam alius accumbit : uxorem si amisit,
« flaminio decedit : matrimonium flaminis nisi morte
« dirimi non est jus : locum, in quo bustum est, nun-
« quam ingreditur : mortuum nunquam attingit : funus
« tamen exsequi non est religio. Eædem ferme cærimoniæ
« sunt, quas flaminicas Dialis seorsum aiunt observitare ;
« veluti est : quod venenato operitur : et quod in rica
« surculum de arbore felici habet : et quod scalas, [nisi]
« quæ Græcæ appellantur, eas ascendere ei plus tribus
« gradibus religiosum est : atque etiam cum it ad Argeos,
« quod neque comit caput neque capillum depectit. »
Verba prætoris ex edicto perpetuo de flamine Diali et
sacerdote Vestæ adscripsi : SACERDOTEM. VESTALEM. ET.
FLAMINEM. DIALEM. IN. OMNI. MEA. JURISDICTIONE. JURARE.
NON. COGAM. Verba M. Varronis ex secundo *Rerum Divinarum* super flamine Diali hæc sunt : « Is solus album
« habet galerum, vel quod maximus est, vel quod Jovi
« immolata hostia alba fieri oporteat. »

CAPUT XVI.

Quos errores Julius Higinus in sexto Virgilii animadverterit,
in historia Romana erratos.

Reprehendit Higinus Virgilium, correcturumque eum
fuisse existimat, quod in libro sexto scriptum est. Palinurus est apud inferos, petens ab Ænea, ut suum corpus
requirendum et sepeliendum curet ; is hoc dicit :

Eripe me his, invicte, malis : aut tu mihi terram
Injice, namque potes, portusque require Velinos.

Quo, inquit, modo aut Palinurus novisse et nominare
potuit portus *Velinos*, aut Æneas ex eo nomine locum
invenire, cum Velia oppidum, a quo portum, qui in eo
loco est, Velinum dixit, Servio Tullio Romæ regnante,
post annum amplius sexcentesimum, quam Æneas in
Italiam venit, conditum in agro Lucano et eo nomine appellatum est ? Nam qui ab Harpalo, inquit, regis Cyri præfecto, ex terra Phocide fugati sunt, alii Veliam, partim
Massiliam condiderunt. Inscitissime igitur petit, ut Æneas
portum Velinum requirat, cum id nomen eo tempore
fu[er]it nusquam gentium. Neque simile, inquit, illud
videri debet ; quod est in primo carmine :

Italiam fato profugus Lavinaque venit
Littora.

Et æque in sexto libro :

Chalcidicaque levis tandem superadstitit arce ;

quoniam poëtæ ipsi quædam κατὰ πρόληψιν historiæ

Le poëte, parlant en son nom, peut bien *par anticipation* faire figurer dans ses vers des faits qu'il a pu apprendre dans l'histoire : ainsi Virgile savait qu'une ville avait porté le nom de Lavinium, que les habitants de Chalcis avaient fondé une colonie en Italie. Mais Palinure, comment aurait-il pu connaître ce qui n'a eu lieu que six cents ans après lui ? à moins qu'on ne dise qu'il l'a deviné, profitant du privilége dont jouissent les morts. Mais quand cela serait (et Virgile n'en parle pas), Énée, qui n'était pas devin, pouvait-il retourner au port de Vélia, dont le nom, nous l'avons dit, n'existait pas? Voici une autre erreur qu'Higinus relève, et qu'il croit que Virgile aurait corrigée aussi. Virgile met Thésée au nombre de ceux qui sont descendus aux enfers et en sont revenus, dans le vers suivant :

« Parlerai-je de Thésée, du grand Alcide? Et
« moi aussi je descends de Jupiter. »

Le poëte dit ensuite :

« Le malheureux Thésée est assis, et demeurera
« assis éternellement. »

Comment pourra-t-il demeurer assis éternellement, lui qui tout à l'heure faisait partie de ceux qui ont pu descendre aux enfers et en revenir? Observez même que Thésée, selon la fable, fut détaché par Hercule de la pierre où il était assis, et ramené au jour. Virgile est également en faute dans les vers suivants :

« Il détruira Argos et Mycène, patrie d'Aga-
« memnon ; et, vainqueur de l'Éacide, descendant
« du terrible Achille, il vengera les Troyens ses
« ancêtres, et le temple profané de Minerve. »

C'est confondre et les hommes et les temps. La guerre contre les Achéens, et celle que Rome eut avec Pyrrhus, n'ont pas eu lieu à la même époque. Pyrrhus, que Virgile appelle Éacide, ayant passé de l'Épire en Italie, eut à combattre contre Manius Curius, qui commandait les troupes romaines dans cette guerre; mais la guerre Argienne ou Achaïque fut faite longtemps après par L. Mummius. On peut donc, dit Higinus, retrancher le second vers, où il est mal à propos parlé de Pyrrhus, et que Virgile aurait certainement supprimé.

CHAPITRE XVII.

Motif pour lequel Démocrite se priva de la vue. Vers élégants de Labérius à ce sujet.

On lit dans les écrits historiques des Grecs que Démocrite, ce sage vénérable, ce philosophe fameux par son savoir, se priva volontairement de la vue. Il pensa que ses idées, dans la recherche des causes naturelles, auraient plus de justesse et de force si elles n'étaient pas troublées par les plaisirs et les distractions que ce sens fait naître. La manière ingénieuse dont il s'ôta facilement l'usage des yeux a été décrite par Labérius, dans son *Cordier*, en vers élégants et expressifs. Mais Labérius prête une autre intention au philosophe : et voici par quel rapprochement heureux il introduit ce trait dans sa pièce. Le personnage qui parle dans le poëme est un riche, économe jus-

---

dicere ex sua persona concedi solet, quæ facta ipse postea scire potuit : sicut Virgilius scivit de Lavinio oppido et de colonia Chalcid[ic]ensi. Sed Palinurus qui potuit, inquit, scire ea, quæ post annos sexcentos facta sunt? Nisi quis eum divinasse apud inferos putat, perinde ut animæ defunctorum solent. Sed et si ita accipias, quamquam non ita dicitur, Æneas tamen, qui non divinabat, quo pacto potuit requirere portum Velinum, cui nomen tunc, sicut diximus, nullum usquam fuit? Item hoc quoque in eodem libro reprehendit, et correcturum esse Virgilium putat, nisi mors occupasset. Nam cum Thesea, inquit, inter eos nominasset, qui ad inferos adissent ac redissent, dixissetque :

—— Quid Thesea, magnum
Quid memorem Alciden? et mi genus ab Jove summo est;

postea tamen infert :

—— Sedet, æternumque sedebit
Infelix Theseus.

Qui autem, inquit, fieri potest, ut æternum apud inferos sedeat, quem supra cum iis nominat, qui descenderint illuc, atque inde rursum evaserint; præsertim cum ita sit fabula de Theseo, atque si Hercules eum evellerit e petra, et in lucem ad superos eduxerit. Item in his versibus errasse Virgilium dicit :

Eruet ille Argos Agamemnoniasque Mycenas,
Ipsumque Æaciden, genus armipotentis Achilli;
Ultus avos Trojæ, templa et temerata Minervæ.

Confudit, inquit, et personas diversas et tempora. Nam neque eodem tempore neque per eosdem homines cum Achæis et cum Pyrrho bellatum est. Pyrrhus enim, quem dicit Æaciden, de Epiro in Italiam transgressus cum Romanis depugnavit adversus Manium Curium in eo bello ducem. Argivum autem bellum, id est, Achaicum, multis post annis a L. Mummio imperatore gestum est. Potest, inquit, igitur medius eximi versus, qui de Pyrrho importune immissus est, quem Virgilius procul dubio exempturus, inquit, fuit.

CAPUT XVII.

Quam ob causam et quali modo Democritus philosophus luminibus oculorum sese privaverit ; et super ea re versus Laberii, pure admodum et venuste facti.

Democritum philosophum in monumentis Græciæ historiæ scriptum est, virum præter alios venerandum, auctoritateque antiqua præditum, luminibus oculorum sua sponte se privasse, quia existimaret, cogitationes commentationesque animi sui in contemplandis naturæ rationibus vegetiores et exactiores fore, si eas videndi illecebris et oculorum impedimentis liberasset. Id factum ejus modumque ipsum, quo cæcitatem facile sollertia subtilissima conscivit, Laberius poëta in mimo, quem scripsit *Restionem*, versibus quidem, satis munde atque graphice factis, descripsit; sed causam voluntariæ cæcitatis finxit aliam : vertitque in eam rem, quam tum agebat,

qu'à l'avarice, qui déplore le luxe et la prodigalité d'un jeune homme. Je cite les vers :

« Démocrite d'Abdère, physicien et philosophe, « plaça un bouclier en face de l'orient, afin que « l'éclat de l'airain paralysât ses yeux. Il voulut « perdre l'usage de la vue, pour ne pas voir les « mauvais citoyens dans la prospérité. Et moi « je veux, sur la fin de ma vie, que l'éclat de l'or « étincelant me rende aveugle, afin que je ne voie « pas dans les plaisirs un indigne fils. »

CHAPITRE XVIII.

Histoire d'Artémise. Combat d'écrivains célèbres auprès du tombeau de Mausole.

On dit qu'Artémise eut pour son époux Mausole un amour extraordinaire, au-dessus des passions célèbres que nous retrace la fable, au-dessus de tout ce qu'on peut attendre de la tendresse humaine. Mausole fut, selon Cicéron, roi de la Carie ; selon certains historiens grecs, gouverneur ou satrape de la province de Grèce. Après sa mort, Artémise serrant son corps entre ses bras, et l'arrosant de ses larmes, le fit porter au tombeau avec un magnifique appareil. Ensuite, dans l'ardeur de ses regrets, elle fit mêler les os et les cendres de son époux à des parfums, les fit réduire en poussière, les mêla dans sa coupe avec de l'eau, et les avala. Elle donna encore d'autres marques d'un violent amour. Elle fit élever à grands frais, pour conserver la mémoire de son époux, ce sépulcre fameux, qui mérita d'être compté au nombre des sept merveilles du monde. Le jour où elle dédia le monument aux mânes de Mausole, elle établit un concours pour célébrer les louanges de son époux ; le prix était une somme considérable d'argent, et d'autres récompenses magnifiques. Des hommes distingués par leur génie et leur éloquence vinrent disputer le prix ; c'était Théopompe, Théodecte, Naucritès. On a même dit qu'Isocrate avait concouru. Quoi qu'il en soit, Théopompe fut proclamé vainqueur. Il était disciple d'Isocrate. Nous avons encore de Théodecte la tragédie qu'il composa sous le nom de *Mausole*. Ce poème de Théodecte fut plus goûté que sa prose, si l'on en croit Higinus dans ses *Exemples*.

CHAPITRE XIX.

Qu'on ne justifie pas ses fautes en alléguant l'exemple de ceux qui en ont commis de semblables. Paroles de Démosthène à ce sujet.

Le philosophe Taurus adressait, à un jeune homme qui venait de passer de l'école d'un rhéteur dans la sienne, une réprimande vive et sévère sur une action contraire à l'honnêteté et à la justice. Le disciple ne niait pas sa faute, mais il alléguait la coutume. Il voulait couvrir sa honte des exemples d'autrui, et invoquait l'indulgence qu'on accorde aux fautes devenues générales. Taurus, que cette défense irritait davantage, s'écria : « Jeune insensé, si les philosophes ni la philosophie ne peuvent te prémunir contre la séduction des mauvais exemples, ne te souvient-

---

non inconcinniter. Est enim persona, quæ hoc apud Laberium dicit, divitis avari et parci, sumtum plurimum asotiamque adolescentis viri deplorantis. Versus Laberiani [hi] sunt :

Democritus Abderites physicus philosophus
Clypeum constituit contra exortum Hyperionis,
Oculos effodere ut posset splendore æreo.
Ita radiis solis aciem effodit luminis,
Malis bene esse ne videret civibus.
Sic ego fulgentis splendorem pecuniæ
Volo lucificare exitum ætati meæ ;
Ne in re bona esse videam nequam filium.

CAPUT XVIII.

Historia de Artemisia, deque eo certamine, quod apud Mausoli sepulcrum a scriptoribus inclitis decertatum est.

Artemisia Mausolum virum amasse fertur supra omnis amorum fabulas, ultraque affectionis humanæ fidem. Mausolus autem fuit, ut M. Tullius ait, rex terræ Cariæ ; ut quidam græcarum historiarum scriptores dicunt, provinciæ Græciæ præfectus ; quem σατράπην Græci vocant. Is Mausolus ubi fato perfunctus est, et inter lamenta et manus uxoris funere magnifico sepultus est, Artemisia, luctu atque desiderio mariti flagrans uxor, ossa cineremque ejus, mixta odoribus contusaque in pulveris faciem, aquæ indidit, ebibitque : multaque alia violenti amoris indicia fecisse dicitur. Molita quoque est ingenti impetu operis, conservandæ mariti memoriæ, sepulcrum illud memoratissimum, dignatumque numerari inter septem omnium terrarum spectacula. Id monumentum Artemisia cum diis Manibus Sacris Mausoli dicaret, ἀγῶνα, [id est certamen] laudibus ejus dicundis, facit ; poniique præmia pecuniæ aliarumque rerum bonarum amplissima. Ad eas laudes decertandas venisse dicuntur viri nobiles ingenio atque lingua præstabili, Theopompus, Theodectes, Naucrites. Sunt etiam qui Isocratem ipsum cum iis certavisse memoriæ mandaverint. Sed eo certamine vicisse Theopompum judicatum est. Is fuit Isocratis discipulus. Exstat nunc quoque Theodecti tragœdia, quæ inscribitur *Mausolus* : in qua eum magis, quam in prosa, placuisse Higinus in *Exemplis* refert.

CAPUT XIX.

Non purgari neque levari peccatum, cum prætenditur peccatorum, quæ alii quoque peccaverunt, similitudo : atque inibi verba ex oratione super ea re Demosthenis.

Incessebat quempiam Taurus philosophus severa atque vehementi objurgatione adolescentem a rhetoribus et a facundiæ studio ad disciplinas philosophiæ transgressum : quod factum quidam esse ab eo diceret inhoneste et improbe : at ille non ibat infitias, fecisse, sed id solitum esse fieri defendebat, turpitudinemque delicti exemplorum usu et consuetudinis venia deprecabatur. Atque ibi Taurus isto ipso defensionis genere irritatior : Homo, inquit,

il plus du moins d'une pensée de votre grand modèle, de Démosthène? Cette pensée, revêtue d'une forme ingénieuse et habilement cadencée, a pu se graver dans ta mémoire de rhétoricien, comme un modèle d'élégance et d'harmonie. Si je n'ai pas oublié ce que j'ai appris dans ma première enfance, voici ce que disait cet orateur à un homme qui prétendait comme toi justifier sa faute par les fautes d'autrui : « Ne me dis pas « que cela est souvent arrivé, mais que cela est « bien. Que d'autres aient violé les lois, que tu aies « suivi leur exemple, qu'importe? Ce n'est pas là « une raison pour t'absoudre : c'en est une, au con- « traire, pour te punir. Car si quelqu'un de ceux-là « avaient été punis, tu n'aurais pas fait rendre « ce décret; de même, si tu es puni aujourd'hui, « personne ne sera tenté de t'imiter. » C'est ainsi que Taurus, par des exhortations et des autorités de tout genre, enseignait à ses élèves à vivre selon les principes de la vertu.

CHAPITRE XX.

Qu'est-ce qu'une *rogation*, qu'une *loi*, qu'un *plébiscite*, qu'un *privilége*?

J'entends demander ce que c'est qu'une *loi*, qu'un *plébiscite*, qu'une *rogation*, qu'un *privilége*. Capiton, très-versé dans le droit public et privé, a ainsi défini la loi : « La loi est un décret « général du *populus* ou de la *plebs* sur la de- « mande d'un magistrat. » Si cette définition est juste, on ne doit pas donner le nom de lois aux décrets sur le commandement de Pompée, sur le retour de Cicéron, sur le meurtre de P. Clodius, ni à tant d'autres décrets du *populus* ou de la *plebs*, qui ne furent pas des décrets généraux, puisqu'ils ne regardaient pas l'ensemble des citoyens, mais seulement quelques particuliers. Il faut les appeler plutôt *priviléges*, du vieux mot *priva*, auquel nous avons substitué *singula*. Ce vieux mot se trouve dans les satires de Lucilius, au livre premier :

. . . . . Abdomina thynni
Advenientibus priva dabo, cephaleaque, acarne.

« Ceux qui viendront auront pour leur part le « ventre et la tête d'un thon. »

Capiton a distingué dans sa définition le *populus* de la *plebs*. Le *populus* se composait de tous les ordres de la cité : la *plebs*, c'était le peuple, moins les familles patriciennes. Le plébiscite est ainsi, selon Capiton, une loi reçue par la *plebs* et non par le *populus*. Mais qu'un décret vienne du *populus* ou de la *plebs*, qu'il regarde l'ensemble des citoyens ou les particuliers, qu'il s'appelle loi, privilége ou plébiscite, il a sa source dans la *rogation*. Tout cela est, en effet, renfermé dans le terme général de *rogation*; puisque, si le *populus* ou la *plebs* ne sont pas consultés (*rogantur*), ils ne peuvent rien décréter. Quoique ces principes soient incontestables, vous ne trouverez pas dans les vieux écrits une grande différence entre tous ces mots. Les plébiscites et les priviléges y sont appelés du nom de lois, et les lois, les priviléges et les plébiscites sont confondus sous le nom de *rogation*. Salluste lui-même, qui tenait singulièrement à la justesse des termes, s'est laissé al-

stulte et nihili, si te a malis exemplis auctoritates et rationes philosophiæ non abducunt; ne illius quidem Demosthenis vestri sententiam tibi in mentem venit? quæ, quia lepidis et venustis vocum modis vincta est, quasi quædam cantilena rhetorica, facilius adhærere memoriæ tuæ potuit. Nam si me, inquit, non fallit, quod quidem in primori pueritia legerim, verba hæc sunt Demosthenis, adversus eum, qui, ut tu nunc facis, peccatum suum peccatis alienis exemtum purgatumque ibat : Σὺ δὲ μὴ λέγε, ὡς γέγονεν οὕτω πολλάκις· ἀλλ' ὡς προσήκει γίγνεσθαι· οὐ γάρ, εἴ τι πώποτε μὴ κατὰ τοὺς νόμους ἐπράχθη, σὺ δὲ τοῦτο ἐμιμήσω, διὰ τοῦτο ἀποφύγοις ἂν δικαίως· ἀλλὰ πολλῷ μᾶλλον ἁλίσκοιο. Ὥσπερ γὰρ εἴ τις ἐκείνων προήλω, σὺ τάδ' οὐκ ἂν ἔγραψας, οὕτως, ἂν σὺ νῦν ἁλῷς, ἄλλος οὐ γράψει. Sic Taurus omni suasionum admonitionumque genere utens sectatores suos ad rationes bonæ inculpatæque indolis ducebat.

CAPUT XX.

Quid sit *rogatio*, quid *lex*, quid *plebiscitum*, quid *privilegium*, et quantum omnia ista differant.

Quæri audio, quid *lex* sit, quid *plebiscitum*, quid *rogatio*, quid *privilegium*. Atteius Capito, publici privatique juris peritissimus, quid *lex* esset, hisce verbis definivit : « Lex, » inquit, « est generale jussum populi aut a plebis, rogante magistratu. » Ea definitio si probe facta est; neque de imperio Cn. Pompeii, neque de reditu M. Ciceronis, neque de cæde P. Clodii quæstio, neque alia id genus populi plebisve jussa, *leges* vocari possunt. Non sunt enim generalia jussa, neque de universis civibus, sed de singulis concepta : quocirca *privilegia* potius vocari debent, quia veteres *priva* dixerunt, quæ nos *singula* dicimus; quo verbo Lucilius in primo Satirarum libro usus est :

——abdomina thynni
Advenientibus priva dabo, cephaleaque, acarne.

Plebem autem Capito in eadem definitione seorsum a populo divisit : quoniam in populo omnis pars civitatis omnesque ejus ordines contineantur; plebes vero ea dicitur, in qua gentes civium patriciæ non insunt. *Plebiscitum* igitur est, secundum eum Capitonem, lex, quam plebes, non populus, accipit; sed totius hujus rei jurisque, sive cum populus, sive cum plebes rogatur, sive quod ad universos pertinet, caput ipsum et origo et quasi fons *rogatio* est. Ista enim omnia vocabula censentur continenturque *rogationis* principali genere et nomine; nam, nisi populus aut plebes rogetur, nullum plebis aut populi jussum fieri potest. Sed quanquam hæc ita sunt, in veteribus tamen scriptis non magnam vocabulorum istorum differentiam esse animadvertimus. Nam et *plebiscita* et *privilegia* translato nomine *leges* appellaverunt; eademque omnia confuso et indistincto vocabulo *rogationes* dixerunt. Sallustius quoque proprietatum in verbis retinentissimus consuetudini

ler à l'usage, et a nommé loi le privilége qui eut pour objet le retour de Cn. Pompée : « Sylla, dit-il « dans le second livre de ses *Histoires*, avait « voulu, durant son consulat, faire passer une *loi* « sur le retour de Pompée ; mais le tribun du « peuple C. Hérennius l'en avait empêché. »

CHAPITRE XXI.

Pourquoi Cicéron a-t-il évité constamment de se servir des mots *novissimus* et *novissime* ?

Il est un assez grand nombre de mots depuis longtemps usités, dont il est certain que Cicéron n'a pas voulu se servir, parce qu'il ne les approuvait pas. Au nombre de ces mots étaient *novissimus* et *novissime*. Salluste et M. Caton, et d'autres de la même époque, les ont employés sans scrupule ; beaucoup de savants distingués leur ont donné place dans leurs écrits ; et lui, cependant, paraît les avoir évités comme des mots qui n'étaient pas latins. L. Ælius Stilon, un des hommes les plus instruits de l'époque de Cicéron, eut là-dessus le même scrupule. Voici quelle est l'opinion de Varron sur ce mot ; je la trouve dans son sixième livre *Sur la langue latine*, dédié à Cicéron. « L'usage s'est introduit de désigner par *novissi-* « *mus* ce qu'on appelait généralement *extremus* ; « j'ai souvenir qu'Ælius et d'autres vieillards évi- « taient ce mot comme trop nouveau. En voici l'o- « rigine : de même que de *vetus* on a fait *vetustius* « et *veterrimum*, ainsi de *novus* on a tiré « *novius* et *novissimum*. »

CHAPITRE XXII.

Passage du Gorgias de Platon, où l'on adresse aux philosophes des reproches qui s'appliquent très justement à la fausse philosophie, mais dont les esprits ignorants et prévenus s'arment à tort contre la vraie.

Platon, ami de la vérité, toujours prêt à la montrer aux hommes, nous enseigne ce qu'il faut penser de ces lâches désœuvrés qui parent du nom de la philosophie l'inutilité de leur loisir et l'obscurité de leur bavardage. La leçon qu'il donne là-dessus, pour être dans la bouche d'un personnage sans autorité, n'en est pas moins l'expression sincère de sa pensée. Sans doute, Calliclès, qu'il fait parler, ignore la vraie philosophie, et adresse aux philosophes d'indignes outrages. Profitons toutefois de ses paroles ; car elles sont pour nous un avertissement secret de ne pas mériter de tels reproches, et de ne pas cacher sous une apparence de zèle pour la philosophie une oisiveté frivole et honteuse. Le passage dont je parle se trouve dans le Gorgias ; je me contente ici de le transcrire : car, lors même qu'il ne serait pas impossible de faire passer dans la langue latine les beautés du style de Platon, mon insuffisance m'interdirait de l'essayer. « La philoso- « phie, Socrate, est une chose amusante quand on « s'en occupe modérément dans la première jeu- « nesse ; si l'on s'y arrête plus longtemps qu'il ne « faut, elle est pour nous un fléau. Car, fût-on doué « du naturel le plus heureux, si l'on se livre à la « philosophie dans un âge avancé, on reste nécessai- « rement neuf en toutes les choses qu'il faut savoir « pour devenir un homme comme il faut, et obte-

---

concessit, et *privilegium*, quod de Cn. Pompeii reditu ferebatur, *legem* appellavit. Verba ex secunda ejus historia hæc sunt : « Nam Sullam consulem de reditu ejus legem « ferentem ex composito Tr. Pl. C. Herennius prohibuerat. »

CAPUT XXI.

Quam ob causam [M.] Cicero his omnino verbis : *novissime* et *novissimus* [uti] observantissime vitarit.

Non paucis verbis, quorum frequens usus est nunc, et fuit, M. Ciceronem noluisse uti manifestum est, quod ea non probaret ; velut est [et] *novissimus* et *novissime*. Nam cum et M. Cato et Sallustius et alii quoque ætatis ejusdem verbo isto promiscue usitati sint, multi etiam non indocti viri in libris id suis scripserint, abstinuisse eo tamen tanquam non latino videtur : quoniam qui doctissimus eorum temporum fuerat, L. Ælius Stilo, ut novo et improbo verbo, uti vitaverat. Propterea, quid M. quoque Varro de ista voce existimaverit, verbis ipsius Varronis ex libro *De Lingua latina ad Ciceronem* sexto demonstrandum putavi : « Quod *extremum*, » inquit, « dicebatur, dici no- « *vissimum* cœptum vulgo ; quod mea memoria ut Ælius, « sic senes alii, quod nimium novum verbum esset, vita- « bant : cujus origo, ut a vetere vetustius ac veterrimum : « sic a novo declinatum novius et novissimum. »

CAPUT XXII.

Locus exemtus ex Platonis libro, qui inscribitur *Gorgias*, de falsæ philosophiæ probris, quibus philosophos temere incessunt, qui emolumenta veræ philosophiæ ignorant.

Plato, veritatis homo amicissimus, ejusque omnibus exhibendæ promtissimus, quæ omnino dici possint in desides istos ignavosque, qui obtentu philosophiæ nominis inutile otium et linguæ vitæque tenebras sequuntur, ex persona quidem non gravi neque idonea, vere tamen ingenueque dixit. Nam etsi Callicles, quem dicere hæc facit, veræ philosophiæ ignarus, inhonesta indignaque in philosophos confert : perinde tamen accipienda sunt quæ dicuntur, ut nos sensim moneri intelligamus, ne ipsi quoque culpationes hujuscemodi mereamur, neve inerti inanique desidia cultum et studium philosophiæ mentiamur. Verba ipsa super hac re Platonis ex libro, qui appellatur *Gorgias*, scripsi : quoniam vertere ea consilium non fuit, cum ad proprietates eorum nequaquam possit latina oratio aspirare, ac multo minus etiam mea : Φιλοσοφία γάρ τοι ἐστιν, ὦ Σώκρατες, χαρίεν, ἄν τις αὐτοῦ μετρίως ἅψηται ἐν τῇ ἡλικίᾳ· ἐὰν δὲ περαιτέρω τοῦ δέοντος ἐνδιατρίψῃ, διαφθορά τῶν ἀνθρώπων. Ἐὰν γὰρ καὶ πάνυ εὐφυὴς ᾖ, καὶ πόρρω τῆς ἡλικίας φιλοσοφῇ, ἀνάγκη πάντων ἄπειρον γεγονέναι ἐστὶν, ὧν χρὴ ἔμπειρον εἶναι τὸν μέλλοντα καλὸν κἀγαθὸν καὶ εὐδόκιμον ἔσεσθαι ἄνδρα. Καὶ γὰρ τῶν νόμων ἄπειροι γίγνονται τῶν κατὰ τὴν πόλιν, καὶ τῶν λόγων, οἷς δεῖ χρώμενον ὁμιλεῖν

« nir de la considération. On ignore les lois de la
« cité, le langage dont il faut se servir pour traiter
« dans le monde les affaires publiques ou privées;
« on n'a aucune expérience des plaisirs et des pas-
« sions des hommes, et de tout ce qu'on appelle les
« mœurs. Aussi vient-on à se trouver engagé dans
« quelque affaire domestique ou civile, on est ri-
« dicule, comme le sont aussi, je crois, les politi-
« ques lorsqu'ils assistent à vos réunions et à vos
« entretiens. Car rien n'est plus vrai que ce que
« dit Euripide :

« Chacun s'applique aux choses où il excelle,
« y consacrant la plus grande partie du jour, afin
« de se surpasser lui-même. »

« Au contraire est-on sans talent pour un art,
« on s'en éloigne, et on l'insulte; tandis qu'on
« loue celui où on excelle, par complaisance pour
« soi-même, et croyant faire ainsi son propre
« éloge. Au reste, le mieux, selon moi, c'est d'étu-
« dier l'un et l'autre. Il est bon d'avoir une teinture
« de philosophie; c'est un moyen de cultiver son
« esprit, et il n'y a pas de honte à philosopher
« dans la jeunesse. Mais dans un âge plus avancé,
« Socrate, philosopher encore ! cela devient ridi-
« cule. Pour moi, les philosophes me font le même
« effet que ceux qui bégayent et s'amusent à jouer.
« Car, lorsque je vois un enfant, à qui cela convient
« encore, bégayer en parlant et jouer, cela me
« plaît, cela me paraît gracieux, noble, et séant au
« premier âge. Mais que j'entende un enfant arti-
« culer avec précision, cela me choque, me blesse
« l'oreille, et me paraît sentir l'esclave. Au con-
« traire, si c'est un homme qu'on entend balbutier,
« ou qu'on voit folâtrer, la chose paraît ridicule,
« inconvenante pour cet âge, et digne du fouet.
« Or voilà précisément l'effet que me font ceux
« qui se livrent à la philosophie. Si je vois un
« jeune homme s'y appliquer, j'en suis ravi, je
« trouve cela fort convenable; je pense que ce
« jeune homme a une âme noble. S'il la dédai-
« gne au contraire, je conçois de lui une opinion
« toute différente, et je le regarde comme inca-
« pable de rien faire de beau et de généreux. Mais
« un homme plus âgé qui philosophe encore, qui
« n'a pas renoncé à cette étude, en vérité, So-
« crate, je le tiens digne du fouet. Car, je le disais
« tout à l'heure, cet homme, fût-il doué le plus
« heureusement, cesse d'être homme, puisqu'il
« fuit les lieux fréquentés de la ville, et la place
« publique, où se forment les hommes, selon le
« poëte, et qu'il passera le reste de sa vie dans
« un coin, à babiller avec trois ou quatre enfants,
« sans proférer jamais une parole noble, grande,
« ou bonne à quelque chose. Pour moi, Socrate,
« j'ai pour toi de la bienveillance et de l'amitié :
« voilà pourquoi j'éprouve dans ce moment à ton
« égard les mêmes sentiments que Zéthus témoi-
« gne à Amphion dans Euripide, que j'ai cité tout
« à l'heure; et il me vient envie de t'adresser un
« discours semblable à celui que ce personnage
« tient à son frère : Tu négliges, Socrate, ce qui
« devrait t'occuper; tu dépares un naturel si géné-
« reux par un malheureux enfantillage; tu te rends
« incapable de proposer un avis dans les délibé-
« rations relatives à la justice, de saisir dans une
« affaire ce qui peut opérer la persuasion, ou de
« suggérer une résolution généreuse. Eh quoi !
« Socrate, (ne t'offense pas de mes paroles; c'est

ἐν τοῖς συμβολαίοις τοῖς ἀνθρώποις, καὶ ἰδίᾳ καὶ δημοσίᾳ,
καὶ τῶν ἡδονῶν τε καὶ ἐπιθυμιῶν τῶν ἀνθρωπείων, καὶ συλ-
λήβδην τῶν ἠθῶν παντάπασιν ἄπειροι γίγνονται. Ἐπειδὰν
οὖν ἔλθωσιν εἴς τινα ἰδίαν ἢ πολιτικὴν πρᾶξιν, καταγέλαστοι
γίγνονται ὥσπερ γε, οἶμαι, οἱ πολιτικοί, ἐπειδὰν αὖ εἰς τὰς
ὑμετέρας διατριβὰς ἔλθωσι καὶ τοὺς λόγους, καταγέλαστοί
εἰσι· συμβαίνει γὰρ τὸ τοῦ Εὐριπίδου·

Λαμπρός τ' ἐστὶν ἕκαστος ἐν τούτῳ, κἀπὶ τοῦτ' ἐπείγεται,
Νέμων τὸ πλεῖστον ἡμέρας τούτῳ μέρος,
Ἵν' αὐτὸς αὑτοῦ τυγχάνῃ βέλτιστος ὤν.

Ὅπου δ' ἂν φαῦλος ᾖ, ἐντεῦθεν φεύγει, καὶ λοιδορεῖ τούτῳ·
τὸ δ' ἕτερον ἐπαινεῖ εὐνοίᾳ τῇ ἑαυτοῦ, ἡγούμενος οὕτως αὐτὸς ἑαυτὸν ἐπαινεῖν. Ἀλλ', οἶμαι, τὸ ὀρθότατόν ἐστιν, ἀμφο-
τέρων μετασχεῖν. Φιλοσοφίας μὲν, ὅσον παιδείας χάριν, καλὸν
μετέχειν, καὶ οὐκ αἰσχρὸν μειρακίῳ ὄντι φιλοσοφεῖν· ἐπειδὰν
δὲ ἤδη πρεσβύτερος ὢν ἄνθρωπος ἔτι φιλοσοφῇ, καταγέλαστον,
ὦ Σώκρατες, τὸ χρῆμα γίγνεται. Καὶ ἔγωγε ὁμοιότατον
πάσχω πρὸς τοὺς φιλοσοφοῦντας, ὥσπερ πρὸς τοὺς ψελλιζο-
μένους καὶ παίζοντας. Ὅταν μὲν γὰρ παιδίον ἴδω, ᾧ ἔτι
προσήκει διαλέγεσθαι, οὕτω ψελλιζόμενον καὶ παῖζον, χαίρω
τε, καί μοι χαρίεν μοι φαίνεται καὶ ἐλευθέριον καὶ πρέπον τῇ τοῦ
παιδίου ἡλικίᾳ· ὅταν δὲ σαφῶς διαλεγομένου παιδαρίου ἀ-
κούσω, πικρόν τί μοι δοκεῖ χρῆμα εἶναι, καὶ ἀνιᾷ μου τὰ
ὦτα, καί μοι δοκεῖ δουλοπρεπές τι εἶναι· ὅταν δὲ ἀνδρὸς
ἀκούσῃ τις ψελλιζομένου, ἢ παίζοντα ὁρᾷ, καταγέλαστον
φαίνεται, καὶ ἄνανδρον καὶ πληγῶν ἄξιον. Ταὐτὸν οὖν ἔγωγε

τοῦτο πάσχω καὶ πρὸς τοὺς φιλοσοφοῦντας. Παρὰ νέῳ μὲν
γὰρ μειρακίῳ ὁρῶν φιλοσοφίαν, ἄγαμαι, καὶ πρέπειν μοι
δοκεῖ, καὶ ἡγοῦμαι ἐλεύθερόν τινα εἶναι τοῦτον τὸν ἄνθρωπον·
τὸν δὲ μὴ φιλοσοφοῦντα, ἀνελεύθερον, καὶ οὐδέποτε οὐδενὸς
ἀξιώσοντα ἑαυτὸν οὔτε καλοῦ, οὔτε γενναίου πράγματος· ὅταν
δὲ δὴ πρεσβύτερον ἴδω ἔτι φιλοσοφοῦντα, καὶ μὴ ἀπαλλαττό-
μενον, πληγῶν μοι δοκεῖ ἤδη δεῖσθαι, ὦ Σώκρατες, οὗτος ὁ
ἀνήρ. Ὃ γὰρ νῦν δὴ ἔλεγον, ὑπάρχει τούτῳ τῷ ἀνθρώπῳ,
κἂν πάνυ εὐφυὴς ᾖ, ἀνάνδρῳ γενέσθαι, φεύγοντι τὰ μέσα τῆς
πόλεως καὶ τὰς ἀγοράς, ἐν αἷς ἔφη ὁ ποιητὴς τοὺς ἄνδρας ἀ-
ριπρεπεῖς γίγνεσθαι· καταδεδυκότι δὲ τὸν λοιπὸν βίον βιῶναι
μετὰ μειρακίων, ἐν γωνίᾳ τριῶν ἢ τεττάρων ψιθυρίζοντα,
ἐλευθέρον δὲ καὶ μέγα καὶ ἱκανὸν μηδέποτε φθέγξασθαι. Ἐγὼ
δὲ, ὦ Σώκρατες, πρός σε ἐπιεικῶς ἔχω καὶ φιλικῶς. Κινδυ-
νεύω οὖν πεπονθέναι νῦν, ὅπερ ὁ Ζῆθος πρὸς τὸν Ἀμφίονα ὁ
Εὐριπίδου, οὗπερ ἐμνήσθην. Καὶ γὰρ ἐμοὶ τοιαῦτ' ἄττα ἐπέρ-
χεται πρός σε λέγειν, οἷάπερ ἐκεῖνος πρὸς τὸν ἀδελφόν· ὅτι
ἀμελεῖς, ὦ Σώκρατες, ὧν δεῖ σε ἐπιμελεῖσθαι, καὶ φύσιν
ψυχῆς ὧδε γενναίαν μειρακιώδει τινὶ διαπρέπεις μορφώματι,
καὶ οὔτ' ἂν δίκης βουλαῖσι προσθεῖτο ἂν ὀρθῶς λόγον, οὔτ' εἰκὸς
ἂν καὶ πιθανὸν λάβοις, οὔθ' ὑπὲρ ἄλλου νεανικὸν βούλευμα
βουλεύσαιο. Καί τοι, ὦ φίλε Σώκρατες, (καί μοι μηδὲν ἀχ-
θεσθῇς· εὐνοίᾳ γὰρ ἐρῶ τῇ σῇ) οὐκ αἰσχρὸν δοκεῖ σοι εἶναι
οὕτως ἔχειν, ὡς ἐγὼ σε οἶμαι ἔχειν, καὶ τοὺς ἄλλους τοὺς
πόρρω ἀεὶ φιλοσοφίας ἐλαύνοντας; ; Νῦν γὰρ εἴ τις σοῦ λαβό-
μενος, ἢ ἄλλου ὁτουοῦν τῶν τοιούτων εἰς τὸ δεσμωτήριον

« par pure amitié que je te parle ainsi), ne trouves-
« tu pas honteux d'être ce que je crois que tu es,
« et que sont tous les hommes qui poussent au
« delà des limites l'étude de la philosophie? Si
« dans ce moment on venait te saisir, toi ou quel-
« que autre de ceux qui te ressemblent, et te traîner
« en prison, pour une faute dont tu serais inno-
« cent, sais-tu bien que tu serais fort embarrassé
« de ta personne, que la tête te tournerait, et que
« tu ouvrirais une grande bouche sans savoir que
« dire? Traduit devant le tribunal, quelque vil
« et méprisable que fût ton accusateur, tu serais
« mis à mort, s'il lui plaisait de demander contre
« toi cette peine. Or, quelle sagesse peut-il y avoir
« dans un art qui, trouvant un homme doué du
« plus heureux naturel, altère et gâte ses facultés,
« le rend incapable de s'aider lui-même, inhabile à
« se tirer lui ou les autres des plus grands périls,
« et l'expose à se voir dépouiller de tout par ses
« ennemis, et à vivre dans sa patrie sans considéra-
« tion et sans honneur? Je vais te paraître vio-
« lent; mais enfin, on peut frapper impunément
« sur la figure un homme de ce caractère. Ainsi,
« mon bon ami, écoute-moi, laisse là l'argumen-
« tation, cultive les belles choses, exerce-toi à
« quelque art qui te donne la réputation d'homme
« habile; laisse à d'autres toutes ces jolies choses
« qui ne sont que des extravagances ou des pué-
« rilités, et avec lesquelles tu finiras par « te trou-
« ver ruiné dans une maison vide; » songe à
« prendre pour modèle non ceux qui disputent
« sur ces subtilités, mais ceux qui ont du bien,
« du crédit, et qui jouissent des avantages de
« la vie. » Quoique ce discours, ainsi que je l'ai
dit, soit mis dans la bouche d'un personnage
sacrifié, Platon ne laisse pas d'y développer une
pensée juste, raisonnable, confirmée par le sens
commun, et dont la vérité ne peut pas être contestée. Sans doute, il ne parle pas de cette philosophie qui nous enseigne toutes les vertus, qui
nous instruit de nos devoirs envers les individus
et la société, et donne aux États, lorsqu'elle ne
rencontre pas d'obstacles, une administration sage,
forte et régulière. Platon attaque l'art futile et
puéril des vaines arguties, qui n'instruit l'homme
ni à défendre sa vie, ni à ordonner sa conduite;
art où l'on voit vieillir ces oisifs auxquels la multitude, de même que Calliclès, donne très-im-
proprement le nom de philosophes.

CHAPITRE XXIII.

Passage de Caton sur le régime et les mœurs des femmes dans l'ancienne Rome. Droit du mari sur la femme surprise en adultère.

Les auteurs qui ont traité des mœurs et des
coutumes du peuple romain, nous apprennent
que les femmes de Rome et du Latium devaient
être toute leur vie *abstemiæ*, c'est-à-dire s'abstenir de l'usage du vin, appelé *temetum* dans la
vieille langue. Le baiser qu'elles donnaient à
leurs parents servait d'épreuve : si elles avaient
bu du vin, l'odeur les trahissait, et elles étaient
réprimandées. Elles faisaient usage de piquette,
de liqueur faite avec des raisins cuits, d'hypocras,
et d'autres boissons douces. Je reproduis ces détails d'après les livres que j'ai cités. Caton nous
apprend qu'elles n'étaient pas seulement réprimandées pour avoir pris du vin, mais punies
aussi sévèrement que si elles avaient commis un
adultère. Je citerai ce passage de son discours
Sur les dots : « L'homme, à moins d'un divorce,

ἀπάγοι, φάσκων ἀδικεῖν, μηδὲν ἀδικοῦντα, οἶσθ' ὅτι οὐκ ἂν
ἔχοις ὅ, τι χρήσαιο σαυτῷ, ἀλλ' ἰλιγγιῴης ἂν καὶ χασμῷο,
οὐκ ἔχων ὅ, τι εἴποις· Καὶ εἰς τὸ δικαστήριον ἀναβὰς, κατη-
γόρου τυχὼν πάνυ φαύλου καὶ μοχθηροῦ, ἀποθάνοις ἂν, εἰ
βούλοιτο θανάτου σοι τιμᾶσθαι. Καί τοι πῶς σοφὸν τοῦτό
ἐστιν, ὦ Σώκρατες, εἴ τις εὐφυᾶ λαβοῦσα τέχνη φῶτα, ἔθηκε
χείρονα, μήτε αὐτῷ αὐτῷ δυνάμενον βοηθεῖν, μηδ' ἐκσῶσαι
ἐκ τῶν μεγίστων κινδύνων, μήτε ἑαυτόν, μήτε ἄλλον μηδένα,
ὑπὸ δὲ τῶν ἐχθρῶν περισυλᾶσθαι πᾶσαν τὴν οὐσίαν· ἀτεχνῶς
δὲ ἄτιμον ζῆν ἐν τῇ πόλει· τὸν δὲ τοιοῦτον (εἴ τι καὶ ἀγροικό-
τερον εἰρῆσθαι) ἔξεστιν ἐπὶ κόρρης τύπτοντα, μὴ διδόναι δίκην. Ἀλλ', ὦ 'γαθὲ, ἐμοὶ πείθου, παῦσαι δ' ἐλέγχων· πραγμάτων δ' εὐμουσίαν ἄσκει· καὶ ἄσκει ὁπόθεν δόξεις φρονεῖν,
ἄλλοις τὰ κομψὰ ταῦτ' ἀφεὶς, εἴτε ληρήματα χρὴ φάναι εἶναι,
εἴτε φλυαρίας,

Ἐξ ὧν κενοῖσιν ἐγκατοικήσεις δόμοις·

ζηλῶν οὐκ ἐλέγχοντας ἄνδρας τὰ μικρὰ ταῦτα, ἀλλ' οἷς ἐστι
καὶ βίος, καὶ δόξα, καὶ ἄλλα πολλὰ ἀγαθά. Hæc Plato sub
persona quidem, sicuti dixi, non proba, sed cum sensu
tamen intelligentiæque communis fide, et cum quadam
indissimulabili veritate disseruit; non de illa scilicet philosophia, quæ virtutum omnium disciplina est, quæque in
publicis simul et privatis officiis excellit, civitatesque et
rempublicam, si nihil prohibeat, constanter et fortiter et
perite administrat; sed de ista futili atque puerili meditatione argutiarum, nihil ad vitam neque tuendam neque
ordinandam promovente : in qua id genus homines consenescunt male feriati, quos philosophos esse et vulgus putat, et is putabat, ex cujus persona hæc dicta sunt.

CAPUT XXIII.

Verba ex oratione M. Catonis de mulierum veterum victu et moribus : atque inibi, quod fuerit jus marito in adulterio uxorem deprehensam necare.

Qui de victu atque cultu populi romani scripserunt, mulieres Romæ atque in Latio ætatem abstemias egisse, hoc
est, vino semper, quod *temetum* prisca lingua appellabatur, abstinuisse dicunt : institutumque, ut cognatis osculum ferrent reprehendendi causa, ut odor indicium faceret,
si bibissent. Bibere autem solitas ferunt loream, passum,
murrinam, et quæ id genus epotant, potu dulcia. Atque
hæc quidem in iis, quibus dixi, libris pervulgata sunt :
sed M. Cato non solum existimatas, sed mulctatas quoque a judice mulieres refert non minus, si vinum in se,
quam si probrum et adulterium admisissent. Verba M.

« est le juge de sa femme à la place du censeur.
« Il a sur elle un empire absolu. Si elle a fait
« quelque chose de déshonnête et [de honteux,
« si elle a bu du vin, si elle a manqué à la foi con-
« jugale, c'est lui qui la condamne et la punit. »
Caton nous apprend dans ce même discours que
le mari pouvait tuer sa femme surprise en adultère : « Si tu surprenais ta femme en adultère, tu
« pourrais impunément la tuer sans jugement. Si
« tu commettais un adultère, elle n'oserait pas te
« toucher du bout du doigt. Ainsi le veut la loi. »

CHAPITRE XXIV.

Que des écrivains estimés ont dit, contrairement à l'usage actuel, *die pristini, die crastini, die quarti, die quinti*.

Nous disons *die quarto, die quinto*, dans le même sens que les Grecs disent εἰς τετάρτην, πέμπτην. Aujourd'hui, les savants eux-mêmes parlent ainsi ; et l'on passerait pour un homme sans savoir ni éducation, si l'on parlait autrement. Mais du temps de Cicéron, et avant lui, on employait une autre forme. On disait *die quinte* ou *die quinti*. Ces mots accouplés formaient des adverbes, dans lesquels la seconde syllabe se prononçait brève. L'empereur Auguste, dont on connaît le goût pour l'érudition et le bon style, et qui recherchait dans son langage l'élégance dont son père lui avait laissé l'exemple, a fait un emploi fréquent de cette espèce de mots dans ses lettres. Mais afin de prouver l'ancienneté de cette locution, je crois devoir citer les paroles solennelles dont le préteur, suivant une vieille coutume, se sert pour l'inauguration des fêtes appelées fêtes des carrefours. Voici ces paroles :
« Les fêtes des carrefours auront lieu le neuvième
« jour (*die noni*) ; une fois inaugurées, on sera cri-
« minel de ne pas les observer. » Le préteur dit *die noni*, et non pas *die nono*. Mais ce n'est pas lui seulement, c'est l'antiquité presque tout entière qui parle ainsi. Je me rappelle en ce moment un vers de Pomponianus, que j'ai lu dans son *atellane* intitulée *Mœvia* :

« Voilà six jours, que je n'ai rien fait ; dans
« quatre jours (*die quarto*), je mourrai de
« faim. »

Je puis citer aussi Cœlius au second livre de ses *Histoires* : « Si tu veux me confier la cavalerie,
« et me suivre avec le reste de l'armée, dans cinq
« jours (*die quinti*) je te ferai souper à Rome, au
« Capitole. » Cœlius a copié ici Caton, qui dit dans ses *Origines* : « Le maître de la cavalerie
« dit au général carthaginois : Envoie-moi à Rome
« avec la cavalerie ; dans cinq jours (*die quinti*)
« tu souperas au Capitole. » Ce mot s'écrivait tantôt par *i*, tantôt par *e*. Car les anciens ont souvent confondu ces deux lettres ; ainsi, ils disaient indifféremment *præfiscine* et *præfiscini* (sans vanité), *proclivi* et *proclive* (penché). Voici encore d'autres locutions du même genre : on disait *die pristini* pour *die pristino*, le jour précédent ; ce que l'on exprime aujourd'hui par *pridie*, où l'on trouve *die pristino* renversé. On disait de même *die crastini* pour *die crastino*. Les prêtres, lorsqu'ils assignent pour le troisième jour, disent *diem perendini*, le surlendemain. M. Caton, s'autorisant de l'expression *die pris-*

Catonis adscripsi ex oratione, quæ inscribitur De Dote, in qua id quoque scriptum est, in adulterio uxores deprehensas jus fuisse maritis necare : « Vir, » inquit, « cum divortium facit, mulieri judex pro censore est : imperium « quod videtur, habet ; si quid perverse tetreque factum « est a muliere, mulctatur : si vinum bibit, si cum alieno « viro probri quid fecit, condemnatur. » De jure autem occidendi ita scriptum est : « In adulterio uxorem tuam si « [de]prehendisses, sine judicio impune necares : illa te, « sive tu adulterarere, digito non auderet contingere ; ne- « que jus est. »

CAPUT XXIV.

Die pristini, et *die crastini*, et *die quarti*, et *die quinti*, qui elegantius locuti sunt, dixisse, non ut ea vulgo dicuntur nunc.

Die quarto et *die quinto*, quod Græci εἰς τετάρτην καὶ [εἰς] πέμπτην dicunt, ab eruditis nunc quoque dici audio : et qui aliter dicit, pro rudi atque indocto despicitur : sed M. Tullii ætas ac supra eam non, opinor, ita dixerunt ; *die quinte* enim et *die quinti* pro adverbio copulate dictum est, [et] secunda in eo syllaba correpta. Divus [etiam] Augustus, [memoriarum veterum exsequentissimus,] linguæ latinæ non nescius, munditiarumque patris sui in sermonibus sectator, in epistolis plurifariam significatione ista dierum non aliter usus est. Jus autem erit, perpetuæ veterum consuetudinis demonstrandæ gratia verba sollemnia prætoris ponere, quibus more majorum ferias concipere solet, quæ appellantur Compitalia. Ea verba hæc sunt : DIE. NONI. POPOLO. ROMANO. QUIRITIUM. COMPITALIA. ERUNT. QUANDO. CONCEPTA. FUERINT. NEFAS. *Die noni* prætor dicit, non *die nono*. Neque prætor solum, sed pleraque omnis vetustas sic locuta est. Venit ecce illius versus Pomponiani in mentem, qui est ex Atellana, quæ *Mœvia* scribitur :

Dies hic sextus, cum nihil egi : die quarte moriar fame.

Suppetit etiam Cœlianum illud ex libro *Historiarum* secundo : « Si vis mihi equitatum dare, et ipse cum cetero « exercitu me sequi ; die quinti Romæ in Capitolium cu- « rabo tibi cœna sit cocta. » Et historiam autem et verbum hoc sumsit Cœlius ex Origine M. Catonis ; in qua ita scriptum est : « Igitur dictatorem Carthaginiensium magister « equitum monuit : Mitte mecum Romam equitatum ; die « quinti in Capitolium tibi cœna cocta erit. » Extremam istius vocis syllabam tum per *e* tum per *i* scriptam legi. Nam sane quam consuetum [iis] veteribus fuerat, litteris his plerumque uti indifferenter ; sicuti *præfiscine*, et *præfiscini*, *proclivi* et *proclive*. Atque alia item multa hoc genus varie dixerunt : *die pristini* quoque eodem modo dicebatur : quod significabat *die pristino*, id est, priore ; quod vulgo *pridie* dicitur, converso compositionis ordine, quasi *pristino die*. Atque item simili figura *die crastini*

tini, a dit *die proximi* dans son discours contre Furius. Le savant Cn. Matius, pour dire, il y a quatre jours, ce que nous rendons par *nudius quartus*, a mis *die quarto* dans ses Mimiambes :
« Naguère, il y a quatre jours (*die quarto*), « je m'en souviens, il a brisé la seule cruche « qu'il eût chez lui. »

Concluons qu'il faut dire *die quarto* pour le passé, *die quarte* pour l'avenir.

CHAPITRE XXV.

Noms d'armes et de navires qu'on trouve dans les écrits anciens.

Un jour, étant en voiture, je m'amusai à rechercher quels étaient les noms de traits, de javelots, d'épées, et aussi les différents noms de navires, que l'on trouve dans les vieilles histoires. A défaut d'autre bagatelle, j'occupai avec celle-là mon indolent loisir. Voici les noms d'armes que je me rappelai : *hasta, pilum, phalarica, semiphalarica, soliferrea, gesa, lancea, spari, rumices, trifaces, tragulæ, frameæ, mesanculæ, cateiæ, rumpiæ, scorpii, sibones, siciles, veruta, enses, sicæ, machæræ, spatæ, lingulæ, pugiones, clunacula.* Pour le mot *lingula*, l'emploi en étant peu fréquent, je crois qu'il faut l'expliquer : c'était une épée mince et longue, en forme de langue. Nævius se sert de ce terme dans le vers suivant de sa tragédie d'*Hésione* :
« Laisse-moi me satisfaire. — Oui, avec la

« langue. — Non, mais avec l'épée. » *Verum lingula.*

On appelait *rumpia* le javelot des Thraces; on trouve ce mot dans le quatorzième livre des Annales de Q. Ennius. Voici maintenant les noms de navires que j'ai pu retenir : *gauli, corbitæ, caudiceæ, longæ, hippagines, cercuri, celoces,* ou, comme disent les Grecs, *celetes, lembi, oriæ, renunculi, actuariæ,* que les Grecs appellent ἐπίκωποι ou ἐπιβάτιδες; *prosumiæ,* ou *geseoretæ* ou *horiolæ, stlatæ, scaphæ, pontones, vœtitiæ, hemioliæ, phaseli, parones, myoparones, lintres, caupuli, camaræ, placidæ, cydarum, ratariæ, catascopium.*

CHAPITRE XXVI.

Que c'est à tort qu'Asinius Pollion reproche à Salluste d'avoir employé *transgressus* pour *transfretatio*, et d'avoir dit *transgressi* en parlant d'hommes qui avaient passé un détroit.

Asinius Pollion, dans une lettre à Plancus, et quelques écrivains détracteurs de Salluste, ont jugé à propos de relever dans le premier livre des *Histoires* le mot *transgressus*, pris au sens de traversée. Ils ont également blâmé Salluste d'avoir appliqué le mot *transgressi* à des hommes qui avaient passé un détroit, au lieu de se servir du verbe *transfretare*, généralement usité dans ce sens. Asinius Pollion cite les propres mots de l'historien : « Sertorius laissa une faible garnison « en Mauritanie; et, profitant du flux et de l'obs-

---

dicebatur; id erat *crastino die*. Sacerdotes quoque populi romani cum condicunt in diem tertium, *diem perendini* dicunt. Sed ut plerique *die pristini*, ita M. Cato in oratione *contra Furium, die proximi* dixit. *Die quarto* autem Cn. Matius, homo impense doctus, in *Mimiambis* pro eo dicit, quod *nudius quartus* nos dicimus, in his versibus :

Nuper die quarto, ut recordor, et certe
Aquarium ucceum unicum domi fregit.

Hoc igitur intererit, ut *die quarto* quidem de præterito dicamus : *die* autem *quarte* de futuro.

CAPUT XXV.

Telorum et jaculorum gladiorumque vocabula, atque inibi navium quoque genera, quæ scripta in veterum libris reperiuntur.

Telorum, jaculorum gladiorumque vocabula, quæ in historiis veteribus scripta sunt, item navigiorum quoque genera et nomina libitum forte nobis est sedentibus in rheda conquirere : iisque vicem aliarum ineptiarum vacantem stupentemque animum occupare. Quæ tum igitur suppetierant; hæc sunt : *hasta, pilum, phalarica, semiphalarica, soliferrea, gesa, lancea, spari, rumices, trifaces, tragulæ, frameæ, mesanculæ, cateiæ, rumpiæ, scorpii, sibones, siciles, veruta, enses, sicæ, machæræ, spatæ, lingulæ, pugiones, clunacula.* De *lingula,* quoniam est minus frequens, admonendum existimo, lingulam veteres dixisse gladiolum oblongum in

speciem linguæ factum, cujus meminit Nævius in tragœdia *Hesiona.* Versum Nævii apposui :

Sine mihi gerere morem videar lingua; verum lingula.

Item *rumpia* genus teli est Thraciæ nationis : positumque hoc vocabulum in Q. Ennii *annalium* quarto decimo. Navium autem, quas reminisci tunc potuimus, appellationes hæ sunt : *gauli, corbitæ, caudiceæ, longæ, hippagines, cercuri, celoces,* vel ut Græci dicunt, *celetes, lembi, oriæ, renunculi, actuariæ,* quas Græci ἐπικώπους vocant vel ἐπιβάτιδας, *prosumiæ,* vel *geseoretæ,* vel *horiolæ, stlatæ, scaphæ, pontones, vœtitiæ, hemioliæ, phaseli, parones, myoparones, lintres, caupuli, camaræ, placidæ, cydarum, ratariæ, catascopium.*

CAPUT XXVI.

Inscite ab Asinio Pollione reprehensum Sallustium, quod *transfretationem transgressum* dixerit; et *transgressos* qui *transfretassent.*

Asinio Pollioni in quadam epistola, quam ad Plancum scripsit, et quibusdam aliis, C. Sallustii iniquis, dignum nota visum est, quod in primo *Historiarum* maris transitum transmissumque, navibus factum *transgressum* appellavit; eosque, qui fretum transmiserant, quos *transfretasse* dici solitum est, *transgressos* dixit. Verba ipsa Sallustii posuit : « Itaque Sertorius, levi præsidio relicto, « in Mauritania nactus obscuram noctem, æstu secundo « furtim aut celeritate vitare prælium in transgressu co-

« curité de la nuit, s'efforça, en se hâtant et en
« dérobant sa marche, d'éviter le combat pen-
« dant la traversée (*in transgressu*). » Plus bas
on lit : « Une montagne, occupée d'avance par
« les Lusitaniens, les reçut tous à leur débarque-
« ment. » *Trangressos omnis recipit*. Les critiques
voient là une impropriété, une négligence, une
témérité désavouée par tous les bons auteurs.
Transgressus, dit Asinius Pollion, vient de *transgredi*, qui exprime la marche, le mouvement des
pieds, *pedum gradus;* aussi ne peut-il se dire
ni des oiseaux, ni des reptiles, ni des navigateurs;
mais seulement de ceux qui marchent à l'aide de
leurs pieds. Fondé sur cette étymologie, il soutient qu'on ne saurait trouver chez un bon écrivain *transgressus navium*, ou *transgressus* pris
au sens de *transfretatio*. Mais je demande pourquoi *transgressus* ne se dirait pas d'un navire
aussi bien que *cursus*, dont l'emploi, dans ce sens,
est très-usité. D'ailleurs, ce mot ne s'appliquait-il
pas élégamment au petit détroit qui sépare l'Espagne de l'Afrique, et qui n'est qu'un espace qu'on
franchit pour ainsi dire en quelques pas ? Les critiques demandent une autorité, et prétendent que
ingredi et *transgredi* n'ont jamais été dits des navigateurs. Je les prie de me dire quelle différence si
grande ils mettent entre *ingredi* et *ambulare*. Or,
Caton a dit dans son *De re rustica* : « Il faut choisir
« sa terre auprès d'une grande ville, et près d'une
« mer ou d'un fleuve, où les vaisseaux marchent
« (*ambulant*). » Tout écrivain aime à employer
des expressions métaphoriques de ce genre, et s'en
sert pour orner son style. La même métaphore se
retrouve chez Lucrèce. Dans son quatrième livre,
il nous dit que le cri marche (*gradiens*) à travers
la trachée-artère et le gosier; expression bien autrement hardie que celle de Salluste. Voici les
vers de Lucrèce :

« Il faut reconnaître que la voix est corporelle,
« et le bruit aussi, puisqu'ils ont action sur les
« sens ; car souvent la voix gratte le gosier en
« passant, et le cri, dans sa marche (*gradiens*) du
« dedans au dehors, rend la trachée-artère plus
« sèche et plus rude. »

C'est donc avec raison que Salluste dans le
même livre a dit, en parlant d'embarcations en
marche, *progressæ*. « Les unes, qui s'étaient un
« peu avancées (*progressæ*), surchargées et per-
« dant l'équilibre, lorsque la frayeur agitait les
« passagers, étaient submergées. »

CHAPITRE XXVII.

Que, dans la rivalité de Rome et de Carthage, les forces des deux peuples étaient presque égales. Anecdote sur ce sujet.

Les vieux écrits attestent qu'il y eut autrefois
égalité de force, d'ardeur et de grandeur entre
Rome et Carthage. Nous le croyons aisément. En
effet, dans les guerres avec les autres nations, il
ne s'agissait que de la possession d'un seul État;
avec Carthage, il s'agissait de l'empire du monde.
Un trait historique nous peint bien la confiance
que chacun des deux peuples avait en ses forces.
Quintus Fabius écrivit aux Carthaginois que le
peuple romain leur envoyait une lance et un
caducée, symboles de la paix et de la guerre ; il
leur disait de choisir l'un ou l'autre, et de ne tenir compte que de celui qu'ils auraient choisi.

« natus est. » Ac deinde infra ita scripsit : « Transgressos
« omnis recipit mons præceptus a Lusitanis. » Hoc igitur
et minus proprie et ἀπερισκέπτως et [a] nullo gravi auctore
dictum aiunt. Nam *transgressus*, inquit, a transgrediendo
dicitur, idque ipsum ab ingressu et a pedum gradu appellatum est. Idcirco verbum *transgredi* convenire non putavit neque volantibus, neque serpentibus neque navigantibus ; sed iis solis, qui gradiuntur et pedibus iter emetiun-
tur. Propterea negant, apud scriptorem idoneum aut navium *transgressum* reperiri posse, aut pro transfretatione
transgressum. Sed quæro ego, cur non, sicuti *cursus*
navium recte dici solent, ita *transgressus* etiam navibus
factus dici possit? Præsertim cum brevitas tam augusti
fretus, qui terram Africam Hispaniamque interfluit, elegantissime *transgressionis* vocabulo, quasi paucorum
graduum spatium, definita sit. Qui auctoritatem autem
requirunt, et negant, dictum *ingredi transgredive* in
navigantibus, volo uti respondeant, quantum existiment
interesse *ingredi* atque *ambulare*. Atqui Cato in libro
De Re rustica : *Fundus*, inquit, *eo in loco habendus
est, ut et oppidum prope amplum sit, et mare aut amnis, qua naves ambulant*. Appetitas porro hujuscemodi
translationes habitasque esse pro honestamentis orationis,
Lucretius quoque testimonio in hac eadem voce dicit.
In quarto enim libro clamorem per arterias et per fauces
gradientem dicit, quod est nimio confidentius, quam illud
de navibus Sallustianum. Versus Lucretii hi sunt :

[Corpoream quoque enim vocem constare fatendum est,
Et sonitum, quoniam possunt impellere sensus.]
Præter radit enim vox fauces sæpe, facitque
Asperiora foras gradiens arteria clamor.

Propterea Sallustius in eodem libro non eos solum, qui
navibus veherentur, sed et scaphas quoque nantes *progres-
sas* dicit. Verba ipsa de scaphis posui : *Earum aliæ,
paululum progressæ, nimio simul et incerto onere,
cum pavor corpora agitaverat, deprimebantur.*

CAPUT XXVII.

Historia de populo romano deque populo punico, quod pari propemodum vigore fuerint æmuli.

In litteris veteribus memoria exstat, quod par fuit quondam vigor et acritudo amplitudoque populi romani atque
pœni. Neque immerito æstimatum. [Nam] cum aliis quidem
populis de uniuscujusque reipublicæ, cum Pœnis autem de
omnium terrarum imperio decertatum [est]. Ejus rei specimen est in illo utriusque populi verbo factum, quo Q.
Fabius, imperator romanus, dedit ad Carthaginienses
epistolam, ubi scriptum fuit, populum romanum misisse
ad eos hastam et caduceum, signa duo belli aut pacis : ex

Les Carthaginois répondirent qu'ils ne choisiraient pas, mais que les ambassadeurs seraient libres de laisser à leur choix la lance ou le caducée. Nous tiendrons pour choisi, disaient-ils, le symbole qu'ils auront laissé. Selon M. Varron, ce ne fut point une lance ni un caducée qu'on envoya, mais deux tablettes où étaient gravés sur l'une un caducée, et sur l'autre une lance.

CHAPITRE XXVIII.

Limites des trois âges, d'après ce qu'on lit dans les *Histoires* de Tubéron.

C. Tubéron, dans le premier livre de ses *Histoires*, nous apprend que Servius Tullius, roi de Rome, lorsqu'il établit, en vue du cens, les cinq classes de jeunes gens, décida qu'on était enfant jusqu'à dix-sept ans; et que tous ceux qui auraient passé cet âge, étant propres à servir la république, seraient enrôlés. La jeunesse commençait à dix-sept ans, et finissait à quarante-six. Alors commençait la vieillesse. Je cite cette disposition prise par le sage roi Servius Tullius dans son recensement, afin de montrer quelles limites séparaient, au jugement de nos pères, l'enfance de la jeunesse, et celle-ci de la vieillesse.

CHAPITRE XXIX.

Rôles divers de la particule *atque*. Qu'elle n'est pas seulement conjonctive.

La particule *atque* est appelée par les grammairiens conjonctive, et le plus souvent, en effet, elle sert à lier les mots. Toutefois, elle joue aussi d'autres rôles peu connus de ceux qui n'ont pas l'habitude de lire et d'étudier les vieux écrits. Souvent elle est adverbe, comme dans la phrase *aliter ego feci atque tu*, qui équivaut à *aliter quam tu*. Redoublée, elle est augmentative; comme chez Ennius, qui, si ma mémoire ne me trompe pas, a dit dans ses Annales :

Atque atque accedit murum romana juventus.

« La jeunesse romaine, dont l'ardeur redouble, « s'avance vers les murs. »

A *atque* pris dans ce sens s'oppose *deque*, que nous trouvons également dans les vieux auteurs. *Atque* tient aussi lieu de *statim*; ceux qui l'ignorent ont trouvé dans les vers suivants de Virgile, où ce mot est employé ainsi, un défaut de suite et de clarté :

« Telle est la loi du sort : tout dégénère, tout
« est entraîné en arrière par une force invincible.
« Le nautonnier qui, la rame à la main, remonte
« péniblement le courant d'un fleuve, cesse-t-il
« un instant de roidir ses bras, *aussitôt* l'onde
« rapide l'entraîne avec elle. »

Atque illum in præceps prono rapit alveus amni.

CAPUT XXVIII.

De ætatum finibus *pueritiæ, juventæ, senectæ*, ex Tuberonis historia sumtum.

C. Tubero in *Historiarum* primo scripsit, Servium Tullium, regem populi romani, cum illas quinque classes juniorum, census faciendi gratia, institueret, pueros esse existimasse, qui minores essent annis septemdecim : atque inde ab anno septimo decimo, quo idoneos jam esse reipublicæ arbitraretur, milites scripsisse : eosque ad annum quadragesimum sextum *juniores*, supraque eum annum *seniores* appellasse. Eam rem propterea notavi, ut discrimina, quæ fuerint judicio moribusque majorum pueritiæ, juventæ, senectæ, ex ista censione Servii Tullii, prudentissimi regis, noscerentur.

CAPUT XXIX.

Quod particula *atque* non complexiva tantum sit, sed vim habeat plusculam variamque.

Atque particula, a grammaticis quidem conjunctio esse dicitur connexiva, et plerumque sane conjungit verba et connectit : sed interdum alias quasdam potestates habet non satis notas, nisi in veterum litterarum tractatione atque cura exercitis. Nam et pro adverbio valet, cum dicimus : *aliter ego feci atque tu* : significat enim : *aliter quam tu*; et gemina si fiat, auget intenditque rem, de qua agitur : ut animadvertimus in Q. Ennii annalibus, nisi memoria in hoc versu labor :

Atque atque accedit muros romana juventus.

Cui significationi contrarium est, quod itidem a veteribus dictum est : *deque*. Et præterea pro alio quoque adverbio dicitur, id est, *statim*; quod in his Virgilii versibus existimatur obscure et insequenter particula ista posita esse :

——— Sic omnia fatis
In pejus ruere, ac retro sublapsa referri :
Non aliter, quam qui adverso vix flumine lembum
Remigiis subigit, si brachia forte remisit,
Atque illum in præceps prono rapit alveus amni.

LIVRE XI.

CHAPITRE I.

Origine du mot Italie. *Amende appelée* suprema. *Loi Aternia. Amende appelée* minima.

Timée, dans son *Histoire romaine* écrite en grec, et Varron dans ses *Antiquités*, ont trouvé dans la langue grecque l'origine du mot *Italie*. Les Grecs, disent-ils, dans la vieille langue, appelaient les bœufs ἰταλοί, et les bœufs étaient très-nombreux en Italie. Il y avait de nombreux pâturages où ils paissaient par troupeaux. Une autre preuve que l'Italie était très-féconde en bœufs peut se tirer de l'amende appelée *suprema*, la plus élevée, et qui était de deux brebis et de trente bœufs. Sans doute il y avait alors abondance de bœufs et disette de brebis. Mais quand cette amende avait été prononcée par les magistrats, on la payait tantôt en bœufs d'un très-bas prix, tantôt en bœufs d'un prix plus élevé; de là, inégalité dans la peine. Aussi, dans la suite, la valeur de la brebis fut fixée à dix as, celle du bœuf à cent. L'amende la plus légère, *minima*, était d'une brebis; la plus élevée, nous l'avons dit. Il n'est pas permis d'aller au delà, et voilà pourquoi on l'appelle *suprema*. Quand les magistrats du peuple romain prononcent, selon l'usage de nos ancêtres, l'une des deux amendes, ils ont soin dans leur arrêt de faire le mot *oves* du genre masculin. Varron donne ainsi la formule du prononcé de l'amende la plus petite : « M. Térentius cité « n'ayant pas répondu, et ne s'étant pas excusé, « je le condamne à l'amende d'une brebis (*unum* « *ovem*). » Si on employait un autre genre, on dit que l'arrêt serait illégal. Le même Varron nous apprend aussi, dans le vingt et unième livre des *Antiquités*, que le mot *mulcta*, amende, n'est pas latin, mais sabin; et qu'il était demeuré jusqu'à lui dans la langue des Samnites, descendus des Sabins. Mais la foule des grammairiens du jour n'a vu dans ce mot, comme dans quelques autres, qu'une antiphrase, l'usage étant aujourd'hui, comme autrefois, de dire : *mulctam dixit*, ou *mulcta dicta est*, il ne me paraît pas sans intérêt de citer une locution différente de Caton. On lit dans le quatrième livre des *Origines* : « Si quel- « qu'un sort des rangs pour combattre, notre gé- « néral lui *fait* une amende. » *Mulctam facit*. On peut croire qu'il a choisi ce verbe avec intention, puisque dans les camps on *fuit* l'amende, et qu'on ne la prononce pas dans les comices et devant le peuple.

CHAPITRE II.

Elegantia pris en mauvaise part dans le vieux temps, et se disant de la recherche dans les mets ou les vêtements.

Appeler un homme *élégant* ce n'était pas le louer. L'élégance, jusqu'au temps de Caton, à peu

LIBER XI.

CAPUT I.

De origine vocabuli terræ Italiæ, *deque ea* mulcta, *quæ* suprema *appellatur, deque ejus nominis ratione : ac de lege Aternia : et quibus verbis antiquitus* mulcta minima *dici solita sit.*

Timæus in *Historiis*, quas oratione græca de rebus populi romani composuit, et M. Varro in *Antiquitatibus Rerum Humanarum* terram Italiam de græco vocabulo appellatam scripserunt; quoniam boves græca veteri lingua ἰταλοί vocitati sunt, quorum in Italia magna copia fuerit : bucetaque in ea terra gigni pascique solita sint complurima. Conjectare autem ob eamdem causam possumus, quod Italia tunc esset armentosissima, mulctam, quæ appellatur *suprema*, institutam in singulos [dies] duarum ovium, triginta boum : pro copia scilicet boum, proque ovium penuria. Sed cum ejusmodi mulcta pecoris armentuale a magistratibus dicta erat, adigebantur boves ovesque alias pretii parvi, alias majoris : eaque res faciebat inæqualem mulctæ punitionem. Idcirco postea lege Aternia constituti sunt in oves singulas æris deni, in boves æris centeni. *Minima* autem mulcta est ovis unius. *Suprema* mulcta est ejus numeri, cujus diximus : ultra quem mulctam dicere in [dies] singulos jus non est; et propterea *suprema* appellatur, id est, summa et maxima. Quando igitur nunc quoque a magistratibus populi romani more majorum mulcta dicitur vel minima vel suprema, observari solet, ut *oves* genere virili appellentur : atque ita M. Varro verba hæc legitima, quibus minima mulcta diceretur, concepit : « M. Terentio, quando cita- « tus neque respondit neque excusatus est, ego ei unum « ovem mulctam dico. » Ac nisi eo genere diceretur, negaverunt justam videri mulctam. Vocabulum autem ipsum *mulctæ* idem M. Varro in uno et vicesimo *Rerum Humanarum* non latinum, sed sabinum esse dicit; idque ad suam memoriam mansisse ait in lingua Samnitium, qui sunt a Sabinis orti. Sed turba grammaticorum novitia κατ᾽ ἀντίφρασιν, ut quædam alia, [ita] hoc quoque dici tradiderunt. Cum autem usus et mos sermonum sit, ut ita et nunc loquamur, et plerique veterum locuti sunt : *mulctam dixit*, et : *mulcta dicta est* : non esse ab re putavi, notare, quod M. Cato aliter dixit. Nam in quarto *Originum* verba hæc sunt : « Imperator noster, si quis « extra ordinem depugnatum irit, ei mulctam facit. » Potest autem videri consulta elegantia mutasse verbum, cum in castris et in exercitu mulcta fieret, non in comitio nec ad populum diceretur.

CAPUT II.

Quod elegantia *apud antiquiores non de amœniore ingenio, sed de nitidiore cultu atque victu dicebatur, eaque in vitio poneretur.*

Elegans homo non dicebatur cum laude; sed id fere

près, fut un vice, et non une qualité. On en voit la preuve dans plusieurs écrits, et entre autres dans l'ouvrage de Caton, intitulé *Plainte sur les mœurs*, où nous lisons : « Ils pensaient que l'ava-
« rice renfermait tous les vices. Le luxe, la cupidité,
« l'*élégance*, la luxure, la paresse obtenaient leurs
« éloges. » *Elégance* ne signifiait donc pas alors délicatesse d'esprit, mais raffinement dans les mets et la parure. Dans la suite, l'homme *élégant* cessa d'être blâmé, mais ne parut pas digne d'éloge, à moins que son élégance ne fût très-modérée. Ainsi, Cicéron ne loue pas L. Crassus et Q. Scévola de leur élégance simplement, mais d'une élégance unie à l'économie : « Crassus, dit-il, était le plus
« économe des élégants, Scévola le plus élégant
« des économes. » Je prendrai encore çà et là dans l'ouvrage de Caton des traits qui me reviennent en ce moment : « Ils avaient pour coutume d'être
« vêtus dans le forum honnêtement ; chez eux, au-
« tant qu'il le fallait. Les chevaux leur coûtaient
« plus cher que les cuisiniers. Ils n'honoraient pas
« l'art de la poésie. Ceux qui faisaient des vers ou
« donnaient des festins passaient pour des intri-
« gants. » Voici du même auteur une pensée d'une grande vérité : « L'homme est comme le fer. Ser-
« vez-vous du fer, il s'usera ; ne vous en servez pas,
« la rouille le détruira. Ainsi nous voyons l'homme
« s'user par le travail. S'il reste oisif, l'inertie et la
« torpeur lui feront plus de mal encore. »

CHAPITRE III.

Divers emplois de la particule *pro*.

Lorsque les jugements et mes affaires privées me laissent un moment de repos, et que, pour donner de l'exercice au corps, je me promène à pied ou dans un char, je m'occupe quelquefois à peser des questions légères et minces, que l'homme peu éclairé méprise, mais qui sont néanmoins de la première importance pour l'étude de la langue latine et la lecture des vieux auteurs. Ainsi, dans ma retraite de Préneste, me promenant seul naguère sur le soir, j'examinais quels sont les divers rôles de certaines particules dans le latin ; par exemple, de la particule *pro*. Elle a en effet des sens différents dans ces phrases : « Les pontifes ont décrété
« au nom du collège (*pro collegio*). — Un témoin in-
« troduit déposa ainsi (*pro testimonio*). — On livra
« la bataille, et l'on combattit pour la défense du
« camp (*pro castris*. Caton, *Orig*. IV). — Toutes les
« villes et toutes les îles dépendaient de l'Illyrie
« (*pro agro illyrio esse*. Caton, *Orig*. V). — Devant
« le temple de Castor (*pro æde*). — A la tribune
« (*pro rostris*). — En présence du tribunal (*pro tri-
« bunali*. — En face de l'assemblée (*pro contione*).
« — Les tribuns du peuple intervinrent au nom des
« droits de leur charge (*pro potestate*). » Croire que le sens de la particule est le même dans toutes ces locutions, ou qu'il est tout à fait différent, ce serait également se tromper. L'origine est toujours la même, mais des sens un peu différents sont sortis de cette origine commune. Il suffira, pour s'en convaincre, d'y réfléchir attentivement, et de se familiariser avec les vieux auteurs.

CAPUT III.

Qualis quantaque sit *pro* particulæ varietas; deque exemplis ejus varietatis.

Quando ab arbitriis negotiisque otium est, et motandi corporis gratia aut spatiamur aut vectamur, quærere nonnunquam apud memetipsum soleo res ejusmodi, parvas quidem minutasque, et hominibus non bene eruditis aspernabiles, sed ad veterum scripta penitus noscenda et ad scientiam linguæ latinæ cumprimis necessarias : velut est, quod forte nuper in Præneslino recessu vespertina ambulatione solus ambulans considerabam : qualis quantaque esset particularum quarumdam in oratione latina varietas. Quod genus est præpositio *pro*. Aliter enim dici videbam : « pontifices pro collegio decrevisse : » aliter : « quempiam testem introductum pro testimonio dixisse : » aliter M. Catonem in *Originum* quarto : « prælium fac-
« tum depugnatumque pro castris » scripsisse : et item in quinto : « urbes, insulasque omnis pro agro Illyrio
« esse : » aliter etiam dici : « pro æde Castoris : » aliter : « pro rostris : » aliter : « pro tribunali : » aliter : « pro
« contione : » atque aliter : « tribunum plebis pro potes-
« tate intercessisse. » Sed has omnis dictiones, qui aut omnino similes et pares, aut usquequaque diversas existimaret, errare arbitrabar. Nam varietatem istam ejusdem quidem fontis et capitis, non [ejusdem] tamen esse finis putabam. Quod profecto facile intelliget, si quis ad-

verbum ad ætatem M. Catonis vitii, non laudis, fuit; est namque hoc animadvertere, cum in quibusdam aliis, tum in libro Catonis, qui inscriptus est : *Carmen de moribus*. Ex quo libro verba hæc sunt : « Avaritiam omnia vitia
« habere putabant; sumtuosus, cupidus, elegans, vitiosus,
« irritus qui habebatur, is laudabatur: » ex quibus verbis apparet, *elegantem* dictum antiquitus, non ab ingenii elegantia, sed qui nimis lecto amœnoque cultu victuque esset. Postea *elegans* reprehendi quidem desiit; sed laude nulla dignabatur, nisi cujus elegantia erat moderatissima. Sic M. Tullius L. Crasso et Q. Scævolæ non meram elegantiam, sed multam parcimonia mixtam laudi dedit : « Crassus, » inquit, « erat parcissimus elegantium ;
« Scævola parcorum elegantissimus. » Præterea ex eodem libro Catonis hæc etiam sparsim et intercisse commeminimus : « Vestiri, » inquit, « in foro honeste mos erat :
« domi quod satis erat. Equos carius, quam coquos,
« emebant. Poeticæ artis honos non erat. Si qui in ea re
« studebat, aut sese ad convivia applicabat, *grassator*
« vocabatur. » Illa quoque ex eodem libro præclarissime veritatis sententia est : « Nam vita, » inquit, « humana
« prope uti ferrum est. Ferrum si exerceas, conteritur :
« si non exerceas, tamen rubigo interficit. Itidem homi-
« nes exercendo videmus conteri. Si nihil exerceas, iner-
« tia atque torpedo plus detrimenti facit, quam exer-
« citio. »

CHAPITRE IV.

Ennius lutte contre Euripide.

Il y a dans l'*Hécube* d'Euripide trois vers frappants par la justesse de la pensée et la précision du style. Hécube y dit à Ulysse :

« Ton avis, fût-il mauvais, prévaut. Car l'hom-
« me illustre et celui qui ne l'est pas peuvent bien
« tenir le même langage; ils n'auront pas la même
« autorité. »

Ennius, dans sa traduction de cette tragédie, a lutté contre ces vers sans trop de désavantage; voici ses vers, égaux en nombre à ceux d'Euripide :

« Ton avis fût-il mauvais, tu n'auras pas de peine
« à persuader les Grecs. Car, qu'un homme opulent
« et un homme sans naissance tiennent le même
« langage, ils n'auront pas cependant la même au-
« torité. »

C'est bien, je l'ai dit. Mais opulent, *opulenti*, et sans naissance, *ignobiles*, pour illustre, δοχοῦντες, et sans illustration, ἀδοξοῦντες, ne me semblent pas rendre le sens. Car l'homme sans naissance n'est pas toujours sans illustration, et le riche n'est pas toujours illustre.

CHAPITRE V.

Des Pyrrhoniens et des Académiciens. Différence entre leurs opinions.

Nous appelons Pyrrhoniens les philosophes que les Grecs nomment σκεπτικοί, c'est-à-dire cher- cheurs. Ils ne décident, n'établissent rien; mais ils passent leur vie à chercher en toutes choses ce qui pourrait devenir certain. Ils ne savent s'ils voient ou s'ils entendent; mais seulement qu'ils sont affectés comme s'ils voyaient ou entendaient. Les causes de ces affections, quelles sont-elles, quelle en est la nature; ils le cherchent. Un mélange confus des caractères du vrai et du faux rend partout la vérité tellement insaisissable, qu'un homme qui ne précipite pas, qui ne prodigue pas son jugement, doit s'en tenir à ces paroles, réponse habituelle de Pyrrhon, le chef de cette école : « Cela n'est pas « plus ainsi qu'ainsi ou autrement. » Les preuves des choses, leur véritable nature ne peuvent être connues, saisies par nous, disent-ils; et ils se replient de toutes les sortes pour le prouver. Là-dessus Favorinus a composé dix livres, pleins de finesse et de subtilité, qu'il a intitulés *Idées des Pyrrhoniens*. C'est une question ancienne déjà, et traitée par les Grecs, que de savoir en quoi diffèrent les Académiciens et les Pyrrhoniens. On les appelle les uns et les autres σκεπτικοί, chercheurs, ἐφεκτικοί, retenus, ἀπορητικοί, incertains. Ils n'affirment rien ni les uns ni les autres, et soutiennent qu'on ne peut rien savoir. Les choses ne sont que vaines apparitions; elles se montrent à nous, non pas d'après leur nature, mais d'après la disposition de notre âme et de notre corps. Ainsi tout ce qui émeut nos sens n'est que rapport. Ils entendent par là qu'il n'y a rien qui ait une nature propre et existe en soi, mais que tout se rapporte à quelque chose. Nous jugeons les objets sur l'apparence qu'ils prennent à nos yeux, nous leur at-

---

hibeat ad meditationem suam intentionem, et habeat veteris orationis usum atque notitiam celebriorem.

CAPUT IV.

Quem in modum Q. Ennius versus Euripidi æmulatus sit.

Euripidis versus sunt in Hecuba, verbis, sententia, brevitate insignes illustresque. Hecuba est ad Ulixem dicens :

Τὸ δ' ἀξίωμα, κἂν κακῶς λέγῃ, τὸ σὸν
Νικᾷ· λόγος γὰρ ἔκ τ' ἀδοξούντων ἰὼν
Κἀκ' τῶν δοκούντων, αὐτὸς οὐ ταὐτὸν σθένει.

Hos versus Q. Ennius, cum eam tragœdiam verteret, non sane incommode æmulatus est. Versus totidem Enniani hi sunt :

Hæc tametsi perverse dices, facile Achivos flexeris :
Nam cum opulenti loquuntur pariter atque ignobiles,
Eadem dicta, eademque oratio æqua non æque valet.

Bene, sicuti dixi, Ennius : sed ignobiles tamen et opulenti ἀντὶ ἀδοξούντων et ἀντὶ δοκούντων satisfacere sententiæ non videntur; nam neque omnes ignobiles ἀδοξοῦσι, neque omnes opulenti εὐδοξοῦσι.

CAPUT V.

De Pyrrhoniis philosophis quædam, deque Academicis strictim notata, deque inter eos differentia.

Quos Pyrrhonios philosophos vocamus, ii græco cognomento σκεπτικοί appellantur; id ferme significat quasi *quæsitores* et *consideratores ;* nihil enim decernunt, nihil constituunt; sed in quærendo semper considerandoque sunt, quidnam sit omnium rerum, de quo decerni constituique possit. Ac ne videre quoque plane quidquam neque audire sese putant; sed ita pati afficique, quasi videant vel audiant : eaque ipsa, quæ affectiones istas in sese efficiant, qualia et cujusmodi sint, contantur atque insistunt, omniumque rerum fidem veritatemque mixtis confusisque signis veri atque falsi ita imprensibilem videri aiunt, ut quisquis homo est non præceps neque judicii sui prodigus, his uti verbis debeat, quibus auctorem philosophiæ istius Pyrrhonem usum esse tradunt : Οὐ μᾶλλον οὕτως ἔχει τόδε ἢ ἐκείνως ἢ οὐδετέρως : indicia enim rei cujusque et sinceras proprietates negant posse nosci et percipi; idque ipsum docere atque ostendere multis modis conantur; super qua re Favorinus quoque subtilissime argutissimeque decem libros composuit, quos Πυῤῥωνείων τρόπων inscribit. Vetus autem quæstio et a multis scriptoribus græcis tractata [est], an quid et quantum [inter] Pyrrhonios et Academicos philosophos intersit; utrique enim σκεπτικοί, ἐφεκτικοί, ἀπορητικοί dicuntur; quoniam utrique nihil affirmant, nihilque comprehendi putant. Sed ex omnibus rebus perinde

tribuons une nature qu'ils n'ont pas en eux-mêmes, mais qu'ils créent au contact de nos sens. Sur tous ces points les Académiciens et les Pyrrhoniens sont d'accord entre eux; ils diffèrent en d'autres choses. Voici la différence la plus marquée. Les Académiciens comprennent du moins, en quelque sorte, qu'on ne peut rien comprendre, et décident presque qu'on ne peut rien décider. Les Pyrrhoniens refusent de prononcer même là-dessus. Rien, disent-ils, ne leur paraît vrai.

CHAPITRE VI.

Serments des femmes. Serments des hommes.

Dans nos vieux auteurs, les femmes ne jurent pas par Hercule, ni les hommes par Castor. On comprend que les femmes n'aient point juré par Hercule, puisqu'elles s'abstiennent de lui sacrifier. Il est moins aisé de dire pourquoi les hommes n'ont pas juré par Castor; mais nulle part, au moins dans les bons auteurs, une femme ne dit *mehercle*, ni un homme *mecastor*. *Ædepol*, serment par Pollux, est commun aux deux sexes. Cependant Varron assure que, dans le très-vieux temps, les hommes ne juraient ni par Castor ni par Pollux; que ce serment était laissé aux femmes, qui l'avaient pris des initiations aux mystères d'Éleusis. L'oubli des anciennes coutumes a fait dire aux hommes *ædepol*, et l'usage s'en est établi;

mais nulle part, dit-il, un homme ne dit *mecastor* dans les vieux auteurs.

CHAPITRE VII.

De l'archaïsme et du néologisme.

Il y a pareillement faute à se servir de mots vieillis et hors d'usage, et à employer des mots nouveaux, sans grâce et sans harmonie. Cependant la dernière faute me paraît la plus blâmable. Dans la classe des mots nouveaux je range aussi les mots anciens qui ont disparu de la langue. Ce défaut tient le plus souvent à une instruction tardive, à ce que les Grecs appellent ὀψιμαθία : ce qu'on vient enfin d'apprendre, après l'avoir longtemps ignoré, on y tient, et on veut à tout prix y donner une place quelconque dans quelque sujet que ce soit. Ainsi à Rome, en notre présence, un avocat déjà vieux, et très-connu au barreau, mais d'un savoir précipitamment et soudainement acquis, parlait devant le préfet de la ville. Pour dire d'un chevalier romain qu'il faisait maigre chère, mangeant du pain de son et buvant du vin fétide, il dit : *Hic eques romanus apludam edit, et floces bibit.* Tous les assistants se regardèrent, le visage sérieux d'abord, et se demandant ce que c'était que ces mots; enfin, ils éclatèrent de rire tous à la fois, comme s'ils avaient entendu je ne sais quel langage gaulois ou tos-

visa fieri dicunt, quas φαντασίας appellant; non ut rerum ipsarum natura est, sed affectio animi corporisve est eorum, ad quos ea visa perveniunt. Itaque omnis omnino res, quæ sensus omnium movent, τῶν πρός τι esse dicunt : id verbum significat', nihil esse quidquam, quod ex sese constet, nec quod habeat vim propriam et naturam, sed omnia prorsum ad aliquid referri : taliaque videri esse, qualis sit eorum species, dum videntur, qualiaque apud sensus nostros, quo pervenerunt, creantur : non apud sese, unde profecta sunt. Cum hæc autem consimiliter tam Pyrrhonii dicant, quam Academici, differre tamen inter sese et propter alia quædam, et vel maxime propterea existimati sunt, quod Academici quidem ipsum illud nihil posse comprehendi, quasi comprehendunt, et nihil posse decerni, quasi decernunt : Pyrrhonii ne id quidem ullo pacto videri verum dicunt, quod nihil esse verum videtur.

CAPUT VI.

Quod mulieres Romæ per Herculem non juraverint, neque viri per Castorem.

In veteribus scriptis neque mulieres romanæ per Herculem dejurant, neque viri per Castorem. Sed cur illæ non juraverint Herculem, obscurum non est. Nam Herculaneo sacrificio abstinent. Cur autem viri Castorem jurantes non appellaverint, non facile dictu est. Nusquam igitur scriptum invenire est apud idoneos quidem scriptores, aut *mehercle* feminam dicere, aut *mecastor* virum. *Ædepol* autem, quod jusjurandum per Pollucem est, et viro et feminæ commune est. Sed M. Varro asseverat, antiquissimos viros neque per Castorem neque per Pollucem de-

jurare solitos; sed id jusjurandum fuisse tantum feminarum ex Initiis Eleusiniis acceptum : paulatim tamen, inscitia antiquitatis, viros dicere *ædepol* cœpisse; factumque esse ita dicendi morem : sed *mecastor* a viro dici, in nullo vetere scripto inveniri.

CAPUT VII.

Verbis antiquissimis relictisque jam et desitis minime utendum.

Verbis uti aut nimis obsoletis exculcatisque, aut insolentibus novitatisque duræ et illepidæ, par esse delictum videtur : sed molestius equidem culpatiusque esse arbitror, verba nova, incognita, inaudita dicere, quam invulgata et sordentia. Nova autem videri dico etiam ea, quæ sunt inusitata et desita, tametsi sint vetusta. Est adeo id vitium plerumque seræ eruditionis, quam Græci ὀψιμαθίαν appellant; ut, quod nunquam didiceris, diu ignoraveris, cum id scire aliquando cœperis, magni facias quo in loco cunque et quacunque in re dicere : veluti Romæ, nobis præsentibus, vetus celebratusque homo in causis, sed repentina et quasi tumultuaria doctrina præditus, cum apud præfectum urbis verba faceret, et dicere vellet, inopi quendam miseroque victu vivere et furfureum panem esitare, vinumque eructum et fœtidum potare : *Hic*, inquit, *eques romanus apludam edit, et floces bibit.* Adspexerunt omnes, qui aderant, alius alium, primo tristiores turbato et requirente vultu, quidnam illud utriusque verbi foret; post deinde, quasi nescio quid tusce aut gallice dixisset, universi riserunt. Legerat autem ille, *apludam*

tau. L'orateur avait appris que les habitants de la campagne avaient autrefois appelé le son *apluda*; il avait peut-être lu ce mot dans l'*Astraba* de Plaute, si toutefois cette pièce est de cet auteur. Il avait lu de même que *floces,* dans le vieux langage, signifiait la lie du vin exprimée du marc du raisin, comme *fraces* signifie la lie de l'huile. Il avait lu ce mot dans les *Polumènes* de Cécilius, comme *apluda* dans Plaute ; et il avait avec soin retenu les deux mots pour en orner ses discours. Un autre orateur, nourri de lectures de ce genre, devint aussi un ἀπειρόκαλος (ignorant du vrai beau). Son adversaire ayant demandé le renvoi de la cause, il s'écria : « Au secours, préteur, au secours, je t'en conjure ! où ce *bovinator* veut-il enfin nous conduire? » Et il ne cessait de répéter avec de grands cris, : C'est un *bovinator.* Un mot si monstrueux étonna les assistants, et fit éclater un murmure universel. Mais lui, avec un geste emphatique : « Vous n'avez donc pas lu Lucile, dit-il, qui appelle *bovinator* un tergiversateur? » On lit en effet dans Lucile :

Hic strigosus, bovinatorque ore improbus duro.

« Cet homme maigre, chicaneur, à la langue « venimeuse. »

CHAPITRE VIII.
Mot de Caton sur Albinus, auteur d'une histoire romaine en grec.

On cite un mot juste et plaisant de M. Caton sur A. Albinus. Ce dernier, qui fut consul avec L. Lucullus, écrivit en grec l'histoire romaine. En tête de son ouvrage, on lit à peu près : On ne doit pas m'en vouloir, si l'on trouve dans mon style peu d'élégance, ou peu de régularité; je suis Romain, né dans le Latium ; et la langue grecque est si éloignée de la latine ! Là-dessus, il demandait grâce à son lecteur. Caton lut l'histoire, et dit : « Tu es par trop plaisant, Aulus, d'aimer « mieux demander grâce que d'éviter la faute. « D'ordinaire, on demande grâce pour une faute « qu'on a commise sans le vouloir, ou dans laquelle « on a été jeté par une impulsion étrangère. Mais « toi, s'il te plaît, qui t'a poussé à faire une faute « dont tu demandes grâce avant de la commettre? ». On lit ce trait dans l'ouvrage de Cornélius Népos, *Des hommes illustres.*

CHAPITRE IX.
Mot de Démosthène sur la vénalité.

Critolaüs raconte que des ambassadeurs de Milet vinrent à Athènes pour les intérêts de leur ville, probablement pour implorer le secours des Athéniens. Ils choisirent des orateurs pour plaider leur cause devant le peuple, et ceux-ci s'acquittèrent de leur tâche. Démosthène leur répondit, et combattit vivement la demande des Milésiens : il fit valoir leur indignité, et l'intérêt de la république. L'affaire fut remise au lendemain. Les ambassadeurs se rendirent chez Dé-

veteres rusticos frumenti furfurem dixisse; idque a Plauto in comœdia, si ea Plauti est, quæ *Astraba* inscripta est, positum esse. Item *floces* audierat prisca voce significare vini fæcem e vinaceis expressam, sicuti fraces ex oleis : idque apud Cæcilium in *Polumenis* legerat, eaque sibi duo verba ad orationum ornamenta servaverat. Alter quoque a lectionibus id genus paucis ἀπειρόκαλος, cum adversarius causam differri postularet : Rogo, prætor, inquit, subveni, succurre : quonam usque nos *bovinator* hic demoratur? Atque id voce magna ter quaterque inclamavit, *bovinator est.* Commurmuratio fieri cœpta est a plerisque, qui aderant, quasi monstrum verbi admirantibus. At ille jactans et gestiens : Non enim Lucilium, inquit, legistis, qui tergiversatorem *bovinatorem* dicit. Est autem in Lucilii undecimo versus :

Hic strigosus, bovinatorque ore improbus duro.

CAPUT VIII.
Quid senserit dixeritque M. Cato de Albino; qui homo romanus græca oratione res romanas, venia sibi ante ejus imperitiæ petita, composuit.

Juste venusteque admodum reprehendisse dicitur A. Albinum M. Cato, Albinus, qui cum L. Lucullo consul fuit, res romanas oratione græca scriptitavit. In ejus historiæ principio scriptum est ad hanc sententiam : Neminem successere sibi convenire, si quid in his libris parum composite aut minus eleganter scriptum foret. Nam sum, inquit, homo romanus, natus in Latio. Græca oratio a nobis alienissima est; ideoque veniam gratiamque malæ existimationis, si quid esset erratum, postulavit. Eam cum legisset M. Cato : « Næ tu, » inquit, « Aule, nimium nugator es, cum maluisti culpam deprecari, quam culpa vacare. Nam petere veniam solemus, aut cum imprudentes erravimus, aut cum compulsi peccavimus. Tibi, inquit, oro te, quis perpulit, ut id committeres, quod, priusquam faceres, peteres, ut ignosceretur? » Scriptum est hoc in libro Cornelii Nepotis *De Illustribus Viris.*

CAPUT IX.
Historia de legatis Mileti et Demosthene rhetore, in libris Critolai reperta.

Critolaus scripsit, legatos Mileto publicæ rei causa venisse Athenas, fortassean [dixerit] auxilii petendi gratia; tum qui pro sese verba facerent, quos visum erat, advoca[vi]sse; advocatos, uti erat mandatum, verba pro Milesiis ad populum fecisse : Demosthenem Milesiorum postulatis acriter respondisse, neque Milesios auxilio dignos, neque

mosthène, et le supplièrent de garder le silence. Il leur demanda de l'argent; ils lui donnèrent tout ce qu'il voulut. L'affaire fut reprise le lendemain. Alors Démosthène parut, le cou enveloppé de laine, et déclara qu'il ne pouvait parler contre les Milésiens, qu'il souffrait d'une esquinancie. Quelqu'un s'écria de la foule que ce n'était pas une esquinancie, mais une argyrancie. Démosthène lui-même, dit Critolaüs, loin de s'en cacher, s'en fit gloire plus tard. Il demandait à l'acteur Aristodème combien il recevait pour jouer. « Un talent, » lui répondit celui-ci. « Et moi, dit Démosthène, j'ai reçu davantage pour me taire. »

CHAPITRE X.

Le même mot attribué par C. Gracchus à Démade. Fragment de C. Gracchus.

Le mot que Critolaüs attribuait tout à l'heure à Démosthène, C. Gracchus, dans son discours contre la loi Auféia, l'attribue à Démade. Voici le passage : « Romains, si vous voulez juger avec
« sagesse et examiner avec soin, vous verrez que
« pas un de nous ne monte à cette tribune sans l'es-
« poir d'une récompense. Nous tous qui parlons,
« nous ambitionnons quelque chose; nous ne par-
« lons qu'afin d'obtenir un salaire. Moi qui vous
« parle, pour enrichir votre trésor et rendre plus
« aisée l'administration de l'Etat, je ne donne pas
« mes paroles. J'ambitionne, non pas votre argent
« sans doute, mais votre estime. Ceux qui com-
« battent la loi ne recherchent pas votre estime,
« ils recherchent l'argent de Nicomède. Les ora-
« teurs qui parlent en faveur de la loi ne songent
« pas plus que les autres à l'opinion que vous
« aurez d'eux; ils sont occupés des récompenses
« que Mithridate leur accordera. Ceux qui se tai-
« sent, là, de ce même côté, et appartenant au
« même ordre, sont les plus ardents; ils prennent
« de toute main, pour tromper tout le monde.
« Persuadés qu'ils s'abstiennent, vous leur ac-
« cordez votre estime; mais les ambassadeurs
« des rois interprètent en leur faveur ce silence,
« et leur donnent les sommes les plus fortes. Un
« poëte tragique d'Athènes se vantait un jour
« qu'une seule pièce lui avait rapporté un grand
« talent. — Tu te vantes d'avoir reçu un talent pour
« avoir parlé, lui repartit Démade, l'orateur le plus
« éloquent d'alors; moi, pour me taire, j'ai reçu
« dix talents du roi. De même, ici, le silence est
« ce qui se paye le mieux. »

ex republica id esse contendisse : rem in posterum diem prolatam; legatos ad Demosthenem venisse; magnoque opere orasse, uti contra ne diceret : eum pecuniam petivisse : et quantam petiverat abstulisse : postridie, cum res agi denuo cœpta esset, Demosthenem, lana multa collum cervicesque circumvolutum, ad populum prodisse, et dixisse, se synanchen pati; eo contra Milesios loqui non quire : tum e populo unum exclamasse, non synanchen, quod Demosthenes pateretur, sed argyranchen esse. Ipse etiam Demosthenes, ut idem Critolaus refert, non id postea concelavit : quin gloriæ quoque hoc sibi assignavit. Nam cum interrogasset Aristodemum, actorem fabularum, quantum mercedis, uti ageret, accepisset, et Aristodemus talentum respondisset : At ego plus, inquit, accepi, ut tacerem.

CAPUT X.

Quod C. Gracchus in oratione sua historiam, supra scriptam, Demadi rhetori, non Demostheni, attribuit : verbaque ipsius C. Gracchi relata.

Quod in capite superiore a Critolao scriptum esse diximus super Demosthene, id C. Gracchus in oratione, qua legem Aufeiam dissuasit, in Demadem contulit verbis hisce : « Nam vos, Quirites, si velitis sapientia atque
« virtute uti, et si quæritis, neminem nostrum invenietis
« sine pretio huc prodire. Omnes nos, qui verba faci-
« mus, aliquid petimus : neque ullius rei causa quis-
« quam ad vos prodit, nisi ut aliquid auferat. Ego ipse,
« qui apud vos verba facio, uti vectigalia vestra augeatis,
« quo facilius vestra commoda et rempublicam adminis-
« trare possitis, non gratis prodeo : verum peto a vobis
« non pecuniam, sed bonam existimationem atque ho-
« norem. Qui prodeunt dissuasuri, ne hanc legem acci-
« piatis, petunt non honorem a vobis, verum a Nicomede
« pecuniam. Qui suadent, ut accipiatis, ii quoque petunt
« non a vobis bonam existimationem, verum a Mithridate
« rei familiaris suæ pretium et præmium. Qui autem ex
« eodem loco atque ordine tacent, ii vel acerrimi sunt :
« nam ab omnibus pretium accipiunt, et omnis fallunt.
« Vos, cum putatis, eos ab his rebus remotos esse,
« impartitis bonam existimationem. Legationes autem a
« regibus, cum putant eos sua causa reticere, sumtus
« atque pecunias maximas præbent : item uti in terra
« Græcia, quo in tempore græcus tragœdus gloriæ sibi du-
« cebat, talentum magnum ob unam fabulam datum esse,
« homo eloquentissimus civitatis suæ Demades ei respon-
« disse dicitur : Mirum tibi videtur, si tu loquendo talentum
« quæsisti? Ego, ut tacerem, decem talenta a rege ac-
« cepi. Idem nunc isti pretia maxima ob tacendum acci-
« piunt. »

CHAPITRE XI.

Différence entre *mentiri* et *mendacium dicere*, selon Nigidius.

Je transcris les propres mots de Nigidius, qui excella dans l'étude des beaux-arts, et dont Cicéron révérait l'esprit et la science : « Il y a loin « de *mentiri* à *mendacium dicere*. Celui qui ment « ne se trompe pas, il veut tromper ; celui qui dit « un mensonge se trompe. » Il ajoute : « Celui qui « ment trompe autant qu'il dépend de lui ; celui « qui dit un mensonge peut tromper, mais il n'y a « pas de sa faute. » Il dit encore : « Un homme de « bien doit se garder de mentir ; un homme ha- « bile, de dire un mensonge. Le premier atteint « l'homme ; l'autre ne l'atteint pas. » Que de grâce et de variété dans toutes ces idées qui roulent sur le même sujet, et paraissent toujours offrir un sens nouveau !

CHAPITRE XII.

Opinions contraires de Chrysippe et de Diodore sur l'ambiguïté des mots.

Chrysippe affirme que tout mot est ambigu par sa nature, puisqu'il peut avoir deux sens, ou davantage. Diodore, surnommé Cronus, soutient le contraire : « Il n'y a pas, dit-il, de terme am- « bigu. Il n'y a ambiguïté ni dans la parole ni dans « la pensée, et l'on ne doit voir dans la parole que « la pensée de celui qui parle. Mais tu comprends « autre chose que ce que j'ai pensé : eh bien ! il y a « obscurité plutôt qu'ambiguïté. S'il y avait ambi- « guïté, on aurait dit à la fois deux choses ou da- « vantage. Or, on ne dit pas deux choses à la fois, « puisqu'on n'en pense qu'une. »

CHAPITRE XIII.

Critique d'un passage de C. Gracchus par T. Castricius. Le passage se trouve vide de sens.

Dans l'école de rhétorique de T. Castricius, homme d'un jugement ferme et sévère, on vint à lire le discours de C. Gracchus contre P. Popilius. L'exorde de ce discours offre plus d'art et d'harmonie qu'on n'en trouve dans nos vieux orateurs. On y lit : « Si vous rejetez aujourd'hui « par caprice ce que vous avez pendant ces der- « nières années désiré avec passion, vous ne pour- « rez vous défendre, ou de l'avoir autrefois désiré « avec passion, ou de l'avoir rejeté aujourd'hui par « caprice. » Le nombre et le développement facile de cette période, arrondie avec soin, nous charmèrent, d'autant qu'il nous parut que l'illustre orateur, malgré son goût sévère, avait eu de la prédilection pour ce tour de phrase. La période ayant, sur notre demande, été lue et relue plusieurs fois, Castricius nous avertit d'examiner quelle pouvait être la valeur de la pensée, et de ne pas permettre que nos esprits fussent dupes de nos oreilles, enchantées par une chute heureuse. Cet avertissement nous ayant rendus plus attentifs,

CAPUT XI.

Verba P. Nigidii, quibus differre dicit *mentiri* et *mendacium dicere*.

Verba sunt hæc ipsa P. Nigidii, hominis in studiis bonarum artium præcellentis, quem M. Cicero ingenii doctrinarumque nomine summe reveritus est : « Inter men- « dacium dicere et mentiri distat. Qui mentitur, ipse non « fallitur, [sed] alterum fallere conatur : qui mendacium « dicit, ipse fallitur. » Item hoc addidit : « Qui mentitur, » inquit, « fallit, quantum in se est : at qui mendacium « dicit, ipse non fallit ; quantum in se est. » Item hoc quoque super eadem re dicit : « Vir bonus, » inquit, « præstare « debet, ne mentiatur : prudens, ne mendacium dicat : « alterum incidit in hominem, alterum non. » Varie mehercle et lepide Nigidius tot sententias in eandem rem, quasi aliud atque aliud diceret, disparavit.

CAPUT XII.

Quod Chrysippus philosophus omne verbum ambiguum dubiumque esse dicit ; Diodorus contra nullum verbum ambiguum esse putat.

Chrysippus ait, omne verbum ambiguum natura esse, quoniam ex eodem duo vel plura accipi possunt. Diodorus autem, cui Crono cognomentum fuit : « Nullum, « inquit, « verbum est ambiguum : nec quisquam ambiguum dicit « aut sentit ; nec aliud dici videri debet, quam quod se « dicere sentit is, qui dicit. At cum ego, » inquit, « aliud sensi, « tu aliud accepisti : obscure magis dictum videri potest « quam ambigue ; ambigui enim verbi natura illa esse de- « buit, ut qui id diceret, duo vel plura diceret ; nemo au- « tem duo vel plura dicit, qui se sentit unum dicere. »

CAPUT XIII.

Quid T. Castricius de verbis deque sententia quadam C. Gracchi existima[ve]rit ; quodque esse eam sine ullo sensus emolumento docuerit.

Apud T. Castricium, disciplinæ rhetoricæ doctorem, gravi atque firmo judicio virum, legebatur oratio C. Gracchi in P. Popilium. In ejus orationis principio collocata verba sunt accuratius modulatiusque, quam veterum oratorum consuetudo fert. Ea verba, sicuti dixi, composita hæc sunt : « Quæ vos cupide per hosce annos appetistis « atque voluistis, ea si temere repudiaritis, abesse non « potest, quin aut olim cupide appetisse, aut nunc te- « mere repudiasse dicamini. » Cursus igitur hic et sonus rotundæ volubilisque sententiæ eximie nos unice delectabat, tanto id magis, quod jam tunc C. Graccho, viro illustri et severo, ejusmodi compositionem fuisse cordi videbamus. Sed enim, cum eadem ipsa verba sæpius petentibus nobis lectitarentur, admoniti a Castricio sumus, ut consideraremus, quæ vis quodve emolumentum ejus sententiæ foret ; neque pateremur, ut aures nostræ cadentis apte orationis modis eblanditæ animum quoque nobis voluptate inani perfunderent. Cumque nos admoni-

« Examinez, nous dit-il, le sens de ces mots, et qu'on me dise ce qu'il peut y avoir de poids ou de grâce dans cette pensée : « Si vous rejetez aujourd'hui par caprice ce que vous avez, pendant ces dernières années, désiré avec passion, vous ne pourrez vous défendre ou de l'avoir autrefois désiré avec passion, ou de l'avoir rejeté aujourd'hui par caprice. » Ne tombe-t-il pas sous le sens qu'on a désiré avec passion ce qu'on a désiré avec passion, et rejeté par caprice ce qu'on a rejeté par caprice? S'il avait dit: « Si vous rejetez aujourd'hui ce que vous avez désiré pendant ces dernières années, vous ne pourrez vous défendre ou de l'avoir désiré autrefois avec passion, ou de l'avoir rejeté aujourd'hui par caprice ; » s'il avait ainsi dit, je le répète, la pensée serait plus solide et aurait plus de gravité, et répondrait à la juste attente des auditeurs. Mais, dans sa phrase, les mots *avec passion* et *par caprice*, les plus essentiels de tous, ne sont pas seulement dans le dernier membre, ils sont aussi dans le premier, où ils n'étaient pas nécessaires; et ce qui devait être la conclusion paraît hors de propos. Car dire : Si tu fais cela, tu passeras pour l'avoir fait avec passion, c'est présenter un sens; mais dire : Si tu agis avec passion, tu passeras pour avoir agi avec passion, c'est dire, à peu près : Si tu agis avec passion, tu auras agi avec passion. Si je fais cette remarque, ajouta-t-il, ce n'est pas pour rabaisser le mérite de C. Gracchus : que les dieux m'inspirent de meilleurs sentiments! S'il y a dans ce puissant orateur quelques fautes qu'on puisse relever, elles s'effacent devant le mérite du grand homme, et le temps l'en a absous. J'ai voulu qu'au lieu de vous laisser éblouir par l'éclat d'une harmonie brillante et sonore, vous pesiez la valeur des choses et le sens des mots, et que vous n'applaudissiez au mouvement, à l'attitude du style, qu'après que la pensée vous aura paru grave, saine, vraie. Mais si vous ne trouvez qu'une idée froide, légère, frivole, dans une phrase régulière et nombreuse, comparez l'écrivain à un homme d'une insigne difformité, qui imiterait les gestes ridicules des histrions.

CHAPITRE XIV.

Bon mot de Romulus sur l'usage du vin.

Lucius Piso Frugi a parlé de la vie et des mœurs de Romulus, dans la première de ses *Annales*, avec une aimable simplicité d'idées et de style. Voici un passage de cet auteur : « Le même « Romulus, dans un repas auquel il avait été invité, ne prit que peu de vin, parce qu'il avait « pour le lendemain une affaire à traiter. On lui « dit : Romulus, si tout le monde faisait comme « toi, le vin se vendrait à plus bas prix. Au contraire, répliqua-t-il, il se vendrait cher si chacun en prenait comme moi, selon son désir. »

CHAPITRE XV.

Sur les adjectifs en *bundus*. Labérius a dit *amorabundus*, comme on dit *ludibundus* et *errabundus*. Fragment de Sisenna.

Labérius, dans *Le lac Averne*, a employé, au

---

tione ista attentiores fecisset : Inspicite, inquit, penitus, quid efficiant verba hæc; dicatque mihi, quæso, aliqui vestrum, an sit ulla hujusce sententiæ [aut] gravitas aut gratia : « Quæ vos cupide per hosce annos appetistis atque « voluistis, ea temere si repudiaritis, abesse non po- « test, quin aut olim cupide appetisse, aut nunc te- « mere repudiasse dicamini. » Cui enim omnium hominum in mentem non venit, id profecto usu venire, ut quod cupide appetieris, cupide appetisse, et, quod temere repudiaveris, temere repudiasse dicaris? At si, opinor, inquit, ita scriptum esset : « Quæ vos per hosce annos ap- « petistis atque voluistis ; ea nunc si repudiaritis, abesse « non potest, quin aut olim cupide appetisse, aut nunc te- « mere repudiasse dicamini : » si, inquit, ita diceretur, gravior scilicet solidiorque fieret sententia; et acciperet aliquid justæ in audiendo exspectationis; nunc autem verba hæc *cupide* et *temere*, in quibus verbis omne momentum rei est, non in concludenda sententia tantum dicuntur; sed supra quoque nondum desiderata ponuntur : et, quæ nasci oririque ex ipsa rei conceptione debebant, ante omnino, quam res postulat, dicuntur. Nam qui ita dicit : si hoc feceris, cupide fecisse diceris : rem dicit sensus alicujus ratione collectam et confectam : qui vero ita dicit : si cupide feceris, cupide fecisse diceris : non longe secus dicit, quam si diceret : si cupide feceris, cupide feceris. Hæc ego, inquit, admonui, non ut C. Gracchio vitio darem; (dii enim mentem meliorem mihi! nam, si quidquam in tam fortis facundiæ viro vitii vel erroris esse dici potest, id omne et auctoritas ejus exhausit, et vetustas consumsit) sed uti caveretis, ne vos facile perstringeret modulatus aliqui currentis facundiæ sonitus; atque ut vim ipsam rerum virtutemque verborum prius pensitaretis : et, si quidem gravis atque integra et sincera sententia diceretur, tum, si ita videretur, gressibus quoque ipsis orationis et gestibus plauderetis : si vero frigidi et leves et futiles sensus in verba, apte numeroseque posita, includerentur, non esse id secus crederetis, quam cum homines insigni deformitate ad facienda ridicula imitantur histriones et gestiunt.

CAPUT XIV.

Sobria et pulcherrima Romuli regis responsio circa vini usum.

Simplicissima suavitate et rei et orationis L. Piso Frugi usus est in primo annali, cum de Romuli regis vita atque victu scriberet. Ea verba, quæ scripsit, hæc sunt : « Eun- « dem Romulum, dicunt, ad cœnam vocatum, ibi non « multum bibisse, quia postridie negotium haberet. Ei « dicunt : Romule, si istuc omnes homines faciant, vi- « num vilius sit. Is respondit : immo vero carum, si quan- « tum quisque volet, bibat : nam ego bibi, quantum « volui. »

sujet d'une femme amoureuse, le mot inusité *amorabunda*. Cæsellius Vindex, dans le commentaire intitulé *Leçons antiques*, n'a vu là qu'une forme semblable à celle de *ludibunda, ridibunda, errabunda*, pour *ludens, ridens, errans*. Térentius Scaurus, illustre grammairien du temps d'Adrien, qui a relevé un grand nombre d'erreurs de Cæsellius, lui reproche de n'avoir pas mis de différence entre ces mots. *Ludibunda, ridibunda, errabunda* signifient, selon lui, une femme qui simule le jeu, le rire, l'égarement. Certes, nous fûmes loin de trouver la raison de cette critique. Les mots ne signifient que ce que les écrivains leur font signifier. Or, que serait-ce que *simulant* le jeu? Nous aimons mieux paraître ne pas comprendre, que d'accuser le jugement du critique. Scaurus d'ailleurs, puisqu'il critiquait Cæsellius, aurait dû nous dire ce que celui-ci avait omis, quelle est la légère différence entre *ludibundus* et *ludens*, et autres mots semblables; quelle est la valeur de la désinence de ces adjectifs, et en quoi elle modifie le sens du radical. C'était là ce qu'il fallait se demander en traitant de ces sortes de mots, comme on se demande si dans *vinolentus, lutulentus, turbulentus*, la terminaison est sans valeur, une simple paragoge, ou si elle a un sens. Comme nous blâmions la critique de Scaurus, nous nous souvînmes de ce passage de Sisenna, dans le quatrième livre des *Histoires* : *Populabundus agros ad oppidum pervenit*, ce qui veut dire, il arriva à la ville en ravageant la campagne, et non pas, comme l'expliquerait Scaurus, en jouant ou simulant le ravage. Nous recherchâmes le sens de cette désinence. Apollinaris, notre ami, dit, avec beaucoup de justesse, que la terminaison dans ces sortes de mots annonce la force ou l'abondance des choses que le radical exprime; qu'ainsi *lætabundus* signifie, qui est dans l'ivresse de la joie; *errabundus*, qui erre longtemps. Il nous prouva que, dans ces adjectifs, la terminaison indique abondance, force, profusion.

CHAPITRE XVI.

Difficulté de rendre en latin certains mots grecs, par exemple πολυπραγμοσύνη.

Mon attention s'est souvent portée sur certaines idées (et elles ne sont pas en petit nombre) qu'on rend dans la langue grecque mieux que dans la nôtre. Nous ne pouvons pas, comme les Grecs, les exprimer d'un seul mot; et, si nous recourons à la périphrase, elle a moins de justesse et moins de clarté que le mot propre dans le grec.

CAPUT XV.

De *ludibundo et errabundo*, atque id genus verborum productionibus; et quod Laberius sic *amorabundam* dixit, ut dicitur *ludibunda et errabunda* : atque inibi, quod Sisenna per hujuscemodi verbum nova figura usus est.

Laberius in *Lacu Averno* mulierem amantem, verbo inusitatius ficto, *amorabundam* dixit. Id verbum Cæsellius Vindex in commentario *Lectionum Antiquarum* ex figura scriptum dixit, qua *ludibunda, ridibunda et errabunda* dicitur, *ludens et ridens et errans*. Terentius autem Scaurus, divi Hadriani temporibus grammaticus vel nobilissimus, inter alia, quæ de Cæsellii erroribus composuit, in hoc quoque verbo errasse eum scripsit, quod idem esse putaverit *ludens et ludibunda, ridens et ridibunda, errans et errabunda*. « Nam ludibunda, » inquit, « et ridibunda, et errabunda « ea dicitur, quæ ludentem vel ridentem vel errantem « agit aut simulat. » Sed qua ratione Scaurus adductus sit, ut Cæsellium in eo reprehenderet, non hercle reperiebamus. Non est enim dubium, haec genere ipso dumtaxat idem significent, quod ea demonstrant, a quibus producuntur. Quid esset autem ludentem agere vel imitari, non intelligere videri maluimus, quam insimulare eum tanquam ipsum minus intelligentem. Quin magis Scaurum oportuit, commentaria Cæsellii criminantem, [et] hoc, ab eo præteritum, requirere, quod non dixerit, an quid et quantulum differret a *ludibundo ludens*, et *ridibundo ridens*, et *errabundo errans*, ceteraque quæ horum sunt similia; an a principalibus verbis paulum aliquid distarent, et quam omnino vim haberet particula hæc extrema ejusmodi vocabulis addita. Hoc enim fuit potius requirendum in istiusmodi figuræ tractatu, sicuti requiri solet in *vinolento* et *ludulento* et *turbulento*, vanane et inanis sit ista haec productio, cujusmodi sunt,

quæ παραγωγὰς Græci dicunt, an extrema illa particula habeat aliquid suæ propriæ significationis. Cum reprehensionem autem illam Scauri notaremus, in memoriam nobis rediit, quod Sisenna in quarto *Historiarum* ejusdem figuræ verbo ita usus est : « Populabundus, » inquit, « agros ad oppidum pervenit : » quod scilicet significat : cum agros popularetur; non, ut Scaurus in consimilibus verbis ait, cum populantem ageret, vel cum imitaretur. Sed inquirentibus nobis, quænam ratio et origo esset hujuscemodi figuræ : *populabundus*, et *errabundus*, et *lætabundus*, et *ludibundus*, multorumque aliorum id genus verborum, εὐστόχως hercle Apollinaris noster sibi videri ait, particulam istam postremam, in quam verba talia exeunt, vim et copiam et quasi abundantiam rei, quod id verbum esset, demonstrare; ut *lætabundus* is dicatur, qui abunde lætus sit, et *errabundus*, qui longo atque abundanti errore sit : ceteraque omnia ex ea figura ita dici ostendit, ut productio hæc et extremitas largam et fluentem vim et copiam declararet.

CAPUT XVI.

Quod Græcorum quorundam verborum difficillima est in latinam linguam mutatio : velut quod græce dicitur πολυπραγμοσύνη.

Adjecimus sæpe animum ad vocabula rerum non paucissima, quæ neque singulis verbis, ut a Græcis, neque, si maxime pluribus eas res verbis dicamus, tam dilucide tanque apte demonstrari latina oratione possunt, quam Græci ea dicunt privis vocibus. Nuper etiam cum allatus esset ad nos Plutarchi liber, et ejus libri indicem legissemus, qui erat περὶ πολυπραγμοσύνης, percontanti cuipiam, qui et litterarum et vocum Græcarum expers

Un de ces jours, on nous apporta un livre de Plutarque; nous lisons le titre, πολυπραγμοσύνη ; un homme qui ne connaît ni la littérature ni la langue grecque nous demande le sujet du livre et le nom de l'auteur. Pour le nom de l'auteur, nous le dîmes aussitôt ; quant au titre, nous hésitâmes. Persuadé que le mot *negotiositas* rendrait peu exactement πολυπραγμοσύνη, je cherche en moi-même un mot qui fût la traduction parfaite et littérale du mot grec. Je recueillais mes souvenirs, et les auteurs ne m'offraient pas ce que je cherchais ; je voulais créer, et ne produisais rien que d'âpre, dur et malsonnant, pour exprimer d'un mot une multitude d'affaires. Il est vrai que *multijuga*, *multicolora*, *multiformia*, expriment la pluralité des nombres, des couleurs, des formes ; il y aurait cependant aussi peu de grâce à traduire par un seul mot le mot de Plutarque, qu'à rendre aussi par un seul mot, πολυφιλία, grand nombre d'amis ; πολυτροπία, souplesse de caractère, πολυσαρκία embonpoint. Ainsi, après avoir rêvé quelque temps en silence, je répondis qu'il ne me paraissait pas possible de traduire par un seul mot le titre du livre ; et j'étais déjà prêt à l'expliquer par une périphrase. « L'action d'entreprendre et de traiter beaucoup d'affaires, dis-je, s'exprime en grec par le mot πολυπραγμοσύνη ; et tel est l'objet de ce livre, annoncé par le titre. » Alors mon ignorant, trompé par une explication informe et à peine ébauchée, prit pour une vertu ce que l'auteur appelait πολυπραγμοσύνη. « Ainsi donc, nous dit-il, ce je ne sais qui, que vous nommez Plutarque, nous engage à nous mêler activement à un grand nombre d'affaires ; et il a mis fort à propos, comme vous le dites, en tête de l'ouvrage, le nom de la vertu dont il a voulu parler. — Pas du tout, répondis-je, ce titre n'est nullement le nom d'une vertu ; je n'ai pas voulu dire et Plutarque n'a pas voulu faire ce que tu penses. Il fait au contraire tous ses efforts, dans ce livre même, pour détourner les hommes de se mêler, même par la pensée, à un pêle-mêle inutile d'affaires sans nombre. Ton erreur, du reste, n'accuse que mon ignorance, puisque je n'ai pu, même à l'aide d'une circonlocution, exprimer que fort obscurément une idée que les Grecs expriment si nettement d'un seul mot.

CHAPITRE XVII.

Du sens des mots *flumina retanda* dans les vieux édits des préteurs.

Les édits des anciens préteurs nous tombèrent sous la main, dans la bibliothèque de Trajan, où nous cherchions autre chose. L'envie nous vint de les lire. Dans un des plus anciens, nous trouvâmes : SI QUELQU'UN DE CEUX QUI ONT PRIS AU NOM DE L'ÉTAT *flumina retanda*, EST EMMENÉ DEVANT NOUS, ET CONVAINCU DE N'AVOIR PAS SATISFAIT AUX CHARGES IMPOSÉES PAR LA LOI...; on se demanda ce que *retanda* voulait dire. Alors un ami, assis près de nous, se souvint d'avoir lu dans le septième livre de Gabius *Sur l'origine des mots*, qu'on appelait *retæ* les arbustes qui croissaient sur les bords ou dans le lit des fleuves, du mot *rete*, rêts, parce qu'ils embarrassaient et arrêtaient (*irretirent*) les barques. Il pensait qu'afin de rendre la na-

fuit, cujusnam liber, et qua de re scriptus esset; nomen quidem scriptoris statim diximus : rem, de qua scriptum fuit, dicturi hæsimus. Ac tum quidem primo, quia non satis commode opinabar interpretaturum esse, si dicerem librum scriptum [esse] *de negotiositate*, aliud institui apud me exquirere, quod, ut dicitur, verbum de verbo expressum esset. Nihil erat prorsus, quod aut meminissem legere me, aut, si etiam vellem fingere, quod non insignifer asperum, absurdum durumque esset, si ex multitudine et negotio verbum unum compingerem : sicuti *multijuga* dicimus et *multicolora* et *multiformia*. Sed non minus illepide ita diceretur, quam si interpretari voce una velis πολυφιλίαν, aut πολυτροπίαν, aut πολυσαρκίαν. Quamobrem cum diutule tacitus in cogitando fuissem, respondi tandem, non videri mihi, significari eam rem posse uno nomine : et idcirco juncta oratione, quid vellet græcum id verbum, pararam dicere. Ad multas igitur res aggressio, earumque omnium rerum actio, πολυπραγμοσύνη, inquam, græce dicitur, de qua hunc librum compositum esse, inscriptio ista indicat. Tum ille opicus verbis meis inchoatis et inconditis adductus, virtutemque esse πολυπραγμοσύνην ratus : Hortatur, inquit, nos profecto nescio quis hic Plutarchus ad negotia capessenda et ad res obeundas plurimas cum industria et celeritate : nomenque ipsius virtutis, de qua locuturus esset, libro ipsi, sicuti dicis, non incommode præscripsit. Minime, inquam, vero : neque enim ista omnino virtus est, cujus græco nomine argumentum hoc libri demonstratur ; neque id, quod tu opinare, aut ego me dicere sentio, aut Plutarchus facit. Deterret enim nos hoc quidem in libro, quam potest maxime, a varia promiscuaque et non necessaria rerum cujuscemodi plurimarum et cogitatione et petitione. Sed hujus, inquam, tui erroris culpam esse intelligo in mea scilicet infacundia, qui ne pluribus quidem verbis potuerim non obscurissime dicere, quod a Græcis perfectissime uno verbo et planissime dicitur.

CAPUT XVII.

Quid significet in veteribus prætorum edictis : *qui flumina retanda publice redemta habent*.

Edicta veterum prætorum, sedentibus forte nobis in bibliotheca templi Trajani, et aliud quid requirentibus, cum in manus incidissent, legere atque cognoscere libitum est. Tum in quodam edicto antiquiore ita scriptum invenimus : QUI. FLUMINA. RETANDA. PUBLICE. REDEMTA HABENT. SI. QUIS. FORUM. AD. ME. EDUCTUS. [FUERIT. QUI. DICATUR. QUOD. EUM. EX. LEGE. LOCATIONIS. FACERE. OPORTUERIT. NON. FECISSE. *Retanda* igitur quid esset quærebatur. Dixit ibi quispiam nobiscum sedens amicus meus, in libro se Gabii *De origine Vocabulorum* septimo legisse, *retas* vocari arbores, quæ aut ex ripis fluminum eminerent, aut in alveis eorum exstarent, appellatasque

vigation moins lente et moins périlleuse, on chargeait des entrepreneurs de nettoyer les fleuves de ces arbustes, et que *retare flumina* désignait cette opération.

CHAPITRE XVIII.

Loi de Dracon sur le vol. Loi de Solon. Loi des Douze Tables. Le vol permis en Égypte, encouragé à Sparte comme exercice utile. Fragment de M. Caton sur les voleurs.

Dracon, né à Athènes, passa pour un homme probe et d'une grande prudence; il fut versé dans la science des lois divines et humaines. Le premier, il donna des lois aux Athéniens. Une de ces lois portait contre le voleur, quel que fût le vol, la peine de mort. Les autres étaient, pour la plupart, empreintes de cette excessive sévérité. Il résulta de là que, sans décret, elles tombèrent en désuétude par la volonté tacite des Athéniens. Solon leur donna plus tard des lois moins sévères : il fut au nombre des sept sages. Loin d'infliger au voleur la peine de mort, il le condamnait seulement à payer le double de l'objet volé. Nos décemvirs, qui, après l'expulsion des rois, firent les lois des Douze Tables, n'imitèrent ni la sévérité de Dracon, ni la douceur de Solon. Leurs lois portaient la peine de mort contre le voleur pris en flagrant délit, si le vol était commis la nuit, ou s'il se défendait avec un trait, au moment où il était saisi. Hors de ces deux cas, le voleur pris en flagrant délit, s'il était libre, était battu de verges et adjugé à celui qu'il avait volé; s'il était esclave, il était battu de verges et précipité de la roche; seulement les impubères étaient battus de verges autant que le préteur l'ordonnait, et le dommage était réparé. Les vols découverts avec le bassin et la ceinture furent punis comme s'il y avait flagrant délit. Mais cette loi décemvirale n'est plus appliquée; la jurisprudence actuelle est que le voleur pris en flagrant délit paye le quadruple de la valeur de l'objet volé. « Or, il y a flagrant délit, dit Massurius, lorsque le voleur est pris au moment où il commet le vol. Le vol est déjà consommé, lorsque l'objet est déjà là où le voleur s'est proposé de le porter. » Le *furtum conceptum* et le *furtum oblatum* sont punis d'une amende du triple de la valeur. Mais qu'est-ce que le *furtum conceptum* et le *furtum oblatum*? Que veulent dire tant d'autres termes que nous avons reçus de nos pères, et qu'il est aussi utile qu'agréable de connaître? Si l'on désire le savoir, il suffira de lire le livre de Sabinus *Sur le vol*. On y verra aussi (ce qui étonnera le vulgaire) que le vol peut avoir pour objet non pas seulement l'homme ou le mobilier, mais aussi les champs et les maisons; et qu'un fermier fut condamné pour vol, parce qu'il avait vendu le fonds de terre qu'il avait pris à ferme, et dépouillé le propriétaire. Il raconte qu'on condamna comme voleur d'homme quelqu'un qui s'était placé entre un esclave fugitif et son maître, étendant son manteau comme pour le couvrir, mais en réalité pour favoriser l'éva-

---

esse a retibus, quod prætereuntes naves impedirent et quasi irretirent : idcircoque sese arbitrari, *retanda flumina* locari solita esse, id est, purganda : ne quid aut moræ aut periculi navibus, in ea virgulta incidentibus, fieret.

CAPUT XVIII.

Qua pœna Draco Atheniensis in legibus, quas populo Atheniensi scripsit, fures affecerit, et qua postea Solon, et qua item Decemviri nostri, qui XII. Tabulas scripserunt : atque inibi adscriptum, quod apud Ægyptios furta licita et permissa sunt, apud Lacedæmonios autem cum studio quoque affectata et pro exercitio utili celebrata; ac præterea M. Catonis de puniendis furtis digna memoria sententia.

Draco Atheniensis vir bonus multaque esse prudentia existimatus est, jurisque divini et humani peritus fuit. Is Draco leges, quibus Athenienses uterentur, primus omnium tulit. In illis legibus furem, cujus modi cumque furti, supplicio capitis puniendum esse, et alia pleraque nimis severe censuit sanxitque. Ejus igitur leges, quoniam videbantur impendio acerbiores, non decreto jussoque, sed tacito illitteratoque Atheniensium consensu obliteratæ sunt. Postea legibus aliis mitioribus, a Solone compositis, usi sunt. Is Solon ex septem illis inclitis sapientibus fuit. Is sua lege in fures, non, ut Draco antea, mortis, sed dupli pœna vindicandum existimavit. Decemviri autem nostri, qui post reges exactos leges, quibus populus romanus uteretur, in duodecim tabulis scripserunt, neque pari severitate in puniendis omnium generum furibus, neque remissa nimis lenitate usi sunt. Nam furem, qui manifesto furto prehensus esset, tum demum occidi permiserunt, si aut, cum facerot furtum, nox esset, aut interdiu telo se, cum prehenderetur, defenderet. Ex ceteris autem manifestis furibus liberos verberari addicique jusserunt ei, cui factum furtum esset, si modo id luci fecissent, neque se telo defendissent : servos item furti manifesti prehensos verberibus affici et e saxo præcipitari, sed pueros impuberes prætoris arbitratu verberari voluerunt, noxamque ab his factam sarciri. Ea quoque furta, quæ per lancem liciumque concepta essent, perinde ac si manifesta forent, vindicaverunt. Sed nunc a lege illa decemvirali discessum est. Nam si qui super manifesto furto jure et ordine experiri velit, actio in quadruplum datur. « Manifestum » autem « furtum est, » ut ait Massurius, « quod deprehenditur, dum fit. Faciendi finis est, cum « perlatum est, quo ferri cœperat. » Furti concepti, item oblati, tripli pœna est. Sed quod sit *oblatum*, quod *conceptum*, et pleraque alia ad eam rem, ex egregiis veterum moribus accepta, neque inutilia cognitu neque injucunda qui legere volet, inveniet Sabini librum, cui titulus est *De Furtis*; in quo id quoque scriptum est, quod vulgo inopinatum est, non homimum tantum neque rerum moventium, quæ auferri occulte et surripi possunt, sed fundi quoque et ædium fieri furtum : condemnatum quoque furti colonum, qui fundo, quem conduxerat, vendito, possessione ejus dominum intervertisset. Atque id etiam, quod magis inopinabile est, Sabinus dicit, furem esse hominis judicatum, qui cum fugitivus præter oculos forte domini iret, obtentu togæ, tanquam

sion. La peine du double a été établie contre le vol où ne se trouvent pas les circonstances dont nous avons parlé. Je me souviens d'avoir lu dans l'ouvrage du savant jurisconsulte Ariston, que chez les anciens Égyptiens, inventeurs des arts, et si habiles dans l'étude des sciences, le vol était permis. Beaucoup d'auteurs recommandables, qui ont écrit sur les mœurs et les lois des Lacédémoniens, nous ont appris que chez ce peuple si sobre et si austère, et dont l'histoire remonte moins haut que celle de l'Égypte, le vol était licite et passé en habitude. Là jeunesse s'y livrait, non pas pour acquérir de honteuses richesses ou fournir aux frais du libertinage, mais pour s'exercer à la guerre. On pensait que le vol, exigeant de la constance et de l'habileté, développait et fortifiait les esprits, et formait les jeunes gens à tendre des pièges, à veiller, à saisir promptement le moment favorable. Caton, dans son discours *Sur le butin à distribuer aux soldats*, se plaint, avec autant d'éclat que de véhémence, de l'impunité accordée à la licence des concussionnaires. Je citerai ce passage, que j'ai lu avec admiration : « Ceux qui volent les particuliers, dit-il, « passent leur vie liés au cou et aux pieds ; les vo- « leurs de l'État vivent dans l'or et dans la pour- « pre. » Les plus habiles jurisconsultes ont donné du vol une définition empreinte d'une sévérité religieuse ; je ne dois pas la passer sous silence. On pourrait croire qu'il suffit, pour ne point voler, de ne pas emporter furtivement le bien d'autrui.

Voici ce que dit Sabinus dans son livre *du Droit civil* : « Quiconque a touché le bien d'autrui, lors- « qu'il devait penser que le maître ne le voulait « pas, est coupable de vol. » Et ailleurs : « Quicon- « que a pris, sans le dire, le bien d'autrui, pour en « retirer un bénéfice, est coupable de vol, qu'il sa- « che ou non à qui l'objet appartient. » Ainsi parle Sabinus dans le livre que j'ai cité. Mais n'oublions pas d'ajouter qu'on peut voler sans l'usage des mains, par la volonté seulement. Sabinus, en effet, ne doute pas qu'on ne doive condamner pour crime de vol le maître qui a donné à son esclave l'ordre de voler.

LIVRE XII.

CHAPITRE I.

Favorinus conseille à une femme noble de nourrir elle-même son enfant.

On vint annoncer au philosophe Favorinus, en notre présence, que la femme d'un de ses auditeurs, partisan de ses doctrines, venait d'accoucher, et avait donné un fils à son mari. « Allons, dit-il aussitôt, voir la mère, et féliciter le père. » Il était d'une famille noble, d'où étaient sortis des sénateurs. Nous suivîmes tous Favorinus, nous l'accompagnâmes jusqu'à la maison, et entrâmes avec lui. Il rencontra le père dans le vestibule, l'embrassa, le félicita, et s'assit. Il

se amiciens, ne videretur a domino, obstitisset. Aliis deinde furtis omnibus, quæ nec manifesta appellantur, pœnam imposuerunt dupli. Id etiam memini legere me in libro Aristonis jureconsulti, haud quaquam indocti viri : apud veteres Ægyptios, quod genus hominum constat et in artibus reperiendis sollertes exstitisse, et in cognitione rerum indaganda sagaces, furta omnia fuisse licita et impunita. Apud Lacedæmonios quoque, sobrios illos et acres viros, cujus rei non adeo ut Ægyptiis fides longinqua est, non pauci neque ignobiles scriptores, qui de moribus legibusque eorum memoriam considerunt, jus atque usum fuisse furandi dicunt, idque a juventute eorum, non ad turpia lucra, neque ad sumtum libidini præbendum, comparandamve opulentiam, sed pro exercitio disciplinaque rei bellicæ factitatum : quod et furandi sollertia et assuetudo acueret obfirmaretque animos adolescentium et ad insidiarum astus et ad vigilandi tolerantiam et ad obrependi celeritatem. Sed enim M. Cato in oratione, quam *De præda militibus dividunda* scripsit, vehementibus et illustribus verbis de impunitate peculatus atque licentia conqueritur. Ea verba, quoniam nobis impense placuerunt, adscripsimus : « Fures, » inquit, « pri- « vatorum furtorum in nervo atque in compedibus æta- « tem agunt : fures publici in auro atque in purpura. » Quam caste autem et quam religiose a prudentissimis viris, quid esset *furtum* definitum sit, præterundum non puto, ne quis eum solum furem esse putet, qui occulte tollit, aut clam surripit. Verba sunt Sabini ex libro *Juris civilis* secundo : « Qui alienam rem attrectavit, « cum id se invito domino facere judicare deberet, furti

« tenetur. » Item alio capite : « Qui alienum tacens lucri « faciundi causa sustulit, furti obstringitur, sive scit, cu- « jus sit, sive nescit. » Hæc quidem sic in eo, quo nunc dixi, libro Sabinus scripsit de rebus furti faciendi causa attrectatis. Sed meminisse debemus, secundum ea, quæ supra scripsi, furtum sine ulla quoque attrectatione fieri posse, sola mente atque animo, ut furtum fiat, annitente. Quocirca ne id quidem Sabinus dubitare se ait, quin dominus furti sit condemnandus, qui servo suo, uti furtum faceret, imperavit.

LIBER XII.

CAPUT I.

Dissertatio Favorini philosophi, qua suasit nobili feminæ, uti liberos, quos peperisset, non nutricum adhibitarum, sed suo sibi lacte aleret.

Nuntiatum quondam est Favorino philosopho, nobis præsentibus, uxorem auditoris sectatorisque sui paululum ante enixam, auctumque eum esse nato filio. Eamus, inquit, et puerperam visum et patri gratulatum. Is enim erat loci senatorii, ex familia nobiliore. Imus una, qui tum aderamus : prosecutique eum sumus ad domum, qua pergebat; et cum eo simul introgressi sumus. Tum in primis ædibus complexus hominem congratulatusque assedit; atque ubi percontatus est, quam diutinum puerpe

s'informa si l'accouchement avait été long et laborieux; et ayant appris que la jeune mère, fatiguée par les veilles et les douleurs, s'était endormie, il donna un plus libre cours à ses paroles : « Je ne doute pas, dit-il, qu'elle ne soit disposée à nourrir son fils de son propre lait. » La mère de l'accouchée ayant répondu qu'il fallait user de ménagement, et donner à l'enfant des nourrices, pour ne pas ajouter aux douleurs de l'enfantement la fatigue et les inquiétudes de l'allaitement: « Je te conjure, femme, répliqua Favorinus, de permettre qu'elle soit tout à fait la mère de son fils. Enfanter et rejeter aussitôt loin de soi l'être qu'on a mis au monde, n'est-ce pas une maternité imparfaite et contraire à la nature? On n'est mère qu'à demi, lorsqu'après avoir nourri de son sang, dans son sein, un être qu'on ne voyait pas, on lui refuse son lait, lorsqu'on le voit déjà vivant, déjà homme, déjà implorant les fonctions maternelles. Et toi aussi, ajouta-t-il, penses-tu que la nature ait donné les mamelles aux femmes comme de gracieuses protubérances destinées à orner le sein, et non à nourrir les enfants? Dans cette idée, la plupart de nos merveilleuses (et vous êtes loin de penser comme elles) s'attachent à dessécher et à tarir cette fontaine sacrée où le genre humain puise la vie, risquent de corrompre ou de faire dévier leur lait, persuadées qu'il dégraderait ces insignes de la beauté. C'est la même folie qui les pousse à se faire avorter, pour ne pas laisser la surface polie de leur ventre se rider ou s'affaisser sous le poids de l'enfant. Mais si l'on mérite la haine publique, l'exécration générale, pour aller tuer l'homme dans ses premiers jours, lorsqu'il se forme et s'anime, entre les mains de la nature, il n'y a pas loin de là, sans doute, à refuser à l'enfant formé et venu au jour, la nourriture de son sang, nourriture qu'il connaît et dont il a pris l'habitude. Mais peu importe, dit-on, pourvu qu'il vive et soit nourri, à quel sein il le soit. Mais celui qui tient ce langage, puisqu'il est si sourd à la voix de la nature, pourquoi ne pense-t-il pas aussi que peu importe dans quel corps et de quel sang l'homme soit formé? Le sang, pour avoir blanchi par la chaleur et la respiration, n'est-il plus le même dans les mamelles que dans le sein? Peut-on, sans reconnaître l'intention de la nature, voir ce sang générateur, après avoir formé l'homme dans son atelier mystérieux, se porter, au moment où approche l'heure de l'enfantement, dans les parties supérieures, prêt à seconder la vie dans ses commencements, et à offrir aux nouveau-nés une nourriture déjà familière? Aussi, n'est ce pas sans raison qu'on a pensé que, si la semence a la propriété de créer des ressemblances de corps et d'esprit, le lait a des propriétés toutes semblables et aussi puissantes. On a reconnu cette influence, non pas seulement dans l'espèce humaine, mais aussi dans les animaux. Que des chevreaux tettent le lait d'une brebis, ou des agneaux celui d'une chèvre, la laine de ceux-ci sera plus rude, celle de ceux-là plus tendre. Dans les arbres et les végétaux, en général, on voit les eaux et le terrain avoir plus d'influence pour les améliorer ou les détériorer que la semence même d'où ils sont sortis; et souvent on a vu un arbre plein de vie et de sève, mourir dans le sol moins heureux où il avait été transplanté. Quelle raison peut-il donc y avoir pour dégrader la noblesse que l'hom-

---

rium et quam laboriosi nixus fuissent, puellamque defessam labore ac vigilia somnum capere cognovit; fabulari instituit prolixius; et : Nihil, inquit, dubito, quin filium lacte suo nutritura sit. Sed cum mater puellæ parcendum esse ei, diceret, adhibendasque puero nutrices, ne ad dolores, quos in enitendo tulisset, munus quoque nutricationis grave ac difficile accederet : Oro te, inquit, mulier, sine eam totam integram esse matrem filii sui. Quod est enim hoc contra naturam imperfectum atque dimidiatum matris genus, peperisse, ac statim a sese abjecisse? Aluisse in utero sanguine suo nescio quid, quod non videret : non alere nunc suo lacte, quod videat jam viventem, jam hominem, jam matris officia implorantem? An tu quoque, inquit, putas, naturam feminis mammarum ubera quasi quosdam nævulos venustiores, non liberi orjum alendorum, sed ornandi pectoris causa dedisse? Sic enim, quod a vobis scilicet abest, pleræque istæ prodigiosæ mulieres fontem illum sanctissimum corporis, generis humani educatorem, arefaciunt et exstinguere cum periculo quoque aversi corruptique lactis laborant, tanquam pulchritudinis sibi insignia devenustet : quod quidem faciunt eadem vecordia, qua quibusdam commenticiis fraudibus nituntur, ut fœtus quoque ipsi, in corpore suo concepti, aboriantur; ne æquor illud ventris irrugetur, ac de gravitate oneris et labore partus fatiscat. Quod cum sit publica detestatione communique odio dignum, in ipsis hominem primordiis, dum fingitur, dum animatur, inter ipsas artificis naturæ manus interfectum ire : quantulum hinc abest, jam perfectum, jam genitum, jam filium proprii atque consueti atque cogniti sanguinis alimonia priva re? Sed nihil interest (hoc enim dicitur), dum alatur et vivat, cujus id lacte fiat. Cur igitur iste, qui hoc dicit, si in capessendis naturæ sensibus tam obsurduit, non id quoque nihil interesse putat, cujus in corpore cujusque ex sanguine concretus homo et coalitus sit? An quia spiritu multo et calore exalbuit, non idem sanguis est nunc in uberibus, qui in utero fuit? Nonne haec quoque in re sollertia naturæ evidens est, quod, posteaquam sanguis ille opifex in penetralibus suis omne corpus hominis finxit, adventante jam partus tempore, in supernas se partis profert, [et] ad fovenda vitæ atque lucis rudimenta præsto est, et recens natis notum et familiarem victum offert? Quamobrem non frustra creditum est, sicuti valeat ad fingendas corporis atque animi similitudines vis et natura seminis, non secus ad eandem rem lactis quoque ingenia et proprietates valere. Neque in hominibus id solum, sed in pecudibus quoque animadversum. Nam si ovium lacte hœdi aut caprarum agni alantur, constat ferme in his lanam duriorem, in illis capillum gigni teneriorem. In arboribus etiam et frugibus major plerumque vis et potestas est, ad earum

me apporte en venant au jour, pour détériorer ce corps et cette âme commencés sous de si heureux auspices, en les greffant, pour ainsi dire, par l'aliment d'un sang étranger? Que sera-ce encore si la nourrice que vous lui donnerez est esclave par sa condition ou par ses mœurs, si elle est, selon l'usage, étrangère et barbare, si elle est méchante, difforme, ivrogne ou impudique? Car, pour l'ordinaire, on prend au hasard la première femme qui a du lait, lorsqu'on en a besoin. Laisserons-nous donc notre enfant s'infecter d'un poison mortel, et sucer un corps et une âme dépravés? Étonnons-nous après cela si des femmes pudiques ont des enfants qui, ni pour l'âme ni pour le corps, ne ressemblent à leurs parents! J'admire ici la haute raison de notre Virgile. Il imite ces vers d'Homère :

« Tu n'as pas eu pour père Pélée habile à manier
« les chevaux, ni pour mère Thétis; tu dois ta
« naissance à la mer cruelle, à des roches nues,
« puisque tu portes un cœur inexorable. »

Virgile ne s'arrête pas, comme son modèle, à l'enfantement; il ajoute, ce qui n'est pas dans Homère :

« Les tigresses de l'Hyrcanie t'ont prêté leurs
« mamelles. »

Rien, en effet, ne contribue plus à former les mœurs que le caractère de la nourrice, et la qualité du lait, qui participe à la fois des qualités physiques et morales du père et de la mère. Il est encore une autre considération qu'on ne saurait dédaigner. N'est-il pas vrai que les femmes qui abandonnent et exilent loin d'elles leurs enfants, pour les laisser nourrir par d'autres, brisent, ou du moins relâchent, affaiblissent le lien de tendresse dont la nature unit l'âme des enfants à celle des parents? Aussitôt que l'enfant est sorti de la maison pour aller ailleurs, l'énergie du sentiment maternel s'émousse peu à peu, et tout le bruit de l'inquiétude et de l'impatience maternelle fait silence. Un enfant mis en nourrice n'est guère moins oublié qu'un mort. L'enfant, à son tour, porte tout d'abord sur celle qui le nourrit son affection et son amour; et celle qui lui a donné le jour ne lui inspire pas plus de sentiment, pas plus de regret que s'il avait été exposé. Ainsi s'altère et s'évanouit la piété dont la nature avait jeté la première semence; et si l'enfant paraît encore aimer son père et sa mère, cet amour n'est pas l'effet de la nature, mais le fruit de la société et de l'opinion. » Ainsi parla Favorinus, en grec. Ses idées m'ont paru d'un intérêt général, et je les rapporte aussi fidèlement que ma mémoire me le permet. Pour les grâces et la richesse de la diction, toute l'éloquence latine n'en retracerait qu'une ombre; ma faiblesse, rien du tout.

CHAPITRE II.

Annæus Sénèque, en critiquant Ennius et Cicéron, a fait preuve de légèreté et de frivolité.

Certains critiques ont regardé Sénèque comme

indolem vel detrectandam vel augendam, aquarum atque terrarum, quæ alunt, quam ipsius, quod jacitur, seminis : ac sæpe videas arborem lætam et nitentem in locum alium transpositam deterioris terræ succo deperisse. Quæ, malum, igitur ratio est, nobilitatem istam modo hominis, corpusque et animum bene ingeniatis primordiis inchoatum insitivo degenerique alimento lactis alieni corrumpere? Præsertim si ista, quam ad præbendum lactem tunc adhibebitis, aut serva aut servilis est, et ut plerumque solet, externæ et barbaræ nationis, si improba, si informis, si impudica, si temulenta est; nam plerumque sine discrimine, quæcunque id temporis lactans est, adhiberi solet. Patiemurne igitur, infantem hunc nostrum pernicioso contagio infici, et spiritum ducere in animum atque in corpus suum ex corpore et animo deterrimo? Id hercle ipsum est, quod sæpenumero miramur, quosdam pudicarum mulierum liberos parentum suorum neque corporibus neque animis similes existere. Scite igitur et perite noster Maro, quod, cum versus illos Homeri consectaretur :

— Οὐκ ἄρα σοί γε πατὴρ ἦν ἱππότα Πηλεύς,
Οὐδὲ Θέτις μήτηρ· γλαυκὴ δέ σ᾽ ἔτικτε θάλασσα,
Πέτραι τ᾽ ἠλίβατοι, ὅτι τοι νόος ἐστὶν ἀπηνής·

non partionem solam, tanquam ille quem sequebatur, sed alituram quoque feram et sævam criminatus est : addidit enim hoc de suo :

Hyrcanæque admorunt ubera tigres;

quoniam videlicet in moribus inolescendis magnam fere partem ingenium altricis et natura lactis tenet : quæ jam a principio imbuta paterni seminis concretione ex matris etiam corpore et animo recentem indolem configurat. Et præter hæc autem, quis illud etiam negligere aspernarique possit, quod, quæ partus suos deserunt ablegantque a sese, et aliis nutriendos dedunt, vinculum illud coagulumque animi atque amoris, quo parentes cum filiis natura consociat, interscindunt, aut certe quidem diluunt deteruntque. Nam ubi infantis aliorsum dati facta ex oculis amolitio est, vigor ille maternæ flagrantiæ sensim atque paulatim restinguitur, omnisque impatientissimæ sollicitudinis strepitus consilescit. Neque multo minor commendati ad nutricem aliam filii, quam morte amissi, oblivio est. Ipsius quoque infantis affectio animi, amoris, consuetudinis, in ea sola, unde alitur, occupatur, et proinde, ut in expositis usu venit, matris, quæ genuit, neque sensum ullum neque desiderium capit. Ac propterea, obliteratis et abolitis nativæ pietatis elementis, quidquid ita educati liberi amare patrem et matrem videntur, magnam fere partem non naturalis ille amor est, sed civilis et opinabilis. Hæc Favorinum dicentem audivi græca oratione : cujus sententias, communis utilitatis gratia, quantum meminisse potui, retuli; amœnitates vero et copias ubertatesque verborum latina omnis facundia vix quidem indipisci potuerit; mea tenuitas nequaquam.

un écrivain si peu utile, qu'on perdrait son temps à parcourir ses écrits. Son style, disent-ils, est vulgaire et trivial; ses pensées ont tantôt un mouvement ridicule et frivole, tantôt un tour subtil, plaisant et sans gravité; enfin on ne trouve, dans sa manière commune et plébéienne, ni la grâce ni la dignité des anciens. D'autres, en reconnaissant qu'il a peu d'élégance dans le style, lui accordent une certaine connaissance des sujets qu'il traite, et lui reconnaissent une mâle gravité dans la censure du vice. Pour moi, qui n'ai pas à faire la critique générale de ses talents et de ses écrits, j'examinerai seulement une critique qu'il a faite de Cicéron, d'Ennius et de Virgile. Dans le vingt-deuxième livre des *Lettres morales*, qu'il adresse à Lucilius, il traite de ridicules ces vers d'Ennius sur Céthégus :

  Dictus ollis popularibus olim
Qui tum vivebant homines, atque ævum agitabant,
Flos delibatus populi, suadai medulla.

« Il fut appelé par ceux qui vécurent de son « temps, fleur choisie parmi le peuple, et moelle « de persuasion. »

« J'admire, dit Sénèque après avoir cité ces « vers, que des hommes doués d'une haute élo- « quence se soient passionnés pour Ennius au « point de louer ces ridiculités. Cicéron, par exem- « ple, cite ces vers comme bons. « Ici il fait le procès à Cicéron lui-même. « Je ne m'étonne pas, dit-il, « qu'il se soit trouvé un homme pour faire ces « vers, puisqu'il s'en est trouvé un pour les « louer : mais peut-être Cicéron, en habile ora- « teur, plaidait sa cause, et n'était pas fâché

CAPUT II.

Quod Annæus Seneca, judicans de Q. Ennio deque M. Tullio, levi futilique judicio fuit.

De Annæo Seneca partim existimant, ut de scriptore minime utili, cujus libros attingere nullum pretium operæ sit : quod oratio ejus vulgaris videatur et protrita; res atque sententiæ aut ut inepto inanique impetu sint, aut ut levi et quasi dicaci argutia; eruditio autem vernacula et plebeia, ea res euimodi sit, ut veterum scriptis habens neque gratiæ neque dignitatis. Alii vero elegantiæ quidem in verbis parum esse, non inflias eunt; sed et rerum, quas dicat, scientiam doctrinamque ei non deesse dicunt, et in vitiis morum objurgandis severitatem gravitatemque non invenustam. Mihi de omni ejus ingenio deque omni scripto judicium censuramque facere non necessum est : sed quod de M. Cicerone, et Q. Ennio, et P. Virgilio judicavit, ea res cuimodi sit, ut considerandum ponemus. In libro enim vicesimo secundo *Epistolarum Moralium* quas ad Lucilium composuit, deridiculos versus Q. Ennium de Cethego antiquo viro fecisse hos dicit:

— Dictus ollis popularibus olim
Qui tum vivebant homines atque ævum agitabant,
Flos delibatus populi, suadai medulla.

Ac deinde scribit de iisdem versibus verba hæc : « Admi- « ror eloquentissimos viros et deditos Ennio pro optimis « ridicula laudasse. Cicero certe inter bonos ejus versus et « hos refert. » Atque id etiam de Cicerone dicit : « Non

« que ces vers passassent pour beaux. » Suit cette insipide réflexion : « On peut même trouver dans « la prose de Cicéron des façons de parler qui « prouvent qu'il n'avait pas perdu son temps en « lisant Ennius. » Et il cite comme écrit à la manière d'Ennius, ce passage de la *République* : *Ut Menelao Laconi quædam fuit suaviloquens jucunditas.* « Le Lacédémonien Ménélaüs eut « jusqu'à un certain point la douceur aux paroles « suaves. » Aussitôt notre enjoué critique se hâte d'excuser Cicéron : « Ces défauts, dit-il, ne « sont pas de Cicéron, mais de son temps; il a « bien fallu écrire ces ridiculités, puisqu'on les « lisait. » Il ajoute que Cicéron a semé de pareils traits dans son style, pour échapper au reproche de coquetterie et d'élégance affectée. De Cicéron il passe à Virgile : « Pourquoi, dit-il, Virgile a-t-il « fait entrer dans son poëme certains vers durs, « où la règle est violée, et qui dépassent la me- « sure? Il a voulu que le peuple Ennien recon- « nût dans un poëme récent un air d'antiquité. » Sénèque commence à me lasser; cependant je ne puis passer sous silence cette inepte et insipide facétie : « Il y a, dit-il, dans Ennius des senti- « ments si élevés, que des vers écrits parmi des « puants peuvent plaire à des parfumés. » Après avoir critiqué les vers sur Céthégus, que j'ai cités, il disait : « Ceux qui aiment de pareils vers « peuvent aussi admirer les lits de Sotéricus. » Qu'on mérite bien d'être lu et goûté des jeunes gens, lorsqu'on a pu comparer la couleur d'un vieux poëte aux lits de Sotéricus, qui sans doute étaient peu agréables, et qu'on avait

« miror, » inquit, « fuisse, qui hos versus scriberet, cum « fuerit, qui laudaret : nisi forte Cicero summus orator « agebat causam suam, et volebat hos versus videri bonos. » Postea hoc etiam addidit insulsissime : « Apud ipsum « quoque, » inquit, « Ciceronem invenies etiam in prosa « oratione quædam, ex quibus intelligas illum non perdi- « disse operam, quod Ennium legit. » Ponit deinde, quæ apud Ciceronem reprehendat, quasi Enniana; quod ita scripserit in libris *De Republica* : « Ut, Menelao Laconi « quædam fuit suaviloquens jucunditas; » et quod alio in loco dixerit : « breviloquentiam in dicendo colat. » Atque ibi nugator homo Ciceronis errores deprecatur; et : « Non « fuit, » inquit, « Ciceronis hoc vitium, sed temporis; ne- « cesse erat hæc dici, cum illa legerentur. » Deinde adscribit, Ciceronem hæc ipsa interposuisse ad effugiendum infamiam nimis lascivæ orationis et nitidæ. De Virgilio quoque eodem in loco verba hæc ponit : « Virgilius quoque « noster non ex alia causa duros quosdam versus et enormes « et aliquid supra mensuram trahentis interposuit, quam ut « Ennianus populus agnosceret in novo carmine antiquita- « tis aliquid. » Sed jam verborum Senecæ piget. Hæc tamen [et] inepti et insubidi [et insulsi] hominis joca non præteribo : « Quidam sunt, » inquit, « tam magni sensus « Q. Ennii, ut, licet scripti sint inter hircosos, possint « tamen inter unguentatos placere. » Et, cum reprehendisset versus, quos supra de Cethego posuimus : « Qui « hujuscemodi, » inquit, « versus amant, liqueat tibi eos « dem admirari et Soterici lectos. » Dignus sane Seneca

laissés avec dédain! Laissez-moi cependant vous rappeler quelques beaux traits de cet auteur; par exemple, ce mot contre un homme avide et affamé d'argent : « Que t'importe combien tu « possèdes? Il y a plus de choses encore que tu n'as « pas. » Bien sans doute, fort bien! malheureusement le bon style forme le goût de la jeunesse moins que le mauvais ne le déprave; à plus forte raison si les traits de mauvais goût sont les plus nombreux, et ne sont pas des idées brillantes sur les petits sujets, mais des conseils sérieux sur des affaires difficiles.

CHAPITRE III.

Origine du mot *lictor* : opinion de Valgius Rufus et de Tullius Cicéron l'affranchi.

Valgius Rufus, dans le second livre des *Sujets traités par lettres*, fait venir le mot *lictor*, licteur, du verbe *ligare*, lier. Les magistrats romains, dit-il, avant de faire battre de verges un condamné, lui faisaient lier les jambes et les mains par un viateur appelé, en raison de ses fonctions, licteur; et il cite, pour preuve de cette coutume, ce passage de Cicéron dans son plaidoyer pour Rabirius : « Licteur, lie-lui les mains. » Telle est l'opinion de Valgius, et nous la partageons. Tiron Tullius, affranchi de Cicéron, fait dériver le même mot de *licius*, bandelette, ou *limus*; il se fonde sur ce que les exécuteurs des ordres du magistrat étaient ceints d'une bandelette appelée *limus*. Regardera-t-on l'opinion de Tiron comme plus probable, par la raison que la première syllabe de *lictor* est longue, comme dans *licius*, tandis qu'elle est brève dans *ligare?* Ce n'est pas là une preuve. On a fait de *ligare*, *lictor*, comme de *legere*, *lector*, de *vivere*, *victor*, de *tueri*, *tutor*, de *struere*, *structor*, en allongeant la première syllabe.

CHAPITRE IV.

Vers d'Ennius sur l'esprit et la politesse qu'exige l'amitié des grands.

Q. Ennius, dans sa septième *Annale*, raconte l'histoire de Géminus Servilius, homme de noble naissance, et nous enseigne avec esprit et bon sens quel esprit, quelle politesse, quelle modestie, quelle fidélité, quelle réserve, quel à-propos, quelle connaissance des antiquités et des mœurs anciennes et nouvelles, quel scrupule à garder un secret, quelles précautions pour écarter les incommodités de la vie, quel art d'alléger la douleur et le regret, il faut apporter dans les relations d'amitié avec un homme élevé au-dessus de nous par la naissance et la fortune. Ces vers méritent d'occuper notre esprit aussi assidûment, à mon avis, que les prescriptions de la philosophie sur nos devoirs. Ces vers d'ailleurs sont teints d'une telle couleur d'antiquité, respirent une douceur si peu ordinaire, et si loin de toute affectation, qu'il faut, si je ne me trompe, les garder, les retenir, les révérer comme les saintes et antiques

---

videatur lectione ac studio adolescentium : qui honorem coloremque veteris orationis Soterici lectis compararit, quasi minimæ scilicet gratiæ, et relictis jam contemtisque. Audias tamen commemorari ac referri pauca quædam, quæ ipse idem Seneca bene dixerit : quale est illud, quod in hominem avarum et avidum et pecuniæ sitientem dixit : « Quid enim refert quantum habeas? multo illud plus est, « quod non habes. » Bene hoc sane, bene. Sed adolescentium indolem non tam juvant, quæ bene dicta sunt, quam inficiunt, quæ pessime ; multoque tanto magis, si et plura, quæ deteriora sunt, et quædam in his non pro enthymemate aliquo rei parvæ ac simplicis, sed in re ancipiti pro consilio dicuntur.

CAPUT III.

Lictoris vocabulum qua ratione conceptum ortumque sit; et super eo diversæ sententiæ Valgii Rufi et Tullii Cloeronis liberti.

Valgius Rufus in secundo librorum, quos inscripsit *De rebus per epistolam quæsitis*, *lictorem* dicit a *ligando* appellatum esse; quod, cum magistratus populi romani virgis quempiam verberari jussissent, crura ejus et manus ligari vincirique a viatore solita sint; isque qui ex collegio viatorum officium ligandi haberet, *lictor* sit appellatus : utiturque ad eam rem testimonio M. Tullii, verbaque ejus refert ex oratione, quæ dicta est *Pro C. Rabirio* : « Lic« tor, » inquit, « colliga manus. » Hæc ita Valgius; et nos sane cum illo sentimus. Sed Tiro Tullius M. Ciceronis libertus, *lictorem* vel a *limo* vel a *licio* dictum scripsit : « Licio enim transverso, quod limum appellatur, qui ma« gistratibus, » inquit, « præministrabant, cincti erant. » Si quis autem est, qui propterea putet probabilius esse, quod Tiro dixit, quoniam prima syllaba in *lictore*, sicuti in *licio* producta est, et in eo verbo, quod est *ligo*, correpta est, nihil ad rem istuc pertinet. Nam sic ut a *ligando lictor*, et a *legendo lector*, et a *vivendo victor*, et a *tuendo tutor*, et a *struendo structor*, productis quæ corripiebantur vocalibus, dicta sunt.

CAPUT IV.

Versus accepti ex Q. Ennii septimo annalium, quibus depingitur finiturque ingenium comitasque hominis minoris erga amicum superiorem.

Descriptum definitumque est a Q. Ennio in *Annali* septimo graphice admodum sciteque, sub historia Gemini Servilii, viri nobilis, quo ingenio, qua comitate, qua modestia, qua fide, qua linguæ parcimonia, qua loquendi opportunitate, quanta rerum antiquarum morumque veterum ac novorum scientia, quantaque servandi tuendique secreti religione, qualibus denique ad muniendas vitæ molestias fomentis, levamentis, solatiis, amicum esse conveniat hominis genere et fortuna superioris. Eos ego versus non minus frequenti assiduoque memoratu dignos puto, quam philosophorum de officiis decreta. Ad hoc color quidam vetustatis in his versibus tam reverendus est, suavitas tam impromiscua tamque ab omni fuco remota est, ut, mea quidem sententia, pro antiquis sacratisque amici-

lois de l'amitié. Je me hâte de les citer, pour satisfaire l'impatience du lecteur :

« A ces mots, il appelle auprès de lui un homme
« avec lequel il s'était plu bien souvent à partager
« sa table lorsqu'il était fatigué des travaux de la
« journée, et à causer avec politesse des affaires de
« l'État, des agitations du forum, et des délibé-
« rations du sénat ; homme devant qui il traitait
« avec confiance les sujets grands, petits ou badins,
« mêlant la malice à la bonté, comme il lui plai-
« sait, et ne redoutant pas d'indiscrétion ; avec
« qui il goûtait une joie bien vive dans le tête-à-
« tête ou autrement ; esprit où ne s'élevait pas
« même une pensée criminelle ; léger, mais non
« méchant, instruit, fidèle, doux, éloquent,
« satisfait de son état, heureux, plein de sens,
« parlant à propos, d'humeur commode, économe
« de parler, sachant beaucoup de ces choses que
« le temps a vieillies ou enterrées, connaissant les
« mœurs du jour et celles du vieux temps, ins-
« truit des lois anciennes, divines et humai-
« nes ; enfin pouvant beaucoup dire et taire beau-
« coup. Tel est l'homme à qui, au milieu des com-
« bats, Servilius parle en ces mots. »

Lucius Ælius Stilon a plusieurs fois assuré, dit-on, qu'Ennius s'était peint lui-même dans ce portrait.

CHAPITRE V.

Conversation du philosophe Taurus sur la constance dans la douleur, d'après la doctrine des stoïciens.

Le philosophe Taurus se rendait à Delphes pour y voir les jeux pythiens, et la Grèce presque tout entière qui s'y trouvait réunie. Nous étions avec lui. Arrivés à Lébadie, ville ancienne de la Béotie, on vint lui apprendre qu'un ami, philosophe distingué de l'école stoïcienne, était malade et sur le point de succomber. Il suspendit son voyage, qu'il aurait dû hâter sans cela, et, quittant le chariot, il se mit en route pour aller voir le malade : suivant l'usage, nous le suivîmes. Aussitôt arrivés, nous vîmes le malade souffrant horriblement de l'intestin que les Grecs appellent χῶλον, et en proie à une fièvre ardente. Une forte haleine, et des gémissements étouffés qui s'échappaient de sa poitrine, annonçaient moins la douleur que la lutte contre la douleur. Taurus appela les médecins, s'entretint avec eux du traitement qu'il fallait employer, exhorta le malade à conserver la patience et le courage dont il donnait l'exemple ; et, après qu'il l'eût ainsi affermi, nous sortîmes pour aller rejoindre nos chariots et nos compagnons de voyage. Taurus nous dit alors : « Vous venez d'assister à un spectacle douloureux, mais utile cependant, la lutte de la philosophie et de la douleur. La maladie faisait son devoir, elle déchirait le corps. L'âme faisait son devoir aussi ; elle souffrait, et réprimait la violence et l'emportement de la douleur. Point de gémissements, point de pleurs, point de parole malséante ; seulement quelques signes extérieurs annonçaient que la vertu et la nature se disputaient la possession de l'homme. » Alors un jeune disciple de Taurus, qui n'était pas sans ardeur pour les disputes philosophiques : « Si la douleur est si

tiæ legibus observandi, tenendi, colendique sint. Quapropter adscribendos eos existimavi, si quis jam statim desideraret :
Hocce loculus vocat, quicum bene sæpe libenter
Mensam sermonesque suos rerumque suarum
Comiter impartit, magnam cum lassus dici
Partem fuuisset, de summis rebus regundis,
Consilio, indu foro lato, sanctoque senatu,
Cui res audacter magnas parvasque jocumque
Eloqueretur, tincta malis et quæ bona dictu
Evomeret, si qui vellet, tutoque locaret.
Quicum multa voluptas, gaudia clamque palamque.
Ingenium, cui nulla malum sententia suadet,
Ut faceret facinus, levis, haud malus, doctus, fidelis,
Suavis homo, facundus, suo contentus, beatus,
Scitus, secunda loquens in tempore, commodus, verbum
Paucum, multa tenens, antiqua, sepulta, vetustas
Quæ facit, et mores veteresque novosque tenentem ;
Multarum veterum legum divumque hominumque
Prudentem ; qui multa loquive tacereve posset,
Hunc inter pugnas compellat Servilius sic.

L. Ælium Stilonem dicere solitum ferunt, Q. Ennium de semetipso hæc scripsisse ; picturamque istam morum et ingenii ipsius Q. Ennii factam esse.

CAPUT V.

Sermo Tauri philosophi de modo atque ratione tolerandi doloris secundum stoicorum decreta.

Cum Delphos ad Pythia conventumque totius ferme Græciæ visendum philosophus Taurus iret, nosque ei comites essemus, inque eo itinere Lebadiam venissemus, quod est oppidum antiquum in terra Bœotia : affertur ibi ad Taurum, amicum ejus quempiam, nobilem in stoica disciplina philosophum, ægra valetudine oppressum, decumbere. Tunc omisso itinere, quod alioqui maturandum erat, et relictis vehiculis, pergit eum propere videre ; nosque de more, quem in locum cunque iret, secuti sumus. Et ubi ad ædes, in quis ille ægrotus erat, pervenimus, videmus, hominem doloribus cruciatibusque alvi, quod Græci χῶλον dicunt, et febri simul rapida afflictari ; gemitusque ex eo compressos erumpere ; spiritusque et anhelitus e pectore ejus evadere, non dolorem magis indicantes, quam pugnam adversum dolorem. Post deinde cum Taurus et medicos accersisset, collocutusque de facienda medela esset, et eum ipsum ad retinendam patientiam testimonio tolerantiæ, quam videbat, perhibito stabilisset, egressique inde ad vehicula et ad comites rediremus : Vidistis, inquit Taurus, non sane jucundum spectaculum, sed cognitu tamen utile, congredientes compugnantesque philosophum et dolorem. Faciebat vis illa et natura morbi, quod erat suum, distractionem cruciatumque membrorum ; faciebat contra ratio et natura animi, quod erat æque suum ; perpetiebatur et cohibebat coercebatque intra sese violentias effrenati doloris. Nullos ejulatus, nullas comploratones, ne ullas quidem voces indecoras edebat : signa tamen quædam, sicut vidistis, exsistebant virtutis et corporis, de possessione hominis pugnantium. Tum e sectatoribus

LIVRE XII, CHAPITRE V.

forte, dit-il, qu'elle puisse lutter contre le jugement et la volonté, forcer l'homme à gémir, et à reconnaître le mal dont il est la proie, pourquoi la douleur passe-t-elle dans l'école stoïcienne pour indifférente, et n'avoue-t-on pas qu'elle est un mal? Comment enfin le stoïcien peut-il être forcé à quelque chose, et la douleur le forcer, tandis que les stoïciens nient l'un et l'autre? » Le philosophe, devenu plus radieux à ces mots (car l'objection avait du charme pour lui) : « Notre ami, dit-il, s'il se portait mieux, aurait déjà justifié des gémissements inévitables, et répondu à ta question. Pour moi, tu le sais, je ne suis pas bien d'accord avec les stoïciens, ou plutôt avec la doctrine stoïcienne. Elle n'est d'accord ni avec elle-même, ni avec nous, comme je le déclare dans un livre sur ce sujet. Cependant, pour te satisfaire, je te dirai, sans érudition et sans obscurité, ce qu'un stoïcien à ma place te dirait d'une manière plus contournée et plus savante. Mais tu connais ce mot si vieux et si célèbre :

« Parle avec moins de savoir et plus de clarté. »

Après ce début, il se mit à discourir sur la douleur et les gémissements du stoïcien malade. « La nature, notre mère, a mêlé, dit-il, aux éléments dont elle nous a fait naître, l'amour de nous-mêmes ; elle a voulu que rien ne nous soit plus cher et plus important que nous. Elle a pensé que la perpétuité du genre humain serait assurée, si chacun de nous avait par-dessus tout le sentiment des choses que les philosophes anciens ont appelées τὰ πρῶτα κατὰ φύσιν, les premières dans l'ordre de la nature ; si chacun aimait ce qui serait avantageux au corps, et avait horreur de ce qui l'incommoderait. Mais de ces éléments sont sorties, avec l'âge, la raison et la réflexion. L'honnêteté, l'utilité véritable ont été l'objet d'une méditation plus pénétrante et plus laborieuse. Dès lors, le bienséant et l'honnête ont paru avec éclat, et se sont élevés au-dessus de tout le reste ; les incommodités extérieures, qu'on a pu trouver à retenir ou à acquérir de tels biens, ont été foulées aux pieds. Alors plus de vrai bien que l'honnête ; plus d'autre mal que le déshonnête. Tout le reste, ce qui tient un milieu, et n'est ni honteux ni honnête, n'a été ni mauvais ni bon. On a cependant distingué et classé les causes et les effets ; les stoïciens les ont appelés προηγούμενα et ἀποπροηγούμενα, primaires et secondaires. Ainsi le plaisir et la douleur, à cause de leur rapport avec le bonheur, ont été classés parmi les choses intermédiaires, et n'ont été mis au nombre ni des biens ni des maux. Cependant le sentiment du plaisir et de la douleur a précédé la naissance de la raison ; l'homme en est pénétré en venant au monde. La nature l'a fait l'ami du plaisir, l'irréconciliable ennemi de la peine ; et ces sentiments primitifs et profonds, la raison qui survient a de la peine à les extirper. Elle ne cesse de les combattre ; s'ils triomphent, elle les abat, les foule, et les force de lui obéir. Ainsi, vous avez vu un philosophe, aux prises avec l'insolence de la maladie et l'effervescence de la dou-

---

Tauri juvenis, in disciplinis philosophiæ non ignavus : Si tanta, inquit, doloris acerbitas est, ut contra voluntatem contraque judicium animi nitatur, invitumque hominem cogat ad gemendum confitendumque de malo morbi sævientis, cur dolor apud Stoicos indifferens esse dicitur, non malum? Cur deinde aut stoicus homo cogi aliquid potest, aut dolor cogere, cum et dolorem stoici nihil cogere, et sapientem nihil cogi posse dicant? Ad ea Taurus vultu jam propemodum lætiore (delectatus enim jam videbatur illecebra quæstionis) : Si jam amicus, inquit, hic noster melius valeret, gemitus ejusmodi necessarios a calumnia defendisset, et hanc, opinor, tibi quæstionem dissolvisset : me autem, scis cum stoicis non bene convenire, vel cum stoica potius [disciplina]. Est enim pleraque et sibi et nobis incongruens : sicut libro, quem super ea re composuimus, declaravi. Sed, ut tibi a me mos geratur, dicam ego indoctius, ut aiunt, et apertius ; quæ fuisse dicturum puto sinuosius atque sollertius, si quis nunc adesset stoicorum ; (nosti enim, credo, verbum illud vetus et pervulgatum :

Ἀμαθέστερόν πως εἶπε, καὶ σαφέστερον λέγε.)

Atque hinc exorsus de dolore atque de gemitu stoici ægrotantis ita disseruit : Natura, inquit, omnium rerum, quæ nos genuit, induit nobis inolevitque in ipsis statim principiis, quibus nati sumus, amorem nostri et caritatem : ita prorsus, ut nihil quidquam esset carius pensiusque nobis, quam nosmetipsi. Atque hoc esse fundamentum rata est conservandæ hominum perpetuitatis, si unusquisque nostrum, simul atque editus in lucem foret, harum prius rerum sensum affectionemque caperet, quæ a veteribus philosophis τὰ πρῶτα κατὰ φύσιν appellata sunt ; ut omnibus scilicet corporis sui commodis gauderet, ab incommodis omnibus abhorreret. Postea per incrementa ætatis exorta e seminibus suis ratio est et utendi consilii reputatio, et honestatis utilitatisque veræ contemplatio subtiliorque et exploratior, commodorumque dilectus : atque ita præ ceteris omnibus enituit et præfulsit decori et honesti dignitas ; ac, si ei retinendæ obtinendæve incommodum extrinsecus aliquod obstaret, contemnit est. Neque aliud esse vere et simpliciter bonum nisi honestum, aliud quidquam malum, nisi quod turpe esset, existimatum est. Reliqua omnia, quæ in medio forent, ac neque honesta essent neque turpia, neque bona esse neque mala decretum est. Productiones tamen et relationes suis quæque momentis distinctæ divisæque sunt, quæ προηγούμενα καὶ ἀποπροηγούμενα ipsi vocant ; propterea voluptas quoque et dolor, quoad finem ipsum bene beateque vivendi pertinet, et in mediis relicta, et neque in bonis neque in malis judicata sunt. Sed enim quoniam his primis sensibus doloris voluptatisque, ante consilii et rationis exortum, recens natus homo imbutus est ; et voluptati quidem a natura conciliatus, a dolore autem quasi a gravi quodam inimico abjunctus alienatusque est : idcirco affectiones istas primitus penitusque inditas ratio post addita convellere ab stirpe atque exstinguere vix potest. Pugnat autem cum iis semper : et exsultantis eas opprimit obteritque, et parere sibi atque obedire cogit. Itaque vidistis philosophum, ratione decreti sui nixum, cum petulantia morbi dolorisque exsultantia colluctantem, nihil cedentem, nihil confitentem, neque, ut plerique dolentes solent, ejulantem

leur, ne rien céder, n'avouer rien, ne point gémir ni se lamenter, comme il arrive d'ordinaire dans la douleur; ne point déplorer son sort, mais seulement montrer par une forte respiration et de mâles gémissements que la douleur ne l'avait pas vaincu, et qu'il s'efforçait de la vaincre. Mais je ne sais, ajouta-t-il, si l'on ne me demandera pas pourquoi, si la douleur n'est pas un mal, elle nous force à gémir et à la combattre. Parce que, répondrai-je, ce qui n'est pas un mal peut ne pas laisser d'être incommode. Il est tant de choses qui sont très-nuisibles et pernicieuses à l'individu, sans être honteuses cependant! Elles luttent contre la mansuétude et la douceur de la nature; et, par une conséquence mystérieuse mais nécessaire de notre nature même, elles sont funestes. Ces douleurs ont prise sur le sage; il ne peut y dérober tous ses sens : ce n'est pas moi seul, ce sont les hommes les plus sages du Portique, et Panétius lui-même, si savant et d'une autorité si grave, qui rejettent absolument l'insensibilité. Mais pourquoi le philosophe est-il forcé à gémir, lui qu'on dit ne pouvoir être forcé à rien? Le sage ne peut être forcé, tant que la raison conserve son empire; mais si la nature commande, la raison née de la nature est forcée d'obéir. Demande-moi donc aussi pourquoi le sage clignote involontairement, lorsqu'une main s'agite devant ses yeux; pourquoi, sous un ciel éblouissant, il détourne malgré lui les yeux et la tête; pourquoi il s'effraye au bruit soudain du tonnerre; pourquoi il éternue, pourquoi la chaleur le suffoque et le froid le glace.

Tout cela ne dépend ni de la volonté ni de la raison, mais de la nature, qui commande impérieusement. Le courage n'est pas un monstre qui, contre les lois qui régissent son espèce, aille s'attaquer à la nature par stupidité, par barbarie, ou par l'effet nécessaire d'une triste habitude; comme ce fier gladiateur qui, dans l'amphithéâtre de César, riait pendant que les médecins l'opéraient. Le vrai, le noble courage est celui que les anciens ont défini la science des choses qu'il faut ou qu'il ne faut pas supporter. Il y a donc des choses insupportables que le courage se plaît à éviter, et n'aime pas à supporter. » Taurus allait continuer, mais nous étions déjà près de nos chariots; nous y montâmes.

CHAPITRE VI.

De l'énigme.

Ce que les Grecs appellent énigme, nos anciens auteurs l'ont appelé *scirpi*. Voici une énigme très-ancienne et très-élégante, que j'ai trouvée il y a peu de temps. Je n'en donnerai pas le mot, afin de piquer davantage la curiosité du lecteur. Elle se compose de trois vers iambiques :

« Est-ce une fois, ou deux fois, ou les deux
« en même temps? Je l'ignore; mais j'ai ouï dire
« qu'il ne voulut pas céder à Jupiter lui-même. »

Si l'on désire ne pas chercher plus longtemps, on trouvera le mot dans M. Varron, *De la langue latine à Marcellus*, livre second.

---

atque lamentantem, ac miserum sese et infelicem appellantem, sed acres tantum anhelitus et robustos gemitus edentem, signa indicia non victi neque oppressi a dolore, sed vincere eum atque opprimere enitentis. Sed haud scio, inquit, an dicat aliquis, ipsum illud, quod pugnat, quod gemit, si malum dolor non est, cur necesse est gemere et pugnare? Quia enim omnia, quæ non sunt mala, molestia quoque omni non carent; sed sunt pleraque noxa quidem magna et pernicie privata, quia non sunt turpia; contra naturam tamen mansuetudinem lenitatemque opposita sunt, et infesta, per obscuram quandam et necessariam ipsius naturæ consequentiam. Hæc ergo vir sapiens tolerare et cunctari potest; non admittere omnino in sensum sui non potest; ἀναλγησία atque ἀπάθεια non meo tantum, inquit, sed quorumdam etiam ex eadem porticu prudentiorum hominum, sicuti judicio Panætii, gravis atque docti viri, improbata abjectaque est. Sed cur contra voluntatem suam gemitus cogitur philosophus stoicus, quem nihil cogi posse dicunt? Nihil sane potest cogi vir sapiens, cum est rationi obtinendæ locus; cum vero natura cogit, ratio quoque a natura data cogitur. Quære etiam, si videtur, cur manu alicujus ad oculos suos repente agitata invitus conniveat, cur fulgente cœlo a luminis jactu non sua sponte et caput et oculos declinet, cur, tonitru vehementius facto, sensim pavescat, cur sternu[ta]mentis quatiatur, cur aut in ardore solis æstuet, aut in pruinis immanibus obrigescat. Hæc enim, et pleraque alia, non voluntas, nec consilium nec ratio moderatur, sed naturæ necessitatisque decreta sunt. Fortitudo autem non ea est,

quæ contra naturam, monstri vicem, nititur, ultraque modum ejus egreditur, aut stupore animi, aut immanitate, aut quadam misera et necessaria in perpetiendis doloribus exercitatione : qualem fuisse accepimus ferum quendam in ludo Cæsaris gladiatorem; qui, cum vulnera ejus a medicis exsecabantur, ridere solitus fuit : sed ea vera et proba fortitudo est, quam majores nostri scientiam esse dixerunt rerum tolerandarum et non tolerandarum; per quod apparet, esse quædam intolerabilia, quibus fortes viri aut obeundis abhorreant, aut sustinendis. Cum hæc Taurus dixisset, videreturque in eandem rem plura etiam dicturus, perventum est ad vehicula, et conscendimus.

CAPUT VI.

De ænigmate.

Quæ Græci dicunt *ænigmata*, hoc genus quidam e nostris veteribus *scirpos* appellaverunt : quale est, quod nuper invenimus per hercle antiquum perque lepidum, tribus versibus senariis compositum, ænigma : quod reliquimus inenarratum, ut legentium conjecturas in requirendo acueremus. Versus tres hi sunt :

Semel minusne, an bis minus, non sat scio :
An utrumque eorum, ut quondam audivi dicier,
Jovi ipsi regi noluit concedere.

Hoc qui nolet diutius apud sese quærere, inveniet quid sit in M. Varronis *De sermone Latino ad Marcellum* libro secundo.

CHAPITRE VII.

Dolabella renvoie devant l'Aréopage une femme accusée d'empoisonnement.

Pendant que Dolabella était proconsul en Asie, on lui amena une femme de Smyrne. Elle avait secrètement empoisonné son mari et son fils, elle l'avouait; mais elle soutenait qu'elle avait eu raison de le faire, puisque le mari et son fils lui avaient tué avec préméditation un autre enfant qu'elle avait eu d'un premier lit, et dont elle vantait l'innocence et la bonté. Le fait était reconnu. Dolabella soumit l'affaire au conseil, mais personne dans le conseil n'osa prononcer dans une affaire si délicate. Pouvait-on laisser impuni l'empoisonnement avoué d'un mari et d'un fils? et d'autre part, ces scélérats n'avaient-ils pas mérité leur châtiment? Dolabella renvoya l'affaire à Athènes aux aréopagites, comme juges plus exercés, et d'un plus grand poids. Les aréopagites, ouï la cause, citèrent l'accusateur et l'accusée à comparaître dans cent ans. On s'abstint par là de déclarer légitime ce que les lois défendaient, et aussi de punir une coupable digne de pardon. Valère Maxime a raconté cela dans ses *Faits et dits mémorables*, livre neuvième.

CHAPITRE VIII.

Belles réconciliations entre des hommes illustres.

Publius Scipion, le premier Africain, et Tibérius Gracchus, père de Tibérius et de Caïus Gracchus, tous deux illustres par la grandeur de leurs actions, leur dignité et l'éclat de leur vie, furent quelquefois en dissentiment au sujet des affaires publiques : pour ce motif, ou pour tout autre, ils ne furent pas amis. Cette inimitié durait depuis longtemps, quand un festin solennel fut célébré, dans un jour de fête, en l'honneur de Jupiter, par le sénat réuni au Capitole. Le hasard fit que ces deux hommes se trouvèrent à la même table, et à côté l'un de l'autre. Alors, comme si les dieux immortels qui présidaient au festin avaient eux-mêmes uni leurs mains, ils furent aussitôt amis. Une alliance suivit à l'instant l'amitié. Publius Scipion avait une jeune fille déjà nubile; il la fiança dans le même lieu à Tibérius Gracchus, qu'il avait jugé et choisi dans le temps le plus favorable pour bien juger, pendant qu'il était l'ennemi du père. Æmilius Lépidus et Fulvius Flaccus, distingués l'un et l'autre par leur naissance, leurs dignités, et le rang qu'ils tenaient dans la ville, furent animés d'une haine longue et acharnée l'un contre l'autre. Le peuple les nomma censeurs ensemble. A peine leurs noms furent proclamés, que sur le lieu même, avant que l'assemblée se séparât, tous deux en même temps et par un mouvement simultané se donnèrent la main et s'embrassèrent. Leur concorde ne finit pas avec leur magistrature; ils furent toujours unis de la plus sincère amitié.

CAPUT VII.

Quam ob causam Cn. Dolabella proconsul ream mulierem veneficii, confitentemque ad Areopagitas rejecerit.

Ad Cn. Dolabellam, proconsulari imperio provinciam Asiam obtinentem, deducta mulier Smyrnæa est. Eadem mulier virum et filium eodem tempore venenis clam datis vita interfecerat : atque id fecisse se confitebatur, dicebatque, habuisse se faciendi causam, quoniam ille idem maritus et ejus filius alterum filium mulieris, ex viro priore genitum, adolescentem optimum et innocentissimum, exceptum insidiis, occidissent. Idque ita esse factum, controversia non erat. Dolabella retulit ad consilium. Nemo quisquam ex consilio sententiam ferre in causa tam ancipiti audebat; quod et confessum veneficium, quo maritus et filius necati forent, non admittendum impunitum videbatur, et digna tamen pœna in homines sceleratos vindicatum fuisset. Dolabella eam rem Athenas ad Areopagitas, ut ad judices graviores exercitatioresque, rejecit. Areopagitæ, cognita causa, accusatorem mulieris, et ipsam, quæ accusabatur, centesimo anno adesse jusserunt. Sic neque absolutum mulieris veneficium est, quod per leges non licuit; neque nocens damnata punitaque, quæ digna venia fuit. Scripta hæc historia est in libro Valerii Maximi *Factorum et dictorum memorabilium* nono.

CAPUT VIII.

Reditiones in gratiam nobilium virorum, memoratu dignæ.

P. Africanus superior et Tib. Gracchus, Tib. et C. Gracchorum pater, rerum gestarum magnitudine, et honorum atque vitæ dignitate illustres viri, dissenserunt sæpenumero de republica; et ea, sive qua alia re, non amici fuerunt. Ea simultas cum diu mansisset, et sollemni die epulum Jovi libaretur, atque ob id sacrificium senatus in Capitolio epularetur, fors fuit, ut apud eandem mensam duo illi junctim locarentur. Tum, quasi diis immortalibus arbitris in convivio Jovis optimi maximi dexteras eorum conducentibus, repente amicissimi facti : neque solum amicitia incepta, sed affinitas simul instituta. Nam P. Scipio filiam virginem habens jamjam viro maturam, ibi tunc eodem in loco despondit eam Tib. Graccho; quem probaverat elegeratque exploratissimo judicii tempore, dum inimicus est. Æmilius quoque Lepidus et Fulvius Flaccus, nobili genere, amplissimisque honoribus et summo loco in civitate præditi, odio inter sese gravi et simultate diutina conflictati sunt. Postea populus eos simul censores facit. Atque illi, ubi voce præconis renuntiati sunt, ibidem in campo statim, nondum dimissa contione, ultro uterque et pari voluntate conjuncti complexique sunt : exque eo die et in ipsa censura et postea jugi concordia fidissime amicissimeque vixerunt.

CAPUT IX.

Quæ dicantur *vocabula ancipitia*, et quod *honoris* quoque vocabulum ancipiti sententia fuerit.

Est plurifariam videre atque animadvertere in veteribus scriptis pleraque vocabula, quæ nunc in sermonibus vulgi

CHAPITRE IX.

Mots qui ont eu deux sens opposés : *honor* a été de ce nombre.

Il est très-ordinaire de trouver dans les vieux écrits certains mots qui aujourd'hui, dans les conversations du vulgaire, n'ont qu'un seul sens bien déterminé, et qui autrefois furent si vagues qu'ils pouvaient prendre deux sens opposés. Ainsi pour ne citer que les plus connus, *tempestas* signifiait orage et beau temps, *valetudo*, bonne ou mauvaise santé, *facinus*, crime et action illustre, *dolus*, artifice criminel ou louable, *gratia*, faveur et défaveur, *industria*, industrie bonne ou mauvaise. On sait que tous ces mots avaient deux sens contraires. On peut y joindre *periculum*, *venenum* et *contagium*, puisque de nombreux exemples prouvent qu'ils n'étaient pas toujours pris en mauvaise part, comme aujourd'hui. *Honor* a été aussi un terme vague; on disait même *malus honor*, dans le sens d'injure; mais les exemples en sont rares. On lit toutefois dans le discours de Métellus le Numidique, au sujet de son triomphe : « Plus vous « m'élevez par un accord unanime, plus il est évi-« dent que c'est vous plutôt que moi qu'il outrage « et qu'il insulte, Romains. L'homme probe aime « mieux essuyer une injure que la faire : il vous « traite donc plus indignement que moi (*pejorem* « *honorem habuit*), car il veut que ce soit moi qui « essuie l'injure, et vous qui la fassiez. Il met « la plainte de mon côté, la honte du vôtre. » Ces mots *honorem pejorem vobis habuit quam mihi*, ont le même sens que les précédents, *majore vos affecit injuria et contumelia quam me*. En citant ce passage, je n'ai pas voulu seulement établir un point philologique, j'ai voulu faire connaître une pensée de Métellus, que Socrate avait déjà trouvée : « Il est pire, avait-il dit, de faire une « injustice que de l'essuyer. »

CHAPITRE X.

***Æditimus* est latin.**

Æditimus a de tout temps été latin; il a été formé comme *finitimus* et *legitimus*. La plupart le remplacent aujourd'hui par *œdituus*, mot nouveau et expression fausse, puisqu'on paraît le faire dériver de *œdes tueri*, défendre les temples. Ce simple avis pourrait suffire; mais, puisqu'il est des disputeurs tenaces et indomptables, dont la tête ne s'incline que sous le poids des autorités; Marcus Varron, dans le livre second du *Traité de la langue latine*, adressé à Marcellus, pense qu'il faut dire *œditumus*, plutôt que *œdituus*. L'un est un mot nouvellement formé, l'autre a conservé toute la pureté de son antique origine. Livius, si je ne me trompe, dans sa *Protésilaodamie*, appelle *claustritumum* l'homme qui présidait aux verrous, sans doute parce qu'il entendait appeler *œditumus* celui qui présidait aux temples. Les meilleurs exemplaires des *Verrines* de Cicéron portent : *œditumi, custodesque mature sentiunt*. Les manuscrits les plus répandus portent, *œditui*. Une atellane de Pomponius a pour titre *Æditumus*. On y lit ce vers :

Qui postquam tibi appareo atque æditumor in templo tuo.

« Après que je t'apparais et préside à ton tem-« ple. »

Lucrèce a dit, dans son poëme, *œdituentes* pour *œditui* :

---

nam certamque rem demonstrant, ita fuisse media et incommunia, ut significare et capere possent duas inter sese res contrarias : ex quibus quædam satis nota sunt, ut *tempestas, valetudo, facinus, dolus, gratia, industria.* Hæc enim fere jam vulgatum est ancipitia esse, et utroqueversus dici posse. *Periculum* etiam, et *venenum*, et *contagium*, non, uti nunc dicuntur, pro malis tantum dicta esse, multum exemplorum hujusmodi reperias. Sed *honorem* quoque mediam vocem fuisse, et ita appellatum, ut etiam *malus honos* diceretur, et significaret *injuriam*, id profecto rarissimum est. Quintus autem Metellus Numidicus in oratione, quam *De Triumpho suo* dixit, his verbis usus est : « Qua in re quanto universi « me unum antistatis, tanto vobis quam mihi majorem « injuriam atque contumeliam facit, Quirites : et quanto « probi injuriam facilius accipiunt, quam alteri tradunt, « tanto ille vobis quam mihi pejorem honorem habuit : nam « me injuriam ferre, vos facere vult, Quirites : ut hic « conquestio, istic vituperatio relinquatur. Honorem, » inquit, « pejorem vobis habuit, quam mihi : » cujus verbi sententia est, quam ipse quoque supra dicit : « majore vos « affecit injuria et contumelia quam me. » Præter hujus autem verbi notionem adscribendam esse hanc sententiam ex oratione Q. Metelli existimavi, ut definiremus Socratis esse decretum : Κάκιον εἶναι τὸ ἀδικεῖν τοῦ ἀδικεῖσθαι.

CAPUT X.

Quod *æditimus* verbum latinum sit.

Æditimus verbum latinum est et vetus, ea forma dictum, qua *finitimus* et *legitimus* : [sed] pro eo a plerisque] nunc *œdituus* dicitur nova et commenticia usurpatione, quasi a tuendis ædibus appellatus. Satis hoc esse potuit admonendi gratia dixisse, propter agrestes quosdam et indomitos certatores, qui nisi auctoritatibus adhibitis non comprimuntur. M. Varro in libro secundo *Ad Marcellum de Latino sermone œditumum* dici oportere censet, magis quam *œdituum* ; quod alterum sit recenti novitate fictum, alterum antiqua origine incorruptum. Livius quoque, ut opinor, in *Protesilaodamia claustritumum* dixit, qui claustris januæ præcesset ; eadem scilicet figura, qua *œditumum* dici videbat ; qui ædibus præest. In Verrem M. Tullii in exemplaribus fidelissimis ita inveni scriptum : « Æditumi custodesque mature sentiunt; » in libris autem hoc vulgariis *œditui* scriptum est. Pomponii fabula Attellana est, quæ ita inscripta est : *Æditumus*, in qua hic versus est :

Qui postquam tibi appareo atque æditumor in templo tuo.

Titus autem Lucretius in carmine suo pro *œdituis œdituentes* appellat :

[— — — — — Onerataque passim

LIVRE XII, CHAPITRE XII.

Onerataque passim
Cuncta cadaveribus cœlestum templa manebant;
Hospitibus loca, quæ complerant ædituentes.

« Des cadavres chargeaient le pavé de tous les
« temples : tels étaient les hôtes dont les officiers
« des temples peuplaient la demeure des dieux. »

CHAPITRE XI.

C'est se tromper que de commettre des fautes dans l'espoir qu'elles demeureront cachées. Dissertation du philosophe Pérégrinus à ce sujet : vers de Sophocle.

J'ai connu à Athènes le philosophe Pérégrinus, homme grave et de mœurs constantes, quoiqu'il ait été plus tard surnommé Protée. J'allais souvent le visiter dans une chaumière qu'il habitait hors de la ville, et je recueillais souvent de sa bouche des paroles d'une haute morale et d'une grande utilité. Voici celles qui m'ont paru le plus dignes d'être recueillies. Il disait que le sage ne pécherait pas, même avec la certitude de n'avoir pour témoin de sa faute ni les hommes ni les dieux. Il pensait qu'on ne devait pas être retenu par la crainte de l'infamie ou du châtiment, mais par le sentiment du devoir, et l'amour du juste et de l'honnête. Les hommes, ajoutait-il, qui n'ont pas dans le cœur l'amour du bien, ou n'ont pas été élevés dans ces principes, et qui n'ont pas en eux-mêmes la force et la volonté de s'abstenir du mal, seront tous plus enclins à mal faire, lorsqu'ils penseront qu'ils n'auront aucun témoin de leur faute, et s'attendront à l'impunité. Mais si l'on était convaincu que rien au monde ne demeure longtemps dans les ténèbres, on serait alors retenu par le frein de la honte. Aussi pensait-il qu'il fallait avoir sans cesse à la bouche ces vers de Sophocle, le plus sage des poëtes :

« Ne cache rien ; car le temps, qui voit tout et
« entend tout, révèle tout. »

Un autre ancien poëte, dont le nom ne me vient pas en ce moment, a appelé la Vérité la fille du Temps.

CHAPITRE XII.

Plaisanterie de Cicéron pour se justifier d'un mensonge évident.

La rhétorique enseigne aussi l'art d'avouer sans péril ce qui est criminel. Vous reproche-t-on une faute que vous ne pouvez nier? Éludez le reproche par une plaisanterie, et que le blâme s'éteigne au milieu des éclats de rire. Cicéron a eu recours à cet artifice. On lui reprochait une faute; il ne pouvait la nier : il la fit disparaître sous un mot plein de grâce et d'urbanité. Comme il voulait acheter une maison dans le Palatium, et n'avait pas pour le moment la somme nécessaire, il emprunta secrètement à Sylla, alors accusé, un million de sesterces. Le secret fut trahi et divulgué avant l'achat. On blâma Cicéron d'avoir emprunté à un accusé pour acheter une maison. Interdit à ce reproche inattendu, il nia l'emprunt, et même l'intention d'acheter. « Qu'il soit vrai, dit-il, que j'ai emprunté l'argent, si j'achète la maison. » Il l'acheta cependant; et comme ses ennemis l'accusaient de mensonge en plein sénat : « Esprits vides de sens commun,

Cuncta cadaveribus cœlestum templa manebant;
Hospitibus loca, quæ complerant ædituentes].

CAPUT XI.

Errare istos, qui spe et fiducia latendi peccent, cum latebra peccati perpetua nulla sit : et super ea re Peregrini philosophi sermo ex Sophocli poëtæ sententia.

Philosophum nomine Peregrinum, cui postea cognomentum *Proteus* factum est, virum gravem atque constanter vidimus, cum Athenis essemus, diversantem in quodam tugurio extra urbem. Cumque ad eum frequenter ventitaremus, multa hercle dicere eum utiliter et honeste audivimus ; in quibus id fuit, quod præcipuum auditum meminimus. Virum quidem sapientem non peccaturum esse dicebat, etiamsi peccasse eum dii atque homines ignoraturi forent. Non enim pœnæ aut infamiæ metu non esse peccandum censebat, sed justi honestique studio et officio. Si qui tamen non essent tali vel ingenio vel disciplina præditi, uti se vi sua ac sua sponte facile a peccando tenerent, eos omnis tunc peccare proclivius existimabat, cum latere posse id peccatum putarent, impunitatemque ex ea latebra sperarent. At si sciant, inquit, homines, nihil omnium rerum diutius posse celari, repressius pudentiusque peccabitur. Propterea versus istos Sophocli, prudentissimi poetarum, in ore esse habendos dicebat :

Πρὸς ταῦτα κρύπτε μηδὲν, ὡς ὁ πάνθ' ὁρῶν
Καὶ πάντ' ἀκούων, πάντ' ἀναπτύσσει χρόνος.

Alius quidam veterum poetarum, cujus nomen mihi nunc memoriæ non est, Veritatem Temporis filiam esse dixit.

CAPUT XII.

Faceta responsio M. Ciceronis, amolientis a se crimen manifesti mendacii.

Hæc quoque disciplina rhetorica est, callide et cum astu res criminosas citra periculum confiteri ; ut si objectum sit turpe aliquid, quod negari non queat, responsione joculari cludas, et rem faciam risu magis dignam, quam criminem. Sicut fecisse Ciceronem scriptum est, cum id, quod inficiari non poterat, urbano facetoque dicto diluit. Nam cum emere vellet in Palatio domum, et pecuniam in præsens non haberet, a P. Sulla, qui tum reus erat, mutua sestertium viciens tacite accepit. Ea res tamen, priusquam emeret, prodita est, et in vulgus exivit; objectumque ei est, quod pecuniam, domus emendæ causa, a reo accepisset. Tum Cicero, inopinata opprobratione permotus, accepisse se negavit, ac domum quoque se emturum negavit : atque adeo, inquit, verum sit, accepisse me pecuniam, si domum emero. Sed cum postea emisset, et hoc mendacium in senatu ei ab inimicis objiceretur, risit satis ; atque inter ridendum : « 'Ακοινονόητοι, » inquit,

« dit-il, vous ignorez qu'un père de famille sage
« et prudent dissimule l'intention d'acheter, de
« peur de la concurrence. »

CHAPITRE XIII.

Intra calendas signifie-t-il avant les calendes, le jour des calendes, ou les deux à la fois ? Que signifient dans Cicéron *intra oceanum, intra montem Taurum,* et *intra modum ?*

Les consuls m'avaient chargé de remplir extraordinairement les fonctions de juge à Rome *intra calendas.* J'allai trouver le savant Sulpicius Apollinaris, et lui demandai si les mots *intra calendas* comprenaient aussi le jour des calendes. Je lui appris que j'étais juge, et devais prononcer mes jugements *intra calendas.* « Pourquoi, me dit-il, t'adresser à moi, plutôt qu'à ces habiles et savants jurisconsultes, que vous avez tous l'habitude de consulter avant de prononcer vos jugements? » Je lui répondis : « Ce seraient eux en effet que je consulterais, s'il s'agissait de droit ancien ou renouvelé, controversé et incertain, ou nouveau et établi. Mais j'ai à m'instruire sur le sens, l'emploi, la nature d'un mot latin ; et pouvant m'adresser à toi, ce serait certes gaucherie que de recourir à tout autre. — Hé bien ! me dit-il, écoute mon opinion sur la nature du mot ; je te la donne à la condition que tu ne prendras pas pour règle de ta conduite ce que je te dirai sur la valeur d'une expression, mais ce que tu verras établi d'un accord unanime, ou du moins général. Tu sais, en effet, que les mots à la longue changent de signification, et que les lois elles-mêmes tombent en désuétude par un tacite consentement. » Alors je l'entendis discourir ainsi, en présence d'un assez nombreux auditoire : « Lorsque la nomination porte que le juge prononcera ses arrêts *intra calendas,* on ne doute pas qu'il n'ait le droit de juger avant les calendes ; mais on discute s'il peut, comme tu le demandes, juger le jour même des calendes. A consulter l'origine du mot *intra*, il est évident qu'*intra calendas* doit désigner le jour des calendes, et pas d'autre jour. En effet, ces trois mots *intra, citra, ultra,* qui marquent les limites des lieux, n'avaient dans le vieux latin qu'une syllabe ; on disait *in, cis, uls*. Mais ces particules courtes et peu sonores se perdaient dans la prononciation, et il fallut y ajouter une syllabe ; au lieu de *cis Tiberim* et *uls Tiberim,* on dit *citra Tiberim* et *ultra Tiberim*. De même, *in*, par l'addition de la même syllabe, devint *intra*. Ces trois termes sont donc, pour ainsi dire, limitrophes, puisqu'ils marquent les limites de lieux qui se touchent, comme dans *intra oppidum, ultra oppidum, citra oppidum*. Je répète que *intra* a le sens de *in* ; et, en effet, *intra oppidum, intra cubiculum, intra ferias*, est-ce autre chose que dans la ville, dans la chambre, pendant la fête? Donc, *intra calendas*, ce n'est pas, avant les calendes, mais, le propre jour des calendes ; et, d'après l'étymologie et le

---

« homines estis, cum ignoratis, prudentis et cauti patris-
« familias esse, quod emere velit, emturum sese negare,
« propter competitores emtionis. »

CAPUT XIII.

Intra calendas, cum dicitur, quid significet, utrum *ante calendas*, an *calendis*, an utrumque : atque inibi, quid sit in oratione M. Tullii *intra oceanum*, et *intra montem Taurum*, et in quadam epistola *intra modum*.

Cum Romæ a consulibus judex extra ordinem datus pronuntiare intra calendas jussus essem, Sulpicium Apollinarem doctum hominem percontatus sum, an his verbis : *intra calendas*, ipsæ quoque calendæ tenerentur : dixique ei, me videlicet datum [judicem], calendasque mihi prodictas, ut intra eum diem pronuntiarem. Cur, inquit, hoc me potius rogas, quam ex istis aliquem peritis studiosisque juris, quos adhibere in consilium judicaturi soletis? Tum illi ita ego respondi : Si aut de vetere, inquam, jure, aut recepto, aut controverso et ambiguo, aut novo et constituto discendum esset, issem plane sciscitatum ad istos, quos dicis ; sed cum verborum latinorum sententia, usus, ratio exploranda sit, scævus profecto et cæcus animi forem, si, cum haberem tui copiam, issem magis ad alium quam ad te. Audi igitur, inquit, de ratione verbi quid existimem ; sed eo tamen pacto, ut id facias, non quod ego de proprietate [vocis] disseruero, sed quod in ea re omnium pluriumve consensu observari cognoveris : non enim verborum tantum communium vere atque propriæ significationes longiore usu mutantur ; sed legum quoque ipsarum jussa consensu tacito obliterantur. Tum deinde disseruit, me et plerisque aliis audientibus, in hunc ferme modum : Cum dies, inquit, ita præfinita est, ut judex intra calendas pronuntiet, occupavit jam hæc omnes opinio, non esse dubium, quin ante calendas jure pronuntietur : et id tantum ambigi video, quod tu quæris, an calendis quoque jure pronuntietur. Ipsum autem verbum sic procul dubio natum est, atque ita sese habet ; ut, cum dicitur *intra calendas*, non alius accipi dies debeat, quam solæ calendæ. Nam tres istæ voces : *intra, citra, ultra*, quibus certi locorum fines demonstrantur, singularibus apud veteres syllabis appellabantur, *in, cis, uls*. Hæ deinde particulæ quoniam parvo exiguoque sonitu obscurius promebantur, addita est tribus omnibus eadem syllaba : et quod dicebatur *cis Tiberim*, et *uls Tiberim*, dici cœptum est *citra Tiberim*, et *ultra Tiberim* : item, quod erat *in*, accedente eadem syllaba, *intra* factum est. Sunt ergo hæc omnia quasi contermina junctis inter se finibus cohærentia : *intra oppidum, ultra oppidum, citra oppidum* ; ex quibus *intra*, sicuti dixi, *in* significat. Nam qui dicit *intra oppidum, intra cubiculum, intra ferias*, non dicit aliud, quam *in oppido, in cubiculo, in feriis*. *Intra calendas* igitur non *ante calendas* est, sed *in calendis*, id est, eo ipso die, quo calendæ sunt. Itaque secundum verbi ipsius rationem qui jussus est *intra calendas* pronuntiare, nisi calendis pronuntiet, contra jussum vocis facit. Nam, si ante id fiat, non *intra* pronuntiat, sed *citra*. Nescio quo autem pacto recepta vulgo interpretatio est absurdis

sens du mot, celui qui est chargé de juger *intra calendas* manque à son devoir s'il ne juge le jour même des calendes. Ainsi, je ne sais, et il importe peu de savoir comment le vulgaire, par la plus absurde interprétation, a fait signifier à *intra calendas*, en deçà des calendes, avant les calendes. Il paraît même étrange qu'on puisse juger avant les calendes, quand la nomination porte *intra calendas*, ni en deçà, ni au delà des calendes, pendant les calendes; l'usage l'a ainsi décidé, l'usage, maître souverain de toutes choses, et des langues par-dessus tout. » Après cette dissertation nette et sensée d'Apollinaris, je dis : « J'ai voulu savoir, avant de m'adresser à toi, quel emploi les anciens avaient fait de la particule qui nous occupe; et j'ai trouvé dans la troisième *Verrine* de Cicéron cette phrase : « Il n'y a « pas de lieu si éloigné, ni si retiré *intra oceanum*, « qui soit demeuré inaccessible à la licence et à « l'injustice de nos hommes. » Il emploie *intra oceanum* dans un sens qui dément ton explication; car sans doute il n'a pas voulu dire par là, dans l'océan; il parle des terres que baigne l'océan, et où nos hommes ont pu pénétrer; ces terres sont évidemment en deçà de l'océan, et non pas dans l'océan. Serait-il croyable qu'il eût entendu parler de je ne sais quelles îles qui se trouvent, dit-on, au sein même de l'océan? » Alors Sulpicius Apollinaris souriant : « Le passage que tu m'opposes, me dit-il, est habilement choisi; mais Cicéron n'a pas entendu par *intra oceanum*, en deçà de l'océan, comme tu l'entends. Que peut-il y avoir en effet en deçà de l'océan, puisque l'océan ceint et entoure l'univers? Ce qui est en deçà est en dehors; et dirait-on qu'une chose serait *intra*, si elle était en dehors? Si l'océan ne baignait qu'un seul côté de la terre, la partie qu'il baignerait serait sans doute en deçà ou en avant de l'océan ; mais puisqu'il ceint de ses flots toute l'étendue de la terre, rien n'est hors de lui ; la ceinture de ses eaux embrassant l'univers, tout est renfermé entre ses rivages, et se trouve au sein de l'océan. Ainsi le soleil ne tourne pas en deçà du ciel, mais dans le ciel, et *intra cœlum*. » Cette réponse d'Apollinaris nous parut ingénieuse et sensée; mais plus tard je trouvai dans une lettre de Cicéron à Servius Sulpicius *intra modum* dans le même sens qu'on donne à *intra calendas*, lorsqu'on explique ces mots par, en deçà des calendes. Je cite le passage de Cicéron : « Cepen-
« dant, puisque j'ai évité de l'offenser, et qu'il
« pourrait croire que la chose ne me paraîtrait
« pas publique si je continuais à me taire; je me
« tairai *modice*, ou même *intra modum*, pour
« satisfaire à la fois son désir et mon goût. »
Cicéron avait déjà dit : Je me tairai *modice*, c'est-à-dire dans une juste mesure; ensuite, comme mécontent de son expression et voulant la corriger, il ajoute, Ou même *intra modum*, c'est-à-dire un peu moins que dans une juste mesure, *citra modum*. Dans son discours pour P. Sestius, il dit *intra montem Taurum*, pour signifier, non pas *dans le mont Taurus*, mais *jusqu'au mont Taurus*. Voici les propres termes de l'auteur : « Nos ancêtres, après une lutte acharnée sur terre « et sur mer, triomphèrent enfin d'Antiochus le « Grand, et l'obligèrent de régner *intra montem* « *Taurum*. Ils lui infligèrent comme amende

sima, ut *intra calendas* significare videatur etiam *citra calendas* vel *ante calendas* : nihil enim ferme interest. Atque insuper dubitatur, an *ante calendas* quoque pronuntiari possit : quando neque ultra neque citra, sed, quod inter hæc medium est, *intra calendas*, id est, calendis pronuntiandum sit. Sed nimirum consuetudo vicit : quæ cum omnium domina rerum, tum maxime verborum est. Ea omnia cum Apollinaris scite perquam atque enucleate disputavisset, tum ego hæc dixi : Cordi, inquam, mihi fuit, priusquam ad te irem, quærere exploraremque, quonam modo veteres nostri particula ista, qua de agitur, usi sint; atque invenimus Tullium in tertia in Verrem scripsisse isto modo : « Locus intra oceanum jam nullus « est, neque tam longinquus, neque tam reconditus, quo « non per hæc tempora nostrorum hominum libido ini-« quitasque pervaserit. » *Intra oceanum* dicit, contra rationem tuam; non enim vult, opinor, dicere *in oceano*; terras enim demonstrat omnis, quæ oceano ambiuntur, ad quas a nostris hominibus adiri potest, quæ sunt *citra oceanum*, non *in oceano*. Neque enim videri potest insulas significare nescio quas, quæ penitus esse intra æquora ipsa oceani dicuntur. Tunc Sulpicius Apollinaris renidens : Non mehercule inargute, inquit, nec incallide opposuisti hoc Tullianum : sed Cicero *intra oceanum*, non, ut tu interpretare, *citra oceanum* dixit. Quid enim potest dici *citra oceanum* esse, cum undique oceanus circumscribat omnis terras et ambiat? Nam *citra* quod est, id *extra* est; qui autem potest *intra* esse dici, quod *extra* est? Sed si ex una tantum parte orbis oceanus foret, tum quæ terra ad eam partem foret, *citra oceanum* esse dici posset, vel *ante oceanum* : cum vero omnis terras omnifariam et undiqueversum circumfluat, nihil citra eum est : sed, undarum illius ambitu terris omnibus convallatis, in medio ejus sunt omnia, quæ intra oras ejus inclusa sunt. Sicuti hercle sol non citra cœlum vertitur, sed in cœlo et intra cœlum. Hæc tunc Apollinaris scite acuteque dicere visus est. Sed postea in libro M. Tullii epistolarum ad Ser. Sulpicium sic dictum esse invenimus *intra modum*, ut *intra calendas* dicunt, qui dicere *citra calendas* volunt. Verba hæc Ciceronis sunt, quæ apposui : « Sed ta-« men, quoniam effugi ejus offensionem, qui fortasse a-« bitraretur, me hanc rem publicam non putare, si perpe-« tuo tacerem, modice hoc faciam, aut etiam intra mo-« dum, ut et illius voluntati et meis studiis serviam. » *Modice* dixerat *hoc faciam*, id est, cum modo æquo et pari; deinde, quasi hoc displiceret, et corrigere id vellet, addit : *aut etiam intra modum*; per quod minus sese ostendit id facturum esse, quam quod fieri modice videretur : id est, non ad ipsum modum, sed retro paululum et citra modum. In oratione etiam, quam pro P. Sestio scripsit, *intra montem Taurum* sic dicit, ut non significet *in monte Tauro*, sed usque ad montem Taurum

« la perte de l'Asie, dont ils firent don à Attale. » Ils l'obligèrent, dit l'orateur, à régner *intra montem Taurum*; non pas, sans doute, dans le même sens que nous disons *intra cubiculum*, à moins de dire qu'*intra montem* signifie, dans les pays qui sont bornés par la montagne. Car de même qu'être *intra cubiculum*, ce n'est pas être dans les murailles, mais entre les murailles (*intra parietes*) qui entourent la chambre, et qui cependant en font partie; ainsi, régner *intra montem Taurum*, ce n'est pas régner seulement dans le mont Taurus, mais dans les pays que borne le mont Taurus; et les deux phrases de Cicéron permettent de conclure par analogie que, si on a reçu l'ordre de juger *intra calendas*, on a le droit de le faire avant les calendes et le jour des calendes. Ce ne serait pas même abuser du privilége de la coutume, mais se fonder sur la raison, puisque tout l'espace de temps qui a les calendes pour limites se trouve naturellement compris *intra calendas*.

CHAPITRE XIV.

.Sens et origine de la particule *saltem*.

Nous cherchions l'origine et la première signification de la particule *saltem*. Elle est entrée de si bonne heure dans la langue, qu'on ne saurait la croire formée, comme quelques particules explétives, au hasard. Quelqu'un prétendit avoir lu dans les opuscules philosophiques de P. Nigidius que *saltem* avait été primitivement employé pour *si aliter*, et qu'en cela il y avait ellipse, puisque la phrase complète serait : *si aliter non potest*. Pour moi j'ai lu, et, je puis le dire, avec soin, les *commentaires* de Nigidius, et n'y ai pas trouvé cette étymologie. Du reste, *si aliter non potest* exprime assez exactement le sens de la particule dont nous parlons; mais il paraît y avoir abus de subtilité à renfermer un si grand nombre de mots en si peu de lettres. Un philosophe qui faisait son occupation des lettres et des livres, nous dit que *saltem* avait subi le retranchement d'une lettre, et qu'on avait dit primitivement *salutem*. Après plusieurs refus, disait-il, si nous voulons adresser une dernière demande qui ne doit pas être rejetée, nous avons coutume de dire, *hoc saltem fieri aut dari oportet* : « Il faut du « moins faire ou accorder ceci; » et c'est comme si nous finissions par demander un salut, qu'on ne pourrait nous refuser sans injustice. L'explication est sans doute ingénieusement trouvée, mais elle paraît peu naturelle. Je vote pour un plus ample informé.

CHAPITRE XV.

Sisenna dans son histoire fait un usage fréquent des adverbes *celatim, vellicatim, saltuatim*, et autres semblables.

Je faisais ma lecture habituelle de l'histoire de Sisenna; je fus frappé du retour fréquent de ces sortes d'adverbes, *cursim*, en hâte, *properatim*,

---

cum ipso monte. Verba sunt hæc ipsius M. Tullii, ex ea, qua dixi, oratione : « Antiochum Magnum illum majores « nostri magna belli contentione terra marique superatum « intra montem Taurum regnare jusserunt : Asiam, qua « illum mulctarunt, Attalo, ut is in ea regnaret, condo« narunt. » *Intra montem*, inquit, *Taurum regnare jusserunt*; quod non perinde dicimus, ut *intra cubiculum* dicimus : nisi videri potest id esse *intra montem*, quod est *intra regiones*, quæ Tauri montis objectu separantur. Nam, sicuti, qui *intra cubiculum* est, is non in cubiculi parietibus, sed intra parietes est, quibus cubiculum includitur, qui tamen ipsi quoque parietes in cubiculo sunt : ita, qui regnat intra montem Taurum, non solum in monte Tauro regnat, sed in iis etiam regionibus, quæ Tauro monte clauduntur. Num igitur secundum istam verborum M. Tullii similitudinem, qui jubetur *intra calendas* pronuntiare, is et *ante calendas* et *ipsis calendis* jure pronuntiare potest? Neque id fit quasi privilegio quodam inscitæ consuetudinis, sed certa rationis observatione : quoniam omne tempus, quod calendarum die includitur, *intra calendas* esse recte dicitur.

CAPUT XIV.

Saltem particula quam vim habeat, et quam originem.

Saltem particula quam haberet princip[al]em significationem, quæque vocis istius origo esset, quærebamus. Ita enim primitus factam esse apparet, ut non videatur, sicuti quædam supplementa orationis, temere et incondite as-

sumta. Atque erat, qui diceret, legisse [se] in grammaticis commentariis P. Nigidii, *saltem* ex eo dictum, quod esset *si aliter* : idque ipsum dici solitum per defectionem; nam plenam esse sententiam : *si aliter non potest*. Sed id nos in eisdem commentariis P. Nigidii, cum eos non, opinor, incuriose legissemus, nusquam invenimus. Videntur autem verba ista : *si aliter non potest* a significatione quidem voculæ hujus, de qua quærimus, non abhorrere. Sed tot verba tamen in paucissimas litteras cludere, improbæ cujusdam subtilitatis est. Fuit etiam, qui diceret, homo in libris atque in litteris assiduus, *saltem* sibi dictum videri, *u* media littera extrita; *salutem* enim ante dictum, quod nos *saltem* diceremus. Nam cum alia quædam petita et non impetrata sunt, tum solemus, inquit, quasi extremum aliquid petituri, quod negari minime debeat, dicere : « hoc saltem fieri aut dari oportere : » tanquam salutem postremo petentes, quam impetrari certe et obtineri sit æquissimum. Sed hoc itidem non illepide quidem fictum, nimis tamen esse videtur commenticium : censuimus igitur amplius quærendum.

CAPUT XV.

Quod Sisenna in libris historiarum adverbiis hujuscemodi sæpenumero usus est : *celatim, vellicatim, saltuatim*.

Cum lectitaremus historiam Sisennæ assidue, hujusce modi figuræ adverbia in oratione ejus animadvertimus, cuimodi sunt hæc : *cursim, properatim, celatim, vel-*

en diligence, *celatim*, secrètement, *vellicatim*, par bonds, *saltuatim*, par sauts. Les deux premiers sont connus, et il n'est pas besoin d'en citer d'exemple. Je trouve les autres dans ces passages du sixième livre : « Il plaçait ses hommes « dans des embuscades aussi secrètement (*celatim*) « qu'il le pouvait. — J'ai raconté d'une manière « suivie tout ce qui s'est passé en Grèce et en Asie, « afin de ne pas jeter le désordre dans l'esprit du « lecteur, en écrivant l'histoire par sauts et par « bonds. » *Vellicatim aut saltuatim*.

LIVRE XIII.

CHAPITRE I.

Étude sur ces mots de Cicéron, première *Philippique* : *Multa autem impendere videntur præter naturam etiam præterque fatum*. Y a-t-il une différence entre *fatum* et *natura* ?

Cicéron a écrit ces mots dans la première des *Philippiques* : « J'ai hâté mon retour afin de « marcher sur les traces de Pison, ce que les sé- « nateurs présents n'ont pas fait ; je ne pouvais, « sans doute, ni en obtenir ni en attendre aucune « utilité. Mais si quelque accident m'arrivait (et « tant de dangers nous environnent, en dehors « même des arrêts du destin et des lois de la nature, « *præter naturam præterque fatum*), j'ai voulu « que ce jour élevât la voix pour témoigner de mon « perpétuel dévouement à la république. » *Præter naturam præterque fatum* : a-t-il voulu ne faire signifier à ces deux mots qu'une même chose, et n'exprimer qu'une seule idée par deux termes sy-

nonymes ? A-t-il mis une différence entre les deux termes, et pensé qu'il y a des accidents qui nous viennent de la nature, d'autres de la destinée ? Cela me paraît digne d'examen. Je rechercherai surtout dans quel sens il a pu dire que la mort peut nous arriver de bien des manières, *præter fatum*, puisque l'essence, l'ordre et l'invincible nécessité du destin sont tels, selon l'opinion commune, que le mot destin renferme tout. Cicéron aurait-il en cela suivi Homère, qui a dit :

« Ne descends pas dans le palais de Pluton, « sans l'ordre du destin. »

Quoi qu'il en soit, il n'est pas douteux qu'il n'ait voulu parler d'une mort violente et inattendue, dont on peut dire avec raison qu'elle arrive *præter naturam*, sans être l'effet de la nature. Mais pourquoi mettre ce genre de mort en dehors des lois du destin ? Ce n'est ni le lieu ni le temps de l'examiner. Cependant, je ne dois pas passer sous silence que Virgile a eu sur le destin la même idée que Cicéron. Dans le quatrième livre de l'*Énéide*, il dit de Didon, qui s'était donné la mort :

« Comme elle ne mourrait ni par l'ordre du « destin, ni d'une mort méritée. »

Comme si la violence qui met fin à la vie n'était pas dans les arrêts du destin. Démosthène, dont la sagesse égala l'éloquence, a parlé de même sur la nature et la destinée ; et Cicéron paraît l'avoir imité. On lit dans le sublime discours *Sur la couronne* : « L'homme qui se croit né pour ses « parents, attend la mort qui vient d'elle-même « suivant l'arrêt du destin ; mais celui qui se croit

---

licatim, saltuatim; ex quibus duo prima, quia sunt notiora, exemplis non indigebant; reliqua in *Historiarum* sexto sic scripta sunt : « Quam maxime celatim poterat, « in insidiis suos disponit. » Item alio in loco : « Nos una « æstate in Asia et Græcia gesta litteris idcirco continentia « mandavimus, ne vellicatim aut saltuatim scribendo lec- « torum animos impediremus. »

LIBER XIII.

CAPUT I.

Inquisitio verborum istorum M. Tullii curiosior, quæ fuit in primo Antonianarum libro : *Multa autem impendere videntur præter naturam etiam præterque fatum* : tractatumque, an idem duo ista significent : *fatum* atque *natura*, an diversum.

M. Cicero in primo Antonianarum ita scriptum reliquit : « Hunc igitur ut sequerer properavi, quem præsentes non « sunt secuti : non ut proficerem aliquid ; neque enim « sperabam id, nec præstare poteram ; sed ut, si quid « mihi humanitus accidisset, (multa autem impendere vi- « dentur præter naturam etiam præterque fatum) hujus « diei vocem testem reipublicæ relinquerem meæ perpe- « tuæ erga se voluntatis. » Præter naturam, inquit, præ-

terque fatum; an utrumque idem valere voluerit *fatum* atque *naturam*, et duas res καθ' ἑνὸς ὑποκειμένου posuerit, an vero diviserit separaritque, ut alios casus natura ferre videatur, alios fatum, considerandum equidem puto : atque id maxime requirendum, qua ratione dixerit, accidere multa humanitus posse præter fatum : quando sic ratio et ordo et insuperabilis quædam necessitas fati constituitur, ut omnia intra fatum claudenda sint; nisi illud sane Homeri secutus est :

Μὴ καὶ ὑπὲρ μοῖραν δόμον Ἄϊδος εἰσαφίκηαι.

Nihil autem dubium est, quin violentam et inopinatam mortem significaverit : quæ quidem potest recte videri accidere præter naturam. Sed cur id quoque genus mortis extra fatum posuerit, neque operis hujus est explorare, neque temporis. Illud tamen non prætermittendum est quod Virgilius quoque id ipsum, quod Cicero, de fato opinatus est, cum hoc in quarto libro dixit de Elissa, quæ mortem per vim potita est :

Nam quia nec fato, merita nec morte peribat.

Tanquam in faciendo fine vitæ, quia violenta sunt, non videantur e fato venire. Demosthenis autem, viri prudentia pari atque facundia præditi, verba idem fere significantia de natura atque fato M. Cicero secutus videtur. Ita enim scriptum est in oratione illa egregia, cui titulus est Ὑπὲρ Στεφάνου : Ὁ μὲν τοῖς γονεῦσι μόνον γεγεννῆσθαι νομίζων, τὸν τῆς εἱμαρμένης καὶ τὸν αὐτόματον θάνατον περι-

« né pour sa patrie, plutôt que de la voir esclave, « bravera la mort. » Ce que Cicéron paraît appeler *fatum* et *natura*, Démosthène l'avait appelé longtemps avant, τὴν πεπρωμένην καὶ τὸν αὐτόματον θάνατον. Car une mort αὐτόματος est une mort naturelle et ordonnée par le destin, une mort qui vient sans violence étrangère.

CHAPITRE II.
Conversation entre les deux poëtes Pacuvius et Attius à Tarente.

Ceux qui ont eu le loisir et le goût d'étudier et d'écrire la vie des hommes de talent à leur différents âges, ont raconté cette conversation entre deux poëtes tragiques, Pacuvius et L. Attius : Pacuvius, affaibli par l'âge et par une maladie chronique, s'était retiré de Rome à Tarente. Attius, beaucoup plus jeune, passa par Tarente pour se rendre en Asie, et alla voir Pacuvius, qui l'invita poliment, le retint plusieurs jours, et lui fit lire sa tragédie d'Atrée. Pacuvius en trouva, (it-on, les vers nobles et sonores, mais un peu durs et âpres. « Tu as raison, lui dit Attius; et je ne me repens pas de cette faute; j'espère qu'à l'avenir je ferai mieux. On dit, en effet, qu'il en est des talents comme des fruits : ceux qui naissent aigres et âpres deviennent tendres et doux ; ceux au contraire qui commencent par être tendres, mous et succulents, ne mûrissent pas, ils pourrissent. Ainsi je laisserai au temps quelque chose à mûrir dans mon génie. »

μένει· ὁ δὲ καὶ τῇ πατρίδι, ὑπὲρ τοῦ μὴ ταύτην ἐπιδεῖν δουλεύουσαν, ἀποθνήσκειν ἐθελήσει. Quod Cicero fatum atque naturam videtur dixisse, id multo ante Demosthenes τὴν πεπρωμένην καὶ τὸν αὐτόματον θάνατον appellavit. Αὐτόματος enim θάνατος, quasi naturalis et fatalis, nulla extrinsecus vi coactus venit.

CAPUT II.
Super poëtarum Pacuvii et Attii colloquio familiari in oppido Tarentino.

Quibus otium et studium fuit, vitas atque ætates doctorum hominum quærere ac memoriæ tradere, de M. Pacuvio et L. Attio tragicis poetis historiam scripserunt hujuscemodi : Cum Pacuvius, inquiunt, grandi jam ætate et morbo corporis diutino affectus, Tarentum ex urbe Roma concessisset, Attius, tunc haud parvo junior, proficiscens in Asiam, cum in oppidum venisset, devertit ad Pacuvium : comiterque invitatus, plusculisque ab eo diebus retentus, tragœdiam suam, cui *Atreus* nomen est, desideranti legit. Tum Pacuvium dixisse aiunt, sonora quidem esse, quæ scripsisset, et grandia : sed videri ea tamen sibi duriora paulum et acerbiora. Ita est, inquit Attius, uti dicis. Neque id sane me pœnitet : meliora enim fore spero, quæ deinceps scribam. Nam quod in pomis est, itidem, inquit, esse aiunt in ingeniis : quæ dura et acerba nascuntur, post fiunt mitia et jucunda ; sed quæ gignuntur statim vieta et mollia, atque in principio sunt uvida ; non matura mox fiunt, sed putria. Relinquendum igitur visum est in ingenio, quod dies atque ætas mitificet.

CHAPITRE III.
Y a-t-il une différence entre *necessitas* et *necessitudo* ?

Il y a vraiment matière à rire, de voir la plupart des grammairiens assurer qu'il y a une prodigieuse différence entre *necessitas* et *necessitudo*; que l'un est une violence, l'autre, le droit, le lien, la religion de l'amitié, et que, pris isolément, il n'a que ce sens. Mais puisqu'il n'y a pas de différence entre *suavitudo* et *suavitas*, *sanctitudo* et *sanctitas*, *acerbitudo* et *acerbitas*, *acritudo* et, comme l'a dit Attius dans son *Néoptolème*, *acritas*, je ne vois pas de raison de distinguer entre *necessitudo* et *necessitas*. Aussi, rien de plus ordinaire dans les vieux auteurs que *necessitudo*, pour, ce qui est nécessaire. Il est vrai que *necessitas* pour, amitié et parenté, est rare, quoique les parents et les amis soient appelés *necessarii*. J'ai trouvé cependant, dans le discours de C. César en faveur de la loi Plautia, *necessitas* pour *necessitudo*, dans le sens de parenté par alliance : « Je pense, dit-il, avoir déployé tout le « zèle, toute l'activité, toute la diligence qu'exi- « geait notre parenté. » *Pro nostra necessitate*. L'idée d'écrire sur la parfaite synonymie de ces deux mots m'est venue à la lecture du quatrième livre de notre vieil historien Sempronius Asellio. Il dit de P. l'Africain, fils de Paul-Émile : « Il « avait entendu dire à son père L. Æmilius Paulus « qu'un excellent général ne hasardait pas de ba- « taille rangée, à moins d'une grande nécessité «(*necessitudo*) ou d'une occasion très-favorable. »

CAPUT III.
An vocabula hæc : *necessitudo* et *necessitas* differenti significatione sint.

Risu prorsus atque ludo res digna est, cum plerique grammaticorum asseverant, *necessitudinem* et *necessitatem* mutare [longe,] longeque differre, ideo quod *necessitas* sit vis quæpiam premens et cogens : *necessitudo* autem dicatur jus quoddam et vinculum religiosæ conjunctionis; idque unum solitarium signiflcet. Sicut autem nihil quidquam interest, *suavitudo* dicas an *suavitas*, *sanctitudo* an *sanctitas*, *acerbitudo* an *acerbitas*, *acritudo*, an, quod Attius in Neoptolemo scripsit, *acritas* : ita nihil rationis dici potest, quin *necessitudo* et *necessitas* separentur. Itaque in libris veterum vulgo reperias *necessitudinem* dici, pro eo, quod necessum est. Sed *necessitas* sane pro jure officioque observantiæ affinitatisque infrequens est : quanquam, qui ob hoc ipsum jus affinitatis familiaritatisve conjuncti sunt, necessarii dicuntur. Repperi tamen in oratione C. Cæsaris, qua Plautiam rogationem suasit, *necessitatem* dictam pro *necessitudine*, id est, jure affinitatis. Verba hæc sunt : « Equidem « mihi videor pro nostra necessitate non labore, non ope- « ra, non industria defuisse. » Hoc ego scripsi de utriusque vocabuli indifferentia, admonitus forte verbi istius, cum legerem Sempronii Asellionis, veteris scriptoris, quartum ex historia librum, in quo de P. Africano, Pauli filio, ita scriptum est : « Nam se patrem suum audisse dicere L. « Æmilium Paulum, nimis bonum imperatorem signis

CHAPITRE IV.

Réponse sage et polie d'Olympias à son fils Alexandre.

J'ai lu dans plusieurs histoires de la vie d'Alexandre, et tout récemment encore dans le livre de Varron, intitulé *Oreste ou de la folie*, une réponse très-plaisante d'Olympias, femme de Philippe, à Alexandre, son fils. Celui-ci avait mis en tête de sa lettre : « Alexandre, fils de Jupiter « Ammon, à Olympias sa mère, salut. » Elle lui répondit à peu près : « Je t'en conjure, tais-toi, « mon fils ; ne va pas me dénoncer à Junon. Elle « exercera sur moi sa colère, si tu reconnais que « je suis sa rivale. » Ainsi cette femme prudente et sage avertissait poliment et finement son superbe fils de quitter une croyance dont l'avaient imbu l'ivresse de la victoire, l'adulation des courtisans, et la faveur de la fortune.

CHAPITRE V.

Aristote, Théophraste et Ménédème. Manière ingénieuse et délicate dont Aristote désigne son successeur.

Le philosophe Aristote fut affecté, à soixante-deux ans, d'une maladie qui laissa peu d'espérance. Toute son école l'entoura, et lui demanda avec instance de se nommer un successeur, qui fût leur guide, après lui, dans la carrière où il les avait fait entrer. Il y avait alors dans cette école plusieurs disciples de distinction ; mais parmi eux on distinguait Théophraste et Ménédème, le premier de Lesbos, l'autre de Rhodes. Aristote répondit qu'il satisferait à leur demande sitôt que le moment serait venu. Peu de jours après, tous les disciples qui lui avaient fait cette prière étant réunis autour de lui, il dit que le vin qu'il prenait ne convenait pas à sa santé, qu'il était âpre et malsain ; qu'on lui apportât du vin étranger, de Rhodes et de Lesbos ; qu'alors il prendrait celui qui lui ferait le plus de bien. On court, on s'empresse, on apporte le vin. Aristote demande le vin de Rhodes, il le goûte. « Ce vin, dit-il, est fort et agréable. » Il goûte le vin de Lesbos : « Ils sont l'un et l'autre d'un bon cru, dit-il ; mais celui de Lesbos a plus de douceur. » A ces mots, il ne fut douteux pour personne que le philosophe n'eût, par ce tour ingénieux et délicat, désigné son successeur. Théophraste, qui fut choisi, avait en effet dans sa parole et dans ses mœurs une douceur infinie ; et tous les disciples d'Aristote, après la mort de leur maître, qui eut lieu peu de temps après, passèrent à lui.

CHAPITRE VI.

Nom que les Latins ont donné à ce que les Grecs ont appelé προσῳδία. Le mot *barbarismus*, inconnu aux premiers Romains.

Ce que les Grecs appellent προσῳδία, nos sa-

« collatis [non] decertare, nisi summa necessitudo aut
« summa ei occasio data esset. »

CAPUT IV.

Olympiadis, Alexandri matris, comis ac prudens ad filium Alexandrum rescriptio.

In plerisque monumentis rerum ab Alexandro gestarum, et paulo ante in libro M. Varronis, qui inscriptus est *Orestes, vel de insania*, Olympiadem Philippi uxorem festivissime rescripsisse legimus Alexandro filio. Nam cum is ad matrem ita scripsisset : REX. ALEXANDER. JOVIS. HAMMONIS. FILIUS. OLYMPIADI. MATRI. SALUTEM. DICIT. Olympias ei rescripsit ad hanc sententiam : « Amabo, » inquit, « mi fili, quiescas : neque deferas me, « neque criminere adversum Junonem : malum mihi « prorsum illa magnum dabit, cum tu me litteris tuis pelli- « cem illi esse confiteris. » Ea mulieris scitæ atque prudentis erga ferocem filium comitas sensim et comiter admonuisse eum visa est, deponendam esse opinionem vanam, quam ille ingentibus victoriis et adulantium blandimentis et rebus supra fidem prosperis imbiberat, genitum esse sese de Jove.

CAPUT V.

De Aristotele, et Theophrasto, et Menedemo, philosophis : deque eleganti verecundia Aristotelis, successorem diatribæ suæ eligentis.

Aristoteles philosophus, annos jam fere natos duo et sexaginta, corpore ægro affectoque, ac spe vitæ tenui fuit. Tunc omnis ejus sectatorum cohors ad eum accedit, orantes obsecrantesque, ut ipse deligeret loci sui et magisterii successorem, quo, post summum ejus diem, perinde ut ipso, uterentur ad studia doctrinarum complenda excolendaque, quibus ab eo imbuti fuissent. Erant tunc in ludo boni multi, sed præcipui duo, Theophrastus et Menedemus. Ingenio hi atque doctrinis ceteros præstabant ; alter ex insula Lesbo fuit, Menedemus autem Rhodo. Aristoteles respondit, facturum esse, quod vellent, cum id sibi foret tempestivum. Postea brevi tempore cum iidem illi, qui de magistro destinando petierant, præsentes essent, vinum ait, quod tum biberet, non esse id ex valetudine sua, sed insalubre esse atque asperum ; ac propterea quæri debere exoticum vel Rhodium aliquod, vel Lesbium. Id sibi utrumque ut curarent, petivit ; usurumque eo dixit, quod sese magis juvisset. Eunt, curant, inveniunt, afferunt. Tum Aristoteles Rhodium petit, degustat. Firmum, inquit, hercle vinum et jucundum. Petit mox Lesbium : quo item degustato : Utrumque, inquit, oppido bonum, sed ἡδίων ὁ Λέσβιος. Id ubi dixit, nemini fuit dubium, quin, lepide simul et verecunde, successorem illa voce sibi, non vinum delegisset. Is erat e Lesbo Theophrastus, homo suavitate insigni linguæ pariter atque vitæ. Itaque non diu post, Aristotele vita defuncto, ad Theophrastum omnes concesserunt.

CAPUT VI.

Quid veteres [Latini dixerint, quas Græci προσῳδίας appellant ; et item, quod vocabulum *barbarismi* non usurpaverint neque Romani antiquiores, neque Attici.

Quas Græci προσῳδίας dicunt, eas veteres docti tum

vants l'ont autrefois appelé note, mesure, accent, prononciation. Quant à cette faute de langage que nous appelons aujourd'hui *barbarisme*, elle a eu un autre nom ; ceux qui la faisaient, passaient pour parler d'une manière non pas *barbare*, mais *rustique*. Ainsi P. Nigidius dit dans ses *Commentaires philologiques* : « La prononciation devient *rustique*, si on aspire sans raison. » Le mot *barbarisme*, aujourd'hui si commun, a-t-il été employé au temps d'Auguste, par les hommes dont la parole était saine et pure ? Je n'en ai pas vu d'exemple jusqu'à présent.

CHAPITRE VII.

Homère dans son poëme, et Hérodote dans son histoire, ont dit du lion des choses contradictoires.

Hérodote a écrit, dans le troisième livre de son histoire, que la lionne ne produit qu'une fois, et qu'un seul lionceau. Voici ses propres termes : « La femelle du lion, le plus fort et le plus coura-
« geux des animaux, ne produit qu'une fois ; car, « en mettant bas, elle perd sa matrice ; voici com-
« ment : aussitôt que le lionceau commence à se « remuer, et à s'armer de ces griffes si aiguës, il « déchire la matrice qui le renferme ; plus il gran-
« dit et se forme, plus il la déchire ; et lorsque le « moment approche de la quitter, il n'en reste « rien. » Homère au contraire dit que les lions (et par ce nom masculin il entend aussi les femelles ; les grammairiens appellent ces noms ἐπίκοινοι douteux) produisent et élèvent plusieurs petits.

Voici les vers d'Homère ; ils ne laissent aucun doute :

« Il s'arrêta, comme une lionne, qui conduit
« dans une forêt ses jeunes lionceaux, s'arrête
« tout à coup à l'aspect des chasseurs. »

Ailleurs il exprime la même idée :

« Il pousse d'affreux gémissements, comme
« une lionne à la belle crinière, à qui un chasseur
« a ravi ses petits dans la sombre forêt : elle ar-
« rive, et sent son cœur déchiré. Elle parcourt
« les vallées, sur la trace du ravisseur qu'elle
« brûle de découvrir ; sa bile amère s'allume. »

Cette diversité d'opinions entre le plus illustre des poëtes et le plus célèbre des historiens a excité ma curiosité, et j'ai voulu consulter le précieux ouvrage d'Aristote sur les animaux. Je citerai les propres paroles d'Aristote ; elles se trouvent dans le livre sixième de l'*Histoire des animaux* :
« La lionne s'accouple et urine par derrière,
« ainsi que je l'ai déjà expliqué. Elle s'accouple
« et produit tous les ans, mais non pas en toute
« saison ; elle met bas au printemps, deux lion-
« ceaux pour l'ordinaire, six au plus, un seul
« quelquefois. On a dit qu'elle perd sa matrice
« en mettant bas ; c'est une niaiserie. L'auteur
« de ce conte a cru expliquer par là la rareté
« des lions. Ils sont rares en effet, et ne nais-
« sent pas en tout pays. On ne les trouve en
« Europe qu'entre l'Achéloüs et le Nessus. Ils
« naissent d'ailleurs si petits, qu'à l'âge de deux
« mois ils marchent à peine. Dans la Syrie, la
« lionne produit cinq fois, d'abord cinq petits,
« puis un de moins chaque fois ; ensuite elle ne

---

notas vocum, tum moderamenta, tum accentiunculas, tum vocutationes appellabant. Quod nunc autem barbare quem loqui dicimus, id vitium sermonis non barbarum esse, sed rusticum, et cum eo vitio loquentes rustice loqui dictitabant. P. Nigidius, in commentariis grammaticis : « Rusticus fit sermo, » inquit, « si adspires perperam. » Itaque id vocabulum, quod dicitur vulgo *barbarismus*, qui ante divi Augusti ætatem pure atque integre locuti sunt, an dixerint, nondum equidem inveni.

CAPUT VII.

Diversum de natura leonum dixisse Homerum in carminibus, et Herodotum in historiis.

Leænas inter omnem vitam semel parere, eoque uno partu nunquam edere plures quam unum, Herodotus in tertia historia scriptum reliquit. Verba ex eo libro hæc sunt : Ἡ δὲ δὴ λέαινα, ἐὸν ἰσχυρότατον καὶ θρασύτατον, ἅπαξ ἐν τῷ βίῳ τίκτει ἕν· τίκτουσα γὰρ συνεκβάλλει τῷ τέκνῳ τὰς μήτρας. Τὸ δὲ αἴτιον τούτου τοῦτ' ἐστίν· ἐπεὶ ἂν ὁ σκύμνος ἐν τῇ μήτρῃ ἐὼν ἄρχηται διακινούμενος, ὁ δὲ ἔχων ὄνυχας θηρίων πολλὸν πάντων ὀξυτάτους, ἀμύσσει τὰς μήτρας. Αὐξανόμενος δὴ πολλῷ μᾶλλον ἐξικνέεται καταγράφων, πέλας τε δὴ ὁ τόκος ἐστί, καὶ τὸ παράπαν λείπεται αὐτέων ὑγιὲς οὐδέν. Homerus autem leones (sic enim feminas quoque virili genere appellat, quod grammatici ἐπίκοινοι vocant) pluris gignere atque educare catulos

dicit. Versus, quibus hoc aperte demonstrat, hi sunt :

Ἑστήκει, ὥς τίς τε λέων περὶ οἷσι τέκεσσιν,
Ὅι ῥά τε νήπι' ἄγοντι συναντήσονται ἐν ὕλῃ
Ἄνδρες ἐπακτῆρες.

Item alio in loco idem significat :

Πυκνὰ μάλα στενάχων· ὥς τε λῖς ἠϋγένειος,
Ὅι ῥά θ' ὑπὸ σκύμνους ἐλαφηβόλος ἁρπάσῃ ἀνὴρ
Ὕλης ἐκ πυκινῆς. Ὁ δέ τ' ἄχνυται ὕστερος ἐλθών·
Πολλὰ δέ τ' ἄγκε' ἐπῆλθε μετ' ἀνέρος ἴχνι' ἐρευνῶν,
Εἴ ποθεν ἐξεύροι· μάλα γὰρ δριμὺς χόλος αἱρεῖ.

Ea nos dissensio atque diversitas cum agitaret inclitissimi poetarum et historicorum nobilissimi, placuit libros Aristotelis philosophi inspici, quos de animalibus exquisitissime composuit ; in quibus, quod super ista re scriptum invenimus, cum ipsius Aristotelis verbis in his commentariis scribemus. Verba Aristotelis hæc sunt ex libro de historia animalium sexto : Λέων δ' ὅτι μὲν ὀχεύει ὄπισθεν, καὶ ἔστιν ὀπισθουρητικόν, εἴρηται πρότερον· ὀχεύει δὲ καὶ τίκτει οὐ πᾶσαν ὥραν, καθ' ἕκαστον μέν τοι τὸν ἐνιαυτόν. Τίκτει μὲν οὖν τοῦ ἔαρος. Τίκτει δὲ ὡς ἐπὶ τὸ πολὺ δύο. Τὰ μέν τοι πλεῖστα ἕξ. Ἐνίοτε καὶ ἕν. Ὁ δὲ λεχθεὶς μῦθος περὶ τοῦ ἐκβάλλειν τὰς ὑστέρας τίκτοντα, ληρώδης ἐστί· συνετέθη δὲ ἐκ τοῦ σπανίους εἶναι τοὺς λέοντας· ἀπαροῦντι τὴν αἰτίαν τοῦ τὸν μῦθον συνθέντος. Σπάνιον γὰρ τὸ γένος τὸ τῶν λεόντων ἐστί, καὶ οὐκ ἐν πολλῷ γίγνεται τόπῳ· ἀλλὰ τῆς Εὐρώπης ἁπάσης ἐν τῷ μεταξὺ τοῦ Ἀχελώου καὶ τοῦ Νέσ-

« produit plus, et demeure stérile. La lionne n'a
« pas de crinière, le mâle en a; le lion perd les
« dents appelées canines au nombre de quatre :
« deux en haut, deux en bas; il les perd à six
« mois. »

CHAPITRE VIII.
La Sagesse fille de l'Expérience et du Souvenir, selon le poëte Afranius.

Le poëte Afranius nous enseigne par une belle fiction la vraie manière d'acquérir la sagesse. Il l'appelle la fille de l'Expérience et du Souvenir. Il nous montre par là que, pour acquérir la sagesse ou la connaissance des choses humaines, il ne suffit pas d'étudier les livres et de s'exercer dans l'art des rhéteurs; il faut se mêler à la foule, s'exercer dans la pratique des affaires, les apprendre à ses risques et périls, et graver dans sa mémoire ce qu'on a fait, et ce qui est avenu. Il faut ensuite juger, et régler sa conduite sur les enseignements que nos périls nous ont fournis, et non sur les leçons que donnent les livres et les maîtres, avec la pompe vide de leurs paroles et de leurs images, comme dans un songe ou une représentation théâtrale. Voici les vers d'Afranius dans sa comédie intitulée *Sella* :

« Je suis fille de l'Expérience et du Souvenir;
« les Grecs m'appellent Sophia, vous m'appelez
« sagesse. »

Pacuvius exprime la même idée à-peu près,

σου ποταμοῦ. Τίκτει δὲ καὶ ὁ λέων πάνυ μικρὰ, οὕτως ὥστε δίμηνα ὄντα μόλις βαδίζειν. Οἱ δ' ἐν Συρίᾳ λέοντες τίκτουσι πεντάκις, τὸ πρῶτον πέντε, εἶτα ἀεὶ ἐνὶ ἐλάττονα· μετὰ δὲ ταῦτα οὐκ ἔτι οὐδὲ τίκτουσιν, ἀλλ' ἄγονοι διατελοῦσιν. Οὐκ ἔχει δὲ ἡ λέαινα χαίτην, ἀλλ' ὁ ἄρρην λέων. βάλλει δὲ ὁ λέων τοὺς κυνόδοντας καλουμένους τέτταρας μόνους, δύο μὲν ἄνωθεν, δύο δὲ κάτωθεν· βάλλει δὲ ἐξάμηνος ὢν τὴν ἡλικίαν.

CAPUT VIII.
Quod Afranius poëta prudenter et lepide Sapientiam filiam esse Usus et Memoriæ dixit.

Eximie hoc atque verissime Afranius poëta de gignenda comparandaque sapientia opinatus est, quod eam filiam esse Usus et Memoriæ dixit. Eo namque argumento demonstrat, qui sapiens rerum esse humanarum velit, non libris solis, neque disciplinis rhetoricis dialecticisque opus esse, sed oportere eum versari quoque exercerique in rebus communibus noscendis periclitandisque : eaque omnia acta et eventa firmiter meminisse : et proinde sapere atque consulere ex iis, quæ pericula ipsa rerum docuerint, non quæ libri tantum aut magistri per quasdam inanitates verborum et imaginum, tanquam in mimo aut in somnio delectaverint. Versus Afranii sunt in togata, cui *Sellæ* nomen est :

Usus me genuit, mater peperit Memoria.
Sophiam vocant me Graii, vos Sapientiam.

Item versus est in eandem ferme sententiam Pacuvii,

dans un vers qu'un philosophe de Macédoine, homme de bien et mon ami, aurait voulu voir gravé au frontispice de tous les temples :

« Je hais les paresseux et les philosophes. »

Il ne croyait pas qu'il y eût au monde d'êtres plus insupportables et plus indignes de la vie que ces hommes oisifs et paresseux, qui portent la barbe et le manteau, changent en un vain bruit de paroles les utiles leçons de la philosophie, et invectivent éloquemment contre les vices qui sortent par tous leurs pores.

CHAPITRE IX.
Tullius Tiron sur les étoiles appelées *Suculæ* et *Hyades*.

Tullius Tiron fut l'élève et l'affranchi de Cicéron, qu'il aidait dans ses travaux littéraires. Il écrivit sur la langue latine, et fit des mélanges sur toutes sortes de questions. Son ouvrage le plus important paraît être celui qu'il intitula πανδέκται, parce qu'il y traitait de toutes sortes de sujets. Il dit au sujet des étoiles que nous appelons *suculæ* :

« Les anciens Romains ignorèrent la langue et
« la littérature latine, au point de donner le nom
« de *suculæ* aux étoiles qui sont à la tête du
« Taureau, et que les Grecs appelèrent ὑάδες.
« Ils crurent que le mot latin serait la traduction
« du mot grec; se fondant sur ce que le mot grec
« ὕες était devenu en latin *sues*. Mais, ajoute-t-
« il, le mot ὑάδες ne dérive pas de ὕες, comme
« nos pères eurent la bonhomie de le croire; mais

quem Macedo philosophus, vir bonus, familiaris meus, scribi debere censebat pro foribus omnium templorum :

Ego odi homines ignava opera et philosopha sententia.

Nihil enim fieri posse indignius neque intolerantius dicebat, quam quod homines ignavi ac desides, operti barba et pallio, mores et emolumenta philosophiæ in linguæ verborumque artes converterent, et vitia facundissime accusarent intercutibus ipsi vitiis madentes.

CAPUT IX.
Quid Tullius Tiro in commentariis scripserit de *Suculis* et *Hyadibus*, quæ sunt stellarum vocabula.

Tullius Tiro, M. Ciceronis alumnus et libertus adjutorque in litteris studiorum ejus fuit. Is libros compluris *De usu atque ratione linguæ Latinæ*, item *De variis atque promiscuis quæstionibus* composuit. In iis esse præcipui videntur quos græco titulo πανδέκτας inscripsit, tanquam omne rerum atque doctrinarum genus continentis. Ibi de iis stellis, quæ appellantur *suculæ*, hoc scriptum est : « Adeo, » inquit, « veteres Romani litteras
« græcas nesciverunt, et rudes græcæ linguæ fuerunt,
« ut stellas, quæ in capite Tauri sunt, propterea *suculas*
« appellarint, quod eas ὑάδας Græci vocant; tanquam id
« verbum latinum græci [verbi] interpretamentum sit :
« quia Græce ὕες, *sues* latine dicantur. Sed ὑάδες, » inquit,
« οὐκ ἀπὸ τῶν ὑῶν, id est, non a suibus, ita ut nostri opici
« putaverunt, sed ab eo, quod est ὕειν, appellantur; nam
« et cum oriuntur, et cum occidunt, tempestates pluvias

« du verbe ὕειν, à cause des tempêtes, des pluies « et des orages qui accompagnent leur lever et « leur coucher. Or, pleuvoir se dit en grec ὕειν. » Ainsi parle Tiron dans ses *Pandectes*. Mais nos pères n'ont pas été assez rustres pour appeler les Hyades *suculæ*, par la raison qu'ils nommaient les cochons (ὕες) *sues*. Ils avaient fait de ὑπέρ *super*, de ὕπτιος *supinus*, de ὑφορβός *subulcus*; enfin de ὕπνος, *sypnus* d'abord, et puis *somnus*, à cause de l'affinité de notre *o* avec l'*y* grec. Par la même raison, ὑάδες devint d'abord *syades*, et dans la suite *suculæ*. Du reste, ces étoiles ne sont pas à la tête du Taureau, comme Tiron l'assure; sans elles, le Taureau n'aurait pas de tête. On les voit dans le zodiaque disposées de manière à présenter l'image d'une tête de taureau; le reste du corps est figuré par la disposition des étoiles que les Grecs appellent Pléiades, et que nous appelons Vergilies.

CHAPITRE X.

Étymologie de *soror*, selon Labéon Antistius, de *frater*, selon C. Nigidius.

Labéon Antistius fit du droit civil l'objet principal de ses études, et exerça la profession de jurisconsulte. Il n'ignora pas toutefois les autres arts : il avait même acquis une connaissance approfondie de la grammaire, de la dialectique, et de la littérature la plus ancienne. Il connaissait parfaitement les origines des mots latins; et cette connaissance l'aidait à résoudre la plupart des difficultés que le droit présentait. On a publié après sa mort des livres de lui, sous le titre de *Livres posthumes*. Trois, le trente-huitième, le trente-neuvième et le quarantième, roulent làdessus, et présentent une histoire suivie de la langue latine. De plus, dans les livres qu'il a composés au sujet d'un édit du préteur, on trouve un certain nombre d'idées ingénieuses et charmantes; tel est, par exemple, le passage suivant du quatrième livre : « *Soror*, c'est-à-dire qui « naît *seorsum*, à part, et quitte la maison où elle « est née, pour passer dans une autre famille. » Le mot *frater* a été expliqué par P. Nigidius, homme d'une vaste érudition. Il en donne une étymologie ingénieuse et subtile : « *Frater*, dit« il, c'est-à-dire *fere alter*, presque un autre soi« même. »

CHAPITRE XI.

Nombre de convives qu'il faut réunir selon Varron. Des secondes tables.

Rien de plus aimable que le livre de Varron, dans les *Satires Ménippées*, intitulé *Tu ignores ce que le soir amène*. Il y traite de la physionomie du festin, et du nombre de convives qu'il y faut réunir. Il veut que ce nombre commence au chiffre des Grâces, et aille jusqu'au chiffre des Muses; en d'autres termes, il doit par-

---

« largosque imbres cient. Pluere autem græca lingua ὕειν « dicitur. » Hæc quidem Tiro in Pandectis. Sed enim veteres nostri non usque eo rupices et agrestes fuerunt, ut stellas hyadas idcirco suculas nominarent, quod ὕες latine sues dicantur : sed ut, quod Græci ὑπέρ, nos *super* dicimus, quod illi ὕπτιος, nos *supinus*; quod ὑφορβός, nos *subulcus*; quod item illi ὕπνος, nos primo *sypnus*, deinde per *y* græcæ latinæque *o* litteræ cognationem *somnus* : sic quod ab illis ὑάδες, a nobis primo *syades*, deinde *suculæ* appellatæ. Stellæ autem istæ non in capite Tauri sunt, ut Tiro dicit : (nullum enim videtur præter eas stellas Tauri caput :) sed hæ ita circulo, qui zodiacus dicitur, sitæ locatæque sunt, ut ex earum positu species quædam et simulacrum esse videatur tauri capitis : siculi ceteræ partes et reliqua imago tauri conformata et quasi depicta est locis regionibusque earum stellarum, quas Græci πλειάδας, nos *vergilias* vocamus.

CAPUT X.

Quod *sororis* ἔτυμον esse dixerit Labeo Antistius, et quod *fratris* P. Nigidius.

Labeo Antistius juris quidem civilis disciplinam principali studio exercuit, et consulentibus de jure publice responsitavit; ceterarum quoque bonarum artium non expers fuit : et in grammaticam sese atque dialecticam litterasque antiquiores altioresque penetraverat; latinarumque vocum origines rationesque percalluerat : eaque præcipue scientia ad enodandos plerosque juris laqueos utebatur. Sunt adeo libri post mortem ejus editi, qui *posteriores* inscribuntur; quorum librorum tres continui tricesimus octavus, [et] tricesimus nonus et quadragesimus pleni sunt id genus rerum ad enarrandam et illustrandam linguam latinam conducentium. Præterea in libris, quos ad prætoris edictum scripsit, multa posuit partim lepide atque argute reperta : sicuti hoc est, quod in quarto ad edictum libro scriptum legimus : « Soror, » inquit, « appellata est, quod quasi seorsum nascitur, se« paraturque ab ea domo, in qua nata est, et in aliam « familiam transgreditur. » Fratris autem vocabulum P. Nigidius, homo impense doctus, non minus arguto subtilique ἐτύμῳ interpretatur : « Frater, » inquit, « est dic« tus quasi fere alter. »

CAPUT XI.

Quem M. Varro justum aptumque esse numerum convivarum existimarit : ac de mensis secundis et de bellariis.

Lepidissimus liber est M. Varronis ex satiris Menippæis, qui inscribitur : *Nescis quid vesper serus vehat*, in quo disserit de apto convivarum numero, deque ipsius convivii habitu cultuque. Dicit autem, convivarum numerum incipere oportere a Gratiarum numero, et progredi ad Musarum; id est, proficisci a tribus, et consistere in novem : ut, cum paucissimi convivæ sunt, non pauciores sint, quam tres; cum plurimi, non plures, quam novem : « Nam multos, » inquit, « esse non convenit, « quod turba plerumque est turbulenta. [Et Romæ qui-

tir de trois, et s'arrêter à neuf. Il faut être trois convives au moins, neuf au plus. « Il ne faut « pas, dit-il, être nombreux ; la foule est turbu- « lente d'ordinaire. A Rome, il est vrai, elle de- « meure immobile; mais à Athènes, elle n'est « jamais couchée. Pour le festin, dit-il, il doit « réunir quatre conditions : il sera parfait si les « convives sont bien élevés, le lieu convenable, « le temps bien choisi, et si le repas a été préparé « avec soin. Que les convives ne soient ni ba- « vards ni muets; que l'éloquence règne au fo- « rum et au sénat, le silence dans le cabinet. » Il ajoute que les conversations doivent rouler non pas sur des questions embrouillées et propres à donner de l'inquiétude, mais sur des sujets agréables et engageants, pleins d'attraits et voluptueusement utiles ; qu'il faut enfin de ces conversations qui donnent à l'esprit plus de grâce et plus d'amabilité. « Ce résultat sera obtenu, « dit-il, si nous causons de ces choses qui appar- « tiennent à la vie commune, et dont on ne s'oc- « cupe pas au forum, ou dans le mouvement des « affaires, faute de loisir. Le maître du festin, « ajoute-t-il, peut n'être pas magnifique; il suffit « qu'il soit exempt d'avarice. Il ne faut pas que « tout soit lu indifféremment dans un repas; il « faut préférer les lectures qui sont à la fois utiles « et agréables. » Il a aussi donné des leçons sur les secondes tables; en voici : « Le dessert (bel- « laria) le plus doux est celui qui ne l'est pas; « les friandises sont ennemies de la digestion. » Le mot bellaria, employé ici par Varron, peut n'être pas saisi d'abord; il désigne tout ce qui se sert aux secondes tables; bellaria fut la tra-

duction des mots grecs πέμματα, friandises, et τραγήματα, dragées). Les vins doux sont, dans nos plus vieilles comédies, appelés quelquefois de ce nom ; on les y nomme *Liberi bellaria*, les friandises de Bacchus.

CHAPITRE XII.

Les tribuns du peuple ont le droit d'appréhender, et n'ont pas celui de citer.

Attéius Capiton nous apprend dans une de ses lettres qu'Antistius Labéon fut singulièrement instruit des lois, des coutumes romaines et du droit civil; « mais, ajoute-t-il, il poussait la li- « berté jusqu'à la licence, jusqu'à la folie. Croi- « rait-on que, sous le règne même de l'empereur « Auguste, il ne connaissait pas d'autre règle « que les lois et la jurisprudence qu'il trouvait « dans les vieux livres? » Il cite après cela la réponse de ce même Labéon au viateur que les tribuns du peuple lui avaient envoyé pour le citer à comparaître. Voici le récit : « Une femme porta « plainte aux tribuns contre Labéon. Les tribuns « lui envoyèrent Gellianus, pour lui dire de venir « s'expliquer sur les plaintes de cette femme. Il « renvoya Gellianus, en lui recommandant de « répondre aux tribuns qu'ils n'avaient le droit « d'appeler ni lui ni personne; car, selon les cou- « tumes antiques, les tribuns avaient le droit « d'appréhension, mais non point celui de cita- « tion; ils pouvaient donc le faire saisir, mais « ils ne pouvaient le citer. » Varron a traité cette question avec plus de développement dans le

---

« dem constat, sed et Athenis, nusquam autem cubat.] « Ipsum deinde convivium constat, » inquit, « ex rebus « quattuor ; et tum denique omnibus suis numeris abso- « lutum est, si belli homunculi collecti sunt, si electus « locus, si tempus lectum, si apparatus non neglectus. « Nec loquaces autem, » inquit, « convivas, nec mutos « legere oportet; quia eloquentia in foro et apud sub- « sellia, silentium vero non in convivio, sed in cubiculo « esse debet. » Sermones igitur id temporis habendos censet non super rebus anxiis aut tortuosis, sed jucundos atque invitabiles, et cum quadam illecebra et voluptate utiles; ex quibus ingenium nostrum venustius fiat et amœnius. « Quod profecto, » inquit, « eveniet, si de id « genus rebus ad communem vitæ usum pertinentibus « confabulemur, de quibus in foro atque in negotiis agen- « di[s loqui] non est otium. Dominum autem, » inquit, « convivii esse oportet non tam lautum, quam sine sordi- « bus : et in convivio legi non omnia debent, sed ea po- « tissimum, quæ simul sint βιωφελῆ et delectent. » Neque non de secundis quoque mensis, cujusmodi esse eas oportet, præcipit. His enim verbis utitur : « Bellaria, » inquit, « ea maxime sunt mellita, quæ mellita non sunt : πέμμα- « σιν enim cum πέψει societas infida. » Quod Varro hoc in loco dixit *bellaria*, ne quis forte in ista voce hæreat; significat id vocabulum omne mensæ secundæ genus. Nam quæ πέμματα Græci aut τραγήματα dixerunt, ea veteres nostri

bellaria appellaverunt. Vina quoque dulciora est invenire in comœdiis antiquioribus hoc nomine appellata : dictaque esse ea Liberi bellaria.

CAPUT XII.

Tribunos plebis *prensionem* habere, *vocationem* non habere.

In quadam epistola Attei Capitonis scriptum legimus, Labeonem Antistium legum atque morum populi romani jurisque civilis doctum apprime fuisse : « Sed agitabat, » inquit, « hominem libertas quædam nimia atque vecors; « usque eo, ut, divo Augusto jam principe et rempublicam « obtinente, ratum tamen pensumque nihil haberet, nisi « quod justum sanctumque esse in Romanis antiquitati- « bus legisset. » Ac deinde narrat, quid idem Labeo per viatorem a tribunis plebi vocatus responderit : « Cum a « muliere, » inquit, « quadam tribuni plebis adversum eum « aditi, Gellianum ad eum misissent, ut veniret, et mu- « lieri responderet : jussit eum, qui missus erat, redire, et « tribunis dicere, jus eos non habere, neque se, neque « alium quenquam vocandi ; quoniam moribus majorum « tribuni plebis prensionem haberent, vocationem non « haberent; posse igitur eos venire et prendi se jubere : « sed vocandi absentem jus non habere. » Cum hoc in ea Capitonis epistola legissemus, id ipsum postea in M. Var-

vingt et unième livre *Des choses humaines ;* je vais rapporter le passage : « Certains magistrats, « dit-il, ont le droit de citation, d'autres celui « d'appréhension, quelques-uns ni l'un ni l'autre. « Le premier droit appartient aux consuls et aux « magistrats qui ont un commandement, le se- « cond aux tribuns, et à tous les magistrats qui « ont un viateur. Les questeurs et les autres ma- « gistrats qui n'ont ni licteur ni viateur, ne peu- « vent ni citer ni faire saisir. Ceux qui ont le droit « de citer peuvent aussi saisir, retenir, emme- « ner ; et il n'est pas nécessaire que la personne « citée soit présente, il suffit qu'elle ait été appelée. « Les tribuns du peuple n'ont point droit de ci- « tation, quoique plusieurs, par ignorance, l'aient « usurpé : quelques-uns même ont mandé à la « tribune aux harangues, non pas un particulier, « mais un consul. Pendant que j'étais triumvir, « je fus cité par le tribun Porcius ; je pris l'avis des « principaux magistrats, et ne me rendis pas, me « conformant au droit ancien. Quand j'ai été « tribun du peuple, je n'ai fait citer personne, « et j'ai laissé libres ceux que mes collègues ci- « taient. » Je pense, quant à moi, que Labéon avait tort de se fonder sur le droit dont parlait Varron, et de ne pas se rendre à l'injonction des tribuns. Quelle raison pouvait-il avoir pour refuser d'obéir à la citation de magistrats qui avaient le droit, il l'avouait, de le faire saisir ? Lorsqu'on a le droit de saisir, on a celui de conduire en prison. J'ai cherché pourquoi les tribuns, ayant souverain pouvoir pour saisir et enfermer, n'avaient pas cependant le droit de citer. Voici ce que j'ai trouvé : Les tribuns furent établis primitivement non pas pour rendre la justice et écouter les plaintes relatives à des absents, mais pour intervenir, et repousser l'injure faite en leur présence. Aussi, le droit de découcher leur fut enlevé. Il fallait, pour écarter à tout moment la violence, une présence assidue et une vigilance perpétuelle.

CHAPITRE XIII.

Opinion de Varron sur cette question : Les édiles et les questeurs peuvent-ils être cités par un particulier au tribunal du préteur?

Lorsque, abandonnant la poussière de l'école et la solitude du cabinet, je parus au milieu des hommes à la lumière du forum, toutes les réunions où l'on s'occupait d'enseigner le droit agitaient cette question : Un questeur peut-il être cité au tribunal d'un préteur? Ce n'était pas là une question oiseuse ; le cas venait de se présenter. La plupart soutenaient que le préteur n'avait pas droit de citation à l'égard du questeur, puisque celui-ci était incontestablement magistrat du peuple romain, et qu'on ne pouvait le citer ni le saisir, sur son refus, sans porter atteinte à la majesté du magistrat. Moi qui alors faisais une lecture assidue des ouvrages de Varron, je produisis, pour trancher cette question difficile, le passage suivant de Varron ; il se trouve dans le vingt et unième livre *Des choses humaines:* « Les ma- « gistrats, qui n'ont le droit ni de citer les indi- « vidus, ni de les saisir, peuvent être cités par un « particulier. M. Lévinus, édile curule, fut cité « par un particulier devant le préteur. Les édiles

---

ronis *Rerum Humanarum* uno et vicesimo libro enarratius scriptum invenimus, verbaque ipsa super ea re Varronis adscripsimus : « In magistratu, » inquit, « habent alii « vocationem, alii prensionom, alii neutrum ; vocationem : « ut consules et ceteri, qui habent imperium ; prensionem : « ut tribuni plebis et alii qui habent viatorem ; neque vo- « cationem, neque prensionem : ut quæstores et ceteri, « qui neque lictorem habent, neque viatorem. Qui vocatio- « nem habent, iidem prendere, tenere, abducere possunt : « et hæc omnia sive adsunt quos vocant, sive aceiri jusse- « runt. Tribuni plebis vocationem habent nullam, neque « minus multi imperiti, perinde atque haberent, ea sunt « usi. Nam quidam non modo privatum, sed etiam con- « sulem, in Rostra vocari jusserunt. Ego triumvirûm vo- « catus a Porcio tribuno plebis non ivi auctoribus princi- « pibus, et vetus jus tenui. Item tribunus cum essem, « vocari neminem jussi, neque vocatum a collega parere « invitum. » Hujus ego juris, quod M. Varro tradit, Labeonem arbitror vana tunc fiducia, cum privatus esset, vocatum a tribunis non isse. Quæ, malum, autem ratio fuit vocantibus nolle obsequi, quos confiteretur jus habere prendendi? Nam qui jure prendi, is etiam in vincula duci potest. Sed quærentibus nobis, quum ob causam tribuni, qui haberent summam coërcendi potestatem, jus vocandi non habuerint, illud occurrit, quod tribuni plebis antiquitus creati videntur non juri dicundo, nec causis querelis- que de absentibus noscendis, sed intercessionibus faciendis quibus præsen[te]s fuisse[n]t ; ut injuria, quæ coram fieret, arceretur : ac propterea jus abnoctandi ademtum ; quoniam, ut vim fieri vetarent, assiduitate eorum et præsentium oculis opus erat.

CAPUT XIII.

Quod in libris Humanarum M. Varronis scriptum est : *ædiles et quæstores populi romani in jus a privato ad prætorem vocari posse.*

Cum ex angulis secretisque librorum ac magistrorum in medium jam hominum et in lucem fori prodissem, quæsitum esse memini in plerisque Romæ stationibus jus publice docentium aut respondentium, an quæstor populi romani ad prætorem in jus vocari posset. Id autem non ex otiosa quæstione agitabatur : sed usus forte natæ rei ita erat, ut vocandus esset in jus quæstor. Non pauci igitur existimabant, jus vocationis in eum prætori non esse, quoniam magistratus populi romani procul dubio esset ; et neque vocari, neque, si venire nollet, capi atque prendi, salva ipsius magistratus majestate, posset. Sed ego, qui tum assiduus in libris M. Varronis fui, cum hoc quæri dubitarique animadvertissem, protuli unum et vicesimum *Rerum Humanarum,* in quo ita scriptum fuit : « Qui potes- « tatem neque vocationis populi viritim habent, neque

« de nos jours, environnés d'esclaves entretenus
« aux frais de l'État, loin qu'on puisse les saisir, se
« plaisent à refouler le peuple. » Ainsi parle Varron au sujet des édiles ; et il dit dans le même ouvrage que les questeurs ne peuvent ni citer ni faire saisir. Aussitôt que j'eus produit ces deux passages, tout le monde partagea l'opinion de Varron, et le questeur fut cité au tribunal du préteur.

CHAPITRE XIV.
Du pomérium.

Les augures romains qui ont écrit sur les auspices ont défini le pomérium à peu près ainsi : « Le pomérium est un espace tout autour de la « ville, entre les murs et la campagne proprement « dite, et déterminé par des limites fixes, où fi- « nissent les auspices de la ville. » Le pomérium, tel que Romulus l'établit d'abord, s'arrêtait au pied du mont Palatin ; mais il s'étendit avec la république, et finit par embrasser plusieurs hautes collines dans son enceinte. Pour avoir le droit d'étendre le pomérium, il fallait avoir par une conquête agrandi le territoire romain. On a demandé, et l'on demande même encore, pourquoi, tandis que de nos sept montagnes six sont dans le pomérium, l'Aventin, si voisin et si peuplé, est laissé en dehors ; pourquoi ni le roi Servius Tullius, ni Sylla, qui ambitionna la gloire d'étendre le pomérium, ni César, lorsqu'il l'étendit, n'ont renfermé cette colline dans l'enceinte proprement dite de la ville. Messala a dit qu'il y avait eu quelques raisons pour cela ; la meilleure, à son avis, c'est que ce fut sur le mont Aventin que Rémus prit les auspices pour la fondation de la ville, et que les oiseaux se déclarèrent contre lui en faveur de Romulus. « Voilà pourquoi, dit-il, lorsqu'on « a reculé le pomérium, on n'y a jamais compris « le mont Aventin, qu'on a regardé comme don- « nant des augures funestes. » Mais puisque je parle de ce mont, je ne veux pas passer sous silence ce que j'ai rencontré dans le *Commentaire* d'Élis, ancien grammairien. J'y ai lu que le mont Aventin, laissé en dehors du pomérium, y fut renfermé par l'empereur Claude, et se trouva compris dans son enceinte.

CHAPITRE XV.
Quels sont les magistrats inférieurs. Le consul et le préteur sont collègues. Des auspices. Différence entre haranguer le peuple et traiter avec le peuple. Droit des magistrats de s'interdire la convocation des comices. Passages de l'augure Messala.

Dans l'édit des consuls, pour fixer le jour des comices par centuries, il est dit, selon la forme ancienne et perpétuelle : QU'UN MAGISTRAT INFÉRIEUR NE SE PERMETTE PAS D'OBSERVER LE CIEL. On se demande à ce sujet quels sont les magistrats inférieurs. Mon opinion serait ici superflue. J'allais la donner, lorsque le premier livre de l'augure Messala *Sur les auspices* m'est tombé sous la main. Je citerai les paroles de Messala : « Les auspices

---

« prensionis, eos magistratus, a privato in jus quoque vo-
« cari est potestas. M. Lævinus, ædilis curulis, a privato
« ad prætorem in jus est eductus : nunc stipati servis pu-
« blicis non modo prendi non possunt, sed etiam ultro
« summovent populum. » Hoc Varro in ea libri parte de
ædilibus ; supra autem in eodem libro quæstores neque
vocationem habere neque prensionem dicit. Utraque igitur
libri parte recitata, in Varronis omnes sententiam concesserunt ; quæstorque in jus ad prætorem vocatus est.

CAPUT XIV.
Quid sit pomœrium.

Pomœrium quid esset, augures populi romani, qui libros de auspiciis scripserunt, istiusmodi sententia definierunt : « Pomœrium est locus intra agrum effatum per « totius urbis circuitum pone muros regionibus certis de- « terminatus, qui facit finem urbani auspicii. » Antiquissimum autem pomœrium, quod a Romulo institutum est, Palatini montis radicibus terminabatur ; sed id pomœrium pro incrementis reipublicæ aliquotiens prolatum est, et multos editosque colles circumplexum est. Habebat autem jus proferendi pomœrii, qui populum romanum agro de hostibus capto auxerat. Propterea quæsitum est, ac nunc etiam in quæstione est, quam ob causam ex septem urbis montibus, cum ceteri sex intra pomœrium sint, Aventinus solum, quæ pars non longinqua nec infrequens est, extra pomœrium sit : neque id Ser. Tullius rex, neque Sulla, qui proferundi pomœrii titulum quæsivit, neque postea divus Julius, cum pomœrium proferret, intra effatos urbis fines incluserint. Hujus rei Messala aliquot causas videri scripsit ; sed præter eas omnis ipse unam probat, quod in eo monte Remus urbis condendæ gratia auspicaverit, avesque irritas habuerit, superatusque in auspicio a Romulo sit. « Idcirco, » inquit, « omnes, qui po- « mœrium protulerunt, montem istum excluserunt, quasi « avibus obscœnis ominosum. » Sed de Aventino monte prætermittendum non putavi, quod non pridem ego in Elidis, grammatici veteris, commentario offendi : in quo scriptum erat, Aventinum antea, sicuti diximus, extra pomœrium exclusum, post auctore divo Claudio receptum, et intra pomœrii fines observatum.

CAPUT XV.

Verba ex libro Messalæ auguris, quibus docet qui sint *minores magistratus : et consulem prætoremque collegas esse : et quædam alia de auspiciis* : item verba ejusdem Messalæ, disserentis, aliud esse *ad populum loqui*, aliud *cum populo agere* : et qui magistratus a quibus avocent comitiatum.

In edicto consulum, quo edicunt, quis dies comitiis centuriatis futurus sit, scribitur ex vetere forma perpetua : NE. QUIS. MAGISTRATUS. MINOR. DE. COELO. SERVASSE. VELIT. Quæri igitur solet, qui sint magistratus minores. Super hac re meis verbis ni[hi]l opus fuit : quoniam liber M. Messalæ auguris de auspiciis primus, cum hoc scriberemus, forte adfuit. Propterea ex eo libro verba ipsius Messalæ subscripsimus : « Pa- « triciorum auspicia in duas sunt potestates divisa : maxima

« pris par les patriciens se divisent, comme les ma-
« gistratures, en deux classes. Les grands auspices
« sont pris par les consuls, les préteurs et les cen-
« seurs, mais ne sont pas égaux entre eux, pas plus
« que les magistratures. En effet, les censeurs ne
« sont pas les collègues des consuls ni des pré-
« teurs; mais les préteurs sont les collègues des
« consuls. Les auspices des censeurs ne peuvent
« être ratifiés ou annulés par les consuls ou les pré-
« teurs, ni ceux des consuls ou des préteurs par les
« censeurs. Les censeurs annulent ou ratifient les
« auspices des censeurs; les consuls et les préteurs
« ont entre eux le même droit. Le préteur, bien
« que collègue du consul, ne peut pas l'interroger
« en justice : telle est la tradition et l'usage jus-
« qu'à ce jour, et ainsi nous l'apprend C. Tudita-
« nus au treizième livre de son commentaire. La
« raison en est que le consul est au-dessus du pré-
« teur, et que l'inférieur ne peut pas interroger
« un collègue placé au-dessus de lui. Préteur dans
« ces derniers temps, je me suis conformé à l'usage
« de nos pères, et n'ai pas pris les auspices, quoi-
« que présidant les comices. On ne prend pas les
« mêmes auspices pour l'élection d'un censeur
« que pour celle d'un consul ou d'un préteur. Les
« autres magistrats ne prennent que les petits
« auspices; voilà pourquoi ils sont appelés petits
« magistrats, et les autres, grands. Les petits ma-
« gistrats sont élus dans des comices par tribus, ou
« plutôt par une loi votée par curies; les grands
« magistrats sont nommés dans des comices par
« centuries. » Ce passage de Messala explique
très-clairement quels sont les petits magistrats, et
d'où leur vient cette dénomination. Il nous apprend encore que les consuls et les préteurs sont
collègues, parce qu'ils sont nommés sous les
mêmes auspices. Les auspices pris par eux sont
appelés grands auspices, parce qu'ils ont plus
d'autorité. Le même Messala dans le même ouvrage dit des magistratures inférieures : « Le
« consul peut empêcher tous les magistrats de con-
« voquer les comices et de haranguer le peuple.
« Le préteur peut en empêcher tous les magistrats,
« hors le consul. Les magistrats inférieurs ne peu-
« vent l'interdire à personne. Le premier qui con-
« voque les comices est dans son droit, et l'on
« ne peut traiter avec le peuple de deux choses
« à la fois. Ils ne peuvent s'empêcher les uns les
« autres de tenir les comices, ni de traiter avec le
« peuple; cependant plusieurs magistrats peuvent
« haranguer dans la même assemblée. » Il ressort
de là qu'autre chose est traiter avec le peuple
(*agere cum populo*), autre chose haranguer l'assemblée (*contionem habere*). Traiter avec le peuple, c'est soumettre une loi à sa délibération :
haranguer l'assemblée, c'est parler au peuple
sans lui rien soumettre.

CHAPITRE XVI.

Humanitas n'a pas le sens que le vulgaire lui donne.
Ceux qui ont parlé purement ont employé ce mot avec
plus de justesse.

Les fondateurs de la langue latine, et ceux qui
l'ont bien parlée, n'ont pas voulu, comme le vulgaire, que le mot *humanitas* fût synonyme du
mot grec φιλανθρωπία, et signifiât complaisance,
douceur, bienveillance. Ils ont fait signifier à ce

« sunt, consulum, prætorum, censorum. Neque tamen
« eorum omnium inter se eadem, aut ejusdem potestatis :
« ideo quod collegæ non sunt censores consulum aut præ-
« torum; prætores consulum sunt. Ideo neque consules
« aut prætores censoribus, neque censores consulibus aut
« prætoribus turbant aut retinent auspicia; at censores
« inter se; rursus prætores consulesque inter se et vitiant
« et obtinent. Prætor, etsi collega consulis est, neque
« prætorem, neque consulem jure rogare potest, ut quidem
« nos a superioribus accepimus, aut ante hæc tempora
« servatum est : et ut in commentario tertio decimo C.
« Tuditani patet, quia imperium minus prætor, majus ha-
« bet consul : et a minore imperio majus aut major collega
« rogari jure non potest. Nos his temporibus prætores
« prætore creante veterum auctoritatem sumus secuti;
« neque his comitiis in auspicio fuimus. Censores æque
« non eodem rogantur auspicio atque consules et prætores.
« Reliquorum magistratuum minora sunt auspicia : ideo
« illi minores, hi majores magistratus appellantur. Mino-
« ribus creatis magistratibus tributis comitiis magistratus,
« sed justius curiata datur lege ; majores centuriatis comi-
« tiis fiunt. » Ex his omnibus verbis Messalæ manifestum
fit, et qui sint magistratus minores, et quamobrem minores appellentur. Sed et collegam esse prætorem consuli
docet, quod eodem auspicio creantur. Majora autem dicuntur auspicia habere, quia eorum auspicia magis rata sunt
quam aliorum. Idem Messala in eodem libro de minoribus
magistratibus ita scribit : « Consul ab omnibus magistra-
« tibus et comitiatum et contionem avocare potest. Præ-
« tor et comitiatum et contionem usquequaque avocare
« potest, nisi a consule. Minores magistratus nusquam nec
« comitiatum nec contionem avocare possunt. Ea re, qui
« eorum primus vocat ad comitiatum, is recte agit : quia
« bifariam cum populo agi non potest. Nec avocare alius
« alii posset, si contionem habere volunt, uti ne cum po-
« pulo agant : quamvis multi magistratus simul contionem
« habere possunt. » Ex his verbis Messalæ manifestum est,
aliud esse cum populo agere, aliud contionem habere.
Nam cum populo agere est : rogare quid populum,
quod suffragiis suis aut jubeat aut vetet; contionem autem habere est : verba facere ad populum sine ulla rogatione.

CAPUT XVI.

Humanitatem non id significare, quod vulgus putat; sed eo
vocabulo, qui sinceriter locuti sunt magis proprie esse
usos.

Qui verba latina fecerunt, quique iis probe usi sunt,
humanitatem non id esse voluerunt, quod vulgus existimat, quodque a Græcis φιλανθρωπία dicitur, et significat
dexteritatem quamdam benevolentiamque erga omnis ho-

mot à peu près ce que les Grecs appellent παιδεία, et nous, éducation, initiation aux beaux-arts. Ceux qui montrent le plus de talent et de goût pour les beaux-arts sont ceux aussi qui méritent le mieux d'être appelés *humani*. Cette étude, à laquelle l'homme, seul entre tous les êtres, peut s'adonner, a été pour cette raison appelée *humanitas*. C'est dans ce sens que ce mot a toujours été employé par les anciens, et principalement par M. Varron et Cicéron, comme presque tous leurs ouvrages en font foi. Un seul exemple suffira donc pour le moment. Je choisirai le début du premier livre de Varron, *Des choses humaines* : « Praxi-
« tèle, que son beau talent d'artiste a fait connaître
« de tout homme un peu instruit dans les arts
« (*humaniori*). » *Humanior* ne signifie pas ici, comme dans la bouche du vulgaire, facile, traitable, bienveillant, bien qu'ignorant dans les arts (ce sens ne peut s'accorder avec l'idée de l'auteur); il signifie un homme ayant reçu de l'éducation et de l'instruction, et ayant appris, et par les livres et par l'histoire, ce que c'était que Praxitèle.

CHAPITRE XVII.

Explication de ces mots de Caton l'Ancien : Entre la bouche et le gâteau.

Caton le Censeur a fait un discours sur les édiles irrégulièrement élus. On y lit : « On dit aujourd'hui que la moisson encore en herbe promet
« une abondante récolte. Ne vous y fiez pas
« trop. J'ai souvent ouï dire qu'il peut se passer
« bien des choses entre la bouche et le gâteau ; et
« certes il y a bien loin entre l'herbe et le gâteau. »
Érucius Clarus, qui fut préfet de la ville et deux fois consul, homme versé dans la connaissance des mœurs et des lettres anciennes, écrivit à *Sulpicius Apollinaris*, l'homme le plus savant dont il me souvienne, pour le prier de lui écrire ce que ces mots voulaient dire. Apollinaris, en ma présence (car alors j'étais jeune, et je vivais auprès de lui à Rome, afin de m'instruire), répondit à Clarus ce peu de mots, suffisants pour un homme d'esprit : L'expression proverbiale *entre la bouche et le gâteau* a le même sens que celle renfermée dans ce vers métaphorique d'un Grec :

« Il y a bien de l'espace entre la coupe et les lèvres. »

CHAPITRE XVIII.

Platon attribue à Euripide un vers de Sophocle. Vers qui se trouvent textuellement, ou à quelques mots près, dans plusieurs poëtes.

Il est un vers grec très-connu :

« Les sages sont rois dans la république des sages. »

Platon, dans le *Théétète*, l'attribue à Euripide : je m'en étonne, car je trouve ce vers dans la tragédie de Sophocle intitulée *Ajax le Locrien*. Or, Sophocle a précédé Euripide. Cet autre vers aussi connu,

« Ma vieillesse servira de guide à la tienne,

se trouve à la fois dans le *Philoctète* de Sophocle et dans les *Bacchantes* d'Euripide. Enfin

---

mines promiscam : sed *humanitatem* appellaverunt id propemodum, quod Græci παιδείαν vocant; nos eruditionem institutionemque in bonas artis dicimus : quas qui sinceriter percipiunt appetuntque, ii sunt vel maxime humanissimi. Hujus enim scientiæ cura ac disciplina ex universis animantibus uni homini data est; idcircoque humanitas appellata est. Sic igitur eo verbo veteres esse usos, et cumprimis M. Varronem Marcumque Tullium, omnes ferme libri declarant : quamobrem satis habui unum interim exemplum promere. Itaque verba posui Varronis e libro *Rerum Humanarum* primo, cujus principium hoc est : « Praxiteles, qui propter artificium egregium nemini
« est paulum modo humaniori ignotus. » *Humaniori*, inquit, non ita, ut vulgo dicitur, facili et tractabili et benevolo, tametsi rudis litterarum sit, (hoc enim cum sententia nequaquam convenit;) sed eruditiori doctiorique, qui Praxitelem, quid fuerit, et ex libris, et ex historia cognoverit.

CAPUT XVII.

Quid apud M. Catonem significent verba hæc : *inter os atque offam*.

Oratio est M. Catonis Censorii *De Aedilibus vitio creatis*. Ex ea ratione verba hæc sunt : « Nunc ita aiunt, in se-
« getibus, et in herbis bona frumenta esse. Nolite ibi ni-
« miam spem habere. Sæpe audivi, inter os atque offam
« multa intervenire posse; verumvero inter offam atque
« herbam, ibi vero longum intervallum est. » Erucius Clarus, qui præfectus urbi et bis consul fuit, vir morum litterarumque veterum studiosissimus, ad Sulpicium Apollinarem scripsit, hominem memoriæ nostræ doctissimum, quærere sese et petere, uti sibi rescriberet, quænam esset eorum verborum sententia; tum Apollinaris, nobis præsentibus, (nam id temporis ego adolescens Romæ sectabar eum discendi gratia,) rescripsit Claro, ut viro erudito, brevissime : vetus esse proverbium *inter os* et *offam*, idem significans quod Græcus ille παροιμιώδης versus :

Πολλὰ μεταξὺ πέλει κύλικος καὶ χείλεος ἄκρου.

CAPUT XVIII.

Platonem tribuere Euripidi Sophocli versum ; et inveniri versus verbis iisdem, aut paucis syllabis immutatis, apud diversos poëtas temporibus variis natos.

Versus est notæ vetustatis senarius :

Σοφοὶ τύραννοι τῶν σοφῶν ξυνουσίᾳ.

Eum versum Plato in Theæteto Euripidi esse dicit; quod quidem nos admodum miramur; nam scriptum eum legimus in tragœdia Sophocli, quæ inscripta est Αἴας ὁ Λοκρός. Prior autem natus fuit Sophocles, quam Euripides. Sed etiam ille versus non minus notus :

Γέρων γέροντα παιδαγωγήσω σ' ἐγώ.

et in tragœdia Sophocli scriptus est, cui titulus est Φιλοκτήτης, et in Bacchis Euripidi. Id quoque animadvertimus,

on trouve dans le *Prométhée ravisseur du feu* d'Eschyle, et dans l'*Ino* d'Euripide, le même vers, à quelques syllabes près. Le voici d'abord tel qu'il est dans Eschyle :

« Se taisant là où il faut se taire, et parlant à propos. »

Voici maintenant le vers d'Euripide :

« Se taire là où il le faut, et parler où on le peut sans danger. »

Eschyle a vécu bien avant Euripide.

CHAPITRE XIX.

Généalogie de la famille Porcia.

Nous étions assis dans la bibliothèque du palais de Tibère, Sulpicius Apollinaris et moi, avec d'autres, ses amis ou les miens. Nous trouvâmes sur le titre d'un livre : PAR M. CATON NEPOS. Nous nous demandâmes quel était ce Caton *Nepos*. Alors un jeune homme, instruit, comme j'ai pu le juger à sa conversation : « *Nepos*, dit-il, n'est pas là un surnom ; mais ce Caton est ainsi appelé parce qu'il était le petit-fils de Caton le Censeur. C'est le père de ce Caton qui fut préteur, et qui dans la guerre civile se donna la mort avec une épée, à Utique. Cicéron a fait la vie de ce dernier, et l'a intitulée *Éloge de M. Caton*. Il y dit que ce Caton était l'arrière-petit-fils de Caton le Censeur. Ce Caton, dont Cicéron a fait l'éloge, eut pour père celui dont les discours portent le nom de M. Caton *Nepos*. » Alors Apollinaris, avec beaucoup de calme et de douceur, selon sa coutume quand il relevait une erreur :

« Je te loue, dit-il, mon enfant, de montrer dans un âge si tendre que, sans savoir précisément ce que fut ce Caton, tu as cependant une légère teinture de la généalogie des Catons. Caton le Censeur a eu plusieurs petits-fils, de pères différents. Ce grand homme, qui fut à la fois orateur et censeur, eut deux épouses qui lui donnèrent deux enfants à des époques éloignées l'une de l'autre. La première était morte, et son fils dans l'adolescence à peine, lorsque, déjà sur le déclin de l'âge, il épousa la fille de Salonius, son client, dont il eut M. Caton Salonianus, ainsi surnommé du nom de son aïeul maternel. Le fils aîné de Caton, qui mourut préteur désigné du vivant de son père, et qui nous a laissé un traité plein de mérite *Sur la science du droit*, eut pour fils l'homme dont nous nous occupons : fils et petit-fils d'un Marcus, il fut un assez véhément orateur, et nous a laissé, à l'exemple de son aïeul, un grand nombre de discours. Nommé consul avec Q. Marcius Rex, il partit pour l'Afrique, où il trouva la mort. Mais il n'est pas, comme tu le disais, le père de Caton le préteur, qui se tua à Utique et dont Cicéron a fait l'éloge. Parce que l'un a été le petit-fils et l'autre l'arrière-petit-fils de Caton l'Ancien, il ne faut pas conclure que l'un a été le père de l'autre. Celui dont nous avons vu les discours eut bien pour fils aîné un Caton, mais ce n'était pas celui qui mourut à Utique. Édile et préteur, il mourut dans la Gaule Narbonnaise. Le second fils de Caton le Censeur, beaucoup plus jeune que l'aîné, et qu'on avait surnommé, comme je l'ai

---

apud Æschylum ἐν τῷ πυρφόρῳ Προμήθει, et apud Euripidem in tragœdia, quæ inscripta est Ἰνώ, eumdem esse versum absque paucis syllabis. Æschylus sic :

Σιγᾶν θ' ὅπου δεῖ καὶ λέγων τὰ καίρια.

Euripides autem sic :

Σιγᾶν θ' ὅπου δεῖ καὶ λέγειν ἵν' ἀσφαλές.

Fuit autem Æschylus non brevi antiquior.

CAPUT XIX.

De genere atque nominibus familiæ Porciæ.

Cum in domus Tiberianæ bibliotheca sederemus ego et Apollinaris Sulpicius, et alii quidam mihi aut illi familiares, prolatus forte liber est ita inscriptus : M. CATONIS NEPOTIS. Tum quæri cœptum est, quisnam is fuisset *M. Cato Nepos*. Atque ibi adolescens quispiam, quod ex ejus sermonibus conjectare potui, non abhorrens a litteris : Hic, inquit, est M. Cato, non cognomento Nepos, sed M. Catonis censorii ex filio nepos, qui pater fuit M. Catonis prætorii viri, qui bello civili Uticæ necem sibi gladio manu sua conscivit ; de cujus vita liber est M. Ciceronis, qui inscribitur *Laus M. Catonis* : quem in eodem libro idem Cicero pronepotem fuisse dicit M. Catonis censorii. Ejus igitur, quem Cicero laudavit, pater hic fuit M. Cato, cujus orationes feruntur inscriptæ, M. Catonis Nepotis. Tum Apollinaris, ut mos ejus in reprehendendo fuit, placide admodum leniterque : Laudo, inquit, te, mi fili, quod in tantula ætate, etiamsi hunc M. Catonem, de quo nunc quæritur, quis fuerit, ignoras, auditiuncula tamen quadam de Catonis familia aspersus es. Non unus autem, sed complures M. illius Catonis censorii nepotes fuerunt, geniti non eodem patre ; duos enim M. ille Cato, qui et orator et censor fuit, filios habuit et matribus diversos, et ætatibus longe dispares. Nam jam adolescente altero, matre ejus amissa, ipse quoque jam multum senex, Salonii clientis sui filiam virginem duxit in matrimonium, ex qua natus est ei M. Cato Salonianus : hoc enim illi cognomentum fuit a Salonio, patre matris, datum. Ex majore autem Catonis filio, qui prætor designatus patre vivo mortuus est, et egregios *De juris disciplina* libros reliquit, nascitur hic, de quo quæritur, M. Cato, M. filius, M. nepos. Is satis vehemens orator fuit ; multasque orationes ad exemplum avi scriptas reliquit, et consul cum Q. Marcio Rege fuit : inque eo consulatu in Africam profectus, in ea provincia mortem obiit. Sed is non ita, ut dixisti, M. Catonis, prætorii viri, qui se Uticæ occidit, et quem Cicero laudavit, pater fuit : nec, quia hic nepos Catonis censorii, ille autem pronepos fuit, propterea necessum est, patrem hunc ei fuisse ; hic enim nepos, cujus hæc modo prolata oratio est, filium quidem majorem Catonem habuit : sed non eum, qui Uticæ periit ; sed qui, cum ædilis curulis fuisset et prætor, in Galliam Narbonensem profectus, ibi vita functus est. Ex altero autem illo, censorii filio, longe natu minore, quem Salonianum esse appellatum dixi, duo nati sunt L. Cato et M. Cato. Is M. Cato tribunus plebis

LIVRE XIII, CHAPITRE XX.

dit, Salonianus, eut deux fils, L. Caton et M. Caton. Ce dernier fut tribun du peuple, et mourut en demandant la préture. Il fut le père de M. Caton le préteur qui se tua à Utique pendant la guerre civile, et que Cicéron, dans son éloge, appelle l'arrière-petit-fils de Caton le Censeur. Vous voyez cette famille se diviser en deux branches, qui commencent à un long intervalle de temps; car Salonianus étant venu au monde durant la vieillesse de son père, ses enfants aussi naquirent plus tard que ceux de son frère aîné. Vous remarquerez même cette différence de temps dans le discours, si vous le lisez. » Ainsi nous parla le savant Apollinaris, et j'ai reconnu la vérité de ses paroles lorsque j'ai lu les éloges funèbres et le commentaire généalogique de la famille Porcia.

CHAPITRE XX.

Les écrivains les plus élégants ont tenu plus de compte de l'harmonie et de la mélodie, εὐφωνία, en grec, que des règles établies par les grammairiens.

On demandait à Probus Valérius (je le tiens d'un de ses amis) s'il fallait dire *urbes* ou *urbis*, *turrem* ou *turrim*. « Si tu fais des vers ou de la « prose, dit-il, et que tu aies à employer ces mots, « tu ne consulteras pas les lois vermoulues de « la grammaire; tu interrogeras ton oreille, et tu « diras bien, si tu l'écoutes. » Celui qui l'interrogeait reprit : « Comment veux-tu que j'interroge mon oreille? — Comme Virgile, répondit Probus, qui a dit tantôt *urbes*, tantôt *urbis*, sans autre raison que l'harmonie. Dans une édition des *Géorgiques*, que j'ai vue corrigée de sa main, il a dit *urbis*. Voici les vers :

« On te demande quelle place tu occuperas
« parmi les dieux, César; si tu voudras veiller sur
« les villes (*urbisne invisere*) et prendre soin
« de la terre. »

Change le mot, mets *urbes* à la place, et tu produiras quelque chose de maigre et de sec. Il dit dans le troisième livre de l'*Énéide* : *Centum urbes habitant magnas*; mets à la place *urbis*, tu auras une harmonie perçante et des sons aigus; tant il est important de combiner les sons des mots qui se suivent. En outre, Virgile a dit *turrim* au lieu de *turrem*, et *securim* au lieu de *securem* : *Turrim in præcipiti stantem*, « une tour sur un « précipice : » *Incertam excussit cervice securim*, « il a dérobé sa tête à la hache incertaine. » Un *e* au lieu de l'*i* ferait disparaître la grâce des vers. » L'interlocuteur, dont l'oreille était rebelle à l'harmonie, reprit : « Pourquoi l'un plutôt que l'autre? Je n'ai pas saisi. » Alors Probus sentant sa bile s'échauffer : « Ne te fatigue pas, dit-il, à chercher s'il faut dire *urbis* ou *urbes*. Tel que je te connais à présent, tu peux mal faire sans inconvénient; tu ne perdras rien à dire l'un ou l'autre. » Après cette péroraison, il congédia son homme un peu brutalement; mais il en usait ainsi envers les têtes indociles. J'ai trouvé moi-même dans Virgile des mots employés de

---

fuit; et præturam petens mortem obiit : ex eoque natus est M. Cato prætorius, qui se bello civili Uticæ interemit, de cujus vita laudibusque cum M. Tullius scriberet, pronepotem eum Catonis censorii dixit fuisse. Videtis igitur hanc partem familiæ, quæ ex minore Catonis filio progenita est, non solum generis ipsius tramitibus, sed temporum quoque spatio differre; nam quia ille Salonianus in extrema patris ætate, sicuti dixi, natus fuit, prognati quoque ab eo aliquanto posteriores fuerunt, quam qui a majore fratre ejus geniti erant. Hanc [quoque] temporum differentiam facile animadvertetis ex hac ipsa oratione, cum eam legetis. Hæc Sulpicius Apollinaris nobis audientibus dixit; quæ postea ita esse, uti dixerat, cognovimus, cum et laudationes funebres et librum commentarium de familia Porcia legeremus.

CAPUT XX.

Quod a scriptoribus elegantissimis major ratio habita sit sonitus vocum atque verborum jucundioris, (quæ a Græcis εὐφωνία dicitur,) quam regulæ disciplinæque, quæ a grammaticis reperta est.

Interrogatus [est] Probus Valerius, (quod ex familiari ejus quondam comperi;) *hasne urbis*, an *has urbes*, et *hanc turrem*, an *hanc turrim* dici oporteret : « Si aut « versum, inquit, « pangis, aut orationem solutam struis, « atque ea verba tibi dicenda sunt : non finitiones illas « præraucidas neque fœtutinas grammaticas spectaveris; « sed aurem tuam interroga, quo quid loco conveniat di- « cere; quod illa suaserit, id profecto erit rectissimum. » Tum is, qui quæsierat : Quonam modo, inquit, vis aurem meam interrogem? Et Probum ait respondisse : Quo suam Virgilius percontatus est, qui diversis in locis *urbes* et *urbis* dixit arbitrio consilioque usus auris. Nam in primo *Georgicon*, quem ego, inquit, librum manu ipsius correctum legi, *urbis* per *i* litteram scripsit. Verba e versibus ejus hæc sunt :

[Tuque adeo, quem mox quæ sint habitura deorum
Concilia incertum est,] urbisne invisere, Cæsar,
Terrarumque velis curam.

Verte enim, et muta, ut *urbes* dicas, insubidius nescio quid facies et pinguius. Contra in tertio *Æneidis* *urbes* dixit per *e* litteram :

Centum urbes habitant magnas.

Hic item muta, ut *urbis* dicas, nimis exilis vox erit et exsanguis. Tanta quippe juncturæ differentia est in consonantia vocum proximarum. Præterea idem Virgilius *turrim* dixit, non *turrem*, et *securim*, non *securem* :

Turrim in præcipiti stantem.

Et :

Incertam excussit cervice securim.

Quæ sunt, opinor, jucundioris gracilitatis, quam si suo utrumque loco per *e* litteram dicas. At ille, qui interrogaverat, rudis profecto et aure agresti homo : Cur, inquit, aliud alio in loco potius rectiusque esse dicas, non sane intelligo. Tum Probus jam commotior : Noli igitur, inquit, laborare, utrum istorum debeas dicere, *urbis* an *urbes*. Nam cum id genus sis, quod video, ut jactura tui peccaes, nihil perdes, utrum dixeris. His tum verbis Probus et hac fini hominem dimisit, ut mos ejus fuit erga indociles, prope inclementer. Nos autem aliud quoque postea

diverses manières. Il a mis *tres* et *tris* en deux vers consécutifs; mais avec tant de goût que si vous les déplacez, et que vous ayez de l'oreille, vous sentez aussitôt que le charme de l'harmonie est détruit. Voici les deux vers tirés du dixième livre de l'*Énéide* :

Tres quoque Threicios Boreæ de gente suprema
Et tris quos Idas pater et patria Ismara mittit.

« Trois Thraces dont l'origine remonte à Borée, « et trois que leur père Idas envoie d'Ismare leur « patrie. »

Tres dans l'un et *tris* dans l'autre. Soumettez ces vers à l'appréciation de l'oreille : vous trouverez que ces deux mots ont, chacun à leur place, l'harmonie convenable. De même dans ce vers de Virgile :

Hæc finis Priami fatorum.

« Telle fut la fin des destinées de Priam. »
Mettez *hic* au lieu de *hæc*, *hic finis* aura un son dur et barbare, contre lequel l'oreille se révoltera. Vous détruirez l'harmonie de cet autre vers de Virgile,

Quem das finem, rex magne, laborum?

« Quel terme marques-tu à nos travaux, grand « roi? »
si vous mettez *quam das finem* : vous produirez un son désagréable, et qui emplira trop la bouche. Ennius, sacrifiant le genre à l'harmonie, a dit *rectos cupressos* dans ce vers :

Capitibus nutantis pinos rectosque cupressos.

« Les pins qui balancent leurs têtes, et les cyprès « droits. »
Il a cru sans doute que l'harmonie serait par là plus mâle et plus *verte*. Le même Ennius a dit dans sa dix-huitième Annale, *aere fulva* pour *aere fulvo*; et je ne pense pas qu'en cela il ait voulu seulement imiter Homère, qui avait dit ἠέρα βαθεῖαν; il aura pensé que ces mots seraient plus faciles à prononcer, et plus agréables à entendre. Cicéron a pensé aussi que sa phrase serait plus douce et plus coulante, si, dans son cinquième discours contre Verrès, il disait *fretu* pour *freto*. Voici la phrase : *perangusto fretu divisa*, « sépa- « rée par un détroit de fort peu d'étendue. » *Perangusto freto* aurait produit une harmonie sans grâce, et digne, au plus, du vieux temps. Par une raison semblable, il a dit dans la seconde Verrine : *manifesto peccatu* pour *peccato*. Je l'ai lu dans deux manuscrits de Tiron qui méritent une foi entière : voici la phrase : « Il n'y avait personne dont la « conduite n'offrît sur quelque point une révol- « tante infamie; personne qui n'eût l'impudence « de vivre publiquement dans le vice (*in ma- « nifesto peccatu*), et qui n'eût paru plus impu- « dent encore, s'il eût nié. » Outre que *peccatu* dans cet endroit a plus d'harmonie que *peccato*, on peut encore le justifier d'une autre manière. *Peccatus* au masculin exprime très-bien l'action de mal faire. C'est ainsi que *incestus* pour désigner l'acte incestueux, et non celui qui le commet, et *tributu* dans le sens de tribut, ont été employés par la plupart de nos anciens auteurs. On dit de même *allegatus* et *arbitratus*, pour *allegatio* et *arbitratio*. Nous disons, par exemple, *arbitratu* et *allegatu meo*, « d'après mon juge- « ment, mon ordre. » Cicéron a donc dit *manifesto peccatu*, comme nos anciens auteurs ont dit *in manifesto incestu*. Il ne faut pas conclure de là que *peccato* n'eût pas été latin; mais *peccatu*, dans cet endroit, avait quelque chose de

---

consimiliter a Virgilio duplici modo scriptum invenimus. Nam et *tres* et *tris* posuit, eodem in loco, ea judicii subtilitate, ut si aliter dixeris muta[ve]risque, et aliquid tamen auris habeas, sentias suavitatem sonitus claudere. Versus ex decimo hi sunt :

Tres quoque Threicios Boreæ de gente suprema,
Et tris quos Idas pater et patria Ismara mittit :

tres illic, *tris* hic; pensicula utrumque modulareque : reperies suo quodque in loco sonare aptissime. Sed in illo quoque itidem Virgili versu :

Hæc finis Priami fatorum,

si mutes, et *hic finis* dicas, durum atque absonum erit, respuentque aures, quod mutaveris. Sicut illud contra ejusdem Virgilii insuavius facias, si mutes :

Quem das finem, rex magne, laborum?

Nam si ita dicas : *Quam das finem*, injucundum nescio quo pacto et laxiorem vocis sonum feceris. Ennius item *rectos cupressos* dixit contra receptum vocabuli genus, hoc versu :

Capitibus nutantis pinos rectosque cupressos.

Firmior ei, credo, et viridior sonus esse vocis visus est, *rectos* dicere *cupressos*, quam *rectas*. Contra vero idem Ennius in *Annali* duodevicesimo *aere fulva* dixit, non *fulvo*; non ob id solum, quod Homerus ἠέρα βαθεῖαν dicit : sed quod hic sonus, opinor, vocabilior [est] visus et amœnior. Sicuti M. etiam Ciceroni mollius teretiusque visum est, in quinta in *Verrem fretu* scribere, quam *freto*: *Perangusto*, inquit, *fretu divisa*. Erat enim crassius jam vetustiusque, *perangusto freto* dicere. Itidem in secunda, simili usus modulamine : *manifesto peccatu*, inquit, non *peccato* : hoc enim scriptum in uno atque in altero antiquissimæ fidei libro Tironiano repperi. Verba sunt Ciceronis hæc : « Nemo ita vivebat, ut nulla ejus vitæ pars « summæ turpitudinis esset expers : nemo ita in manifesto « peccatu tenebatur, ut cum impudens fuisset in facto, « tum impudentior videretur, si negaret. » Hujus autem vocis cum elegantior hoc in loco sonus [est], tum ratio certa et probata est. Hic enim *peccatus*, quasi *peccatio*, recte latineque dicitur : sicut : hic *incestus*, non qui admisit, sed quod admissum est, et hic *tributus*. quod *tributum* nos dicimus, a plerisque veterum dicta sunt. Hic quoque *allegatus*, et hic *arbitratus* pro allegatione proque arbitratione dicuntur. Qua ratione servata, *arbitratu* et *allegatu meo* dicimus. Sic igitur *in manifesto peccatu* dixit, ut in manifesto *incestu* veteres dixerunt : non quia latinum esset, *peccato* dicere : sed quia in loco isto positum subtilius ad aurem molliusque est. Lucretius æque auri-

plus doux et de plus exquis pour l'oreille. Lucrèce a employé, également pour l'oreille, *funis* au féminin, dans les vers suivants :

> Haud, ut opinor, enim mortalia secla superne
> Aurea de cœlo demisit funis in arva.

« Car, à mon avis, la destinée des mortels n'est « pas descendue du ciel sur la terre par une corde « d'or. »
Il pouvait dire cependant, sans rompre la mesure :

> Aureus e cœlo demisit funis in arva.

Cicéron a appelé les prêtresses *antistitæ* au lieu d'*antistites*, que voulait la grammaire. Il dédaignait les mots vieillis; mais il n'a pas rejeté celui-là, dont l'harmonie le charmait; il a dit : *Sacerdotes Cereris atque illius fani antistitæ*. Souvent enfin on n'a consulté ni la nature du mot, ni l'usage, mais seulement l'oreille, qui juge les mots d'après leur mesure. « Ceux qui ne sentent « pas cela, dit Cicéron lorsqu'il traite du nombre « et de l'harmonie, je ne sais quelle oreille ils ont « reçue de la nature, ce qu'il y a chez eux qui « ressemble à l'homme. » Les anciens grammairiens ont remarqué avec soin qu'Homère avait dit dans un endroit κολοιούς τε ψῆράςτε, et dans un autre ψαρῶν et non plus ψηρῶν :

> Τῶν δ' ὥς τε ψαρῶν νέφος ἔρχεται ἠὲ κολοιῶν.

« Comme passe un nuage d'étourneaux ou de geais. »

Il n'avait pas consulté l'harmonie absolue des deux mots, mais leur harmonie relative. En effet, mettez-les à la place l'un de l'autre, et ils produiront tous deux un effet désagréable.

CHAPITRE XXI.

Le rhéteur. Castricius à ses jeunes disciples; sur l'indécence du vêtement et de la chaussure.

Le rhéteur T. Castricius tenait à Rome la principale école de déclamation et d'enseignement : c'était un homme grave, et d'une grande autorité; l'empereur Adrien le révérait pour ses mœurs et son savoir littéraire. Un jour, en ma présence (car j'ai été son disciple), il vit quelques élèves, sénateurs, vêtus de vêtements communs, et chaussés à la gauloise. « J'aurais mieux aimé, je « l'avoue, leur dit-il, vous voir revêtus de la toge. « Vous n'avez pas seulement pris la peine de met- « tre une ceinture et un manteau. Mais si votre « habillement, tel quel, est justifié par un long « usage, convient-il que des sénateurs marchent « par la ville en sandales? Êtes vous plus excusa- « bles que celui à qui Cicéron en fit un crime? » Ainsi parla Castricius en ma présence ; et il ajouta encore d'autres traits sur le même sujet, avec une sévérité toute romaine. Or plusieurs de ses auditeurs se demandaient pourquoi il avait appelé sandales (*soleæ*) des chaussures appelées *gallicæ*. Mais Castricius avait parlé purement et avec connaissance de cause; car toutes les chaussures qui, ne revêtant que la plante du pied, laissent le reste nu, et se nouent avec des cordons, ont été appelées *soleæ*, et quelquefois, d'un mot grec, *crepidulæ*. *Gallicæ* est un mot nouveau, je crois, et qui ne remonte guère au delà du temps où Cicéron a vécu. Il l'a employé dans la seconde *Philippique : Cum gallicis et lacerna cucurristi*: « Tu as couru avec

---

bus inserviens *funem* feminino genere appellavit, in hisce versibus :

> Haud, ut opinor, enim mortalia secla superne
> Aurea de cœlo demisit funis in arva ;

cum dicere usitatius manente numero posset :

> Aureus e cœlo demisit funis in arva.

Sacerdotes quoque feminas M. Cicero *antistitas* dicit, non secundum grammaticam legem *antistites*. Nam cum insolentias verborum a veteribus dictorum plerumque respueret, hujus tamen verbi in ea parte sonitu delectatus : « Sacerdotes, » inquit, « Cereris atque illius fani antisti- « tæ. » Usque adeo in quibusdam neque rationem verbi, neque consuetudinem, sed solam aurem secuti sunt suis verba modulis pensitantem. « Quod qui non sentiunt, » inquit idem ipse M. Cicero, cum de numerosa et apta oratione dissereret, « quas auris habeant, aut quid in eis ho- « minis simile sit, nescio. » Illud vero cumprimis apud Homerum veteres grammatici annotaverunt, quod, cum dixisset quodam in loco κολοιούς τε ψῆράς τε, alio in loco non ψηρῶν τε, sed ψαρῶν dixit :

> Τῶν δ' ὥς τε ψαρῶν νέφος ἔρχεται ἠὲ κολοιῶν,

secutus non communem, sed propriam in quocunque vocis situ jucunditatem : nam si alterum in alterius loco ponas, utrumque feceris sonitu insuave.

CAPUT XXI.

Verba T. Castricii rhetoris ad discipulos adolescentes de vestitu atque calceatu non decoro.

T. Castricius, rhetoricæ disciplinæ doctor, qui habuit Romæ locum principem declamandi et docendi, summa vir auctoritate gravitateque, et a divo Hadriano in mores atque litteras spectatus, cum me forte præsente (usus enim sum eo magistro) discipulos quosdam suos senatores vidisset die feriato tunicis et lacernis indutos et gallicis calceatos : « Equidem, » inquit, » maluissem, vos logatos « esse : pigitum est, cinctos saltem esse et penulatos. Sed « si hic vester hujuscemodi vestitus de multo jam usu « ignoscibilis est : soleatos tamen vos populi romani se- « natores per urbis vias ingredi nequaquam decorum est, « non hercle vobis minus, quam illi tum fuit, cui hoc M. « Tullius pro turpi crimine objectavit. » Hæc me audiente Castricius, et quædam alia ad eam rem conducentia romane et severe dixit. Plerique autem ex iis, qui audierant, requirebant, cur soleatos dixisset, qui gallicas, non soleas, haberent. Sed Castricius profecto scite atque incorrupte locutus est. Omnia enim ferme id genus, quibus plantarum calces tantum infimæ teguntur, cetera prope nuda et teretibus habenis vincta sunt, *soleas* dixerunt ; nonnunquam voce græca *crepidulas*. *Gallicas* autem verbum esse opinor novum, non diu ante ætatem M. Ciceronis usurpari cœptum ; itaque ab eo ipso positum est in secunda Antonianarum : « Cum gallicis, » inquit, « et lacerna cucur-

« des Gauloises et un vêtement grossier. » Mais je ne trouve ce mot, dans ce sens, chez aucun écrivain de quelque poids. Comme je l'ai dit, on appela *crepidæ* et *crepidulæ*, la première syllabe étant brève, les chaussures que les Grecs avaient appelées κρηπίδες ; et les cordonniers qui les faisaient furent nommés *crepidarii*. Sempronius Asellio, dans le quatorzième livre des *Faits et gestes*, dit : « Il demanda au cordonnier (*a crepidario sutore*) « son alêne. »

CHAPITRE XXII.

Les prières selon le rit romain se trouvent dans les livres des prêtres. On y donne Nériène à Mars. Qu'est-ce que Nériène ou Nério.

Les prières adressées aux dieux immortels selon le rit romain se trouvent dans les livres des prêtres romains, et dans un grand nombre de vieux discours. On y attribue Lua à Saturne, Salacia à Neptune, Hora à Quirinus, les Jurites à Quirinus, Maia à Vulcain, Hérié à Junon, les Mola à Mars, Nériène à Mars. J'entends allonger généralement la première syllabe de Nériène, comme les Grecs la première de νηρείδες. Mais ceux qui parlent purement abrègent la première syllabe et allongent la troisième ; le nominatif est *Nerio* dans les anciens auteurs. Cependant Varron, dans la partie de la satire Ménippée, intitulée Σκιομαχία, dit au vocatif, non pas *Nerio*, mais *Nerienes*. Voici ses vers :

« Anna, Perenna, Panda, Latone, Palès, Né- « riène, Minerve, Fortune, et Cérès. »

Il suit de là que le nominatif est aussi Nériène, puisqu'il doit avoir la même désinence que le vocatif. Cependant les vieux auteurs déclinent *Nério* comme *Anio*, et disent *Nerienem* comme *Anienem*, en allongeant la troisième syllabe. Quoi qu'il en soit, *Nerio* ou *Nerienes* est un mot sabin qui signifie valeur et force. Aussi, dans la famille Claudia, originaire du pays des Sabins, l'homme le plus remarquable par son courage fut appelé *Néron*. Il paraît que les Sabins ont emprunté ce mot aux Grecs, qui appellent νεῦρα ce que nous avons appelé, à leur imitation, *nervi*. Cette Nério donc, attribuée à Mars, c'est la force, la puissance, et en quelque sorte la majesté de Mars. Plaute, dans *le Fanfaron*, met dans la bouche d'un soldat que Nério est l'épouse de Mars :

« Mars, de retour d'un long voyage, salue « Nério son épouse. »

Là-dessus j'ai entendu un homme, qui n'était pas sans célébrité, trouver Plaute par trop comique, de mettre, dans la tête d'un soldat sans savoir et sans esprit, cette idée fausse et nouvelle que Nério fût l'épouse de Mars. On verra cependant que Plaute s'est montré plus instruit que comique, si on lit la troisième *Annale* de Cn. Gellius, où se trouve cette prière d'Hersilie demandant la paix à T. Tatius : « Néria, femme de « Mars, je te conjure de nous donner la paix, afin « que les mariages que nous avons contractés « soient prospères ; puisque telle a été la volonté de « ton époux, qu'ils nous aient enlevées vierges en- « core, pour donner des enfants à eux, à leur pos- « térité et à leur patrie. » *Telle a été la volonté de*

« risti. » Neque in ea significatione id apud quenquam alium scriptorem lego gravioris dumtaxat auctoritatis scriptorem : sed ut dixi, crepidas et crepidulas, prima syllaba correpta, id genus calceamentum appellaverunt, quod Græci κρηπίδας [vocant], ejusque calceamenti sutores crepidarios dixerunt. Sempronius Asellio in libro *Rerum gestarum* quarto decimo : « Crepidarium, » inquit, « cultel- « lum rogavit a crepidario sutore. »

CAPUT XXII.

Comprecationes, quæ ritu romano fiunt diis, expositæ sunt in libris sacerdotum ; inter quas Marti *Nerienem* tribuunt : et quid *Neriene* seu *Nerio* nomen importet.

Comprecationes deûm immortalium, quæ ritu romano fiunt, expositæ sunt in libris sacerdotum populi romani et in plerisque antiquis orationibus. In iis scriptum est : « Luam Saturni, Salaciam Neptuni, Horam Quirini, Ju- « rites Quirini, Maiam Volcani, Heriem Junonis, Molas « Martis, Nerienemque Martis. » Ex quibus id quod postremum posui, sic plerosque dicere audio, ut primam in eo syllabam producant, quo Græci modo dicunt νηρείδας : sed qui proprie locuti sunt, primam correptam dixerunt, tertiam produxerunt. Est enim rectus casus vocabuli [ejus], sicut in libris veterum scriptum est , *Nerio*. Quanquam M. Varro in satira Menippæa, quæ inscribitur Σκιομαχία, non *Nerio*, sed *Nerienes* vocative dicit in his versibus :

Te Anna ac Perenna, Panda, te Lato, Pales,

Nerienes, [et] Minerva, Fortuna, ac Ceres.

Ex quo nominandi quoque casum eundem fieri necessum est. Sed *Nerio* a veteribus sic declinatur, quasi Anio ; nam perinde ut *Anienem*, sic *Nerienem* dixerunt tertia syllaba producta. Id autem, sive *Nerio* sive *Nerienes* [est], sabinum verbum est, eoque significatur virtus et fortitudo. Itaque ex Claudiis, quos a Sabinis oriundos accepimus, qui erat egregia atque præstanti fortitudine, *Nero* appellatus est. Sed id Sabini a Græcis accepisse videntur, qui vincula et firmamenta membrorum νεῦρα dicunt ; unde nos quoque latine *nervos* appellamus. *Nerio* igitur Martis vis, et potentia, et majestas quædam esse Martis demonstratur. Plautus autem in Truculento conjugem esse Nerienem Martis dicit, atque id sub persona militis in hoc versu :

Mars peregre adveniens salutat Nerienem uxorem suam.

Super ea re audivi non incelebrem hominem dicere, nimis comice Plautum imperito et incondito militi falsam novamque opinionem tribuisse, ut Nerienem conjugem esse Martis putaret. Sed id perite magis quam comice dictum intelliget, qui leget Cn. Gellii annalem tertium, in quo scriptum est, Hersiliam, cum apud T. Tatium verba faceret, pacemque oraret, ita precatam esse : « Neria Martis « te obsecro pacem dare, uti liceat nuptiis propriis et pros- « peris uti, quod de tui conjugis consilio contigit, uti nos « itidem integras raperent, unde liberos sibi et suis pos- « ris, et patriæ pararent. » *De tui*, inquit, *conjugis consilio*, Martem scilicet significans ; per quod apparet, non esse id poetice a Plauto dictum ; sed eam quoque traditionem fuisse,

ton époux, dit-elle. Assurément c'est de Mars qu'elle entend parler ; ainsi, on ne peut croire que Plaute ait voulu se livrer à une fiction poétique : il est sûr, au contraire, qu'une vieille tradition avait fait de Nério l'épouse de Mars. Du reste, il faut remarquer que Gellius n'a dit ni Nério, ni Nériène, mais Néria. Comme Plaute et Gellius, Licinius Imbrex, vieux auteur comique, a donné Nériène pour épouse à Mars. On lit dans sa *Néère* :

« Je ne veux pas, moi, qu'on t'appelle Néère, mais
« Nériène, puisque tu es devenue l'épouse de Mars. »

La mesure du vers veut, contrairement à ce que j'ai dit, que la troisième syllabe de *Nerienem* soit brève. La quantité de cette syllabe a tellement varié chez les vieux poëtes, qu'il est inutile de s'arrêter là-dessus plus longtemps. Dans ce vers d'Ennius, première annale, *Nerienem Mavortis et Herclem*, la première syllabe est longue et la troisième brève, si toutefois le poëte a gardé la mesure. Je ne dois pas omettre que Servius Claudius, dans un de ses commentaires, a fait dériver *Nerio* de *Neïrio*, sans colère et avec douceur. C'est un nom, dit-il, par lequel on invite Mars au calme et à la douceur. En effet, la particule *ne*, en latin comme en grec, est le plus souvent négative.

CHAPITRE XXIII.

Caton le Censeur invective contre les philosophes de nom seulement.

Caton, celui qui fut consul et censeur, dit qu'au milieu de l'opulence de l'État et des particuliers, il était parvenu à l'âge de soixante et dix ans sans avoir fait crépir ses maisons de campagne, toujours restées simples et sans le moindre ornement. Il ajoute aussitôt après : « Je n'ai « ni édifice, ni vase, ni vêtement d'un travail « précieux, ni esclave ni servante chèrement « achetés. Je me sers de ce que j'ai, je me passe « de ce que je n'ai pas ; et je laisse chacun user et « jouir de ce qui lui appartient. On me reproche, « poursuit-il, de me passer de beaucoup de cho- « ses ; je leur reproche de ne pouvoir se passer « de rien. » Cette franchise avec laquelle le Tusculan avoue qu'il se passe de beaucoup de choses, en affirmant qu'il ne désire rien, est une plus éloquente exhortation à l'économie, à la patience dans la pauvreté, que toute la phraséologie de ces Grecs qui se disent philosophes, et dont les paroles ne sont que prestige et qu'ombre vaine. Ils disent qu'ils n'ont rien, ne manquent de rien, ne désirent rien, tandis que ce qu'ils ont, ce qui leur manque, ce qu'ils désirent, allume également leurs passions.

CHAPITRE XXIV.

Que faut-il entendre par *manubiæ*? Dans quel cas peut-on employer plusieurs termes ayant le même sens ?

Sur le faîte du portique de Trajan on voit des drapeaux militaires et des chevaux entièrement revêtus d'or. Au bas on lit : *Ex manubiis*. Favorinus se promenait dans le forum et attendait

---

ut Nerio a quibusdam uxor esse Martis diceretur. Inibi autem animadvertendum est, quod Gellius *Neria* dicit per *a* litteram, non *Nerio*, neque *Nerienes*. Præter Plautum etiam, præterque Gellium Licinius Imbrex, vetus comœdiarum scriptor, in fabula, quæ *Neæra* inscripta est, ita scripsit :

Nolo ego Neæram te vocent, sed Nerienem ;
Cum quidem Marti es in conubium data.

Ita autem [se] numerus hujusce versus habet, ut tertia in eo nomine syllaba, contra quam supra dictum est, corripienda sit ; cujus sonitus quanta apud veteres indifferentia sit, notius est, quam ut plura in id verba sumenda sint. Ennius autem in primo *Annali* in hoc versu :

Nerienem Mavortis et Herclem,

si, quod minime solet, numerum servavit, primam syllabam intendit, tertiam corripuit. Ac ne id quidem prætermittendum puto, cuicuimodi est, quod in commentario quodam Servii Claudii scriptum inveni[mus], *Nerio* dictum quasi *Neïrio*, hoc est, sine ira et cum placiditate : ut eo nomine mitem tranquillumque fieri Martem precemur ; *ne* enim particula, ut apud Græcos, ita plerumque in latina quoque lingua, privativa est.

CAPUT XXIII.

M. Catonis, consularis et censorii, pulcherrima exprobratio contra philosophantes nomine, et non re.

M. Cato, consularis et censorius, publicis jam privatis, opulentis rebus, villas suas inexcultas et rudes, ne tectorio quidem prælitas fuisse dicit ad annum usque ætatis suæ septuagesimum. Atque ibi postea his verbis utitur : « Neque mihi, » inquit, « ædificatio, neque vasum, ne- « que vestimentum ullum est manu pretiosum, [neque- « pretiosus servus, neque ancilla. Si quid est, » inquit, « quod utar, utor ; si non est, egeo. Suum cuique per me « uti atque frui licet. » Tum deinde addit : « Vitio vertunt, « quia multa egeo ; at ego illis, quia nequeunt egere. » Hæc mera veritas Tusculani hominis, egere se multis rebus, et nihil tamen cupere dicentis, plus hercle promovet ad exhortandam parsimoniam, sustinendamque inopiam, quam Græcæ istorum præstigiæ philosophari sese dicentium, umbrasque verborum inanes fingentium ; qui se nihil habere, et nihil tamen egere, ac nihil cupere dicunt, cum et habendo et egendo et cupiendo ardeant.

CAPUT XXIV.

Quæsitum tractatumque, quid sint *manubiæ* : atque inibi dicta quædam de ratione utendi verbis pluribus, idem significantibus.

In fastigiis fori Trajani simulacra sunt sita circumdique inaurata equorum atque signorum militarium ; subscriptum est : EX MANUBIIS. Quærebat Favorinus, cum in area fori ambularet, et amicum suum consulem opperiretur causas pro tribunali cognoscentem, nosque tunc

le consul, son ami, qui rendait la justice sous le portique. Nous étions avec Favorinus. Il nous demanda ce que nous paraissait signifier au juste le mot *manubiæ* dans l'inscription. Alors quelqu'un dont le nom était célèbre dans les lettres : « *Ex manubiis*, dit-il, est synonyme de *ex præda*, du butin. On appelle *manubiæ* le butin « pris *manu*, avec la main. » Favorinus répliqua : « Quoique la littérature grecque ait été ma principale et presque mon unique étude, la langue latine ne m'est pas, toutefois, tout à fait inconnue ; quoique je l'aie apprise sans suite et avec une précipitation désordonnée, je n'ignorais pas cette vulgaire interprétation du mot *manubiæ*. Mais Cicéron, si scrupuleux dans le choix des termes, dans le discours *Sur la loi agraire, contre Rullus*, prononcé le jour des calendes de janvier, a dit *manubias* et *prædam*. Si ces deux mots sont synonymes, et ne diffèrent nullement pour le sens, ce n'est donc là qu'un froid et frivole redoublement. » Favorinus avait une mémoire étonnante, une mémoire de dieu ; il cita aussitôt les propres mots de Cicéron : « Les décemvirs « vendront le butin (*prædam*), les dépouilles (*manubias*), le fruit du pillage (*sectionem*), le camp « de Pompée, et le général se croisera les bras ! » Plus loin l'orateur réunit encore les deux mêmes mots : « *Ex præda, ex manubiis, ex auro coronario*. » Après ces citations, Favorinus se tourna vers celui qui avait confondu *manubiæ* avec *præda* : « Crois-tu, lui dit-il, que Cicéron ait froidement et sottement employé deux fois deux

termes parfaitement synonymes, et mérité la plaisanterie que, dans Aristophane, le plus plaisant des comiques, Euripide adresse à Eschyle : « Le sage Eschyle nous dit deux fois la même « chose. Je vais, dit-il, sous la terre, et j'y « descends. Et *aller* diffère-t-il de *descendre* ? Par « Jupiter ! autant voudrait dire à son voisin : Prête- « moi ta huche et ton pétrin. »

« — Je n'admets pas, dit l'autre, la comparaison de la huche et du pétrin, appliquée à l'emploi de deux synonymes, ou davantage, que les poëtes et les orateurs se permettent par honneur ou pour l'ornement. — Mais, reprit Favorinus, à quoi sert la répétition de la même idée en deux termes, *manubiæ* et *præda* ? Est-elle un ornement du style, comme d'autres répétitions ? Donne-t-elle à la phrase plus de nombre et d'harmonie ? Est-ce une agglomération pour insister, pour aggraver un crime ? En effet, Cicéron, dans son discours *Sur le choix d'un accusateur*, s'est servi de plusieurs mots pour exprimer une même idée avec véhémence et sévérité : « La Sicile toute entière, si « elle le pouvait, élèverait la voix comme un seul « homme pour dire : Tout ce qu'il y a eu d'or, « d'argent, d'ornements dans mes villes, dans mes « maisons, dans mes temples...... » Après avoir parlé des villes entières, il nomme les maisons et les temples, qui font partie des villes. Il dit dans le même discours : « Verrès pendant trois ans a ravagé « la Sicile, dévasté les villes, vidé les maisons, « dépouillé les temples. » Les villes n'étaient-elles pas comprises dans la Sicile, les maisons et les

cum sectaremur : quærebat, inquam, quid nobis videretur significare proprie *manubiarum* illa inscriptio. Tum quispiam, qui cum eo erat, homo in studiis doctrinæ multi atque celebrati nominis : « Ex manubiis, » inquit, « signi- « ficat ex præda; manubiæ enim dicuntur præda, quæ « manu capta est. » Etiamsi, inquit Favorinus, opera mihi princeps et prope omnis in litteris disciplinisque græcis sumta est : non usque eo tamen infrequens sum vocum Latinarum, quæ subsicivo aut tumultuario studio colo, ut hanc ignorem manubiarum interpretationem vulgariam, quod esse dicantur manubiæ præda. Sed quæro, an M. Tullius, verborum homo diligentissimus, in oratione, quam dixit *De lege agraria* Kalendis Januariis *contra Rullum*, inani et illepida geminatione junxerit *manubias* et *prædam*, si duo hæc idem significant, neque ulla re aliqua dissident. Atque, ut erat Favorinus egregia vel divina quadam memoria, verba ipsa M. Tulii statim dixit. Ea nos hic adscripsimus : « Prædam, manubias, « sectionem, castra denique Cn. Pompeii sedente impe- « ratore decemviri vendent. » Et infra itidem duo hæc simul junctim posita dixit : « Ex præda, ex manubiis, ex « auro coronario. » Ac deinde ad eum convertit, qui manubias esse prædam dixerat; et : Videturne tibi, inquit, utroque in loco M. Cicero duobus verbis idem, sicuti tu putas, significantibus inepte et frigide esse usus, ac tali joco dignus, quali apud Aristophanem facetissimum comicorum Euripides Æschylum insectatus est ? cum ait :

Δὶς ταὐτὸν ἡμῖν εἶπεν ὁ σοφὸς Αἰσχύλος.

Ἥκω γὰρ εἰς γῆν, φησί, καὶ κατέρχομαι.
Ἥκω δὲ ταὐτόν ἐστι τῷ κατέρχομαι.
Νὴ τὸν Δί', ὥσπερ εἴ τις εἴποι γείτονι,
Χρῆσον σὺ μάκτραν, εἰ δὲ βούλει κάρδοπον.

Nequaquam vero, inquit ille, talia videntur, quale est μάκτρα καὶ κάρδοπος ; quæ vel a poetis vel oratoribus græcis nostrisque venerandæ et ornandæ rei gratia duobus eadem pluribusve nominibus frequentantur. Quid igitur, inquit Favorinus, valet hæc repetitio instauratioque ejusdem rei sub alio nomine, in *manubiis* et in *præda* ? Num ornat, ut alioqui solet, orationem ? Num eam modulatiorem aptioremque reddit ? Num onerandi vel exprobrandi criminis causa exaggerationem aliquam speciosam facit ? Sicuti in libro quidem M. Tullii, qui *De constituendo accusatore* est, una eademque res pluribus verbis vehementer atque atrociter dicitur : « Sicilia « tota, si una voce loqueretur, hoc diceret, quod auri, « quod argenti, quod ornamentorum in meis urbibus, « sedibus, delubris fuit. » Nam cum urbes totas semel dixisset, sedes delubraque addidit, quæ sunt ipsa quoque in urbibus. Item in eodem libro simili modo : « Sici- « liam, » inquit, « provinciam C. Verres per triennium de- « populatus esse, Siculorum civitates vastasse, domos exina- « nisse, fana spoliasse dicitur. » Hæc, quid videtur, cum Siciliam provinciam dixerit, atque etiam insuper civitates addiderit ; domos etiam et fana, quæ infra posuit, comprehendisset, verba hæc item multa atque varia : « depo-

LIVRE XIII, CHAPITRE XXIV.   049

temples, dans les villes? Ravager, dévaster, vider, dépouiller, n'ont-ils pas un même sens? Sans doute. Mais si les idées sont les mêmes, l'abondance et la dignité du style semblent les multiplier, en frappant plusieurs fois l'esprit et l'oreille. Cette figure, qui exprime un reproche à l'aide de plusieurs termes également sévères, n'a pas été inconnue au vieux Caton; elle est fréquente dans ses discours. Ainsi, lorsqu'il accuse Thermus d'avoir fait mettre à mort dix hommes à la fois, il fait une agglomération de termes qui ont tous la même signification. Je citerai ce passages c'est le premier éclat jeté par l'éloquence latine à son début : « Tu demandes à couvrir un acte criminel
« par un acte pire encore. Tu fais mettre des hom-
« mes à mort; tu commets un si grand nombre de
« meurtres, tu fais dix funérailles, tu ôtes la vie à
« dix hommes, sans les entendre, sans les ju-
« ger, sans les condamner. » Il emploie le même artifice oratoire, pour exprimer une excessive prospérité, dans l'exorde de son discours *Pour les Rhodiens;* trois mots y expriment la même idée : « Je sais, dit-il, que dans un état *favorable,*
« *heureux et prospère,* le cœur s'enfle, l'orgueil
« et la fierté s'augmentent. » Même redoublement de synonymes dans le discours du même orateur contre Servius Galba. « De nombreux motifs m'é-
« loignaient de la tribune, les années, l'âge, la
« faiblesse de ma voix, celle de mes forces, ma
« vieillesse enfin ; mais lorsque j'ai appris qu'on

« allait traiter une affaire d'une telle importance. »
Homère surtout nous offre un bel exemple d'agglomération :
« Jupiter, dit-il, retira Hector du milieu des
« traits, de la poussière, du meurtre, du sang et
« du tumulte. »
Il dit ailleurs :
« La mêlée, le combat, le meurtre et le car-
« nage. »
Sans doute toute cette agglomération de termes n'exprime que la même idée, le combat; mais le lecteur est charmé de voir le combat peint sous ses faces. Que dis-je? l'idée d'un combat singulier a été exprimée très-heureusement en deux mots par le même poëte. Idéus va mettre fin au combat entre Hector et Ajax; il dit aux deux héros :
« Guerriers chéris, ne combattez plus, ne vous
« faites plus la guerre. »
Et il ne faut pas voir ici un mot placé après un mot pour remplir la mesure seulement ; cela serait ridicule. Il faut songer que le héraut ayant à reprocher avec douceur à deux jeunes héros leur obstination, leur fierté, leur ardeur guerrière, s'est servi de deux mots pour peindre plus énergiquement et leur faire mieux sentir la faute qu'il y aurait à continuer le combat. Le redoublement rend l'invitation plus pressante. Voici encore une répétition qu'on ne doit trouver ni faible ni froide :

« pulatus esse, *vastasse* exinanisse, spoliasse, » nonne unam et eandem vim in sese habent? Sane. Sed quia cum dignitate orationis et cum gravi verborum copia dicuntur, quanquam eadem fere sint et ex una sententia cooriantur, plura tamen esse existimantur; quoniam et aures et animum sæpius feriunt. Hoc ornatus genus, in crimine uno vocibus multis atque sævis exstruendo, ille jam tunc M. Cato antiquissimus in orationibus suis celebravit, sicuti in illa, quæ inscripta est *De decem hominibus,* cum Thermum accusavit, quod decem liberos homines eodem tempore interfecisset, hisce verbis eandem omnibus rem significantibus usus est ; quæ quoniam sunt eloquentiæ latinæ tunc primum exorientis lumina quædam sublustria, libitum est ea mihi ἀπομνημονεύειν : « Tuum nefarium
« facinus pejore facinore operire postulas; succidias hu-
« manas facis, tantas trucidationes facis, decem funera
« facis, decem capita libera interficis, decem hominibus
« vitam eripis, indicta causa, injudicatis, incondemnatis. »
Item M. Cato in orationis principio, quam dixit in senatu *pro Rhodiensibus,* cum vellet res nimis prosperas dicere, tribus vocabulis idem sentientibus dixit. Verba ejus hæc sunt : « Scio solere plerisque hominibus in rebus secun-
« dis atque prolixis atque prosperis animum excellere, at-
« que superbiam, atque ferociam augescere. » Iidem Cato, ex *Originum* septimo, in oratione, quam contra Servium Galbam dixit, compluribus vocabulis super eadem re usus est : « Multa me dehortata sunt hinc prodire,
« anni, ætas, vox, vires, senectus ; vero enimvero cum
« tantam rem peragier arbitrarer. » Sed ante omnis apud Homerum ejusdem rei atque sententiæ luculenta exageratio est :

Ἕκτορα δ' ἐκ βελέων ὕπαγε Ζεὺς, ἔκ τε κονίης,
Ἔκ τ' ἀνδροκτασίης, ἔκ θ' αἵματος, ἔκ τε κυδοιμοῦ.

Item alio in versu :

Ὑσμῖναί τε, μάχαι τε, φόνοι τ', ἀνδροκτασίαι τε.

Nam cum omnia ista utrobique multa et continua nomina nihil plus demonstrent quam prælium, hujus tamen rei varia facies delectabiliter ac decore multis variisque verbis depicta est. Neque non illa quoque apud eundem poetam una in duobus verbis sententia cum egregia ratione repetita est. Idæus enim, cum inter Ajacem et Hectorem decertantes armis intercederet, his ad eos verbis usus est :

Μηκέτι, παῖδε φίλω, πολεμίζετε, μηδὲ μάχεσθον.

In quo versu non oportet alterum videri verbum, idem quod superius significans, supplendi numeri causa extrinsecus additum et consarcinatum. Est enim hoc inane admodum et futile. Sed cum in juvenibus gloriæ studio flagrantibus pervicaciam ferociamque et cupidinem pugnæ leniter tamen et placide objurgaret, atrocitatem rei et culpam perseverandi bis idem dicendo, alio atque alio verbo auxit, inculcavitque, duplexque eadem compellatio admonitionem facit instantiorem. Ne illa quidem ejusdem significationis repetitio ignava et frigida videri debet :

Μνηστῆρες δ' ἄρα Τηλεμάχῳ θάνατόν τε μόρον τε
Ἤρτυον᾽

quod bis idem dixerit : θάνατον καὶ μόρον ; indignitas enim moliendæ tam acerbæ tamque injustæ necis miranda mortis iteratione defleta est. Ceterum quis tam obtuso ingenio sit, quin intelligat : πολεμίζετε καὶ μάχεσθον, verba

« Les amants préparaient à Télémaque la mort
« et le trépas. »

En exprimant par deux mots l'idée de la mort, Homère déplore l'injustice et la cruauté du projet qu'on médite contre le fils d'Ulysse. Du reste, quel esprit si obtus ne comprend que *ne combattez plus, ne vous faites plus la guerre*, ne sont pas une vaine répétition? Il en est de même de ces mots :

« Va, pars, songe trompeur; va, pars,
« prompte Iris. »

Ce n'est pas là, comme on le dit, un parallélisme; c'est une vive exhortation à la célérité, un ordre pressant. Il y a, dans le discours de Cicéron *Contre Pison*, trois mots qui peuvent déplaire à l'homme sans goût, mais qui donnent à la phrase de l'harmonie et de la grâce, et peignent énergiquement l'hypocrisie : « Chez lui enfin, la physio-
« nomie tout entière, ce langage muet, fit tomber
« les gens dans le piège; elle abusa, trompa, in-
« duisit en erreur tous ceux qui n'y étaient pas ha-
« bitués » Que conclure de tous ces exemples ? que *manubiæ* et *præda* sont termes synonymes? Nullement. La phrase gagne-t-elle, à ce redoublement, de la grâce, de l'harmonie ou de la vigueur? Dans tous les anciens écrits, autre est le sens de *præda*, autre celui de *manubiæ*. Le premier de ces mots signifie les objets pris sur l'ennemi; le second, l'argent retiré de la vente faite par le questeur. Cicéron les a donc employés l'un et l'autre, afin de jeter plus de défaveur sur la loi, en montrant les décemvirs enlevant avec avidité et le butin qui ne serait pas encore vendu, et l'argent, produit de la vente. Ainsi, dans l'inscription que vous voyez là-haut, *Ex manubiis*, il ne s'agit pas de butin; Trajan n'apporta pas de semblable butin. L'inscription signifie que le trophée fut fait de l'argent provenant du butin. Par *manubiæ*, je le répète, il ne faut pas entendre le butin, mais le produit de la vente du butin, faite par le questeur. Or par ce mot, le questeur, il faut entendre aujourd'hui le préfet du trésor; car la surveillance du trésor a passé du questeur au préfet. Sans doute quelques écrivains, dont certains n'étaient pas sans mérite, ont employé *præda* pour *manubiæ*, et *manubiæ* pour *præda*. Il faut voir là une négligence, une distraction, ou un trope permis à qui s'en sert avec connaissance de cause. Quoi qu'il en soit, tous ceux qui ont parlé purement, et distingué avec soin le sens des mots, ont entendu par *manubiæ*, l'argent.

CHAPITRE XXV.

P. Nigidius pense que dans *Valérius*, au vocatif, la voix doit s'élever sur la première syllabe. Préceptes d'orthographe tirés du même auteur.

P. Nigidius, qui excella dans toutes les sciences, dit dans le vingt-quatrième livre des *Commentaires philologiques* : « Comment pourra-
« t-on accentuer purement, si l'on ne sait pas
« distinguer l'interrogatif du vocatif dans les
« noms, tels que *Valerius*, qui fait *Valeri* aux
« deux cas? A l'interrogatif, la voix s'élève sur la
« seconde syllabe plus que sur la première, et
« baisse sur la dernière. Au vocatif, la voix s'é-
« lève sur la première syllabe, et descend gra-

---

idem duo significantia non frustra posita esse : ut illa quoque :

Βάσκ' ἴθι, οὖλε Ὄνειρε· — — — καί·
Βάσκ' ἴθι, Ἴρι ταχεῖα,

neque ἐκ παραλλήλου, ut quidam putant, sed hortamentum esse acre jussæ imperatæque celeritatis? Verba quoque illa M. Ciceronis in L. Pisonem trigemina, etiamsi duræ auris hominibus non placent, non venustatem modo numeris quæsiverunt, sed figuram simulationemque oris pluribus simul vocibus everberaverunt : « Vultus deni-
« que, » inquit, « totus, qui sermo quidam tacitus mentis
« est, hic in fraudem homines impulit; hic eos, quibus
« erat ignotus, decepit, fefellit, induxit. » Quid igitur? Simile est, inquit, apud eundem *in præda* et *in manubiis?* Nihil, nihil profecto istiusmodi. Nam neque ornatius fit additis manubiis, neque exaggeratius modulatiusve : sed aliud omnino *præda* est, ut in libris rerum verborumque veterum scriptum est, aliud *manubiæ*. Nam *præda* dicitur corpora ipsa rerum, quæ capta sunt : *manubiæ* vero appellatæ sunt pecunia a quæstore ex venditione prædæ redacta. Utrumque ergo dixit M. Tullius, cumulandæ invidiæ gratia, decemviros ablaturos, persecuturosque et prædam, quæ nondum esset venundata, et pecuniam, quæ ex venditione prædæ percepta esset. Itaque hæc inscriptio, quam videtis : EX MANUBIIS, non res corporaque ipsa prædæ demonstrat; (nihil enim captum est horum a Trajano ex hostibus;) sed facta esse hæc comparataque ex manubiis, id est, ex pecunia prædaticia, declarat. *Manubiæ* enim sunt, sicuti jam dixi, non præda, sed pecunia per quæstorem populi romani ex præda vendita contracta. Quod per quæstorem autem dixi, intelligi nunc oportet præfectum ærario significari. Nam cura ærarii a quæstoribus ad præfectos translata est. Est tamen nonnusquam invenire, ita scripsisse quosdam non ignobiles scriptores ut aut temere aut incuriose *prædam* pro *manubiis*, et *manubias* pro *præda* posuerint; aut tropica quadam figura mutationem vocabuli fecerint; quod facere concessum est scite id periteque facientibus. Sed enim, qui proprie atque signate locuti sunt, sicuti hoc in loco M. Tullius, *manubias* pecuniam dixerunt.

CAPUT XXV.

Verba P. Nigidii, quibus dicit, in nomine *Valeri* in casu vocandi primam syllabam acuendam esse : et item alia ex ejusdem verbis ad rectam scripturam pertinentia.

P. Nigidii verba sunt ex *Commentariorum Grammaticorum* vicesimo quarto, hominis in disciplinis doctrinarum omnium præcellentis : « Deinde, » inquit, « vo-
« culatio qui poterit servari, si non sciemus in nomini-
« bus, ut Valeri, utrum interrogandi an vocandi sint?
« Nam interrogandi secunda syllaba superiore tono est
« quam prima, deinde novissima dejicitur : at in casu vo-
« candi summo tono est prima; deinde gradatim descen-

« duellement sur les autres. » Telle est la règle de Nigidius. Si toutefois aujourd'hui on appelait un Valérius, et qu'on plaçât un accent aigu sur la première syllabe, comme le veut Nigidius, on serait bien près d'exciter le rire. Il appelle l'accent (προσῳδία) aigu, *le ton le plus élevé*, et l'accent, *voculation*. Il donne enfin le nom d'*interrogatif* au cas que nous appelons *génitif*. Je remarque encore dans le même ouvrage le passage suivant : « Si vous employez *amicus*, « *magnus*, au génitif singulier masculin, vous « écrirez *amici*, *magni*; si vous les employez au « nominatif pluriel, vous écrirez *amicei*, *magnei*; « il en sera de même pour tous les mots sembla- « bles. *Terra* au génitif s'écrira *terrai*, au datif « *terrœ*. De même on écrira au génitif *mei*, « comme dans *mei studiosus*; au datif, *miei*. » Sur la foi d'un homme si savant, j'ai cru que, dans l'intérêt de ceux qui étudient la philologie, ces détails ne seraient pas déplacés ici.

CHAPITRE XXVI.

Vers de Virgile qui paraissent imités d'Homère et de Parthénius.

Voici un vers de Parthénius :

« A Glaucus, à Nérée, et à Mélicerte, dieu de la « mer. »

Virgile a imité ce vers; en changeant deux mots avec grâce, il a fait un vers semblable à celui du poëte grec :

« A Glaucus, à Panopée, et à Mélicerte, fils d'Ino. »

Mais en voici un autre où Virgile n'a pas égalé Homère, et ne lui ressemble pas. Homère a plus de simplicité, plus de grâce naïve, Virgile a quelque chose de moins antique; il y a plus de plâtre et de fard dans son style :

« Un taureau à Alphée, un taureau à Neptune, » dit Homère.

« Un taureau à Neptune, un taureau à toi, bel « Apollon, » dit Virgile.

CHAPITRE XXVII.

Le philosophe Panétius exhorte les hommes à être partout disposés à repousser l'injustice.

Je lisais les trois livres du philosophe Panétius *Sur les devoirs*, ouvrage que Cicéron a imité avec tant d'ardeur et de peine. Je lus dans le second livre, entre autres pensées utiles, les maximes suivantes, qu'il faut graver dans notre mémoire : Les hommes qui passent leur vie au milieu des affaires, dit-il, et veulent servir les leurs et eux-mêmes, trouvent partout dans la vie des embarras et des périls inattendus, perpétuels, et, pour ainsi dire, de tous les jours. Pour y échapper, il faut être toujours sur ses gardes, toujours attentif, comme les athlètes, dans le combat du pancrace. Les athlètes, dès le signal donné, se présentent les bras tendus en avant, et les mains comme un rempart devant leur tête. Tous leurs membres, avant même que le combat ne commence, sont en garde pour parer les coups, ou

---

« dunt. » Sic quidem [P.] Nigidius dici præcipit. Sed si quis nunc Valerium appellans, in casu vocandi, secundum id præceptum Nigidii acuerit primam, non aberit, quin rideatur. Summum autem tonum προσῳδίαν acutam dicit : et quem *accentum* nos dicimus, *voculationem* appellat : et *casum interrogandi* eum dicit, quem nunc nos *genitivum* dicimus. Id quoque in eodem libro Nigidiano animadvertimus : « Si *hujus*, inquit, *amici* vel « *hujus magni* scribas, unum i facito extremum; sin vero « *hi magnei, hi, amicei*, casu multitudinis recto, tum ante « *i* scribendum erit *e*, atque id ipsum facies in similibus. « Item si *hujus terrai* scribas, *i* littera sit extrema; si « *huic terræ*, per *e* scribendum est. Item *mei* qui scri- « bit in casu interrogandi, velut cum dicimus *mei studio-* « *sus*, per *i* unum scribat, non per *e*; at cum *miei*, tum « per *e* et *i* scribendum est, quia dandi casus est. » Hæc nos auctoritate doctissimi hominis adducti, propter eos, qui harum quoque rerum scientiam quærunt, non prætermittenda existimavimus.

CAPUT XXVI.

De versibus, quos Virgilius sectatus videtur, Homeri ac Parthenii.

Parthenii poetæ versus est :

Γλαύκῳ καὶ Νηρεῖ καὶ Εἰναλίῳ Μελικέρτῃ.

Eum versum Virgilius æmulatus est : itaque fecit duobus vocabulis venuste immutatis parem :

Glauco et Panopeæ et Inoo Melicertæ

Sed illi Homerico non sane re parem neque similem fecit ; esse enim videtur Homeri simplicior et sincerior, Virgilii autem νεωτερικώτερος, et quodam quasi ferrumine immisso fucatior :

Ταῦρον δ' Ἀλφειῷ, ταῦρον δὲ Ποσειδάωνι.

Taurum Neptuno, taurum tibi, pulcher Apollo.

CAPUT XXVII.

De sententia Panætii philosophi, quam scripsit in libro *De officiis* secundo; qua hortatur, ut homines ad cavendas injurias in omni loco intenti paratique sint.

Legebatur Panætii philosophi liber *De Officiis* secundus ex tribus illis inclitis libris, quos M. Tullius magno cum studio maximoque opere æmulatus est. Ibi scriptum est, cum multa alia ad bonam frugem ducentia, tum vel maxime, quod esse hærereque in animo debet. Id autem est ad hanc ferme sententiam : Vita, inquit, hominum, qui ætatem in medio rerum agunt, ac sibi suisque esse usui volunt, negotia periculosa ex improviso assidua et prope cotidiana fert. Ad ea cavenda atque declinanda perinde esse oportet animo semper promto atque intento, ut sunt athletarum, qui pancratiæ vocantur. Nam sicuti illi ad certandum vocati projectis alte brachiis consistunt, caputque et os suum manibus oppositis quasi vallo præmuniunt ; membraque eorum omnia, priusquam pugna mota est, aut ad vitandos ictus cauta sunt, aut ad faciendos parata : ita animus atque mens viri prudentis, adversus vim et petulantias injuriarum omni in loco atque in

prêts à en porter. Ainsi l'âme du sage, toujours attentive aux violences et aux injustices de toutes les sortes qui l'attendent partout et toujours, doit être toujours en garde, toujours sur la défensive, toujours prêts à agir. Il faut ne jamais fermer l'œil dans le danger, ne pas détourner ses regards, mais diriger toute son intelligence, toutes ses pensées contre les coups de la fortune et les artifices des méchants, de peur qu'un accident fâcheux ne fonde sur nous à l'improviste, et ne nous trouve sans défense.

CHAPITRE XXVIII.

Quadrigarius a dit *cum multis mortalibus*. En quoi le sens aurait-il été différent, s'il eût dit : *cum multis hominibus?*

On lit dans le treizième livre des Annales de Claudius Quadrigarius : « La séance levée, Métellus se rendit au Capitole suivi d'un grand nombre de mortels (*cum multis mortalibus*). Lorsqu'il en partit, toute la ville l'accompagna jusque chez lui. » Fronton lisait ces mots à un nombreux auditoire dont je faisais partie. Un homme qui n'était pas dépourvu de savoir trouva que *multis mortalibus*, pour, beaucoup d'hommes, était déplacé, froid dans une histoire, trop poétique. Fronton, s'adressant à lui : « Tu nous dis, toi dont le goût est généralement si pur, que *multis mortalibus* te semble froid et déplacé? Tu penses qu'un écrivain dont le style est modeste, simple et familier presque, aurait préféré sans motif *mortalibus* à *hominibus?* Tu crois qu'il aurait exprimé par *multis hominibus* la même multitude que par *multis mortalibus?* Pour moi, si toutefois l'affection, la vénération que j'ai pour cet écrivain, et généralement pour le style de mes aïeux, ne m'aveugle pas, je suis convaincu que *mortales* exprime plus énergiquement que *homines* la foule, la multitude, une ville entière. *Multi homines* peut n'exprimer qu'un nombre d'hommes assez médiocre. *Multi mortales*, au contraire, embrasse, (je ne sais pourquoi, mais je le juge par un sentiment indéfinissable) tout ce qui se trouve dans la ville, toutes sortes de personnes, tous les ordres, tous les âges, tous les sexes. Quadrigarius donc, voulant nous montrer, en fidèle historien, le pêle-mêle d'une grande multitude, a dit que Métellus s'était rendu au Capitole *cum multis mortalibus;* et cela est bien plus expressif que *cum multis hominibus*. » Nous approuvâmes et admirâmes même, comme cela devait être, ces paroles de Fronton; il reprit : « N'allez pas croire qu'il faille partout et toujours dire *mortales multi*, au lieu de *homines multi*, de peur de réaliser le proverbe grec que Varron cite dans sa satire : « Dans la lentille le parfum. » Je n'ai pas voulu passer sous silence ce jugement de Fronton, malgré le peu d'importance du sujet, afin que nous apprenions à distinguer avec finesse le sens de ces sortes de mots.

CHAPITRE XXIX.

Le mot *facies* a un sens plus étendu que celui que le vulgaire lui donne.

Il est à remarquer que la plupart des mots la-

---

tempore prospiciens, debet esse erecta, ardua, septa solide, expedita, in sollicitis nunquam connivens, nusquam aciem suam flectens, consilia cogitationesque contra fortunæ verbera, contraque insidias iniquorum, quasi brachia et manus protendens; ne qua in re adversa et in repentina incursio imparatis improtectisque nobis oboriatur.

CAPUT XXVIII.

Quod Quadrigarius *cum multis mortalibus* dixit, an quid et quantum differret, si dixisset *cum multis hominibus.*

Verba sunt Claudii Quadrigarii ex *Annalium* ejus tertio decimo : « Contione dimissa Metellus in Capitolium venit « cum multis mortalibus; inde cum domum proficiscitur, « tota civitas eum reduxit. » Cum is liber eaque verba a Frontone, nobis et ac plerisque aliis assidentibus, legerentur; et cuidam haud sane viro indocto videretur *multis mortalibus* pro *hominibus multis* inepte frigideque in historia nimisque id poetice dixisse : tum Fronto illi, cui hoc videbatur : Ain' tu, inquit, aliarum homo rerum judicii elegantissimi, *mortalibus multis* ineptum tibi videri et frigidum? Nil autem arbitrare causæ fuisse, quod vir modesti atque puri et prope cotidiani sermonis *mortalibus* maluit, quam *hominibus* dicere? Eandemque credis futuram fuisse multitudinis demonstrationem, si *cum multis hominibus*, ac non *cum multis mortalibus* diceret? Ego quidem, inquit, sic existimo, nisi si me scriptoris istius omnisque antiquæ orationis amor atque veneratio cæco esse judicio facit, longe longeque esse amplius, prolixius, fusius, in significanda totius prope civitatis multitudine, *mortales* quam *homines* dixisse. Namque multorum hominum appellatio intra modicum quoque numerum, cohiberi atque includi potest; *multi* autem *mortales* nescio quo pacto et quodam sensu inenarrabili omne fere genus, quod in civitate est, et ordinum, et ætatum, et sexus, compre[he]ndunt; quod scilicet Quadrigarius, ita ut res erat, ingentem atque promiscam multitudinem volens ostendere, *cum multis mortalibus* Metellum in Capitolium venisse dixit, ἐμφατικώτερον, quam si *cum multis hominibus* dixisset. Ea nos omnia, quæ Fronto dixit, cum ita, ut par erat, non approbantes tantum, sed admirantes quoque audiremus : Videte tamen, inquit, ne existimetis, semper atque in omni loco *mortales multos* pro *multis hominibus* [esse] dicendum; ne plane fiat græcum illud de Varronis satira proverbium τὸ ἐπὶ τῇ φακῇ μύρον. Hoc judicium Frontonis, etiam [in] parvis minutisque vocabulis, non prætermittendum putavi, ne nos forte fugeret lateretque subtilior hujuscemodi verborum consideratio.

CAPUT XXIX.

Non hactenus esse *faciem*, qua vulgo dicitur.

Animadvertere est, pleraque verborum latinorum ex ea significatione, in qua nata sunt, decessisse vel in aliam longe vel in proximam, eamque decessionem factam esse consuetudine et inscitia temere dicentium, quæ cuimodi

tins se sont plus ou moins écartés de leur signification primitive. C'est là le résultat nécessaire de l'ignorance des gens qui parlent sans connaître le sens des mots qu'ils emploient. Ainsi, on croit que *facies* ne désigne que la bouche, les yeux et les joues, ce que les Grecs appellent πρόσωπον; au lieu que ce mot exprime la forme et la figure de tout le corps, la manière dont il est fait; il dérive de *facere*, comme *species* de *aspectus*, et *figura* de *fingere*. Ainsi Pacuvius, dans la tragédie intitulée *Niptra*, a dit *facies* pour la taille d'un homme :

Ætate integra, feroci ingenio, facie procera virum.

« Homme dans la vigueur de l'âge, d'un carac-
« tère fier, d'une haute taille. »

D'ailleurs *facies* ne se dit pas seulement de l'homme; il se dit aussi de toutes sortes de choses. On dit *montis, cœli, maris facies*; et si on le dit à propos, c'est bien dit. On lit dans la seconde histoire de Salluste : « La Sardaigne, dans la
« mer d'Afrique, ayant la forme d'une semelle
« (*facie vestigii humani*), est plus large vers l'o-
« rient que vers l'occident. » Mais voilà qu'il me revient en ce moment que Plaute, dans le *Pœnulus*, a employé *facies* pour le teint et la forme de tout le corps :

« Mais leur nourrice, décris-la-moi (*qua sit*
« *facie mihi expedi*). — Taille moyenne, teint
« basané, belle apparence, bouche petite, yeux
« très-noirs. — Certes tu me l'as peinte avec la
« parole. »

Enfin je me souviens que Quadrigarius, dans son onzième livre, a dit *facies* pour la taille et toute la forme du corps.

---

sint', non didicerint. Sicuti quidam *faciem* esse hominis putant os tantum et oculos et genas, quod Græci πρόσωπον dicunt : quando *facies* sit forma omnis, et modus, et factura quædam corporis totius, a *faciendo* dicta; ut ab *aspectus species*, et a *fingendo figura*. Itaque Pacuvius in tragœdia, quæ *Niptra* inscribitur, *faciem* dixit hominis pro corporis longitudine.

Ætate, inquit, integra, feroci ingenio, facie procera virum.

Non solum autem in hominum corporibus, sed etiam in rerum cujusquemodi aliarum, *facies* dicitur. Nam *montis* et *cœli* et *maris facies*, si tempestive dicatur, probe dicitur. Sallustii verba sunt ex historia secunda : « Sardinia
« in Africo mari facie vestigii humani in Orientem quam
« in Occidentem latior prominet. » Ecce autem id quoque in mentem venit, quod etiam Plautus in Pœnulo *faciem* pro totius corporis colorisque habitu dixit. Verba Plauti hæc sunt :

Sed earum nutrix qua sit facie, mihi expedi.
Statura non magna, corpore aquilo 'st; ipsa ea 'st.
Specie venusta, ore [parvo] atque oculis pernigris.
Formam quidem hercle verbis depinxti probe.

Præterea memini, Quadrigarium in undecimo *faciem* pro statura totiusque corporis figura dixisse.

CHAPITRE XXX.

Que signifie, dans la satire de M. Varron, *caninum prandium?*

Il n'y a pas longtemps, un ignorant plein de vanité se louait et se vantait chez un libraire, comme si seul sous le ciel il eût entendu les satires de Varron, satires qu'on appelle indistinctement *Cyniques* ou *Ménippées*. Il nous jetait à la tête des passages faciles, et semblait croire qu'on n'ambitionnerait même pas l'honneur d'en conjecturer le sens. J'avais sur moi un de ces livres de satires, intitulé ὑδροκύων, le chien buveur d'eau. Je m'approchai, et lui dis : « Tu sais, maître, le vieux proverbe des Grecs : Musique à huis-clos n'est bonne à rien. Je te prierai donc de lire ces vers, et de m'expliquer le proverbe qu'ils renferment. — Lis plutôt toi-même, me répondit-il, les vers que tu ne comprends pas, afin que je te les explique. » Je repris : « Comment pourrai-je lire ce que je ne puis comprendre? Je mettrai tant de confusion dans ma lecture, que j'en jetterai dans ton esprit. » On fut unanime à penser comme moi; et, pour satisfaire au désir général, notre glorieux prit de ma main le manuscrit, dont le texte était singulièrement pur et l'écriture très-nette. Il le prit avec quelque dépit et quelque tristesse. Dois-je poursuivre? Je n'ose en vérité demander qu'on me croie. L'enfant le plus novice, à l'école, aurait été moins ridicule, s'il eût tenu ce livre; tant il brisait le sens des phrases et estropiait les mots. Il me rendit mon livre au milieu des éclats de rire : « Tu le vois, me dit-il, mes yeux sont malades, fatigués par des veilles continuelles; à peine puis-je lire les premières lettres. Aussitôt que mes yeux seront remis, reviens, et je te lirai le livre tout

CHAPITRE XXX.

Quid sit in satira M. Varronis : *caninum prandium*.

Laudabat venditabatque se nuper quispiam in libraria sedens homo ineptus, gloriosus, tanquam unus esset sub omni cœlo satirarum M. Varronis enarrator, quas partim Cynicas, alii Menippæas appellant. Et jaciebat inde quædam non admodum difficilia, ad quæ conjicienda adspirare posse neminem dicebat. Tum forte eum ego librum ex iisdem satiris ferebam, qui Ὑδροκύων inscriptus est. Propius igitur accessi, et : « Nosti, inquam, magister, verbum illud scilicet e Græcia vetus : Musicam, quæ sit abscondita, eam esse nulli rei? Oro ergo te, legas hos versus pauculos, et proverbii istius, quod in his versibus est, sententiam dicas mihi. Lege, inquit, tu mihi potius, quæ non intelligis, ut ea tibi ego enarrem. Quonam, inquam, pacto legere ego possum, quæ non assequor? Indistincta namque et confusa fient, quæ legero, et tuam quoque impedient intentionem. Tunc aliis etiam, qui ibi aderant, compluribus idem comprobantibus desiderantibusque, accipit a me librum veterem, fidei spectatæ, luculente scriptum. Accipit autem inconstantissimo vultu et mœstissimo. Sed quid deinde dicam? Non audeo hercle postulare, ut id credatur mihi. Pueri in ludo rudes, si eum librum accepissent, non ii magis in legendo deridiculi fuis-

entier. — Je souhaite un prompt rétablissement à tes yeux, répondis-je. Mais les yeux ne sont ici pour rien, dans le passage que tu as lu. *Prandium caninum*, que signifie-t-il, je te prie? L'illustre fourbe se lève aussitôt, comme effrayé par la difficulté de ma question, et s'écrie en s'en allant : « Ce n'est pas peu de chose que cela. Je n'enseigne pas cela gratis. » Voici du reste le passage où le proverbe se trouve : « Ne vois-tu pas que Mnesthée « distingue trois sortes de vin : le noir, le blanc, « l'intermédiaire appelé roux; le nouveau, le vieux, « l'intermédiaire? Le noir provoque la bile, le blanc « l'urine, l'intermédiaire la digestion. Le nouveau « rafraîchit, le vieux réchauffe. L'intermédiaire, « dîner de chiens. » Que veulent dire ces derniers mots? C'est une question fort légère, qui nous arrêta, qui nous tourmenta longtemps. Or voici l'explication. Un dîner *abstème*, où l'on ne boit pas de vin, est appelé dîner de chien, parce que le chien ne boit pas de vin. Généralement, on ne distingue que deux sortes de vin : le vieux et le nouveau; Varron appelle intermédiaire un vin qui n'est plus nouveau, sans être encore vieux. Il pense que ce vin n'a la vertu ni du vieux ni du nouveau, et qu'il ne doit pas être compté, puisqu'il ne réchauffe ni ne rafraîchit. Il appelle rafraîchir, *refrigerare*, ce que les Grecs appellent ἀναψύξαι.

LIVRE XIV.

CHAPITRE I.

Dissertation de Favorinus contre ceux qui, sous le nom de Chaldéens, exercent l'astrologie.

J'ai entendu un jour le philosophe Favorinus parler en grec, avec un grand éclat oratoire, contre les gens qui, sous le nom de Chaldéens ou de Génethliaques, se vantent de prédire l'avenir par la place ou le mouvement des astres. Était-ce un exercice oratoire ou une dissertation sérieuse, je ne saurais le dire; mais sans doute le philosophe ne voulait pas faire montre de son esprit. A peine sorti, j'eus hâte d'écrire les principales raisons qu'il avait fait valoir, autant du moins que ma mémoire me le permit. Les voici à peu près. La science des Chaldéens ne remonte pas aussi haut qu'ils veulent le faire accroire; ils lui ont donné des fondateurs imaginaires. Cette charlatanerie a eu pour inventeurs des escrocs, à qui leurs mensonges ont donné du pain et de l'argent. Ils ont vu sur la terre, sous les yeux de l'homme, des choses qui subissaient l'influence du ciel; ainsi l'océan suit la lune, croît et décroît avec elle; et ils se sont dit que c'était là une raison de nous faire accroire que tous les événements d'ici bas, grands et petits, étaient liés aux étoiles, et conduits par elles. Mais cela est par trop inepte, par trop absurde. Sans doute le mouvement de

---

sent; ita et sententias intercidebat, et verba corrupte pronuntiabat. Reddit igitur mihi librum multis jam ridentibus; et : Vides, inquit, oculos meos ægros assiduisque lucubrationibus prope jam perditos : vix ipsos litterarum apices potui compre[he]ndere : cum valebo ab oculis, revise ad me, et librum istum tibi totum legam. Recte, inquam, sit oculis, magister, tuis. Sed, in quo illis nihil opus est, id, rogo te, dicas mihi : *Caninum prandium* in hoc loco, quem legisti, quid significat? Atque ille egregius nebulo, quasi difficili quæstione perterritus, exsurgit statim : et abiens : Non, inquit, parvam rem quæris : talia ego gratis non doceo. Ejus autem loci, in quo id proverbium est, verba hæc sunt : « Non vides apud Mnestheum « scribi, tria genera esse vini, nigrum, album, medium, « quod vocant κιρρόν; novum, vetus, medium; et efficere « nigrum virus, album urinam, medium πέψιν? novum « refrigerare, vetus calefacere, medium [vero] esse pran- « dium caninum? » Quid significet *prandium caninum*, rem leviculam diu et anxie quæsivimus. Prandium autem abstemium, in quo nihil vini potatur, *caninum* dicitur, quoniam canis vino caret. Cum igitur medium vinum appellasset, quod neque novum neque vetus esset, et plerumque homines ita loquantur, ut omne vinum aut novum esse dicant, aut vetus : nullam vim habere significavit neque novi, neque veteris, quod medium esset; idcirco pro vino non habendum, quia neque refrigeraret, neque calefaceret. *Refrigerare* id dicit, quod græce dicitur ἀναψύξαι.

LIBER XIV.

CAPUT I.

Dissertatio Favorini philosophi adversus eos, qui *Chaldæi* appellantur, et ex cœtu motibusque siderum et stellarum fata se hominum dicturos pollicentur.

Adversum istos, qui sese Chaldæos seu genethliacos appellant, ac de motu deque positu stellarum dicere posse, quæ futura sunt, profitentur, audivimus quondam Favorinum philosophum Romæ græce disserentem egregia atque illustri oratione; exercendi autem, non ostentandi, gratia ingenii, an quod ita serio judicatoque existimaret, non habeo dicere. Capita autem locorum argumentorumque, quibus usus est, quod ejus meminisse potui, egressus ibi ex auditione propere annotavi; eaque fuerunt ad hanc ferme sententiam : Disciplinam istam Chaldæorum tantæ vetustatis non esse, quantæ videri volunt; neque aos principes ejus auctoresque esse, quos ipsi ferunt : sed id præstigiarum atque officiarum genus commentos esse homines æruscatores, et cibum quæstumque ex mendaciis captantes. Atque eos, quoniam viderent terrena quædam inter homines sita cœlestium rerum sensu atque ductu moveri; quale est, quod oceanus quasi lunæ comes cum ea simul senescit adolescitque; hinc videlicet sibi argumentum ad persuadendum paravisse, ut crederemus, omnia rerum humanarum et parva et maxima, tanquam stellis atque sideribus evincta, duci et regi. Esse autem nimis quam ineptum absurdumque, ut, quoniam æstus oceani cum

l'océan concorde avec le cours de la lune : croirons-nous pour cela qu'un procès sur un cours d'eau entre riverains, sur un mur mitoyen entre voisins, dépendra du ciel, où il sera rattaché par je ne sais quelle chaîne? Mais supposons toutefois qu'il existe une liaison entre les choses du ciel et celles de la terre : le génie de l'homme, tel qu'on le supposera, pourrait-il, dans le cours d'une si courte vie, saisir cette liaison? A peine pourra-t-il former quelques conjectures grossières, sans fondement, sans liaison, vagues et arbitraires, autant que l'œil pourra distinguer à travers la nuit qui le sépare des objets. Certes, on resserrerait singulièrement la distance entre les dieux et les hommes, si les hommes venaient à pouvoir lire dans l'avenir. Mais dans l'observation des astres, cette base de la science astrologique, n'y a-t-il rien à redire? Si les premiers astrologues, les Chaldéens, au milieu de leurs larges campagnes, ont observé les étoiles, leurs mouvements, leurs routes, leurs séparations et leurs rapprochements; s'ils ont, après cela, reconnu l'influence de toutes ces choses; exercez l'astrologie, mais sous la même latitude que les Chaldéens. Car comment leur science pourrait-elle trouver son application sous toutes les latitudes? L'inclinaison et la convexité du monde partage le ciel en zones, en cercles sans nombre; qui ne le voit? Mais les étoiles, dont tout, d'après eux, subit l'influence chez les hommes et chez les dieux, ne produisent pas partout à la fois la chaleur ou la gelée, elles répandent une grande variété sur le globe, où règne à la fois le beau temps et la tempête. Pourquoi n'exercent-elles pas aussi une influence différente sur les événements, selon qu'ils se passent en Chaldée, en Gétulie, près du Danube, ou sur les bords du Nil? Quelle inconséquence de croire que l'atmosphère change d'état et de nature, selon la courbure du ciel; et que les étoiles ont toujours la même action sur les événements de la terre, et qu'elles annoncent l'avenir de la même manière, de quelque point du globe que vous regardiez le ciel! Enfin, ne faut-il pas s'étonner de voir tenir pour certain que ces étoiles, observées par les Chaldéens et les Babyloniens, disent les uns, par les Égyptiens, disent les autres, qu'on appelle communément *erraticæ*, et que Nigidius appelle *errones*, que ces étoiles, dis-je, ne soient pas plus nombreuses qu'on ne le dit? Ne peut-il pas se faire qu'il y ait d'autres planètes d'une influence égale, qu'on ne peut qu'imparfaitement distinguer, qui se dérobent aux yeux de l'homme par leur petitesse ou leur éloignement? Il est des astres qui, étant vus d'une partie du globe, sont connus de ceux qui l'habitent, tandis qu'ils sont invisibles pour les habitants d'un autre hémisphère. Cependant, supposons qu'il n'a fallu observer que telles étoiles et telle latitude seulement; je le demande, quel sera le terme de l'observation? Quel laps de temps sera suffisant pour comprendre enfin ce qu'annoncent les constellations, leurs révolutions ou leur passage? Sans doute l'astrologie a suivi cette marche : on a observé quel état du ciel, quelles constellations avaient présidé à la naissance de tel homme. A mesure que cet homme s'est avancé dans la vie, on

---

lunæ curriculo congruit, negotium quoque alicujus, quod ei forte de aquæ ductu cum rivalibus, aut de communi pariete cum vicino apud judicem est, ut existimemus, id negotium quasi habena quadam de cœlo vinctum gubernari. Quod etsi vi et ratione quæ[piam] divina fieri potest, nequaquam tamen id censebat in tam brevi exiguoque vitæ spatio quantovis hominis ingenio comprehendi posse et percipi; sed conjectari pauca quædam, ut verbo ipsius utar, παχυμερέστερον, nullo scientiæ fundo concepta, sed fusa et vaga et arbitraria; qualis longinqua oculorum acies est per intervalla media caligantium; tolli enim, quod maxime inter deos atque homines differt, si homines quoque res omnis post futuras præcognoscerent. Ipsam deinde siderum stellarumque observationem, quam esse originem scientiæ suæ prædicarent, haudquaquam putabat liquide consistere. Nam si principes Chaldæi, qui in patentibus campis colebant, stellarum motus et vias et discessiones et cœtus intuentes, quid ex his efficeretur, observaverunt; procedat, inquit, hæc sane disciplina, sed sub ea modo inclinatione cœli, sub qua tunc Chaldæi fuerunt : non enim potest, inquit, ratio Chaldæorum observationis manere, si quis ea uti velit sub diversis cœli regionibus. Nam quanta, inquit, partium circulorumque cœli ex divergentia et convexionibus mundi varietas sit, quis non videt? Eædem igitur stellæ, per quas omnia divina humanaque fieri contendunt, sicuti non usquequaque pruinas aut calores cient, sed mutant et variant, tempestatesque eodem in tempore, alibi placidas, alibi violentas movent : cur non eventa quoque rerum ac negotiorum alia efficiunt in Chaldæis, alia in Gætulis, alia apud Danubium, alia apud Nilum? Per autem, inquit, inconsequens, ipsum quidem corpus et habitum tam profundi aeris sub alio atque alio cœli curvamine non eundem manere; in hominum autem negotiis stellas istas opinari idem semper ostendere, si eas ex quacunque terra conspexeris. Præterea mirabatur, id cuiquam pro percepto liquere, stellas istas, quas a Chaldæis et Babyloniis sive Ægyptiis observatas ferunt, (quas multi *erraticas*, Nigidius *errones* vocat;) non esse pluris quam vulgo dicerentur; posse enim fieri existimabat, ut et alii quidam planetæ pari potestate essent, sine quibus recta atque perpetua observatio perfici non quiret; neque eos tamen cernere homines possent, propter exsuperantiam vel splendoris vel altitudinis. Nam et quædam, inquit, sidera e quibusdam terris conspiciuntur, earumque terrarum hominibus nota sunt; sed eadem ipsa ex omni terra alia non videntur, et sunt aliis omnino ignarissima. Atque, uti demus, inquit, et has tantummodo stellas, et ex una parte terræ observari debuisse; 'quæ tandem finis observationis istius fuit, et quæ tempora satis esse visa sunt ad percipiendum, quid præmonstraret aut cœtus stellarum, aut circuitus, aut transitus? Nam si isto modo cœpta fieri observatio est, ut animadverteretur, quo habitu, quaque forma, quaque positura stellarum aliquis

a observé sa fortune, ses mœurs, son naturel, et les accidents divers qui lui sont survenus, enfin sa mort; on a pris note de toutes ces choses, à mesure qu'elles se manifestaient. Alors, après une longue expérience, on a jugé que quiconque naîtrait sous ce même état du ciel aurait les mêmes penchants et la même destinée. Est-ce ainsi qu'on a procédé, et composé l'art de l'astrologie? Cette marche n'a pu être suivie. Qu'on me dise, en effet, combien d'années, ou plutôt combien de siècles il a fallu pour parcourir ce long cercle d'observations. Les astrologues sont d'accord sur ce point, que les étoiles errantes, qui portent avec elles toutes les destinées, ne reparaissent dans la même situation respective qu'après un nombre innombrable, une infinité d'années : il n'y a pas d'observations qui aient pu les suivre dans ce long cours, pas même de livre qui ait pu en conserver si longtemps le souvenir. Voici encore une chose dont il faut bien, après tout, tenir compte. La constellation sous laquelle nous sommes conçus n'est pas la même sans doute que celle qui, neuf mois après, préside à notre naissance. Ne faut-il donc pas faire pour un seul individu une double observation, si nos destinées varient selon la disposition et le mouvement des mêmes étoiles, comme le prétendent les astrologues? Mais encore, le jour des noces, le jour où les époux s'unissent, les constellations ne doivent-elles pas décider du caractère et de la destinée de l'enfant à naître? Que dis-je? longtemps avant que le père et la mère ne soient venus au monde, il a fallu conjecturer ce que seraient un jour ceux qui naîtraient d'eux, et ainsi de suite en remontant d'une manière indéfinie. Ainsi, si cet art est fondé sur une base quelque peu solide, cent siècles avant nous, ou plutôt à partir du premier jour du ciel et du monde, et en descendant ensuite jusqu'à nous, les étoiles ont dû annoncer, par des signes successifs et se renouvelant de génération en génération, quel serait et ce que deviendrait l'enfant qui naît aujourd'hui. Mais comment est-il possible de croire que chaque disposition des planètes ne soit destinée qu'à influer sur la vie d'un homme, d'un seul homme, et que cette disposition ne reparaisse qu'après une longue suite de siècles, tandis que des signes annonçant à cet homme la même destinée se renouvelleront perpétuellement à de très-courts intervalles, à chaque génération, dans une succession infinie, sans que l'aspect du ciel soit le même? S'il en est ainsi, si l'on admet que cette diversité à toutes les époques, depuis les temps les plus reculés, annonce les premières destinées de l'homme à venir, cette diversité jette le trouble dans l'observation, brouille et confond la science. Favorinus aurait encore pardonné aux astrologues leur opinion sur les accidents qui nous viennent du dehors et sont indépendants de notre volonté; mais il souffrait de leur entendre dire que nos résolutions, nos volontés libres et si diverses, nos désirs et nos dégoûts, les mouvements soudains qui, dans les plus petites choses, nous portent vers un objet ou nous en détournent, viennent d'en haut; que le ciel nous meut et nous agite. Ainsi, disait-il, vous voulez aller aux

---

nasceretur : tum deinceps ab ineunte vita, fortuna ejus, et mores, et ingenium, et circumstantia rerum negotiorumque, et ad postremum finis etiam vitæ [ex]spectaretur, eaque omnia, ut usu venerant, litteris mandarentur, ac postea longis temporibus, cum ipsæ illæ eodem in loco eodemque habitu forent, eadem ceteris quoque eventura existimarentur, qui eodem illo [tempore] nati fuissent; si isto, inquit, modo observari cœptum [est], et ex ea observatione composita quædam disciplina est, nullo id pacto potest procedere. Dicant enim, quot tandem annis, vel potius quot seculis orbis hic observationis perfici quiverit. Constare quippe inter astrologos dicebat, stellas istas, quas *erraticas* dicerent, quæ esse omnium rerum fatales viderentur, infinito prope et innumerabili numero annorum ad eundem locum, cum eodem habitu simul omnes profectæ sunt, regredi; ut neque ullus observationis tenor, neque memoriæ ulla effigies litterarum tanto ævo potuerit edurare. Atque illud etiam cuimodi esset considerandum putabat; quod aliud stellarum agmen foret, quo primum tempore conciperetur homo in utero matris, aliud postea cum in decem mensibus proximis in lucem ederetur; quærebatque, qui conveniret, diversam super eodem fieri demonstrationem : si, ut ipsi putarent, alius atque alius earundem stellarum situs atque ductus alias atque alias fortunas daret. Sed et nuptiarum tempore, ex quibus liberi quærerentur, atque ipso etiam illo maris atque feminæ coitu, jam declarari oportere dicebat, certo quodam et necessario stellarum ordine, quales qualique fortuna homines gignerentur : ac multo etiam ante, quam pater ipse atque mater nascerentur, ex eorum genitura debuisse jam tum prospici, quinam olim futuri essent, quos ii creaturi forent, et supra longe atque longe per infinitum : ut, si disciplina ista fundamento aliquo veritatis nixa est, centesimo usque abhinc seculo, vel magis primo cœli atque mundi exordio, atque inde jam deinceps, continua significatione, quotiens generis auctores ejusdem homines nascerentur, stellæ istæ præmonstrare debuerint, qualis qualique fato futurus sit, quisque hodie natus est. Quo autem, inquit, pacto credi potest, uniuscujusque totidem formæ et positionis sortem atque fortunam uni omnino homini certam destinatamque esse, eamque formam, post longissima seculorum spatia, restitui, si vitæ fortunarumque ejusdem hominis indicia, in tam brevibus intervallis, per singulos majorum ejus gradus, perque infinitum successionum ordinem, tam sæpe ac tam multipliciter eadem ipsa, non eadem stellarum facie denotantur? Quod si id fieri potest, eaque diversitas atque varietas admittitur per omnis antiquitatis gradus, ad significanda eorum hominum, qui post nascentur, exordia : imparilitas hæc turbat observationem, omnisque ratio disciplinæ confunditur. Jam vero id minime ferundum censebat, quod non modo casus et eventa, quæ evenirent extrinsecus, sed consilia quoque hominum ipsa et arbitrarias et varias voluntates appetitio-

bains, puis vous ne voulez plus, puis vous voulez encore : tout cela ne vient pas de l'agitation de l'âme ; c'est l'effet d'un mouvement alternatif des astres errants. En sorte que les hommes ne sont plus, comme on le croyait, des animaux doués de la raison, mais des jouets, de ridicules marionnettes ; chez l'homme plus de spontanéité, plus de libre arbitre ; ce sont les planètes qui tiennent les rênes et conduisent le char. Eh quoi ! on a pu prédire avec certitude qui serait vainqueur, de Pyrrhus ou de Manius Curius ! Eh bien ! on joue là aux dames et aux échecs : qu'ils nous disent qui gagnera. Sans doute ils savent les grandes choses, ils ignorent les petites ; les petites choses sont moins perceptibles que les grandes. Mais s'ils revendiquent la grandeur comme plus visible à l'œil et plus perceptible à l'esprit, je leur demanderai ce que nos petits intérêts et nos destinées si courtes leur offrent de grand dans l'ample sein de la nature, dans l'universalité des êtres. Je leur adresserai encore une autre question ; je leur dirai : Si l'instant où l'homme naît, et subit l'influence des planètes, est si court et passe si vite, que plusieurs enfants ne puissent naître au même instant, sous le même état du ciel, pour la même destinée ; si les jumeaux même ne subissent pas la même influence : parce qu'ils ne naissent pas au même moment, répondez ; cet instant qui vole et s'enfuit, qui se dérobe même à la pensée, comment pourrez-vous le calculer, le distinguer ? N'avouez-vous pas que, dans les révolutions précipitées des jours et des nuits, les plus courts instants enfantent de grandes mutations ? Enfin Favorinus demandait ce qu'on pourrait répondre à ceci : Des personnes de tout sexe et de tous les âges, nées sous des mouvements planétaires différents, à une grande distance les uns des autres, meurent tous ensemble, en même temps, et de la même mort, dans un abîme qui s'entr'ouvre, sous un toit qui s'écroule, dans le sac d'une ville, ou par l'effet d'une tempête qui engloutit le navire où ils sont tous. Cela pourrait-il avoir lieu, disait-il, si l'instant de la naissance décidait de la destinée ? Dira-t-on que, si ces hommes sont nés à diverses époques, un même concours de planètes a pu dans la suite mettre quelque ressemblance et quelque égalité dans leur vie et leur mort ? Pourquoi donc n'arriverait-il pas que tout fût égal, et qu'un même concours de planètes nous donnât plusieurs Socrates, plusieurs Antisthènes, plusieurs Platons, dont la naissance, le corps, l'esprit, les mœurs, la vie et la mort seraient semblables ? Or cela est impossible. Ils n'expliqueront donc pas par ce moyen que la mort soit la même, après que la naissance ne l'a pas été. Favorinus voulait, du reste, leur faire grâce d'un argument ; et il ne leur demandait pas : Puisque, pour l'homme, l'origine et la cause de la vie, de la mort, de tous les événements, sont dans le ciel, dans les planètes, que nous direz-vous des mouches, des vermisseaux, des hérissons, et d'une foule d'autres petits animaux qui vivent sur la terre ou dans la mer ? En naissant, subissent-ils les mêmes influences que

---

nesque et declinationes, et fortuitos repentinosque in levissimis rebus animorum impetus recessusque, moveri agitarique desuper e cœlo putarent : tanquam quod forte ire in balneas volueris, ac deinde nolueris, atque id rursum volueris, non ex aliqua dispari variaque animi agitatione, sed ex necessaria quadam errantium siderum reciprocatione contigerit : ut plane homines non, quod dicitur, λογικὰ ζῶα, sed ludicra et ridenda quædam νευρόσπαστα esse videantur, si nihil sua sponte, nihil arbitratu suo faciunt, sed ducentibus stellis et aurigantibus. Ac si, inquit, potuisset prædici affirmanter, Pyrrhusne rex, an Manius Curius prœlio victurus esset : cur tandem non de alea quoque, ac de calculis et alveolo audent dicere, quisnam ibi ludentium vincat ? An videlicet magna sciunt, parva nesciunt : et minora majoribus imperceptiora sunt ? Sed si magnitudines rerum sibi vindicant, magisque esse perspicuas, et facilius comprehendi posse dicunt : volo, inquit, mihi respondeant, quid in hac totius mundi contemplatione, præstantis naturæ operibus, in tam parvis atque brevibus negotiis fortunisque hominum magnum putent : atque id velim etiam, inquit, ut respondeant : si tam parvum atque rapidum est momentum temporis, in quo homo nascens fatum accipit, ut in eodem illo puncto sub eodem circulo cœli plures simul ad eandem competentiam nasci non queant : et si idcirco gemini quoque non eadem vitæ sorte sunt, quoniam non eodem tempori puncto editi sunt ; peto, inquit, respondeant, cursum illum temporis transvolantis, qui vix cogitatione animi comprehendi potest, quonam pacto aut consulto assequi queant, aut ipsi perspicere et deprehendere : cum in tam præcipiti dierum noctiumque vertigine minima momenta singulis facere dicant mutationes. Ad postremum autem, et quid esset, quod adversum hoc dici posset, requirebat ; quod homines utriusque sexus omnium ætatum, diversis stellarum motibus in vitam editi, regionibus, sub quibus geniti sunt, longe distantibus, omnes tamen isti, aut hiantibus terris, aut labentibus tectis, aut oppidorum expugnationibus, aut eadem in navi fluctu obruti, eodem genere mortis, eodemque ictu temporis universi simul interirent. Quod scilicet, inquit, nunquam eveniret, si momenta nascendi singulis attributa suas unumquodque leges haberent. Quod si quædam, inquit, in hominum morte atque vita etiam diversis temporibus editorum per stellarum pares quosdam postea conventus, paria nonnulla et consimilia posse dicunt obtingere : cur non aliquando possint omnia quoque paria usu venire ; ut existant per hujuscemodi stellarum concursiones et similitudines Socratæ simul et Antisthenæ, et Platonæ multi, genere, forma, ingenio, moribus, vita omni et morte pari ? Quod nequaquam, inquit, prorsus fieri potest. Non igitur hac causa probe uti queunt, adversum hominum impares ortus, interitus pares. Illud autem condonare se iis dicebat, quod non id quoque requireret, si vitæ mortisque hominum rerumque humanarum omnium tempus et ratio et causa in cœlo et apud stellas foret, quid de muscis aut vermiculis aut echinis multisque aliis minutissimis terra marique animantibus dicerent ? an ista quoque iisdem,

l'homme? les mêmes lois président-elles à leur trépas? Voilà les astrologues dans l'alternative de reconnaître que le mouvement des corps célestes règle les destinées des grenouilles et des moucherons, ou d'expliquer pourquoi l'influence des astres se fait sentir sur l'homme, et n'agit pas sur le reste des animaux. Pour moi, j'ai rapporté tout cela sans ordre et d'un style sec et maigre. Mais Favorinus, dont on connaît le génie, réunissait la grâce et l'abondance de l'éloquence grecque; et les paroles coulaient de sa bouche avec abondance, agrément, éclat. De temps en temps, il nous avertissait de nous tenir sur nos gardes, de peur que ces hypocrites ne parvinssent à surprendre notre croyance, par quelques vérités qu'ils jettent de temps à autre au milieu de leurs mensonges. Ils disent ce qu'ils n'ont ni compris, ni défini, ni perçu. On croit les voir, au milieu du labyrinthe de leurs conjectures hasardées, avancer pas à pas entre le faux et le vrai, et marcher comme au milieu des ténèbres. A force de tentatives, il leur arrive quelquefois de tomber dans la vérité sans le savoir; le plus souvent, ils profitent de l'excessive confiance de ceux qui les consultent, pour leur surprendre finement la vérité; aussi, devinent-ils le passé mieux que l'avenir. Mais, en somme, toutes les vérités dont ils sont redevables au hasard ou à la ruse, sont à leurs mensonges dans le rapport d'un à mille. Cette opinion que Favorinus exprima devant moi est aussi celle d'un grand nombre de nos vieux poëtes, qui se sont élevés aussi contre l'art captieux et trompeur de l'astrologie. Voici d'abord un passage de Pacuvius :

« S'il est des hommes qui prévoient l'avenir,
« ils sont les égaux de Jupiter. »

Attius tient un langage semblable :

« Je n'ai nulle foi aux augures qui remplissent
« de paroles les oreilles d'autrui, afin d'emplir
« d'or leurs maisons. »

A l'exemple de ces poëtes, Favorinus voulait détourner la jeunesse d'aller consulter les tireurs d'horoscopes, et tous ces devins qui prétendent avoir l'art merveilleux de lire dans l'avenir; et voici quelle était sa conclusion : Ces gens-là vous annonceront ou des maux ou des biens; s'ils vous annoncent des biens et vous trompent, ils vous rendront malheureux par l'attente trompée. S'ils vous annoncent des maux, et que leur prédiction soit juste, vous serez malheureux par l'attente, avant de l'être par le destin. S'ils vous prédisent des biens, et que ces biens doivent vous arriver, il résultera pour vous deux désavantages de cette prophétie. L'attente vous tiendra toujours en suspens; et lorsque le bonheur arrivera, ce sera comme un fruit flétri depuis longtemps par l'espérance. Il ne faut donc dans aucun cas, concluait-il, avoir aucun rapport avec les gens qui prophétisent.

CHAPITRE II.
Dissertation de Favorinus sur les devoirs du juge.

La première fois que les préteurs me mirent au nombre des juges, me chargeant des jugements privés (c'est le nom qu'on leur donne), je recherchai les livres écrits dans les deux langues

---

quibus homines, legibus nascerentur, iisdemque itidem exstinguerentur : ut aut ranunculis quoque et culicibus nascendi fata sint de cœlestium siderum motibus attributa; aut, si id non putarent, nulla ratio videretur, cur ea siderum vis in hominibus valeret, deficeret in ceteris. Hæc nos sicca et incondita et propemodum jejuna oratione attinginus. Sed Favorinus, ut hominis ingenium fuit, utque est græcæ facundiæ copia simul et venustas, latius ea et amœnius et splendidius et profluentius exsequebatur, atque identidem commonebat, ut caveremus, ne qua nobis isti sycophantæ ad faciendam fidem irreperent, quod viderentur quædam interdum vera effutire aut spargere. Non enim comprehensa, inquit, neque definita neque percepta dicunt; sed lubrica atque ambagiosa conjectatione nitentes, inter falsa atque vera pedetentim, quasi per tenebras ingredientes, eunt : et aut multa tentando incidunt repente imprudentes in veritatem; aut ipsorum, qui eos consulunt, multa credulitate ducente pervenient callide ad ea, quæ vera sunt : et idcirco videntur in præteritis rebus quam in futuris veritatem facilius imitari. Ista tamen omnia, quæ aut temere aut astute vera dicant, præ ceteris, inquit, quæ mentiuntur, pars ea non sit millesima. Hæc autem, quæ dicentem Favorinum audivimus, multa etiam memini poetarum veterum testimonia confirmare, quibus hujuscemodi ambages fallaciosæ confutantur; ex quibus est Pacuvianum illud :

Nam si qui, quæ eventura sunt, provideant-

Æquiparent Jovi.
Item Attianum illud :

Nihil, inquit, credo auguribus, qui aures verbis divitant
Alienas, suas ut auro locupletent domus.

Item Favorinus, deterrere volens ac depellere adolescentes a genethliacis istis et quibusdam aliis id genus, qui prodigiosis artibus futura omnia dicturos [se] pollicerentur, nullo pacto adeundos eos esse, consulendosque, hujuscemodi argumentis concludebat : Aut adversa, inquit, eventura dicunt, aut prospera. Si dicunt prospera, et fallunt, miser fies frustra exspectando. Si adversa dicunt, et mentiuntur, miser fies frustra timendo. Sin vera respondent, eaque sunt non prospera, jam inde ex animo miser fies, antequam e fato fias. Si felicia promittunt, eaque eventura sunt, tum plane duo erunt incommoda : et exspectatio te spei suspensum fatigabit, et futurum gaudii fructum spes tibi jam præfloraverit. Nullo igitur pacto utendum est istiusmodi hominibus, res futuras præsagientibus.

CAPUT II.
Quem in modum disseru[er]it Favorinus, consultus a me, super officio judicis.

Quo primum tempore a prætoribus lectus in judices sum, ut judicia, quæ appellantur privata, susciperem, libros utriusque linguæ, de officio judicis scriptos, conquisivi, ut homo adolescens a poetarum fabulis et a rhe-

sur les devoirs du juge. Jeune encore, et quittant les fables de la poésie et les mouvements de l'éloquence, pour monter sur un tribunal, je voulais (il y avait alors disette d'enseignements de vive voix) apprendre les devoirs de ma charge à l'école des maîtres muets. Or, pour tout ce qui regarde les prorogations et les ajournements, et toutes les cérémonies légales, la loi Julia, et les commentaires de Sabinus Massurius et d'autres jurisconsultes, furent mes conseils et mes appuis. Mais pour les embarras qui surgissent des procès, et le conflit de raisons contraires qui se disputent la conviction du juge, les livres dont je parle ne me furent d'aucune utilité. Cependant, quoique le juge doive puiser sa conviction dans les éléments de la cause qui l'occupe, il y a des avertissements et des conseils généraux qui le préparent aux difficultés qui pourront naître des débats. Voici, par exemple, l'embarras inextricable où je me suis trouvé : on réclamait à mon tribunal une somme d'argent donnée et comptée, disait-on; on convenait qu'on n'avait pas le moindre témoin, et l'on n'apportait que de très-faibles raisons. Mais le demandeur était homme probe, sa bonne foi était éprouvée et de notoriété publique; sa vie était sans tâche; de nombreuses, d'éclatantes preuves de sa probité et de sa sincérité étaient produites à mon tribunal. La partie adverse, au contraire, était un homme taré, d'une conduite sale et honteuse, fréquemment convaincu de mensonge, et tout plein de fraudes et de perfidies. Cependant, entouré de nombreux partisans, il ne cessait de crier qu'il fallait que le prêt fût établi selon les coutumes par la présentation de la dépense, les calculs des comptes, l'exhibition des registres, le sceau des tablettes, et la déposition des témoins. Il ajoutait qu'aucune de ces preuves n'étant fournie, on devait le mettre aussitôt hors de cause, et condamner l'autre comme calomniateur; que tout ce qu'on pouvait dire des mœurs et actes des deux parties était sans valeur; qu'il s'agissait d'argent, et qu'on se trouvait en présence du juge privé, et non devant les censeurs des mœurs. Mes amis, qui formaient mon conseil, étaient des hommes habitués au patronage, et exercés aux travaux du forum : appelés de toutes parts par leurs nombreuses affaires, ils me disaient qu'ils étaient pressés, qu'il ne fallait pas rester assis plus longtemps, qu'il n'y avait nul doute, que nulle preuve juridique n'établissait le prêt, et qu'il fallait donner gain de cause à celui qui le niait. Moi, lorsque je considérais les deux hommes, l'un honnête, l'autre fripon, infâme et diffamé, je ne pouvais me résoudre à donner gain de cause à ce dernier. J'ajourne, et me rends en droite ligne du tribunal chez le philosophe Favorinus, auprès duquel j'étais alors très-assidu. Je lui expose l'affaire, et lui répète tout ce qui a été dit; enfin, je le prie de me tirer d'embarras, et de m'apprendre les principaux devoirs de ma charge, afin qu'à l'avenir je sois plus habile. Favorinus approuva mes scrupules et ma sage lenteur; il me dit : « Le point sur lequel tu délibères maintenant est bien léger en apparence, sans doute; mais, si tu veux un préambule qui embrasse tous les devoirs du

---

torum epilogis ad judicandas lites vocatus, rem judiciariam, quoniam vocis, ut dicitur, vivæ nimia penuria erat, ex mutis, quod aiunt, magistris cognoscerem. Atque in rerum quidem diffissionibus comperendinationibusque, et aliis quibusdam legitimis ritibus, ex ipsa lege Julia et ex Sabini Massurii et ex quorundam aliorum jurisperitorum commentariis commoniti et adminiculati sumus. In his autem, quæ exsistere solent, negotiorum ambagibus, et in ancipiti rationum diversarum circumstantia, nihil quidquam nos hujuscemodi libri juverunt. Nam, etsi consilia judicibus ex præsentium causarum statu capienda sunt, generalia tamen quædam præmonita et præcepta sunt, quibus ante causam præmuniri judex, præparartique ad incertos casus futurarum difficultatum debeat, sicut illa mihi tunc accidit inexplicabilis reperiendæ sententiæ ambiguitas. Petebatur apud me pecunia, quæ dicebatur data numerataque; sed qui petebat, neque tabulis neque testibus id factum docebat, et argumentis admodum exilibus nitebatur. Sed eum constabat virum esse ferme bonum, notæque et expertæ fidei, et vitæ inculpatissimæ : multaque et illustria exempla probitatis sinceritatisque ejus expromebantur. Illum autem, unde petebatur, hominem esse non bonæ rei, vitaque turpi et sordida, convictumque vulgo in mendaciis, plenumque esse perfidiarum et fraudum ostendebatur. Is tamen cum suis multis patronis clamitabat, probari apud me debere pecuniam datam consuetis modis, *expensi latione, mensæ rationibus, chirographi exhibitione, tabularum obsignatione, testium intercessione;* ex quibus omnibus si nulla re probaretur, dimitti jam se oportere, et adversarium de calumnia damnari : quod de utriusque autem vita atque factis diceretur, frustra id fieri atque dici; rem enim de petenda pecunia apud judicem privatum agi, non apud censores de moribus. Tunc ibi amici mei, quos rogaveram in consilium, viri exercitati atque in patrociniis et in operis fori celebres, semperque se circumdique distrahentibus causis festinantes, non sedendum diutius, ac nihil esse dubium dicebant, quin absolvendus foret, quem accepisse pecuniam illam nulla probatione solemni docebatur. Sed enim ego homines cum considerabam, alterum fidei, alterum probri plenum, spurcissimæque vitæ ac defamatissimæ, nequaquam adduci potui ad absolvendum. Jussi igitur diem diffindi, atque inde a subselliis pergo ire ad Favorinum philosophum, quem in eo tempore Romæ plurimum sectabar, atque ei de causa ac de omnibus, quæ apud me dicta fuerant, uti res erat, narro omnia, ac peto, ut et ipsum illud, in quo hærebam, et cetera etiam, quæ observanda mihi forent in officio judicis, faceret me, ut earum rerum essem prudentior. Tum Favorinus, religione illa contationis et sollicitudinis nostræ comprobata : Id quidem, inquit, super quo nunc deliberas, videri potest specie tenui parvaque esse; sed si de omni quoque officio judicis præire tibi me vis, nequaquam est vel loci hujus, vel temporis; est enim disceptatio ista multijugæ et sinuosæ quæstionis, multa-

42.

juge, ce n'en est ni le lieu ni le temps; c'est un sujet plein d'aspérités et de retours, un labyrinthe où l'on s'égare, à moins d'une vigilante circonspection. Pour ne toucher qu'un très-petit nombre de points, la première question qu'on pose, relativement aux devoirs du juge, est celle-ci : Si le juge est instruit du fait contesté à son tribunal, s'il l'a appris seul avant l'instance ou les débats, par un cas fortuit et indépendant de ses fonctions, mais tel qu'il n'y a nul doute pour lui. Si, malgré cela, le fait n'est pas établi à l'audience, le juge doit-il prononcer d'après ce qu'il a appris sur son siége, ou d'après ce qu'il savait avant d'y venir? On s'est encore demandé si un juge qui vient d'entendre une cause, et voit la possibilité de faire un accord entre les parties, peut décemment interrompre un moment ses fonctions de juge, pour faire office d'ami commun et de pacificateur. Mais voici une question plus épineuse, et sur laquelle ou n'est nullement d'accord. Le juge, pendant les debats, peut-il dire ou demander ce qui lui paraît nécessaire, quoique la partie intéressée à le dire ou à le demander se taise là-dessus? Dans ce cas, il a l'air d'un patron plutôt que d'un juge, disent certains jurisconsultes. Voici encore un autre sujet de dissentiment: le juge peut-il, à l'audience, dire, pendant les débats, des paroles qui, quoique plus claires, peuvent cependant, rapprochées de ses divers gestes, faire connaître son opinion avant le jour du jugement? Les juges qui passent pour prompts et vifs pensent qu'on ne peut saisir une affaire qu'autant que, par de fréquentes questions et des interruptions nécessaires, on dévoile son opinion et celle des plaideurs. Les juges au contraire, qui ont la réputation d'être calmes et graves soutiennent que le juge ne doit jamais, pendant les débats et avant l'arrêt, laisser connaître ses sentiments à mesure qu'il les éprouve. En effet, disent-ils, l'âme éprouvera des impressions différentes selon les arguments des parties; le juge fera comprendre par ses réflexions, ou lire sur sa physionomie, qu'il éprouve, relativement à la même cause et dans un court espace de temps, des sentiments contraires. Mais nous pourrons, un jour que nous en aurons le loisir, traîter ensemble des précautions à observer dans l'administration de la justice; je dirai mon opinion, et récapitulerai celle d'Ælius Tubéron, dont j'ai lu dernièrement les avis sur les devoirs du juge. Quant au procès porté à ton tribunal, je te conseille de te conformer à l'avis du sage Caton. Dans son discours pour L. Turius contre Cn. Gellius, il dit que, dans le cas où la contestation entre les parties ne peut être vidée ni par des registres ni par des témoins, c'est un usage transmis par nos pères, que le juge recherche de quel côté il y a le plus de probité ; que, s'il y a égalité en bien ou en mal, on ait foi à celui qui nie la dette, et on lui donne gain de cause. Or, dans la cause actuelle, celui qui demande est le plus honnête homme, celui qui nie est le plus fripon, et il n'y a pas de témoins. Va donc, donne gain de cause au premier, et condamne l'autre ; puisque tu dis qu'il n'y a pas égalité, mais que celui qui réclame est le plus probe. » Favorinus me donna ce conseil, digne d'un philosophe. La

que et anxia cura et circumspicientia indigens. Namque, ut pauca tibi nunc quæstionum capita attingam, jam omnium primum hoc de judicis officio quæritur : si judex forte id sciat, super qua re apud eum litigator, eaque res uni ei, priusquam agi cœpta aut in judicium deducta sit, ex alio quodam negotio casuque alio quo cognita liquido et comperta sit; neque id tamen in agenda causa probatur : oporteatne eum secundum ea, quæ sciens venit, judicare, an secundum ea, quæ aguntur. Id etiam, inquit, quæri solet, an deceat atque conveniat judici, causa jam cognita, si facultas esse videatur componendi negotii, officio paulisper judicis dilato, communis amicitiæ et quasi pacificatoris partes recipere. Atque illud amplius ambigi ac dubitari solo, debeatne judex inter cognoscendum ea, quæ dicto quæsitoque opus est, dicere et quærere, etiamsi, cujus ea dici quærique interest, neque dicat neque postulet; patrocinari enim prorsus hoc esse aiunt, non judicare. Præter hæc, super ea quoque re dissentitur, sit en usu exquæ officio sit judicis, rem causamque de qua cognoscit, interlocutionibus suis ita exprimere consignareque, ut ante sententiæ tempus ex iis, quæ apud eum in præsens confuse varieque dicuntur, perinde, ut quoquo in loco ac tempore movetur, signa et indicia faciat motus atque sensus sui. Nam qui judices, inquit, acres atque celeres videntur, non aliter existimant rem, qua de agitur, indagari comprehendique posse, nisi is, qui judicat, crebris interrogationibus necessariisque interlocutionibus et suos sensus aperiat, et litigantium deprehendat. Contra autem, qui sedatiores et graviores putantur, negant judicem debere ante sententiam, dum causa utrinque agitatur, quotiens aliqua re proposita motus est, toties significare, quid sentiat. Eventurum enim aiunt, ut, quia pro varietate propositionum argumentorumque alius atque alius motus animi patiendus est, aliter atque aliter eadem in causa eodemque in tempore sentire et interloqui videatur. Sed de his, inquit, et ceteris hujuscemodi judicialis officii tractatibus, et nos posthac, cum erit otium, dicere, quid sentiamus, conabimur, et præcepta Ælii Tuberonis super officio judicis, quæ nuperrime legi, recensebimus. Quod autem ad pecuniam pertinet, quam apud judicem peti dixisti, suadeo hercle tibi, utare M. Catonis, prudentissimi viri, consilio : qui in oratione, quam pro L. Turio contra Cn. Gellium dixit, ita esse a majoribus [memoriæ] traditum observatumque ait, ut si, quod inter duos actum est, neque tabulis neque testibus planum fieri possit, tum apud judicem, qui de ea re cognosceret, uter ex iis vir melior esset, quæreretur : et, si pares essent, seu boni pariter seu mali, tum illi, unde petitur, crederetur, ac secundum eum judicaretur. In hac autem causa, de qua tu ambigis, optimus est qui petit, unde petitur deterrimus; et res est inter duos acta sine testibus. Eas igitur, et credas ei, qui petit; condemnesque eum, de quo petitur : quoniam, sicuti dicis, duo pares non sunt, et qui petit, melior est. Hoc quidem mihi tum Favorinus, ut virum philosophum decuit, suasit. Sed majus ego altiusque

conduite qu'il me traçait me parut hardie, peu convenable à mon âge et à la faiblesse de mes talents. Il me semblait grave d'aller condamner d'après les mœurs, et non sur des preuves : cependant je ne pus me résoudre à donner droit à un fripon. Je jurai donc que l'affaire n'était pas claire pour moi ; et tout fut fini. Voici, du reste, les paroles de M. Caton auxquelles faisait allusion Favorinus : « Pour moi, voici comme j'ai appris qu'a- « gissaient nos pères. Quelqu'un réclamait-il une « dette, contractée en l'absence de tout témoin? « S'il y avait entre les deux parties mœurs pareil- « les en bien ou en mal, on croyait de préférence « celui qui niait la dette. Or, supposons que Gellius fût tombé d'accord avec Turius sur ce point : « SI GELLIUS N'EST PAS PLUS HONNÊTE HOMME « QUE TURIUS ; qui serait assez dépourvu de « sens pour prononcer que Gellius est plus probe « que Turius? Mais s'il n'est pas plus probe, on « doit croire celui qui nie. »

CHAPITRE III.
Si Xénophon et Platon ont été jaloux et ennemis l'un de l'autre.

Les auteurs qui ont écrit de la vie et des mœurs de Platon et de Xénophon, et qui en ont parlé généralement avec une très-grande exactitude, ont pensé qu'il existait entre ces deux philosophes quelque germe secret de haine et de jalousie. On en donne des preuves ou plutôt des conjectures, tirées de leurs écrits. Les voici à peu près : Platon, disent-ils, dans ses nombreux ouvrages ne fait jamais mention de Xénophon, ni Xénophon de Platon. Cependant l'un et l'autre (Platon surtout dans ses dialogues) ont cité un grand nombre de disciples de Socrate. Une autre preuve, sinon d'inimitié, au moins d'une amitié peu réelle, c'est que Platon ayant publié son illustre ouvrage sur la meilleure des républiques et la meilleure administration d'une cité, Xénophon en réfuta deux livres à peu près, les premiers qui parurent, et leur opposa la meilleure des monarchies, dans sa Cyropédie. L'écrit de Xénophon blessa Platon à tel point (on le dit du moins) que dans un de ses ouvrages, ayant à parler de Cyrus en passant, il lance ce trait contre la Cyropédie ; il dit que Cyrus avait été sans doute brave et courageux, mais qu'il avait péché par l'éducation. Il est sûr que Platon a dit cela de Cyrus. A ces preuves ils ajoutent encore celle-ci : Xénophon, dans l'ouvrage qu'il a écrit sur les dits et faits de Socrate, soutient que Socrate n'a jamais discuté sur les mouvements célestes, ni sur les causes naturelles ; et que les sciences que les Grecs appellent *mathématiques*, et qui n'enseignent ni à se bien conduire, ni à vivre heureux, loin de l'occuper, ont été désapprouvées par lui. Xénophon conclut qu'on a menti, lorsqu'on a attribué à Socrate des discussions sur de tels sujets. Évidemment, dit-on, ce trait-là est dirigé contre Platon, puisque, dans ses dialogues, Socrate parle physique, musique et géométrie. Mais s'il faut admettre quelquefois de telles idées, ou de tels soupçons, lorsqu'il s'agit d'hommes aussi graves et aussi sages, je pense qu'il faut s'abstenir d'expliquer leur silence ou leur parole par la jalousie, l'envie, ou le

---

id esse existimavi, quam quod meæ ætati et mediocritati conveniret, ut cognovisse et condemnasse de moribus, non de probationibus rei gestæ viderer : ut absolverem tamen, inducere in animum non quivi ; et propterea juravi mihi non liquere, atque ita judicatu illo solutus sum. Verba ex oratione M. Catonis, cujus commeminit Favorinus, hæc sunt : « Atque ego a majoribus memoria sic « accepi : si quis quid alter ab altero peterent, si ambo « pares essent, sive boni sive mali essent, quod duo res « gessissent, uti testes non interessent, illi unde petitur « ei potius credendum esse. Nunc si sponsionem fecissent « Gellius cum Turio : NI. VIR. MELIOR. ESSET. GELLIUS. « QUAM. TURIUS. nemo, opinor, tam insanus esset, qui « judicaret, meliorem esse Gellium, quam Turium ; si « non melior Gellius est Turio, potius oportet credi unde « petitur. »

CAPUT III.
An æmuli offensique inter sese fuerint Xenophon et Plato.

Qui de Xenophontis Platonisque vita et moribus pleraque omnia exquisitissime scripsere, non afuisse ab eis motus quosdam tacitos et occultos simultatis et æmulationis mutuæ putaverunt, et ejus rei argumenta quædam conjecta[to]ria ex eorum scriptis protulerunt. Ea sunt profecto hujuscemodi : quod neque a Platone in tot numero libris mentio usquam facta sit Xenophontis, neque item contra ab eo in suis libris Platonis : quanquam uterque, ac maxime Plato, complurium Socratis sectatorum in sermonibus, quos scripsit, commeminerit. Id etiam esse non sinceræ neque amicæ voluntatis indicium crediderunt, quod Xenophon inclito illi operi Platonis, quod de optimo statu reipublicæ civitatisque administrandæ scriptum est, lectis ex eo duobus fere libris, qui primi in vulgus exierant, opposuit contra conscripsitque diversum, regiæ administrationis genus, quod παιδείας Κύρου inscriptum est. Eo facto scriptoque ejus usque adeo permotum esse Platonem ferunt, ut quodam in libro, mentione Cyri regis habita, retractandi levandique ejus operis gratia, virum quidem Cyrum navum et strenuum fuisse dixerit, παιδείας δ' οὐκ ὀρθῶς ἧφθαι τὸ παράπαν : hæc enim verba sunt de Cyro Platonis. Præterea putant id quoque ad ista, quæ dixi, accedere : quod Xenophon in libris, quos dictorum atque factorum Socratis commentarios composuit, negat Socratem de cœli atque naturæ causis rationibusque unquam disputa[vi]sse, ac ne disciplinas quidem ceteras, quæ μαθήματα Græci appellant, quæ ad bene beateque vivendum non pergerent, aut attigisse aut comprobasse : idcircoque turpiter eos mentiri dicit, qui dissertationes istiusmodi Socrati attribuerunt. Hæc autem, inquiunt, Xenophon cum scripsit, Platonem videlicet nota[vi]t : in cujus libris Socrates physica et musica et geometrica disserit. Sed enim de viris optimis et gravissimis si credendum hoc aut suspicandum fuit, causam equidem esse arbitror non obtrectationis, ne-

désir de se surpasser les uns les autres. La philosophie ne connaît pas ces misérables passions, et tous deux ont été (qui le nie?) de grands philosophes. Que faut-il donc penser là-dessus? le voici : La parité des talents, l'égalité du mérite, même en l'absence de la rivalité, créent cependant une apparence d'émulation. En effet, aussitôt que deux grands génies, ou davantage, s'illustrent dans le même art, et acquièrent une renommée égale ou à peu près, leurs partisans les comparent, et rivalisent pour les exalter. Les grands hommes sont atteints eux-mêmes de la contagion ; ils courent ardemment vers le même but, et, qu'ils l'atteignent à la fois, ou que la victoire soit douteuse, ils subissent le soupçon de rivalité par la faute de leurs partisans, et non par la leur. Voilà comment Platon et Xénophon, les deux flambeaux de la philosophie socratique, ont paru rivaux. C'étaient les autres qui disputaient de leur supériorité ; et enfin deux génies supérieurs qui s'élèvent parallèlement offrent toujours une apparence de rivalité.

CHAPITRE IV.

La Justice heureusement peinte par Chrysippe.

Chrysippe, dans le premier livre de son ouvrage *Sur le beau et l'agréable*, a un passage plein d'éclat et de dignité. Il y peint de couleurs nobles et sévères la bouche, les yeux, la figure entière de la Justice. Il en fait le portrait ; il nous dit qui les peintres et les rhéteurs anciens l'ont ainsi présentée : « Taille et trait de jeune fille, aspect terrible et énergique, regard vif, tristesse noble et digne, sans bassesse et sans orgueil. » Le sens de cette allégorie, c'est que le juge, pontife de cette divinité, doit être grave, irréprochable, sévère, incorruptible, inaccessible à la flatterie, inexorable aux méchants et aux criminels, ferme, puissant, la tête haute, et portant sur son front la majesté terrible de la justice et de la vérité. Voici les propres termes de Chrysippe : « On la dit vierge, « symbole de sa pureté ; on dit qu'elle ne cède jamais aux méchants, qu'elle n'écoute ni douces « paroles, ni prière, ni supplication, ni flatterie, « ni rien de semblable. Conséquemment on la peint « triste, le front tendu et contracté, et regardant « de travers. Afin d'inspirer aux méchants la ter- « reur, aux bons la confiance, elle montre à ceux- « ci un visage ami, à ceux-là un visage contraire. » J'ai cru devoir citer ces paroles de Chrysippe, afin de les soumettre à l'examen et au jugement des lecteurs. Je les ai lues avec des philosophes trop délicats, qui ont cru voir dans ce tableau la cruauté plutôt que la justice.

CHAPITRE V.

Vive dispute de deux illustres grammairiens sur le vocatif d'*egregius*.

Un jour que, fatigué d'une longue méditation,

que invidiæ, neque de gloria majore parienda certationis : hæc enim procul a moribus philosophiæ absunt, in quibus illi duo omnium judicio excelluerunt. Quæ igitur est opinionis istius ratio? Hæc profecto est, æquiparatio ipsa plerumque et parilitas virtutum inter sese consimilium, etiamsi contentionis studium et voluntas abest, speciem tamen æmulationis creat. Nam cum ingenia quædam magna duorum pluriumve, in ejusdem rei studio illustrium, aut pari sunt fama, aut proxima, oritur apud diversos fautores eorum industriæ laudisque æstimandæ contentio. Tum postea ex alieno certamine ad eos quoque ipsos contagium certationis aspirat, cursusque eorum ad eandem virtutis calcem pergentium, quando est compar vel ambiguus, in æmulandi suspiciones non suo, sed faventium studio delabitur. Proinde igitur et Xenophon et Plato, Socraticæ amœnitatis duo lumina, certare æmularique inter sese existimati sunt ; quia de iis apud alios, uter esset exsuperantior, certabatur ; et quia duæ eminentiæ, cum simul junctæ in arduum nitantur, simulacrum quoddam contentionis æmulæ pariunt.

CAPUT IV.

Quod apte Chrysippus et graphice imaginem Justitiæ modulis coloribusque verborum depinxit.

Condigne mehercule et cum decore Chrysippus in libro-·um, qui inscribuntur Περὶ καλοῦ καὶ ἡδονῆς, primo, os et oculos justitiæ vultumque ejus severis atque venerandis verborum coloribus depinxit. Facit quippe imaginem Justitiæ, fierique solitam esse dicit a pictoribus rhetoribusque antiquioribus ad hunc ferme modum : « Forma atque filo « virginali, aspectu vehementi et formidabili, luminibus « oculorum acribus ; neque humilis neque atrocis, sed « reverendæ cujusdam tristitiæ dignitate. » Ex imaginis [autem] istius significatione intelligi voluit, judicem, qui Justitiæ antistes est, oportere esse gravem, sanctum, severum, incorruptum, inadulabilem, contraque improbos nocentesque immisericordem atque inexorabilem, erectumque et arduum ac potentem, vi et majestate æquitatis veritatisque terrificum. Verba ipsa Chrysippi de Justitia scripta hæc sunt : Παρθένος δὲ εἶναι λέγεται κατὰ σύμβολον τοῦ ἀδιάφθορος εἶναι, καὶ μηδαμῶς ἐνδιδόναι τοῖς κακούργοις, μὴ δὲ προσίεσθαι μήτε τοὺς ἐπιεικεῖς λόγους, μήτε παραιτήσεις καὶ δέησιν, μήτε κολακείαν, μήτε ἄλλο μηδὲν τῶν τοιούτων· οἷς ἀκολούθως καὶ σκυθρωπὴ γράφεται, καὶ συνεστηκὸς ἔχουσα τὸ πρόσωπον καὶ ἔντονον, καὶ δεδορκὸς βλέπουσα, ὥς τε τοῖς μὲν ἀδίκοις φόβον ἐμποιεῖν, τοῖς δὲ δικαίοις θάρσος· τοῖς μὲν προσφιλοῦς ὄντος τοῦ τοιούτου προσώπου, τοῖς δὲ ἑτέροις προσάντους. Hæc verba Chrysippi eo etiam magis ponenda existimavi, ut prompta atque exposita ad considerandum judicandumque sint : quoniam legentibus nobis ea delicatiores quidam disciplinarum philosophi Sævitiæ imaginem istam esse, non Justitiæ, dixerunt.

CAPUT V.

Lis atque contentio grammaticorum Romæ illustrium, enarrata super casu vocativo vocabuli, quod est *egregius*.

Defessus ego quondam ex diutina commentatione, la-

je me reposais de mes études en me promenant dans le champ d'Agrippa, j'y rencontrai deux grammairiens célèbres à Rome, qui disputaient avec une grande vivacité. J'assistai à leur discussion. L'un soutenait que le vocatif d'*egregius* était *egregi*, l'autre *egregie*. Voici sur quelle raison se fondait le premier : « Tous les noms, disait-il, qui au nominatif se terminent en *ius* ont le vocatif en *i*; ainsi *Cœlius* fait *Cœli*, *modius modi*, *tertius terti*, *Accius Acci*, *Titius Titi*. Par la même raison, *egregius*, qui se termine comme tous ces noms, devra comme eux avoir le vocatif en *i*, et faire *egregi* et non *egregie*. Dans *divus*, *rivus*, *clivus*, ce n'est pas *us* qui est la terminaison, mais bien *uus*, syllabe pour laquelle a été inventée la lettre F, qu'on appelle *digamma*. » L'autre s'écria aussitôt : « O illustre, ou, si tu le préfères, très-illustre grammairien, dis-moi, je te prie, *inscius*, *impius*, *sobrius*, *ebrius*, *proprius*, *propitius*, *anxius*, *contrarius*, noms tous terminés en *ius*, quel en est le vocatif? En vérité je n'oserai le dire, après la règle que tu as établie. » A cette grêle de citations, l'autre grammairien se sentit un instant ébranlé, et se tut. Bientôt, reprenant ses esprits, il défendit avec vigueur la règle qu'il avait faite; il soutint que *proprius*, *propitius*, *anxius* et *contrarius* avaient au vocatif la même désinence qu'*adversarius* et *extrarius*; qu'*inscius*, *impius*, *ebrius* et *sobrius* devaient également avoir le vocatif en *i*, quoique l'usage en fût

moins général. La discussion se prolongeait encore, quand persuadé que je perdrais mon temps à les écouter davantage, je les laissai au milieu de leurs cris et de leurs débats.

CHAPITRE VI.

De l'érudition sans agrément ni utilité. Villes et pays qui ont changé de nom.

Un homme qui était mon ami, qui avait cultivé les lettres avec quelque éclat, et passé parmi les livres la plus grande partie de sa vie, me dit un jour : « Je veux contribuer à enrichir tes Nuits. » Aussitôt il me donne un volume énorme où fourmillait, disait-il, le savoir en tous genres. C'était le fruit de ses lectures, longues, variées, savantes; je pouvais puiser là, à mon gré, des choses dignes de la postérité. Je prends le volume avec joie et avidité, je crois avoir trouvé la corne d'abondance. Je m'enferme le plus secrètement que je puis, pour lire sans témoin. Que trouvai-je, ô Jupiter! ô prodige! Quel était le nom du premier qui fut appelé grammairien; combien il y a eu de Pythagores, d'Hippocrates illustres; quelle description Homère fait de la grande porte de la maison d'Ulysse; pourquoi Télémaque couché à côté de Pisistrate ne le touche pas de la main, mais le réveille d'un coup de pied; dans quelle sorte de prison Euryclée enferma Télémaque; pourquoi Homère n'a pas connu la rose, et

---

xandi levandique animi gratia, in Agrippæ campo deambulabam : atque ibi duos forte grammaticos conspicatus non parvi in urbe Roma[na] nominis, certationi eorum acerrimæ adfui; cum alter in casu vocativo *vir egregi* dicendum contenderet, alter *vir egregie*. Ratio autem ejus, qui *egregi* oportere dici censebat, hujuscemodi fuit : Quæcumque, inquit, nomina seu vocabula recto casu numero singulari *us* syllaba finiuntur, in quibus ante ultimam syllabam posita est *i* littera, ea omnia casu vocativo *i* littera terminantur : ut *Cœlius Cœli*, *modius modi*, *tertius terti*, *Accius Acci*, *Titius Titi*, et similia omnia : sic igitur *egregius*, quoniam *us* syllaba in casu nominandi finitur, eamque syllabam præcedit *i* littera, habere debebit in casu vocandi *i* litteram extremam, et idcirco *egregi*, non *egregie*, rectius dicetur. Nam *divus* et *rivus* et *clivus* non *us* syllaba terminantur, sed ea, quæ per duo *uu* scribenda est, propter cujus syllabæ sonum declarandum reperta erat nova littera F, quæ digamma appellabatur. Hoc ubi ille aliter audivit : O, inquit, egregie grammatice, vel, si id mavis, egregiissime, dic, oro te, *inscius* et *impius* et *sobrius* et *ebrius* et *proprius* et *propitius* et *anxius* et *contrarius*, quæ *us* syllaba finiuntur, in quibus ante ultimam syllabam *i* littera est, quem casum vocandi habent? Me enim pudor et verecundia tenet, pronuntiare ea secundum tuam definitionem. Sed cum ille paulisper opposito horum vocabulorum commotus reticuisset, et mox tamen se collegisset, eandemque illam, quam definierat, regulam retineret et propugnaret, diceretque, et *proprium* et *propitium* et *anxium* et *contrarium* itidem in casu vocativo dicendum, ut *adversarius* et *extrarius* dice-

retur : *inscium* quoque et *impium* et *ebrium* et *sobrium* insolentius quidem paulo, sed rectius per *i* litteram, non per *e*, in casu eodem pronuntiandum, eaque inter eos contentio longius duceretur, non arbitratus ego, operæ pretium esse, eadem ista hæc diutius audire, clamantes compugnantesque illos reliqui.

CAPUT VI.

Cujusmodi sint, quæ speciem doctrinarum habeant sed neque delectent, neque utilia sint : atque inibi de vocabulis singularum urbium regionumque immutatis.

Homo nobis familiaris, in litterarum cultu non ignobilis, magnamque ætatis partem in libris versatus : Adjutum, inquit, ornatumque volo ire Noctes tuas : et simul dat mihi librum grandi volumine doctrinis omnigenis, ut ipse dicebat, præscatentem; quem sibi elaboratum esse ait ex multis et variis et remotis lectionibus, ut ex eo sumerem, quantum liberet rerum memoria dignarum. Accipio cupidus et libens, tanquam si copiæ cornum nactus essem : et recondo me penitus, ut sine arbitris legam. At quæ ibi scripta erant pro Juppiter! mera miracula! Quo nomine fuerit, qui primus *Grammaticus* appellatus est; et quot fuerint Pythagoræ nobiles, quot Hippocratæ, et cujusmodi fuisse Homerus dicat in Ulixis domo ὀροθύρην; et quam ob causam Telemachus cubans junctim sibi cubantem Pisistratum non manu attigerit, sed pedis ictu excitarit; et Εὐρύκλεια Telemachum quo genere claustri incluserit; et quapropter idem poëta rosam non norit, oleum ex rosa norit. Atque illud etiam scriptum fuit, quæ nomina fuerint so-

a connu l'huile de rose. Suivait le catalogue des noms des compagnons d'Ulysse, enlevés et déchirés par Scylla. On y discutait si Ulysse avait erré sur la mer intérieure, comme l'a pensé Aristarque, ou sur la mer extérieure, comme Cratès l'a soutenu. J'y appris quels sont les vers d'Homère qui renferment le même nombre de lettres, ceux qui font acrostiche, et celui dont les mots vont toujours croissant d'une syllabe; pourquoi il a dit que les brebis font trois agneaux par an; si des cinq divisions du bouclier d'Achille, celle qui est d'or est au milieu ou sur les bords. J'appris en outre quelles sont les contrées et les villes qui ont changé de nom; que la Béotie fut primitivement appelée Aonie, l'Égypte Aérie, la Crète Aérie également; que l'Attique est appelée ἀκτή et acta dans Homère; que Corinthe fut d'abord nommée Éphire, la Macédoine Émathie, la Thessalie Æmonie, Tyr Sarra, la Thrace Sithon, Sestos Posidonium. Le livre renfermait encore un grand nombre de vérités de cette importance. Je me hâtai de le rendre, et je dis : «Savant homme, profite toi-même de ta vaste érudition; reprends ton riche volume, dont mon pauvre livre n'a que faire; mes Nuits, que tu as voulu orner et enrichir, s'occupent avant tout de ce vers d'Homère, que Socrate aimait par-dessus tout :

« Tout ce qui s'est fait de bon et de mauvais dans le palais. »

CHAPITRE VII.

Mémoire *isagogique* remis par Varron à Pompée, lorsqu'il fut nommé consul pour la première fois, et traitant de la manière de présider le sénat.

Cn. Pompée fut nommé consul pour la première fois avec M. Crassus. Occupé jusqu'alors des soins de la guerre, il se trouva ignorer, au moment d'entrer en charge, la manière dont il faut convoquer le sénat, et, en général, toute l'administration intérieure. Il pria son ami M. Varron de lui faire un mémoire sur le cérémonial à observer, où il pût apprendre ce qu'il devait faire et dire en consultant le sénat. Varron fit le mémoire; mais dans le quatrième livre des *Questions traitées par lettres,* il nous apprend lui-même que cet ouvrage a péri. Dans ces lettres, pour réparer la perte du mémoire, il donne de nombreuses instructions sur le même sujet. Il débute par la liste de ceux qui avaient, selon les anciennes coutumes, le droit de convoquer le sénat. C'étaient les dictateurs, les consuls, les préteurs, les tribuns du peuple, l'interroi, le préfet de la ville. Il assure qu'aucun autre qu'eux n'avait ce droit. Lorsqu'il arrivait que plusieurs de ces magistrats étaient à Rome à la fois, le droit de consulter le sénat appartenait au premier, dans l'ordre qu'on vient de voir. Il ajoute que, dans un état de choses particulier, les tribuns militaires qui avaient tenu la place des consuls, les décemvirs qui avaient exercé le pouvoir consulaire, les triumvirs élus pour faire une constitution, eurent le droit de con-

---

ciorum Ulixis, qui a Scylla rapti lacerati que sunt; utrum ἐν τῇ ἔσω θαλάσσῃ Ulixes erraverit κατὰ Ἀρίσταρχον an ἐν τῇ ἔξω κατὰ Κράτητα. Item etiam istic scriptum fuit, qui sint apud Homerum versus ἰσόψηφοι, et quorum ibi nominum reperiatur παραστιχίς, et quis adeo versus sit, qui per singula vocabula singulis syllabis increscat; ac deinde qua ratione dixerit singulos pecudes in singulos annos terna parere; et ex quinque operimentis, quibus Achillis clipeus munitus est, quod factum ex auro est, summum sit an medium; et præterea quibus urbibus regionibusque vocabula jam mutata sint, quod Bœotia ante appellata fuerit Aonia, quod Ægyptus Aëria dicta est, quod Creta eodem quoque nomine Aëria dicta est, quod attice Ἀκτή et acta apud poëtam, quod Corinthus Ephyre, quod Macedonis Ἠμαθία, quod Thessalia Αἱμονία, quod Tyros Sarra, quod Thracia ante Sithon dicta sit, quod Seston Ποσειδώνιον. Hæc atque item alia multa istiusmodi scripta in eo libro fuerant. Quem cum statim properans redderem : Ὀναιό σου, inquam, doctissime virorum, ταύτης τῆς πολυμαθίας, et librum hunc opulentissimum recipe nil prorsus ad nostras paupertinas litteras congruentem. Nam meæ Noctes, quas instructum ornatumque isti, de uno maxime illo versu Homeri quærunt, quem Socrates præ omnibus semper rebus sibi esse cordi dicebat :

Ὅ, ττι τοι ἐν μεγάροισι κακόν τ' ἀγαθόν τε τέτυκται.

CAPUT VII.

Quod M. Varro Cn. Pompeio, consuli primum designato, commentarium dedit, quem appellavit ipse *Isagogicum*, de officio senatus habendi.

Cn. Pompeius consul primum cum M. Crasso designatus est. Eum magistratum Pompeius cum initurus foret, quoniam, per militiæ tempora, senatus habendi consulendique, rerum [etiam] expers urbanarum fuerat, M. Varronem, familiarem suum, rogavit, uti commentarium faceret εἰσαγωγικόν, (sic enim Varro ipse appellat;) ex quo disceret, quid facere dicereque deberet, cum senatum consuleret. Eum librum commentarium, quem super ea re Pompeio fecerat, perisse Varro ait in litteris, quas ad Oppianum dedit, quæ sunt in libro *Epistolicarum Quæstionum* quarto; in quibus litteris, quoniam, quæ ante scripserat, non comparebant, docet rursum multa ad eam rem ducentia. Primum ibi ponit, qui fuerint, per quos more majorum senatus haberi soleret; eosque nominat : « dicta-« tores, consules, prætores, tribunos plebi, interregem, « præfectum urbi » : neque alii, præter hos, jus fuisse dixit facere senatusconsultum; quotiensque usus venisset, ut omnes isti magistratus eodem tempore Romæ essent, tum quo supra ordine scripti essent, quod eorum prior aliis esset, ei potissimum senatus consulendi jus fuisse. Addit deinde, extraordinario jure *tribunos* quoque *militares,* qui pro *consulibus* fuissent, item *decemviros,* quibus imperium consulare tum esset, item *triumviro. reipublicæ constituendæ* causa creatos, jus consulendi senatum

sulter le sénat. Il parle ensuite des oppositions ; ce droit appartenait, selon Varron, à ceux-là seulement qui avaient un pouvoir égal ou supérieur à celui des magistrats qui pouvaient consulter le sénat. Varron traite ensuite des lieux où le sénat pouvait délibérer. Il affirme qu'un sénatus-consulte fait ailleurs que dans un lieu circonscrit par les augures, et appelé *templum*, était illégal. Aussi la curie d'Hostilius, celle de Pompée, et plus tard celle de César, lieux profanes d'abord, furent consacrées par les augures, afin que le sénat pût y délibérer légalement, et conformément aux coutumes de nos pères. On lit à ce propos dans le même ouvrage que tous les temples n'étaient pas *templa*, que le temple même de Vesta ne l'était pas. Il ajoute qu'une délibération prise avant le lever ou après le coucher du soleil était nulle, et que les censeurs blâmaient les sénateurs qui l'avaient prise. Il nous apprend quels étaient les jours où le sénat ne pouvait pas délibérer, et que le président devait, avant la délibération, immoler une victime et prendre les auspices, enfin mettre en délibération les choses divines avant les humaines ; qu'on proposait de délibérer ou sur la république en général, ou sur telle affaire en particulier ; qu'on votait de deux manières, ou en se séparant, s'il y avait accord, ou, dans le doute, en donnant son opinion chacun à son tour. On devait voter dans l'ordre des dignités : les consulaires votaient les premiers, le prince du sénat immédiatement après. Du reste, au temps où vivait l'auteur, la brigue et la faveur avaient introduit une coutume nouvelle ; le président commençait par interroger qui il voulait parmi les personnages consulaires. Varron traite encore du nantissement à exiger, et de l'amende à infliger au sénateur qui ne s'était pas rendu au sénat, lorsque son devoir l'y appelait. On trouvera encore d'autres choses sur ce même sujet dans l'écrit dont j'ai parlé, la lettre de Varron à Oppien. Quant aux deux manières dont les sénateurs pouvaient voter, en exprimant leur opinion, et en se séparant, il est difficile d'accorder là-dessus Varron avec Attéius Capiton dans ses *Conjectures*. Ce dernier, dans son deux cent cinquante-neuvième livre fait dire à Tubéron qu'il ne pouvait y avoir de sénatus-consulte sans la séparation ; que la séparation était de rigueur pour tous les genres de sénatus-consultes, même lorsqu'ils avaient été rédigés par des rapporteurs. Capiton est très-affirmatif sur ce point. Mais je me souviens d'avoir traité ailleurs cette question avec plus d'étendue et plus de soin.

CHAPITRE VIII.

Le préfet de la ville, chargé des fêtes latines, a-t-il le droit de convoquer le sénat? Opinions contraires sur ce sujet.

Le préfet de la ville, chargé de la police des fêtes latines, peut-il présider le sénat ? Junius le nie. Il n'est pas seulement sénateur, dit-il, et n'a pas voix délibérative, puisqu'on nomme les préfets avant l'âge requis pour être sénateurs. Varron et Attéius Capiton soutiennent le contraire :

---

habuisse. Postea scripsit de intercessionibus : dixitque intercedendi, ne senatusconsultum fieret, jus fuisse iis solis, qui eadem potestate, qua ii, qui senatusconsultum facere vellent, majoreve essent. Tum adscripsit de locis, in quibus senatusconsultum fieri jure posset; docuitque, confirmavitque, nisi in loco, per augures constituto, quod *templum* appellaretur, senatusconsultum factum esse, justum id non fuisse. Propterea et in curia Hostilia, et in Pompeia, et post in Julia, cum profana ea loca fuissent, templa esse per augures constituta, ut in iis senatusconsulta more majorum justa fieri possent. Inter quæ id quoque scriptum reliquit : non omnis ædes sacras templa esse, ac ne ædem quidem Vestæ templum esse. Post hæc deinceps dicit, senatusconsultum ante exortum aut post occasum solem factum ratum non fuisse: opus etiam censorium fecisse existimatos, per quos eo tempore senatusconsultum factum esset. Docet deinde inibi multa, quibus diebus habere senatum jus non sit : immolareque hostiam prius, auspicarique debere, qui senatum habiturus esset : de rebusque divinis prius quam humanis ad senatum referendum esse : tum porro referri oportere aut infinite de republica, aut de singulis rebus finite : senatusque consultum fieri duobus modis ; aut per discessionem, si consentiretur : aut, si res dubia esset, per singulorum sententias exquisitas : singulos autem debere consuli gradatim, incipique a consulari gradu; ex quo gradu semper quidem antea primum rogari solitum, qui princeps in senatum lectus esset : tum autem, cum hæc scriberet, novum morem institutum refert, per ambitionem gratiamque, ut is primus rogaretur, quem rogare vellet, qui haberet senatum, dum is tamen ex gradu consulari esset. Præter hæc de pignore quoque capiendo disserit, deque mulcta dicenda senatori, qui, cum in senatum venire deberet, non adesset. Hæc et alia quædam id genus in libro, quo supra dixi, M. Varro epistola, ad Oppianum scripta, exsecutus est. Sed quod ait, senatusconsultum duobus modis fieri solere, aut conquisitis sententiis, aut per discessionem, parum convenire videtur cum eo, quod Atteius Capito in *Conjectaneis* scriptum reliquit. Nam in libro ducentesimo quinquagesimo nono Tuberonem dicere ait, nullum senatusconsultum fieri posse non discessione facta : quia in omnibus senatusconsultis, etiam in iis, quæ per relationem fierent, discessio esset necessaria ; idque ipse Capito verum esse affirmat. Sed de hac omni re alio in loco plenius accuratiusque nos memini scribere.

CAPUT VIII.

Quæsitum esse dissensumque, an præfectus, latinarum causa creatus, jus senatus convocandi consulendique habeat.

Præfectum urbi Latinarum causa relictum senatum habere posse Junius negat : quoniam ne senator quidem sit, neque jus habeat sententiæ dicendæ, cum ex ea ætate præfectus fiat, quæ non sit senatoria. Marcus autem Varro in quarto *Epistolicarum Quæstionum*, et Attéius Capito

le premier dans le quatrième livre des *Questions traitées par lettres*, le second dans le deux cent cinquante-neuvième livre des *Conjectures*, où il tombe d'accord avec Tubéron sur le droit du préfet. « Les tribuns du peuple, dit-il, jusqu'au plébiscite auquel Atinius donna son nom, eurent le droit de présider le sénat, quoiqu'ils ne fussent pas sénateurs. »

LIVRE XV.

CHAPITRE I.

Q. Claudius dit dans ses annales que le bois enduit d'alun ne brûle pas.

Le rhéteur Antonius Julianus avait parlé, dans son école, avec un charme et un bonheur incroyable; il avait étonné ceux mêmes qui étaient habitués à son éloquence : car, dans ces déclamations de l'école, on trouve toujours le même homme, la même parole, mais pas toujours le même bonheur d'expression. Tous ses amis l'avaient entouré, et l'accompagnaient chez lui. Arrivés au mont Cispius, nous vîmes une maison en proie aux flammes, avec ses charpentes qui étaient nombreuses et élevées. L'incendie s'étendait et se répandait à l'entour. Quelqu'un dit dans le cortège de Julianus : « Les propriétés situées dans la ville donnent de grands revenus, mais elles offrent des dangers plus grands encore. Si l'on pouvait parer aux incendies dont les maisons de Rome sont si souvent la proie, je me hâterais de vendre mes champs, pour devenir propriétaire à la ville. » Julianus répondit, avec cette grâce riante qui lui était habituelle : « Si tu avais lu la dix-neuvième annale de Q. Claudius, écrivain si distingué et historien si fidèle, Archélaüs, lieutenant de Mithridate, t'aurait appris un moyen de parer à l'incendie : le feu aurait beau envelopper tes bâtiments, s'insinuer dans les charpentes, elles ne brûleraient pas. » Je demandai quelle était cette merveille de Quadrigarius. Il reprit : « J'ai lu dans son livre que, pendant que Sylla assiégeait le Pirée dans l'Attique, et qu'Archélaüs, lieutenant de Mithridate, repoussait ses attaques, une tour de bois, faite par les assiégés, fut enveloppée de toutes parts par les flammes, et ne put brûler. Archélaüs, dit l'historien, l'avait enduite d'alun. Voici le passage de Quadrigarius : « Sylla pendant longtemps fit avancer des trou« pes, et fit de grands efforts, pour brûler une « tour de bois qu'Archélaüs avait mise en avant « de la ville. Il avança, lança des brandons contre « la tour, repoussa les Grecs, tenta d'embraser la « tour ; mais, malgré de longs efforts, on ne put y « parvenir. C'est qu'Archélaüs l'avait enduite « d'alun. Sylla et ses troupes furent dans l'éton« nement. Il fallut se retirer sans succès. »

CHAPITRE II.

Platon, dans son ouvrage Sur les lois, a pensé que les provocations à boire ne sont pas sans utilité.

Un Crétois, habitant d'Athènes, se disait phi-

---

in *Conjectaneorum* ducentesimo quinquagesimo nono, jus esse praefecto senatus habendi dicunt : deque ea re assensum esse Capitonem Tuberoni contra sententiam Junii refert : « Namque et tribunis, » inquit, « plebis senatus ha« bendi jus erat, quanquam senatores non essent, ante « Atinium plebiscitum. »

LIBER QUINTUS DECIMUS.

CAPUT I.

Quod in Q. Claudii annalibus scriptum est, lignum alumine oblitum non ardere.

Declamaverat Antonius Julianus rhetor praeterquam semper alias, tum vero nimium quantum delectabiliter et feliciter. Sunt enim ferme scholasticae istae declamationes ejusdem hominis ejusdemque facundiae, non ejusdem tamen cotidie felicitatis. Nos ergo familiares ejus circumfusi undique eum prosequebamur domum : cum deinde subeuntes montem Cispium conspicimus insulam quandam occupatam igni, multis arduisque tabulatis editam, et propinqua jam omnia flagrare vasto incendio. Tum quispiam ibi ex comitibus Juliani : Magni, inquit, reditus urbanorum praediorum; sed pericula sunt longe maxima. Si quid autem posset remedii fore, ut ne tam assidue domus Romae arderent, venum hercle dedissem res rusticas, et urbicas emissem. Atque illi Julianus laeta, ut mos ejus fuit, inter fabulandum venustate : Si annalem, inquit, undevicesimum Q. Claudii legisses, optimi et sincerissimi scriptoris, docuisset te profecto Archelaus, regis Mithridati praefectus, qua medela quaque sollertia ignem defenderes, ut ne ulla tua aedificatio e ligno, correpta atque insinuata flammis, arderet. Percontatus ego sum, quid esset illud mirum Quadrigarii. Repetit : In eo igitur libro scriptum inveni : Cum oppugnaret L. Sulla in terra Attica Piraeum, et contra Archelaus regis Mithridati praefectus ex eo oppido propugnaret, turrim ligneam defendendi gratia structam, cum ex omni latere circumplexa igni foret, ardere non quisse, quod ab Archelao alumine oblita fuisset. Verba Quadrigarii ex eo libro haec sunt : « Tum « Sulla conatus est, et tempore magno eduxit copias, ut « Archelai turrim unam, quam ille interposuit, ligneam « incenderet : venit : accessit : ligna subdidit : submovit « Graecos : ignem admovit : satis sunt diu conati : nun« quam quiverunt incendere : ita Archelaus omnem mate« riam obleverat alumine; quod Sulla atque milites mi« rabantur; et postquam non succendit, reduxit copias. »

CAPUT II.

Quod Plato in libris, quos de legibus composuit, largiores laetioresque in conviviis invitatiunculas vini non inutiles esse existimav[er]it.

Ex insula Creta quispiam aetatem Athenis agens Plato-

losophe platonicien, et souhaitait de passer pour l'être. C'était un homme sans nul mérite, qui s'occupait de bagatelles, fanfaron d'éloquence, et qui avait la passion du vin jusqu'au ridicule. Dans le festin de jeunes gens que nous célébrions à Athènes à chaque phase de la lune, aussitôt que la première faim apaisée laissait un libre cours aux conversations utiles et amusantes, il réclamait le silence, et se mettait à parler. Alors, avec une confusion de paroles triviales, il nous exhortait tous à boire, et il prétendait qu'il se conformait, en buvant, à un précepte de Platon. A l'entendre, Platon, dans ses ouvrages sur les lois, aurait fait un pompeux éloge de l'ivresse, et l'aurait recommandée aux honnêtes gens et aux hommes courageux. Il s'interrompait fréquemment, pour arroser son génie de quelques rasades. C'était là, disait-il, ce qui réveillait et animait le génie et la vertu. Le vin donnait du feu à l'âme et au corps. Mais Platon, dans le premier et le second livre des *Lois*, n'a pas loué, quoi qu'en ait dit cet ignorant, cette sale et honteuse ivresse, qui n'est bonne qu'à troubler et affaiblir l'intelligence. Il a parlé d'une plus noble et plus douce provocation à boire, sous l'arbitrage des maîtres du festin, sobres et sages; et il ne l'a pas désapprouvée. Il a pensé qu'on pouvait prendre, la coupe à la main, un repos honnête et salutaire; qu'on en serait plus propre à observer les lois de la sobriété, qu'on y devenait de plus en plus gai, et par là plus propre à reprendre les occupations sérieuses; qu'enfin, si on avait dans l'âme des affections ou des désirs déréglés, que la pudeur empêchât de révéler, la liberté que donne le vin les dévoilait sans graves dangers, et permettait d'y apporter remède. Platon ajoute qu'on ne doit éviter ni dédaigner ces exercices où on lutte contre la violence du vin; il pense qu'il n'y a pas de continence ni de tempérance parfaite, si ces vertus n'ont été éprouvées au milieu des dangers, et parmi les séductions des plaisirs. L'homme qui n'a pas goûté, qui n'a pas même connu les plaisirs et les charmes des festins, si la volonté le porte, si le hasard l'amène, si la nécessité l'oblige à y participer, se trouve charmé, saisi; il n'est plus maître ni de son esprit ni de ses sens; il chancelle comme frappé d'un coup inconnu. Platon conclut qu'il faut paraître sur le champ de bataille, se mesurer de près avec les voluptés, avec les attraits du vin; ne pas chercher sa sûreté dans la fuite ou l'absence, mais se montrer avec fermeté, et mettre sa tempérance sous la garde de la force et de la modération; qu'il faut réchauffer son âme, et noyer dans le vin ce qu'il peut y avoir de froide tristesse ou de honteuse torpeur.

CHAPITRE III.

Opinion de Cicéron sur le préfix des verbes *aufugio* et *aufero* : le même préfix se trouve-t-il dans le verbe *autumo* ?

J'ai lu le livre de Cicéron, intitulé *l'Orateur*. On y lit que les verbes *aufugio* et *aufero* sont composés de la préposition *ab*, et des verbes *fugio*

---

nicum sese philosophum dicebat, et viderier gestiebat. Erat autem nihili homo et nugator, atque in Græcæ facundiæ gloria jactabundus, et præterea vini libidine adusque ludibria ebriosus. Is in conviviis juvenum, quæ agitare Athenis hebdomadibus lunæ sollemne nobis fuit, simulatque modus epulis factus, et utiles delectabilesque sermones cœperant; tum, silentio ad audiendum petito, loqui cœptabat : atque id genus vili et incondita verborum caterva hortabatur omnes ad bibendum, idque se facere ex decreto Platonico prædicabat; tanquam Plato in libris, quos *De Legibus* composuit, laudes ebrietatis copiosissime scripsisset, utilemque esse eam bonis ac fortibus viris censuisset. Ac simul inter ejusmodi orationem crebris et ingentibus poculis omne ingenium ingurgitabat, fomitem esse quemdam dicens et incitabulum ingenii virtutisque, si mens et corpus hominis vino flagraret. Sed enim Plato in primo et in secundo *De Legibus* non, ut ille nebulo opinabatur, ebrietatem istam turpissimam, quæ labefacere et [im]minuere hominum mentes solet, laudavit; sed hanc largiorem paulo jucundioremque vini invitationem, quæ fieret sub quibusdam quasi arbitris et magistris conviviorum sobriis, non improbavit. Nam et modicis honestisque inter bibendum remissionibus refici, integrarique animos ad instauranda sobrietatis officia existimavit, reddique eos sensim lætiores, atque ad intentiones rursum capiendas fieri habiliores : et simul, si qui penitus in iis affectionum cupiditatumque errores inessent, quos aliqui pudor reverens concelaret, ea omnia sine gravi periculo, libertate per vinum data, detegi, et ad corrigendum medendumque fieri opportuniora. Atque hoc etiam Plato ibidem dicit, non defugiendas esse neque respuendas hujuscemodi exercitationes adversum propulsandam vini violentiam; neque ullum unquam continentem prorsus ac temperantem satis fideliter visum esse, cujus vita virtusque non inter ipsa errorum pericula et in mediis voluptatum illecebris explorata sit. Nam cui libentiæ gratiæque omnes conviviorum incognitæ sint, quique illarum omnino expers sit, si eum forte ad participandas ejusmodi voluptates aut voluntas tulerit, aut casus induxerit, aut necessitas compulerit, deleniri plerumque et capi, neque mentem animumque ejus consistere, sed vi quadam nova ictum labascere. Congrediendum igitur censuit, et, tanquam in acie quadam, cum voluptariis rebus cumque ista vini licentia cominus decernendum : ut adversum eas non fuga simus tuti nec absentia; sed vigore animi et constanti præsentia, moderatoque usu temperantiam continentiamque tueamur, et calefacto simul refotoque animo, si quid in eo vel frigidæ tristitiæ, vel torpentis verecundiæ fuerit, deluamus.

CAPUT III.

Quid M. Cicero de particula ista senserit scripseritque, quæ præposita est verbis *aufugio* et *aufero* : et an in verbo *autumo* eadem ista hæc præpositio esse videri debeat.

Legimus librum M. Ciceronis, qui inscriptus est *Orator*. In eo libro Cicero, cum dixisset, verba hæc : *aufugio* et

et *fero*; que la préposition a été changée en la syllabe *au*, afin que les mots fussent plus doux à prononcer, et plus agréables à entendre; et qu'ainsi on avait dit *aufugio* et *aufero*, pour *abfugio* et *abfero*. Il ajoute : « Cette préposition « ne se trouve ainsi transformée que dans les « deux verbes que j'ai cités. » Mais je trouve dans l'ouvrage de Nigidius que le verbe *autumo* est composé de la préposition *ab* et du verbe *œstimo*, et qu'on a dit par abréviation *autumo* pour *abœstimo*, dans le sens de *j'estime entièrement*; c'est ainsi que *abnumerare* signifie donner un rang à part. Pour moi, j'honore infiniment l'érudition de P. Nigidius; mais je crois qu'il y a, dans l'étymologie qu'il donne, moins de justesse que de hardiesse et de subtilité : car comment expliquer, à l'aide de son étymologie, les autres sens du verbe *autumo*, dire, opiner, voter? D'ailleurs, un homme d'un mérite à part dans les lettres, Cicéron, aurait-il affirmé qu'il n'y avait que deux verbes où *ab* fut changé en *au*, si l'on eût pu en citer un troisième? Mais voici sur ce préfix une question plus importante à étudier : *ab* a-t-il été changé en *au* par euphonie, ou bien *au* est-il une particule qui nous soit venue des Grecs comme la plupart des autres prépositions? On la trouve dans ce vers d'Homère.

Αὐέρυσαν μὲν πρῶτα, καὶ ἔσφαξαν καὶ ἔδειραν.

« Ils l'arrachèrent d'abord, l'égorgèrent et l'é-« corchèrent; »

et dans les mots ἄβρομοι, αὐίαχοι, frémissant et retentissant.

CHAPITRE IV.

Vie de Ventidius Bassus, homme sans naissance, qui le premier triompha des Parthes.

Des hommes d'un âge avancé et d'une certaine érudition s'entretenaient naguère de quelques hommes qui sont montés autrefois au faîte des dignités, après avoir longtemps vécu dans l'obscurité et le mépris le plus profond. Aucun n'excita l'étonnement au même point que Ventidius Bassus, dont l'histoire fut racontée ainsi : Il était du Picénum, et de la plus basse extraction. Il fut pris avec sa mère par Pompéius Strabon, père du grand Pompée, lorsque, dans la guerre Sociale, ce général soumit les Asculans. Au triomphe du vainqueur, il se trouva, encore enfant, confondu dans la foule, et précédant le char entre les bras de sa mère. Arrivé à l'adolescence, il eut de la peine à gagner sa vie. Il fit l'ignoble métier d'acheter des mulets et des chars pour les louer à l'État, qui les prêtait aux magistrats partant pour les provinces. Ce trafic le fit connaître à César, qui l'emmena dans les Gaules. Il montra assez d'activité dans cette province. La guerre civile ayant éclaté, il s'acquitta des fonctions qui lui furent confiées, le plus souvent avec ardeur et courage. Il mérita ainsi l'amitié de César; cette amitié lui valut une haute dignité. Il fut fait tribun du peuple, et plus tard préteur; il l'était lorsqu'il fut déclaré, avec M. Antoine, ennemi de la patrie. Mais les partis s'unirent; il recouvra la préture, obtint le pontificat, et le consulat même. Le peuple romain ne vit pas sans peine cette élévation; il se souvenait d'avoir vu Ven-

---

aufero composita quidem esse ex præpositione *ab* et ex verbis *fugio* et *fero*, sed eam præpositionem, quo fieret vox pronuntiatu audituque lenior, versam mutatamque esse in *au* syllabam, cœptum esse dici *aufugio* et *aufero*, pro *abfugio* et *abfero*: cum [hæc], inquam, ita dixisset, tum postea ibidem super eadem particula ita scripsit : « Hæc, » inquit, » præpositio, præter hæc duo verba, nullo « alio in verbo reperietur. » Invenimus autem in commentario Nigidiano, verbum *autumo* compositum ex *ab* præpositione et verbo *œstimo*; dictumque intercise *autumo*, quasi *abœstimo*, quod significaret *totum œstimo*, tanquam *abnumero*. Sed, quod sit cum honore multo dictum P. Nigidii, hominis eruditissimi, audacius hoc argutiusque esse videtur, quam verius. *Autumo* enim non id solum significat, sed et *dico* et *opinor* et *censeo*; cum quibus verbis præpositio ista neque coherentia vocis, neque significationis sententiæ convenit. Præterea vir acerrimæ in studio litterarum licentiæ M. Tullius non sola esse hæc duo verba dixisset, si reperiri posset ullum tertium. Sed illud magis quæri inspicione dignum est, versane sit et mutata *ab* præpositio in *au* syllabam propter lenitatem vocis, an potius *au* particula sua sit propria origine, et perinde, ut pleræque aliæ præpositiones a Græcis, ita hæc quoque inde accepta sit : sicuti est in illo versu Homeri :

Αὐέρυσαν μὲν πρῶτα καὶ ἔσφαξαν καὶ ἔδειραν.

Καί· Ἄβρομοι, αὐίαχοι.

CAPUT IV.

Historia de Ventidio Basso, ignobili homine, quem primum de Parthis triumphasse, memoriæ traditum est.

In sermonibus nuper fuit seniorum hominum et eruditorum, multos in vetere memoria altissimum dignitatis gradum ascendisse ignobilissimos prius homines et despicatissimos. Nihil adeo tamen de quoquam tantæ admirationi fuit, quantæ fuerunt, quæ de Ventidio Basso scripta sunt. Eum Picentem fuisse, genere et loco humili, et matrem ejus a Pompeio Strabone, Pompeii Magni patre, bello sociali, quo Asculanos subegit, captam cum ipso esse; mox triumphante Pompeio Strabone, eum quoque puerum inter ceteros ante currum imperatoris sinu matris vectum esse; post, cum adolevisset, victum sibi ægre quæsisse, eumque sordide invenisse comparandis mulis et vehiculis, quæ magistratibus, qui sortiti provincias forent, præbenda publice conduxisset; in isto quæstu notum esse cœpisse C. Cæsari, et cum eo profectum esse in Gallias : tum quia in ea provincia satis naviter versatus esset, et deinceps civili bello mandata sibi pleraque impigre et strenue fecisset, non modo in amicitiam Cæsaris, sed ex ea in amplissimum quoque ordinem pervenisse; mox tribunum quoque plebi, ac deinde prætorem creatum, atque in eo tempore judicatum esse a senatu hostem cum M. Antonio : post

tidius Bassus gagner son pain à soigner des mulets. Aussi lisait-on dans les rues de Rome des vers de ce genre :

« Accourez tous, augures et aruspices ; un pro-
« dige inouï vient d'arriver : celui qui frottait
« les mulets a été fait consul. »

Suétone nous apprend que ce même Bassus fut chargé par Antoine du gouvernement des provinces orientales ; qu'il arrêta l'invasion des Parthes en Syrie, les battit dans trois combats, et fut le premier qui triompha de ce peuple. Après sa mort, il fut enterré aux dépens de l'Etat.

CHAPITRE V.
Le verbe *profligo* généralement employé d'une manière impropre.

Tant d'ignorants emploient au hasard des mots dont le sens ne leur est pas connu, qu'il ne faut pas s'étonner si tant de mots ont fini par s'éloigner de leur vraie signification. Je citerai le verbe *profligo*, dont le sens a été altéré et tout à fait corrompu. En effet, ce mot dérivant d'*affligere*, conduire à la perte, au trépas, ceux qui ont parlé purement l'ont toujours employé dans le sens de *prodigere*, dissiper, *deperdere*, perdre ; ainsi on a dit *profligatas res*, c'est-à-dire affaires ruinées et perdues. Maintenant, un temple, un édifice quelconque est-il avancé, presque achevé, j'entends dire qu'il est *in profligato*, ou *profligatum*. Voici à ce sujet une réponse spirituelle d'un préteur, qui n'était pas sans instruction, à un certain Barvasculus, un de ces avocats qui font nombre. Je trouve cette réponse dans une lettre de Sulpicius Apollinaris. L'avocat demandait audience en ces termes : « Homme illustre, toutes
« les affaires dont tu as déclaré vouloir con-
« naître aujourd'hui ont été, par ta diligence et
« ta vitesse, jetées par terre (*profligatæ*) ; il n'en
« reste qu'une, et je te prie de m'écouter. » Le préteur lui répondit assez plaisamment : « Les
« causes que j'ai entendues sont-elles toutes par
« terre ? Je l'ignore ; mais celle qui est tombée
« entre tes mains, que je t'écoute ou ne t'écoute
« pas, est très-certainement par terre. » Au lieu de *profligatum* dans ce sens, ceux qui parlent latin disent *affectum*. Ainsi Cicéron dit, dans son discours *Sur les provinces consulaires* : « Nous
« voyons la guerre avancée (*affectum*), et, pour
« ainsi dire, déjà terminée. » Il dit un peu plus bas : « César lui-même, qui le retient dans cette
« province ? il veut achever l'ouvrage déjà avancé
« (*quæ affecta sunt*). » Cicéron dit encore dans l'*Économique* : « L'été est déjà fort avancé (*affecta*) ;
« il est temps que le soleil mûrisse le raisin. »

CHAPITRE VI.
Cicéron, dans son ouvrage *De la gloire*, tombe dans une erreur manifeste au sujet d'Hector et d'Ajax.

Dans son ouvrage *De la gloire*, livre second,

---

vero conjunctis partibus, non pristinam tantum dignitatem recuperasse, sed pontificatum, ac deinde consulatum quoque adeptum esse : eamque rem tam intoleranter tulisse populum romanum, qui Ventidium Bassum meminerat curandis mulis victitasse, ut vulgo per vias urbis versiculi proscriberentur :

Concurrite omnes augures, haruspices ;
Portentum inusitatum conflatum est recens.
Nam mulos qui fricabat, consul factus est.

Eundem Bassum Suetonius Tranquillus præpositum esse a M. Antonio provinciis orientalibus, Parthosque in Syriam introrumpentis tribus ab eo prœliis fusos scribit, eumque primum omnium de Parthis triumphasse, et morte obita publico funere sepultum esse.

CAPUT V.
Verbum *profligo* a plerisque dici improprie insciteque.

Sicut alia verba pleraque ignoratione et inscitia improbe dicentium, quæ non intelligunt, deflexa ac depravata sunt a ratione recta et consuetudine ; ita hujus quoque verbi, quod est *profligo*, significatio versa et corrupta est. Nam cum ab affligendo et ad perniciem interitumque deducendo inclinatum id tractumque sit, semperque eo verbo, qui diligenter locuti sunt, ita usi sint, ut *profligare* dicerent *prodigere* et *deperdere*, *profligatasque* res, quasi *proflictas* et *perditas* appellarint : nunc audio, ædificia et templa et alia fere multa, quæ prope absoluta affectaque sunt, *in profligato esse* dici ; ipsaque esse jam *profligata*. Quapropter urbanissime respondisse prætorem, non indoctum virum, Barvasculo cuidam ex advocatorum turba, Sulpicius Apollinaris in quadam epistola scriptum reliquit. Nam cum ille, inquit, rabula audaculus ita postulasset, verbaque ita fecisset : « Omnia, vir cla-
« rissime, negotia, de quibus te cogniturum esse hodie
« dixisti, diligentia et velocitate tua profligata sunt ; unum
« id solum relictum est, de quo rogo, audias ; » tum prætor satis ridicule : « An illa, » [inquit,] « negotia, de quibus
« jam cognovisse me dicis, profligata sint, equidem
« nescio : hoc autem negotium, quod in te incidit, pro-
« cul dubio, sive id audiam sive non audiam, profliga-
« tum est. » Quod significare autem volunt, qui *profligatum* dicunt : ii qui latine locuti sunt, non *profligatum*, sed *affectum*, dixerunt : sicut M. Cicero in oratione, quam habuit *De provinciis consularibus*. Ejus verba hæc sunt : « Bellum affectum videmus, et, vere ut dicam,
« pæne confectum. » Item infra : « Nam ipse Cæsar quid
« est quod in ea provincia commorari velit, nisi ut ea,
« quæ per eum affecta sunt, perfecta reipublicæ tradat. »
Idem Cicero in *Œconomico* : « Cum vero affecta jam
« prope æstate uvas a sole mitescere tempus est. »

CAPUT VI.
In libro M. Ciceronis *De Gloria* secundo manifestum erratum in ea parte, in qua scriptum est super Hectore et Ajace.

In libro M. Tullii, qui est secundus *De gloria*, ma-

Cicéron tombe dans une erreur peu grave, mais évidente; il ne faut pas, pour la relever, être un érudit : il suffit d'avoir lu le septième livre de l'Iliade. Aussi ce qui m'étonne, ce n'est pas que Cicéron ait fait cette faute, mais qu'il ne l'ait pas reconnue plus tard ; que la faute n'ait été corrigée ni par lui, ni par Tiron, son affranchi, homme actif, et s'intéressant beaucoup aux ouvrages de son patron. Voici ce qu'on lit dans Cicéron : « Dans le même poëme, Ajax, sur le point de se « mesurer avec Hector, traite de sa sépulture, « dans le cas où le combat lui serait funeste; et « il veut que, même après bien des siècles, on ne « passe pas auprès de son tombeau sans dire :

« Là gît, enlevé au jour depuis bien des an« nées, un guerrier que frappa l'épée d'Hector : « On le dira, et ma gloire vivra toujours. »

Ce n'est pas Ajax qui dit dans Homère les vers que Cicéron a traduits en latin; Ajax ne traite pas de sa sépulture; c'est Hector qui fait ses conditions, et il les fait avant de savoir si Ajax sera celui qui le combattra contre lui : voici ses paroles : « C'est là le tombeau d'un guerrier mort depuis « longtemps : il fut illustre, et il tomba sous les « coups de l'illustre Hector. On le dira, et ma « gloire ne mourra jamais. »

CHAPITRE VII.

L'expérience a montré que la soixante et troisième année de l'homme est toujours signalée par des maladies, des revers, ou la mort. Exemple contraire tiré d'une lettre d'Auguste à son fils Caïus.

On remarque, quelque haut qu'on remonte, que presque jamais la soixante et troisième année n'arrive pour l'homme, sans amener avec elle quelque danger ou quelque revers, ou une grave maladie pour le corps, ou du chagrin pour l'âme, ou enfin le trépas. Aussi ceux qui s'occupent de cette étude ont nommé cette année de la vie humaine, année *climatérique*. L'avant-dernière nuit, je lisais les lettres de l'empereur Auguste à Caïus son petit-fils, et je me sentais entraîné par la beauté d'un style facile et simple, qui ne respirait ni l'inquiétude ni la morosité. Je suis tombé sur une lettre écrite à l'âge dont il s'agit ici, et j'y ai trouvé une chose qui a rapport au sujet que je traite : « Le 9 des ca« lendes d'octobre. Salut, mon Caïus, douce pru« nelle de mes yeux, toi dont l'absence est tou« jours pour moi un sujet de regret! aujourd'hui « surtout mes yeux cherchent partout mon Caïus. « Dans quelque lieu que tu sois, j'espère que tu « as célébré, plein de joie et de santé, ma soixante « et quatrième année. Tu le vois, nous avons « échappé à l'année climatérique, effroi de tous « les vieillards. J'ignore quel temps je dois vivre « encore; mais je prie les dieux qu'heureux et flo« rissants, vous trouviez après moi la république « heureuse et florissante. Agissez en hommes de « cœur, et prenez les rênes que j'aurai abandon« nées. »

---

nifestus error est non magnæ rei, quem errorem esse, possit cognoscere non aliquis eruditorum, sed qui tantum legerit Ὁμήρου τὸ η´. Quamobrem non tam id mirabamur, errasse in eam rem M. Tullium, quam non esse animadversum hoc postea, correctumque vel ab ipso, vel a Tirone, liberto ejus, diligentissimo homine, et librorum patroni sui studiosissimo. Ita enim scriptum in eo libro est : « Apud eumdem poëtam Ajax cum Hectore congre« diens depugnandi causa agit, ut sepeliatur, si sit forte « victus : declaratque, se velle, ut suum tumulum mul« tis etiam post seculis prætereuntes sic loquantur : »

Hic situs est vitæ jampridem lumina linquens,
Qui quondam Hectoreo perculsus concidit ense.
Fabitur hoc aliquis; mea semper gloria vivet.

Hujus autem sententiæ versus, quos Cicero in linguam latinam vertit, non Ajax apud Homerum dicit, neque Ajax agit, ut sepeliatur; sed Hector dicit, et Hector de sepultura agit, priusquam sciat, an secum depugnandi causa congressurus sit Ajax :

Ἀνδρὸς μὲν τόδε σῆμα πάλαι κατατεθνειῶτος,
Ὅν ποτ᾽ ἀριστεύοντα κατέκτανε φαίδιμος Ἕκτωρ·
Ὥς ποτέ τις ἐρέει· τὸ δ᾽ ἐμὸν κλέος οὔποτ᾽ ὀλεῖται.

CAPUT VII.

Observatum esse in senibus, quod annum fere ætatis tertium et sexagesimum agant, aut laboribus aut interitu, aut clade aliqua insignitum : atque inibi super eadem observatione exemplum appositum epistolæ divi Augusti ad Caium filium.

Observatum in multa hominum memoria expertumque est [in] senioribus plerisque omnibus[,] sexagesimum tertium vitæ annum cum periculo et clade aliqua venire, aut corporis morbique gravioris, aut vitæ interitus, aut animi ægritudinis. Propterea, qui rerum verborumque istiusmodi studio tenentur, eum ætatis annum appellant κλιμακτηρικόν. Nocte quoque ista proxima superiore, cum librum *Epistolarum* divi Augusti, quas ad Caium nepotem suum scripsit, legeremus, duceremurque elegantia orationis neque morosa neque anxia, sed facili hercle et simplici, id ipsum in quadam epistola super eodem anno scriptum offendimus, ejusque epistolæ exemplum hoc est : « IX Kalend. Octobr. Ave, mi Cai, meus ocellus ju« cundissimus : quem semper medius fidius desidero, « cum a me abes ; sed præcipue diebus talibus, qualis est « hodiernus, oculi mei requirunt meum Caium : quem, « ubicunque hoc die fuisti, spero lætum et bene valentem « celebrasse quartum et sexagesimum natalem meum. « Nam, ut vides, κλιμακτῆρα communem seniorum « omnium tertium et sexagesimum annum evasimus. « Deos autem oro, ut, mihi quantumcunque superest « temporis, id salvis vobis traducere liceat in statu rei« publicæ felicissimo, ἀνδραγαθούντων ὑμῶν καὶ διαδεχο« μένων stationem meam. »

CHAPITRE VIII.

Fragment d'un discours que l'orateur Favorinus prononça en faveur de la loi Licinia, relative au luxe.

J'ai lu un ancien discours de l'éloquent Favorinus, et je l'ai appris en entier, à cause de la haine qu'il y exhale contre la dépense et le luxe de nos jours. J'en citerai le passage suivant : « Les « intendants des tables, les ministres du luxe de « nos jours, vous diront qu'une table n'est pas « richement servie, si un service n'est enlevé « au moment où votre appétit se satisfait avec le « plus de plaisir, et si un service plus choisi et plus « splendide ne succède. Telle est la fleur du genre « pour nos élégants; une dépense fastidieuse leur « tient lieu d'esprit. Ils vous disent qu'il n'y a « qu'un seul oiseau dont on puisse tout manger, « le becfigue. Pour les autres oiseaux, pour la vo- « laille engraissée, il faut la servir en telle quan- « tité que, sans en manger autre chose que les « parties inférieures à partir du croupion, on se « rassasie ; sans cela, pauvre festin ! Mange-t-on la « partie supérieure d'un oiseau, on n'a pas de « palais. Que la délicatesse continue à croître « dans cette proportion, on va bientôt se faire « mâcher les morceaux, pour s'épargner, en man- « geant, toute fatigue. Il y a des hommes qui font « telle litière d'argent, d'or et de pourpre, qu'ils « sont plus somptueusement logés que les dieux. »

CHAPITRE IX.

Le poëte Cécilius a fait *frons* masculin, moins par licence poétique que par analogie.

Cécilius, dans son *Subditif*, a très-bien dit :
« Les pires de tous les ennemis sont ceux qui « ont la gaieté sur le front (*fronte hilaro*) et l'a- « mertume dans le cœur ; car vous ne savez s'il « faut les saisir ou les lâcher. »

Je citai ces deux vers dans un cercle de jeunes littérateurs, où la conversation roulait sur un de ces hypocrites dont parle le poëte. Quelqu'un qui avait un nom dans la foule des grammairiens m'entendit, et s'écria : « Quelle licence ! quelle « audace à Cécilius de dire *fronte hilaro*, au lieu « de *fronte hilara*! L'énormité de ce solécisme ne « l'a pas fait reculer ! » — Au contraire, dis-je, l'audace et la licence sont de notre côté. Malappris que nous sommes de faire ce mot féminin, contrairement à la loi de l'analogie et à l'autorité de nos ancêtres ! Ne lisons-nous pas dans le cinquième livre des *Origines* de Caton : « Le len- « demain il engagea la bataille, et combattit de « front (*æquo fronte*), avec son infanterie, sa ca- « valerie et ses ailes, contre les légions enne- « mies. » Caton a dit encore dans le même ouvrage, *recto fronte*. Mon demi-savant répliqua : « Fais- « nous grâce des autorités ; elles sont pour toi, « je le veux ; donne-nous des raisons, si tu en as. » Mon âge comportait la colère ; je répondis irrité : « Écoute, mon maître, une raison mauvaise sans doute, mais que tu ne réfuteras pas cependant :

CAPUT VIII.

Locus ex oratione Favorini, veteris oratoris, de cœnarum atque luxuriæ opprobratione, qua usus est, cum legem Liciniam de sumptu minuendo suasit.

Cum legeremus orationem veterem Favorini, non indiserti viri : quam orationem totam, ut meminisse possemus, odio esse hercle istiusmodi sumtus atque victus, perdidicimus. Verba, quæ apposuimus, Favorini hæc sunt : « Præfecti popinæ atque luxuriæ negant cœnam « lautam esse, nisi, cum libentissime edis, tum aufera- « tur, et alia esca melior atque amplior succenturietur. Is « nunc flos cœnæ habetur inter istos, quibus sumtus et « fastidium pro facetiis procedit : qui negant ullam avem « præter ficedulam totam comesse oportere ; ceterarum « avium atque altilium, nisi tantum apponatur, ut a clu- « niculis inferiori parte saturi fiant, convivium putant « inopia sordere : superiorem partem avium atque alti- « lium qui edunt, eos palatum [non] habere : si propor- « tione luxuria pergit crescere, quid relinquitur, nisi ut « delibari sibi cœnas jubeant, ne edendo defatigentur ? « quando stratus auro, argento, purpura, amplior aliquot « hominibus, quam diis immortalibus, adornatur. »

CAPUT IX.

Quod Cæcilius poëta *frontem* genere virili non poëtice, sed cum probatione et cum analogia appellavit.

Vere ac diserte Cæcilius hoc in Subditivo scripsit :

Nam ii sunt inimici pessumi, fronte hilaro, corde tristi,
Quos neque ut apprendas, neque ut mittas, scias.

Hos ego versus, cum de quodam istiusmodi homine sermones essent, in circulo forte juvenum eruditiorum dixi. Tum de grammaticorum vulgo quispiam nobiscum ibi assistens non sane ignobilis : Quanta, inquit, licentia audaciaque Cæcilius hic fuit, cum *fronte hilaro*, non *fronte hilara* dixit, et tam immanem solœcismum nihil veritus est ? Immo, inquam, potius nos et quam audaces et quam licentes sumus, qui frontem improbe indocteque non virili genere dicimus, cum et ratio proportionis, quæ *analogia* appellatur, et veterum auctoritates non *hanc*, sed *hunc frontem*, debere dici suadeant. Quippe M. Cato in quinto *Originum* ita scripsit : « Postridie signis collatis, æquo fronte, peditatu, equiti- « bus atque aliis cum hostium legionibus pugnavit. » *Recto* quoque *fronte* idem Cato eodem in libro dicit. At ille semidoctus grammaticus : Missas, inquit, auctoritates facias : quas quidem ut habeas, posse fieri puto ; sed rationem dic, quam non habes. Atque ego his ejus verbis, ut tum ferebat ætas, irritatior : Audi, inquam, mi magister, rationem falsam quidem, sed quam redarguere falsam esse tu non queas. Omnia, inquam, vocabula tribus litteris finita, quibus *frons* finitur, generis masculini sunt, si in genitivo quoque casu eadem syllaba finiantur : ut *mons, fons, pons, frons*. At ille contra renidens : Audi, inquit, discipule, plura alia consimilia, quæ non sunt generis masculini. Petebant ibi omnes, ut vel unum statim diceret ; sed cum homo vultum intorqueret,

tous les noms qui se terminent par les trois mêmes lettres que *frons* sont du masculin, s'ils ont le génitif en *ontis*; tels sont *mons, fons, pons, nfors.* » Il sourit, et repartit : « Écoute, petit écolier, une foule de mots semblables qui ne sont pas masculins. » On le conjura d'en citer au moins un ; il fit la grimace, changea de couleur, et n'ouvrit pas la bouche. J'intervins : « Va, lui dis-je, je te donne trente jours pour chercher tes exemples ; quand tu en auras trouvé, tu repasseras. » Ainsi fut congédié notre homme, impuissant à trouver un mot pour réfuter une règle imaginaire.

CHAPITRE X.
Étonnants suicides de filles de Milet.

Plutarque, dans son *Traité de l'âme*, rapporte dans le premier livre, à propos des maladies dont l'âme peut être atteinte, que presque toutes les jeunes filles de Milet formèrent subitement, et sans motif connu, le dessein de se donner la mort, et qu'un grand nombre se pendirent. Ces suicides se renouvelant tous les jours, et devenant de plus en plus nombreux, et aucun remède ne pouvant guérir cette manie obstinée, les Milésiens décrétèrent que les jeunes filles qui seraient trouvées pendues seraient portées en terre toutes nues, avec le lien dont elles se seraient servies. Aussitôt les suicides cessèrent ; la pudeur triompha d'une manie incurable.

CHAPITRE XI.
Texte d'un sénatus-consulte qui chassait les philosophes de l'enceinte de Rome. Texte d'un édit des censeurs contre les écoles de rhétorique qui commençaient à s'établir à Rome.

Sous le consulat de Fannius Strabon et de M. Valérius Messala, il fut fait un sénatus-consulte contre les philosophes et les rhéteurs latins. Le voici : LE PRÉTEUR M. POMPONIUS A CONSULTÉ LE SÉNAT AU SUJET DES PHILOSOPHES ET DES RHÉTEURS DONT ON PARLE DANS LA VILLE. LE SÉNAT A ARRÊTÉ QUE LE PRÉTEUR POMPONIUS, DANS L'INTÉRÊT DE LA RÉPUBLIQUE, ET SOUS SA RESPONSABILITÉ, AVISERAIT A CE QU'IL N'Y EN EUT PLUS DANS ROME. Quelques années après ce sénatus-consulte, les censeurs Cn. Domitius Ænobarbus et L. Licinius Crassus prirent un arrêté contre les rhéteurs latins : IL NOUS A ÉTÉ RAPPORTÉ QU'IL Y A DES HOMMES QUI ÉTABLISSENT UN NOUVEAU GENRE D'ENSEIGNEMENT, QUE LA JEUNESSE FRÉQUENTE LEURS ÉCOLES, QU'ILS PRENNENT LE NOM DE RHÉTEURS LATINS, ET QUE LES JEUNES GENS VONT CHEZ EUX PASSER LA JOURNÉE ENTIÈRE DANS L'OISIVETÉ. NOS ANCÊTRES ONT FIXÉ LES ÉCOLES QUE LEURS ENFANTS FRÉQUENTERAIENT, ET CE QU'ILS Y APPRENDRAIENT. CES NOUVEAUTÉS, CONTRAIRES AUX COUTUMES ET AUX USAGES DE NOS ANCÊTRES, NE NOUS PLAISENT PAS, ET NE NOUS PARAISSENT PAS BONNES. C'EST POURQUOI NOUS AVONS CRU DEVOIR FAIRE CONNAÎTRE NOTRE SENTIMENT ET AUX MAITRES ET AUX DISCIPLES : CELA NOUS DÉPLAIT. Ce n'est pas seulement dans ces temps de rudesse, où les arts de la Grèce n'avaient pas encore poli les esprits, que les philosophes furent bannis de Rome. Sous le règne de Domitien, ils furent exi-

---

et non hisceret, coloresque mutaret : tum ego intercessi, et : Vade, inquam, nunc, et habeto ad requirendum triginta dies ; postquam inveneris, repetes nos. Atque ita hominem nulli rei ad indagandum vocabulum, quo rescinderet finitionem fictam, dimisimus.

CAPUT X.
De voluntario et admirando interitu virginum Milesiarum.

Plutarchus in librorum, quos Περὶ ψυχῆς inscripsit, primo, cum de morbis dissereret in animos hominum incidentibus, virgines dixit Milesii nominis, fere quot tum in ea civitate erant, repente, sine ulla evidenti causa, voluntatem cepisse obeundæ mortis ; ac deinde plurimas vitam suspendio amisisse. Id cum accideret in dies crebrius, neque animis earum mori perseverantium medicina adhiberi quiret, decrevisse Milesios, ut virgines, quæ corporibus suspensis demortuæ forent, ut eæ omnes nudæ cum eodem laqueo, qui essent prævinctæ, efferrentur : post id decretum virgines voluntariam mortem non petisse, pudore solo deterritas tam inhonesti funeris.

CAPUT XI.
Verba senatusconsulti de exigendis urbe Roma philosophis : item verba edicti censorum, quo improbati et coërciti sunt, qui disciplinam rhetoricam instituere et exercere Romæ cœperant.

C. Fannio Strabone, M. Valerio Messala Coss. senatusconsultum de philosophis et de rhetoribus latinis factum est : M. POMPONIUS. PRÆTOR. SENATUM. CONSULUIT. QUOD. VERBA. FACTA. SUNT. DE. PHILOSOPHIS. ET. DE. RHETORIBUS DE. EA. RE. ITA. CENSUERUNT. UTI. M. POMPONIUS. PRÆTOR. ANIMADVERTERET. COERARET. QUE. UTI. EI. E. REPUBLICA. FIDE. QUE. SUA. VIDERETUR. UTI. ROMÆ. NE. ESSENT. Aliquot deinde annis post id senatusconsultum Cn. Domitius Ænobarbus et L. Licinius Crassus censores de coercendis rhetoribus latinis ita edixerunt : RENUNTIATUM. EST. NOBIS. ESSE. HOMINES. QUI. NOVUM. GENUS. DISCIPLINÆ. INSTITUERUNT. AD. QUOS. JUVENTUS. IN. LUDUM. CONVENIAT. EOS. SIBI. NOMEN. IMPOSUISSE. LATINOS. RHETORAS. IBI. HOMINES. ADULESCENTULOS. DIES. TOTOS. DESIDERE. MAJORES. NOSTRI. QUÆ. LIBEROS. SUOS. DISCERE. ET. QUOS. IN. LUDOS. ITARE. VELLENT. INSTITUERUNT. HÆC. NOVA. QUÆ. PRÆTER. CONSUETUDINEM. AC. MOREM. MAJORUM. FIUNT. NEQUE. PLACENT. NEQUE. RECTA. VIDENTUR. QUAPROPTER. ET. IIS. QUI. EOS. LUDOS. HABENT. ET. IIS. QUI. EO. VENIRE. CONSUEVERUNT. VISUM. EST. FACIUNDUM. UT. OSTENDEREMUS. NOSTRAM. SENTENTIAM. NOBIS. NON PLACERE. Neque illis solum temporibus nimis rudibus, necdum græca disciplina expolitis, philosophi ex urbe Roma pulsi sunt ; verum etiam Domitiano

lés de Rome; la ville et l'Italie leur furent interdites. Alors Épictète, atteint par le sénatus-consulte, se retira de Rome à Nicopolis.

CHAPITRE XII.
Fragments d'un discours de C. Gracchus sur son intégrité et la pureté de ses mœurs.

C. Gracchus, de retour de la Sardaigne, harangua le peuple assemblé. Voici quelques passages de son discours : « Je me suis conduit dans la « province comme j'ai cru que vos intérêts le « commandaient, et non comme aurait pu l'exi- « ger mon ambition. Il n'y a eu chez moi ni fes- « tins, ni enfants à belle figure; à ma table, la « modestie de vos enfants était plus respectée que « dans les places d'armes. » Un peu après il dit : « Ma conduite a été telle, qu'on ne pourrait dire, « sans mentir, que j'aie jamais reçu en présent « un as ou davantage; que personne se soit mis en « frais pour moi. J'ai passé deux ans dans la « province. Si jamais courtisane a passé le seuil « de ma porte, si jamais jeune esclave a été sol- « licité pour moi, tenez-moi pour le dernier et « le pire des hommes. Par ma réserve envers « leurs esclaves, jugez de ma conduite envers vos « enfants. » On lit encore dans le même discours : « Romains, les ceintures que j'ai emportées de « Rome pleines d'argent, je les ai rapportées vi- « des de la province. D'autres ont rapporté chez « eux pleines d'argent les amphores qu'ils avaient « emportées pleines de vin. »

imperante senatusconsulto ejecti, atque urbe et Italia interdicti sunt. Qua tempestate Epictetus quoque philosophus propter id senatusconsultum Nicopolim Roma decessit.

CAPUT XII.
Locus ex oratione Gracchi de parsimonia ac de pudicitia sua memoratissimus.

C. Gracchus, cum ex Sardinia rediit, orationem ad populum in contione habuit. Ea verba hæc sunt : « Versatus « sum, » inquit, « in provincia, quomodo ex usu vestro exis- « timabam esse, non quomodo ambitioni meæ conducere « arbitrabar. Nulla apud me fuit popina : neque pueri « eximia facie stabant; et in convivio liberi vestri modes- « tius erant, quam apud principia. » Post deinde hæc dicit : « Ita versatus sum in provincia, ut nemo posset vere « dicere, assem aut eo plus in muneribus me accepisse; « aut mea opera quempiam sumtum fecisse. Biennium fui « in provincia; si ulla meretrix domum meam introivit, « aut cujusquam servulus propter me sollicitatus est, om- « nium nationum postremissimum nequissimumque exis- « timatote. Cum a servis eorum tam caste me habuerim, « inde poteritis considerare, quomodo me putetis cum li- « beris vestris vixisse. » Atque ibi ex intervallo : « Itaque, » inquit, « Quirites, cum Romam profectus sum, zonas, « quas plenas argenti extuli, eas ex provincia inanes ret- « tuli. Alii vini amphoras quas plenas tulerunt, eas ar- « gento repletas domum reportaverunt. »

CHAPITRE XIII.
Verbes déponents qui sont à la fois actifs et passifs, et que les grammairiens appellent verbes communs.

Utor, vereor, hortor, consolor, sont des verbes communs, et peuvent être employés comme actifs et comme passifs. On peut dire : *vereor te*, je te révère; *vereor abs te*, je suis révéré par toi; *utor te*, je me sers de toi; *utor abs te*, tu te sers de moi; *hortor te*, je t'exhorte; *hortor abs te*, tu m'exhortes; *consolor te*, et *consolor abs te*, je te console, et je suis consolé par toi. *Testor* et *interpretor* ont aussi les deux sens. Du reste, tous ces verbes ne sont plus employés que dans un sens; et on se demande s'ils ont été employés dans les deux. Afranius dit dans *les Cousins* :

« La vie des pères est peu chère aux enfants, « lorsqu'ils veulent leur inspirer la crainte plutôt « que le respect. » *Quam vereri se a suis*.

Vereri est employé là de la manière la moins usitée. Novius, dans sa *Ligartaca*, emploie le verbe *utor* dans le sens passif :

« Il y a beaucoup de meubles dont on ne se « sert pas (*quæ non utitur*), et qu'on achète ce- « pendant. »

Caton, dans la cinquième *Origine* : « Lorsque « l'armée eut pris son repas, fut prête et exhortée « (*cohortatum*), il la fit sortir du camp et la ran- « gea en bataille. » Le verbe *consolor* aussi se trouve employé contrairement à l'usage le plus ordinaire, dans une lettre que Q. Métellus écrivit de l'exil à Cn. et L. Domitius : « Lorsque je vois

CAPUT XIII.
De verbis inopinatis, quæ utroqueversum dicuntur, et a grammaticis *communia* vocantur.

Utor, et *vereor*, et *hortor*, et *consolor*, communia verba sunt, ac dici utroqueversus possunt : *vereor te* et *vereor abs te*, id est, tu me vereris; *utor te* et *utor abs te*, tu me uteris; *hortor te* et *hortor abs te*, id est, tu me hortaris; *consolor te* et *consolor abs te*, id est, tu me consolaris; *testor* quoque et *interpretor* significatione reciproca dicuntur. Sunt autem verba hæc omnia ex altera parte inusitata ; et, an dicta sint in eam quoque partem, quæri solet. Afranius in *Consobrinis* :

Hem isto parentum est vita vilis liberis ;
Ubi malunt metui, quam vereri se ab suis.

Hic *vereri* ex ea parte dictum est, quæ est non usitatior. Novius in *Ligartaca* verbum, quod est *utitur*, ex contraria parte dicit :

Quia supellex multa, quæ non utitur, emitur tamen :
id est, quæ usui non est. M. Cato in quinta *Origine* « Exercitum, inquit, suum pransum, paratum, cohortatum « eduxit foras suaque instruxit. » *Consolor* quoque in partem alteram, præterquam dici solitum est, scriptum invenimus in epistola Q. Metelli, quam, cum in exilio esset, ad Cn. et ad L. Domitios dedit : « At cum animum, » inquit, « vestrum erga me video, vehementer consolor : « et fides virtusque vestra mihi ante oculos versatur. »

« vos sentiments pour moi, je suis grandement « consolé (*consolor*); alors je mets sous mes yeux « votre amitié constante et votre vertu. » Cicéron, dans le premier livre *De la Divination*, a dit *testata* et *interpretata*, comme si *testor* et *interpretor* étaient des verbes communs. Salluste a dit : *Dilargitis proscriptorum bonis*, « les biens des proscrits employés en largesses ;» il paraît avoir cru que *largior* était un verbe commun. Pour *veritum*, il a été employé comme *puditum* et *pigitum*, impersonnellement et avec un infinitif, non pas seulement par les vieux auteurs, mais par Cicéron lui-même, dans le second livre du traité *De finibus* : « Premièrement, dit-il, Aris-« tippe et toute l'école cyrénaïque n'ont pas rougi « (*quos non est veritum*) de placer le souverain « bien dans le plaisir qui éveillerait le plus agréa-« blement les sens. » Ajoutons à cette liste de verbes communs, *dignor, veneror, confiteor* et *testor*. Virgile particulièrement a dit :

« Anchise, vous jugé digne (*dignate*) d'entrer « dans l'illustre couche de Vénus. »

Et ailleurs :

« Adorée, (*venerata*) elle te donnera des cour-« ses favorables. »

Nous lisons dans les Douze Tables, *æris confessi*, pour, dette avouée : POUR UN PAYEMENT ORDONNÉ SUR L'AVEU DU DÉBITEUR OU SUR LA DÉCISION DU JUGE, QU'ON ACCORDE TRENTE JOURS. On lit dans ces mêmes Tables : QUICONQUE SAURA QU'IL EST CITÉ EN TÉMOIGNAGE (*se sierit testarier*), OU SERA PORTE-BALANCE, S'IL NE SE REND PAS, SERA DÉCLARÉ INFAME, ET INHABILE A DÉPOSER. »

Testata itidem et *interpretata* eadem ratione dixit M. Tullius in primo libro *De Divinatione*; ut *testor interpretorque* verba communia videri debeant. Sallustius quoque eodem modo : « Dilargitis proscriptorum bonis » dicit, tanquam verbum *largior* sit ex verbis communibus. *Veritum* autem, sicut *puditum* et *pigitum*, non personaliter per infinitum modum dictum esse, non a vetustioribus tantum videmus, sed a M. quoque Tullio in secundo *De Finibus* : « Primum, inquit, Aristippi Cyre-« naicorumque omnium, quos non est veritum in ea volu-« ptate, quæ maxima dulcedine sensum moveret, summum « bonum ponere. » *Dignor* quoque, et *veneror*, et *confiteor*, et *testor*, habita sunt in verbis communibus. Sigillatim Virgilio dicta sunt :

Conjugio Anchisa Veneris dignate superbo.

Et :

Cursusque dabit venerata secundos.

Confessi autem æris, de quo facta confessio est, in XII. Tabulis scriptum est, his verbis : ÆRIS. CONFESSI. REBUS. QUE. JUDICATIS. TRIGINTA. DIES. JUSTI. SUNTO. Item ex iisdem Tabulis id quoque est : QUI. SE. SIERIT. TESTARIER. LIBRIPENS. VE. FUERIT. NI. TESTIMONIUM. FARIATUR. IMPROBUS. INTESTABILIS. QUE. ESTO.

CHAPITRE XIV.

Forme de diction empruntée à la langue grecque par Métellus le Numidique.

Q. Métellus le Numidique a employé, dans son *Accusation contre Valérius Messala*, livre troisième, une forme nouvelle dont j'ai pris note; voici le passage : « Sachant qu'une accusation si « grave était intentée contre lui, que les alliés « étaient venus en larmes se plaindre que de très-« fortes sommes d'argent avaient été exigées « d'eux. » Il se sert de ce tour, *pecunias maximas exactos se esse*, au lieu de dire *pecunias a se maximas exactas*. J'ai cru voir là un hellénisme. Les Grecs disent en effet εἰσεπράξατό με ἀργύριον, *exegit me pecuniam*; si cette phrase est latine, on peut dire aussi *exactus sum pecuniam*. Cécilius a employé le même tour dans son *Eschine supposé* :

Ego illud minus nihilo exigor portorium.

« On n'en exige pas moins mon droit de passage. »

CHAPITRE XV.

Les anciens auteurs ont dit *passis velis* et *passis manibus*, de *pando*, et non de *patior*.

Les anciens auteurs dirent *passum* de *pando*, et non *pansum*. Avec la préposition *ex* ils dirent *expassum*, et non *expansum*. Cécilius dit dans ses *Convives* :

« Il le vit hier du haut du toit; il l'a raconté, « ajoutant que le voile rouge est déployé (*expas-« sum*) dans la maison. »

On dit aussi d'une femme dont la chevelure est éparse et en désordre, *capillo passo*. Nous di-

CAPUT XIV.

Quod Metellus Numidicus figuram orationis novam ex orationibus græcis mutuatus est.

Apud Q. Metellum Numidicum, in libro *Accusationis in Valerium Messalam* tertio, nove dictum esse annotavimus. Verba ex oratione ejus hæc sunt : « Cum sese sci-« ret in tantum crimen venisse, atque socios ad senatum « questum flentes venisse, sese pecunias maximas exactos « esse. » *Pecunias*, inquit, *maximas exactos* pro eo quod est : *pecunias a se maximas exactas*. Id nobis videbatur græca figura dictum. Græci enim dicunt : εἰσεπράξατό με ἀργύριον : id significat : exegit me pecuniam. Quod si id dici potest, etiam « exactus esse aliqui[s] pecuniam » dici potest. Cæciliusque eadem figura in *Hypobolimæo Æschino* usus videtur :

Ego illud minus nihilo exigor portorium :

Id est : Nihilominus exigitur de me portorium.

CAPUT XV.

Passis velis et *passis manibus* dixisse veteres, non a verbo suo, quod est *patior*, sed ab alieno, quod est *pando*.

Ab eo, quod est *pando, passum* veteres dixerunt, non *pansum*, et cum *ex* præpositione *expassum*, non *expansum*. Cæcilius in *Synaristosis* :

sons *passis manibus*, *velis passis*, c'est-à-dire les mains étendues, les voiles déployées. Plaute, dans *Le soldat fanfaron*, changeant l'*a* en *e*, suivant l'usage adopté pour les verbes composés, a dit *dispessis* pour *dispassis* :
« Je crois que, d'après cet exemple, il te faut
« sortir promptement de la ville, et étendre tes
« bras sur la croix (*dispessis manibus*). »

CHAPITRE XVI.
Mort singulière de Milon de Crotone.

Milon de Crotone, athlète illustre, couronné la cinquantième olympiade, comme on le lit dans les Chroniques, périt d'une mort aussi malheureuse qu'étonnante. Il était déjà avancé en âge, et avait renoncé aux exercices de son art, lorsque, traversant seul une forêt de l'Italie, il vit près de la route un arbre largement ouvert par le milieu. Apparemment qu'il voulut éprouver ce qui lui restait de forces : il introduisit ses doigts dans le creux de l'arbre, et s'efforça de le fendre. Il le fendit en effet à moitié ; mais comme, se croyant venu à bout de son dessein, il abandonnait l'arbre, les deux parties reprirent leur première position, saisirent ses mains en se rejoignant, et retinrent ce malheureux, qui servit de pâture aux animaux.

CHAPITRE XVII.
La flûte, d'abord de bon ton, abandonnée par la jeunesse d'Athènes.

Alcibiade apprenait chez Périclès, son oncle, les sciences et les arts libéraux. Périclès fit venir le joueur de flûte Antigénidas pour enseigner à Alcibiade son art, qui était de bon ton. Alcibiade prit une flûte ; mais à peine il l'eut essayé d'y souffler, que, honteux de la mauvaise grâce que cet instrument donnait à sa figure, il le jeta et le brisa. Le bruit s'en répandit, et la flûte fut unanimement abandonnée. On lit cela dans les *Commentaires* de Pamphile, livre vingt-neuvième.

CHAPITRE XVIII.
La bataille de Pharsale et la victoire de César, annoncées le jour même par un prêtre inspiré, à Padoue, en Italie.

Le jour où César et Pompée combattirent l'un contre l'autre en Thessalie, il arriva à Padoue, au delà du Pô, un fait digne d'être rapporté. Cornélius, prêtre illustre par sa naissance, respectable par la sainteté de ses fonctions et par la pureté de sa vie, fut saisi d'un soudain enthousiasme, et annonça qu'il voyait au loin une bataille acharnée, avec retraite, poursuite, massacre, fuite, vol des traits, rétablissement du combat, assaut, gémissements, blessures. Il criait à haute voix qu'il voyait tout, aussi clairement que s'il était sur le champ de bataille. Enfin, il s'écria tout à

Heri vero prospexisse eumce ex tegulis .
Hæc nuntiasse, et flammeum expassum domi.
Capillo quoque esse mulier *passo* dicitur, quasi porrecto et expanso, *et passis manibus* et *velis passis* dicimus, quod significat diductis atque distentis. Itaque Plautus in *Milite glorioso*, *a* littera in *e* mutata, per compositi vocabuli morem, *dispessis* dicit pro eo, quod est *dispassis* :
Credo ego isthoc exemplo tibi esse eundum actutum extra portam.
Dispessis manibus patibulum cum habebis.

CAPUT XVI.
De novo genere interitus Crotoniensis Milonis.

Milo Crotoniensis, athleta illustris, quem in Chronicis scriptum est Olympiade quinquagesima coronatum esse, exitum habuit e vita miserandum et mirandum. Cum jam natu grandis artem athleticam desisset, iterque faceret forte solus in locis Italiæ silvestribus, quercum vidit proxime viam patulis in parte media rimis hiantem. Tum experiri, credo, etiam tunc volens, an ullæ sibi reliquæ vires adessent, inmissis in cavernas arboris digitis, diducere et rescindere quercum conatus est, ac mediam quidem partem discidit divellitque ; quercus autem in duas diducta partes, cum ille, quasi perfecto, quod erat connixus, manus laxasset, cessante vi rediit in naturam ; manibusque ejus retentis inclusisque stricta denuo et cohæsa, dilacerandum hominem feris præbuit.

CAPUT XVII.
Quam ob causam nobiles pueri Atheniensium tibiis canere desierint, cum patrium istum morem canendi haberent.

Alcibiades Atheniensis cum apud avunculum Periclem puer artibus ac disciplinis liberalibus erudiretur, et arcessi Pericles Antigenidam tibicinem jussisset, ut eum canere tibiis, quod honestissimum tum videbatur, doceret : traditas sibi tibias, cum ad os adhibuisset, inflassetque, pudefactus oris deformitate abjecit infregitque. Ea res cum percrebuisset, omnium tum Atheniensium consensu, disciplina tibiis canendi desita est. Scriptum hoc est in *Commentario* Pamphilæ nono et vicesimo.

CAPUT XVIII.
Quod pugna belli civilis victoriaque C. Cæsaris, quam vicit in Pharsaliis campis, nuntiata prædictaque est per cujuspiam remigis vaticinium eodem ipso die in Italia Patavii.

Quo C. Cæsar et Cn. Pompeius die per civile bellum signis collatis in Thessalia conflixerunt, res accidit Patavii in Transpadana Italia memoria digna. Cornelius quidam sacerdos, et loco nobilis, et sacerdotii religionibus venerandus, et castitate vitæ sanctus, repente mota mente conspicere se procul dixit, pugnam acerrimam pugnari, ac deinde alios cedere, alios urgere, cædem, fugam, tela volantia, instaurationem pugnæ, impressionem, gemitus, vulnera, perinde ut si ipse in prœlio versaretur, coram videre sese vociferatus est ; ac postea subito excla-

coup que César était vainqueur. L'inspiration du prêtre passa pour folie dans le moment; mais elle devint le sujet d'un grand étonnement, lorsqu'on apprit que le prêtre ne s'était trompé ni sur le jour de la bataille, ni sur l'issue du combat; et que même les diverses manœuvres des combattants, toutes les phases du combat avaient été décrites par les gestes et les paroles du prophète.

CHAPITRE XIX.

Fragment remarquable de la satire de Varron sur les festins.

Que d'hommes pourront se reconnaître dans ce passage de la satire de Varron *Sur les festins :* « Si tu avais consacré à la philosophie la douzième partie du temps que tu passes à veiller à ce « que ton boulanger te fasse de bon pain, depuis « longtemps déjà tu serais ce qu'il faut être. Ceux « qui connaissent ton boulanger en donneraient « cent mille sesterces; qui te connaît, ne donne- « rait pas quarante sesterces de toi. »

CHAPITRE XX.

Naissance, vie, mœurs et mort d'Euripide.

La mère du poëte Euripide était (Théopompe nous l'apprend) une marchande d'herbes. Le jour de sa naissance, des Chaldéens annoncèrent à son père que cet enfant serait vainqueur dans des combats dès son adolescence; que telle était sa destinée. Le père en conclut qu'il fallait faire de son fils un athlète. Il le fortifia par les exercices du corps, et le conduisit à Olympie pour y disputer le prix contre les jeunes athlètes. Il s'éleva des doutes sur son âge, et il fut exclu du combat. Dans la suite, il combattit à Éleusis et dans les jeux de Thésée. Il fut couronné. Il ne tarda pas à passer des exercices du corps à la culture de l'esprit; il suivit les leçons d'Anaxagore pour la physique, de Prodicus pour la rhétorique, et de Socrate pour la philosophie morale. A dix-huit ans, il fit l'essai d'une tragédie. Il y a dans l'île de Salamine une sombre et affreuse caverne, où je suis entré; ce fut là, selon Philochore, qu'Euripide écrivait ses tragédies. On prétend qu'il abhorra presque toutes les femmes. Cette horreur lui venait-elle de la nature, ou bien d'un double mariage qu'il contracta à une époque où la loi permettait à Athènes deux femmes à la fois, et dont il fut mal satisfait? Aristophane a fait allusion à cette horreur du poëte pour les femmes, dans *Les premières thesmophories :*

« Donc, maintenant, je vous engage toutes à
« châtier cet homme, et pour plusieurs causes.
« Il s'acharne contre vous, mesdames, en vrai
« campagnard, nourri qu'il est d'herbes de la
« campagne. »

Voici maintenant sur Euripide des vers d'Alexandre l'Étolien :

« Le disciple du vieil Anaxagore me paraît
« d'un abord sauvage; il n'est pas ami du
« rire, et le vin même ne le déride pas; mais

---

mavit, Cæsarem vicisse. At Cornelii sacerdotis hariolatio levis tum quidem visa est et vecors : magnæ mox admirationi fuit, quo[d] non modo pugnæ dies, quæ in Thessalia pugnata est, neque prœlii exitus, qui erat prædictus, idem fuit : sed omnes quoque pugnandi reciprocæ vices, et ipsa exercituum duorum conflictatio vaticinantis motu atque verbis repræsentata est.

CAPUT XIX.

Verba M. Varronis memoria digna, ex satira, quæ inscribitur, Περὶ ἐδεσμάτων.

Non paucissimi sunt, in quos potest convenire id quod M. Varro dicit in satira, quæ inscribitur Περὶ ἐδεσμάτων. Verba hæc sunt : « Si, quantum operæ sumsisti, ut tuus « pistor bonum faceret panem, ejus duodecimam philo- « sophiæ dedisses, ipse bonus jampridem esses factus. « Nunc illum qui norunt, volunt emere millibus centum ; « te qui novit, nemo centussis. »

CAPUT XX.

Notata quædam de Euripidi poëtæ genere, vita, moribus, deque ejusdem fine vitæ.

Euripidi poëtæ matrem Theopompus agrestia olera vendentem victum quæsisse dicit. Patri autem ejus, nato illo, responsum est a Chaldæis, cum puerum, cum adolevisset, victorem in certaminibus fore; id ei puero fatum esse. Pater interpretatus, athletam debere esse, roborato exercitatoque filii sui corpore, Olympiam certaturum eum inter athletas pueros deduxit. Ac primo quidem in certamen per ambiguam ætatem receptus non est. Post Eleusinio et Theseo certamine pugnavit, et coronatus est. Mox, a corporis cura ad excolendi animi studium transgressus, auditor fuit physici Anaxagoræ et rhetoris Prodici, in morali autem philosophia Socratis, tragœdiam scribere natus annos duodeviginti adortus est. Philochorus refert in insula Salamine speluncam esse tetram et horridam, [quam nos vidimus,] in qua [Euripides tragœdias] scriptitavit. Mulieres fere omnis in majorum modum exosus fuisse dicitur : sive quod natura abhorruit a mulierum cœtu, sive quod simul duas uxores habuerat, cum id decreto ab Atheniensibus facto jus esset, quarum matrimonii pertædebat. Ejus odii in mulieres Aristophanes quoque meminit ἐν ταῖς προτέραις Θεσμοφοριαζούσαις, in his versibus :

Νῦν οὖν ἁπάσαισι παραινῶ καὶ λέγω,
Τοῦτον κολάσαι, τὸν ἄνδρα πολλῶν οὕνεκα.
Ἄγρια γὰρ ἡμᾶς, ὦ γυναῖκες, δρᾷ κακά,
Ἄτ᾽ ἐν ἀγρίοισι λαχάνοις αὐτὸς τραφείς.

Alexander autem Ætolus hos de Euripide versus composuit :

Ὁ δὲ Ἀναξαγόρου τρόφιμος ἀρχαίου
Στρυφνὸς μὲν ἐμοί γε ἔοικε προσειπεῖν,

« tout ce qu'il écrit a la douceur du miel, et
« le charme de la voix des Sirènes. »

Comme il était en Macédoine, où il était au nombre des familiers d'Archélaüs, une nuit qu'il revenait d'un dîner où ce roi l'avait admis, il fut déchiré par des chiens qu'un rival lâcha sur lui, et mourut de ses blessures. Les Macédoniens ensevelirent dans leur pays l'illustre poëte, et honorèrent sa mémoire au point de s'écrier, dans toutes les occasions : « Puisse ton tombeau, « Euripide, ne jamais périr ! » Aussi, lorsque des ambassadeurs d'Athènes vinrent réclamer les restes du poëte au nom de sa patrie, les Macédoniens furent unanimes dans leur refus.

CHAPITRE XXI.

Chez les poëtes, les fils de Jupiter sont sages et humains, les fils de Neptune inhumains et féroces.

Dans les écrits des poëtes nous voyons les fils de Jupiter pleins de vertu, de sagesse et de force : tels sont Æacus, Minos, Sarpédon. Les enfants de Neptune, au contraire, comme nés de la mer, nous apparaissent chez les poëtes comme des êtres féroces, barbares ; tels sont le Cyclope, Cercyon, Scyron, et les Lestrigons.

CHAPITRE XXII.

Trait de Sertorius, son habileté, ses ruses et ses artifices pour s'attacher les barbares.

Sertorius fut homme actif, général distingué, habile à se servir de ses troupes et à maintenir la discipline dans son armée. Dans les conjonctures difficiles, il mentait à ses soldats, s'il y avait utilité à mentir ; il leur lisait des lettres fausses, imaginait des songes, de fausses inspirations, quand cela pouvait avoir une influence heureuse sur l'esprit des troupes. Voici un trait remarquable de ce général. Une biche blanche, d'une beauté et d'une vivacité remarquable, lui avait été donnée par un Lusitanien. Il ne cessa de dire qu'elle était un don du ciel ; qu'inspirée par Diane, elle conversait avec lui, et lui apprenait ce qu'il avait à faire. Avait-il à ordonner à ses troupes quelque chose de pénible, il ne faisait que transmettre l'ordre de la biche : aussitôt tous lui obéissaient comme à un dieu. Un jour la biche, effrayée par le tumulte du camp à la nouvelle de l'approche de l'ennemi, s'enfuit et se cacha dans un marais voisin. Après d'inutiles recherches, on la crut morte. Quelques jours plus tard, un esclave vint apprendre à Sertorius qu'elle était retrouvée. Il lui recommanda le silence, avec menace de le punir s'il parlait. Il lui ordonna de lâcher la biche le lendemain, dans un lieu où il se trouverait avec ses amis. Le lendemain, en effet, il réunit ses amis, et leur raconta qu'il avait vu durant son sommeil la biche venir à lui, et l'instruire comme auparavant. Aussitôt il fait un signe à l'esclave, et la biche se précipite dans la chambre, au milieu des cris que l'étonnement fit jeter. La crédulité des barbares à ce prodige fut à Sertorius d'une grande utilité.

Καὶ μισογέλως, καὶ τωθάζειν οὐδὲ παρ' οἶνον
Μεμαθηκώς· ἀλλ' ὅ τι καὶ γράψαι, τοῦτ' ἂν
Μέλιτος καὶ σειρήνων ἐτετεύχει.

Is, cum in Macedonia apud Archelaum regem esset, utereturque eo rex familiariter, rediens nocte ab ejus cœna, canibus a quodam æmulo immissis dilaceratus est : et ex his vulneribus mors secuta est. Sepulcrum autem ejus et memoriam Macedones eo dignati sunt honore, ut in gloriæ quoque loco prædicarent ; οὗ ποτε σὸν μνῆμα, Εὐριπίδη, ὄλοιτό που, quod egregius poëta, morte obita, sepultus in eorum terra foret. Quamobrem cum legati ad eos ab Atheniensibus missi petissent, ut ossa Athenas in terram illius patriam permitterent transferri, maximo consensu Macedones in ea re deneganda perstiterunt.

CAPUT XXI.

Quod a poëtis Jovis filii prudentissimi humanissimique, Neptuni autem inhumanissimi et ferocissimi tradantur.

Præstantissimos virtute, prudentia, viribus, Jovis filios poëtæ appellaverunt, ut Æacum et Minoa et Sarpedona ; ferocissimos et immanes et alienos ab omni humanitate, tanquam e mari genitos, Neptuni filios dixerunt, Cyclopa et Cercyona et Scyrona et Læstrygonas.

CAPUT XXII.

Historia de Sertorio, egregio duce, deque astu ejus commenticiisque simulamentis, quibus ad barbaros milites continendos conciliandosque sibi utebatur.

Sertorius, vir acer, egregiusque dux, et utendi regendique exercitus peritus fuit. Is in temporibus difficillimis [et] mentiebatur ad milites, si mendacium prodesset, et litteras compositas pro veris legebat, et somnium simulabat, et falsas religiones conferebat, si quid istæ res eum apud militum animos adjutabant. Illud adeo Sertorii nobile est. Cerva alba eximiæ pulchritudinis et vivacissimæ celeritatis a Lusitano ei quodam dono data est. Hanc sibi oblatam divinitus, et instinctam Dianæ numine colloqui secum, monereque, ac docere, quæ utilia factu essent, persuadere omnibus instituit : ac, si quid durius videbatur, quod imperandum militibus foret, a cerva sese monitum prædicabat. Id cum dixerat, universi, tanquam si deo, libentes parebant. Ea cerva quodam die, cum incursio esset hostium nuntiata, festinatione ac tumultu consternata in fugam se proripuit, atque in palude proxima delituit ; et postea requisita perisse credita est. Neque multis diebus post inventam esse cervam Sertorio nuntiatur. Tum qui nuntiaverat jussit tacere : ac, ne cui palam diceret, interminatus est : præcepitque, ut eam postero die repente in eum locum, in quo ipse cum amicis esset, immitteret : admissis deinde amicis postridie, visum sibi esse ait in quiete, cervam, quæ perisset, ad se reverti, et, ut prius consueverat, quod opus esset facto, prædicere. Tum servo, quod imperaverat, significat, cerva emissa in cubiculum Sertorii introrupit ; clamor factus, et orta admiratio est : eaque hominum barbarorum credulitas

On a raconté que, de toutes les peuplades qui défendaient la même cause que lui, pas un homme, malgré de nombreuses défaites, ne fit défection; et l'on connaît l'esprit versatile de ces peuples.

CHAPITRE XXIII.
Époque où ont fleuri les illustres historiens Hellanicus, Hérodote et Thucydide.

Hellanicus, Hérodote et Thucydide, tous trois historiens, fleurirent avec éclat vers le même temps, et il y eut peu de différence entre leur âge. Au commencement de la guerre du Péloponnèse, Hellanicus avait soixante-cinq ans, Hérodote cinquante-trois, Thucydide quarante. On peut consulter là-dessus le onzième livre de Pamphile.

CHAPITRE XXIV.
Jugement de Vulcatius Sédigitus, dans son livre *Des poëtes*, sur les comiques latins.

Sédigitus, dans un livre qu'il a fait sur les poëtes, a ainsi jugé et classé nos auteurs comiques :

« Nous avons vu bien des gens ne savoir à qui
« donner la palme de la poésie comique, et de-
« meurer incertains. Je vais, moi, te résoudre le
« problème; et s'il s'élève une opinion contraire,
« vaine opinion. Je donne la palme à Cécilius, la
« seconde place à Plaute, bien supérieur à tous
« les autres : Nævius, qui a de la verve, aura le
« troisième rang; s'il y a une quatrième place,
« elle sera pour Licinius. Attilius marchera à la
« suite de Licinius. Térence prendra après eux
« la sixième place, Turpilius la septième, Trabéa
« la huitième ; j'accorderai volontiers le neuvième
« rang à Luscius : enfin je placerai le dixième,
« Ennius, par respect pour l'ancienneté. »

CHAPITRE XXV.
Mots nouveaux que j'ai rencontrés dans les *Mimiambes* de Cn. Matius.

Matius, esprit très-poli, a créé dans ses *Mimiambes*, avec autant de goût que de raison, le mot *recentari*, c'est-à-dire naître de nouveau, se renouveler; en grec, ἀνανεοῦσθαι. Voici les vers où ce mot se trouve :

« Déjà Phébus commence à blanchir, déjà se
« renouvelle (*recentatur*) la lumière qui éclaire
« tous les hommes, et le plaisir avec elle. »

Le même poëte, dans les *Mimiambes*, a dit aussi *edulcare*, adoucir, rendre plus doux :

« Ainsi il convient d'adoucir la vie (*edulcare*
« *convenit vitam*) et de maîtriser les chagrins
« amers. »

CHAPITRE XXVI.
Définition du syllogisme par Aristote. Traduction de cette définition.

Aristote a ainsi défini le syllogisme : Λόγος, ἐν

Sertorio in magnis rebus magno usui fuit. Memoria prodita est, ex iis nationibus, quæ cum Sertorio faciebant, cum multis præliis superatus esset, neminem unquam ab eo descivisse : quanquam id genus hominum esset mobilissimum.

CAPUT XXIII.
De ætatibus historicorum nobilium, Hellanici, Herodoti, Thucydidis.

Hellanicus, Herodotus, Thucydides, historiæ scriptores, in iisdem fere temporibus laude ingenti floruerunt, et non nimis longe distantibus fuerunt ætatibus. Nam Hellanicus initio belli Peloponnesiaci fuisse quinque et sexaginta annos natus videtur, Herodotus tres et quinquaginta, Thucydides quadraginta. Scriptum hoc est in libro undecimo Pamphilæ.

CAPUT XXIV.
Quid Vulcatius Sedigitus in libro, quem *de poëtis* scripsit, de comicis latinis indicarit.

Sedigitus in libro, quem scripsit De Poëtis, quid de iis sentiat, qui comœdias fecerunt, et quem ex omnibus præstare ceteris putet, ac deinceps quo quemque in loco et honore ponat, his versibus suis demonstrat :

Multos incertos certare hanc rem vidimus,
Palmam poëtæ comico cui deferant.
Eum meo judicio errorem dissolvam tibi :
Ut, contra si quis sentiat, nihil sentiat,
Cæcilio palmam Statio do comico.
Plautus secundus facile exsuperat ceteros.
Dein Nævius, qui fervet, pretio in tertio est :
Si erit, quod quarto detur, dabitur Licinio.
Post insequi Licinium facio Attilium.
In sexto sequitur hos loco Terentius.
Turpilius septimum, Trabea octavum obtinet.
Nono loco esse facile facio Luscium.
Decimum addo causa antiquitatis Ennium.

CAPUT XXV.
De verbis quibusdam novis, quæ in Cn. Matii mimiambis offenderamus.

Cn. Matius, vir eruditissimus, in mimiambis suis non absurde neque absone finxit *recentatur*, pro eo, quod Græci dicunt ἀνανεοῦται, id est, denuo nascitur, atque iterum fit recens. Versus, in quibus hoc verbum est, hi sunt :

Jam jam albicascit Phœbus, et recentatur
Commune lumen hominibus, voluptasque.

Idem Matius in eisdem mimiambis *edulcare* dicit, quod est dulcius reddere, in his versibus :

Quapropter edulcare convenit vitam;
Curasque acerbas sensibus gubernare.

CAPUT XXVI.
Quibus verbis Aristoteles philosophus definierit syllogismum : ejus que definitionis interpretamentum verbis latinis factum.

Aristoteles, quid *syllogismus* esset, his verbis defini-

ᾧ, τεθέντων τινῶν, ἕτερόν τι τῶν κειμένων ἐξ ἀνάγκης συμβαίνει διὰ τῶν κειμένων. Il me paraît qu'il n'y aurait pas d'inconvénient à traduire ainsi cette définition : « Le syllogisme est un raisonnement, où, certaines choses étant avouées et accordées, une chose autre que celles qui ont été accordées, découle nécessairement de celles qui ont été accordées. »

CHAPITRE XXVII.

Ce qu'il faut entendre par *comitia calata*, *curiata*, *centuriata*, *tributa*; par *concilium*, et autres mots semblables.

Dans le livre de Lælius Felix dédié à Q. Mucius, on lit que Labéon a appelé *comitia calata* les comices tenus en présence du collège des pontifes, pour inaugurer un roi ou des flamines. De ces comices, les uns, selon Labéon, sont *curiata*, les autres *centuriata*. Les premiers sont convoqués (*calata*) par le licteur appelé *lictor curiatus*; les autres, à son de cor. Dans ces mêmes comices appelés *comitia calata*; avait lieu la signification des rites sacrés annexés aux héritages, et les testaments. Car il y avait trois sortes de testaments : ceux qui se faisaient dans l'assemblée du peuples dans le *comitia calata*; ceux qui se faisaient *in procinctu*, c'est-à-dire au moment où la bataille allait commencer; enfin les testaments par émancipation de la famille, où l'as et la balance étaient employés. On lit encore dans l'ouvrage de Lælius Felix : « Lorsqu'on ne convoque pas tous les citoyens, mais une partie du peuple seulement, il n'y a point comices, « mais conseil (*concilium*). Les tribuns, par exemple, ne convoquent pas les patriciens, et ne peuvent leur rien soumettre ; aussi n'appelle-t-on pas proprement lois, mais plébiscites, les décrets portés sur la demande des tribuns du peuple. Primitivement les patriciens n'étaient pas soumis aux plébiscites; mais Q. Hortensius, durant sa dictature, fit passer une loi portant que tous les citoyens seraient soumis aux décrets portés par le peuple. » Je lis encore dans le même auteur : « Si l'on donne son suffrage par classe, les comices sont *curiata*, par curies; si l'on vote d'après le cens et l'âge, ils sont *centuriata*, par centuries; enfin, on les nomme *tributa*, par tribus, lorsqu'on y vote d'après son domicile. Les comices par centuries ne peuvent être tenus dans l'enceinte du pomérium, puisqu'on ne peut commander une armée dans la ville, mais seulement hors de l'enceinte. Voilà pourquoi les comices par centuries ont lieu dans le champ de Mars, pour l'ordinaire; et l'armée y est sous les armes en même temps, par mesure de précaution, le peuple étant alors occupé tout entier à donner ses suffrages. »

CHAPITRE XXVIII.

Erreur de Cornélius Népos sur l'âge de Cicéron, lorsqu'il plaida pour Sex. Roscius.

Cornélius Népos est un historien savant et fidèle; il fut, autant que personne, l'ami et l'intime de Cicéron. Il paraît cependant être tombé dans l'erreur, lorsqu'il a raconté dans le premier livre de la vie de Cicéron, que cet orateur plaida sa première cause au barreau à l'âge de vingt-trois

---

vit : Λόγος, ἐν ᾧ, τεθέντων τινῶν, ἕτερόν τι τῶν κειμένων ἐξ ἀνάγκης συμβαίνει διὰ τῶν κειμένων. Ejus definitionis non videbatur habere incommode interpretatio facta hoc modo : « Syllogismus est oratio, in qua consensis quibusdam et « concessis, aliud quid, quam quæ concessa sunt, per ea « quæ concessa sunt, necessario conficitur. »

CAPUT XXVII.

Quid sint *comitia calata*, quid *curiata*, quid *centuriata*, quid *tributa*, quid *concilium*; atque inibi quædam ejusmodi.

In libro Lælii Felicis ad Q. Mucium primo scriptum est, Labeonem scribere, *Calata Comitia* esse, quæ pro collegio pontificum habentur aut regis aut flaminum inaugurandorum causa. Eorum autem alia esse *curiata*, alia *centuriata*. *Curiata* per lictorem curiatum calari, id est, convocari : *centuriata* per cornicinem. Iisdem comitiis, quæ *calata* appellari diximus, et sacrorum detestatio et testamenta fieri solebant. Tria enim genera testamentorum fuisse accepimus; unum, quod calatis comitiis in contione populi fieret : alterum in procinctu, cum viri ad prœlium faciendum in aciem vocabantur : tertium per familiæ emancipationem, cui æs et libra adhiberetur. In eodem Lælii Felicis libro hæc scripta sunt : « Is qui non universum populum, sed partem aliquam adesse jubet, non comitia, sed concilium edicere debet. Tribuni autem ne- « que advocatios patricios, neque ad eos referre ulla de re « possunt : ita ne leges quidem proprie, sed plebiscita « appellantur, quæ tribunis plebis ferentibus accepta sunt : « quibus rogationibus ante patricii non tenebantur, donec « Q. Hortensius dictator eam legem tulit, ut eo jure, quod « plebes statuisset, omnes Quirites tenerentur. » Item in eodem libro hoc scriptum est : « Cum ex generibus hominum suffragium feratur, curiata comitia esse; cum ex « censu et ætate, centuriata : cum ex regionibus et locis, « tributa; centuriata autem comitia intra pomœrium fieri « nefas esse; quia exercitum extra urbem imperari oporteat; intra urbem imperari jus non sit : propterea cen- « turiata in campo Martio haberi, exercitumque imperari « præsidii causa solitum : quoniam populus esset in suffragiis ferendis occupatus. »

CAPUT XXVIII.

Quod erravit Cornelius Nepos, cum scripsit Ciceronem tres et viginti annos natum causam pro Sex. Roscio dixisse.

Cornelius Nepos et rerum memoriæ non indiligens, et M. Ciceronis, ut qui maxime, amicus familiaris[que] fuit. Atque is tamen in primo librorum, quos de vita illius composuit, errasse videtur, cum eum scripsit tris et viginti annos natum primam causam judicii publici egisse

ans, dans le procès de S. Roscius, accusé de parricide. En effet, si l'on compte les années écoulées depuis le consulat de Q. Cépion et de Q. Serranus, époque de la naissance de Cicéron, qui eut lieu trois jours avant les Nones de janvier, jusqu'au consulat de M. Tullius et de Cn. Dolabella, époque où Cicéron plaida pour Quintius devant Aquilius Gallus, juge privé, on trouve entre ces deux époques un espace de vingt-six ans. Or, il n'est pas douteux que Cicéron ait plaidé la cause de S. Roscius, accusé de parricide, un an après celle de Quintius, et sous le consulat de L. Sylla Felix, consul pour la seconde fois, et de Q. Métellus Pius. Fénestella était aussi tombé dans l'erreur : il avait supposé Cicéron âgé de vingt-six ans, lors de son plaidoyer pour S. Roscius; et Pedianus Asconius avait relevé cette erreur. Mais l'erreur de Cornélius Népos est plus grande que celle de Fénestella. Il est vrai qu'il est permis de supposer qu'il aura pu supprimer quatre ans à son ami, afin d'accroître l'admiration pour l'orateur, qui aurait, très-jeune encore, prononcé un discours d'un très-grand éclat. Des écrivains qui admirent et goûtent les deux orateurs ont remarqué, ont écrit que Démosthène et Cicéron ont, au même âge, composé leur premier chef-d'œuvre oratoire, l'un, à vingt-sept ans, contre Androtion et Timocrate ; l'autre, à vingt-six ans pour Quintius, et à vingt-sept ans pour S. Roscius. Ils ont vécu aussi à peu près le même nombre d'années ; Cicéron soixante-trois ans, Démosthène soixante.

CHAPITRE XXIX.

Construction inusitée employée par L. Pison dans ses Annales.

Rien n'est plus connu, plus usité que les deux façons de parler suivantes : *Mihi nomen est Julius; mihi nomen est Julio.* « Je m'appelle Jule. » J'en trouve une troisième dans le second livre des Annales de L. Pison; voici le passage : « Il « redoute L. Tarquin, son collègue, parce qu'il a « nom Tarquin (*quia Tarquinium nomen esset*), « et le conjure de se rendre à Rome volontaire- « ment. » *Quia Tarquinium nomen esset :* c'est justement comme si je disais : *Mihi nomen est Julium.*

CHAPITRE XXX.

Le nom de char, *petorritum*, nous vient-il de la langue grecque ou de la langue gauloise?

Les gens qui n'abordent l'étude des lettres que fort tard, et après s'être blasés sur tout le reste, si la nature leur a donné de la faconde et quelque subtilité, se montrent passablement ridicules dans l'étalage qu'ils font de leur savoir littéraire. A cette classe appartient l'homme qui nous débita l'autre jour, au sujet de *petorrita*, de très-subtiles bagatelles. On se demandait quelle était la forme de cette espèce de char, et de quelle langue nous venait ce mot. Il donna du char une description fort erronée, dit que le mot était grec, et assura qu'il voulait dire *roue volante*. Il changeait une lettre, et voulait qu'on dît *petorrotum*; le mot se trouvait ainsi écrit dans Valérius Pro-

---

Sextumque Roscium parricidii reum defendisse. Dinumeratis quippe annis a Q. Cæpione et a Q. Serrano, quibus consulibus ante diem tertium Nonas Januarias M. Cicero natus est, ad M. Tullium et Cn. Dolabellam, quibus consulibus causam privatam pro Quintio apud Aquilium Gallum judicem dixit, sex et viginti anni reperiuntur. Neque dubium est, quin post annum, quam pro Quintio dixerat, Sex. Roscium reum parricidii defenderit, annos jam septem atque viginti natus, L. Sulla Felice II. Q. Metello Pio consulibus. In qua re etiam Fenestellam errasse, Pedianus Asconius animadvertit, quod eum scripserit sexto et vicesimo ætatis anno pro Sex. Roscio dixisse. Longior autem Nepotis, quam Fenestellæ error est; nisi quis vult in animum inducere, Nepotem studio et viginti annos amicitiæ adductum, amplificandæ admirationis gratia, quadriennium suppressisse; ut M. Cicero orationem florentissimam dixisse pro Roscio admodum adolescens videretur. Illud adeo ab utriusque oratoris studiosis animadversum et scriptum est, quod Demosthenes et Cicero pari ætate illustrissimas orationes in causis dixerint, alter κατὰ Ἀνδροτίωνος καὶ κατὰ Τιμοκράτους septem et viginti annos natus, alter anno minor pro P. Quintio, septimoque et vicesimo pro Sex. Roscio. Vixerunt quoque non nimis numerum annorum diversum, alter tris et sexaginta annos; Demosthenes sexaginta.

CAPUT XXIX.

Quali figura orationis et quam nova L. Piso annalium scriptor usus sit.

Duæ istæ in loquendo figuræ notæ satis usitatæque sunt : « Mihi nomen est Julius, » et : « mihi nomen est Julio. » Tertiam figuram novam hercle repperi apud Pisonem in secundo *Annalium*. Verba Pisonis hæc sunt : « L. Tar- « quinium, collegam suum, quia Tarquinium nomen esset, « metuere; eumque orat, uti sua voluntate Romam con- « tendat. » *Quia Tarquinium,* inquit, *nomen esset,* hoc perinde est, tanquam si ego dicam : « mihi nomen est Ju- « lium. »

CAPUT XXX.

Vehiculum, quod *petorritum* appellatur, cujatis linguæ vocabulum sit, græcæ an gallicæ.

Qui ab alio genere vitæ detriti jam et retorridi ad litterarum disciplinas serius adeunt, si forte fidem sunt garruli natura et subargutuli, oppido quam fiunt in litterarum ostentatione inepti et frivoli, quod genus profecto ille homo est, qui *de petorritis* nuper argutissimas nugas dixit. Nam cum quæreretur, *petorritum* quali forma vehiculum, cujatisque linguæ vocabulum esset; et faciem vehiculi ementitus est longe alienam falsamque, et vocabulum græcum esse dixit, atque adsignificare volucres rotas

bus. Pour moi, j'ai acquis un grand nombre de livres des ouvrages de Probus; je n'y ai pas trouvé ce mot, et je doute que Probus l'ait employé nulle part. *Petorritum* en effet n'est pas un mot à moitié grec : il a passé les Alpes tout entier; il est gaulois. Je l'ai lu dans *Les choses divines* de M. Varron, livre quatorzième. Il y dit que *petorritum* est un mot gaulois, et *lancca* un mot espagnol.

CHAPITRE XXXI.

Paroles des ambassadeurs des Rhodiens à Démétrius, qui assiégeait leur ville, au sujet du célèbre tableau de l'Ialyse.

La capitale de la fameuse île de Rhodes, ville très-belle, et si riche en chefs-d'œuvre de l'art, était assiégée par Démétrius, général illustre, et à qui son talent, son expérience dans l'art des siéges, et l'invention de plusieurs machines savantes avaient fait donner le surnom de Poliorcète. Durant le siége, il forma le projet d'attaquer, de piller et de livrer aux flammes quelques édifices publics situés hors de la ville, et qui n'avaient qu'une faible garnison. Dans un de ces édifices se trouvait le fameux tableau de l'Ialyse, ouvrage du célèbre Protogène. Ce chef-d'œuvre excitait l'envie et la colère de Démétrius. Les Rhodiens envoyèrent au général des députés chargés de lui dire : « Quelle raison as-tu d'abîmer ce tableau sous des ruines? Si tu triomphes de nous, toute la ville est à toi, et la victoire remet entre tes mains le tableau intact. Si tu es forcé de lever le siége, prends garde qu'on ne dise à ta honte que, ne pouvant vaincre les Rhodiens, tu as fait la guerre à Protogène après sa mort! » Démétrius, après ce discours, leva le siége, épargnant à la fois la ville et le tableau.

LIVRE XVI.

CHAPITRE I.

Utile maxime du philosophe Musonius. Même pensée dans le discours de Caton aux chevaliers, sous les murs de Numance.

Lorsque, dans mon adolescence, je fréquentais les écoles, j'entendais citer un apophthegme du philosophe Musonius, que j'aimai à retenir parce qu'il est plein de justesse et de grâce, et renfermé dans des paroles courtes et arrondies. Je le rapporte : « Si tu fais avec peine quelque chose « de beau, la peine s'en va, le beau reste. Si tu « fais avec plaisir quelque chose de honteux, le « plaisir s'en va, la honte demeure. » Plus tard j'ai trouvé la même pensée dans le discours de Caton aux chevaliers, prononcé à Numance. Sans doute, Caton l'a exprimée avec moins de précision que l'auteur grec; elle est un peu délayée dans notre orateur : mais elle est la plus ancienne, et mérite plus de vénération. Voici les paroles de Caton : « Réfléchissez en vous-mêmes

interpretatus est : commutataque una littera *petorritum* esse dictum volebat, quasi *petorrotum*. Scriptum etiam hoc esse a Valerio Probo contendit. Ego cum Probi multos admodum *Commentationum* libros acquisierim, neque scriptum in his inveni, nec usquam alioqui Probum scripsisse credo; *petorritum* enim est non ex Græcia dimidiatum, sed totum transalpibus [factum]. Nam est vox gallica. Id scriptum est in libro M. Varronis quarto decimo *Rerum Divinarum*; quo in loco Varro, cum de *petorrito* dixisset, esse id verbum Gallicum, *lanceam* quoque dixit, non latinum, sed hispanicum verbum esse.

CAPUT XXXI.

Quæ verba legaverint Rhodii ad hostium ducem Demetrium, cum ab eo obsiderentur, super illa inclita Ialysi imagine.

Rhodum insulam celebritatis antiquissimæ, oppidumque in ea pulcherrimum ornatissimumque, obsidebat oppugnabatque Demetrius, dux ætatis suæ inclitus, cui a peritia disciplinaque faciendi obsidii, machinarumque sollertia ad capienda oppida repertarum, cognomentum Πολιορκητής fuit. Tum ibi in obsidione illa ædes quasdam publice factas, quæ extra urbis muros cum parvo præsidio erant, aggredi et vastare atque absumere igni parabat. In his ædibus erat memoratissima illa imago Ialysi, Protogenis manu facta, illustris pictoris; cujus operis pulchritudinem præstantiamque ira percitus Rhodiis invidebat. Mittunt Rhodii legatos ad Demetrium, cum his verbis : Quæ, malum, inquiunt, ratio est, ut tu imaginem istam velis incendio ædium facto disperdere? Nam si nos omnis superaveris, et oppidum hoc totum ceperis, imagine quoque illa integra et incolumi per victoriam potieris. Sin vero nos vincere obsidendo nequiveris, petimus, consideres, ne turpe tibi sit, quia non potueris bello Rhodios vincere, bellum cum Protogene mortuo gessisse. Hoc ubi ex legatis audivit, oppugnatione desita, et imagini et civitati pepercit.

LIBER SEXTUS DECIMUS.

CAPUT I.

Verba Musonii philosophi græca, digna atque utilia audiri observarique; ejusdemque utilitatis sententia a M. Catone multis ante annis Numantiæ ad equites dicta.

Adolescentuli cum etiam tum in scholis essemus, ἐνθυμημάτιον hoc græcum, quod apposui, dictum esse a Musonio philosopho audiebamus, et quoniam vere atque luculente dictum, verbisque est brevibus et rotundis vinctum, perquam libenter memineramus : Ἄν τι πράξῃς καλὸν μετὰ πόνου, ὁ μὲν πόνος οἴχεται, τὸ δὲ καλὸν μένει· ἄν τι ποιήσῃς αἰσχρὸν μετὰ ἡδονῆς, τὸ μὲν ἡδὺ οἴχεται, τὸ δὲ αἰσχρὸν μένει. Postea istam ipsam sententiam in Catonis oratione, quam dixit Numantiæ apud equites, positam legimus : quæ etsi laxioribus paulo longioribusque verbis comprehensa est, præquam illud græcum, quod diximus;

« que, si vous faites avec peine quelque chose
« de bien, la peine ne tardera pas à s'en aller ;
« mais ce que vous aurez fait de bien ne vous
« quittera pas de toute votre vie. Au contraire,
« si vous faites avec plaisir une méchante action,
« le plaisir s'en ira bientôt, la méchante action
« demeurera éternellement. »

CHAPITRE II.
Règle à suivre dans les discussions. En quoi cette règle est fautive.

C'est, dit-on, une règle dans l'art de la dialectique, qu'interrogé dans une discussion, il faut répondre par oui ou par non, et s'en tenir là. S'écarte-t-on de cette règle, répondez-vous plus longuement ou autrement? vous passez pour un novice, pour un ignorant qui ne connaît pas les formes de la discussion. Assurément, il faut ainsi faire dans la plupart des discussions. Elles s'embrouilleraient et n'auraient pas de terme, si on ne les fixait par des questions et des réponses simples et courtes. Mais il est aussi des cas où l'on ne peut répondre par oui ou non sans être pris. Qu'on vienne vous dire : « Je te prie de répon-
« dre : t'es-tu corrigé de l'adultère, oui ou non ? »
conformez-vous à la règle des dialecticiens, répondez oui, répondez non, vous tombez dans le piége, vous vous reconnaissez adultère par une réponse négative comme par une réponse affirmative. Que faut-il donc faire ? ajouter à la question ce qui y manque. Au reste, on peut ne s'être pas corrigé d'une habitude, sans l'avoir eue. On n'est donc pas réellement pris, et vous pouvez dire que vous ne vous êtes pas corrigé de l'adultère, sans qu'on soit en droit de conclure que vous vivez dans ce vice. Que feront les partisans de la règle, dans les cas où ils seront évidemment pris, s'ils répondent, selon leur règle, par oui ou non? Si j'adresse à l'un d'eux cette question : Ce que tu n'as pas perdu, l'as-tu, oui ou non? Quoi qu'il réponde, il sera pris. S'il dit non, je replique : Tu n'as donc pas tes yeux, que tu n'as pas perdus? S'il répond oui, je tire la conclusion qu'il a des cornes, puisqu'il ne les a pas perdues. Il sera donc plus vrai et plus sage de répondre : J'ai tout ce que je n'ai pas perdu, si je l'ai eu. Mais cette réponse est une violation de la règle ; elle va plus loin que la demande. Voilà pourquoi, après avoir posé la règle, on ajoute qu'il ne faut pas répondre aux questions captieuses.

CHAPITRE III.
Pourquoi l'homme, si la nourriture vient à lui manquer, peut-il supporter quelque temps l'abstinence, et résister à la faim? Paroles d'Érasistrate à ce sujet.

Je passais à Rome mes journées entières auprès de Favorinus ; il me retenait auprès de lui par la suavité de son élocution. Partout où il allait, je le suivais, comme attaché à son élo-

---

quoniam tamen priore tempore, antiquiorque est, venerabilior videri debet. Verba ipsa orationis hæc sunt : « Cogitate cum animis vestris, si quid vos per laborem recte feceritis ; labor ille a vobis cito recedet : bene factum a vobis, dum vivitis, non abscedet. Sed si qua per voluptatem nequiter feceritis ; voluptas cito abibit : nequiter factum illud apud vos semper manebit. »

CAPUT II.
Cuimodi sit lex apud dialecticos percontandi disserendique, et quæ sit ejus legis reprehensio.

Legem esse aiunt disciplinæ dialecticæ, si de quapiam re quæratur disputeturque, atque ibi quid rogere, ut respondeas, tum, ne amplius quid dicas, quam id solum, quod es rogatus, aut aias, aut neges ; eamque legem qui non servent, et aut plus, aut aliter, quam sunt rogati, respondeant, existimantur [rudes] indocti [que] esse, disputandique morem atque rationem non tenere. Hoc quidem, quod dicunt, in plerisque disputationibus procul dubio fieri oportet. Indefinitus namque inexplicabilisque sermo fiet, nisi interrogationibus responsionibusque simplicibus fuerit determinatus. Sed enim esse quædam videntur, in quibus si breviter, et ad id, quod rogatus fueris, respondeas, capiare. Nam si quis his verbis interroget : Postulo uti respondeas, « desierisne facere adulterium, an non? » utrumcunque dialectica lege responderis, sive aias, sive neges, hærebis in captione, tanquam si te dicas adulterum, quam si neges. Sed quod minus est in interrogatione ; id est addendum. Nam qui facere aliquid non desivit, non id necessario etiam fecit ; falsa igitur est species istius captionis : et nequaquam procedere ad id potest, ut colligi concludique possit, eum facere adulterium, qui se negaverit facere desisse. Quid autem legis istius propugnatores in illa captiuncula facient, in qua hærere eos necessum est, si nihil amplius, quam quod interrogati erunt, responderint? Nam, si ita ego istorum aliquem rogem : « Quidquid non perdidisti, habeasne, an non habeas? » postulo ut aias, aut neges : utrumcunque breviter responderit, capietur. Nam si non habere se negaverit, quod non perdidit, colligetur, oculos eum non habere, quos non perdidit. Sin vero habere se dixerit, colligetur, habere eum cornua, quæ non perdidit. Rectius igitur cautiusque ita respondebitur : quidquid habui, id habeo, si id non perdidi. Sed hujuscemodi responsio non fit ex ea lege, quam diximus. Plus enim, quam quod rogatus est, respondet. Et propterea id quoque ad eam legem addi solet, non esse captiosis interrogationibus respondendum.

CAPUT III.
Quanam ratione effici dixerit Erasistratus medicus, si cibus forte deerit, ut tolerari aliquantisper inedia possit, et tolerari fames : verbaque ipsa Erasistrati super ea re scripta.

Cum Favorino Romæ dies plerumque totos eramus ; tenebatque animos nostros homo ille fandi dulcissimus ; atque cum, quoquo iret, quasi ex lingua prorsum ejus capti prosequebamur : ita sermonibus usquequaque amœ-

quente bouche, tant il me charmait par la beauté de son langage. Un jour il était allé visiter un malade, et j'étais entré avec lui ; il causa longtemps en grec avec les médecins qui étaient là, dans l'intérêt du malade. « Il ne faut pas s'étonner, dit-il entre autres choses, si, d'abord tourmenté par une faim continuelle, une diète forcée de trois jours lui a fait perdre tout appétit. Érasistrate a dit vrai : la source de l'appétit est dans les fibres des intestins, dans le ventre et l'estomac, lorsqu'ils sont vides et béants. Sont-ils remplis de nourriture, ou contractés par une longue abstinence, il n'y a plus de place pour recevoir la nourriture, et l'appétit s'éteint. » Il ajouta que les Scythes étaient dans l'usage, pour supporter la faim plus longtemps, de se serrer fortement le ventre avec des langes, persuadés qu'ils étouffent ainsi le désir de manger. Favorinus nous dit encore bien d'autres choses, toujours avec beaucoup d'affabilité. Dans la suite, je lus l'ouvrage d'Érasistrate sur les *Diérèses*, et je trouvai dans le livre premier ce que j'avais entendu de la bouche de Favorinus. Voici le passage de cet auteur : « Nous pensions qu'une forte contraction du « ventre rend facile une longue abstinence. Ceux « qui s'imposent volontairement une longue diète « souffrent de la faim d'abord, et puis ne souf-« frent plus. » On lit un peu plus bas : « Les Scythes « ont pour habitude, lorsqu'il leur faut s'abste-« nir de nourriture pendant quelque temps, de « se serrer le ventre avec de larges bandes : ils « pensent que la faim les tourmentera moins « alors. En effet, quand le ventre est plein, « pourquoi n'a-t-on pas d'appétit ? parce qu'il n'y « a pas de vide. Mais lorsqu'il est contracté, il n'y « a pas de vide non plus. » Érasistrate parle, dans le même ouvrage, d'une faim violente et insupportable, que les Grecs appellent βούλιμος et βούπεινα, faim de bœuf : il dit qu'elle est plus commune dans les grands froids que dans les beaux jours. Du reste, il avoue qu'il n'en sait pas la raison. Voici le passage : « On ignore et il « faut rechercher avec soin pourquoi chez cet « homme, et en général chez tous les faméliques, « cette maladie est plus fréquente lorsqu'il fait « froid que lorsque la température est douce. »

CHAPITRE IV.

Avec quelles cérémonies et dans quels termes le fécial du peuple romain déclarait la guerre, après que le peuple l'avait résolue. Formule du serment sur la réparation des vols militaires. Serment par lequel les conscrits s'engageaient à se rendre à jour fixe dans un lieu déterminé. Excuses légitimes.

Cincius, dans le livre troisième de son écrit *Sur l'art militaire*, dit que le fécial du peuple romain, au moment où il déclarait la guerre, et lançait son javelot sur le territoire ennemi, prononçait ces paroles : PARCE QUE LE PEUPLE HERMUNDULE ET LES HOMMES DU PEUPLE HERMUNDULE ONT FAIT LA GUERRE CONTRE LE PEUPLE ROMAIN, ET ONT EU TORT; PARCE QUE LE PEUPLE

---

nissimis demulcebat. Tum ad quendam ægrum cum isset visere, nosque cum eo una introissemus, multaque ad medicos, qui tum forte istic erant, valetudinis ejus gratia, oratione græca dixisset : Ac ne hoc quidem, inquit, mirum videri debet, quod, cum antehac semper edundi fuerit appetens, nunc, post imperatam inediam tridui, omnis ejus appetitio pristina elanguerit. Nam quod Erasistratus scriptum, inquit, reliquit, propemodum verum est : esuritionem faciunt inanes patentesque intestinorum fibræ, et cava intus ventris ac stomachi vacua et hiantia : quæ ubi aut cibo complentur, aut inanitate diutina contrahuntur et connivent, tunc loco, in quem cibus capitur, vel stipato vel adducto, voluntas capiendi ejus desiderandique restinguitur. Scythas quoque, ait eundem Erasistratum dicere, cum sit usus, ut famem longius tolerent, fasciis ventrem strictissime circumligare. Ea ventris compressione esuritionem posse depelli, creditum est. Hæc tum Favorinus multaque istiusmodi alia affabilissime dicebat. Nos autem postea, cum librum forte Erasistrati legeremus Διαιρέσεων primum, id ipsum in eo libro, quod Favorinum audiebamus dicere, scriptum ostendimus. Verba Erasistrati ad eam rem pertinentia hæc sunt : Ἐλογιζόμεθα οὖν παρὰ τὴν ἰσχυρὰν σύμπτωσιν τῆς κοιλίας εἶναι τὴν σφόδρα ἀσιτίαν· καὶ γὰρ τοῖς ἐπιπλέον ἀσιτοῦσι κατὰ προαίρεσιν ἐν τοῖς πρώτοις χρόνοις ἡ πεῖνα παρακολουθεῖ· ὕστερον δὲ οὐκέτι. Deinde paulum infra : Εἰθισμένοι δέ εἰσι καὶ οἱ Σκύθαι, ὅταν διά τινα καιρὸν ἀναγκάζωνται ἄσιτοι εἶναι, ζώναις πλατείαις τὴν κοιλίαν διασφίγγειν, ὡς τῆς πείνης αὐτοὺς ἧττον ἐνοχλούσης· σχεδὸν δὲ καὶ ὅταν πλήρης

ἡ κοιλία ᾖ, διὰ τὸ κένωμα ἐν αὐτῇ μηδὲν εἶναι, διὰ τοῦτο οὐ πεινῶσιν· ὅταν δὲ σφόδρα συμπεπτωκυῖα ᾖ, κένωμα οὐκ ἔχει. In eodem libro Erasistratus vim quandam famis non tolerabilem, quam Græci βούλιμον καὶ βούπειναν appellant, in diebus frigidissimis multo facilius accidere ait, quum cum serenum atque placidum est : atque ejus rei causas, cur in morbus in eo plerumque tempore oriatur, nondum sibi esse compertas dicit. Verba, quibus id dicit, hæc sunt : Ἄπορον δὲ καὶ δεόμενον ἐπισκέψεως, καὶ ἐπὶ τούτου καὶ ἐπὶ τῶν λοιπῶ βουλιμιώντων, διὰ τί ἐν τοῖς ψύχεσι μᾶλλον τὸ σύμπτωμα τοῦτο γίνεται ἢ ἐν ταῖς εὐδίαις.

CAPUT IV.

Quo ritu quibusque verbis fetialis populi romani bellum indicere solitus sit iis, quibus populus romanus bellum fieri jusserat. Et item, in quæ verba conceptum fuerit jusjurandum de furtis militaribus sanciendis, et uti milites scripti intra prædictum diem in loco certo frequentarent, causis quibusdam exceptis, propter quas id jusjurandum remitti æquum esset.

Cincius in libro tertio *De Re Militari*, fetialem populi romani bellum indicentem hostibus, telumque in agrum eorum jacientem, hisce verbis uti scripsit : QUOD. POPULUS. HERMUNDULUS. HOMINES. QUE. POPULI. HERMUNDULI. ADVERSUS. POPULUM. ROMANUM. BELLUM. FECERE. DELIQUERUNT.

ROMAIN A DÉCRÉTÉ LA GUERRE CONTRE LE PEUPLE HERMUNDULE ET LES HOMMES DU PEUPLE HERMUNDULE, MOI ET LE PEUPLE ROMAIN JE DÉCLARE ET FAIS LA GUERRE AU PEUPLE HERMUNDULE ET AUX HERMUNDULES. Dans le même ouvrage du même auteur, livre cinquième, on lit : « Lorsqu'on enrôlait, dans le vieux temps, le « tribun militaire faisait prêter, aux soldats qu'on « inscrivait, un serment ainsi conçu : SOUS LA MAGISTRATURE DE C. LÆLIUS, FILS DE C. CONSUL, DE LUCIUS CORNÉLIUS, FILS DE PUBLIUS, CONSUL, NI DANS L'ARMÉE, NI DANS UN RAYON DE DIX MILLE PAS AUTOUR, TU NE VOLERAS PAR ARTIFICE CRIMINEL, NI SEUL NI AVEC D'AUTRES, UN OBJET VALANT PLUS D'UNE PIÈCE D'ARGENT, PAR JOUR, ET AUTRE QUE LANCE, BOIS DE LANCE, BOIS, FRUIT, FOURRAGE, OUTRE, SOUFFLET, FLAMBEAU. SI TU TROUVES OU PRENDS QUELQUE CHOSE QUI NE SOIT PAS A TOI ET VAILLE PLUS D'UNE PIÈCE D'ARGENT, TU IRAS LE PORTER OU LE DÉCLARER DANS LES TROIS JOURS A C. LÆLIUS, FILS DE CAIUS, CONSUL, OU A L. CORNÉLIUS, FILS DE PUBLIUS, CONSUL, OU A CELUI DES DEUX A QUI APPARTIENDRA. CE QUE TU AURAS TROUVÉ OU PRIS SANS ARTIFICE CRIMINEL, TU LE RENDRAS A CELUI QUE TU CROIRAS LE PROPRIÉTAIRE, AFIN D'AGIR CONFORMÉMENT A LA JUSTICE. » Lorsque les soldats étaient inscrits, on leur fixait le jour où ils devaient se rendre pour répondre à l'appel du consul. Voici la formule du serment par lequel ils s'y engageaient ; elle renferme les excuses légitimes : « A moins d'un des « empêchements qui suivent, funérailles domes- « tiques, fêtes dénicales, dont le jour n'aura pas « été fixé dans l'intention de retenir le conscrit, « épilepsie, auspice qu'on ne puisse négliger « sans sacrilége, sacrifice annuel et qui ne « puisse être ni avancé ni différé, violence, pré- « sence de l'ennemi, ou jour fixé et convenu avec « l'ennemi... Si quelqu'un d'eux est retenu par « un de ces empêchements, le lendemain du jour « où l'empêchement aura cessé, il ira trouver et « servir celui qui aura fait la levée dans le village, « bourg ou ville. » Voici encore un extrait du même ouvrage : « Le soldat qui ne se rendait pas au « jour fixé, et ne justifiait pas son absence, était « réfractaire. » On lit dans le sixième livre : « La « cavalerie a été appelée les ailes de l'armée, par- « ce que les légions ont les cavaliers à leur droite et « à leur gauche, comme l'oiseau ses ailes. Dans « une légion il y a soixante centuries, trente « manipules, et dix cohortes. »

CHAPITRE V.

Sens du mot *vestibulum*. Étymologie de ce mot.

Il y a une infinité de mots dont tous les jours nous nous servons, sans savoir au juste quelle en est la signification propre. Nous suivons sans examen la tradition et l'usage, et nous semblons exprimer notre idée sans l'énoncer en effet. Je citerai le mot *vestibulum*, qui se rencontre si fréquemment dans nos conversations, et qu'on emploie le plus souvent, sans en avoir examiné le sens. Des hommes qui ne sont pas dépourvus d'instruction entendent par ce mot (je l'ai souvent remarqué) la première pièce de la maison, ce qu'on nomme

---

QUE. QUOD. QUE. POPULUS. ROMANUS. CUM. POPULO. HERMUNDULO. HOMINIBUS. QUE. HERMUNDULIS. BELLUM. JUSSIT. OB. EAM. REM. EGO. POPULUS. QUE. ROMANUS. POPULO. HERMUNDULO. HOMINIBUS. QUE. HERMUNDULIS. BELLUM. [IN]DICO. FACIO. QUE. Item in libro ejusdem Cincii *De Re Militari* quinto ita scriptum est : « Cum dilectus antiquitus fieret, et mili- « tes scriberentur, jusjurandum eos tribunus militaris « adigebat in verba hæc : [IN] MAGISTRATU. C. LÆLII. C. FILII. CONSULIS. L. CORNELII. P. FILII. CONSULIS. IN. EXERCITU. DECEM. QUE. MILIA. PASSUUM. PROPE. FURTUM. NON. FACIES. DOLO. MALO. SOLUS. NEQUE. CUM. PLURIBUS. PLURIS. NUMMI. ARGENTEI. IN. DIES. SINGULOS. EXTRA. QUE. HASTAM. HASTILE. LIGNA. POMA. PABULUM. UTREM. FOLLEM. FACULAM. SI. QUID. IBI. INVENERIS. SUSTULERIS. VE. QUOD. TUUM. NON. ERIT. QUOD. PLURIS. NUMMI. ARGENTEI. ERIT. UTI. TU. AD. C. LÆLIUM. C. FILIUM. CONSULEM. L. VE. CORNELIUM. P. FILIUM. CONSULEM. SIVE. QUEM. AD. UTRUM. EORUM. JUS. ERIT. PROFERES. AUT. PROFITEBERE. IN. TRIDUO. PROXIMO. QUIDQUID. INVENERIS. SUSTULERIS. VE. SINE. DOLO. MALO. AUT. DOMINO. SUO. CUJUM. ID. CENSEBIS. ESSE. REDDES. UTI. QUOD. RECTUM. FACTUM. ESSE. VOLES. Militibus autem scriptis dies præfiniebatur, quo die adessent, et [ut] citanti consuli responderent ; deinde ita concipiebatur jusjurandum, ut adessent, his additis exceptionibus : « nisi harumce quæ causa « erit, funus familiare, feriæve denicales, quæ non ejus rei « causa in eum diem collatæ sint, quo is eo die minus ibi « esset ; morbus sonticus, auspiciumve, quod sine piaculo « præterire non liceat, sacrificiumve anniversarium, quod « recte fieri non posset, nisi ipsus eo die ibi sit ; vis hos- « tisve, status condictusve dies cum hoste : si cui eorum « harumce quæ causa erit, tum se postridie quam per eas « causas licebit, eo die venturum, adjuturumque eum, « qui eum pagum, vicum, oppidumve delegerit. » Item in eodem libro verba hæc sunt : « Miles cum die, qui « prædictus est, aberat, neque excusatus erat, infrequens « dabatur. » Item in libro sexto hoc scriptum est : « Alæ « dictæ exercitus equitûm ordines ; quod circum legiones « dextra sinistraque, tanquam alæ in avium corporibus, « locabantur. In legione sunt centuriæ sexaginta, mani- « puli triginta, cohortes decem. »

CAPUT V.

Vestibulum quid significet ; deque ejus vocabuli rationibus

Pleraque sunt vocabula, quibus vulgo utimur, neque tamen liquido scimus, quid ea proprie atque vere significent : sed incompertam et vulgariam traditionem rei non exploratæ secuti, videmur magis dicere, quod volumus, quam dicimus ; sicuti est *vestibulum*, verbum in sermonibus celebre atque obvium : non omnibus tamen, qui illo facile utuntur, satis spectatum. Animadverti enim quosdam haudquaquam indoctos viros opinari, *vestibulum* esse partem domus primorem, quam vulgus *atrium* vocat.

vulgairement *atrium*. C. Ælius Gallus, dans son ouvrage *De la signification des mots usités dans le droit civil*, livre second, a dit : « Le vestibule « n'est pas dans la maison, ne fait pas partie de « la maison ; c'est un espace vide devant la porte « d'entrée, entre la rue et la maison ; c'est la cour « entre les deux ailes et le corps principal du « logis. » Quelle est l'origine de ce mot ? on l'a beaucoup cherchée ; mais tout ce que j'ai lu dans les livres à ce sujet m'a paru plat et absurde. Voici quelle étymologie j'ai entendu donner au mot qui nous occupe, par Sulpicius Apollinaris, homme d'un esprit orné et d'un savoir exquis : La particule *ve*, disait-il, est tantôt augmentative, tantôt diminutive. *Vetus* et *vehemens* expriment, le premier un grand âge (*ve ætas*), le second, la vigueur et l'impétuosité de l'esprit (*ve mens*). *Vescus*, composé de *ve* et d'*esca*, a deux sens opposés, puisque, dans Lucrèce, *vescum salem* signifie, sel appétissant, et que *vescus*, dans Lucile, veut dire, qui inspire le dégoût. Lorsqu'on bâtissait, du temps de nos pères, des maisons spacieuses, on laissait devant la porte un espace vide, une cour entre la rue et le corps principal de l'édifice. Là se tenaient, avant d'être admis, ceux qui venaient saluer le maître de la maison ; ils n'étaient ni dans la rue, ni dans la maison. Cette large place, où l'on faisait pour ainsi dire station, fut appelée vestibule, espace, je le répète, large et étendu devant la porte d'entrée, où l'on se tenait (*stabant*) avant d'être admis dans l'intérieur. Nous ne devons pas oublier que le mot *vestibulum* n'a pas toujours été employé par les anciens écrivains dans son sens propre. On l'a employé aussi par métaphore, sans trop s'écarter toutefois du sens primitif. Ainsi Virgile a dit, dans le sixième livre de l'*Énéide* :

Vestibulum ante ipsum, primisque in faucibus Orci,
Luctus et ultrices posuere cubilia curæ.

« Devant le vestibule même et dans les pre« mières gorges de l'enfer, le deuil et le remords « vengeur ont établi leur demeure. »

Virgile n'entend pas ici par vestibule la première pièce, pour ainsi dire, de l'enfer, quoiqu'on pût s'y tromper : il place avant l'entrée de l'enfer deux lieux distincts, le vestibule et les gorges. Le vestibule est placé avant le palais, le sanctuaire de l'enfer. Les gorges sont un étroit chemin conduisant au vestibule.

CHAPITRE VI.

Qu'est-ce que les victimes appelées *bidentes*, et pourquoi ce nom? Opinions de P. Nigidius et de Julius Higinus.

A mon retour de la Grèce, j'abordai à Brindes. Là, un littérateur latin, que les Brindusiens avaient fait venir de Rome, se soumettait à l'examen du public. J'y fus, moi aussi, afin de passer un moment agréable ; car j'étais encore languissant et fatigué de la mer. Il lisait en barbare et en ignorant le septième livre de l'*Énéide*, où se trouve ce vers :

Centum lanigeras mactabat rite bidentis.

Il demandait fièrement qu'on l'interrogeât sur

C. Ælius Gallus in libro *De significatione verborum, quæ ad jus civile pertinent* secundo : « Vestibulum es« se » dicit, « non in ipsis ædibus, neque partem ædium, « sed locum ante januam domus vacuum ; per quam a via « aditus accessusque ad ædis est, cum dextra sinistraque « januarum tecta sunt viæ juncta, atque ipsa janua pro« cul a via est, area vacanti intersita. » Quæ porro huic vocabulo ratio sit, quæri multum solet ; sed quæ scripta legi, ea ferme omnia inconcinna atque absurda visa sunt. Quod Sulpicium autem Apollinarem memini dicere, virum eleganti scientia ornatum, hujuscemodi est : *Ve* particula, sicuti quædam alia, tum intentionem significat, tum minutionem. Nam *vetus* et *vehemens*, alterum ab ætatis magnitudine compositum elisumque est, alterum a mentis vi atque impetu dicitur. *Vescum* autem, quod ex *ve* particula et *esca* copulatum est, utriusque diversæ significationis vim capit. Aliter enim Lucretius *vescum salem* dicit ex edendi intentione : aliter Lucilius *vescum* appellat cum edendi fastidio. Qui domos igitur amplas antiquitus faciebant, locum ante januam [vacuum] relinquebant, qui inter fores domus et viam medius esset. In eo loco, qui dominum ejus domus salutatum venerant, priusquam admitterentur, consistebant : et neque in via stabant, neque intra ædes erant. Ab illa ergo grandis loci constitione, et quasi quadam stabulatione, vestibula appellata sunt ; spatia, sicuti diximus, grandia ante fores ædium relicta, in quibus starent, qui venissent, priusquam in domum intromitterentur. Meminisse autem debemus, id vocabulum non semper a veteribus scriptoribus proprie, sed per quasdam translationes esse dictum ; quæ tamen ita sunt factæ, ut ab ista, de qua diximus, proprietate non longe desciverint. Sicut illud in sexto Virgilii :

Vestibulum ante ipsum, primisque in faucibus Orci,
Luctus et ultrices posuere cubilia curæ.

Non enim vestibulum priorem partem domus infernæ esse dicit ; quod obrepere potest, tanquam si ita dicatur ; sed loca duo demonstrat extra Orci fores, vestibulum et fauces : ex quibus et vestibulum appellat ante ipsam [quasi] domum, et ante ipsa Orci penetralia ; fauces autem vocat iter angustum, per quod ad vestibulum adiretur.

CAPUT VI.

Hostiæ, quæ dicuntur *bidentes*, quid sint, et quam ob causam ita appellatæ sint : superque ea re P. Nigidii et Julii Higini sententiæ.

Redeuntes Græcia, Brundusium navem advertimus. Ibi quispiam linguæ latinæ litterator, Roma a Brundusinis accersitus, experiundum sese vulgo dabat : imus ad eum nos quoque oblectamenti gratia. Erat enim fessus atque languens animus de æstu maris. Legebat barbare inscitequae Virgilii septimum, in quo libro hic versus est :

Centum lanigeras mactabat rite bidentis :

et jubebat rogare se, si quis quid omnium rerum vellet

tel sujet qu'on voudrait. La confiance de cet ignorant m'étonna. « Nous apprendras-tu, maître, dis-je, pourquoi le poëte se sert du mot *bidentes* ? — Ce sont les brebis, me répondit-il, qu'on appelle *bidentes*; et, afin de les désigner plus clairement, le poëte ajoute l'épithète *lanigeras*. — Nous verrons plus tard, répliquai-je, si les seules brebis ont été appelées *bidentes*, comme tu l'affirmes, et si Pomponius, auteur d'atellanes, a mal compris ce mot, lorsqu'il a dit, dans ses *Gaulois transalpins* :

Mars, tibi voveo facturum, si unquam redierit,
Bidenti verre.

« Mars, je fais vœu de t'immoler, s'il revient « jamais, un porc âgé de deux ans (*bidenti « verre*). »
Mais, pour le moment, j'ai voulu demander quelle est, selon toi, l'étymologie de ce mot. » Sans hésiter un instant, il répond, avec une sorte d'audace : « Les brebis ont été appelées *bidentes* parce qu'elles n'ont que deux dents. — Dans quel lieu du monde, m'écriai-je, as-tu vu la nature ne donner que deux dents aux brebis? Mais c'est là une monstruosité ; vite, un sacrifice expiatoire ! » Il s'émut, et me dit en colère : « Borne-toi aux questions sur lesquelles répondent les grammairiens, et va demander aux bergers combien les brebis ont de dents. » Je ris de cette facétie, et me retirai. Publius Nigidius, dans son ouvrage *Des entrailles*, dit qu'on a donné le nom de *bidentes* non pas aux brebis seulement, mais à toutes les victimes âgées de deux ans. Pourquoi ce nom? il ne s'explique pas là-dessus très-clairement ; mais j'ai trouvé (ce que j'avais soupçonné déjà), dans des commentaires relatifs au droit pontifical, qu'on avait dit primitivement *bidennes* pour *biennes*; que l'usage et le temps altérèrent ce mot, et de *bidennes* firent *bidentes*, la prononciation de ce dernier mot étant plus douce et plus facile. Cependant Julius Higinus, dans le quatrième livre de son ouvrage *Sur Virgile*, dit qu'on appela *bidentes* les victimes qui avaient, à un certain âge, deux dents proéminentes. Je cite les propres mots de cet auteur, auquel le droit pontifical ne paraît pas avoir été étranger : « La victime, dit-il, est *bidens*, lorsqu'elle a huit « dents, dont deux sont proéminentes, et prou- « vent que la victime a passé le premier âge. » C'est aux yeux plus qu'au raisonnement à prononcer sur cette étymologie.

CHAPITRE VII.

Labérius se montre excessivement hardi à forger des mots ; il en emploie dont la latinité est un problème.

Labérius, dans ses *Mimes*, a poussé jusqu'à la licence la liberté de créer des mots. Il a dit *mendicimonium*, mendicité; *mœchimonium*, *adulterio*, *adulteritas*, pour *adulterium*, adultère; *depudicare* pour *stuprare*, déflorer ; *abluvium* pour *diluvium*, déluge. Dans le mime intitulé *le Panier*, il dit *manuari* pour *furari*, voler; dans *le Foulon*, il appelle un voleur *manuarius* : *Manuari, pudorem perdidisti.* « Voleur, tu as perdu toute pudeur. » Ces mots ne sont pas les seuls qu'il ait forgés. Il y a même des termes grossiers, salis par la populace, qu'il

---

dicere. Tum ego indocti hominis confidentiam demiratus : Docesne, inquam, nos, magister, cur *bidentes* dicantur? *Bidentes*, inquit, oves appellatæ, idcircoque *lanigeras* dixit, ut oves planius demonstraret. Posthac, inquam, videbimus, an oves solæ, ut tu ais, bidentes dicantur, et an Pomponius Atellanarum poëta in *Gallis Transalpinis* erraverit, cum hoc scripsit :

Mars, tibi voveo facturum, si unquam redierit,
Bidenti verre.

Sed nunc ego a te rogavi, ecquam scias esse hujusce vocabuli rationem. Atque ille nihil contatus, sed nimium quantum audacter : Oves, inquit, bidentes dictæ, quod duos tantum dentes habeant. Ubi terrarum, quæso te, inquam, duos solos per naturam dentes habere ovem vidisti? Ostentum enim est, et piaculis factis procurandum. Tum ille permotus mihi et irritatus : Quære, inquit, ea potius, quæ ex grammatico quærenda sunt; nam de ovium dentibus opiliones percontantur. Facetias nebulonis hominis risi et reliqui. Publius autem Nigidius in libro, quem *De Extis* composuit, bidentes appellari, ait, non oves solas, sed omnis bimas hostias. Neque tamen dixit apertius, cur *bidentes :* sed, quod ultro existimabamus, id scriptum invenimus in commentariis quibusdam ad jus pontificium pertinentibus, *bidennes* primo dictas, [d] littera immissa, quasi *biennes* : tum longo usu loquendi corruptam esse vocem, et ex *bidennibus bidentes* factum : quoniam id videbatur esse dictu facilius [leniusque]. Higinus tamen Julius, qui jus pontificium non videtur ignorasse, in quarto librorum, quos *De Virgilio* fecit, *bidentes* appellari scripsit hostias, quæ per ætatem duos dentes altiores haberent. Verba illius ipsa posui : « Quæ « bidens est, » inquit, « hostia, oportet habeat dentes « octo, sed ex his duo ceteris altiores, per quos appareat, « ex minore ætate in majorem transcendisse. » Hæc Higini opinio an vera sit, non argumentis, sed oculis indicari potest.

CAPUT VII.

Quod Laberius verba pleraque licentius petulantiusque finxit : et quod multis item verbis utitur, de quibus, an sint latina, quæri solet.

Laberius in *Mimis*, quos scriptitavit, oppido quam verba finxit prælicenter. Nam et *mendicimonium* dicit, et *mœchimonium;* et *adulterionem*, *adulteritatemque* pro *adulterio;* et *depudicavit* pro *stupravit;* et *abluvium* pro *diluvio;* et, quod in mimo ponit, quem *Cophinum* scripsit, *manuatus est* pro *furatus est;* et item in *Fullone furem manuarium* appellat :

Manuari, *inquit,* pudorem perdidisti;

multaque alia hujuscemodi novat; neque non obsoleta quo-

n'a pas dédaignés. Ainsi, il dit dans *les Fileuses* :

Tollet bona fide vos Orcus nudas in Catonium.

« L'enfer, je le dis de bonne foi, vous entraî-
« nera nues dans ses souterrains. »

Laver les draps s'appelle chez lui *elutriare lintea*; *lavandria* désigne le linge donné à laver.
Il ne craint pas de dire, *Coicior in fullonicam*, je
suis précipité dans la foulerie. — *Quid properas,
quid præcurris caldonia?* « pourquoi cette hâte,
pourquoi cette course, chauffeuse? » Dans *le Cordier*, il appelle *calabarriunculi* les gens que le
vulgaire nomme *calabarriones*, crieurs publics.
Il dit, dans *les Carrefours* : *Malas malaxavi* :
« j'ai ramolli les mâchoires; » dans *le mauvais
Souvenir* :

Hic est
Ille gurdus, quem ego me abhinc duos menses ex Africa
Venientem excepisse tibi narravi.

« C'est cet étourdi qu'il y a deux mois, je reçus
« à son retour d'Afrique. Je te l'ai raconté. »

Dans le mime intitulé *Natal*, il emploie les mots
cippa, colonne funéraire, *obba*, tasse, *camella*,
vase, *pictacium*, peint, *capitium*, capuchon. Il
dit :

Induis capitium tunicæ pictacium.

« Tu revêts le capuchon peint de ta tunique. »

Dans son *Anna Perenna*, il dit *gubernium* pour
gubernator, pilote, *planus* pour *sycophanta*, délateur, *nanus* pour *pumilio*, nain. Il est vrai
toutefois que Cicéron s'est servi de *planus* pour
délateur, dans son discours *Pour Cluentius*. Dans
son mime intitulé *les Saturnales*, il dit *botulus*
pour *farcimen*, farce, hachis. Il appelle un homme
levenna, au lieu de *levis*, léger. On trouve çà et

que, et maculantia ex sordidiore vulgi usu ponit : quale
est in *Staminariis* :

Tollet bona fide vos Orcus nudas in Catonium.

Et *elutriare lintea*, et *lavandria* dicit, quæ ad lavan-
dum sint data, et : *Coicior*, inquit, *in fullonicam*. Et :
Quid properas? [ec]quid præcurris Caldonia? Item in
Restione calabarriunculos dicit, quos vulgus *calabar-
riones*. Item in *Compitalibus* : *Malas malaxavi*. Item in
Cacomnemone :

Hic est, *inquit*,
Ille gurdus, quem ego me abhinc duos menses ex Africa
Venientem excepisse tibi narravi.

Item in mimo, qui inscribitur *Natal*, *cippum* dicit et
obbam, et *camellam*, et *pictacium*, et *capitium*.

Induis, *inquit*, capitium tunicæ pictacium.

Præterea in *Anna Perenna gubernium* pro *gubernatore*,
et *planum* pro *sycophanta*, et *nanum* pro *pumilione* dicit; quanquam *planum* pro *sycophanta* M. quoque Cicero
in oratione scriptum reliquit, quam *pro Cluentio* dixit.
Atque item in mimo, qui *Saturnalia* inscriptus est, *bo-
tulum* pro *farcimine* appellat, et *hominem levennam*
pro *levi*. Item in *Necromantia corionem* pervulgate dicit,
quem veteres *arulatorem* dixerunt. Verba Laberii hæc
sunt :

Duas uxores? hoc hercle plus negotii est, inquit cocio :
Sed ædilis viderit.

là, dans sa *Nécromancie*, *cocio* pour *arulator*,
colporteur, qui est le terme ordinaire.

Duas uxores? hoc hercle plus negotii est, inquit cocio :
Sed ædilis viderit.

« Deux épouses? voilà trop d'affaires, dit le
« colporteur : mais l'édile jugera. »

Cependant rendons-lui cette justice que, dans le
mime intitulé *Alexandrea*, il a employé un mot,
vulgaire à la vérité, d'une manière saine et latine,
quoique le mot soit d'origine grecque; il a dit
emplastrum au neutre, et non point au féminin,
selon la coutume de nos novices. Je cite le vers :

Quid est jusjurandum? emplastrum æris alieni.

Qu'est-ce qu'un serment ? la greffe d'une dette.

CHAPITRE VIII.

Sens du mot ἀξίωμα en dialectique. Terme équivalent en
latin. Notions diverses qui servent d'introduction à la
dialectique.

Quand je voulus prendre une teinture de l'art
de la dialectique, il fallut aborder ce que les dialecticiens nomment *introductions*; il fallut d'a-
bord m'occuper des ἀξιώματα, que Varron appelle
ici *profata*, là *proloquia*. Je me mis à la recherche
du traité *De proloquiis*, par L. Ælius, qui fut un
homme plein de savoir, et le professeur de Varron ; je trouvai l'ouvrage et le lus dans la bibliothèque de la Paix. Je n'y trouvai rien de tech-
nique, rien d'instructif : L. Ælius paraît l'avoir
composé pour lui plus que pour les autres. Je fus
donc forcé de retourner aux traités grecs; ils
m'apprirent qu'on nomme ἀξίωμα une phrase
complète. Je me dispense de traduire cette définition pour ne pas employer de mots nouveaux,

Sed enim in mimo, quem inscripsit *Alexandream*, eodem
quidem modo, quo vulgus, sed probe latineque usus est
græco vocabulo ; *emplastrum* enim dixit οὐδετέρως, non
genere feminino, ut isti novicii semidocti. Verba ex eo
mimo apposui :

Quid est jusjurandum? Emplastrum æris alieni.

CAPUT VIII.

Quid significet, et quid a nostris appellatum sit, quod ἀξίωμα
dialectici dicunt : et quædam alia, quæ prima in disciplina
dialectica traduntur.

Cum in disciplinas dialecticas induci atque imbui vellemus, necessus fuit adire atque cognoscere quas vocant
dialectici εἰσαγωγάς ; tum quia in primo περὶ ἀξιωμάτων
discendum, quæ M. Varro alias *profata*, alias *proloquia*
appellat, commentarium *De Proloquiis* L. Ælii, docti
hominis, qui magister Varronis fuit, studiose quæsivimus :
eumque in Pacis bibliotheca repertum legimus. Sed in eo
nihil edocenter, neque ad instituendum explanate scri
ptum est : fecisseque videtur eum librum Ælius sui magis
admonendi, quam aliorum docendi gratia. Redimus igitur necessario ad græcos libros : ex quibus accepimus
ἀξίωμα esse his verbis : Λεκτὸν αὐτοτελὲς ἀποφαντὸν ὅσον
ἐφ' ἑαυτῷ. Hoc ego supersedi vertere, quia novis et in-

sans grâce, et que l'oreille, faute d'habitude, trouverait insupportables. Heureusement Varron, dans son traité *De la langue latine*, adressé à Cicéron, livre vingt-quatrième, donne une très-nette définition : « Le *proloquium*, dit-il, est « une pensée où rien ne manque. » Nous éclaircirons cette définition par des exemples. Les phrases suivantes sont des ἀξιώματα (jugements), ou, si on l'aime mieux, des *proloquia* (propositions) : *Annibal fut Carthaginois; Scipion détruisit Numance; Milon fut condamné pour meurtre; le plaisir n'est ni un bien ni un mal.* Enfin toute pensée complète et achevée, qui nécessairement est vraie ou fausse, c'est ce que les dialecticiens appellent ἀξίωμα, Varron *proloquium*, Cicéron *pronuntiatum*, en attendant, dit-il, qu'il ait trouvé mieux. Quant à ce que les Grecs ont appelé συνημμένον ἀξίωμα, les Latins l'appellent, les uns *adjunctum*, proposition conditionnelle, les autres *connexum*, connexe. En voici des exemples : *Si Platon se promène, Platon se meut. S'il est jour, le soleil est sur l'horizon.* La proposition que les Grecs appellent συμπεπλεγμένον, nous la nommons *conjunctum* ou *copulatum*, copulative. Exemple : *Publius Scipion, fils de Paul Émile, fut deux fois consul, et triompha, et remplit les fonctions de censeur, et eut pour collègue dans la censure L. Mummius.* Dans toute proposition copulative, s'il y a une seule erreur, elle entraîne la fausseté de tout le reste. Si à tout ce que j'ai dit de Scipion, et qui est vrai, j'ajoute : *Et il vainquit Annibal en Afrique*, cette fausseté seule suffira pour frapper de mensonge toutes les propositions particulières dont se compose la proposition copulative. Il y a encore ce que les Grecs appellent διεζευγμένον ἀξίωμα, et nous, *disjunctum proloquium*, proposition disjonctive. En voici un exemple : *Ou le plaisir est un mal, ou il est un bien; ou il n'est ni un bien ni un mal.* Il faut qu'il y ait opposition entre les membres d'une proposition disjonctive, et aussi entre leurs contraires, en grec ἀντικείμενα. Il faut que l'une des propositions soit vraie, les autres fausses : si aucune n'est vraie, si plusieurs ou toutes le sont, s'il n'y a pas opposition entre elles et entre les propositions contraires, la disjonctive est fausse : c'est un παραδιεζευγμένον. Voici une disjonctive où il n'y a pas opposition entre les propositions contraires : *Ou tu cours, ou tu te promènes, ou tu es debout immobile.* Il y a opposition entre ces propositions; mais l'opposition n'existe pas entre les propositions contraires, puisque *ne pas courir, ne pas se promener, ne pas se tenir debout*, ne sont pas des propositions contradictoires. En effet, on appelle contradictoires des propositions qui ne peuvent pas être vraies à la fois; or, vous pouvez à la fois ne pas courir, ne pas vous promener, ne pas être debout. Mais cet échantillon de la dialectique doit suffire ; je n'ajouterai qu'un avis seulement : dès l'abord, cette étude paraît fade, désagréable et sans utilité; avancez, vous en sentirez de plus en plus l'utilité, et vous y goûterez une volupté dont vous serez insatiable. Si vous ne vous maîtrisez alors, vous risquez d'aller, comme tant d'autres, vieillir dans les détours et les méandres

---

conditis vocibus utendum fuit, quas pati aures per insolentiam vix possent. Sed M. Varro in libro *De lingua Latina ad Ciceronem* quarto et vicesimo expeditissime ita finit : « Proloquium est sententia, in qua nihil desi-« deratur. » Erit autem planius, quid istud sit, si exemplum ejus dixerimus. Ἀξίωμα igitur, sive id *proloquium* dicere placet, hujusmodi est : « Hannibal Pœnus fuit : « Scipio Numantiam delevit : Milo cædis damnatus est : « neque bonum est voluptas neque malum : » et omnino quidquid ita dicitur plena atque perfecta verborum sententia, ut id necesse sit aut verum aut falsum esse, id a dialecticis ἀξίωμα appellatum est, a M. Varrone, sicuti dixi, *proloquium*; a M. autem Cicerone *pronuntiatum*; quo ille tamen vocabulo tantisper uti se attestatus est, *quoad melius*, inquit, *invenero*. Sed quod Græci συνημμένον ἀξίωμα dicunt, [id] alii nostrorum *adjunctum*, alii *connexum* dixerunt. Id *connexum* tale est : « Si Plato ambu-« lat, Plato movetur : si dies est, sol super terras est. » Item quod illi συμπεπλεγμένον, nos vel *conjunctum*, vel *copulatum* dicimus, quod est ejuscemodi : « P. Scipio, « Pauli filius, et bis consul fuit, et triumphavit, et cen-« sura functus est, et collega in censura L. Mummii fuit. » In omni autem *conjuncto* si unum est mendacium, etiamsi cetera vera sunt, totum esse mendacium dicitur. Nam si ad ea omnia, quæ de Scipione illo vera dixi, addidero : « et Hannibalem in Africa superavit, » quod est falsum, universa quoque illa, quæ conjuncte dicta sunt, propter hoc unum, quod falsum accesserit, quia simul dicentur, vera non erunt. Est item aliud, quod Græci διεζευγμένον ἀξίωμα, nos *disjunctum* [*proloquium*] dicimus. Id hujuscemodi est : « Aut malum est voluptas, aut bonum : aut « neque bonum, neque malum est. » Omnia autem, quæ disjunguntur, pugnantia esse inter sese oportet : eorumque opposita, (quæ ἀντικείμενα Græci dicunt,) ea quoque ipsa inter sese adversa esse : ex omnibus, quæ disjunguntur, unum esse verum debet, falsa cetera; quod si aut nihil omnium verum, aut omnia plurave, quam unum, vera erunt, aut quæ disjuncta sunt, non pugnabunt, aut quæ opposita eorum sunt, contraria inter sese non erunt ; tunc id disjunctum mendacium est ; et appellatur παραδιεζευγμένον. Sicuti hoc est, in quo [,quæ] opposita [,] non sunt contraria : « Aut curris, aut ambulas, aut stas. » Nam ipsa quidem inter sese adversa sunt : sed opposita eorum non repugnant; *non ambulare* enim et *non stare* et *non currere* contraria inter sese non sunt: quoniam contraria ea dicuntur, quæ simul vera esse non queunt; possis enim simul eodemque tempore neque ambulare, neque stare, neque currere. Sed hoc jam breve ex dialectica libamentum dedisse nunc satis erit : atque id solum addendum admonendumque est, quod hujus disciplinæ studium atque cognitio in principiis quidem tetra et aspernabilis insuavisque esse et inutilis videri solet : sed, ubi aliquantum processeris, tum denique et emolumentum ejus in animo tuo dilucebit, et sequetur quædam discendi voluptas insatiabilis; cui

de la dialectique, comme parmi les écueils des Sirènes.

CHAPITRE IX.

Explication de *susque, deque*, si fréquents dans les vieux auteurs.

Susque deque fero, susque deque habeo (car l'un et l'autre se disent), sont des façons de parler familières aux hommes instruits, et qui reviennent souvent dans les lettres et les poëmes des vieux auteurs. On s'en sert plus qu'on ne les comprend, tant nous avons hâte d'employer, avant de les étudier, les locutions qui s'écartent du langage ordinaire. Or, *susque deque ferre*, c'est être indifférent, faire peu de cas d'un accident, ou même quelquefois ne s'en pas occuper du tout. C'est à peu près ce que les Grecs expriment par le verbe ἀδιαφορεῖν, être indifférent. Labérius dit, dans *les Carrefours* :

« Te voilà, nonchalant! tu te dandines avec in-
« différence (*tu susque deque fers*). Ta femme est
« dans le lit en face. Un esclave de peu de prix dit
« des paroles criminelles. »

M. Varron, dans *Sisenna* ou *De l'histoire* :
« Si tous ceux-là ne commençaient pas et n'avan-
« çaient pas de même, ce serait peu important
« (*susque deque esset*.) » On lit dans le troisième livre de Lucile :

« Mais ce ne furent là que des jeux sans consé-
« quence (*susque omnia deque fuerunt*). Ce ne
« furent, je le répète, que des jeux frivoles, des
« passe-temps. A peine eûmes-nous atteint la fron-

tière de Sezza, les fatigues commencèrent; mon-
« tagnes inaccessibles, autant d'Etna, d'âpres
« Athos. »

CHAPITRE X.

Qu'était-ce que les *proletarii*, les *capitecensi*, les *assidui*. Étymologie de ces mots.

Le barreau avait fait trêve à ses travaux, pour célébrer une fête. On lisait, dans une réunion de jurisconsultes les Annales d'Ennius. On arriva à ces vers du troisième livre :

« L'État fournit au prolétaire le bouclier et le
« fer cruel; il fait sentinelle pour la garde des
« murs de la ville et du forum. »

On se demanda ce que c'est qu'un prolétaire. J'aperçus dans le cercle un de mes intimes, versé dans le droit civil, et je le priai de nous expliquer ce mot. Il répondit qu'il avait étudié le droit, et non la grammaire. « C'est, repris-je, précisément parce que tu as étudié le droit, que tu dois répondre à mon invitation. Ennius a pris ce mot dans vos Douze Tables, où, s'il m'en souvient bien, il est écrit : QUE L'ASSIDU OFFRE POUR GARANT UN ASSIDU; LE PROLÉTAIRE, QUI IL VOUDRA. Suppose donc, poursuivis-je, que tu as entendu lire, au lieu d'une annale d'Ennius, les Douze Tables, et dis-nous, s'il te plaît, ce que c'est qu'un prolétaire dans la loi que j'ai citée. — Je le ferais, je devrais le faire, si j'avais appris le droit des Faunes et des Aborigènes, répondit-il. Aujourd'hui les *prolétaires*, les *assidus*, les *sana-*

---

sane si modum non feceris, periculum non mediocre erit, ne, ut plerique alii, tu quoque in illis dialecticæ gyris atque mæandris, tanquam apud Sirenios scopulos, consenescas.

CAPUT IX.

Quid significet verbum in libris veterum creberrime positum : *susque deque*.

Susque deque fero, aut *susque deque habeo*, (his enim omnibus modis dicitur); verbum est ex hominum doctorum sermonibus : in poëmatis quoque et in epistolis veterum scriptum [est] plurifariam : sed facilius reperias, qui id verbum ostentent, quam qui intelligant. Ita plerique nostrûm, quæ remotiora verba invenimus, dicere ea properamus, non discere. Significat autem *susque deque ferre*, animo æquo esse, et quod accidit non magni pendere, atque interdum negligere et contemnere : et propemodum id valet, quod dicitur græce ἀδιαφορεῖν. Laberius in *Compitalibus* :

Nunc tu lentus es : nunc tu susque deque fers.
Mater familias tua in lecto adverso sedet.
Servos sextantis verbis nefariis utitur.

M. Varro in *Sisenna, vel de historia* : « Quod si non
« horum omnium similia essent principia, ac postprinci-
« pia, susque deque esset. » Lucilius in tertio :

Verum hæc ludus ibi susque omnia deque fuerunt :

AULU-GELLE.

Susque et deque fuere, inquam, omnia ludus jocusque :
Illud opus durum, ut Setinum accessimus finem :
Αἰγίλιποι montes, Ætnæ omnes, asperi Athones.

CAPUT X.

Quid sint *proletarii*, quid *capitecensi*, quid item sit in duodecim tabulis *assiduus*, et quæ ejus vocabuli ratio sit.

Otium erat quodam die Romæ in foro a negotiis, et læta quædam celebritas feriarum, legebaturque in consessu forte complurium Ennii liber ex *Annalibus* III. In eo libro versus hi fuere :

Proletarius publicitus scutisque, eroque
Ornatur ferro : muros, urbemque, forumque
Excubiis curant.

Tum ibi quæri cœptum est, quid esset *proletarius*. Atque ego, aspiciens quempiam in eo circulo, jus civile callentem, familiarem meum, rogabam, ut id verbum nobis enarraret. Et cum ille se juris, non rei grammaticae, peritum esse respondisset : Eo maxime, inquam, te dicere hoc oportet, quando, ut prædicas, juris peritus es. Namque Ennius verbum hoc ex duodecim tabulis vestris accepit, in quibus, si recte commemini, ita scriptum est : ASSIDUO. VINDEX. ASSIDUUS. ESTO. PROLETARIO. CIVI. QUOI. QUIS. VOLET. VINDEX. ESTO. Petimus igitur, ne annalem nunc Q. Ennii, sed duodecim tabulas legi arbitrere; et quid sit in ea lege *proletarius*, si vis, interpretare. Ego vero, inquit [ille], dicere atque interpretari hoc deberem, si jus Faunorum et Aborigenum didicissem. Sed

tes, les *répondants*, les *sous-répondants*, les *vingt-cinq* as, les *talions*, les *larcins avec balance et mètre*, sont choses évanouies; la vieillerie des Douze Tables vit encore, grâce à la loi Æbutia, dans les informations légales des causes centumvirales, où du reste elle dort. Ainsi je me renferme dans l'étude du droit, des lois, et des termes qu'on y emploie. » Alors, par je ne sais quel hasard, Julius Paulus, le poëte le plus savant de notre époque, vint à passer. Nous le saluâmes, et lui demandâmes le sens et l'etymologie du mot qui nous occupait. Il répondit : « Les Romains les plus pauvres étaient divisés en deux classes. Ceux qui au recensement n'avaient déclaré que quinze cents as, étaient appelés *proletarii*. Ceux qui ne déclaraient rien, ou presque rien, étaient nommés *capitecensi*. On était dans cette classe, lorsqu'on avait été porté au recensement pour trois cent soixante et quinze as au plus. Comme la fortune mobilière ou immobilière passait pour une garantie envers l'État, pour le gage et la base de l'amour de la patrie, on n'enrôlait les gens de ces deux classes qu'à la dernière extrémité, par la raison qu'ils n'avaient rien ou peu de chose. Cependant la classe des prolétaires l'emportait quelque peu sur l'autre, autant par le cas qu'on en faisait que par le nom qu'elle portait. Dans les conjonctures difficiles, s'il y avait pénurie de jeunesse, on les faisait entrer dans une milice formée à la hâte, et l'État leur fournissait des armes. Leur nom n'était pas tiré du cens, comme celui des *capitecensi*; il avait une plus noble origine, et signifiait que leur fonction était de donner des enfants à l'État. Leur fortune privée ne pouvant pas leur servir à aider l'État, ils peuplaient du moins la cité. Marius fut le premier qui, dans des temps difficiles, pendant la guerre cimbrique, ou, comme Salluste l'affirme, dans la guerre contre Jugurtha, fit des enrôlements dans la dernière classe. Cela était sans exemple jusqu'alors. *Assiduus*, dans les Douze Tables, désigne le citoyen riche, et remplissant sans peine ses devoirs. Ce mot dérive ou de *assem dare*, donner de l'argent, ce qu'ils faisaient quand les circonstances l'exigeaient, ou de *assiduitas*, parce qu'étant riches, ils étaient assidus à remplir leurs fonctions. Voici du reste ce que Salluste rapporte, dans l'histoire de Jugurtha, au sujet de l'enrôlement des *capitecensi* par le consul Marius : « Marius
« leva des troupes, non pas d'après les classes,
« selon l'ancienne coutume, mais selon le désir
« de chacun : la plupart de ses soldats étaient de
« la dernière classe. Les uns attribuaient cette
« conduite à la pénurie de citoyens propres à por-
« ter les armes, les autres à l'ambition du consul.
« C'était cette classe qui l'avait poussé et élevé.
« D'ailleurs, pour qui aspire au pouvoir, les plus
« pauvres sont les meilleurs. »

CHAPITRE XI.

Extinction de la nation des Psylles, qui habitait les syrtes d'Afrique.

Les Marses, en Italie, passent pour descendre de Marsus, fils de Circé. Cette race ne s'étant pas mêlée avec des races étrangères, est restée pure

---

enim cum *proletarii*, et *assidui*, et *sanates*, et *vades*, et *subvades*, et *viginti quinque asses*, *taliones*, *furtorumque quæstiones cum lance et licio* evanuerint, omnisque illa duodecim tabularum antiquitas, nisi in legis actionibus centumviralium causarum, lege Æbutia lata, consopita sit : studium scientiamque ego præstare debeo juris et legum, vocumque earum, quibus utimur. Tum forte quadam Iulium Paulum, poëtam memoriæ nostræ doctissimum, prætereuntem conspeximus. Is a nobis salutatus, rogatusque, uti de sententia, deque ratione istius vocabuli nos doceret : Qui in plebe, inquit, romana tenuissimi pauperrimique erant, neque amplius quam mille quingentum æris in censum deferebant, *proletarii* appellati sunt; qui vero nullo, aut perquam parvo ære censebantur, *capitecensi* vocabantur; extremus autem census capitecensorum æris fuit trecenti septuaginta quinque. Sed quoniam res pecuniaque familiaris obsidis vicem pignorisque esse apud rempublicam videbatur, amorisque in patriam fides quædam in ea, firmamentumque erat; neque proletarii, neque capitecensi milites, nisi in tumultu maximo, scribebantur; quia familia pecuniaque his, aut tenuis, aut nulla esset. Proletariorum tamen ordo honestior aliquanto, et re, et nomine quam capitecensorum fuit : nam et asperis reipublicæ temporibus, cum juventutis inopia esset, in militiam tumultuariam legebantur, armaque iis sumtu publico præbebantur : et non capitis censione, sed prosperiore vocabulo a munere officioque prolis edendæ appellati sunt : quod, cum re familiari parva minus possent rempublicam juvare, subolis tamen gignendæ copia civitatem frequentarent. Capitecensos autem primus C. Marius, ut quidam ferunt, bello Cimbrico difficillimis reipublicæ temporibus, vel potius, ut Sallustius ait, bello jugurthino, milites scripsisse traditur; cum id factum ante in nulla memoria exstaret. Assiduus in duodecim tabulis [et] pro locuplete et facile munus faciente dictus, aut ab assibus, id est, ære dando, cum id tempora reipublicæ postularent; aut a muneris pro familiari copia faciendi assiduitate. Verba autem Sallustii in *Historia Jugurthina* de C. Mario consule, et de capitecensis hæc sunt : « Ipse interea milites scribere, non
« more majorum, nec ex classibus, sed ut lubido cuju-
« que erat, capitecensos plerosque. Id factum alii inopia
« bonorum, alii per ambitionem consulis memorabant,
« quod ab eo genere celebratus auctusque erat : et homi-
« ni potentiam quærenti egentissimus quisque oportunissi-
« mus. »

CAPUT XI.

Historia Herodoti libris sumta, de Psyllorum interitu, qui in syrtibus Africanis colebant.

Gens in Italia Marsorum orta fertur esse a Circes filio Marso: propterea Marsis hominibus, quorum duntaxat familiæ cum externis cognationibus nondum etiam permixtæ corruptæque sunt, vi quadam genitali datum

jusqu'à ce jour, et elle a le pouvoir héréditaire de dompter les serpents venimeux, et de produire, à l'aide d'enchantements et du suc de certaines herbes, des cures merveilleuses. Les Psylles ont eu le même pouvoir. J'ai fait des recherches dans les anciens écrits sur le nom et l'origine des Psylles; et voici le récit que j'ai trouvé enfin dans Hérodote, livre quatrième : Les Psylles habitèrent autrefois l'Afrique, et furent voisins des Nasamons. L'Auster ayant, à une époque, soufflé avec violence pendant plusieurs jours dans leur pays, leurs sources tarirent. Les Psylles, manquant d'eau, s'irritèrent contre l'Auster, et décidèrent qu'on prendrait les armes pour aller demander compte à l'Auster, comme à un ennemi, de l'injustice qu'il leur avait faite. Ils partirent; l'Auster vint à leur rencontre avec une légion de vents; et la nation entière, avec ses troupes et ses armes, fut ensevelie sous des montagnes de sable. Les Psylles ayant tous péri, jusqu'au dernier, les Nasamons occupèrent leur pays.

CHAPITRE XII.

Mots latins auxquels Cloatius Verus donne, avec plus ou moins de vraisemblance, une origine grecque.

Cloatius Verus a fait un livre *Sur les mots latins tirés du grec*. On y trouve des étymologies curieuses et ingénieuses : il y en a aussi de futiles et mal fondées. Il fait dériver *errare* de ἔρρειν, et il cite ce vers d'Homère :

« Sors (ἔρρε) promptement de l'île, ô père des « êtres vivants ! »

Il fait venir *alucinari*, être halluciné, du verbe grec ἀλύω, perdre la raison. *Elucus* a, selon lui, la même origine, et désigne la lenteur et la stupeur dont on est frappé dans l'hallucination. Il pense que *fascinus*, qui fascine, vient de βάσκανος, envieux, et *fascinare*, de βασκαίνω. Tout cela est vraisemblable et admissible. Mais, dans le quatrième livre, il avance que *fœnerator* dérive de φαινεράτωρ. « L'usurier, dit-il, φαίνεται ἐπὶ τὸ χρηστότερον, se montre sous une apparence de bonté; « il fait ostentation d'humanité, et paraît favora- « blement disposé envers ceux qui ont besoin d'ar- « gent. » Il fait honneur de cette découverte à Hypsicrate, grammairien qui a fait un livre célèbre sur les mots dérivés du grec; mais l'étymologie, qu'elle soit de Cloatius, ou de tout autre demi-savant, n'en est pas moins fort ridicule. Varron, dans le troisième livre de son traité *De la langue latine*, nous apprend que *fœnerator* vient de *fœnus*, usure, intérêt, et que *fœnus* dérive de *fetus*, produit, à cause du produit de l'argent qui se multiplie. Il ajoute que, pour cette raison, Caton, et les auteurs ses contemporains, ont écrit *fœnerator* sans *a*, comme *fetus* et *fecunditas*.

CHAPITRE XIII.

Qu'est-ce qu'un *municipium*, qu'une *colonia*, que des *municipes*? Origine de ce dernier mot. Paroles de l'empereur Hadrien sur le droit des *municipes*.

Municipes et *municipia* sont des mots d'un

---

est, ut et serpentium virulentorum domitores sint, et incentionibus, herbarumque succis faciant medelarum miracula. Hac eadem vi præditos esse quosdam videmus, qui *Psylli* vocantur : quorum nomine super et genere cum in veteribus litteris quæsissem, in quarto denique Herodoti libro fabulam hanc de Psyllis invenimus. Psyllos quondam fuisse in terra Africa contermines Nasamonibus, Austrumque in finibus eorum quodam in tempore perquam validum ac diutinum flavisse : eo flatu aquam omnem in locis, in quibus colebant, exaruisse : Psyllos re aquaria defectos, eam injuriam graviter Austro succensuisse, decretumque fecisse, uti armis sumtis ad Austrum, proinde quasi ad hostem, jure belli, res [re]petitum proficiscerentur : atque ita profectis ventum Austrum magno spiritus agmine venisse obviam ; eo afflatu universos, cum omnibus copiis armisque, cumulis montibusque harenarum superjectis, operuisse : eo facto Psyllos ad unum omnis interisse : itaque eorum fines a Nasamonibus occupatos.

CAPUT XII.

De iis vocabulis, quæ Cloatius Verus aut satis commode, aut nimis absurde et illepide ad origines linguæ græcæ redigit.

Cloatius Verus in libris, quos inscripsit *Verborum a Græcis tractorum*, non pauca hercle dicit curiose et sagaciter conquisita, neque non tamen quædam futilia et frivola. *Errare*, inquit, *dictum est*, ἀπὸ τοῦ ἔρρειν, versumque infert Homeri, in quo id verbum est :

Ἔρρ᾽ ἐκ νήσου θᾶσσον ἐλέγχιστε ζωόντων.

Item *alucinari* factum scripsit ex eo, quod dicitur græce ἀλύειν, unde *elucum* quoque esse dictum putat, *a* littera in *e* conversa, tarditatem quandam animi et stuporem, qui alucinantibus plerumque usu venit. Item *fascinum* appellat, quasi βάσκανον, et *fascinare* esse quasi βασκαίνειν. Commode hæc sane omnia, et conducenter. Sed in libro quarto : « Fænerator, » inquit, « appellatus est, « quasi φαινεράτωρ, ἀπὸ τοῦ φαίνεσθαι ἐπὶ τὸ χρηστότερον, « quoniam id genus hominum speciem ostentent huma- « nitatis, et commodi esse videantur inopibus nummos « desiderantibus : » idque dixisse ait Hypsicratem quempiam grammaticum; cujus libri sane nobiles sunt super iis, quæ a Græcis accepta sunt. Sive hoc autem ipse Cloatius, sive nescio quis alius nebulo effutivit, nihil potest dici insulsius. *Fænerator enim*, sicuti M. Varro in libro tertio *De Sermone Latino* scripsit, *a fænore* est nominatus; *fænus* autem dictum a *fetu*, quasi a fetura quadam pecuniæ parientis, atque increscentis. Et idcirco et M. Catonem et ceteros ætatis ejus *feneratorem*, sine *a* littera pronuntiasse tradit, sicuti *fetus* ipse et *fecunditas* appellata.

CAPUT XIII.

Quid sit *municipium*, et quid a *colonia* differat, et quid sint *municipes*; quæque sit ejus vocabuli ratio ac proprietas : atque inibi, quod divus Hadrianus in senatu de jure atque vocabulo *municipum* verba fecit.

Municipes et *municipia* verba sunt dicta facilia et usu

emploi facile, d'un usage ordinaire; on ne les dit pas sans être persuadé qu'on sait ce qu'on dit. En réalité, c'est autre chose. Tout homme natif d'une colonie du peuple romain se dit *municeps*, et appelle ses concitoyens *municipes*. Il n'y a là ni raison ni vérité. Que nous sommes loin de savoir ce que c'est qu'un *municipium*, quels en sont les droits, en quoi il diffère de la colonie! Nous nous imaginons même que la colonie est dans des conditions meilleures que le *municipium*. Erreur générale, dont parla fort pertinemment l'empereur Hadrien dans le discours qu'il prononça dans le sénat au sujet des peuples d'Italie, parmi lesquels il était né lui-même. Il s'étonna que les Italiens et les habitants d'autres anciennes villes municipales, ceux d'Utique entre autres, au lieu de vivre d'après leurs coutumes et leurs lois, demandassent à devenir colonies. Il cita les Prénestins, qui avaient très-instamment supplié l'empereur Tibère de changer leur colonie en ville municipale. Tibère leur accorda cette grâce par reconnaissance: il se souvenait d'une maladie mortelle dont il avait été guéri dans leur pays, tout près de Préneste. Les *municipes* sont donc les habitants des villes municipales, ayant leurs lois et leur droit à elles. Leur nom paraît venir de *munus capessere*, prendre des charges; mais ils ne sont unis au peuple romain que par des titres honoraires, sans nulle contrainte, sans être soumis à aucune des lois romaines, à moins qu'ils ne les aient adoptées. Le premier *municipium* établi sans droit de suffrage fut la ville de Céré; elle fut honorée du titre de cité romaine, avec dispense de toute charge, pour avoir repris aux Gaulois et conservé religieusement les choses sacrées. De là, par antiphrase, on appela *cerites* les tables où les censeurs faisaient inscrire les citoyens qu'ils privaient du droit de suffrage pour cause d'infamie. Les colonies ont bien d'autres charges. Elles ne sont pas nées hors de la ville; elles n'ont pas, pour ainsi dire, de racines à elles; ce sont plutôt des rejetons de la cité, qui ne s'appartiennent pas, et sont soumis à toutes les lois de Rome. Malgré ces charges et cette servitude, les colonies ont paru préférables au *municipium*, à cause de la grandeur et de la majesté de Rome, dont elles ont paru offrir l'image. Ajoutons que la législation des villes *municipales* est obscure et oubliée, et qu'il a fallu l'abandonner, faute de la connaître.

CHAPITRE XIV.

Différence entre *properare* et *festinare*, selon Caton : fausse étymologie de *festinare*, donnée par Verrius Flaccus.

Festinare et *properare* paraissent avoir le même sens, et se dire l'un pour l'autre. Caton y a vu une différence; voici quelle distinction il fait entre ces mots : « Autre chose, » dit-il dans le discours où il examine ses propres vertus, « autre « chose est *properare*, se hâter, autre chose *fes-« tinare*, se presser. S'occuper d'une seule chose, « et la mener promptement à fin, c'est se hâter; « entreprendre beaucoup de choses à la fois, et

obvia; et neutiquam reperias, qui hæc dicat, quin scire se plane putet, quid dicat: sed profecto aliud est, atque aliter dicitur: quotus enim fere nostrum est, qui cum ex colonia populi romani sit, non se municipem esse, et populares suos municipes sibi esse dicat? Quod est a ratione et a veritate longe aversum. Sic adeo et *municipia* quid, et quo jure sint, quantumque a *colonia* differant, ignoramus : existimamusque meliore conditione esse *colonias*, quam *municipia*. De cujus opinionis tam promiscæ erroribus divus Hadrianus, in oratione, quam De Italicensibus, unde ipse ortus fuit, in senatu habuit, peritissime disseruit : mirarique se ostendit, quod et ipsi Italicenses, et quædam item alia municipia antiqua, in quibus Uticenses nominat, cum suis moribus legibusque uti possent, in jus coloniarum mutari gestiverint. Prænestinos autem refert maximo opere a Tiberio imperatore petisse orasseque, ut ex colonia in municipii statum redigerentur : idque illis Tiberium pro referenda gratia tribuisse : quod in eorum finibus, sub ipso oppido, ex capitali morbo revaluisset. *Municipes* ergo sunt cives romani ex municipiis, legibus suis et suo jure utentes, muneris tantum cum populo romano honorarii participes : a quo *munere capessendo* appellati videntur, nullis aliis necessitatibus, neque ulla populi romani lege astricti, nisi, inquam, populus eorum fundus factus est. Primos autem municipes sine suffragii jure Cærites esse fuctos accepimus : concessumque illis, ut civitatis romanæ honorem quidem caperent, sed negotiis tamen atque oneribus vacarent, pro sacris bello gallico receptis custoditisque. Hinc *tabulæ Cerites* appellatæ, versa vice, in quas censores referri jubebant, quos notæ causa suffragiis privabant. Sed Coloniarum alia necessitudo est; non enim veniunt extrinsecus in civitatem, nec suis radicibus nituntur; sed ex civitate quasi propagatæ sunt, et jura institutaque omnia populi romani, non sui arbitrii habent. Quæ tamen conditio, cum sit magis obnoxia et minus libera, potior tamen et præstabilior existimatur, propter amplitudinem majestatemque populi romani, cujus istæ coloniæ quasi effigies parvæ simulacraque esse quædam videntur : et simul quia obscura obliterataque sunt municipiorum jura, quibus uti jam per innotitiam non queunt.

CAPUT XIV.

Quod M. Cato differre dixit *properare* et *festinare*, et quam incommode Verrius Flaccus ἔτυμον verbi, quod est *festinat*, interpretatus sit.

Festinare et *properare* idem significare, atque in eandem rem dici videntur. Sed M. Cato id differre existimat : eaque hoc modo divisa. Verba sunt ipsius ex oratione, quam De suis virtutibus habuit : « Aliud est *properare*, « aliud *festinare*. Qui unum quid mature transigit, is pro-« perat : qui multa simul incipit, neque perficit, is fes-« tinat. » Verrius Flaccus rationem dicere volens diffe-

« ne rien finir, c'est se presser. » Verrius Flaccus veut expliquer cette différence par l'étymologie du mot : « *Festinare*, dit-il, vient de *fari*, parce que « ces hommes sans activité, qui ne peuvent venir « à bout de rien, parlent plus qu'ils n'agissent. » Voilà qui est absurde et forcé. L'identité de la lettre qui commence les deux mots, n'est pas une raison suffisante pour faire dériver l'un de l'autre deux verbes aussi différents que *fari* et *festinare*. Il est plus naturel et plus exact de trouver un rapport entre *festinare* et *fessum esse*. Lorsqu'on s'est fatigué à hâter plusieurs entreprises à la fois, on ne se hâte plus, on se presse.

CHAPITRE XV.

Merveilleuse constitution des perdrix, selon Théophraste; des lièvres, selon Théopompe.

Selon Théophraste, illustre philosophe, les perdrix de la Paphlagonie ont deux cœurs; selon Théopompe, les lièvres de la Bisaltie ont deux foies.

CHAPITRE XVI.

Surnom d'*Agrippa*, donné aux enfants nés les pieds les premiers. Déesses appelées *Prosa* et *Postverta*.

Les enfants qui viennent au monde les pieds les premiers (et cet enfantement est le plus difficile et le plus douloureux) ont été appelés *Agrippa*, mot composé de *æger* et de *pes*. Les enfants sont ordinairement, dans le sein de la mère, la tête en bas, les pieds en haut. Ils sont là, dit Varron, non comme des hommes, mais comme des arbres; attendu que, selon lui, les rameaux sont les jambes et les pieds de l'arbre, tandis que la souche en est la tête. « Quand les enfants, « dit-il, ont, contre la nature, les pieds en bas, « les bras s'ouvrent, et les arrêtent; alors les « femmes accouchent plus douloureusement. Pour « conjurer ce danger, on a élevé dans Rome des « autels à deux déesses, dont l'une a été sur- « nommée *Postverta*, et l'autre *Prosa*. La pre- « mière préside à la naissance des enfants renver- « sés dans le sein de la mère; l'autre, à la nais- « sance des enfants naturellement posés. »

CHAPITRE XVII.

Origine du mot *Vaticanus*.

J'avais ouï dire que la montagne du Vatican et le dieu qui y préside avaient pris leur nom des oracles (*vaticinia*) qui se rendaient dans cette campagne, par l'inspiration de ce dieu. Varron dans son traité *Des choses divines*, donne encore une autre origine à ce nom. « De même, dit-il, « que le dieu *Aius* fut ainsi nommé, à cause d'une « voix divine qui fut entendue au bas de la voie « Nouvelle, où un autel a été élevé à ce dieu; de « même le dieu *Vatican* a été ainsi nommé, parce « qu'il préside aux premiers sons de la voix hu- « maine. Les enfants, en effet, aussitôt qu'ils ont « vu le jour, font entendre dans leur premier cri « le son de la première syllabe du mot *vatican*. « Aussi appelle-t-on ce cri *vagissement*, mot qui « exprime heureusement le premier essai de la « voix naissante. »

---

rentiæ hujus : « Festinat, » inquit, « a fando dicitur : « quoniam isti ignaviores, qui nihil perficere possunt, « plus verborum quam operæ habent : » sed id nimis coactum atque absurdum videtur. Neque tanti momenti esse potest prima in utroque verbo littera, ut propter eam unam tam diversa verba *festinare* et *fari*, eadem videri debeant. Commodius autem propiusque visum est', *festinare* esse quasi *fessum esse*; nam qui multis simul rebus properandis defessus est, is jam non properat, sed festinat.

CAPUT XV.

Quid Theophrastus mirum de perdicibus scriptum reliquerit, et quid Theopompus de leporibus.

Theophrastus, philosophorum peritissimus, omnes in Paphlagonia perdices bina corda habere dicit; Theopompus in Bisaltia lepores bina jecora.

CAPUT XVI.

Agrippas a partus ægri et improsperi vitio appellatos; deque iis deabus quæ vocantur *Prosa* et *Postverta*.

Quorum in nascendo non caput, sed pedes primi exstiterant, (qui partus difficillimus ægerrimusque habetur ;) *Agrippæ* appellati, vocabulo ab ægritudine et pedibus conficto. Esse autem pueros in utero Varro dicit capite infimo nixos, sursum pedibus elatis; non ut hominis natura est, sed ut arboris. Nam pedes cruraque arboris appellat ramos; caput, stirpem atque caudicem : « Quando « igitur, » inquit, « contra naturam forte conversi in pe- « des; brachiis plerumque diductis retineri solent : ægrius- « que tunc mulieres enituntur. Hujus periculi deprecandi « gratia aræ statutæ sunt Romæ duabus Carmentibus : « quarum altera Postverta cognominata est, Prosa altera : « a recti perversique partus et potestate et nomine. »

CAPUT XVII.

Quæ ratio vocabuli sit *agri Vaticani*.

Et agrum Vaticanum, et ejusdem agri deum præsidem, appellatum acceperamus a vaticiniis, quæ vi atque instinctu ejus dei in eo agro fieri solita essent. Sed præter hanc causam M. Varro in libris *Divinarum* aliam esse tradit istius nominis rationem : « Nam sicut Aius, » inquit, « deus appellatus, araque ei statuta est, quæ est « infima Nova via ; quod eo in loco divinitus vox edita erat: « ita Vaticanus deus nominatus, penes quem essent vocis « humanæ initia; quoniam pueri, simul atque parti sunt, « eam primam vocem edunt, quæ prima in Vaticano syllaba « est : idcircoque vagire dicitur, exprimente verbo sonum « vocis recentis. »

CHAPITRE XVIII.

De trois parties de la géométrie appelées optique, mélodie, métrique.

La géométrie traite de l'optique, qui s'adresse à la vue; elle comprend aussi la mélodie, qui s'occupe de l'ouïe, et sert de base à la musique. Ces deux sciences emploient des lignes et des nombres. L'optique produit les merveilles suivantes : elle fait apparaître dans un même miroir plusieurs images du même objet : elle place un miroir dans un certain lieu, et il ne réfléchit pas ; elle le déplace, et il réfléchit. Vous regardez dans la glace, et vous vous y voyez la tête en bas et les pieds en haut. La science rend compte des illusions de la vue; elle dit pourquoi les objets vus sous l'eau paraissent plus grands; pourquoi plus petits, si on les voit de loin. La mélodie a pour objet la durée des sons et l'élévation des tons. La durée des sons se nomme rhythme ; l'élévation des tons, tonalité. Cette science a encore une autre partie appelée *métrique*. Elle s'occupe du mélange des syllabes longues, brèves et moyennes, de la cadence conforme aux principes de la géométrie et au sentiment de l'oreille. « Mais, dit Varron, c'est là « une science que nous n'abordons pas, ou que « nous abandonnons, avant d'en sentir l'utilité. « Elle n'est agréable et utile qu'après qu'on l'a « étudiée à fond ; les éléments en paraissent « insipides et fastidieux. »

CHAPITRE XIX.

Aventure d'Arion, d'après Hérodote.

Hérodote raconte, d'un style rapide, précis, avec un tour élégant et ingénu, l'aventure de cet Arion, que les sons de sa lyre ont rendu si célèbre dans l'antiquité. Il était né à Méthymne, dans l'île de Lesbos. Il était l'ami de Périandre, roi de Corinthe, qui le chérissait pour son art. Il quitta le roi pour aller parcourir deux pays célèbres, la Sicile et l'Italie. Partout il charma les oreilles et les cœurs ; le plaisir et l'affection attachaient tout le monde à ses pas, et devenaient pour lui la source d'un gain considérable. Enfin, chargé de trésors et d'objets précieux, il résolut de retourner à Corinthe. Il choisit un navire et des marins corinthiens, comme mieux connus et plus affectionnés. Il fut reçu dans le navire ; mais à peine le rivage eut disparu, que la vue de l'or et l'espoir d'une riche proie allumèrent la cupidité des Corinthiens, qui résolurent de le tuer. Arion devina leur dessein : il leur donna son or et tous ses biens, en leur demandant la vie. Tout ce qu'ils lui accordèrent, ce fut de s'abstenir de lui donner la mort de leurs propres mains ; ils se bornèrent à l'obliger de s'élancer à l'instant dans la mer. Le chantre, effrayé, sans espérance, demanda la faveur dernière de revêtir ses habits, de prendre sa lyre, et de chanter avant de mourir sa triste aventure, pour se consoler. Ces hommes cruels sentirent le désir de l'entendre : sa

CAPUT XVIII.

Lepida quædam memoratu et cognitu de parte geometriæ, quæ ὀπτική appellatur, et item alia, quæ κανονική, et tertia itidem, quæ dicitur μετρική.

Pars quædam geometriæ Ὀπτική appellatur, quæ ad oculos pertinet : pars altera, quæ ad auris, Κανονική vocatur, qua musici, ut fundamento artis suæ, utuntur. Utraque harum spatiis et intervallis linearum, et ratione numerorum constat. Ὀπτική facit multa demiranda id genus, ut in speculo uno imagines unius rei plures appareant : item, ut speculum in loco certo positum, nihil imaginet ; aliorsum translatum, faciat imagines : item, si rectus speculum spectes, imago fiat tua ejusmodi, ut caput deorsum videatur, pedes sursum. Reddit etiam causas ea disciplina, cur istæ quoque visiones fallant ; ut, quæ in aqua conspiciuntur, majora ad oculos fiant ; quæ procul ab oculis sunt, minora. Κανονική autem longitudines et altitudines vocis emetitur. Longior mensura vocis ῥυθμός dicitur, altior μέλος. Est et alia species [Κανονικῆς], quæ appellatur μετρική : per quam syllabarum longarum et brevium et mediocrium junctura, et modus congruens cum principiis geometriæ, aurium mensura examinatur. « Sed hæc, » inquit M. Varro, « aut omnino non disci- « mus : aut prius desistimus, quam intelligamus, cur « discenda sint. Voluptas autem, » inquit, « vel utilitas « talium disciplinarum in postprincipiis exsistit, cum per- « fectæ absolutæque sunt : in principiis vero ipsis, ineptæ et insuaves videntur. »

CAPUT XIX.

Sumta historia ex Herodoti libro primo super fidicine Arione.

Celeri admodum et cohibili oratione, vocumque filo tereti et candido fabulam scripsit Herodotus super fidicine illo Arione. Vetus, inquit, et nobilis Ario cantator fidibus fuit. Is loco et oppido Methymnæus, terra atque insula omni Lesbius fuit. Eum Arionem rex Corinthi Periander amicum amatumque habuit artis gratia. Is inde a rege proficiscitur terras inclitas Siciliam atque Italiam visere. Ubi eo venit, auresque omnium mentesque in utriusque terræ urbibus demulsit, in quæstibus istic et voluptatibus amoribusque hominum fuit. Is tum postea, grandi pecunia et re bona multa copiosus, Corinthum instituit redire. Navem igitur et navitas, ut notiores amicitioresque sibi, Corinthios delegit. Sed eo Corinthios homine accepto, navique in altum provecta, prædæ pecuniæque cupidos, cepisse consilium de necando Arione. Tum illum ibi, pernicie intellecta, pecuniam ceteraque sua, ut haberent, dedisse : vitam modo sibi ut parcerent, oravisse. Navitas precum ejus harum commiseritum esse illactenus, ut ei necem afferre per vim suis manibus temperarent ; sed imperavisse, ut jam statim coram desiliret præceps in mare. Homo, inquit, ibi territus, spe omni vitæ perdita, id unum postea oravit, ut, prius quam mortem oppeteret, induere permitterent sua sibi omnia indumenta, et fides capere, et canere carmen casus illius sui consolabile. Feros et immanes navitas prolubium tamen audiendi subit. Quod oraverat, impetrat. Atque ibi mox de more cinctus, amictus, ornatus, stansque in summæ puppis foro,

LIVRE XVII.

CHAPITRE I.

Critique d'une expression de Cicéron par Gallus Asinius et Largius Licinius. Absurdité de cette critique.

demande fut acceptée. Alors il revêt sa ceinture, ses habits, sa parure ordinaire, et, debout sur la poupe, il fait retentir sur la mer le chant orthien. Le chant fini, il se jette dans la mer profonde, avec sa lyre et sa parure. Les marins, persuadés qu'il avait péri, poursuivirent leur route. Mais, ô prodige! ô bienfaisance! un dauphin fend les ondes, vient vers Arion flottant sur les eaux, passe sous lui, le soulève, et le porte sur son dos, qui domine la mer; enfin il va le déposer à Ténare, en Laconie. Arion, dont la mer n'avait ni altéré la santé ni gâté les vêtements, se rend aussitôt à Corinthe, et paraît tout à coup devant Périandre, tel qu'il était sur le dos du dauphin. Il lui raconte son aventure. Le roi fut incrédule à demi; il fit garder Arion, comme imposteur; il fit venir les marins, et leur demanda artificieusement, en l'absence du musicien, ce que, dans leur voyage, ils avaient ouï dire d'Arion. Ils répondirent qu'ils l'avaient laissé en Italie, où il passait agréablement ses jours au milieu des villes ravies, et vivait dans la faveur et l'opulence. Alors tout à coup Arion parut, sa lyre à la main, tel qu'il s'était jeté dans les flots. Les marins, saisis et interdits, ne purent nier. Cette aventure est célèbre à Lesbos et à Corinthe; elle est le sujet d'un groupe qu'on va voir à Ténare, et qui représente un homme assis sur un dauphin, qui le porte au sein des flots.

L'espèce humaine a eu des monstres qui ont outragé les dieux immortels par des opinions impies et mensongères; elle a produit aussi des hommes prodigieusement insensés (et, dans cette classe, il faut donner un rang illustre à Gallus Asinius, et à Largius Licinius, auteur d'un ouvrage connu sous ce titre incroyable : *Ciceromastix*), qui ont osé soutenir que Cicéron a écrit sans pureté dans le style, sans justesse dans l'expression, comme au hasard. Ils se sont livrés à bien d'autres critiques; mais on perdrait son temps à les lire, comme moi à les rapporter. Examinons seulement, s'il vous plaît, une de leurs critiques, où ils se flattent d'avoir le plus excellé dans l'art subtil de peser des mots. Cicéron dit, dans son plaidoyer pour Cœlius: « Toutes les critiques sur ses mœurs, les « invectives, les vociférations unanimes des ac- « cusateurs, qui cependant ne lui intentent pas de « procès là-dessus, peuvent l'affliger, mais ne « feront pas qu'il se repente (*ut eum pœniteat*) « de n'être pas né difforme. » A les entendre, le mot *pœniteat*, loin d'être là le mot propre, serait presque une ineptie. Nous nous repentons, disent-ils, lorsque ce que nous avons fait, ce qui a été fait par notre ordre ou d'après nos conseils, vient à

LIBER SEPTIMUS DECIMUS.

CAPUT I.

Quod Gallus Asinius et Largius Licinius sententiam M. Ciceronis reprehenderunt ex oratione, quam dixit pro M. Cœlio; et quid adversus homines stolidissimos pro eadem sententia vere digneque dici possit.

carmen, quod *Orthium* dicitur, voce sublatissima cantavit. Ad postrema cantus cum fidibus ornatuque omni, sicut stabat canebatque, jecit sese procul in profundum. Navitæ, haudquaquam dubitantes, quin perisset, cursum, quem facere cœperant, tenuerunt. Sed novum et mirum et pium facinus contigit. Delphinum repente inter undas adnavisse, fluitantique sese homini subdidisse, et dorso super fluctus edito vectavisse; incolumique eum corpore et ornatu Tænarum in terram Laconicam devexisse. Tum Arionem prorsus ex eo loco Corinthum petivisse : talemque Periandro regi, qualis delphino vectus fuerat, inopinanti sese obtulisse : eique rem, sicuti acciderat, narravisse. Regem isthæc parum credidisse : Arionem, quasi falleret, custodiri jussisse : navitas inquisitos, ablegato Arione, dissimulanter interrogasse ecquid audissent in iis locis, unde venissent, super Arione? Eos dixisse, hominem, cum inde irent, in terra Italia fuisse : eumque illic bene agitare, et studiis delectationibusque urbium florere; atque in gratia pecuniaque magna opulentum fortunatumque esse. Tum inter hæc eorum verba Arionem cum fidibus et indumentis, cum quibus se in salum ejaculaverat, exstitisse : navitas stupefactos convictosque ire inficias non quisse. Eam fabulam dicere Lesbios et Corinthios : atque esse fabulæ argumentum, quod simulacra duo ænea ad Tænarum viserentur, delphinus vehens, et homo insidens.

Ut quidam fuerunt monstra hominum, quod de diis immortalibus impias falsasque opiniones prodiderunt : ita nonnulli tam prodigiosi tamque vecordes exstiterunt (in quibus sunt Gallus Asinius et Largius Licinius, cujus liber etiam fertur infando titulo : *Ciceromastix*), ut scribere ausi sint, M. Ciceronem parum integre atque improprie atque inconsiderate locutum. Atque alia quidem, quæ reprehenderunt, neque dictu neque auditu digna sunt. Sed enim in hoc, in quo sibimetipsi præter cætera esse visi sunt verborum pensitatores subtilissimi, cedo, quale id sit, consideremus. M. Cicero pro M. Cœlio ita scribit : « Nam « quod objectum est de pudicitia, quodque omnium ac- « cusatorum non criminibus, sed vocibus maledictisque « celebratum est, id nunquam tam acerbe feret M. Cœlius, « ut eum pœniteat, non deformem esse natum. » Non existimant verbo proprie esse usum, quod ait *pœniteat*; atque id prope ineptum etiam esse dicunt. Nam *pœnitere*, inquiunt, tum dicere solemus, eum, quæ ipsi feci-

nous déplaire, et que nous changeons d'avis là-dessus. Mais ce ne sera pas bien parler que de dire : *Je me repens d'être né; je me repens d'être mortel; je me repens de souffrir de la blessure que j'ai reçue.* Tout cela n'a pas dépendu de nous; tout cela nous est arrivé malgré nous, d'après les lois invincibles de la nature. De même Cœlius n'a pas été libre de naître avec telle ou telle figure : pourquoi dit-il qu'il ne se repent pas de celle que la nature lui a donnée? qu'y a-t-il là dont il puisse se repentir? Voilà, selon ces critiques, le sens de ce verbe; on ne peut se repentir que d'un acte libre. Je pourrais leur opposer des auteurs plus anciens que Cicéron, qui ont donné a ce verbe un sens différent, faisant dériver *pœnitet* de *pœne* et de *pœnuria*. Mais cela serait déplacé ici ; j'en parlerai ailleurs. Pour le moment, je dirai que l'expression de Cicéron, prise dans le sens le plus ordinaire, loin d'être une ineptie, a de la grâce et de l'enjouement. Les détracteurs de Cœlius fondaient sur la beauté de son corps des soupçons de mœurs criminelles : que fait Cicéron? il se joue d'un absurde système qui fait un crime à son client de sa beauté, ouvrage de la nature; et, feignant de partager l'erreur dont il se moque, il déclare que Cœlius *ne se repent pas* de n'être pas né difforme. Par une expression ingénieuse et plaisante, il fait voir tout le ridicule qu'il y avait à faire un crime à Cœlius de sa figure, comme s'il avait eu le choix.

---

mus, aut quæ de nostra voluntate, nostroque consilio facta sunt; ea nobis post incipiunt displicere, sententiamque in iis nostram demutamus; neminem autem recte ita loqui : « pœnitere sese, quod natus sit, » aut : « pœni« tere, quod mortalis sit, » aut : « quod ex offenso forte « vulneratoque corpore dolorem sentiat : » quando istiusmodi rerum nec consilium sit nostrum, nec arbitrium; sed ea ingratiis nostris vi ac necessitate naturæ nobis accidant : sicut hercle, inquiunt, non voluntarium fuit M. Cœlio, quali forma nasceretur, cujus eum dixit non pœnitere : tanquam in ea causa res esset, ut rationem caperet pœnitendi. Est hæc quidem, quam dicunt, verbi hujusce sententia; et *pœnitere*, nisi in voluntariis rebus, non probe dicitur; tametsi antiquiores verbo ipso alio quoque modo usitati sunt; et *pœnitet* ab eo, quod est *pœne*, et [a] *pœnuria* dixerunt : sed id aliorsum pertinet, atque alio in loco dicetur. Nunc autem sub hac eadem significatione, quæ vulgo nota est, non modo ineptum hoc non est, quod M. Cicero dixit; sed festivissimum adeo et facetissimum est. Nam cum adversarii, et obtrectatores M. Cœlii, quoniam erat pulchro corpore, formam ejus et faciem in suspiciones impudicitiæ accerserent, illudens Cicero tam absurdam criminationem, quod formam, quam natura fecerat, vitio darent, eodem ipso errore, quem illudebat, sciens usus est : et : « Non pœnitet, » inquit, « M. Cœlium non deformem esse natum ; » ut vel hac ipsa re, quod ita dicebat, opprobraret adversariis, ac per facetias ostentaret, facere eos derideculum, quod perinde Cœlio formam crimini darent, quasi arbitrium ejus fuisset, quali forma nasceretur.

CHAPITRE II.

Expressions de Q. Claudius, notées en passant.

Quand je lis l'ouvrage d'un de nos vieux auteurs, je tâche, pour exercer ma mémoire, de retenir et de repasser dans mon esprit les fautes et les beautés qui méritent d'être retenues. C'est là un exercice singulièrement utile, pour me rappeler au besoin les expressions élégantes et les idées exquises. Ainsi, j'ai noté dans mon souvenir ces mots de la première *Annale* de Quintus Claudius, que j'ai lue il y a deux jours : « La « plupart jettent leurs armes, et se cachent (*il-« latebrant sese*). » *Illatebrare* est un verbe poétique, mais il n'est pas déplacé là, et ne blesse pas le goût. — « Pendant que cela se passe, les Latins, « dont le courage s'anime... (*subnixo animo*). » *Subnixo*, c'est-à-dire *sublimi, supra nixo*, est une expression heureuse, qui n'est point hasardée. Elle exprime le courage et la confiance, puisqu'on s'élève en s'appuyant. — « Il ordonne « qu'on se rende chacun chez soi, pour y jouir de « tous ses biens (*sua omnia frunisci*). » *Fruniscor* a été plus rare au temps de Cicéron, et est presque tombé en désuétude dans la suite. Ceux qui ont ignoré l'antiquité ont même mis en doute si ce mot est latin. Non-seulement il l'est, mais il a aussi plus de charme et de grâce que *fruor*. De *fateor* on a fait *fatiscor* ; de *fruor, fruniscor*. Quintus Métellus le Numidique, écrivain si sévère et si pur, a dit, dans la lettre qu'il écrivit de

CAPUT II.

Verba quædam ex Q. Claudii annalium primo, cursim in legendo notata.

Cum librum veteris scriptoris legebamus, conabamur postea memoriæ vegetandæ gratia indipisci animo ac recensere, quæ in eo libro scripta essent in utrasque existimationes, laudis aut culpæ, annotamentis digna : eratque hoc sane quam utile exercitium ad conciliandas nobis, ubi venisset usus, verborum sententiarumque elegantium recordationes. Velut hæc verba ex Q. Claudii primo annali, quæ meminisse potui, notavi; quem librum legimus biduo proximo superiore. « Arma, » inquit, « plerique abjiciunt : atque inermi illatebrant sese. » Ibi *illatebrant* verbum poeticum visum est, sed non absurdum, neque asperum. — « Ea, » inquit, « dum finit, « Latini, subnixo animo. » *Subnixo* : quasi sublimi et supra nixo, verbum bene significans, et non fortuitum : demonstratque animi fortitudinem fiduciamque; quoniam, quibus innitimur, iis quasi erigimur, attollimurque. — « Domus », inquit, « suas quemque ire jubet, et sua « omnia frunisci. » *Frunisci* rarius quidem fuit in ætate M. Tullii, ac deinceps infra rarissimum : dubitatumque est ab imperitis antiquitatis, an latinum foret : non modo autem latinum, sed jucundius amœniusque etiam verbum est *fruniscor*, quam *fruor* : et ut *fatiscor* a *fateor*, ita *fruniscor* factum est a *fruor*. Q. Metellus Numidicus, qui caste pureque lingua usus latina videtur, in epistola, quam exsul ad Domitios misit, ita scripsit : « Illi vero omni jure, atque honestate interdicti : ego ne-

l'exil aux Domitius : « La justice et l'honnêteté « leur sont interdites : pour moi, je ne suis privé « ni de l'eau ni du feu, et je jouis (*fruniscor*) d'une « grande gloire. » Novius, dans l'atellane, intitulée *l'Économe*, emploie ainsi ce mot :
— « Ce qu'ils ont acquis avec tant de peine, ils « peuvent en jouir (*frunisci*). Celui qui n'a pas « fait d'épargne n'a rien retranché à ses be-« soins; celui-là a joui (*frunitus est*). »

« Les Romains, a dit encore Q. Claudius, s'ap-« provisionnent (*copiantur*) d'armes, de vivres, « et d'un grand butin. » *Copiari* est un terme de guerre, que vous trouverez difficilement dans les plaidoyers pour les affaires civiles. Il est construit comme *lignari*, faire du bois; *pabulari*, fourrager; *aquari*, faire de l'eau. Il dit encore : *sole occaso*, « le soleil étant couché, » et l'expression n'est pas sans grâce pour qui n'a le goût ni blasé, ni hébété. On trouve ce mot dans les Douze Tables : AVANT MIDI, ILS EXPOSENT L'AFFAIRE SOMMAIREMENT; ON PLAIDE, LES DEUX PARTIES ÉTANT PRÉSENTES. APRÈS MIDI, QUE LE PROCÈS SOIT JUGÉ EN FAVEUR DE LA PARTIE PRÉSENTE. SI LES DEUX SONT PRÉSENTES, LE COUCHER DU SOLEIL (*soloccasus*) SERA LE TERME DU PROCÈS.
— *Nos*, (c'est toujours Q. Claudius que je cite, (*nos in medium relinquemus*; « nous laisserons indécis. » On dit communément *in medio*; *in medium*, ainsi employé, passe même pour une faute. On va même plus loin : on regarde comme solécisme *in medium ponere*, proposer, mettre en avant; quoique cette façon de parler soit plus naturelle et plus conséquente, à bien considérer la chose. Les Grecs disent θεῖναι εἰς μέσον, construction très-pure. — « La nouvelle, dit encore Claudius, « du combat livré contre les Gaulois (*pugnatum « in Gallos*) affligea la ville. » *In Gallos* est plus pur et plus fin que *cum Gallis* et *contra Gallos*, qui sont vulgaires et d'un usage banal. — « Sa « beauté, ses hauts faits, son éloquence, sa di-« gnité, sa vivacité, son courage, tout l'élevait au-« dessus des autres; et il était aisé de compren-« dre qu'il avait en lui de grandes ressources « (*magnum viaticum*) pour le renversement de « la république. » *Magnum viaticum*, pour, de grandes ressources et de grands préparatifs, est une expression nouvelle. L'auteur aura suivi en cela l'exemple des Grecs, chez qui ἐφόδιον a signifié primitivement, provision de voyage, et, par extension, toutes sortes d'apprêts. Ils disent même ἐφοδίασον pour *instrue, institue*, approvisionne, établis. « Car M. Manlius, qui sauva le Capitole as-« siégé par les Gaulois, comme je l'ai déjà raconté, « et qui sous la dictature de M. Furius signala entre « tous (*cumprime*) son courage contre les Gaulois, « et fit éprouver à la république les heureux effets « de sa valeur, M. Manlius ne le cédait à per-« sonne, pour la naissance, pour la force, et la « valeur guerrière. » *Apprime* est plus fréquent, *cumprime* plus rare; mais alors on disait *cumprimis* pour *imprimis*. — *Nihil sibi divitias opus esse*. Nous disons *divitiis*; mais il n'y a pas faute, pas même ce que nous appelons *figure*. C'est une manière de parler rationnelle. La raison, en effet, dit-elle que *divitiis* avec *opus esse*, soit mieux que *divitias* ? à moins que les règles de nos modernes grammairiens ne soient des lois sacrées. — « La plus grande iniquité des dieux, c'est d'avoir

---

« que aqua neque igni careo, et summa gloria fruniscor. » Novius in atellana, quæ *Parcus* inscripta est, hoc verbo ita utitur :

Quod magno opere quæsiverunt, id frunisci non queunt.
Qui non parsit apud se, fruuitus est.

— « Et Romani, » inquit, « multis armis, et magno com-« meatu, prædaque ingenti copiantur. » *Copiari* verbum castrense est; nec facile id reperias apud civilium causarum oratores : ex eademque figura est, qua *lignantur*, et *pabulantur*, et *aquantur*— Sole, inquit, *occaso*. *Sole occaso*, non insuavi venustate est, si quis aurem habeat non sordidam, nec proculcatam. In duodecim autem tabulis verbum hoc ita scriptum est : ANTE. MERIDIEM. CAUSAM. CONJICIUNT. QUOM. PERORANT. AMBO. PRÆSENTES. POST. MERIDIEM. PRÆSENTI. LITEM. ADDICITO. SI. AMBO. PRÆSENTES SOL. OCCASUS. SUPREMA. TEMPESTAS. ESTO. —« Nos, » inquit, » in medium relinquemus. » Vulgus *in medio* dicit. Nam vitium [esse] isthuc putant : et, si dicas *in medium ponere*, id quoque esse solœcismum putant; sed probabilius significatiusque sic dici videbitur, si quis ea verba non incuriose introspiciat. Græce quoque θεῖναι εἰς μέσον, vitium id non est.— « Postquam nuntiatum est, » inquit, « ut pugnatum esset in Gallos, id civitas graviter tulit. » *In Gallos* mundius subtiliusque est, quam *cum Gallis*, aut *contra Gallos*. Nam pinguiora hæc, obsoletioraque sunt. — « Simul, » inquit, « forma, factis, eloquentia, « dignitate, acrimonia, confidentia pariter præcellebat : ut « facile intelligeretur magnum viaticum ex se, atque in « se ad rempublicam evertendam habere. » *Magnum viaticum* pro magna facultate et paratu magno nove positum est : videturque Græcos secutus, qui ἐφόδιον a sumtu viæ ad aliarum quoque rerum apparatus traducunt : ac sæpe ἐφοδίασον pro eo dicunt, quod est *instilue* et *instrue*. — « Nam M., » inquit, « Manlius, quem Capito-« lium servasse a Gallis supra ostendi, cujusque operam « cum M. Furio dictatore apud Gallos cumprime fortem « atque exsuperabilem respublica sensit, is et genere, et « vi, et virtute bellica nemini concedebat. » *Apprime* crebrius est : *cumprime* rarius, traductumque ex eo est , quod *cumprimis* dicebant pro eo, quod est *in primis*. — « Nihil sibi, » inquit, « divitias opus esse. » *Nos divitiis* dicimus; sed vitium hoc orationis nullum est, ac ne id quidem est, quod figura dici solet; recta enim ista hæc oratio est : et veteres compluscule ita dixere; nec ratio dici potest, cur rectius sit *divitiis opus esse*, quam *divitias* : nisi [si] qui grammaticorum nova instituta, ut τεμένων ἱερά, observant. — « Nam hæc, » inquit, « ma-« xime versatur deorum iniquitas, quod deteriores sunt « incolumiores : neque optimum quenquam inter nos « sinunt diurnare. » Inusitate dixit *diurnare* pro *diu vivere*; sed ex ea figuratione est, qua dicimus *perennare*. — *Cum iis*, inquit, *conservanabatur. Sermonari* rus-

« voulu que les plus méchants vivent le plus, et de
« ne pas laisser les gens de bien faire parmi nous
« un long séjour (*diurnare*). » *Diurnare*, pour *diu vivere*, est inusité; mais il est formé comme *perennare*, être durable. — *Cum iis consermonabatur*. Ce verbe est barbare, mais naturellement formé; *sermocinari* est plus usité, mais formé moins naturellement. — *Sese ne id quoque, quod tum suaderet, facturum esse*, « Qu'il ne ferait pas même ce qu'il conseillait. » *Ne id quoque*, pour *ne id quidem*, est rare aujourd'hui, mais très-communément employé dans les vieux écrits. — « La sain-
« teté (*sanctitudo*) du temple est telle, que jamais
« personne ne l'a profané. » *Sanctitudo* et *sanctimonia* sont également latins; mais le premier a, je ne sais pourquoi, plus de grandeur et de dignité. Caton, dans son discours contre L. Véturius, se servit de *duritudo*, comme plus énergique que *durities* : « Celui qui avait connu son impudence et
« sa dureté (*duritiem*). » — « Tandis que le peu
« ple romain avait laissé aux Samnites de telles
« arrhes (*arrabo*). » Il donne le nom de *arrabo* à six cents otages; il a préféré ce mot à *pignus*, comme plus énergique et plus fort dans la phrase; aujourd'hui *arrabo* est trivial, et l'on dit mieux *arra*, qu'on trouve aussi chez les anciens, et surtout dans Labérius. — *Miserrimas vias exegerunt*, « ils ont terminé un voyage infortuné. » — *Hic mimus in otiis consumptus est*, « ce comédien a
« consumé son talent dans les loisirs. » Le pluriel a de l'élégance dans ces deux phrases. — « Comi-
« nius descendit par où il était monté, et en donna
« à garder aux Gaulois (*verba Gallis dedit*). » Cependant Cominius ne dit mot à personne; les Gaulois ne le virent ni monter ni descendre; mais ici, *verba dedit* est pour *latuit atque obrepsit*, il se glissa en cachette. — *Convalles et arboreta magna erant*, « il y avait des vallées et de grands
« vergers; » *arboreta* est peu noble, *arbusta* l'est davantage. — « On pensait que la garnison avait
« des communications (*commutationes*) et négo-
« ciait avec le dehors. » *Commutationes*, pour, conférences et communications, n'est pas usité; mais l'expression ne manque ni de justesse ni d'élégance. Voilà tout ce que j'ai retenu de ce livre, et dont j'ai pris note.

CHAPITRE III.

Varron explique un vers d'Homère autrement qu'on ne l'explique communément.

La conversation roulait sur les époques des inventions utiles; un jeune homme qui ne manquait pas de savoir dit que le *sparte* avait été longtemps inconnu en Grèce, et n'y avait été apporté d'Espagne que longtemps après la prise de Troie. Il y avait là deux de ces littérateurs mal appris que les Grecs appellent ἀγοραῖοι; ils éclatèrent de rire, et dirent d'un ton moqueur que ce jeune homme avait lu sans doute un exemplaire d'Homère où manquait ce vers :

Καὶ δὴ δοῦρα σέσηπε νεῶν, καὶ σπάρτα λέλυνται.

Le bois des navires est pourri, et les cordages relâchés.

Le jeune homme repartit en colère : « Ce vers ne manquait pas dans mon exemplaire; mais

---

ticius videtur, sed rectius; *sermocinari* crebrius est, sed corruptius. — « Sese, » inquit, « ne id quoque, quod tum suaderet, facturum esse. » *Ne id quoque*, dixit, pro *ne id quidem*; infrequens nunc in loquendo, sed in libris veterum creberrimum. — « Tanta, » inquit, « san-
« ctitudo fani est, ut nunquam quisquam violare sit au
« sus. » *Sanctitas* quoque et *sanctimonia* non minus latine dicuntur; sed nescio quid majoris dignitatis est verbum *sanctitudo*, sicuti M. Cato in L. Veturium: *duritudinem*, quam *duriciem* dicere gravius putavit.
« Qui illius, » inquit, « impudentiam norat et duritudi-
« nem. » — « Cum tantus, » inquit, « arrabo penes Sam-
« nites populi romani esset. » *Arrabonem* dixit sexcentos obsides : et id maluit, quam *pignus* dicere, quoniam vis hujus vocabuli in ea sententia gravior acriorque est; sed nunc *arrabo* in sordidis verbis haberi cœptus : ac multo rectius videtur *arra*; quanquam *arra* quoque veteres sæpe dixerint, et compluriens Laberius. — « Mi-
« serrimas, inquit, vias exegerunt » : et : « Hic mimus in
« otiis, inquit, consumptus est. » Elegantia utrobique ex multitudine numeri quæsita est. — « Cominius, » inquit, « qua adscenderat, descendit atque verba Gallis dedit. » *Verba Cominium dedisse Gallis* dicit, qui nihil quidquam cuiquam dixerat : neque enim eum Galli, qui Capitolium obsidebant, adscendentem aut descendentem viderant. Sed *verba dedit* haud secus posuit, quam si tu dicas : *latuit atque obrepsit*. — « Convalles, » inquit, « et arboreta
« magna erant. » *Arboreta* ignobilius verbum est, *arbusta* celebratius. — « Putabant, eos, qui foris atque
« qui in arce erant, inter se commutationes et consilia
« facere. » *Commutationes*, id est, collationes communicationesque, non usitate dixit; sed non hercle inscite, nec ineleganter. Hæc ego [non] pauca interim super eo libro, quorum memoria post lectionem suppetierat, mihi notavi.

CAPUT III.

Verba M. Varronis ex libro quinto et vicesimo Humanarum, quibus contra opinionem vulgariam interpretatus est Homeri versum.

In sermonibus forte, quos de temporibus rerum, ad usus hominum repertarum, agitabamus, adolescens quispiam non indoctus, *sparti* quoque usum in terra Græcia diu incognitum fuisse dixit : multisque post Ilium captum tempestatibus ex terra Hispania advectum. Riserunt hoc ad illudendum ex iis, qui ibi aderant, unus atque alter, male homines litterati; quod genus Græci ἀγοραίους appellant : atque eum, qui id dixerat, librum legisse Homeri aiebant, cui versus hic forte deesset :

Καὶ δὴ δοῦρα σέσηπε νεῶν, καὶ σπάρτα λέλυνται.

Tum ille prorsus irritatus : Non, inquit, meo libro versus ipse, vobis plane magister defuit, si creditis ia

c'est plutôt à vous qu'il manque un maître ; car le mot σπάρτα n'y veut pas dire ce que nous appelons *spartum*. » On lui répondit par un nouvel éclat de rire plus fort que le premier; et le rire ne cessa qu'au moment où le jeune savant eut apporté l'ouvrage de Varron, *Des Choses humaines*, où le vers d'Homère est ainsi expliqué, livre vingt-cinquième : « Je pense que le mot σπάρτα, « dans Homère, ne signifie pas plus le sparte que « les σπάρτοι, ces guerriers qui naquirent dans les « champs de Thèbes. Le sparte fut apporté d'Es-« pagne en Grèce. Les Liburniens ne s'en ser-« vaient pas; ils cousaient leurs navires avec des « courroies. Les Grecs se servaient de chanvre, « de lin et d'autres matières végétales; de là le « nom de σπάρτα. » Après cette explication de Varron, je doute que la dernière syllabe de ce mot, dans Homère, doive prendre l'accent aigu ; il est vrai, cependant, que, lorsqu'un mot qui a une signification générale en prend encore une moins étendue, l'accent varie pour indiquer chacun des deux sens.

CHAPITRE IV.

Mot de Ménandre à Philémon, qui lui enlevait souvent le prix de la comédie. Euripide souvent vaincu par des tragiques sans talent.

Philémon parvint souvent par la faveur, la brigue et la cabale, à remporter le prix de la comédie sur Ménandre, qui lui était de beaucoup supérieur. Ménandre, l'ayant un jour rencontré, lui dit : « Pardonne, Philémon; mais dis-moi,

je te prie, ne rougis-tu pas de me battre ? » Varron rapporte que , sur soixante et dix tragédies d'Euripide, cinq seulement furent couronnées ; les prix furent quelquefois donnés à des auteurs très-médiocres. Ménandre a laissé, selon les uns, cent huit comédies ; selon d'autres, cent neuf. Cependant, dans l'ouvrage du célèbre Apollodore, intitulé *Chronique*, on lit ce vers :

« Le citoyen de la tribu de Céphise, fils de
« Diopithe, est mort après avoir produit cent
« cinq ouvrages dramatiques, à l'âge de cinquan-
« te-deux ans. »

Eh! bien, sur ce grand nombre de pièces, huit seulement remportèrent le prix ; c'est de même Apollodore qui nous l'apprend dans le même ouvrage.

CHAPITRE V.

Il n'est pas vrai, malgré l'affirmation de quelques petits rhéteurs, que Cicéron, dans son traité *De l'Amitié*, ait fait une pétition de principe. Discussion à ce sujet.

Cicéron, dans le dialogue intitulé *Lælius* ou *De l'Amitié*, enseigne qu'on ne doit pas cultiver l'amitié dans l'espérance d'en retirer un profit, une récompense, un avantage quelconque; qu'il faut aimer dans l'amitié la beauté de l'amitié même, lors même qu'elle ne doit nous être d'aucune utilité. Voici comme il s'exprime à ce sujet. Il fait parler le sage C. Lælius, qui fut l'ami de Scipion l'Africain : « Quel besoin Scipion avait-« il de moi ? Moi-même je pouvais me passer de « lui. Mon admiration pour son mérite, et l'opi-

eo versu σπάρτα id significare, quod nos *spartum* dicimus. Majorem [enim vero] illi risum subjiciunt : neque id destiterunt, nisi liber ab eo prolatus esset M. Varronis vicesimus quintus *Humanarum*, in quo de isto Homeri verbo a Varrone ita scriptum est : « Ego σπάρτα apud « Homerum non plus spartum significare puto, quam « σπάρτους, qui dicuntur in agro Thebano nati. In Græcia « sparti copia modo cœpit esse ex Hispania. Neque ea « ipsa facultate usi Liburni : sed hi plerasque naves loris « suebant : Græci magis cannabo et stuppa cæterisque « sativis rebus, a quibus σπάρτα appellabant. » Quod cum ita Varro dicat, dubito hercle, an posterior syllaba in eo versu, quod apud Homerum est, acuenda sit ; nisi quia voces hujuscemodi, cum ex communi significatione in rei certæ proprietatem concedunt, diversitate accentuum separantur.

CAPUT IV.

Quid Menander poëta Philemoni poëtæ dixerit, a quo sæpe indigne in certaminibus comœdiarum superatus est : et quod sæpissime Euripides in tragœdia ab ignobilibus poëtis victus est.

Menander a Philemone, nequaquam pari scriptore, in certaminibus comœdiarum ambitu gratiaque et factionibus sæpenumero vincebatur. Eum cum forte habuisset obviam : Quæso, inquit, Philemon, bona venia, dic mihi; cum me vincis, non erubescis ? Euripidem quoque M. Varro ait, cum quinque et septuaginta tragœdias scrip-

serit, in quinque solis vicisse, cum eum [sæpe] vincerent aliquot poëtæ ignavissimi. Menandrum autem alii centum octo, partim centum novem comœdias reliquisse ferunt. Sed Apollodori, scriptoris celebratissimi, hos de Menandro versus legimus, in libro qui *Chronica* inscriptus est :

Κηφισιεὺς ὢν ἐκ Διοπείθους πατρὸς,
Πρὸς τοῖσιν ἑκατὸν πέντε γράψας δράματα
Ἐξέλιπε, πεντήκοντα καὶ δυοῖν ἐτῶν.

Ex istis tamen centum et quinque omnibus, solis eum octo vicisse, idem Apollodorus eodem in libro scripsit.

CAPUT V.

Nequaquam esse verum, quod minutis quibusdam rhetoricæ artificibus videatur, M. Ciceronem in libro, quem *De Amicitia* scripsit, vitioso argumento usum, ἀμφισβητούμενον ἀντὶ ὁμολογουμένου posuisse : totumque id consideratius tractatum exploratumque.

M. Cicero in dialogo, cui titulus est *Lælius*, vel *De Amicitia*, docere volens, amicitiam non spe expectationeque utilitatis, neque pretii mercedisque causa colendam, sed, quo ipsa per sese plena virtutis honestatisque sit, expetendam diligendamque esse, etiamsi nihil opis, nihilque emolumenti ex ea percipi queat : hæc sententia, atque his verbis usus est, eaque dicere facit C. Lælium, sapientem virum, qui P. Africani fuerat amicissimus : « Quid enim Africanus indigens mei ? ne ego quidem

« uion peut-être qu'il eut de mes mœurs, com-
« mencèrent notre amitié. Elle s'accrut par l'ha-
« bitude. De grands, de nombreux avantages en
« furent le résultat, mais n'en furent pas cepen-
« dant l'origine. En effet, la bienfaisance et la li-
« béralité n'ont pas pour but la reconnaissance;
« le bienfait n'est pas un capital placé à intérêt;
« la bienfaisance est un penchant que nous donne
« la nature. De même, dans l'amitié, il ne faut pas
« envisager d'autre avantage que celui de l'ami-
« tié même. » On lisait ce passage dans une réunion
fortuite d'hommes instruits. Un rhéteur sophiste, un de ces docteurs subtils et pointilleux
qu'on nomme τεχνικοὶ, habile d'ailleurs, possédant
les deux langues, et ferme dans la dispute, soutenait que Cicéron n'avait pas donné là une preuve
solide et *démonstrative*, mais qu'il avait commencé par supposer ce qui était en question;
qu'il avait fait une pétition de principe, et pris,
disent les Grecs, ἀμφισβητούμενον ἀντὶ ὁμολογουμένου. Pour preuve de ce qu'il avance sur la pureté de l'amitié, disait le sophiste, il cite un
homme bienfaisant et libéral. Mais la question
est de savoir dans quel but on est bienfaisant et
libéral : est-ce dans l'espoir de la réciprocité,
pour établir un commerce de bienfaisance mutuelle? et c'est là le cas le plus commun; est-ce
pour obéir à l'inspiration de la nature, pour le
seul plaisir de la bienfaisance et de la libéralité,
sans égard pour ce qui en adviendra? et c'est là
sans contredit un cas très-rare. Il pensait que
les preuves doivent être ou acceptables, ou évidentes et à l'abri de toute controverse. Il y a démonstration, disait-il, lorsque ce qui est obscur
ou douteux est prouvé par ce qui est hors de doute; mais il ne faut pas, lorsqu'il s'agit du désintéressement dans l'amitié, citer en exemple et en
preuve un homme désintéressé. On pourrait avec
la même apparence de raison citer l'amitié, pour
prouver qu'on doit se montrer bienfaisant et généreux, non dans l'espoir d'un avantage, mais
seulement par amour pour l'honnête. On pourrait
alors raisonner ainsi : Nous aimons sans arrière-
pensée; soyons généreux et bienfaisants sans désir de retour. On peut ainsi raisonner; mais on
ne peut prouver ni l'amitié par la générosité, ni
la générosité par l'amitié, puisque l'un et l'autre
sont en question. Ainsi parlait le rhéteur, et on
lui trouvait généralement de l'esprit et du savoir;
mais sans doute il ne connaissait pas la valeur
des termes. L'homme bienfaisant et généreux,
c'est, dans Cicéron comme dans le langage de
la philosophie, l'homme qui ne trafique pas du
bienfait, qui fait bien, sans réfléchir intérieurement au bien qui lui en reviendra. Il n'y a donc
pas là obscurité, ambiguïté; cela est clair et précis. Un homme est reconnu bienfaisant et généreux; on ne demandera pas dans quel but il fait
des actes de bienfaisance et de libéralité. Il mérite d'autres noms, si, dans de tels actes, il est
plus occupé de lui-même que d'autrui. La critique
du pointilleux sophiste serait valable sans doute,
si Cicéron avait dit : « De même que nous faisons
« des actes de bienfaisance et de libéralité, sans
« exiger de reconnaissance.... » Alors l'affirmation pourrait tomber sur ce qui ne serait pas une

---

« illius. Sed ego admiratione quadam virtutis ejus, ille
« vicissim opinione fortasse nonnulla, quam de meis mo-
« ribus habebat, me dilexit; auxit benevolentiam consue-
« tudo. Sed quanquam utilitates multæ et magnæ conse-
« cutæ sunt; non sunt tamen ab earum spe causæ diligendi
« profectæ. Ut enim benefici liberalesque sumus, non ut
« exigamus gratiam : (neque enim beneficium fæneramur,
« sed natura propensi ad liberalitatem sumus :) sic ami-
« citiam non spe mercedis adducti, sed quod omnis ejus
« fructus in ipso amore inest, expetendam putamus. » Hoc
cum legeretur in cœtu forte hominum doctorum, rhetoricus quidam sophista, utriusque linguæ callens, haud sane
ignobilis, ex istis acutulis et minutis doctoribus, qui
Τεχνικοὶ appellantur, atque in disserendo tamen non im-
piger, usum esse existimabat argumento M. Tullium non
probo, neque apodictico, sed ejusdem quæstionis, cujus
esset ea ipsa res, de qua quæreretur; verbisque id vitium
græcis appellabat, quod accepisset ἀμφισβητούμενον ἀντὶ
ὁμολογουμένου. Nam *beneficos*, inquit, et *liberales* sumsit ad confirmandum id, quod de amicitia dicebat : cum
ipsum illud et soleat quæri, et debeat, quisquis liberaliter et benigne facit, qua mente quove consilio benigno
liberalisque sit? Utrum, quia mutuam gratiam speret, et
eum, in quem benignus sit, ad parem curam sui provo-
cet, quod facere plerique omnes videantur? An, quia natura sit benevolus, benignitasque eum per sese ipsa et liberalitas delectet sine ulla recipiendæ gratiæ procuratione?
Quod est omnium ferme rarissimum. Argumenta autem
censebat aut probabilia esse debere, aut perspicua et minime controversa; idque apodixin vocari dicebat, cum ea,
quæ dubia aut obscura sunt, per ea, quæ ambigua non
sunt, illustrantur. Atque, ut ostenderet beneficos liberalesque, ad id, quod de amicitia quæreretur, quasi argumentum exemplumve sumi non oportere. Eodem, inquit,
simulacro, et eadem rationis imagine, amicitia invicem
pro argumento sumi potest; si quis affirmet, homines beneficos liberalesque esse debere, non spe aliqua compendii, sed amore et studio honestatis. Poterit enim consimiliter ita dicere. Namque, ut amicitiam non spe utilitatis am-
plectimur; sic benefici liberalesque non gratiæ recuperandæ
studio esse debemus. Poterit sane, inquit, ita dicere : sed
neque amicitia liberalitati neque liberalitas amicitiæ præbere
argumentum potest, cum de utroque pariter quæratur.
Hæc ille rhetoricus artifex dicere quibusdam videbatur
perite et scienter : sed videlicet eum vocabula rerum vera
ignoravisse. Nam beneficum et liberalem Cicero appellat,
ita ut philosophi appellandum esse censent, non eum qui,
ut ipse ait, beneficia fæneratur; sed qui benigne facit,
nulla tacita ratione ad utilitates suas redundante. Non ergo
obscuro, neque ambiguo argumento usus est, sed certo
atque perspicuo. Siquidem, qui vere beneficus liberalisque est, qua mente bene aut liberaliter faciat, non quæritur. Aliis enim longe nominibus appellandus est, si, eum
talia facit, sui potius quam alterius juvandi causa facit.

bienfaisance réelle, une habitude de bienfaisance, mais l'effet d'une circonstance particulière. Mais Cicéron parle d'hommes bienfaisants et généreux, et j'ai déjà dit ce qu'il faut entendre par là. Ce critique aurait dû, avant d'attaquer un si grand homme, décrasser, comme l'on dit, ses pieds et son style.

CHAPITRE VI.

Verrius Flaccus, dans son livre *Des obscurités de Caton*, a mal entendu le mot *servus recepticius*.

M. Caton, parlant en faveur de la loi Voconia, dit : « Une femme vous apporte une dot considérable. Elle retient une forte somme qu'elle ne met pas à la disposition du mari ; elle se borne à la lui prêter. Plus tard, dans un accès de colère, elle charge l'esclave qu'elle a retenu (*servum receptitium*) de poursuivre le mari, et de réclamer cet argent. » Nous nous demandions ce que c'était qu'un esclave *recepticius*. On cherche, on apporte l'ouvrage de Verrius Flaccus *Sur les obscurités de Caton*. Nous lûmes dans le second livre que c'était un esclave sans valeur, vendu et repris pour un vice rédhibitoire. Voilà pourquoi, poursuivait l'auteur, c'est par un tel esclave que l'ordre est donné dans Caton de poursuivre le mari et de réclamer l'argent : être poursuivi par un esclave sans valeur, c'est un surcroît de douleur et d'ignominie. J'en demande pardon à Verrius, et à tous ceux qui le croiront sur l'autorité de sa parole ; mais le mot employé par Caton doit être tout autrement entendu. Il sera facile de le comprendre, et j'espère qu'il n'en restera aucun doute à ce sujet. Ce qu'une femme retranchait de sa dot, ce qu'elle exceptait, ce qu'elle ne donnait pas au mari, elle le retenait, *recipiebat*. C'est ainsi qu'actuellement, dans les ventes, ce qu'on excepte, ce qui ne se vend pas, est retenu, *recipitur*. Plaute a ainsi employé ce mot dans *les trois Écus* :

« Il a retenu (*recepit*) ce petit appartement « retiré, lorsqu'il a vendu la maison. »

Enfin Caton lui-même, dans le passage cité, vous dit d'une femme riche : *Mulier et magnam dotem dat, et magnam pecuniam recipit*; c'est-à-dire, elle apporte une grande dot, et retient une grande somme. C'est cette somme exceptée de la dot, qu'elle prête à son mari. Quand elle veut la réclamer, elle en charge un esclave *recepticius*, c'est-à-dire un esclave à elle, qu'elle a retenu avec la somme d'argent, qu'elle n'a pas cédé avec la dot. Elle ne peut pas donner d'ordre aux esclaves de son mari, elle fait agir un esclave qui est sa propriété à elle. Je ne prolongerai pas davantage cette explication. : on voit assez clairement l'opinion de Verrius Flaccus et la mienne. Qu'on prononce.

Processisset autem argutatori isti fortassean reprehensio, si Cicero ita dixisset : « ut enim benefice liberaliterque facimus, non ut exigamus gratiam, » videretur enim benefice facere, etiam in non beneficum cadere posse, si id per aliquam circumstantiam fieret, non per ipsam perpetuæ benignitatis constantiam. Sed cum beneficos liberalesque dixerit, neque aliusmodi isti sunt, quam cujus esse eos supra diximus, illotis, quod aiunt, pedibus, et verbis reprehendit doctissimi viri orationem.

CAPUT VI.

Falsum esse, quod Verrius in librorum secundo, quos *De obscuris M. Catonis* composuit, de *servo receptitio* scriptum reliquit.

M. Cato Voconiam legem suadens verbis hisce usus est : « Principio vobis mulier magnam dotem attulit ; tum magnam pecuniam recipit, quam in viri potestatem non committit; eam pecuniam viro mutuam dat ; postea, ubi irata facta est, servum receptitium sectari atque flagitare virum jubet. » Quærebatur, *servus receptitius* quid esset. Libri statim quæsiti allaticque sunt Verrii Flacci *De Obscuris Catonis*. In libro secundo scriptum inventum est, *receptitium servum* dici nequam et nulli pretii, qui, cum venum esset datus, redhibitus ob aliquod vitium, receptusque sit. Propterea, inquit, servus ejusmodi sectari maritum et flagitare pecuniam jubebatur, ut eo ipso dolor major et contumelia gravior viro fieret, quod eum servus nihili petendæ pecuniæ causa compellaret.

Cum pace autem, cumque venia istorum, si qui sunt qui Verrii Flacci auctoritate capiuntur, dictum hoc sit. *Recepticius* enim *servus* in ea re, quam dicit Cato, aliud omnino est, quam Verrius scripsit. Atque id cuivis facile inte lectu est. Res enim procul dubio sic est. Quando mulier dotem marito dabat, tum quæ ex suis bonis retinebat, ea *recipere* dicebatur. Sicuti nunc quoque in venditionibus recipi dicuntur, quæ excipiuntur, neque veneunt, quo verbo Plautus quoque in Trinummo usus est in hoc versu :

Posticulum hoc recepit, cum ædis vendidit :

id est, cum ædis vendidit, particulam quandam, quæ post eas ædis erat, non vendidit, sed retinuit. Ipse etiam Cato mulierem demonstrare locupletem volens : « Mulier, » inquit, « et magnam dotem dat, et magnam pecuniam « recipit : » hoc est, [et magnam dotem dat, et magnam pecuniam] retinet. Ex ea igitur re familiari, quam sibi dote data retinuit, pecuniam viro mutuam dat. Eam pecuniam cum viro forte irata repetere instituit, apponit flagitatorem *servum recepticium*, hoc est, proprium servum suum, quem cum pecunia reliqua receperat, neque dederat doti, sed retinuerat ; non enim servo mariti imperare hoc mulierem fas erat, sed proprio suo. Plura dicere, quibus hoc nostrum tuear, supersedeo : ipsa enim sunt per sese evidentia, et quod a Verrio dicitur, et a nobis. Quod utrum ergo videbitur cuique verius, eo utatur.

CHAPITRE VII.

Cette prescription de la loi Atinia : QUOD. SUBREPTUM. ERIT. EJUS. REI. ÆTERNA. AUCTORITAS. ESTO. a paru à P. Nigidius et à Q. Scævola avoir un effet rétroactif.

La loi Atinia porte cette prescription : QUOD. SUBREPTUM. ERIT. EJUS. REI. ÆTERNA. AUCTORITAS. ESTO. SI UNE CHOSE A ÉTÉ DÉROBÉE, L'ACTION LÉGALE SERA ÉTERNELLE. Qui ne croirait qu'il ne s'agit dans la loi que des vols à venir, sans effet rétroactif? Cependant, Q. Scævola assure que son père, Brutus et Manilius, ont douté si la prescription de la loi ne regardait que les vols à venir, ou si elle atteignait aussi les vols déjà commis. Ces mots *subreptum erit* leur semblaient embrasser à la fois l'avenir et le passé. Publius Nigidius, le plus savant des Romains, a traité cette difficulté dans le vingt-quatrième livre de ses *Opuscules philologiques*. Il pense, lui aussi, que le temps n'est pas déterminé avec précision dans la loi. Mais sa dissertation est obscure et sans développement; il semble moins occupé d'instruire ses lecteurs, que d'écrire des notes qui aident sa mémoire. Voici néanmoins quelle paraît être son opinion : *Esse* et *est*, lorsqu'ils sont isolés, conservent leur temps; mais, joints à un participe passé, ils perdent leur temps, et désignent le passé. Si je dis : *In campo est, in comitio est*, j'exprime un état présent. Si je dis : *In campo erit*, c'est le futur. Mais que je dise : *factum est, scriptum est, subreptum est*, quoique j'emploie le présent du verbe *esse*, ce présent se confond avec le participe passé, et cesse d'être un présent. De même, dans la loi, séparez les deux mots *subreptum* et *erit*; entendez ces deux mots comme *certamen erit, sacrificium erit*, la loi ne s'occupera que de l'avenir. Au contraire, unissez les deux mots, n'en faites qu'un seul et même mot, qu'un seul verbe passif, ce verbe exprimera le passé comme l'avenir.

CHAPITRE VIII.

A la table du philosophe Taurus on agite ces sortes de questions : Pourquoi l'huile gèle-t-elle souvent, le vin rarement, le vinaigre presque jamais? Pourquoi les fontaines et les fleuves gèlent-ils, tandis que la mer ne gèle pas?

Le philosophe Taurus nous recevait à sa table, à Athènes, le plus souvent vers le soir, à l'entrée de la nuit; c'est l'heure du souper en Grèce. Des lentilles d'Égypte, et des citrouilles hachées, formaient, réunies dans la même marmite, tout le fond du repas, où de nombreux convives étaient réunis. Un jour, nous étions déjà prêts et nous attendions; la marmite fut apportée et servie, et Taurus ordonna à son valet d'y verser l'huile. Le valet, qui était de l'Attique, âgé de huit ans au plus, avait tout l'esprit et toute la gentillesse de son âge et de son pays. Il prend sans le savoir une burette entièrement vide, l'apporte, et la renverse; il la promène sur la marmite, selon l'usage; l'huile ne coule pas. Il jette sur la burette d'affreux regards, la secoue vivement, la ren-

---

CAPUT VII.

Verba hæc ex Atinia lege : QUOD. SUBREPTUM. ERIT. EJUS. REI. ÆTERNA. AUCTORITAS. ESTO. P. Nigidio et Q. Scævolæ visa esse non minus de præterito furto, quam de futuro cavisse.

Legis veteris Atiniæ verba sunt : QUOD. SUBREPTUM. ERIT. EJUS. REI. ÆTERNA. AUCTORITAS ESTO. Quis aliud putet in hisce verbis, quam de tempore tantum futuro legem loqui? Sed Q. Scævola, patrem suum, et Brutum, et Manilium, viros apprime doctos, quæsisse, ait, dubitasseque, utrumne in post-facta modo furta lex valeret, an etiam in ante-facta? quoniam QUOD. SUBREPTUM. ERIT. utrumque tempus videretur ostendere, tam præteritum, quam futurum. Itaque P. Nigidius, civitatis romanæ doctissimus, super dubitatione hac eorum scripsit in quarto vicesimo *Commentariorum Grammaticorum* : atque ipse quoque idem putat, incertam esse temporis demonstrationem; sed anguste perquam et obscure disserit, ut signa rerum ponere videas, ad subsidium magis memoriæ suæ, quam ad legentium disciplinam. Videbatur tamen hoc dicere, verbum *esse* et *erit*, quando per sese ponuntur, habent atque retinent tempus suum; cum vero præterito junguntur, vim temporis sui amittunt, et in præteritum contendunt. Cum enim dico : *in campo est*, et : *in comitio est*, tempus instans significo : item cum dico : *in campo erit*, tempus futurum demonstro : at cum dico : *factum est, scriptum est, subreptum est*; quanquam *est* verbum temporis sit præsentis, confunditur tamen cum præterito, et præsens esse desinit. Sic igitur, inquit, etiam istud, quod in lege est; si dividas separesque duo verba hæc : *subreptum* et *erit*, ut sic audias *subreptum* tanquam : *certamen erit*, aut *sacrificium erit*, tum videbitur lex in post-futurum loqui; si vero copulate permixteque dictum intelligas, ut *subreptum erit* non duo, sed unum verbum sit, idque unita patiendi declinatione sit : tum hoc verbo non minus præteritum tempus ostenditur, quam futurum.

CAPUT VIII.

In sermonibus apud mensam Tauri philosophi quæri agitarique ejusmodi solita : cur oleum sæpe et facile, vina rarius congelascant, acetum haud fere unquam; et quod aquæ fluviorum fontiumque durentur, mare gelu non duretur.

Philosophus Taurus accipiebat nos Athenis cœna plerumque ad id diei, ubi jam vesperaverat. Id enim est tempus isthic cœnandi. Frequentis ejus cœnæ fundus et firmamentum omne erat in olla lentis Ægyptiæ, et cucurbitæ inibi minutim cæsæ. Ea quodam die ubi paratis el expectantibus nobis allata atque imposita mensæ est, puerum jubet Taurus oleum in ollam videre. Erat is puer genere Atticus, ad annos maxime natus octo, festivissimis ætatis et gentis argutiis scatens. Guttum Samium oretenus imprudens inanem, tanquam si inesset oleum, affert, convertitque eum; et, ut solitum est, circumegit, per omnem partem ollæ manum, nullum inde ibat oleum. Aspicit puer guttum atrocibus oculis stomachabundus, et

verse encore sur la marmite. Un rire à demi étouffé gagnait de proche en proche tous les convives. L'enfant, parlant grec, et certes très-attiquement : « Ne riez pas, dit-il ; il y a de l'huile : seulement, vous ne savez pas quel froid il a fait ce matin, au point du jour. Elle est gelée. — Impertinent, dit Taurus en riant, prends ta course, et cours chercher de l'huile. » L'enfant sortit pour lui obéir ; et lui, sans se montrer ému du retard : « La marmite, dit-il, est sans huile, et bout encore ; n'y touchons pas ; et, en attendant, puisque mon valet nous apprend que l'huile est sujette à se geler, examinons pourquoi elle gèle si facilement et si souvent, tandis que le vin gèle si rarement. » Il m'interroge du regard. « Je conjecture, répondis-je, que si le vin est moins prompt à geler, c'est qu'il renferme des germes de chaleur, qu'il est plus igné. C'est sans doute cette qualité, plus que la couleur, qui l'a fait appeler par Homère αἴθοπα οἶνον. — Cela est vrai, dit Taurus ; car il est à peu près convenu que le vin réchauffe le corps. Mais l'huile n'est pas moins réchauffante, n'a pas moins la propriété de réchauffer le corps. De plus, si les corps les plus chauds gèlent le moins, les plus froids doivent geler le plus vite. Or, le vinaigre, le plus froid de tous les corps, ne gèle jamais. Dirons-nous que l'huile se gèle plus promptement, parce qu'elle est plus légère ? Il semble que les parties légères aient par là plus de facilité à s'unir. Autre phénomène qui mérite votre attention : d'où vient que les fontaines et les fleuves se gèlent, tandis qu'aucune mer ne peut se geler ? Il est vrai qu'Hérodote, historien, a contredit sur ce point l'opinion générale ; il a dit que la mer Cimmérienne, au delà du Bosphore, et tous les golfes de la mer appelée Scythique, se durcissent par le froid. » Taurus allait poursuivre, mais l'enfant arrivait avec l'huile ; la marmite avait cessé de bouillir, et le temps était venu de manger et de se taire.

CHAPITRE IX.

Stratagème de C. César dans ses lettres secrètes. Stratagèmes divers. Lettre appelée σκυτάλη à Lacédémone.

Nous avons un recueil de lettres écrites par C. César à C. Oppius et à Balbus Cornélius, administrateurs de ses biens en son absence. On y trouve de temps à autre des syllabes imparfaites, des lettres isolées qui ne peuvent former un mot, et qui semblent jetées là sans ordre. C'est qu'ils étaient convenus entre eux de la transposition que les lettres devraient subir. Il y a confusion sur le papier, mais la lecture mettait chaque lettre à sa place. En convenant d'employer cette manière mystérieuse de s'écrire, on convenait des substitutions qu'on ferait subir aux lettres. Probus le grammairien a composé avec beaucoup de soin un commentaire sur la valeur des lettres, dans la correspondance de César. Les Lacédémoniens avaient aussi un moyen de rendre les lettres à leurs généraux inintelligibles à l'ennemi, dans le cas où il s'en emparerait. Voici comme ils les écrivaient. Ils avaient deux baguettes rondes,

concussum vehementius iterum in oleam vertit ; idque cum omnes sensim atque summissim rideremus, tum puer græce, et id quidem perquam attice : Μὴ γελᾶτε, inquit, ἔνι τοὔλαιον, ἀλλ' οὐκ ἴστε, οἵα φρίκη περὶ τὸν ὄρθρον γέγονε τήμερον· καὶ κεκρυστάλλωται. Verbero, inquit ridens Taurus, nonne is curriculo, atque oleum petis ? Sed cum puer foras emtum isset, nihil ipse ista mora offensior : Olla, inquit, oleo indiget ; et, ut video, intolerandum fervit, cohibeamus manus : atque interea, quoniam puer nunc admonuit solere oleum congelascere, consideremus cur oleum quidem sæpe et facile, sed vina rarenter congelascant. Atque aspicit me, et jubet, quod sentiam, dicere. Tum ego respondi, conjectare me, vinum idcirco minus cito congelascere , quod semina quædam caloris in sese haberet, essetque natura ignitius ; ob eamque rem dictum esse ab Homero αἴθοπα οἶνον, non , ut alii putarent, propter colorem. Est quidem , inquit Taurus, ita ut dicis ; nam ferme convenit , vinum , ubi potum est, calefacere corpora. Sed non secus oleum quoque calorificum est : neque minorem vim in corporibus calefactandis habet. Ad hoc, si ista hæc, quæ calidiora sunt, difficilius gelu coguntur, congruens est, ut, quæ frigidiora sunt, facile cogantur. Acetum autem omnium maxime frigorificum est : atque id nunquam tamen concrescit. Num igitur magis causa oleo coaguli celerioris in levitate est ? Facilior enim ad coeundum ideo videntur, quæ levatiora levioraque sunt. Præterea id quoque ait quæri dignum : cur fluviorum et fontium aquæ gelu durentur : mare omne incongelabile sit ? Tametsi Herodotus, inquit, historiæ scriptor, contra omnium ferme, qui hæc quæsiverunt, opinionem, scribit, mare Bosphoricum, quod Cimmerium appellatur, earumque partium mare omne, quod Scythicum dicitur, gelu stringi et consistere. Dum hæc Taurus, interea puer venerat et olla deferbuerat : tempusque esse cœperat edendi et tacendi.

CAPUT IX.

De notis litterarum, quæ in C. Cæsaris epistolis reperiuntur, deque aliis clandestinis litteris ex vetere historia petitis · et quid σκυτάλη sit laconica.

Libri sunt epistolarum C. Cæsaris ad C. Oppium et Balbum Cornelium, qui rebus ejus absentis curabant. In his epistolis quibusdam in locis inveniuntur litteræ singulariæ sine coagmentis syllabarum, quas tu putes esse positas incondite ; nam verba ex iis litteris confici nulla possunt. Erat autem conventum inter eos clandestinum de commutando situ litterarum ; ut in scripto quidem alia aliæ locum et nomen teneret, sed in legendo locus cuique suus et potestas restitueretur : quænam vero littera pro qua scriberetur, ante iis, sicuti dixi, complacebat, qui hanc scribendi latebram parabant. Est adeo Probi grammatici commentarius satis curiose factus De occulta litterarum significatione epistolarum C. Cæsaris scriptarum. Lacedæmonii autem veteres, cum dissimulare et occultare litteras, publice ad imperatores suos missas, volebant, ne, si ab hostibus eæ forent

de même grosseur et de même longueur, raclées et préparées de la même manière. L'une de ces baguettes était remise au général, au moment où il partait pour l'armée ; l'autre était déposée dans les archives, sous la garde des magistrats. Lorsqu'on avait à écrire au général quelque chose d'important, on roulait en spirale autour de la baguette une bande assez mince, et d'une longueur convenable. On avait soin qu'il n'y eût pas d'intervalle entre les divers replis de la bande. On écrivait ensuite là-dessus transversalement, les lignes allant d'un bout de la baguette à l'autre. Alors on déroulait la bande empreinte de caractères, et on l'envoyait au général. Détachée et déroulée, elle n'offrait plus que des lettres tronquées, des têtes et des queues de lettres ; elle pouvait tomber entre les mains de l'ennemi, il n'y pouvait rien entendre. Mais le général, au fait du procédé, roulait la lettre autour de sa baguette ; les caractères en tournant revenaient dans l'ordre où ils avaient été tracés, et formaient une lettre aisée à lire. Cette espèce de lettre s'appelait à Lacédémone σκυτάλη. J'ai lu, dans une histoire de Carthage, qu'un général illustre de cette république, Hasdrubal peut-être, ayant à écrire un secret d'État, employa ce stratagème. Il prit des tablettes neuves, qui n'étaient pas encore enduites de cire, il y grava dans le bois ce qu'il avait à écrire, et répandit après la cire par-dessus. Alors il envoya ses tablettes, où rien ne semblait écrit : celui qui les reçut était prévenu ; il enleva la cire, et lut la lettre sur le bois. On trouve enfin dans l'histoire grecque un secret imaginé par la subtilité barbare, et dont on se douterait difficilement. Il fut inventé par Histiée, né en Asie de parents assez illustres. L'Asie était alors sous la domination de Darius ; Histiée était à la cour de ce roi, et désirait annoncer secrètement à un certain Aristagoras des nouvelles importantes. Il imagina cet étonnant stratagème. Il avait un esclave qui souffrait des yeux depuis longtemps ; sous prétexte de le guérir, il lui rase toute la tête, et y écrit avec son stylet ce qu'il veut. Il retint l'homme dans sa maison jusqu'à ce que ses cheveux eussent repoussé ; alors il l'envoya à Aristagoras. « Arrivé chez Aristagoras, lui dit-il, tu lui recommanderas de ma part de te raser la tête, comme je l'ai fait moi-même. » L'esclave se rend chez Aristagoras, et lui transmet la recommandation de son maître. Celui-ci suit cette prescription, persuadé qu'elle n'a pas été donnée sans motif, et lit la lettre sur la tête de l'esclave.

CHAPITRE X.

Jugement de Favorinus sur des vers de Virgile. Rapprochement et comparaison de deux descriptions de l'Ætna, l'une par Pindare, l'autre par Virgile.

Le philosophe Favorinus ayant cherché un abri contre les ardeurs de la saison, dans une campagne de son hôte, près d'Antium, j'y vins de Rome pour l'y voir. Il disserta sur Pindare et

captæ, consilia sua noscerentur, epistolas id genus factas mittebant. Surculi duo erant teretes, oblonguli, pari crassamento, ejusdemque longitudinis, derasi atque ornati consimiliter ; unus imperatori in bellum proficiscenti dabatur ; alterum domi magistratus cum jure atque cum signo habebant. Quando usus venerat litterarum secretiorum, circum eum surculum lorum modicæ tenuitatis, longum autem, quantum rei satis erat, complicabant, volumine rotundo et simplici ; ita uti oræ adjunctæ undique et cohærentes lori, quod plicabatur, coirent. Litteras deinde in eo loro per transversas juncturarum oras, versibus a summo ad imum proficiscentibus, inscribebant : id lorum litteris ita perscriptis revolutum ex surculo imperatori, commenti istius conscio, mittebant : resolutio autem lori litteras truncas atque mutilas reddebat ; membraque earum et apices in partis diversissimas spargebat. Propterea si id lorum in manus hostium incideret, nihil quidquam conjectari ex eo scripto quibat. Sed ubi ille, ad quem erat missum, acceperat, surculo compari, quem habebat, capite ad finem, perinde ut debere fieri sciebat, circumplicabat : atque ita litteræ per ambitum eundem surculi coalescentes rursum coibant ; integramque et incorruptam epistolam, et facilem legi, præstabant. Hoc genus epistolæ Lacedæmonii σκυτάλην appellant. Legebamus id quoque in vetere historia rerum Punicarum, virum indidem quempiam illustrem (sive ille Hasdrubal, sive quis alius est, non retineo) epistolam scriptam super rebus arcanis hoc modo abscondisse ; pugillaria nova, nondum etiam cera illita, accepisse ; litteras in lignum incidisse ; postea tabulas, uti solitum est, cera collevisse : easque tabulas tanquam non scriptas, cui facturum id promiserat, misisse ; eum deinde ceram derasisse, litterasque incolumes ligno incisas legisse. Est et alia in monumentis rerum græcarum profunda quædam et inopinabilis latebra, barbarico astu excogitata. Histiæus nomine fuit, loco natus in terra Asia non ignobili. Asiam tunc tenebat imperio rex Darius. Is Histiæus, cum in Persis apud Darium esset, Aristagoræ cuipiam res quasdam occultas nuntiare furtivo scripto volebat. Comminiscitur opertum hoc litterarum admirandum. Servo suo, diu oculos ægros habenti, capillum ex capite omni, tanquam medendi gratia, deradit, caputque ejus læve in litterarum formas compungit. His litteris, quæ volucrat, perscripsit. Hominem postea, quoad capillus adolesceret, domo continuit. Ubi id factum est, ire ad Aristagoram jubet ; et, cum ad eum, inquit, veneris, mandasse me dicito, ut caput tuum sicut nuper egomet feci, deradat. Servus, ut imperatum erat, ad Aristagoram venit, mandatumque domini affert. Atque ille id non esse frustra ratus, quod erat mandatum, fecit. Ita litteræ perlatæ sunt.

CAPUT X.

Quid de versibus Virgilii Favorinus existimarit, quibus in describenda flagrantia montis Ætnæ Pindarum poëtam secutus est : collataque ab eo super eadem re utriusque carmina et dijudicata.

Favorinum philosophum, cum in hospitis sui Antiatem villam æstu anni concessisset, nosque ad eum videndum Roma venissemus, memini super Pindaro poëta et Vir-

Virgile à peu près ainsi : « Les amis de Virgile, qui ont écrit sur la vie et le talent de ce poëte, ont rapporté qu'il avait coutume de dire : « Je produis mes vers à la manière des ours » L'ours, en effet, ne produit d'abord que des êtres informes, qu'il lèche ensuite pour leur donner une forme, une figure. De même les productions de son génie venaient au jour, disait-il, imparfaites et grossières ; et ce n'était qu'à force de les remanier, de les lécher, qu'il leur donnait une figure, des traits, une apparence. Il y a de la vérité, poursuivait Favorinus, dans l'aveu ingénu du poëte au goût délicat. Ses vers en sont la preuve. Ceux qu'il a polis, revus avec une affection particulière, ceux où il a mis la dernière main, ont toute la fleur de la grâce poétique. Ceux qu'il n'a pas retouchés, qu'il n'a pas pu achever, surpris par la mort, ne sont dignes ni du génie ni du goût du plus parfait des poëtes. Aussi, lorsqu'atteint par la maladie, il vit la mort approcher, il pria instamment ses amis de brûler l'Énéide, qu'il n'avait pas encore assez polie. Au nombre des passages qui auraient dû être corrigés, Favorinus citait la description du mont Etna. Là, disait-il, Virgile a voulu rivaliser avec Pindare, qui avait aussi décrit une éruption du volcan ; mais il aurait effrayé, par la hardiesse de ses images et l'enflure de son style, le lyrique grec lui-même, à qui on a reproché quelque emphase. « Vous en serez juges vous-mêmes, nous dit-il ; et pour cela, je vais réciter, autant que ma mémoire le permettra, les vers de Pindare :

« Du fond de ses cavernes jaillissent les sources
« pures d'un feu inaccessible. Les fleuves exhalent
« durant le jour les flots d'une fumée éclatante.
« Pendant les ténèbres, la flamme, se déroulant
« étincelante, lance des rochers dans les profon-
« deurs de la mer retentissante. Alors Vulcain
« déchaîne et fait serpenter ses sources les plus
« effroyables. Prodige qui effraye les regards, et
« étonne même l'oreille du nautonier. »

Voici maintenant les vers que Virgile a composés, je dirai mieux, ébauchés sur le même sujet :

« Le port, inaccessible aux vents, est tranquille,
« et spacieux même ; mais tout auprès, l'Etna tonne
« avec un fracas épouvantable. Tantôt il élève
« dans les airs une nuée noire, où tourbillonnent
« une fumée noirâtre et des flammes blanchissan-
« tes. Des flammes ondoyantes s'élancent, et vont
« effleurer les cieux. Tantôt il détache les rochers,
« arrache les entrailles de la montagne, et les
« vomit contre le ciel : tandis que les rochers en
« fusion s'agglomèrent dans les airs retentissants,
« le fond des cavernes bouillonne. »

D'abord Pindare a été plus exact ; il dit (ce qui est la vérité, ce qui venait à propos dans sa description, ce que les yeux peuvent observer), il dit que l'Etna jette le jour de la fumée, la nuit, des flammes. Virgile, tout occupé du retentissement de ses vers, a confondu sans discernement le jour et la nuit. Le Grec a peint avec art les sources vomissant des feux, les flots de fumée, les flammes blanchâtres et tortueuses qui se dérou-

---

gilio in hunc fere modum disserere : Amici, inquit, familiaresque P. Virgilii in iis, quæ de ingenio moribusque ejus memoriæ tradiderunt, dicere eum solitum ferunt, parere se versus more atque ritu ursino. Namque, ut illa bestia fetum ederet inefligiatum informemque, lambendoque id postea, quod ita edidisset, conformaret et fingeret; perinde ingenii quoque sui partus recentes rudi esse facie et imperfecta : sed deinceps tractando, colendoque reddere iis se oris et vultus lineamenta. Hoc virum judicii subtilissimi ingenue atque vere dixisse, res, inquit, [ipsa verum] indicium facit. Nam, quæ reliquit perfecta expolitaque, quibusque imposuit census atque dilectus sui supremam manum, omni poëticæ venustatis laude florent : sed quæ procrastinata sunt ab eo, ut post recenserentur, et absolvi, quoniam mors præverterat, nequiverunt, nequaquam poëtarum elegantissimi nomine atque judicio digna sunt. Itaque cum, morbo oppressus, adventare mortem videret, petivit oravitque a suis amicissimis impense, ut Æneida, quam nondum satis elimavisset, adolerent. In iis autem, inquit, quæ videntur retractari et corrigi debuisse, is maximus locus est, qui de monte Ætna factus est. Nam cum Pindari veteris poëtæ carmen, quod de natura atque flagrantia montis ejus compositum est, æmulari vellet, ejusmodi sententias et verba molitus est, ut Pindaro quoque ipso, qui nimis opima pinguique esse facundia existimatus est, insolentior hoc quidem in loco tumidiorque sit. Atque uti vosmetipsos, inquit, ejus, quod dico, arbitros faciam, carmen Pindari, quod est super monte Ætna, quantulum mihi memoriæ est, dicam :

Τᾶς ἐρεύγονται μὲν ἀπλα-
   του πυρὸς ἁγνότατοι
Ἐκ μυχῶν παγαί· ποταμοὶ
   δ' ἀμέραισιν μὲν προχέοντι ῥόον καπνοῦ
Αἴθων'· ἀλλ' ἐν ὄρφναισιν πέτρας
Φοίνισσα κυλινδομένα φλὸξ ἐς βαθεῖαν φέρει πόντου πλάκα σὺν πατάγῳ.
Κεῖνο δ' Ἁφαίστοιο κρουνοὺς ἑρπετὸν
Δεινοτάτους ἀναπέμ-
   πει· τέρας μὲν θαυμάσιον προσιδέ-
σθαι, θαῦμα δὲ καὶ παριόν-
   των ἀκοῦσαι.

Audite nunc, inquit, Virgilii versus, quos inchoasse cum verius dixerim, quam fecisse :

Portus ab accessu ventorum immotus, et ingens
Ipse; sed horrificis juxta tonat Ætna ruinis,
Interdumque atram prorumpit ad æthera nubem,
Turbine fumantem piceo, et candente favilla,
Attollitque globos flammarum, et sidera lambit :
Interdum scopulos, avulsaque viscera montis
Erigit eructans, liquefactaque saxa sub auras
Cum gemitu glomerat, fundoque exæstuat imo.

Jam principio, inquit, Pindarus, veritati magis obscutus, id dixit, quod res erat, quodque istic usu veniebat, quodque oculis videbatur, interdiu fumare Ætnam, noctu flammigare : Virgilius autem, dum in strepitu sonituque verborum conquirendo laborat, utrumque tempus, nulla discretione facta, confundit. Atque ille Græcus quidem fontes imitus ignis eructare, et fluere amnis fumi, et flammarum fulva et tortuosa volumina in plagas maris

lent vers la mer, pareilles à des serpents de feu. Virgile a cru rendre le ῥόον καπνοῦ αἴθωνα par *atram nubem turbine piceo et favilla fumantem*, et il n'a fait qu'une agglomération sans goût. Le χρουνούς est rendu faiblement par *globos flammarum*. *Sidera lambit* est une répétition inutile. Mais voici, poursuivait Favorinus, ce qu'on ne peut ni expliquer ni saisir : Virgile fait fumer une nué noire, composée d'un tourbillon noirâtre, et d'une flamme *candens*. Ce qui est blanc (*candens*) ne peut ni fumer, ni être noir; à moins qu'il n'ait suivi l'usage, fautif sur ce point, et entendu par *candente favilla*, une flamme bouillante, et non pas une flamme éclatante. Mais *candens* vient de *candor*, et non point de *calor*. Quant aux rochers qui s'élancent, se liquéfient, gémissent et s'agglomèrent, ils ne sont pas dans Pindare, et personne n'en a jamais ouï parler. C'est un prodige supérieur à tous les prodiges connus. »

CHAPITRE XI.

Plutarque, dans ses *Symposiaques*, défend contre Érasistrate, et appuie de l'autorité d'Hippocrate, l'opinion de Platon sur les fonctions de l'estomac et de la trachée-artère.

Plutarque et d'autres savants ont écrit que l'illustre médecin Érasistrate blâmait Platon d'avoir dit que la boisson coule dans le poumon, l'humecte, et, se filtrant ensuite à travers ses pores, se rend dans la vessie. L'auteur de cette opinion erronée, selon Érasistrate, est le poëte Alcée, qui a dit, dans un de ses poëmes :

« Humecte de vin tes poumons; le soleil commence son tour. »

Selon Érasistrate, deux canaux prennent naissance dans notre gosier. L'un sert de passage aux aliments et à la boisson, qui descendent dans l'estomac, d'où ils passent dans le ventricule appelé en grec ἡ κάτω κοιλία, où ils sont amollis et digérés. Ensuite, les ordures solides vont dans le boyau appelé κῶλον; les humides traversent les reins et se rendent dans la vessie. L'autre canal est appelé trachée artère; par lui, l'air que nous respirons descend de la bouche dans le poumon, d'où il remonte par le même chemin à la bouche et aux narines. Le même canal sert de passage à la voix. Il était à craindre que la boisson ou les aliments, au lieu de se rendre dans l'estomac, ne s'égarassent dans le canal par lequel nous aspirons et respirons, et ne bouchât le passage à la respiration. La nature y a pourvu; elle a placé auprès des deux ouvertures l'épiglotte, sorte de barrière qui se ferme et s'ouvre tour à tour. Pendant que nous mangeons ou buvons, l'épiglotte ferme et protége la trachée-artère, empêchant que rien ne se glisse dans le passage où la vie respire, pour ainsi parler. Grâce à cette précaution de la nature, aucun liquide ne pénètre dans le poumon. Telle est la thèse d'Érasistrate contre Platon. Plutarque nous apprend dans ses

---

ferre quasi quosdam igneos angues, luculente dixit : at hic noster, *atram nubem turbine piceo et favilla fumantem*, ῥόον καπνοῦ αἴθωνα interpretari volens, crasse et immodice congessit; *globos* quoque *flammarum*, quod ille χρουνούς dixerat, duriter et ἀκύρως transtulit. Item quod ait : *sidera lambit*, vacanter hoc etiam, inquit, accumulavit et inaniter. Neque non id quoque inenarrabile esse ait, et propemodum insensibile, quod *nubem atram fumare* dixit *turbine piceo et favilla candente*. Non enim fumare, inquit, solent, neque atra esse, quae sunt candentia : nisi si *candente* dixit pervulgate et improprie pro ferventi favilla, non pro ignea et relucenti. Nam *candens* scilicet [est] a candore dictum, non a calore. Quod *saxa* autem *et scopulos eructari et erigi*, eosdemque ipsos statim *liquefieri, et gemere, atque glomerari sub auras* dixit, hoc, inquit, nec a Pindaro scriptum, nec unquam fando auditum, et omnium, quæ monstra dicuntur, monstruosissimum est.

CAPUT XI.

Quod Plutarchus in libris Symposiacis opinionem Platonis de habitu atque natura stomachi fistulæque ejus, quæ τραχεῖα dicitur, adversum Erasistratum medicum tutatus est, auctoritate adhibita antiqui medici Hippocratis.

Et Plutarchus et alii quidam docti viri, reprehensum esse ab Erasistrato, nobili medico, Platonem, scripsere, quod potum dixit defluere ad pulmonem, eoque satis humectato dimanare per eum, quia sit rimosior, et confluere inde in vesicam, errorisque istius fuisse Alcæum ducem, qui in poëmatis suis scriberet :

Τέγγε πνεύμονας οἴνῳ· τὸ γὰρ ἄστρον περιτέλλεται

Ipsum autem Erasistratum dicere, duas esse quasi caniculas quasdam, vel fistulas, easque ab oris faucibus proficisci deorsum, per earumque alteram deduci delabique in stomachum esculenta omnia et potulenta : ex eoque ferri in ventriculum, quæ græce ἡ κάτω κοιλία appellatur; atque ibi subigi, digerique : ac deinde aridiora ex iis recrementa in alvum convenire, quod græce κῶλον dicitur, humidiora per renes in vesicam. Per alteram autem fistulam, quæ græce nominatur τραχεῖα ἀρτηρία, spiritum a summo ore in pulmonem, atque inde rursum in os et in naris commeare; perque eandem viam vocis quoque fieri meatum : ac, ne potus cibusve aridior, quem oporteret in stomachum ire, procideret ex ore laberetur ea in eam fistulam, per quam spiritus reciprocatur, eaque offensione intercluderetur animæ via, impositam esse arte quadam et ope naturæ inde apud duo ista foramina, quæ dicitur ἐπιγλωττίς, quasi claustra quædam mobilia, connivientia vicissim et resurgentia : eamque ἐπιγλωττίδα inter edendum bibendumque operire atque protegere τὴν τραχεῖαν ἀρτηρίαν, ne quid ex esca potuve incideret in illud quasi æstuantis animæ iter, ac propterea nihil humoris innare in pulmonem ore ipso arteriæ communito. Hæc [ait] Erasistratus medicus adversus Platonem. Sed Plutarchus in libro *Symposiacorum*, auctorem Platonis sententiæ Hippocratem dicit fuisse :

Symposiaques que l'opinion de Platon a eu pour auteur Hippocrate, et qu'elle a été partagée par Philistion de Locres, et Dioxippe, médecin de l'école d'Hippocrate, tous deux célèbres médecins de l'antiquité. Ils soutiennent que le rôle de l'épiglotte n'est pas d'arrêter le passage de tout liquide dans la trachée-artère, puisque les liquides sont aussi utiles et nécessaires au poumon, qui a besoin d'être alimenté et humecté. L'épiglotte, disent-ils, sert d'arbitre et de modératrice, chargée de repousser ou d'admettre, selon le besoin et l'intérêt de l'organisation. Sans doute elle ne laissera pas les aliments s'engloutir dans la trachée-artère, elle les éconduira, pour les envoyer à l'estomac. Mais elle partagera la boisson entre l'estomac et le poumon. Encore, ce dont elle aura fait choix pour le poumon, elle ne le laissera pas entrer rapidement et à la fois ; mais, opposant sa barrière mobile, elle ne lui permettra de pénétrer qu'insensiblement et peu à peu. Tout le reste, elle le détournera vers le canal qui mène à l'estomac.

CHAPITRE XII.

Sujets *infâmes*, ou questions paradoxales, traitées par Favorinus comme exercices.

Les causes infâmes, ou, si on l'aime mieux, insoutenables, appelées par les Grecs thèses paradoxales, ont exercé les sophistes et même les philosophes anciens. Notre Favorinus lui-même ne dédaignait pas ces sujets, qu'il jugeait propres à éveiller le talent, à aiguiser l'esprit, à aguerrir contre les difficultés. Il fit l'éloge de Thersite, et l'apologie de la fièvre quarte. Il eut sur ces deux sujets des expressions heureuses, des idées ingénieuses, qu'il laissa par écrit. Dans l'apologie de la fièvre, il cita Platon, lequel a dit qu'au sortir de la fièvre quarte, si on a repris toutes ses forces, on jouit d'une santé plus constante et plus ferme. Il se livra même à un jeu d'esprit plein de grâce. « Voici, dit-il, un vers sur la vérité duquel les siècles ont prononcé :

« Les journées de l'homme sont tour à tour
« mères et marâtres. »

Cela veut dire qu'on ne peut pas toujours être bien ; qu'on est bien un jour, mal un autre. Donc, puisque le bien et le mal reviennent alternativement dans la vie, c'est une heureuse chose que la fièvre, qui ne revient que tous les trois jours, et nous donne *deux mères pour une marâtre*. »

CHAPITRE XIII.

Emplois nombreux et variés de la particule *quin*. Obscurité qu'elle jette dans les écrits des vieux auteurs.

La particule *quin*, que les grammairiens appellent conjonction, établit entre les membres de la phrase des rapports de différentes sortes. En effet, nous l'employons pour blâmer, interroger, exhorter : *quin venis? quin legis? quin fugis?* que ne viens-tu? que ne lis-tu? que ne fuis-tu? Elle est affirmative : « Il n'est pas douteux que Cicéron ne (*quin*) soit le plus éloquent des orateurs. » Elle est négative au contraire dans les

---

idemque esse opinatos et Philistiona Locrum et Dioxippum Hippocraticum, veteres medicos et nobiles : atque illam, de qua Erasistratus dixerit, ἐπιγλωττίδα non idcirco in eo loco constitutam, ne quid ex potu influeret in arteriam ; (nam pulmoni quoque fovendo, rigandoque [utiles] necessarios[que] humores videri;) sed appositam quasi moderatricem quandam arbitramque prohibendi admittendive, quod ex salutis usu foret : uti edulia quidem omnia defenderet ab arteria, depelleretque in stomachi viam; potum autem partiretur inter stomachum et pulmonem; et, quod ex eo admitti in pulmonem per arteriam deberet, non rapidum id, neque universum, sed quadam quasi obice sustentatum ac repressum sensim paulatimque transmitteret : atque omnem reliquum in alteram stomachi fistulam derivaret.

CAPUT XII.

De materiis infamibus, quas Græci ἀδόξους appellant, a Favorino exercendi gratia disputatis.

Infames materias, sive quis mavult dicere inopinabiles, quas Græci ἀδόξους [καὶ ἀτόπους] ὑποθέσεις appellant, et veteres adorti sunt, non sophistæ solum, sed philosophi quoque : et noster Favorinus oppido quam libens in eas materias dicebat, vel ingenio expergificando ratus idoneas, vel exercendis argutiis, vel edomandis usu difficultatibus : sicuti, cum Thersitæ laudes quæsivit, et, cum febrim quartis diebus recurrentem laudavit, lepida sane multa, et non facilia inventu, in utramque causam dixit, eaque scripta in libris reliquit. Sed in febribus laudibus testem etiam Platonem produxit, quem scripsisse ait, qui quartanam passus convaluerit, virosque integras recuperaverit, fidelius constantiusque postea valiturum. Atque inibi [in] iisdem laudibus non hercle hæc sententiola invenuste lusit. Versus, inquit, est longo hominum ævo probatus :

Ἄλλοτε μητρυιὴ πέλει ἡμέρη, ἄλλοτε μήτηρ.

Eo versu significatur, non omni die bene esse posse, sed isto bene, atque alio male. Quod cum ita sit, inquit, ut in rebus humanis bene, aut male, vice alterna sit : hæc biduo medio intervallata febris quinto est fortunatior, in qua est μία μητρυιά, δύο μητέρες?

CAPUT XIII.

Quin particula quot qualesque varietates significationis habeat, et quam sæpe in veterum scriptis obscura sit.

Quin particula, quam grammatici conjunctionem appellant, variis modis sententiisque connectere orationem videtur. Aliter enim dici putatur, cum quasi increpantes, vel interrogantes, vel exhortantes dicimus : *Quin venis? quin legis? quin fugis?* aliter, cum ita confirmamus : « Non « dubium est, quin M. Tullius omnium sit eloquentissi- « mus; » aliter autem, cum sic componimus, quod quasi priori videtur contrarium : « Non idcirco causas Iso-

phrases ainsi construites : « Isocrate s'abstint de « plaider, non qu'il ne (quin) jugeât cette profession « utile et honnête. » La même particule a un sens à peu près semblable dans ce passage de la troisième *Origine* de Caton : *Haud eos eo postremum scribo, quin populi et boni et strenui sient.* « Si je les place en dernier lieu, ce n'est pas que « ces peuples ne soient bons et braves. » Dans la seconde *Origine*, Caton a donné encore un sens peu différent à la même particule : *Neque satis habuit quod eum in occulto vitiaverat, quin ejus famam prostitueret.* « Non content de l'avoir « déshonoré en secret, il voulut encore le perdre « de réputation. » Observons en outre que Quadrigarius, dans le huitième livre de ses Annales, a fait de cette particule un emploi fort obscur. Voici sa phrase : *Romam venit; vix superat quin triumphus decernatur.* « Il vient à Rome; « il obtient avec peine que le triomphe lui soit « décerné. » Le même auteur dit, dans le sixième livre du même ouvrage : *Pœne factum est quin castra relinquerent atque cederent hosti.* « Peu « s'en fallut qu'ils n'abandonnassent le camp, et ne « le cédassent à l'ennemi. » Je n'ignore pas qu'on dira peut-être, après une légère réflexion : Cela importe peu, après tout. *Quin* peut, dans les deux sens, être confondu avec *ut*; on est très-libre de dire : *Vix superat ut triumphus decernatur; pœne factum est ut castra relinquerent atque cederent hosti.* Permis sans doute à ces esprits si dégagés de changer selon leur caprice le sens des mots qui n'ont pas un sens précis, pourvu cependant qu'ils y apportent quelque retenue et quelque discernement. Quant à la particule qui nous occupe, si l'on ne songe qu'elle est composée, qu'elle a un sens à elle, et n'est pas une simple conjonction, jamais on ne saisira la variété de ses emplois. Mais la dissertation devient déjà longue; et je vous renvoie, si vous avez du loisir, aux *Opuscules philologiques* de P. Nigidius.

CHAPITRE XIV.

Traits charmants extraits des mimes de Publius.

Publius a écrit des mimes qui lui ont mérité une place à côté de Labérius. Caïus César était même tellement blessé de la malice et de l'insolence de Labérius, qu'il préférait à ses mimes ceux de Publius. On cite de ce dernier une foule de pensées charmantes, très propres à orner la conversation. Je choisis les suivantes, toutes renfermées en un vers, et je me fais un plaisir de les transcrire ici.

« Une mauvaise résolution est celle qu'on ne « peut changer. Donner à qui le mérite, c'est re« cevoir en donnant. Supporte, et ne blâme pas « ce que tu ne peux éviter. Peut-on au delà du « juste, on veut au delà du possible. En voyage, « un compagnon qui parle bien vaut un char. « La bonne réputation est greffée sur la fruga« lité. Larmes d'héritier, rire sous masque. Pa« tience à bout devient fureur. On a tort d'accuser « Neptune, au second naufrage. En vivant « avec ton ami, songe qu'il pourra être ton en« nemi. Pardonner une vieille injure, c'est en « provoquer une nouvelle. On ne triomphe pas « du danger sans danger. Trop de dispute ban« nit la vérité. Un refus poli est un demi-bien« fait. »

« crates non defendit, quin id utile esse et honestum « existimarit : » a quo illa significatio non abhorret, quæ est in tertia *Origine* M. Catonis : « Haud eos, » inquit, « eo postremum scribo, quin populi et boni et strenui « sient. » In secunda quoque *Origine* M. Cato non longe secus hac particula usus est : « Neque satis, » inquit, « habuit, quod eum in occulto vitiaverat, quin ejus fa« mam prostitueret. » Præterea animadvertimus Quadrigarium in octavo *Annalium* particula ista usum esse obscurissime. Ipsius verba posuimus : « Romam venit; vix « superat, quin triumphus decernatur. » Item in sexto *Annali* ejusdem verba hæc sunt : « Pæne factum est, « quin castra relinquerent, atque cederent hosti. » Non me autem præterit, dicere aliquem posse de summo pectore, nihil esse in his verbis negotii ; nam *quin* utrobique positum pro *ut*; planissimumque esse, si ita dicas : « Ro« mam venit; vix superat ut triumphus decernatur; » item alio in loco : « Pæne factum est, ut castra relinque« rent atque cederent hosti. » Sed utantur sane, qui tam expediti sunt, perfugiis commutationum in verbis, quæ non intelliguntur : utantur tamen, ubi id facere poterunt, verecundius. Hanc vero particulam, de qua dicimus, nisi si quis didicerit compositam copulatamque esse, neque vim tantum conjungendi habere, sed certa quadam significatione factam, unquam profecto rationes ac varietates istius comprehensurus est. Quod quia longioris dissertationis est, poterit, cui otium est, reperire hoc in P. Nigidii *Commentariis*, quos *Grammaticos* inscripsit.

CAPUT XIV.

Sententiæ ex Publii mimis selectæ lepidiores.

Publius mimos scriptavit, dignusque habitus est, qui suppar Laberio judicaretur. Caium autem Cæsarem ita Laberii maledicentia et arrogantia offendebat, ut acceptiores et probatiores sibi esse Publii, quam Laberi mimos prædicaret. Hujus Publii sententiæ feruntur pleræque lepidæ, et ad communem sermonum usum commendatissimæ; ex quibus sunt istæ singulis versibus circumscriptæ, quas libitum hercle est adscribere :

Malum est consilium, quod mutari non potest.
Beneficium dando accepit, qui digno dedit.
Feras, non culpes, quod vitari non potest.
Cui plus licet, quam par est, plus vult, quam licet.
Comes facundus in via pro vehiculo est.
Frugalitas inserta est rumoris boni.
Heredis fletus sub persona risus est.
Furor fit læsa sæpius patientia.
Improbe Neptunum accusat, qui iterum naufragium facit.
Ita amicum habeas, posse ut fieri hunc inimicum putes.
Veterem ferendo injuriam invites novam.
Nunquam periculum sine periclo vincitur.
Nimium altercando veritas amittitur.
Pars beneficii est, quod petitur, si belle neges.

CHAPITRE XV.

Carnéade se purge avec l'ellébore, avant d'écrire contre Zénon : vertus de l'ellébore blanc et de l'ellébore noir.

L'académicien Carnéade, avant d'écrire contre la doctrine de Zénon le stoïcien, purgea la partie supérieure de son corps avec de l'ellébore blanc, afin d'éviter que les humeurs corrompues dans son estomac, s'élevant jusqu'au siége de l'âme, n'altérassent la vigueur de son esprit. Voilà comme ce puissant génie se préparait à combattre les écrits de Zénon. J'ai lu ce trait dans une histoire grecque, et je me suis demandé ce que c'était que l'ellébore blanc. J'ai appris qu'il y a deux espèces d'ellébore, l'un blanc, et l'autre noir. Cette différence de couleur ne se remarque ni dans la graine ni dans la tige, mais seulement dans la racine. L'ellébore blanc purge l'estomac et la partie supérieure du ventre, en provoquant des vomissements. L'ellébore noir purge le bas-ventre. L'un et l'autre ont la vertu de dégager les humeurs peccantes, origine des maladies. Mais il est à craindre, que l'ellébore ouvrant toutes les voies, les sources de la vie ne s'épuisent avec celles de la maladie, et que l'homme ne meure. Toutefois on peut en toute sûreté prendre l'ellébore dans l'île d'Anticyre; Pline l'atteste dans son *Histoire naturelle*. Aussi, Livius Drusus, qui fut tribun du peuple, étant épileptique, fit le voyage d'Anticyre, où il se guérit par une infusion d'ellébore. J'ai lu quelque part que les Gaulois, dans les chasses, trempent leurs flèches dans l'ellébore, persuadés que le gibier atteint de ces flèches est plus tendre. Mais ils ont la précaution de couper tout autour de la blessure les chairs où l'ellébore a pu se répandre.

CHAPITRE XVI.

Le sang des canards du Pont est un contre-poison. Habileté de Mithridate dans la confection des antidotes.

On dit que les canards du Pont font de certains poisons leur nourriture ordinaire. On lit même dans Lenæus, affranchi de Pompée, que Mithridate, ce fameux roi du Pont, qui avait une connaissance approfondie de cette partie de la médecine, mêlait le sang de ces canards avec des contre-poisons, et se préservait, par un usage assidu de ces mélanges, des embûches qu'on pouvait lui tendre dans les repas. Souvent même il faisait parade d'avaler sciemment les poisons les plus subtils et les plus prompts, et le faisait impunément. Vaincu plus tard dans une bataille contre les Romains, il fuit au fond de ses états, et, résolu à se donner la mort, il fit inutilement l'essai des poisons les plus violents, et finit par se percer de son épée. L'antidote de ce roi est célèbre: on le nomme *mithridatios*.

CHAPITRE XVII.

Mithridate, roi du Pont, parlait vingt-cinq langues. Ennius se vantait d'avoir trois cœurs, parce qu'il parlait trois langues, la grecque, l'osque et la latine.

Ennius disait qu'il avait trois cœurs, parce

CAPUT XV.

Quod Carneades academicus elleboro stomachum purgavit, scripturus adversus Zenonis stoici decreta : deque natura medelaque ellebori candidi et nigri.

Carneades academicus, scripturus adversum stoici Zenonis libros, superiora corporis elleboro candido purgavit; ne quid ex corruptis in stomacho humoribus ad domicilia usque animi redundaret, et instantiam vigoremque mentis labefaceret; tanta cura tantoque apparatu sui vir ingenio præstanti ad refellenda, quæ scripserat Zeno, aggressus. Id cum in historia græca legissem, quod *elleboro candido* scripturum erat, quid esset, quæsivi. Tum comperi, duas species ellebori esse discerniculo coloris insignes, candidi et nigri. Eos autem colores non in semine ellebori, neque in virgultis, sed in radice dignosci ; candido stomachum et ventrem superiorem vomitionibus purgari; nigro alvum, quæ *inferior* vocatur, dilui : utriusque esse hanc vim, ut humores noxios, in quibus causæ morborum sunt, extrahant. Esse autem periculum, ne inter causas morborum, omni corporum via patefacta, ea quoque ipsa, in quibus causa vivendi est, exinaniantur, amissoque omni naturalis alimoniæ fundamento homo exhaustus intereat. Sed elleborum sumi posse tutissime in insula Anticyra Plinius Secundus, in libris *Naturalis Historiæ*, scripsit : propterea Livium Drusum, qui tribunus plebi fuit, cum morbum, qui comitialis dicitur, pateretur, Anticyram navigasse, et in ea insula elleborum bibisse ait, atque ita morbo liberatum. Præterea scriptum legimus, Gallos in venatibus tingere elleboro sagittas, quod iis ictæ exanimatæ feræ teneriores ad epulas fiant : sed propter ellebori contagium, vulnera ex sagittis facta circumcidere latius dicuntur.

CAPUT XVI.

Anates Ponticas vim habere venenis detergendis potentem : atque inibi de Mithridati regis in id genus medicamentis sollertia.

Anates Ponticas dicitur edundis vulgo venenis victitare. Scriptum etiam a Lenæo, Cn. Pompeii liberto, Mithridatem illum Ponti regem medicinæ rei et remediorum id genus sollertem fuisse : solitumque earum sanguinem miscere medicamentis, quæ digerendis venenis valent : euinque sanguinem vel potentissimum esse in ea confectione : ipsum autem regem, assiduo talium medelarum usu, a clandestinis epularum insidiis cavisse : quin et scientem quoque ultro, et ostentandi gratia venenum rapidum et velox sæpenumero hausisse : atque id tamen sine noxa fuisse. Quamobrem postea, cum prælio [populi romani] victus in ultima regni refugisset, et mori decrevisset, et venena violentissima festinandæ necis causa frustra expertus esset, suo se ipse gladio transegit. Hujus regis antidotus celebratissima est, quæ Mithridatios vocatur.

CAPUT XVII.

Mithridatem, Ponti regem, quinque et viginti gentium lin-

qu'il parlait grec, osque et latin. Mithridate, ce fameux roi du Pont et de la Bithynie, qui fut vaincu par Pompée, savait parfaitement les langues de vingt-cinq nations qui lui obéissaient. Dans ses rapports avec elles, il ne se servit jamais d'interprète : à mesure qu'un des habitants de ces diverses contrées paraissait devant lui, il lui parlait sa langue aussi bien que s'il eût été de son pays.

CHAPITRE XVIII.

M. Varron rapporte que l'historien Salluste fût surpris par Milon en adultère, et ne put sortir qu'après avoir été battu, et avoir donné de l'argent.

M. Varron, si grave et si sincère dans ses écrits et dans sa conduite, nous apprend, dans son livre intitulé *le Pieux, ou de la Paix*, que Salluste, cet écrivain d'un style si sérieux et si sévère, qui, en écrivant l'histoire, semble exercer les fonctions de la censure, fut surpris en adultère par Annius Milon, bien battu avec des courroies, et forcé de donner de l'argent; après quoi il lui fut permis de se retirer.

CHAPITRE XIX.

Invective d'Épictète contre les hommes impurs qui s'occupaient de philosophie. Résumé en deux mots de la doctrine de ce philosophe.

J'ai entendu Favorinus rapporter ce mot d'Épictète : La plupart des gens qui ont l'air de philosopher sont des philosophes ἄνευ τοῦ πράττειν, μέχρι τοῦ λέγειν, n'allant pas jusqu'à la pratique, s'arrêtant aux paroles. Il y a plus de véhémence encore dans l'invective du même philosophe, rapportée par Arrien dans son ouvrage sur les dissertations d'Épictète. Lorsqu'Épictète, dit Arrien, voyait un homme sans pudeur, actif à mal faire, de mœurs corrompues, plein d'audace, bavard imperturbable, soignant tout, hormis son âme, se livrer à l'étude de la philosophie, manier les livres des philosophes, aborder la physique, méditer sur la dialectique, et chercher à pénétrer ces mystères, alors Épictète attestait les hommes et les dieux ; souvent il gourmandait les faux philosophes avec des cris : « Homme, lui disait-il, où jettes-tu ces sciences? Regarde si le « vase est purifié; si tu jettes tout cela dans ton en- « tendement, c'en est fait. Si cela pourrit, cela va « devenir urine, vinaigre, ou pire encore. » Rien de plus sévère, rien de plus vrai. Par là le plus grand des philosophes faisait entendre que les lettres et la philosophie, en tombant dans l'entendement d'un homme impur, y changeaient de nature, et se corrompaient comme dans un vase souillé. Il appelait cela, dans son langage cynique, devenir de l'urine, ou pire encore. Enfin ce même Épictète (je l'ai entendu de la bouche de Favorinus) avait coutume de dire que les deux vices les plus graves et les plus honteux étaient l'impatience et l'incontinence : le premier, qui consiste à ne pas savoir endurer les injustices qu'il faut supporter; le second, à ne pas savoir s'abstenir des plaisirs qu'on doit s'interdire. « Voici deux paroles, disait-il ; gardez-les dan vos cœurs, observez-les en vous maîtrisant et veillant sur vous-mêmes; vous serez impeccables, et vivrez tranquille. Ces deux mots sont ἀνέχου καὶ ἀπέχου, supporte et abstiens-toi. »

CHAPITRE XX.

Traduction savante, harmonieuse et fidèle d'un passage du Banquet de Platon.

On lisait chez le philosophe Taurus le Banquet de Platon. Dans l'éloge de l'amour que l'auteur met dans la bouche de Pausanias, je trouvai des paroles qui me plurent à tel point que je m'exerçai à les retenir. Voici donc ce que j'ai retenu : Πᾶσα γὰρ πρᾶξις ὧδε ἔχει· αὐτὴ ἐφ' ἑαυτῆς πραττομένη, οὔτε καλὴ, οὔτε αἰσχρὰ, οἷον νῦν ἡμεῖς ποιοῦμεν, ἢ πίνειν, ἢ ᾄδειν, ἢ διαλέγεσθαι. Οὐκ ἔστι τούτων αὐτὸ καθ' αὑτό, καλὸν οὐδέν· ἀλλ' ἐν τῇ πράξει, ὡς ἂν πραχθῇ, τοιοῦτον ἀπέβη. Καλῶς μὲν γὰρ πραττόμενον, καὶ ὀρθῶς, καλὸν γίγνεται· μὴ ὀρθῶς δὲ, αἰσχρόν· οὕτω δὴ καὶ τὸ ἐρᾶν καὶ ὁ Ἔρως οὐ πᾶς ἐστι καλὸς, οὐδὲ ἄξιος ἐγκωμιάζεσθαι, ἀλλ' ὁ καλῶς προτρέπων ἐρᾶν. Après la lecture de ce passage, Taurus, s'adressant à moi : « Eh, bien! dit-il, rhétoricien (c'est ainsi qu'il m'appelait alors ; je ne faisais que d'entrer dans son école, et il me croyait à Athènes seulement pour m'exercer à l'éloquence), vois-tu là une pensée brillante et arrondie, développée dans une période nombreuse, courte, et heureusement coupée? Peux-tu nous citer une phrase de quelqu'un des vôtres aussi juste et aussi harmonieuse? Cependant borne-toi à jeter un coup d'œil en passant sur la construction savante de la période, et hâte-toi d'arriver à la solidité du fond, à l'élévation de l'idée; entre, en un mot, dans le sanctuaire de Platon. Il ne faut pas s'arrêter en chemin pour considérer la douceur des mots et les grâces de la diction. » Cet avertissement de Taurus ne fit qu'allumer en moi le désir d'imiter en latin l'élégance du grec. Il y a des animaux petits et sans prix qu'un instinct pétulant porte à imiter tout ce qu'ils voient ou entendent; et moi, après avoir admiré Platon, je voulus, non pas rivaliser avec lui, mais essayer de retracer les lignes et les ombres de son style. Voici mon essai : « Un acte, considéré en lui-
« même, n'est ni honteux ni honnête. Maintenant
« nous buvons, chantons, discourons; rien de
« tout cela, en soi, n'est honnête. Tel l'acte est
« produit, tel il est. S'il est produit honnêtement,
« il est honnête; honteusement, honteux. Ainsi
« l'amour n'est pas toujours honnête, toujours
« louable; l'amour honnête est celui qui nous
« porte à aimer honnêtement. »

CHAPITRE XXI.

Synchronismes de l'histoire grecque et de l'histoire romaine, depuis la fondation de Rome jusqu'à la seconde guerre punique.

Je voulus avoir un tableau des vieux âges et des hommes célèbres qui les avaient illustrés, afin de ne

tiam et incontinentiam ; cum aut injurias, quæ sunt ferendæ, non toleramus, neque ferimus ; aut a quibus rebus voluptatibusque nos tenere debemus, non tenemus. Itaque, inquit, si quis haec duo verba cordi habeat, eaque sibi imperando atque observando curet, is erit pleraque impeccabilis, vitamque vivet tranquillissimam. Verba duo haec dicebat : Ἀνέχου καὶ ἀπέχου.

CAPUT XX.

Verba sumta ex Symposio Platonis, numeris coagmentisque verborum scite, modulateque, apteque exercendi gratia, in latinam orationem versa.

Symposium Platonis apud philosophum Taurum legebatur. Verba illa Pausaniæ inter convivas amorem vice sua laudantis, ea verba ita prorsus amavimus, ut meminisse etiam studuerimus. Sunt adeo, quæ meminimus, verba hæc : Πᾶσα γὰρ πρᾶξις ὧδε ἔχει· αὐτὴ ἐφ' ἑαυτῆς πραττομένη, οὔτε καλὴ, οὔτε αἰσχρὰ, οἷον νῦν ἡμεῖς ποιοῦμεν, ἢ πίνειν, ἢ ᾄδειν, ἢ διαλέγεσθαι. Οὐκ ἔστι τούτων αὐτὸ καθ' αὑτό, καλὸν οὐδέν· ἀλλ' ἐν τῇ πράξει, ὡς ἂν πρχχθῇ. Καλῶς μὲν γὰρ πραττόμενον καὶ ὀρθῶς, καλὸν γίγνεται· μὴ ὀρθῶς δὲ, αἰσχρόν· οὕτω δὴ καὶ τὸ ἐρᾶν καὶ ὁ Ἔρως οὐ πᾶς ἐστὶ καλὸς, οὐδὲ ἄξιος ἐγκωμιάζεσθαι, ἀλλ' ὁ καλῶς προτρέπων ἐρᾶν. Hæc verba ubi lecta sunt, atque ibi Taurus mihi : Heus, inquit, tu, rhetorisce, (sic enim me in principio recens in diatribam acceptum appellitabat, existimans, eloquentiæ unius extundendæ gratia Athenas venisse;) videsne, inquit, ἐνθύμημα crebrum, et coruscum, et convexum, brevibusque et rotundis numeris, cum qua- dam æquabili circumactione devinctum? Habesne nobis dicere in libris rhetorum vestrorum tam apte, tamque modulate compositam orationem? Sed hos, inquit, tamen numeros censeo videas ὁδοῦ πάρεργον. Ad ipsa enim Platonis penetralia, ipsarumque rerum pondera, et dignitates pergendum est; non ad vocularum ejus amœnitatem, nec ad verborum venustates deversitandum. Hæc admonitio Tauri de orationis platonicæ modulis, non modo non repressit, sed instrinxit etiam nos ad elegantiam græcæ orationis verbis latinis affectandam : atque uti quædam animalium parva et vilia ad imitandum sunt, quas res cunque audierint viderintve, petulantia; perinde nos ea, quæ in Platonis oratione demiramur, non æmulari quidem, sed lineas umbrasque facere ausi sumus. Velut ipsum hoc est, quod ex illis iisdem verbis ejus effinximus : « Omne, » inquit, « omnino factum sic sese habet, neque
« turpe est, quantum in eo est, neque honestum : velut
« est, quas nunc facimus ipsi res, bibere, cantare, disse-
« rere; nihil namque horum ipsum ex sese honestum est;
« quale cum fieret modo factum est, tale exstitit : si recte
« honesteque factum est, tum honestum fit : sin parum
« recte, turpe fit : sic amare; sic amor non honestus om-
« nis, neque omnis laude dignus, sed qui facit nos, ut
« honeste amemus. »

CAPUT XXI.

Quibus temporibus post Romam conditam Græci Romanique illustres viri floruerint ante secundum bellum Carthaginiensium.

Ut conspectum quendam ætatum antiquissimarum,

pas laisser échapper dans la conversation quelque parole inconsidérée sur l'époque ou la vie des hommes illustres, comme fit naguère un sophiste mal appris, qui dit, en discourant, que Carnéade le philosophe avait reçu une somme d'argent d'Alexandre, fils de Philippe, et qui fit du stoïcien Panétius le contemporain du premier Africain. Pour me mettre en garde contre ces sortes d'anachronismes, je faisais des extraits des livres appelés *Chroniques*, et je gravais dans ma mémoire les temps où avaient vécu les Grecs et les Romains illustres par le génie ou le pouvoir, depuis la fondation de Rome jusqu'à la seconde guerre punique. Ces extraits, faits en divers lieux, je les mets rapidement en ordre. Je n'ai pas la prétention de ranger dans un tableau synchronique complet tous les hommes qui ont illustré Rome et la Grèce, mais seulement de parsemer ces Nuits de fleurs légères, cueillies dans le champ de l'histoire. Il me paraît donc suffisant de m'arrêter dans cet abrégé aux époques de la vie de quelques grands hommes; il sera facile d'y rattacher la vie de ceux dont je ne parlerai pas. Je commence à l'illustre Solon; car, pour Homère et Hésiode, on est à peu près d'accord qu'ils furent contemporains, ou qu'Homère parut peu avant Hésiode, mais que certainement ils ont vécu l'un et l'autre avant la fondation de Rome, pendant que les Silvius régnaient à Albe plus de cent soixante ans après la guerre de Troie, selon Cassius, dans ses Annales, livre premier; cent soixante ans environ avant la fondation de Rome, selon Cornélius Népos, livre premier de ses *Chroniques*. Solon fut le prince des sages de la Grèce; il donna des lois aux Athéniens, la trente-troisième année du règne de Tarquin l'Ancien. Sous le règne de Servius Tullius, Pisistrate exerça la tyrannie dans Athènes; Solon qui l'avait prédit et qu'on n'avait pas voulu croire, s'était déjà condamné à un exil volontaire. Plus tard, Pythagore de Samos vint en Italie; Tarquin, surnommé le Superbe, était alors roi de Rome. Vers la même époque eut lieu à Athènes le meurtre d'Hipparque, fils de Pisistrate et frère du tyran Hippias : il fut tué par Harmodius et Aristogiton. Pendant le règne de Tullus Hostilius, Archiloque, s'il faut en croire Cornélius Népos, était déjà fameux par ses poëmes. Ce fut l'an de Rome deux cent soixante, ou peu après, que les Athéniens défirent les Perses à la fameuse bataille de Marathon, sous le commandement de Miltiade, qui, après la victoire, fut condamné par le peuple, et mourut dans les prisons de l'État. Alors Eschyle, poëte tragique, devient célèbre à Athènes. A Rome, vers le même temps, le peuple se donne, par la sédition, des édiles et des tribuns. Peu de temps après, Cn. Marcius Coriolan, poussé à bout par les tribuns du peuple, passe aux Volsques, ennemis de Rome, et fait la guerre au peuple romain. Quelques années après, Xerxès combat contre les Athéniens et la plus grande partie de la Grèce; vaincu dans un combat naval près de Salamine, il se sauve par la fuite. Quatre ans après, ou environ, sous le consulat de Ménénius Agrippa et de M. Horatius Pulvillus, dans la

---

item virorum illustrium, qui in iis ætatibus nati fuissent, haberemus, ne in sermonibus forte inconspectum aliquid super ætate atque vita clarorum hominum temere diceremus ; sicuti sophista ille ἀπαίδευτος, qui publice nuper disserens Carneadem philosophum a rege Alexandro, Philippi filio, pecunia donatum, et Panætium stoicum cum superiore Africano vixisse dixit ; ut ab istiusmodi, inquam, temporum ætatumque erroribus caveremus, excerpebamus ex libris, qui *Chronici* appellantur, quibus temporibus floruissent Græci simul atque Romani viri, qui vel ingenio, vel imperio nobiles insignesque post conditam Romam fuissent ante secundum bellum Carthaginiensium : easque nunc excerptiones nostras, variis diversisque in locis factas, cursim digessimus. Neque enim id nobis negotium fuit, ut acri atque subtili cura excellentium in utraque gente hominum συγχρονισμοὺς componeremus ; sed ut Noctes istæ quadantenus his quoque historiæ flosculis leviter injectis aspergerentur. Satis autem visum est, in hoc commentario de temporibus paucorum hominum dicere, ex quorum ætatibus de pluribus quoque, quos non nominaremus, haud difficilis conjectura fieri posset. Incipiemus igitur a Solone claro : quoniam de Homero et Hesiodo inter omnes fere scriptores constitit, ætatem eos egisse vel iisdem fere temporibus, vel Homerum aliquanto antiquiorem ; utrumque tamen ante Romam conditam vixisse, Silviis Albæ regnantibus, annis post bellum Trojanum, ut Cassius in primo *Annalium* de Homero atque Hesiodo scriptum reliquit, plus centum atque sexaginta, ante Romam autem conditam, ut Cornelius Nepos in primo *Chronico[rum]* de Homero dixit, annis circiter centum et sexaginta. Solonem ergo accepimus, unum ex illo nobili numero sapientum, leges scripsisse Atheniensium, Tarquinio Prisco Romæ regnante, anno regni ejus tricesimo tertio. Servio autem Tullio regnante, Pisistratus Athenis tyrannus fuit, Solone ante in exsilium voluntarium profecto : quoniam id ei prædicenti non creditum est. Postea Pythagoras Samius in Italiam venit, Tarquinii filio regnum obtinente, cui cognomentum Superbus fuit. Iisdemque temporibus occisus est Athenis ab Harmodio et Aristogitone Hipparchus, Pisistrati filius, Hippiæ tyranni frater. Archilochum autem Nepos Cornelius tradit, Tullo Hostilio Romæ regnante, jam tum fuisse poëmatis clarum et nobilem. Ducentesimo deinde et sexagesimo anno post Romam conditam, aut non longe amplius, victos esse ab Atheniensibus Persas, memoriæ traditum est, pugnam illam inclitam Marathoniam, Miltiade duce : qui post eam victoriam damnatus a populo Atheniensi in vinculis publicis mortem obiit. Tum Æschylus Atheniensis tragœdiarum poëta celebris fuit. Romæ autem ferme istis temporibus tribunos et ædiles tum primum per seditionem sibi plebes creavit ; ac non diu post Cn. Marcius Coriolanus, exagitatus vexatusque a tribunis plebi, ad Volscos, qui tum hostes erant, a republica descivit, bellumque populo romano fecit. Post deinde paucis annis Xerxes rex ab Atheniensibus, et pleraque Græcia, Themistocle duce, navali prœlio, quod ad Salamina factum est, victus fugatusque est. Atque inde anno fere quarto, Menenio Agrippa, M. Horatio Pulvillo consulibus, bello Veiente, apud

LIVRE XVII, CHAPITRE XXI.

guerre contre les Véiens, près du fleuve Crémère, périssent, enveloppés par l'ennemi, les trois cent six Fabius avec leurs familles. Vers cette époque Empédocle d'Agrigente fit fleurir la philosophie naturelle. Il est certain qu'en ce même temps furent nommés les décemvirs pour faire des lois; qu'ils firent d'abord dix tables, et ensuite en ajoutèrent deux de plus. La guerre du Péloponnèse, dont Thucydide a écrit l'histoire, commença vers l'an trois cent vingt-trois de la fondation de Rome, année où Aulus Posthumius Tubertus fut dictateur à Rome, et fit tomber sous la hache son propre fils, pour avoir combattu contre ses ordres. Fidène s'était déjà déclarée ennemie de Rome. Alors florissaient Sophocle et Euripide, tous deux poëtes tragiques; Hippocrate médecin, Démocrite philosophe. Socrate, Athénien, né après eux, fut quelque temps leur contemporain. Les tribuns militaires exerçaient le pouvoir consulaire dans la république romaine, lorsque Lacédémone, l'an de Rome trois cent quarante-sept, imposa aux Athéniens les trente tyrans; alors Denys l'Ancien exerçait en Sicile un pouvoir tyrannique. Peu d'années après Socrate fut condamné à mort, et but la ciguë dans sa prison. A la même époque à peu près, M. Furius Camillus fut dictateur à Rome, et prit Véies. La guerre contre les Sénons ne tarda pas à éclater; les Gaulois prirent Rome, moins le Capitole. Bientôt Eudoxe, astrologue, se fait un nom en Grèce. Les Lacédémoniens sont vaincus près de Corinthe par les Athéniens, que commandait Phormion. M. Manlius, qui a repoussé les Gaulois au moment où ils allaient s'introduire par surprise dans le Capitole, est convaincu d'avoir voulu saisir la royauté, condamné à mort, et, selon Varron, précipité de la roche Tarpéienne; selon Cornélius Népos, mis à mort à coups de verges. Cette même année, la septième après l'expulsion des Gaulois, Aristote, qui doit être un si grand philosophe, vient au monde. La guerre contre les Sénons était finie, lorsque les Thébains, sous la conduite d'Épaminondas, vainquirent les Lacédémoniens à Leuctres. Peu après, paraît la loi Licinia, et Rome commence à avoir des consuls pris dans les familles plébéiennes. L'an quatre cent de la fondation de Rome, Philippe, fils d'Amyntas et père d'Alexandre, monte sur le trône de Macédoine. Alexandre vient au monde. Platon, philosophe, va visiter Denys le Jeune, tyran de la Sicile. Philippe ne tarde pas à gagner sur les Athéniens la bataille de Chéronée. Démosthène quitte le champ de bataille, et cherche son salut dans la fuite; on lui reproche sa lâcheté; il répond en citant ce vers si connu :

« Qui fuit pourra combattre encore. »

Philippe est mis à mort par surprise. Alexandre, qui lui succède, s'en va subjuguer les Perses, l'Asie et l'Orient. Un autre Alexandre, surnommé Molossus, vient en Italie, pour y combattre les Romains; car déjà la splendeur romaine attirait

---

fluvium Cremeram, Fabii sex et trecenti patricii cum familiis suis, universi ab hostibus circumventi, perierunt. Juxta ea tempora Empedocles Agrigentinus in philosophiæ naturalis studio floruit. Romæ autem per eas tempestates decemviros legibus scribundis creatos constitit; tabulasque ab iis primo decem conscriptas, mox alias duas additas. Bellum deinde in terra Græcia maximum Peloponnesiacum, quod Thucydides memoriæ mandavit, cœptum est circa annum fere, post conditam Romam, trecentesimum vicesimum tertium. Qua tempestate Olus Postumius Tubertus dictator romæ fuit, qui filium suum, quod contra suum dictum in hostem pugnaverat, securi necavit. Hostes tum populi romani fuerant Fidenates. Itaque [qui] in hoc tempore nobiles celebresque erant Sophocles, ac deinde Euripides, tragici poëtæ, et Hippocrates medicus, et Democritus philosophus : quibus Socrates Atheniensis natu quidem posterior fuit; sed quibusdam temporibus iisdem vixerunt. Jam deinde, tribunis militariis consulari imperio rempublicam Romæ regentibus, ad annum fere conditæ urbis trecentesimum quadragesimum septimum, triginta illi tyranni præpositi sunt a Lacedæmoniis Atheniensibus; et in Sicilia Dionysius superior tyrannidem tenuit, paucisque annis post Socrates Athenis capitis damnatus est, et in carcere veneno necatus. Ea fere tempestate Romæ M. Furius Camillus dictator fuit, et Veios cepit. Ac post non longo tempore bellum Senonicum fuit. Tum Galli Romam, præter Capitolium, ceperunt. Neque multo postea Eudoxus astrologus in terra Græcia nobilitatus est : Lacedæmoniique ab Atheniensibus apud Corinthum superati, duce Phormione : et M. Manlius Romæ, qui Gallos in obsidione Capitolii, obrepentis per ardua, depulerat, convictus est, consilium de regno occupando inisse, damnatusque capitis, saxo Tarpeio, ut M. Varro ait, præceps datus; ut Cornelius autem Nepos scriptum reliquit, verberando necatus est. Eoque ipso anno, qui erat post recuperatam urbem septimus, Aristotelem philosophum natum esse, memoriæ mandatum est. Aliquot deinde annis post bellum Senonicum, Thebani Lacedæmonios, duce Epaminonda, apud Leuctra superaverunt : ac brevi post tempore in urbe Roma lege Licinii Stolonis consules creari etiam ex plebe cœpti, cum antea jus non esset, nisi ex patriciis gentibus, fieri consules. Circa annum deinde urbis conditæ quadringentesimum Philippus, Amyntæ filius, Alexandri pater, regnum Macedoniæ adeptus est : inque eo tempore Alexander natus est : paucisque inde annis post Plato philosophus ad Dionysium Siciliæ tyrannum posteriorem profectus est. Post deinde aliquanto tempore Philippus apud Chæroneam prœlio magno Athenienses vincit. Tum Demosthenes orator ex eo prœlio salutem fuga quæsivit, cumque id ei, quod fugerat, probrose objiceretur, versu illo notissimo elusit :

Ἀνὴρ, inquit, ὁ φεύγων καὶ πάλιν μαχήσεται.

Postea Philippus ex insidiis occiditur; et Alexander, regnum adeptus, ad subigendos Persas in Asiam atque in Orientem transgressus est. Alter autem Alexander, cui cognomentum Molosso fuit, in Italiam venit, bellum populo romano facturus; jam enim fama virtusque felicitatis romanæ apud exteras gentes enitescere inceptabat; sed prius, quam bellum faceret, vita decessit. Eum Mo-

les regards des étrangers. Cet Alexandre, du reste, mourut avant de commencer son entreprise; nous savons qu'il dit, en passant en Italie, qu'il allait attaquer une habitation d'hommes, en allant attaquer Rome; que l'autre Alexandre ne trouverait en Perse que des habitations de femmes. Enfin l'Alexandre Macédonien, après avoir subjugué l'Orient et régné onze ans, mourut. Aristote et Démosthène ne tardent pas à le suivre au tombeau. Alors le peuple romain était accablé sous le poids de la longue guerre que lui faisaient les Samnites. Les consuls Tib. Véturius et Spurius Posthumius, enveloppés par les Samnites dans un lieu défavorable, près de Caudium, passent sous le joug et acceptent un honteux traité. Le peuple les fait livrer aux Samnites par les féciaux; mais les Samnites refusent de les recevoir. Il y avait environ quatre cent soixante et dix ans que Rome était fondée, lorsque commença la guerre contre Pyrrhus. A cette époque Épicure d'Athènes et Zénon de Cittium étaient célèbres dans la philosophie, pendant qu'à Rome C. Fabricius Luscinus et Q. Æmilius Papus étaient censeurs, et chassaient du sénat C. Cornélius Rufinus, qui avait été dictateur et deux fois consul. Le motif de cet arrêt était qu'ils lui avaient trouvé dix livres d'argenterie de table. Enfin, l'an de Rome quatre cent quatre-vingt-dix, sous le consulat d'Appius Claudius, surnommé Caudex, frère du fameux Appius Cæcus et de M. Fulvius Flaccus, la guerre contre Carthage commence. Peu de temps après, Callimaque, poëte de Cyrène, se rendit célèbre à Alexandrie, à la cour du roi Ptolémée. Un peu plus de vingt ans après, la paix étant faite avec Carthage, Claudius Centon, fils d'Appius Cæcus, et Marcus Sempronius Tuditanus étant consuls, L. Livius le premier fit connaître à Rome les ouvrages dramatiques, plus de cent soixante ans après la mort de Sophocle et d'Euripide, cinquante-deux environ après celle de Ménandre. A Claudius et Tuditanus succèdent dans le consulat Q. Valerius et C. Manilius, et Q. Ennius, poëte, vient au monde; ainsi du moins l'a cru Varron dans son ouvrage *sur les Poëtes*, livre premier. Il a déjà soixante-sept ans lorsqu'il écrit sa douzième Annale : c'est lui-même qui le dit. L'an cinq cent dix-neuf après la fondation de Rome, Sp. Carvilius Ruga fut le premier qui fit divorce, parce que sa femme était stérile, et qui jura devant les censeurs qu'il ne l'avait prise que pour en avoir des enfants. Ses amis avaient approuvé son dessein. La même année, Cn. Nævius, poëte, fit représenter des pièces devant le peuple. Varron assure dans son ouvrage *sur les Poëtes*, livre premier, que Nævius avait servi dans la première guerre punique : il prétend l'avoir lu dans un poëme de ce poëte sur cette guerre. L'art de la poésie a été introduit dans Rome par Porcius Licinius, s'il faut en croire Servius, qui l'affirme dans ces vers :

« Pendant la seconde guerre punique, la
« Muse entra guerrière et d'un pas ferme dans
« l'altière cité de Romulus. »

Quinze ans après la première pièce de Nævius, commence la seconde guerre punique; bientôt Caton est célèbre dans la république, et Plaute,

---

lossum, cum in Italiam transiret, dixisse accepimus, se quidem ad Romanos ire, quasi in ἀνδρωνῖτιν; Macedonem isse ad Persas, quasi in γυναικωνῖτιν. Postea Macedo Alexander pleraque parte orientali subacta, cum annos regnavisset undecim, obiit mortis diem. Neque haud longe post Aristoteles philosophus, et post aliquanto Demosthenes vita functi sunt : iisdemque ferme tempestatibus populus romanus gravi ac diutino Samnitium bello conflictatus est : consulesque Tib. Veturius et Sp. Postumius in locis iniquis apud Caudium a Samnitibus circumvallati, ac sub jugum missi, turpi fœdere facto discesserant; ob eamque causam populi jussu Samnitibus per Fetiales dediti, recepti non sunt. Post annum deinde urbis conditæ quadringentesimo ferme et septuagesimum bellum cum rege Pyrrho sumtum est. Ea tempestate Epicurus Atheniensis, et Zeno Cittiensis philosophi celebres erant : eodemque tempore C. Fabricius Luscinus et Q. Æmilius Papus censores Romæ fuerunt; et P. Cornelium Rufinum, qui bis consul, et dictator fuerat, senatu moverunt : causam [que] isti notæ subscripserunt, quod eum comperissent argenti facti cœnæ gratia decem pondo libras habere. Anno deinde post Romam conditam quadringentesimo ferme et nonagesimo, consulibus Appio Claudio, cui cognomentum Caudex fuit, Appii illius Cæci fratre, et M. Fulvio Flacco, bellum adversum Pœnos primum cœptum est. Neque diu post Callimachus poëta, Cyrenensis, Alexandriæ apud Ptolemæum regem celebratus est. Annis deinde postea paulo pluribus quam viginti, cum Pœnis pace facta, consulibus Claudio Centone, Appii Cæci filio, et M. Sempronio Tuditano, primus omnium L. Livius poëta fabulas docere Romæ cœpit, post Sophoclis et Euripidis mortem annis plus fere centum et sexaginta, post Menandri annis circiter quinquaginta duobus. Claudium et Tuditanum consules sequuntur Q. Valerius et C. Manilius; quibus natum esse Q. Ennium poëtam M. Varro in primo *De Poëtis* libro scripsit : eumque cum septimum et sexagesimum annum haberet, duodecimum Annalem scripsisse, idque ipsum Ennium in eodem libro dicere. Anno deinde post Romam conditam quingentesimo undevicesimo, Sp. Carvilius Ruga primus Romæ de amicorum sententia divortium cum uxore fecit, quod sterila esset, jurassetque apud censores, uxorem se liberum quærendorum causa habere. Eodemque anno Cn. Nævius poëta fabulas apud populum dedit; quem M. Varro in libro *De Poëtis* primo stipendia fecisse ait bello Pœnico primo; idque ipsum Nævium dicere in eo carmine, quod de eodem bello scripsit. Porcium autem Licinium Servius Poëticam Romæ cœpisse dicit in his versibus :

Pœnico bello secundo Musa pinnato gradu
Intulit se bellicosam in Romuli gentem feram.

Ac deinde annis fere post quindecim bellum adversus Pœnos sumtum est : atque non nimium longe M. Cato orator in civitate, et Plautus poëta in scena floruerunt.

poëte, fleurit au théâtre. Alors Diogène, stoïcien, Carnéade, académicien, et Critolaüs, péripatéticien, sont envoyés en ambassade à Rome par les Athéniens. Peu d'années s'écoulent, et Q. Ennius, Cécilius, Térence, Pacuvius, et, durant la vieillesse de ce dernier, Attius, fleurissent; Lucile les efface, en les critiquant. Mais j'ai passé la limite, qui était la seconde guerre punique.

LIVRE XVIII.

CHAPITRE I.

Discussion entre un stoïcien et un péripatéticien, sous l'arbitrage de Favorinus. Influence de la vertu et des biens extérieurs sur le bonheur de l'homme.

Au nombre des amis de Favorinus étaient deux philosophes qui jouissaient à Rome de quelque célébrité. L'un était péripatéticien, l'autre appartenait à l'école stoïcienne. Un jour qu'ils disputaient avec ardeur et opiniâtreté, chacun en faveur de sa doctrine, j'eus le plaisir de les entendre. Nous étions ensemble à Ostie, auprès de Favorinus; nous nous promenions sur le rivage, vers le soir, au renouvellement de l'année. Le stoïcien affirmait que l'homme peut être heureux par la seule vertu, malheureux par le vice seulement, lors même que tous les biens corporels ou extérieurs escorteraient le vice et manqueraient à la vertu. Le péripatéticien avouait que le vice et la perversité suffisent à rendre une vie malheureuse, et soutenait toutefois que la vertu seule ne remplit pas la mesure du bonheur. Selon lui, la santé une honnête beauté, une certaine fortune, une bonne renommée, en un mot les avantages du corps et les biens de la fortune, étaient nécessaires à compléter le bonheur. Alors le stoïcien se récriait, étonné d'entendre une telle contradiction. Puisque la vertu est le contraire du vice, le malheur le contraire du bonheur, pourquoi ne pas se rendre à la raison des contraires? Pouvait-on penser que le vice seul pût combler la mesure du malheur, et soutenir en même temps que la vertu ne suffit pas au bonheur? Surtout quelle contradiction, quelle bizarrerie d'avouer qu'on ne peut être heureux sans la vertu, et de nier qu'elle suffise au bonheur! Mais c'était là accorder à la vertu absente un honneur qu'on refusait à la vertu présente. Le péripatéticien répondait avec beaucoup d'enjouement : « Je te prie de ne pas te fâcher, et de répondre à cette question : Une amphore de vin, moins un conge, est-ce une amphore? — Non, dit le stoïcien, une amphore, moins un conge, n'est pas une amphore. » Cette réponse obtenue, le péripatéticien reprit : « Il faudra donc dire qu'un conge fait un amphore. Sans lui, en effet, il n'y a pas d'amphore; avec lui, il y a amphore. Mais s'il est absurde de dire qu'un conge fait une amphore, serait-il plus raisonnable de dire que la vertu fait le bonheur, sous prétexte

---

iisdemque temporibus Diogenes stoicus, et Carneades academicus, et Critolaus peripateticus ab Atheniensibus ad senatum populi romani, negotii publici gratia, legati sunt. Neque magno intervallo postea Q. Ennius, et juxta Cæcilius, et Terentius, ac subinde [et] Pacuvius, et Pacuvio jam sene Attius, clariorque tunc in poematis eorum obtrectandis Lucilius fuit. Sed progressi longius sumus, cum finem proposuerimus annotatiunculis istis bellum Pœnorum secundum.

LIBER OCTAVUS DECIMUS.

CAPUT I.

Disputationes a philosopho stoico, et contra a peripatetico, arbitro Favorino, factæ . quæsitumque inter eos, quantum in perficienda vita beata virtus valeret; quantumque esset in iis, quæ dicuntur extranea.

Familiares Favorini erant duo quidam non incelebres in urbe Roma philosophi. Eorum fuit unus peripateticæ disciplinæ sectator, alter stoicæ. Iis quondam ego acriter atque contente pro suis utrinque decretis propugnantibus, cum essemus una omnes Ostiæ cum Favorino, interfui. Ambulabamus autem in littore, cum jam advesperasceret, æstate anni novi. Atque ibi stoicus censebat, et vitam beatam homini virtute animi sola, et miseriam summam malitia sola posse effici, etiamsi cetera bona omnia, quæ corporalia et externa appellarentur, virtuti deessent, malitiæ adessent. Ille contra peripateticus, miseram quidem vitam vitiis animi et malitia sola fieri, concedebat, sed ad complendos omnes vitæ beatæ numeros virtutem solam nequaquam satis esse existimabat : quoniam et corporis integritas, sanitasque, et honestus modus formæ, et pecunia familiaris, et bona existimatio, ceteraque omnia corporis et fortunæ bona necessaria viderentur perficiendæ beatæ vitæ. Reclamabat hoc in loco stoicus, et, tanquam duas ille res diversas poneret, mirabatur : quod, cum essent malitia et virtus duo contraria, vita misera et beata quoque æque contraria, non servaret in utrisque vim et naturam contrarii; et ad miseriam quidem vitæ conficiendam satis valere malitiam solam putaret, ad præstandam vero vitam beatam non satis solam esse virtutem diceret. Atque id maxime dissidere, neque convenire dicebat, quod, qui profiteretur, vitam nullo pacto beatam effici posse, si virtus sola abesset; idem contra negaret, beatam fieri vitam, cum sola virtus adesset : et quem daret haberetque absenti virtuti honorem, eundem petenti atque præsenti adimeret. Tum peripateticus perquam hercle festive: Rogo te, inquit, cum bona venia respondeas, an existimes, esse vini amphoram, cum abest ab ea unus congius? [Hoc ubi accepit stoicus:] Minime, inquit, vini amphora dici potest, ex qua abest congius. Hoc ubi accepit peripateticus: Unus igitur, inquit, congius amphoram facere dici debebit: quoniam, cum deest ille unus, non fit vini amphora; et cum accessit, fit amphora. Quod si id dicere absurdum est, uno congio solo fieri amphoram, itidem absurdum est, una sola virtute vitam fieri beatam dicere: quoniam, cum virtus abest, beata esse vita nun-

qu'il n'y a pas de bonheur sans elle? » Favorinus se tournant alors vers le péripatéticien : « Cette subtilité tirée du conge de vin se trouve dans les livres, dit-il; mais c'est là, tu le sais, un jeu d'esprit plein de gentillesse, plutôt qu'un franc et solide argument. L'absence d'un conge fait que la mesure n'est pas complète ; on l'ajoute ; il ne fait pas, il complète la mesure. La vertu, au contraire, dans leur système, n'est pas le complément du bonheur même ; voilà pourquoi seule elle fait le bonheur. » Les deux philosophes continuèrent à soutenir leur opinion ; ils apportaient tour à tour des arguments subtils et *noueux*, qu'ils semblaient soumettre à l'arbitrage de Favorinus. Mais déjà la première étoile commençait à poindre, les ténèbres s'épaississaient; nous accompagnâmes Favorinus dans la maison où il logeait, et nous nous séparâmes.

CHAPITRE II.

Jeux d'esprit par lesquels nous célébrions les Saturnales à Athènes. Enigmes et sophismes récréatifs.

Nous célébrions les Saturnales à Athènes avec gaieté et modestie; je ne dirai pas pour reposer notre esprit, car, selon Musonius, reposer l'esprit, c'est le déposer; mais pour lui donner une aimable distraction par des amusements aussi honnêtes qu'agréables. La même table réunissait un certain nombre de Romains venus en Grèce pour y entendre les mêmes leçons et suivre les mêmes maîtres. Celui qui donnait le repas à son tour déposait sur la table un livre grec ou latin d'un vieux auteur, et une couronne de laurier, pour être donnés en prix ; il posait autant de questions qu'il y avait de convives, et le sort distribuait aux convives leurs places et leurs questions. La question était-elle résolue, on recevait le livre et la couronne ; elle ne l'était pas, elle passait d'un convive à l'autre, à la ronde. Si personne ne trouvait le nœud de la question, le prix était dédié au dieu de la fête. Les questions soumises roulaient sur une pensée d'un vieux poëte, enveloppée, sans être inintelligible, d'une spirituelle obscurité; sur un point de l'histoire de l'ancien temps, sur une opinion philosophique bizarrement énoncée, sur une subtilité sophistique à résoudre, sur un mot rare et ambigu à expliquer, ou même sur un temps difficile d'un verbe connu. Il y a peu de temps, on soumit sept questions dont je me souviens. La première, sur certains vers d'Ennius, dans ses Satires, où la répétition d'un même mot embrouille élégamment l'idée. En voici un exemple :

« Celui qui médite une ingénieuse tromperie
« se trompe en disant qu'il trompe celui qu'il se
« propose de tromper ; car, si l'on apprend qu'on
« s'est trompé en voulant tromper, c'est le trom-
« peur qui est trompé, si l'autre ne l'est pas. »

La seconde question était : « Comment faut-il
« entendre le passage de Platon, dans sa Répu-
« blique, où il veut que les femmes soient com-
« munes, et donne, pour prix au courage et au
« mérite militaire, le baiser des jeunes garçons et

quam potest.' Tum Favorinus aspiciens peripateticum : Est quidem, inquit, argutiola hæc, qua de congio vini usus es, exposita in libris : sed, ut scis, captio magis lepida, quam probum, aut simile argumentum videri debet. Congius enim, cum deest, efficit quidem, ne sit justæ mensuræ amphora : sed cum accedit et additur, non ille unus facit amphoram, sed supplet. Virtus autem, ut isti dicunt, non accessio, neque supplementum, sed sola ipsa vitæ beatæ instar est : et propterea vitam beatam sola una, cum adest, facit. Hæc atque alia quædam minuta magis et nodosa, tanquam apud arbitrum Favorinum, in suam uterque sententiam conferebant. Sed cum jam prima fax noctis, et densiores esse tenebræ cœpissent, prosecuti Favorinum in domum, ad quam devertebat, discessimus.

CAPUT II.

Cujusmodi quæstionum certationibus Saturnalicia ludicra Athenis agitare soliti sumus : atque inibi inspersa quædam sophismata et ænigmata oblectatoria.

Saturnalia Athenis agitabamus hilare prorsum ac modeste, non, ut dicitur, remittentes animum, (nam remittere, inquit Musonius, animum, quasi amittere est ;) sed demulcentes eum paulum atque laxantes jocundis honestisque sermonum illectationibus. Conveniebamus autem ad eandem cœnam complusculi, qui Romani in Græciam veneramus, quique easdem auditiones, eosdemque doctores colebamus. Tum qui et cœnulam ordine suo curabat, præmium solvendæ quæstionis ponebat librum veteris scriptoris vel græcum, vel latinum, et coronam e lauro plexam; totidemque res quærebat, quot homines istic eramus : cumque eas omnis exposuerat, rem locumque dicendi sors dabat. Quæstio igitur soluta corona et præmio donabatur ; non soluta autem transmittebatur ad eum, qui sortito successerat, idque in orbem vice pari servabatur. Si nemo dissolvebat, quæstionis ejus [nodum, præmium ipsum et] corona deo, cujus id festum erat, dicabatur. Quærebantur autem res hujuscemodi : aut sententia poëtæ veteris lepide obscura non anxie, aut historiæ antiquioris requisitio, aut decreti cujuspiam ex philosophia perperam invulgati purgatio; aut captionis sophisticæ solutio, aut inopinati rarlorisque verbi indagatio, aut tempus item in verbo perspicuo obscurissimum. Itaque nuper quæsita esse memini numero septem, quorum prima fuit enarratio horum versuum, qui sunt in Satiris Q. Ennii uno multifariam verbo concinniter implicati : quorum exemplum hoc est :

Nam qui lepide postulat alterum frustrari,
Quem frustratur, frustra eum dicit frustra esse.
Nam qui sese frustrari quem frustra sentit,
Qui frustratur, is frustra est, si non ille est frustra.

Secunda quæstio fuit, quonam modo audiri atque accipi deberet, quod Plato in civitate, quam in libris suis condidit, κοινὰς τὰς γυναῖκας, id est, communes esse mulieres censuit; et præmia viris fortibus, summisque bellato-

« des jeunes filles? » La troisième était : « Dans ce
« raisonnement : Vous avez ce que vous n'avez pas
« perdu ; or, vous n'avez pas perdu des cornes,
« donc vous avez des cornes ; où est le sophisme?
« par quelle distinction peut-on le résoudre? »
Même question au sujet de cet enthymème :
« Tu n'es pas ce que je suis, donc tu n'es pas
« homme. » On demandait encore : « Que faut-il ré-
« pondre à cette question : Mentir et dire qu'on
« ment, est-ce mentir, ou dire vrai? » Ensuite
venait cette question : « Pourquoi les patriciens
« s'invitent-ils aux fêtes de Cybèle, les plébéiens
« aux fêtes de Cérès? » Après cela on demandait :
« Quel est celui des vieux poëtes qui a dit *verant*
« pour, *ils disent vrai?* » La sixième question
était : « Quelle herbe Hésiode a-t-il voulu désigner
« par le mot *asphodèle* dans ces vers :
« Les enfants ! ils ne savent pas combien la
« moitié est plus grande que le tout, et tout ce
« qu'il y a de salutaire dans la mauve et l'aspho-
« dèle. »
On demandait en même temps quelle était l'i-
dée d'Hésiode, lorsqu'il disait que la moitié est
plus grande que le tout. La dernière enfin de
toutes ces questions était : « *Scripserim, legerim,*
« *venerim,* sont-ils des passés, des futurs, ou des
« passés et des futurs à la fois? » Toutes ces questions furent proposées chacune à son tour, agitées
et résolues dans l'ordre que le sort avait fixé,
et nous reçûmes tous des livres et des couronnes.
Une seule question demeura sans solution ; c'est
celle relative au verbe *verant,* personne ne
s'étant souvenu que ce verbe se trouve dans
la troisième annale d'Ennius, dans ce vers :
« Les devins sont-ils assez véridiques en pro-
« phétisant l'avenir? »
La couronne resta donc au dieu de la fête, à
Saturne.

CHAPITRE III.

Eschine, dans son discours contre Timarque, cite une décision des Lacédémoniens au sujet d'un avis plausible
ouvert par un homme méprisable.

Eschine, le plus habile et le plus véhément
peut-être des orateurs qui ont brillé sur la place
publique d'Athènes, dans le discours âcre et plein
de fiel où il s'élève avec autant de sévérité que
d'éclat contre les mœurs dissolues de Timarque,
rapporte un noble et beau conseil donné aux Lacédémoniens par le premier citoyen de la cité,
homme révéré pour son grand âge et sa vertu.
Les Lacédémoniens, dans une affaire qui inté-
ressait tout l'État, cherchaient un parti honnête et
utile à la fois. Soudain se leva, pour dire son
avis, un homme qui avait de la voix et de la faconde, mais tout flétri des souillures de sa vie
passée. L'avis qu'il proposa et développa fut
universellement approuvé. Le peuple allait porter
un décret conforme à cette proposition. Alors un
de ces hommes auxquels, à Lacédémone, on confie la direction de la politique, par respect pour
la majesté de l'âge et de la vertu, s'élance à la
tribune plein d'émotion et de colère : « Sur quelle
base, Lacédémoniens, s'écria-t-il, reposera le
salut de la république? quel est votre espoir pour

---

ribus posuit saviationes puerorum et puellarum? Tertio in
loco hoc quæsitum est : in quibus verbis captionum istarum
fraus esset, et quo pacto distingui resolvique possent?
« Quod non perdidisti, habes : cornua non perdidisti : ha-
« bes igitur cornua. » Item altera captio : « Quod ego sum,
« id tu non es : homo igitur tu non es. » Quæsitum id
quoque ibi est, quæ esset hujus quoque sophismatis resolutio : « Cum mentior, et mentiri me dico, mentior, an
« verum dico? » Postea quæstio ista hæc fuit : « Quam ob
« causam patricii Megalensibus mutitare soliti sint, plebes
« Cerealibus? » Secundum ea quæstio hoc est : verbum
verant, quod significat *vera dicunt,* quorum veterum
poetarum dixerit? Sexta quæstio fuit, *asphodelum* cujusmodi herba sit, quod Hesiodus in isto versu posuerit :

Νήπιοι ! οὐδ' ἴσασιν ὅσῳ πλέον ἥμισυ παντός,
Οὐδ' ὅσον ἐν μαλάχῃ τε καὶ ἀσφοδέλῳ μέγ' ὄνειαρ.

Et quid item Hesiodus se dicere sentiat, cum dimidium
plus esse toto dicit? Postrema quæstionum omnium hæc
fuit : *Scripserim, legerim, venerim,* cujus temporis verba
sint, præteriti, an futuri, an utriusque? Hæc ubi ordine,
quo dixi, proposita, atque, singulis sorte ductis, disputata explanataque sunt, libris coronisque omnes donati
sumus ; nisi ob unam quæstionem, quæ fuit de verbo *verant.* Nemo enim tum commeminerat dictum esse a Q.
Ennio id verbum in tertio decimo *Annalium* in isto
versu :

Satin' vates verant ætate in aguda?

Corona igitur hujus quæstionis deo feriarum istarum Saturno data est.

CAPUT III.

Quid Æschines rhetor in oratione, qua Timarchum de impudicitia accusavit, Lacedæmonius statuisse dixerit super sententia probatissima, quam improbatissimus homo dixisset.

Æschines, vel acerrimus prudentissimusque oratorum,
qui apud contiones Atheniensium floruerunt, in oratione
illa sæva criminosaque et virulenta, qua Timarchum de
impudicitia graviter insigniterque accusavit, nobile et illustre consilium Lacedæmoniis dedisse dicit virum indidem civitatis ejusdem principem, virtute atque ætate magna præditum. Populus, inquit, Lacedæmonius de summa
republica sua, quidnam esset utile et honestum, delibe-
rabat : tum exsurgit, sententiæ dicendæ gratia, homo
quispiam turpitudine pristinæ vitæ defamatissimus, sed
lingua tunc atque facundia nimium quanto præstabilis.
Consilium, quod dabat, quodque oportere fieri suadebat,
acceptum ab universis et complacitum est ; futurumque
erat ex ejus sententia populi decretum. Ibi unus ex illo
principum ordine, quos Lacedæmonii, ætatis dignitatisque
majestate, tanquam arbitros et magistros disciplinæ publicæ verebantur, commoto ir[rit]atoque animo exsilit,
et : Quænam, inquit, Lacedæmonii, ratio, aut quæ tandem spes erit, urbem hanc et hanc rempublicam salvam
inexpugnabilemque esse diutius posse, si hujuscemodi au-

l'avenir, si des hommes de cette espèce deviennent vos conseillers ? Cette opinion est juste, honnête ; ne lui imprimons pas la flétrissure d'un nom souillé. » Après ce peu de mots, il choisit un des citoyens les plus distingués par le courage et la justice, mais qui n'avait ni voix ni éloquence, l'engageant, avec l'approbation de toute l'assemblée, à dire, comme il pourrait, l'avis du misérable éloquent ; afin que, sans faire mention du premier, le peuple rédigeât son décret sous le nom d'un homme vertueux. Le conseil du sage vieillard fut suivi. L'avis était bon, on le suivit ; l'auteur était vil, on le changea.

CHAPITRE IV.

Apollinaris Sulpicius se joue d'un glorieux qui se vantait d'être seul à comprendre Salluste. Il lui demande ce que signifient ces mots de cet historien : *incertum, stolidior, an vanior.*

J'entrais dans l'adolescence, j'étais à Rome ; et, en quittant la prétexte, robe de l'enfance, je me cherchais des maîtres d'un savoir plus éprouvé. Je fréquentais les maisons des libraires, dans le Sandaliarium. J'y trouvai un jour Sulpicius Apollinaris, l'homme le plus savant dont il me souvienne, qui, au milieu d'une nombreuse réunion, se jouait d'un glorieux, d'un fanfaron d'intelligence, au sujet des écrits de Salluste. Il se jouait de lui avec cette ingénieuse dissimulation que Socrate employait contre les sophistes. Le fanfaron se vantait d'être le seul qui sût lire et expliquer Salluste.

Il ne s'arrêtait pas, lui, à l'épiderme de l'auteur ; à la première apparence, il pénétrait jusqu'au sang, jusqu'à la moelle des mots. Apollinaris déclara qu'il saluait et révérait une telle intelligence. « Excellent maître, ajouta-t-il, tu te présentes fort à propos avec le sang et la moelle des termes de Salluste ; hier encore, on m'a demandé ce que cet historien a voulu dire, lorsqu'il a écrit dans le quatrième livre de ses *Histoires*, au sujet de Lentulus, qu'on ne pouvait dire s'il était *stolidior an vanior*. Là-dessus, il cita le passage même de Salluste : « Mais Cn. Lentulus, son col- « lègue, sorti d'une famille patricienne, et sur- « nommé Clodianus (on ne savait s'il était *stolidior* « *an vanior*), fit une loi pour obliger les acheteurs « à payer les sommes dont Sylla leur avait fait la « remise. » Apollinaris assurait qu'on lui avait demandé et qu'il n'avait pas pu dire ce que c'était que *vanior*, que *stolidior*. Cependant Salluste avait distingué, mis en opposition les deux mots, comme s'ils exprimaient deux vices différents. Apollinaris demandait donc le sens et l'origine des deux termes. Notre fanfaron entr'ouvrait la bouche et dilatait ses lèvres, en homme plein de mépris pour la question et pour celui qui la faisait. « J'ai l'habitude, dit-il, de saisir et d'extraire le sang et la moelle des mots vieux, ou qui s'écartent des habitudes du langage, et ne m'occupe pas de mots vulgaires et usés. Mais c'est être plus fou, plus inepte que Lentulus, que d'ignorer que folie et ineptie désignent même genre de sottise. » A ces mots, il interrompt la conversation commencée,

teactæ vitæ hominibus consiliariis utemur? Quod si proba isthæc et honesta sententia est, quæso vos, non sinamus eandem dehonestari turpissimi auctoris contagio. Atque ubi hoc dixit, elegit virum fortitudine atque justitia præter alios præstantem, sed inopi lingua et infacundum; jussitque eum, consensu petitumque omnium, eamdem illam sententiam diserti viri cuicuimodi posset verbis dicere : ut, nulla prioris mentione habita, scitum atque decretum populi ex ejus unius nomine fieret, quod ipsum denuo dixerat. Atque ita, ut suaserat prudentissimus senex, factum est. Sic bona sententia mansit ; turpis auctor mutatus est.

CAPUT IV.

Quod Sulpicius Apollinaris prædicantem quendam, a sese uno Sallustii historias intelligi, illusit, quæstione proposita, quid verba ista apud Sallustium significarent : *incertum, stolidior, an vanior.*

Cum jam adolescentuli Romæ prætextam et puerilem togam mutassemus, magistrosque tunc nobis nosmet ipsi exploratiores quæreremus : in Sandaliario forte apud librarios fuimus; cum ibi in multorum hominum cœtu Apollinaris Sulpicius, vir in memoria nostra præter alios doctus, jactatorem quempiam et venditatorem Sallustianæ lectionis irrisit, illusitque genere illo facetissimæ dissimulationis, qua Socrates ad sophistas utebatur. Nam cum ille se unum et unicum lectorem esse enarratoremque Sallustii diceret; neque primam tantum cutem, ac senten-

tiarum speciem, sed sanguinem quoque ipsum, ac medullam verborum ejus eruere atque introspicere penitus prædicaret : tum Apollinaris ampleeti venerarique se doctrinas illius dicens : Per, inquit, magister optime, exoptatus mihi nunc venis cum sanguine et medulla Sallustii verborum ; hesterno enim die quærebatur ex me, quidnam verba ejus hæc in quarto *Historiarum* libro de Cn. Lentulo scripta significent, de quo incertum fuisse ait, stolidiorne esset, an vanior. Eaque ipsa verba, uti sunt a Sallustio scripta, dixit : « At Cn. Lentulus patriciæ gentis, « collega ejus, cui cognomento Clodiano fuit, perincer- « tum stolidior an vanior, legem de pecunia, quam Sulla « emtoribus bonorum remiserat, exigenda promulgavit. » Quæsitum ergo ex se Apollinaris, neque id se dissolvere potuisse asseverabat, quid esset *vanior*, [et] quid *stolidior?* quoniam Sallustius sic ea separasse, atque opposuisse inter se videretur, tanquam diversa ac dissimilia, nec ejusdem utraque vitii forent : ac propterea petebat, uti se doceret significationes utriusque vocis et origines. Tum ille rictu oris labearumque ductu contemni a se ostendens, et rem, de qua quæreretur, et hominem ipsum, qui quæreret : Priscorum, inquit, et remotorum ego verborum medullas et sanguinem, sicuti dixi, perspicere et elicere soleo ; non istorum, quæ proculcata vulgo et protrita sunt. Ipso illo quippe Cn. Lentulo stolidior est et vanior, qui ignorat ejusdem stultitiæ esse vanitatem et stoliditatem. Sed ubi hoc dixit, media ipsa sermonum reliquit, et abire cœpit. Nos deinde eum tenebamus, urgebamusque, et

et va pour sortir. Nous le retenons, nous le pressons, Apollinaris surtout, de développer davantage la différence, ou, s'il l'aimait mieux, la ressemblance entre les deux mots. Nous le conjurions de ne pas se refuser au désir que nous avions de nous instruire. Mais lui, se sentant pleinement joué, prétexte une affaire, et sort. Après son départ, nous apprîmes de la bouche d'Apollinaris que *vanus* ne signifie pas, comme le vulgaire le croit, insensé, hébété, inepte, mais menteur, infidèle, et se dit d'un astucieux qui donne pour important et vrai ce qui n'est que futile et mensonger; que les plus instruits d'entre les anciens ont ainsi employé ce mot. Il nous apprit que *stolidus* se dit moins des sots et des imbéciles que des gens moroses, fâcheux, malgracieux, de ceux qu'on appelle en grec μοχθηροὶ καὶ φορτικοί. Il ajouta que l'étymologie des deux mots se trouve dans les œuvres de Nigidius. J'y ai cherché ces mots: les ayant trouvés avec le sens donné par Nigidius, confirmé par des exemples, j'en ai pris note pour les faire entrer dans mes Nuits, et je crois les y avoir cités quelque part.

CHAPITRE V.

Ennius a dit, dans sa septième Annale, *quadrupes eques*, et non point *quadrupes equus*.

Nous étions à Putéoles plusieurs jeunes gens, amis d'Antonius Julianus, qui, auprès de ce rhéteur, dont le cœur était bon et l'élocution brillante, passions les fêtes de l'été dans des récréations littéraires et des plaisirs chastes et purs. On annonce à Julianus qu'un certain lecteur, qui n'est pas sans instruction, lit d'une voix sonore, et avec un accent pur, les Annales d'Ennius sur le théâtre. « Allons, dit-il, entendre cet Ennianiste; » c'est le nom dont le lecteur se faisait appeler. Des acclamations retentissaient quand nous entrâmes. Il lisait le septième livre des Annales d'Ennius, et le premier vers que nous entendîmes fut le suivant, qu'il lut mal:

Denique vi magna quadrupes equus, atque elephanti
Projiciunt sese:

« Enfin le cheval et les éléphants se précipitent
« avec violence. »

Il ne lut qu'un petit nombre de vers après celui-là, et disparut au milieu des éloges. Au sortir du théâtre, Julianus nous dit: « Que pensez-vous du lecteur, et de son *quadrupes equus*? car c'est ainsi qu'il a lu. S'il avait eu un maître, un guide de quelque valeur, pensez-vous qu'il aurait dit *quadrupes equus* pour *quadrupes eques*? Cette dernière leçon n'est révoquée en doute par aucun de ceux qui s'occupent des vieux écrits. » La plupart des auditeurs dirent qu'ils avaient lu chacun dans son exemplaire *quadrupes equus*, et demandèrent avec étonnement ce que c'était que *quadrupes eques*. « Je souhaiterais, jeunes gens, dit alors Julianus, que vous eussiez lu Ennius avec autant de soin que l'avait fait Virgile, qui, à l'imitation d'Ennius, a dit dans ses Géorgiques *equitem* pour *equum*. Voici les vers:

« Les Lapithes dans la Thessalie donnèrent
« au cheval un frein et des mouvements arron-

---

cumprimis Apollinaris, ut de vocabulorum istorum vel differentia, vel, si ei ita videretur, similitudine plenius apertiusque dissereret; et, ut ne sibi invideret, discere volentibus, orabat. Atque ille, se jam plane illudi ratus, negotium sibi esse causatur, et digreditur. Nos autem postea ex Apollinari didicimus, *vanos* proprie dici, non ut vulgus diceret, desipientis, aut hebetes, aut ineptos, sed, ut veterum doctissimi dixissent, mendaces, et infidos, et levia inaniaque pro gravibus et veris astutissime componentes: *stolidos* autem vocari non tam stultos et excordes, quam tetros, et molestos, et illepidos, quos Græci μοχθηροὺς καὶ φορτικοὺς dicerent. Etyma quoque harum vocum, et origines scriptas esse dicebat in libris Nigidianis; quos ego requisitos et repertos cum primarum significationum exemplis, ut commentariis harum Noctium inferrem, notavi, et intulisse jam me aliquo in loco commentationibus istis existimo.

CAPUT V.

Quod Q Ennius in septimo annali *quadrupes eques*, ac non *quadrupes equus*, ut legunt multi, scriptum reliquit.

Cum Antonio Juliano rhetore, viro hercle bono et facundiæ florentis, complures adolescentuli, familiares ejus, Puteolis, æstivarum feriarum ludum et jocum in litteris amœnioribus, et in voluptatibus pudicis honestisque agitabamus. Atque ibi tunc Juliano nuntiatur, ἀναγνώστην quemdam, non indoctum hominem, voce admodum scita et canora Ennii *Annales* legere ad populum in theatro. Eamus, inquit, auditum nescio quem istum Ennianistam; hoc enim se ille nomine appellari volebat. Quem cum jam inter ingentes clamores legentem invenissemus, legebat autem librum ex Annalibus Ennii septimum; hos eum primum versus perperam pronuntiantem audivimus:

Denique vi magna quadrupes equus atque elephanti
Projiciunt sese.

Neque postea multis versibus additis, celebrantibus eum laudantibusque omnibus, discessit. Tum Julianus egrediens e theatro: Quid vobis, inquit, de hoc ἀναγνώστῃ et de quadrupede equo videtur? Sic enim profecto legit:

Denique vi magna quadrupes equus, atque elephanti
Projiciunt sese.

Ecquid putatis, si magistrum prælectoremque habuisset alicujus æris, *quadrupes equus* dicturum fuisse, ac non *quadrupes eques*? quod ab Ennio ita scriptum relictumque esse, nemo unus litterarum veterum diligens dubitavit. Cumque aliquot eorum, qui aderant, *quadrupes equus* apud suum quisque grammaticum legisse se dicerent, et mirarentur, quidnam esset *quadrupes eques*: Vellem vos, inquit, optimi juvenes, tam accurate Q. Ennium legisse, quam P. Virgilius legerat, qui hunc ejus versum secutus in *Georgicis* suis, *equitem* pro *equo* posuit his in versibus:

Frena Pelethronii Lapithæ gyrosque dedere

« dis; ils s'élancèrent sur son dos, et lui (*equi-*
« *tem docuere*) apprirent à assembler ses pas avec
« grâce, et à bondir sous le cavalier armé. »

Dans ces vers il faut bien, à moins d'une inepte subtilité, entendre par *equitem*, le cheval. *Eques*, en effet, dans la littérature du vieux temps, signifiait généralement et le cheval et le cavalier. *Equitare*, qui en dérive, se disait à la fois de l'un et de l'autre; et Lucilius, qui possédait si bien sa langue, a dit *equum equitare* dans ces vers :

« La chose avec laquelle nous voyons le che-
« val chevaucher (*equitare*), est celle avec la-
« quelle il chevauche. Nous le voyons chevau-
« cher avec les yeux, donc il chevauche avec les
« yeux. »

Toutefois, poursuivit Julianus, ces raisons ne m'ont pas suffi; je n'ai pas voulu m'arrêter à une croyance incertaine et agitée; j'ai voulu tirer la chose au clair; je me suis donc procuré un exemplaire d'Ennius, de la plus haute, de la plus respectable antiquité, corrigé, j'en suis presque sûr, de la main même de Lampadion. Pour vérifier un vers, j'ai acheté l'exemplaire entier cher et avec empressement. J'y ai trouvé *eques*, et non pas *equum*. » Ainsi nous parla Julianus. Il ajouta, toujours avec autant de lucidité que d'affabilité, beaucoup d'autres choses, que, du reste, j'ai rencontrées plus tard dans des livres très-répandus.

CHAPITRE VI.

Ælius Mélissus, dans son ouvrage intitulé *De la propriété du langage*, ouvrage qu'il appelait, au moment de la publication, *la Corne d'abondance*, a établi une différence bizarre et fausse entre *matrona* et *materfamilias*.

Ælius Mélissus tint sans contredit le premier rang parmi les grammairiens de Rome dont il me souvienne; mais il faut avouer qu'il eut moins de mérite que de jactance et de subtilité sophistique. Entre autres ouvrages, et il en a beaucoup publié, il a composé un livre qui sembla, lorsqu'il parut, renfermer une immense érudition. Le titre était très-propre à piquer la curiosité; c'était *De la propriété du langage*. D'après un tel titre, qui penserait pouvoir parler purement, sans avoir étudié l'ouvrage de Mélissus? En voici un extrait :
« La femme qui n'a enfanté qu'une fois est dame,
« *matrona*; après plusieurs enfantements, elle est
« mère de famille, *materfamilias* : comme la truie
« qui a mis bas une fois est appelée *porcetra*, celle
« qui a mis bas plusieurs fois, *scropha*. » Cette distinction entre la dame et la mère de famille a-t-elle été imaginée par Mélissus? l'a-t-il lue quelque part? Que les devins prononcent. Quant à ce qu'il dit de la truie, il a pris sans doute cette opinion dans l'atellane de Pomponius, intitulée *Porcetra*. Qu'une femme soit dame après un seul enfantement, mère de famille après plusieurs enfantements, c'est là une distinction qu'on ne saurait appuyer de l'autorité des anciens. Certes, il est plus que probable, au contraire, et telle est l'opinion de tous ceux qui se sont occupés de mots anciens, qu'on a appelé dame, *matrona*, la femme unie en mariage, *in matrimonium*, tant qu'elle restait mariée, qu'elle eût ou non des enfants. Son nom dérivait de *mater*, parce que, si elle n'était

---

Impositi dorso, atque equitem docuere sub armis,
Insultare solo, et gressus glomerare superbos.

In quo loco *equitem*, si quis modo non inscite inepteque arguier sit, nihil potest accipi aliud, nisi *equum;* pleraque enim veterum ætas et hominem, equo insidentem, et equum, qui insideretur, *equitem* dixerunt. Propterea *equitare* etiam, quod verbum e vocabulo *equitis* inclinatum est, et homo equo utens, et equus sub homine gradiens dicebatur. Lucilius adeo, vir adprime linguæ latinæ sciens, *equum equitare* dicit his versibus :

Quis hinc currere equum nos atque equitare videmus,
His equitat currique : oculis equitare videmus;
Ergo oculis equitat.

Sed enim contentus, inquit, ego his non fui : et ut non turbidæ fidei nec ambiguæ, sed ut puræ liquentisque esset, *equusne*, an *eques* Ennius scriptum reliquisset, librum summæ atque reverendæ vetustatis, quem fere constabat Lampadionis manu emendatum, studio pretioque multo unius versus inspiciendi gratia conduxi : et *eques*, non *equus*, scriptum in eo versu inveni. Hæc tum nobis Julianus, et multa alia lucide simul et affabiliter dixit. Sed eadem ipsa post etiam in pervulgatis commentariis scripta offendimus.

CAPUT VI.

Quod Ælius Melissus in libro, cui titulum fecit *De loquendi proprietate*, quem, cum ederet, *cornum esse copiæ* dicebat, rem scripsit neque dictu neque auditu dignam; cum differre *matronam* et *matremfamilias* existimavit differentia longe vanissima.

Ælius Melissus in nostra memoria fuit Romæ summi quidem loci inter grammaticos et temporis : sed majore in litteris erat jactantia et σοφιστείᾳ, quam opera. Is præter alia, quæ scripsit compluria, librum composuit, ut tum videbatur, cum est editus, doctrinæ inclitæ. Ei libro titulus est ingentis cujusdam illecebræ ad legendum scriptus; quippe est : *De loquendi proprietate*. Quis adeo existimet, loqui se recte atque proprie posse, nisi illas Melissi proprietates perdidicerit? Ex eo libro hæc verba sunt : « *Matrona* est, « quæ semel peperit: quæ sæpius, *materfamilias* : sicuti « sus, quæ semel peperit, *porcetra;* quæ sæpius, *scro-*« *pha*. » Utrum autem hoc de matrona, ac de matrefamilias Melissus excogitaverit ipse, an conjectaverit, an scriptum ab alio quo legerit, hariolis profecto est opus. Nam de porcetra habet sane auctorem Pomponium in Atellana, quæ hoc eodem vocabulo inscripta est. Sed *matronam* non esse appellatam, nisi quæ semel peperit, neque *matremfamilias*, nisi quæ sæpius, nullis veterum scriptorum auctoritatibus confirmari potest. Enimvero illud impendio probabilius est, quodi idone vocum antiquarum enarratores tradiderunt, *matronam* dictam esse proprie, quæ in matrimonium cum viro convenisset, quoad in eo matrimonio maneret, etiamsi liberi nondum nati forent : dictamque esse ita a matris nomine non adepto jam, sed

pas mère encore, tout présageait qu'elle le serait. Il en est de même du mot *matrimonium*. Il est probable qu'on a appelé mère de famille la femme qui était en pouvoir de mari, ou dépendante de celui dont son mari dépendait. La raison en est qu'une telle femme était entrée dans la famille du mari, en lieu et place de son héritier.

CHAPITRE VII.

Comment Favorinus fut traité par un fantasque qu'il interrogeait sur les divers sens d'un mot. Sens divers du mot *contio*.

Domitius, homme plein d'érudition, et grammairien célèbre à Rome, avait été surnommé *Insanus*, à cause de son caractère morose et intraitable. Favorinus, avec qui j'étais alors, le rencontra près du temple de Carmente. « Je te prie de m'apprendre, lui dit-il, si je ne me suis pas trompé en traduisant le mot grec δημηγορίαι par le mot latin *contiones* ; car je doute si les anciens auteurs qui ont parlé le plus purement ont fait signifier au mot *contio*, discours, parole. » Domitius lui répondit, avec un regard et un ton sévère : « Tout est perdu en vérité ; voilà que les plus illustres philosophes ne s'occupent plus que des mots, que de la valeur des mots. Je t'enverrai un livre où tu trouveras la réponse à ta question. Moi, grammairien, je m'occupe des préceptes de la morale pratique ; et vous autres, philosophes, vous n'êtes plus, pour parler comme Caton, que des registres mortuaires. Vous recueillez des mots, des obscurités, des frivolités aussi futiles que les paroles des pleureuses d'enterrement. Hé ! plût aux dieux que nous fussions tous muets ! l'iniquité aurait moins de moyens de se répandre. » Nous le quittâmes à ces mots, et Favorinus nous dit : « Nous avons abordé cet homme à contretemps. Je vois son caractère se révéler. Sachez toutefois que cette humeur appelée μελαγχολία, bile noire, n'est pas le vice des petites âmes. Dire courageusement la vérité, sans mesure ni à propos, c'est la maladie des héros. Que pensez-vous, après tout, de son invective contre les philosophes ? De la bouche d'Antisthène ou de Diogène, ces paroles seraient immortelles. » Domitius ne tarda pas à envoyer à Favorinus le livre qu'il lui avait promis ; c'était l'ouvrage de Valérius Flaccus. Voici ce que nous y lûmes au sujet de la question : *Senatus* se dit des sénateurs et du lieu où ils se réunissent ; *civitas*, du lieu, de l'enceinte, du droit de cité, et des habitants ; *tribus* et *decuria* s'entendent aussi du lieu, du droit et des hommes ; *contio* désigne trois choses, le lieu, le discours, et l'éminence d'où on parle. Il signifie également l'assemblée du peuple, et le discours prononcé devant le peuple. Ainsi Cicéron, dans le discours intitulé *Contra contionem Q. Metelli*, Contre le discours de Q. Métellus, dit : « Je suis monté à « la tribune (*in contionem*), il y a eu concours de « peuple. » Le même Cicéron, dit dans *l'Orateur* : « J'ai souvent vu les assemblées (*contiones*) ap-« plaudir par des acclamations à une chute heu-« reuse. L'oreille est attentive aux mots qui achè-« vent la pensée. » On ne trouvait pas dans le livre

---

cum spe et omine mox adipiscendi : unde ipsum quoque matrimonium dicitur; *matrem* autem *familias* appellatam esse eam solam, quæ in mariti manu mancipioque, aut in ejus, in cujus maritus, manu mancipioque esset : quoniam non in matrimonium tantum, sed in familiam quoque mariti, et in sui heredis locum venisset.

CAPUT VII.

Quem in modum Favorinus tractaverit intempestivum quendam de verborum ambiguitatibus quærentem : atque ibi, quot significationes capiat *contio*.

Domitio, homini docto, celebrique in urbe Roma grammatico, cui cognomentum *Insano* factum est, quoniam erat natura intractabilior et morosior : ei Domitio Favorinus noster cum forte apud fanum Carmentis obviam venisset, atque ego cum Favorino essem : Quæso, inquit, te, magister, dicas mihi, num erravi, quod, cum vellem δημηγορίας latine dicere, *contiones* dixi? Dubito quippe et requiro, an veterum eorum, qui electius locuti sunt, in verbis et oratione dixerit quis *contionem*. Tum Domitius voce atque vultu atrociore : Nulla, inquit, prorsus bonæ salutis spes reliqua est, cum vos quoque, philosophorum illustrissimi, nihil jam aliud quam verba auctoritatesque verborum cordi habeatis. Mittam autem librum tibi, in quo id reperias, quod quæris. Ego enim grammaticus vitæ jam atque morum disciplinas quæro : vos philosophi mera estis, ut M. Cato ait, mortuaria glossaria ; namque colligitis lexidia, res tetras, et inanes, et frivolas, tanquam mulierum voces præficarum. Atque utinam, inquit, muti omnes homines essemus! Minus improbitas instrumenti haberet. Cumque digressi essemus : Non tempestive, inquit Favorinus, hunc hominem accessimus. Videtur enim mihi ἐπισημαίνεσθαι. Scitote, inquit, tamen intemperiem istam, quæ μελαγχολία dicitur, non parvis, nec abjectis ingeniis accidere, ἀλλὰ εἶναι σχεδόν τι τὸ πάθος τοῦτο ἡρωϊκόν, et veritates plerumque fortiter dicere, sed respectum non habere μήτε καιροῦ, μήτε μέτρου. Vel ipsum hoc quale existimatis, quod nunc de philosophis dixit? Nonne, si id Antisthenes, aut Diogenes dixisset, dignum memoria visum esset? Misit autem paulo post Favorino librum, quem promiserat : Verrii, opinor, Flacci erat; in quo scripta ad hoc genus quæstionis pertinentia hæc fuerunt : *senatum* dici et pro loco et pro hominibus ; *civitatem* et pro loco et (pro) oppido, et pro jure quoque omnium, et pro hominum multitudine : *tribus* quoque et *decurias* dici et pro loco, et pro jure, et pro hominibus ; *contionem* autem tria significare, locum, et verba, suggestumque, unde verba fierent: item significare cœtum populi assistentis : item orationem ipsam, quæ ad populum diceretur. Sicut M. Tullius in Oratione, quæ (in)scripta est *Contra contionem Q. Metelli* : « Escendi, inquit, « in contionem: « concursus est populi factus. » Sicuti idem M. Tullius in *Oratore* ait : « Contiones sæpe exclamare vidi, cum apte « verba cecidissent. Etenim exspectant aures, ut verbis colli-

envoyé par Domitius d'exemple pour établir que le mot *contio* signifie à la fois assemblée du peuple, et discours tenu devant le peuple; mais dans la suite, j'ai trouvé dans Cicéron (je l'ai cité), et dans les écrivains anciens les plus purs, des exemples de ces diverses significations, et je les ai montrés à Favorinus, qui m'avait témoigné le désir de les voir. Du reste, que le mot *contio* s'emploie pour paroles, discours, la preuve la plus forte en est dans le titre même du discours de Cicéron : *Contra Contionem Q. Metelli*; où ce mot ne peut être entendu que du discours même prononcé par Métellus.

CHAPITRE VIII.

L'homœoteleuton et l'homœoptote, et les figures de même espèce qui passent pour des ornements de la diction, ne sont que des inepties et des puérilités, dont Lucile se moque dans ses satires.

L'homœoteleuton, la symétrie, le parallélisme, l'homœoptote et les figures de même genre, que les beaux esprits, avec leur prétention de passer pour isocratiques, sèment outre mesure et jusqu'à satiété dans leur style compassé, ne sont que des frivolités, des puérilités fades, ingénieusement condamnées par Lucile dans le cinquième livre de ses satires. Il se plaint à un ami de ce qu'il le néglige pendant sa maladie, et il ajoute gaiement :

« Tu ne t'informes pas de ma santé; n'importe, « je veux t'en donner des nouvelles; puisque tu « t'es trouvé au nombre de ces hommes qui sont « de nos jours le plus grand nombre, puisque « tu as voulu la mort de celui que visiter tu « n'as pas voulu, quand tu l'as dû; (cette symétrie, « *tu n'as pas voulu, quand tu l'as dû*, grossièreté « isocratique, fadeur, puérilité, te déplait-elle? « je ne m'en mêle pas). Si tu... »

CHAPITRE IX.

Sens du mot *insecendo* dans Caton. La véritable leçon est *insecendo*, et non *insequendo*.

Dans un vieux livre où se trouvait le discours de M. Caton *Contre Thermus, au sujet de Ptolémée*, nous lûmes : « Si l'artifice a toujours été « son moyen, l'avarice et la cupidité ont toujours « été ses mobiles. Ces crimes abominables, tels « que nous n'avons ni entendu raconter ni lu « nulle part rien de semblable (*neque insecendo « neque legendo audivimus*), doivent être ex- « piés par un supplice exemplaire. » On vint à demander ce que signifie *insecendo*. Il y avait là un littérateur de profession et un homme de lettres, c'est-à-dire l'un versé dans la littérature, et l'autre en donnant des leçons. Ils se trouvèrent en dissentiment. Le professeur disputait. « La véritable leçon, disait-il, est *insequendo*, et non *insecendo*, puisque le sens est celui du verbe *insequi*. *Inseque*, en effet, a été employé pour, continue de dire, poursuis. Témoin ces vers d'Ennius :

« Poursuis (*inseque*), raconte, Muse, les ex- « ploits des généraux romains dans la guerre con- « tre Philippe. »

L'autre, plus érudit, soutenait que la leçon

n'était nullement fautive. Il en attestait un homme plein de savoir, Vélius Longus, qui, dans son ouvrage *Sur l'emploi du vieux langage*, affirmait qu'il fallait lire dans Ennius *insece*, et non *inseque*; il ajoutait que les anciens appelaient *insectiones* ce que nous appelons *narrationes*, récits. Enfin, Varron avait ainsi expliqué ce vers de Plaute :

Hæc nihilo mihi videntur esse sectius, quam somnia.

« Cela ne me paraît pas plus digne d'être raconté qu'un songe. »

Telles furent les raisons apportées de part et d'autre. Pour moi, je pense que Caton a écrit *insecendo*, et Q. Ennius *insece*, sans *u*. En effet, j'ai rencontré dans la bibliothèque de Patras un exemplaire de Livius Andronicus, très-ancien et très-pur. C'est une traduction de l'Odyssée. Le premier vers de ce poëme :

Ἄνδρα μοι ἔννεπε, Μοῦσα, πολύτροπον,

y est ainsi traduit :

Virum mihi, Camœna, insece versutum.

« Muse, parle-moi de l'homme rusé. »

Je m'en rapporte à l'autorité et à l'âge de ce livre; car, pour les mots de Plaute, *sectius quam somnia*, ils ne peuvent fournir de preuve ni pour ni contre. Du reste, si nos pères ont dit *insece* pour *inseque*, je pense qu'ils n'avaient fait que consulter en cela l'euphonie, et que les deux verbes ont le même sens. La coutume s'est introduite de dire *sequo* et *sequor*, *secta* et *sectio*; mais, à bien examiner, tous ces mots ont la même origine. Il y a plus : dans ces phrases grecques, Ἄνδρα μοι ἔννεπε, Μοῦσα, et, ἔσπετε νῦν μοι, Μοῦσαι, les hellénistes traduisent ἔννεπε et ἔσπετε par le verbe latin *inseque*. Ils pensent qu'il y a eu changement du double v en π, et du π en double v. Enfin, le mot même ἔπη, paroles, vers, leur paraît dériver de ἔπεσθαι et de εἰπεῖν. C'est donc par une raison semblable que nos vieux auteurs ont dit *insectiones* dans le sens de récits, discours.

CHAPITRE X.

C'est une erreur de penser qu'on tâte le pouls sur la veine, et non sur l'artère.

Hérode, très-illustre personnage, avait à Céphisies, dans l'Attique, une campagne où des eaux, des bois et des forêts entretenaient la fraîcheur. J'y étais allé chercher un abri contre les ardeurs de l'été. La diarrhée et la fièvre me forcèrent à m'aliter. Le philosophe Calvisius Taurus, et quelques-uns de ses disciples, vinrent d'Athènes pour m'y voir. Mon médecin, pris dans le voisinage, expliqua à Taurus ma maladie, et le retour périodique de ma fièvre. Il finit par l'assurer qu'il y avait amélioration dans mon état. « Vous pouvez, ajouta-t-il en s'adressant à Taurus, vous en assurer vous-même, ἐὰν ἅψῃ αὐτοῦ τῆς φλεβός, ce qui signifie dans notre langue, en lui tâtant la veine. » Confondre la veine et l'artère parut, à tous ceux qui l'entendirent, une ignorance révoltante. Le médecin passa pour un homme dont il fallait peu attendre. Les murmures et les physio-

---

non homini indocto, fidem esse habendam : qui in commentario, quod fecisset *De Usu Antiquæ Locutionis*, scripserit, non *inseque* legendum apud Ennium, sed *insece* : ideoque a veteribus, quas *narrationes* dicimus, *insectiones* esse appellatas : Varronem quoque versum hunc Plauti de Menæchmis :

Hæc nihilo mihi videntur esse sectius, quam somnia,

sic enarrasse : nihilo magis narranda esse, quam si ea essent somnia. Hæc illi inter se certabant. Ego arbitror et a M. Catone *insecendo*, et a Q. Ennio *insece* scriptum, sine *u* littera. Offendi enim in bibliotheca Patrensi librum veræ vetustatis Livii Andronici, qui inscriptus est Ὀδύσσεια, in quo erat versus primus, cum hoc verbo, sine *u* littera :

Virum mihi, Camœna, insece versutum....;

factus ex illo Homeri versu :

Ἄνδρα μοι ἔννεπε, Μοῦσα, πολύτροπον.

Illi igitur ætatis et fidei magnæ libro credo. Nam, quod in versu Plautino est, *sectius quam somnia*, nihil in alteram partem plus argumenti habet. Etiamsi veteres autem non *inseque*, sed *insece* dixerunt, credo, quia erat levius leniusque : tamen ejusdem sententiæ verbum videtur. Nam et *sequo*, et *sequor*, et item *secta*, et *sectio* consuetudine loquendi differunt : sed qui penitus inspexerit, origo et ratio utriusque una est. Doctores quoque et interpretes vocum græcarum : Ἄνδρα μοι ἔννεπε, Μοῦσα καὶ Ἔσπετε νῦν μοι, Μοῦσαι, dictum putant quod latine *inseque* dicitur. Namque in altero *n* geminum, in altero *p* esse translatum dicunt. Sed etiam ipsum illud ἔπη, quod significat verba, aut versus, non aliunde esse dictum tradunt, quam ἀπὸ τοῦ ἔπεσθαι καὶ εἰπεῖν. Eadem ergo ratione antiqui nostri narrationes sermonesque *insectiones* appellitaverunt.

CAPUT X.

Errare istos, qui in exploranda febri pulsus venarum pertentari putant, non arteriarum.

In Herodis Cl. V. villam, quæ est in agro Attico, loco, qui appellatur *Cephisiæ*, aquis et lucis et nemoribus frequentem, æstu anni medio, concesseram. Ibi alvo mihi cita et accedente febri rapida decubueram. Eo Calvisius Taurus philosophus et alii quidam sectatores ejus cum Athenis visendi mei gratia venissent, medicus, qui tum in iis locis repertus assidebat mihi, narrare Tauro cœperat, quid incommodi paterer, et quibus modulis quibusque intervallis accederet febris decederetque. Tum in eo sermone, cum jam me sinceriore corpusculo factum diceret : Potes, inquit Tauro, tu quoque id ipsum comprehendere, ἐὰν ἅψῃ αὐτοῦ τῆς φλεβός : quod nostris verbis profecto ita dicitur : *si attigeris venam illius*. Hanc loquendi imperitiam, quod venam pro arteria dixisset, cum in eo docti homines, qui cum Tauro erant, tanquam

nomies l'annonçaient. Alors Taurus, avec sa douceur habituelle : « Nous sommes persuadés, dit-il, homme excellent, que tu n'ignores pas ce que c'est qu'une veine, ce que c'est qu'une artère. Les veines sont, de leur nature, immobiles, et la médecine ne s'adresse à elles que pour la saignée. Les artères, par leur mouvement et leurs pulsations, indiquent s'il y a fièvre ou non. Je vois que tu as voulu te conformer au langage vulgaire, et n'as pas ainsi parlé par ignorance; tu n'es pas assurément le premier que j'aie entendu prendre, en parlant, l'artère pour la veine. Montre-nous, du reste, que tu choisis tes remèdes mieux que tes mots; et, avec l'aide des dieux, mets-nous cet homme sur pieds, sain et valide, le plus tôt qu'il se pourra. » Je me souvins dans la suite de la leçon que mon médecin s'était attirée; je vins à penser qu'il était honteux, non pas seulement pour les médecins, mais pour tout homme libéralement élevé, d'ignorer en anatomie des choses si simples, si faciles, que la nature, dans l'intérêt de notre santé, a mises pour ainsi dire à l'entrée de son temple. Aussi, le peu de temps que je pus dérober à mes occupations, je le donnai à la médecine. J'ouvris les livres qui me parurent les plus propres à m'instruire, et voici ce que j'appris sur les veines et les artères, avec quelques autres choses qui font partie de la science. La veine est un réceptacle de sang, appelé par le médecin ἀγγεῖον. Le sang y est mêlé avec l'esprit vital, et il y domine. L'artère est un réceptacle d'esprit vital mêlé et confondu avec le sang; là, c'est l'esprit vital qui domine. Le σφυγμός, pouls, est le mouvement naturel, indépendant de notre volonté, qui dilate et resserre tour à tour le cœur et les artères. Les médecins anciens en ont donné la définition grecque que voici : « Le pouls « est la contraction et la dilatation involontaire « des artères et du cœur. »

CHAPITRE XI.

Licences poëtiques de Furius Antias, critiquées mal à propos par Césellius Vindex. Vers où ces licences se trouvent.

Non, je ne suis pas de l'avis de Césellius Vindex; c'est, je le reconnais, un grammairien instruit, mais il a fait preuve d'ignorance et de témérité, lorsqu'il a reproché à notre vieux poëte Furius d'avoir gâté la langue par des créations de mots qui ne me paraissent nullement dépasser les limites de la liberté poétique, et n'ont rien de désagréable, comme tant de licences que nos plus illustres poëtes se sont données. Voici, du reste, les créations de mots si vivement attaquées par Césellius, chez Furius. Dans le vieux poëte, la terre qui se change en boue, *lutescit* ; les ténèbres qui forment une nuit sombre, *noctescunt*; reprendre ses premières forces, c'est *virescere*; le vent qui ride les flots et les fait briller, *purpurat*; enfin devenir opulent, c'est *opulescere*. Voici, du reste, les vers où se trouvent ces mots : « La terre se délaye dans le sang; la terre, là « où elle est creuse, se change en boue. — Une « noire fumée forme une nuit ténébreuse. — Les « courages s'animent : la blessure rend à la valeur « sa première force. — Comme une macreuse lé- « gère, la flotte vole sur les mers. — Quand le « souffle des vents *empourpre* les flots azurés. —

in minime utili medico offenderent, atque id murmure et vultu ostenderent; tum ibi Taurus, ut mos ejus fuit, satis leniter : Certi, inquit, sumus, vir bone, non ignorare te, quid vena appelletur, et quid arteria; quod venæ quidem suapte vi immobiles sint, et sanguinis tantum demittendi gratia explorentur; arteriæ autem motu atque pulsu suo habitum et modum febrium demonstrent : sed, ut video, pervulgate magis, quam inscite, locutus es; non enim te solum, [sed] alios quoque itidem errantis audivi venam pro arteria dicere. Fac igitur, ut experiamur, elegantiorem esse te in medendo, quam in dicendo; et cum diis bene volentibus opera tua sistas hunc nobis sanum atque validum quam citissime. Hoc ego postea cum in medico reprehensum esse meminissem, existimavi non medico soli, sed omnibus quoque hominibus liberis, liberaliterque institutis turpe esse, ne ea quidem cognovisse ad notitiam corporis nostri pertinentia, quæ non altius occultiusque remota sunt; et quæ natura nobis tuendæ valetudinis causa et in promtu esse et in propatulo voluerit : ac propterea, quantum habui temporis subsicivi, medicinæ quoque disciplinæ libros attigi, quos arbitrabar esse idoneos ad docendum, et ex iis, cum alia pleraque ab isto humanitatis usu non aliena, tum de venis quoque et arteriis didicisse videor, ad hunc ferme modum. *Vena* est conceptaculum sanguinis, quod ἀγγεῖον medici vocant, mixti confusique cum spiritu naturali, in quo plus sanguinis est, minus spiritus : *arteria* est conceptaculum spiritus naturalis mixti confusique cum sanguine; in quo plus spiritus est, minus sanguinis. Σφυγμὸς autem est intentio motus et remissio in corde et in arteria, naturalis, non arbitrarii; a medicis autem veteribus oratione græca ita definitus est : Σφυγμός ἐστι διαστολὴ καὶ συστολὴ ἀποδιαίρετος ἀρτηρίας καὶ καρδίας.

CAPUT XI.

Verba ex carminibus Furii Antiatis, inscite a Cæsellio Vindice reprehensa, versusque ipsi, in quibus ea verba sunt, subscripti.

Non hercle idem sentio cum Cæsellio Vindice, grammatico, ut mea opinio est, haudquaquam inerudito. Verum hoc tamen petulanter insciteque, quod Furium, veterem poetam, dedecorasse linguam latinam scripsit hujuscemodi vocum fictionibus, quæ mihi quidem neque abhorrere a poetica facultate visæ sunt, neque dictu profatuque ipso tetræ aut insuaves esse : sicuti sunt quædam alia ab illustribus poetis, ficta dure et rancida. Quæ reprehendit autem Cæsellius Furiana, hæc sunt : Quod terram in lutum versam *lutescere* dixerit; et tenebras in noctis modum factas *noctescere*; et pristinas recuperare vires *virescere*; et quod ventus mare cæruleum crispicans nitescere facit, *purpurat* dixerit : et opulentum fieri *opules-*

« Afin qu'ils puissents enrichir davantage dans les
« plaines de leur patrie. »

CHAPITRE XII.

Coutume, chez nos vieux auteurs, de donner une forme active à des verbes passifs, et réciproquement.

On a regardé comme une élégance dans la diction, de donner une forme active aux verbes passifs, et une forme passive aux verbes actifs. Juventius dit dans une comédie : *Pallium face ut splendeat, ne maculet.* « Fais que le manteau « brille, qu'il soit sans tâche. » N'est-il pas vrai que *maculetur* aurait moins de grâce? Plaute a fait quelque chose d'approchant :

« Qu'est-ce que cela ; dit-il? mon manteau est ridé (*rugat*). Je ne suis pas vêtu convenablement. »

Le même Plaute fait signifier au verbe *pulverare*, non pas remplir de poussière, mais en être plein :

« Sors, toi, Dave ; va, balaye ; je veux que ce « vestibule soit propre. Notre Vénus va venir. Que « cela ne soit point poudreux (*non hoc pulveret*). »

Dans l'*Asinaria*, il a dit *contemples* pour *contempleris*.

« Considère (*contemple*) ma tête, il s'agit de tes intérêts. »

On lit dans les Annales de Cn. Gellius : « Quand « la tempête fût calmée (*sedavit*), Atherbal « immola un taureau. » Dans les *Origines* de Caton : « Un grand nombre d'habitants des cam- « pagnes s'y rendirent ; leur force augmenta « (*auxit*) par ce renfort. » varron dit, dans son traité *De la Langue latine à Marcellus* : « Dans « le premier mot les syllabes longues demeurent « longues ; les autres changent (*mutant*). » *Mutant* est là très élégamment mis pour *mutantur*. On peut voir la même figure dans cet autre passage du même Varron, *Des choses divines*, livre septième : « On peut reconnaître en comparant « Antigone et Tullie, ce qu'il y a de différence « (*quid mutet*) entre deux filles de rois. » Quant aux formes passives données à des verbes actifs, on en trouve des exemples chez presque tous nos vieux auteurs. En voici quelques-uns, qui me reviennent en ce moment : *Muneror* pour *munero*, récompenser; *significor* pour *significo*, signifier; *sacrificor* pour *sacrifico*, sacrifier; *assentior* pour *assentio*, consentir; *fœneror* pour *fœnero*, prêter à intérêt; *pigneror* pour *pignero*, mettre en gage, et autres, dont on pourra prendre note, à mesure qu'on les rencontrera.

CHAPITRE XIII.

Le philosophe Diogène, insolemment attaqué par un logicien, lui rétorque son sophisme.

Pendant les Saturnales, à Athènes, nous nous égayions par un jeu aussi honnête qu'amusant Le voici : nous nous réunissions plusieurs, ayant tous le même goût, dans les moments consacrés au délassement : nous cherchions en nous-mêmes des subtilités sophistiques, et puis nous les lancions

---

cere. Versus autem ipsos ex poëmatis Furianis, in quibus hæc verba sunt, subdidi :

Sanguine diluitur tellus : cava terra lutescit.
Omnia noctescunt tenebris caliginis atræ.
Increscunt animi ; virescit vulnere virtus.
Sicut fulfi[l]ça levis volitat super æquora classis.
Spiritus Eurorum viridis cum purpurat undas :
Quo magis in patriis possint opulescere campis.

CAPUT XII.

Morem istum veteribus nostris fuisse, verba *patiendi* mutare, ac vertere in *agendi* modum.

Id quoque habitum est in oratione facienda elegantiæ genus, ut pro verbis, habentibus patiendi figuram, agentia ponerent : ac deinde hæc vice inter sese mutua verterent. Juventius in comœdia :

Pallium, inquit, face ut splendeat.

Nonne hoc impendio venustius gratiusque est, quam si diceret : [ne] *maculetur?* Plautus etiam non dissimiliter :

Quid est hoc? rugat pallium ; amictus non sum commode.

Itidem Plautus *pulveret* dicit, quod non pulvere impleat, sed ipsum pulveris plenum sit :

Exi tu, Dave,
Age, sparge ; mundum esse hoc vestibulum volo.
Venus ventura est nostra ; non hoc pulveret.

In Asinaria quoque *contemples* dicit pro *contempleris* : Mecum caput contemples, siquidem e re consultas tua.

Cn. Gellius in *Annalibus* : « Postquam tempestas seda- « vit, Atherbal taurum immolavit. » M. Cato in *Originibus* : « Eodem convenæ complures ex agro accessivere ; eo res eorum auxit. » Varro in libris, quos *ad Marcellum De Lingua Latina* fecit : « In priore « verbo graves prosodiæ, quæ fuerunt, manent ; reliquæ « mutant. » *Mutant* inquit elegantissime pro *mutantur*. Potest etiam id quoque ab eodem Varrone in VII *Divinarum* similiter dictum videri : Inter duas filias regum « quid mutet, inter Antigonam et Tulliam est animadver- « tere. » Verba autem patiendi pro agentibus in omnibus ferme veterum scriptis reperiuntur : ex quibus sunt pauca ista, quæ nunc meminimus. *Muneror* te pro *munero* : et *significor* pro *significo* : et *sacrificor* pro *sacrifico* : et *assentior* pro *assentio* : et *fœneror* pro *fœnero* : et *pigneror* pro *pignero* : et alia istiusmodi pleraque, quæ, proinde ut in legendo fuerint obvia, notabuntur.

CAPUT XIII.

Quali talione Diogenes philosophus usus sit, pertentatus a dialectico quodam sophismatio impudenti.

Saturnalibus Athenis alea quadam festiva et honesta lusitabamus hujuscemodi. Ubi conveneramus complusculi ejusdem studii homines, ad lavandi tempus, captiones, quæ *sophismata* appellantur, mente agitabamus : easque quasi talos, aut tesserulas in medium vice sua quisque jaciebamus. Captionis solutæ, aut parum intellectæ, præmium pro-

tour à tour, comme des dés ou des osselets. Suivant qu'on répondait ou qu'on ne répondait pas, on payait ou l'on recevait un sesterce. Cet argent, fruit de l'industrie, était recueilli ensuite, et servait à payer un repas, où se réunissaient tous ceux qui avaient pris part au jeu. Voici quelques-uns de ces sophismes, bien qu'en latin ils aient moins de grâce que dans le grec : « La grêle n'est « pas ce qu'est la neige ; or la neige est blanche ; « donc la grêle n'est pas blanche. » En voici un autre tout semblable au premier : « Le cheval « n'est pas ce qu'est l'homme ; or l'homme est ani- « mal ; donc le cheval n'est pas animal. » Chargé, selon la règle du jeu, de résoudre l'argument, il fallait dire où était le sophisme, ce qu'il fallait nier, ce qu'il fallait accorder : sinon, on payait la pièce convenue. Cette amende servait au repas. Il me prend envie de rapporter à ce sujet la réponse plaisante qu'un philosophe platonicien s'attira de la part de Diogène, auquel il avait adressé un sophisme injurieux. Le logicien avait demandé au cynique : « Ce que je suis, tu ne l'es pas ? — Non, avait répondu Diogène. — Or, poursuivit le logicien, je suis homme. — Oui, répondit Diogène. — Donc tu n'es pas homme, conclut l'autre. — Ta conclusion n'est pas juste, répliqua Diogène ; si tu veux qu'elle le soit, commence par moi. »

CHAPITRE XIV.

Des nombres *hemiolios* et *epitritos*. Nos vieux auteurs n'ont pas osé les traduire en latin.

Il y a des rapports de nombres qu'on exprime en grec par un seul mot, et qu'on ne peut rendre en latin que par une périphrase. Nos auteurs qui ont traité des nombres ont exprimé ces rapports en grec ; ils n'ont pas voulu créer des mots qui auraient été ridicules. Par quel terme, en effet, exprimer l'*hémiolios*, ou l'*épitritos*? Le premier est un nombre qui en renferme un autre une fois et demi, comme trois par rapport à deux, quinze par rapport à dix, trente par rapport à vingt. L'épitritos renferme un nombre une fois plus un tiers, par exemple, quatre par rapport à trois, douze par rapport à neuf, quarante par rapport à trente. Il m'a paru utile de donner ici le sens de ces mots, puisque, faute de les comprendre, on peut ne pas saisir certains calculs subtils qu'on trouve dans les livres des philosophes.

CHAPITRE XV.

Loi sévère que Varron s'était imposée dans le vers héroïque.

Les auteurs qui se sont occupés de la métrique ont observé que, dans le grand vers appelé hexamètre, et dans le vers iambique de six pieds, le premier pied et les deux derniers peuvent être renfermés dans un seul mot chacun. Pour les autres pieds, il n'en est pas de même ; ils se forment par le partage ou la réunion des mots. Marcus Varron va plus loin. Il dit, dans son traité *Des sciences*, qu'il s'était fait une règle de placer toujours une césure après le second pied, dans le vers hexamètre, et qu'il avait voulu que les deux premiers pieds et demi qui commençaient

nave erat nummus unus sestertius. Hoc ære collecto, quasi manuario, cœnula curabatur omnibus, qui eum lusum luseramus. Erant autem captiones ad hoc fere exemplum; tametsi latina oratione non satis scite, ac pæne etiam illepide exponuntur : « Quod nix est, hoc grando « non est; nix autem alba est; grando igitur alba non est. Item aliud non dissimile : « Quod homo est, non est hoc « equus; homo autem animal est; equus igitur animal « non est. » Dicere ergo debebat, qui ad sophisma diluendum ac refellendum ritu aleatorio vocatus erat, in qua parte, quoque in verbo captio foret ; quid dari concedique non oporteret : nisi dixerat, nummo singulo mulctabatur. Ea mulcta cœnam juvabat. Libet autem dicere, quam facete Diogenes sophisma id genus, quod supra dixi, a quodam dialectico ex Platonis diatriba per contumeliam propositum, remuneratus sit. Nam cum ita rogasset dialecticus : « Quod ego sum, id tu non es ; » et Diogenes annuisset, atque ille addidisset : « Homo autem « ego sum : » cum id quoque assensus esset, et contra dialecticus ita conclusisset : « Homo igitur tu non es : » « Hoc quidem, » inquit Diogenes, « falsum est, et, si verum « [id] fieri vis, a me incipe. »

CAPUT XIV.

Quid sit numerus *homiolios*, quid *epitritos* : et quod vocabula ista non facile nostri ausi sunt vertere in linguam latinam.

Figuræ quædam numerorum, quas Græci certis nominibus appellant, vocabula in lingua latina non habent ; sed qui de numeris latine scripserunt, græca ipsa dixerunt : fingere autem nostra, quoniam id absurde futurum erat, noluerunt. Quale enim fieri nomen posset hemiolio numero, aut epitrito? Est autem *hemiolios*, qui numerum aliquem totum in se[se] habet, dimidiumque [habet] ejus : ut tres ad duo, quindecim ad decem, triginta ad viginti. *Epitritos* est, qui habet totum aliquem numerum et ejusdem partem tertiam : ut quattuor ad tres, duodecim ad novem, quadraginta ad triginta. Hæc autem notare meminisseque, non esse ab[s] re visum est : quoniam, vocabula ista numerorum nisi intelliguntur, rationes quædam subtilissimæ, in libris philosophorum scriptæ, percipi non queunt.

CAPUT XV.

Quod M. Varro in herois versibus observaverit rem nimis anxiæ et curiosæ observationis.

In longis versibus, qui *hexametri* vocantur, item in *senariis*, animadvertunt metrici, duos primos pedes, item extremos duos, habere singulos posse integras partes orationis, medios haud unquam posse : sed constare

le vers y jouassent un rôle aussi important que les trois pieds et demi qui le terminaient. Il donnait de cette règle une raison tirée de la géométrie.

LIVRE XIX.

CHAPITRE I.
Réponse d'un philosophe à qui l'on demande pourquoi il a pâli dans une tempête.

Je naviguais de Cassiopée à Brindes. Dès la première nuit, une tempête nous surprit dans la mer Ionienne, mer vaste et orageuse. Le vent ne cessa de souffler sur les flancs du navire, et le remplit d'eau. On passa la nuit à pleurer : la sentine ne désemplissait pas. Enfin le jour parut ; mais la tempête ne se calmait pas, et le danger était toujours le même ; que dis-je? les coups de vent devenaient plus fréquents ; un ciel noir, des masses de brouillard, des nuages effrayants, des ouragans affreux, menaçaient à tout instant d'abîmer le navire. Il y avait là un philosophe fameux de l'école stoïcienne ; je l'avais connu à Athènes ; son autorité était grande, il exerçait sur les jeunes disciples une surveillance attentive. Dans notre danger, au milieu du tumulte qui régnait sur les flots et dans le ciel, je fixais sur lui mes regards. Curieux de voir s'il demeurait ferme et inébranlable, je voulais lire dans ses traits l'état de son âme. Il était calme et intrépide ; pas de pleurs, pas le moindre gémissement, au milieu de la désolation générale ; mais sa physionomie n'était pas moins altérée que celle des autres passagers. Enfin le ciel reprit sa sérénité, la mer se calma, et le péril fut moins imminent. Un homme aborda le philosophe ; c'était un Grec asiatique, voyageant avec un nombreux cortége d'esclaves et de richesses, et que toutes les voluptés de l'âme et du corps semblaient accompagner. Il dit au stoïcien, d'un ton moqueur : « Qu'est-ce donc que cela, philosophe? dans le danger vous avez craint et pâli ! Pour moi je suis demeuré calme, et mon visage ne s'est pas altéré. » Le philosophe garda quelque temps le silence, doutant s'il lui convenait de répondre. « Si dans la violence de l'orage, dit-il enfin, j'ai paru quelque peu ému, un homme tel que toi n'est pas digne d'en apprendre la cause. Je te renvoie à ce disciple d'Aristippe, qui, dans une circonstance pareille, répondit à un homme pareil à toi, au sujet d'une question semblable : « Je n'ai pas, pour ne pas craindre, le même motif que toi. Tu dois, toi, être peu inquiet pour l'âme d'un méchant vaurien ; mais j'ai craint pour une âme qu'Aristippe a formée. » Par cette repartie inattendue, le stoïcien se débarrassa du riche asiatique. Plus tard, comme nous étions sur le point d'arriver à Brindes, je profitai du calme plat de la mer et des vents, pour demander à notre philosophe cette raison qu'il avait refusé de donner à ce riche qui l'avait interrogé d'une manière inconvenante. Il me répondit avec calme et politesse : « Écoute, puisque tu es curieux de l'apprendre, le sentiment des premiers fondateurs de l'école stoïcienne sur

eos semper ex verbis aut divisis, aut mixtis atque confusis. Marcus etiam Varro in libris *Disciplinarum* scripsit, observasse sese in versu hexametro, quod omnimodo quintus semipes verbum finiret : et quod priores quinque semipedes æque magnam vim haberent in efficiendo versum atque alii posteriores septem : idque ipsum ratione quadam geometrica fieri disserit.

LIBER NONUS DECIMUS

CAPUT I.
Responsio cujusdam philosophi, interrogati, quam ob causam maris tempestate palluerat.

Navigabamus a Cassiopia ad Brundusium, mare Ionium violentum et vastum et jactabundum. Nox deinde, quæ diem primum secuta est, in ea fere tota ventus a latere sæviens navem undis compleverat. Tum postea complorantibus omnibus nostris, atque in sentina satis agentibus, dies quidem tandem illuxit : sed nihil de periculo, de sævitiave remissum, quin turbines etiam crebriores, et cœlum atrum, et fumigantes globi, et figuræ quædam nubium metuendæ, quas τυφῶνας vocabant, impendere imminereque, ac depressuræ navem videbantur. In eadem fuit philosophus, in disciplina stoica celebratus, quem ego Athenis cognoveram, non parva virum auctoritate, satisque attente discipulos juvenes continentem. Eum tunc in tantis periculis, inque illo tumultu cœli marisque requirebam oculis ; scire cupiens, quonam statu animi, et an interritus intrepidusque esset? Atque ibi hominem conspicimus impavidum et extrilidum, ploratus quidem nullos, sicuti ceteri omnes, nec ullas ejusmodi voces cientem, sed coloris et vultus turbatione non multum a ceteris differentem. At ubi cœlum enituit, et de ferbuit mare, et ardor ille periculi deflagravit, accedit ad stoicum Græcus quispiam dives ex Asia, magno, ut videbamus, cultu paratuque rerum et familiæ ; atque ipse erat multis corporis animique deliciis affluens. Is quasi illudens : Quid hoc, inquit, est, o philosophe, quod, cum in periculis essemus, timuisti tu, et palluisti? Ego neque timui, neque pallui. Et philosophus aliquantum cunctatus, an responderet ei conveniret : Si quid ego, inquit, in tanta violentia tempestatum videor paulum pavefactus, non tu istius rei ratione audiendus dignus es ; sed tibi sane Aristippus ille discipulus pro me responderit : qui in simili tempore a simillimo tui homine interrogatus, quare philosophus timeret, cum ille contra nihil metueret? « Non eandem esse « causam sibi, atque illi » respondit ; quoniam is quidem esset non magno opere sollicitus pro anima nequissimi nebulonis ; ipsum autem pro Aristippia anima timere. His tunc verbis Stoicus divitem illum Asiaticum a sese amolitus est. Sed postea cum Brundusium adventaremus, malaciaque, esset venti ac maris : percontatus eum sum, quænam illa ratio esset pavoris sui, quam dicere ei supersedisset, a quo fuerat non satis digne compellatus? Atque ille mihi placide et co-

cette crainte, effet passager d'une invincible nature; ou plutôt lis, ce sera le moyen de croire plus aisément, et de te souvenir mieux. » Aussitôt il tira de son petit bagage le cinquième livre des *Dissertations* d'Épictète, traduites par Arrien, et certainement conformes aux sentiments de Zénon et de Chrysippe. Nous lûmes en grec dans cet ouvrage à peu près ce qui suit : Ces visions de l'âme, que les philosophes appellent *imaginations*, φαντασίας, qui ébranlent l'âme et troublent l'intelligence, ne dépendent pas de la volonté, ne sont pas libres. Par la violence qui leur est naturelle, elles forcent l'homme à les connaître. Mais les actes de l'intelligence, appelés συγκαταθέσεις, par lesquels nous reconnaissons et discernons ces visions de l'âme, sont dépendants de la volonté, sont des actes libres. Ainsi un bruit formidable dans le ciel, le fracas d'une chute, l'annonce inattendue de je ne sais quel danger, ou tout autre accident de ce genre, ont pour effet naturel d'émouvoir, de resserrer, de faire pâlir en quelque sorte l'âme humaine. Cet effet n'est pas produit par la peur d'un mal, mais par un mouvement rapide et involontaire qui prévient l'usage de la raison et de l'intelligence. Mais le sage refuse son assentiment à ces visions; il n'y consent pas, il ne les approuve pas; il les dédaigne et les rejette avec mépris. Il ne voit rien là dont il doive avoir peur; et voilà la différence entre le fou et le sage. Le fou, dans la première agitation de l'âme, a cru

ces objets effrayants et terribles ; il les juge effrayants et terribles. Son esprit juge comme son âme a senti; προσεπιδοξάζει, c'est le mot dont se servent les stoïciens. Le sage, au contraire, après une courte altération du visage, ne consent pas, οὐ συγκατίθεται; il s'en tient fermement à l'opinion où il a toujours été sur ces sortes de visions: il n'y voit rien d'effroyable, mais seulement des apparences vaines qui surprennent un moment. Telle fut l'opinion d'Épictète, développée dans le livre que je lisais. J'ai cru devoir en prendre note, afin que, le cas échéant, l'effroi et la pâleur ne soient point pris pour des marques de folie et de faiblesse, afin qu'en payant à l'infirmité humaine le tribut d'un trouble passager, nous n'allions pas supposer à des fantômes une réalité qu'ils n'ont pas.

CHAPITRE II.

Sur cinq sens, nous en avons deux qui nous sont communs avec la brute. Le plaisir qui nous vient par l'ouïe, la vue et l'odorat, est un plaisir honnête. Les voluptés qu'on goûte par le goût et le toucher sont très-honteuses : nous partageons ces derniers plaisirs avec les bêtes; les premiers sont particuliers à l'homme.

L'homme a cinq sens, en grec, αἰσθήσεις : le goût, le toucher, l'odorat, la vue, et l'ouïe; autant de canaux de volupté pour l'âme et le corps. Quand la volupté qu'ils nous donnent passe certaines limites, on la dit honteuse et déshonnête. Celle surtout qui nous vient par le goût et le toucher,

miter : Quoniam, inquit, audiendi cupidus es, audi, quid super isto brevi quidem, sed necessario et naturali pavore, majores nostri, conditores sectæ stoicæ, senserint ; vel potius, inquit, lege : nam et facilius credideris si legas, et memineris magis. Atque ibi coram ex sarcinula sua librum protulit Epicteti philosophi quintum Διαλέξεων ; quas ab Arriano digestas congruere scriptis Ζήνωνος et Chrysippi non dubium est. In eo libro scilicet graeca oratione scriptum ad hanc sententiam legimus : Visa animi, quas φαντασίας philosophi appellant, quibus mens hominis prima statim specie accidentis ad animum rei pellitur, non voluntatis sunt, neque arbitraria; sed vi quadam sua inferunt sese hominibus noscitanda. Probationes autem, quas συγκαταθέσεις vocant, quibus eadem visa noscuntur, ac dijudicantur, voluntariæ sunt, fiuntque hominum arbitratu. Propterea cum sonus aliquis formidabilis aut cœlo, aut ex ruina, aut repentinus nescius periculi nuntius, vel quid aliud est ejusmodi factum; sapientis quoque animum paulisper moveri, et contrahi, et pallescere necessum est : non opinione alicujus mali præcepta, sed quibusdam motibus rapidis et inconsultis officium mentis atque rationis prævertentibus. Mox tamen ille sapiens ibidem τὰς τοιαύτας φαντασίας, id est, visa isthæc animi sui terrifica non approbat : hoc est, οὐ συγκατίθεται, οὐδὲ προσεπιδοξάζει, sed abjicit, respuitque; nec ei metuendum esse in iis quidquam videtur. Atque hoc inter insipientis sapientisque animum differre dicunt, quod insipiens, qualia sibi esse primo animi sui pulsu visa sunt sæva et aspera, talia esse vero putat; et eadem incepta,

tanquam si jure metuenda sint, sua quoque assensione approbat, καὶ προσεπιδοξάζει; hoc enim verbo stoici, cum super ista re disserunt, utuntur. Sapiens autem, cum breviter et strictim colore atque vultu motus est, οὐ συγκατίθεται, sed statum, vigoremque sententiæ suæ retinet, quam de hujuscemodi visis semper habuit, ut de minime metuendis, sed fronte falsa et formidine inani territantibus. Hæc Epictetum philosophum ex decretis stoicorum sensisse atque dixisse, in eo, quo dixi, libro legimus : annotandaque esse idcirco existimavimus, ut rebus forte id genus, quibus dixi, obortis pavescere sensim, et quasi albescere, non insipientis esse hominis, neque ignavi putemus, et in eo tamen brevi motu naturali magis infirmitati cedamus, quam, quod esse ea, qualia visa sunt, censeamus.

CAPUT II.

Ex quinque corporis sensibus duos esse cum belluis maxime communes; [quodque turpis et improba est voluptas, quæ ex auditu, visu odoratuque procedit : quæ vero ex gustu, tactuque est, rerum omnium fœdissima est, quum hæ duæ bestiarum etiam sint, reliquæ hominum tantum]

Quinque sunt hominum sensus, quos Græci αἰσθήσεις appellant, per quos voluptas animo aut corpori quæri videtur : gustus, tactus, odoratus, visus, auditus. Ex his omnibus quæ immodice voluptas capitur, ea turpis atque improba existimatur ; sed enim quæ nimia ex gustu atque tactu est, ea voluptas, sicuti sapientes viri censuerunt,

si elle est excessive, passe, au jugement de tous les sages, pour la plus honteuse des turpitudes, et les hommes qui s'adonnent à ces brutales voluptés sont flétris, en Grèce, du nom de ἀκολάστοι et de ἀκρατεῖς. Nous les appelons, nous, incontinents et intempérants; car, si l'on voulait traduire plus littéralement le mot ἀκολάστοι, on aurait un mot trop bizarre. Les voluptés du goût et du toucher, c'est-à-dire les passions pour le manger et les plaisirs de Vénus, sont les seules qui nous soient communes avec les bêtes; aussi place-t-on, parmi les bêtes et les animaux féroces, l'homme qu'enchaînent ces brutales voluptés. Les plaisirs que donnent les trois autres sens ne sont goûtés que par l'homme. Je citerai l'opinion d'Aristote là-dessus, dans l'espoir que l'autorité de cet illustre philosophe nous puisse dégoûter des infâmes plaisirs : « Ceux qui se précipitent sans retenue
« dans les voluptés du goût et du toucher sont
« nommés intempérants. La passion immodérée
« pour les plaisirs de Vénus est de l'incontinence;
« l'intempérance dans le manger est appelée gour-
« mandise. Les gourmands jouissent tantôt par la
« langue, tantôt par le gosier. Philoxène se sou-
« haitait un gosier de grue. On ne flétrit pas,
« cependant, ceux qui s'adonnent aux plaisirs de
« l'ouïe et de la vue. A quoi tient cette différence ?
« C'est que les voluptés du goût et du toucher
« nous sont communes avec les autres animaux,
« et sont dès lors méprisables : voilà pourquoi
« elles sont les plus honteuses, ou les seules hon-
« teuses. Ainsi nous blâmons l'homme qui se
« laisse vaincre par elles, nous l'appelons intem-
« pérant ou incontinent, parce qu'il se laisse
« subjuguer par les pires des voluptés. Il y a cinq
« sens; les animaux ne jouissent que par les deux
« dont j'ai parlé en commençant. Quant aux au-
« tres, ou la brute ne jouit pas du tout par leur
« moyen, ou elle ne jouit qu'en passant. Elle
« voit, elle sent ce dont elle va se nourrir, et
« goûte un moment de plaisir; une fois rassasiée,
« ces mêmes objets ne lui sont plus agréables.
« Ainsi, l'odeur du poisson salé nous déplaît,
« quand notre appétit est satisfait; elle nous
« plaît, quand nous éprouvons le besoin de man-
« ger. L'odeur de la rose, au contraire, est toujours
« suave. » Après cela quel homme, s'il a conservé quelque pudeur humaine, pourra aimer deux plaisirs qu'il partage avec l'âne et le cochon ? Socrate disait que bien des hommes vivaient pour manger et boire; que lui, il buvait et mangeait pour vivre. Voici quelle était sur le plaisir de Vénus l'opinion du divin Hippocrate. Il le regardait comme une variété de la maladie que nous appelons *comitiale*. On rapporte de lui ce mot : « L'union des deux sexes est une petite épilepsie. »

CHAPITRE III.

Une froide louange déshonore plus qu'une amère invective.

Le philosophe Favorinus disait qu'une louange mince et froide déshonore plus qu'une invective véhémente et sévère. « Celui, disait-il, qui médit et blâme, met de l'amertume dans ses paroles; plus il montre de haine et d'injustice, moins il est cru. Au contraire, la stérilité, la sécheresse de l'éloge paraît accuser la maigreur du sujet. L'a-

omnium rerum foedissima est; eosque maxime, qui duabus istis belluinis voluptatibus sese dediderunt, gravissimi vitii vocabulis Græci appellant, vel ἀκολάστους, vel ἀκρατεῖς. Nos eos vel incontinentes dicimus vel intemperantes; ἀκολάστους enim, si interpretari coactius velis, nimis id verbum insolens erit. Istæ autem voluptates duæ gustus atque tactus, id est; libidines in cibos atque in Venerem prodigæ, solæ sunt hominibus communes cum belluis, et idcirco in pecudum ferorumque animalium numero habe- 'ur, quisquis est his ferinis voluptatibus prævinctus. Ceteræ ex tribus aliis sensibus proficiscentes hominum esse tantum propriæ, videntur. Verba super hac re Aristotelis philosophi adscripsi; ut vel auctoritas clari atque incliti viri tam infamibus nos voluptatibus deterreret : Διὰ τί οἱ κατὰ τὴν τῆς ἀφῆς ἢ γεύσεως ἡδονὴν γιγνομένην ἂν ὑπερβάλλωσιν, ἀκρατεῖς λέγονται. Οἵ τε γὰρ περὶ τὰ ἀφροδίσια, ἀκόλαστοι, οἵ τε περὶ τὰς τῆς τροφῆς ἀπολαύσεις. Τῶν δὲ κατὰ τὴν τροφήν, ἀπ' ἐνίων μὲν ἐν τῇ γλώττῃ τὸ ἡδύ· ἀπ' ἐνίων δὲ, ἐν τῷ λάρυγγι. Διὸ καὶ Φιλόξενος γερανου λάρυγγα εὔχετο ἔχειν. Οἱ δὲ κατὰ τὴν ὄψιν καὶ τὴν ἀκοήν, οὐκ ἔτι; ἢ διὰ τὸ τὰς ἀπὸ τούτων γινομένας ἡδονὰς κοινὰς εἶναι ἡμῖν καὶ τοῖς ἄλλοις ζώοις· ἅτε οὖν οὖσαι κοιναί, ἀτιμόταταί εἰσι· διὸ καὶ μάλιστα, ἢ μόναι ἐπονείδιστοι. Ὥστε τὸν ὑπὸ τούτων ἡττώμενον ψέγομεν, καὶ ἀκρατῆ καὶ ἀκόλαστον λέγομεν, διὰ τὸ ὑπὸ τῶν χειρίστων ἡδονῶν ἡττᾶσθαι. Οὐσῶν δὲ τῶν αἰσθήσεων πέντε, τὰ ἄλλα ζῶα ἀπὸ δύο μόνων τῶν προειρημένων ἤδεται· κατὰ δὲ τὰς ἄλλας ἢ ὅλως οὐχ ἥδεται, ἢ κατὰ συμβεβηκὸς τοῦτο πάσχει· ὁρῶν μὲν γὰρ τὸ ὀρῶν, ἢ ὀσφραινόμενον χαίρει, ὅτι ἀπολαύει, καὶ ὅταν πληρωθῇ, οὐδὲ τὰ τοιαῦτα ἡδέα αὐτῷ, ὥσπερ οὐδὲ ἡμῖν ἢ τοῦ ταρίχους ὀσμή, ὅταν ᾄδην ἔχωμεν τοῦ φαγεῖν, ὅταν δὲ ἐνδεεῖς ὦμεν ἡδεῖα· ἡ δὲ τοῦ ῥόδου ἀεὶ ἡδεῖα. Quis igitur habens aliquid humani pudoris voluptatibus istis duabus coeundi atque comedendi, quæ sunt homini cum sue atque asino communes, gaudeat? Socrates quidem dicebat multos homines propterea velle vivere, ut ederent et biberent; se bibere atque esse, ut viveret. Hippocrates autem, divina vir scientia, de coitu venereo ita existimabat: partem esse quandam morbi teterrimi, quem nostri comitialem dixerunt. Namque ipsius verba hæc traduntur : Τὴν συνουσίαν εἶναι μικρὰν ἐπιληψίαν.

CAPUT III.

Quod turpius est, frigide laudari, quam acerbius vituperari.

Turpius esse dicebat Favorinus philosophus, exigue atque frigide laudari, quam insectanter et graviter vituperari : Quoniam, inquit, qui maledicit et vituperat, quanto id acerbius facit, tam maximo ille pro iniquo et inimico ducitur, et plerumque propterea fidem non capit; sed qui infæcunde atque jejune laudat, destitui a causa

pologiste alors passe pour un ami qui veut louer, et ne trouve rien qui mérite l'éloge. »

CHAPITRE IV.
Pourquoi une peur subite donne la diarrhée ? Pourquoi le feu provoque l'urine ?

Aristote a fait un ouvrage intitulé *Problèmes de physique*. L'ouvrage est plein d'agréables, d'exquises observations. Il y recherche, par exemple, pourquoi une peur soudaine donne la diarrhée; pourquoi encore, après s'être tenu trop longtemps auprès du feu, on se sent le besoin d'uriner. Voici comme il résout le premier de ces deux problèmes : toute crainte, selon lui, est réfrigérante, pour employer son expression ψυχροποιός; par là, elle chasse et concentre le sang et la chaleur qui se trouvaient dans l'épiderme; aussi, la peur a encore pour effet de faire pâlir le visage, qu'elle prive de sang. Or, ajoute-t-il, le sang et la chaleur, ainsi concentrés, agissent sur les intestins, et les stimulent. Quant au second problème, voici ses propres paroles : « Le feu « liquéfie les solides, comme le soleil fond la « neige. »

CHAPITRE V.
L'eau de neige malsaine, selon Aristote. La glace formée de la neige.

Pendant les ardeurs de l'été, j'avais cherché un abri dans une maison, propriété d'un ami riche, dans la campagne de Tibur. Nous étions là réunis plusieurs amis du même âge, et cultivant tous l'éloquence ou la philosophie. Nous avions avec nous un péripatéticien, homme excellent, très-savant, et singulièrement passionné pour Aristote. Nous buvions de l'eau de neige en grande quantité; il nous en empêchait, nous gourmandait, nous citait l'autorité des plus célèbres médecins, et surtout d'Aristote, qui savait tout. Il avait dit que la neige fondue aidait à la végétation des arbres et des plantes, mais était pour l'homme une boisson malsaine, dès qu'il y avait excès; qu'elle déposait peu à peu dans les entrailles le germe d'une longue maladie. Il nous le répétait avec autant d'assiduité que de sagesse et de bienveillance. Comme, cependant, on ne discontinuait pas de boire de l'eau de neige, il va à la bibliothèque de Tibur, alors dans le temple d'Hercule et assez bien fournie; il en tire un exemplaire d'Aristote, et nous l'apporte. « Croyez-en du moins, nous dit-il, la parole d'un homme si sage, et cessez enfin de battre en brèche votre santé. » Nous y lûmes que l'eau de neige était une boisson très-malsaine, et que la glace n'était que de la neige plus solide et plus compacte. Voici quel était le raisonnement d'Aristote : Quand l'eau se durcit et se gèle par le contact d'un air froid, il faut qu'il y ait une évaporation, qu'une vapeur très-légère se dégage et s'exhale. Or, ce qui s'évapore est ce qu'il y a de plus léger; ce qui reste est ce qui est le plus pesant, le plus sale et le plus malsain. Ces derniers éléments prennent au contact de l'air

videtur : et amicus quidem creditur ejus, quem laudare vult, sed nihil posse reperire, quod jure laudet

CAPUT IV.
Quamobrem venter repentino timore effluat; quare etiam ignis urinam lacessat.

Aristotelis libri sunt, qui *Problemata Physica* inscribuntur, lepidissimi et elegantiarum omne genus referti. In his quærit, quam ob causam eveniat, ut, quibus invasit repentinus rei magnæ timor, plerumque alvo statim cita fiant? Item quærit, cur accidat, ut eum, qui propter ignem diutius stetit, libido urinæ lacessat? Ac de alvo quidem inter timendum prona, atque præcipiti, causam esse dicit, quod timor omnis sit algificus, quem ille appellat ψυχροποιόν; eaque vi frigoris sanguinem caldoremque omnem de summa corporis cute cogat penitus et depellat; faciatque simul, uti, qui timent, sanguine ex ore decedente pallescat : Is autem, inquit, sanguis et caldor in intima coactus movet plerumque alvum, et incitat. De urina celebra ex igni proximo facta, verba hæc posuit : Τὸ δὲ πῦρ διαχαλᾶ τὸ πεπηγός, ὥσπερ ὁ ἥλιος τὴν χιόνα.

CAPUT V.
Ex Aristotelis libris sumtum, quod nivis aqua potui pessima sit, et quod ex nive crystallus concreatur.

In Tiburte rus concesseramus hominis amici divitis, ætate anni flagrantissima, ego et quidam alii æquales et familiares mei, eloquentiæ aut philosophiæ sectatores. Erat nobiscum vir bonus ex peripatetica disciplina, bene doctus, et Aristotelis unice studiosissimus. Is nos aquam multam ex diluta nive bibentis coercebat, severiusque increpabat, adhibebatque nobis auctoritates nobilium medicorum, et cumprimis Aristotelis philosophi, rei omnis humanæ peritissimi : qui aquam nivalem frugibus sane et arboribus fœcundam diceret, sed hominibus potu nimio insalubrem esse; tabemque et morbos sensim, atque in diem longam visceribus inseminare. Hæc quidem ille ad nos prudenter, et benivole, et assidue dictitabat. Sed cum bibendæ nivis pausa fieret nulla, promit e bibliotheca Tiburti, quæ tunc in Herculis templo satis commode instructa libris erat, Aristotelis librum, eumque ad nos affert, et : Hujus saltem, inquit, viri sapientissimi verbis credite; ac desinite valetudinem vestram profligare. In eo libro scriptum fuit, deterrimam esse potu aquam e nive, itemque solidius latiusque concretam esse eam, quam κρύσταλλον Græci appellant : causaque ibi adscripta est hujuscemodi : Quoniam cum aqua frigore aëris duratur et coit, necessum est fieri evaporationem, et quamdam quasi auram tenuissimam exprimi ex ea, et emanare. Id autem, inquit, in ea levissimum est, quod evaporatur; manet autem, quod est gravius, et sordidius, et insalubrius : atque in pulsu aëris verberatum in modum coloremque spumæ candidæ oritur. Sed aliquantum, quod est salubrius, diffari, atque evaporari ex nive, judicium illud est, quod minor fit illo, qui ante fuerat, quam concresceret. Verba

la forme et la couleur d'une écume blanche. Les éléments les plus sains se dilatent et s'évaporent : la preuve en est, que l'eau gelée occupe un moindre espace qu'avant de l'être. J'ai fait un extrait de ce chapitre d'Aristote, le voici : « Pourquoi l'eau tirée de la neige et de la glace « est-elle malsaine? C'est que, quand l'eau se « gèle, les parties les plus déliées se dégagent, « les plus légères s'évaporent. La preuve en est « que, gelée, elle a moins de volume qu'auparavant. Quand les parties les plus saines se sont « dégagées, il faut bien que ce qui reste soit « moins sain. » Après cette lecture, nous résolûmes de faire honneur au savoir éminent d'Aristote. Aussitôt je déclarai la guerre à la neige ; les autres m'imitèrent, mais en faisant avec l'ennemi des trêves plus ou moins longues.

CHAPITRE VI.

La honte répand le sang dans les parties extérieures du corps ; la crainte le concentre.

On lit dans les *Problèmes* d'Aristote : « Pour« quoi la honte fait-elle rougir, et la crainte blan« chir, malgré la ressemblance de ces deux senti« ments? Parce que, par l'effet de la honte, le « sang se répand du cœur dans toutes les parties « du corps, et paraît à la surface; au lieu que, dans « la crainte, il se concentre dans le cœur, et aban« donne tout le reste du corps. » Je lisais ce passage à Athènes avec mon maître Taurus ; je lui demandai ce qu'il pensait de cette explication. « Aristote, me répondit-il, nous dit très-bien quel est l'effet de la diffusion et de la concentration du sang ; mais il ne dit pas ce qui produit ce phénomène. On peut demander encore, après son explication, pourquoi la honte répand le sang, pourquoi la crainte le concentre ; d'autant plus que la honte est une sorte de crainte, la crainte d'un blâme mérité. Les philosophes, en effet, la définissent ainsi : Αἰσχύνη ἐστὶ φόβος δικαίου ψόγου.

CHAPITRE VII.

Sens d'*obesus* et d'autres vieux mots.

Julius Paulus, poëte, et parfaitement instruit de l'histoire et de la littérature ancienne, possédait un petit héritage. Il nous y réunissait fréquemment autour d'une table abondamment servie de légumes et de fruits, qu'il nous offrait poliment. Nous avions dîné à cette table, Julius Celsinus et moi, pendant un jour d'automne assez doux, et nous y avions entendu lire l'*Alceste* de Lævius. En revenant à la ville, vers le coucher du soleil, nous ruminions les figures et les formes de style nouvelles ou remarquables qui nous avaient frappés dans le poëme ; et à mesure qu'une expression saillante, qui pourrait nous servir au besoin, nous revenait à l'esprit, nous nous promettions de ne pas l'oublier. Les expressions qui fixèrent notre attention sont les suivantes :

« Corps et poitrine maigrie (*obeso*), tête affai« blie, vieillesse pesante et plaintive au déclin « de la vie. »

Nous remarquâmes dans ces vers *obesus*, pour *exilis, gracilentus;* expression plus juste qu'usitée ; car le vulgaire, soit erreur, soit antiphrase, l'emploie pour *pinguis*, gras. Le même poëte disait *obliteram gentem,* pour *obliteratam gen-*

---

psa Aristotelis ex eo libro pauca sumsi, et adscripsi : Διὰ τί τὰ ἀπὸ χιόνος καὶ κρυστάλλων ὕδατα φαῦλά ἐστιν ; Ὅτι παντὸς ὕδατος πηγνυμένου τὸ λεπτότατον διαπνεῖται, καὶ κουφότατον ἐξατμίζει. Σημεῖον δὲ, ὅτι ἔλαττον γίνεται, ἢ πρότερον, ὅταν ταχῇ παγέν. Ἀπεληλυθότος οὖν τοῦ ὑγιεινοτάτου, ἀνάγκη, τὸ καταλειπόμενον χεῖρον εἶναι. Hoc ubi legimus, placuit honorem doctissimo viro haberi Aristoteli : atque ita postea ego bellum et odium nivi indixi; alii inducias cum ea varie factitabant.

CAPUT VI.

Quod pudor sanguinem ad extera diffundit, timor vero contrahit.

In Problematis Aristotelis philosophi ita scriptum est : Διὰ τί οἱ μὲν αἰσχυνόμενοι ἐρυθριῶσιν, οἱ δὲ φοβούμενοι ὠχριῶσιν, παραπλησίων τῶν παθῶν ὄντων; Ὅτι τῶν μὲν αἰσχυνομένων διαχεῖται τὸ αἷμα ἐκ τῆς καρδίας εἰς ἅπαντα τὰ μέρη τοῦ σώματος, ὥστε ἐπιπολάζειν· τοῖς δὲ φοβηθεῖσι συντρέχει εἰς τὴν καρδίαν, ὥστ᾽ ἐκλείπειν ἐκ τῶν ἄλλων μερῶν. Hoc ego Athenis cum Tauro nostro legissem, percontatusque essem, quid de ratione ista reddita sentiret? Dixit quidem, inquit, probe et vere, quid accideret, diffuso sanguine, aut contracto; sed cur ita fieret, non dixit. Adhuc enim quæri potest, quam ob causam pudor sanguinem diffundat, timor contrahat? cum sit pudor species timoris : atque ita definiatur :[Pudor est] timor justæ reprehensionis. Ita enim philosophi definiunt : Αἰσχύνη ἐστὶ φόβος δικαίου ψόγου

CAPUT VII,

Quid sit *obesum*; nonnullaque alia prisca vocabula.

In agro Vaticano Julius Paulus poëta, vir bonus, et rerum litterarumque veterum impense doctus, herediolum tenue possidebat. Eo sæpe nos ad sese vocabat, et olusculis pomisque satis comiter copioseque invitabat. Atque ita molli quodam tempestatis autumnæ die ego et Julius Celsinus, cum ad eum cœnassemus, et apud mensam ejus audissemus legi Lævii Alcestin, rediremusque in urbem, sole jam fere occiduo, figuras habitusque verborum novæ aut insigniter dictorum in Læviano illo carmine ruminabamur ; ut quæque vox indidem digna animadverti subvenerat, qua nos quoque possemus uti, memoriæ mandabamus. Erant autem verba, quæ tunc suppetebant, hujuscemodi :

Corpore, *inquit,* pectoreque undique obeso,
Ac mente exsensa, tardigemulo senio oppressum.

Obesum hic notavimus proprie magis, quam usitate dic-

tem, famille éteinte ; il appelait des ennemis qui avaient rompu les traités, *fœdifragos*, au lieu de *fœderifragos* ; il appelait l'aurore rougissante, *pudoricolorem*, ayant le teint de la pudeur ; et Memnon, *nocticolorem*, couleur de la nuit. Nous notâmes *dubitanter* pour *forte*, peut-être ; *silenta loca*, lieux silencieux ; *pulverulenta*, poudreux ; *pestilenta*, pestilentiels ; *carendum tui*, pour *carendum te* ; *magno impete*, pour *magno impetu* ; *fortescere*, devenir fort ; *dolentia*, pour *dolor* ; *avens*, pour *libens* ; *curis intolerantibus* ; pour *intolerandis* ; *manciolis tenellis*, pour *manibus tenellis* ; *quis tam siliceo*, qui a un cœur assez insensible ? *fiere impendio infit*, pour *impense fieri incipit*, la dépense commence à devenir considérable ; enfin, nous signalâmes *accipitret* pour *laceret*. Telles furent les remarques qui charmèrent l'ennui de la route. Nous négligeâmes d'ailleurs une foule d'expressions trop hardies pour la prose, et peut-être pour la poésie même ; par exemple, il appelait Nestor *triseclisenex*, vieillard de trois siècles, et *dulcioreloquus*, orateur au doux langage ; il disait des vagues amoncelées, *multigrumi*, divisées en tas nombreux. Les fleuves glacés étaient chez lui couverts d'un vêtement d'albâtre. Enfin il se plaisait à composer des mots ; il appelait ses censeurs, *subductisuperciliicarptores*, éplucheurs aux sourcils froncés.

CHAPITRE VIII.

Harena, cœlum, triticum ont-ils un pluriel ? *quadrigæ, inimicitiæ* ont-ils un singulier ?

Je passai mon adolescence à Rome, avant d'aller à Athènes, et, sitôt que les maîtres dont je suivais les leçons me laissaient un instant de loisir, je courais chez Fronton Cornélius, jouir de la pureté de son langage et de son savoir exquis. Il ne m'est jamais arrivé de le voir et de l'entendre, sans retourner après dans ma maison avec plus de goût ou d'instruction. Voici, par exemple, une de ses conversations sur un sujet léger, si l'on veut, mais utile pour l'étude de la langue latine. Un de ses amis, homme instruit, et l'un des poëtes d'alors, disait qu'il s'était guéri d'une hydropisie par un bain de sables chauds (*harenis calentibus*). « Oui, répondit Fronton en riant, te voilà guéri de ton mal, mais non des vices de langage. Car Caïus César, ce dictateur perpétuel, beau-père de Pompée, qui donna son nom à toute la famille des Césars, homme de génie, et supérieur à tous ses contemporains pour la pureté du langage, a pensé, dans son livre *De l'analogie* adressé à M. Cicéron, que *harenas* au pluriel est une faute ; que *harena* n'a pas de pluriel, pas plus que *cœlum* et *triticum*. Il ajoute que *quadrigæ*, même lorsque ce mot désigne un seul attelage de quatre chevaux, doit toujours être employé avec la terminaison plurielle ; il en est de même, selon César, de *arma, mœnia, comitia, inimicitiæ*. Mais peut-être as-tu quelque chose à répondre, beau poëte, pour ta justification. — Pour *cœlum* et *triticum*, répondit le poëte, je ne conteste pas ; ils n'ont que le singulier. Pour *arma, mœnia, comitia*, j'admets encore qu'ils n'ont que le pluriel. Nous parlerons plus tard de *inimicitiæ* et de *quadrigæ*. Peut-être, pour *quadrigæ*, me soumettrai-je à la décision des

tum pro exili atque gracilento ; vulgus enim ἀκύρως, ἢ κατὰ ἀντίφρασιν *obesum* pro uberi atque pingui dicit. Item notavimus, quod *obliteram* gentem pro *obliterata* dixit ; item, quod hostis, qui fœdera frangerent, *fœdifragos*, non *fœderifragos* dixit ; item, quod rubentem auroram *pudoricolorem* appellavit, et *Memnonem nocticolorem* ; item, quod forte *dubitanter*, et ab eo, quod est *sileo, silenta loca* dixit, et *pulverulenta*, et *pestilenta*, et *carendum tui est* pro *te*, quodque *magno impete* pro *impetu* ; item, quod *fortescere* posuit pro *fortem fieri* ; quodque *dolentiam* pro *dolore*, et *avens* pro *libens* ; item *curis intolerantibus* pro *intolerandis*, quodque *manciolis*, inquit, *tenellis* pro *manibus* : et : *quis tam siliceo ?* Item *fiere*, inquit, *impendio infit*, id est, *impense fieri incipit* ; quodque *accipitret* posuit pro *laceret*. His nos inter viam verborum Lævianorum annotatiunculis oblectabamus ; cetera enim, quæ videbantur nimium poëtica, et prosæ orationis usu alieniora, prætermisimus : veluti fuit, quod de Nestore ait, *triseclisenex*, et *dulcioreloquus* : item, quod de tumidis magnisque fluctibus inquit *multigrumis* : et flumina gelu concreta *tegmine* esse *onychino* dixit : et quæ multiplicia ludens composuit : quale illud est, quod vituperones suos *subductisuperciliicarptores* appellavit.

CAPUT VIII.

Quæstio, an *harena, cœlum, triticum*, pluralia inveniantur : atque inibi de *quadrigis*, *inimicitiis*, nonnullis præterea vocabulis, an singulari numero comperiantur.

Adolescentulus Romæ priusquam Athenas concederem, quando erat a magistris auditionibusque obeundis otium, ad Frontonem Cornelium visendi gratia pergebam, sermonibusque ejus purissimis, bonarumque doctrinarum plenis fruebar. Nec unquam factum est, quotiens eum vidimus, loquentemque audivimus, quin rediremus fere cultiores, doctioresque : veluti fuit illa quodam die sermocinatio illius, levi quidem de re, sed a latinæ tamen linguæ studio non abhorrens. Nam, cum quispiam familiaris ejus, bene eruditus homo, et tum poeta illustris, liberatum se esse aquæ intercutis morbo diceret, quod harenis calentibus esset usus ; tum alludens Fronto : Morbo quidem, inquit, cares, sed verbi vitio non cares. Caius enim Cæsar, ille perpetuus dictator, Cn. Pompei socer, a quo familia et appellatio Cæsarum deinceps propagata est, vir ingenii præcellentis, sermonis præter alios suæ ætatis castissimi, in libris, quos ad M. Ciceronem *De Analogia* conscripsit, *harenas* vitiose dici existimat ; quod *harena* nunquam multitudinis numero appellanda sit, sicuti neque *cœlum*, neque *triticum* : contra autem *quadrigas*, etiamsi currus unus equorum quattuor junctorum agmen unum sit, plurativo semper numero dicendas putat ; sicut

anciens; mais par quelle raison, quand nous disons *inscientia, impotentia, injuria*, César veut-il nous interdire l'emploi de *inimicitia*? Pourquoi allègue-t-il l'autorité des anciens? Plaute, l'honneur de la langue latine, a dit au singulier *delicia* pour *deliciæ. Mea voluptas*, dit-il, *mea delicia*, ma volupté, mes délices. Quintus Ennius a dit *inimicitia*, dans son fameux ouvrage :

« Tel est mon caractère, je suis né ainsi ; « je porte sur mon front l'amitié et l'inimitié « (*inimicitiam*). »

Pour ce qui est de *harenæ*, qui ne serait pas latin, quel autre que César en a parlé? Encore te demanderai-je de mettre sous nos yeux le livre de César, si toutefois tu le peux aisément; tu jugeras toi-même si César a parlé d'un ton bien affirmatif. » On apporta le livre premier du traité *De l'analogie*. J'en ai retenu ceci : Après avoir dit que *cœlum, triticum, harena*, n'ont pas de pluriel, il demande : « Est-ce, à ton avis, la « nature même des choses qui a voulu qu'on dît « *terra* au singulier, et *terræ* au pluriel, *urbs* et « *urbes, imperium* et *imperia*, et qui n'a pas « permis de donner la forme du singulier à « *quadrigæ*, ni celle du pluriel à *harena*. » Après cette lecture, Fronton se tournant vers le poëte : « Éh bien! lui dit-il, César te paraît-il assez clair et assez affirmatif? » Le poëte, ébranlé par l'autorité d'un si grand homme, répondit : « Si l'on pouvait appeler du jugement de César, j'appelle-rais de la décision de ce livre. Mais puisque César ne donne pas la raison de la règle qu'il établit, je te demanderai, à toi, pourquoi il y a faute à dire *quadrigæ* au singulier, et *harena* au pluriel. » Fronton répondit : « *Quadrigæ* n'exprime pas la pluralité des chars, mais celle des chevaux, qui, attelés ensemble, sont appelés *quadrigæ*, abréviation de *quadrijugæ*, joints à quatre. Comment la forme du singulier, destinée à l'unité, désignerait-elle la pluralité des chevaux? Je donnerai la même raison pour *harena*, quoique le sujet soit différent. Puisque *harena*, au singulier même, exprime la multiplicité, l'abondance des petits grains dont se compose ce que nous appelons *harena*, il n'y aurait pas de bon sens à donner un pluriel à ce mot. Qu'a-t-il besoin d'une forme plurielle, quand, avec la forme du singulier, il exprime par sa nature même la pluralité? Du reste, je ne prétends pas prendre la responsabilité de cette opinion, contre-signer cette loi ; j'ai voulu seulement ne pas laisser sans confirmation l'opinion d'un homme tel que César. Car, après tout, pourquoi *cœlum* toujours au singulier, quand *mare* et *terra* ont un pluriel, quand *pulvis, ventus* et *fumus* prennent un pluriel ? Pourquoi trouve-t-on quelquefois chez les anciens le singulier de *cœremoniæ* et de *induciæ* (trêve), jamais celui de *feriæ*, de *nundinæ* (foire), de *inferiæ* (offrande aux morts), de *exsequiæ* (funérailles) ? Pourquoi *mel* et *vinum* ont-ils un pluriel, tandis que *lacte* n'en a pas ? Il faut avouer que notre ville

---

arma, et *mœnia*, et *comitia*, et *inimicitias* : nisi quid contra ea dicis, poëtarum pulcherrime, quo et te purges, et non esse id vitium demonstres? De cælo, inquit ille, et *tritico* non infitias eo, quin singulo semper numero dicenda sint, neque de *armis*, et *mœnibus*, et *comitiis*, quin figura multitudinis perpetua censeantur ; videbimus autem post de *inimicitiis*, et *quadrigis*. Ac fortassean de *quadrigis* veterum auctoritati concessero; *inimicitiam* tamen, sicut *inscientiam*, et *impotentiam*, et *injuriam*, quæ ratio est, quamobrem C. Cæsar vel dictam esse a veteribus, vel dicendam a nobis non putat? quando Plautus, linguæ latinæ decus, *deliciam* quoque ἐνικῶς dixerit pro deliciis :

Mea, inquit, voluptas, mea delicia.

Inimicitiam autem Q. Ennius in illo memoratissimo libro dixit :

Eo, inquit, ingenio natus sum ; amicitiam
Atque inimicitiam in fronte promtam gero.

Sed enim *harenas* parum latine dici, quis, oro te, alius aut scripsit, aut dixit? Ac propterea peto, ut, si C. Cæsaris liber præ manibus est, promi jubeas : ut, quam confidenter hoc indicat, æstimari a te possit. Tunc, prolato libro *De Analogia* primo, verba hæc ex eo pauca memoriæ mandavi. Nam, cum supra dixisset, neque *cœlum*, neque *triticum*, neque *harenam*, multitudinis significationem pati : « Num tu, » inquit, « harum rerum na-« tura accidere arbitraris, quod *unam terram*, et *pluris* « *terras*, et *urbem*, et *urbes*, et *imperium*, et *imperia*

« dicamus; neque *quadrigas* in unam nominis figuram re-« digere, neque *harenam* multitudinis appellatione con-« vertere possimus? » His deinde verbis lectis sibi Fronto ad illum poëtam : Videturne tibi, inquit, C. Cæsarem de statu verbi contra te satis aperte satisque constanter pronuntiasse? Tum permotus auctoritate libri poëta : Si a Cæsare, inquit, jus provocandi foret, ego nunc ab hoc Cæsaris libro provocassem. Sed quoniam ipse rationem sententiæ suæ reddere supersedit, nos te nunc rogamus, ut dicas, quam esse causam vitii putes, et in *quadriga* dicenda, et in *harenis*. Tum Fronto ita respondit : *Quadrigæ* semper, etsi multijugæ non sunt, multitudinis tamen tenentur numero : quoniam quattuor simul equi juncti *quadrigæ*, quasi *quadrijugæ* vocantur. Neque debet prorsus appellatio equorum plurium includi in singularis numeri unitatem : eandemque [de arena] rationem habendam, sed in specie dispari ; nam cum *harena* singulari numero dicta multitudinem tamen et copiam significet minimarum, ex quibus constat, partium, indocte et inscite *harenæ* dici videntur ; tanquam id vocabulum indigeat numeri amplitudine, cum ei singulariter dici ingenita sit naturalis sui multitudo. Sed hæc ego, inquit, dixi non ut hujus sententiæ legisque fundus subscriptorque fierem : sed ut ne Cæsaris, viri docti, opinionem ἀπαραμύθητον destituerem. Nam cum *cœlum* semper ἐνικῶς dicatur, *mare* et *terra* non semper, et *pulvis, ventus* et *fumus*, non semper ; cur *inducias*, et *cœremonias* scriptores veteres nonnunquam singulari numero appellaverunt? *ferias*, et *nundinas*, et *inferias*, et *exsequias* nun-

est trop occupée pour y traiter, y éclaircir, y résoudre de telles difficultés. Peut-être même le peu que j'ai dit vous retient à contre-temps, quand quelque affaire vous appelle. Allez donc ; et quand vous en aurez le loisir, cherchez si *quadriga* ou *harenæ* se trouvent dans quelque poëte ou orateur, non pas prolétaire, mais tenant un rang dans la cohorte antique. » Fronton nous fit ses adieux avec cette recommandation. Il ne croyait pas, je pense, qu'il fût possible de trouver ces mots, mais il voulait probablement que la recherche de quelques mots rares exerçât notre goût pour l'étude. Enfin j'ai trouvé le mot qui semblait le plus difficile à trouver, *quadriga* ; il est dans les satires de Varron, dans le livre intitulé *Exdemetricus*. J'ai cherché avec moins d'ardeur *harena* au pluriel ; autant qu'il peut m'en souvenir, ce mot ne se trouve que dans César. Je ne parle que des auteurs pleins de goût.

CHAPITRE IX.

Belle réponse d'Antonius Julianus à des Grecs, dans un festin.

Un jeune Asiatique, appartenant à une famille de chevaliers, de mœurs enjouées, également favorisé de la nature et de la fortune, enfin aimant la musique, et doué d'heureuses dispositions pour cet art, donnait un repas à ses amis et à ses maîtres dans une petite maison de campagne, près de la ville. Il célébrait l'anniversaire de sa naissance. A ce festin se trouvait avec nous Antonius Julianus, qui tenait une école publique d'éloquence. On le reconnaissait pour Espagnol à son accent. Il avait une parole brillante et facile, et une connaissance approfondie de l'antiquité et de la littérature antique. Quand les plats et les coupes enlevés eurent laissé le champ libre aux conversations, il témoigna le désir d'entendre de jeunes gens de l'un et de l'autre sexe chanter et jouer de leurs instruments. Il y avait dans la maison un grand nombre de jeunes chanteurs. Les jeunes garçons et de jeunes filles parurent, et chantèrent à ravir des odes d'Anacréon, de Sapho, et même de petits poëmes érotiques de poëtes contemporains. Tous les vers étaient pleins de douceur et de grâce ; mais rien ne nous ravit autant que ce chant si gracieux d'Anacréon, que je vais citer ici :

« Puissent la douceur des paroles, et les
« grâces et l'harmonie, charmer un instant
« la fatigue et l'inquiétude de ces longues veil-
« les ! Toi qui façonnes l'argent, Vulcain,
« façonne pour moi, non point une armure
« (qu'y a-t-il de commun entre les combats et
« moi?), mais une coupe profonde, aussi pro-
« fonde que tu pourras. Mets tout autour, non
« pas les deux Ourses ou le sombre Orion (qu'ai-je
« affaire des Pléiades ou des étoiles du Boötès?),
« mais une vigne et des raisins. Que l'Amour et
« Bathylle, en relief d'or, y dansent avec le joli
« dieu du vin. »

quam? Cur *mel*, et *vinum*, atque id genus cetera multitudinis numerum capiunt? *lacte* non capiat? Quæri, inquam, ista omnia, et enucleari, et excudi ab hominibus negotiosis in civitate tam occupata non queunt. Quin iis quoque ipsis, quæ jam dixi, demoratus vos esse video alicui, opinor, negotio destinatos. Ite ergo nunc ; et, quando forte erit otium, quærite, an *quadrigam*, et *harenas* dixerit e cohorte illa dumtaxat antiquiore, vel oratorum aliquis, vel poëtarum, id est, classicus, assiduusque aliquis scriptor, non proletarius? Hæc quidem Fronto requirere nos jussit vocabula : non ea re, opinor, quod scripta esse in ullis veterum libris existimaret, sed ut nobis studium lectitandi in quærendis rarioribus verbis exerceret. Quod unum ergo rarissimum videbatur, invenimus *quadrigam* numero singulari dictam in libro *Satirarum* M. Varronis, qui inscriptus est : *Exdemetricus*. *Harenas* autem πληθυντικῶς dictas minore studio quærimus, quia præter C. Cæsarem, quod equidem meminerim, nemo id doctorum hominum dedit.

CAPUT IX.

Antonii Juliani in convivio ad quosdam Græcos lepidissima responsio.

Adolescens e terra Asia, de equestri loco, lætæ indolis, moribusque et fortuna bene ornatus, et ad rem musicam facili ingenio ac lubenti, cœnam dabat amicis ac magistris, sub urbe in rusculo, celebrandæ lucis annuæ, quam sibi principem vitæ habuerat. Venerat tum nobiscum ad eandem cœnam Antonius Julianus rhetor, docendis publice juvenibus magister, Hispano ore, florentisque homo facundiæ, et rerum litterarumque veterum peritus. Is, ubi eduliis finis et poculis mox sermonibusque tempus fuit, desideravit exhiberi, quos habere eum adolescentem sciebat, scitissimos utriusque sexus qui canerent voce, et qui psallerent. Ac, postea quam introducti pueri puellæque sunt, jucundum in modum Ἀνακρεόντεια pleraque, et Sapphica, et poëtarum quoque recentium idyllia quædam ἐρωτικὰ dulcia, et venusta cecinerunt. Obiectati autem sumus, præter multa alia, versiculis lepidissimis Anacreontis senis : quos equidem scripsi, ut interea labor hic vigiliarum et inquies suavitate paulisper vocum atque modulorum acquiesceret.

Τὸν ἄργυρον τορεύσας,
Ἥφαιστε, μοί ποίησον,
Πανοπλίαν μὲν οὐκ
(Τί γὰρ μάχαισι κἀμοί;)
Ποτήριον δὲ κοῖλον
Ὅσον δύνῃ βάθυνον.
Ποίει δέ μοι κατ' αὐτὸ
Μήτ' ἄστρα μήθ' ἁμάξας,
Μὴ στυγνὸν Ὠρίωνα,
(Τί Πλειάδεσσι κἀμοί,
Τί δ' ἀστράσιν Βοώτεω;)
Ποίησον ἀμπέλους μοι,
Καὶ βότρυας κατ' αὐτὸ,
Καὶ χρυσέους πατοῦντας
Ὁμοῦ καλῷ Λυαίῳ
Ἔρωτα καὶ Βάθυλλον.

Après ce chant, plusieurs Grecs présents au festin, hommes aimables, et qui n'avaient pas négligé l'étude de notre littérature, attaquèrent de leurs sarcasmes le rhéteur Julianus. Il n'était qu'un barbare, qu'un campagnard, qui n'avait apporté de l'Espagne qu'une déclamation criarde, qu'une faconde furieuse et chicanière; enfin, que pouvait-il espérer de ses exercices dans une langue sans volupté, qui effrayait, loin de les charmer, Vénus et les Muses? Ils ne cessaient de lui demander son sentiment sur Anacréon et les poëtes de son école; ils le pressaient de citer un poëte latin dont la poésie coulât avec autant de volupté. Ils reconnaissaient du mérite, par intervalle, à Catulle et à Calvus; du reste, Lævius était embrouillé, Hortensius sans agrément, Cinna sans grâce, Memmius était dur; tous les autres après eux n'avaient fait que des ébauches et des bizarreries. Julianus prit parti pour sa langue maternelle, comme pour ses autels et ses foyers; il répliqua avec colère et indignation:
« J'ai dû reconnaître que, dans le luxe et les arts pervers, vous l'emportez sur nos coryphées; la chanson, comme la table et la parure, a chez vous des grâces particulières; mais je ne dois pas vous permettre de voir en nous, je parle des Latins en général, des hommes épais, sans jugement, ennemis des grâces. Laissez-moi me couvrir la tête de mon manteau, comme Socrate l'a fait pour prononcer un discours peu décent; et apprenez que nos anciens poëtes ont chanté avec grâce l'amour et Vénus, avant les poëtes dont vous avez parlé. » Alors baissant la tête, que couvrait son manteau, il chanta de la voix la plus suave des vers de Valérius Ædituus vieux poëte, de Porcius Licinius, de Quintus Catulus, qui, pour la pureté, l'élégance, le poli et la précision, égalent tout ce que la Grèce et l'Italie ont pu produire. Voici les vers d'Ædituus:

« Je m'efforce en vain, Pamphila, de t'ex-
« primer l'inquiétude de mon âme. Que te de-
« manderai-je? Les paroles fuient loin de mes
« lèvres; la sueur coule à travers ma poitrine,
« dévorée par l'amour silencieux et brûlant : je
« meurs deux fois. »

Il chanta d'autres vers du même auteur, qui ne sont pas moins doux que les premiers :

« Pourquoi porter un flambeau, Phileros? nous
« n'en avons pas besoin. Nous irons sans lui;
« la flamme de mon cœur luit assez. La vio-
« lence du vent, ou la neige tombant du ciel, ne
« peuvent-elles pas éteindre ton flambeau? Mais
« ce feu que Vénus alluma dans mon cœur, Vé-
« nus seule peut l'éteindre; il brave toute autre
« puissance. »

Il chanta ensuite des vers de Porcius Licinius :

« Vous qui gardez les brebis et les tendres
« agneaux, vous cherchez du feu? venez ici,
« vous y trouverez un homme de feu. Je n'ai qu'à
« les toucher du doigt, pour embraser la forêt
« tout entière et tout le troupeau. Tout ce que je
« vois est en flamme. »

Voici enfin les vers de Catulus :

« Mon cœur s'est envolé. Je pense que, selon
« sa coutume, il se sera rendu chez Théotime;
« c'est là son refuge. Quoi! ne lui avais-je pas
« recommandé de ne pas le recevoir, mais de

Tum Græci plusculi, qui in eo convivio erant, homines amœni, et nostras quoque litteras haud incuriose docti, Julianum rhetorem lacessere insectarique adorti sunt, tanquam prorsus barbarum et agrestem; qui ortus terra Hispania foret, clamatorque tantum, et facundia rabida, jurgiosaque esset, ejusque linguæ exercitationibus doceret, quæ nullas voluptates nullamque mulcedinem Veneris atque Musæ haberet : sæpeque eum percontabantur, quid de Anacreonte, ceterisque id genus poëtis sentiret? et ecquis nostrorum poetarum tam fluentes carminum delicias fecisset? Nisi Catullus, inquiunt, forte pauca, et Calvus itidem pauca. Nam Lævius implicata, et Hortensius invenusta, et Cinna illepida, et Memmius dura, ac deinceps omnes rudia fecerunt, atque absona. Tum ille pro lingua patria, tanquam pro aris et focis, animo irritato indignabundus : Cedere equidem, inquit, vobis debui, ut in tali asotia atque nequitia archimimum vinceretis : et sicut in voluptatibus cultus atque victus, ita in cantilenarum quoque multis anteiretis. Sed ne nos, id est, nomen latinum, tanquam profecto vastos quosdam et insubidos, ἀναφροδισίας condemnetis, permittite mihi, quæso, operire pallio caput, quod in quadam parum pudica oratione Socratem fecisse aiunt : et audite, ac discite, nostros quoque antiquiores ante eos, quos nominastis, poëtas, amasios ac Venereos fuisse. Tum resupinus, capite convelato, voce admodum quam suavi versus cecinit Valerii Ædituii, veteris poetæ, item Porcii Licinii, et Quinti Catuli, quibus mundius, venustius, limatius, pressius, græcum latinumve nihil quidquam reperiri puto. Versus Æditui :

Dicere cum conor curam tibi, Pamphila, cordis :
 Quid mi abs te quæram? Verba labris abeunt.
Per pectus miserum manat subido mihi sudor.
 Sic tacitus, subidus : duplo ideo pereo.

Atque item alios versus ejusdem addidit, non hercle minus dulces, quam priores :

Quid faculam præfers, Phileros, qua nil opu' nobis?
 Ibimus sic, lucet pectore flamma satis.
Istam nos potis est vis sæva exstinguere venti,
 Aut imber cœlo candidu' præcipitans?
At contra, hunc ignem Veneris, nisi si Venus ipsa,
 Nulla 'st quæ possit vis alia opprimere.

Item dixit versus Porcii Licinii hosce :

Custodes ovium, teneræque propaginis agnûm
 Quæritis ignem? Ite huc. Quæritis? Ignis homo 'st
Si digito attigero, incendam silvam simul omnem :
 Omne pecus : flamma 'st, omnia qua video.

Q. Catuli versus illi fuerunt :

Aufugit mihi animus; credo, ut solet, ad Theotimum
 Devenit. Sic est; perfugium illud habet.
Quid si non interdixem, ne illunc fugitivum
 Mitteret ad se intro, sed magis ejiceret?

« renvoyer le fugitif? J'irai l'y chercher ; mais « n'y resterai-je pas moi-même ? Je le crains. Que « faire? Vénus, conseille-moi. »

CHAPITRE X.
Le mot *præterpropter*, employé par le vulgaire, se trouve aussi dans Ennius.

Je me souviens d'être allé un jour, avec Celsinus Julius, Numide, visiter Fronton Cornélius, qui avait la goutte. Nous fûmes introduits, et le trouvâmes couché dans un lit à la grecque, au milieu d'hommes distingués par leur savoir, leur naissance ou leur rang. Il y avait là des architectes qui s'occupaient de lui construire des bains ; ils lui montraient divers plans tracés sur du parchemin ; il se décida pour un de ces dessins, et demanda à combien la dépense s'élèverait : « A trois cents grands sesterces, répondit l'architecte. — Et, ajouta un ami de Fronton, cinquante sesterces *præterpropter*. » Alors Fronton, interrompant un instant le calcul de la dépense, et se tournant vers l'ami qui venait de parler, lui demanda ce que c'était que le mot *præterpropter*. L'ami répondit : « Ce mot ne m'appartient pas; il est à beaucoup de gens, de la bouche desquels tu peux l'entendre. Quant à sa signification, ce n'est pas à moi, mais à un grammairien, qu'il faut la demander. » Et il montra du doigt un grammairien qui enseignait la grammaire à Rome, où il avait un nom. Le grammairien, effrayé de l'obscurité d'un mot très-ordinaire, dit aussitôt : « Nous cherchons une chose qui ne mérite pas cet honneur. Le mot est fort plébéien; il est plus fréquent dans la bouche des ouvriers que dans celle des hommes bien élevés. — Quoi! dit Fronton, dont l'accent et la physionomie s'animaient, tu traites de bas et de trivial un mot qu'ont employé Caton, Varron, et presque toute l'antiquité, un mot reconnu si longtemps comme latin et indispensable ! » Julius Celsinus observa que le mot dont on s'occupait se trouvait aussi dans l'*Iphigénie* d'Ennius, et que les grammairiens aimaient mieux le flétrir que l'expliquer. Il se fait donc apporter aussitôt l'*Iphigénie* d'Ennius, où nous lisons, dans un chœur, les vers suivants :

« Pour qui ne sait pas jouir de son loisir, « l'embarras du repos est pire que celui des af- « faires. L'homme qui s'est fait un plan, fait ses « affaires sans nul embarras. C'est son goût; l'es- « prit et l'âme s'y délectent. Au contraire, le dé- « sœuvré ne sait ce qu'il veut dans le désœuvre- « ment. Tel est notre état; nous ne sommes » ni en paix ni en guerre; nous venons ici, nous » allons là ; une fois là, nous voulons revenir ici. « L'esprit flotte incertain ; on vit sans vivre. » *Præterpropter vitam vivitur.*

Après cette lecture, Fronton, se tournant vers le grammairien déjà déconcerté : « Entends-tu, maître distingué, lui dit-il, ton Ennius dire *præterpropter*, et dans un passage dont le ton ne serait pas déplacé dans les plus sévères discussions de la philosophie? Mais, puisque la conver-

---

Ibimu' quæsitum. Verum, ne ipsi teneamur
Formido. Quid ago ? Da, Venu', consilium.

CAPUT X.
Verba hæc : *præterpropter* in usu vulgi prodita, etiam Ennii fuisse.

Memini, me quondam et Celsinum Julium Numidam ad Frontonem Cornelium, pedes tunc graviter ægrum, ire et visere. Atque ibi [, qui] introducti sumus, offendimus eum cubantem in scimpodio græciensi, circumundique sedentibus multis doctrina, aut genere, aut fortuna nobilibus viris. Assistebant fabri ædium complures, balneis novis moliendis adhibiti ; ostendebantque depictas in membranulis varias species balnearum. Ex quibus cùm elegisset unam formam, speciemque veris : interrogavit, quantus esset pecuniæ conspectus ad id totum opus absolvendum? Cumque architectus dixisset, necessaria videri esse sestertia ferme trecenta, unus ex amicis Frontonis : Et præterpropter, inquit, alia quinquaginta. Tum Fronto dilatis sermonibus, quos habere de balnearum sumtu instituerat, aspiciens ad eum amicum, qui dixerat, quinquaginta esse alia opus præterpropter, quid hoc verbi esset : *præterpropter*, interrogavit? Atque ille amicus : Non meum, inquit, hoc verbum est, sed multorum hominum, quos loquentis id audias. Quid autem id verbum significet, non ex me, sed ex grammatico quærendum est; ac simul digito demonstrat grammaticum, haud incelebri nomine Ro- mæ docentem, sedentem. Tum grammaticus usitati per- vulgatique verbi obscuritate motus : Quærimus, inquit, quod honore quæstionis minime dignum est. Nam nescio quid hoc præninis plebeium est, et in opificum sermoni- bus, quam in hominum doctorum, notius. At enim Fronto, jam voce atque vultu intentiore : Itane, inquit, magister, dehonestari tibi deculpatumque hoc verbum videtur, quo et M. Cato, et M. Varro, et pleraque ætas superior, ut necessario et latino usi sunt? Atque ibi Julius Celsinus admonuit, in tragœdia quoque Q. Ennii, quæ *Iphigenia* inscripta sit, id ipsum, de quo quærebatur, scriptum esse, et a grammaticis contaminari magis solitum, quam enarrari. Quocirca statim proferri Iphigeniam Q. Ennii jubet. In ejus tragœdiæ choro inscriptos esse hos versus legimus:

Otio qui nescit uti, plus negoti habet,
Quam cum est negotium in negotio.
Nam cui, quod agat, institutum est, nullo negotio
Id agit; studet ibi; mentem atque animum delectat suum.
Otioso in otio animus nescit, quid velit.
Hoc idem est : neque domi nunc nos, nec militiæ sumus,
Imus huc : illuc hinc : cum illuc ventum est, ire illuc
  lubet,
Incerte errat animus ; præterpropter vitam vivitur.

Hoc ubi lectum est, tum deinde Fronto ad grammaticum jam labentem : Audistine, inquit, magister optime, En- nium tuum dixisse *præterpropter*, et cum sententia quidem tali, quali severissimæ philosophorum esse objur- gationes solent? Petimus igitur, dicas, quoniam de En-

sation roule maintenant sur un mot d'Ennius, je te prie de me dire comment on explique ce vers d'Ennius :

Incerte errat animus ; præterpropter vitam vivitur.

Le grammairien, suant et rougissant, se lève au milieu d'un rire immodéré, et allant pour sortir : « Je te le dirai, Fronton, dit-il ; mais plus tard et à toi seul. Je ne veux pas que des ignorants l'entendent et l'apprennent. » Alors, laissant là la discussion, nous nous levâmes tous ensemble.

CHAPITRE XI.

Vers érotiques par lesquels Platon préludait, en se jouant, à ses tragédies.

Il est deux vers grecs devenus célèbres, et que des savants ont jugés dignes d'orner leur mémoire, tant ils ont d'élégance et de grâce dans leur brièveté. Quelques anciens auteurs les attribuent à Platon, comme un jeu d'esprit par lequel il aurait préludé aux tragédies qu'il voulait composer :

« Lorsque j'ai donné un baiser à Agathon, « j'avais l'âme sur les lèvres ; toute troublée, elle « y était venue, comme pour s'enfuir. »

Ce distique a fourni à un de mes amis, favori des Muses, le sujet d'une pièce de vers. Cette libre imitation de Platon me paraît digne d'être retenue ; je la cite :

« Lorsque de ma bouche mi-close je baise le «jeune enfant, et qu'à travers ses lèvres en- « tr'ouvertes je respire le parfum de son haleine, « mon âme souffrante et blessée accourt sur mes « lèvres, et fait des efforts pour passer à travers « la bouche entr'ouverte et les lèvres tendres de « mon ami, qui semblent lui ouvrir un passage. « Alors, si nos bouches demeuraient unies un seul « instant de plus, mon âme brûlante d'amour « passerait de mon corps dans le sien. Oh ! quel « prodige on verrait ! Je serais mort à moi-même, « je vivrais en lui. »

CHAPITRE XII.

Dissertation d'Hérode Atticus sur la violence de la douleur. Fable du Thrace qui abat les arbres fruitiers avec les ronces.

J'ai entendu Hérode Atticus, personnage consulaire, discourir à Athènes en grec. J'ai entendu dans toute ma vie peu d'hommes qu'il n'ait effacés par la sévérité, l'abondance et l'élégance de sa diction ; il parlait ce jour-là contre l'insensibilité des stoïciens. Un stoïcien l'avait provoqué en lui reprochant de ne pas supporter en homme, et encore moins en sage, la perte d'un enfant qu'il avait chéri. Voici à peu près, autant qu'il peut m'en souvenir, le fond de son discours: « Jamais, dit-il, un homme qui conforme à la nature ses sentiments et sa raison ne peut se dérober entièrement aux affections de la douleur, être insensible à la maladie, au désir, à la crainte, à la colère, au plaisir. Si, à force d'énergie, il finissait par y parvenir, cela ne serait pas mieux ;

niano jam verbo quæritur, qui sit notus hujusce versus sensus :

Incerte errat animus; præterpropter vitam vivitur.

Et grammaticus sudans multum, ac rubens multum, cum id plerique prolixius riderent, exsurgit : et abiens : Tibi, inquit, Fronto, postea uni dicam, ne inscitiores audiant ac discant. Atque ita omnes, relicta ibi quæstione verbi, consurreximus.

CAPUT XI.

Ponit versus Platonis amatorios, quos admodum juvenis lusit, dum tragœdiis contendit.

Celebrantur duo isti Græci versiculi, multorumque doctorum hominum memoria dignantur, quod sint lepidissimi, et venustissimæ brevitatis. Neque adeo pauci sunt veteres scriptores, qui eos Platonis esse philosophi affirmant; quibus ille adolescens luserit, cum tragœdiis quoque eodem tempore faciendis præluderet :

Τὴν ψυχὴν, Ἀγάθωνα φιλῶν, ἐπὶ χείλεσιν ἔσχον.
Ἦλθε γὰρ ἡ τλήμων, ὡς διαβησομένη.

[Hoc distichon] amicus meus οὐκ ἄμουσος adolescens in plures versiculos licentius liberiusque vertit; qui quoniam mihi quidem visi sunt non esse memoratu indigni, subdidi :

Dum semihiulco savio
Meo puellum savior,
Dulcemque florem spiritus
Duco ex aperto tramite ;

Animula ægra et saucia
Cucurrit ad labias mihi,
Rictumque in oris pervium,
Et labra pueri mollia,
Rimata itineri transitus,
Ut transiliret, nititur.
Tum si moræ quid plusculæ
Fuisset in cœtu osculi ;
Amoris igni percita
Transisset, et me linqueret :
Et mira prorsum res foret,
Ut ad me fierem mortuus,
Ad puerum intus viverem.

CAPUT XII.

Dissertatio Herodis Attici super vi et natura doloris, suæque opinionis affirmatio per exemplum inducti rustici, qui cum rubis fructiferas arbores præcidit.

Herodem Atticum, consularem virum, Athenis disserentem audivi græca oratione, in qua fere omnis memoriæ nostræ universos gravitate, atque copia, et elegantia vocum longe præstitit. Disseruit autem contra ἀπάθειαν stoicorum, lacessitus a quodam stoico, tanquam minus sapienter et parum viriliter dolorem ferret ex morte pueri, quem amaverat. In ea disser[ta]tione, quantum memini, hujuscemodi sensus est : quod nullus usquam homo, qui secundum naturam sentiret et saperet, affectionibus istis animi, quas πάθη appellabat, ægritudinis, cupiditatis, timoris, iræ, voluptatis, carere et vacare totis posset, et omnino non dolere; atque, si posset

le cœur languirait et croupirait, n'étant plus agité par les mouvements salutaires de la sensibilité. En effet, les sentiments et les mouvements du cœur, dont l'excès est un vice, sont les mobiles nécessaires de l'âme; sans eux, point de vigueur, ni de vivacité. La sévérité imprudente qui les extirperait courrait donc risque d'arracher avec eux tout ce que l'âme aurait de qualités utiles et nobles. Il faut sans doute les modérer, les épurer avec sens et précaution, arracher tout ce qui est contraire ou étranger à la nature, tout ce qui est parasite et étouffe la nature; mais craignons d'imiter certain Thrace ignorant et imbécile, dans la culture d'un champ qu'il avait acheté. Voici cette fable : Un Thrace, né dans le fond de la barbarie, voulut devenir agriculteur; il passa dans un pays plus civilisé pour mener une vie plus douce, et acheta un terrain qui produisait de l'huile et du vin. Il n'entendait rien à la culture de la vigne ni de l'olivier. Un jour, il vit un voisin débarrasser son champ des ronces qui le couvraient, tailler les frênes jusqu'à leur sommet, couper les rejetons des vignes, qui couvraient la terre; enfin émonder les pommiers et les oliviers. Il s'approche, et demande pourquoi cet universel abattis de bois et de feuilles. « Afin, répond le voisin, que le champ soit plus net et plus libre, la vigne et les arbres plus fertiles. » Le Thrace remercie, et part tout joyeux; il se croit maître en agriculture. Il s'arme d'une bêche et d'une faux. Le malheureux, dans son inexpérience, décapite toutes ses vignes et tous ses oliviers, les dépouille de leur plus belle chevelure, coupe les ceps les plus fertiles, et abat pêle-mêle, pour dégager son champ, arbres, ronces et buissons. Il paya cher la confiance que lui avait donnée un exemple dont il abusait. Voilà bien, poursuivit Hérode, les partisans de l'insensibilité, qui veulent se montrer tranquilles, intrépides, immuables, sans désir, sans douleur, sans colère et sans plaisir ! ils ont émondé l'âme de tous ses sentiments, et vieillissent dans un corps mort. »

CHAPITRE XIII.

Pumiliones, en grec νάνοι.

Fronton Cornélius, Festus Postumius et Sulpicius Apollinaris causaient un jour ensemble, debout, dans la cour du palais. J'étais là avec quelques autres, et j'écoutais avec curiosité leur conversation, qui roulait sur les lettres. Fronton dit à Apollinaris : « Tire-moi d'un doute; ai-je bien fait de m'abstenir d'appeler *nani* les hommes de petite taille, et de préférer le mot *pumiliones*? J'avais trouvé ce dernier mot dans les vieux écrits; j'ai cru l'autre trivial et barbare. — Sans doute, répondit Apollinaris; ce mot revient souvent dans la bouche du vulgaire ignorant, mais il n'est pas barbare; il passe pour être d'origine grecque. Les Grecs ont, en effet, appelé νάνοι les hommes petits et minces, qui s'élèvent à peine au-dessus du sol. Ils l'ont fait, parce qu'ils

etiam obniti, ut totis careret, non ex re id esse melius; quoniam langueret animus et torperet, affectionum quarundam adminiculis, ut necessario plurimum imperio, privatus. Dicebat enim sensus istos motusque animi, qui cum immoderatiores sunt, vitia fiunt, innexos implicatosque esse vigoribus quibusdam mentium et alacritatibus; ac propterea, si omnino omnis eos imperitis convellamus, periculum esse, ne eis adhærentes, bonas quoque et utiles animi indoles amittamus. Moderandos esse igitur, et scite considerateque purgandos censebat, ut ea tantum, quæ aliena sunt, contraque naturam videntur, et cum pernicie agnata sunt, detrahantur; ne profecto id accidat, quod cuipiam Thraco insipienti et rudi, in agro, quem emerat, procurando, venisse usu fabula est. Homo Thracus, inquit, ex ultima barbaria, ruris colendi insolens, cum in terras cultioris, humanioris vitæ cupidine, commigrasset, fundum mercatus est, oleo atque vino constitutum. Qui nihil admodum super vite aut arbore colenda sciret, videt forte vicinum rubos late atque alte obortas excidentem, fraxinos ad summum prope verticem deputantem, suboles vitium e radicibus caudicum super terram fusas revellentem, stolones in pomis aut in oleis proceros atque decretos amputantem : acceditque prope, et cur tantam ligni atque frondium cædem faceret, percontatus est. Et vicinus ita respondit : Ut ager, inquit, mundus purusque fiat, ejusque arbor atque vitis fecundior. Discedit ille a vicino gratias agens, et lætus, tanquam adeptus rei rusticæ disciplinam. Tum falcem ibi ac securim capit; atque ibi homo miser imperitus vites suas sibi omnis et oleas detruncat; comasque arborum lætissimas, uberrimosque vitium palmites decidit, et frutecta atque virgulta simul omnia, pomis frugibusque gignendis felicia, cum sentibus et rubis, purificandi agri gratia, convellit; mala mercede doctus audaciam, fiduciamque peccandi imitatione falsa eruditus. Sic, inquit, isti apathiæ sectatores, qui videri se esse tranquillos, et intrepidos, et immobiles volunt, dum nihil cupiunt, nihil dolent, nihil irascuntur, nihil gaudent, omnibus vehementioris animi officiis amputatis, in corpore ignavæ et quasi enervatæ vitæ consenescunt.

CAPUT XIII.

Quos *pumiliones* dicimus, græce νάνους appellari.

Stabant forte una in vestibulo Palatii fabulantes Fronto Cornelius, et Festus Postumius, et Apollinaris Sulpicius. Atque ego ibi assistens cum quibusdam aliis, sermones eorum, quos de litterarum disciplinis habebant, curiosius captabam. Tum Fronto Apollinari : Fac me, inquit, oro, magister, ut sim certus, an recte supersederim *nanos* dicere, parva nimis statura homines, maluerimque eos *pumiliones* appellare? quoniam hoc scriptum esse in libris veterum memineram : *nanos* autem sordidum esse verbum et barbarum credebam. Est quidem, inquit, hoc, Apollinaris, in consuetudine imperiti vulgi frequens, sed barbarum non est, censeturque linguæ græcæ origine; νάνους enim Græci vocaverunt brevi atque humili corpore homines, paulum supra terram exstantes; idque ita dixe-

ont aperçu un rapport entre le terme et la chose. Si ma mémoire ne me trompe, ce mot se trouve dans la comédie d'Aristophane, intitulée *l'Homme qui ne pleure pas*. Ce mot d'ailleurs aurait reçu le droit de bourgeoisie, ou du moins il serait entré dans une colonie latine, si tu l'avais introduit dans la langue; il mérite certes un tel honneur, mieux que tant de termes ignobles et sales, que Labérius a fait entrer dans notre langue. » Alors Festus Postumius, s'adressant à un grammairien latin, ami de Fronton : « Apollinaris vient de nous apprendre, dit-il, que *nani* est un mot grec; dis-nous, toi, s'il est latin dans le sens de petit mulet ou petit cheval, et dans quel auteur il se trouve ainsi employé. » Le grammairien, qui avait l'habitude de manier les vieux écrits, répondit : « Si l'on peut sans péché dire, en présence d'Apollinaris, son opinion sur un mot grec ou latin, j'oserai te répondre, Festus, puisque tu m'interroges, que le mot est latin, et se trouve dans les poëmes d'Helvius Cinna, poëte savant et distingué. » Là-dessus il cita les vers que je transcris, puisqu'ils se présentent à ma mémoire :

« Mais maintenant le char, emporté par deux
« petits chevaux, m'entraîne à travers les saules
« non plantés. »

CHAPITRE XIV.

Cicéron et César ont eu pour contemporains M. Varron et P. Nigidius, les plus savants des Romains. Les œuvres de Nigidius, obscures et subtiles, n'ont pas eu de publicité.

Le siècle de Cicéron et de César compta un certain nombre d'illustres orateurs. Dans les arts et les sciences diverses, source de la civilisation, il vit fleurir M. Varron et P. Nigidius. Les œuvres de Varron sur les mœurs et les sciences sont des monuments littéraires qui ont attiré tous les regards. Les discussions de Nigidius ont obtenu moins de publicité; l'obscurité et la subtilité ont fait abandonner ses œuvres, qui ont paru peu utiles. Au nombre de ces ouvrages, il faut compter ses *Opuscules* de grammaire, dont je citerai un passage sur l'emploi des lettres; il a traité de la nature des voyelles et de la place qu'elles occupent; il ajoute (je n'expliquerai pas le passage, afin de laisser le lecteur exercer son intelligence) : « *a* et *o* sont toujours en tête dans les
« diphthongues; *i* et *v* occupent la seconde place ;
« *e* se trouve tantôt à la première, tantôt à la seconde; *e* occupe la première dans *Euripus*, la seconde dans *Æmilius*. On me dira que le *v* est
« en tête dans *Valerius, Vennonius, Volusius*;
« que l'*i* est en tête aussi dans *jampridem,*
« *jecur, jocus, jucundum*; ce sera une erreur.
« Quand ces lettres sont en tête, elles ne sont
« pas voyelles. » On lit dans le même ouvrage :
« Il y a de la différence entre l'*n* et le *g*. Dans les
« mots *anguis, angaria, ancora, increpat,*
« *incurrit, ingenuus*, l'*n* n'est pas une véritable
« *n* : la langue même nous le fait sentir; elle
« toucherait le palais, si c'était une *n* véritable. »
Ailleurs il dit : « Je reproche moins aux Grecs
« d'avoir écrit *ou* par *o* et *y*, que d'avoir écrit
« *ei* par *e* et *i*. Dans le premier cas, ils ont eu

---

runt, adhibita quadam ratione etymologiæ cum sententia vocabuli competente; et, si memoria, inquit, mihi non labat, scriptum hoc est in comœdia Aristophanis, cui nomen est 'Αϰλαης. Fuisset autem verbum hoc a te civitate donatum, aut in latinam coloniam deductum, si in eo uti dignatus fores, essetque id impendio probabilius, quam quæ a laberio ignobilia nimis et sordentia in usum linguæ latinæ intromissa sunt. Tum Festus Postumius grammatico cuipiam latino, Frontonis familiari : Docuit, inquit, nos Apollinaris, *nanos* verbum græcum esse; tu nos doce, si apud nos de mulis, aut eculeis humilioribus vulgo dicitur, anne latinum sit? et apud quem scriptum reperiatur? Atque ille grammaticus, homo sane perquam in noscendis veteribus scriptis exercitus : Si piaculum, inquit, non committitur, præsente Apollinare, quid de voce ulla græca latinave sentiam, dicere, audeo tibi, Feste, quærenti respondere, esse hoc verbum latinum, scriptumque inveniri in poëmatis Helvii Cinnæ, non ignobilis, neque indocti poëtæ; versusque ejus ipsos dixit, quos, quoniam memoriæ mihi forte aderant, adscripsi :

At nunc me genumana per salicta
Binis rheda rapit citata nanis.

CAPUT XIV.

Contemporaneos fuisse Cæsari et Ciceroni M. Varronem et P. Nigidium, ætatis suæ doctissimos Romanos : et quod Nigidii commentationes propter earum obscuritatem subtilitatemque in vulgus non exeunt.

Ætas M. Ciceronis et C. Cæsaris præstanti facundia viros paucos habuit : doctrinarum autem multiformium, variarumque artium, quibus humanitas erudita est, columina habuit M. Varronem et P. Nigidium. Sed Varronis quidem monumenta rerum ac disciplinarum, quæ per litteras condidit, in propatulo frequentique usu feruntur. Nigidianæ autem commentationes non perinde in vulgus exeunt; et obscuritas subtilitasque earum, tanquam parum utilis, derelicta est. Sicuti sunt, quæ paulo ante legimus in *Commentariis* ejus, quos *Grammaticos* inscripsit; e quibus quædam ad demonstrandum scripturæ genus exempli gratia sumsi. Nam, cum de natura atque ordine litterarum dissereret, quas grammatici *vocales* appellant, verba hæc scripsit, quæ reliquimus inenarrata ad exercendam legentium intentionem : « A et O
« semper principes sunt : I et V semper subditæ. E et
« subit et præit; in *Euripo* præit; et subit in *Æmilio*. Si
« quis putat, præire V in his verbis : *Valerius, Vennonius, Volusius* : aut I in his : *jampridem, jecur, jocum,*
« *jucundum*, errabit : quod hæ litteræ, cum præeunt,
« ne vocales quidem sunt. » Item ex eodem libro verba hæc sunt : « Inter litteram N et G est alia vis : ut in nomine *anguis*, et *angaria*, et *ancoræ*, et *increpat*, et *incurrit*, et *ingenuus*; in omnibus enim his non verum
« N, sed adulterinum ponitur. Nam N non esse, lingua

47.

« pour excuse la nécessité ; dans le second , ils
« n'ont pas eu d'excuse. »

LIVRE XX.

CHAPITRE I.
Discussion entre Sex. Cécilius et le philosophe Favorinus sur les lois des Douze Tables.

Sextus Cécilius, savant jurisconsulte, possédait à fond les lois romaines, et les expliquait avec toute l'autorité du savoir et de l'expérience. Un jour, dans la cour Palatine, nous attendions ensemble le moment de saluer César ; Favorinus l'aborde, et s'entretient avec lui en présence d'un grand nombre d'auditeurs. Ils vinrent à parler des lois décemvirales que les décemvirs, nommés à cette fin, composèrent, et firent graver sur douze tables. Sextus Cécilius, qui avait étudié les lois de tant de villes, louait dans ces lois la justesse exquise et la précision du style. « En général, cela est vrai, répondit Favorinus, et je n'ai pas lu les lois décemvirales avec moins de curiosité que les dix livres de Platon sur les lois. Cependant elles m'ont paru, par intervalles, obscures, barbares quelquefois ; quelquefois trop douces, enfin même, mal exprimées. — Pour les obscurités, répliqua Sex. Cécilius, il faut les imputer moins à ceux qui ont rédigé ces lois qu'à ceux qui les lisent sans les comprendre. Après tout, d'ailleurs, on est excusable de ne pas les entendre ; le temps a emporté la langue et les mœurs du vieux temps, et rendu l'intelligence des lois d'alors très-difficile. Ce fut trois cents ans après la fondation de Rome que les lois des Douze Tables furent écrites ; depuis cette époque, il ne s'est guère écoulé moins de sept cents ans. Mais où trouves-tu dans ces lois une excessive sévérité ? Trouves-tu barbare la loi qui punit de mort le juge ou l'arbitre qui, nommés conformément à la loi, se laissent corrompre pour de l'argent ? Serait-ce celle qui fait, du voleur pris en flagrant délit, l'esclave de celui qu'il a volé ? ou celle qui donne le droit de tuer le voleur nocturne ? Dis-moi, toi qui as tant de goût pour l'étude de la sagesse, si la perfidie du juge qui, violant toutes les lois divines et humaines, vend sa conscience et son serment, si l'audace du voleur pris en flagrant délit, si la violence insidieuse du voleur nocturne, ne méritent pas la peine de mort ? — Ne me demande pas mon opinion, répondit Favorinus ; tu sais que dans notre école nous sommes plus habitués à chercher qu'à décider. Je me bornerai à te citer un juge qui n'est pas à dédaigner, le peuple romain, qui a voulu punir ces crimes, mais d'une peine moins sévère cependant. Il a laissé les lois qui ordonnaient des châtiments si disproportionnés avec la faute, mourir de vieillesse. Il a même vu de l'inhumanité dans cette prescription qui défend de fournir une litière au

« indicio est; nam si ea littera esset, lingua palatum tange-
« ret. Alio deinde in loco ita scriptum : « Græcos non tantæ
« inscitiæ arcesso, qui Ou ex O et Y scripserunt, quantæ
« qui EI ex E et I ; illud enim inopia fecerunt ; hoc nulla
« re subacti. »

LIBER VIGESIMUS.

CAPUT I.
Disceptatio Sex. Cæcilii jureconsulti et Favorini philosophi de legibus duodecim Tabularum.

Sextus Cæcilius, in disciplina juris, atque in legibus populi romani noscendis interpretandisque, scientia, usu, auctoritateque illustri fuit. Ad eum forte in area Palatina, cum salutationem Cæsaris opperiremur, philosophus Favorinus accessit, collocutusque est, nobis multisque aliis præsentibus. In illis tunc eorum sermonibus orta mentio est legum decemviralium, quas decemviri, ejus rei gratia a populo creati, composuerunt, inque duodecim Tabulas conscripserunt. Eas leges cum Sex. Cæcilius, inquisitis exploratisque multarum urbium legibus, eleganti atque absoluta brevitate verborum scriptas diceret : Sit, inquit, hoc, Favorinus, in pleraque earum legum parte, ita ut dicis, non enim minus cupide Tabulas istas duodecim legi, quam illos decem libros Platonis *De Legibus*. Sed quædam istic esse animadvertuntur aut obscurissima, aut dura ; aut lenia contra nimis et remissa ; aut nequaquam ita, ut scriptum est, consistentia. Obscuritates, inquit Sex. Cæcilius, non assignemus culpæ scribentium, sed insci[en]tiæ non assequentium. Quanquam ii quoque ipsi, qui, quæ scripta sunt, minus percipiunt, culpa vacant. Nam longa ætas verba atque mores veteres obliteravit, quibus verbis moribusque sententia legum comprehensa est. Trecentesimo quoque anno post Romam conditam Tabulæ compositæ scriptæque sunt ; a quo tempore ad hunc diem anni esse non longe minus septingenti videntur. Dure autem scriptum esse in istis legibus quid existimari potest ? Nisi duram esse legem putas, quæ judicem arbitrumve jure datum, qui ob rem dicendam pecuniam accepisse convictus est, capite punitur : aut quæ furem manifestum ei, cui furtum factum est, in servitutem tradit ; nocturnum autem furem jure occidendi tribuit. Dic enim, quæso, dic, vir sapientiæ studiosissime, an tu aut judicis illius perfidiam contra omnia [jura] divina atque humana jusjurandum suum pecunia vendentis, aut furis manifesti intolerandam audaciam, aut nocturni grassatoris insidiosam violentiam, non dignam esse capitis pœnæ existimes ? Noli, inquit Favorinus, ex me quærere, quid ego existimem. Scis enim, solitum esse me pro disciplina sectæ, quam colo, inquirere potius, quam decernere. Sed non levis existimator, neque aspernabilis est populus romanus, cui delicta quidem isthæc vindicanda, pœnæ tamen hujuscemodi nimis duræ esse visæ sunt ; passus est enim leges istas de tam immodico supplicio, situ atque senio emori ; sicut illud quoque, inhumaniter scriptum, improbitavit : quod, si homo in jus vocatus, morbo aut ætate æger, ad ingrediendum invalidus est, arcera non sternitur : sed ipse aufertur, et jumento imponitur, atque ex domo sua ad prætorem in

citoyen appelé en jugement, que la vieillesse et les infirmités empêchent de marcher, et qui ordonne qu'on le place sur une bête de somme, et qu'il soit porté de sa maison dans le *comitium*, en présence du préteur, comme un mort qu'on porte en terre. Pourquoi un malade, incapable de plaider sa cause, est-il porté au tribunal, attaché à une bête de somme? Mais j'ai dit que ces lois péchaient aussi d'autres fois par une excessive douceur. Que penses-tu de la peine infligée pour injure? SI QUELQU'UN, dit la loi, FAIT INJURE A UN AUTRE, IL PAYERA UNE AMENDE DE VINGT-CINQ AS. Or quel est l'indigent qui se privera pour vingt-cinq as du plaisir de faire une insulte? Aussi Q. Labéon, votre Labéon lui-même, n'approuvait pas cette loi ; et il raconte à ce sujet, dans ses ouvrages sur les lois des Douze Tables, une singulière habitude d'un certain Lucius Veratius, homme sans entrailles, et d'une bizarre méchanceté. Son plaisir était d'appliquer la paume de sa main sur la joue d'un homme libre. Un esclave le suivait, une bourse pleine d'as à la main ; et, à mesure que le maître avait donné un soufflet, l'esclave, selon la prescription de la loi, comptait vingt-cinq as. Dans la suite, les préteurs jugèrent qu'il fallait abandonner cette loi, et déclarèrent qu'ils nommeraient des récupérateurs pour l'appréciation des injures. Enfin, j'ai dit que dans ces lois le sens n'est pas toujours d'accord avec les termes. Je citerai la loi du talion ; la voici, si ma mémoire ne me trompe : SI ON A ROMPU UN MEMBRE, ET QU'IL N'Y AIT PAS EU ACCORD, IL Y AURA TALION. Je passe la barbarie de la vengeance, et me borne à demander comment la loi pourra être exécutée dans ses termes. Comment celui à qui un membre a été cassé pourra-t-il, en cassant un membre, mettre la peine au niveau de l'injure? Mais il y a d'ailleurs une insoluble difficulté. Qu'arrivera-t-il, si on a rompu le membre sans le vouloir? Il faudra, pour qu'il y ait talion, châtier par imprudence celui qui aura agi par imprudence : car enfin, un coup fortuit et un coup prémédité ne sont pas talion. Mais comment, pour punir un imprudent, user du droit d'imprudence, le seul que donne la loi? On aura même frappé avec intention, on ne voudra pas de blessure plus large ou plus profonde que celle qu'on aura faite. Je me demande où sont les poids et les mesures, pour régler cela. Si donc on fait plus ou différemment, quelle ridicule atrocité ! La loi va permettre un nouveau talion, et une réciprocité de blessures jusqu'à l'infini. Quant à la loi barbare qui permettait aux créanciers de couper et de se partager entre eux le corps de leur débiteur, que le juge leur avait adjugé en commun, je veux l'oublier, il me fait mal d'en parler. Quelle barbarie, quel outrage à l'humanité, que de déchirer et de partager les membres d'un débiteur pauvre, comme on partage ses biens aujourd'hui ! » Ici Sextus Cécilius embrassa Favorinus de ses deux bras. « Non, lui dit-il, je ne me souviens pas d'avoir vu d'homme qui connût comme toi, non pas seulement la Grèce, mais Rome même. Quel philosophe a approfondi les lois de son école, comme toi les lois décemvirales? Mais arrête un instant, je te prie, le cours de l'argumentation académique ; réprime le goût

---

comitium nova funeris facie effertur. Quam enim ob causam morbo affectus, et ad respondendum pro sese non idoneus, jumento adhærens in jus adversario deportatur? Quod vero dixi, videri quædam esse impendio molliora : nonne tibi quoque videtur nimis esse dilutum, quod ita de injuria punienda scriptum est : SI. INJURIAM. ALTERI. FAXIT. VIGINTI. QUINQUE. ÆRIS. POENÆ. SUNTO. Quis enim erit tam inops, quem ab injuriæ faciendæ libidine viginti quinque asses deterrent? Itaque cum eam legem Q. quoque Labeo vester in libris, quos ad duodecim Tabulas conscripsit, non probaret [: Quidam], inquit, Lucius Veratius fuit [,] egregie homo improbus atque immani vecordia. Is pro delectamento habebat, os hominis liberi manus suæ palma verberare. Eum servus sequebatur, ferens crumenam plenam assium : et, quemcunque depalmaverat, numerari statim secundum duodecim Tabulas quinque et viginti asses jubebat. Propterea, inquit, prætores postea hanc abolescere et relinqui censuerunt, injuriisque æstimandis recuperatores se daturos edixerunt. Nonnulla autem in istis legibus nec consistere quidem, sicuti dixi, visa sunt, velut illa lex talionis : cujus verba, nisi memoria me fallit, hæc sunt : SI. MEMBRUM. RUPIT. NI. CUM. EO. PACIT. TALIO. ESTO. Præter enim ulciscendi acerbitatem ne procedere quoque executio justæ talionis potest. Nam cui membrum ab alio ruptum est, si ipsi itidem rumpere per talionem velit, quæro, an efficere possit rumpendi pariter membri æquilibrium? In qua re primum ea difficultas est inexplicabilis. Quid si quis membrum, inquit, alteri imprudens ruperit? Quod enim imprudentia factum est, retaliari per imprudentiam debet. Ictus quippe fortuitus et consultus non cadunt sub ejusdem talionis similitudinem. Quonam igitur modo imprudentem poterit imitari, qui in exsequenda talione non licentiæ jus habet, sed imprudentiæ? Sed et si prudens ruperit, nequaquam patietur aut altius se lædi, aut latius. Quod cujusmodi libra atque mensura caveri possit, non reperio. Quin etiam, si quid plus erit, aliterve commissum, res fiet ridiculæ atrocitatis, ut contraria actio mutuæ talionis oriatur, et adolescat infinita quædam reciprocatio talionum. Nam de immanitate illa secandi partiendique humani corporis, si unus ob pecuniam debitam judicatus addictusque sit pluribus, non libet meminisse, et piget dicere. Quid enim videri potest efferatius, quid ab hominis ingenio diversius, quam quod membra et artus inopis debitoris brevissimo laniatu distrahebantur, sicut nunc bona venum distrahuntur? Tum Sex. Cæcilius amplexus utraque manu Favorinum : Tu es, inquit, unus profecto in nostra memoria non graiæ modo, sed romanæ quoque rei peritissimus. Quis enim philosophorum disciplinæ suæ leges tam scite atque docte callet, quam leges tu nostras decemviralis percalluisti? Sed, quæso tecum tamen, degrediare paulisper e curriculis istis disputationum vestrarum aca-

qui vous porte à attaquer et à défendre tout ce qu'il vous plaît, et examine plus mûrement la nature de ce que tu as condamné. D'abord, ne te presse pas de blâmer ces antiques lois, sur ce que le peuple romain en a abandonné la plus grande partie. Ignorerais-tu que les lois sont des remèdes qui tirent leur mérite de l'opportunité, et qui doivent changer selon les mœurs des temps, la situation des affaires publiques, les intérêts du moment, et l'état de la maladie à guérir? Les lois ne sont donc pas immuables; elles sont, comme le ciel et la mer, changeantes, soumises aux événements, à la fortune, au temps. Quoi de plus salutaire que la loi de Stolon sur le nombre d'arpents qu'on pourrait posséder? Quoi de plus utile que le plébiscite de Voconius, qui ôtait aux femmes le droit d'hériter? Quoi de plus indispensable pour mettre un frein au luxe des citoyens que la loi Licinia, la loi Fannia, et les autres lois somptuaires? Et cependant toutes ces lois ont disparu sous le débordement de l'opulence romaine. Mais quelle inhumanité trouvais-tu dans la loi la plus humaine de toutes, à mon avis, la loi qui donne un *jumentum* au vieillard ou au malade appelé en justice? Voici les termes de la loi : « S'IL Y A APPEL EN JUSTICE.... SI L'AGE OU UNE MALADIE EMPÊCHE LE DÉFENDEUR, QUE LE DEMANDEUR FOURNISSE UN CHARIOT (*jumentum*). SI LE PREMIER NE VEUT PAS, ON NE DONNERA PAS DE LITIÈRE (*arcera*). Tu penses peut-être qu'il s'agit là d'une maladie grave avec fièvre et frisson, et que *jumentum* signifie une seule bête de somme portant sur son dos; et tu trouves peu d'humanité à tirer un malade de son lit, pour le jeter sur une bête de somme, et l'emporter au tribunal. Il n'en est pas ainsi, mon cher Favorinus. La maladie dont parle la loi n'est qu'une simple diminution de force et de santé; il n'y a là ni fièvre, ni danger de mort. Une maladie grave, qui ruine et détruit la santé, n'est pas appelée, dans une autre loi des Douze Tables, maladie tout court, mais *maladie malfaisante*. *Jumentum* n'avait pas autrefois le sens unique d'aujourd'hui; il signifiait encore un char traîné par deux bêtes attelées : nos pères tiraient ce mot de *jungere*. *Arcera* désignait un chariot couvert, une sorte de grand coffre, jonché de draps, où on se faisait porter tout couché, lorsqu'on était très-malade ou très-vieux. Y avait-il de l'inhumanité à faire donner un char à un homme pauvre, ou indigent, appelé en justice, et ne pouvant marcher, parce qu'il avait mal aux pieds, ou pour tel autre motif? Si la loi ne lui a pas fait préparer une litière, c'est qu'un char quelconque suffisait pour une simple diminution de forces. Les législateurs avaient voulu par là prévenir les délais perpétuels auxquels la maladie aurait servi de prétexte, pour peu qu'on eût voulu ne pas tenir ses engagements, ou décliner l'action de la justice. Mais passons à un autre reproche. Une injure fut punie d'une amende de vingt-cinq as. On n'était pas quitte à si bon marché, mon cher Favorinus, de toutes sortes d'injures. Cependant ce petit nombre d'as faisait un poids considérable, puisque alors l'as valait une livre. Quoi qu'il en soit, les injures graves faites non pas seulement aux hommes li-

demicis, omissoque studio, quidquid libitum est, arguendi, tuendique, consideres gravius, cuimodi sint ea, quæ reprehendisti. Nec ideo contemnas legum istarum antiquitates, quod plerisque ipsis jam populus romanus uti desiverit. Non enim profecto ignoras legum opportunitates et medelas, pro temporum moribus et pro rerum publicarum generibus, ac pro utilitatum præsentium rationibus, proque vitiorum, quibus medendum est, fervoribus mutari atque flecti : neque uno statu consistere, quin, ut facies cœli et maris, ita rerum atque fortunæ tempestatibus varientur. Quid salubrius visum est rogatione illa Stolonis jugerum de numero præfinito? Quid utilius plebiscito Voconio de coercendis mulierum hereditatibus? Quid tam necessarium existimatum est propulsandæ civium luxuriæ, quam lex Licinia, et Fannia, aliæque item leges sumtuariæ? Omnia tamen hæc obliterata et operta sunt civitatis opulentia quasi quibusdam fluctibus exæstuantis. Sed cur tibi esse visa est inhumana lex omnium, mea quidem sententia, humanissima, quæ jumentum dari jubet ægro aut seni in jus vocato? Verba sunt hæc de lege : SI. IN. JUS. VOCAT. ST. MORBUS. ÆVITAS. VE. VITIUM. ESCIT. QUI. IN. JUS. VOCABIT. JUMENTUM. DATO. SI. NOLET. ARCERAM. NE. STERNITO. An tu forte morbum appellari hic putas ægrotationem gravem cum febri rapida et quercera, jumentumque dici pecus aliquod unicum tergo vehens? Ac propterea minus fuisse humanum existimas, ægrotum, domi suæ cubantem, jumento impositum in jus rapi? Hoc, mi Favorine, nequaquam ita est. Nam *morbus* in lege ista non febriculosus, neque nimium gravis, sed vitium aliquod imbecillitatis atque invalentiæ demonstratur; non periculum vitæ ostenditur. Ceteroqui morbum vehementiorem, vim graviter nocendi habentem, legum istarum scriptores alio in loco, non per se morbum, sed *morbum sonticum* appellant. *Jumentum* quoque non id solum significat, quod nunc dicitur; sed vectabulum etiam, quod a junctis pecoribus trahebatur; veteres enim nostri *jumentum a jungendo* dixerunt. *Arcera* autem vocabatur plaustrum tectum undique et munitum, quasi arca quædam magna, vestimentis instrata, qua nimis ægri aut senes portari cubantes solebant. Quænam tibi igitur acerbitas esse visa est, quod in jus vocato paupertino homini, vel inopi, qui aut pedibus forte ægris esset, aut quo alio casu ingredi non quiret, plaustrum esse dandum censuerunt? Neque insterni tamen delicate arceram jusserunt, quoniam satis esset invalido cuicuimodi vectabulum. Atque id fecerunt, ne causatio ista ægri corporis perpetuam vacationem daret fidem detrectantibus, jurisque actiones declinantibus. Sed enim ipsum vide. Injurias factas quoque et viginti assibus sanxerunt. Non omnino omnis, mi Favorine, injurias ære isto pauco diluerunt: tametsi [et] hæc ipsa paucitas assium grave pondus æris fuit; nam librariis assibus in ea tempestate populus usus est. Sed injurias atrocioris, ut de osse fracto, non liberis modo, verum etiam servis factas impensiore damno vin-

bres, mais aux esclaves mêmes, un os brisé, par exemple, étaient plus sévèrement punies. Il y avait pour certaines injures peine de talion. Mais tu attaquais le talion, excellent homme ; et tu l'attaquais avec trop peu de ménagement. La loi n'est pas d'accord avec ses termes, disais-tu ingénieusement. Il n'y aura jamais talion, puisque la rupture d'un membre ne balancera jamais exactement la rupture d'un membre. Je reconnais que cette balance serait difficile à établir. Mais qu'ont voulu les décemvirs? diminuer ou supprimer même les coups et les blessures, et ils ont cru les prévenir par la peur du talion. Ils n'ont pas pensé qu'un homme qui, après avoir rompu un membre humain, ne voulait pas se racheter du talion, méritât tant d'égards ; qu'il fallût s'enquérir s'il avait blessé avec intention, ou sans le vouloir, et lui mesurer à la ligne, lui peser à la balance son talion. Ils ont voulu qu'il y eût égalité de coups et parité de membres, ils n'ont pu exiger qu'il y eût égalité dans l'effet ; on est le maître de sa volonté, on ne l'est pas des effets du coup qu'on a porté. S'il en est ainsi (et la nature même de l'équité le prouve), il y aura plus de subtilité que de justesse dans cette réciprocité de talions dont tu parlais. Mais cette peine te semble trop sévère. Quelle sévérité y a-t-il, je te prie, à te faire ce que tu as fait à un autre? Encore te laisse-t-on le droit d'accommoder ; et si tu souffres le talion, c'est que tu l'as choisi. Quel édit de préteur sur l'appréciation des injures te paraît plus juste? Enfin, je ne veux pas te laisser ignorer que la loi du talion finissait toujours par ramener les parties devant le juge. L'accusé, qui n'avait pas voulu accommoder, était condamné à la peine du talion : n'obéissait-il pas, le juge estimait le dommage et prononçait l'amende. Ainsi, quand l'accusé trouvait les conditions dures et le talion amer, toute la sévérité de la loi se réduisait à une amende. Reste maintenant ce dépècement d'un corps humain, qui t'a si fort révolté, et sur lequel je vais répondre. Ce fut la constante pratique des vertus de toutes les sortes, qui fit si rapidement passer le peuple romain de la faiblesse de son origine à tout l'éclat de sa grandeur. La bonne foi fut de toutes les vertus celle qu'il pratiqua le mieux ; elle fut sacrée pour lui dans les relations privées, comme dans les affaires publiques. Pour ne point la violer, il alla jusqu'à livrer aux ennemis d'illustres consuls. Il voulut qu'un client dont on aurait reçu la foi fût plus cher qu'un parent, et qu'on le défendît contre ses proches mêmes. Il n'y avait de pire forfait que l'abandon d'un client. Nos pères voulurent établir cette bonne foi, non point seulement dans la réciprocité des devoirs, mais aussi dans les relations commerciales, et surtout dans le prêt. Ils pensèrent que cette indigence temporaire où tout le monde peut se trouver serait privée de secours, si le débiteur pouvait, sans un grand risque, se jouer perfidement du créancier. Une dette étant avouée, ou attestée par un jugement, on avait trente jours pour chercher la somme et l'acquitter. Ces jours furent appelés par les créanciers *justi*; c'était une sorte de *justitium*, une vocation de justice, un interstice, pendant lequel on ne pouvait légalement rien réclamer. Après ce laps de

dicaverunt; quibusdam autem injuriis talionem quoque apposuerunt; quam quidem tu talionem, vir optime, iniquius paulo insectatus es, ac ne consistere quidem dixisti, lepida quadam sollertia verborum ; quoniam talioni par non sit talio, neque rumpi membrum facile possit ad alterius rupturæ, ut ais,tu, æquilibrium. Verum est, mi Favorine, talionem parissimam fieri difficillime; sed decemviri minuere atque exstinguere volentes hujuscemodi violentiam pulsandi atque lædendi talione, eo quoque metu coercendos esse homines putaverunt : neque ejus, qui membrum alteri rupisset, et pacisci tamen de talione redimenda nollet ; tantam esse habendam rationem arbitrati sunt, ut, an prudens imprudens ve rupisset, spectandum putarent; aut talionem in eo vel ad amussim æquipararent, vel in librili perpenderent : sed potius eundem animum eundemque impetum in eadem parte corporis rumpendi, non eundem quoque casum exigi voluerunt, quoniam modus voluntatis præstari posset, casus ictus non posset. Quod si ita est, ut dico, et ut ipse æquitatis habitus demonstrat; taliones illæ tuæ reciprocæ argutiones profecto, quam veriores fuerunt. Sed quoniam acerbum quoque esse hoc genus pœnæ putas : quæ, obsecro te, ista acerbitas est, si idem fiat in te, quod tute in alio feceris? Præsertim cum habeas facultatem paciscendi ; et non necesse sit pati talionem, nisi eam tu elegeris. Quod edictum autem prætorium de æstimandis injuriis probabilius esse his potest? Nolo hoc ignores, hanc quoque ipsam talionem ad æstimationem judicis redigi necessario solitam. Nam si reus, qui depecisci noluerat, judici talionem imperanti non parebat, æstimata lite judex hominem pecuniæ damnabat; atque ita, si reo et pactio gravis, et acerba talio visa fuerat, severitas legis ad pecuniæ muictam redibat. Restat, ut ei quod de sectione partitioneque corporis immanissimum esse tibi visum est, respondeam. Omnibus quidem virtutum generibus exercendis colendisque populus romanus e parva origine ad tantæ amplitudinis instar emicuit; sed omnium maxime atque præcipue fidem coluit, sanctamque habuit tam privatim, quam publice. Sic consules clarissimos viros hostibus confirmandæ fidei publicæ causa dedit. Sic clientem in fidem acceptum cariorem haberi, quam propinquos, tuendumque esse contra cognatos censuit. Neque pejus ullum facinus existimatum est, quam si cui probaretur, clientem divisui habuisse. Hanc autem fidem majores nostri non modo in officiorum vicibus, sed in negotiorum quoque contractibus sanxerunt ; maximeque in pecuniæ mutuaticæ usu atque commercio; adimi enim putaverunt subsidium hoc inopiæ temporariæ, quo communis omnium vita indiget, si perfidia debitorum sine gravi pœna eluderet. Confessi igitur æris ac debiti judicatis triginta dies sunt dati, conquirendæ pecuniæ causa, quam dissolverent : eosque dies decemviri *justos* appellaverunt, velut quoddam justitium, id est, juris inter eos

temps, si on n'avait pas payé, on était cité devant le préteur, qui adjugeait le débiteur au créancier reconnu par un jugement. Alors le débiteur était lié avec un nerf ou des entraves. Tel est, je pense, le sens de la loi : LA DETTE AVOUÉE ET LE JUGEMENT PRONONCÉ, ON AURA LES TRENTE JOURS FIXÉS PAR LA LOI; ENSUITE, IL Y AURA PRISE DE CORPS; LE DÉBITEUR SERA EMMENÉ EN JUSTICE. LA, S'IL NE PAYE PAS, ET SI PERSONNE NE LE REVENDIQUE, QUE LE CRÉANCIER L'EMMÈNE; QU'IL L'ATTACHE AVEC UN NERF OU DES ENTRAVES D'UN POIDS DE QUINZE LIVRES AU MOINS, ET S'IL LE VEUT, PLUS PESANTES. SI LE CRÉANCIER LE VEUT, QUE LE DÉBITEUR VIVE A SES FRAIS; S'IL NE VIT PAS A SES FRAIS, LE CRÉANCIER LUI DONNERA UNE LIVRE DE FARINE PAR JOUR; S'IL LE VEUT, DAVANTAGE. On avait le droit d'accommoder encore; si on ne le faisait pas, on était soixante jours dans les liens. Sur cet espace de temps, il y avait trois jours de marché pendant lesquels on était conduit chaque jour au *comitium* devant le préteur, qui rappelait le montant de la somme due. Le troisième jour, on était décapité, ou bien on était vendu, et l'on partait pour l'étranger au delà du Tibre. Or, cette peine de mort, dont le but était de mettre la bonne foi hors d'atteinte, était entourée de tout ce qui pouvait la rendre formidable. Si le débiteur était adjugé à plusieurs créanciers, la loi leur permettait de le couper, s'ils le voulaient, et de se le partager. Tu pourrais croire que je recule devant les termes de la loi; je les cite : APRÈS TROIS JOURS DE MARCHÉ, ON LE DÉPÈCERA; SI L'ON EN COUPE TROP OU TROP PEU, IL N'Y AURA PAS FRAUDE. Quoi de plus barbare? quoi de plus atroce? Sans doute; mais n'est-il pas évident qu'on n'avait établi un châtiment si atroce que pour n'y jamais recourir? Nous voyons tous les jours adjuger et lier; pourquoi? parce que les méchants n'ont pas peur des liens. Qu'un homme dans l'antiquité ait été dépecé, je ne l'ai ni lu ni ouï dire; pourquoi? parce qu'on ne brave pas un tel châtiment. Supposons, Favorinus, que la fameuse loi pénale des Douze Tables, contre les faux témoignages, ne fût pas abolie, que le faux témoin fût encore précipité de la roche Tarpéienne; y aurait-il foule de faux témoins? La sévérité de la loi est souvent une leçon de conduite. Nous lisons les historiens peu nombreux des premiers temps de Rome, et nous connaissons l'histoire de Mettus Fufétius. Cet Albain, pour avoir violé son traité avec le roi de Rome, fut attaché à deux chars qui partirent en sens contraire, et le déchirèrent. Supplice nouveau et affreux; qui en doute? Mais que dit le plus élégant des poètes?

« Mais toi, Albain, tu devais tenir ta parole! »

Cette dissertation de Sex. Cécilius obtint l'approbation de tous les auditeurs, et les éloges de Favorinus lui-même. Mais on vint nous annoncer que le moment était venu de saluer César: nous nous séparâmes.

CHAPITRE II.
Explication du mot *siticines* qu'on trouve dans un discours de M. Caton.

On trouve le mot *siticines* dans le discours de Caton, intitulé *Que l'ancien doit quitter le pou-*

---

quasi interstitionem quandam et cessationem : quibus diebus nihil cum iis agi jure posset : post deinde, nisi dissolverent, ad prætorem vocabantur : et ab eo, quibus erant judicati, addicebantur, nervo quoque aut compedibus vinciebantur. Sic enim sunt, opinor, verba legis : ÆRIS. CONFESSI. REBUS. Q. JURE. JUDICATIS. TRIGINTA. DIES. JUSTI. SUNTO. POST. DEINDE. MANUS. INJECTIO. ESTO. IN. JUS. DUCITO. NI. JUDICATUM. FACIT. AUT. QUIS. ENDO. EM. JURE. VINDICIT. SECUM. DUCITO. VINCITO. AUT. NERVO. AUT. COMPEDIBUS. QUINDECIM. PONDO. NE. MINORE. AUT. SI. VOLET. MAJORE. VINCITO. SI. VOLET. SUO. VIVITO. NI. SUO. VIVIT. QUI. EM. VINCTUM. HABEBIT. LIBRAS. FARRIS. ENDO. DIES. DATO. SI. VOLET. PLUS. DATO. Erat autem jus interea paciscendi; ac, nisi pacti forent, habebantur in vinculis dies sexaginta. Inter eos dies, trinis nundinis continuis, ad prætorem in comitium producebantur, quantæque pecuniæ judicati essent, prædicabatur. Tertiis autem nundinis capite pœnas dabant, aut trans Tiberim peregre venum ibant. Sed eam capitis pœnam sanciendæ, sicute dixi, fidei gratia, horrificam atrocitatis ostentu, novisque terroribus metuendam reddiderunt. Nam si plures forent, quibus reus esset judicatus, secare, si vellent, atque apartiri corpus addicti sibi hominis permiserunt. Et quidem verba ipsa legis dicam, ne existimes invidiam me istam forte formidare : TERTIIS, inquit, NUNDINIS. PARTIS. SECANTO. SI. PLUS. MINUS. VE. SECUERUNT. SE. FRAUDE. ESTO. Nihil profecto immitius, nihil immanius : nisi, ut re ipsa apparet, eo consilio tanta immanitas pœnæ denuntiata est, ne ad eam unquam perveniretur. Addici namque nunc et vinciri multos videmus, quia vinculorum pœnam deterrimi homines contemnunt. Dissectum esse antiquitus neminem equidem neque legi, neque audivi; quoniam sævitia ista pœnæ contemni non quita est. An putas, Favorine, si non illa etiam ex duodecim Tabulis de testimoniis falsis pœna abolevisset : et si nunc quoque, ut antea, qui falsum testimonium dixisse convictus esset, e saxo Tarpeio dejiceretur, mentituros fuisse pro testimonio tam multos, quam videmus? Acerbitas plerumque ulciscendi maleficii, bene atque caute vivendi disciplina est. Historia de Metto Fufetio Albano nobis quoque, non admodum numero istiusmodi libros lectitantibus, ignota non est. Qui, quoniam pactum atque condictum cum rege populi romani perfide ruperat, binis quadrigis evinctus in diversa nitentibus laceratus est; novum atque asperum supplicium, quis negat? Sed, quid elegantissimus poëta dicat? vide :

At tu dictis, Albane, maneres.

Hæc taliaque alia ubi Sex. Cæcilius, omnibus, qui aderant, ipso quoque Favorino approbante atque laudante, disseruit, nuntiatum est Cæsarem jam salutari : et separati sumus.

voir, à l'arrivée du nouveau. Il y dit *siticines, et liticines, et tubicines*. Césellius Vindex dit à ce sujet, dans ses *Leçons anciennes*, qu'il sait bien que les *liticines* jouent du clairon, et les *tubicines* de la flûte; mais de quel instrument jouaient les *siticines?* Il avoue ingénument qu'il l'ignore. Pour moi, j'ai lu, dans les *Conjectures* de Capiton Atteius, qu'on appelait *siticines* ceux qui chantaient auprès de ceux qui étaient *siti*, c'est-à-dire morts et enterrés. Leur instrument était une flûte d'une espèce particulière.

CHAPITRE III.

Pourquoi le poëte L. Attius a-t-il dit, dans ses *Pragmatiques*, que les *sicinnistæ* avaient un nom nébuleux.

Les hommes qui parlent bien appellent *sicinnistæ* ceux que le vulgaire nomme *sicinistæ*, en retranchant une *n*. Le *sicinnium* est une vieille danse. On chantait alors en dansant, ce que nous chantons immobiles. Le poëte L. Attius a employé ce mot dans ses *Pragmatiques*, où il dit que les *sicinnistæ* ont reçu un nom *nébuleux*; nébuleux, apparemment parce que l'étymologie de *sicinnium* est couverte de nuages.

CHAPITRE IV.

La société des comédiens est honteuse. Paroles d'Aristote sur ce sujet.

Un disciple du philosophe Taurus, riche adolescent, recherchait les comédiens, les tragédiens et les joueurs de flûte, hommes libres; il partageait avec eux ses amusements et ses plaisirs. Ces sortes d'artistes sont appelés, chez les Grecs, artistes de Bacchus. Taurus voulut détourner ce jeune homme de la société de ces sortes de gens; il lui envoya, avec recommandation de les lire tous les jours, le passage suivant d'Aristote, tiré de l'ouvrage intitulé *Problèmes encycliques* : « Pourquoi les artistes « de Bacchus sont-ils généralement de mauvaises « gens? Est-ce parce qu'ils s'occupent fort peu « de raisonnement et de philosophie, consacrant « la plus grande partie de leur vie aux autres qui « les font vivre? Est-ce parce qu'ils passent leur « vie dans les plaisirs, et quelquefois dans la « pauvreté? Ce sont là deux sources de vices. »

CHAPITRE V.

Texte et traduction de deux lettres d'Alexandre à Aristote, et d'Aristote à Alexandre.

Les leçons sur les arts et les sciences, du philosophe Aristote, précepteur d'Alexandre, étaient, dit-on, divisées en deux espèces. Les unes étaient appelées *exotiques*, les autres, *acroatiques*. Les premières roulaient sur la rhétorique, la solution des difficultés sophistiques, et la connaissance des affaires civiles. Les autres avaient pour objet une philosophie plus élevée; elles roulaient sur l'étude de la nature et les discussions de la dialectique. Aristote enseignait l'*acroatique* dans le lycée, le matin; on n'y était pas reçu au hasard; il fallait avoir fait

CAPUT II.

Vocabulum *siticinum* in M. Catonis oratione quid significet

Siticines scriptum est in oratione M. Catonis, quæ [in]scribitur : *Ne imperium sit vestri, ubi novus venerit*. « Siticines, » inquit, « et liticines, et tubicines. » Sed Cæsellius Vindex in *Commentariis Lectionum Antiquarum* scire quidem se, ait, *liticines* lituo cantare, et *tubicines* tuba : quid istuc autem sit, quod *siticines* cantant, homo ingenuæ veritatis scire sese negat. Nos autem in Capitonis Attei *Conjectaneis* invenimus, *siticines* appellatos, qui *apud sitos* canere soliti essent, hoc est, vita functos et sepultos : eosque habuisse proprium genus tubæ, qua canerent, a ceterorum tubicinum [proprietate] differens.

CAPUT III.

Quam ob causam L. Attius poëta in pragmaticis, *sicinnistas* nebuloso nomine esse, dixerit.

Quos *sicinistas* vulgus dicit, qui rectius locuti sunt, *sicinnistas*, littera *N* gemina, dixerunt. *Sicinnium* enim genus veteris saltationis fuit. Saltabundi autem canebant, quæ nunc stantes canunt. Posuit hoc verbum L. Attius poëta in *Pragmaticis*, appellarique *sicinnistas* ait *nebuloso nomine* : credo propterea *nebuloso*, quod *sicinnium* cur diceretur, [ei] obscurum esset.

CAPUT IV.

Artificum scenicorum studium amoremque inhonestum probrosumque esse : et super ea re verba Aristotelis philosophi adscripta.

Comœdos quispiam, et tragœdos, et tibicines dives adolescens, Tauri philosophi discipulus, liberos homines in deliciis, atque in delectamentis habebat. Id genus autem artifices græce appellantur Οἱ περὶ τὸν Διόνυσον τεχνῖται. Eum adolescentem Taurus a sodalitatibus, convictuque hominum scenicorum abducere volens, misit ei verba hæc ex Aristotelis libro exscripta, qui Προβλήματα ἐγκύκλια inscriptus est, jussitque, ut ea quotidie lectitaret : Διὰ τί οἱ Διονυσιακοὶ τεχνῖται ὡς ἐπὶ τὸ πολὺ πανηροί εἰσιν; Ἢ ὅτι ἥκιστα λόγου καὶ φιλοσοφίας κοινωνοῦσι; διὰ τὸ περὶ τὰς ἀναγκαίας τέχνας αὐτῶν τὸ πολὺ μέρος τοῦ βίου εἶναι· καὶ ὅτι ἐν ἀκρασίαις τὸν πολὺν χρόνον εἰσίν, ὅτε δὲ ἐν ἀπορίαις· ἀμφότερα δὲ φαυλότητος παρασκευαστικά.

CAPUT V.

Exempla epistolarum Alexandri regis et Aristotelis philosophi ita uti sunt edita : eaque in linguam latinam versa.

Commentationum suarum artiumque, quas discipulis tradebat Aristoteles philosophus, regis Alexandri magister, duas species habuisse dicitur. Alia erant, quæ nominabat ἐξωτερικά, alia quæ appellabat ἀκροατικά. Ἐξωτερικὰ dicebantur, quæ ad rhetoricas meditationes, facultatemque argutiarum, civiliumque rerum notitiam conducebant. Ἀκροατικὰ autem vocabantur, in quibus philosophia remotior subtiliorque agitabatur; quæque ad naturæ contemplationes, disceptationesve dialecticas pertinebant. Huic

preuve de talent, de connaissances préalables, de goût, et d'activité pour l'étude. Il donnait les leçons *exotériques*, et enseignait l'éloquence dans le même lieu, le soir; il y admettait tous les jeunes gens sans distinction. Il appelait la première leçon, promenade du matin; la seconde, promenade du soir; car il donnait toutes ses leçons en se promenant. Ses livres ont reçu la même division; les uns ont été appelés *exotériques*, les autres *acroatiques*. Alexandre apprit que son précepteur avait publié ses leçons *acroatiques*; à cette époque, il fatiguait l'Asie de ses exploits, et marchait, au milieu des combats et des victoires, à la poursuite de Darius : il trouva néanmoins le loisir d'écrire à Aristote pour lui reprocher, comme un tort, d'avoir communiqué au vulgaire, par ses livres, la science *acroatique*, à laquelle il l'avait initié. « En quoi, « disait-il, pourrai-je l'emporter sur le reste des « hommes, si ce que j'ai reçu de toi devient la « propriété commune de tous les hommes? C'est « par le savoir que je veux être distingué, plus « que par la puissance et la richesse. » Aristote lui répondit : « Tu te plains que j'aie publié mes « livres *acroatiques*, au lieu de les tenir secrets : « sache qu'ils sont publiés et ne le sont pas, « puisqu'ils ne seront intelligibles que pour ceux « qui nous entendent. » Je cite le texte même des deux lettres, que je prends dans un ouvrage du philosophe Andronicus. J'aime dans les deux lettres la finesse, la précision et l'élégance du style :

« Alexandre à Aristote, salut.

« Tu n'as pas bien fait de publier tes leçons « *acroatiques*. En quoi l'emporterai-je sur le « reste des hommes, si les leçons qui ont fait « mon éducation sont communiquées à tout le « monde ? Je voudrais établir ma supériorité sur « la science la plus élevée, plutôt que sur la « puissance. Adieu. »

« Aristote au roi Alexandre, salut.

« Tu m'as écrit au sujet des leçons *acroati-* « *ques*; tu penses que je devais les tenir sous le « secret. Sache qu'elles sont publiées et non pu- « bliées. Elles ne seront intelligibles qu'à ceux « qui nous ont entendus. Adieu. »

J'ai voulu rendre par un seul mot latin le mot grec ξυνετοί; et, après une longue recherche, je n'ai trouvé que le mot *cognobiles*, employé par Caton dans sa sixième *Origine : Itaque ego cognobiliorem cognitionem arbitror.* « Aussi je « pense que l'intelligence en est plus aisée. »

CHAPITRE VI.
S'il faut dire *habeo curam vestri* ou *vestrum*.

Je demandais à Sulpicius Apollinaris, dans le temps où, jeune encore, j'étais attaché à lui, la raison de cette locution, *habeo curam vestri*, *misereor vestri*, et pourquoi on employait ainsi *vestri*, qui paraît être un nominatif. Il me répondit : « Tu me demandes ce que, depuis longtemps, je ne cesse de me demander. Il me paraît, du reste, qu'il faut dire dans ce cas *vestrum* et

---

disciplinæ, quam dixi ἀκροατικήν, tempus exercendæ dabat in Lycio matutinum : nec ad eam quenquam temere admittebat, nisi quorum ante ingenium, et eruditionis elementa, atque in discendo studium laboremque explorasset. Illas vero exotericas auditiones, exercitiumque dicendi eodem in loco vesperi faciebat, easque vulgo juvenibus sine delectu præbebat; atque eum δειλινόν περίπατον appellabat, illum alterum supra ἑωθινόν; utroque enim tempore ambulans disserebat περιπάτων. Libros quoque suos, earum omnium rerum commentarios, seorsum divisit, ut alii Exoterici dicerentur, partim Acroatici. Acroaticos cum in vulgus ab eo editos rex Alexander cognovisset, atque ea tempestate armis exercitam omnem prope Asiam teneret, regemque ipsum Darium præliis et victoriis urgeret, in illis tamen negotiis litteras ad Aristotelem misit, non eum recte fecisse, quod disciplinas acroaticas, quibus ab eo ipse eruditus foret, libris foras editis invulgasset : « Nam qua, » inquit, « alia re præstare ceteris po- « terimus? si ea, quæ ex te accepimus, omnium prorsus « fient communia? Quippe ego doctrina anteire malim, « quam copiis atque opulentiis. » Rescripsit ei Aristoteles ad hanc sententiam : « Acroaticos libros, quos editos « quereris, et non perinde ut arcana absconditos, neque « editos scito esse, neque non editos; quoniam iis solis, qui « nos audiunt, cognobiles erunt. » Exempla utrarumque litterarum, sumta ex Andronici philosophi libro subdidi. Amavi autem prorsus in utriusque epistola brevitatis elegantissimæ filum tenuissimum.

Ἀλέξανδρος Ἀριστοτέλει εὖ πράττειν.

Οὐκ ὀρθῶς ἐποίησας, ἐκδοὺς τοὺς ἀκροατικοὺς τῶν λόγων· τίνι γὰρ ἔτι διοίσομεν ἡμεῖς τῶν ἄλλων, εἰ, καθ' οὓς ἐπαιδεύθημεν λόγους, οὗτοι πάντων ἔσονται κοινοί; Ἐγὼ δὲ βουλοίμην ἂν ταῖς περὶ τὰ ἄριστα ἐμπειρίαις, ἢ ταῖς δυνάμεσι διαφέρειν. — Ἔρρωσο.

Ἀριστοτέλης βασιλεῖ Ἀλεξάνδρῳ εὖ πράττειν.

Ἔγραψάς μοι περὶ τῶν ἀκροατικῶν λόγων, οἰόμενος δεῖν αὐτοὺς φυλάττειν ἐν ἀπορρήτοις· ἴσθι οὖν αὐτοὺς καὶ ἐκδεδομένους, καὶ μὴ ἐκδεδομένους· ξυνετοὶ γάρ εἰσι μόνοις τοῖς ἡμῶν ἀκούσασιν· — Ἔρρωσο.

Hoc ego verbum : ξυνετοὶ γάρ εἰσιν quærens uno itidem verbo dicere, aliud non repperi, quam quod est scriptum a M. Catone in sexta *Origine :* « Itaque « ego, » in- « quit, « cognobiliorem cognitionem esse arbitror. »

CAPUT VI.
Quæsitum atque tractatum utrum sit rectius dicere : *habeo curam vestri,* an *vestrum.*

Percontabar Apollinarem Sulpicium, cum eum Romæ adolescentulus sectarer, qua ratione diceretur: *habeo curam vestri*, aut *misereor vestri?* et iste casus *vestri* eo in loco quem videretur habere casum rectum? Is hic mihi ita respondit? Quæris, inquit, ex me, quod mihi quoque est jamdiu in perpetua quæstione; videtur enim non *vestri* oportere dici, sed *vestrum* : sicut Græci loquuntur: ἐπιμελοῦμαι ὑμῶν, καὶ κήδομαι ὑμῶν, quo in loco ὑμῶν aptius *vestrum* dicitur, quam *vestri*, et habet casum nomi-

non pas *vestri*. Les Grecs disent ἐπιμελοῦμαι ὑμῶν, καὶ κήδομαι ὑμῶν. Ὑμῶν est mieux rendu par *vestrum* que par *vestri*; puisque *vestrum* est le génitif du pronom dont *vos* est le nominatif, ou le cas droit, comme tu l'appelles. Cependant, je trouve dans bien des endroits *nostri* et *vestri*, pour *nostrum*, *vestrum*. L. Sylla, au second livre de ses *Mémoires* : « S'il peut arriver qu'il « vous souvienne de nous (*nostri*), et si vous nous « jugez plus dignes d'être vos concitoyens que « vos ennemis, de combattre pour vous que contre « vous, nous n'en serons redevables ni à nos « services, ni aux services de nos ancêtres. » Térence dit, dans le *Phormion* :

« Nous sommes tous ainsi faits; nous nous « plaignons de nous-mêmes (*nostri*). »

On lit dans une comédie d'Afranius :
« Je ne sais quel dieu a eu enfin pitié de nous « (*nostri*). »

Labérius dit de même, dans la *Nécromancie* :
« Pendant sa trop longue absence il nous « a oubliés (*nostri*). »

Il n'est pas douteux, poursuivit Apollinaris, que dans ces phrases, *nostri oblitus est*, *nostri miseritus est*, *nostri* ne soit au même cas que *mei*, dans les phrases *mei pœnitet*, *mei miseritus est*, *mei oblitus est*. Or, *mei* est au cas interrogatif, que les grammairiens appellent génitif, et il a pour nominatif *ego*, dont le pluriel est *nos*. *Tui* est également le génitif de *tu*, dont le pluriel est *vos*. Plaute a ainsi décliné ces deux pronoms dans le *Pseudolus* :

« Si ton silence pouvait me permettre de de-
« viner, maître, quels sont les chagrins qui te dé-

« vorent, j'épargnerais volontiers une fatigue à
« deux hommes : à moi celle de t'interroger, à
« toi celle de me répondre. »

Mei, dans ce passage de Plaute, ne vient pas de *meus*, mais de *ego*. Si donc tu veux dire *patrem mei*, pour *patrem meum*, comme les Grecs disent τὸν πατέρα μοῦ, tu parleras contrairement à l'usage, mais bien cependant, et avec autant de raison que Plaute a pu dire *labori mei*, pour *labori meo*. Le pluriel suit la même règle; ainsi Gracchus a dit *misereri vestrum*, Cicéron *contentio nostrum* et *contentio vestrum*. D'après la même règle, Quadrigarius, dans la dix-neuvième de ses Annales, a dit : « Marius, quand auras-
« tu pitié de nous (*nostrum*) et de la république? » Pourquoi donc Térence a-t-il dit *pœnitet nostri*, et Afranius *nostri miseritus est*? Je n'en vois qu'une seule raison : ils se seront autorisés de l'exemple de l'antiquité, dont les scrupules, en fait de langage, étaient loin de la superstition. On a dit fréquemment *vestrorum* pour *vestrum*, témoin ce vers de Plaute dans sa *Mostellaria* :

« Que cela soit une vérité, le plus grand nom-
« bre d'entre vous (*vestrorum*) le comprend. »

On a donc bien pu dire aussi *vestri* pour *vestrum*. Mais sans contredit, si l'on veut parler purement, on doit préférer *vestrum* à *vestri*. C'est donc bien mal à propos qu'on a altéré, dans la plupart des exemplaires de Salluste, un passage dont le texte était très-pur. On lisait dans son *Catilina* : « Souvent vos ancêtres (*majores ves-
« trum*) ont eu pitié du peuple romain. » On a effacé *vestrum*, et mis *vestri* à la place; et cette faute a passé dans plusieurs livres. » Je me souviens

nandi *vos* : quem tu rectum appellasti. Invenio tamen, inquit, non paucis in locis *nostri* atque *vestri* dictum; non *nostrum* aut *vestrum*. L. Sulla *Rerum gestarum* libro secundo : « Quo si fieri potest, ut etiam nunc nos-
« tri vobis in mentem veniat : nosque magis dignos cre-
« ditis, quibus civibus, quam hostibus, utamini; quique
« pro vobis potius, quam contra vos pugnemus ; neque
« nostro, neque majorum nostrorum merito nobis id con-
« tinget. » Terentius in *Phormione* :

Ita plerique ingenio sumus omnes : nostri nosmet pœnitet.

Afranius in Togata :
Nescio qui nostri miseritus tandem deus.

Et Laberius in Necromantia :
Dum diutius retinetur, nostri oblitus est.

Dubium porro, inquit, non est, quin eodem hæc omnia casu dicantur : *nostri oblitus est*, *nostri miseritus est*, quo dicitur : *mei pœnitet*, *mei miseritus est*, *mei oblitus est*. *Mei* autem casus interrogandi est, quem genitivum grammatici vocant, et ab eo declinatur, quod est *ego*; hujus deinde plurativum est *nos*. *Tui* æque declinatur ab eo, quod est *tu*; hujus itidem plurativum est *vos*. Sic namque Plautus declinavit in *Pseudolo* in hisce versibus :

Si ex te tacente fieri possem certior,
Here, quæ miseria te tam misere macerent ;
Duorum labori ego hominum parsissem lubens ,
Mei te rogandi, exin tis respondendi mihi.

Mei enim Plautus hoc in loco non ab eo dixit, quod est *meus*; sed ab eo, quod est *ego*. Itaque si dicere velis *patrem mei* pro *patrem meum*, quo Græci modo τὸν πατέρα μοῦ dicunt, inusitate quidem, sed recte profecto, eaque ratione dices, qua Plautus dixit *labori mei* pro *labori meo*. Hæc autem ipsa ratio est in numero plurativo, qua Gracchus *misereri vestrum* dixit, et qua M. Cicero *contentio vestrum*, et *contentio[ne] nostrum* dixit ; quaque item ratione Quadrigarius in *Annali* undevicesimo verba hæc posuit : « C. Mari, ecquando te nostrum et « reipublicæ miserebitur? » Cur igitur Terentius *pœnitet nostri*, [et] non *nostrum* et Afranius *nostri miseritus est*, non *nostrum*? Nihil hercle, inquit, mihi de ista re in mentem venit, nisi auctoritas quædam vetustatis non nimis anxie, neque superstitiose loquentis. Nam sicuti multifariam scriptum est *vestrorum* pro *vestrum* : ut in Plauti *Mostellaria* in hoc versu :

Verum illud esse maxuma pars vestrorum intelligit.

cum vellet *maxima pars* dicere *vestrum* : ita nonnunquam *vestri* quoque dictum est pro *vestrum*. Sed procul dubio qui rectissime loqui volet, *vestrum* potius dixerit, quam *vestri*. Et idcirco importunissime, inquit, fecerunt, qui in plerisque Sallustii exemplaribus scripturam istam sincerissimam corruperunt. Nam cum ita in *Catilina* scriptum esset : « Sæpe majores vestrum miseriti ple-
« bis romanæ : » *vestrum* obleverunt, et *vestri* super-

qu'Apollinaris me tint ce langage ; je notai ses paroles, telles qu'il les prononça.

CHAPITRE VII.
Étonnante diversité d'opinions chez les Grecs sur le nombre des enfants de Niobé.

Dans les récits des poëtes grecs, on trouve une étonnante ou plutôt une ridicule diversité sur le nombre des enfants de Niobé. Homère nous apprend qu'elle en avait douze, fils et filles ; selon Euripide, elle en avait quatorze ; d'après Sapho, dix-huit ; Bacchylide et Pindare lui en donnent vingt ; quelques autres, pas plus de trois.

CHAPITRE VIII.
Des choses qui subissent l'influence des phases de la lune.

Annianus, poëte, habitait sa terre dans la campagne des Falisques, où il se livrait aux travaux de la vendange avec bonheur et gaieté. Il m'y invita avec quelques autres. Pendant le dîner, il nous arriva de Rome une grande quantité d'huîtres. On les servit en très-grand nombre ; mais elles étaient maigres et sèches. « La lune, dit Annianus, est sans doute sur son déclin ; et l'huître, comme tant d'autres choses, est maigre et sèche. » Nous lui demandâmes quelles étaient les autres choses qui subissaient ainsi l'influence de la lune. « Avez-vous, nous répondit-il, oublié les vers de notre Lucile :

« La lune nourrit les huîtres, remplit les « hérissons, engraisse les rats et les brebis. »

« Or, tout ce qui croît avec la lune décroît avec elle. Les yeux même des chats croissent et décroissent avec la lune. Mais voici, ajouta-t-il, quelque chose de plus étonnant ; je l'ai lu dans l'ouvrage de Plutarque sur Hésiode, livre quatrième : l'oignon reverdit et germe au déclin de la lune ; il sèche, au contraire, quand la lune est jeune. Les prêtres égyptiens expliquent par là que les Pélusiotes ne mangent pas d'oignon. C'est, disent-ils, parce que ce légume, seul entre tous, a des alternatives de croissance et de décroissance posées à celles de la lune. »

CHAPITRE IX.
Quels mots charmaient Antonius Julianus dans les Mimiambes de Cn. Matius.

Antonius Julianus se disait charmé, ravi par les mots nouveaux du savant Cn. Matius. Il se plaisait surtout à citer les suivants, tirés des Mimiambes de ce poëte :

« Ranimer sur son sein brûlant une amante « glacée. — Mêlant leurs lèvres à la manière des « colombes. »

Enfin il trouvait aussi des mots heureusement créés dans les vers suivants :

« Tapis tondus, enivrés de fard, que le coquil- « lage a imbus et empoisonnés de pourpre. »

---

scripserunt. Ex quo in pluris libros mendæ istius indoles manavit. Hæc memini mihi Apollinarem dicere, eaque tunc ipsa, ita ut dicta fuerant, notavi.

CAPUT VII.
Quam diversæ Græcorum sententiæ super numero Niobæ filiorum.

Mira et prope adeo ridicula diversitas fabulæ apud græcos poëtas deprehenditur super numero Niobæ filiorum. Nam Homerus pueros puellasque ejus [bis] senos dicit fuisse, Euripides bis septenos, Sappho bis novenos, Bacchylides et Pindarus bis denos ; quidam alii scriptores tres fuisse solos dixerunt.

CAPUT VIII.
De iis quæ habere συμπάθειαν videntur cum luna augescente ac senescente.

Annianus poëta in fundo suo, quem in agro Falisco possidebat, agitare erat solitus vindemiam hilare atque amœniter. Ad eos dies me et quosdam item alios familiaris vocavit. Ibi tum cœnantibus nobis magnus ostrearum numerus Roma nissus est. Quæ cum appositæ fuissent, et multæ quidem, sed inuberes macræque essent : Luna, inquit Annianus, nunc videlicet senescit : ea re ostrea quoque, sicuti alia quædam, tenuis exsuctaque est. Cum quæreremus, quæ alia item senescente Luna tabescerent ? Nonne Lucilium, inquit, nostrum meministis dicere :

Luna alit ostrea, et implet echinos, muribus fibras,
Et pecui addit.

Eadem autem ipsa, quæ crescente Luna gliscunt, deficiente contra Luna defiunt. Ælurorum quoque oculi ad easdem vices lunæ aut ampliores fiunt, aut minores. Id etiam, inquit, multo mirandum est magis, quod apud Plutarchum in IIII. in *Hesiodum Commentario* legi : Cæpe tum revirescit et congerminat decedente Luna, contra autem inarescit adolescente. Eam causam esse dicunt sacerdotes Ægyptii, cur Pelusiotæ cæpe non edant : quia solum olerum omnium contra Lunæ augmenta atque damna, vices minuendi et augendi habeat contrarias.

CAPUT IX.
Qualibus verbis delectari solitus sit Antonius Julianus, positis in Mimiambis, quos Cn. Matius scripsit.

Delectari mulceriquæ aures suas dicebat Antonius Julianus figmentis verborum novis Cn. Matii, hominis eruditi ; qualia hæc quoque essent, quæ scripta ab eo in *Mimiambis* memorabat :

Sinuque amicam reficere frigidam caldo :
Columbulatim labra conserens labris.

Item id quoque jucunde lepideque fictum dictitabat :

Jam tonsiles tapetes ebrii fuco,
Quos concha purpura imbuens venenavit.

[Item illud :

« Il casse tous les plats du cuisinier, et, mé-
« chant, il demande insolemment des mets déli-
« cats. »

CHAPITRE X.

Ce que signifient ces mots : *Ex jure manum consertum.*

EX JURE MANUM CONSERTUM, se disait dans les actions civiles du temps de nos pères, et se dit encore au tribunal du préteur, dans les actions légales appelées *vindiciæ,* revendication. Je demandai un jour, à un grammairien qui a dans Rome une belle renommée, un beau nom, ce que ces mots voulaient dire. Il me regarda de haut, et me dit : « Ou tu confonds, jeune homme, ou tu plaisantes. Je suis grammairien et non jurisconsulte. As-tu quelque question à faire sur quelque passage de Virgile, de Plaute, d'Ennius, je t'écoute. — C'est, répliquai-je, sur un passage d'Ennius que je t'interroge, maître ; car ces mots sont dans Ennius. » Il s'étonna ; il dit que ces mots, n'ayant rien de poétique, ne pouvaient se trouver dans les poëmes d'Ennius. Alors je citai sans livre les vers suivants, tirés de la huitième *Annale,* et que l'admiration avait gravés dans mon souvenir :

« La sagesse est bannie, la force est souve-
« raine. On méprise un orateur distingué, on aime
« un soldat hérissé. On ne combat plus avec des
« traits savants et des railleries, on se mêle en
« ennemis. On ne joint pas les mains selon la loi
« (*non ex jure manum consertum*), on plaide le
« fer à la main ; on combat pour l'empire, on mar-
« che avec un appareil formidable. »

J'affirmai que ces vers étaient d'Ennius. « Je te crois maintenant, me dit le grammairien. Crois-moi à ton tour ; Ennius n'a pas trouvé ces mots chez les poëtes, mais chez les jurisconsultes. Va-s-en chercher le sens à la source même où Ennius a puisé. » Je suivis le conseil du maître, qui, ne pouvant lever mes doutes, m'adressait du moins à qui pourrait m'instruire. Je vais donc insérer ici ce que m'ont enseigné les jurisconsultes dans leurs livres. Quand on vit parmi les hommes et les affaires, on ne doit pas ignorer les termes les plus fréquents dans les actions civiles. *Manum conserere,* c'est-à-dire que les deux parties débattent, en présence de l'objet de leur procès, un champ ou autre chose, et le réclament (*vindicare*) dans toutes les formes. La *vindicia,* ou appréhension de la main, se faisait en présence de l'objet, ou sur les lieux, devant le préteur, conformément à une loi des Douze Tables, où il est dit : SI QUI IN JURE MANUM CONSERUNT. Dans la suite, les frontières de l'État s'étendirent, les préteurs eurent des juridictions plus étendues, plus d'affaires. Alors ils trouvèrent pénible de faire un long voyage pour assister aux *vindiciæ,* et il fut établi par un consentement tacite, contrairement aux lois des Douze Tables, que le *in jure manum conserere* serait remplacé par le *ex jure consertum vocare* ; c'est-à-dire que les plaideurs s'appelleraient l'un l'autre à aller débattre en présence de l'objet du procès. Ils partaient ensemble pour le champ en question, ils en emportaient un peu, une motte par exemple ; et ils l'apportaient au tribunal du préteur. Ils faisaient la *vindicia* sur cette motte, comme ils l'auraient faite sur tout le

Dein coquenti vasa cuncta dejectat :
Nequamve scitamenta pipulo poscit]

CAPUT X.

Quid vocabulum *ex jure manum consertum* significet.

EX. JURE. MANUM. CONSERTUM. verba sunt ex antiquis actionibus, quæ, cum lege agitur et vindiciæ contenduntur, dici nunc quoque apud prætorem solent. Rogavi ego Romæ grammaticum, celebri hominem fama, et multo nomine, quid hæc verba essent? Tum ille me despiciens : Aut erras, inquit, adolescens, aut ludis ; rem enim doceo grammaticam, non jus respondeo : si quid igitur ex Virgilio, Plauto, Ennio quærere habes, quæras istuc. Ex Ennio ergo, inquam, est, magister, quod quæro. Ennius enim verbis hisce usus est. Cumque ille demiratus aliena hæc esse a poëtis, et haud usquam inveniri in carminibus Ennii diceret, tum ego hos versus ex octavo *Annali* absentes dixi. Nam forte eos tanquam insigniter præter alios factos memineram :

Pellitur e medio sapientia ; vi geritur res.
Spernitur orator bonus, horridu' miles amatur.
Haud doctis dictis certantes, nec maledictis,
Miscent inter sese inimicitiam agitantes.
Non ex jure manum consertum, sed magi' ferro
Rem repetunt, regnumque petunt, vadunt solida vi.

Cum hos ego versus Ennianos dixissem : Credo, inquit grammaticus, jam tibi. Sed tu velim credas mihi, Q. Ennium didicisse hoc non ex poëticæ litteris, sed ex juris aliquo perito. Eas igitur tu quoque, inquit, et discas, unde Ennius didicit. Usus consilio sum magistri, quod docere [me] ipse debuerat, a quo discerem, prætermonstrantis. Itaque id, quod ex jureconsultis, quodque ex libris eorum didici, inserendum his commentariis existimavi : quoniam in medio rerum et hominum vitam qui colunt, ignorare non oportet verba actionum civilium celebriora. *Manum conserere* est, de qua re disceptatur, in re præsenti, *sive ager, sive quid aliud est*, cum adversario simul manu prendere, et in ea re omnibus verbis vindicare. Vindicia, id est, correptio manus in re atque in loco præsenti, apud prætorem ex duodecim Tabulis fiebat, in quibus ita scriptum est : SI. QUI. IN. JURE. MANUM. CONSERUNT. Sed postquam prætores propagatis Italiæ finibus, datis jurisdictionibus, negotiis occupati, proficisci vindiciarum dicendarum causa in longinquas res gravabantur : institutum est, contra duodecim Tabulas, tacito [con]sensu, ut litigantes non in jure apud prætorem manum consererent, sed ex jure manum consertum vocarent ; id est, alter alterum ex jure ad conserendam manum in rem, de qua ageretur, vocaret : atque profecti simul in agrum, de quo litigabatur, terræ aliquid ex eo, uti unam glebam, in jus in urbem ad

champ. C'est à quoi Ennius fait allusion, lorsqu'il dit qu'on n'agit plus par des voies légales, comme au tribunal du préteur; qu'on ne débat plus conformément au droit; qu'on agit par la guerre, le fer, et la pure violence. Il compare les combats qui se livrent avec des armes sanglantes, à ceux, purement civils, où le bâton jouait un rôle, mais où il n'y avait de combat que le nom.

CHAPITRE XI.

Ce que c'est que le mot *sculna*, qui se trouve dans M. Varron.

P. Lavinius a fait un livre assez curieux. Il est intitulé *Des termes bas*. Il y est dit que *sculna* s'emploie pour *seculna*; mais qu'il est plus élégant de dire *sequester*. Tous ces mots dérivent de *sequor*, parce qu'on suit la décision de celui qu'on a nommé. *Sculna* se trouve dans le récit de M. Varron, intitulé *Caton*; c'est Lavinius qui nous l'apprend. Ce qui était déposé chez le *sequester*, gardien, était dit *sequestro positum*, mis au séquestre. Caton, dans son discours contre Thermus au sujet de Ptolémée :

« Par les dieux immortels, n'allez pas vous « mettre au séquestre. »

---

praetorem deferrent : et in ea gleba, tanquam in toto agro, vindicarent; idque Ennius significare volens, ait, non, ut ad praetorem solitum est, agi legitimis actionibus, neque ex jure manum consertum, sed bello, ferroque, et vera vi, atque solida : quod videtur dixisse, conferens vim illam civilem, et festucariam, quae verbo diceretur, non quae manu fieret, cum vi bellica et cruenta..

CAPUT XI.

Quid sit *sculnae* verbum positum apud M. Varronem.

P. Lavinii liber est non incuriose factus. Is inscriptus est : *De Verbis sordidis*. In eo scripsit *sculnam* vulgo dici, quasi *seculnam* : «quem qui elegantius, » inquit, lo« quuntur *sequestrem* appellant. » Utrumque vocabulum a sequendo factum est : quod ejus, qui electus sit, utraque pars fidem sequatur. *Sculnam* autem scriptum esse in Logistorico M. Varronis, qui inscribitur *Cato*, idem [P.] Lavinius in eodem libro admonet. Sed quod apud *sequestrem* depositum erat, *sequestro positum* per adverbium dicebant. Cato *De Ptolemaeo contra Thermum* :

Per deos immortalis, nolite vos sequestro ponere.

NOTES SUR AULU-GELLE.

PRÉFACE.

Alba, ut dicitur, linea. — Une ligne blanche ne ressort pas sur des objets blancs. De là, les mots *alba linea* ont été employés dans un sens métaphorique et proverbial, pour dire *sine discrimine, indistincte*. Telle est l'explication que Thysius donne de ces mots.

LIVRE I.

CL. V. *Servilianum*. — Les initiales CL. V. remplacent ici les mots *clarissimum virum*, ou *consularem virum*. Cette abréviation se prenait également dans ces deux sens. On ne peut savoir auquel des deux il faut s'arrêter ici, Servilianus nous étant entièrement inconnu.

Sidere autumni flagrantissimo. — L'automne commençait chez les Romains vers le milieu d'août, et finissait vers le milieu de novembre. Ainsi la canicule régnait encore dans le commencement de l'automne.

Κυριεύοντας, ἡσυχάζοντας καὶ σωρείτας. L'argument appelé par les stoïciens ὁ κυριεύων, *le dominant*, paraît avoir été un sophisme, au moyen duquel trois propositions contradictoires étant données, on en faisait admettre deux, en rejetant la troisième. Voir là-dessus, dans le deuxième livre des dissertations d'Épictète, le commencement du 29e chapitre, passage fort obscur, que M. A. P. Thurot, traducteur d'Arrien, couronné par l'Institut, n'a pas même essayé d'éclaircir. — *Le reposant*, ὁ ἡσυχάζων, était un argument à l'aide duquel on pouvait s'arrêter, quand on était pressé par un sorite. Voir les Académiques de Cicéron, II, 29. — Le sorite tirait son nom de σωρός, monceau. Voici un exemple de sorite : Combien faut-il de grains pour faire un tas? Sera-ce dix grains? Mais pourquoi pas onze, pourquoi pas douze? etc. Celui qu'on interrogeait ainsi ne pouvait trouver aucune raison de s'arrêter, et les sophistes triomphaient.

Εἰπέ μοι περὶ ἀγαθῶν καὶ κακῶν. — Épictète suppose ici une conversation entre un de ces prétendus philosophes dont la sagesse est toute en paroles, et un véritable disciple du Portique, qui se moque de lui.

Ἠλίοθεν με φέρων ἄνεμος. — On ne voit pas aisément le but de cette citation. Les explications proposées par Upton et Schweighæuser sont tirées de trop loin. Peut-être Épictète a-t-il voulu se moquer ici de ces philosophes qui, en dissertant, citaient à tout moment des vers d'Homère, dont le sens était souvent peu d'accord avec les questions dont il s'agissait.

Εἰ πού τούτῳ τῷ γένει τιμιώτερον. — Je lis avec Gronove, εἰ πού τι τῷ γένει τιμιώτερον. Voici la traduction latine de tout ce passage : *Nescio an ulla res sit quae per se omnino praestet, et an qualiscumque pars ejus rei cum qualicumque alterius parte comparata, praeoptanda sit. Exempli gratia, aurum non omnino pretiosius est aere, neque pars auri quaelibet, cum qualibet aeris parte collata, majoris pretii videbitur, sed nonnihil momenti huc afferunt numerus et magnitudo*.

Ut in Plauti comoedia moechus. — Cette comédie de Plaute est sans doute la *Casina*. Ce pourrait être aussi l'*Amphitryon*.

Verborum sonus clauderet. — *Claudo, claudere*, signifiant boiter, est la forme primitive de *claudicare*. Cicéron a dit : *Beatam vitam, etiam si ex aliqua parte clauderet*. Tuscul. v, 8.

Vulgus autem... mathematicos dicit. — Ce sont les astrologues, dont le nombre était fort grand à Rome sous les empereurs. Tacite les désigne par ce mot de *mathematici*.

Elatensium sociorum. — Je lis, d'après la correction de Salmasius, *Eleatensium*. Ce qui rend cette légère correction indispensable, c'est qu'il ne peut s'agir en cet endroit d'Élatée, ville de Phocide, puisque Crassus Mucianus est gouverneur d'Asie. La ville dont il est question ici est Élée, port de l'Éolide, où se trouve aussi Leuca.

Itane Janus medius. — On appelait *Janus medius* l'endroit de Rome où se tenaient ordinairement les usuriers. Selon les uns, c'était une partie du forum, placée entre deux statues de Janus; selon les autres, c'était une rue terminée à chaque bout par une statue de ce dieu, ou par une espèce d'arcade appelée *Janus*.

Campanus sonipes subcussor. — Un cheval de Campanie, qui secoue son cavalier, c'est-à-dire qui a le trot dur.

Irarumque et molestiarum.... satagebat. — Le sens que j'ai adopté est celui que donne Henri Estienne. *Satagere* signifie, s'occuper beaucoup d'une chose, se donner beaucoup de mal pour quelque chose. Xanthippe était sans cesse occupée à faire naître des querelles. On trouve chez Térence et quelques autres des exemples de *satagere* avec le génitif.

In primore libro scripsit de ratione vocabulorum. — On ne peut accorder cette indication avec celle qu'Aulu-Gelle a donnée au commencement de son chapitre. Plusieurs éditions ont supprimé les mots *de ratione vocabulorum*. Je m'en suis autorisé pour ne point les traduire. Les mots *primore libro*, restés seuls, signifient, non plus le premier livre, mais la première partie du livre, c'est-à-dire le commencement du quatorzième livre *Des choses divines*, cité plus haut.

Ut id quoque videatur. — Otho conseille de sous-entendre avec *id* le verbe *delectare*, exprimé dans le membre de phrase précédent. Ce sens m'a paru le meilleur.

Plenum superbiæ Campaniæ. — Nævius était né en Campanie. Les Campaniens passaient pour un peuple très-orgueilleux.

LIVRE II.

Emptum in sigillariis XX aureis. — Le *nummus aureus* valait cent sesterces. — On appelait *sigillaria* un quartier de Rome où se tenaient les marchands de *sigilla*, cachets, petites figures qu'on s'envoyait en présent dans la fête des *sigillaires*. Il y avait aussi beaucoup de libraires dans ce quartier. Voir liv. v, ch. 4.

Πολλάκι καὶ κηπωρὸς ἀνήρ. — Κηπωρός, jardinier. La profession de jardinier était le partage des plus vils esclaves. C'est ici un terme de mépris.

Priori ex consulibus fasces sumendi. — Le droit d'être précédé par les faisceaux appartenait alternativement aux consuls pendant un mois.

Quod quidem etiam in eo servatur quod est cogo. — Ce verbe, en effet, vient de *cum* et d'*agere*.

Illo te ducam ubi non despuas. Ces mots désignent sans doute le moulin où, souvent, on mettait, aux esclaves qui tournaient la meule, une sorte de muselière, pour les empêcher de manger les provisions qui pouvaient se trouver à leur portée.

Quos παραδείσους *Græci appellant.* — Les Grecs appelaient παράδεισος un lieu planté d'arbres, où l'on entretient du gibier. L'Écriture a désigné l'Éden par ce mot.

Vivaria autem quæ nunc vulgus [dicit, sunt]. J'ai passé, d'après le conseil de Gronove, les deux mots placés entre crochets dans le texte.

Qui appellatur ἰσημερινός. — C'est-à-dire où les jours sont égaux aux nuits.

A Græcis nomine ἀπηλιώτης. — Ce mot est formé de ἀπό et ἡλίου, qui souffle du côté du soleil, du côté de l'orient.

Qui ab æstiva et solstitiali orientis meta venit. — C'est le vent du nord-est.

Qui ab orienti hiberno spirat. — C'est le vent du sud-est.

Quem solent Græci ἀργέστην *vocare.* — Ἀργέστης vient de ἀργός, rapide, impétueux.

Qui græce [vocatur] λίψ. — Les Grecs appelaient l'Afrique Λιβύη.

Græce ἀπαρκτίας *appellatus.* — Ἀπαρκτίας, qui vient de l'Ourse.

Cum meridie septemtriones. — J'ai traduit, d'après le conseil de Gronove, comme si le texte portait, *circa meridiem et septemtriones*.

Nostri namque Galli. — La patrie de Favorinus était Arles.

Circium appellant, a turbine. — L'étymologie de ce mot est peut-être *circus*, circuit, tour, d'où l'on arrive au sens de tourbillon.

Venti commenticii et suæ quisque regionis indigenæ. — Il faut sans doute entendre par *venti commenticii* ces vents que les habitants de telle ou telle contrée prennent pour des vents distincts, et qui ne sont que des noms nouveaux donnés à ceux dont le compte a été fait plus haut.

Horatianus quoque ille Atabulus. — Ce vent est ainsi nommé, selon un ancien interprète d'Horace, parce que son souffle est pestilentiel : *quod* τὴν ἄτην βάλλει.

Menander sic. — J'ai suivi pour la traduction des citations grecques de ce chapitre, le texte de Lion. Ce n'est pas qu'en s'y conformant on soit beaucoup plus sûr d'avoir l'expression même de Ménandre : rien n'est plus altéré que ces fragments dans les manuscrits, rien n'a été plus laborieusement et plus diversement remanié. Mais le texte de Lion offre en général un sens admissible, sans s'éloigner beaucoup des manuscrits. Je ne l'ai modifié qu'en quelques endroits, où il était indispensable de le faire.

Ἵν' ἐπίκληρος ᾖ. — Il faut renoncer à interpréter les mots ἵνα et ᾖ. Plusieurs commentateurs traduisent ἵνα par *quandoquidem*, mais rien n'autorise ce sens. Ἐπίκληρος signifie richement dotée ; c'est la *mulier dotata* des Latins.

Ὄνος ἐν πιθήκοις. — C'est là sans doute une locution proverbiale, dont le vrai sens s'est perdu.

Ἀπαγέσθω δέ τις, ἢ ἄρ' ἀντεισαγάγοι. — Lion n'a fait ici que reproduire les manuscrits : mais ce vers est évidemment altéré. J'ai suivi la correction proposée par Spengel et adoptée par M. Dübner, dans son édition des fragments de Ménandre. D'après cette correction, voici comment on lit ce vers et le précédent :

Παιδισκάριον θεραπευτικὸν δὲ καὶ λόγου
Τάχιον, ἀπάγεθ' ὧδε, τίς ἄρ' ἂν εἰσάγοι.

Καὶ πάντων ἀντ' ἐκείνης ἔχομες. — Cette leçon, fournie par plusieurs manuscrits, ne donne aucun sens raisonnable. Dans un manuscrit, au lieu de πάντων ἀντ' ἐκείνης, on lit τῶν πατρῴων ἀντικρύς, *patrimonii, hoc est, dotis in vicem*. J'ai traduit d'après cette dernière leçon, qui, pour la quantité et pour le sens, est de beaucoup préférable à l'autre.

Ἀφ' ὅλων. — On lit dans un manuscrit Ἀπόλλωνός. Scioppius propose Ἄπολλον. M. Dübner a adopté Ἄπολλον, en mettant ce mot entre deux virgules. J'ai substitué cette leçon à celle de Lion. Voici donc comment j'ai lu ce vers et le précédent :

Καὶ τῶν ἀγρῶν· καὶ τῶν πατρῴων ἀντικρύς·
Ἔχομεν, Ἄπολλον, ὡς χαλεπῶν χαλεπώτατον.

Εὖ οἶδα. — Il est plus comique de mettre ces mots dans la bouche du mari.

Φυλακὴν τῶν ἀναγκαίων. — Præsidia necessitudinum, præsidia ab amicis. *Gronove.*

Famam facile occultat factio. — Nonius donne le sens d'*opulentia* à *factio.*

Ludis Megalensibus. — On appelait ainsi les fêtes instituées en l'honneur de Cybèle.

Fanni centussis misellos. — J'ai lu *centussis misella.* Peut-être pourrait-on prendre *centussis* pour un pluriel.

Nuptus ducenos indulsit. — Intelligimus nuptus diebus, vel ex præcedenti, vel ex subsequenti membro. *Gronove.*

Aere fulva. — Le ciel jaunissant. Voyez au liv. XIII, ch. 20, une remarque d'Aulu-Gelle sur cette même expression d'Ennius.

LIVRE III.

Et kalendarum dimidiatum. — Plus littéralement, son jour de naissance eût été composé d'une moitié des calendes et des six premières heures du jour suivant. Il y a quelque mauvaise foi dans cette critique de Varron. Ici, en effet, il entend par *dies natalis,* non plus le jour de naissance civil, mais le jour de naissance naturel.

Et post meridiem sole magno. — Le texte est altéré en cet endroit. J'ai adopté, comme préférable à toutes les autres, la correction de J. Gronove : *Et post meridiem solent agere.*

Non esse usurpatam mulierem. — On appelait mariage *par usurpation,* le mariage qui se faisait après une année de cohabitation. Pour qu'il fût célébré, il fallait que la femme eût fait pendant cette année une absence de trois nuits. Cette possession d'une année tenait lieu des cérémonies observées dans les mariages *par coemption* et par *confarréation.* Du reste, le mariage *par usurpation* formait une alliance plus facile à rompre, et assurait moins d'avantages à l'épouse.

Quæ kalendis januariis. — On appelait calendes le premier jour de chaque mois.

Adductus filo atque facetia sermonis. — On trouve de nombreux exemples de l'expression *filum sermonis* dans Cicéron, qui l'emploie pour signifier tantôt l'enchaînement des parties du discours, tantôt l'ordre et la suite des expressions, le tour. C'est dans ce dernier sens qu'il faut sans doute l'entendre ici.

Quod arietinum responsum. — On suppose que Plaute donne ici à cet oracle rendu dans les grandes fêtes le nom d'*arietinum,* par allusion à l'oracle de Jupiter Ammon, dont le langage obscur et les réponses entortillées étaient symboliquement figurés par les cornes de bélier placées sur la tête du dieu.

Avulsus spadix dicitur. — Voir sur ces mots le chapitre 26 du livre II.

Item vergilias quas πλειάδας *Græci vocant.* — Festus fait venir le mot *vergiliæ* de *ver,* parce que cette constellation paraît à la fin du printemps.

Stellas quas alii erraticas. — C'est ainsi que les Latins appelaient les planètes.

In septimo signo fit solstitium a bruma. — Les signes compris entre le solstice d'hiver et le solstice d'été étaient le capricorne, le verseau, les poissons, le bélier le taureau, les gémeaux, le cancer : entre le solstice d'été et celui d'hiver, on comptait le cancer, le lion, la vierge, la balance, le scorpion, le sagittaire et le capricorne.

Ipsum quo sese addat. — Ainsi, à un ajoutez deux, à deux trois, à trois quatre, etc., et enfin à six sept, vous obtenez vingt-huit.

Numero moveri septenario. — On connaît trop peu la musique des anciens, pour que nous puissions donner une explication satisfaisante de cette phrase. Nous nous contentons de la traduire exactement.

Ex insula Io natum. — Cette île se trouve dans les Cyclades, à l'O. d'Amorgos.

Laberius in mimo [*vel primo*]. — Gronove rejette les mots *vel primo,* comme ayant été ajoutés par un copiste, qui ne savait s'il devait lire *mimo* ou *primo.*

Τὴν περὶ Ὠρωποῦ δίκην. — Orope, ville de l'Attique, vers l'embouchure de l'Asope.

Si sextario hemina. — L'hémine était une mesure de capacité, qui valait la moitié du setier. Elle vaudrait dans nos mesures deux décilitres six centilitres.

Ad umbilicum dimidiatus mortuus est. — Le jour est mort jusqu'au nombril, c'est-à-dire la moitié du jour est passée.

Alterum pancratiasten. — Le pancrace était un exercice composé du pugilat et de la lutte.

Si erunt ὄνοι λύρας. — On sous-entend avec ὄνοι λύρας, le mot ἀκροαταί.

Κατ' Ἀριστοτέλη *natus est.* — Aristote, comme on l'a vu plus haut, prétendait que l'accouchement était possible au onzième mois.

Accio idem quod Titio jus esto apud me. — C'est-à-dire, je le déshériterai comme les autres.

Γίνεται δὲ ἐν τούτοις. — Voici la traduction latine de ce passage : *In his autem esse potest et plus et minus, secundum singulos, et dicimus plus quam plus, et minus quam minus.*

Τίμων *amarulentus.* — Timon de Phlionte, surnommé le sillographe. Les silles étaient une espèce de satire, où dominait la parodie.

Ὅθεν ἀπαρχόμενος. — Ce dernier vers est cité par Jamblique ; mais, au lieu de γράφειν, on y lit Τιμαιογράφειν, et cette leçon paraît préférable.

Qui stricturæ inscribitur. — *Strictura* désigne ordinairement une mine de fer, ou une masse de fer qu'on forge.

LIVRE IV.

In vestibulo ædium Palatinarum. — Cette demeure impériale avait été bâtie par Auguste sur le mont Palatin.

Penum instruere longam. — Virgile a sans doute entendu par ces mots : dresser une longue suite de mets.

Uti scriptus sit coerato — *Coerato* pour *curato.* Cette forme est assez rare, même dans les anciens monuments de la langue latine.

Ita uti intellegi recte possit. — Ces listes portant les noms des esclaves, et faisant connaître leurs qualités ou leurs défauts, étaient lues par le héraut chargé de la vente, ou exposées aux yeux des acheteurs.

Et μή νωδοῦ. — Ces mots sont rejetés avec raison par Gronove, comme une glose qui s'est glissée dans le texte.

Jurare a censoribus coactus erat. — Ce serment était exigé dans le mariage légitime.

In cujus manu mancipioque. — Les mots *in manu mancipioque* étaient consacrés pour exprimer les droits que donnait à l'époux sur l'épouse le mariage par coemption. On employait indifféremment l'expression *in manum mariti convenire,* en parlant de la femme qui contractait un mariage de ce genre.

Pellex asam Junonis. — *Asa,* ancienne forme d'*ara*

Ferias præcidaneas dici. — *Præcidaneæ,* employé ici avec *feriæ,* a sans doute une autre étymologie que plus haut, et doit venir de *præcedere,* et non plus de *præcidere.*

In atrum diem inauguratæ sunt. — Les jours appelés *atri* se distinguaient des jours néfastes. Voir Aulu-Gelle, V, 17.

Numerus clausurus est. — Voir livre I, chap. 7, et la note.

Malui compilari quam venire. — *Venire* signifie, dans cette phrase, être vendu comme esclave; ce qui était le sort réservé aux vaincus.

Tanquam cærimoniæ a carendo. — *Carere* est l'étymologie de *cærimoniæ*, parce que le vulgaire profane était éloigné des sacrifices, *iis carebat.*

Καὶ κυάμων ἀπὸ χεῖρας. — Ce vers est évidemment altéré. J'ai suivi la correction de Henri Estienne, ἔχειν καὶ ἄναιμον ἔδεσθαι.

Fuisse eum postea Pyrandrum, deinde Callicleam. — Pyrandre, personnage fameux par ses ruses, et dont l'adresse était proverbiale. — Callicléa, personnage inconnu. Voir pour ce nom les corrections proposées par les commentateurs.

Censoresque ærarium faciebant. — On appelait *ærarii* les plébéiens qu'on privait du droit de suffrage, et auxquels il ne restait de la qualité de citoyen que l'obligation de payer l'impôt.

Venire cum coronario. — C'est d'après l'autorité de Gronove que j'ai donné à *coronario* le sens de couronne. La vraie leçon est peut-être, ainsi que Gronove le suppose, *cum corollario.*

Subjicit hinc humilem. — Albert Lion propose pour ce vers une correction fort plausible : *huic* au lieu de *hinc*, et *suffert citu*, au lieu de *sufferctus*. J'ai traduit d'après cette correction.

Vel cum eliditur ex ea n littera. — Voyez liv. II, ch. 17.

Ut tu ex animi tui sententia. — Je lis avec plusieurs commentateurs *et tu* au lieu de *ut tu.*

In ærarios retulit. — Voir la note précédente sur le mot *ærarii.*

LIVRE V.

Apud sigillaria foris. Pour le sens de *sigillaria*, voyez liv. II, ch. 3, et la note.

[Alio quoque loco] hic ita scripsit. Les mots *alio quoque loco* ont été mis pour combler une lacune qu'offrent, en cet endroit, les anciens manuscrits. Peut-être les mots qui ont péri réfutaient-ils plus fortement l'opinion du grammairien.

Ipse quirinali lituo. — Virgile parle dans ce vers de Picus, ancien roi du Latium.

Fatua grandi capite erat. — Fatua était l'épouse du dieu Faune, fils du roi Picus; d'autres veulent lire *statua.*

Vescum, vehemens et vegrande. — *Vescus* signifie tantôt qui mange beaucoup, tantôt qui est peu nourri, maigre. Il veut dire aussi mangeable. *Vegrandis* se prend tantôt au sens de très-grand, tantôt au sens de petit. Quant à *vehemens*, la particule *ve*, dans tous les exemples de ce mot qu'il est possible de recueillir, a toujours la valeur augmentative.

Ritu humano capra. — Au lieu de *humano* qui ne s'explique point, Gronove propose *Romano*, et Jacques Gronove *Cumano.*

Cumque quæreretur........ non constabat. — Il me semble impossible d'accorder le sens des mots *non constabat* avec la phrase suivante. Gronove en a jugé ainsi, et, pour arriver à un sens raisonnable, il termine la phrase à *anteferre*, en supprimant *non constabat*, et retranche la conjonction après *cum.*

Adversus cognatos pro cliente testatur. — Conradus rend raison de la troisième personne *testatur* par la décomposition de *nemo* en *non aliquis.*

Pupillariæ tutelæ muliebris præelata. — J'ai préféré lire avec Henri Estienne *pupillarisque tutela muliebri*. Les femmes, qui, d'après l'ancienne jurisprudence, étaient en état de tutelle toute leur vie, étaient mises, pour cette raison, avant les hommes dans la gradation des devoirs; mais elles passaient après les pupilles, qui, à cause de leur âge, avaient plus besoin de protection. Tel est, sans doute, le sens de ce passage.

Ejus filii tutores relicti. — En expliquant la phrase comme je l'ai fait, on regarde *filii* comme un génitif.

Quos vulgus imperite nefastos. — Un jour *néfaste* était celui où les tribunaux étaient fermés et toutes les affaires suspendues. Un jour *funeste* était en même temps un jour *néfaste* : mais il y avait des jours *néfastes* qui n'étaient point des jours *funestes*. Tels étaient les jours de fête.

Neque segniores ad rem perperam faciendam. — Le texte de cette phrase est évidemment altéré ; mais on entrevoit quel en doit être le sens.

Tertia mancipatione in jure ceduntur. — La mancipation était une vente simulée. Celui qui prenait un fils par adoption frappait, avec une pièce de monnaie, une balance que tenait un des témoins, et disait au citoyen de qui il recevait ce fils : Celui-ci est à moi. Il paraît qu'il fallait répéter trois fois la mancipation pour l'adoption.

Stribiligo dicebatur. — Ce mot vient du grec στρεβλός tortu.

Ita σόλοικον, dixerunt. — Σόλοικος, grossier, incorrect, et, primitivement, habitant de Soles. Soles était une colonie athénienne de Cilicie, où l'on parlait un mauvais patois.

Positæ in templo pacis. — Il y avait dans ce temple une bibliothèque fondée par Vespasien.

LIVRE VI.

Quibus non videtur mundus. — Les premières lignes de ce chapitre, jusqu'à *homines fecisse*, manquaient dans tous les manuscrits. Lion les a trouvées citées dans Lactance (Inst. div. c. 19), et a pu le premier les rétablir dans le texte.

Πεπρωμένην *vel* εἱμαρμένην *vocant.* — Εἵμαρται, il est arrêté par le destin, vient de μείρομαι, partager. Πέπρωμαι, verbe impersonnel, comme εἵμαρται, et s'employant dans le même sens, vient peut-être de πεπόρηται, parfait passif de πορεῖν.

Καὶ μετὰ πολὺ μὲν οὖν ἀπαραβάτου οὔσης. — Je prends μετὰ πολὺ dans le sens de *post multum tempus*. Telle est l'interprétation que J. Gronove donne de ces deux mots.

Est enim genere ipso quasi fatale et consequens. — Il est évident que Chrysippe ne sait ce qu'il dit. Il ne s'aperçoit pas qu'il ne fait que substituer une fatalité à une autre, ou plutôt qu'il admet deux fatalités au lieu d'une.

Sapientissimus ille et antiquissimus poëtarum. — Chrysippe désigne Homère par ces mots.

Chrysippus æstuans laboransque. — Cette phrase ne se trouve pas dans ce qui reste du *De fato.*

Fratres arvales appellavit. — Acca Larentia offrait tous les ans, pour la fertilité des terres, un sacrifice dans lequel elle faisait marcher ses douze fils. Telle est, dit-on, l'origine du mot *arvales.*

Qui Πλειστονίκης *est appellatus.* — Ce mot est formé de πλεῖστο; et de νίκη. Il signifie, qui l'emporte sur la multitude.

Eumque pro tribu. — *Pro tribu*, ancienne formule qui voulait dire la même chose que *in prærogativa tribu*. On donnait le nom de *Prærogativa* à la tribu qu'on appelait la première aux suffrages. Voir Tite-Live, IX, 46.

In libro de sacris detestandis. — Les sacrifices privés se transmettaient comme une obligation héréditaire dans les familles. Cependant il vint un temps où l'héritier qui voulait s'affranchir de cette obligation pouvait faire annuler, moyennant certaines formalités, les fondations pieuses de ses ancêtres. C'était ce qu'on appelait *detestari sacra.*

Cujus exemplo necessario metu succurrendum sit. — Cette expression est singulière, et on peut regarder la phrase comme altérée. Gronove croit qu'Aulu-Gelle a pu écrire *occurrendum sit.* Thysius propose *exemplum necessario metu sanciendum.*

LIVRE VII.

Quem accentu acuto legit. — Il paraît que *quem* était marqué d'un accent aigu dans la prononciation, quand il était interrogatif.

Quorum nomine venditor nihil præstaret. — Le vendeur, dans ce cas, ne s'engageait à rien. Si l'esclave avait des vices cachés, il n'était pas tenu de les faire connaître. Aussi, cette espèce de vente ne pouvait donner lieu à la rédhibition.

Aut inora inauritave. — Il n'est point nécessaire de lire *inodora*, comme le veulent plusieurs commentateurs. Aulu-Gelle peut bien ici n'être pas du même avis qu'Aristote.

Πλὴν ἐπὶ τῶν ἀτελῆ ζώων. — Scioppius propose ἀτελῶν.

Nam et sub Cæsaris. — J'ai préféré la correction *sub Cæsaribus*, adoptée par un grand nombre de commentateurs, à l'interprétation de J. Gronove, qui suppose que le mot *villa* est sous-entendu avec *Cæsaris*.

Εἶδον περὶ Δικαιαρχίαν. — Dicéarchie est le nom primitif de Puteoli, Pouzzol, ville de Campanie.

Πρὸς παιδικὴν ψυχὴν πτερούμενον ἐντός. — *Ad puerum velut interiori impetu raptum.* Les mots ψυχὴν πτερούμενον ἐντός, quoique empruntés à un manuscrit, forment un sens tellement recherché, qu'il était inutile, ce me semble, de les substituer à la leçon généralement adoptée, πρὸς παιδικὴν ἐπτοημένον φωνήν.

In Sotadicorum libro primo. — Espèce de poésies, ainsi appelées du nom de Sotadès, poëte du IIIe siècle, qui composa dans un mètre particulier des vers satiriques et érotiques, remarquables par leur licence et leur obscénité.

Sed tu verbis conceptis conjuravisti sciens. — Scipion veut sans doute reprocher à Asellus un faux serment dont il était question dans cette affaire. Mais *conjurare*, pris ici à la lettre, ne signifie que jurer en répétant la formule consacrée.

Perii plane non obnoxie. — Mot à mot, je suis mort, non d'une manière relative ni dépendante, mais absolument.

Non originem solam verbi istius. — Cette phrase, si on la traduisait exactement, ne ferait pas suite avec ce qui précède; car jusqu'ici Aulu-Gelle ne s'est point occupé de l'étymologie d'*obnoxius*, et n'a fait que réfuter ce que le grammairien avait dit sur le sens de ce mot.

Postliminio in patriam redisse. — Le *postliminium* était une fiction de la loi, par laquelle on supposait que le prisonnier de guerre n'avait jamais cessé d'être libre, dès qu'il avait remis le pied sur le sol de la patrie. Par conséquent, son retour le faisait rentrer dans tous ses droits.

Calices amariores. — Selon les uns, *amariores* exprime ici la forte saveur d'un vin généreux pris sans eau : selon les autres, ce mot doit s'entendre du goût un peu amer que prend le vin en vieillissant.

LIVRE VIII.

Quod Virgilius cœlum stare pulvere. — D'après Servius, *stare*, dans ce passage de Virgile (*Æneid.* XII, 408), et dans quelques autres, est la même chose que *plenum esse, cooperiri.* Il est probable que Lucilius, dans le passage cité, donnait à ce verbe le même sens.

Quopsones quod homines Afri. — Il n'y a en grec rien qui ressemble de près ou de loin à *quopsones :* les érudits se sont épuisés en vaines recherches sur ce mot.

LIVRE IX.

Qui monocoli appellantur. — *Monocoli*, c'est-à-dire qui n'ont qu'une seule jambe (μόνος, seul, κῶλον, membre).

Casini puerum factum. — Casinum, ville du Latium, vers l'orient, entre Aquinum et Téanum.

Civem Thysdritanum. — Thysdrus, ville de la Bysacène, en Afrique.

Alias digitis pelli, alias sonare. — Il est probable qu'Aulu-Gelle ne veut pas dire que les cordes ébranlées restent muettes, tandis que celles auxquelles on n'a point touché rendent un son : mais, sans doute, sa phrase signifie que des cordes qui n'ont point été touchées résonnent au moment où on en frappe d'autres placées à côté.

Πεντακισχιλίων χλαμύδων δεόμενον. — Ces mots font sans doute allusion à Lucullus, qui envoya un jour cinq mille chlamydes à un préteur chargé des jeux, qui lui en demandait cent.

Augustus in foro suo. — Au forum romain, et au forum de Jules César, Auguste ajouta un troisième forum, où il éleva un temple à Mars Vengeur.

Fabulosus et suspiciosus. — Gronove, dont j'ai suivi le sens, entend ici par *fabulosus*, un homme dont on parle beaucoup pour en dire du mal, un homme sur lequel courent des bruits fâcheux. Les expressions *fabula esse, fabula fieri*, employées dans ce sens, sont fréquentes en latin.

Ut Pœnus aspidem Psyllus. — Les Psylles étaient un peuple d'Afrique qui possédait des charmes pour guérir la morsure des serpents.

Animo magis quam arte. — Ces mots ne s'accordent point avec le sens du reste : peut-être *non* se trouvait-il dans le texte avant *animo.*

Eodem concessu incidit. — Quelques-uns lisent *concussu* d'autres *congressu;* mais, de même que *concedere* s'emploie souvent dans le sens de *incedere*, ne pourrait-on pas prendre ici *concessus* au sens de *incessus ?*

Versuum multis millibus. — On emploie quelquefois en latin *versus*, pour dire une ligne de prose : il n'y a donc point de difficulté dans ce passage.

Sine controversia disertus. — Julianus, voulant dire que ce n'était pas là une controverse, rend sa pensée par un jeu de mots railleur qu'il était impossible de bien rendre en français.

Quod ἀντιστρέφον *Græci dicunt.* — Voir sur cette espèce d'arguments le ch. 10 du liv. V.

LIVRE X.

Æris gravis viginti quinque millia. — Le poids de l'as fut changé à l'époque de la première guerre punique. On le réduisit, selon Pline l'ancien, à deux onces : il était auparavant d'une livre. Il est probable qu'il s'agit ici d'as de l'ancien poids.

Ultra imperium romanum. — Il n'est pas aisé d'expliquer *ultra*. Quelques-uns ont voulu lire *intra*. Gronove suppose qu'Aulu-Gelle s'est servi de ce mot en se reportant par la pensée au temps de Salluste et de Varron, dont il cite les opinions dans ce chapitre.

Militi venam solvi. — « Aulu-Gelle donne d'assez mauvaises raisons de la coutume des Romains de faire saigner les soldats qui avaient commis quelque faute : la vraie est que, la force étant la principale qualité du soldat, c'était le dégrader que de l'affaiblir. » (Montesquieu, *Grandeur et décadence*, ch. II).

Subter arborem felicem. — Un arbre était appelé heureux, quand son feuillage n'était point d'une teinte sombre quand il ne portait pas de fruits noirs, quand il était sans épines; autrement, il appartenait à l'espèce des arbres malheureux. Selon Pline l'ancien, on mettait aussi parmi ces derniers tous ceux qui ne se sèment point et qui ne donnent point de fruits.

Cum it ad Argeos. — Les Romains appelaient *Argei* différents endroits de Rome que Numa avait consacrés aux dieux, et où l'on faisait des sacrifices. Il s'agit plutôt ici de fêtes qui portaient aussi ce nom. Les vestales les célébraient tous les ans aux ides de mai, en jetant dans le Tibre des figures d'hommes faites de jonc, appelées *Argei*. Selon Plutarque, cette coutume remontait à l'Arcadien Évandre, qui, ennemi des Argiens, avait ordonné, pour perpétuer sa haine contre eux, que l'on jetterait tous les ans des figures ainsi nommées dans le Tibre.

Volo lucificare. — Aucun manuscrit d'Aulu-Gelle ne donne *elucificare*, qui a été adopté dans plusieurs éditions, et qui fait un sens plus facile. *Lucificare* ne signifie qu'éclairer. Mais si Labérius s'est en effet servi de ce dernier mot, il est probable qu'afin d'achever la comparaison commencée, il a entendu que le vieillard voulait s'ôter la vue en *s'éclairant* par les rayons éblouissants de l'or.

Provinciæ Græciæ præfectus. — Juste Lipse propose de lire *provinciæ a rege præfectus*. Casaubon pense que *Græcia* se rapporte ici aux Grecs de l'Asie Mineure. Cette dernière opinion est préférable à celle de Gronove, qui suppose que les rois de Perse, au commencement de leurs guerres avec les Grecs auraient compté d'avance la Grèce au nombre de leurs provinces, et créé en conséquence une espèce de satrape *in partibus*.

Cephaleaque, acarne. — Je n'ai pas traduit *acarne* (qu'il faut sans doute lire ainsi : *a carne*), parce que j'ai suivi l'opinion de Gronove, qui conseille de terminer la phrase à *cephalea*, et de considérer *acarne* ou *a carne* comme se rattachant à une autre phrase contenue dans les vers suivants :

Vir, inquit, cum divortium :
J'ai lu *nisi cum divortium fecit*.

Quando concepta fuerint nefas. Il faut sous-entendre avec *nefas, esto*. On indiquait par ces mots, que la fête une fois inaugurée, il était ordonné aux citoyens de suspendre toute affaire.

Sine mihi gerere morem, etc. — Un manuscrit porte *videtur*. Gronove a adopté cette leçon, et, par une supposition très-plausible, a mis les vers en dialogue de la manière suivante :

Sine mihi gerere morem.— videtur lingua. — verum lingula.
Henri Estienne a lu *videar haud*. Mais *haud* n'est donné par aucun manuscrit.

In Mauritania nactus. — La virgule placée avant *nactus* donne un sens plus satisfaisant.

LIVRE XI.

Furta, quæ per lancem liciumque concepta essent — Quelqu'un soupçonnait-il qu'un objet volé se trouvait dans une maison? il pouvait procéder à sa perquisition en se présentant nu, entouré seulement d'une ceinture, et tenant un plat à la main. Le vol découvert de cette manière se nommait *furtum lance licioque conceptum*, ou simplement *furtum conceptum*. (Ortolan, *Histoire de la législation romaine*.)

Furtum oblatum. — L'action intentée contre celui qui avait offert à un receleur un objet volé, était appelée *actio furti oblati*. (Alex. Adam, *Antiquités romaines*.)

LIVRE XII.

Ore te, inquit, mulier. — Voir l'*Émile* de Rousseau.
Sirpos appellaverunt.— Selon les uns, *sirpus* a été em-

ployé pour désigner une énigme, parce que ce mot signifie un jonc sans nœuds (on connaît la locution *nodum in sirpo quærere*) : selon les autres, parce que c'est avec des joncs de cette espèce que sont faites les nasses des pêcheurs.

Semel minusque. — Le mot de l'énigme est Terme, le dieu Terme, qui ne voulut pas se retirer devant Jupiter.

LIVRE XIII.

Quod dicitur vulgo barbarismus. — Voir livre v, ch. 20.
Quæ sint Βιωφελῆ *et delectent.* — Voir livre i. ch. 22.

LIVRE XIV.

Quæ mathemata Græci appellant. — Voir liv i. ch. 9.
Quæ digamma appellabatur. — Le digamma, figuré par la lettre F, avait le son du V.
Commentarium faceret ἐσαγωγικόν. — εἰσαγωγικός, c'est-à-dire introductif, préliminaire.

LIVRE XV.

Libripensve fuerit. — On appelait *libripens*, un homme qui, dans les ventes, portait une balance de cuivre, primitivement destinée peut-être à peser la somme.
Tertium per familiæ emancipationem. — Testament par lequel on mettait sa famille en possession de ses biens.

LIVRE XVI.

Feriæve denicales. — Cérémonies pour la purification de la famille, après la mort d'un parent. Cic. *Leg.* ii, 22.

LIVRE XVII.

In quinque solis vicisse. — Ce passage de Varron ne peut se concilier avec l'opinion généralement reçue, que les poëtes tragiques disputaient le prix avec quatre pièces, dont trois tragédies. Si cela était, comment Euripide n'aurait-il eu que cinq tragédies couronnées?

LIVRE XVIII.

Matronem dictam esse... matrem autem familias. — Les Romains contractaient le mariage légal de trois manières, *per usum, per confarreationem, per coemptionem*. Aulu-Gelle paraît entendre par *matrona* la femme devenue épouse *per usum*; il paraît donner le nom de *materfamilias* à la femme mariée *per coemptionem*.
Quem in modum Favorinus. — J'ai lu *quem in modum Favorinum tractaverit intempestivus quidam*.
Ad lavandi tempus. — J'ai lu *ad levandi tempus*.

LIVRE XIX.

Specimque veris. — *veris* ne peut faire un sens. J'ai lu *operis*, d'après Henri Estienne.
Homo Thracus.... — Ce récit a fourni à la Fontaine le sujet et les plus beaux traits de sa fable intitulée *le Philosophe scythe*. On admire dans notre fabuliste le dernier trait :
Ils font cesser de vivre avant que l'on soit mort.
Aulu-Gelle avait dit : *In corpore ignavæ atque enervatæ vitæ consenescunt*.
At nunc me genumana—J'ai lu *genuina per salicta*.
Qui ei exe et i.... Ce passage est décisif contre la prononciation du grec, usitée dans nos écoles depuis Érasme.

LIVRE XX.

Comitium. — Partie du forum où on plaçait la chaise curule du préteur.

Præcipue fidem coluit. — La preuve que la loi, si sévère contre les débiteurs, n'avait pas pris sa source dans le désir de maintenir la bonne foi, c'est que les peines contre le vol étaient très-douces. La vraie raison, c'est l'avarice des riches.

Pondo ne minore, aut, si volet, majore. — Il paraît qu'il faut transposer *minore* et *majore*, et que la loi fixait le maximum et non le minimum du poids des entraves. On pense que le *nervus* servait à attacher le débiteur au cou.

Libras farris. — J'ai lu *libram* au lieu de *libras*.

Omnibus approbantibus. — La dissertation de Cécilius a convaincu également l'auteur de l'Histoire de la législation romaine. « Que penser, dit-il, de cette loi qui « ne nous est parvenue que mutilée, et dans laquelle nous « pouvons lire encore le droit accordé aux créanciers, « s'ils sont plusieurs, de se partager les lambeaux de leurs « débiteurs?... Disons, pour la justifier, qu'elle n'était « qu'un moyen d'effrayer le débiteur, sa famille, ses « amis, et que jamais elle n'a été mise à exécution. » Montesquieu en a jugé autrement. Il dit dans l'*Esprit des lois* : « La loi des Douze Tables est pleine de dispositions « très-cruelles.... L'esprit de la république aurait demandé « que les décemvirs n'eussent pas mis ces lois dans leurs « Douze Tables; mais des gens qui aspiraient à la tyrannie « n'avaient garde de suivre l'esprit de la république. » (*Esprit des lois*, liv. vi, ch. 15.)

Si qui in jure manum conserunt. — « L'expression « *manum conserere*, en venir aux mains, est tirée de la « guerre, dont une dispute particulière est en quelque « sorte l'image. Ainsi *vindicia, id est, injectio vel cor-« reptio manus in re præsenti*, s'appelait *vis civilis « et festucaria*. (Gell. xx, 10). On disait des deux plai-« deurs qu'ils avaient croisé leurs bâtons devant le préteur « (*festucas inter se commisisse*), comme si on eût parlé « d'un combat réel; on ajoutait, à l'égard de la partie vain-« cue, qu'elle avait cédé son bâton à la partie adverse, cir-« constance d'où quelques personnes infèrent que l'usage « des anciens Romains était de *terminer leurs disputes « à la pointe de l'épée*. » (Alex. Adam, Antiquités romaines.) L'opinion exprimée dans ces derniers mots, et qu'Alex. Adam rapporte sans la combattre, est détruite par les mots qui terminent ce chapitre d'Aulu-Gelle, et que voici : *Conferens vim illam civilem et festucariam, quæ verbo diceretur, non quæ manu fieret, cum vi bellica et cruenta*. On voit que les combats civils n'étaient des combats que de nom, et qu'il est impossible, après un texte si positif, de faire remonter jusqu'à la loi des Douze Tables les duels judiciaires du moyen âge.

TABLE DES MATIÈRES

CONTENUES

DANS CE VOLUME.

	Pages.
Avertissement.	1

PÉTRONE.

Notice sur Pétrone.	III
LE SATYRICON. Traduction nouvelle par M. Baillard, ancien professeur de rhétorique.	1
PIÈCES DE VERS DÉTACHÉES.	93
Notes sur le Satyricon.	101

APULÉE.

Notice sur Apulée.	109
LES FLORIDES. Traduction nouvelle par M. Aulard.	111
Notes sur les Florides.	134
TRAITÉ DU DIEU DE SOCRATE. Traduction nouvelle par le même.	135
DE LA DOCTRINE DE PLATON. Traduction nouvelle par le même.	149
Arguments.	ib.
Livre Ier. — De la philosophie naturelle.	ib.
Livre II. — De la philosophie morale.	159
Livre III. — De la logique.	173
Notes sur la Doctrine de Platon.	185
TRAITÉ DU MONDE. Traduction nouvelle par le même.	186
APOLOGIE.	203
Notes sur l'Apologie.	262
LA MÉTAMORPHOSE. Traduct. nouvelle par M. T. S.	266
Livre Ier.	ib.
Livre II.	277
Livre III.	290
Livre IV. — (Histoire de Psyché.)	301
Livre V. — (Continuation de l'histoire de Psyché.)	316
Livre VI. — (Suite et fin de l'histoire de Psyché.)	328
Livre VII.	340
Livre VIII.	352
Livre IX.	366
Livre X.	384
Livre XI.	400
Notes sur la Métamorphose.	415

AULU-GELLE

Traduction nouvelle, pour les dix premiers livres, par M. Jacquinet, ancien élève de l'École Normale, et pour les dix derniers, par

	Pages.
M. Fabre, professeur agrégé de rhétorique.	
Notice sur Aulu-Gelle.	423
LES NUITS ATTIQUES.	425
Préface.	425

LIVRE Ier.

Chapitre Ier. — De quelles mesures et de quels calculs se servit Pythagore, suivant Plutarque, pour déterminer quelle était la taille d'Hercule pendant son séjour sur la terre.	428
Chap. II. — Comment l'illustre Hérode Atticus cita à propos, à un jeune homme orgueilleux et fanfaron qui se prétendait philosophe, un passage où Épictète distingue en plaisantant, du stoïcien véritable, cette foule de bavards impudents qui se disent stoïciens.	ib.
Chap. III. — A quelle action équivoque le Lacédémonien Chilon eut recours pour sauver un ami. Sur cette question délicate, et digne du plus sérieux examen, s'il y a des fautes qu'on peut se permettre pour l'intérêt d'un ami. Opinion de Théophraste et de Cicéron sur ce sujet.	430
Chap. IV. — Avec quelle sagacité et quelle finesse Antonius Julianus commentait un passage d'un discours de Cicéron, où un changement de mots produit une ingénieuse équivoque.	433
Chap. V, où l'on rapporte que Démosthène se vit en butte aux railleries et aux reproches les plus outrageants, à cause du soin extrême qu'il prenait de ses vêtements et de son extérieur; et qu'Hortensius, pour la même recherche dans sa mise, et pour les gestes d'acteurs qu'il faisait à la tribune, reçut le nom de la danseuse Dionysia.	434
Chap. VI. — Passage d'un discours que Métellus Numidicus fit aux Romains pendant sa censure, pour les exhorter au mariage. Pourquoi ce discours fut attaqué, et comment il fut défendu.	435
Chap. VII. — Qu'il n'y a ni faute de texte, ni faute de langue, dans ces paroles de Cicéron tirées de la cinquième Verrine : *Hanc sibi rem præsidio sperant futurum*, et qu'on a tort d'altérer les bons textes pour mettre *futuram*. Citation d'une autre expression de Cicéron, également corrigée à tort. Quelques mots sur le soin extrême	

TABLE DES MATIÈRES.

que Cicéron donnait à l'harmonie et au nombre oratoire.................................... 436

Chap. VIII. — Anecdote sur Démosthène et la courtisane Laïs, tirée du livre du philosophe Sotion.. 438

Chap. IX. — Sur la méthode et l'ordre de l'enseignement pythagoricien. Quel était le temps où les disciples devaient se taire, et celui où ils pouvaient parler................................. *ib.*

Chap. X. — Comment le philosophe Favorinus apostropha un jeune homme qui affectait de se servir de locutions antiques........................... 439

Chap. XI. — Que les Lacédémoniens, suivant un passage de Thucydide, s'avançaient sur le champ de bataille, non au son de la trompette, mais au son de la flûte. Citation du passage. Que, d'après Hérodote, le roi Halyatte menait avec lui des joueurs d'instruments en allant au combat. Quelques observations à ce propos sur la flûte dont Gracchus empruntait le secours à la tribune...... 440

Chap. XII. — D'après quelles conditions d'âge et de naissance, avec quels rites et quelles cérémonies le grand prêtre *prenait* les vestales. Quels sont les droits d'une vestale aussitôt qu'elle a été *prise*. Comment, d'après Labéon, une vestale ne peut hériter de quelqu'un *ab intestat*, pas plus qu'on ne peut hériter, *ab intestat*, d'une vestale....... 442

Chap. XIII. — Sur cette question, examinée par les philosophes, faut-il, pour s'acquitter d'une commission dont on est chargé, la remplir dans tous les cas à la lettre? ou peut-on s'en écarter, si on espère, en le faisant, mieux servir celui de qui on l'a reçue? Différentes opinions sur cette question. 443

Chap. XIV. — Comment C. Fabricius, qui s'était acquis tant de gloire par ses exploits, mais qui vivait dans la pauvreté, répondit aux Samnites, qui voulaient, pour le tirer de son dénûment, lui faire accepter une somme d'or considérable........... 444

Chap. XV. — Combien c'est une chose importune et odieuse qu'un bavardage frivole et vain. Nombreux passages où les premiers écrivains latins et grecs ont justement flétri ce défaut............. 445

Chap. XVI. — Que ces paroles de Quadrigarius dans ses Annales, *ibi mille hominum occiditur*, loin de renfermer une licence ou une forme poétique, sont exactement conformes aux règles de la grammaire... 446

Chap. XVII. — Avec quelle patience Socrate supporta l'humeur intraitable de sa femme. Ce que M. Varron, dans une de ses satires, a dit sur le devoir d'un mari...................................... 447

Chap. XVIII. — Comment Varron, dans son quatorzième livre *des Choses divines*, relève une erreur d'étymologie chez son maître L. Ælius. Qu'il a donné lui-même dans ce même livre une fausse étymologie du mot *fur*........................ 448

Chap. XIX. — Trait d'histoire sur les livres sibyllins et sur Tarquin le Superbe..................... 449

Chap. XX. — Ce que les géomètres appellent σχήματα, figures. Quels sont les noms des figures de géométrie en latin.............................. 449

Chap. XXI. — Que Julius Higinus affirme positivement avoir lu, dans un texte des Géorgiques qui avait appartenu à la famille de Virgile, ce vers ainsi écrit : *Et ora tristia tentantum sensu torquebit amaror*; et non pas, comme on met ordinairement : *sensu torquebit amaro*............ 450

Chap. XXII. — Si un avocat s'exprime correctement et en bon latin, lorsqu'il dit, en parlant de l'appui qu'il prête à un accusé, *superesse se ei*. De la signification propre de *superesse*................ *ib.*

Chap. XXIII. — Ce qu'était Papirius Prétextatus, et d'où lui vint ce surnom. Récit de toute cette curieuse et intéressante histoire de Papirius....... 452

Chap. XXIV. — Épitaphes des trois anciens poëtes Nævius, Plaute et Pacuvius, composées par eux-mêmes et gravées sur leurs tombeaux............ 453

Chap. XXV. — Comment M. Varron définit le mot *trêve*. Recherches attentives de l'auteur sur l'étymologie de ce mot............................. 454

Chap. XXVI. — Quelle réponse me fit le philosophe Taurus, un jour que je lui demandais si le sage se mettait en colère................................ 455

LIVRE II.

Chapitre Ier. — De quelle manière Socrate exerçait son corps à la patience : force de volonté de ce philosophe....................................... 456

Chap. II. — Quels procédés doivent observer entre eux les pères et les fils, soit pour se mettre à table, soit pour prendre des siéges, soit dans d'autres cas semblables, tant chez eux qu'au dehors, lorsque le fils est magistrat et le père simple particulier. Dissertation du philosophe Taurus sur ce sujet : exemple tiré de l'histoire romaine....... *ib.*

Chap. III. — Pour quelle raison les anciens ont introduit dans certains mots la lettre aspirée *h*... 457

Chap. IV. — Pour quelle raison, suivant Gabius Bassus, on appelle *divination* un certain genre de jugement; comment d'autres expliquent ce mot.. 458

Chap. V. — Paroles ingénieuses et expressives du philosophe Favorinus pour marquer la différence du style de Platon avec celui de Lysias.......... *ib.*

Chap. VI. — De plusieurs expressions de Virgile condamnées par quelques-uns comme incorrectes et basses; réfutation de ces critiques............. *il*

Chap. VII. — Sur les devoirs des enfants envers leurs pères. Opinions extraites des philosophes qui ont traité cette question : Si l'on doit toujours et en toute circonstance obéir aux ordres d'un père.. 461

Chap. VIII. — Critique peu juste adressée par Plutarque à Épicure sur une prétendue infraction aux règles du syllogisme............................ 462

Chap. IX. — Critique évidemment fausse de Plutarque sur une expression d'Épicure.............. 463

Chap. X. — Quel est le sens du mot *favissæ Capitolinæ*. Réponse de M. Varron à Servius Sulpicius, qui le consultait sur ce mot................ *ib*

Chap. XI. — Nombreux et mémorables exploits du

TABLE DES MATIÈRES.

brave Sicinius Dentatus.................... 463
Chap. XII. — Examen d'une loi de Solon qui, au premier abord, paraît injuste et impolitique, mais dont le but était réellement très-sage et très-utile. 464
Chap. XIII. — Que les anciens employaient le pluriel *liberi*, même en parlant d'un seul enfant, fils ou fille............................. 465
Chap. XIV. — Que M. Caton, dans l'ouvrage qui a pour titre *Contre Tiberius exilé*, a écrit *stitisses vadimonium* et non *stetisses*. Pourquoi il a dû écrire ainsi................................ ib.
Chap. XV. — Grands honneurs rendus à la vieillesse dans l'antiquité. Pourquoi, dans la suite, on accorda aussi les mêmes honneurs aux époux et aux pères. Détails sur le chapitre septième de la loi Julia... ib.
Chap. XVI. — Critique adressée à Césellius Vindex par Sulpicius Apollinaris, sur l'interprétation d'un passage de Virgile........................... 466
Chap. XVII. — Quelle propriété Cicéron a observée dans certaines prépositions; réflexions sur la remarque de Cicéron........................... 467
Chap. XVIII. — Que Phédon, disciple de Socrate, fut esclave; autres philosophes sortis de la même condition................................ 468
Chap. XIX. — Sur le mot *rescire*; quel est son sens propre et véritable.......................... ib.
Chap. XX. — Que, pour désigner ce que nous appelons *vivaria*, les anciens ne se servaient pas de ce mot : ce qu'on trouve au lieu de *vivaria* dans une harangue de P. Scipion au peuple, et dans le *de Re rustica* de Varron...................... 469
Chap. XXI. — Sur cette constellation que les Grecs nomment ἅμαξα, et que les Latins appellent *septemtriones*; étymologie de ces deux noms... 470
Chap. XXII. — Notions sur le vent Iapyx, et sur le nom et la direction des autres vents; discours du philosophe Favorinus sur ce sujet............. 471
Chap. XXIII. — Examen et comparaison de plusieurs morceaux de Ménandre et de Cécilius, tirés de la comédie qu'ils ont composée tous deux sous le titre de *Plocius*.......................... 473
Chap. XXIV. — De l'ancienne frugalité et des anciennes lois somptuaires..................... 476
Chap. XXV. — Ce que les Grecs entendent par les mots *analogie* et *anomalie*.................. 477
Chap. XXVI. — Entretien de M. Fronton et de Favorinus sur différentes espèces de couleurs, et sur leurs noms grecs et latins. Ce que c'est que la couleur appelée *spadix*....................... 478
Chap. XXVII. — Opinion de Titus Castricius sur les portraits que Démosthène et Salluste ont faits, l'un de Philippe, l'autre de Sertorius............... 479
Chap. XXVIII. — Que l'on ignore à quel dieu il faut faire des sacrifices dans les tremblements de terre... 480
Chap. XXIX. — Apologue intéressant du Phrygien Ésope... 481
Chap. XXX. — Quelles observations on a faites sur la diversité des mouvements que l'Auster et l'Aquilon impriment aux flots de la mer............... 482

LIVRE III.

Chapitre Ier, où l'on examine pourquoi Salluste a dit que l'avarice n'énervait pas seulement les forces de l'âme, mais aussi celles du corps 483
Chap. II. — Quel est, suivant Varron, le jour de naissance de ceux qui sont venus au monde pendant la nuit avant ou après la sixième heure; durée de la journée civile chez les différents peuples. Que, d'après Q. Mucius, une femme qui n'aurait point exactement observé la durée de l'année civile, ne pouvait être épousée *par usurpation*. 484
Chap. III. — Conseils pour reconnaître l'authenticité des pièces de Plaute, puisqu'on a confondu celles qui lui appartiennent véritablement avec celles qui lui sont étrangères; que Plaute composa plusieurs pièces dans un moulin, et Névius quelques-unes des siennes en prison............ 486
Chap. IV. — Que Scipion l'Africain et d'autres personnages illustres de la même époque avaient coutume de se raser la barbe du menton et des joues avant d'être parvenus à la vieillesse....... 487
Chap. V. — Par quelles paroles plaisantes et sévères à la fois le philosophe Arcésilas railla quelqu'un sur sa mollesse efféminée, et sur la langueur voluptueuse de ses regards et de sa personne... 488
Chap. VI. — Propriété particulière du palmier, dont le bois se relève et se redresse sous les fardeaux dont on le charge.............................. ib.
Chap. VII. — Histoire du tribun militaire Q. Cædicius, rapportée dans les annales; citations d'un passage des *Origines* de M. Caton, où la valeur de Cædicius est comparée à celle de Léonidas......... ib.
Chap. VIII. — Belle lettre des consuls C. Fabricius et Q. Émilius au roi Pyrrhus, conservée dans l'histoire de Q. Claudius..................... 490
Chap. IX. — Ce qu'était le cheval de Séius, connu par le proverbe; quelle est la couleur des chevaux appelés *spadices* : origine de ce mot........... ib.
Chap. X. — Vertu du nombre sept, constatée par un grand nombre d'exemples; faits nombreux recueillis sur ce sujet dans *les Semaines* de M. Varron.............................. 491
Chap. XI. — Par quels arguments sans valeur Attius, dans son ouvrage intitulé *Didascaliques*, cherche à établir qu'Hésiode est d'une époque antérieure à celle d'Homère........................ 493
Chap. XII. — Que P. Nigidius, savant distingué, en appelant *bibosus* un homme adonné à la boisson, s'est servi d'un mot inusité et étrange...... ib.
Chap. XIII. — Que Démosthène, pendant sa jeunesse, à l'époque où il était disciple de Platon, ayant entendu par hasard un discours de Callistrate dans l'assemblée du peuple, quitta l'école du philosophe pour suivre les leçons de l'orateur. 494
Chap. XIV. — Que ces locutions : *dimidium, librum legi, dimidiam fabulam audivi*, ne sont pas correctes. Comment Varron démontre l'impropriété de ces termes, qu'on ne peut justifier par aucun exemple tiré des anciens................ ib.

CHAP. XV. — Que plusieurs personnes, ainsi que l'attestent l'histoire et la tradition, sont mortes de la joie que leur causait un bonheur extrême et imprévu, étouffées par la violence de leur émotion et par la force du saisissement............ 496

CHAP. XVI. — Différentes époques assignées par les médecins et les philosophes à l'accouchement des femmes. Citations des anciens poëtes et autres détails curieux sur le même sujet. Passage d'Hippocrate tiré de son traité *sur les aliments*........ *ib.*

CHAP. XVII. —Que, d'après des écrivains très-dignes de foi, Platon acheta trois livres du pythagoricien Philolaüs, et Aristote quelques ouvrages de Speusippe, pour des sommes énormes et qui passent toute croyance.......................... 499

CHAP. XVIII. — Ce qu'on entend par *sénateurs pédaires* : raison de cette dénomination. Origine de ces termes d'un édit ancien conservé par les consuls : LES SÉNATEURS QUI ONT LE DROIT D'EXPRIMER LEUR AVIS DANS LE SÉNAT..................... *ib.*

CHAP. XIX. — Comment Gabius Bassus explique le mot *parcus* ; étymologie qu'il en donne. Comment le philosophe Favorinus se moqua de son explication................................. 500

LIVRE IV.

CHAPITRE Ier. — Récit d'un entretien à la manière de Socrate, que le philosophe Favorinus eut un jour avec un grammairien bavard et fanfaron. Citation, amenée dans l'entretien, d'un passage de Q. Scævola, où ce savant donne du mot *penus* une définition qui a été trouvée incomplète............ 501

CHAP. II. — Distinction des mots *morbus* et *vitium* ; de la valeur de ces mots dans un édit des édiles ; si la redhibition existe pour les eunuques et les femmes stériles : diverses opinions sur ce sujet. 503

CHAP. III. — Que les procès entre époux, sur la possession de la dot, furent inconnus à Rome avant le divorce de Carvilius. Ce qu'on entend par *pellex* ; origine de ce mot................. 504

CHAP. IV. — Ce que Servius Sulpicius rapporte, dans son traité *des Dots*, sur les conventions autrefois en vigueur dans les fiançailles................ 505

CHAP. V. — Récit d'un trait de perfidie des aruspices, qui donna lieu à ce vers que les enfants chantaient partout dans Rome : *Un mauvais conseil porte malheur à celui qui le donne*......... *ib.*

CHAP. VI. — Termes d'un sénatus-consulte qui ordonnait l'offrande des grandes victimes, parce que les javelots de Mars s'étaient agités d'eux-mêmes dans le sanctuaire. Ce qu'on entend par *hostiæ præcidaneæ*, et par *porca præcidanea*. Que Capiton Atteius a appelé certaines fêtes *præcidaneæ*. 506

CHAP. VII. — D'une lettre adressée par le grammairien Valérius Probus à Marcellus, sur l'accentuation de quelques noms carthaginois........... 507

CHAP. VIII. — Mot de Fabricius sur Cornélius Rufinus, homme avare, qu'il avait fait nommer consul, quoiqu'il eût pour lui de l'éloignement et de la haine................................. *ib.*

CHAP. IX. — Sur le sens propre de *religiosus*, et sur les différentes significations qui ont été attribuées à ce mot. Opinion de Nigidius Figulus sur ce sujet ; citation prise dans ses commentaires........... 508

CHAP. X. — De l'ordre dans lequel les sénateurs étaient appelés à donner leur suffrage. Récit de la scène qui eut lieu dans le sénat entre C. César et M. Caton, parce que ce dernier voulait parler pendant tout le jour........................ 51

CHAP. XI. — Renseignements que nous fournit Aristoxène sur le régime de Pythagore, et qui semblent plus vrais que la tradition ordinaire. Témoignage analogue de Plutarque sur le même sujet.. *ib.*

CHAP. XII. — Curieux exemples de peines infligées autrefois par les censeurs, et qu'on trouve citées dans les anciens monuments................. 512

CHAP. XIII. — Que l'on peut, en jouant de la flûte d'une certaine manière, soulager les douleurs de goutte sciatique....................... *ib.*

CHAP. XIV. — Histoire de l'édile Hostilius Mancinus et de la courtisane Mamilia. Quel décret fut rendu par les tribuns, auxquels Mamilia en avait appelé. *ib.*

CHAP. XV. — où l'on défend un passage de Salluste contre les critiques trop sévères et malveillantes de ses adversaires........................ 513

CHAP. XVI. — Que Varron et Nigidius suivaient, dans la déclinaison de certains noms, un procédé contraire à la règle ordinaire. Éclaircissements sur ce sujet ; citations des anciens auteurs......... *ib.*

CHAP. XVII. — Sur la prononciation de quelques prépositions jointes à des verbes. Qu'il n'y a rien de barbare dans l'usage de faire ces prépositions longues. Discussions et citations sur ce sujet.... 514

CHAP. XVIII. — Traits mémorables de la vie du premier Africain, rapportés d'après les annales...... 516

CHAP. XIX. — Conseils donnés par Varron dans un de ses recueils, sur la nécessité de modérer la nourriture des enfants........................ 517

CHAP. XX. — Condamnations portées par les censeurs contre ceux qui se permettaient en leur présence des plaisanteries déplacées ; qu'ils délibérèrent un jour sur la punition que méritait un homme qui avait bâillé devant eux............ *ib.*

LIVRE V.

CHAPITRE Ier. — Comment le philosophe Musonius montrait que les cris d'admiration et les éloges bruyants sont déplacés, quand on écoute les leçons d'un philosophe........................ 518

CHAP. II. — Sur le cheval d'Alexandre, appelé Bucéphale............................., *ib.*

CHAP. III. — Comment Protagoras devint philosophe................................. 519

CHAP. IV. — Sur le mot *duo et vicesimus*, qui, bien qu'inconnu du vulgaire, a été employé en plus d'un endroit par de bons écrivains............ 520

CHAP. V. — Réponse plaisante d'Annibal au roi Antiochus................................. *ib.*

CHAP. VI. — Des couronnes militaires. Détails sur les couronnes *triomphale, obsidionale, civique,*

TABLE DES MATIÈRES.

murale, vallaire, navale; sur la couronne de l'*ovation* et sur la couronne d'olivier.......... 521

CHAP. VII. — Étymologie ingénieuse du mot *persona*, donnée par Gabius Bassus................ 522

CHAP. VIII, où l'on défend un vers de Virgile contre les critiques du grammairien Julius Higinus Ce que c'est que le *lituus*; étymologie de ce mot... 523

CHAP. IX. — Anecdote sur le fils du roi Crésus, tirée de l'histoire d'Hérodote...................... ib.

CHAP. X. — Sur les arguments que les Grecs appellent ἀντιστρέφοντα (qui peuvent se retourner), mot que l'on peut traduire en latin par celui de *reciproca*...................................... 524

CHAP. XI. — Que le syllogisme de Bias sur les dangers du mariage ne peut être mis au nombre des arguments ἀντιστρέφοντα................... 525

CHAP. XII. — Des noms de dieux *Dijovis* et *Vejovis*. 526

CHAP. XIII. — Sur la gradation que les mœurs romaines établissent entre les devoirs........... 527

CHAP. XIV. — Histoire de la mutuelle reconnaissance qui eut lieu à Rome entre un lion et un esclave avec lequel cet animal avait vécu jadis, racontée par le savant Apion surnommé Plistonicès, qui assure en avoir été témoin lui-même....... 528

CHAP. XV. — Que les avis des philosophes sont partagés sur la question de savoir si la voix est ou n'est pas un corps............................. 530

CHAP. XVI. — Du principe de la vue, et de la manière dont s'opère la vision................... ib.

CHAP. XVII. — Pour quelle raison on a mis au rang des jours funestes les jours qui viennent le lendemain des calendes, des nones et des ides. Pourquoi beaucoup de personnes regardent comme un jour malheureux, où l'on doit s'interdire toute affaire, le quatrième jour avant chacune de ces époques..................................... 531

CHAP. XVIII. — Sur la différence de l'histoire et des annales. Citation, à ce sujet, d'un passage de Sempronius Asellion, tiré du premier livre de son histoire... ib.

CHAP. XIX. — Ce qu'on appelle *adoption* et *arrogation*. En quoi l'une diffère de l'autre. Formule de la demande qu'on adresse au peuple pour autoriser l'*arrogation*.............................. 532

CHAP. XX. — Quel nom latin Sinnius Capiton a donné au solécisme; comment l'avaient appelé les anciens Latins. Définition du solécisme par Sinnius Capiton................................. 533

CHAP. XXI. — Que *pluria*, *compluria* et *compluriens* ne doivent point être regardés comme des barbarismes.................................... 534

LIVRE VI.

CHAPITRE Ier. — De quelle manière Chrysippe répondait à ceux qui nient la Providence......... 535

CHAP. II. — Comment Chrysippe, en admettant l'action nécessaire du destin, attribue cependant à l'homme la faculté de se déterminer et d'agir.. 536

CHAP. III. — Récit de l'historien Tubéron sur un serpent monstrueux............................ 538

CHAP. IV. — Fait peu connu de la captivité de Régulus, rapporté par le même Tubéron. Détails donnés par Tuditanus sur le même personnage.. ib.

CHAP. V, où l'on relève une erreur commise par le jurisconsulte Alfénus dans l'interprétation d'une locution ancienne............................... ib.

CHAP. VI. — Que Julius Higinus s'est trompé grossièrement, en blâmant Virgile d'avoir appliqué l'épithète de *prœpetes* aux ailes de Dédale. Ce qu'on entend par *aves prœpetes*; quels sont les oiseaux que Nigidius a appelés *inferæ*.......... 539

CHAP. VII. — Sur Acca Larentia et Caïa Tarratia. Origine du sacerdoce des frères Arvales......... 540

CHAP. VIII. — Particularités curieuses sur Alexandre et P. Scipion.................................... 541

CHAP. IX. — Piquant récit d'une anecdote curieuse, extraite des annales de L. Pison................. 542

CHAP. X. — Trait d'Euclide, disciple de Socrate, par lequel le philosophe Taurus exhortait ses élèves à se dévouer avec ardeur à l'étude de la philosophie. ib.

CHAP. XI. — Passage d'un discours de Q. Métellus Numidicus, que l'auteur a jugé à propos de citer à cause de la leçon de modération et de dignité qu'il renferme.. 543

CHAP. XII. — Que Servius Sulpicius et C. Trébatius se sont trompés en prenant, l'un *testamentum* et l'autre *sacellum*, pour des mots composés; que le premier de ces deux mots est un dérivé de *testatio*, et le second un diminutif de *sacer*......... ib.

CHAP. XIII. — Sur les subtilités que les convives de Taurus prenaient pour sujet de ces questions qu'on appelle *symposiaques*.................... 544

CHAP. XIV. — Que les philosophes ont distingué trois différentes manières de punir; pourquoi Platon n'en admet que deux........................ 545

CHAP. XV. — Si la lettre *e* du verbe *quiesco* doit s'abréger ou s'allonger dans la prononciation...... 546

CHAP. XVI. — Sur un passage de Catulle, où ce poëte fait du verbe *deprecor* un emploi assez rare, mais approuvé par la langue. De la valeur de ce verbe; citations tirées des anciens à ce sujet............ ib.

CHAP. XVII. — Par qui fut fondée la première bibliothèque publique. Quelle était la richesse de la bibliothèque publique d'Athènes, avant l'invasion des Perses...................................... 547

LIVRE VII.

CHAPITRE Ier. — Récits merveilleux sur le premier Africain, tirés des annales..................... 548

CHAP. II. — Sur une erreur grossière que Césellius Vindex a commise dans ses *Lectures antiques*.. 549

CHAP. III. — Critiques de Tiron Tullius, affranchi de Cicéron, sur le discours de M. Caton pour les Rhodiens. Réponse à ces critiques.............. 550

CHAP. IV. — Quelle est, d'après le jurisconsulte Sabinus, l'espèce d'esclaves qu'on met en vente avec un bonnet sur la tête; raison de cet usage. Quels sont les esclaves que, d'après une antique coutume, on *vend sous la couronne*; origine de

TABLE DES MATIÈRES.

	Pages.
cette expression...	556
Chap. V. — Anecdote curieuse sur l'acteur Polus...	ib.
Chap. VI. — Opinion d'Aristote au sujet des animaux privés par la nature de certains sens. ...	557
Chap. VII. — Si l'on doit prononcer *affatum* comme *admodum*, avec l'accent aigu sur la première syllabe. Observations intéressantes sur l'accent de plusieurs autres mots...	ib.
Chap. VIII. — Histoire merveilleuse de l'amour d'un dauphin pour un enfant...	558
Chap. IX. — Que la plupart des anciens disaient *peposci, memordi, pepugi, spopondi, cecurri*, par un *e* et non par un *o* ou par un *u*, comme c'est l'usage aujourd'hui; que cette forme de parfait était empruntée à la langue grecque; que l'on trouve, chez des écrivains savants et renommés, *descendidi* et non *descendi*, au parfait de *descendo*...	559
Chap. X. — L'on peut dire, en réunissant deux mots en un seul, *pignoriscapio*, aussi régulièrement qu'on dit d'un seul mot *usucapio*...	560
Chap. XI. — Que le vrai sens de *levitas* et de *nequitia* n'est pas celui qu'on leur donne communément aujourd'hui...	ib.
Chap. XII. — Des tuniques appelées *chiridotæ*. Que le second Africain en reprocha l'usage à Sulpicius Gallus...	561
Chap. XIII. — Quelle est, suivant Caton, la signification des mots *classicus* et *infra classem*...	562
Chap. XIV. — Des trois genres de style, et des trois philosophes que les Athéniens députèrent au sénat romain...	ib.
Chap. XV. — Avec quelle sévérité le vol était puni chez les anciens Romains. Ce que Mucius Scévola a écrit sur l'abus des dépôts et des choses prêtées...	563
Chap. XVI. — Quels sont les mots rares, fournis par les pays étrangers, que cite Varron dans sa satire *sur les aliments*. Vers d'Euripide contre la délicatesse, raffinée et le luxe voluptueux des gourmands...	ib.
Chap. XVII. — Entretien que j'eus, avec un grammairien plein d'ignorance et d'insolente présomption, sur l'origine et la signification du mot *obnoxius*...	564
Chap. XVIII. — Sur le respect religieux des Romains pour la foi du serment. Histoire des dix prisonniers qu'Hannibal envoya à Rome après avoir reçu leur parole...	566
Chap. XIX. — Récit, emprunté aux annales, d'un beau trait de Tiberius Sempronius Gracchus, tribun du peuple, père des Gracques; décrets des tribuns textuellement cités...	ib.
Chap. XX. — Que Virgile effaça de ses vers le mot *Nola* et y substitua celui d'*Ora*, pour se venger des habitants de Nole, qui lui avaient refusé la jouissance d'un cours d'eau. Observations intéressantes sur certaines consonnances harmonieuses.	568
Chap. XXI. Pourquoi les locutions *quoad vivet* et *quoad morietur*, ont la même signification, quoique les deux verbes qui y sont employés expriment le contraire l'un de l'autre...	568
Chap. XXII. Que les censeurs avaient coutume de condamner à la perte de leurs chevaux les chevaliers devenus trop gras. Si cette condamnation était ou non dégradante pour les chevaliers...	569

LIVRE VIII.

Chapitre Ier. — S'il est correct ou non de dire *hesterna noctu* (la dernière nuit). Opinions des grammairiens sur cette expression, que l'on trouve écrite dans la loi des Douze Tables, *nox* pour *noctu*...	ib.
Chap. II. — Que Favorinus me cita dix mots que les Grecs emploient sans scrupule, et dont cependant l'origine est illégitime et la forme barbare. Que je lui citai à mon tour un pareil nombre de mots usités chez nous, qui ne sont pas du tout latins et qu'on ne trouve chez aucun auteur ancien...	ib.
Chap. III. — Avec quelle sévérité et en quels termes le philosophe Pérégrinus gourmanda devant nous un jeune Romain appartenant à une famille équestre, qui l'écoutait d'un air nonchalant et distrait, et en bâillant à chaque instant...	ib.
Chap. IV. — Que le célèbre historien Hérodote a commis une erreur, en disant que le pin, à la différence des autres arbres, ne produisait, après avoir été coupé, aucun rejeton. Que le même écrivain a fait sur la pluie et la neige une observation peu exacte...	ib.
Chap. V. — Ce que Virgile a entendu par ces mots: *cœlum stare pulvere* (le ciel tout rempli de poussière), et Lucilius par ceux-ci: *pectus sentibus stare* (le sein tout hérissé d'épines)...	ib.
Chap. VI. — Qu'il ne sert à rien aux amis qui, après une brouille, se sont raccommodés, de s'interroger mutuellement sur leurs torts. Discours de Taurus sur ce sujet. Citation du traité de Théophraste. Opinion de Cicéron sur l'amitié, textuellement rapportée...	570
Chap. VII. — Ce qu'Aristote, dans son livre intitulé Περὶ τῆς μνήμης, nous apprend sur la nature et les opérations de la mémoire. Observations sur le développement prodigieux et sur l'anéantissement total dont cette faculté est susceptible...	ib.
Chap. VIII. — Ce qu'il m'arriva en essayant d'interpréter et de reproduire en latin des morceaux de Platon...	ib.
Chap. IX. — Que le philosophe Théophraste, un des hommes les plus éloquents de son temps, s'étant un jour adressé au peuple athénien pour dire quelques mots, se troubla au point de rester muet; que la même chose arriva à Démosthène devant Philippe...	ib.
Chap. X. — Discussion que j'eus à Eleusis avec un grammairien, effronté charlatan, qui ne connaissait même pas les temps des verbes ni les premières choses qu'on apprend aux enfants, et qui faisait l'érudit devant des ignorants, avec un étalage de questions étranges et obscures et de subtilités embarrassantes...	ib.

TABLE DES MATIÈRES.

CHAP. XI. — Plaisante réponse de Socrate à sa femme Xanthippe, qui l'engageait à faire meilleure chère pendant les fêtes de Bacchus............ 570

CHAP. XII. — Quel est, dans les anciens écrivains, le sens de *plerique omnes*. Que cette locution paraît être empruntée des Grecs............... ib.

CHAP. XIII. — Que le mot *quopsones*, dont on se sert en Afrique, ne vient pas du carthaginois, mais du grec............................ ib.

CHAP. XIV. — Plaisante discussion du philosophe Favorinus avec un ennuyeux pédant qui dissertait sur l'ambiguïté des mots. Citation de quelques termes d'un emploi peu commun qu'on trouve chez le poëte Nævius et Cn. Gellius. Recherches étymologiques de P. Nigidius............... ib.

CHAP. XV. — Quelle violence déshonorante le poëte Labérius souffrit de la part de César. Vers qu'il composa à ce sujet..................... ib.

LIVRE IX.

CHAPITRE Ier. — Pourquoi Claudius Quadrigarius a dit, dans le dix-neuvième livre de ses annales, qu'on lance les objets plus droit et plus sûrement de bas en haut que de haut en bas............... 571

CHAP. II. — Paroles sévères d'Hérode Atticus sur un individu qui, au moyen d'un attirail propre à tromper les yeux, cherchait à se faire passer pour philosophe et osait en prendre le nom......... ib.

CHAP. III. — Lettre de Philippe à Aristote, pour lui apprendre la naissance d'Alexandre............ 572

CHAP. IV. — Traditions merveilleuses sur certains peuples barbares. Sortilèges funestes et mortels. Femmes changées tout à coup en hommes...... 573

CHAP. V. — Sentiments différents de plusieurs philosophes illustres sur la nature et l'essence de la volupté. Ce que disait le philosophe Hiéroclès pour flétrir les principes d'Épicure............. 575

CHAP. VI. — Comment doit se prononcer la première syllabe du fréquentatif de *ago*........... ib.

CHAP. VII. — Que les feuilles de l'olivier se retournent aux solstices; que, dans la même époque de l'année, en frappant quelques cordes d'un instrument, on entend résonner celles qu'on n'a point touchées................................. 576

CHAP. VIII. — Que les plus riches ont le plus de besoins. Pensée de Favorinus sur ce sujet, exprimée avec une élégante concision............. ib.

CHAP. IX. — Sur la manière de traduire des passages de poésies grecques. Vers d'Homère traduits plus ou moins heureusement par Virgile....... ib.

CHAP. X. — Critique indécente et absurde d'Annæus Cornutus sur les vers où Virgile a peint, en termes chastes et voilés, Vénus et Vulcain s'endormant dans les bras l'un de l'autre.............. 578

CHAP. XI. — Sur Valérius Corvinus; origine du surnom de Corvinus...................... 579

CHAP. XII. — Sur la signification double de certains mots..................................... 580

CHAP. XIII. — Passage extrait de l'histoire de Claudius Quadrigarius, dans lequel cet écrivain raconte le combat de Manlius Torquatus, jeune Romain de noble naissance, avec un Gaulois qui l'avait défié............................ 581

CHAP. XIV. — Que Quadrigarius a dit sans incorrection, et d'après une forme très-latine, *facies*, au génitif. Remarques sur la déclinaison de plusieurs mots semblables........................ 582

CHAP. XV. — Sur le genre de controverse que les Grecs nomment ἄπορον................... 584

CHAP. XVI. — Que Pline l'Ancien, homme d'un grand savoir, s'est laissé séduire par un raisonnement vicieux, appartenant à ce genre d'argument que les Grecs appellent ἀντιστρέφον......... 585

LIVRE X.

CHAPITRE Ier. — S'il faut dire *tertium* ou *tertio consul*; et comment Pompée, lorsqu'il fit graver ses titres sur le frontispice du théâtre qu'il allait dédier, éluda, de l'avis de Cicéron, cette difficulté................................. ib.

CHAP. II. — Combien d'enfants peuvent naître, selon Aristote, d'un même accouchement........ 586

CHAP. III. — Comparaison critique de quelques passages célèbres des discours de C. Gracchus, de M. Cicéron et de M. Caton................. 587

CHAP. IV. — Observations ingénieuses par lesquelles P. Nigidius prouvait que les mots sont des signes naturels........................... 589

CHAP. V. — Le mot *avarus* est-il simple ou bien composé, comme l'a cru P. Nigidius?........ 590

CHAP. VI. — De l'amende prononcée par les édiles plébéiens contre la fille d'Appius Cæcus, pour quelques paroles insolentes....................... ib.

CHAP. VII. — De tous les fleuves qui coulent en dehors de l'empire romain, le plus grand c'est le Nil; l'Ister vient après; le Rhône, selon Varron, est le troisième........................... ib.

CHAP. VIII. — Que la perte du sang était une des peines infamantes infligées aux soldats; motif de ce genre de châtiment..................... 591

CHAP. IX. — Différentes dispositions de l'armée romaine; mots employés pour les désigner....... ib.

CHAP. X. — Origine de l'usage adopté chez les anciens Grecs et chez les Romains, de porter un anneau au doigt de la main gauche le plus voisin du plus petit............................ ib.

CHAP. XI. — Sens de l'adverbe *mature*. Étymologie de ce mot. Usage impropre qu'on fait le vulgaire. Le génitif de *præcox* est *præcocis*, et non *præcoquis*................................. ib.

CHAP. XII. — Récits fabuleux que Pline attribue fort injustement au philosophe Démocrite sur une colombe de bois qui volait.................. 592

CHAP. XIII. — Sur l'emploi de l'expression *cum partim hominum*, dans les vieux auteurs........ 593

CHAP. XIV. — Sur l'expression *injuria mihi factum itur*, employée par Caton.............. 594

CHAP. XV. — Cérémonies observées par le prêtre et la prêtresse de Jupiter. Édit par lequel le préteur déclare qu'il n'exigera jamais le serment ni des

TABLE DES MATIÈRES.

vestales, ni d'un flamine de Jupiter............ 594

CHAP. XVI. — Erreurs historiques relevées par J. Higinus dans le sixième livre de l'Énéide......... 595

CHAP. XVII. — Motif pour lequel Démocrite se priva de la vue. Vers élégants de Labérius à ce sujet... 596

CHAP. XVIII. — Histoire d'Artémise. Combat d'écrivains célèbres auprès du tombeau de Mausole.... 597

CHAP. XIX. — Qu'on ne se justifie pas de ses fautes en alléguant l'exemple de ceux qui en ont commis de semblables. Paroles de Démosthène à ce sujet. *ib.*

CHAP. XX. — Qu'est-ce qu'une *rogation*, qu'une loi, qu'un plébiscite, qu'un *privilége* ?............ 598

CHAP. XXI. — Pourquoi Cicéron a-t-il évité constamment de se servir des mots *novissimus, novissime* ?. *ib.*

CHAP. XXII. — Passage du Gorgias de Platon, où l'on adresse aux philosophes des reproches qui s'appliquent très-justement à la fausse philosophie, mais dont les esprits ignorants et prévenus s'arment à tort contre la vraie.................. 599

CHAP. XXIII. — Passage de Caton sur le régime et les mœurs des femmes de l'ancienne Rome. Droit du mari sur la femme surprise en adultère...... 601

CHAP. XXIV. — Que des écrivains estimés ont dit, contrairement à l'usage actuel, *die pristini, die crastini, die quarti, die quinti*............... 602

CHAP. XXV. — Noms d'armes et de navires qu'on trouve dans les écrits anciens................. 603

CHAP. XXVI. — Que c'est à tort qu'Asinius Pollion reproche à Salluste d'avoir employé *transgressus* pour *transfretatio*, et d'avoir dit *transgressi* en parlant d'hommes qui avaient passé un détroit... *ib.*

CHAP. XXVII. — Que, dans la rivalité de Rome et de Carthage, les forces des deux peuples étaient presque égales. Anecdote sur ce sujet............. 604

CHAP. XXVIII. — Limites des trois âges, d'après ce qu'on lit dans les *Histoires* de Tuberon........ 605

CHAP. XXIX. — Rôles divers de la particule *atque*. Qu'elle n'est pas seulement conjonctive........ *ib.*

LIVRE XI.

CHAPITRE Ier. — Origine du mot *Italie*. Amende appelée *suprema*. Loi Aternia. Amende *minima*.. 606

CHAP. II. — *Elegantia* pris en mauvaise part dans le vieux temps, et se disant de la recherche dans les mets ou les vêtements.................... *ib.*

CHAP. III. — Divers emplois de la particule *pro*... 607

CHAP. IV. — Ennius lutte contre Euripide........ 608

CHAP. V. — Des pyrrhoniens et des académiciens. Différence entre leurs opinions................ *ib.*

CHAP. VI. — Serments des femmes. Serments des hommes...................................... 609

CHAP. VII. — De l'archaïsme et du néologisme.... *ib.*

CHAP. VIII. — Mot de Caton sur Albinius, auteur d'une histoire romaine en grec................ 610

CHAP. IX. — Mot de Démosthène sur la vénalité... *ib.*

CHAP. X. — Le même mot attribué par C. Gracchus à Démade. Fragment de C. Gracchus.......... 611

CHAP. XI. — Différence entre *mentiri* et *mendacium dicere*, selon Nigidius....................... 612

CHAP. XII. — Opinions contraires de Chrysippe et de Diodore sur l'ambiguïté des mots.......... 612

CHAP. XIII. — Critique d'un passage de C. Gracchus par T. Castricius. Le passage se trouve vide de sens...................................... *ib.*

CHAP. XIV. — Bon mot de Romulus sur l'usage du vin....................................... 613

CHAP. XV. — Sur les adjectifs en *bundus*. Labérius a dit *amorabundus*, comme on dit *ludibundus* et *errabundus*. Fragment de Sisenna........... *ib.*

CHAP. XVI. — Difficulté de rendre en latin certains mots grecs, par exemple πολυπραγμοσύνη...... 614

CHAP. XVII. — Du sens des mots *flumina retanda*, dans les vieux édits des préteurs............. 615

CHAP. XVIII. — Loi de Dracon sur le vol. Loi de Solon. Loi des Douze Tables. Le vol permis en Egypte, encouragé à Sparte comme exercice utile. Fragment de M. Caton sur les voleurs.......... 616

LIVRE XII.

CHAPITRE Ier. — Favorinus conseille à une femme noble de nourrir elle-même son enfant.......... 617

CHAP. II. — Annæus Sénèque, en critiquant Ennius et Cicéron, a fait preuve de légèreté et de frivolité....................................... 619

CHAP. III. — Origine du mot *lictor*; opinion de Valgius Rufus et de Tullius Cicéron l'affranchi..... 621

CHAP. IV. — Vers d'Ennius sur l'esprit et la politesse qu'exige l'amitié des grands.................. *ib.*

CHAP. V. — Conversation du philosophe Taurus sur la constance dans la douleur, d'après la doctrine des stoïciens................................ 622

CHAP. VI. — De l'énigme...................... 624

CHAP. VII. — Dolabella renvoie devant l'Aréopage une femme accusée d'empoisonnement........ 625

CHAP. VIII. — Belles réconciliations entre des hommes illustres.............................. *ib.*

CHAP. IX. — Mots qui ont eu deux sens opposés : *honor* a été de ce nombre................... 626

CHAP. X. — *Æditimus* est latin................. *ib.*

CHAP. XI. — C'est se tromper que de commettre des fautes dans l'espoir qu'elles demeureront cachées. Dissertation du philosophe Pérégrinus à ce sujet : vers de Sophocle............................ 627

CHAP. XII. — Plaisanterie de Cicéron pour se justifier d'un mensonge évident.................. *ib.*

CHAP. XIII. — *Intra kalendas* signifie-t-il avant les calendes, le jour des calendes, ou les deux à la fois? Que signifie, dans Cicéron, *intra oceanum, intra montem Taurum*, et *intra modum*?.... 628

CHAP. XIV. — Sens et origine de la particule *saltem*. 630

CHAP. XV. — Sisenna, dans son histoire, fait un usage fréquent des adverbes *celatim, vellicatim, saltuatim*, et autres semblables............. *ib.*

LIVRE XIII.

CHAPITRE Ier. — Etude sur ces mots de Cicéron, première Philippique : *Multa autem impendere videntur præter naturam præterque fatum.* Y a-t-il une différence entre *fatum* et *natura*?.. 631

CHAP. II. — Conversation entre les deux poëtes Pa-

TABLE DES MATIÈRES.

Cuvius et Attius à Tarente.................. 632
Chap. III. — Y a-t-il une différence entre *necessitas* et *necessitudo*?......................... ib.
Chap. IV. — Réponse sage et polie d'Olympias à son fils Alexandre...................... 633
Chap. V. — Aristote, Théophraste et Ménédème. Manière ingénieuse et délicate dont Aristote désigne son successeur............................ ib.
Chap. VI. — Nom que les Latins ont donné à ce que les Grecs ont appelé προσῳδία. Le mot *barbarismus* inconnu aux premiers Romains.......... ib
Chap. VII. — Homère, dans son poème, et Hérodote, dans son histoire, ont dit du lion des choses contradictoires........................... 634
Chap. VIII. — La Sagesse, fille de l'Expérience et du Souvenir, selon le poëte Afranius.............. 635
Chap. IX. — Tullius Tiron, sur les étoiles appelées *suculæ* et *hyades*......................... ib.
Chap. X. — Étymologie de *soror*, selon Labéon Antistius; de *frater*, selon C. Nigidius............ 636
Chap. XI. — Nombre de convives qu'il faut réunir, selon Varron. Des secondes tables............. ib.
Chap. XII. — Les tribuns du peuple ont le droit d'appréhender, et n'ont pas celui de citer....... 637
Chap. XIII. — Opinion de Varron sur cette question: Les édiles et les questeurs peuvent-ils être cités par un particulier au tribunal du préteur?..... 638
Chap. XIV. — Du *pomerium*.................... 639
Chap. XV. — Quels sont les magistrats inférieurs. Le consul et le préteur sont collègues. Des auspices. Différence entre haranguer le peuple et traiter avec le peuple. Droit des magistrats de s'interdire la convocation des comices. Passage de l'augure Messala. ib.
Chap. XVI. — *Humanitas* n'a pas le sens que le vulgaire lui donne. Ceux qui ont parlé purement ont employé ce mot avec plus de justesse....... 640
Chap. XVII. — Explication de ces mots de Caton l'ancien: Entre la bouche et le gâteau.......... 641
Chap. XVIII. — Platon attribue à Euripide un vers de Sophocle. Vers qui se trouvent textuellement, ou à quelques mots près, dans plusieurs poëtes. ib.
Chap. XIX. — Généalogie de la famille Porcia..... 642
Chap. XX. — Les écrivains les plus élégants ont tenu plus de compte de l'harmonie et de la mélodie, εὐφωνία en grec, que des règles établies par les grammairiens............................ 643
Chap. XXI. — Le rhéteur T. Castricius à ses jeunes disciples, sur l'indécence du vêtement et de la chaussure................................ 645
Chap. XXII. — Les prières selon le rit romain se trouvent dans les livres des prêtres. On y donne Nérième à Mars. Qu'est-ce que Nérième ou Nério?.. 646
Chap. XXIII. — Caton le censeur invective contre les philosophes non seulement................ 647
Chap. XXIV. — Que faut-il entendre par *manubiæ*? Dans quels cas peut-on employer plusieurs termes ayant le même sens?......................... ib.
Chap. XXV. — Publius Nigidius pense que dans *Valerius*, au vocatif, la voix doit s'élever sur la première syllabe. Préceptes d'orthographe tirés du

même auteur............................. 650
Chap. XXVI. — Vers de Virgile qui paraissent imités d'Homère et de Parthénius................ 651
Chap. XXVII. — Le philosophe Panétius exhorte les hommes à être disposés à repousser partout l'injustice.................................. ib.
Chap. XXVIII. — Quadrigarius a dit *cum multis mortalibus*. En quoi le sens aurait été différent, s'il eût dit *cum multis hominibus*?.......... 652
Chap. XXIX. — Le mot *facies* a un sens plus étendu que celui que le vulgaire lui donne............. ib.
Chap. XXX. — Que signifie, dans la satire de M. Varron, *caninum prandium*?................... 653

LIVRE XIV.

Chapitre Ier. — Dissertation de Favorinus contre ceux qui, sous le nom de Chaldéens, exercent l'astrologie................................... 654
Chap. II. — Dissertation de Favorinus sur les devoirs du juge............................ 658
Chap. III. — Si Xénophon et Platon ont été jaloux et ennemis l'un de l'autre.................. 661
Chap. IV. — La justice heureusement peinte par Chrysippe............................... 662
Chap. V. — Vive dispute de deux illustres grammairiens sur le vocatif d'*egregius*............ ib.
Chap. VI. — De l'érudition sans agrément ni utilité. Villes et pays qui ont changé de nom........ 663
Chap. VII. — Mémoire *isagogique* remis par Varron à Pompée, lorsqu'il fut nommé consul pour la première fois, et traitant de la manière de présider le sénat.............................. 664
Chap. VIII. — Le préfet de la ville, chargé des fêtes latines, a-t-il le droit de convoquer le sénat? Opinions contraires sur ce sujet.............. 665

LIVRE XV.

Chapitre Ier. — Quintus Claudius dit, dans ses annales, que le bois, enduit d'alun, ne brûle pas..... 666
Chap. II. — Platon, dans son ouvrage sur les lois, a pensé que les provocations à boire ne sont pas sans utilité................................ ib.
Chap. III. — Opinion de Cicéron sur le préfix des verbes *aufugio* et *aufero*. Le même préfix se trouve-t-il dans le verbe *autumo*?............ 667
Chap. IV. — Vie de Ventidius Bassus, homme sans naissance, qui, le premier, triompha des Parthes. 668
Chap. V. — Le verbe *profligo* généralement employé d'une manière impropre.................. 669
Chap. VI. — Cicéron, dans son ouvrage de la gloire, tombe dans une erreur manifeste au sujet d'Hector et d'Ajax............................. ib.
Chap. VII. — L'expérience a montré que la soixante-treizième année de l'homme est toujours signalée par des maladies, des revers ou la mort. Exemple contraire, tiré d'une lettre d'Auguste à son fils Caïus................................... 670
Chap. VIII. — Fragment d'un discours que l'orateur Favorinus prononça en faveur de la loi *Licinia*, relative au luxe....................... 671

CHAP. IX. — Le poëte Cécilius a fait *frons* masculin, moins par licence poétique que par analogie. ... 671
CHAP. X. — Étonnants suicides des filles de Milet. . 672
CHAP. XI. — Texte d'un sénatus-consulte qui chassait les philosophes de l'enceinte de Rome. Texte d'un édit des censeurs contre les écoles de rhétorique qui commençaient à s'établir à Rome..... *ib.*
CHAP. XII. — Fragment d'un discours de C. Gracchus sur son intégrité et la pureté de ses mœurs. 673
CHAP. XIII. — Verbes déponents qui sont à la fois actifs et passifs, et que les grammairiens appellent verbes communs........................ *ib.*
CHAP. XIV. — Forme de diction empruntée à la langue grecque, par Métellus le Numidique........ 674
CHAP. XV. — Les anciens auteurs ont dit : *passis velis* et *passis manibus*, de *pando*, et non de *patior*............................. *ib.*
CHAP. XVI. — Mort singulière de Milon de Crotone. 675
CHAP. XVII. — La flûte, d'abord de bon ton, abandonnée par la jeunesse d'Athènes........... *ib.*
CHAP. XVIII. — La bataille de Pharsale et la victoire de César annoncées le jour même par un prêtre inspiré à Padoue en Italie...................... *ib.*
CHAP. XIX. — Fragment remarquable de la satire de Varron sur les festins....................... 676
CHAP. XX. — Naissance, vie et mœurs d'Euripide. . *ib.*
CHAP. XXI. — Chez les poëtes, les fils de Jupiter sont sages et humains, les fils de Neptune inhumains et féroces............................ 677
CHAP. XXII. — Trait de Sertorius ; son habileté, ses ruses et ses artifices pour s'attacher les barbares. *ib.*
CHAP. XXIII. — Époque où ont fleuri les illustres historiens Hellanicus, Hérodote et Thucydide..... 678
CHAP. XXIV. — Jugement de Vulcatius Sédigitus, dans son livre *Des poëtes*, sur les comiques latins. *ib.*
CHAP. XXV. — Mots nouveaux que j'ai rencontrés dans les *Mimiambes* de Cn. Matius............ *ib.*
CHAP. XXVI. — Définition du syllogisme, par Aristote. Traduction de cette définition........... *ib.*
CHAP. XXVII. — Ce qu'il faut entendre par *comitia calata, curiata, centuriata, tributa* ; par *concilium*, et autres mots semblables................ 679
CHAP. XXVIII. — Erreur de Corn. Népos sur l'âge de Cicéron, lorsqu'il plaida pour Sex. Roscius..... *ib.*
CHAP. XXIX. — Construction inusitée employée par L. Pison dans ses annales................... 680
CHAP. XXX. — Le nom de char, *petorritum*, nous vient-il de la langue grecque ou de la langue gauloise ?..................................... *ib.*
CHAP. XXXI. — Paroles des ambassadeurs des Rhodiens à Démétrius, qui assiégeait leur ville, au sujet de l'illustre tableau de l'Ialise............. 681

LIVRE XVI.

CHAPITRE Iᵉʳ. — Utile maxime du philosophe Musonius. Même pensée dans le discours de Caton aux chevaliers sous les murs de Numance...... *ib.*
CHAP. II. — Règle à suivre dans les discussions. En quoi cette règle est fautive..................... 682
CHAP. III. — Pourquoi l'homme, si la nourriture vient à lui manquer, peut-il supporter quelque temps l'abstinence et résister à la faim. Paroles d'Érasistrate à ce sujet...................... 682
CHAP. IV. — Avec quelles cérémonies et dans quels termes le fécial du peuple romain déclarait la guerre, après que le peuple l'avait résolue. Formule du serment sur la réparation des vols militaires. Serment par lequel les conscrits s'engageaient à se rendre à un jour fixe dans un lieu déterminé. Excuses légitimes...................... 683
CHAP. V. — Sens du mot *vestibulum*. Étymologie de ce mot............................... 684
CHAP. VI. — Qu'est-ce que les victimes appelées *bidentes*, et pourquoi ce mot. Opinions de P. Nigidius et de Julius Higinus.................. 685
CHAP. VII. — Laberius se montre excessivement hardi à forger des mots ; il en emploie dont la latinité est un problème....................... 686
CHAP. VIII. — Sens du mot ἀξίωμα en dialectique ; terme équivalent en latin. Notions diverses qui servent d'introduction à la dialectique.......... 687
CHAP. IX. — Explication de *susque, deque*, si fréquents dans les vieux auteurs.................. 689
CHAP. X. — Qu'est-ce que les *proletarii*, les *capitecensi*, et les *assidui*. Étymologie de ces mots. .. *ib.*
CHAP. XI. — Extinction de la nation des Psylles, qui habitait les syrtes d'Afrique................ 690
CHAP. XII. — Mots latins auxquels Cloatius Verus donne, avec plus ou moins de vraisemblance, une origine grecque.......................... 691
CHAP. XIII. — Qu'est-ce qu'un *municipium*, qu'une *colonia*, que des *municipes* ? Origine de ce dernier mot. Paroles de l'empereur Adrien sur le droit des *municipes*........................ *ib.*
CHAP. XIV. — Différence entre *properare* et *festinare*. Selon Caton, fausse étymologie de *festinare*, donnée par Verrius Flaccus............. 692
CHAP. XV. — Merveilleuse constitution des perdrix, selon Théophraste ; des lièvres, selon Théopompe. 693
CHAP. XVI. — Surnom d'*Agrippa*, donné aux enfants nés les pieds les premiers. Déesses appelées *Prosa* et *Postverta*........................... *ib.*
CHAP. XVII. — Origine du mot *Vaticanus*....... *ib.*
CHAP. XVIII. — De trois parties de la géométrie appelées optique, mélodie, métrique............ 694
CHAP. XIX. — Aventure d'Arion, d'après Hérodote. *ib.*

LIVRE XVII.

CHAPITRE Iᵉʳ. — Critique d'une expression de Cicéron par Gallus Asinius, et Largius Licinius. Absurdité de cette critique............................ 695
CHAP. II. — Expressions de Q. Claudius, notées en passant................................... 696
CHAP. III. — Varron explique un vers d'Homère autrement qu'on ne l'explique communément... 698
CHAP. IV. — Mot de Ménandre à Philémon, qui lui enlevait souvent le prix de la comédie. Euripide souvent vaincu par des tragiques sans talent.... 699
CHAP. V. — Il n'est pas vrai, malgré l'affirmation de quelques petits rhéteurs, que Cicéron, dans son

TABLE DES MATIÈRES.

	Pages.
traité de l'*Amitié*, ait fait une pétition de principe. Discussion à ce sujet...	699
Chap. VI. — Verrius Flaccus, dans son livre des *Obscurités de Caton*, a mal entendu le mot *servus recepticius*.	701
Chap. VII. — Cette prescription de la loi Atinia : QUOD. SUBREPTUM. ERIT. EJUS. REI. ÆTERNA. AUCTORITAS. ESTO. a paru à P. Nigidius et à Q. Scævola avoir un effet rétroactif.	702
Chap. VIII. — A la table du philosophe Taurus on agite ces sortes de questions : Pourquoi l'huile gèle-t-elle souvent, le vin rarement, le vinaigre presque jamais? Pourquoi les fontaines et les fleuves gèlent-ils, tandis que la mer ne gèle pas?	ib.
Chap. IX. — Stratagème de C. César, dans ses lettres secrètes. Stratagèmes divers. Lettre appelée σκυτάλη à Lacédémone.	703
Chap. X. — Jugement de Favorinus sur les vers de Virgile. Rapprochement et comparaison de deux descriptions de l'Etna, l'une par Pindare, l'autre par Virgile.	704
Chap. XI. — Plutarque, dans ses *Symposiaques*, défend contre Érasistrate, et appuie de l'autorité d'Hippocrate, l'opinion de Platon sur les fonctions de l'estomac et de la trachée-artère.	706
Chap. XII. — Sujets *infâmes*, ou questions paradoxales, traités par Favorinus comme exercices.	707
Chap. XIII. — Emplois nombreux et variés de la particule *quin*. Obscurité qu'elle jette dans les écrits des vieux auteurs.	ib.
Chap. XIV. — Traits charmants extraits des mimes de Publius.	708
Chap. XV. — Carnéade se purge avec l'ellébore, avant d'écrire contre Zénon : vertus de l'ellébore blanc et de l'ellébore noir.	709
Chap. XVI. — Le sang des canards du Pont est un contre-poison. Habileté de Mithridate dans la confection des antidotes.	ib.
Chap. XVII. — Mithridate, roi du Pont, parlait vingt-cinq langues. Ennius se vantait d'avoir trois cœurs, parce qu'il parlait trois langues, la grecque, l'osque et la latine.	ib.
Chap. XVIII. — Marcus Varron rapporte que Salluste l'historien fut surpris par Milon en adultère, et ne put sortir qu'après avoir été battu et avoir donné de l'argent.	710
Chap. XIX. — Invective d'Épictète contre les hommes impurs qui s'occupaient de philosophie. Résumé en deux mots de la doctrine de ce philosophe.	ib.
Chap. XX. — Traduction savante, harmonieuse et fidèle d'un passage du Banquet de Platon.	711
Chap. XXI. — Synchronismes de l'histoire grecque et de l'histoire romaine, depuis la fondation de Rome jusqu'à la seconde guerre punique.	ib.

LIVRE XVIII.

	Pages.
Chapitre Ier. — Discussion entre un stoïcien et un péripatéticien sous l'arbitrage de Favorinus. Influence de la vertu et des biens extérieurs sur le bonheur de l'homme.	715
Chap. II. — Jeux d'esprit par lesquels nous célébrions les Saturnales à Athènes. Énigmes et sophismes récréatifs.	716
Chap. III. — Eschine, dans son discours contre Timarque, cite une décision des Lacédémoniens au sujet d'un avis plausible ouvert par un homme méprisable.	717
Chap. IV. — Apollinaris Sulpicius se joue d'un glorieux qui se vantait d'être seul à comprendre Salluste. Il lui demanda ce que signifient ces mots de cet historien : *incertum, stolidior, an vanior*.	718
Chap. V. — Ennius a dit dans sa septième annale, *quadrupes eques*, et non point *quadrupes equus*.	719
Chap. VI. — Ælius Mélissus, dans son ouvrage intitulé *De la propriété du langage*, ouvrage qu'il appelait, au moment de la publication, *la corne d'abondance*, a établi une différence bizarre et fausse entre *matrona* et *mater familias*.	720
Chap. VII. — Comment Favorinus fut traité par un fantasque qu'il interrogeait sur les divers sens d'un mot. Sens divers du mot *contio*.	721
Chap. VIII — L'homœoteleuton et l'homœoptote, et les figures de même espèce qui passent pour des ornements de la diction, ne sont que des inepties et des puérilités dont Lucile se moque dans ses satires.	722
Chap. IX. — Sens du mot *insecendo* dans Caton. La véritable leçon est *insecendo* et non *insequendo*.	ib.
Chap. X. — C'est une erreur de penser qu'on tâte le pouls sur la veine et non sur l'artère.	723
Chap. XI. — Licences poétiques de Furius Antias, critiquées mal à propos par Césellius Vindex. Vers où ces licences se trouvent.	724
Chap. XII. — Coutume, chez nos vieux auteurs, de donner une forme active à des verbes passifs, et réciproquement.	725
Chap. XIII. — Le philosophe Diogène, insolemment attaqué par un logicien, lui rétorque son sophisme.	ib.
Chap. XIV. — Des nombres *hemiolios* et *epitritos*; nos vieux auteurs n'ont pas osé les traduire en latin.	726
Chap. XV. — Loi sévère que Varron s'était imposée dans le vers héroïque.	ib.

LIVRE XIX.

	Pages.
Chapitre Ier. — Réponse d'un philosophe à qui l'on demande pourquoi il a pâli dans une tempête.	727
Chap. II. — Sur cinq sens, nous en avons deux qui nous sont communs avec la brute. Le plaisir qui nous vient par l'ouïe, la vue et l'odorat, est un plaisir honnête. Les voluptés qu'on goûte par le goût et le toucher, sont très-honteuses. Nous partageons ces derniers plaisirs avec les bêtes; les premiers sont particuliers à l'homme.	728
Chap. III. — Une froide louange déshonore plus qu'une amère invective.	729
Chap. IV. — Pourquoi une peur subite donne la diarrhée; pourquoi le feu provoque l'urine.	730

CHAP. V. — L'eau de neige malsaine, selon Aristote. La glace formée de la neige............. 730
CHAP. VI. — La honte répand le sang dans les parties extérieures du corps, la crainte le concentre................................... 731
CHAP. VII. — Sens d'*obesus* et d'autres vieux mots. *ib.*
CHAP. VIII. —*Harena, cœlum, triticum*, ont-ils un pluriel? *quadrigæ, inimicitiæ*, ont-ils un singulier? 732
CHAP. IX. — Belle réponse d'Antonius Julianus à des Grecs, dans un festin..................... 734
CHAP. X. — Le mot *præterpropter*, employé par le vulgaire, se trouve aussi dans Ennius....... 736
CHAP. XI. — Vers érotiques par lesquels Platon préludait, en se jouant, à ses tragédies........... 737
CHAP. XII. —Dissertation d'Hérode sur la violence de la douleur. Fable du Thrace, qui abat les arbres fruitiers avec les ronces..................... *ib.*
CHAP. XIII. — *Pumiliones*, en grec νάνοι.......... 738
CHAP. XIV. — Cicéron et César ont eu pour contemporains M. Varron et P. Nigidius, les plus savants des Romains. Les œuvres de Nigidius, obscures et subtiles, n'ont pas eu de publicité............. 739

LIVRE XX.

CHAPITRE Ier. — Discussion entre Sex. Cœcilius et le philosophe Favorinus, sur les lois des Douze Tables..................................... 740
CHAP. II. — Explication du mot *siticines* dans un discours de M. Caton........................... 744
CHAP. III. — Pourquoi le poëte Lucius Attius a-t-il dit, dans ses *Pragmatiques*, que les *Sicinnistæ* avaient un nom nébuleux.................... 745
CHAP. IV. — La société des comédiens est honteuse. Paroles d'Aristote sur ce sujet................ *ib.*
CHAP. V. — Texte et traduction de deux lettres d'Alexandre à Aristote, et d'Aristote à Alexandre. *ib.*
CHAP. VI. — S'il faut dire *habeo curam vestri* ou *vestrum*................................... 746
CHAP. VII. — Etonnante diversité d'opinions chez les Grecs sur le nombre des enfants de Niobé.... 748
CHAP. VIII. — Des choses qui subissent l'influence des phases de la lune....................... *ib.*
CHAP. IX. — Quel mot charmait Antonius Julianus dans les *Mimiambes* de Cn. Matius........ *ib.*
CHAP. X. — Ce que signifient ces mots : *Ex jure manum consertum*........................ 749
CHAP. XI. — Ce que c'est que le mot *sculna*, qui se trouve dans M. Varron..................... 750
Notes sur Aulu-Gelle........................... *ib.*

www.ingramcontent.com/pod-product-compliance
Lightning Source LLC
Chambersburg PA
CBHW052036290426
44111CB00011B/1527